LYNK&CO
新能源 新选择
领克01 智能电混
安全有趣无焦虑
01 EM-F
市场指导价:18.18万元起
01 EM-P
市场指导价:19.98万元起
即刻下订 无忧出行

F-01
岚图
岚图梦想家 电动豪华旗舰MPV
七座版：369,900元起 私人定制版：639,900元起
七座宽享大空间 | 二排移动会客厅 | 带魔毯功能的空气悬架+CDC
官方热线 400-888-8488

皓极 敢把生活过成诗
13万级高端混动SUV 40万级越级实力
0.15s
加速响应
4.8L
百公里油耗（NEDC）
1910mm优享宽体
2825mm越级轴距
同级位居前列
WindLink OS智能座舱
服务计划
服务热线：400 880 6600
F-02

长安深蓝
长安深蓝SL03
全电数字轿跑
F-03
五门掀背
轿跑
纯电版零百加速
5.9s
增程版CLTC综合工况续航里程
1200km
纯电长续航版CLTC综合工况续航里程
705km
长安深蓝官微二维码
长安深蓝小程序码
*本图片所涉及的功能和配置并不代表实车搭载承诺，车辆实际配置、功能以官方正式发布的产品配置表为准

BAIC BJEV 北汽新能源

北京新能源汽车股份有限公司

北京新能源汽车股份有限公司创立于2009年，是由北京汽车集团有限公司控股的高科技上市公司和绿色智慧出行一体化解决方案提供商，是我国早期独立运营、获得新能源汽车生产资质的企业，也是国内技术领先的新能源汽车企业之一。2018年9月27日，北汽新能源通过重大资产重组成为国内新能源汽车第一股。（证券名称：“北汽蓝谷”，证券代码：600733）

北汽新能源主营业务包括纯电动乘用车研发设计、生产制造与销售服务，目前全力打造极狐、北京汽车两大品牌。

极狐是北汽新能源聚合全球优质资源打造的高端智能新能源汽车品牌，产品由北汽新能源与豪华车制造商麦格纳在华合资公司蓝谷麦格纳生产。极狐旗下两款车型全地形性能纯电SUV极狐阿尔法T和新一代智能豪华纯电轿车极狐阿尔法S已上市交付。2022年5月7日，定位为高阶智能驾驶纯电轿车的极狐阿尔法S全新HI版上市，新车是较早搭载HI华为全栈智能汽车解决方案的量产车、支持城市道路高阶智能驾驶的量产车、搭载华为智能座舱-鸿蒙车机OS的高端纯点量产轿车。

2019年10月，以“北京”商标为基础，北汽集团旗下“北汽新能源”和“北京汽车”联合推出“BEIJING”品牌， 2020年5月，BEIJING品牌定名BEIJING汽车，发布品牌口号“美好，从 BEIJING 汽车开驶”。BEIJING 汽车的产品阵容中包括 BEIJING-EU7、BEIJING-EU5、BEIJING-EX5 和 BEIJING-EX3 等车型，其中BEIJING-EU5在2018和2019年连续两年位列国产A级纯电动汽车销量前列。

F-05

北汽新能源坚持市场与用户导向，立足技术和商业模式创新，为广大用户提供绿色、智慧、便捷的出行解决方案，致力于成为世界新能源汽车技术创新中心和新能源汽车企业。

北京新能源汽车股份有限公司　www.bjev.com.cn

广汽传祺 | 一祺智行 更美好
净享万境
钜浪混动 纵擎千里
F-06
GS8
全新第二代GS8
双擎系列 22.88万元起
GPMA
广汽全球平台模块化架构
钜浪动力
MEGA WAVE POWER
钜星底盘
STELLAR CHASSIS
ADiGO
智驾互联生态系统
更多粉丝权益
尽在广汽传祺APP

F-07
广汽埃安
GAC AION
AION 埃安 先人一步的科技享受
AION S Plus
星空战舰纯电轿跑
AION V Plus
星际母舰纯电SUV
AION LX Plus
智行千里纯电旗舰
AION Y
潮品霸屏 科技升舱
ADiGO 4.0
GEP2.0
购车用车 车友交流

思皓
天生出众 我敢不同
华为智能生态 602km长续航
爱跑，就要一直跑
思皓 × keep
爱跑
F-08

飞凡汽车
飞凡汽车 | R7
极 智 高 阶 纯 电 S U V
F-10
下载"飞凡汽车"APP
关注"飞凡汽车RISING AUTO"

岚图
自由随心 不断探索
岚图FREE
性能级智能电动SUV
C-NCAP五星安全认证
中国新能源车型综合得分率居前列
双动力模式 可油可电
860km 综合续航
配备空气悬架
100mm上下可调
《中国汽车风云盛典》“评委会大奖”荣誉夺冠车型
F-11
岚图FREE
扫码下载APP
扫码关注小程序
官方网址 VOYAH.COM.CN
官方热线 400-888-8488

岚图
岚图梦想家
电动豪华旗舰MPV
17项MPV搭载技术 21项MPV先进技术
舒适空间
智能移动会客厅
舒享豪华
带魔毯功能的空悬+CDC
温暖科技
L2+级智能辅助驾驶
全域安全
超高强度刚性车身
极致性能
高性能纯电+智能多模驱动
F-12
扫码下载APP
扫码关注小程序
官方网址 VOYAH.COM.CN
官方热线 400-888-8488

F-16

东风 HONDA
HONDA
The Power of Dreams
混动，更运动
F-18
第十一代 思域
CIVIC
我，即世界
e:HEV 强电智混

东风风行
FORTHING
风行S60EV
宽适纯电轿车
高续航全程来电
低成本舒心出行
风行S60EV升级上市
跨省畅行无忧
415km
超长续航
风行S60EV
0.16元/公里
超低成本
30分钟
闪电快充

F-19

东风风行
FORTHING
菱智M5EV
长续航全能纯电商务车
纯电商务长续航
安全省钱更安心
2022款菱智M5EV
升级上市
8分
每公里
无忧长续航
菱智M5EV
MPV世家
100万+
用户口碑见证

F-21
KING LONG
建设美好出行社区
微信公众号
公司官网
厦门金龙联合汽车工业有限公司
400-886-6700
www.king-long.com.cn

东风商用车
DONGFENG TRUCKS

企业介绍

东风商用车有限公司（以下简称公司）起源于1969年成立的第二汽车制造厂，总部位于湖北省十堰市，拥有独立的研发中心、2个专业厂、2个事业部、7家子（分）公司，形成了以十堰为基地，辐射襄阳、随州和新疆的事业布局，主要业务涵盖中重型卡车、专用车、卡车关键总成（驾驶室、车架、发动机、变速箱、车桥）、铸锻、后市场事业等。

公司1975年2.5T越野车EQ240下线，1978年民用5T车型EQ140量产，2015年东风集团与沃尔沃集团以55:45股比组成新的东风商用车有限公司。历经50年的发展，公司逐步成长为国内中重卡商品线和业务较齐全的知名制造商，是东风集团旗下中重型商用车核心事业板块。

进入21世纪，东风天龙与东风天锦成为公司两大主要品牌，东风天龙融合了先进技术，在研发过程中实现了大量的自主创新。公司商品线持续丰富完善，关键总成业务不断突破，销量持续增长，市场上形成良好的口碑，主要整车产品包括D760/D320/D310/D560/D530五大平台产品，关键总成包括DDi50/75、DDi11/13发动机、DT14/DA14变速箱、DF440/485车桥。

动力总成事业部全景

动力总成事业部

车辆工厂

技术中心新站点

车身厂

铸造一厂

企业愿景——成为世界一流的商用车企业

致力于打造领先的智慧物流解决方案，提供超越期待的商品全生命周期的客户体验。

致力于世界前沿科技在商用车领域的研究与应用，把“东风商用车”创建成为全球知名汽车品牌。

致力于成为具备全球视野、国际化管理水平的商用车标杆企业。

企业使命——让卓越驱动美好生活

以客户需求为导向，通过提供卓越的产品和服务，助力客户实现商业成功。

以产业报国为己任，通过技术和商务创新，打造东风商用车领先新优势，振兴民族汽车工业。

以美好生活为驱动，通过打造“共赢共享”的汽车生态圈，实现利益相关方“人-车-增值-梦想”的完美融合。

企业精神——艰苦奋斗 不断超越

一代又一代的东风人用“芦席棚”种下了东风的种子；用“扁担”挑出了东风的广阔事业，用“马灯”点燃了东风的未来梦想，我们将永续传承前辈们的艰苦奋斗精神，以三个领先为指导，将东风商用车事业推向前进。

直面现在、放眼未来，我们面临的挑战和压力不亚于任何时代。我们更需要崇尚“狼性”拼搏精神、践行“奋斗”文化，走好长征路，不断进取，将东风商用车事业做强。

敢为人先、不断超越。要成为世界一流的商用车企业，必然要求我们要牢记使命、胸怀梦想，坚持砥砺前行，长期艰苦奋斗，不断提升企业自身竞争力，从而实现公司高质量可持续发展。

核心价值观——做可靠人 造可靠车

一个可靠的人必须做到

让客户信赖 让同事信任 让企业放心

让社会认同 让亲友安心

一辆可靠的车必须做到

安全有保障 挣钱有奔头 品牌有价值

驾驶更便捷 服务更省心

■ 充换电一体牵引车

■ 氢燃料牵引车

智蓝汽车
FOTON
福田汽车
福田智蓝汽车 智慧新选择
F-25
科技，汽车的灵魂；科技，让所想成真。
秉承集成科技理念，践行精益制造标准，迈开前进的步伐，
我们每一项创新科技，皆是对卓越品质和非凡价值的不懈追求。
以创新科技、国际品质、智能互联、绿色环保四大突破领域，
引领汽车工业未来标准，驾驭美好和谐的明天。
1000万辆品牌

远程汽车
FARIZON AUTO
远程新能源增程式冷藏车
新能源冷链领航者
2021年新能源
冷藏车市场占有率居于前列
增程式冷藏车
F-26
扫码了解更多
智慧控车
与远程App互联让驾驶更智能
支持智能控温
能耗最低
增程器高效区定点工作
比油车节能30%以上
续航无忧
不依赖充电桩
油电综合续航超过600公里
制冷最快
制冷速度比油车快一倍
多温区设计保鲜持久

乘龙
F-27
乘龙行天下
创富赢未来
省钱创富 畅行无忧
高效 经济 可靠
乘龙纯电动
乘龙
乘龙L2EV（纯电动厢式运输车）

乘龙
乘龙行天下
创富赢未来
乘龙新能源牵引车
绿色动力 牵引未来
高效 经济 科技 舒适
乘龙
乘龙H5
乘龙新能源牵引车
NO. XNY22-H5-09

德创质子
DECH ZHIZI

德创质子
DECH ZHIZI

——专注于商用汽车“智能化、电动化、网联化、轻量化”

智能化

智能座舱
·融合车载仪表、多媒体、360全景、驾驶员状态监控、HUD、智能影像等功能
·采用Hypervisor虚拟化技术实现软件平台复用开发
·适用于重卡、中卡、轻卡、园区观光车等不同应用场景车型
·可适配不同屏幕尺寸，实现“积木式插拔”的智能解决方案

纯电驱动/燃料电池/混合动力控制系统
·自主开发整车控制系统，功能灵活，可定制化
·标准、规范的线控底盘控制接口，安全可靠
·高效能量回收，最优换挡曲线控制，性能优越

网联化

智能网联协同
·可视化、自动化OTA升级管理平台
·远程风险预警、故障检测、解决方案推送
·智能化的云端服务、远程控制
数据分析、算法开发、模型训练验证

智能NVH控制器
·驾驶室动态声音设计，营造不同的驾驶体验
·人声分离，在强噪声背景下提供高品质的车内交流环境
·建立不同的声学空间，提供用户私人化的声音环境
·主动控制，降低车身震动，提高舒适性

通用化

中央智能网关
·高级路由 ·整车FOTA ·网络安全
·互联服务 ·数据处理

电控化

车身域控制器
·算力集中，控制策略高度融合
·扩展性强，通过I/O快速实现功能

自动驾驶系统
·前装车规级线控底盘与车载传感器
·先进的感知融合算法和决策控制
·封闭园区、干线物流自动驾驶解决方案

舒适性

多材料环形框架先进驾驶室
·基于材料、性能、工艺一体化的轻量化技术
·内外饰智能控制、智能表面技术
·半主动悬置提升平顺性

轻量化

自主集成供氢系统
·同步开发设置多点氢泄露监测点，系统安全性更高
·模块化设计思路，HMS与整车控制器集成，硬件成本更低
·重卡专用大容积储氢瓶，整车续驶里程更长

可靠性

经济性

线控制动
·解耦式复合制动解决方案，深度制动能量回收，提升续驶里程
·冗余制动控制策略，制动系统实时监测，故障备份系统自动介入，提升安全性
·可拓展实现ESC、ASR、AEB、ACC等智能驾驶功能

安全性

电动化

燃料电池发动机
·-30℃冷启动，系统效率≥50%，性能稳定可靠，环境适应性强
·模块化设计思路、高度集成系统和高功率密度

线控转向
·定制化控制策略，实现不同产品平台及客户差异化需求
·高精度、高冗余的软硬件系统，实现更安全转向性能
·更智能、更精确的控制模式，实现更优操稳性能

动力性

东风汽车
DONGFENG MOTOR
MACH
80
100
F-31

LinControl
菱电电控

企业简介

武汉菱电汽车电控系统股份有限公司（股票代码：688667）成立于2005年1月，是中国专业从事汽车发动机管理系统、纯电动汽车动力电子控制系统、混合动力汽车动力电子控制系统研发、生产和销售的高新技术企业。该公司拥有专业从事汽车发动机管理系统软件及控制策略开发、发动机台架标定和整车标定的专家队伍，建有具有自主知识产权的生产线，实现了汽油车、汽油/CNG双燃料车、纯电动车和混合动力汽车动力控制系统的产业化，目前为中国较大的自主汽车EMS系统供应商。

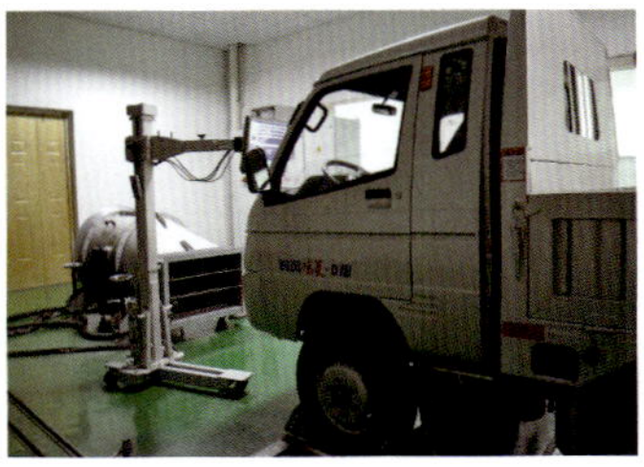

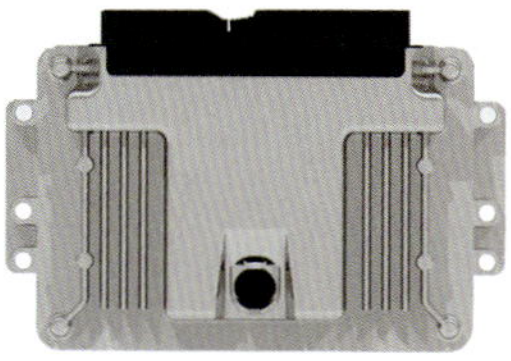
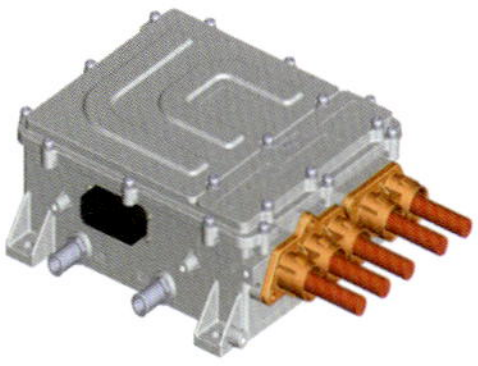
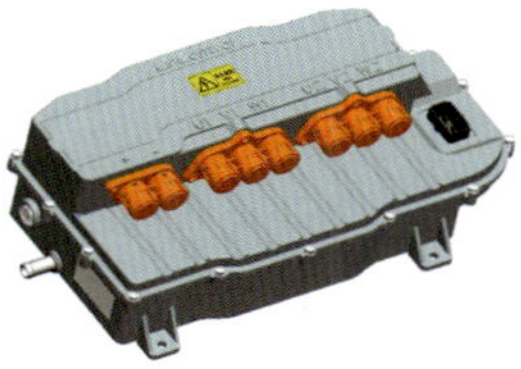

联系方式

通讯地址：湖北省武汉市东西湖区金银湖街清水路特8号
联系方式：027-81822580
邮箱：ir@lincontrol.com

菱电电控　中国自主汽车动力电控系统专家

Jatco CVT7

Jatco CVT8

Jatco CVT7 W/R

Jatco CVT-X

F-35

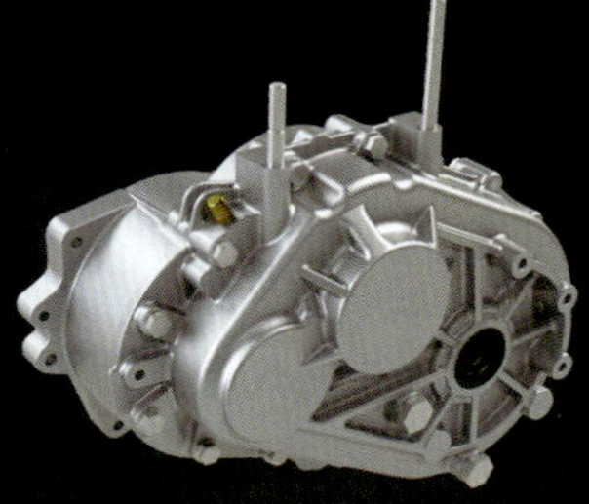

产品名称：纯电动汽车减速器

型号：E1M20、E1M30、E1M30P系列减速器

产品简介：

系列等级	电机输入扭矩Nm	最高转速 r/min	可匹配车型
小型减速器	≤200	12000-16000	小型车
中型减速器	200＜Tm≤400	12000-18000	中型车
大型减速器	≥400	12000-16000	大型车

产品优点、亮点介绍：单档两级减速器，可带驻车机构，覆盖从A0-C级乘用车平台（适用于轿车、MPV、SUV）动力系统。产品结构简单，采用平行轴斜齿轮构造，成本低、噪声低、传动效率高、重量轻。

产品简介：DHT总成的主要技术规格

系列等级	电机输入扭矩 Nm	发动机输入扭矩 Nm	可匹配车型
小型动力耦合器	≤240	≤200	小型车
中型耦合器	240＜Tm≤320	200＜Te＜250	中型车
大型耦合器	320＜Tm≤500	250＜Te≤350	大型车

产品优点、亮点介绍：采用混联结构、电磁式离合器，节省布置空间，可带驻车机构，产品传动效率高、噪声低、重量轻、成本低、可系列化搭载。动力元件具有可靠性高、响应迅速、结构简单、体积小、功耗低、成本低的一系列优势。

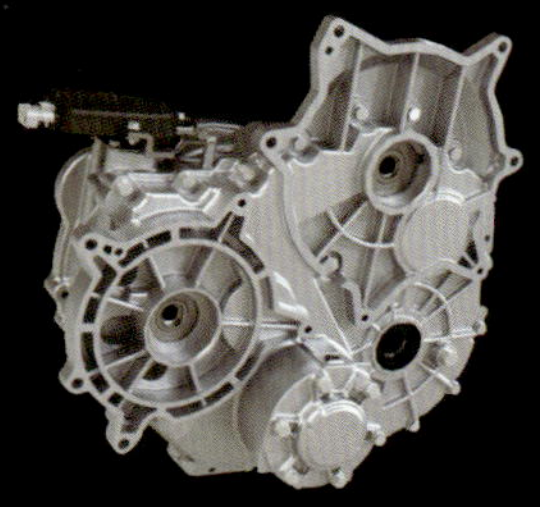

产品名称：DHT总成

型号：P1M35、P1M40系列耦合器

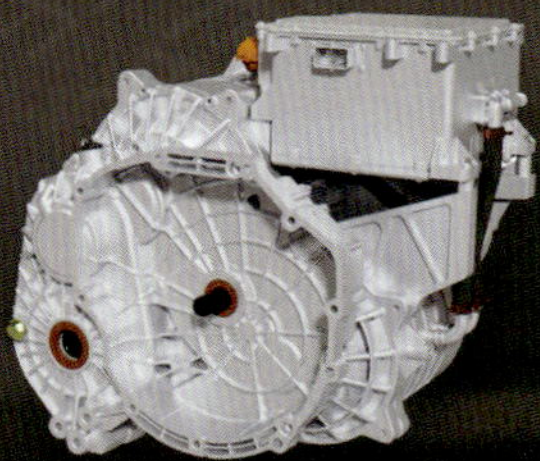

产品名称：增程器系统

型号：R1M25、R1M35

产品简介：增程器系统主要技术规格

系列等级	电机输入扭矩 N·m	发动机输入扭矩 N·m	可匹配车型
小型增程器系统	≤240	≤200	小型车
中型增程器系统	240＜Tm≤320	200＜Te＜250	中型车
大型增程器系统	320＜Tm≤500	250＜Te≤350	大型车

产品优点、亮点介绍：模块化集成、结构紧凑，齿轮采用平行轴结构，传动平稳、噪声低、效率高、质量轻，适用范围广。

产品简介：多合一电驱动系统主要技术规格

系列等级	轮边输出扭矩 Nm	可匹配车型
小型电驱动总成	≤2400	小型车
中型电驱动总成	2400＜Tm≤3200	中型车
大型电驱动总成	3200＜Tm≤5000	大型车

产品优点、亮点介绍：高度集成驱动电机、减速器、域控制器等、轻量化、整机效率高、定制化和平台化设计、成本低、SiC控制器。

产品名称：多合一电驱动系统

型号：D1M50

发动机：V6 3.0T发动机

型号：6G30T、6G30T2

产品简介：

机型		最大功率kW/(r·min⁻¹)	最大扭矩Nm/(r·min⁻¹)	最小比油耗 g/(kWh)
6G30T		206/5000~5500	420/1750~3500	250
6G30T2	性能版	260/5000~5500	510/1800~3500	225
	节能版（混合动力）	225/5000~5500	450/2000~3500	215

技术优势：大排量、高性能V6汽油发动机；全铝化设计，更轻量化；V型设计，更优的NVH、平顺性；米勒循环、水空中冷、集成排气歧管、高滚流比技术的运用，具有更低的油耗；双VGT增压，强劲的动力体验；特有的劣质油识别模块；满足国6b(RDE)排放；严苛的认证。

Aotecar®
奥特佳

奥特佳新能源科技股份有限公司创立于2002年，至今已有20年历史，是国内汽车热管理技术开发行业内具有国际竞争力的企业，是国内汽车热管理行业的主要参与者和技术开发者，在汽车热管理领域具有雄厚的科研创新能力和强大且均衡的制造能力，产销量世界排名位于前列。

公司拥有南京奥特佳、空调国际集团等多家全资子公司，拥有15家生产基地，分布中国、美国、欧洲、北非及东南亚地区，覆盖全国各地及世界各主要汽车发达市场，贴近主要客户。公司的主要客户涵盖了国内各大主流自主品牌汽车主机厂，以及通用、福特、Stellantis（标致-雪铁龙和菲亚特-克莱斯勒）、大众、捷豹-路虎及美国某著名电动车公司等。与客户牢固的业务纽带显示了奥特佳公司强有力的技术水平和产能供应能力，也奠定了业务可持续发展的基础。

截至2021年末，公司注册资本32.43亿元，总资产101亿余元，业务总收入51亿余元，雇员总数6000余人。公司的主营业务是汽车热管理系统及零部件的技术开发、产品生产及销售，主要产品包含汽车空调压缩机、汽车空调系统、储能电池热管理产品及其关键部件。各类产品均为技术精密、质量稳定、可靠耐用的精品，占有国内外广泛的市场份额。

奥特佳的主要产品和技术

E27式压缩机

E34式压缩机

8kW水冷机组

A+F HVAC

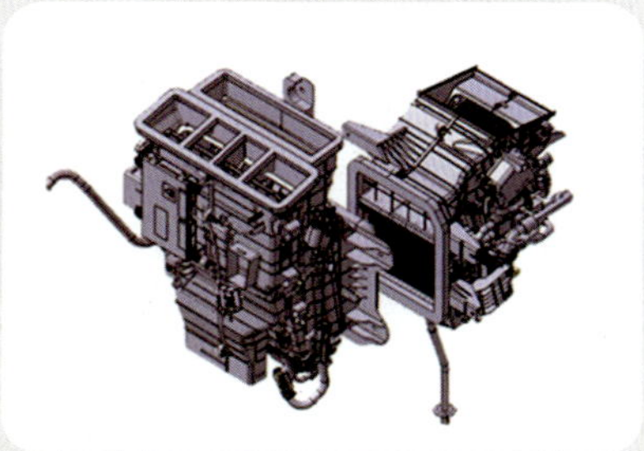

分体式热泵空调箱

PTC系统

E45TM(单级压缩)

EE4前端冷却模块总成

E70式压缩机

业界先进的生产和实验设备设施

空调国际气候风洞

能够模拟车辆空调和动力总成冷却所要求的完整，准确的测试道路和环境条件

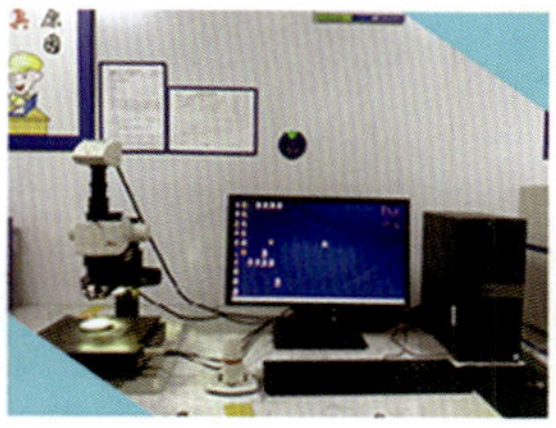

清洁度显微镜分析

莱卡显微分析系统
可分辨金属和非金属颗粒

振动试验台

可进行正弦振动和随机振动
频率：5~2500Hz、最大加速度：100g

电机测功机

额定功率：15kW，额定扭矩100Nm，最高转速18000r/min

氦检试验台

测量范围；1~1.01×105Pa
最大测试压力：50bar

性能试验台

可进行制冷、制热工况测试
测量范围：500 14000W

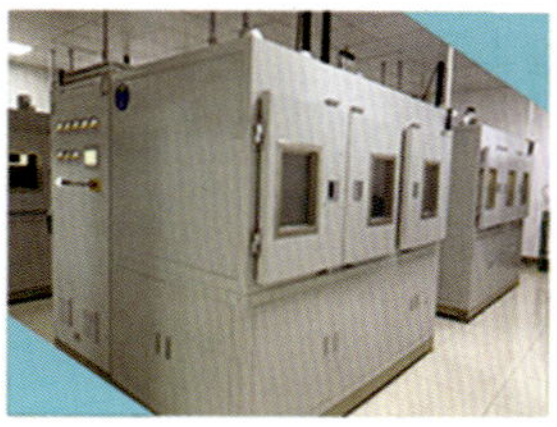

耐久试验台

可进行温度和转速交变试验
可进行高温高湿试验

高低温交变箱

高低温存储及交变湿热试验
压缩机可带负载进行温度试验

自动打钉

机器人自动拧紧，轨迹定位，自动供钉设备，多重控制手段，有效的降低不良

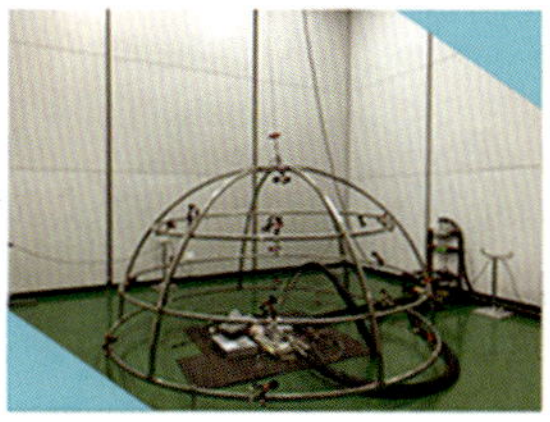

半消音室

背景噪声小于25dB (A)
可满足大众MQB平台要求

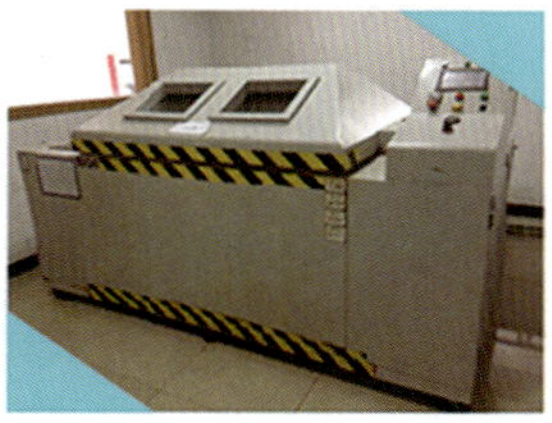

盐雾试验箱

中性盐雾试验箱
温度：10~65°C 湿度：25%~98%

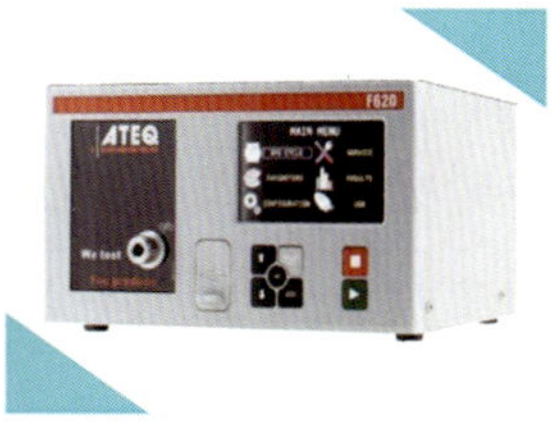

ATEQ气密检漏仪

可有效检测产品管路是否存在泄漏，并计算出泄漏率

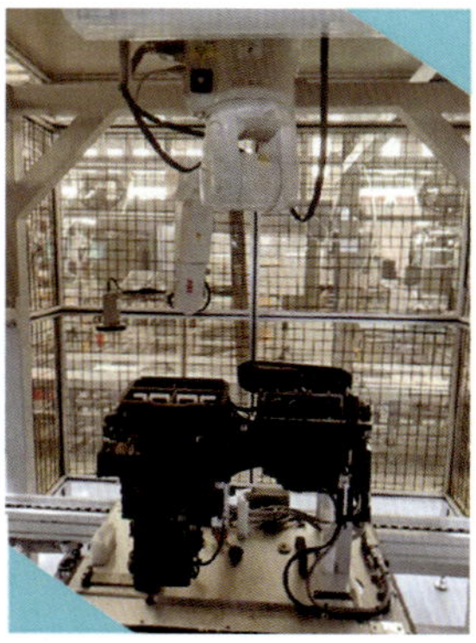

新产线机器人

在线自动拍照检测，PLC程序控制，100%检测，不良品从NG通道流出，拍照检测无接触，产品在检测过程不会产生不良

爆破压力试验台

最大输出压力：160bar

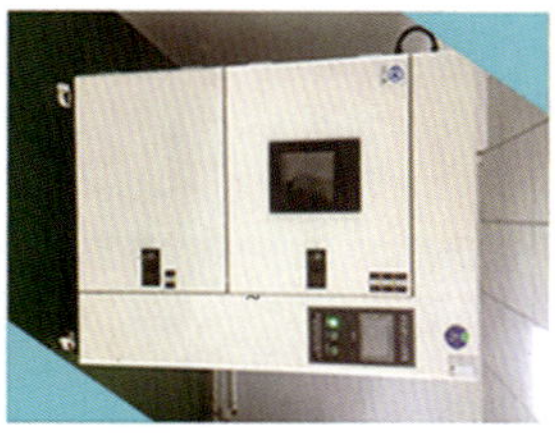

高低温冲击箱

温度冲击范围：-40°C~150°C
压缩机可带负载进行冲击试验

NVH数据采集

图中所示分别为：数采、麦克风、压力脉动、力锤和振动加速度传感器

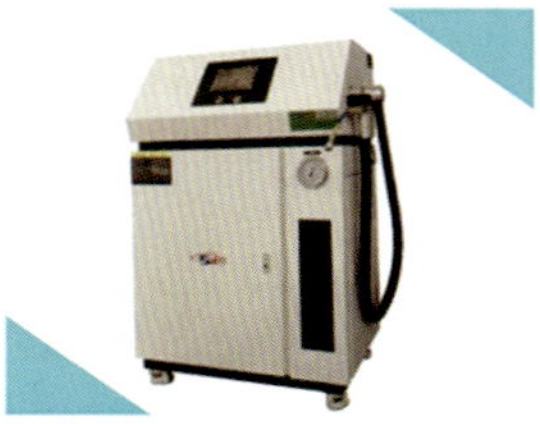

冷媒加注机

自动抽真空，并能快速将制冷剂充入产品内部，且加注精度可靠稳定

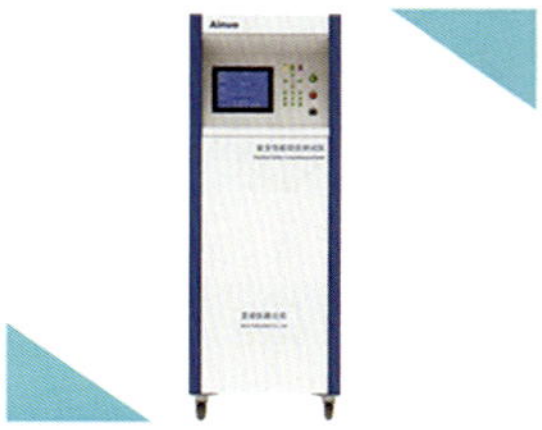

安规测试仪

集成了多种安全性能和电气性能的综合测试仪，能快速完成全功能检测

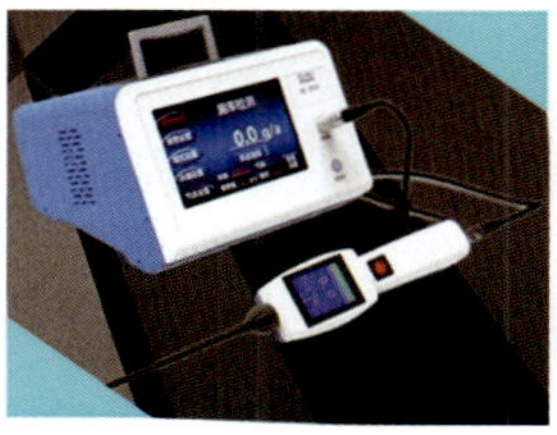

卤素检漏仪

可有效检测出产品充媒后制冷管路是否存在泄漏

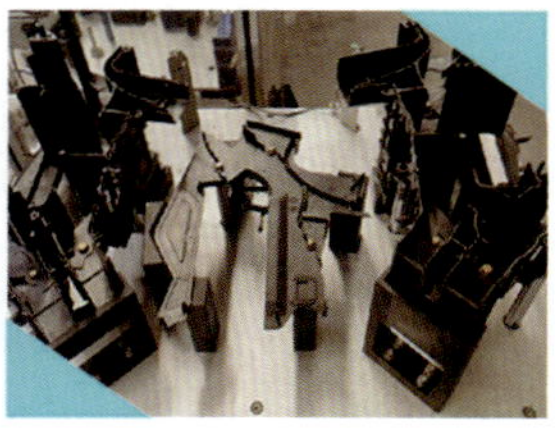

自动涂油设备

代替传统的人工涂油，实现更精确的涂油方式

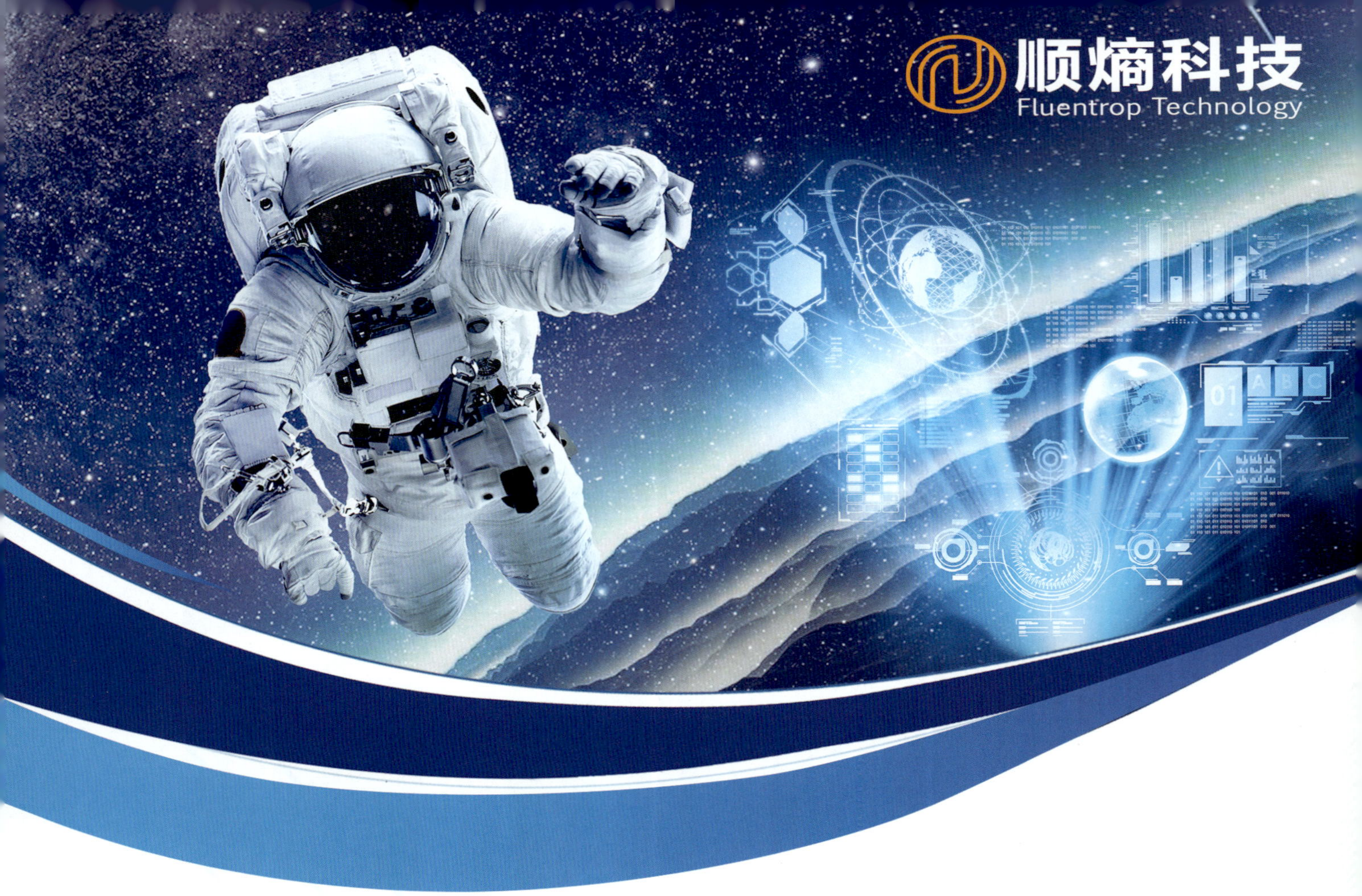

顺熵科技

Fluentrop Technology

F-39

企业简介 | COMPANY PROFILE

深圳市顺熵科技有限公司是一家热管理行业高科技公司，主要业务是研发、生产和销售高效传热器件及热管理系统
为客户提供优质热管理解决方案和技术。

公司创始人和首席执行官是国家特聘专家、热流体和微纳传热领域的国际知名专家。研发团队骨干包括多名高层次人才
在传热领域有几十年的研发经验，研发实力雄厚。公司在多个重要的应用领域中拥有多项自主的知识产权。生产测试设备齐
全，聚集了一大批在先进制造领域有丰富经验的技工人员，能保证核心器件的量产和热管理系统的计算和搭建。

以公司核心技术为基础开发的热管理系统可以解决绝大多数领域的散热难题，在信息通信（移动终端、数据中心、计算
工作站、基站等）、交通运输（新能源汽车、飞行器、船舶等）、能源（地热采集、氢能、储能、光伏等）、激光器、雷达
航空航天等领域具有极强的竞争力。

超薄均热板（厚度＜0.3mm）

5G手机均热板、AR/VR散热系统、智能穿戴设备散热系统、笔记本电脑散热系统等

服务器散热、储能电池、新能源汽车电池热管理等

储能电站热管理系统、数据中心热管理系统、动力电池热管理系统

电话：0755-61008594

邮箱：shunshang@shunshangkeji.com

邮编：518107

地址：深圳市光明区凤凰街道塘尾社区南太云创谷3栋1208

EVTD

F-40

上海翼飞天地电控科技有限公司，由日本NExT-e Solutions株式会社100%控股，专业研发电池管理系统（BMS）、锂电池均衡技术、电池梯次利用及终生管理服务、叉车等车载锂电池设备等。

400-8018-771

请关注公众号，了解更多信息

上海翼飞天地电控科技有限公司
SHANGHAI EVTD INC.
最终解释权归属上海翼飞天地电控科技有限公司

SUNWODA 欣旺达

股票名称：欣旺达

股票代码：300207

企业简介

1997年，欣旺达在深圳创立。历经二十余年，公司发展成为全球锂离子电池领域的优质企业，形成了3C消费类电池、智能硬件、电动汽车电池、能源科技、智能制造与工业互联网、第三方检测服务六大产业群，并致力于为社会提供更多绿色、快速、高效的新能源一体化解决方案。

电动汽车电池业务作为欣旺达产业布局的重点，于2008年正式启动。欣旺达电动汽车电池业务以电动汽车电池系统（电芯、模组、BMS和PACK）为产品核心，上游延伸到矿产原材料、电芯正负极材料等关键环节，下游延伸至电动汽车、储能电站、动力电池梯次利用等产业，形成了全产业链一体化的事业蓝图；欣旺达布局华南华东两大核心区域，主打安全竞争优势，坚持高端定位，目前已进入国内外知名车企供应链。

八大产业基地

广东深圳(宝安区总部)7万 m^2

广东深圳(光明区)12万 m^2

广东惠州　170万 m^2

印度新德里　4.5万 m^2

江苏南京　86万 m^2

浙江兰溪　40万 m^2

江西南昌　120万 m^2

山东枣庄　30万 m^2

混合动力汽车电池

欣旺达集中4年时间开发HEV动力汽车电池，产品经过500多项测试和验证，早于行业一年多实现SOP。拥有自主权利专利400余项，产品具有高性能、高安全、高可靠性等优势，位于行业前列。目前已获得包括柳汽、雷诺、日产、广汽等车企及动力总成商的定点。

HEV电芯

HEV模组

HEV CTP PACK

HEV BMS

纯电动汽车电池

在纯电动汽车电池方面，欣旺达聚焦客户需求，开发出三元、磷酸铁锂等优势产品，包含超级快充BEV系列、三元高比能BEV系列、经济型磷酸铁锂BEV系列三个品类。公司差异化聚焦BEV超级快充动力电池解决方案，该方案可实现10min充至80%，并搭载欣旺达5层安全设计的不起火技术方案。同时公司还积极布局长电芯、大模组、CTP及CTC等产品技术，以满足客户多样化需求。主要客户包括吉利、上汽通用五菱、东风柳汽、易捷特、东风乘用车等。

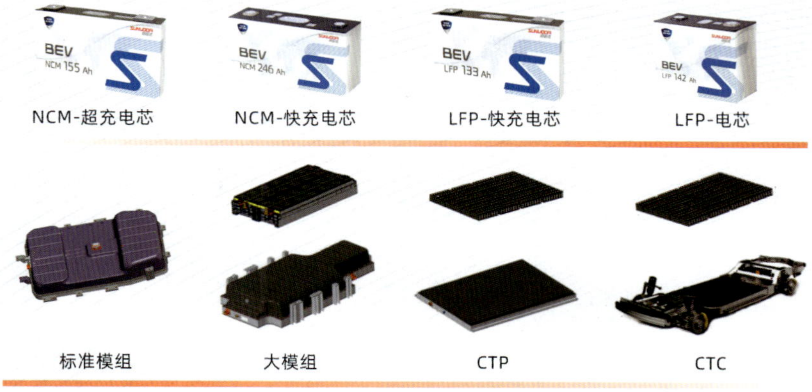

汽车电子

技术积累：12年的技术沉淀，五代BMS的迭代及量产经验

种类齐全：BEV、HEV、PHEV、48V、800V超充BMS、国产化BMS

安全可靠：国际先进的BMS方案，Aspice L2，功能安全ASILD，AutoSAR4.3

成熟稳定：累计20万出货量，可靠度高，失效率小于100PPM/24MaP

市场认可：主要客户包括广汽、上汽、雷诺、东风等国内外一线车企

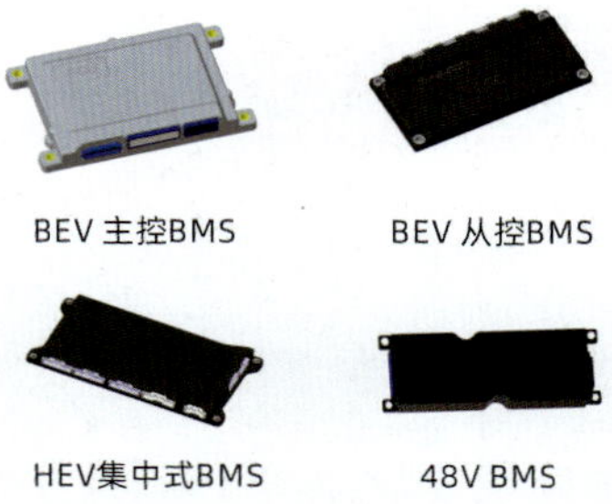

经营情况

欣旺达电子历年营收（单位：亿元）

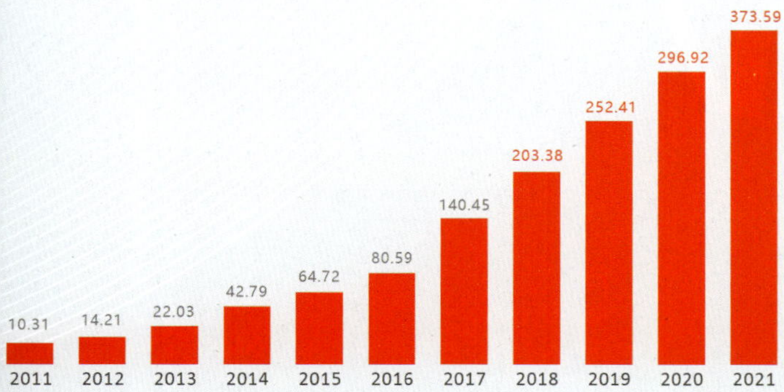

欣旺达动力电池历年营收（单位：亿元）

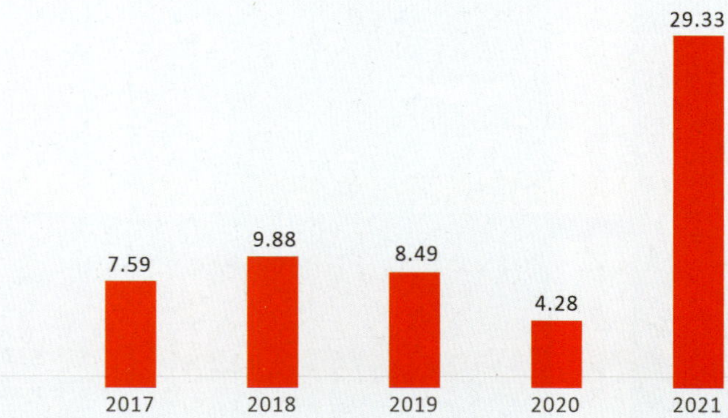

2021年
营收：374 亿元

2011—2021年
营收提升：36 倍

同比增长：
25.82 %

年复合增长率：
43.19 %

动力电池出货量
3.52 GWh

位居
国内TOP 10

HEV电芯应用量
20+万（NO.1 国内）

BEV电芯应用量
20+万

SVOLT 蜂巢能源

蜂巢能源科技股份有限公司

SVOLT Energy Technology Co., Ltd.

Green Energy Everywhe

让绿色能源触手可及

关于我们：

蜂巢能源科技股份有限公司总部位于江苏常州，是专业的锂离子电池系统提供商，专注于新能源汽车动力电池及储能电池系统的研发、生产和销售，可根据客户需求为其提供整体解决方案。公司秉持“因创新而前进”的企业精神，自主研发的无钴正极材料技术、超高速叠片工艺技术、“蜂云平台”监控系统等核心技术水平处于行业前列。2021年度动力电池装机量位居世界前十，国内前六。

产品品类：

蜂巢能源的产品包含方形电芯、圆柱电芯及软包电芯，覆盖乘用车、商用车、轻型车到储能领域的不同细分市场需求，致力于为国内外客户提供综合性的能源解决方案。

F-43

方形	顶出极柱	 EV MEB　PHEV VDA	NCM NCMA NMx LFP
	侧出极柱	 EV L-6	
圆柱	顶出极柱	 LEV 21*70 (mm)  EV 46x90 (mm) 尺寸根据客户需求 定制开发	NCM NMx
软包	侧出极柱	 HEV 4.8*206*85 (mm)	NCM

蜂巢能源科技股份有限公司
中国江苏省常州市金坛区鑫城大道 8899 号
WWW.SVOLT.CN
Info@svolt.cn

TE connectivity

TE Connectivity
新能源汽车解决方案

随着新能源汽车车内电压电流平台的升级，高电压高电流环境对各部件的性能要求更为苛刻。安全、可靠、高效的配电及传导成为新能源汽车整车安全的核心和关键。TE能为新能源汽车高压电路的连接、保护和管理提供全套解决方案。

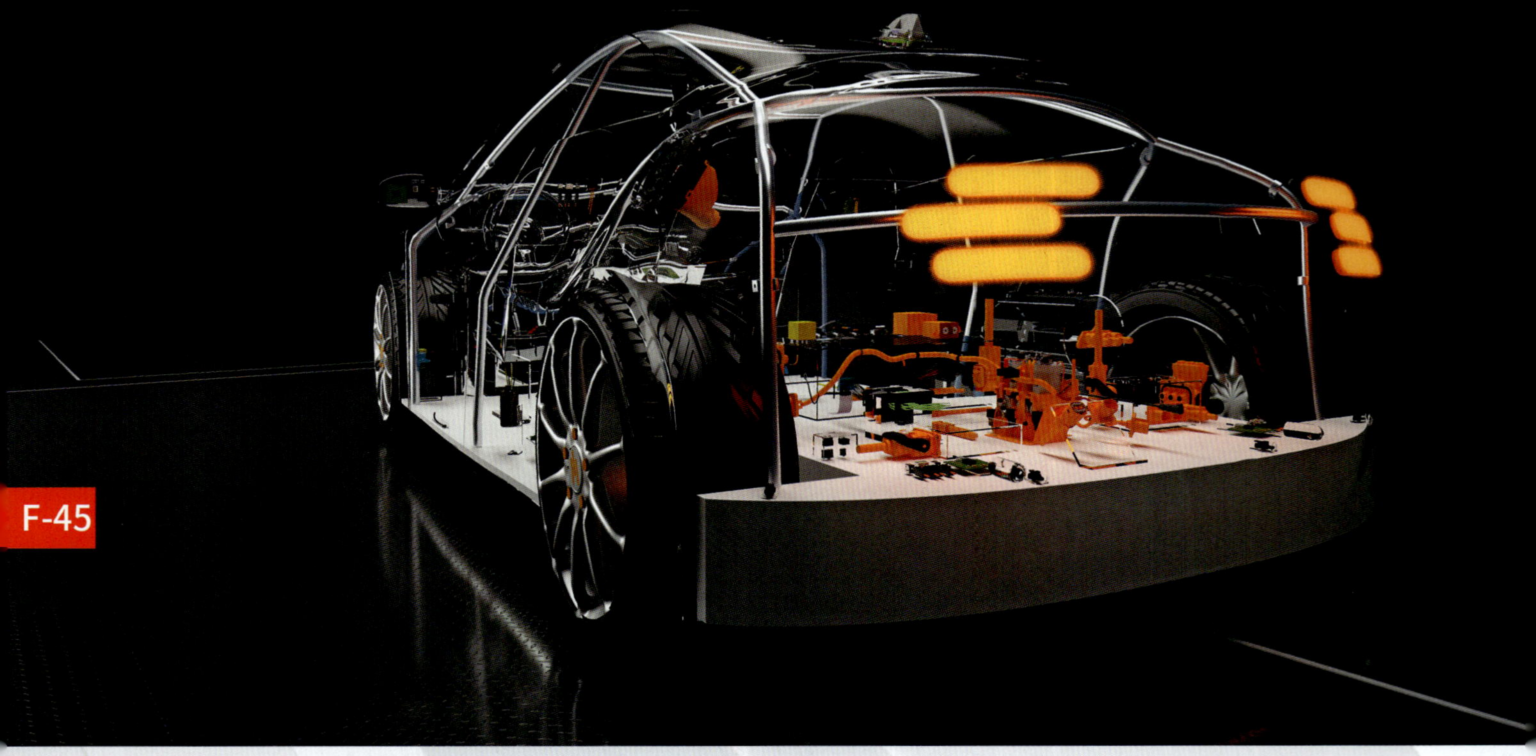

F-45

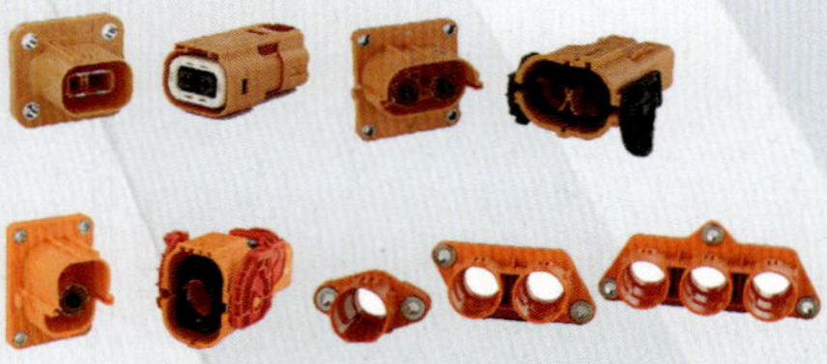

高压连接器及端子系列

符合国际汽车级标准的设计及验证要求（LV/USCAR），适用于严苛环境。

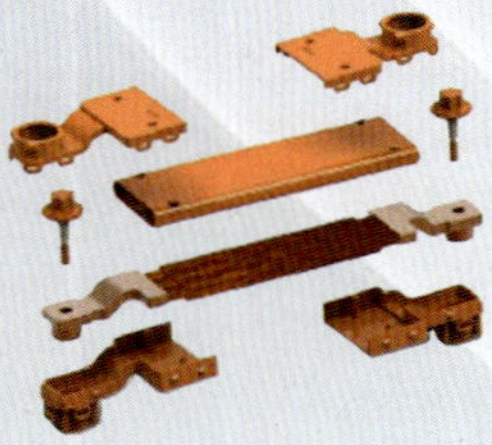

动力电池包解决方案

高度集成化的电芯及模块连接方案，可提供多种信号采样及保护方案。

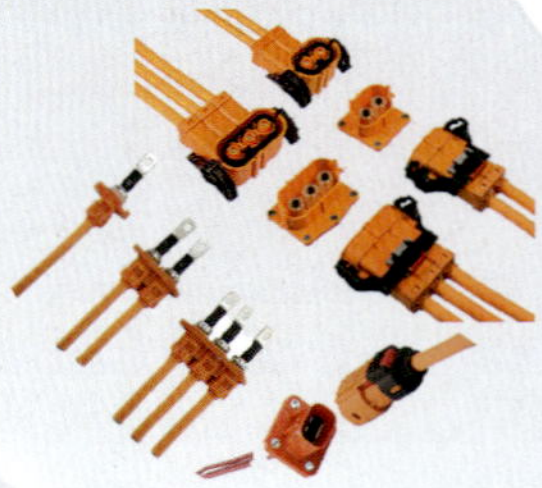

高压线束

可定制的高压屏蔽及非屏蔽线束方案。

高压接触器

创新性的非充气式和充气式高压接触器，提供持续稳定的载流性能及可靠的分断能力。

充电解决方案

集成高精度及快速响应的温度传感器方案，满足严苛的应用环境，产品结构便于组装及自动化生产。

扫一扫，关注TE汽车解决方案视频号

2022
节能与新能源汽车年鉴

YEARBOOK OF ENERGY-SAVING AND NEW ENERGY VEHICLES OF 2022

工业和信息化部装备工业发展中心
北京国能赢创能源信息技术有限公司　编
《节能与新能源汽车年鉴》编制办公室

中国铁道出版社有限公司
CHINA RAILWAY PUBLISHING HOUSE CO., LTD.

图书在版编目（CIP）数据

节能与新能源汽车年鉴. 2022/工业和信息化部装备工业发展中心，北京国能赢创能源信息技术有限公司，《节能与新能源汽车年鉴》编制办公室编. —北京：中国铁道出版社有限公司，2022. 10

ISBN 978-7-113-29803-6

Ⅰ. ①节… Ⅱ. ①工… ②北… ③节… Ⅲ. ①节能-新能源-汽车-中国-2022-年鉴 Ⅳ. ①U469. 7-54

中国版本图书馆 CIP 数据核字（2022）第 207876 号

书　　名：节能与新能源汽车年鉴 2022

作　　者：工业和信息化部装备工业发展中心　北京国能赢创能源信息技术有限公司　《节能与新能源汽车年鉴》编制办公室

策划编辑：罗桂英
责任编辑：田银香　　**编辑部电话：**（010）51873407　　**电子邮箱：**403195044@ qq. com
封面设计：崔丽芳
责任校对：孙　玫
责任印制：赵星辰

出版发行：中国铁道出版社有限公司（100054，北京市西城区右安门西街 8 号）
网　　址：http://www. tdpress. com
印　　刷：北京联兴盛业印刷股份有限公司
版　　次：2022 年 10 月第 1 版　2022 年 10 月第 1 次印刷
开　　本：889 mm×1 194 mm　1/16　印张：48. 75　插页：96　字数：2080 千
书　　号：ISBN 978-7-113-29803-6
定　　价：980. 00 元

2022年《节能与新能源汽车年鉴》编制委员会

一、顾　　问

姓　名	单　　位	职务/职称
欧阳明高	清华大学	教授、中国科学院院士
孙逢春	北京理工大学	教授、中国工程院院士
李　骏	中国汽车工程学会	理事长、中国工程院院士
李克强	清华大学	教授、中国工程院院士
衣宝廉	中国科学院大连化学物理研究所	研究员、中国工程院院士
甄子健	国家科学技术部高技术研究发展中心交通处	副处长
付炳锋	中国汽车工业协会	常务副会长兼秘书长
付于武	中国汽车工程学会	名誉理事长
张进华	中国汽车工程学会	常务副理事长兼秘书长
万鑫铭	中国汽车工程研究院股份有限公司	董事长兼总经理
吴志新	中国汽车技术研究中心有限公司	副总经理
安庆衡	中国汽车工业咨询委员会	主任
董　扬	中国汽车动力电池产业创新联盟	理事长
李万里	工业和信息化部	原产业政策司副巡视员

二、主　　任

姓　名	单　　位	职务/职称
郑贺悦	工业和信息化部装备工业发展中心	副主任

三、副 主 任

姓　名	单　　位	职务/职称
姚振智	工业和信息化部装备工业发展中心	副主任
刘法旺	工业和信息化部装备工业发展中心	总工
姚　勇	工信部装备工业发展中心产品审查处	处长
李方生	工信部装备工业发展中心监督管理处	处长
李国俊	工信部装备工业发展中心数据管理处	副处长
张国振	工信部装备工业发展中心科技创新处	副处长

四、特邀副主任(以姓氏笔画为序)

姓　名	单　　位	职务/职称
丁　涛	奥特佳新能源科技股份有限公司	总经理
万　蕾	华为技术有限公司	智能汽车解决方案 BU 政策与标准专利部部长
王　云	广东省大湾区集成电路与系统应用研究院	常务副院长
王　芳	中国汽车技术研究中心有限公司	首席科学家
王　钊	质子汽车科技有限公司	总经理
王子冬	中国汽车动力电池产业创新联盟	副秘书长 & 研究员
王伟达	北京理工大学机械与车辆学院	副院长
王丽芳	中国科学院电工研究所	研究员
王贺武	清华大学车辆与运载学院	副研究员
王晓刚	北京市商汤科技开发有限公司	研究院院长
尤　峥	东风汽车集团有限公司	副总经理
邓承浩	重庆长安新能源汽车科技有限公司	总经理
左伏桃	上海淞泓智能汽车科技有限公司	总经理
卢　放	岚图汽车科技有限公司	总经理

代康伟	北京新能源汽车股份有限公司	党委副书记、总经理
曲红梅	启明信息技术股份有限公司	总经理
任广辉	中科意创(广州)科技有限公司	总经理
任建国	贝特瑞新材料集团股份有限公司	总经理
华　黎	上海奥威科技开发有限公司	董事长
庄　莉	镁佳(北京)科技有限公司	CEO
刘　媛	上海电器设备检测所有限公司	常务总经理
刘双合	风帆有限责任公司	总经理
刘永东	中国电力企业联合会标准化管理中心	主任
刘志佳	合众新能源汽车有限公司	高级副总裁
刘厚林	中车时代电动汽车股份有限公司	总工程师
安　旭	苏州斯莱克精密设备股份有限公司	董事长
安聪慧	浙江极氪智能科技有限公司	CEO
许　林	赛力斯汽车有限公司	轮值总裁
孙大兴	广汽丰田汽车有限公司	副总经理
孙亚夫	北京千方科技股份有限公司	副总裁
孙华军	弗迪电池有限公司	副总经理
孙晓光	泰科电子(上海)有限公司	总经理
贡　俊	国家电动汽车电驱动系统全产业链技术创新战略联盟	理事长
严　刚	国汽(北京)智能网联汽车研究院有限公司	总经理
芦海涛	中电车联信安科技有限公司	总经理
苏　亮	厦门金龙联合汽车工业有限公司	客车工程研究院院长
李　泓	中国科学院物理研究所	研究员
李　想	重庆理想汽车有限公司	董事长兼 CEO
李立国	中国电动重卡换电产业促进联盟	秘书长
李红艳	浙江吉利新能源商用车集团有限公司	商用车研究院副院长
李高鹏	宇通客车股份有限公司	新能源研究院院长
李朝斌	中汽院智能网联汽车检测中心(湖南)有限公司	总经理
杨　烨	奥动新能源汽车科技有限公司	副总裁
杨红新	蜂巢能源科技股份有限公司	董事长
杨泽云	广东国鸿氢能科技股份有限公司	总经理
肖　峰	北奔重型汽车集团有限公司	新能源事业部(分公司)总经理
肖成伟	中国电子科技集团公司第十八研究所	研究员
吴　冰	飞凡汽车科技有限公司	总经理
吴　凯	宁德时代新能源科技股份有限公司	研发体系联席总裁
吴怀主	东风商用车有限公司	研发副总经理
何广利	国家能源集团北京低碳清洁能源研究院	新能源技术中心副主任
何云堂	中国汽车技术研究中心有限公司	标准化研究所高级总监
邹大中	南方电网电动汽车服务有限公司	董事长
闵照源	招商局检测车辆技术研究院有限公司	总经理
沈　峰	上海蔚来汽车有限公司	执行副总裁
沈剑平	上海机动车检测认证技术研究中心有限公司	党委书记、总经理
沈浩明	上海汽车集团股份有限公司	技术管理部副总经理
张　放	北京智行者科技有限公司	联合创始人/研发 leader
张义国	宇通商用车有限公司	总经理
张立军	同济大学汽车学院	院长
张立强	阿尔特汽车技术股份有限公司	总经理
张春晖	斑马网络技术有限公司	联席 CEO
陈　俊	华人运通控股(上海)有限公司	CTO
陈　勇	河北工业大学机械工程学院	教授、博导
林　杰	领克汽车销售有限公司	总经理
林　琦	上海重塑能源集团股份有限公司	董事长兼 CEO
林长波	东风柳州汽车有限公司	乘用车技术中心总经理助理

郝国平	恩斯克投资有限公司	总经理
金川辉	科力美汽车动力电池有限公司	副总经理
周　辉	北京理工华创电动车技术有限公司	总经理
孟宪明	中国汽车技术研究中心有限公司	轻量化专家
赵树廉	中国汽车工程研究院股份有限公司	技术总监
赵福全	清华大学车辆与运载学院	教授
钟玉伟	玉柴芯蓝新能源动力科技有限公司	董事长
钟发平	湖南科力远新能源股份有限公司	总经理
侯　明	中国科学院大连化学物理研究所	研究员
袁小林	沃尔沃汽车亚太投资控股有限公司	亚太区总裁
夏　添	白犀牛智达(北京)科技有限公司	CTO
夏顺礼	安徽江淮汽车集团股份有限公司	新能源乘用车公司总经理
凌和平	比亚迪汽车工业有限公司	工程研究院副院长
展　新	东风柳州汽车有限公司	商用车技术中心总经理助理
黄　刚	中国移动上海产业研究院	副总经理
黄国强	上海加冷松芝汽车空调股份有限公司	副总裁
黄学杰	中国科学院物理研究所	研究员
黄建中	昆山斯沃普智能装备有限公司	董事长
曹　斌	东软睿驰汽车技术(上海)有限公司	总经理
鹿政华	北汽福田汽车股份有限公司	副总裁
章　桐	同济大学新能源汽车工程中心	主任
彭　龙	四川新筑通工汽车有限公司	总经理
廉玉波	比亚迪汽车工业有限公司	副总裁
裴　锋	广州巨湾技研有限公司	总裁
潘坚伟	武汉路特斯科技有限公司	CTO

五、特邀委员

1. 各地方政府部门(以姓氏笔画为序)

王　琳	淄博市工业和信息化局
王学峰	黑龙江省工业和信息化厅
王春水	重庆市经济和信息化委员会
王海峰	甘肃省工业和信息化厅
文　彬	成都市经济和信息化局
文海生	济南市工业和信息化局
尹　春	郑州市工业和信息化局
叶晓华	金华市发展和改革委员会
白布刚	河南省工业和信息化厅
朱小建	佛山市发展和改革局
朱洪波	宁波市经济和信息化局
乔丽刚	山西省工业和信息化厅
刘　珂	四川省经济和信息化厅
刘志洲	河北省工业和信息化厅
刘建国	湖北省机械行业联合会、湖北省汽车产业技术创新联盟
刘新星	新疆维吾尔自治区工业和信息化厅
杜军国	陕西省工业和信息化厅
李　莉	新乡市工业和信息化局
李林清	武汉市经济和信息化局
杨云贵	南通市交通运输局
杨茂盛	内蒙古自治区工业和信息化厅
杨洪旭	天津市工业和信息化局
杨鹏飞	福建省工业和信息化厅
何志梅	深圳市工业和信息化局
余　伟	广州市发展和改革委员会
余锡权	深圳市工业和信息化局
冷新法	潍坊市工业和信息化局
张　平	苏州市工业和信息化局
张晓辉	襄阳市经济和信息化局
陈　宏	长春市工业和信息化局
陈可乐	上海市经济和信息化委员会
陈永浩	吉林省工业和信息化厅
邵先平	青岛市工业和信息化局
林　敏	海南省工业和信息化厅
郑　岩	辽宁省工业和信息化厅
郑荣东	盐城市工业和信息化局
项长权	贵州省工业和信息化厅
赵　嘉	天津市工业和信息化局
胡　奎	浙江省发展和改革委员会
段洪涛	大连市工业和信息化局
保建彬	云南省工业和信息化厅
姜广智	北京市经济和信息化局
秦晓华	无锡市工业和信息化局
耿江波	扬州市工业和信息化局
徐国良	苏州市工业和信息化局
高　扬	沈阳市工业和信息化局
郭玉臣	南京市工业和信息化局
黄学工	湖南省工业和信息化厅
彭　超	江西省工业和信息化厅
靖士宽	山东省工业和信息化厅
熊斌谦	江苏省工业和信息化厅
魏兆宏	杭州市经济和信息化局

2. 企事业单位(以姓氏笔画为序)

丁　刚　启航汽车有限公司
于　民　北京亿华通科技股份有限公司
于树怀　江苏奥易克斯汽车电子科技股份有限公司
万　琳　安徽绿舟科技有限公司
马东辉　重庆理想汽车有限公司
王　旭　中汽研汽车检验中心(广州)有限公司
王　凯　华为技术有限公司
王　凯　广东省大湾区集成电路与系统应用研究院
王　超　北京主线科技有限公司
王　锋　山东省产品质量检验研究院
王　磊　舜泰汽车有限公司
王　翀　北京百度智行科技有限公司
王永强　飞凡汽车科技有限公司
王先锋　邦迪智能科技(上海)有限公司
王华武　东风商用车有限公司
王江东　中认车联网技术服务(深圳)有限公司
王红霞　格力钛新能源股份有限公司
王志坤　蜂巢能源科技股份有限公司
王坤俊　中车时代电动汽车股份有限公司
王国栋　北汽瑞翔汽车有限公司
王和平　武汉菱电汽车电控系统股份有限公司
王晓刚　北京市商汤科技开发有限公司
王晔菁　华人运通控股(上海)有限公司
王善超　东风柳州汽车有限公司
井上英治　电装(中国)投资有限公司
牛铭奎　浙江方正电机股份有限公司
毛丽红　极星汽车销售有限公司
公维洁　国汽(北京)智能网联汽车研究院有限公司
方艳平　珠海华粤传动科技有限公司
邓正维　浙江吉利新能源商用车集团有限公司
邓志伟　蘑菇车联信息科技有限公司
邓跃跃　特百佳动力科技有限公司
卢　苗　中科意创(广州)科技有限公司
卢　毅　奥动新能源汽车科技有限公司
卢炽华　佛山仙湖实验室
叶恒辛　河南航瑞电子科技有限公司
田　丰　北京市商汤科技开发有限公司
田飞云　三一汽车制造有限公司
付　祺　深圳市力辉电机有限公司
丛　林　山东省产品质量检验研究院
曲卫东　长春汽车检测中心有限责任公司
朱　毅　江西五十铃汽车有限公司
朱立洲　宁波江宸智能装备股份有限公司
朱永刚　深圳市顺熵科技有限公司
朱旻杰　泰科电子(苏州)有限公司
乔　丽　上海市新能源汽车公共数据采集与监测研究中心
华剑锋　四川新能源汽车创新中心有限公司
向文玲　东软睿驰汽车技术(上海)有限公司
向守兵　北京索德电气工业有限公司
全　琎　武汉海亿新能源科技有限公司
全书海　武汉理工大学自动化学院
庄　志　上海恩捷新材料科技有限公司
刘　威　赛力斯汽车有限公司
刘　航　中电车联信安科技有限公司
刘　颖　沃尔沃汽车亚太投资控股有限公司
刘玉国　苏州英特模汽车科技有限公司
刘轼介　深圳市未来智能网联交通系统产业创新中心
刘跃峰　陕西法士特汽车传动集团有限责任公司
刘增气　长春吉大正元信息技术股份有限公司
安仲勋　上海奥威科技开发有限公司
孙　超　深圳市未来智能网联交通系统产业创新中心
孙一焱　苏州氢澜科技有限公司
孙月雷　莱茵检测认证服务(中国)有限公司
远勤山　大运汽车股份有限公司
苏玥琦　南京博裕物联科技有限公司
杜长虹　重庆长安新能源汽车科技有限公司
杜棋忠　重庆海德世拉索系统(集团)有限公司
李　坦　武汉路特斯科技有限公司
李　珂　优品汽车服务集团有限公司
李　勋　南方电网电动汽车服务有限公司
李　亮　北京英创汇智汽车技术有限公司
李　彪　河南凯瑞车辆检测认证中心有限公司
李　晨　合肥阳光电动力科技有限公司
李开顺　亚新科工业技术(北京)有限公司
李汉斌　新源动力股份有限公司
李曲明　广汽三菱汽车有限公司
李余江　扬州嘉和新能源科技有限公司
李环宇　柳州五菱柳机动力有限公司
李宝民　扬州嘉和新能源科技有限公司
李宗华　重庆长安新能源汽车科技有限公司
李重洋　长沙矿冶研究院有限责任公司
李晓锦　中国科学院青岛生物能源与过程研究所
李菁菁　奥动新能源汽车科技有限公司
李普明　国家汽车质量监督检验中心(襄阳)
　　　　国家智能网联汽车质量监督检验中心(湖北)
　　　　国家燃料电池汽车质量监督检验中心(筹)
　　　　襄阳达安汽车检测中心有限公司
杨　敏　上海电气集团股份有限公司中央研究院
杨思枏　辉能科技股份有限公司
杨剑波　成都客车股份有限公司
肖文建　广东汽车检测中心有限公司
肖阳珂　镁佳(北京)科技有限公司
时军辉　北京理工华创电动车技术有限公司
吴　杰　博众精工科技股份有限公司
吴　鹏　襄阳达安汽车检测中心有限公司
吴小林　中信泰富特钢集团股份有限公司
吴元锡　北京千方科技股份有限公司
吴旭东　同济大学汽车学院
吴俊贤　上海淞泓智能汽车科技有限公司
别　雪　上海蔚来汽车有限公司
何　明　紫光国芯微电子股份有限公司
余　康　无锡中车浩夫尔动力总成有限公司
汪建球　中国移动上海产业研究院
汪晓健　上海汽车集团股份有限公司
沈　珺　浙江吉利控股集团有限公司
张　希　上海交通大学机械与动力工程学院
张　健　安徽明天氢能科技股份有限公司
张　锋　北京东方中科集成科技股份有限公司
张　巍　合肥国轩高科动力能源有限公司
张亚萍　湖南领湃达志科技股份有限公司
张华中　国家汽车电气化产品及系统质量检验检测中心
张舟云　上海电驱动股份有限公司
张欢欢　安徽江淮汽车集团股份有限公司
张寿波　弗迪电池有限公司

张迎乐　合创汽车科技有限公司
张珊珊　奇瑞万达贵州客车股份有限公司
张剑锋　中信泰富特钢集团股份有限公司
张晓东　北奔重型汽车集团有限公司
张静一　清华大学车辆与运载学院
张耀华　深圳市有为信息技术发展有限公司
陆锋平　上海翼飞天地电控科技有限公司
陈　瑛　上海华虹宏力半导体制造有限公司
陈　锋　东莞市金通达机械有限公司
陈　路　四川新筑通工汽车有限公司
陈大鹏　无锡物联网创新中心有限公司
陈天妮　上海神舟精宜汽车制造有限公司
陈孙艺　福建艺达电驱动股份有限公司
陈思英　领克汽车销售有限公司
陈顺东　安徽安凯汽车股份有限公司
陈浩舟　南方电网电动汽车服务有限公司
陈皓利　大运汽车股份有限公司
苗小丽　上海奥威科技开发有限公司
苑金香　协鑫能源科技股份有限公司
范方祝　昆山斯沃普智能装备有限公司
范超群　玉柴芯蓝新能源动力科技有限公司
林　明　宇通客车股份有限公司
林桂江　厦门新页集团有限公司
郁红忠　赣州亿鹏能源科技有限公司
国　微　上海重塑能源科技有限公司
罗　丽　广东省大湾区集成电路与系统应用研究院
金　亮　南斗六星系统集成有限公司
金水祥　北京六分科技有限公司
周　莉　中车时代电动汽车股份有限公司
周　锋　东风汽车集团股份有限公司
周　强　西安领充创享新能源科技有限公司
周　靖　浙江亿咖通科技有限公司
周卫平　上海华虹宏力半导体制造有限公司
周安健　重庆长安新能源汽车科技有限公司
郑隽一　万帮数字能源股份有限公司
单丰武　江西江铃集团新能源汽车有限公司
单金秀　苏州斯莱克精密设备股份有限公司
孟祥峰　宁德时代新能源科技股份有限公司
赵　迁　中国汽车工程学会战略研究院
赵　斌　广州粤芯半导体技术有限公司
赵尚义　柳州五菱汽车工业有限公司
赵经纬　九江天赐高新材料有限公司
胡　超　中兴新能源科技有限公司
胡小波　深圳市镭神智能系统有限公司
胡国民　南京康尼新能源汽车零部件有限公司
钟高建　峰范新能源汽车技术(太仓)有限公司
段进宇　深圳市未来智能网联交通系统产业创新中心
侯　煜　河南航瑞电子科技有限公司
须　亮　风帆有限责任公司
俞会根　北京卫蓝新能源科技有限公司
施文会　开沃新能源汽车集团股份有限公司
姜　维　中汽院智能网联汽车检测中心(湖南)有限公司
宣智渊　云控智行科技有限公司
姚安仁　天津大学内燃机燃烧学国家重点实验室
秦志东　北汽福田汽车股份有限公司
秦根才　宇通商用车有限公司
袁　泉　启明信息技术股份有限公司
袁　俊　奥升德功能材料(上海)有限公司
袁庆民　西安领充创享新能源科技有限公司
贾　伟　中汽研新能源汽车检验中心(天津)有限公司
顾　庆　易易互联科技有限公司
晁鹏翔　质子汽车科技有限公司
徐　云　浙江极氪智能科技有限公司
徐　真　爱德曼氢能源装备有限公司
徐小明　江西安驰新能源科技有限公司
徐梁飞　清华大学车辆与运载学院
殷　文　四川南骏汽车集团有限公司
翁文祥　浙江方圆检测集团股份有限公司
高　磊　宁波江宸智能装备股份有限公司
高　毅　南通金予博信智能科技有限公司
高海宇　德燃(浙江)动力科技有限公司
郭　俊　广州领世汽车科技有限公司
郭　鹏　上海启源芯动力科技有限公司
郭元涛　阿尔特汽车技术股份有限公司
席忠民　广汽埃安新能源汽车股份有限公司
唐　宇　中国汽车工程研究院股份有限公司
唐晓琳　北京索德电气工业有限公司
唐湘波　广州巨湾技研有限公司
涂永辉　柳州五菱柳机动力有限公司
涂有龙　中国电动重卡换电产业促进联盟
陶　伟　湖南科力远新能源股份有限公司
黄　果　东方电气(成都)氢燃料电池科技有限公司
黄光继　加特可(广州)自动变速箱有限公司
黄连生　大福(中国)自动化设备有限公司天津分公司
黄金全　厦门新页集团有限公司
黄建军　国家汽车质量检验检测中心(广西)
曹　飞　招商局检测车辆技术研究院有限公司
曹　琛　北京新能源汽车股份有限公司
曹玉欣　贵州红星电子材料有限公司
崔星灿　黑龙江省交投智能网联汽车产业创新有限公司
梁　锐　欣旺达电子股份有限公司
梁　锐　上海 ABB 工程有限公司
彭永伦　北京市产品质量监督检验研究院
葛荣军　广东喜玛拉雅氢能科技有限公司
董庆银　清华大学环境学院
焦召强　中航光电科技股份有限公司
谢　双　苏州汇川联合动力系统有限公司
谢　辉　天津大学内燃机燃烧学国家重点实验室
谢丰海　赣州市豪鹏科技有限公司
蓝树槐　上海治臻新能源装备有限公司
裘文伟　宁波舜宇车载光学技术有限公司
雷　新　岚图汽车科技有限公司
蔡　娜　毫末智行科技有限公司
熊井泉　中兴新能源科技有限公司
熊甜波　比亚迪股份有限公司
缪雪中　浙江新吉奥控股集团有限公司
潘文军　东风柳州汽车有限公司
戴建侠　张家港友诚新能源科技股份有限公司
戴振坤　绿传(北京)汽车科技股份有限公司
魏学哲　同济大学新能源汽车工程中心
魏跃远　北京新能源汽车股份有限公司
魏敏华　奥动新能源汽车科技有限公司

2022年《节能与新能源汽车年鉴》特约编辑

1. 各地方政府部门(以姓氏笔画为序)

王　晶	武汉市经济和信息化局
王小龙	重庆市经济和信息化委员会
王永强	济南市工业和信息化局
王晓宁	淄博市工业和信息化局
王雪东	盐城市工业和信息化局
韦　扬	扬州市工业和信息化局
曲　波	江西省工业和信息化厅
乔　洋	内蒙古自治区工业和信息化厅
闫世光	沈阳市工业和信息化局
安　强	新疆维吾尔自治区工业和信息化厅
安子祎	甘肃省工业和信息化厅
孙师迪	南京市工业和信息化局
杜雷军	湖北省机械行业联合会 湖北省汽车产业技术创新联盟
李　妍	四川省经济和信息化厅
李　辉	苏州市工业和信息化局
李新涛	吉林省工业和信息化厅
杨　运	襄阳市经济和信息化局
杨　斌	福建省工业和信息化厅
杨世兵	宁波市经济和信息化局
杨晓春	河北省工业和信息化发展研究院
吴志全	北京市经济和信息化局
余鑫星	浙江省发展和改革委员会
邹海鹏	江苏省工业和信息化厅
宋英伟	大连市工业和信息化局
张　凡	无锡市工业和信息化局
张玉栋	河南省工业和信息化厅
张松苍	黑龙江省工业和信息化厅
陈　琳	佛山市发展和改革局
陈世辉	深圳市工业和信息化局
陈梦群	青岛市工业和信息化局
苗　群	潍坊市工业和信息化局
易三平	深圳市工业和信息化局
易再尧	广州市发展和改革委员会
金敏光	云南省工业和信息化厅
周伟蒙	广西壮族自治区工业和信息化厅
郑　斌	安徽省经济和信息化厅
赵　刚	山东省工业和信息化厅
赵慕然	上海市经济和信息化委员会
贺晋伟	山西省工业和信息化厅
夏立斌	湖南省工业和信息化厅
倪　坤	金华市发展和改革委员会
徐　涛	海南省工业和信息化厅
徐东辉	郑州市工业和信息化局
徐鹏远	辽宁省工业和信息化厅
高　宇	陕西省工业和信息化厅
高　婴	成都市经济和信息化局
靳鲁泉	宁波市经济和信息化局

2. 企事业单位(以姓氏笔画为序)

丁嘉乐	北奔重型汽车集团有限公司
于焕英	北京理工华创电动车技术有限公司
马天翼	中国汽车技术研究中心有限公司
马仁泽	上海蔚来汽车有限公司
马晓宇	广东汽车检测中心有限公司
马喜伟	电装(中国)投资有限公司
王　平	北京六分科技有限公司
王　幸	优品汽车服务集团有限公司
王才振	南京康尼新能源汽车零部件有限公司
王凤石	江苏奥易克斯汽车电子科技股份有限公司
王凤媛	科力美汽车动力电池有限公司
王永刚	特百佳动力科技有限公司
王安贵	四川新筑通工汽车有限公司
王诗敏	合创汽车科技有限公司
王晓雯	苏州英特模汽车科技有限公司
王梦露	南京博裕物联科技有限公司
王嘉星	大福(中国)自动化设备有限公司天津分公司
王薇薇	招商局检测车辆技术研究院有限公司
韦　倩	奇瑞万达贵州客车股份有限公司
邓清鹏	重庆长安新能源汽车科技有限公司
艾　超	北京卫蓝新能源科技有限公司
石　磊	南通金予博信智能科技有限公司
田　丰	北京市商汤科技开发有限公司
田宏团	长春吉大正元信息技术股份有限公司
冯少龙	合肥阳光电动力科技有限公司
冯绵枝	广东省大湾区集成电路与系统应用研究院
司书哲	舜泰汽车有限公司
吕　斌	质子汽车科技有限公司
吕　鹏	阿尔特汽车技术股份有限公司
朱　聃	上海交通大学机械与动力工程学院
朱武喜	厦门金龙联合汽车工业有限公司
朱彦元	深圳市顺熵科技有限公司
任卫群	东风商用车有限公司
华春雷	重庆理想汽车有限公司
向在喜	苏州斯莱克精密设备股份有限公司
邬家林	中电车联信安科技有限公司
刘　洋	上海恩捷新材料科技有限公司
刘小芹	厦门新页集团有限公司
刘云峰	广州粤芯半导体技术有限公司
刘文奇	中国科学院青岛生物能源与过程研究所
刘仕强	中国汽车技术研究中心有限公司
刘加来	易易互联科技有限公司

刘丽芳　上海启源芯动力科技有限公司
刘宝江　博众精工科技股份有限公司
刘艳秋　北京亿华通科技股份有限公司
刘晓萌　北京新能源汽车股份有限公司
闫　海　上海电气集团股份有限公司中央研究院
闫延斌　武汉菱电汽车电控系统股份有限公司
闫海杰　河南航瑞电子科技有限公司
江　虎　泰科电子(上海)有限公司
安　航　浙江亿咖通科技有限公司
许　忠　深圳市有为信息技术发展有限公司
孙　丰　上海 ABB 工程有限公司
孙雪莲　中国移动上海产业研究院
孙楠溪　南方电网电动汽车服务有限公司
苏青福　云控智行科技有限公司
苏晓霞　华为技术有限公司
杜　蓉　宇通商用车有限公司
杜晓佳　北京索德电气工业有限公司
杜魁善　比亚迪汽车工业有限公司
李　叶　镁佳(北京)科技有限公司
李　静　奥特佳新能源科技股份有限公司
李佩佩　合众新能源汽车有限公司
李晓芳　上海机动车检测认证技术研究中心有限公司
李瑞雪　南斗六星系统集成有限公司
杨　希　深圳 ABB 电动交通科技有限公司
杨　明　华人运通控股(上海)有限公司
杨　敏　成都客车股份有限公司
杨　潇　柳州五菱柳机动力有限公司
杨广生　启航汽车有限公司
杨东升　泰科电子(上海)有限公司
杨宇婷　上海华虹宏力半导体制造有限公司
杨荣红　东莞市金通达机械有限公司
杨彦鼎　东风汽车集团有限公司
杨程宇　柳州五菱汽车工业有限公司
肖才杰　深圳市力辉电机有限公司
肖美玲　广州领世汽车科技有限公司
吴　俊　安徽安凯汽车股份有限公司
吴　艳　同济大学汽车学院
何丁丁　江西安驰新能源科技有限公司
余红涛　泰科电子(上海)有限公司
谷天航　弗迪电池有限公司
谷春燕　宁波舜宇车载光学技术有限公司
辛　勇　山东省产品质量检验研究院
沙红军　扬州嘉和新能源科技有限公司
沈　懿　无锡中车浩夫尔动力总成有限公司
沈轶清　上海翼飞天地电控科技有限公司
张　红　风帆有限责任公司
张　彤　科力远混合动力技术有限公司
张　琦　贵州红星电子材料有限公司
张　鹏　北京亿华通科技股份有限公司
张小信　上海淞泓智能汽车科技有限公司
张文杰　上海市新能源汽车公共数据采集与监测研究中心
张书杰　绿传(北京)汽车科技股份有限公司
张华树　襄阳达安汽车检测中心有限公司
张芳杰　北京东方中科集成科技股份有限公司
张英杰　上海市新能源汽车公共数据采集与监测研究中心
张珊珊　中汽研新能源汽车检验中心(天津)有限公司
张倩男　新源动力股份有限公司
陆　丹　浙江方正电机股份有限公司
陈　峰　恩斯克投资有限公司
陈　锋　浙江方圆检测集团股份有限公司
陈华东　珠海华粤传动科技有限公司
陈丽佳　邦迪智能科技(上海)有限公司
陈俞行　三一汽车制造有限公司
苗　爽　北京千方科技股份有限公司
范克俭　蜂巢能源科技股份有限公司
林　熙　国汽(北京)智能网联汽车研究院有限公司
欧艳琼　国家汽车电气化产品及系统质量检验检测中心
欧鹏飞　重庆理想汽车有限公司
罗　頔　中汽院智能网联汽车检测中心(湖南)有限公司
罗书美　北汽瑞翔汽车有限公司
罗运俊　中汽研汽车检验中心(广州)有限公司
罗宝权　重庆长安新能源汽车科技有限公司
周　军　重庆海德世拉索系统(集团)有限公司
周　媛　山东省产品质量检验研究院
周　静　毫末智行科技有限公司
周传武　玉柴芯蓝新能源动力科技有限公司
周建平　上海治臻新能源装备有限公司
郑　灏　佛山仙湖实验室
房　科　中国汽车工程研究院股份有限公司
孟　涵　江西江铃集团新能源汽车有限公司
赵　云　浙江新吉奥控股集团有限公司
赵　伟　协鑫能源科技股份有限公司
赵　劼　北京智行者科技有限公司
赵　颖　万帮数字能源股份有限公司
赵永刚　广汽丰田汽车有限公司
赵光辉　北汽福田汽车股份有限公司
赵贵权　深圳市未来智能网联交通系统产业创新中心
郝广勤　大运汽车股份有限公司
胡正坤　北京市商汤科技开发有限公司
胡芳芳　北京市产品质量监督检验研究院
胡振宙　厦门新页集团有限公司
胡瑶迪　合肥国轩高科动力能源有限公司
柯聪霞　安徽绿舟科技有限公司
钟　礼　长沙矿冶研究院有限责任公司
钟　梅　四川南骏汽车集团有限公司
段函孜　武汉路特斯科技有限公司
施海庆　上海华力集成电路制造有限公司
胥丽莎　浙江极氪智能科技有限公司
贺俊辉　爱德曼氢能源装备有限公司
骆　辉　西安领充创享新能源科技有限公司
袁东方　中认车联网技术服务(深圳)有限公司
顾裕洁　格力钛新能源股份有限公司
柴晓磊　长春汽车检测中心有限责任公司
钱珍珍　浙江吉利控股集团有限公司
倪　威　亚新科工业技术(北京)有限公司
倪　俊　北京理工大学机械与车辆学院

徐　瑶　赛力斯汽车有限公司
殷　伟　奥升德功能材料(上海)有限公司
栾晓慧　北京主线科技有限公司
高新路　北汽福田汽车股份有限公司
郭千轶　河南凯瑞车辆检测认证中心有限公司
郭巧怡　广东国鸿氢能科技股份有限公司
郭跃宁　沃尔沃汽车亚太投资控股有限公司
郭珮盈　辉能科技股份有限公司
黄东峰　上海神舟精宜汽车制造有限公司
黄宏琬　广州巨湾技研有限公司
黄晓伟　九江天赐高新材料有限公司
常　琳　无锡物联网创新中心有限公司
盘香霖　加特可(广州)自动变速箱有限公司
康文贞　大唐恩智浦半导体(徐州)有限公司
章　琦　岚图汽车科技有限公司
彭　伟　北京百度智行科技有限公司
葛晓滢　上海汽车集团股份有限公司
董　洁　张家港友诚新能源科技股份有限公司
董吉亮　赣州亿鹏能源科技有限公司
韩　冰　领克汽车销售有限公司
韩　雪　昆山斯沃普智能装备有限公司
覃北阶　襄阳达安汽车检测中心有限公司
覃桂林　国家汽车质量检验检测中心(广西)
喻　成　重庆长安新能源汽车科技有限公司
程　云　宁德时代新能源科技股份有限公司
程文会　峰范新能源汽车技术(太仓)有限公司
童媛媛　中车时代电动汽车股份有限公司
温玉贞　领克汽车销售有限公司
靳珂琪　广东省大湾区集成电路与系统应用研究院
赖国强　安徽江淮汽车集团股份有限公司
廖　江　中科意创(广州)科技有限公司
端文照　开沃新能源汽车集团股份有限公司
谭成珍　深圳市镭神智能系统有限公司
谭春城　东方电气(成都)氢燃料电池科技有限公司
翟六恒　苏州汇川联合动力系统有限公司
缪建斌　广东喜玛拉雅氢能科技有限公司
樊　辉　北京亿华通科技股份有限公司
黎子锐　贵州红星电子材料有限公司
黎玉珠　广东省大湾区集成电路与系统应用研究院
潘　昱　广汽埃安新能源汽车股份有限公司
潘钊地　欣旺达电子股份有限公司
潘嘉毅　飞凡汽车科技有限公司
戴　锋　四川新能源汽车创新中心有限公司
戴先逢　湖南领湃达志科技股份有限公司
魏　利　启明信息技术股份有限公司
魏庆悦　安徽明天氢能科技股份有限公司
魏海标　福建艺达电驱动股份有限公司
魏嘉星　蘑菇车联信息科技有限公司

2022 年《节能与新能源汽车年鉴》编制办公室

主　　编：李方生

副 主 编：邱　彬　张国振　李国俊　李方正　王云龙

编　　辑：赵世佳　孟　顺　王　芳　李京泰　刘万祥　吕钊凤　李光凯　潘春雷　万　亮　王　虎　任秋森　任丽丽　杨月静　佟　彤　张　梅　尹丽霞　王　迪

美工设计：陈　晨　刘晓蕊

编制说明

2022年《节能与新能源汽车年鉴》(以下简称《年鉴》)由行业篇、政策篇、城市篇、单位篇、成果篇、事记篇、标准篇七个部分组成,是我国第一本专注于节能与新能源汽车领域的实用性工具书,从管理、政策、研发、技术、产业、市场、应用等多维度展示新能源汽车产业发展历程,通过权威准确的数据归纳和案例分析引导行业发展,感知产业动向。《年鉴》是集权威性、指导性、学术性、综合性、实用性于一体的官方权威信息资料,发行十三年来以宏观行业综合概述,中观区域侧面印证,微观典型案例分析的编制架构为行业机构前瞻研究和企业制定战略规划提供了重要参考和有效借鉴,已成为节能与新能源汽车行业不可或缺的信息支撑与交流合作重要平台。

行业篇《年鉴》邀请了100多位行业权威专家、资深人士、代表性企业负责人等,围绕节能与新能源汽车、燃料电池汽车、智能网联汽车各领域,涉及:纯电动乘用车、纯电动客车、纯电动物流车、车用动力电池、锂离子电池材料、动力电池测试、动力电池回收循环与梯次利用、车用固态锂电池、车用超级电容器、车用驱动电机及系统、电动汽车高压快充技术、车规级芯片、新能源整车热管理、新能源汽车轻量化、电动汽车充电基础设施、新能源汽车换电技术与系统、插电式混合动力乘用车、插电式混合动力客车、增程式电动乘用车、增程式电动商用车、换电式电动乘用车、换电式电动物流车、换电式电动重卡、甲醇汽车、燃料电池乘用车、燃料电池客车、燃料电池重卡、燃料电池专用车、车用燃料电池、燃料电池电锥、氢燃料电池发动机、智能网联汽车、自动驾驶客车、无人驾驶清扫车、无人驾驶物流配送车、智能网联汽车云控系统、智能网联汽车基础软件技术、智能座舱与人机交互技术、智能决策与控制系统技术、智能网联汽车信息安全、智能网联汽车测试与评价、智能网联汽车示范与运营等领域的焦点问题进行全面、深入、系统的汇总与梳理,勾勒出行业未来的走向与趋势,并提出下一步发展建议,继而助力行业持续、健康、高质量发展。

政策篇梳理和汇总2021年我国节能与新能源汽车、燃料电池汽车、智能网联汽车领域的国家及地方政府出台的相关政策,从政策与行业发展趋势结合的视角为汽车产业提供权威政策依据。

城市篇共梳理51个重点地区的节能与新能源汽车、燃料电池汽车、智能网联汽车产业发展、推广应用、基础设施及政策等领域发展情况,透过分析了解区域发展的翔实数据,掌握产业纵向与横向发展的起伏错落和变化规律。

单位篇共收集190家节能与新能源汽车、燃料电池汽车、智能网联汽车领域的重点企事业单位的生产经营、产能建设及技术研发能力进展、合资合作等发展情况。更便捷、更直观反映企业现阶段发展现状,弥补大数据分析具象化的不足。

成果篇共收集了39篇节能与新能源汽车、燃料电池汽车、智能网联汽车领域的创新技术和产品在行业中实际应用的典型案例,通过案例分析和剖析引导行业创新科学发展。

事记篇共收集了900余条节能与新能源汽车、燃料电池汽车、智能网联汽车产业在2021年的新增项目、合资合作、重要事件等信息,勾勒出行业发展的轮廓和事物的线索,为行业发展发挥史料积累和文化传播作用。

标准篇共梳理汇总了2021年我国新发布和施行的节能与新能源汽车、燃料电池汽车、智能网联汽车领域国家及行业、团体等相关标准,方便行业单位检索和研究,发挥《年鉴》信息依据和科研顾问的实用价值。

2022年《年鉴》在征集资料及编制过程中,得到了国家有关部门、各省、市自治区汽车行业主管部门的关怀、指导,以及各汽车工业集团(公司)、关键零部件厂商、科研院所等相关企事业单位的大力支持和协助,在此表示诚挚的谢意!《年鉴》将一如既往以翔实、权威、科学、严谨的数据,全面、系统、客观、真实的内容,回报编委单位和广大读者的厚爱。

由于时间仓促和水平所限,书中不足之处敬请各位领导、专家、读者批评指正,希望今后各相关单位继续积极参与《年鉴》的编制工作,进一步为行业发展献计献策,拓展技术交流与市场合作,并欢迎对《年鉴》的充实和完善提出宝贵意见和建议,组织编制单位将不胜荣幸与感激。

《节能与新能源汽车年鉴》编制办公室

2022年9月

企业形象专版目录

前　插

后　插

>>> # 目 录 | CONTENTS |

第一篇 行业篇

第二篇 政策篇

第三篇 城市篇

第四篇 单 位 篇

第五篇 成果篇

第六篇 事 记 篇

第七篇 标 准 篇

上海市智能网联汽车创新中心

SHANGHAI INTELLIGENT CONNECTED VEHICLE INNOVATION CENTER

上海-淞泓智能汽车科技有限公司

SHANGHAI SH INTELLIGENTNT AUTOMOTIVE TECHNOLOGY CO.,LTD

公司简介 COMPANY PROFILE

上海淞泓智能汽车科技有限公司成立于2017年6月。股东方包括上海国际汽车城(集团)有限公司、中国汽车技术研究中心有限公司、上海电科智能系统股份有限公司和上海机动车检测认证技术研究中心有限公司等4家单位。公司是国家智能网联汽车(上海)试点示范区具体规划设计和运营管理单位，是上海市智能网联汽车道路测试推进工作小组(市经济和信息化委、市交通委和市公安局联合组建)指定的第三方机构，承担上海市智能网联汽车道路测试牌照申请、测试和管理工作。

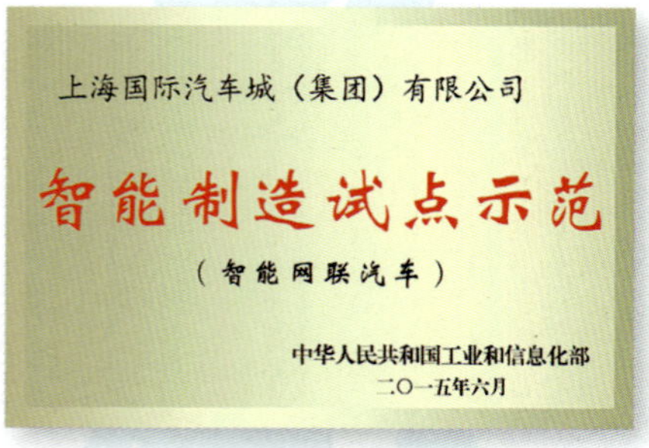

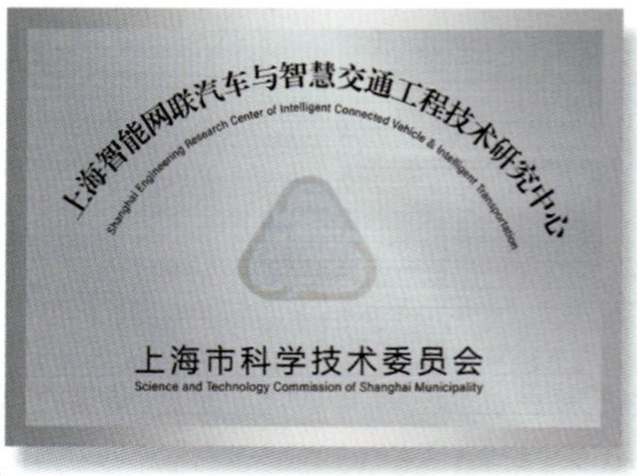

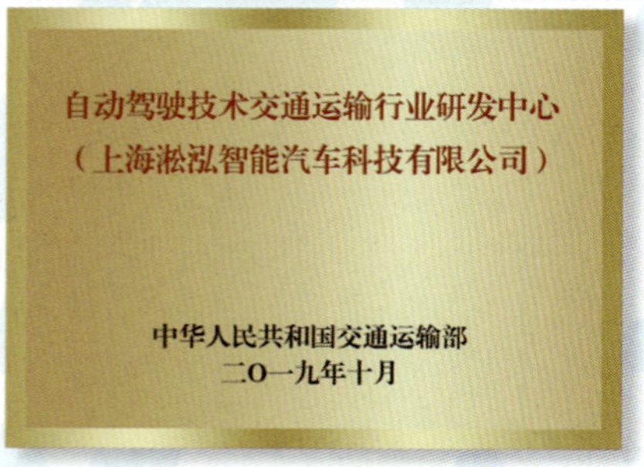

封闭测试区一 上海市嘉定区墨玉南路451号北侧国家智能网联汽车（上海）试点示范区 **封闭测试区二** 上海市嘉定区伊宁路2155号国家智能网联汽车（上海）试点示范区

封闭测试区三 上海市嘉定区双丁路与漳翔路交叉口国家智能网联汽车（上海）试点示范区 **电话：021-60196756** **传真：021-60192057** **邮箱：songhong@icv-sh.com**

测试区场地

◆ **F-ZONE**

测试区占地约3000亩，道路结构主要以城市道路环境为主。

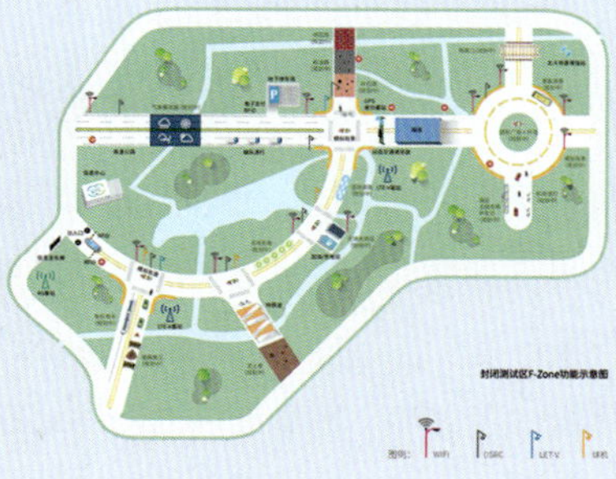

◆ **X-ZONE**

测试区占地约240亩，道路结构主要以城市道路环境为主，场地内建有专业模拟停车场。

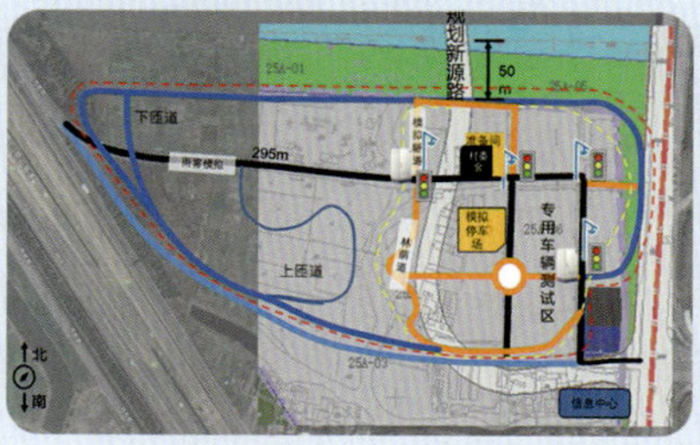

◆ **C-ZONE**

测试区总体长度为1.2公里，以城市道路环境为主，包括主路坡道和涉水路面等。

关键共性技术研发

依托行业资源集聚优势，面向智能网联汽车道路及虚拟仿真测试、数据分析与人工智能算法训练等行业需求，牵头、参与多项重大科研项目，开展关键共性技术研发。

- 智能网联汽车道路测试监管
- 城市典型驾驶场景库
- 数字孪生技术
- 感知、决策与控制算法训练与评估
- 5G远程驾驶技术

示范区环境构建与运行组织

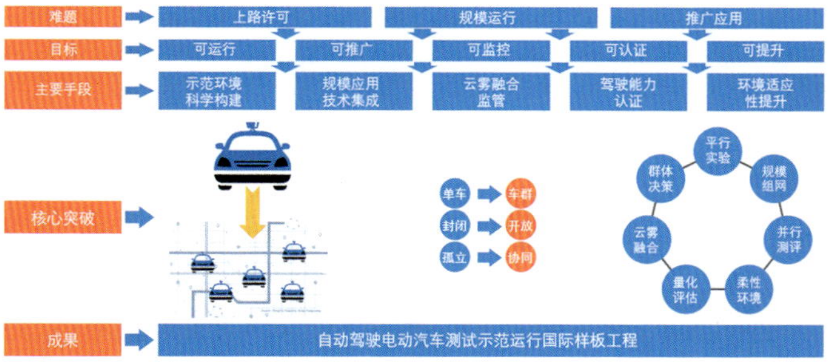

场景库开发工具链&行业服务

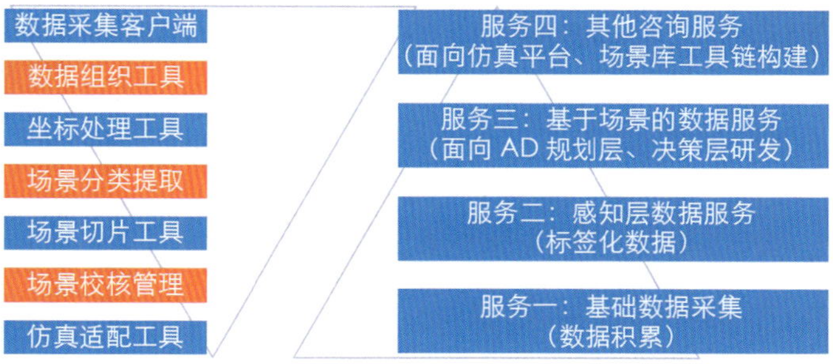

技术测试认证

智能网联汽车路测许可管理
- ✔ 上海市智能网联汽车道路测试牌照申请
- ✔ 上海市智能网联汽车示范应用牌照申请
- ✔ 长三角智能网联汽车道路测试牌照申请

辅助驾驶测试
- ✔ 辅助驾驶功能对标
- ✔ 辅助驾驶标准研究
- ✔ 实验室与仿真测试

自动驾驶测试
- ✔ 智能化测试
- ✔ 网联化测试

实验室与仿真测试
- ✔ 整车测试
- ✔ 关键零部件测试
- ✔ MiL/SiL/HiL 测试
- ✔ 100km² 城市级高保真三维场景模型

开放道路测试
- 261.4公里
- 68个信控交叉口
- LTE-V、5G全覆盖
- 1000+智慧路侧设备

封闭区测试
- 290+测试场景
- 完善的测试设备
- 系统的测试体系
- 累计服务企业1300余天次

实验室与仿真测试
- 高性能整车及零部件测试台架
- 厘米级高精度定位
- 可控的环境模拟

云控智行

中国智能网联汽车和交通赋能者

Tsingcloud 云控智行

清华大学 Tsinghua University　　清华大学 车辆与运载学院 School of Vehicle and Mobility Tsinghua University

云控智行科技有限公司（简称云控智行)成立于2017年，前身为启迪云控（北京）科技有限公司。公司以清华大学在智能汽车领域20年的技术积累为基础，打造自主可控“网联云控系统”技术体系，全栈自研“云、路、车、应用”系列产品，形成“车路云一体化”综合解决方案，面向智能驾驶、智能交通等领域，提供云控核心技术支撑与产业赋能服务。

全栈自研核心网联云控产品

公司产品包括城市级云控基础平台、高速公路云控基础平台、智能路侧设备、网联车载终端及各类网联自动驾驶应用服务。

云控基础平台

云控基础平台城市交通数字孪生

智能路侧产品

摄像头、毫米波雷达、计算单元（分体式系列产品）　雷视一体机（一体式产品）

网联车载终端产品

TCU

HMI

“车路云一体化”全国城市样板案例

云控智行承担了国家发改委、工业和信息化部、交通运输部等“车路云一体化”标杆项目，深度参与建设北京、上海、雄安、长沙等地智能网联汽车示范区，覆盖城市、高速、园区等场景。同时，公司与多家整车企业达成深度合作，开启云控系统规模化商用落地。

北京网联云控式高级别自动驾驶示范区

居于世界前列的网联云控式高级别自动驾驶示范区
冬奥样板工程

上海嘉定“车路网云一体化“综合示范建设项目

优先获国家发改委资金支持的车路云一体化项目

湖南湘江新区“双100”项目

早期的省会城市商业化落地项目

雄安新区荣乌与京德智慧高速云控平台项目

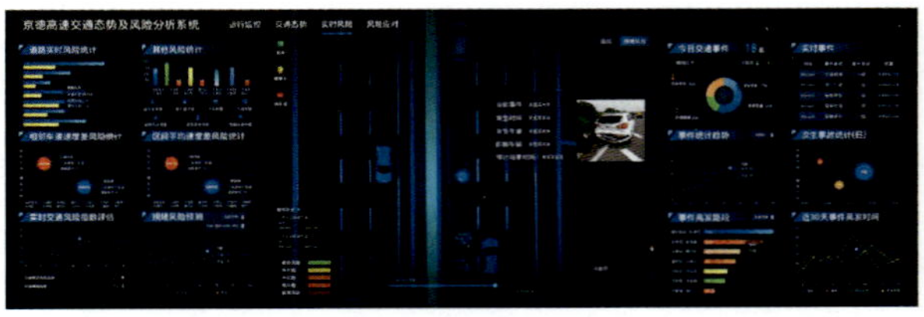

“新一代国家交通控制网”智慧高速样板工程、雄安新区对外路网高速车路协同重大工程

千方科技

（股票代码002373）

技术先进、数据驱动的行业专家

2000 年创立　　8000 余员工　　150 国家和地区

千方科技（股票代码:002373）创立于2000年，现有员工近8000人，业务遍及全球150多个国家和地区。公司作为国内先进的行业数字化解决方案和大数据服务提供商，依托大数据、人工智能、云边端融合等创新优势，构建开放协同的产业生态，赋能行业数字化治理与转型。

千方科技是交通信息化服务领域较早布局车联网的业内公司，2016年千方科技、百度、北汽新能源等15家京冀地区汽车、交通、通信、互联网的行业龙头、高校与科研院所签署合作协议，共同发起建设京冀示范区；并牵头发起成立北京市智能车联产业创新中心，获批北京市一家智能网联测试与服务领域的市级产业创新中心，重点围绕国家智能汽车与智慧交通（京冀）示范区（简称“示范区”）开展建设、管理和运营工作。

依托产业联盟（智联会）推动团体/地方及行业标准研制，与信通院合作，开展“基于LTE技术的V2X无线通信标准研究和实验”项目，建立行业/地方标准，参与《合作式智能运输系统　车用通信系统应用层及应用数据交互标准　第二阶段》和《基于车路协同的高等级自动驾驶数据交互内容》两项国内主要的车路协同协议标准。

千方科技参与并完成了IMT-2020(5G)推进组C-V2X工作组组织的网络层应用层互操作协议一致性测试。参与2018年11月世界“三跨”测试，跨通信模组、跨终端、跨整车的互联互通。参与2019年10月C-V2X“四跨”测试，实现“跨芯片模组、跨终端、跨整车、跨安全平台”的车路协同应用测试，“四跨”测试优先将信息安全机制引入到V2X的体系中，增加安全的模块，意味着C-V2X的车路协同技术路线，进一步接近商用。

千方科技秉承“优先满足客户需求，更好实现客户价值”的价值主张，践行“成就客户、人才为本、拥抱变化、开放协同、追求超越”的核心价值观，不断创新技术，积极推进行业应用场景落地，致力于让世界更安全、更便捷、更智能。

智能网联

核心产品

智能信号控制机

A系列：AI信号机
C系列：城市型信号机
E系列：经济型信号机

边缘计算单元ECU

旗舰型：QF-CA1000
标准型：QF-CA1300
专业型：QF-CA1500

路侧通讯单元V2X RSU

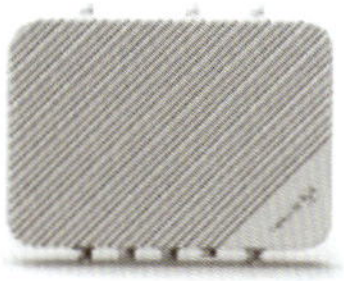

QF-VX1000U5

车载终端设备V2X OBU

QF-VX 2000U5

边缘控制台

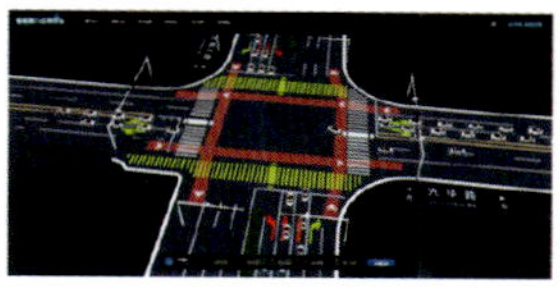

云侧控制台

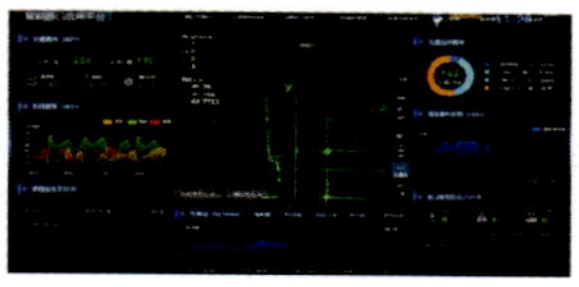

核心方案

智能网联数字产业运营方案

立足智能网联，面向产业融合，汇聚支柱业务
推动智能网联数字产业与生态运营

智能路口

城市智能网联与交通管理业务的智能化节点
路口感知、分析、决策、执行的闭环单元

智慧高速

绘就智慧高速蓝图，推动高速公路数字化转型
保障运行安全，提高通行效率，提供优质服务

应用场景

交通安全

信息服务

交通效率

智慧高速应用场景

- 运行监测与预警
- 收费运营
- 主动交通管控
- 准全天候通行
- 车路协同服务

智慧公路应用场景

- 路网运行监测
- 道路安全智能预警
- 车路协同服务

城市道路应用场景

- 自动驾驶试场
- 智能网联应用示范
- 智能路口

蘑菇车联

蘑菇车联信息科技有限公司（以下简称“公司”）成立于2017年，是国内先进的自动驾驶全栈技术与运营服务提供商。

公司拥有全栈自研的“车路云一体化”自动驾驶方案，具备城市级大规模自动驾驶公共服务车队的运营能力，优先落地了国内开放式5G商用智慧交通车路协同项目，并打造了国内城市级自动驾驶落地项目（湖南衡阳），成为较早服务综合体育赛事的自动驾驶企业。

公司在公交车、接驳车、出租车、清扫车、巡逻车、牵引车、物流车等车型上实现了L4级自动驾驶，并应用于城市开放道路、园区、景区、港口、机场等场景。目前，公司自动驾驶项目累计签约金额已达数十亿元，在北京、江苏、湖南、河南、四川、云南等落地。

公司是“车路云一体化”方案的提出者和先行者。2019年10月，落地开放式5G商用智慧交通车路协同项目；2020年6月，实现暴雨、夜晚等极端天气下安全自动驾驶；2022年，蘑菇车联“车路云一体化”系统2.0在湖南衡阳落地，优先在国内落地城市级自动驾驶项目。

公司创建了车路协同智慧交通新基建、城市公共服务车队运营、智能交通数据服务三大创新业务模式，借助国家大力发展“新基建”大势能，基于“车路云一体化”建设数字城市底座，服务于未来大规模自动驾驶与智慧交通大市场；产品从城市公共服务切入，以“降本增效”为核心驱动，推动传统产业升级。

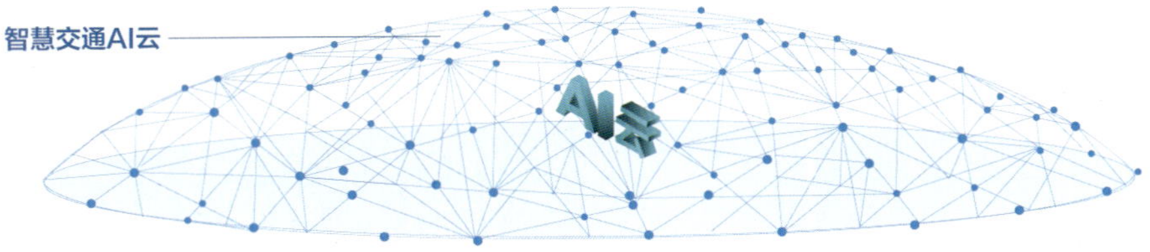

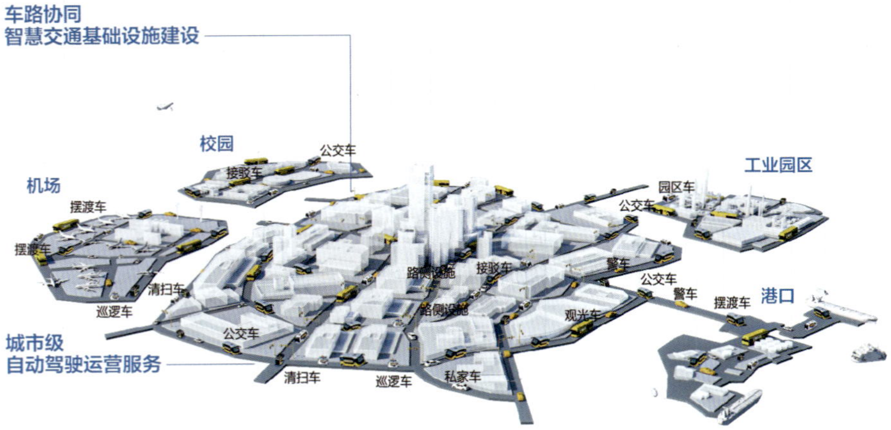

蘑菇车联

国内先进的自动驾驶
全栈技术与运营服务提供商

Z-13

Megatronix

镁佳（北京）科技有限公司成立于 2018 年。秉承着“软件改变世界”的梦想，凭借多年在互联网领域和汽车行业的积累，镁佳持续扎根于智能汽车软件、车联网服务开发组件的研发中。镁佳创新性地提出了模块化的汽车软件开发方式，通过自主研发的整车级别分布式智能操作系 SMARTMEGA® OS+和软件开发基础组件 SMARTMEGA® CORE，不仅帮助整车厂更好地掌控智能汽车中的软硬件开发过程，还让车厂更自主、灵活地构建了优质的用户体验。SMARTMEGA® OS+ 和 SMARTMEGA®CORE 可覆盖从车到云的核心软件构架，根据车型可快速定制专属零部件软件产品和云端业务系统，同时也提供硬件零部件的设计和定制开发，并实现一年数次软件大版本迭代。目前该系统支持的零部件包括：数字座舱、多个域控制器、T-BOX、网关，具有极强的平台化和规模化能力。

2022 年，镁佳科技和国内外多家整车集团共达成总额超 30 亿元人民币的量产零部件研发和供应合同，充分验证了基于 SMARTMEGA® OS+ 系列车载操作系统和 SMARTMEGA® CORE 软件和云服务组件的普适性。镁佳以多种灵活的合作模式赋能整车厂，包括传统的 TIER1 零部件供应模式，以及软件服务模块授权、合作开发等崭新的合作方式。

联系方式：
公司网址：HTTPS://WWW.MEGATRONIX.CN
公司地址：北京市朝阳区创远路 34 号融新科技中心 C 座 12 层
商务合作：BD@MEGATRONIX.COM
联系电话：010-57684300

镁佳
让车里没有难写的软件

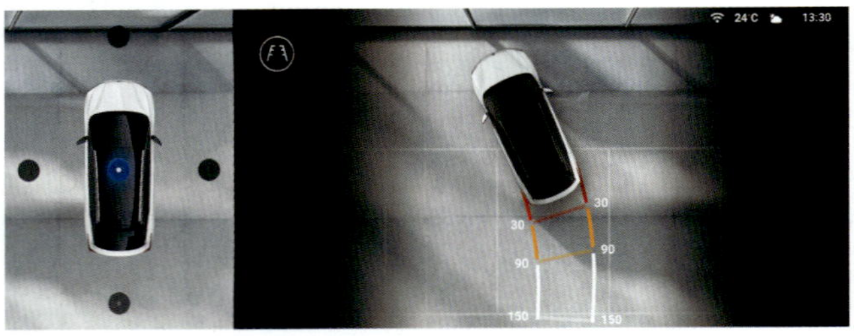
镁佳360环视影像监控方案-360度环视影像

中央计算单元（S32G）

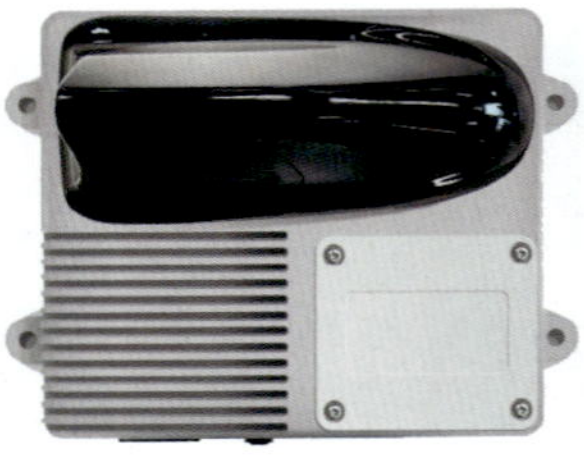
5G-V2X TBOX

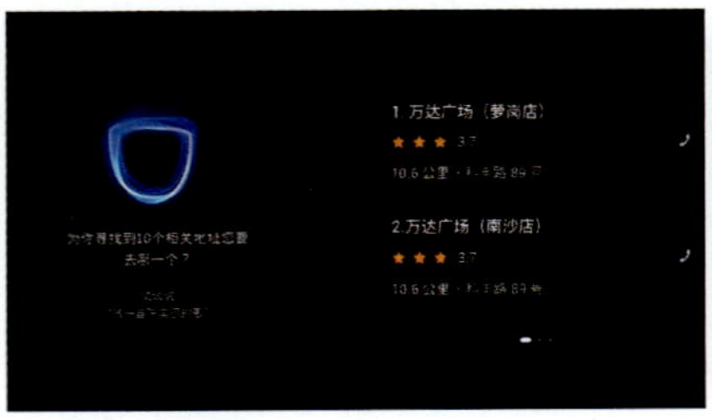
镁佳全场景智能语音-虚拟语音形象

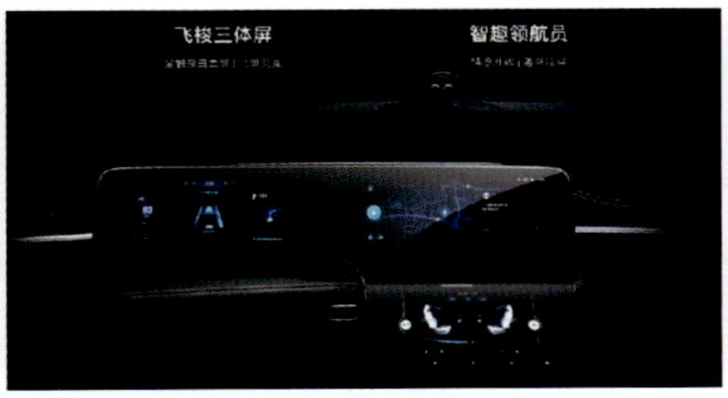
智能座舱方案

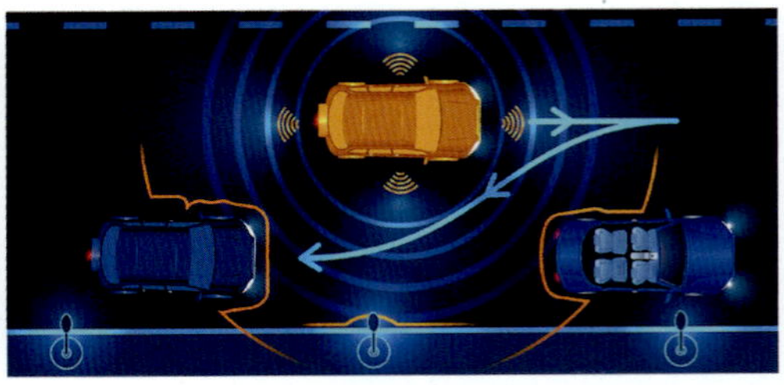
MegaADAS-AVP自动代客泊车方案

六分科技
SIXENTS TECHNOLOGY

面向智能驾驶应用的
GNSS高精度定位服务提供商

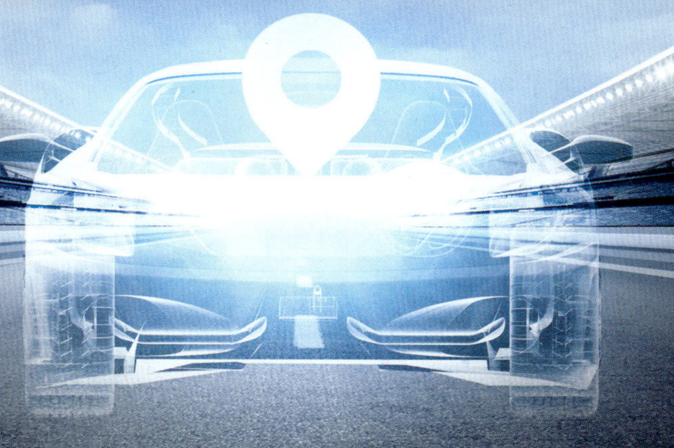

应用案例

乘用车：威马M7

商用车：嬴彻科技

无人车：仙途智能

智能驾驶高精度定位解决方案

六分科技为智能驾驶多场景应用，提供连续、稳定、可靠的商业级高精度GNSS位置服务，车载SDK与定位引擎，并可支持专有服务部署方案，充分满足客户差异化定制需求。目前六分科技已为多个OEM量产项目提供了高精度位置服务。

Z-15

厘米级定位精度　车道级定位服务　全天候无休服务　超高固定率　多场景性能优化　完好性监控　安全保障

方案架构

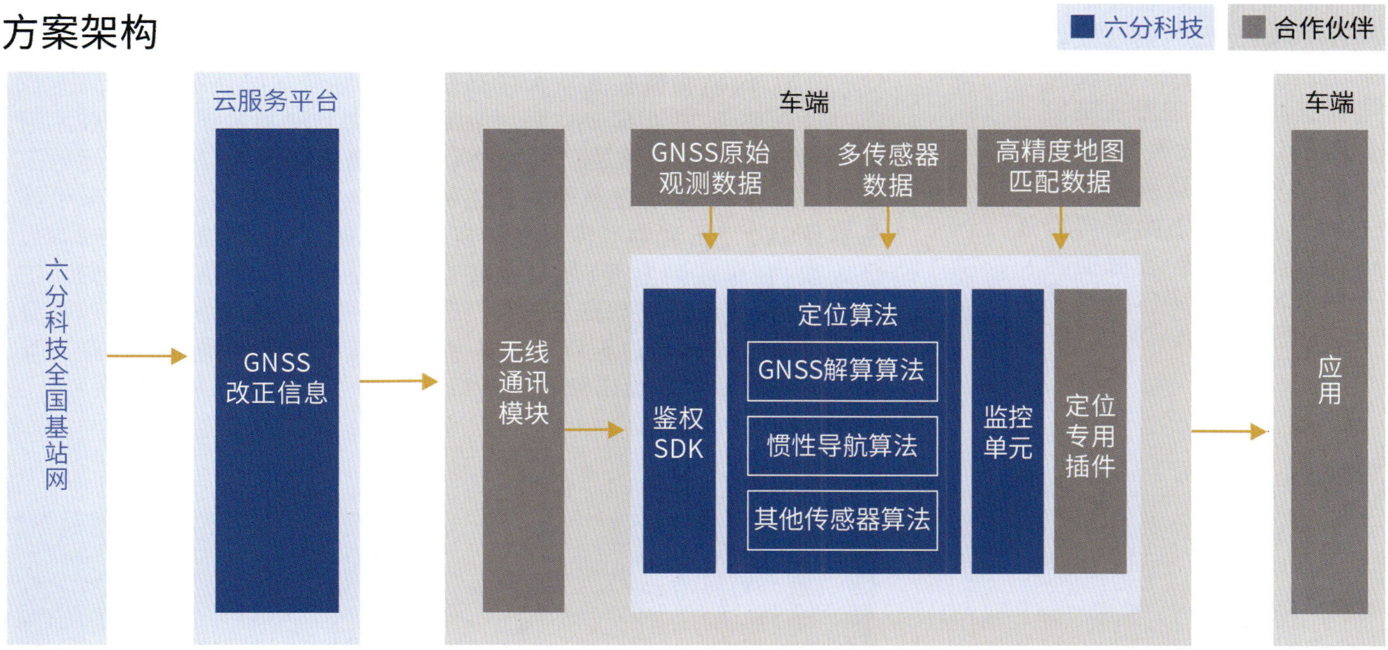

北京六分科技有限公司
地址：北京市海淀区永丰路与北清路交汇处东南角四维图新大厦
电话：(010) 82306399-6666　邮箱：support@sixents.com

官方微信

- 联接万物 联接价值 -

关于我们

南京博裕物联科技有限公司是依托北京大学人才团队在宁成立的一家专注于城市物联网及大数据应用的科技创新型企业，自成立以来，公司重点围绕“物联网与智慧城市”国家重点研发计划核心科技成果“应用驱动的异质物联网系统互联平台”，开展了主要面向城市基础设施监控、视频监控及车联网应用等在内的产学研合作及应用示范工程。

联系人：
王女士

联系电话：
15848798224

邮箱：
mengluw@bibdr.org

博裕物联以“联接万物，联接价值”为导向，重点从“数据—资源—服务”三个层面出发，优先提出了应用驱动异质物联网三元分治架构体系，通过跨行业设备联接管理技术、网络资源虚拟化控制复用技术、跨行业应用软硬件协同技术等核心科技能力，实现了车联网、城市管理物联网、消防物联网、能源物联网、工业物联网、农业物联网、卫星物联网等多种异构网络及复杂协议间的互联互通与深度融合。博裕物联在车联网、车路协同、路网群智感知等多个方面与华设、中电车联、蘑菇车联和路安交科等多家行业内企业共同开展了丰富多样的合作项目。

目前，博裕物联在北京大学牵头的“物联网与智慧城市”国家重点研发计划项目“应用驱动的异质物联网系统互联平台架构关键技术研究及验证”中，主要承担了异质物联网系统互联平台（东部）的示范工程建设工作。已实现在东部地区上海、南京、苏州、杭州、广州等多个城市累计651.2万套物联网设备的互联互通接入，已覆盖泛用戶规模近亿人次。在车联网方面，博裕物联重点参与了由华设集团牵头的工信部“车联网身份认证和安全信任”试点项目中“智慧公路车联网车路身份认证安全体系建设与运营”，主要负责其中车联网同路侧设备间互联互通及车联网同城市物联网系统间互联互通的技术解决方案。

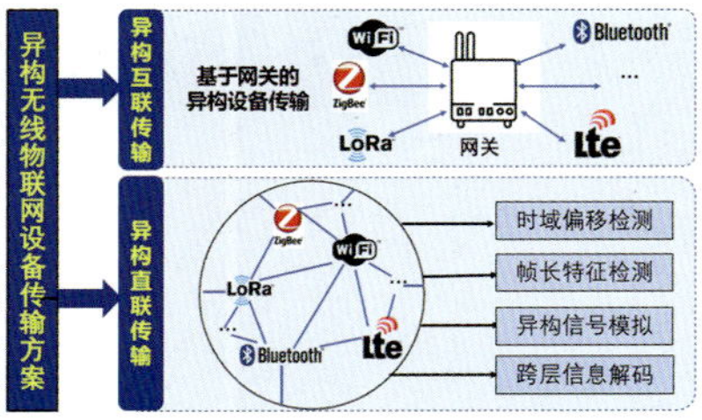

异质物联网设备互联传输方案

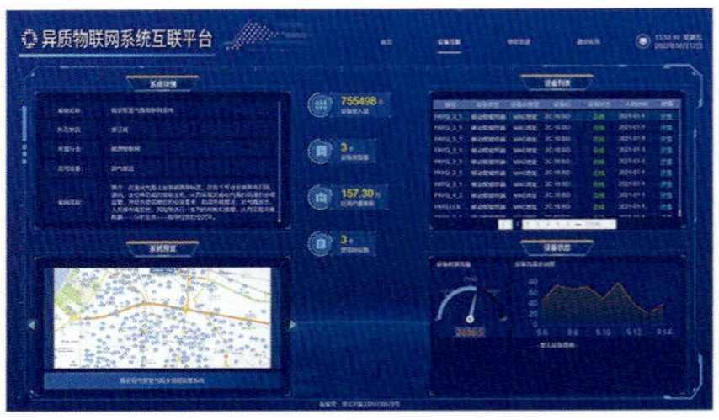

异质物联网系统互联平台

无锡物联网创新中心有限公司

公司简介 COMPANY PROFILE

无锡物联网创新中心有限公司是无锡市政府主导下，多家物联网产业上下游企业共同发起成立的科技创新型企业。创新中心公司主攻先进感知、工业互联网、车联网三大领域关键核心技术的研发，在车联网领域可提供车联网车路协同OBU、智能全景摄像头、特种车辅助驾驶系统、车联网车路协同等可靠、可信、可控以及定制化的完整解决方案。

产品介绍 PRODUCT DESCRIPTION

无锡物联网创新中心有限公司自主研发5G-V2X车载终端/路侧终端，支持多模式交互，主要包括LTE-V2X、WIFI、GNSS/北斗、4G、5G通信方式、支持国标ITS全协议栈、提供嵌入式SDK，支持用户进行V2X应用二次开发、支持国密算法，内置HSM，验签可达到2000+次/秒、提供车联网通信拥塞控制算法、支持驾驶安全、行车效率、信息服务等几十余种V2X应用。

5G-V2X车载终端（OBU）

5G-V2X路侧终端（RSU）

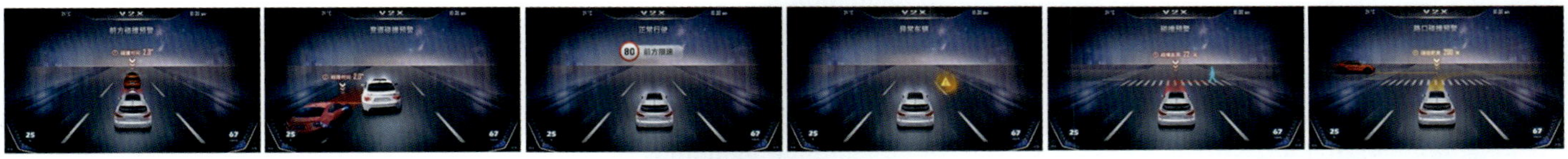

各类车路协同综合应用

应用案例 APPLICATIONS

系统及解决方案在无锡国家车联网先导区，德清城市级自动驾驶示范区进行应用。在无锡新吴区微纳园搭建车路协同实验环境，实现V2X环境下的自动驾驶。参与新吴区车路协同一期项目，实现基于高精地图的智能网联汽车应用。为山东省自动驾驶与车路协同重点实验室搭建车路协同实验环境。负责青海省海西州5G电动重卡自动驾驶物流应用示范。

参与工信部《车联网身份认证和安全信任试点项目》、中标国家相关部门批准江苏（无锡）车联网先导区和“双智”试点城市重点任务：5G-V2X全场景自动驾驶验证与服务。

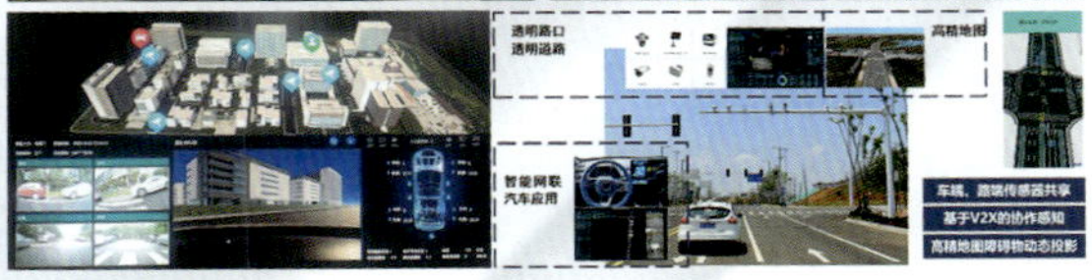

证书相关 CERTIFICATE RELATED

- 2020年江苏省“十大”汽车产业重点领域先进技术产品。
- 江苏省首届智能网联汽车创新创业大赛优胜奖。
- 2021年中国智能网联汽车技术创新成果奖。
- 第29届世界智能交通大会创新大赛智能驾驶专题赛三等奖。

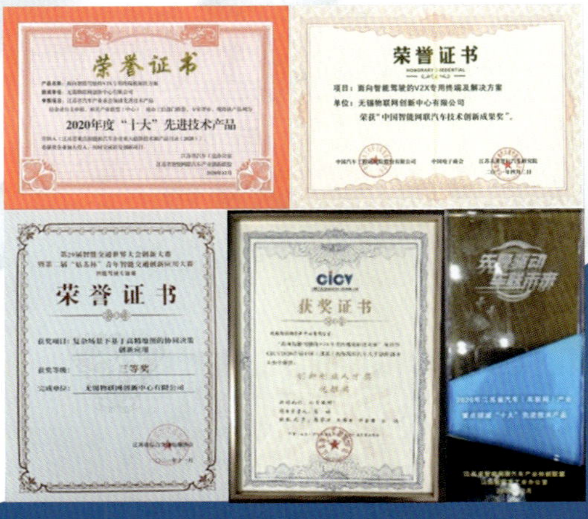

联系人：范姗姗13810069177

——物联感知方案优质供应商

宁波舜宇车载光学技术有限公司

NINGBO SUNNY AUTOMOTIVE OPTECH CO.,LTD.

宁波舜宇车载光学技术有限公司（简称舜宇车载光学）成立于2008年，是舜宇光学科技（集团）有限公司（香港联交所主板上市公司 HK2382）的核心子公司，总部位于中国浙江，在北美、欧洲、日本、韩国等多地均设有办事处。

■ 聚焦汽车智能化，让用户更舒适更安全

“让汽车拥有智慧的眼睛，让用户更舒适更安全”是舜宇车载光学坚持的理念，公司一直致力开发更舒适、更安全的汽车光学产品，为自动驾驶和智能驾驶提供光学解决方案，为“保持车载光学行业指引地位”目标不断努力。

■ 十八载持续深耕，谱写光学行业新篇章

公司于2004年进入汽车领域，专注于开发车规级光学产品已有18年的历史。自2012年以来，舜宇车载光学已连续10年蝉联车载镜头市占率前列（数据来源TSR）。公司主要产品包括车载镜头、激光雷达、HUD和智能车灯等车载光学产品，与众多世界知名Tier1企业深入合作，最终应用的汽车覆盖宝马、奔驰、奥迪、福特等众多国际著名汽车品牌。

■ 三十年不断开拓，用高品质回馈客户

公司通过IATF16949/ISO9001/OHSAS18001/GP等各类体系认证，拥有全套设计、生产、加工、检测设备并创建多个光学检测和环境实验室，依托完善的质量管控体系，将品质落实到研发、制造、营销的每个环节，始终以客户中心，以真诚和奉献来服务客户。

公司官网　　公司邮箱

地址：浙江宁波余姚市舜科路27-29号　电话：0574-62525665

大唐恩智浦半导体有限公司

公司概况
COMPANY PROFILE

大唐恩智浦半导体有限公司，成立于2014年3月，公司由大唐电信科技股份有限公司，徐州汽车半导体产业基金及全球领先的汽车半导体供应商荷兰恩智浦半导体有限公司共同出资成立。恩智浦有限公司持股49%，徐州汽车半导体产业基金合伙企业持股27%，大唐半导体设计有限公司持股24%。

公司业务定位于新能源汽车的电池管理、电机驱动以及相关的集成电路设计，专注于研发和销售采用高性能混合信号技术的高级专用汽车电子芯片，致力于成为全球领先的汽车半导体公司。

我们基于先进的设计和制造基础架构、先进的混合信号工艺、零缺陷策略、功能安全专业知识以及经验丰富的产品开发团队，开发锂离子电池监测芯片，在电池管理系统市场上有大量投资。凭借专有的技术和知识，我们的愿景是通过市场颠覆性的创新产品为客户增加独特的价值，从而成为电动汽车和工业储能系统市场的领航者。

大唐恩智浦半导体还拥有用于汽车照明应用的驱动器芯片产品线，是该细分市场的领航者。

重磅产品
NEW PRODUCT

DNB1101属于单电芯锂离子电池监测芯片，能够为单独的电芯或者并联电池组提供电化学阻抗谱的测试。集成在内部的芯片温度传感器可以用来进行电芯的温度测试，不再需要额外再使用热电偶NTC来进行温度监控。另外DNB1101可以通过专用电路技术直接监控电芯内阻，从而提供了一种评估电芯内温度的新方法。

- 电压测量精度 +/- 2mV
- 电芯测量电压范围 1.9V至5.5V
- 芯片内部温度传感器精度 +/- 2.5K
- 带有诊断功能的被动均衡
- 低阻抗的电芯电化学阻抗谱
- 菊花链通讯速率 1Mbit/s
- 工作温度范围-40℃至105℃

微信扫一扫，关注我们

中科意创

— E-TRONIC —

中科意创（广州）科技有限公司由大湾区集成电路研究院孵化成立，是中国科学院体系投资孵化的重点项目，广东省市区政府重点扶持单位。公司聚焦于车规芯片、功率半导体及新能源汽车控制器系统开发，致力于成为优质的汽车半导体及系统应用提供商，助力客户实现行业领先，打造国产汽车半导体生态。

公司核心成员源于Bosch、ST、Valeo、Siemens、GE、Emerson、华为等500强企业，具有丰富的汽车电子芯片设计、系统方案、封装、应用等跨领域Know-How能力和经验。公司已获得中科院体系产业化重点项目扶持，在已有实验资源的基础上，与全球半导体巨头意法半导体(STMicroelectronics)共建“智能汽车电子联合实验室”，与全球化的汽车电子系统供应商易特驰汽车技术(ETAS)共建“汽车电子软件平台联合实验室”，开展全面战略合作。

公司依托国家科技重大专项总师的指导和大力支持，结合系统体系强大的芯片设计、制造、封装资源支撑，以功率半导体为市场切入点，发挥系统应用牵引和整机带动作用，为汽车行业客户提供控制器产品开发相关的共性技术、订制器件、芯片设计等，坚持系统应用牵引芯片的原则，聚焦汽车功率半导体和功能安全两大产品方向，深入研发SiC电机控制器、SiC功率模块、电池管理系统（BMS含E-Fuse）三大产品平台，打造国产汽车半导体生态圈，五年之内成为中国较大的国产汽车半导体及系统应用提供商。

中科意创作为第三方汽车电子解决方案商以技术服务为牵引，保持技术的先进性和引领性，不断牵引客户的需求，并引入除开发服务费以外的半导体相关业务，包含定制化功率模块、复杂IC的开发，协助客户搭建定制化功率模块的量产级产线，半导体器件供应，客户系统方案牵引国产芯片落地整车厂，PCBA的全产业链服务。

未来公司将发挥系统优势，与ST等芯片原厂紧密合作，共同制定功率模块规格、封装，优化性能、提供系统应用方案。为下游客户提供技术解决方案，加速客户开发过程，提高产品可靠性和安全性。提供PCBA板载技术，助力客户降低成本，打通国产芯片上车的路径。在汽车功率半导体和汽车数模混合芯片领域进行深度自主研发布局，打造中国较大的汽车半导体产业化平台，为中国汽车半导体事业做出贡献。

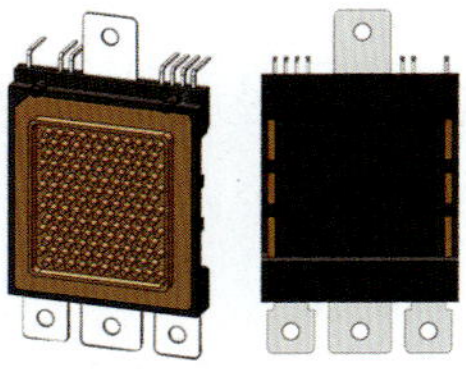

SiC 半桥模块

SiC 功组模组

SiC 电机控制器

BMS

半导体业务

1. 和国际原厂合作，引进国际先进技术

2. 器件深度订制，瞄准中国市场急需领域

3. 芯片自主设计，做可量产的国产替代

解决方案业务

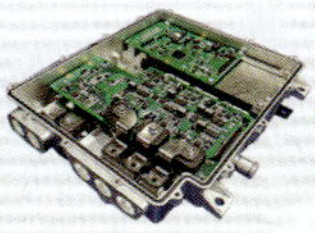

SiC 电机控制器

效率提升：系统效率WLTC从87%（si）提升至91%（sic）

电控峰值效率：≥99%；

开关频率提升：支持≥20kHz；

功率密度提升：≥40kW/L；

功能安全最高等级：ASIL D。

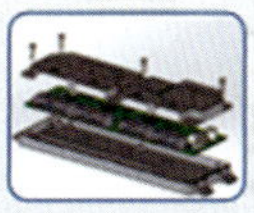

电池管理器（BMS）

绝缘采集支持800V系统；

全温度±3mV@1.7V ~4.7V；

基于ASILD等级的多核芯片Autosar架构开发；

全诊断功能的高压继电器驱动策略。

动力域控制器（PDCU）

集成VCU+BMS低压控制功能；

BSW完全基于AUTOSAR；

满足EV/PHEV整车控制系统控制要求。

OEM & Tier 1

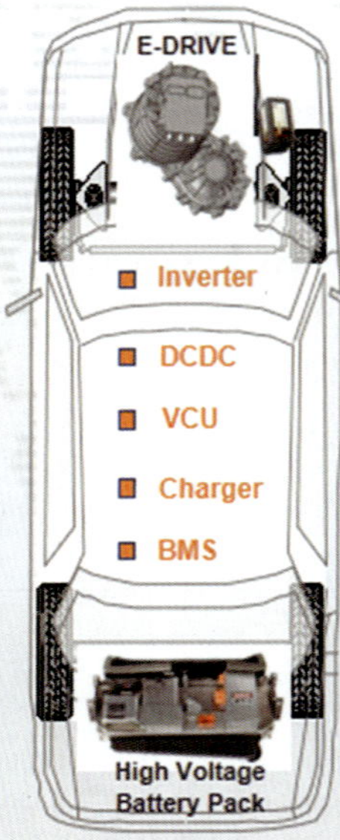

客户至上　锐意创新　持之以恒　共担共享

广州公司地址：广州市黄埔区开源大道11号B9栋301室　上海公司地址：上海市闵行区紫星路588号2幢5层02C室
联系人：刘小姐　联系电话：020-31601284 17312435969

GIICS

广东省大湾区集成电路与系统应用研究院

广东省大湾区集成电路与系统应用研究院由国家02专项总师指引，引进中国工程院院士、国家高端人才和欧洲科学院院士在内的科研专家人才以及来自台湾积体电路制造股份有限公司以及三星半导体、意法半导体、博世、联合电子等国内外顶尖企业的资深研发人员，在广东省、广州市、广州高新技术产业开发区各级政府的大力支持下，于2019年注册成立为省级事业单位，研究院目前已获批成为省级高水平创新研究院、省级新型研发机构、广东省集成电路行业协会副会长单位、广州市半导体协会副会长单位。

高功率密度碳化硅电机控制器

产品攻克多项车用高安全SiC电机控制器技术难题，提升了安全性与可靠性，并于2021年9月获得了SGS颁发的国内首张SiC电机控制器最高安全等级ISO 26262：2018 ASIL D产品认证证书。目前样机已经在整车厂骡车上得到了初步验证，并获得了多家客户对于电机控制器应用的技术服务合同，得到了中国一汽、东风日产、零跑汽车、宁德时代、智新科技等知名客户的认可。该成果获得“2022年度广东省电子信息行业科技进步二等奖”。

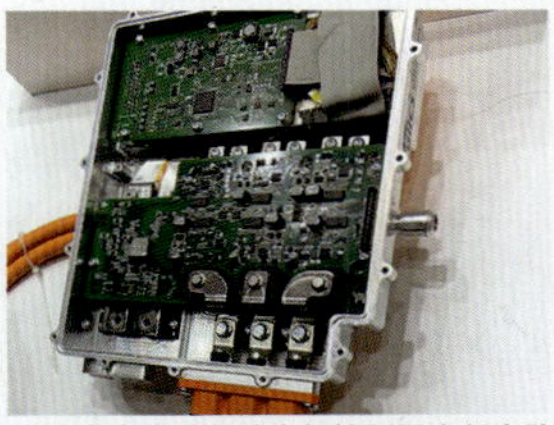
·高功率密度碳化硅电机控制器内部电路

·高功率密度碳化硅电机控制器外部图

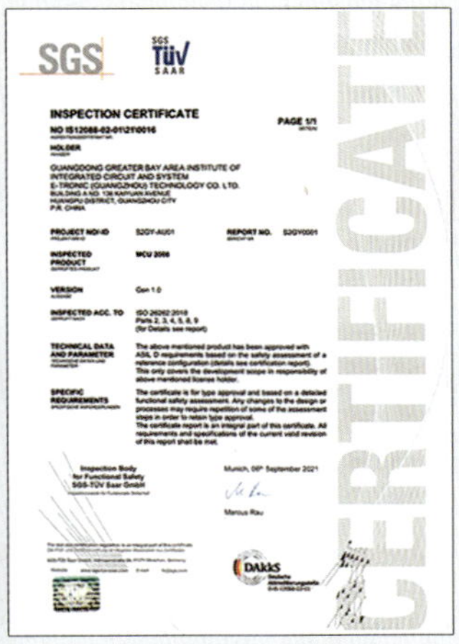

·SiC功能安全认证证书

Z-23

引擎控制芯片

AE7777 芯片适用于摩托车的发动机引擎，采用韩国 KEY FOUNDRY 0.18um BCD Technology 车规级工艺，按照车规级标准设计。对标国际领先的半导体友商动力总成芯片，集成了高精度电源模块、步进电机模块、标准喷油嘴驱动模块、大电流点火模块、自适应转速检测接口等。采用车规级封装，符合 RoHs 标准。该芯片已联合江门摩托车公司一起完成系统测试。该芯片具有集成度高、功耗低、相噪低、性价比高的优势，是国内较早的引擎控制芯片，打破了车规动力域核心控制芯片的国外垄断，为国产汽车构建自主可控产品链奠定基础。

·引擎控制芯片

地址：广东省广州开发区开源大道136号A栋
电话：020-22324798　邮箱：info@giics.com.cn　传真：020-22324799

以服务科研为理念，以坚持标准为原则

企业简介

广州领世汽车科技有限公司

Guangzhou Future Mobility Technology Co.,Ltd.

领世汽车科技主营新能源和智能汽车控制系统产品和技术开发，现为国家高新技术企业。公司依托所掌握的汽车ECU（电子控制单元）开发平台、电动汽车控制、智能汽车控制三大核心技术，面向整车企业、汽车零部件企业、互联网汽车公司提供各类汽车控制系统产品和服务。

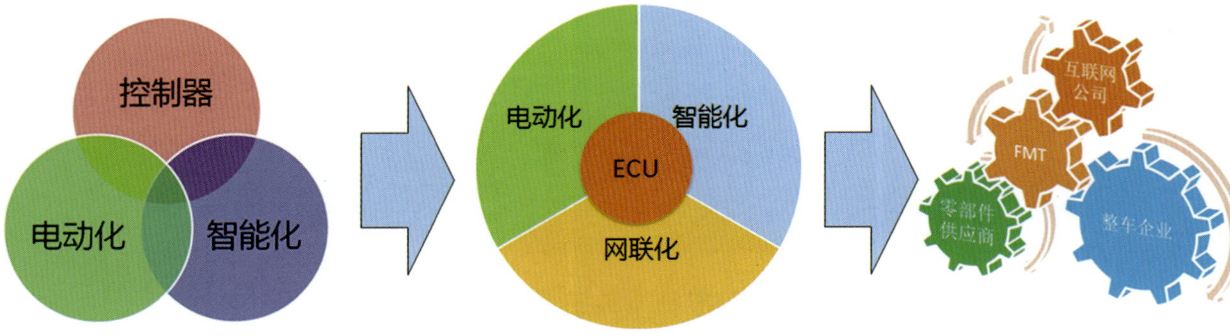

核心技术　　产品与应用领域　　市场与客户

集中式电子电气架构和中央控制器

1．结合自身技术优势聚焦中间层构建集中式整车控制系统，弥补国产技术格局的短板。

2．向下赋能国产执行器和传感器零部件供应商实现国产替代生态圈。

3．向上服务于国产自动驾驶算法公司，提供标准化的软件定义汽车控制接口。

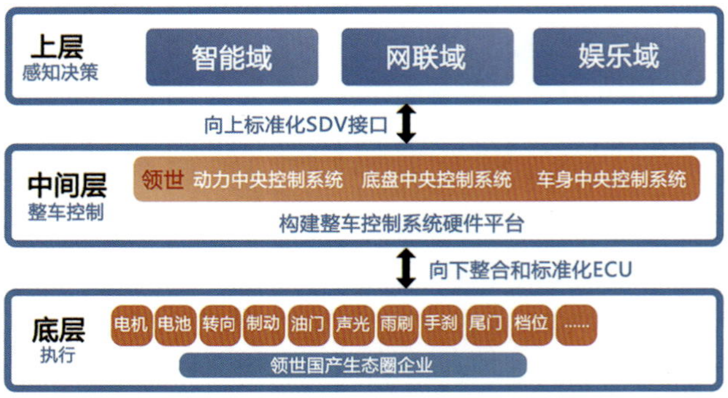

构建整车中央控制系统软硬件平台

领世方案部件		功能
上层软件定义汽车	车企或国产供应商提供	信息娱乐、自动驾驶、网联驾驶等
中间层 整车控制操作系统与 软件定义汽车接口	神阙-I	动力域集中控制、热管理控制、中央网关
	神阙-II	底盘域集中控制、高级驾驶辅助ADAS
	神阙-III	车身域集中控制、SDV标准接口
底层传统部件	控制模块向中央控制系统集成，减少控制模块和线束，降低整车系统成本	

产品介绍

神阙-I

动力域中央控制器，集成VCU整车控制、TMS热管理控制、CGW整车CAN网关。已经应用电动乘用车实现前装量产。

神阙-II

动力域/底盘域中央控制器，在神阙-I基础上增加AVM环视、APA自动泊车、ACC自适应巡航、LKA车道保持。算力高达1TOPS，可接5摄像头、12超声波雷达、5毫米波雷达。

神阙-III

车身域中央控制器，实现车身灯光门窗控制，以及后视镜、雨刮器、控制、集成远程监控、胎压监控、4G/5G和BLE，实现车身域线控化。

领世智行
FUTURE MOBILITY TECHNOLOGY

电话：020-66822658
邮箱：public@fmt-auto.com
网址：www.fmt-auto.com
地址：广州市番禺区创启路63号清华科技园A2栋201

第一篇
行业篇

一、产业发展综述

(一)2021年节能与新能源汽车发展综述

(工业和信息化部装备工业发展中心 赵世佳 刘辰璞)

2021年,面对全球疫情持续演变、汽车芯片供应紧张等复杂严峻形势,在党中央、国务院的坚强领导下,有关各方奋发有为、攻坚克难,共同推动汽车产业在"十四五"开局之年取得新成效、展现新气象,新能源汽车产业发展取得了明显成效,已成为引领全球电动化转型的重要力量,汽车强国建设迈出坚实步伐。

1. 汽车产销回归正增长

从全球看,疫情对汽车产业影响减弱,下半年,芯片短缺问题逐渐突出,全球汽车市场因芯片短缺造成减产,产业链供应链逐渐成为汽车产业发展的掣肘,全年汽车销量8268万辆,同比增长5.7%。新能源汽车市场进入高速增长期,全年新能源汽车销量达到640万辆,同比增长108.8%,渗透率快速提高至7.7%,中国、美国和欧洲等国家和地区依然是新能源汽车产业发展主要发展力量。

从我国看,汽车市场总体保持市场规模、发展质量"双提升"的良好势头,汽车销量2627.5万辆,同比增长3.8%,结束了连续3年的下降局面,进入平稳增长阶段,连续十三年位居全球第一。新能源汽车销量持续高速增长,成为最大亮点,产销量分别达到354.5万辆和352.1万辆,均同比增长1.6倍,市场渗透率达到13.4%,累计推广接近1000万辆。中国品牌市场份额显著提升至44.4%,占有率比上年提升6个百分点。中国品牌已经形成新技术应用多、技术配置高等品牌特征,不断满足消费者升级的需求。其中,中国品牌新能源乘用车销量247.6万辆,同比增长170%,占新能源乘用车销量的74.3%,中国品牌新能源乘用车增长带动了整体自主品牌份额的大幅提升。汽车出口创历史新高,首次突破200万辆,实现了历史性跨越,其中,新能源汽车出口31万辆,同比增长3倍,占出口总量15%,成为全球第一大新能源汽车出口国,新能源汽车成为我国汽车出口增长的新动能。从产品类别看,乘用车销量2148.2万辆,同比增长6.5%,商用车销量479.3万辆,同比下降6.6%。其中,受重型柴油车国六排放法规切换、"蓝牌轻卡"政策、基建需求放缓等因素影响,商用车市场增长乏力。汽车市场的回暖,为我国工业经济持续恢复发展、稳定宏观经济增长贡献了重要力量。

2. 产业转型升级成效显著

我国汽车产业电动化、网联化、智能化进程进一步加快,汽车产业结构日益优化,产业集中度不断提升,产品结构持续调整,产业链国际竞争力稳步增强。在碳达峰碳中和背景下,新能源汽车产业迎来广阔的发展空间,多元化竞争格局进一步向纵深发展。节能汽车、新能源汽车以及智能网联汽车等关键技术的研发力度持续增强,先进技术的应用水平进一步提升。

传统动力技术方面,发动机热效率逐步提高带动节油水平提升,主要路径为不断提高压缩比、优化燃烧过程、附件电气化以及低摩擦技术。涡轮增压及缸内直喷技术搭载率逐渐稳定在60%以上。2021年,汽油乘用车搭载涡轮增压技术的车型占比64.0%,搭载缸内直喷技术车型占比69.0%。乘用车领域,自动变速器保持较高搭载率,液力自动变速器(AT)、机械无级自动变速器(CVT)、双离合自动变速器(DCT)三种变速器占比分布均匀。2021年,DCT的搭载率达到28.4%,DCT机械效率高,逐步受中国品牌青睐,搭载率不断上升。电控机械自动变速器(AMT)由于换挡效率低,正逐步被市场淘汰,AT多挡化趋势明显,7挡到10挡占比达到42.3%。商用车领域,手动变速器(MT)仍是主力,重型商用车挡位集中在10~12挡。混合动力技术逐渐成为企业节能降耗的重要技术路线,混合动力乘用车产量61万辆,占比提升至3.1%。2021年,随着疫情防控进入常态化,企业研发生产秩序迅速恢复,新技术、新产品加速推广,新能源汽车产量快速提升,带动行业平均油耗显著改善。初步测算,2021年乘用车平均油耗约5.10 L/100 km(WLTC工况),等效转化后下降幅度超过15%,超额完成2021年度5.97 L/100 km(WLTC工况)油耗目标。

新能源汽车关键技术取得新进展,2021年,纯电动乘用车平均续驶里程397 km,比2020年提升5.0%。纯电动客车平均续驶里程446 km,比2020年提升5.4%,在满足用户基本使用的前提下,纯电动汽车续驶里程稳步提升。纯电动乘用车与客车的动力电池系统能量密度平均值分别为149 Wh/kg与154 Wh/kg,动力电池系统成组效率分别达到71.7%和88.1%。纯电动乘用车电能消耗量保持下降趋势,新车平均电耗为12.24 kWh/100 km,同比降低2.0%。整车平均电耗降低主要是受益于纯电动平台的开发与应用、整车及三电系统高度集成、电池能量密度提升、电驱动系统效率提升等。未来,随着能耗标准的趋严及整车和关键零部件系统的集成技术提升,新车平均电耗将进一步下降。电驱动系统功率方面,纯电动乘用车与客车的电驱动系统峰值功率平均值分别为95 kW与184 kW,纯电动乘用车同比降低7.8%,纯电动客车同比增长2.2%。2021年,燃料电池乘用车、客车与货车系统峰值功率平均值分别为69.9 kW、72.0 kW与101.0 kW,同比增长-8.0%、13.0%与35.6%。随着燃料电池汽车城市群示范项目的开展,燃料电池在重载、长途的重型商用车领域逐渐成为重点发展方向,国内主流商用车企业对中重型燃料电池商用车的布局进程逐步加快,未来燃料电池动力系统额定功率还将进一步提升。与此同时,新能源汽车综合收益取得新成效,截至2021年底,新能源汽车整车累计消费约1.6万亿元,带动上下游产业链产值约4.8万亿元。

智能网联汽车关键核心技术产品实现突破。我国持续完善智能网联汽车政策引导，加强关键技术创新，积极开展测试及应用探索，产品渗透率进一步提高，智能网联汽车发展正从测试验证转向多场景示范应用的新阶段。L2 级智能网联乘用车市场接受度日益提升，销量和渗透率均呈递增趋势，市场持续扩大。2021 年，L2 级智能网联乘用车销量 476 万辆，较上年度增长 57.1%，渗透率达 23.5%。从车辆类别和级别来看，中型以上 SUV、中大型轿车及 MPV 的 L2 级辅助驾驶功能搭载率较高，消费者接受度及成本承受度更高，新能源汽车渗透率远超燃油汽车，电动化与智能化、网联化深度协同发展。车载基础计算平台实现装车应用，车载激光雷达、人工智能芯片算力达到国际先进水平。我国 C-V2X 在频谱管理、标准体系、技术研发、测试验证、终端应用等方面快速发展。围绕 C-V2X 芯片、终端和系统等产品的全产业链初步形成，网联技术路径和产业生态体系正在形成。组织开展长三角跨省域车联网 C-V2X 协同应用实践，推动建立"车-路-网-云"全面连接、高效安全的城市智慧交通出行生态。测试示范加快拓展，全国开放测试区域超过了 5900 km，测试总里程超过了 1300 万 km。

3. 行业管理体系持续优化

在党中央、国务院的坚强领导下，各方齐心协力、主动作为，健全工作机制、加强协同配合，建立了完善的汽车产业政策管理体系，围绕顶层设计、保障供应、标准法规、财税政策、推广应用等领域出台了一系列政策，为产业发展创造了良好环境。新能源汽车运行管理、智能网联汽车示范应用、基础设施建设等为产业发展营造了良好环境。

在顶层设计方面，工业和信息化部充分发挥节能与新能源汽车产业部际联席会议机制作用，组织行业机构编制汽车产业绿色低碳发展路线图，围绕汽车产业碳排放评估边界和方法、碳减排目标及关键路径、碳管理政策与标准体系等关键问题，开展广泛、深入的研究，进一步凝聚汽车产业面向绿色低碳转型的发展共识，共同推动汽车产业如期实现国家碳达峰碳中和发展目标。2021 年 3 月，工业和信息化部研究成立了智能网联汽车推进组（ICV-2035），推进组紧贴行业发展需求，加强各方统筹协调，发挥优势资源力量，围绕持续健全政策法规体系、完善技术标准规范、搭建公共服务平台，加强测试示范应用、保障网络信息安全等重点工作，着力营造有利于产业发展的良好环境；协力实施关键核心技术攻关，以操作系统创新应用为牵引，推动形成互融共生、分工合作、价值共享的新型产业生态。

在标准法规方面，工业和信息化部积极贯彻落实《国家标准化发展纲要》相关要求，组织相关机构结合我国汽车行业实际需求开展标准制修订，优化完善汽车标准的有效供给，致力于构建具有中国特色并与国际兼容的新型汽车技术标准体系。全年制定完成并经国家标准化管理委员会批准发布的国家标准 58 项，工业和信息化部批准发布汽车行业标准 23 项，涵盖汽车安全、汽车节能、电动汽车、智能网联、关键部件等方面，汽车标准体系持续完善。

在财税政策方面，为深入贯彻落实党中央、国务院决策部署，充分用好用足已有汽车消费政策，全链条发展汽车流通、促进汽车消费，满足人民群众汽车消费需求，2021 年 2 月，商务部发布《商务领域促进汽车消费工作指引》（以下简称指引）和《地方促进汽车消费经验做法》。为进一步支持新能源汽车产业高质量发展，做好新能源汽车推广应用工作。指引从扩大新车消费、发展二手车消费、促进汽车更新消费、培育汽车后市场、改善汽车使用条件等五个方面提出政策措施。2021 年 12 月，财政部、工业和信息化部、科技部、发展改革委联合发布《关于 2022 年新能源汽车推广应用财政补贴政策的通知》（财建〔2021〕466 号），保持现行购置补贴技术指标体系框架及门槛要求不变，继续给予新能源汽车购置补贴。2022 年，新能源汽车补贴标准在 2021 年基础上退坡 30%，城市公交、道路客运、出租（含网约车）、环卫、城市物流配送、邮政快递、民航机场以及党政机关公务领域符合要求的车辆，补贴标准在 2021 年基础上退坡 20%。

在推广应用方面，2021 年，工业和信息化部组织中国汽车工业协会开展"中国汽车品牌向上发展专项行动"，引导企业提升产品质量、提高服务水平、树立品牌形象，由长安汽车、比亚迪、东风岚图、小鹏汽车、奇瑞汽车接力完成"看见中国汽车"品牌巡礼全国行活动，为中国汽车整体品牌建设发挥了积极的推动和促进作用。2021 年 3 月，工业和信息化部、农业农村部、商务部和国家能源局继续联合组织新能源汽车下乡活动。2021 年 4 月，工业和信息化部和国家能源局印发《关于组织开展新能源汽车换电模式应用试点工作的通知》，以加强关键技术研发、加快换电基础设施建设、促进换电模式车辆应用、形成充换电互补良性发展生态为目标，坚持市场主导、创新驱动、重点突破、协调联动的原则，开展为期 2 年的新能源汽车换电模式应用试点工作。2021 年，工业和信息化部会同相关部门启动公共领域车辆全面电动化城市试点政策的研究制定工作，计划在基础条件好、应用场景丰富、积极性高的重点区域和城市开展试点，进一步提升公交、出租、环卫、城市物流配送、特定场景重型货车等领域车辆电动化水平。2021 年，财政部、工业和信息化部、科技部、发展改革委、国家能源局组织开展燃料电池汽车示范城市群评选工作，分两批批复京津冀、上海、广东城市群和郑州、河北城市群开展示范工作。

在行业监管方面，《公告》管理是开展行业管理、推进标准体系贯彻执行的重要手段，通过对汽车生产企业准入条件，产品技术指标和检验结果进行前置审查，以及全生命周期的监督管理，有效保证了汽车产品质量和生产企业有序竞争，为加快构建汽车产业新发展格局，推动产业高质量发展，提供了有力保障。2021 年，工业和信息化部发布了第 340 批至第 351 批共 12 批《公告》，以及 12 批《免征车辆购置税的新能源汽车车型目录》和《享受车船税减免优惠的节约能源使用新能源汽车车型目录》。2021 年 8 月，工业和信息化部发布《关于加强智能网联汽车生产企业及产品准入管理的意见》，明确了汽车数据安全、网络安全、在线升级等管理要求，指导企业加强能力建设，严把产品质量安全关，切实维护公民生命、财产安全和公共安全，进一步加强智能网联汽车生产企业及产品准入管理。

4. 未来展望

"十四五"时期是"两个一百年"奋斗目标的交汇期，也是我国汽车产业由大转强，由汽车大国迈向汽车强国重要的战略窗口期，百年变局和世纪疫情交织叠加，国际地缘冲突升温，粮食危机、美联储加息等黑天鹅灰犀牛事件增多，我国汽车产业发展的内外部形势出现了一系列新的变化和挑战。我国在新能源汽车领域已经取得一定先发优势，当前，国际汽车巨头纷纷加速电动化转型，美国、欧洲等国家和地区不断加大技术研发支持力度，新能源汽车进入了产业生态竞争新时期。同时，新一代移动通信技术、互联网、大数据、云平台、人工智能等先进技术与新能源汽车有机结合，推动汽车从单纯交通工具向移动智能终端、储能单元和数字空间转变，电动化与智能化、网联化的相互融合给产业发展带来了新机遇。

综合来看，我国汽车产业韧性强、市场空间大、梯度深，随着疫情防控成效显现，我们对未来充满信心，下一步应坚持创新思路，夯实产业基础，补齐产业链供应链短板，推动新技术、新业态、新模式创新，打破行业壁垒，赢得发展先机，全力以赴维护汽车工业平稳健康运行，加大力度推动新能源汽车和智能网联汽车发展，努力提高产业链供应链的稳定性和竞争力，克服诸多不利条件，实现稳中有进。

（二）新能源汽车标准化

（中国汽车技术研究中心有限公司　何云堂）

发展新能源汽车是我国从汽车大国迈向汽车强国的必由之路，是应对气候变化、推动绿色发展的战略举措。标准化作为汽车行业发展的技术性基础工作，是实现科学管理、促进科技进步的重要手段，在服务、支撑和引领行业发展方面具有重要意义。截至 2021 年 12 月，我国现行新能源汽车标准共 108 项，其中国家标准 80 项、行业标准 28 项。标准细分领域涉及基础通用、电动汽车整车、动力蓄电池及驱动电机等关键系统部件、充电及换电等领域，形成了系统全面的标准体系。

1. 2021 年度国内标准制修订进展

2021 年度，新能源汽车标准化工作积极贯彻落实《新能源汽车产业发展规划（2021—2035 年）》相关要求，完成并发布第三版《中国电动汽车标准化工作路线图》，统筹推进电动汽车整车、动力电池、电驱动系统、充换电、燃料电池汽车等子领域标准体系建设工作。新能源汽车领域全年共发布国家和行业标准 17 项（详见表 1-1-1），完成标准报批 6 项（详见表 1-1-2），下达标准制修订计划 12 项（详见表 1-1-3）。

表 1-1-1　2021 年度新能源汽车领域新发布国家、行业标准

序号	细分领域	标准号	标准名称	标准级别
1	基础通用	GB/T 40855—2021	电动汽车远程服务与管理系统信息安全技术要求及试验方法	国家标准
2	纯电动汽车	GB/T 18386. 1—2021	电动汽车能量消耗量和续驶里程试验方法　第 1 部分：轻型汽车	国家标准
3	混合动力电动汽车	GB/T 19753—2021	轻型混合动力电动汽车能量消耗量试验方法	国家标准
4	混合动力电动汽车	GB/T 19754—2021	重型混合动力电动汽车能量消耗量试验方法	国家标准
5	混合动力电动汽车	GB/T 32694—2021	插电式混合动力电动乘用车　技术条件	国家标准
6	车载储能系统	GB/T 33598. 3—2021	车用动力电池回收利用　再生利用　第 3 部分：放电规范	国家标准
7	车载储能系统	GB/T 34015. 3—2021	车用动力电池回收利用　梯次利用　第 3 部分：梯次利用要求	国家标准
8	车载储能系统	GB/T 34015. 4—2021	车用动力电池回收利用　梯次利用　第 4 部分：梯次利用产品标识	国家标准
9	车载储能系统	GB/T 40433—2021	电动汽车用混合电源技术要求	国家标准
10	车载储能系统	QC/T 1156—2021	车用动力电池回收利用　单体拆解技术规范	行业标准
11	其他系统及部件	GB/T 24347—2021	电动汽车 DC/DC 变换器	国家标准
12	传导充电	GB/T 40428—2021	电动汽车传导充电电磁兼容性要求和试验方法	国家标准
13	传导充电	GB/T 40432—2021	电动汽车用传导式车载充电机	国家标准
14	无线充电	GB/T 38775. 5—2021	电动汽车无线充电系统　第 5 部分：电磁兼容性要求和试验方法	国家标准
15	无线充电	GB/T 38775. 7—2021	电动汽车无线充电系统　第 7 部分：互操作性要求及测试车辆端	国家标准
16	换电	GB/T 40032—2021	电动汽车换电安全要求	国家标准
17	加氢	GB/T 26779—2021	燃料电池电动汽车　加氢口	国家标准

表 1-1-2　2021 年度新能源汽车领域新报批国家、行业标准

序号	细分领域	计划号	标准名称	标准级别
1	基础通用	—	电动汽车仪表【修改单】	国家标准
2	纯电动汽车	20211159-T-339	纯电动乘用车　技术条件	国家标准
3	纯电动汽车	20203698-T-339	电动汽车能量消耗率和续驶里程试验方法　第 2 部分：重型商用车辆	国家标准
4	传导充电	20162653-T-339	电动汽车传导充电安全要求	国家标准
5	传导充电	20193382-T-339	电动客车顶部接触式充电系统　第 2 部分：充电连接装置	国家标准
6	传导	20192312-T-339	电动汽车传导充放电系统　第 4 部分：车辆对外放电要求	国家标准

表 1-1-3 2021 年度新能源汽车领域新立项国家、行业标准项目

序号	细分领域	计划号	标准名称	标准级别
1	燃料电池系统	2021-1120T-QC	燃料电池发动机用氢气循环泵	行业标准
2	燃料电池系统	2021-1119T-QC	燃料电池发动机用氢气喷射器	行业标准
3	燃料电池系统	2021-1118T-QC	燃料电池发动机用冷却水泵	行业标准
4	燃料电池系统	2021-1117T-QC	燃料电池发动机用空气压缩机	行业标准
5	燃料电池系统	2021-1115T-QC	电动汽车动力蓄电池热管理系统　第 2 部分:液冷系统	行业标准
6	燃料电池系统	2021-1114T-QC	电动汽车动力蓄电池热管理系统　第 1 部分:通用要求	行业标准
7	纯电动汽车	20211159-T-339	纯电动乘用车　技术条件	国家标准
8	燃料电池系统	20213560-Z-339	燃料电池电动汽车发动机耐久性试验方法	国家标准
9	纯电动汽车	20213561-T-339	电动汽车用锂离子动力电池包和系统电性能试验方法	国家标准
10	车载储能系统	20213562-T-339	车用动力电池回收利用　通用要求	国家标准
11	电驱动系统	20213563-T-339	电动汽车用驱动电机系统	国家标准
12	车载储能系统	20213564-T-339	电动汽车用动力蓄电池电性能要求及试验方法	国家标准

在电动汽车整车领域,新发布《插电式混合动力电动乘用车技术条件》《电动汽车碰撞后安全要求》2 项标准;加快推进纯电动乘用车技术条件标准修订,纳入微型低速纯电动乘用车相关要求,完成标准审查及报批稿编制;推进电动汽车远程服务与管理系列标准、电动汽车企业平台通用技术要求标准研究,支撑新能源汽车安全体系建设;推进纯电动汽车及混动汽车动力性标准、混合动力汽车最大功率测试方法等整车性能标准研究。

在燃料电池电动汽车领域,新发布《燃料电池电动汽车　加氢口》标准,支撑冬奥示范运行;推进燃料电池电动汽车经济性、动力性及碰撞后安全等整车标准研究,其中燃料电池电动汽车能耗及续驶里程试验方法、低温冷起动性能试验方法标准形成标准送审稿;新立项并推进燃料电池发动机耐久性、空气压缩机、氢气循环泵等标准,进一步完善燃料电池关键系统和部件标准体系。

在动力蓄电池领域,新发布《电动汽车用混合电源技术要求》《车用动力电池回收利用　梯次利用要求》标准;开展动力蓄电池安全强标实施评估调研,针对热扩散测试等关键条款收集超过 50 家企业反馈意见并开展分析,为后续启动标准修订提供依据;推进电动汽车用动力蓄电池电性能以及热管理系统系列标准研究;启动电动汽车用动力蓄电池排气试验方法、车用超级电容器等标准预研。回收及低碳方面,推动动力电池产品以及企业碳排放核算标准立项,推进动力电池回收利用通用要求、管理规范等标准研究。

在电驱动系统及关键部件领域,加快推进电动汽车用驱动电机系统技术要求、试验方法、可靠性试验方法,减速器总成技术条件等标准研究。报批《电动汽车用高压接触器》《电动汽车用高压熔断器》《电动汽车仪表第 1 号修改单》3 项标准,推进 IGBT 技术条件标准研究。另外,启动 ISO 21498《电动汽车 B 级电压系统及部件电气要求和试验方法》系列标准转化预研。

在电动汽车充电及换电领域,发布《电动汽车无线充电系统》《电动汽车换电安全要求》等标准;报批电动汽车充电安全、客车顶部接触式充电装置、车辆对外放电要求 3 项国家标准;完成集成式交流供电标准插座等 3 项行标征求意见。大功率充电方面,开展电动汽车大功率充电技术和企业调研工作,推进 2015 版标准修订升级技术方案研究及其测试验证工作,开展标准相关立项及技术方案准备工作。换电标准方面,在发布汽车行业首项换电安全标准的基础上,加快推进《纯电动乘用车车载换电系统互换性　第 1 部分:换电电气接口》等 14 项换电标准预研,完成立项申报。

2. 2021 年度国际标准制修订进展

2021 年度,在国际标准法规协调领域,借助新能源汽车产业技术积累和标准化经验,我国在联合国全球技术法规、ISO 等领域承担多项标准法规牵头任务,提出"中国方案"、贡献"中国智慧",助力我国新能源汽车企业和产品国际化。

在联合国法规方面,作为联合牵头国继续参与电动汽车安全(EVS)、电动汽车与环境(EVE)、燃料电池汽车(HFCV)领域法规协调工作,其中:成功担任 EVS 二阶段热扩散、振动、浸水、毒气分析等全部小组牵头/联合牵头国,组织行业研提技术方案和验证数据;成功担任 HFCV TF1 牵头国,组织国内单位在初始爆破压力、TPRD 泄露方向、气瓶试验、商用车台车试验等方面进一步验证并提出中国提案。

在国际标准方面,组织国内专家全面参与 ISO/TC 22/SC37 及 IEC/T C69 相关研究及会议。担任 ISO 23828 燃料电池车辆能量消耗测量标准联合项目负责人,推动标准进入 FDIS 阶段;提交燃料电池电动汽车低温冷起动、动力性标准立项提案并形成 WG 层面决议;积极介绍电动摩托车换电安全、安全监控系统 2 项标准计划,为后续立项提案奠定基础。

在海外标准法规方面,在"中国—乌兹别克斯坦电动汽车标准化专家组"框架下,针对乌方完成了为期一年共 34 项新能源领域国标的技术培训,为乌兹别克斯坦电动汽车标准体系建设提供了重要技术参考;依托双边交流平台,向马来西亚、泰国、摩洛哥介绍中国电动汽车标准经验。

3. 新能源汽车领域标准化下一步工作规划

下一步,新能源汽车标准化工作将在主管部门指导下,深入实施发展新能源汽车的国家战略,严格落实《国家标准化发展纲要》的总体要求,提高标准供给质量、完善标准体系,充分发挥标准化对新能源汽车发展的支撑作用,推动我国新能源汽车产业高质量可持续发展。

在电动汽车整车领域,继续加强新能源汽车安全标准研究,筑牢安全底线。持续开展新能源汽车安全相关标准实施效果分析与评估,不断积累和优化标准修订方案。针对新能源汽车技术不断革新的新形势,适时修订各项新能源汽车技

术条件标准，紧密贴合产业发展。针对新能源汽车远程监管要求，推进制修订相关标准法规，支撑车辆安全监管需求。围绕新能源整车环境适应性等相关技术最新进展，制定车辆热管理系列标准。

在燃料电池电动汽车领域，全面推进燃料电池电动汽车动力性能、碰撞后安全要求等方面标准研究，补齐标准缺项，进一步完善燃料电池电动汽车标准体系；统筹研究车载氢系统、加氢枪、加氢通信协议等重点标准，规范燃料电池电动汽车加氢过程。关注空气压缩机、氢气循环泵等燃料电池系统关键零部件，加快相关标准制修订流程，保障相关产品生产质量，有效提升行业整体技术水平。

在车载储能系统领域，开展电动汽车动力蓄电池安全相关标准修订工作，进一步提升动力蓄电池热失控报警和安全防护水平，并在此基础上，深入研究多维度、多层级的电池安全评价手段。结合产业现状和国际标准情况，加快修订动力蓄电池循环寿命、电性能等重点标准。开展动力蓄电池热管理系统系列标准研究工作，填补现有标准体系的空白领域；为实现产业的可持续发展，开展动力蓄电池全生命周期的标准需求分析，系统研究动力蓄电池使用寿命周期内的安全性和耐久性测试手段，优化动力蓄电池梯次利用、再生利用相关标准体系，促进资源循环利用；构建动力蓄电池碳排放管理标准体系，支撑相关政策落地实施。

在电驱动系统领域，面向电驱动产品集成化和一体化的大趋势，积极开展标准需求分析和现行电驱动系统标准的适应性研究。开展新能源汽车芯片标准子体系规划及构建，针对电机控制器中绝缘栅双极型晶体管（IGBT）等核心零部件，提出符合汽车行业需求的产品性能指标的要求，优化对应试验方法细节，加快相关标准的制修订进程，助力行业克服“卡脖子”技术难题。

在充电领域，传导充电方面，针对行业充电难、充电慢等痛点，统筹充电技术、接口标准，提升产品互换性。密切关注大功率充电等新技术新产品，并组织试验验证工作，积极开展标准制修订工作。放电方面，加快电动汽车对外放电标准研究与制定，推动对 V2L（车辆到负载）、V2V（车辆到车辆）及 V2G（车辆到电网）的标准支撑，联合电力行业，积极开展电网互动的标准体系建设及应用示范工作。

在换电领域，加快建立完善的换电标准体系，积极推动制定车载换电系统互换性标准，建立健全动力电池模块化标准体系，促进行业逐步实现换电接口、换电机构、换电电池包的标准化。助力实现换电设施资源共享，降低社会总体成本，促进新能源汽车在公共领域及私人领域的进一步推广应用。

（三）智能网联汽车标准化

（中国汽车技术研究中心有限公司　何云堂）

当前全球新一轮科学革命和产业变革深入发展，智能网联汽车逐步成为全球汽车产业转型发展的主要方向和促进世界经济持续增长的重要引擎。智能网联汽车产业和技术的发展，离不开标准的规范和引领。自 2017 年以来，在工业和信息化部、国家标准化管理委员会的支持和指导下，全国汽车标准化技术委员会智能网联汽车分技术委员会组织行业开展了智能网联汽车标准体系建设及标准研究与制定工作，到 2021 年智能网联汽车标准体系建设已取得积极进展，形成了先进驾驶辅助系统（ADAS）、自动驾驶、信息安全、网联功能与应用、车用操作系统等标准子体系，先后发布了 8 项国家标准（见表 1-1-4）。此外，为了进一步明确智能网联领域标准的范畴、对象、类型与实施方案，智能网联分标委开展系列标准化需求研究项目，通过调研分析理清标准思路，输出标准化路线，2021 年共完成并发布 10 项标准化需求研究报告。此外，完成了智能网联汽车“十四五”标准体系建设方案及意见征求，体系框图如图 1-1-1 所示，在智能网联汽车总体标准体系框架下，为全面完成第二阶段智能网联汽车标准体系建设提供了有力保障。

表 1-1-4　智能网联汽车领域已发布国标列表

分类	标准名称
先进驾驶辅助系统	GB/T 39263—2020《道路车辆 先进驾驶辅助系统（ADAS）术语及定义》
	GB/T 39323—2020《乘用车车道保持辅助（LKA）系统性能要求及试验方法》
	GB/T 39265—2020《道路车辆 盲区监测（BSD）系统性能要求及试验方法》
自动驾驶	GB/T 40429—2021《汽车驾驶自动化分级》
信息安全	GB/T 40861—2021《汽车信息安全通用技术要求》
	GB/T 40855—2021《电动汽车远程服务与管理系统信息安全技术要求及试验方法》
	GB/T 40856—2021《车载信息交互系统信息安全技术要求及试验方法》
	GB/T 40857—2021《汽车网关信息安全技术要求及试验方法》

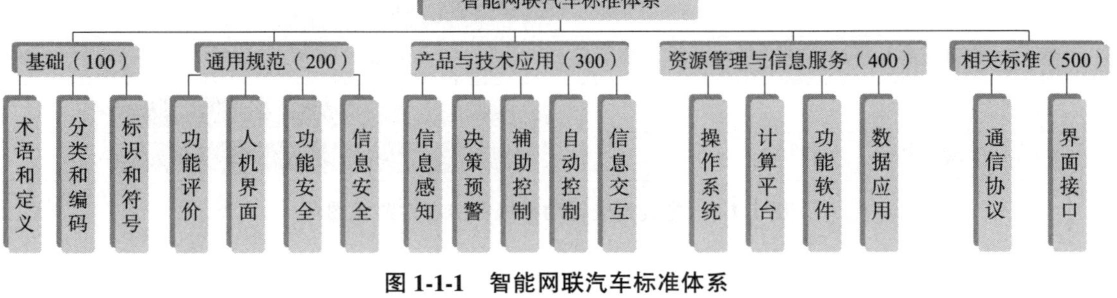

图 1-1-1　智能网联汽车标准体系

智能网联汽车分标委针对行业需求依托标准体系规划，积极推进智能网联汽车标准化工作。2021 年 1—12 月，智能网联领域发布 5 项推荐性国家标准，10 项推荐性国家标准完成审查和报批，3 项推荐性国家标准进入审查阶段；7 项推荐性国家标准和 1 项行业标准下达计划；提交 4 项推荐性国家标准立项申请；全新启动 7 个标准起草组；按计划推进 15 项在研标准、标准外文版及研究项目的进程；本文将介绍本年度我国在国内、国际层面智能网联汽车标准法规的进展情况。

1. 国内智能网联汽车标准制定工作进展

国内智能网联汽车标准制定工作分为先进驾驶辅助系统、自动驾驶、网联功能与应用、汽车信息安全及资源管理与信息服务五大领域。

（1）先进驾驶辅助系统

先进驾驶辅助系统领域针对 L0 ~ L2 级驾驶辅助功能，从功能安全的角度出发提出相应功能、性能指标及对应的测试要求，先进驾驶辅助系统标准制定路线图如图 1-1-2 所示。2021 年该领域共开展 21 项标准及标准化需求研究项目。结合行业发展需求和 ADAS 技术应用现状，智能网联分标委启动 2017 版《先进驾驶辅助系统标准制定路线图》修订工作。其中，《道路车辆 先进驾驶辅助系统（ADAS）术语及定义》（GB/T 39263—2020）、《乘用车车道保持辅助（LKA）系统性能要求及试验方法》（GB/T 39323—2020）、《道路车辆 盲区监测（BSD）系统性能要求及试验方法》（GB/T 39265—2020）3 项标准已进入实施宣贯阶段；《商用车辆车道保持辅助系统性能要求及试验方法》《驾驶员注意力监测系统性能要求及试验方法》等 6 项标准完成审查和报批；《汽车智能限速系统性能要求及试验方法》《汽车全景影像监测系统性能要求及试验方法》进入审查阶段；《智能网联汽车组合驾驶辅助系统技术要求及试验方法》系列标准下达计划；《智能网联汽车操纵件、指示器及信号装置的标志》标准和《乘用车后方交通穿行提示系统性能要求及试验方法》《乘用车车门开启预警系统性能要求及试验方法》2 项标准外文版项目按计划推进标准起草；《道路车辆——用于评估智能网联汽车感知功能的测试设备》系列标准开展预研阶段的试验验证。

（2）自动驾驶

为全面支撑自动驾驶准入管理，形成自动驾驶子领域标准体系，自动驾驶标准体系架构图如图 1-1-3 所示，开展标准研究与制定工作，目前已开展 23 项相关标准及需求研究项目。其中，《汽车驾驶自动化分级》（GB/T 40429—2021）正式发布；《智能网联汽车　自动驾驶功能场地试验方法及要求》完成报批；《智能网联汽车　术语和定义》进入审查阶段；强制性国家标准《智能网联汽车　自动驾驶数据记录系统》下达计划。此外，提交了《智能网联汽车　自动驾驶设计运行条件》等 2 项标准立项申请；全新启动《智能网联汽车　自动驾驶功能仿真试验方法及要求》标准制定；按计划推进车载定位技术、港口和末端配送等自动驾驶应用场景标准研究。

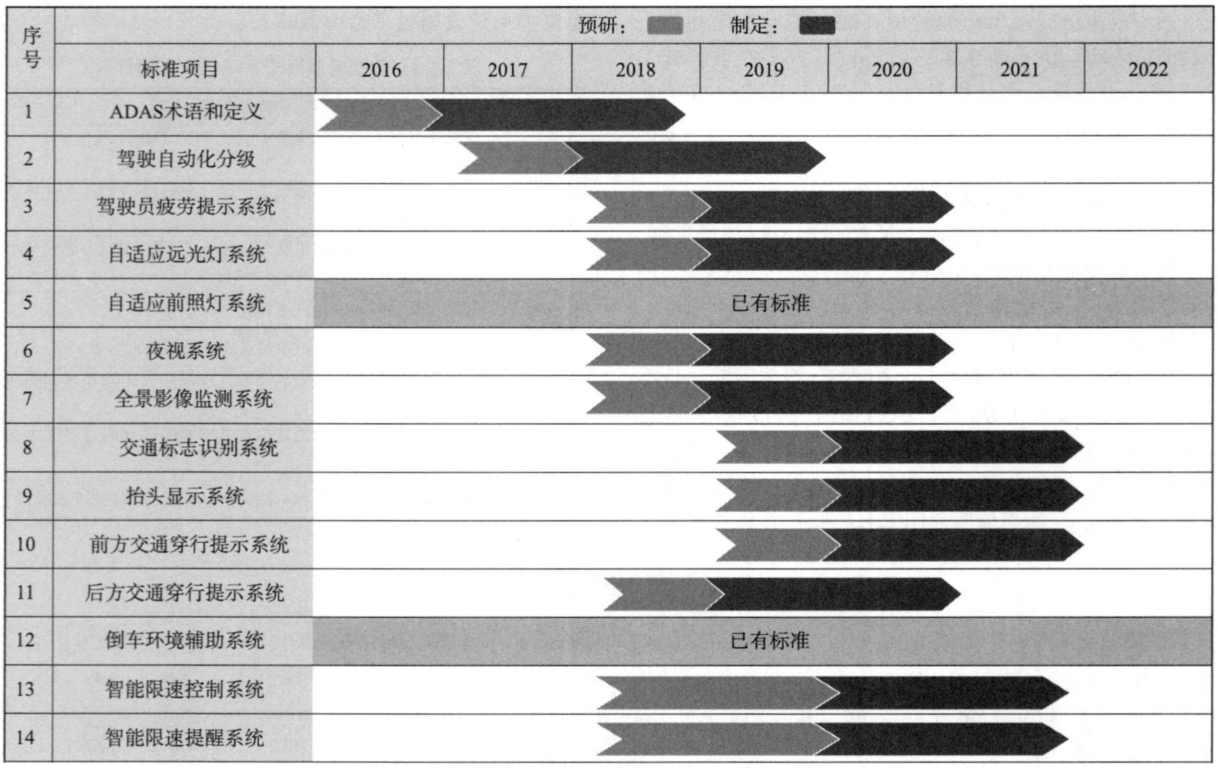

图 1-1-2　先进驾驶辅助系统标准制定路线图

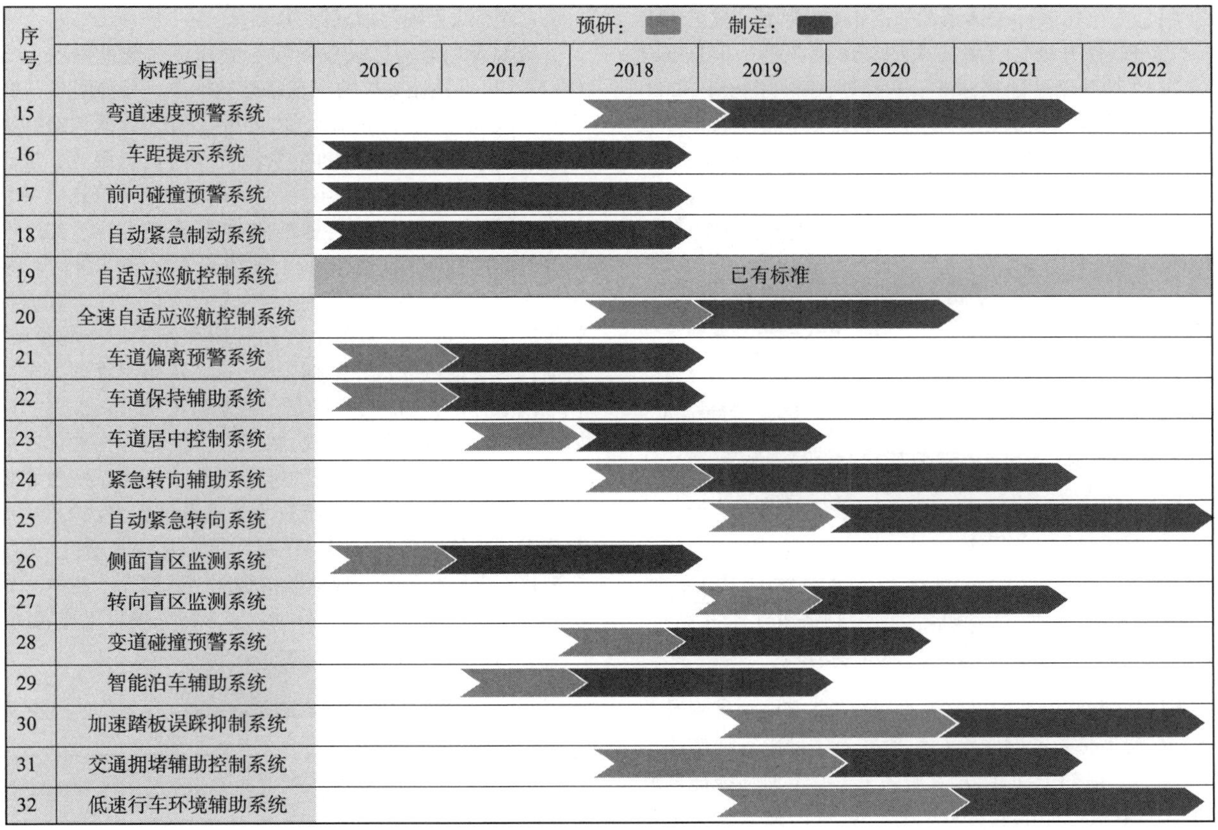

图 1-1-2 先进驾驶辅助系统标准制定路线图(续)

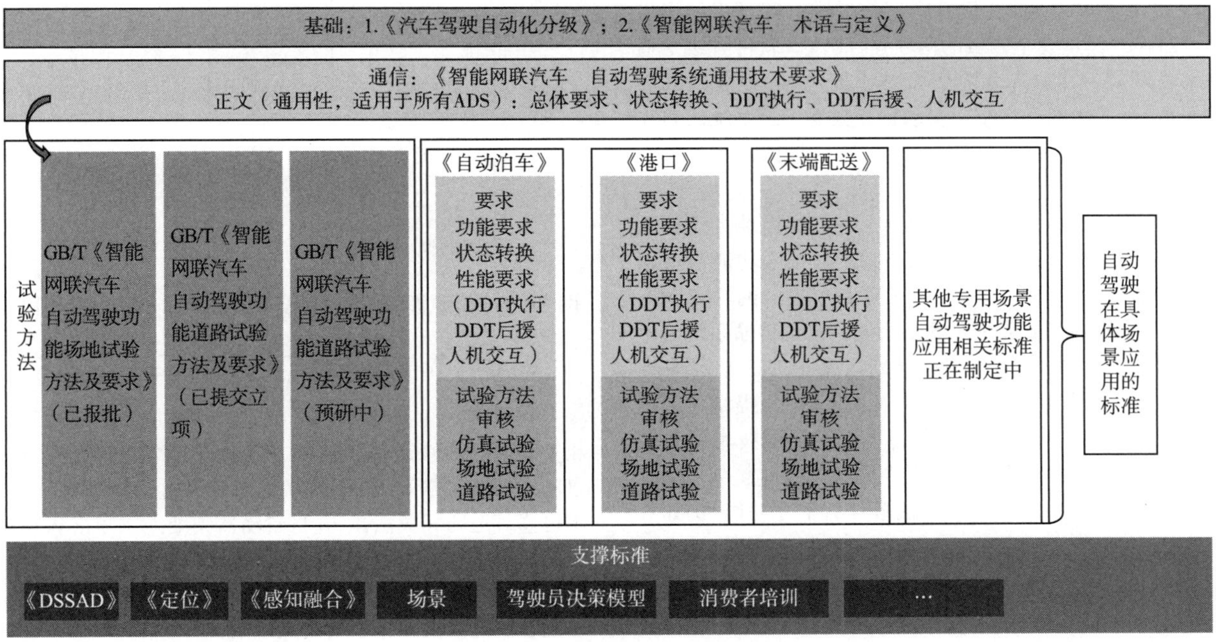

图 1-1-3 自动驾驶标准体系架构图

总体来说，自动驾驶领域功能测试和评价类的标准取得了积极的进展。一方面解决了驾驶自动化分级、智能网联汽车术语定义等通用语言类的标准；另一方面提出自动驾驶系统的通用技术要求，对系统状态转化，包括人机交互部分做出规定。在此基础上提出虚拟仿真、场地测试、实际交通环境或实际道路测试在内，相对完善的自动驾驶测试评价类标准的建设计划。2021 年 8 月工信部、公安部、交通运输部联合发布《智能网联汽车道路测试及示范应用管理规范（试行）》（下称《规范》），为智能网联汽车的商业化探索提供了顶层政策支撑，自动驾驶的测试评价类标准也将作为《规范》的配套标准，为道路测试及示范应用提供技术支持。

（3）汽车信息安全

基于信息安全标准体系规划，面向管理类、整车类和关键系统部件类各层级信息安全需求，开展 15 项标准及研究项目。信息安全领域标准体系图如图 1-1-4 所示。截至 2021 年底,《汽车软件升级　通用技术要求》《汽车整车信息安全技术要求》2 项强制性国家标准下达计划;GB/T 40861—2021《汽车信息安全通用技术要求》等 4 项首批信息安全标准正式发布;《电动汽车充电系统信息安全技术要求及试验方法》完成报批;《汽车数字证书应用技术规范》《汽车商用密码应用技术要求》完成标准化需求研究并正式启动标准起草工作。

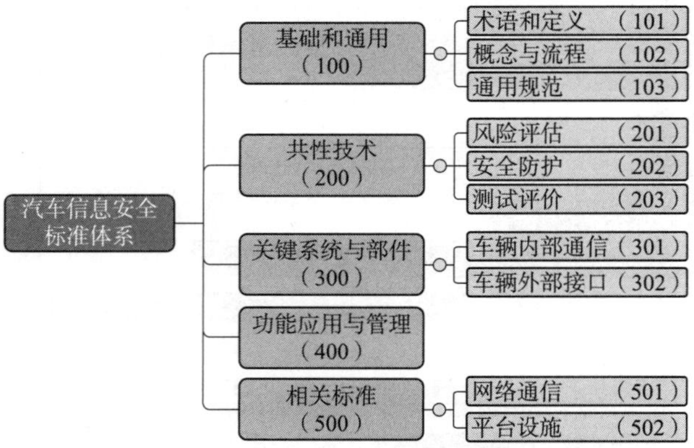

图 1-1-4　信息安全标准体系图

保证智能网联汽车的网络安全,是信息安全领域标准化的工作重点,也是智能网联汽车实现准入过程中需要解决的问题之一。工信部于 2021 年 8 月发布《关于加强智能网联汽车生产企业及产品准入管理的意见》,从加强数据和网络安全管理、规范软件在线升级、加强产品管理、保障措施等方面提出 11 项具体意见,为后续有序推进准入管理工作提供了遵循路径。信息安全领域的两项强标《汽车软件升级　通用技术要求》《汽车整车信息安全技术要求》以及自动驾驶领域的强标《智能网联汽车　自动驾驶数据记录系统》,将作为智能网联汽车准入的配套标准于 2022 年报批。

(4)网联功能与应用

网联功能与应用领域,贯彻落实《C-V2X 标准合作框架协议》,开展了 6 项国家和行业标准制定。网联功能与应用领域标准体系图如图 1-1-5 所示。《道路车辆　网联车辆方法论》系列标准完成报批;《车载专用短距无线传输系统技术要求及试验方法》行业标准下达计划;《基于 LTE-V2X 直连通信的车载信息交互系统技术要求及试验方法》提交立项申请;《基于网联技术的汽车安全预警类应用场景技术要求及试验方法》完成标准化需求研究报告并启动标准起草。后续该领域将逐步开展基于网联技术的各项智能化功能,例如数字钥匙、遥控泊车、遥控行车等功能的标准制定工作。

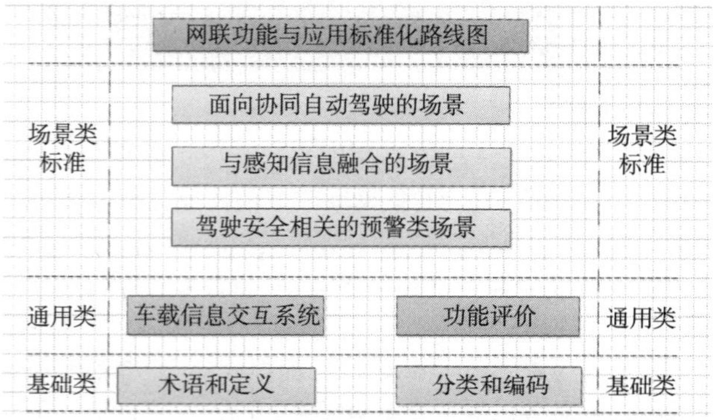

图 1-1-5　网联功能与应用领域标准体系图

(5)资源管理与信息服务

资源管理与信息服务领域主要开展为智能网联汽车功能、技术提供共性支撑的汽车基础类标准。目前同步开展 12 项标准及研究项目,涵盖软件、硬件、平台、数据和新型电子电气架构、智能座舱等标准。资源管理与信息服务领域正在开展的标准项目如图 1-1-6 所示。资源管理与信息服务领域其中,数据安全及管理类标准将作为重点内容。2021 年 9 月,网信办发布《汽车数据安全管理若干规定(试行)》,从国家安全、公共利益、个人信息保护三个层面对汽车数据提出管理需求,这进一步明确了数据管理和保护标准的重要性。目前针对智能网联汽车数据分类、分级及通用管理要求的推荐性国家标准《智能网联汽车　数据通用要求》已下达计划,后续该领域将开展数据合规、数据安全保护等相关标准的研究与制定工作;其他子领域的标准,《车控操作系统技术要求及试验方法》《车载操作系统技术要求及试验方法》正式成立起草组;《智能网联汽车半导体单元标准化需求研究》等 5 项标准化需求研究项目完成结题;《智能网联汽车　生物识别系统标准化需求研究》等 3 项标准化需求研究项目正式启动。

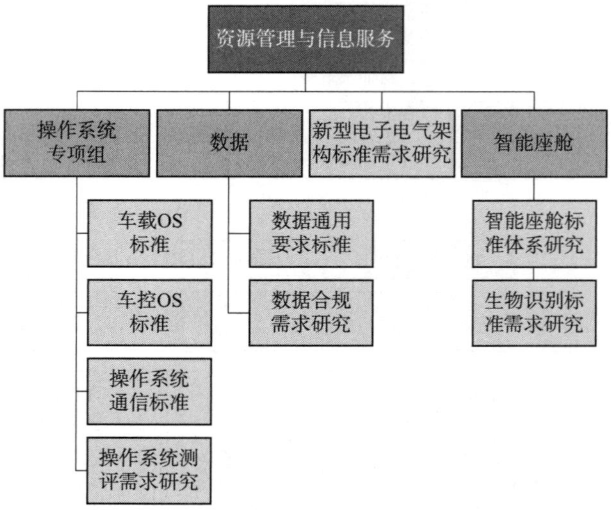

图 1-1-6　资源管理与信息服务领域正在开展的标准项目框图

2. 国际智能网联汽车标准法规工作进展

在国际标准法规层面,各国政府都在加快智能网联汽车相关法律的制修订,德国 2017 年修订道路交通法给予 3 级自动驾驶一定空间,2021 年又进一步通过自动驾驶法案;日本也修订道路相关法律,并将自动驾驶纳入汽车准入管理相关的法律中;美国也在不断加速相关立法的进程。

智能网联汽车国际标准法规协调正在呈现新的特征,联合国已制定并发布自动驾驶框架的文件,并发布第一批智能网联汽车相关的技术法规,分别涉及信息安全、软件升级、自动车道保持系统。我国也积极参与智能网联领域国际法规的协调工作,汽标委智能网联汽车分标委支撑工信部担任联合国自动驾驶与网联车辆工作组(GRVA)副主席、自动驾驶功能要求非正式工作组(FRAV)联合主席,协助制定相关工作规划;全面参与《自动驾驶功能要求文件》编制工作;推动成立先进驾驶辅助系统(TFADAS)非正式工作组,依据中国经验支撑规划工作组工作范畴及法规制定计划;深度参与自动驾驶数据记录系统法规编制,全面介绍中国 DSSAD 标准思路和建议；支撑编制信息安全、软件升级法规的解释文档，为后期编写适用于98协定国的技术文档奠定基础；参与研究和编写自动驾驶新型测评方法要求框架文件，结合中国实践提出仿真真实性验证等技术提案。可以看出，联合国层面，先进驾驶辅助系统也逐步受到重视。

ISO国际标准层面，我国全面参与ISO道路车辆技术委员会下设的数据通信（SC31）、电气、电子部件及通用系统（SC32）、车辆动力学与底盘部件（SC33）以及人机工程学（SC39）四个分技术委员会下属各相关领域工作。作为自动驾驶场景工作组（ISO/TC22/SC33/WG9）召集人，推动自动驾驶测试场景相关的5项国际标准的制定工作；参与ISO 5112《道路车辆　信息安全工程审核指南》，推动ISO 23150《道路车辆　自动驾驶传感器与数据融合单元间数据通信逻辑接口》正式发布并参与标准二阶段制定工作，提出特殊车辆的目标物接口等技术内容，提案获得广泛支持；持续跟踪ISO 24089《道路车辆　软件升级工程》，参与标准结构等专项组，推动标准进入DIS阶段；结合中国实践提案将踏板式摩托车目标物正式纳入ISO 19206-5两轮车目标物标准。

3. 智能网联汽车标准法规未来展望

下一步，我国将继续推进智能网联汽车国家标准和国际标准法规研究，提升标准国际化水平，引领汽车产业高质量发展。

在国内标准方面，智能网联领域下阶段主要工作包括：

（1）先进驾驶辅助系统领域，对于正在开展的标准项目，完成《汽车全景影像监测系统性能要求及试验方法》《汽车智能限速系统性能要求及试验方法》2项标准的报批；完成《智能网联汽车　操纵件、指示器及信号装置的标志》和《智能网联汽车　组合驾驶辅助系统技术要求及试验方法》系列标准的审查和报批；完成先进驾驶辅助系统标准制定路线图修订，推动L2级驾驶辅助系统系列标准的研究制定工作，开展倒车辅助及自动紧急避撞两项标准辅助驾驶系统的标准制定工作，开展智能网联汽车测试设备标准体系以及智能网联汽车主观评价标准化需求研究。

（2）在自动驾驶领域，完成《智能网联汽车　自动驾驶数据记录系统》强标和《智能网联汽车　术语和定义》《智能网联汽车　自动驾驶通用功能要求》《智能网联汽车　自动驾驶功能道路试验方法及要求》《智能网联汽车自动泊车系统性能要求与试验方法》4项推标的报批，按计划推动领域内正在起草的标准，持续推动特殊场景自动驾驶标准的研究。

（3）在信息安全领域，完成《汽车整车信息安全技术要求》《汽车软件升级通用功能要求》2项强标和《道路车辆　信息安全工程》《汽车信息安全应急响应管理指南》2项推标的审查和报批工作，按计划推进领域内正在起草的标准，新启动汽车漏洞分类分级标准研究。

（4）在网联功能与应用领域，将依据《智能网联汽车——网联功能与应用标准制定路线图》持续推进汽车网联功能与应用标准的制定工作。完成《车载专用无线传输系统技术要求与试验方法》《车载有线高速媒体传输系统技术要求与试验方法》2项行业标准的审查和报批；按计划推进《基于LTE-V2X直连通信的车载信息交互系统技术要求及试验方法》标准研制进程，视计划下达情况适时推动标准的征求意见、审查和报批工作，并按计划推进该领域其他标准的制定工作。

（5）在资源管理与信息服务领域，拟完成《智能网联汽车　数据通用要求》标准的审查和报批，完成《智能网联汽车数据合规标准化需求研究》并启动《智能网联汽车　数据安全要求》标准研究；按计划推进2项操作系统标准研究进程；开展智能网联汽车安全芯片、电子电气架构、智能座舱相关标准的制定工作。

在国际标准法规协调方面，我们将加大参与力度，提升参与水平，依托智能网联汽车分标委国际标准法规协调专家组，深入参与联合国及ISO/IEC相关国际标准法规制定与协调，在先进驾驶辅助系统部件、自动驾驶功能要求、自动驾驶评估方法、数据记录系统、网联车辆、信息安全工程审核、软件升级工程、智能交通等方面跟踪国际标准法规动态，为智能网联汽车国际标准法规协调贡献“中国力量”。

智能网联汽车在新的发展阶段需要贯彻新的发展理念，从技术和产业发展状态来看，我国智能网联汽车已经进入新的发展阶段，后续标准法规体系建设，会主动适配服务技术和产业发展的新需求，采用新的理念及方式，服务和支撑我国相关战略实施，兼顾政府、产业、公众各方的不同需求，进一步加强跨产业协调合作，统筹考虑并引导相关的团体标准或相关技术文件的制定。立足国内和国际的协调配合，智能网联分标委依据国内相关标准研究成果积极为国际标准法规协调作出贡献。

二、纯电动汽车领域

（一）纯电动乘用车

（北京新能源汽车股份有限公司　魏跃远）

1. 2021年纯电动乘用车产业总体发展与技术突破

2021年，中国能源汽车市场总体呈现市场规模快速增长和质量品牌快速提升的良好势头。新能源汽车全年产销分别完成354.5万辆和352.1万辆，产销同比增长160%，连续7年位居全球第一，占全球新能源汽车销量比重达52%，国内市场占率达到13.4%，相比2020年高出8个百分点，私人消费占比接近80%。销量前15名中，自主品牌占据了12席。全年实现新能源汽车出口31万辆，同比增长3倍多，超过了历史累计出口总和。新能源汽车产业已进入以用户需求为导向的全面市场化拓展期，全面市场化大幕已开启。

2021 年全年上市了 83 款新能源车型，其中纯电动 62 款，占比达 75%，在新能源车里占绝对主流；插电混动车 18 款，占比 20%；增程式混动 3 款。在售新能源乘用车车型基本覆盖全部细分市场。

新能源乘用车基本实现网联功能全覆盖，头部企业陆续投放搭载 V2X 技术的量产新车；L2 级驾驶辅助系统新能源乘用车市场渗透率接近 38%，高等级自动驾驶进入示范应用。2021 年纯电动乘用车平均续驶里程达到了 400 km 以上。同时有市场调研报告显示，消费者对新能源汽车的质量满意度大致与燃油汽车持平。

随着纯电动乘用车产销量连创新高，充电桩、换电站等配套设施加速布局，产业发展环境进一步优化。截至 2021 年底，累计建成充电站 7.5 万座，充电桩 261.7 万个，换电站 1298 个，在全国 31 个省(区市)设立动力电池回收服务网点超过 1 万个。

2021 年，我国纯电动乘用车创新成果亮点纷呈，可持续发展能力进一步增强，主要体现在以下几个方面：

(1)整车技术水平进一步提升

各主机厂为了争夺纯电动汽车市场的战略制高点，纷纷针对纯电动汽车开发专属平台，整车软硬件集成设计水平显著提高，整车动力性、经济性、续驶里程、环境适应性、安全性、智能化等性能全面提升。智能热管理技术大幅提升整车低温性能，支撑车辆在-30 ℃环境温度下的应用。800 V 高压平台加速落地，提升能量补给和使用效率。比亚迪深耕多年形成的高性能纯电动乘用车高压深度集成架构关键技术，在高安全高比能动力电池、大功率低损耗驱动系统、高性能高电压集成架构等核心技术方面取得多项重大突破，系统性解决了电动汽车安全、续航、充电、动力等性能协同提升的难题，系统复杂，创新性强。

(2)关键核心系统技术再上台阶

动力电池方面，高镍三元正极材料和硅碳复合负极材料成功开发验证，量产单体能量密度达 300 Wh/kg，系统能量密度超过 200 Wh/kg；混合固液电池单体能量密度达 300 Wh/kg，循环寿命 1000 次；开展单体 4.5 V 的镍锰酸锂动力电池前瞻研究。

广汽埃安研发出海绵硅负极片电池技术，这项技术能将锂离子电池单体电芯体积减小 20%，重量减轻 14%。在提升电池能量密度的同时，又能降低电池的重量。搭载使用海绵硅负极片电池技术的动力电池，已经在广汽埃安新推出的 AION LX Plus 车型上实现了搭载，CLTC 工况续航达到了 1008 km。蔚来汽车在今年发布了三元锂电池和磷酸铁锂混搭的电池技术，并实现了真正的量产，这与宁德时代提出的 AB 电池混搭是一个概念，是两家合作开发的产物。完成新技术落地的还有长城汽车旗下的蜂巢能源，它在 2021 年 7 月 16 日宣布，全球首款无钴电池正式批量生产，并且应用于长城欧拉的樱桃猫车型上。这次批量生产的无钴电池的能量密度达到 240 Wh/kg。同样在 7 月，宁德时代发布第一代钠离子电池，电芯单体能量密度达到 160 Wh/kg，为当时全球最高水平；在常温下充电 15 min，电量可达 80%；在-20 ℃低温的环境下，有 90% 以上的放电保持率。

电驱动系统方面，第三代半导体电机控制器实现量产应用，控制器体积和重量大幅减小，峰值效率可达 99% 以上。电子电气架构方面，域/跨域集中式电子电气架构开发应用加速在纯电动车型上落地，以服务为导向的软件架构(SOA)和“云管端”通信架构也同步拓展应用。信息安全方面，信息安全防护从边界防御向主动安全纵深防御体系跃升，实现威胁提前感知，动态实时响应。

(3)自动驾驶领域

智能网联汽车车载基础计算平台实现装车应用，人工智能芯片算力达到国际先进水平。车规级高性能激光雷达形成量产前装，成本有望进一步降低，小鹏 P5、北汽极狐阿尔法 S Hi 版、蔚来 ET7 等新车型明确搭载激光雷达，分别搭载大疆、华为、图达通等国内供应商产品。大部分激光雷达供应商推出的激光雷达(半固态)成本价格将降至 1000 美元以下。数字化底盘线控系统助力智能网联汽车落地：中汽创智等企业开发底盘线控系统将实现进一步数字化控，通过一体化控制，助力高度自动驾驶实现，提高自动驾驶体验。4D 毫米波雷达即将形成量产，助力构建智能网联汽车低成本方案。

2. 产业标准体系建设

自 2010 年开始，在工信部、国家标准委的支持和指导下，全国汽车标准化技术委员会(以下简称汽标委)开展了包括纯电动汽车在内的我国电动汽车标准体系研究与建设工作，形成了一系列成果。纯电动乘用车标准体系主要涉及车辆、零部件和基础设施，标准体系已经基本完善。2021 年度发布的与纯电动乘用车相关的主要标准(修订或新发布)见表 1-2-1。

表 1-2-1　2021 年发布的与纯电动乘用车相关的主要标准(修订或新发布)

标准号	标准名称
GB/T 18386.1—2021	电动汽车能量消耗量和续驶里程试验方法　第 1 部分：轻型汽车
GB/T 24347—2021	电动汽车 DC/DC 变换器
GB/T 40432—2021	电动汽车用传导式车载充电机
GB/T 31498—2021	电动汽车碰撞后安全要求
GB/T 34015.3—2021	车用动力电池回收利用　梯次利用　第 3 部分：梯次利用要求
GB/T 34015.4—2021	车用动力电池回收利用　梯次利用　第 4 部分：梯次利用产品标识
GB/T 3598.3—2021	车用动力电池回收利用　再生利用　第 3 部分：放电规范
GB/T 38775.5—2021	电动汽车无线充电系统　第 5 部分：电磁兼容性要求和试验方法
GB/T 38775.7—2021	电动汽车无线充电系统　第 7 部分：互操作性要求及测试　车辆端
GB/T 40032—2021	电动汽车换电安全要求
GB/T 40428—2021	电动汽车传导充电电磁兼容性要求和试验方法

2021 年 5 月 10 日，《电动汽车换电安全要求》推荐性国家标准由国家市场监督管理总局、国家标准化管理委员会批准发布，这是我国汽车行业在换电领域制定的首个基础通用国家标准，该标准规定了可换电电动汽车所持有的安全要求、试验方法和检验规则，适用于可进行换电的 M1 类纯电动汽车。

3. 国内外纯电动乘用车产业发展趋势

未来几年纯电动乘用车技术发展趋势主要有：

整车方面：整体续驶里程会呈逐年增长趋势，400 km 以上续驶里程车辆占比快速提高。

动力电池方面：总体向快充、长续航、高安全、低成本方向发展；充电性能持续提升，2C-4C 快充电池逐步推广，800 V 高压快充在中高端车型推广应用；电池集成技术不断演进，集成度越来越高，CTP 和 CTC 已成为重点发展趋势；特斯拉的 Structure battery 是当前集成度最高的方案，这对电池的可靠性提出了更高的要求，因为不再考虑维护问题；另外，无热扩散技术发展也将极大提升动力电池安全性。

电驱动系统方面，主要有两个方向：第一，零部件性价比持续提升，主要通过工艺改进、材料替代等实现。如永磁同步电机、扁线电机、SiC 模组替代、油冷电机的应用等。第二，系统集成优化升级，实现多部件物理结构、功能和性能的融合与优化；如将电机、电机控制器、减速器、OBC、DC/DC、PDU 等独立部件融合为“三合一”“多合一”，并逐步从硬件融合，向电气融合、芯片融合演进。

智能驾驶方面：100TOPS 以上车规级计算芯片将实现量产装车；多车企 L2++车型量产，搭载自动驾驶功能车型有望进入市场；域控制器实现技术突破，由单域控制向跨域融合形态过渡；整车信息安全防护技术实现从边界防御向主动纵深防御体系跃升：主动防护技术基于大数据与人工智能，通过对车辆进行全面、实时的安全威胁监测、预警与分析，实现更高效安全的整车防护；纵深防护技术在原有网联防御（仅在外网接口处加入信息安全防护模块）的基础上，形成了网联防御、内网防御、ECU 防御的多层防御体系，在车型正向开发过程中即在各层级功能模块设置安全防护，全方位保护车辆信息安全。

智能座舱方面：智能座舱芯片算力持续提升，端云融合进一步支撑持续增加的算力需求，多模态交互成为主流趋势。语音交互向个性化、自然化、定制化方向发展，智能式主动服务也是重要发展方向；座舱感知传感器数量持续增加，“第三空间”场景功能不断丰富。

4. 目前亟需解决的技术难点及解决方案

（1）车规级 MCU

国内的车规 MCU 一直被欧美日大厂所垄断。根据 IC Insight 的报告，瑞萨、恩智浦、德州仪器、英飞凌、赛普拉斯、意法半导体六家公司一直为车规 MCU 最大的供应商，2020 年六家的全球份额超过 95%。在中国亦是如此，车规 MCU 的国产化率低于 5%。“缺芯”让国产 MCU 受到关注。一方面，疫情影响了 MCU 制造和封装的产能；另一方面，新能源汽车的发展又极大催生了车企对 MCU 的需求。缺芯潮由此到来，为国产 MCU 带来上车测试的机会窗口。许多过往不做 MCU 的车规芯片企业，新开出了 MCU 产品线，如杰发科技、芯驰、比亚迪等；一些曾经专注于消费、工业级的 MCU 公司，也纷纷尝试入局车规 MCU，如上市公司兆易创新、复旦微等已经获得了一些上车机会。由于车规 MCU 对安全性和可靠性有着极高的需求，产线搭建相比其他类型的芯片也更为复杂，一般需要五年左右，国产车规 MCU 要真正占有一席之地，中国 MCU 企业一方面还需要和主机厂建立更紧密的战略合作伙伴关系，另一方面需要快速提升产品的一致性、可靠性和性价比。

（2）汽车操作系统

随着电动汽车智能化网联化不断深入，智能车控、车载操作系统逐渐成为未来重要发展方向。我国自主汽车操作系统面临以下挑战。一是在传统车控操作系统基础薄弱，话语权仍然不强。二是智能车控、车载操作系统仍处于发展初期。虽然涌现出了百度、阿里巴巴等有实力的企业，但在智能车控、车载关键核心技术研发、软硬件兼容适配等方面仍需强化。三是生态支撑能力有待加强。我国在车控、车载关键核心标准制定、应用软件以及配套硬件供给方面与国外仍存在一定差距。建议发展路径：一是加强实时嵌入式操作系统的核心技术攻关，加快形成自主可控、安全可靠的汽车电子实时嵌入式操作系统产品体系。二是支持车企与操作系统企业加强合作，研发符合国产汽车硬件配置的车控操作系统行业标准，提升车控操作系统领域话语权。三是加快布局，大力发展智能车控、车载操作系统，协同推进，推动车控、车载应用软件及配套硬件联动发展。

（3）L3 级自动驾驶技术

从政策规划和技术发展等方面来看，L4 级自动驾驶汽车的大规模应用还有较长的路要走，技术突破还有待时日。未来 3~5 年内，大多数车企将 L3 级自动驾驶量产作为其主要发展目标。当前 L3 相关技术可以支持车辆在特定条件下实现 L3 级自动驾驶，但运行条件还比较有限。L3 规模量产之路上的瓶颈，除了法规标准之外，亟需突破的还是技术，涉及传感器性能、算法、系统架构、功能安全、通信实时性与安全性等多方面还需要显著提升优化。L3 走向市场，一方面要加快相关法律法规与政策的出台和完善，推进基础配套设施建设，另一方面需要全产业链共同协作，推动实现商业化场景持续落地。

5. 2021 年行业重点企事业单位发展情况

2021 年，比亚迪新能源乘用车全年销量 593745 辆，同比增长 231.6%。11 月和 12 月连续两个月突破 9 万辆大关，再次刷新纪录。销量细分上，比亚迪新能源乘用车销量呈现出 EV 纯电、DM 混动“两条腿、齐步走”的态势。年内，比亚迪 EV 车型和 DM 车型累计销量分别达 320810 辆和 272935 辆，同比分别增长 144.9%、467.6%。王朝车系旗舰车型汉，全年销量 117665 辆，年内曾 6 次单月销量破万，稳居中国品牌中大型轿车销量榜首。作为一款成交均价超过 25 万元的中高端车型，比亚迪汉已然成为国内汽车市场唯一一款能与 BBA 正面竞争的中国品牌中大型轿车。

广汽集团全年新能源汽车产销量继续保持高速增长态势，产销分别为 14.47 万辆和 14.29 万辆，同比分别增长 88.68% 和 77.35%。其中，作为广汽自主品牌“双子星”的广汽埃安表现突出，2021 年全年终端销量 123660 辆，同比增长 119%。

上汽通用五菱新能源汽车 2021 年销售达 452238 辆，累计销量突破 75 万辆，这其中大部分销量贡献来自于宏光 MINI EV，其累计销量达到了 55 万辆。2021 年 12 月，宏光

MINI EV 销量达 55729 辆,连续 16 个月位居中国新能源车销量冠军。

小鹏汽车全年累计交付 98155 辆,同比增长 263%,首夺新势力销量冠军。小鹏 P7 的交付量为 60569 辆,与 2020 年的 15062 辆相比增长 302%。而小鹏 P5 自从 2021 年 10 月开始量产后,交付量保持稳步增长的势头,达到 7865 辆。在 2021 年第四季度已交付的 P5 总量中,超过 50% 可支持 XPILOT 3.0 或 XPILOT 3.5。另外,小鹏汽车品牌超级充电站扩展至 772 座,覆盖 308 个城市,提供更全面的充电网络。2021 年,蔚来汽车累计交付量为 91429 辆,同比增长 109.1%,失去年销冠军宝座,位居新势力第二。

当造车新势力第一梯队突破单月交付万辆的目标时,二线头部企业也在反攻,“蔚小理”的格局一度被打破。与头部三强主打中高端市场不同,哪吒汽车和零跑汽车均瞄准 A0 级纯电动细分市场,分别凭借旗下主销车型哪吒 V、零跑 T03 实现订单量和交付量的增长。哪吒汽车全年累计交付 69174 辆,同比增长 361.7%,哪吒汽车在这一年多次以“黑马”之姿闯入造车新势力单月销量前三。零跑汽车 2021 年品牌声量和销量不断提升,全年累计交付 43121 台。

6. 2021 年重点车型技术特点分析

2021 年在纯电动轿车市场表现较好或受关注度高的车型主要有特斯拉 Model Y(1 月上市)、北汽蓝谷极狐阿尔法 S(4 月上市)、小鹏 P5(7 月上市)、奔驰 EQS(12 月上市)。

2021 年 1 月 1 日,特斯拉 Model Y 正式在国内上市。新车推出两个版本,分别是售价 33.99 万元的长续航版本,以及 36.99 万元 Performance 高性能版本。7 月 8 日,特斯拉中国官网正式上线续航里程为 525 km 的 Model Y 标准续航版,售价仅需 27.6 万元。Model Y 定位高性能、全智能的中型 SUV。它不仅采用了与 Model 3 相近的设计语言,两者的零部件通用化率也是高达 80%,这样的理念下让其在生产制造成本方面优势极大。性能方面,Model Y 长续航版车型采用了双电机全轮驱动,0~100 km/h 加速时间为 5.1s,Model Y 长续航版车型续航里程可达 594 km。而 Model Y Performance 高性能版百公里加速仅为 3.7 s,续航里程可达 480 km。

4 月,极狐阿尔法 S 上市;作为一款定位中大型的纯电轿车,阿尔法 S 的长宽高分为 4930 mm、1940 mm、1599 mm,轴距 2915 mm。侧面造型上,阿尔法 S 的线条同样饱满且犀利,溜背式的造型在带来运动感的同时,也让其风阻系数达到了 0.248 Cd。同时,阿尔法 S 的尾部设计也采用了时下最流行的贯穿式设计,下方獠牙式的镀铬装饰也很好地与前脸设计形成了呼应。内饰设计上,阿尔法 S 也非常的简洁,最显眼的则是长度达到一米的超长中控屏。修长的屏幕从驾驶位一直延伸到副驾驶区域,负责了仪表、中控、副驾娱乐等信息的显示,同时这款屏幕也支持最高 4 K 分辨率的视频播放。阿尔法 S 的最快百公里加速可以达到 3.5 s,并且支持 20 次连续加速无衰减。此外,新车最长 NEDC 续航里程可以达到 708 km,是当年量产车型中最长的。阿尔法 S 在充电条件满足的情况下,能实现充电 10 min 增加近 200 km 的能力。

7 月,小鹏 P5 开启预售,共推出六款车型,补贴后预售价为 16 万元~23 万元。小鹏 P5 定位为“传统家轿颠覆者”,是全球首款搭载激光雷达的量产智能汽车,搭载了全新的 XPILOT 3.5 智能辅助驾驶系统,是首款可实现城市 NGP 的智能汽车。NGP 使用范围从高速/快速路扩展至了城市道路,可覆盖更多使用场景。同时,小鹏 P5 还是同级首次搭载第三代高通骁龙旗舰级数字座舱平台的车型,采用 Xsmart OS 3.0 全新车载智能系统,结合丰富的科技娱乐配置,可带来游戏级的人车交互体验。

12 月,梅赛德斯-EQ 品牌旗舰车型全新 EQS 正式登陆中国市场,携 4 款车型与消费者见面,厂商建议零售价格 1518600 元至 1079600 元。全新 EQS 是首款基于梅赛德斯-EQ 大型纯电车型架构(EVA)平台打造的车型,也是行业首款大型纯电豪华轿车。其采用 NCM811 三元锂电池,配备高达 111.8 kW 时的动力电池,实现 CLTC 工况下最高 849 km 的超长续航里程,覆盖时代先行者的多场景出行模式。基于 400 伏高压电池系统,在特定充电功率条件下(充电功率达到 145 kW)最快可在 37 分钟内将电量由 10% 补充至 80%。EQS 搭载一块英伟达 Xavier 芯片,拥有 8 核 CPU、24 GB 存储和每秒 46.4 GB 内存带宽,这使客户能够享受全新一代 MBUX 智能人机交互系统的流畅运行效果。“智能感应助理”可识别多个动作控制需求,只需轻轻挥动,滑动式天窗即可伴随手势开启。此外,读心语音助理可识别 27 种语言,并可语音查询所在城市演出信息和最新足、篮球赛事结果等,满足不同人群的定制信息需要。动力方面,全新 EQS 提供多种动力版本,最大额定功率可达 380 kW,百公里加速最高可达 4.4 s。全新 EQS 为客户提供多达 4 种驾驶模式和 3 种能量回收模式。

7. 未来几年纯电动乘用车产业发展建议

未来 5~8 年,中国新能源汽车产业将进入“总体高速增长+阶段性波动”发展窗口期,纯电动乘用车将进一步凸显产业主力军担当作用,相关技术、产品、品牌和供应链的竞争将进一步加剧。面向新能源汽车高质量发展新要求,助力“双碳”目标实现,建议如下:

①进一步加大车规级芯片技术研发,逐步推进国产车规级芯片功能升级与应用,加强产业链上下协同,深化国际合作和人才队伍建设。

②提升电池材料供给水平,围绕资源开采提炼、电池技术研发创新、回收利用系统建设,锂等原材料交易市场管理、贸易流程优化等领域加强国际合作,保障全球动力电池材料供应。

③电动汽车“四化”持续深入,产业跨界融合持续深化,进一步加强汽车与能源、交通、信息通信等产业在政策、标准、前沿技术示范等方面的统筹规划和组织协调。

④面向碳中和,加强顶层设计,明确以低碳为核心的政策标准体系架构,深入全产业链碳足迹研究,突破低碳核心瓶颈技术。

⑤推进完善充换电基础设施,探索居民区新充电模式,提升公共充电服务保障能力,推进有序充电与车网互动,加强充换电技术创新与标准支撑,加强充换电设备运维与充电秩序维护。

（二）纯电动客车

（北汽福田汽车股份有限公司 刘继红 周恩飞 刘 凯 李 丹 王海龙）

1. 2021年纯电动客车产业的总体情况

"双碳"目标下，作为公共出行的重要载体，客车产业绿色低碳化发展已成为共识。根据中国汽车工业协会发布2022年汽车行业经济运行情况，2021年全国汽车产销分别完成2608.2万辆和2627.5万辆，同比增长3.4%和3.8%，结束了2018年以来连续三年的下降局面，其中新能源汽车成为最大亮点，新能源汽车产销分别完成354.5万辆（见表1-2-2）和352.1万辆（见表1-2-3），创历史新高；市场占有率提升至13.4%，进一步说明了新能源汽车市场已经从政策驱动转向市场拉动；受国际市场的恢复、中国品牌竞争力提升等因素推动，我国汽车出口表现出色，从2021年4月以来，多次刷新历史记录，年度出口首次超过200万辆，实现了多年来一直徘徊在100万辆左右的突破；中国品牌汽车受新能源、出口市场向好带来的拉动作用，市场份额已超过44%，接近历史最好水平。

表1-2-2 2021年新能源汽车生产情况

（单位：万辆，%）

	12月	1—12月累计	环比增长	同比增长	同比累计增长
新能源汽车	51.8	354.5	6.7	120.0	159.5
新能源乘用车	48.8	335.9	6.6	127.7	169.5
纯电动	40.5	276.1	9.3	121.7	178.8
插电式混合动力	8.3	59.8	-4.7	162.4	133.5
新能源商用车	3.0	18.6	8.5	42.1	55.4
纯电动	2.9	18.1	7.4	41.0	58.3
插电式混合动力	0.05	0.3	-12.4	38.6	-20.2

表1-2-3 2021年新能源汽车销售情况

（单位：万辆，%）

	12月	1—12月累计	环比增长	同比增长	同比累计增长
新能源汽车	53.1	352.1	11.1	113.9	157.5
新能源乘用车	49.8	333.4	10.3	120.6	167.5
纯电动	41.6	273.4	16.0	120.5	173.5
插电式混合动力	8.2	60.0	-11.7	121.6	143.2
新能源商用车	3.3	18.6	24.9	46.6	54.0
纯电动	3.2	18.2	24.8	46.3	57.1
插电式混合动力	0.04	0.3	-26.1	23.4	-24.2

具体到新能源商用车细分领域的客车市场，从保险数据来看，2021年全年，行业共销售新能源客车47066辆，其中纯电动客车销量44797辆，占比95.2%；插电式混合动力客车1226辆，占比2.6%；燃料电池客车1043辆，占比2.2%，纯电动客车销量在新能源客车销量中占主体地位，如图1-2-1所示。

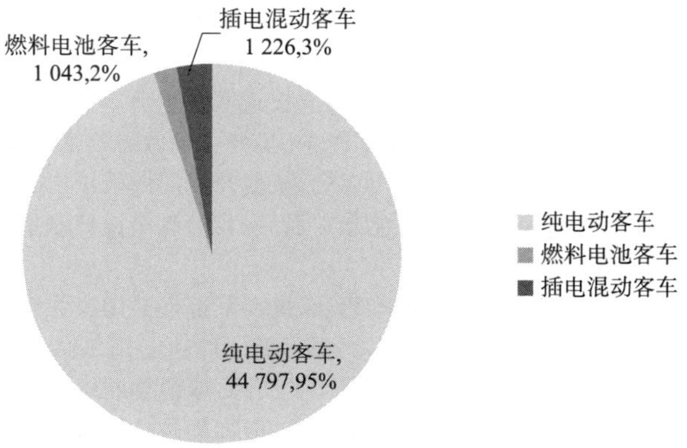

图1-2-1 2021年新能源客车销量构成

2. 2021年纯电动客车技术发展情况

随着国内新能源客车市场逐步走向成熟，更多细分市场将进一步塑造动力电池市场格局。随着新能源客车产品多样化，不同地域使用的动力电池种类也会不尽相同。2021年中国新能源客车市场中，磷酸铁锂电池维持主流地位，但对于一些特殊用途车辆而言，锰酸锂、钛酸锂电池仍有一定优势。动力电池箱体结构逐步优化，采用快速脱离技术，轻量化设计，利用上下分体式托架实现，电池箱利用上托架可以从电池舱内快速滑动脱离，达到高效、免工具快速脱离的目的。动力电池采用先进热管理技术，在全气温环境下保证动力电池系统持续高强度运行，满足电池系统在25~45 ℃最佳工作温度区间的要求，从而保证了电池系统良好运行环境，充分发挥电池性能，提高电池安全性及可靠性，延长动力电池使用寿命。原定于2021年底取消的新能源汽车推广应用财政补贴政策实施期限延长至2022年底，2021年补贴标准不退坡，2021—2022年补贴标准分别在上一年基础上退坡10%、20%。

近年来，国家对纯电动汽车补贴力度不断下滑，对补贴所需的技术条件要求不断提高，给纯电动汽车车企提出了新的要求，补贴政策的变化在一定程度上引导车企加强技术研发，扩大规模以降低生产成本，有利于电动汽车行业的优胜劣汰。今后，对于新能源客车来说，通过高效的创新才能体现出相比传统燃油客车的经济性，注重零部件细节的优化，支持创新型企业，优胜劣汰。

未来整车技术趋势，做到1000 km续航同时还能在几分钟充满电，同时还安全、成本低，可行性较差。1000 km续航，只要市场有需求，技术上完全可以做到。但1000 km续航需要的成本比较高，有装电池的空间，客户愿意买单等等，这主要是市场驱动的产品开发。当然，对技术的要求也会相应提高，例如，一般会采用800 V高压电气构架、高比能量高镍三元锂离子电池，部分厂家还可能尝试固液混合高镍三元锂离子电池，而且安全技术的要求也会更高。

电动化整车平台可分为三种：一种是现在基本上借鉴燃

油车平台概念，并没有一个完整的底盘，采用的还是承载式车身。第二种是特斯拉推出的扁平式底盘，但采用的是半承载式车身。第三种是 Rivian 推出的完全滑板底盘，可以承受碰撞，采用非承载式车身，车身可以做得很轻，采用轻量化材料。底盘不变，可以方便地做成各种车型。这是技术多年演变的结果，代表了技术发展趋势。尤其是电池系统做得越来越扁平，电机比功率越来越高，电机/逆变器/驱动轴三合一用得越来越多，可以实现真正的滑板式底盘平台。再配合智能化主动避撞，将来碰撞越来越少，车身可以做得越来越轻，甚至用塑料或者布做都是可以的，车型开发周期就可以非常短，花样可以无限多，个性化非常强，这会给汽车设计制造带来一场革命。

滑板底盘在商用车的构想：以提高零部件共用率为平台产品设计理念，不仅软件 OTA，更多做硬件功能化 OTA 应用功能拓展；通过交流思考对 VAN 类产品，取消货厢门移门或开门，采用类卷帘门设计，减重降本；内饰娱乐功能可采用预留接口，硬件设备可插拔式功能拓展及配置选择；整车造型设计对后部截面，做到规整载货，提高堆垛效率。

（1）2021 年纯电动客车技术发展特点

在新能源客车技术上中国目前具有一定优势，在全球应用规模也是最大的。而且，新能源客车领域的创新也比较活跃，L4 级自动驾驶微型电动公交客车、智能联网客车等多条技术路线，在各地都得到了规模化的实际应用。2021 年纯电动客车相对之前，整车轻量化、全天候运行需求更加迫切，更加注重安全运行及智能控制。

资料显示，车身轻量化对于车辆节约能源、减少废气排放均十分重要。若整车重量降低 10%，燃油效率可提高 6%～8%，车辆每减重 100 kg，二氧化碳排放可减少约 5 g/km。新能源客车轻量化技术是通过基于仿真分析的结构优化设计、高强轻质材料，如铝材质、先进制造工艺集成的应用来保证。

我们国家的东西和南北跨度都非常大，温度和湿度的跨度也非常大：高温、高湿、极寒和极端干燥的气候对新能源客车厂商提出了非常严峻的挑战。纯电动客车对工作温度的要求比内燃机客车更苛刻。对于新能源客车动力源锂离子动力电池，其最佳工作温区在 10～40 ℃之间，所以研究保障动力锂离子电池在极寒和高温区域稳定运行是这几年的重点。

再次，当前的大中城市已逐渐形成了“常规公交为基础、微循环公交为补充”的多维度交通体系。其中，承担大众出行“开始一公里和最后一公里”的微循环公交以“智能、灵活、舒适、安全、高效、经济”等属性，在 2021 年发展迅速，并初具规模。

（2）2021 年纯电动客车实现的主要技术突破点

纯电动汽车是由多个子系统构成的一个复杂控制系统，除了传统车具备的各种功能和系统外，还包括动力电池系统、电机及其控制系统等。汽车作为单体，有整体目标和要求，如动力性、经济性、驾驶性等目标，为了满足这些要求，一方面各部件必须具有智能化的人车交互接口；另一方面，各系统之间还必须彼此进行紧密的配合和有序的协作，以实现互相之间的动态优化和匹配。

在整车控制方面，根据司机需求、车辆状态、工况，对驱动电机的工作状态及功率输出进行合理分配、协调控制，精确满足驾驶员对车辆控制的具体要求，定制化需求突出。能量管理系统是电动汽车的智能核心，特别是制动能量回馈，根据制动踏板和加速踏板数据、车辆行驶综合信息、动力电池状态，对制动模式进行判断，通过计算制动力矩分配，对部分制动能量进行适当回收并将此能量回存到储能装置中，再在适当时候将能量反向充电给动力电池。在《纯电动汽车能量回收标定方法研究》文中，介绍了纯电动汽车并行能量回收系统的组成部件，工作原理和典型特点，对能量回收的标定策略，方法进行分析研究，特别对能量回收扭矩的标定进行了详细阐述。

在动力电池方面，更加突出整车使用特性，以满足客户使用为最终目的。客车动力电池涉及磷酸铁锂、钛酸锂、锰酸锂等电池，磷酸铁锂电池由于较高的性价比及安全性，占比逐年增加。动力电池的全天候特性、高能量密度、长寿命、高安全性、实时监控是发展重点。北理工与盟固利开发的全天候动力电池系统，采用动力电池自加热技术，动力电池温升可以达到 5～7 ℃/min 以上，即使在极寒－30 ℃环境下，加热到 10 ℃，仅需要 6～7 min。9 月 29 日，宁德时代董事长曾毓群在 2021 世界新能源汽车大会上透露，宁德时代已经开发出不起火只冒烟的电池产品，将于年底在一些车型上量产。动力电池能量密度也在逐步提高，目前磷酸铁锂标准箱的能量密度约在 160 Wh/kg，预计 2022 年将增加到 180 Wh/kg 左右。长寿命电池一直都是动力电池研究的难点技术，宁德时代开发了长寿命和超长寿命产品，其电芯的循环寿命可以满足在 1C 充/放电的情况下，超过 8000 次循环（衰减至 80% SOH），并满足前 1000 次循环零衰减。其中长寿命产品的使用寿命长达 10 年 100 万 km，容量衰减不超过 10%，超长寿命产品的使用寿命长达 16 年 160 万 km，容量衰减不超过 20%。福田与辉程动力开发的集成快脱动力电池托架，实现了动力电池与整车的快速脱离，便于日常维护、更换、发生热失控时能够保证动力电池与整车的快速脱离，脱离时间小于 10 s。

驱动系统方面，其未来将向集成化、高效化、轻量化发展。基于新材料和新元器件的高效电驱动技术，特别是超级铜线技术、SiC 技术、扁线电机技术是当下开发的热点。高性能轮毂/轮边/一体化电驱动桥集成技术的发展，推进电机与电动化底盘一体化深度融合。高效机电耦合技术在轻量化、小型化等方面，提升空间较大，也是未来重点发现的技术方向。

（3）目前亟需解决的技术难点及解决方案

对于制约纯电动汽车的发展的因素有车辆的续航里程、车辆的安全及车辆保值率等问题。第一个方面车辆的续航。对于纯电动客车来说，车辆的电池会受到环境等各方面的影响导致车辆的续航出现一定的衰减情况，尤其是在冬季低温季节情况，对于这样的季节使用纯电动汽车的人来说会产生续航里程的焦虑，是产生制约纯电动汽车发展因素之一。

第二个方面就是动力电池的安全特性。安全是动力电池行业的痛点，涉及电池材料安全、结构安全、热管理安全、电气安全等。此外，在车辆遭受外部严重撞击时，强大的撞击力可能导致电芯遭受挤压变形，造成电池内部短路，严重的情况下会导致电池发生热失控，导致电池起火或爆炸。为了解决这方面问题，整车安装需重点考虑动力电池的安装位置及结构强度。

第三个方面就是车辆的保值率，特别是成本较高的动力电池。动力电池在使用过程中，容量会逐步衰减，当动力电池容量不足以维持车辆的正常使用时，动力电池何去何从，需要建立梯次利用的机制，引导行业健康发展。

3. 主要企业经营发展情况

根据保险数据，2021 年 1—12 月 TOP10 企业 6 m 以上新能源客车销量、同比及市场占有率见表 1-2-4。

表 1-2-4　2021 年 TOP10 企业 6 m 以上新能源客车销售情况

序号	企业	2021 年销量(辆)	2021 年同比	2021 年市场占有率
1	宇通	11211	−28. 9%	23. 8%
2	中通	4855	13. 2%	10. 3%
3	比亚迪	4406	−16. 1%	9. 4%
4	中车时代	4326	−16. 8%	9. 2%
5	苏州金龙	2964	−11. 9%	6. 3%
6	厦门金龙	2498	−17. 6%	5. 3%
7	珠海银隆	2076	11. 6%	4. 4%
8	安凯	1637	−47. 2%	3. 5%
9	金旅	1504	−34. 8%	3. 2%
10	南京金龙	1456	−26. 1%	3. 1%
行业合计		47066	−23. 8%	100. 0%

2021 年 1—12 月全年新能源客车累计销量前 10 名企业：依次为宇通客车（11211 辆）、中通（4855 辆）、比亚迪（4406 辆）、中车时代（4326 辆）、苏州金龙（2964 辆）、厦门金龙（2498 辆）、珠海银隆（2076）、安凯（1637 辆）、金旅（1504 辆）、南京金龙（1456 辆）。

2021 年纯电动客车市场占有率超过 1% 的企业销售情况见表 1-2-5，市场销量如图 1-2-2 所示。

表 1-2-5　2021 年纯电动客车市场占有率超过 1%的企业销售情况

企业	2021（上险销量）	市场占有率	企业	2021（上险销量）	市场占有率
宇通	10396	23. 2%	南京金龙	1409	3. 1%
中通	4773	10. 7%	亚星	980	2. 2%
比亚迪	4406	9. 8%	东风	914	2. 0%
中车时代	4313	9. 6%	吉利	733	1. 6%
苏州金龙	2829	6. 3%	上汽申沃	720	1. 6%
厦门金龙	2459	5. 5%	福田	694	1. 5%
珠海银隆	2026	4. 5%	一汽	629	1. 4%
安凯	1631	3. 6%	江铃	481	1. 1%
金旅	1503	3. 4%	上海申龙	455	1. 0%

注：来源保险数据。

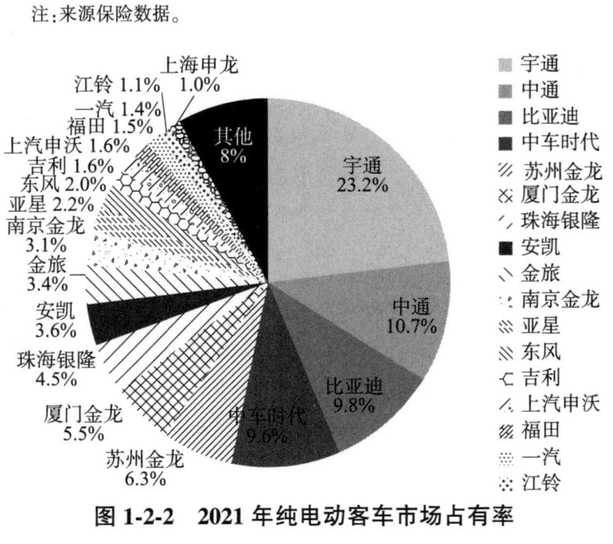

图 1-2-2　2021 年纯电动客车市场占有率

（1）北汽福田汽车股份有限公司

2021 年受限于疫情影响、宏观经济、新能源行业政策以及市场环境等多方面因素影响，国内整体客车市场波动巨大，北汽福田锐意进取，敢为人先，以“聚焦价值产品引领卓越运营”为经营方针，聚焦价值区域、价值产品、价值客户，结合公交、客运及校车市场新的需求变化，积极调整业务战略，围绕业务实际深入推进价值工程、质量提升、降本增效、流程优化、产品平台化及模块化管理。

（2）郑州宇通客车股份有限公司

2021 年，受疫情反复、新能源补贴政策变化以及国内经济发展面临需求收缩、供给冲击、预期转弱三重压力等影响，国内大中型客车行业需求总量同比下降 15. 31%。这种情况下，宇通客车实现客车销售 41828 辆，同比增长 0. 17%，继续领跑大中型客车市场。具体来看，2021 年宇通客车共实现大型客车销售 16321 辆，同比下降 1. 93%；实现中型客车销售 17392 辆，同比下降 1. 41%；实现轻型客车销售 7721 辆，同比增长 8. 29%。2021 年宇通客车共实现大中型客车销售 33467 辆，市场占有率 38. 20%，同比提升 2. 91%。值得注意的是，报告期内，尽管宇通客车龙头地位稳固，但受新能源补贴政策变化等影响，宇通客车 2021 年仅实现新能源客车销售 12571 辆，同比下降 23. 63%。其中，纯电动 11850 辆，同比下降 22. 70%；插电式 658 辆，同比下降 40. 02%；燃料电池 63 辆，同比增长 80. 00%。2021 年未能实现营收计划，2022 年计划营收 256. 17 亿元。

4. 未来几年纯电动客车技术发展趋势

根据新能源汽车“十四五”发展要求，新能源汽车向着低碳化、信息化、智能化融合发展。新一轮的科技革命加快汽车行业电动化的变革，高效集成技术、新材料应用等技术将与智能网联技术相互赋能，共同发展。在商用纯电动客车领域，将向以下几方面加大技术投入：

（1）一体化电动底盘技术

基于新能源动力系统、动力电池系统的发展趋势，全新客车平台以电池、电驱动为设计核心，实现底盘电动化深度集成。动力电池系统采用 MTC 构架，客车平台可依据实际客户需求进行电量调整，底盘活动可变。传动和驱动系统集成化设计，无传动轴。同时，集成化底盘融入扁线电机技术，800 V 高压系统构架技术等，进一步提高充电效率和工作效率。

（2）基于 SiC 的电控技术

碳化硅（SiC）作为世界公认的替代硅（Si）的半导体材料，具有耐压高，开关速度快，开关损耗小的优势，是实现车用电机控制器的功率密度提升的最佳途径。可以有效降低整车能耗，提高整车续驶里程。

由于 SiC 器件的小体积、低散热要求、高工作结温等特性，可帮助将电控系统体积大大减小，是电控系统未来几年发展的关键技术之一。

（3）智能化技术

客车作为道路交通的主要参与者，智能化技术在客车行业的发展锐不可当。自动驾驶、智能座舱、远程车辆监控、人脸识别技术、深度神经网络学习技术、5G 通信技术、自动无线充电等智能化技术，在客车智能客车领域迅速发展。

(4)高环境适应动力平台技术

多应用场景的电驱动系统、动力电池系统、低温高效热泵空调系统等组成高环境适应动力平台,运用智能高效一体化热管理,最终实现极寒环境整车低能耗自保温能力、高温高湿环境下动力平台高效冷却能力。全天候客车的应用特点,将成为新的客车技术开发趋势。

(5)客车体系化、平台化发展

伴随着经济发展,高效率、高舒适、高便利的多元化用户需求,出行结构快速更迭,推动电动客车行业也已经从单一技术、单一产品的较量进入体系化、平台化较量。

5. 未来几年市场需求分析预测

根据《节能与新能源汽车技术路线图 2.0》要求,预计2025 年,纯电车占新能源车销量的 90% 以上,而新能源车占汽车总销量的 15% ~25%,并逐年递增。未来几年,纯电动客车的市场需求将持续增长。

在近年纯电动公交车型的采购中,8~9 m 和 10~11 m 是最为市场欢迎的两大主力车型。但随着近年大城市公交市场的逐渐饱和,同时受疫情冲击,电动客车的销量也受到一定的影响。2021 年以来,国内疫情已得到基本控制,旅游市场逐渐回暖,财政压力减少,二、三线地级市新能源置换也提上日程。在补贴取消之前,电动化进程推进、大型客车空载率较高、地铁网络扩大等因素影响下,6~8 m 小米段纯电动公交车型需求将进一步增加。随着智能网联的进一步发展,无人驾驶(mini)客车也是当下电动客车的热点,未来几年预计市场会有小批量的示范运行需求。

6. 纯电动客车产业发展存在的问题

国家政策的大力扶持,以及地方政府的积极响应,为纯电动客车整体市场的扩大发挥了至关重要的推动作用。但是电动客车市场的迅速发展,同时也带来了一系列的问题。

(1)法规不健全

在电动化背景下,客车的智能化、信息化快速发展。现有的部分法规,已不能再适应新能源客车的技术发展特点,特别是智能网联客车的法规适应性。另一方面,随着整车集成化水平的逐步提高,单个零部件的评价认证,也不能完全适用。

(2)核心元器件依赖进口

目前纯电动客车的部分零部件和技术已实现国产化,但IGBT、芯片、薄膜电容、高性能磁钢等关键器件与材料仍依赖进口,存在被国外“卡脖子”的问题。

(3)整车的可靠性验证不足,系统集成度相对较低

国内商用车的正向开发过程中,与国外相比,开发验证周期较短。为了抢占市场,整车的可靠性存在一定的风险。同时客车与乘用车相比,三电核心模块的集成度较低,发展较为缓慢。

(4)域控制器应用

目前域控制器这块还仅仅做到了 VCU 功能集成到HPVC(中央处理计算机),基本还是分布式架构,目标是中央计算+区域控制;乘用车底盘已经有 A 样件可以进行演示;商用车平台很不成熟,有桁架式整车架构及 CTC 电池的规划,对于电池与电驱系统选型,高压 800 V 平台还没有实质进展。

(5)动力电池安全性

动力电池的安全问题成因复杂,涉及单体、BMS、系统结构设计、电器与元器件、控制管理策略、安全防护设计等诸多因素,目前的安全强检虽然覆盖了从单体、模块到系统的检测,但仅仅针对的是新鲜电池。事实上,在应用过程中电池可能出现析锂、气胀、局部过充、负极黑斑生长等问题,这些都会严重影响电池的安全性。目前,计划从提高材料/界面热稳定性、开发单体自激发热保护技术、固态电池技术以及系统热扩展防范等方法进行改进,但是改进方案还未成熟,并且全生命周期电池安全性能的检测与评估也正在开展中。

(6)动力电池梯次利用

虽然国家政策大力支持废旧电池梯次利用,但目前仍存在着一些问题影响着梯次利用的快速发展。

(a)政策约束力不够:虽然国家已经推出一系列政策但基本均未体现明显的奖惩制度,故无推动效应;

(b)市场空间未打开:梯次利用主要用于储能、低速车领域,之前长期被铅酸电池占领,目前正处于替换期;

(c)价值评估不统一:目前退役电池标价跨度较大,而且关于退役电池剩余价值的评估业内也没有统一标准;

(d)性能预测较难:由于缺乏电池基本信息,很难预测梯次利用性能,而 SOH 也需再测试,浪费时间、资源;

(e)隐性成本偏高:状态评估、管理等技术未突破,造成梯次利用再制造成本高,且新电池成本也再持续下降;

(f)电池缺乏一致性:电池一致性问题一直是梯次利用运行过程中面临的重要挑战,而一致性问题测试复杂;

(g)安全隐患难识别:未充分识别安全隐患,可能应用中存在安全问题,尤其三元电池安全问题更值得关注。

7. 纯电动客车产业发展建议

(1)增强核心技术创新力

持续推进工业半导体材料、芯片、器件及 IGBT 模块产业发展,引导国内企业、研究机构等加强与先进发达国家产学研机构的战略合作,进一步鼓励我国企业引进国外专家团队,促进我国工业半导体材料、芯片、器件及 IGBT 模块产业研发能力和产业能力的提升。积极部署新材料及新一代产品技术的研发,推动我国工业半导体材料、芯片、器件、IGBT模块产业的发展。

(2)进一步推进充电基础设施建设

应大力推动充换电网络的建设,提升服务水平,鼓励商业模式创新,引导企业建设智能基础设施、高精度动态地图、云控基础数据等服务平台,开展充换电、智能交通等综合服务试点示范,实现基础设施的互联互通和智能管理,强化政策扶持,推动纯电动客车行业发展。

(3)坚决破除安全焦虑

纯电动客车的安全性不应低于燃油汽车。纯电动客车要做到零火灾、零事故,要让消费者放心。纯电动客车发生火灾的原因,一方面是技术没到位,另一方面也跟过度追求能量密度、续驶里程有关。纯电动客车企业要沉下心来,做好安全技术方面的工作,依靠精细的设计与制造,做好充分的产品安全验证,留足安全裕量,保证纯电动客车获得高安全性能。同时,要建立全寿命过程安全体系,利用大数据与互联网工具,对投放市场后的电池健康状况进行持续监控,把好使用过程的安全关。

（三）纯电动物流车

（北汽福田汽车股份有限公司　邵赓华　郭凤刚　王丽娜）

1. 2021 年纯电动物流车产业总体发展与技术突破

2020 年底国务院颁布《新能源汽车产业发展规划（2021—2035 年）》，提出从 2021 年起，国家生态文明试验区、大气污染防治重点区域、公共领域新增或更新公交、出租、物流配送等车辆中新能源汽车比例不低于 80%。同时在碳达峰碳中和目标要求下，各地政府通过政策鼓励、路权倾斜等多种方式，推动物流车辆新能源化。

截至目前中国新能源物流车发展历程可分为三个阶段，第一阶段是 2015 年至 2017 年，新能源物流车市场从无到有，逐步发展为年度销量 15 万辆级市场；第二阶段是 2017 年至 2020 年，销量迅速下跌，尤其是 2019 年，全年销量仅 5.8 万辆，新能源物流车市场进入发展瓶颈期；第三阶段是 2021 年后，随着新的政策引导及产业发展，2021 年全年销量达 13.12 万辆，相比 2020 年增加 1.26 倍，新能源物流车迎来快速发展期，如图 1-2-3 所示。

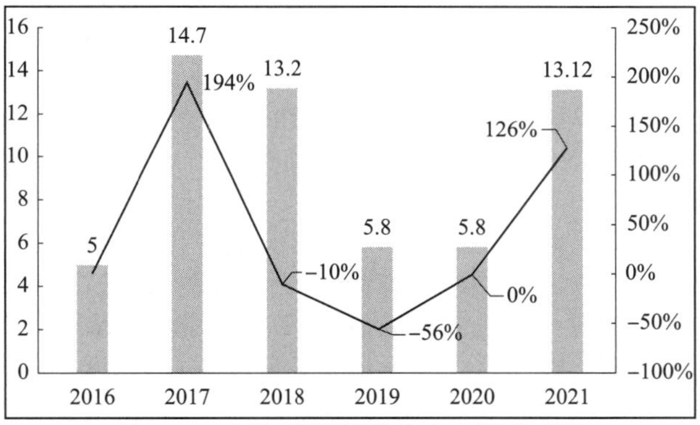

图 1-2-3　历年新能源物流车走势（万辆）

纯电动物流车作为新能源物流车重要的细分市场，2021 年销量达 12.6 万辆，其中微面 8.88 万辆，占比达 70.4%，轻卡 1.89 万辆，占比 15%，微卡 1.32 万辆，占比 10.5%，重卡 0.37 万辆，占比 3%，皮卡 0.14 万辆，占比 1.1%，中卡物流车销量较少，如图 1-2-4 所示。

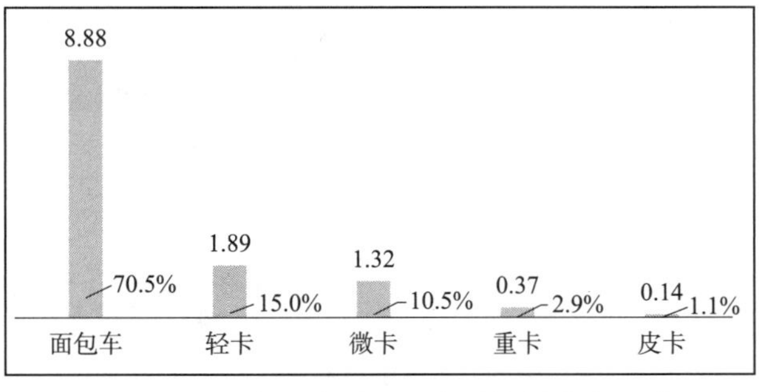

图 1-2-4　2021 年纯电动物流车型销量分布（万辆）

受疫情影响叠加缺芯、补贴退坡、电池成本上涨等因素，2021 年纯电物流车能够突破预期，显示出纯电动物流车市场的巨大潜力。目前渗透率仅为 3% 左右，随着“双碳”目标的推出及国家和地方政府不断加快公共交通领域车辆电动化进程要求，纯电动物流车产业也将迎来巨大的机遇与挑战。

2021 年纯电动物流车实现的主要技术突破点如下：

（1）整车轻量化

通过高压系统集成设计，将现有车型的高压驱动及配电、电池高压系统及其控制系统进行集成化设计，在开发新平台上应用高速单减电机和集成电驱桥，可在提高驱动效率的同时降低成本；在动力电池支架方面，提高高强钢用量比例，达到轻量化目的，实现降重目标 30%。

（2）智能网联

随着汽车与能源、交通、信息通信产业的融合发展，商用车中高端车型逐渐普及车内智慧大屏及远程控制技术，L2 级别的自动驾驶技术逐步得到应用，可有效降低驾驶员驾驶强度，提升驾驶舒适性。

（3）整车热管理

纯电动物流车趋于热泵空调一体化热管理，热泵空调系统目前主要采用两个技术路线：一种是高度集成的模块化二次换热系统具体如图 1-2-5 所示，通过 Chiller 和 WCC 进行制冷剂与冷却液的二次换热，实现空调、电机、电池的热管理。另一种技术路线是直接换热热泵系统，相比较二次换热的热泵空调系统，该技术路线如图 1-2-6 所示制冷剂侧循环回路与水侧循环回路共同实现空调、电机、电池热管理。

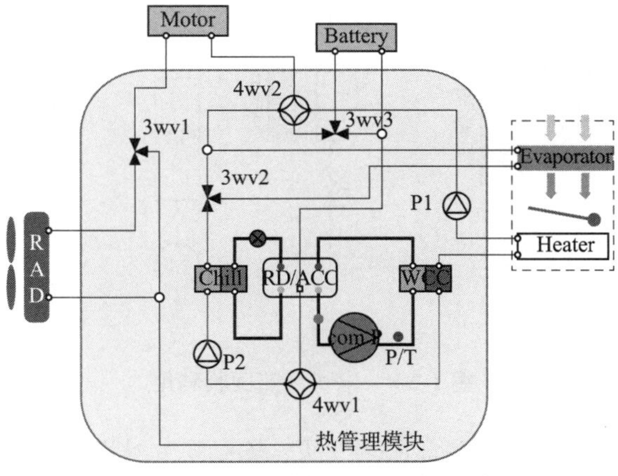

图 1-2-5　模块化二次换热系统

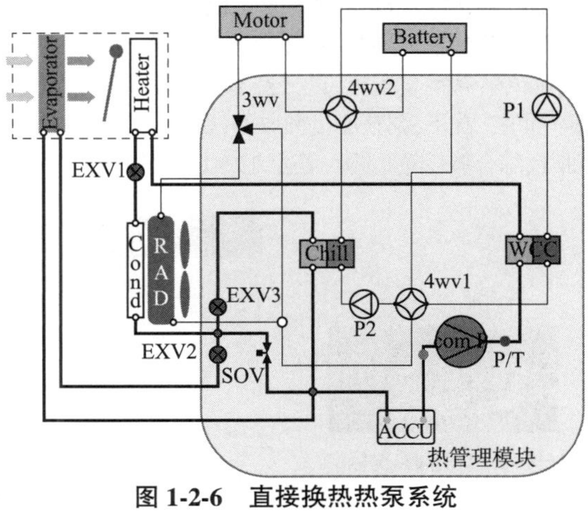

图 1-2-6　直接换热热泵系统

(4)整车降能耗

整车风阻优化：通过新造型导流罩、新一体式后视镜、货箱表面平板式、货箱下方侧裙板等方面对车辆风阻进行优化提升。优化方案实施后，风阻系数可改善24%，CWTVC综合工况能耗下降6%，高速工况下降9%，如图1-2-7所示。

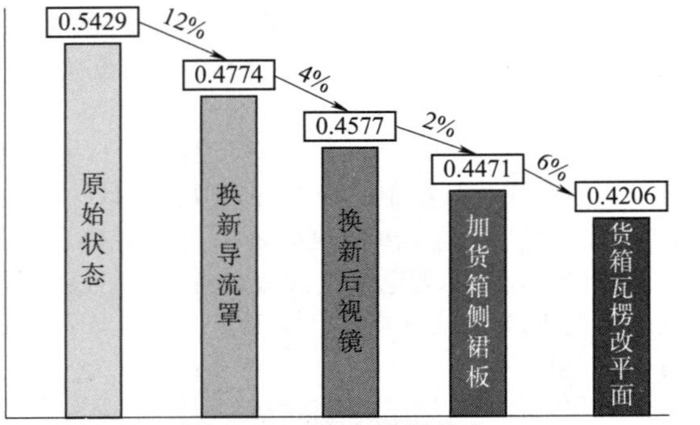

图 1-2-7　整车风阻优化

电机余热回收：充分利用现有零部件资源，仅增加三通阀，开关电磁阀，利用VCU控制电机水路循环用于低温加热电池，实现电机余热回收利用，低温工况降低整车能耗8%以上，如图1-2-8所示。

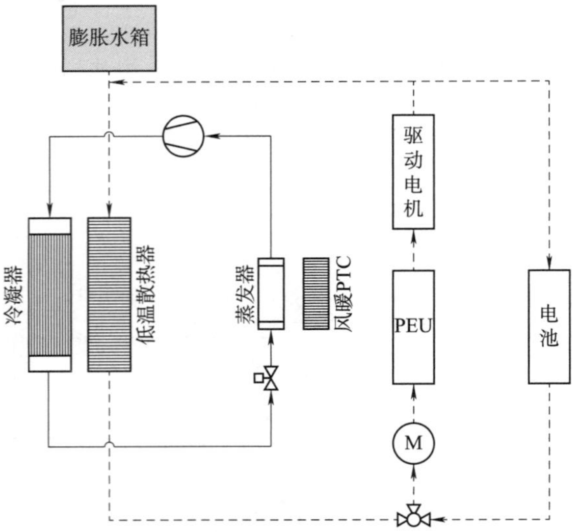

图 1-2-8　电机余热回收利用

整车控制策略优化：基于实际路况，区分城区和郊区，通过两车背靠背同工况运行，进行数据调整并对比性能，通过最大功率限制，减小扭矩滤波梯度，优化加速平顺度，降低能耗。同时开发车重识别程序，不增加传感器成本，仅利用稳态加速度值估算整车车重，区分空载、半载和满载，在不同的载荷、不同的工况下，调整能量回收率，在不影响驾驶性的同事降低油耗，综合能耗降低贡献度达到2%以上，如图1-2-9所示。

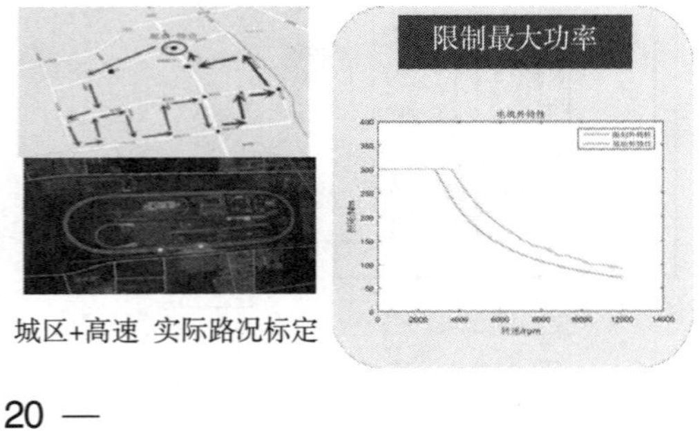

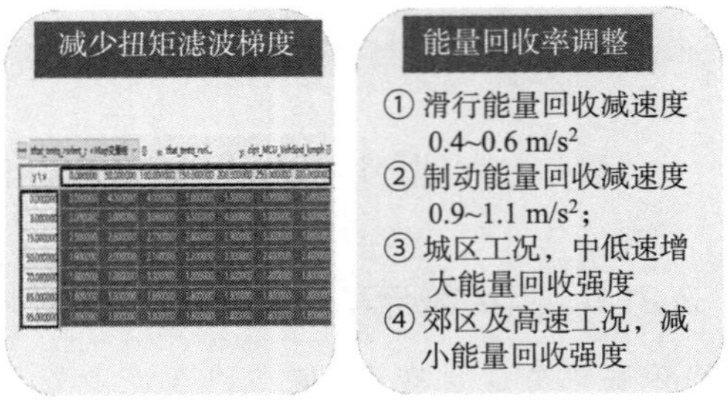

图 1-2-9　整车控制策略优化

(5)电池技术

2021年国内新能源物流车动力电池装机量达到8.34 GWh，Top3企业分别是宁德时代、国轩高科、力神动力，重卡车型的销量增加是带动2021年新能源物流车动力电池装机量增长的一个重要原因。物流车电池仍以磷酸铁锂体系为主，为提高电池系统能量密度，内部结构多采用CTP形式。重卡和中卡车型一般采用标准箱组合，换电和充电形式均有，其中重卡换电车型较多，系统能量密度介于150～160 Wh/kg。轻卡车型电量一般在80～110 kWh，多数为双包侧挂方案，能量密度介于140～160 Wh/kg之间，并开始逐步向单包中置方向转变。微卡车型电量一般为30～50 kWh，能量密度相对较低，介于125～140 Wh/kg之间。

(6)整车控制技术

在整车控制方面，基于场景识别的技术逐渐集成到控制器应用功能中，结合驾驶员的输入指令或是ADAS控制器采集到的路面信息，实现普通行驶模式、坏路行驶模式、高磁环境行驶模式等行驶模式的切换，在不同模式下采用相应的控制策略以最大限度满足各种场景下行驶的需求。另外，在巡航控制中引入坡度、曲率等路面信息，通过道路信息解析对巡航控制的转矩进行提前修正，以更好地满足驾驶员巡航的预期，并进一步降低整车能耗。

(7)电驱技术

纯电动物流车电驱系统朝集成化方向发展，目前商用车电驱动领域存在多种电驱动系统方案，如多合一电驱总成、电驱桥、高速单减等，如图1-2-10所示。纯电动物流车可根据整车定位和应用场景进行灵活搭配。

图 1-2-10　电驱系统应用

此外，针对不同的电驱集成方式，电机、电机控制器、变速器、驱动桥等主要动力部件已经做到壳体共用，冷却系统和功能性结构深入融合，实现高集成度、高功率密度。

2. 产业标准体系的建设

我国从“九五”期间开展电动汽车领域的标准化研究工作,基本建立了完善的新能源汽车标准体系。纯电动物流车所涉及的标准可以分为两类:一类是汽车工业的约束性文件,其作为纯电动物流车必须遵循的基础标准,主要包括性能、安全、环保、节能等项目。另一类是针对纯电动特性带来的法规标准,包括《纯电动货车技术条件》、动力电池、高压电气件以及交通运输部和中国物流与采购联合会各自计划出台的有关行业标准。其中 GB/T 34585—2017《纯电动货车技术条件》,是第一份针对新能源物流车行业的标准,该标准对纯电动货车提出了重要的技术要求,主要包括:低速提示音、爬坡度、续驶里程、30 min 最高车速、可靠性行驶试验。动力电池方面主要标准包括:GB 38031—2020、GB/T 31484—2015、GB/T 31485—2015、GB/T 31486—2015、GB/T 31467.3—2015 等。

3. 国内外纯电动物流车产业发展趋势

国外纯电动物流车产业发展趋势:欧洲大部分的城市物流运输都是由厢式货车来承担,对进入特定城市区域的货车是限制在一定重量或尺寸的,以保护道路基础设施。英国政府是从购买、使用、持有三个环节来对车辆进行征税,整个税收体系的政策设计对低排放和新能源车辆都持鼓励和支持态度,努力降低低排放或新能源车辆使用环节和持有环节的税额,扩大不同排放水平车辆的税额级差,提高高排放车辆的持有和使用环节的纳税额,并且建立对新能源车辆建议财政支持政策,鼓励新能源汽车的发展。

国内纯电动物流车产业发展趋势如图 1-2-11 所示。城市物流将以新能源物流车为主,新车型的开发逐渐标准化和规范化,随着产业发展的推进,将来装配实际上是几个模块组合的,在车和货之间通过包装、集装箱等一系列的装备形成一个系统化,将进一步提高货物运输效率。车辆的绿色化、新能源、清洁能源、电动物流车在城市配送方面以及换电都是未来行业需求,车的制造企业和物流企业双向互动发展。伴随着中国汽车市场进入成熟期,车企的竞争焦点也从增量市场竞争阶段转向存量市场竞争阶段。整车厂在销售、金融、物流、配件、维修、服务等各方面均出现了全产业链融合趋势,制造服务化,与经销商共同服务终端将是大势所趋。

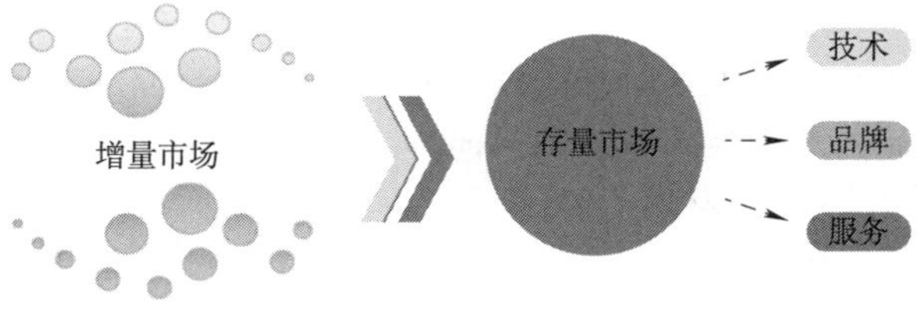

图 1-2-11　国内产业发展趋势

4. 目前亟需解决的技术难点及解决方案

(1)电池技术

随着掺硅补锂技术的快速发展,磷酸铁锂电池向高能量密度和长寿命方向发展。纯电动重卡车型采用的磷酸铁锂电池逐步向长寿命方向发展,从当前的 3000~4000 次循环逐步提升到 10000~20000 次循环以上,从而满足重卡应用场景 60 万~100 万 km 寿命需求。

CATL 发布钠离子电池,带动钠离子电池行业快速发展,目前电芯样品能量密度可以达到 140 Wh/kg 左右,预计 2023 年可达到 160 Wh/kg。由于钠离子电池原材料储量更丰富,价格更低廉,在对能量密度要求不高时,钠离子电池是一种划算的替代品。

在政策与市场的双重推动下,换电模式在纯电物流车领域快速发展,催生出一系列新的技术方向,例如基于重卡换电场景需求,CATL 的子公司时代电服提出电芯支架一体化(CTB)开发方向。换电模式的快速发展,在给新能源车产业链上的一些环节带来增益的同时,也催生出一些新的发展机遇,如车电分离模式,电池的梯级回收利用和“电池银行”等业务。

(2)电驱技术

电驱桥匹配高性能电机控制器搭配方案逐渐成为纯电物流车的主流方案。电驱动桥集成电机、减变速机构、驱动桥三大部件,可省去传动轴部分,传动效率提升、成本降低,如图 1-2-12 所示。

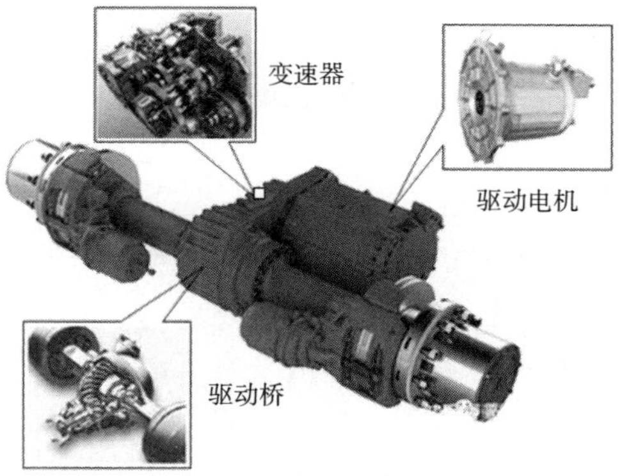

图 1-2-12　电驱桥

电机控制器向高功率密度、高效率、高电压平台、低成本趋势发展。耐压等级高、开关频率范围宽的第三代功率半导体碳化硅未来将与 IGBT 形成互补。此外,电控产品的成本有望进一步下降,单一控制器将逐渐被深度集成、集中控制的“集中化控制器”所取代。部分整车厂和零部件供应商已经开始开发和试装集成电机控制器的动力域控制器 P-DCU,发展趋势如图 1-2-13 所示。

(3)充电技术

目前有两种大功率充电技术方向。一种是高压大功率充电技术,行业内不断推动车辆高压系统平台电压提高,同时修订充电系统标准准备将最高额定电压提升至 1000 V,甚至 1500 V,如图 1-2-14(a)所示。图 1-2-14(b)所示为整车高压系统零部件需要全面提升零部件耐压等级,内部功率部件均需要发生变化,为了兼容现有充电桩资源还需要配置高压的 Booster 模块,成本也较高,该方案需要全产业链的改变,才能实现高压大功率充电。

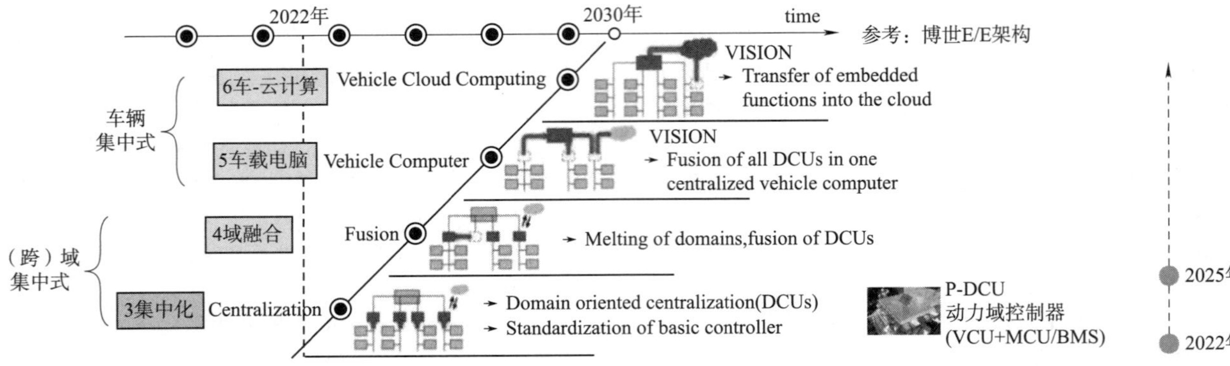

图 1-2-13　电机控制器发展趋势

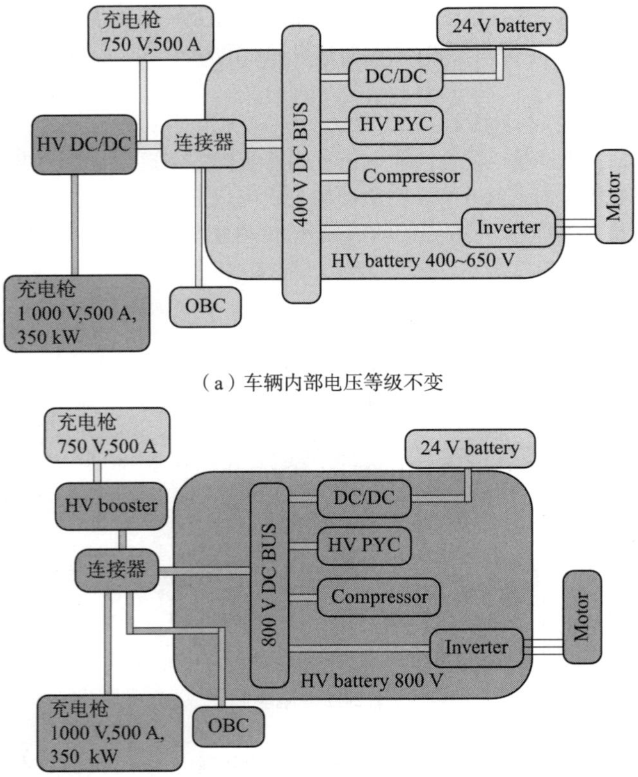

（a）车辆内部电压等级不变

（b）车辆内高压系统电压平台提升

图 1-2-14　提升电压平台实现大功率充电

另一种是大电流充电技术，由于大电流下线缆和充电插座的温升较高，液冷充电插座、液冷充电枪的技术也在不断研究。

5. 2021 年行业重点企业发展情况

（1）福田汽车

2021 年福田汽车年销量达 65 万辆。福田汽车结合行业发展情况，全方位战略布局，结合产品特征和场景需求，采用新能源多路线共存。产品开发方面实现纯电动产品全系列覆盖；新能源技术方面结合新能源车型的应用场景和应用基础数据，对核心三电模块进一步提升性能定义与分解能力，电控集成能力，基于场景和大数据应用的标定和测试能力；轻量化技术方面制定并完成验证了相应的轻量化技术，在新材料方面持续提升高强度钢、铝镁合金的应用强度和比例；通过建设 TSP 及预警平台、收集分析静态及动态数据，开发服务系统实现电池风险预警；通过建立工程工况数据库，设计分析模型开发工况，为整车主体开发业务提供更科学的依据，缩减开发周期和成本。

（2）重庆瑞驰汽车实业有限公司

2021 年瑞驰汽车在新能源物流车累计销量 19279 辆。瑞驰汽车已经推车了多款车型，分别是 EC71、EC35III、EC35II、EC31、EK07S，EK01S 等，车型涵盖微面和微卡。其中，EC35II 2021 年销量达 16833 辆。瑞驰汽车具备产品正向开发设计，样车试制，整车试验以及材料性能测试等能力。瑞驰汽车是国内首批具有国际纯电动整车生产资质的企业，已与京东物流、顺丰快递、中国邮政、货拉拉等大型物流企业达成战略合作。

（3）吉利商用车

2021 年，吉利商用车从国家“双碳”目标和用户角度出发，通过产品创新和模式创新，确立了商用车造车新势力的定位，不仅销量大幅增长，更加速了商用车新能源化的进程。2021 年吉利远程汽车多年的技术积累开花结果，围绕“绿色、智能”的产品迭代升级表现亮眼。其快速抢占市场，通过产品及商业模式创新，实现全年整体销量同比增长 288%。

6. 2021 年重点车型技术特点分析

从市场表现来看，吉利、前晨等厂家具有较大产品技术突破。

吉利远程星智，基于新能源专属架构，正向开发，搭载宁德时代电池包，电池电量 89. 12 kWh，采用液冷技术，配备智能温控系统，续驶里程可达 260 km，电机采用集成式设计，电机最大功率 120 kW。

前晨 EC1，采用蜂巢能源提供的磷酸铁锂电池，将双箱方案集成至一箱方案，电池电量 85. 4 kWh，依靠热阻隔电池包、智能热管理系统可实现一体式恒温。驱动系统采用一体同轴式车桥，最大输出功率达 130 kW。

陕汽 E6 纯电动轻卡物流车，搭载宁德时代磷酸铁锂电池包，电池电量 81. 14 kWh，续驶里程可达 220 km，动力方面，采用集成电机桥技术，搭载峰值功率 120 kW 的永磁同步电机，最大扭矩可达 325 Nm，最高车速达 100 km/h。

7. 未来几年纯电动物流车产业发展建议

(1)加快部署商用车双积分制度的研究与实施

组织开展传统商用车和新能源商用车整车制造企业的调研工作,逐步建立商用车领域的车企双积分政策,将各商用车制造企业纳入双积分并行管理体系,推动商用车车企自主开展CAFC和NEV积分战略规划,逐步加强新能源商用车的研发设计与市场推广工作。

(2)逐步建立传统物流车向新能源物流车转换的补贴机制

建议各地政府适时推出传统物流车向新能源物流车转换的激励补贴机制,提高物流企业和物流车车主的转换意愿,在国三货车报废工作推进的同时,也顺势促进新能源物流车的推广工作。

(3)持续推进、严格落实城市新能源物流车运营优惠政策

在新能源汽车购置补贴逐步退坡的预期条件下,逐步建立新能源物流车的运营优惠政策体系,尤其是在路权/停车、充电方面的政策,以降低全生命周期运营成本。

(4)加快公共领域新能源物流车示范应用

加强新能源物流车在全国各地的示范推广力度,扩大新能源物流车示范城市范围。

(5)完善城市新能源物流车充电基础设施建设

大力推进新能源物流车"互联网+充电基础设施"建设,科学布局充电桩区位分布,合理设置快充慢充桩比例,运用大数据等技术,提供及时高效的充电导航、状态查询、充电预约、费用结算等服务,提高新能源物流车充电的稳定性和可靠性。

(6)推动新能源物流车整车及电池高性能技术和产品的研发

考虑新能源物流车与新能源乘用车在用车习惯上存在的差异,大力支持新能源物流车产业链企业攻关高水平电池、电机、充电设施等关键环节,以适应新能源物流车严苛的使用条件。

(四)车用动力电池

(中国汽车技术研究中心有限公司 王 芳 高 妍 刘仕强)

在原材料价格上涨、疫情反复等不利因素影响下,我国新能源汽车市场在2021年仍然保持了高速增长态势,替代传统燃油车的步伐不断加快。从新能源汽车近几年的月度销量走势来看,2021年新能源汽车销量同比2020年增长了2.6倍。总的来说,2021年新能源汽车产业持续发展,渗透率不断突破,新技术研究和应用层面也呈现了新的态势。

1. 2021年动力电池产业总体情况

动力电池作为新能源汽车的心脏,是新能源汽车产品质量提升的关键所在。近年来在政产学研等社会各界的共同努力下,我国动力电池生产规模、产品性能不断提升,成本显著下降,为我国新能源汽车市场化发展提供了重要支撑与技术基础。2021年全年,我国动力电池累计产量219.7 GWh,同比增长了163.4%;其中,三元电池产量93.9 GWh,占总产量的42.7%,同比增长93.6%;磷酸铁锂电池产量125.4 GWh,占总产量的57.1%,同比增长262.9%。同时,我国动力电池在2021年的累计装车量154.5 GWh,同比增长了142.8%:其中,三元电池装车量74.3 GWh,占总装车量的48.1%,同比增长91.3%;磷酸铁锂电池装车量79.8 GWh,占总装车量的51.7%,同比增长227.4%。随着电池技术的多元化发展,动力电池的各类材料体系凭借不同的优势,不断延伸各自的市场触角。其中,磷酸铁锂电池因其长寿命、高安全性、环保、高温性能好等优势受到广泛关注,近年来发展迅速,特别是2021年磷酸铁锂电池的装车量不断攀升。磷酸铁锂电池在储能、乘用车、商用车领域均有较大发展空间,而能量密度更高的三元锂离子电池(尤其是高镍和高电压三元电池)在中高端车型上继续占据了较大市场份额。

另一方面,动力电池企业数量在2016年达到峰值后便逐年减少,2021年企业数量已不足巅峰时期的一半。在新能源汽车市场差异化以及电池企业产品路线差异的情况下,企业数量减少的趋势有所变缓。与此同时,市场资源配置进一步集中,具有较强产业整合能力、能实现产业链整体布局的头部企业优势更为明显。2021年我国新能源汽车市场共计58家动力电池企业实现了装车配套,较2020年同期减少了13家,排名前3、前5、前10的动力电池企业动力电池装车量分别为114.6 GWh、128.9 GWh和142.5 GWh,占总装车量比分别为74.2%、83.4%和92.3%。由此可见,在充分的市场竞争时期,产品性能、知识产权、上下游产业整合能力、质控能力以及成本因素等企业核心竞争力左右了动力电池行业优胜劣汰的局面。目前,中国造车新势力的初代格局已基本形成。小鹏、理想和蔚来2021年全年销量均超过9万辆,哪吒、威马、零跑在奋起直追。小米、轻橙时代、牛创自游家、宾理、盒子等等也在快速发展。尽管新势力企业数量众多,但特斯拉、小鹏、理想、哪吒、蔚来、零跑、威马这七家企业的累计销量在新势力中占比超过90%,而反观其他弱势企业,大多不足千辆。

2. 2021年国内外动力电池产业发展趋势

2019年后中国装机量占比赶超韩国成为全球第一。在2021年全球动力电池装机TOP10企业中,中国电池企业占据6席,分别为:宁德时代、比亚迪、中航锂电、远景AESC、国轩高科和亿纬锂能,占全球总装机量的48.6%。其中宁德时代连续五年占据全球动力电池装机量第一的位置,以96.7 GWh的装机量占32.6%的市场份额。而韩国的LG能源、三星SDI和SK三家企业合计市场份额30.3%,日本松下占全球市场份额的12.2%。在产能规划方面,国内宁德时代、比亚迪,国外松下、LG、三星、Northvolt、SK共7家企业,未来3年规划新增产能968 GWh,预计投资约3400亿元。

3. 2021年动力电池产业先进技术

(1)新体系动力电池技术

高电压5系三元电池方面,当前各主流动力电池企业对NCM5系高电压体系均有所布局,已在多款车型上实现了装车应用。广汽采用中创新航5系高电压体系电芯的弹匣电池,电芯能量密度能突破230 Wh/kg,系统能量密度能突破180 Wh/kg;吉利极氪001的100 kWh电池包采用了高电压NCM523,电芯能量密度能达到250 Wh/kg,NEDC基准续航712 km;荣威ER6采用宁德时代配套的高电压NCM523电芯能量密度为243 Wh/kg,系统能量密度为180 Wh/kg;吉利几何APro,搭载镍55型NCM523电池,系统能量密度超183 Wh/kg,NEDC基准续航600 km;蔚来汽车的100 kWh电池包,采用了宁德时代镍55三元电芯。

无钴电池方面,2021年原材料价格大幅攀升,镍、钴、锂贵金属都迎来了暴涨,供需关系严重失衡。无钴技术让可以让行业摆脱对钴这种稀有资源的依赖,是行业攻关的方向。蜂巢能源在2021年量产下线了无钴电池,依靠掺杂元素补充等技术使能量密度达到能量密度是240 Wh/kg,在长城欧拉的樱桃猫车型上搭载。

固态电池方面,蔚来汽车的150 kWh半固态电池、东风E70搭载赣锋锂业的半固态电池均计划在2022年量产。现阶段全固态锂金属电池的难度很大,折中的半固体电池将率先进入市场。

钠离子电池方面,2021年7月,宁德时代发布会介绍了钠离子电池产品,其电芯单体能量密度达到了160 Wh/kg,计划2023年基本形成产业链。中科海钠在2021年12月建成了全球首条钠离子电池规模化量产线,规划产能5 GWh,分两期建设,一期1 GWh将于2022年正式投产。

(2)电池系统热扩散阻断技术

为了提高动力电池的安全水平,行业内对动力电池的安全问题尤为重视,2021年各家电池厂和主机厂在电池热扩散阻断技术上纷纷推出自身的安全防护方案,如长城的大禹电池、比亚迪的刀片电池、广汽挨安的弹匣电池、岚图的琥珀电池等。主流的热扩散阻断方案包括提高材料和关键部件的热稳定性,以及对热进行合理的隔离和疏导。

(3)电池新型集成技术

CTC(Cell to Chassis),即电芯直接集成于车辆底盘的工艺。它进一步加深了电池系统与电动车动力系统、底盘的集成,减少了零部件数量,节省了空间,提高了结构效率,被认为是下一个阶段决定新能源汽车竞争胜负的关键核心技术,受到了多家主流动力电池企业的关注。目前,宁德时代正在加快CTC的研发攻关,并宣布计划于2025年左右推出高度集成化的CTC技术,并有望在2028年前后升级至第五代智能化CTC。特斯拉设计的CTC方案和一体化压铸技术能有效减少零部件的数量和电池组的总质量,通过提高制造效率并降低成本最终实现电动车续航里程的增加。比亚迪在2021年推出了全新纯电动专属平台e3.0,进一步将刀片电池与整个车身融为一体,还将整车的驱动、制动、转向等功能深度融合。LG在2021年首次公开了一份CTC专利,方案选择的是模组到车底盘的集成,提高模组的空间利用率和系统比能,同时简化电池系统和整车的工艺。

4. 动力电池产业热点问题分析

(1)低温续航和里程焦虑

随着各地气温降低,特别是在北方地区,“里程焦虑”问题又再度受到行业和消费者关注。续航里程缩水、电池充不满电、不敢开暖风,这些问题仍然困扰着很多新能源车主。相对于目前高温高湿环境下较为成熟的隔热散热与防护技术,新能源汽车在超过-30 ℃的极寒环境下存在无法启动、续驶里程锐减、充电困难等问题,是国际社会公认的制约新能源汽车全气候应用的难题。大力开展技术优化和产业化研究至关重要,如加热片和隔膜的选材和制造工艺优化、高温液冷与低温自加热集成的设计、动力电池的本征低温性能等。另一方面,需要进一步加强充电基础设施建设。虽然我国新能源车辆与充电设施已逐渐接近3∶1比例,但充电桩的分布不均仍是重要问题。一些地区公共充电桩的平均利用率甚至不足百分之十,而某些热门景区、商圈、服务区的充电桩供不应求。因此需要聚焦低温续航和里程焦虑问题,开展车端和设施端的双向提升。

(2)功能安全

随着电动化、智能化的发展,越来越多的汽车配备了电子电气系统,如电传动系统、助力转向系统、自动驾驶系统等,原有的机械部件被电子器件取代。而引入如此复杂的电子电气系统为整车安全带来了新的风险,各类元器件的老化和失效都有可能引发系统故障,进而导致事故发生。因此,对汽车及其相关零部件安全的要求也越来越高。为了达到更高程度的安全要求,在针对其他行业安全的通用IEC 61508标准的基础上,衍生出了针对汽车行业特定的ISO 26262功能安全标准。ISO 26262要求车载电子电气系统在检测到潜在的危险情况时,启动保护或纠正装置,以防止发生危险事件或提供缓解措施以减少危险事件造成的后果。为了实现新能源汽车的整车功能安全,需要OEM和各级供应商有着明确的职责划分和合作模式。国内不少企业都在逐步关注功能安全,如联合电子实现了功能安全电控的本地化研发和生产;阳光电源在完成符合ISO 26262标准的电控产品开发的基础上,辅导国内主机厂完成了功能安全理念下的产品开发及流程体系认证。随着未来越来越多优秀的新能源汽车涌现市场,关乎行车安全方面的国家标准、行业规范和创新技术都需要不断完善和丰富。

5. 2021年行业重点企业发展情况

2021年,行业重点企业持续加码投资车用动力电池产业发展。宁德时代在四川省宜宾市江安县投资建设“年产8万吨磷酸铁锂项目”;时代上汽拟投资建设时代上汽动力电池生产线扩建项目;在广东肇庆投资建设锂电池生产基地,首期规划建设设计产能为25 GWh。蜂巢能源在湖州南太湖新区建立动力电池新基地;四川遂宁20 GWh动力电池工厂开工奠基;在马鞍山投资110亿元建设动力电池电芯及PACK生产研发基地,规划年产能为28 GWh。国轩高科拟投资115亿元在江西宜春经开区建设锂电新能源产业项目;中航锂电与厦门火炬高技术产业开发区就中航锂电厦门基地30 GWh动力电池扩产项目达成合作共识。总的来说,在政策和市场双向驱动下,新能源汽车及动力电池市场发展迅速,行业龙头企业均在聚焦产能和技术提升，进行动力电池产品的大规模布局。

6. 车用动力电池产业发展趋势及发展建议

在碳达峰碳中和的宏观背景下，我国动力电池产业将迎来进一步发展。从车用动力电池产业发展的角度，我国动力电池产业发展早、投入高，除市场规模持续领先外，在技术创新与市场化推广方面也具有领先优势。国内企业在 CTP、刀片电池等先进应用技术方面，以及车电分离、V2G 等新型商业模式已率先开展探索，市场化应用进程显著领先。未来我国动力电池产业能够与新能源汽车共同通过电动化、智能化、共享化融合发展迎接能源和交通变革，保持动力电池市场化应用领先地位。下一步要坚持市场导向引领研发创新，优化协同创新与成果转化机制，提前开展新一代先进技术研究，持续支持动力电池新型商业模式的构建。

在产品技术与成本优势的加持下，近年来我国动力电池企业“走出去”取得显著进展。从国际化的角度分析，需要尽快制定我国动力电池全生命周期的碳排放方法论和数据库，重视测评技术发展，加速与国际接轨；其次优化完善动力电池产品出口海、铁、空、陆运输规范，为我国动力电池产业全球化发展创造良好环境，同时建立优质稳定的供应保障体系。现阶段我国动力电池产业已具备较为成熟的自主供应体系，随着下游产业需求迅速提升，建立优质稳定的供应链体系将成为未来产业发展的重要方向。

（五）锂离子电池材料

（中国科学院物理研究所 & 松山湖材料实验室　黄学杰）

1. 2021 年锂离子电池材料产业总体发展与技术突破

2021 年中国锂电池出货量为 327 GWh，动力电池出货量 220 GWh，支撑新能源汽车销量 352.1 万辆，其中磷酸铁锂动力电池出货量超过 50%。中国众多的锂离子电池材料企业也生产了全球一半以上的关键材料，涌现出了一批世界级企业，相当一部分出口到了海外市场。锂离子电池四大关键材料是正极材料、负极材料、隔膜材料和电解液量价齐升，技术革新是企业锂电材料业务未来发展面临的挑战。

（1）正极材料

2021 年中国正极材料出货量为 113 万 t。钴酸锂电池因高密度和高成本特性主要应用于数码领域的手机、电脑等智能终端产品，通过改进材料和配套电解液提升充电截止电压以增加比容量，相对于金属锂的充电电压已提升至 4.48 V，可逆比容量超过 190 mAh/g。磷酸铁锂和镍钴锰（铝）三元材料在今后一段时间内仍是动力电池的主要材料选择，磷酸铁锂正极材料具有更高性价比，电池安全性高，已占动力电池 50% 以上份额，虽然磷酸铁锂材料的容量发挥已趋于极限，但 2021 年电池比能量得到进一步提升，磷酸铁锂/石墨电池比能量达到 200 Wh/kg，技术进步主要在于改进材料和极片技术。三元材料继续向高镍方向发展，继 NCM811 应用后，镍 90 三元材料也已推出，因动力电池对安全性能与循环性能方面的高要求，单晶三元材料增长较快，与多晶三元材料相比，单晶材料压实和充电电压也相对高一些高，利于电池能量密度的提升，但在倍率性能和成本方面多晶材料更有优势。低钴层状材料和材料尖晶石镍锰酸锂正极材料因其安全和成本优势，以及富锂氧化物固溶体材料因其具有较高的比容量，亦成为研发热点。锰酸锂则主要应用于电动两轮车，它在低温性能方面有优势，轻型电动车对电池循环寿命的要求相对偏低，近期通过加微量铌添加其高温循环性能得到明显提升，有应用于部分经济型电动轿车。储能电池因安全性和寿命方面的要求则是大多选用磷酸铁锂电池，进一步推动磷酸铁锂材料的需求增长。

（2）负极材料

2021 年中国负极材料出货量达到 70 万 t，目前商业化应用最广泛的依旧是石墨类材料，随着动力电池产量的增长，人造石墨产品占比持续提升至 85%，天然石墨则下滑至 14%。石墨类材料比容量已经基本达到 360 mAh/g 接近其理论比容量，首次库伦效率也可达到 93% 以上，压实密度可以达到 1.75 g/cm^3 以上。其他已量产的负极材料各具特色，无定型碳材料（硬碳和软碳）倍率性能好，但影响电池的比能量和成本，目前应用领域较窄，少部分掺入石墨负极来提高负极材料的倍率性能，钠离子电池负极方面也有应用，尚处于研发阶段。为提升负极比容量，含硅负极材料的产品扩产提速，目前主要有两条技术路线，即纳米硅碳和氧化亚硅，应用于动力电池领域是硅氧材料，少量氧化亚硅添加的石墨负极的体积膨胀相对较小，循环寿命较好，补锂后首周库伦效率得以提升，420~450 mAh/g 产品得到大量应用，特别是在圆柱电池。纳米硅碳负极的首周库仑效率较高，但体积膨胀大，循环寿命相对短一些，目前硅碳材料还需要提高对纳米硅粒度及氧含量的控制性，构建稳固的硅碳二次颗粒复合结构提升材料循环性能。钛酸锂负极材料高低温性能、循环性能优异，但电池成本高，应用范围很窄，还面临比容量更高的铌酸钛的竞争替代。

（3）隔膜

2021 年中国锂电隔膜出货量 79 亿 m^2，以湿法隔膜为主，占比 76.7%。湿法隔膜增长较快是因为它可以做得更薄，对提高锂电池能量密度有利。聚烯烃基膜超薄化技术还在进一步提高，基膜再通过复合表面处理隔膜安全使用温度逐步提升，生产能在充放电过程中，大面积正、负极短路后仍能保持隔膜完整性的耐高温复合隔膜，提高隔膜的吸液性能和保液性能，以及研发聚合物电解质隔膜、固体电解质复合隔膜等新型隔膜产品。随着隔膜的厚度越做越薄，陶瓷涂覆已经成为一种必选的附加工艺。单面涂或者双面涂、对称涂布或者不对称涂布，多种涂层涂覆隔膜满足不同的电池需求。

（4）电解液

2021 年中国锂电电解液产量达到 50 万 t。高纯度、高稳定性基础电解液对提升锂离子电池的寿命至关重要,涉及溶剂的纯化、锂盐电解质的生产和纯化、电解液添加剂的生产和纯化、高性能电解液系统的组配和优化等,预期工作温度范围进一步拓宽,高电压下稳定性持续提升。高压正极材料电池充电电压最高可达 5.0 V。锂盐以六氟磷酸锂为主,双氟磺酰亚胺锂作为添加成分应用。

2. 产业标准体系的建设

(1)正极材料

我国从 2006 年起陆续颁布正极产品、前驱体及材料分析方法标准,GB/T 20252—2006《钴酸锂》是全国有色金属标准化技术委员会组织发布的第 1 个正极材料国家标准,之后陆续推出《锰酸锂》《镍酸锂》《镍钴锰酸锂》《磷酸铁锂》《纳米磷酸铁锂》《镍钴铝酸锂》《富锂锰基正极材料》《镍锰酸锂》等国家或行业标准先后推出,这些标准明确了专业术语,涵盖了大多数关键性能指标,包括:化学成分、晶体结构、粒度分布、振实密度、比表面积、pH 值、首次放电比容量、首次充放电效率、循环寿命等。近年来还根据技术进步对部分材料标准进行了修订。

(2)负极材料

继 2009 年 GB/T 24533—2009《锂离子电池石墨类负极材料》作为第一项负极标准颁布后,我国从 2009 年起陆续颁布多种负极产品、针状焦前驱体及材料分析方法标准,陆续推出《中间相碳微球》《钛酸锂》《锂离子电池用钛酸锂及其碳复合负极材料》《软碳》《硅碳》《球型石墨》《油系针状焦》等标准,相关标准主要规范了锂离子电池负极材料的各项指标技术指标,包括晶体结构、粒度分布、振实密度、比表面积、pH、水含量、主元素含量、杂质元素含量、首次放电比容量和首次充放电效率等。

(3)隔膜

随着锂离子电池产业对隔膜的需求也在不断进步,十几年来形成了一些列隔膜材料的测试和分析方法标准,2018 年 GB/T 36363—2018《锂离子电池用聚烯烃隔膜》国家标准得以颁布,规定了锂离子电池聚烯烃隔膜的术语与定义、分类、要求、试验方法、检验规则、包装、标志、运输及储存,适用于以聚烯烃树脂为主要原料的锂离子电池用隔膜,涂层聚烯烃隔膜或使用其他材质的锂离子电池用隔膜可以参照本标准执行。

(4)电解液

电解液主要由 $LiPF_6$ 等锂盐、酯类溶剂和功能添加剂三部分构成,我国从 2008 年起陆续颁布锂盐、电解液和溶剂标准,HG/T 4066~4067—2008《六氟磷酸锂和六氟磷酸锂电解液》是第一项负极标准,十年来制定的锂离子电池用电解液标准主要内容还有《锂离子电池用电解液》《锂离子电池用电解液溶剂》等,规范了锂离子电池用电解液的要求、试验方法、检验规则等。技术指标涵盖色度、密度(25 ℃)、游离酸、电导率(25 ℃)、水分、金属杂质含量、硫酸根离子和氯离子含量等。

3. 国内外锂离子电池材料产业发展趋势

(1)正极材料

我国锂离子电池正极材料拥有完善的产业链,有色金属冶炼工艺成熟,正极及其前驱体产业品种齐全,电池及其市场应用规模大、范围广。中国正极材料企业占据份额已经成为全球第一,超过日本和韩国。随着中国正极材料的规模化增大,在正极材料领域的研发和产业化方面达到国际先进水平,可满足动力电池企业对正极材料的需求,并实现了批量出口。国际主要材料企业已经将中国作为主要正极材料生产基地,并对中国企业进行股权投资。

锂离子动力电池正极材料以磷酸铁锂、镍钴锰、镍钴铝三元材料和锰酸锂为主,目前国外动力电池企业的产品主要以镍钴锰、镍钴铝类三元材料为主,我国动力电池企业的产品中磷酸铁锂材料占比较大,2021 年全球磷酸铁锂生产了 48.5 万 t,中国就占了 48 万 t,因为磷酸铁锂电池具有高安全、长寿命和较低成本的特点,适用范围宽,不仅在商用车和储能方面优势明显,在乘用车市场的份额也大幅度提升。三元材料和满足汽车企业对动力电池比能量和能量密度要求的高要求,2021 年三元正极材料出货量 43 万 t,三元材料向高镍化发展,基于能量密度、安全和寿命的考虑,单晶高电压三元材料体现出较为突出的优势,NCM622 的比容量达到 180 mAh/g,高镍三元材料(NCM811)的比容量达到 200 mAh/g;高电压尖晶石镍锰酸锂和更高镍低钴的三元正极材料目前处于研发和产业化前期阶段。2021 年因电动两轮车新国标的继续推进带的锰酸锂正极材料出货量 10.9 万 t,这个市场对成本最为敏感,降低电池的成本是关键。

(2)负极材料

我国已成为世界最主要的锂离子电池负极材料生产国,深圳贝特瑞新能源材料股份有限公司、上海杉杉科技有限公司和江西紫宸科技有限公司等厂商在负极材料的研发和生产等领域已处于世界先进水平。改性天然石墨的比容量达到 360 mAh/g,首次库伦效率在 94% 左右;人造石墨比容量可达到 350 mAh/g,首次库伦效率达到 93% 左右,压实密度达到 1.7 g/cm³。根据使用功能可分为高比能量、快充、超高功率等方向,快充型负极材料充电倍率可以达到 1.5~3C,极速快充可达到 5C。硅基合金材料具有原料丰富、容量高的特性,但循环过程中体积变化大,在动力电池领域目前主要和碳基材料混合使用。目前已应用的主要还是在石墨中添加少量一氧化硅,典型复合负极材料比容量为 420~450 mAh/g,首次库伦效率已提升到 92%。硅碳复合负极还需解决嵌锂时存在体积膨胀效应问题。

(3)隔膜材料

锂离子电池隔膜以聚烯烃基膜为主,聚丙烯隔膜大部分在中国生产,向薄层化以及功能化方向发展加快,5 μm 湿法基膜已进入应用。随着对动力电池安全性要求的提高,通常在基膜材料表面涂覆无机陶瓷涂层和/或有机涂层,进行表面改性处理以提高隔膜的耐温性能和/或阻燃性能,并改善与电解液的浸润性。国内外多家企业已开发出在 200 ℃下不会发生热收缩的芳纶表面改性聚烯烃隔膜,具有耐高温特性的 PVDF、聚酯、芳纶、聚酰亚胺等新型隔膜材料已经进入中试阶段。

(4)电解液

中国电解液企业以碳酸酯类混合溶剂、六氟磷酸锂电解质盐为主,新型 LiFSI 类锂盐开始导入。开发了多款功能型添加剂,优化组合出与动力电池相适应的不同电解液体系,匹配不同材料体系的动力电池。目前开发的电解液电化学窗口可达到 5 V，电导率为 9~12 mS/cm。功能电解液，如高电压电解液、磷酸铁锂快充电解液、阻燃电解液、低温电解液、高镍三元材料适用电解液等。构建溶剂、添加剂、电解质等原料配套闭环，进行纵深一体化布局已成为企业提升竞争力的共识。

4. 目前亟需解决的技术难点及解决方案

①材料的技术水平需要进一步提升，相关的专利以及核心技术仍然缺乏，将阻碍中国锂离子电池参与国际市场的竞争技术创新能力不足。需加大研发投入，加速推出新产品，推动电池产品升级。

②一些企业生产自动化程度和控制、管理存在缺陷或不足，制约了产品一致性和成本，必须着力提高产品品质和生产管理效率，推行智能制造、重塑竞争优势。

③中国和欧洲两大新能源汽车销量的加速增长拉动动力锂电池需求增长。动力电池需求量大增的同时，动力锂电池锂、镍、钴原料供给端却处于供应紧张的状态，需发展无钴、低锂、低镍锂离子电池相关技术和推进电池回收技术进步，改进生产工艺、提高收率，降低成本。

④材料评价不够深入，电化学性能、物理化学性能评价不够，在使用过程中质量问题较多，使用寿命达不到要求。需进一步完善标准和加强研发验证平台建设。

⑤电极材料行业能耗高，需加强对综合电耗和综合能耗的控制与管理，发展节能工艺，大力推动我国电池材料行业的节能减排。

5. 2021 年行业重点企事业单位发展情况

三元正极材料生产企业容百科技高镍 8 系、9 系及 NCA 系列产品合计销量超过 5 万 t，公司高镍正极出货占总出货比例达到 90%。2021 年实现收入 102.6 亿元，同比 170.4%。

德方纳米主要产品为纳米磷酸铁锂材料和碳纳米管，自热蒸发液相合成法的纳米磷酸铁锂应用于锂离子电池正极后，显著提高锂离子电池的倍率性能和低温性能。2021 年实现营业收入 48.4 亿元，同比增长 413.9%。

贝特瑞是全球最大天然石墨负极材料生产商，拥有天然石墨的表面固相包覆、表面气相沉积、二次造粒等技术，硅碳负极材料产量国内第一。2021 年实现营业收入 106 亿元，同比上涨 138%。

杉杉股份是最大的人造石墨负极材料生产企业，2021 年营业收入主要来源于锂电池材料和偏光片，合计实现营业收入为 207 亿元，同比增长 151.9%。

天赐材料 2021 年共交付电解液超 14.4 万 t，主要产品包括高温电解液、高温安全型电解液、高功率电解液等系列产品。全年实现营业收入 97.33 亿元，同比增长 265.9%。

恩捷股份 2021 年膜类产品销售量达到 78666.4 t，主要产品是锂电池湿法隔膜，大量应用于新能源汽车动力电池。实现营收超 79.8 亿元，同比增长 86.3%。

6. 未来几年锂离子电池材料产业发展建议

①世界主要汽车强国在动力电池研发和产业化方面不断加大投入，未来市场竞争将会更加激烈，建议加强基础和关键共性技术研究。

②新兴材料、固态电池等新体系电池研发投入方面仍然显得不足，核心技术专利较为缺乏，建议加强基础研究，特别是支持年轻科学家开展突破性技术研发。

③上游材料短缺形成了比较严重的制约，锂、钴、镍等资源严重依赖于进口，价格大幅度波动，建议加强资源节约型技术研发和推进相关战略资源储备。

④高端产能不足和拟建产能可能过剩，成套自动化装备水平不高，动力电池产品一致性、可靠性还有待提升，建议提升高端产线建设能力并统筹规划产能。

⑤梯次利用和回收利用管理体系有待完善，成熟可推广的商业模式尚未形成，建议加强梯次利用和回收技术研究并建立梯次利用和回收技术和管理规范。

(六) 动力电池测试

(中国汽车技术研究中心有限公司 王 芳 戴晓谦 马天翼)

动力电池作为电动汽车能量存储与转换装置的基础单元，其电性能、安全性、使用寿命对整车设计开发、使用以及运维至关重要。我国新能源汽车的蓬勃发展，衍生出对动力电池测试技术和相关产业发展的迫切需求。动力电池从生产、制造到使用、退役、回收等各个关键环节，均离不开动力电池测试评价技术的协同和支撑。本文分别从动力电池测试产业总体发展趋势、标准体系的建设、测试技术发展趋势和挑战等方面，概述 2021 年动力电池测试产业和技术的发展情况。

1. 2021 年动力电池测试产业和技术总体情况

新能源汽车已经形成了相对完善的上下游产业链，从关键原材料、核心零部件，到模组、系统、整车应用，以及梯次利用、材料回收、V2X 等后市场，形成了产业链的闭环。动力电池测试服务于新能源汽车和动力电池产业，位于整个产业链中游偏下，是动力电池在电动交通领域安全、可靠应用的重要保障。一方面，动力电池测试主要面向产品，需要面向实车应用建立测试体系；另一方面，动力电池的测试验证服务于产业链的各个层级和各个阶段，从材料到电芯、系统、整车，以及退役电池市场，其性能和安全性都需要测试验证来保驾护航。

新能源汽车产业日新月异的发展是动力电池测试产业稳步前进的基石。截至 2021 年末，我国新能源汽车保有量已超过 900 万辆。产销量的大幅增长是动力电池测试产业规模化发展的有力助推。2021 年我国动力电池装车量 154 GWh，同比增长 143%。宁德时代装车量 80.51 GWh，市场占比 52.1%；比亚迪装车量 25.06 GWh，市场占比 16.2%；第三是中创新航，装车量 9.05 GWh，市场占比 5.9%；第四至第十名则分别是国轩高科、LG 新能源、蜂巢能源、亿纬锂能、塔菲尔新能源、孚能科技、欣旺达。总体来说，国内电池企业装车增速明显快于海外。基于动力电池产业的全球化发展趋势和发展规模，动力电池测试行业也在积极扩展布局。中汽中心针对新能源检测领域，投资 19.9 亿元开展中汽研新能源汽车检验中心（天津）有限公司建设项目，致力于打造国际一流、行业前瞻的动力电池测评技术能力，塑造权威技术品牌。建设项目在 2021 年建设取得关键进展。

同时，动力电池测试产业的发展也是我国国家政策落实和执行的要求。《新能源汽车产业发展规划（2021—2035年）》明确了纯电动化发展路线，电动化成为必然趋势；产业政策逐年加码，免征新能源车辆购置税延长、排放限值和双积分等政策持续拉动新能源乘用车产量；各地方政府也陆续发布限行限购、充电补贴等政策促进新能源汽车行业发展。具体来说，2021 年《关于进一步完善新能源汽车推广应用财政补贴政策的通知》《关于修改〈乘用车企业平均燃料消耗量与新能源汽车积分并行管理办法〉的决定》《完善能源消费强度和总量双控制度方案》等政策的发布，也需要更为完善的测试评价体系来支撑其更好的执行和实施。国家坚持扶优扶强，补贴金额逐渐收紧。随着国家补贴标准门槛的提高，新能源汽车行业的竞争将继续加剧，测试验证需求会进一步提升。在经济和政策的双重驱动下，动力电池测试产业和相关技术将持续稳健发展。

2. 动力电池测试标准体系建设

在动力电池领域，我国已经构建了较为完善的动力电池标准体系，其中现行有效标准 22 项（国家标准 15 项、行业标准 7 项），在研标准 8 项（国家标准 5 项、行业标准 3 项），涵盖安全性、电性能、循环寿命、互换性、产品标准、关键零部件以及回收利用等多方面内容，在规范安全性、促进新技术应用以及协调产业发展方面发挥了重要作用。我国首个动力电池安全性强制性标准 GB 38031—2020《电动汽车用动力蓄电池安全要求》于 2021 年 1 月 1 日正式实施，在优化电池单体、模组安全要求的同时，重点强化了电池系统热安全、机械安全、电气安全以及功能安全要求。标准增加了电池系统热扩散试验，要求电池单体发生热失控后，电池系统在 5 min 内不起火不爆炸，为乘员预留安全逃生时间。GB 38031 综合了我国新能源汽车产业的技术创新成果和实际验证经验，对提升新能源汽车安全水平、保障产业健康持续发展具有重要意义。尤其是在动力电池热安全方面，在标准的要求和引领下，整车厂和动力电池生产企业都对热扩散阻断技术提出了更高要求。如 2021 年发布的“弹匣电池”“琥珀电池”“大禹电池”等，都分别对热失控后的热扩散阻断设计了独特的技术方案，效果显著。根据中汽中心对 2021 年度热扩散试验结果的统计，单体触发热失控后，60 min 后发生热扩散，或不发生热扩散的动力电池样品，占所有测试样品的 50% 以上，表明企业对于动力电池热安全的关注，以及对改善产品热安全品质起到了有效作用。

回收利用是动力电池实现产业链闭环、降低生产成本的重要环节，也是 2021 年动力电池标准化工作的重点方向。目前在回收利用过程的余能检测、拆卸、拆解、材料回收和包装运输方面，都已经有了现行国家标准。2021 年有 4 项回收利用相关国家标准处于报批阶段，包括《车用动力电池回收利用　梯次利用　第 3 部分：梯次利用要求》《车用动力电池回收利用　梯次利用　第 4 部分：梯次利用产品标识》《车用动力电池回收利用　再生利用　第 3 部分：放电规范》和《车用动力电池回收利用　管理规范　第 2 部分：回收服务网点》。动力电池回收利用这一环节的规范操作和标准化，能够有效降低其全生命周期使用成本。另外，采用回收材料制造动力电池的过程，其碳足迹也会小于常规的电池制造过程。

团体标准方面，以中国汽车工业协会、中国汽车工程学会等为代表的行业组织积极开展动力电池团体标准研制工作，标准内容涉及动力电池规格尺寸、低温电性能、寿命、热管理系统性能、安全性以及梯次利用等，成为现有动力电池标准体系的有益补充。

基于国内动力电池测试工作积累，我国积极参与国际标准和国际法规的起草工作。目前电动汽车安全全球法规（EVS-GTR）正在开展第二阶段法规制定，我国专家在电动汽车用动力电池热扩散、浸水安全、振动安全、有毒气体防护等领域持续发挥积极作用，作为“牵头国”或“联合牵头国”主导这四个领域的研究和法规制定。另一方面，国际标准化组织（ISO）目前正在开展 ISO 6469-1 AMD（电动道路车辆安全规范）的修订，目前已进入最终投票阶段；功能安全相关 ISO/TR 9968 由中汽中心牵头，于 2021 年立项开展研究和制定工作。在 SAE 标准中，我国也在牵头 SAE Bus Battery Standards Committee 的电动客车电池组相关技术报告 J3125 的起草工作。

3. 动力电池测试技术发展趋势和挑战

在发展新能源汽车和实现“双碳”目标等政策的积极推动下，我国新能源汽车已取得技术上的先发优势。动力电池领域，我国已建立相对完备的标准体系并引领全球测评技术发展，但相关测试内容仍然不足以覆盖动力电池在实际使用过程中全生命周期、复杂场景的使用需求，实际工况中多因素耦合作用下的全生命周期安全评价技术需要进一步深入研究。近年来，屡见报道的车辆起火事故已然成为影响新能源汽车大规模普及应用的重要因素，而较多事故与动力电池的安全有较高相关性。动力电池的安全性测评是多维度、多层级、涉及全生命周期的系统性工程，需要针对动力电池系统在复杂应用场景、多变使用工况、多样影响因素下开展深入、系统性的梳理，建立动力电池多维度安全量化评价体系。此外，需要重点关注车辆的运行监控及数据协同测试评价。工信部于 2021 年 9 月组织开展了道路机动车辆生产企业及产品监督检查工作，重点针对新能源汽车安全体系，包括新能源汽车生产企业监测平台运行情况、管理制度、预警模型、应急预案和售后服务体系等进行检查。如何针对多场景、多工况、多因素条件下动力电池系统安全风险评估精度差及安全预警难等问题，建立更为完善的车辆运行监控和风险评估技术体系，也是动力电池测试技术发展的重要挑战。具体来说，动力电池测试技术需要重点在以下三个方面实现突破，通过在测试评价的基础理论和关键技术等方面进行创新，支撑我国在动力电池综合性能的研究中不断突破。

（1）面向全生命周期的动力电池多层级测评

当前动力电池测试在单体、模组和系统层级均建立了较为完善的测试方法。但测试评价技术的完善和发展需要进一步改变现有测试相对单一、相互独立的现状。具体来说，需要进一步打开动力电池测试的“黑箱”，将测试评价方法向电极和材料层级拓展，并实现电极和材料层级评价指标与电池层级指标的相互关联。在技术路线上，需要发展一系列多层级的无损分析测试方法和失效分析方法，将材料测试技术和电化学测试技术进一步归纳和应用到动力电池的测评体系中，完善“材料-电池-系统”的动力电池测试技术链。

（2）面向实车工况的动力电池损伤和失效测评

动力电池在实车应用过程中，场景多变，工况复杂。受到各种因素的影响，其结构、性能、内部电化学反应及材料特性均产生差异性变化。由于无法洞悉多因素耦合致损机理，导致实际应用过程中动力电池的安全边界不清晰，轻微损伤的累积机制不明确，对实车应用安全带来严峻考验。因此动力电池测评需要解决在实车工况多因素耦合下的“损伤-累积-失效”动态规律这一影响动力电池安全的关键技术问题，建立面向实际应用的动力电池安全性量化评价体系，实现电池使用过程中安全性的动态评估和安全隐患的及时排查。

（3）测试与仿真相结合的动力电池虚拟测评

仿真技术目前已经在新能源汽车和动力电池开发过程的各节点充分渗透。从测评技术的角度上，也需要与仿真技术充分结合，形成“半实物”测试的虚拟测评技术来充分支撑测评体系的建立。具体来说，开展新能源车典型工况下的特征进行分析研究，依托大量测试获得的原始数据库不断优化测试仿真模型，形成部件级和系统级的高灵活“虚实结合”测试技术，将技术需求、测试方案和仿真参数进行迭代优化，实现测试和仿真的优势互补。

4. 未来发展建议

在国家政策和科技计划的支持下，动力电池测试行业在2021年得到了持续发展，测试评价技术也在深度和广度上都有所提升。在新能源汽车大规模应用的前景下，动力电池测试会基于新能源汽车全产业链的关键技术需求，集中力量突破行业所面对的关键问题，构建更为完善的测试评价体系。

2021年，中汽中心动力电池领域首席专家王芳负责的“十三五”国家重点研发计划项目“动力电池测试与评价技术”顺利通过验收，项目针对新能源汽车大规模应用对动力电池高水平测试评价的迫切需求，针对动力电池复杂构效关系评价、动力电池性能演化模拟仿真与评价、动力电池管理系统精准评价、动力电池系统性能量化评价、动力电池数据库开发与应用等关键技术开展研究，建成具有国际先进水平的综合测评平台，建立基于标准化测试方法和量化指标的产品数据库并实现应用。另外，在2021年12月牵头申报“十四五”国家重点研发计划项目“车载储能系统安全评估技术与装备”并成功获批。项目旨在建立面向车载储能系统的安全性全寿命维度测评体系，研制无损和智能化检测装备，完善风险在线管控平台，推动新能源汽车安全品质提升，巩固我国动力电池安全测评技术全球领先优势，支撑千亿级电动汽车产业加速发展。

总的来说，动力电池测评技术应从材料、电芯、BMS和系统各层级严格把关，重点突破损伤评估、危害量化、数据协同等关键技术，建立全生命周期内面向产品开发的各层级安全技术和对应的测评体系，不断融合数字化、智能化，全面构建仿真与验证、虚拟与实证深度融合的高端测评生态。

（七）动力电池回收循环与梯次利用①

（清华大学环境学院　郝硕硕　董庆银　李金惠）

［摘要］　2021年，我国新能源汽车产销和动力电池装机量同比增长1.6倍，磷酸铁锂逆袭三元电池，成为主流。我国政府从政策、技术、标准等方面推动产业有序发展，动力电池溯源管理和回收服务网络建设取得重要进展。国外动力电池法规更具强制性，各大车企联合开展梯次利用，再生利用技术路线以火法为主。国内动力电池回收市场快速发展，但回收体系建设和梯次利用技术仍面临挑战。我国在退役动力电池一致性管理、自动化拆解等方面还存在技术瓶颈。动力电池回收相关企业超过2万家，列入工信部行业规范条件的企业仅45家。梯次利用重点企业主要为铁塔公司，再生利用重点企业包括格林美，邦普循环，华友钴业等。笔者从提升政策强制性，完善动力电池回收利用体系，探索建立资金支持机制，加强技术创新和产业示范等方面提出产业发展建议。

［关键词］　动力电池；回收；梯次利用；再生

1. 2021年动力电池回收利用产业情况

（1）新能源汽车和动力电池市场概况

2021年，我国汽车产销分别为2608.2万辆和2627.5万辆。其中，新能源汽车产销分别完成354.5万辆和352.1万辆，同比均增长1.6倍，市场占有率提升至13.4%。其中，纯电动汽车生产量294.2万辆，销售量291.6万辆；插电式混合动力汽车生产量60.1万辆，销售量60.3万辆，如图1-2-15所示。

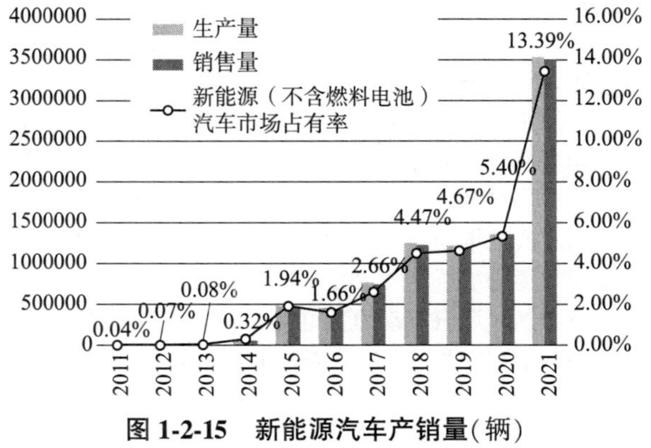

图1-2-15　新能源汽车产销量（辆）

① 基金项目：国家自然科学基金青年科学基金项目：报废动力电池收集模式及成效评估方法研究（71804085）；北京市社科基金重大项目“新能源汽车动力电池回收模式研究”（17ZDA27）

受新能源汽车产销市场影响，2021 年中国市场动力电池装机量约 159.6 GWh，同比增长 1.6 倍。其中，磷酸铁锂电池装机 81.7 GWh，占比 51.2%；三元电池装机 77.6 GWh，三元电池占比 48.6%，如图 1-2-16 所示。磷酸铁锂装机完全逆转三元电池，成为主流。

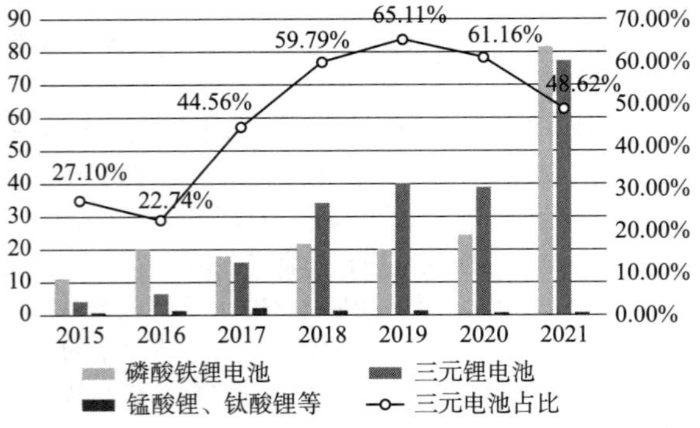

图 1-2-16 动力电池装机量（GWh）

（2）回收利用政策形势分析

2021 年，我国政府工作报告、发展规划、工作/行动方案等多个文件中明确提出推进动力电池回收利用。李克强总理在 2021 年政府工作报告指出，要加快建设动力电池回收利用体系。《新能源汽车产业发展规划（2021—2035）》（国办发〔2020〕39 号）提出，加快推动动力蓄电池回收利用立法，强化溯源管理，建设高效循环利用体系。《“十四五”循环经济发展规划》（发改环资〔2021〕969 号），部署了包括废旧动力电池循环利用在内的六大重点行动，具体包括加强溯源管理，建设回收服务网点，规范梯次利用，加强技术装备应用，完善标准体系以及培育骨干企业等内容。《2030 年前碳达峰行动方案》（国发〔2021〕23 号），提出推进退役动力电池等新兴产业废物循环利用；《“十四五”时期“无废城市”建设工作方案》（环固体〔2021〕114 号），明确支持汽车制造等龙头企业与再生资源回收加工企业合作，建设废旧动力电池回收中心。

工业和信息化部和生态环境部分别牵头出台动力电池梯次利用和再生利用管理专项政策。2021 年 8 月，五部门联合印发《新能源汽车动力蓄电池梯次利用管理办法》（工信部联节〔2021〕114 号），明确梯次利用企业应依法履行主体责任，遵循全生命周期理念，落实生产则责任延伸制度，保证本企业生产的梯次产品质量，以及报废后的规范回收和环保处置。2021 年 8 月，生态环境部发布《废锂离子动力蓄电池处理污染控制技术规范（试行）》（HJ 1186—2021），规定了废锂离子动力蓄电池的总体要求、处理过程污染控制技术要求、污染物排放控制与环境监测要求和运行管理要求。

在国家政策推动下，动力电池溯源管理和回收服务网络建设取得重要进展。截至 2021 年 6 月，工业和信息化部网站定期发布新能源汽车动力蓄电池回收服务网点信息（简称“回收网点信息”）共计 13137 条（删除重复项后，回收网点数量为 9052 个），其中 12986 条由 149 家汽车生产企业发布，其余 151 条回收网点由 17 家梯次利用企业发布。截至 2020 年底，新能源汽车国家监测与动力蓄电池回收利用溯源综合管理平台（简称“国家溯源平台”）车载模块已实现对新能源汽车生产企业管理全覆盖，回收利用管理模块已有 320 余家报废机动车回收拆解企业、100 家梯次利用企业和 120 余家再生利用企业完成注册。

（3）回收利用技术突破

我国动力电池回收与梯次利用相关实用新型专利和发明专利持续增长。初步统计，“电池回收”相关实用新型和授权的发明专利共计 1974 项，其中实用新型专利 1488 项，授权发明专利 486 项。申请日期主要分布在 2018—2021 年，共计 1278 项。其中，2021 年申请专利 223 项（其中，已授权的发明专利 15 项）。15 项授权的发明专利主要内容涉及锂电池回收、拆解、预处理、破碎、筛选、碳酸锂制备、前驱体制备、磷酸铁制备、锂材料回收等。“梯次利用”相关实用新型和授权的发明专利共计 316 项，其中实用新型专利 210 项，授权发明专利 106 项。申请日期主要分布在 2016—2021 年，共计 286 项。其中，2021 年申请专利 29 项（其中，已授权的发明专利 2 项）。2 项授权发明专利主要为梯次电池储能研究。

工业和信息化部发布的《国家工业资源综合利用先进适用工艺技术设备目录（2021 版）》中公布了 2 项废旧动力电池利用技术装备，涉及智能拆解和湿法回收技术。一项为退役动力电池包柔性智能拆解系统，该装备包括储料及分料机构、上下料机构、智能转运系统、智能拆解系统、视觉定位机构、异性包处理机构、电芯检测机构、模组码垛机构、人机交互系统、电控系统、MES 系统等组成，适用于各类退役动力电池包智能化拆解作业。目前格林美公司正在对该系统关键技术进行研发。另一项为废旧锂离子电池清洁高效回收利用技术与装备，以退役后不能梯次利用的废旧动力锂电池为原料，采用绝氧破碎、热解、湿式剥离等技术，实现废旧磷酸铁锂、三元锂电、3C 类电池及废极片的兼容破碎分选和有价组份绿色回收，可处理方壳、圆柱、软包电池、手机电池、极片等 20 余种锂电池固废。该技术的极粉回收率可达到 95% 以上，铜箔、铝箔产品纯度达到 97% 以上。目前，湖南江冶机电科技股份有限公司研制的“年处理 5000 t 废旧锂离子电池清洁高效回收利用技术与装备”已在金川集团股份有限公司投入生产运行。2022 年第一季度，该生产线回收处理废锂电池约 1000 t，生产极粉约 437 t，铜箔约 114 t，铝箔约 38 t，金属外壳约 152 t。

2. 产业标准体系建设情况

（1）国家标准体系

动力电池生产方面主要有三项标准直接影响后续回收利用。《汽车动力蓄电池编码规则》（GB/T 34014—2017）规定了动力电池编码额基本原则、编码对象、代码结构和数据载体，可在动力电池生产管理、维护和溯源、电动汽车关键参数监控，特别是在动力电池回收利用环节，凭借可追溯性和唯一性，更加准确地确定动力电池回收责任主体。《电动车用动力蓄电池产品规格尺寸》（GB/T 34013—2017）明确规定了电动汽车用动力蓄电池的单体、模块和标准箱尺寸规格要求，解决了动力电池由于尺寸不一难以匹配储能电站或家用储能设备结构的难题，也降低了动力电池的梯次利用的门槛。《电动汽车用动力蓄电池安全要求》（GB 38031—2020）是中国电动汽车领域首批强制性国家标准，几乎涵盖了从单体到系统的热安全、机械安全、电气安全以及功能安全要求。

动力电池回收利用方面，按照管理规范、梯次利用和再生利用分为三个系列，每个系列包括4~7个标准。目前，管理规范系列出台了包装运输标准，梯次利用系列出台了余能检测、拆卸要求、梯次利用要求和梯次利用产品标识4个部分，再生利用系列出台了拆解规范、材料回收要求和放电规范3个部分。具体发布和拟立项标准名称详见表1-2-6。

表1-2-6 动力电池生产与回收利用国家标准

分类	发布日期	标准名称及编号
生产	2017年7月12日	汽车动力蓄电池编码规则(GB/T 34014—2017)
	2017年7月12日	电动车用动力蓄电池产品规格尺寸(GB/T 34013—2017)
	2020年5月12日	电动汽车用动力蓄电池安全要求(GB 38031—2020)
回收管理规范	2020年3月31日	车用动力电池回收利用 管理规范 第1部分 包装运输(GB/T 38698.1—2020)
	正在起草(计划号20205114-T-339)	车用动力电池回收利用 管理规范 第2部分 回收服务网点建设规范
	拟立项	车用动力电池回收利用 管理规范 第3部分 综合利用信息手册
	拟立项	车用动力电池回收利用 管理规范 第4部分 装卸搬运规范
	拟立项	车用动力电池回收利用 管理规范 第5部分 存储规范
梯次利用	2017年7月12日	车用动力电池回收利用 梯次利用 第1部分 余能检测(GB/T 34015—2017)
	2020年3月31日	车用动力电池回收利用 梯次利用 第2部分 拆卸要求(GB/T 34015.2—2020)
	2021年8月20日	车用动力电池回收利用 梯次利用 第3部分 梯次利用要求(GB/T 34015.3—2020)
	2021年8月20日	车用动力电池回收利用 梯次利用 第4部分 梯次利用产品标识(GB/T 34015.4—2020)
	拟立项	车用动力电池回收利用 梯次利用 第5部分 可梯次利用设计指南
	拟立项	车用动力电池回收利用 梯次利用 第6部分 剩余寿命评估规范
	拟立项	车用动力电池回收利用 梯次利用 第7部分 退役判断及分类要求
再生利用	2017年5月12日	车用动力电池回收利用 再生利用 拆解规范(GB/T 33598—2017)
	2020年3月31日	车用动力电池回收利用 再生利用 第2部分 材料回收要求(GB/T 33598.2—2020)
	2021年10月11日	车用动力电池回收利用 再生利用 第3部分 放电规范(GB/T 33598.3—2021)
	拟立项	车用动力电池回收利用 再生利用 第4部分 回收处理报告

(2)团体标准体系

动力电池/锂电池回收相关团体标准18项，主要包括回收技术、站点建设、管理规范系列、技术规范系列、企业评价、回收率计算、再生材料制备等内容。梯次利用相关团体标准26项，包括技术规范、企业分类、电池分选、余能检测、电池管理系统、技术要求、梯次利用产品系列、企业管理要求、安全规范、检验方法、管理规范等。动力电池回收利用相关团体标准的主要发布单位为：佛山市高新技术应用研究会(12项)、中国电子节能技术协会(8项)、北京资源强制回收环保产业技术创新战略联盟(6项)、上海市汽车工程学会(4项)、广东省循环经济和资源综合利用协会(3项)、山东省城市公共交通协会(3项)。总体上，团体标准涉及范围更广、内容更全面细致，遗憾的是大部分团体标准仅在团体内部试行，相关内容未在网站上进行公开。团体标准具体信息汇总见表1-2-7。

表1-2-7 回收利用团体标准汇总

分类	序号	发布日期	标准名称	团体名称
回收标准	1	2021/9/26	废动力蓄电池回收率计算方法	北京资源强制回收环保产业技术创新战略联盟
	2	2021/9/26	废锂离子电池回收制黑粉	
	3	2022/1/25	废电池回收利用站点建设规范	佛山市高新技术应用研究会
	4	2022/1/25	废锂电池回收技术规范 石墨类负极材料	
	5	2020/11/18	废旧动力蓄电池回收制取电池级硫酸镍绿色工艺规范	广东省循环经济和资源综合利用协会
	6	2020/11/18	废旧动力蓄电池回收制取电池级硫酸钴绿色工艺规范	
	7	2020/11/18	废旧动力蓄电池回收制取电池级硫酸锰绿色工艺规范	
	8	2021/2/10	废旧动力锂离子电池回收及资源化利用技术规范	广东省知识产权投融资促进会
	9	2021/12/21	公共汽电车动力蓄电池回收 管理规范 第1部分：拆卸	山东省城市公共交通协会
	10	2021/12/21	公共汽电车动力蓄电池回收 管理规范 第2部分：暂存	
	11	2021/12/21	公共汽电车动力蓄电池回收 管理规范 第3部分：包装运输	
	12	2021/5/25	报废机动车回收拆解企业动力蓄电池回收利用技术规范 安全性要求	上海市汽车工程学会
	13	2021/5/25	报废机动车回收拆解企业动力蓄电池回收利用技术规范 分类要求	
	14	2021/5/25	报废机动车回收拆解企业动力蓄电池回收利用技术规范 拆卸要求	
	15	2021/5/25	报废机动车回收拆解企业动力蓄电池回收利用技术规范 收集贮存运输要求	

续上表

分类	序号	发布日期	标准名称	团体名称
回收标准	16	2022/1/23	废旧锂离子动力蓄电池回收管理规范	上海市自行车行业协会
	17	2021/10/12	动力锂离子电池回收利用企业绿色工厂评价要求	中国电子节能技术协会
	18	2022/1/14	动力锂电池回收设备通用技术要求	
梯次利用	19	2019/7/11	梯次利用锂离子蓄电池　检验方法	北京资源强制回收环保产业技术创新战略联盟
	20	2019/7/11	梯次利用锂离子电池　储能用蓄电池	
	21	2019/7/11	梯次利用锂离子电池　低速电动车用蓄电池	
	22	2019/7/11	梯次利用锂离子电池　电动自行车用蓄电池	
	23	2021/12/3	新能源汽车动力蓄电池梯次利用企业管理要求	佛山市高新技术应用研究会
	24	2021/12/3	退役动力电池梯次利用　产品测试方法	
	25	2021/12/4	退役动力电池梯次利用产品　家庭储能用电池	
	26	2021/12/4	退役动力电池梯次利用产品　高寒环境用电池	
	27	2021/12/4	退役动力电池梯次利用产品　低速电动车用电池	
	28	2021/12/4	退役动力电池梯次利用产品　电动自行车用电池	
	29	2022/1/25	退役动力电池梯次利用产品　通信行业用电池管理系统	
	30	2022/1/25	退役动力电池梯次利用　余能检测方法	
	31	2022/1/25	退役动力电池梯次利用　电池分选方法	
	32	2022/1/25	通信行业电池梯次利用企业分类及能力要求	
	33	2018/12/2	高寒地区蓄电池梯次利用技术条件	吉林省汽车电子协会
	34	2021/5/12	锂电池回收梯次利用	全国城市工业品贸易中心联合会
	35	2022/2/17	退役动力电池梯次利用技术规范	山东质量检验协会
	36	2021/8/19	梯次利用电池　储能系统技术规范	中国电子节能技术协会
	37	2021/8/19	梯次利用电池　家庭储能系统技术规范	
	38	2021/11/19	太阳能路灯用梯次利用电池技术要求	
	39	2021/11/19	梯次利用电池储能电站技术与安全规范	
	40	2021/11/19	基于梯次利用电池的移动储能系统技术与安全规范	
	41	2021/12/23	梯次利用电池自动导引车用电池技术要求	
	42	2021/10/9	绿色设计产品评价技术规范　车用磷酸铁锂动力电池梯次利用产品	中国技术经济学会
	43	2019/4/22	通信行业梯次利用锂离子动力电池经营企业管理规范	中国通信企业协会
	44	2021/12/13	用户侧储能梯次利用电池技术规范	中华环保联合会

3. 国内外产业发展趋势

（1）国外发展趋势

回收管理体系方面，欧盟主要以指令形式管理废电池，加强了对动力电池回收利用的管控；美国和日本没有专门针对动力电池回收利用的法律法规，但在废旧电池的整体回收方面有完善的法律法规。欧盟《关于废物的指令》（2008/98/EC）引入了“污染者付费原则”和“生产者延伸责任”。2021年1月，欧盟通报了《关于电池和废电池的法规提案》，将现行电池管控方式由“指令”上升为“法规”，法规将电动汽车电池从工业电池中分离出来。对电池投放欧盟市场后的管控，新增碳足迹、再生原材料、可拆卸和可替换性、二维码标签和 CE 标签、电池管理系统、安全性等要求，并对运营商的尽职调查和废旧电池的回收和处理提出新要求。美国在联邦、州和地方法规三个层面对含汞电池和铅蓄电池等充电电池的生产、回收处理做出了规定，但联邦层次的法规尚未包括汽车动力电池。国际电池理事会/协会（BCI）制定了主要针对美国铅蓄电池的回收法规模型（BCI Model Legislation），采用押金制度促使消费者主动上交废旧电池产品，要求电池制造商与整个产业链中的主体之间签署协议，通过价格机制引导零售商、消费者等参与废旧电池回收工作，并设立惩罚机制。日本动力电池的回收没有相应法律法规规定，主要是汽车生产企业的自主行为，自主制定动力电池的回收方案和构建回收体系。《资源有效利用促进法》主要针对镍镉电池、镍氢电池、锂离子电池、小型铅酸电池等二次电池，规定电池生产者或使用二次电池产品的生产者以及进口商必须建立收集和再循环系统；要求消费者将废弃的二次电池和纽扣电池送到专用的回收设施。

梯次利用方面，欧盟各大车企正在联合开展相关工作；再生利用方面，国外电池回收技术路线以火法为主。欧盟境内目前有十几个与动力电池梯次利用相关的项目在运行，大部分是主机厂（如雷诺、戴姆勒、宝马、日产）与公共机构（如电厂）和研究机构的合作。欧盟各大车企均有或者正在参与处理自家退役动力电池的项目，如 Renault+Umicore+ENGIE，PSA+Mitsubushi+EDF+ForseePower，Volkswagen+MAN+VHH等之间的合作。特斯拉材料回收能力大幅提升，2021 年回收1500 t 镍、300 t 铜和 200 t 钴，仅回收镍的价值就超过了 4500万美元。再生利用技术路线以优美科为例，利用高温冶金法将动力电池直接高温还原，电池外壳，负极材料、塑料隔膜等部分分别提供还原剂和能量，最终金属以合金的方式回收，并且在回收过程中对气体进行净化。高温还原的金属合金经过酸浸后经萃取得到金属盐，并通过高温还原回收金属单质。

(2)国内发展趋势

2022年，受到国际政局影响，动力电池原材料价格持续上涨，截至3月23日，镍现货价为21万元/t，较去年初上涨约66%；钴现货价为56.6万元/t，较去年初上涨约108%；碳酸锂现货价为48万元/t，较去年初上涨860%。原材料价值的持续大幅上涨，带动了动力电池回收市场，动力电池的回收价格同步上涨。预计2025年废旧动力电池回收市场规模达到500亿元。某电池回收公司表示磷酸铁锂电池回收价格已经从150元/kWh涨到500元/kWh，甚至出现价格倒挂现象，废料价格高于新货。另一方面，随着我国新能源汽车产销量和动力电池装机量的快速增长，动力电池的退役量也在逐步攀升。2020年，我国动力电池累计退役量约20万t，到2025年预计将接近80万t。

动力电池回收市场将持续火爆，回收利用的电池类别将从企业生产工厂报废的电池逐渐转变为乘用车退役电池，退役电池来源更为广泛和分散，退役电池性能和稳定性会更差，这也将给动力电池回收体系建设和梯次利用技术带来新的挑战。目前，我国动力电池回收体系建设以汽车生产企业为主，但是后端梯次利用和再生利用以及材料生产企业明显对回收渠道更为关注，头部企业都在积极寻求合作，试图构建全产业链发展模式。随着越来越多的私人新能源乘用车更换电池或者报废，特别是前期未进行编码的动力电池的退役，将给受利益驱动的非法回收带来机会，动力电池回收渠道之争将加剧，因此，回收渠道问题仍将是未来动力电池回收利用产业的重点和痛点。另外，目前退役动力电池数量较少，梯次利用仍处理试点应用阶段，拆解、分选、重组等关键技术还在研究，退役电池的一致性问题始终得不到好的解决，限制了梯次利用产品的应用。退役动力电池仍具有80%左右的余能，在运输、储存、拆解过程中存在较大的安全风险。此外，目前的梯次利用项目整体经济性不高，商业模式还在探索中。随着磷酸铁锂装机量的不断攀升，未来梯次利用市场将进一步扩大。

4. 技术难点及解决方案

我国在退役电池一致性管理、自动化拆解等目前还存在技术瓶颈。退役电池一致性管理技术的研究以最小化成组电池单体或电池组间的性能差异为最终目的。近年来虽然在理论方面取得了一些突破，但并未出现可同时满足经济性、安全性和一致性等复杂需求的综合管理技术。在对退役动力电池的检测与筛选方面，检测方法较为单一，多数实验仅针对电池单体进行研究，而电池的梯次利用主要是以模组为单位，因此需要在单体电池研究技术的基础上根据电池模组的特点设计更有效的检测与筛选手段。目前对退役电池的老化机理的研究积累还较少，应该开展梯次利用电池在不同工作场景下的老化机理研究，建立梯次电池寿命预测体系，对梯次利用储能系统中存在的问题及时进行干预。确保退役电池的安全性是梯次利用的关键，需要深入了解退役电池在梯次使用过程中SOH与电池安全性能之间的关系，开展不同工况下退役电池热滥用的“预警-防控-消防”安全监控技术研究，最大限度保障梯次电池储能的安全性。

退役动力电池的拆解是一个危险性较强且劳动密集型的工作，目前我国大部分废旧动力电池回收利用企业对动力电池的拆解还是停留在人工拆解或者半自动化阶段，动力电池拆解机械的智能化程度较低，柔性化切割能力较差，安全性能有待提高，一些现代科技包括视觉分选系统、计算机辅助决策系统，在动力电池拆解机械上的应用缓慢。在拆解过程中，不同类型电池制造和设计工艺的复杂性、串并联成组形式、服役和使用时间、应用车型和使用工况的多样性都会影响拆解复杂程度和安全性等。应加强研究动力电池视觉分选系统与计算机决策系统，实现切割装置的柔性化切割、智能化切割，增强动力电池单体拆解机械的切割质量与壳芯分离的效率；加强对动力电池单体放电、拆解与壳芯分离一体机以及兼容性强、可批量拆解的多功能化动力电池单体拆解机的设计与研发；并重视和提升拆解过程的安全管控系统设计。

5. 重点企业发展情况

(1)回收利用企业总体情况

动力电池回收相关企业注册量快速增长。从近十年动力电池回收相关企业发展状况来看，2020年之前，企业注册量增长缓慢。2020年企业注册量迅速增长，全年共注册了2579家企业，同比增长了253.3%。2021年上半年企业注册量进一步激增，半年内注册了9435家企业，同比增长了2611.2%。2021年底，动力电池回收企业已达到2万多家。截至2022年1月，我国在业/存续的企业中经营范围包含动力电池回收的注册资金在2000万元以上的企业共有3091家，但是，其中真正有资质、开展规范化运营的企业并不多。

工信部分三批公布了符合《新能源汽车废旧动力蓄电池综合利用行业规范条件》企业共有47家(其中2家企业分批次申报不同领域，计企业数量45家)，单独申报梯次利用的21家，单独申报再生利用的20家，同时申报梯次利用和再生利用的4家。我国动力电池回收利用产能超过100万t，其中，格林美产能13万t居于首位，邦普循环产能12万t，赣锋锂业、威能电源、桑德集团产能均为10万t，华友钴业6.5万t，赣州豪鹏5万t，比克集团3万t。国内主流电池再生利用企业中，除中伟集团使用火法技术、赛德美以物理修复磷酸铁锂为主外，衢州华友、豪鹏、格林美、邦普循环、巴特瑞、芳源、旺能、天赐等均使用湿法工艺进行电池回收，格林美、光华科技、赣锋循环、浙富控股等则使用湿法-火法交替冶炼的工艺技术。

(2)重点企业发展情况

梯次利用重点企业主要为铁塔公司，再生利用重点企业主要有格林美，邦普循环，华友钴业等。

宁德时代成立于2011年，控股子公司邦普循环2008年开始建设废旧电池回收体系。截至2022年3月，邦普循环已在全国范围内设置131个回收网点，直接对接车企售后服务网络。邦普对废锂电池进行破碎、热解、粉碎及反复筛分磁选等全自动化预处理后得到含镍、钴的精料，经过化学除杂等工艺生成特定形状的三元材料前驱体(镍氢锰氢氧化物)。三元前驱体与碳酸锂按一定比例配比均匀混合，在氧气氛围下，进行分段程序升温热处理，控制烧结温度和时间，从而得到镍钴锰酸锂材料。邦普循环全面布局全国7大基地，与产业链上下游及科研院所战略合作；定向循环技术、正极材料合成技术，率先破解“废料还原”行业难题；废旧电池处理能力 12 万 t/年。

华友钴业成立于 2002 年，主要致力于钴新材料和新能源锂电材料的研发与制造。2017 年成立华友循环产业集团，致力于退役动力蓄电池的综合利用。通过“资源再生”的补链，打通了再生材料专线湿法冶炼路径；与动力电池供应商合作，探索“废料换材料”的商业模式；与新能源汽车生产企业共同开发梯次利用产品，探索梯次利用推广模式。目前，华友再生利用产线年处理退役动力蓄电池 6.5 万 t，每年可综合回收钴 5783t（金属量）、镍 9432t（金属量）、锂 2050t（金属量）以及锰、铜箔、铝箔等有价元素。

格林美成立于 2001 年，构建“2+*N*”回收网络体系，以湖北荆门为中心，建立动力电池综合利用处置中心；以无锡为中心，形成长三角动力电池回收利用大循环产业；以湖北武汉、江苏无锡、河南兰考、江西丰城、天津静海、广东深圳为区域中心，建设 6 个废旧动力电池回收与梯级利用中心，设计总拆解处理能力 45 万套/年。格林美创立了“动力电池回收—原料再制造—材料再制造—动力电池再制造—再使用—梯级利用”的全生命周期价值链，与全球 300 余家汽车生产企业和电池生产企业签约，建立定向回收合作关系。格林美是国内外主要的三元动力电池原材料供应商，占有中国市场的 30% 以上。2020 年，格林美三元动力电池前驱体产能13 万 t/年，三元动力电池正极材料 2 万 t/年，三元动力电池包 10 万组/年。

中国铁塔是我国动力电池梯次利用的典型企业。目前，中国铁塔与一汽、东风、江淮、比亚迪、蔚来等众多新能源车企签署了战略合作协议，主要用于退役电池的回收利用。中国铁塔也积极与动力电池企业进行战略合作，与国轩高科开展梯次利用，共同推动梯次动力电池在通信基站领域的应用。铁塔自 2015 年开始建设梯次电池试验站点；2017 年，采购 30 万 kWh 梯次电池建设 2 万座试点基站；2018 年开始全面推广应用梯次电池，并成为新能源汽车动力蓄电池回收利用试点中唯一的试点企业。截至 2021 年底，铁塔已实现全国 31 省区市规模化应用，使用梯次电池的基站约 50 万个，梯次电池累计使用量达到 51 万组，约 3 GWh，相当于 5 万辆乘用电动车的退役电池。

6. 产业发展建议

（1）推进动力电池回收利用立法，提升政策强制性。完善利益相关方应当承担的责任，明确相应惩罚措施；建立动力电池回收目标核算制度，进行收集效果评价和企业回收目标考核，提出奖励方案；加强梯次利用管理，实施梯次产品自愿性认证制度，引导市场健康有序发展。

（2）完善动力电池回收利用体系，强化溯源监管能力。强化信息平台作用，建议禁止未在国家溯源平台注册登记的企业开展动力电池回收利用相关工作；未列入规范条件的梯次利用或再生利用企业，限制开展动力电池梯次利用或再生利用相关工作；在公示的回收服务网点信息中未查询到的企业和网点，禁止开展动力电池回收工作。

（3）探索建立资金支持机制，调动企业积极性。探索新产品和梯次利用产品押金机制，售卖产品时需要消费者支付一定比例押金或者降低新能源汽车购置补贴额度，待消费者返回退役动力电池后，将押金或补贴退还给消费者。向生产者征税环保税或回收基金，用于补贴废电池的收集、运输和利用处置费用，对于回收率达到要求的生产者，酌情减免相关税费。

（4）加强技术创新和产业示范，引导产业健康发展。突破退役电池一致性、自动化拆解等技术瓶颈，推广先进适用技术装备。制定发布国家标准、行业标准，引导提升退役电池回收利用技术水平。深化试点示范，创新商业模式，持续培育梯次利用和再生利用骨干企业；正确引导社会资本进入产业，提高行业准入门槛，避免行业建设重复产能。

（八）车用固态锂电池

（中国科学院物理研究所　吴　凡　中国科学院大学　伍登旭
长三角物理研究中心　闫汶琳　天目湖先进储能技术研究院　李　泓）

基于固态电解质的固态锂电池有望从根本上解决液态锂离子电池安全性问题并提升能量密度，是下一代电池技术中最具潜力的方向之一。放眼世界，虽然日本率先开展全固态锂电池的基础研究，但目前中国、日本、韩国、美国在固态电池中的科学研究及产业化进展都非常迅速。2021 年中国在全固态锂电池领域论文发表量排名第一，专利申请量仅次于日本排名第二，这反映了我国在固态电池领域研究中的热度和投入的力量。

本文回顾了 2021 年固态电池领域中国学术界发表的研究论文以及国内公司有关固态电池产业化的最新进展。讨论了国内科研工作者在硫化物电解质、氧化物电解质、聚合物电解质以及卤化物电解质领域的最新代表性工作成果，总结了这些固态电解质在空气稳定性、正负极界面、体相离子电导率以及成膜等问题中存在的挑战及解决方法。并对车企、电芯企业、初创公司在固态电池领域的最新产业化进展进行了介绍。最后对固态电池领域目前研发进展做了总结，对未来发展做了预判。

1. 国内固态锂电池研究进展

（1）硫化物固态电解质锂电池研究进展

硫化物固态电解质具有优异的机械延展性和能够媲美甚至超越液态电解液的高离子电导率（最高可达 25 mS/cm），是最有希望能够实现全固态电池的材料之一。代表性的硫化物电解质包括 Li_6PS_5Cl（LPSCl）、Li_3PS_4、$Li_7P_3S_{11}$、$Li_{10}GeP_2S_{12}$（LGPS）等。硫化物电解质也具有相对较高的热稳定性，但是目前其热稳定研究工作较为匮乏。最近，Wu 等提出了一个新理论模型和热力学参数 Th 来定量计算并预测硫化物固态电解质的本征热稳定性，如图 1-2-17（a）所示，此外利用化学配比控制与元素掺杂有效提升了硫化物固态电解质的热稳定性。除了上述优点，硫化物电解质存在空气稳定性差、电化学窗口窄、与高压阴极及锂金属阳极化学/电化学不相容等问题。

硫化物电解质极差的空气稳定性问题尤为突出。当其暴露于空气中时，会产生有毒气体 H_2S，同时伴随着电解质结构被破坏和电化学性能的衰减，这导致了硫化物电解质的合成、储存、运输和后处理过程都严重依赖惰性气氛或干燥室,大大增加了生产成本。根据软硬酸碱(HSAB)理论,软酸/碱对软碱/酸具有高亲和力,硬酸/碱对硬碱/酸具有高亲和力。P 可看作硬酸,S 可看作是软碱,因此空气或者水分中的硬碱 O 倾向于进攻硫化物电解质中的 P-S 键而形成更稳定的 P-O 键。基于此理论,为了改善硫化物电解质的空气稳定性,许多工作都聚焦于用 O 部分替代 S^{2-} 阴离子或利用软酸替代 P^{5+}。例如,Li 等设计了 Sn 和 O 共取代策略,得到了 $Li_7Sn_{0.5x}P_{3-x}S_{11-2.5x}O_x$($x=0.2$),该电解质对于水分和锂金属具有增强的稳定性。Zhao 等证明了 Sb 和 O 同族取代 P 和 S 对改善 $Li_7P_3S_{11}$ 的空气稳定性的有效性。由于形成了 POS_3^{3-} 和 $P_2OS_6^{4-}$ 的氧硫化物单元,$Li_7P_{3-x}Sb_xS_{11-2.5x}O_{2.5x}$($x=0.1$)的离子电导率和空气稳定性均有所提升。另外,Yang 等在 $Li_7P_3S_{11}$ 中通过 Sb 和 I 双取代得到 $Li_7Sb_{0.05}P_{2.95}S_{10.5}I_{0.5}$ 电解质,其离子电导率从取代前的 1.40 mS/cm 提高到 2.55 mS/cm。$Li_7P_3S_{11}$ 暴露于潮湿空气(40%~47% RH)35 min 后,H_2S 的生成量为 1.32 cm^3/g(92 ppm),而 $Li_7Sb_{0.05}P_{2.95}S_{10.5}I_{0.5}$ 的 H_2S 生成量仅为 0.37 cm^3/g(26 ppm),如图 1-2-17(b)所示。另外他们也尝试用 ZrO_2 和 LiI 掺杂对 $Li_7P_3S_{11}$ 进行取代,得到了 $Li_{6.95}Zr_{0.05}P_{2.9}S_{10.8}O_{0.1}I_{0.4}$(LZPSOI)电解质。他们发现通过在 Li_3PS_4 中掺入 $LiNO_3$,可以在电解质中获得 $POS_3{}^{3-}$ 和 Li_3N 单元,从而在抑制 H_2S 产生的同时提升对金属锂负极的稳定性。Jiang 等在 Li_6PS_5I 电解质中掺入 In,得到了离子电导率为 1.06 mS/cm 的 $Li_{6.5}In_{0.25}P_{0.75}S_5I$。由于软酸 In 对硬酸 P 的取代,电解质的空气稳定性进一步增强,还由于在界面处产生富 LiI 层,该电解质对锂金属具有较好的界面稳定性。除了掺杂,设计以软酸为中心阳离子的新材料也是提升硫化物电解质空气稳定性的一种良好策略。Lu 等制备了空气稳定的硫化物电解质 $Li_{3.875}Sn_{0.875}As_{0.125}S_4$(LSAS),其具有最高的室温离子电导率值(2.45 mS/cm),如图 1-2-17(c)所示,并且是首次在环境气氛中由一步气相法合成。浸水后,LSAS 的晶体结构和局域结构在 350 ℃ 热处理后可以完全恢复。另外,在硫化物电解质表面构建保护性涂层以抵抗 O_2、水分子甚至有机溶剂的化学侵蚀也是一项有效的策略。Xu 等在 Li_6PS_5Cl 膜表面设计了一个由氟化聚硅氧烷包覆的 $Li_{1.4}Al_{0.4}Ti_{1.6}(PO_4)_3$(LATP)纳米粒子组成的保护表面层。即使在水滴不断滴落的情况下,具有超疏水层的 Li_6PS_5Cl 膜也能排斥水滴并保持其原始形态,而未改性的 Li_6PS_5Cl 膜呈现剧烈的颜色变化,如图 1-2-17(d)所示。

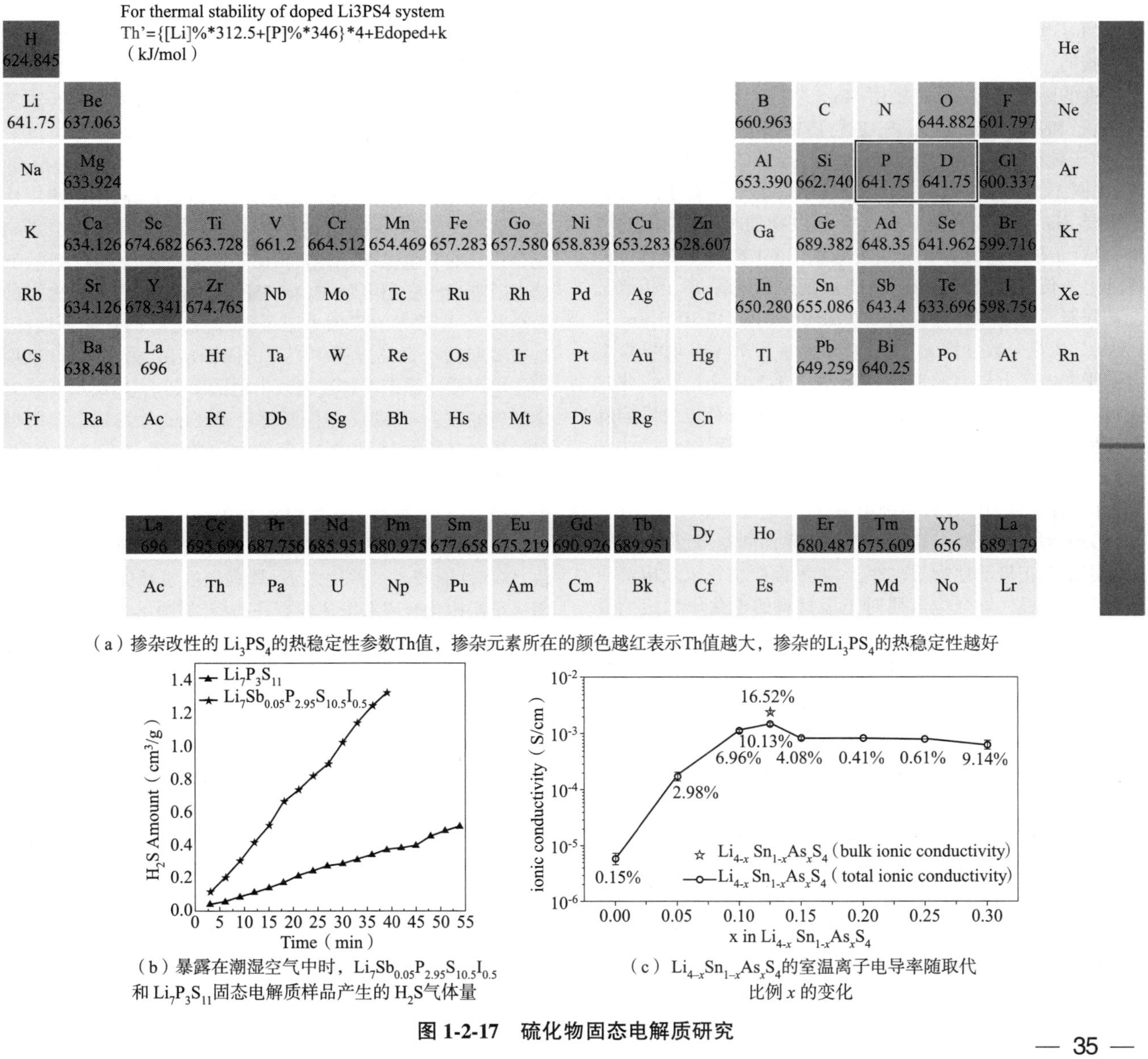

(a)掺杂改性的 Li_3PS_4 的热稳定性参数Th值,掺杂元素所在的颜色越红表示Th值越大,掺杂的 Li_3PS_4 的热稳定性越好

(b)暴露在潮湿空气中时,$Li_7Sb_{0.05}P_{2.95}S_{10.5}I_{0.5}$ 和 $Li_7P_3S_{11}$ 固态电解质样品产生的 H_2S 气体量

(c)$Li_{4-x}Sn_{1-x}As_xS_4$ 的室温离子电导率随取代比例 x 的变化

图 1-2-17 硫化物固态电解质研究

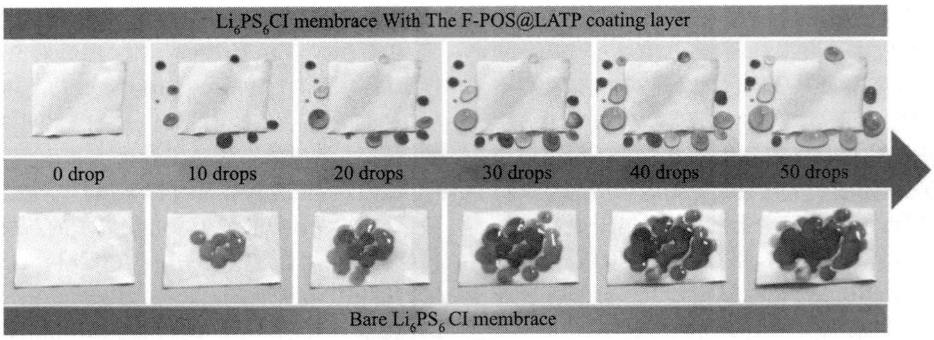

（d）表面包覆及未包覆保护层的Li_6PS_5Cl膜在水滴不断滴落的情况下的形态变化

图 1-2-17　硫化物固态电解质研究(续)

硫化物与高压氧化物正极界面主要存在着三个问题：①由于硫化物电解质中的S^{2-}在2~2.5 V会被氧化生成S，导致了其低的氧化电位，在和正极接触时发生界面(电)化学副反应。②由于正极活性物质在循环过程中体积会发生变化，导致界面孔洞的形成，差的界面接触会迅速增加电池内阻降低电池容量。③阴极和硫化物固态电解质之间存在锂离子化学势差，促使电解质相中锂离子浓度降低，在界面处形成空间电荷层，导致离子在该区域的迁移势垒较高。另外，正极中的导电碳也可以加速硫化物电解质的分解。为了降低导电碳的用量，Li等提出利用一种双载流子导体构建全电化学活性的固态正极，他们使用Mo_6S_8直接与S正极进行混合，电子和离子都经过Mo_6S_8进行传输，从根本上解决了电子-离子传输不平衡问题，显著降低了全固态电极中的曲折度，如图1-2-18(a)所示。复合正极中好的电子离子通道非常重要，Jiang等揭示了随着正极活性物质CAM粒径的增加，复合正极中需要更大质量分数的CAM材料才能获得良好的电子传输通道，但如果CAM质量分数过高，离子扩散又会被限制。对于粒径分别为3.0 μm、6.2 μm和10.3 μm的CAM，其质量分数分别为50 wt%、60 wt%和70 wt%时可以实现离子和电子电导率的最优平衡，如图1-2-18(b)所示，此时正极具有最佳的倍率性能。另外，电解质的粒径也会影响复合阴极的性能。Peng等发现具有更高比表面积的小尺寸电解质可增加固态电解质与活性材料的有效接触面积，从而降低界面阻抗，增加活性材料利用率，提升电池容量发挥。

为了解决电解质与高压正极材料界面问题，近期的主要工作围绕在正极活性物质改性、人工界面层构筑以及电解质改性三大方面。增强电解质对正极材料的电化学稳定性最常用的方法是在正极材料表面构筑人工界面层，理想的界面层应具有高离子电导率和低电子电导率。$LiNbO_3$是一种经典的界面层材料，Peng等发现用$LiNbO_3$包覆NCM712后，发现循环过程中正极体积变化减轻，富氯$Li_{5.5}PS_{4.5}Cl_{1.5}$电解质和活性材料之间的副反应减少，因此NCM712材料可以在高倍率下实现了更大的充电/放电容量和更小的电化学极化。为了进一步提高界面保护层的离子电导率，Fan等通过溶胶凝胶法在单晶NCM622表面构筑了厚度约为6 nm、锂离子电导率为0.3 mS/cm的$Li_{0.35}La_{0.55}TiO_3$(LLTO)表面涂层。该涂层有效解决了硫化物与正极界面的界面副反应和空间电荷层问题，组装的全电池在0.05 ℃下表现出高初始容量(179.7 mAh/g)，在室温下0.1 ℃循环100次的容量保持率为84.5%。Wang等以碳和Li_2CO_3作为关键添加剂，通过$LiCoO_2$(LCO)和TiO_2的化学反应，在LCO和LGPS的界面原位制备了一层超薄的$Li_2CoTi_3O_8$层(0.5~1.5 nm)，如图1-2-18(c)所示。该界面层具有高的锂扩散系数($D_{Li^+}=8.22\times10^{-7}$ cm^2/s)和相对较低的电子电导率(2.5×10^{-8}S/cm)，即使在较高的截止电压(4.5 V vs. Li/Li^+)下，电池的初始容量仍高达180 mAh/g，100次循环后能够保持132 mAh/g的容量。最近Sun等发现高机械强度的快速离子导体$LiZr_2(PO_4)_3$可以减轻多晶NCM的体积变化以及LPSCl/NCM的界面副反应。另外，对硫化物电解质进行本体改性可以增强其对未包覆正极材料的本体稳定性。Sun等通过氧掺杂制备了$Li_6PS_{4.75}ClO_{0.25}$，实现了0.1 C下131 mAh/g初始容量以及0.3 C下250次循环86%的容量保持率，并发现LCO/$LPSCO_x$界面PS_3O^{4-}基团的形成是提高电解质对阴极稳定性的主要因素。据Wang等的报道，电解质的结晶度也会影响复合正极的容量发挥。例如相比于晶态电解质β-Li_3PS_4，玻璃态或玻璃陶瓷态电解质(如$75Li_2S$-$25P_2S_5$)表现出更高的库仑效率、更缓慢的界面电阻增长以及更好的长循环性能。这主要归因于循环过程中更好的固固接触，另外玻璃/玻璃陶瓷电解质比晶态电解质表现出更低的电子电导，由于动力学效应的改善，其副反应程度更轻微。Liu等发现富镍阴极材料的微观结构对全固态电池的电化学性能具有关键作用。对于多晶NCM811，在电极压制过程中会形成明显的晶粒空隙和微裂纹，另外在循环过程中NCM811表现出各向异性的体积变化和微结构不稳定性，这些因素导致了其容量衰减较快，倍率性能较差。相比之下，具有较好机械完整性的单晶阴极是实用化全固态电池的更好选择，如图1-2-18(d)所示。Wang等提出了一种调整正极材料成分的新方法，即对高压无钴$LiNi_{0.5}Mn_{1.5}O_4$(LNMO)正极进行硫化，获得了5 V级$LNMOS_{0.15}$正极，该正极无须表面涂层即可实现稳定的电极/硫化物电解质界面，相较于LNMO，基于$LNMOS_{0.15}$组装的全固态电池展现了3倍的初始放电容量和更高的可逆循环稳定性。

有机正极材料搭配硫化物电解质组装全固态电池近期受到了更多的关注。有机电极材料具有高理论比容量、低成本、丰富的结构以及环境友好性等优点。然而，有机电极材料在有机液体电解质中的高溶解度限制了它们的电化学性能，而高离子电导率的硫化物固态电解质可以充分阻止有机电极材料的溶解和穿梭，另外该电极材料的高柔韧性可以令其与固体电解质紧密接触。Yang等报告了首个用于全固态电池的有机二硫化物正极——聚(三硫氰尿酸)(PTTCA)。电池的复合正极采用 $Li_7P_3S_{11}$ 电解质，并通过原位聚合方法引入 CNT 以提高阴极复合材料的电子导电性。该电池在室温下展现了 410 mAh/g 的可逆容量，对应于 91% 的高活性材料利用率和 767 Wh/kg 的高能量密度，循环 100 次后容量保持率为 83%，如图 1-2-18(e)所示。另外，Zhou 等将有机醌正极 5,7,12,14-并五苯四酮(PT)与玻璃陶瓷 $70Li_2S$-$30P_2S_5$ 搭配以组装全固态电池。以 Super P 作为导电添加剂时，电池在 60 ℃下展现了 312 mAh/g 的高可逆容量，在循环 500 次后容量保持率为 90.6%。另外他们发现用低比表面积的 Mo_6S_8 导电添加剂替代碳后，组装的电池具有更好的倍率性能和更长的寿命，如图 1-2-18(f)所示。

在负极侧，硫化物与金属锂的界面主要存在着锂枝晶生长、界面副反应以及循环过程中固固接触变差三个问题。固态电解质中锂枝晶生长的一种可能的机理是由于电解质本身存在一定的电子电导率，锂枝晶直接在电解质内部形核。这种机理最近在 Sun 等的工作中得到了进一步验证。他们对 Li_3PS_4 内的锂沉积进行了原位光学显微镜观察，发现锂金属在电解质内直接成核和传播，如图 1-2-19(a)所示，并导致其结构开裂。他们认为硫化物电解质中的晶体缺陷(如 S 和 P 空位)提供了足够的电子传导以形成锂枝晶。另外，某些固态电解质如 $Li_{10}GeP_2S_{12}$ 和金属锂的界面副反应问题较为严重，这会导致电解质的化学机械失效。Zhao 等揭示了 LGPS 颗粒化学机械失效中的尺寸效应。他们观察到当电解质颗粒尺寸大于3 μm 时，会发生断裂/粉碎；当粒径在 1~3 μm 之间时，会出现微裂纹；当粒径小于 1 μm 时，未观察到化学机械故障。

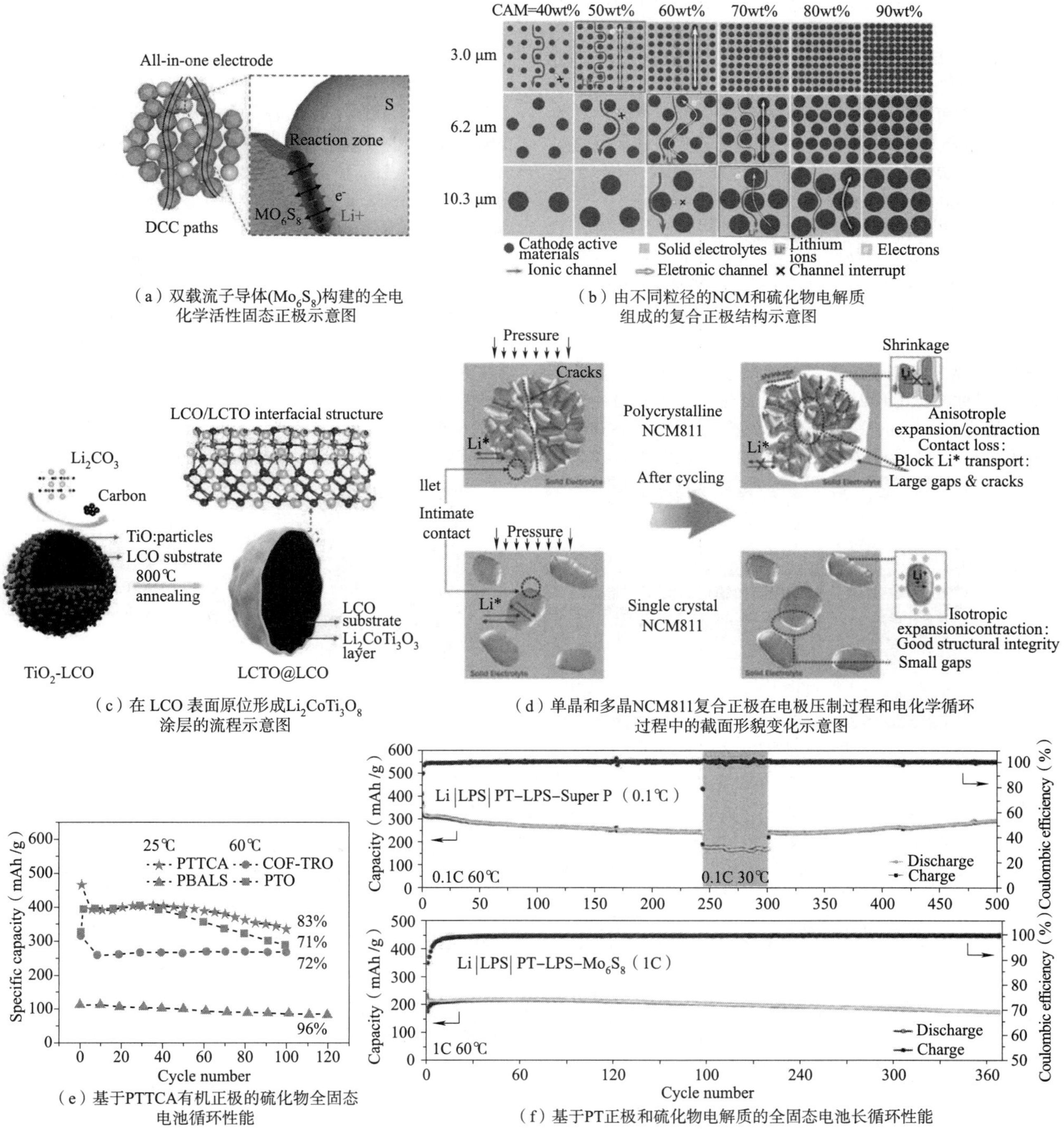

(a) 双载流子导体(Mo_6S_8)构建的全电化学活性固态正极示意图

(b) 由不同粒径的NCM和硫化物电解质组成的复合正极结构示意图

(c) 在 LCO 表面原位形成$Li_2CoTi_3O_8$涂层的流程示意图

(d) 单晶和多晶NCM811复合正极在电极压制过程和电化学循环过程中的截面形貌变化示意图

(e) 基于PTTCA有机正极的硫化物全固态电池循环性能

(f) 基于PT正极和硫化物电解质的全固态电池长循环性能

图 1-2-18 硫化物与高压氧化物正极界面研究

为了提高硫化物电解质对金属锂的稳定性，通常的方法是构筑人工界面层、电解质本体元素掺杂以及锂负极改性。良好的人工界面层有助于避免电解质的界面副反应，同时抑制锂枝晶的产生。Zhang 等通过磁控溅射在金属锂表面构筑了 400 nm 的 Al_2O_3 层，该界面层可以有效地防止 Li 和 $Li_{5.4}PS_{4.4}Cl_{1.6}$ 电解质之间的副反应，并且极大地减小了界面阻抗。Zhao 等通过锂与 $BiBr_3$ 的反应在金属锂负极表面构筑了一层 Li_3Bi 和 LiBr 的复合层，DFT 计算显示 Li_3Bi 的扩散能垒比金属锂更小，有利于锂离子在 $Li_7P_3S_{11}$/锂负极界面的均匀沉积，相应的锂对称电池实现了在 0.1 mA/cm² 电流密度下稳定循环 2000 h。陈等在 Li_6PS_5Cl 和金属锂之间引入聚(碳酸亚丙酯)(PPC)，其在循环过程中逐渐降解产生碳酸亚丙酯(PC)溶胀涂层，从而实现与锂负极良好的接触并避免枝晶产生。组装的 LFP/LPSCl/Li 固态电池在 1C 下循环 900 次后可提供超过 132.8 mAh/g 的较高放电容量。最近，Chen 等在硫化物电解质和锂金属之间构筑了两亲性 Li_xSiO_y 富集层，该层不仅有高离子电导率，且还具有双边键耦合能力，即可通过 Li-S 和 Li-O-Si 键结合锂负极以及通过 Si-S-P 键结合 LPSCl 电解质，从而实现稳定和紧密接触的电解质/锂负极界面。组装的锂对称电池在 0.2 mA/cm² 下展现了超过 2000 h 的出色循环性能。

对硫化物电解质进行掺杂改性可以在保证其高的离子电导率的同时提高其对锂的本征稳定性。Liu 等利用高能球磨法快速制备了高碘含量的 $Li_{5.6}PS_{4.6}I_{1.4}$ 玻璃陶瓷电解质，相比较于低离子电导率的 Li_6PS_5I，该电解质中 S^{2-}/I^- 无序值大幅提高到 44.5 %，从而实现了室温下离子电导率超过 2 mS/cm 的优异性能。更重要的是该电解质对锂负极非常稳定，锂对称电池在 0.2 mA/cm² 下表现出超过 3200 h 的超长循环稳定性。Wang 等系统研究了掺杂 MoS_2、ZnS、FeS_2、SnS_2 和 SiS_2 的 $Li_7P_3S_{11}$ 硫化物电解质的性能，发现临界电流密度(CCD)与掺杂元素的电阻率呈正相关关系，非金属硅的掺杂可以提高硫化物电解质的临界电流密度。Liu 等制备了掺 N 的电解质 $Li_{6.25}PS_{4.75}N_{0.25}Cl$，发现循环过程中会原位形成富含 Li_3N 的 SEI 层，如图 1-2-19(b)所示，该高离子电导率的 SEI 层可以促进锂离子的均匀沉积，从而实现了高达 1.52 mA/cm² 的室温临界电流密度。

在负极侧，选用锂合金材料替代纯锂金属负极是比较可行的方案。Wan 等利用原位原子力显微镜来揭示动态锂沉积/剥离中 LGPS/Li 和 LGPS/Li-In 界面变化。发现在 LGPS/Li 界面处，沉积的锂呈现不均匀分布的块状结构。而具有高的离子扩散系数和低离子迁移势垒的 Li-In 合金负极可促使形成均匀的 SEI 层，界面沉积的 Li_xIn 在二维面上均匀生长，如图 1-2-19(c)所示。Pan 等在循环伏安测试中用 Pt 粉作为导电剂替代了传统碳材料以避免测试干扰，发现 LGPS 的还原稳定性极限为 0.125 V vs Li/Li^+。他们在负极侧采用 $Li_{0.8}Al$ 合金，该材料具有 793 mAh/g 的高比容量，其相对于 Li/Li^+ 的工作电位为 0.35 V，高于 LGPS 的还原稳定性极限。组装的对称电池在 0.5 mA/cm² 的电流密度下稳定运行超过 2500 h，并且可以实现超过 11 mA/cm² 的 CCD。然而合金负极也存在一些问题，Luo 等报道了在大电流(如3.8 mA/cm²)和高面容量(如 4 mAh/cm²)下，硫化物电解质中也会发生 Li-In 枝晶的生长。他们发现，不同于垂直生长的锂枝晶，锂铟枝晶更倾向于横向生长，速率更为缓慢，如图 1-2-19(d)所示。但经过足够长时间的循环后，合金负极的体积变化与界面反应共同作用，导致锂铟枝晶不断渗透入 Li_6PS_5Cl 电解质内部，最终发生短路。除了固态的含锂负极，Peng 等还创新性地将一种有机液态锂负极 Li-Bp-DME 与硫化物电解质搭配，如图 1-2-19(e)所示。该液态负极的溶锂特性能令其从根本上抑制锂枝晶的形核和生长，组装的对称电池实现了破纪录的17.78 mA/cm² 的 CCD，并能够以 0.127 mA/cm² 的电流密度稳定循环近 3000 h。

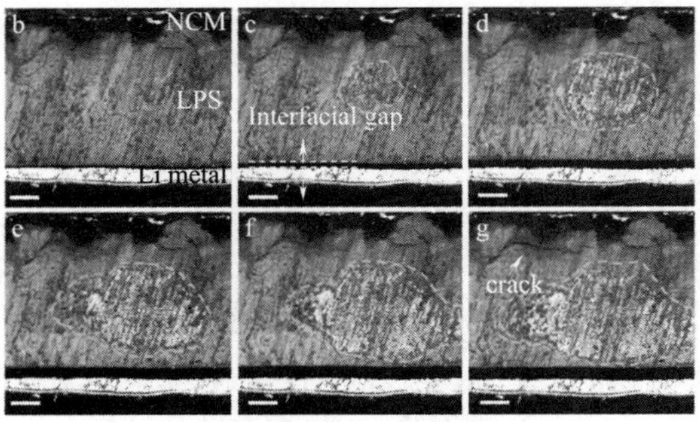

(a) LPS内部锂沉积过程的原位光学观察

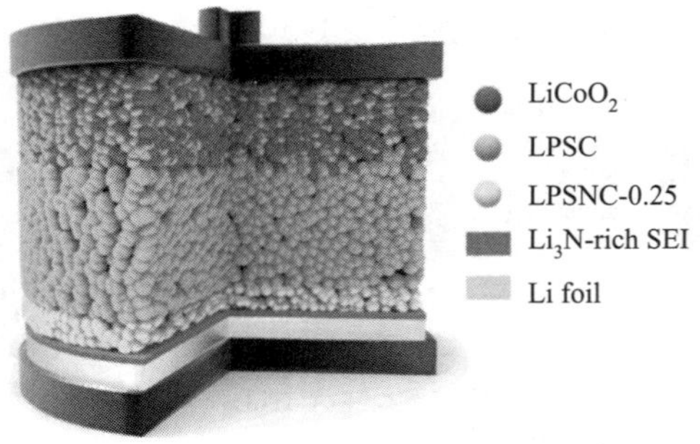

(b) Li@LPSNC-0.25||LPSC||LCO全固态电池示意图

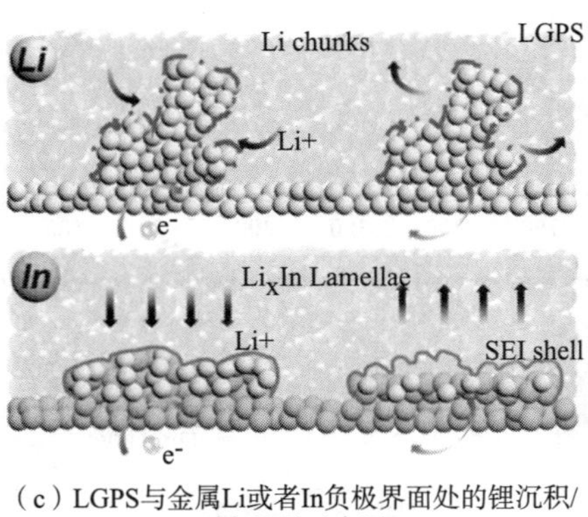

(c) LGPS与金属Li或者In负极界面处的锂沉积/剥离差异示意图

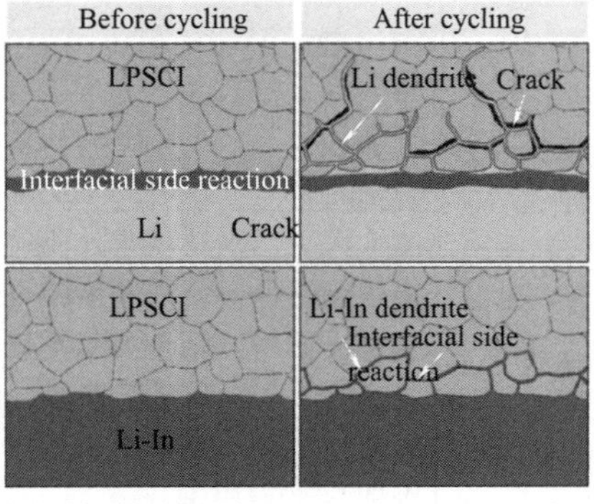

(d) 循环前后电池中 LPSCl-Li 和 LPSCl-LiIn 界面演变示意图

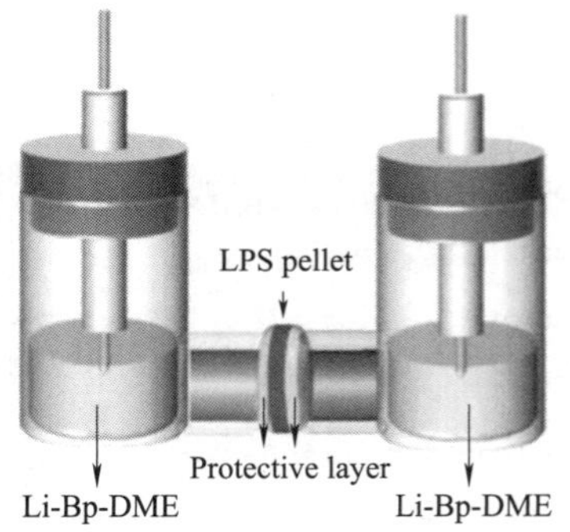

(e) 基于液态Li-Bp-DME负极和硫化物电解质的对称电池模型

图 1-2-19　人工界面层研究

目前，使用无机固态电解质的全固态电池大多在加压模具电池中完成，使用的固态电解质片或者膜层厚度达到数百微米。这些电池只适用于基础研究，不适合实际应用。为了实现高能量密度的全固态电池，需要减薄电解质的厚度并组装基于层压工艺的电池。制备薄硫化物电解质膜的方法主要包括三类：第一种是通过将电解质和黏结剂混合制成浆料然后经过涂布、干燥等后处理过程得到自支撑膜。第二种是先制备好柔性聚合物骨架，然后将电解质浆料灌入其中，然后进行干燥即热压得到薄膜。第三种直接将电解质粉末和黏结剂干混，再进行加压成型。基于第一种制膜方式，Liu 等报道了在氯苯中混合 Li_6PS_5Cl、盐酸多巴胺和哌啶，可以在硫化物电解质颗粒表面涂覆上一层 5 nm 厚的均相聚多巴胺层，如图 1-2-20(a)所示，由于表面层具有好的黏弹性，冷压即可制备35 μm 厚的自支撑薄膜，其室温离子电导率为 0.2 mS/cm。基于第二种制膜方式，Liu 等通过静电纺丝技术制备了聚(偏二氟乙烯－CO－三氟乙烯) P(VDF-TrFE)多孔骨架，然后将 Li_6PS_5Cl 电解质浆料浇筑其中，制备得到 30～40 μm 厚的电解质膜，如图 1-2-20(b)所示。他们发现膜中的硫化物电解质可以与P(VDF-TrFE)部分键合，因此复合膜具有 1.2 mS/cm 的高离子电导率。此外，选用 NCM811 作为正极，Li-In 合金作为负极的全固态电池可以在 1.0 mA/cm^2(1.6 C)的电流密度下实现 117 mAh/g 的初始容量，以及 20000 圈 71% 的容量保持率。Zhu 等利用纤维素膜作为骨架，然后向其中浇筑 Li_6PS_5Cl 电解质浆料以制备薄膜，如图 1-2-20(c)所示。他们发现这种膜存在“自限性”效应，即由于纤维素与硫化物电解质颗粒之间存在较强的相互作用，电解质颗粒更倾向于附着在纤维素表面。因此，最终薄膜的厚度由预先制备的多孔纤维素骨架厚度来控制。由此得到了 60 μm 厚电解质薄膜，其室温离子电导率高达 6.3×10^{-3} S/cm。第三种制膜方式与上面两种显著不同，这种干法工艺通常采用 PTFE 作为黏结剂，避免了有机溶剂的使用，所以这种方法尤其适用于对溶剂高敏感的硫化物电解质。而且由于需要的黏结剂含量少，通常制备的电解质膜具有高的离子电导率。张等向 $Li_{5.4}PS_{4.4}Cl_{1.6}$ 电解质中添加质量分数为 0.2 wt% 的 PTFE，制备得到 30 μm 厚的超薄膜，如图 1-2-20(d)所示，并具有 8.4 mS/cm 的超高离子电导率。此外，Jiang 等制备了厚度为 100 μm 的电解质膜，该膜由 LGPS 和1 wt% 的 PTFE 组成，并在膜中引入了尼龙网进一步提升机械性能，该膜的离子电导率为 3.6×10^{-4} S/cm。另外，除了这些非离子导体聚合物可以作为黏结剂，直接用聚合物电解质如 PEO 和硫化物电解质复合制备薄膜也是一种可行的策略。

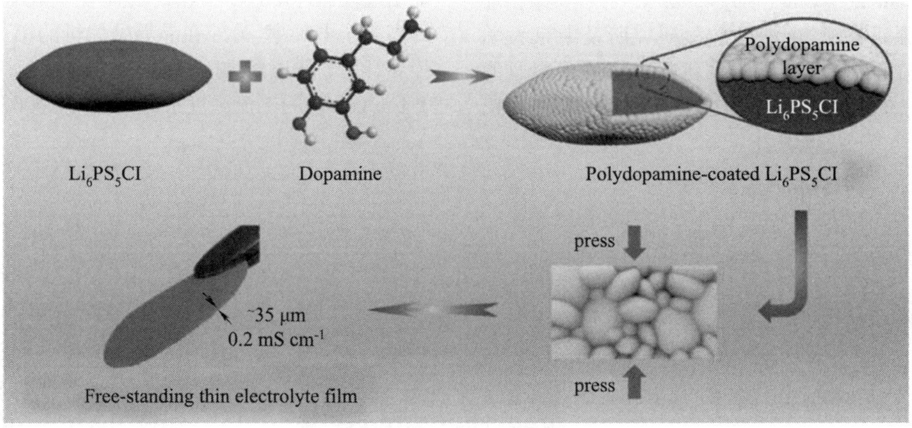

（a）多巴胺包覆的硫化物固体电解质薄膜制备示意图

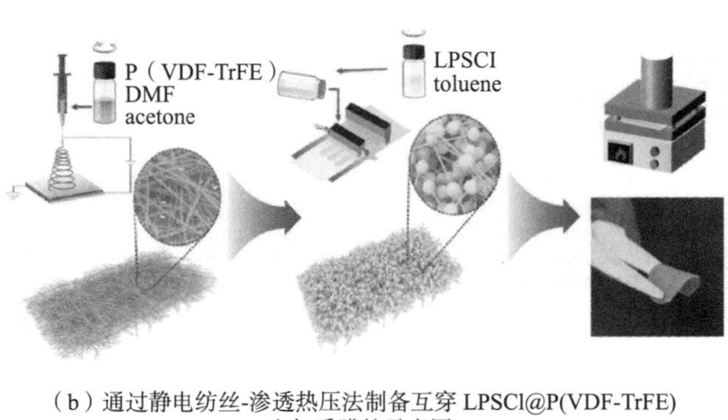

（b）通过静电纺丝-渗透热压法制备互穿 LPSCl@P(VDF-TrFE)电解质膜的示意图

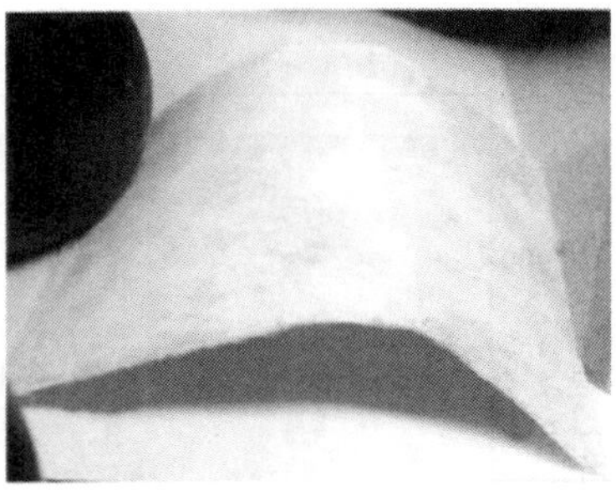

（c）以纤维素层作为骨架的硫化物电解质膜

图 1-2-20　制备薄硫化物电解质膜

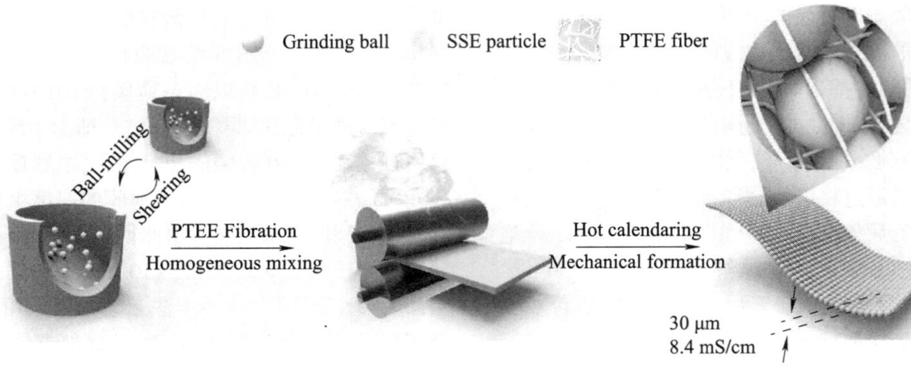

（d）干法制备硫化物电解质膜的流程示意图

图 1-2-20　制备薄硫化物电解质膜（续）

（2）氧化物固态电解质锂电池研究进展

以石榴石型 $Li_7La_3Zr_2O_{12}$（LLZO）为代表的氧化物电解质具有诸多优势，例如高离子电导率（室温下约 10^{-3} S/cm），宽的电化学稳定窗口，对金属锂具有良好的化学稳定性等等。除了石榴石型，氧化物电解质还存在钙钛矿型 $Li_{3x}La_{(2/3)-x}\square_{(1/3)-2x}TiO_3$（LLTO，□ 是空位）、反钙钛矿型 Li_3OCl、钠超离子导体（NASICON）结构如 $Li_{1+x}Al_xTi_{2-x}(PO_4)_3$（LATP）和 $Li_{1+x}Al_xGe_{2-x}(PO_4)_3$（LAGP）、锂超离子导体（LISICON）结构如 $Li_{16-2x}M_x(TO_4)_4$ 以及 LiPON 等。近日，由上海空间电源研究所、上海硅酸盐研究所及南京大学的研究团队联合提出了一种新型的氧化物电解质材料。他们以 $Na_3Zr_2Si_2PO_{12}$ 钠超离子导体为前驱体材料，通过骨架保持的锂钠离子交换得到一种了 $Li_3Zr_2Si_2PO_{12}$，如图 1-2-21（a）所示。该新型电解质材料具有高达 3.59 mS/cm 的电导率以及优异的空气稳定性和对锂稳定性，是一种具有商业前景的固态电解质材料。限制石榴石型氧化物电解质大规模应用的问题之一是其需要在高达 1200 ℃ 的温度下加工，而最近陈等的研究可以在一定程度上缓解这个问题。他们提出了通过原子层沉积在 Ta 掺杂的 LLZO（LLZTO）晶粒构筑无定形氧化铝的保形纳米涂层，该涂层可以烧结助剂来降低烧结温度，在 980 ℃ 下烧结的陶瓷颗粒展现出 0.13 mS/cm 的高离子电导率，另外在晶界处偏析的第二相可以阻挡电子传导，因此可以抑制锂枝晶传播，其锂对称电池可以在 0.1 mA/cm² 的电流密度下稳定循环 5000 h。

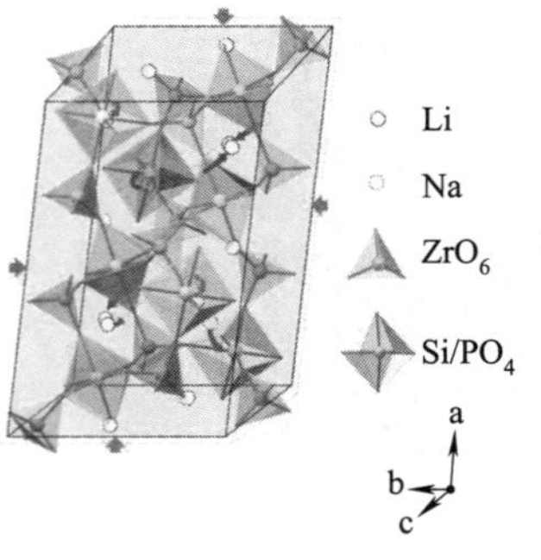

（a）保留$Na_3Zr_2Si_2PO_{12}$钠超离子导体多面体骨架，Na^+向Li^+离子演化

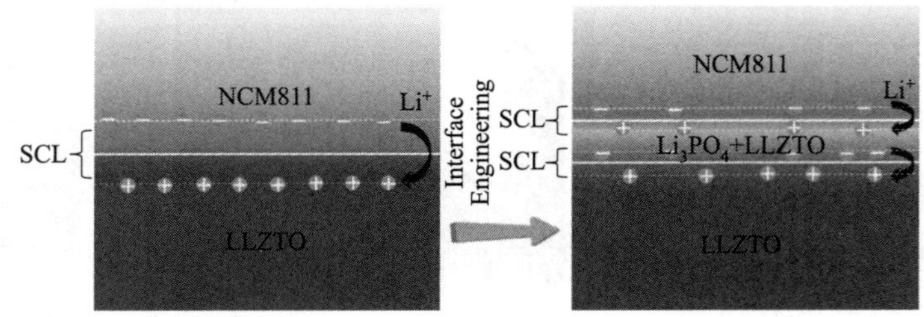

（b）NCM811与LLZTO引入Li_3PO_4界面层示意图

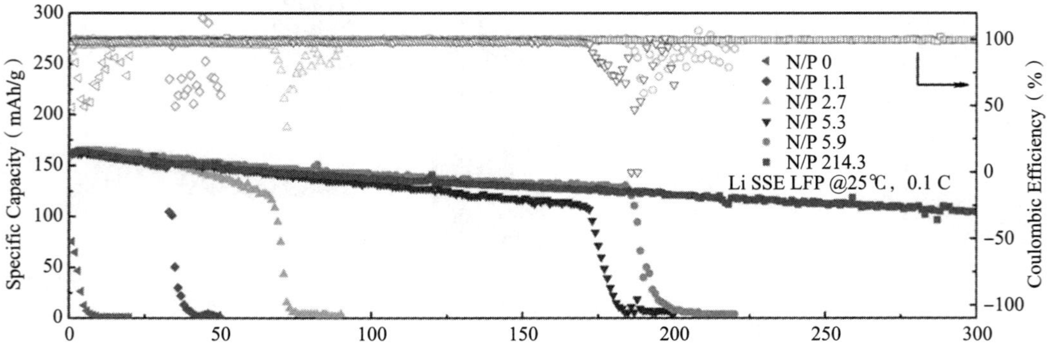

（c）使用有限的锂金属和LFP在各种 N/P 比下的全固态电池循环性能

图 1-2-21　氧化物电解质研究

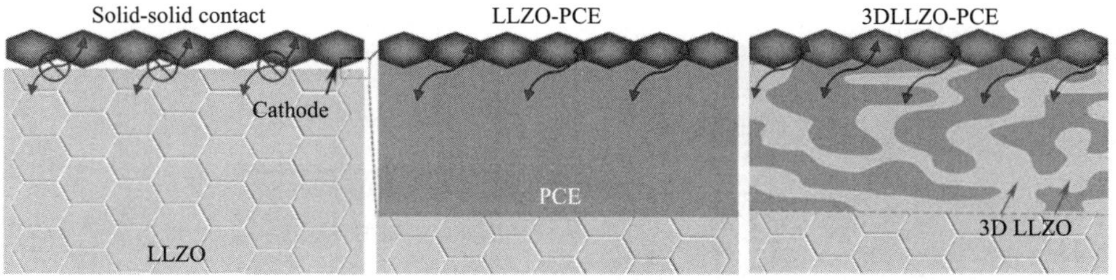

（d）不同配置的阴极/LLZO界面示意图

图 1-2-21 氧化物电解质研究(续)

尽管大多数氧化物电解质具有宽的电化学稳定窗口和更好的氧化稳定性,但为了保证刚性氧化物电解质与阴极材料的界面良好接触,往往需要高温烧结,这会导致严重的界面化学副反应。对于此问题,Feng 等利用一种富锂反钙钛矿 $Li_2OHCl_{0.9}Br_{0.1}$ 涂层作为烧结助剂来焊接 LCO 正极活性材料和 $Li_{1.3}Al_{0.3}Ti_{1.7}(PO_4)_3$(LATP)固体电解质。得益于烧结助剂的低熔点,正极侧的烧结温度从超过 600 ℃降低到仅 290 ℃。还由于该涂层具有高离子电导率和抑制界面相扩散的能力,阴极/电解质的界面电阻从 15288 $\Omega \cdot cm^2$ 降低到 817 $\Omega \cdot cm^2$。另外,Zhao 等在一步煅烧过程中原位引入类黏合剂 Li_3PO_4 来改进 NCM811/LLZTO 的界面接触,降低了锂离子传输阻抗和跨界面的空间电荷层效应,如图 1-2-21(b)所示。另外,Bi 等利用乙氧基化三羟甲基丙烷三丙烯酸酯(ETPTA)单体与锂盐($LiPF_6$)原位热聚合在 LLZO 和 LiFePO4 正极界面处形成凝胶聚合物电解质界面层,凝胶层具有柔软的交联离子传导网络,因此在正极/石榴石界面处建立了紧密的接触。此外,丁二腈也是一种优异的正极界面层材料。丁二腈是一种典型的塑料晶体(PCE)电解质,其具有高温融化室温凝固的特性以及高的离子电导率,Chen 等将其置于 LLZTO 电解质和 $LiFeO_4$ 正极界面处,并通过气相沉积将极少量的锂沉积在金片表面上以作为负极,组装的全固态电池在 5.9 的低 N/P 比下显示出超过 185 个循环的优异性能,如图 1-2-21(c)所示。最后,把接近正极侧的电解质设计成三维结构也可以改善界面接触。例如,Wei 等设计了表面填充塑料晶体(PCE)的三维 LLZO 陶瓷框架,柔软的塑料晶体可以实现与刚性电解质框架及正极材料的良好接触,而通过三维电解质框架可以实现快速的锂扩散,如图 1-2-21(d)所示,因此可以实现极低的 NCM/LLZO 界面电阻值(45 $\Omega \cdot cm^2$)。

虽然石榴石型电解质对金属锂具有良好的化学稳定性,但是依然存在严重的界面接触不良和锂枝晶生长的问题。Guo 等制备了透明的 $Li_{6.4}La_3Zr_{1.4}Ta_{0.6}O_{12}$ 电解质片并原位光学观察其中锂枝晶的生长情况,他们发现锂金属可以在 LLZTO 内部沉积,且主要分布在晶粒表面,在剥离步骤中会留下少量死锂,后续锂沉积过程中 Li 优先沉积在含有死锂的区域。另外锂枝晶的形态和电流密度相关,电流密度越大,锂枝晶的分支越来越多,沉积速度也越来越快,如图 1-2-22(a)所示。提高工作温度可以减缓锂枝晶的生长,因为在更高的温度下界面接触和电解质离子电导率都会被改善。此外,Sun 等利用原位透射电子显微镜也观察到了锂枝晶穿透 LLZTO 电解质的现象,他们发现锂枝晶在每个放电循环中都可以在电解质表面新的位置处成核,并在接下来的充电过程中产生新的“死”锂,此过程不断重复,导致负极的锂源耗尽、库仑效率下降并最终导致电池的失效。锂枝晶的生长与氧化物电解质自身性能以及界面状态有很大的关系。Wang 等发现 LLZO 电解质的相对密度会影响其极限电流密度数值,对于相对密度分别为 84%、91% 和 99% 的多晶固态电解质,其 CCD 分别为 0.1 mA/cm^2,0.3 mA/cm^2 和 0.6 mA/cm^2。他们进一步通过原位 SEM 观察发现固体电解质内部的缺陷如孔隙、晶界和杂质是导致锂沉积不均匀的关键因素,因此高质量低缺陷含量的固态电解质可具有更好的锂枝晶抑制能力。最近,Chen 等研究了石榴石电解质和金属锂界面状态对 CCD 的影响。他们发现石榴石电解质本质上具有对锂的高润湿性,但由于其易与空气中的水及 CO_2 发生反应在表面产生疏锂的 Li_2CO_3,导致了界面阻抗上升。虽然在 Li_2CO_3 表面再引入亲锂中间层可以改善电解质和金属锂的接触,但对 CCD 的提升作用不大,因为 CCD 值主要受界面处的面电阻 ASR 控制,而并非固态电解质表观的对锂润湿性。

为了提升氧化物电解质抑制锂枝晶的能力,多数研究工作集中在电解质改性、构筑人工界面层以及锂负极改性三种策略上。对电解质的改性主要包括清除表面杂质、设计多层电解质结构以及体相掺杂等。Chen 等利用纳秒激光清洁技术可以快速有效地减少石榴石电解质表面的 Li_2CO_3 层,如图 1-2-22(b)所示,所得的锂/石榴石界面电阻在 30 ℃时降至 76.4 $\Omega \cdot cm^2$,在 80 ℃时降至 3.1 $\Omega \cdot cm^2$。Zhu 等开发了一种双层陶瓷电解质,其包括 Ti 掺杂的 LLZTO 层以及未掺杂的 LLZTO 层,如图 1-2-22(c)所示。令 Ti-LLZTO 层与锂金属接触,在循环过程中可以原位反应形成电子离子混合导体层,可以均匀化界面 Li 离子通量和电场,因此提高了电解质对锂的润湿性并抑制了枝晶形核。基于该双层电解质的 Li 对称电池和 Li/$LiFePO_4$ 全电池都可以在 3.0 mAh/cm^2 的大面积容量下进行稳定的循环。此策略的有效性也在 Ti-LLZO/LLZO 双层固态电解质中得到了验证。针对电解质的体相掺杂,Qin 等在 LLZTO 电解质中引入了 La_2O_3 纳米粒子,该纳米粒子可以促进 LLZTO 晶粒的均匀分布并抑制晶粒异常生长,并可提高电解质的相对密度到 98.1%。同时,沿晶界形成了 $LaLiO_2$ 锂离子导体,提供三维连续的离子传输路径,因此可以实现 1.12×10^{-3} S/cm 的高离子电导率和 2.04 mA/cm^2 的高室温 CCD。Zheng 等将 $Li_6Zr_2O_7$ 引入到 LLZTO 电解质中,$Li_6Zr_2O_7$ 可以原位分解为 Li_2O 及 Li_2ZrO_3,其中 Li_2O 可以补偿烧结过程中的 Li 损失,而 Li_2ZrO_3 停留在电解质晶界或填充进电解质孔隙中,可以有效地抑制锂枝晶的渗透,如图 1-2-22(d)所示。基于该电解质的锂对称电池可在室温下实现 1.4 mA/cm^2 的高 CCD 以及在 0.3 mA/cm^2 循环 2000 h。

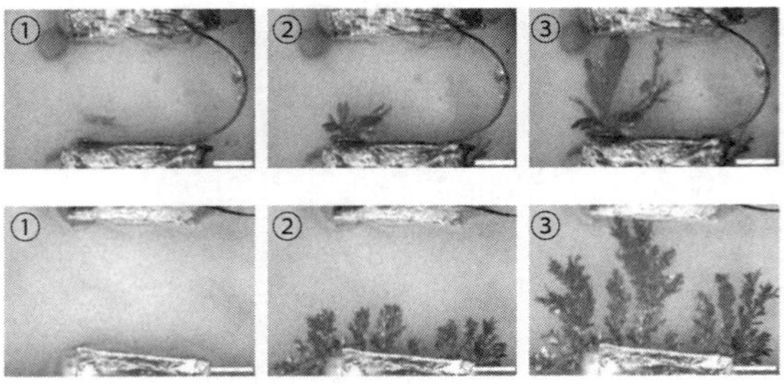

（a）不同电流下，锂枝晶在$Li_{6.4}La_3Zr_{1.4}Ta_{0.6}O_{12}$电解质中的生长过程，其中上面三小图为100 μA的电流，下面三小图为500 μA的电流

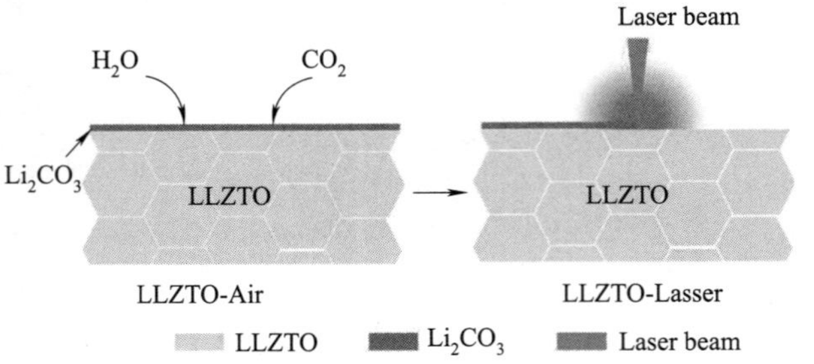

（b）LLZTO 上 Li_2CO_3形成和激光清洗过程的示意图

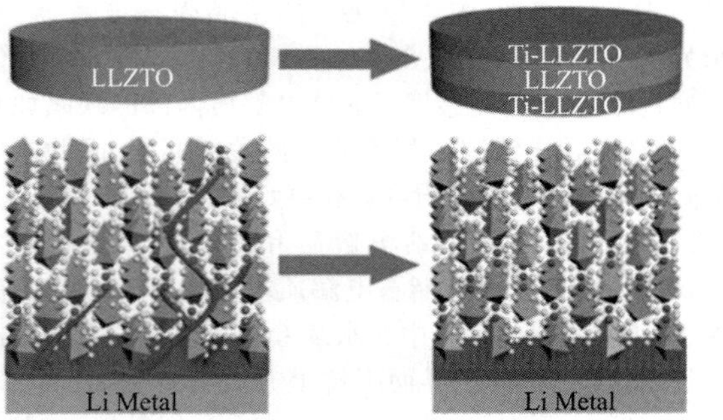

（c）Ti-LLZTO/LLZTO双层电解质抑制锂枝晶生长示意图

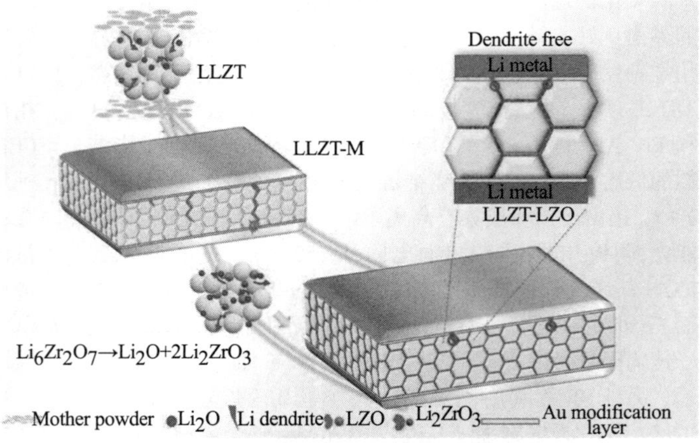

（d）LZO 添加剂的作用示意图

图 1-2-22　锂枝晶界面层研究

在氧化物/锂金属界面处构筑的人工界面层主要包括两类:只具有离子电导性的界面层以及具有电子离子混合导电性质的界面层。纯离子导电界面层被认为可以防止锂负极的电子转移到氧化物电解质内从而避免副反应发生以及锂枝晶在电解质内的生长。Huo 等提出了在 LLZTO 表面构建一种柔性的电子阻挡层(EBS),即聚丙烯酸层(PAA),当其与熔融锂接触时可以充分反应产生嵌锂 PAA,因此对锂负极具有好的润湿性,在室温界面电阻从 1104.3 Ω · cm^2 显著下降到 54.5 Ω · cm^2。另外,柔软的聚合物界面层可减轻界面应力,从而在循环过程中保持好的界面接触,如图 1-2-23(a)所示。Zhao 等在 LAGP 与锂金属之间构筑了由金属有机框架(MOF)和聚环氧乙烷(PEO)组成的复合层,该层能够有效防止界面氧化还原副反应,还可以渗透到 LAGP 表面的孔隙中,促进紧密的界面接触,如图 1-2-23(b)所示。Ruan 等通过对 LLZTO 进行简单的酸盐处理,在其表面构建了三维交联的 LiF-LiCl 多孔层(CF),这种结构有利于通过毛细渗透润湿锂负极。此外该电子绝缘层还可以阻止电子通过界面并进一步抑制枝晶的形成,如图 1-2-23(c)所示,在室温下实现 1.8 mA/cm^2 的 CCD。与之类似的是,Cai 等利用 H_3BO_3 水溶液和 HF 蒸气在石榴石电解质表面构建具有纳米多孔结构的锂盐亲锂层,可以在室温下实现约 9 Ω · cm^2 的低界面阻抗及 2 mA/cm^2 的 CCD。此外,一些金属氧化物也能提升电解质对金属锂的润湿性。Wan 等开发了一种通用的配位辅助沉积工艺,如图 1-2-23(d)所示,可以在石榴石型固态电解质表面沉积 Al_2O_3 和 Ta_2O_5 纳米薄膜。通常制备纳米涂层的方法是原子层沉积 ALD,这种方法依赖于昂贵的设备且耗时较长,相比之下配位辅助沉积是一种简单且低成本的策略。这些纳米薄膜可以将界面电阻从数千降低至约9 Ω · cm^2,并最高能实现 2.0 mA/cm^2的 CCD 以及超过 5000 h 的对称电池循环。

具有电子离子混合导电性质的界面层尤其适用于对金属锂电化学稳定的氧化物电解质如石榴石型电解质。Zhao 等采用快速液相沉积法在 LLZTO 电解质表面制备 SnS_2 超薄膜,然后通过熔融 Li 和 SnS_2 之间的转化反应,原位构建 Li_2S/Li_xSn 混合离子/电子导电层。这种混合导电层可以增强 LLZTO 和锂负极之间的润湿性并显著降低界面阻抗至 47 Ω · cm^2,其中的 Li_xSn 合金使电解质/Li 界面处的电子和锂离子分布均匀化,从而抑制锂枝晶的形核。Cui 等通过一步放电等离子烧结方法在石榴石电解质表面构建了石墨界面层,石墨的亲锂特性令界面电阻从 4351.6 Ω · cm^2 大幅降低到 26.2 Ω · cm^2。He 等在 LLZTO 电解质表面溅射一层 Zn-Cu 复合层(Zn ∶ Cu = 10 ∶ 1),进一步反应成为 Cu 掺杂 Li_3Zn 合金层。Li_3Zn 合金层作为 Li 传输骨架保持界面的稳定性,Cu 纳米颗粒可用作导电层使电场和锂沉积均匀,从而实现了高达 2.8 mA/cm^2 的 CCD。

锂负极改性通常是向熔融锂中加入一些添加剂制备复合锂负极,这些复合负极通常对固态电解质具有更好的润湿性。Du 等向熔融金属锂中加入 1 wt% 的 Si_3N_4,由此产生的 Li-Si-N 熔体具有低的表面张力,Li-Si-N 熔体与 LLZTO 的接触角为 30°,远低于 Li 熔体与电解质片的接触角(120°),如

图 1-2-23(e)所示。可以将 Li/石榴石界面从点对点接触转变为连续的面对面接触,同时也使锂剥离/沉积过程中的电场分布均匀,从而实现了 1 Ω · cm^2 的超低界面阻抗和 1.8 mA/cm^2 的高 CCD。与之相似的是,Wen 等向熔融锂中添加少量 $Ti_3C_2T_x$ 基 MXene 材料,该负极搭配 LLZO 电解质可以实现 5 Ω · cm^2 的界面电阻和 1.5 mA/cm^2的 CCD。刘等将 α-MoO_3 纳米带引入到熔融金属锂中,复合负极搭配 LLZTO 电解质可以实现 1 Ω · cm^2 的界面电阻和 1.7 mA/cm^2 的 CCD。其他添加材料如 TiO_2 纳米纤维和 Cu 纳米线也被证明有利于构建良好的锂复合负极。

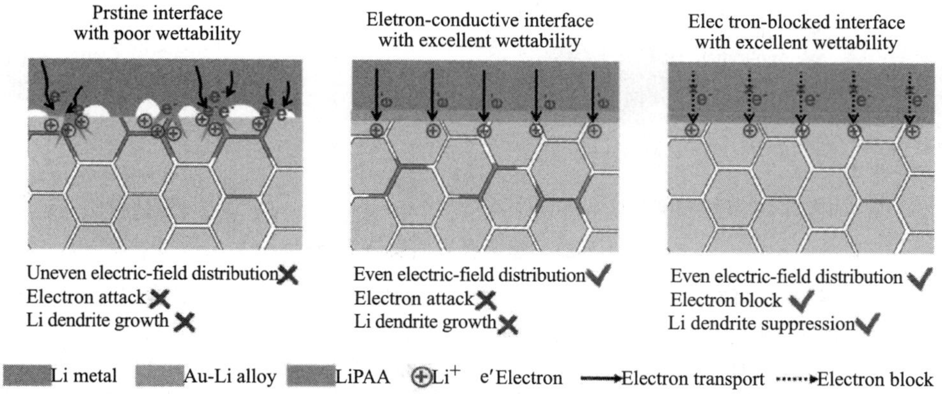

（a）不同界面处锂枝晶生长的示意图,从左到右分别为LLZTO/Li 界面、LLZTO@Au/Li 界面和LLZTO@EBS/Li 界面

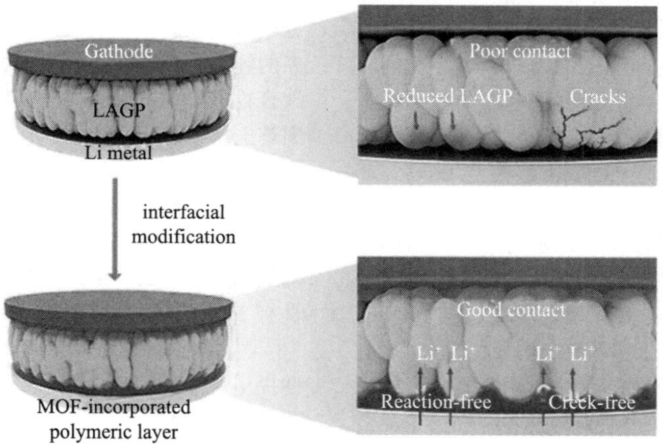

（b）在LAGP与锂金属之间构筑MOF@PEO复合层

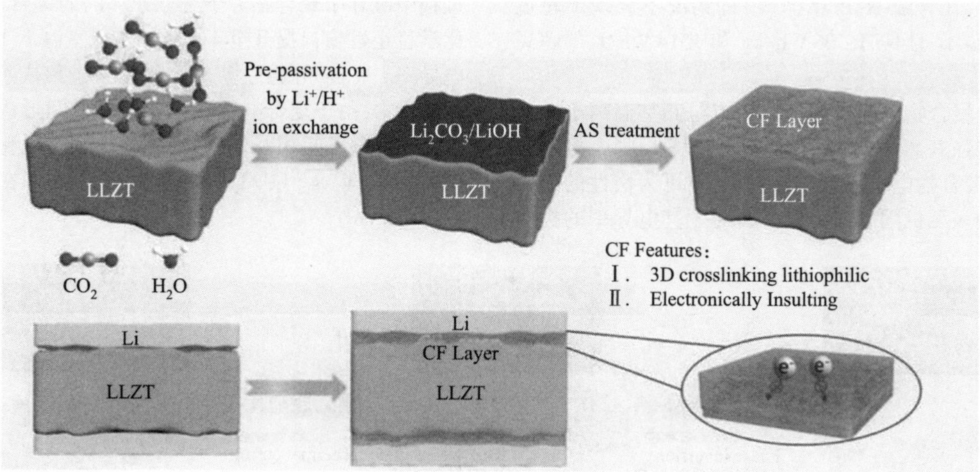

（c）Li/CF-LLZTO界面的构建过程示意图和层的主要功能说明

图 1-2-23 锂金属界面层研究

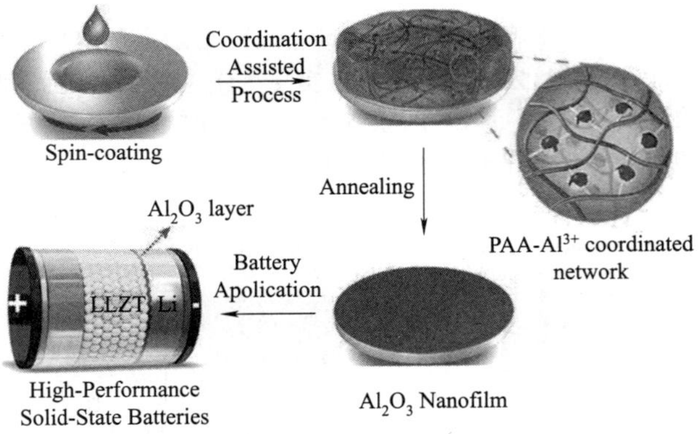

（d）形成金属氧化物纳米薄膜的配位辅助沉积工艺示意图

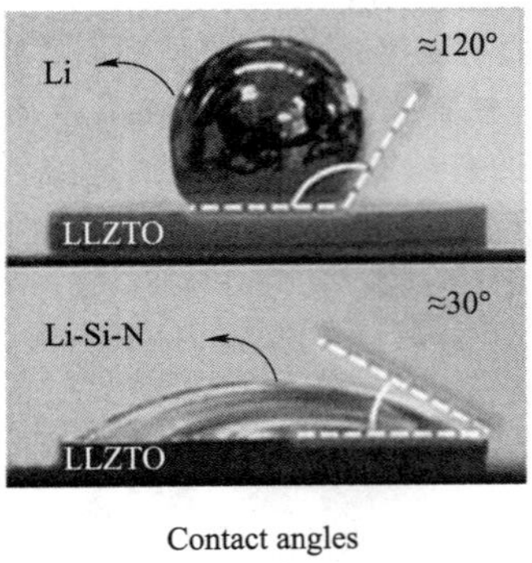

（e）Li-Si-N熔体和Li熔体分别与LLZTO表面的接触角

图 1-2-23　锂金属界面层研究（续）

（3）聚合物固态电解质锂电池研究进展

聚合物固态电解质（SPE）由聚合物基体和锂盐构成，聚合物基体主要包括聚环氧乙烷（PEO）、聚丙烯腈（PAN）、聚偏二氟乙烯（PVDF）、聚碳酸亚丙酯（PPC）、聚碳酸亚乙烯酯（PVC）和聚甲基丙烯酸甲酯（PMMA）等等。相比于无机固态电解质，聚合物电解质弹性高、机械加工性能优异、与电极材料接触好，更易于实现规模化制造。另外，聚合物电解质层能够实现极低的厚度，组装的固态电池因而具有更低的阻抗和更高的能量密度。Wang 等将多孔聚（甲基丙烯酸甲酯）-聚苯乙烯（PMMA-PS）界面层紧密附着在聚乙烯（PE）隔膜两侧，从而制备 10 μm 厚的高强度聚合物电解质，如图 1-2-24（a）所示。其中 PMMA 作为电解质通常具有较高的离子电导率、较宽的电化学稳定性窗口以及与电极材料的良好相容性，而 PS 的加入可有效提高机械强度。基于该电解质组装的 Li 对称电池可以在 60 ℃下稳定循环超过 1500 h，$LiFePO_4$/Li 软包电池可以在 1C 倍率下稳定循环超过 1000 次。He 等制备了一种具有多孔陶瓷骨架和两种导电聚合物的超薄（4.2 μm）双层固态电解质，其中耐火陶瓷骨架提高了复合电解质的安全能力和机械强度，PEO 层和 PAN 层分别增强了电解质对锂金属负极和高压正极的相容性。基于该电解质的锂金属电池在有限 N/P 比（1.1）的情况下表现出超过 3000 h 的稳定循环，且具有 506 Wh/kg 和 1514 Wh/L 的超高能量密度。

众所周知，聚合物电解质的一大缺点是其室温离子电导率较低，为了增强其离子电导率，常常会加入一些无机材料制备得到复合聚合物电解质，这些无机材料可为惰性的非锂离子导体，但加入无机固态电解质材料对于其电导率的提升更为显著。Wang 等将碘化锂引入到 PEO 中，由于 I^- 与 PEO 链上的氢原子相互作用形成大量 I-H 键，从而使 PEO 链交联并降低了结晶度，从而提升 PEO 的室温离子电导率到 2.1×10^{-4} S/cm。Wang 等设计了 3D 交联的不对称 SPE，其正极侧为聚乙二醇二丙烯酸酯（PEGDA）和甲基丙烯酸丁酯（BMA）聚合而成，负极侧为纳米级 MOF 层，如图 1-2-24（b）所示，复合电解质在室温下表现出高离子电导率（4.7×10^{-4} S/cm）和高的锂离子迁移数 t_{Li^+}（0.68）。Cui 等提出了一种制备复合聚合物电解质的新策略，即首先制备自支撑的 3D 多孔无机固态电解质骨架，然后向其中加入聚合物前体液，经过原位聚合后即可制得机械性能良好且离子电导率高的复合电解质。他们分别制备了 $Li_{1.3}Al_{0.3}Ti_{1.7}(PO_4)_3$ 电解质和 Li_6PS_5Cl 电解质 3D 骨架，并在其中原位聚合聚（乙二醇）甲基醚丙烯酸酯，如图 1-2-24（c）所示，制得的复合电解质分别具有 2.0×10^{-4} S/cm 和 4.6×10^{-4} S/cm 的高离子电导率。

为了进一步提高聚合物电解质对高压正极的稳定性，近期提出了多种策略。Wang 等在 NCM 活性颗粒表面构建了芳香族聚酰胺纳米界面层，有效减轻了 PEO 电解质和正极材料的界面副反应，如图 1-2-24（d）所示。Lin 等为了增强聚（乙烯基碳酸乙烯酯）（PVEC）电解质的高压稳定性，在聚合过程中破坏了聚合物分子中五元环的弱键合，将电解质的电化学稳定性窗口提升至 4.5 V 并实现室温下 1.1 mS/cm 的高电导率。Wang 等通过将 SiO_2 纳米粒子集成到聚碳酸乙烯酯电解质中，由于复合电解质中各组分之间形成的氢键具有增强的局部分子间相互作用，因此实现了宽电化学稳定性窗口（最高 5.0 V vs. Li^+/Li）和高离子电导率（在 25 ℃ 时超过 1.35 mS/cm）。

（a）10 μm厚PMMA-PS-PE复合聚合物膜的制备过程示意图

图 1-2-24　聚合物固态电解质锂电池研究

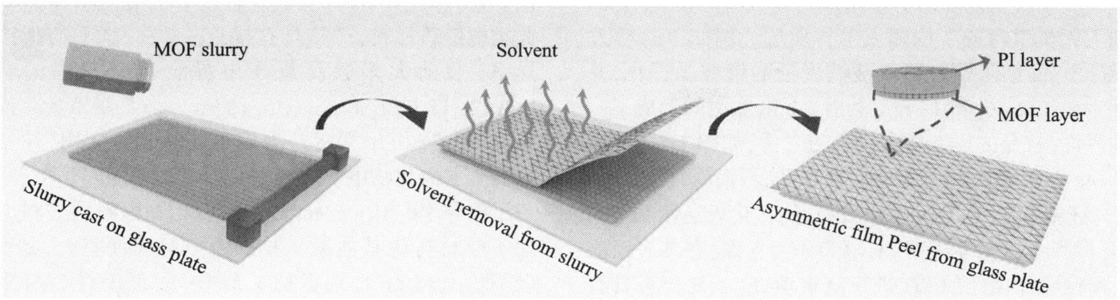

（b）MOF+聚合物不对称复合SPE制备示意图

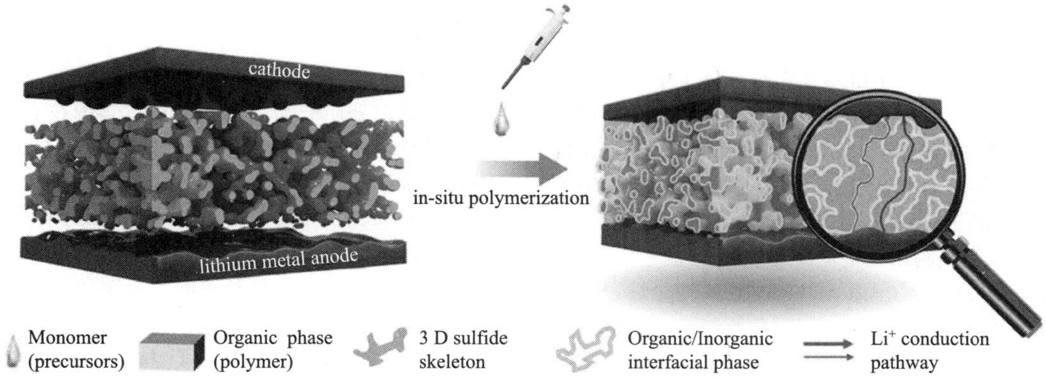

（c）具有 3D 硫化物骨架的原位聚合复合电解质制备示意图

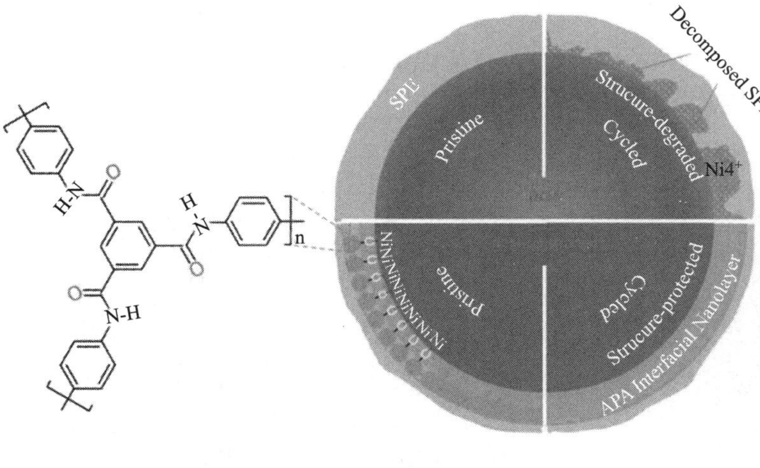

（d）NCM和SPE之间有和没有芳香族聚酰胺纳米界面层对循环稳定性的影响示意图

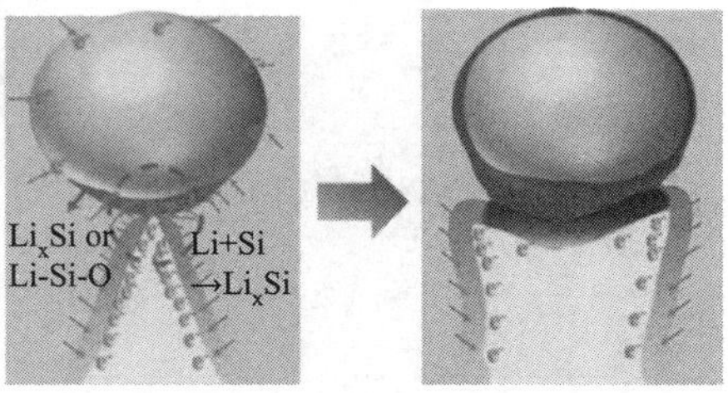

（e）PEO中Si粒子和锂枝晶反应示意图

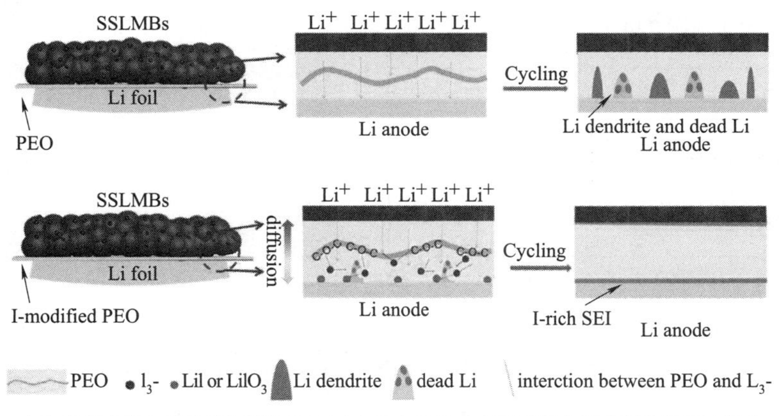

（f）有和没有 I_2 作为添加剂的 LFP/Li 电池中 PEO 电解质和锂金属之间的界面示意图

图 1-2-24 聚合物固态电解质锂电池研究（续）

为了提高聚合物电解质对金属锂负极的稳定性，主要的策略是加入无机填料或者构建人工界面层。例如，Tao 等发现，在 PEO 中，Si 纳米颗粒可以被其附近的锂枝晶锂化，并在接触处生成 Li-Si-O 和 Li_xSi。然后，Li 和 Si 之间形成了一个稳定的界面，枝晶的形态由尖锐变为光滑，如图 1-2-24(e)所示。Sheng 等在 PEO 中掺杂微量碘单质，界面附近的 I_3^- 和 IO_3^- 可以与死锂和 Li_2O 自发反应，将它们转化为活性 Li^+，如图 1-2-24(f)所示。Li 等利用 PE 隔膜作为支撑，在其表面涂敷 LATP 颗粒层，内部用 PEO 进行浇筑填充，该复合膜具有好的机械性能且可以在锂金属界面处产生混合离子电子导电界面，从而促进了锂的均匀沉积。Wang 等采用喷涂法在商用锂箔表面引入 SbF_3，经过原位反应后形成超薄的 LiF/Li_3Sb 混合界面层，搭配 PEO-LLZTO 复合固体电解质的对称电池可在 0.6 mA/cm² 的高电流密度下运行。Zheng 等利用一种导电聚合物聚噻吩作为界面层材料，由于其电子离子混合导电性质，可以使界面电阻降低至少 7 倍，在 2 ℃和 40 ℃下表现出高放电容量和优异的长循环稳定性。

(4)卤化物固态电解质锂电池研究进展

近两年来，金属卤化物电解质(Li-M-X，M 为金属，X=F，Cl，Br，I)由于具有宽电化学稳定窗口、良好的离子导电率以及与氧化物正极材料的高相容性等优点而受到越来越多的关注。在国内，Shi 等合成了一种新的卤化物电解质 Li_3HoBr_6，如图 1-2-25(a)所示，其在室温下展现出 1.1 mS/cm 的高离子电导率，并具有宽的电化学稳定窗口(1.5–3.3 V)和较好的对锂金属的动力学稳定性，Li/Li_3HoBr_6/Li 电池可以在 1000 h 内以小极化(<100 mV)保持稳定的循环。此外，他们还开发了一种真空蒸发辅助合成方法用于大规模合成此类电解质材料，产品具有接近 mS/cm 水平的高锂离子电导率。目前大多数高离子电导金属卤化物电解质(如 Li_3YCl_6，Li_3InCl_6 和 Li_3ScCl_6)的合成都需要昂贵和稀缺的元素，如 Y，Sc 和 In 等等。为满足实际工业应用，开发高性价比的金属卤化物电解质至关重要。近期 Ma 等通过球磨法制备了电导率0.81 mS/cm 的新型卤化物电解质材料 Li_2ZrCl_6。除了原材料比其他氯化物固态电解质便宜外，如图 1-2-25(b)所示，Li_2ZrCl_6 还保持了与 4 V 级正极材料的良好兼容性，另外具有良好的湿度稳定性，在相对湿度为 5% 的大气中暴露后没有明显的吸湿或电导率下降现象。此外，Li 等通过分子动力学模拟，发现 Li_2ZrCl_6 与 Li 金属之间会形成一层四原子层厚的 LiCl 薄膜，可以阻止电解质的进一步降解。实验上，基于该电解质的锂对称电池可以实现在 0.1 mA/cm² 下进行 4000 h 的稳定循环，证实了该电解质对 Li 金属的高稳定性，如图 1-2-25(c)所示。

目前，大多数有关卤化物电解质的工作都集中在提高其离子电导率上，很少关注它们在暴露时的空气稳定性和降解机制。Wang 等研究了最经典的两种卤化物电解质 Li_3InCl_6 和 Li_3YCl_6 吸水变质现象，发现 Li_3InCl_6 的吸水率比 Li_3YCl_6 快，而 Li3YCl6 的吸水量大于 Li_3InCl_6，这是由于与 YCl_3 相比，$InCl_3$ 的溶解度更高。在吸水过程中，Li_3InCl_6 先形成结晶水合物，然后部分分解为 $InCl_3$ 和 LiCl，其中 $InCl_3$ 进一步水解产生酸，最后有 In_2O_3 杂质产生，如图 1-2-25(d)所示。他们还发现在 Li_3InCl_6 表面涂覆 Al_2O_3 可有效提高空气稳定性。

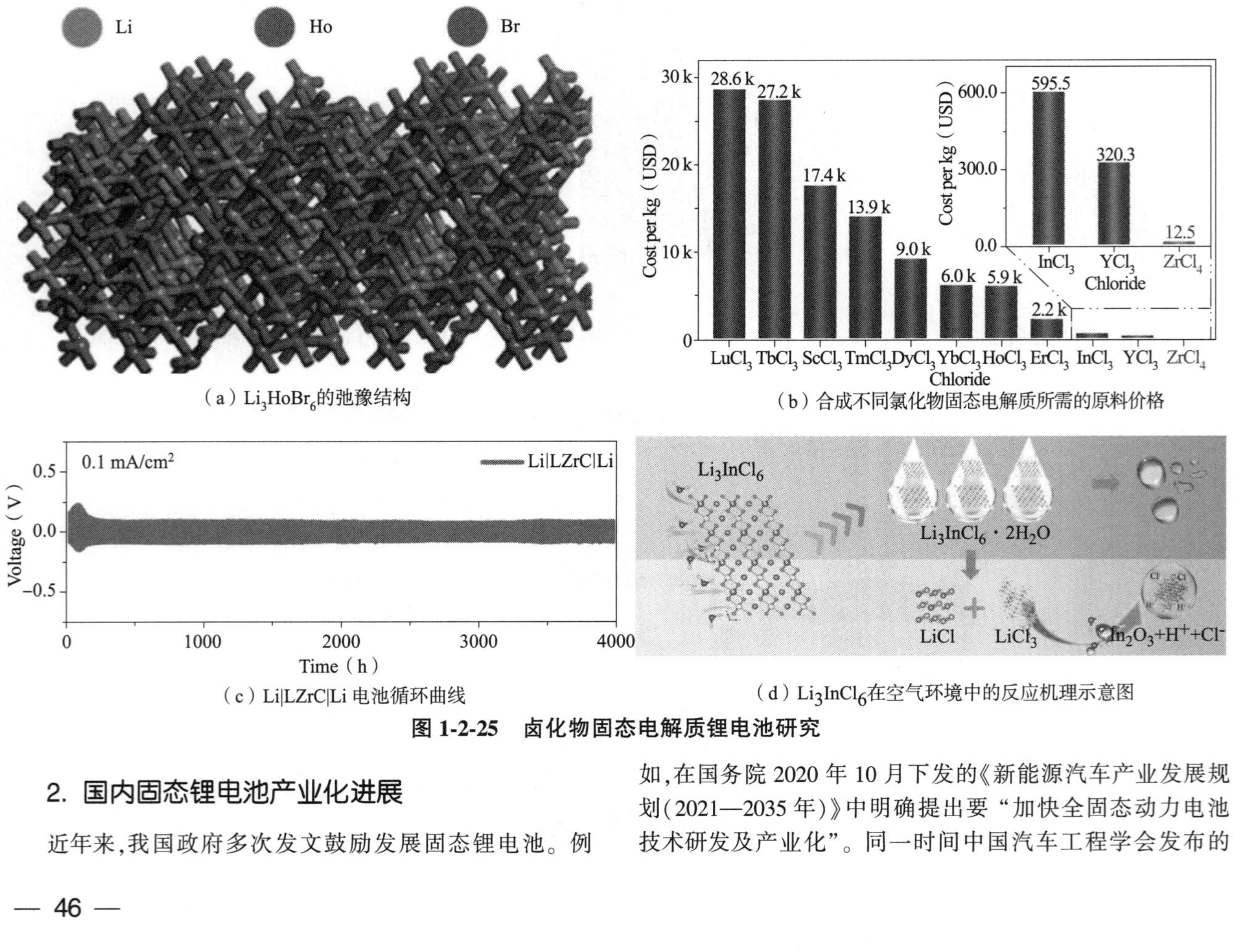

(a) Li_3HoBr_6的弛豫结构

(b)合成不同氯化物固态电解质所需的原料价格

(c) Li|LZrC|Li 电池循环曲线

(d) Li_3InCl_6在空气环境中的反应机理示意图

图 1-2-25　卤化物固态电解质锂电池研究

2. 国内固态锂电池产业化进展

近年来，我国政府多次发文鼓励发展固态锂电池。例如，在国务院 2020 年 10 月下发的《新能源汽车产业发展规划(2021—2035 年)》中明确提出要“加快全固态动力电池技术研发及产业化”。同一时间中国汽车工程学会发布的

《节能与新能源汽车技术路线图2.0》也提到"固态电池研发力度加大，并布局全固态锂离子和锂硫电池等新体系电池研发。"并提出电池总体目标是高比能量电池在2025年达到350 Wh/kg，2030年达到400 Wh/kg，2035年达到500 Wh/kg。在国家政策的号召以及市场巨大需求的推动下，国内诸多企业开始布局固态电池研发及产业化。目前固态电池领域的主要参与者包括三类：①主机厂，主要是车企，包括比亚迪、蔚来汽车、北汽集团、长城汽车、东风汽车等，主要目的是掌握动力电池核心技术配套旗下的电动车型，②动力电池企业，包括宁德时代、国轩高科、蜂巢动力、孚能科技等，为主机厂提供配套动力电池；③初创固态电池企业，包括卫蓝新能源、清陶能源、赣锋锂电、辉能科技、恩力动力等，获得来自主机厂、电池企业和投资机构的投资。近两年来这些企业的电池研发进一步提速，目前已经取得了丰硕的成果。例如，2021年1月蔚来发布首款纯电动轿车产品NIO-ET7，搭载卫蓝新能源公司的150 kWh半固态电池，可以实现1000 km的续航里程、单体能量密度360 Wh/kg。2021年底，东风汽车报道风神纯电动轿车E70搭载固态锂电池。恩力动力研发基于硫化物电解质体系的全固态电池，据报道该公司能够制备离子电导率为4 mS/cm的硫化物电解质膜。根据该公司最新公开数据，该公司的硫化物电解质全固态原型电池可实现-40~100 ℃稳定工作温度区间、5C以上充放电、室温1 ℃下循环1000圈容量衰减20%。其硫化物全固态软包电池，基于NCM811正极和锂负极，多层百毫安时级别软包，100圈实现容量保持80%以上。蜂巢能源对硫化物和氧化物固态电解质均有涉及。2021年4月该公司与中国科学院宁波材料技术与工程研究所共建固态电池技术研究中心。目前开发的基于硫化物固态电解质和NCM/Li-In电极原型电池能够实现4 mAh/cm^2正极面容量，32 ℃下1 C放电比容量204.5 mAh/g，1000圈循环容量保持率为89.5%。另外基于三元高镍正极和合金锂负极的Ah级全固态电池可以达到350 Wh/kg的能量密度，并可以耐受200 ℃热冲击和过针刺实验。

赣锋锂业公司在2021年12月推出其第一代固态电池，是基于固液混合电解质的电池，其中包含氧化物电解质，并使用石墨作为负极。公司透露正在进行第二代全固态电池的开发，能量密度将超过360 Wh/kg。2022年1月，赣锋锂业联合东风汽车公司发布了50台E70固态电池示范运营车辆，能量密度为240 Wh/kg。其规划的2 GWH第一代固态电池产能将在2022年逐步释放

清陶能源主打氧化物固态电解质材料，在2021年9月，其QT-360高能量密度产品在国家机动车产品质量监督检验中心（上海）完成国家强检认证测试。该产品电池单体实测放电容量（1/3C）超过116 Ah，能量密度为368 Wh/kg。2022年2月，清陶新能源固态锂电池10 GWh产业化项目在苏州昆山正式开工。

辉能科技公司专注于氧化物固态电解质锂电池，但其电解质中仍含有少量液体组分，其采用SiOx/石墨阳极的电池可实现能量密度为440~485 Wh/L，循环寿命超过1000次，并可用5C快速充电，预计于2022年底量产。此外该公司已研制出锂金属固态电池，能量密度达到383 Wh/kg和1025 Wh/L，可在室温下循环500次。

表1-2-8是2021年国内固态电池领域电芯企业，表1-2-9是国内车企重要事件汇总。

表1-2-8　国内电芯企业固态电池重要事件

电池企业	技术路线	合作企业	2021年重要事件
宁德时代	硫化物固态电解质		1月公开两项固态电池专利：1）以硼酸酯作为掺杂原料对硫化物固态电解质进行改性，得到B、O共掺杂的固态电解质，提升电解质电导率；2）通过硼元素掺杂提升硫化物固态电解质片的电导率
赣锋锂业	半固态电池	长城汽车	1）建成0.3 GWh混合固液锂离子电池生产线并投入使用 2）实现基于柔性固态隔膜的混合固液锂离子电池装车，通过模组设计提升整体成组率至86%以上 3）第一代软包电池基于三元正极、柔性固态电解质膜和石墨负极，能量密度达到240~270 Wh/kg 4）加紧第二代固态锂电池的研发，基于高镍三元正极、含锂负极，能量密度超过350 Wh/kg，循环寿命接近4000次 5）4月新增年产7000 t金属锂项目 6）拟投资22亿元建设高比能固态电池超薄锂负极材料项目
卫蓝新能源	半固态电池；	蔚来	1）2022年实现2 GWh产能 2）完成360 Wh/kg、循环寿命1000次。 3）通过车企及国标安全性测试
孚能科技	半固态电池		1）330 Wh/kg、2.2 C快充半固态电池在2021年获得美国汽车委员会的"优秀团队奖" 2）公司第一代固液混合半固态电池（能量密度330 Wh/kg）送样给整车厂客户获得了良好反馈
辉能科技	氧化物固态电解质；	一汽集团、蔚来、天际、爱驰、我国台湾地区电动摩托车企业Gogoro	1）主要有三方面核心技术，分别是锂陶瓷电池技术（LCB）、多轴双极电池包（MAB）和主动安全机制（ASM） 2）2021年10月完成3.26亿美元的融资，旨在促成公司在2023—2025年间于亚洲、欧洲及美国的扩厂建设 3）2021年制造出能量密度达383 Wh/kg的原型电池 4）2021年提出CIP（cell is pack）技术
蜂巢能源	半固态	长城、东风、一汽、吉利、合众新能源、赛力斯、零跑等	1）2021年4月，与宁波材料所共建的固态电池技术研究中心在无锡揭牌 2）果冻电池采用凝胶电解质，具有高耐热、自愈合的特点，通过160 ℃热箱测试、针刺测试"不起火、不冒烟"，50次循环容量保持95%以上，2021年的第一代果冻电池能量密度为250~300 Wh/kg，预计2023年达到300~350 Wh/kg，2025年达到350~400 Wh/kg 3）半固态电池能量密度达到260 Wh/kg，预计在2024年，能量密度可超过350 Wh/kg 4）2021年8月，无钴电池（正极为镍锰酸锂）率先实现量产，能量密度为240 Wh/kg

续上表

电池企业	技术路线	合作企业	2021 年重要事件
国轩高科	半固态电池		1)2021 年 10 月公布半固态电池,预计在 2022 年开始小批量量产装车,2023 年实现产业化 2)为国内高端纯电动汽车配套半固态电池实现了续航里程超 1000 km
清陶	陶瓷固态锂电池		QT-360 高能量密度固态动力电池通过国家强检认证,实测放电电池容量大于 116 Ah,能量密度 368 Wh/kg。预计装车续航可达 1000 km,支持快充模式,充电 15 min 可以达到600 km 的续航里程

表 1-2-9　国内车企固态电池重要事件

车企	技术路线	合作企业	2021 年重要事件
蔚来汽车	半固态电池,“原位固化、无机预锂化硅碳负极、纳米级包覆超高镍正极”	卫蓝新能源	2021 年 1 月 9 日,蔚来发布首款纯电动轿车产品 NIOET7,搭载 150 kWh 半固态电池,能量密度达到 360 Wh/kg,续航里程可超过 1000 km
东风汽车	半固态电池	赣锋锂业	2021 年底,在工信部第 351 批《道路机动车辆生产企业及产品公告》中,东风汽车申报风神纯电动轿车 E70 搭载固态锂电池,2022 年 2 月,东风汽车 50 辆搭载赣锋锂业混合固液电解质锂电池的风风神 E70 在江西新余全球首发率
北汽蓝谷			1)完成第二代固态电芯开发、电池系统台架测试验证和整车(ARCFOXαT)搭载验证 2)公司规划第三代固态电池技术计划匹配极狐品牌车型,开发一款高安全(不见火)、高能量密度(电芯能量密度 360 Wh/kg)的固态电池,目前处于车型项目立项中 3)2021 年 1 月,北汽蓝谷固态电池样车完成极寒环境用户极限工况验证
比亚迪	硫化物固态电池		1)2021 年 1 月公布两项固态电池专利:1)核壳结构的正极活性物质,壳包含锂过渡金属氧化物和 Ti_2O_3;2)一种锂离子电池固态电解质及其制备方法和固态锂离子电池 2)2021 年 12 月公开一项专利,引入添加剂,使得正极涂层中正极活性材料颗粒与硫系电解质颗粒之间的接触由物理作用转变为化学作用。添加剂中羧基官能团通过与正极活性材料颗粒表面残留的羟基(-OH)发生酸碱中和反应链接到正极活性材料颗粒;巯基官能团则是通过 S 原子与硫系电解质颗粒中裸露在外的阳离子(Li^+、P^{5+}、Ge^{4+}等)发生配位反应链接在一起

3. 挑战与展望

我国在全固态锂电池基础科学研究和产业化探索中取得了很多突破,但是目前实验室级全固态电池和商用电池之间仍然存在许多差距,例如低成本和高效率的固态电解质粉体的大规模生产,高机械强度和高离子电导率的薄电解质膜层制备,适合于硫化物与聚合物电解质的正负极材料的制备,高质量负载正、负极极片的湿法和干法制备,无外压状态下正负极和电解质的接触,全固态软包、铝壳和圆柱电池的配置和组装等等。另外,考虑到实用化的全固态电池在循环过程中可能存在诸如气体释放、界面副反应、界面接触损失等问题,未来需要开发针对固态电池研究的失效分析技术,尤其是无损研究技术例如超声成像等。虽然全固态锂离子电池的实际应用还需要一段时间,但幸运的是目前能量密度超过 300 Wh/kg 的固液混合电池已经处于量产前夜,其规模化生产工艺与当前液态锂离子电池的制造技术和设备较为兼容。通过进一步技术积累和体系升级,并展示出超越目前高能量密度液态锂离子电池安全性和循环性的特点,成本也没有显著增长,2022 年混合固液锂离子动力电池将开始规模量产。随着混合固液电解质锂离子电池的发展,对于如何引入固态电解质,如何加速固态电池产业链的构建,如何形成从材料到系统集成的标准,相关的理解和研究也会逐步成熟。这也将有利于推动全固态电池的开发。按照目前产业界对全固态电池关键材料、电芯、装备的开发速度,预期 2026 年全固态电池开始小批量上市和试用,在 2028—2030 年左右有望实现大规模量产和在整车上批量化应用。混合固液电解质锂离子电池、全固态锂电池的出现并不意味着液态电解质锂离子电池会被完全替代,由于各自电化学性质、技术经济性、安全性的差异,预计将逐步发展出各自的技术体系和寻找到最合适的各自应用场景。

(九)车用超级电容器

(上海奥威科技开发有限公司　华　黎　安仲勋　夏恒恒　杨重阳)

1. 2021 年车用超级电容器产业总体发展与技术突破

超级电容器是一种介于传统电容器和锂离子电池之间的新型储能装置,具有功率密度高(可达 10^2 ~ 10^4 W/kg)、循环寿命长(循环 50 万次至 100 万次)、工作温限宽(温度范围可达-40~80 ℃)、免维护和绿色环保等优势。经过几十年的发展,超级电容器已经广泛应用在新能源客车、轨道交通、智能仪表、电网设备、UPS、港口重型机械等领域。近年来,我国已将超级电容器产业的发展提升至国家战略层面,使得超级电容器的市场规模逐年提升,产业迎来了快速发展时期。2020 年,我国超级电容器市场规模达到 154.9 亿元。2021 年虽然疫情反复,但在国家政策、企业发展和市场导向作用下,超级电容器产业仍然快速发展,技术不断成熟,市场规模扩大至 176 亿元。预计 2022 年全球超级电容器市场规模将突破 615 亿美元,中国超级电容器市场规模有望达到 181.3 亿元。

(1)总体发展

2020 年,我国超级电容器在新能源领域的市场份额为 41.31%,在交通运输领域市场占比为 31.36%,在工业领域占比 20.36%。随着技术发展和市场需求的发展,车用超级电容器的应用领域不断扩大,从轨道交通、客车、电动汽车、公交车领域逐步扩大至乘用车、电机车、鱼雷车、钢卷车等领域。其中,在新能源和"双碳"政策的驱动下,新能源汽车产业表现"亮眼",产销双双突破 350 万辆,连续 7 年位居全球前列。

城市客车领域,一汽、东风、上汽申沃、金龙海格、宇通客车和吉利等汽车企业,都进行了与超级电容器相关的应用开发和技术储备,部分产品已在市场销售并进入国际市场,对促进超级电容器的发展起到了推动作用。2021 年 2 月,上海奥威新一代高能量超级电容公交车在阜阳市 75 路、延伸 K103 线、接驳直通专线(高铁西站—飞机场)三线齐发,正式运营。本批上线的公交车采用奥威高能量车用高能超级电容系统,零污染、充电快、整车更轻、使用寿命更长、安全更有保障。2021 年 5 月,江海股份与金龙联合汽车工业有限公司一同合作开发打造的首台锂离子超级电容器纯电动客车正式下线,车上搭载的锂电子超级电容器由南通江海生产,客车只需充电 5 min,续航 30 km。

轨道交通领域,超级电容器储能系统作为能量回馈系统和动力系统的应用进入规模推广应用。以地铁再生能量回馈系统应用为例,单地铁线路月节电量达 2.7 万 kWh,每年节电约 33 万 kWh,经济效益和环保效益显著。在有轨电车行驶过程中,超级电容器可以吸收列车制动时产生的能量,避免了大量电能的浪费,最多可回收 80% 的能量,能量利用效率高。超级电容器在轨道交通领域的发展路线为高能量密度、高可靠均衡系统和热管理系统。2020 年 12 月,广州黄埔区有轨电车 1 号线应用了超级电容,每个超级电容单体容量达 9500 F。车辆在站台区 30 s 内快速充电完成,制动时能将大于 85% 以上的制动能量回收,节约 30% 的能耗。2021 年2 月,中车四方所生产的超级电容应用于有轨电车"南湖号"中,采用无接触网超级电容供电,车辆总存储电量可达 48.6 kWh,再生制动时的能量回收效率不低于 80%。

专用工程车辆领域,叉车、港口起重机和矿业设备等重型机械的启动、停止比较频繁,利用超级电容的高功率性能可以改善工程机械的能源消耗。超级电容既能在短时间内大电流充放电,保证工程机械设备的正常工作,又能短时间充电,吸收能量,达到节能环保的作用。2021 年 8 月,高 5.4 m、长 13 m、宽 4.5 m,自重 110 t、载重 150 t 的无人驾驶智能矿山车在青岛下线,该车搭载超级电容,相比传统燃油车可节能 80% 以上。在专用运输车方面,工研院携手我国台湾厂商推出台湾地区首辆超级电容储能运输车,通过石墨烯超级电容取代铅酸电池,能大幅减少电动运输车高达九成的充电时间,利用石墨烯轻薄的特性,可额外增加载重约 420 kg,提升超过三成蔬果运输效益,有助电动载体在农业领域上的加速应用及普及,已应用在我国台湾最大产地蔬果集散中心的西螺果菜市场。

乘用车领域,超级电容主要承担辅助功率补偿功能应用在混合动力解决方案和启停技术中。一汽红旗、奥迪、沃尔沃、标致等厂商均推出了采用超级电容器的车型。预计中国乘用车产量在未来五年预计将维持平稳发展态势,到 2022 年累积产量将达到 1.5 亿辆,超级电容产品在该系统的潜在市场规模达 55 亿元。随着汽车的电动化、智能化、网联化和共享化的发展,超级电容器在可靠性冗余电源和舒适系统等方面具有潜在应用价值,满足汽车功能安全和舒适性要求。2021 年 12 月,Autowit 推出了超级电容应急启动电源,其使用的环境温度范围在-40~70 ℃,能够应用于低温条件下汽车的应急启动,同时避免内置电芯的亏电和自燃问题的出现。

(2)技术突破

2021 年,超级电容产业领域主要的技术发展突破点在电极材料、隔膜、高压电解液、厚电极、器件和应用等方面,对进一步提升超级电容器的综合性能奠定了技术基础。

推进电容炭材料产业化,探索前沿炭材料。作为超级电容的关键材料,电容炭的国产化始终存在"卡脖子"难题。2021 年 8 月,山西中科美锦炭材料有限公司投资协议签约仪式的完成,提升了我国超级电容器关键材料自主保障能力,加快电容炭材料国产化的发展进程。山西煤化所科研人员首次打通了淀粉基"电容炭"批量化制备路线,解决了一系列技术难题,获得高品质"电容炭",实现产品定型和工艺固化,并与终端用户无缝对接,为国内"电容炭"产业化奠定了坚实的技术基础。同年 12 月,麻省理工学院(MIT)化学系的研发团队首次实现了高比电容、高导电率的无孔金属有机聚合物(MOF)——将 Ni_3BHT(苯六硫醇镍)作为新型电极材料,使超级电容器的能量密度提高 100%,解决了超级电容器电化学稳定性的问题,并对材料机理进行了充分解析,为探索高性能超级电容器提供了重要借鉴。这是首个无孔 MOF 作为电极材料被应用于超级电容器中,为探索用于非传统的高比能电容器提供了重要的材料资源。

开发完全自主知识产权的纤维素超容隔膜。在隔膜方面,2022 年 1 月,中国制浆造纸研究院有限公司对长期存在的关键技术瓶颈组建专门研发团队进行科学攻关,生产出了具有完全自主知识产权的超级电容器隔膜纸产品,攻克了这一"卡脖子"技术难题并形成初步产业化。2021 年 5 月,日本高度纸业公司(Nippon Paper Industries Co)在纤维素纳米纤维的使用方面取得新突破,基于纤维素纳米纤维或 CNF(纳米碳纤维)的超级电容器可用于锂离子电池应用领域,提升保液率。

泡沫铝集流体和干法电极工艺。2021 年 4 月,由江苏中天科技股份有限公司、清华大学、中天超容科技有限公司、中天储能科技有限公司联合开发的"基于泡沫铝厚极片的高功率锂离子电池技术",在江苏省南通市召开了技术成果鉴定会。团队以"厚极片要具有高功率"为技术发力点,建立了物理沉积铝-氧化去除模板-梯度退火的泡沫铝全新制备技术路线,实现了宽幅达 500 mm、厚度 1~2 mm 泡沫铝的产线制备,获得了高纯度(纯度>99.9%)、高化学稳定性、高强度(>1 MPa)、大孔隙率(>95%)、小孔径(<0.5 mm)、低密度(<0.13 g/cm^3)产品。首创了"正极材料-泡沫铝内嵌正极材料-正极材料"三明治极片架构,有效地解决了泡沫铝极片毛

刺的问题。采用泡沫铝电极结构，实现了电极的高强度、高负载量，对于不同颗粒度、密度与比表面积的正极材料均具有良好适用性。在电容器制作工艺方面，力容新能源在 2021 年“ESIE2022 品牌之约”栏目中宣布了活化干法电极 TM 方面的最新突破，解决传统湿法涂覆工艺的缺点，产线速率预计可达 60 m/min，开启可用于电动汽车的下一代电池技术。力容活化干法电极 TM 超级电容较湿法超级电容或一般干法超级电容能量密度更高，容量衰减趋势更加平缓，内阻增长更加缓慢，意味着更长的使用寿命、生命周期中更低的运行成本。

新型高比能超级电容器产品开发。在器件方面，超级电容发展主要以提高能量密度、功率密度，以适应日益提高的车用需求。2021 年 8 月，重庆中科超容自主研发了 3.2 V 双电层超级电容器产品，能量密度提升近 2 倍。2021 年 9 月，德国汽车零部件制造商马勒（Mahle）与电池制造商 Allotrope Energy 携手合作，为小型电动汽车、电动机车推出新型锂碳电池，其正极采用高倍率电池型材料，负极采用高容量双电层电容器（EDLC）型材料，本质为一款锂离子电容器，能量密度达到 60 Wh/kg，模组可以在 90 s 内以 20 kW 的功率充满电，适用于以城市为基础、目标范围为 25 km 的电动助力车。同年，奥威科技承担的国家重点研发计划——新型高比能量超级电容器技术开发完成课题验收，14000 F 单体能量密度达到 66 Wh/kg，最大比功率达到 25 kW/kg，-40 ℃/10C 放电容量保持率约 60%，循环寿命达到 10 万次以上，成果衍生产品已应用于地铁能量回收领域。

高比能超级电容器的应用突破。2021 年，超级电容器除了在材料和工艺方面有较大突破，在应用领域上也有所扩大。2021 年 6 月，上海临港中运量 T1 示范线正式开通运营，这是国内第一条数字轨道胶轮（DRT）电车。车身长度 30 m，车辆最高运营速度达 70 km/h，三编组单列车最大载客可达 302 人。采用超级电容系统供电的 T1 线车辆仅在起点或首尾站充电 12 min，即可满足 30 km 的线路全天候 24 h 不中断运行，更加绿色环保、高效节能。

2. 产业标准体系的建设

新能源汽车领域的产业标准推动了新能源汽车产业高质量发展，加快建设汽车强国，同时也能够推动超级电容标准的规范。2020 年 10 月实施的《新能源汽车产业发展规划（2021—2035 年）》提出，在新能源汽车领域，要加快关键部件创新突破，开展动力蓄电池、超级电容器、驱动电机系统等标准制修订。2021 年关于超级电容器行业的标准体系建设主要有以下几点：

（1）针对超级电容器单体和模块

IEC 62391-1:2015《电气设备用固定式双层电容器　第 1 部分：通用规范》、IEC 62391-2:2015《电气设备用固定式双层电容器　第 2 部分：分规范——功率型双电层电容器》、IEC 62576:2009《混合驱动电动力汽车用电气双层电容器》、IEC 62813:2015《用于电气和电子设备的锂离子电容器　电气特性的测试方法》、IEC 61881-3:2012《铁路应用　机车车辆设备　电力电子设备用电容器　第 3 部分：双电层电容器》、UL 810A:2017《电化学电容器》标准等，其中 IEC 62391-1 标准修订版本，预计 2022 年年底发布，这些标准促进了超级电容行业的繁荣与发展。随着技术的发展和行业的进步，这些传统的仅针对单体的国际标准已经无法满足需求，因此中国作为一个新能源大国，在超级电容器标准体系建设的完善过程中发挥了重要的作用。QC/741:2014《车用超级电容器》、GB/T 34870.1—2017《超级电容器　第 1 部分：总则》、DL/T 2080:2020《电力储能用超级电容器》、DL/T 2081:2020《电力储能用超级电容器试验规程》等国标和行标。

（2）针对超级电容器系统和安全

中国的新能源车用领域标准体系较为完善，超级电容器系统一般参照锂电池的相关国标进行，如 GB 18384—2020《电动汽车安全要求》、GB 38032—2020《电动客车安全要求》、GB 38031—2020《电动汽车用动力蓄电池安全要求》等。此外，在其他行业，超级电容器也在逐步完善和扩充标准体系建设，如超级电容在矿用、船用等新应用领域已实现标准新建。2021 年 1 月起实施的行业标准 MT/T 1194—2020《矿用一般型超级电容器电机车》为超级电容器电机车领域填补了空白，促进和规范了超级电容器电机车未来的发展。2018 年已在工信部立项的《船用超级电容器总规范》也将填补超级电容器在船舶应用领域的标准空白。

（3）针对超级电容器规范、运输、报废处置要求

为了跟进新型超级电容器的危险性特征，保证其在整个流通周期中的运输安全，利用准确的判定因子确定其运输安全性。2021 年 8 月开始，起草了国标 20213370-T-469《危险货物检验安全规范　超级电容器》。2022 年 2 月，由超级电容产业联盟组织等共同起草的团体标准 T/CESA 1185—2022《超级电容器用泡沫铝集流体》正式发布。2021 年 9 月，由上海市检验检测认证协会组织，上海奥威科技开发有限公司等共同起草的团体标准 T/STIC 110027—2021《车用超级电容器》第一次修订正式发布。

超级电容器行业牵头制定标准的企业主要以上海奥威科技开发有限公司、中车青岛四方车辆研究所有限公司、宁波中车新能源、南通江海储能等几家行业龙头企业为主，并在超级电容器联盟及相关协会、相关标委会的带领下，进一步完善行业的标准体系建设，优化标准体系，推动标准实施，夯实工作基础，并将中国标准走出去。

3. 国内外车用超级电容器产业发展趋势

整车动力、续航里程、低温性能、整车安全性、整车运行效率、智能化拓展、循环寿命、大容量动力电池仍是近几年的重头戏。目前，国内外对超级电容的研究主要集中在如何提高超级电容的储能密度、功率密度并降低成本以满足车用领域的需求，其研究内容涉及高容量、低成本新材料的研发，实现材料结构可控化、产业化制备，制作工艺方法的改进。超级电容器根据储能机理的不同可以分为双电层电容器、锂离子电容器和混合型电容器，2021 年这些不同些类型的超级电容器在市场导向下都有较大的发展。

（1）双电层电容器（EDLC）

双电层电容器的发展方向仍然是提高单体的工作电压和容量，开发国产碳材料。韩国 LS Mtron 公司在重量基本不变的情况下，将 3 V/3000 F 电容器提高到 3 V/3400 F，能量达到 8.25 Wh/kg，提高了 13%。国内中科超容利用开发的具有

高比表面积的复合碳基材料组装的双电层电容器达到 3.2 V 电压，相比 2.7 V 产品能量密度提升近 2 倍。

(2)锂离子电容器

虽然通过采用高比容量的活性炭(AC)材料以及有机体系电解液等可以大幅度提高传统 EDLC 的比能量，但仍无法满足公交车、铁路轨道交通及重型设备等工况需求，亟需进一步提高超级电容器能量密度。2021 年 3 月，中科院青岛能源所通过开发高容量和高倍率的正负极核心材料成功研制出长循环寿命的碳基锂离子电容器单体，单体实际容量 780 F，高倍率(100C)循环 10 万圈容量保持率高达 95.7%。日本 JM Energy 公司的 CLE2100S1B 锂离子电容器的比能量和比功率分别为 24 Wh/kg 和 4 kW/kg，循环寿命能达到 30 万次。英国 Yunasko 公司开发的锂离子电容器将能量密度进一步提高到 37 Wh/kg。

(3)混合型电容器

混合型超级电容器通过一极为电池型/电容型复合材料，另一极为电池型材料的体系设计，相比于锂离子电容器，将能量密度提高到一个更高的水平。2021 年，奥威科技最新开发的 UCK42V14000 产品具有 88 Wh/kg 和 25.9 kW/kg 的比能量和比功率，UCK42V20000 系列最高能量密度达到 130~150 Wh/kg，已成功应用于新一代快充城市客车，续航能力提升 25%。同年，烯晶碳能报道的混合超级电容器能量密度达到 80~160 Wh/kg，功率密度为 6~12 kW/kg，6Ah 产品在 10C 电流下能够循环 25000 次。2022 年 4 月，风华高科在新能源领域推出能量型锂离子超级电容器产品，容量达到 EDLC 的 10 倍。印度 SPEL 公司研制的锂离子混合型超级电容器正极采用活性炭和锂离子活性材料，负极采用预嵌锂石墨，能量密度提高到 65 Wh/kg。

4. 目前亟需解决的技术难点及解决方案

车用超级电容行业亟需解决的问题主要有提高能量密度和功率密度、扩宽工作温度范围、关键原材料国产化和低成本化、工艺生产设备智能化。可以从关键电极材料、电解液、隔膜、结构设计等方面入手，加大研究和开发力度，以满足终端应用的需求。

电极材料是超级电容器的关键组成部分，对电容器的性能影响较大。生产工艺和配套设备条件严苛，目前尚未完全国产化，一直以来高品质超级电容活性炭、集流体等关键材料长期被日本、韩国等外国公司垄断，成为制约中国超级电容发展瓶颈，制约了我国新型储能器件的发展。因此需要对国产碳材料进行多次实验测试，通过结构设计、包覆、掺杂等方面研究，提高国产材料的性能和性价比，降低对国外材料的依赖，实现高性能超级电容关键材料国产化和低成本化，促进我国碳材料产业的发展。

电解液的研究和发展对电容器的能量和稳定性十分重要，特别是在汽车、客车、公交等领域，需要探索电解液的高安全性和耐高压特性，以提高电容器的能量密度和安全性。通过采用有机溶剂、离子液体或固态/准固态电解液作为溶剂，同时在不同添加剂的作用下提高电容器的高低温性能和耐高压性能，提高电容器的性能，拓宽工作温度范围，推动我国电容器电解液的发展。

隔膜应当具有较高孔隙率，较低的电阻，较高的抗撕裂强度，较好的抗酸碱能力，良好的弹性及非质子溶剂的保持性能，从而保证离子交换速率、提高电容器的功率性能。目前主要面临的问题和难点有：隔膜产品孔隙率低，孔隙大小分布不均；部分隔膜吸液性能较差，无法保证电解液离子的快速交换；隔膜产品普遍较后，有碍超级电容器体积的缩小，同时还会增大阻抗，降低自放电性能。可以通过优化工艺、采用纳米化或表面化学改性等方式处理隔膜，以进一步调控隔膜的空隙大小和孔隙率，从而提高隔膜的吸液保液性能。

超级电容器往更高能量密度方向发展对电极片要求越来越厚，对湿法涂布提出更高要求。因此，更多企业也加快开发干法电极技术，形成高性能的厚电极工艺。相比于目前的湿法涂布技术，干法电极技术能够能进一步提高电极的厚度，有利于超级电容往更高能量密度方向发展。

另外，智能制造设备也是制约超级电容材料和器件性能和成本的关键环节，关键设备如干法电极产线、卷对卷预锂机、外壳封装机械均通过进口，很多设备均沿用锂离子电池产业的相关设备，缺乏对口设备的自主研发和制造。

5. 2021 年行业重点企事业单位发展情况

超级电容器的国外企业主要有：美国 Maxwell 公司、Ioxus 公司、Eaton 公司和 Tecate Group 公司、日本 JM Energy 公司和 TAIYO YUDEN 公司、韩国 LS Mtron 公司和 VINATech 公司、英国 Yunasko 公司、德国 Skeleton Technologies 公司、澳大利亚 CAP-XX 公司以及印度 SPEL 公司等。美国的 Maxwell 公司曾经是全球领先的超级电容器企业，具有成熟的超级电容器开发和制造技术，而 2021 年被 UCAP Power 收购。随着国家对新能源产业的政策支持，国内超级电容器产业也迎来飞速发展，自主研发能力的不断提升。我国目前较大规模的超级电容企业有南通江海、上海奥威、宁波中车新能源、烯晶碳能、北京合众汇能、锦州凯美、绿宝石、湖南耐普恩、风华高科、北京集星、哈尔滨巨容、深圳今朝时代、力容新能源、中天超容、山西德益等。

上海奥威是一个产、学、研一体化企业，拥有占地 66600 m^2 的产业化基地。作为“国家车用超级电容器系统工程技术研究中心”依托单位，注重安全节能与资源综合利用，开发设计的 UCR 和 UCK 系列超级电容器产品广泛应用于有轨电车、电动城市客车、电动矿车以及各种纯电动车辆。在 2021 年海内外市场受疫情持续影响的不利条件下，奥威正视动力储能器件行业的竞争环境，以市场为导向，以车用产品为主、储能产品为辅；以整车配套为方向、以系统集成为手段；努力研究新材料、新工艺、新结构和新系统，加快研发成果转化，以新技术路线为手段，各种应用作为突破口，在低成本储能应用及新品、船品、民品的研发认证、生产和市场拓展方面取得了突破。2021 年被上海市经信委“第三批绿色制造体系示范单位名单”中确定为五星级“绿色工厂”，并被工信部列入 2021 年度绿色制造名单，奥威的“绿色制造”获得国家级认定。2021 年正式测试运营临港新片区中运量 T1 示范线，开辟绿色交通领域新应用，“光谷量子号有轨电车”项目喜获第十八届中国土木工程学会“詹天佑奖”，成为有轨电车领域第一个获此殊荣的项目。

宁波中车新能源是从事超级电容器复合材料、超级电容器电极、超级电容器单体、储能电源模组、系统集成等的高新技术企业，开发设计的 3000 F 的圆柱形和 7500 F～60000 F 方壳超级电容器广泛应用于新能源汽车、有轨电车、特种重装能量回馈和储能等领域。2021 年 5 月，宁波中车新能源战略增资合作签约仪式在宁波顺利举行，此次吸引战略投资者 6 家，引资 4.95 亿元。宁波中车新能源通过此次战略增资合作，将有力推动研发能力、试验验证能力和评价能力提升，深化基础关键材料国产化研究；有利于推进公司产能升级，补齐产能瓶颈；助力公司聚焦拓展电力储能、轨道交通、汽车航空和工业自动化等战略市场。

南通江海主要开发铝电解电容器、薄膜电容器、超级电容器三大类电容器。其中，开发设计的超级电容器主要有宽工作温度、长循环寿命、高电压的双电层电容器，以及低内阻、高能量密度、高功率密度的锂离子电容器。产品广泛应用于智能三表、物联网 风电变桨后备电源、汽车启停等领域，通过国际合作形成战略联盟，江海牌产品已快速进入汽车特别是电动汽车领域。2021 年在超级电容器业务方面，巩固和提升了其在智能表、轨道交通、电网等成熟市场的应用，在港口机械、采掘装备、电网调频、油改电、电动大巴等领域已先行先试。2022 年将发挥公司超级电容器品类全、渠道宽、应用广的优势，快速提升传统市场占有率，积极推进电网侧调频，钢厂、港口油改电，采掘装备等项目的超容应用，锂超容公交大巴示范运行。

烯晶碳能专注于功率型储能器件—超级电容器（EDLC）/混合超级电容器（HUC）的研发制造，目前拥有超级电容器 EDLC 自动化生产线 3 条及 1 条半自动生产线，具备年产超级电容器 2000 万支，年产 10 万套模组产线，混合超级电容器 HUC 产线 1 条，年产 400 万支单体。EDLC 单体产品全系列均为电压 3 V 体系，且全部采用干法电极工艺，产品已搭载了几十万辆车。HUC 单体系列的电压为 2.5 V～4.2 V，容量包含 3 Ah、4 Ah、5 Ah、6 Ah、9 Ah、20 Ah 等规格。HUC 系列产品兼备高功率和高能量，同时具有长寿命、高安全、宽温域等性能，面向车载冷启动电源、ADAS 冗余电源以及 48 V 微混、高压 HEV、燃料电池车辆，以及短时高频储能系统。

今朝时代拥有超级电容和锂离子电容关键材料、单体、模组、管理系统和系统集成的核心技术，主要有 2.7～3.0 V 的圆柱形超级电容器，主要应用于风力发电、新能源汽车、智能电网和轨道交通等领域，促进以超级电容为核心的高功率启停储能技术快速发展。2021 年 1 月，今朝时代与深圳清华大学研究院举行了科研合作签约仪式，标志着双方在产学研方面的合作拉开了新篇章，为技术创新提供有力的加持，助推高功率储能器件快速发展。

2021 年 5 月，中天科技已完成第一代的超容建设，打算用 2～3 年的时间建设第二代和第三代的超容生产线，把新型泡沫铝集流体和介孔碳纤维这两项关键材料应用到超容的生产制造中，从而生产出具有目标性能的超级电容器，希望加快推动超级电容产业和关键材料国产化，为我国新能源新材料行业发展作出贡献，助力国家“双碳”目标的达成。

6. 2021 年重点车型技术特点分析

（1）有轨电车

2021 年 2 月，中车四方所生产的超级电容应用于有轨电车“南湖号”中，采用无接触网超级电容供电，车辆在站台短暂充电即可畅达无忧。每列车包含四组超级电容箱，通过运用轻量化、高能量密度的超级电容储能供电方式，车辆总存储电量可达 48.6 kWh，再生制动时的能量回收效率不低于 80%。采用该超级电容具有能量密度高、循环寿命长、安全等级高、智能化管理等势。超级电容可利用车辆停站时间充电，只需在车站内设充电桩，超级电容充放电次数多，车辆启动加速度大，能源利用率高，节能环保。

（2）城市客车

2021 年 5 月，南通江海及苏州金龙共同开发，推出了首台锂离子超级电容器纯电动客车。这台超级电容纯电动客车车身长 10 m，可以乘坐 40 人，车上搭载的锂电子超级电容器由南通江海股份生产，客车只需充电 5 min，续航 30 km，十分适合公交线路运营。而且它的充电装置可以设在公交站台上，在半空中充电，既节约用地又安全环保。

（3）工程车辆

2021 年 5 月，上海奥威科技研发生产的超级电容应用在首批 335 t 智能、绿色、无人型鱼雷车上，填补了国内外智能环保鱼雷车领域研制空白。根据无人型鱼雷车高温、重载、低速的运营工况，利用超级电容器工作温限宽、安全性高、可快速充电等特点，为其提供智能化无人鱼雷车提供了安全、可靠、高效的动力电源。与传统机车加鱼雷车运输方式相比，该型鱼雷周转率可提高 2.5 倍，有效减缓铁水降温和燃油消耗，按年生产 1500 万 t 铁水计算，每年可节约标煤 4000 t，减少二氧化碳排放量 1 万 t，节能减排效果显著。2021 年 8 月，高 5.4 m、长 13 m、宽 4.5 m，自重 110 t、载重 150 t 的无人驾驶智能矿山车在青岛下线，该车搭载超级电容，相比传统燃油车可节能 80% 以上。

（4）电动船舶

2021 年 11 月，上海奥威参建的上海市客轮有限公司“新生态”号车客渡船完成试航。“新生态”号车客渡船总长 65 m，型宽 14.5 m，型深 4.3 m，针对营运中高频往返、停泊时间短的特点，采用了高性能超级电容作为船舶动力，并配套 2.5 MW 级直流岸电系统充电方案，电容系统储能 625 kWh，电压范围 604～853 V，最大充放电电流可达 5200 A。“新生态”号车客渡船能够充分利用超级电容快速充放电和循环次数高的特性，实现正常航行零排放，在停泊上下车客的短时间内完成充电，每年能够节省燃油 500 t 左右。上海市客运轮船有限公司计划调试后于 2022 年投运该渡船。

7. 未来几年车用超级电容器产业发展建议

（1）提高性能、降低成本是超级电容器发展的主旋律

无论是功率型的双电层电容器还是能量型的混合电容器，提高超级电容的能量密度、功率密度、寿命、安全性、一致性和低温特性等，降低超级电容器的成本始终是超级电容器发展的主旋律。功率型超级电容以开发高比表面、高电压、低内阻碳材料，高电压、高电导率电解液代替现有超级电容

电池材料为关键，提升关键材料的国产化率，降低生产成本，提高单体的容量和响应时间，降低 RC 值，实现单体的超高比功率。能量型超级电容以开发高功率、高比能量和高低温性能优异的新型储能电极材料，高电导率和宽温度电解液，高离子传导性隔膜，低内阻集流体为切入点，提高关键材料国产化率，在保持超级电容高比功率、长寿命的同时大幅度提高比能量，并且兼顾低温使用性能。

(2)应用需求为驱动带动超级电容器产业发展

超级电容的应用领域从传统的能量回收、备用电源，创新地拓展了轨道交通和城市客车的纯电容驱动等领域，打破了国际上“超级电容器只能作为辅助电源”的传统观念。港口设备、矿山机械/车辆和电梯等导入期的市场领域就已经颇具规模。超级电容在电网调峰、调频、备用、黑启动、需求响应支撑等方面也发挥着无可替代的作用。超级电容器的发展应以终端应用为驱动，紧贴应用需求，以开发高性能电极、电解液、隔膜、容纳件和新的技术体系为前提，以发展新型高性能器件和系统为目的，以关键制造技术和智能制造设备为支撑，各部分环环相扣，最终实现上下游产业链的协同发展。

(3)产学研用融合，解决实际问题

超级电容器虽然已建立了科研体系和产业体系，但企业需求和科学研究的方向不尽相同。高校、企业、研究所各做一段，从科技创新到产业化，中间存在脱节的现象。因此，超级电容器产业发展过程中，需要围绕产业链部署创新链，打通创新链和产业链，形成由企业牵头、高校等各方参与的创新联合体，实现产学研用深度融合，让研发瞄准真问题，指导超级电容的生产、质量控制和实际应用，解决超级电容器产业的实际问题。

(4)完善超级电容产业相关技术标准体系

基于超级电容行业需求，建立完善的超级电容器产业相关技术标准体系，为超级电容器规范生产流程、建立产品规范提供指导，促进相关领域行业技术交流、技术合作，并为消除贸易壁垒提供标准支持。规范行业发展方向，明确应用领域，提高相关企业及产品市场准入门槛，促进行业的健康发展。

8. 其他重要的方面

政策方面，国家和各省市层面发布了多项有关超级电容器行业的政策。2021 年 1 月，工信部印发《基础电子元器件产业发展行动计划(2021—2023 年)》，在新能源汽车和智能互联网汽车应用方面，提出重点推动车规级传感器、电容器(含超级电容器)、电阻器、频率元器件、连接器与线缆组件、微特电机、控制继电器、新型化学和物理电池等电子元器件应用。2021 年 3 月，国务院发布了《中华人民共和国国民经济和社会发展第十四个五年规划和 2035 年远景目标纲要》，集中攻关超导、超级电容等储能技术，研发储备液态金属电池、固态锂离子电池、金属空气电池等新一代高能量密度储能技术。2021 年 7 月，工信部、科技部、财政部、商务部等部门联合发布了《关于加快培育发展制造业优质企业的指导意见》，明确指出依托优质企业组件创新联合体或技术创新战略联盟，开展协同创新，加大基础零件部件，基础电子元器件、基础软件、基础材料、基础工艺、高端一起设备、集成电路、网络安全等领域关键核心技术，产品、装备攻关和示范应用。

基础研究方面，超级电容电极材料方面研究较多的为石墨烯或石墨烯复合材料。中国科学技术大学 Wu 等利用电化学石英晶体微天平技术研究了溶剂化离子液体在单层石墨烯表面的电化学双电层响应机制。MXene 作为一种新型二维过渡金属碳化物，具有超高的导电性、高的理论比容量以及高本征密度等特点。天津大学 Wu 等利用 MXene 水凝胶构建柔性多孔膜实现高倍率致密储能，在功率密度高达 41.5 kW/L 时，基于电极材料的能量密度仍能保持 21 Wh/L。金属离子电容器包括锂离子电容器、钠离子电容器、钾离子电容器和锌离子电容器等，由于金属离子电容器具有更高的能量密度被誉为是下一代超级电容器，备受研究人员关注。中国科学院电工研究所 An 等提出了一种基于自蔓延高温合成规模化制备石墨烯/碳复合材料的通用方法，通过正负极碳材料同时修饰石墨烯后比容量和倍率都得到提升，并基于此研制出 1100 F 软包装锂离子电容器，器件的能量密度高达 31.5 Wh/kg。

(十) 车用驱动电机及系统

(上海电驱动股份有限公司　张舟云；
中国汽车工程学会战略研究院　赵　迁；上海燃料电池汽车商业化促进中心　贡　俊)

1. 2021 年车用驱动电机及系统产业总体发展与技术进展

(1)车用驱动电机及系统产业总体发展情况

2021 年我国新能源汽车实现持续快速增长。根据工信部统计数据，我国新能源汽车产销分别达到 354.5 万辆和 352.1 万辆，同比均增长 1.6 倍，市场占有率达到 13.4%，较 2020 年提高 8%。其中，纯电动汽车产销分别达到 294.2 万辆和 291.6 万辆，同比分别增长 1.7 倍和 1.6 倍；插电式混合动力汽车产销分别达到 60.1 万辆和 60.3 万辆，同比分别增长 1.3 倍和 1.4 倍。2020 年一季度我国新能源汽车依然保持了同步快速增长，我国新能源汽车进入“产销规模快速增长、质量品牌快速提高、产品出口快速增长”的发展新阶段；同时我国新能源汽车产业发展也面临国际竞争压力增大、产业链供应链安全风险等挑战，全面提升我国新能源汽车自主产业链韧性和竞争力是关键。

在新能源汽车电驱动系统方面，三合一电驱动总成在纯电动汽车应用占比越来越高，特别是 A0 级以上电动汽车。根据新能源乘用车保险数据统计，2021 年我国新能源汽车三合一及多合一电驱动系统装机量达到 174.6 万套，占比达到

50%,电驱动系统的集成化趋势明显。其中,弗迪动力、特斯拉、蔚来驱动科技、日本电产等前10家企业销售电驱动系统市场占比达到86.4%,产业集中度较2020年有明显提升。在新能源汽车驱动电机、电机控制器和减速器等核心零部件市场中,均呈现了较为明显的产业集中度提升的趋势。弗迪动力、特斯拉、方正电机、上海电驱动等前10家企业销售驱动电机市场占比达到73.8%;弗迪动力、特斯拉、汇川技术、阳光电源等前10家企业销售电机控制器市场占比达到75.0%;特斯拉、弗迪动力、五菱工业、株洲齿轮等前10家企业减速器市场占比达到72.4%。此外,与2020年相比较,我国新能源汽车自主电驱动系统供应比例提升,其中三合一电驱动系统国内供应商占比达到60%,驱动电机、电机控制器、减速器国内供应商占比均达到70%以上,我国自主供应能力明显提升。

在出口方面,我国如精进电动、上海电驱动等为北美、欧洲、印度等企业批量出口电驱动总成系统,其中上海电驱动自2020年起开始批量出口法国雷诺汽车,2021年销售达到4.8万台套,我国自主零部件海外市场占比稳步提升。

(2)车用电驱动系统技术进展

在驱动电机方面,扁线电机技术发展迅速,在绕组设计、冷却工艺、效率等方面获得全面提升。Hairpin、Ipin、波绕组等扁线多种形式同步发展,集成油冷结构和油水复合冷却开始应用,适用于高速运行的多层扁线绕组成为主流。与圆导线驱动电机相比较,结合油冷技术的扁导线电机,功率密度可提升10%~20%,峰值效率可提升0.5%~1.0%,中低速工况下运行平均效率可提升2%~3%。国外如大众、通用、FCA、现代、丰田、本田等新能源汽车驱动电机多采用扁线定子技术,国内如上汽、比亚迪、长城、蔚来、理想、一汽、长安等多数车型采用了扁线电机技术,扁线电机在高转矩大功率驱动电机应用领域需求越来越普遍。

在电机控制器集成方面,碳化硅器件在大功率电机控制器中应用越来越普遍,800 V高电压平台在大功率车型中开始应用,电力电子器件互用与辅助热管理控制技术开始应用。应用高压SiC器件开发大功率电机控制器,可兼容400 V与800 V电压平台,实现电机控制器效率提升;利用电机控制器功率器件和电机绕组电感特性,开发Boost变换器,兼容高低压充电技术,比亚迪、长安汽车等开发并应用了充电逆变一体化技术以实现高低压充电技术的兼容;长安汽车利用电机控制器与电机进行动力电池主动加热功能(热管理辅助)实现应用,以提升整车冬季充电速率和续驶里程。

在高速减速器方面,单挡减速器在纯电动乘用车依然应用占主导,总成布置以平行轴为主,少部分采用同轴布置。高速齿轮、高速轴承和油封、高效冷却与润滑等技术量产应用,两挡减速器、双电机动力集成等在部分大型车辆上开始应用。国内外大众、宝马、比亚迪、上汽变速器等多个企业的减速器产品最高输入转速达到16000~18000 r/min以上,特斯拉Model S Plaid减速器高达20000 r/min。为了实现更好的冷却润滑,电机与减速器共腔体的主动润滑技术获得应用,采用电子油泵进行润滑油量调节。除此之外,为兼顾最高车速和加速/爬坡性能,吉凯恩、舍弗勒推出的两挡AMT分别应用于宝马i8、长城魏P8,保时捷卡宴等,上汽采用双电机两挡电驱系统(同步器换挡)量产应用于Marvel X,广汽埃安也即将推出双电机两挡电驱系统。

在多合一集成方面,集成电机控制、升降压变换、充电与逆变等多电力电子器件与多功能的融合设计成为重要技术方向,如比亚迪海豚八合一电驱动总成、长安超集七合一电驱动总成、华为DriveONE七合一电驱动总成等。与分体设计比较,多合一电驱动总成通过功率部件和电气部件的共同,使得整体体积减小约20%、重量减少约15%,同时可缩短各部件之间高压连接长度,降低动力系统电能传递损耗。随着汽车电动化专用底盘开发,域控制器逐步开始应用,通过域控制器的整合,分散车辆动力总成核心零部件实现信息互联互通和资源共享,实现软件可升级、硬件和传感器可更换、功能可扩展。随着整车动力域的发展,电驱动总成将进一步融合整车VCU、热管理TMS、电池BCU等,实现超融合动力域多合一电驱动总成。

在深度耦合电驱动总成方面,经过多轮技术和产品迭代,深度耦合电驱动总成的技术方向逐步明晰,扁线电机、油冷技术、高速减速器、碳化硅器件、兼容800 V电压平台、功能安全、硬件加密等核心零部件与关键技术开始集成与应用,系列化、规格化、功率转矩可扩展的深度耦合电驱动总成产品不断增加。采用相同的结构集成和零部件共用,通过调整电机铁心长度、功率模块规格、减速器速比等来实现电驱动总成输出功率与转矩的系列化,可大幅度降低产品开发周期与成本,如博世eAxle电驱动桥系列化产品、博格华纳iDM电驱动系统等。

在混合动力总成产品(DHT)方面,其核心混合动力专用变速箱技术近年来在我国取得突破。DHT采用混动专用高效发动机、高密度驱动电机作为动力源,基于发动机、电机效率MAP特性对混合动力控制策略进行全模式优化,使得发动机始终工作在最高效率点,达成全速域、全工况效率最优。国内多家汽车企业如比亚迪、吉利、长城、广汽、奇瑞、东风等纷纷推出自主混合动力总成产品,国产新一代DHT技术助推国内开启混动“新元年”。

在新能源商用车动力总成方面,中央直驱构型、集中式电驱动桥、分布式电驱动桥等多种动力总成构型在不同商用车领域获得应用。商用车动力总成系统从简单构型向高集成度、低能耗、全工况的机电耦合动力总成方向发展。面向公交客车,纯电直驱系统由于具有良好操控性、动力学和效率优势,仍然是主流构型之一;同时,分布式驱动由于低地板和轻量化优势,开始在公交客车开展应用。面向重型货车、物流车、矿卡等不同应用场景,持续开发高效率、高可靠性、长寿命的驱动电机与耦合机构及其不同构型,持续降低电驱动系统能耗,提升商用车动力总成性能及可靠性是重要方向。

2. 我国车用驱动电机及系统产业发展趋势

伴随着我国新能源汽车快速发展,作为核心动力总成零部件的电驱动系统产业处于快速发展阶段,产业链上下游纷纷布局,推动我国新能源汽车快速发展。以下从电驱动系统自主产业链、扁线电机与碳化硅电机控制器、机电耦合总成等几个方面,阐述我国车用驱动电机系统的产业发展趋势。

(1)电驱动系统自主产业链发展迅速,零部件国产化趋势明显

在功率半导体器件方面,嘉兴斯达半导体、比亚迪微电

子、中车半导体等企业自主IGBT芯片和模块均实现了在新能源汽车大批量应用。以嘉兴斯达半导体为例，2021年，斯达半导体与上海华虹半导体合作将8inIGBT技术导入到12英寸生产线，推出了基于12in晶圆生产工艺的车规级IGBT芯片及模块产品，并实现批量装车应用，对于解决我国新能源汽车功率半导体芯片短缺问题具有重要意义。在第三代宽禁带半导体器件方面，我国比亚迪“汉”电动车均已经量产应用了基于碳化硅器件的电机控制器；精进电动大功率碳化硅电机控制器实现了德国大众Traton商用电动车出口应用；中车时代电气也推出了基于自主碳化硅器件的电驱动总成，碳化硅功率器件在新能源汽车市场应用快速增加。

在膜电容器方面，我国以厦门法拉、上海鹰峰、比亚迪汽车、中车时代电气等为代表的企业持续推出了多款适用于不同封装功率器件的电容器产品，实现了国产化配套。以厦门法拉为例，基于2.2~2.4 μm金属化膜的超薄膜电容器批量用于博世、大陆、法雷奥-西门子、大众、宝马、比亚迪、蔚来、上海电驱动、汇川技术、巨一自动化等国内外新能源汽车与电驱动客户；同时国内多个企业和研究机构启动了高温电容器的研发，应用于碳化硅器件的功率部件高温集成。

在铁磁材料方面，我国宝武集团、首钢股份等推出适用于新能源汽车的驱动电机无取向规格产品，形成了厚度为0.2~0.35 mm、不同磁感、不同铁损的系列化、规格化产品，并实现了量产出口。宁波韵升、中科三环、江西金立等推出了多款采用渗透工艺和晶界扩散技术的低重稀土永磁材料，批量应用于国内外多种规格的新能源汽车驱动电机。

在绝缘系统方面，苏州巨峰、东方材料等推出了包括绝缘漆、绝缘纸、灌封材料等绝缘系统产品。以苏州巨峰开发的高端绝缘材料为例，绝缘系统PDIV达到1300 V，耐电晕寿命超过200 h，产品在精进电动、卧龙电气、比亚迪、上海电驱动、安徽巨一、天津松正等开展应用。

在高速轴承方面，人本轴承、八环轴承、洛阳轴承等纷纷推出了适用于新能源汽车驱动电机和高速减速的高速轴承。其中，人本集团有限公司开发的驱动电机高速轴承BS、EH等形成了系列化产品，包含开式深沟球轴承、带密封深沟球轴承、低力矩圆锥滚子轴承等类型，深沟球轴承Dmn值最高可达130万mm. r/min，轴承最高转速可达到20000 r/min以上，实现了高速轴承的自主研发。

（2）扁导电机、高电压平台和碳化硅电机控制器市场应用快速增加

扁导线绕组是提升电机转矩和功率密度以及效率的主要手段。乘用车电机峰值功率高达300 kW及以上，功率密度达6.0 kW/kg，峰值转速达20000 r/min以上。根据国汽战略研究院分析和预测，2022年扁线电机在大功率纯电动汽车和插电式混合动力汽车销量有望突破200万台。联合电子、华域电动、中车时代电动、天津松正、苏州汇川、安徽巨一、上海电驱动等多家驱动电机和电驱动系统企业投资了扁线电机生产线，扁线电机制造已具备一定的产业规模。

以碳化硅器件为第三代宽禁带半导体器件在新能源汽车应用快速增加。当前碳化硅器件的成本约为硅基功率器件的3~4倍，碳化硅电机控制器整体成本高于硅基电机控制器。电驱动系统采用碳化硅器件的高电压优势，使得核心电动化部件实现高压化，提升整车能量效率，并配合大功率充电技术可实现快速充电，碳化硅电机控制器在高电量长续航电动乘用车、运营商用车等具有良好的应用前景，比亚迪、长安、东风岚图、广汽埃安等企业纷纷推出800 V高电压平台高性能电动汽车。根据国汽战略研究院分析和预测，2022年基于碳化硅电机控制的电机驱动系统销量有望达到60万台套。

（3）电动化促进了插电式混合动力技术进步，产业发展速度加快

插电式混合动力典型构型有串联、并联、混联等三种类型，其中串联式的驱动力来源于电机，仅一套驱动系统，以日产e-power、宝马i3和理想ONE为代表；并联式的驱动力由电机或发动机同时或单独供给，有两套驱动系统，吉利、比亚迪、大众、长城、奇瑞等均推出了基于P2或P2.5/P3的混合动力系统；混联式兼具串联和并联两种系统机构，有串并联和功率分流等多种混合驱动模式；其中，串并联混合动力以本田i-MMD、吉利DHT Pro、比亚迪DMi、长城Lemon等为代表，功率分流以丰田THS系列、通用、福特、克莱斯勒以及科力远CHS为代表。近年来，我国在插电式混合动力专用变速箱技术取得突破，比亚迪汽车、吉利汽车、长城汽车等多个汽车企业推出了混合动力总成产品（DHT）。DHT采用混动专用高效发动机、高密度驱动电机作为动力源，基于发动机、电机效率MAP特性对混合动力控制策略进行全模式优化，使得发动机始终工作在最高效率点，达成全速域、全工况效率最优。在P1+P3与减变速器耦合总成方面，以比亚迪E-CVT混合动力变速箱总成为代表，E-CVT电驱总成集成了发电机、驱动电机、直驱离合器、单挡减速器、双电机控制器和油冷系统等，可实现EV纯电驱动模式、HEV串联、HEV并联以及发动机驱动等多种模式，搭载比亚迪秦PLUS、宋PLUS和唐等混合动力车型实现量产销售。在混联双行星排机电耦合总成方面，以吉利混合动力系统“雷神动力”DHT Pro系统为代表，DHT Pro采用P1+P2结构，通过双电机、双行星排、制动器、离合器等实现多模式驱动，具备1挡和2挡纯电、2挡串联、3挡并联等20种运行模式，适用于从A级到C级车型。据国汽战略研究院预测，2022年，我国多车企DHT混动系统研发产品开始应用，多款混动车型上市销售，DHT混动系统有望达到150万套搭载应用。

3. 2021年行业重点代表性产品发展情况

（1）高功率密度油冷扁线电机

高效率高密度是驱动电机明确的技术发展方向。2021年上汽智己L7汽车搭载自主高效油冷扁线电机，最高转速17000 r/min，峰值功率达到250 kW，峰值扭矩475 Nm。根据上汽公开报道资料，该电机采用了8层扁线平衡绕组和定子铁心全范围直接油冷技术，实现了峰值功率密度7 kW/kg，持续功率密度达4.3 kW/kg。

采用发卡式绕组的高密度扁线电机已经广泛应用于一汽、长安、上汽、广汽、长城、长安等国内乘用车三合一和多合一总成系统，并在比亚迪、长城、吉利等混合动力总成系统中获得应用。

（2）高效率碳化硅电机控制器

高功率密度、高集成化、高效率、高安全的技术是电机控制器的发展方向。2020年7月，比亚迪王朝系列推出汉EV

新能源车型，采用自主研发的 SiC MOSFET 全桥功率模块，电机控制器功率密度超过 30 kW/L，NEDC 工况综合效率达到 98.5%，工作结温高达 175 ℃。相比 IGBT 器件，SiC 功率器件开关总损耗可降低 80% 以上，可实现电机控制器的高载频应用，降低电流谐波。

比亚迪自研 SiC 功率器件具有超低损耗、超高工作结温的优势，可显著提高电机控制器效率和整车续航能力。SiC 电机控制器峰值效率超过 99%，相同 NEDC 工况下，相比 IGBT 电机控制器，SiC 电机控制器带载比亚迪汉电动车百公里能耗可降低约 0.4 kWh。SiC 功率器件的量产应用推动了高功率密度电机控制器的快速发展，进一步提升了电驱动总成系统性能。

（3）吉利雷神机电耦合总成 DHT Pro

高效多模混合动力专用机电耦合系统是混合动力的重要核心，吉利 DHT Pro 系统采用 P1+P2 结构，DHT Pro 轴向尺寸 354 mm，采用 3.5 mm 壳体壁厚设计，整机重量 120 kg（含油），差速器最大传递扭矩 4920 Nm，扭质比达到 41 Nm/kg，该产品搭载吉利星越 L PHEV，NEDC 综合油耗达到 4.3L/100 km。DHT Pro 采用 P1+P2 结构的混联式混合动力系统，通过双行星排、制动器、离合器等实现多模式驱动，可灵活在纯电、串联、并联等模式切换，实现多挡电驱动与 20 种驾驶模式，兼顾了动力性与经济性。

2020 年以来，国内自主汽车企业加大混合动力技术投入，除了吉利“雷神动力”DHT Pro，比亚迪 DM-i 混动、长城柠檬 DHT 混动、广汽绿擎混动-GMC 第二代、奇瑞鲲鹏 DHT 混动、东风马赫 DHT 混动等纷纷搭载整车批量上市，我国插电式混合动力轿车实现快速发展。

4. 电驱动行业发展技术难点与产业发展建议

经过 20 年持续攻关与产业化，我国新能源汽车电驱动行业取得了长足进步，产品性能不断提升，产业链日益成熟，然而我国在面向更高集成度、更高效率电驱动系统、核心材料与元器件、协同创新与软件人才方面依然面临诸多挑战。

（1）持续开展核心技术攻关，加大电驱动系统集成研发

呼吁政府与行业加大对高密度集成、高效率、高效冷却、低噪声等电驱动总成技术进步的支持力度，加大功率器件集成与互用、全气候主动加热与热管理集成、域控技术等开发与应用，加快研发高速、高性能减速器产品，支持高投入的前瞻基础技术研究，从源头上促进电驱动系统的原始创新。

（2）支持我国自主核心产业链快速发展

重点支持高价值和稀缺的核心零部件和关键材料，加大在 IGBT 和 SiC 芯片研发与制备、集成电路与微处理器研发/测试/应用、基础软件等方面的投入；鼓励整车企业和电驱动集成商应用国产功率器件、主控芯片及软件系统，提供补贴支持政策与一定的风险保障。

（3）加强行业协同与专业人才建设

在整车应用、技术标准、基础设施、产学研联盟等方面继续加强合作，推进行业协同创新，实现资源优化配置的增值效应。鼓励企业积极引进电力电子相关行业的优秀人才，加大国内基础软件开发人才培养与人才梯队建设，政府与企业层面积极推行多种人才激励政策，促进我国专业人才队伍发展。

（十一）电动汽车高压快充技术及整车电气架构

（同济大学　魏学哲）

1. 背　　景

（1）电动汽车快充的必要性

长期以来，“里程焦虑”是严重阻碍电动汽车产业化的痛点。目前，以新标欧洲循环（NEDC）测试，国内主流纯电动汽车续航里程都已经达到 600 km，与燃油车的续航里程基本相当。即便如此，车主们的焦虑并没有得到改善，究其根本，是因为汽车厂商为了解决“里程焦虑”，普遍采用了增加电池容量的方案，这也导致充电时间延长，从而导致了“充电焦虑”。

燃油车加油速度很快，且有大量的加油站做支撑，相比之下，目前国内很少有支持快充的公共充电桩。且大部分车位不支持加装快充充电桩，甚至相当一部分车主没有固定的停车位，这就造成大部分电动车车主的充电习惯不得不和燃油车主的加油习惯保持一致，即当车辆快要缺电时寻找充电桩充电，并不能像理想中的模式，即在晚上停车时用慢充方式提前充好第二天所需的电量。

为了解决这种“充电焦虑”，提高充电功率，缩短充电时间是势在必行的技术创新和模式探索。如特斯拉在一开始就意识到了快充的重要性，其超级快充方案就是走提高电流的技术路线，用 600 A 的大电流实现 250 kW 的快充。

（2）800 V 快充技术的必要性

快充技术的核心在于提高直流充电功率，由于 P＝UI，技术路线上可以选择提高电流或提高电压两条路径。大电流直流充电具有比较明显的缺点，线缆粗细限制了大电流模式的上限，而且低电压带来的电流过大、电阻散热问题也必然会相应地增加整车成本，降低产品竞争力。

当前主流新能源整车高压电气系统电压范围一般为 230~450 V，取中间值 400 V，笼统称之为 400 V 系统。业界一般认为车规级线束接插件的电流上限约 500 A，因为如果提高充电电流，电气系统设计复杂度将大幅增加，这意味着 400 V 系统下 200 kW 左右的充电功率会成为很多车辆设计的极限。如果提高电压，则可以在规避大电流带来的负面影响的前提下提高充电功率。在同样的充电功率下减小电流，对于线束、继电器等的要求可以降低，减少成本；更小的电流也会带来更小的充电损耗。

如果以充电功率达到 350~400 kW 为目标，800 V 的充电电压已经可以满足其需求，进一步提高充电电压的意义不大。因此，大多数整车厂商都以 800 V 的快充为目标。当整车 400 V 系统升级到 800 V 的高压系统时，会带来许多衍生的问题，如充电功率和驱动功率提升带来的电池设计以及管

理问题、SiC 技术带来的高频斩波问题、电压的提升所带来的耐压以及绝缘设计等问题。

2. 800 V 快充关键技术

(1)SiC 半导体技术的应用

特斯拉的超级快充方案选择增加电流至 600 A 而非提高电压来实现 250 kW 的快充，这种决策很大程度源于零部件的限制。以 Si 基 IGBT 为例，450 V 下其耐压为 650 V，如果汽车电气架构升至 800 V，考虑开关电压开关过载等因素，其对应的功率半导体耐压等级需达到 1200 V。虽然英飞凌、富士、罗姆等功率器件厂商在 2019 年左右就有 1200 V 耐压的汽车级 IGBT 模块面世，对于 800 V 高压系统应用而言似乎供应链已经相对成熟，但是高耐压的 IGBT 阻抗升高，频率性能下降，从图 1-2-26 可以明显看到在同等的频率下，由 400 V 系统升高到 800 V 系统后，Si 基 IGBT 器件的导通损耗、开关损耗都有显著的上升，如果在 800 V 高压系统领域走 Si 基 IGBT 技术路线的话，就会出现成本上升但效能下降的问题。

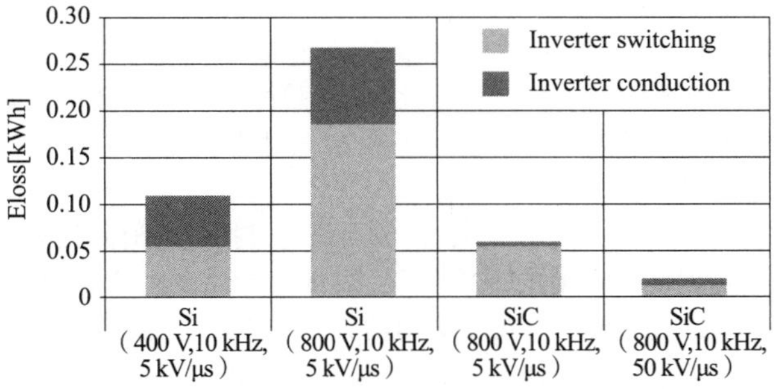

图 1-2-26　硅基 IGBT 在 400 V 和 800 V 系统中的能耗分析

而随着 SiC 半导体的发展，解决了由 Si 半导体带来的技术难题，SiC 的禁带宽度是 Si 的 3 倍，使其具备在高温下稳定工作的能力；SiC 的电场强度是 Si 的 15 倍，使其导通阻抗低，导通能耗降低；SiC 的电子饱和率是 Si 的 2 倍，可以有更快的开关速度，开关损耗降低；SiC 的导热系数是 Si 的 3.5 倍，能带来更好的散热性能，如图 1-2-27 所示。

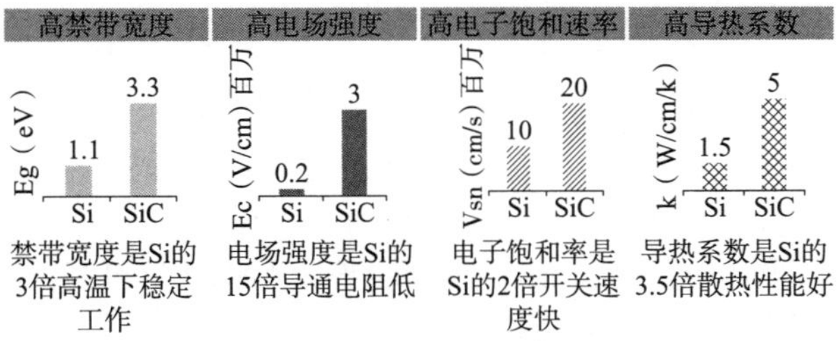

图 1-2-27　半导体级别下 SiC 和 Si 的比较

这些优势有助于高压部件设计优化和整车优化，主要体现在如下两方面：

第一，SiC 基 MOSFET 可以大幅提升逆变器效率以及电驱效率，降低整车能耗。相比 400 V 系统 Si 基 IGBT，无论 400 V 系统还是 800 V 高压系统，SiC 基 MOSFET 逆变器损耗均可以降低 50% 左右，提升电驱效率继而降低整车能耗。第二，SiC 半导体不存在 Si 半导体在 800 V 下成本上升但效能下降的问题，所以在 800 V 高压电能变换领域 SiC 基 MOSFET 是最优选项。

(2)高倍率充电电池设计

材料对于电池的性能有显著的影响，特别是在快充过程当中，材料的性质以及电极、电池的结构都会影响快充的速率，本节将从电池材料、正负极以及电池形状三个方面讨论。

电池材料。电池的材料包括正负极活性材料、电解液、隔膜和导电剂等。动力电池中就负极材料而言，石墨或者掺硅的石墨负极仍然是主流方案。影响锂离子转移入负极并在其中扩散的电荷转移能垒、固相扩散能垒、扩散系数是材料本身的属性，在不改变负极材料的情况下较难得到大幅度的提升，但可以依靠工艺优化来改善的活性颗粒尺寸、颗粒孔隙率。例如，以颗粒孔隙率为例，高的孔隙率可以缩短锂离子从电解液扩散到活性材料内部的路程，从而减小浓差极化现象，因此可以采用纳米孔隙结构石墨颗粒等。

不同于负极材料，正极材料对电池充电能力的影响相对较低，也有更多的选择，例如 LFP、NCA 以及 NCM 几类，正极材料自身的性质例如电导率、晶体结构、表面修饰/包覆、材料形态等都会影响到电池的性能，其中，以材料电导率和晶体结构最为重要，表面修饰/包覆也可以提升正极材料的电子/离子电导率从而影响电池性能。

除此之外，在电解质中加入 SEI 成膜添加剂能够优先在电极表面发生氧化还原反应，促进生成致密、稳定的 SEI 膜，成膜添加剂主要包括不饱和酯类添加剂、含硫添加剂、锂盐类添加剂、无机化合物类添加剂和其他添加剂等。

电极特性。电极本身的特性也影响快充的性能。对于电极而言，表达锂离子传输路径相对长度的迂曲度、影响电解液浸润电极的孔隙率、电极涂层厚度、压实密度、负极和正极的容量之比 N/P 都是评估电极特性的重要指标。

对于负极而言，高的孔隙率可以使得电极材料与电解液接触更充分，离子运输更加容易，而迂曲度和压实密度都与孔隙率有一定的关系，因此，将孔隙率作为负极极片对电池充电能力影响程度最大的参数，涂层厚度次之。而材料 N/P 一般变化范围较小，在对充电能力重要性评价中影响较低，如图 1-2-28 所示。

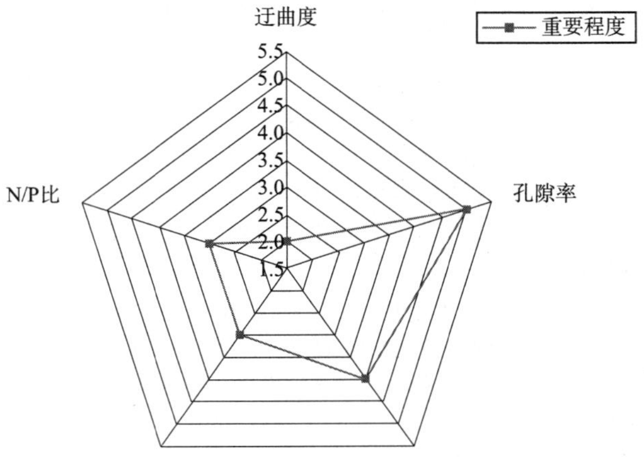

图 1-2-28　负极极片关键参数对充电能力影响的重要性程度

相比于负极，正极的孔隙率、非活性材料占比、质量载量等因素对电池充电能力的影响小得多，但是电极颗粒、形貌的不均匀性会导致活性材料锂化的差异从而导致颗粒破碎，进而引起电池内阻的变化，从而对电池充电能力造成影响。

电池尺寸。电池形状会影响电池内电流和温度分布的均匀性，特别是对于大型电池来说，形状是影响大倍率充电的非常关键的因素。一方面，由于隔膜等导热性差的材料存在，电池内部的温度分布总是比表面温度分布有更大的不均匀性，特别是对于方形硬壳和软包电池，极耳附近的温度是最高的，尤其是采用了低电导率的正极铝极耳附近往往比负极极耳附近温度更高；另一方面，极耳附近和其他位置处的电流分布也不一样，极耳附近的高电流密度会导致局部的过充，也会加速该区域的电池老化。

通过更改极耳的位置和数量可对电池内部电流、温度分布产生影响，两侧出极耳或者增加极耳的数量可以降低电流分布的不均匀性。极耳的宽度和集流体的厚度都会对锂离子电池在放电过程中的温度分布产生影响，极耳越窄、集流体越薄则电池内的温度分布不均匀性越大。

(3)电池的快充管理技术

电池的 SOX 估计。电池的 SOX 估计统指电池状态估计，是电池快充管理的基础，它包括电池荷电状态（State of Charge，SOC）估计、电池功率状态（State of Power，SOP）估计、电池健康（State of Health，SOH）估计等。

荷电状态 SOC 反映了锂离子电池内部剩余电量的水平，准确的 SOC 估计不仅能够避免电池过充电、过放电，而且能够提高电池能量的利用效率，延长电池使用寿命，防止起火、爆炸等危险事故的发生，但是，SOC 没有办法直接测量得到，只能通过外部测得的电流、电压、温度等数据来估计，常用的 SOC 估计方法有安时积分法、特征参数法和状态观测器法。

电池的健康状态的影响因素包括由于电池的使用、充放电次数甚至过充过放等滥用情况产生的 SEI 膜增长、电解质分解、焦流器腐蚀等副反应。上述因素会造成电池 SOH 恶化，性能衰退，从外特征上表现为电池容量衰退以及内阻增加。电池 SOH 的影响因素很多且相互之间有很强的耦合性，导致 SOH 估计仍为电池管理研究中相对薄弱的环节，尤其是快充工况会加快电池的老化，需要加强快充电池衰减的研究。

电池的 SOP 估计可以评估电池在不同的 SOC 和 SOH 状态下充放电功率的极限能力，优化匹配动力电池组和充电桩之间的关系。电池 SOP 的实时估算也是整车控制单元进行能量管理和优化的重要决策之一，对于合理使用动力电池，避免电池过充、过放以及延迟电池使用寿命有重要的理论意义和实用价值。

从上述 SOX 估计方法可以看出，电池的 SOX 估计的前提和基础是电池电流、电压、温度等基础数据的准确性。然而，快充工况下电池的工作电流变化快、波动范围宽，使得传感器难以准确测取，且电磁干扰严重，从而导致获取准确的测量数据比较困难。

电池高低温热管理。锂电池具有较高温度敏感性和相对狭窄的工作温度范围。在充放电过程中，锂电池工作特性受其工作温度影响，其安全性和可靠性要求也限制了锂离子电池在大功率设备中的应用。

温度过低时，锂离子嵌入负极石墨的反应速率过慢，可能导致负极析锂。负极析锂现象会造成很大的危害：(1)析出的锂金属可能会与电解液反应，导致电解液减少，SEI 膜增厚等问题，这些都会导致锂离子电池内阻增大以及能量损失；(2)在石墨负极表面析出的金属锂如果未能重新嵌入就会形成死锂，这会持续消耗可循环的锂含量，导致容量衰减；(3)如果有大量的死锂产生，锂离子电池热失控的开始温度会大幅降低，影响热稳定性；(4)析出的金属锂可能会形成锂枝晶穿透隔膜，这会导致严重的内短路现象，再进而引发热失控。

温度过高则会导致副反应增加，SEI 膜增长，进而导致电池容量衰减，甚至引发热失控。

因而当锂电池工作温度超出适宜温度范围时需要对其进行热管理。锂电池热管理的核心是对传热效果进行控制，主要体现在三个方面：一是在低温工作环境下，需要对电池提供加热和保温的措施；二是在电池温度过高时，通过相应的散热措施给电池降温；三是保证电池模组温度的一致性。

电池快充管理。完善的电池的快充管理能够有效地提高电池的利用率，提高续航里程；防止电池出现过充电和过放电等滥用情况，来延长电池寿命；监控电池组以及单体电芯的状态，有效预防电池的自燃，实现对于突发状态的预警，保障车辆安全。

要实现电池的快充管理，就需要定量描述电池的相关状态，这就涉及电池的 SOX 估计、温度估计以及高低温管理。除此之外，还要通过在线监测的方式来判断电池是否析锂，进一步反馈到电池的快充管理策略中。析锂检测的方式有依据物理特性、电压特性、容量特性等外特性来检测是否析锂，也有弛豫电压法这种充电完成后的离线测量方法。要实现析锂的在线监测，需要寻找可以表征析锂与否的特征参数，并在快速充电时监测对应的特征参数。

(4)其他的快充关键技术

除了电池之外，整车电压的提升导致零部件的重新设计，同时对安全性也提出了更高的要求，800 V 的电池高压继电器、熔断器、连接器、充电桩都需要升级，高压带来的耐压与绝缘问题必须得到解决。

3. 面向 800 V 快充的整车电气网络架构

从趋势上判断，800 V 高压系统将会在未来成为高功率快充应用的主流方案。然而，产业链的转换并不是一蹴而就的，相应的配套设施如 800 V 充电桩以及 800 V 车载高压部件等短期内好不完善，不足以支撑 800 V 高压系统的推广。因而，当下 800 V 高压系统下汽车架构上需要考虑两个重点：第一是要兼容 400 V 充电桩和 800 V 充电桩的应用；第二是要兼容某些 400 V 车载部件的应用。基于以上两点就衍生出了以下五种不同的 800 V 高压系统下的汽车系统架构设计方案。

(1)800 V 快充的过渡方案

第一种方案如图 1-2-29(a)所示：其车载部件采用 800 V 下的设计，而电驱的升压采用兼容 400 V 直流充电桩的方案。这种设计的典型特征是：直流快充、交流慢充、电驱动、动力电池、高压部件均为 800 V；通过电驱系统升压，可以兼容 400 V 直流充电桩。

第二种方案如图 1-2-29(b)所示：其车载部件采用 800 V 下的设计，同时新增 DC-DC 模块来兼容 400 V 的直流充电桩。这种设计的典型特征是：直流快充、交流慢充、电驱动、动力电池、高压部件均为 800 V，通过增加 400 V～800 V 的 DC/DC 升压，可以兼容 400 V 直流充电桩。

第三种方案如图 1-2-29(c)所示：其车载部件采用 800 V 下的设计，动力电池可以灵活地输出 400 V 或 800 V，同时兼容 400 V 的直流充电桩。这种设计的典型特征是：直流快充、交流慢充、电驱动、动力电池、高压部件均为 800 V，两个 400 V 动力电池串联，通过继电器可以灵活地在 400 V 输出和 800 V 输出之间切换，兼容 400 V 直流充电桩。

第四种方案如图 1-2-29(d)所示：仅直流快充部分采用 800 V 下的设计，其余部件维持 400 V 下的设计，新增 DC/DC 部件实现电压的转换。这种设计的典型特征是：仅直流快充和动力电池为 800 V，交流慢充、电驱动、高压部件均为 400 V，新增 400 V-800 V 的 DC/DC，实现 400 V 部件和 800 V 动力电池之间的电压转换，兼容 400 V 直流充电桩。

第五种方案如图 1-2-29(e)所示：仅直流快充部分采用 800 V 下的设计，其余部件维持 400 V 下的设计，动力电池可以灵活地输出 400 V 或 800 V。这种设计的典型特征是：仅直流快充为 800 V；交流慢充、电驱动、负载均为 400 V，两个 400 V 动力电池串联，通过继电器可以灵活地在 400 V 输出和 800 V 输出之间切换，兼容 400 V 直流充电桩。

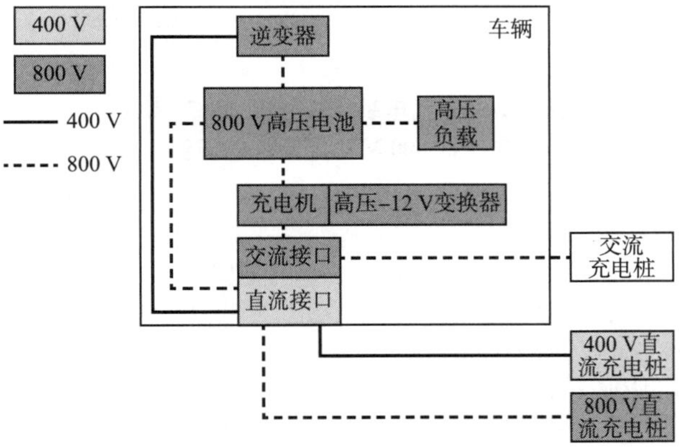

(a)第一种过渡方案

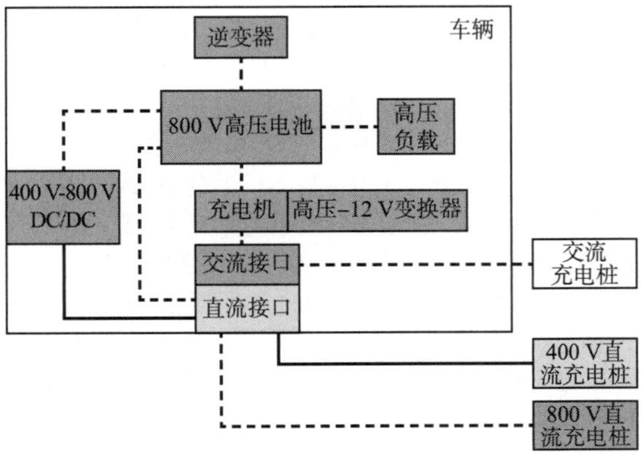

(b)第二种过渡方案

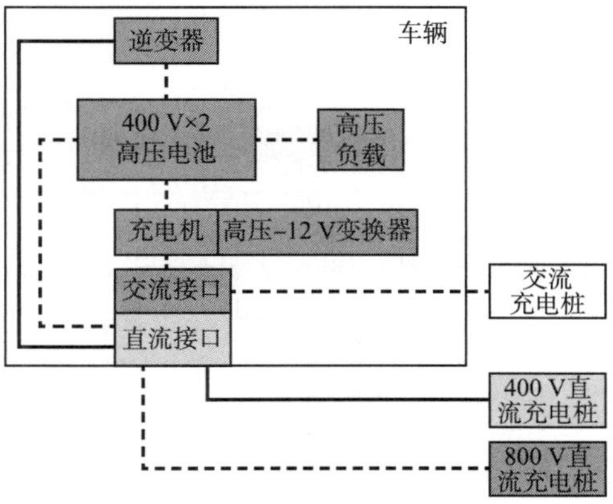

(c)第三种过渡方案

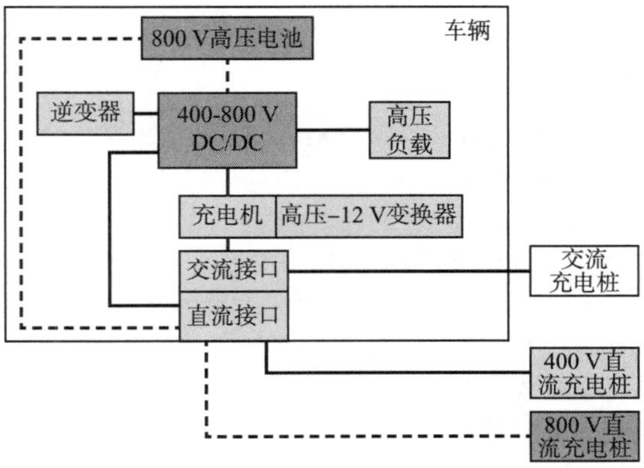

(d)第四种过渡方案

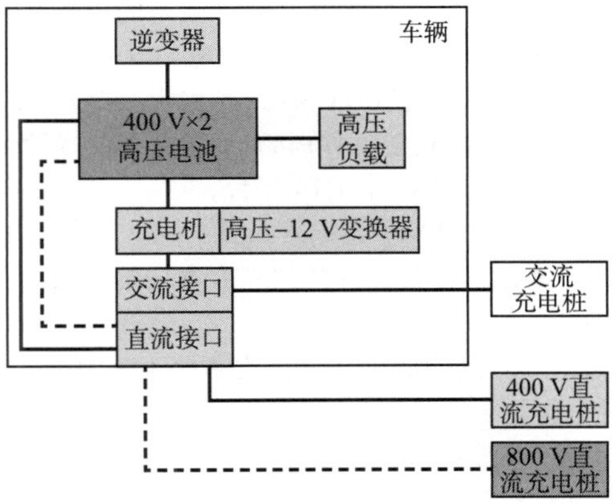

(e)第五种过渡方案

图 1-2-29　五种可能的 800 V 高压系统方案

例如，首先推出 800 V 快充的保时捷 TAYCAN 的 J1 平台，采用的就是一种过渡方案，它兼容 400 V 和 800 V 充电电压，其快充性能可以达到 270 kW，5 min 充电可满足 100 km 的续航，充电 15 min 即让电池 SOC 由 10% 上升至 80%，如图 1-2-30 所示。

(2)行业当前对于 800 V 快充的布局

事实上，在 800 V 快充领域，许多国内外企业也有自己的布局，在今后几年里都有各自的 800 V 车型或平台问世。

国内而言，比亚迪于 2021 年发布的 800 V 超充平台 e 平台 3.0 可以实现 5 min 充电满足 150 km 的续航；小鹏汽车在

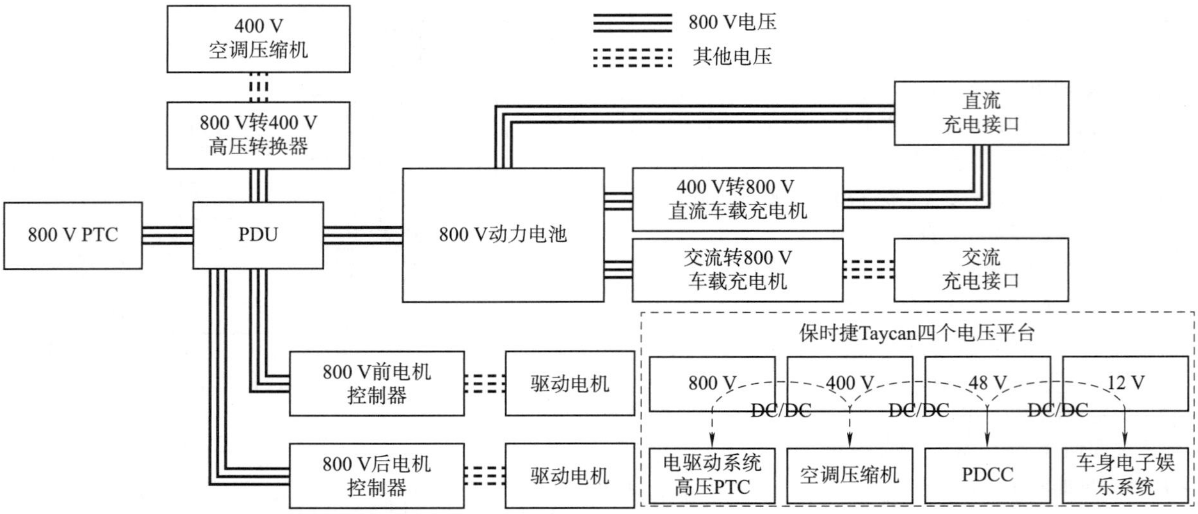

图 1-2-30　保时捷 Taycan 高压架构图

2021 广州车展展示了搭载了 XPower 3.0 动力系统的 G9 车型，是基于 800 V 高压 SiC 平台的量产车，未来将实现超充 5 分钟补能超过 200 km 的能力；理想汽车也预计在 2023 年量产 800 V 高压充电汽车，充电功率可达 400 kW，预计充电 10~15 min 能实现电池 SOC 由 10% 上升至 80%；华为的智能 AI 闪充平台电压可以达到 750~1000 V，电池无须预热，第一代 FC1 实现充电 15 min 电池 SOC 由 30% 上升至 80%，规划 2023 年和 2025 年该平台将分别升级达到 400 kW 下充电 7.5 分钟电池 SOC 由 30% 上升至 80%、600 kW 下充电 5 min 电池 SOC 由 30 上升至 80% 的能力。

国外的车企中，首先尝试 800 V 快充的保时捷预计于 2024 年上市的 PPE 平台可以达到充电 10 min 满足 300 km 续航以及充电 25 分钟使电池 SOC 由 5% 上升至 80%；宝马也将开发实现 350 kW 充电功率的 800 V 快充平台；奔驰将会在 2024 年推出基于 800 V 的 MMA 平台。

一种完全的 800 V 快充方案如图 1-2-31 所示，不同于上一部分的五种过渡方案，800 V 快充方案中的所有零部件都是基于 800 V 设计的。

然而，上述愿景实现最大的阻力来源于基础设施的建设以及维护，这就导致即使车辆配备了 800 V 快充技术，也仍然可能面临“车等桩”的局面，为了推进 800 V 快充技术落地，一方面需要基础设施建设助力，另一方面也需要一套标准使得高压充电桩能兼容各种车型，避免各自为政。

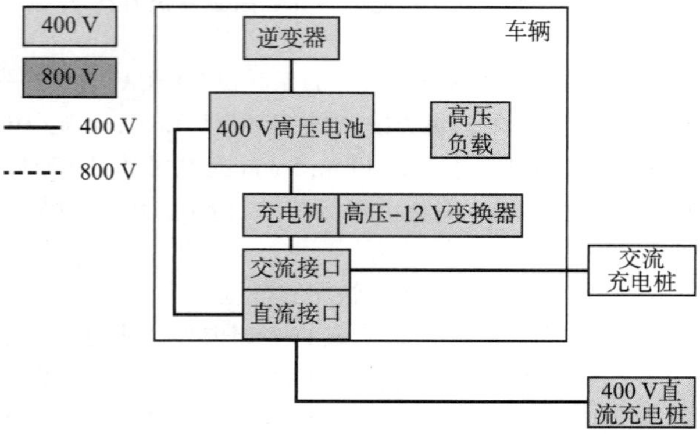

（a）400 V架构系统

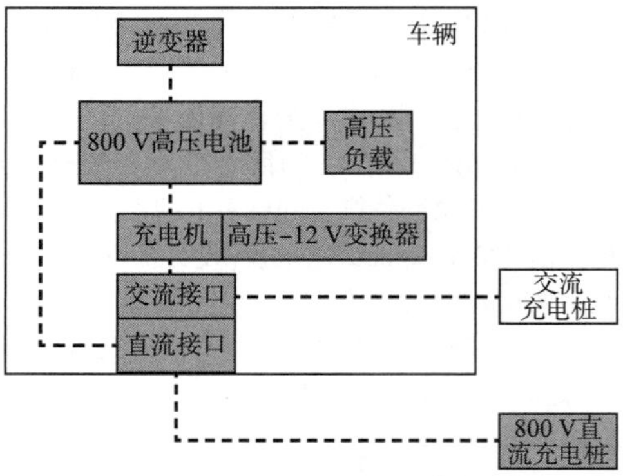

（b）800 V架构系统

图 1-2-31　汽车系统架构由 400 V 系统向终极 800 V 高压系统的演变

4. ChaoJi 标准

ChaoJi 充电标准源自我国，并与德国、日本专家交流推进，可支持 350~900 kW 的大功率充电，10 min 增加续航 300 km 以上。ChaoJi 标准统一了中国、日本以及欧洲的老标准，吸取了原有技术的优点。具有提高充电功率、增强充电安全性、统一接口标准、提升用户体验等方面具有突出的优势，充分考虑了未来技术的发展趋势。ChaoJi 标准的核心和精髓在于其兼容性，即向前兼容老标准，也具备可扩展性；ChaoJi 标准并不要求必须是大功率充电，也支持慢充。

ChaoJi 是一套包括充电连接组件、控制及导引电路、通信协议、充电系统安全、热管理等完整的传导充电系统解决方案，满足电动汽车充电快捷、安全、兼容的要求。ChaoJi 吸取了当前国际四大直流充电接口系统的优点，改进了原有系统难以克服的缺陷，适应大、中、小功率充电，满足家用及各类公共充电场景；接口结构小巧轻便，在机械安全、电气安全、电击防护、防火及热安全设计上全面优化；能与现有国际四大直流充电系统实现兼容，并充分考虑未来产业发展需求，可平稳升级。与现有的各接口系统相比，ChaoJi 充电系统在向前和向后兼容性、增强充电安全性、提升充电功率、提升用户体验以及国际认可度等方面具有突出的优势。

ChaoJi 标准体系包含 GB/T 18487.1《电动汽车传导充电

系统 第 1 部分:通用要求》、GB/T 27930《电动汽车非车载传导式充电机与电池管理系统之间的通信协议》、GB/T 20234.4《电动汽车传导充电用连接装置 第 4 部分:大功率直流充电接口》,行业标准《电动汽车大功率非车载充电机技术规范》和《电动汽车大功率非车载充电机测试要求》,随着 GB/T 20234.4 的立项,标志着 ChaoJi 标准体系已经全部立项完成。

ChaoJi 充电技术作为一种基于全世界三种主流充电系统和四种充电接口技术为基础而研发的新一代充电接口技术,计划用 15 年时间在电动汽车和充电设施行业同步开展新一代技术产业推广和升级,2022 年至 2035 年为过渡期,ChaoJi 接口和 2015 版国标接口在市场上并存,ChaoJi 充电系统拥有完善的兼容性设计,保证技术路线的顺利过渡。

ChaoJi 技术由国内主要车企、电网企业、充电设施运营商、设备制造商、连接器制造商等联合完成了研究工作,并需要与日本、德国、美国等国际化企业和专家进行了充分讨论和合作研究,ChaoJi 充电技术的未来依然充满了各种不确定性,有待市场和时间的进一步检验。

5. 总结与展望

随着 SiC 半导体的成熟,800 V 高压架构的实现成为可能,高压快充的实现可以极大程度缓解大电池容量带来的充电焦虑。同时,电压的提升所带来的一系列诸如元器件、整车架构变化、安全性等问题需要得到解决。这需要从电池材料、电池设计、电池管理等方面设计适应 800 V 架构的电池等零部件;也需要对整车架构从零部件、电磁干扰、高压绝缘等诸多角度重新设计。此外,相应诸如标准、通用化的高压充电桩等配套设施也是 800 V 快充系统推广的必要条件。随着大量国内外厂商投入资金研发、国家的大力推进,800 V 快充系统不久会成为解决乘用车充电焦虑的重要手段。

(十二)车规级芯片

(紫光国芯微电子股份有限公司 何 明)

1. 汽车芯片最近背景

汽车产业历经百年沉淀,已跨越"机械定义–硬件定义"的鸿沟,而在技术迭代下的"新四化"浪潮正推进其进入"软硬件共同定义"的智能化时代。作为继智能手机后,移动互联网浪潮下又一跨时代的产物,智能汽车是人工智能、软件、半导体、汽车、新能源、通信等诸多行业集聚半个多世纪成果的"核聚变",是下一个十年最大的科技浪潮,而在此过程中,无论是产业格局还是其价值链都将迎来史诗级的变革。

汽车芯片已广泛应用于动力总成、底盘、车身、座舱、自动驾驶、安全等诸多领域。汽车应用的芯片种类见表 1-2-10,车载芯片应用分布如图 1-2-32 所示。据中国汽车工业协会预计,2022 年新能源单车芯片数量将超过 1400 颗。由于车规级芯片在安全性上有着严苛的要求,相比消费电子进入门槛更高,竞争格局相对稳定,英飞凌、恩智浦、瑞萨、意法半导体、德州仪器等长期居于市场前列。车规级芯片主要包括功能芯片、主控芯片、功率半导体和传感器四类。功能芯片主要是指 MCU(微控制器芯片)和存储器,其中 MCU 负责具体控制功能的实现,承担设备内多种数据的处理诊断和运算;主控芯片是指在智能座舱、自动驾驶等关键控制器中承担核心处理运算任务的 SoC,内部集成了 CPU、GPU、NPU、ISP 等一系列运算单元;功率半导体主要是指 IGBTs 和 MOSFETs;传感器芯片主要包括导航、CIS 和雷达。

表 1-2-10 目前汽车应用的主要芯片种类

子系统	主要应用的芯片	子系统	主要应用的芯片
车内	MCU/AP/DSP	车身	LED
	DRAM		MCU
	NAND/eMMC		CIS
	COMS	底盘	传感器
	LED		MCU
	显示芯片		ASIC
动力	MCU		ASSP
	功率半导体		功率半导体

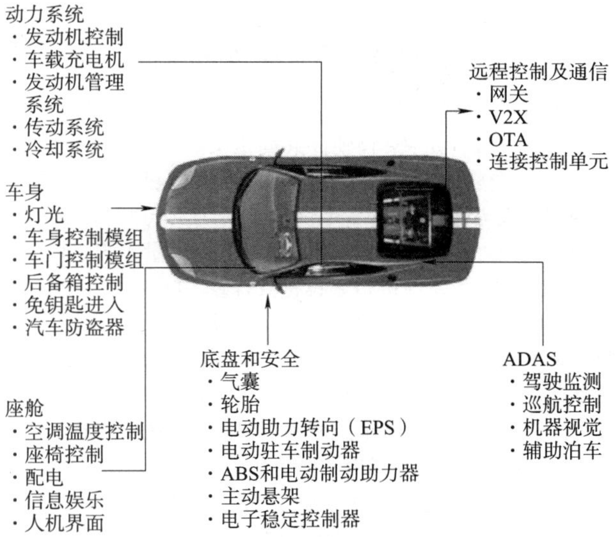

图 1-2-32 车载芯片应用分布

当前,MCU 等功能芯片需求增长快速,主控芯片随着新型的电子电气架构发展和座舱、驾驶域渗透提升,逐步趋向大算力化。功率半导体在新能源汽车中应用广泛,传感器伴随着 ADAS 的发展,需求大幅增加。2020 年下半年以来汽车"缺芯"问题开始显现,2021 年影响加剧。根据 AFS 统计,2021 年,由于芯片短缺,全球汽车市场累计减产约为 1020 万辆。其中,产能紧张和供应链缺乏弹性等"先天性"问题是主因。长期以来,汽车芯片产线投资不足,部分产能在疫情中还被线上应用挤占,缺乏弹性的供应链未能在汽车芯片需求向好时予以支持。此外,德州暴雪、瑞萨半导体火灾、马来西亚疫情都对车规级芯片供应"雪上加霜"。2022 年,疫情、外部环境影响依然存在,汽车芯片自身产能不足的问题还没得掉实质性的缓解,一季度供应形势依然严峻。2 月全球芯片平均交货期延长到了半年以上,创出历史新高。其中,MCU、电源芯片短缺最为严重,模拟芯片供应也出现紧张。为应对缺芯局面,芯片厂正在加大对车规级芯片产能的投资,车厂也在考虑重塑供应链。

2020 年汽车芯片收入规模达到 501 亿美元,同比下降 0.3%,占整个芯片市场比重的 12%。从产品结构上看,MCU、模拟电路占比居前。据 ICVTank 数据显示,2019 年全球汽车芯片中,MCU 占比达到 30%,模拟电路占 29%,传感器约为 17%,逻辑电路占 10%,分立器件和存储器市场份额均为 7%。市场格局变化不大。英飞凌在收购 Cypress 之后,稳居市场第一,公司在功率半导体、MCU 等方面处在世界领先地位;恩智浦和瑞萨半导体竞争较强,其中瑞萨在 MCU 市场上处于领先地位。2021 年全球汽车电子市场约 2700 亿美元,预计 2027 年 4000 亿美元。汽车半导体市场约 505 亿美元,预计 2027 年接近 1000 亿美元。与传统汽车相比,预测新能源汽车各类芯片数量都会有显著的提升。假设传统汽车需要半导体芯片 500~600 颗芯片/辆,新能源汽车需要半导体芯片 1000~2000 颗芯片/辆:以 2020 年传统汽车销售 7276 万台测算,新能源汽车 324 万台测算,汽车芯片需要 439 亿颗/年。预计 2026 年传统汽车销量 6780 万台测算,新能源汽车 4420 万台测算,汽车芯片需求为 903 亿颗/年。

2. 汽车新型电子电气 E/E 架构演变

作为互联网浪潮下的产物,智能汽车的架构变革遵循着“机械定义-硬件定义-软硬件共同定义-软件生态定义”这一路径。而在此变革下,“智能座舱+自动驾驶”作为智能化“硬核”驱动着汽车的产品定位从出行工具向“移动第三空间”延展;汽车产业链的价值也将呈现“总量上升、重心后移”趋势;而传统供应链格局也将被打破,并驱动其从原来的垂直结构向扁平化网状模式发展,主机厂的角色从制造商向服务商实现转型。纵观汽车架构的发展,僵化的分布式构造使得产业链逐步固化,并形成以 Tier1 为核心的链式结构,而其对主机厂的自主变革形成掣肘,局限性也逐渐凸显。当前传统主机厂也面临着较多困境,唯有乘“新四化”东风“软化”自身,以打破出传统产业链,并将其重塑为以主机厂为中心的多维网状结构,才有机会占据产业链变革中的价值制高点。

(1)汽车传统分布式电子电气 E/E 架构面临的困境

传统汽车分布式电子电气 E/E 架构并未因总线技术或 AutoSar 规范等技术性的更新而发生革命性变化,Tier1 供应商仍旧作为定义功能的角色掌握产业链制高点,传统主机厂仍面临诸多困境:

成本困境:在渐进式而非变革式的技术升级及需求升级下,传统主机厂采用分布式架构是历史情境下的最优解,但随着消费者对汽车功能需求的升级,分布式架构使主机厂陷入多方面的成本困境中:为丰富汽车的功能,主机厂只能不断堆砌供应商提供的 ECU 以满足迭代需求,但 ECU 的叠加使得主机厂也面临着高昂的硬件成本与供应链管理压力。根据 Strategy Analytics 的数据,各级别汽车装配的 ECU 数量均保持着高增长趋势。目前平均每辆汽车约采用 25 个 ECU,但部分高端型号已有超过 100 个具备不同功能的 ECU。此外,ECU 数量的增加使数据传输所需的线束长度与成本也随之增加,为主机厂带来成本与重量的双重压力。

迭代困境:“硬件定义时代”下的 Tier1 作为定义功能的角色掌控着产业链的制高点,而主机厂仅关注功能模块的性能指标和参数,却忽略了产品的系统逻辑及软件架构,从而导致自研能力缺失,被 Tier1 供应商所“捆绑”。传统的线性供应链中,主机厂仅需从不同的 Tier1 供应商中采购完整的功能模块并进行整合适配即可,而“偏硬”的生产特点使其对软件的关注度不断降低,自研能力有逐步丧失。同时,功能模块软硬件的高度耦合及封闭性也促使主机厂丧失迭代主权:分布式架构下车载软件的更新基本与汽车的生命周期同步,主机厂仅能在维护/召回阶段,实现其功能软件的更新/升级,无法完全地、自主地排列组合底层代码以实现功能的快速迭代。

盈利困境:传统主机厂盈利模式单一,仅靠降本增效难以熨平营收的周期性波动。传统汽车制造业属于周期性行业,行业景气度与宏观经济的波动周期存在明显的正相关性,传统车企价值的实现方式为一锤子式的硬件销售,其收入=汽车销量×单车收入,产品售出后主机厂难以再通过其他方式获利。当前汽车产业正在经历“硬件商品化”过程,一些传统机械零件正加速商品化和白表化,即,硬件所能实现的差异化越来越小,硬件销售的利润越来越薄。

(2)智能汽车的架构进阶

智能网联化引领行业变革,EE 架构将向集中式推进,“软硬件共同定义时代”全面来临,在“新四化”背景下,以 Tesla 为首的新势力率先启动变革,并倒逼传统主机厂进行架构革新。根据博世公司提出的分布式—域集中式—中央计算平台式架构的演进思想,汽车架构将由传统的分布式架构向模块化、集成化的域集中式架构开始演变。即:将大量相同功能的 ECU 进行整合,并交由控制器进行统一的管理调度,使开发人员能完成独立于底层硬件,进行上层软件的开发,以实现软硬件解耦范围的进一步扩大,以及内在数据的集中交互和决策处理。AutoSar 也随之升级为 Adaptive AutoSar,以适应新的智能化集中式 EE 架构。具体来看,EE 架构将分别从硬件、软件、通信三方面进行架构升级,并向“集中、精简、可拓展”三个维度实现转变,如图 1-2-33 所示。

①硬件架构的改革推动车规级芯片演变

从“分布式-跨域集中式-中央计算平台架构”演化。在分布式架构下,ECU 基于微控制器(MCU)和嵌入式软件工作,传感器和 MCU 相互对应,单个 ECU 仅能对汽车的局部功能进行控制,各控制模块之间算力隔离,运算资源复用性低,因此在面对智能座舱域、自动驾驶域所延伸出的进阶功能的变化时,往往“牵一发而动全身”,使得汽车的开发周期被迫延长,开发成本呈现剧增。但随着其架构向集中化开始演变,ECU 数量被大幅度精简,并新增域控制器,将相似功能的 ECU 交由对应的域控制器进行统一管理及调度,以形成域集中式架构,或者直接集成为中央计算平台架构,并通过整车物理区域划分的区控制器配合中央计算平台进行统一的控制管理,以增强各执行单位的协同度。

随着架构的发展,原有的硬件配置格局将被打破,域控制器成为主要的计算与调度单元。根据博世的划分,将整车主要分为动力总成域、底盘域、车身域、智能座舱域和自动驾驶域这五大功能域。其中,动力总成域、底盘域、车身域是针

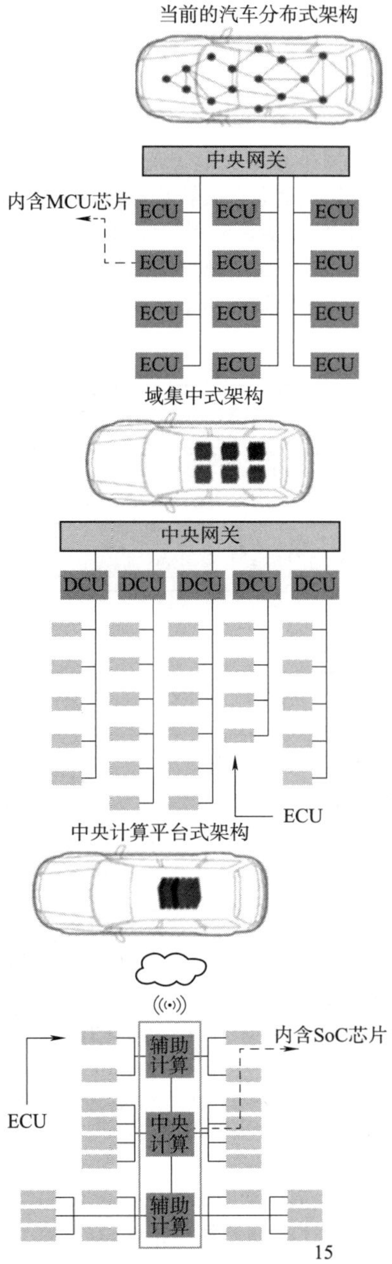

图 1-2-33 分布式架构、跨域集中式架构、中央计算式架构图

对汽车传统功能的集成,称为"集成域"。因此,主要为控制指令与通信计算的需求;而智能驾驶和智能座舱领域作为智能化的"新兴域",为用户提供更好的用户体验和驾车感受。其中,智能座舱域则集成了全液晶仪表盘、抬头显示仪、中控屏幕及后座娱乐系统等功能,通过融合及处理"语音、视觉"等感知数据,赋予车辆智能互动、实时监控等能力,但由于其在运行过程中不仅需要实现汽车映红的多任务并发,同时也需要负责"网联化"的传输,因为芯片算力,网联能力的支撑相对重要;自动驾驶域作为智能化趋势下产生的新兴趣,其负责了车辆在自动驾驶过程中大量传感器融合数据的处理任务,而车辆对于安全性、实时性大的要求极高,因此需要实现算力与算法的"极致化"。

在集中式 EE 架构下,新增的控制器被集成了更多的功能,而主控芯片若要与其能力相匹配,则算力配置也需随之提升。在分布式 EE 架构阶段,ECU 主要应对于简单指令的处理,因此采用由 CPU+存储+外设接口组成的 MCU 芯片,即可满足其对于算力的需求。但随着汽车向集中式架构迭代,域控制器的出现,使得大量 ECU 功能性增强,原有分散的硬件可以进行信息互通及资源共享,硬件与传感器之间也可实现功能性的扩展,而域控制器作为汽车运算决策的中心,其功能的实现主要依赖于主控芯片、软件操作系统级中间件、算法等多层次软硬件之间的有机结合。同时,为了赋予汽车更高级别的智能化功能,域控制器需要处理由传感器传来的环境信息,其中,涵盖了大量的非结构化数据,这就导致面向控制指令运算的 MCU 芯片难以满足复杂的预算。相比之下,SoC 芯片引入了 DSP(音频处理)、GPU(图像处理)、NPU(神经网络处理),使其不仅拥有控制单元,还集成了大量计算单元,从而能够支撑多任务并发的海量数据处理(见表 1-2-11)。

表 1-2-11 车规级 MCU 芯片与 SoC 芯片的差异

单位	MCU	SoC
定义	芯片级芯片,常用于执行端	系统级芯片,常用于 ADAS、座舱 IVI、域控制器
带宽	多为 8 bit、16 bit、32 bit	多为 32 bit、64 bit
Ram	MB 级别	MB、GB
额外存储	KB、MB(Flash、EEPROM)	MB-TB(SSD、Flash、HDD)
单片成本价格	较低(0.1~15 美元/个)	较高(座舱 IVI 10 美元左右、ADAS 域超 100 美元)
常见厂商	瑞萨、意法半导体、英飞凌	英特尔、英伟达、特斯拉、华为、地平线、寒武纪、全志科技等
运行系统	简单,一般不支持运行多任务复杂系统	支持运行多任务的复杂系统(如 Linux)
组成部分	控制单元	控制单元、AI 单元、计算单元
运算单位	DMIPS,计算能力为百万条指令/s	TOPs,每秒运算 10^{12} 次

②软件架构分层解耦,推动计算平台的升级

软硬件分层,将推动软件架构升级为计算平台。在分布式架构下,基础硬件与嵌入式软件呈现强耦合关系,同时底层软件和上层应用之间也"高度绑定"。因此,如需新增或升级应用,则需要从底层更新其相关基础软件及驱动程序,但主机厂传统的研发体系难以应对日益负责的软件堆栈,导致车载应用的频繁更新/升级难以实现。但随着电子电气 EE 架构向集中式演化,域控制器方案的出现,将彻底弱化底层 ECU 的运算能力,将功能的处理统一交付域控制器进行控制。这一方式的实施,将有利于实现底层资源的标准化、通用化,并进一步降低了软硬件间的耦合度,将解耦范围从应用软件成的分立拓展至整个软件架构,使其独立于硬件之上,发展为由"芯片+操作系统+中间件+算法"构成的计算平台,如图 1-2-34 所示。

a)芯片作为算力基础,为计算能力的实现提供底层配置;

b)操作系统则主要负责控制与管理软硬件资源,并进行合理的调配;

c)AutoSar 作为开放的系统架构,为了应对集中式架构下所需要的高性能配置,有进一步扩展为 Adaptive AutoSar,

并主要对中央应用服务器负责，用于协调在异构软件平台下各个域之间的信息交互，为后续汽车架构 SOA 迭代制定标准；

d)算法位于软件层次结构的最顶部，主要负责系统功能和业务裸机的实现。

长期来看，软硬件分层解耦下的计算平台将实现从“信号导向”到“服务导向(SOA)”的转变。传统的车载软件主要基于“面向信号”的经典 AutoSar 架构进行开发，各模块通过总线发送信号至另一个模块实现其功能，系统为静态且需要庞大硬件资源做支撑，而 AutoSar 供应商控制代码包及工具链，所以可以拓展性计兼容性较低，使主机厂仍面临高开发成本和难度。汽车计算平台的出现，将逐步实现软硬件的解耦化，并形成最终的 SOA(Service Oriented Architechture)面向服务的架构。将车辆的硬件能力及软件功能抽象地划分为服务模块，并将作为系统中最基础的单元供其他模块调用，同时将个服务接口进行表转化封装，可通过既定协议互相访问、扩展组合，以实现应用软件的复用率，以及多模块、多功能的无缝衔接，从而使得跨车辆、跨模块的功能单元“即插即用”成为可能，产业价值链的制高点将由硬件向软件转变。

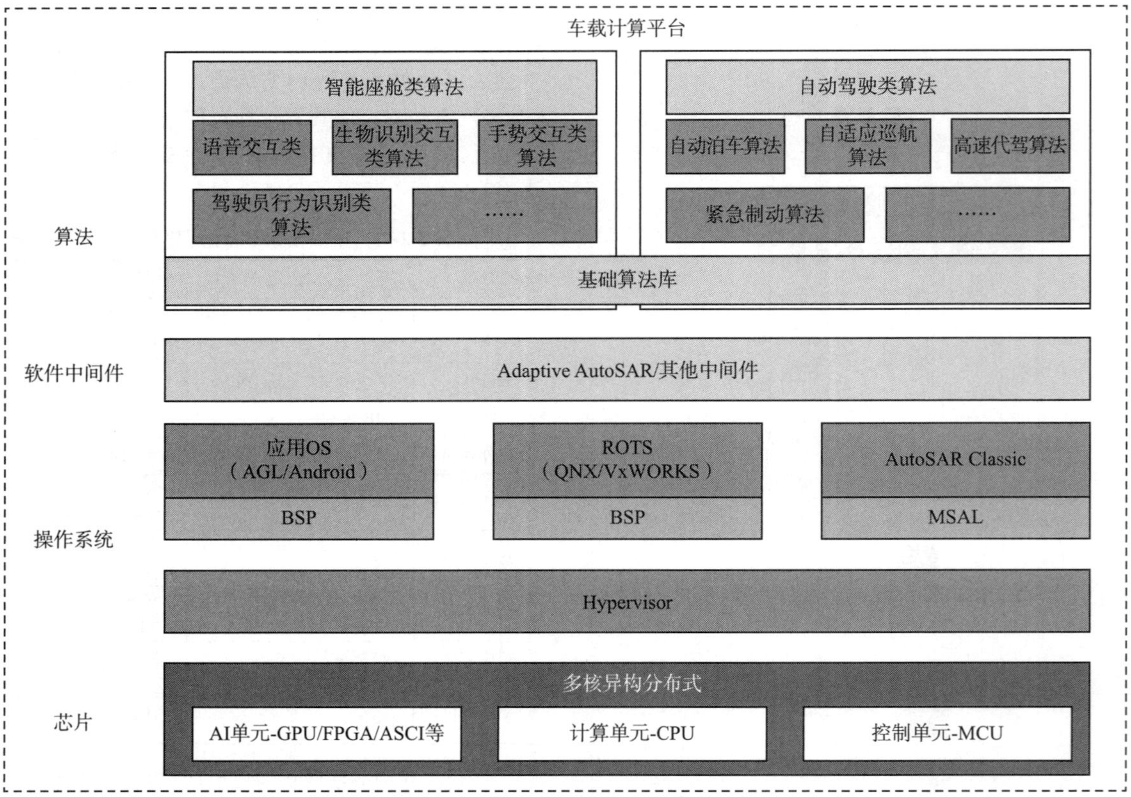

图 1-2-34　汽车计算平台架构

3. 基于新型电子电气 EE 架构的车规级芯片

目前，汽车主流的功能域可以划分为五个域：动力总成域、底盘域、车身域、智能座舱域、自动驾驶域。其中，动力总成域、底盘域、车身域是针对汽车传统功能的集成，因此，主要为控制指令与通信计算的需求；而智能座舱域则集成了全液晶仪表盘、抬头显示仪、中控屏幕及后座娱乐系统等功能，通过融合及处理“语音、视觉”等感知数据，赋予车辆智能互动、实施监控等能力，但由于其在运行过程中不仅需要实现汽车应用的多任务并发，同时也要负责“网联化”的传输，因此，芯片的算力、联网能力的支撑相对重要；自动驾驶域作为智能化趋势下产生的新兴域，其负责了车辆在自能驾驶过程中大量传感器融合数据的处理任务，而车辆对于安全性、实时性的要求极高，因此，需要实现算力与算法的“极致化”。这五大域控制系统较为完备地集成了各个域的所有控制功能。针对五大域的功能需求，车规级芯片需要满足整车的高计算性能、高通讯带宽、高功能安全性、高信息安全性和软件持续更新等特性。

(1)动力总成、底盘动力域芯片

动力域控制器芯片负责智能化管理动力总成单元，借助 Can/FlexRay 实现变数器管理、引擎管理、电池监控、交流发电器调节。其优势在于为多种动力系统单元(内燃机、电动机/发电机、电池、变速箱)计算和分配扭矩、通过预判驾驶策略实现 CO_2 减排、通信网关等，主要用于动力总成的优化与控制，同时兼具电气智能故障诊断、智能节点、总线通信等功能。

底盘域控制器芯片负责与汽车行驶相关的传动系统、行驶系统、转向系统和制动系统。传动系统负责把发动机的动力传给驱动轮，可以分为机械式、液压式和电力式等。

动力总成域、底盘域芯片主要为传统的功能芯片，仅适用于发动机控制、电池管理等局部功能，尚无法满足高数据量的智能驾驶相关运算。近年来，伴随智能驾驶渗透率提升，全球芯片巨头纷纷进军汽车产业，推出具备 AI 计算功能的主控芯片，担当自动驾驶汽车的“大脑”功能，如图 1-2-35 所示。主控芯片的市场规模如图 1-2-36 所示。

主控芯片巨头具有较强的 AI 计算优势，功能芯片厂商

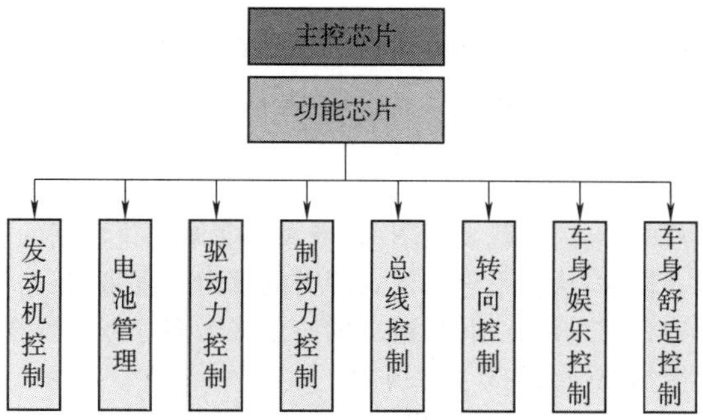

图 1-2-35　主控芯片和功能芯片

图 1-2-36　汽车主控芯片市场规模

具有丰富的汽车产业链经验，两大阵营之间兼并收购及联盟合作频发。英伟达已与全球370多个整车厂、一级供应商达成合作，英特尔收购Mobileye切入汽车产业，高通曾意图收购恩智浦等。其中最具代表性的是车规级MCU，MCU是把中央处理器、存储器、定时器、输入输出接口集成在同一个芯片上的微控制单元，也称单片机。MCU主要用于自动控制的产品和设备，可应用于工业、汽车、通信与计算机，汽车是MCU最大的应用领域(见表1-2-12)。

表 1-2-12　典型汽车 MCU 的算力

位数	功耗	工作频率	价格
8 位	100 MW 量级	16~50 MHz	<10 美元
16 位	100 MW 量级	24~100 MHz	<10 美元
32 位	100 MW 量级	100~350 MHz	<10 美元

MCU主控芯片市场较为成熟、格局较为稳定。根据IC Insights调查2021年汽车MCU销售额将激增23%达到76亿美元，随后2022年汽车MCU销售额预计增长14%，2023年将增长16%，2025年，市场规模预计达到近120亿美元，对应2021—2025年复合平均增速为14.1%。全球汽车MCU市场TOP5分别是恩智浦(NXP)、英飞凌(Infenone)、瑞萨电子(RSA)、意法半导体(ST)、德州仪器(TI)。这些厂商与车厂形成了较为紧密的关系，新进入者难度较大，国内市场也基本为国际龙头大厂占据。不同厂商的产品难以相互替代，很大一部分原因是，MCU产品架构具有独特性，找到第二家产品进行替换的可能性不大，这也给整个产业链带来了潜在的风险。

相比于消费芯片及一般工业芯片，汽车MCU主控芯片的工作环境更为恶劣：温度范围可宽至-40~155 ℃、高振动、多粉尘、电磁干扰等。由于涉及人身安全问题，汽车MCU主控芯片对于可靠性及安全性的要求也更高，一般设计寿命为15年或20万km。车规级MCU芯片需要经过严苛的认证流程，包括可靠性AEC-Q100、质量管理标准ISO/TS 16949、功能安全标准ISO 26262等。一款芯片一般需要2~3年时间完成车规级认证进入整车厂供应链；而一旦进入之后，一般也能有用长达5~10年的供货周期。高安全与高可靠性标准、长供货周期、与中下游零部件厂商和整车厂长久合作关系是目前汽车芯片更具稳定的主要原因。

MCU主控芯片算力接近PC和智能手机，未来伴随自动驾驶的渗透及级别提升，汽车搭载的代码行数呈现指数级增长。自动驾驶软件计算量已经达到10个TOPS(Tera Operations Per Second，万亿次操作每秒)量级。传统汽车MCU的算力难以满足动力总成域和底盘域的需求。在汽车主控芯片领域，GPU仍将保持通用汽车主控芯片的主流地位，FPGA作为有效补充，ASIC将成为终极方向。当前GPU作为通用加速器，预期仍将在相当长一段时间内保持其汽车主控芯片的主流地位，FPGA作为硬件加速器，将成为GPU的有效补充；将来如果全部或部分智能驾驶算法得以固化，ASIC将成为最优价比的终极选择。

(2)车身域芯片

车身域控制器集成了传统的BCM、PEPS、纹波防夹、TPMS等控制模块的绝大部分车身电气功能，包括内外灯光、雨刮洗涤、中控门锁、车窗控制、智能钥匙、低频天线、电子转向柱锁以及无线接收等用户功能需求。

纵观整个汽车电子芯片领域，MCU的应用范围可谓广袤无垠，从车身动力总成，到车身娱乐、信息娱乐、辅助驾驶，从发动机控制单元、到雨刷、车窗、电动座椅、空调等控制单元，而每个功能的实现背后都离不开复杂芯片的支撑，MCU在每个应用场景中扮演着非常重要的角色，如图1-2-37所示。

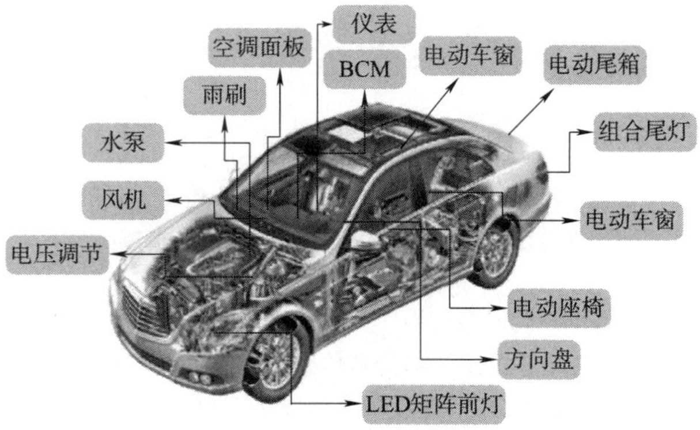

图 1-2-37　车身 MCU 芯片应用实例

32位MCU工作频率大多在100~350 MHz之间，执行效能更好，应用类型更多元化，尤其在车身域控制器逐步应用的趋势下，车规级MCU重在升级替代，高价值32位MCU占比的提升将驱动市场规模稳步增长。作为车身域电子系统内部运算和处理的核心，MCU是实现车身智能化的关键。MCU是汽车ECU(电子控制单元)的核心构成，普通燃油汽车的 ECU 数量平局在 70 个左右，豪华燃油车汽车 ECU 数量在 150 个左右，而智能汽车 ECU 数量将增加至 300 个左右。未来随着汽车电动化、智能化程度的不断提高，MCU 在汽车电子中的应用场景也不断丰富，车规级 MCU 市场需求快速增长。同时，随着系统复杂度日益增加，传统 8 位 MCU，16 位 MCU 将通过迁移到 32 位 MCU 并从汽车中移除，而集成度更高、功能更强大的 32 位 MCU 将成为主流。单车 MCU 用量将在 2025 年达到峰值，接下来随着汽车智能化、控制集中化发展，车规级 MCU 的用量将会开始逐步下降至目前水平，不过由于单价更高的 32 位 MCU 应用比例继续提升，汽车 MCU 整体市场规模仍将处于持续增长趋势。

(3)智能座舱域芯片

智能座舱域控制器 DCU 通过以太网/MOST/CAN 与全液晶仪表、大屏中控系统、车载信息娱乐系统、抬头显示系统、流媒体后视镜进行信息交互，实现抬头显示、仪表盘、导航等部件的融合，不仅具有传统座舱电子部件，还进一步整合智能驾驶 ADAS 系统和车联网 V2X 系统，从而进一步优化智能驾驶、车载互联、信息娱乐等功能。

智能座舱作为人车交互最直接的触点，未来将集成更多如 DMS、应用娱乐的功能，同时，车载屏幕也将从单屏逐渐扩展到中控屏、流媒体中央后视屏、HUD 等多个屏幕。而为了实现各屏幕间的互联互通，提高交互频率，“一芯多屏”的设计方案有望成为主流，并将倒逼 MCU 芯片升级为算力更强的 SoC 芯片，以承载大量图像、音频等非结构化数据的算力需求。同时，从应用娱乐模式所需的算力角度来看，与手机的单窗口单人任务相比，汽车的应用多为多任务并发模式，因此更需要强大的算力来支撑。

智能座舱域控制器芯片市场参考了传统汽车电子厂商外，消费电子厂商也纷纷入局。其中，传统汽车电子厂商为瑞萨、NXP、德州仪器等，主要面向中低端市场；消费电子厂商则以高通、英特尔、三星、联发科为主，主要面向中高端市场(见表 1-2-13)。根据 Strategy Analytics 的数据显示，2016 年瑞萨与 NXP 二者的市场份额高达 58%，但从 CPU 和 GPU 的性能来看，高通的 8155 芯片对应算力分别为 8.5 万 DMIPS、1142GFLOPS，远远领先于其他厂商 2 倍以上，更符合“一芯多屏”的算力需求，已实现屏幕间的“无缝联动”。芯片本身也将朝着小型化、集成化、高性能化的方向发展，如图 1-2-38 所示。

表 1-2-13 智能座舱芯片

厂商	瑞萨	NXP	德州仪器	高通		联发科	英特尔	三星
型号	R-CAR H3	I mx8QM	Jacinto 7	820 A	SA8155P	MT2712	A3960	Exynos Auto8890
类型	SoC	SoC	SoC	SoC	SoC	SoC	SoC	SoC
CPU 算力	40k	28.6k	22k	45.2k	85k	22k	48.4k	—
GPU 算力	288	128	166.4	588	1142	133	216	—
厂商市占率	31%	27%	10%	—	—	—	—	—
适配车厂	丰田、大众、长城等	荣威、广汽等	奥迪、福特等	大众、奥迪、比亚迪、吉利等	威马、广汽传祺	大众、丰田等	长城、宝马、沃尔沃等	奥迪

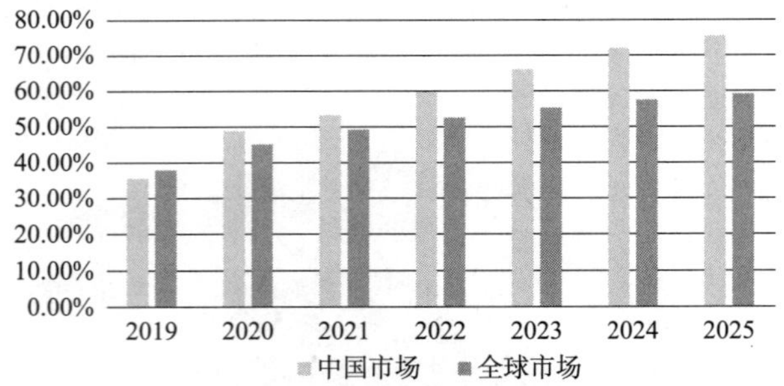

图 1-2-38 智能座舱新车渗透率及预测

(4)自动驾驶域芯片

自动驾驶域控制器具备多传感器融合、定位、路径规划、决策控制的能力，需要外界多个摄像头、毫米波雷达、激光雷达等设备，完成包含图像识别、数据处理、算法决策、控制执行等功能。该域控制器配备核心运算力强的处理器 MPU，从而提供自动驾驶不同等级的算力需求的支持，算法处理上涵盖了感知、决策、控制三个层面实现。

自动驾驶的实现依赖于大量的传感器，其产生的海量数据需要强大的计算能力作为支撑，而芯片的算力，利用率及能耗比将是决定其是否能实现性能最优化的关键指标。实现 L3 级别至少需要 24 TOPS，而在 L4 级、L5 级，其算力的要求将呈指数级上升，达到千 T 级。同时，车辆在自动驾驶的过程中，其延时必须要控制在毫秒甚至微妙级别，才能保证行驶过程中的安全，而这一标准的实现，对于芯片的算力要求又提升了一个维度。

目前，除了特斯拉自主研发的 FSD 芯片，其他主机厂受制于自身研发实力，选择与 Mobileye、英伟达、高通、NXP、瑞萨等芯片厂商合作。根据各公司官网公开数据进行比较，英伟达(Orin)和高通(8540+9000)芯片的算力优势相对突出。其中 Orin 单颗芯片的算力可达 200~250 TOPS，是其他芯片算力的数倍，已能够支持 L2-L5 的自动驾驶；而高通则采取 8540+900 组合芯片的方式，其算力合计高达 700~760 TOPS，也已能够支持 L4-L5 的自动驾驶。

除了算力，算力的利用率和能耗比也是衡量芯片性能的重要指标。其中，从“算力利用率 = 真实算力/理论算力”的计算拆解来看，当真实算力与理论算力约接近，算力利用率则越高，越能发挥出芯片的最佳性能；根据“能耗比 = 算力/功耗”计算公示，在高算力模式下，芯片功耗越低，则芯片性能越好。因此，英伟达芯片、瑞萨芯片、黑芝麻芯片、高通芯片、Mobileye 芯片的能耗比相对较高，芯片性能更为优秀，且更能满足自动驾驶的运算需求。

单芯片的性能强度并不是主机厂考虑的唯一要素，在除了芯片性能外，芯片的价格以及其背后厂商在自动驾驶领域的软件生态及工具链的成熟程度也是重要的参考。在芯片价格方面:根据汽车之心的资料以及我们调研的情况进行综合判断,英伟达 Orin 芯片的单颗价格约在 300~500 美元左右,高通采用 Snapdragon 8540+9000 芯片组合的方式。其中,单颗芯片价值约为 110~120 美元,瑞萨 R-CAR V3U 和 Mobileye Eye Q6 的单价区间分别为 70~100 美元,130~160 美元。在软件生态和工具链上:英伟达则展现出了较强的竞争优势。不同的芯片厂商对于其是否能够提供整体化解决方案以及其方案的开放程度、定制化供给的选择均不相同,这也在一定程度上导致了主机厂去主动选择与自己能力及需求相匹配的芯片厂商。部分芯片厂商提供整体解决方案,但其方案的开放性相对较弱,仅给予主机厂"黑箱式"的输出,因此,自身软件及算法能力相对较弱的厂商会去选择与其进行合作;而英伟达、高通等在提供整体化方案时,较为开放,且允许定制化服务。

(5)智能网联域芯片

智能网联域控制器对于数据传输效率、通信协议的开放性及兼容性提出了更高的需求。根据 Intel 的测算,自动驾驶车辆每天将产生超过 4T 的数据量,而车载总线技术作为上一轮通信技术革命的产物,并不具备高扩容性,导致其无法满足在智能化变革下数据交互所需的带宽需求。同时,随着 ECU 数量的集聚增加,在车载总线链路下,数据传输所需的线束也要随之延长。智能网联域控制器的出现能够很好解决上述问题,域控制能够将大量 ECU 功能,并推动软硬件以及通信架构进一步升级,使汽车具备 OTA 能力,以实现车载性能/功能的在线升级,从而有效缩短了汽车迭代周期,减少线下召回成本。目前,大部分主机厂都实现车载信息娱乐系统的远程升级(SOTA),但只有理想、小鹏、蔚来等新势力车企能够通过"硬件预埋"的形式,对智能驾驶、底盘系统、电池管理等固件系统性能进行 FOTA 升级,这些都需要智能网联域控制机的协助才能完成。

芯片是主机厂实现架构升级的重要基石,但由于其自身在芯片研发能力的不足,多以"规则制定者"的角色出发,倾向于在不同域中选择优质的供应商进行合作。其中,在智能网联域中,核心供应商分为以下两类:①传统汽车电子厂商,主要面向中低端市场;②消费电子厂商,主要面向中高端市场。在智能网联芯片领域,核心厂商主要包括:英伟达、高通、Mobileye、NXP、瑞萨等。

高通推出车联网芯片,支持 LTE 及 DSRC 车联网。骁龙 X5 LTE 支持 LTE 车联网,下行速率为 150 Mbps,上行速度为 50 Mbps。骁龙 X12 LTE 支持下行速率 60 MHz 3x CA(450 Mbps)到网络上行链路中的 40 MHz 2x CA(100 Mbps)。骁龙 X16 LTE 调制解调器支持高达 1Gbps 的峰值下载速度,有助于满足下一代智能网联汽车的连接需求和使用案例,包括高清地图更新、实时交通和路况信息的连接导航、软件升级、WIFI 热点和多媒体流。高通 9150 C-V2X 芯片,包括运行智能交通系统(ITS) V2X 堆栈的应用处理器以及硬件安全模块 HSM,在 2019 年实现量产并向车厂供货。C-V2X 同时支持 DSRC 和 LTE 网络通信,为车辆提供周围环境信息、非视距(NLOS)场景下的信息。

Mobileye 的 ADAS 芯片采用一体化模式,其 2019 全球 ADAS 芯片占有率为 70% 左右;英伟达、高通、地平线等企业采取了相对开放的商业模式,即可提供一体化方案,也允许客户自己写算法。工况的不同需要选择不同的传感器:①行车主要运行工况中高速,需要选用检测距离较远的传感器。目前,应用的传感器芯片有:摄像头芯片、毫米波雷达芯片、激光雷达芯片。②泊车运行在低速,一般选用检测距离 10 m 内传感器。目前应用传感器主要有:雷达芯片、摄像头芯片。摄像头是车上应用最广泛的传感器之一,其最核心是 CMOS 图像传感器 CIS,技术需求点见表 1-2-14。目前,安森美、韦尔股份在这个市场上处于领先地位。

表 1-2-14 车载 CIS 特殊技术需求点比较

挑战	具体问题
高动态范围	在同一个场景中,既有低照的区域,也有高亮的区域,高亮和低照的比值就被定义为这个场景的动态范围。对于车载图像来说,需要能够将低照和高亮的区域都表现出来,要求传感器探测更宽的场景照度范围,而不损失明暗处细节。汽车图像传感器的动态范围要超过 120 dB,通常在 120~140 dB 之间
LED 灯频闪	LED 灯是交流脉冲光源,其频率与占空比是可变的,LED 灯脉冲频率越低,占空比越小,曝光时间越短。人的视觉是发现不了其中的空隙,是连续的"点亮"状态,但是传统车载摄像头可以捕捉到亮和暗的属性,传回来的画面里出现信息缺失或者信息错误,比如采集到的是敏感或者持续闪烁的图像信息
低照	在光照不足,又不可能大规模安装补光照明设备的条件下,获得清晰图像。消费电子可以补光或者闪光灯来弥补光线不足的问题
安全性	①车规级安全要求高;②温度环境范围大(-40~105 ℃),消费电子在 0~60 ℃,而且传感器新能对温度又十分敏感;③对使用寿命要求较长,8~10 年

4. 汽车芯片国产化情况

海外技术垄断和与华科技封锁尤其明显的车规级半导体设备材料等领域使得国产替代确定性预期不断增强。车规级半导体所需的设备、材料、IP 等领域为美日欧等西方国家地区尤其高度垄断的技术领域,随着美国与华全球战略科技竞争大势的进一步确立,为保障我国战略新兴产业安全快速发展,此等车规级半导体生产的制备性技术,尤其中高端领域,自主可控边的尤为关键。

我国在中低端技术领域已实现一部分覆盖,但高端设备材料我国整体与国际先进水平有较大差距,虽然个别领域技术已经趋于国际先进水平。海外疫情反复使全球汽车芯片供给紧张趋势加剧,叠加美国对华科技制裁此起彼伏,中美战略科技竞争中,汽车半导体制备技术作为支撑汽车半导体制造产业,乃至整个汽车电子信息科技产业的基石,国内替代必要性愈发明确。

根据中国汽车工业协会的调查,汽车芯片国内整体自主率不足 5%。2022 年"两会"期间,多位来自车厂商的人大、政协代表指出,发展车规级芯片已经迫在眉睫。工信部、科技部也在鼓励车厂、芯片厂商的协同创新,提升国内车规级芯片的供给能力。在政策支持和汽车缺芯的大背景下,国内车厂开始考虑多供应商策略,扶持国产厂商,国产替代面临机会。

国产汽车芯片厂商在这几个方向有所发力:

①功率半导体替代正在提速。时代电气、斯达半导和新洁能等公司，车规级产品的渗透率正在提升。

②国内厂商在 32 位 MCU 上已经开始有所建树，包括杰发科技、比亚迪半导体等。虽然车规级 MCU 国内厂商还处在起步阶段，但在缺芯大背景下也是能够进入汽车供应链、成长潜力大(见表 1-2-15)。

③在智能传感器方面，比如摄像头、毫米波雷达、激光雷达等产品，国内基本处于同一起跑线，尤其是激光雷达，有望成为国内突破点。

④SoC 领域，中低端市场传统巨头地位稳固，而智能座舱、自动驾驶的大芯片市场，是目前全球玩家争夺的重点。

表 1-2-15　国内车规级 MCU 厂商产品及量产情况

公司	产品	位数	性能特点	量产情况
上海芯旺微电子	8 位汽车 MCU-KF8A 系列	8 位	基于 KungFu32 内核	2019 年，KF8A(AEC-Q100)实现量产，KF32A159 汽车 MCU 准备量产
	32 位汽车 MCU-KF32A 系列	32 位		
杰发科技	车规级 MCU-AC781x	32 位	芯片基于 ARM Cortex-M3 内核适用于汽车电子和高可靠性工业应用芯片基于 ARMCCortex-M10+内核主要用于电控领域	2018 年底，自主研发并量产了国内首颗车规级 MCU 芯片 AC781x；母公司和四维图新已和宝马、丰田、福特、大众等国内外车企建立了全面合作
	车规级 MCU-AC7801x			
赛腾微电子	8 位低功耗型 MCU-ASM87L(A)164X	8 位 32 位	单周期 8051 兼容 CPU 内核 IT8051 兼容 COU 内核 ARM Cortex-M0 内核	截至 2019 年，针对汽车 LED 尾灯流水转向灯的主控 MCU 芯片已经通过国内知名厂家一系列上车测试认证，出货量找过百万颗
	8 位超值 MCU-ASM87F(A)081X			
	32 位电机控制型 MCU-ASM30(A)M083X			
比亚迪半导体	第一代 8 位车规级 MCU 芯片	8 位	基于 8051 内核的通用 8 位 Flash 存储 MCUBF7006AMXX 芯片系统	截至 2020 年，比亚迪半导体车规级 MCU 批量装载在比亚迪全系列车型上，已累计装车超过 500 万颗
	第一代 32 位车规级 MCU 芯片	32 位		

5. 我国公司面临的机遇和挑战

“缺芯”背景下，国内车厂开始寻求多供应商策略。国产芯片厂商面临着市场机遇，有希望在车载功率半导体、MCU、座舱和自动驾驶 SoC 等领域实现“点”上突破。在智能化浪潮和碳中和的政策下，汽车行业将迎来价值向成长的重估机会，汽车芯片将在智能+电动化赋能下重估，有望成为半导体行业的新推动力。

目前汽车电子国产化率不足 1%，头部厂商格局垄断同时与 Tier1 关系较为牢固，我国主要机遇在：

①汽车智能+电动化浪潮下的产业链重组。

②汽车芯片对应的大都为不依赖摩尔定律的成熟制程的产品，同时这类芯片与下游的依存度高，产品需要下游共同定义。

③摩尔定律的速度减慢与中国新势力车的兴起给了中国产业更多换道追赶的机遇；而近年来我国的晶圆制造扩产大都是成熟制程环节上，叠加配套的设计和封测，由此判断从市场规模，产业重构，成熟制程等因素推动了全球汽车半导体机会 & 产能有机会想中国转移。国内主要车厂对国产芯片的扶持见表 1-2-16。

表 1-2-16　当前国内主要车厂对国产芯片的扶持情况

车厂	芯片厂商	具体合作情况
一汽	芯擎科技	对后者提供数亿元战略投资，将在车规级、高算力芯片领域开展合作，推动芯片国产化进程
吉利	芯聚能	设立合资公司，主要面向新能源汽车及相关应用领域的 SiC 芯片产业化
上汽	晶晨、地平线、黑芝麻等	投资晶辰半导体，发展车载信息娱乐系统芯片；投资地平线、黑芝麻，发展自动驾驶；投资芯旺微发展车规级 MCU
长城	地平线	投资后者发展智能座舱和自动驾驶芯片
东风	时代电气	成立合资公司，建设功率半导体模块封装生产线，自主研发、制造和销售功率半导体模块，已用于替代进口

(十三)新能源整车热管理

(上海新能源汽车空调工程技术研究中心　黄国强　西安交通大学　曹　锋)

1. 2021 年新能源汽车热管理产业总体发展与技术突破

2021 年中国新能源汽车(NEV)市场再次实现强劲增长，包括纯电动汽车(BEV)、插电式混动汽车(PHEV)和燃料电池汽车(FCV)在内的新能源汽车(NEV)销量达到 352.1 万辆，同比增长 157.5%，在全球新能源市场占比超过 52%，成为全球单一最大新能源汽车市场。2021 年中国新车出口 201.5 万辆，增长 101.1%，其中新能源汽车达到 31 万辆。新能源乘用车销量为 333.4 万辆，同比增长 167.5%，新能源乘用车占新能源汽车达到 94%，A00 级车、A 级车和 SUV 车仍然占主导地位。新能源商用车销量为 18.6 万辆，同比增长 54%。作为中国市场上销量最大的新能源汽车类别，2021 年纯电动乘用车的销量达到 273.4 万辆，同比增长了 173.5%。新能源汽车市场从 2012 年到 2021 年的发展呈现了三个台阶，2012—2014 年平均渗透率 0.15%、2015—2017 年平均渗透率 1.96%、2018—2020 年平均渗透率 4.85%，2021 年达到 12.66%，已经进入市场驱动的增长通道。

2021 年中国汽车热管理产业已经发展到 2618.2 万套热系统，与 2020 年相比增加了 5.09%，产业规模在 656.8 亿元。按照 352 万辆新能源汽车的产销量和价格年降 3% 的幅度测算，新能源汽车热系统产业新增产值在 119.69 亿元的量级规模上。

新能源汽车热管理技术最大突破还是在于热泵技术的进一步普及和推广。热泵系统架构按传热方式也可以分为空气-空气、空气-冷却液、冷却液-空气、冷却液-冷却液四种类型热泵，不同类型的热泵系统都有热管理系统供应商在进行全面开发，部分厂家已经通过台架测试并且装车，开始量产，如奥迪 R8/Q7 e-tron、大众 e-Golf、比亚迪唐 2 代 EV/E5、蔚来 EC6/ES6/新 ES8、上汽荣威 Ei5/Ei6 和 Marvel X/Marvel R、吉利新几何 A 和几何 C、一汽轿车 B30EV、广汽 Aion S/LX、长安汽车 C211EV4、东风亦炫 EV、特斯拉 ModelX、Model Y、Model S、北汽新能源 αT、小鹏 P5、Aion Y 、AionS、Aion V、江淮 iC5、北京 EU5 PLUS 、大众 ID.4、ID6 系列、领界 EV、威马 W6 Model 3、Aion LX、Polestar 2、沃尔沃 XC40 新能源、红旗 E-HS3、ModelY、极狐阿尔法 S、阿尔法 T、极氪 001、保时捷 Taycan、宝马 X3、奔驰 EQC 、捷豹 1-PACE、高合 HiPhi X 、奥迪 e-tron 、红旗 E-HS90 等车型，目前已有 52% 的电动车已经采用热泵技术。零部件集成度也在不断提升，超级水壶和 5/8 通阀的导入，空调 ECU 被整合到整车 ECU 架构中。电池热管理系统的技术路线有被动式风冷和主动式风冷、主动式液冷、直冷几种主要形式，主动冷却和主动加热技术已经成为电池热管理的主流技术选择，并且在 81% 的新能源汽车上采用液冷技术，中高级轿车已经全面采用液冷技术。比亚迪海豚的电池热管理系统使用了直冷直热的技术，这也是少有的电池直冷直热的量产车型，第一个量产车型还是宝马 i3。预冷和预热、局部加热（如方向盘和座椅）、热负荷预测和前馈控制等技术已经开始得到重视，在中高级轿车和电动汽车上应用在增加。

2. 产业标准体系的建设

目前新能源汽车热管理系统及零部件的产业标准主要由两个渠道制修订，一类是汽车车身领域空调子领域，另一类是工业制冷空调领域。QC/T 基础标准 5 个，整车空调性能相关标准 1 个，空调系统及零部件相关标准 20 个；GB/T 相关标准 5 个。现有标准的修订和扩充还有以下几个方面需要考虑：①现有标准都是针对适用 R134a 制冷剂的，没有扩展到替代制冷剂 HFO1234yf 和 CO_2、R290 等；②现有标准主要针对汽车空调，没有扩展到汽车热管理，尤其是新能源汽车热管理系统及电动化零部件范畴，包括电机、电池、电控的热管理子系统及、电子膨胀阀、电子加热器等零部件；③现有标准没有包括舒适性、能效、碳排放、热系统安全性相关评价指标及测试评价方法。

3. 国内外新能源汽车热管理产业发展趋势

汽车热管理产业规模和增长也是由汽车产量和汽车车型组合来驱动的。新能源汽车主要关注电动化、续驶里程、安全化和网联化，而新能源汽车热管理的范围也在原来传统动力汽车空调的基础上延伸到了电池、电机、电控、ADAS 智能系统及充电线充电站桩等周边设备，增加了电池热管理模块、电机电控热管理和智能控制及智能运维保障四个领域的产品，包括电子水泵、电池冷却器、电子膨胀阀、膨胀水壶、温度传感器、PTC 加热器、电池冷板、余热回收器等零部件及水回路集成及控制。电动化则要求压缩机从皮带轮驱动向内在电机直流变频驱动演化，热力膨胀阀向电子膨胀阀过渡。新能源汽车电压等级的提升，也在推动热管理系统及零部件的电压等级提升，目前已经到了 800 V。新能源汽车热源不足成了制热的一个瓶颈，多种形式的制热方式应运而生，包括空气 PTC 加热、水 PTC 加热、热泵空调、电动压缩机低效率发热运行、电机电控电池余热回收等。电池热管理的需要，也催生了分布式电池热管理系统和独立式电池热管理模块，新增了电池冷却模块、加热模块和冷热组合模块和电池冷板及冷带等零部件，启停功能的新增也促进了蓄冷蓄热换热器的开发和应用。随着《基加利修正案》正式在我国生效及“双碳”目标的战略推进，新能源汽车热管理行业将向“绿色高效化、功能一体化、结构模块化、控制智能化”的“新四化”方向发展。

4. 目前亟需解决的技术难点及解决方案

汽车热管理系统仍亟需解决以下几个方面的技术难点：①热泵系统需要针对不同应用场景进一步优化与简化。目前提出的热泵系统回路控制元件仍显较多，系统控制仍较复杂，系统可靠性不高。②热泵工况下系统性能和能效进一步提升。尤其是在-30 ℃北方使用场景下，R134a 系统性能急剧降低，制热量不够、功耗增加，同时车室外换热器在低温高湿工况下结霜严重、系统性能恶化等问题。③热泵系统成本需进一步降低。新能源汽车热泵系统由于其复杂性和更多零部件，使得其成本相对于常规热管理系统不具备优势。一方面需要进一步加大热泵系统推广力度，以摊薄设计和开发成本，另一方面通过系统集成设计优化、低成本替代材料等技术改进来降低成本。④CO_2 热泵系统的研发不够。在环保和热泵等发展趋势下，CO_2 热泵系统具有天然的制热性能优势，在业界受到越来越多的重视，但其中仍有很多技术问题亟需解决，如制冷性能提升关键技术、系统高压安全问题、不同模式下制冷剂充注量的优化、系统关键零部件设计与匹配、CO_2 系统的最优运行控制算法、制造系统升级转换和改造、售后维修服务系统改造升级等。⑤电动零部件集成化和模块化需进一步提高，如电子膨胀阀和电池冷却器的集成化、四通换向阀及系统可靠性和耐久性等。

对于上述汽车热管理技术难点，国内外主要汽车热管理竞争厂商都在做解决方案和产品开发。在热泵系统方面，国外有宝马、特斯拉和大众等已在电动汽车产品上应用，国内也有比亚迪、上汽等新能源汽车领先企业在做应用量产。国外有日本三电开发了 CO_2 热泵空调压缩机，装配到奔驰车型上，国内东风汽车联合西安交通大学、浙江三花汽车零部件有限公司、GMCC 美芝等单位成立了《电动车 CO_2 热泵空调系统开发》技术联盟，开发了 CO_2 热泵空调系统，装配到东风汽车原型车上。国内 BYD 开发和生产了使用 R410A 的热泵空调，近年比亚迪和长安汽车在研究 R290 热泵空调。加冷松芝开发了适用 R1234yf 新替代制冷剂的热泵空调可以满足环境温度-25 ℃的使用，也开发和量产了带中间换热器和补气增焓制冷回路的超低温 R410A 大巴热泵空调，可以满足环境温度-30 ℃的使用。特斯拉在热泵系统开发上，采用了空气回路、制冷剂回路、冷却液回路耦合的系统，将电机电控余热回收和再利用加入热泵系统中，并在 Model Y 上进行量产应用。值得一提的是特斯拉引入了在非效率区运行电动压缩机和无刷风机的辅助制热模式，可以在不增加零部件的情况下充分利用已有零部件进行辅助制热，大大提高了制热能力和制热能效，又可以有效地降低系统构件成本。国内外竞争厂商在热泵空调技术开发上基本上还是齐头并进、各有千秋，都覆盖制冷、制热、除湿、预冷、预热以及多种混合模式的乘员舱和电池热管理要求，在乘用车领域国外技术商业化量产比国内略早，在大型客车领域中国厂商还是一枝独秀、相对领先。

5. 2021 年行业重点企事业单位发展情况

松芝股份(002454)专业研发、生产、销售各类车辆空调及热管理产品，业务覆盖大中型客车、乘用车、轨道车、冷冻冷藏车等领域，为客户提供空调与电池热管理的整体解决方案，同时聚焦储能领域，提供专业优质的储能电池热管理产品。客车热管理技术引领行业发展，连续多年产销量位居行业龙头。乘用车热管理产品应用于蔚来、福特、上汽通用、比亚迪等众多车型，商用车业务占比不断提升，与三一、徐工、福田、陕汽等客户持续合作。冷链业务抓住行业增长机遇，不断扩大市场份额，业绩持续攀升。2021 年陆续获得宁德时代、远景能源等多个储能电池热管理订单。

奥特佳公司是深交所上市企业，聚焦于汽车热管理技术和产品，主要业务包括汽车空调压缩机和汽车热泵空调系统，其研发中心和生产基地已经完成全球化布局。基于 20 多年来积累的经验与技术能力，与全球各主流车厂均建有稳定业务关系，无论技术水平还是业务规模在汽车热管理领域是当之无愧的自主创新头部企业。近年来陆续研发生产的第四代电动压缩机、补气增焓压缩机，新环保冷媒压缩机，以及模块化汽车热管理集成系统、热管理控制器等，具有独立知识产权并在全球范围内引领下一代产品技术方向。

宇通集团郑州科林车用空调有限公司成立于 2003 年，致力于成为行业领先的车内环境管理专家，为宇通客车、商用车以及冷藏车、房车等各类车辆以及国内相关行业提供空气调节、车辆热管理系统化工程解决方案。公司具备年产 10 万套各类产品的生产能力，拥有 2200 m^2 国家级制冷检测中心；每年投入不低于 4000 万元的研发经费，持续保证技术创新，目前累计取得专利 307 项，获得“国家知识产权优势企业”“河南省车用空调工程技术研究中心”等荣誉；科林产品畅销欧洲、中东、非洲、南美等近 130 个国家和地区。科林以新能源车辆发展为契机，遵循新能源车热泵空调和车辆热管理一体化的发展趋势，在车厢空气调节、电池热管理、电机热管理、电池余热、电机余热利用等诸多方面，不断提高能源利用效率、轻量化水平、智能化及网联化程度，成为车辆空气调节，整车热管理领域最具影响力的品牌。

上海海立新能源技术有限公司一直专注于车用压缩机的研发和生产。持续坚持乘用车和商用车压缩机两条技术路线。乘用车方面在原有 EVS 的基础上研发了更适用于乘用车的 ETS 系列，更轻，更高效，转速范围更广，电压适用性更复合乘用车的要求，已经在国内多款主流新能源量产车上使用，其性能指标为业界领先。在商用车板块，除客车外，各类专用车也逐步推广电动化，公司在原有商用压缩机的基础上推出了环保新冷媒热泵型高电压的 ECS 系列产品，可满足不同车辆的使用，同时其高可靠及低噪声、低振动特点得到业界的广泛认可。

浙江三花汽车零部件有限公司于 2004 年正式成立，简称“三花汽零”，为三花智控全资子公司，是三花控股集团下属核心产业公司。主要经营汽车热管理系统用各类核心零部件和组件，产品包括膨胀阀、贮液器、电子膨胀阀、水泵、油泵、水阀、电磁阀、冷媒球阀、集成组件、各类车用换热器、电池冷却板等，其研发的电子膨胀阀于 2017 年获得国际 PACE 创新奖。三花汽零致力于更适用新能源汽车热管理系统的产品创新研发，成为全球领先的热管理系统集成组件供应商。三花汽零的销售额也在逐年攀升，2021 年销售额为 48.02 亿元。

银轮股份(002126)是一家在深交所上市的民营企业。公司以汽车和新能源热管理系统产品为主导产品，其中新能源热管理产品有：冷媒冷却液集成模块产品、空调箱模块、前端冷却模块、电子器件换热器、电池冷却板、PTC 加热器等。截至 2021 年末相关有效专利 261 项，其中发明专利 22 项。该领域主要客户有北美知名电动车企、沃尔沃、保时捷、蔚来、小鹏、威马、通用、福特、长安、宁德时代、吉利、长城、广汽、比亚迪、宇通、江铃等；2021 年新能源热管理业务销售收入 8.38 亿元，同比增长 189.67%。

法雷奥集团是一家全球知名的车用零部件公司，其中热管理系统业务部门在中国汽车零部件业务中名列前茅，产品包括乘用车空调系统、发动机冷却系统、空调压缩机、前端模块以及商用车空调系统。法雷奥秉承扎根中国、奉献中国的宗旨，不断强化本地化运营。随着新能源技术在中国的蓬勃发展，法雷奥始终引领行业技术发展的潮流，在空调系统高度集成、电池冷却系统、电动压缩机、热泵系统、PM2.5 传感器、无刷电机、高压水加热器的技术开发方面已是行业领先。在业务发展方面，在保持传统客户宝马、奔驰、奥迪、大众、日产、福特、标致雪铁龙的基础上，不断开拓本地 OEM 客户，包括 BYD、吉利、奇瑞、长城、广汽、长安、红旗、帮助他们的汽车产品往中高端提升。特别是针对造车新势力理想汽车、蔚来汽车、岚图、小康、华人运通、小米，法雷奥提供全套的热管理系统解决方案，为造车新势力快递崛起贡献强大的动能。

上海光裕汽车空调压缩机有限公司位于上海市嘉定区，是汽车零部件上市企业上海北特科技股份有限公司的全资子公司。上海光裕主营汽车空调压缩机，产品涵盖单向、双向活塞式定排量压缩机、内控外控变排量压缩机以及电动压缩机，广泛配套国内 OEM 主机市场，是国内商用车压缩机主机配套的领先供应商之一。上海光裕电动压缩机系列齐全，产品排量涵盖 20cc、27cc、34cc、46cc 和 80cc，电压平台有低压平台和高压平台，有独立的控制器装配线，产品配套新能源乘用车和商用车 OEM 市场,2021 年累积实现产量 40 万台。公司目前正在开发 800 V 电压平台的电动压缩机和 CO_2 电动压缩机。

翰昂成立于 1986 年,作为创新热管理系统解决方案的领导者,在全球 21 个国家设立了 52 处制造基地及 3 所创新中心。2021 年全球销售额约 64 亿美金。产品包括空调系统、压缩机、动力系统冷却、空调管路、电子与流体液压等系列,既助力传统内燃机的高效节能,也支持电动化转型的下一代汽车产品。在电动车热管理领域,翰昂有二十多年的开发和制造经验,高电压电动压缩机、热泵系统、二氧化碳环保冷媒技术世界领先,并在业界率先实现了规模化应用。翰昂在中国的独资及合资公司分布在北京等 12 个城市,服务的客户包括大众、通用、奔驰、宝马、现代、福特、沃尔沃等国际主机厂,以及吉利、长城、长安、红旗、奇瑞、蔚来、小鹏等国内主机厂。

6. 未来几年新能源汽车热管理产业发展建议

新能源汽车热管理系统及零部件的产业链协同研究和协同开发程度不高,产业链上各环节各自独立研发,只是在点上的进步而不是链上的提升;没有形成产业联盟和知识产权联盟;核心电动化零件的产业化程度和产业集中度还是不高,与全球头部企业在业务规模和市场份额上的差距还很大;关键核心技术和解决方案的产学研用合作不充分、不紧密,没有形成强大的攻关合力;采用新技术的热管理产品的成本与传统热管理产品相比没有明显优势,对于市场推广和应用还是有很大的成本障碍;汽车热管理产品的行业标准被汽车厂、系统厂商和终端用户的接受程度不高;用户关心的能耗及能效也没有建立出行业评价规范和评价标准,不利于行业自律和行业有序发展。

新能源汽车热管理产业面临上述很多困难和挑战,还是需要行业在政府政策的引导下积极行动和应对才能有效突破,我们提出以下几个方面的建议:①借助政府提出的“双碳”目标引导和碳交易深入推进,在整车企业的引领下进行整车热管理系统的集成式核心技术开发。②积极推动核心零部件企业通过产学研用的模式进行技术创新和技术突破,形成自主知识产权和商业化量产能力。③重视对智能化及大数据方面的软件开发投入和热管理的人才培养。④政府在未来一段时间内继续推动研发补贴、能效品牌引领和专利联盟补贴的方式,疫情下要适度延缓退坡幅度和速度,助推新能源汽车热管理的技术进步和产业规模化提升。⑤从产业资本投入和税收方面支持产业链核心企业的发展,优化产业链、提高产业集中度和竞争力。⑥发挥行业协会作用,制定新能源汽车热管理系统能效标准和评价准则,建立公开公正的第三方测试评价体系,促进跨行业的技术交叉和复合创新,加强对核心企业的热管理系统及零部件产品的质量监督,促进高质量产品应用和高质量维护。⑦通过具体的碳奖惩措施,稳步推进汽车空调技术绿色转型,逐步引导形成适应我国的汽车空调发展技术路线,提出中国方案。

7. 其他重要的方面:产业政策和市场需求展望

随着并行积分制的实行和《新能源汽车产业发展规划(2021—2035)》的发布,新能源汽车行业也在积极制定应对策略,努力向绿色制造、高质量发展的产业转型和升级。中国汽车行业将进一步加速向电气化转型,从而成为向零排放交通转型的全球领导者。根据中汽协 2022 年 1 月份的预测,中国新能源汽车产量 2022 年将达到 500 万辆,其中纯电动汽车的产量预计将超过 450 万辆,占全球纯电动汽车产量的一半。虽然政府补贴在退坡,但投放市场的具有吸引力的车型越来越多,促进汽车市场加速向电动汽车转变。

但是新冠肺炎疫情的延续和芯片短缺,给汽车行业还是会带来一定的冲击。政府推出补贴政策延后和购置税减免、汽车下乡等政策,将会进一步促进新能源汽车的产销。随着新能源汽车细分市场的发展,电动车在新能源汽车中的比例会不断上升,新能源热管理系统的需求也会不断上升,预计 2022 年新能源汽车产销量会达到 500 万辆,渗透率 18% 左右,新能源汽车热管理系统新增产值在 226.68 亿元左右。

(十四)新能源汽车轻量化

(中国汽车技术研究中心有限公司 孟宪明)

1. 2021 年新能源汽车轻量化产业总体发展与技术突破

当前,全球新一轮科技革命和产业变革蓬勃发展,新能源汽车已成为全球汽车产业转型发展的主要方向和促进世界经济持续增长的重要引擎,我国新能源汽车进入加速发展新阶段。新能源汽车轻量化是未来汽车行业发展方向之一,特别是对于时下发展迅速的新能源汽车而言,重量的减轻直接意味着续航里程的增加。目前,新能源汽车轻量化正在逐渐走向集约化、普及化、多元化。在此过程中,轻量化的发展受到智能网联、节能减排、性能提升等多重需求牵引,通过全产业上下游深度合作,在轻量化材料应用、制造工艺、结构优化、零部件研发领域多面发力,使轻量化应用车型更加普及,其中新能源汽车细分市场将有望率先取得突破。

因此,汽车轻量化是综合汽车耐撞性、刚度强度性能、安全性、经济性的系统工程。采用轻质混合材料、优化结构设计、工艺创新是实现汽车轻量化的三大策略。其中,材料和工艺进步是产品轻量化的主驱动力,也是各主机厂技术竞争的关键领域。此外一体化成型技术的推出可实现车身结构件加底盘结构件的轻量化。

2021 年多个主机厂和研究机构重点围绕乘用车超轻车身、轻量化电动底盘、新材料新工艺等技术和行业亟待解决的关键共性技术、国内外汽车新材料等行业高度关注的前沿技术、热点领域进行技术攻关。目前新能源汽车轻量化产业仍面临一系列难题,如国外在铝合金材料方面形成的一定的专利霸权;我国车企轻量化材料应用明显较少,重点在于缺少较强的轻合金焊接和异种材料连接工艺;新能源车轻量化正向设计难度较大,多数企业仍然聚焦于零部件轻量化设计。

为此,我国在技术方面不断突破,致力于打通材料科学、拓扑学、力学、成型技术等学科的界限,通过多学科融合,推动汽车轻量化问题从局部最优解达到全局最优解;院校、材料企业和车企等科研院所相互合作,攻关关键共性技术和工艺;自上而下逐步分解开展结构设计、选材与工艺、装配与连接的轻量化。同时,加强了数据库和评价体系建设,致力于突破通用性、一致性难点。突破以上"卡脖子"技术,将是我们从汽车大国到汽车强国的必经之路。

2. 产业标准体系的建设

轻量化产业的发展是解决我国汽车工业节能减排的重要技术路径。标准化为产业建立起了基本的秩序和准则,是现代工业集团化国际化的基础。汽车轻量化产业的高速健康发展离不开标准化工作。标准化工作的推行使各领域基础管理借助标准化活动得以集成,各项工作依据标准化行为得以规范,是行业由小变大,由大变强、提高市场竞争力的重要途径。标准承载了科技进步和管理创新的成果。

经粗略统计,目前在汽车轻量化领域已发布的与轻量化技术相关标准 5 项,其中国家标准 2 项,其余为团体标准或地方标准;标准内容主要为术语和定义类,对试验类、材料类、零部件类、工艺类均未开始涉及,十分欠缺。与汽车轻量化间接相关的标准,如材料性能测试标准、样件成型特性测试、材料开发标准等,则较多,国标行标以及企标均较为丰富,但技术水平要求参差不齐,企业多以沿用企业标准为主。

综上,我国汽车轻量化产业的标准化发展存在以下问题:①没有完整统一的技术指标体系。原材料研发机构研发没有导向或采用国外的先进指标作为参考,对我国原材料研发造成障碍;不同的下游用户对同一材料研发机构的同一牌号材料提出不同的指标要求,造成材料研发机构研发成本的极大提高;整车企业认证工作没有健全的依据,合资企业沿用国外指标体系,自主品牌拼凑指标体系,无形中增加了材料供应商的认证成本及周期,造成资源浪费;整车企业及零部件企业挑选材料牌号没有具体的指标数据依据,材料的选用多为试错方法,或者调整结构设计,造成了极大的周期及成本提高。②检测及评价标准不健全或者评价指标落后。原材料企业沿用的性能评价标准整车及零部件企业不认可,研发机构与下游用户之间存在对话壁垒;已有的性能测试及评价标准落后,不适应当前的行业需求;或者评价标准缺失,给实际工程应用带来了极大的困难。急需建立完整统一的标准体系,用以获得最佳秩序,促进共同效益。汽车轻量化产业标准体系的建设可从以下几个方面开展工作:

(1)轻量化材料标准体系的建立

针对汽车用轻量化材料的基本性能、工艺性能、服役性能进行技术指标体系的建立,包括现行对应性能测试与评价标准、测试设备及装置、测试机构、检测中存在的问题等内容的梳理、收集与评审,形成客观全面的指标体系。为原材料、整车、零部件,以及研发结构提供工作依据。统一行业认证依据和指标,打破不同行业角色之间的对话壁垒,破除重复认证现象。

(2)轻量化工艺标准体系的建立

针对汽车轻量化产品生产工艺过程中的涉及的各类连接工艺、冲压工艺、车用塑料成型工艺、复材成型工艺、涂装工艺等,建立相应的工艺指标及性能指标体系,建立可供企业参考的生产标准体系。

(3)轻量化结构设计标准体系的建立

轻量化结构的设计与轻量化材料以及轻量化工艺三者之间相辅相成,没有明显的孰轻孰重,轻量化结构的设计在满足整车性能要求的前提下,需考虑工艺的可实现性以及材料的合理性。通常轻量化结构的设计依赖工程师经验,针对这个问题,重点在轻量化结构设计的流程上形成标准系统,建立可以大范围应用的标准规范,将个人经验转化为标准规范。

最后,标准体系的建立充分考虑标准的适用范围,使用对象的技术水平层次,以国标、行标、地方标准、企业标准、团体标准相结合的形式进行,针对行业准入性标准,采用国标强标或行业标准开展工作,建立统一的对话渠道和对话水平门槛,建立社会公平性。针对具有地方特色的产业,适用于地方标准与企业标准相结合形式,推动区域性的技术和经济发展;针对技术水平较高的企业团体,建立以团标为主,国标行标企标为辅的团体性标准,用以推动行业技术的发展;针对技术水平领先的企业,引导和鼓励建立自主企业标准,对标国际领先水平企业,走出国门,引领我国汽车工业技术标准走向国际。建立国际对话渠道,推动我国汽车轻量化工业技术的对外输出。

3. 国内外新能源汽车轻量化产业发展趋势

近年来随着新能源汽车保有量的持续增长,带来了汽车轻量化产业的迅速发展,带动了产业上下游的技术创新与进步。从新能源汽车轻量化整体发展趋势来看,主要基于材料、结构、工艺三个方面进行技术革新与发展。

①材料应用方面,从传统钢铁材料逐渐向轻合金、轻质复合材料为主的多材料混合方向发展。当前的发展方向主要为以先进的超高强度钢、铝合金、碳纤维复合材料,替代主流低碳钢,形成多材料混合应用体系,用材理念体现为合适的材料用在合适的位置。

②结构设计方面,从传统的多部件连接形成大型结构向一体式大型部件集成化设计趋势发展。采用一体式部件设计方法可以大幅度减少连接接头数量,提升产品性能,同时可以使结构更简单,质量更轻,性能更佳。

③成形工艺方面,从传统的长流程多件式方式向短流程一体式方向发展。其中,短流程一体式工艺方法主要分为以下几类:一体式压铸成型工艺,一体式中锰钢温成型工艺,一体式硼锰钢热成型工艺;管状件反向低压成型及热气涨一体式热成型工艺。一体式成型工艺相较于传统冲压焊接工艺在成本经济性、工艺流程和生产节拍、材料利用率、低碳制造等方面具备较强优势。

4. 目前亟需解决的技术难点及解决方案

以纯电动汽车为代表的新能源汽车研发和产业化势头迅猛,由于能量存储方式所限,轻量化成为电动汽车发展过程中亟需解决的关键问题,迫切需要轻量化技术作为产品性能提升和产业化成熟度改善的技术支撑。相关多材料混合设计技术、新材料性能评价与应用技术及关键技术研发体系缺失是制约新能源汽车轻量化水平及汽车行业技术进步的关键瓶颈。

当前,与国际领先水平相比,我国在新能源汽车轻量化领域还存在以下主要技术难点问题:

①多依赖仿制模式或经验模式进行轻量化结构开发设计,缺少体系化的正向开发能力;缺乏高精度的新材料性能与仿真模型数据作为工程开发体系的技术支撑。

②尚未完全掌握短流程一体式成型工艺技术,存在在制造装备及关键核心技术方面还未真正实现突破,存在大型复杂结构部件表面质量较差、加工精度低、制造过程易污染等技术难题。

③针对全产品系列的全钢车身,钢铝混合车身,全铝车身的可共线连接方法及工艺参数数据库相对缺失。

针对上述技术难题,可采用以下解决方案:针对难题一可采用材料-工艺-结构集成化仿真设计方法,配合高精度材料仿真模型库围绕多彩俩混合车身的精准化设计及材料应用问题进行开发。针对难题二,可采用可共线生产的异种材料电阻点焊连接技术,该项技术即不用重复投入连接装备也不用重新设计生产流程,可以在原钢制车身生产线,通过更换电极帽及工艺参数包方式进行共线生产全铝车身及钢铝混合车身产品。针对难题三,可采用国产化一体化压铸成型、中锰钢温成型、硼锰钢热成型工艺以及管状件反向低压成型工艺来解决上述问题。

5. 2021 年行业重点企事业单位发展情况

理想汽车 2021 年第四季度毛利率为 22.4%,2021 年全年毛利率达到了 20.6%,而 2020 年这一数据为 16.4%。交付量方面,理想 ONE2021 年四季度的交付量为 35221,全年交付量达到 90491 辆,同比增长 177.4%。目前理想仅有一款 SUV 车型,公司董事长李想在财报会上表示,去年理想实现了从 0 到 1 的突破,在家庭新能源车细分市场成为行业的天花板,接下来到 2025 年将争取从 1 到 10,将在 20 万~50 万元的价格区间中覆盖更多产品。交付量上升也带动新能源积分收入增长。李想透露 2021 年全年积分收入超过 2 亿元,

小鹏汽车 2021 年研发投入 41.1 亿元,孵化出多个灵活的造车平台、新一代电子电气架构、领先的智能辅助驾驶技术等多项引领性的出行科技,以“未来出行探索者”的姿态持续带来智能、节能及环保的科技产品与出行体验。小鹏汽车在产品设计阶段即考虑产品的环保特性,通过风阻控制、电驱系统效率提升、低压功耗控制等手段,降低整车能耗。2021 年全年交付量 98155 台,100% 为低碳产品。根据汽车行业机构 2021 年 7 月发布的《中国汽车低碳行动计划研究报告(2021)》显示,G3、P7 车型全生命周期的碳排放相比同类型的燃油车低 21%、26%。相较于传统汽油车,2021 年小鹏交付的电动汽车全生命周期减排二氧化碳约 100 万吨。

蔚来汽车 2021 年交付新车 91429 台,同比增长 109.1%,连续两年翻番。截至 2021 年 12 月 31 日,蔚来自成立以来,累计交付智能电动汽车 167070 台。2021 年,蔚来汽车可谓全面发展,“步步为赢”。车型产品方面,蔚来在年内的两次 NIO Day 上相继发布了两款纯电轿车车型 ET7 和 ET5,进一步拓展了产品阵容和细分市场的布局。同时对于在售车型,蔚来还给 ES8、ES6 和 EC6 进行了 6 次的 FOTA 升级,让 NIO OS 进入了 3.0 时代,并强化了 NOMI、增加了 K 歌、休憩模式等丰富多彩的功能。在补能体系上,2021 年,蔚来新增 606 座换电站;505 座超充站、2598 根超充桩;359 座目的地充电站、1984 根目的地充电桩。

特斯拉 2021 年全球销量 93.62 万辆,同比增长达到了 87.4%。而四季度 30.8 万辆的销量,也再一次的创下了交付纪录。而在特斯拉刚刚公布的 2021 Q4 财报中,特斯拉单车毛利达到了恐怖的 30.6%,这也是新能源汽车前所未有的好成绩。2021 年,特斯拉先后在日光之城——拉萨和电力应用重城——上海开通光储充一体化超级充电站,将阳光转化为电能,通过 Powerwall 储能设备储存能量,使用储存能量给车辆充电,从而实现本地能源生产与用能的基本平衡,提高了能源使用效率。

比亚迪凭借着刀片电池、DM-i 超级混动等技术,在过去的 2021 年取得了长足的发展,实现营业收入 2161.42 亿元,同比增长 38.02%;归属于上市公司股东的净利润为 30.45 亿元;经营活动产生的现金流量净额 654.67 亿元,同比增长 44.22%。2021 年全年新能源汽车突破了 60 万台,同比增长 218.30%,实现新能源车连续 9 年国内销量第一。

6. 2021 年重点车型技术特点分析

(1)特斯拉 Model Y

特斯拉的技术特点及亮点体现在 Model Y 一体式后地板,该大型部件是完全用铝合金压铸成型的,通过大吨位压铸机及优化后的铝合金,通过压铸成型方法形成了一体式的后地板,总体为一个部件,不村子多个部件连接问题。此工艺节省了大量生产环节,提高了生产效率,但这个工艺难度相对较大,后期热处理工艺对大型部件的性能及精度影响也较大,对装备及材料工艺的要求较高,这是特斯拉 Model Y 上一个显著的创新。此外,纵观 Model Y 的车身结构,其设计理念是不同的区域匹配不同的强度,是吸能区充分的吸收外部碰撞能量,乘员舱相对坚硬保护乘员安全,同时做到轻量化。在连接技术上面 Model Y 采用多种材料连接组合在一起,当其中包含焊接、铆接、螺接等。

(2)小鹏汽车 P7

小鹏 P7 是钢铝混合车身,高强度钢及铝合金材质混合占比达到 60%,这种混合比例很好地兼顾了车身刚度和轻量化需求。P7 的前围横梁、A 柱、中央通道等关键部位均采用热成型钢,整体占比高达 8.3%。热成型钢材最高抗拉强度达到 1500 MPa,有效提升了碰撞安全性。

(3)理想 ONE

理想 ONE 车身系统采用钢铝混合结构,该结构保证了轻量化的同时,又增加了车身刚度。铝主要应用在机盖等区域、热成形高强钢主要应用在 B 柱。理想 ONE 底盘也采用了多种核心轻量化技术,悬架结构系统中使用了铝合金,下控制臂采用了尼龙/玻纤复合材料+钢材的轻量化设计,其强度高于铝合金,并且耐腐蚀、材料寿命衰减也略高于传统金属材料。

(4)东风岚图梦想家

东风岚图梦想家采用了 2000 MPa 一体式热成型冲压门

环以及车门防撞梁、贯穿式铝质门槛加强梁，整车的高强度钢用材比例达到70%。在大型MPV车型中，其用高强钢比例较高，整体轻量化水平较高，一体式热成型冲压门环对乘员安全性有很好的保护作用。

7. 未来几年新能源汽车轻量化产业发展建议

汽车轻量化是材料技术、制造技术与结构设计技术集成的综合工程，包括轻质材料的应用、新的制造技术和工艺，以及先进的结构优化或设计方法，体现在产品结构、材料和制造三个方面。

从轻量化材料应用方面，需要大力推进国产化新材料的应用性，例如高强度钢、铝合金、镁合金、工程塑料、复合材料等在汽车上的应用，形成我国轻量化上下游产业链条的自主可控。

从轻量化工艺技术方面，需要大力推进我国一体化成型工艺技术成熟度，以及相关设备的配套问题。例如大吨位一体式压铸机开发、一体式压铸工艺及材料后处理技术，一体式温成型及热成型技术自主化开发等方面。在连接工艺技术方面，针对热连接与冷连接工艺技术，应重点解决连接设备国产化及生产质量一致性问题，研发具有可满足共线生产的异种材料连接工艺及国产化装备。同时，在核心技术方面要加大相关专利等知识产权的国际化布局。

从轻量化结构设计方面，需要大力推进优化设计类软件国产化，核心算法及数据库技术的本土化开发与应用，以用来支撑我国轻量化结构设计领域的软件工具链产品自主可控。

从产业布局方面，需要围绕产业链布局创新链，加快迈向制造业价值链中高端，形成系统化的上下游协同布局，另外，需要产业协同围绕重大关键技术进行攻关，突破产业技术堵点，建立健康可控的上下游协调发展的产业结构。

从政策支持方面，需要相关鼓励政策的持续支持，围绕轻量化产业中的核心技术卡点问题，给予研发经费及配套政策支持，协同上下游企业进行重点攻关，突破技术卡点问题，实现产业大范围应用，提高产业技术水平，引领产业进步。

8. 其他重要的方面

在产业人才培养方面，需要加大力度培养复合型产业技术人才，对于高端人才要给予政策及平台支持，让其带领团队攻克核心关键技术。对于年轻人才，要给予其揭榜挂帅机会，充分展示自身才华，给予重点培养。对于职业技能人才要提升培养专业水平，大幅提高职业基础人才实际工程解决问题能力，在产业上下游发挥技能主力军作用。

（十五）电动汽车充电基础设施

（中国电力企业联合会标准化管理中心　刘永东）

2021年充电基础设施产业继续快速发展，服务近800万辆新能源汽车，为我国新能源汽车产业发展提供了有力支撑。截止到2021年12月，我国公共类充电桩达到114.69万台，比2020年增约34.88万台，私人充电桩数量达到147.01万台。公共类充电桩和私人充电桩总量超过261.70万台，车桩比为2.99：1，发展规模持续保持全球首位。

1. 行业动态

（1）政策发布

国家发展改革委等部门印发了《关于进一步提升电动汽车充电基础设施服务保障能力的实施意见》，《意见》指出要全面贯彻落实新能源汽车产业发展规划（2021—2035年），到“十四五”末，我国电动汽车充电保障能力进一步提升，形成适度超前、布局均衡、智能高效的充电基础设施体系，能够满足超过2000万辆电动汽车充电需求，支撑新能源汽车产业发展，突破充电基础设施发展瓶颈，推动构建新型电力系统，助力“双碳”目标实现。地方政府承担推动充电设施发展的主体责任。

（2）地方政府承担推动充电设施发展的主体责任

各地方政府是政策的执行者，2021年部分地方政府在中央政策的指导下，各地方加速落实中央政策文件要求。一是各地纷纷响应中央“新基建”部署，相继发布当地充电设施规划方案，并提出近期发展目标；二是持续完善充电设施奖补政策，更加注重奖补的合理性同时根据当地新能源汽车充电需求对部分领域充电设施适当倾斜；三是注重支持和引导新技术新模式发展，积极改善充电设施产业运营环境；四是更加注重居民区充电设施建设，大部分地区对居民区充电桩改造和配建比例提出明确要求，同时对有序充电和私桩共享等给予特殊奖励。

（3）联盟标识管理（认证）体系

截止到2021年12月，总计有38家企业的59款型号产品申请联盟标识（检测、认证）评定，其中已完成标识（检测、认证）评定工作的有38款型号产品，未通过的有6款型号产品，已通过的有32款型号产品，在评的有19款型号产品。

目前有中电联认证中心、天津华诚认证中心（中汽研）、上海添唯认证技术有限公司（上电科）、许昌开普检测研究院股份有限公司、中国质量认证中心、威凯认证检测有限公司、苏州电器科学研究院股份有限公司等7家授权认证机构发出标识，已发放标识59561张。

2. 充电设施标准体系建设

（1）深化充电设施标准体系

为适应充电技术的发展和产业需求，针对大功率充电、无线充电和V2X、重卡换电等方面，开展了标准路线图和标准体系预研工作。目前，新修订的标准体系共规划标准163项，其中，规划国家标准58项，行业标准65项，团体标准40项。

2021年7月8日，国家标准化管理委员联合国家能源局、工信部以及有关专家对ChaoJi方案和2015升级补丁方案进行了比对辩论会，会议认为，ChaoJi技术方案已经经过5年多时间的准备并经过工程验证，是一套国际水平领先、具有我国自主知识产权的充电技术方案。2015升级补丁方案还存在一系列固有问题，缺乏技术研制和产业协调。2021年

12月31日，国家标准化管理委员会正式下达《电动汽车传导充电用连接装置 第4部分：大功率直流充电接口》推荐性国家标准制定计划，该标准由中国电力企业联合会归口，国家电网有限公司联合行业内车企、桩企、运营商、连接器企业、检测机构等企业提出。这标志着ChaoJi充电技术关键标准获得国家批准，为ChaoJi充电技术的产业化奠定了基础。

（2）加快标准制修订步伐

2021年度继续加大了充电设施标准的制修订力度，加强了充电设施计划项目的管理，制修订计划项目推进整体有序。2021年度共发布标准23项，其中，国家标准5项、行业标准8项、中电联标准10项。目前，标委会正编计划项目共49项，其中，国家标准16项，行业标准20项，中电联标准13项。处于启动编制阶段的共34项，达到征求意见稿阶段的共6项，达到送审稿阶段的5项，达到报批稿阶段的共3项。

3. 充电基础设施建设情况

（1）公共充电设施总体情况

截至2021年12月，联盟内成员单位总计上报公共类充电桩1146956台，其中直流充电桩469126台、交流充电桩677241台、交直流一体充电桩589台。2021年12月较2021年11月公共类充电桩增加55075台。从2021年1月到2021年12月，月均新增公共类充电桩约28297台，2021年12月同比增长42.06%。

省级行政区域内所拥有的公共类充电桩数量前十的分别为：广东省181846台、上海市103249台、江苏省97265台、北京市96840台、浙江省82041台、山东省60251台、湖北省58627台、安徽省58307台、河南省43556台、福建省39853台。

截至2021年12月，联盟内成员单位总计上报充电站74733座。省级行政区域内所拥有的充电站数量前十的分别为：广东省11633座、江苏省6701座、浙江省6001座、上海市5870座、北京市5850座、山东省4999座、河北省3353座、四川省2955座、天津市2845座、湖北省2379座。

（2）公共充电设施类型情况

根据2021年12月数据显示，目前国内交流桩数量为677241台，占比为59.04%，直流桩469126台，占比为40.90%，交直流一体桩（同时具备直流充电和交流充电两种功能）仅为589台。

（3）私人充电设施发展情况

截至2021年12月，联盟内成员整车企业总计上报私人类充电桩1470141台，其中交流充电桩1466267台，直流充电桩3874台。根据2021年车桩相随信息统计，私人充电桩配建率在79.44%左右。

4. 充电设施建设存在的问题

“十三五”时期，我国充电基础设施建设实现跨越式发展，在充电技术、设施规模、标准体系、产业生态等方面均取得显著成效。但还是存在一些问题。主要体现在四个方面：

一是规划布局协同方面，目前建设充电桩的实际数量和利用率存在结构性的矛盾。因为充电桩的规划建设和新能源汽车的使用存在空间上、结构上的不匹配，导致一方面车主抱怨充电桩少，另外，运营商担心充电桩利用率低。

二是从充电实施运营商角度，商业模式需要进一步探索。现在运营商仅通过收取充电服务费（按度电收费）来获利，很难能体现充电服务的理念。充电桩价值的核心是它所处的地段位置，地价等建设成本有非常大的差异，而现在无论是在城市核心区或是郊区充电，服务费都是按照度电收费。

三是从车主角度，车主抱怨充电体验差。一是车主找桩难，二是充电时间长，三是注册不同App手续烦琐等，车主充电焦虑感依然存在。

四是从设备制造商角度，设备同质化竞争非常严重，企业盈利空间不足，导致产品质量面临挑战。

5. 促进充电基础设施建设的建议

（1）建设高质量的充电服务体系

受限于现有的电池技术和充电技术，充电时间长、充电体验差是当前影响私人购车的重要原因。未来五年是全面提升充电质量、加快充电设施技术进步的关键五年。行业内将积极推进居民区充电设施建设，推动政府、物业、运营商、车企、电网形成合力，采用“统建统营”、社区直流共享充电、多车一桩、储充一体化、智能桩改造、小区周边公共快充以及“整体加装”提升存量小区充电配套能力等综合举措，系统提升住宅小区充电服务能力。提前布局建设城乡公共充电、高速公路、偏远地区以及专用领域大功率充电建设，建设ChaoJi充电网。加快建设出租、共享等乘用车以及重卡、工程等商用车的换电基础设施。拓展充电数据与停车数据、车辆数据互联互通，实时显示充电桩状态信息及周边环境信息，进一步提升充电服务能力，改善用户体验。

（2）高度重视充电技术创新和产业协调

大功率充电需要突破液冷组件、大功率器件等关键技术。高能效、高可靠性、低噪声充电需要优化模块拓扑结构，采用第三代半导体技术。光、储、充的深度结合需要构建基于共享直流母线的一体化充电关键技术。开发低成本、高可靠、兼容性强的无线充电引导对位、异物检测、活物保护技术是无线充电产业化实施落地的关键。减少维护成本需要开发标准化、模块化、可在线监测的单元设备，为状态维修奠定技术基础。保障充电安全需要充分利用充电大数据，实现主动安全预警和电池健康状态在线评估。

（3）建立标准支撑和政策保障机制

在标准方面，2021年10月，中共中央、国务院出台了《国家标准化发展纲要》，指出标准是经济活动和社会发展的技术支撑，是国家基础性制度的重要方面，标准化在推进国家治理体系和治理能力现代化中发挥着基础性、引领性作用。在推动充电设施高质量建设过程中，将围绕低碳、高效、智能、双向技术发展制修订充电设施关键设备及关键元器件标准，增加设备智能化、放电功能、能效指标等要求。完成ChaoJi标准体系建设。修订换电标准，细化换电互换性指标。制定无线充电产品标准及测试规范。制定充电设备全生命周期碳排放水平计算标准及碳排放因子计算标准。制定充电服务身份认证标准、绿电溯源标准、互动电量认证标准。完善车网互动系列标准，制定充电服务与电网通信协议标准。制定强制性充换电项目建设标准，强化安全约束。在政策方面，推动将充电设施建设纳入城市规划、房地产验收流程中，细化各地充电设施规划。出台科学合理的充电电价、有序充电电价政策以及电动汽车参与需求响应、电网辅助服务等相关政策。出台电动汽车专项清洁能源政策，将电动汽车消纳绿电纳入消费侧主动碳减排体系。建立充电服务财政差异化补贴机制，支持高速公路、乡镇、偏远地区等保障型公共充电设施的建设和运营。

（十六）新能源汽车换电技术与系统

（中国工程院院士　北京理工大学教授　孙逢春；
奥动新能源汽车科技有限公司　杨　烨；奥动新能源汽车科技有限公司　卢　毅）

［摘要］　新能源汽车的电能补给主要有慢充、快充和换电三种，其中换电是指在新能源汽车动力电池电能消耗完之后，通过整体更换成满电状态电池包的方式，使得车辆迅速获得行驶能力，更换下来的电池包进行集中充电和管理的技术。换电系统具备能量利用率高、安全性高和使用寿命长的特点，具有很强的发展潜力。本文从产业角度出发，对国内现有换电系统技术及企业状况进行了汇总与分析，分析换电模式的现状与未来，并为换电模式的推广提出了建议。

［关键词］　换电系统；集中充电；车电分离；换电标准化

1. 新能源汽车换电系统技术发展情况

（1）换电系统的组成

典型的换电系统包括换电子系统、充电子系统和辅助子系统。换电子系统实现电池包总成的拆装，换电机器人在车辆定位装置的作用下实现电池包的夹取、拆卸和安装。充电子系统负责实现电池包的物流仓储和充电，充电子系统内的码垛机器人对电池进行智能选取与存放，并根据换电子系统的需求选择正确型号的满电电池，同时将空电电池准确地放置在充电存储架中充电。辅助子系统对换电系统进行供电、监控、温湿度控制，实现换电站内充电、换电、计量、电池状态等数据的采集和监测，并提供触电、火灾等事故的安全保障。

（2）换电技术的优点

慢充充电对电池损伤小，但用时长；快充充电速度快，但对电池寿命有一定损伤，电流对电网冲击大；快充采用的钛酸锂电池成本高，在3C充电倍率条件下能量转化效率低于90%。无论是慢充还是快充，都存在占地面积大、充电行为难以优化配置的问题。相比之下，换电的优点主要有：①兼顾效率高、补能快、电池低损伤；②集中充电和管理，提高了充电过程中的安全性；③更有利于实现电网的削峰填谷，实现电池梯次利用；④缓解里程焦虑；⑤易于实现车电分离；⑥为无固定车位车主（占车主70%左右）提供快捷方便服务，便于电动车辆推广。⑦较直充充电站，换电站建设具有集中节约用地的优势（占地约4个停车位，服务100辆以上车辆）。

（3）换电模式的分类

根据电池更换的位置和方向，换电模式可分为：

①侧向换电模式：电池箱安装在车体两侧时的电池箱更换方式；②底部换电模式：电池箱安装在车体底部时的电池箱更换方式；③端部换电模式：电池箱安装在车体前后舱的电池箱更换方式；④顶部换电模式：电池箱安装在车体顶部或车体中间的电池箱更换方式。

（4）换电产业的现状

早期国外在换电领域的尝试均以失败告终，近期美国的加利福尼亚州创建的Ample公司开发了一种换电系统。由于采用了模块化、类似乐高积木的电池结构，据称可以与任何电动汽车兼容。Ample公司换电站可利用两个停车位进行组装，并配备光伏和风电设备，其换电过程全自助。据悉，目前在加利福尼亚州已有5个运营性充/换电站。

在国内，北京理工、上海电巴、理工华创等2001年开始研究开发商用车换电技术，由北京理工大学和上海电巴联合攻关，实现的多箱侧向换电纯电动客车，已经服务于2008年北京奥运会、2010年上海世博会、2010年广州亚运会、中国波兰e-Bus项目等。华菱汽车与中电投联合推出了顶部换电模式的星马纯电动重卡。此外，北奔重汽也研制出了采用顶部及双侧换电的纯电动重卡自卸车。

乘用车换电设备商主要分为快换系统商、充电系统商和动力电池厂商。快换系统主要厂商有奥动、蔚来、伯坦、蓝谷智慧能源、博众精工、科大智能、山东威达等。设备商大部分同时扮演换电运营商的角色，如奥动、蔚来、伯坦、蓝谷智慧能源等运营商，换电运营商主要分为公共服务、专有服务两大类。

2. 目前亟需解决的技术难点及解决方案

（1）机械连接技术

在机械连接方面的难点在于实现不同车辆与电池包连接的定位和锁止机构设计，同时要实现快速、交叉、多次换电的成功率和稳定性，并且具备较高的误差容错能力。

近年来，各种换电站机械连接专利不断涌现，包括柔性锁止连接、非标螺栓、错齿锁止结构、涡轮蜗杆结构等。电池和车辆连接则通过整体耦合器实现，整体耦合器具备三个方向的耦合设计，实现不同电池与耦合器的兼容匹配，并保证电池连接具有足够的刚度和强度。其中奥动电巴公司的机械连接和锁止机构采用错齿紧固锁止原理，16个承载点同时连接，多点分布式承载载荷分散，对车身结构不构成集中载荷，单一承载负荷轻（见图1-2-39），承载结构具有高度可靠性和长期稳

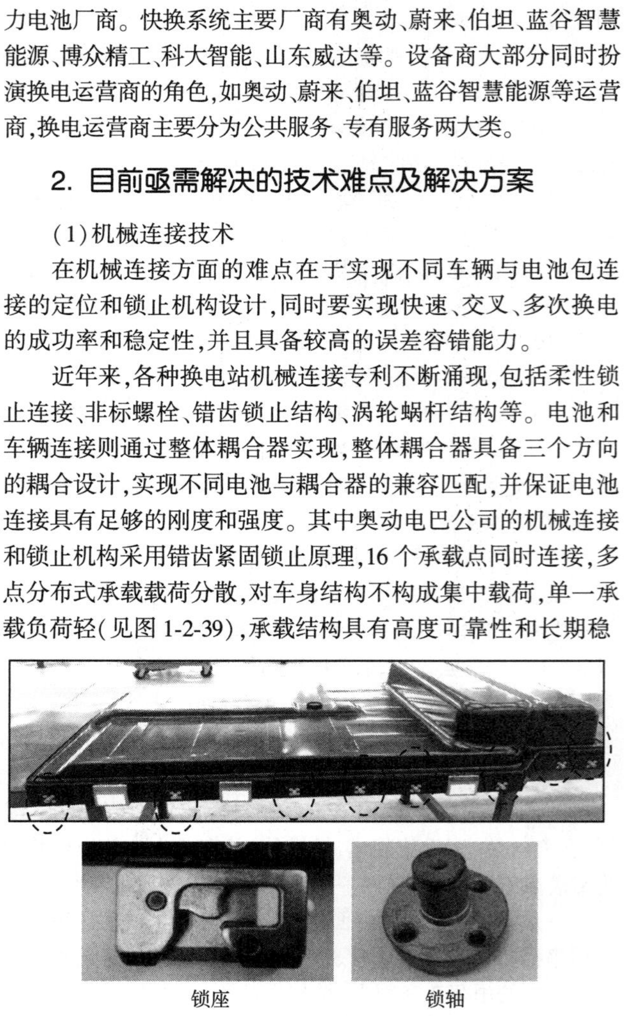

图1-2-39　奥动电巴锁止机构

定性，开发时按照 10 年工作 1 万次的标准进行了设计和测试验证，满足车辆寿命要求。奥动电巴的连接机构的特点是快速、可靠、通用性强，适合在从 A 到 B 级高频换电的乘用车上应用。蔚来螺栓周向锁止机构如图 1-2-40 所示。

图 1-2-40　蔚来螺栓周向锁止机构

（2）电连接技术

电连接分为高压电连接和低压电连接，其难点主要有三个：一是实现连接器在 1000～10000 次插拔后不因磨损而出现电阻显著变化；二是实现电池浮动式连接器，与电池箱或电池包保持随动；三是实现 IP67 以上的防尘和防水等级，保护端子不受水、尘的影响而出现老化和电阻变化。

目前，电连接主要有插拔式连接和平面连接两种，具有导向和浮动机构设计，预留搭铁点安装设计，结构设计上增加了径向或轴向的簧圈技术提升电连接的过流性能和连接的稳定性，浮动结构提升了结构的兼容性，蠕动结构保证行驶不松脱。奥动电巴的平面型电连接器设计上满足车用连接器、充电枪、整车振动有关的七项国家标准，通过浸水、老化、绝缘等 22 项性能指标的设计验证（DV）在实验室内按照企业标准进行了 1 万次的耐久实验，正负极高压极柱接触电阻始终控制在 0.60 mΩ，在应用实践中表现了出色的可靠性，如图 1-2-41 所示。

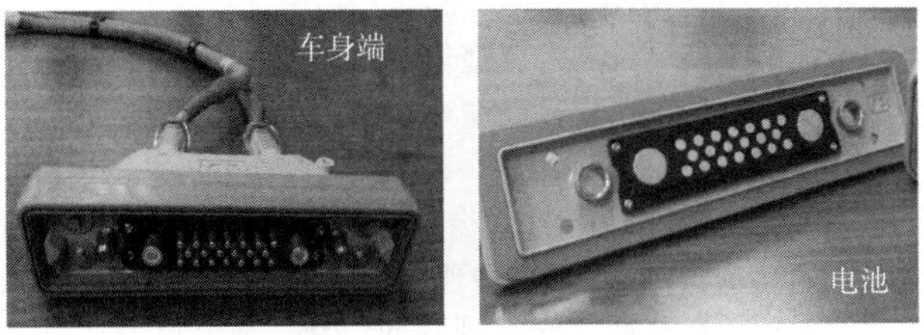

图 1-2-41　奥动电巴平面电连接器

（3）液冷连接技术

随着新能源汽车动力性能的提升，液冷电池包（见图 1-2-42）也在逐步推广，将液冷电池包应用于换电技术的难点在于液冷连接技术。冷却连接装置需要拥有快速插拔、自动截止及浮动功能。

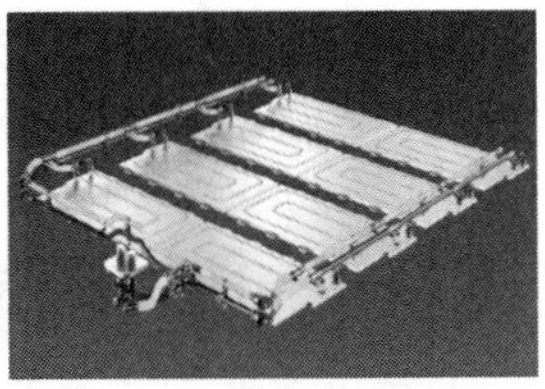

图 1-2-42　蔚来换电液冷电池包

解决方案是将液冷连接装置与电连接装置一体化集成，采用双向截止阀，在换电过程中关闭电池包液冷系统回路，实现液冷电池包更换。

（4）电池箱定位技术

在换电过程中电动汽车停靠位姿存在误差，车身变形导致电池箱总成相对车辆的位姿也存在误差。因此电池箱的精确定位是换电技术的另一个难点。

根据 NB/T 33006—2013 标准要求，电池箱更换设备应对车辆停靠位置及停靠姿态、电池箱安装位置有一定的适应能力，具体的定位精度要求参见表 1-2-17。

表 1-2-17　更换设备全自动运行定位精度

动作分类	精度要求	动作分类	精度要求
纵向定位	≤2 mm	旋转定位	≤0.2°
横向定位	≤2 mm	推拉定位	≤2 mm
提升定位	≤2 mm	—	—

电池更换设备通常借助车辆导引系统辅助进行车辆初步定位，将电动汽车停靠在预定的电池箱更换设备操作行程范围内；之后采用基于红外、激光、视觉等多传感器融合定位技术，减小定位误差，实现精准定位，有效提高电池箱更换设备对电动汽车电池箱的适应能力。

3. 新能源汽车换电站建设运营情况

据中国电动汽车充电技术与产业联盟统计，截至 2021 年 12 月，我国换电站保有量 1298 座，相比 2020 年 12 月的 555 座增加 133%，换电站建设数量整体呈稳定增长趋势。

从地域分布上看，截至 2021 年 12 月，北京市以 255 座领先，其次为广东省，拥有 178 座、浙江省 118 座、上海市 96 座、江苏省 92 座、四川省 52 座、山东省 51 座、福建省 45 座、河北省 41 座、湖北省 40 座。

4. 主要企业经营发展情况

目前，我国换电站运营企业主要有蔚来、奥动、伯坦三家，分别运营 789、402、107 座换电站。

（1）奥动新能源

奥动新能源以统一的卡扣式换电结构与多家车企合作，已经实现了可以为多家主流车企超 30 款车型提供共享换电站服务。奥动新能源围绕换电的定位、锁止和连接三大核心技术，形成了以锁扣连接为技术路线的换电解决方案，拥有 2500 多项全球换电专利，参与 30 多项国家、行业、团体和地方换电标准。奥动第四代换电站可实现 20 秒极速换电，服务全程仅需 1 分钟；日服务 1000 辆运营车辆或 5000 辆私家车；采用模块化设计，可快速布置于运营车场站、公共停车场、交通枢纽、物流集散、商业或居民社区地等多样化高频出行场景，如图 1-2-43 所示。

图 1-2-43　奥动重庆 4.0 出租车换电站

奥动为不同厂商提供可支持换电的零部件供应体系，以建立多品牌车型共享极速换电平台为理念，在乘用车（出租车、网约车)、商用车(微面、轻卡、重卡)等诸多领域,与北汽、上汽、广汽埃安、一汽、长安、东风等国内 16 家主流车企达成合作,共同开发 30 款换电车型(北汽 EU300/EU5、上汽 Ei5、广汽 Aions、长安 EV460、东风 E70、一汽红旗 E111/奔腾 NAT)并已多数投入市场。目前已在全国 26 座城市布局 547 座换电站,为出租车、网约车、物流车等营运车辆提供便捷的换电补能服务。截至 2021 年 12 月,累计提供换电 2010.6 万次,换电量 49034.7 万 kWh,换电行驶里程 283911 万 km,节碳减排 17801.2 万 kg。奥动新能源计划到 2025 年共布局 1 万座换电站。

(2)蔚来汽车

蔚来 Bayobolt 锁止机构技术能够保证支撑电池的足够强度,3 min 内可以完成全自动换电,每次换电都会做电池和整车电气系统检测,同时允许车主升级电池包和单独租赁电池,如图 1-2-44 所示。其服务群体主要为蔚来汽车体系内车主。

图 1-2-44 蔚来 2.0 换电站

(3)伯坦科技

杭州伯坦已完成含电动客车、两厢电动乘用车、三厢电动乘用车、电动物流车等数款电动汽车的研发设计和量产,推出正向设计的模块化纯电动物流车,具备零部件模块化、续航超长、外形电动化等突出优势。伯坦换电方案合作厂商有东风汽车、奇瑞汽车、大运汽车、吉利商用、威马汽车等。换电方案通用乘用车(涵盖 A00-C 级所有车型)和商用车(微型面包车、轻卡等),已推出 8 家车厂的 16 款车型。截至 2021 年 12 月,已建成换电站超过 107 座,覆盖城市 16 座。其服务群体主要为网约车、出租车、物流车等乘用车以及商用车领域。计划到 2025 年在全国建成换电站累计超过 2000 座,为全国超 50 万辆乘用车及物流车主提供能源服务。

5. 未来几年新能源汽车换电技术发展趋势

在国家政策和市场需求的双重驱动下,换电行业形成多种技术类型并存的态势,包括:以奥动、上汽、北汽、蔚来等企业为代表的乘用车底盘换电技术,以伯坦、移峰能源等为代表的分箱换电技术,以国家电投和玖行、国网商用为代表重卡顶部换电技术,以国网商用为代表的矿卡侧换技术。然而,换电基础设施、电池、车型等技术标准不统一阻碍了换电产业的进一步发展。

随着城市公共交通、物流交通电动化进程不断提速,未来电动汽车对换电的需求愈发强烈,换电技术正由快速、安全的核心诉求向智能化、标准化方向迭代发展,由各技术路线独立扩张向换电网络互联互通方向演进。

(1)智能自动化

全自动换电、无人值守运营、智能化结算体验将成为下一代换电产品的重要特征。未来换电技术应用将不仅具备电池快换功能,还需要具备根据用户分布和轨迹、站点客流和电池情况,不断优化数据模型算法,动态调整推荐规则,引导用户换电需求,最小化用户补能用时,最大化运营网络服务能力。随着换电站自动化程度越来越高和自动驾驶技术的应用,整个换电操作和场站运营将完全实现无人化操作。

(2)大类趋同标准化

标准化是产业大规模发展的基础和保障,动力电池、换电设施、换电车型的标准化将成为下一步行业工作的重点方向。一是动力电池标准化,会存在几款类型电池,适用不同车型;二是换电设施,换电站应该具备为不同车型提供换电服务的能力,且采用模块化设计的换电站,形成低成本、可升级的建站模式;三是车辆端,与标准化换电站相适配将形成数款标准化电池箱、标准化车辆底盘。

兼容多车型的共用型换电站将通过三个阶段实现标准共享。第一阶段,共用换电平台和换电结构,不同的电池存储仓,尤其是对于底盘换电技术,特别容易实现;第二阶段,共用换电平台、换电机构、兼容的电池仓位,电池可以不一样;第三阶段,结构模块化的电池,固定三种左右型号,不同车型、不同车企间可以进行互换。

(3)互联互通网络化

为满足规模化电动汽车换电需求,需要建设服务能力强大的换电网络,从而技术也将从站级向网络技术升级。通过形成换电网络,将打通智能调度、安全监控、电池资产管理、大数据分析等方面的行业数据壁垒,实现不同换电运营商相互联通,实现数据管理平台统一管理。深度分析换电产生的数据流、业务流、信息流、能量流,可以提高换电网络的智能化水平、资产运营效率,从而提高用户换电体验。同时,换电网络可以实现换电设施的合理化布局,可以提升换电站建设效率,减少重复建设,促进电动汽车社区换电模式的发展。

(4)与能源网深度融合

本质上,换电站是一个综合的能源载体。换电网络作为分布式储能系统,将电池以物理形式存储并搬运移动,而且还能让能量的在充放之间实现双向流动。换电设施通过参与电网需求响应,实现与电力系统、电动汽车之间的能源交互,形成面向低碳化电网的新型协作体系。在消纳清洁能源方面,换电站还可以积极联合光伏等新能源产业。通过结合光、储、充、换等多种形式,实现清洁电力的自发自用、余电存储、可充可换的综合性能源站,从而促进能源电力网与交通网的深度融合,共同发展。

6. 新能源汽车换电技术发展存在的问题

(1)换电方式、锁止技术不统一

因使用场景各异,各领域车型对换电方式的选择倾向不同。整体来看,目前乘用车换电方式主要为底盘换电;大巴车主要采用换电方式是侧方换电;重卡则主要为顶部换电。未来电池 C-to-C 的集成发展趋势发展,可能产生新的换电形式。多样化的换电方式给行业带来了发展动力,但也对换电站的建设成本和兼容性带来巨大挑战。不同换电方式所用的设备差异很大,无法实现通用或部分通用。

以乘用车在底盘换电为例。同为底盘整包换电,同样存在锁止技术不统一的问题。如奥动、北汽采用的是卡扣机构,蔚来采用的类螺栓锁止。同时,电池与整车接口的对接方向也各不相同。奥动、北汽为水平对接,蔚来是Z向对接。更有车型不同、底盘结构各异造成的电池这些差异造成换电设备不兼容,造成各家设备利用率有限,投资回报周期长。

(2)电池制造标准不统一

现阶段,电动汽车动力电池是作为供应零部件配套主机厂,因车型各异,属于定制化产品。由于不同主机厂开发的技术路线不同,同一主机厂的不同车型之间也存在差异,导致电池的尺寸规格、固定点位置、装配公差等都无法统一。跨车企之间的电池标准化尚无动力推进。同时,各电池厂家由于电芯规格不同、技术路线不同,也导致电池系统的最终尺寸无法统一。此外,不同品牌产品之间互用意味着搭载在电池基础上的算法、数据等共享。这涉及电池、车企、换电运营商之间必要的技术知识产权分享,在企业间尚不易达成共识。而当标准不一时,意味着不同品牌、不同型号车辆需要定制设计换电站。这一方面增加了换电站的建设数量和成本,另一方面增加了换电站的设计时间和成本。不同品牌电池和车型难以普适化共享任一换电站,无法达到一站换任一车企的车,一车能进入任一换电站换电的高效集约状态。

(3)缺乏贯穿生命周期的电池数据监管政策,衔接力度有限

目前,为了实现对新能源汽车安全监管、充电能力保障和动力蓄电池回收利用监管的目的,我国对不同阶段电池数据及平台建设已经有了诸如《新能源汽车动力蓄电池回收利用溯源管理暂行规定》《新能源汽车动力蓄电池梯次利用管理办法》等行政规范和要求。但为推进资源综合利用,国家要求对电池全生命周期信息进行监管和溯源。但监管政策并未将动力电池在生产段、使用段、梯次利用段、拆除再生循环段的监管要求打通,还是一个个政策“孤岛”。这类政策及规范处于空白状态,缺乏对电池资产管理的有效信息支撑。

同时,因动力电池全生命周期涉及环节和主体较多,不同主体和平台基于自身需求和定位,存在一定的认知差异,数据监测重点有所不同。由于权限问题,主机厂等部分企业的数据因为涉及关键产品信息和参数,出于商业机密、客户隐私等数据合规监管的考虑,对外开放度较低。除部分全产业链布局的企业能够掌握其产品的全生命周期数据之外,绝大多数监测主体不能全面掌握动力电池信息。电池数据主体之间数据壁垒林立,非常不利于动力电池全生命周期监管和商业化高效利用。

(4)电池数据商业化程度有限,尚需进一步探索与培育

电动汽车独有的车电分离模式滋生的电池资产管理模式已经在乘用车和商用车换电领域齐头并进,但对换电产业电池大数据的商业应用尚未形成可推广、可复制和可盈利的模式。数据分析利用还集中在分析应对动力电池使用过程中的衰减、热失控、故障预警等重大问题上。电池大数据应用场景仍主要局限于技术研发和安全管控上。商业多样化应用价值体现不足,商业模式需要进一步探索。

在车电分离模式下,动力电池资产由“电池资产管理公司”持有。重卡较高的购置初始价格,尤其适合电池租赁。电池资产管理公司天然的重资产属性,要求其能够对电池监控、管理、维护进行完全掌握,以利于挖掘成熟的商业模式,实现动力电池梯次利用及回收的全生命周期价值链。

同时,动力电池全生命周期长,数据平台投入大,企业之间数据信息藩篱阻碍全生命周期电池大数据链形成。片段式数据所有者难以短时间实现闭环数据管理,从而推动商业变现,因此数据主体进行数据挖掘与利用面临“巧妇难为少米之炊”的困境。

(5)换电站建设运营成本高

理解换电站建设运营,可以参考传统加气油站进行。换电站建设前期投入较大,主要体现在设备成本、电力成本、土地租金、建设费用、电池配比费用,以及7×24 h运营的人力成本等。分换电站服务领域看,乘用车换电站相对小型,单站投资在200~500万元;在卡换电站一次性设备投资、运营维护等费用超1000万元。换电站需额外承担较高的电池折旧或租赁成本。同时,考虑作为一项系统性的基础设施,换电站需要适度超前布局,且仅当布局密度达到一定程度时才具备现实意义。因此,换电模式下,企业须承担较高的前期投入费用。

由于换电的标准不统一,换电站投资建设各自为营,共享度不高,导致换电站的运营维护成本相对较高。在目前的实际运营中,尽管换电站能做到兼容多个车企不同品牌的多款车型,如奥动换电站能兼容共享其合作的8款不同车企的不同车型,但换电站兼容性依然有限。换电设施共享不高造成设备资源、电力资源、土地资源的浪费和各家间的重复建设。目前,换电式乘用车占新能源汽车比例较小,换电站运营实际面临供大于求、服务能力大大浪费的投入“黑洞”。

(6)换电站建设选址难

换电站的建设既需要考虑地价因素及交通便利性,又需要顾及电网接入、电力报装问题。这导致站址选择灵活度有限。而因多样化的换电站在技术方式、大小、外形上有明显差异。行业层面、国家层面和地方政府执行层面对换电站的认识各有不同,适用政策条文、监管力度也不尽相同。换电站属性认定不明确,部分地区和部门将换电站定性为设备,而部分地区和部门对其定性为建筑物和设备,造成安全管理的标准和要求不一致。目前,多个国家文件将换电站定义为基础设施,但在具体执行层面出现电力基础设施还是城市基础设施认定的问题。重卡换电站规模量级更大,审批难度大,选址与配电接入难,这在一定程度上制约了重卡换电发展。行业规模化、合规化发展需要明确的换电站建设落地指导政策,避免落建过程中出现多头管理,发生问题时无头管理而阻碍换电行业的发展。

(7)在加油站布局换电站缺少相关标准规范

目前,GB/T 51077—2015《电动汽车电池更换站设计规范》、GB 50156—2021《汽车加油加气加氢站技术标准》等标准规范中,对与加油站合建的换电站的安全距离要求尚无明确规定。国内换电企业蔚来、奥动将换电站视为明火地点或散发火花地点来判定与加油站安全距离。在国内个别地区应急管理部门、消防部门以无关标准为由,禁止在加油站区域内建设换电站,或者要求安全距离无限扩大,不利于加油站土地的集约化利用。为有效利用加油站稀缺土地资源,有必要完善相关标准规范等,指导在加油站建设换电站。

(8)换电车型销量占整体比重低

换电技术近年来发展较快,汽车销量和换电站数量持续增加,截至2021年底,换电站1298座,与充电设施共同服务近800万辆新能源汽车。但换电汽车占新能源汽车总量比例仍然偏低。

换电补能路线需要车企开发换电车型,设备商研发生产相适应的换电设备,运营商建设可匹配的换电站,用户/交通公司购买换电车型和使用换电方式补能才能形成闭环的产业形态。这对产业上下链协调能力具有极高要求。由于所需所投资金数额庞大,技术门槛较高,多数企业对此仍处于观望试探阶段,并未做坚定投入。为数不高的换电车辆的换电需求无法满足规模建设的换电站的经济效益需求,而无规模化的换电设施势必会影响现有车主的体验和潜在消费者的购买意愿,进而影响换电模式的发展。换电设施与换电车辆的共生关系制约了换电行业的进一步规模化发展。

7. 新能源汽车换电技术发展建议

目前,已有不少政策支持换电模式发展:2021年5月20日,国家发改委、国家能源局联合发文征求意见,提出在特定领域加快推广换电模式,形成统一的换电标准;同月,首个换电领域基础通用国标批准发布;同年,新能源汽车换电模式应用试点工作在全国范围内开展。在未来仍需对换电的标准化,换电车辆的法规等做出更为详细的规范与支持。

(1)鼓励换电建设,使换电与充电具有相同发展空间

换电模式发展不仅面临着标准统一难的问题,还面临着规模化程度不足的问题,要扩大服务范围必须在现有基础上拓展。比照充电设施初期规模化发展的激励政策,建议国家和地方依照对充电设施的支持政策,相应推出对换电模式系统性的指导和支持政策,包括属性界定、管理标准、换电设施建设和运营、电力配套、补贴等政策,让换电站在建设及运营上与充电桩可享受同等的政策环境。

(2)加快推进换电标准化,引导产业合作,丰富车型供给

各主机厂之间换电方式和电池包边界无法兼容,各换电站之间无法互通换电。建议立足换电模式发展的各项环节,形成涵盖顶层设计、技术创新、产业落地、推广应用、能源保障、安全监管六大方面的政策机制体系,形成高效、规范、顺畅的换电模式运营和管理体系,推动换电模式产业健康可持续发展;推动换电站规划设计标准、建设施工标准、安全规范标准、电池系统接口等有关标准出台,形成车辆、电池、换电站、电网之间互联互通、协同发展的换电模式体系。研究全面的、系统的测试评价技术,建立国际先进的测试评价体系和软硬件性能测试评价平台。

积极引导整车制造企业、换电系统关键零部件企业、换电站运营企业、出租车运营企业、动力电池企业、电池回收利用企业等开展全生命周期的全链条合作,共同探索责任共担、利益共享的合作模式。开展不同车型的兼容性方案试点,推进电动汽车换电底盘、换电电池包标准化发展。鼓励模块化的电池设计,开放式的换电服务,共同推动换电电池和换电站的互通共享,吸引更多车辆生产企业加入,为市场提供更多高质量换电式电动车产品,为市场提供更多选择。

(3)规划引领,促进换电站与现有设施合建共营,优化换电空间布局

将换电站建设纳入市政基础设施专项规划、电力专项规划和高速、枢纽等区域间交通领域规划专项,遴选具备符合条件的换电站建设场地,优化充换电站空间布局,有序推进换电设施项目的建设和落地。各地可根据本地区充换电站规划建设目标和新能源汽车电动化推进工作需求,滚动制定换电站建设计划,利用各类土地空间资源,结合不同区位城市景观等相关要求,完善街区换电网络,完善交通枢纽的换电设施网络布局,切实解决换电基础设施选址难、定点难的问题,为新能源汽车用户提供出行的便利。

鼓励换电站与加油站、加气站等既有场站合作建设,开展油、氢、气、电综合供给服务。开展基于车辆能源结构转型的能源补给基础设施协同规划研究,促进加油、加气等传统能源补给基础设施和换电、充电、加氢等新能源补给基础设施的有序衔接和合理配置。鼓励依托换电站场景为用户提供更多附加服务,如提供洗车服务,开设便利店、咖啡店等,提升换电设施的价值。

(4)鼓励电力公司建立绿色通道,推动换电市场规范化运营

适当简化电力报装手续,缩短换电站电力报装时间,明确增容手续的具体规定和执行流程,不额外增加其他手续要求,加快增容速度。

加强换电设施建设备案管理,促进换电服务市场规范化建设。探索建立换电服务的市场准入退出机制,培育服务水平高、用户满意度高的优质企业。鼓励换电站参与电力市场化交易,综合运用峰谷电价、绿电交易等优惠政策,实现换电站与电网能量高效互动,降低换电车辆用电成本,提高电网调峰调频、安全应急等响应能力。

(5)鼓励换电站、电网、电动汽车双向互动发展

推动车网互动、车站互动、站网互动、车车互动等技术进一步规模化应用。灵活调度车-站-网-源,打通电力双向流通渠道,促进网络能量传递,融入智慧电网系统,让电力系统更加优化。通过“充换储”一体化为电网的调峰、调频和应急供电提供基础服务。推动快换站电能储备参与电力市场交易,在重点商业区、居民区等区域,增加用户侧电池应用场景,减少新能源发电的弃电现象。

建议参照火电行业广泛使用的“两个细则”类似规则,在负荷侧进行试点,发挥充换电基础设施对于电网消纳新能源电力,提高供电可靠性的支撑作用,对换电给出统一的资源补偿规则。

(6)设立专项资金,鼓励换电站核心技术研发和超前布局

建议地方政府加大对技术研发的投入,鼓励开展换电核心技术的试点应用及示范项目,为换电企业的换电核心技术研发项目提供财政支持,鼓励换电企业发挥创新主体作用,加快推动新型换电技术及装备的探索及研发。

由于换电模式需要形成网络才能体现优势,目前换电站建设投入的成本仍然较高,且换电站的建设选址需考虑地价因素、交通便利性、电网接入等问题,建议国家、地方层面出台对换电模式的专项补贴政策,对符合条件的换电设施建设给予资金支持,推动金融创新,以缓解企业前期建站资金和阶段性运营压力,培育换电产业的发展。

（7）加强电池全生命周期数据监管，打造数据共享平台

加强动力电池数据管理的顶层设计，进一步明确动力电池全生命周期数据平台的战略导向，梳理动力电池各环节的数据要求，制定具体落实措施，强化创新推动，从而引导行业主体开展对新技术、新模式和新业态的探索应用，充分挖掘动力电池全生命周期数据价值。

一是积极引导培育动力电池全生命周期共享数据平台建设。通过促进动力电池全产业链合作，打通跨企业数据通路，推动共享数据平台的建设，并建立健全数据资产交易和定价机制，加速数据资源的整合流通。加强产学研合作，结合电化学机理、大数据和机器学习等技术，共同解决关键性能、安全管理、故障预警等难度较大的数据分析模型。

二是开发数据商业价值，推动更多应用场景落地。充分利用电池全生命周期数据积累，基于电池设计品类、性能参数、运行使用等信息，积极探索电池数据平台在技术研发、产品规划、二手车市场、金融保险及回收利用等多个场景的深度应用，推动场景落地，让数据资产发挥更大价值。

8. 总　　结

换电较慢充和快充具有诸多经济性和安全性上的优点，随着换电技术的不断进步和换电产业标准的不断统一，换电产生的经济效益将会逐渐凸显。目前，国内换电产业整体尚处于起步阶段。应当逐步制定完善换电产业标准；推行车电分离商业模式，实现动力电池与新能源汽车的解耦；通过换电与电网的融合，将换电模式的运营潜力充分释放。最终实现广大人民群众直接享受新能源汽车技术进步成果。

三、插电式混合动力汽车领域

（一）插电式混合动力乘用车

（比亚迪汽车工业有限公司　凌和平　杜魁善　姜　龙　符　罗　李桂忠　丘国维　刘　洋）

1. 2021年插电式混合动力乘用车整车产业与技术总体情况

通过多年来对新能源乘用车整个产业链的培育，环保理念不断深入人心，市场涌现出丰富和多元化的新能源乘用车产品，新能源产品的智能科技感十足、节能效果突出以及优秀的驾驶体验，使得新能源乘用车越来越受到消费者的认可。2021年新能源乘用车销量爆发性增长，根据CPCA销量数据显示，国内新能源乘用车（BEV＋PHEV）全年销售298.89万辆，同比增长了169.1%。从销量结构来看，纯电动乘用车（BEV）销量244.4万辆，插电式混合动力乘用车（PHEV）销量54.49万辆，同比分别增长168.63%和171.12%。整体上看，插电式混合动力乘用车（PHEV）的销量在2021年呈现出了爆发性的增长，如图1-3-1所示。

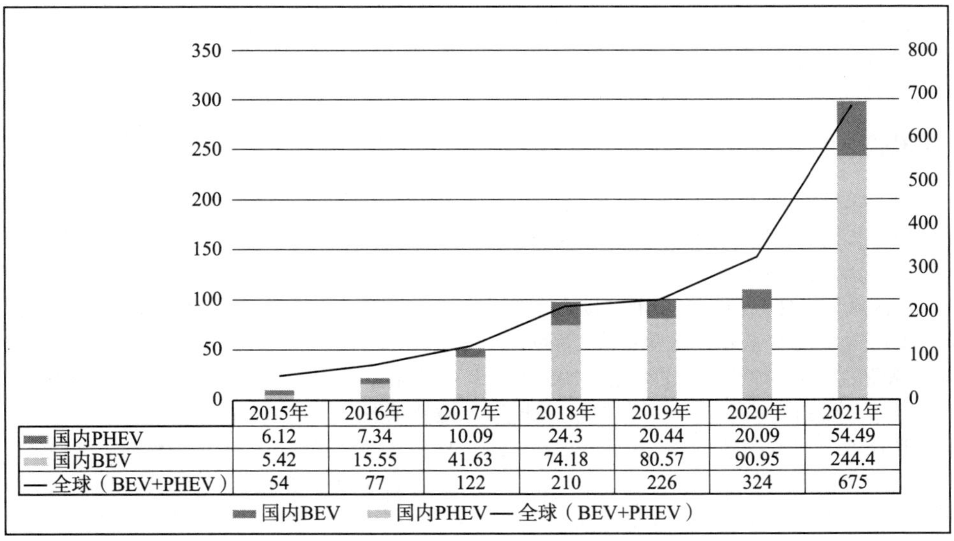

	2015年	2016年	2017年	2018年	2019年	2020年	2021年
国内PHEV	6.12	7.34	10.09	24.3	20.44	20.09	54.49
国内BEV	5.42	15.55	41.63	74.18	80.57	90.95	244.4
—全球（BEV+PHEV）	54	77	122	210	226	324	675

国内BEV　国内PHEV— 全球（BEV+PHEV）

图1-3-1　2015—2021年新能源乘用车销量趋势（万辆）

据EVSales统计，2021年全球新能源乘用车（BEV＋PHEV）合计销量675万辆，同比增长108%，中国占比44.28%。在全球范围内的芯片供应不足、疫情多点散发的影响下，国内新能源乘用车逆势呈现革命性增长，新能源汽车步入了高增长元年，不但引领着整个新能源行业发展，更代表着中国带动了全球的新能源布局。

在“双碳”目标政策引导下，各大主机厂加大力度推广新能源车型的研发生产和销售工作，逐渐由政策性主导过渡为市场竞争主导，上市车型纷纷获得市场用户的高度认可。从销售类型来看，纯电车型（BEV）仍然是新能源市场主流，得益于产品关键技术指标和性能的提升、成本的下降，使得其占据主导地位。因限购市场充电设施的逐渐完善，插电式混

合动力车型(PHEV)在北京、上海将不在使用绿色牌照,一线城市市场份额明显下降,然而也出现了非限购城市市场销量首次超过限购城市市场,非限购城市市场销量占比58.4%,产品无续航焦虑,对于充电设施不完善的非限购区域的用户更易接受。随着DM-i节能技术问世,插电式混合动力乘用车(PHEV)市场销量一跃增至50万/年的水平,以2021年全年统计为例,插电式混合动力乘用车(PHEV)共计销售54.49万辆,约占新能源乘用车总数的18.23%。在"双碳"目标下,技术路线图规划了乘用车的整体油耗范围及未来趋势,插电式混合动力等节能车型得到重视,将成为未来车市主流,与纯电车型相竞争,如图1-3-2所示。

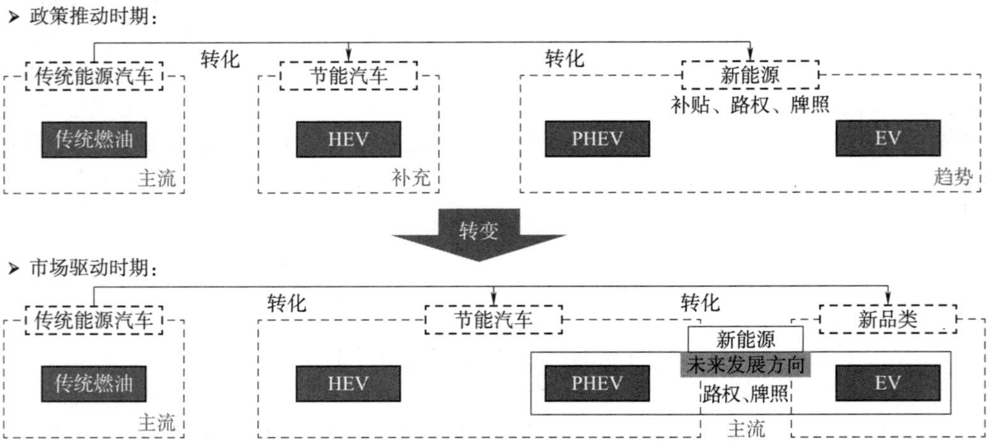

图1-3-2 政策推动时期向市场驱动时期的转变关系

2021年插电式混合动力乘用车市场以自主品牌为主,78%的销量占比来自比亚迪,其次是上汽荣威、吉利、长城和长安汽车。比亚迪汉DM、秦PLUS DM-i、宋PLUS DM-i、唐DM-i、宝马5系PHEV、帕萨特PHEV及理想ONE表现相对较强,说明消费者对插电式混合动力乘用车还是有很好的接受度。自主品牌混动技术的创新,推动了混合动力车型的快速发展,随着比亚迪DM-i/DM-p混合动力技术推广,长城、吉利也相继推出柠檬混动DHT、雷神Hi-X等混合动力架构;德系、美系、日系高端豪华车型的混动化趋势明显;上市新车型的动力性和经济性、舒适性的提升,带来了良好的用户体验。

2. 2021年插电式混合动力乘用车技术发展特点

面对当下越来越恶劣的环境破坏及污染情况日益加重,全球范围内达成一致共识,积极发展可持续的新能源。然而纯电动车型受制于城市充电设备尚未普及、电池技术尚未出现重大突破,存在一定区域局限性。而插电式混合动力车型具备排放低、节能以及不改变现有基础设施等特点,满足大部分工况下的纯电行驶感受,且无续航里程的焦虑。2021年各车企混合动力车型新上市占比提高,层出不穷的新技术、新理念,不断探索着混合动力技术的新世界,主要体现在以下方面:

(1)2021年插电式混合动力乘用车技术发展特点

①系统架构形式多样化,可大致分为串联式、并联式和混联式三大类。其中混联式系统架构成为主要的技术发展路线,可细分为功率分流形式和串并联形式。混联式系统架构具备不同动力模式,应用场景丰富多样,可以应对更加复杂的行驶工况,具有相当低的油耗水平。功率分流技术量产应用最早,并一直保持强劲的市场竞争力。串并联技术节能潜力正在凸显,拥有更好的综合能效,目前是最具发展空间的技术方向。

②电驱动系统高度集成化,不仅有电机、电控、减速器的"三合一"集成模块,更有附加BMS电池管理控制器、VCU整车控制器、DC/DC转换器、OBC车载充电器以及PDU高压配电箱集成的高压系统"五合一"集成模块。在电机转速、电能转化效率、机械空间紧凑化、线束精简化等方面起到了很大的作用。从整个系统层面进行效率优化设计、高效率匹配,使传动比、电流、电机输出形成极致效率。

③混合动力专用汽油发动机着重于更高热效率的研发,由于混合动力系统架构的特殊性,发动机的应用工况主要集中在发电、高速巡航等,使得混合动力专用发动机在最高热效率等性能指标上,比传统汽油发动机具有更大的提升潜力。通过采用阿特金森或深度米勒循环,并搭载了高能点火、充钠气门、冷却EGR、低摩擦、超高压缩比和智能热管理等效率提升技术,目前主流产品最高热效率均已达到了40%以上。

④动力电池技术不断迭代,更多规格和更大容量的电池系统方案实现产品化的应用。通过正负极材料改进、成组技术升级以及电池管理系统优化,新能源动力电池系统在成本、安全、寿命、高低温和功率性能等方面均已获得了跨越式的发展。插电式混合动力电池容量规格与纯电续航里程已逐步摆脱了以技术条件和补贴标准为导向的产品定位思路,更多从满足客户不同使用场景的需求出发。

⑤混合动力智能化控制技术应用,结合汽车相关的行驶工况、发动机与电机的工作性能、电池SOC,实现驱动系统的最高效率控制。当前的能量管理系统多针对特定的工况和使用场景进行优化标定,导致控制算法无法充分适应用户个性化的使用工况,因而导致实际工况下的整车能耗往往不能达到最优状态。目前已发展基于行驶场景大数据+AI云计算平台+C-V2X的智能能量管理系统,其可根据卫星定位、车辆传感器测量数据、驾驶员意图等提供的实时信息,实现控制系统的预测控制,自适应选择最佳的动力系统运行模式、能量回收强度等,最大限度的优化整车运行效率。

⑥高电压平台快充技术应用,进一步提高充电功率、缩短

充电时间。受限于硅基 IGBT 功率元器件的耐压能力,高压系统普遍采用的是 400 V 电压平台。基于碳化硅器件的研制成功,使得 800 V、甚至 1000 V 电压平台得以实现,但同时也对电器件的耐压等级、绝缘要求以及爬电距离提出更高的要求,目前零部件的全新设计、充电基础设施配套、高压充电网络布局建设等尚未完善,距离普及仍有很长一段路要走。

(2)2021 插电式混合动力乘用车的主要技术突破点

国产新一代混合动力专用技术获得突出成果,多家车企相继发布了最新的插电式混合动力技术平台成果,呈现“百花齐放”的局面,新一代的混动技术突破点主要为:

①比亚迪发布新一代 EHS 混合动力系统(见图 1-3-3 和图 1-3-4),经过多年的技术打磨,全新的 DM-i 混动技术平台,采用单挡 P1+P3 串并联行驶,由双电机、双电控、直驱离合器、单挡减速器组成,实现系统的高度集成化,相比第一代产品,体积、重量均减少 30%。采用扁线电机、电机油冷技术、自主 IGBT 技术,电控系统综合效率高达 98.5%。同时系统还配备了最高热效率为 43% 的骁云插混专用 1.5L 高效发动机,进一步降低了整车油耗。DM-p 混动技术平台主打高性能、强劲动力输出,延续了 DM 第三代的动力性能,以 P0+P4 双电机四驱架构,通过在后桥加装 BSG 电机,既可以作为发电机,又可以作为动力的辅助电机,着力于提高发动机功率,从而为整车提供强劲动力。

图 1-3-3　比亚迪“唐 DM-i”

图 1-3-4　比亚迪“汉 DM-p”

②奇瑞研发的鲲鹏 DHT 超级混合动力系统,采用首创的 P2+P2.5 双电机架构方案。依托于 DHT 变速箱的 3 个物理挡位,具备了广泛的工作空间,该套系统可以实现混动系统中最多的 11 个工作挡位。通过单/双电机和发动机的驱动、能力回收组合,设置了多达 9 种驱动模式,足够应对不同的复杂路况;通过 TSD 双轴驱动带来平顺的驾驶体验。

③吉利研发的雷神智擎 Hi · X 混合动力平台,搭载量产的 3 挡混动专用变速箱 DHTPro,在保证低油耗的基础上,配备的 1.5T 发动机的热效率高达 43.43%。采用 P1 发电机、P2 驱动电机的混动架构,具备 20 种智能驾驶模式。双排的行星齿轮组在起到功率分流作用的同时,提供了不同的传动比,能实现纯电、串联和并联模式。得益于 3 挡变速箱,使得这套混合动力系统支持全速域的并联,车速在 20 km/h 以上时系统就能进入到并联模式中,系统效率提升 20%;离合器的滑摩配合 1 挡大速比,提升起步加速能力;高速情况下可释放 60% 的储备功率,实现快速超车;其综合节油率可达 35%~40%。

④长安发布的蓝鲸 IDD 混合动力系统,基于蓝鲸 1.5T 混动专用发动机、蓝鲸三离合电驱变速器、大容量电池、IDD 智能控制系统共四部分组成,可以满足“全速域、全场域、全温域、全时域”四方面的全场景用车需求。采用 P2 电动机,电动机输出需要经过 6 挡湿式双离合变速箱;蓝鲸三离合电驱变速器拥有更高的系统集成度,电机采用了 S-winding 绕组技术,电驱动综合效率达到 90%。

⑤长城研发的柠檬 DHT 混合动力系统,根据不同用途,可分为两套 HEV 混动和三套 PHEV 混动系统。这套混动系统的发动机和两台电动机通过一个平行轴 2 挡减速机构相连,通过离合器调节工作模式,从而实现纯电、串联和并联模式。

⑥电池系统通过正负极材料改进、成组技术升级以及电池管理系统优化,新能源动力电池系统在成本、安全、寿命、高低温和功率性能等方面已获得了跨越式发展。比亚迪车型搭载了混动专用功率型刀片电池,磷酸铁锂的热稳定性和刀片结构的经典设计,让刀片电池使用更加安全;采用脉冲自加热和冷媒直冷技术,让电池内部发热,达到了加热电池的效果,加热均匀性更好,加热效率提升 10% 以上,同时也满足高安全性的要求。

⑦电驱动系统目前主流产品均已采用了如低铁损高磁感硅钢片、Hair-pin 扁线式绕组、油冷散热以及变频电控等先进技术,持续提高电机系统效率和性能。并使得系统实现小型化、模块化,更加有利于混合动力总成在不同车型上的搭载应用。大扭矩大功率的驱动电机通过油冷技术运用,散热性能大幅提升,电机功率密度提升至 44.3 kW/L,电机最高效率达 97.5%,工作效率大于 90% 的区间占比达 90.3%;运用比亚迪第四代 IGBT 技术,电控综合效率高达 98.5%。

(3)目前亟需解决的技术难点及解决方案

混合动力方案及控制策略的有待进一步优化,由于混合动力系统是发动机、发电机、驱动电机、变速器及相关控制器的一整套系统,面对车辆复杂的行驶工况,各部件的控制往往无法达到最高效的性能表现。后续通过传感器精度提升、控制算法的优化、不同应用场景下控制器自学习能力提升、动力底盘系统控制器的高度集成,实现信息的共享共用机制,实现最佳的性能表现。

插电式混合动力系统架构拥有非常庞杂的零部件构成,导致其制造成本居高不下。未来在新型材料的应用、发动机热效率突破 50%、电池能量密度和电机功率密度的提升,实现发动机、电机、电池的小型化、模块化以及轻量化;车用芯片的技术突破、产能提升等多方面技术改进,实现整车成本的递减。

(4)国内外技术差异

新一代混合动力技术相比燃油车显著降低油耗,动力性和平顺性大幅改善。混合动力技术日系车型依然是独树一帜,自主品牌车型强势崛起。根据发动机与驱动电机的动力传动关系,混动系统可以分为串联(如理想 ONE、日产 Note)、并联式(如比亚迪 DM3.0、本田 i-MA 等)、混联式(如比亚迪 DMi/DMp、长城柠檬 DHT、本田 i-MMD、丰田 THS 等)。由于混联系统融合了不同混合动力模式的优势,具有更加灵活的能量分配和调度能力,可以适应更加复杂的行驶工况,并获得更低的综合油耗水平,混联式系统成为国内外车企当前技术发展和产品应用的主要方向。

国外主要以丰田 THS 混动系统、通用 eMotion 智能电驱和本田 i-MMD 系统以及日产 Note 等技术为主,技术路线较为广泛,其中丰田 THS 采用行星齿轮组功率分流结构,结构复杂,开发成本高，且形成了专利壁垒；本田 i-MMD 混动系统和日产 note 也凭借较低的能耗在混合动力技术占得一席之地。

国内国产品牌新一代技术中，双电机串并联架构的 DHT 混动系统已成为主流方案。DHT 配合混合动力专用的高效型发动机以及高密度高效率的电机系统，通过多种模式或多个挡位的切换，将车辆运行模式进行显著特征的区分，并进行全局全模式的性能优化，确保发动机高效运行，利用模式之间的优势互补，实现系统总体的最优效率，进而降低排放和油耗，并提高整车驾驶性能。

3. 未来几年插电式混合动力乘用车技术发展趋势

①多种混合动力系统结构层出不穷，不同的系统架构共同应用于一款车型，整车系统架构将向可控化、精细化的方向发展。

②"多合一"的集成化模块，可以共用元器件，节省大量高压线束、磁模块体积缩小，有利于电驱动系统实现小型化、模块化的方向发展，更加有利于混合动力总成在不同车型上的搭载应用。同时增加电机功率比重，整车的油耗将进一步降低。

③通过产品的智能化、电气化以及新型材料的研发，发动机的热效率将迈向 50%，甚至更高的水平。

④各大车企纷纷推出更大容量、更高寿命、更加安全的动力电池产品，如特斯拉的 4680 型无极耳电池、蔚来的半固态电池，都为未来动力电池的成本优化、小型化技术提供广阔的新思路。

4. 未来市场需求分析预测

消费者对于插电式混合动力产品的满意度及需求不断攀升，随着插电式混合动力车型由政策驱动向市场驱动的过渡，充分的市场竞争推动了产品的技术升级和品质提升，在可靠性、安全性、行驶感受和性能、配置丰富度等多方面已开始逐步建立优势，用户满意度随之迅速提升，甚至超过了纯电车型、传统燃油车型，而且对自主的中高端品牌总体满意度提升更快，评价也相对更高。混合动力车型能够做到动力性能与经济性上更好的兼顾，如在城市低速工况下，主要以电驱动形式工作，面对频繁变化的路况，拥有更好的平顺性和舒适性。在大负荷加速工况下发动机和电机同时输出，可实现更大的动力系统功率，并获得更高的动力性能表现。特别是在充电设施不完善的区域、低温环境工况，能够提供更好的用户使用体验，满足国内大部分消费者的使用需求。

国内混合动力车型市场竞争格局迎来了重大转变，自主品牌与日系品牌（丰田、本田）分庭抗礼。虽然日系品牌在 HEV 车型产品上积累的优势极为明显，占据混合动力车型市场的半壁江山，然而在 PHEV 市场上，比亚迪、理想、上汽均取得较好的市场表现。随着自主品牌纷纷推出各自的混合动力系统，未来在 PHEV 市场的新车投放力度明显大增，国内市场的竞争将会异常激烈，消费者也将从中获得更好的产品使用和服务体验。

插电式混合动力车型的全新销售格局正在逐步打开，随着低碳消费文化的深入人心，消费者对新能源车型的认可程度越来越高。以往插电式混合动力汽车销售只能集中在限牌限购城市的局面正在被逐渐打破。新销售区域的打开，也为正处于政策红利逐步退坡中的插电式混合动力汽车，提供了另一个保持稳定增长的新通道。

根据"双碳"技术路线预测，未来十年我国汽车行业发展的总体目标要于 2028 年左右提前碳达峰。要实现以上目标，混合动力技术将发挥不可替代的重要作用，届时传统燃油乘用车将基本退出市场。

插电式混合动力汽车是新能源最重要的路线之一，目前市场销售格局已逐步打开，未来发展潜力巨大。未来除了从政策层面上持续推动先进混合动力技术的应用，还需要加强产业链的上下游合作，建议共用共享机制，推动成本的持续下降，避免研发资源的浪费，促进国内混合动力系统领域形成自主、完整的产业链体系。

5. 其他重要的方面

积分管理办法得到进一步明确，持续激励混合动力产品发展。2021 年 2 月工信部发不了积分管理有关事项的通知，正式启用了循环外技术/装置的油耗减免政策，给予混合动力汽车 0. 5L/100 km 的减免额度，并将应用于 2020 年积分核算。配合《乘用车燃料消耗量评价方法及指标》标准的更新，对乘用车平均燃料消耗量设定了全新目标，即在 2025 年下降至 4L/100 km，而插电式混合动力车型仍可在 2025 年前享受电能消耗不进行折算的优惠政策，继续享受政策红利支持。

混合动力汽车能耗测试新标实施，完善 PHEV 能效评价方法。2021 年 10 月，新版《轻型混合动力电动汽车能量能耗量实验方法》正式实施，将基于国内出行链里程数据的拟合特征，对插电式混合动力汽车的燃料消耗量进行核算评估，更加接近在国内实际使用环境下的真实表现。

（二）插电式混合动力客车

（厦门金龙联合汽车工业有限公司　林海巧　朱武喜）

1. 2021 年插电式混合动力客车产业总体发展与突破

2021 年伴随着国家经济复苏，新能源客车的销量有所增加，总销量约为 8. 3 万辆，其中纯电动客车共销售 80389 辆，同比增长 9. 2%，插电式混合动力客车共销售 2058 辆，同比下降 49. 9%，在插电式混合动力客车中公交车销售占比 99. 95%，占据绝对主导地位。纯电动客车和插电式混合动力客车销量趋势截然相反的原因在于目前纯电动技术比较成熟，零排放，节能效果明显，且各地充电桩建设在加速落地，因此纯电动客车更受客户青睐，这也导致了 2021 年插电式混合动力客车市场继续萎缩，销售量在新能源客车中占比也继续减小。但插电式混合动力汽车仍是传统燃油车向新能源汽车过渡的主要路径，未来，在公交优先、节能减排等政策推动下，在充电基础设施还不够完善的三、四线城市，插电式混合动力公交车仍有一定需求。

在政策补贴方面，同纯电动客车一样，插电式混合动力客车补贴继续下滑，公共领域车辆 2021 年退坡 10%，技术指标则维持不变。

2. 产业标准体系的建设

GB/T 19754—2021《重型混合动力电动汽车能量消耗量试验方法》在 2021 年度进行了第二次修订，本次修订根据近年来的行业发展做了多方面的重大技术变化，重点有：

①修改了试验循环由 CCBC、C-WTVC 修改为中国重型商用车辆行驶工况（CHTC），同时增加了车辆最高车速小于 CHTC 最高车速时，试验循环的修正方法；②修改了试验循环的公差要求，增加了每个试验循环超出公差范围累计时间不能超过 15 s 的要求；③修改了纯电动续驶里程阶段，REESS 能量调整阶段和电能量平衡阶段的试验方法，纯电动续驶里程阶段的试验方法由等速法修改为工况法；④增加了碳平衡法测量燃料消耗；⑤增加了 CO_2 排放量的计算方法。

总体而言，本次修订的试验要求、试验方法都有了较大的变化，让试验得到的能量消耗量会更接近插电式混合动力客车类产品在国内实际使用环境下的真实表现，特别是增加了二氧化碳排放量的计算方法，可以对车辆的碳排放进行核算，助力车企关注和提高混动车辆二氧化碳减排能力。

GB 30510—2018《重型商用车辆燃料消耗量限值》在 2019 年 7 月 1 日起全面实施，其中，更严格的燃料消耗量限值将倒逼车企进行技术创新和升级，提高插电式混合动力客车的节油率。

3. 国内外插电式混合动力客车产业发展趋势

①小型化。目前客车产品电动化率较高，大城市新 2 能源公交客户基本处于饱和状态，而三、四线城市由于充电基础设施仍不够完善，在当下插电式混合动力客车仍有一定市场，但小城市人口基数少，对中轻型客车的需求大于对大中型客车的需求，因此客车企业应积极开发出适应市场需求的高品质、小批量、多品种的客车产品。

②智能化及网联化。当前智能网联技术在快速发展，产品在加速落地应用，而客车固定线路运营的特性，本身具有智能化、网联化的先天优势。随着《新能源汽车产业发展规划（2021—2035）》《关于促进道路交通自动驾驶技术发展和应用的指导意见》等政策文件的出台，更是积极推动着智能网联技术在客车上的应用。插电式混合动力客车作为新能源客车一个重要的技术路线，在智能化网联化浪潮中也有很大的发展潜力。

③抢出口。我国的插电式混合动力客车经过这几年国内推广，产业配套体系比较完整，与国外混合动力客车发展相比，具备一定程度的市场领先性和一定的产业配套的优势。因此在市场推广相对滞后的南美、中亚等地区有很大的出口潜力。

4. 目前亟需解决的技术难点及解决方案

①发动机可靠性不足，如客车用四缸气体机运行中的振动噪声问题、国六发动机增压器一定运营里程后的高温结焦问题等。由于插电式混合动力客车运行工况的特殊性，对发动机提出了全新的技术要求，因此需要针对混动的特殊工况开发混动专用发动机，提升发动机的启停性能和可靠性；②功率型电池技术难以突破，插电式混合动力客车对动力电池有小电池大功率的特殊需求，但是插电式混合动力客车仍然受到电池的高低温性能差、安全性不足等困扰。需要专门针对插电式混合动力客车开发高功率密度、高安全性和低成本电池成组技术；③整车能量管理控制技术有待提高，普遍存在能量管理效率低、升级更新慢等问题，往往在实际工况下的整车能效无法达到最优。因此需要加强插电式混合动力客车的智能化控制技术的应用，依托于智能网联设备等基础设施以及车辆自身安装的雷达、摄像头等信息，结合车辆实际运行场景大数据，在整车控制中植入智能算法，自适应选择最佳的动力系统运行模式、能量回收强度等，最大限度地优化整车运行效率。

5. 2021 年行业重点企事业单位发展情况

2021 年行业重点龙头企业发展情况与行业整体情况基本一致，市场需求不足，销量均呈现较大幅度的下滑，其中，厦门金龙 21 年销量 101 辆，同比减小 42. 29%；而宇通客车 21 年销量 658 辆，同比减小 40. 02%。行业内基本无新公告车型，大家对插电式混合动力客车的市场发展呈谨慎态度，研发投入方面大幅减少。

6. 2021 年重点车型技术特点分析

宇通行星排混联：采用双行星排机电耦合系统、整车轻量化、集成化五合一控制器、附件系统电动化改造、复合制动系统应用等技术的应用，实现中国典型城市工况的节油率最高可达 60%。

金龙 ISG 混联：采用双电机/双离合器结构，结构简单，省去复杂变速机构，可靠性高，控制灵活，行驶中无换挡过程，平顺性好。结合新开发的深度制动能量回收、自适应控制算法，整体节油率较以往提升 3% 以上。

福田增程式混动：积极推广电气化程度更高的增程式混合动力客车，采用附件全电动化以及拥有更高的纯电续驶里程，让插电式混合动力客车既有纯电动车的优势又有效缓解了里程焦虑问题。

7. 未来几年插电式混合动力客车产业发展建议

混合动力客车产业发展跟政策引导、技术革新、客户需求以及国际能源市场大环境息息相关。从技术角度看，我国的插电式混合动力客车技术发展较早、产业配套体系比较完整，与国外混合动力客车发展相比，具备一定的规模化和产业配套的优势。国外新能源客车市场相对中国有一定的滞后，未来几年，我国插电式混合动力客车企业可以通过拓展国外市场来增强我国在新能源技术领域的技术优势。另一方面，行业上应加强产业链上下游合作，针对插电式混合动力系统关键零部件，形成规格化系列化产品，提高可靠性及推动成本持续下降。

四、增程式电动汽车领域

（一）增程式电动乘用车

（重庆理想汽车有限公司　钱　坤　高　琳　胡景山）

1. 2021年增程式电动乘用车产业与技术的总体情况

增程式电动乘用车特指能源系统由动力电池和增程器组成的乘用车。增程器是一种通过燃料驱动的辅助动力系统，用于纯电动车上，增程器能让发电机为纯电动车的电池充电来延长车辆的行驶里程。目前最常用的增程器是内燃机，后续也可更改为其他清洁能源。增程式乘用车同时具备驱动电机和发动机，驱动电动机直接驱动车轮，发动机则用来带动发电机给动力电池进行充电。增程式电动车的技术原理就是利用增程器发电驱动车辆或者为电池充电，同时电池也可以外接电源充电（以及放电驱动车辆），滑行-制动动能也可以回收，最后实现能量的高效利用。与混合动力车型不同，车内仅有一套由电池、电机、电控组成的驱动系统，严格来说仍然是电动车。

增程式电动汽车技术最早由国外研发，2010年全球增程式电动乘用车市场开始兴起，呈现较快增长态势。中国首款可量产的增程式电动乘用车是在2018年开始研发，并于2019年12月由理想汽车推出的理想ONE。理想ONE的出现，让消费者对“增程式”这个命题不再陌生，增程式乘用车逐渐被社会熟知和接受。

2020年是中国增程式电动乘用车发展的元年，这一年理想ONE凭借搭载领先的增程电动技术，解决了纯电动乘用车面临的充电难、续航短等实际问题，在2020年度新能源SUV销量排名中位列第一名。同年赛力斯增程式SF5上市，使市场上增程式产品不再单调。截至2020年底，中国市场累计销售增程式电动乘用车约3.4万台。

2021年，增程式电动车继续保持高速发展，国内增程式电动车销量为10.5万辆，同比增长了218%，占当年增程式电动车和插电混动车总销量的16%，而2020年这一比例为13%。理想汽车是2021年中国增程式电动车市场的领军企业，其增程式电动车销量份额高达86%，月销量在1万辆以上。

政策支持方面，2018年国家发改委发布《汽车产业投资管理规定》，明确将增程式电动汽车归为纯电动汽车投资项目进行管理。2020年11月，国务院办公厅正式印发《新能源汽车产业发展规划（2021—2035年）》，在宏观引导的技术创新方面，继续确认以纯电动汽车、插电式混合动力（含增程式）汽车、燃料电池汽车为“三纵”的整车技术路线发展方向。增程式电动乘用车在未来中长期内仍具有极大的发展空间，增程仍是用户最佳的出行解决方案。

2. 2021年增程式电动乘用车技术特点

增程式电动汽车是目前最符合“国情”的新能源车型。在新能源汽车动力蓄电池技术升级速率放缓、充电网络发展不均衡的现阶段，国内消费者仍然面临着里程和充电的焦虑。

增程式电动技术的原理是仅通过电机进行动力输出，大部分使用情况是在纯电模式进行使用，相当于纯电动汽车。在电池电量过低时，通过发动机发电来驱动车辆，调整发动机的工作区间到效率最优的部分，从而提升热效率，降低油耗。

发动机在不同的转速和转矩下的热效率差异较大，通常在转速和转矩比较适中的位置，发动机的热效率相对较高。传统燃油车的发动机工作点无法主动调节，因此传统燃油车在行驶时，发动机工作点通常不会在保持在高效区，导致了发动机的平均热效率低、油耗高。增程电动汽车，可以在日常行驶的各种工况下，都首先保证发动机工作在综合效率较高的区间里。在低速缓慢行驶时，发动机功率冗余，可以通过电机向电池充电，从而将多余的能量储存起来。利用电池充放电来实现对发动机能量的“削峰填谷”，保证发动机多数时间在高效率区间运行，从而达到节能减排的目的。

增程式电动汽车可以实现快充、慢充、加油三种能源补给形式，用户可在不同的使用场景下自由选择来应对里程和充电焦虑的问题。增程式电动车有纯电动、增程、混动3种运行模式，用户可根据不同路况、使用习惯、充电资源等条件选择适合的模式。基于以上配置，增程式电动乘用车有以下技术特点：

（1）超级静谧，无限接近纯电车型

增程式电动车是用电机进行驱动，即使用混动模式，燃油发动机也只运行在高效区间，由于它的转速相对固定，也就避免了由于发动机转速改变带来的噪声及震动，更不存在发动机和变速箱转速不匹配而出现的顿挫。用户感受到节油的同时，又能体验到平顺、静谧的驾驶感受，NVH表现极其出色。

（2）卓越动力，超低油耗

颠覆了传统混合动力以油为主的设计架构，采取以大功率电机驱动和大容量动力电池供能、发动机为辅助发电的架构，百公里加速比同级燃油车快2~3 s，核心节油机理为发动机工作在高效区域，能量转化效率高，市区油耗较常规车型节油率可达30%~45%，满足“追求更低行车油耗”的消费群体。

（3）超级便利的补能方式

充电场景全覆盖，充电倍率高达2C的快充，电量从30%充到80%不到30 min；6.6 kW交流慢充，满足家用充电需求；增程器补能模式，增加综合工况续航里程，提升长途出行便利性。

（4）优异的控制策略

为提升能量利用率，整车中低速行驶或者加速时，如果车辆 SOC 值较高，整车控制策略会智能的将驱动切换为纯电模式，发动机停机，油耗消耗量为零；如果车辆 SOC 值较低，整车控制策略使发动机工作在油耗最佳效率区，在极致的低油耗下，极大地提升了保电性能，实现全工况使用不易亏电。

3. 未来几年增程式电动乘用车技术发展趋势

由于增程式电动乘用车具有动力电池和增程器两个能量来源增加续驶里程，同时增加了不同工况条件下能量输出的复杂性，未来几年最重要的技术趋势是如何提升效率、降低能耗。

（1）高压高能量密度的电驱动系统

高压高能量密度的电驱动系统（高压 EDU）是一款高压、高速、油水混合冷却的电机、电机控制器、减速器高集成化电驱动系统。电机采用 8 层扁线、油水混合冷却、高速小型化的设计，同时与减速器共用机壳及油路。电机控制器功率模块采用第三代宽禁带半导体器件 SiC，其耐压、耐温、载频更高，损耗更小，电机控制系统效率更高，可提升工况平均效率 2%～3%。研发该高压系统的关键是需要掌握第三代宽禁带半导体材料 SiC 的核心应用链，含芯片需求开发、封装开发设计、模块应用等；还需要掌握高压电驱动系统核心技术要点，含高压绝缘设计、先进油冷系统的开发等。

（2）能量管理系统

增程式电动汽车能量管理策略主要分为两大类：基于规则策略的能量管理和基于优化策略的能量管理。规则策略主要是简单规则策略和模糊规则策略，较容易实现工程应用，但这种方法没有考虑系统的动态特性，很大程度上无法实现最优化能量管理。优化策略主要分为全局优化策略和瞬时优化策略，全局优化策略使用规划算法在行驶循环全局上进行优化，可以获得全局最优解，非常适用于动态性强、非线性程度高、多控制目标的混合动力系统。瞬时优化策略将电池现阶段释放的电能等效为发动机未来消耗的燃油质量，通过计算瞬时等效油耗最小值（ECMS）来确定最优的能量分配比例。能量管理策略最终要应用于工程实际，如何设计高效高适应性的能量管理策略来满足系统复杂性和工况不确定性是未来技术发展的重点。

增程式电动车能量管理策略的最新发展趋势是设计组合优化算法同时匹配动力总成参数对能量管理进行优化。充分发挥各种算法和智能控制策略的优势，实现实时在线、多工况自适性的全局优化，利用智能交通和智能控制策略预测未来行驶工况，研发基于“人-车-路-环境”典型节能场景的混合动力整车能量管理及智能控制优化技术，实现最优节能策略，提升车辆综合性能。

（3）热管理系统

增程式电动汽车热管理系统是一个十分复杂的机械、电气、液流、热流、气体、控制的耦合体，涉及整车动力源、动力传动总成、机舱、乘员舱、冷却和空调等多个系统和零部件，具有结构复杂、控制部件多、控制策略复杂以及多物理场耦合和多学科交叉的特点，对整车的热安全性、动力经济性、热舒适性、环境适应性、续航里程、可靠性和成本寿命等重要性能指标具有显著的影响，导致其设计开发难度大，设计和试验周期长、成本高、风险大，如图 1-4-1。因此，热管理集成设计与智能控制技术一直是增程式电动汽车的研发重点。

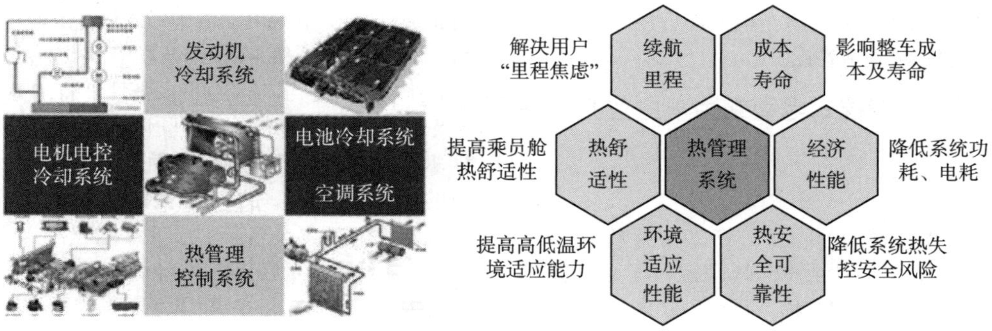

图 1-4-1　热管理系统组成及影响

增程式电动汽车热管理技术的发展主线为“集成化”与“智能化”，未来几年主要研发方向为：①研发基于增程式混合动力汽车和纯电动汽车的热管理集成设计、联合仿真平台，为系统匹配、策略优化、能耗优化、多系统性能平衡等提供技术支持；②研发基于乘员舱内两级蒸发散热可切换的二氧化碳直接热泵技术的热管理架构，实现低温采暖能耗低的效果；③研发基于真实典型用户、区域、使用习惯的大数据分析技术，实现热管理系统能力匹配、可靠性设计、控制算法的优化设计。

（4）增程系统

增程式电动汽车的是动力系统由增程器和动力电池组成，本质上为“电池电能+非电池电能”的组合模式，所以增程器也可以采用非传统燃油作为能源，使用清洁能源产生电能，持续推动汽车行业的节能减排降碳，因此增程器具有多样化的选择，如氢燃料电池，甲醇发动机等。随着清洁能源及其储运技术的发展，将会带动增程电动汽车更进一步节能降碳。

4. 增程式电动乘用车的技术难点及解决方案

增程式电动汽车在高低温环境条件下，续驶里程会严重下降，环境温度是影响续驶里程的最大因素。增程式混合动力车型高低温续航里程不仅与车辆整备质量、车轮滚动阻力、风阻、机械拖滞力、混合动力系统效率等因素有关外，在实际行驶中还与实际驾驶工况、热管理系统效率，空调系统效率、电池能量衰减等因素有关，核心主要在于整车能量控制及热管理系统开发的有效性。目前，还没有一套完整的技术方案能够满足高低温环境下混合动力汽车的能量管理需要。

(1)增程式电动车辆在高低温环境下整车能量管理和热管理开发亟待解决的问题

①整车能量管理已有控制策略包括基于规则和基于优化方案,均在按照法规要求在试验室条件(23 ℃±5 ℃)下开展,缺乏针对高低温环境设计、开发和标定;②在能量流研发验证平台方面,仿真手段以一维数表为主,仿真精度不高,瞬态工况无法开展,测试方面整车能量流测试深度不够,能量解耦不彻底,无法支撑整车能量优化需求,开发手段不成体系;③在热管理系统设计、匹配、仿真方面,缺乏多维度、高精度的整车级热管理系统集成仿真与优化平台,无法支撑基于整车级能量管理与热管理优化需求;④在热管理系统优化与控制方面,热管理控制以单系统、单目标控制为主,缺乏针对热管理多系统、多目标的协同控制技术,导致热管理系统高低温环境条件下能耗巨大。

(2)主要解决方向

①开发增程式混合动力驱动系统能耗解耦及能量流"测试-评价-分析"平台,建立增程式整车能量流及热管理系统能耗解耦开发及验证能力;②研究增程式混合动力驱动系统的能量流传输机理、多动力源系统产热和热量传输机理,掌握增程式混合动力驱动系统的能量流及热管理集成设计、仿真与标定技术,建立增程式混合动力驱动系统的能量管理集成匹配仿真模拟及标定数字孪生软件平台,实现增程式混合动力驱动系统的能量流热管理多性能高精度动态仿真与优化,大幅提高能量管理系统开发效率;③研究多约束下能量流与热管理多目标协同优化控制技术,开发增程式混合动力驱动系统的能量管理智能控制算法,实现基于典型应用场景的增程式混合动力驱动系统的能量管理及智慧节能控制优化目标,以期降低增程式混合动力车辆的综合能耗,提高续驶里程,提升高低温环境适应性能。

5. 2021 年重点增程式电动乘用车企业的发展情况

(1)理想汽车

2021 年全年实现营收 270.1 亿元,较 2020 年的 94.6 亿元增加 185.6%。2021 年 1 月至 12 月,理想汽车总计交付 90491 辆,同比 2020 年增长 177.4%。自交付以来,理想 ONE 累计交付量已达 124088 辆。2021 年全年研发投入 32.9 亿元,同比增长 198.8%,研发投入的增长,主要是由于研发人员增加导致雇员薪酬增加,及新车型研发活动增加所致。作为研发投入的重要成果之一,理想汽车在去年 12 月通过 OTA 升级推送了 NOA 导航辅助驾驶功能。未来,理想汽车将长期在研发端保持占整体营收 10% 以上的投入水平。截至 2021 年 12 月 31 日,理想汽车在全国已有 206 家零售中心,覆盖 102 个城市,几乎是 2021 年的 54 家 4 倍之多。售后维修中心及授权钣喷中心 278 家,覆盖 204 个城市。

(2)金康赛力斯

金康赛力斯,英文名 SERES,这个品牌发布于 2018 年,原名"金菓 EV",后来因为"金菓 EV"的市场反应较差,就将名字改为了 SERES(赛力斯)。赛力斯是小康集团的旗下全资子公司金康新能源的一个中高端新能源汽车品牌。

2021 年,小康股份营业收入为 167.18 亿元,同比增长 16.89%;净利润亏损 18.24 亿元,较 2020 年有所扩大。业绩亏损的原因是:传统汽车板块亏损 3.5 亿元;赛力斯新能源汽车业务板块还处于爬坡阶段,成本比较大,亏损 14 亿元。

(3)岚图汽车

岚图汽车成立于 2018 年,隶属于东风汽车集团有限公司。2021 年 6 月,岚图汽车首款车型"性能级智能电动 SUV"岚图 FREE 正式上市,同年 8 月启动交付。截至 2021 年末,累计交付 6791 辆岚图 FREE,2021 年 12 月共交付 3330 辆岚图 FREE,实现环比大涨 192%,成为最快实现单月超 3000 辆交付的电动汽车新品牌吗,但 2022 年 1 月,岚图汽车销量仅为 1553 辆,环比下降 53.36%,2022 年 2 月,岚图汽车销量再遭腰斩,跌破 1000 辆大关,销量仅为 740 辆,环比下降 52.35%。

6. 2021 年重点车型技术特点分析

(1)理想 ONE

理想 ONE 是首个将增程技术完成商业化的乘用车产品。搭载了增程四驱电动平台,采用独创的四屏与全车语音交互,标配辅助驾驶系统,让用户的驾乘体验更安全、更便捷。同时搭载整车 OTA 功能,让增程电动系统与智能技术在车辆全生命周期中不断更新完善,用户可以持续享受最新科技。具体优势如下:

①将产品定位对准家庭用户,轴距 2935 mm,通过合理布局提升空间利用率,配备三排 6 座,即可满足家庭用户一车多用的需求,同时提供更便捷、更舒适的出行体验;②综合续航里程长,搭载 40.5 kWh 动力电池,实现 188 km 的纯电动续航里程,1080 km 的综合里程,城市内通过纯电行驶可覆盖日常通勤需求,和纯电动汽车一致具有节能环保零排放的优势;③高效增程系统,在标定开发中,通过有针对性的提高工作带平均热效率,实现动力和经济性平衡,综合加权油耗降低至 1.5 L/100 km;④优秀的驾驶体验,通过搭载前后双电机和四驱系统,实现 6.5 s 的百公里加速,与同级别六缸 3.0T 燃油车的动力水平几乎一致,带来优异的驾驶性;⑤先进的热管理系统,通过增程器余热管理,实现了增程器、电池、空调和电驱动四大系统的热量综合利用,降低车辆在冬季的能量消耗,同时解决纯电动车在北方城市里程衰减严重的问题。

(2)理想 L9

理想 L9 采用理想汽车自研的旗舰级增程电动和底盘系统,提供极佳的驾乘舒适性,CLTC 综合续航里程 1315 km,WLTC 综合续航里程 1100 km;全自研的旗舰级智能驾驶系统-理想 AD Max 以及最高级别的车身安全;创新的五屏三维空间交互智能座舱,将智能电动车的驾驶、视听、娱乐体验提升到一个全新的高度。100 项旗舰配置全部标配理想 L9 拥有旗舰级的空间和舒适性。

L9 车身尺寸分别为:长 5218 mm、宽 1998 mm、高 1800 mm、轴距 3105 mm。对一个幅员辽阔的国家来说,增程电动是家用 SUV 最优的解决方案。理想 L9 采用了旗舰级增程电动系统和底盘系统。前后双电机智能四驱系统,提供 330 kW 的最大功率和 620 Nm 的最大扭矩,0~100 km/h 加速时间为 5.3 s。电池方面,采用了新一代三元锂电池组,总电量达到44.5 kWh。CLTC标准下纯电续航里程达到215 km,WLTC标准下纯电续航里程达到180 km,提供了更长的纯电里程。

增程发电系统方面,理想L9采用了由理想汽车控股的理想新晨公司自主研发和生产的1.5T四缸增程器,热效率最高达到40.5%,CLTC工况下热机油耗低至5.9 L/100 km。配合更低的风阻系数和更高的电机效率,理想L9的CLTC总续航里程为1315 km,WLTC总续航里程为1100 km。理想L9还拥有3.5 kW的对外放电功能,车内车外具有双供电系统,实现随时随地的用电自由。

底盘方面,理想L9采用自研的底盘控制系统。前双叉臂悬架和后五连杆悬架,配合智能空气弹簧和毫秒级响应的CDC连续可变阻尼减振器,提供了旗舰级的驾驶和乘坐舒适性。标配的智能空气弹簧可进行80 mm范围内的高度调节,既能够提升车辆的通过性,也可以通过降低车身高度降低能耗,提升高速驾驶的操控性能。

理想L9采用了全自研的XCU中央域控制器,可以高速处理复杂的车辆信息,并对车辆进行毫秒级的精准控制。理想L9不仅满足中国新车评价规程C-NCAP和中国保险汽车安全指数C-IASI的最高安全标准,同时还制定了更高级别的品牌安全标准:双侧25%的小偏置碰撞均将达到G的最高评级。理想L9前方配备双铝合金防撞梁,在碰撞发生时可将正面冲击力有效分解,最大限度保护车内每一位家人的安全。

电池组采用了最新的阻燃材料和热失控保护技术,同时配备侧防护梁和铝合金外壳组成的双重防护设计,即使在严苛的侧面柱碰和底部托底测试中,也可以保障电池组的安全。

在感知能力上,理想AD Max配备了1颗前向128线激光雷达,6颗800万像素摄像头和5颗200万像素摄像头,以及1颗前向毫米波雷达和12颗超声波传感器,真正实现对车身周围及远距离的360°全方位感知。此外,理想L9通过车内3D ToF传感器和车外摄像头,提供同时覆盖车内车外的哨兵模式。传感器数量的增加也带来了数据运算量的增加。理想AD Max智能辅助驾驶系统所搭载的双英伟达Orin-X算力芯片,总算力达到508TOPS,能实时高效地处理高清摄像头、激光雷达、毫米波雷达以及超声波传感器的融合信号。双处理器互为算力冗余,使智能驾驶系统运行更稳定。

理想L9首创的五屏三维空间交互,把智能车的驾驶、视听和娱乐体验提升到一个全新的高度。通过HUD抬头显示系统与安全驾驶交互屏的双屏组合,将重要的驾驶信息通过HUD抬头显示系统投射到前风挡上,视线不需要离开路面,让驾驶更安全。首创的5颗智能驾驶辅助灯,用于显示智能驾驶的状态,提醒周边行人和车辆注意保持安全的距离。理想L9开创了五屏三维空间交互的全新时代。车内的6颗阵列式麦克风和3D ToF传感器,配合理想汽车首创的以深度学习为基础的多模态三维空间交互技术,在车内能以人类最自然的方式进行交互。

(3)金康赛力斯SF5

赛力斯SF5是一款充满运动感的中型增程式电动SUV,整体采用流线型设计,造型较为饱满简洁,溜背式车尾颇为动感。全车采用一体式运动座椅,轻量化铝合金底盘以及前双叉臂后梯形臂悬架系统,车身尺寸长宽高分别为4700/1930/1629 mm,轴距为2875 mm。内饰风格极简,方向盘底部镂空的设计充满个性,全液晶仪表盘和大尺寸中控屏进一步提升科技感。赛力斯SF5搭载的是高性能驱动电机峰值功率510 kW,峰值扭矩高达1040 Nm,可实现百公里加速4.8 s,最高车速达230 km/h,提供超过150 km的纯电续航里程,综合续航里程达1000 km。

(4)问界M5

问界M5是赛力斯与华为合力打造的高端品牌AITO的首款车,也是首款搭载华为鸿蒙座舱的车型,核心动力来自华为Drive ONE纯电驱增程平台,全车也是华为深度参与研发制造。搭载了前桥异步交流电机,后桥永磁同步电机,组成双电机四驱方案。

各款车型中,四驱旗舰版的总功率为365 kW,总扭矩为675 Nm,并经过了专门调校,零百加速仅为4.4 s,0~50 km/h加速更低至惊人的1.9 s;四驱至臻版总功率365 kW,总扭矩675 Nm,零百加速4.6 s;四驱性能版总功率315 kW,总扭矩720 Nm,百公里加速4.8 s;后驱标准版电机功率200 kW,扭矩360 Nm,零百加速7.1 s。

问界M5的悬架结构是前双叉臂+后多连杆,材质是全铝合金。相对于传统麦弗逊前悬和钢制底盘,双叉臂结构和铝合金材质能够带来更好的操控性和轻量化。

续航方面,得益于1.5T四缸增程器的高效率(15∶1的压缩比,41%的热效率),问界M5在CLTC工况下的续航里程达到1242 km,在WLTC工况下的续航里程超过1100 km,在NEDC工况下的续航里程为1195 km,实现里程无忧。当然,问界M5的纯电续航同样优秀。它搭载了40 kWh的电池包,四驱版WLTC工况纯电续航150 km(SOC100%~20%)/180 km(SOC100%~0%);两驱版WLTC工况纯电续航160 km(SOC100%~20%)/200公里(SOC100%~0%)。

(5)问界M7

AITO问界M7定位豪华智慧大型电动SUV,采用三排六座的空间布局,车内纵向空间为2605 mm,整车长宽高分别为5020 mm、1945 mm、1775 mm,轴距为2820 mm。通过搭载独创的6合1增程器动力总成,以及对空间进行针对性优化,AITO问界M7将L113长度压缩至422 mm,车内空间转化率达92.4%,转弯半径5.87 m。

通过独创电驱静谧技术以及业界领先的增程器主动降噪技术,大幅降低动力系统噪声;这款车型还搭载了21in15辐空气动力学轮毂,通过加入静音电吸门,降低了关门时对车内外用户的打扰。此外,新车搭配顶级硬件的全方位静谧设计实现低噪隔音,其中怠速状态下35 dB,同时保证车辆在不同行驶工况下,车内始终保持更"静"。

动力方面,问界M7搭载HUAWEI DriveONE平台,配置了华为自己研发的电机,提供单电机和双电机版本,采用了1.5T四缸增程器,其中四驱版前驱功率130 kW、300 Nm,后驱电机200 kW、360 Nm,CLTC百公里油耗低至5.8 L。

续航方面,这款车采用了40 kWh电池,四驱版可实现4.8 s的百公里加速性能,满油满电续航1100 km,纯电续航200 km;后驱版加速7.8 s,续航分别为1220 km、230 km。

软件方面,这款汽车同样搭载了华为鸿蒙HarmonyOS智能座舱。此外,AITO问界M7支持L2+级ADAS智能辅助驾驶,后面加紧在思考如何做NoA功能,而且新车还支持多种智能解锁方式。

安全性方面，它还采用了2021版C-NCAP五星安全标准设计，采用M7架构，全铝合金底盘，前麦弗逊（省空间）+后多连杆独立悬架组合，配备8个气囊，安全椅双预紧，内嵌复合材料CBS，采用双防撞横梁设计。此外，新车电池组采用阵列式防火墙结构，并搭载VHR电池健康管理系统，而且华为还支持云端BMS电池数据分析，及时通知风险因素。

除此之外问界M7拥有独创的楼层识别技术、360°全景自动泊车、自定义车位选择、精准车位信息识别以及停车障碍物预警功能。

（6）岚图FREE（增程版）

岚图FREE增程电动版采用“1.5T+四缸”高效增程技术，匹配最高功率80 kW的发电机，综合续航达860 km，同时纯电版续航里程500 km。岚图FREE搭载前后双电机，最高功率510 kW、峰值扭矩1040 Nm，0~100 km/h加速成绩达到4 s级，最快可达4.6 s，提速迅捷、极速最高可达200 km/h。全系标配高级智能驾驶辅助系统，可实现20项智能驾驶辅助功能，配备前双叉臂、后多连杆悬架、空气悬架等多项高端豪华技术。

7. 增程式电动乘用车产业发展建议

（1）建立全国统一的绿牌政策，扩大新能源汽车推广

根据工信部此前发布的《新能源汽车生产企业及产品准入管理规定》，插电式混合动力汽车与纯电动汽车均属于新能源汽车，并享受与电动汽车相同的优惠政策。但目前存在各地绿牌政策不统一的情况，例如北京和上海。各地绿牌政策不统一将导致绝大多数插电式混合动力车型的潜在消费者被劝退，使得插电式混合动力车型被边缘化，在国家及汽车行业奋力实现“3060双碳”目标的大背景下，不符合国家政策支持方向。建议相关部门在《中共中央 国务院关于加快建设全国统一大市场的意见》的指导下，明确新能源汽车绿牌定义，牵头梳理各地方政府出台的绿牌政策，并在全国实施统一的绿牌政策，确保插电式混合动力（含增程）汽车车主享受与纯电动车主同等待遇，以支持插电式混合动力技术路线发展，扩大新能源汽车推广规模，快速提高提高新能源汽车渗透率。

（2）以全生命周期碳排放为导向推进汽车绿色发展

建议行业主管部门组织评估全行业在2030年前提前碳达峰的可行性，以全生命周期碳排放为切入点，对纯电动、增程式、插电混动、油电混动、燃油车等不同类型整车的全生命周期碳排放量进行测算，制定汽车行业提前碳达峰路线图。坚持技术中立原则，以汽车全生命周期碳排放量为标准制订有效的、技术中性的税收、补贴、限行、号牌等政策，促进技术多路径协调发展，引导技术的良性竞争和健康发展，支持“3060双碳”目标的达成。

（3）启动汽车消费税改革的研究

汽车消费税属于价内税，在生产环节征收，税率由发动机气缸容量确定，如气缸容量在1.0 L以上至1.5 L（含1.5 L）的，税率为3%。汽车消费税对新能源汽车的成本、价格市场乃至全产业影视巨大。目前的新能源汽车产品序列中，纯电动汽车不在应税范围内。插电式混合动力（含增程式）需要按气缸容量缴纳，虽同为新能源车型，但其节能降耗的属性在消费税端未得到体现。插电式混合动力（含增程式）汽车的市场表现受到抑制，不利于形成新能源汽车成为消费主流、汽车消费市场结构性改变的新局面。因此建议启动针对新能源汽车的消费税改革研究，将驱动形式（是否为纯电驱动）、节能水平等，纳入新能源汽车消费税调整的考量因素。

（4）国家财政继续支持新能源汽车消费

在2023年购置补贴良性退出、而欧美国家不断加码新能源支持政策的背景下，继续对满足技术要求的新能源汽车予以车辆购置税减免，巩固先期发展成果，保障我国新能源汽车产业持续、健康、高质量发展。

（5）智能化和自动驾驶是新能源汽车发展的必然趋势，是智能网联汽车技术核心所在

从国家信息安全和企业技术安全的角度出发，都要求国内企业必须走自主开发的道路。国内企业由于起步较晚，智能驾驶技术水平较以特斯拉为代表的国外企业还有一定差距。建议国家对智能电动汽车给予更多的支持措施。

（6）提高供应链抗风险能力

自2020年以来，全球范围内汽车芯片供应短缺，造成汽车行业大幅减产，芯片采购成本提高。新能源汽车由于其智能化属性，对芯片用量远高于传统燃油车，因此受冲击更大。2021年下半年，动力电池原材料价格普遍上涨，我国锂、钴等资源匮乏，缺乏定价权，电池供应愈发紧张。疫情、国际形势动荡加剧供应链风险。因此刚刚初具规模的新能源汽车产业仍然面临诸多不确定因素，抗风险能力较差。

（7）自主品牌企业盈利水平普遍低于外资品牌

虽然现阶段我国新能源汽车产业取得了不俗的成绩，但大部分品牌历时尚短，正处于品牌培育的关键期，核心供应链的采购成本不具备优势，品牌溢价能力尚低于老牌外资企业，尚未行车国际市场竞争力。建议继续鼓励中国品牌向上发展，取消对于车辆价格的限制。

（二）增程式电动商用车

（浙江吉利新能源商用车集团有限公司　李红艳　邓正维）

1. 2021年增程式电动商用车产业总体发展与技术突破

（1）政策总体情况

2021年越来越多的地方政府出台支持新能源汽车发展的政策，诸如路权政策、运营补贴政策、低碳减排奖励政策、产业规划政策等，总体上有利于增程电动商用车的发展。截至2021年，共50个城市出台了路权政策，支持新能源车辆路权优先，其中13个城市对增程式有路权差别对待（增程式不能享受同等路权），绝大本部分地区政策还是有利于增程

式电动商用车发展,见表 1-4-1。

表 1-4-1 截至 2021 年各城市开放新能源路权政策统计

类型	数量	具体城市
总路权城市	50 个	北海、北京、成都、达州、大连、东莞、哈尔滨、邯郸、呼和浩特、济南、焦作、晋中、开封、兰州、廊坊、临沂、柳州、泸州、洛阳、南昌、南京、西宁、南阳、平顶山、青岛、厦门、上饶、合肥、深圳、沈阳、石家庄、苏州、唐山、天津、铜仁、乌鲁木齐、无锡、武汉、西安、咸阳、襄阳、宜昌、长沙、郑州、中卫、重庆、太原、义乌、佛山
路权差别城市	13 个	郑州、太原、晋中、成都、义乌、合肥、长沙、佛山、深圳、天津、南昌、西宁、苏州
路权平等城市	37 个	北海、北京、达州、大连、东莞、哈尔滨、邯郸、呼和浩特、济南、焦作、开封、兰州、廊坊、临沂、柳州、泸州、洛阳、南昌、南京、西宁、南阳、平顶山、青岛、厦门、上饶、沈阳、石家庄、唐山、天津、铜仁、乌鲁木齐、无锡、武汉、西安、咸阳、襄阳、宜昌

(2)市场销售总体情况

国内增程式电动商用车主要车型为轻卡、重卡、客车,当前真正实现批量交付的只有轻卡车型。2021 年增程式轻卡上牌数 1117 台,同比增长 412%。实现量产的企业仅吉利商用车、重汽豪曼、东风股份三家,销量分别为 1073、32、12 台。

(3)典型车型及销量情况

2021 年主销车型分别为吉利远程 GLR、重汽豪曼、东风凯普特车型,见表 1-4-2。

(4)增程式电动商用车技术突破

增程轻卡产品能耗一直是客户关注度较高的属性,降耗这个议题,离不开能量流的分解,通过能耗构成的拆解,提升潜力部件的识别,结合仿真手段对比等手段来完成提升方案的制订。2021 年新增对低温环境下的控制策略优化,能耗优化主要围绕以下几个方面:①增程器标定优化油耗;增程器启停策略优化,减少综合工况启停频次,提升综合工况下的发电效率;②优化能量回馈策略,降低综合电耗;③优化热管理策略,降低附件消耗;④驱动电机标定优化,提升电机效率;⑤低滚阻轮胎应用;⑥同时在研项目应用更高效的增程器;⑦优化低温控制策略,提高低温纯电行驶里程。

表 1-4-2 2021 年主销车型情况

底盘厂家	吉利商用车	吉利商用车	福建海西	东风汽车
底盘品牌	远程 GLR	远程 GLR	重汽豪曼	东风凯普特
底盘型号	DNC1042SHEVGLJ1	DNC1049SHEVGLJ1	ZZ1048F17DSHEV0	EQ1042KACSHEV
整车	冷藏车/厢式车/仓栅车	冷藏车/厢式车/仓栅车/栏板车	冷藏车/厢式车	冷藏车/厢式车
发动机	1.5 汽油	1.5 汽油	1.5 汽油	2.3 柴油
电池	54.72 kWh	53.58 kWh	15.33 kWh	17.52 kWh
纯电续航	120 km	120 km	43 km	50 km
综合续航	600 km	600 km	500 km	1000 km
2021 年销量	726 辆	307 辆	32 辆	12 辆

2. 产业标准化体系的建设

当前国内增程式电动商用车产业标准体系建设不完备,增程式电动车归属于插电式混合动力汽车范围管理,相关技术标准仅有 2 项,分别为 GB/T 34598—2017《插电式混合动力电动商用车技术条件》、Q/CT 1086—2017《电动汽车用增程器技术条件》。

3. 国内外增程式电动商用车产业发展趋势

(1)国外增程式电动商用车产业发展趋势

国外增程式电动乘用车发展较早,典型的如美国通用、日本丰田、本田等公司,但商用车发展得较为缓慢。美国福特汽车于 2019 年在轻客(Transit custom)、皮卡(F150)上布局有增程式版本,美国 Workhose 于 2018 年推出 W-15 增程式皮卡,是当前为止全球第一辆增程式皮卡产品。

(2)国内增程式电动商用车产业发展趋势

能源和环保双重压力推动新能源商用车高效发展。从能源方面来说,2021 年我国能源消费煤炭占比 56%,石油占比 18.7%,石油对外依存度高达 72%,能源消费结构调整迫在眉睫。从环保方向来说,根据中国细分行业碳排放数据,道路交通碳排放占比约为 9%,成为仅次于燃煤电厂、钢铁、水泥的碳排放行业。2020 年 9 月,我国明确提出 2030 年碳达峰目标与 2060 年碳中和愿景,要求加快降低碳排放,控制化石能源消费,促进新能源和清洁能源发展。同年 11 月,国务院办公厅印发《新能源汽车产业发展规划(2021—2035)》,明确了电动化发展方向不动摇。至今为止,已经有超过 80 个城市跟随国家政策脚步出台了新能源相关政策。

商用车的新能源化势在必行但任务艰巨。数据显示,商用车只占全部汽车保有量的 12%,却贡献了 56% 的碳排放。然而新能源商用车的发展仍比较缓慢,2021 年全国新能源汽车销量接近 352.1 万,新能源渗透率达 13.4%,其中乘用车新能源渗透率达到 15.5%,商用车新能源渗透率仅 3.9%,新能源商用车的发展远低于汽车行业平均水平。

增程式电动化技术路线是适应当前国情、行情的最佳技术路线。主要的新能源技术路线如下:

①纯电技术:该技术路线解决了车辆运营成本高、排放污染及噪声等问题,但是也存在续航里程受限、充电时间长、环境和温度适应性差(如寒区)等问题。目前电池技术上还

没有得到颠覆性突破，纯电动车在固定路线、固定货物、固定场景的城市物流领域尚能适用，但针对国内大量的计划外物流需求，纯电车型不能胜任。同时，纯电动车在部分上装用电需求量大的车型上不能满足客户使用需求，如冷藏车、市政环卫车辆。

②氢燃料技术：我国氢气的生产及能源应用已经具备了一定的基础，氢能源车辆是未来氢能利用的最主要方向。与锂电池驱动的车辆相比，氢燃料车无污染，电解的化学反应只会产生水，发电率可达到 50% 以上，续航能力优秀。但是就目前的技术而言，它还处于布局示范过程，存在制造成本高昂、氢气运输储存困难、技术不完全成熟等问题。

③混合动力技术（含增程式混动）：混动车型有效弥补了续驶里程不足和充电时间长的短板，同时又兼顾传统燃油系统与电动系统的优势，推动混动汽车技术迭代更新，对于降低碳排放具有十分现实和积极的意义。增程式作为结构最简单的混动技术路线，市场和技术已相对成熟，该技术路线兼顾纯电产品及燃油产品优势，取长补短，从能耗上、动力上、续航上，都较燃油车和纯电卡车有明显优势，为客户提供了更优的产品解决方案。

特别是选择大电量技术路线的吉利远程增程式轻卡表现最为突出，其采用 1. 5T 汽油发动机+54 kWh 大电池的技术，纯电续航里程达到 120 km，综合续航里程达到 600 km，满足客户中短距离运输及临时长距离运输场景需求。增程式产品具有以下技术优势：①相对燃油产品：增程式电动车属于新能源车辆，相对传统燃油车更节能减排、低碳环保，符合国家政策导向，进城不受限制，并享受免购置税、国家财政补贴；此外，增程式冷藏车噪声小、不扰民，非常适用于城市小区间运输。②相对纯电动产品：增程式电动车自带高效发动机，车辆运行效率更高，使用时间更灵活，并可以作为应急供电车，对外输出电能；全气候环境、工况适应性强，极端条件下车辆性能不下降，对在设施不完善地区也能很好的使用和推广；和同类纯电动产品相比电池更小，购车成本更低，底盘自重更轻，有利于提高货物装载量和运输作业效率；电池浅放浅充，电池寿命长、整车残值高于纯电产品，不依赖充电桩，无充电焦虑，续航 500 km 以上，无里程焦虑。优点对比如图 1-4-2、图 1-4-3 和图 1-4-4 所示。

增程式电动车极大程度上解决了不同运输工况下客户对纯电动车购车及运营成本高、运输距离短、运输效率低等关键痛点。随着补贴退坡、电池原材料上涨，增程式车型与纯电动车型的价格差距正在缩小，在市场上迎来新的机遇。

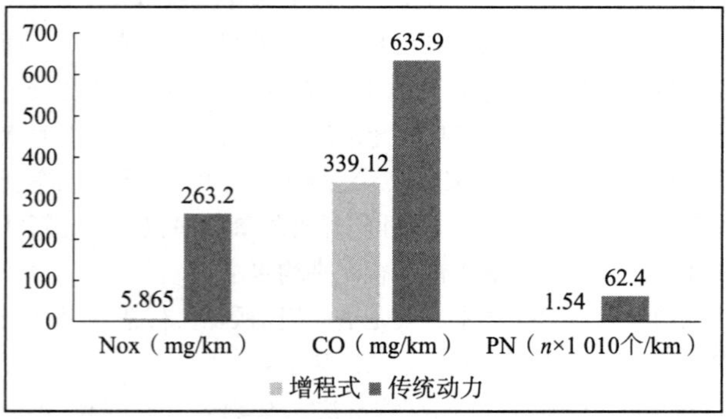

图 1-4-2　4. 5 t 增程物流车汽油排放 VS 柴油车排放

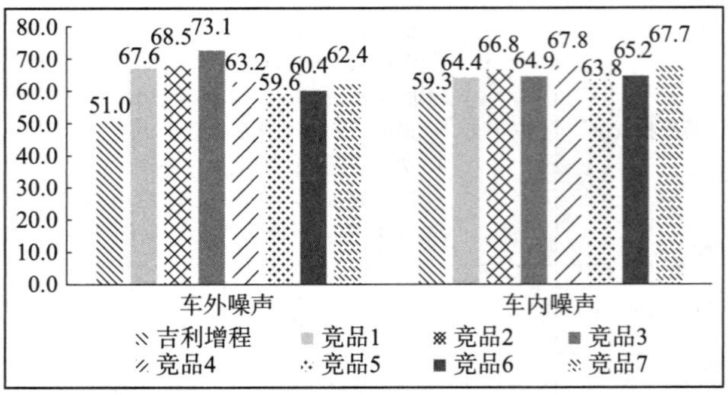

图 1-4-3　4. 5 t 增程物流车纯油模式下噪声与柴油车对比（dB）

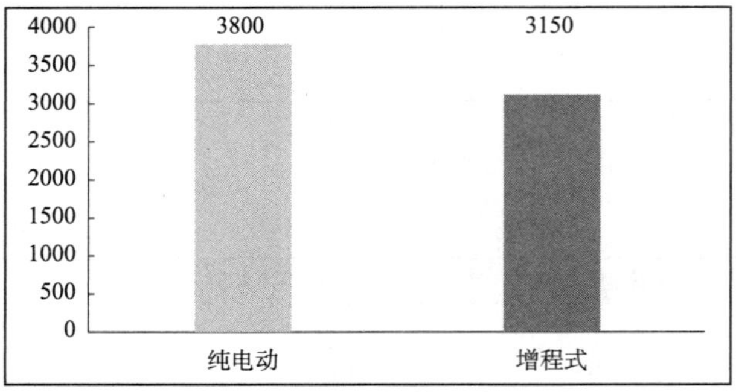

图 1-4-4　8 t 增程环卫底盘重量与 8 t 纯电环卫底盘重量对比（162 kWh）

4. 目前亟需解决的技术难点及解决方案

（1）热管理

增程式电动车热管理包含了热平衡性能、热害性能、乘员舱热舒适性及行驶安全性；涉及的部件较多，系统之间关联交互，如何在有限的布置空间里满足热管理性能，并且达到成本最低，能量利用率最高为主要技术难点。

解决方案如下：①采用正向开发的思路，自主、完整、正向开发整车热管理；②设计阶段约束边界、细化 SSTS 指标分解，多种方案对比分析，实现最优化设计；③整车热管理性能开发与仿真分析结合紧密，在虚拟阶段识别风险并提前优化；通过仿真和设计充分结合，提前识别热害风险，优化机舱流场及模块布置选型。④通过问题识别、方案优化、车及样件整改验证、策略优化，最终达成增程式电动车热管理性能。⑤通过系统整体匹配优化，余热再利用等技术降低整体热管理系统需要散掉的热量，提高系统热效率。

（2）EMC

电气部件的抗扰能力不足，将可能导致汽车的部分功能收到干扰后失效，比如目前的自动驾驶技术需要摄像头、雷达以及控制器集成工作，若硬件抗扰性能不足，可能导致车辆行驶过程中，信号采集失准，发生事故。同时电气部件的发射能力较强，也会影响用户使用电子产品的体验。

目前增程式轻卡 EMC 性能开发，急需控制整车辐射发射强度,通过把关高压零部件 EMC 性能、整车电器布置方案、提升电器零部件自身抗干扰能力、降低自身电磁辐射等方式,提升用户的产品体验。

(3)动力系统

增程器国内国际无成熟产品可借鉴,无成熟的技术标准可以依托,需要国家出台增程器的国标或者行业标准。当前发电机与发动机机械连接是一大技术难点,解决方案如下:①采用双质量飞轮或扭转减震器连接发动机与发电机;②电机采用定转子分离式与发动机连接,电机转子刚性固定在发动机曲轴后端;③发动机与电机独立总成形式,发动机与电机采用齿轮增速箱连接,使发动机与电机的高效区充分重合,并可有效降低电机成本。

(4)冬季低温环境续航里程衰退

动力电池低温时,容量会有较大程度的衰退,加上驾驶室暖风的能耗以及冬季汽车阻力增加,使得冬季纯电续航里程有较大衰退。同时由于电池低温时充电性能较差,不仅影响能量回收,同时对增程器的启动形成不利影响。解决方案如下:①优化增程器低温起动策略,启动发动机为电池加热;②优化热管理策略,通过调整加热阀,提高电池加热比例;③优化 BMS 控制策略,调整电池加热水温阈值;④增加电池高频脉冲加热技术;⑤增加电池保温结构。

5. 2021 年行业重点企事业单位发展情况

(1)典型整车企业发展情况

吉利商用车自 2018 年 12 月发布第一代小电量 RE500 25.9 kWh 增程式轻卡以来,目前已进入第二代 GLR 54 kWh 产品阶段,2021 年销量实现同比增长 370%。当前正在研发第三代基于全新轻卡平台的增程式产品开发,预计 2022 年下半年上市。同时吉利商用车已在物流车、市政环卫车、旅居车等形成增程式产品的广泛布局,整体处于市场推广上量阶段。

重汽豪曼、东风股份增程式产品目前尚处于市场推广阶段。

自 2017 年开始,国内企业积极探索增程式电动汽车技术路线,以应对未来多元化发展的市场趋势,当前还有如下企业和产品布局:陕汽重卡 L6000 增程式中卡产品,配置 1.2 L 柴油增程器及 53.8 kWh 动力电池;南骏汽车瑞吉增程式轻卡,配置 1.2 L 汽油增程器及77 kWh 动力电池;福田时代增程式轻卡,配置 1.5 L 汽油增程器及15.4 kWh 动力电池;福田奥铃增程式轻卡,配置 2.3 L 柴油增程器及17.52 kWh 动力电池;电咖汽车 ER600 增程式轻卡,配置 1.5 L 汽油增程器及 21.5 kWh 动力电池;湖北三环增程式轻卡,配置 1.3 L 汽油增程器及30.13 kWh 动力电池;山东丽驰增程式轻卡,配置 1.5 L 汽油增程器及15.4 kWh 动力电池。

此外福田欧马可、比亚迪正在研发增程式轻卡,吉利商用车正在研究增程式技术在重卡、客车、小微卡、皮卡上的搭载应用。

(2)典型动力系统企业发展情况

随着排放和油耗法规不断加严,典型传统发动机企业如玉柴和潍柴均已成立新能源事业部,主要研发纯电、增程、氢燃料动力,其中玉柴纯电和增程产品已批产,潍柴氢燃料动力已批产。云内与科力远成立明恒动力公司主要研发混合动力总成。

6. 2021 年重点车型技术特点分析

(1)吉利商用车增程式冷藏车

吉利车增程式冷藏车匹配 54 kWh 大电量电池,综合续航里程大于 600 km,城配 120~140 km 可满足纯电动行驶,中途补电或用油发电均可继续行驶,满足用户灵活多变的用车需求。

(2)吉利商用车增程式房车

吉利商用车增程式房车是国内首款新能源房车,C 照即可驾驶,整车自带 26 kWh 电池,100 L 油箱,综合续航里程大于 700 km。自带电池和高效发电机,解决了房车用电需求的核心痛点。

(3)东风股份/重汽豪曼增程式冷藏车

东风股份匹配 2.3 L 柴油增程器及 17.52 kWh 动力电池,重汽豪曼增程匹配 1.5 L 汽油增程器及 15.33 kWh,主打绿牌油车概念,满足了部分细分市场的客户需求。东风采用 2.3 L 柴油增程器主要目的是降低增程模式下(相对汽油增程器)的运营成本,未来增程器也会呈现燃料多元化的趋势。

7. 未来几年增程式电动商用车产业发展建议

①建议将增程式技术路线作为单独的技术分类或归于纯电动车管理,提高增程式技术路线的政策地位,帮助增程式完成新能源汽车电动化过渡的历史使命;②新产品准入阶段,增加“增程式电动车”作为产品公告名,如现有的车型名称为“插电式混合动力冷藏车”更改为“增程式电动冷藏车”,有助于市场推广;③在增程式车型的随车环保清单中体现新能源特性。目前增程式车辆的环保清单还是标准为重型汽油,不利于增程式技术路线作为新能源技术路线的推广;④增程式技术路线相关标准规范化。

8. 其他重要的方面

完善扶持增程式电动汽车发展的政策体系,针对增程式电动汽车产业出台相关支持政策,从更高层面加大对增程式电动汽车的支持力度,坚定企业持续投入增程式电动汽车产业的信心。

我国新能源汽车已经迈入政策与市场双轮驱动阶段,新能源汽车市场逐渐从政策主导转变为市场主导,希望解决局部地区政策歧视的问题,让市场、让客户来选择新能源技术路线的发展。

五、换电式电动汽车领域

（一）换电式电动乘用车

（北京新能源汽车股份有限公司　北京汽车研究总院有限公司
袁文静　黄　荣　程永周　周德智　刘　耕）

1. 2021年换电式电动乘用车产业总体发展与技术突破

随着世界新能源汽车的快速发展，世界各国逐渐对新能源汽车加大政策支持力度。2020年全国两会《政府工作报告》，第一次在基础设施建设提出换电站建设作为新基建的重要组成部分，新能源换电领域进入高速发展期。2021年4月30日，市场监管总局批准发布行业首份换电模式的标准：GB/T 40032—2021《电动汽车换电安全要求》；2021年5月印发的《关于进一步提升充换电基础设施服务保障能力的实施意见》，提出加快换电模式推广应用。2021年，国家通过政策引导、标准建设等维度引导换电业务增长。

为贯彻落实《新能源汽车产业发展规划（2021—2035年）》，促进新能源汽车换电模式创新发展，工业和信息化部会同相关部门于2021年4月印发《关于组织开展新能源汽车换电模式应用试点工作的通知》，10月启动新能源汽车换电模式应用试点工作。纳入此次试点范围的城市共有13个，其中包括北京、南京、武汉、三亚、重庆、长春、合肥、济南8个综合应用类城市，以及宜宾、唐山、包头3个重卡特色类城市。

在2021年北汽新能源推出新一代EU5换电车型，上汽、一汽、长安等推出相关换电车型，进军换电市场。2021年4月，蔚来的首个第二代换电站投入运营，用户无须下车，在车内即可一键启动自助换电提升用户换电体验；2021年4月，奥动新能源公司发布了奥动4.0版本，4.0版本的换电站可实现20 s极速换电，整个换电过程控制在1分钟之内，大大缩短用户换电时间。

国家大力推进新能源汽车产业快速发展的背景下，北汽、蔚来、上汽、广汽、吉利等车企在换电领域加大研发投入，随着行业标准的建立、国家政策的支持和市场需求的驱动，电动汽车换电业务不断增加研发投入，以技术驱动换电产品的更新换代，进而推动全国换电产业的发展。

2. 产业标准体系的建设

为了推动换电行业发展，换电标准建设刻不容缓，通过快换标准体系的建立规范化行业技术要求，降低产业链条的综合成本。当前各车企、换电运营企业、地方政府相继出台了或着手制定各类换电标准，包括共享换电站、各类车型换电标准等。但是，各车企换电技术路线差异大，车型差异大，且越来越多的企业入局换电，推行换电技术标准化成为重要挑战。换电标准体系化建设包括外形尺寸统一化要求、软硬件接口协议标准化、换电方式标准化等内容。

2022年3月，工信部发布了《2022年汽车标准化工作要点》，提出加快构建完善电动汽车车载换电系统、换电通用平台等标准制定。同时，全国汽车标准化技术委员会电动车辆分技术委员会组织进行了纯电动商用车、乘用车换电标准的商议和起草工作。目前已完成了全国纯电动换电兼容性的标准体系规划工作，正在开展换电电池系统的互换性标准起草工作，包括QC/T《纯电动乘用车车载换电通用平台》，QC/T《纯电动乘用车车载换电系统互换性》，QC/T《纯电动商用车车载换电系统互换性》等。

3. 国内外换电式电动乘用车产业发展趋势

（1）新能源换电汽车市场将呈现高速增长态势

中国新能源换电汽车市场将呈现高速增长态势，预计到2025年其销量将达192万辆，CAGR约86%，占新能源汽车总销量近19%，其保有量将达415万辆，CAGR约102%，占新能源汽车总保有量近13%，如图1-5-1和图1-5-2所示。

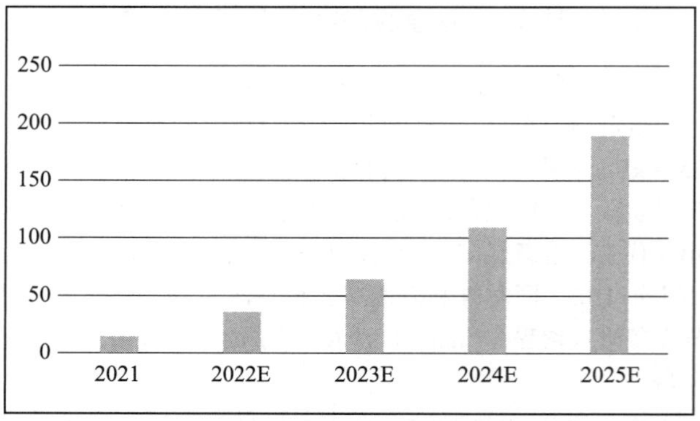

图1-5-1　中国新能源换电汽车销量预测

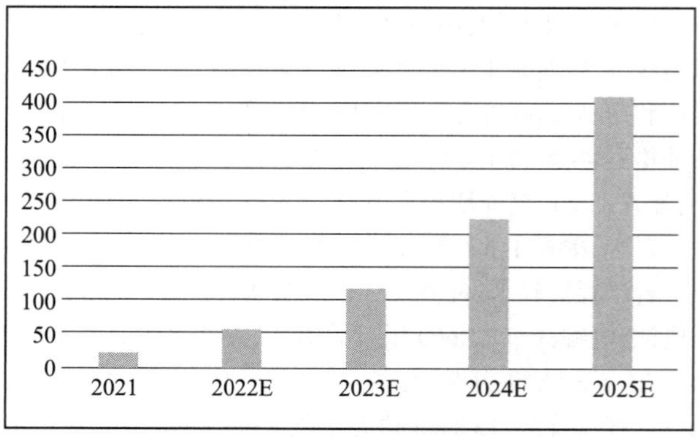

图1-5-2　中国新能源换电汽车保有量预测

国际上，随着欧美国家相关政策的提出，将进一步推动新能源汽车的发展，并带动新能源换电汽车市场的持续增长。

（2）换电站市场持续增长

按照国内整体车辆保有量相对稳定，未来5~10年仅营运类换电市场潜在需求约400万辆，对应换电站数量需求约

4 万座。未来 5 年,新能源换电车辆将达到 123.7 万保有量,匹配建设 12370 座换电站,如图 1-5-3 所示。

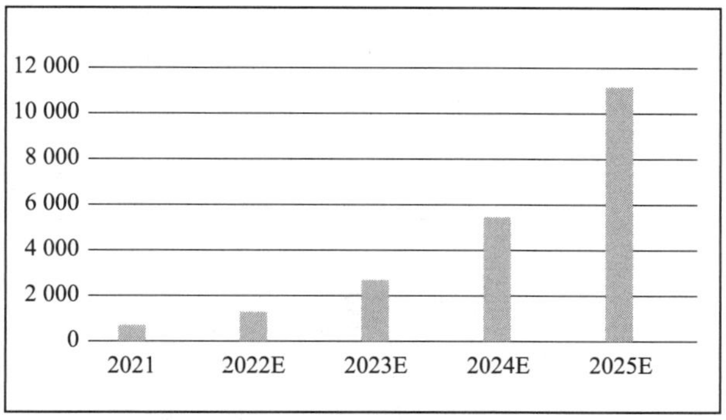

图 1-5-3 新增换电站数量预测

(3)换电场景更加丰富,生态更加完善

①私家车领域换电模式的应用成为新趋势。在乘用车换电模式主要针对 B 端市场,如出租车、网约车等营运车辆,针对无法自建充电桩的私人用户换电模式推广将成为新的发展趋势。同时,各车厂将不断推出换电车型产品,更多 C 端换电车型将进入市场。

②换电生态更加完善。随着换电技术不断发展,换电站正向快速、安全、智能化、共享化方向迭代。车企联合换电运营商在各区域市场积极布局换电站,共建换电服务网络,以换电生产/运营企业、电池生产/梯次利用企业为主的运营模式,打造换电出行服务生态,形成换电速度快、网络便捷、立换立走的特性。

(4)动力电池平台化开发

电池包按照新换电或者纯电平台开发,不同车型具备互换性,实现平台化、通用化、标准化。

4. 目前亟需解决的技术难点及解决方案

换电产业技术涉及换电设备、车载换电系统、车-站数据传输等。其中换电电池作为中间枢纽,换电技术基于换电电池而建设,换电核心部件快换电连接器、快换液冷连接器、快换锁止机构,如图 1-5-4、图 1-5-5 和图 1-5-6 所示。

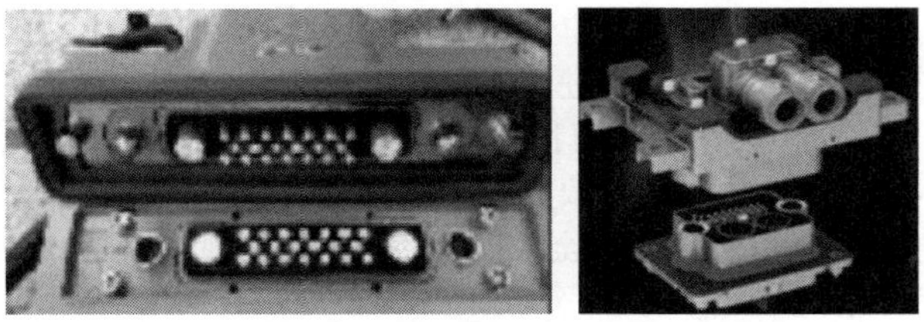

图 1-5-4 快换电连接器

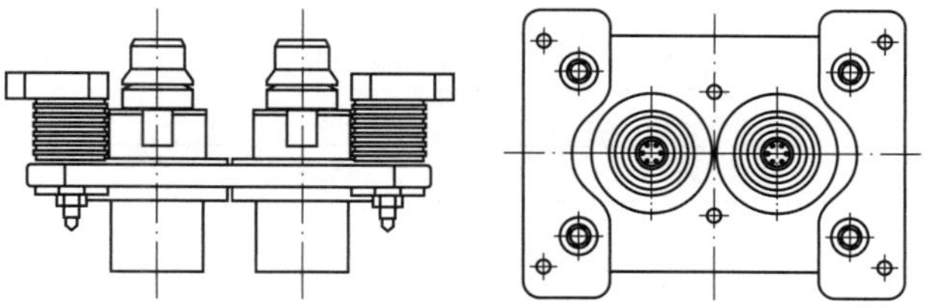

图 1-5-5 快换液冷连接器

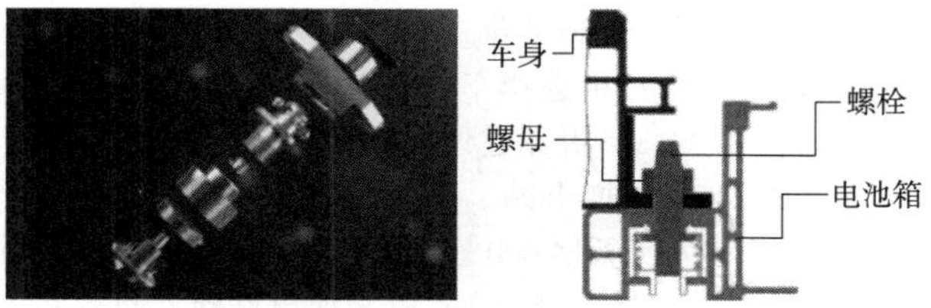

图 1-5-6 快换锁止机构

换电部件主要技术点为换电耐久、连接可靠,经过多年的发展市场已经较为成熟。但锁止机构为不同企业自主开发,形成了差异化技术路线,并建设了完善的专利保护体系。各换电机构设计带来了技术创新,但是各家换电技术难以兼容,换电站重复建设,难以形成规模效应,阻碍了换电行业的进一步发展。目前中汽研、中汽协等单位在牵头组织换电行业标准落地,有助于换电标准统一,实现换电资源共享。

5. 2021 年行业重点企事业单位发展情况

(1)北汽新能源

北京汽车是全球第一个将换电模式带入大规模商业化运营的新能源车企,2015 年北汽集团创新性推出 EU220 换电版车型,在北京、广州、厦门等运营市场获得广泛认可,自此锁定 EU 系列新能源换电产品布局。目前换电产品成功搭载于 2 套整车平台,实现 EU220/EU260/EU300/EU5 等 4 款车型应用量产。已在北京、厦门、兰州、广州等 22 个城市投放约 2.9 万辆换电式电动车,累计建成配套换电站 280 座,充分满足车辆运行需求。截至 2021 年 10 月,北汽新能源在北京、厦门等城市投放换电车辆(见表 1-5-1)实现总换电量超 1 亿度,累计更换超 560 万次,累计行驶里程超 7.9 亿 km,单车最长行驶里程超 79 万 km。在北京市,共建成 170 座充换电站,在城区平均服务半径 2.53 km、实现 24 h 不间断运营。

表 1-5-1 北汽新能源换电车型型谱

指标项	EU220(支持快换)	EU260(支持快换)	EU300(支持快换)	EU5(支持快换)
图示				
长×宽×高(mm)	4602×1794×1506	4602×1794×1506	4602×1794×1506	4650×1820×1510
轴距(mm)	2650	2650	2650	2670

续上表

指标项	EU220(支持快换)	EU260(支持快换)	EU300(支持快换)	EU5(支持快换)
整备质量(kg)	1603	1613	1613	1610
电芯材料	三元锂	三元锂	三元锂	磷酸铁镍
峰值功率(kW)	100	100	100	110
峰值扭矩(Nm)	250	250	250	41
NEDC 工况续驶里程(km)	200	252	300	350

(2)蔚来汽车

蔚来汽车成立于 2014 年,目前全系车型均支持换电、充电双补能路线,用户可选择车电分离模式降低初次购置成本。蔚来汽车 2018 年开始建设第一个换电站,截至 2022 年 7 月已完成 1000 座换电站。蔚来汽车规划从 2022—2025 年,在中国市场每年新增 600 座换电站;计划至 2022 年底建成1300 座换电站,至 2025 年底,蔚来换电站建站总数将超 4000 座,其中约 1000 座布局在海外市场。

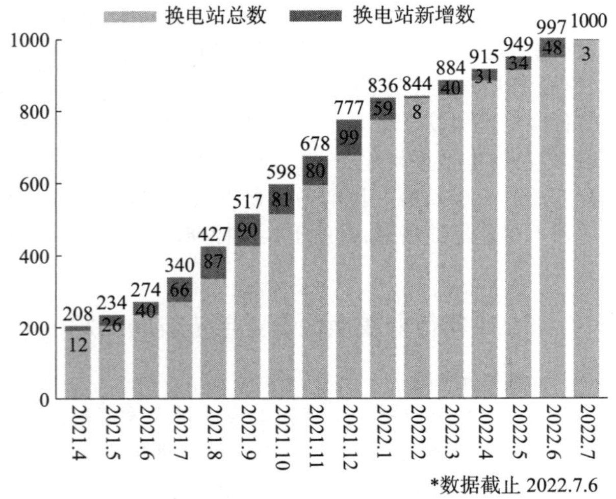

图 1-5-7　蔚来换电站数据统计(来源蔚来官网)

(3)吉利汽车

吉利汽车从 2016 年开始布局换电开发,2016 年 4 月成立杭州弋驰新能源科技有限公司聚焦换电开发,现已更名为易易唤能,负责换电技术和换电站运营。2019 年 3 月,吉利汽车成立枫盛汽车并于同年推出枫叶品牌,对其定位就是出行和换电。2021 年 12 月,吉利和力帆科技双双发布公告,将成立睿蓝汽车重点开拓换电市场。通过充换电运营、光伏绿电、回收利用等领域,与电池上下游产业链协同发展,形成生态化布局,扩大产业布局。

吉利换电技术的主要特点为涨珠式锁止(见图 1-5-8 和图 1-5-9),承载与锁止功能一体,寿命大于 10000 次。

该锁止机构是通过驱动杆顶升大球,大球驱动锁止小球伸出锁止外壳表面来实现锁止目的。在进行拆卸时,驱动杆向下移动,大球跟随驱动杆向下移动,解除锁止状态,并且大球下部设有限位套筒,避免拆卸过程中大球从锁止机构中脱离。这样的锁止机构方便操作,结构稳定。但在使用过程中,存在驱动杆出现磨损的情况,需要定期进行更换。

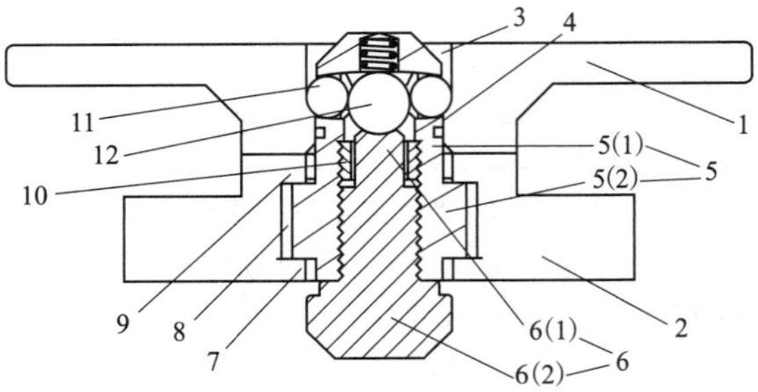

图 1-5-8　锁止机构专利图

1—第一锁体;2—第二锁体;3—锁体内腔;4—锁止凸台;5—锁止外壳;5(1)—第一壳体段;5(2)—第二壳体段;6—驱动杆;6(1)—顶升段;6(2)—驱动段;7—第二限位凸台;8—第二锁体通孔;9—第一限位凸台;10—限位套筒;11—锁定件;12—顶升球

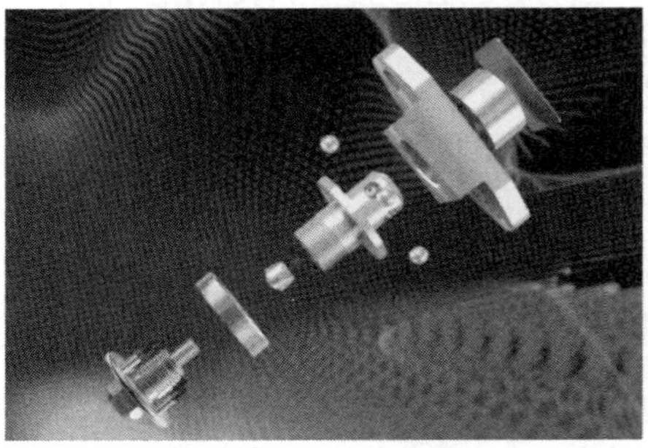

图 1-5-9　涨珠式锁止

(4)广汽集团

2021 年第十九届广州国际车展,广汽集团将基于超级快充技术和换电技术推进“26 能源行动”,即实现电池可买可租,可充可换,可慢充可快充,容量可大可小、里程可长可短,可买电、可卖电,可回收可梯次利用。广汽纯电 GEP3.0 平台上,广汽集团将开发全系车型的换电版本,预计从 2023 年开始陆续投放市场。

(5)上汽集团

2021 年 3 月,上汽荣威换电车型荣威 Ei5 快换版正式发布,计划至 2025 年在上海建成 200~300 座换电站,形成规模化换点服务网络。

(6)奥动新能源

奥动新能源围绕换电的定位、锁止和连接三大核心技术,形成了以锁扣连接为技术路线的换电解决方案,拥有 2000 多项换电专利,参与 30 多项国家、行业、团体、和地方换电标准。目前,奥动换电站已实现多品牌车型共享 20 秒极速换电,在车企合作方面,奥动已与一汽、东风、长安、上汽、北汽、广汽等主流整车企业开展合作并提供换电服务。在市场布局方面，已覆盖北京、上海、广州、厦门、昆明、张家口、兰州等全国 40 座城市，投运超过 650 座换电站（含在建）；奥动新能源规划至 2025 年，在全国投运超过 10000 座换电站。

（7）时代电服

2021 年 7 月，宁德时代在福建厦门成立换电业务全资子公司时代电服，开展换电业务工作。2022 年 1 月 18 日宁德时代发布全新换电品牌 EVOGO，发布巧克力换电电池、换电站布局、首个换电车型等一系列新业务。在这些业务之中，最为引人注意的是一项技术是“巧克力”换电块。通过标准化模块有利于推动换电标准化发展。

宁德时代 2022 年 1 月发布 EVOGO 的换电服务品牌，以及组合换电整体解决方案。组合换电解决方案主要由标准换电块、换电站、App 三大元素构成。通过“巧克力换电块”的通用化设计，可以适用于从 A00 级到 B 级、C 级的乘用车以及物流车。其标准巧克力换电块的概念，针对不同车型选择电池块的数量，灵活搭配，并且可根据日常使用需求选择电池块的数量，日常通勤选择 1 块电池块，偶尔长途出行，可临时选择 2 块电池，如图 1-5-10 所示。

图 1-5-10 巧克力换电块

6. 2021 年重点车型技术特点分析

目前，换电市场主要分为以蔚来汽车为代表的对私用户市场，以北汽、吉利、一汽为代表的主打对公出行换电车型。

（1）北汽 EU 系列

2021 年 EU5 换电产品正式迭代面世，备受行业关注。伴随国家利好政策导向，北汽新能源以成熟的商业模式，专业化的换电产品（见图 1-5-11），在江苏、广东、新疆等地多个城市打开“车电分离”业务新试点。EU5 换电系统由箱体、连接器、过渡支架、锁止机构及电控系统构成，设计寿命大于 60 万公里；整体式换电支架将换电连接器、换电电池、锁止机构集成在一起，解决了车身累计误差对换电成功率的影响。锁止机构采用机械自锁止方式，实时监控锁状态问题，确保电池连接安全性。

图 1-5-11 北汽 EU5 换电车型

（2）蔚来换电技术

蔚来汽车全系支持换电，通过电池包的标准化设计，通过一种电池包和一种快换技术实现电池“可充、可换、可升级”，持续提升整车竞争力。目前市场主要电池包电量为 75 kWh、100 kWh，计划未来推出 150 kWh 电量电池包，满足不同客户出行需求。75 kWh 电池包采用磷酸铁锂电池和三元电池用串联连接的方式集成在一个电池包内，与传统磷酸铁锂电池包相比，该混搭电池包的低温续航损失降低 25%，并提升 SOC 的估算精度误差在 3% 以内。

蔚来汽车换电技术的主要特点为螺栓式锁止，电池加解锁装置上设置有扭矩传感器。该扭矩传感器能够检测电池加解锁装置对电池加锁或者解锁时的扭矩值，并将检测到的扭矩值传送给控制系统。相应的传感器还能检测到加解锁时的转动角度，以确保扭矩的前提下，转动角度不会过大或过小，并能够通过控制系统实时监控加解锁装置的磨损程度，如图 1-5-12 所示。

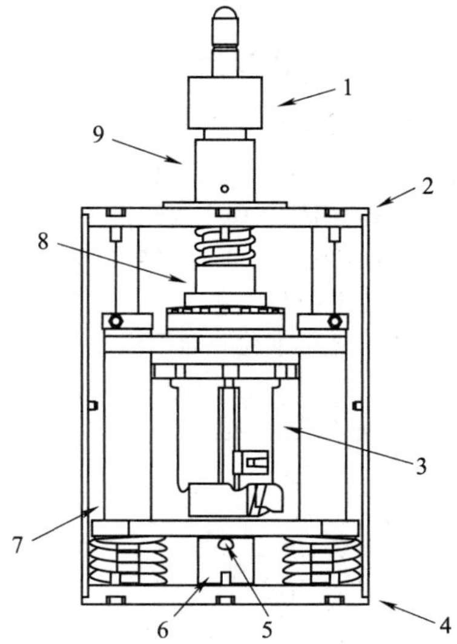

图 1-5-12 锁止机构专利图

1—防松螺栓；2—壳体；3—驱动部；
4—自动加解锁装置；5—压力传感器；6—传感器底座；
7—支撑部；8—连接部；9—工装部；

（3）吉利换电-枫叶 80 V

吉利换电平台架构体系是基于底盘整体换电的平台架构，这个架构涵盖了换电技术平台、车型架构平台，以及大数据运营平台。其中，车型架构平台可以覆盖 2700～3100 mm 的轴距，能够兼容轿车、SUV、MPV 等多种级别的车身形式。首款采用这一架构平台的车型是枫叶 80 V。

2021 年 3 月吉利推出换电车型枫叶 80 V，这是吉利旗下首款换电车型，通过无人值守换电站，可实现 60 s 换电服务。还可以通过 App 实现智能找站、路径规划等功能。

电池包采用扁平化设计，以尽量适配更多的车型。快换连接器在换电过程中发生偏移后能够实现自动纠正和导入，从而加快换电速度，整个换电过程耗时约 90 s。

换电站还配备了完善的安全设施，包括三级安全防火系统。换电站可以实现无人值守，车辆进出以及充电结算都可以通过识别车牌来自动完成。云端大数据平台会实时监控换电站和电池的状态，以确保换电站的运行效率和安全性。

（4）一汽 NAT 换电

EVOGO 的组合换电车型的 001 号成员是一汽奔腾 NAT 组合换电版。该车针对 B 端市场，采用巧克力换电块设计，采用无线 BMS 技术，快换系统只保留高压接口，大幅提高了插拔部件的可靠性，设计也更加简洁。

一汽 NAT 目前已在厦门、合肥、辽源等多个城市投入运营。可实现 3 min 快换 30 min 快充、超长运营维保等。

在宁德时代官宣巧克力换电合作之前，一汽奔腾 NAT 和宁德时代已经在吉林辽源开展的换电示范运行进行换电低温环境下的场景验证。通过辽源的示范站，充分验证了换电车-站匹配性工作以及相关换电市场场景。以一汽奔腾 NAT 为例，通过换电站建设以及运营车辆的规模效应，充分挖掘快换站的利用率，解决用户充电时间长的痛点。通过车电分离的购车模式，通过降低购车成本、更短的补能时间，提升运营效率。

7. 未来几年换电式电动乘用车产业发展建议

车电分离的换电模式，与传统的充电桩补电模式相比，具备高效补能和整车降本的两大优势。然而，换电模式在车电分离的整个生命周期环节和产业建设中，尚有一些配套技术和政策措施尚待解决。因此，针对换电模式未来的可持续发展，有如下几点建议：

(1)推动换电模式标准化和通用化

换电电池标准化，约束电池箱体尺寸、电池箱体机械接口、电气接口、工作电压范围、通信接口、通信协议等，实现电池标准化。通过固定的几种电池规格型号，实现换电电池和换电站共享。同时，要解决一款车匹配同一 PACK 尺寸下不同电量的电池，车辆里程灵活配置，长短兼顾。

换电站标准化，以换电电池包为核心，逐步推动换电技术、换电设施、换电车辆、换电通讯的通用化和兼容性，实现换电站的标准化，提高换电站工作效率、减少土地资源占用和资金投入。推动换电电池和换电站的标准化，可以真正实现电池包在不同车企、不同换电站、不同用户之间的互通互换。

(2)进一步完善换电车型相关政策法规

对换电车型公告法规进行优化，建立换电车型专用的公告及认证体系，形成车电分离模式下的整车和电池分别进行公告认证的法规认证体系。同时，进一步完善国家对于新能源的追溯体系，针对车电分离模式，如何进行整车和电池包的追溯监控，需要进一步进行法规层面的优化。

(3)促进换电行业的资源共享和融合

当前，受限于跨品牌、多车型、换电平台和装置技术、换电电池包通信协议、电连接器技术等的通用性，一座换电站只能服务于单一车辆品牌甚至单一车型，从而导致日益增加的建站需求和土地、电力资源的矛盾进一步凸显。因此，需要尽快打通全产业链，实现发电、配电、换电、充电全场景的资源共享和融合。

（二）换电式电动物流车

（东风商用车有限公司　陈玉明）

1. 物流业与物流车

物流业是我国现代化经济体系中的基础性、战略性、先导性产业，公路货运是货物运输的主要方式之一，伴随着中国高速公路、城市道路的飞速发展，公路物流业中发挥着越来越重要的作用。物流车作为公路货物运输的主要运载工具，在我国公路货运占货物运输总量的 75% 以上，市场规模庞大，车型种类繁多。我国物流业的快速发展，不仅为经济发展提供新动能，而且有效降低了产业组织成本和经济运行的综合成本，未来物流业将迎来新一轮大发展。

我国物流车拥有量持续增长，构成上呈现集约化、标准化趋势。2021 年末全国共拥有载货汽车 1173 万辆、17099 万吨位。在载货汽车中，有普通货车 407 万辆，专用货车 60 万辆，牵引车 347 万辆，挂车 359 万辆，如图 1-5-13 所示。

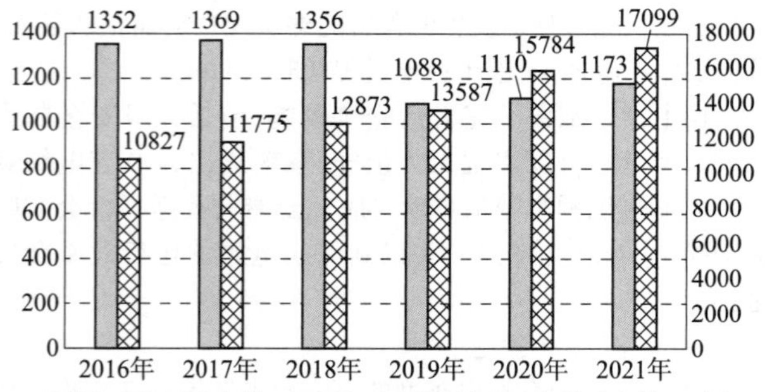

图 1-5-13　2016—2021 年我国载货汽车拥有量

（数据来源：交通运输部《2021 年交通运输作业发展统计公报》）

2021 年我国新能源物流车销量达 131229 辆，同比增长 126.1%，其中新能源物流卡车销量达 42382 辆，同比增长 172.4%，跑赢新能源物流车市场大盘，见表 1-5-2，占新能源物流车销量的 32.3%，成为推动 2021 年新能源物流车行业快速发展的“生力军”。

表 1-5-2　2021 年我国新源物流车销量

	新能源卡车	新能源面包车	新能源物流车合计
2021 年销量(辆)	42382	88847	131299
2020 年销量(辆)	15559	42486	58045
同比增长(%)	172.4	109.1	126.1
2021 年占比(%)	32.3	67.7	100.0
2020 年占比(%)	26.8	73.2	100.0
2021 年占比同比增减(%)	5.5	−5.5	0.0

（数据来源：终端上牌数据）

2. 新能源物流车产业

我国公路运输消耗的石油占石油总消耗量 60% 以上，而公路运输消耗的成品油中柴油车(主要为载重货车和客车)消耗占成品油消费总量近 60%。我国是世界商用车第一产销大国，而柴油重卡是大气环境污染尤其是碳排放的重要来源之一。因此，在“双碳”目标的引领下，开展重卡的电动化，对降低我国石油消耗和温室气体排放，减少石油对外的依赖和保护环境、促进交通安全和产业的升级换代具有重大意义。

随着能源危机加剧与生态环境保护趋严，全球范围内汽车产业迈向清洁能源化是不可逆转的重要趋势。围绕这个趋势,我国先后出现了不同的清洁汽车、节能环保汽车、新能源汽车、清洁能源汽车等定义范围。我国新能源物流车已经形成了较为完善的生态体系,其中电池供应商和用户是核心环节,零部件配套体系对行业发展的制约。

重卡在承担长途物流运输过程中,运距长、且对运输效率和及时性要求高。充电式的纯电动解决方案,运距较短、充电等待时间长、不能满足长途物流运输的及时性需求;满足一定运距所需的动力电池重量大、占据了所需运输货物的重量/体积;且动力电池系统成本高。以上这些因素,都制约了纯电动技术路线在重卡长途物流运输的使用,需要克服以上短板、另辟蹊径。

换电重卡在基础设施(换电站布局)支持下,很好地解决了充电式纯电动技术路线的以上短板,如图 1-5-14 所示。由于可以在电池电量较低时更换电池系统,克服了充电等待时间长的问题,且在换电站布局合理的情况下,可以支持长运距;由于可以随时换电,车载电池不必太多、太重,克服了占据过多货物重量/体积的问题;换电电池系统可以由运营方拥有,物流运输方购车时不必购置电池系统(在使用中予以分摊),这样能很好地解决电池系统成本高的问题。以上这些充电式纯电动的短板问题的解决,为长途物流运输提供了可行的解决方案,对于推动重卡电动化,具有非常重大的意义。

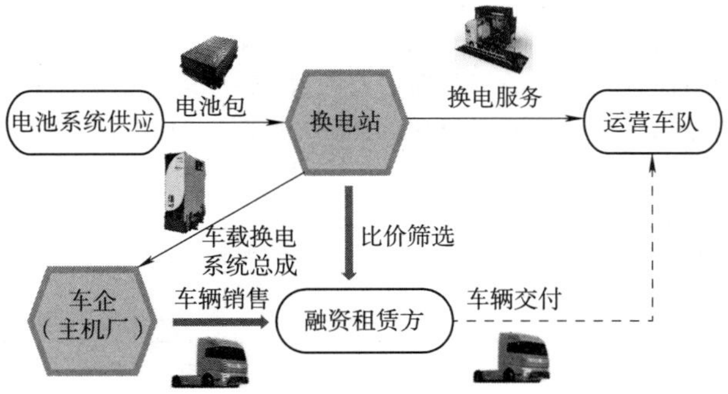

图 1-5-14 换电商业模式

3. 目前亟需解决的技术难点及解决方案

实施重卡换电所面临的挑战性,首先是重卡换电系统本身设计的关键技术,包括车端和站端、换电装置及接口等;其次是换电重卡的智慧能量管理,包括车载换电控制系统、电池全生命周期管理系统(安全、寿命、回收等),车-站协同能量管理等;再次是换电重卡的测试验证技术,及形成相关的重卡换电系统相关标准;另外还有推进示范运营所带来的技术创新和模式创新,包括换电站的建设、电池银行的运营等等。基于以上需要技术突破和模式创新的挑战性问题,对重卡换电关键技术和产业化路径进行研究和探索,是非常有必要的。而针对换电示范运营,国家多部委也发起和确认了多家换电示范运营城市,保障了重卡换电关键技术研究和规模化示范运营的可行性。

重卡换电相关的产业链,包括电池系统生产、换电系统(车端、站端)生产、换电重卡整车生产、换电站建设、电池系统运营(电池银行)、电池回收再利用等。目前换电在国内还处于示范运营阶段,在技术和商业模式方面都还需一定探索。通过该项目的实施,可以在关键技术领域取得突破、并形成相关标准;培养和带动重卡换电产业链的发展和成熟;同时在商业模式领域进行探索、推动规模化示范运营。项目的实施,对于推进换电重卡的技术成熟化、产业化落地,都具有非常重要的意义。

4. 国内外发展情况

在重卡领域推动纯电动面临着续驶里程短、电池系统重量/体积大等问题,可行的技术解决方案是随着电池技术的发展,不断提升电池能量密度,这样可以延长整车续驶里程、降低电池系统的重量和体积。电池技术方面,从固态电池到新体系电池,随着技术不断发展,电池能量密度不断提升。国内外电池厂商都大量投入对这方面的研究和开发,国外卡车整车厂商,也对电池的投入非常关注。奔驰卡车公司在 2019 年与 LG、SKI 以及三星 SDI 等企业达成电池合作,2021 年与宁德时代签署电池供应协议,为奔驰电动卡车供应锂离子电池;沃尔沃卡车公司 2019 年与三星 SDI 签署电池战略联盟;斯堪尼亚计划于 2023 年前投产自建电池工厂。

在充电设施方面,欧洲和美国都在推进充电集成设施网络的建设。2021 年 7 月欧盟提案要求各国到 2025 年在重要道路上安装公共充电站,站点间距离不超过 60 km,2030 年和 2050 年将分别建成 350 万、1630 万个充电站,到 2040 年将有 800~1200 亿欧元用于公共和私人充电站建设。美国拜登政府表示卡车运输业将纳入其电动汽车 CV 扩展战略,颁布《电动汽车基础设施指南(EV Infrastructure Guidance)》推进电动汽车基础设施建设,2021 年 8 月通过了 1 万亿美元基础设施投资和就业法案,包括 500 亿美元基础设施的支出,其中 75 亿美元用于电动汽车充电。在此趋势下,欧美卡车厂商也投入充电基础设施的建设,如戴姆勒卡车、TRATON、沃尔沃卡车 2021 年底签署合作协议,在欧洲共建重型卡车公共充电网络;奔驰卡车与西门子在智能基础设施方面建立充电基础设施战略合作等。

针对充电等待时间长等的问题,国外重点发展的是超级快充的技术路线。如美国 SAE J1772-CCS 充电标准中涵盖了直流快充 L1-DC(4-40 kW)、L2-DC(20-150 kW)、L2-DC(150-350 kW 等;SAE J3068 充电标准中涵盖了交流快充 AC(20-100 kW);最新的 SAE J3105 中充电标准中涵盖了超大功率直流快充 L1-L2 DC(150-1200 kW),充电功率达到 1 MW 以上。CCS 是欧美目前的快速充电系统,功率一般最大能达到 500 kW 左右;美国国家可再生能源实验室(NREL)与国际充电标准协会(CharIN)联合推动更大功率的兆瓦充电系统(MCS-Megawatt Charging System),可为重卡提供超级快充,在短时间内为重卡迅速补充电能,减少重卡在长途运输过程中的充电等待时间。

目前在换电领域本身,国外采用这一技术路线的较少。以色列控股集团等投资的 Better Place 公司于 2011 年在以色列、丹麦等国推出了乘用车的换电模式,并在国内与南方电网集团战略合作、在广州建立了电动乘用车换电站体验中心。但由于乘用车电池系统本身及接口的标准化程度低、换电模式不易操作,以及初期换电站基础设施投资巨大,Better Place 推动的换电模式最终失败。特斯拉等也曾做过推动乘用车换电模式的尝试,但未获得成功。2021 年初美国加州的初创公司 Ample 致力于进行乘用车换电模式的推动,主要为

Uber 司机提供服务，10 min 就能完成电池更换，当前每座换电站每天最多可以为 90 辆电动汽车更换电池。

在重卡物流运输领域推进换电模式，首先是可有效降低排放，并且可以解决充电等待时间长造成影响运营效率的制约因素，这是来自市场的迫切需求。其次，由于重卡维持一定续驶里程所需的电池较多，必然会带来整车（含电池系统）初期购置成本较高，阻碍了纯电动技术路线在重卡中的推进，而换电模式使车电分离，车辆初期购置成本大大降低，通过商业模式运作使得各方都产生价值，是非常有意义的探索，也是来自市场的迫切需求。另外，在欧美国家存在推进换电的制约因素，包括电池系统、换电系统、换电接口等一系列标准有待统一；换电站的建设需要政府、资本市场、利益各方共同投入，在国外也较难组织起来；换电运营的商业模式也需要进一步探讨和摸索；在中国，充分发挥我们在体制机制方面的优势，克服以上在欧美国家存在制约的因素，有望推动和完善重卡换电体系，形成有中国特色的竞争优势。

5. 东风商用车新能源换电物流开发

东风商用车有限公司是东风汽车集团有限公司的下属子公司，始建于 1969 年，前身是中国第二汽车制造厂，始终牢记“国家队”的使命与担当，积极响应国家应对气候变化、推动绿色发展的战略举措，推动新能源及智能网联商用车的发展，已基本形成以纯电动汽车、混合动力电动汽车、燃料电池汽车为“三纵”的新能源整车研发能力和以整车控制、动力总成、动力电池（含燃料电池）等为“三横”的关键零部件开发能力，并率先开展了高速模拟场景 L3 级卡车队列和港口、矿区、园区 L4 级别智能驾驶商用车的研发与示范运营，成为新能源和智能网联商用车的重要力量。

东风公司重卡新能源商品开发，纯电动方面 2018 年底推出中、重型环卫，自推出以来一直保持细分市场市占率领先；2020 年开发了中重型纯电动环卫车新平台，在技术水平和特性方面领先；2021 年从仅有中、重型纯电环卫车快速扩展到换电短倒/港口重型牵引车、纯电水泥搅拌、纯电及换电重型工程/渣土车等细分市场全品系车型覆盖，其中换电牵引车当年开发当年实现批量销售，在钢厂、短倒等市场实际运营，为这些地方降碳作出了突出贡献，东风换电重卡在特性表现方面优秀，获得客户肯定。

东风商用车着重于重卡新能源产品开发体系建设和能力建设，2019 年完成了纯电动体系的完善和体系文件的修订补充；2020 年进一步完善纯电体系建设，发布了 5 项流程、29 项内部标准规范；2021 年进一步完善纯电体系建设、建立混动系统，发布 4 项流程、16 项内部标准规范；牵头和参与制定汽标委多项商用车新能源国标的制定，包括商用车换电方面国标的制定；投入建设了重卡新能源多控制器 HiL 台架、新能源多控制器联调台架、新能源动力电池系统充放电性能环境试验台架、电驱动桥总成试验台架等试验验证能力建设，为重卡新能源技术及商品开发提供了必要的验证手段。

东风商用车公司换电物流车的主要产品为换电重卡，已经形成了系列化产品，包含 4×2、6×4、8×4 三种驱动形式，实现 31 t、42 t、49 t 的标载和重载配置，换电电量为 141 kWh、282 kWh、350 kWh、422 kWh，覆盖区域倒短、城建渣土、城市环卫、专线配送等换电场景，见表 1-5-3。

表 1-5-3 东风商用车充换电一体车型

品系	牵引			工程	专用
公告代号	DFH4180DSEV	DFH4250DBEV *	DFH4250DSEV *	DFH3310ASEV *	DFH1310BEV1
驱动形式	4×2	6×4	6×4	8×4	8×4
载重系列(t)	42	49	49	31	31
换电系统	玖行/CATL	玖行/ CATL	玖行/CATL	玖行/CATL	玖行
电池品牌	CATL	CATL	CATL	CATL	CATL
电池电量(kWh)	141/282/282(长寿命)	282/282(长寿命)	141/350/365(长寿命)	282/350/365(长寿命)	282
电机功率(kW)	250/360	250/360	250/360	250/360	250/360

东风商用车在换电重卡开发中，重点关注换电标准化、新能源核心技术和关键总成开发。

2021 年，东风商用车参与了商用车换电国标的编制，提出了换电接口标准化、整车安全及可靠性试验的编写意见。

为提升换电重卡的核心竞争力，在电控、电机、电池、热管理等核心技术上不断取得突破，通过技术迭代，提升用户价值，延长电池寿命，降低能耗和整车实物成本。

为保证客户价值提升，东风商用车针对换电物流车进行全生命周期 TCO 分析与应对，按照细分场景匹配新能源动力系统，达成初始购车、运营维护、商品收益的最佳平衡，换电物流车已经与传统燃油重卡的全生命周期 TCO 相当。

东风商用车公司注重智能物联，先后构建重卡车载换电控制系统及与其他控制系统的交互平台、电池安全监控与运维平台、换电运营与调度平台，如图 1-5-15 所示。

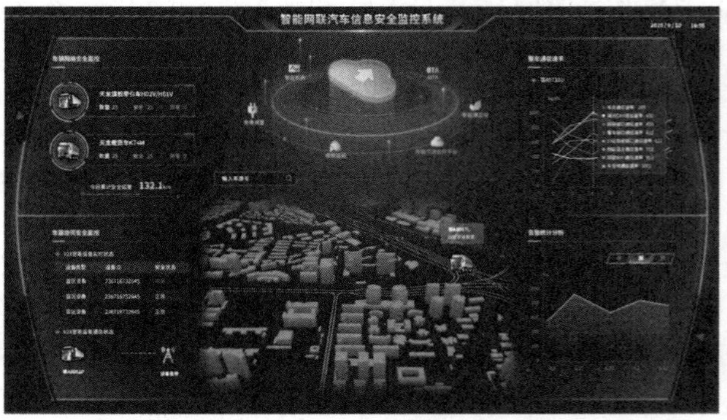

图 1-5-15 东风商用车智能网联汽车信息安全监控系统

重卡车载换电控制系统及与其他控制系统的交互平台对重卡车载换电控制系统进行研发与优化，并充分考虑换电控制系统与整车控制系统、电池管理系统（BMS）等的交互，形成整车—换电系统—电池系统的协同一体化控制机制，达成整体最优控制，提高整车作为一个整体的运营效率。

电池安全监控与运维平台对电池系统在车辆运营中的状况及在充电站充电的状况进行全面管理，对电池系统的安全性形成可视化的监控，充分利用大数据技术和 AI 技术，开发形成电池安全监控与运维平台。包括大数据安全预警、大数据故障预警、用户滥用报警、充电设备滥用报警、车辆滥用报警等。

换电运营与调度平台对换电重卡—换电站间进行协同能量管理，充分利用互联网/物联网技术和 AI 技术，对人—车—电池系统—换电站等多个关联要素进行优化调度和优化管理，开发形成换电运营与调度平台。包括换电运营平台、站点运维调度平台、司机交互移动端、用户优化调度、充电优化调度、电池优化调度等。

6. 未来发展趋势

我国新能源物流车现处于后补贴时代，取消新能源购置补贴后，新能源汽车发展从政策驱动进入驱动为主、政策支持为辅，并逐渐过渡到完全依靠市场驱动的新阶段。后补贴时代前期仍然需要政策的支持，保证市场平稳过渡。

未来新能源物流车发展的驱动力主要来自于三个方面：

（1）政策驱动

政策驱动主要包括路权、运营补贴、免征购置税、新能源商用车积分管理、燃油车限购、充电等基础设施建设补贴等整车、制度，其中最主要的是路权政策、燃油车限购和新能源商用车积分管理政策，这些政策将有力带动新能源物流车的发展，推动主机厂加大新能源物流车的研发投入和市场推广力度。

（2）技术驱动

随着增程式技术、动力电池技术，控制器等技术进步，模块化、开放式汽车底盘技术等技术创新，新能源物流车成本将明显降低，并且性能和质量得到明显提升，新能源物流车的经济性、动力性、可靠性得到充分体现，提升物流运输效率和明显降低物流成本，从而有力推动新能源物流车的快速发展。

（3）市场和商业模式驱动

随着市场体系成熟，产业规模逐步扩大，新能源物流车将继续有效降低成本，售后服务体系逐步完善，充电配套设施随着销量增长而趋于完备，市场将进一步成熟。随着先进汽车技术的进步和移动互联网、物联网、5C 等信息和通信技术的逐步应用，将会推动运行商业模式、一体化模式等商业模式的逐步深入，解决客户充电不便、初始投资成本高等重要问题，并可能推动商业模式的创新，有力推动新能源物流车的快速发展。

（三）换电式电动重卡

（中国电动重卡换电产业促进联盟　李立国　涂有龙）

1. 重卡电动化成为大势所趋

重卡电动化是全面推动节油减排的必由之路。重型卡车（总质量≥12 t，简称重卡）是物流运输与工程建设核心运载工具。公路运输是我国货物运输的主要方式，占全社会总货运量的 70% 以上。作为公路货运的核心运载工具，重卡广泛用于物流运输、工程建设及专用车领域，具备运距长、运量大、运输效率高等优势。同时，重卡也是石油消耗、污染物及碳排放大户，如图 1-5-16 所示。

全球各国均在加快推进重卡电动化。我国高度重视发展新能源重卡，中央和国务院印发的《关于深入打好污染防治攻坚战的意见》《2030 年前碳达峰行动方案》等重要文件，明确提出“加快推广电力、氢燃料重型货运车辆”。美国加州

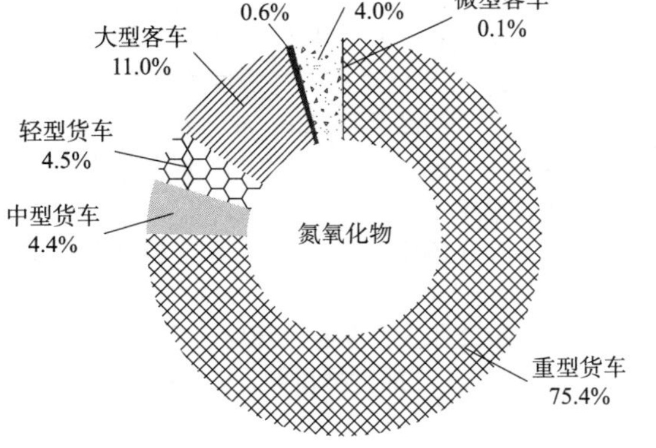

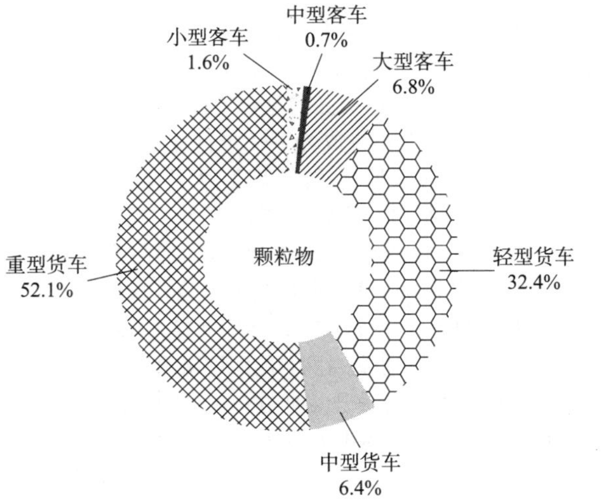

图 1-5-16　汽车污染物排放量占比

（数据来源：《中国移动源环境管理年报（2021 年）》）

于 2020 年 6 月出台了《先进清洁卡车法规》，对零排放卡车销量占比提出要求；斯堪尼亚、奔驰重卡等均在部署或推出纯电动重卡。重卡电动化成为未来趋势，将带动相关产业快速发展。

2. 国内外电动重卡产业发展趋势

（1）国际上以大力发展快充型电动重卡为主

欧美等国家正在大力发展新能源重卡。美国超级卡车

三期项目主推兆瓦级快充电动重卡，这主要是欧美国家私有化程度较高，难以建立庞大且昂贵的换电基础网络。

(2)我国换电式电动重卡发展较为迅速

我国换电式电动重卡销量高速增长，据不完全统计，2021年销量为3156辆，2022年1—4月为2666辆，占据新能源重卡销量比从30.2%增至45.3%，权重在稳步上升(见表1-5-4)。在2022年一季度新能源换电式电动重卡销售车型中，换电牵引车、换电自卸车、换电搅拌车是主要销售类型。目前换电式电动重卡处于起步阶段，2021年换电式电动重卡渗透率只有0.23%，远低于当年新能源乘用车15.5%渗透率和新能源商用车3.9%渗透率，未来市场替代空间巨大。

表1-5-4 2020—2022.4中国换电式重卡销量(辆)

年　份	2020	2021	2022.1—4
换电重卡销量	612	3156	2666
占新能源汽车销量权重	23.2%	30.2%	45.3%

(数据来源：EVTank，电车资源)

我国重卡短途运输场景多、运输量大、集中度较高，发展换电式重卡具有综合成本低、接续性强、技术难度低等优势。纯电动充电重卡由于有运输距离瓶颈，我国发展换电式电动重卡可行性较高。

从应用场景看，换电式电动重卡未来向着区域性大宗商品等干路物流发展。换电式电动重卡已推广至城市区域建材运输、矿区矿物运输、港口区域物流运输、钢厂倒短运输等短途特殊场景，未来换电式电动物流重卡有望应用于中短途干线物流运输。

从换电技术看，由目前快速、安全的核心诉求逐渐向智能化、标准化方向发展，各技术路线独立扩张向换电网络互联互通方向演进。全自动换电、无人值守运营、智能化结算体验将成为下一代换电产品的重要特征。动力电池、换电设施、换电车型的标准化将成为下一步行业工作的重点方向。换电网络将通过安全监控、智能调度、大数据分析、电池资产管理等方面打通换电行业数据壁垒，实现不同换电运营商互联互通，形成统一的数据管理平台，从而提高换电网络的智能化水平、资产运营效率和用户换电体验。换电站本质是能源载体，换电网络是一个分布式储能系统，未来换电站将实现电能双向流动，促进交通网与能源网融合发展。

从标准体系看，未来国家将在电池、电池箱框架、换电装备等关键部件及产品逐步形成统一标准，从而实现共享化，换电设备、场所共享。重卡换电模式需要有头部企业牵头，实现电池厂、整车厂、换电站设备厂等多方协同合作，共同推进实现电池标准化和共享化。反之，共享化和标准化是重卡换电模式推广的重要条件，是社会资源集约发展的必要要求。建立充换电服务互认互联体系，加快标准统一进程，促进设施共享、电池包互换，减少重复投资、促进产业集约式发展。换电模式对于车企的要求是预留标准化的电池箱体、接口，以及相关通信协议的标准化。

从换电电池看，长寿命、高比能、低成本、高安全电池是发展方向。车电分离促进长寿命电池发展，电池资产管理更加高效。换电模式的商业核心是电池品质。换电模式需有长寿命、高比能、高安全的电池作为支撑。宁德时代已推出使用寿命长达16年，总续航里程可达200万km的长寿命电池，可以适配各类换电需求。单车电池高比能有利于提升电能利用效率。换电式电动重卡电池动辄300 kWh电，仅电池成本近30万元，电池降本势在必行。高安全电池是对人身和财产安全的保障。自始至终非常重要。

从商业模式来看，未来换电式重卡产业将形成以基础设施投资方、换电运营服务方、电池资产投资方、资产管理服务方四方主导的互利互惠体系。早期换电式重卡以私有资产在场景内部运行，以融资租赁形式切入。目前已形成以国电投、国网、南网等自有需求为主导的央企，联合电池厂和整车厂等各方资源来完成应用示范，通过直接投资、控股等形式掌握换电站及电池箱等关键产品技术，待整个换电生态成熟后逐步推向市场，未来将发展出专业换电运营服务商，健全整体换电服务网络。

3. 换电重卡典型企业和典型技术路线

(1)典型企业主要包括发电、电网、电池、主机厂等企业

国家电力投资集团公司协同重卡换电产业链上下游企业开展换电式电动重卡、换电矿卡、电动装载机等技术及产品研发、集成，并探索各类商业模式，研发高频、重载换电式电动重卡，提供换电站建设、车载换电电池租赁、运维、全生命周期管理及梯次利用价值回收等一揽子解决方案。国电投换电牵引车已于2019年初进入市场，并于2020年3月实现批量交付。截至2021年4月，国电投已建设超过100座重卡换电站，联合主机厂推广超过6000台换电式电动重卡。国电投下属涉足重卡换电产业企业包括上海融和电科融资租赁有限公司、上海启源芯动力科技有限公司、上海玖行能源科技有限公司等。

国网电动汽车公司于2020年7月成立国网商用电动汽车投资有限责任公司，开展各式商用车辆或机械的定制化研发、租赁与销售，配套充换电设施的投资与建设，服务平台的开发与运营等，提供定制化解决方案。国网电动在极寒、高海拔等环境下进行重卡换电示范项目，对重卡换电商业模式进行了多项验证。

宁德时代新能源科技股份有限公司是全球领先的电芯及pack制造企业。目前市场上，换电式电动重卡主要采用宁德时代大容量磷酸铁锂快充电池包。2020年12月，宁德时代和普洛斯正式成立合资公司宁普时代。2022年3月联合三一重工在福建宁德举办的福建省换电式电动重卡应用示范正式投运。

汉马科技集团股份有限公司系浙江吉利新能源商用车集团有限公司控股子公司。2017年，汉马科技获得纯电动重卡生产资质，同年完成电动重卡高强度测试实验；2018年旗下华菱纯电动重卡产品上市；2019年推出国内首款换电重卡，实现多项“零”技术突破。2021年换电重卡销量超过760辆，全国排名第一。

三一重工股份有限公司是全球工程机械领先企业之一，是2021年电动重卡销量冠军，产品包括电动牵引车、自卸车、搅拌车等，2022年3月联合宁德时代合作开启干线物流示范项目，2022年5月推出吊顶侧方兼容换电站，单车换电1.9 min，将换电全流程时间缩短一半。

(2)换电式电动重卡和换电站各类技术均在快速发展

换电式电动重卡关键技术在电池箱系统、电池底托、电机和电控系统等。目前主流的换电技术路线包括吊顶式换电、整体单侧换电、整体双侧换电三种技术路线(见表 1-5-5)。吊顶式换电具有技术简单、成本低、可靠性好的优点,是目前市场上应用最广泛的重卡换电解决方案;同时具有对司机的驾驶技术要求较高,设备高度高导致换电站审批相对复杂的问题,代表厂商有上海玖行能源科技有限公司。整体单侧换电的优势是换电站整体高度低、换电精度高、适应性好、智能化程度高,能实现无人值守;其缺点是其对智能化要求较高,需采用 5 轴机器人、激光雷达、机器视觉设备等设备,导致总体成本较高,代表企业有智锂物联(杭州)科技有限公司。顶吊侧换兼容换电支持顶换、侧换 2 种换电模式,具有泊车方便、高可靠、易建设、换电快、匹配车型多等特点,但成本相对较高,代表企业有三一重工股份有限公司。

表 1-5-5　三种不同换电技术方案对比

	顶吊式换电	整体单侧换电	顶吊侧换兼容
站体高度	>6 m	<4.5 m	4.8 m
占地面积	200 m^2	200 m^2	120 m^2
定位方式	减速带机械定位	激光雷达+视觉	激光雷达+视觉
换电时长	3~5 min	3~5 min	1.9 min
车型适应性	司机控制停车前后位置	自动校准	自动校准
成本	控制系统成本低	控制系统成本高	控制系统成本高
认证结算	手机扫码支付	车站通信无感结算	车站通讯无感结算
可扩展性	整体式天轨和站房,固定长度,不能扩展	开放式机器人地轨,可接轨加长、增加电池仓开放站房,不需改造	旋转充电仓,固定半径,不能拓展
典型企业	上海玖行、时代电服	智锂物联	三一重工
样图		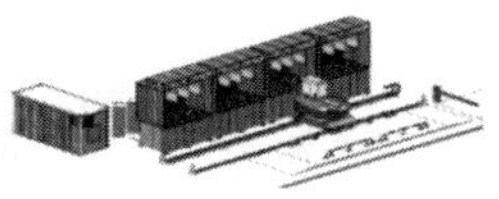	

(数据来源:各企业调研统计)

(3)重点车型技术特点分析

目前应用较多的换电式电动重卡主要分为 3 类,分别为牵引车、自卸汽车、水泥搅拌车。

换电式纯电动半挂牵引车车型整备质量与同类型燃气牵引车稍微重 0.9~1.7 t,电池均使用宁德时代磷酸铁锂 282 kWh 电池,里程在 150~200 km,主要应用于矿山运输、支线短倒、钢铁企业内部运输,其百公里运行成本与液化天然气牵引车接近,但一次行驶里程数只有其 4.7%~6.2%,对比见表 1-5-6。

表 1-5-6　燃气牵引车和换电式纯电动半挂牵引车对比

车辆型号	SX4259XD4TLQ1	HN4250B36C6BEV	XGA4254BEVWCA	CQ4250BEVSS404
车辆商标	陕汽牌	华菱之星牌	徐工牌	红岩牌
车辆名称	牵引汽车	换电式纯电动半挂牵引车	换电式纯电动半挂牵引车	换电式纯电动半挂牵引车
生产企业	陕汽集团	安徽华菱汽车	徐州徐工汽车	上汽依维柯红岩
总质量(t)	25	25	25	25
整备质量(t)	8.8,9.3,9.6	10.5	10.8	10.5
准拖挂车总质量(t)	40,39.5,39.2	38.37	38.07	38.37
燃料类型	LNG	电动	电动	电动
电池厂家	—	宁德时代	宁德时代	宁德时代
电池类型	—	磷酸铁锂电池	磷酸铁锂电池	磷酸铁锂电池
电池电量(度)	—	282	282	282
额定功率(kW)	—	—	215/240	—
峰值功率	287~338	360	350/360	360
落地费用(不含挂)	41~46 万元	80~90 万元		
行驶里程	3200 km	180~190 km		
油费/电费(元/100 km)	176	163~172		

(数据来源:工业和信息化部装备工业发展中心)

注:陕汽牌(SX4259XD4TLQ1)LNG 牵引汽车油箱 1350 L,气耗按 32 kg/100 km,天然气价格按 5.5 元/kg 计算;电费按 1.1 元/kWh。

换电式电动自卸汽车整备质量与同类型燃气自卸汽车稍微重 4.1~4.7 t,导致载货量同等规模下降。电池均使用宁德时代磷酸铁锂 282 kWh 电池,行驶里程 160~180 km,主要应用于城市建材及建筑渣土等,其百公里运行成本稍微小于燃油自卸汽车接近,但一次行驶里程数只有其 12%~13.5%,对比见表 1-5-7。

表 1-5-7 燃油自卸汽车与换电式纯电动自卸汽车对比

车辆型号	CQ3317SD13406	ND3310DBXJ7Z02BEV	XGA3312BEVWEA	CQ3310BEVES446
车辆商标	红岩牌	北奔牌	徐工牌	红岩牌
车辆名称	自卸汽车	换电式纯电动自卸汽车	换电式纯电动自卸汽车	换电式纯电动自卸汽车
生产企业	上汽依维柯红岩商用车有限公司	北奔重型汽车集团有限公司	徐州徐工汽车制造有限公司	上汽依维柯红岩商用车有限公司
总质量(t)	31	31	31	31
整备质量(t)	14.1,15.5	21.7, 22.7, 23.8	20.7,22.7,21.7	18.8,19.6
额定载货质量(t)	16.77,15.37	9.17, 8.17, 7.07	10.17,8.17,9.17	12.07,11.27
燃料类型	柴油	电动	电动	电动
电池厂家	—	宁德时代	宁德时代	宁德时代
电池类型	—	磷酸铁锂	磷酸铁锂	磷酸铁锂
电池电量(度)	—	282	282	282
额定功率(kW)	—	—	270	250
峰值功率	412	360	405	360
落地费用	50万~55万	80万~90万	—	—
行驶里程	1333 km	160~180 km	—	—
油费/电费(元/100 km)	187	172.3~193.9	—	—

(数据来源:工业和信息化部装备工业发展中心)

注:红岩牌(CQ3317SD13406)燃油自卸车油箱 400 L,油耗按 30 L/100 km,柴油价格按 6.3 元/L 计算;电费按 1.1 元/kWh。

换电式纯电动水泥搅拌车目前销售品类和规模稍小,暂未分析。

4. 产业标准体系建设现状

(1)换电式电动重卡产业标准目前处于空白,已发布的国家推荐性换电标准均是针对乘用车

由中国电力企业联合会归口制定的 GB/T 29772—2013《电动汽车电池更换站通用技术要求》、GB/T 32879—2016《电动汽车更换用电池箱连接器通用技术要求》、GB/T 32895—2016《电动汽车快换电池箱通信协议》、GB/T 33341—2016《电动汽车快换电池箱架通用技术要求》,受制于制定标准时的需求所限,标准内容均是针对乘用车。由全国汽车标准化委员会归口制定的 GB/T 40032—2021《电动汽车换电安全要求》,其适用范围也明确为“可进行换电的 M1 类纯电动汽车”,即乘客座位不超过 8 个的载客车辆。

(2)行业标准归口部门正在规划、制定重卡换电标准

全国汽车标准化委员会电动车辆分技术委员会于 2021 年 1 月 27 日发布《关于筹备成立“电动汽车换电标准工作组”的通知》,经过多次行业会议讨论,拟订“电动汽车换电标准路线图”,按照乘用车、商用车 2 大类规划行业标准立项计划。其中,《纯电动商用车车载换电系统互换性系列标准》(共 5 项:换电电气接口、换电冷却接口、换电机构、换电电池包、车辆与电池包的通信),经过前期的预研、论证、立项答辩,已列入工信部 2022 年 5 月 13 日发布的《2022 年第一批行业标准制修订计划》中,其技术路线是针对重卡换电,兼顾客车、轻型和中型卡车,预计 2023 年底完成制定;《纯电动商用车换电通用平台系列标准》(共 4 项:车辆、电池包、车辆与设施的通信、电池包与设施的通信)正在预研中。

中国电力企业联合会于 2021 年 1 月 25 日发布《关于征集换电领域国家标准修订起草单位的通知》,拟对换电领域 4 项国标进行修订,公开征询参加单位,于 2021 年 9 月 3 日确定拟参加起草单位及分工,并由各标准牵头单位负责初步征询修订意见。其中,作为主要参与起草单位之一的四川新能源汽车创新中心会同中国电动重卡换电产业促进联盟成员企业已提出要将适用于重卡为代表的商用车内容融入即将修订的标准中,或按照适用于不同类别车辆划分为不同标准,后续将继续推进重卡换电技术路线标准修订工作。

(3)政策驱动、市场诉求促进产业标准体系建设创新

2021 年 10 月 28 日工业和信息化部发布的《关于启动新能源汽车换电模式应用试点工作的通知》指出,启动新能源汽车换电模式应用试点工作,并推出重卡特色类应用试点城市(宜宾、唐山、包头),加速促进重卡换电产业集聚发展,促使多个团体机构、地方政府紧抓研究、制定与重卡换电产业有关的团体标准、地方标准。

中国汽车工业协会于 2021 年 11 月 23 日公示由一汽解放汽车有限公司牵头起草的《电动中重型卡车共享换电站建设及换电车辆技术规范》系列团体标准立项,该系列标准共计 15 项分标准:总则 1 项、站端分标准 8 项、车端分标准 6 项,分别规定电动中重型卡车共享换电站建设及换电车辆的相关规范和要求。

宜宾市于 2021 年 5 月 5 日发布了地方标准立项通知,其中由四川新能源汽车创新中心负责起草的《换电式重卡车载换电系统互换性系列标准》(共 5 项)与重卡换电产业有关的多项地方标准在列。

团体标准、地方标准具有制定周期短、针对性强,可具有一定的技术前瞻性、自主创新性等方面的优势。这些标准不仅可以及时服务于团体、地方的产业,还可以为从长远全面考虑论证、研制行业标准、国家标准提供阶段性研究成果及测试验证依据,从而推动完善和建立我国重卡换电产业标准体系建设。

5. 目前亟需解决的产业痛点和技术难点

换电行业标准尚未形成。换电模式从设计到各方配合,技术环节较多,统一标准化需求迫切,特别是电池制造标准、接口标准以及车站通信、识别等相关软件标准。由于电池技术涉及企业核心竞争力,从企业利益角度看电池厂不愿意电池通用化。重卡换电产业相关利益方众多,涉及设备制造商、换电站运营商、电网、技术供应商、电池供应商、电池银

行、车企、用户（企业/个人）、运力商、金融服务商等多方企业，缺乏权威主导，难以寻求能平衡各方利益的行业标准。

通过国家部门主导，地方政府协同，扶持一系列换电式电动重卡项目、示范城市，发挥行业协会和联盟团体领头作用，加强换电式电动重卡示范项目及换电站基础设施建设，依托示范项目达到示范效应和运营数据分析，在特定车型率先实现电池规格、电池框架、电池接口、电池框架底座、换电站系统等标准化。

其他技术难点如北方重卡冬季掉电问题，换电站安全管理问题，电池资产综合管理问题，电池互换标准化问题等。

6. 未来几年换电式电动重卡产业发展建议

（1）加强换电政策扶持，使换电与充电具有相同发展空间

换电模式发展不仅面临着标准统一难的问题，还面临着规模化程度不足的问题，建议依照对充电设施的支持政策，相应推出对换电模式系统性的指导和支持政策，包括属性界定、管理标准、换电设施建设和运营、电力配套、补贴、总重开放、优先通行、免限行等政策，让换电站在建设及运营上与充电桩可享受同等的政策环境。

（2）充分发挥政府、行业、联盟的作用，推动行业标准化进程

统一标准对产业发展有明显的促进作用，是换电模式的必经之路。需要政府和行业组织继续主导换电标准的建设和实施，联合各汽车生产商、电池生产商、第三方换电运营商等企业共同努力。同时结合工信部组织的全国换电模式示范试点工作，在重点城市先推行具有特点针对性的地方标准，再逐步将地方标准或者团体标准推广为行业标准，以至国家标准。

（3）规划引领，促进换电站与现有设施合建共营，优化换电空间布局

将换电站建设纳入市政基础设施专项规划、电力专项规划和高速、枢纽等区域间交通领域规划专项，遴选具备符合条件的换电站建设场地，优化充换电站空间布局，有序推进换电设施项目的建设和落地。鼓励换电站与加油站、加气站等既有场站合作建设，开设综合能源供给服务。

（4）设立专项资金，鼓励换电站核心技术研发和超前布局

建议加大对技术研发的投入，鼓励开展换电核心技术的试点应用及示范项目，为换电企业的换电核心技术研发项目提供财政支持，鼓励换电企业发挥创新主体作用，加快推动新型换电技术及装备的探索及研发。

六、甲醇汽车领域

甲醇汽车

（天津大学　姚安仁）

1. 2021年甲醇汽车产业总体发展与技术突破

在全球新能源迅猛发展的背景下，我国在甲醇燃料领域形成了自主可控的整车制造和燃料供应体系，甲醇燃料的技术储备、生产装备、工程化建设以及应用等已经成熟，具备全面开展推广应用的条件，有利于推动绿色循环发展，实现能源多元化。当前，亟需开展甲醇能源战略研究，对甲醇燃料生产和输配送、甲醇燃料应用安全保障措施要求、甲醇燃料产业化应用研究以及相关政策支持等方面进行科学合理的战略规划和分工定位，促进甲醇燃料全面推广和应用。

2020年12月15日，工信部发布了《关于调整甲醇汽车产品准入相关要求的通知》，对满足国六排放标准的甲醇汽车在申报准入上提出要求，这将对甲醇汽车下一步的生产标准形成统一，确保甲醇汽车市场竞争力更具优势。

截至目前，我国的陕西、贵州、山西等多个省份已在甲醇汽车的推广应用上取得了显著成效，市场上甲醇汽车已有2万余台，甲醇燃料加注站也在不断完善建设中。甲醇汽车在“十三五”期间实现了大踏步前进，相信在即将到来的“十四五”规划中，甲醇汽车及相关产业将会取得更多新的发展成效。

在我国“双碳”目标行动之下，整个汽车产业向新能源转型已成为行业共识，而甲醇汽车及燃料的发展作为能源转型又一选择，对推进我国绿色发展、促进低碳革命有着重要意义。

甲醇燃料是世界公认的清洁燃料，具备资源丰富、储运便捷、用途广泛等特点，使之在生产、使用时对环境友好，相较传统柴油车能够降低碳排放，较之天然气车具有购置、运营成本更低的经济优势。如今，我国绿色甲醇技术也已逐步成熟，正在向规模化发展，如利用可再生能源还原二氧化碳制甲醇（液态阳光甲醇），能够实现对二氧化碳的循环利用，有助于国家“双碳”目标的实现。

“发展甲醇经济的意义不止于车辆环保，还可以推进能源结构变革，保障国家能源安全。”工信部甲醇汽车推广应用专家指导委员会秘书长魏安力表示，在我国缺油、少气、相对富煤的能源结构下，甲醇燃料可以完全替代化石能源，甲醇汽车有保障国家能源安全、降低石油对外依存度、环境友好以及可最大限度利用现有资源这四大优势。

除了直接作为燃料外，甲醇还是氢能的最佳载体，为车载制氢提供了燃料基础。目前，甲醇重整燃料电池和甲醇燃料电池两种技术路线已经趋于成熟，未来将有广阔的应用前景。

随着在全国10座城市开展甲醇汽车试点工作，国家部委出台甲醇汽车推广的相关政策，各地方政府积极作为，因地制宜进行有效推广。不得不说甲醇汽车及相关产业的发展，在扩大产业供需端的同时，也能提供更多就业岗位，满足更多人的就业需求，完全符合当前我国提出的全面做好“六稳”“六保”工作的要求。

吉利从能源安全、绿色低碳出发，积极布局甲醇燃料汽车。甲醇被称为“液态氢”，储运用便捷，资源丰富，用途广泛，绿色甲醇是全球公认的碳中和必由之路。吉利深耕甲醇行业16载，形成核心技术专利近200件，开发包括乘用车、

商用车在内近 20 款甲醇燃料车型,也是唯一推出甲醇商用车的企业。

在甲醇制取方面,吉利近年来积极探索绿色甲醇技术创新,早在 2015 年就投资冰岛碳循环国际公司,利用地热发电制氢与捕集的二氧化碳合成可再生甲醇。利用二氧化碳和氢制取甲醇,既解决了可再生能源的稳定使用问题,又能把不稳定的电、氢等绿色能源转化为稳定的液态甲醇,实现电的稳定存储;也可以实现二氧化碳的资源化利用,有助于减碳脱碳。

推动能源革命,打赢蓝天保卫战,是时代赋予我们的历史重任。在“双碳”目标下,新能源商用车的地位和重要性正不断上升,远程汽车通过多年的市场交付,验证了自身产品研发、模式打造的可行性,也解决了新能源商用车成本和收益之间的平衡。

科技兴国,创新强国。同样,远程汽车通过自主创新掌握核心科技的发展路线,奋起直追,力争超越同行、领先世界,改写了中国汽车品牌实力崛起的命题。展望明天,远程汽车将继续深度贯彻“创造智慧互联,引领绿色商用”的品牌愿景,在“1233”战略引领下,推动商用车的新能源化、低碳化转型,重构产业生态、创领零碳陆运,助力“双碳”目标落地,为绿水青山、为汽车强国贡献更大的力量。

其中,吉利深耕甲醇汽车 16 年,已经在甲醇能源领域取得突破性进展,拥有核心技术专利 200 余件,在贵阳、西安、晋中等多地实现规模化市场运行。前不久,吉利汽车宣布将于 2022 年推出“雷神智擎甲醇混动”车型,比照甲醇汽车,百公里醇耗降幅超 40%;到 2025 年,实现百公里醇耗低于 7. 6 L,相当于百公里油耗 3. 5 L,车辆使用全生命周期内碳排放更低,运行更环保。

甲醇汽车及燃料的推广能为国家能源安全提供保障,为终端消费者带来实惠。因此,有专家建议,应推进甲醇车用燃料加注体系建设,并支持鼓励汽柴油、LNG(液化天然气)加注站改建或增加甲醇加注功能等,以满足市面上甲醇汽车的加注需求和实际运行需要。

甲醇汽车历经多年研发探索,市场化推广成效愈发明显,发展进程也仍在持续发酵中,“十四五”规划立足新发展阶段、融入新发展格局,高比例 M100 甲醇燃料以及重整制氢燃料电池的发展,都必将为甲醇汽车及相关产业带来新的发展契机。

2. 产业标准体系的建设

工信部于 2021 年 3 月发布了 QC/T 1145—2021《柴油/甲醇双燃料发动机技术条件》,规定了柴油/甲醇双燃料发动机的技术要求、试验方法、检验规则和标志、包装、运输及储存,适用于车用柴油/甲醇双燃料压燃式发动机;QC/T 1150—2021《甲醇汽车燃料系统技术条件》规定了甲醇汽车燃料系统的术语和定义,要求及试验方法,适用于装备甲醇单燃料发动机或柴油/甲醇双燃料发动机的汽车;QC/T 1151—2021《甲醇燃料汽车技术条件》规定了甲醇燃料汽车的术语和定义、技术要求、试验方法、检验规则、标志、标签、使用说明书、运输和贮存。这 3 项标准适用于甲醇燃料汽车。

工信部发布了关于调整甲醇汽车产品准入相关要求的通知。将满足国六排放标准的甲醇汽车申报产品准入相关要求通知如下:

(1)产品申报要求

① 企业选择对应的车型类别进行甲醇汽车产品申报,产品名称应包括“甲醇”。甲醇汽车产品应满足《道路机动车辆产品准入审查要求》(2019 年第 1 号公告)、《八部门关于在部分地区开展甲醇汽车应用的指导意见》(工信部联节〔2019〕61 号)等相关要求。

② 甲醇汽车按照《八部门关于在部分地区开展甲醇汽车应用的指导意见》(工信部联节〔2019〕61 号)和 HJ 1137—2020《甲醇燃料汽车非常规污染物排放测量方法》的要求进行“甲醇、甲醛排放”检验项目测试,不再执行原 J3“甲醛排放”项目。

③ 甲醇汽车的蒸发污染物排放(和加油污染物排放)按照 HJ 1137—2020《甲醇燃料汽车非常规污染物排放测量方法》,结合 GB 18352. 6—2016《轻型汽车污染物排放限值及测量方法(中国第六阶段)》或 GB 14763—2005《装用点燃式发动机重型汽车燃油蒸发污染物排放限值及测量方法(收集法)》等标准进行检验。

④ 车辆按照 GB 18352. 6—2016《轻型汽车污染物排放限值及测量方法(中国第六阶段)》或 GB 17691—2018《重型柴油车污染物排放限值及测量方法(中国第六阶段)》进行排放耐久性试验时,需要同时进行 J2“耐久性试验燃料系统、排气系统检查”项目检验;通过标准推荐的劣化系数进行排放耐久符合性认定时,不再进行 J2 项目检验。

(2)重型发动机系族申报要求

甲醇燃料发动机按照 GB 17691—2018 要求进行发动机系族的申报和判定。

3. 国内外甲醇汽车产业发展趋势

据了解,甲醇作为清洁能源的重要组成部分,原料来源丰富,作为燃料更加清洁、更加安全、更加高效且来源更加广泛,具备较高的经济性、安全性、环保性、可靠性和适用性,是内燃机传统能源理想的替代品,能加强能源安全、改善大气环境,为我国经济健康可持续发展作出贡献。

放眼全球,德国甲醇混动项目、丹麦甲醇汽车研究、瑞典甲醇燃料加注规范等,都为甲醇燃料的发展指明了方向。

欧洲将甲醇命名为电子燃料,电子燃料(E-Fuels)是由 100%的可再生电力、水(电解)和二氧化碳产生的。由此,可以利用 Power-to-X 技术生产出符合标准的燃料。可再生电力和氢气是每个电子燃料的基础。因此,非常雄心勃勃地进一步扩大可再生能源,无论是国内的还是进口的,都是非常必要的。液体电子燃料具有很高的能量密度。它们易于储存和运输。此外,现有汽车的加油站等销售网络,可以在各地迅速提供电子燃料。与电能不同的是,电子燃料在长距离运输或长时间储存时,不会有动力损失。

对于德国汽车工业协会(VDA)来说,相关的可持续再生燃料是先进的生物燃料(根据新的可再生能源政策 RED Ⅱ)、氢气和电子燃料。为了在车辆中直接使用可再生氢气,全面扩大欧洲的氢气基础设施势在必行。由于其体积能量密度,液氢和电子燃料为气候中立的长途运输提供了巨大的机会。电子燃料是气候中立的,因为在生产过程中,燃料中结合的二氧化碳量与后来在车辆中使用时再次排放的二氧化碳量完全相同。它的最大优势，是你可以令现有的车队实现碳中和。

电子燃料目前很贵，但它们会变得更便宜。德国国家未来交通平台假设 2030 年的生产成本为每升 1 至 2 欧元(7~15 人民币/L)。这些生产成本已经包括了可再生电力的效率损失。如果把可再生能源的利用放在全球范围内考虑，就可以进一步改善效率损失。光伏和风力发电站在合适的地点的产能利用率比德国高两到四倍。

理想情况下，电子燃料是完全用可再生能源生产的。简单地说，由可再生电力驱动的电解氢与二氧化碳(例如来自工业废气或空气)相结合，形成一种碳中性的碳氢化合物。电力转化为化学品（PtC)、电力转化为液体燃料(PtL)或电力转化为气体燃料(PtG)等术语已被普遍接受用于这些电力转化为 X 的过程。与来自种植生物的传统生物燃料相比，电子燃料不与民众口粮竞争。

另一个关键优势是，合成燃料在技术上与传统的同类燃料没有区别。它们甚至可以直接用于老式汽车，并通过现有的加油站网络来销售，并以任何混合比例添加到化石燃料中。但是，由于目前生产数量较少，合成燃料的生产仍然相对复杂，导致成本较高。然而，随着产能的提升，规模经济将确保效率的大规模提高。因此，电子燃料可以在未来成为交通行业的一个稳定的燃料来源，并为碳中和作出重要贡献。

大量的科学研究显示，内燃机在全生命周期制造碳排放和使用碳排放领域依然有极大的发展空间。在可预见的能源结构未来，内燃机的高效化、混动化和使用包括甲醇、气体燃料等低碳燃料技术，都可以在相当长的使用里程范围内保持对同级别电动车的碳排放优势。而以可再生电力生成的 E-Fuel、E-Gas、氢气和氨气等碳中和燃料的内燃机则可以充分应用内燃机工业的技术基础、人才基础和工业设施基础实现碳中和的未来。

4. 目前亟需解决的技术难点及解决方案

甲醇的特性要求，需要专门开发相应的甲醇泵、甲醇喷嘴、供醇管路、甲醇过滤装置。目前国内汽车零部件生产企业需要针对性进行开发，以满足甲醇汽车的要求。目前甲醇汽车的相关部件基本借助于现有汽油或柴油的部件，存在寿命短、可靠性差等缺陷。另外，甲醇汽车现在都是采用汽油或柴油辅助启动的技术方案，两种燃料控制的电控系统开发也是重要环节。此外，甲醇的尾气处理中，由于排气温度低并且燃烧不完全可能带来的一定甲醛排放，都需要开发专有的后处理系统以满足超低排放的需求。

5. 2021 年行业重点企事业单位发展情况

我国对甲醇汽车的研发和生产可追溯到 20 世纪，进入 21 世纪，以吉利、陕重汽、天津一汽等为代表的车企，纷纷投入对甲醇汽车的开发应用。

从 2005 年开始，吉利汽车就在甲醇汽车领域正式展开研发，目前市面上的甲醇汽车和甲醇发动机主要由吉利生产，特别是吉利帝豪甲醇版等已成为热销车型，得到社会广泛认可。吉利控股集团董事长李书福在接受采访时表示，与其他新能源车型的技术路径相比，甲醇燃料汽车基于汽油燃料汽车研发，改动小，见效快，容易形成规模效应，发展甲醇汽车或是汽车产业一条选项。李书福说，甲醇是最简单的含氧碳氢化合物，未来通过太阳能制氢与各种回收的二氧化碳合成甲醇，“二氧化碳+氢气”制得绿色甲醇，“液态阳光”甲醇将为汽车提供绿色能源。据悉，吉利早在多年前斥资在冰岛入股国际碳循环公司，此项目通过将地下的二氧化碳取出来和将空气中的二氧化碳进行捕捉，进而生产制取绿色甲醇，该技术目前已取得阶段性成果，未来或将迎来全面推广。

6. 2021 年重点车型技术特点分析

爱驰 Nathalie 跑车以甲醇燃料电池作为驱动，通过由甲醇产生氢气并转化为电能，百公里加速只需要 2.5 s，该车可直接加注甲醇燃料，仅需 2~3 min 就能完成，加满可以一次性行驶超过 800 km，是当前市面上所有的量产电动车续航能力最强的车型。

460 hp，最大爬坡度达到 30%，动力性与传统柴油车不相上下，这就是吉利远程甲醇重卡的性能特点之一。吉利远程甲醇重卡，外观方面采用了全新设计，驾驶室为高顶双卧，整车看着比较威武霸气。前脸采用两段式设计，车顶比较圆润，中间有“吉利商用车”五个大字，提升了车辆的品牌辨识度，黑色遮光罩可有效遮挡阳光，提升了驾驶的安全性。这款车搭载吉利 12.54 L 发动机，最大功率达到 460 hp，最大爬坡度达到 30%，动力性与传统柴油车不相上下。底盘设计借鉴了一些沃尔沃卡车的设计，车架为标准孔的设计，方便安装底盘上的附件，管线的布局非常规整，底盘设计完全可以媲美国产高端重卡。后桥速比为 4.111。这款车采用了铝合金双油箱设计，可使用车辆有更长的续租里程，对于长途高速物流用户来说更加实用。在 2019 年 8 月份有高温测试中，吉利远程甲醇重卡 3 天长途奔袭 3600 km，仅用了1900 L 甲醇。

吉利帝豪甲醇版车型即将上市，新车的外观内饰，基本上与汽油版车型保持一致，只是更换了甲醇发动机。在甲醇版车型外观上，仍采用 V 字中网配合瀑布式进气格栅，头灯设计也比较中规中矩，没有什么亮点，保险杠的设计突出了运动气息，让前脸不那么沉闷。新款轿车的侧线比较简洁流畅，看着尾部比较敦实，有一丝吉利博瑞的影子，保险杠两侧有镀铬的排气装饰，让尾部看着不那么单调，车身尺寸方面，甲醇版车型长宽 4632/1789/1470 mm，轴距 2650 mm。新车将搭载型号为 JLC-4M18C 的甲醇发动机(符合国家六排放标准)，最大功率129 hp，传动系统预计采用 5 速手动和 CVT 无级变速箱，新车的油耗申报数据为 14 L/100 km(甲醇)。

7. 未来几年甲醇汽车产业发展建议

为了治理空气污染，打好蓝天保卫战，采用甲醇就很有优势。与汽油和柴油相比，甲醇完全燃烧时需要的理论空气量只有其一半还不到，因此，氮氧化物 NOx 生成量会比汽油和柴油少得多。第二，甲醇燃烧速度快，燃烧时无烟无焰，一般不会产生炭烟颗粒。对于柴油重型商用车，使用甲醇作为燃料，在清洁排放方面会有很大的优势。打赢蓝天保卫战的重要方面是商用柴油车，吉利汽车发力开发纯甲醇的商用车发动机，目前已经正式生产下线。另外根据天津大学提出的甲醇/柴油二元燃料燃烧技术，在重型柴油车上得到很好的应用。对于我们保有量超过 4000 万台的柴油动力，这些动力承担了 75% 以上的陆路运输量，100% 的工程机械和农业机械，不但要考虑未来新车满足国六的排放标准，做好存量车的清洁化更加重要。不首先治理好存量车的排放清洁化，打赢蓝天保卫战就是难以落到实处。

当然，甲醇汽车的推广应用也不会一帆风顺，还会遇到这样那样的困难和挑战。在未来甲醇推广应用中还会遇到这样那样的困难，作为一种新兴燃料不仅要解决大家的认知，还需要加强各项标准建设，解决一些共性的技术问题，还需要加强国际交流。

总之，甲醇汽车的应用推广是一个系统工程，涉及的方面很多，甲醇发展必须坚持市场为导向，企业为主体的指导思想，坚持因地制宜的方针。不光是有车就行的，还需要加注站、甲醇供应和输运等多方面协同。关系到安全、消防、便利等方方面面，需要得到政府层面的支持和协调。但是，对于我国这样的甲醇生产大国，应用甲醇不仅有利于改善发动机排放，而且也有利于我国的资源综合利用，最大程度地利用好自有资源，缓解能源安全压力，促进国家经济发展，甲醇一定将发挥其重要的作用。

8. 其他重要的方面

甲醇燃料加注体系完善势在必行。甲醇汽车的发展离不开甲醇燃料的支撑，甲醇燃料输配送服务必须先行。

由工信部甲醇汽车推广应用专家指导委员会主办的“甲醇燃料输配送及加注体系建设技术服务工作会议”举行，全国各地的甲醇燃料输配送服务商和相关单位齐聚北京，积极分享各自管理信息和实践经验，为业界从业者提供有益和有效的参考。

这是一次关于车用能源转型升级的典型事例，这是一次助推生态环保建设的重要工程，这更是一次关乎人类未来推进能源革命的生动实践。

万物生甲醇、甲醇生万物。甲醇从最早的化工原料到如今作为重要的能源燃料，细数它的发展，亦是我国能源转型升级的缩影。

近年来，我国道路交通领域的碳排放问题逐年加剧，二氧化碳排放量始终保持稳定增长态势。

在构建以国内大循环为主体、国内国际双循环相互促进的新发展格局中，要想实现碳中和，加快推进绿色低碳的车用能源发展将会是一个重要环节和重要措施。新能源汽车技术的创新、汽车产业制度深化改革以及扩大开放，都将有助于汽车产业迈向碳中和正轨。

面对“十四五”，如何有效促进碳中和？推动车用替代燃料应用，加快包括甲醇、电动、氢能等能源的推广应用，让碳中和与节能减排成为汽车全行业共同的价值观将是关键。

已经出台的《节能法》和《可再生能源法》，以及“国六排放标准”都明确提出了发展车用替代燃料的战略。其中，甲醇汽车及甲醇燃料从 2014 年起在全国“四省一市”开展甲醇汽车试点工作，到 2019 年工信部等八部门联合印发了《关于在部分地区开展甲醇汽车应用的指导意见》，试点和推广效果明显，取得了阶段性成果，正在成为未来节能汽车技术路线、减少尾气二氧化碳排放的一个重要组成部分。

七、燃料电池汽车领域

（一）燃料电池乘用车

（同济大学　章　桐）

1. 2021 年燃料电池乘用车产业总体发展与技术突破

2022 年 1 月 12 日，中国汽车工业协会发布 2021 年汽车工业经济运行情况。数据显示，2021 年我国燃料电池汽车市场产销分别完成 1777 辆和 1586 辆，同比增长 48.2% 和 34.7%。从产销的车型分类来看，客车、专用车、乘用车占比分别为 55%、44%、1%，其中数十台批量级的乘用车产销主要用于各地的示范运营项目，成为我国 2021 年燃料电池汽车示范运营的一大亮点。基于这些数据可见，虽然 2021 年我国的燃料电池汽车产销数据再创新高，但产销车型中基本以商用车为主，燃料电池乘用车的产销量还处于较低水平。

由于乘用车在燃料电池动力系统耐久性、动力性、环境适应性、可靠性等方面的要求远高于商用车，故 2021 年我国燃料电池乘用车的发展主要集中在关键技术的研发上。其中以红旗、长安、广汽、上汽和东风为主的国内汽车厂商推出了各自的燃料电池乘用车车型。这些车型标准工况下的续航里程均能达到 500 km 以上，且大部分车型可实现-30 ℃低温启动，这无疑对燃料电池乘用车未来在国内的发展提供了有力保障。

2021 年国际燃料电池乘用车的销售主要以丰田 Mirai 和现代 Nexo 两款车型为主。2021 年，丰田 Mirai 全球销量 5918 台，同比上涨 2.3 倍（日本国内和海外分别同比增长 2.1 倍和 2.5 倍），这主要得益于 2020 年底新一代 Mirai 的上市。2021 年，现代 Nexo 全球销量 9620 台，同比增长 42%，其中韩国本土市场同比增长 47%，海外市场增长 12%。

第二代 Mirai 较第一代在技术与性能方面均有大幅提升。储氢系统方面，第二代 Mirai 车载储气罐的数量由第一代的两个增加到了三个，储氢容量提升了 20%。动力方面，第二代 Mirai 的燃料电池堆的最高输出功率提升至 128 kW，驱动电机最高输出功率提升至 134 kW。2021 年 10 月，国内首批进口的 140 辆丰田 Mirai 在大连港口通关，它们在 2022 年北京冬奥会期间为运动员和工作人员提供了相关运输服务。

Nexo 作为现代旗下第二款燃料电池车型，其搭载了 95 kW 的燃料电池堆和 3 个 70 MPa 的储氢罐，NEDC 续航里程可达到 800 km。2020 年末现代汽车宣布将向中国市场引入 Nexo，2021 年 11 月第四届进博会期间 Nexo 正式亮相。

2. 产业标准体系的建设

从发展的角度来看，标准化是推动汽车行业现代化的重要手段之一。2021 年 6 月 28 日，工信部公布了汽车标准化的工作要点：2021 年的汽车标准化工作，将深入贯彻落实《新能源汽车产业发展规划（2021—2035 年）》《国家车联网产业标准体系建设指南（智能网联汽车）》等要求，进一步聚焦重点领域、注重协同创新、强化应用牵引，持续健全完善汽车标准体系，为汽车产业高质量发展提供坚实支撑。

根据要点内容，主要包含三个方面，一是强化规划引领，注重顶层设计。包括加快“十四五”标准体系建设，完善汽车标准化工作路线图以及研究建立汽车行业智能制造标准体系。二是聚焦重点领域，优化标准供给。包括加快战略性新兴领域汽车标准研制，持续完善传统汽车与基础领域标准以及开展绿色低碳及智能制造相关标准研究，研究制定摩托车领域技术标准。特别是在新能源汽车领域，工作重点主要包括强化电动汽车安全保障、聚焦燃料电池汽车使用环节、支撑换电模式创新发展以及支撑电动汽车绿色发展等。三是深化国际合作，加强标准法规协调，包括发挥多双边合作机制作用、深度参与全球技术法规制定以及加强国际国外标准协同等。

3. 国内外燃料电池乘用车产业发展趋势

就全球燃料电池汽车发展现状而言，随着行业整体技术发展，燃料电池汽车各项成本均有所降低，销量及保有量快速上升。相关数据显示，2021 年全球氢能源汽车销量达 16313 辆，同比 2020 年增长 68%，截至 2021 年底保有量已达 49562 辆。其中，燃料电池乘用车的销售主要以丰田 Mirai 和现代 Nexo 为主。

从各国燃料电池乘用车保有量占比情况来看，韩国保有量占比 39%，美国为 25%，中国和日本则分别占比 18% 和 15%。受较为激进的推广措施的影响，韩国燃料电池乘用车保有量的集中度从 2020 年的 33% 增长至 2021 年的 39%。整体来看，目前发展燃料电池乘用车的国家还处于较少水平，这主要源于燃料电池乘用车研发成本偏高、关键零部件技术难点尚未攻克等原因。预计未来随着技术的逐步成熟，燃料电池乘用车产业有望推广到更多国家。

对于我国未来的燃料电池乘用车的发展，按照目前国内的燃料电池乘用车的技术现状以及相关基础设施的建设情况，燃料电池乘用车短期内不一定能得到规模化的推广。但基于目前国家以及地方政府相继出台的各项燃料电池汽车相关政策以及各种示范运营项目，未来燃料电池乘用车的推广很大可能会以出租车、网约车等可以集中管理的车辆进行示范运营。

4. 目前亟需解决的技术难点及解决方案

在汽车生产线逐渐成熟的环境下，燃料电池乘用车目前面临的技术难点主要有燃料电池成本、燃料电池效率、燃料电池安全以及加氢站的建设上。

成本方面，以目前应用最多的质子交换膜电池为例，其主要由两块双极板，两个气体扩散层，两个催化层以及一个质子交换膜所构成。双极板通常有两类，一类是石墨双极板，一类是带有钝化层的金属双极板。石墨双极板是较为理想的双极板形式，但是其成本较高，工艺复杂，一般只用于中、低功率燃料电池堆。金属双极板的难点在于涂层的研究，涂层的存在使得扩散层的接触电阻变大，不利于功率输出。因此目前的解决方案重点也有两个，一个是降低石墨双极板的成本，一个是针对金属双极板涂层的研究。

效率方面，燃料电池乘用车目前还是低于纯电动汽车。纯电动汽车就算包含充放电损耗、电能供应损耗等，其效率在 80% 左右。燃料电池乘用车最终动力还是电能，只不过电能的来源是燃料电池，其驱动方式也是电机驱动。若两者在电能传递上的电能损失相似，那么考虑到氢能转为电能、热能损失、电机驱动等步骤，其电能的利用率最高也只有 50% ~ 60% 左右，所以其整体效率必然是低于纯电动汽车的。虽然在汽车上很难提升效率（因为必然比纯电动汽车多了化学能转化为电能这一步），但是可以从氢气制取方面提高制备效率，从而提升燃料电池汽车的整体效率。

安全方面，首先要明确的是，在合理使用范围内，氢燃料电池是绝对安全的。氢气所面临的安全问题的焦点大都聚集在它的物理性质上，如易挥发、易燃、易爆、氢脆等。但这些问题只要能够对必要条件进行控制，就可以有效地避免，因此这些问题属于焦点问题但并非核心问题。安全方面的核心问题其实是储氢系统安全、供氢系统安全和碰撞安全。针对储氢系统安全，需要在加注氢气时采用多种策略联合方法，比如氢气预冷、分级优化等；在储氢罐方面则采用抗渗性高、耐高温的碳纤维新型材料。针对供氢系统，目前较为有效的是采用引射器模式代替原有的“循环泵+引射器”模式进行氢循环，同时快速排气功能可使得车辆在发生碰撞时能够快速排空储氢罐内的高压氢气。

加氢站的建设方面，目前主要存在成本、安全等问题。

根据氢气来源可将加氢站分为外供氢加氢站和内制氢加氢站。外供氢加氢站站内没有制氢装置，氢气由管道或液氢槽车由制氢厂运送至加氢站，存储在高压储氢瓶内。内制氢加氢站站内设有制氢系统，制氢技术主要有电解水制氢、天然气重整制氢等，制备出的氢气经过纯化、干燥等步骤后就可应用于燃料电池汽车的燃料加注。其中，天然气重整制氢和电解水制氢由于便于安装设备、较高的自动化程度，同时天然气重整技术可以基于天然气基础设施建设发展，因而在内制氢加氢站中应用最多，欧美的内制氢加氢站主要采用的就是这两种制氢方式。故对于我国未来城市加氢站方面的建设，建议以内置氢加氢站为主进行推进。

5. 2021 年行业重点企事业单位发展情况

2021 年，是中国乃至全球氢能和燃料电池汽车行业转折年，全球氢燃料电池乘用车销量为 1.6 万辆，创出历史最高纪录，较 2020 年提高 90%。

在亚洲市场，主要由韩国现代 Nexo 和日本丰田 Mirai 占据主导市场，其中 Nexo 占据 57% 的市场，Mirai 占据 37% 的市场，这两家公司都坚定自己对燃料电池汽车行业的期许，同时韩国和日本政府对他们的大力支持也起到至关重要的作用。

作为第一辆通过 IIHS 耐撞性测试的燃料电池汽车，韩国现代 Nexo 的销售更多的是依靠韩国本土市场。在日韩两国政府中，韩国政府对于燃料电池汽车在本土的推广力度更大。2021 年 3 月，现代汽车集团在广州建立了首个海外氢燃料电池系统生产销售基地，同时用“HTWO 广州”命名现代汽车氢燃料电池系统专属品牌。该基地预计在 2022 年下半年正式竣工，届时将建成为包含氢燃料电池堆工厂、氢燃料电池系统生产工厂、研发中心和创新中心在内的综合型基地。

丰田于 2020 年 12 月投入了提高性能的第二代“Mirai”燃料电池轿车，其在 2021 年 1 月至 11 月其间世界范围内的销售约 5600 台。丰田于 2014 年开始发售的第一代“Mirai”目前累计销售台数约 11000 台，第二代则用了差不多1 年时间就超过了一半销量。但是，丰田接下来将着手加强落后于海外市场的电动汽车方面的发展，未来推出的燃料电池汽车新车型很少，Mirai 将继续“孤军奋战”。

欧洲汽车制造商中，捷豹路虎汽车公司和英力士汽车公司正在推出燃料电池 SUV，目前两家公司都处于测试阶段。欧宝在 PSA 集团内负责燃料电池的开发，正在测试其配备燃料电池的赛飞利系列货车。宝马将于 2021 年末推出 X5 小型燃料电池 SUV，从而正式进军燃料电池乘用车市场。其他推出燃料电池汽车的欧洲汽车制造商包括 H2O e-mobile GmbH（德国）、Hopium（法国）、Microcab Industries（英国）、Pininfarina s. p. a.（意大利）、Riversimple Movement（英国）和 Viritech（英国）。

美国的主流汽车制造商还没有在燃料电池乘用车领域发布任何明确的计划。但目前有两家公司——Hyperion Motors 和 Ronn Motor Group，已经计划着手开发氢燃料电池乘用车。

6. 2021 年重点车型技术特点分析

目前我国示范政策向燃料电池商用车的倾斜，以及燃料电池在商用车应用上的明显优势，使国内氢能汽车的发展呈现“重商轻乘”的特点。但是，主流车企并没有放弃对乘用车的研发和布局，且多数已经取得一定成绩。

（1）一汽红旗 H5 氢燃料电池汽车

2021 年 3 月，红旗发布了旗下的 H5 氢燃料电池汽车。其外观方面沿用了传统燃油版红旗 H5 的造型设计，前脸采用了多边形进气格栅，直瀑式造型的中网中间镶嵌有红色的 LED 灯，以致敬红旗标志性的“立体红旗”。新车两侧的前大灯造型更加犀利，前保险杠的线条设计也颇为复杂，让新车整体看上去比较动感。动力配置方面，红旗 H5 氢燃料电池车的整备质量是 1900 kg，通过电动机驱动，额定功率 60 kW，峰值功率 140 kW，最高车速 160 km/h，0~100 km/h 的加速时间小于 10 s，NEDC 的续驶里程约为 520 km。该车的燃料电池发动机系统和德燃动力共同研发，采用了国际一流的系统控制和电堆组件。

（2）长安 CS75 FCV

2021 年 6 月，长安 CS75 FCV 在第六届国际氢能与燃料电池汽车大会正式亮相。其配备的燃料电池系统最大功率 36 kW，官方公布的百公里耗氢量约为 0.8 kg，NEDC 续航 600 km。电驱系统方面，长安 CS75 FCV 搭载了一套容量为 12.9 kWh 的三元锂电池储存电能，驱动电机则采用的是最大功率 150 kW、峰值扭矩 295 Nm 的永磁同步电机，从 0 加速到 100 km/h 约需 12 s，最高车速或可达 160 km/h，整车最大续航约为 600 km。该款燃料电池乘用车在国家科技部的支持下，连续攻克燃料电池冷启动、燃料电池系统控制及系统高经济性等多项难题，整车指标达到国内领先水平，完成国内首次-30 ℃冷启动测试，整车氢耗低至百公里 0.87 kg。

（3）广汽 Aion LX Fuel Cell

2021 年 10 月，广汽氢燃料电池乘用车 Aion LX Fuel Cell，通过如祺出行开展示范运行，率先实现粤港澳大湾区首个“网约车+FCV”示范运行。Aion LX Fuel Cell 是广汽集团去年正式推出的首款燃料电池乘用车，该车是一款基于广汽 GEP 2.0 平台而开发的氢燃料电池汽车，保留了纯电版 Aion LX 的大部分性能，并搭载自主集成开发的氢燃料电池系统和车载储氢系统。动力方面，该车通过燃料电池系统和动力电池系统的组合，可输出超过 150 kW 功率，永磁电机最大扭矩达 350 Nm。此外，该车搭载的燃料电池系统额定功率超过 68 kW，最高效率达 62.2%，搭载广汽自主集成开发的燃料电池系统和 53L、77L 两个 70 MPa 储氢瓶，氢气加满情况下车辆 NEDC 工况的续航里程超过 650 km。

2022 年 5 月，该款车成功挑战顶级 F1 赛道测试，表现出色并获得了赛车手给出的高度评价，这让该车和广汽集团备受市场关注。业界认为，这在某种程度上代表着燃料电池技术路线的成熟度已相对较高，也意味一直在燃料电池领域低调的广汽，已储备了较为领先的燃料电池技术水平。一旦市场成熟，将有源源不断的广汽燃料电池产品供消费者选择。

（4）上汽大通 EUNIQ 7

EUNIQ 7 被上汽大通定义为作为全球首款高端氢燃料电池 MPV，集上汽集团全球领先的第三代燃料电池技术于一身，具备安全性高、加氢速度快、续航里程长等优点。在氢安全方面，上汽大通 EUNIQ 7 配备的氢瓶由航天级碳纤维全缠绕，可耐受 842 ℃ 高温；纤维壁厚 26.5 mm，号称可以抵挡 7.62 mm 口径的子弹射击；氢瓶的耐压强度达到 70 MPa。与此同时，上汽大通 EUNIQ 7 率先实现全球领先的氢系统中置，结合先进的双回路冗余断电断氢设计，符合中国及欧盟全方位碰撞安全防护两大标准，碰撞实验中氢瓶完好无损、系统无泄漏，对出行安全的保障措施较为严谨。

EUNIQ 7 作为国内首款全功率直驱燃料电池汽车，匹配高性能三合一电驱桥和国内领先的高倍率动力电池，在电堆功率、燃料经济性、使用寿命等关键性能指标方面都表现优秀。据资料显示，EUNIQ 7 加满 6.4 kg 高压氢瓶仅需 3 min 时间，NEDC 续航里程可达 605 km，百公里氢耗 1.18 kg，折合每公里使用成本仅需 0.4 元，约为同级燃油车的 2/3。同时，该车可实现零下 30 ℃低温环境启动，并采用电堆余热取暖技术，在低温气候下几乎没有里程衰减，基本解决了新能源汽车用户的痛点，有效缓解用户的里程焦虑。在乘用品质方面，EUNIQ 7 为车内乘员营造了静谧环境，上汽大通应用了水汽分离、多级减振设计、高压脉冲静音、无油空气轴承等创新技术，针对性地解决了燃料电池车 NVH 控制的多种难点。

(5)东风 氢舟 e・H2

经过 3 年攻坚，东风技术团队先后在整车、氢燃料电池系统等方面开展研究，研发了功率等级 70 kW、120 kW 的燃料电池堆以及功率等级 50 kW、80 kW 的燃料电池系统，并建立了先进的试制试验基地，开发了国内首款全功率燃料电池车—东风氢舟 e・H2。在零下 30 ℃的环境下，东风氢舟 e・H2 便能快速启动，加氢 3 min，续航里程能达到 500 km，氢气利用率为 95%，百公里氢耗量仅为 0.751 kg，花费不到30 元，仅为燃油车的 1/2。

氢能浪潮下，国内主流车企已经将燃料电池乘用车作为新能源汽车主要技术路线之一展开布局。前几年外资品牌在燃料电池乘用车领域"一骑绝尘"的局面开始有望被改变。现阶段国家将商用车作为燃料电池汽车示范应用主体，并且各项政策也倾向于燃料电池商用车。这种情况下，多家车企持续在乘用车上进行投入研发是因为乘用车更能引领技术进步，有更大的基盘数量，能为燃料电池汽车的长远发展注入持续强劲的动力。前期通过商用车示范运行先行效应，将会拉动燃料电池全产业链协同进步，带来成本下行等利好，为燃料电池乘用车的发展打下必要基础。

此外，多家国际车企业加快了燃料电池乘用车的推进速度。2022 年 4 月，现代汽车燃料电池 SUV NEXO 中国版正式获得北京新能源汽车牌照，这意味着现代首款符合中国法规的氢燃料电池乘用车将合法上路。该车将于 2022 年在国内上市。

2022 年 3 月，宝马 iX5 Hydrogen 氢燃料电池车已进入量产前的后期研发阶段，小规模量产车型将于下半年正式投产。2022 年 2 月，捷豹路虎官方已确认将转型燃料电池动力总成的开发，首款搭载燃料电池系统的车型极有可能是揽胜极光，并有望在今年进行路试。

此外，其他数据显示，2022 年 1—2 月，全球氢能汽车销量为 2269 辆，较去年同期增长 20.3%，其中乘用车占比在 80% 以上。

7. 未来几年燃料电池乘用车产业发展建议

基于多元化探索，以及燃料电池在乘用车市场有较大的发展空间，国内燃料电池产业链上有几家企业已经在乘用车方向上展开技术探索。

比如，燃料电池供应商中有神力科技、雄韬氢瑞、氢璞创能、德燃动力、新源动力、未势能源、捷氢科技等；车载供氢系统供应商中，中材科技已经研发完成乘用车 70 MPa 高压力储氢气瓶。燃料电池产业链企业在有意识地向乘用车方面进行业务拓展。

虽然目前燃料电池乘用车的发展正朝着好的方向进行，但目前还面临一些问题有待进一步解决，如我国燃料电池乘用车的产品成本仍然比较高，电堆的价格大致在4000 元/kW，一辆乘用车的电堆可能需要 80 kW，仅电堆的成本就需要30 多万元，储氢设备也要几万元，导致整车的成本仍然要比燃油车和电动车高出不少，这是氢燃料乘用车市场推广的一大制约性因素。

此外，目前燃料电池乘用车主要存在加氢基础设施建设还存在很大不足，短时间内想要大规模普及有一定难度、燃料电池乘用车商业化推广模式尚未建立、专项规划和政策体系尚未形成等问题。故未来燃料电池乘用车的发展应重点关注上述问题和挑战。

(二)燃料电池客车

(北京氢燃料电池发动机工程技术研究中心　张　鹏　刘艳秋　樊　辉)

1. 2021 年燃料电池客车产业总体发展与技术突破

2021 年，燃料电池客车商业化示范运营取得了进一步发展，带动了燃料电池客车技术进步，推动了加氢基础设施建设，为打造绿色交通体系、助力"双碳"目标实现贡献了新的解决方案。

2021 年，中国燃料电池汽车交强险上牌销量为 1879 辆①，其中燃料电池客车销量共 1050 辆，同比下降 4.3%，占比 55.88%。截至 2022 年 1 月，根据工信部第 351 批《道路机动车辆生产企业及产品公告》显示，氢燃料电池客车共有 261 款车型取得公告，较 2020 年增加 67 款。燃料电池客车公告以燃料电池公交车为主，共 223 款，占比 85.44%。从车辆长度来看，燃料电池客车集中在 7～12 米。从燃料电池发动机功率来看，燃料电池客车系统功率覆盖 30～150 kW。

2021 年，受燃料电池汽车示范城市群启动，氢燃料电池客车销售主要集中在 9—12 月份，占比 60%。涉及全国 15 个省份，其中北京、河北、山东三省占到 65.62%，主要是由于冬奥以及科技部"氢进万家"示范项目的带动作用。2022 北京冬奥会是全球迄今为止全球最大规模氢燃料电池汽车示范，共投入 1100 余辆燃料电池客车。

2021 年，我国燃料电池客车产业已经达到商业化应用的技术要求，耐久性、可靠性、经济性等方面取得了很大的进

① 数据来源：中国银行保险监督管理委员会。

步，能效优化控制技术、轻量化技术得到了进一步发展。氢燃料电池客车已实现了 7～12 m 及以上全产品系列覆盖。2021 年，燃料电池客车系统额定功率主要集中在 45～80 kW，平均额定功率为 72.46 kW。

2. 燃料电池产业标准体系建设情况

目前，我国氢能领域围绕“双碳”发展愿景，立足绿氢供应及氢能产业规模化、多场景应用发展的需求，共有国家标准 99 项，其中燃料电池领域国家标准 52 项①，构建了涵盖基础与通用、氢安全、氢制备、氢储存、氢输运、氢加注、氢能应用等七个子体系的产业标准体系。2021 年新增了三项液氢国家标准，使液氢民用有标可依，为指导液氢生产、储存和运输，加强氢燃料质量管理，促进液氢发展提供了标准支撑。

2021 年，工信部发布《2021 年汽车标准化工作要点》，氢燃料电池标准化工作被提上日程。工作要点提出：“聚焦燃料电池电动汽车使用环节。推动燃料电池电动汽车能耗及续驶里程、低温冷启动、动力性能、车载氢系统、加氢枪等标准制修订。”工作要点为完善氢能及燃料电池标准体系，促进氢能及燃料电池产业高质量发展提供了重要的政策保障。

3. 国内外燃料电池客车产业发展趋势

（1）燃料电池大型客车占比持续增加

近年来我国燃料电池客车以中型车为主，各细分车型不断丰富。2021 年，10 m 以上燃料电池客车销量占比超过 68.8%，12 m 以上燃料电池客车占比 15.1%，燃料电池客车大型化趋势明显。

（2）燃料电池客车向全功率发展

燃料电池客车动力系统技术发展趋势为高功率，全球整车及零部件企业纷纷加大在系统高功率领域的研发。燃料电池客车功率占比逐步提升，根据工信部发布的《道路机动车辆生产企业及产品公告》显示，2020—2021 年累计新增 76 款大型客车公告，其中燃料电池发动机功率占电机功率 90% 以上有 9 款，逐步向全功率动力模式发展。

（3）燃料电池客车经济性快速提升

未来，随着燃料电池及燃料电池汽车关键技术取得突破，燃料电池系统效率快速提升，续驶里程持续提高，加上燃料电池规模化示范应用进一步扩大，燃料电池系统及燃料电池汽车成本将快速下降，助力燃料电池汽车经济性快速提升。现阶段，国内燃料电池客车招标价格大约在 200 万元左右，较 2020 年降幅达到 20%。

（4）燃料电池客车产业区域聚集性增强

2021 年，受国家燃料电池汽车示范应用政策、“氢进万家”科技示范工程等影响，燃料电池客车主要在北京、上海、广东、河北、河南、山东等重点区域聚集性发展，以上 6 省已发布的燃料电池汽车推广数量总和已经超过 5 万辆。此外，在内蒙古等氢气或可再生能源富足的地区，有望依托当地资源，低成本氢气（绿氢），实现燃料电池客车规模化应用。

4. 目前亟需解决的技术难点及解决方案

（1）关键材料的国产化

我国燃料电池产业已逐步迈入商业化阶段，系统、电堆等关键部件基本实现国产化，但燃料电池催化剂、质子交换膜、碳纸等零部件尚未实现国产化和大批量生产，制约我国燃料电池产业发展。未来，国内科研机构和企业应加大研发力度，加强关键材料的基础研究与产业化应用的结合，攻克“卡脖子”技术。

（2）可靠性、耐久性的提升

现阶段，根据国内燃料电池系统企业发布的最新产品显示，系统耐久性可达到 2 万小时，但与传统燃料油车相比仍有较大差距，还需进一步提升。目前，可通过提高燃料电池核心零部件的匹配性，优化整车与系统之间的控制策略，扩大示范运营规模，通过实际运营进一步提高燃料电池客车的可靠性和耐久性。

5. 2021 年燃料电池客车行业重点单位发展情况

（1）北汽福田汽车股份有限公司

北汽福田汽车股份有限公司（简称“福田汽车”）成立于 1996 年，现已形成集整车制造、核心零部件、汽车金融、车联网、电商、售后服务为一体的汽车生态体系。福田汽车产品覆盖卡车、客车、商务汽车、微车、多功能汽车、工程机械及环境装备、新能源汽车等七大业务单元。

福田汽车已成立氢燃料电池生产基地，形成涵盖氢燃料电池客车研发、制造、燃料供给等完整产业链，产品覆盖 8～12 m 燃料系列氢燃料电池客车。福田汽车是率先斩获 100 辆 8.5 m 氢燃料电池客车订单，订单数量创全球氢燃料电池客车之最，成为氢燃料电池客车产业化、批量化开发运营的新起点。2022 年福田氢燃料电池客车再次服务北京冬奥会、冬残奥会，成为国内首家服务双奥的氢燃料电池客车商用车品牌。得益于北京冬奥会示范带动，2021 年全年，福田汽车共销售 434 辆燃料电池客车，位居全国首位。

（2）郑州宇通客车股份有限公司

郑州宇通客车股份有限公司（简称“宇通客车”）是一家集客车产品研发、制造与销售为一体的大型现代化制造企业。主厂区位于河南省郑州市宇通工业园，占地面积 1700 亩，拥有底盘车架电泳、车身电泳、机器人喷涂等国家先进的客车电泳涂装生产线。

宇通客车自 2009 年开始研发燃料电池客车，是行业内最早研发燃料电池客车的企业之一。2009 年，宇通成功推出第一代燃料电池客车；2012 年，宇通组建了专职的研发团队，自主研发燃料电池、电电混合系统；2013 年，宇通第二代燃料电池客车问世；2014 年宇通获得国内商用车领域首个燃料电池客车资质认证；2015 年，宇通成为国内商用车行业首家获得燃料电池客车生产资质的客车企业；2016 年，宇通第三代燃料电池客车亮相；2018 年，宇通氢燃料电池客车正式投入商业化运营。2021 年全年，宇通客车共销售 100 辆燃料电池客车，为例全国第二。

（3）吉利四川商用车有限公司

吉利四川商用车有限公司（简称“吉利四川”）成立于 2016 年 4 月，是在收购重组东风南充汽车有限公司的基础上，通过实施同城技改扩能，在南充市嘉陵区投资建成“吉利南充新能源商用车研发生产项目”，定位于新能源及清洁能

① 数据来源：全国燃料电池及液流标委会 2021 年年会报告。

源商用车和动力总成设计、制造、销售、服务于一体的企业，是吉利集团在西南地区重要的新能源商用车研发生产基地。拥有年产规模 10 万台新能源商用车整车能力设计，建有国内先进的冲压、焊接、涂装、总装和车架、车身、底盘轻量化等主要生产工艺。2021 年，吉利四川共销售 96 辆燃料电池客车，排名全国第三。

（4）佛山飞驰汽车制造有限公司

佛山飞驰汽车制造有限公司（简称“佛山飞驰”）始建于 1971 年，专业从事研发、生产、销售公路客车、旅游客车和城市客车，发展至今已有四十多年，是首批列入国家公告目录的大中型客车生产厂家之一。

佛山飞驰始终致力于创新和发展，不断完善产品和工艺技术，自主开发出一系列技术先进、适合市场需求的客车产品。目前公司燃料电池客车产品覆盖 7 m、8.5 m、11 m、12 m，产品列入《节能与新能源汽车示范推广应用工程推荐车型目录》。在产品目标方面，佛山飞驰以氢能产品为主，利用 3～5 年时间，从生产成本、产品品种及产量，满足市场需求。其中生产成本方面，控制在和同类纯电动车相比不超过 20%；产品品种方面，能够满足客运、公交、物流等运输领域使用需求；产量方面，力争 3 年内实现年产 5000 辆燃料电池汽车的目标。2021 年，佛山飞驰共销售 60 辆燃料电池客车，为例全国第四位。

（5）中通客车股份有限公司

中通客车股份有限公司（简称“中通客车”）成立于 1958 年，自 1971 年开始专业生产客车，是国内最早的客车生产企业和客车上市企业之一，是行业内首个获得最新版要求的燃料电池商用车生产资质的企业。

中通客车产品种类涵盖了 6～18 m 公路客车、公交、旅游、团体等各个细分市场共 16 大系列 260 余个品种，具有极强的市场竞争力。其中新能源客车产品和氢燃料电池客车产品市场占有率较高，并取得了良好的社会和经济效益。

目前，中通客车涵盖了 9～12 m 城市/城间氢燃料电池客车，2021 年共销售 50 辆燃料电池客车。

6. 2021 年重点车型技术特点分析

（1）热管理技术——余热利用

2021 年，燃料电池客车整车采用水暖式暖风系统，在燃料电池系统和暖风系统之间设置余热交换器，为燃料电池商用车首次应用，采用热电耦合式控制暖风系统在余热交换器中获取的燃料电池余热量，为燃料电池客车供暖，有效提高燃料电池利用率，保障燃料电池工作的稳定性。

（2）高度安全的氢系统集成技术

在整车层面上，从安全角度进行优化设计，注重氢电隔离。系统层面上，氢系统在设计上采用多重安全冗余设计，确保氢气安全，并通过了国家相关安全法规测试。

（3）燃料电池电-电深度混合动力系统匹配技术

基于工况特征和载荷需求，研究全工况燃料电池电-电深度混合动力系统技术。以动力系统耐久性、低温环境适应性、可靠性、经济性和动力性为目标，基于正向设计理念，实现燃料电池系统和动力电池数据特征分析的动力系统匹配和选型，完成电-电混合动力系统工作模式划分、动/静态响应特性设计。

7. 未来几年燃料电池客车产业发展建议

（1）持续降本

燃料电池客车成本偏高依然是车辆推广应用的主要制约因素。为加强燃料电池客车市场竞争力，应提高燃料电池关键材料与核心组件的国产化率，进一步优化整车集成设计、匹配与综合控制技术，推动燃料电池客车制造及使用成本持续下降，提高燃料电池客车经济性。

（2）规模化示范推广应用

规模化示范推广应用是验证燃料电池客车技术水平、降低成本的有效途径，也是加快燃料电池客车商业化的重要抓手。未来，应借助冬奥会燃料电池客车成功示范以及燃料电池汽车示范城市群建设等契机，加快燃料电池客车规模化示范推广。

8. 其他重要方面

（1）加氢基础设施

加氢基础设施分布及数量不足直接制约了燃料电池客车推广应用的规模。燃料电池客车运营路线相对固定，建议结合当地土地资源，统筹规划，合理布局加氢基础设施建设，进而在加氢站密度相对偏低的情况下支撑燃料电池客车的常态化运营。

此外，要进一步提高加氢基础设施材料、核心组件和技术的国产化比例，通过技术进步来降低加氢站建设成本。

（2）因地制宜、合理布局制氢设施

结合当地资源禀赋特点和产业布局，因地制宜选择制氢技术路线，逐步推动构建清洁化、低成本、低碳化的制氢体系，充分利用工业副产氢、天然气重整制氢、可再生能源制氢等制氢方式，降低氢气生产成本，保障燃料电池客车示范运营及后续的商业化推广。

（三）燃料电池重卡

（东风商用车有限公司 周 曦）

1. 国内外氢能行业

氢作为清洁、高效、可持续的能源载体，是应对气候变化的关键抓手之一。全球正在经历从化石能源向可再生能源发展的第三次能源革命，各国政府对于应对气候变化、碳中和已经形成高度共识。随着全球能源结构转型的进程不断加速，越来越多国家积极出台各项政策推动可再生能源的发展。

中国于 2022 年 3 月 23 日发布《氢能产业发展中长期规划（2021—2035 年）》，明确了氢能在转型中的重要作用，氢能的发展从燃料电池车向全工业部门转变；美国通过减税促进氢能发展，仅加州就规划在 2030 年实现 1000 多个加氢站，100 万多台燃料电池车；韩国发布 2022 年与 2040 年燃料电池车、加氢站等氢能应用领域发展路线图，为加氢站提供财政补贴；日本意在创造一个“氢能社会”，实现氢能与其他燃料的成本平价，建设加氢站，替代燃油汽车及天然气及煤炭发电，发展家庭热电联供燃料电池系统；德国宣布在公共加氢站、氢能汽车等领域投入 14 亿欧元建立基金，配合 20 亿欧元的私有投资。

2. 国内外燃料电池汽车行业

氢能具有清洁低碳属性和跨界应用的潜力，可以广泛应用在交通、工业等领域，比如燃料电池汽车等。

从 2021 年全球各国燃料电池汽车销量来看，韩国、美国、日本销量分别为 8498、3341 和 2464 辆，位居前三，分别占比 52%、20% 和 15%，见图 1。韩国受到强势补贴政策驱动，日本主要受益于新一代丰田 Mirai 的上市。中国燃料电池汽车销量为 1586 辆，处于刚刚起步的阶段，如图 1-7-1 所示。

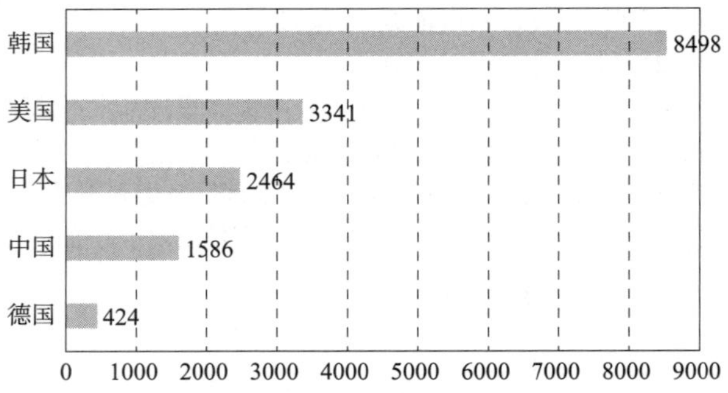

图 1-7-1　2021 年全球各国燃料汽车销量（辆）
（数据来源：中国汽车工业协会）

全球燃料电池汽车保有量约为 5 万台。截至 2021 年，全球主要国家燃料电池汽车保有量为 49562 台，同比+49%，韩国、美国和日本分别占比 39%、25% 和 15%，接近全球 80%。在政策加持下，以韩国、美国、日本、中国为代表的主要国家氢能基建不断完善，燃料电池汽车核心零部件持续降本增效，有望迎来快速推广。当前全球销售的燃料电池汽车类型以乘用车和巴士为主，未来轻型商业车和重卡将有望贡献更多增量，成为应用主流。

3. 目前亟需解决的技术难点及解决方案

中国科学院院士、清华大学教授欧阳明高认为，根据氢能燃料电池的燃料特征、体积以及成本，它更适合长途重载大型车辆，因此下文主要对燃料电池重卡展开论述。

目前燃料电池重卡目前的技术难点主要集中在以下几个方面。

首先是关于燃料电池本身的技术问题，例如燃料电池的可靠性和耐久性、功率密度。重卡的使用场景势必对燃料电池的可靠性、耐久性以及功率密度有着较高的要求。需加强电堆和电池系统的可靠性和耐久性研究和试验，达到车用燃料电池系统 15000 h 的寿命，并发展快速评价方法。同时强化电堆和电池系统的实验研究预评价，探求电堆衰减机理并提出解决对策，提高电池寿命。此外，还可以通过整车控制策略的优化，在功率快速变化的工况下通过动力电池进行调节，延长燃料电池寿命。同时为满足重卡的运输距离远、承载能力高等要求，燃料电池的功率密度也需达到 5 kW/L 以上。理论上，降低欧姆损失和浓差极化损失是提高功率密度的重要措施。可通过 GDL 排水优化提高排水能力，反应气体加压进行扩散改善来提高气体供给能力，使用先进结构催化剂来提高催化剂活性等方面提高面功率密度。同时在结构上可持续减薄双极板、GDL 和交换膜来缩小燃料电池的体积或质量。最终实现提升燃料电池功率密度的效果。

然后是储氢及运输方面。当前场景下，燃料电池重卡车载氢气的储存主要是通过储氢瓶的方式，我国高压储氢瓶逐渐由全金属气瓶（Ⅰ型瓶）发展到非金属内胆纤维全缠绕气瓶（Ⅳ型瓶）。Ⅲ型瓶和Ⅳ型瓶是纤维复合材料缠绕制造的气瓶。其主要由内胆和碳纤维缠绕层组成。Ⅲ型瓶的内胆为铝合金，Ⅳ型瓶的内胆为聚合物。碳纤维复合材料则以螺旋和环箍的方式缠绕在内胆的外围，以增加内胆的结构强度。目前，我国储氢瓶市场所用碳纤维大多是由国外制造商提供的，其中，日韩企业产品占据我国储氢瓶用碳纤维大部分市场份额，主要包括日本东丽、日本东邦、日本三菱丽阳等。当前我们需大力发展国内碳纤维产业，支持国内企业争夺高压储氢气瓶市场，加快储氢瓶产业链碳纤维材料国产化的进程，降低储氢瓶成本。另一个需要突破的技术为瓶口加压阀门，相应的市场主要由加拿大、意大利和美国等国外公司占据。瓶口阀作为高压储氢瓶关键部件，功能高度集中，包括降压稳压（储氢瓶内气 35 MPa/70 MPa，燃料电池正常工作气压小于 1 MPa）、高可靠密封性（氢分子小极易逃逸）、温度压力实时监测（气瓶安全保障）、快速加氢（5 min 内加满两个 50 L 瓶）、自动手动泄压（安全防护）等。同时，阀门自身还需要避免金属发生氢蚀氢脆，生产技术难度较高，这一领域具有一定的进入门槛和技术壁垒。

关于未来的储氢方式方面，需要大力研发液氢和固态储氢。液态输氢通常适用于距离较远、运输量较大的情况。其中，液氢罐车可运 7 t 氢，铁路液氢罐车可运 8.4～14 t 氢，专用液氢驳船的运量可达 70 t。采用液氢储运能够减少车辆运输频次，提高加氢站单站供应能力。日本、美国已将液氢罐车作为加氢站运氢的重要方式之一。另外固体合金的储氢方式中，轻质储氢材料（如镁基储氢材料）兼具高的梯级储氢密度和质量储氢率。在运送过程中将低压高密度固态储罐仅作为随车输氢容器使用，加热介质和装置固定放置于充氢和用氢现场，可以同步实现氢的快速充装及其高密度高安全输运，提高单车运氢量和输氢安全性。

4. 东风公司开发情况

东风公司在燃料电池技术研发、生产制造与示范运营领域具有较强的科研实力，是国内最早从事燃料电池技术研究的企业，“九五”期间开发出国内首台 30 kW 燃料电池示范车 EQ640；2005 年和 2008 年开发了“楚天一号”乘用车和“楚天二号”中巴车；2018 年作为牵头单位联合国内 15 家燃料电池领域主机厂、高校院所、零部件企业等骨干型产业链资源承担国家重点研发专项《全功率燃料电池乘用车动力系统平台及整车开发》出色完成了国家各项重点科技任务，在国内同行业中具有较强的技术和产业影响力。2020 年开发完成国内首款全功率燃料电池汽车“东风氢舟”备受行业高度关注。自主开发的 80 kW 燃料电池系统获得国家强制检验认证性检测，成功搭载 12 t、18 t 轻型物流车获得工信部公告，开展示范运营推广。东风公司在市场运营的燃料电池商用车数量达到 3000 多台，运营里程达到 4000 万 km。

东风公司建立了具有国际先进水平的燃料电池电化学、电堆、系统测试、整车测试试验室。涵盖了材料研究、MEA（膜电极）工艺研究、双极板研究、电堆组装工艺研究、控制系统开发、系统集成、零部件测试、电堆及系统测试、整车涉氢测试等功能。满足燃料电池基础材料研究、燃料电池零部件开发、燃料电池电堆开发、燃料电池系统开发、控制系统开发以及相关测试验证的工作需求。具备完整的燃料电池汽车道路开发试验、法规检测能力；在系统和电堆检测能力方面已具备系列化的燃料电池系统、电堆和单片的检测试验能力；已投资在建项目包括 70 MPa 正式加氢站、燃料电池整车涉氢环境模拟试验中心、燃料电池汽车密闭分析室及燃料电池发动机综合测试系统项目。2021 年 1 月 29 日，国家市场监督管理总局同意襄阳达安汽车检测中心有限公司筹建“国家燃料电池汽车质量监督检验中心”，成为国内首个氢燃料电池汽车检测中心。东风公司同时建立了燃料电池电堆及系统总成自动化试制线，该试制线属国内首条金属板电堆的自动化装配线，具有国际先进水平，产能高、扩展性强，年产能可达 10000 台电堆与系统，已规划匹配建设高性能膜电极中试线、双极板中试线，满足未来“十四五”产品市场需求。

东风公司在燃料电池领域进行全价值链研发与布局，自主化膜电极、双极板、电堆及燃料电池系统，开发全系列燃料电池商用车、乘用车，打造燃料电池技术策源地与产业链链长，带动行业与产业发展。已打造出“东风氢舟”“东风氢元”“东风氢芯”三个技术品牌与产品平台。已开发高新能大功率电堆 120 kW，创新性采用精细流场设计与工艺，多合一高性能膜电极设计，精准电堆封装工艺开发，体积功率密度突破 4.5 kW/L，实现-30 ℃无辅助冷启动；

燃料电池系统，创新性采用 DCDC 集成配电，电堆与 DCDC 驳接技术，中冷与增湿器模块化设计，供氢回氢装置一体化等设计实现系统高度集成，优化燃料电池低温下的停机吹扫、部件破冰、加热和功率管理等控制策略，实现低温快速冷启动。

东风公司在中重型商用车、环卫底盘、快递运输车行业等多个细分领域排名居行业首位，属国内重、中型卡车的领军企业。依托公司完备的产业链条，雄厚的研发及管理能力，结合在新能源尤其是燃料电池卡车设计、制造、维护的实践积累，作为承接国家重大项目、带动产业链和供应链发展的基础与保障。燃料电池是东风公司新能源跃迁计划的重要战略，致力于为客户提供全栈式解决方案，通过电堆与系统自主研发，牵头国家重点研发专项，组织 14 家重点单位参与，初步形成了具有技术研发与示范运营相互促进的产业链，带动了膜电极如武汉理工氢电科技等，双极板如上海治臻、深圳长盈精密等公司产业发展，关键 BOP 如空压机，氢泵，DCDC 等优势供应商及专精特新企业发展与转型升级，协同优势高校及供应商签订战略合作协议，形成了较为稳定的供应链。同时依托公司在商用车领域的优势，针对燃料电池中重卡应用场景，依托市场基础及良好的品牌口碑，联合中石化等战略合作单位共建氢能示范运营的生态，积极推广燃料电池示范运营。

公司在 2021 年主要开展了如下项目开发：

①为满足雄安新区砂石料运输工况，东风公司启动 D320 平台匹配上然氢燃料电池牵引车项目开发（TV1B），2021 年完成整车详细设计及订单车辆交付。该车型采用东风天龙新款 KL 高顶驾驶室，匹配 250/360 kW 电机系统，6 档 AMT 变速箱，100 kWh 动力电池，110 kW 燃料电池系统，搭载 1680 L 容量的储氢系统，整车续航里程可达 300 km。从 2021 年 6 月投放市场起，在保定雄安新区累计运营总里程 42900 km，市场反响良好，得到了用户的一致好评，有力保障了雄安新区的建设。

②为满足南方城市环卫需求，东风公司启动 D560 平台匹配新氢燃料电池环卫车项目开发，2021 年主要完成整车详细设计及车辆交付。该车型采用东风天锦新款 KR 驾驶室，匹配 80/160 kW 电机系统，6 档 AMT 变速箱，50 kWh 动力电池，110 kW 燃料电池系统，搭载 840 L 容量的储氢系统，整车续航里程可达 300 km。从 2021 年 12 月起投放市场起，在广州黄埔区共运营 2000 km，市场反响良好。

③为满足北方城市环卫需求，东风公司启动 D530 平台匹配亿华通氢燃料电池环卫车项目开发，该车型采用东风天锦单排驶室，匹配 80/160 kW 电机系统，6 档 AMT 变速箱，50 kWh 动力电池，50 kW 燃料电池系统，搭载 840 L 容量的储氢系统，整车续航里程可达 300 km。2021 年 7 月在北京大兴区运营一个月，累计里程 1000 km，市场反响良好。

5. 未来燃料电池重卡产业发展建议

①继续加大技术创新力度：持续的技术创新是保持产业竞争力，推动产业进步的关键。为满足不同应用场景的需求，燃料电池重卡需持续向轻量化，高集成、长寿命、高可靠性发展，要实现这些目标需从整车设计、电堆设计、膜电极材料、高效散热、车载储氢等方面持续迭代升级。建议设置专项基金支持整车及零部件企业持续开展技术攻关，快速突破燃料电池的整车寿命、大功率燃料电池、高效热管理、高集成度车载氢系统等关键技术，通过强化“产学研”协同攻关，逐步实现全产业链自主化。

②降低氢燃料电池重卡成本：在示范城市群等国家相关政策的支持下，燃料电池汽车产业快速发展，产品成本也在逐渐下降，但是与传统柴油车相比，燃料电池重卡的总体成本依然较高，阻碍了市场的进一步拓展。我们建议持续出台相关政策，加大燃料电池重卡补贴力度，扩大行业规模，降低燃料电池重卡的生产和购置成本。进一步加大加氢站建设补贴力度，降低燃料电池重卡能源使用成本，吸引更多消费者和运营商进入市场，进一步扩大市场规模。同时从消除冗余、整合集成、变更材料等维度出发，在持续提升性能的同时推进技术降本；此外，加速规模化也是实现降本的有效途径，根据美国能源部对燃料电池系统成本与产量关系的测算，当制造商燃料电池发动机年产量达到 50 万套时，燃料电池发动机成本可下降至 45 美元/kW，与传统内燃机成本相当。

③氢源端和政策端持续给予支持:首先氢能供应保障体系需跟上燃料电池重卡的推广进度,建议建立涵盖制储运加全链条的经济清洁氢能保障体系,引导绿氢制备、提升氢气储运能力、适当超前布局加氢站。在政策方面,除进一步补充示范政策实施细则,完善标准规范外,建议拓展燃料电池汽车示范城市范围,将产业基础好且地方发展积极性强烈的地区纳入示范城市群,扩大示范规模,另外建议研究氢燃料电池应用碳足迹追踪评价标准,赋予氢能及燃料电池项目金融属性,刺激社会主动应用示范。支持有条件的地区通过发展低碳清洁氢气制取项目率先达峰,探索"制氢电价""加氢站强制低碳清洁氢气使用比例"等需求刺激政策,完善风险保障政策引导社会资本进入。建议进一步明确加氢站的主管部门和优化建站审批手续,突破基础设施建设的制度瓶颈,加快配套的加氢基础设施建设进度,同时强化安全监管,满足燃料电池重卡推广过程中对基础设施的需求。

(四)燃料电池专用车

(北京亿华通科技股份有限公司　刘艳秋　张　鹏　樊　辉)

1. 2021 年燃料电池专用车产业总体发展与技术突破

氢能是未来能源体系的重要组成部分,燃料电池汽车是我国新能源汽车的重要发展方向。现阶段,我国氢燃料电池专用车产业还处于初级阶段,2021 年,燃料电池专用车产业整体呈现车型多元化、动力系统覆盖度增加趋势。

2021 年,中国燃料电池汽车交强险上牌销量为 1879 辆①,其中燃料电池专用车共 829 辆,占比 44.12%,同比增加 34.37%,市场份额呈回升态势。截至 2022 年 1 月,根据工信部第 351 批《道路机动车辆生产企业及产品公告》显示,氢燃料电池专用车共有 232 款车型取得公告,较 2020 年增加 151 款。与以往燃料电池专用车以物流车车型结构为主不同,2021 年,燃料电池专用车车型结构以市政环卫、牵引车为主,公告占比为 59.6%,燃料电池搅拌车、自卸车、保温车、冷藏车等其他细分车型均有公告,车型结构逐渐丰富,应用场景进一步扩展。

从销售区域和具体场景来看,2021 年燃料电池专用车销售区域集中在青岛(225 辆)、上海(115 辆)、广州(103 辆)、保定(98 辆)等城市,以城市渣土运输、工业原材料运输、建筑废弃物运输、砂石骨料运输等场景应用为主。从销售特点来看,受政策驱动特别是燃料电池汽车示范城市群启动的影响,2021 年国内氢燃料电池专用车销售主要集中在 11 月和 12 月。

2021 年,燃料电池专用车产品技术水平持续提升,燃料电池系统功率提升明显。2021 年燃料电池专用车系统平均额定功率达到 106 kW,31 t 重卡、49 t 牵引车基本上装配 120 kW 及以上燃料电池系统,系统额定功率密度均在 300 W/kg,多数燃料电池专用车续驶里程达到 450 km 以上,主流整车企业已经开展 70 MPa 车载储氢技术研发与测试,燃料电池专用车整车技术水平明显提升。

2. 氢能及燃料电池产业标准体系建设情况

标准体系对氢能及燃料电池产业发展具有规范性引领作用,随着氢能及燃料电池产业及快速发展,标准的支撑作用日益显著。经过近几年发展,我国已经初步构建了氢能全产业链标准体系,已发布的现行有效氢能领域国家标准 99 项,行业标准 35 项②,涵盖了制、储、运、加燃料电池、燃料电池应用等产业链环节。燃料电池汽车方面的标准 12 项,其中测试方法标准 8 项,技术要求标准 3 项,安全要求标准 1 项。

2021 年,国家市场监督管理总局批准发布了《氢能汽车用燃料 液氢》《液氢贮存和运输技术要求》《液氢生产系统技术规范》《燃料电池电动汽车加氢口》等四项国家标准。同时也正式发布了新修订的《加氢站技术规范》《汽车加油加气加氢站技术标准》,更新了加氢站与建站的设计、施工、验收等要求,进一步丰富了氢能安全应用的标准法规。

3. 国内外燃料电池专用车产业发展趋势

(1)动力系统向大功率发展,重型化进程加快

受燃料电池汽车示范政策鼓励中远途、中重型商用车的影响,国内主流商用车车企对燃料电池专用车的布局及重型化进程逐步加快。从终端实际应用车型总质量吨位结构看,燃料电池专用车吨位结构不断丰富,并向多元化方向拓展,氢燃料电池重卡将成为主流。在重载、长续航、专用作业需求下,燃料电池专用车对燃料电池动力系统额定功率还将进一步提升,未来系统将达到 300 kW 以上。

(2)燃料电池专用车技术水平快速提高

燃料电池专用车动力系统技术发展趋势为高集成度燃料电池系统集成技术。随着燃料电池零部件匹配性提高,燃料电池系统集成化程度将大幅提升。例如,燃料电池专用车动力系统率先使用高集成五合一电力单元控制方案,提高了体积功率密度和质量功率密度,燃料电池专用车集成度大幅增加,主流燃料电池系统企业系统功率密度超过 700 W/kg,完全满足燃料电池专用车装配使用要求。

(3)燃料电池专用车车型种类更加丰富

随着大功率燃料电池系统的开发和应用,燃料电池汽车城市群示范、"氢进万家"科技部示范项目以及"成渝氢走廊"等重点示范区的推广应用,在多元场景需求下,车辆企业需提供不同类型、功率等级、吨位要求的燃料电池专用车产品来满足终端细分领域的具体场景用车需求,燃料电池专用车车型种类将进一步丰富,矿山用车,港口牵引车,城际物流车、城市物流车、冷链运输车、市政环卫车等专用车型迎来重要发展机遇。

(4)市场需求快速增加

未来四年,按照燃料电池汽车示范城市群在积分奖励政

---

① 数据来源:中国银行保险监督管理委员会。

② 数据来源:全国燃料电池及液流标委会 2021 年年会报告。

策具体要求，各个参与城市将在示范周期内大力开展示范应用，按照既定目标节奏进行车辆投放，示范重点为燃料电池商用车，燃料电池专用车是重要的示范车型，随着各城市陆续下发年度燃料电池汽车示范应用项目，燃料电池专用车市场需求将密集释放，市场端销量将呈现快速增长态势。

（5）购置和使用成本降低

现阶段，我国燃料电池核心材料和关键零部件尚未国产化和规模化生产，市场规模相对较小，氢能供给成本稍高，造成燃料电池汽车的购置和使用成本高，特别是以燃料电池重卡为主的专用车系统功率需求高、用氢量大，对价格更加敏感，降本诉求更为迫切。

未来，随着国产化率提升及规模化应用的带动，燃料电池产业链将快速降本。例如，目前主流厂家电堆价格已经降到 2000 元/kW 以下，同比下降近 50%，后续示范应用规模扩大将加速降本。

4. 目前亟需解决的技术难点及解决方案

（1）高性能、高集成、大功率燃料电池系统技术开发

现阶段，随着燃料电池汽车示范运营场景不断丰富，燃料电池汽车尤其是在长续航、重载、高速场景下的专用车，发动机系统功率仍不能完全满足场景需求。未来，面向燃料电池专用车市场应用需求，研发大功率、高集成、高性能的燃料电池发动机系统。例如，通过研发燃料电池单元的一体化封装技术，可有效提高电堆的一致性、可靠性等性能，进而提升燃料电池发动机系统的整体性能。

（2）大功率燃料电池发动机关键零部件技术

针对燃料电池专用车大功率燃料电池系统，需要突破大流量空压机与氢气再循环系统量产技术。通过研究高效率、高压比、低噪声空压机技术，开展空压机电机设计技术，高频控制器设计与集成设计技术研究，突破空压机的高效应用。通过研究高效率低成本氢气再循环技术，探索低成本高可靠氢系统构型设计，提高系统的集成度。

5. 2021 年燃料电池专用车行业重点单位发展情况

（1）南京金龙客车制造有限公司

南京金龙客车制造有限公司（简称“南京金龙”）成立于 2000 年，并于 2012 年通过新能源汽车生产资质审查，是一家集新能源整车研发、制造、销售、服务于一体的高新技术企业。南京金龙产品涵盖 4～18 m 客车、物流车、专用车、卡车等等全系产品。

2021 年，南京金龙是燃料电池专用车的主要销售企业，合计销量达到 362 辆，以燃料电池牵引车、自卸车为主，总量占比超过全部燃料电池专用车的 43%，位列全国第一。

（2）佛山飞驰汽车制造有限公司

佛山飞驰汽车制造有限公司（简称“佛山飞驰”）至今已有五十年的发展历史。多年来，以研发、生产、销售新能源客车及货车为主业，是首批列入国家公告目录的大中型客车生产厂家。佛山飞驰拥有先进的生产设备及完善的流水线生产车间及研发实验室，为华南地区具规模的新能源客车和氢燃料电池汽车生产基地。

佛山飞驰形成了动力系统设计与验证、整车控制器等开发能力，并具备整车标定、控制器诊断标定能力。同时，佛山飞驰与国内外多家氢燃料电池技术企业、研究机构保持紧密合作关系。佛山飞驰对外公布的氢能主流产品除燃料电池客车之外，还有 12 t、18 t 物流车，4.5 t、18 t 冷藏车以及 49 t 牵引车等车型。2021 年，佛山飞驰共销售 99 辆燃料电池专用车，位列全国第二。

（3）金龙联合汽车工业（苏州）有限公司

金龙联合汽车工业（苏州）有限公司（简称“苏州金龙”）成立于 1998 年，是一家集客车产品研发、制造与销售为一体的国有全资大型现代化制造企业，具有强大的研发及测试能力，具有核心的知识产权和创新能力。已经成立专门项目组长期从事新能源汽车包含纯电动汽车、混合动力、氢燃料电池汽车整车的研发，具备完善的新能源汽车设计开发流程，产品开发采用国际通用的开发软件，多物理场联合仿真提高设计效率及产品可靠性。

苏州金龙在氢燃料电池汽车领域已实现了正向的技术研发和产业化转化。成立了氢燃料电池汽车项目的研发团队，具备电池设计、仿真分析、样车试制、试验认证能力，掌握电子电器、整车设计等相关核心技术，形成了全系列氢燃料电池客车产品。2021 年，苏州金龙共销售燃料电池专用车 63 辆，位列全国第三。

（4）成都大运汽车集团有限公司

成都大运汽车集团有限公司（简称“成都大运”）成立于 1992 年，是大运汽车股份有限公司下属的核心企业。成都大运汽车为国家定点、国内一流的产、销、研一体的商用车整车制造企业，下设山西运城、湖北十堰、广州分公司，整车产能超过 10 万辆。成都大运拥有驾驶室冲压、焊接、涂装、整车总装四大工艺及货厢、车架等七条现代化生产线及汽车研发中心、产品试制车间、整车试验场、整车检测线、销售服务中心、零部件物流中心等配套设施，各类设施近 3000 套。

成都大运拥有载货车、客车、专用车、挂车等全系列商用车生产资质，产品涵盖燃油车、纯电动、燃料电池汽车等 650 多个品种，各类发明及实用新型专利 335 项，产品销往全国各地并出口 28 个国际及地区。2021 年，成都大运共销售燃料电池专用车 62 辆，位列全国第四。

（5）上汽红岩汽车有限公司

上汽红岩汽车有限公司（简称“上汽红岩”）是上汽集团、上海新动力汽车科技股份有限公司所属企业，拥有半个多世纪重卡制造经验，具备年产 12 万辆整车的生产能力。在上汽商用车“新四化”战略指引下，上汽红岩不断推动重卡产品向新能源化、智能化、网联化、定制化方向升级迭代；开启全球首例“5G+L4”级智能驾驶重卡商业运营；实现互联网梦想卡车 3.0 全系配置，产品覆盖纯电动、燃料电池、混合动力三大技术领域，掌握电驱、电控、电池系统核心技术。

在上汽集团强大技术赋能下，上汽红岩打造了全新一代智能重卡，布局柴油、天然气、氢燃料、纯电等能源组合，实现氢能重卡行业引领，满足公路物流、工程建设等多领域、多用途、定制化运输场景。2021 年，上汽红岩共销售燃料电池专用车 56 辆，位列全国第五。

6. 2021 年重点车型技术特点分析

（1）燃料电池电-电深度混合动力系统匹配技术

基于燃料电池专用车工况特征和载荷需求，以燃料电池动力系统耐久性、低温环境适应性、可靠性、经济性和动力性为目标，基于正向设计开发理念，实现了燃料电池系统和动力电池数据特征分析的动力系统匹配和选型，实现了电-电混合动力系统工作模式划分、动/静态响应特性的设计开发。

（2）整车能量控制优化策略

通过开展整车能耗的分析、优化与预测，建立了多领域能量的仿真模拟体系，开发出具有自适应能量的整车能量控制策略，提高了燃料电池系统使用效率，降低整车氢耗。优化了整车动力系统分配策略、氢燃料电池电堆功率变载点及变载区间，并针对驾驶习惯和不同路况特征，得出最佳能量流分配策略。例如，整车具有温度自适应能量管理策略后，可针对不同地域、季节 VCU 执行不同的能量策略，降低了整体的氢耗。

（3）大容积车载储氢系统开发利用

氢燃料电池轻卡物流车首创不占用货厢容积的储氢布局形式，搭载 520 L 氢气量，应用领先电驱桥技术，在增加传动比和提高加速度的同时扩大氢能输出工作范围，具有超长续航的优势。

7. 未来几年燃料电池专用车产业发展建议

（1）强化制氢、储氢、运氢、加氢等配套设施建设

氢气的制储运和加氢站的建设是保障燃料电池专用车商业化运营的基础条件，在保障安全的条件下，鼓励各示范城市群在非化工园区就近制氢。基于经济、技术和环境的现状条件，重点使用好工业副产氢、鼓励可再生能源制氢，发展高压气态与液态储运的关键氢气储运技术。各地需根据燃料电池专用车示范运营线路，结合当地发展需求，适当超前探索和布局新型储氢、运氢方式，合理、有效规划加氢基础设施建设，为燃料电池专用车示范应用提供便捷、经济、稳定的氢气供给。

（2）加强示范，推动快速发展

充分利用燃料电池专用车大载重、长续航、加氢快等优势，加快细分市场和具体场景积极开展燃料电池专用车的开发和产品商业化示范，在具备应用和氢源的场景进行重点推广，在特定场景率先应用，通过应用示范，带动燃料电池专用车全生命周期 TCO 成本快速降低，推动产业快速发展。

（3）跨部门协调，共同推动产业发展

跨部门跨产业协调，完善氢能及燃料电池产业管理体系，明确氢气生产、储运、应用等环节的归口管理部门，明确主管部门和相关管理章程、法规体系。政府、企业和研究机构共同合作，加强基础设施的规划和建设，加大技术研发的投入，突破卡脖子技术和零部件。选准氢燃料电池专用车的应用场景，创新商业模式，逐步扩大氢能产业及燃料电池产业规模。

（4）电动汽车与氢燃料电池汽车的错位互补发展原则

中长期看，电动汽车与氢燃料电池汽车各有优势，是互补的关系，在不同的场景各有优势，不是简单的替代关系。目前，电动汽车与氢燃料电池汽车的技术成熟度、产业化发展基础设施均处在不同阶段，现阶段要认清电动汽车与氢燃料电池汽车优势领域，正确有效引导资源的合理配置。

（五）车用燃料电池

（中国科学院大连化学物理研究所　侯　明　邵志刚　衣宝廉）

1. 2021 年车用燃料电池产业的总体情况

2021 年随着《关于完整准确全面贯彻新发展理念做好碳达峰碳中和工作的意见》《2030 年前碳达峰行动方案》颁布，国家全面开启了“双碳”目标序幕。在《中华人民共和国国民经济和社会发展第十四个五年规划和 2035 年远景目标纲要》中，国家已经将氢能和燃料电池列为前瞻谋划的六大未来产业之一；近期我国又公布了《氢能产业发展中长期规划（2021—2035 年）》，明确了氢能作为未来能源体系的重要组成部分，是绿色低碳转型的载体，是战略新兴产业和未来产业的重点发展方向。燃料电池是氢能转化的重要装备技术，燃料电池汽车是氢能应用的重要场景。在国家政策，尤其是在首批氢能示范城市群和绿色冬奥的低碳目标等的促进下，燃料电池汽车产业发展势头较上年明显高涨。2021 年全年，燃料电池汽车产销均完成 0.2 万辆，同比增长 48.7% 和 35.0%，据高工氢电统计燃料电池汽车保有量达 9000 余辆；国内已建成加氢站 218 座，增长近 100 座；2021 年工信部一共发布了 12 个批次《新能源汽车推广与应用推荐车型目录》，共上榜 54 家车企、303 款车型，以及 62 家燃料电池配套商。随着国内氢能产业的持续升温，以中石油、中石化、国电投、中船、中车等为代表的央企纷纷加速氢能产业布局，极大地推动了燃料电池汽车产业的发展，燃料电池汽车产业呈现一片欣欣向荣的景象。随着大批资金的涌入，2021 年国产电堆性能得到集体跃升，在这一年中，有 14 家燃料电池企业推出新品，均以大功率、长寿命、高功率密度等性能作为亮点。国产质子交换膜和催化剂等核心部件的研发均取得技术上的重大突破，电堆核心部件的国产化速度显著提高。

2. 2021 年车用燃料电池技术与产业发展情况

（1）催化剂

提高催化剂高稳定、降低 Pt 用量是车用燃料电池近些年重点研究方向。为提高传统 Pt/C 催化剂稳定性，Yao 等研究了 Pt 纳米线催化剂活性与稳定性的尺寸效应，发现 ORR 活性和耐久性随着直径从 2.4 nm 减小到 1.1 nm 而单调增加，其原因归结为 Pt 纳米线直径减小导致压缩应变增加，该变化在削弱吸附和抑制 Pt 溶解方面起到了主导作用。该研究表明超细的 Pt 纳米线在活性与稳定性方面可以兼容。

Pt-M（M 为过渡金属催化剂）二元或多元催化剂可有效提高氧还原催化剂的活性和稳定性，成为研究热点，但是其过渡金属组分在燃料电池工作环境下的溶解是其应用过程中需要解决的问题。2021 年，中国科学技术大学梁海伟团队，发展了硫锚定的铂基金属间 ORR 催化剂，利用硫原子与铂原子之间强烈的相互作用，如固体胶般将铂基合金纳米颗粒在高温下“粘”在碳载体上（见图 1-7-2），有效防止了纳米颗粒在高温下尺寸变大，提高了催化剂活性和稳定性。

为了提高催化剂的活性，丰田对其 Mirai II 中催化剂载

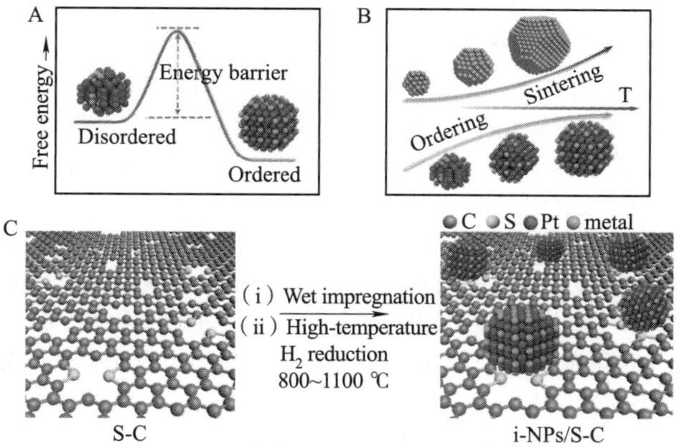

图 1-7-2 硫锚定的铂基金属间 ORR 催化剂制备示意图

体进行了改进，采用了介孔碳载体，使大约 80% 催化剂担载在介孔碳载体的孔中，避免了催化层中的离聚物全氟磺酸树脂与催化剂接触，提高了 PtCo 催化剂的固溶度，使催化剂的活性提高了近 50%（见图 1-7-3）。此外，该公司还采用了高氧渗透率的树脂，氧渗透率比原来提高 3 倍。

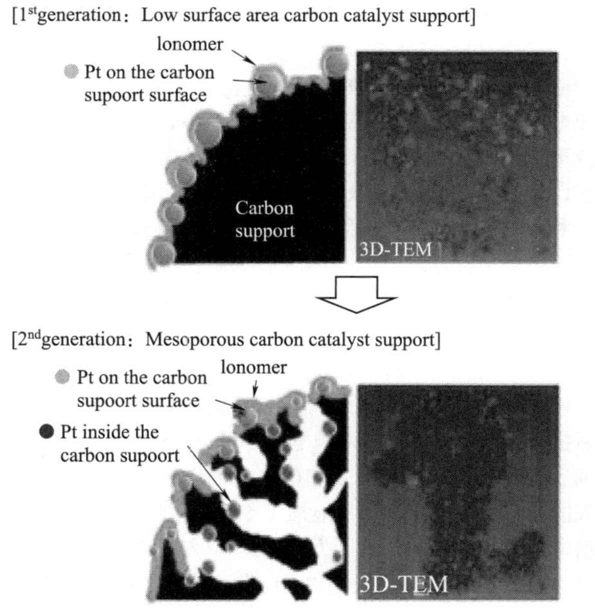

图 1-7-3 Mirai II 中介孔碳催化剂载体

非贵金属催化剂的研究也一直是热点，基本采用的还是以 M-N-C 为主的技术路线。2021 年，中南大学胡国荣团队首次报道了一种将锂离子电池废石墨阳极转化为石墨烯纳米片的新型绿色低成本合成路线，通过简单有效的化学氮掺杂，石墨烯片表现出优异的 ORR 催化性能，甚至优于商用 Pt/C 催化剂。上海交通大学 Shen 等从金属有机骨架（MOF）材料出发，制备了一种高活性、高耐久性的 Fe-N-C 催化剂，并形成了良好的碳纳米管（CNTs）结构，使其具有良好的耐久性。优化后的催化剂对 ORR 活性与商品 Pt/C 相当，并且在旋转圆盘电极（RDE）和单电池试验中都具有良好的稳定性。与传统 Fe-NC 材料相比，硫掺杂的 Fe_1-NC 催化剂的氧还原反应（ORR）活性更高，S 的加入可诱导 Fe_1-NC 第二配位球的自旋极化构型的转变，C-FeN_4-S 的低自旋单原子 Fe^{3+} 是 ORR 的活性中心。

为了降低燃料电池使用成本，研究杂质耐受性的阳极催化剂是未来重要的发展方向。福特公司 Papasavva 等研究了阳极催化剂负载量和碳载体对燃料电池 CO 污染的影响，结果证明，提高 MEA 对 CO 耐受性的重要因素是碳载体的选择，使用高表面积碳相较于使用更高 Pt 载量对 CO 耐受性效果更好，这为解决副产氢的直接利用找出了解决思路。

在催化剂产品方面，高工氢电统计显示，南京东焱、优美科、氢电中科、中自环保、济平新能源、中科科创、格林美等均在燃料电池国产催化剂的技术与批量供应上实现重要跨越。其中，南京东焱制成的催化剂浆料能够适应喷涂、涂布、转印等不同工艺，实现膜电极性能指标 0.65 V@ 1.8 A/cm^2，此外，其氢能产业园建设年底已封顶，预计 2022 年 6 月催化剂量产线建成，一期量产规模日产 500～1000 g。此外，中自环保在 2021 年 10 月 22 日正式上市，成为“燃料电池催化剂第一股”，其此次拟募集资金 15.25 亿元，其中部分资金将用于燃料电池关键材料研发能力建设。同年 11 月，优美科在苏州举行燃料电池和固定源催化剂（FCS）全球总部落成典礼，其燃料电池催化剂业务也正式落地中国。大连化物所基于开发的 Pt/C 催化剂技术与江苏龙蟠科技签订技术许可合同，以开发性能可以匹配商业化 Pt/C 催化剂为目标，双方开展了交流合作，目前制备的单批次 100 g 的 Pt/C 催化剂在电堆上的性能与国外同类产品催化剂相当，并且基于降低膜电极上 Pt/C 载量的目标，双方在合金催化剂上也开展了交流合作。

建议作为产品的催化剂需要进一步在燃料电池电堆中使用，并在实际燃料电池系统中装车检验，充分验证其产品的性能、稳定性及一致性；作为研究成果的催化剂，也需要进行经过单电池、全电池的试验，推进理论研究结果尽快在实际中得到应用。

（2）质子交换膜

通过改性提升质子交换膜稳定性和性能一直是质子交换膜的研究热点，2021 年，东北师范大学研究团队，提出了“多金属铋氧簇精准靶向掺杂，制备高性能杂化 Nafion 质子交换膜”的新策略。通过将纳米氧化铋团簇精确杂交到 Nafion 中，制备了高性能混合膜 Nafion-Bi12-3%，该膜在 80 ℃下的质子电导率为 386 mS/cm，并保持了理想的力学和化学稳定性。高温质子交换膜由于具有较高的热品质、较强的杂质耐受性和较好的水管理特性是目前的重要发展方向。2021 年，中科院山西煤化所等提出了磷酸掺杂的超微孔膜，由刚性、高孔隙率、TB 聚合物衍生物所构成，可允许 PEMFC 在-20～200 ℃进行操作。平均超微孔半径为 3.3 Å 的膜表现出虹吸效应，即使在高度湿化的条件下也能保持 PA 的高保留率，而且质子电导率比传统的高密度 PA 掺杂聚苯并咪唑膜高出三个量级。由此得到的基于 PA 掺杂膜的 PEMFC 在 150 ℃下、进行 150 次启动/关闭循环后，仍能保持 95% 的峰值功率密度；即使在-20 ℃下，也能完成 100 次以上的循环。Wang 等采用溶液浇铸法，在支化 PBI 中引入金属有机骨架材料 UiO-66，制备得到了 CBOPBI@ MOF 复合膜。UiO-66 在膜内构筑了质子传输通道，复合膜在相对较低的磷酸吸收率（126%）下，达到了高达 0.1 S/cm 的质子电导率。在 160 ℃可无增湿操作，电池表现出优异的耐久性。由于水和磷酸等质子导体在使用时很容易出现随生成水流失的问题，新型质子导体的开发也一直在进行之中。2021 年，美国国家实验室等报道了一种聚(2,3,5,6-四氟苯乙烯-4-膦酸)电解质，它不会发生酸酐形成，因此能将质子传导率保持在 200 ℃以上。在燃料电池电极中使用了膦酸酯化的聚合物，并在膜电极组件中使用了离子对配位膜。H_2/O_2 条件下，这种协同集成的燃料电池在 160 ℃时达到了 1130 mW/cm^2 的峰值功率密度，在 240 ℃下达到了 1740 mW/cm^2 的峰值功率密度，大大优于基于聚苯并咪唑高温燃料电池。近期该研究团队又设计了一种由磷酸化聚合物(四氟苯乙烯膦酸)和全氟磺酸组成的聚合物电解质，在这种复合电解质结构中，研究小组发现质子从全氟磺酸转移到膦化聚合物并显著提高质子电导率。通过实施复合聚合物电解质的 H_2-Air 燃料电池 160 ℃下额定功率密度达到 780 mW/cm^2(见图 1-7-4)，并在 2500 h 40~160 ℃的负载下 700 次热循环表现出良好的稳定性。

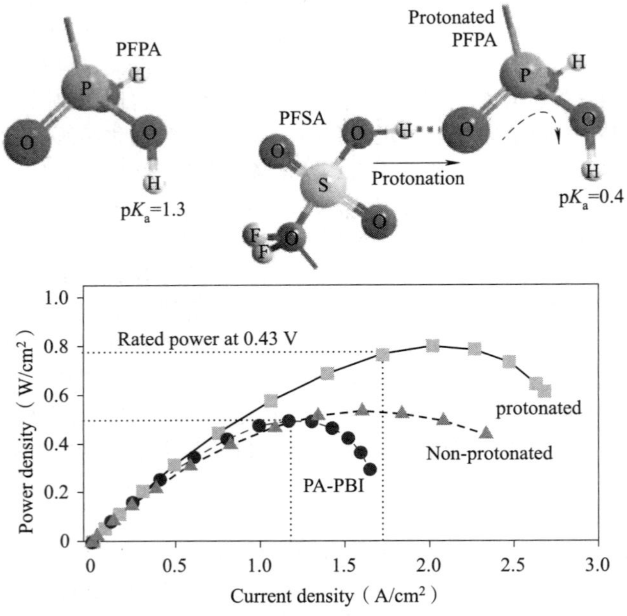

图 1-7-4　质子化的磷酸化聚合物膜及燃料电池性能

在质子交换膜产业化方面，继 2020 年 11 月东岳集团 150 万 m^2 质子交换膜生产线一期工程投产(其中主要产能包括 50 万 m^2/年燃料电池交换膜)之后，2021 年 12 月 5 日，国家电投集团氢能科技发展有限公司 30 万 m^2 氢燃料电池质子交换膜生产线在武汉经开区投产。这是国内首条全自主可控的氢燃料电池质子交换膜生产线，实现了氢燃料电池关键零部件的国产化。

(3)碳纸/扩散层

气体扩散层 GDL 通常是采用碳纸或碳布作为支撑层(GDB)，在其上涂覆一层微孔层(MPL)得到的。目前 GDL 产品方面还是以进口为主，如德国 SGL 和 Freudenberg、日本 Toray、美国 Avcarb 和韩国 JNTG 等。其中德国、日本的产品占据较大的市场份额，但是 Toray 碳纸由于其脆性较大而不能连续生产的特点导致其难以实现规模化生产，极大地限制了供应量的增长。国内 GDL 还在加速研究中，通用氢能已建成年产 10 万 m^2 GDL 产线，并获得 IATF 16949 质量管理体系认证，气体扩散层已经部分燃料电池企业测试验证。上海碳际公司具有碳纸和 GDL 连续制造的全套量产技术和工艺、装备体系，针对大功率、长寿命电堆的使用要求，公司成功开发了 LF 系列产品，部分型号已通过中国主流客户的测试评价，并计划在 2022 年 10 月建成 10 万 m^2 级碳纸和 GDL 量产线。尽管气体扩散层的国产化突围是一个艰难的过程，但国内企业正走在加速追赶的路上，燃料电池核心部件和材料距离攻克国产化的最后一个壁垒已经不远了。

气体扩散层的成本主要由加工费用主导，若规模化生产将会带来大幅度的成本降低。根据 Strategic Analysis 数据，当生产规模从 1000 套提升到 50 万套时，成本将会从 2661 美元/套降到 102 美元/套，因此气体扩散层的大规模生产工艺会是未来的重点发展方向。

无碳纸的自支撑微孔层也是气体扩散层是需要关注的前沿技术。大连化物所通过干法模压成功制备了低成本的无碳纸的微孔层，并研究了疏水性黏合剂和造孔剂的添加量以及操作条件对性能的影响，研究发现这种无支撑的微孔层具有一定的保水能力，特别适合低湿度场合，在 40% RH 增湿度下性能远高于传统气体扩散层的燃料电池。这方面的研究还有待于进一步深入。

(4)膜电极组件(MEA)

膜电极组件是燃料电池的核心部件，主要由质子交换膜、催化层和气体扩散层组成。近年来，随着燃料电池汽车产业的发展，产业界对膜电极的性能提出越来越高的要求，膜电极的功率密度从 1 W/cm^2 已经提升至 1.9 W/cm^2，Pt 用量也从 0.5 g/kW，降到 0.25 g/kW。膜电极的开发重点集中在以下方面：①通过构筑较多的“三相反应界面”提高催化剂的利用率，减小膜电极活化极化损失；②通过构建三维多孔有序电极结构，提高反应气体和水的传输能力，降低膜电极浓差极化损失；③通过材料与结构的改进提高耐久性。

大连化物所采用静电纺丝和磁控溅射技术制备了三维自支撑 Pt 纳米槽电极，性能高于传统的 Pt/C 电极，且克服了传统 Pt/C 电极离聚物降解和碳载体腐蚀问题，稳定性明显提升，测试表明 Pt 纳米槽电极经过 10000 圈的加速衰减扫描后，最大功率密度仅下降 16.4%，而传统 Pt/C 电极经 5000 圈的扫描后最大功率密度衰减了 51.5%。此外，这种 Pt 纳米槽电极具有良好的排水能力，这源于其结构与禾本科植物具有类似的微观结构(见图 1-7-5)，有利于产物水的排出，避免了薄层有序电极水淹现象。

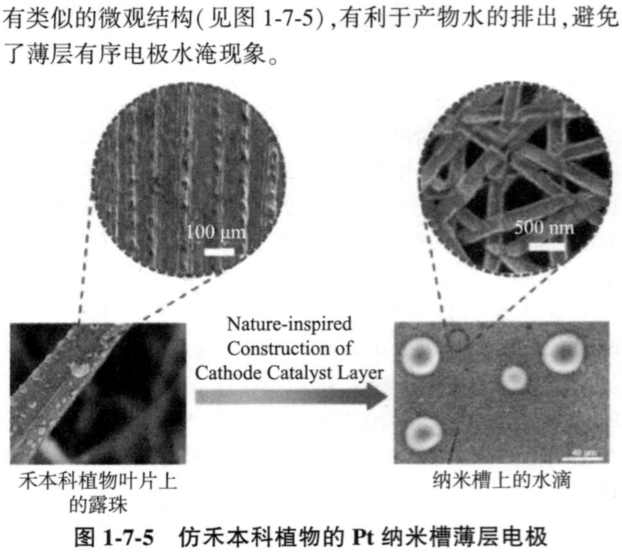

图 1-7-5　仿禾本科植物的 Pt 纳米槽薄层电极

2021 年韩国能源研究所郑志英等提出了一种新的电极结构,即在湿热环境下使用静电喷涂沉积将极薄的离聚物沉积在 Pt 上。由新的 HH-ESD(electrostatic spray deposition under hot and humid environment)技术制造的 PEMFC 电极结构,阴极 Pt 负载量低至 0.085 mg/cm^{2}时具有出色的电池性能和耐久性。HH-ESD 技术成功地创建了由 Pt/C 团聚体组成的分层结构电极,该团聚体被独特的薄且均匀分布的离聚物层覆盖,这对于促进 Pt 利用率和 O_2 传输非常理想,与最先进的转印电极相比,质量活性提高三倍,电池性能提高了两倍,同时避免了传统电极碳载体的衰减(见图 1-7-6)。

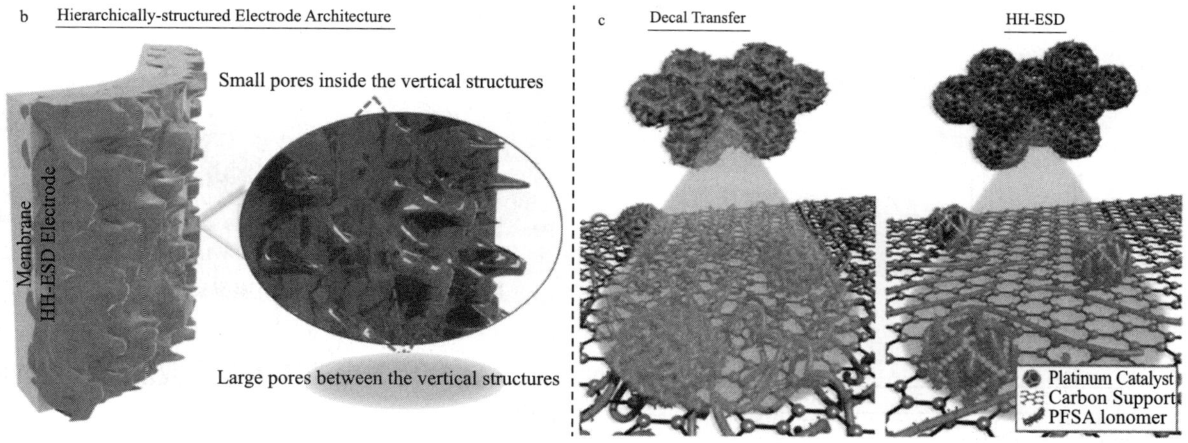

图 1-7-6　HH-ESD 技术制造的电极结构示意图

由于较高的技术壁垒,长期以来,我国膜电极主要依赖进口,进口品牌主要为 3M、杜邦、Gore、Johnson Matthey、Ballard 等。随着国内技术水平的不断进步,国内越来越多企业实现膜电极的量产,对进口产品形成较强替代,极大地降低了国产燃料电池的生产成本,也为我国燃料电池的大规模产业化应用奠定了坚实的基础。2021 年以来,许多企业加速布局膜电极产业,如捷氢科技、未势能源、东方氢能、武汉理工氢电、唐锋能源、擎动科技、阜阳攀业、大连化物所、纳尔股份等企业都有了新的相关进展。

(5)双极板与电堆

根据基体材料种类的不同,双极板可分为石墨双极板、金属双极板、复合材料双极板。金属双极板具有体积比功率高、延展性良好、导电和导热特性优、断裂韧性高等特点,成为车用电堆的主流。丰田 Mirai、本田 Clarity 和现代 NEXO 等乘用车均使用金属双极板。金属双极板的导电、耐蚀性是应用中要解决的关键问题。目前解决路径可以有以下几种:①选用导电、耐腐蚀的基材,如韩国浦项制铁公司发布的 Poss470FC 钢板,厚度 0.08~0.1 mm,采用光亮退火处理,通过添加其他合金元素,以特殊的处理方式替代了成本高昂的涂层工艺,省去表面改性工艺过程,将有助于节省制造成本。②在不锈钢或钛板基材上进行导电耐腐蚀涂层处理,如瑞典的山德维克公司推出的带涂层的板材,以及丰田 Miari 2 的钛基材金属双极板,通过预先在轧制钛卷材上进行碳纳米复合涂层表面处理,无须在冲压成形后进行再处理;③采用不锈钢或钛板作为基材,进行冲压成型后再进行表面处理。目前国内大多采用后者技术路线,大多数以 316L 不锈钢为基材,少数采用钛板为基材,在成型后的极板表面进行涂层。涂层材料要兼具导电耐腐蚀性。当钛板为基材时,涂层只考虑导电性即可。涂层制备一般采用物理气相沉积如离子镀、溅射等技术,目前涂层与基材的结合力及涂层的致密性是涂层制备环节需要考虑的。

对于双极板,流场也是非常关键的。合理的流场设计与布局,可以起到降低传质极化作用,有利于提高大电流密度下的性能,进一步提高电堆的功率密度。丰田汽车公司第二代 Mirai 燃料电池阴极板由三维超精细网眼结构转变为二维变径直流道流场结构(见图 1-7-7),一方面能够通过对预涂层基材直接冲压成形,流场板结构实现高效和简化,另一方面,反应区流场中流道沿极板长度方向直线平行延伸,可提高反应生成水的排水效率。同时在各阴极气体流道中以相同间距分别设置多个变径(或节流)结构,并且相邻流道的节流部相互错开。通过在节流部位的上游侧与邻近流道的非节流部位产生压差,上流道将通过气体扩散层向下流道流入一定量气体,因此可在邻近流道中之间产生较强的气体移动,提高气体的利用效率和发电一致性。

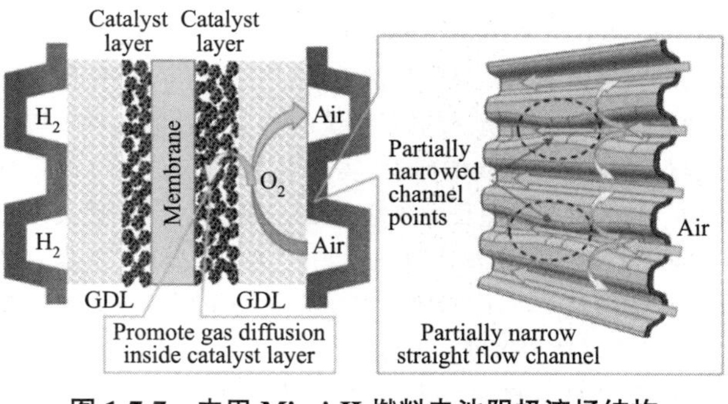

图 1-7-7　丰田 Mirai II 燃料电池阴极流场结构

在产业方面,2021 年中国氢燃料电池电堆出货量为 757 MW,同比增长 128%。电堆技术水平得到显著提升,主要表现为:1)单堆功率提高,单堆功率从过去的 45~60 kW 提升至 150~200 kW 以上;2)电堆比功率大幅提升,电堆比功率从 2~3 kW/L 提升至 4~5 kW/L 以上;3)环境适应性普遍提高,冷启动温度从-20 ℃降至-30 ℃;4)基础材料不断突破,产业化加速,系统成本下降趋势明显。代表性的企业产品,如氢晨科技推出的新一代 H3 电堆,其单堆额定功率230 kW,比功率达到 6 kW/L,该大功率金属板电堆已经完成性能测试,预计会在 2022 年上半年推向市场;捷氢科技最新一代 PROME M4H 电堆,其额定功率和峰值功率分别达到163 kW 和 198 kW,相应的比功率达到 4.2 kW/L 和 5.1 kW/L(见图 1-7-8)。

参数	额定	峰值
输出功率	163 kW	198 kW
电堆比功率	4.2 kW/L	5.1 kW/L
冷启动温度	-30℃	
最高工作温度	95℃	
外形尺寸	558×473×148	

图 1-7-8　捷氢科技 PROME M4H 电堆产品

未来电堆在新材料、新结构方面还要持续创新;此外,要进一步提升上游材料自主化率,促进现有国产技术产业化应用。

(6)燃料电池系统

2021 年我国氢燃料电池系统装机量达 173 MW,同比去年增长 119%,累计值创历年新高。国内燃料电池整车销量数据显示,2021 年燃料电池整车累计销量 1871 台,我们发现销量虽不及往年,但装机量却同比上升,这反映出的是我国单车燃料电池系统平均功率的上升,国产大功率系统的研发能力显著提升。2021 年 10 月亿华通联合燃料电池系统研发(北京)有限公司,以及华丰燃料电池有限公司开始销售首个在国内面向商用车开发、生产的燃料电池系统“TLPower100”。“TLPower100”是基于丰田第 2 代 MIRAI 开发的燃料电池系统。该产品使用了部分国产零部件,配合国内商用车的使用环境,提高了系统的功率以及耐久性。该产品通过在中国本土化的研发,实现了 711 W/kg 较高的系统比功率和 3 万 h 的超长耐久性;2021 年 12 月,亿华通又发布了 240 kW 氢燃料电池发动机 G20+。G20+氢燃料电池发动机是首款额定功率超过 200 kW 的单系统车用燃料电池发动机,产品质量功率密度达 820 W/kg。产品采用交流阻抗、综合热管理等自主集成技术,实现氢燃料电池发动机氢、空、水、热、电等内部系统高效协同控制,具有高功率、高响应、高集成、高经济等特点;新源动力 2021 年发布了两款新品,一款是燃料电池模块 HYMOD ®-150,另一款是燃料电池系统 HYSYS ®-120。HYMOD ®-150 在无外增湿,峰值输出功率可达 150 kW。该产品设计耐久性超过 10000 h,电堆功率密度达到了 4.5 kW/L,其设计满足-40 ℃低温启动功能。HYSYS ®-120 系统额定功率为 115 kW,峰值功率为120 kW,符合乘用车及商用车的高品质、集成化的核心开发理念,较上一代成本下降了 35%,耐久性提升了 100%,设计耐久性可达 10000 h。上燃动力发布“超越-神州 200”大功率燃料电池发动机,该款产品额定功率达到 200 kW,质量功率密度 760 W/kg,最高效率达到 60%,寿命超 15000 h。图 1-7-9 部分国内大功率燃料电池发动机产品。

亿华通G20+　　新源HYMOD®-150　　上燃“超越-神州200”

图 1-7-9　部分国内大功率燃料电池发动机产品

3. 车用燃料电池技术与产业发展存在的问题及建议

在国家政策、规划布局下,燃料电池汽车在中国呈现良好的发展态势。科技、产业、资本逐步融合,推动了燃料电池产业与技术进步。然而,我们必须清醒认识到我们的产业基础还比较薄弱,尤其关键材料国产化率不高,从可持续发展角度,必须解决制约产业发展的卡脖子问题,好在国家已经认识到这些问题的存在,去年五部委“关于启动燃料电池汽车示范应用工作通知”明确指出,重点支持电堆、膜电极、双极板、质子交换膜、催化剂、碳纸、空气压缩机、氢气循环系统研发产业化应用,对达到指标要求的企业给予额外积分奖励。另外,燃料电池成本还要进一步降低,目标是达到与传统内燃机同一价位,低成本是燃料电池汽车的推广的前提条件。要从全链条每个环节考虑,降低燃料电池汽车成本。此外,要布局好前沿技术研发,提高燃料电池技术储备。

降低成本是燃料电池汽车商业化的前提条件。成本的降低要从材料、部件、系统乃至燃料电池上下游等全链条考虑。加速材料国产化进程,尽快把现有技术转化为产业,以降低材料成本;加速燃料电池材料与部件量产工艺、装备与制造产线,以降低制造成本。另外,要布局前沿技术,如继续研制低/非铂催化剂、碱性聚合物燃料电池等,以降低贵金属使用成本;研制高温质子交换膜燃料电池,把燃料电池工作温度提升至 150 ℃以上,可以提高对气体杂质的耐受性,以降低氢气纯化费用,有利于副产氢的利用;此外高温质子交换膜燃料电池还可以提高热品质,有利于散热及废热利用;高温操作的质子交换膜燃料电池还有利于水管理、提高反应动力学,可以提升燃料电池性能与稳定性。

我们希望通过各个环节的努力,使燃料电池电堆成本能降到 1500 元/kW 或更低与传统内燃机同等价位,这样才有利于市场的推广,使燃料电池需求从政府驱动型逐步过渡到市场驱动型,真正实现燃料电池商业化。

(六)氢燃料电池电堆

(同济大学 章 桐)

1. 2021年氢燃料电池电堆产业总体发展与技术突破

2021年我国氢燃料电池电堆年新增市场规模约为6.2亿元。预计2021—2025年氢燃料电池电堆新增市场需求的CAGR为87%,2025—2030年,氢燃料电池电堆新增市场分别为75/238亿元。从出货量情况来看,据GGII数据,2021年中国氢燃料电池电堆出货量为757 MW,同比增长128%,行业增速趋快。

根据GGII的统计,2015—2021年,国鸿氢能电堆累计配套氢燃料电池车约5000套,市占率50%,排名第一;神力科技、新源动力电堆分别累计配套氢燃料电池车1000、1000辆,位列二、三,如图1-7-10所示。2021年出货量TOP10电堆企业分别为国鸿氢能、氢晨科技、神力科技、爱德曼、清能股份、氢璞创能、潍柴动力、国电投氢能、东方氢能、航天氢能(上海)。根据TrendBank数据,2021燃料电池电堆市场占比率前三分别为:清能股份(25%)、巴拉德(16%)、神力科技(16%),如图1-7-11所示。

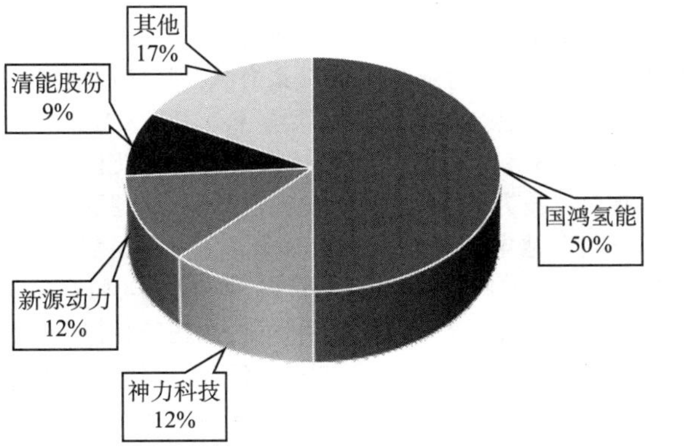

图1-7-10 2015—2021年中国燃料电池电堆累计出贷企业分布

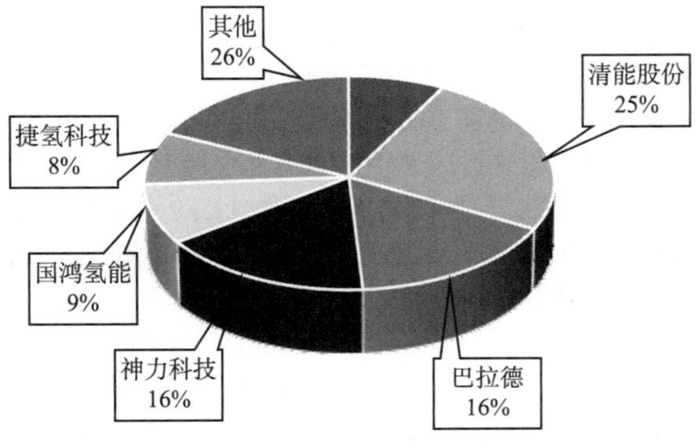

图1-7-11 2021年中国燃料电池电堆市场占有率分布

2019—2021年期间燃料电池电堆的TOP3集中度从84%降低到58%,市场集中度持续下降,行业集中度下降趋势预计将保持持续。国鸿氢能、氢璞创能、雄韬股份(旗下雄韬氢瑞)纷纷公布电堆大批量价格。得益于核心材料和关键部件的国产化进程加速,2021年我国燃料电池系统和电堆的价格已经实现30%~50%幅度的下调。未来几年,随着国产核心零部件的规模化以及竞争加剧,未来几年氢燃料电池电堆售价有望按照每年25%~30%的速度下降。

截至2021年,国内燃料电池系统技术水平已远超燃料电池技术发展路线中规划的水平。根据氢蓝时代动力科技有限公司常务副总裁曹桂军在2021势银氢能与燃料电池产业年会上发表的《燃料电池系统开发与多场景应用》的主题演讲,电堆的国产化率和技术指标快速提升。其中,单堆功率从45~60 kW提升至150~200 kW;电堆功率密度从2.5 kW/L提升至4~4.5 kW/L;关键零部件国产化率从50%提升至90~98%;系统集成度从300 W/kg提升至450 W/kg;环境适应性普遍提高,一般可达到-30 ℃冷启动;基础材料不断突破,产业化加速,系统成本下降趋势明显,电堆价格可低于2000/kW,系统成本可低于5000/kW。预计2025年燃料电池系统主要额定功率为130~180 kW,燃料电池系统最大额定功率将大于180 kW,氢能在交通领域的应用将逐步向长续航、大载重的场景过渡。

2. 产业标准体系的建设

燃料电池涉及的产业链比较长,相关的标准化技术委员会也比较多,主要是与燃料电池直接相关的标准化技术委员会,包括全国燃料电池及液流电池标准化技术委员会(SAC/T C342)、全国氢能标准化技术委员会(SAC/T C309)、全国汽车标准化技术委员会电动车辆分技术委员会(SAC/T C114/SC27)、全国气瓶标准化技术委员会车用高压燃料气瓶分技术委员会(SAC/T C31/SC8)。在全国标准化技术委员会的统一领导下,各个标委会协同合作,共同推进产业发展。

经过社会各界的共同努力,我国燃料电池标准体系已经具备初步框架,涉及氢能基础设施、燃料电池整车、发电系统、发动机、电堆5个层面。在燃料电池领域相关国家标准逐步完善。在2017年,新发布燃料电池相关标准18项,包括GB/T 35178—2017《燃料电池电动汽车氢气消耗量测量方法》、GB/T 35544—2017《车用压缩氢气铝内胆碳纤维全缠绕气瓶》、GB/T 33978—2017《道路车辆用质子交换膜燃料电池模块》;2018年新发布燃料电池相关标准1项,GB/T 36288—2018《燃料电池电动汽车燃料电池电堆安全要求》等。

另外,已有的一些标准如GB/T 24549—2009《燃料电池电动汽车安全要求》、GB/T 24554—2009《燃料电池发动机性能试验方法》等,共7项正在修订完善,完善整车体系安全规定、新增动力性、经济性、环境适应性测试共4项,使得现有标准更加完善。

3. 国内外氢燃料电池电堆产业发展趋势

国内燃料电池电堆产业链初成雏形，上游厂商齐全，膜电极、质子交换膜和双极板具备国产化能力，气体扩散层有小批量供应，催化剂具备研发能力。相比国外燃料电池电堆，国内电堆在核心材料与关键技术方面仍存在短板，也是燃料电池电堆成本居高不下的主要原因，降低电堆成本仍是燃料电池汽车商业化的关键。

石墨双极板技术壁垒较低，国外代表企业有美国 Poco、加拿大 Ballard 等；国内技术部分已达国际一流水平，代表性企业有上海神力（亿华通子公司）、上海弘枫、淄博联强、上海弘竣和国鸿氢能等，其中上海弘枫产品已实现海外出口；国鸿氢能石墨双极板技术成熟、可批量和定制化生产。金属双极板国外代表企业有美国 Dana、日本本田等。金属双极板将成为未来的发展方向，率先掌握金属板国产批量化生产的企业有望在燃料电池乘用车市场抢占先机。国内代表企业有上海治臻、上海佑戈和新源动力等。

国外燃料电池电堆催化剂用量已实现<0.2 g/kW，而我国催化剂用量普遍处于 0.3~0.4 g/kW 的水平。因此低铂和非铂催化剂的开发成为降低燃料电池成本的关键。全球催化剂厂商三巨头为德国巴斯夫（BASF）、英国庄信万丰（JohnsonMatthey）、比利时优美科（Umicore），三者全球市占率占比约 90%，国内市场占有率约 70%。已经能够实现批量化生产（大于 10 kg/批次），而且性能稳定，可靠性高。国内催化剂厂商包括贵研铂业、中自科技、华昌化工、上海唐峰、武汉喜马拉雅以及上海济平新能源等也从事相关产品研发。

全球从事质子膜研究的主要有杜邦、科慕、陶氏、3M 公司、戈尔公司，比利时索尔维公司，日本旭硝子玻璃、旭化成。我国东岳集团具有完整的全氟磺酸树脂产业链，是继戈尔、科慕两家外国企业之后国内市场占比最大的企业，具有从原料、中间体、单体、聚合物膜全产业链，同时建成全国唯一全氟酸质子膜树脂合成生产线，目前实现量产并批量供货。

国外厂商日本东丽（Toray）及三菱（Mitsubishi）、德国西格里（SGL）和科德宝（Feudenberg）、美国 AvCarb，韩国 JNTG 等制造厂商，都已实现气体扩散层的规模化生产，且都有多款适应不同应用场景的产品销售。目前我国气体扩散层技术还在进行探索，碳纸类材料的实验室技术可对标国际部分先进产品水平，但在实现产品规模化生产方面还有一定差距。国内知名的气体扩散层企业主要有安泰科技、通用氢能、江苏氢电、上海河森电气等。

4. 目前亟需解决的技术难点及解决方案

膜电极是电堆的核心部件，由催化剂、质子交换膜、碳纸组成，其成本约占氢燃料电池系统的 36%。目前商用催化剂为铂/碳，其成本约占氢燃料电池系统成本的 23%，是成本的主要来源。膜电极已经发展到第三代有序化膜电极技术，趋势是降低大电流密度下的传质阻力，进一步提高燃料电池性能，降低催化剂用量，使膜电极的材料成本大幅降低。

金属双极板因为拥有质量轻体积小、结构强度高、量产成本低等优势，考虑到车辆空间限制和批量制造便利性因素，近年来燃料电池金属双极板电堆被国内外车企寄予了厚望。但由于金属在燃料电池酸性电化学环境下易腐蚀，若用耐蚀又导电性好的贵金属作为金属板的涂层，成本又难以满足商业化应用要求。所以，如何兼顾导电性、耐腐蚀性和低成本的综合要求，成为金属双极板研发亟待解决的一大行业难题，也成为燃料电池金属双极板电堆大规模推广应用不可或缺的前提一个条件。金属的导电性和耐腐蚀性是一个相矛盾的特性，仅仅有部分贵金属可满足性能要求，考虑到成本因素，将满足条件的非贵金属作为涂层，是最理想的解决方案。采用超高耐蚀导电非贵金属涂层技术，成功解决了制约金属双极板产业化应用的核心技术难题。

均一性是制约氢燃料电池电堆性能的重要因素，也是影响制造成本的关键。电堆通常由数百节单电池串联而成，均一性与材料的均一性、部件制造过程的均一性有关；特别是流体分配的均一性，不仅与材料、部件、结构有关，还与电堆组装过程、操作过程密切相关。由于操作过程生成水累积引起的不均一、电堆边缘效应引起的不均一等，电堆中一节或少数几节单电池的不均一会导致局部单节电压过低，限制了电流的加载幅度。设计、制造、组装、操作控制等环节产生的不均一性直接影响电堆的比功率，进而影响电堆成本。

5. 2021 年行业重点企事业单位发展情况

（1）上海捷氢科技有限公司

上海捷氢科技有限公司（简称“捷氢科技”）成立于 2018 年 6 月 27 日，以加快燃料电池产业化为己任，致力于推动氢能与燃料电池行业的发展，开创氢能时代新篇章。捷氢科技汇聚了国内燃料电池的中坚力量，核心团队来自“燃料电池+汽车”多元化背景，具有资深燃料电池电堆、系统、整车开发及应用经验，研发人员占比 65%以上，研究生以上学历占比 70%以上。

捷氢科技为行业提供燃料电池产品及工程服务，已完成多款燃料电池电堆和系统的产品开发，功率涵盖 30 kW~130 kW 以上，并广泛应用于乘用车、轻型客车、城市客车和轻中重型卡车等诸多领域。2020 年 3 月，捷氢科技上海新园区项目正式开工，位于嘉定氢能港。建成后园区将实现研发办公、测试验证、生产制造、氢气供应四大功能，一期产能将达到 12000 台套/年。

（2）广东国鸿氢能科技股份有限公司

广东国鸿氢能科技股份有限公司成立于 2015 年，主要产品包括氢燃料电池商用车、纯氢燃料备用电源、氢燃料电池柔性石墨板电堆、燃料电池发动机等。从引进吸收巴拉德技术到技术创新，逐步成为国内电堆龙头企业。

2017 年，公司建成全球规模领先的氢燃料电池电堆生产基地。截至 2021 年，国鸿氢能电堆累计配套氢燃料电池车约 5000 套，市占率 50%。连续保持五年燃料电池电堆国内市场占有率排名第一，深受客户好评。

（3）航天氢能（上海）科技有限公司

航天氢能（上海）科技有限公司是由上海空间电源研究所基于 60 年航天电源工程经验和 20 余年燃料电池技术积淀，联合上海重塑等于 2020 年 5 月成立的公司。公司掌握自主知识产权燃料电池电堆及金属双极板、膜电极组件等关键技术，已建成年产能 100 MW 的燃料电池自动化生产线，产品涵盖 1 kW 到 200 kW 不同系列燃料电池产品，主营业务面向燃料电池汽车、工程机械、发电装备等细分领域，同时涉及航海、航空、航天等特殊领域。

近期获超2亿元金额订单。订单合同涉及航天氢能燃料电池发动机系统，该系统将在2022年配套公交、通勤、物流、环卫等6款道路车型和叉车等2款工程车型，总计100辆车开展综合示范运营。

(4)未势能源科技有限公司

未势能源科技有限公司(简称：未势能源)致力于推动人类能源低碳可持续发展，主要从事氢燃料电池产品研发、生产及销售。经过3年孵化，公司于2019年4月15日由长城控股集团出资4.5亿元注册成立，定位为专注于氢燃料电池技术市场化运营的高科技企业。

未势能源将围绕已掌握的氢燃料电池核心技术，打造具有国际竞争力的产品：高性能膜电极、高功率密度电堆、高效率燃料电池发动机、高压车载储氢瓶、高集成度瓶阀等，致力于为客户提供高性价比的氢燃料电池技术解决方案。

(5)国电投氢能股份有限公司

国电投氢能股份有限公司注重从关键材料到整体电堆的全自主产业研发，在催化剂，质子膜，扩散层及双极板方面全面突破，是国内唯一在所有关键材料方面能够自主的电堆供应商。其产品在2022年冬奥会成功进行了批量示范运行，为其在国内的产业化推广奠定了很好的基础。

(6)北京亿华通科技股份有限公司

作为中国氢能产业先行者，北京亿华通科技股份有限公司始终专注于氢燃料电池发动机系统技术研发与产业化，致力打造更好的氢能解决方案。

目前，亿华通已形成以自主氢燃料电池发动机为核心，包括双极板、电堆、整车控制器、智能DC/DC、氢系统、测试设备、燃料电池实验室全套解决方案等在内的纵向一体化产品与服务体系。建立在核心自主知识产权基础上的全新一代氢燃料电池发动机，提前完成国家燃料电池系统技术目标，达到国际先进水平。自主开发的全系列测试服务体系为众多主流商用车企燃料电池实验室提供全套解决方案。

6. 2021年重点车型技术特点分析

从车型大类来看，2021年燃料电池汽车中的客车、专用车、乘用车占比分别为55%、44%、1%，客车占比同比2020年(90%)显著降低，乘用车出现数十台批量级的示范应用，是2021年燃料电池汽车示范的一个亮点。从专用车的构成来看，重卡占比94%是商用货车的绝对主力车型，而中卡占比仅6%，没有出现轻卡车型。

从车型小类来看，2021年上牌车型(车型型号)数量高达84个，与2019—2020年相比明显增多，原因主要在于燃料电池汽车示范场景的不断拓宽，有利于燃料电池在不同应用领域的示范推广。其中，上牌数量TOP 3车型分别是南京金龙NJL3311ZHJFCEV重卡车型、北汽福田BJ6122FCEVCH城市客车车型和北汽福田BJ6116FCEVUH-2客车车型。从畅销车型的订单来源来看，南京金龙上述氢能重卡车型主要配套青岛院士港示范项目，北汽福田的两款畅销车型主要服务于北京冬奥会赛区示范项目。

2021年上牌燃料电池客车车型平均功率达到80 kW左右，燃料电池重卡车型平均功率达到110 kW左右。GGII分析认为，从示范群奖励政策、车型运行实际所需功率、燃料电池系统产品成熟度、生产规模效应等因素考虑，客车系统功率选择80 kW、重卡功率选择110 kW最具"性价比"，目前成为业内的主流选择。

从燃料电池专用车来看，重卡车型占比高达94%，基本由18 t、25 t和31 t三种吨位车型组成，其中以31 t车型占比最大，达到41%。国家燃料电池示范群政策旨在重点推动燃料电池汽车在中远途、中重型商用车领域的产业化应用，目前来看初显成效。

7. 未来几年氢燃料电池电堆产业发展建议

企业需要熟练的技术队伍和先进的开发流程，在产品定义和设计阶段，实现平台化产品和模块化产品设计，充分汲取并应用基础研究和材料的改进创新的成果，才能促进技术不断提高和改进，从而实现电堆性能的整体提升。

产品制造阶段，未来电堆必将实现自动化组装，从而最大限度降低制造成本。借助于优化的工艺流程、先进的制造设备和检测设备，将显著提高电堆的装配质量，减少制造过程中的产品缺陷，实现问题的闭环管理和追踪溯源。

产品测试阶段在满足国家相关标准和法规的基础上，积累形成企业的评价方法，掌握核心技术，应对不同层次产品开发需求。这一切的实现，有赖于测试能力平台的建设。测试能力平台建设，要兼顾当下产品在性能和耐久测试等方面的实际通过量需求，又要考虑产品未来3~5年的发展需求。

建立燃料电池电堆产品的差异化开发流程，完善从需求定义、产品定义、产品设计以及试制验证各个阶段的工作方法，补齐测试评价短板，加速产品开发进度。通过对基础数据的积累分析，掌握内在联系和规律，实现技术传承。

(七)氢燃料电池发动机

(同济大学　章　桐)

1. 2021年氢燃料电池发动机产业总体发展与技术突破

2021年是"十四五"规划之开局年。随着碳达峰碳中和目标的明确，引得资本对于氢能的追逐，燃料电池产业成为"新蓝海"。2021年中国相关燃料电池企业注册数量为1440家，同比增长70%。截至2021年底，我国燃料电池汽车销量分别为1777辆，同比增长分别为48.2%；燃料电池系统装机量为210.6 MW，同比增长165.9%，累计值创历年新高。尽管2021年燃料电池汽车销量低于2019年，但装机量却实现了同比增长,反映了单车平均功率的上升。在国家政策的引导和扶持下,关键零部件的国产化率及技术指标提升,大功率系统开发成熟程度提升,成本下降超预期,应用场景明显丰富,我国燃料电池行业将进入高速发展时期。

2. 产业标准体系的建设

2021 年 6 月 28 日,工信部装备一司发布《2021 年汽车标准化工作要点》,氢燃料电池标准化建设被提上日程。工作要点提出:"聚焦燃料电池电动汽车使用环节,推动燃料电池电动汽车能耗及续驶里程、低温冷启动、动力性能、车载氢系统、加氢枪等标准制修订。"

事实上我国氢燃料电池电动车的标准体系并不是空白状态,但是很多标准体系已经使用了将近十年的时间,随着时代和发展和技术的进步,很多标准体系已经变得陈旧,难以适应燃料电池车的技术发展趋势。但由于燃料电池车辆相关标准涵盖车辆以及能源等领域,需要多部门配合,国内各主管部门工作难以协调统一,相关标准体系的制定、修改、完善的进度要落后于其他发达国家。

工信部发布汽车标准化工作要点,明确了燃料电池车在不同领域的标准体系建设应该确定,对于氢燃料电池车的发展有积极的促进作用。此外,在汽车节能领域,要点还提出,要"持续推进轻型、重型商用车辆燃料消耗量限值标准的修订,完成重型商用车辆电动汽车能量消耗量和续驶里程试验方法标准的审查和报批。"轻型和重型商用车燃料消耗量极限值推出,导致传统的化石能源的商用车可能因为燃料消耗值不能满足要求而被淘汰,其市场份额可以被燃料电池商务车取代,给氢燃料轻型、重型商业车带来发展机遇。

3. 国内外氢燃料电池发动机产业发展趋势

与前几年的技术状态相比,当前在燃料电池发动机的核心零部件上取得了瞩目的成绩。

从燃料电池的细分领域来看,燃料电池的性能、材料体系、制造工艺以及生产规模都有了一定的突破。柔性模压双极板、超薄金属双极板及其镀层、自主膜电阻组件以及电堆成组集成技术的运用使得电堆的性能取得了突破。创新研发的关键材料在热学、力学、电化学稳定性等方面的性能提升,使得燃料电池的稳定性、综合寿命有明显改善。具有完全自主知识产权的气体扩散层、催化剂、质子交换膜等膜电极的核心部件普遍处于送样测试与实车搭载验证阶段。得益于关键技术与核心材料的突破,燃料电池电堆价格下降明显,伴随着石墨双极板模压技术、金属双极板高精密快速冲压技术以及全自动卷对卷膜电极生产技术的运用与普及,燃料电池批量生产能力以及性能一致性明显提升,预计燃料电池电堆的价格将有进一步的下探空间。

在技术应用方面,从现阶段重点发展的氢燃料电池客车、物流车、专用车等商用车,逐步推广到乘用车、有轨电车、船舶、工业建筑、分布式发电与热电联供等领域,呈现出搭载领域广阔化,运用场景多样化的特点。预计到 2035 年,燃料电池系统功率密度将由当前约 3.1 kW/L 全面提升到约 5.0 kW/L,乘用车、商用车电堆寿命将由当前的 5000 h、15000 h 分别增加到 8000 h、30000 h。总体而言,我国燃料电池技术进展明显,氢燃料电池汽车的自主化产业生态体系基本建立,燃料电池系统关键零部件及电堆等已经初步实现国产化。但零部件尤其是与燃料电池核心材料及部件相关的产品技术与国外先进水平仍存差距,部分核心零部件及核心材料仍依赖进口。

燃料电池系统方面,我国系统集成显现出明显的国际化竞争力,技术水平持续提升,具备大功率系统开发与生产能力。《氢能产业发展中长期规划(2021—2035 年)》提出,在交通领域要重点推进中重型车辆,对于客、货车市场需要拓展市场空间,并与锂电池纯电动汽车形成互补发展模式。因此,重卡在接下来一段时间内仍是企业的集中"发力点"。为响应产业规划与需求,国鸿氢能、亿华通、上海重塑、捷氢科技、潍柴动力、国氢科技、未势能源、德燃动力等代表性企业都已推出大功率燃料电池系统。从系统配套功率来看,随着大功率燃料电池堆的不断推出,2021 年已销售的燃料电池汽车单车系统平均额定功率达至 106 kW,系统功率大幅提升,其中 70 kW 以上系统占比接近 70%,大功率系统成为市场主流。燃料电池汽车系统功率 50 kW 以下车型占比由 2020 年的 54%,大幅下降到 2021 年的 6%;50 ~ 70 kW 系统车型由 2020 年的 41%下降为目前的 24%。31 t 及以上的重型商用车已普遍搭载 120 kW 以上燃料电池系统,系统额定功率密度普遍高于 300 W/kg。以亿华通为例,其在 2021 年 12 月发布了国内首款额定功率达到 240 kW 的 G20+车用燃料电池发动机,功率密度可达到 800 W/kg 以上,可实现零下 35 ℃低温启动。该产品采用交流阻抗、综合热管理等自主集成技术,实现氢燃料电池发动机氢、空、水、热、电等内部系统高效协同控制,具有高功率、高响应、高集成、高经济等特点。长城上燃动力发布了"超越-神州 200" 燃料电池发动机,额定功率达 200 千瓦,质量功率密度 760 W/kg,最高效率达到 60%,寿命超 15000 h。国鸿氢能 H240 燃料电池系统额定功率 240 kW,峰值功率达到了 270 kW,质量功率密度 906 W/kg,可满足重卡等重载车辆功率需求。其他应用领域也十分广泛,设计标准可以覆盖道路交通、轨道交通、船舶、移动电源车、固定发电等场景。捷氢启源 P4Max 的系统额定功率达到 256 kW,电堆功率密度 4.1 kW/L。该系统及其零部件国产化率达到 100%,能够在 25 s 内实现-30 ℃低温启动,最高工作温度达到 95 ℃。潍柴动力发布 200 kW 级车用燃料电池产品,该产品采用超薄石墨板电堆,寿命超过 30000 h,可实现-30 ℃的快速低温启动,系统最高效率超过 60%。

从 2021 年系统配套企业情况来看,2021 年燃料电池汽车系统配套企业主要有亿华通、海卓动力、广东鸿力、上海杰宁、雄川氢能、捷氢科技、上海重塑、上燃动力、雄川氢能、德燃动力等,前五家企业燃料电池系统配套量市场占有率达到 67%。由于示范城市群处于起步阶段,市场化程度不高,系统厂商倾向于与整车厂绑定,以支撑系统订单稳定放量。其中北京亿华通一家独大,其系统配套量达到 595 辆,市场占有率超过 30%,与北汽福田配套率 71% 为其最高。海卓动力与金龙客车配套率为 80%,上燃动力与成都大运配套率为 70%,广东鸿力与佛山飞驰配套率为 100%。

系统关键零部件方面,主要由空气供应系统、氢气循环系统、水热管理系统、控制系统组成。其中,空气供应系统主要有空压机和增湿器构成,氢气循环系统有氢气循环泵以及引射器两种技术路线,水热管路系统的核心部件为冷却水泵,控制系统的主要部件是燃料电池专用 DCDC。在燃料电池系统关键零部件产业链中,空压机和氢气循环装置目前基本实现国产化,增湿器呈现国产替代加速的趋势,国内的市场竞争格外激烈。

空压机领域,技术路线变迁快,市场集中度不断增长,竞争尤其激烈。从空压机类型来看,2021 年国内销售的空压机以双级增压空气箔片轴承离心空压机为主。2021 年中国企业燃料电池空压机出货超万台,同比上年增长 146%,远高于氢循环部件、增湿器等同级别产品。2019 年市场占比较高的企业有盖瑞特、丰田自动织机、昆士兰、雪人股份等等;而到了 2021 年,TOP4 企业都是国产品牌,并且共同占据了 95% 左右的市场份额,其中势加透博作为龙头企业市场占比接近 60%。其他空压机企业近年也陆续发布了极具竞争力的产品,如东德实业适配系统功率 200~240 kW 的 DK12K,华润新能源推出了适合 110~150 kW 系统的 IFCC24,柏肯 TX-35 在 100~120 kW 系统中具有一定的竞争力,稳力科技适配系统功率 150~190 kW 的“岚 380”,华熵新能源聚焦 100~150 kW 系统运用,发布了 SPT-V150。目前,两级压缩离心式空压机由于优势明显,经过实际装车验证,在技术上较为成熟,是空压机领域的应用主流。众所周知,随着燃料电池系统功率增大,两级压缩离心式空压机的功耗就会越高。在大功率趋势下,为解决这一痛点,系统厂家及空压机供应商已集体将目光放在了可变截面涡轮以及透平能量回收技术路线上。现阶段这类产品还需进一步打磨技术细节,市场上基本还没有样品进行搭载验证。

氢循环部件领域,主要有氢循环泵、引射器两类,在实际使用中各有优缺点。氢循环泵具有转速及流量调节可控、实用性高等优点,但存在噪声高、体积大、成本高、功耗大等缺点;引射器具备成本低、体积小、无寄生功率等优点,但难以实现全工况覆盖、普适性差等缺点。2021 年引射器方案替代氢气循环泵逐步进入氢循环系统市场,并占据了超过 38% 的市场份额。其中,氢气循环泵的市场份额相对集中,其中东德实业循环泵占据了 53.2% 的氢气循环泵市场份额,为行业内第一。由于引射器出货企业较多,导致基于引射技术路线的氢循环系统的整体市场集中度降低,但技术竞争激烈,单极、多级、可变喉管等技术不断涌现。德燃动力在 2021 年发布适配大功率系统的“202P 双引射氢循环系统”,克服了传统引射器无法满足燃料电池小功率段运行时对氢气循环的需求,实现了全功率覆盖,并在多款燃料电池发动机中得以运用。除单独的引射器以及氢循环泵的技术路线之外,引射器加氢循环泵的复合方案也在行业中得到了应用,但系统结构复杂,控制难度较高。

增湿器目前国产化程度相对较低,国产取代进口的一个最基本的逻辑在于快速降本。现阶段,国产增湿器性价比优势明显。目前增湿器市场已经有 2~3 家企业推出了适配 240 kW 系统的增湿器产品,且正处于验证阶段。2021 年伊腾迪的增湿器总销量突破 3000 台,推出的新产品 GZS180 是现阶段质量可靠、可批量生产的适配系统功率最大的增湿器,解决了国内外大功率燃料电池系统匹配增湿器的难题。2021 年芜湖同优科技增湿器销量突破 2000 台,同比翻了 5 倍以上。魔方新能源、鸾鸟电气、华熵新能源、沃瑞氢能、富铭工业等多家公司也都在发力增湿器产品,部分企业开始由测试验证向小批量出货过渡。

4. 目前亟需解决的技术难点及解决方案

目前,燃料电池发动机亟需解决的技术难点主要在于系统构型、控制策略与核心子系统/零部件的技术攻关、降低成本、批量生产工艺等方面。

燃料电池发动机的性能、鲁棒性与寿命等核心参数与系统构型、控制策略密切相关。在系统构型方面,为应对发动机大功率化的市场需求,双堆/多堆集成的单系统方案已成为主要的构型方案之一。双堆/多堆运用时的发动机系统操作条件匹配与低寄生功耗、高动态响应的系统构型、反应工质集中供应条件下的双堆/多堆均流设计及其评价以及电磁兼容与绝缘特性的保证等方面都需要取得突破。为应对上述挑战,基于大型商业化的多场多耦合联合仿真模型得到了广泛的运用,仿真模型的精度以及计算资源的需求是接下来需要进一步寻找平衡点的关键。在系统控制方面,燃料电池发动机高动态响应需求对反应工质以及水热管理的快速精准调配提出了近乎苛刻的要求。在控制策略上,空气路双闭环解耦控制,基于模型的水热管理预测控制已经凸显其优势;在控制算法上,除了传统的比例积分控制,诸如模糊逻辑控制、神经网络控制、模糊逻辑-比例积分微分控制等方法,因其操作简单、控制效果良好、低成本、不增加计算负担,是优化控制策略的主要方向。

在系统核心组件方面,国内厂商已具有年产万台的批量化生产能力,但高端产品还依赖进口。如空气压缩机技术起步晚,与国际先进水平相比仍存在一定差距,未来几年应重点聚焦于低功耗、高速、无油的空气压缩机产品研发。在氢气循环系统上,多级引射技术路线的运用有助于在全工况满足燃料电池电堆氢气循环需求的同时减少发动机寄生功耗,提升输出功率,通过与电堆端板、汽水分离器等部件的高度集成,有助于系统功率密度进一步的提升,并降低系统成本。

5. 未来几年氢燃料电池发动机产业发展建议

为积极应对氢能领域的新发展形势,燃料电池发动机产业还需聚焦于以下几个方面:

①持续推进核心技术的研发和关键材料的攻关。技术进步和材料攻关是推动燃料电池产业发展的基础。我国燃料电池技术研发取得了长足进展,但在核心材料、关键组件的自主研发方面仍存在较大差距,催化剂、质子膜、碳纸、空压机等对国外依赖度较大。下一步,我国燃料电池产业应着重突破关键材料核心工艺,有效降低燃料电池成本。一方面可以从整合集成、变更材料等维度出发,在提升性能的同时推进技术降低成本。另一方面,提升量产技术和加速规模化也是实现降低成本的有效途径。另外,持续的技术创新是推动我国燃料电池产业发展的关键,不断丰富其应用场景。此外,为提升产品续航能力,高储氢密度、车载氢系统开发也尤为重要。

②健全支持政策及配套措施。国家层面应基于燃料电

池产业的发展状况，做好顶层设计及规划，保证氢能供应体系能跟上燃料电池汽车推广的节奏，引导燃料电池行业由政策导向步入市场导。对于产业布局、市场监管、应用示范、标准检测、科研项目等重大问题做出统筹协调，避免各部门、各地方的政策之间缺乏沟通或者重复矛盾，从而造成资源浪费；行业主管部门和地方政府应管放结合。加大科技项目支持力度，加大知识产权保护力度。加大财税支持，有序推进减税降费，落实新技术新产业税收优惠政策。完善承保理赔机制，降低企业财务成本，支撑国企、央企采购国产燃料电池系统和设备，加大政府支持和示范项目采购力度。

第三，推进基础设施及管理标准建设。统筹规划氢燃料电池车发展和加氢站布局，"以需定站，以站定车"，以加氢站建设引导氢燃料电池车的消费。在确保安全的情况下，尽快修订完善现行加氢站标准，指导加氢站建设，降低作为危化品管理时面临的不必要的安全管理成本。尽快出台加氢站建设运营管理办法，加快立法立规，明确加氢站的管理职能和监管机构、管理办法。

第四，加强多方交流，协同打造燃料电池全产业链。我国燃料电池技术的产品性能、可靠性和耐久性基本能够满足燃料电池汽车示范运行的要求，但燃料电池系统相关产业链相对薄弱，氢能整体产业链还不够成熟。加强产学研结合，促进科研单位研究成果的转化，并在实际场景中验证和应用，共同突破关键技术点；燃料电池企业与企业间在核心技术攻关、产品开发等方面深度合作，并与能源、化工、材料、汽车等上下游合作伙伴构建氢能产业生态圈，加快技术研发合作模式、产业组织模式创新和探索规模化示范推广模式，实现产业核心主体与产业生态体系的共同发展。

八、智能网联汽车领域

（一）智能网联汽车

（清华大学　李克强）

1. 2021 年智能网联汽车产业总体发展与技术突破

智能网联汽车是全球汽车产业竞争的战略制高点。经过多年的探索实践，我国智能网联汽车产业战略目标日趋明确，技术研发和产业化应用稳步推进，跨行业协同机制逐步确立，整体呈现蓬勃发展的良好局面，并取得阶段性发展成果。

顶层规划持续升级完善。2021 年，《道路交通安全法（修订建议稿）》公开征求意见，首次从上位法角度明确智能网联汽车测试和上道路通行的合法性，对后续立法有望起到基础支撑作用。工信部成立智能网联汽车推进组（ICV-2035），下设法规平台、技术标准、测试应用、操作系统、网络安全、产业生态 6 个工作小组，统筹协调技术创新和产业化推进相关工作。智能网联汽车技术研发、测试示范与准入管理、OTA 升级、地理测绘等关键领域的支持政策体系持续升级，为产业高质量发展提供政策保障。

中国方案智能网联汽车凝聚行业发展共识。智能网联汽车系统是典型的复杂信息物理融合系统，车路云融合的中国方案是能够率先在我国落地实现、并可形成国际先进标准的智能网联汽车发展路径。在工信部指导下，车路云融合理念、内涵、架构、特征、发展路径等研究稳步开展，中国方案体系架构日益清晰，发展理念与内涵不断丰富，产业生态加速构建，为推动行业共识形成，凝聚发展合力提供重要支撑。

智能网联汽车公开测试道路建设和测试示范规模不断扩大。截至 2021 年底，全国 20 余个省市累计开放超过 5900 km 测试道路，共计 80 余家企业申请超过 900 张道路测试牌照、载人载物测试许可等，公开报道的自动驾驶车辆道路测试里程积累超过 1300 万 km。整车企业、科技企业、初创企业、科研机构等均获得智能网联汽车道路测试和示范应用牌照，由封闭测试场和开放道路组成的智能网联汽车道路测试验证体系已初步形成。

主流车企实现乘用车 L2 级自动驾驶大规模商业化应用。据中国智能网联汽车产业创新联盟统计，2021 年我国 L2 乘用车新车上险量累计 476.65 万辆，渗透率达到 23.5%，与 2020 年同期数据相比明显提高，L2 级自动驾驶技术已得到成熟应用。其中，自主品牌乘用车车型渗透率达 21.7%，新能源汽车渗透率远超燃油汽车，电动化与智能化、网联化深度协同发展，受消费需求驱动 L2 级功能配置接受度也明显提升。随着 L2 成本下探及经济型车辆的不断搭载，L2 乘用车规模有望继续大幅提高。

多省市积极推动 L4 级智能网联车辆载人载物示范运行。自动驾驶出租车（Robotaxi）、自动驾驶公交车（Robobus）、无人物流、无人环卫等城市限定区域开放道路示范应用在北京、上海、广州等多个城市有序开展，其中 Robotaxi 作为 L4 级自动驾驶落地焦点，百度、小马智行、文远知行、AutoX、Momenta 等公司示范运行规模不断扩大。园区、港口、矿山、停车场、厂区等限定区域以及接驳、环卫、消杀、最后一公里物流配送等特定场景成为众多整车企业和自动驾驶解决方案提供商落地自动驾驶的核心场景并快速走向商用。

智能网联汽车关键器件取得突破。国产多款半固态激光雷达开始前装应用，整机性能与国际先进水平持平的同时实现大规模降本，大部分供应商推出的激光雷达价格已降至 1000 美元级别，国产激光雷达逐步进入前装市场。国产厂商推出车规级 AI 计算芯片产品，算力、能效比等关键性能指标继续接近国际领先芯片产品。车辆线控执行系统领域取得进展，底盘线控制动、线控转向技术逐步走向成熟，系统产品一体化控制水平和自主化比例正在提升。域控制器产品由单域控制向跨域融合形态过渡，行泊一体产品逐步搭载量产车型。

信息交互关键技术构筑产业体系优势。我国 C-V2X 产业在频谱管理、标准体系建设、技术研发与产品、测试验证、终端应用等方面都取得快速发展，总体进程在国际上保持一定先发优势。围绕 C-V2X 芯片、终端和系统全产业链已形成系列产品，车型前装 V2X 开启规模化应用，各 V2X 终端搭载车型已支持不同程度的 V2V、V2I 应用场景。近年来连续组织开展 C-V2X 互联互通测试活动，验证 C-V2X 技术和相关标准，结合高精度地图和定位开展大规模网联应用，进一步深化跨界协同并加速 C-V2X 规模化商用步伐。

产业基础平台加快落地，推动基础研究、应用研究、成果转化与产业化的全链条打通。云控基础平台方面，区域性云控平台在北京亦庄、北京冬奥会、上海嘉定等地开启探索性运营示范，国家智能网联汽车创新中心正协同行业共同建设国家级云控基础平台。计算基础平台方面，汇聚芯片厂商、软硬件企业、主机厂的新型产业生态正在形成。高精动态地图基础平台在北京亦庄、首钢园区等地实现地图与定位服务建设。信息安全基础平台方面，国家智能网联汽车创新中心启动规划建设，聚焦端、管、云及安全管理等相关要素并正在启动常态化运营。

2. 国内外智能网联汽车产业发展趋势

(1)智能化网联化融合发展路径持续深化

通过智能化与网联化相融合弥补单车智能的局限性、降低单车成本，以网联化赋能智能化，加强车路协同技术发展的理念在全球不同国家和地区持续深化。中国充分发挥领先产业与体制优势，坚持践行智能化与网联化融合技术路线，美国经过多年智能化、网联化的单独发展开始加速融合发展，相应标准研究及基础设施建设和运营陆续启动，欧洲加强车路协同技术研究，推动跨境基础设施建设部署，在 Horizon 2020 等框架计划下推动大量科技研发项目，日本则以 SIP-adus 项目为牵引，持续加强在网联协同自动驾驶、云平台、V2X 通信等方面的布局。

(2)L3 级以上车型量产和型式认证陆续启动

国外车企持续推进智能网联汽车量产计划，以本田、奔驰为代表的领先车企陆续推动 AVP、TJP(L3 级，60 km/h 以下)、HWA(可全速脱手)等量产应用，整体进程基本符合各国产业发展路线规划的预期目标。L3 级以上车型型式认证随之陆续启动，德国、英国等基于 UN R157 陆续推进 ALKS 立法和部署应用，美国 NHTSA 发布《无人驾驶汽车乘客保护规定》，明确全自动驾驶汽车不再需要配备传统手动控制装置以满足乘员碰撞安全保护标准，工信部发布《关于加强智能网联汽车生产企业及产品准入管理的意见》，同步积极开展准入试点工作。

(3)智能网联汽车安全问题备受关注

随着智能化、网联化变革，汽车安全的内涵也不断扩展和丰富，亟需系统构筑安全发展底线。智能网联汽车处于从技术研发、测试验证、示范应用走向规模化应用的关键阶段，从 L2 到 L4 的产品形态和应用场景多种多样，测试范围和部署规模不断扩大，相关道路交通事故陆续出现，引发国内外行业的广泛关注。与此同时，智能网联汽车作为未来最重要的数据采集平台和联网终端之一，网络安全、数据安全以及隐私问题频现，必将影响行业的商业化落地和规模化普及，加强政策监管势在必行。

(4)智能网联汽车与智慧城市、智能交通加速融合

智能网联汽车是智慧城市、智能交通实现融合的关键节点与抓手，打通客流、物流、能源流和信息流，实现汽车与城市、交通、能源互联互通，从根本上改变城市发展理念。丰田 Woven City 项目于 2021 年 2 月奠基，连接城市道路、车、建筑物等设施，实现城市内的万物互联，现代汽车关注无人驾驶物流配送、Robotaxi、基于无人驾驶的服务等关键技术，推动实现融合未来交通的智能城市生活方式，中国车路云一体化建设则以融合智能汽车的交通体系为核心打通多个领域，实现人、物、能源的高效、智能移动以及城市治理效率的跃升。

3. 目前亟需解决的技术难点及解决方案

智能网联汽车涉及汽车与信息通信、交通等多个领域的深度融合，背后涉及基础设施、联网运营、产品架构等标准，也决定了智能网联汽车的发展具备本地属性。针对智能网联汽车系统融合发展的特点，在全球车路云一体化共识基础上，统筹谋划推进方案，形成我国车路云融合的智能网联汽车系统创新性发展路径，既满足本地属性要求，也符合技术趋势。

“车路云融合的智能网联汽车系统”是具有车路云一体化融合的系统架构，以及分层解耦、跨域共用的两大技术特征，且满足我国基础设施标准、我国联网运营标准、我国新体系架构汽车产品标准三个条件的新一代智能网联汽车系统。

发展智能网联汽车系统，不仅是发展智能网联汽车本身，而是协同发展由智能网联汽车、路侧基础设施、云控平台、通信网等共同组成的复杂信息物理系统。因此，发展车路云融合的智能网联汽车系统是一项重要的复杂系统工程。

我国车路云融合智能网联汽车发展战略具备重大的战略意义和良好的产业基础。选择经过近几年的快速发展，在各方的共同努力下产业发展取得积极成效，基础设施建设、核心零部件与系统集成、信息交互、高精地图、测试区建设、人工智能核心技术等方面均有突破。

与此同时，仍需清醒地认识到，智能网联汽车的发展仍存在诸多亟需解决的技术难点，既有不同国家或地区所面临的共性难题，也有我国特有的发展障碍。

在车载芯片、操作系统、线控底盘等核心技术节点，尚存在的“卡脖子”技术短板，为产业安全带来极大隐患。在计算芯片方面，部分国产产品的性能取得一定进展，但仅有少量刚刚进入量产前装，产品稳定性仍需大量实车验证，其在设计、制造过程中仍然依赖国际供应体系，自动驾驶操作系统的成熟内核系统及中间件等基本掌握在欧美厂商中，国内存在较大差距，线控底盘技术在冗余系统架构设计、机电液耦合轻量化设计等方面存在“卡脖子”问题，有待技术突破。

产业融合发展突破传统的汽车产业范畴，需要人、车、路、云、网、图协同发展，道路交通、信息通信、数据云平台等基础设施发展路径有待进一步清晰。智能网联基础设施建设尚未形成统一的建设规划，相关主体参与角色与定位不明确，路侧基础设施建设与车端通信设备应用渗透协同发展不够充分。在基础设施信息化数字化升级对多技术协调、跨产

业协同提出更高要求，建设投资大、周期长，影响建设进度，并为智能网联汽车规模化运营带来挑战。

作为实现智能网联汽车加速技术迭代、产品创新应用的必要一环，测试验证技术及解决方案需进一步适应产业发展进程。为保障智能网联汽车在复杂的道路交通环境中安全可靠行驶，需要通过模拟仿真测试、封闭场地测试和实际道路测试等综合手段进行大量测试验证，但开放道路场景仍不能满足全场景测试需求，试验场较难模拟高速公路真实路况，不同测试示范区在测试方法、数据采集、路侧设备规格等方面缺少统一标准，测试数据的共享及二次开发利用仍有待探索。

4. 2021 年行业重点企业发展情况

整车企业加强智能化技术搭载应用，辅助驾驶功能进入加速渗透阶段。一汽、东风、长安、北汽、广汽、上汽、吉利、长城、蔚来、小鹏等自主车企在 L2 基础上不断拓展功能配置和应用场景，不断解放驾驶员眼、手、脚，不断接近 L3 级自动驾驶功能。覆盖高速/快速路、城市道路、低速封闭环境的停车场(库)三大场景的自动驾驶功能开始在量产车上集中搭载，部分车型 V2X 功能逐步开启前装搭载，实现网联技术赋能并持续升级。其中，自主代客泊车系统通过车端与场端智能化技术融合，实现车辆自动完成泊车、取车动作，无须驾驶员监控，成为乘用车高度自动驾驶功能开发热点，并有望最先实现量产前装。

关键零部件供应商自主能力加强，赋能汽车产业。国产激光雷达车规产品正式进入前装，与国际并跑且实现大规模降本：华为 96 线半固态激光雷达采用转镜扫描式结构，有效探测距离达到 150 m(10% 反射率下)，形成 120°水平视角和 25°垂直视角的扫描范围，搭载极狐 αs 车型；图达通猎鹰激光雷达采用转镜扫描结构，探测距离达到 250 m(10% 反射率下)，搭载蔚来 ET7 车型；速腾聚创 RS-LiDAR-M1 MEMS 激光雷达有效探测距离达到 150 m(10% 反射率下)，形成 120°水平视角和 25°垂直视角的扫描范围，搭载 AION LX plus 等车型。国产芯片厂商陆续推出车规级 AI 计算芯片产品，芯片算力、能效比等关键性能指标取得突破：地平线发布征程 5 系列计算芯片，最高算力达到 128TOPS，与多家汽车厂商达成量产合作意向；黑芝麻自动驾驶计算芯片 A1000 Pro 采用 16 nm 工艺制程，算力可达 106 TOPS，典型功耗 25 W，即将量产应用；华为昇腾系列计算芯片集成于 MDC 计算平台，MDC 610 PRO 已搭载于极狐阿尔法 αs HI 版，可形成 400+TOPS 算力支持。

5. 2021 年重点车型技术特点分析(见表 1-8-1)

(1)蔚来 ET7

2021 年 1 月 9 日，蔚来发布 ET7 车型。该车型配备 1 个激光雷达、5 个毫米波雷达、12 个超声波雷达、2 个高精度定位单元等，采用具备 1016TOPS 算力的 Adam 超算平台，具备 V2X 功能。该车型搭载蔚来 NAD(NIO Autonomous Driving)，从感知算法到地图定位，从控制策略到底层系统，基本全面由蔚来自研，将逐步实现高速、城区、泊车和加电场景的全覆盖。

(2)极狐阿尔法 s

2021 年 4 月 17 日，极狐 ARCFOX 发布阿尔法 s 车型。该车型配备 3 个激光雷达、6 个毫米波雷达、12 个超声波雷达、9 个 ADS 的摄像头、4 个环视摄像头，采用 ADCSC 中央超算平台，具备高精地图定位、V2X 等功能。该车型可实现 HWA 高速公路自动变道辅助、RPA 泊车等高级辅助驾车功能。另外，阿尔法 s HI 版搭载鸿蒙 OS 智能互联系统，可实现所有设备协同。

(3)小鹏 P5

2021 年 9 月，小鹏汽车发布 P5 车型。该车型配备两个激光雷达、5 个毫米波雷达、13 个摄像头、12 个超声波传感器，搭载分米级高级驾驶辅助地图，基于 RTK+IMU 全局定位精度可达厘米级。P5 激光雷达车型版本计划具备城市 NGP、VPA-L 跨楼层停车场记忆泊车功能，并已逐步开展城市开放道路测试。

(4)广汽埃安 AION LX Plus

2021 年 11 月，广汽埃安发布 AION LX Plus。该车型配备 3 个激光雷达、6 个毫米波雷达、12 个超声波雷达、12 个摄像头和 2 个独立高精定位模块，智能驾驶计算平台算力可达 200TOPS。AION LX Plus 车型计划实现城市 NDA 领航辅助驾驶、智能泊车等功能。

表 1-8-1　重点车型技术特点分析表

车型	搭载传感器	搭载控制器/计算芯片	是否具备高精度地图	可实现智能驾驶功能	是否具备 V2X 功能
极狐 αS HI 版	3 个激光雷达、6 个毫米波雷达、13 个摄像头、12 个超声波雷达	华为 MDC810 计算平台	是	高速公路自动驾驶、城区高阶自动驾驶、低速代客泊车	是
广汽埃安 LX Plus	3 个激光雷达、6 个毫米波雷达、12 个摄像头、12 个超声波雷达	—	是	交通拥堵辅助、高速公路辅助、城市 NDA 等	是
长城机甲龙	4 个激光雷达、5 个毫米波雷达、16 个摄像头、12 个超声波雷达	华为 MDC	是	高速驾驶辅助、高速自动领航辅助驾驶、自动泊车	是
吉利极氪 001	1 个毫米波雷达、15 个摄像头、12 个超声波雷达	两颗 Mobileye EyeQ5H	是	自动辅助领航和城市自动驾驶	是
蔚来 ET7	1 个激光雷达、5 个毫米波雷达、11 个摄像头、12 个超声波雷达	4 个 NVIDIA Drive Orin 芯片	是	高速公路/快速路、城区自动导航辅助驾驶以及停车场全自动泊车	是
小鹏 P5	2 个激光雷达、5 个毫米波雷达、13 个摄像头、12 个超声波雷达	NVIDIA Xavier 芯片	是	在高速和城市快速路基础上逐步扩展至城市 NGP，记忆泊车 等功能	—

6. 未来几年智能网联汽车产业发展建议

明确发展路径，推动中国方案顶层架构设计。建立中国方案的智能网联汽车信息物理系统架构，依托 ICV-2035 推进组、创新中心等，立足汽车产业技术创新需求与国家监管要求，开展中国方案顶层设计、系统体系架构研究。加强国际合作，通过跨国技术路径论坛研讨等方式，推动中国方案影响国际技术路线。

优化行业监管，持续完善政策法规标准体系。切实贯彻《新能源汽车产业发展规划（2021—2035 年）》《智能汽车创新发展战略》等国家顶层战略规划，在准入管理、豁免应用、事故认定、网络安全、交通管理、地理测绘等领域弥补相应空白，继续加强跨部门统筹协同机制，建立国标、行标、团标协同配套标准体系。

突破关键技术，提升产业链供应链现代化水平。针对高精度传感器、车规计算芯片、车用 OS、工具链、线控底盘等“卡脖子”技术，设立重大科技专项，支撑中国方案落地。支持关键技术细分领域龙头企业，以核心技术攻关和应用为基础，提升自主可控能力，构建开源开放、协同共进的开发创新体系。

构建产业平台，提升智能网联汽车产业创新能力。发挥创新中心联结技术链与应用链的枢纽作用，突破产品技术方案落后、基础设施建设重复、系统数据封闭等问题，通过加强整车、零部件、软件、电子、互联网等行业力量的协同合作，打通“基础前沿-重大共性关键技术-应用示范研究”的创新全链条。

加强测试示范，支撑产业开发进程及商业模式探索实践。以用户需求与产品落地为导向，全面建设智能网联汽车测试与示范场景与能力，广泛开展产品测试与应用探索，支持开展自动驾驶载人/载物/作业等运营服务，以示范区、先导区等为载体，探索网联化关键场景，协调推进基础设施建设。

推进跨界协同，加速智能汽车与智能交通、智慧城市深度融合发展。重点加强支撑智能网联汽车的城市数字化与智能化设施布局，打造智慧城市大数据平台、智能交通系统平台，通过智能网联汽车与各产业之间有机的、深入的融合，促进实现汽车与城市、交通、能源互联互通，提升城市运行效率及节能减排。

（二）自动驾驶客车

（厦门金龙联合汽车工业有限公司　苏　亮）

1. 2021 年自动驾驶客车产业总体发展与突破

国家自动驾驶产业新政的陆续出台，为自动驾驶客车发展奠定良好基础。2020 年 12 月 30 日，交通运输部发布了《关于促进道路交通自动驾驶技术发展和应用的指导意见》，其意义在于推动自动驾驶汽车的进一步发展，为自动驾驶汽车提供指导意见。指导意见提出，2025 年要在自动驾驶理论研究、道路设施智能化、车路协同等关键技术、产品研发与测试验证各方面取得重大突破。构建自动驾驶标准体系，建成一批国家级自动驾驶测试基地和先导应用示范工程，在部分场景实现规模化应用，推动自动驾驶技术产业化落地。

2021 年，自动驾驶客车产业发展突飞猛进，在各方面都取得了不错的进展。自动驾驶客车驶向了全国各大城市，乃至国外。

4 月份，金龙客车与百度联合开发的无人驾驶公交车在重庆市永川区开放运营；6 月 4 日，郑州宇通集团有限公司无人驾驶巴士投入广州抗疫战线，有效保障疫情期间的物资供给及人员安全；7 月份，金龙客车 L4 级自动驾驶公交车在沧州投入运营。8 月 5 日，金龙客车与百度公司共同研发的 Apollo 全新一代自动驾驶巴士阿波龙在广州黄埔亮相。10 月份，宇通客车智能驾驶巴士小宇 2.0 在山东青岛西海岸新区首次亮相。年底，金龙客车 L4 级自动驾驶公交车在郑州市郑东新区和投入运营，为自动驾驶客车产业发展再增新绩。

在国外，2021 年 1 月中车时代电动汽车股份有限公司 12 米自动驾驶客车通过在法国巴黎进行的道路测试，这是中国自动驾驶客车首次进入法国；2 月份，比亚迪在东京羽田机场顺利完成为期 10 天的自动驾驶大巴试运行。

除了在自动驾驶客车产业运营取得突破外，在设计、构建自动驾驶测试环境等也取得了不俗成绩。6 月 15 日，郑州宇通智能驾驶巴士小宇 2.0 取得红点奖；7 月 29 日，国家自动驾驶场景测试与安全仿真中心项目在重庆合川区开工；10 月 30 日，在世界物联网博览会上，发布“公开道路 5G 自动驾驶网约巴士”。

2. 产业标准体系的建设

自动驾驶客车的发展离不开智能网联汽车的相关标准体系的构建。目前我国仍需不断构建智能网联汽车标准体系，并完善法律制度。这要求标准相关构建组织及人员根据汽车行业实际情况，结合发展形势，对标准信息渠道进行扩展，提升全产业标准构建能力。

根据不完全统计，2021 年车路协同自动驾驶系统标准体系建设情况如下：

①各状态团标 68 项，其中申报立项标准 2 项，批准立项标准 20 项，征求意见标准 20 项，合同阶段标准 6 项，审查阶段标准 4 项，发布阶段标准 6 项，现行标准 9 项，大纲 1 项；

②各状态地标 4 项，其中征求意见标准 2 项，现行标准 2 项；

③各状态行业标准 3 项，其中批准立项标准 1 项，现行标准 2 项；

④国家标准 8 项，其中申报立项标准 1 项，征求意见标准 2 项，正在起草标准 3 项，现行标准 2 项。

2021 年 6 月 28 日，工业和信息化部发布的《2021 年汽车标准化工作要点》为自动驾驶汽车（智能网联汽车）标准体系健全完善提供了方向。描述了自动驾驶汽车技术研究方向，标准的制定方向，包括各种功能及场景。

自 2020 年 9 月以来，在《智能网联汽车团体标准体系建设指南》(2020版)指导下,截至2021年12月13日,中国智能网联汽车产业创新联盟(CAICV)通过各种途径,与各方合作,广泛参与,已累计发布13项CSAE团体标准,修订1项,累计立项47项。并积极响应行业需求,13日,正式发布《智能网联汽车团体标准体系建设指南》(2021版)。其中共212项团体标准项目和13项研究项目,与2020版相比,在各技术领域都有更新。

3. 国内外自动驾驶客车产业发展趋势

近几年,无人驾驶技术快速发展。当世界各国的汽车巨头、科技公司为无人驾驶的商业化而努力时,无人驾驶已悄悄蔓延至公共交通领域。自动驾驶巴士已经在多个国家进行测试并上路,未来或将成为智能交通领域一个重要组成部分。国内主要客车生产企业在自动驾驶领域都有所建树。金龙客车开发中国首款L4级量产自动驾驶巴士阿波龙,截至2021年已在全国31个地区和38个场景实现商业化运营。宇通客车开发的L4级自动驾驶巴士小宇在郑州东新区大规模示范运营。福田欧辉无人驾驶巴士投入到冬奥会首钢工业园区示范运营。苏州金龙、厦门金旅、中车时代等客车生产企业都开发了自动驾驶巴士。

自动驾驶巴士运营场景逐渐从景区、园区等封闭场景向城市公共道路示范路线运营发展。目前自动驾驶车辆推广还是以示范应用为主,但其商用化进程正在加速。此前,自动驾驶车辆的示范应用主要由政府牵头,客车生产企业、公交客运企业等多方参与。随着智慧交通、智慧城市建设以及自动驾驶技术的日益成熟,自动驾驶领域的前景被广泛看好,北京、上海、重庆、郑州、福州等城市的公交客运企业对自动驾驶也表现出浓厚的兴趣,尤其是在特定路段或特定时间等场景下,公交客运企业期望通过自动驾驶车辆更好地解决群众出行的“最后一公里”难题。自动驾驶巴士正在从测试验证转向多场景示范应用的新阶段,中国坚持“单车智能+网联赋能”并行发展路径,以城市/区域为载体,加快规模化示范应用。“单车智能+网联赋能”路径以“聪明的车”为载体,以“智慧的路”为辅助,结合“网联云控”,推动高等级自动驾驶商业飞轮的转动。智慧车辆中包括单车软硬件设备与C-V2X车载终端设备的搭载。

得益于国内新能源汽车的发展水平,国内自动驾驶客车应用及推广要领先于国外客车产业。但基于欧美等发达国家自动驾驶技术的领先优势,国外客车企业也在加快自动驾驶巴士的开发及测试。目前中、美、欧是全球自动驾驶最重视的三个区域。美国将尽全力保持在自动驾驶全球的领先地位。2021年5月德国通过自动驾驶法案,到2022年德国允许L4级别的无人驾驶车辆上种行驶,从政策上引导自动驾驶产业发展。虽然美国在无人驾驶技术方面比较高调,但就无人驾驶客车(巴士)行业来看,若论落地速度,非欧洲莫属。而法国,绝对是欧洲大陆上对无人电动巴士最热情的一个国家。2015年底无人驾驶电动巴士首次在法国亮相后,截至目前,法国研发设计的无人驾驶巴士已经遍布英、美、希腊、日本、新加坡等多个国家和地区。欧洲的客车在主动安全装备方面起步较早,欧洲客车制造商和系统集成商具有优秀的技术功底与工程应用能力。国外目前仍然以中小型的自动驾驶巴士为主,并且测试、运营区域都基本处于一定封闭性的地方,并且主要应用于解决“最后一公里”的短途运输

4. 目前亟需解决的技术难点及解决方案

目前自动驾驶客车亟需解决的技术难点及解决方案如下:

(1)感知难

当前自动驾驶技术普遍采用的感知传感器,感知能力(距离、范围、环境影响)有限,正常情况下可以完成较高精度的环境信息采集,比如摄像头、毫米波雷达、激光雷达等,但是遇到大雨、大雾、大雪等恶劣天气情况,其感知性能就会迅速下降,无法满足自动驾驶全工况、全天时、全天候的运行要求。针对感知难的问题,目前行业普遍采用解决方案包括不断提高单个传感器的硬件性能及感知算法、采用车路协同方案提高车辆的感知距离及感知范围、单车多传感器融合等办法解决。

(2)通信难

自动驾驶客车重要的车路协同技术,其网络架构与通信模式没有统一的标准,“短、中、远”“强实时”“大带宽”等各类信息的传输机制以及异构网络融合没有统一标准,且无标准可以参考,尽管行业有4G/5G/LTE-V/DSRC/WiFi/Lora/蓝牙/千兆网等各种通信标准,针对车路协同的标准化通信架构没有标准,因此,加快车路协同标准制定与统一是当前解决通信难的问题的关键。

(3)控制难

如何实现在高速、拥堵、复杂交通环境条件下实现精细化的车道级自动驾驶控制,避免碰撞风险,保障交通通行效率、驾乘体验舒适等控制难度较大。特别在恶劣天气环境和不确定突发性交通参与者干扰下,保证自动驾驶、车路协同控制的稳定性等行业亟需攻破的技术难题。针对控制难问题,探索基于强化学习决策执行控制等新型控制算法的研究与应用,进一步提升道路驾驶环境情景分析、行为决策、动作规划的科学性与合理性。

(4)集成难

自动驾驶客车如何针对客车行业各种应用场景,利用统一的自动驾驶技术平台,将多种自动驾驶相关感知、通信、决策、控制模块等先进技术进行快速集成,满足多元化用户的场景需求,这是一个相当复杂的系统工程问题。针对该问题,我们要加强行业协同、技术标准制定,同时在建立自动驾驶系统时,要有平台化思维,提高产品的扩展与适应能力。

5. 2021年行业重点企事业单位发展情况

公交是城市出行的主要方式之一,在我国公共交通领域拥有较高的路权和优先级,伴随着智能驾驶赛道的火热,相关企业开始瞄准了无人公交、微循环巴士等刚需场景,公交车开始了网联化和智能化的升级,AI企业争相入局。

(1)金龙客车与百度

2018年7月,百度宣布和金龙客车合作的“阿波龙”正式量产下线,随后阿波龙在全国各地进行推广销售,截至2021年,阿波龙微循环巴士已在全国31个城市,38个场景成功落地,2021年,金龙客车的无人驾驶产品销售收入突破1亿元。在阿波龙无人车缺取得成功以后,金龙客车与百度

的合作不断深入，技术及产品不断迭代，2020 年，金龙客车提出了 1+N 的无人驾驶产品族策略，即 1 个通用无人驾驶线控底盘，N 个面向各个场景的无人驾驶产品，如：开放道路无人驾驶公交车、无人驾驶物流配送车、港口 IGV 等，2021 年 11 月，百度和金龙联合打造的自动驾驶巴士 Robobus，在重庆永川启动全面商业化运营；2021 年金龙客车研发的智能网联公交车在厦门 BRT 上成功运营，结合 BRT 运行场景需求，基于 LTE/5G-V2X、人工智能、大数据技术，开展包括公交优先、最有车速、精准停靠、柔性编队等智能驾驶技术的应用，2021 年，该项目助力厦门入围“双智城市”名单。

（2）宇通客车与文远知行

2013 年，宇通客车开始自动驾驶客车的研发；2015 年在郑开大道首次进行自动驾驶客车公开路试；2016 年完成新一代自动驾驶客车可靠性测试；2017 年自动驾驶客车在研发园区产业化示范；2018 年开展厂区通勤自动驾驶常态化运营；2019 年，宇通 L4 级自动驾驶巴士首次亮相博鳌论坛。2020 年 12 月，宇通出资 2 亿万美元战略投资自动驾驶独角兽文远知行，用于推动自动驾驶在微循环巴士、公交车等场景的应用。

截至 2021 年，双方面向城市道路复杂交通流，正向开发了三款自动驾驶产品，12 m 自动驾驶公交，L4 级自动驾驶巴士‘小宇’，文远知行开发的 Robotaxi；建设了商业化运营自动驾驶公交线和无人场站，自动驾驶巴士目前已安全运营超过 900 天，累计接待市民超过 36 万人次，开放道路运营里程累计超过 71 万 km。2021 年启动的郑州中原科技城智能出行项目，通过多模式的交通衔接，实现全时空主动出行服务，高效联接各类静态设施和城市活动，满足多样化出行需求。

（3）轻舟智航

诞生于美国硅谷的轻舟智航在 2020 年初进入中国，同时顺势切入小巴市场，从业务进展到战略路线，体现的是“年轻”，敢于挑战不同，龙舟 ONE 已成功在深圳、苏州、武汉等 6 座城市落地常态化运营，成为国内布局城市较多的公开道路自动驾驶小巴。2021 年 10 月，轻舟智航还在无锡发布了全国首个公开道路 5G 自动驾驶网约巴士，进一步打破 Robobus 与 Robotaxi 的边界。如果加上在其他场景的应用，截至当前搭载轻舟智航 Driven-by-QCraft 硬件方案的自动驾驶车辆已在北京、深圳、苏州、硅谷等全球 10 座城市落地测试和运营，，共计部署了 10 款车型，涵盖小巴、大巴、乘用车等多种不同产品形态。接下来，轻舟智航表示将会进一步扩大测试运营范围，到 2022 年整体车队规模有望达到百余台。

6. 2021 年重点车型技术特点分析

（1）宇通客车——小宇无人驾驶微循环巴士

具备 L4 级自动驾驶能力的小宇 2.0。作为宇通在自动驾驶领域的集大成者，小宇 2.0 是一款正向研发，面向无人驾驶设计高端车型，在造型、感知、智能化决策、冗余安全线控执行机构、多元化人机交互等方面全面升级；基于 360°覆盖的全天时、全天候感知技术，车辆可实现在晴、雨、雾等各类天气及不同路况下自动驾驶，是业内首款支持无安全员运营的 L4 级自动驾驶巴士，如图 1-8-1 所示。

图 1-8-1 宇通小宇无人驾驶微循环巴士

（2）金龙客车——阿波龙、Robobus

金龙客车联手百度共同打造的 L4 级自动驾驶微循环小巴-阿波龙，无方向盘，自动驾驶级别达到 L4，4330X2000X2670，8 座 6 站，续航里程超过 100 km，最高车速 40 km/h，面向园区等封闭场景，如图 1-8-2 所示。

图 1-8-2 阿波龙无人驾驶微循环巴士

金龙客车与百度联合开发面向开放道路运营的自动驾驶公交——Robobus，巡航里程为每小时 40～60 km，配备激光雷达、毫米波雷达、单目相机等，可实现精准靠站，轻松应对公交站场景及更为复杂的城市道路路况，结合 V2X 车路协同，可实现车载 OBU 与智能网联路侧设备进行 L4 级车路协同感知驾驶，实现聪明的车与智能的路紧密结合，如图 1-8-3 所示。重庆市民通过 Apollo Go、百度地图、永川服务公社等 App 端口就可以预约体验。

图 1-8-3 金龙 Robobus

（3）轻舟智航——龙舟 ONE 无人巴士

龙舟 ONE 是轻舟智航部署的无人驾驶小巴，又称轻舟无人小巴，定位为城市微循环无人公交，如图 1-8-4 所示。区别于在封闭道路或园区运营的低速小巴，龙舟 ONE 能够以 20 到 50 km/h 的速度，在城市开放道路上运营。基于轻舟智航自主研发的“Driven-by-QCraft”无人驾驶方案，龙舟 ONE 可轻松应对各类城市复杂交通场景。

图 1-8-4 龙舟 ONE 无人巴士

（4）东风汽车的自动驾驶的客车 Sharing-Van

东风自动驾驶客车 Sharing-Van 外观充满了未来感，前脸的设计主要是用荧光灯作为背景的设计，车灯采用连接样式的设计，整款车黑色的面板以及车窗进行了完美的融合，在车窗后面还安装了 LED 的彩色显示器，整体豪华度极高，2+2 的对座的设计也拉进了乘车人的距离，同时乘坐体验极佳舒适感非常不错，如图 1-8-5 所示。

图 1-8-5 自动驾驶的客车 Sharing-Van

（5）PIX Moving——滑板底盘 Robobus

与传统无人驾驶小巴不一样的是，PIX Moving 打造的 Robobus 采用了底盘与舱体上下分离式开发方式，双方完全解耦，该车型也没有驾驶舱，以及方向盘、脚踏板、后视镜等传统机械部件，而且按照对称设计，可以实现双向移动，如图 1-8-6 所示。这款 Robobus 主要有线控标准版、自动驾驶标准版、线控定制版与自动驾驶定

图 1-8-6 PIX Moving 滑板底盘 Robobus

制版等4大类型。交付后将应用于末端城市交通微循环场景，连接地铁站、公交站、社区以及大型商场、写字楼等，打通最后2~3 km。

(三)无人驾驶清扫车

(北京智行者科技有限公司 张 放 赵 勍)

1. 2021年无人驾驶清洁设备产业与技术总体情况

随着信息技术的发展、人工智能的应用，城市化进程加速，人们的精神、物质需求日益增长，清洁设备产业作为城市的基础建设，以及居民赖以生存的物质条件，亟需智能化转型。

(1)无人驾驶清洁设备产业发展

近年来，传统清洁设备服务行业痛点日益严重，从清洁人员操作的角度来看，清洁设备工作环境恶劣、工作时间长、作业风险高、清洁设备工人招聘困难且年龄偏大，从清洁设备的角度来看，清洁设备机械化水平和普及程度均处于发展中的水平，以全国城市道路清扫机械化率为例，中国目前不足80%，与国外一些国家的机械率相比，仍存在一定差距。除此之外，传统清扫车虽然可以代替简单的重复性清扫劳动，但清扫质量低、清扫设备耗损大、贴边清扫区域工作体验差等问题也非常明显。随着我国社会和经济发展，人们对环境卫生的美好需求日益增长，清洁设备工作已上升到改善人居环境、优化投资环境、促进可持续发展的高度，成为推动社会经济发展不可缺少的重要内容。

在此背景下，智慧清洁设备被越来越多的政府部门、清洁设备服务公司作为发展重点，自2020年2月，国家发改委等11部门联合印发了《智能汽车创新发展战略》，明确了智能汽车的战略愿景：“到2025年，中国标准智能汽车的技术创新、产业生态、基础设施、法规标准、产品监管和网络安全体系基本形成。实现有条件无人驾驶的智能汽车达到规模化生产，实现高度无人驾驶的智能汽车在特定环境下市场化应用”。2021年3月，“十四五”规划中重点发展服务机器人，规划纲要提出，应用感应控制、语音控制、远程控制等多种技术手段大力发展服务机器人。这意味着未来五年内商用服务机器人发展前景良好，增长潜力巨大，对无人驾驶技术的广泛应用起到巨大的推动作用。

在政策的引导下，无人驾驶的关键基础技术得到了飞速发展，在无人驾驶功能型应用的细分场景中，清洁设备市场成为无人驾驶技术商业化落地的典型领域。基于无人驾驶技术的无人清洁车辆正在逐渐走到真实的清洁设备服务项目中，北京、上海、广州、长沙、成都、厦门等数十个城市分别出台政策支持无人驾驶在清洁设备场景的应用，开展了特定区域的无人驾驶应用示范试点进行无人清洁设备项目的广泛运营，政策支持下的无人驾驶清洁车正逐渐实现市场化和规模化运营。

(2)无人驾驶清洁设备技术总体情况

无人驾驶赋能清洁设备，能够有效发挥以下应用价值：

①最大程度降低人工成本；②减小恶劣或危险环境下的作业风险；③提高清洁效率；④当前疫情环境下，可以实现无接触作业。

从技术应用场景的不同，本文着重说明道路无人驾驶清扫技术和室内地面无人驾驶清洁技术。

(3)道路无人驾驶清扫车技术总体情况

目前，道路无人驾驶清扫技术主要应用于公共道路、街区等开放场景以及园区、厂区、公园等封闭或封闭场景，针对不同的应用场景，技术特点和难度也有区别。应用方案如图1-8-7所示。

针对公共道路、街道等开放场景，要求无人驾驶清扫车行驶在结构化道路上，其运行速度相对更高，需要与其他社会车辆混行，涉及路权判断、通过路口等复杂的交通场景，须严格遵守交通法规。其次，无人驾驶清扫车的作业时间通常为凌晨或者夜晚，受温度、雨雪等气象因素的影响比较大，当前技术条件下仍存在安全性问题。因此，应用于开放道路的无人驾驶清洁车多采用中型及以上的清洁车，具备机动车牌照，垃圾清运量相对更大，作业以机械化为主，少部分靠人工，对清洁要求比较高。

针对园区、厂区、公园等封闭或半封闭场景，无人驾驶清扫车所行驶的道路相对较窄，速度低，大多白天工作，涉及人车混行的交通场景。对于清洁的要求，不同的场地根据场地需求略有不同，总体要求相对较低。垃圾种类多为白色垃圾、落叶尘土等。因此，此类应用场景多采用中小型无人驾驶清洁车的方案，满足半封闭或封闭作业模式，容易实现商业化。

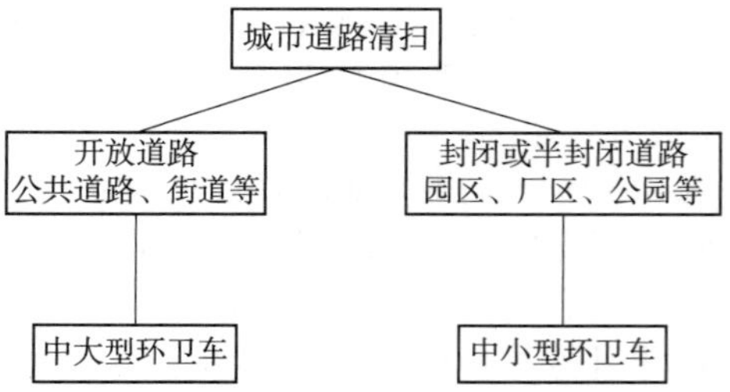

图1-8-7 不同道路场景的应用方案

从无人驾驶系统设计角度，无论是运行开放道路还是封闭道路，无人驾驶系统均通过感知模块、定位模块、决策规划模块、控制模块和执行模块信息融合交互，实现无人驾驶，通过针对性的业务模块开发实现清扫逻辑与清扫功能。其中，感知模块依据车辆所处的交通环境进行传感器的选择，包括激光雷达、毫米波雷达、超声波雷达、摄像头等，定位模块选择惯性导航、RTK差分定位、轮速计等，决策规划结合感知模块和定位模块的输入对障碍物做行为预测、对自车系统做驾驶决策和轨迹规划，控制模块输出车辆横向和纵向的控制请求给执行模块，最终通过控制车辆的转向、油门、刹车、档位、灯光、喇叭以及扫刷实现道路的自动清扫。

（4）室内地面无人驾驶清洁车技术

实现室内地面无人驾驶清洁技术的清洁车应用于写字楼、商业综合体、机场、展览馆等场景中的清扫、清洗、尘推等功能，因此采用体积较小的小型清洁车。小型清洁车在不同场景面临的挑战完全不同，如交通枢纽的巨大人流量和人流集中，清洁面积需求大且清洁标准高，写字楼内上下班高峰人流量大，清洁楼层多，医院内全时段人流量大，场景复杂，还需消杀灭菌，商场内晚上和周末人流量大，人流分散，清洁面积大且形状不规则。

室内清洁车虽然功能各异，但基本组成模块存在共性，其核心模块有环境感知模块、定位建图模块、决策规划和运动控制模块、人机交互模块，另外还包括充电站等配套模块。当前小型清洁车主要以室内环境为主，具备自主建图、自主规划路径、自动避障、自动充电等功能。

2. 2021 年无人驾驶清扫车技术发展特点

（1）道路无人驾驶清扫车技术特点

无人驾驶清扫车运营路线相对固定，依靠无人驾驶算法进行决策，以代替人类执行清扫任务为主，从技术上包含以下技术特点：

清洁技术包含以下几个方面：①定时任务：任务的设置可以通过人工作业时间、定时作业，尤其适应夜间工作的清扫业务。②历史路线任务：系统保存设置过的历史任务，简便了重复作业需求的重复操作。③全过程监控：系统显示实时轨迹并对历史轨迹记录和保存，车身周围运营环境的 360°视频监控，车辆运行状态监控和预警，手机端和 Web 端可同时同步进行多端监控。

自动化水平包含以下几个方面：①覆盖式清扫：规划控制算法进行自主规划重叠式路径覆盖目标清扫区域。②精细化清扫：精确的感知技术识别边沿和边界，精准定位和规划控制使车辆能够清扫到清洁死角。③自动驾驶算法的应用：实现行走、停车、障碍物避障、绕行等自主驾驶动作。④交通规则的遵守：通过地图和感知系统的结合对道路环境的静态交通标志标识以及动态的交通灯、交通流进行识别，决策规划技术按照交通规则的要求规划车辆行为。⑤双模式切换：系统执行层接收自动模式和手动模式的控制指令。

（2）室内地面无人驾驶清洁车技术特点

室内地面无人驾驶清洁车具备两方面技术特点：清洁技术和自动化水平。

清洁技术包含以下几个方面：①清洁效果：清洁车内部结构设计使车辆能够洗扫一体，并可灵活更换尘推模组，实现尘推功能。②清洁效率：通过清洁机构的结构设计和自动驾驶的规划设计保证每小时清洁面积。③通行能力：为了最大限度覆盖地面清洁面积，结构设计支持原地转向，不因车辆转弯而遗漏未清扫面积。④续航能力：大部分室内清洁车具备清水箱和污水箱，在电池续航和水箱的设计上，既要保证续航时间，又要保证合理的用水周期。

自动化水平包含以下几个方面：①无人驾驶：能够实现实时建图、多地图切换，适应不同场景的快速适配；全局路径规划能力：覆盖大面积、边角多的室内场景；自主避障绕行能力：适应室内无规则的物品摆放和随机的人流；窄道通行能力：车辆外形设计、执行机构设计和规划控制算法设计保证能够正常通过走廊或临时形成的窄道。②支持人工驾驶：保留人工驾驶的功能，以应对非常规的工况。③人机交互：车端装有触摸式车载交互屏，可以进行任务设置、状态查询和账户管理；手机端小程序支持手机消息提醒和远程启动任务。④业务全自动化：自动加水和排水、自动充电、自动上下电梯等。

3. 2021 年无人驾驶清扫车实现的主要技术突破点

无论是道路无人驾驶清扫车还是室内地面无人驾驶清洁车，贴边清扫都是重要的功能，也是自动驾驶技术在清扫设备领域的主要技术突破点。

一般地面垃圾和尘土都集中堆积在路边沿或前边，一是因为路面设计为了排水，路两边高度相对较低，二是因为自然风和车辆行驶产生的风力带动尘土垃圾移动过程中遇到边沿之后沉积下来。

为满足较高的贴边清扫要求，无人驾驶系统需要具备较高的精度，这意味着清扫车上所有传感器的检测误差、执行机构的误差以及整个系统的延时综合而成的系统偏差要保持在较低范围内，才能做到沿边清扫，不因远离边沿或墙边而漏扫，也不因过近与边沿发生剐蹭。

为了应对这类场景，业内无人驾驶技术通常把边沿按照类型的不同进行分类，并对应不同的技术方案。通常，大部分边沿情况，见表 1-8-2，边沿类别如图 1-8-8 所示。

表 1-8-2 边沿类型

描 述	特 点
不可逾越且感知难以识别的边界：即高度<5 cm 的边界，包括负边界	安全风险高
不可逾越 5 cm 感知可识别的边界：即高度>5 cm 的边界	安全风险较高 贴边清扫要求高
可逾越边界： 1）边界内外高度差±2 cm 以内， 2）同时理想轨迹向外 25 cm 范围均无碰撞风险	安全风险低 边界外泥土有扬尘风险

图 1-8-8 边沿类型

面对贴边场景，无人驾驶算法和清扫业务功能均做出了一些突破，从算法上，一方面感知算法针对边沿的特征进行了分析并做了相应的算法处理，另一方面，定位算法的处理也考虑了地图边界的影响，此外，贴边过程中主要由控制环节保障安全，控制算法做安全校验时在考虑了障碍物的基础上，增加了校验感知输出的抑制边界，极大降低了贴边过程中的碰撞风险。从清扫业务功能上，根据适配场地的不同，允许用户对贴边参数进行设置，以降低不同场地环境的变化引起的功能上偏差，比如某场地第三类型的道路，车辆逾越以后无安全风险，边界外是草坪。春夏季节草木旺盛，不需要进行参数配置，到了秋冬季节，部分草皮裸露，车辆偶尔逾越边界后会卷起泥土造成空气污染，这时，需要调整参数，适度清扫。

4. 未来几年无人驾驶清扫车技术发展趋势

无人驾驶清扫车最主要的任务就是清扫地面，行业内对无人驾驶清扫车的技术发展做了智能化等级的分类，参考《智能网联汽车创新应用路线图》，按照其清扫任务的触发条件和完成情况见表 1-8-3 三个智能化作业等级。

表 1-8-3　技术发展趋势

	基础智能	感知智能	综合智能
描述	静态规划任务	动态规划任务	全事件驱动的规划任务
清扫任务触发条件	手动触发或时间触发。手动单次触发任务或根据预先设定的清扫任务开始时间，开始清扫任务	手动触发、时间触发、气候或者特定条件触发。手动单次触发、根据预先设定的清扫任务开始时间、或某些特定感知条件开始清扫任务	手动触发、时间触发、气候或者特定条件触发、事件触发。除了包括感知智能触发条件外，还可根据检测到负责区域内路面上有可清扫的对象，开始清扫任务
清扫任务精细化程度	由人工设定，只能进行预先设定好的效果清扫，精细化程度低	进行区域化清扫，或者由人工设定。在进行部分区域化覆盖式清扫时，精细化程度较低	人工设定、区域化清扫或者精细化清扫。该智能等级采用事件驱动的清扫触发模式，清扫任务明确，精细程度最高
实时程度	实时性差。只能按照预先设定的任务执行	实时性较高。可以根据气候或人流、车流等条件的变化触发清扫任务	实时性高。可以随时根据地面上出现的杂物开始清扫任务
功能要求	自动驾驶循迹 简单路径规划能力 自动驾驶环境感知与避障 清扫、洒水、吸尘、清洗等清扫功能 支持远程控制	支持基础智能的全部功能 温度、湿度、人流等环境和场景信息感知与清扫任务规划 针对区域化清扫的路径和清扫模式规划	支持感知智能的全部功能 地面特定清扫对象识别和清扫任务规划 针对特定清扫对象的清扫路径和清扫模式规划
贴边清扫	根据预先设定好的贴边规则和路线，对规则和边界清晰的边沿或墙边实现安全 0 距离贴边清扫任务	根据预先设定的贴边路线，能够通过深度学习等技术，即使边沿因为季节原因发生变化的情况下，实现安全 0 距离贴边清扫任务	完成上一阶段技术基础上，通过深度学习图像识别等技术，增强感知技术，实时自动识别边沿特征和垃圾量大小进行实时贴边路径规划

5. 目前亟需解决的技术难点及解决方案

对于无人驾驶清扫车来说，运营的环境的复杂多样给无人驾驶算法带来了比较大的挑战。

运营环境变化过大时导致系统定位能力下降仍是业内亟待解决的技术难点。为了解决这个问题，行业内主流的无人驾驶公司从两个方向进行改善和优化。

（1）建图方向

建图技术具有栅格地图和 3D 点云地图扫描建图功能，具备自动回环检测，建图符合实际情况无畸变，同时，系统在建图过程中，针对动态障碍物/传感器异常导致的在地图内形成的噪点，系统自动过滤。对于静态障碍物的处理，轮廓无重影，而动态障碍物则滤出地图。

（2）定位方向

一是提高位置初始化的成功率，二是提高定位可靠性，针对围堵情况加强了传感器与地图间匹配的状态。当环境变化后，尤其高动态区域，提高定位算法鲁棒性，减少位置丢失概率。

此外，感知能力的风险依旧是无人驾驶面临的难题，不规则的异形障碍物的检测，低矮障碍物的检测，业内大多采用数据驱动的方式加快感知算法的迭代速度，不断训练新的模型，以适应更多的应用场景，逐步解决无人驾驶的长尾问题。

6. 2021 年行业重点企业发展情况

2021 年行业重点企业发展情况

应用场景	企业名称	产品类型	运营情况
封闭或半封闭道路	北京智行者科技有限公司	无人清扫车	智行者小型无人驾驶清扫车蜗小白 S100N，规模量产并已销售数千台。2021 年蜗小白主要应用场景为公园、景区、工业园区等封闭场景。寒冷高海拔的西藏、沿海的澳门等上千个应用场景落地
封闭或半封闭道路	于万智驾	无人驾驶扫路机	2021 年可俐 2 号携手龙马环卫落户厦门集美大学、同年 9 月亮相阿克苏多浪河景区
开放道路	仙途智能	无人驾驶扫地车	具备数十辆无人环卫车车队，中小型车辆在北京、上海以及国外多地展开应用；2021 年 8 月自动驾驶清扫车队在安徽合肥正式运营
开放道路	希迪智驾	无人驾驶清扫车	CIDI-自动驾驶清扫机，2 t 级，配备了远程驾驶系统的清扫机还可以在 5G 场景下进行远程接管与清扫作业。使用客户包括市政环卫运营企业、园区物业运营企业等

续上表

应用场景	企业名称	产品类型	运营情况
开放道路	深兰科技	无人驾驶清扫车	开发了系列环卫车系列产品,服务于开放道路的室外自动驾驶环卫车系列"熊猫扫地王"从长宁开始正式运营
室内场景	北京智行者科技有限公司	无人洗地车	2021 年,北京智行者的室内无人洗地机亮相,仅 2021 年,在北京、天津、雄安、合肥、深圳、成都等数十个城市部署了百余台无人洗地车
室内场景	上海高仙自动化科技发展有限公司	无人洗地车	2021 年继续在机场和超市等主要落地场景投放运营,同时远销澳大利亚、美国、加拿大等海外市场
室内场景	杭州它人	智能清洁机器人	2021 年陆续在绍兴人民医院、宁波机场等大型公共场所开展常态化运营

7. 2021 年重点车型技术特点分析

(1)智行者无人驾驶清扫车-蜗小白 S100-N

智行者的无人驾驶清扫车蜗小白作为一款运营在封闭或半封闭园区的小型清扫车,如图 1-8-9 所示,在技术上具有以下特点:

图 1-8-9 智行者无人驾驶清扫车蜗小白 S100-N

①无人值守:不需要安全员的无人驾驶全流程作业。融合传感器提供冗余信息保证安全;完善的安全策略,使产品在各种场景下作业扔能保障安全行驶;完备的软件安全架构,从端到云保障无人驾驶安全性;超过 500 km 的坏路试验,保障软件和硬件的可靠性。

②智能作业:清扫作业全过程智能化。自动唤醒发车作业,蜗小白可以根据您的场景量身定制作业计划;清扫作业过程智能语音提醒,帮助人们理解作业动作,还可以提供定制化语音服务;作业全过程数据监控、云端管理、后台实时展示车辆信息和历史作业数据;具备断电续扫、低电量召回、自动洒水等智能化功能,使清扫作业更简单。

③清扫质量:路沿清扫+覆盖清扫的组合清扫方案。真正实现零距离路沿清扫,解决清扫行业痛点;双边刷清扫宽度 100 cm,保证清洁质量、避免二次扬尘污染、提高作业效率。主边刷联动扫地技术,一次通过即可高效地清洁地面;双反向旋转刷子以及独特的清扫角度,只需一台机器即可扫除全部垃圾。

(2)深兰科技-AI 智能扫路机

深兰自主研发的人工智能计算机视觉、全场景图像识别,搭配深度学习神经网络,组合惯导,集中式实时系统智能驾驶技术,可自主规划路线,自主识别障碍物和行人并主动避让,自动识别红绿灯和制动,实现无水干式清扫、干湿两用作业等,区域遍历清扫,循环闭环清扫,自动跟随或者超车等。可执行行驶区域检测及局部路径优化任务,可提高清扫作业时间限制以及作业效率,减轻道路行驶的压力,产品如图 1-8-10 所示,其产品具有以下特点:

图 1-8-10 深兰科技熊猫扫地王

①自动驾驶:自主规划路径,自动避障,自动跟车及智能超车;智能化作业,降低交通事故风险;自主识别障碍物和行人。

②智能清扫:24 h 作业、定时自动启动作业干式/湿式过滤一键切换;覆盖式清扫、循环清扫、5 cm 精准贴边清扫;根据不同场景定制清扫方案实现垃圾智能检测与清扫。

③智能后台:智能终端可远程实时管理和控制,灵活设置调度任务,多机一键联动;获取实时数据,记录清扫效果;实现智能数据分析和智能预警;产品生命周期管控 OTA 升级。

④安全节能:多传感器融合技术、全方位主动防护,保障安全;VECU 纯电动车辆级高效控制系统;纯电动扫路车,零排放;车规级安全冗余设计。

(3)智行者无人驾驶清扫车-蜗小白 SC50

蜗小白 SC50 无人驾驶洗地机是一台洗扫推一体,一机多用的通用型智能清洁洗地车,如图 1-8-11 所示,产品具有以下特点:

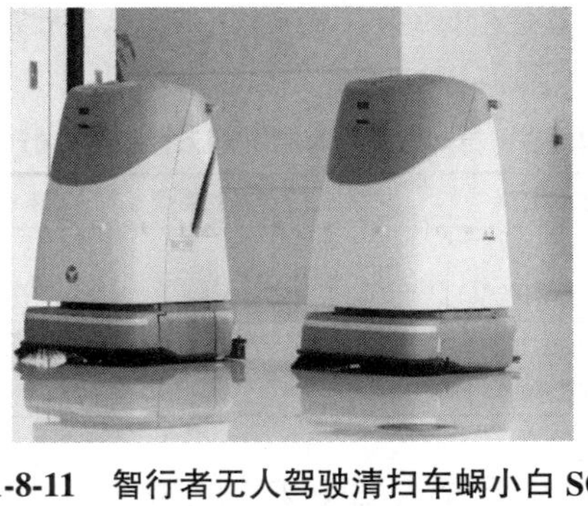

图 1-8-11 智行者无人驾驶清扫车蜗小白 SC50

①全自动安全无人驾驶,硬件和算法双重保障安全。领先的融合定位 & 感知技术实现 360° 盲区覆盖;搭载电磁制动器,车辆可以安全停放在最大 10° 斜坡,任何情况下保证不

溜车；视觉、超声、激光融合感知+电子防撞条双重保障，外力碰撞前紧急制停；感知异常行驶路况，一旦打滑紧急制停；自动识别坑陷并调整行驶路线，必要时可紧急制停。支持多样式模式的智能避障路径规划，如单点采样避障、多点采样避障、前向搜索避障、前后搜索避障。

②高效作业，极少的人工干预。一机多用，洗扫推三位一体，多场景通用；双滚刷+双边刷的设计，降低吸水趴堵塞风险，洗地同时清理小垃圾，持续保证地面清洁效果；一机多层，自动呼梯，自主进出电梯/门禁，跨楼层也可实现自动清洁；超长续航，大容量安全电池，超长时间连续作业不间断；超大水箱，污水自洁，无人多余的人工干预；自动对桩。自动充电、加排水，7×24 小时连续作业；三大清扫模式保障，覆盖清扫、漏扫补扫、断点续扫，不留死角。

8. 未来几年无人驾驶清扫车产业发展建议

(1)商业模式的探索

目前，无人驾驶清扫车的购置成本高，对于环卫企业来讲，一次性支出较大，建议推广以下三种主要的商业模式。

①销售设备。无人驾驶公司通过和车企合作的方式生产无人驾驶清扫车，并销售给下游的服务企业。

②销售服务。无人驾驶公司生产无人驾驶清扫车，并组建车队，提供服务，后期会提供车辆售卖或者系统售卖等方式，通过提供环卫服务收取费用，并可以通过硬件出售、软件授权(按清洁面积定价)和广告(车身平面广告和语音广告)等模式增加收入。

③成立合资公司。无人驾驶公司和环卫公司成立合资公司，专注于无人驾驶清扫车的推广。

(2)社会认知的提升

目前，虽然已经有较为成熟的产品面世，但无人驾驶对于普通百姓仍然属于极为新兴的领域，无论是原理还是使用，均需要付出较大的教育培训成本，建议加大此类产品的宣传、示范应用，提高社会对于产品的接受程度。

(3)法规政策的完善

目前开放道路也只能在一些无人驾驶的示范区域做测试；针对 L4 级别的无人驾驶清扫车，在产品运营过程中发生意外事故等情况下，责任判定问题缺乏法律法规规定，容易产生纠纷。建议专门针对无人驾驶环卫车的产品生产、管理、安全与道路测试标准进行规划与颁布，是无人驾驶清扫车能够真正合法上路、安全运营。

(四)无人驾驶物流配送车

(白犀牛智达(北京)科技有限公司　夏　添　董如意　严　明　刘相锋)

1. 概念说明

无人驾驶物流配送车是自动驾驶技术在物流配送业务中落地的产品形态。由于自动驾驶技术仍在不断发展中，其产品形态也在不断演变中。一般来说，可以按照物流业务和自动驾驶技术等级两个维度来理解。物流业务可分为跨城市的干线物流，城市内的支线物流，以及“最后 5 公里”的末端物流。自动驾驶可简单划分为两类，一类是需要驾驶位上的人类司机对行驶安全做最后的保护；一类是驾驶行为由 AI 司机负责到底，一般也不设置驾驶位。表 1-8-4 展示了当前自动驾驶技术在物流业务中的产品形态，由于当前高速重卡和城市轻卡仍处于驾驶位上有人做安全保护的产品迭代阶段，所以本文主要介绍用于末端物流的无人驾驶物流配送车(文中也会省略为“无人配送车”“无人车”)。

表 1-8-4　当前自动驾驶技术在物流配送业务中的产品形态

驾驶类型	干线物流	支线物流	末端物流
驾驶由人类司机最终负责(有驾驶位)	高速重卡	城市轻卡	—
驾驶由 AI 司机最终负责(一般无驾驶位)	—	—	无人驾驶物流配送车

2. 2021 年无人驾驶物流配送车产业总体发展与技术突破

经过 2020 年疫情期间无人配送车的集中亮相，无论是无人配送车的外观形态，还是无人配送的业务形式，都已逐步进入公众视野。在 2020 年和之前，该行业的产业发展更多聚焦在技术和产品层面，主要用无人化(追求现场无跟车安全员和远程一人负责多车的更低人车比)和规模化(追求硬件量产规模和落地部署规模)来衡量。2021 年，合规性(包括路权许可，运营许可以及标准化工作等)成为衡量行业发展的第三个维度。不同于在校园和封闭园区运营的无人配送车，公开道路运营的无人配送车对路权开放有直接诉求。在 2021 年，行业见证了地方政府对没有驾驶位的无人配送车开放路权和运营许可的突破，北京、上海、深圳等地已经有无人配送车在公开道路开展生鲜、商超的末端无人配送服务。2021 年 5 月 25 日，北京市高级别自动驾驶示范区发布了全国首个无人配送车运营管理实施细则，率先为无人配送车在示范区公开道路运营发放许可。2021 年 11 月 7 日，上海市交通委等部门为推动智能网联汽车示范运营管理政策创新，推出“揭榜挂帅”形式，政府公开“发榜”，企业自愿“揭榜”，榜单涵盖无人配送、无人出租车、智能公交等 12 个创新应用项目，开创了独特的“上海方案”。

2021 年，无人配送车除了继续在校园和封闭、半封闭园区运营之外，头部企业已经开始走出园区，进入开放道路运营。因此，无人化也从以非结构化道路为主的园区内无人化，开始进入以结构化道路为主的公开道路无人化，场景更加复杂，公开道路无人化对自动驾驶技术提出了更高的要求和挑战，部分技术实力强的企业已经取得一定的公开道路无人化成果，京东无人车在北京亦庄，白犀牛无人车在上海嘉定都有公开道路现场无人化的常态化运营落地。2021 年在规模化方面，无人配送车的硬件供应链健康发展，更多乘用车主机厂开始进场,隶属长城汽车的毫末智行为美团无人车提供定制化底盘;禾赛、大疆、一径等激光雷达公司为无人配送车提供更低成本的近距离补盲雷达新产品;在无人车的部署规模方面,由于公开道路场景更加复杂,校园、园区内部署的车辆规模仍显著大于公开道路部署规模。

2021 年在技术层面,可以看到运营场景对技术导向起着越来越重要的作用,园区内运营的无人车多以传统机器人技术为基础,而公开道路运营的无人车更多依赖 L4 级自动驾驶技术,同时两者也在互相借鉴和交融。另外,自动驾驶技术只能取代配送小哥的驾驶角色,为了完成末端配送的全链条服务,还需要完成一系列涉及订单、人和无人车的调度。随着运营规模的扩大,无人车、人和订单的调度技术也越发凸现重要。

3. 产业标准体系的建设

以下按照标准归口单位来

(1)中国智能网联汽车产业创新联盟-功能型无人车专项工作组

在中国智能网联汽车产业创新盟(CAICV)的领导下,由北京理工大学牵头发起,于 2021 年成立功能型无人车专项工作组,服务中国功能型无人车相关产业发展,推动功能型无人车商业化应用路径,实现行业规模化、可持续的运营发展。我国功能型无人车涵盖无人配送车、无人环卫车以及无人零售车等。

在标准制修订方面,该专项工作组已经启动《功能型无人车第 1 部分:术语和定义》《功能型无人车第 2 部分:总体技术要求》《功能型无人车典型场景自动驾驶功能要求与试验方法》《功能型无人车任务示范应用指南》4 项标准的起草工作。其中前三项工作计划在 2022 年 12 月完成,第四项标准计划在 2023 年 2 月完成。

(2)中国汽车工程学会

中国汽车工程学会(China SAE)成立于 1963 年,是由中国汽车科技工作者自愿组成的全国性、学术性法人团体、非营利性社会组织,是中国科学技术协会的组成部分。

在功能型无人车领域,已经有两项中国汽车工程学会团体标准正在立项中,分别是《功能型无人车从业人员能力要求 第 1 部分:安全员》和《功能型无人车从业人员能力要求 第 2 部分:维修员》,主要会对无人配送等车型的安全员、维修人员的上岗要求、专业能力、日常管理等方面做出规定。

(3)全国四轮全地形标准化技术委员会(SAC/T C 344)

全国四轮全地形车标准化技术委员会编号 TC 344,由上海市市场监督管理局、重庆市市场监督管理局、浙江省市场监督管理局筹建,国家标准化管理委员会进行业务指导,下设四轮低速无人载运平台标准工作组。

目前,由同济大学牵头起草的国家推荐性标准《低速线控底盘通用技术要求》,已经完成立项审批。

(4)深圳智能交通行业协会

深圳市智能交通行业协会经深圳市民政局深民社准登字〔2007〕7 号文件批准成立,2011 年纳入深圳市交通运输委员会业务指导。

2021 年 10 月,由深圳市智能交通行业协会牵头,低速无人车领域超过 57 家单位和 112 位专家共同编制而成的《低速无人车城市商业运营安全管理规范》团体标准(共 9 部分)正式发布,该团体标准是国内首个专为自动驾驶低速无人车服务场景应用而编制的标准体系。

4. 国外无人驾驶物流配送车产业发展趋势

通过介绍美国无人驾驶物流配送行业的领军者 Nuro 在 2021 年的进展来展现国外情况。Nuro 由前谷歌自动驾驶团队成员朱佳俊和 Dave Ferguson 于 2016 年在硅谷创立,该公司是全球第一款在公开道路行驶的无人物流配送车的创造者,目前已经推出三代车型,其中第二代车 R2 在 2021 年获得美国交通部(DOT)和国家公路交通安全管理局(NHTSA)自动驾驶汽车路权的联邦豁免(即允许制造没有方向盘、踏板、后视镜等控制装置的汽车)。第三代车于 2022 年 1 月 12 日发布,由比亚迪北美公司负责整车开发和生产制造,如图 1-8-12 所示。Nuro 无人配送运营主要在美国三个州(加利福尼亚州,得克萨斯州,亚利桑那州),客户包括比萨连锁达美乐(Domino)、沃尔玛超市(Walmart)、克罗格超市(Kroger)、连锁药店 CVS 和联邦快递(FedEx)。美国配送劳动力更贵(快递小哥时薪在15~35 美元),商超距离住宅更远,不用上楼配送,这三点是国内外末端配送场景的最大差别,也造成国内外不同的行业发展路径。

图 1-8-12 Nuro 与比亚迪联合研发设计的第三代纯电动无人驾驶配送车

5. 亟需解决的技术难点及解决方案

无人驾驶物流配送车行业的技术主要包括自动驾驶系统和无人配送运营平台两部分。自动驾驶系统是让无人配送车在城市末端配送的业务场景下具备从 A 点到 B 点的自动行驶能力,达到安全和流畅行驶的业务要求,这是构建无人配送网络的基础技术能力。基于自动驾驶基础能力之上,进而建设无人配送的业务平台,包括无人车的运维和运营管理,订单的接入和分发管理,以及用户交互等履约链路上所有的数字化环节。

当前,自动驾驶技术仍然是行业发展的瓶颈和壁垒,只有真正实现无人化、规模化的自动驾驶技术才能真正支撑无人配送的商业化运营。经过多年发展,自动驾驶技术开始进入深水区,遗留的难点很多是挑战技术天花板的问题。概括起来有如下三个方面:其一,感知方面,当前主要依赖深度学习和激光雷达,深度学习作为一种有监督机器学习方法,对于训练阶段没有覆盖的目标,模型效果是无法保证的,这会给道路上偶发的非常规障碍物、低矮障碍物的检测带来困难;另外机器学习模型要在准确率和召回率上做权衡,安全、流畅的行驶要求模型的准确和召回都不可妥协,这也增加了模型应用的难度;最后,当前激光雷达信号并不完美,仍有噪点,尤其在恶劣天气情况下,感知算法需要排除噪点干扰,才能获得稳定、准确结果。其二,规划方面,当前公开道路无人配送的最高车速一般不超过 30 km/h,涉及机动车道靠边行驶和非机动车道,会频繁与机动车、两轮电动车,自行车,行人等交通参与者,以及路边停放车辆存在共享道路情况,这都给决策、路径规划、速度规划带来困难。其三,当前自动驾驶系统受算法原理因素,研发基础设施能力和路测效率的影响,其迭代效率还不高,制约无人车的部署规模。对于固定路线行驶的无人配送车来说,如何把历史行驶经验沉淀下来,让无人车可以自我迭代地越来越好,是一个有挑战且有前景的技术方向。对于前两个问题的解决,需要从传感器硬件到算法软件系统性地优化,也需要工程化方法结合场景进行更深入地打磨;同时当前算法并没有完全定型,仍需要行业从业者突破性的创新,不能仅停留在增量性创新状态。

6. 2021 年行业重点企事业单位发展情况

(1)美团无人车

企业背景	2016 年,美团启动无人配送 W 项目组开启调研,2017 年升级成事业部,2021 年 12 月,美团将智慧交通平台拆分,无人配送成立独立事业部
业务模式	通过与美团现有配送流程结合,服务其本地生活业务,目前在北京顺义落地运营的无人车主要用于配送美团买菜业务,美团外卖等业务暂未涉及
政策突破	2021 年 5 月,北京市高级别自动驾驶示范区发布全国首个无人配送车管理实施细则,为美团颁发无人配送车车身编码
车辆底盘	"魔袋 20"由美团与毫末智行合作量产,美团自研了无人配送车及其背后配送系统的整套方案

(2)白犀牛无人车

企业背景	白犀牛无人车成立于 2019 年,自身定位是 L4 级自动驾驶解决方案商,白犀牛在场景上专注于公开道路的生鲜 & 商超货品末端配送
业务模式	2020 年 9 月,白犀牛与永辉超市合作,为其提供线上订单的无人配送服务。2021 年 7 月,与达达集团达成合作,共同打造无人配送平台。2021 年 11 月,与天虹超市、盒马邻里合作,提供无人配送服务
政策突破	2021 年底,上海市交通委公布 2022 年上海市智能联网汽车示范应用项目,白犀牛入选智能配送场景,此次申报项目采用揭榜挂帅形式进行,是上海在智能网联汽车政策方面的一次重要探索
车辆底盘	白犀牛与上海易咖智车合作定制底盘

(3)京东无人车

企业背景	京东无人车隶属于京东 X 事业部,该事业部成立于 2016 年 5 月,专注于"互联网+物流",致力于打造着眼未来的智能仓储物流系统
业务模式	服务场景主要基于京东生态下的多个业务需求,以快递、生鲜配送为主。2021 年京东旗下生鲜超市-七鲜,在北京亦庄经济开发区上线了智能快递车无接触配送
政策突破	2021 年 5 月,北京市高级别自动驾驶示范区发布全国首个无人配送车管理实施细则,为京东颁发无人配送车车身编码
车辆底盘	京东与上海易咖智车和厦门金龙合作定制底盘;京东物流与北汽集团、厦门金龙达成战略合作共同研发无人配送车

(4)阿里无人车

企业背景	智能物流机器人"小蛮驴"由阿里达摩院自动驾驶实验室进行设计研发
业务模式	小蛮驴 2020 年 9 月问世后,达摩院与菜鸟合作,针对快递配送形成服务闭环,将高校、社区、园区的快递按用户预约时间送货到楼
车辆底盘	2020 云栖大会阿里巴巴发布第一款机器人"小蛮驴",由毫末智行来提供生产制造、出厂测试验证、规模量产等服务
规模	截至 2021 年 9 月,菜鸟无人车小蛮驴车队规模超过 200 辆,进入全国 100 多所学校,累计接到快递配送订单 100 万单,为 20 多万人送过包裹

(5)毫末无人车

企业背景	毫末智行成立于 2019 年,是从长城汽车技术中心智能驾驶前瞻分部独立而来
业务模式	毫末业务分为三部分,乘用车辅助驾驶系统与解决方案,低速无人车生态系统与解决方案,辅助驾驶相关产品研发与定制服务。在低速无人车方向,毫末提供整套解决方案
车辆底盘	毫末为阿里"小蛮驴"和美团"魔袋 20"提供定制化底盘。2021 年 6 月,毫末发布无人配送车"小魔驼"
规模	2021 年 6 月,毫末智行宣布在保定建设了专为 L4 级智能服务车打造的柔性制造基地,设计产能每年 5000 辆

7. 2021 年重点车型技术特点分析

(1)美团"魔袋 20"车型

该车型使用 3 个激光雷达、19 个摄像头、2 个毫米波雷达及 9 个超声波雷达,整体加强对环境的感知能力,如图 1-8-13 所示。

图 1-8-13 美团"魔袋 20"车型

(2)白犀牛无人车 2.0 车型

该车型使用 1 台机械式激光雷达作为主传感器,安装于车辆中间上方,5 台半固态补盲雷达分别安装于车辆四周,提高车辆对近距离低矮障碍物的检测,360 度覆盖无盲区。8 个摄像头主要用于红绿灯识别和障碍物检测,与激光雷达配合实现可靠、准确的感知能力,如图 1-8-14 所示。

图 1-8-14 白犀牛无人车车型

(3)京东第五代智能快递车型

该车型除使用 1 台传统机械式激光雷达以外,还采用4 台半固态激光雷达;同时,该车型还使用了更大视野角度的摄像头,增加车辆的安全性,如图 1-8-15 所示。

图 1-8-15 京东第五代智能快递车型

8. 未来几年无人驾驶物流配送车产业发展建议

虽然行业协会、联盟组织都在积极制订无人配送车的技术、应用、管理标准，但纵观整个产业，仍亟需制定出面向低速无人车的顶层设计标准。因此建议对有关行业主管部门能够尽快对低速无人车的车辆属性定义、行驶权限、事故定责、保险缴纳等制约当前商业化进度的因素，制订出具备可操作性的标准体系。

（五）智能网联汽车云控系统

（云控智行科技有限公司　苏青福　刘会计）

1. 云控系统概述

云控系统，即车路云一体化融合控制系统，是利用新一代信息与通信技术，将人、车、路、云的物理层、信息层、应用层连为一体，进行融合感知、决策与控制，可实现车辆行驶和交通运行安全、效率等性能综合提升的一种信息物理系统，也可称为“智能网联汽车云控系统”，如图 1-8-16 所示。

云控系统面向智能网联汽车、智慧交通、智慧城市、消费者等提供多场景多层次服务。为政府提供自动驾驶车辆的测试监管服务，向网联汽车提供协同感知、协同决策与控制服务，提高车辆行驶安全、高效、节能；向汽车用户提供网联信息服务、驾驶导航服务、辅助驾驶服务等；为交通决策部门提供实时路网监测、动态交通管理、应急处置救援等服务；为交通运营部门提供物流运输管理、公交运营管理、智能环卫管理等。

2. 云控系统发展进展

云控系统创新实践非常活跃。经过一年多的发展，云控系统已经有了一系列的创新实践，在城区、高速公路，在智慧园区、物流运输、景区，在国家重大活动服务、智能网联示范区、车联网先导区、双智城市试点建设等领域/场景均开展了落地探索，发展云控系统已经成为行业共识。

北京网联云控式高级别自动驾驶示范区建立了云控基础平台，由云控基础平台集合“车、路、云、网、图”五大要素，所有的路侧设备、网联自动驾驶车辆均由云控基础平台连接，组成一个完整的云控系统，已经实现为接入云控系统的车辆提供协同感知、协同决策、协同控制三大类二十余种应用。且通过示范区云控基础平台接入首钢园区路侧感知设备和自动驾驶车辆数据信息，冬奥首钢园展示页面可以集成至示范区云控平台大屏，也可在首钢园区大屏上同步展示示范区数据，如图 1-8-17 所示。

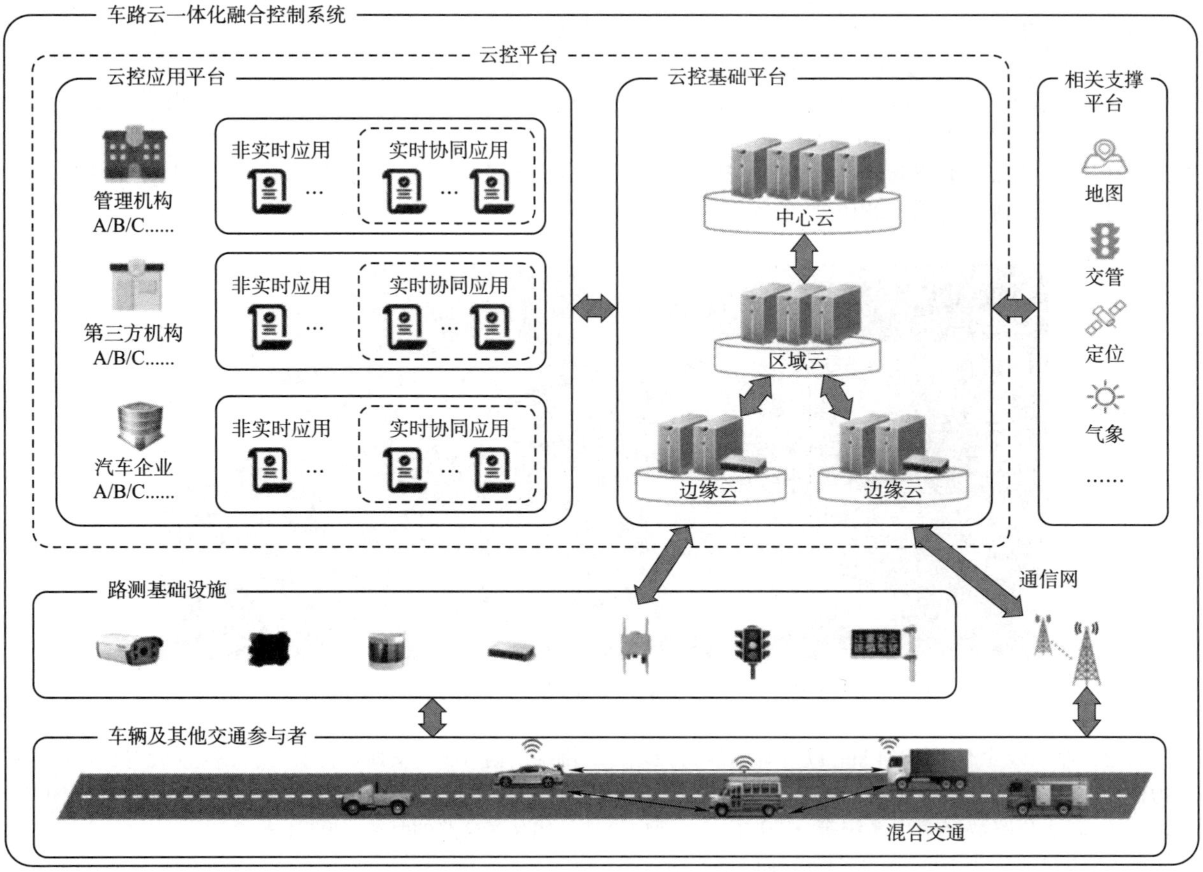

图 1-8-16　云控系统架构及组成示意图

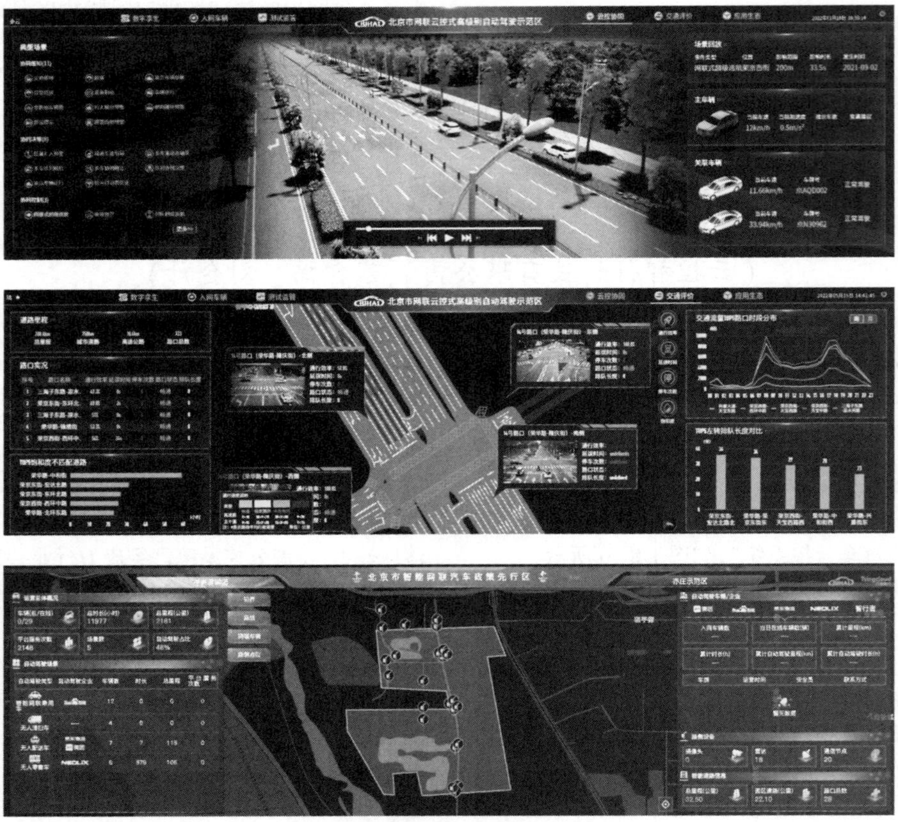

图 1-8-17　北京高级别自动驾驶示范区云控基础平台

长沙是国家级车联网先导区、智慧城市基础设施与智能网联汽车协同发展试点城市，其智能网联云控平台已建成云控基础平台和云控管理平台（一期、二期），定位为国家智能网联汽车大数据中心湖南属地分中心，湖南省及长沙市统一、权威、专业的车联网信息服务运营平台，湘江新区本级智能网联与智慧交通应用服务平台。2019 年，长沙“双 100”项目初步建立了云控基础平台，该云控基础平台采用边缘云、区域云的分层架构设计，有机组成了基于车路协同的人车路网云一体化云控体系。2020 年，建设了智能网联云控管理平台（一期），2021 年启动了智能网联云控管理平台项目（二期），后续长沙将持续完善云控平台，如图 1-8-18 所示。

图 1-8-18　长沙湘江新区智能网联汽车云控基础平台

荣乌高速公路新线全长 72.814 km，以智慧高速云控基础平台为核心，布设了路侧智能化基础设施，建设了全天候坐席管控系统、高速公路数字孪生系统等，构建了一个面向未来协同出行、协同管理、协同服务的多模式车路协同系统，实现对交通状态的实时全路段、全天时、全天候智能化管控，围绕车辆行驶和交通运行安全、效率、能耗等性能综合提升，从感知、协同、管理、控制、服务五个维度体现云控系统对新一代高速公路的赋能，如图 1-8-19 所示。

此外，上海汽车城、广州开发区、淄博等城市均在打造车路云协同平台，探索落地实施云控系统。

图 1-8-19　智慧高速云控基础平台

3. 云控系统发展趋势

(1) 云控平台覆盖率快速提升

新基建已成为行业创新发展的重要动力，更为中国方案智能网联汽车产业发展提供坚实基础。国家和地方政府均鼓励和支持各地加大“新基建”投资，适度超前加大布局和覆盖面，提高设施之间的连通性。

国内多地以城市、区域为载体，不断加快规模化示范应用和商业化探索，深化车路云协同发展。从先导区到示范区，从封闭测试到开放道路运营，智能网联汽车已成为各地方城市拉动产业发展和数字经济的重要抓手。当前，全国已累计授牌上海、北京、武汉、重庆、成都等国家级智能网联汽车测试示范区（场）16 家，江苏无锡、湖南长沙、天津西青和重庆两江新区等车联网先导区 4 家，以及双智试点城市 16 家，其中北京、上海、广州、武汉、长沙、无锡首批，重庆、深圳、厦门、南京、济南、成都、合肥、沧州、芜湖、淄博等为第二批。截至 2022 年 3 月，全国近 30 个城市累计为 80 余家企业发放超过 900 张道路测试牌照，开放智能网联汽车测试道路超过 5000 km，安全道路测试累计里程超过 1300 万 km。

新基建的超前布局，智能网联汽车示范区、先导区、双智城市的加快建设，“十四五”是云控平台加速发展的时期，云控平台的覆盖率将快速、大幅提升。

(2) 车载终端将预装云控应用

① 云控应用功能服务

“单车智能+网联赋能”路径将以“聪明的车”为载体，以“智慧的路”为辅助，结合“网联云控”，推动高级自动驾驶规模化商业应用,而我国正在进入"车路云一体化"协同发展阶段,有望通过"单车智能+网联赋能"的发展路线在全球实现换道超车。随着云控系统覆盖率的提升与云控应用技术的不断成熟,量产车预装云控应用服务将成为新趋势。而且,服务于车辆是车路云一体化控制系统的本质核心,交通优化、城市管理等服务是外溢效应,不能本末倒置。

多智能体"混行"的情况下,驾驶人、单车驾驶辅助、自动驾驶系统在感知、决策与控制方面存在能力局限,面临着感知范围局限、感知不足、危险气象条件等多种场景、不利环境风险,难以依靠自身能力解决,需要网联化技术辅助车辆驾驶过程,破解单车能力局限,提升单车智能化水平与协同水平。网联云控主要功能服务场景包括交通组织、环境感知、安全提醒和自动驾驶/辅助驾驶功能增强等。具体为:

a. 交通组织,提升通行效率。包括信号灯倒计时功能与自适应巡航结合;交通动态可变道路标识与静态交通标识联合应用,增强交通引导,逐步实现动态车道管理;进行场站内的路径规划,辅助解决最后一公里近距离停车的痛点。

b. 环境感知。包括路面气象设施设备的部署,进行恶劣天气预警提醒;路面环境感知,对路面状况、道路设施的监控管理;通过对交通事件实时识别,提示、预警交通参与者的行为和安全。

c. 安全提醒。基于全要素感知消息,实现盲区预警、碰撞预警、行人提醒、车道偏离预警等。

d. 自动驾驶/辅助驾驶功能增强。包括协同感知、协同决策、协同控制。

② 云控应用上车价值

云控应用可覆盖不同智能化程度车辆,针对 L0 车辆,能够提示驾驶员,提高驾驶安全性;针对 L1/L2 车辆,能够增强 ADAS 安全性,提高智能水平;针对 L3/L4 车辆,增强安全与性能,减少接管。针对智能乘用车,提高安全与效率,扩展运行区域。也能够服务于不同类型车辆,针对智能商用车,提高安全与经济性,减少严重事故。

具体来说,L0 车辆接收事件信息、感知结果信息和云控协同决策信息,将云控应用信息通过车辆 HMI 实现与驾驶员的交互,典型场景包括信号灯上车、交通管制信息、道路维修、道路限速、潮汐车道等。L2 车辆兼容 L0 车辆人机交互所有功能,可通过云控应用的协同决策实现车辆横纵向控制动作,实现网联式辅助驾驶,典型场景包括城市巡航—信号灯路口通行、动态驾驶事件—紧急制动、逆行、异常低速/停车。L3+自动驾驶车辆,可通过云控应用实现车辆的静态和动态循迹,功能边界增强,降低自动驾驶的人工接管率,协同控制/决策—提升单车自动驾驶盲区和感知性能,实现网联式自动驾驶,典型应用包括超视距感知信息、道路交通信息、单车自动驾驶增强等。

③ 云控应用上车要求

车辆使用云控应用要求车辆具备:a. 车载通信:C-V2X 通信和应用层数据解析能力,或 4G/5G 通信和蜂窝数据解析能力;b. 高精定位:具备高精度定位能力;c. 车辆总线网关:车辆 CAN 总线数据通信和交互;d. 人机交互:车辆车机 HMI 实现云控应用功能的人车交互;e. 如参与协同决策功能,需要车辆需具备 L2 级以上的自动驾驶系统且系统可参与决策车辆控制,云端对车辆发送驾驶建议,由车辆完成协同决策和控制执行。

车载通信、高精定位、人机交互等功能可通过前装或后装两种方式,前装即车辆出厂前,由车辆生产企业完成能力的装载。后装主要是搭载 TCU(网联车载终端)和 HMI 硬件。

④ 典型云控应用场景

云控智行已完成高速、城区类应用 30 多中,涵盖动态交通信息、协同感知、协同决策规划等,自研协议栈支持 V2X 53—2017 协议、V2X 3709—2020 协议、V2X 53—2020 协议、V2X 157—2020 协议等,并支持车云协议,车端通过 4G/5G 通道上报数据至云端,以及接收云端直接下发的指令,如图 1-8-20 所示。

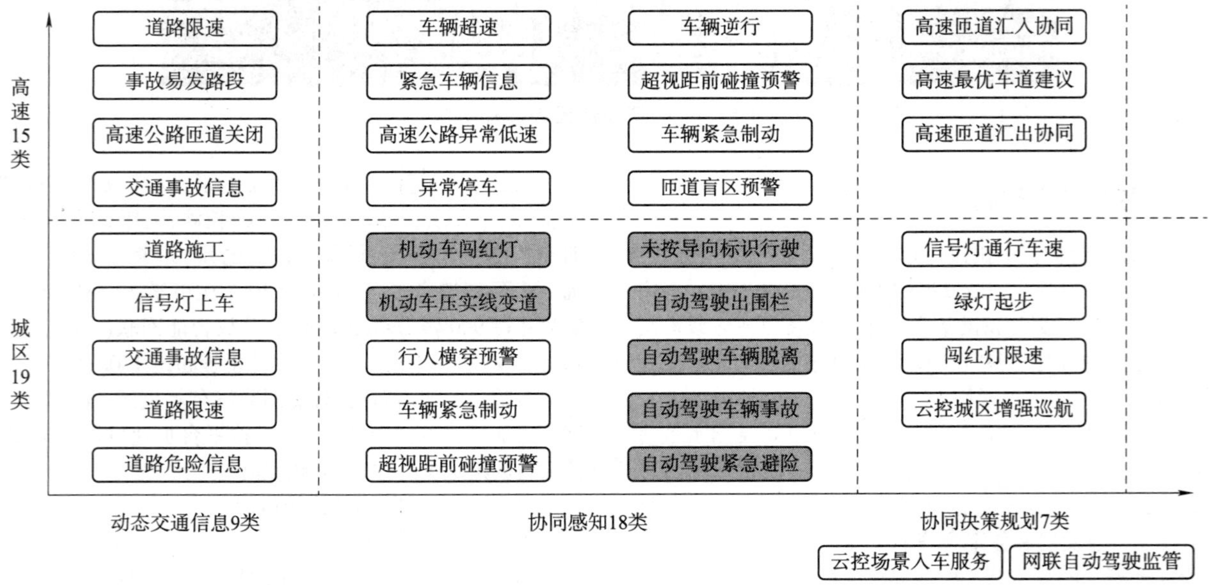

图 1-8-20　典型云控应用场景

⑤ 云控应用上车实践

云控智行对长安 CS75 进行改装，搭载自研 TCU，加装 HMI 平板，接入北京亦庄云控平台，通过云控平台上运行的各类云控应用为车辆提供匝道汇入、路口节能、协同换道、绿波通行、红绿灯上车、紧急车辆避让、路口协同掉头、行人避让、匝道汇出等网联驾驶场景服务，如图 1-8-21 所示。

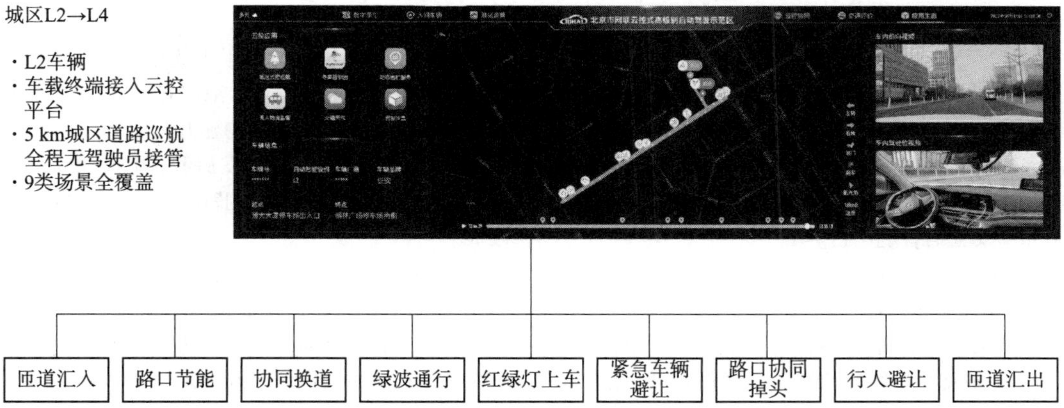

图 1-8-21　长安汽车云控应用实践

4. 云控系统发展建议

（1）国家层面建议

① 推进建设全国统一的云控基础平台

云控系统信息物理系统，是产业互联网下的云平台，和现在以消费互联网为主的云平台属性不同。云控系统由云控基础平台和云控应用平台组成。国家按照统一标准建构和运营云控基础平台的底层基础数据，同时将云控基础平台和云控应用平台“分层解耦”，由各个应用主体根据自己的需要，在云控基础平台之上建立各级云控应用平台，实现基础数据的公共服务属性。

云控基础平台数据是国家极为重要的战略资源，具有本地属性和公共属性，是国家公共资源，云控基础平台的性质是作为国家公共基础设施，只有国家统一标准的云控基础平台，才能实现智能网联汽车的车路云融合系统资源配置最优化，运营效率最大化。

因此打破“烟囱”，致力互联，建立“分层解耦，跨域共用”的全国统一云控基础平台，推进各地在基础平台、技术架构、标准体系上的统一，是智能网联汽车产业实现大发展的必然要求。发展分层解耦、分级共享、跨域共用的立体网状生态系统，才能满足国家对智能网联汽车数据治理提出的管理和服务两全要求，实现智能网联汽车产业的发展与安全，促进我国智能网联汽车产业实现换道超车，并引领世界汽车产业的创新发展。

② 持续加强智能网联汽车云控系统安全体系

加快建设云控基础平台、信息安全基础平台、高精动态地图基础平台等新型基础设施，从技术方案层面同时支撑安全、管理和服务一体化需求，形成安全监管与服务协同的最佳实践。

加快出台个人敏感信息的数据保护、防止软件在升级中的漏洞管理、数据信息的安全共享机制等行业标准，建立完善的汽车数据安全管理的规范和流程，在合规前提下收集必要的用户信息，充分保证用户对个人信息收集的知情权和控制权，增强用户信任感。

（2）地方层面建议

目前由于缺乏相关标准和协调统一，地方政府正在各自建设具有“各具特色”的智能网联汽车“云控系统”，例如政府交管部门建设的智慧交通平台、智慧交管平台等，整车企业、互联网出行企业等建设有车联网平台、智慧出行平台，智能网联示范区建设有车城网平台、大数据平台等，这些云控系统标准不一、互不连通，势必将造成投资和社会资源的浪费。建议地方层面在云控系统建设上，把握云控系统服务于车辆的本质，加强平台之间的互联互通和资源共享。

（3）车企层面建议

随着云控平台覆盖率的不断提升，智能路侧感知设备的感知能力不断增强，将云控应用上车已成为行业共识。搭载云控应用，有助于赋能汽车产品新功能，在已建有云控平台的城市，预装云控应用的的车辆可无须改装直接使用云控平台提供的交通信息与协同驾驶等各项服务，提高驾驶安全、节能、舒适度等，增强产品竞争力，引领消费新潮流。

建议车企逐步推行，打消云控应用顾虑。首先，建立云控与车的连接，通过网联车载终端上车集成联调，打通车云数据链路，实现车辆与云控平台的连接。然后，到相对成熟的、建有云控基础平台的示范区，开展协同式驾驶应用测试示范。在此基础上，车企可将自车感知与云控平台的服务数据进行分析验证，实现双方在数据层面的深度合作。此外，云控平台拥有路侧感知、网联车辆、交通信号灯、交通信息等多元数据，且有丰富的云计算资源，可为车企提供专有的应用容器、配套仿真测试与数据沙盒环境，形成对车企自研功能算法的支撑。

(六)智能网联汽车基础软件技术

(东软睿驰汽车技术(上海)有限公司　曹　斌)

1. 智能网联汽车基础软件技术总体发展与突破

中国汽车产业正面临百年未遇之大变局,"软件定义汽车"(SDV)已经成为行业共识,这将在技术、产品、运营理念、组织架构等多方面给汽车产业带来全面的转变,最终实现低成本、高效率和高安全的智能出行。

随着智能汽车供应链和汽车生态的新领域、新市场不断涌现,如何在保证可靠性的前提下,不断提升整车开发效率、迭代升级,是整个汽车行业面对的挑战。汽车基础软件作为智能汽车的重要组成部分,将带动汽车技术的革新,促进汽车产品差异化发展,成为汽车产业向智能化、网联化发展的重要基础与核心。

汽车基础软件是用于实现汽车系统软硬件解耦,与用户应用功能无关但提供汽车系统服务的一系列支撑软件集合,是一个开发汽车控制及应用功能的完整嵌入式软件平台,能为整车软件开发提供上层应用开发平台和开发环境,可以看作底层操作系统,位于应用层和硬件之间,相当于是安卓或者 Windows 系统。简而言之,基础软件直接影响整车上层应用的开发和运行效率、稳定性以及质量,而应用运行速率、稳定性直接影响用户体验。

同时,随着越来越多的科技公司和传统车企纷纷加码汽车基础软件领域投资和布局,这种跨界的趋势将会愈演愈烈,作为汽车基础软件的核心参与者,传统零部件企业需要更高的研发投入加更强的软件能力,才能确保自身在未来的竞争中继续占有一席之地。

2. 国内外智能网联汽车基础软件生态及技术发展趋势

(1)国际汽车基础软件标准组织 AUTOSAR

目前汽车软件基本分为两种,一种是特斯拉自成一派的软件架构;另外一种是除特斯拉以外的汽车公司广泛使用的 AUTOSAR 软件架构。AUTOSAR 软件架构又分为 Classic AUOTSAR(CP)和 Adaptive AUTOSAR(AP)。传统 ECU 控制器采用的是 CP 软件架构,而 AP 是 CP 的进阶版,在智能驾驶领域广泛使用。

在汽车产业后续的发展中,基础软件面向 SOA 已成必然趋势,AUTOSAR、AUTOSAR Adaptive+AUTOSAR Classic+Middleware 的软件架构趋于清晰,这是真正的"软件定义汽车"加速前行的开始,车企的应用软件发展会愈发繁荣,因为它是消费者可以看到、感受到的,并且相互之间竞争非常白热化的部分,基础软件需要面向 SOA,在原有基础上迭代升级,来适应 SDV 的未来发展趋势。

(2)国内汽车基础软件生态组织 AUTOSEMO

中国汽车基础软件产业发展较晚,前期基础软件供应商主要来自国外,为了促进中国汽车基础软件的发展,以及创造自己的知识产权体系及和谐生态,在工信部指导下,2020年7月东软睿驰与中国汽车工业协会共同策划并发起中国汽车基础软件生态委员会(AUTOSEMO),联合 20 多家成员单位,共同分享实践创新,构建开放的标准化软件架构,接口规范和应用框架。致力于发展我国自主知识产权的汽车基础软件产业生态体系,促进我国汽车产业向智能化加速转型发展。

AUTOSEMO 工作宗旨是面向未来智能网联汽车,自动驾驶技术的发展需求,形成由本土企业主导具有自主知识产权的基础软件架构标准和接口规范,共享知识成果,建立产业生态。以自主、开发、创新的理念,为行业打造汽车软件生态体系交流平台。

AUTOSEMO 于 2020 年 11 月首次发布《中国汽车基础软件发展白皮书 1.0》,对我国汽车基础软件发展中所面临的机遇与挑战进行了全面的分析,梳理了我国汽车基础软件的产业现状,并提出了业界重点关注的主要问题;2021 年 6 月发布了《车载 SOA 软件架构技术规范 1.0》,是首个面向汽车行业 SOA 软件架构的理论体系;同年 9 月,在世界智能网联汽车大会上 AUTOSEMO 又发布了《中国汽车基础软件发展白皮书 2.0》《车载 SOA 软件架构技术规范 1.1》这两项迭代更新版本的成果物,对 SOA 标准背景与架构、AUTOSEMO Service Framework(以下简称 ASF)、ASF 团体标准工作组推进计划、AUTOSEMO 的标准发展情况等方面进行了更加深入的解析。

(3)智能网联汽车行业中的基础软件发展趋势

行业发展中 AUTOSEMO 起到至关重要的作用:目前整个行业的变革正处于突飞猛进的阶段。在此过程中,AUTOSEMO 一方面生逢其时,肩负了非常重要的使命,同时,也遇到了千载难逢的机遇。在中国汽车产业全球瞩目的重点区域,自动驾驶、智能网联是汽车圈热度最高的话题,这些功能和应用场景的实现,也离不开标准的软件架构、应用接口规范的建设。

ASF 的理念和想法,是 AUTOSEMO 接下来工作非常重要的方向之一,它是在 AUTOSAR 的基础之上,进一步向应用层、向 SOA 体系架构拓展的中间框架,在中国汽车产业向"软件定义汽车"的发展过程中,此类框架的存在可能会起到非常大的作用。

3. "软件定义汽车"下智能网联汽车发展的关键要素

(1)"软件定义汽车"的主体

"软件定义汽车"指决定汽车主要功能和性能的手段发生变化,比如可以通过调整相关软件来改变汽车的驾驶性。从这个意义上讲,"软件定义汽车"的主语并不是软件,更不是软件公司,而应始终是车企。

(2)"软件定义汽车"的三大特征

①通用化的硬件。车企为什么要重构?因为更换供应

商后，内部接口方式都有可能发生变化，需要重构。所以为了解决重构问题，必须打造通用化硬件。②通用化的硬件基础之上的软件分层框架逐渐清晰。软件框架的分层是使上层应用能够得以不断迭代发展的基础。③车企开发软。选择做哪部分的软件，有着非常多的创新和变化的空间，不同的车企有不同的选择。

（3）汽车软件三大分类

从汽车产品开发的角度出发，现阶段的汽车软件可以分为三大类。

①控制相关的软件：在这类软件中，传统零部件供应商具有较大的优势。例如车身控制软件，很多 Tier1 供应商或者从事车辆设计的专业化公司，都有着非常好的基础来开发这类软件。②信息娱乐软件：主要分布在驾驶舱和中控台，这类软件属于偏开放的体系。现在主流的选择是基于安卓系统进行开发，可以提供很好的互联网内容支持，诸如视频、音频等，此外还在接入越来越多的内容，包括与互联网、物联网上各种资源的连接。这类软件相对开放，其发展也相对成熟，不仅有很多可连接的外部资源，也有很多开发者资源：一是手机供应商，它们有大量基于安卓系统的开发人员；二是互联网公司，如腾讯、百度等，都已经深入到该领域的研究中。③自动驾驶软件：这类软件是非常特殊的一个领域，由于专业化程度高，涉及专业的算法和很高的算力，所以，自动驾驶软件的开发工作通常需要由专业团队来负责，以系统解决自动驾驶当前及未来的各种软件难题。

（4）汽车软件的三大分层

①基础层软件：包括操作系统内核、硬件驱动软件以及特定硬件的专有软件等，与下层的芯片等硬件连接和交互，这部分软件应由软件供应商来完成。②中间件：中间件逐渐成熟，最终形成一套广泛应用的标准化软件，并与相应的管理工具和适配服务等组合在一起。③应用层：整车企业应着力打造上层应用。上层应用软件的类型众多，如自动驾驶和智能驾舱系统；也有些应用是针对特定硬件或总成的，比如空调控制等。今后车企应选择关键的系统性应用和受众面广的“小”应用进行有针对性的开发。

4. 目前汽车行业的技术挑战及解决方案

目前行业的发展已进行明确分工：现在行业发展有两个方向，一个是车企做软件，把控制策略、上层应用软件等有价值的部分自己做。另一个是由 Tier1 进行芯片功能适配。但从开发应用到成功运行，需要一个漫长的过程，涉及的人力、测试、成本也越来越高，而且下一代芯片越来越复杂，所以这种开发过程很难长期继续，这也是行业内需要尽早解决的一个难题。

另外在传统开发流程中，企业在定义新车型时就已经选好了硬件，并以此为基础开发软件。部分车型的量产要在 5~7 年之后，硬件必然落后。到了新汽车的时代，要有全新的开发模式，即软硬件解耦。

软硬件解耦的目的是让供应商的软硬件开发和车企的整车开发同步并行。当硬件迭代升级时，车企可以直接切换新硬件，前提是车企必须具备软硬件解耦的能力。在硬件设计上实现了抽象化，基于硬件的标准接口来开发软件即可，这样软件才能很容易地适配以及调用硬件。

硬件标准化不是一家或几家企业努力就能做到的。有些供应商尝试这样做，但整车企业并不接受；也可能某家整车企业提出了这种需求，但其供应商并不能适应。所以，除了行业组织的努力之外，推动硬件标准化更需要相关整供企业达成新型的战略合作伙伴关系，即双方基于对行业趋势的一致判断，主动结盟、相互协作。

5. 东软睿驰在汽车基础软件领域的布局与实践

东软睿驰是基础软件领域的领先的关键布局者，以软件赋能车企向 SDV 转型发展，为全球车企面向未来技术创新发展，提供卓越的、可复用的核心技术产品，软件平台产品，构建围绕软件的系统级开发能力，致力于成为其“软件定义汽车”可信赖的合作伙伴。

东软睿驰在创建之初就成立了基础软件团队，参与 AUTOSAR 组织，不断将发展中积累的对新兴软件平台和工具的认识进行总结提炼，融合到自主研发的基础软件平台产品-NeuSAR 之中，使其得到不断的发展和日益广泛的应用，有越来越多的车企和零部件供应商基于 NeuSAR 基础软件打造上层应用软件，以及整车级的 SOA 软件平台，通过标准化接口支撑具有快速迭代能力的应用开发模式。

NeuSAR 产品经过不断的版本迭代升级，2022 年 4 月，东软睿驰发布了全新的针对域控制器的整套底层软件开发平台——NeuSAR DS(Domain System)，致力于解决研发相关痛点，为汽车开发者提供支撑 SOA 架构的软件平台及方法论，使开发者可以更高效地开发出有创造力的新功能。

DS 产品具有以下核心产品优势：

①全开发阶段支持：更全量的组件支持，提供软件包、开发工具链、开发与验证平台组件，集成方法与工具。

②完整的软件包：提供域控制器 SoC 与 MCU 上的整套底层软件系统，包括 OS 和 BSP、引导程序、标准的 AUTOSAR AP/CP 基础软件、跨域 SOA 中间件、专用协议栈，专用加速器的驱动。对应用层提供统一的开发视图，屏蔽不同域控制器的硬件差异，同时提供基于服务的中间件组件，支撑整车 SOA 的开发及车云协同。

③完善的工具链：提供针对 SOA 架构的整套工具链，包括整车的服务设计功能、针对标准 AUTOSAR AP/CP 的配置与代码生成工具，代码编辑工具，调试工具，及系统构建工具。同时，针对域控制器里应用开发面临的使用工具多样化，需要频繁切换的问题，NeuSAR 推出了整体的 IDE 工具，支持第三方软件包配置功能、代码级功能、调试功能等。

④虚拟化支持：提供虚拟化版本，支持本地的虚拟化方案，及云端虚拟化方式。开发者可在硬件不确定的情况下优先软件的开发及验证，做到软硬完全分离。

东软睿驰基础软件平台 NeuSAR 在面向下一代的以域控制器和中央计算单元为核心的整车 E/E 架构的发展中，正在发挥越来越多的承上启下的作用，在一定程度上，NeuSAR 基础软件平台为下一代智能汽车实现更多个性化、智能化的应用提供底层软件支撑，打破了国外供应商的垄断，有望提升我国汽车基础软件的自主可控水平。

6. 未来智能网联汽车基础软件技术发展建议

随着智能网联成为未来汽车产业发展的战略制高点，汽车能够从信息孤岛逐渐走向网联互通，离不开汽车基础软件为各类应用和功能开发提供平台支持，面对汽车行业已经进入下半场的态势，目前我国汽车基础软件的重要特征为以下几点：

①越来越多的科技公司和传统车企纷纷加码汽车基础软件领域投资和布局，这种跨界的趋势将会愈演愈烈，新的E/E架构和软件生态的出现，将会带来整个汽车工业研发和供应体系的重构，传统零部件企业需要更高的研发投入+更强的软件能力，才能确保自身在未来的竞争中继续占有一席之地。②整体来看，与国外头部企业相比，国内企业开发的基础软件在成熟度以及完整性上还有一定差距，国内企业在加速创新的同时，也要补足短板，加大投入，尽快提高产品的成熟度和竞争力。③随着我国汽车基础软件的发展步伐逐步加快，也要注重保障数据隐私等安全问题。例如随着汽车智能化、网联化的发展，网络数据安全问题凸显。近期，国家互联网信息办公室等部门联合发布了《汽车数据安全管理若干规定（试行）》，正式将智能汽车数据采集带来的个人隐私和国家安全风险纳入管控。

在此背景下，为了促进汽车基础软件高质量发展，行业必须加速标准规范、技术研发等布局，有效汇聚各方力量、推动解决重大问题。整体来看，应该侧重从以下三个方面着手：

加快制定汽车基础软件相关标准，制订行业发展准则。目前，国家智能网联标准体系正在加速推进，相关部委已经出台多个有关智能网联汽车的管理规范，汽车基础软件相关组织和联盟应加快制定符合我国智能汽车发展特点和趋势的基础软件应用标准和规范，为我国汽车产业智能化发展指明发展路径。

加强关键技术攻坚，提升自主研发能力。“软件定义汽车”时代，汽车技术和产品发生了底层的重构，底盘控制器、车身控制器等都要通过最新开发的软硬一体化平台实现互联，国内相关企业需强化协同创新，打造电子电气架构、操作系统、高算力芯片等平台，研发出具有国际竞争力的智能网联软件技术、产品及服务创新。

打造汽车基础软件生态圈，培育汽车基础软件相关人才。布局汽车软件相关技术研发和应用，需要汽车基础软件供应商与汽车企业、汽车电子转型企业、新兴汽车软件企业共同协作。同时，在产业生态建设发展的过程中，相关企业需共同推进基础软件人才培养等关键问题，为将来具有多要素、多维度、多层次的更加错综复杂的汽车产业提供高质量人才和行业力量。

未来汽车的定制化开发将使产品真正具备满足用户个性化需求的能力，即实现所谓“千车千面、千人千面”，这也是汽车产业变革的必然结果。对企业来说，自己造出来的汽车产品能够与用户的喜好充分契合，让广大用户都参与到汽车产品开发的过程中来，基于用户的需求来定义汽车产品的属性、场景与行为模式，无疑是最佳途径。

（七）智能座舱与人机交互技术

（商汤智能产业研究院　胡正坤　田　丰）

1. 2021年智能驾舱与人机交互技术总体发展与突破

（1）视觉感知保驾护航

2021年，基于机器视觉技术的座舱感知能力实现更加精细化提升。例如，本田中国纯电首发车型，东风本田 e:NS1与广汽本田 e:NP1，全系搭载了由商汤科技提供的DMC驾驶员状态感知系统。通过SenseAuto Cabin-D商汤绝影驾驶员感知系统，上述车型可对驾驶员的表情、视线、姿态动作进行实时感知，准确判定疲劳、分心、危险动作等危险驾驶行为，并将结果快速反馈给DMC驾驶员状态感知系统，及时预警，有效规避危险情况的发生，如图1-8-22所示。

图1-8-22　本田“DMC驾驶员状态感知系统”展示图片

另外，本田DMC驾驶员状态感知系统还应用了商汤绝影Face ID技术，可以帮助用户快速登录个人车机账号，实现各类个性化功能和配置，帮助营造轻松愉悦的行车氛围。

（2）语音交互互不干扰

语音交互作为当前技术较为成熟的座舱交互方式，已经实现双音区交互。2021年11月，科大讯飞发布的飞鱼音频系统在软件算法层面可实现全车独立声场分区，实现主驾、副驾、后排乘客互不干扰的语音交互模式；在硬件功效层面可基于空间布局，提供理想的优化音效，为用户打造更具沉浸感和未来感的移动智能空间。汽车座舱当中，座舱的交互能力成为决定驾乘人员舱内智能化体验优劣的核心因素，因此如何实现“理解人”成为座舱内交互的发展目标，即可甄别驾驶人员与乘坐人员的语音指令；随着语义识别能力的提升，语音交互将真正成为具有拟人化情绪的驾乘伙伴。

（3）多模感知自然交互

2021年，以智能化的车作为平台、以车内外的全面感知为基础，将语音识别、情绪识别、手势识别、人脸识别、位置定位、唇动唇语识别等融合而成的多模态交互技术，成为智能座舱的大势所趋。多模感知的算法融合技术是人机交互系统的核心，也是推动人机交互从简单回应、被动交互走向主动交互的关键。目前许多车企的智能座舱已具备语音、触觉、手势、视线追踪等多模交互技术，随着舱内智能化以及数字化技术的相继落地,未来智能座舱必然会形成一套完善的多模态人机交互体系,为用户提供“人-车生态系统”沉浸式体验。

(4)DMS 驾驶员监测市场爆发

2021 年,驾驶员监测系统(DMS)市场呈现爆发式增长。DMS 系统的核心功能主要包括疲劳监测、注视区域识别、分心监测、危险动作识别。Euro NCAP 自 2020 年起便将其作为五星安全评级的关键要素,并且要求从 2022 年 7 月开始,新车都必须配备 DMS 系统。佐思汽研的数据显示,2021 年 1—9 月中国乘用车新车的 DMS 系统销量 251511 套,同比增长 244%;新上市车型 DMS 装配量 9.67 万辆,占整体装配量比例 38%,其中主要贡献品牌车型有长安 UNI-T、哈弗初恋、长安 UNI-K 等。随着 DMS 市场渗透率不断扩大,未来 DMS 系统将不仅具备疲劳检测、分心检测等功能,还将逐步增加驾驶员身份识别、手势交互、动作识别、表情识别、视线亮屏等更多功能。

(5)HUD 抬头显示成为大众车型标配

2021 年,抬头显示(HUD)走向中低端市场,AR-HUD 进入规模化量产阶段。由于挡风玻璃成像重影问题的解决、AR 等技术的成熟且发展,HUD 逐渐从传统的 C-HUD 向 W-HUD、AR-HUD 演进。与 C-HUD 相比,W-HUD、AR-HUD 将信息投影至前挡风玻璃上,显示效果更加一体化、信息内容更加丰富,有助于解决驾驶员在行车过程中低头查看仪表盘影响驾驶安全的痛点,且在车辆碰撞后不易造成二次伤害。此外,技术的成熟和成本的降低,HUD 已经从高端品牌快速渗透到中低端品牌。据高工智能汽车研究院的数据,截至 2021 年三季度 HUD 前装市场搭载上险量已突破百万台,其中,中低端车型 HUD 搭载率也快速提升。同时,随着芯片、光机等核心供应链的升级突破、高阶自动驾驶的逐步量产、系统成本的下降,AR-HUD 产品的规模化时机成熟,适配车型也从高端市场进入到大众市场。截至 2021 年,国内已有星越 L、魏派摩卡、拿铁等大众热销车型选择标配 AR-HUD 上市。

(6)车舱数字人探索“汽车元宇宙”

2021 年,AI 数字人正式登陆车舱大屏幕,为人机交互开启“元宇宙”时代。在 2021 上海国际汽车工业展览会期间,商汤科技首次展示了“虚拟行车伴侣”产品,如图 1-8-23 所示。

图 1-8-23 商汤“虚拟行车伴侣”展示图片

基于已在银行、文旅、教育等行业得到广泛应用的商汤科技 AI 数字人技术,用户只需一张个人照片,就可生成外貌与自己相似的专属行车伴侣,享受个性化专属服务。这位栩栩如生的虚拟伴侣,不仅可以联动多种车载娱乐功能,还能在 AI 技术的驱动下,用与真人媲美的生动表情、动作和语言与用户互动,让用户在行车途中感受家人般陪伴的温暖。

2. 智能车舱产业标准体系存在国别特色

目前看,全球智能车舱产业标准体系建设关注的重点主要集中在驾驶员监测功能和儿童监测功能两个方面。

在驾驶员监测系统(DMS)及相关评测方法等相关标准制定细节方面,中国比欧盟等进程更快、更深入。而欧盟在标准执行和落地方面的力度更大。2021 年 7 月工信部发布《关于加强智能网联汽车生产企业及产品准入管理的意见》,明确要求智能驾驶汽车生产中必须具备 DMS 功能,生产智能驾驶汽车产品的企业具备人机交互功能,显示自动驾驶系统运行状态,同时在特定条件下需要驾驶员执行动态驾驶任务的,应具备识别驾驶员执行动态驾驶任务能力的功能。在 2021 年 12 月公布的《机动车运行安全技术条件》国家标准第 2 号修改中,明确提出自 2022 年 1 月 1 日开始,新生产的乘用车要求配备 EDR(汽车事件数据记录系统)或配备符合规定的 DVR(车载视频行驶记录系统)。与此同时,我国也在推动制定《驾驶员注意力检测及提醒系统性能要求及试验方法》等相关国家标准。

在座舱内儿童乘客监测方面,美国、日本、欧盟等有关组织正在积极推动相应标准出台。其中,Euro NCAP 宣布,自 2023 年起,将开始对儿童车内遗留检测(child presence detection)功能打分,“这种功能可以检测出一个孩子独自留在车内,并向车主或紧急服务部门发出警报,以避免中暑死亡”。2020 年 9 月,奇瑞捷途 X70 PLUS 全面搭载商汤科技 DMS 和 OMS 整体解决方案,且业内首发儿童感知功能。在用户需要的情况下,该功能可在司机和乘客离车时自动感知是否有儿童被独自遗留在车内,向可能会忙中出错的父母发出提示,避免造成安全隐患。目前,儿童感知功能已在奇瑞捷途 X70PLUS 等多款车型上实现量产落地。在此背景下,我国也已成立标准组,加快制定《C-NCAP 儿童检测》等相关标准。

3. 国内外智能驾舱与人机交互发展趋势

(1)全车融合感知趋势下,舱内传感器数量将持续增加

根据 IHS Markit 的统计,2020 年平均单车状态的传感器数量是 3.3 个,包括车载摄像头、毫米波雷达、体征测试传感器等等;2030 年,平均单车状态的传感器数量将达到两位数,平均每辆车有 11.3 个传感器。在 2021 年的上海车展上,小鹏 P5、极氪 001、智己 L7、阿尔法 S 等新发布的车型中,座舱内都搭载了多个摄像头,主要用于人脸识别 FACE-ID 和驾驶员疲劳监测等方面。此外,座舱内传感器的升级不仅体现在数量上,还体现在位置和功能的变化。传统的座舱是以驾驶员为中心,而智能座舱则正在逐渐转变成以座舱内全员为中心,座舱内监控系统从 DMS(驾驶员监控系统)向 IMS(座舱内全员监控系统)发展。

(2)感知系统持续扩张下,算力需求将呈指数级增长

随着座舱内智能传感器数量、种类的增多,以及精度的不断提高,算力需求将呈指数级增长,进而带动对高算力车规级 AI 芯片的巨大需求。国外芯片供应商,如高通、英伟达等正持续加大汽车芯片领域的布局,国内整车厂在 AI 芯片选择上更倾向于国产化,车规级 AI 芯片本土供应商呈现出

地平线、芯驰科技、华为领跑的趋势。与此同时,厂商间的算力竞赛业已拉开。2021年,华为推出了一芯拖五屏、算力3.5TOPS的麒麟990A智能座舱芯片;WEY摩卡、蔚来ET7、零跑C11等采用算力高达6-8TOPS的高通8155系统芯片;地平线则发布了芯片征程5,单颗芯片算力高达128TOPS,而计划2023年发布的征程6芯片算力预计将达到400+TOPS,支持L4/L4+自动驾驶;芯驰科技则预计在2022年第四季度推出200TOPS的车规级芯片。

(3)聚屏之后,AR-HUD或将成为车载HUD新形态

聚屏时代,驾驶舱布局设计更加注重打造沉浸式交互体验。C-HUD和W-HUD等传统HUD解决方案无法承载智能座舱中大量信息的展示需求,AR-HUD凭借着虚实结合的视觉场景,有望成为未来车载HUD的最终形态。2021年以来,AR-HUD在高端车型中加速渗透的同时,也有向中低端车型渗透的趋势,长城WEY摩卡、广汽传祺 第二代GS8、北京魔方、吉利-星越L等相继搭载。AR-HUD技术也是国产厂商有望实现弯道超车的一个重要领域。

(4)智能表面材料未来将提升用户乘控体验

随着智能表面新材料技术不断成熟,未来舱内每一个表面都将具备交互能力。宝马提出的Vision BMW i International EASE座舱,将采用三维针织交互材料,用户触摸座椅表面即可完成多种控制操作,引领了智能表面新材料的潮流。延锋国际发布的XiM21智能座舱预计3~5年进行落地,将数字化技术、灯光及实体材质结合在一起,实现触摸式开关及气氛营造。表面材质可以有多种选择,如水晶、木纹、织物等,在触摸式开关方面为保障安全性采取了压力感应。成熟的智能表面新材料技术将会使每个表面都具有交互能力,随着虚拟触摸按钮/开关在车辆中的应用越来越广泛,触摸反馈技术成为提高安全性的重要方式,触摸反馈通过触感,感知驾驶员活动,在加速踏板和方向盘中提供触觉反馈,以最大限度地减少驾驶员的分心。

(5)自动驾驶服务化,AI软件定义汽车

智能驾驶时代,"软件定义汽车"成为行业共识,AI等新技术将通过软件与汽车融合,走向自动驾驶的各个应用场景,重塑汽车行业的商业模式。2014年,特斯拉在SOTA/FOTA、付费软件模式一系列软件创新开创了"软件定义汽车"的先河,智能网联汽车逐渐从面向功能的汽车产品开发,转向通过架构变革打造面向服务,实现产品功能和服务配置上的个性化。2021年,特斯拉推出全自动驾驶(FSD)随用随付订阅服务,在"自动驾驶服务化"方向上迈进坚实的一步。未来依托于面向服务架构的汽车付费软件、订阅生态将是车企的核心竞争力,而AI技术的嵌入将为"用户定义汽车"带来广阔的空间。

4. 智能车舱面临的难点挑战与破局方案

(1)软件开发的碎片化和定制化

目前,不同车型在屏幕、麦克风、摄像头等方面的硬件参数区别较大,软件需要根据这些参数做定制化开发,不仅相互之间无法有效联通,也无法轻易共享软件能力。同时,在实际的开发工作中,众多的供应商在给车企开发软件,不同的功能可能由不同的供应商开发,容易导致软件版本多且杂乱,重复开发,很难升级、维护。

未来,智能座舱OS应为开发者提供统一的API接口,以支持生态的不断丰富和持续演进。同时,面向开发者,智能座舱解决方案提供商应通过不断完善平台开放套件等能力来持续提升其技术优势,帮助开发者实现应用高效开发、快速增长、商业变现,使能开发者创新,为用户提供驾车场景的精品内容、服务及体验。

(2)数据获取难度大

目前,车企间的"数据孤岛"问题显著。智能座舱的智能化需要依托大量的数据进行训练,从而实现智能程度更高的人机交互反馈效果,数据规模直接会影响智能座舱的用户体验。而大部分车企向外界公开车辆和驾驶数据主动意愿不高,甚至合作公司也难以获得相应的数据,这就导致了现有技术无法得到所需的数据积累,从而对智能座舱产业的快速发展形成制约。

未来,相关部门可以探索建立行业公共数据空间,通过数据确权、完善数据交易流通机制等措施鼓励行业共享数据价值,推动智能座舱产业健康可持续发展。

(3)数据安全与隐私保护压力加大

自动驾驶汽车在行驶过程中,座舱内各种传感器则会收集到大量数据,车辆实时精确位置、车内驾驶员驾驶的交互信息、人体状态指标等数据都涉及数据安全和隐私保护问题。2021年,工信部针对"加强智能汽车数据安全监管"的议题提出,加强智能汽车数据安全监管,推动汽车产业高质量发展。

未来,行业层面,应加强相关标准和规范指引编制,引导企业合规经营。这方面,《汽车传输视频及图像脱敏技术要求与方法》在商汤科技等行业机构的推动下,已完成团体标准立项。该标准提出了脱敏原则、脱敏流程、脱敏方法和脱敏效果评估的体系框架,能够实现有效数据脱敏处理,推动构建安全可靠高效的数据回传闭环系统。

(4)基于视觉感知的人机交互设计缺乏

目前,大部分车机的交互界面层级很多,功能切换需要操作比较烦琐的步骤,而这些都需要依赖于视觉,长时间的操作影响驾驶安全车机需要让功能切换变得更便捷和易操作。因此,目前部分主机厂将一些重要的、使用频率高的功能以组件的形式放置在首页,以此来减少层级。然而这种做法并不能从根本上解决问题,用户在开车时会用到许多种功能,将所有功能都放置在首页是不切合实际的,而且这种做法使架构变得更加复杂,用户操作时视觉停留时间不会有显著变化。

未来,智能座舱必然会形成一套多模态人机交互体系,但视觉毫无疑问仍是人们获取信息效率最高的方式。因此,基于视觉的感知分析将是多模态人机交互的核心。

5. 2021年智能车舱行业典型单位发展情况

(1)商汤科技

自2016年起,商汤科技便开始在智能汽车领域进行深入研究,经过长期的积累和探索,在智能座舱领域的产品布局愈加完善。2021年7月,在WAIC世界人工智能大会期间,商汤科技发布SenseAuto绝影汽车解决方案。目前,商汤

绝影解决方案主要由五大产品组成：SenseAuto ADAS、SenseAuto Cabin、SenseAuto Empower、SenseAuto RoboX 及 SenseAuto V2X。其中，SenseAuto Cabin 绝影智能车舱产品由驾驶员感知系统（DMS）、座舱感知系统（OMS）、智能进入系统以及座舱 App 等子产品组成。通过商汤科技独有的人工智能技术，借助完善的产业链，商汤绝影智能车舱能够提供全方位、多层次的一站式智能车舱视觉解决方案。截至 2021 年底，商汤在智能车舱领域已经和全球超过 30 家头部企业展开合作，定点量产项目数超过 30 个，覆盖车辆总数超过 2300 万辆，合作品牌包括长城、奇瑞、威马、哪吒、零跑等。据高工智能汽车的数据，2021 年度，商汤绝影以 15.73% 的市场份额，排名中国市场乘用车前装座舱 AI 软件供应商标配搭载量第一，如图 1-8-24 所示。

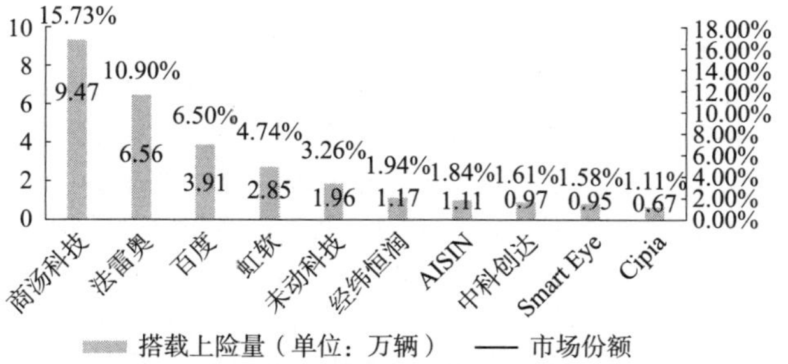

图 1-8-24 2021 年中国乘用车前装座舱 AI 软件供应商标配搭载量市场排名

（数据来源：高工智能汽车）

（2）斑马智行

2021 年 1 月，斑马智行发布首个智能座舱操作系统，该系统采用多核分布式融合架构，适合新型域集中式和中央计算式电子电气架构汽车。该智能座舱操作系统属于异构融合式 OS，能够支持弹性创新，支持微内核和宏内核及基于 SOA 的云端融合框架，具有跨域融合的能力，支持实现人机共驾的体验。

（3）华为

2021 年 4 月 18 日，华为正式发布在 2021 年上海车展上，华为发布了 HarmonyOS 智能座舱、4D 成像雷达、MDC 810 自动驾驶计算平台、「华为八爪鱼」自动驾驶开放平台和智能热管理系统 5 大创新解决方案。目前，基于 HarmonyOS 的智能座舱平台，华为已与国内北汽、长安、广汽、小康等多家自主品牌车企展开深度合作。

（4）虹软科技

2021 年 7 月，虹软科技推出虹软 VisDrive6.0 一站式车载视觉解决方案，贯穿智能座舱全场景，涵盖 ADAS、驾驶员监控系统、视觉互动系统、AR-HUD 等功能，并针对高通、德州仪器、华为等多种芯片系统进行深度优化适配。在 2021 年第三季度，虹软新增了合众新能源等国内自主品牌及合资品牌厂商定点项目，并实现了高通 Qualcomm 平台的长城智能座舱定点项目落地。

此外，2021 年，虹软 VisDrive 解决方案在一汽奔腾数款车型中量产落地，提供 Face ID 人脸智能登陆、DMS 驾驶员智能监测等功能。

（5）百度

2021 年 1 月百度宣布将以整车制造商的身份进军汽车行业。2021 年 8 月，在"百度世界大会 2021"上，百度首席执行官李彦宏首次提出了"汽车机器人"概念。2021 年 11 月，百度、集度和高通技术公司宣布预计于 2023 年上市的集度汽车首款车型将采用由百度和高通共同支持的智能数字座舱系统。

（6）地平线

2021 年 4 月，地平线在上海车展上发布全场景整车智能方案，在智能座舱领域，推出 Horizon Halo™ 车载智能交互解决方案，搭载强计算能力和多模态 AI 技术，深度融合视觉、语音等多种传感器数据，可实现主动式人机交互功能，并可协同多元化的应用服务生态，支持每款车型打造量身定做的差异化功能。截止到 2021 年底，地平线在 ADAS 领域、智能座舱领域已经累计获得 50 款以上的车型前装量产定点。

（八）智能决策与控制系统技术

（武汉路特斯科技有限公司 潘坚伟）

1. 2021 年智能决策与控制系统技术总体发展与突破

2021 年的智能决策与控制系统技术总体发展可概括为图 1 所示的由序贯向端到端决策规划技术的转变。序贯决策规划技术属于比较传统的应用。该技术通常假设：通过单独的模块，高精度的感知、预测、规划以及控制是已经可以实现了，并且该技术下的各模块也具有较强的可解释性。然而，不同模块之间的一些硬障碍可能会导致某些有用的信息在模块间传输时丢失，继而导致无法达到最佳性能。此外，序贯决策规划技术是一个复杂沉重的系统，需要大量的多模块的工作才能实现低延迟率。

因此，行业内在过去一年内不断深入探索建立为图 1-8-25 所示的端到端的训练模型来解决序贯上述的问题，以原始传感器数据为输入，直接输出控制及规划的智能驾驶指令。为此，一般的做法是使用一个庞大的深度神经网络来实现低延迟。但该方法不具备传统模块化方法的可解释性，难以融合专家的先验知识（如交通规则），并带来了系统验证和安全保障的新问题。针对端到端训练模型的这些问题，当前已经有

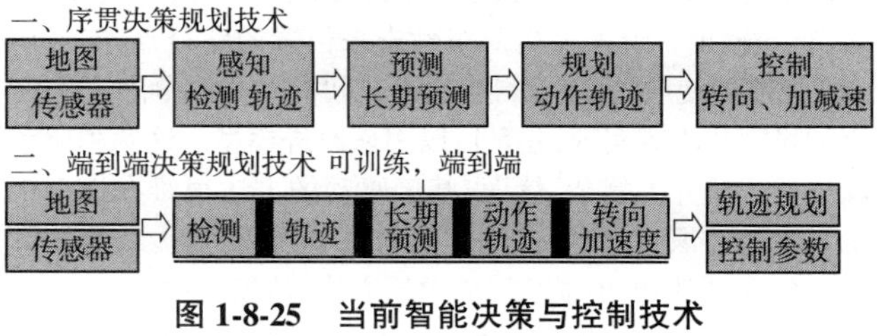

图 1-8-25 当前智能决策与控制技术

了一些突破；通过使用类似模块的组件，和精细的模块设计，来构建一个单一的模型，从而使得整个模型是端到端可训练的，同时具备低延迟推理的优势。此外，我们可以很容易地将先验知识（如交通规则）编码到模型中，并像传统方法那样验证每个模块。这种技术还创建了具有可解释性的中间表示，这些中间表示成为了验证和安全性的基础。

（1）决策与控制系统输入形式的发展与突破

图像和摄像头传感器数据是最直接的输入形式，人类开车同样依赖于这些输入。目前被广泛使用的是单目图像。相较于单目图像，立体图像或多摄像头组合的图像具有进一步的优势，尤其是在繁忙路段上的岔路口，因此被越来越多得用作输入。最近的研究突破也越来越关注从图像中获得更多语义信息，用作端到端决策规划技术的输入。例如，有些训练网络可用来提取 rgb 图像的语义分割结果，然后嵌入另一个驾驶行为的神经网络。但是摄像头传感器较廉价，光线不佳的情况下会导致图像质量差，且图像缺少精确的三维信息。因此，业界和越来越多的学术实验室正在探索另一种模式，即激光雷达点云。激光雷达数据的特征会更适用于卷积层神经网络架构的训练。在一些突破性的端到端决策规划技术中，激光雷达点云被投射成 2D 鸟瞰图像，然后通过不同的网络对其进行处理。相较于摄像头图像，激光雷达能提供更具鲁棒性的三维测量信息。但是激光雷达价格昂贵，并且会丢失了一些如转向灯信号等色素相关的语义信息。因此，近期业内正在传感器数据的多样化方面寻求突破，比如，同时使用摄像头像素和激光雷达点云这两种输入形式。此外，在激光雷达信息的挖掘方面，近期也有了新的突破。得益于激光雷达的物理机制，该方法可以获取的信息包括没有任何物体的自由空间、物体表面以及被遮挡的区域。这些信息能够构建出一个可视化地图，并有助于增强规划算法的安全性。这种表示提供了有关自由空间的辅助信息，因此可以被决策与控制模型用来进行无碰撞行为的安全规划。

（2）决策与控制模型的发展及突破

在模型架构方面，决策规划技术也经历了一些发展与突破。目前在该领域尚未有一个标准模型架构，但是模型的设计理念大致相似，比如决策与控制模型核心部分使用的是 CNN，RNN 或 MLP 的神经网络架构。当输入是图像或光栅时，被训练后的 CNN 会被使用来做特征匹配；RNNs 被用于编译或破译时间序列；MLPs 被用于处理离散数据或低维数据。此外，当模型有多元传感器数据作为输入形式时，这三种神经网络架构也会同时被使用。

（3）决策与控制输出的发展及突破

决策与控制也发展出了不同的输出表示，其中目前发展较完善的一种是驱动输出。例如，通过上述的输入源，端到端决策与控制模型会直接驱动出转向或加速值的输出，或者，首先输出一组表示当前车辆未来位置的路径点，然后用 PID 控制器使航路点平滑，生成动态可行的航路轨迹。路径点的可视化不难实现，并且可以用来改进模型。这两种驱动输出的方法并不复杂，然而，基于驱动的方法很难在模型中加入先验知识，如沿车道无碰撞行驶。因此，受传统规划方法的启发，人们提出了基于成本的方法：从模型中计算成本，然后用成本来规划轨迹。其核心思想是首先对大量的轨迹样本进行抽样，用模型对每一个轨迹样本分配成本，然后选取成本最小的轨迹作为最终规划。与基于驱动的方法相比，基于成本的方法具备更强的可解释性。这里的一个挑战是，由于成本价值的无法直接被监督，因此会需要大量的训练。除了驱动和成本这两种主要的方法，还有其他可能性，例如可以用一个模型为一系列预定义的情景输出数值，包括离中心线的距离和离其他区车辆的距离等。或者用一个模型为除了规划输出以外的其他附属任务输出结果，包括目标检测和分割。这些方法可以帮助模型更好地理解场景的语义信息。

（4）决策与控制模型学习的发展及突破

在不同的决策与控制模型方面，模型的训练和学习也取得了一些发展及突破。其中发展较为完善的是基于模仿训练来训练这些模型。首先收集一组包含成对的场景和专业论证的数据集，然后在进行向前的传递后，评估出模型输出和专业论证之间的误差作为模型训练的目标，把这两者之间的误差最小化。这个过程中的主要难点在于训练到推论之间的分配转移。为了突破这个难点，数据增强技术被采用。例如，在训练过程中，向专业安全驾驶员行驶的轨迹中增加微扰，以增加训练样本的多样性。或者收集和标记更多样的数据，然后把训练后的模型配置到实车上，进行实车驾驶的测试。一旦观测到发生危险行为，专业安全驾驶员便会手动修正规划轨迹。这些数据之后被加入数据集中，用于训练和优化更好的模型。模仿训练是一种非常直接的学习方法，具有更高的样本效率。但是，即使有了数据增强技术的帮助，分配转移仍然是一个有挑战性的问题。强化学习是突破这一问题的常用方法。相较于实车测试，模型在仿真器中运行，反馈包括碰撞率和目标达成率等数据。这些数据被收集用于训练决策及控制模型，目的是实现未来预计反馈的最大化。高仿真模拟器是保证该方法成功的主要条件，经其训练的模型被沿用于现实世界。然而，建造出高仿真模拟器本身就是一个复杂的学术课题。除了这两种主流训练方法，策略分布法是近年来发展迅速的第三种方法。如上文所述，模仿训练使用的是专业论证的离线记录，不可避免地会引发训练到推论的分配转移。在另一方面，增强学习的样本效率较低，因此较难与原始传感器数据直接交互，且耗时较长，这是由于该模型既要学习如何做出规划，还必须学习如何感知环境。策略分布法为解决这两个问题提供了一种折中的突破。其主要理念是：首先将地面实况作为输入用于训练，然后输出驾驶控制指令的专业模型。地面实况信息包含但不限于其他交通参与者的轨迹，高精地图信息和交通信号等。如此，该专业模型便可以无障碍地理解原始传感器数据，聚焦解决如何驾驶的问题。这样的专业模型，可以在模拟器中通过强化训练得到，或者不通过训练而通过人为制定的规则来构建。接下来，以原始传感器数据为输入，映射到驾驶指令中，便可以构建策略网络。在训练这个策略网络时，人们可以从专业模型中提取知识，尽量缩小两种模型的输出之间的差距。这样的监督式训练模式可以解决强化训练的数据效率低的问题。

（5）决策及控制模型的可解释性的发展及突破

2021 年，决策和控制模型的可理解性有了长足的突破和发展。由于自动驾驶应用对安全性的要求很高，人们需要很好地理解其运行模式，这样，一旦有问题发生，人们便可以通过可解释的回溯，确定问题产生的原因。如果能做到这一点，该系统便可以在某种程度上定义为零误差。近期的研究使用深度神经网络来生成习得成本，并通过检测和预测来优化该深度神经网络。通过输出非参数的多模型预测和该预测的规划条件，深度结构的自动驾驶网络被用来进一步提升性能和可解释性。由于检测后处理可能会导致丢失有用信息，目前的研究专注于如何能突破这一环节，并且通过可解释的语义表示来进行感知、预测和安全运动规划，用无实例的语义占用表示来替代实例预测以及用学习得到的可解释规划成本来生成规划信号。

(6)复杂和交互环境中的类人决策控制技术的突破

近来，自动驾驶技术在具备交互和协同决策能力的类人驾驶行为方面有了突破。通过推理其他车辆的意图并将之融合进规划网络，车辆不需要车间通讯就可以做出合理的协同决策。如今，自动驾驶车辆不仅开始能够推测其他人类交通参与者的意图，也允许他们推理自动驾驶车辆的意图。因此，即便车辆间没有详尽的通讯，也可以基于可见的驾驶行为来实现车辆间的关联和交互能力。

另外，决策和控制技术也开始把驾驶行为的社会兼容性纳入体系内，并取得了突破性进展，包括车辆的协同能力和交互能力等。人类驾驶员的驾驶行为逐渐趋同，这对于保障导航在复杂，动态和不确定的环境里的安全性至关重要。由于交通参与者的行为是相互关联的，未来状态的偶发性异常会导致自动驾驶车辆出现严重问题。当所有可能的动作都被判定为不安全，自动驾驶车辆可能会刹停。即便没有刹停，它也可能会选择一条避让路线或任意路线，以穿过拥挤路段，但这时的路线选择往往是不理想的，且有潜在的危险。目前许多解决方案着手于将其他交通参与者的意图合并为协同目标。在此基础上，协同动作规划也可以被称为社会兼容性运动规划目标。在协同的意义上，这种协同驾驶方式可区分为车际通信和协同两个维度，可以通过与其他车辆或基础设施的通信来实现。

2. 智能决策与控制系统产业标准体系

中国汽车产业整体规模保持世界前列，同时在智能决策与控制系统相关标准的制定方面也处于世界领先水平。中国一方面加强标准的顶层设计，另一方面积极推进国际标准及国家标准的法规协调。当前，智能决策与控制系统的相关标准主要分为功能安全标准和系统标准。

2018 年 ISO 更新 ISO 26262 功能安全标准后，2019 年接着发布 ISO/PAS 21448 预期功能安全标准，不断完善智能决策和控制的安全标准布局。同时，中国也在积极完善智能决策和控制的功能安全标准。2019 年 11 月，中国启动 GB/T 34590—2017《道路车辆功能安全》的修订工作，并基于 ISO 26262:2018 功能安全标准进行修订，已于 2021 年 4 月征求意见，预计将于 2022 年发布。此外，2020 年，中国启动国家标准《道路车辆预期功能安全》和《道路车辆功能安全审核及评估方法》的制定工作，预计 2022 年将完成制定。

在系统标准方面，目前，包括 ISO、SAE、中国国家标准委、中国汽车工程学会等组织机构已发布了一系列的智能决策与控制系统标准，主要涵盖车辆碰撞预警系统、车道保持辅助系统、车道偏离报警系统、自主代客泊车系统、自动紧急制动系统等。总体上来看，现有智能决策与控制系统标准主要针对低级别的智能驾驶。高级别智能驾驶的相关标准认证主要包括 WP.29 发布的 ALKS 法规、ISO 发布的 ISO 22737 LSAD 标准以及中国汽车工程学会发布的自主代客泊车标准。

3. 国内外智能决策与控制系统技术发展趋势

智能决策与控制技术在各国发展趋势和落地优势及驱动力并不相同。中国的智能决策与控制系统技术发展趋势的驱动力在于：

(1)汽车市场足够庞大

截至 2020 年 9 月，中国汽车机动车保有量达 3.65 亿辆，其中汽车保有量达 2.75 亿辆。庞大的市场可带来显著的规模效应，此外也可支撑足够的细分场景，便于智能决策与控制技术，率先取得更多商业化应用。

(2)基础设施配套齐全

协同式决策新兴起来，主要基于车-车或车-路间的网联通信，协调域内多车的驾驶行为。用来实现 V2X 车-路-云通信所协助的智能决策与控制技术的基础设施如 5G 基站、智能化道路基础设施如 ETC 技术、高速公路等基础设施，都在不断完善。如今中国已经建成了超过 70 万个基站，这个数字基本上是中国之外全球 5G 基站总量的 2 倍多，率先取得更多应用。

(3)标准渐趋完善

关于自动驾驶的相关标准也在逐渐完善，工信部及相关部委先后发布了《国家车联网产业标准体系建设指南(智能网联汽车)》《国家车联网产业标准体系建设指南(总体要求)》《车联网(智能网联汽车)产业发展行动计划》《智能汽车创新发展战略》等政策文件，从多方面规划自动驾驶的行为决策及控制技术标准体系建设。

(4)感知定位技术逐渐成熟

感知层的高精度地图、激光雷达、等近几年都取得了很大的进展和应用。高精地图普遍地在国内各地铺开，时效性强和数据维度广，使得国内的决策及控制技术得以更广泛地被使用和落地。

4. 目前亟需解决的技术难点及解决方案

想要智能驾驶系统达到像人类司机一样的驾驶能力，决策与控制技术需要具备协同性和交互性。自动驾驶车辆需要推断其他驾驶员的意图并将其整合到规划框架中，从而在车辆之间无法互相联网沟通的情况下也能得到合理的协同决策。同时，自动驾驶车辆的意图也应该容易地被其他驾驶员猜到。为此，以下几个方面是智能决策与控制系统技术需要提升的方面：①在构建与其他交通参与者的交互模型时，规划方法需要在复杂环境中保证性能的安全性以及与系统的兼容性。②规划和感知需要紧密结合，及时感知和传输突发事件，启用安全保障功能。③规划控制算法在极端天气下的性能需要提升。环境的不确定性也被纳入决策控制算法中去。④需要开发，评估和融合针对规划和决策的机器学习方法。⑤自动驾驶车辆上使用的方法需要进行验证和安全性评估。⑥需要开发具有随机路径、在线性能和标准服务质量的大规模车队管理方法。

5. 2021 年行业重点企事业单位发展情况

企业	发展情况
AutoX	2021 年 1 月，全无人驾驶出租车在中国向公众开放。全球第二家做到常态无人驾驶技术可达到车内不需安全员。12 月，AutoX 揭晓位于江苏常州的中国首个全无人驾驶 RoboTaxi 生产线
小马智行	2021 年 10 月，小马智行获颁“北京市智能网联汽车政策先行区”首批无人化道路测试许可。11 月，与百度 Apollo 在北京获得国内首个自动驾驶收费订单，这标志着自动驾驶进入商业化运营阶段
文远知行	2021 年 1 月，文远知行在南京建立研发运营机构-文远苏行。开展自动驾驶微循环小巴的常态化测试。2 月，文远知行 WeRide 获得网约车运营许可，成为中国第一家拥有相关资质的自动驾驶企业
百度 Apollo	2021 年 11 月，与小马智行在北京获国内首个自动驾驶收费订单，这标志着自动驾驶进入商业化运营阶段
驭势科技	2021 年 9 月，我国香港国际机场管理局引入驭势科技无人驾驶巡逻车。这是全球首款在机场禁区内用于巡逻的无人车
蔚来	2021 年 1 月，蔚来发布首款自动驾驶车型 ET7。ET7 搭载最新的蔚来自动驾驶技术 NAD，基于 NIO Aquila 超感系统、NIO Adam 超算平台等，将逐步实现高速、城区、停车、加电等场景的点到点自动驾驶
小鹏	2021 年 1 月，小鹏汽车正式向用户开放通过 XPILOT 3.0 系统结合导航路径实现的高速 NGP 辅助驾驶功能。2021 年底，小鹏车主累计 NGP 行驶里程 1800 万 km
威马	2021 年 4 月，威马发布全球首款特定场景 L4 级无人驾驶车型 W6，该车搭载威马与百度 Apollo 共同研发的 AVP 无人自动泊车系统。其具备的 HAVP（自主学习泊车系统）和 PAVP（高精地图泊车系统）让车辆实现全无人自主泊车、取车，彻底解放用户

6. 未来几年智能决策与控制系统技术发展建议

虽然无人驾驶被广泛为汽车智能的终极目标，然而，受限于汽车技术各个阶段的发展规律、法律与法规、事故责任划分等约束，人类司机作为驾驶过程的参与者，甚至驾驶主体在很长一段时间内仍将是事实。系统安全性和决策规划效率在未来数年将仍然是智能决策与控制系统技术需要关注的主要问题。

决策与控制系统技术的安全性需要被精确地评估。评估一辆车的安全性需要数百万的测试里程，这需要数十年的时间来完成。同时，对于仿真测试来说，不论怎么优化，总是跟现实生活有所差距。因此未来几年需要搭建一个能够完全证明系统安全性的方法框架。

决策与规划处理是人工智能技术在自动驾驶中的一个重要应用场景。现阶段主流的人工智能方法包括状态机、决策树、贝叶斯网络等。伴随着深度学习与增强学习技术的发展，现已实现了对复杂工况的决策和在线优化学习。由于在实际道路中影响驾驶路径规划的因素非常多，势必会占用较多的计算资源。为提高计算效率，日本研究学者提出了“安全场”的研究思路，即搭建典型交通场景作为深度学习神经网络的输入，以提高自动驾驶汽车的决策效率，提升路径规划能力。

总的来说，由数据驱动的决策和控制算法得到了越来越多的关注，我们目前需要进行新一轮的创新。为了实现从演示系统到自动驾驶车辆量产的过渡，充分的验证，系统的安全性和可解释性都是必不可少的条件。一旦满足了这些条件，自动驾驶技术就会极大地改善我们的生活质量。

（九）智能网联汽车信息安全

（中电车联信安科技有限公司　纪妮丝）

1. 2021 年智能网联汽车信息安全总体发展与突破

2021 年，在新一代信息技术领域的飞速发展和产业落地、我国大力发展智能制造、推动产业升级转型、“双碳”目标和时间节点的出台等多重助推力加持下，传统汽车行业走上了智能化和电动化的快车道。另一方面，百度、阿里巴巴、华为、小米等互联网科技公司先后坐上新能源汽车的牌桌。在互联网公司的组团冲击下，汽车行业转型大势已成。车、路、人、云几方面信息交互能力跨越式发展，汽车成为智能化、网联化的智能终端。智能网联汽车信息安全中除了涉及用户隐私、行驶数据等，其中包括的地图信息等内容更是直接上升到国家安全范畴。

近年来，汽车信息安全攻击事件屡见不鲜，国际头部主机厂无论是传统老牌车企如大众、丰田，还是新能源执牛耳品牌特斯拉都出现过现有车型被网络黑客远程网络控制的事件，网络威胁态势也在持续发展。随着信息安全理念不断深入，我国智能网联汽车信息安全服务市场也获得了持续增长。安全服务在不断拓展布局、纵深探索下，已成最大增量市场之一，全球市场，安全运营管理和安全咨询服务等夫家值较高的技术服务创造了安全市场超过 60% 的价值。与之不同的是，在我国，安全技术的实施和安全产品集成占据了更大的安全服务份额。这说明我国的信息安全服务产业尚未成熟，行业对于信息安全服务重要性的认识还需要继续发展。

智能网联汽车信息安全不是独自闭环的产业，而是多行业的融合和交叉。当前，智能网联汽车信息安全产业尚未形成成熟合力，整车企业占据传统产业地位中的优势，信息技术基因薄弱，未能完全拥抱与安全服务公司的合作。多数整车企业已能意识到信息安全对企业发展和产品运营中的重要作用，但尚未有显著举措将意识落在实处：在其相对完善、成熟的整车开发流程及体系架构中，针对智能网联汽车信息安全的流程体系还不够健全。

检验检测方面，我国逐渐建立气了较为完善的信息安全认证与检测体系。相关服务、测试和认证等制度标准逐渐在建立健全。

2. 产业标准体系的建设

2021年6月第十三届全国人民代表大会通过《中华人民共和国数据安全法》，于同年9月1日起施行。2021年8月20日，为加强个人信息和重要数据保护，规范汽车数据处理活动，根据《中华人民共和国网络安全法》等法律法规，国家网信办、公安部等务部门联合发布了《汽车数据安全管理若干规定（试行）》，自2021年10月1日起施行。2021年8月20日，第十三届全国人大常委会第三十次会议表决通过《中华人民共和国个人信息保护法》，其中明确提出保护自动驾驶汽车用户的个人信息，通过设置用户之情同意权保护数据安全。2021年，国家互联网信息办公室、工业和信息化部、公安部、国家市场监督管理总局四部门联合发布《常见类型移动互联网应用程序必要个人信息范围规定》，旨在落实《中华人民共和国网络安全法》关于个人信息收集合法、正当、必要的原则，规范移动互联网应用程序（App）个人信息收集行为，保障公民个人信息安全。《规定》明确了地图导航、网络约车、即时通信、网络购物等39类常见类型移动应用程序必要个人信息范围，要求其运营者不得因用户不同意提供非必要个人信息，而拒绝用户使用App基本功能服务。

2021年，国家市场监督管理总局、国家标准化管理委员会正式发布国家标准GB/T 39786—2021《信息安全技术 信息系统密码应用基本要求》明确了信息系统密码应用技术框架，规定了信息系统第一级到第四级的密码应用的基本要求；提出了物理和环境安全、网络和通信安全、设备和计算安全、应用和数据安全等密码应用技术要求，有效保障信息系统的实体身份真实性，重要数据的机密性和完整性、操作行为的不可否认性；制定了管理制度、人员管理、建设运行、应急处置等密码应用管理要求，为信息系统管理提供安全保障。是《中华人民共和国密码法》出台实施之后，开展商用密码应用安全性评估工作的重要抓手。

3. 国内外智能网联汽车信息安全发展趋势

国外知名主机厂主要通过将信息安全纳入合作及开发规范性来进行智能网联汽车信息安全布局。奔驰主要从云端数据安全、智能制造工厂生产端网络安全、与第三方安全公司合作进行漏洞检测与修复三个方面。BMW在国内成立安全子公司，与信通院、腾讯科恩实验室等开展合作。特斯拉将网络安全纳入电子电器架构设计过程，还设立"安全名人堂"鼓励网络技术人员验证其架构安全性、主动上报漏洞。

国内以"蔚小理"为代表的造车新势力非常重视整车智能化，信息安全能力的建设主要形式是与安全服务商建立联合实验室及自研。建立健全智能网联汽车信息安全能力，不仅要从主机厂层面，会构建全生命周的纵深防御体系和安全能力，还要我国车路协同的特色产业路线出发，在监管层面，建立起国家级智能网联汽车信息安全数据平台，从国家层面主导建设平台和运营监管，实现汽车真正互联。在整车供应链层面推动技术创新，在安全芯片、操作系统等方面都不断深化自主可控安全能力，突破"卡脖子"困境。

4. 目前亟需解决的技术难点及解决方案

（1）数据安全尚未得到有效保障

主要体现在数据获取和使用过程中，存在数据的采集和存储方面责任和规范要求不明确；数据的商业用途约束要求不清晰；对于数据泄露的防范不足；对于数据违法的处罚力度不够等。解决方案：要建立准入制度，智能网联汽车数据（包括高精地图数据）的采集、存储和商业用途需经国家相关部门备案管理。只有满足数据安全和隐私保护要求的智能网联汽车产品才能进入汽车公告目录。通过监管强标提升智能网联汽车软件的安全性，在分析处理数据时要推广数据安全沙箱技术，进行数据和个人身份的分离，并将数据匿名化，以确保数据的安全。

（2）软硬件安全能力构建刻不容缓

软件如OTA安全，硬件如芯片安全等方面发展情况是不够支撑我国车路协同安全体系构建的。体系安全需要整个供应链生态的安全意识和能力大大提升。我国确实整车的信息安全起步较晚，目前主机厂仍然注重智能网联汽车功能安全远超信息安全。幸运的是我国智能网联汽车企业及用户都还没有因为信息安全漏洞被造成严重损失，这也使得信息安全依旧停留在事后能力上。解决方案：硬件方面大力发展国产自主的安全芯片，监管层强制推动数据安全芯片上车，加大芯片厂商与整车企业的合作深度。软件方面，加速自主安全操作系统、OTA漏洞检测平台上车，让智能网联汽车的内生安全能力成为全生命周期安全防护能力的内在支撑。

5. 2021年行业重点企事业单位发展情况

（1）上汽集团

2021年宣布五年内3000亿元创新投入，上汽向高科技企业全面转型。以SOA开发者平台为纽带，各方携手打造"共建共赢共享"的智能汽车生态，推动汽车行业由封闭走向开放。

上汽集团宣布：十四五期间，将在智能电动等创新领域投入3000亿元，全面向高科技企业转型。在智能网联领域，上汽将围绕"一三五"战略构想，加快推动自主创新。其中，"一"代表"以用户为中心"；"三"代表智能网联化产品、智能网联化体系和智能网联化生态三大方向；"五"代表软件、人工智能、网络信息安全、大数据和云计算五大核心技术能力。

（2）一汽集团

2021年9月，中国一汽与吉林省汽车电子协会共建智能网联汽车信息安全标准体系，重点介绍了中国一汽-阱旗R. Flag技术创新战略，以及以汽车发展新"七化"（即电动化、智能网联化、驾乘体验化、安全健康化、数字化、生态化和共享化）为核心、全面拓展移动出行的新平台、新场景和新生态的发展规划。表达了中国一汽在智能网联、移动出行领域"共创、共投、共享"的开放态度，以及与各界同仁强强联合、优势互补、融合共进、互利共赢地全力推进中国智能网联事业融合发展的宏伟愿景。

(3)东风集团

2021年7月,东风集团表示将在智能座舱、智能底盘、固态电池、智能网联、信息安全等领域与行业内企业开展技术合作,抢占新能源与智能网联汽车新赛道。并与中汽创智签约了《自主集成电子制动系统联合开发项目技术协议》《国产大算力座舱平台联合开发》两个项目开发协议,中汽创智的先进技术和产品将在东风各品牌的车型上加速应用。

发布"东方风起"计划,东风汽车大力实施科技创新"跃迁行动",重点布局新能源整车共享平台,电子架构及氢能源产品,推动东风风神产品品牌在2024年实现全新车型100%电动化;打造行业领先的智能网联产品,车联网技术新搭载率提升到80%以上。

6. 未来几年智能网联汽车信息安全发展建议

(1)将数据安全作为车企核心竞争力

在企业数据安全保护方面建立高标准,有助于车企获取更多消费者的科技安全认同,增强消费者对企业科技产品的信任程度,也会让消费者更有意愿与车企共享出行数据,从而促进用户体验的正向提升,帮助车企在未来出行生态的竞争中赢得先机。

(2)加速推行车载紧急呼叫系统相关法规

车载紧急呼叫系统不仅事关行车安全,也是庞大汽车产业链中的重要一环,事关我国汽车产业发展质量。当前,对于国内车载紧急呼叫系统仅进行了行业讨论,尚未形成明确的标准和法规。

7. 其他重要的方面

还需政府金融体系支持:

①放款相应行业企业的信贷额度;②鼓励并配合企业发行"车联网-新能源融资租赁绿色资产支持专项计划";③将智能网联汽车信息安全按揭贷款等绿色消费纳入支持范围,国家对绿色金融ABS发行的大力支持,也将更多在证券化市场中展现。

(十)智能网联汽车测试与评价

(中汽院智能网联汽车检测中心(湖南)有限公司　姜　维　孔令颉　肖　峰)

1. 测试行业概述

(1)测试行业背景

为提升交通效率、降低事故率,汽车产业逐步走向智能化,但目前很多知名汽车企业所制造的汽车,其智能网联系统仍不稳定,为增强智能网联汽车行驶的安全性,对自动驾驶系统稳定性加以验证,需要重点测试其稳定性、功能、鲁棒性以及舒适度等多项指标。因此,在研发智能网联汽车的过程中,不仅要深入研究全新算法和功能,还要不断完善智能网联汽车测试技术。

(2)测试评价方法

智能网联汽车测试方法主要包括仿真测试和实车测试。仿真测试主要有软件在环(SIL)、硬件在环(HIL)、车辆在环(VIL)等方法。实车测试主要包括封闭场地测试和开放道路测试,具有效率低、可重复性差、灵活性差、反馈不及时等缺点。目前,智能网联汽车的测试内容主要包含传感器(摄像头、激光雷达、毫米波雷达、超声波雷达等)、执行器、智能算法、人机交互界面等。

(3)测试技术研究

目前,汽车仍难以实现高级别自动驾驶,无法有效解决交通安全问题。因此,智能网联汽车需要对其安全性进行测试,主要包含主动安全、被动安全、功能安全、预期功能安全和信息安全测试。此外,智能网联汽车还需对不同场景进行测试验证,主要包括弱势交通参与者的测试、车与路的信息交互测试、前方车辆紧急停车的测试、交叉路口的碰撞预警测试、红绿灯自动识别和无人车速度调控的测试等。

2. 测试技术现状

(1)仿真测试现状

①软件在环。软件在环在目前系统开发中"V"模型被普遍采用,具备成本低、效率高、易修改等优点,一般应用在自动驾驶系统设计初期和中期。目前,仿真模拟软件可分为开源和收费两种,开源模拟平台主要有Gazebo、Carla、Apollo,收费模拟平台主要有Panosim、Carsim、Pro-SiVIC。

②硬件在环。硬件在环可测试危险场景,可复现测试工况,当前主要有IPG公司的Carmaker,TASS公司的PreScan,OKTAL公司的Scanner等软件可进行虚拟环境仿真。在软件中拥有多种传感器的模型,如毫米波雷达、激光雷达、摄像头等,可模拟真实传感器。同时软件中还有行人、车辆、建筑物、道路等交通流元素,可仿真实际交通环境搭建虚拟测试环境,通过传感器模型将虚拟目标传递给控制系统,用来测试控制系统的控制功能。对自动驾驶系统来说,需要融合多种传感器来得到环境信息,常见方法是通过摄像头注视屏幕,同时将虚拟场景传递给雷达目标仿真器,以此保障不同传感器的时间同步。

③整车在环。整车在环目前主要用于测试自动泊车辅助系统APA,自动紧急制动系统AEB等工作系统。现有IPG公司提供的基于超声波传感器的APA测试系统,实现了在实际场地中,通过超声波仿真器将虚拟测试环境中的目标信息传递给超声波传感器的方式进行实验。

(2)实车测试现状

①封闭场地测试。目前,国内智能联网汽车测试场地已经相继开放,据不完全统计,截至2021年底,全国有超过50个封闭测试场(已建成和待建设),其中有30多个具备智能

网联汽车测试能力，已遍布北京、上海、重庆、天津等16个省（直辖市）。但由于各地的经济水平差异较大，且部分场地是基于传统场地升级改造完成的，所以场地本身的水平差异比较大。为提高智能网联汽车在复杂交通环境中使用的安全性，各大封闭测试区正在积极完善测试能力，以实现全面覆盖城市、郊区、乡村和高速公路典型交通环境下的感知、决策、控制和网联功能。同时，为满足智能网联汽车测试丰富性，部分封闭场地测试通过场景的组合，实现了在封闭场地中多样性测试和复杂场景的柔性测试。

②开放道路测试。截至2021年，全国已建设16个智能网联汽车测试示范区，开放3500多km测试道路，发放700余张测试牌照，道路测试总里程超过700万km。其中上海累计开放615条、1289.83 km测试道路，可测试场景达到12000个，累计向25家企业、295辆车颁发道路测试和示范应用资质，实现了嘉定新城和临港新片区全域开放测试。

此外，据不完全统计，全国有30多个省市出台了智能网联汽车测试管理规范或实施细则，其中北京、上海、天津、重庆等地区出台了省（直辖市）级法规。其中，上海、江苏、浙江、安徽出台了跨省市的《长江三角洲区域智能网联汽车道路测试互认合作协议》。北京"自动驾驶高级别政策示范区"在2021年颁布新政，允许已在外地获得同等示范许可的智能网联汽车，在经"三同"（同一车型、同一硬件、同一软件）认定情况下，经专家评审后即可获得北京示范区测试许可，大幅降低了车企测试成本，提高了效率。

3. 行业重大突破

（1）政策标准突破

①开放了自动驾驶高速测试场景。2021年7月27日，北京市智能网联汽车政策先行区正式开放自动驾驶高速场景，允许首批获取高速公路测试通知书的企业开展试点测试。其高速测试安全管理政策实现了应用监管技术、分阶段审核管理机制、测试过程安全保障措施、保险保障机制、高速公路测试技术规范五大管理创新。

②修订并施行道路测试管理规范。为贯彻落实国务院文件要求，适应行业新的发展需求，推动实现由道路测试向示范应用扩展，2021年8月，工业和信息化部、公安部、交通运输部三部门联合印发《智能网联汽车道路测试与示范应用管理规范（试行）》，并于2021年9月1日开始正式施行，相比于"规范2018"，新规范对测试示范主体增加了网络安全、数据安全等方面的保障能力要求，进一步体现了信息安全的重要性。

③发布智能网联测试评价白皮书。2020年10月，《智能网联汽车产品测试评价白皮书》正式发布，该书结合了智能网联汽车技术发展与应用的特点，对智能网联汽车产品从安全、体验两大性能维度进行评价，并以配置维度作为辅助评价。适用于配备自动驾驶系统且具备L3/L4/L5自动驾驶功能的M类、N类车辆，其他类型车辆均可参照执行。2021年10月，《智能网联汽车信息安全测试评价白皮书》正式发布，该书从政府、企业、消费者角度分别讨论其对于智能网联汽车信息安全测试评价工作的潜在需求，探索提出智能网联汽车信息安全测试评价方法。

（2）测试技术突破

①自研模型在环测试平台。51VR科技公司自主研发了自动驾驶仿真平台、虚拟驾驶仿真平台，平台功能覆盖了道路环境搭建、智能交通流、传感器及动力学仿真，可方便地接入自动驾驶感知和决策系统。此外，同济大学团队基于PreScan测试平台，对其所提出的自动紧急制动系统进行了充分测试验证，同时对紧急制动过程中的相关参数进行了探究。吉林大学自主研制了PanoSim虚拟测试软件平台，并基于该平台对驾驶人驾驶习性进行了聚类分析，提出了考虑不同驾驶习惯的ADAS控制策略，进行了算法仿真验证。

②自研硬件在环测试系统。吉林大学针对V2X测试，研发了一种结合虚拟环境和真实环境的端到端测试系统，此系统可以承担整个协议栈的测试任务。并提出了一种电子液压制动与电子机械制动相结合的制动控制系统，并基于dSPACE Autobox和CarSim搭建了硬件在环平台进行测试与算法验证。西安交通大学提出一种新型HIL仿真平台，实现了运动学模型、虚拟传感器和各种仿真场景的柔性构建，并开发了硬件ECU接口，平台可利用HIL仿真对自动驾驶车辆场景感知、路径规划、决策及控制算法进行闭环测试与评价，可将测试算法快速迁移到实车。

③自研整车在环测试平台。中国科学院大学基于APC理论，搭建了与实际交通平行执行的自动驾驶汽车测试验证平台，对自动驾驶汽车的环境感知、动态认知规划、智能决策等功能进行了验证。长安大学团队研发了一种整车在环仿真的自动驾驶汽车室内快速测试平台，实现了试验台、虚拟仿真场景和自动驾驶汽车之间的深度融合，可在各种虚拟交通场景下测试自动驾驶汽车轨迹规划、轨迹跟踪及执行器控制性能，大幅缩短了自动驾驶汽车的研发周期，提高了测试效率。

4. 技术发展趋势

（1）虚拟仿真测试

①丰富场景库。自动驾驶系统能处理的场景覆盖范围越大（涵盖极端场景），自动驾驶汽车可行驶的区域就越广。随着自动驾驶功能升级，从L1→L4/L5的升级迭代过程中，需要测试与验证的场景数量呈几何级增加，场景库的搭建成为仿真产业链中至关重要的一环。

②企业联合仿真。不同仿真平台在仿真模块上侧重点不同，比如有专注于车辆动力学仿真的Carsim、CarMaker、VI-Grade、VeDYNA等，专注于交通流仿真的Vissim、SUMO等，通过与其他解决方案进行联合仿真，可以提升虚拟仿真测试的全面性，提升虚拟仿真的有效性，进一步提升仿真测试占比，降低自动驾驶汽车研发投入，缩短研发周期，加快完善自动驾驶系统。

③拓展云仿真。云计算能力可以支持大规模仿真构建，覆盖海量驾驶场景，实现高并发运行测试，加快仿真运行速度。因此云端大规模并行加速是自动驾驶仿真测试平台必备核心能力之一。

（2）开放道路测试

①统一测评标准。从单一场景走向多场景串联的趋势来看，行业还需对更广泛和更复杂的测试内容达成统一的标准，其中在车、场、人、网、管等多方面均存在大量影响测试结果的因素，因此，需要进一步完善并统一标准。同时，统一的标准和规范是实现测试结果互认的前提，让自动驾驶企业和认证机构都有规可循，这样结果互认才会更有权威性。

②完成测试互认。测试结果互认是不可逆转的趋势，主要具备以下几大优势：可以大大节省企业的成本和时间，在不同城市落地项目时，将省去大量重复的测试认证工作，减少企业的运营压力；各地有着各异的城市环境和不同开放程度的道路，在多地测试能使自动驾驶的测试和道路验证获得更多的场景以及测试数据支撑。

③打造差异化场景。场景不健全是当前各封闭测试场面临的共性难题；当实现测试互认后，测试场景单一的测试场将面临被淘汰的风险；未来测试场景的需求将更加多元化，因此，在“硬件”层面走出差异化的优势，将成为未来测试场的一大发展趋势。

5. 测试技术难点

（1）仿真测试难点

①仿真场景库建设难。场景库建设效率低、费用高。目前场景库建设还需要依靠大量人工进行采集、标注，然后进行场景分析挖掘、测试验证，整个流程效率低、成本高。目前全球每年人工标注成本在 10 亿美元左右。场景库建立缺乏合作，资源重复性投入大。目前单一企业很难完成覆盖所有场景的场景库建设。当下各企业场景库建设大部分各自为战，导致资源重复性投入。尤其是自然驾驶场景、标准法规场景等共性场景可以通过合作共建，实现使用共享，但目前这方面的合作还很少。

②仿真模型搭建困难。缺乏极端场景，虚拟场景库建设效率较低，前期需要对真实场景数据进行大量人工标注，需要根据系统功能定义进行人工分析与功能场景定义，制约了未来大规模虚拟仿真测试的应用。目前，国外有很多这方面的虚拟仿真软件，例如 PreScan，国内也有一些在团队在开发相应的软件，其核心是环境模拟和传感器模拟，以及如何把传感器模拟做到和真实传感器一致。

（2）实车测试难点

①评价体系不完善。L3～L5 级的自动驾驶评测体系尚未建立，对同等级的高级别自动驾驶汽车上不同的功能需要不同的要求。自动驾驶功能评价分级需独立于 E-NCAP 的主流星级评级方法，需结合每一款产品的功能和应用环境做详细界定，提出一个单独的分级方案，用简单的、描述性的分级来评估功能等级与系统安全，分阶段实施。

②安全评价不充分。功能安全场景不全，安全测试验证规范及评价标准未形成系统化、标准化和统一化。亟需加强安全测试评价体系的研究与完善，统一安全测试验证的标准，构建功能安全场景库。一方面，从驾乘人员状态监控、自车操作、ODD、OEDR、失效响应五个方面进行安全测评；另一方面，评价由于智能网联汽车性能局限、规范不充分或对功能的合理误用等因素导致的参与风险是否在社会可接受水平。

6. 行业现存问题

（1）场地建设规范缺失，场景搭建差异大

目前，各测试区技术人员配备与数据平台的搭建均存在显著差异，在测试场景搭建方面，部分测试区也存在缺陷，例如缺乏高速、坡道、隧道等场景，导致各大测试区的测试内容各不相同。且部分场地是基于传统汽车测试场地升级改造完成的，各大测试区的规划和建设水平存在显著差异，测试技术水平、测试服务能力等均有不同。

（2）测试规程不统一，测试结果尚不互认

2018 年国内已发布相应的试验规范，规范中明确了 14 个试验项，包含 34 个试验场景。就规范的具体发布和执行来看，其在测试程序统一以及测试场景协调方面，效果非常有限，受各地区测试场地、测试场景不同等因素影响，各地的测试规范存在一定差异，导致测试结果难以实现互认，近两年，北上广深等地区均在积极推动测试互认，但距离实现全国范围的测试互认仍有很大距离。

（3）数据收集处理不足，数据利用不充分

为收集测试数据，企业需获取各类传感器的数据，包含车辆操作数据、车辆行驶状态数据、车辆违章数据等数据。在完成检测工作之后，需对测试数据信息进行汇总，并出具检测报告。目前，各个试验区已经建成了数据采集中心或者是正在建设数据采集中心。但各试验区并未建立统一的数据管理平台，因此数据采集的规范和标准无法统一，这种情况下的数据汇总及分析难度较大。

7. 行业发展建议

（1）加强统筹监管，开展场地能力评估

为推动我国智能互联车辆试验工作的进步，需构建具有统一性、标准化的试验示范评价及时和体系。利用统一性的评价机制和体系对国内各个城市的试验场地以及具体的实验场景进行评价，不断发现问题，做好问题分析与改善，保证场地改进工作的实效性。

（2）打造区域特色，吸引企业开展测试

为传统汽车改装的自动驾驶车辆提供政策支持，保障其道路测试的路权资质，为企业测试提供便利；从人才招聘、办公、住宿、测试牌照、车辆维保等方面为企业开放道路测试提供配套资源保障，降低企业运营成本；加大测试场景研究力度，扩大开放道路测试范围，为企业研发测试提供技术支撑，从而提升研发测试效率；打破政策法规瓶颈，建设模拟商业运营环境，为企业提供各类测评服务，推动自动驾驶车辆进行商业化应用；加强各测试示范区的开放测试道路配套的测评体系研究，定期完成体系发布，提升行业影响力。

（3）完善测评体系，支撑高级自动驾驶

建立健全的测试标准法规，推动高级别智能网联汽车产品实现商业化落地，制定高级自动驾驶准入相关管理办法及测试标准，同时提升测试场景与评价指标的相关度，针对性的评价自动驾驶汽车的各项性能与功能，逐步完善仿真场景、封闭场地、半开放场地、公共道路测试方法，推动建立健全企业自我评估、报备和第三方技术检验相结合的认证认可机制。

（4）统一测评标准，加速测试结果互认

统一测评标准，保证测试场景具有可重复性和一致性，加快推动测试结果互认，以此加速自动驾驶技术落地与优化。结果互认将加速产业洗牌，经过优胜劣汰之后，更有利于产业生态成长。

（5）建设数据平台，实现测试数据共享

推进各示范区数据中心软硬件能力建设，依托第三方机构建设国家测试数据平台，积极做好数据平台融合和信息共享工作，构建可扩展共享的数据库体系结构，实现统一格式接入，同时满足多个示范区在线应用共享需求。建立分层共享机制，实现跨品牌车辆与跨示范区之间的信息互联。开展企业技术进步相关数据脱敏，促进脱敏数据应用于技术研发、场景数据库建设等实际需要。

（十一）智能网联汽车示范与运营

（中国汽车工程研究院股份有限公司　赵树廉　唐　宇　房　科）

1. 2021 年智能网联汽车示范与运营总体发展与突破

2021 年 7 月，工业和信息化部、公安部和交通运输部联合印发《智能网联汽车道路测试与示范应用管理规范（试行）》，从道路测试与示范应用主体，驾驶人及车辆，道路测试申请等七个方面进行规范，基于此政策，各地政府纷纷通过立法创新，为智能网联汽车在开放道路开展道路测试与应用提供制度支撑，见表 1-8-5。在各地政府的积极引导级企业的快速布局下，2021 年智能网联汽车示范应用范围不断加大、应用场景不断丰富、商用化运营模式不断创新，为下一步大规模商用化运营提供了坚实基础，推动智能网联汽车技术和产业的发展。目前，全国已建有国家级车联网先导区 4 家，国家级示范试点区域 22 家，全国开放测试区域超过 5000 km^2，已有超过 3500 km 的道路实现智能化升级，发放了 700 余张测试牌照，道路测试总里程超过 700 万 km。

表 1-8-5　2021 年出台智能网联示范运营政策一览

名　称	发布时间	发布部门	要　点
国家综合立体交通网规划纲要	2021 年 2 月	中共中央、国务院	1）加强智能化载运工具和关键专用装备研发，推进智能网联汽车（智能汽车、自动驾驶、车路协同）、智能化通用航空器应用 2）提出推进交通基础设施数字化、网联化，提升交通运输智慧发展水平，推动智能网联汽车与智慧城市协同发展
智能网联汽车道路测试与示范应用管理规范（试行）	2021 年 7 月	工业和信息化部、公安部和交通运输部	明确智能网联汽车道路测试与示范应用主体、驾驶人及车辆，以及道路测试申请条件
数字交通“十四五”发展规划	2021 年 12 月	交通运输部	到 2025 年，“交通设施数字感知，信息网络广泛覆盖，运输服务便捷智能，行业治理在线协同，技术应用创新活跃，网络安全保障有力”的数字交通体系深入推进，“一脑、五网、两体系”的发展格局基本建成
交通强国建设评价指标体系	2022 年 2 月	交通运输部	围绕“安全、便捷、高效、绿色、经济”，从“基本特征、评价维度、评价指标”三级设置 20 项评价指标，包括交通核心装备国产化率、综合交通智慧化水平强调了自动驾驶和车路协同水平

2. 2021 年智能网联汽车示范区发展情况

（1）北京高级别自动驾驶示范区

北京市高级别自动驾驶示范区于 2020 年 9 月获批成立（见图 1-8-26），支持 L4 级以上高级别自动驾驶车辆的规模化运行，向下兼容低级别自动驾驶车辆的测试运营和车联网应用场景实现，引导企业在技术路线选择上采用车路云一体化解决方案，采取“小步快走、迭代完善”的方式，以 3~6 个月为一个迭代周期，按照 1.0 阶段（试验环境搭建）、2.0 阶段（小规模部署）、3.0 阶段（规模部署和场景拓展）、4.0 阶段（推广和场景优化）的步骤层层推进，形成成熟模式后将逐步向北京市其他区域复制推广。

图 1-8-26　北京市高级别自动驾驶示范区成立

2021 年，示范区已相继完成 1.0 阶段及 2.0 阶段建设，已完成总长 12.1 km 城市道路、10 km 高速道路的智能网联基础设施建设，创新国内首个“多杆合一、多感合一、多箱合一”的智能网联标准化路口建设方案，设围绕经开区核心区 60 km^2、共计 305 个路口实现智能网联道路基础设施全覆盖，为高级别自动驾驶测试车辆和网联化量产车辆提供车路云一体化技术研发与功能验证场景，常态化开展测试和商业化服务的各类高级别自动驾驶车辆已达到 300 辆。2022 年开启了 3.0 阶段建设，3.0 阶段将加快构建“车路云网图”各项标准体系，总结梳理形成智能网联汽车城市级应用的“北京模式”，推进车路协同，实现更大区域、更多场景联网联控，为智能网联汽车应用场景商业化落地和中间产品推广应用提供城市级工程试验平台。

（2）北京智能网联汽车政策先行区

2021 年 4 月，北京市智能网联汽车政策先行区正式获得北京市批复同意，政策先行区是全国首个以管理政策创新为核心的先行区，在先行区范围内，主要开展针对新产品、新技术、新模式的创新性监管，实施不同于全市现有政策的管理措施。政策先行区覆盖范围包括亦庄新城 225 km^2 规划范围和北京大兴机场。

先行区成立以来，构建了适度超前的“2+5+N”政策体系，依托两大顶层设计文件，相继发布了《无人配送车管理实施细则》、《北京市智能网联汽车政策先行区无人化道路测试管理实施细则》等服务于无人配送车上路、商业化试点、高速测试、无人化测试的政策文件，从环境、速度、车型三维立体模型衍生形成五大类管理体系，匹配 N 项基础支撑措施，涉及获批测试的企业包括百度、小马智行、京东、美团、新石器等，营造了“政策友好型”智能网联汽车产业发展营商环境，为智能网联汽车新产品、新技术和新模式的应用推广提供了有力支撑。

（3）上海国家智能网联汽车示范区

上海是国家工业和信息化部批准的第一个智能驾驶综合示范区，截至 2021 年年底，上海累计开放 615 条、1289.83 公里测试道路，测试场景达到 12000 个，累计向 25 家企业、295 辆车颁发道路测试和示范应用资质，2021 年有效道路测试里程达 243.3 万 km，同比增长 5 倍，测试道路里程数、场景丰富度、企业数量和牌照数量均位居全国首位，涵盖城市主干道、城市次干道、产业园区主干道、停车场等多种交通环境，由点、线测试道路向片状测试区域拓展。2021 年 11 月，上海市交通委发布《上海市智能网联汽车示范应用场景拓展工作实施方案》《关于组织申报上海市智能网联汽车示范应用场景拓展第一批“揭榜挂帅”项目的通知》等两个文件，旨在通过引入“揭榜挂帅”的项目化形式，在智能出租、智能公交、智能物流等应用场景探索智能网联示范应用商业路径。此外，上海于 2022 年 1 月发布了《智能网联汽车测试与应用管理办法》，筹划为智能网联汽车立法。

（4）长沙：国家级智能网联汽车测试区早在 2016 年便开始启动建设，2018 年正式建成，先后完成 100 km^2 城市智能网联开放道路片区、100 km 智慧高速公路、7.8 km 智慧公交示范线建设，开通了国内首条指挥交通示范线，建设 5G 基站 3.5 万余个。试验场已吸引华为、百度、舍弗勒等 20 多家行业巨头，以及 340 多家配套企业落户长沙，全方位打造智能网联产业生态集群。目前，测试区建有 ADAS 认证测试场景、V2X 网联测试场景、无人化测试等类型 228 个测试场景，并实现了 5G 信号全覆盖。

（5）广州：2021 年 12 月，广州市花都区发布了《广州市花都区大湾区枢纽型自动驾驶创新试验区行动方案》，预计 2023 年，开放自动驾驶示范道路 150 km 以上，到 2025 年，自动驾驶示范范围覆盖花都全域。其中，《花都区建设末端物流自动驾驶无人配送示范区实施方案》为首个针对无人配送的示范区，探索在花都区部分校园、园区、景区、社区、商业区等场景开展快递、商超生鲜、餐饮零售等试点业务的无人配送示范应用。

（6）重庆：重庆智能汽车集成系统试验区 i-VISTA，已建成涵盖西部地区 90% 以上特殊路况、全国 85% 以上交通状况，并具有浓郁地域特色的国家第三方公共服务平台和智能联网大数据中心，实现了 LTE-V 基础设施的园区全覆盖和开放道路主干道的全覆盖，开展辅助安全驾驶、自动驾驶、智慧路网、绿色用车、智慧停车等测试评价及应用示范，为国内外相关企业提供真实的测试评价环境、优质的技术服务和可靠保障。测试区分为高速公路测试区、城市道路测试区、乡村道路测试区、越野测试区、研发管理与调试区等主要功能分区。园区面积达 3.3 km^2，道路里程总计 134.4 km，测试场景复杂程度高、测试道路总里程长、研发办公配套齐全，其中 5G AAU 21 个，BBU 8 个，RSU 27 套，使用 OBU 214 套，摄像头百余套，能够实现 200 余种车联网信息服务。

3. 国内外智能网联汽车示范与运营发展趋势

（1）国内智能网联汽车示范与运营发展趋势

随着工业和信息化部、公安部、交通运输部联合发布《智能网联汽车道路测试与示范应用管理规范（试行）》，智能网联汽车道路测试进入了“示范应用”新阶段，该文件的发布对智能网联产业发展的未来进行了前瞻性部署，为我国智能网联汽车从测试走向示范进而实现商业化落地提供支持。各省市同步及时更新了本省市道路测试管理办法，明确了政策方向，形成测试结果异地互认、流程简化、场景开放、逐级实施的政策环境，促使企业专注于自动驾驶技术研发和技术迭代，对我国智能网联汽车产业发展和商业落地具有重要意义。主要发展趋势如下：

①测试结果异地互认范围扩大，测试项目和标准同步统一。测试结果异地互认已由原来的长三角互认、京津冀互认拓展到全国示范区互认与互通。企业按相关标准要求所列自动驾驶功能通用及其设计运行范围涉及的检测项目测试，不必重复进行测试，在异地仅需要提供相关项目通过证明材料。进一步降低了企业道路测试的时间和费用成本。

②高速公路、城区道路等测试场景逐步开放，构建多元化测试环境。国家将陆续开放高速公路测试等场景，满足企业测试需求。以北京政策先行区为标杆，各省市建立多元化的测试政策和测试环境，相配套的高速公路测试管理办法等细化政策陆续出台，促使各地深入开展城区内车路协同基础

设施的建设工作。

③示范运营申请流程持续简化,放管服效果明显。部分省市逐步取消测试通知书发放环节,道路测试申请材料经联席工作会议评审通过后,企业即可向公安交管部门申领临时号牌,节省企业时间。

④道路测试分步分级别实施。道路测试将逐步推进无人测试,并按照"副驾有人""后排有人""车外远程"的步骤逐级推进,测试环境也由相对封闭安全的区域过渡到半封闭式道路、开放式道路。

⑤测试车辆类型范围不断扩大,自动驾驶功能应用场景不断丰富,增加了功能型无人车的示范应用,功能型无人车为代表的L4级自动驾驶应用场景,特别是在疫情防控等特殊情景下,无人配送车、无人物流车等功能型无人车发挥了无可替代作用,极大扩展了自动驾驶技术的应用覆盖面,推动自动驾驶技术更广泛地服务于社会。

(2)国外智能网联汽车示范与运营发展趋势

美、日、欧等发达国家及地区纷纷斥资建设智能网联汽车测试示范区,在示范区模拟多种道路环境和测试场景,为智能网联汽车提供实际的运行环境,测试智能网联汽车实际运行中的车联网和自动驾驶技术,抢占技术和标准的制高点,同时,积极通过标准法规引导,推动功能型无人车与智能交通、智慧城市的深度融合发展,支撑功能型无人车示范应用,促进智能网联汽车产业化快速发展。

全球范围内,美国率先开展自动驾驶示范区建设,位于密歇根州的MCity是全球首个自动驾驶封闭测试区;美国交通部于2017年1月19日指定了10家国家级自动驾驶试点试验场,分布于9个州,具有差异化的气候条件和地貌特征,使自动驾驶汽车可以在更加丰富的条件下开展测试,同时,为推动L4自动驾驶技术发展,2021年1月11日,美国交通运输部发布《美国交通部自动驾驶汽车综合计划Automoated Vehicles Comprehensive Plan》,指出无人运输车辆是自动驾驶技术的一种新兴应用,可提供长距离无人运输、无人配送及最后一公里出行服务,是未来智慧城市的重要环节之一。多个州基于此发布无人配送车相关法规,探索解决身份认定、路权等问题,鼓励无人配送车测试、示范及商业化探索。

在欧洲,欧盟道路运输研究咨询委员会(ERTRAC)于2019年修订了智能网联汽车路线图,针对乘用车、货车、城市出行等多类不同功能车型制定了最新的发展路线图。到2026年,实现乘用车在高速公路、城区和郊区的自动驾驶,实现无人运输车在专用道路、高速公路编队形式的自动驾驶,城市移动出行实现混合交通的班车、无人接驳车等功能型无人车的自动驾驶。英国政府沿伯明翰和伦敦之间的M40走廊建设网联与自动驾驶汽车先进技术集群,基于英国现有的部分网联与自动驾驶测试中心(如传统测试场地转型为智能网联测试场地的Mira测试场),在英国汽车产业核心区域集中建设测试设施集群,构建起国家级生态系统,满足从计算机编程到上路测试的所有技术发展需求;瑞典Asta-Zero主动安全测试区为全球首个面向未来交通安全的综合测试场,包含乡村路段、城市区、多车道路段和高速区4种测试环境,可针对不同场景系统化反复测试;爱沙尼亚基于其产业基础,于2017年修订发布*Road Traffic Act*,推进无人配送车的合法应用。

在亚洲,日本警察厅先后颁布《自动驾驶汽车道路测试指南》和《远程自动驾驶系统道路测试许可处理基准》,在允许自动驾驶技术测试验证的同时对自动驾驶汽车道路测试的流程、安全保障措施、数据记录、交通事故处理等方面提出具体要求。2020年日本国土交通省发布了《自動配送ロボットの基準緩和認定制度について》,允许无人配送车上路。J-town自动驾驶测试场是日本对外开放且较为成熟的自动驾驶封闭测试场,包含市区V2X测试区域、多用途测试区域、特殊环境测试区域3个区域;新加坡从2022年开始,在榜鹅、登加和裕廊创新区三个新市镇开展自动驾驶公共汽车和按需出行巴士服务的试点项目。试行定时的无人驾驶巴士服务,并且探讨试行"随需而至"服务。

4. 未来几年智能网联汽车示范与运营发展建议

我国智能网联汽车测试示范区建设已超出预期,为推动我国智能网联汽车产业的快速发展和商业化落地提供了有力支撑。但是,我国智能网联汽车示范与运营仍面临问题和挑战,首先,智能网联汽车测试示范相关标准的缺乏导致各地测试示范呈现出割裂式建设和发展,测试结果互认和数据共享等一系列协同工作存在壁垒,在测试体系、数据采集、路侧基础设施、智慧道路建设等领域缺少统一标准;同时,示范运营缺乏宏观的整体架构设计,各测试示范区结合地理环境及气候搭建特色测试场景,重复建设现象严重,没有明确的差异化建设目标,功能重叠且利用率不足,商业模式不清晰,造成严重的资源浪费,阻碍我国智能网联汽车产业健康有序可持续发展;此外,无人配送车、无人清扫车等功能型无人车尚无合法身份,缺乏功能型无人车行业顶层规划,距正式自动驾驶商业化运营仍有很大距离。

针对现阶段示范和运营面临的以上问题,从政策、标准、运营及保障等方面提出建议,加强对现有国家级智能网联汽车示范和运营的统筹和监管,完善顶层规划,加快标准法规建设,全面提升我国智能网联汽车总体发展水平。

(1)政策建议

修订完善与智能网联汽车运行的法律法规,推动相应管理部门出台有关智能网联汽车的安全生产、交通事故责任认定、事故受理等各方面的实施办法或细则。

(2)标准建议

发挥政府主导的国家、行业标准与市场主导的团体标准的优势互补和协调作用,增加标准有效供给,加快研制出台智能网联汽车自动驾驶功能示范与运营急需的不同层级的标准规范;同时,为匹配智能网联汽车发展节奏,应加快推进智慧城市基础设施与智能网联汽车协同发展标准体系建设。

(3)运营建议

充分发挥国家主管部门统筹职能,建立智能网联汽车示范运营评价体系，对国内各示范区的测试、示范、城市区域测试环境以及高速公路等公开道路测试示范工作进行指标评价。同时，紧扣新基建战略窗口期，充分发挥5G、卫星互联网、智能交通等细分领域与智能网联汽车的智慧城市基础设施协同共进。

(4)保障建议

明确智能网联车辆在智能驾驶模式下出现违法或事故时的违法行为判处、事故责任界定等；开发智能网联汽车综合保险产品，满足当下路测阶段及此后商业化运营阶段的风险保障需求。

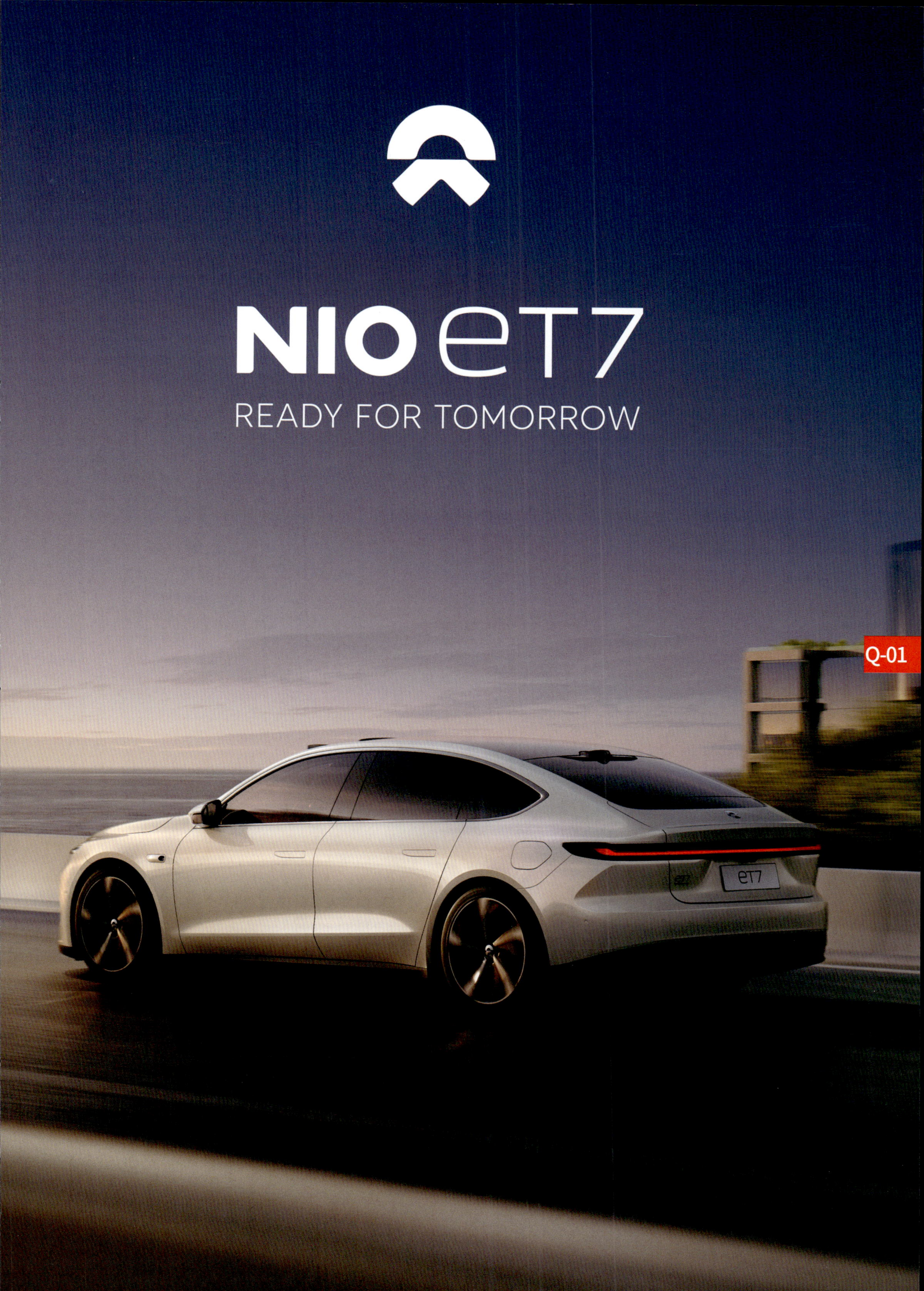
NIO eT7
READY FOR TOMORROW
Q-01
eT7

Q-02
哪吒汽车
哪吒 S
运动型智享轿跑
官方市场指导价：¥199,800—¥338,800
增程式电动车
耀世版
715激光雷达版
长 4980mm 宽 1980mm 高 1450mm 轴距 2980mm
尺寸达到B+级轿车级别
NETA PILOT 4.0
高速/城区领航辅助
远距无人召唤 长距记忆泊车
续航无忧
纯电 CLTC 续航 715km
增程 CLTC 总续航 1160km
增程纯电 CLTC 续航 310km
Hozon-EPT 4.0
多热源利用 前馈式温控
冬季续航提升 20%
超跑动力
3.9s 百公里加速
340kW 620N·m 0.216Cd 超低风阻
赛道底盘
前双叉臂后五连杆独立悬架
470mm 低重心 50:50 前后轴荷比
科幻座舱
AR-HUD 增强现实抬头显示
17.6 英寸中控屏 12.3 英寸副驾屏
720°哪吒定制环绕音响
21 扬声器 7.1.4 声道 天空音效
1216W 功率 主副驾双头枕音响
行政级座椅
前排加热、通风、记忆、按摩
后排 27°-35° 电动调节
全景隔热天幕
1.9m² 超大尺寸
阻隔 99.9% 紫外线及 85% 热量
哪吒汽车App
哪吒汽车公众号

理想L9
为家庭打造的智能旗舰SUV

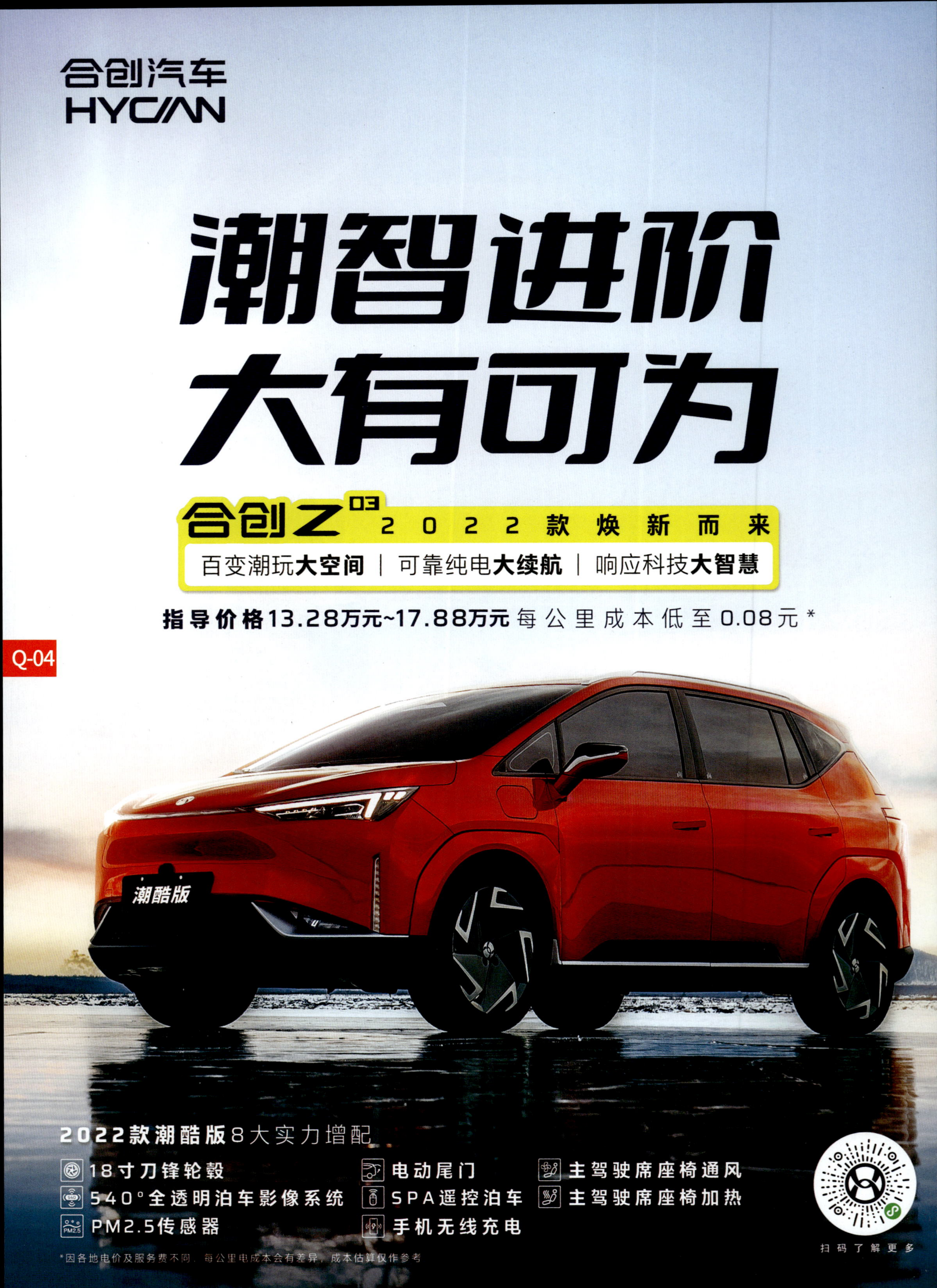
合创汽车
HYCAN
潮智进阶
大有可为
合创Z03 2022款焕新而来
百变潮玩大空间 | 可靠纯电大续航 | 响应科技大智慧
指导价格13.28万元~17.88万元 每公里成本低至0.08元*
Q-04
潮酷版
2022款潮酷版8大实力增配
18寸刀锋轮毂
540°全透明泊车影像系统
PM2.5传感器
电动尾门
SPA遥控泊车
手机无线充电
主驾驶席座椅通风
主驾驶席座椅加热
扫码了解更多
*因各地电价及服务费不同，每公里电成本会有差异，成本估算仅作参考

JMEV

雷诺 江铃集团

Q-05

BRAND INTRODUCTION

因美好而生，为改变而来
携手全球资源，共同构建未来出行创想。

- 品牌使命 : 全球新能源汽车发展和出行的积极参与者和贡献者

  Brand Mission : To actively participate in and contribute to the development of global NEV and mobility

- 品牌愿景 : 电动汽车和出行普及者

  Brand Vision : EV and mobility popularizer

- 品牌个性 : 亲民、可靠、进取

  Brand Personality : Affordable、Reliable、Progressive

BYD
海豚
生而出色
纯电新物种 萌动上市
指导价: 9.38万元 –12.18万元（综合补贴后）
Q-06
萌动 萌动出行 随时C位
海洋美学设计语言
easy-going自在操控
聪慧 智慧陪伴 社交担当
DiLink3.0智能网联系统
手机NFC车钥匙
治愈 治愈空间 舒适享受
媲美B级的宽适空间
高奢级叠色工艺
靠谱 硬核守护 宠你远行
e平台3.0首发上市车型
高安全长寿命刀片电池
• 以上功能为部分车型配置享有，详情请咨询当地比亚迪授权经销商

KiWi EV
未来感摩登座驾
续航305km
出行单品
此款为限定展示车辆，以实物为准。
「时髦熊总」的首台座驾
KiWi的抱抱
Q-07
KiWi EV 草莓熊概念款
©Disney/Pixar
Disney·PIXAR
TOY STORY

01 EM-P
市场指导价:19.98万元起
Q-09
即刻下订 无忧出行

广汽传祺
一祺智行 更美好
创天地 领风云
新一代M8 中国豪华MPV创领者
宗师系列
Q-10
市场指导价：26.98万元-34.28万元
「电池无忧礼」「整车质保礼」「金融贴息礼」「置换新车礼」「终身流量礼」

Q-11
M8
宗师
MASTER
钜浪混动
MEGA WAVES HYBRID
更多粉丝权益
尽在广汽传祺APP

ISUZU
江西五十铃
气势
Q-12
ISUZU
ISUZU mu-X 牧游侠
ISUZU mu-X 牧游侠
首批车主权益
贷款购置用户，可享2年免息
3重钜惠豪礼，订车全赠送
服务无忧
订车即享3年6次常规保养
里程无忧
订车即享3000元油卡
510
探秘团
牧行万里 探知神州
国家地理科考
订车即有机会成为中国国家地理科考队队员
成为510探秘团成员，参加小型科考活动
《中国国家地理》杂志年度免费订阅
有机会参加次年的510线下上市发布会

江西五十铃官网
江西五十铃官方微信
秋礼
ISUZU
铃拓
Q-13
铃拓
首批车主权益
万元“玩皮”好礼，订车三选一
野奢套装
升降行李架+手动帐篷（秋野地）
悦途套装
车斗平盖（雅罗克斯）
风范套装
侧风翼（雅罗克斯）+货箱宝
订车用户，可享2年免息+3000元现金优惠
或现有任意车型，置换铃拓汽油版的用户，更能享受2年免息+5000元现金优惠

WULING MOTORS
五菱汽车
好车配好电 五菱新能源
五菱EV50
五菱电卡
五菱造
品质高
空间大
起步快
续航长
电耗低
充电快
省得多
动力强
配置高
售后好
放心用

BAIC RUIXIANG
E时代创富新选择
博腾V2EV 宽体多功能物流车
博腾V2 EV
高强度笼式车身
260km高效续航
6.1m³超大容积

安凯客车

安凯——世界的品牌 世界——安凯的舞台

安徽安凯汽车股份有限公司是专业生产各类高中档、大中轻型客车及汽车零部件的上市公司，公司成立于1966年，1997年7月在深交所挂牌上市（股票代码：000868）。公司共有2个客车整车和1个汽车零部件生产基地，是国家高新技术企业、国家创新型试点企业、国家知识产权优势企业。拥有国家企业技术中心、国家电动客车整车系统集成工程技术研究中心、电动客车整车系统开发与应用国家地方联合工程研究中心、国家博士后科研工作站、国家认可的整车性能实验室。产品覆盖各类公路客车、旅游客车、团体客车、景观车、公交客车、新能源商用车等，大中型客车同步、高中档客车并举。

公司是中国豪华客车的典范，1993年，第一辆安凯豪华客车在成渝高速运营，开创了中国道路客运的新纪元。公司依托全承载车身制造技术，率先与全球知名高校和优质零部件企业合作，成功开发出一系列纯电动、混合动力和氢燃料客车，电动客车整车系统集成技术先进，电机、电控、轮毂电机驱动桥等拥有自主知识产权制造技术。在智能网联汽车的发展进程中，安凯客车持续创新、积极推动无人驾驶、5G技术应用落地，以先进的技术产品引领汽车产业全面升级，助力未来智慧出行。

公司认真贯彻“敬客经营　质量为本　求真务实”核心价值观，致力于制造最好的中国客车，努力为客户提供更好的产品与服务，产品畅销国内外市场。目前，安凯客车已出口美国、英国、法国、俄罗斯、澳大利亚、阿联酋、新西兰、新加坡、南非等近百个国家和地区，建立了覆盖全球的销售网络。

纯电动大客车

纯电动公交车

燃料电池城市客车

智能驾驶客车

电话：0551-62297706　　邮编: 230051　　电子信箱：ANKAI@ANKAI.COM

Q-17

中车电动是中国中车一级子公司，是国内优先获准从事电动汽车研发与制造的高新技术企业。中车电动将先进的高铁电机及其控制系统、变流系统、网络控制等核心技术成功应用于新能源商用车领域，打造了基础元器件-核心部件-系统集成-整车研发与制造-出行服务的新能源商用车全产业链，是中国新能源商用车行业的领导品牌之一，销量位居行业前三，产品涵盖城市客车、公路客车、通勤客车、物流车、环卫车、医疗救护车、自卸车、特种专用车等多个系列，构建了智慧交通、智慧环卫、智慧物流平台，致力于成为城市绿色交通装备高端制造商，全生命周期解决方案提供商。

T-Power　云智通　ATS　高铁科技　全承载　24小时服务　阴极电泳　金融解决方案

中车时代电动汽车股份有限公司

CRRC ELECTRIC VEHICLE CO.,LTD.

地址：湖南省株洲市国家高新技术开发区栗雨工业园五十七区

电话：400 175 5678 邮编：412007 传真：+86-731-2849-3788 网址：www.evcrrc.com

中车电动视频号　微信公众平台

蜀都客车
氢电协同 智造未来
BEV
FCEV
Q-18
WWW.SHUDUBUS.COM
+86-28-87987888 87987333
四川发展
成都客车股份有限公司

TONGGONG 通工

绿色交通·客户至上·品质卓越

四川新筑通工汽车有限公司

四川新筑通工汽车有限公司（简称通工汽车）是一家集设计开发、生产制造、销售服务为一体的新能源客车（即纯电动客车、燃料电池客车）整车和专用车制造企业；是四川发展轨道交通产业投资有限公司控股的成都客车股份有限公司的全资子公司，地处雅安市国家经济技术开发区，距成都市110 km ，占地面积289亩，注册资本2.85亿元。主要产品包括新能源客车和新能源环卫车等专用车辆。拥有新能源客车整车的先进制造能力及专用车制造能力。

地址：四川省雅安市名山区园区大道188号　电话：0835-3220016　传真：0835-5167015
邮编：625100　邮箱：XZTG@XINZHUTONGGONG.COM

SANY
电动化 数字化 国际化
使命 品质改变世界，成为智能制造的先驱
愿景 创建一流企业，造就一流人才，做出一流贡献
经营理念 一切为了客户，一切源于创新
三一汽车制造有限公司
地址：中国湖南省长沙市经济技术开发区三一工业城
网址：http://www.sanygroup.com
邮编：410100
邮箱：sanyservice@sany.com.cn
海外邮箱：crd@sany.com.cn
电话：0731-84031888
传真：0731-84031999
服务热线：4008 87 8318
投诉热线：4008 87 9318
海外服务热线：0086 4006 09 8318
Q-23

救 SITRAK 援
消防
QH
RESCUE
汕德卡
启航汽车
介质：水
QH

ATC
长春汽车检测中心
Changchun Automotive Test Center

公司简介 | COMPANY PROFILE

长春汽车检测中心有限责任公司（以下简称长检中心）是独立的第三方汽车产品检验检测机构，总部位于美丽的汽车城吉林省长春市。长检中心应中国汽车工业的发展而诞生，并伴随国际汽车产业的发展而成长。长检中心于1984年12月，根据中汽公司(84)中汽质字0778号文件精神，由机械工业部长春汽车研究所划出一部分进行筹建，1986年10月正式成立，随后被授权为“国家汽车质量监督检验中心”，是国内早期的汽车产品检测机构。随后，长检中心先后被国家有关部门授权为汽车新产品申报《公告》检测机构、汽车产品强制性认证检测机构、机动车排气污染物检测单位、道路运输车辆燃油消耗量检测机构、科技成果检测鉴定检测机构。2017年12月被国家工业和信息化部批准为“试验检测类产业技术基础公共服务平台”，2019年9月被吉林省科技厅、财政厅、税务局认定为“高新技术企业”。

长检中心历经30余年的发展，形成了以长春本部为核心、以长春本部+农安汽车试验场+大连分公司为北方基地、以天津分公司+东营试验场+青岛分公司+无锡分公司+定远分公司为华东基地、以海南试验场+广州分公司+柳州分公司+海南分公司为南方基地的“一中心、三基地”布局，在深耕检测、试验、试验场三大主营业务的同时，拓展政策法规咨询、工业制备、高端检测仪器设备开发与校准等新业态，固定资产达40余亿元，员工近400余名。

长检中心始终本着**“开拓、务实、合作、共享”**的理念、坚持“对产品进行公正、科学的检测，为用户提供优质、完善的服务”的宗旨，努力将自身打造成诚信于社会、满意于客户的独具特色的国际化综合汽车产品检验检测机构。

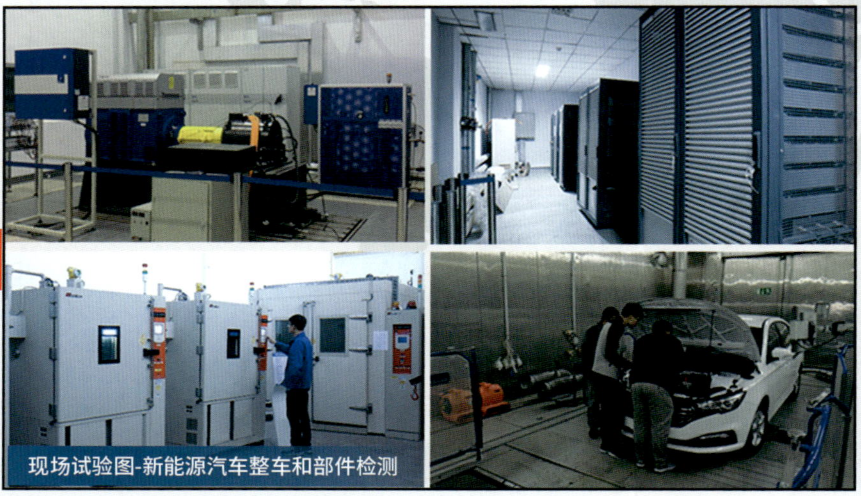
现场试验图-新能源汽车整车和部件检测

现场试验图-汽车排放与节能检测

测试技术及规范研究与制定

长检中心在完成检测工作的同时，致力于认证制度和标准建设，积极参加相关部委和标委会活动，是全国汽车标准化技术委员会、电子与电磁兼容分技术委员会副秘书长、非金属制品分技术委员会、专用汽车分技术委员会、仪表分技术委员会、制动分技术委员会、发动机分技术委员会、整车分技术委员会、灯具及灯光分技术委员会、燃气汽车分技术委员会、汽车碰撞试验及碰撞防护分技术委员会、智能网联汽车分技术委员会、全国轮胎轮辋标准化技术委员会汽车工农业机械轮胎轮辋分技术委员会、全国无线电干扰标准化技术委员会委员单位，主导和参与了诸多标准的制修订工作。作为国家认监委汽车及部件技术专家组副组长单位，在国家认监委的领导下，与认证机构、检测机构、行业协会学会等一同进行了多版本的认证实施规则制修订工作。

业务全景图

长检中心是高寒地区新能源汽车产业联盟创始成员单位，已制定并发布多项团体标准，目前正在与各方一同制定新能源汽车、智能网联汽车高寒地区适应性测评规则。

长检中心已具备和正在建设纯电动汽车、混合动力电动汽车、增程式电动汽车的电安全及车载终端、能量消耗量及续驶里程、驱动电机及控制器、动力电池及管理系统、传导及无线充电系统等检测能力，氢燃料电池电动汽车的氢安全及氢泄露、加氢口及氢系统、电堆及发动机等检测能力，智能网联汽车的功能及功能安全、车路协同、信息安全及软件测评、传感器及卫星定位系统、软件在环及硬件在环、场景构建及仿真等检测能力。

为更有效开展新能源汽车、智能网联汽车高寒地区适应性测评，正在建设高寒低附着测试场地、极低温续驶里程转鼓。

招商局检测车辆技术研究院有限公司

2003年，招商局检测车辆技术研究院有限公司（以下简称招商车研）由招商局集团和重庆市政府整合相关资源组建而成，是招商局集团控股的全国有企业。招商车研是国家火炬计划重点高新技术企业、重庆市创新型企业；获工业和信息化部、交通运输部、生态环境部、市场监管总局等行业主管部门授权和认可；主要从事汽摩产品公告、CCC、道路运输车辆达标车型、环保型式认证等法规检测，研发验证、供应商检测、进口商检、出口认证、标准制修订、技术咨询等工作；建有汽车、摩托车、智能网联汽车3个“国家质检中心”，在新能源、智能网联汽车等领域拥有8个省部级科技平台和2个省部级科普基地。同时，立足重庆、辐射西南、放眼全国，设有华东、华南、华北分支机构，黑河寒区试验基地，重庆渝欧、大连渝海、深圳渝鹏控股子公司，服务全国1000余家企业客户。

招商车研建有占地730余亩的金凤和金山两个研究测试基地。金凤基地位于重庆高新区，占地640余亩，打造了国内先进的“试验室+试验场”一体化试验检测技术平台；金山基地位于重庆两江新区，占地近100亩，拥有国内先进的摩托车和汽车电子试验检测技术平台。两个研究测试基地共建有机动车强检试验场以及整车、排放、动力、碰撞、部件、电磁兼容、智能网联、新能源、摩托车等10余个专业试验楼；拥有全封闭、半开放和全开放道路的自动驾驶测试评价基地；可开展乘用车、商用车实车碰撞和零部件模拟碰撞试验，整车声学测量、底盘悬架参数测定，新能源整车火烧及热失控、动力电池系统全生命周期、超高速电机（含NVH）等测试评价，有害物质和贵金属化学分析，ADAS标定匹配、自动驾驶在环仿真、V2X规模测试等试验。

招商车研积极响应国家“质量强国”战略，主动加快市场化转型步伐，正大力开展汽车主被动安全、汽车节能降碳、新能源汽车、智能网联汽车和智能车路协同五大专业领域的产品研发验证和测试评价服务。

招商车研秉承“公正、专业、服务、价值”的核心价值观，以“诚信、专业、品质、共赢”的经营理念，坚持“服务行业发展，成就社会价值”的企业宗旨，努力成为“以车辆检测为核心，高价值、综合性技术服务商”，全力助推全国汽摩产业转型升级、高质量发展。

广东汽车检测中心

GATC

公司简介

广东汽车检测中心有限公司(以下简称"广东汽车检测中心”)，创立于2008年，是国家汽车质量检验检测中心（广东）的运营主体，是以汽车整车、汽车排放及零部件检验检测服务为主的第三方检测机构。

广东汽车检测中心2011年开展整车企业的委托试验业务，2013年“国家汽车质量监督检验中心(广东)”获得授权，2014年在华南开展电动汽车 动力电池检测业务,2015年确立传统汽车和新能源汽车检测并行发展的思路，2018年获得环保部"检测机构视频监控及数据传输联网”资质， 2019年成为国家认证认可监督管理委员会强制性产品指定实验室，2020年成为广东省高新企业。

广东汽车检测中心可开展汽车（乘用车、货车、客车、专用车、挂车、新能源汽车整车及驱动电机、动力电池、BMS等零部件）和三轮汽车等产品的《公告》检验，相关汽车及零部件产品的CCC认证检验，轻型车排放、发动机排放及整车加速行驶噪声检验等公告、CCC和环保检验检测业务。广东汽车检测中心具备在华南乃至全国范围提供一站式检测服务的能力！

广东汽车检测中心与中国汽车工程研究院合作联动，着力打造氢能动力、动力电池、电子安全等特色能力，为大湾区汽车产业蓬勃发展作出贡献。

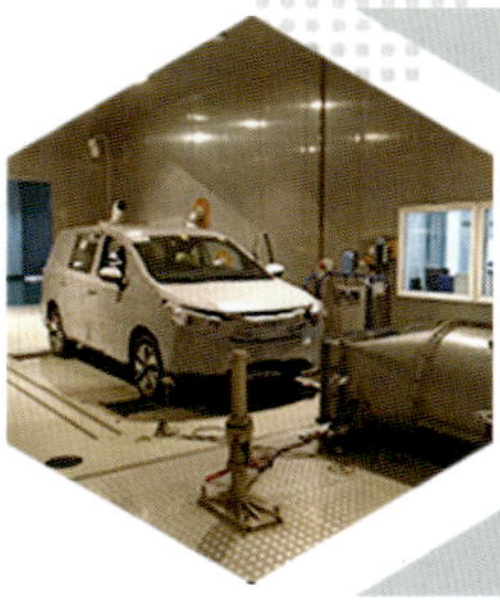

广东—轻型车—环境仓

广东—轻型车—密闭蒸发室

排放环模仓

碰撞试验室

侧倾试验台

和国际接轨 与巨人同行 研发结硕果 创新争前列

地址：广东省佛山市禅城区季华西路罗格工业园科汇路2号 邮编：528061
电话：0757-88036955 传真：0757-88036966 邮箱：gatc@gdatc.net 网址：www.gdatc.net

中汽院智能网联汽车检测中心（湖南）有限公司
Intelligent Connected Vehicle Inspection Center (Hunan) of CAERI Co., Ltd

企业简介 ENTERPRISE INTRODUCTION

中汽院智能网联汽车检测中心（湖南）有限公司成立于2020年12月，由中国汽车工程研究院股份有限公司和湖南湘江智能科技创新中心有限公司合资成立，是中国通用技术（集团）控股有限责任公司在湖南长沙的二级控股子公司。主要业务为国家智能网联汽车（长沙）测试区运营、智能网联汽车标准检测认证、智能网联汽车研发验证及第三方评估、车联网信息安全、智慧类项目建设、共性技术研发以及产业咨询等方面。

成立以来，公司积极服务国家战略及地方产业发展，承担着国家智能网联汽车质量监督检验中心（湖南）筹建、湖南省智能网联汽车道路测试省级第三方管理机构等职能，已成为湖南省智能网联汽车产业链上的重要一环。且已获中国汽车工业协会授牌“智能网联汽车预期功能安全测评基地”、中国汽车工程学会授牌“智能网联汽车标准验证基地”、中国智能网联汽车产业创新联盟授牌“智能网联汽车预期功能安全测试验证基地”。

未来，公司将以国家智能网联汽车（长沙）测试区为基础，以国家智能网联汽车质量检验检测中心（湖南）为依托，新建面向智能网联整车测试的综合性测试场地，打造封闭、半封闭、开放道路测试区“三大基础测试平台”，建设智能网联汽车整车实验室、智能网联零部件实验室、V2X网联通讯和信息安全实验室、智能汽车虚拟仿真实验室“四大实验室”，积极参与国家标准和行业标准建设，构建智能网联汽车全产业链测试体系和专业技术能力，建成对智能网联汽车技术研发和检测认证具有重要意义的基础支撑平台，服务智能网联汽车产业的发展。

测试区介绍 INTRODUCTION TO TEST AREA

国家智能网联汽车（长沙）测试区（以下简称测试区）位于湖南省长沙市岳麓高新区，由湖南湘江新区管委会和长沙市岳麓区政府联合建设。项目一期总投资约18.96亿元，用地面积为1232亩。2018年6月12日正式开园，11月28日获工信部授予“国家智能网联汽车（长沙）测试区”牌照。

测试区分为管理研发与调试区、越野道路测试区、高速公路测试区、乡村道路测试区、城市道路测试区5个主要功能分区，设置了78个常规智能系统测试场景和228个智能网联测试场景，拥有测试道路8条，测试区内测试道路里程达12km，其中3.6km的双向高速测试环境、无人机测试跑道、越野测试环境相结合的多元化场景以及7×24自动驾驶无人化测试场在国内独具特色。同时，测试区还实现了园区5G信号全覆盖。截至目前，测试区已为60余家企业240余辆智能网联汽车开展了5400余场测试，累计测试里程达30万km。

创新 拼搏 担当 快乐

联系方式：0731-81867750

扫码关注企业公众号

凯瑞河南 中国汽研 CAERI

河南凯瑞车辆检测认证中心有限公司

国家智能清洁能源汽车质量检验检测中心

河南凯瑞车辆检测认证中心有限公司暨国家智能清洁能源汽车质量检验检测中心（以下简称中心）先后于2020年9月、2021年5月顺利通过国家检验检测机构CMA资质认定及获得CNAS认可证书(证书编号：CNASL14750)；中心于2021年7月获得工信部资质，可开展道路机动车辆产品检测相关业务：于2021年签约成为强制性产品认证指定实验室。目前，3C产品认证资质包括CNCA-C11-01：汽车（非量产核查)中的下列产品:M、N、O类汽车（起重举升类、高空作业车、混凝土泵车、罐式车辆除外）。

河南凯瑞车辆检测认证中心有限公司隶属于通用技术中国汽研，成立于2019年7月，位于中原腹地、黄河北岸的河南省焦作市武陟县，是中国汽车工程研究院股份有限公司控股、黄河交通学院参股的具有独立法人资格的合资公司，2020年1月由中国汽研检测事业部统筹管理。

作为黄河流域规模大、检测能力完善、辐射服务面积广的国家级汽车检测机构——国家智能清洁能源汽车质量检验检测中心，对于提升汽车行业产品质量，推动产业技术创新发展具有重要的战略意义。中心拥有国内领先的整车试验室、排放试验室、EMC试验室、安全试验室、部件试验室和汽车综合性能试验场。公司获得河南省智能网联汽车测试第三方机构授权认可，承担自动驾驶汽车测试及监督管理相关工作，可开展ADAS及L3级以上自动驾驶车辆的场地测试评价和道路验证测试。

中国合格评定国家认可委员会
实验室认可证书

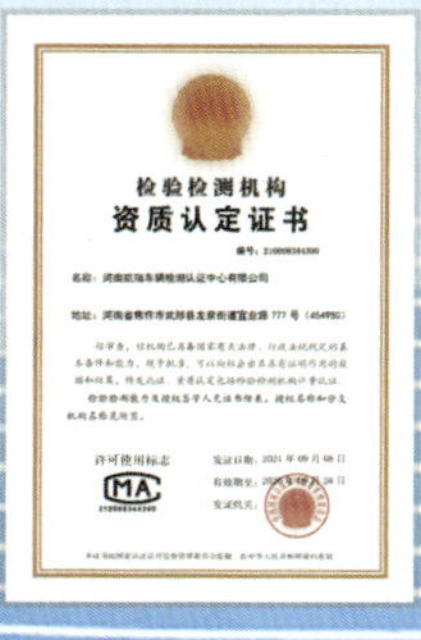
检验检测机构
资质认定证书

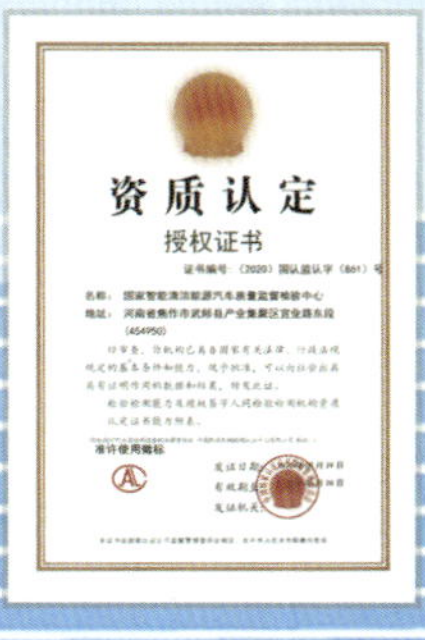
资质认定
授权证书

地址： 河南省焦作市武陟县龙泉街道宜业路777号

邮箱： hnkr@caeri.com.cn

电话： 0391-3750001

联系人： 柯经理 199 2212 2292

张经理 136 9391 5617

SEARI
上电科
检测/计量
TESTING/MEASUREMENT
认可（能力验证）
APPROVAL
认证
CERTIFICATION
标准
STANDARD
产业技术研究院
检验评估
INSPECTION & EVALUATION
技术咨询
TECHNICAL CONSULTING
检测技术研究
教育培训
EDUCATION& TRAINING
国家汽车电气化产品及系统质量检验检测中心，专注于汽车电气化产品检测评估服务，针对企业的特点和需求提供定制化的综合技术服务，是汽车电气化及产品系统解决方案与技术服务最佳提供者。
汽车新四化
共享化
电动化
网联化
智能化
扫码关注公众号
扫码关注视频号
国家汽车电气化
产品及系统
质量检验检测中心
营造安全、可靠、绿色、友好的用电环境
【联系我们】 上海市普陀区武宁路505号 Tel: 021-62574990-644 Fax: 021-62574990-664
TILVA STIEE
产品范围
三电系统
电池
电驱电控
PTC加热
智能网联
数字座舱显示面板
T-BOX模块网关
车辆紧急呼叫系统eCall
车道偏离预警
智能蓝牙系统
ADAS
专业实验室
共性试验室
可靠性工程试验室
电磁兼容试验室
通讯试验室
信息安全试验室
天线试验室
软件试验室
产品试验室
电池试验室
电机试验室
充电系统试验室
以太网产品试验室
线缆试验室
智能网联产品试验室
音/视频产品检测
监控系统检测
Q-31

汽车安全与节能国家重点实验室

实验室介绍 INTRODUCTION OF LABORATORY

汽车安全与节能国家重点实验室是国家计委利用世行贷款建设的75个国家重点实验室之一。实验室依托清华大学，涵盖车辆工程、动力机械及工程两个国家重点学科。

1989年经国家计委批准立项，1995年通过国家验收并正式运行和对外开放。自创建以来，实验室围绕汽车的“安全、节能、环保”三大主题以及我国国民经济发展中的重大需求，瞄准国际前沿、国家目标，定位于汽车工业共性关键基础技术、汽车工程交叉学科基础理论、汽车领域宏观发展基本问题，致力于绿色化、智能化的生态汽车的研究与发展，逐步形成了自己的优势领域和特色。实验室始终坚持“开放、流动、联合、竞争”的运行方针，支持国内外优秀科研人员和学者开展前瞻性研究，同时积极开展与世界知名大学、研究院所、汽车公司的广泛深入的学术交流与合作，形成了具有总体国内先进和部分国际先进水平的科研基地，在跨地区、跨学科集成创新研究中发挥了国家公共科研基础平台作用。

实验室于1997年、2003年、2008年、2013年和2018年先后顺利通过了由教育部或科技部组织的国家重点实验室评估。

2021年实验室固定人员87人，其中研究人员76人，技术人员10人，管理人员1人。研究人员中，正高级34人、副高级34人、中级8人。包括院士5人、国家高层次人才特殊支持计划10人、中青年科技创新领军人才8人、国家杰出青年科学基金获得者1人、国家优秀青年科学基金获得者5人、海外优青1人等。李克强教授入选中国工程院院士，张亚勤教授入选中国工程院外籍院士，欧洲科学院院士曲小波教授正式加盟我室成为我室的第5位院士。通过一系列高端人才布局，实现国内国际技术和行业的双引领。

2021年，新增科研项目190余项，实到科研经费2.86亿元，其中国家及省部级经费10779万元（占比38%），国防经费4349万元（占比15%），国内合作经费8533万元（占比30%），国际合作经费4909万元（占比17%）。组织动员青年教师和博士后参与国家自然学科基金申报，申报67项，获批29项，批准率达到43%,并斩获优青项目2项（黄晋、郝瀚）、重点项目1项（王建强）。组织国家重点研发计划申报，获批项目2项（帅石金、李建秋），课题4项。

2021年，发表SCI收录论文363篇,其中第一完成单位165篇；ESI高被引论文共59篇，其中第一完成单位共31篇，包括含2021年新入选的6篇。欧阳明高院士入选IEEE Transportation Technologies Award （交通技术奖），成为该奖项成立以来的第九名获奖者，也是本年度全球范围内的获奖者，该奖项高度肯定了欧阳明高院士在电动汽车电池热管理、燃料电池动力系统和其他交通电气化方面的持续贡献。除此之外，欧阳明高院士、赵辰孜博士入选科睿唯安2021全球高被引科学家，其中欧阳明高院士是第四次入选，彰显了我室在新能源汽车领域的重要国际学术影响力。积极创办学术期刊，建设学术阵地，2021年我室主编的国际期刊*eTransportation*被SCI收录，影响因子10以上，此外，*eTransportation*、*Journal of Intelligent & Connected Vehicles*均入选汽车行业T1类重点期刊（全国仅有8种），《汽车安全与节能学报》入选T2类（全国仅有16种）。

2021年，授权发明专利118项，转化成果10项（含发明专利、实用新型和软著），转化金额1518万元。获国际奖励3项，行业奖励5项，其中：李骏院士团队的“多模态陆空两栖智能运载平台”和“基于多模态感知的自主作业移动平台”项目获德国纽伦堡国际发明展金奖，“基于多模态感知的高精度自主认知移动平台”项目获日内瓦国际发明展金奖，张俊智老师团队的“车用高品质电动化动力总成关键技术及其应用”项目获中国汽车工业科技进步一等奖，李克强院士牵头的“电动汽车工程手册”获中国机械工业科技进步一等奖。李建秋老师团队的“高性能商用车燃料电池系统关键技术研究及应用”项目获北京市科技进步一等奖，相关技术全面支撑科技冬奥示范，实现了历史上规模最大的燃料电池商用车示范，并帮助北京市获批燃料电池汽车示范城市计划。社会服务方面，杨福源老师牵头的科技部科技冬奥重点专项“氢能出行关键技术研发和应用示范”项目成果，杨殿阁老师牵头的北京市科技冬奥重点项目“全天候多车型自动驾驶技术开发及首钢园区功能示范”项目成果，将在冬奥会上进行运行和示范。

2017—2021年，共获国家奖3项，省部级特等奖2项，一等奖15项、二等奖7项、三等奖1项。

欧阳明高院士荣获IEEE交通技术奖

王建强当选2021年度中国汽车工程学会会士

壳牌清洁交通能源联合研究中心二期揭牌仪式合影

沃尔沃集团来访合影

与华为签署新能源智能网联汽车领域合作协议

与中国石油天然气股份有限公司规划总院签订合作意向书

全天候多车型自动驾驶技术实车验收展览

同济大学汽车学院

同济大学汽车学院特色鲜明、实力雄厚、影响力广泛，作为上海国际汽车城科学研究与人才培养核心功能的承载体，以追求可持续发展世界一流学科为发展目标，以科研教学为发展基础，以立德树人为发展根本，为国内新能源汽车、智能汽车和空气动力学科学研究、技术开发与人才培养高地，汽车专业更是同济大学“双一流”建设的特色和优质学科之一。

汽车学院面向汽车、动力和交通等行业，依托车辆工程、动力机械及工程、载运工具运用工程三个学科，针对新能源汽车和智能驾驶汽车的专业人才需求，设立了“汽车工程”、“车用能源与动力”、“汽车电子与智能”三大教研室，构建了完备的本、硕、博贯通人才培养体系，以德语、英语的双外语教学为培养特色。拥有机械工程一级学科博士后流动站、管理工程一级学科博士后流动站、车辆工程博士点、动力机械及工程博士点、车辆工程硕士点、动力机械及工程硕士点和车辆工程学士点。

截至2021年底，学院共有在编教职工121人，其中正高级专业技术职务40人，副高级专业技术职务39人，中级专业技术职务32人，其他10人。学院现有教育部节能环保汽车创新团队1个，中国工程院院士2人，国家高层次人才计划专家6人， 973计划和863计划首席科学家3人，国家优秀青年基金获得者1人，国家优秀青年基金（海外）获得者1人。

Q-34

2021年度，学院实现新增500万元以上重大项目5项，全年科研经费到款1.46亿元。持续推进国家自然科学基金申报工作，深抓、细抓、紧抓基金申报全流程，实现了基金获批12项（包括面上项目7项，青年项目4项，海外优青1项），站稳两位数台阶，并在人才类项目方面实现了零的突破。继续发挥学院在新能源汽车领域的积累和重大项目申请方面的传统优势，新获批国家重点研发计划课题3项和子课题1项，另获批科技部科技创新2030重大项目子课题1项，4项课题(子课题)立项总经费达2478.8万元。各项科研产出再创佳绩：发表SCI论文179篇，其中高影响因子论文11篇，发明专利授权77项，数量均创学院历史纪录；获省部级/行业奖9项，其中一等奖6项，第一完成单位和第一完成人2项，实现学院省部级科学技术奖励新突破；出版著作(非教学)13部，其中专著6部，译著4部，编著3部，出版总数创学院历史新高。

2021年度，学院校企合作和校地合作不断开花结果，建立了3个校企合作平台，平台皆在顺利运行中，其中与未势能源科技有限公司建立的氢能与燃料电池联合研究院项目的立项经费为1600万元；与东风汽车、上汽集团、泛亚汽车等企业合作的项目进展顺利。2021年通过通过南昌智能新能源汽车创新研究院等校地合作平台立项17项，立项经费1279.4万元。

学院围绕国家发改委对国家工程研究中心优化整合的要求，学院提前谋划，积极组织，建立专班工作组，系统性的推进我院“新能源汽车及动力系统国家工程实验室”评估工作，成功实现我院国家工程实验室纳入国家工程研究中心新序列管理，更名为“新能源汽车及动力系统国家工程研究中心”，保障了我院后继学科建设和发展的国家级科研平台支撑条件。

■ 汽车学院宁远馆

■ 智能型新能源汽车协同创新中心

■ 上海地面交通工具风洞中心

■ 新能源汽车工程中心

■ 智能网联汽车测试评价基地

上海交通大学智能汽车研究所

上海交通大学车辆工程学科始建于1936年，1986年重建，2008年组建汽车电子控制技术国家工程实验室。为响应智能网联汽车国家战略，依托学科优势和政府基地平台，深度融合车辆智能化、网联化和电动化相关专业，于2019年将车辆学科的师资与研究队伍进行重组，正式成立智能汽车研究所，由张希教授担任所长。系所瞄准国际汽车科技前沿技术技术，在政府、学校以及企业等多方面的支持下，通过整合和优化上海交通大学汽车工程相关学科和研究方向，组建的具有上海交通大学特色的汽车学科大平台。学科下建有两大研究基地平台，分别是汽车动力与智能控制国家工程研究中心和上海市智能网联电动汽车创新中心。

智能汽车研究所的发展方向“互联网+行动计划”等政策的聚焦点，除发展新型发动机技术在排放和效率上尽快满足国家严格标准，重点进行汽车“新四化”（智能、网联、电动和共享化）的重大基础研究和核心关键技术的突破，主要由当前汽车产业技术发展痛点难点问题驱动开展，最终形成各个问题的根本技术解决路径。

智能汽车研究所依托汽车电子控制技术国家工程实验室，拥有一支事业心强、富于创新精神的科研团队，现有教职员工21人，其中教授（研究员）6人，副教授10人，硕士生以上研究人员200余人。目前，智能汽车研究所实验大楼具有10000m²的实验面积，拥有各类先进实验测试平台，包括发动机直喷测试台架、混合动力系统开发平台、动力电池测试平台、智能网联驾驶系统开发平台等。研究所的研究方向全面覆盖智能网联和电动汽车关键技术领域，包括自动驾驶与车联网技术、电池管理和无线充电技术、线控底盘控制和执行技术等。

目前，研究所以对接国家战略、进行人才培养和开展产学研合作为重心，承担包括科技部重点研发计划、自然科学基金、上海市科委/经信委项目在内的一大批重点项目，并多次获得上海市科技进步奖、上海市技术发明奖等省部级奖项。同时，研究所以产学研合作的方式，从学科层面服务于产业界的发展，与上汽集团、华为、特来电、商汤科技、英伟达、博世、中国联通等行业重点企业在“新四化”核心技术突破、高层次人才培养、重点基地建设等方面建立了紧密的校企合作关系，另外与斯图加特大学、滑铁卢大学、密歇根大学、俄亥俄州立大学、阿贡国家实验室等国际知名研究机构共同完成了一系列合作课题研究，产生了众多国际合作科研成果。

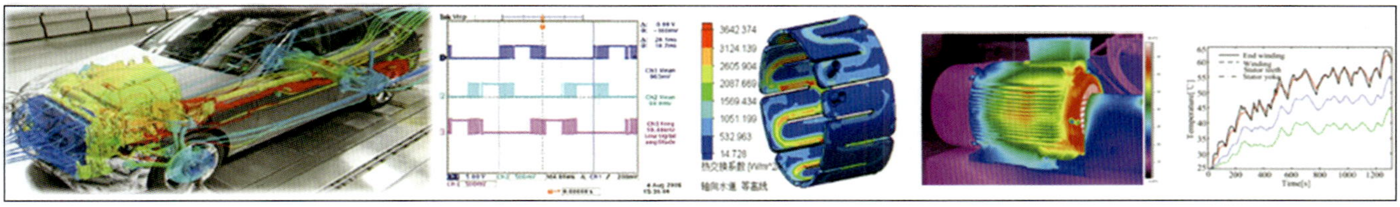

● 电驱动热管理技术

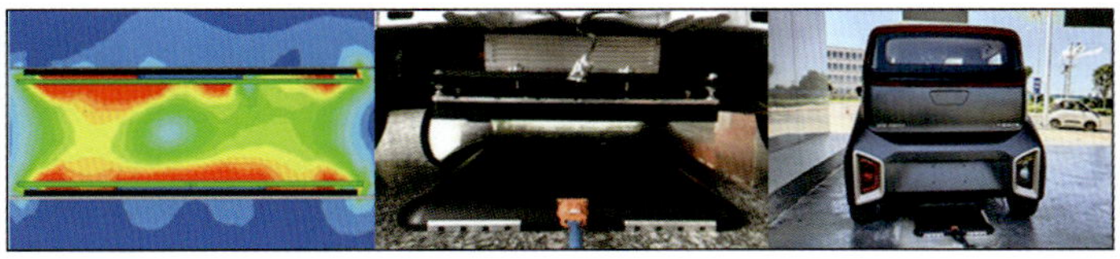

● 大功率无线充电技术

● 高效直喷汽油机正向开发

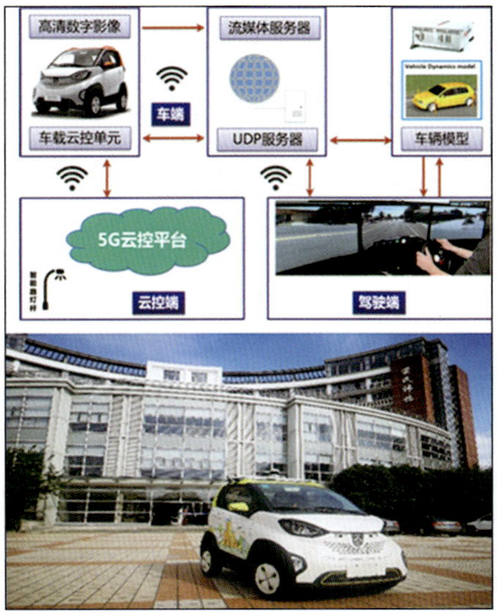

● 智能云控驾驶

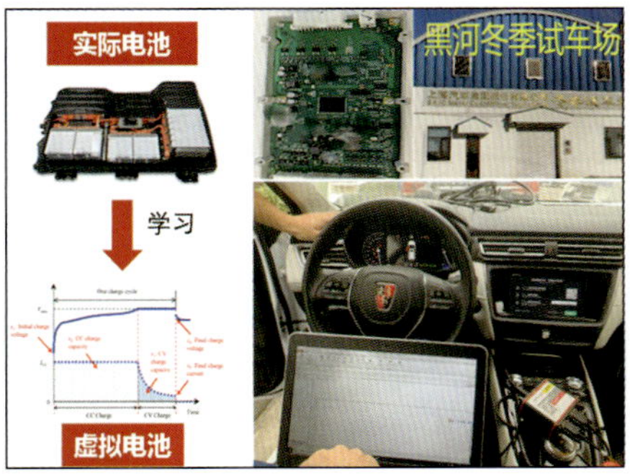

● 全气候动力电池管理系统

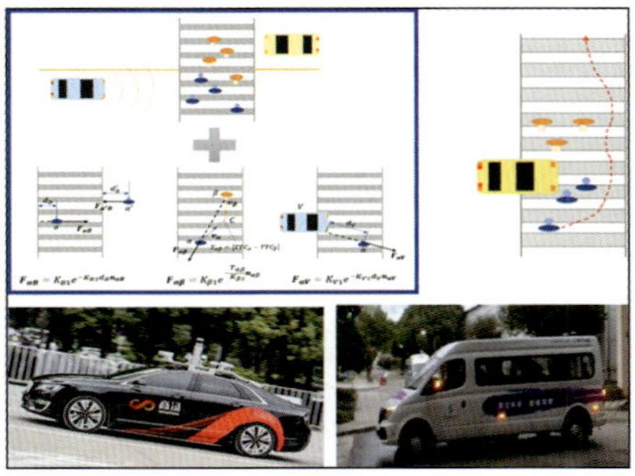

● 行人轨迹预测及碰撞智能决策技术

● 新一代七合一智能电驱动系统

● 分布式线控驱动底盘

科力远混合动力技术有限公司

CORUN CHS

>> 公司简介 COMPANY PROFILE

科力远混合动力技术有限公司（简称“CHS公司”）成立于2014年11月25日，注册资本20.21亿元，总部位于广东佛山，是由科力远集团、吉利集团、长安集团、云内动力共同出资组建的一家合资公司。公司致力于混合动力总成产品研发、制造、销售及混合动力总成系统技术服务，旨在打造一个国家级的混合动力总成系统技术平台。

>> 核心产品介绍 INTRODUCTION OF CORE PRODUCTS

CHS提供节能和新能源汽车（EV、HEV、PHEV）动力驱动系统整体解决方案。主要包括混合动力传动箱HT（含双电机E1、E2）、整车控制器（HCU）、电机控制器（PEU）、油泵控制器（OPC）、动力电池包（BPS）及其控制系统（BMS）。

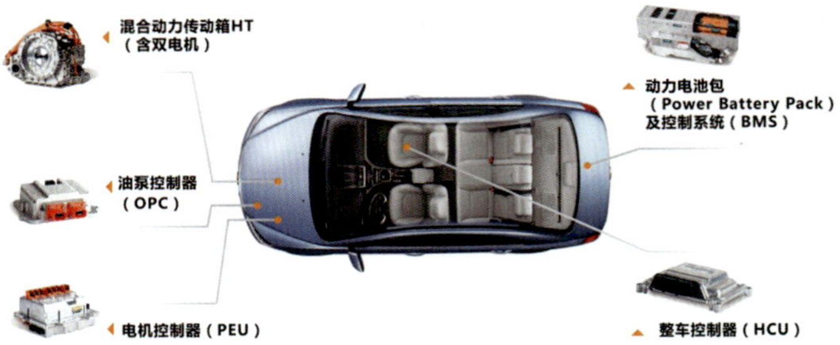

>> 混合动力传动箱 HYBRID TRANSMISSION

- 历经近10年潜心研究，具有完全自主知识产权
- 2项国际发明专利，29项国内发明专利，37项国内实用新型专利
- 行业首套单模输入，复合动力分流系统产品
- 系统核心是一套电子式的无级变速箱（E-CVT）及其控制系统
- 基于行星排机构的主流混联系统，结构紧凑，具有更大的控制自由度
- 湿式离合器、复合/双行星排、双泵、电液控制模块、双电机等关键技术的应用

>> 试验能力-新能源电池试验设备 TEST CAPABILITIES- TEST EQUIPMENT FOR NEW ENERGY BATTERY

三综合试验台1
Three comprehensive test bench

三综合试验台1
Three comprehensive test bench

振动试验台
Vibration test bench

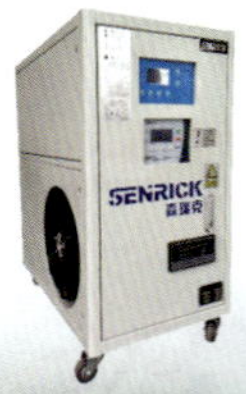

水温调节机
water temperature controller

Digatron 电池模拟器
Battery simulator

CHS公司佛山总部地址：广东省佛山市禅城区南庄镇禅港北路1号
电话：0757-83550858

科力美汽车动力电池有限公司

CORUN PEVE AUTOMOTIVE BATTERY CO.,LTD

公司简介

科力美汽车动力电池有限公司成立于2014年8月，主要产品为汽车用镍氢动力电池。工厂建设&生产准备期历时两年,于2016年末正式投产。目前产能供不应求，加之市场需求，公司扩建了第二、三、四期工厂，相继于2020年6月、2021年5月、2021年8月正式投产，未来将满足中国混合动力汽车市场的需求。产品采用日本PEVE和丰田汽车的产品设计和制造工艺。

在生产准备期间及生产期间有PEVE及相关日方技术人员全程做技术支持和生产调试，确保产品在量产时的品质安全性和稳定性。

随着中国对环境管控越来越严格，对汽车新能源市场整个体系提出更多更严苛的要求，科力美公司正着眼于环保科技的前沿，并积极为环境事业和汽车新能源产业作出更大的贡献。

产品介绍

电池模块组

电池模块组	28模块	30模块	34模块	40模块
标称电压	201.6V	216.0V	244.8V	288.0V
额定容量	6.5Ah	6.5Ah	6.5Ah	6.0Ah
长度	595mm	623mm	712mm	830mm
宽度	288mm	288mm	288mm	288mm
高度	143mm	143mm	143mm	143mm
质量	30.1kg	31.9kg	37.4kg	42.1kg

Q-37

搭载车型（搭载车型不限于此）

28模块

30模块

34模块

40模块

电话：+86 0512 52212228
邮箱：sales@capb.net.cn
官网：www.cpab.net.cn

Q-38

时代中能

浙江新时代中能科技股份有限公司成立于2015年，注册资金8248万元，位于交通便利、配套完善的长三角南翼浙江绍兴杭州湾上虞经济技术开发区，占地300亩，现有职工450名。公司专注于提供新能源产业高值服务，开展退役动力锂电池的梯次回收及循环利用等特色业务，促进资源闭路循环，是国家高新技术企业、工信部《新能源汽车废旧动力蓄电池综合利用行业规范条件》（白名单）双牌照企业、RMI（负责任矿产倡议组织）认证企业、绍兴市绿色工厂、上虞区工业百强企业、隐形冠军企业。公司退役锂电池及钴镍资源循环项目全面建成，具备年产20 000金属吨钴、5 000金属吨镍、5 000吨碳酸锂、5 000吨四氧化三锰的生产规模，产出的钴、镍、锂、锰化合物产品循环再用于动力锂电池生产。

公司汇聚和培养了行业内资深的技术、经营团队，与中南大学、武汉理工大学、兰州理工大学、江苏大学、浙江理工大学等院校开展产学研合作，共同打造院士专家工作站、博士后流动站、省级研发中心等科研平台，申请专利70余项，承担国家科技部重点研发项目2项，参与制订的1项国家标准、6项行业标准已获颁布，引领企业通过ISO 9001、ISO 14001、 ISO 45001、 ISO 50001四体系认证。

公司秉承“践行碳中和守护绿水青山，服务新能源创造美好未来”的发展理念，立足以资源循环业务促进新能源产业发展，致力于打造优质的新能源综合服务商。到2025年，公司将形成年处理30万吨磷酸铁锂电池及材料，年产3万吨电池级碳酸锂、15万吨电池级磷酸铁产品的规模。

■ 镍钴资源湿法回收项目

绍兴生产基地已建成年产20 000金属吨钴盐、5 000金属吨镍盐、5 000吨电池级碳酸锂、5 000吨四氧化三锰回收产能。

■ 退役锂电池拆解项目

江西上饶生产基地已建成年产5万吨退役锂电池生产线，2022年实现达产。该基地智能化、自动化程度，环保水平处于行业前列。

■ 退役磷酸铁锂高值回收项目

绍兴基地目前正在建设年处理30万吨退役磷酸铁锂电池及材料综合回收项目，实现年产3万吨电池级碳酸锂、15万吨电池级磷酸铁锂等高值产品。

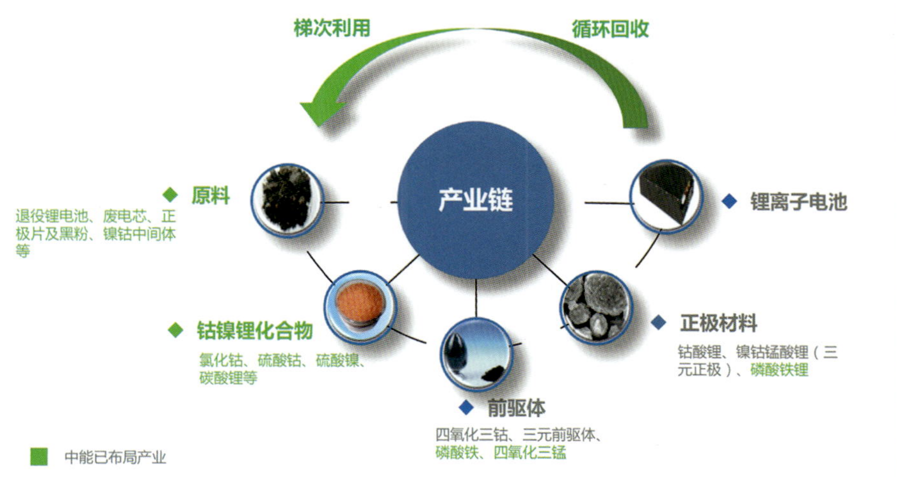

■ 电池级硫酸钴

■ 电池级氯化钴

■ 电池级铝酸镍

■ 电池级碳酸锂

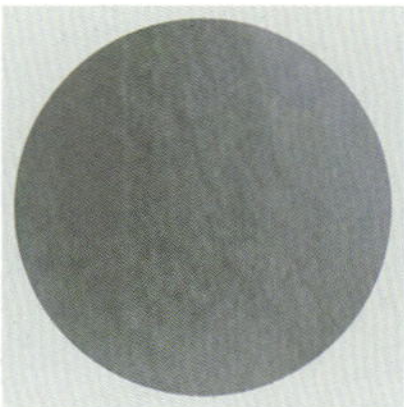
■ 电池级四氧化三锰

■ 电池级磷酸锂

践行碳中和守护绿水青山　服务新能源驱动美好未来

节能与新能源汽车

年鉴

第二篇

政策篇

一、国家政策

1. 关于2020年度乘用车企业平均燃料消耗量和新能源汽车积分管理有关事项的通知

工信部通装函〔2021〕31号

为积极应对新冠肺炎疫情影响，保障汽车产业健康可持续发展，根据中央支持湖北省经济社会发展一揽子政策精神要求，以及《关于修改〈乘用车企业平均燃料消耗量与新能源汽车积分并行管理办法〉的决定》（工业和信息化部　财政部　商务部　海关总署　市场监督管理总局令第53号）等文件规定，现就2020年度乘用车企业平均燃料消耗量与新能源汽车积分管理有关事项通知如下：

一、循环外技术/装置计入燃料消耗量核算

在2020年度企业平均燃料消耗量积分核算中，对标准配置怠速起停系统、制动能量回收系统、换挡提醒装置的车型，其燃料消耗量可相应减免一定额度（可累加）。

（一）怠速起停系统是指在车辆即将停止或车辆停止且发动机处于怠速状态时，能够自动关闭发动机，并且能够根据驾驶员的操作或车辆需求重新起动发动机的系统。搭载该系统的车型燃料消耗量核算减免额度为0.15升/100公里。

（二）制动能量回收系统是指车辆滑行、减速或下坡时，将车辆行驶过程中的动能及势能转化或部分转化为车载可充电储能系统（REESS）的能量存储起来，并可为整车动力输出提供辅助电能的系统。对具有制动能量回收系统且REESS标称电压等级为12伏的车型，燃料消耗量核算减免额度为0.05升/100公里；标称电压等级超过12伏的车型，燃料消耗量核算减免额度为0.15升/100公里。

（三）换挡提醒装置是指装配于手动挡车辆的可实时、直观地提醒驾驶员调整驾驶操作（换挡和/或加、减速）以降低实际驾驶中燃料消耗量的装置。搭载该装置的车型燃料消耗量核算减免额度为0.1升/100公里。

二、企业2020年度产生的新能源汽车负积分，可以使用2021年度产生的新能源汽车正积分进行抵偿。

三、对于注册地在湖北省的乘用车企业，其在2020年度产生的平均燃料消耗量负积分和新能源汽车负积分，减按80%计算。

特此通知。

工业和信息化部

2021年2月7日

2. 关于开展2021年新能源汽车下乡活动的通知

工信厅联通装函〔2021〕57号

各省、自治区、直辖市及计划单列市工业和信息化主管部门、农业农村（农牧）厅（局、委）、商务、能源主管部门：

为贯彻落实国务院常务会议部署，深入实施《新能源汽车产业发展规划（2021—2035年）》，稳定增加汽车消费，促进农村地区新能源汽车推广应用，引导农村居民绿色出行，助力全面推进乡村振兴，支撑碳达峰、碳中和目标实现，工业和信息化部、农业农村部、商务部、国家能源局决定联合组织开展新一轮新能源汽车下乡活动。有关事项通知如下：

一、活动主题

绿色、低碳、智能、安全——一步跨入“新”时代，助力全面推进乡村振兴

二、活动时间

2021年3月—2021年12月

三、组织形式

（一）活动委托中国汽车工业协会组织实施，请各地工业和信息化、农业农村、商务、能源主管部门做好配合工作。

（二）在山西、吉林、河南、湖北、湖南、广西、重庆、山东、江苏、海南、四川和青岛等地，选择三四线城市、县区举办若干场专场、巡展、企业活动。

（三）鼓励参加下乡活动的新能源汽车行业相关企业（以下简称企业）积极参与“双品网购节”，支持企业与电商、互联网平台等合作举办网络购车活动，通过网上促销等方式吸引更多消费者购买。

（四）鼓励各地出台更多新能源汽车下乡支持政策，改善新能源汽车使用环境，推动农村充换电基础设施建设。鼓励参与下乡活动企业（名单见附件）研发更多质量可靠、先进适用车型，加大活动优惠力度，加强售后运维服务保障。

（五）通过相关部委和地方政府宣传平台、中国汽车工业协会自有及联动媒体宣传平台、各企业传播渠道等开展活动宣传报道。组织开展新能源汽车下乡活动最受欢迎车型评选。

四、活动要求

（一）加强组织领导。强化部门协同，加强人员和经费保障，动员企业积极参与活动，确保各项活动顺利进行取得实效。同时，坚决贯彻执行中央八项规定及其实施细则精神，坚持节俭办活动。

（二）做好安全保障。严格遵守当地疫情防控要求，在做好常态化疫情防控前提下，加强安全防护，严防事故发生。要制定工作方案、安全方案和疫情防控工作应急预案，细化措施、责任到人、落实到位。

（三）注重舆论引导。运用新闻媒体、微博微信、广播电视等渠道，开展活动全过程全覆盖宣传引导，加大新能源汽车科普宣传力度，加强活动前预热宣传，为新能源汽车推广应用营造良好舆论环境。

附件：参与活动企业及车型

工业和信息化部办公厅

农业农村部办公厅

商务部办公厅

国家能源局综合司

2021年3月26日

附件　参与活动汽车企业及车型

- 比亚迪股份有限公司（S2、E1、E2、E3、全新元EV360、

元 EV535、全新秦 EV)

- 上汽通用五菱汽车股份有限公司(宏光 MINI EV、宝骏 E100、宝骏 E200、五菱荣光电动车、新宝骏 E300、新宝骏 E300Plus)
- 上海汽车集团股份有限公司(上汽荣威 Ei5、科莱威)
- 长城汽车股份有限公司(欧拉 IQ、欧拉 R1、欧拉白猫)
- 安徽江淮汽车集团股份有限公司(江淮 IEV6E)
- 奇瑞汽车股份有限公司(小蚂蚁 EQ1、开瑞 K60EV、开瑞优优 EV、开瑞优劲 EV)
- 重庆长安汽车股份有限公司(奔奔 E-star、欧尚 A600EV、欧尚尼欧、长安睿行 EM80、长安之星 9EV、长安跨越 X1EV、长安跨越 V5EV、CS15 E-pro)
- 浙江吉利控股集团有限公司(枫叶 30X、帝豪 EV500、帝豪 Gse、帝豪 EV Pro、吉利远程 E5L)
- 威马汽车科技集团有限公司(威尔马斯特 EX5)
- 浙江合众新能源汽车有限公司(哪吒 N01)
- 北京新能源汽车股份有限公司(北汽新能源 EC3)
- 东风汽车集团有限公司(风神 E70、启辰 D60EV、风行 S50EV、菱智 M5EV)
- 浙江零跑科技有限公司(T03)
- 国机智骏汽车有限公司(国机智骏 GC1)
- 云度新能源汽车股份有限公司(云度 π1、云度 π3)
- 江西江铃集团新能源汽车有限公司(新能源 EV3)
- 江苏吉麦新能源有限公司(凌宝 BOX)
- 华晨汽车集团控股有限公司(新海狮 EV、好运一号 EV、T50EV)

3. 关于对拟特别公示道路机动车辆生产企业进行告知的通知

装备中心〔2021〕156 号

各有关车辆生产企业:

受工业和信息化部装备工业一司委托,依据《道路机动车辆生产企业及产品准入管理办法》《新能源汽车生产企业及产品准入管理规定》关于“特别公示”的相关规定,工业和信息化部装备工业发展中心(以下简称“装备中心”)对道路机动车辆生产企业维持正常生产经营情况开展梳理工作,参考依据为车辆生产企业上传机动车出厂合格证数量。

按照“公平、公正、公开”原则,我中心将对拟特别公示道路机动车辆生产企业进行书面告知,请各有关车辆生产企业对相关情况进行认真核对、确认。存在以下情况之一的,车辆生产企业可以提出申诉意见,并随附相关佐证材料:

(一)在统计周期内(本次统计周期为 2019 年 1 月 1 日至 2020 年 12 月 31 日),有出口车等生产,其产品产量不少于《道路机动车辆生产企业及产品准入管理办法》《新能源汽车生产企业及产品准入管理规定》关于特别公示相关产量要求的;或者原合格证统计数据存在错误的。企业应当提供相关生产数据及销售发票,有出口车的企业还应当提供相应加盖海关印章的《海关出口货物报关单》等证明材料。

(二)企业处于兼并重组、破产重整状态,且在上一轮特别公示统计周期内没有发生兼并重组、破产重整事项的。企业应当提供如下资料:

1. 企业兼并重组、破产重整的情况说明及证明材料(如加盖双方或多方公章的实质性重组协议、法院破产重整裁定书等)。

2. 整车类车辆生产企业应当提供省级汽车生产主管部门证明文件;改装类车辆生产企业应当提供地市级汽车生产主管部门证明文件。

特此通知!

工业和信息化部装备工业发展中心
2021 年 3 月 29 日

4. 关于印发《车辆购置税收入补助地方资金管理暂行办法》的通知

财建〔2021〕50 号

各省、自治区、直辖市、计划单列市财政厅(局)、交通运输厅(局、委),新疆生产建设兵团财政局、交通运输局:

为深入贯彻落实党中央、国务院关于加快建设交通强国的重大决策部署,积极稳妥统筹推进交通运输领域财政事权和支出责任划分改革,财政部、交通运输部对《车辆购置税收入补助地方资金管理暂行办法》等文件进行了修订完善,现印发给你们,请遵照执行。

附件:车辆购置税收入补助地方资金管理暂行办法

财政部　交通运输部
2021 年 3 月 30 日

附件　车辆购置税收入补助地方资金管理暂行办法

第一章　总　　则

第一条　为加强车辆购置税收入补助地方资金管理,提高资金使用效益,促进交通运输事业健康发展,加快建设交通强国,根据《中华人民共和国预算法》、《中华人民共和国预算法实施条例》、《国务院批转财政部、国家计委等部门〈交通和车辆税费改革实施方案〉的通知》(国发〔2000〕34 号)等,制定本办法。

第二条　本办法所称车辆购置税收入补助地方资金(以下简称车购税资金),是指中央财政从车辆购置税收入中安排用于支持交通运输行业发展的资金。

第三条　车购税资金管理和使用遵循以下原则:

(一)突出事权。应当按照交通运输领域财政事权和支出责任划分有关要求,保障好中央财政事权所需的相关支出,并根据不同时期发展目标对地方财政事权给予一定资金支持。

(二)保障重点。应当重点保障国家重大战略目标和纳入国家交通运输规划的重大项目建设。

(三)注重绩效。应当实行全过程预算绩效管理,强化绩效评价结果运用。

(四)各司其职。各级财政部门、交通运输主管部门应当按照各自职责负责项目和资金申报、审核、执行、监管等相关工作。

第四条　本办法实施期限为五年。政策到期后,财政部会同交通运输部开展政策评估,根据评估结果确定下一阶段政策实施期限。

第二章　支出范围和分配方式

第五条　车购税资金的支出范围包括：

（一）国家高速公路和普通国道支出；

（二）界河桥梁（隧道）、边境口岸汽车出入境运输管理设施、国家级口岸公路支出；

（三）普通省道、农村公路支出；

（四）综合交通运输支出；

（五）重要内河水运支出；

（六）重大自然灾害影响的交通运输安全应急保障支出；

（七）交通运输智能化信息化支出；

（八）国务院批准同意用于交通运输的其他支出。

第六条　国家高速公路和普通国道支出，是指用于国家高速公路和普通国道建设中由中央承担支出责任部分的支出，主要包括新建、改建和扩建支出。

该项支出分配主要采用项目法。

第七条　界河桥梁（隧道）、边境口岸汽车出入境运输管理设施、国家级口岸公路支出，是指用于界河桥梁（隧道）、边境口岸汽车出入境运输管理设施、国家级口岸公路等建设中由中央承担支出责任部分的支出，主要包括新建、改建和扩建支出。

该项支出分配主要采用项目法。

第八条　普通省道、农村公路支出，是指中央根据地方普通省道、农村公路的建设任务、养护任务完成情况及财政投入等情况，对地方普通省道、农村公路建设项目给予一定资金支持的支出。主要包括支持普通省道、农村公路（含县道、乡道、村道及属于农村公路重要附属设施的县级客运站、乡镇运输服务站）等新建、改建和扩建支出。

该项支出分配主要采用“以奖代补”方式。西藏自治区、新疆生产建设兵团普通省道支出分配主要采用项目法。

第九条　综合交通运输支出是指对符合《国家综合立体交通网规划纲要》等有关规划要求的、重要的综合交通运输项目给予一定资金支持的支出，主要包括综合货运枢纽（物流园区）、集疏运体系建设及综合客运枢纽等相关支出。

综合货运枢纽（物流园区）、集疏运体系主要采用竞争性评审方式给予支持，以地方为主体进行实施；综合客运枢纽支出主要采用项目法分配。

第十条　重要内河水运支出，是指用于国境国际通航河流航道、西江航运干线建设、高等级航道及落实国家重大战略需要的其他内河航道建设等纳入国家相关规划、有助于完善综合立体交通网的项目支出。其中，西江航运干线建设，在事权改革到位之前，按照现行管理体制和现有资金渠道执行。

该项支出分配主要采用项目法。

第十一条　重大自然灾害影响的交通运输安全应急保障支出，是指为提升交通运输行业对突发事件的应急响应和处置水平，及时保障和恢复交通运输正常运行而实施的项目支出，主要包括启动国家自然灾害救灾应急响应等相关重大灾害的公路应急抢通和恢复重建、国家区域性公路应急装备物资储备等相关支出。

公路应急抢通按照灾害等级分档支持，恢复重建、国家区域性公路应急装备物资储备支出分配主要采用项目法。

第十二条　交通运输智能化信息化支出，是指按照信息资源整合共享要求，用于构建智慧交通体系的相关建设项目支出。

该项支出分配主要采用项目法。

第三章　资金审核和下达

第十三条　采用项目法分配的事项，交通运输部根据国家重大发展战略、交通运输中长期规划等，编制交通运输五年发展规划或专项规划，对地方上报的项目进行审核，将符合规划要求的项目纳入“十四五”交通运输规划项目库（以下简称项目库）。对纳入项目库并完成有关前期工作且具备开工条件的项目，交通运输部根据车购税年度资金规模、项目具体补助标准、核定的项目车购税资金额、地方申请及项目建设进度等，提出项目年度资金安排建议报财政部审核，财政部审核并下达资金。项目法实施方案详见附件。

综合货运枢纽（物流园区）、集疏运体系等采用竞争性评审方式分配的事项，由财政部会同交通运输部研究制订竞争性评审实施方案。以地方为主体制定具体实施方案，经地方交通运输主管部门、财政部门逐级审核后报交通运输部、财政部。交通运输部、财政部组织开展竞争性评审，根据评审结果给予支持。实施方案由财政部、交通运输部另行组织制定并印发实施。

第十四条　采用“以奖代补”方式分配的事项，各级交通运输主管部门应当明确相关建设、养护目标和任务，会同财政部门建立满足“以奖代补”考核需要的真实、动态、可考核的数据支撑系统（以下简称数据支撑系统）。财政部、交通运输部根据各省（区、市）建设任务、养护任务完成情况及财政投入等情况进行考核，根据考核情况“以奖代补”。实施方案详见附件。

第四章　绩效管理和监督

第十五条　各级财政部门和交通运输主管部门应当按照下列要求加强对车购税资金全过程预算绩效管理：

（一）强化绩效目标管理。车购税资金使用主体在申报项目和资金时，应科学设置明确、具体、一定时期可实现的绩效目标，以细化、量化的指标予以描述并按要求提交。各级财政部门和交通运输主管部门应当加强对绩效目标的审核，将其作为项目评审评估、资金分配的重要依据，并将审核后的绩效目标随同资金一并分解下达到具体项目。

（二）做好绩效运行监控。各级财政部门和交通运输主管部门应当加强车购税资金执行过程中的绩效监控，综合运用数据支撑系统等信息化手段，重点监控是否符合既定的绩效目标，项目和资金执行偏离既定绩效目标的，应当及时采取措施予以纠正。

（三）加强绩效评价和结果运用。各级财政部门和交通运输主管部门应当按照各自职责客观公正地组织开展好绩效评价工作，将评价结果及时反馈给被评价单位，对发现的问题督促整改。交通运输部对省级交通运输主管部门报送的绩效评价结果进行审核，财政部将交通运输部审核确认的绩效评价结果作为预算安排和资金分配的参考因素。

财政部各地监管局按照工作职责和有关文件要求开展车购税资金预算绩效管理工作。

第十六条　地方各级财政部门、交通运输主管部门应当按照职责加强对车购税项目和资金申报、审核、执行的管理监督，建立"谁申报、谁负责""谁使用、谁负责"的责任机制。

第十七条　车购税资金使用主体及其工作人员在车购税项目和资金的申报、使用过程中，利用不正当手段套取车购税资金的，由所在地交通运输主管部门、财政部门按职责分工根据有关规定予以处理；构成犯罪的，依法追究刑事责任。

第十八条　各级财政部门和交通运输主管部门及其工作人员在车购税项目和资金的审核、分配、拨付过程中，存在利用不正当手段套取车购税资金等行为以及其他滥用职权、玩忽职守、徇私舞弊等违法违纪行为的，依照《中华人民共和国预算法》《中华人民共和国公务员法》《中华人民共和国监察法》《财政违法行为处罚处分条例》等有关规定追究相应责任；构成犯罪的，依法追究刑事责任。

第五章　附　　则

第十九条　本办法由财政部会同交通运输部负责解释。

第二十条　本办法自发布之日起施行。《财政部　交通部关于印发〈车辆购置税交通专项资金管理暂行办法〉的通知》(财建〔2000〕994 号)、《财政部　交通运输部　商务部关于印发〈车辆购置税收入补助地方资金管理暂行办法〉的通知》(财建〔2014〕654 号)、《财政部　交通运输部关于〈车辆购置税收入补助地方资金管理暂行办法〉的补充通知》(财建〔2016〕722 号)、《财政部　交通运输部关于进一步明确车辆购置税收入补助地方资金补助标准及责任追究有关事项的通知》(财建〔2016〕879 号)、《财政部　交通运输部关于印发〈车辆购置税收入补助地方资金管理暂行办法〉的补充通知》(财建〔2019〕272 号)同时废止。

附件：

1."十四五"时期车辆购置税收入补助地方资金项目法实施方案

2."十四五"时期车辆购置税收入补助地方资金"以奖代补"支持普通省道和农村公路实施方案

附件 1　"十四五"时期车辆购置税收入补助地方资金项目法实施方案

一、项目法管理流程和方式

(一)对于采用项目法管理的事项，交通运输部根据国家重大发展战略、国民经济和社会发展五年规划、交通运输中长期规划等，编制交通运输五年发展规划或专项规划，对地方上报的项目进行审核，将符合规划要求的项目纳入项目库。对纳入项目库的项目，交通运输部根据地方申请按程序进行审批或审核，按照国家高速公路、普通国道、综合客运枢纽、公路相关设施类项目、内河、交通运输智能化信息化建设等不同项目的投资补助标准核定拟安排的项目车购税资金额。

(二)对完成有关前期工作且具备开工条件的项目，交通运输部根据年度车购税资金总规模、核定的项目车购税资金额、地方申请及项目建设进度等，提出项目年度资金安排建议于每年 3 月 31 日前报财政部审核，提前下达下一年度资金安排建议应于每年 9 月 30 日前报财政部审核。财政部根据年度预算安排和交通运输部提出的资金安排建议审核并下达资金。

(三)省级财政部门接到中央财政下达的资金预算后，应当按照预算法规定时限要求及时分解下达。省级交通运输主管部门应当加快预算执行，提高资金使用效益。

二、投资补助标准

(一)综合客运枢纽。

单位：万元/个

项目类别		东部地区	中部地区	西部地区
综合客运枢纽	重大项目	总投资的 30%，原则上不超过 1 亿元/个		
	一般项目	5000	5500	6000

注：综合客运枢纽一般项目补助额占枢纽项目总投资的比例以 50% 为上限。非一体化项目补助标准下浮 1500 万元。

(二)国家高速公路。

项目类别	东部地区	中部地区	西部地区
高速公路	建安费 25%	建安费 30%	西藏按照项目总投资的 100%，新疆南疆四地州、青海按建安费的 70%，新疆其他地区、贵州、云南、甘肃、四川阿坝州、甘孜州、凉山州按建安费的 50%，其他西部地区按建安费的 35%

注：1. 新建项目按基准标准执行，扩容改造项目按基准标准的 50% 执行；
2. 采用 PPP 模式的新建项目以所在地区基准标准为上限，扩容改造项目以基准标准的 50% 为上限；
3. 除西藏自治区外，中央投资补助上限：原则上执行建安费 50% 及以上比例的区域的项目不高于 6000 万元/公里，其他西部地区的项目不高 11 于 5000 万元/公里，东中部地区的项目不高于 4000 万元/公里；不超过地方申请数，不超过 PPP 项目合同约定政府建设期出资数；
4. 海南省、吉林延边州、黑龙江大兴安岭地区、湖北恩施州、湖南湘西州、江西赣州市执行西部地区建安费的 35% 标准；
5. 公路长大桥梁结构监测系统补助额度，东部、中部、西部、特殊困难地区(指西藏自治区、青海省、新疆南疆四地州、川滇甘涉藏州县、四川凉山州、云南怒江州和甘肃临夏州)分别按核定投资的 40%、50%、70% 和 90%。

(三)普通国道。

项目类别	东部地区	中部地区	西部地区	特殊困难地区
一级公路(万元/公里)	1200	1400	1600	1800(国家审批工可的项目按照总投资的 100%)
二级公路(万元/公里)	600	700	800	900(国家审批工可的项目按照总投资的 100%)
三级公路(万元/公里)	240	280	320	450(国家审批工可的项目按照总投资的 100%)
四级公路(万元/公里)	40	50	60	100(国家审批工可的项目按照总投资的 100%)
桥梁隧道(元/平方米)	2500	3500	4500	5000(国家审批工可的项目按照总投资的 100%)
公路灾害防治工程(万元/公里)	25	30	35	50

续上表

项目类别	东部地区	中部地区	西部地区	特殊困难地区
公路安全提升工程（万元/公里）	10	15	20	30

注：1. 普通国道新改建项目：(1)新改建项目按基准标准执行，路面改造项目按基准标准的20%执行；(2)收费项目投资补助额度不超过按同地区高速公路标准测算的额度；(3)定额补助标准造价浮动系数：一级公路建安费超过3000万/公里，每增加400万/公里，补助标准上浮10%，最高上浮100%；二级公路建安费超过1000万/公里，每增加150万/公里，补助标准上浮10%，最高上浮100%；三级公路建安费超过500万/公里，每增加100万/公里，补助标准上浮10%，最高上浮150%；(4)新建单体长度超过1000米的桥梁、隧道，可按平方米测算车购税资金；(5)东中部沿边国道(G219、G331)按西部地区标准执行，沿边国道二级、三级公路(含其中千米以上桥隧)项目基准标准上浮10%；(6)中央投资补助额度不超过项目建安费，不超过地方申请数，不超过PPP项目合同约定政府建设期出资数；

2. 四、五类桥梁及旧桥改造：重建类项目按照新建桥梁基准标准执行，加固类项目按照基准标准的60%执行。通航河流桥梁防撞改造，按照防撞设施面积，参照新建桥梁基准标准执行。四、五类桥梁及旧桥改造项目补助额度，东部、中部、西部、特殊困难地区分别不得超过建安费的60%、80%、85%和90%。公路长大桥梁结构监测系统补助额度，东部、中部、西部、特殊困难地区分别按核定投资的40%、50%、70%和90%；西藏自治区项目经交通运输部对其技术方案和工程造价进行复核审查，按项目总投资的100%；

3. 隧道改造：五类隧道改造按照新建隧道基准标准的60%执行，四类隧道按照基准标准的18%执行。东部、中部、西部、特殊困难地区补助额度，分别不得超过建安费的45%、60%、75%和90%；西藏自治区项目经复核审查，按项目总投资的100%；

4. 灾害防治工程：东部、中部、西部、特殊困难地区补助额度，分别不得超过建安费的45%、60%、75%和90%；建安费超过1000万元的项目经复核审查，可按建安费的45%、60%、75%和90%补助；西藏自治区项目经复核审查，按项目总投资的100%；

5. 公路安全提升工程：东部、中部、西部、特殊困难地区补助额度，分别不得超过建安费的45%、60%、75%和90%；建安费超过1000万元的项目经复核审查，可按建安费的45%、60%、75%和90%补助；西藏自治区项目经复核审查，按项目总投资的100%；

6. 灾毁恢复重建项目参照同级公路建设基准标准执行，同时不超过恢复重建项目建安费的50%；

7. 特殊困难地区以外的国家乡村振兴重点帮扶县按所在地区基准标准再上浮10%；

8. 海南省、吉林延边州、黑龙江大兴安岭地区、湖北恩施州、湖南湘西州、赣闽粤苏区县执行西部地区标准，福建革命老区执行中部标准；

9. 西藏自治区、新疆生产建设兵团省道参照国道标准执行；

10. 公路界河桥梁(隧道)项目中央承担中方侧工程总投资；

11. 雄安新区公路、抵边自然村通硬化路等按照规定程序批准的标准执行。

（四）公路相关设施类项目。

项目类别	标　准
边境口岸汽车出入境运输管理建设项目	核定投资的100%
国家区域性公路应急装备物资储备中心应急装备物资购置	核定投资的40%，国家审批工可的项目按照总投资的100%

（五）内河。

项目类别	东部地区	中部地区	西部地区
西江航运干线和国境、国际通航河流航道	核定投资的100%		
内河高等级航道及公共基础设施	工程费用的80%	工程费用的85%	工程费用的90%

续上表

项目类别	东部地区	中部地区	西部地区
符合国家战略方向的内河水运其他航道及公共基础设施	工程费用的55%	工程费用的65%	工程费用的75%

注：1. 海南省、吉林延边州、黑龙江大兴安岭地区、湖北恩施州、湖南湘西州、赣闽粤苏区县执行西部地区标准，福建革命老区执行中部地区标准；

2. 公共基础设施指通航设施、内河公共锚地、便民交通码头(中西部地区)；

3. 通航设施中以通航为主、兼顾发电等其他效益的航电枢纽，补助标准依所在的航道等级分别下浮，其中高等级航道上的航电枢纽下浮45个百分点，即按东、中、西部分别为工程费用的35%、40%、45%，符合国家战略方向的内河水运其他航道上的航电枢纽按东、中、西部分别下浮20、25、30个百分点，即按东、中、西部分别为工程费用的35%、40%、45%；

4. 通航设施补助额度不超过资本金的50%；

5. 西江航运干线在航运管理体制改革到位前，暂按工程费用的100%安排。

（六）公路应急抢通。

公路应急抢通按照灾害等级分档支持：一类灾情(灾情特别严重)1500万元，二类灾情(灾情严重)1200万元，三类灾情(灾情较重)900万元，四类灾情(灾情一般)600万元。

（七）交通运输智能化信息化建设。

（八）部省联网交通运输智能化信息化项目按设备购置和安装费用核定投资的40%补助，国家审批工可的项目按照总投资的100%补助。

附件2 “十四五”时期车辆购置税收入补助地方资金“以奖代补”支持普通省道和农村公路实施方案

为贯彻落实习近平总书记关于“四好农村路”建设重要指示批示精神，服务乡村振兴战略实施，加快建设交通强国，加强普通省道和农村公路建设和养护，根据国务院办公厅《交通运输领域中央与地方财政事权和支出责任划分改革方案》有关规定，交通运输部、财政部对各省、自治区、直辖市、计划单列市及新疆生产建设兵团(以下统称各省份)普通省道和农村公路建设、养护任务完成情况及地方财政投入情况进行考核，根据考核结果，结合年度中央预算资金安排，向各省份安排奖励性资金(以下简称奖补资金)。奖补资金主要用于支持普通省道和农村公路(含县道、乡道、村道，通村公路发挥村内主干道作用的穿村路段，县级客运站、乡镇运输服务站)的新建、改建和扩建项目。具体工作事项及要求如下：

一、工作要求

（一）普通省道和农村公路属于地方财政事权，地方各级交通运输主管部门、财政部门应落实主体责任，按照职责分工负责建设和养护工作，并承担支出责任。交通运输部、财政部依据数据支撑系统重点对普通省道和农村公路建设、养护目标任务完成情况进行考核，考核结果作为资金分配的重要依据。

（二）各省份财政部门、交通运输主管部门结合实际，因地制宜制定本地区奖补资金分配标准，原则上不超过“十四五”时期车辆购置税收入补助地方资金对同技术等级普通国道补助标准。

（三）各省份交通运输主管部门应当会同同级财政部门，建立并完善数据支撑系统，做好考核因素涉及的相关基础数据更新管理、末端数据及时准确填报等工作。

（四）普通省道和农村公路建设实行项目库管理制度。省级交通运输主管部门结合实际情况，通过数据支撑系统组织本省份分级开展项目库建设。普通省道和农村公路建设完成情况在省级以项目为单位进行管理。

（五）地方各级财政部门和交通运输主管部门应当加强奖补资金的全过程预算绩效管理，结合考核因素对奖补资金提出明确、具体的绩效目标，运用数据支撑系统等方式，做好绩效运行监控，开展绩效评价，将绩效评价结果作为分配奖补资金的依据。财政部各地监管局按照工作职责和有关文件要求开展奖补资金预算绩效管理工作。

二、管理流程和方式

（一）交通运输部根据国家重大战略部署、交通运输中长期规划和五年发展规划等，综合各省份普通省道和农村公路建设投资额、建设里程、乡镇通三级公路建设、自然村通硬化路建设、危桥改造和村道安全生命防护工程（以下简称村道安防工程）等任务，结合区域差异、财政困难程度等，会同财政部确定“十四五”时期各省份普通省道和农村公路建设规划奖补资金基数。每年 7 月底前，省级交通运输主管部门会同同级财政部门，依据本省份五年规划目标任务，提出本省份下一年度目标任务，报交通运输部、财政部。交通运输部利用数据支撑系统中的各省份“十四五”时期规划目标任务累计完成情况，结合各省份“十四五”时期规划奖补资金基数，按照年度全国车购税资金预算情况，会同财政部测算各省份年度奖补资金基数。西藏自治区主要完成剩余乡镇和建制村通硬化路、危桥改造和村道安防工程等任务。

（二）年度奖补资金采取先按一定比例预拨、后清算的方式下达。每年 9 月底前，交通运输部提出各省份下一年度预拨资金建议，报财政部审核。每年 10 月底前，财政部向各省份下达下一年度预拨资金。省级交通运输主管部门会同同级财政部门于每年 1 月底前将上一年度本省份各项考核目标任务完成情况报交通运输部、财政部。数据真实性、准确性由上报部门负责，并与数据支撑系统保持一致。交通运输部、财政部通过数据支撑系统中的数据对各省份上一年度任务完成情况等进行考核。交通运输部根据考核结果，结合年度预算安排，于每年 3 月提出各省份上一年度奖补资金清算建议，报财政部审核。每年 4 月底前，财政部按照预算管理规定向各省份清算下达上一年度奖补资金。

（三）交通运输部会同财政部可利用数据支撑系统对各省份报送的数据、任务完成情况等进行复核，对发现存在弄虚作假行为、资金违规使用的省份，视具体情况扣减奖补资金。

三、测算公式

（一）某省份年度奖补资金基数＝年度全国普通省道和农村公路奖补资金总额×（某省份年度奖补资金测算值÷∑各省份年度奖补资金测算值）。

某省份年度奖补资金测算值＝某省份五年规划奖补资金基数×某省份规划目标任务计划累计综合完成率－某省份累计实际下达奖补资金－某省份累计考核扣减资金。综合完成率按照五项建设任务每项 20% 的权重进行计算，综合完成率超过 100% 后按照 100% 计算。

（二）某省份年度奖补资金清算值＝某省份年度奖补资金基数×考核系数。

考核系数＝∑某省份各项考核指标得分÷100。

（三）当考核系数<1 时，某省份年度考核扣减资金＝某省份年度奖补资金基数－某省份年度奖补资金清算值。

四、主要考核因素及奖补资金标准

（一）建设任务完成情况系数（权重 50%）。

包括普通省道和农村公路建设投资任务完成率、普通省道和农村公路建设里程任务完成率、乡镇通三级公路任务完成率、自然村通硬化路任务完成率、危桥改造和村道安防工程任务完成率等五个子因素，权重分别为 10%、10%、10%、10%、10%。西藏自治区考核剩余乡镇和建制村通硬化路任务完成率、危桥改造和村道安防工程任务完成率两个子因素，权重分别为 40% 和 10%。

1. 普通省道和农村公路建设投资任务完成率＝普通省道和农村公路建设投资年度实际完成额÷普通省道和农村公路建设年度投资计划额。任务完成率≥1，得分＝10；0.8≤任务完成率<1，得分＝10×任务完成率；0.5≤任务完成率<0.8，得分＝8×任务完成率；任务完成率<0.5，得分＝0。

2. 普通省道和农村公路建设里程任务完成率＝年度实际新改建普通省道和农村公路里程÷年度计划新改建普通省道和农村公路里程。任务完成率≥1，得分＝10；0.8≤任务完成率<1，得分＝10×任务完成率；0.5≤任务完成率<0.8，得分＝8×任务完成率；任务完成率<0.5，得分＝0。

3. 乡镇通三级公路任务完成率＝年度新增通三级公路乡镇个数÷年度计划新增通三级公路乡镇个数。任务完成率≥1，得分＝10；0.8≤任务完成率<1，得分＝10×任务完成率；0.5≤任务完成率<0.8，得分＝8×任务完成率；任务完成率<0.5，得分＝0。

4. 自然村通硬化路任务完成率＝年度新增通硬化路自然村个数÷年度计划新增通硬化路自然村个数。任务完成率≥1，得分＝10；0.8≤任务完成率<1，得分＝10×任务完成率；0.5≤任务完成率<0.8，得分＝8×任务完成率；任务完成率<0.5，得分＝0。

5. 危桥改造和村道安防工程任务完成率＝年度危桥改造完成座数÷年度计划危桥改造完成座数×0.7＋年度村道安防工程建设完成里程÷年度村道安防工程计划建设完成里程×0.3。任务完成率≥1，得分＝10；0.8≤任务完成率<1，得分＝10×任务完成率；0.5≤任务完成率<0.8，得分＝8×任务完成率；任务完成率<0.5，得分＝0。

6. 西藏剩余乡镇和建制村通硬化路任务完成率＝年度新增通硬化路乡镇和建制村个数÷年度计划新增通乡镇和建制村个数。任务完成率≥1，得分＝40；0.8≤任务完成率<1，得分＝40×任务完成率；0.5≤任务完成率<0.8，得分＝32×任务完成率；任务完成率<0.5，得分＝0。

注：某省份某项任务已实现公路“十四五”发展规划目标任务的，该项任务完成率计为 100%。

（二）养护任务完成情况系数（权重 30%）。

包括普通省道养护任务完成情况和农村公路养护任务完成情况两个子因素，权重分别为 15%、15%。

1. 普通省道养护任务完成情况得分＝15×（普通省道优

良路率得分系数×0.7+普通省道一二类桥梁占普通省道桥梁总数比例得分系数×0.3)。

(1)普通省道优良路率≥80%,普通省道优良路率得分系数=1;

(2)70%≤普通省道优良路率<80%,普通省道优良路率得分系数=考核年度普通省道优良路率÷(上一年度普通省道优良路率+1%),且最大不超过1;

(3)普通省道优良路率<70%,普通省道优良路率得分系数=考核年度普通省道优良路率÷71%;

(4)普通省道一、二类桥梁数量占普通省道桥梁总数比例≥90%,普通省道一、二类桥梁数量占普通省道桥梁总数比例得分系数=1;

(5)85%≤普通省道一、二类桥梁数量占普通省道桥梁总数比例<90%,普通省道一、二类桥梁数量占普通省道桥梁总数比例得分系数=普通省道一、二类桥梁比例÷(上一年度省道一、二类桥梁比例+1%),且最大不超过1;

(6)普通省道一、二类桥梁数量占普通省道桥梁总数比例<85%,普通省道一、二类桥梁数量占普通省道桥梁总数比例得分系数=普通省道一、二类桥梁比例÷86%。

2. 农村公路养护任务完成情况得分=15×(农村公路优良路率得分系数×0.7+农村公路一、二、三类桥梁占农村公路桥梁比例得分系数×0.3)。

(1)农村公路优良路率≥70%,农村公路优良路率得分系数=1;

(2)55%≤农村公路优良路率<70%,农村公路优良路率得分系数=考核年度农村公路优良路率÷(上一年度农村公路优良路率+1%),且最大不超过1;

(3)40%≤农村公路优良路率<55%,农村公路优良路率得分系数=考核年度农村公路优良路率÷(上一年度农村公路优良路率+2%),且最大不超过1;

(4)农村公路优良路率<40%,农村公路优良路率得分系数=考核年度农村公路优良路率÷41%;

(5)农村公路一、二、三类桥梁占农村公路桥梁总数比例≥99%,农村公路一、二、三类桥梁占农村公路桥梁总数比例得分系数=1;

(6)95%≤农村公路一、二、三类桥梁占农村公路桥梁总数比例<99%,农村公路一、二、三类桥梁占农村公路桥梁总数比例得分系数=农村公路一、二、三类桥梁比例÷(上一年度农村公路一、二、三类桥梁比例+1%),且最大不超过1;

(7)农村公路一、二、三类桥梁占农村公路桥梁总数比例<95%,农村公路一、二、三类桥梁占农村公路桥梁总数比例得分系数=农村公路一、二、三类桥梁比例÷96%。

(三)地方财政投入情况系数(权重20%)。

包括地方财政建设投入情况、地方财政养护投入情况两个子因素,权重分别为10%、10%。

1. 地方财政建设投入情况系数=地方财政普通省道和农村公路建设资金投入规模与上年之比。建设投入情况系数≥1,得分=10;建设投入情况系数<1,得分=建设投入情况系数×10;

2. 地方财政养护投入情况系数=地方财政普通省道和农村公路养护资金投入规模与上年之比。养护投入情况系数≥1,得分=10;养护投入情况系数<1,得分=养护投入情况系数×10。

注:地方财政投入包括中央对地方一般性转移支付资金。

五、附加考核因素

(一)全国“四好农村路”示范创建工作,按照以下情况之一加分,最多不超过1分。

1. 某省份当年获评全国示范省(计划单列市当年获评全国示范市),加1分;2. 某省份全国示范市覆盖率和全国示范县覆盖率的平均值与上一年度平均值相比,每增加一个百分点加0.3分,最多加1分(直辖市、计划单列市、新疆生产建设兵团只计算全国示范县覆盖率)。

(二)全国“城乡交通运输一体化”示范创建工作,某省份当年每增加一个全国示范县,加0.5分,最多不超过1分。

根据国家重大改革、发展战略实施等,交通运输部、财政部可对奖补资金考核因素适时作出调整。

六、有关指标解释和来源

(一)建设任务指标。

1. 普通省道和农村公路建设投资完成额:指由建设单位填报的普通省道建设完成投资额和农村公路建设完成投资额的和(计量单位:万元)。

2. 普通省道和农村公路建设里程:指普通省道新建、改建、扩建公路完成里程和农村公路新建、改建、扩建公路完成里程的和(计量单位:公里)。

3. 新增通三级公路乡镇个数:指新增通三级公路的乡镇个数(计量单位:个)。

乡镇通三级公路,指乡镇至少有一条技术等级为三级或三级以上的公路(可由多条路线组成),连接至三级或三级以上公路网。

乡镇通三级公路路线位置应满足下列条件之一:(1)穿越乡镇政府所在的居民聚居区域;(2)通至乡镇政府驻地;(3)通至乡镇政府所在的居民聚居区域边缘,并与聚居区域内部的一条道路连接。

4. 新增自然村通硬化路个数:指通硬化路自然村个数(计量单位:个)。

自然村通硬化路,指自然村至少有一条硬化公路连接至对外路网。

自然村通硬化路的位置应满足下列条件之一:(1)穿越自然村(组)的居民聚居区域;(2)通至自然村(组)居民聚居区域或某个人口较多的居民聚居区域边缘,并与聚居区域内部的一条道路连接。

5. 危桥改造座数:指改造完成普通省道和农村公路上桥梁技术状况评定等级为四类或五类的桥梁数量(计量单位:座)。

6. 村道安防工程完成里程:指村道实际建设的安全生命防护工程里程(计量单位:公里)。

(二)养护任务指标。

1. 普通省道和农村公路优良路率:指普通省道和农村公路路面技术状况评定为优和良的公路比例(计量单位:%)。

2. 普通省道一、二类桥梁数量占普通省道桥梁总数比例：指普通省道上桥梁技术状况评定等级为一类和二类的桥梁数量占普通省道上桥梁总数的比例（计量单位：%）。

3. 农村公路一、二、三类桥梁数量占农村公路桥梁总数比例：指农村公路上桥梁技术状况评定等级为一类、二类和三类的桥梁数量占农村公路上桥梁总数的比例（计量单位：%）。

（三）地方财政投入指标。

1. 地方财政普通省道和农村公路建设资金投入规模：指年度建设普通省道和农村公路地方财政实际投入的财政性资金规模（计量单位：万元）。

2. 地方财政普通省道和农村公路养护资金投入规模：指年度养护普通省道和农村公路地方财政实际投入的财政性资金规模（计量单位：万元）。

（四）上述数据从各省份建立的数据支撑系统中提取。

5. 关于实施四项新能源汽车国家标准的通知

装备中心〔2021〕197 号

各车辆生产企业及检测机构：

GB/T 18386. 1—2021《电动汽车能量消耗量和续驶里程试验方法　第 1 部分：轻型汽车》等四项新能源汽车推荐性国家标准已发布，为推动新能源汽车发展，保证《公告》管理要求与相关财税政策的技术衔接，经请示工业和信息化部装备工业一司同意，现将《公告》产品准入管理中实施四项标准的相关事项通知如下：

一、调整检验项目

将新发布的 GB/T 18386. 1—2021《电动汽车能量消耗量和续驶里程试验方法　第 1 部分：轻型汽车》、GB/T 19753—2021《轻型混合动力电动汽车能量消耗量试验方法》、GB/T 26779—2021《燃料电池电动汽车加氢口》、GB/T 32694—2021《插电式混合动力电动乘用车　技术条件》四项标准列为新能源汽车产品准入专项检验项目的依据标准，与《新能源汽车生产企业及产品准入管理规定》（工信部令第 39 号）中新能源汽车产品专项检验项目依据标准并行实施。

企业申请产品准入时，依据标准替代关系，可选择原标准或新发布标准进行检验，并提供相应检验检测报告。

二、增加备案参数

增加“CLTC 能量消耗量”“CLTC 续驶里程”等备案参数，符合新标准要求的产品应填报。

三、检测机构要求

相关检测机构应尽快健全完善检验检测能力，完成检测资质认定和相关备案工作，为标准实施做好准备。

工业和信息化部装备工业发展中心

2021 年 4 月 9 日

6. 关于确定智慧城市基础设施与智能网联汽车协同发展第一批试点城市的通知

建城函〔2021〕51 号

各省、自治区、直辖市及新疆生产建设兵团住房和城乡建设厅（委、管委、局）、工业和信息化主管部门：

按照《住房和城乡建设部办公厅　工业和信息化部办公厅关于组织开展智慧城市基础设施与智能网联汽车协同发展试点工作的通知》（建办城函〔2020〕594 号）有关工作安排，在各城市申报和省级主管部门审核基础上，经组织专家评审和实地调研，确定北京、上海、广州、武汉、长沙、无锡等 6 个城市为智慧城市基础设施与智能网联汽车协同发展第一批试点城市。

请试点城市按照建办城函〔2020〕594 号文件要求，制定完善试点工作方案，经专家评审通过后报住房和城乡建设部、工业和信息化部备案。试点城市要建立健全统筹协调机制，落实资金等保障措施，确保试点工作取得成效，形成可复制可推广的经验。有关省级住房和城乡建设、工业和信息化部门要加大对试点城市的指导支持力度。请试点城市确定 1 名工作联系人并报两部门，试点中有关情况和问题，及时沟通联系。

住房和城乡建设部

工业和信息化部

2021 年 4 月 28 日

7. 关于调整免征车辆购置税新能源汽车产品技术要求的公告

工业和信息化部　财政部　税务总局　公告 2021 年 13 号

为适应新能源汽车技术标准变化，做好新能源汽车免征车辆购置税政策执行工作，现就免征车辆购置税新能源汽车产品技术要求有关事项公告如下：

一、自 2021 年 10 月 1 日起，《插电式混合动力电动乘用车　技术条件》（GB/T 32694—2021）、《轻型混合动力电动汽车能量消耗量试验方法》（GB/T 19753—2021）、《电动汽车能量消耗量和续驶里程试验方法　第 1 部分：轻型汽车》（GB/T 18386. 1—2021）等标准（以下简称新版标准）正式实施。《关于免征新能源汽车车辆购置税的公告》（财政部　税务总局　工业和信息化部　科技部公告　2017 年第 172 号，以下简称第 172 号公告）有关技术要求作如下调整：

（1）插电式（含增程式）混合动力乘用车纯电动续驶里程应满足有条件的等效全电里程不低于 43 公里。

（2）插电式（含增程式）混合动力乘用车电量保持模式试验的燃料消耗量（不含电能转化的燃料消耗量）与《乘用车燃料消耗量限值》（GB 19578—2021）中车型对应的燃料消耗量限值相比应当小于 70%；电量消耗模式试验的电能消耗量应小于电能消耗量目标值的 135%。按整备质量（m，kg）的不同，百公里电能消耗量目标值（Y）应满足以下要求：

$m \leq 1000$ 时，$Y = 0.0112 \times m + 0.4$；

1000 kg$< m \leq 1600$ 时，$Y = 0.0078 \times m + 3.8$；

二、免征车辆购置税新能源汽车产品的其他技术要求继续适用第 172 号规定。

三、本公告发布之日起至 2021 年 10 月 1 日前，按新版标准进行测试且满足第一条和第二条技术要求的插电式（含增程式）混合动力乘用车，可以纳入《免征车辆购置税的新能源汽车车型目录》。

工业和信息化部　财政部　税务总局

2021 年 4 月 30 日

8. 工业和信息化部办公厅关于开展车联网身份认证和安全信任试点工作的通知

工信厅网安函〔2021〕148号

为贯彻落实《新能源汽车产业发展规划（2021—2035年）》《智能汽车创新发展战略》和车联网产业发展专委会第四次全体会议工作任务要求，加快推进车联网网络安全保障能力建设，构建车联网身份认证和安全信任体系，推动商用密码应用，保障蜂窝车联网（C-V2X）通信安全，现开展车联网身份认证和安全信任试点工作。有关事项通知如下：

一、试点方向

（一）车与云安全通信

面向车与云服务平台通信场景，建立车云通信安全信任体系。

1. 技术要求

通过基于商用密码的数字证书、数字签名、数据加密技术，实现车载信息交互系统、汽车网关、C-V2X车载通信设备等与车联网服务平台间的安全通信。基于安全链路协议，建立车云通信安全隧道，保护车云通信数据机密性和完整性。基于密码应用中间件，在车端实现消息封装、证书管理，在平台侧实现证书验证、数据解析。车载设备按照有关标准实现与证书管理系统、相关车联网安全信任根的数据交互。

2. 应用场景

在车端与车企云平台、路侧边缘云平台、智能辅助驾驶服务平台、车载信息服务云平台、高精动态地图服务平台等车联网服务平台的车云通信场景下，实现车辆可信接入、车辆定位及感知数据的可信采集、车辆状态信息的可信上传、汽车远程升级可信验证、基于安全链路的可信车云交互等车云通信应用。

3. 试点目标

试点单位研发建立车云通信身份认证、数据加密等技术能力，实现各类车云通信场景下的身份认证、数据机密性和完整性保护，构建车云通信安全保障能力。

（二）车与车安全通信

面向车与车直连通信场景，建立车车通信安全信任体系。

1. 技术要求

在车端应用基于商用密码的安全芯片、软件模块等组件，实现密钥管理、证书管理、安全计算等车端安全凭证管理和数据处理功能。通过车辆生产环节配置、运营商通道配置、服务器令牌授权等方式实现车载设备证书初始化。建立车载设备证书管理系统，为车载设备提供证书发布、更新、撤销等证书管理服务。车载设备按照有关标准实现与证书管理系统、相关车联网安全信任根和工业和信息化部车联网安全信任根管理平台的数据交互。

2. 应用场景

在重点城市、高速公路、物流园区、港口、矿山、科技园区等场景下，实现基于安全通信的辅助驾驶和有条件自动驾驶应用，包括碰撞预警、盲区预警、变道辅助、异常车辆提醒、编队行驶等。

3. 试点目标

试点单位研发建立车车通信身份认证技术能力，对具备直连通信功能的C-V2X车型进行证书管理，通过接入相关车联网安全信任根和工业和信息化部车联网安全信任根管理平台，在车辆驾驶应用场景中开展跨信任域的身份认证，保障多品牌车辆的安全通信，构建车车通信安全保障能力。

（三）车与路安全通信

面向车与路侧设施直连通信场景，建立车路通信安全信任体系。

1. 技术要求

路侧设备通过搭载基于商用密码的安全芯片、软件模块等组件，实现安全凭证管理和数据处理功能。建立路侧设备证书管理系统，为路侧设备提供证书发布、更新、撤销等证书管理服务。路侧设备按照有关标准实现与车载设备、证书管理系统、相关车联网安全信任根和工业和信息化部车联网安全信任根管理平台的数据交互。

2. 应用场景

在重点城市、高速公路、封闭测试场、车路协同试点路段等场景下，实现基于安全通信的安全预警、效率提升等车路协同应用，包括红绿灯提醒及绿波通行、道路交通信息提示、弱势交通参与者提醒、公交优先通行、自动驾驶测试等。

3. 试点目标

试点单位研发建立车路通信身份认证技术能力，对试点区域具备直连通信能力的C-V2X通信设备进行证书管理，通过接入相关车联网安全信任根和工业和信息化部车联网安全信任根管理平台，开展跨信任域的身份认证，保障本区域多类路侧设备与车辆的车路安全通信，构建车路通信安全保障能力。

（四）车与设备安全通信

面向车与设备通信场景，建立车与设备通信安全信任体系。

1. 技术要求

通过基于商用密码的数字证书、数字签名、数据加密技术，实现车载信息交互系统与手持移动智能终端、新能源汽车与充电桩等车与外部设备交互场景的安全通信。基于商用密码技术，实现车载短距无线通信场景中的密钥可信交换和安全保护，采用安全协议对通信链路进行加密。

2. 应用场景

实现基于身份认证和加密技术的车与设备通信应用，包括用户手持移动智能终端的车辆远程控制、车辆信息查询、安全预警等应用，无钥匙进入、车载设备互联等车载短距无线通信应用，以及新能源汽车充电应用等。

3. 试点目标

试点单位研发建立身份认证、安全加固等技术能力，支持各类车与设备通信场景下的身份认证、数据机密性和完整性保护，构建车与设备通信安全保障能力。

二、试点申报要求

（一）申报主体。基础电信企业、互联网企业、汽车生产企业、电子零部件企业、网络安全企业、商用密码企业、交通运输企业、科研院所，以及网络安全创新应用先进示范区、国家级车联网先导区、国家智能网联汽车测试示范区（基地）、智慧城市基础设施与智能网联汽车协同发展试点城市等的建设运营单位等。

（二）申报资格。由具备车联网身份认证管理和运营能力的单位作为牵头单位，联合相关产业链主体（牵头单位1家，联合单位不超过10家）联合进行申报。申报主体应在中华人民共和国境内注册、具备独立法人资格，具有较好的技术研发和融合创新能力。单一申报主体牵头的试点项目总数原则上不超过2个。

（三）技术要求。试点项目符合《基于LTE的车联网通信技术安全总体技术要求》《基于LTE的车联网无线通信技术安全证书管理系统技术要求》《信息安全技术信息系统密码应用基本要求》《信息安全技术公钥基础设施数字证书格式》《信息安全技术证书认证系统密码及相关安全技术》《车联网无线通信安全技术指南》《车联网信息服务平台安全防护技术要求》《车联网信息服务数据安全技术要求》《车联网信息服务用户个人信息保护要求》等要求。试点项目不涉及需要第三方认证的电子认证服务。

（四）安全保障。试点单位要落实网络安全主体责任，健全完善企业网络安全管理制度，针对参与试点相关整车及关键部件、车联网平台、车联网App、数据和用户个人信息，在防攻击、防病毒、防入侵、防控制、防窃取等方面落实网络安全防护要求。涉及商用密码应用的，按照《中华人民共和国密码法》有关要求，加强商用密码应用安全性评估。

（五）各省、自治区、直辖市工业和信息化主管部门、通信管理局和中央企业集团公司可进行推荐。

三、工作流程

（一）申报方式。申报主体于2021年7月8日前将车联网身份认证和安全信任试点申报书一式三份及电子版报工业和信息化部（网络安全管理局）。由各地工业和信息化主管部门、通信管理局和中央企业集团公司推荐的申报主体，申报书需加盖推荐单位印章。

（二）组织实施。工业和信息化部遴选符合要求的项目开展试点工作。试点牵头单位制定试点实施方案和计划，开展技术验证和联调测试，于2022年6月底前完成试点项目任务。试点牵头单位建立工作机制，加强组织协调，有序推进试点工作。工业和信息化部和试点推荐单位加强对试点工作的指导，并组织对试点项目进行评价。

（三）支撑保障。成立车联网身份认证和安全信任工作专家委员会，为试点工作提供技术支持和咨询。中国信息通信研究院、中国工业互联网研究院、国家工业信息安全发展研究中心、中国电子信息产业发展研究院、工业和信息化部装备工业发展中心、中国汽车技术研究中心有限公司、国汽（北京）智能网联汽车研究院有限公司、中国通信学会、中国通信标准化协会、中国汽车工业协会、车载信息服务产业应用联盟等第三方专业机构负责试点支撑工作。

（四）退出程序。试点单位因自身原因决定终止试点工作的，提出退出申请，经工业和信息化部（网络安全管理局）批准后启动试点退出。试点单位存在责任落实不到位、经营服务出现重大问题、造成重大网络安全事件、严重违法违规等行为，取消其试点资格。退出试点的单位，需妥善处理善后事宜。

（五）试点总结。试点牵头单位会同参与单位对试点情况、主要做法、经验成效、存在的问题、车联网身份认证管理规范和流程建议等进行总结，形成书面材料，于2022年6月底前报工业和信息化部（网络安全管理局）及试点推荐单位。

附件：车联网身份认证和安全信任试点申报书（略）

工业和信息化部办公厅
2021年6月8日

9. 关于发布《燃料电池汽车测试规范》的通知

装备中心〔2021〕367号

各车辆生产企业及检测机构：

为规范燃料电池汽车检测工作，支撑燃料电池汽车示范应用，经请示工业和信息化部同意，现将《燃料电池汽车测试规范》发布。请各生产企业及检测机构在开展燃料电池汽车示范应用工作中实施。

附件：燃料电池汽车测试规范

工业和信息化部装备工业发展中心
2021年6月11日

附件　燃料电池汽车测试规范（试行版）

1. 通用要求

测试过程中采集数据的频率应不低于5 Hz，数据应精确到小数点后2位，另有说明除外。

2. 燃料电池系统额定功率测试方法

按照GB/T 24554—2009第7.4章节的规定进行燃料电池系统的额定功率试验。测试平台按照规定的加载方法对系统进行加载，加载到制造商申报的系统额定功率后持续稳定运行60 min，在此期间燃料电池系统应满足：

a）燃料电池系统的输出功率应始终处于60 min平均功率的97%～103%之间；

b）燃料电池系统输出的60 min平均功率应不低于申报值；

c）燃料电池系统持续稳定运行60 min内，其单电池平均电压应不低于0.6 V，计算方式为60 min燃料电池堆的平均电压除单电池节数。

以燃料电池系统输出的60 min平均功率作为燃料电池系统的额定功率PFCE，根据GB/T 24554—2009第8.3章节的规定计算电堆的功率Pstack。

注1：单电池节数采用双极板（含两端单流场极板）数减1的方式计算，包括空电池。

注2：计算质量功率密度和体积功率密度时，燃料电池系统额定功率测量值以kW为单位，保留三位小数；最终记录燃料电池系统额定功率标称值时，以kW为单位，向下圆整到整数。

3. 燃料电池系统质量功率密度测试方法

3.1　燃料电池系统质量

按照GB/T 24554—2009第7.11章节的规定测量燃料电池系统的质量m，测量时应按照尽可能保证被测系统完整性的原则，应确保被称重的燃料电池系统在连接氢气源和散热器的条件下即可正常工作，称重范围包括燃料电池系统边界内的所有部分，如图1所示，单位为kg，具体包括：

a)燃料电池模块，包括燃料电池堆、集成外壳、轧带、固定螺杆、CVM 等；

b)氢气供应系统，包括氢气循环泵和/或氢气引射器等；

c)空气供应系统，包括空气滤清器、消音装置、空气压缩机、中冷器、增湿器等；

d)水热管理系统，包括冷却泵、去离子器、PTC 等，不包括辅助散热组件、散热器总成、水箱、冷却液及加湿用水；

e)控制系统，包括控制器、传感器等；

f)组成燃料电池系统所必需的阀件、管路、线束、接头和框架等。

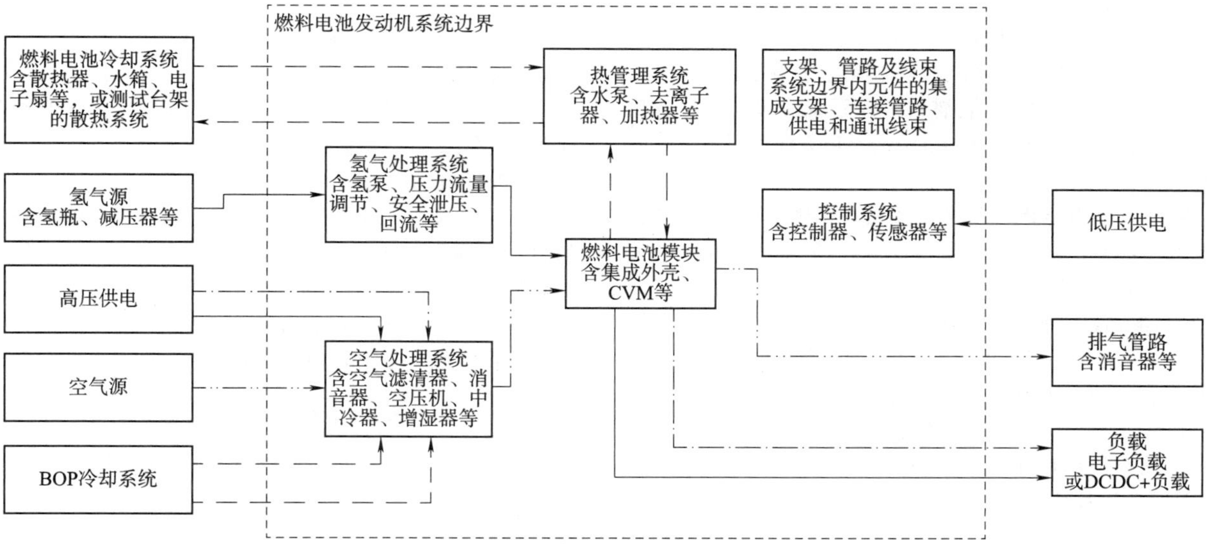

图 1　燃料电池系统边界示意图

3.2　燃料电池系统质量功率密度 MSP_{FCE}

燃料电池系统质量功率密度 MSP_{FCE} 按照公式(1)进行计算，单位为 W/kg。

$$MSP_{FCE}=1000\times P_{FCE}/m \tag{1}$$

4. 燃料电池堆体积功率密度测试方法

4.1　燃料电池堆体积 V_{stack}

完成燃料电池系统性能试验后，制造商应对被测的燃料电池系统进行必要的拆解，以便对燃料电池堆的体积进行测量。燃料电池堆体积测量示意图如图 2 所示，根据公式(2)计算，单位为 L。

$$V_{stack}=w\times l\times h/10^6 \tag{2}$$

式中　w——两个端板之间的宽度(mm)；

l——双极板外廓长度(mm)；

h——双极板外廓高度(mm)。

注 1：宽度 w 不包括端板、绝缘板、集流板，但应包括所有极板。

注 2：拆解过程中不应拆解端板，防止因预紧力改变影响测量结果。

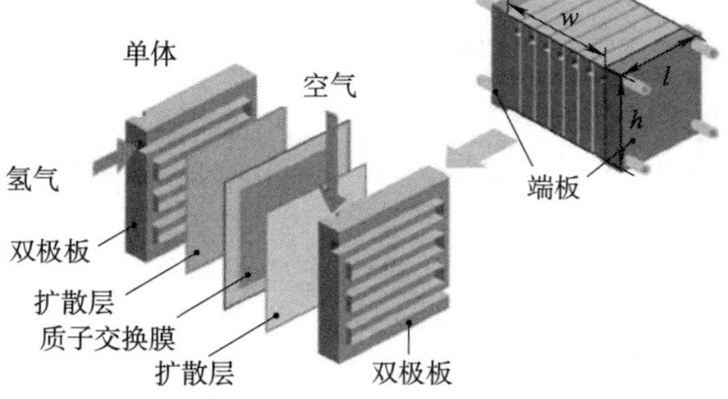

图 2　燃料电池堆体积测量示意图

双极板长度应测量燃料电池堆双极板长度方向的最远外廓尺寸，单位为 mm；双极板高度应测量燃料电池堆双极板高度方向的最远外廓尺寸，单位为 mm，图 3 枚举了可能的测量场景，其他测量场景应参考执行。

其中，对于连续空白区域面积大于等于双极板外廓面积($l\times h$)4% 的部分，计算双极板面积时应去除该部分面积(氢气、空气、水路通道除外)。连续空白区域面积的计算，应由第三方检测机构基于被测试对象的双极板实物进行测量计算。

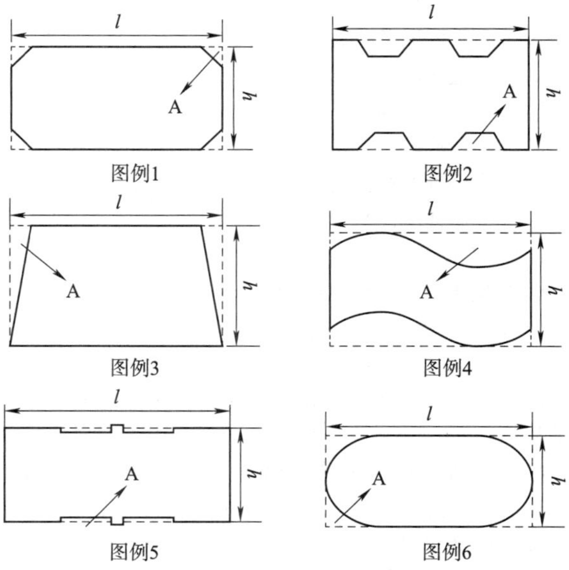

A——连续空白区域

注：图例5中，用于CVM引线的突出点，不作为轮廓尺寸参考点。

图 3　燃料电池堆长宽测量示意图

4.2　燃料电池堆体积功率密度 VSP_{Stack}

燃料电池堆体积功率密度 VSP_{Stack} 按照公式(3)计算，单位为 kW/L。

$$VSP_{Stack}=P_{Stack}/V_{Stack} \tag{3}$$

5. 燃料电池系统低温冷起动测试方法

5.1　浸机方法

5.1.1　试验开始前，燃料电池系统应处于冷机状态。

5.1.2　将燃料电池系统置于环境舱内，并加注冷却液。

5.1.3　在浸机开始前，燃料电池系统应起动至怠速状态，持续时间(含起动)不超过 3 min，然后立即关闭燃料电池系统。

注：对于具备低温吹扫功能的燃料电池系统，可在环境仓降至厂商指定温度并持续至少 15 min 后，按照 5.1.3 规定的方法进行低温吹扫代替浸机前吹扫。

5.1.4　设定环境舱温度为 -30 ℃或更低温度，环境舱的温度应控制在设定温度的 ±2 ℃内，当环境温度达到设定温度后开始计时，有效浸机时间为 12 h，浸机过程中不应有人工干预、加热保温及外接热源等措施。

注：有效浸机时间是指从环境舱的温度达到设定温度后开始计时到浸机结束。

5.2　测试方法

试验步骤如下：

a)浸机过程结束后，由测试平台向燃料电池系统发送起动指令。

b)测试平台向燃料电池系统发送加载指令，加载到制造商申报的系统额定功率后持续稳定运行 10 min，燃料电池系统的输出功率应始终处于 10 min 平均功率的 97%～103%之间，且燃料电池系统输出的 10 min 平均功率应不低于申报值，然后测试平台发送关机指令，完成关机操作。

c)记录从测试平台发送起动指令开始至燃料电池系统达到额定功率的时间以及氢气消耗量。

5.3　数据记录

试验中需要记录的数据如下：

a)环境温度(℃)；

b)有效浸机时间(h)；

c)燃料电池堆的电压(V)和电流(A)；

d)各个辅助系统的电压(V)和电流(A)；

e)氢气消耗量(g)；

f)冷起动时间(s)。

6. 燃料电池汽车纯氢续驶里程

6.1　测试条件

6.1.1　在 20 ℃～30 ℃的室温下进行室内试验。

6.1.2　机械运动部件用润滑油黏度和轮胎压力应符合制造厂的规定。

6.1.3　车上的照明、信号装置以及辅助设备应该关闭，除非试验和车辆白天运行对这些装置有要求。

6.1.4　除驱动用途外，所有的储能系统(电能、液压、气压等)应充到制造厂规定的最大值。

6.1.5　试验车辆需按制造厂的规范进行磨合，且磨合里程不小于 300 km。

6.1.6　M_1、N_1 类车辆和总质量不超过 3500 kg 的 M_2 类车辆的底盘测功机设定按照 GB 18352.6—2016 附件 CC 的规定进行。其他类型车辆的底盘测功机设定按照 GB/T 27840—2011 附录 C 的规定进行，其中城市客车的附加质量为最大设计装载质量的 65%。如果行驶阻力曲线由汽车生产企业提供，需要提供第三方试验报告、计算报告或其他相关资料，并由测试机构检验。

6.1.7　储氢系统压力为制造厂规定的公称工作压力(±0.5 MPa)。

6.1.8　对于装有动力电池且动力电池参与驱动的燃料电池电动汽车，试验前应按照制造厂的要求调整动力电池 SOC。

6.2　测试方法

6.2.1　M_1、N_1 类车辆和最大设计总质量不超过 3500 kg 的 M_2 类车辆，按照 GB/T 38146.1 规定的循环工况进行续驶里程测试，其他类型车辆按照 GB/T 38146.2 规定的循环工况进行续驶里程测试，在底盘测功机上进行。

按照公式(4)计算燃料电池堆的输出总能量 E_{FC}(kWh)：

$$E_{FC}=\int_0^T I_{FC}U_{FC}dt/3600000 \tag{4}$$

按照公式(5)计算动力电池的净能量变化量 E_{BAT}(kWh)：

$$E_{BAT}=\int_0^T I_{BAT}U_{BAT}dt/3600000 \tag{5}$$

6.2.2　满足下列两个条件之一即应停止试验。达到试验结束条件时，挡位保持不变，使车辆滑行至最低稳定车速或 5 km/h，再踩下制动踏板进行停车。

a)当仪表给出停车指示时；

b)试验循环中车辆的速度公差和时间公差不满足要求。

注 1：M_1、N_1 类车辆和最大设计总质量不超过 3500 kg 的 M_2 类车辆应满足 GB 18352.6—2016 附录 C.1.2.6.6 的规定，若车辆申报的最高车速小于 CLTC 的最高车速，对于超过车辆申报最高车速的部分，按照 GB 18352.6—2016 附件 CA.5 的规定对试验循环进行修正，此时要求驾驶员将加速踏板踩到底，允许车辆实际车速超过 GB 18352.6—2016 附录 C.1.2.6.6 的规定的公差上限，但不能超过公差下限。

注 2：其他类型车辆应满足 GB/T 27840—2011 中 5.5.1 的规定，若车辆申报的最高车速小于 CHTC 的最高车速，对于超过车辆申报最高车速的部分，按照 GB 18352.6—2016 附件 CA.5 的规定对试验循环进行修正，此时要求驾驶员将加速踏板踩到底，允许车辆实际车速超过 GB/T 27840—2011 中 5.5.1 的规定公差上限，但不能超过公差下限。

6.2.3　试验结束后，记录试验车辆行驶的距离 D，单位为 km，测量值按四舍五入圆整到整数，该距离即为车辆的续驶里程。按照公式(6)计算车辆的纯氢续驶里程 D_{FC}(km)：

$$D_{FC}=D\cdot\frac{E_{FC}}{E_{FC}+E_{BAT}} \tag{6}$$

6.3　数据记录

从整车起动开始采样，直至试验结束，总采样时间为 T(s)，采集参数包括：

a)燃料电池堆电压 U_{FC}(V)；

b)燃料电池堆电流 I_{FC}(A)；

c)动力电池电压 U_{BAT}(V)；

d)动力电池电流 I_{BAT}(A)。

10. 2021年汽车标准化工作要点

2021年汽车标准化工作，将深入贯彻落实《新能源汽车产业发展规划（2021—2035年）》《国家车联网产业标准体系建设指南（智能网联汽车）》等要求，进一步聚焦重点领域、注重协同创新、强化应用牵引，持续健全完善汽车标准体系，为汽车产业高质量发展提供坚实支撑。

一、强化规划引领，注重顶层设计

1. 加快"十四五"标准体系建设。按照国家战略规划和汽车专项规划要求，完成汽车行业"十四五"标准体系建设方案，建立新能源汽车和智能网联汽车"十四五"标准体系，并明确分阶段具体建设目标。

2. 完善汽车标准化工作路线图。发布《中国电动汽车标准化工作路线图》（第三版），并做好宣贯和实施工作；结合自动驾驶技术应用情况，启动先进驾驶辅助系统标准制定路线图（第二版）修订工作。

3. 研究建立汽车行业智能制造标准体系。贯彻落实国家智能制造总体建设规划部署，构建涵盖基础共性、关键技术和细分应用等具体领域的汽车行业智能制造标准体系。

二、聚焦重点领域，优化标准供给

（一）加快战略性新兴领域汽车标准研制

1. 新能源汽车领域。强化电动汽车安全保障，开展电动汽车整车、动力电池及换电等安全标准实施效果评估，推动传导充电安全要求、碰撞后安全要求等标准发布实施。注重电动汽车整车综合性能提升，加快电动汽车动力性、远程服务与管理、纯电动乘用车技术条件等标准制修订。聚焦燃料电池电动汽车使用环节，推动燃料电池电动汽车能耗及续驶里程、低温冷启动、动力性能、车载氢系统、加氢枪等标准制修订。加快关键部件创新突破，开展动力蓄电池、超级电容器、驱动电机系统、绝缘栅双极型晶体管（IGBT）模块等标准制修订。支撑换电模式创新发展，推动换电车辆车载换电系统互换性、换电通用平台、换电电池包及其附件、电池包与车辆和换电站通信等标准预研。支撑电动汽车绿色发展，开展动力电池回收利用通用要求、可梯次利用设计指南等标准预研，完成动力电池回收服务网点标准制定。

2. 智能网联汽车领域。适应新技术发展趋势，加快推进整车信息安全、软件升级、自动驾驶数据记录系统等强制性国家标准的立项和制定工作；强化基础性标准支撑，完成智能网联汽车术语定义推荐性国家标准征求意见，启动并持续推进信息安全工程、操作系统等基础类标准制定工作；紧跟行业技术应用情况，完成驾驶员注意力监测、车门开启提醒等辅助驾驶系统的审查和报批工作，推动组合驾驶辅助、自动泊车等重点功能标准制定工作；围绕智能网联汽车多场景应用，加快自动驾驶应用功能要求和场地、道路试验方法等标准的制定出台，研究港口、配送等特定应用需求相关标准；针对自动驾驶功能使用差异性，开展自动驾驶功能产品说明书、自动驾驶使用者培训等方面的标准化需求探索与研究。

3. 汽车电子领域。重点推进车载事故紧急呼叫、车载卫星定位系统、免提通话及语音交互等标准的立项及研制工作，加快无线通信终端、毫米波雷达、激光雷达、主/被动红外探测系统等关键通信及感知部件标准的制修订进程，深入开展车用芯片、车用存储器、车用传感器等核心半导体和元器件标准研究；统筹推进基础通用类电磁兼容标准制修订工作，启动电磁兼容性要求和试验方法、整车天线系统性能评价等标准的制修订预研；有序推进功能安全、预期功能安全、功能安全审核评估方法、ASIL等级确定方法等基础支撑类标准的制修订工作；加快车载以太网标准体系建设及标准项目研究工作；开展电驱动系统车规环境评价、48 V供电系统电气要求等国际标准转化工作。

（二）持续完善传统汽车与基础领域标准

4. 汽车节能领域。启动下一阶段乘用车燃料消耗量评价方法及指标标准、电动汽车能量消耗率限值标准的预研及立项；持续推进轻型、重型商用车辆燃料消耗量限值标准的修订，完成重型商用车辆电动汽车能量消耗量和续驶里程试验方法标准的审查和报批；开展高效电机、停缸技术等乘用车循环外技术装置评价方法标准的预研；完成轻型汽柴油车、可外接充电式混合动力电动汽车和纯电动汽车能源消耗量标识标准的制定。

5. 传统整车领域。协调推进整车定义、分类相关标准研究，完成汽车和挂车类型的术语和定义标准修订。对标国际标准相关要求，组织开展整车性能测试、参数测量、驾乘操控舒适性等标准预研。立足汽车车外噪声污染控制，积极推进整车异响、主动降噪、倒车提示音等标准研究。围绕货运设备和运输模式转型发展，修订完善半挂车、主挂连接互换性等相关标准。加强高压压缩天然气汽车（CNGV）标准研究，做好相关标准制修订。

6. 汽车安全领域。重点开展行人保护、汽车前后端保护、乘用车顶部抗压强度、侧面碰撞保护、后碰撞安全要求、安全带和约束系统、儿童约束系统、外部凸出物、客/校车座椅强度等整车及零部件强制性国家标准的修订完善，推进被动安全标准要求升级。开展驾驶员前方视野、防盗装置、乘用车外部防护、车辆事故救援指南等标准预研及制修订，提升一般安全标准要求。聚焦行业痛点和管理需要，推动车辆外廓尺寸、轴荷及质量限值标准评估修订，开展牵引车和汽车列车匹配性相关标准预研，稳步推进危险货物运输车辆安全标准修订，加快乘用车制动系统标准修订，开展悬架V形推力杆、高度控制阀、乘用车空气悬架等关键部件标准研究。

（三）开展绿色低碳及智能制造相关标准研究

7. 绿色低碳领域。完善汽车生产过程清洁化、生命周期能源低碳化、产品设计绿色化标准子体系，汽车再制造及再利用标准子体系，车用动力电池综合利用标准子体系，开展车辆生产企业及产品全生命周期碳排放及核算办法系列标准的研究，推动汽车清洁化生产和使用。

8. 智能制造领域。以推进智能化技术在汽车研发设计、生产制造、仓储物流、经营管理、售后服务等关键环节深度应用为重点，研究制定汽车行业智能制造领域的术语和定义、智能制造能力成熟度评估要求、汽车行业标识应用指南等基础标准，以及大规模个性化定制、新能源汽车数字化车间、汽车行业工业控制系统安全管理要求等关键技术相关标准；考虑标准化工厂和数字化工厂建设需求，开展数据采集流转和分析、生产工艺及工序、虚拟仿真、数字化系统、规模化定制等相关标准研究。

（四）研究制定摩托车领域技术标准

9. 摩托车领域。根据摩托车行业技术发展趋势及产业发展需求，开展摩托车联网及电子防盗相关标准研究；完善摩托车轮毂电机标准体系，开展高速电机系统标准研制；加快电动摩托车与外部电源传导连接安全要求标准制定立项；组织电动摩托车充换电系统系列标准研究。

三、深化国际合作，加强标准法规协调

1. 发挥多双边合作机制作用。充分利用已经建立的多双边合作机制平台，聚焦新能源汽车、智能网联汽车等领域，组织标准化路线图合作研究，共同提出国际标准法规提案，联合开展相关测试验证活动。贯彻落实"一带一路"倡议，通过与相关国家和地区组建专家组、开展系列培训等方式，促进国内外标准化机构间的对话合作，积极推动中国标准"走出去"。

2. 深度参与全球技术法规制定。切实履行联合国世界车辆协调论坛（WP. 29）框架下自动驾驶与网联车辆工作组副主席以及自动驾驶功能要求、电动汽车安全、电动汽车与环境、燃料电池电动汽车、噪声等非正式工作组联合主席及副主席职责，深入参与各工作组框架下技术法规的制定与协调，推动电动汽车安全第二阶段全球法规发布实施，全面参与动力电池耐久性、燃料电池安全等全球技术法规的研究制定；持续推进智能网联汽车法规框架完善和具体技术法规制定，深入参与自动驾驶验证方法（VMAD）、数据记录系统（EDR/DSSAD）、信息安全和软件升级（TFCS/OTA）、自动转向功能（ACSF）等国际法规协调；深度参与联合国法规 UNR117（轮胎滚动噪声、滚阻和湿抓地）修订工作，积极贡献"中国方案"。

3. 加强国际国外标准协同。密切跟踪国际标准化组织道路车辆委员会（ISO/T C22）和国际电工委员会电动车辆电能传输系统委员会（IEC/T C69）及其下属工作组的标准化工作进展情况，完成 IEC/SMB/SEG11 未来可持续交通系统评估组研究任务。履行 ISO 自动驾驶测试场景工作组召集人职责，推动自动驾驶测试场景系列标准制定工作，明确测试场景标准后续工作计划，与其他国家和地区共同推动标准立项和制定工作。加快汽车外部灯具防雾涂层应用和安全玻璃材料透光度确定方法两项国际标准工作进程，重点推进整车及零部件 EMC 测试、乘用车外部保护、负压救护车等中国牵头的国际标准制修订项目立项。

工业和信息化部

2021 年 6 月 25 日

11. 关于印发《智能网联汽车道路测试与示范应用管理规范（试行）》的通知

工信部联通装〔2021〕97 号

各省、自治区、直辖市及计划单列市、新疆生产建设兵团工业和信息化主管部门、公安厅（局）、交通运输厅（局、委）：

现将《智能网联汽车道路测试与示范应用管理规范（试行）》印发给你们，请结合实际认真贯彻执行。

工业和信息化部　公安部　交通运输部

2021 年 7 月 27 日

智能网联汽车道路测试与示范应用管理规范（试行）

第一章　总　　则

第一条　为深入贯彻落实党的十九大精神，加快制造强国、科技强国、网络强国、交通强国建设，推动汽车智能化、网联化技术应用和产业发展，规范智能网联汽车道路测试与示范应用，依据《中华人民共和国道路交通安全法》《中华人民共和国公路法》等法律法规，制定本规范。

第二条　本规范适用于在中华人民共和国境内进行的智能网联汽车道路测试与示范应用。

本规范所称道路测试，是指在公路（包括高速公路）、城市道路、区域范围内等用于社会机动车通行的各类道路指定的路段进行的智能网联汽车自动驾驶功能测试活动。

本规范所称示范应用，是指在公路（包括高速公路）、城市道路、区域范围内等用于社会机动车通行的各类道路指定的路段进行的具有试点、试行效果的智能网联汽车载人载物运行活动。

本规范所称测试区（场），是指在固定区域设置的具有封闭物理界限及智能网联汽车自动驾驶功能测试所需道路、网联等设施及环境条件的场地。

第三条　工业和信息化部、公安部和交通运输部建立联合工作机制，推动和促进智能网联汽车道路测试与示范应用工作并发布相关信息。

第四条　省、市级政府相关主管部门可以根据当地实际情况，依据本规范制定实施细则，具体组织开展智能网联汽车道路测试与示范应用工作。

本规范所称省、市级政府相关主管部门，包括各省、自治区、直辖市及计划单列市、新疆生产建设兵团和地级市的工业和信息化主管部门、公安机关交通管理部门和交通运输主管部门。

第二章　道路测试与示范应用主体、驾驶人及车辆

第五条　道路测试主体是指提出智能网联汽车道路测试申请、组织道路测试并承担相应责任的单位，应符合如下条件：

（一）在中华人民共和国境内登记注册的独立法人单位；

（二）具备汽车及零部件制造、技术研发或试验检测等智能网联汽车相关业务能力；

（三）对智能网联汽车道路测试可能造成的人身和财产损失，具备足够的民事赔偿能力；

（四）具有智能网联汽车自动驾驶功能测试评价规程；

（五）具备对道路测试车辆进行实时远程监控的能力；

（六）具备对道路测试车辆进行事件记录、分析和重现的能力；

（七）具备对道路测试车辆及远程监控平台的网络安全保障能力；

（八）法律、行政法规、规章规定的其他条件。

第六条　示范应用主体是指提出智能网联汽车示范应用申请、组织示范应用并承担相应责任的一个单位或多个单位联合体，应符合如下条件：

（一）在中华人民共和国境内登记注册的独立法人单位或多个独立法人单位组成的联合体；

（二）具备汽车及零部件制造、技术研发、试验检测或示

范应用运营等智能网联汽车相关业务能力；

（三）由多个独立法人单位联合组成的示范应用主体，其中应至少有一个单位具备示范应用运营服务能力，且各单位应签署运营服务及相关侵权责任划分的相关协议；

（四）对智能网联汽车示范应用可能造成的人身和财产损失，具备足够的民事赔偿能力；

（五）具有智能网联汽车示范应用方案；

（六）具备对示范应用车辆进行实时远程监控的能力；

（七）具备对示范应用车辆进行事件记录、分析和重现的能力；

（八）具备对示范应用车辆及远程监控平台的网络安全保障能力；

（九）法律、行政法规、规章规定的其他条件。

第七条 道路测试、示范应用驾驶人是指经道路测试、示范应用主体授权负责道路测试、示范应用安全运行，并在出现紧急情况时从车内采取应急措施的人员。

道路测试、示范应用驾驶人应符合下列条件：

（一）与道路测试、示范应用主体签订有劳动合同或劳务合同；

（二）取得相应准驾车型驾驶证并具有 3 年以上驾驶经历；

（三）最近连续 3 个记分周期内没有被记满 12 分记录；

（四）最近 1 年内无超速 50%以上、超员、超载、违反交通信号灯通行等严重交通违法行为记录；

（五）无饮酒后驾驶或者醉酒驾驶机动车记录，无服用国家管制的精神药品或者麻醉药品记录；

（六）无致人死亡或者重伤且负有责任的交通事故记录；

（七）经道路测试、示范应用主体培训合格，熟悉自动驾驶功能测试评价规程、示范应用方案，掌握车辆道路测试、示范应用操作方法，具备紧急状态下应急处置能力；

（八）法律、行政法规、规章规定的其他条件。

第八条 道路测试车辆、示范应用车辆是指申请用于道路测试、示范应用的智能网联汽车，包括乘用车、商用车辆和专用作业车，不包括低速汽车、摩托车，应符合以下条件：

（一）未办理过机动车注册登记；

（二）满足对应车辆类型除耐久性以外的强制性检验项目要求；对因实现自动驾驶功能而无法满足强制性检验要求的个别项目，需提供其未降低车辆安全性能的证明；

（三）具备人工操作和自动驾驶两种模式，且能够以安全、快速、简单的方式实现模式转换并有相应的提示，保证在任何情况下都能将车辆即时转换为人工操作模式；

（四）具备车辆状态记录、存储及在线监控功能，能实时回传下列第 1 至 4 项信息，并自动记录和存储下列各项信息在车辆事故或失效状况发生前至少 90 秒的数据，数据存储时间不少于 1 年：

1. 车辆标识（车架号或临时行驶车号牌信息等）；
2. 车辆控制模式；
3. 车辆位置；
4. 车辆速度、加速度、行驶方向等运动状态；
5. 环境感知与响应状态；
6. 车辆灯光、信号实时状态；
7. 车辆外部 360 度视频监控情况；
8. 反映驾驶人和人机交互状态的车内视频及语音监控情况；
9. 车辆接收的远程控制指令（如有）；
10. 车辆故障情况（如有）。

第三章 道路测试申请

第九条 进行道路测试前，道路测试主体应确保道路测试车辆在测试区（场）等特定区域进行充分的实车测试，符合国家、行业相关标准规范，省、市级政府相关主管部门发布的测试要求以及道路测试主体的测试评价规程，具备进行道路测试的条件。其中：

（一）道路测试车辆自动驾驶功能应由国家或省市认可的从事汽车相关业务的第三方检测机构进行测试。测试内容应包括自动驾驶功能通用检测项目（见附件 1）及其设计运行范围所涉及的项目；

（二）进行实车测试的测试区（场）的运营主体应为在中华人民共和国境内登记注册的独立法人单位；

（三）第三方检测机构应向社会公开测试服务项目及收费标准，对测试结果真实性负责，并承担相应的法律责任。

第十条 道路测试主体应提供智能网联汽车道路测试安全性自我声明（见附件 2）并由省、市级政府相关主管部门进行确认，包括道路测试主体、车辆识别代号、测试驾驶人姓名及身份证号、测试时间、测试路段、区域及测试项目等信息。其中，测试时间原则上不超过 18 个月，且不得超过安全技术检验合格证明及保险凭证的有效期。道路测试安全性自我声明应随同以下证明材料提交至省、市级政府相关主管部门。

（一）道路测试主体、测试驾驶人和道路测试车辆的基本情况；

（二）道路测试车辆的自动驾驶功能等级声明以及自动驾驶功能对应的设计运行条件说明，包括设计运行范围、车辆状态和驾驶人状态等；

（三）道路测试车辆设计运行范围与拟进行道路测试路段、区域内各类交通要素对应关系说明；

（四）属国产机动车的，应当提供机动车整车出厂合格证，对未进入公告车型的可提供出厂合格证明和国家认可的第三方检测机构出具的相应车型强制性检验报告；属进口机动车的，应当提供进口机动车辆强制性产品认证证书、随车检验单和货物进口证明书，对未取得进口机动车辆强制性产品认证证书的可提供车辆满足安全运行条件的声明和国家认可的第三方检测机构出具的相应车型强制性检验报告；

（五）自动驾驶功能说明及其未降低车辆安全性能的证明；

（六）机动车安全技术检验合格证明；

（七）对具有网联功能的车辆或远程控制功能的监控平台，应提供网络安全风险评估结果及采取的风险应对措施证明。

（八）道路测试主体自行开展的模拟仿真测试与测试区（场）等特定区域实车测试的说明材料；

（九）国家或省市认可的从事汽车相关业务的第三方检测机构出具的智能网联汽车自动驾驶功能委托检验报告；

（十）经第三方机构评审通过的道路测试方案，至少包括测试路段或区域、测试时间、测试项目、测试评价规程、风险分析及应对措施；

（十一）交通事故责任强制险凭证以及每车不低于五百万元人民币的交通事故责任保险凭证或不少于五百万元人民币的自动驾驶道路测试事故赔偿保函。

第十一条　道路测试主体凭《机动车登记规定》所要求的证明（包括相关主管部门确认的道路测试主体智能网联汽车道路测试安全性自我声明等材料）、凭证，向公安机关交通管理部门申领试验用机动车临时行驶车号牌。

第十二条　临时行驶车号牌规定的行驶范围应当根据道路测试安全性自我声明载明的测试路段、区域合理限定，临时行驶车号牌有效期不超过安全性自我声明载明的测试时间。临时行驶车号牌签注行驶范围涉及其他省市的，应当征求该省市公安机关交通管理部门意见。

临时行驶车号牌到期的，道路测试主体可凭有效期内的安全性自我声明申领新的临时行驶车号牌，无需重复进行自动驾驶功能测试。

第十三条　对已经或正在进行道路测试的智能网联汽车，如需增加道路测试车辆数量或在其他省、市进行相同或类似功能的道路测试，道路测试主体可持原相关材料，再次提交至开展道路测试的所在地省、市级政府相关主管部门。其中：

（一）如需增加道路测试车辆数量的，应对拟增加的道路测试车辆数量及必要性进行说明，除原相关材料外，还应按本规范第十条第（四）（六）（十）项规定提供拟增加车辆的相关材料。

（二）拟在其他地方进行道路测试的，除原省市发放的号牌临时行驶车号牌以及其在原测试地完成的道路测试安全性的相关材料外，还应按本规范第十条第（三）（十）项规定提供相关材料；如拟开展道路测试所在地规定进行具有当地道路交通特征的场景等附加项目测试的，还应取得国家或省市认可的从事汽车相关业务的第三方检测机构出具的附加项目检验报告。

（三）拟增加道路测试车辆或在异地开展道路测试的，如果已经按国家、行业相关标准规范通过附件 1 所列自动驾驶功能通用及其设计运行范围涉及的检测项目测试的，不应重复进行相同项目的测试。

（四）相应省、市级政府准许持其他省、市核发临时行驶车号牌在本行政区域进行道路测试的，可在测试主体提交相关材料后开展相应的测试。

第十四条　智能网联汽车道路测试安全性自我声明到期或需要变更道路测试驾驶人等基本信息的，道路测试主体应对安全性自我声明的信息进行更新，并应向省、市级政府相关主管部门提交变更说明及相应材料。

安全性自我声明信息更新时，车辆配置及道路测试项目等未发生变更的，无需重复进行自动驾驶功能测试；发生变更的，由国家或省市认可的从事汽车相关业务的第三方检测机构根据变更情况进行相应的测试。

第十五条　省、市级政府相关主管部门于每年 6 月、12 月将智能网联汽车道路测试情况报送至工业和信息化部、公安部和交通运输部，并向社会公布。

第四章　示范应用申请

第十六条　对初始申请或增加配置相同的示范应用车辆，应以自动驾驶模式在拟进行示范应用的路段和区域进行过合计不少于 240 小时或 1000 公里的道路测试，在测试期间无交通违法行为且未发生道路测试车辆方承担责任的交通事故。

拟进行示范应用的路段或区域不应超出道路测试车辆已完成的道路测试路段或区域范围。

第十七条　示范应用主体应提供智能网联汽车示范应用安全性自我声明（见附件 3）并由省、市级政府相关主管部门进行确认，包括示范应用主体、车辆识别代号、示范应用驾驶人姓名及身份证号、示范应用时间、示范应用路段或区域及示范应用项目等信息。其中，示范应用时间原则上不超过 18 个月，且不得超过安全技术检验合格证明及保险凭证的有效期。示范应用安全性自我声明应随同以下材料提交至省、市级政府相关主管部门。

（一）示范应用主体、驾驶人及车辆的基本情况；

（二）示范应用车辆在拟进行示范应用的路段或区域已完成的道路测试的完整记载材料；

（三）对具有网联功能的车辆或远程控制功能的监控平台，应提供网络安全风险评估结果及采取的风险应对措施证明；

（四）经第三方机构评审通过的示范应用方案，至少包括示范应用目的、路段或区域、时间、项目、风险分析及应对措施；

（五）搭载人员、货物的说明；

（六）交通事故责任强制险凭证以及每车不低于五百万元人民币的交通事故责任保险凭证或不少于五百万元人民币的自动驾驶道路测试事故赔偿保函。

对开展载人示范应用的，应包括为搭载人员购买的座位险、人身意外险等必要的商业保险。

第十八条　示范应用主体凭《机动车登记规定》所要求的证明（包括相关主管部门确认的示范应用主体智能网联汽车示范应用安全性自我声明等材料）、凭证，向公安机关交通管理部门申领试验用机动车临时行驶车号牌。

临时行驶车号牌规定的行驶范围应当根据示范应用安全性自我声明载明的路段、区域合理限定，临时行驶车号牌有效期不超过安全性自我声明载明的示范应用时间。

临时行驶车号牌到期的，示范应用主体可凭有效期内的安全性自我声明申领新的临时行驶车号牌。

第十九条　如需增加配置相同的示范应用车辆数量，示范应用主体应对拟增加的车辆数量及必要性进行说明，并提交至拟进行示范应用的所在地省、市级政府相关主管部门。

第二十条　智能网联汽车示范应用安全性自我声明到期或需要变更示范应用驾驶人等基本信息的，示范应用主体应对安全性自我声明的信息进行更新，并向省、市级政府相关主管部门提交变更说明及相应材料。

第二十一条　省、市级政府相关主管部门于每年 6 月、12 月将智能网联汽车示范应用情况报送至工业和信息化部、公安部和交通运输部，并向社会公布。

第五章 道路测试与示范应用管理

第二十二条 省、市级政府相关主管部门在辖区内选择具备支撑自动驾驶及网联功能实现的若干典型路段、区域，供智能网联汽车开展道路测试或示范应用，并向社会公布。道路测试、示范应用路段和区域内应设置相应标识或提示信息。

第二十三条 省、市级政府相关主管部门应通过多种方式向社会、特别是道路测试和示范应用路段、区域周边发布智能网联汽车道路测试、示范应用的时间、项目及安全注意事项等。

第二十四条 道路测试车辆、示范应用车辆应当遵守临时行驶车号牌管理相关规定。未取得临时行驶车号牌，不得开展道路测试和示范应用。

道路测试、示范应用主体、驾驶人均应遵守我国道路交通安全法律法规，严格依据道路测试或示范应用安全性自我声明载明的时间、路段、区域和项目开展工作，并随车携带相关材料备查。不得在道路测试或示范应用过程中在道路上开展制动性能试验。

第二十五条 道路测试车辆、示范应用车辆车身应以醒目的颜色分别标示"自动驾驶道路测试"或"自动驾驶示范应用"等字样，提醒周边车辆及其他道路使用者注意，但不应对周边的正常道路交通活动产生干扰。

第二十六条 道路测试、示范应用驾驶人应在车内始终监控车辆运行状态及周围环境，当发现车辆处于不适合自动驾驶的状态或系统提示需要人工操作时及时采取相应措施。

第二十七条 在道路测试过程中，除经专业培训的测试人员和用于模拟货物的配重外，车辆不得搭载其他与测试无关的人员和货物；在示范应用过程中，可按规定搭载探索商业模式所需的人员或货物，提前告知搭载人员及货物拥有者相关风险，并采取必要安全措施；搭载的人员和货物不得超出道路测试车辆的额定乘员和核定载质量。

车辆在道路测试及示范应用过程中，不得非法从事道路运输经营活动，不得搭载危险货物。

第二十八条 在道路测试、示范应用过程中，除自我声明载明的路段或区域外，不得使用自动驾驶模式行驶；车辆从停放点到道路测试或示范应用路段、区域的转场，应使用人工操作模式行驶。

第二十九条 道路测试、示范应用过程中，不得擅自进行可能影响车辆功能、性能的软硬件变更。如因测试需要或其他原因导致车辆功能、性能及软硬件变更的，应及时向当地主管部门提供相关安全性说明材料。

第三十条 道路测试、示范应用主体应每 6 个月向省、市级政府相关主管部门提交阶段性报告，并在道路测试、示范应用结束后 1 个月内提交总结报告。

第三十一条 省、市级政府相关主管部门应对智能网联汽车道路测试和示范应用进行动态评估，于每年 6 月、12 月向工业和信息化部、公安部和交通运输部报告辖区内智能网联汽车道路测试、示范应用情况。

第三十二条 道路测试车辆、示范应用车辆在道路测试、示范应用期间发生下列情形之一的，省、市级政府相关主管部门应当终止其道路测试、示范应用：

（一）道路测试车辆、示范应用车辆与安全性自我声明及其相关材料不符的；

（二）道路测试、示范应用临时行驶车号牌到期或者被撤销的；

（三）省、市级政府相关主管部门认为道路测试或示范应用活动具有重大安全风险的；

（四）道路测试车辆、示范应用车辆有违反交通信号灯通行、逆行或者依照道路交通安全法律法规可以处暂扣、吊销机动车驾驶证或拘留处罚等的严重交通违法行为的；

（五）发生交通事故造成人员重伤、死亡或车辆毁损等严重情形的，但道路测试和示范应用车辆无责任时除外。

省、市级政府相关主管部门终止相关车辆的道路测试、示范应用时应当一并收回临时行驶车号牌，并转交给临时行驶车号牌核发地公安机关交通管理部门；未收回的，书面告知核发地公安机关交通管理部门公告牌证作废。

第六章 交通违法与事故处理

第三十三条 在道路测试、示范应用期间发生交通违法行为的，由公安机关交通管理部门按照现行道路交通安全法律法规对驾驶人进行处理。

第三十四条 在道路测试、示范应用期间发生交通事故，应当按照道路交通安全法律法规规章确定当事人的责任，并依照有关法律法规及司法解释确定损害赔偿责任；公安机关交通管理部门应当依法对当事人的道路交通安全违法行为作出处罚；构成犯罪的，依法追究当事人的刑事责任。

第三十五条 在道路测试、示范应用期间发生交通事故时，当事人应保护现场并立即报警。

道路测试、示范应用主体每月应将道路测试、示范应用期间发生的交通事故情况上报省、市级政府相关主管部门。

造成人员重伤或死亡、车辆损毁的，道路测试、示范应用主体应在 24 小时内通过信息系统将事故情况上报省、市级政府相关主管部门，未按要求上报的可暂停其道路测试和示范应用活动 24 个月。省、市级政府相关主管部门应在 3 个工作日内上报工业和信息化部、公安部和交通运输部。

第三十六条 道路测试、示范应用主体应在事故认定后 5 个工作日内，以书面方式将事故原因、责任认定结果及完整的事故分析报告等相关材料上报省、市级政府相关主管部门；省、市级政府相关主管部门应在 5 个工作日内上报工业和信息化部、公安部和交通运输部。

第七章 附 则

第三十七条 本规范所称智能网联汽车是指搭载先进的车载传感器、控制器、执行器等装置，并融合现代通信与网络技术，实现车与 X（人、车、路、云端等）智能信息交换、共享，具备复杂环境感知、智能决策、协同控制等功能，可实现安全、高效、舒适、节能行驶，并最终可实现替代人来操作的新一代汽车。智能网联汽车通常也被称为智能汽车、自动驾驶汽车等。

智能网联汽车自动驾驶包括有条件自动驾驶、高度自动驾驶和完全自动驾驶。有条件自动驾驶是指在系统的设计运行条件下完成所有动态驾驶任务，根据系统动态驾驶任务接管请求，驾驶人应提供适当的干预；高度自动驾驶是指在系统的设计运行条件下完成所有动态驾驶任务，在特定环境下系统会向驾驶人提出动态驾驶任务接管请求，驾驶人/乘客可以不响应系统请求；完全自动驾驶是指系统可以完成驾驶人能够完成的所有道路环境下的动态驾驶任务，不需要驾驶人/乘客介入。

本规范所称设计运行条件（Operational Design Condition，ODC）是驾驶自动化系统设计时确定的适用于其功能运行的各类条件的总称，包括设计运行范围、车辆状态和驾乘人员状态等条件。其中，设计运行范围（Operational Design Domain，ODD）是驾驶自动化系统设计时确定的适用于其功能运行的外部环境条件，一般包括：1）道路边界与路面状态；2）交通基础设施；3）临时性道路变更；4）其他交通参与者状态；5）自然环境；6）网联通信、数字地图支持等条件。

第三十八条　本规范自 2021 年 9 月 1 日起施行。《智能网联汽车道路测试管理规范（试行）》（工信部联装〔2018〕66 号）同时废止。

12. 工业和信息化部关于加强智能网联汽车生产企业及产品准入管理的意见

工信部通装〔2021〕103 号

各省、自治区、直辖市及新疆生产建设兵团工业和信息化主管部门，各省、自治区、直辖市通信管理局，有关汽车生产企业：

为加强智能网联汽车生产企业及产品准入管理，维护公民生命、财产安全和公共安全，促进智能网联汽车产业健康可持续发展，根据《中华人民共和国道路交通安全法》《中华人民共和国网络安全法》《中华人民共和国数据安全法》《道路机动车辆生产企业及产品准入管理办法》等规定，提出以下意见。

一、总体要求

坚持以习近平新时代中国特色社会主义思想为指导，深入贯彻党的十九大和十九届二中、三中、四中、五中全会精神，落实立足新发展阶段、贯彻新发展理念、构建新发展格局、推动高质量发展的要求，压实企业主体责任，加强汽车数据安全、网络安全、软件升级、功能安全和预期功能安全管理，保证产品质量和生产一致性，推动智能网联汽车产业高质量发展。

二、加强数据和网络安全管理

（一）强化数据安全管理能力。企业应当建立健全汽车数据安全管理制度，依法履行数据安全保护义务，明确责任部门和负责人。建立数据资产管理台账，实施数据分类分级管理，加强个人信息与重要数据保护。建设数据安全保护技术措施，确保数据持续处于有效保护和合法利用的状态，依法依规落实数据安全风险评估、数据安全事件报告等要求。在中华人民共和国境内运营中收集和产生的个人信息和重要数据应当按照有关法律法规规定在境内存储。需要向境外提供数据的，应当通过数据出境安全评估。

（二）加强网络安全保障能力。企业应当建立汽车网络安全管理制度，依法落实网络安全等级保护制度和车联网卡实名登记管理要求，明确网络安全责任部门和负责人。具备保障汽车电子电气系统、组件和功能免受网络威胁的技术措施，具备汽车网络安全风险监测、网络安全缺陷和漏洞等发现和处置技术条件，确保车辆及其功能处于被保护的状态，保障车辆安全运行。依法依规落实网络安全事件报告和处置要求。

三、规范软件在线升级

（三）强化企业管理能力。企业生产具有在线升级（又称 OTA 升级）功能的汽车产品的，应当建立与汽车产品及升级活动相适应的管理能力，具有在线升级安全影响评估、测试验证、实施过程保障、信息记录等能力，确保车辆进行在线升级时处于安全状态，并向车辆用户告知在线升级的目的、内容、所需时长、注意事项、升级结果等信息。

（四）保证产品生产一致性。企业实施在线升级活动前，应当确保汽车产品符合国家法律法规、技术标准及技术规范等相关要求并向工业和信息化部备案，涉及安全、节能、环保、防盗等技术参数变更的应提前向工业和信息化部申报，保证汽车产品生产一致性。未经审批，不得通过在线等软件升级方式新增或更新汽车自动驾驶功能。

四、加强产品管理

（五）严格履行告知义务。企业生产具有驾驶辅助和自动驾驶功能的汽车产品的，应当明确告知车辆功能及性能限制、驾驶员职责、人机交互设备指示信息、功能激活及退出方法和条件等信息。

（六）加强组合驾驶辅助功能产品安全管理。企业生产具有组合驾驶辅助功能的汽车产品的，应采取脱手检测等技术措施，保障驾驶员始终在执行相应的动态驾驶任务。组合驾驶辅助功能是指驾驶自动化系统在其设计运行条件下，持续地执行车辆横向和纵向运动控制，并具备相应的目标和事件探测与响应能力。

（七）加强自动驾驶功能产品安全管理。企业生产具有自动驾驶功能的汽车产品的，应当确保汽车产品至少满足以下要求：

1. 应能自动识别自动驾驶系统失效以及是否持续满足设计运行条件，并能采取风险减缓措施以达到最小风险状态。

2. 应具备人机交互功能，显示自动驾驶系统运行状态。在特定条件下需要驾驶员执行动态驾驶任务的，应具备识别驾驶员执行动态驾驶任务能力的功能。车辆应能够依法依规合理使用灯光信号、声音等方式与其他道路使用者进行交互。

3. 应具有事件数据记录系统和自动驾驶数据记录系统，满足相关功能、性能和安全性要求，用于事故重建、责任判定及原因分析等。其中，自动驾驶数据记录系统记录的数据应包括车辆及系统基本信息、车辆状态及动态信息、自动驾驶系统运行信息、行车环境信息、驾乘人员操作及状态信息、故障信息等。

4. 应满足功能安全、预期功能安全、网络安全等过程保障要求，以及模拟仿真、封闭场地、实际道路、网络安全、软件升级、数据记录等测试要求，避免车辆在设计运行条件内发生可预见且可预防的安全事故。

（八）确保可靠的时空信息服务。企业应当确保汽车产品具有安全、可靠的卫星定位及授时功能，可有效提供位置、速度、时间等信息，并应满足相关要求，鼓励支持接受北斗卫星导航系统信号。

五、保障措施

(九)建立自查机制。企业应当加强自查,发现生产、销售的汽车产品存在数据安全、网络安全、在线升级安全、驾驶辅助和自动驾驶安全等严重问题的,应当依法依规立即停止相关产品的生产、销售,采取措施进行整改,并及时向工业和信息化部及所在地工业和信息化、电信主管部门报告。

(十)加强监督实施。工业和信息化部指导有关机构做好智能网联汽车生产企业及产品准入技术审查等工作。各地工业和信息化、电信主管部门要与相关部门协同配合,按照《道路机动车辆生产企业及产品准入管理办法》有关要求,做好对本意见落实情况的监督检查。

(十一)夯实基础能力。工业和信息化部会同各地相关部门、有关企业进一步完善智能网联汽车标准体系建设,加快推动汽车数据安全、网络安全、在线升级、驾驶辅助、自动驾驶等标准规范制修订。鼓励第三方服务机构和企业加强相关测试验证和检验检测能力建设,不断提升智能网联汽车相关技术和网络安全、数据安全水平。

工业和信息化部

2021 年 7 月 30 日

13. 关于启动燃料电池汽车示范应用工作的通知

财建〔2021〕266 号

北京市、上海市、广东省财政厅/(局)工业和信息化主管部门、科技厅(委)、发展改革委、能源局:

根据《关于完善新能源汽车推广应用财政补贴政策的通知》(财建〔2020〕86 号)、《关于开展燃料电池汽车示范应用的通知》(财建〔2020〕394 号)等文件要求,经专家评审,原则同意你省(市)所报送的城市群启动实施燃料电池汽车示范应用工作,示范期为 4 年。财政部、工业和信息化部、科技部、国家发展改革委、国家能源局等五部门将依托专家委员会和第三方机构,对示范应用工作进行指导,并按照《燃料电池汽车示范城市群考核评价规则》(见附件)予以考核,考核结果作为中央财政对示范城市群安排奖励资金的依据。

你省(市)有关部门要切实加强燃料电池汽车示范应用工作组织实施,建立健全示范应用统筹协调机制,推动牵头城市人民政府不断提升示范应用水平,加快形成燃料电池汽车发展可复制可推广的先进经验;要建立健全安全管理制度,确定牵头责任部门,加强燃料电池汽车运行安全监管,制定相关应急预案;要充分依托全国范围内产业链上优秀企业实施示范,立足建立完整产业链供应链,畅通国内大循环,切实避免地方保护和低水平重复建设;要合理确定示范目标,探索合理商业模式,加强燃料电池汽车运行管理,防止出现车辆闲置等现象。示范应用工作实施中如遇问题,应及时向五部门反映。

特此通知。

附件:燃料电池汽车示范城市群考核评价规则

财政部

工业和信息化部

科技部

国家发展改革委

国家能源局

2021 年 8 月 13 日

附件 燃料电池汽车示范城市群考核评价规则

第一章 总 则

第一条 为加强对燃料电池汽车示范应用工作的指导,确保燃料电池汽车示范应用工作成效,根据相关法律法规以及财政部、工业和信息化部、科技部、国家发展改革委、国家能源局《关于开展燃料电池汽车示范应用的通知》(财建〔2020〕394 号,以下简称《通知》),制定本规则。

第二条 本规则适用于对燃料电池汽车示范市群开展示范应用工作的考核评价。

本规则所称示范城市群是指经财政部、工业和信息化部、科技部、国家发展改革委、国家能源局(以下合称五部门)批复同意实施燃料电池汽车示范应用的城市群。

本规则所称考核评价是指根据燃料电池汽车城市群示范目标和积分评价体系以及示范城市群报送的实施方案,对示范应用工作成效进行考核和评价。

第三条 本规则包括总则、考核对象和方式、考核内容和程序、积分核算规则、积分核定、监督管理、附则等部分。

第二章 考核对象和方式

第四条 考核评价工作由五部门负责,具体内容包括:

(一)五部门对燃料电池汽车示范应用工作给予指导,并组织中国汽车技术研究中心、工业和信息化部装备工业发展中心等第三方机构和专家委员会对示范城市群进行考核评价。

(二)五部门按照职责分工,负责审核示范城市群任务目标完成情况。

第五条 考核评价对象是燃料电池汽车示范城市群,示范城市群由牵头城市和参与城市共同组成。

第六条 五部门组织第三方机构和专家委员会,通过实车抽查、实地考察、查阅资料等方式,并结合信息化平台数据,对示范城市群任务目标完成情况进行考核评价。

(一)实车抽查是指五部门组织第三方机构和专家委员会,按照一定的比例对示范城市群推广车辆进行现场核查。

(二)实地考案是指五部门组织第三方机构和专家委员会前往示范城市群开展调研,实地考察城市群示范应用进展情况。

(三)查阅资料是指五部门组织第三方机构和专家委员会查阅示范城市群提供的自评报告等。

(四)信息化平台数据是指根据《通知》要求,运用信息化平台积累的车辆运行和加氢站运营数据,以及所反映的示范车辆和关键零部件技术状态、车辆运行、加气量等情况。

第三章 考核内容和程序

第七条 考核评价主要依据《通知》、示范城市群报送的实施方案等,主要内容包括:

(一)示范城市群实施方案的主要任务和目标完成情况。

(二)示范城市群推动示范工作完成的保障措施出台和

执行情况。

（三）示范城市群安全保障及应急机制的建立、运行情况。

（四）牵头城市和参与城市主要任务和目标完成情况。

（五）其他情况。

第八条　考核评价根据示范进度，可分为年度评估、中期评估和验收评估三类。

（一）年度评估指每个示范年度结束后，对示范城市群当年示范工作开展的年度考核。

（二）中期评估指第二个示范年度结束后，对示范城市群前两年示范工作开展的阶段性总结评估。

（三）验收评估指第四个示范年度结束后，对示范城市群四年整体示范工作开展的总体评估。

第九条　考核评价结果量化为综合评分，若示范城市群综合评分低于 60 分，则认定该示范城市群本次考核不合格。

示范城市群考核评价指标体系和评分标准见附 1。

第四章　积分核算规则

第十条　五部门组织第三方机构和专家委员会，按照《通知》规定的积分标准，对考核合格的示范城市群开展积分核算。

第十一条　积分核算的对象包括“燃料电池汽车推广应用”“关键零部件研发产业化”和“氢能供应”三部分、对于加入多个城市群的示范城市，应说明其车辆推广和氢能供应在多个城市群内的分配情况、并报送至各城市群牵头城市，避免重复核算积分。

第十二条　“燃料电池汽车推广应用”积分核算的具体要求如下：

（一）对示范车辆类型和技术指标等信息进行审核，示范车辆的燃料电池系统额定功率、燃料电池系统额定功率与驱动电机额定功率的比值、燃料电池启动湿度、电堆额定功率密度、系统额定功率密度、纯氢续驶里程等应满足政策门槛要求。若示范车辆不满足相关技术指标要求，则不进行积分核算。

（二）对示范车辆平均单车累计用氢运行里程进行审核，第 1、2、3、4 年度平均单车累计用氢运行里程应分别超过 0.75 万公里、1.5 万公里、2.25 万公里、3 万公里，若示范城市群平均单车累计用氢运行里程未达标，则不进行积分核算。

（三）参照燃料电池标准车折算办法、标准车奖励积分标准、重型货车奖励系数等，并根据城市群通过审核的车辆信息和数量，核算城市群“燃料电池汽车推广应用”积分。

（四）若示范城市群年度实际推广车辆规模超过实施方案当年计划，超出部分当年不再进行积分核算，但超出部分可计入下一年度车辆推广规模，并在下一年度积分核算时，按照下一年度的积分标准予以核算。

第十三条　“关键零部件研发产业化”积分核算的具体要求如下：

（一）重点支持电堆、膜电极、双极板、质子交换膜，催化剂、碳纸、空气压缩机、氢气循环系统研发产业化应用。并根据示范情况，适时优化和增加支持领域范围。

（二）相关产品应通过第三方机构的综合测试，每款产品在示范城市群应用不低于 500 台套，产品实车运行验证超过 2 万公里，且技术水平和可靠性经专家委员会评审通过。

（三）每类关键零部件最多给予 5 款产品加分，每款产品最多奖励 1500 分。

（四）积分奖励重点支持具有知识产权、权益状况明确，且能提供有效证明的产品。

第十四条　“氢能供应”积分核算的基本要求如下：

（一）参照氢气积分奖励标准，并根据车用氢气实际加注量、纯氢行驶里程等信息化数据，核算示范城市群“氢能供应”积分。

（二）车用氢气年产量、每公斤氢气二氧化碳排放量、车用氢气品质等应满足政策要求。

（三）每公斤氢气二氧化碳排放量的评价方法将另行研究制定。

第十五条　示范城市群若出现以下情况，将视情况核扣奖励积分，严重的将取消示范资格：

（一）未能在确保安全的基础上完成示范任务，在氢气生产、运输、加注或使用等环节发生安全事故。

（二）设置或变相设置障碍，限制采购本城市群外其他品牌车辆。

（三）车辆运行效率低，出现“空跑”“车辆闲置”“不用氢行驶”等问题。

（四）示范结束后，未实现示范总体目标的，包话：示范城市群车辆推广规模未超过 1000 辆，平均单车累计用氢运行里程未超过 3 万公里，建成并投入运营加氢站未超过 15 座，取得研发产业化突破的关键零部件装车配套低于 500 台套，氢能终端售价超过 35 元/公斤。

第十六条　示范城市群积分上限为 17000 分，其中“燃料电池汽车推广应用”和“关键零部件研发产业化”的积分上限为 15000 分，“氢能供应”的积分上限为 2000 分，示范结束后，若示范城市群超额完成示范任务，超额完成部分予以额外奖励，额外奖励不超过示范城市群积分上限的 10%，即对超额完成示范任务的城市群，最高可获得积分奖励为 18700 分。

第五章　积分核定

第十七条　示范城市群应于每个示范年度结束后 1 个月之内完成示范绩效自评工作，将绩效自评报告、绩效自评表报送至牵头城市所在省份财政、工信、科技、发改、能源主管部门（以下简称省级主管部门）。

示范城市群的绩效自评报告应包括实施方案进展情况，阶段性任务和目标完成情况等，并对考核评价指标的完成情况逐项进行详细说明，对未完成原因进行分析，提出改进措施，示范城市群绩效自评报告编制大纲见附 2。

第十八条　示范城市群牵头城市所在省级主管部门，对本城市群自评报告进行审核后，尽快上报至五部门。

第十九条　五部门将组织第三方机构和专家委员会开展示范城市群考核评价工作。第三方机构和专家委员会综合考虑示范城市群绩效自评报告，并结合实地考察、实车抽查和信息化平台数据等，出具示范城市群考核评价报告（含各城市群具体考核评分情况）和各示范城市群奖励积分核定表（详见附件 3）

第六章　监督管理

第二十条　建立示范城市群退出机制，对中期评估不合格的，视情况采取要求调整实施方案、扣减或暂停奖励资金、暂停甚至取消示范资格等措施。示范城市群出现连续两个年度考核评估不合格的，参照以上方式酌情处理。

第二十一条　五部门不定期组织第三方机构和专家委员会开展示范跟踪指导，对示范城市群燃料电池汽车技术水平、应用场景、产业链、加氢站建设运营、氢能供给等进行示范效果评估。示范城市群出现下列情形之一的，五部门将视具体情况作出通报批评、扣减或暂停奖励资金、暂停或取消示范资格等相应处理：

（一）弄虚作假、违反规定、上报材料严重失实的。

（二）提供的证明材料不充分，无法判断示范进展情况和经费使用情况的。

（三）示范进度严重滞后，无法完成示范任务，距离示范目标相差较远的。

（四）出现重大安全事故的。

第二十二条　示范城市群应根据正式报送五部门的实施方案，统筹推进示范工作，原则上不得随意变更实施方案。示范城市群领导小组应加强对本城市群示范工作的监督指导，参照本规则建立本城市群自我考核评价机制，对示范工作实施监督评价，对工作进展缓慢、确无法完成任务的城市要提出处理意见，经牵头城市所在省份相关部门报五部门批准后调整实施方案。

第二十三条　示范城市群应组织本城群示范车辆、加氢站等接入五部门认定的信息化平台，实时上传车辆运行、氢气加注等数据，实现燃料电池汽车示范全过程、全链条监管，为示范考核评价提供信息化数据支撑。燃料电池汽车示范评价平台数据采集技术规范参考附4。

第二十四条　示范城市群应按照信息公开要求，利用政务网站及其他渠道公布示范进展和阶段性任务完成情况等，接受社会监督。

第七章　附　　则

第二十五条　本规则由五部门负责解释，并根据示范城市群考核评价的实际情况优化调整。

第二十六条　本规则自印发之日起施行。

附件：

1. 示范城市群考核评价指标体系和评分标准（试行）
2. 示范城市群绩效自评报告编制大纲
3. 示范城市群奖励积分核定表
4. 燃料电池汽车示范评价平台数据采集技术规范

附件 1　示范城市群考核评价指标体系和评分标准（试行）

考核项目		具体内容	评分细则及说明	专家评分
城市群组成与功能定位（10 分）		各城市实施方案完成情况（10 分）	参照牵头城市和参与城市实施方案中的分工和功能定位，评价示范任务和目标完成情况，由专家综合判断，0~10 分。	
主要任务和目标（55 分）	技术创新和产业链建设（15 分）	创新与产业化领域（5 分）	对照在五部门备案的实施方案，考核关键零部件研发创新与产业化完成情况。由专家综合判断，0~5 分。若不符合政策规定的第 1、2、3、4 年度分别不低于 2 项、4 项、5 项、7 项领域，得 0 分。	
		创新与产业化领域的产品性能（5 分）	对照在五部门备案的实施方案，对城市群取得研发产业化突破产品的技术水平可靠性，安全性等进行评价，由专家综合判断，0~5 分。	
		装车配壶情况（5 分）	城市群研发创新与产业化突破的关键零部件实现装车应用，由专家综合判断。0~5 分。	
	车辆推广及运行使用（15 分）	推广车辆数量及运行情况（15 分）	对照在五部门备案的实施方案，考核车辆推广总量完成情况，车辆用氢行驶效率情况，由专家综合判断，0~7 分。	
			对照在五部门备案的实施方案，考核乘用车推广完成情况，车辆用氢行驶效率情况，由专家综合判断，0~1 分。	
			对照在五部门备案的实施方案，考核客车推广完成情况，车辆用氢行驶效率情况，由专家综合判断，0~2 分。	
			对照在五部门备案的实施方案，考核货车推广完成情况、车辆用氢行驶效率情况，由专家综合判断，0~5 分。	
	有效商业模式探索（15 分）	氢能来源（3 分）	示范城市群氢能类型环保，氢能产量能够满足示范需求，氢能运输方式和距离科学合理，有专家综合判断，0~3 分。	
		氢能经济性（6 分）	对照在五部门备案的实施方案，考核氢能经济性情况，由专家综合判断，0~6 分。	
		加氢站数量（6 分）	对照在五部门备案的实施方案，考核加氢站建设、运营等情况，由专家综合判断，0~6 分。	
	政策制度环境建设（10 分）	政策体系及推进措施（10 分）	对照在五部门备案的实施方案，考核城市群政策体系建设、相关政策出台和落实情况等，由专家综合判断，0~6 分。	
			示范城市群明确氢的能源定位，建立健全安全标准及监管模式，确保生产、运输、加注、使用安全，由专家综合判断，0~2 分。	
			示范城市群明确具体负责部门，出台加氢站建设审批管理相关政策文件，有效促进加氢站建设和运营，由专家综合判断，0~2 分。	

续上表

考核项目	具体内容	评分细则及说明	专家评分
保障措施(20分)	组织保障(8分)	成立领导小组并明确具体参与人员,能够有效组织示范工作,由专家综合判断0~2分。	
		建立城市间的沟通、协调、组织机制,并明确提出城市群内部的监督考核制度和惩罚措施,能够有效实施,由专家综合判断,0~3分。	
		明确提出省级部门作用,能有效提供良好的组织保障和政策环境,并确保各城市协同推进,由专家综合判断,0~3分。	
	财政资金管理与使用(12分)	对照在五部门备案的实施方案,考核城市群承诺资金到位情况,由专家综合判断,0~8分。	
		财政资金下达及时,使用安全,管理规范,由专家综合判断,0~4分。	
安全保障及应急机制(15分)	具体责任部门(3分)	明确了安全保障及应急具体责任部门,并且能够有效组织安全保障及应急工作出专家综合判断,0~3分。	
	安全监管机制和措施(6分)	明确了具体的安全监管机制和管理措施,能够在示范期同有效实施,由专家综合判新,0~6分。	
	突发事件应急预案(6分)	针对突发事件制定了详细,周全的应急预案,由专家综合判断。0~6分	
加分项(5分)	体制机制创新(3分)	探索将低能作为能源管理的路径,有效破除制约氢能及燃料电池汽车产业发展的体制机制障碍,由专家综合判断,0~3分。	
	信息化平台(2分)	通过信息化手段等方式保障燃料电油汽车示范安全,由专家综合判断,0~2分	

总分: 专家签字: 日期: 年 月 日

附件2 示范城市群绩效自评报告编制大纲

为做好燃料电池汽车示范城市群考核评价,确保燃料电池汽车示范应用能够有序推进。各示范城市群应按照财政部等五部门《关于开展燃料电池汽车示范应用的通知》(财建〔2020〕394号,以下简称《通知》)和《燃料电池汽车示范城市群考核评价规则》(以下简称《考核评价规则》)相关要求,编制示范城市群绩效自评报告。自评报告应包括但不限于以下内容:

一、各城市任务目标完成情况

示范城市群应参照五部门备案的燃料电池汽车示范城市群实施方案,阐述本城市群中各城市任务目标完成情况,包括牵头城市和参与城市。

二、城市群任务目标完成情况

示范城市群应参照五部门备案的燃料电池汽车示范城市群实施方案,阐述本城市群燃料电池汽车示范的具体进展情况,包括技术创新和产业链建设、应用新技术的车辆推广及运行使用、有效商业模式探索、政策制度环境建设等,并对各项任务考核评价指标的完成情况逐项进行详细说明。

(一)技术创新和产业链建设。重点阐述电堆、膜电极、双极板、质子交换膜、催化剂、碳纸、空气压缩机、氢气循环系统等关键核心技术的研发创新与产业化情况,应明确各领域的参与企业、考核指标、示范应用配套量等。

(二)车辆推广及运行使用。重点阐述燃料电池汽车推广数量、类型、应用场景、城市分布等,并应明确各应用场景的具体应用模式和经济性,各类车辆的产品性能、供应企业,以及车辆关键零部件技术参数、配套企业等。

(三)有效商业模式探索。重点阐述氢能来源、氢能经济性以及加氢站建设情况等。其中:氢能来源包括参与示范的氢能企业、氢能类型和产量、运输方式和距离等;氢能经济性包括制氢成本、储运成本、加注成本和终端售价等;加氢站建设情况包括参与示范的企业、加氢站建成数量、类型、布局以及示范期内累计的氢气加注量等。

(四)政策制度环境建设。重点阐述燃料电池汽车政策体系建设情况,明确示范期间出台的关键核心技术研发、氢能供给、加氢站建设运营、燃料电池汽车示范应用等政策措施和牵头部门,以及各项政策出台实施后对促进燃料电池汽车示范带来的效果。

三、保障措施

为保障示范实施方案的顺利完成,城市群所实施有针对性的保障措施,包括但不限于:一是组织保障。主要包括领导小组,城市间的沟通、协调、组织机制,城市群内部的监督考核制度等。二是财政资金管理与使用。主要包括资金筹集情况、资金拨付进度等。

四、安全保障及应急机制

示范城市群安全管理制度建设和执行情况,包括但不限于安全保障及应急具体责任部门、安全监管机制和措施、突发事件应急预案等。

五、偏离考核目标的原因和下一步改进措施

各示范城市群应参照五部门备案的燃料电池汽车示范城市群实施方案,全面梳理尚未完成的示范任务,明确与考核目标的差距,系统分析导致偏离考核目标的主、客观原因,以及示范过程中遇到的困难和问题,并提出切实可行的改进措施和方案,以保障下一阶段示范工作的顺利推进。

六、拟申请中央奖励资金

各示范城市群应根据燃料电池汽车推广应用和氢能供给情况,提出拟申请的中央奖励资金,主要包括中央奖励资金需求总量、具体使用方向等内容,并明确中央奖励资金在示范城市间的分配方案。

七、相关支撑材料

包括示范期内出台的政策制度文件汇编、拟申请中央奖励资金测算过程、其他相关支撑材料等。

附件 3 示范城市群奖励积分核定表

考核项目	考核内容	完成情况	获得积分（分）
燃料电池汽车推广应用	乘用车（辆）		
	客车（辆）		
	货车（辆）		
关键零部件研发产业化突破	示范车辆采用电堆、膜电极、双极板、质子交换膜、催化剂、碳纸、空气压缩机、氢气循环系统等各领域前5款产品情况		
氢能供应	氢气加注量（百吨）		
示范城市群获得总积分（分）			

附件 4 燃料电池汽车示范评价平台数据采集技术规范

为做好燃料电池汽车示范城市群考核管理工作，充分利用大数据采集、分析与处理等技术手段，规范数据采集接口，更加科学严谨地组织示范城市群考核评价、积分核算和奖励资金发放等工作，提高考核管理效率和工作成效，特制定本技术规范。

一、燃料电池汽车数据采集技术规范

燃料电池汽车数据上传按照 GB/T 32960.3—2016《电动汽车远程服务与管理系统技术规范 第 3 部分：通信协议及数据格式》的方式建立通信连接，并在该标准的基础上新增电堆温度、空气压缩机电压、空气压缩机电流、氢气循环泵电压和氢气循环泵电流五项扩展数据，上传数据周期均不大于10 s，新增的五项扩展数据类型编码为 0x80，具体数据内容如下表所示：

表 1 扩展数据格式和定义

数据表示内容	长度（字节）	数据类型	描述及要求
自定义数据长度	2	WORD	自定义数据长度有效范围 1～65531
电堆温度	1	BYTE	有效值范围：0～250（数值偏移量 40 ℃，表示－40 ℃～+210 ℃），最小计量单元：1 ℃，“0xFE”表示异常，“0xFF”表示无效
空气压缩机电压	2	WORD	有效值范围：0～20000（表示 0V～2000 V），最小计量单元：0.1 V，“0xFF，0xFE”表示异常，“0xFF，0xFF”表示无效
空气压缩机电流	2	WORD	有效值范围：0～20000（数值偏移量 1000 A，表示－1000 A～+1000 A），最小计量单元：0.1 A，“0xFF，0xFE”表示异常，“0xFF，0xFF”表示无效
氢气循环泵电压	2	WORD	有效值范围：0～20000（表示 0 V～2000 V），最小计量单元：0.1 V，“0xFF，0xFE”表示异常，“0xFF，0xFF”表示无效
氢气循环泵电流	2	WORD	有效值范围：0～20000（数值偏移量 1000 A，表示－1000 A～+1000 A），最小计量单元：0.1 A，“0xFF，0xFE”表示异常，“0xFF，0xFF”表示无效

二、加氢站数据采集技术规范

（一）一般要求。

协议结构以 TCP/IP 网络控制协议作为底层通讯协议。平台间的连接与通信协议应满足本部分（二）通信连接与（三）数据包结构及定义的规定。

（二）通信连接。

实时上报数据通信方式应为基于 TCP/IP 的 Socket 长连接通信方式。

周期性上报数据（加氢站交易记录数据等）采用 HTTP 形式逐条上传或批量打包上传。

（三）数据包结构及定义。

1. 数据包结构。

一个完整的数据包应由起始符、命令单元、唯一识别码，

数据加密方式、数据单元长度、数据单元和校验码组成，数据包结构和定义见表 2。

表 2 数据包结构和定义

起始字节	定义		数据类型	描述及要求
0	起始符		STRING	固定为 ASCII 字符‘##’，用“0x23，0x23”表示
2	命令单元	命令标识	BYTE	见命令单元定义
3		应答标志	BYTE	
4	唯一标识码		STRING	加氢站编号，对照“ASCII 表”，长度统一为 32 位，不足位左侧补零充装许可证编号，如存在一证多站的情况，可加“-1，-2...”
36	数据加密方式		BYTE	0x01：不加密；0x02：RSA 算法加密；0x03：AFS128 位算法加密“0xFE”表示异常，“0xFF”表示无效，其他预留
37	数据单元长度		WORD	数据单元的总字节数，有效值范围：0～65531
39	数据单元		—	见数据单元格式和定义
末字节	校验码		BYTE	采用 BCC（异或校验）法，校验范围从命令单元的第一个字节开始，同后一字节异或，直到校验码前一字节为止，校验码占用一个字节，当数据单元存在加密时，应先加密后校验，先校验后解密

2. 命令单元。

加氢站命令单元的命令标识如表 3 所示。

表 3 命令标识

编码	定义	方向
0x01	加氢站登入	上行
0x02	实时信息上报	上行
0x03	补发信息上报	上行
0x04	加氢站登出	上行
0x05	平台登入	上行
0x06	平台登出	上行
0x07-0x14	终端数据预留	上行
0x15-0xIE	上行数据系统预留	上行
0x1F-0x28	平台交换自定义数据	自定义

表 4 应答标识

编码	定义	描述及要求
0x01	成功	接收到的信息正确
0x02	错误	设置未成功
0x03	标识码重复	标识码重复错误
0x04-0xFD	预留	系统预留
0xFE	命令	标识数据包为命令包而非应答包

3. 上行数据单元格式及定义。

(1)加氢站登入数据格式(0x01 上行)

表 5 加氢站登入数据格式

数据内容	长度	数据类型	描述及要求
数据采集时间	6	BYTE[6]	见表 6 时间格式定义
登入流水号	2	WORD	终端每登入一次,登入流水号自动加 1,从 1 开始循环累加,最大值为 65531,循环周期为天
登录密码	20	STRING	登录密码

表 6 时间格式定义(6 位)

数据内容	长度	数据类型	有效值范围	数据内容	长度	数据类型	有效值范围
年	1	BYTE	0-99	时	1	BYTE	0-23
月	1	BYTE	1-12	分	1	BYTE	0-59
日	1	BYTE	1-31	秒	1	BYTE	0-59

表 7 时间格式定义(8 位)

数据内容	长度	数据类型	有效值范围	数据内容	长度	数据类型	有效值范围
年	1	BYTE	0-99	分	1	BYTE	0-59
月	1	BYTE	1-12	秒	1	BYTE	0-59
日	1	BYTE	1-31	毫秒	2	BYTE	0-999
时	1	BYTE	0-23				

(2)实时信息上报(0x02 上行)。

表 8 实时信息上报格式

数据内容	长度	数据类型	描述及要求
数据采集时间	6	BYTE[6]	时间格式定义(表 6)
信息类型标志 1	1	BYTE	见信息类型定义表
信息体 1	—	—	根据信息类型定义不同,长度和数据类型不同
......	—	—	—
信息类型标志 n	1	BYTE	—
信息体 n	—	—	根据信息类型定义不同,长度和数据类型不同

表 9 信息类型标志定义

编码	定义	备注
0x01	加氢站运行状态	见表 10
0x02	加氢机实时信息	见表 11
0x03	压缩机实时信息	见表 12
0x04	储氢容器实时信息	见表 13
0x05-0x11	预留	—
0x12-0x1C	自定义	—

一是全站实时上报信息。表 9 中类型编码 0x01 加氢站运行状态数据格式和定义见表 10 所示。

表 10 全站数据

全站数据		
加氢站运行状态	1 byte	0:关闭;1:运营;2:检修;9:其他

二是加氢机实时上报信息。表 9 中类型编码 0x02 加氢机实时信息数据格式和定义见表 11 所示。

表 11 加氢机数据

数据表示内容	长度(字节)	数据类型	描述及要求
加氢枪编号	20	CHAR[20]	编号与注册信息一致
加氢枪状态	1	BYTE	0x01:加注中:0x02:非加注中:0x03:检修中
加氢压力	2	WORD	应为最靠近加氢枪口的压力值,有效值范围:0~10000(表示 0 MPa~100 MPa),最小计量单位:0.01 MPa,“0xFF,0xFE”表示异常,“0xFF,0xFF”表示无效
加氢流量	2	WORD	有效范围 0~10000(表示 0 kg/min~100 kg/min),最小计量单位 0.01 kg/min,“0xFF,0xFE”表示异常,“0xFF,0xFF”表示无效
加氢温度	1	BYTE	有效值范围:0~150(偏移量 50 ℃,,表示-50 ℃~100 ℃),最小计量单元:1 ℃,“0xFE”表示异常,“0xFF”表示无效
车载氢瓶内氢气温度	1	BYTE	有效值范围:0~150(偏移量 50 ℃,表示-50 ℃~100 ℃),最小计量单元:1 ℃,“0xFE”表示异常,“0xFF”表示无效
车载氢瓶内压力	2	WORD	(如有)有效值范围:0~10000(表示 0 MPa~100 MPa)最小计量单位:0.01 MPa,“0xFF,0xFE”表示异常,“0xFF,0xFF”表示无效
数据采集时间	8	BYTE[8]	长整型,精确到毫秒 见时间格式定义(表 7)

三是压缩机实时上报信息。表 9 中类型编码 0x03 压缩机实时信息数据格式和定义见表 12 所示。

表 12 压缩系统数据

压缩系统数据		
压缩机编号	20 byte	对照“ASCII 表”
压缩机状态	1 byte	0x01:增压中:0x02:非增压中:0x03:检修中
压缩机进气压力	2 byte	有效范围 0~10000(表示 0 MPa~100 MPa) 最小计量单位:0.01 MPa, “0xFF,0xFE”表示异常,“0xFF,0xFF”表示无效
压缩机排气压力	2 byte	有效范围 0~10000(表示 0 MPa~100 MPa) 最小计量单位:0.01 MPa, “0xFF,0xFE”表示异常,“0xFF,0xFF”表示无效
压缩机温度	1 byte	有效值范围:0~150(偏移量 50 ℃, 表示-50 ℃~100 ℃),最小计量单元:1 ℃, “0xFE”表示异常,“0xFF”表示无效
数据采集时间	8 byte	长整型,精确到毫秒 见时间格式定义(表 7)

四是储氢容器实时上报信息。表 9 中类型编码 0x04 储氢容器实时信息数据格式和定义见表 13 所示。

表 13 储氢容器数据

数据表示内容	长度(字节)	数据类型	描述及要求
储氢容器编号	20	CHAR[20]	运营商自定义,同一运营商唯一
储氢容器压力	2	WORD	有效范围 0~10000(表示 0 MPa~100 MPa) 最小计量单位:0.01 MPa, "0xFF,0xFE"表示异常,"0xFF,0xFF"表示无效
数据采集时间	8	BYTE[8]	长整型,精确到毫秒 见时间格式定义(表 7)

五是加氢机交易记录。加氢机交易记录为加氢机产生的加注订单信息,具体格式见表 15 所示,加氢结束后 24 小时内完成上传,数据采用 HTTP 形式逐条上传或批量打包上传,参数格式为 json。

在上传数据之前先进行 HTTP 接口登录以获取鉴权,具体格式见表 14 所示。

表 14 HTTP 登录信息格式

数据表示内容	字段名	长度	数据类型	描述及要求
用户名	userName	—	STRING	加氢站唯一编号
密码	pwd	20	STRING	登录密码

表 15 加氢机交易记录

数据表示内容	字段名	长度	数据类型	描述及要求
加氢站编号	stationNo	—	SIRING	加氢站唯一编号
登录令牌	token	—	STRING	鉴权令牌,通过登录接口获取
上报时间	sendTime	19	SIRING	例如:YYYY-MM-DDHH:nm:ss
加氢记录	hydrogenRecords	—	List	加氢机记录集合 List
hydrogenRecords 说明				
加氢枪编号	nozzleNo	20	STRING	运营商自定义,同一运营商唯一
加氢订单号	orderNo	—	STRING	运营商自定义,同一运营商唯一
加氢车辆 VIN 码	vin	17	STRING	—
加氢车辆牌照	plateNunber	—	STRING	—
加氢开始时间	startTime	19	STRING	例如:YYYY-MM-DD HH:mm:ss
加氢结束时间	endTime	19	STRING	例如:YYYY-MM DD HH:mm:ss
加氢起始压力	startMpa	—	FLOAT	单位 MPa,保留小数点后 2 位
加氢结束压力	endMpa	—	FLOAT	单位 MPa,保留小数点后 2 位
加氢质量	weight	—	FLOAT	单位 kg,保留小数点后 2 位
氢气单价	unitPrice	—	FLOAT	单位:元/kg,保留小数点后 2 位
氢气来源	source	—	STRING	氢气生产商名称

(3)补发信息上报(0x03 上行)。

补发信息上报数据格式同实时信息上报格式。

(4)加氢站登出信息格式(0x04 上行)。

表 16 加氢站登出信息格式

数据内容	长度	数据类型	描述及要求
登出时间	6	BYTE[6]	见时间格式定义(表 6)
登出流水号	2	WORD	登出时间流水号与当次登入时间流水号一致

(5)平台登入信息格式(0x05 上行)。

表 17 平台登入信息格式

数据内容	长度	数据类型	描述及要求
平台登入时间	6	BYTE[6]	见时间格式定义(表 6)
登入流水号	2	WORD	登入流水号从 1 开始循环累加,最大值为 65531,循环周期为天
平台用户名	12	STRING	平台登入用户名
平台密码	20	STRING	平台登入密码
加密规则	1	BYTE	0x01:不加密;0x02:RSA 算法加密;0x03:AFS128 位算法加密"0xFE"表示异常,"0xFF"表示无效,其他预留

(6)平台登出信息格式(0x06 上行)。

表 18 平台登出信息格式

数据内容	长度	数据类型	描述及要求
登出时间	6	BYTE[6]	见时间格式定义(表 6)
登出流水号	2	WORD	登出时间流水号与当次登入时间流水号一致

(四)数据信息采集间隔。

加氢站实时数据采集和上报频率 1 Hz。

14. 汽车数据安全管理若干规定(试行)

国家互联网信息办公室
中华人民共和国国家发展和改革委员会
中华人民共和国工业和信息化部
中华人民共和国公安部
中华人民共和国交通运输部令 第 7 号

《汽车数据安全管理若干规定(试行)》已经 2021 年 7 月 5 日国家互联网信息办公室 2021 年第 10 次室务会议审议通过,并经国家发展和改革委员会、工业和信息化部、公安部、交通运输部同意,现予公布,自 2021 年 10 月 1 日起施行。

汽车数据安全管理若干规定(试行)

第一条 为了规范汽车数据处理活动,保护个人、组织的合法权益,维护国家安全和社会公共利益,促进汽车数据合理开发利用,根据《中华人民共和国网络安全法》《中华人民共和国数据安全法》等法律、行政法规,制定本规定。

第二条 在中华人民共和国境内开展汽车数据处理活动及其安全监管,应当遵守相关法律、行政法规和本规定的要求。

第三条　本规定所称汽车数据，包括汽车设计、生产、销售、使用、运维等过程中的涉及个人信息数据和重要数据。

汽车数据处理，包括汽车数据的收集、存储、使用、加工、传输、提供、公开等。

汽车数据处理者，是指开展汽车数据处理活动的组织，包括汽车制造商、零部件和软件供应商、经销商、维修机构以及出行服务企业等。

个人信息，是指以电子或者其他方式记录的与已识别或者可识别的车主、驾驶人、乘车人、车外人员等有关的各种信息，不包括匿名化处理后的信息。

敏感个人信息，是指一旦泄露或者非法使用，可能导致车主、驾驶人、乘车人、车外人员等受到歧视或者人身、财产安全受到严重危害的个人信息，包括车辆行踪轨迹、音频、视频、图像和生物识别特征等信息。

重要数据是指一旦遭到篡改、破坏、泄露或者非法获取、非法利用，可能危害国家安全、公共利益或者个人、组织合法权益的数据，包括：

（一）军事管理区、国防科工单位以及县级以上党政机关等重要敏感区域的地理信息、人员流量、车辆流量等数据；

（二）车辆流量、物流等反映经济运行情况的数据；

（三）汽车充电网的运行数据；

（四）包含人脸信息、车牌信息等的车外视频、图像数据；

（五）涉及个人信息主体超过 10 万人的个人信息；

（六）国家网信部门和国务院发展改革、工业和信息化、公安、交通运输等有关部门确定的其他可能危害国家安全、公共利益或者个人、组织合法权益的数据。

第四条　汽车数据处理者处理汽车数据应当合法、正当、具体、明确，与汽车的设计、生产、销售、使用、运维等直接相关。

第五条　利用互联网等信息网络开展汽车数据处理活动，应当落实网络安全等级保护等制度，加强汽车数据保护，依法履行数据安全义务。

第六条　国家鼓励汽车数据依法合理有效利用，倡导汽车数据处理者在开展汽车数据处理活动中坚持：

（一）车内处理原则，除非确有必要不向车外提供；

（二）默认不收集原则，除非驾驶人自主设定，每次驾驶时默认设定为不收集状态；

（三）精度范围适用原则，根据所提供功能服务对数据精度的要求确定摄像头、雷达等的覆盖范围、分辨率；

（四）脱敏处理原则，尽可能进行匿名化、去标识化等处理。

第七条　汽车数据处理者处理个人信息应当通过用户手册、车载显示面板、语音、汽车使用相关应用程序等显著方式，告知个人以下事项：

（一）处理个人信息的种类，包括车辆行踪轨迹、驾驶习惯、音频、视频、图像和生物识别特征等；

（二）收集各类个人信息的具体情境以及停止收集的方式和途径；

（三）处理各类个人信息的目的、用途、方式；

（四）个人信息保存地点、保存期限，或者确定保存地点、保存期限的规则；

（五）查阅、复制其个人信息以及删除车内、请求删除已经提供给车外的个人信息的方式和途径；

（六）用户权益事务联系人的姓名和联系方式；

（七）法律、行政法规规定的应当告知的其他事项。

第八条　汽车数据处理者处理个人信息应当取得个人同意或者符合法律、行政法规规定的其他情形。

因保证行车安全需要，无法征得个人同意采集到车外个人信息且向车外提供的，应当进行匿名化处理，包括删除含有能够识别自然人的画面，或者对画面中的人脸信息等进行局部轮廓化处理等。

第九条　汽车数据处理者处理敏感个人信息，应当符合以下要求或者符合法律、行政法规和强制性国家标准等其他要求：

（一）具有直接服务于个人的目的，包括增强行车安全、智能驾驶、导航等；

（二）通过用户手册、车载显示面板、语音以及汽车使用相关应用程序等显著方式告知必要性以及对个人的影响；

（三）应当取得个人单独同意，个人可以自主设定同意期限；

（四）在保证行车安全的前提下，以适当方式提示收集状态，为个人终止收集提供便利；

（五）个人要求删除的，汽车数据处理者应当在十个工作日内删除。

汽车数据处理者具有增强行车安全的目的和充分的必要性，方可收集指纹、声纹、人脸、心律等生物识别特征信息。

第十条　汽车数据处理者开展重要数据处理活动，应当按照规定开展风险评估，并向省、自治区、直辖市网信部门和有关部门报送风险评估报告。

风险评估报告应当包括处理的重要数据的种类、数量、范围、保存地点与期限、使用方式，开展数据处理活动情况以及是否向第三方提供，面临的数据安全风险及其应对措施等。

第十一条　重要数据应当依法在境内存储，因业务需要确需向境外提供的，应当通过国家网信部门会同国务院有关部门组织的安全评估。未列入重要数据的涉及个人信息数据的出境安全管理，适用法律、行政法规的有关规定。

我国缔结或者参加的国际条约、协定有不同规定的，适用该国际条约、协定，但我国声明保留的条款除外。

第十二条　汽车数据处理者向境外提供重要数据，不得超出出境安全评估时明确的目的、范围、方式和数据种类、规模等。

国家网信部门会同国务院有关部门以抽查等方式核验前款规定事项，汽车数据处理者应当予以配合，并以可读等便利方式予以展示。

第十三条　汽车数据处理者开展重要数据处理活动，应当在每年十二月十五日前向省、自治区、直辖市网信部门和有关部门报送以下年度汽车数据安全管理情况：

（一）汽车数据安全管理负责人、用户权益事务联系人的姓名和联系方式；

（二）处理汽车数据的种类、规模、目的和必要性；

（三）汽车数据的安全防护和管理措施，包括保存地点、期限等；

（四）向境内第三方提供汽车数据情况；

（五）汽车数据安全事件和处置情况；

（六）汽车数据相关的用户投诉和处理情况；

（七）国家网信部门会同国务院工业和信息化、公安、交通运输等有关部门明确的其他汽车数据安全管理情况。

第十四条 向境外提供重要数据的汽车数据处理者应当在本规定第十三条要求的基础上，补充报告以下情况：

（一）接收者的基本情况；

（二）出境汽车数据的种类、规模、目的和必要性；

（三）汽车数据在境外的保存地点、期限、范围和方式；

（四）涉及向境外提供汽车数据的用户投诉和处理情况；

（五）国家网信部门会同国务院工业和信息化、公安、交通运输等有关部门明确的向境外提供汽车数据需要报告的其他情况。

第十五条 国家网信部门和国务院发展改革、工业和信息化、公安、交通运输等有关部门依据职责，根据处理数据情况对汽车数据处理者进行数据安全评估，汽车数据处理者应当予以配合。

参与安全评估的机构和人员不得披露评估中获悉的汽车数据处理者商业秘密、未公开信息，不得将评估中获悉的信息用于评估以外目的。

第十六条 国家加强智能（网联）汽车网络平台建设，开展智能（网联）汽车入网运行和安全保障服务等，协同汽车数据处理者加强智能（网联）汽车网络和汽车数据安全防护。

第十七条 汽车数据处理者开展汽车数据处理活动，应当建立投诉举报渠道，设置便捷的投诉举报入口，及时处理用户投诉举报。

开展汽车数据处理活动造成用户合法权益或者公共利益受到损害的，汽车数据处理者应当依法承担相应责任。

第十八条 汽车数据处理者违反本规定的，由省级以上网信、工业和信息化、公安、交通运输等有关部门依照《中华人民共和国网络安全法》《中华人民共和国数据安全法》等法律、行政法规的规定进行处罚；构成犯罪的，依法追究刑事责任。

第十九条 本规定自2021年10月1日起施行。

15. 新能源汽车动力蓄电池梯次利用管理办法

工信部联节〔2021〕114号

一、总　则

第一条 为了加强新能源汽车动力蓄电池梯次利用管理，提升资源综合利用水平，保障梯次利用电池产品（以下简称梯次产品）的质量，保护生态环境，依据《中华人民共和国固体废物污染环境防治法》《中华人民共和国循环经济促进法》等，制定本办法。

第二条 本办法适用于中华人民共和国境内梯次利用企业及其他相关市场主体的梯次利用相关活动。

第三条 梯次利用企业应依法履行主体责任，遵循全生命周期理念，落实生产者责任延伸制度，保障本企业生产的梯次产品质量，以及报废后的规范回收和环保处置；动力蓄电池生产企业应采取易梯次利用的产品结构设计，利于高效梯次利用。

第四条 工业和信息化部负责全国动力蓄电池梯次利用管理指导、协调工作。生态环境部、商务部、市场监管总局依职责强化动力蓄电池梯次利用监督管理，加强信息共享。

各省、自治区、直辖市及新疆生产建设兵团工业和信息化主管部门会同同级生态环境、商务、市场监管主管部门，协调做好本地区梯次利用指导与监督管理工作。

第五条 科技部支持梯次利用关键共性技术、装备的研发与推广应用，引导产学研用协作，鼓励梯次利用新型商业模式创新和示范项目建设。

二、梯次利用企业要求

第六条 梯次利用企业应符合《新能源汽车废旧动力蓄电池综合利用行业规范条件》（工业和信息化部公告2019年第59号）要求。鼓励采用先进适用的工艺技术及装备，对废旧动力蓄电池优先进行包（组）、模块级别的梯次利用，电池包（组）和模块的拆解符合《车用动力电池回收利用　拆解规范》（GB/T 33598）的相关要求。

第七条 鼓励梯次利用企业研发生产适用于基站备电、储能、充换电等领域的梯次产品。鼓励采用租赁、规模化利用等便于梯次产品回收的商业模式。

第八条 鼓励梯次利用企业与新能源汽车生产、动力蓄电池生产及报废机动车回收拆解等企业协议合作，加强信息共享，利用已有回收渠道，高效回收废旧动力蓄电池用于梯次利用。鼓励动力蓄电池生产企业参与废旧动力蓄电池回收及梯次利用。

第九条 梯次利用企业从事废旧动力蓄电池梯次利用活动时，应依据国家有关法规要求，与新能源汽车、动力蓄电池生产企业协调、厘清知识产权和产品安全责任有关问题。

第十条 鼓励新能源汽车、动力蓄电池生产企业等与梯次利用企业协商共享动力蓄电池的出厂技术规格信息、充电倍率信息，以及相关国家标准规定的监控数据信息（电压、温度、SOC等）。梯次利用企业按照《车用动力电池回收利用　余能检测》（GB/T 34015）等相关标准进行检测，结合实际检测数据，评估废旧动力蓄电池剩余价值，提高梯次利用效率，提升梯次产品的使用性能、可靠性及经济性。

第十一条 梯次利用企业应规范开展梯次利用，具备梯次产品质量管理制度及必要的检验设备、设施，通过质量管理体系认证，所采用的梯次产品检验规则、方法等符合有关标准要求，对本企业生产销售的梯次产品承担保修和售后服务责任。

第十二条 梯次利用企业应按国家有关溯源管理规定，建立溯源管理体系，进行厂商代码申请和编码规则备案，向新能源汽车国家监测与动力蓄电池回收利用溯源综合管理平台（www.evmam-tbrat.com）上传梯次产品、废旧动力蓄电池等相关溯源信息，确保溯源信息上传及时、真实、准确。

三、梯次产品要求

第十三条　梯次产品的设计应综合考虑电气绝缘、阻燃、热管理以及电池管理等因素，保证梯次产品的可靠性；采用易于维护、拆卸及拆解的结构及连接方式，以便于其报废后的拆卸、拆解及回收。

第十四条　梯次产品应进行性能试验验证，其电性能和安全可靠性等应符合所应用领域的相关标准要求。

第十五条　梯次产品应有商品条码标识，并按《汽车动力蓄电池编码规则》（GB/T 34014）统一编码，在梯次产品标识上标明（但不限于）标称容量、标称电压、梯次利用企业名称、地址、产品产地、溯源编码等信息，并保留原动力蓄电池编码。

第十六条　梯次产品的使用说明或其他随附文件，应提示梯次产品在使用防护、运行监控、检查维护、报废回收等过程中应注意的有关事项及要求。

第十七条　梯次产品包装运输应符合《车用动力电池回收利用管理规范第 1 部分：包装运输》（GB/T 38698.1）等有关标准要求。

第十八条　市场监管总局会同工业和信息化部建立梯次产品自愿性认证制度，获得认证的梯次产品可在产品及包装上使用梯次产品认证标志。

四、回收利用要求

第十九条　梯次利用企业应按照《新能源汽车动力蓄电池回收服务网点建设和运营指南》（工业和信息化部公告 2019 年第 46 号）的相关要求，建立与产品销售量相匹配的报废梯次产品回收服务网点，报送回收服务网点信息并在本企业网站向社会公布。鼓励梯次利用企业与新能源汽车生产等企业合作共建、共用回收体系，提高回收效率。

第二十条　梯次利用企业应规范回收本企业梯次产品生产、检测等过程中产生的报废动力蓄电池以及报废梯次产品，按照相关要求，集中贮存并移交再生利用企业处理，并按国家有关要求落实信息公开。

第二十一条　梯次产品所有人应将报废的梯次产品，移交给梯次利用企业建立的回收服务网点或再生利用企业进行规范处理。

第二十二条　梯次利用企业、梯次产品所有人等，如因擅自拆卸、拆解报废梯次产品，或将其移交其他第三方，或随意丢弃、处置，导致事故的，应承担相应责任。

五、监督管理

第二十三条　县级以上地方工业和信息化主管部门会同同级有关主管部门，对梯次利用企业的梯次产品生产、溯源等情况进行监督检查，保障梯次利用的规范、高效开展。

第二十四条　县级以上地方市场监管部门依据职责，对梯次产品认证活动进行监督管理。对认证违法违规行为，依法进行查处。

第二十五条　县级以上地方生态环境主管部门依据职责对梯次利用企业生产、报废梯次产品再生利用企业利用处置等活动的环境污染防治情况进行监督，对于违反环境保护有关要求的，依据环境保护相关法律法规进行处理。

第二十六条　县级以上地方商务主管部门会同同级有关主管部门依据国家有关规定对报废机动车回收拆解企业拆卸、交售动力蓄电池以及录入动力蓄电池信息等行为进行监督管理。

第二十七条　组建新能源汽车动力蓄电池梯次利用专家委员会。专家委员会负责协调新能源汽车动力蓄电池梯次利用管理过程中的重大技术问题，支撑相关政策研究、行业信息分析等工作。

第二十八条　任何组织和个人有权对违反本办法规定的行为向有关部门投诉、举报。

六、附则

第二十九条　本办法所称梯次利用，是指对废旧动力蓄电池进行必要的检验检测、分类、拆分、电池修复或重组为梯次产品，使其可应用至其他领域的过程。

本办法所称梯次利用企业，是指从事梯次产品生产的企业。《新能源汽车动力蓄电池回收利用管理暂行办法》（工信部联节〔2018〕43 号）中的再生利用企业及废旧动力蓄电池定义适用于本办法。

第三十条　本办法由工业和信息化部商科技部、生态环境部、商务部、市场监管总局负责解释。

第三十一条　本办法自印发之日起 30 日后实施。

生态环境部
商务部
国家市场监督管理总局
2021 年 8 月 19 日

16. 工业和信息化部关于加强车联网卡实名登记管理的通知

工信部网安函〔2021〕246 号

各省、自治区、直辖市及新疆生产建设兵团工业和信息化主管部门，各省、自治区、直辖市通信管理局，有关道路机动车辆生产企业、电信企业：

依据《中华人民共和国网络安全法》《中华人民共和国反恐怖主义法》等相关法律法规要求，为切实加强车联网卡实名登记管理工作，保障用户权益，维护网络安全，现就有关事项通知如下：

一、工业和信息化部负责全国车联网卡实名登记工作的统筹管理和组织推进。各地通信管理局、工业和信息化主管部门负责属地道路机动车辆生产企业、电信企业车联网卡实名登记工作的监督管理。

二、道路机动车辆生产企业、电信企业应按照行业主管部门有关要求，推进车联网卡实名登记工作。

三、道路机动车辆生产企业应加强车联网卡采购、使用、销售等基础管理，做好所生产、销售车辆所载车联网卡的实名登记。

四、车辆销售前，电信企业向道路机动车辆生产企业或其授权企业销售车联网卡，应登记购卡单位信息和责任人信息。

车辆销售时，道路机动车辆生产企业应参照电话用户真实身份信息登记相关标准规范，组织实施车联网卡实名登记，认真核验和登记车辆所有者（含单位用户）真实身份信息。

车辆销售后，道路机动车辆生产企业应将用户登记信息、车联网卡号码或识别码等基础信息及时传送至电信企业。

五、道路机动车辆生产企业应在车辆销售合同中，明确告知车辆所有者在办理车辆过户时，应同步办理车联网卡实名过户手续，并提示相关法律责任风险。

六、道路机动车辆生产企业、电信企业应建立完善企业内部个人信息保护制度，采取技术措施和其他必要措施，加强车联网卡登记信息保护，确保收集的个人信息安全，防止信息泄露、毁损、丢失以及违规使用。对于违反相关法律规定的企业，将依法追究其法律责任。

七、电信企业应加强车联网卡基础资源管理，统一分配相对集中的物联网专用号段和互联网 IP 地址用于发展车联网业务。电信企业应按照最小必要原则为符合实名登记要求的车联网卡开通用户所需的语音、短信、流量功能。

八、工业和信息化部定期组织对道路机动车辆生产企业、电信企业车联网卡实名登记工作开展监督检查。被检查企业应按照相关法律法规要求，如实提供检查材料，主动配合检查工作。

九、对用户身份不明、拒绝身份查验或者未按要求提供真实身份信息的，道路机动车辆生产企业应通知电信企业关闭除紧急呼叫、应急救援等影响生命安全以外的车联网卡功能。对违反实名登记要求的企业，由行业主管部门依法依规进行处罚。

十、道路机动车辆生产企业、电信企业应按照本通知要求，于 2022 年 9 月 30 日前组织完成已售出车辆所载车联网卡实名补登记工作。

十一、道路机动车辆生产企业、电信企业应将本企业负责车联网卡实名登记工作的负责人名单和联系方式于 2021 年 9 月 30 日前报工业和信息化部（网络安全管理局）、属地通信管理局以及工业和信息化主管部门。如有变更，请及时更新报送。

十二、从事汽车销售业务的汽车进口商，等同于道路机动车辆生产企业，应按照本通知要求，对所购买并装载于进口车辆的车联网卡落实实名登记要求。

工业和信息化部

2021 年 9 月 13 日

17. 工业和信息化部关于加强车联网网络安全和数据安全工作的通知

工信部网安〔2021〕134 号

各省、自治区、直辖市及新疆生产建设兵团工业和信息化主管部门，各省、自治区、直辖市通信管理局，中国电信集团有限公司、中国移动通信集团有限公司、中国联合网络通信集团有限公司，有关智能网联汽车生产企业、车联网服务平台运营企业，有关标准化技术组织：

车联网是新一代网络通信技术与汽车、电子、道路交通运输等领域深度融合的新兴产业形态。智能网联汽车是搭载先进的车载传感器、控制器、执行器等装置，并融合现代通信与网络技术，实现车与车、路、人、云端等智能信息交换、共享，具备复杂环境感知、智能决策、协同控制等功能，可实现“安全、高效、舒适、节能”行驶的新一代汽车。在产业快速发展的同时，车联网安全风险日益凸显，车联网安全保障体系亟须健全完善。为推进实施《新能源汽车产业发展规划（2021—2035 年）》，加强车联网网络安全和数据安全管理工作，现将有关事项通知如下：

一、网络安全和数据安全基本要求

（一）落实安全主体责任。各相关企业要建立网络安全和数据安全管理制度，明确负责人和管理机构，落实网络安全和数据安全保护责任。强化企业内部监督管理，加大资源保障力度，及时发现并解决安全隐患。加强网络安全和数据安全宣传、教育和培训。

（二）全面加强安全保护。各相关企业要采取管理和技术措施，按照车联网网络安全和数据安全相关标准要求，加强汽车、网络、平台、数据等安全保护，监测、防范、及时处置网络安全风险和威胁，确保数据处于有效保护和合法利用状态，保障车联网安全稳定运行。

二、加强智能网联汽车安全防护

（三）保障车辆网络安全。智能网联汽车生产企业要加强整车网络安全架构设计。加强车内系统通信安全保障，强化安全认证、分域隔离、访问控制等措施，防范伪装、重放、注入、拒绝服务等攻击。加强车载信息交互系统、汽车网关、电子控制单元等关键设备和部件安全防护和安全检测。加强诊断接口（OBD）、通用串行总线（USB）端口、充电端口等的访问和权限管理。

（四）落实安全漏洞管理责任。智能网联汽车生产企业要落实《网络产品安全漏洞管理规定》有关要求，明确本企业漏洞发现、验证、分析、修补、报告等工作程序。发现或获知汽车产品存在漏洞后，应立即采取补救措施，并向工业和信息化部网络安全威胁和漏洞信息共享平台报送漏洞信息。对需要用户采取软件、固件升级等措施修补漏洞的，应当及时将漏洞风险及修补方式告知可能受影响的用户，并提供必要技术支持。

三、加强车联网网络安全防护

（五）加强车联网网络设施和网络系统安全防护能力。各相关企业要严格落实网络安全分级防护要求，加强网络设施和网络系统资产管理，合理划分网络安全域，加强访问控制管理，做好网络边界安全防护，采取防范木马病毒和网络攻击、网络侵入等危害车联网安全行为的技术措施。自行或者委托检测机构定期开展网络安全符合性评测和风险评估，及时消除风险隐患。

（六）保障车联网通信安全。各相关企业要建立车联网身份认证和安全信任机制，强化车载通信设备、路侧通信设备、服务平台等安全通信能力，采取身份认证、加密传输等必要的技术措施，防范通信信息伪造、数据篡改、重放攻击等安全风险，保障车与车、车与路、车与云、车与设备等场景通信安全。鼓励相关企业、机构接入工业和信息化部车联网安全信任根管理平台，协同推动跨车型、跨设施、跨企业互联互认互通。

（七）开展车联网安全监测预警。国家加强车联网网络安全监测平台建设，开展网络安全威胁、事件的监测预警通报和安全保障服务。各相关企业要建立网络安全监测预警机制和技术手段，对智能网联汽车、车联网服务平台及联网系统开展网络安全相关监测，及时发现网络安全事件或异常行为，并按照规定留存相关的网络日志不少于 6 个月。

（八）做好车联网安全应急处置。智能网联汽车生产企业、车联网服务平台运营企业要建立网络安全应急响应机制,制定网络安全事件应急预案,定期开展应急演练,及时处置安全威胁、网络攻击、网络侵入等网络安全风险。在发生危害网络安全的事件时,立即启动应急预案,采取相应的补救措施,并按照《公共互联网网络安全突发事件应急预案》等规定向有关主管部门报告。

(九)做好车联网网络安全防护定级备案。智能网联汽车生产企业、车联网服务平台运营企业要按照车联网网络安全防护相关标准,对所属网络设施和系统开展网络安全防护定级工作,并向所在省(区、市)通信管理局备案。对新建网络设施和系统,应当在规划设计阶段确定网络安全防护等级。各省(区、市)通信管理局会同工业和信息化主管部门做好定级备案审核工作。

四、加强车联网服务平台安全防护

(十)加强平台网络安全管理。车联网服务平台运营企业要采取必要的安全技术措施,加强智能网联汽车、路侧设备等平台接入安全,主机、数据存储系统等平台设施安全,以及资源管理、服务访问接口等平台应用安全防护能力,防范网络侵入、数据窃取、远程控制等安全风险。涉及在线数据处理与交易处理、信息服务业务等电信业务的,应依法取得电信业务经营许可。认定为关键信息基础设施的,要落实《关键信息基础设施安全保护条例》有关规定,并按照国家有关标准使用商用密码进行保护,自行或者委托商用密码检测机构开展商用密码应用安全性评估。

(十一)加强在线升级服务(OTA)安全和漏洞检测评估。智能网联汽车生产企业要建立在线升级服务软件包安全验证机制,采用安全可信的软件。开展在线升级软件包网络安全检测,及时发现产品安全漏洞。加强在线升级服务安全校验能力,采取身份认证、加密传输等技术措施,保障传输环境和执行环境的网络安全。加强在线升级服务全过程的网络安全监测和应急响应,定期评估网络安全状况,防范软件被伪造、篡改、损毁、泄露和病毒感染等网络安全风险。

(十二)强化应用程序安全管理。智能网联汽车生产企业、车联网服务平台运营企业要建立车联网应用程序开发、上线、使用、升级等安全管理制度,提升应用程序身份鉴别、通信安全、数据保护等安全能力。加强车联网应用程序安全检测,及时处置安全风险,防范恶意应用程序攻击和传播。

五、加强数据安全保护

(十三)加强数据分类分级管理。按照"谁主管、谁负责,谁运营、谁负责"的原则,智能网联汽车生产企业、车联网服务平台运营企业要建立数据管理台账,实施数据分类分级管理,加强个人信息与重要数据保护。定期开展数据安全风险评估,强化隐患排查整改,并向所在省(区、市)通信管理局、工业和信息化主管部门报备。所在省(区、市)通信管理局、工业和信息化主管部门要对企业履行数据安全保护义务进行监督检查。

(十四)提升数据安全技术保障能力。智能网联汽车生产企业、车联网服务平台运营企业要采取合法、正当方式收集数据,针对数据全生命周期采取有效技术保护措施,防范数据泄露、毁损、丢失、篡改、误用、滥用等风险。各相关企业要强化数据安全监测预警和应急处置能力建设,提升异常流动分析、违规跨境传输监测、安全事件追踪溯源等水平;及时处置数据安全事件,向所在省(区、市)通信管理局、工业和信息化主管部门报告较大及以上数据安全事件,并配合开展相关监督检查,提供必要技术支持。

(十五)规范数据开发利用和共享使用。智能网联汽车生产企业、车联网服务平台运营企业要合理开发利用数据资源,防范在使用自动化决策技术处理数据时,侵犯用户隐私权和知情权。明确数据共享和开发利用的安全管理和责任要求,对数据合作方数据安全保护能力进行审核评估,对数据共享使用情况进行监督管理。

(十六)强化数据出境安全管理。智能网联汽车生产企业、车联网服务平台运营企业需向境外提供在中华人民共和国境内收集和产生的重要数据的,应当依法依规进行数据出境安全评估并向所在省(区、市)通信管理局、工业和信息化主管部门报备。各省(区、市)通信管理局会同工业和信息化主管部门做好数据出境备案、安全评估等工作。

六、健全安全标准体系

(十七)加快车联网安全标准建设。加快编制车联网网络安全和数据安全标准体系建设指南。全国通信标准化技术委员会、全国汽车标准化技术委员会等要加快组织制定车联网防护定级、服务平台防护、汽车漏洞分类分级、通信交互认证、数据分类分级、事件应急响应等标准规范及相关检测评估、认证标准。鼓励各相关企业、社会团体制定高于国家标准或行业标准相关技术要求的企业标准、团体标准。

特此通知。

工业和信息化部
2021 年 9 月 15 日

18. 关于确定智慧城市基础设施与智能网联汽车协同发展第二批试点城市的通知

建城函〔2021〕114 号

各省、自治区、直辖市及新疆生产建设兵团住房和城乡建设厅(委、管委、局)、工业和信息化主管部门:

按照有关工作安排,在各城市自愿申报基础上,经组织专家评审和实地调研,住房和城乡建设部、工业和信息化部研究确定重庆、深圳、厦门、南京、济南、成都、合肥、沧州、芜湖、淄博等 10 个城市为智慧城市基础设施与智能网联汽车协同发展第二批试点城市。

请试点城市按照《住房和城乡建设部办公厅　工业和信息化部办公厅关于组织开展智慧城市基础设施与智能网联汽车协同发展试点工作的通知》(建办城函〔2020〕594 号)要求,制定完善试点工作方案,经专家评审通过后报住房和城乡建设部、工业和信息化部备案。试点城市要建立健全统筹协调机制,落实资金等保障措施,确保试点工作取得成效,形成可复制可推广的经验。有关省级住房和城乡建设、工业和信息化部门要加大对试点城市的指导支持力度。

为加强对试点城市督促指导,切实做好提供咨询服务、跟踪掌握试点工作进展情况、总结形成可复制可推广工作经验等工作,住房和城乡建设部、工业和信息化部联合组建智慧城市基础设施与智能网联汽车协同发展试点工作办公室

(以下简称双智试点办)。请各试点城市分别确定1名工作联系人,并报双智试点办,试点中有关情况和问题,及时与双智试点办沟通联系。

住房和城乡建设部
工业和信息化部
2021年12月1日

19. 关于2021—2023年度循环外技术纳入乘用车企业平均燃料消耗量和新能源汽车积分管理有关事项的通知

工信部通装函〔2021〕339号

各乘用车企业:

为鼓励先进节能减排技术应用,助力实现碳达峰、碳中和目标,根据《关于修改〈乘用车企业平均燃料消耗量与新能源汽车积分并行管理办法〉的决定》(工业和信息化部 财政部 商务部 海关总署 市场监督管理总局令第53号)等文件规定,现就2021—2023年度循环外技术计入乘用车企业平均燃料消耗量核算有关事项通知如下:

一、循环外技术/装置计入燃料消耗量核算

在2021—2023年度企业平均燃料消耗量积分核算中,对标准配置制动能量回收系统、高效空调且具有循环外节能效果的车型,其燃料消耗量可相应减免一定额度(可累加)。企业可自行选择固定额度或试验额度进行申报。

二、制动能量回收燃料消耗量减免额度

(一)固定额度:对标配有制动能量回收系统且REESS标称电压等级超过12伏的车型,燃料消耗量核算减免额度为0.08升/100公里。

(二)试验额度:对所有标配有制动能量回收系统的车型,企业可根据GB/T 40711.4—2021《乘用车循环外技术/装置节能效果评价方法 第4部分:制动能量回收》进行实车测试,基于试验值核算减免额度。

三、汽车空调燃料消耗量减免额度

对标配有高效空调的车型,企业可根据GB/T 40711.3—2021《乘用车循环外技术/装置节能效果评价方法 第3部分:汽车空调》进行实车测试,基于试验值核算减免额度。

四、其他循环外技术纳入乘用车企业平均燃料消耗量核算的要求和燃料消耗量减免额度将另行制定。

特此通知。

工业和信息化部
2021年12月2日

锂离子电池行业规范条件(2021年本)

为加强锂离子电池行业管理,引导产业加快转型升级和结构调整,推动我国锂离子电池产业健康发展,根据国家有关法律法规及产业政策,按照优化布局、规范秩序、保障安全、提升质量、鼓励创新、分类指导的原则,制定本规范条件。本规范条件是鼓励和引导行业技术进步和规范发展的引导性文件,不具有行政审批的前置性和强制性。

一、产业布局和项目设立

(一)锂离子电池企业及项目应符合国家资源开发利用、生态环境保护、节能管理、安全生产等法律法规要求,符合国家产业政策和相关产业规划及布局要求,符合当地国土空间规划和生态环境保护专项规划等要求,符合“三线一单”生态环境分区管控要求。

(二)在规划确定的永久基本农田、生态保护红线,以及国家法律法规、规章规定禁止建设工业企业的区域不得建设锂离子电池及配套项目。上述区域内的现有企业应按照法律法规要求拆除关闭,或严格控制规模、逐步迁出。

(三)引导企业减少单纯扩大产能的制造项目,加强技术创新、提高产品质量、降低生产成本。

二、工艺技术和质量管理

(一)企业应具备以下条件:在中华人民共和国境内依法注册成立、具有独立法人资格;具有锂离子电池行业相关产品的独立生产、销售和服务能力;研发经费不低于当年企业主营业务收入的3%,鼓励企业取得省级以上独立研发机构、技术中心或高新技术企业资质;主要产品具有技术发明专利;申报时上一年实际产量不低于同年实际产能的50%。

(二)企业应采用技术先进、节能环保、安全稳定、智能化程度高的生产工艺和设备,并达到以下要求:

1. 锂离子电池企业应具有电极涂覆后均匀性的监测能力,电极涂覆厚度和长度的控制精度分别不低于2 μm和1 mm;应具有电极烘干工艺技术,含水量控制精度不低于10 ppm。

2. 锂离子电池企业应具有注液过程中温湿度和洁净度等环境条件控制能力;应具有电池装配后的内部短路高压测试(HI-POT)在线检测能力。

3. 锂离子电池组企业应具有单体电池开路电压、内阻等一致性控制能力,控制精度分别不低于1 mV和1 mΩ;应具有电池组保护板功能在线检测能力。

(三)企业应建立质量管理体系,质量管理体系至少包括质量方面的控制流程、防止和发现内部短路故障的控制程序、试验数据和质量记录等内容,鼓励通过第三方认证,设立质量检查部门,配备专职检验人员。

(四)企业应依据有关政策及标准,对锂离子电池产品开展编码并建立全生命周期溯源体系,鼓励企业应用主动溯源技术。

三、产品性能

(一)电池

1. 消费型单体电池能量密度≥230 Wh/kg,电池组能量密度≥180 Wh/kg,聚合物单体电池体积能量密度≥500 Wh/L。循环寿命≥500次且容量保持率≥80%。

2. 动力型电池分为能量型和功率型。其中,使用三元材料的能量型单体电池能量密度≥210 Wh/kg,电池组能量密度≥150 Wh/kg;其他能量型单体电池能量密度≥160 Wh/kg,电池组能量密度≥115 Wh/kg。功率型单体电池功率密度≥500 W/kg,电池组功率密度≥350 W/kg。循环寿命≥1000次且容量保持率≥80%。

3. 储能型单体电池能量密度≥145 Wh/kg,电池组能量密度≥100 Wh/kg。循环寿命≥5000次且容量保持率≥80%。

(二)正极材料

磷酸铁锂比容量≥145 Ah/kg,三元材料比容量≥165 Ah/kg,钴酸锂比容量≥160 Ah/kg,锰酸锂比容量≥

115 Ah/kg，其他正极材料性能指标可参照上述要求。

（三）负极材料

碳（石墨）比容量≥335 Ah/kg，无定形碳比容量≥250 Ah/kg，硅碳比容量≥420 Ah/kg，其他负极材料性能指标可参照上述要求。

（四）隔膜

1. 干法单向拉伸：纵向拉伸强度≥110 MPa，横向拉伸强度≥10 MPa，穿刺强度≥0.133 N/μm。

2. 干法双向拉伸：纵向拉伸强度≥100 MPa，横向拉伸强度≥25 MPa，穿刺强度≥0.133 N/μm。

3. 湿法双向拉伸：纵向拉伸强度≥100 MPa，横向拉伸强度≥60 MPa，穿刺强度≥0.204 N/μm。

（五）电解液

水含量≤20 ppm，氟化氢含量≤50 ppm，金属杂质钠含量≤2 ppm，其他金属杂质单项含量≤1 ppm。

四、安全和管理

（一）企业应遵守《中华人民共和国安全生产法》及其他安全生产有关法律法规，执行保障安全生产的国家标准或行业标准，严格落实建设项目安全设施“三同时”制度要求，当年及上一年度未发生一般及以上生产安全事故。

（二）企业应建立健全全员安全生产责任制和安全生产规章制度，加大对安全生产资金、物资、技术、人员的投入保障力度，改善安全生产条件，加强安全生产信息化建设，设立产品制造安全质量追溯手段，加强从业人员安全生产教育和培训，构建安全风险分级管控和隐患排查治理双重预防机制，健全风险防范化解机制，开展安全生产标准化建设并达到三级及以上水平。

（三）锂离子电池企业应加强应急处置能力建设，制定事故应急预案并定期开展演练，建设事故处置专业队伍，并配备与企业规模相适应的人员和装备。

（四）锂离子电池企业应具有剪切过程中电极毛刺控制能力，控制精度不低于 1 μm；具有卷绕或叠片过程中电极对齐度控制能力，控制精度不低于 0.1 mm。正负极材料企业应具有有害杂质的控制能力，控制精度不低于 10 ppb。

（五）锂离子电池产品的安全应符合《便携式电子产品用锂离子电池和电池组安全要求》（GB 31241）、《固定式电子设备用锂离子电池和电池组安全技术规范》（GB 40165）、《电动汽车用动力蓄电池安全要求》（GB 38031）等强制性标准要求，并经具有相应资质的检测机构检验合格。电池管理系统应具有防止过充、短路、过放等安全保护功能，在高低温等复杂环境下保证电池正常使用。鼓励企业制定和执行高于国家或行业标准的企业标准或规范。

（六）锂离子电池的运输应符合联合国《关于危险货物运输的建议书—试验和标准手册》第Ⅲ部分 38.3 节要求。航空运输锂离子电池应符合国际民航组织《危险物品安全航空运输技术细则》和中国民用航空局《民用航空危险品运输管理规定》相关要求，符合《锂电池航空运输规范》（MH/T 1020）和《航空运输锂电池测试规范》（MH/T 1052）。出口锂离子电池的包装应符合《中华人民共和国进出口商品检验法》及其实施条例的要求。

（七）锂离子电池生产、储存、使用、回收和处理处置等应符合法律法规和标准规范相关安全要求，有效采取安全控制措施。

五、资源综合利用和生态环境保护

（一）企业及项目应符合国家出台的土地使用标准，严格保护耕地，节约集约用地。

（二）企业应制定产品单耗指标和能耗台账，不得使用国家明令淘汰的、严重污染环境的落后用能设备和生产工艺。鼓励企业调整用能结构，使用光伏等清洁能源，开展节能技术应用研究，制定节能规章制度，开发节能共性和关键技术，促进节能技术创新与成果转化。锂离子电池企业综合能耗应≤400 kgce/万 Ah。

（三）鼓励企业在产品研发阶段增加资源回收和综合利用设计，加强锂离子电池生产、销售、使用、综合利用等全生命周期资源综合管理。

（四）企业应依法开展建设项目环境影响评价，严格执行环境保护设施“三同时”制度，并按规定开展竣工环境保护设施验收。

（五）锂离子电池生产企业应依法申领排污许可证，按照排污许可证排放污染物并落实各项环境管理要求，采取有效措施防止污染土壤和地下水，废有机溶剂、废电池等固体废物应依法分类贮存、收集、运输、综合利用或无害化处理。

（六）企业应按照国家有关规定制定突发环境事件应急预案，妥善处理突发环境事件。企业应按照《环境信息依法披露制度改革方案》有关要求，依法披露环境信息。

（七）企业应建立环境管理体系，鼓励通过第三方认证。鼓励企业持续开展清洁生产审核工作，清洁生产指标宜达到《电池行业清洁生产评价指标体系》中Ⅲ级及以上水平。

六、卫生和社会责任

（一）企业应依法进行职业病危害评价，落实职业病防护设施“三同时”制度要求，遵守《中华人民共和国职业病防治法》，执行保障职业健康的国家标准或行业标准。

（二）企业应依法落实职业病预防以及防治管理措施。

（三）企业应建立职业健康安全管理体系，鼓励通过第三方认证。

（四）企业应依法纳税，按时、足额为从业人员缴纳养老保险、医疗保险、工伤保险、失业保险、生育保险和住房公积金。

七、监督和管理

（一）企业自愿对照本规范条件编制申报材料，按属地原则通过省级工业和信息化主管部门报送工业和信息化部。各级工业和信息化主管部门会同有关部门对当地企业执行本规范条件的情况进行现场核实。工业和信息化部组织研究机构、检测机构对企业进行检查，定期公告符合本规范条件的企业名单，并会同有关部门组织相关机构对已公告企业产品进行抽查，实行社会监督、动态管理。

（二）公告企业有下列情况之一的，将撤销其公告资格：

1. 填报资料有弄虚作假行为；

2. 拒绝接受监督检查或经检查不符合规范条件；

3. 连续两次产品抽查不合格；

4. 发生质量、安全生产和污染责任事故；

5. 违反法律、法规和国家产业政策规定；

6. 其他不能保持规范条件及管理办法要求的。

工业和信息化部在撤销企业公告资格前，提前告知相关企业，听取相关企业的陈述和申辩。

被撤销公告资格的企业，其申报材料两年内不予受理。

规范公告名单及有关监督检查情况向社会公布，并抄送国家投资、自然资源、生态环境、应急管理、市场监管、金融监管、能源等部门。

（三）有关研究机构、检测机构、行业组织要协助行业主管部门做好本规范条件的实施和监督检查工作，组织企业加强协调和自律管理。

八、附则

（一）本规范条件适用于锂离子电池、正极材料、负极材料、隔膜、电解液生产企业。本规范条件中的锂离子电池如无特指，通常包括单体电池（电芯）、电池组（含电池模组和系统）。

（二）本规范条件涉及的标准和行业政策若进行修订，按修订后执行。

（三）本规范条件涉及的部分工艺技术指标，因技术快速发展需要更新的，将以修订单的形式发布。

（四）本规范条件自 2021 年 12 月 20 日起实施，由工业和信息化部负责解释，并根据行业发展情况和宏观调控要求适时修订。

工业和信息化部

2021 年 12 月 10 日

锂离子电池行业规范公告管理办法（2021 年本）

第一章 总 则

第一条 为加强锂离子电池行业管理，引导产业加快转型升级、实现高质量发展，根据《锂离子电池行业规范条件（2021 年本）》（以下简称《规范条件》）有关规定，制定本办法。

第二条 各省、自治区、直辖市及计划单列市、新疆生产建设兵团工业和信息化主管部门（以下简称省级行业主管部门）负责本地区锂离子电池行业企业公告申请的受理、核实和报送工作，监督检查规范条件执行情况。

工业和信息化部负责全国锂离子电池行业规范公告管理工作，组织对省级行业主管部门审核推荐的申请材料进行复核、抽检、公示及公告，并动态管理锂离子电池行业规范公告名单。

第三条 本办法适用于中华人民共和国境内的锂离子电池、正极材料、负极材料、隔膜、电解液生产企业。

第二章 申请与审核

第四条 申请公告的企业应具备以下条件：

（一）具有独立法人资格；

（二）符合国家产业政策和相关发展规划；

（三）符合《规范条件》要求；

（四）遵守国家法律法规，无重大违法行为。

第五条 符合本办法第四条所列条件的企业可自愿向所在地省级行业主管部门提出公告申请，填报《锂离子电池行业规范公告申请书》及相关材料，同时通过锂离子电池行业公共服务平台（www.ldchy.cn）进行在线申报。《规范条件》公告的申请工作以具备独立法人资格的企业为申请主体。集团公司旗下具有独立法人资格的子公司，需要单独申请。

申请企业应当对申请材料真实性负责。

第六条 申请企业承诺具有企业基本资质文件等材料，包括：

营业执照副本，项目建设备案或核准文件，项目用地权证或用地审批文件，建设项目环评批复文件、竣工环境保护设施验收报告、企业排污许可证，财务审计报告、第三方机构产品检测报告及其他有关材料。

第七条 主要生产军工、医疗、穿戴式等设备用锂离子电池产品的企业，对其电池产品的能量密度可不作要求，循环寿命应符合国家相关标准要求。

第八条 对申请材料齐全、符合规定的，省级行业主管部门予以受理。对申请材料不全或不符合规定的，应在 10 个工作日内一次性告知申请企业需要补充的全部内容。

省级行业主管部门应当对照《规范条件》，会同相关部门对申请材料进行核实，在 30 日内将初步认定符合《规范条件》企业的申请材料及审核意见报工业和信息化部。

第九条 工业和信息化部收到省级行业主管部门报送的审核意见和申请材料之日起 90 个工作日内，组织有关行业机构和专家，采用材料审查和现场抽查的方式完成复核。符合规范条件的企业名单，在工业和信息化部网站上进行公示，经公示无异议的企业，以工业和信息化部公告形式予以公布。

第十条 工业和信息化部、省级行业主管部门在受理和审核过程中根据工作需要可对申请企业有关情况进行实地查验，查验工作应当指派两名以上工作人员进行。

申请企业应当配合查验活动，企业代表在查验结果上签字，并加盖公章确认。申请企业对查验结果有异议的，可在查验结束后 5 个工作日内提出申请，工业和信息化部视情况组织专家论证。

第三章 监督管理

第十一条 进入公告名单的锂离子电池、正极材料、负极材料、隔膜、电解液企业（以下简称公告企业）要严格按照《规范条件》的要求组织生产经营活动，并对照《规范条件》要求开展自查，每年 3 月 31 日前通过锂离子电池行业公共服务平台提交上年度自查报告，并报送省级行业主管部门。同时每月 20 日前在线填报上月度生产经营情况表，根据国家有关锂离子电池编码标准及规则录入生产销售锂离子电池产品编码。

自查报告和月度生产经营情况表是监督检查公告企业执行《规范条件》情况的重要依据，应包括但不限于以下内容：企业生产经营情况、产能产量和产品进出口情况等，自查报告还应包括上年度质量管理、安全生产、节能降耗、生态环境保护等制度建立及落实情况，法人代表、股权或资本金、资质、主要产品品种及生产能力变更情况等。

第十二条 公告企业出现下列情况之一时，应当及时提出变更申请，经省级行业主管部门核实后，报送工业和信息化部：企业名称变化，企业合并、分立或兼并重组，企业产能、产线发生较大变化，企业搬迁新址，其他重大变化。

第十三条 省级行业主管部门对公告企业保持规范条件情况进行监督检查，审查企业自查报告。每年 4 月 30 日前将上年度监督检查结果和企业自查报告报送工业和信息化部。

第十四条 省级行业主管部门对公告企业实行监督检查时，应当记录监督检查的情况和处理结果，由监督检查人员和企业代表签字并加盖公章确认。

第十五条 工业和信息化部组织专家不定期对已公告企

业进行抽查,并委托第三方检测机构,对公告企业产品进行不定期市场抽查。抽查不合格的企业,将通告并要求整改。

第十六条　欢迎和鼓励社会监督。任何单位或个人发现正在申请规范公告或已公告企业有不符合本办法有关规定或《规范5条件》有关要求的,可向各级工业和信息化主管部门举报。

第十七条　工业和信息化部对锂离子电池行业规范公告名单进行动态管理,公告企业有下列情况之一的,将撤销其公告资格:

(一)填报资料有弄虚作假行为;

(二)拒绝接受监督检查或经检查不符合《规范条件》;

(三)连续两次产品抽查不合格;

(四)发生质量、安全生产和污染责任事故;

(五)违反法律、法规和国家产业政策规定;

(六)其他不能保持《规范条件》和本办法要求的。

第十八条　工业和信息化部拟撤销公告资格的,提前告知有关企业,听取相关企业陈述和申辩,视情况组织专家论证。

第十九条　被撤销公告的企业,自被撤销公告之日起,其申报材料两年内不予受理。

第四章　附　则

第二十条　受理公告申请不得向申请企业收取费用。

第二十一条　本办法自2021年12月20日起施行,由工业和信息化部负责解释。

附:锂离子电池行业规范公告申请书(略)

工业和信息化部
2021年12月10日

20. 关于发布《中国保险行业协会新能源汽车商业保险专属条款(试行)》的通知

各财产保险公司,各省(市)保险行业协会(同业公会),中国银保信,中国精算师协会:

为进一步落实中国银保监会《关于印发实施车险综合改革指导意见的通知》精神,贯彻以人民为中心的发展思想和高质量发展要求,深化车险市场供给侧结构性改革,中国保险行业协会(以下简称保险业协会)组织行业力量,在深入调研基础上,开发完成《中国保险行业协会新能源汽车商业保险专属条款(试行)》(以下简称《新能源汽车示范条款(试行)》),包括:《中国保险行业协会新能源汽车商业保险示范条款(试行)》和《中国保险行业协会新能源汽车驾乘人员意外伤害保险示范条款(试行)》。现予以印发,供参考使用。

按照新能源汽车商业保险示范条款费率切换时间,所有新保和续保的新能源汽车,但不包括摩托车、拖拉机、特种车,统一适用《新能源汽车示范条款(试行)》承保,不再适用《中国保险行业协会机动车商业保险示范条款(2020版)》。非新能源汽车不能适用《新能源汽车示范条款(试行)》承保。

附件:

1. 中国保险行业协会新能源汽车商业保险示范条款(试行)

2. 中国保险行业协会新能源汽车驾乘人员意外伤害保险示范条款(试行)。

国保险行业协会
2021年12月14日

附件1　中国保险行业协会新能源汽车商业保险示范条款(试行)

总　则

第一条　本保险条款分为主险、附加险。

主险包括新能源汽车损失保险、新能源汽车第三者责任保险、新能源汽车车上人员责任保险共三个独立的险种,投保人可以选择投保全部险种,也可以选择投保其中部分险种。保险人依照本保险合同的约定,按照承保险种分别承担保险责任。

附加险不能独立投保。附加险条款与主险条款相抵触的,以附加险条款为准,附加险条款未尽之处,以主险条款为准。

第二条　本保险合同中的被保险新能源汽车是指在中华人民共和国境内(不含港、澳、台地区)行驶,采用新型动力系统,完全或主要依靠新型能源驱动,上道路行驶的供人员乘用或者用于运送物品以及进行专项作业的轮式车辆、履带式车辆和其他运载工具,但不包括摩托车、拖拉机、特种车。

第三条　本保险合同中的第三者是指因被保险新能源汽车发生意外事故遭受人身伤亡或者财产损失的人,但不包括被保险新能源汽车本车车上人员、被保险人。

第四条　本保险合同中的车上人员是指发生意外事故的瞬间,在被保险新能源汽车车体内或车体上的人员,包括正在上下车的人员。

第五条　本保险合同中的各方权利和义务,由保险人、投保人遵循公平原则协商确定。保险人、投保人自愿订立本保险合同。

除本保险合同另有约定外,投保人应在保险合同成立时一次交清保险费。保险费未交清前,本保险合同不生效。

第一章　新能源汽车损失保险

保险责任

第六条　保险期间内,被保险人或被保险新能源汽车驾驶人(以下简称"驾驶人")在使用被保险新能源汽车过程中,因自然灾害、意外事故(含起火燃烧)造成被保险新能源汽车下列设备的直接损失,且不属于免除保险人责任的范围,保险人依照本保险合同的约定负责赔偿。

(一)车身;

(二)电池及储能系统、电机及驱动系统、其他控制系统;

(三)其他所有出厂时的设备。

使用包括行驶、停放、充电及作业。

第七条　保险期间内,被保险新能源汽车被盗窃、抢劫、抢夺,经出险地县级以上公安刑侦部门立案证明,满60天未查明下落的全车损失,以及因被盗窃、抢劫、抢夺受到损坏造成的直接损失,且不属于免除保险人责任的范围,保险人依照本保险合同的约定负责赔偿。

第八条　发生保险事故时,被保险人或驾驶人为防止或者减少被保险新能源汽车的损失所支付的必要的、合理的施救费用,由保险人承担;施救费用数额在被保险新能源汽车损失赔偿金额以外另行计算,最高不超过保险金额。

责任免除

第九条 在上述保险责任范围内,下列情况下,不论任何原因造成被保险新能源汽车的任何损失和费用,保险人均不负责赔偿:

(一)事故发生后,被保险人或驾驶人故意破坏、伪造现场,毁灭证据;

(二)驾驶人有下列情形之一者:

1. 交通肇事逃逸;

2. 饮酒、吸食或注射毒品、服用国家管制的精神药品或者麻醉药品;

3. 无驾驶证,驾驶证被依法扣留、暂扣、吊销、注销期间;

4. 驾驶与驾驶证载明的准驾车型不相符合的新能源汽车。

(三)被保险新能源汽车有下列情形之一者:

1. 发生保险事故时被保险新能源汽车行驶证、号牌被注销;

2. 被扣留、收缴、没收期间;

3. 竞赛、测试期间,在营业性场所维修、保养、改装期间;

4. 被保险人或驾驶人故意或重大过失,导致被保险新能源汽车被利用从事犯罪行为。

第十条 下列原因导致的被保险新能源汽车的损失和费用,保险人不负责赔偿:

(一)战争、军事冲突、恐怖活动、暴乱、污染(含放射性污染)、核反应、核辐射;

(二)违反安全装载规定;

(三)被保险新能源汽车被转让、改装、加装或改变使用性质等,导致被保险新能源汽车危险程度显著增加,且未及时通知保险人,因危险程度显著增加而发生保险事故的;

(四)投保人、被保险人或驾驶人故意制造保险事故。

第十一条 下列损失和费用,保险人不负责赔偿:

(一)因市场价格变动造成的贬值、修理后因价值降低引起的减值损失;

(二)自然磨损、电池衰减、朽蚀、腐蚀、故障、本身质量缺陷;

(三)投保人、被保险人或驾驶人知道保险事故发生后,故意或者因重大过失未及时通知,致使保险事故的性质、原因、损失程度等难以确定的,保险人对无法确定的部分,不承担赔偿责任,但保险人通过其他途径已经知道或者应当及时知道保险事故发生的除外;

(四)因被保险人违反本条款第十五条约定,导致无法确定的损失;

(五)车轮单独损失,无明显碰撞痕迹的车身划痕,以及新增加设备的损失;

(六)非全车盗抢、仅车上零部件或附属设备被盗窃;

(七)充电期间因外部电网故障导致被保险新能源汽车的损失。

免赔额

第十二条 对于投保人与保险人在投保时协商确定绝对免赔额的,保险人在依据本保险合同约定计算赔款的基础上,增加每次事故绝对免赔额。

保险金额

第十三条 保险金额按投保时被保险新能源汽车的实际价值确定。

投保时被保险新能源汽车的实际价值由投保人与保险人根据投保时的新车购置价减去折旧金额后的价格协商确定或其他市场公允价值协商确定。

折旧金额可根据本保险合同列明的参考折旧系数表确定。

赔偿处理

第十四条 发生保险事故后,保险人依据本条款约定在保险责任范围内承担赔偿责任。赔偿方式由保险人与被保险人协商确定。

第十五条 因保险事故损坏的被保险新能源汽车,修理前被保险人应当会同保险人检验,协商确定维修机构、修理项目、方式和费用。无法协商确定的,双方委托共同认可的有资质的第三方进行评估。

第十六条 被保险新能源汽车遭受损失后的残余部分由保险人、被保险人协商处理。如折归被保险人的,由双方协商确定其价值并在赔款中扣除。

第十七条 因第三方对被保险新能源汽车的损害而造成保险事故,被保险人向第三方索赔的,保险人应积极协助;被保险人也可以直接向本保险人索赔,保险人在保险金额内先行赔付被保险人,并在赔偿金额内代位行使被保险人对第三方请求赔偿的权利。

被保险人已经从第三方取得损害赔偿的,保险人进行赔偿时,相应扣减被保险人从第三方已取得的赔偿金额。

保险人未赔偿之前,被保险人放弃对第三方请求赔偿的权利的,保险人不承担赔偿责任。

被保险人故意或者因重大过失致使保险人不能行使代位请求赔偿的权利的,保险人可以扣减或者要求返还相应的赔款。

保险人向被保险人先行赔付的,保险人向第三方行使代位请求赔偿的权利时,被保险人应当向保险人提供必要的文件和所知道的有关情况。

第十八条 被保险新能源汽车损失赔款按以下方法计算:

(一)全部损失

赔款=保险金额-被保险人已从第三方获得的赔偿金额-绝对免赔额

(二)部分损失

被保险新能源汽车发生部分损失,保险人按实际修复费用在保险金额内计算赔偿:

赔款=实际修复费用-被保险人已从第三方获得的赔偿金额-绝对免赔额

(三)施救费

施救的财产中,含有本保险合同之外的财产,应按本保险合同保险财产的实际价值占总施救财产的实际价值比例分摊施救费用。

第十九条 被保险新能源汽车发生本保险事故,导致全部损失,或一次赔款金额与免赔金额之和(不含施救费)达到保险金额,保险人按本保险合同约定支付赔款后,本保险责任终止,保险人不退还新能源汽车损失保险及其附加险的保险费。

第二章　新能源汽车第三者责任保险

保险责任

第二十条　保险期间内，被保险人或其允许的驾驶人在使用被保险新能源汽车过程中发生意外事故(含起火燃烧)，致使第三者遭受人身伤亡或财产直接损毁，依法应当对第三者承担的损害赔偿责任，且不属于免除保险人责任的范围，保险人依照本保险合同的约定，对于超过机动车交通事故责任强制保险各分项赔偿限额的部分负责赔偿。

使用包括行驶、停放、充电及作业。

第二十一条　保险人依据被保险新能源汽车一方在事故中所负的事故责任比例，承担相应的赔偿责任。

被保险人或被保险新能源汽车一方根据有关法律法规选择自行协商或由公安机关交通管理部门处理事故，但未确定事故责任比例的，按照下列规定确定事故责任比例：

被保险新能源汽车一方负主要事故责任的，事故责任比例为70%；

被保险新能源汽车一方负同等事故责任的，事故责任比例为50%；

被保险新能源汽车一方负次要事故责任的，事故责任比例为30%。

涉及司法或仲裁程序的，以法院或仲裁机构最终生效的法律文书为准。

责任免除

第二十二条　在上述保险责任范围内，下列情况下，不论任何原因造成的人身伤亡、财产损失和费用，保险人均不负责赔偿：

(一)事故发生后，被保险人或驾驶人故意破坏、伪造现场，毁灭证据；

(二)驾驶人有下列情形之一者：

1. 交通肇事逃逸；

2. 饮酒、吸食或注射毒品、服用国家管制的精神药品或者麻醉药品；

3. 无驾驶证，驾驶证被依法扣留、暂扣、吊销、注销期间；

4. 驾驶与驾驶证载明的准驾车型不相符合的新能源汽车；

5. 非被保险人允许的驾驶人。

(三)被保险新能源汽车有下列情形之一者：

1. 发生保险事故时被保险新能源汽车行驶证、号牌被注销的；

2. 被扣留、收缴、没收期间；

3. 竞赛、测试期间，在营业性场所维修、保养、改装期间；

4. 全车被盗窃、抢劫、抢夺、下落不明期间。

第二十三条　下列原因导致的人身伤亡、财产损失和费用，保险人不负责赔偿：

(一)战争、军事冲突、恐怖活动、暴乱、污染(含放射性污染)、核反应、核辐射；

(二)第三者、被保险人或驾驶人故意制造保险事故、犯罪行为，第三者与被保险人或其他致害人恶意串通的行为；

(三)被保险新能源汽车被转让、改装、加装或改变使用性质等，导致被保险新能源汽车危险程度显著增加，且未及时通知保险人，因危险程度显著增加而发生保险事故的。

第二十四条　下列人身伤亡、财产损失和费用，保险人不负责赔偿：

(一)被保险新能源汽车发生意外事故，致使任何单位或个人停业、停驶、停电、停水、停气、停产、通讯或网络中断、电压变化、数据丢失造成的损失以及其他各种间接损失；

(二)第三者财产因市场价格变动造成的贬值，修理后因价值降低引起的减值损失；

(三)被保险人及其家庭成员、驾驶人及其家庭成员所有、承租、使用、管理、运输或代管的财产的损失，以及本车上财产的损失；

(四)被保险人、驾驶人、本车车上人员的人身伤亡；

(五)停车费、保管费、扣车费、罚款、罚金或惩罚性赔款；

(六)超出《道路交通事故受伤人员临床诊疗指南》和国家基本医疗保险同类医疗费用标准的费用部分；

(七)律师费，未经保险人事先书面同意的诉讼费、仲裁费；

(八)投保人、被保险人或驾驶人知道保险事故发生后，故意或者因重大过失未及时通知，致使保险事故的性质、原因、损失程度等难以确定的，保险人对无法确定的部分，不承担赔偿责任，但保险人通过其他途径已经知道或者应当及时知道保险事故发生的除外；

(九)因被保险人违反本条款第二十八条约定，导致无法确定的损失；

(十)精神损害抚慰金；

(十一)应当由机动车交通事故责任强制保险赔偿的损失和费用；

保险事故发生时，被保险新能源汽车未投保机动车交通事故责任强制保险或机动车交通事故责任强制保险合同已经失效的，对于机动车交通事故责任强制保险责任限额以内的损失和费用，保险人不负责赔偿。

责任限额

第二十五条　每次事故的责任限额，由投保人和保险人在签订本保险合同时协商确定。

第二十六条　主车和挂车连接使用时视为一体，发生保险事故时，由主车保险人和挂车保险人按照保险单上载明的第三者责任保险责任限额的比例，在各自的责任限额内承担赔偿责任。

赔偿处理

第二十七条　保险人对被保险人或其允许的驾驶人给第三者造成的损害，可以直接向该第三者赔偿。

被保险人或其允许的驾驶人给第三者造成损害，对第三者应负的赔偿责任确定的，根据被保险人的请求，保险人应当直接向该第三者赔偿。被保险人怠于请求的，第三者就其应获赔偿部分直接向保险人请求赔偿的，保险人可以直接向该第三者赔偿。

被保险人或其允许的驾驶人给第三者造成损害，未向该第三者赔偿的，保险人不得向被保险人赔偿。

第二十八条　发生保险事故后，保险人依据本条款约定在保险责任范围内承担赔偿责任。赔偿方式由保险人与被保险人协商确定。

因保险事故损坏的第三者财产，修理前被保险人应当会同保险人检验,协商确定维修机构、修理项目、方式和费用。无法协商确定的,双方委托共同认可的有资质的第三方进行评估。

第二十九条 赔款计算

(一)当(依合同约定核定的第三者损失金额-机动车交通事故责任强制保险的分项赔偿限额)×事故责任比例等于或高于每次事故责任限额时:

赔款=每次事故责任限额

(二)当(依合同约定核定的第三者损失金额-机动车交通事故责任强制保险的分项赔偿限额)×事故责任比例低于每次事故责任限额时:

赔款=(依合同约定核定的第三者损失金额-机动车交通事故责任强制保险的分项赔偿限额)×事故责任比例

第三十条 保险人按照《道路交通事故受伤人员临床诊疗指南》和国家基本医疗保险的同类医疗费用标准核定医疗费用的赔偿金额。

未经保险人书面同意,被保险人自行承诺或支付的赔偿金额,保险人有权重新核定。不属于保险人赔偿范围或超出保险人应赔偿金额的,保险人不承担赔偿责任。

第三章 新能源汽车车上人员责任保险

保险责任

第三十一条 保险期间内,被保险人或其允许的驾驶人在使用被保险新能源汽车过程中发生意外事故(含起火燃烧),致使车上人员遭受人身伤亡,且不属于免除保险人责任的范围,依法应当对车上人员承担的损害赔偿责任,保险人依照本保险合同的约定负责赔偿。

使用包括行驶、停放、充电及作业。

第三十二条 保险人依据被保险新能源汽车一方在事故中所负的事故责任比例,承担相应的赔偿责任。

被保险人或被保险新能源汽车一方根据有关法律法规选择自行协商或由公安机关交通管理部门处理事故,但未确定事故责任比例的,按照下列规定确定事故责任比例:

被保险新能源汽车一方负主要事故责任的,事故责任比例为70%;

被保险新能源汽车一方负同等事故责任的,事故责任比例为50%;

被保险新能源汽车一方负次要事故责任的,事故责任比例为30%。

涉及司法或仲裁程序的,以法院或仲裁机构最终生效的法律文书为准。

责任免除

第三十三条 在上述保险责任范围内,下列情况下,不论任何原因造成的人身伤亡,保险人均不负责赔偿:

(一)事故发生后,被保险人或驾驶人故意破坏、伪造现场,毁灭证据;

(二)驾驶人有下列情形之一者:

1. 交通肇事逃逸;

2. 饮酒、吸食或注射毒品、服用国家管制的精神药品或者麻醉药品;

3. 无驾驶证,驾驶证被依法扣留、暂扣、吊销、注销期间;

4. 驾驶与驾驶证载明的准驾车型不相符合的新能源汽车;

5. 非被保险人允许的驾驶人。

(三)被保险新能源汽车有下列情形之一者:

1. 发生保险事故时被保险新能源汽车行驶证、号牌被注销的;

2. 被扣留、收缴、没收期间;

3. 竞赛、测试期间,在营业性场所维修、保养、改装期间;

4. 全车被盗窃、抢劫、抢夺、下落不明期间。

第三十四条 下列原因导致的人身伤亡,保险人不负责赔偿:

(一)战争、军事冲突、恐怖活动、暴乱、污染(含放射性污染)、核反应、核辐射;

(二)被保险新能源汽车被转让、改装、加装或改变使用性质等,导致被保险新能源汽车危险程度显著增加,且未及时通知保险人,因危险程度显著增加而发生保险事故的;

(三)投保人、被保险人或驾驶人故意制造保险事故。

第三十五条 下列人身伤亡、损失和费用,保险人不负责赔偿:

(一)被保险人及驾驶人以外的其他车上人员的故意行为造成的自身伤亡;

(二)车上人员因疾病、分娩、自残、斗殴、自杀、犯罪行为造成的自身伤亡;

(三)罚款、罚金或惩罚性赔款;

(四)超出《道路交通事故受伤人员临床诊疗指南》和国家基本医疗保险同类医疗费用标准的费用部分;

(五)律师费,未经保险人事先书面同意的诉讼费、仲裁费;

(六)投保人、被保险人或驾驶人知道保险事故发生后,故意或者因重大过失未及时通知,致使保险事故的性质、原因、损失程度等难以确定的,保险人对无法确定的部分,不承担赔偿责任,但保险人通过其他途径已经知道或者应当及时知道保险事故发生的除外;

(七)精神损害抚慰金;

(八)应当由机动车交通事故责任强制保险赔付的损失和费用。

责任限额

第三十六条 驾驶人每次事故责任限额和乘客每次事故每人责任限额由投保人和保险人在投保时协商确定。投保乘客座位数按照被保险新能源汽车的核定载客数(驾驶人座位除外)确定。

赔偿处理

第三十七条 赔款计算

(一)对每座的受害人,当(依合同约定核定的每座车上人员人身伤亡损失金额-应由机动车交通事故责任强制保险赔偿的金额)×事故责任比例高于或等于每次事故每座责任限额时:

赔款=每次事故每座责任限额

(二)对每座的受害人,当(依合同约定核定的每座车上人员人身伤亡损失金额-应由机动车交通事故责任强制保险赔偿的金额)×事故责任比例低于每次事故每座责任限额时:

赔款=(依合同约定核定的每座车上人员人身伤亡损失金额-应由机动车交通事故责任强制保险赔偿的金额)×事故责任比例

第三十八条　保险人按照《道路交通事故受伤人员临床诊疗指南》和国家基本医疗保险的同类医疗费用标准核定医疗费用的赔偿金额。

未经保险人书面同意,被保险人自行承诺或支付的赔偿金额,保险人有权重新核定。不属于保险人赔偿范围或超出保险人应赔偿金额的,保险人不承担赔偿责任。

第四章　通用条款

保险期间

第三十九条　除另有约定外,保险期间为一年,以保险单载明的起讫时间为准。

其他事项

第四十条　发生保险事故时,被保险人或驾驶人应当及时采取合理的、必要的施救和保护措施,防止或者减少损失,并在保险事故发生后 48 小时内通知保险人。

被保险新能源汽车全车被盗抢的,被保险人知道保险事故发生后,应在 24 小时内向出险当地公安刑侦部门报案,并通知保险人。

被保险人索赔时,应当向保险人提供与确认保险事故的性质、原因、损失程度等有关的证明和资料。

被保险人应当提供保险单、损失清单、有关费用单据、被保险新能源汽车行驶证和发生事故时驾驶人的驾驶证。

属于道路交通事故的,被保险人应当提供公安机关交通管理部门或法院等机构出具的事故证明、有关的法律文书(判决书、调解书、裁定书、裁决书等)及其他证明。被保险人或其允许的驾驶人根据有关法律法规规定选择自行协商方式处理交通事故的,被保险人应当提供依照《道路交通事故处理程序规定》签订记录交通事故情况的协议书。

被保险新能源汽车被盗抢的,被保险人索赔时,须提供保险单、损失清单、有关费用单据、《机动车登记证书》、机动车来历凭证以及出险当地县级以上公安刑侦部门出具的盗抢立案证明。

第四十一条　保险人按照本保险合同的约定,认为被保险人索赔提供的有关证明和资料不完整的,应当及时一次性通知被保险人补充提供。

第四十二条　保险人收到被保险人的赔偿请求后,应当及时作出核定;情形复杂的,应当在 30 日内作出核定。保险人应当将核定结果通知被保险人;对属于保险责任的,在与被保险人达成赔偿协议后 10 日内,履行赔偿义务。保险合同对赔偿期限另有约定的,保险人应当按照约定履行赔偿义务。

保险人未及时履行前款约定义务的,除支付赔款外,应当赔偿被保险人因此受到的损失。

第四十三条　保险人依照本条款第四十二条的约定作出核定后,对不属于保险责任的,应当自作出核定之日起 3 日内向被保险人发出拒绝赔偿通知书,并说明理由。

第四十四条　保险人自收到赔偿请求和有关证明、资料之日起 60 日内,对其赔偿数额不能确定的,应当根据已有证明和资料可以确定的数额先予支付;保险人最终确定赔偿数额后,应当支付相应的差额。

第四十五条　保险人受理报案、现场查勘、核定损失、参与诉讼、进行抗辩、要求被保险人提供证明和资料、向被保险人提供专业建议等行为,均不构成保险人对赔偿责任的承诺。

第四十六条　在保险期间内,被保险新能源汽车转让他人的,受让人承继被保险人的权利和义务。被保险人或者受让人应当及时通知保险人,并及时办理保险合同变更手续。

因被保险新能源汽车转让导致被保险新能源汽车危险程度发生显著变化的,保险人自收到前款约定的通知之日起 30 日内,可以相应调整保险费或者解除本保险合同。

第四十七条　保险责任开始前,投保人要求解除本保险合同的,应当向保险人支付应交保险费金额 3% 的退保手续费,保险人应当退还保险费。

保险责任开始后,投保人要求解除本保险合同的,自通知保险人之日起,本保险合同解除。保险人按日收取自保险责任开始之日起至合同解除之日止期间的保险费,并退还剩余部分保险费。

第四十八条　因履行本保险合同发生的争议,由当事人协商解决,协商不成的,由当事人从下列两种合同争议解决方式中选择一种,并在本保险合同中载明:

(一)提交保险单载明的仲裁委员会仲裁;

(二)依法向人民法院起诉。

本保险合同适用中华人民共和国法律。

附加险

附加险条款的法律效力优于主险条款。附加险条款未尽事宜,以主险条款为准。除附加险条款另有约定外,主险中的责任免除、双方义务同样适用于附加险。主险保险责任终止的,其相应的附加险保险责任同时终止。

1. 附加外部电网故障损失险
2. 附加自用充电桩损失保险
3. 附加自用充电桩责任保险
4. 附加绝对免赔率特约条款
5. 附加车轮单独损失险
6. 附加新增加设备损失险
7. 附加车身划痕损失险
8. 附加修理期间费用补偿险
9. 附加车上货物责任险
10. 附加精神损害抚慰金责任险
11. 附加法定节假日限额翻倍险
12. 附加医保外医疗费用责任险
13. 附加新能源汽车增值服务特约条款

附加外部电网故障损失险

投保了新能源汽车损失保险的新能源汽车,可投保本附加险。

(一)保险期间内,投保了本附加险的被保险新能源汽车在充电期间,因外部电网故障,导致被保险新能源汽车的直接损失,且不属于免除保险人责任的范围,保险人依照本保险合同的约定负责赔偿。

(二)发生保险事故时,被保险人为防止或者减少被保险新能源汽车的损失所支付的必要的、合理的施救费用,由保险人承担;施救费用数额在被保险新能源汽车损失赔偿金额以外另行计算,最高不超过主险保险金额。

附加自用充电桩损失保险

投保了新能源汽车损失保险的新能源汽车,可投保本附加险。

第一条 保险责任

保险期间内，保险单载明地址的，被保险人的符合充电设备技术条件、安装标准的自用充电桩，因自然灾害、意外事故、被盗窃或遭他人损坏导致的充电桩自身损失，保险人在保险单载明的本附加险的保险金额内，按照实际损失计算赔偿。

第二条 责任免除

投保人、被保险人或驾驶人故意制造保险事故。

第三条 保险金额

保险金额为2000元、5000元、10000元或20000元，由投保人和保险人在投保时协商确定。

第四条 赔偿处理

（一）发生保险事故后，保险人依据本条款约定在保险责任范围内承担赔偿责任，赔偿方式由保险人与被保险人协商确定。

赔款=实际修复费用-被保险人已从第三方获得的赔偿金额

（二）在保险期间内，累计赔款金额达到保险金额，本附加险保险责任终止。

附加自用充电桩责任保险

投保了新能源汽车第三者责任保险的新能源汽车，可投保本附加险。

第一条 保险责任

保险期间内，保险单载明地址的，被保险人的符合充电设备技术条件、安装标准的自用充电桩造成第三者人身伤亡或财产损失，依法应由被保险人承担的损害赔偿责任，保险人负责赔偿。

第二条 责任免除

因被保险人的故意行为导致。

第三条 责任限额

责任限额由投保人和保险人在投保时协商确定。

附加绝对免赔率特约条款

绝对免赔率为5%、10%、15%、20%，由投保人和保险人在投保时协商确定，具体以保险单载明为准。

被保险新能源汽车发生主险约定的保险事故，保险人按照主险的约定计算赔款后，扣减本特约条款约定的免赔。即：

主险实际赔款=按主险约定计算的赔款×(1-绝对免赔率)

附加车轮单独损失险

投保了新能源汽车损失保险的新能源汽车，可投保本附加险。

第一条 保险责任

保险期间内，被保险人或被保险新能源汽车驾驶人在使用被保险新能源汽车过程中，因自然灾害、意外事故，导致被保险新能源汽车未发生其他部位的损失，仅有车轮（含轮胎、轮毂、轮毂罩）单独的直接损失，且不属于免除保险人责任的范围，保险人依照本附加险合同的约定负责赔偿。

第二条 责任免除

（一）车轮（含轮胎、轮毂、轮毂罩）的自然磨损、朽蚀、腐蚀、故障、本身质量缺陷；

（二）未发生全车盗抢，仅车轮单独丢失。

第三条 保险金额

保险金额由投保人和保险人在投保时协商确定。

第四条 赔偿处理

（一）发生保险事故后，保险人依据本条款约定在保险责任范围内承担赔偿责任。赔偿方式由保险人与被保险人协商确定；

（二）赔款=实际修复费用-被保险人已从第三方获得的赔偿金额；

（三）在保险期间内，累计赔款金额达到保险金额，本附加险保险责任终止。

附加新增加设备损失险

投保了新能源汽车损失保险的新能源汽车，可投保本附加险。

第一条 保险责任

保险期间内，投保了本附加险的被保险新能源汽车因发生新能源汽车损失保险责任范围内的事故，造成车上新增加设备的直接损毁，保险人在保险单载明的本附加险的保险金额内，按照实际损失计算赔偿。

第二条 保险金额

保险金额根据新增加设备投保时的实际价值确定。新增加设备的实际价值是指新增加设备的购置价减去折旧金额后的金额。

第三条 赔偿处理

发生保险事故后，保险人依据本条款约定在保险责任范围内承担赔偿责任。赔偿方式由保险人与被保险人协商确定。

赔款=实际修复费用-被保险人已从第三方获得的赔偿金额

附加车身划痕损失险

投保了新能源汽车损失保险的新能源汽车，可投保本附加险。

第一条 保险责任

保险期间内，被保险新能源汽车在被保险人或被保险新能源汽车驾驶人使用过程中，发生无明显碰撞痕迹的车身划痕损失，保险人按照保险合同约定负责赔偿。

第二条 责任免除

（一）被保险人及其家庭成员、驾驶人及其家庭成员的故意行为造成的损失；

（二）因投保人、被保险人与他人的民事、经济纠纷导致的任何损失；

（三）车身表面自然老化、损坏，腐蚀造成的任何损失。

第三条 保险金额

保险金额为2000元、5000元、10000元或20000元，由投保人和保险人在投保时协商确定。

第四条 赔偿处理

（一）发生保险事故后，保险人依据本条款约定在保险责任范围内承担赔偿责任，赔偿方式由保险人与被保险人协商确定。

赔款=实际修复费用-被保险人已从第三方获得的赔偿金额

（二）在保险期间内，累计赔款金额达到保险金额，本附加险保险责任终止。

附加修理期间费用补偿险

投保了新能源汽车损失保险的新能源汽车，可投保本附加险。

第一条　保险责任

保险期间内，投保了本条款的新能源汽车在使用过程中，发生新能源汽车损失保险责任范围内的事故，造成车身损毁，致使被保险新能源汽车停驶，保险人按保险合同约定，在保险金额内向被保险人补偿修理期间费用，作为代步车费用或弥补停驶损失。

第二条　责任免除

下列情况下，保险人不承担修理期间费用补偿：

（一）因新能源汽车损失保险责任范围以外的事故而致被保险新能源汽车的损毁或修理；

（二）非在保险人认可的修理厂修理时，因车辆修理质量不合要求造成返修；

（三）被保险人或驾驶人拖延车辆送修期间。

第三条　保险金额

本附加险保险金额=补偿天数×日补偿金额。补偿天数及日补偿金额由投保人与保险人协商确定并在保险合同中载明，保险期间内约定的补偿天数最高不超过 90 天。

第四条　赔偿处理

全车损失，按保险单载明的保险金额计算赔偿；部分损失，在保险金额内按约定的日补偿金额乘以从送修之日起至修复之日止的实际天数计算赔偿，实际天数超过双方约定修理天数的，以双方约定的修理天数为准。

保险期间内，累计赔款金额达到保险单载明的保险金额，本附加险保险责任终止。

附加车上货物责任险

投保了新能源汽车第三者责任保险的营业货车，可投保本附加险。

第一条　保险责任

保险期间内，发生意外事故致使被保险新能源汽车所载货物遭受直接损毁，依法应由被保险人承担的损害赔偿责任，保险人负责赔偿。

第二条　责任免除

（一）偷盗、哄抢、自然损耗、本身缺陷、短少、死亡、腐烂、变质、串味、生锈，动物走失、飞失、货物自身起火燃烧或爆炸造成的货物损失；

（二）违法、违章载运造成的损失；

（三）因包装、紧固不善，装载、遮盖不当导致的任何损失；

（四）车上人员携带的私人物品的损失；

（五）保险事故导致的货物减值、运输延迟、营业损失及其他各种间接损失；

（六）法律、行政法规禁止运输的货物的损失。

第三条　责任限额

责任限额由投保人和保险人在投保时协商确定。

第四条　赔偿处理

（一）被保险人索赔时，应提供运单、起运地货物价格证明等相关单据。保险人在责任限额内按起运地价格计算赔偿；

（二）发生保险事故后，保险人依据本条款约定在保险责任范围内承担赔偿责任，赔偿方式由保险人与被保险人协商确定。

附加精神损害抚慰金责任险

投保了新能源汽车第三者责任保险或新能源汽车车上人员责任保险的新能源汽车，可投保本附加险。

在投保人仅投保新能源汽车第三者责任保险的基础上附加本附加险时，保险人只负责赔偿第三者的精神损害抚慰金；在投保人仅投保新能源汽车车上人员责任保险的基础上附加本附加险时，保险人只负责赔偿车上人员的精神损害抚慰金。

第一条　保险责任

保险期间内，被保险人或其允许的驾驶人在使用被保险新能源汽车的过程中，发生投保的主险约定的保险责任内的事故，造成第三者或车上人员的人身伤亡，受害人据此提出精神损害赔偿请求，保险人依据法院判决及保险合同约定，对应由被保险人或被保险新能源汽车驾驶人支付的精神损害抚慰金，在扣除机动车交通事故责任强制保险应当支付的赔款后，在本保险赔偿限额内负责赔偿。

第二条　责任免除

（一）根据被保险人与他人的合同协议，应由他人承担的精神损害抚慰金；

（二）未发生交通事故，仅因第三者或本车人员的惊恐而引起的损害；

（三）怀孕妇女的流产发生在交通事故发生之日起 30 天以外的。

第三条　赔偿限额

本保险每次事故赔偿限额由保险人和投保人在投保时协商确定。

第四条　赔偿处理

本附加险赔偿金额依据生效法律文书或当事人达成且经保险人认可的赔付协议，在保险单所载明的赔偿限额内计算赔偿。

附加法定节假日限额翻倍险

投保了新能源汽车第三者责任保险的家庭自用汽车，可投保本附加险。

保险期间内，被保险人或其允许的驾驶人在法定节假日期间使用被保险新能源汽车发生新能源汽车第三者责任保险范围内的事故，并经公安部门或保险人查勘确认的，被保险新能源汽车第三者责任保险所适用的责任限额在保险单载明的基础上增加一倍。

附加医保外医疗费用责任险

投保了新能源汽车第三者责任保险或新能源汽车车上人员责任保险的新能源汽车，可投保本附加险。

第一条　保险责任

保险期间内，被保险人或其允许的驾驶人在使用被保险新能源汽车的过程中，发生主险保险事故，对于被保险人依照中华人民共和国法律（不含港、澳、台地区法律）应对第三者或车上人员承担的医疗费用，保险人对超出《道路交通事故受伤人员临床诊疗指南》和国家基本医疗保险同类医疗费用标准的部分负责赔偿。

第二条 责任免除

下列损失、费用,保险人不负责赔偿:

(一)在相同保障的其他保险项下可获得赔偿的部分;

(二)所诊治伤情与主险保险事故无关联的医疗、医药费用;

(三)特需医疗类费用。

第三条 赔偿限额

赔偿限额由投保人和保险人在投保时协商确定,并在保险单中载明。

第四条 赔偿处理

被保险人索赔时,应提供由具备医疗机构执业许可的医院或药品经营许可的药店出具的、足以证明各项费用赔偿金额的相关单据。保险人根据被保险人实际承担的责任,在保险单载明的责任限额内计算赔偿。

附加新能源汽车增值服务特约条款

第一条 投保了新能源汽车保险后,可投保本特约条款。

第二条 本特约条款包括道路救援服务特约条款、车辆安全检测特约条款、代为驾驶服务特约条款、代为送检服务特约条款共四个独立的特约条款,投保人可以选择投保全部特约条款,也可以选择投保其中部分特约条款。保险人依照保险合同的约定,按照承保特约条款分别提供增值服务。

第一章 道路救援服务特约条款

第三条 服务范围

保险期间内,被保险新能源汽车在使用过程中发生故障而丧失行驶能力时,保险人或其受托人根据被保险人请求,向被保险人提供如下道路救援服务。

(一)单程50公里以内拖车;

(二)送油、送水、送防冻液、搭电;

(三)轮胎充气、更换轮胎;

(四)车辆脱离困境所需的拖拽、吊车。

第四条 责任免除

(一)根据所在地法律法规、行政管理部门的规定,无法开展相关服务项目的情形;

(二)更换轮胎等服务过程中产生的油料、防冻液、配件、辅料等材料费用;

(三)被保险人或驾驶人的故意行为。

第五条 责任限额

保险期间内,保险人提供2次免费服务,超出2次的,由投保人和保险人在签订保险合同时协商确定,分为5次、10次、15次、20次四档。

第二章 车辆安全检测特约条款

第六条 服务范围

保险期间内,为保障车辆安全运行,保险人或其受托人根据被保险人请求,为被保险新能源汽车提供车辆安全检测服务,车辆安全检测项目包括:

(一)发动机检测(包括机油、空滤、燃油、冷却等);

(二)变速器检测;

(三)转向系统检测(含车轮定位测试、轮胎动平衡测试);

(四)底盘检测;

(五)轮胎检测;

(六)汽车玻璃检测;

(七)汽车电子系统检测、电控电器系统检测;

(八)车内环境检测;

(九)车辆综合安全检测。

第七条 责任免除

(一)检测中发现的问题部件的更换、维修费用;

(二)洗车、打蜡等常规保养费用;

(三)车辆运输费用。

第八条 责任限额

保险期间内,本特约条款的检测项目及服务次数上限由投保人和保险人在签订保险合同时协商确定。

第三章 代为驾驶服务特约条款

第九条 服务范围

保险期间内,保险人或其受托人根据被保险人请求,在被保险人或其允许的驾驶人因饮酒、服用药物等原因无法驾驶或存在重大安全驾驶隐患时提供单程30公里以内的短途代驾服务。

第十条 责任免除

根据所在地法律法规、行政管理部门的要求,无法开展相关服务项目的情形。

第十一条 责任限额

保险期间内,本特约条款的服务次数上限由投保人和保险人在签订保险合同时协商确定。

第四章 代为送检服务特约条款

第十二条 服务范围

保险期间内,按照《中华人民共和国道路交通安全法实施条例》,被保险新能源汽车需由机动车安全技术检验机构实施安全技术检验时,根据被保险人请求,由保险人或其受托人代替车辆所有人进行车辆送检。

第十三条 责任免除

(一)根据所在地法律法规、行政管理部门的要求,无法开展相关服务项目的情形;

(二)车辆检验费用及罚款;

(三)维修费用。

释义

【新能源汽车】指采用新型动力系统,完全或者主要依靠新型能源驱动的汽车,包括插电式混合动力(含增程式)汽车、纯电动汽车和燃料电池汽车等。

【使用被保险新能源汽车过程】指被保险新能源汽车作为一种工具被使用的整个过程,包括行驶、停放、充电及作业,但不包括在营业场所被维修养护期间、被营业单位拖带或被吊装等施救期间。

【自然灾害】指对人类以及人类赖以生存的环境造成破坏性影响的自然现象,包括雷击、暴风、暴雨、洪水、龙卷风、冰雹、台风、热带风暴、地陷、崖崩、滑坡、泥石流、雪崩、冰陷、暴雪、冰凌、沙尘暴、地震及其次生灾害等。

【意外事故】指被保险人不可预料、无法控制的突发性事件,但不包括战争、军事冲突、恐怖活动、暴乱、污染(含放射性污染)、核反应、核辐射等。

【交通肇事逃逸】是指发生道路交通事故后,当事人为逃避法律责任,驾驶或者遗弃车辆逃离道路交通事故现场以及潜逃藏匿的行为。

【车轮单独损失】指未发生被保险新能源汽车其他部位的损失,因自然灾害、意外事故,仅发生轮胎、轮毂、轮毂罩的分别单独损失,或上述三者之中任意二者的共同损失,或三者的共同损失。

【车身划痕】仅发生被保险新能源汽车车身表面油漆的损坏,且无明显碰撞痕迹。

【新增加设备】指被保险新能源汽车出厂时原有设备以外的,另外加装的设备和设施。

【新车购置价】指本保险合同签订地购置与被保险新能源汽车同类型新车的价格,无同类型新车市场销售价格的,由投保人与保险人协商确定。

【全部损失】指被保险新能源汽车发生事故后灭失,或者受到严重损坏完全失去原有形体、效用,或者不能再归被保险人所拥有的,为实际全损;或被保险新能源汽车发生事故后,认为实际全损已经不可避免,或者为避免发生实际全损所需支付的费用超过实际价值的,为推定全损。

【家庭成员】指配偶、父母、子女和其他共同生活的近亲属。

【市场公允价值】指熟悉市场情况的买卖双方在公平交易的条件下和自愿的情况下所确定的价格,或无关联的双方在公平交易的条件下一项资产可以被买卖或者一项负债可以被清偿的成交价格。

【参考折旧系数表】

车辆种类	月折旧系数			
	家庭自用	非营业	营业	
			出租	其他
9 座以下客车	见下表	见下表	1.10%	0.90%
10 座以上客车	0.90%	0.90%	1.10%	0.90%
微型载货汽车	—	0.90%	1.10%	1.10%
带拖挂的载货汽车	—	0.90%	1.10%	1.10%
低速货车和三轮汽车	—	1.10%	1.40%	1.40%
其他车辆	—	0.90%	1.10%	0.90%

表 1　9 座以下客车家庭自用和非营业纯电动新能源汽车折旧系数

新车购置价格区间(万元)	纯电动汽车折旧系数(每月)
0~10	0.82%
10~20	0.77%
20~30	0.72%
30 以上	0.68%

表 2　9 座以下客车家庭自用和非营业插电式混合动力与燃料电池新能源汽车折旧系数

新车购置价格区间	插电式混合动力与燃料电池汽车折旧系数(每月)
所有价格区间	0.63%

折旧按月计算,不足一个月的部分,不计折旧。最高折旧金额不超过投保时被保险新能源汽车新车购置价的 80%。

折旧金额=新车购置价×被保险新能源汽车已使用月数×月折旧系数

凡涉及新车购置价区间分段的陈述都按照“含起点不含终点”的原则来解释。

【饮酒】指驾驶人饮用含有酒精的饮料,驾驶新能源汽车时血液中的酒精含量大于等于 20 mg/100 mL 的。

【法定节假日】法定节假日包括:中华人民共和国国务院规定的元旦、春节、清明节、劳动节、端午节、中秋节和国庆节放假调休日期,及星期六、星期日,具体以国务院公布的文件为准。

法定节假日不包括:1. 因国务院安排调休形成的工作日;2. 国务院规定的一次性全国假日;3. 地方性假日。

【污染(含放射性污染)】指被保险新能源汽车正常使用过程中或发生事故时,由于油料、尾气、货物或其他污染物的泄漏、飞溅、排放、散落等造成的被保险新能源汽车和第三方财产的污损、状况恶化或人身伤亡。

【特需医疗类费用】指医院的特需医疗部门/中心/病房,包括但不限于特需医疗部、外宾医疗部、VIP 部、国际医疗中心、联合医院、联合病房、干部病房、A 级病房、家庭病房、套房等不属于社会基本医疗保险范畴的高等级病房产生的费用,以及名医门诊、指定专家团队门诊、特需门诊、国际门诊等产生的费用。

【外部电网故障】外部电网无法提供正常服务或降低服务质量的状态。

【电池衰减】动力电池不能满足特定的容量、能量或功率性能标准。

附件 2　中国保险行业协会新能源汽车驾乘人员意外伤害保险示范条款(试行)

总　则

第一条　本保险合同由保险条款、投保单、保险单、保险凭证以及批单等组成。凡涉及本保险合同的约定,均应采用书面形式。

第二条　本保险合同的被保险人应为身体健康、能正常工作或正常生活的自然人。

第三条　本保险合同的投保人应为具有完全民事行为能力的被保险人本人、对被保险人有保险利益的其他人。

第四条　本保险合同的受益人包括:

(一)身故保险金受益人

订立本保险合同时,被保险人或投保人可指定一人或数人为身故保险金受益人。身故保险金受益人为数人时,应确定其受益顺序和受益份额;未确定受益份额的,各身故保险金受益人按照相等份额享有受益权。投保人指定受益人时须经被保险人同意。

被保险人死亡后,有下列情形之一的,保险金作为被保险人的遗产,由保险人依照《中华人民共和国民法典》的规定履行给付保险金的义务:

1. 没有指定受益人,或者受益人指定不明无法确定的;
2. 受益人先于被保险人死亡,没有其他受益人的;
3. 受益人依法丧失受益权或者放弃受益权,没有其他受益人的。

受益人与被保险人在同一事件中死亡，且不能确定死亡先后顺序的，推定受益人死亡在先。

被保险人或投保人可以变更身故保险金受益人，但需书面通知保险人，由保险人在本保险合同上批注。

投保人指定或变更身故保险金受益人的，应经被保险人书面同意。被保险人为无民事行为能力人或限制民事行为能力人的，应由其监护人指定或变更身故保险金受益人。

（二）伤残保险金和医疗保险金受益人

除另有约定外，本保险合同的伤残保险金和医疗保险金的受益人为被保险人本人。

第五条　本保险合同中的各方权利和义务，由保险人、投保人遵循公平原则协商确定。保险人、投保人自愿订立本保险合同。

除本保险合同另有约定外，投保人应在保险合同成立时一次交清保险费。保险费未交清前，本保险合同不生效。

保险责任

第六条　保险期间内，被保险人驾驶或乘坐保险单载明车牌号码的新能源汽车，在车辆使用过程中因遭受自然灾害、意外事故导致身故、伤残或医疗费用支出的，保险人依照下列约定给付保险金。

（一）身故保险责任

保险期间内，被保险人驾驶或乘坐保险单载明车牌号码的新能源汽车，在车辆使用过程中因遭受自然灾害、意外事故，并自事故发生之日起一百八十日内因该事故身故的，保险人按意外伤害保险金额给付身故保险金，对该被保险人的保险责任终止。

被保险人因遭受道路交通事故且自该事故发生日起下落不明，后经人民法院宣告死亡的，保险人按意外伤害保险金额给付身故保险金。但若被保险人被宣告死亡后生还的，保险金受领人应于知道或应当知道被保险人生还后三十日内退还保险人给付的身故保险金。

（二）伤残保险责任

保险期间内，被保险人驾驶或乘坐保险单载明车牌号码的新能源汽车，在车辆使用过程中因遭受自然灾害、意外事故，并自该事故发生之日起一百八十日内因该事故造成《人体损伤致残程度分级》所列伤残之一的，保险人按人体致残率比例乘以意外伤害保险金额给付伤残保险金。如第一百八十日治疗仍未结束的，以治疗终结、伤情稳定后进行客观评残，其结果为依据给付保险金。

当同一保险事故造成两处或两处以上伤残时，应首先对各处伤残程度分别进行评定，如果几处伤残等级不同，以最重的伤残等级作为最终的评定结论；如果最重的两处或两处以上伤残等级相同，伤残等级在原评定基础上最多晋升一级，最高晋升至第一级。同一部位和性质的伤残，不应采用《人体损伤致残程度分级》条文两条以上或者同一条文两次以上进行评定。

被保险人如在本次保险事故之前已有伤残，保险人按合并后的伤残程度在《人体损伤致残程度分级》中所对应的人体致残率比例给付伤残保险金，但应扣除原有伤残程度在《人体损伤致残程度分级》所对应的人体致残率比例给付伤残保险金。

（三）医疗保险责任

本保险期间内，被保险人驾驶或乘坐保险单载明车牌号码的新能源汽车，在车辆使用过程中因遭受自然灾害、意外事故导致意外伤害，并因此在符合本保险合同释义的医院（以下简称“医院”）进行治疗，保险人就其自事故发生之日起一百八十日内实际支出的未超出《道路交通事故受伤人员临床诊疗指南》和国家基本医疗保险同类医疗费用标准的必要、合理的医疗费用，在意外伤害医疗保险金额内负责赔偿。

责任免除

第七条　被保险人作为驾驶人时存在下列情形之一的，保险人对该被保险人不承担给付保险金责任：

（一）饮酒、吸食或注射毒品、服用国家管制的精神药品或者麻醉药品；

（二）无驾驶证，驾驶证被依法扣留、暂扣、吊销、注销期间；

（三）驾驶与驾驶证载明的准驾车型不相符合的新能源汽车；

（四）竞赛、测试期间；

（五）发生保险事故时保险单载明车牌号码的新能源汽车行驶证、号牌被注销。

第八条　下列原因导致的被保险人身故、伤残的，保险人不承担给付保险金责任：

（一）投保人、被保险人或驾驶人故意制造保险事故；

（二）被保险人自致伤害或自杀，但被保险人自杀时为无民事行为能力人的除外；

（三）因被保险人挑衅或故意行为而导致的打斗、被袭击或被谋杀；

（四）被保险人妊娠、流产、分娩、疾病、药物过敏、中暑、猝死；

（五）被保险人故意犯罪或者抗拒依法采取的刑事强制措施；

（六）保险单载明车牌号码的新能源汽车被转让、改装、加装或改变使用性质等，导致保险单载明车牌号码的新能源汽车危险程度显著增加，且未及时通知保险人，因危险程度显著增加而发生保险事故的。

第九条　下列损失和费用，保险人不承担给付保险金责任：

（一）所诊治伤情与保险事故无关联的医疗、医药费用；

（二）超出《道路交通事故受伤人员临床诊疗指南》和国家基本医疗保险同类医疗费用标准的费用部分；

（三）不以器官功能恢复为目的的整容、矫形手术、植入材料支付的医疗费用；

（四）预防类、保健类、心理治疗类医疗费用；

（五）交通费、伙食费、误工费、丧葬费；

（六）投保人、被保险人或受益人知道保险事故发生后，故意或者因重大过失未及时通知，致使保险事故的性质、原因、损失程度等难以确定的，保险人对无法确定的部分，不承担赔偿责任，但保险人通过其他途径已经及时知道或者应当及时知道保险事故发生的除外；

（七）保险金申请人未能提供有关材料，导致保险人无法核实该申请的真实性的，保险人对无法核实部分不承担给付保险金的责任。

保险金额

第十条　保险金额是保险人承担给付保险金责任的最高限额。

本保险合同的保险金额分为意外伤害保险金额、意外伤害医疗保险金额，由投保人、保险人双方约定，并在保险单中载明。保险期间内，身故保险金、伤残保险金的保险金累计给付金额以保险单载明的意外伤害保险金额为限。

保险金给付

第十一条　被保险人身故前保险人已给付伤残保险金的，身故保险金应扣除已给付的伤残保险金。

第十二条　保险期间内，被保险人如果已从其他途径获得补偿，则保险人只承担合理医疗费用剩余部分的意外伤害医疗保险金给付责任。

被保险人不论一次或多次发生意外伤害保险事故，保险人均按第六条（三）约定分别给付意外伤害医疗保险金。

第十三条　被保险人发生保险事故，导致以此给付金额达到保险金额，保险人按本合同约定给付保险金后，本保险责任终止，保险人不退还驾乘人员意外伤害保险及其附加险的保险费。

保险期间

第十四条　除另有约定外，保险期间为一年，以保险单载明的起讫时间为准。

其他事项

第十五条　被保险人索赔时，应当向保险人提供与确认保险事故的性质、原因、损失程度等有关的证明和资料。保险金申请人因特殊原因不能提供以下材料的，应提供其他合法有效的材料：

（一）申请身故保险金时，需提供以下资料：

1. 保险金给付申请书；

2. 保险单原件或其他能够有效证明保险合同有效的材料；

3. 保险金申请人的身份证明；

4. 公安机关交通管理部门或法院等机构出具的事故证明、有关的法律文书（判决书、调解书、裁定书、裁决书等）及其他证明；被保险人为驾驶人的还应当提供公安交通管理部门发放的机动车驾驶证、机动车行驶证；

5. 公安部门或司法部门、二级及二级以上医院或保险人认可的医疗机构出具的被保险人死亡证明或验尸报告；若被保险人为宣告死亡，保险金申请人应提供法院出具的宣告死亡证明文件；

6. 保险金申请人所能提供的与确认保险事故的性质、原因、损失程度等有关的其他证明和资料。

（二）申请伤残保险金时，需提供以下资料：

1. 保险金给付申请书；

2. 保险单原件或其他能够有效证明保险合同有效的材料；

3. 被保险人身份证明；

4. 公安机关交通管理部门或法院等机构出具的事故证明、有关的法律文书（判决书、调解书、裁定书、裁决书等）及其他证明；被保险人为驾驶人的还应当提供公安交通管理部门发放的有效的机动车驾驶证、机动车行驶证；

5. 司法鉴定机构出具的伤残鉴定书；

6. 保险金申请人所能提供的与确认保险事故的性质、原因、损失程度等有关的其他证明和资料。

（三）医疗保险金的申请

1. 保险金给付申请书；

2. 保险单原件或其他能够有效证明保险合同有效的材料；

3. 被保险人身份证明；

4. 医院出具的医疗证明和医疗费用凭证；

5. 公安机关交通管理部门或法院等机构出具的事故证明、有关的法律文书（判决书、调解书、裁定书、裁决书等）及其他证明；被保险人为驾驶人的还应当提供公安交通管理部门发放的机动车驾驶证、机动车行驶证；

6. 保险金申请人所能提供的与确认保险事故的性质、原因、损失程度等有关的其他证明和资料。

第十六条　保险人按照本保险合同的约定，认为被保险人提供的有关索赔的证明和资料不完整的，应当及时一次性通知被保险人补充提供。

第十七条　保险人收到被保险人的给付保险金的请求后，应当及时作出是否属于保险责任的核定；情形复杂的，保险人将在确定是否属于保险责任的基本材料收集齐全后，三十日作出核定。

保险人应当将核定结果通知被保险人；对属于保险责任的，在与被保险人达成给付保险金的协议后十日内，履行给付保险金义务。保险合同对给付保险金的期限有约定的，保险人应当按照约定履行给付保险金的义务。保险人依照前款约定作出核定后，对不属于保险责任的，应当自作出核定之日起三日内向被保险人发出拒绝给付保险金通知书，并说明理由。

第十八条　保险人自收到给付保险金的请求和有关证明、资料之日起六十日内，对其给付的数额不能确定的，应当根据已有证明和资料可以确定的数额先予支付；保险人最终确定给付的数额后，应当支付相应的差额。

第十九条　保险人受理报案、现场查勘、核定损失、参与诉讼、进行抗辩、要求被保险人提供证明和资料、向被保险人提供专业建议等行为，均不构成保险人对赔偿责任的承诺。

第二十条　保险责任开始前，投保人要求解除本保险合同的，应当向保险人支付应交保险费金额3%的退保手续费，保险人应当退还保险费。

保险责任开始后，投保人要求解除本保险合同的，自通知保险人之日起，本保险合同解除，但保险人已根据本保险合同约定给付保险金的除外。保险人按日收取自保险责任开始之日起至合同解除之日止期间的保险费，并退还剩余部分保险费。

第二十一条　投保人解除本保险合同时，应提供下列证明文件和资料：

（一）保险合同解除申请书；

（二）保险单；

（三）保险费交付凭证；

（四）投保人身份证明。

第二十二条 因履行本保险合同发生的争议，由当事人协商解决，协商不成的，由当事人从下列两种合同争议解决方式中选择一种，并在本保险合同中载明：

（一）提交保险单载明的仲裁委员会仲裁；

（二）依法向人民法院起诉。

本保险合同适用中华人民共和国法律（不含港、澳、台地区法律）。

附加险

附加险条款的法律效力优于主险条款。附加险条款未尽事宜，以主险条款为准。除附加险条款另有约定外，主险中的责任免除、双方义务同样适用于附加险。主险保险责任终止的，其相应的附加险保险责任同时终止。

1. 附加住院津贴保险

2. 附加医保外医疗费用补偿险

附加住院津贴保险

第一条 保险责任

保险期间内，发生主险保险事故，并自事故发生之日起一百八十日内因该事故在医院进行住院治疗，保险人就被保险人的合理住院天数，按照保险单载明的意外伤害住院津贴日额计算给付“意外伤害住院津贴保险金”。

被保险人多次遭受自然灾害、意外事故进行住院治疗，保险人均按上述约定分别给付意外伤害住院津贴保险金，但保险人一次或多次累计给付意外伤害住院津贴保险金的天数以一百八十天为限，当累计给付天数达到一百八十天时，本附加保险合同对被保险人的保险责任终止。

第二条 保险金额

本保险合同的住院津贴日额由投保人、保险人双方约定，并在保险单中载明。

附加医保外医疗费用补偿险

第一条 保险责任

保险期间内，发生主险保险事故，被保险人需要入院进行治疗，保险人对超出《道路交通事故受伤人员临床诊疗指南》和国家基本医疗保险同类医疗费用标准的部分进行补偿。

第二条 保险金额

保险金额由投保人和保险人在投保时协商确定，并在保险单中载明。

第三条 责任免除

下列损失、费用，保险人不负责赔偿：

（一）被保险人的损失在相同保障的其他保险项下可获得赔偿的部分；

（二）所诊治伤情与主险保险事故无关联的医疗、医药费用；

（三）特需医疗类费用。

第四条 保险金给付

被保险人索赔时，应提供医院出具的，足以证明各项费用的单据。保险人根据被保险人的实际损失，在保险单载明的保险金额内承担保险金给付责任。

释义

【新能源汽车】指采用新型动力系统，完全或者主要依靠新型能源驱动的汽车，包括插电式混合动力（含增程式）汽车、纯电动汽车和燃料电池汽车等。

【车辆使用过程】指保险单载明车牌号码的新能源汽车作为一种工具被使用的整个过程，包括行驶、停放、充电及作业，但不包括在营业场所被维修养护期间、被营业单位拖带或被吊装等施救期间。

【自然灾害】指对人类以及人类赖以生存的环境造成破坏性影响的自然现象，包括雷击、暴风、暴雨、洪水、龙卷风、冰雹、台风、热带风暴、地陷、崖崩、滑坡、泥石流、雪崩、冰陷、暴雪、冰凌、沙尘暴、地震及其次生灾害等。

【意外事故】指被保险人不可预料、无法控制的突发性事件，但不包括战争、军事冲突、恐怖活动、暴乱、污染（含放射性污染）、核反应、核辐射等。

【意外伤害】指以外来的、突发的、非本意的、非疾病的客观事件为直接且单独的原因致使身体受到的伤害。

【人体损伤致残程度分级】指最高人民法院、最高人民检察院、公安部、国家安全部、司法部于2016年《关于发布〈人体损伤致残程度分级〉的公告》中所公布的《人体损伤致残程度分级》。

【医院】指保险人与投保人约定的定点医院，未约定定点医院的，则指经中华人民共和国卫生部门评审确定的二级或二级以上的公立医院，但不包括主要作为诊所、康复、护理、休养、静养、戒酒、戒毒等或类似的医疗机构。该医院必须具有符合国家有关医院管理规则设置标准的医疗设备，且全天二十四小时有合格医师及护士驻院提供医疗及护理服务。

【住院】指被保险人确因临床需要，正式办理入院及出院手续，并确实入住医疗机构正式病房接受治疗的行为过程，且入住医疗机构必须达二十四小时以上且由医疗机构收取病房或床位费用。

【保险金申请人】指受益人或被保险人的继承人或依法享有保险金请求权的其他自然人。

【特需医疗类费用】指医院的特需医疗部门/中心/病房，包括但不限于特需医疗部、外宾医疗部、VIP部、国际医疗中心、联合医院、联合病房、干部病房、A级病房、家庭病房、套房等不属于国家基本医疗保险范畴的高等级病房产生的费用，以及名医门诊、指定专家团队门诊、特需门诊、国际门诊等产生的费用。

21. 关于启动新一批燃料电池汽车示范应用工作的通知

财建〔2021〕437号

河北、河南省财政厅、工业和信息化厅、科技厅、发展改革委、能源局：

根据《关于完善新能源汽车推广应用财政补贴政策的通知》（财建〔2020〕86号）、《关于开展燃料电池汽车示范应用的通知》（财建〔2020〕394号）等文件要求，经专家评审，原则同意你省所报送的城市群启动实施燃料电池汽车示范应用工作，示范期为 4 年。财政部、工业和信息化部、科技部、国家发展改革委、国家能源局（以下合称五部门）将依托专家委员会和第三方机构，对示范应用工作进行指导，并按照《燃料电池汽车示范城市群考核评价规则》（见附件）予以考核，考核结果作为中央财政对示范城市群安排奖励资金的依据。

你省有关部门要切实加强燃料电池汽车示范应用工作组织实施，建立健全示范应用统筹协调机制，推动牵头城市人民政府不断提升示范应用水平，加快形成燃料电池汽车发展可复制可推广的先进经验；要建立健全安全管理制度，确定牵头责任部门，加强燃料电池汽车运行安全监管，制定相关应急预案；要充分依托全国范围内产业链上优秀企业实施示范，立足建立完整产业链供应链，畅通国内大循环，切实避免地方保护和低水平重复建设；要合理确定示范目标，探索合理商业模式，加强燃料电池汽车运行管理，防止出现车辆闲置等现象。示范应用工作实施中如遇问题，应及时向五部门反映。

特此通知。

财政部
工业和信息化部
科技部
国家发展改革委
国家能源局
2021 年 12 月 20 日

22. 关于 2022 年新能源汽车推广应用财政补贴政策的通知

财建〔2021〕466 号

各省、自治区、直辖市、计划单列市财政厅（局）、工业和信息化主管部门、科技厅（局、科委）、发展改革委：

为进一步支持新能源汽车产业高质量发展，做好新能源汽车推广应用工作，现就 2022 年新能源汽车推广应用财政补贴政策有关事项通知如下：

一、保持技术指标体系稳定，坚持平缓补贴退坡力度

为创造稳定政策环境，2022 年保持现行购置补贴技术指标体系框架及门槛要求不变。根据《财政部　工业和信息化部　科技部　发展改革委关于完善新能源汽车推广应用财政补贴政策的通知》（财建〔2020〕86 号）要求，2022 年，新能源汽车补贴标准在 2021 年基础上退坡 30%；城市公交、道路客运、出租（含网约车）、环卫、城市物流配送、邮政快递、民航机场以及党政机关公务领域符合要求的车辆，补贴标准在 2021 年基础上退坡 20%。

二、明确政策终止日期，做好政策收尾工作

根据《财政部　工业和信息化部　科技部　发展改革委关于完善新能源汽车推广应用财政补贴政策的通知》（财建〔2020〕86 号）“综合技术进步、规模效应等因素，将新能源汽车推广应用财政补贴政策实施期限延长至 2022 年底”要求，为保持新能源汽车产业良好发展势头，综合考虑新能源汽车产业发展规划、市场销售趋势以及企业平稳过渡等因素，2022 年新能源汽车购置补贴政策于 2022 年 12 月 31 日终止，2022 年 12 月 31 日之后上牌的车辆不再给予补贴。同时，继续加大审核力度，做好以前年度推广车辆的清算收尾工作。

三、加强产品安全监管引导，确保质量和信息安全

健全新能源汽车安全监管体系，进一步压实新能源汽车生产企业主体责任。指导企业健全安全管理机制，强化产品质量保障能力，满足国家关于汽车数据安全、网络安全、在线升级等管理要求。提升企业监测平台效能，提高售后服务能力，做好事故应急响应处置。工业和信息化部联合相关部门建立跨部门信息共享机制，定期汇总起火及重大事故信息，加快建立车辆事故报告制度，对于隐瞒事故信息、不配合调查的，视情节轻重暂停或取消涉事车型补贴资格。

本通知从 2022 年 1 月 1 日起实施。本通知未作规定的事项，继续按照财政部会同有关部门印发的《关于新能源汽车推广应用审批责任有关事项的通知》（财建〔2016〕877 号）、《关于调整新能源汽车推广应用财政补贴政策的通知》（财建〔2016〕958 号）、《关于调整完善新能源汽车推广应用财政补贴政策的通知》（财建〔2018〕18 号）、《关于进一步完善新能源汽车推广应用财政补贴政策的通知》（财建〔2019〕138 号）、《关于支持新能源公交车推广应用的通知》（财建〔2019〕213 号）、《关于完善新能源汽车推广应用财政补贴政策的通知》（财建〔2020〕86 号）、《关于进一步完善新能源汽车推广应用财政补贴政策的通知》（财建〔2020〕593 号）等有关文件执行。

附件：2022 年新能源汽车推广补贴方案

财政部
工业和信息化部
科技部
发展改革委
2021 年 12 月 31 日

附件　2022 年新能源汽车推广补贴方案

一、非公共领域补贴方案

新能源乘用车、新能源客车、新能源货车分别如表 1、表 2、表 3 所示。

表 1　新能源乘用车补贴方案（非公共领域）　单位：万元

车辆类型	纯电动续驶里程 R（工况法、公里）		
纯电动乘用车	300≤R<400	R≥400	R≥50（NEDC 工况）/R≥43（WLTC 工况）
	0.91	1.26	—
插电式混合动力（含增程式）乘用车	—		0.48

1. 纯电动乘用车单车补贴金额=Min{里程补贴标准，车辆带电量×280 元}×电池系统能量密度调整系数×车辆能耗调整系数。
2. 对于非私人购买或用于营运的新能源乘用车，按照相应补贴金额的 0.7 倍给予补贴。
3. 补贴前售价应在 30 万元以下（以机动车销售统一发票、企业官方指导价等为参考依据，“换电模式”除外）。

表 2 新能源客车补贴方案(非公共领域)

车辆类型	中央财政补贴标准(元/kWh)	中央财政补贴调整系数			中央财政单车补贴上限(万元)		
					6<L≤8 m	8<L≤10 m	L>10 m
非快充类纯电动客车	280	单位载质量能量消耗量(Wh/km·kg)			1.4	3.08	5.04
		0.18(含)~0.17	0.17(含)~0.15	0.15 及以下			
		0.8	0.9	1			
快充类纯电动客车	504	快充倍率			1.12	2.24	3.64
		3C~5C(含)	5C~15C(含)	15C 以上			
		0.8	0.9	1			
插电式混合动力(含增程式)客车	336	节油率水平			0.56	1.12	2.13
		60%~65%(含)	65%~70%(含)	70%以上			
		0.8	0.9	1			
单车补贴金额=Min{车辆带电量×单位电量补贴标准;单车补贴上限}×调整系数(包括:单位载质量能量消耗量系数、快充倍率系数、节油率系数)							

表 3 新能源货车补贴方案(非公共领域)

车辆类型	中央财政补贴标准(元/kWh)	中央财政单车补贴上限(万元)		
		N1 类	N2 类	N3 类
纯电动货车	176	1.01	1.96	2.8
插电式混合动力(含增程式)货车	252	—	1.12	1.76

二、公共交通等领域补贴方案

新能源乘用车、新能源客车、新能源货车分别如表 4、表 5、表 6 所示。

表 4 新能源乘用车补贴方案(公共领域) 单位:万元

车辆类型	纯电动续驶里程 R(工况法、公里)		
纯电动乘用车	300≤R<400	R≥400	R≥50(NEDC 工况)/R≥43(WLTC 工况)
	1.3	1.8	—
插电式混合动力(含增程式)乘用车	—		0.72

1. 纯电动乘用车单车补贴金额=Min{里程补贴标准,车辆带电量×396 元}×电池系统能量密度调整系数×车辆能耗调整系数。
2. 对于非私人购买或用于营运的新能源乘用车,按照相应补贴金额的 0.7 倍给予补贴。
3. 补贴前售价应在 30 万元以下(以机动车销售统一发票、企业官方指导价等为参考依据,"换电模式"除外)。

表 5 新能源客车补贴方案(公共领域)

车辆类型	中央财政补贴标准(元/kWh)	中央财政补贴调整系数			中央财政单车补贴上限(万元)		
					6<L≤8m	8<L≤10 m	L>10 m
非快充类纯电动客车	360	单位载质量能量消耗量(Wh/km·kg)			1.8	3.96	6.48
		0.18(含)~0.17	0.17(含)~0.15	0.15 及以下			
		0.8	0.9	1			
快充类纯电动客车	648	快充倍率			1.44	2.88	4.68
		3C~5C(含)	5C~15C(含)	15C 以上			
		0.8	0.9	1			
插电式混合动力(含增程式)客车	432	节油率水平			0.72	1.44	2.74
		60%~65%(含)	65%~70%(含)	70%以上			
		0.8	0.9	1			
单车补贴金额=Min{车辆带电量×单位电量补贴标准;单车补贴上限}×调整系数(包括:单位载质量能量消耗量系数、快充倍率系数、节油率系数)							

表 6 新能源货车补贴方案(公共领域)

车辆类型	中央财政补贴标准(元/kWh)	中央财政单车补贴上限(万元)		
		N1 类	N2 类	N3 类
纯电动货车	252	1.44	3.96	3.96
插电式混合动力(含增程式)货车	360	—	1.44	2.52

二、地方政策

地方政府	政策	文件号	发布单位	发布日期	内容
北京市	北京市2021年国民经济和社会发展计划	政府公报2021年第9期（总第693期）	北京市发展和改革委员会	2021-01-23	《发展计划》明确：实现2021年经济社会发展计划的主要任务和措施，新能源汽车及氢能方面，措施明确：积极发展新能源产业。坚持新能源化和智能网联发展方向，加快新能源高端车型量产，培育新能源汽车产业新增长极，推动氢燃料电池核心零部件和智能网联汽车验证示范。编制氢能产业发展实施方案，推进氢能多领域应用和配套基础设施建设。
北京市	北京市深入打好污染防治攻坚战2021年行动计划	京政办发〔2021〕3号	北京市人民政府办公厅	2021-02-23	《行动计划》中的“大气污染防治2021年行动计划”明确： 1）积极推广新能源汽车。市新能源汽车联席会议办公室牵头研究制定本市“十四五”时期新能源车推广应用方案及2021年工作方案，加快推进本市新能源车的更新和使用。2021年底前，全市力争累计推广新能源汽车50万。 2）市城市管理委牵头制订本市“十四五”时期充换电基础设施建设工作方案，推进换电、智能有序充电、大功率充电等技术应用；会同市发展改革委、市财政局等相关部门研究制定新能源汽车充换电设施建设和运营补贴政策。
北京市	北京市2021年重点工程计划	京发改〔2021〕239号	北京市发展和改革委员会	2021-02-23	《重点工程计划》中涉及新能源汽车、智能网联汽车、氢能工程如下： 1）高端汽车及新能源汽车关键零配件产业园（北京亦庄盛元投资开发有限公司）：建设规模约10.9万平方米，为高端汽车及新能源汽车关键零配件企业建设厂房、工业研发楼及配套。 2）国汽智能网联汽车研发中心项目（国汽（北京）智能网联汽车研究院有限公司）：建设规模约13万平方米，建设国家智能网联汽车创新中心研发总部，包含测试试验和试制中心、智能网联整车暗室试验中心以及智能网联环境模拟单体。 3）氢燃料商用车及测试能力建设项目（北汽福田汽车股份有限公司）：建设规模约9万平方米，建设欧辉氢燃料电池客车总装车间、检测厂房、综合站房及配套生产线和测试设备等。 4）大兴氢能示范区项目北区（北京兴创投资有限公司）：建设规模约5.4万平方米，建设加氢示范站、示范区一期及示范区二期三部分。 5）国电投氢能公司膜电极中试产线（国家电投集团氢能科技发展有限公司）：建设纳米催化剂、质子交换膜、碳纸等制造生产线。 6）氢能燃料电池研发生产项目（恒动氢能北京科技有限公司）：建设规模约2万平方米，拟新建氢能燃料电池生产基地和氢能燃料电池研发中心。
北京市	关于为北京市新能源轻型货车运营激励企业提供优先城区通行的实施方案	京交货运发〔2021〕9号	北京市交通委员会	2021-02-25	《实施方案》明确了发放条件： 1）在2021年8月31日前参与本市新能源轻型货车运营激励方案且一次性报废或转出的汽柴油货车并更新为新能源货车20辆（含）以上。 2）所运物资为保障本市生产生活必需品，且须有日间运输需求的。对同时符合以上条件的新能源货车，首次办理通行证件时，按更换新能源车辆和证件发放数量1：1的标准予以核发。
北京市	北京市国民经济和社会发展第十四个五年规划和二〇三五年远景目标纲要	—	北京市发展和改革委员会	2021-04-01	《规划纲要》明确： 1）加快发展新能源智能网联汽车产业。培育万亿级新能源汽车产业集群，聚焦新能源汽车研发、制造和服务全价值链环节，支持形成一批生态主导型龙头企业。加快新能源高端车型量产，在电池、电极、电控以及传感器、专用芯片等领域形成领先优势。实施汽车生产线智能化建设，支持龙头企业建设智能制造科研中心、新能源汽车高端智能工厂，实现在京新产整车自动驾驶功能全面覆盖。支持建设新能源汽车与智慧能源、智能交通融合创新平台，加快建设国家智能网联汽车创新中心。在车载基础软件、车载计算平台、车载感知元器件、车联网等核心技术领域，落地一批产业化项目，培育一批独角兽企业，形成津冀地区智能网联汽车产业集群。 2）打造绿色智慧能源产业。以智慧能源为范式，以氢能全链条创新为突破，聚焦新能源技术装备产业化，打造绿色智慧能源产业集群。围绕燃料电池产业链上下游，探索构建电氢能源体系，加快推进先进适用储氢材料产业化。以重大示范场景应用为牵引，规划一批氢能储运、加氢站，推动氢燃料电池汽车规模化推广应用。建设氢能高端装备产业园、燃料电池发动机生产基地和国际氢能示范区。 3）有效控制移动源污染。推动公交（通勤）、环卫、出租、渣土以及市内邮政、快递、旅游等车辆基本实现纯电动或氢燃料电池汽车替代。推动存量燃油汽车更新为新能源汽车，到2025年，全市新能源汽车累计保有量力争达到200万辆。优化充换电基础设施布局，加快推进氢能源汽车加氢站规划建设。
北京市	北京市智能网联汽车政策先行区总体实施方案	京政字〔2021〕14号	北京市经济和信息化局	2021-04-19	《实施方案》明确了政策先行区实施范围：亦庄新城225平方公里规划范围，北京大兴国际机场，以及京台高速公路北京段、京津高速北京段、大兴机场高速公路、南五环路连接段（新机场高速口至京津高速口段）、南六环路连接段（新机场高速口至京津高速口段）及大兴机场北线高速公路等6条、总长约143公里的高速、城市快速路段。形成涵盖城市路、高速路、快速路等多场景物理范围，后续根据应用场景需求并经市政府同意可扩展至全市其他区域及路段。 具体任务措施包括：鼓励优化完善智能网联汽车道路测试管理办法；支持智能网联场景试运行及商业运营服务；支持政策先行区制定自动驾驶新产品应用办法；鼓励不断提升智能化要素融合协同能力；鼓励完善事故责任及运营监管等配套制度体系。

续上表

地方政府	政策	文件号	发布单位	发布日期	内　容
北京市	北京市房山区氢能产业发展规划（2021—2030）	—	北京市房山区经济和信息化局	2021-05-21	根据《规划》：到2030年，房山区将建成京津冀区域安全优质优价氢能保供基地、国内一流氢能供应与燃料电池汽车高端装备和关键材料产业化基地与应用示范区、中关村氢能与燃料电池产业创新区。规划还从氢能供应能力、车辆推广规模、减少碳排放、产业链规模、加氢站建设等方面，分别明确了2023、2025、2030年的阶段性量化目标，到2030年，产业链规模将突破200亿元，年碳排放减少70万吨。
	北京市智能网联汽车政策先行区高速公路及快速路道路测试及示范应用管理实施细则（试行）	—	北京市经信局	2021-07-29	依照政策先行区高速公路道路测试实施细则的相关规定，经过政策先行区特定专家多次论证和对企业的综合评审，百度、小马智行获得政策先行区首批高速公路道路乘用车测试通知书；小马智卡、主线科技-京东联合体、主线科技-北汽福田-福佑联合体获得政策先行区首批高速公路道路商用车测试通知书，将获准开展试点测试。
	北京市电动汽车社会公用充换电设施运营补助暂行办法	京管发〔2021〕14号	北京市城市管理委员会 北京市财政局	2021-08-04	《暂行办法》明确：办法适用的充换电设施包括社会公用充电设施、换电设施，其中：充电设施指在社会公共停车场或可用于充电服务的停车场所内建设，向社会开放的、为电动汽车提供充电服务的经营性充电设施。换电设施指采用电池更换模式为电动汽车提供电能补给的设施。办法从印发之日起实施，有效期至2023年12月31日。
	北京市单位内部电动汽车公用充电设施建设补助暂行办法	京管发〔2021〕15号	北京市城市管理委员会 北京市财政局	2021-08-04	《暂行办法》明确：办法所称的单位内部公用充电设施是指本市行政区域内各级政府机关、事业单位、社会团体、企业在单位内部停车场建设的主要供本单位及职工自有电动汽车使用的充电设施，不包括通勤、公交、环卫、出租、邮政、物流、租赁、4S店等单位在专用场站内建设的服务于专用、营运、销售车辆的充电设施。办法自印发之日起施行，补助政策有效期至2023年12月31日。
	北京市氢能产业发展实施方案（2021—2025年）	京经信发〔2021〕79号	北京市经济和信息化局	2021-08-16	阶段目标方面，《方案》明确： 1）2023年前，实现氢能技术创新“从1到10”的跨越，培育5~8家具有国际影响力的氢能产业链龙头企业，京津冀区域累计实现产业链产业规模突破500亿元，减少碳排放100万吨。交通运输领域，推广加氢站及加油加氢合建站等灵活建设模式，力争建成37座加氢站，推广燃料电池汽车3000辆；分布式供能领域，在京津冀区域开展氢能与可再生能源耦合示范项目，推动在商业中心、数据中心、医院等场景分布式供电/热电联供的示范应用；开展绿氨、液氢、固态储供氢等前沿技术攻关，实现质子交换膜、压缩机等氢能产业链关键技术突破，全面降低终端应用成本超过30%。 2）2025年前，具备氢能产业规模化推广基础，产业体系、配套基础设施相对完善，培育10~15家具有国际影响力的产业链龙头企业，形成氢能产业关键部件与装备制造产业集群，建成3-4家国际一流的产业研发创新平台，京津冀区域累计实现氢能产业链产业规模1000亿元以上，减少碳排放200万吨。交通运输领域，探索更大规模加氢站建设的商业模式，力争完成新增37座加氢站建设，实现燃料电池汽车累计推广量突破1万辆；分布式供能领域，在京津冀范围探索更多应用场景供电、供热的商业化模式，建设“氢进万家”智慧能源示范社区，累计推广分布式发电系统装机规模10 MW以上；建设绿氨、液氢、固态储供氢等应用示范项目，实现氢能全产业链关键材料及部件自主可控，经济性能指标达到国际领先水平。 广分布式发电系统装机规模10 MW以上；建设绿氨、液氢等应用示范项目，实现氢能全产业链关键材料及部件自主可控，经济性能指标达到国际领先水平。
	昌平区氢能产业创新发展行动计划（2021—2025年）	昌政办发〔2021〕14号	北京市昌平区人民政府办公室	2021-10-14	《计划》明确： 1）昌平区将重点打造“一谷引领、三基联动、五台支撑、多点示范”的氢能产业发展格局。以未来科学城“能源谷”为核心，辐射带动北七家成果转化基地、沙阳路先进制造产业基地等区域，打造氢能全产业链关键技术研发中试基地、氢能与燃料电池“三链联动”协同创新孵化基地、氢燃料电池汽车高端装备智造基地，建设世界水平的产业协同创新平台、检测服务平台、创新创业孵化平台、专业人才培养平台和国际交流合作平台，并在全域范围开展氢能多点示范应用。 2）昌平区将推动全链条科技创新，布局突破前沿关键技术；促进产学研合作发展，打造产业发展支撑平台；提升企业供应链水平，打造高标准氢能产业中试基地，夯实整车研发制造优势提升燃料电池系统关键材料部件研制水平，做强氢能产业装备基地；完善区域氢能供应能力，科学布局加氢基础设施建设；探索氢生态融合发展，推广全域多点示范应用，开展区域综合能源示范。 3）昌平区将全力建设全球领先的氢能技术创新高地，氢能领域国家战略科技力量的创新高地，国内一流的氢能前沿技术策源地、关键技术主阵地，京津冀氢能科技示范和高端装备制造先行区，打造“科创氢城、未来氢城、世界氢城”。在2025年前，昌平区将实现核心技术批量产业化，形成前沿衍生技术储备，氢能产业关键环节技术与应用达到国际先进水平。引进、培育5~8家有国际影响力的产业链龙头企业，孵化3家以上氢能领域上市企业，实现产业链收入突破300亿元。建成加氢站10-15座，实现燃料电池车辆累计推广1200辆以上，分布式能源系统装机规模累计达到5兆瓦。
天津市	天津市国民经济和社会发展第十四个五年规划和二〇三五年远景目标纲要	津政发〔2021〕5号	天津市人民政府	2021-02-07	《规划纲要》明确： 1）汽车产业坚持电动化、网联化、智能化发展方向，提升关键零部件本地配套率，打造全国新能源汽车与智能网联汽车发展高地。 2）培育壮大新兴产业，新能源产业扩大锂离子电池产业优势，加快氢能产业布局，打造全国新能源产业高地。 3）打造能源创新示范高地，推动氢能产业高质量发展，加快制氢、加氢设施建设，拓展示范应用场景，打造氢能产业高地。 4）推动关键核心技术攻关：汽车工业领域——新体系动力电池、氢燃料电池发动机、驱动电机、车联网等技术。新能源领域——大功率风电、高转化率太阳能电池、高安全长寿命低成本储能、氢能等技术。

续上表

地方政府	政策	文件号	发布单位	发布日期	内容
天津市	天津市新型基础设施建设三年行动方案(2021—2023年)	津政办发〔2021〕3号	天津市人民政府办公厅	2021-02-27	《行动方案》明确： 1)在推进智慧能源建方面，构建以充电服务为枢纽的新能源汽车生态圈，新建公共充电桩6000台以上，在津门湖公交站、武清高铁站、天津站等重点区域建设充换电示范站项目，打造全面覆盖、布局均衡、适度超前的服务网络。 2)在发展车联网(智能网联汽车)方面，推进天津(西青)国家级车联网先导区建设，打造覆盖西青区主要区域车联网无线通信技术车路环境，提升重点区域交通设施车联网功能和核心系统能力。支持宝坻京津中关村科技城打造5G智能网联示范区。在西青区、东丽区、滨海新区等有条件的区域构建典型应用场景，开展共享汽车、校园接驳车、环卫作业车、园区物流车、公交车等智能化、网联化示范应用，车联网(智能网联汽车)应用场景覆盖面积超过600平方公里。
	天津市制造强市建设三年行动计划(2021—2023年)	津先进制造办〔2021〕1号	天津市工业和信息化局 天津市落实制造强国战略暨全国先进制造研发基地建设领导小组办公室	2021-05-07	《行动计划》明确： 1)巩固提升优势产业——汽车产业：大力推进一汽丰田新能源汽车、一汽大众新能源汽车、恒大新能源汽车、一汽丰田新全球架构(TNGA)1.5L发动机等重点项目建设。积极引进新的整车项目，配套发展动力电池与管理系统、驱动电机与电力电子等关键零部件，提升本地配套率。加快建设天津(西青)国家级车联网先导区一期智能基础设施应用平台、天津港无人驾驶电动集卡应用等项目，打造全国新能源汽车与智能网联车发展高地。到2023年，产业规模达到2900亿元，年均增长8%。 2)培育壮大新兴产业——新能源产业：加快氢能产业布局，推进国家电投新一代燃料电池、国氢新能源等项目建设，推动燃料电池车辆生产及示范应用。到2023年，产业规模达到1000亿元，年均增长8%。 3)实施绿色制造工程，构筑高质量发展新优势——推进工业资源综合利用：加快推进新能源汽车退役动力电池梯次回收利用试点建设。
	天津市产业链高质量发展三年行动方案(2021—2023年)	津先进制造办〔2021〕2号	天津市工业和信息化局 天津市落实制造强国战略暨全国先进制造研发基地建设领导小组办公室	2021-05-07	《行动方案》明确： 1)重点产业链——车联网产业链：依托天津(西青)国家级车联网先导区和天津(滨海新区)人工智能创新应用先导区，发挥在高精度定位、决策算法、集成控制系统等领域优势，夯实摄像头、激光雷达、计算平台等领域基础，聚焦物流服务、数据增值等，推动智慧交通、车路协同应用发展，加速推进车联网场景应用。到2023年，车联网产业跨行业融合取得阶段性突破，设施建设、技术创新、测试验证、标准制定、应用示范能力显著提升。打造形成2至3个产业集聚区，培育一批实力较强的龙头企业，车联网(智能网联汽车)应用场景覆盖区域不低于600平方公里，居民出行服务体验良好，智慧交通形态初具雏形，创新发展的产业生态体系基本形成。建设5家市级企业技术中心，搭建以天津市车联网创新中心为核心的产业创新平台，在自动驾驶测试场景、信息安全、仿真测试评价体系、车联网通信等关键领域，制定20项以上标准规范。带动车联网(智能网联汽车)产业规模达到850亿元。 2)重点产业链——汽车和新能源汽车产业链。发挥整车制造、锂离子动力电池、检验检测等领域优势，夯实电驱动总成系统、关键零部件等领域基础，重点推动高效内燃机、传动系统、电子电器、动力电池等核心产品研发，突破新能源整车和动力总成、氢燃料电堆等一批新技术新产品，加快导入优势车型、电动化车型，推进关键零部件配套企业落地和本地配套企业壮大。到2023年，全市汽车整体销量突破140万辆，其中新能源汽车销量突破10万辆。整车及关键零部件龙头企业发展不断壮大，整车本地配套率不断提高。新一代动力电池、电驱动系统等核心技术取得阶段性突破，智能网联汽车应用场景和产业配套能力达到国内领先。产业链中规模以上工业企业研发经费支出占营业收入的比重达到1.5%以上。带动汽车和新能源汽车产业规模达到2900亿元。 3)重点产业链——新能源产业链。发挥锂离子动力电池制造、风电机组及关键零部件生产制造、光伏高效叠瓦组件、工业副产氢等领域优势，重点发展动力电池、风电、太阳能、氢能等产业，围绕产业链聚集化、高端化、融合化、智能化的发展方向，实现本市新能源产业高质量发展。到2023年，产品性能大幅提升，新体系动力电池技术取得突破性进展，动力电池集群总产能超过40吉瓦时(GWh)，大功率风电机组加速突破，太阳能龙头企业逐步向高端化、智能化转变，氢能产业链加速布局。
	2021年天津市工业节能与综合利用工作要点	津工信节能〔2021〕1号	天津市工业和信息化局	2021-05-08	《工作要点》明确： 1)推进新能源汽车动力蓄电池回收利用试点建设。落实国家要求，加强对天津市新能源汽车动力蓄电池回收利用企业的动态监测分析。联合北京、河北适时更新一批京津冀新能源汽车动力蓄电池回收利用试点项目，加快推动天津市试点项目建设。 2)实施新能源产业链高质量发展行动计划。加强新能源产业基础研究，制定《天津市新能源产业链工作方案》，建立新能源产业链链长制，聚焦动力电池、风能、太阳能、氢能等子产业链，进一步提升天津市新能源产业聚集化、高端化、绿色化、智能化水平。
	天津市制造业高质量发展"十四五"规划	津政办发〔2021〕23号	天津市人民政府办公厅	2021-06-26	《规划》明确： 1)扩大锂离子电池产业优势，壮大风电产业规模，强化太阳能产业集成，加快氢能产业布局。 2)氢能。大力整合企业副产氢资源供应能力，支持高效低成本制氢技术研发，积极发展高压氢气存储材料与设备、液态氢储运装备等配套产业，加快储氢、运氢技术研发和产业化。推动大功率电堆、高性能长寿命关键材料、高可靠核心零部件的关键技术及系统集成产业化，积极推进氢燃料大客车、物流车、叉车的研发生产，加快氢燃料电池汽车检测基地项目建设。 3)引入氢燃料电池关键材料企业，研发长寿命高分子质子交换膜，发展高性能碳纤维纸等气体扩散层基材。

续上表

地方政府	政策	文件号	发布单位	发布日期	内容
天津市	天津市科技创新“十四五”规划	津政办发〔2021〕32号	天津市人民政府办公厅	2021-08-08	新能源汽车及智能网联车、氢能相关方面,《规划》明确: 1)新能源新材料技术:大力发展清洁能源、微纳能源、动力电池、氢燃料电池等领域的基础理论和关键技术以及能源领域的新催化剂研究。 2)新能源——氢能:研发高效低成本电解制氢、综合供能燃料电池、副产氢高纯化及应用、规模化氢能储存与快速输配技术装备,研究氢能“制—储—运—加”规模化集成技术。 3)新能源汽车及智能网联车:围绕汽车强国建设,加强新能源汽车和智能网联车等技术与装备研发,加速突破新型动力电池与管理系统、驱动电机与电力电子、网联化与智能化等关键核心技术,大力发展氢燃料电池汽车,探索无人驾驶社会治理与安全规范,推动汽车产业向电动化、智能化、网联化方向发展。新能源汽车技术:研究高性能高安全动力电池及控制系统、新体系动力电池关键材料、绿色高效回收及梯次利用技术,燃料电池及其关键核心零部件技术,高效驱动电机、自动变速箱、燃料电池发动机等驱动系统技术,研发整车轻量化、控制、集成、测试评估与试验验证等技术及装备。智能网联车技术:研究汽车雷达、摄像头、红外夜视、人机交互等融合感知技术,高精度定位导航、高精度地图等定位导航技术,高阶次智能驾驶、辅助驾驶等决策控制技术,研发车辆与外界、车路协同等车网融合技术,车载芯片、操作系统、信息安全等车载计算平台技术。 4)建设科技创新标志区(专栏3):打造氢能小镇。依托滨海新区临港、空港片区,以提升氢能应用示范和产业创新为核心,打造氢能应用先行区、京津冀氢能供给集散枢纽、燃料电池集成创新基地。
	天津市综合交通运输“十四五”规划	津政办发〔2021〕35号	天津市人民政府办公厅	2021-08-18	新能源汽车相关方面,《规划》明确: 1)增强城市物流服务能力。按照“外集内配、绿色联运”原则,将有条件的现有铁路站场和闲置货场升级为城市配送节点,建立区域共享周转仓,推行“轨道+仓储+新能源汽车配送”新模式。 2)优化运输结构,提升中长距离铁路和水路运输邮件快件比重,大力推广使用新能源和清洁能源车辆,推广使用中转箱、笼车等设备。 3)推进智能网联全场景试点应用。支持天津(西青)国家级车联网先导区、京津中关村科技城5G智能网联创新智慧城建设,支持有条件的区域构建典型应用场景,开展共享汽车、公交车等智能化、网联化示范应用。支持智能网联汽车在开放道路测试,支持港口、轨道交通、物流快递等领域无人集卡、船联网、自动驾驶地铁、无人配送车、无人机等智能装备试点应用,逐步实现智能交通全场景接入。 4)强化基础设施建设。实施公交场站补短板工程,新改建公交场站24座,加快公交站点和充电、加氢等配套设施建设。 5)强化新技术推广。健全新技术公开机制,重点在可替代燃料汽车、智能交通、绿色照明、路面再生、节能控制等方面,形成一批性能可靠、节能减排效果显著、市场前景良好的先进技术与产品。
	天津市智慧城市建设“十四五”规划	津政办发〔2021〕52号	天津市人民政府办公厅	2021-12-28	《规划》明确: 1)统筹推进综合杆塔等多功能公共设施集约建设,融合照明、气象、无线网络、信息交互、应急求助、新能源汽车充电桩等功能于一体。 2)完善社区生活服务、公共服务设施布局,构建社区治理智慧平台,建设数字化社区便民服务中心,布局智慧药柜、智能充电桩、智能安保机器人、智能快件箱(信包箱)等便民服务设施,推动政务服务、公共服务向社区、乡镇(街道)延伸。 3)构建智慧化交通管理体系。推动前沿技术与交通运输行业有机融合,推进智能汽车、自动驾驶、车路协同等智能网联汽车试点示范建设,积极发展无人机(车)物流递送,探索研究城市地下物流配送等。 4)积极布局智能网联汽车产业,规模化部署基于蜂窝车联网(C-V2X)技术的基础设施网络,开展重点区域交通配套设施车路协同功能改造和能力提升,搭建车联网示范应用场景,高水平建设国家级车联网先导区。
上海市	上海市国民经济和社会发展第十四个五年规划和二〇三五年远景目标纲要	—	上海市人民政府	2021-01-27	《规划方案》明确: 1)以新能源、智能网联为方向提升汽车产业特色优势和规模。把握电动化、智能化、网联化、共享化发展趋势,着力优化汽车产品和服务结构。加快发展新能源汽车,形成动力电池、驱动电机、电控及燃料电池电堆系统等关键总成的产业链条,加快燃料电池汽车推广应用,到2025年本地新能源汽车产值占汽车行业比重达到35%以上。打造国家智能汽车创新发展平台,推进引领全国的智能汽车示范应用和试点运营,实现自动驾驶特定场景商业化运营试点。 2)培育壮大前沿产业集群和新兴业态,完善智能新能源汽车产业布局,打造跨界融合的产业生态体系,创新智能网联汽车无人驾驶制度保障,开展无人驾驶路测试点。 3)积极打造新型基础设施标杆,加快布设新型充电基础设施和智能电网设施,到2025年新建20万个充电桩、45个出租车充电示范站,推进坚强智能电网、加氢站、智慧燃气体系建设。
	上海市加快新能源汽车产业发展实施计划(2021—2025年)	沪府办〔2021〕10号	上海市人民政府办公厅	2021-02-04	发展目标方面,到2025年,《计划》明确: 1)产业规模国内领先。本地新能源汽车年产量超过120万辆;新能源汽车产值突破3500亿元,占全市汽车制造业产值35%以上。 2)核心技术攻关取得重大突破。动力电池与管理系统、燃料电池、驱动电机与电力电子等关键零部件研发制造达到国际领先水平。车规级芯片、车用操作系统、新型电子电气架构等网联化与智能化核心技术取得重大进展,形成完整供应链。 3)绿色交通能源体系加速实现。个人新增购置车辆中纯电动汽车占比超过50%。公交汽车、巡游出租车、党政机关公务车辆、中心城区载货汽车、邮政用车全面使用新能源汽车,国有企事业单位公务车辆、环卫车辆新能源汽车占比超过80%,网约出租车新能源汽车占比超过50%,重型载货车辆、工程车辆新能源汽车渗透率明显提升。燃料电池汽车应用总量突破1万辆。 4)网联化智能化应用能力明显提升。有条件自动驾驶的智能汽车实现规模化生产,高度自动驾驶的智能汽车实现限定区域和特定场景商业化应用,智能交通系统相关设施建设取得积极进展,高精度时空基准服务网络实现全覆盖。 5)基础设施配套持续优化。充换电技术水平大幅提升,设施布局持续优化,智能化、信息化运营体系基本建成。充换电设施规模、运营质量和服务便利性显著提高。建成并投入使用各类加氢站超过70座,实现重点应用区域全覆盖。 6)政策体系不断完善。新能源汽车应用、加氢及充换电相关标准和监管体系基本成熟。智能汽车测试、示范应用、商业运营相关标准体系建设取得重大进展。

续上表

地方政府	政策	文件号	发布单位	发布日期	内容
上海市	上海市鼓励购买和使用新能源汽车实施办法	沪府办规〔2021〕3 号	上海市人民政府办公厅	2021-02-08	《实施办法》明确：个人用户名下没有使用本市专用牌照额度注册登记新能源汽车的，可以继续免费申领新能源专用牌照额度，但对插电混动车辆需满足在本市有充电设施，且名下没有本市非营业性客车额度证明，没有用非营业性客车额度登记的车辆（不含摩托车）。新办法自 2021 年 3 月 1 日起施行，有效期至 2023 年 12 月 31 日。2021 年 1 月 1 日至 2021 年 2 月 28 日，消费者购买新能源汽车申请专用牌照额度的，继续按照上一轮新能源汽车的购买程序和条件办理。
	关于本市"十四五"加快推进新城规划建设工作的实施意见	沪府规〔2021〕2 号	上海市人民政府	2021-02-23	《实施意见》中提到的"十四五"新城产业发展重点有： 1）嘉定新城发展方向：汽车，围绕新能源汽车、智能网联汽车、燃料电池汽车等领域，加快驱动电机、汽车电子、汽车动力传动控制系统及智能控制等关键技术和零部件的攻关突破，推动汽车产业向低碳化、智能化、网联化、共享化发展，建设成为全球汽车产业创新发展的重要策源地。 2）松江新城发展方向：智能制造装备，依托现有重点企业，发展新能源汽车等领域，推动装备制造企业向智能制造应用服务及解决方案提供商转型。 3）积极打造交通新技术示范应用高地，推进自动驾驶、车路协同等技术在新城的试点和应用，加快氢能源、充电桩等绿色能源在新城的推广和示范。 4）"十四五"新城环境品质和新基建专项方案（以奉贤新城为例）：落实新（改、扩）房建项目配建停车场（库）、新建居民小区充电设施配建要求，支持配建充电设施的停车位占总停车位的 15% 以上。重点加强 60 kW 及以上经营性快充桩建设，支持快充车位占总充电车位的 30% 以上，强化对充电设施的科学管理和高效使用。科学布局燃料电池汽车终端设施，探索新城加氢站合理布局建设，统筹新建加油站有限建设，全面推进绿色交通体系实施。
	嘉定区汽车"新四化"千亿专项行动方案（2021—2025 年）	嘉府办发〔2021〕11 号	上海市嘉定区人民政府办公室	2021-03-19	《方案》明确： 1. 新能源汽车领域持续发力。 1）加快新能源汽车关键技术研发突破，聚焦新能源汽车核心技术，积极参与国家燃料电池汽车示范城市建设，加强合作城市之间的共同研发和技术交流，进一步加强电动汽车以及燃料电池汽车等领域关键共性技术领域的研发与制造。建设具有国内前瞻技术研发能力以及核心产品生产能力的汽车产业创新中心。（牵头单位：区科委） 2）加快建设充换电、加氢等基础设施，有序衔接上海市充换电设施建设专项规划，推动充换电设施科学合理布局。加快各类充换电站建设，探索充电新模式，切实提高公共充电桩使用效率。对照嘉定区加氢站布局规划，加快加氢站建设，到 2025 年，建成并投入使用各类加氢站超过 15 座。 3）加强新能源汽车应用推广，加大力度推进公共领域用车新能源化，支持公交、出租车置换纯电动汽车。鼓励燃料电池整车及零部件企业参与示范应用，鼓励物流、公交、环卫、邮政等商业用车和公务用车在新增或更新的过程中提高燃料电池汽车的比例。 4）加强新能源汽车及其他产业协同发展，鼓励新能源汽车产业与能源、交通、信息通信等领域跨界协同发展，推动光储充放、电池梯次利用、动力电池回收等具有前瞻技术水平的示范应用项目建设，到 2025 年，建设形成以新能源汽车产业为核心的多产业协同发展生态体系，实现示范项目的商业化运营。 2. 智能网联汽车加快发展。 1）布局智能网联关键技术领域。抢抓智能网联汽车产业发展契机，抢先布局智能网联关键领域，重点布局芯片设计及制造、关键传感器、智能车载终端、决策控制等核心领域。到 2025 年，形成国内领先的智能网联产业集聚区。（牵头单位：区经委；责任单位：区发改委、区科委、汽车城集团） 2）优化智能网联公开道路测试环境。扩大公开道路的测试范围，推进国家级长三角区域车联网先导区建设，丰富测试道路的复杂性，实现产业园区及生活社区场景开放，满足企业多样化及复杂道路交通场景测试需求。加快打造成为 L3+高度自动驾驶先行示范区，逐步探索真正无人驾驶的测试环境，持续保持智能网联产业的前瞻性，实现嘉定区智能网联测试道路 463 平方公里范围全覆盖。 3）推进上海市智能网联汽车创新中心专业化运营。通过研究制定一批政策，牵头推进一批长三角智能网联汽车一体化发展项目，承担一批重大会展赛事 AI+交通场景设计，研究制定一批标准规范，支撑一批示范应用项目落地，推动一批联盟发展，发挥创新中心的产业带动作用，形成嘉定智能网联品牌，努力推动政策突破，打造良好的智能网联发展生态环境。 4）加快嘉定特色智能网联"新基建"建设。率先建设国内首个智能网联汽车云控平台，打造车路网云一体化样板工程，为探索智能网联汽车"中国解决方案"奠定基础。加快 5G 信息基础设施建设、推进 5G 创新应用，实现 5G 网络全域覆盖，持续深化 5G 网络质量。依托智能网联技术构建先进的交通信息基础设施，建设 C-V2X 规模化示范网络，搭建智能网联汽车云控基础平台。
	上海市 2021—2023 年生态环境保护和建设三年行动计划	沪府办发〔2021〕2 号	上海市人民政府办公厅	2021-05-06	《行动计划》明确： 1）大气环境保护——加强机动车污染管控：持续推广新能源车，到 2023 年，公交、巡游出租、通勤、邮政、市内物流、环卫等领域新增或更新车辆基本采用新能源车。加快充电桩等配套基础设施建设，新建 10 万个充电设施，建设 45 个出租车充电示范站。 2）循环经济与绿色生活——进一步健全"两网融合"回收体系，培育一定规模和数量的回收龙头企业。探索并推进新能源车动力电池回收和梯级利用、余热利用、废酸资源化利用等技术路径和产业发展。 3）强化法制标准建设：研究出台本市新能源汽车动力电池溯源管理实施办法，研究修订本市鼓励清洁生产专项扶持办法。

续上表

地方政府	政策	文件号	发布单位	发布日期	内　容
上海市	上海市战略性新兴产业和先导产业发展“十四五”规划	沪府办发〔2021〕10号	上海市人民政府办公厅	2021-06-23	新能源汽车及氢能方面,《规划》明确: 1. 到2025年,上海新能源汽车制造业产值达到3500亿元左右。纯电动汽车和燃料电池汽车比重进一步提升,推动重点汽车制造企业加速向战略性新兴产业企业转型,培育一批销售规模百亿级汽车零部件中小企业。重点发展: 1)纯电动和燃料电池汽车。加快动力电池技术突破,提高电池能量密度、安全性和电池寿命,推动高功率密度驱动电机及控制系统向系统集成化、结构轻量化、控制智能化方向发展。推广氢燃料电池汽车逐步进入市场应用,突破膜电极、电堆、质子交换膜等系统关键零部件核心技术,降低燃料电池汽车成本,完善加氢站布局。 2)智能网联汽车。支持相关企业加强合作,联合开展车规级芯片、车载操作系统、车载人工智能计算平台、车联网通信、激光雷达、毫米波雷达、专业测试设备、线控执行系统(制动、转向)、高精度地图、传感器等技术及装备研发,探索特定场景下智能网联汽车商业化运营及应用。 3)新型汽车服务。发展新能源汽车电池回收、共享出行、智能网联汽车测试、展示交易等多种类型的服务。 2. 氢能与储能。聚焦氢能产业链核心技术和关键环节,加强工业制氢提纯、电解氢等技术的研发应用,着力降低制氢成本、增强氢能供应能力;加强储氢、运氢相关技术、材料和设备研究,力争形成小规模示范应用;提高燃料电池核心基础材料和核心部件自主研发能力;适度超前布局,加快推进加氢站规划和建设。 3. 新能源汽车跨越发展工程。加快推动传统汽车向新能源汽车转型,推动长三角燃料电池汽车和智能汽车一体化发展,攻克“三电”等关键零部件、燃料电池汽车的核心技术。推动重点企业产品向纯电动汽车和燃料电池汽车转型,培育一批销售规模百亿级汽车零部件企业。
	上海市综合交通发展“十四五”规划	沪府发〔2021〕8号	上海市人民政府	2021-06-25	《规划》明确: 1)积极支持新能源汽车发展,持续鼓励社会乘用车领域电动化推广,个人新增购置车辆中纯电动汽车占比超过50%。公交车、巡游出租车新增或更新车辆原则上全部使用新能源汽车,党政机关、国有企事业单位、环卫、邮政等公共领域,以及租赁汽车、市内包车有适配车型的,新增或更新车辆原则上全部使用纯电动汽车或燃料电池汽车。加快港区、机场内非道路移动源能源替代,加大内河新能源船舶应用探索和推广力度。在长三角一体化示范区、崇明生态岛、自贸区临港新片区等实施车辆超低排放准入,鼓励使用新能源和清洁能源车。 2)积极开展氢燃料电池汽车示范应用:加大氢燃料储运、加注等技术攻关力度,适度超前布局氢气加注设施,建成并投入使用各类加氢站超过70座。积极探索氢燃料电池的多场景、多领域商业性示范应用,在具备条件的公交、客运、重型货运、冷链运输、环卫、非道路移动机械等领域开展示范应用,燃料电池汽车应用总量突破1万辆。 3)完善充(换)电设施网络并促进使用:新建10万个电动汽车充电桩,打造统一查询、统一结算的全市经营性快充网络,推进45个左右出租汽车充电示范站建设。加强充电设施信息互联互通管理,积极引导充电设施接入市级平台管理。探索居民自用桩智能充电模式,加强智能充电管理,鼓励自(专)用桩共享改造,推进充电桩示范小区建设,全市建成30个左右示范小区。鼓励并支持建设针对重型营运货车及工程作业车辆的换电站。 4)提升自动化交通装备:推进自动驾驶、车路协同等技术的试点和应用工作,推动洋山港智能重卡示范应用升级,试点货车队列行驶技术、港区无人驾驶的测试。
	上海市先进制造业发展“十四五”规划	沪府办发〔2021〕12号	上海市人民政府办公厅	2021-07-05	《规划》明确:上海市要全面推广新能源汽车,完善充换电设施配套,加快加氢站建设。 1)建设燃料电池汽车示范应用上海城市群,突破多类型整车产品,电堆、膜电极、双极板等关键零部件实现批量产业化,产业链整体技术水平达到国际领先,推动长三角地区燃料电池汽车产业创新发展。 2)实现氢能高效利用,全面掌握工业副产氢、煤制氢、甲醇制氢、天然气制氢等制取技术,实现低成本制氢,推进氢气储运环节的高效集约,促进氢气快速加注、多重安全防护的技术研发,加快规划布局加氢基础设施,协同长三角共建氢走廊,发展新型储能等新能源产业。 3)新能源汽车。建设燃料电池汽车示范应用上海城市群,突破多类型整车产品,电堆、膜电极、双极板等关键零部件实现批量产业化,产业链整体技术水平达到国际领先,推动长三角地区燃料电池汽车产业创新发展;在私人、公交、出租、公务、物流、环卫等领域,全面推广新能源汽车,完善充换电设施配套,加快加氢站建设。到2025年,显著提升新能源汽车产业竞争力,新能源汽车年产量超过120万辆,产业规模突破3500亿元。 4)智能网联汽车。到2025年,智能网联汽车总体技术水平和应用规模达到国际领先,实现特定场景的商业化运营。 5)整车及零部件。到2025年,努力提升汽车全球话语权和市场份额,产业规模达到1万亿元。
	中国(上海)自贸试验区金桥片区发展“十四五”规划	浦府〔2021〕85号	浦东新区人民政府	2021-07-14	“十四五”任务举措方面,《规划》明确: 1)加快开发建设:逐步推进金桥南区“腾笼换鸟”,淘汰落后产业,退出停产企业,释放承载空间。加快现有厂房空间资源的梳理和项目的整理,“腾笼换鸟”引进高端优质项目。加快新能源汽车产业园和机器人产业园等南区重点地块开发。 2)“十四五”时期,坚持做优存量和做大增量相结合,强化数字技术与智能制造融合创新,先进高端制造业和生产性服务业双轮驱动,构筑未来车、智能造、数据港和生产性服务业“3+1”产业发展格局,打造新能源汽车、智能网联汽车、5G、移动视讯等标志性产业链生态。

续上表

地方政府	政策	文件号	发布单位	发布日期	内　容
上海市					3)“未来车”：抓龙头企业，壮大汽车电子，打造应用场景，全力构筑新能源和智能网联汽车产业生态。加快建设智能驾驶开放测试道路，沿巨峰路打造未来智能汽车创新研发带，推动智能网联汽车最后一公里示范应用。重点突破新能源、智能网联汽车龙头整车项目引进，支持关键零部件企业提升，推动自动驾驶和智能网联核心技术研发及应用，大力引进培育新能源、汽车电子类龙头企业和创新企业，重点建设新能源汽车产业园与智能网联车基地。建成涵盖整车设计研发、系统集成、制造、测试、汽车电子、核心零部件、整车销售、汽车金融等在内的完整产业链。至2025年底产值力争突破2000亿，其中新能源汽车和智能网联车产业的产值达500亿，成为上海汽车产业“三足鼎立”中效益好、技术高的集聚区域，打造全国智能网联汽车产业发展新标杆。
	上海市智能网联汽车测试与示范实施办法	沪经信规范〔2021〕3号	上海市经济和信息化委员会 上海市公安局 上海市交通委员会	2021-10-22	《办法》明确：推进工作小组分阶段分批次划定智能网联汽车测试与示范道路，在有条件地区试点全域开放。用于智能网联汽车测试与示范的道路应当符无明显的道路交通安全隐患；道路标志标线符合国家相关标准要求；实现监控全覆盖或者覆盖重点路段，监控记录保存不少于30天三个条件。本办法自2021年11月1日起施行，有效期至2026年10月31日。
	关于支持本市燃料电池汽车产业发展若干政策	沪发改规范〔2021〕10号	上海市发展和改革委员会 上海市财政局 上海市经济和信息化委员会 上海市住房和城乡建设管理委员会 上海市交通委员会 上海市科学技术委员会	2021-10-25	《若干政策》共八条，自2021年11月1日起施行，有效期至2025年12月31日。涉及支持整车应用、支持关键零部件发展等六部分政策安排，具体如下： 1)整车购置奖励。2025年前，燃料电池汽车在本市开展示范应用，符合本市有关要求，并取得国家综合评定积分的，本市按照每1积分20万元标准奖励相关车辆生产厂商。 2)关键零部件奖励。相关企业生产的电堆、膜电极、双极板、质子交换膜、催化剂、碳纸、空气压缩机、氢气循环系统、储氢瓶阀等关键零部件，用于国内示范城市群车辆应用，参照国家综合评定奖励积分，每1积分奖励3万元。 3)车辆运营奖励。2025年前，对每个年度内行驶里程超过2万公里的燃料电池货车、商业通勤客车给予运营奖励，每辆车自取得营运额度起累计最多奖励3个年度。其中，中型卡车(设计总质量12—31吨)每车每年奖励不超过0.5万元，重型卡车(设计总质量超过31吨)每车每年奖励不超过2万元，通勤客车每车每年奖励不超过1万元。 4)支持公交车运营。支持不少于50辆燃料电池公交车应用。比照同类柴油车成本，对相关车辆增加的综合成本进行补助。 5)加氢站建设补贴。对在2025年前完成竣工验收、并取得燃气经营许可证(车用氢气)的加氢站，按照不超过核定投资总额的30%给予补贴。其中，2022年、2023年、2024—2025年取得燃气经营许可证的，每座加氢站补贴资金最高分别不超过500万元、400万元、300万元，资金分三年拨付。 6)氢气零售价格补贴。2025年前，对氢气零售价格不超过35元/公斤的加氢站运营主体，按照氢气实际销售量给予补贴。其中，2021年度补贴标准为每公斤20元；2022—2023年度每公斤15元；2024—2025年度每公斤10元。
	上海市道路运输行业“十四五”发展规划	沪道运规〔2021〕286号	上海市道路运输管理局	2021-11-19	新能源汽车及自动驾驶方面，《规划》明确： 1)目标值(2025年)新增或到期更新的巡游出租汽车中，新能源车辆的使用比100%(预期性指标)；市内定制客运新增车辆新能源或清洁能源车辆比例100%(约束性指标)；新增城市配送车辆新能源比例100%(预期性指标) 2)在公交、出租、物流、作业、配送等领域开展智能网联汽车创新应用；积极倡导绿色出行，推进公交车、巡游出租车新增或更新车辆原则上全部使用新能源汽车，增加出租车充电示范站。 3)加快推进公交充电桩建设。持续助力打赢蓝天保卫战，在建成区内公交车全部更换为新能源车的基础上，加大非建成区新能源公交车推广应用力度，基本实现全市新能源和清洁能源公交车比例达到96%；同时结合公交场站建设，加快推进公交场站充电桩布局，充电桩配套率达100%。 4)推进新能源出租车充换电设施建设。通过安装分时共享充电设施或组织桩与车匹对，在驾驶员居住地或其附近满足夜间充电需求；支持出租车利用社会充电网络充电，通过强化互联互通提升充电设施利用率；从优化站点设施、提升信息化管理水平、鼓励驾驶员进点供车等方面改善服务供应；完成45个出租车充电示范站建设，满足日间补电需求。 5)积极推广运输装备升级应用：以实施新增和更新新能源和清洁能源车辆为突破口，进一步加大节能和新能源车辆推广应用力度。公交车、巡游出租车新增或更新车辆原则上全部使用新能源汽车，全市新能源公交车辆比例达到96%，推动新能源出租汽车配置智能车载终端和智能计价设备；明确市内定制客运企业每年新增车辆全部为新能源或清洁能源车辆；推广应用先进货运车型，探索智能货运；开展公路货运车辆新能源探索试点，鼓励货运车辆使用LNG、电力、氢燃料等清洁能源，并在具备条件的区域开展示范应用，新增城市配送车辆新能源比例达到100%，同步推进新能源货运配套设施；完善货运车辆营运额度和市区通行证管理制度，逐步实现市区通行证仅对纯电动或燃料电池货运车发放；积极推进货运车型标准化，推广货运箱式化；强化车路协同，探索自动驾驶货运车辆在有条件的物流园区、港口集疏运、货运场站试点推广。 6)加快完善充换电基础设施配套：加快构建便利高效、适度超前的充电网络体系，结合新(改扩)建公共停车场库同步配套建设充换电设施，加强与新能源车辆的配套。重点推进城市公交枢纽、停保场、首末站及“P+R”停车场充电设施设备的规划与建设，鼓励错峰开放共享。进一步完善高速公路服务区充电服务设施配套建设，提升高峰充电能力。加强对公共充电设施的后续运营管理，落实各类停车场库快充/换设施、专用充电车位管理要求。
	上海市智能网联汽车测试与应用管理办法	沪府令第60号	上海市人民政府	2021-12-29	《办法》明确：上海优先支持在物流配送、短途接驳、智能公交、养护作业等应用领域开展智能网联汽车测试与应用，培育智能交通领域新业态。在智能网联车开展示范运营期间，允许适当收取费用。自2022年2月15日起施行。

续上表

地方政府	政策	文件号	发布单位	发布日期	内容
重庆市	重庆市国民经济和社会发展第十四个五年规划和二〇三五年远景目标纲要	渝府发〔2021〕6号	重庆市人民政府	2021-02-10	《规划纲要》提到： 1)加快制造业高质量发展，围绕新一代信息技术、新能源及智能网联汽车、高端装备、新材料等重点领域，集中优势资源培育一批产值规模超千亿的产业集群和基地。 2)战略性新兴产业重点方向-新能源及智能网联汽车：要着眼高端化、智能化、新能源化方向，紧盯软件定义汽车、芯片制造汽车、数据开发汽车等新动向，构建全国领先的产业生态。重点发展：纯电动、插电式混合动力、氢燃料电池整车，车辆控制核心软件，车规级芯片，辅助(自动)驾驶系统，动力电池，驱动电机。
	重庆市2021年度新能源汽车推广应用财政补贴政策	渝财规〔2021〕1号	重庆市财政局 重庆市经济和信息化委员会	2021-05-14	《补贴政策》明确： 1)购置补贴 补贴对象：在本市购买、上牌和使用新能源公交车的单位和个人。 补贴产品：纳入“新能源汽车推广应用推荐车型目录”，并同时满足国家及本市补助要求的纯电动公交车和插电式混合动力(含增程式)公交车。 补贴标准：在2020年基础上退坡10%(详见附件)，技术要求及过渡期标准按照国家标准执行。 2)换电站建设补贴 补贴对象：在本市辖区内登记注册、具有独立法人资格的公共服务领域换电站投资建设单位。 补贴标准：对已竣工验收并投入使用，且接入重庆市新能源汽车与充电基础设施监测平台的公共服务领域换电站，按换电设备充电模块额定充电功率或变压器额定输出功率(取二者中的较小值)给予400元/千瓦的一次性建设补贴，单站补贴最高不超过50万元。 3)充电费用补贴 补贴对象：在主城都市区中心城区公交车专用充电桩充电的新能源公交车使用单位，以及在本市辖区内高速公路服务区公共充电桩充电的新能源汽车使用单位或个人。 补贴标准：对备案充电价格不高于(含)1元/千瓦时的，按实际充电量给予0.1元/千瓦时补贴。
	重庆市制造业高质量发展“十四五”规划(2021—2025年)	渝府发〔2021〕18号	重庆市人民政府	2021-07-19	产业发展方向氢能及新能源汽车方面，《规划》明确：建设具有全国影响力的战略性新兴产业集群。 1)新能源及智能网联汽车。顺应高端化、智能化、新能源化发展趋势，发挥我市在燃油汽车生产能力、零部件配套体系和集成电路生态等方面综合优势，深化新能源、新材料、互联网、大数据、人工智能等技术在汽车领域植入渗透，促进新能源汽车与信息通信、能源、交通深度融合，推动汽车从单纯交通工具向移动智能终端、储能单元和数字空间转变，构建国际一流的新能源及智能网联汽车产业生态，建设国内领先的动力电池产业基地、氢燃料电池应用示范基地和国内先进的汽车电子产业基地。 2)整车。推动整车企业加强新一代模块化高性能整车平台、纯电动汽车底盘一体化设计、多能源动力系统集成、新型电子电气架构、复杂环境感知、智能能量管理控制、充电连接、碰撞安全等整车集成技术研发，加快纯电动(插电式混合动力、增程式)汽车开发。积极推动氢燃料电池汽车产业化。争取新能源汽车开发数据库和智能网联汽车场景数据库在渝布局，提升新能源及智能网联汽车开发技术服务支撑能力。 3)氢燃料系统。发挥工业副产氢气资源优势，以商用车为切入，积极引育氢燃料电池发动机、氢燃料电池堆、质子交换膜、继电器、车载供氢系统等关键领域企业，加强氢气制备、氢气储运等氢燃料电池汽车应用支撑技术研发，促进燃料电池汽车加速工程化、产业化应用。 4)设施体系。加快充换电基础设施布局，积极推广以智能有序慢充为主、应急快充为辅的居民区充电服务模式，加快形成适度超前、快充为主、慢充为辅的高速公路公共充电网络。引导各方联合开展充电设施建设运营，积极探索换电、社区多车一桩、社区邻近车位共享等商业模式。科学合理推进加氢设施规划布局，有序开展高压气态、深冷气态、低温液态及固态等多种形式储运技术示范应用，积极探索油、气、氢、电综合供给服务路径。加快车联网先导区建设，开展高速公路车路协同示范，推进交通标志标识等道路基础设施数字化改造升级等。
	重庆市2021年度新能源汽车推广应用工作方案	渝府办发〔2021〕87号	重庆市人民政府办公厅	2021-08-18	《方案》明确：坚持市场主导与政府引导相结合，落实整车企业主体责任，加强部门联动、市区联动和政企联动，支持新能源汽车在公共领域和私人领域的推广应用，完善基础设施建设，持续优化使用环境，全面推进我市新能源汽车产业高质量发展。2021年，全市力争推广应用新能源汽车1万辆以上。
	重庆两江新区国民经济和社会发展第十四个五年规划和二〇三五年远景目标纲要	渝府办发〔2021〕110号	重庆市人民政府办公厅	2021-10-11	1)新能源及智能网联汽车。瞄准电动化、网联化、智能化、共享化趋势，推动汽车产业转型升级，紧盯软件定义汽车、芯片制造汽车、数据开发汽车等新动向，重点发展“高技术含量、高附加值、高竞争力、高成长性、高回报率”的五高产品，建设高水平汽车产业研发、设计、生产制造、创新基地，打造国家级车联网先导区。提升整车制造水平，重点发展纯电动、插电式混合动力、氢燃料电池整车，提高先进汽车电子、轻量化材料、高强度车身、先进制造工艺等应用比例，推动产品和品牌能级提升。加快补齐产业链供应链短板，重点发展动力电池、驱动电机、车载雷达、车辆控制核心软件、车规级芯片等，推动关键零部件配套本地化，打造国际汽车核心零部件产业基地。积极布局氢燃料领域，推进商用车优先开展氢燃料示范应用。大力发展汽车后市场服务。到2025年，力争产值超过3500亿元。 2)培育一批成长型创新企业。聚焦新技术、新产业、新业态、新模式，培育一批新兴科技企业。重点培育和引进研发能力强、附加值高、市场竞争力强的智能网联和新能源汽车、新一代信息技术、智能装备、生命健康产品生产开发企业。 3)在智能网联和新能源汽车、新一代信息技术等优势领域，优选培育一批领军型企业。力争培育2~3家独角兽企业。

续上表

地方政府	政策	文件号	发布单位	发布日期	内容
重庆市					4)先进制造业重点项目——新能源及智能网联汽车:推动基于超视距点云毫米波雷达的智能汽车与智能网联示范工程、长安汽车高端品牌整车项目、长安福特高质量发展项目(野马纯电、林肯、新一代蒙迪欧等)、长安福特动力电池包、吉利高端新能源整车(重庆)生产基地项目、吉利换电车型生产基地、金康新能源、中科申江新能源汽车驱动电机及装配系统生产项目、重庆清能等氢燃料生产项目、明天氢能西南工程中心及氢能燃料电池系统及核心部件生产基地、新能源产业园和智能网联示范园、中国汽研国家氢能质检中心、上汽红岩智慧工厂、康明斯发动机项目、朗贤轻量化汽车部件项目、锦美车用高端膜材料项目、车载毫米波雷达项目、全环节汽车雷达等项目建设。 5)能源保障体系建设——充电基础设施:新建一批新能源汽车充电桩、充电站和换电设施,搭建换电智能网联系统。氢能基础设施:新建一批制氢及氢能储运设施、加氢站。
	重庆市支持氢燃料电池汽车推广应用政策措施(2021—2023年)	渝府办发〔2021〕129号	重庆市人民政府办公厅	2021-11-19	政策补贴方面,《措施》明确: 1)加氢站建设补贴:自2021年1月1日起,对纳入全市整体规划并建成运行的前10座加氢站,按建设实际投资(不含土地成本)30%的比例对加氢站投资主体进行补贴,单站补贴金额最高不超过300万元。 2)加氢站运营补贴:自2021年1月1日起,给予加氢站运营补贴,补贴标准根据国家相关政策并结合我市实际每年进行调整。2021年的补贴标准为:对氢气终端销售价格不高于25元/千克的加氢站,按照年度累计加氢量,给予每千克30元、单站最高不超过300万元的运营补贴。
	重庆市数字经济"十四五"发展规划(2021—2025年)	渝府发〔2021〕41号	重庆市人民政府	2021-11-23	《规划》明确:抢先发展智能网联汽车产业。 1)依托两江龙兴园区、鱼嘴工业开发区、永川高新区凤凰湖工业园等重点园区,加强新一代模块化高性能整车平台、新型电子电气架构、复杂环境感知、碰撞安全等整车集成技术研发,加快推进智能网联汽车整车研发生产。大力发展车载智能计算平台、高精度地图与定位、车辆与车外其他设备间无线通信(V2X)、线控执行系统、车用传感器、车规级芯片、车用操作系统等汽车电子产品。建设具有重庆山地特色和复杂气候环境的5G车路协同车联网大规模试验综合服务平台,扩大车联网测试验证和示范应用规模。 2)数字产品制造业重点工程方面:智能网联汽车推进比亚迪动力电池全球总部、长安凯程汽车项目、吉利高端新能源整车(重庆)生产基地、大陆中国软件与系统开发中心、东风小康汽车整车及相关零部件等项目建设。
	重庆市新型城市基础设施建设试点工作方案	渝府办发〔2021〕140号	重庆市人民政府办公厅	2021-12-01	工作目标方面,《方案》明确:2021年,发展智能网联汽车,推动智能感知设备覆盖道路里程10公里以上;到2025年,以CIM基础平台为底座,推动物联网在城市基础设施、智能网联汽车、智慧社区、智能建造、智能城管等领域的应用。协同发展智能网联汽车。 1)推进智能网联汽车感知设施建设。探索建立智能网联汽车标准体系,开展面向无人驾驶环境的路侧设施全息感知及智能管控技术研究,在两江四岸核心区、两江协同创新区开展智能感知道路试验段建设,对道路物联设备、智能网联汽车、交通运行状态等数据进行全息感知。 2)建设车路协同一体化运行平台。依托CIM基础平台,在两江新区建设车路协同一体化运营与管理中心,搭建车路协同应用技术中台和业务中台,集成交通运行监测、应急指挥调度、车路协同仿真、基础设施运维和电子安全认证等功能模块,打造集数据感知、存储、监测、决策、服务于一体的数字底座,面向公众出行、企业运营、政府决策等多元化需求开展服务应用。 3)推动山地城市开放道路车路协同典型场景示范。以两江四岸核心区、两江协同创新区为重点,结合试点区域特征特色和现有条件,面向不同等级的智能网联汽车,开展智慧公交、智慧出租、无人驾驶特种作业车辆等特定场景下的应用示范,探索和验证车路协同技术在山地城市开放道路环境下的应用效果。
河北省	河北省国民经济和社会发展第十四个五年规划和二〇三五年远景目标纲要	—	河北省人民政府	2021-02-22	《规划》明确: 1)完善大数据与物联网、信息技术制造业、人工智能与智能装备、新能源汽车与智能网联汽车、先进环保、生物医药健康、新能源与智能电网装备、高端装备制造、新材料、氢能等战略性新兴产业链。 2)装备制造产业。坚持承接引进与自主创新并重,做大做强先进轨道交通装备,大力发展工业机器人、特种机器人等智能装备,提升发展节能与新能源汽车、工程装备与专用设备制造。 3)拓展战略性新兴产业发展空间。加快发展海洋工程装备、航空航天和智能仪器仪表等高端装备产业,推动新能源汽车和智能网联汽车整车与关键零部件一体化发展。 4)新能源产业。加快风光火储互补、先进燃料电池、高效储能等关键技术和智能控制系统研发及产业化,加速氢能产业规模化、商业进程,打造全国氢能产业发展高地,重点建设张家口市可再生能源示范区和氢能示范城市、邢台太阳能利用及新型电池、保定新能源与能源设备、邯郸氢能装备等产业示范基地。
	河北省氢能产业发展"十四五"规划	冀发改能源〔2021〕972号	河北省发展和改革委员会	2021-07-17	发展目标方面,《规划》明确:到2025年,培育国内先进的企业10-15家,氢能产业链年产值达到500亿元。基本掌握高效低成本的氢气制取、储运、加注和燃料电池等关键技术,显著降低应用成本。累计建成100座加氢站,燃料电池汽车规模达到1万辆,实现规模化示范;扩大氢能在交通、储能、电力、热力、钢铁、化工、通信、天然气管道混输等领域的推广应用。

续上表

地方政府	政策	文件号	发布单位	发布日期	内容
河北省	河北省“十四五”循环经济发展规划	冀发改环资〔2021〕1160号	河北省发展和改革委员会	2021-08-25	《规划》明确： 1)完善绿色交通出行体系。提高城市公共交通、步行、自行车等绿色出行水平。推动城市轨道交通、公交专用道、快速公交系统等公共交通基础设施智慧化改造。推广应用新能源和清洁能源汽车，在港口和机场服务、城市公交、物流配送、邮政快递、环卫等领域率先推广清洁能源车辆，推进既有交通设施绿色改造，打造绿色公路、绿色铁路、绿色港口。到2025年，清洁能源及新能源公交车、出租车占比分别达到90%、85%以上。 2)废旧动力电池循环利用行动。鼓励废旧动力电池回收利用骨干企业，建设覆盖京津冀的废旧动力电池回收利用体系和循环利用示范基地。推动新能源汽车生产企业和废旧动力电池梯次利用企业通过自建、共建、授权等方式，建设规范化回收服务网点。加大技术研发和创新力度，推进动力电池规范化梯次利用，提高余能检测、残值评估、重组利用、安全管理等技术水平，扩大动力电池在备用电源、低速电动车等领域的应用。推动动力电池回收利用企业建立动力电池信息化溯源管理体系，加快建设统一的动力电池溯源管理平台，完善覆盖全生命周期的新能源汽车动力电池管理体系。
	河北省建设全国产业转型升级试验区“十四五”规划	冀政办字〔2021〕143号	河北省人民政府办公厅	2021-11-14	氢能、新能源汽车方面，《规划》明确： 1)加快发展氢能产业。围绕“制氢、储运、加氢、应用”重要环节，加强氢能关键技术研发和装备制造提升，有序开展氢能多元化示范应用，推动氢能全产业链协调发展。充分发挥张家口、承德地区风电、光伏可再生资源优势，大力推动绿氢制备工程建设，打造国内规模和技术领先的绿氢基地。利用唐山、邯郸、沧州、石家庄循环化工园区等地焦炭、化工等工业副产氢资源，加快提纯升级改造工程建设。加大对氢储运材料研发力度，提高氢气储运能力和水平，满足容量大、体积小、质量轻、安全性高的储运要求。按照“功能集成化、资源集约化、运行商业化”的原则，加快规划布局加氢站，建设加氢服务网络。推动张家口、保定等地燃料电池汽车示范应用，重点在城市公交、环卫、物流、旅游等领域进行商业化推广，推动沿海港口、雄安建材通道等区域重型车辆氢能替代，拓展氢能在分布式发电、通信基站、应急电源、船舶等领域的应用。依托行业骨干企业，加强对燃料电池全产业链核心技术研发和攻关，实现高性能燃料电池发动机规模化、产业化发展，以石家庄、邯郸、保定、张家口市为重点打造制氢、运氢、储氢、加氢以及燃料电池汽车等核心装备制造基地。 2)中场配套领域：以汽车及装备零部件等铸造和再制造部品部件为重点，推动主导产业和配套产业竞争实力协同提升。重点发展汽车发动机、变速箱、制动器、电机、电控、锂电池、汽车电子等关键零部件，强化整车及新能源汽车配套。 3)落实国Ⅵ汽车排放标准，淘汰国Ⅲ及以下营运柴油车，推广新能源汽车和LNG动力船舶，继续推进集疏港等“公转铁”建设。 4)服务业绿色发展示范行动：实施绿色物流行动计划，开展省级物流园区绿色化改造试点示范，促进商贸企业绿色升级，培育一批绿色流通主体，持续提高物流行业新能源汽车替代率。
	定州市氢能产业发展规划(2021—2023)	—	定州市人民政府	2021-04-28	重点任务方面，《规划》明确：围绕氢能城市建设，发挥定州在氢能制取、氢能源汽车整车的特色优势，补齐短板，加速集聚氢能产业发展要素，搭建多元化氢能应用场景，带动定州氢能实现全产业链发展。1)建设辐射京津冀的“氢源基地”；2)加快建设网络化的“氢能设施”；3)搭建应用多元化的“氢能场景”；4)加速发展集群化的“氢能产业”；5)推动打造开放式的“氢创高地”；6)全面构建一体化的“氢能生态”。
	承德市国民经济和社会发展第十四个五年规划和二〇三五年远景目标纲要	—	承德市人民政府	2021-06-15	氢能和新能源汽车方面，《规划纲要》明确： 1)加强氢能战略研究和布局，大力发展可再生能源制氢先进技术，推进制氢与风光储耦合项目，力争建成一批在京津冀城市群具有技术优势、规模优势的制氢项目，推动制氢、储氢、运氢、用氢四位一体，形成以资源优势、技术优势为依托的清洁能源产业发展格局。 2)完善新能源汽车配套基础设施网络。加强充换电站、充电桩等电动汽车充电设施建设，加快完善和提升公交、机场、高铁、大型酒店、商场、写字楼、停车场及企事业单位、居民区电动汽车充电设施服务能力，加强自用和公共充电设施建设，保障全市电动汽车充电需求。培育和壮大氢燃料汽车基础设施网络，积极推进城际公交加氢站建设，加快重点旅游沿线、大型厂矿及园区加氢基础设施布局，推动城市加氢体系不断完善。
	唐山市氢能产业发展规划(2021—2025)	—	唐山市人民政府	2021-11-02	《规划》明确：将大力发展可再生能源制氢，到2025年，可再生能源制氢厂达到4个以上，电解水制氢总功率>480兆瓦，制氢能力达到30000吨/年；建成加氢站30座以上，氢燃料电池汽车运营数量达到3000辆以上，其中氢能重卡不少于2000辆，推进重卡“柴改氢”，减少柴油使用量11.3万吨/年，实现碳减排约20万吨/年(仅考虑用绿氢供应部分)。 在发展目标方面，《规划》明确：唐山将依靠“港口、区域、资源、产业”四大优势，深挖可再生能源制氢潜力，打造全国重要“绿氢”基地，培育具有唐山特色的氢能产业体系。具体如下： 1)到2021年，全市氢气产能达到3000吨/年，其中建成1座可再生能源制氢厂，可再生能源制氢产能达到1000吨/年；建成加氢站5座以上，氢燃料电池汽车运营数量达到100辆以上。 2)到2023年，全市氢气产能达到35000吨/年，其中建成2座可再生能源制氢厂，可再生能源制氢产能达到15000吨/年；建成加氢站15座以上，氢燃料电池汽车运营数量达到1000辆以上。 3)到2025年，全市氢气产能达到60000吨/年，其中建成4座可再生能源制氢厂，可再生能源制氢产能达到30000吨/年；建成加氢站30座以上，氢燃料电池汽车运营数量达到3000辆以上，并在氢冶金领域建设120万吨直接还原铁项目。

续上表

地方政府	政策	文件号	发布单位	发布日期	内容
河北省	河北雄安新区充换电设施建设运营技术规范(试行)	—	雄安新区人民政府	2021-10-17	《规范》规定了河北雄安新区充换电设施建设运营应遵循的基本原则,适用于河北雄安新区充换电设施新建工程的设计和建设工作。
河北省	保定市氢能产业发展“十四五”规划	保发改氢能〔2021〕1430号	保定市发展和改革委员会	2021-12-22	《规划》明确: 1. 产业发展目标 至2025年,全市氢能产业链实现产值规模150亿元,减少碳排放30万吨,集聚20家以上氢能产业相关企业,重点扶持培育氢能相关龙头企业8家以上,具有自主知识产权和核心技术的燃料电池发动机产能达5000台/年,燃料电池汽车达到2000辆/年的生产规模。在氢气制备、氢储运装备、燃料电池等重点环节,培育一批拥有自主知识产权、核心竞争力强的龙头企业,完成氢能产业生态链和应用体系建设,广泛推进氢能和燃料电池的深度应用,实现氢能产业集群式发展。 2. 技术创新目标 至2025年,打造国家级氢能公共检测平台,形成燃料电池整车及核心零部件检验检测体系;全面开发掌握高性能的燃料电池汽车整车技术,以及低铂载量和长寿命膜电极技术;实现220 kW以上高功率燃料电池发动机核心技术和燃料电池堆技术突破,以及70 MPaⅣ型储氢瓶、高压瓶阀、减压阀等技术达到国际领先。氢能储运领域,大力发展高压氢气存储材料与核心设备生产产业,着力发展液氢存储、运输技术和装备,发展液态有机化合物化学储氢技术,布局储氢合金、纳米材料等高密度固体储氢新材料的开发和产业化。在氢气制备、氢储运装备、燃料电池等重点环节,拥有一批自主知识产权和核心竞争力的国际先进水平技术,具备规模化和低成本的可再生能源制氢技术和燃料电池技术的能力,完善创新平台建设,形成一批市场份额高的氢能产品。 3. 推广应用目标 至2025年,建成加氢站(或油氢电综合能源站)10座以上,将燃料电池公交、重卡、物流等车辆进行初步应用示范,逐步扩大燃料电池重卡、公交、公务车、物流车、乘用车、环卫车、皮卡车的应用示范,累计推广燃料电池车辆1330辆,完善一体化的氢能产业数字管理体系,实现京津冀和河北等城市群氢能应用示范场景的产业链要素资源利用率最大化;积极探索氢能在热电联供、分布式能源等领域的应用示范,将保定市打造成为全国及国际氢能产业示范应用的标杆城市。
山西省	山西省国民经济和社会发展第十四个五年规划和2035年远景目标纲要	晋政发〔2021〕7号	山西省人民政府	2021-04-13	《规划纲要》明确: 1)加快推进新技术推广示范。瞄准新一轮产业竞争制高点,拓展智能制造、绿色制造、大数据、氢能、先进能源等技术创新试点示范。 2)打造国家级优势装备产业基地。加快培育壮大智能及新能源汽车产业规模,优化冶炼—铸造—机加—零部件产业链条,培育氢燃料电池汽车产业,构建智能网联创新体系。 3)推动新能源和可再生能源高比例发展。发挥焦炉煤气制氢等工艺技术低成本优势,有序布局制、储、加、运、输、用氢全产业链发展。 4)培育战略性新兴产业集群。包括:智能网联新能源汽车产业。围绕电动、甲醇、燃气三大方向,加大对汽车配套产业及基础设施建设的支持力度,引导企业加大智能化、网联化产品研发力度,打造具有区域特色的智能网联新能源汽车产业集群,建设电动汽车产业集群、氢燃料电池汽车产业集群和区域智能网联汽车产业集聚区。 5)现代能源体系建设工程:氢能方面,重点建设晋能控股(潞安)化工新材料R-GAS下游制氢、山西美锦氢燃料电池动力系统及氢燃料商用车零部件生产、雄韬氢能大同产业园等项目。
山西省	山西省“十四五”新产品规划	晋政发〔2021〕14号	山西省人民政府	2021-04-30	《规划》明确: 1)抢抓智能网联新能源汽车产业发展机遇,坚持整车和零部件并重,强化纯电动、甲醇、燃气、氢燃料电池整车集成技术创新及规模化发展,提升关键零部件产业基础能力,推动智能网联与新能源汽车产业深度融合,打造智能网联新能源汽车产品,加快汽车消费扩容提质。 2)纯电动汽车领域,加快整车规模化量产,突破动力电池与管理系统、驱动电机及电控设备关键技术,重点打造纯电动轻型客车、高端物流运输牵引车、新能源矿用重卡、钴酸锂离子电池正极材料、轮毂电机等拳头产品。 3)甲醇燃气汽车领域,以甲醇汽车推广应用为重点,打造甲醇轿车、甲醇发动机等拳头产品。持续研发燃气重卡,丰富车辆型号品种,做大商用规模。氢燃料电池汽车领域,依托现有产业布局基础开展试点示范,提升氢能提纯制备、储运加注、燃料电池及动力系统、整车制造能力,重点打造氢燃料电池中重卡、氢燃料电池电堆、发动机系统等拳头产品。 4)智能网联领域,聚焦新能源汽车智能化、网联化等重点环节,研发无人驾驶汽车,开展“人—车—路—云”协同示范。零部件领域,以整车企业需求为引导,引进零部件产品配套企业,推进零部件产品本地化,重点打造复合制动鼓、变速箱、发动机齿轮等拳头产品。
山西省	山西省“十四五”未来产业发展规划	晋政发〔2021〕16号	山西省人民政府	2021-04-30	《规划》明确: 1. 智能网联新能源汽车产业主要包括“车、路、云、网、图”五大体系,即整车、感知系统(高精地图、雷达、摄像头、高精定位等)、集成与运营(场景库、车联网等)、基础技术(操作系统、驾驶员监测系统、处理器等)等领域。重点方向与发展目标:

续上表

地方政府	政策	文件号	发布单位	发布日期	内容
					1）以网联化、智能化、电动化为方向，重点推进新能源汽车产业升级、智能网联汽车应用场景搭建和建立“人—车—路—云”高效协同机制。支持整车企业通过技术改造，提升智能网联新能源汽车及相关产品生产制造能力，提升产业规模。推动汽车产业电动化，融合5G、大数据、人工智能等多种变革性技术，打造智能网联车，从单纯交通工具向移动智能终端、储能单元和数字空间转变，带动能源交通、信息通信基础设施改造跃升。推动新能源汽车产业生态由整车研发生产、零部件及营销服务企业之间的“链式关系”，逐步演变成汽车、能源、交通、信息通信等多领域多主体参与的“网状生态”。鼓励省内信息化企业或国内能提供智能驾驶解决方案、车辆网联服务方案的优秀企业积极参与智能网联新能源汽车感知系统、集成与运营、基础技术研发，引进培育一批行业内龙头企业，加快建链、补链、强链、固链。重点推动阳泉市智能网联车路协同示范区建设，推广与应用智能网联、智联交互技术，提高车辆车联网渗透率，优化不同场景的车辆驾驶建议。 2）“十四五”期间，山西新能源汽车品牌的市场竞争能力得到显著提升，阳泉市智能网联车路协同示范区升级为国家级示范区。未来15年，全省建成全国性的智能网联大数据中心和智能网联商用车、载重车运营示范基地。未来30年，山西成为全球智能网联新能源汽车研发生产高地。 2. 氢能源产业主要包括上游氢气制备、氢气储存及运输、加氢站网络建设及运营等，中游关键材料及催化剂、关键设备和零部件生产制造和燃料电池系统集成等，以及下游氢能在交通领域、建筑领域和工业领域的应用。重点方向与发展目标： 1）抢抓能源革命机遇，加快氢能基础设施建设，加速发展绿氢制取、储运和应用等氢能产业链技术装备，促进氢能燃料电池技术链、氢燃料电池汽车产业链发展。制氢领域重点发展焦炉煤气制氢、工业尾气制氢、电解水制氢（光电、风电、调峰电）、煤制氢和生物质制氢的多元化制氢模式。氢能储运领域，大力发展高压氢气存储材料与核心设备生产产业，着力发展液氢存储、运输技术和装备，发展液态有机化合物化学储氢技术，布局储氢合金、纳米材料等高密度固体储氢新材料的开发和产业化。氢能应用领域重点推广氢能重卡，在有条件的地方积极探索氢能公共交通，带动氢能全产业链发展。加快将我省打造成为全国氢能供给和贸易中心、产业高端制造基地和示范区，最终打造成为具有全国示范作用和国际影响力的中国氢都。 2）“十四五”期间，全省氢能产业规模大幅增长，山西“中国氢都”的形象具有一定知名度。未来15年，山西省氢能产业基本形成绿色氢源和低碳制氢的技术体系、产业集群和覆盖全球的氢气储运和销售网络。未来30年，建成具有全国和全球影响力的“中国氢都”。
山西省	山西省“十四五”14个战略性新兴产业规划	晋政发〔2021〕17号	山西省人民政府	2021-04-30	智能网联新能源汽车产业，《规划》明确： 1）顺应汽车产业智能化、电动化趋势，加快重点企业招引和智能网联示范推广，拓展智能网联汽车市场应用场景，提升新能源汽车品牌知名度，推动智能网联、氢燃料电池、锂动力电池、整车轻量化等技术突破和产业化。加快车联网模块、高级驾驶辅助系统（ADAS）等技术开发，培育发展感知系统、决策系统、执行系统、通信系统、智能驾驶舱、自动驾驶解决方案、车联网等智能网联汽车全产业链。 2）以整车企业需求为引导，引进零部件产业配套企业，加快形成电池、电机、电控等核心部件及整车的纯电动汽车产业链条。突破低成本高纯度氢气提取、氢燃料电池电堆、燃料电池发动机等技术，建立氢能供应、车载储氢系统、燃料电池系统、电驱动系统、整车控制系统和辅助储能装置等氢燃料电池汽车产业链。加快建成全国性的智能网联大数据中心和氢燃料电池商用车运营示范基地。
	山西省“十四五”新技术规划	晋政发〔2021〕18号	山西省人民政府	2021-04-30	新能源汽车技术方面，《规划》明确： 1. 主要目标：力争到2025年，我省新能源汽车整车及关键零部件技术总体水平显著提升，核心技术达到国内先进水平，产品具备较强的国际竞争力。实现一批新技术、新产品、新工艺装备原型试制，研制出能量密度350 Wh/kg以上的锂离子动力电池及其关键材料；开发出循环使用寿命1000次以上的固态锂金属电池；焦炉煤气制氢纯度达到99.999%以上；低铂催化剂应用性能达到0.05g/kW；研制出120 kW~200 kW大功率、低成本、长寿命系列化金属双极板氢燃料电池堆；-40℃低温冷启动氢燃料电池客车示范技术取得突破；智能网联重卡编队车路协同等特点场景实现示范应用；智能网联充换电一体站、储氢加氢站、华北新能源汽车安全监管大数据平台设施实现示范应用。通过重点推进相关技术的推广应用，使电动汽车技术体系基本进入成熟阶段，燃料电池汽车技术基本达到示范应用阶段，推动公共领域用车实现电动化，有效促进节能减排并提升运行效率。 2. 重点任务 1）关键零部件领域。重点攻关动力电池技术，开展高性能电极、固态电解质、高稳定性电解液及安全性隔膜等材料制备技术研究；突破高能量密度电池制备工艺技术，研究全气候动力电池系统技术，加快车用动力电池总成关键技术开发及产业化；加快动力电池全生命周期价值评估、梯级利用与回收利用等技术；攻关氢燃料电池与替代燃料发动机技术；开展氢燃料电池催化剂、交换膜、金属双极板、气体扩散层碳纸等核心零部件技术攻关；开展燃料电池批量化制备、快速活化及安全性能测试，突破燃料电池低温启动技术，开展高功率密度燃料电池发动机系统装备等技术攻关；研发车用甲醇燃料动力系统技术，开发大功率、低排放的车用甲醇燃料发动机总成；攻关汽车网联化与智能化技术；加强智能汽车深度环境感知与多源信息融合技术、开展特定场景智能化技术开发及示范应用。 2）实施整车集成技术示范。开展先进驱动电机与一体化电驱动系统、高效一体化变速传动系统、多源动力系统融合、智能化电子电气架构、线控底盘一体化设计、整车热管理与能量管理、整车故障诊断与容错控制、多材料轻量化车身等系统技术攻关；突破新一代模块化整车制造技术，加快新能源汽车智能制造平台建设，开展以电动汽车、燃料电池汽车、甲醇汽车、燃气汽车为主的整车集成技术研发，重点攻关电动乘用车、专用车，氢燃料电池重卡、客车、物流车、特种车、机车，甲醇燃料商用车等新能源车辆集成技术示范应用。

续上表

地方政府	政策	文件号	发布单位	发布日期	内　　容
山西省					3）建设新型基础设施平台。开展新型充电技术和多功能智能网联化充换电一体技术研发和示范应用；聚焦长距离、大规模氢储存运输的介质、材料、管道等技术，加快大容量压缩机、氢气循环泵、加氢机、站控系统、仪器仪表等核心零部件产业化，开展高压气态储氢加氢站、低温液态储氢加氢站集成技术研发并示范应用；开展多源异构数据采集存储及快速检索、网联数据安全传输与存储、车路协同无线通信网络、多网融合网络系统与信息安全、云控平台等技术研究，开发动力电池溯源平台、燃料电池汽车及加氢基础设施监控平台、智能网联重型车辆远程排放监控及超标溯源平台、新能源汽车安全监管大数据平台开展应用验证。
	山西省“十四五”未来产业发展规划	晋政发〔2021〕16号	山西省人民政府	2021-04-30	《规划》明确： 1. 智能网联新能源汽车产业主要包括“车、路、云、网、图”五大体系，即整车、感知系统（高精地图、雷达、摄像头、高精定位等）、集成与运营（场景库、车联网等）、基础技术（操作系统、驾驶员监测系统、处理器等）等领域。重点方向与发展目标： 1）以网联化、智能化、电动化为方向，重点推进新能源汽车产业升级、智能网联汽车应用场景搭建和建立“人—车—路—云”高效协同机制。支持整车企业通过技术改造，提升智能网联新能源汽车及相关产品生产制造能力，提升产业规模。推动汽车产业电动化，融合5G、大数据、人工智能等多种变革性技术，打造智能网联车，从单纯交通工具向移动智能终端、储能单元和数字空间转变，带动能源交通、信息通信基础设施改造跃升。推动新能源汽车产业生态由整车研发生产、零部件及营销服务企业之间的“链式关系”，逐步演变成汽车、能源、交通、信息通信等多领域多主体参与的“网状生态”。鼓励省内信息化企业或国内能提供智能驾驶解决方案、车辆网联服务方案的优秀企业积极参与智能网联新能源汽车感知系统、集成与运营、基础技术研发，引进培育一批行业内龙头企业，加快建链、补链、强链、固链。重点推动阳泉市智能网联车路协同示范区建设，推广与应用智能网联、智联交互技术，提高车辆车联网渗透率，优化不同场景的车辆驾驶建议。 2）“十四五”期间，山西新能源汽车品牌的市场竞争能力得到显著提升，阳泉市智能网联车路协同示范区升级为国家级示范区。未来15年，全省建成全国性的智能网联大数据中心和智能网联商用车、载重车运营示范基地。未来30年，山西成为全球智能网联新能源汽车研发生产高地。 2. 氢能源产业主要包括上游氢气制备、氢气储存及运输、加氢站网络建设及运营等，中游关键材料及催化剂、关键设备和零部件生产制造和燃料电池系统集成等，以及下游氢能在交通领域、建筑领域和工业领域的应用。重点方向与发展目标： 1）加快氢能基础设施建设，加速发展绿氢制取、储运和应用等氢能产业链技术装备，促进氢能燃料电池技术链、氢燃料电池汽车产业链发展。制氢领域重点发展焦炉煤气制氢、工业尾气制氢、电解水制氢（光电、风电、调峰电）、煤制氢和生物质制氢的多元化制氢模式。氢能储运领域，大力发展高压氢气存储材料与核心设备生产产业，着力发展液氢存储、运输技术和装备，发展液态有机化合物化学储氢技术，布局储氢合金、纳米材料等高密度固体储氢新材料的开发和产业化。氢能应用领域重点推广氢能重卡，在有条件的地方积极探索氢能公共交通，带动氢能全产业链发展。加快将我省打造成为全国氢能供给和贸易中心、产业高端制造基地和示范区，最终打造成为具有全国示范作用和国际影响力的中国氢都。 2）“十四五”期间，全省氢能产业规模大幅增长，山西“中国氢都”的形象具有一定知名度。未来15年，山西省氢能产业基本形成绿色氢源和低碳制氢的技术体系、产业集群和覆盖全球的氢气储运和销售网络。未来30年，建成具有全国和全球影响力的“中国氢都”。
	关于运城市新能源电动汽车充电基础设施建设的实施意见	运政办发〔2021〕9号	运城市人民政府办公室	2021-03-24	发展目标方面，《实施意见》明确：2025年末，全市范围内集中式充（换）电站达到45座，其中新建37座；充电桩达到7099个，其中新建6142个，车桩比由16∶1达到8∶1。中心城区（含运城开发区）充（换）电站达到15座，其中新建7座；充电桩达到2500个，其中新建1868个，车桩比由13∶1达到8∶1。
	大同市国民经济和社会发展第十四个五年规划和2035年远景目标纲要	同政发〔2021〕21号	大同市人民政府	2021-06-24	氢能与燃料电池汽车产业、新能源汽车方面，《规划纲要》明确： 1）建设氢能示范市——构建可再生能源发电-电解水制氢、电网灵活调峰电解水制氢、工业副产氢制氢的多元化制氢格局，提升氢源保障能力。科学布局氢能高精尖项目和创新项目，建设集氢能供应、氢能技术研发、氢能装备制造为一体的“氢都”大同新能源产业城，率先建成国内一流的氢能产业示范区。推动光伏风电等可再生能源制氢进行工业化示范。到2025年，培育氢能相关企业达到100家，产业链核心企业7-10家，氢能产业规模实现跨越式增长，氢能产业体系、配套基础设施相对完善，氢能产业关键核心技术实现重大突破，氢能产业链布局趋于完善，构建形成氢能产业集群。 2）现代能源体系建设工程——氢能：重点推进京能集团绿氢综合一体化示范项目、大同氢雄云鼎氢燃料电池动力总成、大同新研氢能氢燃料电池、上海重塑科技大同北方总部基地、中植大同新能源商用车整车研发制造基地等项目，构建氢能制储运用产业集群，建设“氢都”大同新能源产业城，率先建成国内一流的氢能产业示范区。 3）深化绿色能源改革——制定实施储能、氢能产业指导意见和发展规划，推动储能、氢能技术进步与产业发展。 4）汽车制造重大项目——对接龙头企业，了解企业扩建整车或核心零部件制造基地需求，聚焦高压氢气加注压缩机组、新能源汽车高压阀及接口、新能源汽车氢化纯化装置、新能源汽车氢喷射器等氢燃料新能源汽车相关零部件，招引3~5家装备制造企业。
辽宁省	辽宁省国民经济和社会发展第十四个五年规划和二〇三五年远景目标纲要	辽政发〔2021〕9号	辽宁省人民政府	2021-03-30	新能源汽车产业链，《规划纲要》提到：加快布局发展新能源汽车和智能网联汽车，重点发展纯电动汽车、插电式混合动力（含增程式）、燃料电池汽车及耐低温、高安全性的动力电池PACK系统、电池管理系统、驱动电机及控制器、整车控制系统、智能网联汽车电子电控系统等。支持沈阳建设有重要影响力的汽车产业中心，建设新能源与智慧能源、智能交通融合创新平台，形成智能网联汽车产业集群。到2025年，汽车产业营业收入达到6000亿元，整车产量达到150万辆。 优化交通运输结构，推动交通运输节能，推广普及新能源汽车，发展低碳便捷的交通体系。

续上表

地方政府	政策	文件号	发布单位	发布日期	内容
辽宁省	辽宁省氢能产业发展规划(2021—2025年)	—	辽宁省发展和改革委员会	2021-12-31	氢能发展目标方面,《规划》明确: 1. 近期目标(2021—2025年) 1)产业发展目标到2025年,全省氢能产业实现产值600亿元,集聚100家以上氢能产业相关企业,培育10家左右具有核心竞争力和影响力的知名企业,具有自主知识产权和核心技术的燃料电池发动机产能达到1万台,燃料电池船舶、轨道交通、无人机、分布式能源产业实现突破,初步形成氢能全产业链发展格局。 2)技术创新目标到2025年,形成涵盖氢能产业全链条的技术研发、检验检测体系,在制氢、氢气储运、燃料电池电堆、燃料电池系统、燃料电池汽车等领域的核心技术接近国际先进水平,力争实现燃料电池比功率大于4.0千瓦/升,成本低于2000元/千瓦,电解水制氢耗能量低于4.5千瓦时/标方。 3)应用推广目标到2025年,全省燃料电池车辆(含公交车、乘用车、重型卡车、牵引车、环卫车等)保有量达到2000辆以上,燃料电池叉车保有量达到1000辆以上,燃料电池船舶保有量达到50艘以上,燃料电池轨道交通车辆保有量达到10辆以上,分布式发电系统、备用电源、热电联供系统装机容量达到100兆瓦,加氢站30座以上。 2. 远期目标(2026—2035年) 1)产业发展目标到2035年,形成完备的氢能产业体系,装备制造迈向高端,全省氢能产业领域国际国内知名的龙头企业超过50家,具有自主知识产权和核心技术的燃料电池发动机产能达到30万台,氢能产业产值突破5000亿元。 2)技术创新目标到2035年,在制氢、氢气储运、燃料电池电堆、燃料电池系统、燃料电池汽车等领域的核心技术达到世界领先水平,实现燃料电池比功率大于7.0千瓦/升,成本低于500元/千瓦,电解水制氢耗能量低于4千瓦时/标方。 3)应用推广目标到2035年,全省燃料电池汽车(含公交车、乘用车、重型卡车、牵引车、环卫车等)保有量达到150000辆以上,燃料电池叉车保有量达到50000辆以上,燃料电池船舶保有量达到1500艘以上,燃料电池轨道交通车辆保有量达到50辆以上,分布式发电系统、备用电源、热电联供系统装机容量达到1000兆瓦,加氢站500座以上。
	大连市推进充电基础设施建设实施方案	大政办发〔2021〕4号	大连市政府办公室	2021-01-16	《实施方案》明确: 1)严格落实配建比例要求。落实大连市各类建筑物配建的停车场及社会公共停车场充电设施建设规划设计标准和要求。核发相关建设工程规划许可证时,必须严格执行新建停车场配建充电设施的比例要求,新建住宅配建停车位应100%预留充电设施建设安装条件,新建的大于2万平方米的商场、宾馆、医院、办公楼等大型公共建筑物配建停车场和社会公共停车场,具有充电设施的停车位应不少于总停车位的10%。 2)推动既有居民小区充电设施建设。鼓励业主在自有或长期租用停车位上自建充电设施。 3)推进单位内部既有停车场充电设施建设。各级党政机关、公共机构、企事业单位要按照新基建要求,结合本单位电动汽车配备更新计划以及职工购买使用电动汽车需求,充分挖潜内部停车场资源,自主投资或引入第三方运营企业投资建设充电设施。 4)推进公共服务领域充电设施建设。对于公交、环卫、机场、港口通勤等定点定线运行的公共服务领域电动汽车,应根据线路运营需求,优先在停车场站配建充换电设施。
	大连市国民经济和社会发展第十四个五年规划和二〇三五年远景目标纲要	大政发〔2021〕12号	大连市政府办公室	2021-03-16	新一代汽车产业方面,《规划纲要》提到: 1)依托金普新区重点发展新能源汽车、智能网联汽车、专用特种车及零部件等"新字号"。引进新能源汽车整车及动力电池等基础核心零部件研发生产企业,发挥本地科研院所与企业研发生产能力,实施氢燃料电池电堆等关键核心材料和技术攻关,加快推动产业化。研究制定智能网联汽车测试、评价、认证、准入、运行等标准规范,推进高度自动驾驶汽车实现限定区域和特定场景商业化应用。提升现有汽车整车及关键零部件产业创新能力,以整车制造为核心,发展销售、维护、金融、法律一体化服务支撑体系,适应现代消费市场需求,快速提升整车产销量。打造1000亿级产业集群。 2)鼓励纯电动汽车和插电式混合动力汽车等新能源汽车消费。 3)大力倡导绿色生活,推广新能源汽车,倡导绿色低碳出行,城市建成区公共交通出行分担率达到63%以上。
	沈阳市国民经济和社会发展第十四个五年规划和二〇三五年远景目标纲要	沈政发〔2021〕8号	沈阳市政府办公室	2021-04-16	按照《规划纲要》: 1)转型升级汽车及零部件产业。围绕增强整车产品竞争力,保持合资企业高档乘用车领先优势,再塑自主品牌市场影响力,推进汽车产业向电动化、网联化、智能化转型发展。提高整车生产能力,加快宝马新工厂建设,扩大iX3纯电动车等新能源车型的产量规模,推进宝马MINI、恒大新能源汽车、华晨雷诺金杯商用车等新车型尽早投产。壮大零部件产业规模,依托名华模塑、来金等优势企业,重点发展燃油汽车动力总成、底盘、车身、内外饰件、电子电气等零部件,加快发展"大三电""小三电"等新能源汽车关键零部件。大力发展智能网联汽车的关键核心组件,推动智能汽车娱乐系统、新型车载中控系统、智能驾驶舱、车载天线、车载通信系统、5G-V2X车联网终端等产品研发。积极布局无人驾驶,推进智能网联汽车测试示范区建设,搭建完善的"端管云"体系,推进车路协同,实现车与车、车与人、车与路、车与网的互联互通和信息共享。到2025年,整车产能规模突破200万辆,新能源汽车占比达到20%以上,汽车及零部件产业产值达到5000亿元,建设成为具有一定影响力的国家重要汽车产业中心。 2)科技创新行动新能源及智能汽车领域:开展低温动力电池、动力总成集成控制、5G-V2X、复杂环境感知、人机智能交互、自动驾驶等技术攻关。支持恒大新能源汽车创新中心、宝马研发中心、华晨雷诺新能源汽车研发中心建设。 3)重大基础设施项目——电动沈阳计划:以纯电驱动新能源汽车为主要战略取向,强化政策引领和市场培育,扩大新能源汽车推广应用规模。适度超前建设智能高效充电基础设施网络,鼓励社会资本参与新能源汽车生产和充电设施建设与运营。

续上表

地方政府	政策	文件号	发布单位	发布日期	内容
辽宁省	沈阳市加快新能源汽车产业创新发展及推广应用的实施方案	沈政办发〔2021〕12 号	沈阳市工业和信息化局	2021-06-26	《实施方案》提到：到 2023 年，全市新能源汽车产量达到 11 万辆，推广应用总量达到 4 万辆，公共充电终端达到 7000 个。《方案》明确了五项重点任务：推进新能源汽车产业取得重大进展；扩大新能源汽车应用规模；统筹推进新能源汽车基础设施建设；优化新能源汽车使用环境；完善产业扶持政策。 1）智能网联汽车路网设施建设方面，《方案》明确：分阶段、分区域推进全市道路基础设施信息化、智能化、标准化建设。制定城市道路基础设施智能化建设改造标准，建设城市道路基础设施智能化管理平台，推进交通标志标识等道路基础设施数字化改造升级，实现交通信号灯、交通标志标线、通信设施、智能路侧设备、车载终端等设施智能互联。率先在大东区、铁西区建设智能网联汽车示范路。打造智慧公交示范线路。 2）新能源汽车整车及零部件方面，《方案》明确：支持新能源汽车整车及零部件项目建设。对新建新能源乘用车、货车、客车等整车项目，按照“一事一议”原则给予投资补贴。对当年固定资产投资额达 500 万元以上的新能源汽车整车及关键核心零部件技术改造项目、新能源及智能网联汽车关键零部件新建项目，建设期内按申报当期项目实际完成固定资产投资总额的 10% 给予投资补贴，补贴上限不超过 500 万元。
浙江省	浙江省能源发展“十四五”规划（征求意见稿）	—	浙江省能源局	2021-02-18	新能源汽车及氢能方面，《征求意见》提到：杭州、宁波、嘉兴、湖州等地区形成一定规模的氢能产业集群。浙江省要紧抓战略机遇期抢占氢能发展跑道，加大储能技术研发，着力推动多元能源形态协同转化、综合集成、智慧互联，实现氢能、分布式能源、先进储能等技术与应用跨越式发展。 1）加快氢能应用，探索发展氢燃料电池发电装备，推动氢燃料电池热电联供系统在用户侧的应用，推动氢燃料电池汽车在城市公交、港口物流等领域应用，到 2025 年推广氢燃料电池汽车 1000 辆以上。 2）鼓励现役和新建煤电耦合可再生能源、储能、氢能等转型综合能源服务商，加快推进智慧电厂建设。 3）积极探索在有条件的区域试点建设先进压缩空气储能、氢储能和蓄冷蓄热储能等新型储能项目，建成一批电化学储能示范项目。 4）提升天然气、石油管网智能化建设运营水平，推动天然气与氢能基础设施融合发展。 5）研发电、热、冷、储、氢等多能流运行的区域能源管理系统，开展智慧综合能源服务示范。 6）加快氢能开发利用，重点突破高比功率车用氢燃料电池电堆、质子交换膜、储氢罐制备技术等一批关键共性技术，加速科技创新成果转化应用。集中攻关高性能燃料电池、超级电容等化学储能技术，开展分布式储能系统协同聚合研究，研发多点布局储能系统聚合调峰、调频及应急控制系列理论与成套技术。 7）强化氢能产业链上游制氢优势，培育可再生能源制氢产业，加快氢能储运核心装备研发，加大整机产品、核心部件及制造设备的创新力度，培育壮大氢燃料电池汽车及零部件产业。
浙江省	浙江省新能源汽车产业发展“十四五”规划	浙发改规划〔2021〕107 号	浙江省发展和改革委员会	2021-04-08	《规划》发展目标明确：到 2025 年，浙江省新能源汽车产量力争达到 60 万辆。 1）氢燃料电池汽车加快突破。氢燃料电池电堆、关键材料、动力系统集成核心技术达到国内先进水平，整车实现产业化；氢燃料电池汽车在公交、港口、城际物流等领域实现量化推广。 2）培育氢燃料电池汽车产业。积极布局氢燃料电池系统。积极引进和培育氢燃料电池催化剂、双极板、膜电极、气体扩散层、氢气循环泵、空气压缩机等关键材料和核心零部件企业，发挥省内氢燃料电池电堆和发动机系统集成企业技术优势，推动形成集群效应，加快推进低成本、大功率、长寿命氢燃料电池商用化。鼓励有能力有条件的企业积极介入氢燃料电池行业标准制定。 3）加快氢燃料电池汽车产业化。鼓励省内整车企业开发氢燃料电池汽车，引进具备国际先进水平的氢燃料电池整车企业，推动整车与氢燃料电池企业开展整车集成合作，率先发展自主可控的高可靠性氢燃料电池物流车、卡车、客车等专用车和商用车，探索氢燃料电池高端乘用车产业化。开发高效可靠的储运氢、加氢技术，推动氢燃料电池汽车商用化进程。
浙江省	浙江省加快培育氢燃料电池汽车产业发展实施方案	浙发改产业〔2021〕388 号	浙江省发展和改革委员会 浙江省经济和信息化厅 浙江省科学技术厅 浙江省财政厅 浙江省住房和城乡建设厅 浙江省能源局	2021-11-03	主要目标方面，《方案》明确：到 2025 年，产业生态基本形成，产业链上具有一批竞争力强的优势龙头企业。氢燃料电池相关基础材料、关键零部件等核心技术攻关取得积极进展，达到国内先进水平。政策法规体系逐步健全。重点区域产业化应用取得明显成果，在公交、港口、城际物流等领域推广应用氢燃料电池汽车接近 5000 辆，规划建设加氢站接近 50 座。 重点任务方面： 1）组织开展核心技术攻关：制定氢燃料电池汽车产业科技攻关项目清单等。 2）搭建协同创新平台：包括推动创新能力突出的汽车及零部件优势企业，联合产业链上下游创新资源，搭建汽车产业省级技术创新中心，开展包括氢燃料电池汽车领域的关键核心技术攻关等。 3）加快完善产业链。以环杭州湾地区为重点，鼓励地方积极招引国内外氢燃料电池关键零部件、制氢和储氢装备等龙头优势企业，布局一批产业链项目。 4）培育一批龙头优势企业。引导产业链上优势企业加大研发力度，提升研发能力。 5）推进加氢站规划建设。根据氢燃料电池汽车推广应用需要，合理规划布局并支持在具备条件的综合功能服务站、加油（气）站、公交场站、物流园区内建设一批加氢站。省级新能源汽车推广应用政策对各地建设加氢站给予奖励，2023 年底前建成并投用、日加氢能力 1000 公斤及以上的 70 MPa 加氢站，每站奖励 500 万元；日加氢能力 500 公斤及以上的加氢站，每站奖补 300 万元；日加氢能力 500 公斤以下的加氢站，每站奖补 150 万元，且奖补额不超过固定资产投资额（不含土地）的 50%，后续根据实际情况调整奖励标准。对氢气零售价格不高于 35 元/公斤的加氢站，按氢气实际加注量给予适当奖励。 6）提升氢源供应保障能力。发挥全省工业副产氢等资源优势，支持企业利用工业副产氢、工业有机废物制备车用氢气；支持氢气储运装备研制及产业化，鼓励有条件的单位开展液氢储运、固态储存以及管道配送等方面的新技术、新工艺研究及工程示范。

续上表

地方政府	政策	文件号	发布单位	发布日期	内容
浙江省	杭州市重点领域机动车清洁化三年行动方案(2021—2023年)	杭政办函〔2021〕5号	杭州市人民政府办公厅	2021-01-26	《方案》明确: 1)城市物流配送领域。2021年,建成区新增和更新的邮政、快递、商贸等城市物流配送车辆中新能源车辆比例达到80%以上;2022年起,除新能源车辆不能满足功能需要外,建成区新增和更新的城市物流配送相关车辆原则上全部使用新能源车辆。 2)公共交通领域。2021年起,建成区新增和更新的出租车(含网约车)中新能源车辆比例达到80%以上;引导建成区公务用车使用新能源车辆。2022年起,全市在举办国内外重大赛事、重大活动和重要会议期间,除医疗急救、抢险救灾等特殊用途车辆外,其他保障车辆原则上使用清洁化车辆。
	绍兴市国民经济和社会发展第十四个五年规划和二〇三五年远景目标纲要	绍政发〔2021〕2号	绍兴市人民政府	2021-02-22	《纲要》明确: 1)全面推动数字产业化。积极培育物联网、区块链等未来产业,超前布局氢能源等产业,推动网联汽车等人工智能深度应用和产业融合。 2)促进消费扩容升级。建立家电、家居、汽车等回收利用网络体系,升级新能源汽车消费。 3)有序推进停车设施建设,新增公共停车位1.1万个以上,完善智慧路内停车、智慧停车场、立体停车库、共享停车、新能源充电桩等系统。
	杭州市国民经济和社会发展第十四个五年规划和二〇三五年远景目标纲要	杭政函〔2021〕20号	杭州市人民政府办公厅	2021-03-16	《纲要》明确: 1)“5+3”重点产业发展行动:重点发展物流装备、光伏及新能源装备、节能与新能源汽车及先进交通装备、智能装备等。 2)打造制造业标志性产业链,节能与新能源汽车方面,突破动力电池、电驱、电控关键技术,推进高清晰摄像头、毫米波雷达、高精度定位、车载智能终端等技术研发,统筹发展高效燃油汽车、新能源汽车和智能网联汽车,创新发展汽车电子和关键零部件,加快充换电设备研发生产和充电设施布局建设,培育一批智慧出行服务商。到2025年,产值突破1000亿元。 3)实施未来产业引领行动,前瞻布局5G生态、下一代人工智能、量子通信以及深海深空、氢能源、微纳米材料、柔性电子、下一代通信技术等未来产业。
	嘉兴市国民经济和社会发展第十四个五年规划和二〇三五年远景目标纲要	嘉政发〔2021〕6号	嘉兴市人民政府	2021-03-19	《纲要》明确: 1)新能源产业。加快光伏新能源发展,重点发展高性能太阳能电池、高纯度多晶硅、光伏玻璃、薄膜光伏电池及组件、锂电池、光伏控制设备,加快光伏集成系统运用。集聚发展新能源汽车产业,重视动力电池产业发展布局,逐步推动构建全产业链格局。培育发展氢能产业链,着力在氢气、液氢制备储运设备、关键材料及零部件和氢能汽车燃料电池、发动机、系统集成、控制系统等关键技术的研发和转化上形成优势,加快氢能汽车推广和运用。 2)着力优化能源结构。优化充电设施布局建设和新能源汽车奖补政策,力争新能源汽车新车销售量达到汽车新车销售总量的20%左右,显著提高充换电服务便利性。
	嘉兴市2021年度省级新能源汽车推广应用奖补资金使用操作细则	—	嘉兴市发展和改革委员会 嘉兴市财政局 嘉兴市经济和信息化局 嘉兴市科学技术局	2021-04-09	《细则》自2021年1月1日执行,有效期至2021年12月31日。 1. 新能源汽车推广应用补贴标准: 1)纯电动、插电式混合动力公交车按已取得中央财政补贴标准的50%给予补贴。 2)燃料电池汽车按不低于中央财政补贴标准的1∶1给予地方配套补贴。燃料电池汽车技术要求参照当年度中央财政补贴相关技术要求。如今后国家政策对地方财政配套有明确规定的,按国家政策规定执行。 3)每辆车享受中央和地方财政补贴的总额最高不超过车辆销售价格(价格须与市场公允价相符)的50%。如补贴总额高于车辆销售价格50%的,按车辆销售价格的50%扣除中央财政补贴后计算地方财政补贴金额。 2. 充换电(加氢)基础设施建设补贴标准: 1)社会公用充电站按额定充电功率400元/千瓦标准进行补贴,且平均至每个充电桩不超过15000元;社会公用换电站按额定充电功率400元/千瓦标准进行补贴。 2)对加氢站(固定式)按实际设备投资额的20%进行补助,金额最高不超于400万元。 3)个人自用充电桩于报装后给予一次性600元/人的充电费补贴,由电力部门每半年度以充值方式划入个人消费者自用充电桩电表账户。 3. 充换电运营服务补贴标准:以充换电设施运营企业接入“市级充电基础设施智能服务平台”统计的2021年度充电量为基准,按照每千瓦时0.15元标准给予充换电设施运营企业补贴,对高速公路服务区、综合供能服务站等区域内的保障型充换电设施将补贴标准提高至0.25元/千瓦时。
	嘉兴市氢能产业发展规划(2021—2035年)	嘉政发〔2021〕88号	嘉兴市发展和改革委员会 嘉兴市经济和信息化局	2021-06-08	《规划》明确:嘉兴将分两个阶段制定氢能产业目标。 第一阶段(2021—2025年):到2025年,嘉兴发展成为氢能产业链完备、创新能力强劲、基础设施完善、应用场景多样,并具有国内重要影响力的氢能发展示范城市。氢能产业总产值超过400亿元,企业R&D经费占销售额的比重不低于5%;创建市级及以上重点实验室2家,国家高新技术企业数突破5家,市级及以上企业技术中心超过5家;力争引进和培育一批国内外有影响力的氢能龙头企业,培育氢能上市公司3家以上,引育氢能龙头企业10家以上,氢能相关规模以上企业数量突破50家,培育专精特新创新企业不少于15家。 第二阶段目标(2026—2035年):到2035年,全面建成完善的氢能供应网络,打造成长三角区域重要的氢能供应基地和氢能产业技术创新高地,形成制、储、供、研、用于一体的氢能产业发展格局。氢能产业总产值超过1000亿元,企业R&D经费占GDP比重不低于8%;引进和培育氢能龙头企业20家以上,培育专精特新创新企业不少于30家;氢能供应能力不低于40万吨/年,其中高纯氢不低于25万吨/年。

续上表

地方政府	政策	文件号	发布单位	发布日期	内容
浙江省	台州市市级城市货运配送新能源车辆运营奖补管理办法	—	台州市交通运输局	2021-06-21	《办法》明确： 1)城市货运配送新能源车辆运营奖补资金补贴标准为：按照轻型封闭货车（微面型，核定载质量1.2吨以下）、轻型封闭货车（中面型，核定载质量1.2吨至2吨）、轻型厢式货车（微卡型，货箱内部尺寸12立方米以下）、轻型厢式货车（轻卡型，货箱内部尺寸12立方米以上）、冷藏车五种车型，分别按0.4元/公里、0.6元/公里、0.6元/公里、1元/公里、1.4元/公里进行奖补，以每100公里为一个计算单位进行补贴。每辆车奖补里程最高为20000公里，上述五种车型每年每车最高奖补额分别为0.8万元、1.2万元、1.2万元、2万元、2.8万元。 2)《管理办法》自2021年7月1日起实施。
	杭州市节能与新能源汽车产业发展“十四五”规划	杭经信规划〔2021〕55号	杭州市经济和信息化局 杭州市发展和改革委员会	2021-07-20	《规划》明确了发展目标：力争到2025年，节能与新能源汽车产业成为推动杭州市高质量发展的主导性产业，具体目标如下： 1)总量规模不断扩大。实现汽车产业总产值2500亿元，其中整车、零部件产值分别为1200亿元、1300亿元；整车产量73.7万辆，其中新能源汽车31.3万辆。 2)智能网联汽车取得新进展。基本形成智能汽车、智能交通、智能设施、智能城市协同发展格局，L3级别智能驾驶汽车新车用户渗透率达到60%以上，培育或引进1~2家具有全球竞争力的智能网联汽车企业，建设封闭测试场所1~2个，新增开放测试道路300~500公里。 3)关键零部件实现重大突破。动力电池与管理、驱动电机与电力电子等新能源领域的“三电”关键零部件实现重大突破，发动机、制动系统、传动系统以及转向系统等传统关键零部件转型升级、提质增量。 4)创新能力持续增强。新增国家级企业技术中心8个、省级企业技术中心20个、市级企业技术中心30个、汽车工业互联网平台1个，鼓励企业参与制定车路协同、无人驾驶等智能网联汽车细分领域的行业标准。 5)企业竞争力不断提升。培育或引进3~5家百亿级企业，培育1家冠军型“链主工厂”，打造1~2家示范性“智能工厂”，建设50家以上“数字化车间”。 6)产业生态体系不断完善。新增6000个公用和共用充电桩。推广应用新能源汽车10万辆以上，其中个人新增购置车辆中新能源汽车占比超过50%，公交、出租、环卫、物流等公共领域使用新能源汽车比例逐年提高。加氢基础设施建设取得进展。“汽车+”服务体系、绿色回收服务体系进一步完善。建成功能齐全、设施先进的汽车及零部件检测试验共享平台。
	宁波市电动汽车充电基础设施奖励补贴资金使用管理实施细则	甬能源〔2021〕44号	宁波市能源局 宁波市财政局	2021-07-21	《实施细则》明确： 1)专项资金奖励补贴对象。在宁波市登记注册成立的充电设施的投资建设单位（所有权单位）在本市辖区内建设、运营的充电基础设施。 2)建设投资奖励补贴。对2020年底前已建成投运的充电基础设施设备建设投资兑现奖励补贴。其中：2016年期间建成投运的充电设施设备投资奖励补贴标准（基准）为：直流快充桩不高于600元/千瓦、交流慢充桩不高于300元/千瓦；对于在居住小区建设并服务居民的有序充电模式的交流充电桩参照直流快充桩标准执行；对于换电站按照装机功率参照直流快充桩标准执行；对于采用智能负荷分配的充电设施设备，以该充电站充电设备最大同时可充功率为计算依据。以后年度奖励补贴标准原则上逐年退坡15个百分点，即2017年、2018年、2019年、2020年建成投运的充电设施设备投资奖励补贴标准为不高于2016年基准的85%、70%、55%、40%。 3)运营度电奖励补贴。对接入市级平台的公用充换电设施（不含电动公交专用充电设施，下同），自2021年1月1日起至2022年12月31日止，按照不超过0.2元/千瓦时标准给予运营度电奖励补贴；其中，年度运营度电奖励补贴执行时已享受过国家充电基础设施建设奖励的，按照不超过0.16元/千瓦时标准给予运营度电奖励补贴。
	宁波市制造业高质量发展“十四五”规划	甬政办发〔2021〕58号	宁波市人民政府办公厅	2021-09-09	《规划》明确： 1)汽车：以节能汽车、新能源汽车、智能网联汽车以及核心零部件为主要方向，推动整车规模化、汽车零部件高端化和汽车后市场专业化发展，重点向前湾新区、北仑区（含梅山）集聚发展，打造若干个国内外知名的整车及核心零部件品牌，力争跻身全球汽车产业集群第一方阵。 2)提升发展汽车电子产业，围绕节能汽车、新能源汽车、智能网联汽车、氢能汽车智能化发展需求，突破发展中央控制系统、高性能电机、动力电池系统、电子控制单元（ECU）、通信终端等新型智能化汽车电子产品，打造全国知名的汽车电子产业基地和车联网产业集群。 3)重点突破化工余热与废气资源高效制取氢气等一批关键技术。加快培育制氢、运氢、储氢、加氢以及燃料电池全产业链。全力打造燃料电池电堆、关键核心部件、燃料电池汽车等产业集群。探索加氢（油、气、电）等综合建站模式，探索推进燃料电池公交车、物流车、港区集卡、叉车等应用示范。积极打造氢能创新应用的配套区和孵化区。重点在江北区等地布局打造氢气制备、双极板、膜电极、电堆、燃料电池、加氢设备等核心装备制造基地。在北仑区、大榭开发区等地开展加氢站示范建设。
	绍兴市氢能产业发展规划（2021—2025年）	—	绍兴市人民政府	2021-11-13	《规划》明确：5年内，绍兴市将充分利用区位、政策、经济、资源、产业等基础优势，大力推广氢能应用示范，加快推动氢能产业发展。计划到2025年，氢燃料电池整车、系统集成以及核心零部件等产业链初步成型发展，氢能高端装备制造基地初步成型，氢能总产值超过200亿元。绍兴市计划培育引进氢能国内领先龙头企业5~8家，“专精特新”“隐形冠军”企业50家以上，从而培育形成一批具有较强竞争力的氢气制备、氢源装备制造、氢燃料电池系统及零部件企业。

续上表

地方政府	政策	文件号	发布单位	发布日期	内容
浙江省	宁波市氢能示范应用扶持暂行办法	甬能源综合〔2021〕93 号	宁波市能源局 宁波市财政	2021-12-29	《暂行办法》明确了加氢站建设补贴、加氢站加氢补贴和燃料电池汽车示范应用补贴标准。 1)加氢站建设补贴标准。对日加氢能力≥1000 公斤的加氢站,最高补贴不超过 500 万;对日加氢能力≥500 公斤的加氢站,最高补贴不超过 300 万;对日加氢能力<500 公斤的加氢站,最高补贴不超过 100 万; 2)加氢站加氢补贴标准。要求补贴后销售价格≤35 元/公斤,2021 年年度最高补贴标准为 14 元/公斤,2022 年年度最高补贴标准为 14 元/公斤,2023 年年度最高补贴标准为 12 元/公斤,2024 年年度最高补贴标准为 8 元/公斤,2025 年年度最高补贴标准为 6 元/公斤。 3)燃料电池汽车示范应用补贴标准。按照不超过中央财政燃料电池汽车示范应用奖励标准(不含关键零部件额外奖励)2 倍进行补贴,其中 2021 年、2022 年参照国家第一年奖励标准。补贴分别在车辆上牌后及累计用氢运行里程达 3 万公里后各发放一半。
山东省	山东省国民经济和社会发展第十四个五年规划和 2035 年远景目标纲要	鲁政发〔2021〕5 号	山东省人民政府	2021-04-06	《规划纲要》明确: 1)重大先进制造业项目——汽车制造:吉利智慧新能源整车项目、济南豪驰新能源汽车项目、青岛莱西新能源汽车产业集聚区、奇瑞汽车青岛基地、一汽解放新能源轻卡基地、北京汽车整车制造总部基地、北汽(淄博)新能源汽车零部件产业基地、吉利高端商用车产能整合改造提升及汽车产业园、华东智能网联汽车试验场、一汽吉林烟台新能源车基地、上汽通用东岳汽车新一代运动型多功能车及其变型车项目、潍坊商用车新能源动力核心部件生产基地、潍坊比德文新能源汽车产业基地、泰安航天特种车生产基地、日照长城汽车产业园等。 2)重大先进制造业项目——新能源:中国国防动力电池产业园、山东新能源氢燃料电池制造基地、淄博氢能源全产业链基地项目、临沂氢能源产业园等 3)推广新能源汽车,完善充电桩、加氢站规划布局。 4)完善城市综合交通体系,加强城市停车场、公交站点和充电、加氢、加气等设施建设。 5)积极探索光伏、风电等可再生能源制氢和低谷电力制氢,推动燃料电池分布式电源和热电联供系统示范应用,培育"光伏+氢储能"一体化应用新模式,建设国家氢能产业发展高地,打造山东半岛"氢动走廊"。
	山东省"十四五"综合交通运输发展规划	鲁政字〔2021〕127 号	山东省人民政府	2021-07-10	《规划》明确:山东省交通厅将强化碳排放控制,推广应用高能效、低排放的交通运输装备,促进混合动力、纯电动、燃料电池汽车等新能源车辆的推广应用,积极推进新能源动力船舶发展。配合推进加气站、加氢站、标准化充换电站(桩)等公共设施建设。加快氢能源在交通行业的推广应用,支持青岛港建设"中国氢港"。努力打造"碳达峰、碳中和"绿色示范港。到 2025 年,全省营运车辆、船舶单位运输周转量 CO_2 排放较 2020 年分别下降 4%和 3.5%以上;除应急救援车辆外,新增和更新公交车辆新能源占比 100%,新增和更新出租车清洁能源及新能源占比 80%。
	山东省"十四五"战略性新兴产业发展规划	鲁发改高技〔2021〕575 号	山东省发展和改革委员会	2021-07-14	氢能与新能源汽车方面,《规划》明确: 1. 氢能:综合推广利用氢能,建设山东半岛氢动走廊和济南"中国氢谷"、青岛"东方氢岛",着力打造氢燃料电池汽车应用城市群。 1)启动实施"氢进万家"科技示范工程,加快氢能在交通运输、工业和家庭用能等终端领域应用。积极探索光伏、风电等可再生能源和低谷电力制氢,推动燃料电池分布式电源和热电联供系统应用。 2)壮大氢能及燃料电池产业链条,重点突破质子交换膜、双极板、高性能碳纸、低铂催化剂等关键材料,实现"单电池—电堆—发动机—整车"全产业链高端化发展。依托山东能源研究院建设山东氢能检验检测平台。到 2025 年,力争氢能源动力总成系统产能达到5 万台套。 2. 新能源汽车:加快推动新能源汽车向高端化、智能化、绿色化发展,围绕整车、关键零部件、上下游配套等环节,培育形成"原材料+零部件+整机整车+市场"的完整产业体系。 1)整车制造。聚焦纯电动汽车、燃料电池汽车、智能汽车,兼顾插电式混合动力汽车,重点攻克整车平台正向研发、轻量化、整车安全和智能网联汽车感知、决策、控制系统等关键技术,加快提升整车检测及诊断能力和智能制造水平,打造关键零部件、智能汽车协同发展的产业基地。 2)关键零部件。加快推动新能源汽车系统集成技术创新与应用,重点突破动力电池及系统、电驱动系统、整车控制系统和核心原材料等关键技术,大力发展高效电机、自动变速器、关键液压件、精密减速器等动力装备。到 2025 年,新能源汽车关键零部件具备规模化国际供给和配套能力。 3)无人驾驶。围绕无人驾驶核心算法、线控底盘、动力执行、环境感知、平台调度等"五大系统",按照系统集成思路实施精准招引,打造完善的产业生态链。加快推动淄博无人驾驶产业园建设,依托无人驾驶创新中心等载体,打造高集成度的产业创新平台。积极拓展无人驾驶场景应用,逐步在省内旅游景区、园区、港口码头等场所,稳妥推行无人驾驶。 4)配套设施。鼓励发展柔性充电、充电监控、智能运维等技术,加快车载充电设备、智能充电桩、大功率快速充电设备的研发和产业化。建设城市道路、建筑、公共设施融合感知体系,打造基于城市信息模型、融合城市动态和静态数据于一体的"车城网"平台。实施智能网联汽车道路测试和示范应用,建设华东智能网联汽车试验场、高速公路智能网联测试基地,加快智能汽车特定场景应用和产业化发展。
	山东省能源发展"十四五"规划	鲁政字〔2021〕143 号	山东省人民政府	2021-08-09	氢能、新能源汽车、充电基础设施等方面,《规划》明确: 1)氢能。围绕创建"国家氢能产业示范基地",健全完善制氢、储(运)氢、加氢、用氢全产业链氢能体系,加快形成"中国氢谷""东方氢岛"两大高地,打造山东半岛"氢动走廊"。实施"氢进万家"科技示范工程,推动氢能创新链与产业链的融合发展。大力发展工业副产氢纯化技术,积极推进可再生能源制氢和低谷电力制氢试点示范,培育风光+氢储能一体化应用模式。加快发展高压气态储氢和长管

续上表

地方政府	政策	文件号	发布单位	发布日期	内　容
山东省					拖车运输，探索推进高效、智能氢气输送管网的建设和运营。合理配套、适度超前布局加氢站，重点推进城市公交、物流、环卫等专用加氢站建设，开展加油、加气、充电和加氢站合建模式试点。加大燃料电池关键材料、核心部件制造等技术突破与成果转化，推动燃料电池装备规模化生产。加快氢能多领域多场景应用，在通信基站、数据中心等场所推进氢能应急电源示范，在海岛、园区等特定区域开展以氢为核心的能源综合利用试点。到2025年，加氢站数量达到100座，实现产值规模1000亿元。 2）加强交通运输领域节能。推动绿色铁路等建设，加快完善充换电、加氢、港口机场岸电等基础设施。大力推广节能和新能源汽车，提升电动车用电效率。 3）加快充电基础设施建设。完善充电基础设施网络，构建以住宅和办公场所充电为主、城市公共充换电为辅、城际间快速充换电为补充的服务体系。重点推进居民小区充电设施建设，新建住宅配建停车位应全部建设充电设施或预留建设安装条件。升级完善充电基础设施信息公共服务平台，实现新能源汽车与智能电网间能量流、信息流和业务流双向联通。到2025年，建成公共领域充换电站8000座、充电桩15万个，各市中心城区平均服务半径小于5公里的公共充换电网络基本形成。
	山东省能源科技创新“十四五”规划	鲁发改能源〔2021〕1097号	山东省发展和改革委员会 山东省能源局 山东省科学技术厅	2021-12-23	氢能方面，《规划》明确： 1）加强太阳能、氢能等新能源和可再生能源发电及综合利用技术研发和推广应用。开展太阳能发电供热与制氢等关键技术研究，示范试验海上风电与海洋牧场、海上制氢综合开发利用技术以及核能制氢技术研究。 2）开展工业副产氢纯化技术研究与规模化应用，开发高压氢气压缩机、高压大容量集装箱管束等关键装备，开展管道输氢、天然气掺氢及加氢站示范。研发大功率燃料电池、模块化高压储氢、燃料电池综合供能等系统。研究低铂催化剂、质子交换膜、炭纸等关键材料，开发模压石墨双极板、金属双极板等核心部件批量制造装备。 3）围绕培育壮大“鲁氢经济带”、打造山东半岛“氢动走廊”，实现氢能全产业链的关键技术突破，形成济南、青岛、淄博、潍坊等氢能相关装备产业集群，实施“氢进万家”科技示范工程，面向全国打造氢能示范样板，助力山东省新旧动能转换和氢能高质量发展。 4）氢能关键技术．聚焦大规模氢的制、储、运、用一体化技术，突破氢能产业链关键技术，开展工业副产氢纯化、可再生能源电解水制氢、管输掺氢、管输输氢、高压快速加注等制储运加关键技术研发。开发燃料电池用低铂催化剂、质子交换膜、炭纸和高压氢瓶用碳纤维等关键材料，突破长寿命、高功率膜电极和电堆关键技术。 5）氢能产品研发．研发兆瓦级电解水制氢装置、加氢站用氢气压缩机等关键装备。开发模块化大功率燃料电池发动机、高压氢瓶等设备，实现在中长途重载车辆上的批量应用．开发燃料电池专用空压机、氢气循环泵、增湿器等燃料电池系统关键部件，开展氢能装置及产品的安全性检测和技术研究，突破高压储氢系统的减压阀、氢管理等关键部件核心技术并实现工程化应用。 6）氢进万家”科技示范工程。发挥济南作为重型商用车研发、制造基地的优势，打造氢能产业创新研发、装备制造高地。发挥青岛物流枢纽优势，打造氢能车辆、船舶制造、港口作业机械、氢能热电联供等综合应用基地。布局以淄博、潍坊为龙头的燃料电池及关键材料产业集群和以济宁、聊城为龙头的燃料电池整车及氢能制储装备产业集群。
	青岛市国民经济和社会发展第十四个五年规划和2035年远景目标纲要	青政发〔2021〕2号	青岛市人民政府	2021-02-18	《规划纲要》明确： 1）聚焦新材料、新能源汽等领域，部署科技重点专项，突破一批面向战略需求与重大场景的产业化关键技术。面向战略需求的关键技术新能源汽车方向为：氢能与燃料电池、车体轻量化材料、高续航电池、智能车联网、大功率快速充电等关键技术；氢燃料电池汽车整车及关键配套部件攻关。 2）做强优势产业集群。聚焦轨道交通装备、新能源汽车等产业，全力打造代表国家参与全球竞争的标志性产业链和产业集群。发展轨道交通装备研发设计—装备制造—智能运维等全产业链，加快汽车电动化、智能化、网联化发展和氢燃料电池汽车产业化。先进制造业优势产业集群新能源汽车方面：发展纯电动汽车，布局氢燃料电池汽车，超前谋划智能网联汽车，突破电池、电机、电控等核心部件，建设新能源汽车产业高地。
	青岛市“十四五”战略性新兴产业发展规划	青政办字〔2021〕61号	青岛市人民政府办公厅	2021-09-16	重点产业方面，《规划》明确： 一、智能网联及新能源汽车。瞄准汽车产业轻量化、新能源化、智能网联化发展方向，加大轻量化材料、高续航电池、智能车联网、整车热管理等关键技术攻关，大力发展新能源汽车整车生产，实现零部件制造突破，完善新能源汽车应用生态。 1）整车制造。以重点发展纯电动汽车、兼顾发展混合动力汽车、加快布局氢燃料电池汽车为技术路线，大力引进新能源整车大项目，补齐产业链关键短板和供应链薄弱环节，推进整车企业产能释放、车型升级。依托青岛国际院士港、吉林大学青岛汽车研究院等机构，重点攻克整车平台正向研发、轻量化、整车安全和智能网联汽车感知、决策、控制系统等关键技术，加快提升整车检测及诊断能力和智能制造水平。 2）无人驾驶。围绕无人驾驶核心算法、线控底盘、动力执行、环境感知、平台调度等五大系统，实施精准招引，构建完善的产业生态链。制定智能网联汽车道路测试和示范应用管理实施细则，发展路侧感知技术，有序开放自动驾驶测试道路，建设5G智慧交通示范道路，率先在青岛西海岸新区、即墨区、青岛蓝谷等区域划定并建设开放或半开放智能汽车测试区。推动青岛西海岸新区、即墨区、莱西市、城阳区、青岛高新区等区域先行先试发展智能网联汽车。优先开展智能交通示范路线运营，稳步推进特定场景示范应用。开展智能汽车产业支撑能力建设，完善智能汽车测试评价体系，推动测试评价技术及验证工具研发应用。支持智能网联汽车第三方公共服务平台建设。

续上表

地方政府	政策	文件号	发布单位	发布日期	内容
山东省					3)关键零部件。开展正负极材料、电解液、隔膜等关键核心技术研究,加强高强度、轻量化、高安全、低成本、长寿命的动力电池和燃料电池技术攻关,加快固态动力电池技术研发及产业化。支持基础元器件、关键生产装备、高端试验仪器、开发工具、高性能自动检测设备等基础共性技术研发创新。攻关新能源汽车智能制造海量异构数据组织分析、可重构柔性制造系统集成控制等关键技术。充分发挥整车企业的虹吸效应,集聚引进关键配套,完善产业链条。重点发展车载操作系统、新型电子电气架构、高效高密度驱动电机系统等关键技术和产品。开展高性能铝镁合金、纤维增强复合材料等车辆轻量化关键材料产业化应用。 4)配套设施。加快建设布局合理、适度超前、快充为主、慢充为辅的电动汽车充电网络,大力推进公共停车场、居民小区、机关企事业单位驻地充换电基础设施建设,加强智能有序充电、大功率充电等新型充电技术研发与推广应用。根据换电模式电动汽车推广情况,有序推进换电设施建设。依托新能源汽车综合监管平台,加强全市充电基础设施统一监管,打造便捷高效的城市充电服务网络,满足绿色出行充电需求。 二、氢能。综合推广利用氢能源,打造国内重要的氢能产业基地,建设"东方氢岛"。探索氢能纳入区域能源体系,拓展氢能在工业、建筑、交通、物流等领域应用,实现多种能源协调发展,建设绿色、智能、高效能源体系。壮大氢能及燃料电池产业链条,重点突破质子交换膜、双极板、高性能碳纸、低铂催化剂等关键材料,形成系列化燃料电池品牌产品,实现"单电池—电堆—发动机—整车"全产业链高端化发展。依托山东能源研究院等建设山东氢能检验检测平台。
	关于加快新能源汽车推广应用的若干政策	济政办发〔2021〕12号	济南市人民政府办公厅	2021-06-11	《政策》明确:加快推进加氢站建设。 1)日加氢能力500公斤(含)~1000公斤(不含)的固定式加氢站,对2021年、2022年年底前建成的,分别补贴400万元、300万元;日加氢能力1000公斤(含)以上的固定式加氢站,对2021年、2022年年底前建成的,分别补贴600万元、400万元。加大对新能源汽车、氢制备固定资产投资的支持力度。 2)新能源汽车及其关键零部件、氢制备等投资项目,按照设备投资额20%的标准给予一次性奖励,单个项目的奖励金额不超过2000万元。 3)政策自2021年7月1日起施行,有效期至2022年12月31日。
	《青岛市"十四五"综合交通运输发展规划》《青岛市"十四五"物流业发展规划》	青政办字〔2021〕63号	青岛市人民政府办公厅	2021-09-16	《规划》明确: 1)加快新能源和清洁能源车辆的推广应用。新增和更新的城市公共汽车全部采用新能源或清洁能源,加快推广氢燃料电池汽车在城市公交领域开展示范运营。会同区市和有关部门采取措施,鼓励、推广新能源和清洁能源车辆从事巡游出租车经营。加大城市物流配送车辆、长途客运班线等新能源和清洁能源的推广应用力度。 2)构建城乡配送标准体系。推进城乡配送信息化建设,提升供应商整合、仓库利用、库存周转等运作效率。推广使用新能源配送车辆,完善新能源车辆购置、通行、停车等方面的优惠支持政策,健全充电桩、换电站等配套设施网络,实现"桩随车布"。引导企业联合组建统一标识、统一车型、统一调度、统一监管、统一服务、统筹升级的城市绿色配送公共车队。
	《青岛市"十四五"战略性新兴产业发展规划》《青岛市"十四五"现代服务业发展规划》	青政办字〔2021〕61号	青岛市人民政府办公厅	2021-09-16	《规划》明确; 1)智能网联及新能源汽车。瞄准汽车产业轻量化、新能源化、智能网联化发展方向,加大轻量化材料、高续航电池、智能车联网、整车热管理等关键技术攻关,大力发展新能源汽车整车生产,实现零部件制造突破,完善新能源汽车应用生态。 2)整车制造。以重点发展纯电动汽车、兼顾发展混合动力汽车、加快布局氢燃料电池汽车为技术路线,大力引进新能源整车大项目,补齐产业链关键短板和供应链薄弱环节,推进整车企业产能释放、车型升级。依托青岛国际院士港、吉林大学青岛汽车研究院等机构,重点攻克整车平台正向研发、轻量化、整车安全和智能网联汽车感知、决策、控制系统等关键技术,加快提升整车检测及诊断能力和智能制造水平。 3)无人驾驶。围绕无人驾驶核心算法、线控底盘、动力执行、环境感知、平台调度等五大系统,实施精准招引,构建完善的产业生态链。制定智能网联汽车道路测试和示范应用管理实施细则,发展路侧感知技术,有序开放自动驾驶测试道路,建设5G智慧交通示范道路,率先在青岛西海岸新区、即墨区、青岛蓝谷等区域划定并建设开放或半开放智能汽车测试区。推动青岛西海岸新区、即墨区、莱西市、城阳区、青岛高新区等区域先行先试发展智能网联汽车。优先开展智能交通示范路线运营,稳步推进特定场景示范应用。开展智能汽车产业支撑能力建设,完善智能汽车测试评价体系,推动测试评价技术及验证工具研发应用。支持智能网联汽车第三方公共服务平台建设。 4)关键零部件。开展正负极材料、电解液、隔膜等关键核心技术研究,加强高强度、轻量化、高安全、低成本、长寿命的动力电池和燃料电池技术攻关,加快固态动力电池技术研发及产业化。支持基础元器件、关键生产装备、高端试验仪器、开发工具、高性能自动检测设备等基础共性技术研发创新。攻关新能源汽车智能制造海量异构数据组织分析、可重构柔性制造系统集成控制等关键技术。充分发挥整车企业的虹吸效应,集聚引进关键配套,完善产业链条。重点发展车载操作系统、新型电子电气架构、高效高密度驱动电机系统等关键技术和产品。开展高性能铝镁合金、纤维增强复合材料等车辆轻量化关键材料产业化应用。 5)配套设施。加快建设布局合理、适度超前、快充为主、慢充为辅的电动汽车充电网络,大力推进公共停车场、居民小区、机关企事业单位驻地充换电基础设施建设,加强智能有序充电、大功率充电等新型充电技术研发与推广应用。根据换电模式电动汽车推广情况,有序推进换电设施建设。依托新能源汽车综合监管平台,加强全市充电基础设施统一监管,打造便捷高效的城市充电服务网络,满足绿色出行充电需求。

续上表

地方政府	政策	文件号	发布单位	发布日期	内容
山东省					6)氢能。综合推广利用氢能源,打造国内重要的氢能产业基地,建设“东方氢岛”。探索氢能纳入区域能源体系,拓展氢能在工业、建筑、交通、物流等领域应用,实现多种能源协调发展,建设绿色、智能、高效能源体系。壮大氢能及燃料电池产业链条,重点突破质子交换膜、双极板、高性能碳纸、低铂催化剂等关键材料,形成系列化燃料电池品牌产品,实现“单电池-电堆-发动机-整车”全产业链高端化发展。依托山东能源研究院等建设山东氢能检验检测平台。
	《关于进一步鼓励氢能产业发展的意见》《关于支持氢能产业发展的若干政策》	淄政办字〔2021〕75号	淄博市人民政府办公室	2021-09-24	1)《意见》明确:到2025年,全市氢能产业规模大幅提升,关键核心技术实现重大突破,形成完整的氢能装备和氢燃料电池汽车产业体系。氢能规模化、商业化应用进一步普及,建成加氢站10座,氢燃料电池汽车运行规模达到1000辆,打造成为国内先进、有重要影响力的氢能产业高地。 2)《若干政策》明确:优化加氢站审批程序;加快推进加氢站设施建设;鼓励支持加氢站运营;推广氢燃料电池公共服务用车;鼓励购置氢燃料电池车辆;加强制氢储运扶持;支持氢燃料电池及关键零部件制造;支持开展产学研合作;营造氢能产业生态;支持企业整合上下游产业;加大金融扶持力度。本政策措施自发布之日起实施,有效期至2022年12月31日。
	青岛市“十四五”生态环境保护规划	青政字〔2021〕19号	青岛市人民政府	2021-09-29	《规划》明确: 1)壮大绿色环保战略性新兴产业。扩大战略性新兴产业投资,加快壮大新能源、新材料、新能源汽车、绿色环保、现代海洋等产业。 2)完善城市绿色交通综合体系。促进交通用能清洁化,大力推广新能源、天然气(CNG/LNG)等节能环保运输工具,公共领域新增或更新公交、出租、物流配送等车辆80%以上为新能源汽车和清洁能源汽车。到2025年年底,城市建成区除保留必要燃油公交车用于应急保障外,公交车全部为新能源汽车和清洁能源汽车。加快车用液化天然气(LNG)加气站、充电桩、加氢站布局,在交通枢纽、批发市场、快递转运中心、物流园区等建设充电基础设施,实现重要交通枢纽、港口码头、物流园区等全覆盖。
	青岛市“十四五”制造业高质量发展规划	青政办发〔2021〕2号	青岛市人民政府办公厅	2021-10-25	新能源汽车、氢能方面,《规划》明确:大力推进新能源汽车高端化发展,着力完善核心零部件配套,重点突破智能网联汽车研发制造,全面提升产业集群竞争力,聚力打造全国新能源汽车产业新高地。 1)整车研发制造。以纯电驱动、插电/增程式混合动力和燃料电池为新能源汽车发展主攻方向,引进和布局新能源汽车研发机构,鼓励和支持整车企业在青设立研发中心,组建汽车产业科创联盟,围绕整车设计、动力系统研发、控制系统研发、智能网联汽车等关键共性技术,开展联合技术攻关。加强国内外企业战略合作,积极推动一汽-大众、上汽通用五菱等国内外品牌协同发展,鼓励存量车企在青布局更多优质车型和优质资源,推进奇瑞汽车青岛基地、北京汽车制造总部基地、一汽解放新能源轻卡基地项目尽快建成达产。积极布局氢燃料电池汽车,支持燃油车向先进高端节能燃油汽车、清洁能源汽车、混合动力汽车和替代燃料汽车升级发展。 2)核心零部件配套。重点引进动力电池、驱动电机、电控等汽车核心零部件,积极布局固态锂金属电池、功率芯片、高精度定位等前沿产品,完善燃料电池质子交换膜、催化剂、储运氢设备等氢燃料电池汽车配套,以及柴油发动机、变速箱等传统燃油商用车核心零部件配套,大力发展高强度钢、铝合金、碳纤维车体等汽车轻量化材料。 3)智能网联汽车。加大智能网联汽车技术创新,突破能够用于普遍场景、低成本的智能路网建设技术,实现“车路协同,全域联动,多场景应用”和“人-车-路-云”融合。加快智能网联汽车车载平台和基础设施建设,积极布局车载高精度传感器、车规级芯片、智能操作系统、车载智能终端、智能计算平台等智能网联汽车关键零部件,引导本地人工智能、传感器、电子元器件企业向智能网联汽车领域延伸发展。加速推进智能网联汽车道路测试与示范应用,构建智能网联汽车标准体系,稳步推进码头、园区、景区等特定场景以及短距离无人物流、环卫清扫车、疏港运输、矿山机械等特定交通工具开展智能网联示范应用。 4)前瞻布局一批未来产业:瞄准氢能及储能等未来产业,加强前沿技术多路径探索、交叉融合和颠覆性技术供给,打造未来技术应用场景,形成产业发展新增长点。推动制氢、储(运)氢、加氢等装备制造,积极扩大氢能应用场景。
	青岛市“十四五”能源发展规划	青政办字〔2021〕78号	青岛市人民政府办公厅	2021-11-10	新能源汽车、氢能方面,《规划》明确: 1)加快氢能开发利用,重点突破氢燃料电池电堆、质子交换膜、高压或液态储氢罐制备等关键技术;集中攻关高性能燃料电池、超级电容等储能技术,开展分布式储能系统协同研究,研发多点布局储能系统聚合调峰及应急控制技术;加快分布式风电、深远海风电技术研发,开展新一代海洋能、先进生物质能利用技术攻关,探索推进二氧化碳捕集、封存与利用技术研究。 2)强化能源装备产业引领。支持新能源汽车、智能电网、储能、氢能、风电、光伏等能源装备产业可持续发展,推动能源装备产业向规模化、精细化和高端化方向转型,鼓励企业从单纯设备制造向综合服务商转型。大力发展新能源整车制造,推进动力电池、电机、电控等关键零部件的研发生产,打造新能源汽车产业集群。积极推动智能输配电及控制设备、分布式电源并网等装备制造产业发展,加快发展能量型与功率型电池储能技术装备,促进安全高效、绿色环保的新型电化学储能器件及系统技术创新。依托我市氢气资源禀赋和化工产业基础,以“氢进万家”科技示范工程为契机,重点开展低成本制氢、管道输氢、高压储运氢、氢能基础设施建设、燃料电池汽车应用,提升氢能装备制造和应用水平,加快建成“东方氢岛”。 3)产业重点项目——氢能 A、基础保障项目:金能科技新材料与氢能源综合利用项目、海湾化学30万吨/年离子膜烧碱项目、青岛炼化青岛氢能资源基地项目、青岛国际院士港新能源车辆运营配套示范项目。

续上表

地方政府	政策	文件号	发布单位	发布日期	内容
山东省					B、装备制造项目：氢能与燃料电池动力系统关键零部件制造项目、FCP 中德氢动力产业园项目、氢航动力氢能源无人机制造项目、加氢站用压缩机制造项目。 C、应用示范项目：青岛港燃料电池港口机械应用示范项目、氢能公交示范项目。
	济南市能源发展“十四五”规划（征求意见稿）	—	济南市发改委	2021-12-06	重点工程中涉及新能源汽车推广工程、中国氢能建设工程，详细如下： 一、新能源汽车推广工程：强化新能源汽车产业支撑，不断完善点线面相结合的充换电设施网络，多措并举加大消费引导力度，着力扩大新能源汽车在重点领域的应用规模。 1）完善充换电基础设施，建设多层次、点线面相结合的充换电设施网络，加强配套电网支撑，实现充电设施无障碍并网和可靠供电。到2025年，公共充电桩与新能源汽车比例不低于1∶3，城市核心区服务半径不超过1千米，城市边缘地区服务半径不超过1.5千米，建成1700座充换电站，充换电基础设施保有量超过8万个。 2）推进重点领域应用通过政府引导、市场运作的方式，加快新能源汽车在重点领域的推广应用。 3）加大消费引导力度积极举办新能源汽车技术普及、会议论坛、展览展示、驾乘体验等活动，提高社会各界对新能源汽车的认知和接受程度。 二、中国氢谷建设工程：围绕建设“中国氢谷”，重点在起步区、济南高新区、莱芜区、钢城区、章丘区打造“一核引领、四区联动”的产业格局，统筹推进制、储（运）、加、用全链条发展，实施“氢进万家”科技示范工程建设，开展氢能创新研究，推动氢能多场景运用。 1）推进制储（运）氢产业化：依托莱钢集团、泰钢集团、明泉集团等工业副产氢资源优势，优化焦炉煤气、化工尾气变压吸附制氢工艺，降低制氢成本，加速推广工业副产氢纯化技术及应用。大力发展大容积液氢圆柱形储罐、大容积液氢球罐，积极发展高压气态储运装备、液氢运输及加注设备，加快氢燃料电池汽车车载高压储氢瓶等研发，重点推进70 MPaⅣ型储氢瓶产业化。加快集聚国内外氢能源产业链上下游生产企业，推进济南新旧动能转换起步区黄河流域氢能产业基地建设，推动产业集群集聚发展。 2）推进加氢设施研发建设：加快研发加氢设备、加氢站控制集成、高压阀体等核心技术和部件；加快完善加氢站建设管理规范、作业安全规范、专用加注装置、储运装置等技术标准，探索油、气、氢、电多站合一模式布局，鼓励利用现有加油、加气站点网络改扩建加氢设施，降低加氢站建设成本，到2025年，建成加氢站15座以上。 3）扩大氢能场景示范应用：大力发展氢燃料电池公交车及轻型卡车。鼓励氢能整车生产企业开展公众试乘试驾、产业座谈，提升公众接纳程度，加速氢燃料电池汽车推广。鼓励优先在物流车、环卫车、渣土车、公交客运车等领域开展氢燃料电池车示范应用。 4）氢能重点项目：钢新能源（氢能）产业园项目、国家电投黄河流域氢能产业基地。
	关于支持氢能产业发展的若干政策	潍政办字〔2021〕179号	潍坊市人民政府办公室	2021-12-23	《政策》完整地覆盖氢能“制、储、运、加、用”全产业链条，特别是对制氢、运氢、多类燃料电池产品、氢能社区、纯氢管道建设项目的支持。 1）氢能储运方面：鼓励建设天然气管道掺氢及纯氢管网示范项目，对天然气管道掺氢项目按掺混站设备投资额30%进行补贴，单个掺混站补贴不超过200万元；对总长度不少于5公里的纯氢管道项目，按纯氢管道设备投资额30%进行补贴，补贴总额不超过300万元。 2）对从事高压氢气、液氢制备、固态储氢等的企业实施技术改造新增的设备，按照设备购置款的10%给予补贴，单个项目补贴最高不超过1000万元。鼓励采用30~52 MPa的高压气态大容量管束集装箱车辆、液氢槽罐车等进行氢气输运。对在本地注册的拥有20辆氢气运输车辆以上的氢气运输企业，根据年度累计氢气实际承运量，按1.5元/千克的标准给予运营补贴，最高不超过150万元。 3）支持燃料电池车方面：对新购置或更换的氢燃料物流车、环卫车、渣土车、公交车等公共领域车辆及氢燃料备用电源，在招标时给予加分奖励。 4）加氢站补贴方面：加氢站2022年之前建成的，日加氢能力超过1000公斤的，最高将给予350万的补贴，2023年之前建成的，日加氢能力超过1000公斤的，给予300万补贴。
	泰安市“十四五”能源发展规划	泰政字〔2021〕96号	泰安市人民政府	2021-12-30	氢能、新能源汽车及充电桩等方面，《规划》明确： 一、氢能 1）探索氢能示范应用。加快实施“氢进万家”科技示范工程，推进可再生能源制氢试点示范，培育“光伏+氢储能”一体化应用模式。科学布局加氢站，重点推进城市公交、物流、环卫等专用加氢站建设，试点推进“油电氢气”合建站建设。拓展氢能应用场景，在通信基站、数据中心、医疗机构推进氢能应急电源示范。积极创建自具特色的氢能产业园区，搭建氢能创新平台，引进设立研发机构和中试基地。到2025年，培育国内领先的企业2至3家，氢能产业链年营业收入达到30亿元，累计建成加氢站3座，燃料电池汽车规模达到300余辆，乘用车实现规模化示范。 2）氢能装备产业链。聚焦“制储输用”产业链和创新链的融合，以华硕能源、岱擎科技、山东纽能、恒信高科为“关键节点”，加快发展工业副产氢纯化和风光制氢储能等绿氢技术和固体储氢、氢能应急备电等储氢技术，加快燃料电池关键材料、核心部件制造的技术突破与成果转化，推动燃料电池装备规模化生产，力争新泰市、宁阳县、泰安高新区实现重点突破。 3）实施氢能示范推进工程。实施氢燃料电池应急备电、移动式加氢车等项目，推进固态储氢技术产业化；实施阳极石墨板、超薄金属复合双极板及高性能燃料电池电堆项目，推进燃料电池落地转化；实施恒信高科“氢气岛”、明升达合成气制氢提纯、瑞星粉煤气化氢气提纯、泰汶盐化工业副产氢提纯等项目，推动大规模低成本煤化制氢；实施可再生能源电解水制氢光伏配套储能和液态阳光项目，推动“风光电+氢储能”一体化发展。探索推进氢能向绿色旅游、绿色工业园区、分布式储能、应急备电等更广领域拓展应用。

续上表

地方政府	政策	文件号	发布单位	发布日期	内容
山东省					二、新能源汽车及充电桩 1)建立泰安高新区“双碳”小微企业创业园。一期引进智能电网、储能、氢能等创新型小微企业,聚合泰山氢能科技园和泰山氢能产业园配套服务泰开集团等龙头企业。二期引进新能源汽车、燃料电池汽车及关键零部件的研发制造企业,突破动力电池及管理系统、驱动电机、智能网联等核心技术,逐步向零部件集成化、模块化布局升级。 2)推动多领域节能增效——深入推进交通节能。大力发展绿色交通,完善充换电、加氢等基础设施。积极推广节能和新能源汽车,提升电动车用电效率,完成氢能源汽车推广任务。到 2025 年,推广电动汽车 3 万辆,其中公交、物流、环卫等车型 1.4 万辆。 3)推动多领域节能增效——倡导生活方式绿色转变。倡导以节约高效的能源消费观念引领清洁高质的日常生活,鼓励公众购置新能源汽车和节能环保型住房,采取共享约车、共享单车等共享出行模式。
	德州市“十四五”生态环境保护规划	德政发〔2021〕12 号	德州市人民政府	2021-12-31	氢能方面,《规划》明确: 1)加快加氢站、充电桩布局,在交通枢纽、批发市场、快递转运中心、物流园区等建设加氢、充电基础设施。到 2025 年,实现重要交通枢纽、物流园区等全覆盖。 2)推广节能和新能源车辆,加快充电基础设施建设,到 2025 年全市充电桩保有量达到 4000 个以上,实现中心城区主干道、大型停车场、大型公共设施全覆盖。试点建设 5 个加氢站。
河南省	河南省国民经济和社会发展第十四个五年规划和二〇三五年远景目标纲要	豫政〔2021〕13 号	河南省人民政府	2021-04-02	《规划纲要》提到: 1)完善能源输配网络:统筹布局加油、加气、充(换)电、加氢等设施,示范推广氢电油气综合能源站。 2)优化省内能源结构:加强氢能技术研发应用,提高工业副产氢纯化水平开展可再生能源电解水制氢示范,培育氢能产储运用全产业链。 3)打好关键核心技术攻坚战:实施战略性重大科技项目和重大科技专项,在高端装备、新能源、新能源汽车等领域取得一批重大标志性成果。 4)培育发展战略新兴产业链:构建节能环保、新能源及网联汽车、新一代人工智能、5G 等产业链。 5)推进重点领域消费提档升级:落实新能源汽车购置相关财税支持政策,大力发展汽车后市场和二手车交易市场,鼓励特定领域老旧机动车提前报废更新。 6)强化大气污染精准防治:推广新能源运输和城市物流车辆,强化车油联合管控和非道路移动源污染防治。
	河南省推进新型基础设施建设行动计划(2021—2023 年)	豫政办〔2021〕18 号	河南省人民政府办公厅	2021-04-07	《行动计划》明确: 1)清洁能源设施智能化:充换电基础设施和加氢站——加快干线公路沿线服务区快速充电设施布局,重点推进居民区个人智能充电桩和公共机构、企业、产业园区、景区停车场公共充电桩建设,新建公共充换电站 600 座、公共充电桩 2 万个、个人充电桩 5 万个,在县(市、区)建设一批示范类集中式公用充电站。依托省智能充电服务平台和“中原智充”手机应用软件,搭建覆盖全省、功能完善的智能充电服务网络。推动燃料电池汽车加氢站建设,开展油、气、电、氢综合供给服务。 2)信息技术基础设施:建设全省统一的智能网联汽车云控平台,开展中原科技城自动驾驶公交线路示范应用。 3)交通物流设施智能化:创建省级智能网联汽车应用示范区,开展智能网联汽车载人、载货或特种作业的开放道路测试。 4)前瞻布局创新基础设施:建设智能终端、新能源汽车、智能装备、生物医药等创新基础设施集群。
	河南省 2021 年国民经济和社会发展计划	豫政〔2021〕15 号	河南省人民政府	2021-04-22	《计划》明确: 1)全面促进消费:发挥大宗商品消费带动作用,完善落实新能源汽车购置、家电更新等政策,加大新能源公交车、出租汽车、城市物流车推广力度,扩大汽车平行进口业务规模。 2)推进产业链现代化:举办国际智能网联汽车大赛、世界传感器大会、生物医药与生命健康峰会等活动,加快推进紫光智慧计算终端全球总部、比亚迪新能源汽车、上汽大数据中心等项目建设。 3)建设完善多层次创新载体:推进平顶山功能新材料、许昌硅碳新材料、安阳电子新材料、新乡新能源电池等产业公共技术服务创新平台建设。 4)加快推进重大项目建设:突出抓好“两新一重”项目建设,新建 5G 基站 5 万个,建设示范类集中式公用快速充换电站 100 个,争取布局国家级行业大数据中心。
	河南省加快新能源汽车产业发展实施方案	豫政办〔2021〕67 号	河南省人民政府办公厅	2021-11-18	发展目标方面,《方案》明确: 1)产业规模实现较快扩大。到 2025 年,全省新能源汽车年产量超过 30 万辆,力争达到 50 万辆,燃料电池汽车示范运营总量力争突破 1 万辆,建成千亿级郑开新能源汽车产业集群。 2)关键技术取得重大突破。到 2025 年,动力电池与管理系统、燃料电池、驱动电机与电力电子等关键零部件研发制造取得重大进展;智能网联汽车实现规模化生产,在限定区域和特定场景实现商业化应用。 3)公共领域实现绿色交通。到 2025 年,除应急车辆外,全省公交车、巡游出租车和城市建成区的载货汽车(含渣土运输车、水泥罐车、物流车)、邮政用车、市政环卫车辆、网约出租车基本使用新能源汽车,重型载货车辆、工程车辆新能源汽车渗透率明显提升。

续上表

地方政府	政策	文件号	发布单位	发布日期	内容
					4)基础设施保障明显强化。到2025年，全省充换电技术水平大幅提升，设施布局持续优化，智能化、信息化运营体系基本建成。充换电设施规模、运营质量和服务便利性显著提升，全省建成集中式充(换)电站2000座以上、各类充电桩15万个以上。建成并投入使用各类加氢站100座以上，实现重点应用区域全覆盖。
	河南省“十四五”现代能源体系和碳达峰碳中和规划	豫政〔2021〕58号	河南省人民政府	2021-12-31	新能源汽车、氢能方面，《规划》明确： 1)适度超前建设充电网络：加大充电基础设施建设力度，重点推进居民区、单位内部停车场、产业园区、景区及公共服务领域充电设施建设，加快干线公路沿线服务区快速充电设施布局，推进充电基础设施向农村地区延伸，支持开展光、储、充、换相结合的新型充换电场站建设，构建布局合理、车桩相随的充电网络。大力推进“互联网+充电基础设施”发展，推动与省新能源汽车平台互联互通，形成“车桩互联”的智能充电网络，为无人驾驶、无感支付奠定基础，为用户提供更加便捷、高效的充电服务。 2)着力推进氢能发展：积极开展绿氢示范应用，支持集中区域、清洁外电落点区域有效整合富余风电、光伏发电、低谷电力，开展电解水示范，支持发展微电网和共建制氢工厂。不断优化传统氢源，鼓励氯碱、合成氨、炼钢等企业利用剩余产能制氢。着力开发工业副产氢纯化装置，优化氢气提纯技术，提高副产氢回收利用率。构建氢能储运网络，在重点发展高压气态储氢和长管拖车运输基础上，逐步开展更高压力的氢气长管拖车运输和液氢运输示范，适时推进天然气输运管道掺氢和区域性氢气输运管网建设运营。加快推进加氢站建设，优先支持在氢能产业发展较快地方布局建设加氢站，鼓励建设氢电油气综合能源站，试点在现有具备条件的加油(气、电)站中增设加氢装置。推进郑州国家氢燃料电池汽车示范城市群与郑汴洛濮氢走廊融合发展，推动氢燃料电池汽车在物流园区、城市建设、垃圾转运、重点产业园区、重点企业厂区等示范应用。 3)培育壮大氢能产业：加强氢能产业自主创新，促进关键核心技术装备自主化发展，加快氢燃料电池系统及相关装备研发，聚焦工业副产氢纯化和绿氢制取、氢气储运及加注、氢燃料电池电堆、燃料电池系统和燃料电池汽车整车集成等领域开展技术攻关。提升氢能供给水平，优化利用工业副产氢资源，开展可再生能源电解水制氢示范。探索氢能应用商业模式创新，发展氢能制取和储运新业态，培育氢能产储运用全产业链。充分利用氢—电转换优势，通过多能互补和智慧微网等手段，因地制宜布局燃料电池热电联供系统，推动在工业园区、矿区、机关、学校、医院、商场等开展以氢为核心的能源综合利用示范，为用户提供电能及高品质热源。
河南省	焦作市加快电动汽车充电基础设施建设的若干政策	焦政办〔2021〕16号	焦作市人民政府办公室	2021-03-09	《政策》明确加大充电基础设施建设力度，具体为：构建布局合理、车桩相随的充电网络；加快推进居民区充电设施建设；加快推进单位内部停车场充电设施建设；加快推进产业园区、景区充电设施建设；加快公路沿线快速充电设施布局；加快推进公共服务领域充电设施建设。
	安阳市加快电动汽车充电基础设施建设的若干政策	安政办〔2021〕14号	安阳市人民政府办公室	2021-03-16	《政策》明确：到2025年，安阳市力争建成集中式充换电站100座左右，各类充电桩(充电端口)6000个左右；公共充电桩与电动汽车比例达到1∶8，城市核心区公共充电设施服务半径小于2公里。特许经营区域内的公用充电设施建设运营管理按照特许经营协议执行。
	洛阳市电动车辆充电基础设施建设运营管理暂行办法	—	洛阳市发展和改革委员会	2021-04-30	《办法》适用的充电设施是指为电动车辆提供电能补给的各类充换电设施，包括自用充电设施、专用充电设施、公用充电设施三类。 1)居民住宅小区：对于新建小区，市自然资源和规划局要严格按照“新建住宅配建停车位100%建设充电设施或预留建设安装条件”的要求规划审批，并按照标准核发相关建设工程规划许可证。 2)社会公共停车场：按照“现有停车场实施改造的，建成充电设施的停车位占比不低于10%；新建公共停车场的，新能源汽车共享专用停车位占比不低于20%的要求。
	三门峡市国民经济和社会发展第十四个五年规划和二〇三五年远景目标纲要	三政〔2021〕6号	三门峡市人民政府	2021-06-21	《规划》明确： 1)打造新能源汽车全产业链。按照“整车+配套”发展思路，以打造完善的“关键零部件—配套产品—整车”新能源汽车产业链为目标，在提升宝武铝业、易事特、猛狮科技等现有企业配套能力的同时，积极引育一批驱动电机、电机控制器、车载电子电器等零部件生产企业，推动包含新能源汽车电机、电控、电池包、汽车电子等零部件以及车身材料、整车、充电设施在内的全集群发展，构建与整车相配套的新能源汽车产业体系。 2)建设新能源汽车工业基地。支持速达纯电动汽车做大做强，发挥全省唯一牌照优势，通过引入战略投资者等方式进一步提升技术和产能，优化新能源整车开发生产流程，突破整车设计、新能源动力总成、整车匹配等关键技术。推动锐意泰克扩大新能源商用车生产销售规模。提升本地新能源汽车销量，在政府公务用车、出租车、特殊行业用车等领域鼓励引导采购新能源汽车。探索智能网联车产业领域，开展智能网联汽车技术测试、验证、示范应用，牵引上下游产业链企业落地，争创全省智能网联汽车示范区。力争在“十四五”期间，建设全国重要的新能源汽车工业基地。 3)积极引进国内氢能优势企业，探索氢能技术研发应用，培育氢能“产储运用”全产业链，提前布局建设氢能产业研发生产基地。谋划建设三门峡氢能产业园。
	郑州市国民经济和社会发展第十四个五年规划和二〇三五年远景目标纲要	郑政〔2021〕12号	郑州市人民政府	2021-06-25	《规划纲要》明确：郑州将加快推进燃料电池汽车产业发展，布局加氢站等基础设施建设。 1)先进制造业主攻方向：新能源及智能网联汽车：继续保持纯电动客车的竞争优势，大力发展纯电动乘用车、皮卡车、重卡车以及环卫车、渣土车等专用车；加快推进燃料电池汽车产业发展；大力发展智能网联汽车整车制造，建设成为全国重要的新能源及智能网联汽车研发生产基地和推广应用先行区。

续上表

地方政府	政策	文件号	发布单位	发布日期	内容
河南省					2)加快关键领域技术突破:在电子信息、汽车制造等领域加快推进科技赋能,支持引进集成电路头部研发机构,加快氢燃料等新能源及智能网联汽车研发布局,推动制造向创造转变,形成各领域前沿技术、关键技术、应用技术蓬勃迸发的竞技场。 3)融合基础设施提速工程:加速推进城市大脑建设,开展新型智慧城市试点建设,推动路网、电网、水利、市政设施的智能化升级,促进城市运行"一网统管",在交通综合治理、保障医疗服务等方面打造全国标杆。布局车联网、充(换)电、加氢站等基础设施,与华为公司合作举办全国智能驾驶赛事。构建数字社会新型基础设施。 4)加强能源基础设施建设:支持抽蓄、风电、光伏、氢能等清洁能源发展,推动风光水火储一体化和源网荷储一体化,研究谋划抽水蓄能电站,加快中广核登电登封马岭山、大金店镇风电项目建设。 5)加快生产方式绿色化:提高能效标识二级以上的电器市场占有率。全面推广新能源汽车,推进充电桩、换电站、加氢站建设。
	郑州市城市绿色货运配送示范工程实施方案	—	郑州市人民政府	2021-08-18	《方案》明确: 1)新能源车辆广泛应用:建立以标准化新能源城市配送车辆为主体的城市绿色货运配送体系,加快存量轻型、微型燃油货车更新替换为新能源货车,力争至2021年底新能源货车达到30000辆,全市各类充电终端达到25000个。 2)推进充电基础设施建设:大力推进新能源货车充电桩建设。在全市重点货运站场、物流快递分拨中心、大型商场和各类商品批发市场的装卸货区域、物流与快递企业经营网点、货运配送线路沿线、城市次干道等区域建设新能源货车快速充电桩。到创建期末,全市各类充电终端达到25000个,基本保障新能源货车充电实际需求。鼓励快递或物流企业与新能源货车运营商、充电服务关联企业合作共建充电站(点),由快递或物流企业提供场地,新能源货车运营商和充电服务关联企业建设并提供运营服务。逐步提升充电服务的便利性,降低终端用户的充电成本。引导相关企业在退役动力电池梯次利用的基础上发展储能充电、移动换电等新业态。 3)推广应用新能源货车:制定郑州市城市配送新能源轻型货车推广应用激励政策,加快推动我市存量轻型、微型燃油货车更换为新能源货车,提高新能源货车在城市货运配送车辆中的占比。支持社会资本参与新能源货车商业运营,探索创新融资租赁运营模式。力争至2021年底我市新能源货车达到30000辆。
	濮阳市支持氢能与氢燃料电池产业发展若干政策	濮政〔2021〕27号	濮阳市人民政府	2021-10-22	《若干政策》明确: 1)培育产业集群集聚基地。依托濮阳市产业集聚区、濮东产业集聚区、濮阳经济技术产业集聚区,加快推进氢能产业园建设。 2)支持龙头企业加快发展。着力培育一批竞争力强、带动力强的优势龙头企业,鼓励本地企业转型氢能与氢燃料电池产业,同时给予资金支持。支持企业和科研机构布局建设创新支撑服务平台。 3)鼓励企业搭建科研创新载体。 4)强化企业知识产权保护。鼓励氢能与氢燃料电池企业申请发明专利,支持企业开展知识产权维权、知识产权质押融资,支持企业专利技术转化实施,并给予资金上的支持 5)加快推进加氢站建设。对新建日加氢能力不低于500公斤的固定式加氢站,按建设实际投资(不含土地费用)的40%给予补助,最高不超过1000万元。 6)加大应用试点示范。重点推动氢燃料电池在公交车、物流车、环卫车、特种车辆等交通运输领域推广应用。对本市购置氢燃料电池汽车的用户,给予一定的补贴。单车运行里程达2万公里以上的,按最高不超过车辆销售价格的60%进行补贴。 7)聚力引优做强产业链。 8)加强氢能产业创新人才培育。
	《郑州市新能源渣土车减排奖励办法》、《郑州市新能源城市货运配送车辆运营补贴实施方案》	郑城管〔2021〕544号	郑州市城市管理局 郑州市城乡建设局 郑州市交通运输局 郑州市财政局 郑州市公安局 郑州市生态环境局	2021-12-14	根据政策,郑州将对购置新能源渣土车给予奖励、对新能源城市货运配送车辆运营补贴: 1)购置新能源渣土车:郑州将对现有的燃气渣土车在2021年按照"退一进一"自愿淘汰,购置新能源渣土车的给予奖励。对于符合要求的将参照燃气渣土车6年自然退出建筑垃圾清运市场规律,计算燃气渣土车剩余的运营月数,月数为72个月减去已经运营月数(购置燃气渣土车日期到主动淘汰燃气渣土车日期之间月数),按每台车5000元/月的标准进行奖励。 2)新能源城市货运配送车辆的运营补贴:对于符合要求的企业将按照提供驱动动力的电池总储电量,每kWh补贴157元计算,即动力电池总储电量157元/KWh;按考核周期发放运营补贴。补贴周期为2年,分两个考核周期进行核算。第一个考核周期:2022年1月1日(含)起至2022年12月31日(含);第二个考核周期:2023年1月1日(含)起至2023年12月31日(含)。
湖北省	湖北省国民经济和社会发展第十四个五年规划和二〇三五年远景目标纲要	—	湖北省人民政府	2021-04-12	《规划纲要》明确: 1)推动关键核心技术攻关:实施科技重大专项,以新能源和智能汽车、新一代信息技术、生物技术、装备制造、新材料、绿色环保等产业为重点,通过"揭榜挂帅"等方式,攻克一批"卡脖子"关键技术,填补国内空白。 2)构建多元能源供应格局:做好水电保护性开发,支持生物质多元化高效利用,积极推进地热能、氢能等开发利用,做好以咸宁核电为重点的核电厂址保护。
	湖北省新能源汽车充电基础设施建设运营管理暂行办法	鄂能源建设〔2021〕28号	湖北省能源局	2021-05-12	《暂行办法》明确了相关场景的充电基础设施配置比例如下: 1)居住区停车场所。新建住宅配建停车位应100%建设配备充电基础设施或预留充电基础设施安装条件。鼓励既有居民区的专用固定停车位按需改造安装充电基础设施、公共停车位按照一定比例改造安装充电基础设施。

续上表

地方政府	政策	文件号	发布单位	发布日期	内容
					2)单位内部停车场所。公共机构、在汉省属企业的内部停车场按照不低于停车位总数量10%的比例改造安装、建设配备充电基础设施或预留安装条件。鼓励其他社会企业参照以上标准开展内部停车场充电基础设施建设改造。 3 专用停车场站。公交、环卫、通勤、出租、物流、警务等专用停车站场按需建设配备充换电设施。 4)公共停车场所。鼓励既有的大型公共建筑物配建停车场、社会公共停车场等按照不低于停车位总数量10%的比例逐步改造安装充换电设施。新建的商业服务业建筑等场所,应按照适当比例建设配备充换电设施或预留安装条件。其中武汉市不低于20%,襄阳市、宜昌市不低于15%,其他市州不低于10%。独立占地建设的集中式充换电站,应按照停车位总数量100%的比例建设配备充换电设施或预留安装条件。 5)高速公路和普通国省干道服务区,以及有条件的加油(气)站,应按不低于停车位总数量10%的比例逐步改造安装、建设配备充电基础设施或预留安装条件。
	湖北省推动多式联运高质量发展三年攻坚行动方案(2021—2023年)	鄂政办发〔2021〕27 号	湖北省人民政府办公厅	2021-05-17	《方案》明确:推广新装备应用——强化新能源汽车推广应用政策措施,完善加气、充换电等配套设施,推广使用新能源动力、混合动力、天然气动力车船和转运换装设备。
	湖北省科技创新"十四五"规划	鄂政发〔2021〕18 号	湖北省人民政府	2021-09-24	氢能、新能源汽车与智能网联汽车方面,《规划》明确: 1)大力发展清洁安全高效新能源技术,氢能:重点支持低成本大规模制氢技术、高效氢分离与纯化技术、移动制氢技术、微量CO消除技术、氢能存储与输运关键技术、先进氢燃料电池等研究及应用示范。生物质能:重点支持生物质热解液化技术、生物质高效气化工艺、秸秆先进燃烧发电技术、微生物制氢技术、微生物燃料电池、微藻能源等研发及应用示范。 2)增强碳减排碳中和技术支撑能力。面向碳中和的前沿性技术:研发传统行业近零排放生产工艺与替代产品,氢能等替代燃料的制备、储运和终端利用技术。 3)新能源与智能网联汽车。重点突破锂电、燃料电池、制氢等核心技术,加快发展纯电动、混合动力整车以及驱动电机电控系统、动力电池材料,布局自动驾驶系统研发、产业化及示范应用,加快武汉智能网联汽车示范区建设,推动形成万亿世界级汽车产业集群。 4)新能源和智能网联汽车科技重大专项。加快燃料电池汽车技术创新,重点突破燃料电池、制氢等核心技术;巩固提升纯电动与插电式混合动力汽车技术,加快发展纯电动、混合动力整车以及驱动电机电控系统、动力电池材料;重点突破智能网联汽车环境感知、决策规划、智能控制、车路协同、信息安全、测试评价及整车集成等自动驾驶关键技术问题。
湖北省	湖北省新型城镇化规划(2021—2035年)和湖北省"十四五"推进新型城镇化建设实施方案	鄂政发〔2021〕20 号	湖北省人民政府	2021-10-01	《方案》明确: 1)加快发展新能源与智能网联汽车、智能装备制造、应急安全等特色产业,提升汽车及零部件、健康食品、生态旅游等优势产业,培育发展千亿级先进制造业产业带。 2)加快布局建设城市立体车库、地下智能停车场和充电桩。
	湖北省制造业高质量发展"十四五"规划	鄂政发〔2021〕29 号	湖北省人民政府	2021-10-29	《规划》明确:培育壮大20个千亿级特色产业集群 1)新能源与智能网联汽车 加快纯电动汽车底盘一体化设计、多能源动力系统集成等技术攻关,推进新一代模块化高性能新能源整车平台研发,提高新能源汽车综合性能,加快建设全国"新汽车"产业基地。积极发展氢能源汽车,掌握高可靠氢生产、储运、加注等系统技术,建立完善的产业体系。建立充电基础设施网络,发展换电模式,率先实现公共服务领域新能源汽车的基本替代。培育新能源汽车国际品牌。引导整车企业加大无人驾驶系统研发投入,推动整车企业与科研院所、电子信息企业、互联网企业等建立产业联盟,突破复杂环境融合感知、智能网联决策与控制等关键技术,发展车载智能计算平台、高精度地图与定位、车路协同等核心技术和产品,加快形成L3以上级别智能驾驶能力。完善技术标准和法律法规,积极开展无人驾驶汽车试点示范。力争到2025年,全省新能源与智能网联汽车产业集群实现营业收入2500亿元。 2)新能源-氢能 鼓励、推动质子交换膜燃料电池、固体氧化物燃料电池及分布式能源系统技术攻关,稳步提升燃料电池产业规模。积极研发制、运、储、加氢全产业链装备,满足大规模制氢和加氢设施建设需求。推动全钒液流成套电池、锂电池等储能装备产业的发展。
	荆门市国民经济和社会发展第十四个五年规划和2035年远景目标纲要	—	荆门市政府办公室	2021-04-27	《规划纲要》明确: 1)推动装备制造业迈向中高端——汽车及零部件。以荆门汽车产业园整车制造基地为核心,以京山市、钟祥市汽车零部件产业园为辅,推动传统汽车与新能源汽车协同发展。重点发展乘用车、皮卡、能源运输车等整车生产,培育冷链物流、环卫等特种专用车,引导汽车产业向新能源、智能网联汽车转型。围绕打造新能源汽车全产业链,配套发展电机、电控、底盘、传动及其他核心零部件企业,壮大提升动力电池产业,适时引进制取、存储、运输和应用氢能以及燃料电池技术产业化项目,同步引进新能源充电站、充电桩等基础设施制造。 2)加快城市新能源汽车充电基础设施建设,推进企事业单位、城市公交、住宅小区、旅游景点、公共停车场等场所充电站(桩)建设,满足日益增长的新能源汽车充电需求。推进京山氢能源交通示范运营项目建设,争创国家氢能源示范县(市)。

续上表

地方政府	政策	文件号	发布单位	发布日期	内　容
湖北省	武汉市国民经济和社会发展第十四个五年规划和 2035 年远景目标纲要	—	武汉市发展和改革委员会	2021-04-29	《规划纲要》明确： 1）氢能产业。依托新能源汽车产业技术研究院等，发展氢能源产业，做大燃料电池产业，布局整车整机产业，推动氢能产业规模化、集群化、高端化，加快国家氢能示范基地建设，争创国家燃料电池汽车推广示范城市。 2）加强新能源利用：大力发展新能源汽车及配套基础设施，优化加油（气）站网络布局，推进新能源汽车充电桩建设，打造沿三环线、四环线加氢走廊，构建武汉新能源汽车公共充电服务体系。 3）能源保障与惠民工程——新能源汽车配套设施：建设 1200 个集中式充换电站、45 万个充电桩，建成 15 座以上加氢站。 4）实施关键核心技术攻关：聚焦新能源和智能网联汽车、商业航天、网络安全、新一代信息技术、生物技术、智能装备制造、新材料等重点领域，攻克一批“卡脖子”关键技术。
	十堰市电动汽车充换电设施布局规划（2021—2035 年）	十政办发〔2021〕25 号	十堰市人民政府办公室	2021-07-09	《规划》明确：近期（2025）年，基本建成功能清晰、布局合理、使用便捷的充换电设施网络；远景（2035 年），建成车桩相随、智慧高效、充电无忧的充换电基础设施体系，支撑能源绿色供给和低碳交通发展。综合各类充换电设施规划方案，规划至 2035 年，十堰市中心城区规划各类充换电设施约 6.6 万个，其中专用网络 2958 个、公用网络 1886 个（不含高速路充电桩）、基础网络约 6.11 万个；专用网络均建设快充桩，共计 2958 个，基础网络以慢充桩为主，慢充桩约 55023 个，快充桩 6148 个。
	武汉市创建国家生态文明建设示范市规划纲要	武政规〔2021〕12 号	武汉市人民政府	2021-08-07	新能源汽车相关方面，《纲要》明确： 1）车辆管控。全市新增或者更新的公交车（应急车辆除外）、出租汽车、通勤车、邮政快递车、轻型物流配送车、网约车、驾培驾考车（自动挡）以及总质量 8 吨（含）以内的园林作业车、环卫垃圾收集车、高压清洗车，原则上应当使用新能源车。 2）加快产业转型。加快发展壮大新一代信息技术、高端装备、新材料、生物、新能源、新能源汽车、节能环保、数字创意等战略性新兴产业等。 3）能源低碳。大力发展风电和光伏发电项目，建成高压管道 700 公里以上，中压干管 3200 公里以上，各类天然气场站 270 座以上；严格控制煤炭消费，加强源头管理，对于新建项目原则上不批准新建燃煤锅炉。推广新能源汽车，建成 350 个以上集中式充换电站、10 万根以上充电桩。 4）加快新能源交通工具示范推广。加大普通公务用车和社会用车领域新能源汽车推广应用力度。 5）蓝天保卫战工程。继续深入打好蓝天保卫战，突出抓好挥发性有机物（VOCs）和氮氧化物协同治理，实施工业生产、移动源排放、扬尘、燃煤四大污染源治理；工业炉窑综合整治，钢铁等行业超低排放改造，老旧柴油车淘汰，新能源汽车推广使用，持续改善空气质量，保障人民群众身体健康。
	武汉市推动降碳及发展低碳产业工作方案	武政办〔2021〕95 号	武汉市人民政府办公	2021-09-02	《方案》明确： 1）重点推动氢能示范应用。大力引进和培育制氢产业，着力培养氢能产业集群，推动武汉钢铁有限公司发展氢能炼钢。加快加氢站、氢气储运中心、氢气管道等基础设施建设，以码头港口、物流枢纽、高速公路以及现有和新建加油站、加气站为依托，规划布局建设一批加氢站，满足燃料电池汽车的氢气需求。 2）不断提升交通领域低碳化。加快发展地铁、轻轨和公交等大容量公共交通，进一步提高公共交通服务质量，提升慢行低碳出行品质，实现覆盖公交、地铁、自行车、步行全绿色出行方式的低碳出行模式，到 2025 年，绿色出行比例达到 75% 以上。加快推动新能源公交站台等新基础设施建设，建设城际电动汽车快速充电网络，新增和更新公交车全部使用清洁能源或者新能源车辆，鼓励新增和更新出租车时采用清洁能源或者新能源车辆。加快老旧车船更新速度，提高清洁能源车船比例，推广应用燃料电池汽车。 3）充分利用武汉市科教优势，加快高校科研院所低碳技术成果转化，对碳捕获与封存（CCS）、碳捕获、利用与封存（CCUS）、绿氢以及二氧化碳的化学分解与利用等负排放技术规模化、产业化应用开展可行性研究，提前布局相关产业。 4）大力推进低碳产业示范园区创建。通过绿色升级、循环化改造、公共设施共建共享、能源梯级利用、资源循环利用和污染物集中安全处置等方式打造示范产业园区。支持青山区创建新能源应用示范区，推进武钢氢能炼钢研究和应用，推进中韩（武汉）石油化工有限公司建设清洁、新能源供应系统。支持中法武汉生态城创建新能源汽车低碳产业园区，以东风、岚图、小鹏等企业为龙头，大力发展新能源车电池、配件产业。
广东省	广东省国民经济和社会发展第十四个五年规划和 2035 年远景目标纲要	粤府〔2021〕28 号	广东省人民政府	2021-04-06	《规划纲要》明确： 1）巩固提升战略性支柱产业。坚持传统与新能源汽车共同发展，推广新能源及智能网联汽车，提升纯电动汽车研发水平，建立安全可控的关键零部件配套体系。汽车产业集群方面，立足现有珠三角地区汽车制造业基础，发挥粤东粤西粤北地区产业配套和推广应用后发优势，坚持传统与新能源汽车共同发展，推广新能源及智能网联汽车，扩大高端车型比例，提升新能源汽车比重。建立安全可控的关键零部件配套体系，显著提高自主品牌影响力。 2）前瞻布局战略性新兴产业。加快培育氢能产业，建设燃料电池汽车示范城市群，突破燃料电池关键零部件核心技术，打造多渠道、多元化氢能供给体系。新能源产业集群方面，加快培育氢能等新兴产业。 3）推动能源清洁高效利用。到 2025 年，力争全省建成充电站约 4500 座、公共充电桩约 25 万个；拓展氢源渠道，推进丙烷脱氢、谷电及清洁能源制氢，扩大氢能利用规模。 4）深入推进大气污染防治。推动绿色港口建设，大力推广使用纯电动汽车（含氢燃料电池汽车）。 5）着力优化汽车限购政策，推动汽车由购买管理向使用管理转变，支持推广新能源汽车，积极发展汽车后服务市场，促进汽车消费优化升级。

续上表

地方政府	政策	文件号	发布单位	发布日期	内容
广东省	广东省制造业高质量发展“十四五”规划	粤府〔2021〕53号	广东省人民政府	2021-07-30	《规划》明确： 1)加速新能源汽车整车发展，提升混合动力系统、纯电动汽车、氢燃料电池汽车研发水平，重点加大电机、电池和电控系统的研发力度，加快新能源汽车相关配套基础设施建设。支持发展智能网联汽车感知、控制、执行、车载信息娱乐系统，推进汽车检测和测试场地等领域建设，积极推进自动驾驶示范应用，打造智能网联汽车示范应用区。推动汽车绿色回收、零部件再制造、退役电池回收和梯次利用、汽车维修改装、汽车租赁、汽车商贸物流、汽车金融等汽车服务业发展。到2025年，汽车制造业营业收入超过1.1万亿元。 2)加快培育氢能产业，建设燃料电池汽车示范城市群，建设制氢加氢基础设施，推动氢燃料电池高性能电堆国产化，发展成套装备及关键材料配件，打造多渠道、多元化氢能供给体系。
	广东省综合交通运输体系“十四五”发展规划	粤府办〔2021〕27号	广东省人民政府办公厅	2021-09-04	氢能与新能源汽车方面，《规划》明确： 1)制定交通运输领域碳达峰实施方案。加大清洁能源和新能源在运输装备中的应用，推动氢能源公交、氢能源轨道交通和电动汽车、电动船发展。 2)积极开展智能网联汽车和新能源汽车等研发，打造自主可控的智能网联汽车产业链和具有核心竞争力的氢燃料电池汽车产业集群。 3)统筹交通网络、输电网络、油气管网规划，建设交通能源综合大通道。适应智能交通、新能源汽车发展，加快交通导向下的能源系统模式创新研究。
	广东省科技创新“十四五”规划	粤府〔2021〕62号	广东省人民政府	2021-09-22	新能源汽车、氢能方面，《规划》明确： 1)新能源汽车：紧跟新能源汽车电动化、网联化、智能化变革趋势，深入实施“双碳”国家战略，围绕纯电动汽车、氢燃料电池汽车、混合动力汽车、智能网联汽车产业发展需求，聚焦基础材料、关键零部件、智能化软件系统、新型平台架构等领域开展科研攻关。以融合创新为重点，突破关键核心技术，提升产业基础能力，构建新型产业生态，完善基础设施体系，推动广东省新能源汽车产业高质量可持续发展。推进建设国家级动力电池及电驱动系统检验检测中心、智能网联汽车测试及试验基地、燃料电池汽车示范城市群，加快建设汽车强省，推动新能源汽车产业迈向全球产业链高端。 2)氢能：加强氢能产业前沿技术和颠覆性技术研发。开展质子交换膜/固体氧化物电解制氢、大规模风光电制氢、核能制氢、光催化制氢、电催化水电解制氢、钙钛矿催化制氢、超临界水煤气化制氢等前沿技术研究，推动氢气压缩机自主化，突破氢能成本瓶颈。开展液氨/有机物等液体储氢、新型材料吸附储氢等颠覆性技术研究，实现氢安全高效低成本储运。推动固体氧化物氢燃料电池家庭化/工业化商用、大功率氢燃料电池系统在大型船舶和重载汽车商用、氢代替煤炭冶金、氢能城市公共交通等技术研发。
	广东省综合运输服务“十四五”发展规划	粤交运〔2021〕589号	广东省交通运输厅	2021-10-08	新能源汽车、智能网联汽车、氢能方面，《规划》明确： 1)推进新能源汽车和智能汽车维修体系建设。完善新能源汽车、智能汽车在维修、保养、检测、充换电等方面的标准规范，支持专业技术学校、培训机构加大新能源汽车、智能汽车维修行业专技人才培养力度，适应新能源汽车、智能汽车逐步广泛应用的新需求。 2)2021年起，全省新增或更新公交车辆原则上全部采用新能源汽车(应急运力除外)；出租汽车、物流配送等车辆中新能源汽车比例不低于80%，广州、佛山、深圳、珠海等城市绿色配送示范城市不低于90%。 3)技术装备水平稳步提升：营运车辆清洁化水平显著提升，全省新能源营运车辆达12.7万辆，城市公交电动化率达97.8%，珠三角地区基本完成公交电动化，出租汽车电动化率超过60%。氢燃料电池营运车辆突破1000辆，运营规模居全国之首，佛山开通20条氢能源公交线路和全国首条氢能源有轨电车。 4)推动运输装备清洁化：推进氢燃料电池汽车在公共交通、物流等领域示范运行，加快引导高速公路服务区、港区、机场、物流中心、配送中心、公交站场等规划和建设加氢、充电站(桩)布局，推进建设氢燃料电池营运汽车应用示范城市。
	广东省数字交通“十四五”发展规划	粤交科〔2021〕646号	广东省交通运输厅	2021-11-02	《规划》明确：推动智能网联与智慧交通示范区建设，促进智能网联汽车技术前沿探索和研发攻关、公路和城市周边衔接路网综合管控体系试点建设，推动新时期高速公路网运营管理向“一体化”“智慧化”发展。开展基于移动互联网的服务区智慧停车和充电设施引导、预约等增值服务。
	广东省新型城镇化规划(2021—2035年)	粤府〔2021〕74号	广东省人民政府	2021-12-01	《规划》明确： 1)积极发展光伏、风电、核电、氢能、天然气等清洁能源，推动能源结构低碳化。倡导绿色低碳出行，在大城市全面开展“公交都市”建设，大力推广应用新能源汽车辆。 2)推进广州、深圳、佛山、云浮、惠州、茂名、东莞、中山湛江、阳江等城市氢能发展利用。 3)积极扩建新建停车场、充电桩，鼓励新建建筑物超配建设停车场，推进住宅小区和机构停车位错时共享，城市停车位与汽车保有量之比提高到1以上，基本解决城市“停车难”问题，加快电动汽车充换电基础设施建设，建立有序充电、充放储一体化运营体系，打造智慧便捷安全的充换电网络体系。

续上表

地方政府	政策	文件号	发布单位	发布日期	内容
广东省	广州南沙新区（自贸片区）支持自动驾驶汽车行业创新发展的若干意见（试行）	穗南开工信规字〔2021〕1号	广州南沙经济技术开发区工业和信息化局 广州南沙经济技术开发区科学技术局 广州南沙经济技术开发区建设和交通局 广州南沙经济技术开发区商务局 广州市公安局南沙区分局	2021-01-07	《通知》明确：为便于监管，测试主体需为在南沙区注册成立的独立法人单位。测试主体申请在南沙自主开放路段开展测试前，测试主体或其控股公司、团队需具有在国内外测试时间不少于12个月且测试里程不少于50万公里的经历；同时需在广州市已划定的南沙区范围内一级、二级及三级测试路段完成单车平均自动驾驶里程不少于1000公里的测试，且未发生责任交通事故及失控状况。首次申请时单一测试主体测试车辆不超过50辆，测试6个月后且无发生责任交通事故及失控状况的，可申请增加新测试车辆。
	肇庆市支持新能源汽车及汽车零部件产业发展的若干措施	肇工信〔2021〕1号	肇庆市工业和信息化局 肇庆市发展和改革局 肇庆市科学技术局肇庆市财政局 肇庆市商务局肇庆市城市管理和综合执法局 肇庆市投资促进局（中心）	2021-01-27	《措施》明确： 1）鼓励新能源汽车整车企业研发新车型。在肇庆市注册的新能源整车生产企业取得国家工信部汽车产品公告的，每公告1款新能源汽车整车产品且实现100辆以上销售后，分别给予乘用车200万元/款，客车、货车100万元/款，专用车50万元/款的一次性奖励。 2）对新能源乘用车整车生产企业、汽车零部件企业年度主营业务收入首次突破100亿元的，给予1亿元奖励；对新能源纯电动商用车、专用车整车生产企业年度主营业务收入首次超过10亿元的，给予1000万元奖励。
	东莞市战略性新兴产业基地规划建设实施方案	东府〔2021〕21号	东莞市人民政府	2021-02-23	产业定位方面，《实施方案》明确： 1）建设国内极具影响力的新能源产业基地。重点导入发展纯电动汽车、插电式混合动力汽车和氢燃料电池汽车等新能源汽车及其零部件研发制造。积极发展轻型车用结构件、车用超级电容、大功率永磁电机及其控制系统、整车控制系统、混合动力多能源管理系统。 2）紧紧扭住国家燃料电池汽车示范城市创建机遇，以燃料电池整车企业和动力系统集成商为核心培育产业集聚，以电堆、双极板、质子膜等作为技术突破方向，推动燃料电池基础材料和关键零部件研发创新，进一步完善制氢、储运、加注的氢能产业链。 3）扶持高安全、高容量、轻薄化、快速充电的新型锂电池的发展，配套提升锂电池生产装备。发展电池正负极材料、电芯生产、电池管理系统以及电池组集成，重点支持高能量密度、高循环和高安全性的三元动力电池产业化。 4）发展氢燃料电池、固态电池，突破新型电池制备的关键技术和材料，加强攻关氢气/空气聚合物电解质膜燃料电池（PEMFC）技术，支持新型电池产业化升级，提高消费类锂电池、储能电池的制造水平，打造氢能产业集聚区。
	佛山市推进新型基础设施建设行动方案（2020—2022年）	佛府办函〔2021〕26号	佛山市人民政府办公室	2021-03-26	《方案》提到实施11项智慧工程，推进融合基础设施建设。其中，智慧能源工程要求：以氢能为重点持续扩大新能源在交通领域的应用，加快充电、加氢等相关基础设施建设，探索建设综合能源服务站，促进充电基础设施互联互通，配合省加快建设市际氢能运输走廊，构建完善现代交通能源保障体系。
	深圳市新能源汽车推广应用工作方案（2021—2025年）	深发改〔2021〕154号	深圳市发展和改革委员会发布	2021-03-31	《方案》明确： 1）“十四五”期间，全市新增注册汽车（不包含置换更新）中新能源汽车比重达到60%左右，至2025年，全市新能源汽车保有量达到100万辆左右，累计建成公共和专用网络快速充电桩4.3万个左右，基础网络慢速充电桩79万个左右，规范化、常态化新能源汽车管理体制机制基本建立。 2）要持续提升公共领域新能源汽车比重。巩固公交车和巡游出租车全面电动化成果，在物流配送、环卫、工程建设、党政机关、国有企业等公共领域进一步推广使用新能源汽车，尽快实现网约车、轻型物流车和环卫车全面纯电动化。至2025年，新能源网约车达到5.5万辆，新能源物流车达到11.3万辆，新能源环卫、泥头车达到0.8万辆，新能源公务（含警车）、国企用车达到0.5万辆。 3）要积极鼓励私人自用领域使用新能源汽车。加大宣传推广力度，利用多种手段鼓励引导私人购买使用新能源汽车，至2025年，全市新能源私家车保有量达到78万辆左右。健全新能源乘用车市场流通机制，培育发展新能源二手车专业交易市场及鉴定估价机构，壮大市场交易能级。 4）要大力建设新型新能源汽车充电基础设施。加快规划布局建设一批新型新能源汽车充电基础设施，推动原有设施提质增效。在公共服务领域，加快完善公交、物流、环卫、泥头车辆运营、停放、充电一体化保障体系，构建车辆可持续运行模式；在社会公用领域，实现市域平均充电服务半径小于0.9公里，城际高速公路充电基础设施互联互通；在私人自用和公务用车领域，以按需并适度超前的原则推进住宅小区和公共单位停车场配建慢速充电设施，保障新能源私家车和公务车日常基础充电需求，基本实现新能源汽车“桩随车布”“一车一桩”。

续上表

地方政府	政策	文件号	发布单位	发布日期	内容
广东省	珠海市国民经济和社会发展第十四个五年规划和二〇三五年远景目标纲要	珠府〔2021〕21号	珠海市人民政府	2021-04-12	《规划纲要》明确：促进传统消费提档升级，坚持汽车使用管理，推广新能源汽车，发展汽车后服务市场。大力发展海上风电、太阳能、氢能等新能源产业，提升新能源汽车整车企业竞争力，打造特色新能源产业高地。重点发展新能源锂电池等产业。
	广州市黄埔区广州开发区广州高新区促进绿色低碳发展办法	穗埔发改规字〔2021〕1号	广州市黄埔区发展和改革局 广州市黄埔区工业和信息化局 广州市生态环境局黄埔分局 广州市黄埔区住房和城乡建设局 广州市黄埔区水务局 广州市黄埔区商务局	2021-04-13	《办法》明确：对建设充电设施项目的，按照充电设施额定输出功率，对项目投资方给予一次性建设补贴，单个项目最高补贴100万元。 1）具体扶持标准为：充电桩项目，直流充电桩、交直流一体化充电桩、无线充电设施，按200元/千瓦的标准补贴；交流充电桩，按60元/千瓦的标准补贴。换电设施项目，按2000元/千瓦的标准补贴。 2）由项目投资方在项目接入广州市充电设施智能管理平台并投入使用后提出资金申请。享受补贴的项目投资方，应书面承诺当年获得补贴的基础设施项目至少运行满三年，运行总功率数三年内均达到获得补贴的总功率数，如实际运行总功率数未达获得补贴的总功率数则应退还补贴差额。运行初始时间从接入广州市充电设施智能管理平台起计算（含当月）。 3）办法自印发之日起实施，有效期5年。实施日期：2021年05月20日，失效日期：2026年05月19日。
	深圳市国民经济和社会发展第十四个五年规划和二〇三五年远景目标纲要	—	深圳市发展和改革委员会	2021-06-09	氢能相关方面，《规划纲要》明确： 1）实施未来产业引领计划：开展电解水制氢、固态储氢、电堆以及动力总成等关键技术攻关，积极构建氢能产业创新体系。 2）引导全民践行绿色生活，开展绿色生活创建行动：推进货运车辆电动化清洁化，推动充换电、加注LNG、加氢等交通设施建设，加快既有交通设施绿色改造。 3）加快发展战略性新兴产业：绿色低碳，积极发展新能源汽车产业，大力发展先进核电、可再生能源、高效储能、氢能与燃料电池、智能电网、智慧能源等领域，加强节能关键技术攻关，支持先进适用环保技术装备研发和产业化。
	佛山市南海区新能源（氢能）市政、物流车辆推广应用实施方案（2021—2024年）	南府办〔2021〕20号	佛山市南海区人民政府办公室	2021-10-20	《方案》明确：佛山南海区拟从氢能汽车购置、运营和通行等方面进行补贴，并将给予氢能源车辆路权，同时制定了更为清晰的氢能汽车推广目标，以推进辖区企业使用氢能车辆，加快氢能车辆商业化进程。自2021年起，南海区新增或更新的市政环卫（含垃圾转运、喷洒、扫地、工程抢修等）车辆和冷链配送物流车辆必须氢能化、电动化。其中，总质量超过12吨的洒水车、垃圾转运车应首先实现氢能化；新增或更新的市政工程（含渣土运输、混凝土运输、汽车起重机等）车辆，氢能源车辆比例逐年提高，2021年不低于10%、2022年不低于30%、2023年不低于60%、2024年100%；新增或更新的物流搬运、载货、牵引车辆中，鼓励使用氢能源车辆。 工作计划方面，主要有： 1）鼓励重点应用领域氢能源车辆更新 2）建立完善氢能源车辆维保体系 3）给予氢能源车辆加氢及运行补贴 4）支持企业置换氢能源车辆 5）给予氢能源车辆运营企业绿色运营奖励 6）给予氢能源物流车辆运营企业佛山一环高速公路通行费补贴 7）给予氢能源车辆路权
	深圳市氢能产业发展规划（2021—2025年）	—	深圳市发展和改革委员会	2021-12-13	《规划》明确：到2025年，形成较为完备的氢能产业发展生态体系，建成氢能产业技术策源地、先进制造集聚高地、多场景应用示范基地，实现氢能商业化应用，氢能产业规模达到500亿元。 1）创新能力建设。建成氢能标准研究、检测试验和安全运营检测3个公共服务平台，推动我市主导或参与制修订氢能领域国际国内标准20项左右，新建重点实验室、工程研究中心、企业技术中心等创新载体不少于15家，突破一批关键核心技术，实现部分关键材料和核心零部件国产化替代，产品性能达到或接近国际先进水平。 2）产业集聚发展。建成2个功能配套齐全、引领带动作用强的氢能特色产业园，形成协同发展、特色鲜明产业集群，实施一批重大产业化项目，助力骨干企业做大做强，培育和引进重点领域优质企业不少于100家，产业基础设施进一步完善，产业生态体系初步形成。 3）应用示范推广。实现氢能在交通运输、分布式发电、前沿新兴及交叉等领域的应用示范，其中示范燃料电池车辆不少于1000辆，建设加氢站不少于10座，分布式能源、热电联供及备用电源应用不少于100套、氢能船舶1~3艘、氢能无人机不少于100架。
	广州市智能与新能源汽车创新发展“十四五”规划	—	广州市发展改革委	2021-12-27	《规划》明确：展望2035年，广州发展成为世界领先的智能与新能源汽车生产基地，整车生产能力和零部件产业供应体系国际一流，充换电服务网络便捷高效，氢燃料供给体系建设稳步推进，形成技术、产品、服务和应用示范协调发展的良好格局，引领粤港澳大湾区汽车产业集群高质量、绿色、低碳发展，有力支撑国家实现“双碳”战略目标。

续上表

地方政府	政策	文件号	发布单位	发布日期	内　容
广东省					1）突破关键零部件技术——燃料电池核心技术。重点攻克燃料电池电堆、膜电极、双极板、质子交换膜、催化剂、碳纸、空气压缩机、氢气循环系统、低成本氢气等基础材料和关键零部件核心技术，自主掌握高功率密度电堆、低铂载量质子交换膜、高性能碳纸等研发制造技术。加强车用氢气制、储、运、加技术攻关，降低氢气燃料使用成本。 2）加快推进加氢站建设——加快形成氢能产供储网络，依托广州石化等企业提升氢气生产能力，建设燃料电池供氢中心。依托华南理工大学广东省先进储能材料重点实验室、广东省燃料电池技术重点实验室、中国科学院广州能源研究所等高端创新平台，开发高效可靠的制储运加氢技术和设备，着力提高燃料制储运经济性和安全性。支持具备条件的区域和市场主体开展加氢站示范建设，鼓励利用现有的加油站、加气站改建或扩建加氢设施，积极探索混合建站发展模式，开展油、气、氢、电综合供给服务。到 2025 年，加氢站数量超过 50 个，车用氢气终端销售价格低于 35 元/公斤。 3）推广燃料电池汽车示范应用——以参与创建国家五部门燃料电池汽车示范应用城市群为契机，聚焦市政、环卫、物流等重点场景，加快燃料电池重型卡车、专用车、公交车示范运营。大力培育以黄埔区为核心的广州燃料电池汽车产业，推进广州开发区氢能物流车运营示范等重点项目建设。鼓励整车企业开发燃料电池汽车，引进具备国际先进水平的燃料电池相关企业，推动整车企业与燃料电池企业开展整车集成合作。率先发展自主可控的高可靠性燃料电池专用车和商用车，探索燃料电池乘用车产业化，加速推动燃料电池汽车商用化进程。 4）黄埔片区重点推动广汽本田新能源车产能扩大建设项目、小鹏乘用车基地增资扩产项目、观致汽车纯电动乘用车项目、宝能新能源汽车产业园等项目落地。大力发展燃料电池汽车产业，加快现代汽车燃料电池电堆/系统等标志性项目建成投产，推动黄埔氢能创新创业中心、雄川氢能湾区氢能孵化中心、中德氢能源研究院等载体建设，打造“湾区氢谷”。
海南省	关于做好 2021 年电动汽车充电基础设施建设工作的通知	琼发改便函〔2021〕504 号	海南省发展和改革委员会	2021-03-02	《通知》明确：2021 年，各级要深入贯彻落实省委省政府的决策部署，进一步提高思想认识，采取各种措施，强劲推进充电基础设施建设，确保完成省政府提出的全省车桩总体比在 2.5：1 以下的年度目标任务。 1）坚持充电基础设施建设与新能源汽车推广同步协调推进。 2）千方百计研究解决充电桩进小区难的问题。 3）突出抓好高速公路和党政机关、企事业单位办公区的充电基础设施建设。 4）推动电动汽车换电站建设。 5）继续做好充电基础设施的财政补贴工作。 6）充分发挥充电基础设施信息管理平台的作用。
	海南省高新技术产业“十四五”发展规划	琼府办〔2021〕26 号	海南省人民政府办公厅	2021-07-02	根据该《发展规划》，海南省将加大对可再生能源方面的布局，同时优化升级优势产业： 1）清洁能源产业——氢能方面，发展风电制氢、水电制氢和核电制氢等可再生能源制氢，解决可再生能源消纳和核电消纳，形成绿色、多元化氢能供应体系，提高海南本地的氢源供给率。利用油气产业副产氢气，在洋浦、东方建设氢能充装站，降低氢能成本。率先在汽车、船舶等交通领域启动氢能应用示范，实现上游制氢规模和下游氢能消纳方式和消纳规模的协同发展，有效满足清洁能源汽车的交通出行需要。 2）清洁能源汽车——整车制造方面，重点发展电动汽车、氢燃料电池汽车以及智能汽车整车组装制造，加强与世界一流车企的合作，开发高端清洁能源汽车。电动汽车以纯电动汽车作为重点发展方向，全面发展乘用车、商用车、专用车。氢燃料电池汽车优先发展物流、环保等公共交通领域的专用车、商用车，兼顾向乘用车发展过渡。智能汽车以园区、机场、停车场、港口、高速公路、城市道路等场景应用为牵引，发展 L3 级以上自动驾驶技术的智能汽车。 3）清洁能源汽车——核心零部件方面，以电动汽车高技术含量、高附加值、“卡脖子”零部件为主要方向，发展动力电池封装、电池系统；高性能机电耦合动力总成、纯电驱动总成；驱动电机、驱动电机逆变器、减/变速器关键零部件系统；功率电子器件、电机定子、转子、齿轮和离合器等关键上下游零部件。发展氢燃料电池车用质子交换膜燃料电池、电堆，循环泵、空压堆等系统部件，以及膜电极、双极板、催化剂等零部件。积极引进激光雷达、毫米波雷达、计算平台、线控底盘等高等级自动驾驶所需软硬件的生产企业，培育先进制造能力。 4）清洁能源汽车——自动驾驶解决方案方面，发挥海南在智能汽车开放测试和示范应用道路方面的先发优势，引进清洁能源汽车、能源、交通、信息通信等领域企业，积极申请智能网联汽车试点城市。支持企业协同开展车载互联系统、人机交互系统、安全防护系统等高等级自动驾驶关键核心技术研发？构建以车载操作系统为核心，整车、关键零部件、基础数据与软件等市场主体深度合作的应用生态。运用无线通信、卫星导航等信息通信技术，推动车辆与道路交通、信息通信基础设施广泛互联和数据交互，为自动驾驶控制决策和应用服务提供保障。
	海南省支持电动汽车换电站建设的指导意见（试行）	琼发改能源函〔2021〕513 号	海南省发展和改革委员会	2021-07-26	《意见》明确：海南将按照“企业为主、政府支持”的总体原则，初步构建全省电动汽车换电服务网络。给予换电站建设补贴。原则上，依据《海南省电动汽车充电基础设施建设运营暂行管理办法》进行补贴。对服务于重型车辆、巡游出租车、网约车、公交车、城际客车、旅游班线等换电模式重点应用领域，于 2021 年 1 月 1 日至 2022 年 12 月 31 日期间建成投运，通过验收且接入省级平台监管的换电站，一次性给予项目设备投资额 15% 的建设补贴。换电站的建设补贴为一次性补贴，不得重复申领。按照属地管理原则，补贴费用由省、市（县）各承担 50%。各市县可根据实际情况，进一步提高补贴标准，推动换电产业的发展。

续上表

地方政府	政策	文件号	发布单位	发布日期	内容
海南省	关于延续2021年促进新能源汽车消费综合奖励措施	琼新汽办〔2021〕16号	海南省新能源汽车推广应用工作联席会议办公室	2021-10-16	《通知》指出，为进一步促进新能源汽车消费，将2021年促进新能源汽车消费综合奖励措施延续到2021年12月31日，不限定奖励总量。奖励标准按照新能源汽车购车价格分档在充电、停车、通行、保险等使用环节给予综合奖励。其中，购车价格在10万元以下的每辆奖励人民币6000元，购车价格在10万元（含）~20万元（含）的每辆奖励8000元，购车价格在20万元以上的每辆奖励10000元。购车价格以机动车销售统一发票金额为准（换电式车辆购车价格以机动车销售统一发票与开具给机动车所有人的电池增值税专用发票金额之和为准）。
	海南省新能源汽车换电模式应用试点实施方案	琼工信汽车〔2021〕195号	海南省工业和信息化厅	2021-11-05	工作目标方面，《方案》明确： 1）车辆推广：到2022年底全省累计推广换电模式新能源汽车5000辆以上，试点期间内年均保有量增速50%以上，基于“车电分离”的新能源汽车商业新模式在公共服务、社会运营领域形成一批试点案例，为下阶段我省全域推广新能源汽车提供成熟模式和经验。 2）换电站建设：到2021年底全省累计建成换电站20座（含）以上。到2022年底全省累计建成换电站30座（含）以上，其中海口、三亚换电站分别达到10座以上。鼓励其他市县合理规划布局换电站，初步构建全省电动汽车换电服务网络。 3）示范应用和试点推广：围绕公共服务和社会运营领域开展换电模式示范应用探索，在重型车辆、巡游出租车、网约车、公交车、城际客车、旅游班线、城市物流车等应用领域开展试点，力争2021—2022年新增和更换的换电模式出租车及网约车达到1500辆以上，在港口、园区等封闭场景率先开展重卡换电试点。
	关于加快建立健全绿色低碳循环发展经济体系的实施意见	琼府办〔2021〕69号	海南省人民政府办公厅	2021-12-10	新能源汽车、动力电池回收等方面，《实施意见》明确： 1）鼓励发展新能源汽车制造业，发展风电、光伏、电力储能、智能电网等相关配套绿色产业。 2）推动新能源和清洁能源车船在城市轻型物流配送、邮政快递、铁路货场、港口和机场服务等领域应用。 3）探索新能源汽车动力蓄电池梯次利用模式，打造配套示范项目，探索建设电池线上交易平台，进一步完善废旧动力电池回收网点。 4）推进私人领域车辆清洁能源化，逐步实现新增与更换车辆由一定比例向高比例和全面使用新能源汽车过渡。 5）支持全岛高速公路服务区、港区、交通枢纽、物流中心、公交场站等区域开展充电桩、充电站建设，破解居民小区充电基础设施建设难题。
湖南省	关于加快电动汽车充（换）电基础设施建设的实施意见	湘政办发〔2021〕4号	湖南省人民政府办公厅	2021-02-09	《实施意见》明确： 1）长株潭都市圈公共充电桩与电动汽车比例达到国内先进水平，城市核心区公共充电设施服务半径小于1公里，其他市州城市核心区公共充电设施服务半径小于2公里。高速公路和国省干线充电站间隔少于50公里。推进居民区、公路沿线、公共停车场、单位内部停车场、旅游景区、农村地区等充电设施建设。新建住宅小区专属停车位，按100%配建比例预留电动汽车充电桩安装条件。新建高速公路服务区按照不低于30%的车位比例建设充电设施或预留建设安装条件。 2）到2025年底，新建的大型公共建筑物停车场、社会公共停车场、公共文化旅游娱乐休闲场所停车场，要按不低于30%的车位比例建设充电设施。
	湖南省人民政府办公厅关于加快培育新型消费的实施意见	湘政办发〔2021〕38号	湖南省人民政府办公厅	2021-08-03	《实施意见》明确：推动车联网和充电桩（站）布局应用。支持国家级车联网先导区建设，带动全省车联网应用和产业发展。适应新能源汽车、寄递物流配送和绿色配送车辆需求，重点推进居民区、公路沿线、公共停车场、高速公路停车场、单位内部停车场、旅游景区、农村地区等充电设施建设。加快建成省充电设施智能服务管理平台，为车主出行、行业自律和政府监管提供社会共享服务。鼓励充电桩运营企业适当下调充电服务费。
	湖南省“十四五”战略性新兴产业发展规划	湘政办发〔2021〕47号	湖南省人民政府办公厅	2021-08-19	对于产业发展重点方向，《规划》明确： 1. 高端装备产业—壮大形成新能源与智能网联汽车、新型能源与电力装备、智能制造装备、电子信息装备、智慧智能农业机械、海洋工程装备等一批优势特色集群，打造国家重要先进制造业高地。 2. 节能环保产业-深化资源综合利用，推进新能源汽车动力蓄电池回收和利用，推动工业固废资源综合利用，彻底实现垃圾分类的减量化、资源化。 3. 新能源及智能网联汽车产业。 1）把握全球汽车产业“电动化、智能化、网联化”变革机遇，加强车规级芯片、车用传感器、车载操作系统、智能底盘、新一代车身、自动驾驶智能控制系统等技术研究攻关，推动汽车产业与能源、交通等产业的深度融合，提升新能源及智能网联汽车的安全性与市场普及率，培育融合型产业生态。 2）加快完善新能源汽车产业发展体系。发挥我省在新能源汽车电驱动、电池、电控核心部件方面的技术与产业优势，加强对燃料电池、先进电驱系统的技术储备。鼓励整车及关键零部件企业在湘建设新能源汽车研发中心，引导省内现有整车企业加大在湖南的新能源汽车产业布局。加强整车及关键零部件设计制造全过程品控，推进产品质量水平显著提升。加快推进充（换）电站、加氢站等新型车用能源基础设施建设，构建便利高效、适度超前的充电网络体系。 3）积极培育智能网联汽车产业生态。推动汽车、信息通信、人工智能、互联网等领域骨干企业加强合作，联合开展基础共性交叉技术的研发。进一步加强国家智能网联（长沙）测试区、湖南（长沙）国家级车联网先导区建设，推动形成一批具有国内先进水平的智能网联汽车整车及关键零部件企业，牵头制定一批国家及行业标准。初步建成具有较强国内竞争力的产业集聚区，构建具有较强吸引力的产业生态，加快推动产业结构由生产制造基地向创新研发高地转型，打造国内重要的新能源及智能网联汽车创新与产业基地。

续上表

地方政府	政策	文件号	发布单位	发布日期	内容
湖南省	湖南省“十四五”现代化综合交通运输体系发展规划	湘政办发〔2021〕50号	湖南省人民政府办公厅	2021-08-23	《规划》明确： 1）智慧绿色平安发展不断深入——通运输结构加快调整，交通运输领域绿色生产生活方式基本形成，新增公交车辆100%采用新能源及清洁能源车辆。 2）推进交通运输结构调整——逐步形成以铁路、水运为主的中长途货运体系，以低排放车辆、新能源车辆为主的短途货运系统。 3）推广绿色低碳交通设施设备——加快新能源和清洁能源汽车、船舶推广应用，持续推进超标排放柴油车淘汰更新。加强交通能源基础设施一体化发展，重点推进交通枢纽站场、停车场、公路服务区等充电设施设备建设等。 4）绿色交通建设重点工程：低碳循环新技术推广工程——重要公共设施和场所充电桩普及比率达100%。1000吨级及以上港口码头配套建设岸电。新增5个及以上LNG加注站。
安徽省	安徽省国民经济和社会发展第十四个五年规划和2035年远景目标纲要	皖政〔2021〕16号	安徽省人民政府	2021-02-20	《规划纲要》明确： 1）科技重大专项——新能源汽车和智能网联汽车：开发高比能动力电池、氢燃料电池、固态电池，高功率密度电机驱动系统、毫米波雷达与激光雷达等技术，多传感器融合系统，智能车联网及新能源汽车轻量化技术，L3/L4级智能驾驶汽车等产品。新能源重点研发制氢、储氢及运输等技术，加快先进燃料电池等技术瓶颈。 2）构筑产业体系新支柱。大力发展新一代信息技术、人工智能、新材料、节能环保、新能源汽车和智能网联汽车、高端装备制造等新兴产业。重点培育新能源汽车和智能网联汽车等5个世界级战略性新兴产业集群。 3）十大新兴产业高质量发展行动——新能源汽车和智能网联汽车产业：深入实施新能源汽车暨智能网联汽车创新发展工程，围绕“电动化、智能化、轻量化”方向，重点突破整车集成、智能网联、动力电池、电驱电控、氢燃料电池等产品。做强整车企业，培育和壮大关键部件研发生产和本地配套能力。加快智能网联汽车路网设施及测试试点示范区建设。 4）战略性新兴产业集群建设工程——培育世界级集群。支持江淮、奇瑞、蔚来、吉利等龙头企业加快在新能源汽车和智能网联汽车等领域战略布局，加强动力电池、电机等关键配套能力建设，加快培育形成世界级新能源汽车和智能网联汽车产业集群。 5）做大做强适应性产业和特色经济，加快发展新能源汽车及零部件、氢能等特色优势产业及配套产业。
	安徽省新能源汽车产业发展行动计划（2021—2023年）	皖政办〔2021〕7号	安徽省人民政府办公厅	2021-06-26	《行动计划》明确：培育3~5家有重要影响力的新能源汽车整车企业和一批具有全球竞争力的关键配套企业，拥有10个以上行业知名品牌，打造世界级新能源汽车和智能网联汽车产业集群。到2023年，全省新能源汽车产量占全国比重10%以上，零部件就近配套率达到70%以上；新能源汽车及关键零部件技术整体上达到国际先进水平，新能源汽车在公共服务等领域得到广泛应用，基本形成“纯电动为主、氢燃料示范、智能网联赋能”的发展格局。 1）以关键零部件为支撑，推动新能源汽车产业链现代化。在动力电池、氢燃料电池、电机、电控、汽车电子、充换电设施、制氢/加氢设施、轻量化车身、机电耦合装置、电驱动系统、能量回收、转向与制动、线控底盘、人机对话、5G应用、关键模具及精密铸造件等方面，培育和引进一批关键零部件企业，2021—2023年力争培育省级“专精特新”企业50家，打造一批行业“小巨人”。 2）氢燃料系统。燃料电池电堆、双极板、膜电极、空压机、氢气循环泵、大功率DC/DC变换器、供氢系统等关键零部件技术，系统集成及控制技术。 3）加大基础设施建设。建设便利、高效、适度超前的集中式充换电站、公用充电桩网络体系和布局合理的加氢设施。
	安徽省综合立体交通网规划纲要	皖交规划〔2021〕145号	安徽省交通运输厅	2021-11-11	新能源汽车及智能网联汽车方面，《纲要》明确： 1）发挥安徽科创与制造业优势，加强新能源汽车、智能网联汽车、通用飞机等高端装备研发制造水平，推进智能交通产业发展。 2）优化交通能源结构，在航运、港口和机场服务、城市公交、出租汽车、物流配送等领域推广使用新能源、清洁能源运输工具。推进高速公路服务区和交通枢纽新能源加注设施规划建设，优化城市物流节点与新能源、清洁能源车辆配套设施布局。 3）鼓励优势科研机构开展车辆自动驾驶、智能航运与无人船、交通智能管控与信息服务等方面的研发、测试与应用示范，打造交通运输重大科技成果创新与应用策源地。
	合肥市电动汽车充电运营奖补资金申报操作规程（试行）	—	合肥市城乡建设局 合肥市财政局	2021-05-12	奖补标准方面，《操作规程》明确：对审核合格的充电设施投资运营企业，按照实际充电量给予0.6元/kWh的奖励，由运营企业在用户充电费用中全额扣除。根据市物价部门对充电服务费的定价规定（直流快充不超过0.7元/kWh，交流慢充不超过0.5元/kWh），企业申报奖补资金的直流充电桩收费价格应不高于实际电价加0.1元/kWh，交流充电桩收费价格应不高于实际电价减0.1元/kWh。充电量以市级运营管理平台采集的充电有效订单数据作为计算依据。
	芜湖市新能源和智能网联汽车产业发展行动计划（2021—2023年）	芜政办〔2021〕25号	芜湖市人民政府	2021-12-30	发展目标方面，《计划》明确：瞄准全省打造世界级万亿汽车产业集群，全力体现芜湖担当、贡献芜湖力量，争当排头兵。到2023年，全市新能源和智能网联汽车实现产业规模国内领先、核心零部件优势凸显、创新能力不断提升、产业生态持续完善的发展态势。 1）产业规模国内领先。强化“双招双引”，推进实施一批新能源和智能网联汽车领域重大项目。引进培育2家以上有重要影响力的整车企业以及10家以上关键零部件单项冠军、“专精特新”冠军企业和小巨人企业。新能源和智能网联汽车产业总产值占全省比重达50%以上。 2）部件优势凸显。抢抓周边整车产业发展机遇，巩固提升我市新能源和智能网联汽车零部件配套优势，着力打造国内知名的关键核心零部件产业集群。零部件产业占据省内整车企业配套市场份额的35%以上。 3）新能力不断提升。加快建设省新能源和智能网联汽车产业研究院，新能源和智能网联汽车领域新增省级以上各类研发创新平台20家以上；核心技术攻关取得突破，实施揭榜挂帅和关键技术攻关项目10个以上，关键零部件及整车集成应用技术水平进入全国第一梯队。 4）业生态持续完善。培育优化新能源和智能网联汽车研发、设计、制造、测试、应用等全产业生态，新能源和智能网联汽车基础设施持续完善，涌现出一批智能网联汽车示范和典型应用场景。

续上表

地方政府	政策	文件号	发布单位	发布日期	内　容
福建省	福建省国民经济和社会发展第十四个五年规划和二〇三五年远景目标纲要	闽政〔2021〕4 号	福建省人民政府	2021-03-02	《规划纲要》明确： 1）制造业主导产业重大工程——先进装备制造业：汽车制造重点推进新能源汽车全产业链发展，打造知名汽车品牌，支持研发应用新一代长寿命、高安全性动力电池，打造东南沿海最具竞争力的新能源汽车产业基地。 2）推动汽车等消费品由购买管理向使用管理转变，实施“电动福建”建设行动，支持新能源汽车消费。 3）新兴产业重大工程——新能源产业：加快引进和培育制氢、储运氢、加氢站相关设备、氢燃料动力电池系统、电堆及其核心部件等产业化项目，打造东南沿海氢燃料电池汽车产业制造高地。 4）能源发展重大工程——氢能：福清、长乐等氢能产业基地。 5）绿色生产生活重大行动——绿色出行：建设绿色交通基础设施，完善综合运输服务网络，加快充电、加氢基础设施建设，加大新能源车辆推广应用力度。
	福建省人民政府关于印发福州都市圈发展规划的通知	闽政〔2021〕11 号	福建省人民政府	2021-06-27	《规划》明确： 1）推进宁德—罗源环三都澳湾协同发展。共同打造汽车产业集群，推动汽车产业、新能源产业跨区域联动发展。 2）大力发展新能源、智能网联汽车产业。以宁德三屿工业区、东侨经济技术开发区、福建闽侯青口汽车工业园区、莆田高新技术产业开发区等汽车工业园区为重点，支持龙头企业加快在新能源汽车、智能网联汽车、汽车服务业、汽车零部件等领域的战略布局。以汽车动力系统、汽车电子等为着力点，推动动力电池、驱动电机等关键零部件核心技术提升。推动在氢能及氢燃料电池产业的创新突破，打造福清、长乐等氢能产业基地。加快建设数字福建车联网实验室、车联网大数据平台等发展载体，推动智能网联汽车关键技术研发、车联网产品应用和示范推广，出台面向商业运营的智能网联汽车示范应用管理规范，推动车路协同一体化新型基础设施建设，开放部分公共道路、城市环卫、公共交通等示范场景支持智能网联汽车示范应用，并逐步实现商业化运营，打造人工智能交互的车联网生态圈，助力汽车电子相关产业链的发展。 3）推动新能源产业发展。做大做强锂电池产业，支持壮大宁德时代新能源、巨电新能源、杉杉科技等企业，着力推进宁德动力电池、杉杉负极材料等产品，加强与汽车产业的对接。
	福建省“十四五”制造业高质量发展专项规划	闽政〔2021〕12 号	福建省人民政府	2021-06-29	《专项规划》明确： 1）氢能：以福州氢能产业基地等为核心打造制氢、储氢、运氢、加氢全产业链，推进加氢机、控制阀组、氢气压缩机、液（气）氢贮罐等装备的研发制造。发挥厦门金龙、重汽海西汽车、雪人股份等重点企业作用，壮大氢燃料电池客车、物流车（含冷链物流）、专用车等生产规模，加快引进和培育制氢、储运氢、加氢站相关设备、氢燃料动力电池系统、电堆及其核心部件等产业化项目，打造海峡西岸重要的氢燃料电池及汽车产业制造高地、核心技术创新区和示范应用基地。 2）新能源汽车——整车：加快建设福莆宁新能源乘用车、厦漳新能源客车、三明新能源商用车、龙岩新能源物流和专用车生产基地，发挥上汽宁德、东南汽车、云度新能源、金龙集团、中国重汽福建海西汽车、龙马环卫等重点企业作用，带动上下游企业发展，壮大新能源汽车整车、电池、电机、电控及其他汽车关键零部件企业，延伸新能源汽车全产业链。积极支持有条件的地方发展氢燃料电池汽车。
	福建省“十四五”现代综合交通运输体系专项规划	闽政办〔2021〕42 号	福建省人民政府办公厅	2021-08-20	《规划》明确： 1）发展绿色集约的运输组织方式：积极推广新能源、清洁能源物流装备。 2）推进节能减排落实碳达峰碳中和目标：推广应用新能源汽车，促进公路货运节能减排，加快推进城市客运、城市物流配送车辆电动化、新能源化和清洁化。
	福建省“十四五”科技创新发展专项规划	闽政办〔2021〕58 号	福建省人民政府办公厅	2021-10-06	《规划》明确： 1）围绕构建清洁低碳安全高效能源体系，以绿色低碳为方向，重点推进新能源汽车、新型太阳能光伏、生物燃料、海洋能和地热能等可再生能源技术研发，提高资源安全保障和绿色供给。 2）重点攻关技术——新能源汽车：发展整车制造、动力系统及总成、锂离子动力电池智能制造和氢燃料电池等关键技术研发，重点突破新型纯电动汽车、插电式混合动力汽车、增程式电动汽车以及氢燃料汽车整车制造、基于新型超级电容器与电池组合的新型动力系统、关键零部件等关键技术。 3）十四五期间科技重大专项规划——新能源与节能环保技术：研究新一代安全高效锂电池、全固态电池、燃料电池关键技术；研究高效低成本风能、太阳能转化器件与装备产业化技术；研究氢能多途径高效制备、安全存储与氢燃料电池等高效利用技术；研发绿色低碳、生物质能源、可再生化工产品与材料新技术及核心装备与工艺；推进新能源汽车整车智能控制技术、高集成度的动力系统等关键技术研发；重点突破高集成电驱动系统专用变速器、混合动力总成系统、电动轮毂驱动等技术开发等。
	福建省“十四五”生态环境保护专项规划	闽政办〔2021〕59 号	福建省人民政府办公厅	2021-10-21	《规划》明确：“电动福建”加快建设，城市新能源公交车占比 80%。 1）推动车船升级优化。全面实施国六排放标准，持续推进清洁柴油车（机）行动，加快淘汰国三及以下排放标准营运柴油货车。全面实施非道路移动柴油机械第四阶段排放标准。推广应用新能源汽车，推动发展电动船舶，加快淘汰高污染、高耗能的客船和老旧运输船舶。完善充电设施建设，在交通枢纽、批发市场、快递转运中心、港口码头、物流园区等重点区域加强充电基础设施建设。建立新能源汽车电池回收体系。

续上表

地方政府	政策	文件号	发布单位	发布日期	内　容
福建省					2）构建城市绿色交通。优先发展公共交通，引导绿色低碳出行方式。加强新能源汽车在公交、环卫、邮政、出租、通勤、物流等城市专用车的推广应用，公共领域新增或更新车辆中新能源汽车比例不低于80%，其中新增及更新城市物流配送车辆新能源汽车应用比例力争达到20%。推动低碳交通网络建设，完善新能源汽车配套设施建设，鼓励发展低碳物流。
	福建省“十四五”战略性新兴产业发展专项规划	闽政办〔2021〕60号	福建省人民政府办公厅	2021-10-21	新能源汽车、氢能及燃料电池方面，《规划》明确： 一、新能源汽车 1）新能源整车。做大新能源客车、做优新能源乘用车、做精新能源专用车，打造自主品牌，开发高附加值产品。加快上汽宁德基地、龙海金龙基地、闽侯青口汽车工业园区、三明埔岭汽车工业园等园区基地建设。支持企业加快燃料电池客车和货车的研发和规模化生产。加强智能网联汽车关键零部件及系统开发，突破车载智能计算平台、高精度地图与定位、车辆与车外其他设备间的无线通（V2X）、线控执行系统等核心技术和产品。鼓励整车企业与互联网、人工智能、信息通信等企业深度合作，研发具备自动驾驶功能的智能网联汽车，支持福州、厦门、宁德、平潭等地推动智能网联汽车道路测试及商业示范应用。 2）核心“三电”。支持动力电池龙头企业保持产品技术领先，布局正负极材料、隔膜、电解液、电池管理系统（BMS）、电池制造装备、动力电池梯级利用与再制造等产业链关键环节，带动电池全产业链发展。推进碳化硅在电机领域应用，支持研发生产车用高性能驱动电机、电控系统。支持锂电新能源特色小镇、永磁电机产业园等建设。 3）充换电设备。加快整车高压触电防护技术、高压配电装置小型化、车辆对车辆及其他负载供电、超快速充电、无线充电等技术研发，大力发展车载充电设备、大功率快速充电设备以及电池的快换技术及设备。开展充电接口温度监控、电子锁、绝缘监测、接口兼容性检测、通信安全和泄放电路等安全防护技术研究。加强新能源汽车与电网（V2G）能量互动，鼓励开展V2G示范应用。促进新能源汽车与可再生能源高效协同，发展“光储充检”一体化充电站等新型充电设施。 二、氢能及燃料电池 1）氢能。以福州氢能产业基地等为核心，打造制氢、运氢、储氢、加氢全产业链。依托福州化工副产氢丰富优势，支持企业开发化工副产氢提纯技术和回收技术，率先建设低成本规模化的制氢产业基地。加快推动国家能源集团氢能公司福清制氢示范项目建设，研究开展基于富余核电电解海水制氢及氢能应用项目。依托漳州氢能产业基地等，推动风电资源开发与氢能源利用产业相结合。推进加氢机、控制阀组、氢气压缩机、液（气）氢贮罐等装备研发制造。在氢燃料电池公交、物流车和卡车运营线路和区域，开展氢气存储和加注设备（高压储氢罐、氢压缩机、加氢机、加氢枪等）的推广应用。提前布局低成本规模化的煤化工制氢系统、零碳化的新能源制氢系统。 2）燃料电池。坚持自主研发建设膜电极封装、燃料电池空压机及氢气循环泵等先进生产线，加快双极板、膜电极、电堆等燃料电池核心部件及燃料电池系统国产化。积极发展氢燃料电池商用车制造产业，支持燃料电池在客车、轻卡等领域推广应用。
	宁德市国民经济和社会发展第十四个五年规划和二〇三五年远景目标纲要	宁政〔2021〕2号	宁德市人民政府	2021-03-14	《规划纲要》明确：建设国内最具成本竞争优势的现代汽车城。 1）抢抓新能源汽车产业发展重大战略机遇，构建以上汽宁德基地为主导、以关键系统创新应用为牵引、全链条融合的新能源汽车产业生态。到2025年，全产业链产值力争达1000亿元；到2035年，建成国内最具成本竞争优势的现代汽车城。 2）加速全链条发展。推动上汽宁德基地一期项目达产及二期扩能项目落地，争取设立上汽集团技术中心宁德分中心，协调高端新车型在宁德基地研发和生产。谋划引进新能源客车、专用车等新车型产能项目，吸引更多配套商集聚宁德。布局汽车半导体，探索车辆轻量化关键材料产业化应用。密切跟进智能网联汽车产业动态，谋划发展车载高精度传感器等关键零部件产品。 3）争创新能源汽车智慧城市。结合“电动宁德”布局，加快充电桩基础设施建设，推广相邻车位共享等合作模式。构建新能源汽车与可再生能源电力系统信息共享平台，加强新能源汽车充电与风电光伏协同调度。鼓励在港口集疏运通道、高速公路、物流配送、市政环卫、景区等场景开展高度自动驾驶、智能网联汽车示范应用项目，加快实施示范区车路协同信息化设施建设改造。 4）加快推动“电动宁德”建设。加快全市重点区域电动基础设施建设，建成一批电动景区、电动厂区、电动港区、电动校区、电动社区，全力打造全国电动示范城市。积极推进新能源汽车充电设施布局，推进高速公路互通口、国道、省道等主要路口集中式充电站建设。推动充电基础设施建设向乡镇、村庄、厂区、景区等重点区域延伸，建设公共充电桩500个以上，实现县域快速充电网络全覆盖。持续推进停车充电一体化设施建设，积极开展电动汽车智能充放电，打造统一的智能充电服务平台，依托停车场等公共场所，构建车桩相随、智能高效的充电基础设施体系。建设基于新能源发电的充、放、换电设施，建设一批光储充检一体化充电站。
	厦门市国民经济和社会发展第十四个五年规划和二〇三五年远景目标纲要	厦府〔2021〕57号	厦门市人民政府	2021-03-23	《规划纲要》明确： 1）机械装备产业重点领域——汽车：重点发展智能网联及新能源汽车，争取一线品牌车企新能源乘用车项目落地。加强汽车“三电”系统等关键零部件研发制造，支持燃料电池汽车应用支撑技术开发。促进整车、零部件、人工智能等企业跨界合作，开展特定场景智能汽车测试和示范应用。重点布局机械工业集中区、同翔高新城等园区载体。 2）战略性新兴产业重点领域——新材料新能源。重点发展特种金属及功能材料、光电信息材料、先进高分子材料、新能源材料、先进碳材料五个方向，加快推动稀土功能材料、石墨烯、钨钼合金材料等细分领域规模化应用，加强动力电池和燃料电池系统、氢燃料电池汽车核心零部件及其配套设施等技术攻关和检验检测公共服务平台建设。 3）加快充电基础设施建设：按照“适度超前、车桩相随、智能高效”的原则，完善充电设施建设运营制度体系，加强配套电网保障能力，推动充电设施行业健康有序发展。到2025年，新建充电站100座，公共充电桩3000根，换电站15座，构建覆盖全市的充电设施服务网络，本岛形成平均服务半径小于0.9公里的公共充电网络。

续上表

地方政府	政策	文件号	发布单位	发布日期	内容
福建省	漳州市国民经济和社会发展第十四个五年规划和二〇三五年远景目标纲要	漳政综〔2021〕24号	漳州市人民政府	2021-04-02	《规划纲要》明确： 1）新能源产业：围绕“核、储、风、氢、光”五大能源，努力探索“核光风储氢一体化”发展路径。布局海上风电制氢等氢能产业基地，发展氢燃料水陆智能运输装备，构建形成“制氢—加氢—储氢”的产业链。 2）构建“五链十群”的产业地标——锂电材料-动力电池-新能源专用车及汽车配件产业链：依托金龙客车、威驰腾等骨干整车企业及相关配套企业，完善汽车产业链，提高零部件配套能力。支持动力电池制造业、燃料电池、充电桩设备生产企业快速发展。 3）加快重大能源基础设施建设——推动高速公路服务区、新建居民小区充电设施全覆盖，规划建设一批集中式充换电站。 4）自主创新的大装备产业——大力发展精密机械、新能源汽车及关键零部件、海洋装备及通用机械装备产业；建设新能源汽车产业基地，以金龙汽车项目为龙头，加快形成以新能源客车、环卫车、物流车为主体的整车制造能力，大力发展新能源三电系统、轻量化车身及汽车外围总成部件等配套产业。
	福州市国民经济和社会发展第十四个五年规划和二〇三五年远景目标纲要	榕政〔2021〕4号	福州市人民政府	2021-04-21	《规划纲要》明确： 1）高端装备。聚焦新能源汽车、船舶和海工装备、风电装备、仪器仪表、电气装备等领域，推动高端装备产业做大做强。提升青口投资区新能源汽车的承载能力和配套水平，鼓励奔驰汽车、东南汽车等整车龙头企业优化产品结构，加快开发新能源车型。大力引进新能源汽车整车制造企业，全力推动整车项目落地闽台（福州）蓝色经济产业园。支持整车企业与互联网、人工智能、信息通信等企业深度合作，研发具备自动驾驶功能的智能网联汽车。 2）培育壮大新兴产业——新能源：聚焦风能、核能、氢能、生物质能等领域，培育新能源产业集群。加快推动国家能源集团氢能公司福清制氢示范项目建设，研究开展基于富余核电电解海水制氢及氢能应用项目，提升氢能储备，开发氢燃料电池产业相关核心技术和产品。依托雪人股份等龙头企业，开展更大功率氢燃料空压机和氢气循环泵的研发工作，加快“车用燃料电池发动机”测试生产线车间落地，推进氢燃料冷链物流车、电堆产品和加氢站关键设备等项目建设。建设福州滨海新城“滨海氢谷”氢能产业基地。 3）强化能源供应保障——推动氢能产业示范基地建设，积极引进国家能源集团等企业投资建设制氢、加氢、储氢。
	厦门市“十四五”先进制造业发展专项规划	厦工信产业〔2021〕212号	厦门市工业和信息化局	2021-08-13	《规划》明确： 1. 打造“高端装备”千亿产业链群——汽车及零部件方面，依托龙头企业研发平台，加强自主研发和先进技术导入，重点突破发动机、变速箱、电子电控系统、动力电池、驱动电机、电控系统等核心零部件，加紧突破传统汽车整车轻量化设计、新能源汽车整车设计、智能驾驶舱系统集成等先进工艺，打造国产新能源汽车、智能汽车电控系统及关键零部件制造基地。 2. 高端装备产业重点发展领域——汽车及零部件 1）汽车整车。重点发展智能网联及新能源汽车，争取一线品牌车企新能源乘用车项目落地；发展混合动力、新能源城市客车，智能校车，新能源环卫车等商用车；探索储备智能驾驶、无人驾驶汽车技术等。 2）汽车电子。发展汽车车体控制装置，包括动力传动系统控制装置（PCM）、制动防抱死控制系统（ABS）、牵引力控制系统（TCS）、驱动防滑控制系统（ASR）等；车载电子装置，包括汽车音响、导航仪、汽车通信装置、车联网系统等。 3）新能源汽车电池系统。发展新能源汽车动力电池（锂离子电池、快充电池、燃料电池）及电池管理系统、车用驱动电机及电机控制系统、智能充电系统、整车控制系统等；智能公交站、公交车充电桩等基础设施。 3. 新型材料产业重点发展领域及技术——新能源材料 发展镍钴锰酸锂（三元材料）、钴酸锂、磷酸铁锂、石墨烯基导电剂等正极材料，石墨烯改性、硅碳负极材料，电池隔膜、陶瓷涂层隔膜和电解液等新能源电池关键材料；突破催化剂、膜电极、石墨极板、金属极板、质子交换膜等燃料电池核心材料及其制备工艺，储氢设备、容器关键材料和高压储氢技术等。
	厦门市“十四五”综合交通运输发展规划	厦府办〔2021〕61号	厦门市人民政府办公厅	2021-09-10	新能源汽车、智能网联方面，《规划》明确： 1）新兴业态服务。继续规范发展网约车，完善网约车标准体系，健全信用管理；规范发展汽车分时租赁经营，推动行业依法依规发展，完善关于新能源汽车分时租赁经营业务的政策配套力度，鼓励企业围绕市场需求创新经营与服务模式，满足多样化的出行需求。 2）城市公交综合智慧系统。通过对车载、路侧和基础人群的数据进行融合，提取城市级公共出行各级关键性指标，并通过新一代通信技术结合智能网联控车技术，实现非实时、准实时和实时规划、调度和行车业务的智能化分级决策，并与定制公交、网约巴士、接驳车等新型公共交通工具形成系统结合，从而提高整个城市公共出行的整体效率，提升整个城市的交通智能化水平，相关项目包含数据中心建设、5G智能网联车路协同系统项目等内容。推动5G、AI（人工智能）、智能网联等前沿技术的深度应用，建设城市公交综合大数据系统，推动公交智能化运行分级决策支持，提高城市公共交通出行整体效率。
	厦门市“十四五”战略性新兴产业发展专项规划	厦府办〔2021〕68号	厦门市人民政府办公厅	2021-10-07	氢能方能，《规划》明确： 1）加快突破低温液态储氢、有机液态储氢及70兆帕车载储氢等关键材料、技术和设备，鼓励开展质子交换膜、固体氧化物电解槽电解水制氢技术及设备研发，支持电网企业结合可再生能源消纳和调峰需求发展高效电解水制氢技术。支持燃料电池专用车在公共交通、网约车、环卫、物流等领域规模化应用，加快推进燃料电池交通装备示范及商业化。 2）突破新型高稳定高催化性低铂阴极薄膜量产工艺，研发储氢、储氢容器关键材料和高压储氢技术。

续上表

地方政府	政策	文件号	发布单位	发布日期	内　容
福建省	宁德市促进新能源汽车产业发展的六条措施	宁政文〔2021〕148号	宁德市人民政府	2021-10-08	《措施》明确： 1）新建项目生产设备投资额达500万元以上的，在项目建成投产后，由受益财政按生产设备购置金额（以完税发票为依据，不含税）的5%给予补助，单个企业补助最高限额500万元。产业链企业在本措施有效期内投产的，自企业投产年度起，连续5年由受益财政按照企业当年对本区地方经济发展贡献的40%予以奖励。 2）扶持企业技术创新，对新获评“国家级企业技术中心”“国家级重点实验室”“国家工程（技术）研究中心”“国家质量奖”的产业链企业，由受益财政分别给予200万元的一次性奖励；对新认定“中国驰名商标”、新获评“福建省政府质量奖”的企业，由受益财政分别给予100万元的一次性奖励；对新获评“省级企业技术中心”“省（部）级重点实验室”“省级（企业）工程（技术）研究中心”的企业，由受益财政分别给予50万元的一次性奖励。
	泉州市新能源汽车购车补贴活动方案	—	泉州市商务局 泉州市财政局	2021-10-26	《方案》明确：车辆开票价在5万元（含）以上（价税合计），购车补贴标准为5000元/人，补贴限量2200份。凭个人身份证在泉州市内符合条件的汽车销售企业真实购买一手七座及以下非营运性质小型载客新能源车，且取得泉州市内机动车销售统一发票，并在泉州市内完成新能源汽车挂牌（F、D开头）的，即可申请享受补贴。2021年11月1日至2021年12月31日。
	福州市“十四五”科技创新专项规划	榕政综〔2021〕320号	福州市人民政府	2021-11-15	新能源汽车、氢能方面，《规划》明确： 1）新能源汽车技术：支持东南汽车、星云电子、万润科技新能源汽车技术研发平台，支持新能源汽车结构件、车用超级电容、动力电池系统、大功率永磁电机及其控制系统、整车控制系统、车用燃料电池发动机系统、混合动力多能源管理系统等关键技术。鼓励开展充电设备、电池配套设备等基础设施技术研发，提高新能源汽车的智能化、网联化耦合度。 2）新型能源技术：支持氢能加氢站隔膜压缩机、高压储氢压力容器、换热器等核心装备的技术研发。支持开展电池质子膜及其碳纸、催化剂、空压机、氢气循环泵等关键材料、燃料电池发动机等核心部件技术研发和产品开发。
江西省	江西省国民经济和社会发展第十四个五年规划和二〇三五年远景目标纲要	赣府发〔2021〕5号	江西省人民政府	2021-02-05	《规划纲要》明确： 1）精准发展汽车产业，坚持电动化、智能化、网联化、共享化方向，保持特种车优势，有序发展新能源汽车，打造商用车强省。 2）推动汽车等消费品由购买管理向使用管理转变，加大新能源汽车消费政策支持。 3）聚焦柔性电子、微纳光学、氢能等新能源装备，超前布局前沿科技和产业化运用。 4）新能源产业。发展光伏、锂电等新能源产业。加快新一代太阳能电池、新型锂离子动力电池产业化，推广“光伏+”应用，提高光伏转化效率，大力发展锂电电池关键材料。
	江西省“十四五”科技创新规划	赣府发〔2021〕22号	江西省人民政府	2021-10-15	《规划》明确：以创新型领军企业为主体，以工业园区和产业基地为载体，围绕新材料、新能源及汽车等优势产业，着力攻克一批优势产业关键核心技术。 1）重点产业创新链区域布局——新能源领域：以新余市、南昌市、上饶市、赣州市、宜春市为重点部署新能源创新链，重点攻克新型太阳能电池、氢能源、生物质燃料、锂离子电池材料、退役电池回收利用等关键技术。 2）重点产业创新链区域布局——汽车领域：以新南昌市、上饶市、抚州市为重点部署汽车创新链，重点支持整车及其零部件、智能网联汽车、高级驾驶辅助、自动驾驶及关键支撑技术研发。 3）重点领域——新能源：大规模电化学储能电池管理系统（BMS）技术，高能量密度磷酸铁锂电池、全固态锂离子电池、高密度锂硫电池和氢燃料电池研发，退役动力电池梯次利用储能系统研发，光氢催化、光电氢转化、光热氢转化、氢医学、氢农学等氢能源和氢生物领域关键技术研究。 4）重点领域——汽车主要研究内容：新型变速器技术，液力变矩器与高精密液压电磁阀体设计，通平台、模块化、集成化、轻量化整车技术，结构优化技术、全可变配气机构设计、新型增压技术等发动机技术，新能源汽车整车设计和制造技术，新能源汽车下一代电机驱动技术，新能源汽车整车集成智能电控技术，新能源汽车高比能动力电池研制。
	江西省“十四五”智能制造发展规划	赣工信装字〔2021〕244号	江西省工业和信息化厅	2021-11-11	汽车行业，《规划》明确：加大传统车辆节能环保技术、新能源汽车“三电”系统等技术创新能力建设及研发，重点发展智能网联汽车感知与定位、域控制器等硬件技术，及人工智能算法、检测与识别方法、信息安全与人机交互等软件技术，开展智能网联汽车零部件体系建设，引导企业布局智能网联汽车产业，与互联网、人工智能、信息通信等企业深度合作；支持新能源车企业建设智能化生产线、数字化车间；支持电池企业建设健离子动力电池智能制造车间、实验检测中心；推广数字化设计、数字化办公，推进工业机器人、高精度数控机床、智能传感与控制、智能检测与装配、智能仓储与物流等智能制造装备在整车及零部件制造的规模化应用，同时实现智能物流、智能检测、MES系统及ERP系统等智能化系统集成应用，升级制造工艺和智能制造管理水平，逐步推广“5G+工业互联网”解决方案，支持重点企业实现数字化、智能化转型升级。
	南昌市推动物流高质量发展专项行动计划	洪府办发〔2021〕18号	南昌市人民政府办公室	2021-02-10	《计划》明确： 1）到2021年，搭建起城乡高效配送体系，试点企业城乡配送货运量年均增长9%，仓储利用率达到90%，统一配送率70%，新能源配送车辆占比达20%。

续上表

地方政府	政策	文件号	发布单位	发布日期	内容
江西省					2）推广新能源物流车辆从事城市配送，到2023年底，全市新增标准化配送车辆300辆。 3）简化城市配送车辆出行限制。研究制定新能源货车通行的便利管理措施，适时放开轻型以下新能源货车在城区内的不受限通行，实现新能源货车差别化通行管理。标准化配送车辆、新能源货车达到一定数量的大型专业第三方商贸物流企业，放宽通行线路办理，为城市高效配送车辆进入城市快速路、高架道路通行，提供便利。
江苏省	江苏省国民经济和社会发展第十四个五年规划和二〇三五年远景目标纲要	苏政发〔2021〕18号	江苏省人民政府	2021-02-19	新能源汽车及氢能方面，《规划纲要》提到： 1）大力发展战略性新兴产业。积极发展新一代信息技术、新材料、节能环保、新能源、新能源汽车等产业。实施未来产业培育计划，前瞻布局氢能与储能等领域，积极开发商业化应用场景。 2）产业链目录：着力培育动力电池、新能源汽车充电桩、氢燃料电池汽车等50条重点产业链。 3）大力发展循环经济。构建废旧资源回收和循环利用体系，全面推进新能源汽车动力蓄电池等回收利用。
	关于培育动力电池回收利用区域中心站的通知	苏工信节能〔2021〕89号	江苏省工业和信息化厅	2021-03-10	《通知》明确：区域中心站除满足《新能源汽车动力蓄电池回收服务网点建设和运营指南》（工业和信息化部公告2019年第46号）所列内容外，还需满足以下条件： 1）工厂应依法设立，在建设和生产过程中应遵守有关法律、法规、政策和标准，近一年来无重大安全、环保、质量等事故。 2）应满足新能源汽车动力蓄电池回收利用溯源管理有关要求，具备信息化溯源能力，需接入江苏省动力电池回收利用溯源管理平台。 3）区域中心站单独用于收集贮存的场地面积应不低于1000平方米，废旧动力电池贮存量应不超过200吨； 4）专门从事电池回收的从业人员不得少于5人； 5）具备覆盖本区域内退役电池回收的能力，制定完善的回收方案。
	江苏省"十四五"新型基础设施建设规划	苏政办发〔2021〕45号	江苏省人民政府办公厅	2021-08-10	《规划》明确：加快新能源基础设施建设。加快充换电设施建设，推动高速公路服务区、公共停车场、居民小区、城市商场充电设施全覆盖，在具备条件的物流园、产业园、农贸批发市场、城市闲置土地等建设集中式充电站和快速换电站，形成车桩相随、适度超前、快充为主、慢充为辅的高速公路和城乡公共充电网络，全省中心城区、城市副中心等公用充电设施服务半径小于1公里。加强氢能网络布局，支持南京、苏州、无锡、南通、盐城等城市加大投入，发展城市供氢管网、加氢站网络。
	江苏省"十四五"制造业高质量发展规划	苏政办发〔2021〕51号	江苏省人民政府办公厅	2021-08-16	新能源汽车、氢能相关产业发展重点方面，《规划》明确： 1）新能源（智能网联）汽车集群。顺应汽车低碳化、信息化、智能化发展趋势，支持新能源（智能网联）汽车发展成为集成新技术、承载娱乐消费的平台级工业品，持续加大新能源汽车推广应用力度，完善新能源充换电、智能路网、加氢体系等基础设施，培育整车知名品牌和生态主导型企业，打造综合实力国内领先的新能源（智能网联）汽车集群。 2）智能网联汽车。以打造智能移动空间和应用终端为目标，推进汽车产品和产业生态转型，加强环境感知、车载软件、车规级芯片、执行与控制、高精度定位等关键环节技术攻关，面向机场、景区、矿山、工地、港口等特定需求，开展基于5G的自动驾驶接驳车、工程车、物流车、环卫车等示范运营，推动自动驾驶技术发展和商业模式探索，建设国家级质量检验监督机构，完善和提升智能网联汽车测试验证能力。 3）动力电池。以长续航、高安全、全气候为发展方向，支持固态锂电池等新一代电池技术研发及产业化，优化高比能正负极材料、耐高温隔膜、耐高压阻燃电解液等关键材料技术，提升动力电池数字化智能化制造水平，拓展在船舶、工程机械、港口机械等场景的应用，支持开展动力电池梯次利用，加强来源可控、去向可溯的全生命周期管理，建成安全规范高效运行的回收利用体系。 4）氢燃料电池汽车。依托重点城市开展氢燃料电池汽车新技术、新车型、新模式的示范应用，加快电堆和系统关键部件、核心材料等技术突破和产业化，重点推动市内氢燃料电池公交车运营、城市间氢燃料电池汽车物流配送，鼓励氢燃料电池叉车等作业工具在物流园、工业园区等场景应用，推进加氢基础设施网络建设，形成与氢燃料电池汽车应用需求相适应的氢能基础设施布局。 5）充换电网络。加快推进智能有序充电、大功率充电、无线充电等技术研发应用，着力突破光储充放微电网、新能源汽车与电网能量互动、能源区块链等新型充放电技术，适度超前布局充换电基础设施，鼓励换电服务、"光储充放"一体化、油气氢电综合供给等新兴模式发展，加快5G通信、物联网、智能交通、大数据等技术融合应用，逐步优化充换电设施地理布局，大幅提升充换电服务水平。 6）氢能装备。围绕制氢、储（运）氢、加氢、氢燃料电池等环节，完善氢能装备全产业链。重点突破可再生能源绿色制氢装备、工业副产氢纯化装置、低温液态储氢装备、复合储氢装备、加氢机等配套装备、氢燃料电池系统等领域专用装备，大力推进加氢储氢核心部件、氢燃料电池核心材料的研制应用。
	江苏省"十四五"新能源汽车产业发展规划	苏政办发〔2021〕91号	江苏省人民政府办公厅	2021-11-06	《规划》明确： 一、到2025年，我省新能源汽车产业综合竞争力明显提升，动力电池、智能网联汽车、氢燃料电池、电驱动系统等关键领域技术取得新的突破，新能源汽车产量突破50万辆，C-V2X车路协同实现规模化商业应用，充换电、智能路网、加氢配套基础设施形成完善的网络化体系。 1）技术发展方面。新能源整车安全性、产品可靠性大幅提升，全气候高安全动力电池、高效电驱动系统等环节取得突破，固态电池研发及产业化取得新进展。智能车辆、信息交互和基础设施等领域的关键技术基本实现自主可控。氢燃料电池系统及关键零部件、基础材料、氢气制储运等产品技术水平大幅提升。

续上表

地方政府	政策	文件号	发布单位	发布日期	内容
江苏省					2)企业培育方面。整车企业高质量发展取得明显成效,新能源客车、中重型货车等品牌影响力和竞争优势进一步增强,新能源乘用车产、研、销协同水平全面跃升,企业根植性显著提高。重点在智能网联汽车、动力电池、氢燃料电池汽车、充换电智慧能源网领域培育形成一批具备较强竞争力的汽车零部件企业和生态主导型企业。 3)推广规模方面。新能源汽车新车销售量达到汽车新车销售总量的20%以上。建成“车—路—云—网”协同的智慧出行服务体系,高度自动驾驶的智能汽车在部分特定场景商业化应用取得突破。累计投放燃料电池汽车超过4000辆,中重型货车、物流车等推广应用场景不断丰富。完整的新能源汽车动力电池回收及梯次利用产业链基本形成,省内产生的废旧动力电池实现全部回收。 4)基础设施方面。充换电、智能路网、加氢站等基础设施建设取得突破。建成各类充电桩累计超80万个,其中公共充电桩累计建成约20万个,累计建成换电站500座,建成适度超前、分布合理的充换电网络。C-V2X车联通信网络实现区域性覆盖,部分应用实现商业化。建成商业加氢站100座,基本形成涵盖制、储、运、加多个环节的氢能供给体系。 二、展望2035年,我省新能源汽车产业国际竞争力取得进一步提升,形成一批国际知名龙头企业和品牌,新能源汽车产量占汽车生产总量比重超过50%,高度自动驾驶汽车和燃料电池汽车实现规模化商业应用,形成布局合理、体系完善的充换电、智能路网、加氢配套基础设施网络。
	苏州市国民经济和社会发展第十四个五年规划和二〇三五年远景目标纲要	苏府〔2021〕29号	苏州市人民政府	2021-03-09	《纲要》明确: 1)布局新能源汽车基础设施:以“合理布局、适度超前、桩站先行”原则有序建设智能高效的充电基础设施。加快推进城市公共充电网络建设,逐步增大公共充电基础设施分布密度,鼓励有条件的自用、专用充电设施对社会公众开放。大力推进城际快充网络建设,扫除服务区覆盖盲点,建成市域高速公路和普通公路快充网络。统筹规划布局加氢站,到2025年实现氢能汽车加氢配套基础设施建设、管理、运营常态化、规模化,基本满足社会需求。 2)加氢站、氢能产业:到2025年,氢能及燃料电池产业链年产值突破300亿元(2035年1000亿元),培育具有国际影响力的氢能装备制造、燃料电池电堆、关键材料、零部件和动力系统集成及整车生产5~8家(2035年10~15家),培育或引进国际先进的燃料电池研发检测与公共服务机构5-8个;建成加氢站20座(2035年70座),推广燃料电池汽车在叉车、公交车、物流车、长途货车、港口重卡等领域的示范应用达3000辆。以张家港、常熟为氢能先导核心区,统筹布局全市产业链,实现五大目标:聚焦核心,重点发展燃料电池电堆及系统;突破壁垒,攻关电堆、零部件及材料技术;示范引领,探索燃料电池汽车产业发展模式;发挥优势,做大做强氢气制备及储运环节;按需规划,布局加氢站相关设备及建设运营。 3)提高能源利用效率:引导交通节能,加大新能源和清洁能源车辆推广应用力度,调整优化新能源汽车补贴政策。
	2021年南京市汽车(含新能源汽车)推广实施方案	宁工信装备〔2021〕18号	南京市工业和信息局 南京市发展和改革委员会 南京市公安局 南京市财政局 南京市城乡建设委员会 南京市交通运输局 南京市城市管理局 南京市商务局 南京市地方金融监督管理局	2021-03-12	《方案》明确: 1)计划到2025年,南京市汽车产业产值达到5600亿元,其中,新能源汽车产业产值达到3000亿元;2021年南京市汽车产业产值达到1800亿元,其中,新能源汽车产业产值达到1050亿元,新能源汽车推广10000辆。 2)补贴方面,将对新能源物流车发放运营补贴,符合条件的车型,每辆车年运营里程达4万公里,可申领2万元一次性运营补贴。路权方面,在南京市货车限行区域内,尝试开辟绿色配送示范区,允许新能源货车24小时运输。并对新能源货车申领通行证时提供便利,延长通行证使用时间。 3)推广新能源专用车车电分离模式。鼓励整车企业、动力电池生产企业、充换电设施运营企业投资建设换电站,建设投资额超过500万元的独立式公共换电站,按投资额的20%向承建主体发放财政补贴,每座换电站补贴上限150万,建设补贴分3年拨付。
	关于加快电动汽车充电设施乡镇全覆盖工作的通知	淮工信产业〔2021〕47号	淮安市工业和信息化局	2021-03-22	《通知》明确:2021年在各县区无公共充电桩的镇(街道)建设充电设施,12月31日前至少有一台充电桩投运,达成充电设施乡镇全覆盖的目标。充电设施若建在镇政府、供电所、变电站、营业厅等内部场所,必须具备24小时对外运营条件。
	南京市国民经济和社会发展第十四个五年规划和二〇三五年远景目标纲要	—	南京市人民政府	2021-03-26	《纲要》明确: 1)新能源汽车产业。重点推进纯电动、插电式混合动力、燃料电池汽车开发,布局智能网联发展领域,整车制造、电池、电机、电控等领域具备国际先进水平,整车产量力争进入全国前三。 2)提高绿色交通发展水平,推动新能源和清洁能源车辆在公交、城市配送等领域的应用,加快建设新能源汽车充电桩设施。提升交通运输本质安全,强化交通应急管理体系和能力建设。到2025年,新能源城市公共交通车辆占比不低于89%。 3)推动能源智慧绿色转型——以氢能源应用场景为重点,探索加氢站建设以及氢能在物流运输、交通客运等领域的发展应用。
	南京市城市绿色货运配送示范工程实施方案	宁政办发〔2020〕10号	南京市人民政府办公厅	2021-04-02	《实施方案》明确:到2021年,形成集约高效的城市货运配送组织链条,初步建成“集约、高效、绿色、智能”的城市货运配送服务体系,货运配送绿色发展动力机制基本形成。 1)新能源车辆广泛应用。建立以标准化城市配送车辆为主体的城市货运车辆体系,更新一批标准化、专业化、环保型运输与物流装备,

续上表

地方政府	政策	文件号	发布单位	发布日期	内　　容
江苏省					新增新能源城市配送车辆占新增(更新)城市配送车辆的比例达 50%以上,加强充电基础设施建设,示范期末城市配送新能源纯电动货车与充电桩的配置比例达 2∶1。 2)优化完善城市配送车辆便利通行政策。深化新能源配送车辆不限行政策。着力解决“通行难”,倒逼燃油配送车辆更新为新能源车辆,持续优化通行证办理服务流程。着力解决“停靠难”,给予新能源配送车辆更加优惠的停车政策。 3)加快标准化新能源货运配送车辆更新改造。加大新能源配送车辆推广力度,争取新能源配送车辆政策支持。加快充电基础设施建设,推进智能服务平台建设。引导鼓励城市货运配送企业优先选用标准化新能源同城货运配送车辆,创建期内,每年推广使用 500 辆以上;鼓励公共充电桩投资建设或运营企业为货运配送新能源车辆充电提供便利和优惠。达到城市配送新能源货运车辆保有量与可用于新能源货运车辆的充电桩总量比值≤2∶1。
	南京市 2020 年度充电设施建设运营财政补贴办法	宁财企〔2021〕116 号	南京市财政局 南京市交通运输局 南京市工业和信息化局	2021-05-10	《办法》明确了财政补贴政策:充电设施财政补贴由新建充电设施建设补贴和充电设施运营补贴构成。 1. 新建充电设施建设补贴,财政资金对提供公共服务领域充电设施建设运营单位按充电桩充电功率给予补贴,具体如下: 1)交流充电桩每千瓦补贴 300 元。 2)直流充电桩独立增容站点每千瓦补贴 900 元。 3)直流充电桩非独立增容站点每千瓦补贴 700 元。 4)单个充电站或充电桩群的补贴总额不超过 180 万元。 年度新建充电设施小于 100 根桩或充电总额定功率少于 5000 千瓦的充电设施建设运营企业,充电桩建设补贴按上述标准的 50%补助。 2. 充电设施运营补贴:依据市充电设施监管平台 2020 年 1 月 1 日至 12 月 31 日的数据统计,公共服务领域充电设施建设运营单位在本市范围内年度充电量达到 150 万千瓦时(含)以上,同时全年在线率超过 90%(含)的,具体补贴标准: 1)给予社会公共充电设施运营补贴 0.15 元/千瓦时。 2)给予公交公共充电设施运营补贴 0.05 元/千瓦时。 3)给予具备“光储充放”功能,储能电量达到 500 千瓦时(及以上)且光伏装机容量达到 100 千瓦(及以上)的社会公共充电设施运营补贴 0.2 元/千瓦时。
	南通市城市绿色货运配送企业考核管理和车辆运营奖补方案	通绿配办〔2021〕3 号	南通市交通运输局	2021-05-20	《奖补方案》明确了新能源配送车辆运营奖补条件:年度考核合格的绿配企业,方有资格申请本年度新能源配送车辆运营奖补资金。按照新能源轻型封闭式货车、轻型厢式货车、冷藏保温货车三种类别进行奖补,每年度每车分别奖补 0.8 万元、1.5 万元、2 万元,且每年度每车奖补资金不超过车辆初始购置价格(以机动车销售统一发票为准)的 10%。奖补周期为 2021—2022、2022—2023 两个年度,首个行驶里程核算周期自 2021 年 10 月 1 日开始。享受奖补的车辆 2024 年 10 月 1 日前不得转出南通市区。申请运营奖补资金的车辆应当具备下列条件: 1)2019 年 12 月 1 日(含)以后哎南通首次注册登记; 2)纳入工信部《新能源汽车推广应用推荐目录》; 3)通过南通市城市配送公共信息服务平台核算的年行驶里程(范围为南通市区)达到 2 万公里; 4)本年度未发生不按规定使用卫星定位、篡改数据、虚构行驶里程等情况; 5)符合统一外观要求。
	南通市公共机构与国有企业推广应用新能源汽车和加强单位内部电动汽车充电基础设施建设指导意见	通新办〔2021〕2 号	南通市交通运输局	2021-05-20	《指导意见》明确:大力推进新能源汽车推广应用;加强充电基础设施建设。 1)优先选用新能源汽车。公共机构应逐步扩大新能源汽车配备比例。加强采购需求管理,新增及更新车辆中新能源汽车比例原则上不低于 30%;租赁车辆鼓励选用新能源汽车。用于相对固定线路执法执勤、通勤等新增及更新车辆原则上全部选用新能源汽车。国有企业应带头使用新能源汽车。 2)落实新能源汽车购置比例。公共机构编报年度公务用车配备更新计划时,应当严格执行规定的各年度新能源汽车购置比例,明确购置新能源汽车的数量。公务用车主管部门根据新能源汽车购置比例要求,严格审核并统筹安排。 3)加快单位内部停车场充电设施建设。公共机构与国有企业应充分发挥示范带头作用,统筹考虑单位和职工购买电动汽车需求,按照“经济实用、快慢互济”原则,主动推进单位内部停车场充电设施建设。公共机构与国有企业新建内部停车场规划建设配备充电设施比例不低于 10%。
	盐城市“十四五”汽车产业高质量发展规划	盐政办发〔2021〕41 号	盐城市人民政府办公室	2021-07-04	《规划》明确: 1)到 2025 年,新增 1 家年产销超 2 万辆的新能源乘用车企业,1 家产销超 5000 辆的专用车企业;新增 10 家规模超 10 亿元企业,培育一批汽车零部件细分行业“小巨人”企业;培育 5 家以上新能源汽车电池、电机、电控等关键总成零部件“专精特新”企业,培育 3 家智能网联、氢燃料电池重点企业。配套能力不断完善。 2)到 2025 年,全市新能源汽车推广应用达 4 万辆,其中公共领域新增车辆基本实现新能源化,电动化占比 80%以上,智能网联化占比 20%以上;新建充换电站(群)1000 个以上,新建充电桩 18000 根以上,充电设施运营管理平台覆盖面超过 80%,新建加氢站 5 座;SRT 示范运行 20 列以上,氢燃料电池汽车示范运营超过 100 辆。

续上表

地方政府	政策	文件号	发布单位	发布日期	内　　容
江苏省	苏州市加氢站安全管理暂行规定	苏府规字〔2021〕8号	苏州市人民政府	2021-08-09	《暂行规定》共21条，明确加氢站主体责任落实要求，强调要建立具备相应履职能力的企业安全管理和技术专业团队；明确加氢站的安全运行要求，强调制度环节设计；明确作业人员的教育培训和资格要求，强调从业人员要具备与加氢站安全运行相适应的安全生产知识和能力。自2021年10月1日起施行，有效期2年。
	张家港市"十四五"电动汽车充换电设施布局规划方案		张家港市人民政府	2021-11-03	《方案》明确：张家港市被划分为5个片区，按照片区发展规划分级设置充电半径，共计规划新增公用充电设施102处、专用充电设施25处，未来将逐步推动充电设施在各区域合理布点，并将张家港全市平均充电服务半径缩小至1.5公里以内，更好地服务港城人民绿色出行。
	关于做好2020年度苏州市新能源汽车推广应用财政补贴工作的通知	苏府办〔2021〕226号	苏州市人民政府办公室	2021-11-03	补贴标准方面，《通知》明确： 1）车辆购置补贴标准：新能源公交车购置补贴标准：2020年购置的新能源公交车符合国家新能源汽车技术指标要求并办齐相关手续的，按附件1对应标准补贴。燃料电池汽车购置补贴标准：2020年1月1日—4月22日购置的燃料电池汽车符合国家新能源汽车技术指标要求并办齐相关手续的，按附件1对应标准补贴。2020年4月22日后购置上牌的燃料电池汽车不再补贴。国家和省有关部门有新规定的，将根据实际情况予以调整。 2）充电设施建设运营补贴标准：充电设施建设补贴标准：财政资金对公共服务领域充电设施建设运营单位按新建并通过验收充电桩的充电功率予以补贴，直流充电桩每千瓦补贴900元，交流充电桩每千瓦补贴600元。单个充电站或充电桩群的补贴总额不超过200万元。充电设施运营补贴标准：依据苏州市新能源汽车及充电设施监测平台2020年1月1日至12月31日的数据统计，对公共服务领域充电设施建设运营单位在市区范围内通过验收的充电设施，按照充电量给予充电设施运营补贴0.1元/千瓦时。 3）补贴资金相关要求：新能源公交车和燃料电池汽车购置最高补贴额度不得超过同期中央财政单车补贴金额的50%，对闲置的车辆和充电设施不予补贴。以财政性资金购买的新能源公交车和燃料电池汽车，财政不再给予补贴。
	2020年盐城市新能源汽车推广应用地方财政补助实施细则	盐政工贸〔2021〕53号	盐城市财政局 盐城市工业和信息化局	2021-11-23	《细则》明确：对燃料电池汽车乘用车、轻型客车及货车、大中型客车及中重型货车，分别给予3.6万元、5.04万元和8.64万元的财政补助，并对市辖区内新能源公交车及充电设施建设运营单位给予相应的资金补贴。
	南通市"十四五"新能源汽车充换电基础设施布局规划	通政办发〔2021〕60号	南通市人民政府办公室	2021-12-08	《规划》明确： 1）集中式公用充电站布局规划：按照每2000辆电动汽车配套一座公用充电站的标准规划，至2025年，中心城区共规划集中式公用充电站134处，布置公用充电桩5350个。 2）共建式公用充电站布局规划：至2025年，中心城区规划共建式公用充电站175处，公用充电桩约4500个。其中现状保留共建式充电站41处，布置公用充电桩690个（保留公用充电桩330个，改建公用充电桩360个）；规划新增共建式公用充电站134处，布置公用充电桩3810个，每处公用充电站原则上布置不少于20个公用快充桩。 3）配建式公用充电站布局规划：新建商场、宾馆等公用建筑配建停车场和社会停车场，应按不低于总车位30%配建充电设施，同时预留总车位30%的充电设施接口，鼓励新建商场、宾馆等公用建筑配建公用充电桩。至2025年，中心城区共布置配建式公用充电桩约5200个。 4）换电设施布局规划：根据电动汽车换电需求，在有条件的集中式公用充电站预留换电设施用地，或结合各类车辆4S店等布置换电基础设施。本规划不对独立换电基础设施点位进行布局。
黑龙江省	黑龙江省国民经济和社会发展第十四个五年规划和二〇三五年远景目标纲要	黑政发〔2021〕5号	黑龙江省政府	2021-03-02	《纲要》明确： 1）大力发展战略性新兴产业，加速发展壮大新一代信息技术、航空航天、高端装备、新材料、生物医药、新能源汽车、新能源、节能环保等产业，培育一批战略性新兴产业集群。 2）优先发展新能源和可再生能源。推广地热能、太阳能等非电利用方式，积极稳妥推广核能供暖示范，探索可再生能源制氢，开展绿色氢能利用。 3）新型基础设施重点任务：目标是新增各类充电桩1.7万个以上。主要措施包括建设公共服务充电基础设施，推进居民区与单位停车位充电桩配建工作，合理布局社会停车场所公共充电基础设施。新建换电站30个以上、充电站650个以上。
	黑龙江省"十四五"科技创新规划	黑政发〔2021〕10号	黑龙江省人民政府	2021-09-28	新能源汽车、氢能方面，《规划》明确： 1）新能源——新能源落实"四个革命，一个合作"能源战略，走新时代能源高质量发展道路，围绕氢能与燃料电池、智能电网及储能系统等开展关键技术研究与产业化应用，推动碳达峰碳中和目标尽早实现。 2）新能源重点研究方向——氢能与燃料电池：开展先进制氢技术及装备、储氢技术及装备、高性能水系电池制造、钠离子电池制造、海水电池制造、高容量长寿命锂硫电池制造、电池梯次利用、燃料电池电堆设计、燃料电池发电系统设计及核心关键设备、燃料电池电堆系统可靠性和工程化、燃料电池测试等关键技术的研究及设备的研制。 3）先进制造重点研究方向——交通装备制造：开展重载列车、轨道货运快速化装备、绿色智能重载货运装备、铁路图像识别检测、智能无人驾驶、新能源汽车轻量化、电驱动车载系统装备、氢燃料为主的清洁能源汽车发动机及发电装置与动力装置、高速驱动系统、轻型电磁离合器、电动汽车低温管理系统、外控/内控可变排量汽车用空调压缩机、混动专用高效发动机、插电式混合动力机电耦合总成及关键零部件设计与制造、智能化特种货车、新能源特种汽车动力系统等关键技术的研究及装备研制。

续上表

地方政府	政策	文件号	发布单位	发布日期	内容
黑龙江省					4)实施科技重大专项重点任务——现代交通运输装备:围绕清洁动力、智能化、绿色化发展需求,开展航空装备及关键零部件、特种轨道装备及站场装备、新能源汽车动力系统及关键零部件研发、设计与制造。 5)应用基础研究重点领域——矿业工程:开展煤炭资源勘查与地质信息透明化、智能化采掘,新型废弃物能源化利用、保水开采、废弃矿井地热资源开发和地下空间功能化再利用、氢能与燃料电池基础材料与过程机理等基础理论研究。
	黑龙江省中长期科学和技术发展规划(2021—2035年)	黑政发〔2021〕11号	黑龙江省人民政府	2021-09-28	在新能源汽车领域,《规划》明确:开展增程式发动机高速驱动系统、氢燃料为主的发动机及发电装置与动力系统、轮毂电机驱动系统等动力装置的研制,推进智能无人驾驶、新能源汽车轻量化、电驱动车载系统、纯电动汽车无线充电等关键技术研究和系统开发。
	黑龙江省建立健全绿色低碳循环发展经济体系实施方案	黑政规〔2021〕23号	黑龙江省人民政府	2021-12-31	新能源汽车、氢能方面,《方案》明确: 1)推广绿色低碳运输工具,港口和机场服务、城市物流配送、邮政快递等领域要优先使用新能源或清洁能源汽车。 2)优先发展非化石能源,规模化、基地化开发风能、太阳能资源,推动生物质能充分利用,替代散煤,推进佳木斯一体化小型核能供热堆示范,开展地热能、氢能等清洁能源应用试点。 3)加快绿色交通基础设施建设,有序推进充电桩、配套电网、加注(气)站、加氢站等基础设施建设。到2025年,力争新增各类充电终端1.7万个以上。
四川省	四川省国民经济和社会发展第十四个五年规划和二〇三五年远景目标纲要	—	四川省人民政府	2021-03-16	《规划纲要》明确: 1)开展绿色生活示范创建:提高公交出行分担率,完善新能源汽车政策,统筹布局电动汽车配套设施。 2)培育产业新增长点:面向产业技术前沿和新兴市场需求,重点培育人工智能、前沿新材料、氢能及燃料电池等产业。 3)促进传统基础设施数字化升级:加快交通、邮政等基础设施智能化升级,开展车联网和车路协同试验,建立4级驾驶自动化开放测试基地。发展智能物流服务平台,推进智能电网建设和能源互联网发展,加快布局公共服务区域公(专)用充电基础设施。
	四川省"十四五"新型基础设施建设规划	川府发〔2021〕19号	四川省人民政府	2021-09-08	《规划》明确: 1. 构建绿色融合的智慧能源设施:强化充电网络、供电网络协同,提高充电基础设施监控、运营管理和服务的智能化水平。重点在高速公路、国省道沿线布局建设快速充电基础设施,形成连接全省主要城市的城际快充网络。加快在学校、医院、旅游景区、公共停车场等公共服务区域建设公(专)用充电基础设施,推动建设集中式充(换)电站。 2."十四五"新型基础设施主要指标: 1)融合基础设施——新能源汽车充电桩到2025年25万个;加快建设中德合作智能网联汽车、车联网标准及测试验证试点示范项目封闭测试场。 2)智慧能源基础设施建设工程:推动在公共服务区域建设新能源汽车充电基础设施,形成高效便捷、广泛覆盖的网络体系。
	四川省"十四五"综合交通运输发展规划	川府发〔2021〕26号	四川省人民政府	2021-10-26	《规划》明确: 1)加快新能源客车及成套技术装备推广应用,推广经济适用的农村客运乘用车型。 2)加大新能源和清洁能源车船装备推广应用力度,布局高速公路、国省道沿线和综合客货枢纽充电、换电、加氢基础设施,形成连接全省主要城市的城际快充网络;聚焦重型卡车、大型客车等重点领域,大力推广电动汽车换电模式。 3)培育壮大新能源与智能网联汽车产业、交通施工与应急抢险装备产业,带动"四川制造"提质升级。 4)绿色基础设施。打造绿色公路、绿色港口、绿色航道、绿色机场、绿色服务区、绿色工地,推动成渝主轴电走廊、氢走廊建设。
	自贡市加快推进新型基础设施建设行动方案(2021—2023年)	自府办发〔2021〕2号	自贡市人民政府办公室	2021-01-21	根据《行动方案》: 1)到2023年底,完成市大数据中心迁扩建方案论证,全市5G基站总量达到5500个以上,设备联网数量达到10万台,力争建设区块链技术应用示范场景1个、建成充电桩2500个以上,建成产业技术创新设施20个以上。 2)加快构建新能源充电桩网络体系。在党政机关办公场所、超市卖场、商务楼宇、学校、医院、旅游景区、公交站、物流园等公共服务领域推进公(专)用充电基础设施建设。积极布局高速公路、国省沿线快速充电基础设施,形成连接全市的县际快充网络。加快实施充电桩进小区项目,大力推进居民小区充电基础设施建设,加快智能充电系统等项目布局布点。积极推进"互联网+充电基础设施",利用移动互联网、物联网、智能交通、大数据等技术,提高充电桩基础设施监控、检测、运营管理和服务的智能化水平。出台充电基础设施补贴政策,加大对上争取补贴资金力度,吸引更多社会资本参与充电桩建设,优化运营模式。大力推进全市充电运营监控平台共建共享,实现全市共用充电基础设施互联互通,满足用户充电导航、状态查询、充电预约、费用结算等多样化需求。
	成都市2021年大气污染防治工作行动方案	成污防"三大战役"领〔2021〕2号	成都市大气水土壤污染防治"三大战役"领导小组	2021-03-17	新能源汽车方面,《方案》明确重点任务为加快电动车、氢燃料电池车辆推广。其中,2021年工作措施如下: 1)根据《成都市新能源汽车推广三年行动方案(2020—2022年)》(成氢新汽领〔2020〕5号)推进情况,制定2021年新能源汽车推广方案,力争2021年底新能源汽车占比达到4%。 2)修订完成《成都市网络预约出租汽车经营服务管理实施细则(暂行)》,全市新增(含更换)的网约车全部为新能源车(纯电动或氢燃料电池汽车)。

续上表

地方政府	政策	文件号	发布单位	发布日期	内容
四川省					3)加强党政机关及事业单位新能源汽车推广,全市党政机关及事业单位年度配备更新的一般公务用车,新能源汽车占比不低于 50%;配备更新的特种专业技术用车在满足使用功能的条件下,原则上一律采用新能源汽车;党政机关及事业单位租赁车辆原则上优先采用新能源车。 4)根据 2021 年新能源车推广目标任务,优化调整《成都市充电基础设施建设三年行动方案(2020—2022 年)》(成经信办〔2020〕16 号),加快充换电基础设施和加氢站建设,确保充电桩等配套设施与新能源汽车的保有量相匹配,力争 2021 年底全市新能源汽车和配套充电桩比例达到 4:1。 5)加大既有小区充电桩改造力度,2021 年全年完成重点区域内居民小区共 5000 个充电桩建设任务,推进落实各类新建建筑物配建停车场以及新建城市公共停车场按照 15%-25% 比例配建充电设施的要求,提高党政机关及事业单位充电桩占比至 30%。
	成都市加氢站建设运营管理办法(试行)	成经信发〔2021〕3 号	成都市经济和信息化局 成都市发展和改革委员会 成都市规划和自然局 成都市生态环境局 成都市住房和城乡建设局 成都市交通运输局 成都市应急管理局 成都市市场监督管理局	2021-03-18	《办法》明确:为支持、鼓励加氢站建设,在符合相关规范和安全条件的前提下,支持合法建设的汽车加油站、加气站、充电站利用现有土地建设加氢站;支持将加氢站纳入成都市特许经营权目录管理,在符合安全条件要求的前提下,由站点所在区(市)县开展为期两年的试点探索;根据产业配套、示范推广等需要,可在符合成都市加氢站布局规划的发展核心区,适度有序选址建设制氢加氢一体站。
	绵阳市国民经济和社会发展第十四个五年规划和二〇三五年远景目标纲要	绵府发〔2021〕3 号	绵阳市人民政府	2021-03-19	根据《规划纲要》: 1)汽车制造产业方面,重点发展新能源汽车、智能网联汽车、专用车、中高端传统整车、汽车零部件制造、汽车服务业等领域,推进动力锂电池、智慧车联网系统、电动汽车专用可靠电源系统等关键技术产业化。 2)加快提升六大创新产业发展能级——新能源与智能网联汽车:大力发展新能源乘用车和商用车、新能源汽车关键零部件制造产业、智能交通等配套产业,建成西部新能源与智能网联汽车产业发展高地。依托威马、新敏雅、雷丁野马等重点企业,大力发展纯电动乘用车和商用车、新能源汽车关键零部件产业,以及智能交通、车联网等相关配套产业。 3)新型基础设施建设领域——新能源汽车充电桩建设:加快构建新能源汽车产业链,建设城市充电桩、智慧停车场、运营监控平台等配套设施,推进充电网、车联网、能源网的交互融合。
	攀枝花市国民经济和社会发展第十四个五年规划和二〇三五年远景目标纲要	—	攀枝花市人民政府	2021-04-07	根据《规划纲要》: 1)加快融合基础设施建设——开展智慧能源基础设施联网示范,推动新能源汽车智能充电基础设施建设,扩大无线充电社区公交线路范围,实现市域快充网络全覆盖。 2)倡导绿色生活方式——大力发展轨道交通,推广使用新能源汽车,加快人行步道建设。 3)能源化工产业——积极发展水电、风能、光伏等清洁能源产业,大力发展氢能源产业,打造绿色经济氢源基地和氢能基础设施、设备及应用示范基地,发展锂电池、钒电池、燃料电池等新能源材料,提升煤及煤焦化、硫酸、氯碱等产业配套能力和生产效益。 4)完善现代能源网络——加强现代能源互联网建设,提高电网运营能力,加快建设区域电动汽车充电基础设施、氢能源加氢站试点示范,推进现代能源网数字化、智能化、绿色化升级。
	成都市新能源汽车动力蓄电池回收服务示范企业试点工作实施细则(试行)	成经信函〔2021〕55 号	成都市经济和信息化局 成都市科学技术局 成都市生态环境局 成都市交通运输局 成都市商务局 成都市市场监管局 成都市应急管理局 成都市公安局交通管理局	2021-05-12	《实施细则》明确:本细则适用于成都市行政区域内新能源汽车动力蓄电池回收示范企业的遴选、公告以及试点的运营与安全管理等。申报动力蓄电池回收示范企业应满足以下两个基本条件之一: 1)工业和信息化部《道路机动车辆生产企业及产品公告》内的汽车生产企业,在成都市范围内新能源汽车保有量达到 2000 辆或电池装载总容量 0.4 GWh,或在全国范围内新能源汽车保有量达到 8000 辆。 2)在成都市范围内生产或销售动力蓄电池,且年设计形成产能或销售容量达到 3 GWh 的电池生产企业。

续上表

地方政府	政策	文件号	发布单位	发布日期	内容
四川省	关于进一步加强新建建筑配建电动汽车充电基础设施建设管理工作的通知	成住建发〔2021〕158号	成都市住房和城乡建设局 成都市经济和信息化局	2021-07-23	《通知》明确了土地出让、施工设计、施工管理、竣工验收、交付使用各环节要求，压实了各方主体责任，确保充电基础设施与新建建筑同步设计、同步施工、同步验收、同步使用，并要求充电设施交付使用后接入政府监管平台在线监测。
	成都市网络预约出租汽车经营服务管理实施细则	成交发2021(46)号	成都市交通运输局 成都市互联网信息办公室 成都市经济和信息化局 成都市公安局 成都市商务局 成都市市场监督管理局	2021-07-26	《实施细则》明确：拟在成都市从事网约车经营的车辆，应当符合以下条件： 1）须使用新能源纯电动或氢燃料电池汽车，且轴距达到2650毫米以上、车身长度达到4590毫米以上，续驶里程（工况法）达到400公里以上； 2）具有本市号牌的7座以下乘用车（微型、小型面包车除外），且使用性质登记为"预约出租客运"； 3）车辆行驶证载明的初次注册日期至申请之日未满6个月； 4）安装具有行驶记录功能的车辆卫星定位装置、应急报警装置。车辆卫星定位装置可具有录音、图像或视频采集等功能，鼓励使用国产的卫星导航定位系统； 5）车辆卫星定位装置相关数据按要求直接接入本市网约车政府监管平台，实现数据实时共享； 6）车身不得喷涂、安装巡游出租汽车专用图案、标识。
	成都市居民小区电动汽车充电设施建设管理实施细则	成经信发〔2021〕7号	成都市经济和信息化局 成都市住房和城乡建设局 成都市发展和改革委员会 成都市市场监督管理局 成都市应急管理局 成都市人民防空办公室	2021-08-12	《实施细则》明确： 1）新建小区建设单位要按照相关比例要求建设充电桩和预留充电桩安装条件。各级住建行政主管部门应将充电设施配建比例要求纳入建设条件和整体工程验收范畴。 2）大力推进既有小区充电设施改造。区分不同车位类型，在公共区域建设供全体业主使用的公用充电设施，在固定车位建设供居民个人使用的自用充电设施。政府组织引导推进既有小区公用桩建设改造，2021年，"11+2"中心城区实施一批既有小区公用桩建设项目；2022年，"11+2"中心城区具备建设条件的既有小区实现公用桩全覆盖；2025年，全市具备建设条件的既有小区实现公用桩全覆盖。2025年，全市具备建设条件的既有小区固定车位实现自用桩应装能装。
	成都市电动汽车充电基础设施建设运营管理办法	—	成都市经济和信息化局	2021-10-26	《办法》明确：充电设施建设（运营）单位面向社会提供充电服务，须同时满足以下条件： 1）经登记注册的合法独立法人单位，经营范围含有电动汽车充电设施建设运营或充电服务。 2）建立企业级运营管理系统，能够对其运营的充电设施运行、运维、安全风险实时监测和预警，并采集和储存运营数据（数据保存期限不低于3年）。管理系统能够与政府监管平台实现有效对接。 3）在本市有5名及以上正式员工，其中具备高压电工资质的正式工作人员不少于2人。 4）建立健全安全生产组织机构和管理制度，编制安全预案，具备安全生产条件、设备检测能力和突发事件应急处置能力，保证充电设施安全、规范、可靠运行。 5）在我市拥有自有产权的充换电设备装机总功率不少于6000 kW或不少于1000台。 6）为对外运营的充电设施购买安全责任保险。 7）按照有关规定要求开展充电设施强制检定。
	成都市"十四五"新经济发展规划	成新经济〔2021〕38号	成都市新经济发展委员会	2021-12-28	新能源汽车、氢能、充电桩方面，《规划》明确： 一、新能源汽车及充电桩 1）规划布局示范加氢站、综合能源站，完善互联互通的共享充电服务网络，加快城市配送、邮政、绿化等领域新能源汽车应用推广。搭建新能源汽车及充电设施监测监管平台。 2）龙泉驿区依托龙泉汽车城，大力发展智能网联汽车、新能源汽车、汽车电子、氢能等领域，建设国内领先的智能网联汽车产业创新发展高地、新能源汽车研发制造中心。 3）聚焦公交车、物流车、出租车、网约车、公务车、特种车更换为新能源汽车的充电需求，推动供公（专）用充电桩建设，加快制定自用充电桩配建标准，推动自用充电桩建设，倡导将国五排放标准以下车辆更新为新能源汽车，加快推动居民小区充电设施建设。 4）扩大新能源充电桩终端应用覆盖，基本建成全面覆盖、布局均衡、车桩相随、适度超前的充电基础设施网络，为新能源电动车推广使用提供终端覆盖保障。统筹其他能源供给支撑，促进氢能应用推广。 二、绿色氢能：以全产业链布局、绿氢枢纽建设为重点，大幅提升产业能级，加快打造绿色氢都。 1）在高端制造环节，依托成都高分子新材料产业功能区等重点发展水电解制氢及装备制造，依托成都绿色氢能产业功能区、龙泉汽车城等大力发展氢气制备、储运、加注设备研发与制造，聚焦发展燃料电池动力系统、电堆、膜电极、质子交换膜、碳纤维纸、催化剂等领域。

续上表

地方政府	政策	文件号	发布单位	发布日期	内　容
四川省					2)在技术研发和成果转化方面,优化技术试验、产业孵化、示范应用、市场推广等功能,重点围绕氢储存、运输、加注环节开展核心技术研发,推进关键装备产业化以及相关检验检测技术、评价方法标准化研究,推动创新成果工程化、标准化、市场化、产业化发展。 3)在应用环节,支持有基础、有场景、有条件的区域开展氢能交通、能源、工业等领域的示范应用,强化燃料电池公交车、物流车、轨道交通、无人机等示范运营,打造燃料电池汽车示范应用中心,在工业园区、居民小区推广应用分布式氢燃料发电系统和热电联供系统。 4)在标准制定方面,积极参与国际、国家、行业氢能产业标准制定,加快完善成都市氢能行业标准体系建设。
贵州省	贵州省国民经济和社会发展第十四个五年规划和二〇三五年远景目标纲要	—	贵州省人民政府	2021-02-27	《规划纲要》明确: 1)推进汽车产业高质量发展:坚持市场导向,推动汽车制造企业资源整合,加大汽车新技术、新产品开发,重点发展新能源汽车整车制造及动力电池、驱动电机、电控系统等核心部件。支持现有汽车企业开展产能合作,提高产能利用率。加快发展甲醇汽车、氢燃料汽车,推进氢能与新能源汽车产业的融合发展,开展氢燃料电池汽车关键核心技术产业化攻关和示范应用。培育发展智能网联汽车产业,发展基于网联的车载智能信息服务系统、汽车辅助驾驶系统、无人驾驶系统等,支持智能网联汽车场景建设,推动智能网联汽车与智慧城市建设协同发展。到 2025 年,汽车产业产值达到 800 亿元。 2)大力发展电力装备及器材制造,加快发展核电零部件和新能源汽车充电设施。 3)先进装备制造和大数据电子信息产业重点项目:推进贵阳新能源汽车生产基地以及观致贵阳分公司新能源汽车、中电新能源汽车西南产业园(物流专用车)、贵州长江纯电动货车建设、万山汽车配套产业链、新能源汽车直流充电桩生产、水月园区充电桩研发中心等项目和产业园建设。 4)现代化工、基础材料和新型建材产业重点项目:推进贵州振华义龙锂离子动力电池三元材料三期、中伟年产 4.5 万吨三元正极材料、汇川新能源电池制造及废旧锂电池回收利用、水城经开区矿石绿色提锂制备电池及氢氧化锂生产、钟山年产 5000 吨电池级碳酸锂和 5000 吨电池级氢氧化锂、六枝 1 万吨/年锂电材料、凯里炉碧锂离子电池电解液及相应辅材研发制造、兴义博亿能石墨烯锂离子动力及储能电池(一期)、兴义汽车动力电池及大型储能电池、汇川新能源电池制造及废旧锂电池回收利用、红花岗贵州容百锂电正极材料生产线扩能、贵州国夏锂离子电池生产、福泉 50 MWh 锂离子储能电池、台江天能集团高性能动力电池二期等项目建设。 5)建立绿色消费激励机制,加大新能源汽车等推广力度,落实新能源汽车购置补贴、税收优惠等政策。 6)在六盘水、贵阳、毕节、黔西南等地开展氢加工、氢燃料电池等应用试点,推动氢能全产业链示范项目建设。
	贵州省电动汽车充电基础设施建设三年行动方案(2021—2023年)	黔府办函〔2021〕56 号	贵州省人民政府	2021-07-14	发展目标方面,《方案》明确:2021 年、2022 年、2023 年,全省分别建成电动汽车充电桩 4500 个、5000 个、5500 个。到 2023 年,全省累计建成电动汽车充电桩 3.8 万个,充电能力达到 160 万千瓦,实现电动汽车充电桩乡乡"全覆盖"、电动汽车充电站县县"全覆盖",更好地服务和满足经济社会发展需求。《方案》提出重点任务要加快构建城际快速充电设施网络。
	贵州省工业和信息化产业科技创新"十四五"发展规划	—	贵州省工业和信息化厅	2021-08-04	新能源汽车方面,《规划》明确: 1. 坚持电动化、网联化、智能化、轻量化发展方向,突破动力电池及材料、轻量化铝合金及碳纤维材料、驱动电机、车用系统等重点领域的关键核心技术,推进新能源汽车与能源、交通、信息通信深度融合,推动新能源乘用车、商务车等整车产品发展。 2. 推进新能源汽车产业基础高级化。围绕"三纵三横"研发布局,强化整车集成技术创新,研发新一代模块化高性能整车平台,攻关纯电动汽车底盘一体化设计、多能源动力系统集成技术,突破整车智能能量管理控制、轻量化、低摩阻等共性节能技术,提升电池管理、充电连接、结构设计等安全技术水平。开展动力电池、燃料电池、电机驱动系统、智能网联汽车关键零部件及系统等核心技术攻关,提升新能源汽车的基础关键技术、先进基础工艺、基础核心零部件、关键基础材料等研发能力。 3. 推进新能源汽车电动化与网联化、智能化并行发展。以新能源汽车为智能网联技术率先应用的载体,支持企业跨界协同,开展智能网联汽车关键技术研发和储备,重点突破车辆智能控制与集成技术、汽车辅助驾驶系统、无人驾驶系统、数据安全与运营管理等核心技术。利用贵州大数据优势,开发基于车联网的车载智能信息服务系统,支持整车与公交、出租等营运企业联合搭建公交及营运车辆网联化信息管理系统、安全监测平台,为用户提供全方位的信息服务。 4. 推进新能源汽车与能源、交通、信息通信深度融合。把握新能源汽车跨行业、跨领域融合创新的发展趋势,建立面向未来出行的新能源汽车与智慧能源、智能交通融合创新平台,联合攻关基础交叉关键技术。推动新能源汽车与智慧能源系统信息共享与融合,支撑新能源汽车与电网能量、可再生能源高效互动。基于新型智能交通管控系统和"互联网+"高效物流,发展一体化智慧出行服务,构建智能绿色物流运输体系。利用大数据、云计算、人工智能等技术,促进"人—车—路—云"高效协同,提升新能源汽车融合创新能力。 5. 新能源汽车产业科技重点发展方向 1)新能源汽车基础技术。新型电子电气架构、高效高密度驱动电机系统等关键技术和产品,攻克氢能储运、加氢站、车载储氢等氢燃料电池汽车应用支撑技术。支持基础元器件、关键生产装备、高端试验仪器、开发工具、高性能自动检测设备等基础共性技术研发创新,可重构柔性制造系统集成控制等关键技术,开展高性能铝镁合金、纤维增强复合材料等关键材料产业化应用。

续上表

地方政府	政策	文件号	发布单位	发布日期	内容
贵州省					2)动力电池。推进动力电池正负极材料、电解液、隔膜、膜电极等关键核心技术攻关,加强高强度、轻量化、高安全、低成本、长寿命的动力电池和氢燃料电池系统技术攻关,支持固态动力电池技术研发及产业化。加强新能源汽车动力电池溯源管理平台建设,实现动力电池全生命周期可追溯。支持动力电池梯次产品在储能、备能、充换电等领域创新应用,加强余能检测、残值评估、重组利用、安全管理等技术研发。 3)智能网联。复杂环境融合感知、智能网联决策与控制、信息物理系统架构设计等关键技术,车载智能计算平台、高精度地图与定位、车辆与车外其他设备间的无线通信、线控执行系统等核心技术和产品。 4)智慧交通融合应用。充换电技术和接口、加氢技术和接口、车用储氢装置、车用通信协议、智能化道路建设、数据传输与结算等标准的制修订,构建基础设施互联互通标准体系。引导企业建设智能基础设施、高精度动态地图、云控基础数据等服务平台,开展充换电、加氢、智能交通等综合服务试点示范,实现基础设施的互联互通和智能管理。智能有序充电、城市基础设施与城际智能交通、异构多模式通信网络融合等综合示范,以智能网联汽车为载体的城市无人驾驶物流配送、市政环卫、快速公交系统(BRT)、自动代客泊车和特定场景示范应用。
	贵阳市汽车加氢站建设运营管理办法(试行)	筑商通〔2021〕15号	贵阳市商务局	2021-08-18	《办法》适用于贵阳市行政区域内汽车加氢站(含独立加氢站和合建站)建设的规划、选址、立项、设计、报建、施工、验收,以及加氢站运营与安全管理等。办法所称的合建站,是指与汽车加油站或者加气站等合并建设的加氢站。 市商务局为贵阳市汽车加氢站市级行业管理部门并负责汽车加氢站发展专项规划,区(市)县及开发区商务部门牵头做好本辖区内加氢站行业管理工作。汽车加氢站建设审批过程中,各有关部门应根据各自职责依法办理相关审批手续,在审批过程中可结合实际简化办理流程,各相关部门可同步并联审批办理。 本办法自印发之日起生效,有效期2年。
	贵州省新能源汽车产业"十四五"发展规划	—	贵州省工业和信息化厅	2021-11-12	主要任务方面,《规划》明确: 1)发挥优势提升核心配套能力。动力电池强链,电机电控补链,轻量化材料延链,氢燃料电池和智能网联建链,构建新型整零关系,到2025年初步形成布局完整、结构合理的新能源汽车零部件产业体系,打造面向全国的新能源汽车特色零部件配套大省。培育一批具有竞争优势专精特新零部件企业,整车省内配套率达到70%以上。 2)充换并重加强基础设施保障。完善充电基础设施,加快建设形成以快速充电为主的高速公路充电网络和覆盖市、县、乡三级的公共充电网络。大力推广换电模式,有序布局氢燃料供给体系,积极推进智能交通基础设施建设,重点在贵安新区等规划建设智能网联汽车测试区与智慧交通示范区,加快5G通信网与车联网建设。 3)示范引领扩大消费应用规模。在公务用车、公交、出租、环卫、通勤,旅游景区、物流配送,短途运输、城建物流以及矿场等领域提升新能源汽车占比。通过政策及金融支持大力培育引导个人消费。有序开展氢燃料电池汽车示范应用,争创国家燃料电池汽车示范应用城市群,推动氢燃料电池在中远途、中重型商用车及工程车、特种车领域应用。
	贵州省先进装备制造业"十四五"发展规划	—	贵州省工业和信息化厅	2021-11-12	《规划》明确: 1)产业布局方面:重点发展航空航天装备、新能源汽车、工程机械、电力装备及器材、高端基础零部件等产业。 2)重点产业方面:聚焦市场需求导向和前沿技术引领,做大做强我省具有基础优势、技术含量高、发展潜力较大的航空航天、新能源汽车2个主导产业。 3)新能源汽车:坚持盘活存量、引进增量,围绕整车制造引领、核心配套支撑、科技创新赋能发展路径,以乘用车为主攻方向,积极发展客车、货车、专用车,打造全国重要的新能源汽车产业集群,成为我省经济发展新兴支柱产业。
陕西省	陕西省国民经济和社会发展第十四个五年规划和二〇三五年远景目标纲要	陕政发〔2021〕3号	陕西省人民政府	2021-02-10	《规划纲要》明确: 1)发展壮大战略性新兴产业——新能源汽车:坚持做大整车、做强配套、突破关键,打造全国新能源汽车重要生产基地。依托陕汽、比亚迪、法士特等骨干企业,吸引动力电池、电机、电控、传感器、车载操作系统等配套企业集聚。加强新能源汽车研发,强化整车技术创新,突破关键零部件技术,推动与互联网、新能源、人工智能等融合创新发展,推动充才央电、加氢、信息通信与道路交通等基础设施建设,提升互联互通水平和使用效率。 2)战略性新兴产业集群工程——新能源汽车产业集群:推进西安高新区新能源汽车谷、宝鸡新能源汽车产业园、咸阳秦星新能源汽车零部件基地等项目建设。 3)新能源——氢能:立足氢能资源优势,聚焦产业链关键环节,引进国内外氢能先进装备企业,加快形成氢能储运、加注及燃料电池等产业链。支持榆林、渭南、铜川、韩城等建设规模化副产氢纯化项目,形成23个千吨级燃料电池级氢气工厂,具备万吨级氢气资源储备和升级基础。
	陕西省电动汽车充电基础设施"十四五"发展规划	陕发改能〔2021〕635号	陕西省发展和改革委员会	2021-05-11	《规划》明确了总体发展目标:以促进新能源汽车推广应用为出发点,以提升电动汽车充电保障能力为目标,建设覆盖全省的布局合理、管理规范、智能高效的充电基础设施体系;"十四五"期间共建设各类充电桩35.54万根,其中共建设充换电站2691座(含充电桩5.87万根、换电站20座)、个人及单位自用充电桩29.45万根、乡村公用充电桩0.22万根,满足省内至"十四五"末60万辆电动汽车充电需求。 重点任务: 1)构建完善的充电设施体系:建设贯通乡村的城际出行充电网络;建设方便快捷的城市公共充电网络;建设绿色旅游充电网络;建设覆盖广泛的居民充电网络;建设保障有力的专用充电网络;探索充换电一体站建设。

续上表

地方政府	政策	文件号	发布单位	发布日期	内　容
陕西省					2)推动居民区充电设施建设落地:鼓励在个人自有停车位建设充电桩;鼓励老旧小区探索多车一桩、临近车位共享等模式。鼓励小区物业、充电设施运营企业等相关方整合小区公共或私人停车资源,建设主要面向小区内电动汽车的共享轮充充电设施。 3)打造全省充电设施"一张网":结合全省充电设施线上"一张网",贯通线下"五张网",形成线上与线下深度有机融合的"5+1"立体充电网络体系。 4)加强充电设施全链条安全管理:严格执行国家及行业充电设施有关标准;加快制定充电站典型设计方案;制定充电站运营管理规;投资建设充(换)电设施项目实行备案制管理。 5)强化充电设施行业管理:鼓励省内充电设施研发、生产等企业加强技术创新,提升充电保障能力和市场竞争力。 6)积极推动商业模式创新及产业高质量发展 7)强化新技术应用:鼓励开展换电模式,积极推进渣土车等领域换电模式应用;根据场景需求加强超大功率充电、无线充电、小功率直流充电、群充技术等新型充电技术研发应用,提高充电便利性和用户充电体验感。 8)提升电力保障能力:现有小区结合城镇老旧小区改造和充电负荷需求,同时综合运用"光储充"、负荷控制等技术,保障小区内充电设施用电有序供应。
	加快建立健全绿色低碳循环发展经济体系若干措施	陕政发〔2021〕15号	陕西省人民政府	2021-09-17	氢能及新能源汽车方面,《措施》明确: 1)推动能源体系绿色低碳转型。加快编制《陕西省氢能产业发展规划》,推动氢能产业发展,支持榆林、渭南、铜川、韩城等建设规模化副产氢纯化项目,形成2~3个千吨级燃料电池级氢气工厂。 2)提升交通基础设施绿色水平。加强新能源汽车充换电、加氢等配套基础设施建设。 3)加强再生资源回收利用。加快落实生产者责任延伸制度,强化新能源汽车动力蓄电池溯源管理,积极推进废旧动力电池循环利用项目建设。 4)打造绿色物流。有序推进城市绿色货运配送示范工程创建,机场服务、城市物流配送、邮政快递等领域要优先使用新能源汽车。
	陕西省"十四五"综合交通运输发展规划	陕政办发〔2021〕30号	陕西省人民政府办公厅	2021-11-15	《规划》明确:利用"自动驾驶封闭场地测试基地"等平台,持续推动自动驾驶、车路协同等技术发展和应用。推动智能网联高速公路、服务区、重大基础设施智能联网监测与预警高速公路自由流收费等运营管理技术的试点应用。加快实施绿色出行"续航工程",提升高速公路服务区、交通枢纽充电设施覆盖率。
	陕西省"十四五"制造业高质量发展规划	陕政办发〔2021〕33号	陕西省人民政府办公厅	2021-11-21	节能与新能源汽车、氢能方面,《规划》明确: 1)新能源汽车。重点发展纯电动和插电式混合动力乘用车、氢燃料商用车,丰富新能源汽车产品序列。积极推动车企集团在陕布局整车设计研究院,提高车企自主研发能力和产品布局"话语权",按照就近设计研发、就近样车试制试产、就近布局新产品的思路,争取更多新车型在陕布局,加快热销车型技术升级和产品迭代。壮大新能源汽车关键零部件企业,支持电池企业提高产能、扩大市场,加快电机、电控等新能源汽车核心部件引进,夯实新能源汽车发展基础,通过关键配套企业需求带动,吸引一批电子元器件、电器件、紧固件、汽车凸轮轴等二三级配套企业在陕建厂配套。优化产业发展政策,加快充电桩等基础设施建设,提升发展环境。加快公交、出租、物流配送等公共领域电动化进程以及私人领域电动汽车的推广应用。引导整车企业与院校联合,加快氢燃料电池关键材料与重点技术研发突破,大力发展氢燃料电堆、控制系统、质子交换膜等较为完备的氢燃料电池产业链,引导整车企业开展氢燃料汽车技术研发与产业推广应用,快速提升氢燃料电池汽车市场渗透率。 2)节能与新能源汽车产业着重构建"一带两翼多园"的新布局。"一带"即关中汽车产业带,以西安、宝鸡、咸阳、渭南、铜川为核心,推动节能与新能源汽车、智能网联汽车及零部件全产业链发展。"两翼"即北翼—陕北氢燃料电池汽车产业集聚区,南翼—陕南专用车及零部件产业聚集区。依托榆林、延安两地丰富的煤、油、气等资源,以榆林汽车产业园和规划的延安氢燃料电池汽车产业园为承载,打造涵盖制氢、储氢、运氢、加氢和氢燃料电池发动机及整车制造的延榆氢燃料电池汽车产业链集聚区,并积极开展氢能重卡的示范应用;依托陕南丰富的矿产资源和坚实的精密制造工业基础,以汉中高新技术产业开发区、商洛高新技术产业开发区及规划的安康专用车及零部件产业园区为承载,打造陕南专用车及零部件产业集聚区。
	西安市新能源汽车充(换)电基础设施建设实施细则	市建发〔2021〕4号	西安市住房和城乡建设局 西安市发展和改革委员会 西安市财政局 西安市科学技术局	2021-01-08	对于准入条件,《细则》明确:在我市建设和运营充(换)电设施的企业应当符合以下条件: 1)在我市市场监督管理部门登记注册的法人企业,且经营范围含有电动汽车充(换)电设施建设和运营的内容,应当符合国家标准,确保充(换)电设施安全运行。 2)按照建设充(换)电设施数量,配置适当比例的专业技术人员对充(换)电基础设施进行维修养护。原则上拥有10个及以下充电桩的充电场站,至少配备5名以上专职运行维护人员(其中在册持进网作业证上岗电工不少于2人,高压电工不少于1人);10个及以上的,至少配备10名以上专职运行维护人员(其中在册持进网作业证上岗电工不少于4人,高压电工不少于2人);充电站数量增加,维护人员的数量应成比例增加,单个场站充电终端数量超过30个的,可聘请具有资质的第三方专业公司维护场站充电秩序,在场地条件允许下需配有休息室、卫生间等配套公共设施。 3)企业信用良好,具备完善的充(换)电基础设施建设和运营管理制度,企业应及时将充(换)电基础设施运行监测平台接入西安市新能源汽车及充电设施信息综合管理平台(以下简称市级平台),形成全市"一张网"互联互通服务体系。

续上表

地方政府	政策	文件号	发布单位	发布日期	内容
陕西省	西安市国民经济和社会发展第十四个五年规划和二〇三五年远景目标纲要	市政发〔2021〕7号	西安市人民政府	2021-03-13	《纲要》提到： 1)做强支柱产业：以新能源汽车、节能汽车和关键零部件等为重点，打造汽车产业集群。汽车产业重大工程有：加快陕汽重卡扩能、开沃纯电动客车、S变速器智能工厂、新能源汽车动力电池、零部件产业园等重大项目建设，不断提高新能源汽车占比，扩大推广应用范围，建设全国重要的新能源汽车产业基地。 2)新型基础设施建设工程中，新能源汽车充电桩“十四五”期间，全市预计新建新能源汽车充电桩15000个，重点推进秦汉新城新能源汽车充电桩生产应用基地和空港新城新能源充电桩项目。
	咸阳市国民经济和社会发展第十四个五年规划和二〇三五年远景目标纲要	咸政发〔2021〕6号	咸阳市人民政府	2021-03-31	《规划》明确： 1)汽车制造。重点推进汽车零部件高新技术企业群孵化基地、新能源汽车及动力电池、武功汽车零部件产业园、新能源汽车驱动电机及控制系统开发、星工实业高端装备及航空汽车零部件加工、重型汽车关键零部件等重大项目。 2)加快新能源汽车充电设施建设：强化新能源汽车充电服务基础支撑。对各类新建居住小区和商业公共建筑按要求建设充电设施或预留建设安装条件，支持全市老旧小区建设新能源汽车充电设施。推动充电站点统一管理平台建设，提高充电设施利用率。到2025年，全市共建设各类充电桩20000个以上，形成统一开放、竞争有序、保障有力的充电服务基础支撑。 3)氢能源汽车。以氢燃料客车、加氢站建设为重点，发挥秦星氢能源客车优势，加快氢能源创新成果在我市就地转化应用，构建集氢能源生产、供应、存储以及氢燃料电池车研发、燃料电池系统应用等于一体的综合氢能源产业链。
	延安市国民经济和社会发展第十四个五年规划和二〇三五年远景目标纲要	—	延安市人民政府	2021-04-02	《纲要》明确： 1)加快新能源汽车充电桩建设，在全市加油站、加气站、景区、商场、住宅小区、公园、停车场等场所广泛布局新能源汽车充电桩，到2025年，新能源汽车充电桩城区普及率、城镇普及率分别达到60%、50%。 2)超前布局氢能、核能项目，建设陕北风光储氢多能融合示范基地，推动绿色氢能循环经济产业园加快落地。
	安康市国民经济和社会发展第十四个五年规划和二〇三五年远景目标纲要	安政发〔2021〕4号	安康市人民政府	2021-04-15	《规划》明确： 1)加快充电配套设施建设，推广应用新能源汽车。规划建设“油气氢电非”综合能源补给站。 2)整车及零部件。建设安康高新区、汉滨、汉阴、石泉、旬阳、白河等县(区)汽车零部件及新能源汽车产业园(生产基地)，发展关键零部件和汽车电子产品制造。 3)市政设施建设：建设立体停车楼、公共停车场，新增车位8000个，同步配建新能源汽车公共充电桩。
	铜川市国民经济和社会发展第十四个五年规划和二〇三五年远景目标纲要	铜政发〔2021〕9号	铜川市人民政府	2021-04-16	《纲要》明确： 1)提升高端装备制造产业竞争力——布局新能源汽车动力电池、电机、电控等关键零部件产业化项目，构建动力系统、底盘类、汽车电子三大领域制造全产业链，提高省内配套率。 2)协同创新平台建设工程——新能源汽车及氢能产业研究院：重点围绕新能源汽车“三电系统”开展创新研发，开展氢燃料电池催化剂、氢能储运、加氢站、车载储氢等氢燃料电池汽车应用支撑技术攻关。 3)高端装备制造高质量发展工程——汽车零部件产业整体提升工程：重点围绕传统汽车零部件的内饰、外饰、行走系统、动力四个方面，以及新能源汽车“三电”系统(电池、电机、电控)布局项目。
	商洛市国民经济和社会发展第十四个五年规划和二〇三五年远景目标纲要	商政发〔2021〕11号	商洛市人民政府	2021-05-07	《纲要》明确： 1)有序开发太阳能、氢能、风能、储能和生物质能等清洁能源，重点推进商州和镇安垃圾焚烧发电厂以及各县(区)风力发电、农光互补、风光能源制氢、生物质热电联产等项目建设，系统优化能源开发布局。 2)完善新能源和分布式电源、电动汽车充电基础设施等多元化用户接入体系，加快构建绿色制造、绿色交通、绿色生活体系。重点推进洛南工业集中区泛能网、丹凤新能源充换电综合体、商洛高新区电动汽车智能快速充电桩等项目建设。
	榆林市国民经济和社会发展第十四个五年规划和二〇三五年远景目标纲要	榆政发〔2021〕12号	榆林市人民政府	2021-05-24	《规划》明确： 1)大力推广新能源汽车，加快氢能重卡示范应用，建设绿色货运枢纽场站，打造绿色交通物流体系。 2)绿色发展重点工程：交通运输节能工程——编制全市电力汽车充电站布点和电源规划，布局新能源汽车充电网，推广新能源汽车消费，氢燃料车在公交、重卡等领域应用规模突破4000辆。 3)大力推进氢能全产业链示范，支持布局锂电池、燃料电池等电动汽车产业，加大新能源汽车在园区、矿区和公共交通等领域应用示范，逐步形成以电/氢为主体的终端用能体系。到2025年，清洁能源成为能源增量主体，非化石能源消费占比达到17%以上，其中氢能达到4%以上。 4)大力推进能源低碳化利用。示范推进氢能全产业链、优先发展可再生能源，加快构建电/氢终端用能体系，提升终端电气化水平，打造高碳城市低碳发展样板。加快布局氢能生产、储运、消费及装备制造全产业链和创新链，突破碳捕集、煤化工-氢耦合、燃料电池分布式发电等技术，提高绿氢在煤化工、冶金等行业中的使用比例，打造千亿级氢能产业集群。 5)低碳化发展重点项目：氢能——建成“西部氢谷”示范园，建设兰石化80万吨乙烷裂解制乙烯副产氢气PSA提纯项目，建设科创新城氢能小镇，争创国家燃料电池示范市。大力引进光催化制氢及氢能全产业链示范项目。

续上表

地方政府	政策	文件号	发布单位	发布日期	内　容
陕西省	宝鸡市"十四五"规划和二〇三五年远景目标纲要	宝政发〔2021〕6号	宝鸡市人民政府	2021-07-10	《规划》明确:积极探索解水制氢、甲醇技术。加强新能源汽车研发、生产和制造,加快充换电、加氢等基础设施建设。
	西安市关于加快推动新能源汽车产业高质量发展的实施意见	市政办发〔2021〕46	西安市人民政府办公厅	2021-11-04	新能源汽车、氢能相关方面,《实施意见》明确: 1)加快新能源汽车迭代升级。以电动化、智能化、网联化为方向,强化产业技术创新能力,积极布局智能网联汽车、氢燃料汽车等引领产业未来发展的关键领域,推动纯电动汽车、插电式混合动力(含增程式)汽车、燃料电池汽车多技术路线并重,实现乘用车、商用车及专用车全系列多元化发展。 2)推动新能源载货车规模化量产。鼓励支持陕汽、比亚迪加快产品结构优化,加大纯电动、氢燃料、无人驾驶重卡的技术储备和产品研发,针对不同用途、不同工况、不同需求,丰富系列、拓展车型、加快推广。支持专用车企业针对电动汽车特点,做好现有产品升级换代,加快高技术含量、高附加值产品的研制上市,做专做精新能源专用车。力争到2025年,新能源载货车实现多技术路线并举、产品系列全覆盖、产销规模行业领先。 3)布局燃料电池汽车产业。以龙头企业为依托,整合高校科研机构、汽车企业以及制氢运氢等产业链上下游资源,搭建产学研用合作平台,重点推进燃料电池电堆、超临界水蒸气制氢等重大技术攻关项目产业化应用。支持推动陕汽等整车企业,加快氢燃料电池汽车研发试验、适应性改进,鼓励有条件的区县、开发区开展氢燃料电池汽车运营示范,探索研究市场运营商业模式,加快产业化步伐。
甘肃省	甘肃省国民经济和社会发展第十四个五年规划和二〇三五年远景目标纲要	甘政发〔2021〕18号	甘肃省人民政府	2021-03-02	《纲要》明确: 1)构筑产业体系新支柱。大力发展半导体材料、氢能、电池、储能和分布式能源、电子、信息等新兴产业。 2)提高绿色低碳发展水平。推动能源清洁低碳安全高效利用,进一步提升非化石能源消费比重。大力推广清洁能源汽车,加强废弃物资源化利用和低碳化处理。倡导低碳出行、循环利用等环保生活方式,深入开展反过度包装行动。开展"零碳"城市建设,加快电动汽车充电基础设施建设。
	甘肃省"十四五"综合交通运输体系发展规划	甘政办发〔2021〕85号	甘肃省人民政府办公厅	2021-09-10	《规划》明确: 1)建设交通能源新设施设备:加快提升城市公共交通使用新能源汽车比重,在公路服务区、机场、高铁站、城市停车区等公共区域配建充电设施,鼓励企业参与居民区充电设施建设、运营、管理,推动新能源汽车充电设施网络化布局。加强农村电网改造,提升农村充电服务水平。研究布局氢能制备和氢燃料电池加氢设施,完善氢能源储运体系,推广发展氢燃料电池汽车。 2)新能源交通设施建设工程:推进兰州"智慧杆塔"示范工程。新建兰州市充电桩基础设施2000台(包含直流、交流、各类型充电桩),新建省属高校新能源汽车充电桩500个及配套设施。研究开展河西走廊地区新能源"发电—储送(制备)—充电(加氢)"一体化工程。 3)提升技术装备绿色化水平:加大公交、出租等公共领域新能源汽车推广力度。鼓励各地在充电电费、停车费以及自用充电桩建设等环节制定出台政策措施,对新能源汽车消费予以支持,支持各地加快公共交通基础设施低碳化建设。
	甘肃省"十四五"制造业发展规划	甘政办发〔2021〕120号	甘肃省人民政府办公厅	2021-12-31	新能源汽车、氢能方面,《规划》明确: 1. 氢能产业。有序推动制氢产业基础设施建设,谋划制氢、氢存储、氢运输、加氢站、氢燃料电池"五位一体"的氢能产业园。加大钍基熔盐堆核能后续产业扶持力度,推动高温制氢装备、加氢催化制精细化学品相关产业发展,示范推广绿氢冶金、绿氢化工项目,促进减少工业碳排放。积极发展电解水制氢、化工副产品和化石能源制氢等制氢装备,发展高压储氢、液态储氢和固态储氢等储氢装备制造,引进和培育氢气控制柜、高压氢燃料加注设备、加氢反应器、加氢设备电磁阀、加氢机配件等制造。建设氢气提纯、液化、液氢储存、运输装置及配套设施,在工业副产氢纯化、燃料电池发动机、关键材料和动力系统集成等方面取得突破,积极利用氢气推动汽车用甲醇生产。发展路径: 1)开展电解水制氢催化剂、储能等关键材料和电解槽设备、核心零部件,可再生能源融合制氢动力系统集成,氢氧提纯、压缩、储存、加注工艺技术,西气东输天然气管道掺输以及建设长距离氢气输送管道等核心技术研究。重点突破适应可再生能源高效率低成本氢气制取、储运和加注关键技术。 2)依托我省丰富的风、光电资源和新疆、内蒙古等周边省份丰富的甲醇资源,积极引进制氢、储氢和用氢相关装备制造企业,加快构建制—储—用一体化氢能产业链条。 2. 新能源汽车。促进新能源汽车产品信息化、智能化设计,加快发展整车制造、动力电池、储能电站、电机、电控、汽车零部件、充电设施、废旧电池回收利用的绿色新能源装备全产业链,重点支持新能源汽车储能系统、燃料电池等共性关键技术研发。促进新能源乘用车、客车和新能源环卫市政物流专用汽车业快速发展。 3. 电池产业。立足资源优势和产业基础,依托兰州、白银、金昌、武威等地发展磷酸铁锂、锂电铜箔、电池外壳、三元前驱体、隔膜、电解液等正负极材料,引进电池模组、电芯制造等中游产业,配套发展电池回收、充电设备、新能源汽车等下游产业,做强做长锂电池和储能电池产业链。建设废旧电池回收利用绿色基地。发展路径: 1)加快兰州新区等地高性能铜箔、碳负极材料、磷酸铁锂等重大项目建成投产。 2)加大招商引资力度,引进一批电池模组等产业中下游企业,打造较为完整的动力电池产业链。 3)依托甘肃省废旧动力电池回收产业联盟,形成行业内动力电池生产商、新能源汽车生产商或第三方回收公司合作新模式,建立动力电池回收模式及市场化回收网络体系。

续上表

地方政府	政策	文件号	发布单位	发布日期	内　　容
甘肃省	甘肃省"十四五"能源发展规划	甘政办发〔2021〕121号	甘肃省人民政府办公厅	2021-12-31	新能源汽车、氢能方面,《规划》明确: 1)中部和中南部能源融合创新区——加大绿色能源消费,积极推进充电桩、新能源汽车、能源大数据、云计算、互联网、人工智能等产业,推动能源与科技、经济、产业深度融合,重点发展新一代储能设备、氢燃料电池等技术及产业化应用,加大全产业链氢能技术研发,推动氢能技术利用场景示范。 2)大力倡导绿色交通,鼓励公共交通及大型矿山用车等专用车辆实施新能源替代,推动以纯电动汽车、插电式混合动力汽车、氢燃料电池汽车为代表的新能源汽车替代传统的燃油汽车。支持在高速公路服务区、普通国省干线服务区(停车区)、公路客运场站和大型公共停车场等区域布局建设新能源汽车充电基础设施。 3)大力推广电能、天然气等对燃油的清洁化替代,加快电动汽车、氢燃料汽车等新能源汽车应用。持续推进成品油质量升级,稳妥推广乙醇汽油、生物柴油等生物质液体燃料,提高清洁油品生产和供应水平。 4)推动氢能产业发展。培育氢能产业,加快推进电解水制氢试点,打造规模化绿氢生产基地。有序推动制氢产业基础设施建设,谋划制氢、氢存储、氢运输、加氢站、氢燃料电池"五位一体"的氢能产业园。加大钍基熔盐堆核能后续产业扶持力度,推动高温制氢装备、加氢催化制精细化学品相关产业发展。示范推广绿氢冶金、绿氢化工项目,开展能源化工基地绿氢替代,促进减少工业碳排放,有效降低冶金化工领域化石能源消耗。探索碳捕集和封存技术的商业化应用场景。"十四五"全省可再生能源制氢能力达到20万吨/年左右。
云南省	云南省国民经济和社会发展第十四个五年规划和二〇三五年远景目标纲要	云政发〔2021〕4号	云南省人民政府	2021-02-08	根据《规划纲要》: 1)培育绿色低碳发展新动能:支持新能源和可再生能源开发,推动能源低碳安全高效利用。进一步加大新能源汽车推广使用力度。 2)培育新型消费:大力倡导绿色消费,促进新能源汽车消费,优化绿色低碳供应链。 3)建成国家清洁能源基地:统筹协调风能、太阳能等新能源开发利用,以金沙江下游、澜沧江中下游大型水电站基地以及送出线路为依托,建设"风光水储一体化"国家示范基地。培育和发展氢能产业。
	云南省培育发展新型消费释放消费潜力三年行动方案(2021—2023年)	云政办发〔2021〕33号	云南省人民政府办公厅	2021-08-19	《方案》明确:扩大汽车和家电消费。在公共领域大力推广新能源汽车,落实新能源汽车免征车辆购置税、购置补贴、停车优惠等政策。推进高速公路(服务区)充电设施建设,开展"充电进小区"示范项目,构建省级新能源汽车公共充电信息平台。打造智慧出行平台"车城网"。2021—2023年,每年至少组织1次全省范围内的汽车、家居家装家电消费节等活动,鼓励企业发放加油券、开展满减等活动。
	云南省"十四五"科技创新规划	云政发〔2021〕22号	云南省人民政府	2021-09-22	《规划》明确: 1)围绕先进装备制造、智能制造、新能源汽车及节能汽车等科技创新需求,开展关键技术攻关、集成研究、成果转化及产业化示范应用,推广流程智能制造、离散智能制造、网络化协同制造、远程诊断与运维等新型制造模式,建设网络化、柔性化、智能化、绿色化生产系统。 2)先进制造科技创新重点——新能源汽车及节能汽车:氢燃料电池发动机及关键材料研发;先进动力系统、混合动力专用发动机研究及产品开发;替代燃料发动机应用技术研发。多种混合动力、多能源管理系统、机电耦合装置集成研究;先进电子电气技术集成研发和升级应用;动力电池及关键材料、系统集成、电池管理系统等综合技术攻关及应用研究。模块化高性能整车平台集成研究;先进电驱动总成及底盘一体化平台研究;整车智能能量管理、电池管理、轻量化、充放电安全等关键技术集成研究。新能源汽车网联化与智能化关键技术研发和集成应用。基于复杂场景的整车性能验证和评测技术研究及应用。废旧动力电池回收和梯次利用技术研发及应用。
	云南省新能源汽车产业发展规划(2021—2025年)	—	云南省工业和信息化厅	2021-11-15	《规划》明确: 1)逐步提升新能源汽车产业规模。到2025年,新能源整车企业均实现规模化经营,企业产销规模、发展质量和效益稳步提升,具备年产35万辆新能源汽车能力,实现年销售收入300亿元,把新能源汽车建设成为示范引领强、特色优势突出、配套功能完善的产业集群。 2)加快完善新能源汽车产业链。到2025年,争取引进3~5家新能源汽车系统总成及核心零部件企业,并依托总成企业培育、构建相关子产业链,实现新能源汽车本地配套率达60%,形成较完整的动力电池产业链,基本建成整车、零部件集聚发展的新能源汽车产业集群。 3)稳步推进充换电基础设施建设。按照"车桩相随、适度超前"的原则,加快建设相对完善的充换电设施网络,区域布局更加完善,其中居民区基本实现有序慢充为主、应急快充为辅,高速公路服务区、机场、车站、大型公共服务场所等实现全覆盖;鼓励开展换电模式试点应用,适时开展氢能供给体系及加氢站的建设。 4)积极打造新能源汽车产业创新体系。到2025年,新能源汽车产业创新体系更加完善,新能源汽车及关键核心零部件技术整体上达到行业先进水平,产业发展质量稳步提升;围绕智能电动汽车,争取引进基础数据与软件相关产业,推进新能源汽车相关的研发设计、销售服务、检测认证以及智能路网改造有序建设,汽车产业链更加丰富。

续上表

地方政府	政策	文件号	发布单位	发布日期	内　　容
云南省	云南省先进装备制造业发展规划（2021—2025年）	—	云南省工业和信息化厅	2021-11-15	《规划》明确： 一、新能源电池产业 1. 以新能源电池材料为切入点，重点发展磷酸铁锂、磷酸锰锂、磷酸锰铁锂、三元（镍钴锰）等正极材料，加快推动石墨、氧化亚硅等负极材料布局，同步提升电解液、隔膜、铜箔、铝箔等电池材料生产能力；加快培育发展电芯、动力电池、储能电池等电池产品。 2. 聚焦头部企业精准招商，依托拥有核心技术的新能源电池企业，围绕“材料—电芯—电池—应用—回收利用”全产业链，着力扩规模、延链条、拓应用，建设以曲靖为核心，昆明、玉溪、昭通为重点，错位发展协同互补的电池产业制造基地，推动我省电池产业“全链条、矩阵式、集群化”发展，将电池产业打造成为我省绿色能源与先进制造业强省融合发展、实现工业增加值占 GDP 比重大幅提升的重要动力源。 3. 到 2025 年，新能源电池关键材料产业规模明显壮大，形成 100 万吨正极材料、50 万吨负极材料、15 亿平方米电池隔膜、20 万吨电解液、9 万吨铜箔、50 GWh 动力电池及储能电池、20 万吨电池绿色循环利用的产能规模，实现新能源电池全产业链产值突破千亿元，新能源电池产业成为我省工业经济新的增长点。 二、汽车制造业 1. 以发展新能源汽车产业为重点，促进我省汽车制造业提质增效。 1）做优存量，提高产能利用率。推动现有企业规模提升及产品升级，提升经营发展质量，重点发展新能源乘用车、卡车和皮卡，积极发展客车、专用车及面向出口的特种车产品，快速提升新能源汽车整车生产规模。 2）布局增量，加快培育和提升零部件配套能力。利用我省绿色铝等资源优势，加强铝轮毂、铝车身等零部件企业的培育引进，完善汽车产业链布局；加快培育新能源电池全产业链，持续提升本地零部件产业链配套能力；探索推进智能网联汽车应用试点和示范区建设，适时开展氢燃料电池汽车示范运行。 3）持续提升高原特色的研发验证和检测认证等创新和服务能力，大力增强汽车出口及服务配套能力。
	昆明市国民经济和社会发展第十四个五年规划和二〇三五年远景目标纲要	昆政发〔2021〕8号	昆明市人民政府	2021-04-06	根据《规划纲要》： 1）先进装备制造和新能源汽车产业。发展以智能终端设备及零部件、数控机床、工业机器人、自动化生产成套设备、自动化物流仓储成套设备、金融电子设备等代表的先进装备制造业。培育壮大新能源汽车产业，以“纯电驱动”为主方向，以整车制造为龙头，引进核心零部件生产企业，推进重点企业扩大销售，支持重点项目加快建设，打造面向南亚东南亚的重要先进装备制造基地及新能源汽车整车生产基地。力争到 2025 年，产业规模达到 1000 亿元以上。 2）打造世界一流绿色能源牌：把昆明市建设成为全省重要的绿色能源生产和消纳基地、技术装备基地、交易中心和新能源汽车产业基地，基本建成安全可靠的区域性国际能源枢纽。推广建设充电基础设施，鼓励龙头企业带头示范建设充电网络，在现有各类建筑物的配建停车场、公交场站等场所建设公共集中式充电站、分散式充电桩等充电基础设施。
	丽江市关于氢能产业发展的指导意见	丽政发〔2021〕13号	丽江市人民政府	2021-07-29	《指导意见》中明确五大重点任务： 一、推动“新能源+电解水制氢”项目一体化开发。 统筹规划、同步建成新能源项目与制氢项目，在“十四五”期间开发风电和光伏装机不少于 360 万千瓦，配套年产不少于 180 吨/万千瓦产能的电解水制氢项目；争取“十四五”期间完成新能源开发和绿氢产业整体投资不少于 200 亿元。 二、发展文旅绿氢配套体系。 在主要旅游交通线路和景区游览线路部署氢燃料电池汽车和加氢设施；在玉龙雪山景区、老君山景区和泸沽湖景区的酒店、民宿、游客中心等建筑示范应用氢燃料电池热电联供系统和天然气掺氢混烧技术，探索分布式绿氢制备应用；在医疗、文旅服务等领域扩展制氢副产氧气应用。 三、推广绿氢交通运输应用。 部署氢燃料电池旅游客车，推广使用自主品牌氢燃料电池乘用车或商用车作为公务用车；鼓励在大型工程中应用氢燃料电池载重车辆；引进有实力、有经验的专业氢燃料电池汽车运营解决方案服务企业等优质社会资本。 四、创建区域绿氢产业高地。 在金山工业园区建设年产 1000 吨绿氢的零碳智慧绿氢工厂示范项目，开展规模化碱性水电解制氢，打造绿氢产业园； 在华坪工业园区建设“屋顶光伏+绿氢”示范项目，开展分布式光伏电解水制氢，打造“绿氢+工业”应用场景； 开展氢储能应用研究和项目示范，提升调峰调频能力，提高电网稳定性和经济性； 积极引进绿氢制取装备制造、燃料电池装备制造、氢储运装备制造等项目，推动全产业链发展。 五、示范绿氢生产生活应用。 积极推进“氢进万家”，基于丽江市本地供热减排需求，将家庭与建筑氢能热电联供应用作为打造绿色低碳生活方式的重要举措，降低居民生活及商业活动的碳排放，中远期谋划绿氢替代天然气应用，打造绿氢零碳生活圈。

续上表

地方政府	政策	文件号	发布单位	发布日期	内容
青海省	青海省国民经济和社会发展第十四个五年规划和二〇三五年远景目标纲要	青政办〔2021〕29号	青海省人民政府办公厅	2021-04-22	《规划》明确： 1）发展餐厨垃圾处理等节能环保设备制造，研发生产适用于高海拔、低气压环境和陡坡地机械装备，推动专用运输车、矿山机械等专用设备发展，支持发展石油机械、压力容器、非标设备和大型铸锻件等产业，建设新能源汽车及配套产业基地。 2）努力攻克光热发电、光电转化率、储能电池等方面的核心技术，引进开发推广大型储能装置、太阳能制氢等技术，高水平打造国家级太阳能发电实证基地和储能实证基地。 3）建设国家清洁能源产业高地。支持建设氢能储能、空气储能、光热熔盐、锂储能产业。 4）推进储能项目建设，加强储能工厂、抽蓄电站、光热、氢能、电化学储能等技术创新应用。 5）探索开展氢能绿色开发利用。
	青海省贯彻国家新能源汽车产业发展规划（2021—2035年）的实施意见	青政办〔2021〕60号	青海省人民政府办公厅	2021-08-23	重点工作方面，《实施意见》明确：开展共性关键技术和产品研发；建设共性技术创新平台；培育生态主导型龙头企业；提升新能源汽车产品质量；推动新能源汽车与新能源产业高地融合发展；推动新能源汽车与交通融合发展；推动充换电网络基础设施建设；扩大开放和交流合作。
吉林省	关于进一步促进汽车消费若干措施的通知	吉政办发〔2021〕3号	吉林省人民政府办公厅	2021-01-21	新能源汽车相关方面，《通知》明确： 1）按照国家有关规定，对购置的新能源汽车免征车辆购置税。 2）制定新能源充换电站、加氢设施建设支持政策。优先保障新能源充换电站建设用地。完善和落实好电动汽车充电基础设施建设财政奖补政策，对向电网经营企业直接报装接电的经营性集中式充换电设施用电，执行大工业用电价格。并实行峰谷分时电价政策，给予0.1元/度的电价补贴，2025年前暂免收需量（容量）电费。3）加快推进燃料电池汽车示范应用，支持新建一体式油气电氢综合能源站，或现有油气站扩建加氢站，逐步提升加氢站国产化关键设备使用率。
	吉林省国民经济和社会发展第十四个五年规划和2035年远景目标纲要	吉政发〔2021〕7号	吉林省人民政府	2021-03-17	根据《规划纲要》： 1）智能制造专项：重点开展智能网联与新能源汽车关键技术研究与应用示范、下一代高速智能动车组关键技术研究及应用、智能微纳制造关键技术及装备、汽车模具仿生智能再制造生产线开发。区域性创新高地：长春市——推进智能网联新能源汽车创新示范；辽源市——集中推进新能源汽车、动力电池、智能制造等领域技术突破；延边市——突出新能源汽车等领域研发创新。 2）打造万亿级汽车产业：突出电动化、智能化、网联化、共享化，完善设计研发、整车制造、零部件配套、汽车物流、市场服务创新等汽车全产业链体系，推动汽车产业实现产能、排产、配套、结算、人才、创新"六个回归"，支持一汽建设世界一流企业，支持长春建设世界一流汽车城。加快新能源汽车规模化发展、智能网联汽车市场化应用，做好全产业链协同、车-路-网-云协同，建设智能网联及 新能源汽车供应链产业园、辽源新能源汽车产业配套基地，加强生产准入管理，提高产业集中度，打造技术创新、产业生态、基础设施、法规标准、产品监管和网络安全体系。推动零部件核心技术自主可控，推进新能源汽车电池、电机、电控及燃料电池、智能网联等系统配套能力本地化。实施"红旗"百万辆民族品牌汽车建设工程，提高红旗、奔腾、解放等自主品牌汽车市场占有率。建设四平专用车、辽源移动检测车、吉林防暴车、通化消防车、白城氢燃料电池车等生产基地。培育汽车后服务市场，发展智慧出行服务、"绿电国的"等新业态新模式。建设东北亚汽车产业研究院。到2025年，零部件本地配套率达到70%，汽车产业规模突破万亿级。 3）挖掘消费潜力：实施公共领域车辆电动化行动，开展新一轮新能源汽车下乡活动，持续开展家电以旧换新，培育发展二手车和汽车后市场，推动汽车等消费品由购买管理向使用管理转变。 4）布局建设新能源汽车充电基础设施，破解充电桩进小区难等问题，提升互联互通水平，提高充电便利性和产品可靠性。到2025年，全省充电桩设施满足超过10万辆电动汽车充电需求。 5）加快发展农林生物质成型燃料，延伸构建集智能制造、氢能储制、智慧能源于一体的全新产业链，推进氢能、油页岩和新型能源装备研发与示范应用，加速光伏制氢产业化、规模化应用。
	吉林省工业发展"十四五"规划	吉政办发〔2021〕36号	吉林省人民政府办公厅	2021-08-27	《规划》明确： 1）锚定汽车产业电动化、智能化、网联化、共享化发展方向，以一汽集团为龙头、长春国际汽车城为平台，建设世界一流企业和世界一流国际汽车城。积极推进实施"六个回归"，推动汽车产业核心技术自主可控、关键产业链短板加快补齐、新能源与智能网联汽车协同发展、品牌文化及衍生经济向上赋能，构建涵盖设计研发、整车及零部件制造、市场服务的现代产业体系，打造全球先进的汽车技术研发高地、新能源与智能网联汽车运营高地、自主可控的零部件产业聚集高地、具有国际竞争力的区域协调联动发展新高地以及汽车产业衍生经济发展高地。到2025年，汽车产业产值突破万亿级，红旗品牌产销规模达到百万辆，自主品牌产销实现200万辆以上，本地配套率力争达到70%

续上表

地方政府	政策	文件号	发布单位	发布日期	内容
吉林省					2)补齐产业链短板，提升自主创新能力。推动汽车及零部件技术升级，完善自主可控的零部件配套体系。推动节能与新能源汽车创新突破，支持研发高效先进动力总成、混合动力等节能技术，加强动力电池、驱动电机、氢燃料电堆、空压机、储氢罐等产品研发和项目引进，推动汽车绿色低碳发展。支持L3级以上智能网联汽车开发，推动环境感知、智能座舱、超算平台、控制执行、车联网等技术研发及产业化应用。 3)优化产业布局，推动区域协同发展。辽源市依托动力电池及材料、铝制轻量化、泵类、模具等产品优势，打造节能与新能源汽车产业配套基地。白城市和延边州聚焦氢能产业，布局制、储、运、加、用全产业链条。白城市依托清洁能源制氢优势，打造长白氢能走廊，推进实施氢燃料电池汽车推广应用。延边州依托新能源商用车整车制造优势，着力发展氢燃料电动客车，形成与一汽差异化产品格局，打造区域内重要的新能源商用车生产基地。
广西壮族自治区	“两湾”产业融合发展先行试验区(广西·玉林)发展规划(2020—2035年)	桂政办发〔2021〕2号	广西壮族自治区人民政府办公厅	2021-01-12	《规划》明确： 1)建设新能源生产融合示范基地。重点围绕新能源汽车和燃料电池，积极对接珠三角新能源整车基地，加强与大湾区技术领先企业合作，共建新能源汽车研发中心。加快延伸新能源汽车产业链条，建设新能源汽车零部件产业园、表面处理产业园和燃料电池产业园，引进大湾区新能源汽车核心零部件生产配套企业，打造新能源汽车零部件产业集聚区。 2)建设新能源汽车新材料产业融合基地。以建设70万吨锂电新能源材料一体化产业基地为重点，对接大湾区新能源汽车储能材料产业，围绕储能与新能源汽车等领域需求，重点发展大容量长寿命储能电池正极材料、负极材料、以及低成本高质量的电池级碳酸锂、三元前驱体等。以镍材料为基础，结合新能源汽车以及其他新兴储能材料的发展趋势，对接大湾区新能源汽车产业的发展需求，大力发展结晶硫酸镍和高镍三元等电动车电池主原料生产。 3)新能源材料千亿元产业链：以新能源汽车动力电池三元正极材料为核心，重点开发锂电新能源材料、新型储能材料等产品，推进华友控股集团玉林70万吨锂电新能源材料等项目建设，引进大湾区相关配套企业，打造形成精炼—化工—材料—体化新能源电池材料产业。 强化“两湾”产业要素支撑——强化能源要素支撑：完善全市新能源汽车充电基础设施，积极布局新增建设充电插座、充电桩及智慧专用停车位。
	广西壮族自治区国民经济和社会发展第十四个五年规划和2035年远景目标纲要	—	广西壮族自治区发展和改革委员会	2021-09-18	《规划》明确： 1)培育发展战略性新兴产业和未来产业：培育壮大新一代信息技术、新能源及智能汽车、高端装备制造、节能环保、海洋装备、先进新材料、生物医药等战略性新兴产业，推动产业链迈向中高端，力争打造一批具有全国影响力的产业集群。 2)战略性新兴产业发展重点：新能源及智能汽车重点发展纯电动轿车、混合动力汽车，加快布局 智能汽车、智能网联汽车。 3)战略性新兴产业技术攻关：新能源汽车领域重点支持电池、电机、电控等核心零部件技术攻关。 4)培育先进制造业集群：加快推动电子信息、新能源汽车和智能汽车、机械装备制造等产业集聚发展。 5)先进制造业集群培育工程：新能源汽车和智能汽车产业集群，重点推动新能源乘用车、商用车、专用车等产业集聚发展。 6)强化能源储运和电网建设：强化综合供能服务站、新能源汽车充电桩和换电站、港口岸电等设施建设。
	广西战略性新兴产业发展三年行动方案(2021—2023年)	桂政办发〔2021〕97号	广西壮族自治区人民政府办公厅	2021-09-18	新能源汽车、氢能方面，《方案》明确： 一、持续扩大光伏应用，加快“光伏+制氢”“光伏+5G通信”“光伏+新能源汽车”“光伏+建筑”等“光伏+”产业创新发展。 二、大力发展智能及新能源汽车产业。以构建智能及新能源汽车全产业链为目标，重点发展整车制造、“三电”及电子零部件配件制造，做好本地企业扶持及培育工作，积极引进行业龙头企业，特别是产业链缺失环节的企业，提高智能及新能源汽车产业链本地配套率。到2023年，力争智能及新能源汽车产业产值达到400亿元，增加值达到130亿元。 1)建设新能源汽车共性技术研发平台。支持研发机构、企业等开展新能源汽车共性技术研发，推进五菱新能源汽车共性技术研发服务平台及公共检测平台项目建设。在雷达系统、夜视系统、高精度定位、无人驾驶等关键技术领域组织攻关突破，加速产业创新成果培育应用。 2)推动充换电设施建设。支持居民区多车一桩、临近车位共享等合作模式发展。鼓励充电场站与商业地产建设停车充电一体化服务设施，形成适度超前、快充为主、慢充为辅的高速公路和城乡公共充电网络。加快换电站建设规划，为建设换电站提供政策支持。 3)推进广西智能网联新能源汽车综合服务平台建设。为用户提供统一的充电设施、统一的动力电池编码、统一的动力电池回收利用等服务，实现互联互通、信息共享与统一结算。构建动力电池高效循环利用体系，支持企业开展报废电池有价元素高效提取，完善动力电池回收、梯级利用和再资源化的循环利用体系，建立健全动力电池运输仓储、维修保养、安全检验、退役退出、回收利用等环节管理制度，实现动力电池全生命周期追溯。 4)创建国家车联网先导区。支持柳州创建智能汽车城市及综合利用性示范区，重点推动柳州市创建国家级车联网先导区。建设20个以上自动驾驶试点，在港口、景区、园区、校园等区域开展封闭区域无人驾驶示范工程。开展车路协同试点，推进南宁沙井至吴圩高速公路智慧交通车路协同示范项目、柳州5G—V2X车路协同示范项目建设。 5)推进旅游业领域新能源汽车规模化应用。结合“一键游广西”项目，推动旅游共享电动车应用推广。支持开展新能源汽车拉力赛等文体项目，推广新能源汽车生活文化，打造广西新能源汽车品牌。

续上表

地方政府	政策	文件号	发布单位	发布日期	内　容
广西壮族自治区	广西新能源汽车充电基础设施规划(2021—2025年)	桂发改电力函〔2021〕2818号	广西壮族自治区发展和改革委员会	2021-10-15	发展目标方面,《规划》明确:“十四五”期间,全区规划新建公共充电桩8万个(包括快充桩2.7万个,慢充桩5.3万个),新建自用充电设施14.7万个。到2025年底,全区累计建成充电基础设施29.5万个,其中公共充电桩11.05万个,自用充电设施18.45万个,可满足约67.89万辆新能源汽车充电需求,车桩比保持不低于2.3:1。建成与新能源汽车保有量相适应的车桩相随、适度超前、智能高效的城乡公共充电基础设施服务网络体系,满足全区电动汽车充电服务需求,在全区形成统一开放、竞争有序的充电服务市场。
	广西科技创新“十四五”规划	桂政发〔2021〕39号	广西壮族自治区人民政府	2021-10-29	《规划》明确: 1. 加快重点产业关键核心技术攻关——汽车产业:紧跟汽车电动化、智能化、网联化、共享化发展方向,加强汽车零部件关键核心技术攻关,加快与人工智能、互联网、大数据等新技术的融合创新,强化整车关键技术研发和集成应用,重点在新能源汽车、智能网联汽车、节能汽车领域组织实施一批科技重大专项,加快新技术研发与高端产品开发,提升广西汽车产业链自主创新能力。 2. 新能源及智能网联汽车科技重大专项: 1)新能源汽车:开发面向客车和卡车的大功率燃料电池动力系统,推进大功率氢燃料电池卡车协同开发及示范运营。加强商用车超节能混合动力系统协同开发及关键技术研究。开展新一代纯电动商用车平台化底盘研发。推进智能线控制动系统、基于智能车轮的分布式驱动智能汽车主动安全协同控制系统等新能源汽车关键零部件研发。 2)智能网联汽车:推进基于新一代电子电气架构和智能生态座舱的整车平台关键技术、基于复杂场景的弱感知强学习型自动驾驶系统关键技术研究与产业化应用。加快商用车智能驾驶关键技术研发与整车开发、特定区域智能网联汽车开发。 3)节能汽车:加强高效能中重型商用车平台开发与成果应用。推进重型专用汽车轻量化关键技术研究及产业化应用。 3. 前沿领域关键技术——氢能与储能:发展电解水制氢技术、工业副产氢技术,开发氢气提纯技术、氢气回收技术,研发储氢关键技术和设备,加强氢燃料电池、备用电源等研发与应用示范。
	广西新能源汽车推广应用若干措施	桂政办发〔2021〕106号	广西壮族自治区人民政府办公厅	2021-11-05	城市配送车辆电动化方面,《措施》明确:物流配送企业逐年提高新能源汽车使用比重,到2023年底,城市配送车辆电动化率达到50%以上。在具备条件的城市开展试点,在末端物流配送领域推广应用新能源汽车,落实用车、停车、充电、路权等便利措施,完善新能源物流车充换电站、临时装卸派件作业专用临停泊位等基础设施。鼓励新能源汽车企业开展末端物流配送新能源快递物流车辆试用体验活动,不断优化迭代产品和服务,并与地方邮政快递、物流配送企业开展合作,积极探索以租代售、车电分离等新型商业模式。
	广西新能源汽车产业发展“十四五”规划	桂政办发〔2021〕138号	广西壮族自治区人民政府办公厅	2021-12-30	主要目标方面,《规划》明确: 1)到2025年,建成国内重要的新能源汽车生产基地、研发基地和产业链核心零部件配套生产基地。 2)生产规模居全国前列。新能源汽车新车产销量超100万辆/年,占汽车新车产销总量30%左右。 3)产业链体系基本建成。全面打造新能源汽车核心零部件供应体系。零部件本地配套率达到70%以上,初步形成零部件到整车的全产业链生产体系布局。 4)研发能力明显增强。产业创新体系不断完善,企业创新能力及试验检测能力显著增强,新能源汽车研发关键核心技术处于国内领先水平。按照国家智能网联汽车准入要求,建成满足与外界实体交互的模拟仿真测试、封闭场地测试和实际道路测试三大场景测试能力。 5)智能网联国内领先。车联网(智能网联汽车)产业跨行业融合取得突破,L3级别(第三级别)智能汽车实现广泛应用和规模量产,新车渗透率达到50%以上,智能网联汽车产业发展水平与国际先进水平保持同步。高度自动驾驶汽车实现限定区域和特定场景商业化应用。 6)生态环境逐步完善。充换电服务网更加便捷高效,“十四五”期间,新建公共充电桩8万个,新建自用充电设施14.7万个;新能源汽车保有量新增45万辆以上(其中,到2023年底新增28.2万辆以上);公共领域新增或更新公交、环卫、出租、城市物流配送等车辆中新能源汽车比例逐年提高;智能道路基础设施水平明显提升,重点城市的汽车与新一代信息技术、智能交通、能源环保等融合发展的新型智慧生态体系基本形成。 7)展望2035年,广西新能源汽车技术创新能力大幅提升,质量品牌具备较强竞争力,建成较完备的新能源汽车全产业链。公共领域用车全面电动化基本覆盖,充换电服务网络基本形成,氢燃料供给体系建设稳步推进,有效促进节能减排水平和社会运行效率的提升。
	柳州市智能网联汽车道路测试与示范应用管理实施细则(试行)	柳数据规〔2021〕1号	柳州市大数据发展局 柳州市工业和信息化局 柳州市公安局 柳州市交通运输局 柳州市发展和改革委员会	2021-08-27	《细则》适用于在本市行政区域范围内进行的智能网联汽车道路(包括高速公路)测试与示范应用。具体为: 1)细则所称道路测试,是指在公路(包括高速公路)、城市道路、区域范围内等用于社会机动车通行的各类道路指定的路段进行的智能网联汽车自动驾驶功能测试活动。 2)细则所称示范应用,是指在公路(包括高速公路)、城市道路、区域范围内等用于社会机动车通行的各类道路指定的路段进行的具有试点、试行效果的智能网联汽车载人载物运行活动。 3)细则所称测试区(场),是指在固定区域设置的具有封闭物理界限及智能网联汽车自动驾驶功能测试所需道路、网联等设施及环境条件的场地。 4)细则自2021年9月1日起实施。

续上表

地方政府	政策	文件号	发布单位	发布日期	内容
内蒙古自治区	内蒙古自治区国民经济和社会发展第十四个五年规划和2035年远景目标纲要	内政发〔2021〕1号	内蒙古自治区人民政府	2021-02-07	《纲要》明确： 1)加快提升科技创新能力方面：瞄准石墨烯、氢能等领域，以及新能源、新材料、高端装备制造等重点领域，承接和组织实施重大科技专项。 2)推进能源和战略资源基地优化升级方面：依托鄂尔多斯和乌海燃料电池汽车示范城市建设，发展规模化风光制氢，探索氢能供电供热商业模式，建设绿氢生产基地。 3)氢能产业集群方面：利用风光制氢成本低和矿用重卡应用广优势，引进行业领军企业发展新能源制氢、氢能装备制造、储运设施建设、氢燃料电池汽车应用。 4)培育战略性新兴产业方面：以呼包鄂为重点，培育发展北奔、北重等新能源重卡汽车，打造动力电池、电机、电控系统、动力总成、配套零部件及整车研发生产的新能源汽车全产业链。
	内蒙古自治区加快充换电基础设施建设实施方案（2021—2025年）	内能电力字〔2021〕293号	内蒙古自治区能源局	2021-05-12	《实施方案》明确： 1)到2025年，全区公共充换电设施与新能源汽车比例力争不低于1∶3，专用充换电设施与电动重卡、矿卡等专用车辆比例力争不低于1∶4。按照自治区新能源汽车发展目标，全区各类充换电设施力争达到4万个左右，保障自治区新能源汽车充换电需求。其中，公共充换电设施力争达到2.8万个左右，专用充换电设施力争达到1.2万个左右。 2)大力提升新能源汽车用电可再生能源电量比重，鼓励“风光储充放”多功能综合一体站建设，推动电动重卡、矿卡专用充换电设施建设与采煤沉陷区治理+分布式光伏发电一体化发展，到2025年新能源汽车用电可再生能源电量比重力争超过40%。 3)支持充换电设施运营模式创新，鼓励充换电设施建设及运营企业，与整车、出行服务等企业采取融资租赁、共同运营、共享收益等多种商业合作方式。
	内蒙古自治区“十四五”科技创新规划	内政办发〔2021〕39号	内蒙古自治区人民政府办公厅	2021-08-28	《规划》明确： 1)在氢能领域，着力打通“制储运用”产业链各环节，加快氢气制取、存储、运输、应用一体化发展。开展风光氢一体化高效制氢技术攻关，基于氯碱化工产业，优化工业副产氢提纯技术，开展规模化、产业化氢气制取、储运、氢燃料电池及关键材料和燃料电池整车关键技术等集中攻坚。探索氢能在冶金、化工等领域示范推广，攻关氢能高效催化利用技术，有效支撑自治区氢能发展城市集群建设。 2)氢能技术重点任务：推进高效规模化煤气化制氢及氢气提纯技术、可再生能源电解水制氢及合成氨示范技术研发，研究高效稳定的水电解制氢催化剂材料；研发焦炉煤气制氢、生物质气化制氢等技术，推进风电、光伏制氢技术研发。发展储氢技术，从液态储氢、固态储氢、有机液体储氢技术和高效液氢制备与储运技术进行研发。研发质子交换膜燃料电池、固体氧化物燃料电池、分布式制氢与燃料电池的一体化设计和系统集成等技术、轻量化高适应航空用燃料电池系统。加快二氧化碳加氢制高附加值直链α-烯烃制备与分离关键技术研发。开展氢燃料运输装备、多能源混合动力商用车关键技术研发，突破氢燃料电池、电控系统、电机、动力总成、配套零部件及整车研发生产技术。
	内蒙古自治区“十四五”综合交通运输发展规划	内政办发〔2021〕49号	内蒙古自治区人民政府办公厅	2021-09-23	发展目标方面，《规划》明确： 1)智慧绿色平安交通发展水平全面提升——运输装备标准化、专业化水平大幅提高，清洁能源与新能源在运输装备中更加广泛应用，全区清洁能源公交车比例达到86%。 2)提高冷链物流装备水平。鼓励多温层冷藏车、冷藏集装箱等标准化运载单元以及轻量化、新能源等节能环保冷藏保温车型在冷链物流中推广应用。 3)大力推进交通节能减排。大推广新能源和清洁能源，加快充气充电设施配套建设，推进绿色循环低碳公路、绿色循环低碳枢纽等主题性示范项目建设，加强交通运输领域节能减排监测体系和标准体系建设，倡导绿色低碳出行。 4)建设智慧新型交通基础设施。加快在高速公路服务区、停车区及城市枢纽场站布局建设充电桩和加氢站设施。
	内蒙古自治区“十四五”住房城乡建设事业规划	内政办发〔2021〕57号	内蒙古自治区人民政府办公厅	2021-09-30	《规划》明确： 1)建设县城绿色节约型基础设施——构建县城绿色低碳能源体系，推广分散式风电、分布式光伏、智能光伏等清洁能源应用，提高生产生活用能清洁化水平，推广综合智慧能源服务，加强电动汽车充电桩等能源基础设施建设。 2)提高新型基础设施建设水平——加快构建新能源汽车充电基础设施网络体系，加快公共建筑配套建设公（专）用充电基础设施，鼓励电动汽车充电基础设施与建筑一体化同步设计。 3)充电设施主要任务：实施“充电桩进小区”示范项目，推动建设集中式充换电站。积极推进各盟市开展智能充电试点工程。
	内蒙古自治区“十四五”应对气候变化规划	内政办发〔2021〕60号	内蒙古自治区人民政府	2021-10-18	氢能、新能源汽车方面，《规划》明确： 1)推广新能源与生态、农业、供热、氢能、储能等多元融合发展模式，推进储能、氢能开发利用。 2)推进储能、氢能开发利用。谋划氢能发展路径，开展氢能关键技术攻关，拓展氢源渠道，推进加氢基础设施建设，推广氢能多领域利用，促进氢能产业集群发展。健全氢能产业标准体系，支持利用现代煤化工、焦化、氯碱化工等行业副产品提纯制氢的示范项目建设，鼓励开展利用非常规水源制氢的研究和示范。 3)支持包头市、乌海市等地开展氢气炼铁的示范项目建设。到2025年，力争全区绿氢生产能力达到50万吨以上，建成加氢站100座。

续上表

地方政府	政策	文件号	发布单位	发布日期	内容
内蒙古自治区					4)推动绿色铁路、绿色公路、绿色机场建设,加快完善充换电、加氢等基础设施。大力发展智能交通,建设综合智能交通体系。 5)大力推广新能源车辆。以城市公交、出租车、市政车辆为重点,加大新能源汽车推广力度。力争到2025年,全区重点领域新能源车辆保有量达到15万辆。各盟市政府(行政公署)所在地新增和更新的新能源公交车辆和快递物流配送车辆分别达到50%和20%;各级党政机关及公务机构车辆新增或更新的车辆中新能源汽车占比不低于30%。呼和浩特市、包头市、乌兰察布市、鄂尔多斯市、巴彦淖尔市和乌海市新增和更新重卡新能源汽车占比力争达到50%以上。鄂尔多斯市、包头市和乌海市及周边地区新增和更新矿用新能源车辆力争达到50%以上。加快推进充电桩、换电站等基础设施建设,鼓励在现有各类建筑物停车场、公交站、社会公共停车场和加油站等场所配套建设充电基础设施,落实集中式充换电设施免收需量(容量)电费政策。力争到2025年,新建公共停车场全部具备充电设施安装条件,充电桩已安装到位的停车位占比不低于10%。
	乌兰察布市电动汽车充电基础设施建设运营管理暂行办法	乌政办发〔2021〕20号	乌兰察布市人民政府办公室	2021-05-08	规划管理方面,《暂行办法》明确: 1)新建住宅全部停车位要配套建设充电基础设施或预留建设安装条件;新建交通枢纽配套停车场、公共建筑物停车场、社会公共停车场、公共文化娱乐场所停车场、路边停车泊位,按力争不低于30%的车位比例建设以快充为主的充电基础设施。鼓励建设占地少、成本低、见效快的机械式与立体式停车充电一体化设施。 2)全市每2000辆电动汽车至少配套建设一座公共充电站。 3)鼓励在现有各类建筑物停车场、公交站、社会公共停车场和加油站等场所配备充电基础设施。
新疆维吾尔自治区	新疆维吾尔自治区国民经济和社会发展第十四个五年规划和2035年远景目标纲要	—	新疆维吾尔自治区人民政府	2021-02-05	《规划》明确: 1)积极发展新能源汽车产业。加快布局新能源汽车充电设施。推动发展与国际通行技术标准衔接的新能源汽车产业,鼓励发展纯电动汽车、插电式混合动力汽车、增程式电动汽车,引进新能源汽车零部件生产企业发展协作配套产业。 2)持续扩大汽车消费,实施汽车消费专项奖励,鼓励老旧汽车报废更新,鼓励新能源汽车消费,推动汽车等消费品由购买管理向使用管理转变。 3)建设国家新能源基地。推进风光水储一体化清洁能源发电示范工程,开展智能光伏、风电制氢试点。 4)实施战略性新兴产业发展推进工程,加快壮大数字经济、先进装备制造业、新能源、新材料、氢能源、生物医药、节能环保、新能源汽车等产业,提升产业规模和市场竞争力。 5)发展壮大新能源产业。推进风能、光伏发电进行电解水制氢。
宁夏回族自治区	宁夏回族自治区综合交通运输体系"十四五"发展规划	宁政办发〔2021〕52号	宁夏回族自治区人民政府办公厅	2021-09-03	重点任务方面,《规划》明确: 1)打造综合高效的交通绿色体系。绿色出行认可度显著提高,充电桩等配套设施进一步完善,新能源和清洁能源车辆在城市公共交通、出租汽车、物流配送等领域推广使用,各地级市绿色交通出行比例达到80%以上,普及率显著提高。 2)提升绿色集约发展水平。推进老旧车辆淘汰和高排放柴油车治理,强化新能源和清洁能源车辆在城市公共交通、出租汽车、物流配送与机场等领域推广使用,提高工矿企业绿色运输份额,加强充电加气设施规划与建设,科学推进银川市一体化绿色交通建设项目。
	宁夏回族自治区生态环境保护"十四五"规划	宁政办发〔2021〕59号	宁夏回族自治区人民政府办公厅	2021-09-07	《规划》明确: 1)优化车辆结构。全面实施国六排放标准,鼓励将老旧车辆和非道路移动机械替换为新能源车辆,持续推进清洁柴油车(机)行动。到2025年,基本淘汰国三及以下排放标准柴油货车。全面实施非道路移动柴油机械第四阶段排放标准。推广使用新能源、清洁能源汽车,银川市新增及更换的公交车中新能源车占比不低于80%,其他地级市不低于70%;环卫、邮政、轻型物流配送、机场和铁路货场等新增、更新车辆基本采用新能源车。加快充电站、换电站、加氢站布局,在交通枢纽、批发市场、快递转运中心、物流园区等建设充电基础设施。 2)绿色低碳发展工程:新能源机动车辆引导及配套设施建设工程。新增6500个以上公共充电设施,力争建设3座以上日加氢能力500公斤以上加氢站,新增及更换的公交车中新能源公交车比重达70%以上。 3)应对气候变化,控制温室气体排放——控制交通领域二氧化碳排放。大力发展低碳交通,推广节能和新能源车辆,制定营运车辆低碳比例,到2025年,营运车辆单位运输周转量二氧化碳排放比2020年下降6%。
	宁夏回族自治区科技创新"十四五"规划	宁政办发〔2021〕58号	宁夏回族自治区人民政府办公厅	2021-09-09	《规划》明确: 1)清洁能源产业技术创新。抓住碳达峰碳中和给清洁能源发展带来的机遇和挑战,开展氢能、储能、新能源汽车关键技术研发应用,加快扩展清洁能源应用新领域;开展新能源智能运维、智慧电厂与智能电网关键技术研发及集成应用,加快提升能源供应的基础能力。 2)清洁能源产业技术重点攻关方向:氢能、储能、新能源汽车技术研发应用。开展可再生能源制氢、分布式制氢、氢气纯化等制氢技术研发;引进转化氢气储运、加注的关键材料及技术设备;在公共交通、物流运输、煤化工综合利用、储能等领域开展氢能技术的集成应用;引进转化氢燃料电池汽车与关键零部件的生产制造技术。开展高密度大容量新型储能电池制造技术研发,进一步提升电池正负极材料的性能及生产技术;开发新型硅碳负极材料,引进转化电解液、隔膜等生产制造技术;围绕清洁能源开发、通信等需求侧,开展电化学储能、抽水蓄能等技术的集成应用。引进转化新能源汽车动力电池、电机、电控、充电桩的生产制造技术。

续上表

地方政府	政策	文件号	发布单位	发布日期	内　　容
宁夏回族自治区	宁夏回族自治区现代物流发展“十四五”规划	宁政办发〔2021〕65 号	宁夏回族自治区人民政府办公厅	2021-09-22	《规划》明确： 1）推广绿色运输、绿色仓储、绿色包装、绿色流通加工等协同运行的物流新模式，加强绿色技术应用和绿色物流基础设施建设。优化运输结构，推进新能源运输配送车辆使用及设施配套，促进共同配送、单元化载具循环共用，推动现代物流业绿色低碳发展。 2）落实“碳达峰、碳中和”战略，加大低碳、绿色、高效物流装备应用。鼓励物流企业应用绿色建筑材料、节能技术与装备、太阳能综合利用技术与装备。鼓励新能源、清洁能源货运车辆推广应用，推动充电桩配套设施建设。 3）绿色物流提升工程：加大充电桩在物流集中区域的布局和投入力度，推广新能源物流配送车辆，大气污染防治重点区域新增或更新物流配送车辆要向新能源汽车倾斜。推进 LNG、氢能源、光伏电力、风力等能源在物流运输、仓储设施、末端网点等物流领域的应用，推出一批新能源清洁能源应用典型场景。
	宁夏回族自治区空气质量改善“十四五”规划	宁环发〔2021〕85 号	宁夏回族自治区生态环境厅	2021-12-24	新能源汽车方面，《规划》明确： 1）大力推动新能源汽车发展，2025 年年底前，新增或更新的轻型物流车、网约车、出租车、中短途客运车、环卫清扫车、3 吨以下叉车、市政园林机械使用新能源比例达到 90% 以上；新增或更新的公务用车使用新能源比例达到 60%，加快推进专线运输车、短倒运输车、城建用车、场（厂）内运输车等载货汽车新能源化。继续推动公共交通优先，银川市新增及更换的公交车中新能源公交车比例不低于 80%，其他各市不低于 70%，2025 年年底前城市公交车基本实现新能源化。 2）除消防、救护等应急保障外，机场、铁路货场、物流园区等新增或更新的场内作业车辆和机械基本实现新能源化。 3）加快推动充换电网络及相关配套设施建设。 4）政府带头厉行节约，反对浪费，开展绿色采购，使用新能源车辆，推行无纸化办公。

节能与新能源汽车

年鉴

第三篇

城市篇

北　京　市

一、2021 年新能源汽车与智能网联汽车产业概况

北京是我国最早发展新能源汽车的城市，于 2009 年率先建立了新能源汽车联席会议制度，统筹推进技术创新、应用推广、产业发展和基础设施建设等工作。经过多年的积累和发展，北京新能源汽车产业发展具备良好基础和条件，已经形成较为完整的整车及零部件产业链供应链体系，产品覆盖乘用车、商用车两大类别。近年来，北京坚持电动化、智能化、网联化发展方向，深入实施新能源汽车国家战略，推动高质量可持续发展，整体水平居全国前列。

积极推动新能源汽车换电模式应用试点。按照工业和信息化部《关于组织开展新能源汽车换电模式应用试点工作的通知》要求，制定《北京市新能源汽车换电模式试点实施方案》，积极进行申报并于 2021 年 10 月获得批复，北京成为第一批新能源汽车换电模式应用试点城市之一。试点期内，将以提升换电产品的兼容性、安全性、便捷性和经济性为目标，推动关键技术研究，促进商业模式创新；聚焦出租汽车、租赁汽车、私人电动小客车、渣土砂石运输车 4 类应用场景，到试点期末换电模式车辆保有量不低于 5.5 万辆，换电站保有量不低于 240 座。截至 2021 年底，北京换电模式汽车保有量已达到 39894 辆。

启动京津冀燃料电池汽车示范城市群建设。按照财政部、工业和信息化部、科技部、国家发展改革委、国家能源局等五部委《关于开展燃料电池汽车示范应用的通知》要求，北京市大兴区、海淀区、经开区、顺义区、昌平区、延庆区、房山区，联合天津市滨海新区、河北省唐山市和保定市、山东省滨州市和淄博市，组成京津冀燃料电池汽车示范城市群，开展联合申报工作。2021 年 8 月 13 日，京津冀燃料电池汽车示范城市群获得财政部、工业和信息化部、科技部、国家发展改革委、国家能源局等五部委联合批复，成为国家首批示范城市群之一。在 4 年示范期内，京津冀燃料电池汽车示范城市群推广车辆示范应用规模不少于 5300 辆，国家采取“以奖代补”方式，按照任务目标完成情况给予奖励。

推动智能网联汽车产业可持续健康发展。率先开展智能网联汽车道路测试及示范应用。截至 2021 年底，为 19 家自动驾驶企业 271 辆车辆发放了道路测试牌照，自动驾驶车辆道路测试安全行驶里程已超过 800 万 km，开放测试道路总里程达 1427 km。建设全球首个网联云控式 L4 高级别自动驾驶示范区。遵循“前瞻规划、分期建设、快速迭代、兼容共享”的原则，按照“小步快走、迭代完善”的方式，通过层层推进，逐步识别出车路云之间的最佳配置关系，孵化出具备商业价值的中间产品；运用高可靠、低延时车联网技术，大幅降低车辆制造和道路改造成本，推动实现大规模测试；加速关键技术迭代，完善道路交通规划和规则，带动产业链上下游企业聚集。目前已经完成 1.0 阶段（试验环境搭建）、2.0 阶段（小规模部署）建设，在 60 km^2 范围内部署路侧端感知计算基础设施，创新“多杆合一、多感合一”标准化路口建设方案，有效增强车辆运行安全，提高通行效率。加强行业交流合作，连续四年成功举办“世界智能网联汽车大会”，凝聚行业共识，引领发展趋势，推动开放合作，目前大会已经成为全球智能网联汽车领域水平最高、规模最大、影响力最强的国际会议。

二、2021 年新能源汽车推广应用情况

制定实施《2021 年北京市新能源汽车推广实施方案》，加大公共领域车辆电动化推进力度，促进私人领域车辆实现增量稳定、存量撬动，不断提升全市新能源汽车占比。2021 年，推广新能源汽车约 10 万辆。积极响应国家关于新能源汽车的购置补贴政策，累计为 14.83 万辆新能源汽车发放购置补贴超 77 亿元。截至 2021 年底，北京累计推广新能源汽车 50.7 万辆，累计建成充电桩 25.4 万个、换电站 255 座，市场规模、配套设施数量全国领先。

三、2021 年新能源汽车与智能网联汽车项目及园区建设情况

1. 国际氢能中心

项目依托北京亿通氢能与燃料电池技术创新研究院，建设国际氢能合作与产业平台，在海淀区建设研发总部，在昌平区建设产业总部。项目主要内容为：建设国际燃料电池发动机产业平台，开展国际氢能产业合作。支持氢能产业链先进技术研发和示范，建设质子交换膜燃料电池发动机试验平台和可逆固态氧化物燃料电池系统中试平台。2021 年 11 月 15 日，国际氢能产业发展论坛暨国际氢能中心启动仪式在东升国际科技园举行，国际氢能中心正式挂牌成立，并加入联合国工业发展组织网络。

2. 福田戴姆勒高端重卡智能工厂技术改造

北京福田戴姆勒汽车有限公司位于北京市怀柔区，主要生产“欧曼”品牌中重型卡车及发动机。为进一步提升重卡产品技术水平、推动产品升级、提升竞争力，福田戴姆勒实施 H6 项目，涉及三个工厂的升级改造，其中一工厂工艺升级，保留发动机产能，二工厂产能由 6 万辆提升至 10 万辆，三工厂利用现有厂房进行改造并补充工艺设备，形成 6 万辆高端重卡产能。项目总投资 81 亿元，已于 2020 年 9 月开工，拟于 2022 年 12 月投产。

3. 高级别自动驾驶示范区

建设高级别自动驾驶示范区，在经济技术开发区核心区 60 km^2 范围内，双向 300 km 城市道路开展路侧智能基础设施建设，实现超过 300 个数字化智能路口基础设施全覆盖，构建智慧城市基础设施新型感知体系，赋能城市高水平治理，以路侧“多感合一”为基础数据源头，搭建“车-路-云-网-图”系统，具备千辆自动驾驶汽车、万辆以上网联汽车服务能力。在京成立了全国首个智能网联汽车政策先行区，首次在京突破自动驾驶车辆早晚高峰测试限制，给予无人配送车相应路权，在全国率先发布无人驾驶出行服务商业化试点政策；自动驾驶测试车辆数、安全行驶总里程、开放测试道路长度、场景丰富度等方面均居全国首位。

天 津 市

一、2021 年新能源汽车与智能网联汽车产业概况

1. 总述

2021 年，天津市新能源汽车与智能网联汽车产业继续保持稳步发展，津产新能源车型产销量进一步增长，智能网联汽车产业依托天津(西青)国家级车联网先导区聚集过多家关键部件研发、测试企业，实现多厂家设备互联互通规模化部署。

2. 电动汽车产业

天津是国内第一批新能源汽车科技专项的集中承载地区和产业化示范地区，已经形成涵盖整车开发、动力电池、控制系统和试验检测等较为完善的产业体系，涵盖乘用车、客车、载货车、专用车全类别产品，汇聚了力神电池、捷威动力、西门子法雷奥、电装电机等国内外领先的“三电”企业，以及中汽中心、中电科十八所等试验检测科研机构。

3. 智能网联汽车产业

天津成为国家车联网先导区，已构建涵盖环境感知、决策控制、系统集成以及测试评价等的产业支撑体系，聚集了包括经纬恒润、主线科技、中科慧眼等一批重点企业，形成了标准先行、研发创新、孵化培育的发展模式。智能网联渗透率不断提高，一汽丰田、一汽大众、长城哈弗等工厂已基本实现中高端车型自动驾驶 L2 级别全覆盖。

二、2021 年新能源汽车推广应用情况

1. 总述

2021 年，天津新能源汽车推广应用实现快速发展，年新增量创历史新高，充电基础设施建设稳步推进，燃料电池示范推广取得显著突破，智能网联试点持续推进，助力绿色交通体系建设快速发展。

2. 电动汽车推广应用工作

截至 2021 年底，全市累计推广应用新能源汽车 27.3 万辆，保有量达到 26.9 万辆，占全市机动车保有量比重 7.6%，位于全国重点城市前列。当年新增 8.3 万辆，同比增加 90.61%，市场内渗透率达到 23%，位居国内城市前列。

3. 燃料电池汽车示范应用工作

2021 年底，天津滨海新区作为京津冀燃料电池汽车示范城市群组成城区之一，获批成为首批示范城市群，燃料电池示范应用全面启动。年内，一批用于铁矿石运输的氢燃料电池重卡在天津港与荣程钢铁专线投入运营，为探索更多氢能应用场景提供了借鉴作用。

4. 新能源汽车换电模式应用试点工作

结合天津市情和换电模式技术特征，天津新能源汽车换电模式主要以生产企业市场化推广为主。其中，主要换电车型集中于蔚来等品牌，全市换电站也主要以服务私人领域用车，尚未进行公共领域和个人领域大规模推广应用。

5. 智能网联汽车试点工作

天津(西青)国家级车联网先导区 2019 年 12 月获批，成为全国第二个国家级车联网先导区。目前，车联网先导区以天津南站科技商务区为核心，建设改造 60 余个全息感知路口，实现了 6 家企业的 200 余套智能车路终端信息互联互通，吸引一批优势企业落地发展，探索建立车联网商业模式。先导区批复以来，在高级辅助驾驶、信息安全等领域正式发布了 10 项国家标准、1 项国际标准。

三、2021 年新能源汽车与智能网联汽车主要企业经营情况

1. 电动汽车产业

一汽丰田卡罗拉 E+、一汽大众探岳 GTE、长城欧拉白猫等车型市场销量稳步扩大。恒大新能源汽车(天津)有限公司是全国第 10 家获得国家发改委和工信部“双资质”批复新能源乘用车企业，年产能 5 万辆，目前其恒驰 5 系列新能源汽车已纳入工信部公告，预计达产后，产量将达到 5 万辆，产值超过 90 亿元。

2. 智能网联汽车产业

2021 年，天津市依托天津(西青)国家级车联网先导区和天津(滨海新区)人工智能创新应用先导区，发挥在环境感知、信息通信、系统集成等领域优势，夯实车联网云控平台、网络安全、解决方案等领域基础，聚焦出行服务、物流服务、数据增值等领域，加速车联网场景应用建设，推动车联网产业创新发展，聚集车联网产业链上共有企业 60 余家，西青区国家级车联网先导区完成 60 余个全息感知路口车路协同功能改造，首次实现多厂家设备互联互通规模化部署。后期，天津市围绕做强做大车联网产业链，将借助先导区先行先试的优势和品牌作用，组织召开车联网产业“会、展、赛”、产融对接、政企联动等系列活动，突出场景招商、资本招商、平台招商，加大落地服务，强化人才引育，吸引京东、腾讯等优势企业来津发展，设立研发机构、建设生产基地，补强产业链条；将指导西青区加快先行先试，不断扩大车联网覆盖范围、提升车载终端渗透率，加大关键技术研发和标准制定，促进成果转化落地，实现低速智慧物流车、清扫车、智慧公交等一批场景示范运营，不断提升先导区的影响力、号召力，推动先导区始终走在全国前列。到 2023 年，天津市将打造形成 2 至 3 个车联网产业集聚区，培育一批实力较强的龙头企业，车联网应用场景覆盖区域不低于 600 km^2。

四、2021 年基础设施建设及运行情况

天津市始终将充电基础设施建设作为新能源汽车推广应用的重要内容和基础保障着力推进，建立了由市发展改革委牵头的多部门协同的工作机制。制定完善充电桩建设政策体系，从规划引领、政策支持、监督管理等方面引导和规范充电桩建设运营。截至 2021 年底，全市累计建成公共充电桩超过 3 万台，城市建成区基本形成了全覆盖。同时，通过国网报装的个人和企业充电桩超过 5.2 万台，整体车桩比为 4.28 : 1。连续三年将居民小区公共充电桩建设纳入 20 项民心工程。为了高标准完成民心工程小区公共充电桩的建设，一方面，引入承担企业筛选机制，确保建设企业具有长期建设运营公共充电桩的能力和条件；另一方面，要求各企业所建充电基础设施及其设计、建设、运维应符合国家和行业

统一标准，在安全、消防等方面符合国家和天津市有关规定，三年累计建成小区公共充电桩近10000台，初步缓解老旧小区充电难题。此外，为深入推动京津冀协同发展，天津还完成了京沪、津蓟、荣乌、长深等10条高速公路30多个服务区城际快充站点建设，运营充电桩243台，基本实现了市域高速公路全覆盖。

五、本地区新能源汽车推广应用统计表

（单位：辆）

车型/燃料	公交车	旅游大巴	公务车	出租车	租赁用车	私人用车	环卫车	物流车	邮政车	载货车	其他领域	合计
纯电动	820	0	0	0	0	50000	0	0	0	2626	8974	62420
插电式	0	0	0	0	0	18000	0	0	0	0	2400	20400
换电式	0	0	0	0	0	0	0	0	0	0	0	0
增程式	0	0	0	0	0	0	0	0	0	0	0	0
燃料电池	0	0	0	0	0	0	0	0	0	0	0	0
超级电容	0	0	0	0	0	0	0	0	0	0	0	0
智能网联	0	0	0	0	0	0	0	0	0	0	0	0
合计	820	0	0	0	0	68000	0	0	0	2626	11374	82820

六、本地区电动汽车充(换)电站(桩)统计表

城市名称	充电站		充电桩		换电站	
	2021年底保有量(座)	2021年新建数量(座)	慢充(个)	快充(个)	2021年新建数量(座)	2021年底保有量(座)
天津	300	1500	19000	10000	1	2

上 海 市

一、2021年上海新能源汽车推广情况

2021年，上海汽车产量达到283.32万辆(同比增长7%，占全国汽车产量比例为10.9%)。截至2021年底，上海新能源汽车保有量约67.74万辆(北京50.7万辆，深圳51.43万辆)，其中，2021年推广25.4万辆(同比增长110%)，2021年12月推广3.35万辆(同比下降7.16%)。

销售品牌方面，累计112家国内外整车生产企业的125个品牌进入上海市场，共计销售1128款新能源车型，其中纯电动车型818个、插电式混合动力车型294个、燃料电池车型16个。保有量67.75万辆中，上汽自主品牌约17.7万辆(占比26%)，比亚迪约14万辆(占比21%)，特斯拉约10.27万辆(占比15%)。

能源类型方面，上海插电式混合动力汽车保有量32.9万辆，占新能源汽车总量的49%，其中上汽自主品牌2.35万辆，占插电式混合动力汽车总量的7.1%；上海纯电动汽车保有量34.64万辆，占新能源汽车总量的51%，其中上汽自主品牌1.86万辆，占纯电动汽车总量的5.4%。随着电池技术水平提高，加上全市充电设施的逐步完善，插电式混合动力汽车的里程优势逐渐减弱，纯电动汽车产品经济性和充电便捷性逐渐显现，推广占比逐年提升，上海纯电动汽车推广占总量比例已从2017年35%上升到2021年51%，提高16个百分点。

推广领域方面，上海私人领域新能源汽车保有量约48.13万辆、占总量比71%，公共领域(出租、公交、公务、环卫、物流和租赁)新能源汽车保有量约19.52万辆、占总量比29%。在新能源汽车免费牌照、限行新政等驱动下，私人购买新能源汽车积极性、推广数量呈现稳步提升态势，但公共领域以政策补贴为主要驱动，在国家补贴逐年退坡情况下，推广数量相对较少，还需进一步挖掘公共领域应用场景。纯电动出租车推广量方面，上海荣威EI5纯电动出租车1.53万辆(占比约43%，2020年新增8900辆)，北京超过8700辆(占比约14%)，深圳推广超过1.7万辆(占比超过85%)。

推广车型方面，上海累计推广新能源乘用车约63.48万辆(占比94%)，商用车约2.08万辆(占比3%)，专用车约2.1万辆(占比3%)。目前推广应用以乘用车为主，符合市场发展规律，后续应进一步加强政策引导，加大商用和专用车新能源车型研发力度。

二、上海汽车产值数据

类别		2018年	2019年	2020年	2021年
汽车	总产值	6832.07亿元	6409.57亿元	6735.07亿元	7585.55亿元
	同比增长	0.8%	-4.4%	9.3%	21.1%
	占全市规上工业总产值	19.6%	18.6%	19.3%	19%

续上表

类　别		2018 年	2019 年	2020 年	2021 年
其中,新能源汽车	总产值	259.23 亿元	263.52 亿元	663.64 亿元	1772.6 亿元
	同比增长	5.4%	2.2%	170%	190%

三、上海汽车产量数据

类　别	2018 年	2019 年	2020 年	2021 年
本地汽车产量	297.8 万辆	274.9 万辆	264.68 万辆	283.32 万辆
同比增长	2.2%	−7.7	−3.7%	7.0%
占全国比重	10.7%	10.7%	10.5%	10.9%
其中,新能源汽车产量	8.2 万辆	8.3 万辆	23.86 万辆	63.19 万辆
同比增长	−7.9	1.2%	190%	165%
占全国比重	6.5%	6.7%	17.5%	17.8%

四、上海新能源汽车推广及充电桩数据

类　别	累计
新能源汽车累计推广数量(截至 2020 年 12 月底)	67.74 万辆
其中,2020 年 1—12 月推广	25.40 万辆
充电桩累计建成数量(截至 2020 年 12 月底)	52.1 万个
其中,公共充电桩	7.8 万个
专用充电桩	4.9 万个
私人充电桩	39.4 万个
车桩比	1.2 : 1

五、上海新能源汽车推广应用品牌情况

(单位:万辆)

品牌	类别	2014	2015	2016	2017	2018	2019	2020	2021	累计量
上汽自主品牌	数量	0.19	1.16	1.73	2.32	3.3	2.44	2.74	3.82	17.70
	占当年度比例	19%	29%	47%	52%	59%	33%	23%	15%	26%
比亚迪	数量	0.64	2.25	1.29	1.37	1.45	1.33	1.55	4.12	14
	占当年度比例	64%	56%	35%	30%	26%	18%	13%	16%	21%
特斯拉	数量	0.06	0.09	0.17	0.46	0.22	0.6	3.39	5.28	10.27
	占当年度比例	6%	2%	5%	10%	4%	8%	28%	21%	15%

六、上海新能源汽车推广应用车辆类型情况

(单位:万辆)

类　型		2014	2015	2016	2017	2018	2019	2020	2021	合　计
乘用车	数量	0.97	4.32	3.99	5.11	6.93	6.00	11.70	24.43	63.48
	占比	86.0%	91.0%	87.8%	83.3%	94.1%	95.0%	96.9%	96.2%	93.7%
商用车	数量	0.15	0.31	0.44	0.41	0.20	0.27	0.27	0.13	2.18
	占比	13.6%	6.5%	9.6%	6.6%	2.8%	4.2%	2.2%	0.5%	3.2%
专用车	数量	0.005	0.12	0.12	0.62	0.24	0.05	0.11	0.84	2.10
	占比	0.4%	2.6%	2.6%	10.1%	3.2%	0.7%	0.9%	3.3%	3.1%
合计		1.13	4.75	4.55	6.14	7.37	6.32	12.08	25.40	67.74

七、上海新能源汽车推广应用领域分布情况

(单位:万辆)

领域	2014	2015	2016	2017	2018	2019	2020	2021	合计
私人	0.77	2.96	2.32	3.85	5.28	4.44	9.34	19.18	48.14
出租	0	0	0	0	0.04	0.20	0.41	0.89	1.54
公交	0.09	0.09	0.19	0.19	0.19	0.18	0.26	0.10	1.29
公务	0.21	1.00	0.45	0.71	0.81	0.97	1.44	3.72	9.31
环卫	0	0.01	0.01	0	0	0	0	0	0.02
物流	0	0.11	0.11	0.62	0.24	0.13	0.06	0.83	2.10
租赁	0.06	0.58	1.47	0.77	0.82	0.41	0.54	0.65	5.30
合计	1.13	4.75	4.55	6.14	7.38	6.33	12.05	25.37	67.7

八、就上海新能源汽车推广应用动力类型情况

（单位：万辆）

类型		2014	2015	2016	2017	2018	2019	2020	2021	合计
纯电动	数量	0.30	1.15	1.40	2.16	2.16	2.76	7.53	17.22	34.68
	占比	27%	24%	31%	35%	29%	44%	62%	68%	51%
混合动力	数量	0.82	3.60	3.14	3.91	5.21	3.47	4.57	8.17	32.90
	占比	73%	76%	69%	64%	71%	55%	38%	32%	49%

重 庆 市

一、2021年新能源汽车与智能网联汽车产业概况

1. 总述

重庆市是全国重要的汽车生产基地，依托传统汽车优势基础，现已形成长安汽车、上汽红岩、中车恒通、瑞驰汽车等10多家新能源汽车生产企业，车型涵盖乘用车、货车、客车以及专用车领域；拥有比亚迪电池、赣锋锂电、重庆耐世特电助力转向、重庆三电汽车空调等30多家涵盖“大小三电”领域核心零部件企业，同时还拥有德燃动力、明天氢能等氢燃料电池系统生产企业，基本形成了较为完整的新能源汽车产业链。充换电基础设施建设初具规模，政策体系和新能源汽车使用环境进一步优化。

2. 电动汽车产业

重庆市现有长安汽车、上汽红岩、中车恒通、重庆瑞驰等16家新能源整车企业，车型涵盖乘用车、货车、客车及专用车领域，目前新能源汽车产能99万辆/年，占全市汽车总产能的25.8%，占全国新能源汽车产能的3.7%。2021年，全市生产新能源汽车15.3万辆，同比增长252.1%，一是产业链条日趋完整。拥有长安汽车集成电驱系统、比亚迪电池、赣锋锂电、凯瑞电驱动、德国大陆电制动、重庆三电汽车空调等“大小三电”企业，特瑞新材料、五龙动力、上海恩捷等动力电池材料企业，以及相关企业超过100家，基本形成相对完整的产业链条。二是产品档次明显提升。长安汽车联合宁德时代、华为发布自主高端新能源汽车品牌长安阿维塔，首款车型计划2022年3季度上市；长安自主新能源品牌深蓝，首款产品2022年7月上市。金康赛力斯与华为深度合作，赛力斯SF5车型订单持续增长，旗下高端智慧汽车品牌AITO首款产品发布。合资品牌福特野马纯电版上市。瑞驰新能源持续蝉联全国物流车领域行业第一。

3. 燃料电池汽车产业

重庆市氢燃料电池汽车发展已具备一定基础，上汽红岩、庆铃汽车上市多款氢燃料电池车型，博世动力、国鸿氢能、明天氢能等一批国内外知名的氢燃料电池系统及核心部件企业集聚重庆发展，全市已建成加氢站3座，推广氢燃料电池汽车超过110辆，并出台了《重庆市支持氢燃料电池汽车推广应用政策措施（2021—2023年）》支持行业发展。

4. 智能网联汽车产业

长安汽车、长安福特等乘用车企业已推出多款智能网联产品，上汽红岩等商用车企业积极加快产品的智能网联普及。北斗星通、恩智浦、中科创达、云从科技、华域视觉等零部件企业集聚发展，华为、百度、阿里、腾讯等IT企业深化合作，并有中国汽研、招商车研等国内领先的第三方检验检测机构。2021年，全市智能网联汽车产量为30万辆，同比增长25%，占汽车产量比重为15%。

二、2021年新能源汽车推广应用情况

1. 总述

重庆市高度重视新能源汽车推广应用和产业发展，成立市新能源和智能网联汽车产业发展联席会议办公室统筹协调、指导相关工作，并陆续出台一系列专项政策，涵盖新能源汽车研发、生产、购置和运营等环节，充（换）电基础设施建设、运营等环节，以及新能源汽车停车、通行、宣传、监测等方面，支持新能源汽车产业高质量发展，推动新能源汽车推广应用。

2. 电动汽车推广应用工作

2021年，市内推广应用新能源汽车6.4万辆，同比增长325%，累计推广新能源汽车超过15万辆。

3. 燃料电池汽车示范应用工作

建成3座、启动5座加氢站，庆铃集团70辆氢燃料物流车实现批量化示范运营，“成渝氢走廊”正式开通，成为全国首条城际间氢燃料电池物流车示范线路。

4. 新能源汽车换电模式应用试点工作

重庆市于2021年纳入工信部换电模式应用试点城市，进一步深入探索换电模式商业化应用，率先在巡游出租、网约出租、物流配送等领域先行先试。截至2021年底，累计建成换电站72座，涵盖主城都市区中心城区及部分高速公路服务区，形成了满足前期运营示范的换电服务网络。

5. 智能网联汽车试点工作

于2018年3月在国内较早启动了自动驾驶汽车开放道路测试。全面加快建设第四个国家级车联网先导区，建成172 km自动驾驶开放测试道路、128 km智慧高速。已建成工业和信息化部智能网联汽车示范区、国内首个5G自动驾驶开放道路场景示范运营基地、永川区百度自动驾驶开放测试基地、高新区自动驾驶示范应用项目等智能网联测试和示范运营项目。

三、2021年新能源汽车与智能网联汽车主要企业经营情况

1. 总述

有长安汽车、金康新能源等16家新能源整车企业（乘用

车企业 10 家、商用车企业 6 家),产能 99 万辆。2021 年产量 15.2 万辆(长安汽车 10.1 万辆、金康新能源 1.1 万辆、瑞驰 2.3 万辆、华晨鑫源 1.4 万辆,其他企业 3 千辆),增长 252%,占汽车产量比重 7.6%。

2. 电动汽车产业

长安新能源设计产能 23 万辆,目前在售两款车型长安逸动 EV460、长安奔奔 E-star,2021 年生产 10 万辆,排名全国第十一位,其中奔奔纯电动轿车销量排名全国第七名(销量 8.5 万辆);金康新能源设计产能 5 万辆,2021 年生产 9000 辆,同比增长 131%;瑞驰新能源规划产能 1 万辆,主要产品 EC35、EK07 系列微面电动车,2021 年瑞驰汽车销量 2.2 万辆,持续蝉联全国物流车领域行业第一。

3. 燃料电池汽车产业

上汽红岩新能源重卡 13 辆、庆铃集团 70 辆氢燃料物流车批量化示范运营。

4. 智能网联汽车产业

长安汽车已发布“北斗天枢”智能化发展战略,计划到 2025 年实现 L4 级自动驾驶产品上市。2021 年,长安汽车推出 L3 级自动驾驶量产产品(长安 UNI-T);金康新能源与华为合作的 AITO 问界 M5 智能产品上市,订单持续增长。

四、2021 年新能源汽车与智能网联汽车项目及园区建设情况

重庆市目前正在创建第四个国家级车联网先导区,建成 172 km 自动驾驶开放测试道路、128 km 智慧高速。已建成工业和信息化部智能网联汽车示范区,以及国内首个 5G 自动驾驶开放道路场景示范运营基地、永川区百度自动驾驶开放测试基地、高新区自动驾驶示范应用项目等智能网联测试和示范运营项目。成立了汽车电子产业技术创新战略联盟、智能网联汽车创新中心及技术创新联盟,已建成国内领先的“基于宽带移动互联网智能汽车和智慧交通品工程化公共服务平台”,发布了国内首个“i-VISTA 智能网联汽车评价体系框架”。垫江汽车综合试验场、交通部智能网联汽车封闭测试基地、市场监管总局智能网联汽车检测中心、百度西部自动驾驶开放测试基地等试验检测平台已建成投用。

五、2021 年基础设施建设及运行情况(统计领域包括:充换电站、加氢站)

重庆市积极推动新能源汽车充换电基础设施建设,加快构建完善的新能源汽车使用环境和应用场景。充电基础设施方面,2021 年全市新增充电桩 1.45 万个,同比增长 40.96%。截至 2021 年底,累计建成充电场站 2080 座,充电桩保有量 5 万个,公用充电基础设施已实现全市覆盖,高速公路快充网络覆盖率达 90%,包茂、绕城、沪渝、沪蓉、银百高速等重要高速路段实现全覆盖,辐射范围西部领先。换电站方面,重庆市于 2021 年纳入工信部换电模式应用试点城市,进一步深入探索换电模式商业化应用,率先在巡游出租、网约出租、物流配送等领域先行先试。截至 2021 年底,累计建成换电站 72 座,涵盖主城都市区中心城区及部分高速公路服务区,形成了满足前期运营示范的换电服务网络。加氢站方面,重庆市氢燃料电池汽车发展已具备一定基础,2021 年全市建成加氢站 3 座,印发实施《重庆市支持氢燃料电池汽车推广应用政策措施(2021—2023 年)》,加快氢燃料电池产业发展。同时,持续优化升级市新能源汽车和充电基础设施监测平台功能,提升车桩一体化监测水平,实时接收车辆生产企业、充换电运营企业转发的安全状态信息,动态掌握车辆运营和充电桩运营等情况。

六、发展规划

(1)加快培育龙头企业。一是支持本地车企做大做强。支持长安汽车集中资源推动长安阿维塔品牌发展,提升品牌影响力和价值链。加快金康赛力斯 AITO、福特野马、吉利极星等高端品牌投产上量,形成产业高端集群效应。二是积极引进龙头车企。力争引进特斯拉、蔚来、小鹏等国内外技术领先、实力雄厚的造车新势力企业来渝投资。三是巩固提升特色优势产品。鼓励瑞驰汽车、华晨鑫源、长安跨越等发挥优势扩大入门级新能源乘用车市场占有率。推动上汽红岩、庆铃集团加快氢燃料中重型卡车的示范推广,抢占发展先机。

(2)着力打造配套产业集群。一是密切整零关系。支持长安汽车、金康赛力斯等与宁德时代、比亚迪等企业建立合资公司,获取核心配套部件优先保供权。支持比亚迪动力电池二期项目为市内车企配套。二是加强自主培育。推动长安汽车集成电驱系统、金康赛力斯三电项目投产上量并配套其他车企,支持华域大陆、神驰机电等核心配套企业提升竞争力。三是加大引进力度。加快引育一批新能源汽车核心配套企业。依托比亚迪、博世动力等重大项目,汇聚上下游企业,构建电池、电堆核心配套产业链。

(3)加速建设应用场景。一是完善基础设施布局。加快充换电基础设施建设,建成“适度超前、布局合理、充换结合、智能高效”的充换电服务网络。二是加快车辆推广应用。加速推进新能源汽车在出租车、城市公交等公共服务领域的示范应用。继续开展汽车产业稳产促销、新能源汽车下乡等活动。三是积极推进先行先试。抓好国家新能源汽车换电模式试点城市、成渝氢走廊、国家级车联网先导区等重点项目,促进新能源汽车推广应用。

(4)积极打造创新高地。一是做强生态主导性企业。聚焦新能源整车、动力电池、充电设施等领域,支持长安汽车、比亚迪等企业牵头构建涵盖研发、生产、服务等的创新生态。二是培育细分领军型企业。推进核心基础零部件和元器件、基础软件等领域补短板,培育一批创新能力强、质量效益优的专精特新企业。

(5)持续优化产业发展生态。一是加大政策支持。落实重庆市各项支持政策措施,给予新能源汽车停车费减免、通行便利、降低充电服务费等支持。二是给予金融扶持。构建多元化投融资体系,重点支持新能源产业招商引资、重大研发成果产业化、创新商业模式等项目。三是弥补人才短板。进一步优化完善人才集聚和激励机制,加大高端及骨干人才的引进力度。鼓励市内高校开设新能源和智能网联汽车相关专业。

河　北　省

一、2021 年新能源汽车与智能网联汽车产业概况

1. 总述

2021 年新能源乘用车持续增产、专用车特色鲜明，关键核心零部件制造能力不断提升，已形成较为完整的产业链。目前各类新能源汽车整车及零部件生产企业 40 余家，其中整车生产企业 10 家，公告产品 65 个，年生产能力 40.8 万辆；动力电池年产能 9.5 亿 Ah。新能源汽车产量从 2016 年的 3260 辆增长到 2021 年 7.5 万辆，五年增长 17 倍。沧州明珠动力电池隔膜、张家口亿华通氢燃料动力电池等已达到国内同类产品先进水平。

2. 电动汽车产业

河北省具备新能源整车生产企业 10 家，2021 年全年生产新能源汽车 7.5 万辆，其中长城汽车 6.3 万辆，河北长安 0.9 万辆，领途汽车 0.3 万辆。

长城汽车欧拉品牌自 2018 年创立以来，先后推出了 iQ、黑猫、白猫、好猫以及芭蕾猫五款车型，覆盖了 6～20 万元主流市场。其中黑猫和好猫车型 2021 年在中国市场实现了月销破万台的业绩。在海外，2021 年欧拉登录泰国市场，一经上市即荣获泰国市场 BEV 车型销售冠军。2021 年长城汽车收购长征汽车，正式进军新能源商用车领域。

长安汽车是中国汽车四大集团阵营企业，全球有 14 个生产基地、33 个整车、发动机及变速器工厂。河北长安是长安汽车商用车生产基地，占地 1790 余亩，目前从业人员 5400 余人，技术工艺人员 500 余人。2021 年河北长安生产新能源乘用车 3300 余台，生产新能源客车 4500 余台，生产新能源货车 1400 余台。

领途汽车有限公司前身为河北御捷车业有限公司，位于清河汽车产业园，2009 年建厂，2014 年取得了其他乘用车、厢式物流车、皮卡整车和新能源汽车整车资质。2019 年下半年，领途汽车因市场、资金等原因停产，后与北京蓝雀灵汽车科技有限公司进行重组，2021 年 10 月 27 日正式开始生产，2021 年新能源汽车产量为 2779 台，均为纯电动乘用车。

河北红星汽车制造有限公司具有纯电动轿车、箱式运输车、小型 SUV 等生产资质，拥有冲压、焊装、涂装、总装四大汽车制造工艺及各类大型试验检测设备，年新能源汽车产能为 5 万辆。2020 年 10 月 17 日，红星汽车完成工商变更，成为信都区龙冈投资有限公司的全资子公司，注册资本 43144.1152 万元，总占地面积 27 万 m^2。2021 年新能源汽车产量为 93 台，均为新能源小型货车。

3. 燃料电池汽车产业

长城汽车投资 5.7 亿元在保定建设氢能技术中心，该中心拥有 240 余台/套各类设备，具备高压储氢瓶及燃料电池试制、测试能力，在储氢安全性、燃料电池性能、理化分析、整车及动力系统性能等领域具备 120 项检测能力。2019 年，长城汽车将旗下所有氢能业务打包成立未势能源科技有限公司，开启独立市场化运营，2021 年 8 月，由该公司提供燃料电池系统的 100 辆 49 t 氢能重卡项目在保定落地投运。未势能源以燃料电池和储氢技术链为主线，立足核心零部件开发，以突破核心技术“卡脖子”为目标，引领和融合产业链上下游企业，实现“产-研-测”于一体的全产业链布局。

亿华通作为我国最早从事燃料电池发动机开发的企业，2017 年 8 月亿华通动力科技有限公司氢燃料电池发动机项目一期在张家口建成投产，具备年产 2000 台氢燃料电池发动机能力，这是中国第一条批量化燃料电池发动机生产线。

河北长安客车氢燃料电池客车生产线已完成 8.6 m 燃料电池公交车产品开发。北汽福田汽车股份有限公司氢能源燃料电池客车生产线已完成一期投资，具有年产能 1000 台燃料电池客车的能力。

4. 智能网联汽车产业

森斯泰克主要生产车载毫末波雷达，累计定点配套车型百余款，2021 年车载雷达出货量超百万台。美泰电子主要生产组合导航模块、高精度惯导单元 IMU，累计出货量 30 万套以上。宏启胜精密电子主要生产印制电路板（PCB），2021 年车载雷达出货量超 4500 万块。蜂巢智能转向系统生产电动助力转向器，2021 年出货 20 万套。

二、2021 年新能源汽车推广应用情况

1. 总述

2021 年全省新能源汽车推广应用工作成效显著，全省共推广新能源汽车 10.26 万辆，同比增长 1.8 倍。截至 2021 年底，全省新能源汽车保有量共 28.77 万辆。

2. 电动汽车推广应用工作

河北省充分发挥省新能源汽车发展和推广应用联席会议机制作用，成员单位各司其职，形成推广应用合力。加大资金政策倾斜，在省战略性新兴产业专项资金、技术改造专项资金、中小企业发展专项资金、科技资金等财政性资金安排上向新能源汽车产业倾斜。积极争取国家财政补助资金，2021 年将符合条件的 6.6 万辆新能源汽车提交国家申请国家补贴。认真贯彻落实财税优惠政策，2021 年河北省共实现节能、新能源汽车车船税共减免 107.7 万辆次，减免税额 1.89 亿元。全年新能源汽车车辆购置税减免 86026 辆次，减免税额 12.07 亿元。减免车牌费、开通绿色通道等方式为新能源汽车推广提供便利，2021 年全省共减免 10 万余辆，补贴资金 1002 万余元。积极推进充电基础设施建设，不断补齐停车设施和充电短板。不断提高公共领域新能源汽车占比。2021 年各市党政机关配备更新新能源汽车 386 辆。全省各市新购置公交车 400 余辆，全部为新能源公交车。目前，全省已经累计推广新能源公交车 2.2 万辆，应用成效显著。加快推进出租汽车行业新能源、清洁能源车辆应用工作，全省巡游出租汽车共拥有 73775 辆，其中新能源车 1893 辆，占比 2.27%。

3. 燃料电池汽车示范应用工作

一是张家口市积极推动氢能源在交通领域应用，打造零碳冬奥，推动氢燃料电池汽车在 2022 年冬奥会实现规模化应用，自 2018 年以来，已经投入 445 辆氢燃料电池公交车示

范运营。二是 2021 年 8 月,100 辆搭载有长城控股集团未势能源科技有限公司自主研发的百千瓦级大功率燃料电池系统的 49 t 氢能重卡正式投运容易线,助力雄安新区建设。三是 2021 年,财政部、工业和信息化部、科技部、国家发展改革委、国家能源局正式批复河北省燃料电池汽车示范应用城市群,该示范应用城市群由张家口市牵头,联合省内唐山市、保定市、邯郸市、秦皇岛市、定州市、辛集市、雄安新区及其他省外城市组成。

4. 新能源汽车换电模式应用试点工作

2021 年,唐山市成功入围国家重卡特色类换电模式应用试点城市,全年完成推广换电车辆 1404 辆,其中换电重卡 1300 辆,其中换电式纯电动牵引汽车 1143 辆、换电式纯电动自卸汽车 157 辆;换电乘用车 104 辆,建设投运换电站 10 座,换电模式试点极大促进了唐山市车辆优化升级,助力唐山市碳达峰碳中和目标的实现。

三、2021 年新能源汽车与智能网联汽车项目及园区建设情况

1. 2021 年 11 月长城汽车全资收购河北长征汽车制造有限公司,建设纯电动、氢能源等技术路线的新能源商用车研发及生产基地,目前河北长征汽车制造有限公司两款燃料电池半挂牵引车车型进入工信部公告公示阶段。

2. 2017 年 8 月亿华通动力科技有限公司氢燃料电池发动机项目一期在张家口建成投产,具备年产 2000 台氢燃料电池发动机能力,目前该公司二期项目进入试生产阶段。

四、2021 年基础设施建设及运行情况

河北省以省政府名义出台《关于加快全省电动汽车充电基础设施建设的实施意见》,把充电设施建设作为基础保障,2021 年全省新建成充电站 222 个、公共充电桩 4699 个。目前全省累计建成投运充电站 3440 座、公共充电桩 44565 个,基本形成了可满足我省及周边省市新能源汽车充电需求的充电网络,有效促进了新能源汽车的推广和发展。唐山市借助换电模式应用试点,建设投运换电站 10 座。

河北省已建成投运加氢站 13 座,其中张家口共有 8 座(6 座固定式加氢站,2 座撬装式加氢站)加注能力为 6. 7 t/12 h。保定建成 2 座加氢站,加氢能力 1. 26 t/天,邯郸、邢台和唐山分别建成一座加氢站。

五、发展规划

1. 持续提高技术创新能力

支持新能源汽车领域企业建立技术创新中心、工程研究中心、重点实验室、产业技术研究院、博士后科研工作站、工程实验室、工业设计中心、检验检测中心等创新平台。推动企业与京津新能源汽车企业、高校、院所开展创新合作,共同建设一批研发机构、中试基地和示范项目。顺应新一轮科技革命和产业变革信息革命的趋势,抓住汽车产业智能化、网联化发展战略机遇,加快推进智能网联汽车创新发展,进一步支持长城汽车徐水基地“基于宽带移动互联网的智能汽车与智慧交通应用示范”建设和沧州智能网联汽车产业发展。

2. 创新开展新能源汽车推广应用工作

鼓励各市政府加大对公共服务领域车辆运营的支持力度,给予新能源汽车停车、充电等优惠政策。大气污染防治重点城市的公共领域新增或更新公交、出租、物流配送等车辆中新能源汽车比例不低于 80%。支持省内汽车生产企业开展新能源汽车网约出租、分时租赁、物流、市政环卫服务等业务,积极探索新能源汽车运营新模式。鼓励各地制定出台新能源汽车运营支持政策,引导党政机关等公共机构重大会议和公务活动租用新能源汽车。

3. 优化完善政策体系

根据国家相关政策要求,做好中央新能源汽车推广应用补助资金和充电基础设施奖励资金清算申报工作。鼓励重点用车单位使用新能源车,推动各市各部门制定任务台账,明确分工,抓好落实。落实国家汽车促销支持政策,提振汽车销售市场,进一步释放农村市场汽车消费潜力,鼓励农村新能源汽车消费,开展汽车下乡专项活动,加大新能源汽车推广力度。研究鼓励新能源汽车使用配套政策,落实新能源汽车现有优惠政策和通行便利措施,对悬挂新能源专用绿色号牌的新能源汽车实行路权优惠及差别化交通管理措施。在城市公共停车设施建设中,抓好充电设施配建工作。积极推动老旧小区电动汽车充电设施建设。

4. 优化基础设施建设。

将公共充电桩建设纳入城乡基础设施规划建设范围,在物流园区、工业园区、农贸批发市场等物流密集区域,集中规划建设专用充电站和快速充电桩。结合老旧小区改造、城市更新等工作,引导多方联合开展充电设施建设运营,支持居民区多车一桩、临近车位共享等合作模式发展。

5. 加大统筹协调力度。

充分发挥省新能源汽车发展和推广应用工作联席会议办公室职能,加强部门协同、行业协作、上下联动,深入贯彻落实国家《新能源汽车产业发展规划(2021—2035 年)》,指导各市结合本地实际切实抓好落实。

六、本地区新能源汽车推广应用统计表

(单位:辆)

城市	石家庄市	承德市	张家口市	唐山市	秦皇岛市	廊坊市	保定市	沧州市	衡水市	邢台市	邯郸市	定州市	辛集市	合　计
实车数量(辆)	19913	883	2123	3628	18269	10005	12971	9841	3593	7085	12818	581	873	102583
标车数量(辆)	21101. 4	1520. 1	9309	3936	27494. 5	14635	19687. 1	11585	4487. 1	7635. 9	15002	604. 5	942	137939. 6

七、本地区新能源汽车企业产销量统计表

生产企业名称	产品商标	车辆类型	通用名称	产量统计(辆)	销量统计(辆)
长城汽车股份有限公司	风骏	纯电动	风骏 EV	12	4
长城汽车股份有限公司	风骏	纯电动	风骏厢运 EV	448	394
长城汽车股份有限公司	欧拉	纯电动轿车	iQ	271	124
长城汽车股份有限公司	欧拉	纯电动轿车	黑猫	—	859
长城汽车股份有限公司	魏牌	插电式混合动力多用途乘用车	P8	—	1154
长城汽车股份有限公司	魏牌	插电式混合动力多用途乘用车	VV7 PHEV	—	27
长城汽车股份有限公司	魏牌	插电式混合动力多用途乘用车	VV7 GT PHEV	—	9
保定长安客车制造有限公司	长安凯程	纯电动	睿行 EM60	4139	4556
保定长安客车制造有限公司	长安凯程	纯电动	睿行 EM80	378	435
保定长安客车制造有限公司	长安凯程	纯电动	睿行 ES30	46	92
河北长安汽车有限公司	长安凯程	纯电动	长安星卡 EV	774	616
河北长安汽车有限公司	长安凯程	纯电动	神骐 T10EV	665	823
河北长安汽车有限公司	长安凯程	纯电动	长安之星 9EV	3314	4282
河北红星汽车制造有限公司	红星牌	商用货车	N1	93	93
领途汽车有限公司	Linktour	纯电动	百智大熊	2779	2355

八、本地区电动汽车充(换)电站(桩)统计表

城市名称	充电站		充电桩		换电站	
	2021 年新建数量(座)	2021 年底保有量(座)	2021 年新增公共充电桩(个)	2021 年底公共充电桩保有量(个)	2021 年新建数量(座)	2021 年底保有量(座)
全省	222	3440	4699	44565	17	19
各市	2021 年新建数量(座)	2021 年底保有量(座)	慢充(个	快充(个)	2021 年新建数量(座)	2021 年底保有量(座)
张家口市	103	492	1354	220	1	3
邢台市	15	226	1943	3073	2	2
辛集市	4	16	362		1	1
衡水市	32	—	7085		0	0
石家庄市	33	623	275	408	0	0
沧州市	4	235	497	2005	0	0
邯郸市	53	324		8642	3	3
唐山	1	358	942	2274	10	10
承德市	10	139	70	165	0	0
保定市	69	501	3475	3183	0	0
廊坊市	0	390	3780		0	0

九、本地区车用加氢站统计表

城市名称	加氢站名称	类型	供给能力(kg/d)	日加注量(kg)	加氢站氢气总储存量(kg)	储氢最高压力(MPa)	说明(运营/新建/在建)	运营时间
张家口	中油新能源太子城加氢站	35 MPa 固定式加氢站	1000	1500	277.52	45	运营	0:00-24:00
张家口	市交投太子城撬装站	70 MPa 撬装式加氢站	200	300	—	—	—	—
张家口	中油新能源崇礼北加油加氢站	35 MPa 固定式加氢站	1000	1500	277.52	45	运营	0:00-24:00
张家口	中国石化崇礼西湾子加氢站	35 MPa 固定式加氢站	1000	1500	1000	45	运营	0:00-24:00
张家口	中国石化崇礼西湾子加氢站撬装站	70 MPa 撬装式加氢站	500	750	—	—	—	—
张家口	海珀尔东望山加氢站	35 MPa 固定式加氢站	1000	1500	800	45	运营	0:00-24:00
张家口	市交投纬三路加氢站	35 MPa 固定式加氢站	1000	1500	1000	45	运营	0:00-24:00
张家口	市交投创坝加氢站	35 MPa 固定式加氢站	1000	1500	1000	—	运营	0:00-24:00
张家口	市交投现代产业园加氢站	35 MPa 固定式加氢站	1000	1500	—	—	新建	—
张家口	国家能源万全油氢综合能源服务站	35 MPa 固定式加氢站	1000	1500	1000	45	在建	—

续上表

城市名称	加氢站名称	类型	供给能力(kg/d)	日加注量(kg)	加氢站氢气总储存量(kg)	储氢最高压力(MPa)	说明(运营/新建/在建)	运营时间
邢台	旭阳加氢站	—	500	500	100	22	内部使用	内部使用
邯郸	邯郸河钢加氢示范站	固定式	500	—	—	—	—	—
唐山	佳华加氢站	固定式	500	750	300	44	运营	2021.6
保定	容易线驿站加氢站	35 MPa 固定式式加氢站	1000	1000	936	45	运营	2022.6
保定	旭阳加氢能源站(大王店站)	35 MPa 撬装式加氢站	500	500	—	—	在建	—
保定	长城徐水加氢站	35 MPa 撬装式加氢站	260	260	—	—	运营	2021.8

山 西 省

一、2021 年新能源汽车与智能网联汽车产业概况

1. 总述

2021 年,山西省整车产量 11.8 万辆,同比增长 83.1%。主要生产企业为吉利汽车(晋中基地)、大运汽车(含成都大运运城分公司)、成功汽车,产品涵盖纯电动、氢燃料、甲醇、燃气及传统动力等多个方向。作为行业管理部门,山西省工业和信息化厅积极应对疫情等因素造成的车用芯片供应短缺、原材料价格上涨等问题,组织企业提前谋划、科学备料、全力生产,通过研发投产新车型、新产品,差异化竞争抢占市场等手段保障生产规模。

2. 电动汽车产业

2021 年,山西省电动汽车产量 6.2 万辆,同比增长 217.9%,均为纯电动汽车,无插电式混动、增程式混动汽车生产。主要生产企业为吉利汽车(晋中基地),其电动乘用车产量 4.89 万辆,电动商用车产量 1.02 万辆。在推动电动汽车产业发展过程中,山西省以零部件企业发展壮大作为破解产能不足制约的关键手段,谋划开展全产业链建设,围绕铸造、碳素等传统优势产业发力转型,培育发展了一批合金轮毂、负极材料生产企业,其中尚太锂电 2021 年负极材料出货量占全球市场 10% 以上。

3. 燃料电池汽车产业

2021 年,山西省燃料电池汽车产量 67 辆,同比增长 346.67%,均为氢燃料电池重卡、牵引车。主要生产企业为大运汽车,分别向雄安新区一次性供货 60 台(创国内单次供货记录)、向成都供货 7 台。在国家燃料电池汽车示范应用城市群已明确的情况下,山西省发挥自身资源优势,以焦炉煤气、化工尾气制氢作为氢源头保障,推动整车企业、关键零部件企业同步发展。山西省工业和信息化所积极开展入企服务,根据企业发展需求,协调将大同新研氢能源科技有限公司列入山西省第三批参与战略性新兴产业电力专场交易用电企业名单,积极支持燃料电池汽车产业发展。

4. 智能网联汽车产业

依托原有工业基础,积极发挥整车企业牵引作用,支持太原、晋中、长治、运城等地智能网联汽车产业集群发展。加大招引力度,扶持晋中新能源汽车产业园建设,形成整车、专用车、零部件共同发展局面。强化内向支撑,探索协调亨泰荣合、同誉轮毂等本土零部件生产企业提高向整车企业供货比例。释放后发优势,引导德志汽车、太原中科华孚等企业强化技术研发,支持长治中德型材拓展车用零部件开发。服务重点项目,协助国鸿美锦、海德利森落地投产,有力促进了大同氢能产业园建设发展。

二、2021 年新能源汽车推广应用情况

1. 总述

2021 年,山西全省新增及更新汽车推广量 60 万辆以上,其中新能源汽车推广量约 5 万辆;目前全省汽车保有量 800 万辆以上,新能源汽车保有量 16 万辆以上。

2. 电动汽车推广应用工作

为加速电动汽车推广应用,山西省交通厅、工信厅、商务厅、科技厅、发改委等部门协同发力,利用综合手段加速公共领域、公务领域新能源汽车推广和民众新能源汽车消费,累计推广电动汽车 16 万辆以上,并配套建设充换电基础设施,进一步加速电动汽车推广应用。

3. 燃料电池汽车示范应用工作

截至 2021 年底,山西省共有燃料电池汽车示范应用项目 4 个,推广氢燃料电池汽车 171 辆。其中,大同市氢燃料电池公交车、物流车 123 辆;华阳新材料"乙二醇-氢燃料电池重卡"项目运营重卡 5 辆;潞宝集团"焦炉煤气制氢-氢燃料电池巴士"项目运营通勤车 3 辆;美锦能源"焦炉煤气制氢-氢燃料电池重卡"运营重卡 50 辆、并计划于 2022 年达到 100 辆。山西省氢燃料电池示范应用项目场景丰富,焦炉煤气、化工尾气制氢成本优势突出,具备进一步挖掘打造潜力。

4. 新能源汽车换电模式应用试点工作

依托忻州、朔州市矿产、运输基础,积极开展国家换电模式应用试点申报工作,其中朔州市入围最终备选答辩名单。在 2021 年底,全省新能源汽车换电重卡超 100 辆,重卡换电站超 10 座。以忻州为枢纽,打通中远程运输壁垒,连接"太原-忻州-雄安-黄骅港"换电重卡示范运营线路;以朔州为试点,开展百吨级矿用换电重卡示范运营,探索"矿区运输-公路短倒-城市客运"的局域闭环应用创新。

三、2021 年新能源汽车与智能网联汽车主要企业经营情况

1. 总述

截至 2021 年,山西全省共有新能源汽车生产企业 5 户

(以统计主体计为7户),实际开展新能源汽车生产企业3户(以统计主体计为5户)。上述3户企业生产新能源汽车6.2万辆,企业总营收约170亿元。

2. 电动汽车产业

2021年,山西省共有吉利、大运、成功三户企业开展电动汽车生产。其中,吉利汽车(晋中基地)电动汽车生产5.9万辆,同比增长270%以上,总营收78.3亿元、工业产值109.1亿元;大运汽车电动汽车生产2635辆,同比增长14.8%以上,总营收88.2亿元、工业产值84.01亿元;成功汽车电动汽车生产79辆,同比增长163.3%以上,总营收0.94亿元、工业产值1.01亿元。

3. 燃料电池汽车产业

2021年,山西省有大运汽车一户企业开展燃料电池汽车生产,全年生产、销售67辆,远超2020年度5辆水平。67辆燃料电池重卡均配置110 kW以上电池电堆,动力性能强劲、技术水平突出。

四、发展规划

1. 推动产业集群建设

围绕太原、晋中、长治、运城、临汾、大同等地的成熟产业基础,鼓励支持产业集群内上下游企业有效融合,推动形成设计、研发、生产、配套、营销、物流等相互促进的发展格局。改善汽车产业集群的空间承载能力和产业发展条件,完善对接机制,促进整车生产企业和汽车零部件生产企业建立紧密的协作关系,加速零部件产业配套园区建设,推进新能源整车生产产品配套本地化。

2. 强化龙头企业牵引

深入剖析细分市场优势,打造具有较强创新能力和国内外影响力的领军企业。培育挖掘产业链各环节优势企业、单项冠军企业,充分发挥其技术示范、产品辐射、信息交流等方面优势,加快纵向延伸、横向联合、跨越发展,提升全产业链发展水平。鼓励引导区域性龙头企业开展技术改造、加大研发投入,不断提升产品档次、丰富产品谱系、强化品牌建设。依托吉利汽车晋中基地、大运汽车等整车企业,建设智能化、数字化、物联化、柔性化的整车生产“灯塔工厂”。支持领军企业在境内外资本市场上市,在条件成熟情况下开展整合重组。

3. 加速重点项目落地

继续坚持以项目建设、招引为突破的发展思路,提升我省汽车产业发展的内涵本质。助力已有行业标杆,鼓励吉利汽车晋中基地继续扩大生产能力,推进比亚迪新能源汽车EHS动力总成及零部件项目高质量建设,保障重塑科技北方总部基地顺利投产,支持尚太锂电三期项目建设。扶持优势本土企业,确保大运汽车新能源项目按预期完工,推动成功汽车新型乘用车(SUV车型)项目步入正轨,协调美锦氢能科技加大氢燃料电池零部件项目投入,引导中德集团车用铸造件项目拓产提质。继续加大招引力度,加速沃尔沃卡车同江铃重汽重组事宜,服务山东泰岳等国内著名零部件企业入驻吉利汽车产业园,落实省政府同中车集团签约事项,配合忻州开展同银隆汽车的引进商谈工作。持续关注易地建设,跟进亚新科国际铸造由绛县到运城空港新城部分迁建、中能汇通锂离子电池项目由河曲到太忻经济区部分迁建等项目的开展情况,尽快实现投产达效。

4. 提升技术创新水平

积极开展引智活动,将“卡脖子”关键共性技术攻关和引进培育研发机构、领军团队摆在突出位置,推动汽车生产企业与科研院所、高等院校建立产学研用创新机制,攻关整车设计、动力总成、整车匹配等关键共性技术。实施创新驱动战略,搭建创新平台、推动成果转化、催生创新成果,提升产业创新能力和核心竞争力。引导大运、成功、吉利等企业申报国家及省级技术中心,推动重点企业完成全年研发投入持续增长。

5. 实现甲醇汽车产业突破

突破技术瓶颈,发挥基础优势,建设国内领先、国际一流的甲醇汽车产业集聚区。指导吉利汽车晋中基地完成自动甲醇乘用车的研发投产,督促高平爱驰汽车甲醇燃料电池汽车开展试产。利用现有发动机企业技术优势,生产系列甲醇发动机产品,重点是大马力甲醇发动机和甲醇氢燃料电池模块的产业化。立足整车生产,围绕甲醇燃料供应和专用润滑油、耐醇材料等关键领域,积极引进和培育甲醇汽车关键零部件制造企业。

6. 耦合智能网联发展趋势

落实国家强制性规定,全面普及车联网卡,进一步加强车联网网络安全和数据安全。聚合省内整车企业、科研机构以及相关专业企业加速无人驾驶汽车产品研发,争取达到L3级别技术水平,并实现试产应用。围绕“百度AI City”自动驾驶车路协同示范(阳泉路段),开展综合路况下开放式智能网联汽车测试。依托百度(山西)人工智能基础数据产业基地开展场景数据标注,推动相关平台建设,不断提高智能网联汽车应用后台云服务水平。

辽宁省

一、2021年节能与新能源汽车产业概况

2021年,辽宁继续推进新能源汽车产业发展,鼓励企业加大研发投入,积极开展示范运行和产业化,加快转型升级步伐,新能源汽车产业发展取得明显成效。目前拥有新能源汽车整车、零部件企业和科研院所约300家左右,产值规模约为350亿元,主要分布在沈阳、大连、丹东、朝阳等地区,初步形成了产学研用相结合的新能源汽车产业体系,具备较好的产业发展基础。其中,华晨宝马、一汽客车(大连)、丹东黄海等新能源整车生产企业在研发设计、示范推广应用等方面走在全省前列。2021年,全省实现新能源汽车产量7.2万辆,同比增长121.7%。其中纯电动4.5万辆,插电式混合动力2.7辆,氢燃料电池20辆。

二、2021年新能源汽车推广应用情况

截至2021年年底,全省汽车保有量1126.1万辆,其中新

能源汽车保有量6.8万辆,包括纯电动汽车4.6万辆,插电式混合动力汽车2.2万辆,燃料电池汽车101辆;新能源汽车比2020年末新增2.2万辆,其中纯电动汽车新增1.5万辆,插电式混合动力汽车新增0.7万辆,燃料电池汽车新增19辆。

三、2021年新能源汽车主要企业经营情况

1. 华晨宝马汽车有限公司

华晨宝马成立于2003年5月,是宝马集团和华晨汽车集团控股有限公司共同设立的合资企业。业务涵盖BMW品牌汽车在中国的生产、销售和售后服务。华晨宝马在辽宁省沈阳市配有先进的生产基地,在北京设有分公司,销售和服务网络遍及全国,现有员工约2万人。华晨宝马沈阳生产基地是宝马全球规模最大的生产基地,2021年实现整车产量70万辆,同比增长16.2%,其中新能源汽车7.2万辆,同比增长126.2%。目前,主要生产BMW 1系运动轿车、BMW 3系(含长轴距及标准轴距)、BMW 5系Li(及插电式混合动力)、BMW X1长轴距(及插电式混合动力)、BMW X2、BMW X3、BMW X5、BMW i3及BMW iX3。2021年10月26日,华晨宝马荣获C-NCAP(中国新车评价规程)“汽车安全贡献奖”,iX3车型以95.7%的综合得分率荣膺C-NCAP超五星评价,打破现行测试管理规则下总得分率纪录,在已参与测试的82款车型中位列第一。

2. 大连新源动力股份有限公司

大连新源动力股份有限公司是一家致力于燃料电池产业化的股份制企业,集科研开发、工程转化、产品生产、人才培养于一体,主要从事氢燃料电池膜电极、电堆模块、系统及相关测试设备的设计开发、生产制造和技术服务。作为国内燃料电池企业自主开发技术路线的代表,新源动力是享誉国内外的产业化先锋,成立20年来承担了多项国家863重点研发项目,完成的各项技术指标国内领先,部分关键技术达到国际一流水平;联合国内原材料厂商进行攻关,同时联合国内设备厂商不断完善工艺,推动燃料电池供应链体系建设。新源动力有着很强的技术迭代能力,通过20年的发展,建立了健全的批量制造、测试评价和售后服务体系。比如HYMOD系列燃料电池电堆模块产品就是严格按照APQP开发流程进行设计开发,运用五大质量管理工具进行关联管控,采用正向开发流程,进行充分设计验证。2021年上半年,公司发布了两款新品:燃料电池模块HYMOD-150,峰值输出功率可达150 kW;燃料电池系统HYSYS-120,额定功率达到115 kW。产品更新迭代的同时,新源动力在承担国家燃料电池重点课题项目方面同样取得了较大的进展。2021年10月,新源动力承担的国家重点研发计划“高性能低成本燃料电池关键材料及电堆的关键技术研究与工程化开发”项目下设的20个课题全部通过了专家绩效评价。此外,搭载新源动力电堆的广汽集团首款氢燃料电池车AION LX Fuel Cell在如祺出行平台开启示范运营。该车型百公里氢耗仅0.77 kg,NEDC工况续航里程超过650 km,一次加氢仅需3~5 min,达到国内领先、国际先进水平,标志着新源动力在配套燃料电池乘用车运营方面也迈出了关键一步。

3. 洺源科技(大连)有限公司

洺源科技(大连)是致力于氢燃料电池技术研发及相关产品开发的科技型企业,拥有一支功能完整、技术先进、经验丰富的燃料电池动力系统研发团队,在燃料电池动力系统集成、控制策略开发、燃料电池汽车动力系统匹配设计,特别是针对中重卡的燃料电池动力系统方面,具备独特的技术优势。在燃料电池电堆、燃料电池发动机集成控制等领域拥有自主核心技术;在系统关键零部件开发、仿真验证、核心控制器开发、逻辑策略开发、测试验证、车辆匹配工程方面具有完善的技术储备和丰富的项目经验。拥有发明专利、实用新型专利、软件著作权等核心知识产权数十项。燃料电池发动机及控制器的设计、生产已经通过了ISO 9001质量管理体系认证和国家机动车检测中心检测认可,具备搭载整车资质。作为同时具备燃料电池动力系统技术研发和产品规模化生产的高科技企业,洺源科技已完成多款燃料电池电堆和燃料电池系统的产品开发,功率范围覆盖40~150 kW,配套应用于燃料电池客车、燃料电池专用车、燃料电池乘用车、燃料电池重载商用车等多款车型,且可扩展应用于分布式发电、热电联供和船舶、航空等非车用领域。截至2022年1月,搭载洺源科技燃料电池系统配套车辆的推广数量突破100+台套,分布在珠三角、长三角、辽宁等地,累计运行数百万公里。凭借雄厚的技术实力、优质可靠的产品、完善的服务体系,获得了市场份额以及口碑反响的迅速提升。洺源科技先后获得“国家级高新技术企业”“辽宁省专精特新企业”“辽宁省雏鹰企业”“大连市氢能产业发展促进协会会长单位”“大连市氢能综合利用示范单位”等荣誉称号。

四、2021年新能源汽车项目及园区建设情况

以华晨宝马汽车有限公司为龙头的中德(沈阳)高端装备制造产业园形成了总投资80亿欧元的汽车产业集群。园区围绕汽车制造、智能制造、高端装备、工业服务、战略性新兴等五大主导产业,引进远大布克哈德压缩机、微控飞轮储能等高质量项目400余个,总投资1500亿元。引进采埃孚、慕贝尔等外资项目127个,占比35%。本特勒、博斯等40家宝马配套商落户园区。

吉 林 省

一、2021年新能源汽车与智能网联汽车产业概况

1. 总述

吉林省是我国汽车工业的摇篮。中国第一汽车制造厂自1953年在长春奠基兴建,于1956年建成投产以来,经过六十多年的发展,吉林省累计产销汽车近4000万辆,是国内重要的汽车产业基地之一。2021年,吉林省新能源汽车产销达到10.2万辆和10.3万辆,同比增长84.3%和102%。

2. 电动汽车产业

吉林省以一汽集团供应链产业链为核心,加快实现电动

化转型发展。目前共有一汽集团、一汽大众、一汽吉林、延边国泰等4家新能源汽车整车公告企业。2021年,全省共有26款产品纳入国家新能源汽车推广应用推荐产品公告目录。针对电动汽车“三电”等核心部件,吉林省内谋划吸引了一批关键产品项目落地,如比亚迪45 GWh动力电池项目、中车驱动电机项目、富奥逆变器项目等。

3. 燃料电池汽车产业

依托中科院长春应化所,吉林省在氢气、甲醇燃料电池电堆集成和关键组件研发上具有较强的基础,先后和广东国鸿、大连新源等企业开展深度技术合作。一汽解放较早地布局氢动力技术开发,建立解放氢动力实验室,在氢气内燃机、氢燃料电池电堆集成与应用等方面具有很强的技术储备和实践经验。同时,一汽集团注重与国际和国内顶尖机构和企业开展深度合作,先后与上海重塑、北京亿华通等企业开展技术交流与产品研发合作。加强重点项目建设,吸引了国电投等企业在吉林省落位燃料电池关键装备等项目。

4. 智能网联汽车产业

吉林省以一汽集团为核心,全力支持开展智能网联汽车产业布局和生态打造。围绕智能网联汽车核心关键技术,以车端和手机端控制的自主泊车系统、多模语音算法集成及视觉融合算法集成等为主要研究开发内容,一汽集团L4级自动驾驶样车已完成开发,自主泊车系统已完成功能开发,智能座舱和车联网关键技术已实现红旗量产车型搭载应用,大幅提升红旗、解放等民族汽车品牌的自主创新能力。

二、2021年新能源汽车推广应用情况

1. 总述

2021年,吉林省内新能源汽车销售量为1.4万辆,相比2020年增长354%。市场保有量为2.9万辆,渗透率为0.5%。

2. 电动汽车推广应用工作

针对电动汽车,吉林省坚持给予省级政策奖补支持,有关政策延续至2022年底。2021年按照国家有关要求和政策导向,吉林省重点支持新能源公交车规模化推广应用。

3. 燃料电池汽车示范应用工作

吉林省重点依托白城市风光绿电资源,打造“北方氢谷”“陆上三峡”,以绿电制氢为牵引,逐步开展氢燃料电池汽车示范应用,验证北方极寒气候条件下车辆稳定性、可靠性,探索行之有效的管理举措和推广策略。

4. 新能源汽车换电模式应用试点工作

2021年10月18日,国家工信部将长春市纳入首批换电模式试点示范城市名单。为加快换电模式推广应用,吉林省以长春市为牵引,开展“旗E春城 旗动吉林”项目,覆盖全省各市(州)开展换电模式推广应用,主要围绕出租车、网约车、公务车,并逐步延伸至私人领域,广泛开展车辆推广应用。2021年,全省累计推广车辆2134辆,其中出租车1494辆、网约车186辆、公务车331辆、私人领域123辆,建成并运营换电站25座。

5. 智能网联汽车试点工作

依托国家工信部“基于宽带移动互联网的智能汽车与智慧交通应用示范区”,打造吉林省国家智能网联汽车应用(北方)示范区(以下简称北方示范区),现已具备6大类99个测试场景,智慧交通设施4大类100余个,实现了高精地图和5G信号的全覆盖,建设形成基于智能交通的大数据平台。同时,为深化政企合作,吉林省政府联手一汽集团打造“旗智春城”项目,进一步扩大智能网联汽车示范区域,并拓展到共享出行、微循环摆渡、智慧清洁等商用场景。为支持智能网联技术加快开发应用,吉林省制定《吉林省智能网联汽车道路测试与示范应用管理办法实施细则》,为车辆道路测试提供政策和规范文件支撑。

三、2021年新能源汽车与智能网联汽车主要企业经营情况

1. 总述

吉林省现有新能源整车、关键部件生产企业以及相关科研单位21家。其中,新能源整车企业4家,关键部件企业10家,从事新能源汽车相关领域研发单位7家。新能源整车及关键零部件企业营业收入总额约为200亿元。

2. 电动汽车产业

一汽集团新能源汽车产销为11.4万辆和11.5万辆,同比增长111.6%和126.2%。主力产品为红旗E-HS9、E-QM5,大众ID4、ID6系列,丰田RAV4 PHEV等车型。

4. 智能网联汽车产业

大陆汽车电子、纬湃汽车电子、旭阳佛吉亚、富维伟世通、富奥E事业部、富赛汽车电子、启明信息技术、长春微思科技等重点汽车电子硬件、智能座舱集成开发、自动驾驶技术软件开发等相关企业共同加速打造形成吉林省智能网联产业新生态,企业规模正在得到迅速发展,全省智能网联相关产业产值突破100亿元。

四、2021年新能源汽车与智能网联汽车项目及园区建设情况

一汽红旗新能源工厂2021年实现竣工投产。一汽大众和长春丰越加快新能源汽车引进步伐,迈腾和探岳插电式混合动力轿车,奥迪Q2、E-tron、大众ID系列等纯电动产品已批量生产。丰田插电式混合动力产品技术改造项目快速推进,年内已经开始陆续投放市场。围绕动力电池产业链,吉林中聚新能源科技有限公司磷酸亚铁锂动力电池、中盈志和科技公司宽温镍氢动力电池、辽源鸿图锂电隔膜公司锂离子电池陶瓷隔膜产品已经具备一定的动力电池配套及供应能力。比亚迪在长春投资落地新能源汽车动力电池项目,将有力地支撑全省动力电池配套能力,带动上下游协同发展。此外围绕电机、电控领域,富奥逆变器、捷翼智能线束等自主项目已经实现产业化应用。

五、2021年基础设施建设及运行情况

截至2021年,吉林省充电站运营商144户,充电站数量310座,商用充电桩数量3284台,合计容量195211 kVA;建成并投运换电站25座(仅统计接入吉林省充换电基础设施监控平台企业)。共有加氢站3座,目前仅供内部开发测试使用。

六、本地区新能源汽车企业产销量统计表

生产企业名称	产品商标	车辆类型	通用名称	产量统计(辆)	销量统计(辆)
中国一汽	红旗	纯电动轿车	E-QM5	23353	16641
		纯电动多用途乘用车	E-HS9	8438	5481
	奔腾	纯电动多用途乘用车	NAT	9169	9130
一汽-大众	大众	纯电动多用途乘用车	ID. 4 CROZZ	28800	26853
		纯电动多用途乘用车	ID. 6 CROZZ	11500	10366
一汽丰田	丰田	纯电动多用途乘用车	RAV4 PHEV	4541	4312

七、本地区电动汽车充(换)电站(桩)统计表

城市名称	充电站		充电桩		换电站	
	2021 年新建数量(座)	2021 年底保有量(座)	慢充(个)	快充(个)	2021 年新建数量(座)	2021 年底保有量(座)
长春市	55	234	235	1845	24	24
吉林市	44	96	493	236	0	0
辽源市	4	18	0	157	0	0
四平市	3	11	25	50	0	0
通化市	0	58	181	223	0	0
梅河口市	0	3	0	0	0	0
白山市	4	39	9	223	0	0
松原市	7	21	11	125	1	1
白城市	2	21	28	172	0	0
延边州	2	70	79	399	0	0
合计	121	571	1061	3430	25	25

黑龙江省

一、2021 年新能源汽车与智能网联汽车产业概况

1. 总述

黑龙江省深入贯彻落实国家关于新能源汽车产业的战略部署,顺应新一轮能源革命和产业变革,培育壮大新能源汽车战略性新兴产业,聚焦新能源汽车关键环节技术研发和产业化,有效优化了汽车产业结构,推动黑龙江省新能源汽车产业逐步成为我国新能源汽车产业重要的特色聚集区。

2. 电动汽车产业

省内共有有新能源汽车生产企业 4 家,其中黑龙江龙华汽车有限公司、哈尔滨通联客车有限公司及哈尔滨龙江客车制造有限公司生产商用车(新能源客车),大庆沃尔沃汽车制造有限公司生产乘用车。受限于市场因素及企业自身发展等原因,黑龙江龙华汽车有限公司、哈尔滨龙江客车制造有限公司、哈尔滨通联客车有限公司,3 家商用车生产企业已停产,大庆沃尔沃新能源乘用车发展趋势良好。配套企业方面,东安动力的混动增程器受理想汽车销量提升带动,对东安动力公司的整体业绩起到了拉动作用。

3. 燃料电池汽车产业

黑龙江省石墨资源储量居全国首位,约占世界总储量的 45%,拥有规模以上石墨企业 62 户,围绕建设国家石墨高端专用原料和新材料产业基地发展定位,明确了"1+2+3"(哈尔滨新区 1 个石墨新材料研发制造基地,鸡西、鹤岗 2 个大型石墨生产加工基地,牡丹江、七台河、双鸭山 3 个石墨新兴产业基地)石墨产业发展布局。天然石墨是动力电池负极的重要原材料,黑龙江省石墨产业聚集优势明显,其技术创新能力不断提升,市场竞争能力持续增强,并围绕新能源汽车培育了以贝特瑞为核心的负极材料产业集群。

二、2021 年新能源汽车推广应用情况

黑龙江省积极落实国家关于新能源汽车的发展战略,加大力度推进社会向电动化转型,截至 2021 年底,省内新能源汽车保有量 28850 辆,同比增长 28. 74%。充换电基础设施建设进程加快,充换电站保有量分别为 380 个和 2 个,充电桩保有量为 7070 个。

三、2021 年新能源汽车与智能网联汽车主要企业经营情况

新能源汽车生产制造方面。大庆沃尔沃汽车制造有限公司 2021 年共生产新能源汽车 6148 辆,同比增长 90. 2%,均为插电式混合动力轿车。

四、2021年新能源汽车与智能网联汽车项目及园区建设情况

1. 东安动力新能源混动系统新基地项目

2021年10月29日，东安动力新能源混动系统新基地项目签约开工，该项目基地是兵器装备集团“十四五”期间在全国重点布局的百亿级产业基地之一，以哈尔滨东安汽车动力股份有限公司为建设主体，同时整合哈尔滨东安汽车发动机制造有限公司和哈尔滨哈飞汽车工业集团有限公司部分资源，新增11.74万m^2项目用地，形成约53万m^2的新产业基地，核心产品为汽油发动机、新能源混动增程器、AT变速器以及DHT混动系统。该项目将实现技术升级、装备升级、管理升级，努力把东安动力打造成商用车动力总成、中高端乘用车动力总成(2.0 L及以上排量汽油机)基地，并建设成立“中国兵器装备集团有限公司增程动力系统研究院”，加快向新能源动力系统转型升级，力争2025年完成“双百”(发动机产量超百万台、产值超百亿元)基地建设。

2. 大庆汽车零部件产业园二期

产业园位于黑龙江省大庆市龙凤区，产业园一期于2016年投用，其中，安道拓汽车部件系统有限公司为大庆沃尔沃提供整车座椅配套服务；大庆安翔汽车零部件有限公司为大庆沃尔沃配套车轮总成；延锋彼欧(大庆)汽车外饰系统有限公司为沃尔沃大庆工厂配套生产汽车保险杠总成产品。产业园二期于2021年2月启动桩基础建设，计划投资3.86亿元，用地面积18.9万m^2，建筑面积11.5万m^2，分3个地块建设8栋标准化厂房和2栋定制化厂房及道路、绿化、市政管网等配套工程，主要为汽车顶棚、门板、地毯、汽车仪表板、中控板、汽车线束、汽车冲压件、汽车管路、排气系统和零部件组装等企业而建设。

新能源电机系统及关键材料创新中心(简称创新中心)。由哈尔滨理工大学牵头包头稀土院、中国钢研院、哈工大、哈工程、哈东安发动机、哈电集团、哈轴承、一汽九个创始单位组成，是新能源汽车电机、功率电子控制器及其关键材料的重大平台。创新中心以哈理工的十个电机与材料博导教授形成的黑龙江“头雁”团队为基础，在国家“十四五”重点研发计划新能源汽车重点专项专家组长、“头雁”教授带领下，成功获批国家发改委实验室设施建设经费，用于建设“新能源电机系统及关键材料创新中心实验大楼”，计划在2023年完成建设。未来将通过打造以哈理工“头雁团队”为核心的新能源电机系统及关键材料创新中心，建设开放实验室和中试基地，研发以第三代SiC功率半导体驱动控制器及其高速稀土永磁电机系统等高附加值产品，打造电机系统与关键材料产业创新高地。

五、发展规划

为贯彻落实省政府常务会议关于实施产业链链长制的工作部署，按照《关于印发〈黑龙江省产业链链长制实施方案〉的通知》要求，黑龙江省工业和信息化厅组织编制了《黑龙江省汽车产业链发展培育方案》，并于7月30日以黑龙江省产业链总链长办公室名义印发。培育方案提出到“十四五”末期，盘活黑龙江省现有闲置资源，推动乘用车、客车、专用车等停产半停产企业加快恢复生产步伐，以大庆沃尔沃、长安福特哈尔滨分公司为龙头，产业规模持续扩大，汽车品类进一步增多，配套产业进一步发展，研发与创新能力大幅提升，集群效应效果明显，全省汽车产业力争达到千亿级规模，打造北方地区重要的汽车生产集聚地。

六、本地区新能源汽车企业产销量统计表

生产企业名称	产品商标	车辆类型	通用名称	产量统计(辆)	销量统计(辆)
大庆沃尔沃汽车制造有限公司	沃尔沃	插电式混合动力乘用车	S90	6148	6148

七、本地区电动汽车充(换)电站(桩)统计表

市地	充电桩数量	对应终端数	市地	充电桩数量	对应终端数
合计	8987	13565	双鸭山市	407	516
哈尔滨市	5153	7195	七台河市	238	325
齐齐哈尔市	588	1260	伊春市	217	386
牡丹江市	431	725	鹤岗市	232	312
佳木斯市	420	549	黑河市	287	477
大庆市	176	279	绥化市	471	890
鸡西市	226	490	大兴安岭地区	141	161

江　苏　省

一、2021年新能源汽车与智能网联汽车产业概况

2021年全省实现新能源汽车产量25.0万辆，同比增长159.8%，占全国总量7.1%；销量24.8万辆，同比增长156.0%，占全国总量7.0%。其中，纯电动汽车产销分别为13.6万辆和13.3万辆，分别同比增长94.3%和90.0%，占全省总量54.4%和53.6%；插电式混合动力(含增程式)汽车产销分别为11.4万辆和11.5万辆，分别同比增长338.5%和332.3%，

占全省总量45.6%和46.4%。分地区看，全省新能源汽车产量排名前三的地区是常州、南京、泰州，分别为9.0万辆、6.2万辆和5.0万辆。

二、2021年新能源汽车推广应用情况

2021年全省推广新能源汽车23.9万辆，新能源汽车保有量超50万辆。大力推进公交、出租、网约车、物流等公共领域内新能源汽车推广应用，公交车新增及更新车辆中新能源汽车占比已超过90%，示范效应进一步得到加强。全省累计建成各类充电设施超过23.53万根，基本形成覆盖全省高速公路的公共充电服务网络，建成省级新能源汽车充电设施运行监测平台并投入运营，实现全省充电设施的互联互通。

三、重点产业链

全省动力电池产业链相关企业160余家，实现动力电池产销（含出口）分别为132.8 GWh和127.0 GWh，同比增长147%和143%，国内占比分别为44.7%和46.5%，均稳居全国首位。燃料电池汽车产业链相关企业数量超过140家，在燃料电池整车、系统、电堆及关键零部件、加氢基础设施、氢气储运装备制造及研发测试等环节聚集了一批国内领先的优势骨干企业，基本形成完整产业链条，截至2021年底，全省已累计投运燃料电池汽车近400辆，投用加氢站10座，示范应用取得了一定的成效。车联网和智能网联汽车产业链企业超500家，实现智能网联汽车整车、零部件、软件算法以及车联网设备、平台及信息服务等全覆盖。

四、转型升级

持续推进行业智能化改造、数字化转型，截至2021年底，全省汽车行业累计认定智能车间272个，1家企业列入工信部智能制造示范工厂揭榜单位，7个项目列入省级智能工厂建设试点，3个工业互联网标识解析二级节点上线，另有1家在建。持续推动重大项目建设，奥力威新能源汽车MEMS压力传感器、长城宝马光束汽车、华为智能网联汽车研发中心等一批重大项目有序推进，支撑产业高质量发展，常州比亚迪新能源乘用车项目竣工投产，比亚迪海洋系列新能源汽车车型成功投放市场。

五、创新发展

2021年底，汽车领域建有国家级企业技术中心14个，省级企业技术中心148个，在智能网联汽车、新能源汽车智慧能源装备领域试点建设2个省级制造业创新中心，形成产学研用高效协同的创新网络。智能驾驶域控制器系统、无人驾驶用全线控整车平台、基于前视摄像头的驾驶辅助系统、RSU路侧单元、C-V2X交通信号控制机、4D毫米波成像雷达、智能驾驶仿真测试平台等一批先进技术产品研发落地。长寿命三元电芯、高性能磷酸铁锂电芯等技术实现国内领先，高镍正极材料、超薄涂敷隔膜、高温高电压电解液等赶超国际先进水平，固态电池、钠离子电池、硅碳负极等新体系电池及关键材料技术实现突破。燃料电池、整车集成、氢气制储运加等领域关键核心技术和前瞻技术研发加速推进。

安徽省

一、2021年新能源汽车与智能网联汽车产业概况

安徽省新能源汽车产量2021年突破20万辆，达到25.2万辆，创历史新高，居中部第一、全国第五，同比增长1.4倍。

合肥新桥智能电动汽车产业园、大众安徽新能源汽车项目、比亚迪新能源汽车生产基地项目以及中航锂电、蜂巢能源、孚能科技、国轩高科的动力电池等重点项目加快建设。

“关键零部件-整车-产业链-产业集群”发展格局初步形成，建立了合肥、芜湖两大产业集聚基地。依托各产业园、经济开发区、集聚区的空间载体，实现产业联动发展，园区特色化专业化发展成效明显。省内多地无人驾驶和车联网技术研发、智能网联汽车产品开发与测试、应用示范的产业生态初步形成。

编制出台《安徽省新能源汽车产业发展行动计划（2021—2023）》（皖政办〔2021〕7号）、《新能源汽车和智能网联汽车产业“双招双引”工作实施方案》、《安徽省汽车产业“十四五”高质量发展规划》。截至2021年底，全省新能源汽车产业已培育专精特新“小巨人”企业26户，省专精特新中小企业200户，国家级单项冠军企业2户。

与沪苏浙共同组建成立长三角新能源汽车产业链联盟，推荐我省11家企业加入成为联盟首批成员单位。组织举办2021安徽汽车及零部件产需对接会。推进“车芯”协同发展。安徽省新能源汽车和智能网联汽车研究院正式成立。

二、2021年新能源汽车推广应用情况

1. 总述

截至2021年底，全省新能源汽车保有量17.78万辆，其中2021年新增7.99万辆。

2. 燃料电池汽车示范应用工作

省内推广45辆燃料电池公交车。

3. 新能源汽车换电模式应用试点工作

合肥市获批国家首批换电模式应用综合试点城市。

4. 智能网联汽车试点工作

合肥、芜湖市获批国家智慧城市基础设施和智能网联汽车协同发展试点城市（第二批）。

三、2021年新能源汽车与智能网联汽车主要企业经营情况

重点企业方面：2021年，江淮汽车生产新能源汽车13.64万辆，同比增长153%（其中含蔚来9.14万辆，同比增长109%）；奇瑞生产新能源汽车10.91万辆，同比增长145%；合肥长安生产新能源汽车0.98万辆，同比增长69%；华菱汽

车生产新能源中重型商用车为3068辆,同比增长236%。

奇瑞"小蚂蚁"上市4年累计销量突破25万辆,奇瑞QQ冰淇淋自2021年7月启动预订以来,6个月预售期收获超7万辆订单。江淮汽车明星产品E10X处于供不应求状态,产品力提升明显。在新能源牵引车细分市场上,华菱汽车蝉联了销量冠军,2021年销售908辆,同比增长227%,市占率16.43%,市场份额位居全国第一。

四、2021年基础设施建设及运行情况

2021年全省新建充电桩1.6万个,其中公共充电桩5000个。1座加氢站在运行。

五、发展规划

《安徽省新能源汽车产业发展行动计划(2021—2023)》(皖政办〔2021〕7号)、《安徽省汽车产业"十四五"高质量发展规划》。提出到"十四五"末打造万亿汽车产业、生产规模300万辆(其中新能源汽车占比40%)的发展目标。

福 建 省

一、2021年新能源汽车与智能网联汽车产业概况

1. 总述

福建省现有新能源汽车生产企业7家,分别为东南(福建)汽车工业有限公司,厦门金龙联合汽车工业公司、厦门金龙旅行车有限公司,上汽集团乘用车公司福建分公司,云度新能源汽车股份有限公司,福建新龙马汽车股份有限公司和中国重汽集团福建海西汽车有限公司,涵盖了新能源乘用车、商用车全品类汽车产品。新能源汽车"三电"(电池、电机、电控)系统关键零部件企业10多家,相关产品技术均处于国内前列。

2. 电动汽车产业

上汽乘用车宁德基地建成投产,达纲产能24万辆,主要产品为荣威和名爵品牌新能源与传统燃油汽车,2021年新能源乘用车产销4.8万辆。金龙汽车集团2021年新能源客车产销1.6万辆,国内市场占有率位居第二,出口规模位居国内第一。

3. 燃料电池汽车产业

福建省在氢燃料电池汽车及核心零部件方面具有一定技术储备,在氢气资源方面也具有一定优势。金龙汽车集团开发多款氢燃料电池客车产品,销量位居全国前列。雪人股份通过海外并购和自主研发,基本掌握了氢燃料电池电堆、双极板、膜电极、空气压缩机、循环泵及加氢站设备等产品研发技术,亚南电机初步拥有涵盖电堆、膜电极、系统集成等研发制造技术,正加快推进相关项目产业化。此外,福建省工业副产氢资源丰富,现有规模超过10万t,通过富余核电、风电等电解水制氢潜力大,制氢成本低。丰富的氢气资源不仅为我省氢燃料电池汽车示范推广和规模化应用提供保障,未来还可利用港口将富余的氢气对外运输,将福建省打造成为面向华东乃至东亚地区的清洁能源制氢基地。

4. 智能网联汽车产业

厦门金龙联合公司的L4级阿波龙自动驾驶纯电动巴士、自动驾驶纯电动配送车,厦门金旅公司的"星辰"自动驾驶纯电动微循环公交均已实现小规模推广应用。龙马环卫的智能驾驶新能源环卫车已在多地开展示范运营。

二、2021年新能源汽车推广应用情况

1. 总述

截至2021年底,福建省累计推广新能源汽车22.3万辆,折合标准车44.91万辆。其中,新能源公交车17165辆,占比81.7%;新能源巡游出租车5152辆,占比23.4%;新能源网约车44758辆,占比55.9%。

2. 电动汽车推广应用工作

2021年,福建省共推广新能源汽车8.5万辆,折合标准车10.66万辆,同比增长100.8%。其中,新增新能源公交车648辆、巡游出租车1557辆、网约车14273辆、道路客运115辆。

3. 燃料电池汽车示范应用工作

2021年8月,福州市作为跨省联合申报国家燃料电池示范城市群城市之一,成功加入广东城市群,成为福建省首批进入国家燃料电池汽车示范应用城市群的城市。

4. 新能源汽车换电模式应用试点工作

目前,宁德时代为电动重卡提供三种规格的磷酸铁锂电池组,分别为282 kWh、350 kWh、423 kWh,其中282 kWh与350 kWh为充换一体模式电池,现已装配在包括牵引车、自卸车、载货车等北汽福田、一汽解放、中国重汽、三一重工等19个主流商用车品牌的40余款换电车型。

三、2021年新能源汽车与智能网联汽车主要企业经营情况

1. 总述

2021年,全省新能源汽车产销均为6.5万辆;新能源动力电池出货量约126 GWh,产业规模位居国内第一。

2. 电动汽车产业

整车方面:2021年,上汽乘用车宁德基地发展形势较好,产销16.5万辆和14.1万辆,比增221.2%和297.7%。金龙联合汽车、金龙旅行汽车发展较平稳,产量分别为2.2万辆和2.1万辆,比增6.3%和29.9%;销量分别为2.1万辆和2.0万辆,比增3.8%和23.8%。三明海西重汽汽车产销1.9万辆和1.8万辆,下降29.0%和31.4%。新龙马汽车重整旗鼓,产销有所提升,均为1.0万辆,比增114.5%和209.5%。东南汽车、云度汽车受多种因素影响,产销下滑幅度较大,产量分别为7342辆和90辆,下降24.4%和97.2%;销量分别为8426辆和90辆,下降42.6%和97.3%。动力电池方面:宁德时代动力电池出货量125 GWh,比增155%,国内市占率52%,全球市占率32%,继续保持行业领先地位。

四、2021 年新能源汽车与智能网联汽车项目及园区建设情况

(1)宁德市蕉城三屿园区(上汽乘用车福建分公司宁德汽车产业集群)占地 6879 亩,有上汽乘用车福建分公司 1 家整车企业,30 多家零部件企业,总投资超 200 亿元。上汽乘用车福建分公司项目一期产能 24 万辆,入驻的配套企业 30 多家,基本涵盖了底盘车架、电泳及注塑、空调系统、轮胎总成、保险杆、电池组装、整车线束等零部件生产项目。

(2)福州市闽侯青口投资区(福建奔驰、东南汽车产业集群)占地 56 km^2,集聚了福建奔驰汽车有限公司和东南(福建)汽车工业有限公司 2 家整车企业,18 多家汽车零部件配套生产企业,以整车制造为龙头、零部件业务广泛覆盖的汽车产业体系正在加速形成。

(3)漳州龙海市汽车产业园区(金龙新能源汽车产业基地)规划占地 5000 亩,总投资 100 亿元,规划年产 3 万辆节能与新能源大中型客车、1 万辆考斯特和 10 万辆轻型客车。同时,引进新能源"三电"系统、动力总成、底盘零部件等配套企业,逐步形成完善的汽车产业集群。

(4)厦门集美机械工业集中区(金龙客车产业基地)占地 15.42 km^2,入驻的企业有金龙客车、金龙礼宾车、金龙汽车车身等 100 余家企业。"十四五"期间,集中区将推进客车高端化、智能化发展,扩大新能源汽车生产规模,年产值向百亿元突破。同时,还将推进电动汽车动力电池和驱动电机产业基地建设。

(5)三明永安市埔岭汽车工业园区(中国重汽福建海西汽车产业基地)已有入园企业 30 余家。

(6)龙岩高新技术产业开发区(新龙马汽车产业基地)占地面积 130 km^2,集聚了 1 家整车企业,多家专用汽车企业,数十家汽车零部件企业。福建新龙马汽车已形成 15 万辆汽车年产能,产品覆盖微客、MPV、SUV 三大乘用车市场领域。

五、发展规划

重点打造"三基地、两集群、一中心",培育和壮大三个生产基地("福宁岩莆"新能源乘用车、"厦漳"新能源客车、"岩明"新能源货车和专用车生产基地),打造两个产业集群(闽东北新能源乘用汽车、闽西南新能源商用汽车产业集群。壮大宁德、厦门、漳州、南平、福州、龙岩等新能源电池产业规模,打造世界级新能源汽车动力电池及材料先进制造业中心,万亿级产业集群。夯实福州、厦门、宁德、泉州、莆田、龙岩、南平等零部件配套产业;积极支持有条件的地市发展智能网联汽车和氢燃料电池汽车产业。其中,整车方面,做大乘用车、做优客车、做精专用车。支持上汽乘用车宁德基地扩大新能源乘用车产销规模,加快布局海外市场;支持金龙汽车集团做优做强新能源客车,拓展新能源货车和专用车,创新发展氢燃料电池汽车和智能网联汽车等。支持海西汽车研发生产新能源货车及专用车底盘产品。动力电池方面,支持宁德时代、中航锂电(厦门)、福建巨电等动力电池生产企业做大做强,加快推进产业链扩能项目建设。电机和电控方面:支持发展新能源汽车电机和电控系统,厦门钨业利用稀土永磁材料优势发展车用永磁电机产业。其他方面:支持企业发展轻量化汽车零部件。支持三明、泉州、厦门、龙岩等发展车用石墨烯、稀土永磁等新材料。支持相关地市依托新能源汽车生产企业,培育和壮大零部件配套产业。

六、本地区新能源汽车推广应用统计表

(单位:辆)

地区	车辆类型	载客车		载货车		其他专用车		合计
		9 座以下(含)	9 座以上	最大设计总质量 ≥3500 kg	最大设计总质量 <3500 kg	最大设计总质量 ≥3500 kg	最大设计总质量 <3500 kg	
福州	纯电动汽车	14246	364	137	1680	7	0	16434
	混合动力汽车	2848	0	18	0	0	0	2866
	氢燃料	0	0	0	0	0	0	0
厦门	纯电动汽车	18855	375	1219	3896	19	0	24364
	混合动力汽车	2517	0	3	0	0	0	2520
	氢燃料	0	0	0	0	0	0	0
莆田	纯电动汽车	3637	33	5	519	0	0	4194
	混合动力汽车	263	0	0	0	0	0	263
	氢燃料	0	0	0	0	0	0	0
三明	纯电动汽车	1523	118	1	20	2	0	1664
	混合动力汽车	242	0	0	0	0	0	242
	氢燃料	0	0	0	0	0	0	0
泉州	纯电动汽车	12232	112	45	3191	0	0	15580
	混合动力汽车	1634	0	2	0	0	0	1636
	氢燃料	0	0	0	0	0	0	0

续上表

地区	车辆类型	载客车		载货车		其他专用车		合计
		9座以下（含）	9座以上	最大设计总质量≥3500 kg	最大设计总质量<3500 kg	最大设计总质量≥3500 kg	最大设计总质量<3500 kg	
漳州	纯电动汽车	4059	67	20	529	0	0	4675
	混合动力汽车	385	0	0	0	0	0	385
	氢燃料	0	0	0	0	0	0	0
南平	纯电动汽车	1400	58	0	19	0	0	1477
	混合动力汽车	132	0	0	0	0	0	132
	氢燃料	0	0	0	0	0	0	0
龙岩	纯电动汽车	2504	47	6	157	1	0	2715
	混合动力汽车	288	0	0	0	0	0	288
	氢燃料	0	0	0	0	0	0	0
宁德	纯电动汽车	4147	53	42	101	0	0	4343
	混合动力汽车	290	0	0	0	0	0	290
	氢燃料	0	0	0	0	0	0	0
平潭	纯电动汽车	826	0	5	11	0	0	842
	混合动力汽车	65	0	0	0	0	0	65
	氢燃料	0	0	0	0	0	0	0
合计		72093	1227	1503	10123	29	0	84975

七、本地区新能源汽车企业产销量统计表

生产企业名称	产品商标	车辆类型	通用名称	产量统计（辆）	销量统计（辆）
云度新能源汽车股份有限公司	云度	纯电动乘用车	π1	30	30
			π3	60	60
东南（福建）汽车工业有限公司	东南汽车	纯电动乘用车	DX3	1	598
福建新龙马汽车股份有限公司	启腾	纯电动物流车	启腾 M70	4345	3737
上汽集团乘用车公司福建分公司	名爵	纯电动轿车	eHS、clever	48321	47854
厦门金龙联合汽车工业公司	金龙客车	纯电动、插电式混合动力客车	金龙客车	3646	3895
厦门金龙旅行车有限公司	金旅客车	纯电动、插电式混合动力客车	金旅客车	8948	8749

江　西　省

一、本地区汽车产业概况

江西省汽车产业具备了从整车到底盘、发动机、变速器、车身件、内饰件等关键零部件较完整的产业链，形成了以江铃集团为龙头，以小蓝经开区、南昌经开区、抚州高新区等零部件产业基地为配套的产业发展格局。2021 年，汽车产业实现营业收入 1338 亿元，实现利润 47.2 亿元；整车产销量 43.6 万辆和 43.7 万辆。

二、经济运行

龙头企业江铃集团克服原材料价格上涨、芯片供应短缺等不利因素影响，在传统和新能源两端持续发力，实现了平稳运行。2021 年营业收入突破千亿元大关，实现营业收入 1041.2 亿元。其中轻客销量保持全国第一，皮卡保持第二，轻卡上升到第四。小蓝富山工厂、南昌经开工厂先后投产，江铃与福特深度合作的领系列两款 SUV 车型在上海、广州车展发布，江铃雷诺首款产品羿在国内和欧洲同步上市，产品深度与广度进一步提升。

三、新能源汽车发展情况

新能源汽车产业是我省战略性新兴产业，经过多年发展，初步形成了从整车到“三电”关键零部件较为完整的产业体系。2021 年新能源汽车产销量 20259 辆和 21258 辆，同比增长 128% 和 76%。江西省还积极引进了宁德时代、国轩高科、吉利新能源、比亚迪电池、蜂巢能源等国内动力电池头部企业，培育了清陶科技、赣锋电池等固态电池生产企业。

四、产业园区

小蓝经开区汽车零部件产业基地拥有江铃股份、江铃控股、江铃新动力等 6 个整车企业及美国伟世通、天纳克、上海

宝钢等重点零部件企业，主导产品为整车、空调系统、排气系统、发动机、后视镜、座椅等汽车零部件，已形成功能齐全，配套完善的汽车零部件产业基地。

抚州高新区汽车零部件产业基地拥有大乘汽车、江铃底盘等一批龙头企业，主要生产 SUV 整车、轻型货车、汽车底盘、汽车轮毂、离合器、减震器、传动轴和刹车泵等汽车零部件产品。基地近年来发展迅速，围绕整车、汽车底盘零部关键环节，延伸产业链，做大做强汽车零部件产业。

五、产业规划

江西省制定了《江西省汽车产业“十四五”发展规划》，明确了汽车产业发展思路、目标和重点。“十四五”期间，江西省要坚持打造商用车强省、做大做强汽车零部件产业和构建汽车产业发展新格局“三个不动摇”，以新能源汽车和智能网联汽车为突破口，引领产业结构性调整，着力推进强链延链补链，推动汽车产业向质量效益型转变，实现高质量跨越式发展。2025 年，力争整车产能优化调整到 120 万辆，产量达到 80 万辆，在省内建设极具竞争力的轻型商用车生产基地和新能源汽车产业基地。

六、2021 年江西汽车工业主要经济指标

（单位：亿元）

主营业务收入	利润总额
1338	47.2

七、2021 年江西省汽车整车产销量

主要产品	产量（万辆）	同比下降%	销量（万辆）	同比下降%
汽车整车	43.6	1.3%	43.7	1%

山 东 省

一、2021 年山东省新能源汽车产业发展现状

1. 产业规模持续扩大

山东省拥有新能源汽车生产企业 26 家，产品涵盖纯电动乘用车、纯电动/混合动力客车、燃料电池客车、各类专用车等多个种类，中国十大汽车品牌中约半数在山东设有分公司，是全国重要的新能源汽车生产基地。2021 年山东省新能源汽车产量达到 21.8 万辆，同比增长 611%，占全国总产量的 6.1%，位居全国第五位。分车型看，乘用车以省外品牌在山东省设立的分厂或生产基地为主，拥有奇瑞新能源齐河分公司、上汽通用五菱青岛分公司、北京新能源青岛分公司、日照魏牌汽车有限公司等品牌，2021 年共生产新能源乘用车 20.5 万辆，占全省新能源汽车的比重达到 94%；商用车则是以中通客车、中国重汽、山东蓝诺汽车等本省品牌为主，中通客车生产的新能源客车国内行业排名第二位。

2. 产业链条日趋完善

山东省共有 144 家企业从事新能源汽车零部件研发生产，配套能力不断增强。动力电池领域，拥有超电新能源科技、力神（青岛）新能源、威能环保电源科技等 24 家重点企业，新型动力电池特别是磷酸铁锂电池产业规模保持高速增长，主要技术指标接近国际领先水平。驱动电机等关键零部件领域，浦益希机电科技（德州）、精进电动科技（菏泽）、联合轲麟新能源科技（济宁）等 5 企业已在整车控制系统、辅机控制器及高压配电系统、电动汽车用交流电机等方面获得突破，特别是烟台东德实业在燃料电池氢气循环泵和空气压缩机、加氢站压缩机方面填补国内空白。动力电池原材料领域，瑞福锂业、海容电源材料、滨化集团、乾运高科新材料等 40 多家企业从事电池材料研发生产，其中海科新源材料科技的电解液产品全国市场占有率超过 45%。

3. 推广应用成效显著

随着消费者对新能源汽车接受度越来越高，山东省新能源汽车保有量大幅增长，2021 年山东省新增（挂牌）新能源汽车 24.2 万辆，累计保有量达到 81 万辆，占全国总保有量 10.3%。同时，氢燃料电池汽车推广应用取得一定成效。目前全省已建成加氢站 23 座，数量位居全国前列，日供氢能力达到 10000 kg；推广示范运营氢燃料电池车辆 1115 辆，运营总里程超过 1500 万 km。

4. 配套设施不断加强

充电基础设施是新能源汽车推广应用的重要保障，为加快充电基础设施建设，山东省采取有力措施，在争取国家支持的前提下，鼓励有条件的市开展充电设施建设运营、改造升级以及充换电服务网络运营系统建设，较好地推动了“车、桩、站”协调发展。目前，基本实现以高速公路为骨干、高等级公路为支撑的跨城际电动汽车出行保障网络，截至 2021 年底，山东省建成各类充换电站 5479 座、充电桩 11.8 万多个，公共场所、居民小区、单位内部、高速公路等主要场所覆盖率逐年提升。

二、短板弱项及问题挑战

（1）企业研发能力有待提高。动力性、经济性、安全性等性能指标，与国际先进水平还有一定差距。

（2）市场发展环境有待改善。一是车用芯片持续受限。受制于上游晶圆的影响，车用芯片的产出数量大幅压缩，芯片供应的不确定因素较多。三是基础设施亟需完善。山东省新能源汽车保有量不断攀升，但充电设施不足，出现“买车易、充电难”的现象。

三、下一步工作措施

近年来，国内新能源汽车领域的龙头企业，如比亚迪、宁德时代、欣旺达等，纷纷加快在山东省布局。下一步，山东省将充分发挥好“链长制”作用，积极协调多方面资源，做好“建链、延链、补链、强链”文章，持续优化产业结构，推动山东新能源汽车实现高质量发展。

（1）强化创新引领，提升产业发展能级。发挥整车企业

在区域科技创新和经济社会发展中的重要作用，支持中国重汽、中通客车、上汽通用五菱青岛分公司等国内领先的整车生产企业加大对新能源汽车的研发力度，不断提升企业集聚创新资源能力，鼓励整车企业合理扩大产能规模。以整车企业带动配套产业发展。力争2025年底，全省新能源汽车领域打造2家千亿级企业，3~5家百亿级企业，5个左右的汽车及零部件品牌产销量进入国内同类产品前三位。

（2）补链强链拓链，优化完善产业链条。强化省内新能源整车企业和配套企业的合作关系，每年组织1~2次“专精特新”供需对接会，构建上下游、大中小企业紧密配套、协同发展的产业生态，逐步实现零部件企业与整车生产企业同步研发、同步生产、同步供货，提升整车企业本地化配套份额，降低产品配套成本。争取到2025年，关键零部件具备规模化国际供给和配套能力，形成600亿Wh动力电池、100万台套驱动电机、5万台燃料电池发动机及系统配套能力。

（3）聚焦集聚发展，打造产业增长新引擎。鼓励有基础的地区建立新能源汽车产业基地，引导设计、研发、检测、物流、金融等生产性服务机构向产业集聚区域聚拢，逐步形成产业集聚、产业链上下游协同、制造与综合服务联动的空间布局。力争到2025年，全省新能源汽车产量达到50万辆，行业产值突破5000亿元，成为国内外竞争优势明显、国际影响力突出的新能源汽车产业聚集区。

（4）围绕应用场景，推动新能源汽车应用示范。开展本地车新品推广应用，一方面，鼓励有条件的市研究制定购置新能源汽车地方性补贴或发放消费券等政策，提振全省新能源汽车消费，在公交、环卫、渣土、应急消防等领域，加大对本省品牌的支持力度，另一方面，鼓励省内汽车企业积极响应汽车下乡系列活动，引导企业把握利基市场需求，拓宽乡村电动汽车推广产品库，进一步扩大新能源汽车消费。同时，积极促进燃料电池汽车多场景推广应用，以公交车、物流车、快递车、轻中重型商用车等为突破口，探索燃料电池汽车在省际物流、园区物流、中长途客运、城市建设、城市公交、市政服务等多个场景推广应用。

（5）完善基础设施，筑牢跃升发展基础。完善新能源相关基础设施布局，构建适度超前、布局合理、功能完善、智能高效的充电基础设施网络体系。到2025年底，力争建成公共领域充换电站8000座、充电桩15万台、加氢站100座（含与其他能源合建站），个人充电设施25万台。全省新能源汽车累计推广应用规模达到100万辆以上。

河 南 省

一、2021年新能源汽车与智能网联汽车产业概况

截至2021年底，国家《道路机动车辆生产企业及产品公告》内河南省新能源汽车整车企业15家。2021年，全省新能源汽车实现产销6.6万辆和6.6万辆，占全省汽车总量的11.7%和11.6%，同比分别增长34.7%和37.0%。新能源乘用车实现产销量4.3万辆和4.3万辆，同比增长60.9%和59.9%，占新能源汽车的比重提升至65.4%和65.7%；新能源商用车实现产销量2.3万辆和2.3万辆，同比分别增长3.0%和7.6%。新能源商用车中，客车实现产销量1.3万辆和1.3万辆，同比下降22.4%和23.6%。在智能网联汽车发展方面，河南省在智能网联客车、自动紧急制动系统、驾驶行为分析、信息安全、图像智能识别技术方面位于全国领先地位。

在郑州宇通、郑州日产、郑州海马、东风日产、开封奇瑞、上汽郑州等行业骨干企业的带动下，全省新能源汽车产业集聚效益不断显现。郑州新能源汽车重要生产基地地位得到加强，整车产量已占全省的70%以上。全省整车发展基本呈现以郑州为主，开封为辅，许昌、洛阳、三门峡、焦作等地共同发展的产业格局。全省动力电池产业发展迅速，基本构成了从正负极材料、隔膜、电解液、电池零部件、电池芯、电池组及电池生产检测设备、回收、质量监督检验等较为完整的产业链条，在国内具有较高的知名度。

二、2021年新能源汽车推广应用情况

截至2021年底，全省新能源汽车保有量56.80万辆，其中纯电动汽车50.64万辆。2021年新能源汽车新增23.75万辆，同比增长179.6%。其中，新能源公交车新增0.15万辆，新能源轿车新增19.55万辆，新能源货车新增0.45万辆。郑州、洛阳、驻马店、濮阳、商丘、新乡、南阳、焦作等8个省辖市新能源汽车新增数量超过1万辆，长垣、汝州、新蔡、永城、兰考等5个省直管县（市）新能源汽车新增数量超过1000辆。2021年，开封、信阳、平顶山（含汝州）、周口、商丘、新乡、濮阳、鹤壁、驻马店、焦作、洛阳等地新增及更换的公交车全部使用新能源汽车，洛阳、安阳（含滑县）、开封、焦作、驻马店（含新蔡）、兰考等地新增及更换的市政环卫车全部使用新能源汽车，洛阳、开封、安阳（含滑县）、三门峡等地新增及更换的出租车全部使用新能源汽车。2021年，郑州市新增及更换的新能源出租车达1.38万辆。

三、2021年新能源汽车与智能网联汽车主要企业经营情况

企业名称	产品商标	车辆类型	新能源整车产量（辆）	新能源整车销量（辆）
郑州日产有限公司	东风	商用车、乘用车	3058	3062
宇通客车股份有限公司	宇通	商用车	12765	12571
海马汽车有限公司	海马	乘用车	13519	13514
奇瑞商用车（安徽）有限公司河南分公司	开瑞	商用车	6311	7245

续上表

企业名称	产品商标	车辆类型	新能源整车产量(辆)	新能源整车销量(辆)
上海汽车集团股份有限公司乘用车郑州分公司	名爵、荣威	乘用车	7577	7574
广州风神汽车有限公司郑州分公司	启辰	乘用车	9799	9799
森源汽车股份有限公司	森源	商用车	95	95
河南德力新能源汽车有限公司	德力	商用车	609	651
领途汽车有限公司河南分公司	领途	乘用车	9844	9837

四、2021 年基础设施建设及运行情况

2021 年,全省新建公共充电站 639 座,公共充电桩 1.2 万个,全省累计建成公共充电站 1698 座,公共充电桩 5.5 万个,总功率达 199 万 kW。洛阳、郑州、开封、驻马店、新乡、三门峡等 6 个省辖市充电站累计建成数量超过 100 座,兰考、巩义等 2 个省直管县(市)充电站累计建成数量超过 20 座。郑州、洛阳、商丘、许昌等省辖市充电桩总数位居全省前列,滑县、巩义市、长垣市充电桩总数均超过 300 个。

五、发展规划

顺应汽车产业电动化、网联化、智能化趋势,强化技术创新、示范应用,全面推进新能源及智能网联汽车产业发展,培育汽车与能源、交通等融合发展新业态,建设全国重要的新能源及智能网联汽车产业基地。推动新能源汽车高质量发展。强化整车集成技术创新,优化新能源整车开发流程,突破整车设计、新能源动力总成、新能源汽车热管理系统、整车匹配等关键技术,重点发展全功能、高性能的整车控制系统和轻量化材料的车身及关键零部件,推出若干具有市场竞争力的新车型。深入开展动力电池基础研究,突破发展固体电解质、多元轻金属正极、纳米硅负极、石墨烯负极等电池关键材料,重点发展全固态锂电池、锂硫电池等新型电池。加快充电基础设施建设,因地制宜适度布局换电设施,发展智能有序充电、大功率充电、无线充电等新型充电技术,推动“车-桩-云-网”互联互通。加快氢燃料商用车研发布局,开展氢燃料汽车动力系统集成、整车系统动力匹配、氢燃料电池等研发与产业化。加快燃料电池汽车示范应用城市群建设,布局与氢燃料电池汽车需求相适应的氢能基础设施。加快发展智能汽车体系。支持企业跨界协同,开展智能驾驶计算平台、自动驾驶云服务、智能网联系统软件等联合创新,打造智能网联及智能驾驶系统解决方案。推动整车企业智能网联汽车车型研发,集成应用智能交互、自动巡航、车路协同等功能,开发 L3、L4 级别新车;支持相关配套企业研发智能驾驶所需车规级芯片、传感器、智能语音系统及智能驾驶舱等产品及技术。鼓励有条件的地方率先开展智能汽车综合性应用试点,在矿山运输、出行、物流配送、机场、港口(铁路)货场、停车、环卫等场景开展示范应用,探索智能汽车商业化发展模式。推进交通标志标识等道路基础设施数字化改造升级,建设新型智能交通管控系统。培育汽车发展新业态。加快新能源汽车在城市公交、城市配送、市政环卫、市政工程等领域应用,鼓励开展以新能源及智能网联汽车为载体的分时租赁、无人出租车、物流配送服务、智能泊车等商业化运营。推进智能汽车数据采集、使用和隐私保护,支撑以数据驱动的商业模式创新。推动基于车辆交互的商业化创新,培育发展出行个性化定制、智能家居互联互通等商业服务,探索打造出行新业态。

湖 北 省

一、2021 年新能源汽车与智能网联汽车产业概况

1. 总述

2021 年湖北省新能源汽车产量达到 15.0 万辆,较上年增长 3.8 倍,占全国新能源汽车总产量的比重达到 4.08%,占全省汽车总产量的比重提升至 7.15%。目前,全省拥有新能源整车企业 15 家,具有独立生产资质的 13 家,已建成新能源汽车产能 49.3 万辆(专用产能 10.5 万辆、混成产能 38.8 万辆)。形成了动力电池 36.7 GWh、驱动电机 39.3 万套、电子控制器产能 50 万套的生产能力。东风岚图 15 万辆新能源乘用车、黄冈星晖 5 万辆新能源智能汽车已建成投产,正在产能爬坡;吉利路特斯 15 万辆新能源 SUV 和轿跑将小批量投产;小鹏汽车 10 万辆纯电动汽车将投产。

2. 电动汽车产业

全省围绕“三电”在电驱、电控、锂离子电池和燃料电池等关键零部件研发和布局取得了显著成效,形成了武汉、襄阳、十堰、黄冈、宜昌和荆门等新能源汽车和动力电池产业基地。

3. 燃料电池汽车产业

2021 年,湖北省氢燃料电池汽车在武汉、十堰、襄阳、荆门等城市已推广近 300 辆,建成运营 12 座加氢站。在氢燃料电池方面,东风公司等企业已完成 50 kW、80 kW、120 kW 燃料电池系统开发,并量产首款国内全功率燃料电池乘用车东风“氢舟”。武汉格罗夫氢能汽车中极氢能重卡、氢能城市物流车等具备批量生产条件。中国地质大学整合优质检测科研力量组建了氢燃料电池领域省级质量技术中心和省级氢能制造业创新中心,开展关键共性技术研发。

4. 智能网联汽车产业

2021 年,湖北省顺应汽车革命趋势,以武汉市智慧城市基础设施和智能网联汽车协同发展试点为抓手,推动智能汽车、智慧能源、智能交通、智慧城市协同融合。车路协同基础环境不断完善。完成道路智能化改造 106 km,建成开放测试道路 321 km。搭建大规模、高性能的 5G 网联环境,在国内率先实现与交管信控和视频系统大数据的互联互通。率先发布国内首个城市级道路智能化建设标准。智能网联汽车实

现规模化应用。开展涵盖 15 个应用场景的 6 大类智能网联汽车应用，建成国内首个自动驾驶主题公园。

二、2021 年新能源汽车推广应用情况

智能网联汽车试点工作：东风领航项目超过 80 辆 RoboTaxi 在武汉经开区常态化运行，里程超过 110 万 km。12 台无人驾驶物流车、轻型货柜车在江汉大学正式运营，累计提投送服务 20952 次。智能汽车与智慧城市加速融合。车城融合的“车城网”平台加快建设，推动“人-车-路-物-云”互联互通，车路协同技术全国领先。依托 130 余家企业组建“智能汽车与智慧城市协同发展联盟”“双智融合”产业生态体系初步形成。

三、2021 年新能源汽车与智能网联汽车项目及园区建设情况

湖北省顺应汽车革命趋势，以武汉市智慧城市基础设施和智能网联汽车协同发展试点为抓手，推动智能汽车、智慧能源、智能交通、智慧城市协同融合。车路协同基础环境不断完善。车城融合的“车城网”平台加快建设，推动“人-车-路-物-云”互联互通，车路协同技术全国领先。依托 130 余家企业组建“智能汽车与智慧城市协同发展联盟”，“双智融合”产业生态体系初步形成。

四、发展规划

《湖北省汽车工业“十四五”发展规划》，将氢燃料电池汽车发展作为重要组成部分。一是聚焦商用车转型发展。发挥湖北省科研人才和现有技术优势，支持企业在氢燃料电池方面加强关键技术突破，以氢燃料电池商用车应用场景为重点，推动全功率燃料电池商用车在港口物流、城市公交等领域规模化应用。二是积极争取国家燃料电池汽车示范应用。密切关注国家财政部等五部门燃料电池汽车示范应用政策，国家一旦启动第二批燃料电池汽车示范应用，省经信厅将会同有关部门组织我省武汉城市群积极申报争取。三是支持燃料电池汽车项目建设。2021 年度省制造业高质量发展专项，重点支持了武汉众宇燃料电池研发生产基地等系列氢能项目。下一步，省制造业高质量发展专项对氢能汽车产业项目将给予重点支持。四是加强氢能制造业创新中心培育。大力支持湖北氢能制造业创新中心建设，全力打造氢能产业创新支撑平台，加强高效、低成本、长寿命燃料电池系统技术攻关和产业化，储备一批氢能产业化技术，提升关键核心技术水平。五是打造燃料电池汽车产业集群。培育一批氢能重点企业，建设一批氢能与燃料电池研发、检测、认证机构，打造氢能产业集群和燃料电池汽车产业集群。目前，武汉经开区具有先发优势，拥有东风公司、国家电投、康明斯、武汉理工氢电、众宇动力、雄韬氢能等数十家汽车及氢燃料电池领域领军企业。六是加快完善标准法规体系。完善车用氢气制备、储运、加注等关键环节技术条件及产品认证标准体系。制定适用于车用燃料电池相关的制造、测试、加氢等氢安全技术标准体系。完善加氢基础设施立项、审批、建设、验收、投运等环节的管理规范。

湖　南　省

一、2021 年节能与新能源汽车产业概况

近年来，湖南省节能与新能源汽车产业发展迅速，已经成为湖南工业经济的支柱产业。2021 年，全省现有规模以上的汽车、摩托车及其零部件生产企业 449 家，列入工信部《道路机动车辆生产企业及产品公告》的企业 87 家，其中整车类生产企业 18 家，产品涵盖了乘用车和商用车，包括轿车、越野车、载货车、客车、专用车、新能源汽车、三轮车、摩托车等产品系列。

2021 年，湖南省汽车制造行业完成营业收入 1779 亿元，同比增长 20.1%。据省工信厅统计的重点整车企业情况，全年生产整车 61.1 万辆，同比增长-8.2%，约占当年全国产量 2608.2 万辆的 2.3%。其中，新能源汽车生产 14.2 万辆，同比增长 54.3%，占当年全省汽车总产量的 23.2%，占当年全国新能源汽车总产量 354.5 万辆的 4.02%。分车型看，全年生产新能源乘用车 136960 辆，占全省新能源汽车产量的 96.2%，同比增长 59.5%；生产新能源客车 5383 辆，同比增长 -15.2%。

2021 年，湖南机动车检测技术有限公司申请筹建的国家新能源汽车质量监督检验中心（湖南），湖南湘江智能科技创新中心有限公司申请筹建的国家智能网联汽车质量监督检验中心（湖南）获国家市场监督管理总局正式批筹。

二、2021 年新能源汽车推广应用情况

2021 年，湖南省新能源汽车推广总量为 78658 辆。按城市或地区统计，推广数量最多的城市为长沙市，推广数量为 43089 辆，占全省的 54.7%；其他地区推广 35569 辆，占全省的 45.3%。

三、2021 年新能源汽车主要企业经营情况

比亚迪汽车工业有限公司长沙分公司，新能源汽车产量 119516 辆，同比增长 186.2%。

中车时代电动汽车股份有限公司，新能源客车总产量 4242 辆，同比分别增长 3.3%。

三一新能源重卡全年累计销售 1497 辆，市占率达到 14.33%，首次夺得国内市场年度销量冠军。

四、2021 年新能源汽车项目及园区建设情况

2021 年 4 月，湘潭市政府与吉利汽车集团签署合作协议。根据该协议，在吉利湘潭基地引进全新的新能源 SUV 产品平台，项目总投资约 30 亿元，预计 2023 年 6 月实现首台车下线，项目全面建成后将实现年产销新车型 8 万辆、年产值 100 亿元。

2021 年 6 月，三一首台氢燃料重卡在长沙下线，标志着三一重卡正式迈入氢能源重卡赛道，开启终极能源新时代。

2021 年 7 月，福田汽车长沙超级卡车工厂在长沙经开区正式投产。福田汽车长沙超级卡车工厂项目总投资近 15 亿元，占地面积 314 亩。本次正式投产后，福田汽车南方（长

沙)基地将成为福田汽车在中国南方的战略基地,重点建设欧航欧马可高端中轻卡全球创造中心、专用车制造中心、时代轻卡南方制造中心、中轻卡核心零部件物流产业园、南方出口中心及环卫装备制造中心。

2021年7月,长沙比亚迪DM-i超级混合动力工厂项目一期投产。项目总投资37亿元、规划用地650亩,目前已具备月产6万车付能力,是比亚迪DM-i系统在全国唯一布局的生产基地;二期由5个高端智能制造车间组成,计划在2022年5月建成。

2021年10月,总投资约80亿元的上汽大众新能源汽车项目开工,计划2024年起逐步投产MEB平台新能源车型,预计产能达10万辆/年。作为转型升级第一步,计划新建的电池车间,规划年产能15万套新能源电池,同时预留产能升级空间。

2021年12月,广汽三菱合资新能源SUV车型阿图柯于长沙迎来了正式下线,此次阿图柯的正式下线进一步加速了广汽三菱新能源车深化布局,为广汽三菱新产品发展格局注入电力新动能。

五、2021年基础设施建设及运行情况

2021年,湖南建设充电桩8815个,其中长沙建设4592个,占全省总数的52%。

六、发展规划

湖南省工业和信息化厅2021年12月发布《湖南省智能网联汽车产业"十四五"发展规划》。主要发展目标如下:

(1)产业规模快速增长。到2025年,智能网联汽车及关联产业规模突破2000亿元;培育10家以上在智能网联汽车领域技术领先、竞争力强、成长性好的国内领先企业。

(2)关键产品技术取得突破。到2025年,在复杂系统体系架构、复杂环境感知、智能决策控制、信息物理系统架构设计、车路协同(V2X)、信息安全、特种车辆自动驾驶等重点领域攻克和掌握一批关键核心技术,培育一批标志性的战略产品,形成安全可信的软硬件集成与应用能力。

(3)基础设施进一步夯实。到2025年,智能交通系统和智慧城市相关基础设施建设取得积极进展,车用无线通信网络(LTE-V2X等)实现区域覆盖,新一代车用无线通信网联(5G-V2X)在部分城市道路、高速公路逐步开展应用,高精度时空基准服务网络实现全覆盖。

(4)标准体系不断完善。到2025年,在智能汽车标准、新型基础设施建设、网联通信、智慧交通、特定场景应用、运营服务管理等多个领域完成30个以上团体标准、地方标准制定,形成较为完善的智能网联汽车标准体系。

七、本地区新能源汽车企业产销量统计表

生产企业名称	产品商标	车辆类型	产量统计(辆)
比亚迪汽车工业有限公司长沙分公司	比亚迪	纯电/插电乘用车	118375
		纯电动客车	1141
中车时代电动汽车股份有限公司	中国中车	纯电动客车	4242
北京汽车股份有限公司株洲分公司	北京	纯电动乘用车	18585

八、本地区电动汽车充(换)电站(桩)统计表

城市名称	充电桩
	快充(个)
湖南省	8815

广西壮族自治区

一、2021年新能源汽车与智能网联汽车产业概况

1. 总述

广西拥有新能源汽车生产企业11家,包括上汽通用五菱、东风柳汽、桂客集团、广西申龙、广西汽车集团、五菱汽车工业、桂林比亚迪、广西华奥、玉柴专汽、柳州延龙、重汽运力等。目前,广西产品涵盖了纯电动轿车、纯电动多用途乘用车、纯电动客车、插电式混合动力客车、纯电动邮政车、纯电动厢式运输车、纯电动仓栅式运输车、纯电动自卸式垃圾车、纯电动冷藏车和纯电动洒水车等多种车型,多种新能源汽车车型纳入工业和信息化部《道路机车车辆生产企业及产品公告》。

2021年,广西新能源汽车产量47.1万辆,同比增长149.2%。其中,上汽通用五菱小型纯电动汽车宏光MINI EV年度销量42.6万辆,蝉联16个月全国新能源汽车销量冠军。

2. 电动汽车产业

广西新能源汽车产品以电动汽车为主,目前已经具备了一定规模,电动汽车产量连续高速增长,呈现良好的发展势头。同时,随着国轩高科、多氟多等动力电池项目建设不断推进,电动汽车产业链不断趋于完善。

3. 燃料电池汽车产业

广西加快发展燃料电池汽车产业。广西申龙汽车制造有限公司已具备生产氢燃料电池客车、货车的资质,其多款氢燃料电池城市客车获得工信部车型公告;广西玉柴机器股份有限公司正在我市建设氢燃料电池动力系统生产项目,项目一期达产后预计实现年产各类新能源动力总成(包括燃料电池、增程器、混合动力、电驱系统等)7万台套的生产规模,预计年产值可达30亿元;中石化南宁石油分公司在南宁市建设商用加氢站(新阳综合加能站),并于2021年9月建成试运营。

东风柳汽加快燃料电池汽车产品的技术储备,积极开展氢燃料电池汽车新产品研发及示范应用。同时,柳州市加快燃料电池汽车示范应用场景建设,截至2021年底,柳州市现有加氢站1座,日加注量500 kg。

4. 智能网联汽车产业

2021年8月,柳州市印发《柳州市智能网联汽车道路测试与示范应用管理实施细则(试行)》文件。2021年11月,国检中心(广西)智能网联汽车封闭试验场建成,能满足智能网联汽车牌照检测所含的9个项目,32个场景的测试。2021年12月,国检中心(广西)完成上汽通用五菱E300车型城市道路智能网联封闭场测试工作。国检中心(广西)智能网联

汽车封闭试验场的建成降低了企业测试成本,节约了测试时间,提高了汽车主机厂智能网联汽车产品的研发效率。2021年12月,柳州市发布智能网联汽车开放道路测试路线通告。柳州市智能网联汽车道路测试路线共计18个路段,全长约50.3 km。标志着柳州市具备开展智能网联汽车开放道路测试与示范应用的能力。

二、2021年新能源汽车推广应用情况

截至2021年12月31日,广西新能源汽车保有量250914辆。其中,2021年新增105822辆,增量汽车电动化率达12.9%。

三、2021年新能源汽车与智能网联汽车主要企业经营情况

(1)上汽通用五菱:2021年,新能源汽车产销均完成45.8万辆,同比分别增长158.6%和157.5%。上市智能网联车型10款。

(2)东风柳汽:2021年,新能源汽车产销量分别完成1.2万辆和1.4万辆,同比分别增长136.9%和266.8%。

(3)广西汽车集团有限公司:2021年,新能源汽车产销分别完成1.1万辆和1万辆,同比分别增长143%和112.8%。

(4)广西申龙汽车制造有限公司:2021年,实现营收36821万元。2021年正式获得新能源货车生产资质,实现新能源商用车的全资质覆盖,目前广西申龙已具备新能源重卡车型的全自主量产能力。

四、2021年新能源汽车与智能网联汽车项目及园区建设情况

广西汽车集团柳东新能源整车基地竣工试生产,柳州国轩高科新能源动力电池项目一期竣工投产。

广西申龙新能源客车及物流车生产基地项目设备安装整体完成80%,预计2022年9月建成;多氟多年产20 GWh锂电池项目电芯等厂房在开展施工,电芯厂房1总体完成率已达85%;玉柴机器新能源动力项目已完成生产及研发设备采购1.81亿元,增程系统、ECVT混动系统两条生产线完成调试验证,进入验收环节。

五、2021年基础设施建设及运行情况

截至2021年12月31日,广西累计建成充电基础设施89887个。其中,2021年新增29961个。

六、发展规划

1. 主要目标

到2025年,建成国内重要的新能源汽车生产基地、研发基地和产业链核心零部件配套生产基地。

(1)生产规模居全国前列。新能源汽车新车产销量超100万辆/年,占汽车新车产销总量30%左右。产业链体系基本建成。全面打造新能源汽车核心零部件供应体系。零部件本地配套率达到70%以上,初步形成零部件到整车的全产业链生产体系布局。

(2)研发能力明显增强。产业创新体系不断完善,企业创新能力及试验检测能力显著增强,新能源汽车研发关键核心技术处于国内领先水平。按照国家智能网联汽车准入要求,建成满足与外界实体交互的模拟仿真测试、封闭场地测试和实际道路测试三大场景测试能力。

(3)智能网联国内领先。车联网(智能网联汽车)产业跨行业融合取得突破,L3级别(第三级别)智能汽车实现广泛应用和规模量产,新车渗透率达到50%以上,智能网联汽车产业发展水平与国际先进水平保持同步。高度自动驾驶汽车实现限定区域和特定场景商业化应用。

(4)生态环境逐步完善。充换电服务网更加便捷高效,"十四五"期间,新建公共充电桩8万个,新建自用充电设施14.7万个;新能源汽车保有量新增45万辆以上(其中,到2023年底新增28.2万辆以上);公共领域新增或更新公交、环卫、出租、城市物流配送等车辆中新能源汽车比例逐年提高;智能道路基础设施水平明显提升,重点城市的汽车与新一代信息技术、智能交通、能源环保等融合发展的新型智慧生态体系基本形成。

2. 产业布局

支持以柳州新能源汽车城(基地)、南宁新能源汽车城(基地)、桂林新能源商用车基地、玉贵(玉林、贵港)新能源商用车基地为重点的新能源汽车基地建设。以整车为龙头带动新能源汽车零部件配套体系建设,适时打造集新能源汽车整车、零部件、充电设施于一体的新能源汽车基地,形成广西"四基一链"(四大整车基地+核心零部件全产业链)新能源汽车产业集群布局。

3. 构建新能源汽车新型生态圈

构建集群发展生态圈、协同创新生态圈、智能共享生态圈、应用服务生态圈。

4. 实施六大工程

重点实施核心技术重点攻关工程、壮大集群强链补链工程、智能高效设施建设工程、跨界融合协同创新工程、创新应用扩展服务工程、百项重点投资工程等六大工程。

七、本地区新能源汽车推广应用统计表

(单位:辆)

车型 燃料	公交车	旅游大巴	公务车	出租车	租赁用车	私人用车	环卫车	物流车	邮政车	载货车	其他领域	合计
纯电动	768	11	2	207	2940	52494	0	31	—	147	12	56612
插电式	0	0	0	0	244	9745	0	7	0	0	0	9996

续上表

车型 燃料	公交车	旅游大巴	公务车	出租车	租赁用车	私人用车	环卫车	物流车	邮政车	载货车	其他领域	合计
换电式	0	0	8	0	0	0	0	0	0	0	0	8
增程式	0	0	0	0	0	0	0	0	0	0	0	0
燃料电池	0	0	0	0	0	0	0	0	0	0	0	0
超级电容	0	0	0	0	0	0	0	0	0	0	0	0
智能网联	0	0	0	0	0	0	0	0	0	0	0	0
合　计	768	11	10	207	3184	62239	—	38	—	147	12	66616

八、本地区新能源汽车企业产销量统计表

生产企业名称	产品商标	车辆类型	通用名称	产量统计(辆)	销量统计(辆)
上汽通用五菱汽车股份有限公司	五菱	纯电动轿车	五菱宏光 MINIEV	427685	426452
上汽通用五菱汽车股份有限公司	宝骏	纯电动轿车	E100	3775	4520
上汽通用五菱汽车股份有限公司	宝骏	纯电动轿车	E200	10209	10210
上汽通用五菱汽车股份有限公司	宝骏	纯电动轿车	KIWI	11151	10685
东风柳州汽车有限公司	风行	纯电动轿车	S50EV	10100	11166
东风柳州汽车有限公司	风行	纯电动多功能乘用车	M5EV	1523	2352
东风柳州汽车有限公司	乘龙	纯电动乘龙汽车	L2	274	155
东风柳州汽车有限公司	乘龙	纯电动乘龙汽车	M3	112	77
中国重汽集团柳州运力专用汽车有限公司	运力	纯电动环卫车	纯电动车厢可卸式垃圾车	3	0
			纯电动路面养护车	1	1
			纯电动洒水车	2	—
			纯电动压缩式垃圾车	2	—
			纯电动自装卸式垃圾车	1	0
广西玉柴专用汽车有限公司	玉柴专汽	纯电动自装卸式垃圾车	NZ5030ZZZEV 型	6	6
广西申龙汽车制造有限公司	紫象牌	纯电动城市客车	HQK6109UBEVU5	55	55
			HQK6109UBEVU6	37	37
			HQK6859USBEVU1	47	47
			HQK6109BEVB25	35	35
			HQK6109UNHEVL2	40	40
			HQK6109UBEVL3	50	50
			HQK6602UBEVH2	5	0
			HQK6819BEVB23	10	10
			HQK6859UGBEVL7	100	100
			HQK6129UBEVZ1	30	30
			HQK6118UBEVU2	10	10
			HQK6859UBEVZ5	40	40
			HQK6859UBEVL6	10	10
			HQK6105BEVB	1	0
			HQK6855BEVB	1	0
			HQK6663UBEVL2	20	20
			HQK6109UBEVU7	1	0
			HQK6885UBEVP1	1	1
			HQK6115UBEVP1	1	0
			HQK6118ABEVU3	40	40
			HQK6819BEVB12	10	10
			HQK6602UBEVH1	5	0
			SLK6123UBEVN3	0	22
		燃料电池城市客车	HQK6105UFCEVU1	1	0
比亚迪汽车工业有限公司桂林分公司	比亚迪	纯电动公交车	K7	390	390
比亚迪汽车工业有限公司桂林分公司	比亚迪	纯电动厢式运输车	V3	3086	3086
桂林客车发展有限责任公司	五菱	客车	小公交	10	11
桂林大宇客车有限公司	大宇	旅游车	旅游车	72	61

九、本地区电动汽车充(换)电站(桩)统计表

城市名称	充电站		充电桩		换电站	
	2021 年新建数量(座)	2021 年底保有量(座)	慢充(个)	快充(个)	2021 年新建数量(座)	2021 年底保有量(座)
南宁市	67	184	3413	569	1	2
柳州市	313	922	8651	1849	1	1
桂林市	556	217	2556	388	1	1
河池市	0	0	911	354	0	0
百色市	0	0	1927	452	0	0

十、本地区车用加氢站统计表

城市名称	加氢站名称	类型	供给能力(kg/d)	日加注量(kg)	加氢站氢气总储存量(kg)	储氢最高压力(MPa)	说明(运营/新建/在建)	运营时间
南宁	新阳综合加能站	综合加能站	500	500	950	45	运营	2021 年 9 月(试运营)
柳州市	博园油氢合建站	撬装式	1000	500	1000	45	运营	自 2020 年开始投入运营

海 南 省

一、2021 年新能源汽车与智能网联汽车产业概况

1. 总述

2021 年,全省汽车制造业累计生产汽车 14824 辆,同比增长 91%;实现工业总产值 18.50 亿元,同比增长 113.1%。

海南省目前仅有汽车整车制造企业 1 家,即海南海马汽车有限公司。海南海马汽车有限公司 2021 年全年销售汽车 13619 辆,同比增长 78%,实现销售收入 14.82 亿元,同比增长 113%。

2. 电动汽车产业

2021 年,海南省汽车制造业没有量产新能源汽车车型上市销售。全省唯一的汽车整车制造企业海南海马汽车有限公司,为响应国家制定的《新能源汽车产业发展规划(2021—2035)》和海南省清洁能源汽车发展规划的要求,填补市场“超大三排空间、专注儿童安全”的纯电动汽车空白,目前正在开展 7E 纯电动七座乘用车开发。7E 纯电动汽车将于 2022 年底投放市场。

3. 燃料电池汽车产业

海南海马汽车有限公司结合国家碳达峰碳中和的战略目标,为积极响应节能减排、绿色低碳政策,进一步推动氢能源产业发展,正在进行第三代氢燃料电池汽车的开发,该项目预计 2023 年逐步投入示范运行。

二、2021 年新能源汽车推广应用情况

1. 总述

2021 年海南省共推广应用新能源汽车 58754 辆,其中个人用户 48391 辆,单位用户 10363 辆。截至 2021 年 12 月 31 日,海南省汽车保有量为 1705473 辆,新能源车保有量为 122360 辆,新能源汽车保有量占有率为 7.17%。

2. 电动汽车推广应用工作

2021 年海南省共推广应用电动汽车 58754 辆,其中纯电动汽车 50620 辆,插电式混合动力汽车 8134 辆;截至 2021 年 12 月 31 日,海南省电动汽车保有量为 122360 辆。

3. 新能源汽车换电模式应用试点工作

省发改委、省工信厅先后出台《海南省支持电动汽车换电站建设的指导意见》《海南省新能源汽车换电模式应用试点实施方案》,明确 2021—2022 年试点期间重点工作和推广目标;省市共同推动,三亚市被工信部、国家能源局确定为全国新能源汽车换电模式应用试点城市之一;截至 2021 年底,海南省共建有换电站 32 座,电池 1087 块,换电模式新能源汽车保有量约 4500 辆,包括巡游出租车 1450 辆,网约及租赁车 550 辆,中重卡 75 辆,私家车约 2400 辆,试点工作已初见成效,奥动、蔚来、国电投、法电长丰、火亮科技等知名企业投资布局海南换电市场。

4. 智能网联汽车试点工作

2021 年期间,海南省多地积极开展智能网联汽车和自动驾驶试点工作。一是海口市江东新区于 3 月投入 2 辆自动驾驶公交车开展接驳服务;二是琼海市于 9 月投入京东低速无人物流车开展试运营,覆盖先锋小区、软件学院、大印花园小区等 3 条线路;三是三亚崖州湾科技城于 11 月在投入使用无人售卖车,并同步积极推动自动驾驶公交车接驳试点;四是三沙市与宇通合作以购买服务的方式在永兴岛投入 2 辆自动驾驶公交示范运营;五是澄迈生态软件园与沪能驭势合作拟以购买服务的方式合作,投入 1 辆自动驾驶小巴在园区接驳。六是自 11 月开始,积极推动博鳌东屿岛车联网项目建设,拟投入 12 辆自动驾驶汽车(包括 4 辆自动驾驶出租车、4 辆自动驾驶小巴、2 辆无人清扫车、2 辆无人零售车),在博鳌东屿岛及周边区域运营,打造自动驾驶示范。

三、2021 年新能源汽车与智能网联汽车主要企业经营情况

1. 总述

海南省目前仅有海南海马汽车有限公司 1 家汽车整车制造企业。海南海马汽车有限公司 2021 年全年销售汽车13619 辆,同比增长 78%,实现销售收入 14.82 亿元,同比增长 113%。

2. 电动汽车产业

海南海马汽车有限公司 2021 年没有量产电动汽车,该

公司目前正在开展 7E 纯电动七座乘用车开发，7E 纯电动汽车预计将于 2022 年底投放市场。

四、2021 年新能源汽车与智能网联汽车项目及园区建设情况

2021 年，海南省汽车制造业没有量产新能源汽车车型上市销售。全省唯一的汽车整车制造企业海南海马汽车有限公司，为响应国家制定的《新能源汽车产业发展规划（2021—2035）》和海南省清洁能源汽车发展规划的要求，填补市场“超大三排空间、专注儿童安全”的纯电动汽车空白，目前正在开展 7E 纯电动七座乘用车开发。7E 纯电动汽车将于 2022 年底投放市场。

五、2021 年基础设施建设及运行情况

截至 2021 年底，海南省累计建设充电站点 1443 个，换电站 32 座（配备电池 1087 块），合计建设充电桩 40569 个，其中公共桩 11586 个，车桩比 3.0∶1。截至目前共建成加氢站 2 个。

六、发展规划

海南省未来将围绕新能源汽车推广应用和产业发展两条主线，努力构建全域推广和产业发展的良好生态。

（1）稳步推进新能源汽车产业集群建设。围绕海口高新区、洋浦先进制造园区打造新能源汽车产业集群。支持海南海马汽车有限公司转型发展，研究从智能汽车推广、新能源汽车生产奖励等方面给予政策支持，鼓励企业加快研发，确保纯电动车型年内投产，推动企业扩大出口业务规模，同步拓展国内市场，带动本地汽车产业链重振。谋划产业增长点。重点推动“世界新能源汽车体验中心”、平野、和合等新项目实现实质性建设；加大新项目招引力度，力争引进吉利汽车高端改装项目和商用车、专用车项目；重点围绕新能源专用车、特种车辆、燃料电池汽车等开展针对性招商；结合海南新能源汽车推广应用进程，结合海南换电模式试点工作，谋划新能源汽车新技术的示范应用、研发设计、测试、展示体验、赛事旅游等项目，培育高端制造、示范应用、高端服务等业态。

（2）系统推进全域新能源汽车推广应用。完善推广应用生态，协调推动省发改委、省住建厅等部门，重点突破充电桩进小区难等问题。发挥财政资金杠杆作用，扎实做好新能源汽车补贴和奖励工作。

七、本地区新能源汽车推广应用统计表

（单位：辆）

燃料\车型	公交车	旅游大巴	公务车	出租车	租赁用车	私人用车	环卫车	物流车	邮政车	载货车	其他领域	合计
纯电动	523	32	286	1766	959	28160	5	0	0	3092	15043	49866
插电式	0	0	8	80	518	6585	0	0	0	6	844	8041
换电式	0	0	0	0	0	0	0	0	0	0	0	0
增程式	0	0	0	0	0	0	0	0	0	0	0	0
燃料电池	0	0	0	0	0	0	0	0	0	0	0	0
超级电容	0	0	0	0	0	0	0	0	0	0	0	0
智能网联	0	0	0	0	0	0	0	0	0	0	0	0
合　计	523	32	294	1846	1477	34745	5	0	0	3098	15887	57907

八、本地区电动汽车充（换）电站（桩）统计表

城市名称	充电站		充电桩		换电站	
	2021 年新建数量（座）	2021 年底保有量（座）	充电桩（个）	充电枪（个）	2021 年新建数量（座）	2021 年底保有量（座）
海口	172	529	19212	23233	9	14
三亚	100	247	8469	9683	5	11
琼海	23	55	1436	1568	2	2
儋州	-2	48	1486	1641	2	2
洋浦	21	21	324	478	0	0
文昌	29	67	2081	2237	0	0
万宁	26	51	573	706	1	1
陵水	40	77	772	874	0	0
东方	27	35	1906	2016	0	0
澄迈	8	60	993	1096	1	1
定安	12	16	397	450	0	0
乐东	5	20	408	431	0	0
临高	5	14	323	414	0	0
屯昌	7	56	520	580	0	1
保亭	31	48	268	283	0	0

续上表

城市名称	充电站		充电桩		换电站	
	2021 年新建数量(座)	2021 年底保有量(座)	充电桩(个)	充电枪(个)	2021 年新建数量(座)	2021 年底保有量(座)
琼中	4	37	442	473	0	0
昌江	9	13	251	309	0	0
五指山	2	3	239	257	0	0
白沙	28	36	469	473	0	0

九、本地区车用加氢站统计表

城市名称	加氢站名称	类型	供给能力(kg/d)	日加注量(kg)	加氢站氢气总储存量(kg)	储氢最高压力(MPa)	说明(运营/新建/在建)	运营时间
海口市	海南海马水制氢与加氢一体化试验装置	三级	50 kg/12 h,满负荷 100 kg/24 h	100 kg(站内制氢),250 kg(管束车运氢支持)	107	87.5	新建	2021 年 12 月份开始试运行

四 川 省

一、2021 年新能源汽车与智能网联汽车产业概况

1. 总述

四川现有新能源汽车生产企业 15 户,初步形成了较为完整的产业链。2021 年,在“缺芯少电”和国外疫情对供应链的影响下,全国汽车产业受到较大冲击,但四川通过深化与重庆互补合作、推动产业转型升级、加快中德项目建设等举措,全力推动新能源与智能汽车产业高质量发展,全年实现生产新能源汽车 6.4 万辆,同比增长 106.5%;累计推广应用新能源汽车超 33 万辆。

2. 电动汽车产业

加快推动宁德时代在宜宾建设全球最大的动力电池基地,1~6 期项目已有 3 期建成投产,其余 3 期正在加快建设,预计 2022 年上半年全面投产。推动南充吉利二期项目于 6 月建成投产,形成年产 50 万台新能源商用车动力总成和 1 万辆清洁能源客车的生产能力。组织开展川渝汽车下乡万里行活动,并促成国家新能源汽车下乡四川站活动落户宜宾,以销促产,带动全省汽车产业加快发展。推动宜宾市进入工信部首批新能源汽车换电模式应用试点范围,是全国三个新能源重卡特色换电试点城市之一。

3. 燃料电池汽车产业

进一步扩大氢燃料电池汽车示范范围,在成渝中心节点威远县建成西部首条氢燃料重卡示范线,在凉山建成中国西部高原地区首座固定式加氢站,推动资阳现代通过工信部氢燃料电池重卡资质审查。支持攀枝花开展电解水制氢试点,打造绿氢基地。目前全省推广应用燃料电池汽车 400 辆,建成加氢站 11 座。与重庆合作启动贯通“成渝氢走廊”,推动重点企业组建成渝氢走廊技术创新生态圈联盟、成渝氢走廊物流专线联盟,构建了成渝地区氢能产业大数据平台并签署战略合作协议。目前川渝两地累计投入运营氢燃料电池汽车 440 辆,建成加氢站 15 座。

4. 智能网联汽车产业

推动中德智能网联汽车、车联网项目建成临时封闭测试场和大运直连通道,并在成都经开区率先开展道路测试和示范应用。支持成都市成功进入住建部和工信部确定的智慧城市基础设施与智能网联汽车协同发展第二批试点范围。承办了首届全国智能驾驶测试赛(四川赛区)活动,西华大学车队成功晋级,并在总决赛中获得创新应用奖和科研创新专项奖。举办了“绽放杯”5G 应用征集大赛智慧交通专题赛,推进 5G 技术与智慧交通发展融合创新。

二、2021 年新能源汽车推广应用情况(注:需统计并说明本年度推广量和保有量数据)

2021 年全省推广应用新能源汽车 15.2 万辆,累计推广应用新能源汽车 33 万辆。同时,四川大力开展燃料电池示范应用,截至 2021 年底,已累计投入燃料电池汽车 400 辆(公交车 293 辆,物流车 107 辆),建成加氢站 11 座,应用规模西部第一、全国领先。

三、本地区车用加氢站统计表

城市名称	加氢站名称	类型	供给能力(kg/d)	运营时间
成都市	成都国氢华通龙泉驿加氢站	固定站	1000	运营
成都市	中国石化郫都区加油加氢站	综合能源站	500	运营
成都市	一汽丰田加氢站	撬装站	200	运营
成都市	中石油成都郫都区古城加油加氢站	固定站	500	运营
成都市	(郫都区)名称待定	固定站	0	在建
成都市	天府加氢站	固定站	0	新建
成都市	(新都区)名称待定	综合能源站	0	新建
内江市	天辰物流加氢站	固定站	500	运营
内江市	内江市加氢站	撬装站	20	运营
南充市	吉利加氢站	实验站	500	运营
德阳市	东方锅炉德阳加氢站	撬装站	200	运营
凉山州	月城加氢站	固定站	500	运营
自贡市	东方锅炉加氢站	撬装站	200	运营
资阳市	中石油油气氢合建站	综合能源站	500	运营

贵 州 省

一、2021 年新能源汽车与智能网联汽车产业概况

1. 总述

2021 年，全省新能源汽车完成工业总产值 575.36 亿元，其中，新能源汽车产业规模以上工业企业数量 103 家，实现总产值 470.37 亿元，营业收入 440.82 亿元，利润 17.2 亿元，平均从业人数为 2.87 万人，重点企业有奇瑞万达贵州客车股份有限公司、贵州吉利汽车制造有限公司、贵阳弗迪电池有限公司等。

2. 电动汽车产业

2021 年，贵州省内汽车企业生产新能源汽车 29112 辆，其中，贵州吉利汽车制造有限公司销售新能源汽车 11142 辆，奇瑞万达贵州客车股份有限公司销售新能源客车 1131 辆。

3. 燃料电池汽车产业

贵州省燃料电池汽车产业尚处于起步阶段，2021 年，贵州省燃料电池汽车产业仅奇瑞万达贵州客车股份有限公司一家整车企业，该公司 2021 年生产并销售 25 辆氢燃料电池客车，实现营收 5000 万元。氢燃料电池生产研发企业数量较少，目前有贵州氢能效率能源科技有限公司、贵州梅岭电源有限公司等企业在进行技术研发。

4. 智能网联汽车产业

贵州省智能网联汽车产业目前正处于起步阶段，相关企业数量少，体量小，目前属于技术开发阶段，相关企业有贵州翰凯斯智能技术有限公司，主营为汽车底盘以及自动化个性车辆设计研发制造。

二、2021 年新能源汽车推广应用情况

1. 总述

2021 年，贵州省新增注册登记汽车 71 万辆，其中新增新能源汽车 3.6 万辆。截至 2021 年底，贵州省汽车保有量 650 万辆，其中新能源汽车保有量 8.06 万辆。2021 年，贵州省推广应用新能源汽车 36592 辆，同比 2020 年增长 266.6%。其中，纯电动乘用车 27180 辆，插电式混合动力乘用车 7069 辆，纯电动客车 999 辆，纯电动载货车 672 辆，换电式纯电动乘用车 629 辆。截至 2021 年底，全省累计推广应用新能源汽车 80523 辆。其中，纯电动乘用车 51386 辆，插电式混合动力乘用车 14550 辆，纯电动客车 9284 辆，插电式混合动力客车 1220 辆，纯电动货车 3369 辆，换电式纯电动乘用车 673 辆。

2. 电动汽车推广应用工作

（1）积极推动公共领域的应用，要求各地各部门加大新能源汽车配备使用力度，逐年提升新增及更新车辆中新能源汽车比例，新增及更新车辆中新能源汽车比例原则上不低于 80%，更新用于机要通信和相对固定路线的执法执勤、通勤等车辆时，原则上要求配备新能源汽车。

（2）加快完善充电基础设施，贵州省人民政府办公厅印发了《贵州省电动汽车充电基础设施建设三年行动方案（2021—2023 年）》，方案中提出到 2021 年、2022 年、2023 年，全省分别建成电动汽车充电桩 4500 个、5000 个、5500 个。到 2023 年，全省累计建成电动汽车充电桩 3.8 万个，充电能力达到 160 万 kW，实现电动汽车充电桩乡乡“全覆盖”、电动汽车充电站县县“全覆盖”，更好地服务和满足经济社会发展需求。

3. 新能源汽车换电模式应用试点工作

2021 年，贵州省建成电动重卡换电站 5 座，并引进企业布局换电网络建设，2021 年 12 月，贵州省人民政府与宁德时代新能源科技股份有限公司在贵阳市签署合作建设换电网络协议。根据协议，双方将在新能源汽车换电网络设施建设、促进新能源汽车换电能力提升、推动新能源产业高质量发展等方面深入合作，共同构建贵州新能源市场和产业双高地。

4. 智能网联汽车试点工作

贵州省智能网联汽车处于起步发展阶段，2021 年，贵州省通过项目引导，实施重大专项技术研究，持续推进“智能网联汽车（基于城市道路车路协同的无人驾驶车辆）关键技术研究与示范”，瞄准无人驾驶领域 L4 级标准，集中开发无人驾驶公交车、无人驾驶商务车和车路协同控制体系，推动贵州省在无人驾驶领域的整体技术进步。

三、2021 年新能源汽车与智能网联汽车主要企业经营情况

2021 年，贵州吉利汽车制造有限公司生产乘用车 7.01 万辆，新能源汽车 11142 辆，销售乘用车 5.92 万辆，完成工业总产值 64.31 亿元。奇瑞万达公司 2021 年生产销售各类客车 1307 辆，其中新能源客车 1131 辆，燃油客车 176 辆，完成工业总产值 17.52 亿元。贵阳弗迪电池有限公司于 2021 年 5 月份建成投产，5 月—12 月，公司生产新能源动力电池 2.8 GWh，完成工业总产值 16.8 亿元。

智能网联汽车方面，2021 年，贵州翰凯斯智能技术有限公司自动化个性车辆生产销售 150 辆，实现营收 2081 万元。

四、2021 年新能源汽车与智能网联汽车项目及园区建设情况

贵州长江汽车有限公司纯电动轻型货车建设项目总投资 14.9 亿元，该项目利用厂区内现有的公用动力和辅助设施，购置生产设备和技术开发设施等，进行建设，项目建成后将形成年产 5 万辆纯电动轻型货车的生产规模。宁德时代贵州新能源动力及储能电池建设项目，于 2021 年 12 月动工，该项目一期总用地面积约 885 亩，该项目建成后将形成产能达 30 GWh 的动力和储能电池生产线及相关配套。

五、2021 年基础设施建设及运行情况

截至 2021 年底，贵州省共有充电桩 2.6 万个，总充电功率达 89 万 kW。2021 年新增充电基础设施 4034 个，建成电动重卡换电站 5 座。根据中国电动汽车充电基础设施促进联盟提出的“每辆电动汽车 3.5 千瓦”的要求，可较好地满足全省电动汽车充电需求。

六、发展规划

2021 年 10 月，贵州省印发《贵州省新能源汽车产业“十

四五"发展规划》,"十四五"期间,贵州省紧抓新能源汽车产业发展重大机遇,发挥动力电池及材料、轻量化车用材料、大数据等方面优势,科学规范发展新能源汽车产业,引导汽车产业向基础相对较好的贵阳贵安布局发展,支持各地结合产业基础和资源禀赋实际发展配套产业,实现优势互补、错位发展。重点以乘用车为主攻方向,积极发展客车、货车、专用车等商用车,以构建产业链条、壮大产业规模、提升产业竞争力为主线,推进落实"一企一策"盘活存量、招大引强做大增量、提升核心配套能力、强化创新平台支撑、加强基础设施保障、扩大消费应用规模等六个方面重点任务,进一步增强产业核心竞争力,初步形成以节能和新能源汽车为引领,燃油汽车特色优势突出,零部件配套能力较强,服务体系相对健全的汽车产业发展格局,力争到"十四五"末,全省新能源汽车产业规模迈上千亿台阶,产业聚集水平大幅提升,技术创新能力明显增强,产业配套环境显著改善,智能网联汽车生态初步形成。

七、贵州省新能源汽车推广应用统计表

燃料＼车型	乘用车	客车	货车	合计
纯电动	27180	997	672	28849
插电式	7069	—	43	7112
换电式	629	—	—	629
燃料电池	—	2	—	2
合　计	34878	999	715	36592

八、贵州省新能源汽车企业产销量统计表

生产企业名称	产品商标	车辆类型	通用名称	产量统计(辆)	销量统计(辆)	备注
贵州吉利汽车制造有限公司	吉利	插电式混合多用途乘用车	嘉际 PHEV	2979	3038	—
	枫叶	纯电动多用途乘用车	80V	8104	8104	代加工
奇瑞万达贵州客车股份有限公司	万达	纯电动客车	WD6105BEV	65	65	—
		纯电动客车	WD6815BEV	103	103	—

九、本地区电动汽车充(换)电站(桩)统计表

城市名称	充电站		充电桩		换电站	
	2021 年新建数量(座)	2021 年底保有量(座)	慢充(个)	快充(个)	2021 年新建数量(座)	2021 年底保有量(座)
贵州省	0	1056	1297	2737	6	7

云 南 省

一、2021 年新能源汽车产业概况

目前,云南省新能源汽车产业进入快速发展期,初步形成了以新能源汽车整车为龙头,动力电池原材料等零部件为关键配套产业链的新能源汽车产业链条。全省共有新能源汽车生产企业 7 家,已形成一定的新能源汽车生产规模,产品涵盖纯电动乘用车、客车、厢式货车以及混合动力客车等。零部件方面,已布局电池正极材料、负极材料、电池隔膜等新能源汽车关键零部件及原材料,具备发展车用动力电池产业链的产业基础。产业集群方面,云南省新能源汽车产业集中布局呈特色化发展,随着北汽云南瑞丽汽车有限公司昆明分公司(以下简称北汽昆明分公司)、东风云南汽车有限公司(以下简称东风云汽)、江西江铃集团新能源汽车有限公司昆明分公司(以下简称江铃昆明公司)、中汽研汽车检验中心(昆明)有限公司(以下简称中汽研昆明公司)等生产企业及检测机构落地投产,云南省形成了以"三车一中心"为主的昆明滇中新区新能源汽车产业基地,建立起了较为完善的新能源汽车制造体系,产业链创新能力持续加强,人才、资金和上下游企业进一步集聚。

二、2021 年新能源汽车推广应用情况

云南省高度重视新能源汽车推广应用工作。昆明市为代表的重点州市充分发挥排头兵作用,率先在出租、网约、公务、执法执勤等领域大力推广新能源汽车,车推广应用工作取得明显成效。2021 年,云南省新能源汽车保有量 108002 辆,全省新增(登记上牌)新能源汽车 48683 辆。其中,非营运新能源汽车 38506 辆,占全省新能源汽车保有量的 35.65%,公交客运新能源汽车 7305 辆,占全省新能源汽车保有量的 6.76%。

三、2021 年新能源汽车主要企业经营情况

截至 2021 年,云南省新能源汽车行业已初步实现产业结构优化,不仅布局新能源乘用车制造产业、填补云南省新能源乘用车制造的空白,还引入检测产业、进一步延伸并完善产业链。一批新能源有代表性的新能源汽车企业以及检验检测企业落地我省并获得快速成长。

1. 中汽中心高原试验室项目

中汽中心高原试验室项目一期已于 2019 年 7 月竣工投产,成为国家工信部装备中心第二批公告授权检测机构,获批汽车产品公告检测资质。该实验室的建成,标志着昆明市

具备了发动机高海拔性能测试、排放测试、台架标定开发，轻型车排放、蒸发和耐久，车辆 RDE/PEMS，商用车整车及零部件性能检测的高原检测及开发试验能力。中汽中心高原试验室项目作为国内首个机动车高原试验室，其将为我国汽车工业走向南亚东南亚提供技术支持。

2. 北汽昆明分公司项目

北汽昆明分公司项目位于云南滇中新区杨林国家级经济技术开发区汽车产业园内，规划的主要产品包括：轿车、SUV、MPV 型新能源乘用车。项目分两期建设，其中项目一期建设产能 5 万辆/年；二期扩充涂装车间、升级焊装车间及其他新能源乘用车完整生产工艺，总产能扩展至 15 万辆/年。

2020 年 2 月，北汽云南瑞丽汽车有限公司昆明分公司完成国家工业和信息化部生产资质准入审核及产品目录公告工作。2021 年，生产纯电动乘用车 EU5、EU7、EC5 共计 5540 辆，全部完成销售。

3. 东风云汽整体搬迁升级改造项目

东风云南汽车有限公司整体搬迁升级改造项目于 2017 年 7 月备案，为原产能规模 3.2 万辆整车生产能力不变进行整体搬迁。目前，项目已完成一期一阶段（1.2 万辆/年）项目建设，正在推进一期二阶段研发试制中心建设工作。

4. 江铃昆明公司项目

江铃昆明公司项目位于杨林经开区汽车产业园，设计整车生产规模为 10 万辆/年，分两期规划建设。项目一期含冲压、焊装、涂装、总装等。2018 年 12 月底，总装车间建成并完成设备安装调试投入使用，先行采取无动力车身组装方式投产，生产规模为 5 万辆/年，车型以 E200 为主，以 E160、E400 等车型为辅。2019 年 5 月，江铃昆明公司基地总装车间建成投产，具备组装生产 5 万辆/年生产能力。2020 年已完成项目一期全线设备安装调试并实现投产，生产规模为 5 万辆/年。2021 年，生产纯电动乘用车小雷达 510 辆，全部完成销售。

四、2021 年新能源汽车项目及园区建设情况

按照云南省现有园区产业布局规划，昆明滇中新区汽车产业园将作为新能源汽车产业发展的核心聚集区，打造成为云南省重要的新能源乘用车生产基地。目前，滇中新区汽车产业园在新能源汽车，产业集群效应初步显现，产业配套能力日趋增强。

在产业配套方面，中汽中心高原试验室项目已实现试运行，昆明市新能源汽车运营信息管理及服务平台全面上线运营，主要承担全市新能源汽车以及充换电基础设施的公共数据采集等工作，东风云汽搬迁技改项目、北汽新能源汽车昆明项目、江铃集团新能源汽车昆明生产基地项目等已开工建设，加上落地滇中新区安宁工业园的云南航天神州汽车搬迁技改项目，滇中新区已形成“三车一中心”的汽车产业发展格局。未来，云南省将把该产业园打造成为中国“辐射东南亚、南亚的汽车制造及零部件加工基地”“产学研游一体化的汽车产业基地”“产城互动、产城融合的示范基地”。

五、2021 年基础设施建设及运行情况

2021 年，云南省高度重视充电基础设施建设布局，围绕目标任务，突出重点，配合编制印发《云南省充电基础设施建设实施方案（2020—2021 年）》，分行业分领域细化建设任务，压实责任，加快推进充电基础设施建设。建立月调度机制，跟踪充电基础设施建设进展，及时协调解决问题。截至 2021 年，全省共建成公共充电桩 18814 枪；住宅小区及私人充电桩 35275 枪，新建住宅预留接电安装条件车位 80941 个，完成目标任务 58%；建成换电站 24 座，完成目标任务 60%。

云南省在氢气制取、储运、氢燃料电池整车制造、燃料电池发动机系统、基础材料等方面均有布局。2021 年 12 月，云南省首座加氢站在丽江古城环城东路北站建成，设计加注压力 35 MPa，建成后日均加氢能力 500 kg。

“十四五”时期是云南省扩大新能源汽车消费、实现产业规模化聚集发展的关键时期，云南省将重点做好四个方面的工作：

一是逐步提升新能源汽车产业规模。到 2025 年，新能源整车企业均实现规模化经营，企业产销规模、发展质量和效益稳步提升，具备年产 35 万辆新能源汽车能力，实现年销售收入 300 亿元，把新能源汽车建设成为示范引领强、特色优势突出、配套功能完善的产业集群。

二是加快完善新能源汽车产业链。到 2025 年，争取引进 3~5 家新能源汽车系统总成及核心零部件企业，并依托总成企业培育、构建相关子产业链，实现新能源汽车本地配套率达 60%，形成较完整的动力电池产业链，基本建成整车、零部件集聚发展的新能源汽车产业集群。

三是稳步推进充换电基础设施建设。按照“车桩相随、适度超前”的原则，加快建设相对完善的充换电设施网络，区域布局更加完善，其中居民区基本实现有序慢充为主、应急快充为辅，高速公路服务区、机场、车站、大型公共服务场所等实现全覆盖；鼓励开展换电模式试点应用，适时开展氢能供给体系及加氢站的建设。

四是积极打造新能源汽车产业创新体系。到 2025 年，新能源汽车产业创新体系更加完善，新能源汽车及关键核心零部件技术整体上达到行业先进水平，产业发展质量稳步提升；围绕智能电动汽车，争取引进基础数据与软件相关产业，推进新能源汽车相关的研发设计、销售服务、检测认证以及智能路网改造有序建设，汽车产业链更加丰富。

陕　西　省

一、2021 年新能源汽车与智能网联汽车产业概况

1. 产业规模稳居全国前列

2021 年，陕西省汽车产量和新能源汽车产量双双创历史新高，全省汽车产量 80.1 万辆，同比增长 27.5%，高出全国 24 个百分点，各地汽车产量排名由原来的 16 位晋升到 14 位。其中，新能源汽车产量 27.14 万辆，增长 2.6 倍，增速高出全国 201 个百分点，产销规模居全国第一。

2. 龙头企业核心竞争力不断增强

比亚迪是唯一一家同时掌握整车及电池、电机、电控三电核心技术,并全产业链布局的车企,“秦”“宋”等系列新能源车型供不应求,从年初开始,企业已经全线满产新能源汽车,上半年新能源汽车产量34.4万辆,同比增长4.4倍。陕汽在新能源商用车领域起步较早,参与新能源汽车领域3项国家863和2项国家科技支持计划项目,推出的轩德E9系列纯电动中轻卡物流车性能优异,竞争优势明显。

3. 产业链发展集聚效应明显

整车方面,全省现有和在建新能源汽车项目产能规模达到200万辆以上。包括:西安比亚迪产能达到140万辆(已有60万辆,在建40万辆,即将签约40万辆);陕汽10万辆纯电重卡项目;吉利集团在陕投资的西安、宝鸡2个整车生产基地,产能规模超过50万辆,吉利与戴姆勒集团合作引入的高端合资品牌奔驰SMART电动车,将在西安吉利年底量产,并且西安吉利、宝鸡吉利也在加快现有车型的电动化升级。以及雷丁秦星、渭南开沃、渭南帝亚等一批新能源汽车项目。配套方面,比亚迪众迪30 GWh动力电池、三星环新10 GWh电池、越博动力、法士特新能源汽车变速器、汉德电动车桥等项目相继建成,北汽新能源“双创”园及铜川玲珑轮胎等一批项目加快建设。同时,比亚迪围绕整车本地化配套,已启动了包括电机、电控在内的40万辆零部件基地项目建设,届时,陕西省将形成新能源汽车全产业链发展格局。

二、2021年新能源汽车推广应用情况

2021年,全省新能源汽车保有量22.3万辆,占汽车总量的2.7%(全省汽车保有量821.6万辆),占汽车总量的2.7%,基本保持与全国同步水平。其中,西安市新能源汽车保有量17.5万辆,公共领域中,公交车推广5977辆,出租车推广7056辆,网约车推广14909辆。

三、2021年新能源汽车与智能网联汽车主要企业经营情况

比亚迪汽车有限公司,主要车型“秦”“宋”品牌系列化混合动力、纯电动乘用车,2021年比亚迪产销汽车41.06万辆和41.1万辆,同比增长61.4%和61.6%,其中传统燃油车产销14.2万辆和14.31万辆,下降27.17%和26.85%,新能源汽车产销26.85万辆和26.8万辆,增长352.58%和356.71%。实现产值426.15亿元,增长75.18%。

四、2021年新能源汽车与智能网联汽车项目及园区建设情况

西安吉利、比亚迪二期、陕汽重卡扩能等一批节能与新能源汽车重大项目落地建设。其中,西安吉利项目将于2021年下半年建成投产,陕汽重卡扩能项目将于2022年底建成。

五、2021年基础设施建设及运行情况(统计领域包括:充换电站、加氢站)

2021年,纳入智能车联网平台管理的公共及专用充电站共2065个,充电枪3.5万支,在全省范围内已建成“米”字型高速充电服务网络,拥有充电桩建设运营单位已超过300家,满足全省电动汽车的电需求。

六、发展规划

《陕西省乘用车(新能源)产业链三年行动计划》明确提出,陕西乘用车产业链发展以新能源汽车作为发展主攻方向,以整车“链主”企业为核心,通过链主带动、配套协同、平台支撑、园区承载,壮大一批成熟品牌整车、聚集一批重点配套企业、打造一批专业化园区、搭建一批技术创新平台、突破一批关键技术和产品、招引一批重大项目、夯实一批发展任务,到2023年,乘用车(新能源)整车产能规模突破200万辆,产销规模力争150万辆,乘用车产业链产值力争突破3500亿元。

七、本地区新能源汽车企业产销量统计表

生产企业名称	产品商标	车辆类型	通用名称	产量统计(辆)	销量统计(辆)
比亚迪汽车工业有限公司	比亚迪	插电式混合动力乘用车	秦、宋	133751	133751
比亚迪汽车工业有限公司	比亚迪	纯电动乘用车	秦、宋	82966	82966

甘 肃 省

一、2021年新能源汽车与智能网联汽车产业概况

甘肃省依托丰富的镍、钴、锂等电池材料基础矿产资源禀赋,结合现有产业基础,加快培育壮大全省新能源汽车产业链,基本形成了以新能源乘用车、公交车、商用车生产以及电池材料为主的新能源汽车产业集聚区。新能源汽车生产方面,主要有甘肃建投重工、兰石兰驼、亚太新能源、广通新能源等一批新能源改装车生产企业和全省唯一一家具有新能源整车生产资质的企业兰州知豆汽车公司,知豆公司目前正在进行战略重组。全省已建成冲压、焊装、涂装、总装等标准化汽车生产线,涉及新能源客车、纯电动乘用车、专用车、电瓶车、物流车、商务车、特种车等生产领域。新能源电池材料方面,形成了以电池前驱体及正极材料、电池负极材料、电解液、动力电池回收利用为主的产业体系。兰州金川科技园已形成5.2万t/年镍钴锰三元前驱体、3万t/年正极材料、1.2万t/年四氧化三钴、5万支/天镍氢电池、5000 t/年废旧电池回收产能;电解铜箔建成投产3万t/年,在建23万t/年,在兰州新区形成铜箔材料生产基地;电解液在建2.55万t;负极碳素材料在建10万t,新引进35万t,打造具有世界一流水平的负极材料生产基地;金属硅在建40万t/年,将与兰西

城市群光伏产业形成上下游关系；红古区在建年产 20 万 t 废铅酸蓄电池回收产能。

二、2021 年新能源汽车推广应用情况

2021 年，全省推广应用节能与新能源汽车 12764 辆，其中：新能源客车 1281 辆，新能源乘用车 10325 辆，新能源专用车 1158 辆。

三、2021 年新能源汽车与智能网联汽车主要企业经营情况

2021 年，兰州广通新能源汽车公司完成产量 119 台，当年销售 117 台，实现主营业务收入 10014.36 万元。兰州知豆汽车公司新能源乘用车销售 150 辆，实现主营业务收入 435.4 万元。甘肃建投重工科技有限公司主要营销的四类新能源纯电动环保专用车（垃圾、洒水、清洗、抑尘）共销售 18 台，实现营业收入为 1172.87 万元。兰州兰石集团兰驼农业装备有限公司组织架构调整，业务版块变化，主要进行新能源汽车的运营租赁，租赁新能源物流车 43 辆，无新产品销售，租赁收入约 190 万元。

四、2021 年新能源汽车与智能网联汽车项目及园区建设情况

为抢抓国家新能源汽车产业快速发展机遇，甘肃省正全力协调加快兰州知豆公司破产重组进程，力争下半年完成产线升级、实现新产品样品下线。此外，甘肃建投重工科技有限公司与浙江吉利新能源商用车集团有限公司以线上“云签约”的形式已签署战略合作协议，双方将围绕新能源和清洁能源专用车联合开发与应用，共同开拓西北区域市场，促进全省新能源汽车产业发展。新能源电池材料产业方面，加快推动东方希望集团 40 万 t/年金属硅、宝武碳业 10 万 t 全流程一体化负极材料、海亮年产 15 万 t 高性能铜箔材料建设进度；德福高档电解铜箔建设项目（二期 1.8 万 t）已基本建成，预计 2022 年可实现 3 万 t 铜箔产能；宝方年产 10 万 t 超高功率石墨电极生产线项目已建成，国产线进入调试阶段。

五、2021 年基础设施建设及运行情况

甘肃省积极推进充电基础设施建设，目前共建设充电站 669 座，充电桩 8856 个，其中慢充 5706 个，快充 3150 个；建成换电站 292 个。

六、发展规划

2022 年 4 月，经甘肃省政府同意，省工信厅会同省发改委、省科技厅、省财政厅、省交通厅印发了《甘肃省新能源汽车产业发展实施意见》，明确了“十四五”以及中长期全省新能源产业发展方向和重点，即以省内现有产业基础和重点企业为依托，以纯电动汽车、混合动力汽车、燃料电池汽车为“三纵”，积极布局新能源动力电池和电池新材料生产、研发、测试以及新材料应用体系；以动力电池与管理系统、驱动电机与电力电子、网联化与智能化技术为“三横”，逐步构建关键零部件技术供给体系，提升基础关键技术、关键材料、先进工艺、核心零部件等研发能力，旨在结合甘肃省产业基础，充分发挥资源优势和行业特色，培育壮大全省新能源汽车产业链，助推强工业行动实施，为全省经济发展注入新动能。

七、本地区新能源汽车推广应用统计表

（单位：辆）

车型 燃料	公交车	旅游大巴	公务车	出租车	租赁用车	私人用车	环卫车	物流车	邮政车	载货车	其他领域	合计
纯电动	1130	151	0	2246	0	5790	50	0	0	2	766	10135
插电式	0	0	0	78	0	837	16	0	0	0	25	956
换电式	0	0	0	0	0	1374	0	0	0	0	299	1673
增程式	0	0	0	0	0	0	0	0	0	0	0	0
燃料电池	0	0	0	0	0	0	0	0	0	0	0	0
超级电容	0	0	0	0	0	0	0	0	0	0	0	0
智能网联	0	0	0	0	0	0	0	0	0	0	0	0
合　计	1130	151	0	2324	0	8001	66	0	0	2	1090	12764

八、本地区新能源汽车企业产销量统计表

生产企业名称	产品商标	车辆类型	通用名称	产量统计（辆）	销量统计（辆）
兰州知豆电动汽车公司	知豆	纯电动轿车	D2S	150	150
兰州广通新能源汽车公司	广通	纯电动客车	公交车	119	117

九、本地区电动汽车充（换）电站（桩）统计表

城市名称	充电站		充电桩		换电站	
	2021 年新建数量（座）	2021 年底保有量（座）	慢充（个）	快充（个）	2021 年新建数量（座）	2021 年底保有量（座）
兰州市（不含新区）	0	213	2990	0	0	0

续上表

城市名称	充电站		充电桩		换电站	
	2021 年新建数量(座)	2021 年底保有量(座)	慢充(个)	快充(个)	2021 年新建数量(座)	2021 年底保有量(座)
兰州新区	6	32	25	217	0	280
酒泉市	4	18	250	90	0	0
嘉峪关市	1	3	197	189	0	0
张掖市	0	10	587	0	3	3
金昌市	0	4	9	74	0	0
武威市	1	12	282	321	0	0
白银市	2	15	80	156	0	1
定西市	187	206	69	661	1	8
天水市	6	28	56	288	0	0
平凉市	1	1	189	440	0	0
庆阳市	40	40	532	63	0	0
临夏州	0	0	351	615	0	0
甘南州	0	0	2	36	0	0
陇南市	0	87	87	0	0	0
合　计	248	669	5706	3150	4	292

浙 江 省

一、2021 年新能源汽车与智能网联汽车产业概况

1. 总述

2021 年,浙江省新能源汽车产量 21.51 万辆,其中新能源乘用车 21.25 万辆,新能源商用车 0.26 万辆,涌现出合众、零跑、威马等一批新势力车企。零部件方面,新能源汽车关键核心零部件制造能力不断提升,部分领域达到国际领先水平。纵观全省,已初步形成汽车整车企业与关键原材料企业、核心零部件企业全产业链协作发展的综合体系。

当前,浙江省智能网联汽车呈现特色化、区域化、集群化发展趋势。其中,杭州电子信息产业较为发达,产业资源最好,集聚省内主要龙头企业;宁波汽车产业基础良好,吉利、上汽大众等整车企业可带动部分智能网联零部件企业在本地配套;湖州、嘉兴两地积极培育智能网联汽车,培育力度全省领先;台州、金华、绍兴、温州虽有整车布局,但是智能网联汽车产业基础较为薄弱。

2. 电动汽车产业

动力电池市场初具雏形。目前华友钴业、道明光学、南都电源、容百科技、金鹰股份、航天彩虹、杉杉股份、永兴材料、永太科技、横店东磁、钱江摩托、杭电股份等 20 余家公司从事电池材料的研发生产;维科技术、杭可科技、容百科技、南都电源、万向一二三、微宏动力等 10 余家公司以研发和生产动力电池为主营业务。其中瑞浦能源进入 2021 年国内动力电池企业装机量前十。

驱动电机产业快速发展。圣龙股份、双林股份、星帅尔、卧龙电驱、方正电机和华瑞股份等近 10 余家上市公司以驱动电机的生产研发作为主营业务,研发能力大幅提升。

电子控制系统技术研发能力迅速提升。浙江省已有均胜电子、三花智控、双林股份、万安科技、爱柯迪、万里扬、中马传动、万向钱潮等一批上市公司从事该产业技术研发和生产。

3. 燃料电池汽车产业

氢燃料电池全产业链基本形成。近年来,通过积极招引和本地培育,全省初步形成涵盖氢气制备和储运、燃料电池系统及关键零部件、整车制造等较为完备的产业链,主要集聚于杭甬嘉等换杭州湾区域。整车方面,浙江中车和吉利集团加快推进氢能汽车产品研发和生产。氢燃料电池系统及核心零部件方面,全省已集聚爱德曼(燃料电池系统)、德燃动力(氢燃料发动机)、国家电投(电堆)、普瑞均胜(控制系统)、宁波氢远(双极板)、绍兴俊吉(催化剂、膜电极)、汉丞新能源(膜电极)、宁波拜特(检测设备)等一批国内氢能装备研发制造领先企业,涉及燃料电池核心材料、电堆、系统、检测和运营等环节。氢燃料电池汽车应用推广已逐步铺开,宁波、湖州、嘉兴、金华、舟山等城市均有布局。2021 年,浙江省拥有氢燃料电池汽车领域重点企业 90 家,涌现出东华能源、氢远能源、嘉化能源、氢途科技等一批龙头企业。

氢能供给保障能力持续加强。制氢产能方面,宁波、嘉兴、绍兴、金华、衢州等地高纯度氢气产能可达 10 万 t 以上,嘉化能源、宁波金发、卫星石化、万华化学等工业富产氢企业资源综合利用能力不断加强。随着中广核、华润电力等一批制氢项目建成投产,浙江制氢能力将得到持续提升。储氢能力方面,巨化集团、杭氧股份、杭州贝斯特、锋源氢能、林德气体等企业储运氢设备研发和产业化能力不断提升,其中巨化集团与浙江大学联合研发 98 MPa 储氢罐,技术全球领先。预计 2025 年氢气供应可达 47.22 万 t/年。

4. 智能网联汽车产业

数字经济整体水平领先,为智能汽车发展提供重要保障。浙江省在互联网、人工智能、大数据、高精度地图等领域

涌现了一批领军企业，阿里开发的 Alios 斑马系统已在多款车型装配，激光雷达、毫米波雷达、高清摄像头等关键传感器制造水平国内领先。杭州、宁波等地加快推进“城市大脑”建设，将大数据运用于城市交通优化，并积极布局 5G 网络，为智能汽车和车联网发展提供了有力支撑。

拥有丰富创新资源，为智能汽车发展积蓄重要力量。吉利、万向等汽车龙头企业，以及浙江大学、阿里达摩院、清华长三角研究院等重大创新载体都在加快推进智能汽车相关核心技术攻关，阿里达摩院已研发适应城市道路的 L4 级自动驾驶技术，菜鸟物流在智能驾驶干线物流、快递配送领域已经着手道路测试，智能汽车技术创新势头强势。

二、2021 年新能源汽车推广应用情况

1. 总述

浙江省全面贯彻落实我省电动汽车发展和充电基础设施建设的决策部署，按照“桩站先行、适度超前”的总要求，发挥国家新能源汽车财政补贴资金、省级新能源汽车推广应用财政奖补资金等政策作用，全面加强新能源汽车推广应用，同时依托智能充电基础设施管理平台做好充电设施建设和运营管理工作，积极推进加氢站建设、车联网建设工作，推动我省新能源汽车推广应用走在全国前列。

2. 电动汽车推广应用工作

“十三五”期间，浙江省累计推广应用超过 42 万辆新能源汽车，其中杭州累计推广应用近 21 万辆，主城区公交车实现 100% 清洁能源化。2021 年，全省新建充电桩 1.27 万根，累计建成公共充电桩 62498 根。截至 2022 年 5 月底，全省新能源公交客运车保有量 2.88 万辆，出租客运 6934 辆。

3. 燃料电池汽车示范应用工作

2021 年 9 月，嘉兴成功纳入首批国家燃料电池汽车示范应用上海城市群。截至 2022 年 4 月底，全省累计建成加氢站 16 座，预计 2025 年建成加氢站 88 座；已推广运营氢能公交车 186 辆，氢能车辆行驶里程数超 200 万 km；嘉兴港区 3 辆氢能重卡试运行顺利。氢能供给方面，首个高效氢储能热电联供系统在嘉兴红船基地“零碳”智慧园区搭建完成，示范应用不断拓展。2021 年 11 月，省发展改革委等 6 部门联合发文出台《浙江省加快培育氢燃料电池汽车产业发展实施方案》；2022 年 6 月，省发展改革委批复宁波市、嘉兴市、绍兴市、金华市、舟山市、嘉善县、长兴县等 7 个地区为省级氢燃料电池汽车示范区（点）。

4. 新能源汽车换电模式应用试点工作

2021 年，全省各地均大力布局换电基础设施。杭州对符合要求的 66 个充换电设施项目给予市级财政补助；宁波市已累计布局近 10000 个充换电设施；衢州等地有新布局换电站。同时，中国石化销售股份有限公司浙江石油分公司在杭州杨家墩加油站落成浙江首座智能充换电站，可实现一键换电，时长不到五分钟。截至 2021 年底，公共领域充电站（包含公交）4991 座，换电站 62 座。

5. 智能网联汽车试点工作

宁波杭州湾新区的国家级城市智慧汽车基础设施和机制试点项目已实现区域中速（50~70 km/h）智能网联车辆 L4 级以上自动驾驶和车路协同测试应用，深化试点项目将对滨海六路、滨海四路等 15.3 km 道路开展智能化改造，并建设 AVP 自动泊车地面测试停车场（函 AVP 车位 20 个），预计 2022 年上半年完成建设。德清县省级自动驾驶与智慧出行示范区在全国首创并发布了支持开展自动驾驶测试服务的七条意见——“德清七条”，发布国内首个在城市级开展车联网道路基础设施建设方面的指导性地方标准规范《智能网联道路基础设施建设规范》；完成智能网联汽车测试场和 200 km 智能化道路改造、智能网联云控平台等建设。

三、2021 年新能源汽车与智能网联汽车主要企业经营情况

（1）浙江吉利汽车有限公司：2021 年新能源汽车产量 1.55 万辆。

（2）浙江豪情汽车制造有限公司：2021 年新能源汽车产量 3.25 万辆。

（3）零跑汽车有限公司：2021 年新能源汽车产量 2.59 万辆。

（4）合众新能源汽车有限公司：2021 年新能源汽车产量 7.01 万辆。

（5）威马汽车制造温州有限公司：2021 年新能源汽车产量 4.53 万辆。

四、2021 年新能源汽车与智能网联汽车项目及园区建设情况

目前，浙江省新能源汽车呈现出汽车产业集聚明显，零部件产业遍布全省的发展态势。整车生产基地主要集中在宁波杭州湾新区（吉利）、桐乡经济开发区（合众）、金华经济开发区（零跑）和瓯江口产业集聚区（威马）等地，杭州的万向集团新能源汽车项目仍在建设中；零部件基地遍布全省，总体来看，主要分布在杭州（萧山、钱塘区、余杭、临平）、宁波（鄞州、北仑、慈溪、余姚、宁海）、温州（瓯海、瑞安）、台州（玉环、路桥、温岭）、金华（婺城、永康、义乌）、湖州（长兴）、嘉兴（平湖、桐乡）、绍兴（新昌、诸暨）、丽水（龙泉）等地区。

五、发展规划

深入贯彻实施新能源汽车国家战略，顺应电动化、网联化、智能化、共享化发展趋势，突出创新驱动发展，增强核心技术创新动力，强化关键零部件基础配套能力，提升整车综合竞争实力，把市场优势转化为产业优势，打造自主可控、高效协同的现代化产业链，构建新能源汽车与新型基础设施、智慧交通、数字技术、绿色能源深度融合的产业生态，推动新能源汽车产业成为浙江省高质量发展的战略性支撑，加快建设汽车强省。

到 2025 年，全省新能源汽车产业规模持续做大，推广应用进一步扩大，综合发展水平争取位居全国前列。

（1）新能源汽车产量力争达到 60 万辆，规上工业产值力争达到 1500 亿元；培育生态主导型企业 10 家，“单项冠军”、“隐形冠军”和专精特新“小巨人”企业 100 家。

（2）整车和零部件技术创新、产品开发和检验检测等方面创新能力进一步提升，纯电动乘用车新车平均电耗优于 12 kWh/100 km，实现省级各类创新平台数量倍增。

(3)车载操作系统、感知与控制、车联网云控平台等智能汽车关键核心技术实现突破,L2 级别以上智能汽车技术新车渗透率达到 60% 以上。

(4)建成综合功能服务站 800 座以上、公共领域充电桩 8 万个以上(其中智能公用充电桩 5 万个以上)、自用充电桩 35 万个以上。

(5)氢燃料电池汽车在公交、港口、城际物流等领域量化推广氢燃料电池汽车近 5000 辆,建成加氢站近 50 座。

内蒙古自治区

一、概况

截至 2020 年底,内蒙古自治区拥有新能源整车生产企业 2 户:包头北方奔驰重型汽车股份有限公司,主要生产重型载货汽车、自卸车、专用车;奇瑞汽车股份有限公司鄂尔多斯分公司,主要生产轿车和越野车。新能源汽车整车产能 2.3 万辆,累计生产新能源汽车 1.76 万辆;新能源专用汽车产能 2 万辆;汽车动力电池生产企业 5 户,产能 8 GWh。新能源汽车动力电池企业有 1 户锂电池,4 户镍氢动力电池生产企业,各类动力电池材料产能 80 万 t。

二、生产经营

内蒙古新能源汽车产业发展较快,截至 2021 年底,具有新能源汽车整车资质的有两家企业,北奔重汽和奇瑞汽车,产能 2.3 万台。生产企业一家,北奔重汽(2019 年取得生产资质),产能 5 万辆,2021 年生产 919 辆;燃料电池汽车的样车已经下线并进入国家公告目录,但未投入批量生产。生产企业一家,奇瑞汽车(2018 年取得资质),产能 2.5 万辆,截至 2019 年底,累计生产新能源汽车 1.7 万辆。2020 年因市场问题停产。

正极材料生产 2 户企业,产能 4.4 万 t;在建项目 1 个,产能 40 万 t。负材料生产企业 16 家,产能 46.6 万 t,约占全国产能 15.5%,主要集中在呼和浩特市、鄂尔多斯市和乌兰察布市;在建项目项目 5 个,产能 33 万 t。电池隔膜生产企业 1 家,产能 1 亿 m^2;新建项目 2 个,产能 8.8 万 m^2。

动力电池主要有锂电池生产企业 2 户,镍氢电池 4 户,其中只有鄂尔多斯远景集团电池可以与新能源重卡配套。在建项目 1 个。燃料电池配套在建项目有 4 个,规模为 12000 套电堆、19000 套燃料电池系统。

三、市场发展

大力培育新能源汽车的骨干企业,支持企业积极面向市场,拓宽发展领域,快速发展壮大成为自治区装备制造业龙头企业。对重点新能源汽车企业,实行“一企一策”精准化支持,并实施动态调整:在细分领域达到国内前列、国际先进、具有显著行业辐射力和带动力的企业,重点解决其在项目落地、融资等方面的需求;具有核心竞争力和重要知识产权、具备高成长性、发展后劲强的企业,重点解决其在研发创新、管理、融资等方面的需求。

进一步加强对新能源汽车产业集群的规划引导,支持呼和浩特金山高新技术产业开发区新能源汽车产业园、鄂尔多斯装备制造产业基地、包头装备制造产业园区等基础较好的工业园区成为自治区新能源汽车产业的集聚区和招商引资的主平台,发挥龙头企业的作用,发展协作配套的中小企业,积极承接产业转移,壮大产业规模。积极帮助有条件的盟市引导新能源汽车产业提升产业结构,向产业园区集聚,形成一批新能源汽车产业的园区。各级政府和有关部门要在资金投入、土地、环保等方面对新能源汽车产业重点项目给予优先扶持,加快项目建设进度,做大做强产业集群,进一步提升汽车产业在我区装备制造业的比重。在培育壮大新能源汽车产业集群的同时,要积极争取国家政策支持,引进一批具有国际竞争力的汽车制造企业,借鉴其他省市发展新能源汽车产业的做法,制定特别优惠政策培育整车企业发展,鼓励企业科研投入,吸引外资企业进入,推动我区汽车产业实现跨越式发展。

四、新能源汽车推广应用情况

内蒙古新能源汽车产业及推广应用工作取得进展,自治区有关部门认真落实《自治区政府办公厅关于加快新能源汽车推广应用的实施意见》精神,加大政策宣传力度,细化任务,明确目标,落实支持政策,营造了推广应用新能源汽车的良好社会氛围。2021 年,全区共推广应用新能源汽车 12759 台,其中电动公交车 1393 台,纯电动厢式货车和重卡合计 119 台,电动乘用车 10928 台,燃料电池汽车 88 台,电动专用车 284 台。

充电基础设施建设稳步增长,新能源汽车运行条件逐步改善。截至 2021 年底,全区共建成充换电站 419 个、各类充桩 6866 个。呼和浩特市、包头市、乌海市和鄂尔多斯市初步构建了城市公交车的充电网路,其他盟市充电基础设施建设也处在高速增长期。自治区规划到 2025 年,全区充换电基础设施建设基本完善,新建公共充电站不低于新建各类充电桩不低于 2.7 万个。为鼓励使用新能源汽车,降低运行成本,自治区出台了《自治区政府关于进一步深化电力体制改革促进产业结构调整有关事宜的通知》(内政发〔2016〕61 号),将新能源汽车充电列入优先交易范围,风光发电参与,不设限值,使新能源汽车运行成本进一步降低。

新疆维吾尔自治区

一、2021 年新能源汽车与智能网联汽车产业概况

1. 总述

新疆汽车产业以整车装配为主,现有生产企业均是我国汽车大企业、大集团在疆内设立的子公司或分公司,全部位于乌鲁木齐经济开发区。截至 2021 年底,有公告资质整车生产企业 4 家,2 家乘用车、2 家商用车整车企业,备案整车产能 20 万辆,实际建成整车产能 9 万辆,其中乘用车产能

7 万辆、商用车产能 2 万辆。4 家整车生产企业,2021 年生产汽车 14961 辆,实现工业总产值 25.88 亿元。

2. 电动汽车产业

霍尔果斯国盛车马赫汽车零部件生产项目已于 2021 年 12 月试生产,填补了新疆新能源汽车产业链空白。项目一期建成后具备年产 300 万套新能源汽车纯电、混合动力的电机壳以及混合动力的发动机缸盖的能力,产品主要供应标致、雪铁龙、宝马等欧洲汽车制造商。

二、2021 年新能源汽车推广应用情况

1. 总述

新疆 15 个地州市 2021 年推广新能源汽车 11642 辆(以 2021 年 1—12 月登记的新能源汽车专用号牌为准)。2016 年以来,新能源汽车保有量 23725 辆。其中,纯电动新能源汽车保有量为 15222 辆,插电式混合保有量为 8503 辆(备注:未登记专用新能源汽车号牌车辆不在统计范围内)。

2. 电动汽车推广应用工作

自治区工信厅联合国网新疆电力有限公司共同起草《自治区关于进一步加快新能源汽车推广应用和产业发展的指导意见》,待自治区人民政府办公厅审定后印发实施,该文件将是新疆维吾尔自治区"十四五"期间新能源汽车推广应用及产业发展的纲领性文件。协助自治区机关事务管理局出台《新疆维吾尔自治区党政机关租赁新能源汽车管理规定》。

三、2021 年基础设施建设及运行情况

截至 2021 年底,新疆充电基础设施保有量 3154 台(座),其中充电站 101 座,换电站 4 座;私人桩 134 台,公共桩 1363 台,专用桩 1552 台;智慧充电服务平台已接入充电设施近 1000 台。

四、本地区新能源汽车推广应用统计表

(单位:辆)

燃料 \ 车型	公交车	旅游大巴	公务车	出租车	租赁用车	私人用车	环卫车	物流车	邮政车	载货车	其他领域	合 计
纯电动	3388	237	0	1977	0	9012	0	0	0	97	511	15222
插电式	1293	20	0	0	0	7086	0	0	0	1	103	8503
换电式	0	0	0	0	0	0	0	0	0	0	0	0
增程式	0	0	0	0	0	0	0	0	0	0	0	0
燃料电池	0	0	0	0	0	0	0	0	0	0	0	0
超级电容	0	0	0	0	0	0	0	0	0	0	0	0
智能网联	0	0	0	0	0	0	0	0	0	0	0	0
合 计	4681	257	0	1977	0	16098	0	0	0	98	614	23725

沈 阳 市

一、2021 年新能源汽车与智能网联汽车产业概况

近年来,沈阳市新能源汽车产业发展情况整体向好,2019、2020 年全市新能源汽车产量均突破 3 万辆,分别为 3.3 万辆和 3.2 万辆。为加快新能源汽车产业发展,结合沈阳市发展实际,于 2021 年 6 月份出台了《沈阳市加快新能源汽车产业发展及推广应用实施方案》。2021 年,沈阳市新能源汽车产量达到 71592 辆,产量同比增长 126%,全年新能源汽车完成产值 241.8 亿元,增长 112.9%。

新能源整车企业方面,华晨宝马是沈阳新能源汽车产业的领军企业,目前在产的主要产品为 530LE、X1 混合动力,IX3 纯电动车型,3 系纯电动轿车将于 2022 年上半年在华晨宝马新工厂下线。新能源汽车零部件方面,华晨宝马已形成全球领先的动力电池系统集成能力,年产能达到 10.3 万套;国科金能公司拥有在国内处于领先水平的低温(-20 ℃)磷酸铁锂电池及正极材料技术,目前已经量产。敏能、凌云瓦达沙夫、汇晶纳米等新能源汽车电池配套企业项目都已建成投产。

以连续举办中国沈阳智能网联汽车国际大会为契机,沈阳智能网联汽车正在迅速发展,成立沈阳智能网联产业技术研究院、发放沈阳市首张自动驾驶测试牌照、累计签约计划总投资 82 亿元的战略合作项目 28 个。智能网联示范区建设已具雏形,先导区已建成 22 公里智慧道路。

二、2021 年新能源汽车推广应用情况

截至 2021 年底,沈阳市共推广新能源汽车 19186 辆,约占全部机动车辆的 0.7%。在公交领域,拥有公交车约 5500 辆,2021 年,对其中剩余的 1128 辆燃油车辆全部更换为新能源车辆,目前沈阳市公交车全部为新能源或清洁能源车辆。在出租车领域,拥有巡游出租汽车共计 21134 台,除 413 台燃油车辆和 36 台新能源车辆外,其余全部为清洁能源车辆或混合动力车辆,网络预约出租汽车中新能源车辆约为 259 台。在物流车领域,目前已推广 348 辆电动物流车。在公务车领域,市直机关已购置新能源汽车 30 台。

依托华为(沈阳)智能网联汽车云创中心,推动路侧设备本地化生产项目落地,搭建利用 5G、云计算等新一代信息技

术构建“创新-场景-转化”协同发展的智能网联产业生态圈。

三、2021 年新能源汽车与智能网联汽车主要企业经营情况

华晨宝马汽车有限公司是沈阳市目前唯一正在生产新能源汽车的企业,2021 年共生产新能源汽车 71592 辆,其中宝马 X1 插电式混合动力生产 960 辆,5 系插电式混合动力生产 26010 辆,iX3 纯电动生产 44527 辆(累计出口 21820 辆),3 系纯电动生产 95 辆。全年新能源汽车完成产值 241.8 亿元,增长 112.9%。

美行科技是我国智能网联汽车领域的领军企业,公司作为智能网联导航、智慧停车、车联网创新终端等多个细分领域的行业领军企业,科大讯飞和腾讯先后投资美行科技,成为公司第二、第三战略股东,拥有大众汽车、本田、丰田、马自达、奔驰、宝马等标志性客户。2021 公司实现主营业务收入 5 亿元。

四、2021 年新能源汽车与智能网联汽车项目及园区建设情况

(1)华晨宝马产品升级项目(大东工厂):项目总投资 93 亿元,对现有 BMW5 系车型生产线扩建新厂区,新建冲压车间、车身车间、涂装车间和总装车间,预计 2022 年 5 月投产,将推出 X5 新车型。

(2)华晨宝马新工厂项目(铁西厂区):项目总投资 190 亿元,主要新建冲压车间、车身车间、涂装车间、总装车间、物流车间以及配套设施,正在进行设备调试,预计 2022 年 5 月投产。

(3)华晨宝马研发中心二期扩建项目:研发中心二期扩建项目在原有研发中心二期的基础上,对实验中心和试验车间设施进行扩建,将于 2022 年建成并交付使用。

(4)采埃孚 HEAT GEN 5 新能源电驱动系统及电机装配生产基地项目:项目总投资 10 亿元,建设电驱动系统装配、电机生产基地,生产销售具有国际领先技术、符合未来发展趋势的下一代高度系统集成化三合一(减速器、电控、电机)电驱动桥及电机等产品。预计 2023 年建成投产,将填补沈阳市新能源驱动电机空白。

五、2021 年基础设施建设及运行情况

为规范沈阳市新能源汽车充电基础设施建设、运营和安全管理,加快新能源汽车推广应用,制定出台了《沈阳市新能源汽车充电基础设施建设运营管理暂行办法本办法》。截至 2021 年底,全市累计建成公共充电站点 177 座,公共充电终端 2607 个,其中 2021 年新建 711 个。主要分为两类:一类是为公交场站配套充电基础设施企业,按照公交车更新的数量,开展充电站建设,白天对社会车辆开放,晚间主要为公交车辆充电,如安运、地铁新能源、黛朦等企业。目前沈阳市此类充电终端约为 1036 个,约占全市公共充电终端数量的 40%。另一类是单纯为社会乘用车辆提供充电服务的企业,特斯拉、蔚来、特来电、国网电动汽车等企业在我市共建设此类充电终端约为 1571 个,约占全市公共充电终端数量的 60%。

六、发展规划

坚持电动化、同联化、智能化发展方向,重点突破一批关键核心技术,提升产业基础能力,打造新型产业生态,构建以整车为龙头,带动动力电池、驱动电机、汽车电子等关键零部件快速发展的产业体系。到 2023 年,全市新能源汽车产量达到 44 万辆,推广应用总量达到 4 万辆,公共充电终端达到 7000 个。

七、本地区新能源汽车推广应用统计表

(单位:辆)

车型 / 燃料	公交车	旅游大巴	公务车	出租车	租赁用车	私人用车	环卫车	物流车	邮政车	载货车	其他领域	合 计
纯电动	0	0	0	0	0	0	0	0	0	0	0	10220
插电式	0	0	0	0	0	0	0	0	0	0	0	8460
换电式	0	0	0	0	0	0	0	0	0	0	0	500
增程式	0	0	0	0	0	0	0	0	0	0	0	0
燃料电池	0	0	0	0	0	0	0	0	0	0	0	0
超级电容	0	0	0	0	0	0	0	0	0	0	0	0
智能网联	0	0	0	0	0	0	0	0	0	0	0	0
合 计	0	0	0	0	0	0	0	0	0	0	0	19186

八、本地区新能源汽车企业产销量统计表

生产企业名称	产品商标	车辆类型	通用名称	产量统计(辆)	销量统计(辆)
华晨宝马汽车有限公司	华晨宝马	插电式混合动力轿车	530Le 混合动力	26010	23701
华晨宝马汽车有限公司	华晨宝马	插电式混合动力多用途乘用车	X1 混合动力	960	1169
华晨宝马汽车有限公司	华晨宝马	纯电动多用途乘用车	X3 纯电动	44527	44266
华晨宝马汽车有限公司	华晨宝马	纯电动车	i3	95	29

九、本地区电动汽车充(换)电站(桩)统计表

城市名称	充电站		充电桩		换电站	
	2021 年新建数量(座)	2021 年底保有量(座)	慢充(个)	快充(个)	2021 年新建数量(座)	2021 年底保有量(座)
沈阳	48	177	290	2317	5	10

大 连 市

一、2021 年新能源汽车与智能网联汽车产业概况

大连新能源汽车示范总数量为 31530 辆,新能源公交车数量总数量为 3000 辆,市内新能源公交车数量为 1700 辆,城际新能源公交车数量为 1300 辆,新能源物流车总数量为 600 辆,新能源物流车租赁车数量为 200 辆,各公司自用新能源物流车数量为 400 辆,公务新能源车数量为 200 辆,新能源私人乘用车数量为 27120 辆,新能源出租车 1500 辆,智能网联汽车 10 辆。

二、2021 年新能源汽车与智能网联汽车项目及园区建设情况

为推动氢能产业发展,大连市专门成立了以市长为组长的氢能产业发展工作领导小组,并在领导小组第一次会议上明确发展氢能产业要规划先行,谋定而动,突出系统思维和市场化思维,以实现“关键核心技术自主可控”为核心,走“自主培育为主,引进消化吸收并重”的道路,加大产业发展初期投入,集中优势资源,精准发力,着力打造产业发展生态环境,引导鼓励社会资本共同参与大连市氢能产业发展。

在氢能产业发展领导机制建立的同时,氢能产业发展的规划初稿也已经完成。《大连市氢能产业发展规划》采用“1+N”的方式进行编制,即一个总体规划加 N 个专项课题研究。目前,已经完成规划编制及“国内外氢能产业发展趋势及大连重点产业领域选择研究”等 6 个专题研究。通过系列专项研究课题,将对氢能产业的应用链、科技链、产业链、未来氢能利用场景等问题进行深入研究,对大连市氢能产业发展工作发挥指导作用,也能够对总体规划落地实施形成支持。

与此同时,“大连市氢能综合利用示范工程”开始实施。据了解,“大连市氢能综合利用示范工程”将首先启动氢燃料电池汽车示范应用项目,包括本地化整车联合研制攻关、示范运营线路建设、加氢站建设和审批体制机制建立等内容。此外,多型氢燃料电池汽车整车联合研制项目也已开始实施;氢能大厦、氢能产业园已启动建设规划,相应的招商工作同步启动;氢能小镇、氢能分布式能源等示范应用场景的开辟研究工作已经展开。

目前政府鼓励和审批机制建设取得重大进展。《大连市加快培育氢能产业发展的指导意见》等配套文件已完成多轮专家咨询论证,开始征求意见;《大连市氢燃料电池汽车加氢站管理办法》已完成初稿;氢能产业相关技术标准研究制定工作已经全展开。随着上述文件的陆续出台,全市将初步构建起积极的政策生态环境,为氢能产业市场化发展扫清政策障碍,夯实发展基础。

三、发展规划

5 年财政出资 10 亿元支持氢能产业发展。

长 春 市

一、2021 年新能源汽车与智能网联汽车产业概况

1. 总述

截至 2021 年底,长春市拥有一汽红旗、一汽奔腾、一汽大众、一汽丰越、一汽解放等整车企业 5 户,整车产能达 204.4 万辆。2021 年,全市汽车工业产值 6142.8 亿元,同比下降 1.2%。全市统计口径累计产销整车 242.1 万辆和 240.2 万辆,同比分别下降 8.8% 和 9.3%,其中乘用车自主品牌共实现产销 38.7 万辆和 37.5 万辆。截至 2021 年底,全市拥有规模以上汽车零部件企业 384 户,拥有生产 188.8 万台发动机、130 万台变速箱的能力。2021 年,全市规上汽车零部件实现产值 1591.8 亿元,同比增长 0.9%,占汽车工业总产值的 25.9%。

2. 电动汽车产业

2021 年,长春市汽车产业加速向电动化转变。一批新能源汽车重点项目取得积极进展,20 万辆产能的红旗新能源工厂正式投产,奥迪与一汽合资生产新能源汽车项目、比亚迪与一汽合资生产动力电池项目正式签约。

红旗 EQM5、奔腾 NAT、大众 ID4 CROZZ 等一批全新研发的新能源车型陆续投放市场。与此同时,长春正式获批“国家新能源汽车换电模式应用试点城市”,正全力推进换电汽车推广及换电站建设工作。2021 年,全市新能源整车产销分别为 105805 辆和 102679 辆。

3. 智能网联汽车产业

2021 年,长春市国家智能网联汽车应用北方示范区新开放 17 公里道路,主要用于测试和商业运营初探。具体包括 7 km 东、西部快速路之间的北部快速路路段,10 km 从长春东互通立交桥经珲乌高速向西龙嘉机场方向封闭路段;将道路场景丰富至城市路网、高架桥路段及部分高速路段。采用动态交通信息的 3D 高精度地图将 V2X 技术应用至 39 个场景。

二、2021 年新能源汽车推广应用情况

1. 总述

2021 年，长春市在公交领域推广纯电动公交车 394 辆，推广换电出租车 1942 辆。

2. 电动汽车推广应用工作

公交领域推广纯电动公交车 394 辆。

3. 新能源汽车换电模式应用试点工作

截至 2021 年底，长春市累计推广换电汽车 1942 辆，新建并投运换电站 41 座。

三、2021 年新能源汽车与智能网联汽车主要企业经营情况

1. 总述

2021 年，在缺芯、限电、疫情散发三重压力下，一汽集团实现产销 334.4 万辆和 350.1 万辆，同比下降 10.3% 和 9.4%，市场占有率达 13.3%，连续两年居全国前两名。

2. 电动汽车产业

2021 年，一汽集团新能源汽车产销分别为 11.4 万辆和 11.5 万辆。

四、2021 年新能源汽车与智能网联汽车项目及园区建设情况

（1）一汽红旗新能源汽车工厂：年产能为 20 万辆新能源汽车，产值将达到 600 亿元，直接带动就业 3000 余人。项目 2021 年 6 月底实现首批新能源汽车下线；12 月末，工厂正式启动量产。

（2）奥迪一汽新能源汽车项目：项目规划引入 PPE 平台，工厂计划投资额超过 300 亿元人民币，规划年产能 15 万辆，计划 2022 年初开工建设。

（3）一汽弗迪新能源科技有限公司动力电池项目：计划 2022 年动工，项目总投资 135 亿元，建成投产后每年可满足 60 万辆电动汽车配置需求，实现年产值 200 亿元以上。

五、2021 年基础设施建设及运行情况

截至 2021 年末，长春市已累计建成、并接入省充电信息平台的各类充电桩 994 余个（未接入省信息平台项目未纳入统计范围），换电站 41 个。

六、本地区新能源汽车推广应用统计表

（单位：辆）

燃料＼车型	公交车	旅游大巴	公务车	出租车	租赁用车	私人用车	环卫车	物流车	邮政车	载货车	其他领域	合　计
纯电动	394	0	0	0	0	0	0	0	0	0	0	394
插电式	0	0	0	0	0	0	0	0	0	0	0	0
换电式	0	0	0	1942	0	0	0	0	0	0	0	1942
增程式	0	0	0	0	0	0	0	0	0	0	0	0
燃料电池	0	0	0	0	0	0	0	0	0	0	0	0
超级电容	0	0	0	0	0	0	0	0	0	0	0	0
智能网联	0	0	0	0	0	0	0	0	0	0	0	0
合　计	394	0	0	1942	0	0	0	0	0	0	0	2336

七、本地区新能源汽车企业产销量统计表

生产企业名称	产品商标	车辆类型	通用名称	产量统计（辆）	销量统计（辆）
中国第一汽车集团有限公司	红旗	纯电动轿车	E-HS3	300	929
			E-QM5	23353	16641
			E-HS9	8438	5481
一汽奔腾轿车有限公司	奔腾	纯电动轿车	NAT	9169	9130
一汽大众汽车有限公司	大众	纯电动多用途乘用车	ID.4 CROZZ	29243	26853
			ID.6 CROZZ	11870	10366
		纯电动轿车	高尔夫·纯电	0	640
			宝来·纯电	1000	1860
		插电式混合动力轿车	迈腾 GTE 插电混动	6094	10276
		插电式混合动力多用途乘用车	探岳 GTE 插电混动	6134	9197
	奥迪	插电式混合动力轿车	奥迪 A6L e-tron	4405	4334
		纯电动多用途乘用车	奥迪 Q2L e-tron	2908	3814
			奥迪 e-tron	1069	1564

续上表

生产企业名称	产品商标	车辆类型	通用名称	产量统计(辆)	销量统计(辆)
一汽解放汽车有限公司	解放	纯电动牵引车	—	830	652
		纯电动载货车	—	24	12
		纯电动自卸车	—	120	95
		纯电动专用车	—	80	67
		10.5 m 纯电动城市客车	—	443	443
		10.5 m 纯电低入口城市客车	—	206	206
		8.5 m 纯电动城市客车	—	89	89
		10.5 m 燃料电池低入口城市客车	—	2	2
		纯电动厢式运输车	—	28	28
合计(辆)				105805	102679

八、本地区电动汽车充(换)电站(桩)统计表

城市名称	充电站		充电桩		换电站	
	2021 年新建数量(座)	2021 年底保有量(座)	慢充(个)	快充(个)	2021 年新建数量(座)	2021 年底保有量(座)
长春	15	97	53	938	41	41

南　京　市

一、2021 年新能源汽车与智能网联汽车产业概况

1. 总述

作为国家重要的汽车产业基地,南京市始终坚持规模质量并举、区域错位协同、配套体系完善、特色集群突破、创新能力提升的原则,以科技创新为抓手,通过加快推进重点项目建设、完善产业支撑体系、提升产业集聚水平、突出产业发展特色,推动汽车产业转型升级稳步发展。2021 年,全市新能源汽车产业链实现营业收入 1300 亿元,同比增长超过 20%,其中 11 家新能源汽车整车生产企业共实现整车产量 7.95 万辆。

2. 电动汽车产业

(1)整车产品多元化。全市拥有整车生产企业 9 家,改装企业 14 家,新能源汽车产能突破 25 万辆,车型由最初的新能源客车,逐步拓展到家用轿车、公务用车、公交、物流、环卫、渣土、矿山等诸多领域。(2)创新资源丰富。全市共有南大、东大、南航、南理工等 7 所院校开设新能源汽车相关专业,新能源汽车从业人员超 10 万人,研发技术骨干约 2.6 万人,新能源汽车领域的省级重点实验室 6 家、新型研发机构 4 家,中汽创智、清研华科等各类重点创新平台 10 余个,技术优势显著,创新资源充分集聚。(3)产业要素集聚。南京市着力打造江北新区(含浦口区)、江宁区、溧水区、南京经济技术开发区等 4 个新能源汽车产业基地。

3. 燃料电池汽车产业

南京市燃料电池产业领域的企业基本覆盖制氢、储氢、电堆核心零部件、燃料电池整车等产业链关键环节。

(1)制氢领域:南京市化工园是国家级化学工业园区,产业规模与综合竞争力位居全国同类园区前列,园区内集中 4 家重点制氢企业,生产方式涵盖热化学重整制氢、副产氢提纯、电解水制氢等多种制氢方式,总产量位于国内前列。

(2)储氢领域:南京精工新材料有限公司已掌握 70 MPa Ⅲ型储氢瓶技术,现成为行业内首家制定并发布 70 MPa 车用Ⅳ型储氢瓶生产规范的制造企业,70 MPa 车用Ⅳ型储氢瓶企业标准已经实施,其相关生产线建设项目已通过政府立项。

(3)电堆核心零部件领域:拥有南京东焱(催化剂)、南京动量材料(质子膜)等一批高成长性企业,同时,还引进了北京英博能源与加拿大路普能源合资共建的英博新能源项目,聚焦燃料电池双极板、冷却系统、电源系统等零部件的研发和产业化。

(4)燃料电池整车生产领域:开沃集团于 2016 年获得氢燃料客车生产资质,截至目前开沃汽车已获得超百辆氢燃料客车订单;上汽大通于 2019 年获得燃料电池环卫车的生产资质,扫路车、压缩垃圾车等产品已在上海、北京、青岛多地展开试用。

4. 智能网联汽车产业

秦淮区省级先导区内已累计实现 40000 km 的自动驾驶测试总长和超过 1500 h 的测试时长,广泛应用了莱斯网信、慧尔视、赛康、紫金山实验室、华为、亚信等本土企业的 40 余项新产品新技术,形成 2 项国家级行业推荐性标准。借鉴秦淮省级车联网先导区城市级测试道路建设经验,统筹建邺、江宁、溧水等三大板块自动驾驶测试道路和基础设施建设共计 23.4 km,建立多种道路类型 170 km 智能网联应用示范道路,支持实现 40 个以上的车路协同应用场景。

二、2021 年新能源汽车推广应用情况

1. 总述

2021 年,全市新注册登记新能源汽车 1.75 万辆,较去年同比增长 30% 以上。

2. 电动汽车推广应用工作

2021年当年新增及更新公交车、网约车、机场摆渡车等均为新能源汽车。全市新能源汽车总保有量超8万辆。

3. 燃料电池汽车示范应用工作

在高淳区、溧水区等重点区域规划布局氢燃料电池公交线路示范线，分别上线5台和11台氢燃料电池公交车。

4. 新能源汽车换电模式应用试点工作

全市已重点在重卡、出租车、私人领域实际推广换电车辆4000余辆。

5. 智能网联汽车试点工作

全市已累计发放13张自动驾驶测试牌照，实现5.2万个交通信号机、交通标志、充电桩等信息互联，形成12项数据交换标准，有效促进了车路协同体系规模化应用。

三、2021年新能源汽车与智能网联汽车主要企业经营情况

全市新能源汽车产业链纳统企业270余家，包含了生产、制造、销售、服务、配件等全产业链环节，其中年产值亿元以上的整车和零部件龙头企业130余家。在动力电池领域，随着LG、欣旺达、塔菲尔、国轩等新项目陆续投产，南京市动力电池产能规模快速提升；在汽车空调领域，奥特佳新能源在汽车空调压缩机的市场占有率国内、国际均名列前茅；在动力电池隔膜领域，中材科技南京玻纤院一次锂电膜、铅酸蓄电池隔膜市场占有率全国第一；在其他零配件领域，泉峰精密每年约一半新能源汽车铝合金压铸件出口欧洲，主要为标致雪铁龙、宝马、本田等企业供货，市场占有率国内排名第一。

四、2021年新能源汽车与智能网联汽车项目及园区建设情况

2021年全市“双百”项目库中新能源汽车产业项目30个。中汽创智“新一代智能电动汽车底盘平台”项目被纳入工信部“十四五”工业和信息化领域重大项目，“智能汽车自主化控制系统及关键部件”项目被列为国家发改委重大技术装备攻关项目。

五、2021年基础设施建设及运行情况

截至2021年末，全市建成公共充电站2074座，充电桩27131根，私人充电桩15017根。建设换电站28座、加氢站2座。

苏州市

一、2021年新能源汽车与智能网联汽车产业概况

1. 总述

2021年，全市拥有汽车及零部件规模以上工业企业626家，完成产值2413亿元，同比增长21.1%，占全市规模以上工业总产值的5.8%，占比提高0.1个百分点。全市整车产量63654辆，整车销量6.42万辆；新能源汽车产量5104辆，整车销量4876辆。

2. 电动汽车产业

全市新能源汽车产业涵盖整车、“三电”、充电设施等完整的产业链。拥有苏州金龙、奇瑞捷豹路虎等新能源汽车的车型开发、生产和销售企业；力神电池、星恒电源、宇量电池、正力、清淘、科力美、天鹏电源和新中能源等动力电池企业；绿控传动、凯博易控、汇川等电机电控行业领军企业；国网苏州供电、亨通龙韵、创元特来电、保泽新能源、亿为等27家省级充电设施建设运营资质企业。

3. 燃料电池汽车产业

在氢燃料电池领域，拥有相关企业超70家，覆盖电堆、系统、质子交换膜、膜电极等领域，电堆关键零部件和系统技术水平国内领先，部分领域达到世界领先水平，拥有重塑科技、擎动科技、弗尔赛、江苏清能、苏州中车、捷氢能源等多家重点企业。

4. 智能网联汽车产业

在智能网联汽车领域，拥有相关企业超200家，重点企业有魔门塔、智加科技、智华、安智等。

二、2021年新能源汽车推广应用情况（注：需统计并说明本年度推广量和保有量数据）

2021年，全市新增注册新能源汽车6.5万辆，新能源汽车累计保有量11.6万辆，占全部汽车保有量比重为2.46%，新能源汽车保有量位居全省第一位。

三、2021年新能源汽车与智能网联汽车主要企业经营情况

1. 电动汽车产业

捷力新能源是国内电池隔膜行业龙头企业，主要产品为锂离子电池隔膜，全年产销量均突破3亿m^2，占国内市场10%以上，主营业务收入11.5亿元，同比增长30.6%。国泰华荣主要产品包括鲤离子电池电解液、硅烷偶联剂，生产规模和工艺技术处于国际先进水平，主营业务收入29.4亿元，同比增长94.1%。

2. 燃料电池汽车产业

苏州擎动动力在催化剂和膜电极领域优势突出，国内装机量排名前三。弗尔赛技术创新实力突出，先后承担了多项专项课题的研发任务，专利累计200余项，多款电堆产品开展装车试验。国富氢能主要产品包括氢液化装置、液氢容器、液氢储运装备、高压氢气增压装置与加氢站、高压氢气容器、车载燃料供氢系统等，已为全国17座加氢站和1100余辆氢燃料电池汽车提供设备和服务，实现主营业务收入3.6亿元，同比增长45%。

四、2021年新能源汽车与智能网联汽车项目及园区建设情况

常熟汽车零部件产业基地是苏州目前规模最大的汽车产业集聚区，依托奇瑞捷豹路虎、观致、丰田研发“两整车一中心”的龙头带动，集聚了延峰安道拓、美桥、大陆、三菱、法雷奥、佛吉亚等300多家汽车零部件企业。太仓汽车零部件产业基地已集聚汽车及零部件企业超300家，生产规模在全

国排名前列，汽车轴承、涡轮增压系统、双离合器系统总成等主导产业代表性产品保持行业前十地位。昆山汽车零部件产业基地 拥有汽车零部件生产企业100余家，其中规模以上近50家，汽车及零部件主要产品包括挖掘机、内燃叉车、滚动轴承、轮胎、外胎、汽车轮毂等。

五、2021年基础设施建设及运行情况

2021年全市新建充电站355个，新增充电桩3556根。截至2021年底，全市公共领域充电站建设保有量1308个，充电桩1.1万根，总充电容量约为775 MW。全市公共领域和私人充电桩累计约4.6万根，车桩比约2.5：1。

六、本地区新能源汽车推广应用统计表

（单位：辆）

燃料＼车型	公交车	旅游大巴	公务车	出租车	环卫车	物流车	邮政车	载货车	其他领域	合　计
纯电动	587	—	40	80	57	4873	60	80	58941	64718
合　计	587	—	40	80	57	4873	60	80	58941	64718

七、本地区新能源汽车企业产销量统计表

生产企业名称	产品商标	车辆类型	通用名称	产量统计（辆）	销量统计（辆）
金龙联合汽车工业（苏州）有限公司	海格	新能源公交车等	—	3778	3626
奇瑞捷豹路虎汽车有限公司	奇瑞捷豹路虎	乘用车	PHEV	1246	1250

八、本地区电动汽车充（换）电站（桩）统计表

城市名称	充电站		充电桩		换电站	
	2021年新建数量（座）	2021年底保有量（座）	慢充（个）	快充（个）	2021年新建数量（座）	2021年底保有量（座）
苏州市	355	1308	0	11000	0	0

九、本地区车用加氢站统计表

加氢站名称	类型	日加注量（kg）	说明（运营/新建/在建）	加氢站名称	类型	日加注量（kg）	说明（运营/新建/在建）
嘉化氢能港城固定式加氢站	商用	1000	运营	常嘉氢加氢站	商用	1000	运营
东华港城固定式加氢站	商用	500	运营	丰田汽车研发中心加氢站	自用	15	运营
华昌化工厂区内加氢站	自用	500（70 MPa）	验收阶段	重塑科技加氢站	自用	500	运营

无　锡　市

2021年，无锡紧抓国家级车联网先导区和国家智慧城市基础设施与智能网联汽车协同发展试点城市建设机遇，大力开展基础能力建设，推动应用场景落地，培育核心骨干企业。

一、重点工作进展

1. 能力建设

（1）基础设施覆盖。围绕工信部国家课题和各区项目建设，截至2021年底，无锡市车联网覆盖规模达400 km^2，800个点段，其中双模RSU部署近500个、行人过街预警100个、信号机升级改造800余个、视频检测器、雷视融合设备800余套、MEC边缘计算设备20套、融合传感器18套。

（2）应用平台打造。基于车联网基础设施能力，无锡不断完善车联网大数据平台建设，不断优化V2X-Server平台，并开展测试服务、工程车管理、自动驾驶接驳等行业应用平台建设。2021年10月，无锡（锡山）车联网运营管理中心正式上线运营，打造了区级车联网运营管理平台。

（3）测试验证服务。无锡建设成双向170 km的开放测试道路，涵盖智能网联汽车典型场景测试区、车路协同测试区、专业作业车辆测试线、基于车联网的ADAS测试线、典型智能路侧设施测试线等5大特色测试场景，以及隧道、高架等场景。

（4）标准规范建设。结合国家级车联网先导区和“双智”试点城市建设实践，无锡不断推进车联网相关标准和规范制定，2021年9月18日，无锡市地方标准《智能网联道路基础设施建设指南　第1部分：总则》立项公示。同时，20余项国家、行业、团体标准正在编制中。

2. 特色亮点应用

（1）公开道路自动驾驶。2021世界物联网博览会期间，奥迪在无锡实现全球首次在公开道路融合V2X信号的L4级自动驾驶演示。这也是首次在车辆自动驾驶系统中使用

车联网技术，通过6.5 km自动驾驶路线上的13个应用场景，展示了V2X如何优化驾驶安全性、舒适度和交通流畅度。无锡智汇交通、中移动、中海庭三方合力打造国内首个使用车联网专网5G-V2X自动驾驶应用。通过车侧、路侧融合感知，验证了车联网TCASE 2020 2阶段的场景应用，并测试了5G网络对基于5G的自动驾驶、交通协同调度等车联网典型业务场景的支撑能力。

（2）实时交通信息服务建设。车联网大数据中心汇集各类交通信息，通过清洗、分析向各类终端输出，重点通过百度、高德等图商、城市门户App、车联网专业App，以及各类前后装终端，呈现更精准、更生动的交通信息服务，目前已实现400个路口信号系统与百度地图的对接，后续将推进交通拥堵预警、人行横道预警、道路积水预警、绿波车速引导、匝道汇入预警、特种车辆避让等32种信息服务。

（3）智慧急救。中国移动、无锡智汇交通、无锡卫健委在江南大学附属医院周边区域，开展急救车优先通行示范应用。通过5G与车联网融合应用，实现120急救、医院、社区医院、市公安局交警支队之间的数据互通，规划最快应急绿波路线，通过车联网广播提示道路车辆避让，确保行车安全，并利用5G网络，开展远程诊断和治疗。

（4）终端无人配送。围绕快递物流企业降本增效的转型升级需求，在产业园区、核心商务区等区域，开展区域性末端无人配送，摸索出可持续的商业模式，并依托无人配送衍生出其他低速自动驾驶的增值服务。京东在经开区开放道路开展无人配送物流，线路为雪浪小镇—君来世尊酒店—博览中心。

（5）无人接驳。轻舟智航已在经开区部署3条微循环公交线路，并投入常态化运营。覆盖市民中心、雪浪小镇周边4 km^2 区域线路总里程超过15 km。航天大为无人小巴的开设了3条微循环线路共设置6个站台，实现地铁站至居民小区的末端接驳服务。

（6）道路延伸感知。立足于车联网与自动驾驶技术，应用路侧及车辆感知数据，博世联合锡山区车联网领域企业，开展了道路延伸感知应用，通过置于车身的各类传感器，实时监测道路情况，采集道路潮湿、颠簸、破损等信息，是车联网信息采集的亮点领域，也是支持智慧城市建设的有效措施。同时，道路监测信息可作为自动驾驶的决策依据，告知车辆合理规避坑洼路面，合理设定车速增加舒适性，是支撑自动驾驶的高级别应用。

（7）重点车辆（工程车）管理。工程运输行业安全监管问题一直是交通安全发展关注的重中之重，无锡市涉及工程运输的企业众多，也是事故风险高发群体，工程运输车辆安全事故影响大，危险系数高。目前无锡正通过车联网赋能工程车辆数字化管理，切实提升交通运管部门的数据利用率，提高行业安全管理水平。

3. 政策环境保障

（1）完善法律法规体系。2021年9月，无锡市出台了《无锡市智能网联汽车道路测试与示范应用管理实施细则（试行）》，结合无锡车联网先导区的特点，强化了示范应用、车路协同相关测试和相关路侧、车端设备的测试。2021年10月15日，无锡市工业和信息化局、市公安局、市交通运输局联合向奥迪、佳利达物流（上汽）、轻舟智航、航天大为（商汤）、中海庭、京东等6家单位颁发了智能网联汽车道路测试牌照和测试通知书，是无锡首次向无人物流车此类专用作业车辆颁发道路测试通知书。

（2）强化支持与引导。2021年4月工业和信息化部、住房和城乡建设部印发通知，确定北京、上海、广州、武汉、长沙、无锡6个城市为智慧城市基础设施与智能网联汽车协同发展第一批试点城市，以此次试点工作为契机，无锡市出台了《国家级江苏（无锡）车联网先导区和“双智”试点城市重点任务揭榜工作方案》，围绕区域综合能力、运营与服务、应用场景、技术标准等4个领域开展揭榜挂帅工作，累计揭榜26项重点工作。

二、产业链发展质态

1. 产业链总体情况

得益于深厚的物联网产业发展基础、完备的汽车零部件产业链条，以及持续不断的车联网先导区建设工作，无锡车联网产业已初见规模。截至2021年底，无锡市车联网产业链相关企业共计130余家，涵盖传统车辆零部件、智能化终端和芯片、整车制造、路侧设备、车路协同系统集成、车联网平台及服务、其他产业配套等各个环节。

2. 产业链特色

在车联网主产业链中，无锡在路侧智慧基础设施、新型车载零部件、车路协同系统、车联网应用服务等领域具备一定优势，科技资源相对完整丰富。（1）航天大为、华通、中电海康等企业立足传统交通设备设施，围绕车联网发展需求，不断扩大产品品类，提升产品技术含量，形成路侧数据仓、边缘计算等创新产品。（2）博世、威孚等企业不断优化传统汽车零部件，加大网联、智能化程度，优化发动机控制系统、燃油喷射系统、电喷系统、涡轮增压系统等动力系统产品群。（3）盛邦电子、莱顿电子、北微传感、智驰华芯等创新型中小企业围绕汽车智能传感器领域持续发力，快速推进技术成果转化，与奔驰、上汽、江淮等国内外龙头车企建立合作机制；四是航天大为、天安智联、车联天下、斯润天朗等知名企业加快在锡开展相关业务，其中航天大为与华为组成联合体，共同中标深圳市智能交通项目。车联天下与博世、威孚等龙头企业合作，智慧座舱一期工厂完成投产。天安智联已中标省内外多个车联网示范区建设项目。

3. 配套能力

（1）无锡大力发展锡山区南山车联网小镇、滨湖区山水城科教产业园、新吴区慧海湾小镇等车联网专业产业园区，鼓励各类车联网基金建设，加快初创企业孵化，加强龙头企业支持，不断完善车联网产业链，2021年累计引入和鼓励企业开展车联网转型近30家。

（2）无锡大力发挥科研院所集聚的优势，与公安部交通管理科学研究所等专业机构开展“一所一策”合作，加速推进技术成果转化和标准专利固化工作。与此同时，无锡市积极推进专业人才培育，在无锡汽车工程高等职业技术学校、无锡科技职业学校等院校开设车联网（智能网联汽车）专业课程。

三、问题分析

无锡车联网产业发展迅速，也遇到了不小的挑战，存在不少的困惑。一是大规模建设还有所顾虑。放眼全国，即便是先导区、示范区遍地开花，但规模化落地建设的城市还是少数。车联网规模建设从远期来说将助力自动驾驶迈入L5级别。近期来看，由于智慧道路与网联车辆还处于相互观望阶段，正反馈循环还未成型，巨大的投资体量让各地政府都还较为谨慎，缺少核心爆点应用也让政府、市场都难以下定决心放手发展。二是车联网运营仍需多方支持。车联网涉及基础建设、网络通信、平台应用多个层次，在市场化的背景下对运营的要求极高，若政府运营则缺乏商业化能力，灵活性不足。互联网大厂、运营商等龙头企业则因回报不足不愿深入尝试。中小型创新企业又因能力不足难以承接。车联网可持续的运营还有待政府与市场合力破题。三是核心技术掌握不足。线控、芯片、传感等车联网(智能网联汽车)关键技术还主要由博世、英飞凌、村田电子、高通等国际龙头企业所掌控，无锡车联网产业链企业主要由创新型中小企业构成，企业创新能力较强，但体量和规模不足，做大做强仍需一定的发展时间。

四、下一年度工作计划

1. 把握顶层设计，推进法规创新

随着无锡获评全国首批“双智”试点城市，交通、住建、网信等国家部委纷纷涉足车联网(智能网联汽车)领域，众多市场主体也纷纷入局，统筹协调能力要进一步加强。一是需确立顶层领导协调机构，科学分解车联网建设任务，建议由市主要领导任组长，相关部委办局领导任成员，于无锡国家传感网创新示范区建设领导小组下设立国家级车联网先导区与“双智”试点城市建设工作专班。二是需统筹市、区两级建设运营主体，以股权、投资等市场化的形式全市唯一车联网建设运营平台企业，实现基础设施的统一运维、数据的统一汇总运用，推进各类应用场景的市场化建设运营，并面向全省、长三角乃至全国提供能力输出。三是基于无锡市印发的《无锡市智能网联汽车道路测试与示范应用管理实施细则(试行)》，结合车联网产业链企业落地测试与示范中遇到的实际问题，要进一步探索制定车联网领域地方性法律法规，围绕基础设施规划前置、道路开放、自动驾驶运营和相关法律法规问题开展创新探索，吸引更多的创新型企业落地无锡。

2. 立足示范项目，提升应用水平

以项目为先推进车联网“一全、两新、三应用”的建设，实现前期建设成果最大化，以及后续发展持续化。一是科学合理实现全市域覆盖。主要完成全市2000个路口的智能化改造工作，包括完成信号机升级、路侧单元部署等最基础升级改造，并结合事故高发、交通流量大、城市门户等路段开展重点升级。二是数据互通，共建共享。形成市级国资平台的数据核心地位，汇集共享各区以及公安、交通、住建等各部门智慧交通相关数据，各部门要加大协同力度，最大程度共享智慧交通数据，由国资的车联网建设运营主体汇集和应用数据，并向电动自行车、重点车辆监管领域提供能力输出。三是服务应用，提升质量。提供“可感知”的交通信息。全市范围重点做实做精全域信号机状态、交通流量2项交通信息服务，重点路口、路段开展高级别感知，拓展延伸实时事故提示、事故高发地警示等应用，通过百度、高德等国民级App向群众提供服务，达成百万级别的用户规模，并面向管理部门提供服务。打造“可对话”的交通应用。重点做实做强公交车优先相对优先、急救车绝对优先2项应用，拓展延伸重点区域工程车快速通行、道路状态评估等应用，突出车路“对话”的能力，形成增效减排数据支撑。形成“重服务”的交通运营。以公共交通资源换市场投入，政府与市场合力推进公共交通的智能网联改造，加强与轻舟智航、商汤、上汽等企业的合作，重点推进“微巴”公交车等车辆的自动化、智能化改造，以自动驾驶等“新奇特”增强群众感知，培育商业运营和增值收费的基础。以物流、环卫等领域为方向，加强与京东、美团、高仙等企业的合作，向有意向落地应用场景的企业提供数据支撑和部分运营补贴，加快行业运营模式的成熟。

3. 推进商业运营，加速产业发展

市场化是车联网可持续发展的关键，也是倒逼车联网应用水平提升的重要动力，下阶段无锡要在市级车联网建设运营平台的基础上，更大范围、更深层次的激活市场的积极性，推动地方国企、龙头车企、行业骨干和投融资机构加快涉足车联网领域。一是国企引领，市场主导。车联网涉及基础建设、商业运营、数据安全等多个方面，地方国企是推进市级车联网整体建设的核心力量，而市场是可持续发展的主导力量。无锡将推进地方国企集团运用投资、参股、收购等各类灵活的资本手段，加强在车联网(智能网联汽车)领域的投入力度，以原有业务，特别是公交、出租、环卫等领域的业务为基础，形成车联网的商业化运营，同时加快停车、充电等领域的协同创新，对外提供各类数据和服务的支撑，以点促面逐步实现商业价值的闭环。加强与国内外行业领军企业的对接合作，以政策、资源和开放的合作态度吸引项目落地、企业落户。二是车企融入，产业配套。下一阶段无锡要进一步优化提升测试能力，加快国家智能交通测试基地二期建设，开放更多公共测试道路，提供更多交通数据支撑，同时大力发展我市汽车零配件产业，提升零配件的智能化、网联化水平，强化智能网联汽车配套能力，以全域测试服务的环境吸引更多车企来锡开展测试与应用，形成测试服务的商业模式，争取落地车企相关测试研发机构，助推车联网整体发展。三是标准引领，开拓市场。当前已发布和正在推进的车联网领域标准共20余项，其中《无锡市智能网联道路基础设施建设规范》将于明年正式成为无锡地方标准，无锡要借此标准推进全市道路新建、改建过程中的标准化改造，并通过车联网先导区、“双智”试点工作将标准推向全国。同时，立足无锡车联网建设实践，要加强车联网领域知识产权的积累，鼓励本地车联网企业积极参与行业标准制定，为相关产品推向市场奠定良好的技术标准基础，形成市场话语权。

南 通 市

一、2021 年新能源汽车与智能网联汽车产业概况

全市拥有汽车及零部件规上企业 170 余家，2021 年主营业务收入近 400 亿元，同比增长 19%。全市拥有整车（含新能源汽车）生产企业 3 家，改装车生产企业 14 家。2021 年，整车产量 4045 辆，销量 4037 辆，均为新能源汽车。

二、2021 年新能源汽车推广应用情况

2021 年全市新增新能源汽车 2 万辆，是 2020 年度新增量的 2 倍多，全市累计新能源汽车保有量达 4.1 万辆。制定出台《南通市新能源公交车推广应用实施方案（2020—2022 年）》《南通市主城区巡游出租汽车更新实施方案》等文件，加强公共领域新能源汽车推广力度。

三、2021 年新能源汽车与智能网联汽车主要企业经营情况

经过多年的产业集聚发展，南通基本形成了覆盖汽车行业全产业链的企业集群。在整车及改装车领域，枫盛汽车成功获批全国第 16 张新能源汽车生产资质牌照，当年完成产销四千余辆。紫琅客车集团已有 10 个车型取得公告资质，联合苏州金龙生产销售全铝车身新能源客车产品。柳工建机上市发布 5 款新产品，新产品上市后立即实现了批量销售。改装房车也是我市特色领域之一，法美瑞生产的“海角七号”改装房车具有较高市场美誉度。同时，南通市还拥有三一帕尔菲格、美通重工、中集能源装备、威尔多、明诺科技等一批改装车行业重点企业。

（1）在新能源汽车核心零部件领域，拥有上海电气国轩新能源、当升科技、新宙邦、瑞翔新材料、大唐恩智浦等一批“三电”重点企业。上海电气国轩新能源聚焦于锂电池及系统的研发及产业化，产品涵盖电芯、插箱、电池簇及集装箱储能系统，客户涵盖中兴、烽火、上海公交等国内外多个龙头企业。大唐恩智浦聚焦新能源汽车电池管理、电机驱动及相关集成电路，设计研发采用高性能混合信号技术的高级专用汽车电子芯片。新宙邦主营产品为铝电容器专用化学品、锂电池电解液、半导体氨水溶液，产品出口日本、韩国、美国、巴西、欧洲等国家和地区。当升科技主营锂离子电池正极材料，主要应用于新能源汽车、储能、消费类电子等领域，客户包括韩国三星 SDI、SKI、LG 化学、日本 AESC 等全球十大锂电巨头。

（2）在汽车电子领域，集聚了宇迪光学、感测通电子、捷捷微电子、华存电子、涵润汽车电子、京芯光电科技、格陆博科技等一批骨干企业。涵润汽车主要产品为智能辅助驾驶控制器、车身控制器等，已获得奔驰、通用在内的 10 余家世界知名车企认可。格陆博科技主要从事电子驻车（EPB）气压/液压刹车防抱死系统（ABS）和电子车身稳定系统（ESP）等汽车电子主动安全产品的设计、研发和销售，是国内领先的汽车智能驾驶系统供应商。奥易克斯设计生产国六汽车发动机电控产品，主要客户包括上汽通用五菱、东风柳汽、江淮汽车、长安商用车、奇瑞商用车、北京汽车等。有感科技是多品类汽车电子前装高科技电子产品一级供应商，客户涵盖东风日产、长安、吉利、广汽等，定点及量产车型超过 80 款。

（3）在其他零部件领域，拥有汤臣汽车、延康汽车、亚太轻合金、双钱集团、鸿图压铸、超达装备等一批国内领先企业，产品覆盖车身轻量化压铸件、电镀件、磨具、轮胎等多个细分领域。汤臣汽车专业从事载重汽车高强度轻量化底盘关键零部件、空气悬架总成、变速箱总成设计生产，先后承担了工信部智能制造新模式应用项目、国家知识产权战略推进计划等，获评国家级专精特新小巨人、中国汽车工业科学技术进步二等奖。双钱集团建成年产 330 万套全钢丝载重子午线轮胎和 5 万套全钢丝子午线工程轮胎的生产能力。企业已通过国家强制性产品认证（“CCC”）认证，取得了国际权威机构美国交通运输部（DOT）证书，通过了欧洲经济委员会（ECE）认证。超达装备是国内领先的汽车内外饰模具供应商，主要从事汽车内外饰模具、检具、自动化工装设备、EPP/EPS 包装材料模具及其配套产品的研发、生产和销售。

（4）在氢燃料电池领域，集聚了百应能源、泽禾新能源、安思卓、江苏清能、国家能源集团、势加透博等多家重点企业。安思卓拥有将不稳定的可再生能源完全高效转化为氢能进行存储和再利用的先进技术，依托第三代电极和隔膜材料以及独特的结构优化专利技术，企业产品的各方面指标和效率具有较强竞争优势。势加透博专业从事无油叶轮机械研发生产，公司产品“燃料电池无油离心空压机”，能够匹配 30~170 kW 的燃料电池系统，成功入围冬奥会及亚运会氢车示范运营车队核心零部件供应商。

四、2021 年新能源汽车与智能网联汽车项目及园区建设情况

（1）斯堪尼亚汽车制造项目：斯堪尼亚汽车制造（中国）有限公司是 Scania CV Aktiebolag 的全资子公司（外资法人独资），目前正在推进年产 5 万辆的商用车迁建项目，该项目于 2021 年 12 月 15 日获省发改委批准，计划总投资 33 亿元，项目用地 817 亩，均已办理土地证，计划建筑总面积约 31.8 万 m^2，新建冲压、焊装、涂装、总装等生产线及研发中心。

（2）星源材质高性能锂离子电池湿法隔膜及涂覆隔膜项目：项目投资建设 6 条湿法隔膜生产线及配套的涂覆隔膜生产线，建成后可形成年产 20 亿 m^2 单层与三层复合锂离子电池隔膜的生产能力。

（3）汤臣汽车年产 2000 台自动变速箱项目：项目新建变速箱总成装配线、立式加工中心、卧式加工中心、清洗设备等相关配套设备 25 台（套），项目建成后，实现年产自动变速箱 2000 台产能。

（4）江苏清能燃料电池电堆及系统研发生产技改扩建项目：项目购置超声波清洗机、空压机、伺服液压机、自动叠堆机、回馈式负载等设备 60 台（套），年产燃料电池电堆及系统约 1 万台套。

南通逐步形成了以如皋市为核心，通州区、崇川区、海安市、启东市多地协同的汽车产业发展格局。如皋市已初步形

成集乘用车、大中型客车、专用车等为一体，以纯电动、混合动力、燃料电池动力系统以及关键零部件并行发展的产业集群；通州区已形成精密压铸、精密模具、压铸机械产业基地，涵盖铝合金溶解、模具设计与制造、压铸后加工与热处理、精密数控加工、产品浸渗等全产业链环节；海安市、海门区、苏锡通园区等地培育形成了发动机曲轴、汽车铸锻件、车用玻璃及天窗总成、车灯、千斤顶、差速器组件、行星齿轮等汽车零部件产业集群。

在新兴产业中，氢能及燃料电池汽车领域初步形成了以如皋市为核心的氢燃料电池汽车装备制造集聚区和以如东县为核心的绿氢生产基地。智能网联汽车领域形成了以崇川区为主阵地的车联网产业集聚区。

五、2021 年基础设施建设及运行情况

2021 年建成充电站 53 个，公共充电桩 468 根，运行正常。制定出台《南通市公共机构与国有企业推广应用新能源汽车和加强单位内部电动汽车充电基础设施建设指导意见》《南通市居民区人防工程安装电动汽车自用充电设施实施方案（试行）》，推动加快新能源汽车充电基础设施建设。

六、发展规划

制定出台《南通市“十四五”新能源汽车充换电基础设施布局规划》，将充换电基础设施与城市各相关规划协调衔接、统筹布局，加快构建公共充电设施服务网络。

七、本地区新能源汽车推广应用统计表

（单位：辆）

燃料 \ 车型	公交车	旅游大巴	公务车	出租车	租赁用车	私人用车	环卫车	物流车	邮政车	载货车	其他领域	合 计
纯电动	356	0	0	1187	0	15570	0	622	0	0	240	17975
插电式	0	0	0	0	0	2021	0	0	0	0	0	2021
换电式	0	0	0	0	0	0	0	0	0	0	0	0
增程式	0	0	0	0	0	0	0	0	0	0	0	0
燃料电池	0	0	0	0	0	0	0	0	0	0	0	0
超级电容	0	0	0	0	0	0	0	0	0	0	0	0
智能网联	0	0	0	0	0	0	0	0	0	0	0	0
合 计	356	0	0	1187	0	17591	0	622	0	0	240	19996

八、本地区新能源汽车企业产销量统计表

生产企业名称	产品商标	车辆类型	通用名称	产量统计（辆）	销量统计（辆）
枫盛汽车（江苏）有限公司	枫叶牌	纯电动轿车	枫叶 30X	4045	4037

九、本地区电动汽车充（换）电站（桩）统计表

城市名称	充电站		充电桩		换电站	
	2021 年新建数量（座）	2021 年底保有量（座）	慢充（个）	快充（个）	2021 年新建数量（座）	2021 年底保有量（座）
南通	53	243	728	1471	0	0

扬 州 市

一、2021 年新能源汽车与智能网联汽车产业概况

1. 总述

紧跟国家汽车产业“电动化、网联化、智能化”的发展趋势，扬州市不断推进汽车产业转型升级发展，已经形成电动汽车产业配套发展、燃料电池产业初具雏形、智能网联汽车起步发展的基本格局。

2. 电动汽车产业

车辆方面，扬州市拥有亚星客车、潍柴亚星新能源、九龙汽车 3 家具备新能源整车生产资质的企业，以及金威环保、海沃机械等新能源环保车企业；零部件方面，具备一定的配套能力，罗思韦尔生产电控系统部件、电机，中化集团在我市规划建设年产 20 GWh 的锂电池生产线，航天数联信息技术（深圳）有限公司新建了 5 GWh 磷酸铁锂电芯项目。还有部分企业正在争取进入新能源领域。

3. 燃料电池汽车产业

2010 年，扬州市就开始布局氢能产业，基本已经形成覆盖制氢、储氢、电堆、燃料电池、整车和研发制造等主要环节的产业链。零部件方面，氢璞创能生产电堆，海驱动力生产氢循环泵，氢蓝时代生产燃料电池系统，亚普股份研发了国内首套侧挂式氢系统；车辆方面，亚星客车、九龙汽车和潍柴亚星新能源均有氢燃料电池汽车进入公告目录；研发方面，中汽研扬州汽车工程研究院有限公司正在建设氢燃料电池系统测试基地，致力于解决氢燃料电池系统开发、电控方面

的“卡脖子”技术难题。

4. 智能网联汽车产业

扬州市现有20余家智能网联汽车企业，主要产品有汽车传感器、车联网智能终端、车用导航仪器等，包括软件研发企业3家，研发及应用企业7家。其中，航盛科技是车载软件与算法、终端与芯片和新型智慧交通系统专业研发企业；智坤半导体拥有汽车电子标识系列全套技术和产品；泽景电子是体量最大的国产汽车风挡式抬头显示器HUD系统集成商。

二、2021年新能源汽车推广应用情况

1. 总述

2021年，紧跟国家战略和省部署，扬州市高度重视，加大力度，在公共领域和私人领域同时发力，全年推广应用新能源汽车为2020年的2.1倍。同时，加强配套基础设施建设，互相促进，在市区范围内基本形成了“15分钟”充电圈。

2. 电动汽车推广应用工作

截至2021年底，扬州市新能源汽车上牌数为22905辆，其中市区公交车1945辆、网约车572辆、城市邮政车辆74辆、环卫车93辆。2021年，扬州市新能源汽车推广应用8593辆（不含非插电式混合动力汽车），其中公共服务领域新增及更新新能源公务用车2辆、公交车120辆、网约车393辆、城市邮政车辆44辆、城市物流配送车辆3辆、环卫车5辆、机场用车1辆。

三、2021年新能源汽车与智能网联汽车主要企业经营情况

1. 总述

2021年，扬州市电动汽车主要企业处于转型升级的时期，产销逐渐恢复；燃料电池汽车企业稳扎稳打，逐步实现量产；智能网联汽车企业加速发展，数量逐步增加。

2. 电动汽车产业

2021年，全市新能源汽车产（销）量实现1932辆，同比上涨57%，其中亚星客车新能源车产（销）量分别为1173辆，潍柴亚星新能源产（销）量为391辆，九龙汽车产（销）量为301辆。

3. 燃料电池汽车产业

2021年，燃料电池汽车产业经营收入约实现2亿元。2021年，氢蓝时代生产132 kW氢燃料电池系统5套，80 kW级氢燃料电池系统16套，60 kW级氢燃料电池系统8套；亚普股份自主研发出国内首套侧挂式氢系统的物流车，并搭载成渝氢走廊项目示范运行中，该系统搭载2只大容积储氢瓶，可储存12.5 kg氢气。

4. 智能网联汽车产业

2021年实现营业收入约14亿元。泽景电子是我国HUD产品市场具有主导地位的供应商，2021年实现销售收入1.1亿元；奥力威传感现有产品主要分8大类，包括燃油系统零件、管路零件、新能源零件、传感器/芯片、车联网、ADAS业务、模具业务、冲压业务，公司目前的客户主要是行业龙头企业，包括汽车行业全球前100名，销售收入实现约6.3亿元。

四、2021年新能源汽车与智能网联汽车项目及园区建设情况

扬州（邗江）汽车产业园以客车（新能源汽车）、专用车和汽车电子为特色，先后荣获“省新能源汽车产业基地”“省汽车及零部件科技产业园”“省新能源汽车及车控电子科技产业园”称号。2021年新能源汽车产业销售收入规模实现45亿元，销售收入占园区所有企业的68%。

仪征汽车工业园是江苏省三大乘用车产业基地之一，围绕上汽大众仪征分公司，集聚了安道拓、延锋等150余家零部件制造企业和物流商贸企业，并新建汽车电子产业园，有近十家企业落户。

五、2021年基础设施建设及运行情况

扬州市目前有交通特来电新能源、扬州供电公司、北辰电气、万帮星星新能源四家省备案的公共服务领域充电设施建设运营单位，还有智绿、鼎充等生产并施工建设的企业。截至2021年底，已建成公共领域的充电桩3147根，其中交流1783根，直流1364根。拥有蔚来新建的一座换电站。

2021年12月，建成了首座加氢站——文昌西路综合能源服务站，该站点氢气每天加注量可达500 kg，可满足20余辆公交、重卡车辆的加氢需求。

六、发展规划

坚持创新驱动、跨界融合、绿色发展，推动量的扩张和质的提升并重，加快我市汽车产业由传统能源向新能源、由传统制造向智能智造转变，不断提高产业整体竞争力。

七、本地区新能源汽车推广应用统计表

（单位：辆）

车型 燃料	公交车	旅游大巴	公务车	出租车	租赁用车	私人用车	环卫车	物流车	邮政车	载货车	其他领域	合计
纯电动	120	0	0	0	0	8362	5	3	44	59	0	8593
插电式	0	0	0	0	0	0	0	0	0	0	0	0
换电式	0	0	0	0	0	0	0	0	0	0	0	0
增程式	0	0	0	0	0	0	0	0	0	0	0	0
燃料电池	0	0	0	0	0	0	0	0	0	0	0	0
超级电容	0	0	0	0	0	0	0	0	0	0	0	0
智能网联	0	0	0	0	0	0	0	0	0	0	0	0
合计	120	0	0	0	0	8362	5	3	44	59	0	8593

八、本地区新能源汽车企业产销量统计表

生产企业名称	产品商标	车辆类型	通用名称	产量统计(辆)	销量统计(辆)
扬州亚星客车股份有限公司	维特思达	纯电动客车	维特思达	1172	1122
扬州亚星客车股份有限公司	维特思达	燃料电池客车	维特思达	1	1
潍柴扬州(亚星)新能源商用车有限公司	欧睿	纯电动客车	大 VAN	71	7
潍柴扬州(亚星)新能源商用车有限公司	欧睿	纯电动客车(出口)	大 VAN	320	340
江苏九龙汽车制造有限公司	大马牌	纯电动厢式运输车	EW5	187	124
江苏九龙汽车制造有限公司	大马牌	纯电动乘用车	EM5	0	10
江苏九龙汽车制造有限公司	大马牌	纯电动乘用车	EA5	21	19(出口:1)
江苏九龙汽车制造有限公司	大马牌	纯电动客车	EA6	157	132(出口:56)
江苏九龙汽车制造有限公司	大马牌	纯电动厢式运输车	V300	0	4(出口)

九、本地区电动汽车充(换)电站(桩)统计表

城市名称	充电站		充电桩		换电站	
	2021 年新建数量(座)	2021 年底保有量(座)	慢充(个)	快充(个)	2021 年新建数量(座)	2021 年底保有量(座)
扬州	65	258	224 (2021 年新建)	306 (2021 年新建)	1	1

十、本地区车用加氢站统计表

城市名称	加氢站名称	类型	供给能力(kg/d)	日加注量(kg)	加氢站氢气总储存量(kg)	储氢最高压力(MPa)	说明(运营/新建/在建)	运营时间
扬州	文昌西路综合能源服务站	固定站	500	—	—	35	新建	预计 2022 年 5 月

盐 城 市

一、2021 年新能源汽车与智能网联汽车产业概况

盐城市现有 2 家新能源汽车整车生产企业,分别为江苏悦达起亚、国新新能源;华人运通与悦达起亚通过产能合作方式生产新能源汽车;有 3 家改装车新能源生产企业,奥新公司为改装类商用车生产企业、悦达专用车为改装类专用车生产企业、国唐汽车为改装类新能源客车生产企业。乘用车生产企业中江苏悦达起亚是传统燃油车企生产新能源汽车的企业。

2021 年,全市新能源汽车销量 5442 辆,其中悦达起亚新能源汽车销售 929 辆;华人运通高合 HiPhi X 于 2021 年5 月正式交付市场以来,2021 年共计生产 4571 辆,交付 4237 辆,单月销量在 50 万元以上豪华纯电动细分市场成功超越保时捷,连续多月位居销量排行榜冠军;国唐客车销售 276 辆新能源公交车。

二、2021 年新能源汽车推广应用情况

2021 年,盐城市推广新能源汽车 10431 辆,其中客车 451 辆,专用车 164 辆,乘用车 9816 辆,累计建设充电桩 3455 根,其中直流 556 根,交流 2899 根。截至 2021 年底,新能源汽车总保有量达 24858 辆,建设充电桩 8015 根,其中公共桩 3118 根,私人桩 4897 根。

三、2021 年新能源汽车与智能网联汽车主要企业经营情况

1. 悦达起亚

公司注册资本 62400 万美元,拥有 K2、K3、K4、K5 等 K 系列轿车以及智跑、傲跑、KX5 等 SUV 车型,研发上市插电混动、纯电动 3 款新能源车型,产品覆盖乘用车全系列。公司累计上市 30 多款新车型,累计产销汽车超 600 万辆,累计实现销售收入 5960 亿元,上缴税收 512 亿元。

2021 年,实现主营业务收入 122.5 亿元,同比下滑 42%,企业主要产品为 K3、智跑 Ace、傲跑、奕跑、焕驰、新嘉华等乘用车,全年实现产量 15 万辆,同比下滑 34.9%,销量 15.7 万辆,同比下滑 37%。全年研发投入 14.5 亿元,占销售收入 11%。2021 重点推进了 KA4c(第四代嘉华)车型技术改造项目,探索绿色节能工厂建设。

2. 华人运通

2019 年 6 月,江苏悦达集团、华人运通(江苏)技术有限公司、江苏悦达起亚三方签订战略合作协议,通过利用江苏悦达起亚资质进行生产经营的产能合作方式,由华人运通进行悦达起亚一工厂适应性改造,导入华人运通(江苏)技术公司研发的 HiPhi X 作为悦达集团主推的自主高端纯电动车产品,在悦达起亚一工厂生产。高合 HiPhi X 于 2021 年 5 月正式交付市场以来,2021 年共计生产 4571 辆,交付 4237 辆,

单月销量多次超越保时捷等国际豪华品牌，成为50万元以上国内豪华纯电动车细分市场的销量冠军；第二款车型数字轿跑HiPhi Z已于2021年11月发布，与HiPhi X形成了双旗舰格局，计划在2022年10月底量产。

3. SK动力电池

由韩国SK On株式会社投资建设，覆盖电池芯、电池模组、电池回收利用等全产业链。项目于2019年5月签约，目前在盐城的总产能达57 GWh，是SK On全球布局中最大的动力电池投资项目，主要产品为三元锂电池的电池芯。2021年，实现产值51.4亿元，主营业务收入38.3亿元。一期一栋10 GWh产能于2021年4月正式量产并批量出货，全年实现产量7.43 GWh，销量5.41 GWh。一期2栋17 GWh已建成投产，二期项目规划产能30 GWh，于2021年10月正式签约。

四、2021年新能源汽车与智能网联汽车项目及园区建设情况

1. 项目情况

(1)比亚迪刀片电池项目：该项目一期总投资75亿元，占地647亩，新建厂房及附属设施43万m^2，其中厂房37万m^2，倒班楼3.5万m^2、其他附属用房2.5万m^2。购置锂电池分选机、点焊机、涂布机、卷绕机、加热整形机、封口机等设备2100台(套)，建成8条动力电池生产线。二期项目于2022年3月31日正式签约，总投资75亿元，占地800亩，新建厂房及附属设施50万m^2。一、二期全部建成后年产30 GWh动力电池，预计可实现年销售150亿元。

(2)蜂巢能源锂离子动力电池项目：建设22 GWh动力电池生产基地，建设用地873亩，建筑面积约56万m^2，计划分二期建设。一期用地290亩，建筑面积约16万m^2，盘活丰盈科技存量资产，新上2 GWh PHEV电池，主要用于混合动力车型；二期征地583亩，建筑面积40万m^2，建设20 GWh动力电池生产基地。项目一期完全投产后年产值约25亿元，项目二期完全投产后年总产值约100亿元。项目一期在2021年11月项目公司进场，2022年9月份完成设备的调试并投产；项目二期在2022年初开工建设。

(3)长三角(盐城)智能网联汽车测试示范区项目：在全面满足传统汽车法规和研发试验测试环境和测试设施的同时，积极在智能网联汽车测试领域布局，长三角(盐城)智能网联汽车试验场项目总投资15亿元，占地3841亩，建设智能网联可靠性耐久等专业测试试验道路8条40 km，研发数据中心及试验室约3.3万m^2。该项目建设是2022年省车联网和智能网联汽车重点事项，也被列入省重大项目。智能网联汽车试验场全部建成运营后，将为汽车行业和相关客户提供场景最全面、设施最专业、技术最领先的智能网联汽车测试基地，成为全世界最先进的第三方汽车试验场。

2. 园区建设情况

盐城经济技术开发区新能源汽车产业园作为发展新能源汽车产业的主题园区，成立于2010年，总辖区面积7.84 km^2，围绕新能源汽车产业定位，重点发展整车、汽车电子、智能制造、汽车服务业及新能源汽车推广应用等，已形成以悦达起亚为龙头，集聚华人运通新能源汽车、摩登新能源汽车、国新新能源汽车等品牌整车制造企业，以及摩比斯、佛吉亚、德纳等400多家汽车零部件制造企业，从整车制造到零部件生产相对完整的汽车产业链，是江苏省新能源汽车产业产学研协同创新基地、江苏省汽车服务业集聚示范区。2021年全区规上汽车及零部件产业开票销售351.6亿元，同比下降15%，随着起亚新合资公司组建、华人运通逐步拓宽市场、SKI动力电池建成投产，将进一步加强对新能源汽车板块的开拓力度，推动汽车产业健康发展。

五、2021年基础设施建设及运行情况

整合现有充电设施运营企业接入“我的盐城”App，实现全市充电设施实时查询，积极推动全市范围新建充电桩3455根，其中直流556根，交流2899根，为全市更新的新能源出租车提供良好使用环境。截至2021年，建设充电桩8015根，其中公共桩3118根，私人桩4897根，车桩比3.1∶1。加氢站建设方面，盐城市已建成高新区创咏加氢站1个，服务于10辆30 kW燃料电池发动机系统的公交车运营，已设计筹建盐东车用能源“四位一体”合建站和大丰中汽试验场2个加氢站，为新能源汽车推广应用提供良好的设施配套环境。

六、发展规划

以推动汽车产业高质量发展为核心，坚持“做大存量、培育增量”，推动传统汽车与新兴技术深度融合，围绕产业链布局创新链，推动企业“增品种、提品质、强品牌”，向“电动化、智能化、网联化”转型升级，推动全市汽车产业统筹发展。

(1)加快产品结构调整，优化产能利用。重点支持悦达起亚、华人运通等乘用车企业做大做强，推动国新新能源加快战略重组，谋划提升商用车及专用车产业战略定位，提升企业产能利用率及发展质量，增强龙头企业的引领带动作用。推动起亚汽车积极抢抓新能源汽车市场导入机遇期，争取进口EV6等更多新车型国内销售，同时开发适合中国市场需求车型，加快新车型投放力度和密度；华人运通加大高合HiphiX市场开拓力度，推动HiphiZ新车型尽快上市，同时推动跑量车型尽快在盐城落地。推动国新与一汽奔腾加快战略重组和项目实施进程，加快新车型尽快投放进度。

(2)完善产业链条，提升发展竞争力。抢抓汽车“新四化”发展契机，以完善盐城汽车产业供应链布局为总体目标，主动承接长三角、珠三角、长江经济带产业转移，吸引先进汽车零部件研发与制造企业落户盐城，加快集聚各类创新要素，打造层次结构分明、产业链条完备、特色鲜明的汽车零部件产业聚集区。

(3)加大配套设施建设，营造良好运营环境。围绕汽车产业转型发展，加强新能源汽车充电基础设施建设、合理规划布局氢能供应及加氢站网络，完善智能网联测试环境和加强路测基础设施建设，为新能源汽车、氢燃料电池汽车以及智能网联汽车产业发展及使用创造良好环境。完善市新能源汽车及充电基础设施监管平辆，促进数据互联互通，提升用户体验，着力推动长三角(盐城)智能网联汽车试验场项目建设，打造成为我省车联网重点测试服务基地。

杭 州 市

一、2021 年新能源汽车与智能网联汽车产业概况

2021 年，杭州市汽车产量 23 余万辆（长安福特 12 万辆，广汽杭州 7.2 万辆，吉利 1.3 万余辆，零跑汽车 2 万余辆），新能源汽车产量 2 万余辆，产值约 80 亿元（含整车、零部件、动力电池等）。

从产业布局看，已形成了“一极两翼多点”的发展格局，构建了从关键零部件到整车的完整产业体系。“一极”即钱塘区，聚集了以吉利、广汽、长安福特为代表的整车企业，是杭州市汽车产业的主平台。“两翼”即萧山区和临平区。萧山区积极构建汽车零部件制造、动力电池等新能源汽车核心零部件、智能网联汽车创新中心和核心零部件生产基地。临平区以余杭经济技术开发区、仁和工业园区为集聚地，重点构建新能源商用车、零部件制造基地。余杭区以未来科技城为重点，带动西湖区周边地区形成智能网联汽车技术研发、测试和创新中心。“多点”是在滨江、富阳、临安、桐庐等区块，因地制宜构建新能源汽车及核心零部件等特色产业基地，推进区域联动互补。

二、2021 年新能源汽车推广应用情况

截至 2021 年 12 月底，杭州市共推广应用新能源汽车 13 万余辆，已累计推广应用新能源汽车超 34 万辆。

三、2021 年新能源汽车与智能网联汽车主要企业经营情况

零跑科技有限公司（长江代工）生产新能源乘用车 20256 辆，比亚迪汽车工业有限公司杭州分公司生产 1200 辆新能源客车。

四、2021 年新能源汽车与智能网联汽车项目及园区建设情况

（1）2021 年 3 月，零跑科技有限公司第二生产基地在杭州钱塘区落户，11 月份启动基础建设。

（2）万向创新聚能城电池项目已完成全部地下室工程施工。

五、2021 年基础设施建设及运行情况

2021 年全市新增公用和共用充电桩 3010 个，提前超额完成年度目标任务，全市累计建成各类充电桩约 5 万个。新建充电站 176 座，换电站 11 座。主城区早晚高峰时段“错峰限行”区域内公用充电服务半径已小于 0.7 km。

六、发展规划

2021 年 7 月，发布了《杭州市“十四五”节能与新能源汽车产业发展规划》。

七、本地区新能源汽车推广应用统计表

（单位：辆）

车型 燃料	公交车	旅游大巴	公务车	出租车	租赁用车	私人用车	环卫车	物流车	邮政车	载货车	其他领域	合计
纯电动	375	0	0	16080	17	80795	0	0	0	943	5	98215
插电式	0	0	0	4379	2	27643	0	0	0	0	0	32024
换电式	0	0	0	0	0	0	0	0	0	0	0	0
增程式	0	0	0	0	0	0	0	0	0	0	0	0
燃料电池	0	0	0	0	0	0	0	0	0	0	0	0
超级电容	0	0	0	0	0	0	0	0	0	0	0	0
智能网联	0	0	0	0	0	0	0	0	0	0	0	0
合计	375	0	0	20459	19	108438	0	0	0	943	5	130239

八、本地区新能源汽车企业产销量统计表

生产企业名称	产品商标	车辆类型	通用名称	产量统计（辆）	销量统计（辆）
零跑科技有限公司	长江零跑	纯电动智能网联乘用车	T03	20153	20153
零跑科技有限公司	长江零跑	纯电动智能网联乘用车	S01	103	103
比亚迪汽车工业有限公司杭州分公司	比亚迪	纯电动客车	—	1200	1200

九、本地区电动汽车充（换）电站（桩）统计表

城市名称	充电站		充电桩		换电站	
	2021 年新建数量（座）	2021 年底保有量（座）	慢充（个）	快充（个）	2021 年新建数量（座）	2021 年底保有量（座）
杭州市	176	1229	2503	18127	11	23

宁　波　市

一、2021 年新能源汽车与智能网联汽车产业概况

1. 总述

2021 年，宁波市汽车制造业规上企业 740 家，完成工业总产值 2844.2 亿元，同比增长 13.2%，实现增加值 714.8 亿元，同比增长 7.9%。其中，新能源汽车产业产值 1197.7 亿元，同比增长 11.1%，实现增加值 329.7 亿元，同比增长 8.0%。

2. 电动汽车产业

宁波市电动汽车产业链较为齐全，基本覆盖整车及“三电”领域。其中，在电动汽车领域，企业有 2 家，分别是浙江吉利汽车有限公司和浙江中车电车有限公司；在动力电池领域，有威睿电动汽车技术（宁波）有限公司、余姚佳贝斯有限公司等为代表的企业。在电机领域，有菲仕绿能科技（宁波）有限公司、宁波双林股份有限公司等为代表的企业；在电控领域，有拓普集团、均胜电子为代表的企业；汽车轻量化领域属于宁波特色优势，涌现出旭升、爱柯迪、震裕等一大批优秀企业。

3. 燃料电池汽车产业

宁波市在氢燃料电池汽车方面具备良好的产业基础，基本覆盖“制、储、运、用”等领域。在制氢环节，主要集中在镇海、北仑、大榭等地的化工企业每年可外供副产氢约 7 万 t，按照氢燃料电池乘用车百公里耗氢 1 kg（200 kg/辆/年）计算，可供 36 万辆氢燃料电池乘用车使用。在储氢环节，宁波申江科技股份有限公司拥有成熟的储氢合金粉末量产能力；在空压机领域，宁波鲍斯能源装备股份有限公司具备较强的螺杆压缩机整机生产能力；在电堆环节，国家电投氢能公司及宁波绿动燃料电池有限公司等企业具备氢燃料电堆系统生产能力；在整车环节，浙江中车电车具备氢燃料城市客车整车生产能力。

4. 智能网联汽车产业

智能网联汽车产业领域，宁波企业实现了多种关键技术创新突破。均胜电子旗下均联智行已实现 5G-V2X 车载终端设备的批量生产，成为全球首家可量产高级别自动驾驶集成系统的零部件供应商；拓普集团深耕在智能刹车领域，是国内首家 EVP 真空泵量产企业，突破相关技术瓶颈，率先在国内研发量产智能刹车系统；舜宇光学车载摄像头产品出货量位居全球首位，在激光雷达收发模块及光学元器件领域技术领先。

二、2021 年新能源汽车推广应用情况

1. 总述

宁波市继续开展新能源汽车推广应用工作，落实各项补贴政策。同时，在打造智能网联示范区、推动氢燃料电池公交车示范应用方面取得一定成效。

2. 电动汽车推广应用工作

宁波市继续开展新能源汽车国家补助资金清算及地方配套资金清算工作。2021 年，组织浙江吉利汽车有限公司、浙江中车电车有限公司等企业申报国家补助资金 7.1 亿元，申报车辆近 2 万辆；组织销售机构开展地方财政补助资金清算工作，下达资金 1171 万元，补助车辆 878 辆。

2021 年，全市推广应用电动汽车 4.3 万辆，同比增长 207.1%，其中，纯电动成用车 3.7 万辆，插电式混合动力乘用车（含增程式）5200 辆，纯电动客车 1020 辆，纯电动专用车 260 辆。历年来，全市累计推广应用新能源汽车已达 12.7 万辆。

3. 氢燃料电池汽车示范应用工作

目前，宁波市在建的加氢站有四座，中石化镇海炼化加氢站率先实现示范运营，加氢站位于镇海炼化厂区内部，运营两辆氢燃料电池客车用于接送员工上下班，客车由浙江中车电车有限公司生产，搭载的氢燃料电池系统由宁波绿动燃料电池有限公司提供。此外，宁波绿动生产的氢燃料电池系统搭载于北京冬奥会专用客车上进行示范应用，性能优于国外同类产品。

4. 新能源汽车换电模式应用试点工作

截至 2021 年底，宁波地区蔚来汽车保有量超过 5000 辆，全市建成换电站 16 座，全部由蔚来汽车建设运营，在建及待建换电站 12 座。

5. 智能网联汽车试点工作

宁波市于 2018 年 7 月被国家住建部确定为国家级智慧汽车基础设施和机制建设试点城市，经过深化试点，完成对前湾新区滨海六路等 15.3 km 道路的智能化改造；完成 1 个停车场改造，支持自动泊车功能；建设完成 3 km 无人驾驶公交测试路线，并开展无人清扫等智慧场景的规划设计工作，计划实现中速（50～70 km/h）智能网联车辆 L4 级以上自动驾驶和车路协同测试应用。

同时，宁波市开展自动化码头场景应用试点工作，“宁波舟山港自动化码头”以“无人集卡”为核心应用场景，已被列入浙江省交通厅数字化改革方案重点任务，宁波舟山港集团与飞步科技合作，在梅山港区推进基于北斗卫星导航系统的码头内集卡车高精度定位应用，结合 5G、车路协同等技术，实现有人、无人混行路况条件下的安全无人驾驶。

三、2021 年新能源汽车与智能网联汽车主要企业经营情况

1. 总述

2021 年，宁波市新能源汽车与智能网联汽车产业克服疫情影响、原材料上涨、芯片短缺、电力紧张等多重不利因素的影响，实现高速增长，部分企业取得亮眼成绩。

2. 电动汽车产业

2021 年，全市生产新能源汽车 2.6 万辆，同比增长 775.3%，新能源汽车产量占整车产量的 3.8%。其中，浙江吉利生产新能源乘用车 2.5 万辆，车型主要包括极氪 001（纯电版）、领克 01/05/09（插电混动版）等。浙江中车生产纯电动城市客车 487 辆。

3. 燃料电池汽车产业

浙江中车是宁波市唯一一家生产氢燃料电池汽车的企业，2021 年生产氢燃料电池城市客车 22 辆。搭载的氢燃料电

池系统由国家电投氢能公司研发，旗下宁波绿动燃料电池有限公司负责生产，生产基地位于慈溪市。该生产基地将于2022年实现初期达产，具备年产1000台氢燃料电池系统的能力，同时，该公司150 kW氢燃料电池集成系统也已研发成功。

4. 智能网联汽车产业

吉利汽车已具备L2级别智能网联汽车量产能力，并实现规模量产，同时正在开展下一代车载智能操作系统。根据“智能吉利2025战略”，到2025年，吉利将实现L4级别自动驾驶技术商业化应用，并且完全掌握L5级别自动驾驶技术。

四、2021年新能源汽车与智能网联汽车项目及园区建设情况

目前，宁波市汽车产业投资额10亿元以上项目23个，2022年新开工项目4个，续建项目12个，年底前竣工投产项目7个，计划总投资557.7亿元，占全市10亿元以上工业投资额14.1%。其中，吉利集团项目共4个，计划总投资156亿元；拓普集团项目4个，计划总投资73.5亿元；旭升项目2个，计划总投资30.6亿元。新能源整车在建项目1个，兰州知豆汽车有限公司宁海基地年产6万辆新能源汽车项目。

宁波市汽车产业园区主要有4个，鄞州汽车零部件产业园、北仑汽车智造产业园、宁海汽车零部件产业园等以汽车零部件为主，前湾新区节能与新能源汽车产业园以整车（含新能源汽车）制造为主。此外，位于慈溪市的新能源产业园以氢能装备及应用产业为主要发展方向。

五、2021年基础设施建设及运行情况

宁波市不断加快充换电基础设施建设，在重要交通枢纽节点、公用基础设施、重要公共机构和商务楼宇、文旅集散地等停车场配套建设公用（专用）充电桩和自用充电桩，推进老旧小区改造配建公用充电桩，推进农村电动汽车充电基础设施等建设。截至2021年底，全市累计接入宁波市级平台的公用和专用充电站点1010个、充电桩10600个枪，换电站16座。2021年公专用充电桩充电量2.8亿kWh。此外，供电部门为个人报装的充电桩数量48000个。

六、发展规划

近年来，宁波市先后出台《宁波市新能源汽车产业发展三年行动计划（2020—2022年）》《宁波市制造业高质量发展“十四五”规划》《宁波市汽车产业集群发展规划（2018—2025年）》等一系列政策文件，将新能源及智能网联汽车作为发展重点，积极开展布局，推动产业发展取得新成效。为支持充电设施建设、运营，制定《宁波市电动汽车充电基础设施奖励补贴资金使用管理实施细则》，下一步，将研究编制宁波市“十四五”充换电基础设施规划，优化充换电设施网络布局，形成适度超前、城乡均衡，较为完善的新能源汽车充电服务网络，保障新能源汽车产业发展。

七、本地区新能源汽车推广应用统计表

（单位：辆）

燃料 \ 车型	公交车	旅游大巴	公务车	出租车	租赁用车	私人用车	环卫车	物流车	邮政车	载货车	其他领域	合　计
纯电动	1025	0	2	122	2681	27510	2	18	0	141	6184	37685
插电式	82	0	0	2	280	3002	0	0	0	0	1449	4815
换电式	0	0	0	0	0	0	0	0	0	0	0	0
增程式	0	0	0	0	0	63	0	0	0	0	33	96
燃料电池	0	0	0	0	0	0	0	2	0	0	0	2
超级电容	0	0	0	0	0	0	0	0	0	0	0	0
智能网联	0	0	0	0	0	0	0	0	0	0	0	0
合　计	1107	0	2	124	2961	30575	2	20	0	141	7666	42598

八、本地区新能源汽车企业产销量统计表

生产企业名称	产品商标	车辆类型	通用名称	产量统计（辆）	销量统计（辆）
浙江吉利汽车有限公司	极氪	纯电动轿车	极氪 001	7207	7207
浙江吉利汽车有限公司	领克	插电式混合动力乘用车	领克 01	10243	10243
浙江吉利汽车有限公司	领克	插电式混合动力乘用车	领克 05	12715	12715
浙江吉利汽车有限公司	领克	插电式混合动力乘用车	领克 09	1654	1654
浙江吉利汽车有限公司	吉利	插电式混合动力乘用车	博瑞 GE PHEV	2049	2049
浙江吉利汽车有限公司	吉利	插电式混合动力乘用车	星越 PHEV	503	503
浙江中车电车有限公司	中车	纯电动城市客车	中车	487	487
浙江中车电车有限公司	中车	氢燃料电池客车	中车	22	22

九、本地区电动汽车充（换）电站（桩）统计表

城市名称	充电站		充电桩		换电站	
	2021年新建数量（座）	2021年底保有量（座）	慢充（个）	快充（个）	2021年新建数量（座）	2021年底保有量（座）
宁波市	137	1010	3904	6710	12	16

十、本地区车用加氢站统计表

城市名称	加氢站名称	类型	供给能力(kg/d)	储氢最高压力(MPa)	说明(运营/新建/在建)	运营时间
宁波市	镇海炼化加氢示范站	固定站	500	35	新建	2021.6
宁波市	象山大目湾巨鹰加氢站	撬装站	500	35	新建	—
宁波市	象山九顷加氢站	撬装站	500	35	新建	—
宁波市	慈溪经开区加氢站	撬装站	500	35	新建	—

金 华 市

一、2021年新能源汽车与智能网联汽车产业概况

国家制定了汽车产业中长期发展规划和智能网联车创新发展战略,确定了未来汽车产业的发展方向和发展重点。未来5~10年,是新能源汽车加快发展的关键期。汽车及零部件是金华市"十四五"时期大力发展的四大现代新兴产业之一,金华将积极顺应汽车产业电动化、智能化、网联化、共享化发展趋势,以新能源汽车整车为引领,强化"整零协同",加快"电动金华"建设。

(1)产业产值规模大。目前全市共有新能源汽车及配件企业1500余家,其中主要企业170多家。2021年新能源汽车产业稳步回升,实现工业总产值502.2亿元,同比增长34.8%;实现营业收入544.6亿元,同比增长33.39%,实现利税22.1亿元,同比增长4.81%。

(2)创新研发能力强。联合浙江大学共同组建了浙江省电动汽车科技创新团队,今飞、万里扬等企业拥有国家级企业技术中心,开发区引进了燃料电池创新工程研究院,拥有国家级的新能源汽车零部件质量检测中心,目前全市共有国家级技术中心2家,省级企业技术中心12家,省级企业研究院9家。

(3)产业链配套完整。培育引进了零跑、英伦、爱特等新能源整车企业,拥有创驱科技、盘毂动力、锋锐、吉利等动力总成企业;氢途科技、洺源科技、畔星科技、泓林新能源、晨阳新材料等燃料电池企业;恒友机电、万里扬、今飞、联宜、捷孚传动等核心零部件企业及二三级零件配套企业。产品涵盖新能源乘用车、专用车,三电系统、双极板、空压机、燃料电池动力总成、变速箱、轮毂、刹车泵、储氢制氢等新能源汽车各领域。

二、2021年新能源汽车推广应用情况

金华市大力探索新能源汽车推广应用商业模式,在公交领域以BRT示范线建设进行推广,物流领域以租赁模式进行推广,公共领域以组团租赁进行推广,私人领域以补助降本进行推广,多种模式合力推进新能源汽车的推广应用进程,2021年新增新能源汽车2辆,全市新能源汽车保有量5.96万辆。

三、2021年新能源汽车与智能网联汽车主要企业经营情况

金华市共有3家乘用车整车生产资质企业,是省内为数不多集聚多家整车车企的地区。目前零跑汽车产量不断攀升,众泰已完成破产重整准备恢复生产,青年正在重整;万里扬、今飞、盘毂动力、东磁、联谊、恒友、义利、锋锐等零部件关键技术配套企业发展势头强劲。同时还积极推动氢途科技、畔星科技、晨阳新材料、凤登环保、锦宇汽车等一批氢燃料电池汽车企业发展。

四、2021年新能源汽车与智能网联汽车项目及园区建设情况

通过构筑大平台、推进大项目、引进大企业、培育大产业,金华市已形成从新能源汽车整车到动力电池、驱动电机、电控装置等关键零部件及关联配套产品的较为完整的产业链。金华新能源及高端装备产业平台(新能源汽车小镇)、兰溪新能源专用车产业平台(兰溪电驱小镇)、义乌绿色动力产业平台(义乌绿色动力小镇)、婺城飞扬智造平台(婺城飞扬小镇)等平台正在不断建设完善。零跑汽车整车项目建成投产;吉利混动发动机、变速器研发产业化项目在混动领域技术取得,万里扬变速器项目、英伦汽车产品创新升级项目、盘毂动力新能源汽车动力总成及底盘悬架项目、汽车显示功能膜项目、汽车芯片设计与封测中心项目、欣旺达电子、创驱动力总成项目、大众齿轮重卡变速器总成等项目已开工建设;兰溪新能源特种车、氢能汽车储氢瓶、零跑汽车零部件项目正在积极前期推进。

五、2021年基础设施建设及运行情况

根据全市电动汽车充电基础设施发展规划的要求,按照"适度超前、车桩相宜、智能高效"的充电基础设施建设体系建设原则,扎实推进公用充电基础设施建设。2021年,全市新建各类公用充(换)电站69座,累计255座,新增公用充电桩1296个,累计4637个,私人充电桩累计3万个以上。加氢站方面,已建成加氢站2座,分别是武义桐琴综合供能服务站内日加氢500 kg的固定式站和婺城区中石化加油站内撬装式加氢站;另在婺城区二环西路的综合供能服务站内的固定式加氢站和凤登环保正在建设。

六、发展规划

(1)规划布局,发展氢能汽车产业链。全方位谋篇布局,坚持"多元化发展、多条腿走路",构建纯电动、混合动力以及电机、电池、电控关键零部件为核心的新能源汽车产业链。响应企业需求,开展新能源汽车政策制定,支持新能源汽车

及配件制造项目建设、支持汽车产业新业态新模式发展，加快充电桩、加氢站等基础设施建设。

（2）精准服务，打造优质高效营商环境。以产业创新服务综合体建设为重点，构建"产学研用金、才政介美云"十联动的创新创业生态体系；完善产业配套扶持政策、增强政策体系系统性和完备性，优化政策服务和兑现力度；探索产学研合作、校企联合培养等人才培养模式创新，满足产业发展对人才的需求；鼓励企业大胆创新，引导保险等金融机构参与企业创新研发环节，创新研发投入风险分担补偿机制等。

（3）错位发展，加强产业链分工协作。坚持"内培"和"外引"并举，推动新能源汽车及配件产业强链延链补链，发挥整车、关键零部件龙头企业集聚和串联产业链作用，打造国内特色整车基地和能够快速响应全球配套市场的专业化、规模化汽车零部件产业集群。深化产业链分工协作，探索采取"共享车间"等模式，提升行业内设备等资源整合利用效率。

（4）技术攻关，提升企业核心竞争力。鼓励企业开展关键共性技术研究，参与国家重大技术攻关，解决"卡脖子"问题。支持新能源汽车整车企业攻关三电系统核心技术，突破能量密度和比功率高、使用寿命长的电池技术及智能网联化技术应用升级；支持氢燃料电池汽车领域企业研发创新，持续技术积累和迭代升级，率先投入产业化应用。

七、本地区新能源汽车推广应用统计表

（单位：辆）

车型 燃料	公交车	旅游大巴	公务车	出租车	租赁用车	私人用车	环卫车	物流车	邮政车	载货车	其他领域	合计
纯电动	344	0	0	0	0	23668	0	0	0	0	0	0
插电式	22	0	0	0	0	2933	0	0	0	0	0	0
换电式	0	0	0	0	0	0	0	0	0	0	0	0
增程式	0	0	0	0	0	0	0	0	0	0	0	0
燃料电池	20	0	0	0	0	0	0	0	0	0	0	0
超级电容	0	0	0	0	0	0	0	0	0	0	0	0
智能网联	0	0	0	0	0	0	0	0	0	0	0	0
合计	386	0	0	0	0	26601	0	0	0	0	0	26987

八、本地区新能源汽车企业产销量统计表

生产企业名称	产品商标	车辆类型	通用名称	产量统计（辆）	销量统计（辆）
零跑汽车有限公司	零跑	纯电动车	T03	38463	38463
零跑汽车有限公司	零跑	纯电动车	C11	4021	4021

九、本地区电动汽车充（换）电站（桩）统计表

城市名称	充电站		充电桩	
	2021 年新建数量（座）	2021 年底保有量（座）	慢充（个）	快充（个）
金华市	69	255	4637	—

十、本地区车用加氢站统计表

城市名称	加氢站名称	类型	供给能力（kg/d）	说明（运营/新建/在建）
金华市	武义桐琴综合供能站	固定式	500	运营
	婺城宾虹西路加氢站	撬装式	500	运营

武 汉 市

一、2021 年新能源汽车与智能网联汽车产业概况

2021 年，武汉市汽车及零部件产业完成总产值 3345.18 亿元，同比增长 6%。五家乘用车企业（东风本田、上汽通用、东风乘用车、神龙公司、岚图汽车）新能源乘用车和三家客车企业（扬子江、武汉开沃、武汉客车厂）新能源客车均已量产，五家乘用车整车企业全年累计生产新能源汽车 9.2 万辆，同比增长 336%。其中岚图汽车于 2021 年 6 月投产，当年完成新能源汽车产量超 8000 辆。

在新能源汽车锂电池模组、电池包和电机、电控等"三电"领域，全市集聚了武汉惠强、东软睿驰、东风时代、东风航盛等重点企业，龙头企业东风公司已整合旗下三电资源，成立智新科技股份有限公司，战略中心逐步向"三电"产品倾斜。在燃料电池汽车产业部分领域关键技术取得突破。全市集聚了 30 余家氢能产业重点企业和科研院所，在燃料电池膜电极、燃料电池电堆和燃料电池系统领域部分关键技术取得突破，处于国内先进水平。同时，中汽中心主导的"武汉基地新能源汽车及零部件检测中心"已具备电动和燃料电池汽车及零部件的检测能力。

二、2021 年新能源汽车推广应用情况

武汉市积极推进新能源汽车在汉推广应用,继续给予新能源汽车优先通行权、财政补贴和基础设施配套等支持政策。截至 2021 年底,全市新能源汽车保有量已超 10 万辆,推广规模排在全国传统燃油汽车非限牌城市前列。已推广应用 188 辆燃料电池汽车,其中燃料电池公交车 43 辆、通勤客车 31 辆、轻型物流车 104 辆、环卫车 10 辆,世界首台常温常压液体有机储氢燃料电池物流车也在武汉市正式示范运营。充分发挥新能源汽车及充电基础设施监管平台作用,截至 2021 年底,武汉市新能源监管平台已累计接入车企 76 家,对接车型 589 款,接入车辆 87942 辆;接入充电桩企业 57 家,接入充电站 370 个,接入充电桩 16906 部。

三、2021 年新能源汽车与智能网联汽车项目及园区建设情况

武汉市五大乘用车企业(东风本田、上汽通用、东风乘用车、神龙公司、岚图汽车)新能源乘用车和三大客车企业(扬子江、武汉开沃、武汉客车厂)新能源客车均已量产,小鹏汽车、吉利路特斯将于 2022 年投产。

四、2021 年基础设施建设及运行情况

武汉市做到配套设施建设先行,全市成立了市停车场及新能源汽车配套设施建设工作领导小组,下设指挥部,专班推进新能源汽车配套设施建设工作。截至 2021 年底,全市已累计建成充电桩 13.3 万个,集中式充电站 1037 座,换电站 20 座,全市已建成加氢站 8 座,为新能源汽车推广应用提供良好的设施配套环境。

五、发展规划

一是提速新能源汽车产业化发展,加快小鹏汽车、吉利路特斯、通用新能源汽车生产线技改等重大项目进度,鼓励乘用车和客车企业研发投产新能源汽车;同时,以龙头整车项目为牵引,强化关键零部件企业的培育和招商引进,促进锂电池、氢燃料电池以及电池隔膜、电机、电控等全产业链项目集中集聚发展。

二是营造新能源汽车良好运营环境,积极落实武汉市新能源汽车换电模式应用试点实施方案,落实市人民政府支持氢能产业发展的意见,鼓励社会机构以市场化模式推进充换电基础设施和加氢站建设,进一步完善全市新能源汽车示范应用基础设施。

三是组织开展新能源汽车推广应用财政补贴资金有关工作,继续做好新能源汽车推广应用中央财政补贴资金的申报和拨付工作,做好武汉市新能源汽车推广应用地方财政补贴资金的清算工作。

六、本地区新能源汽车企业产销量统计表

生产企业名称	产量统计(辆)
东风本田	19620
上汽通用	25152
神龙公司	6796
东风乘用车	33002
岚图汽车	7602

七、本地区电动汽车充(换)电站(桩)统计表

城市名称	充电站		充电桩	换电站	
	2021 年新建数量(座)	2021 年底保有量(座)	慢充、快充(个)	2021 年新建数量(座)	2021 年底保有量(座)
武汉市	—	1037	133000	—	20

襄 阳 市

一、2021 年新能源汽车与智能网联汽车产业概况

襄阳市现有新能源汽车企业 50 家,产品涵盖整车制造、动力电池及材料、电机 & 电控系统、氢燃料、检验检测、充换电设施等,产业链条较为完备。其中,整车及专用车企业 7 家:东风汽车股份有限公司新能源事业部(新能源物流车、新能源轻卡、天然气环卫车等)、东风襄阳旅行车有限公司(新能源公交车)、湖北淳通专用汽车有限公司(物流运输专用车)、中车腾龙汽车有限公司(公交车、纯电动物流专用车)、湖北奥杰新能源汽车技术有限公司(氢燃料中重卡车无动力底盘)、东风商用车新疆有限公司东风专用底盘公司(港口无人集卡专用车)、湖北东润专用汽车有限公司(新能源专用车)。低速电动车企业 2 家:湖北新日电动车有限公司(电动摩托车和电动自行车)、湖北雷霆皇车业有限公司(老年代步电动车)等。2021 年新能源整车产量达到 1.42 万辆,同比增长 105.51%,占全国新能源商用车产量 7.6%。智能网联汽车产业方面,目前襄阳市正在积极创建国家级车联网先导区,加快推进车联网产业集聚。其中,东风汽车股份有限公司研发的 L4 级自动驾驶车型已装配下线,后续将开展智慧环卫、智慧物流、智慧通勤等示范运营;东风襄阳旅行车公司、中车腾龙公司已分别研发了 10 m 和 12 m 智慧公交车,并陆续在 9 号公交线路开展示范运营;东风新疆专底公司已实现无人驾驶集装箱卡车量产;湖北天鼎微波公司生产的毫米波雷达和 5G 无线通信天线项目已投产。

二、2021 年新能源汽车推广应用情况

2021 年,襄阳市新增推广应用新能源汽车 5147 辆,全市新能源汽车累计保有量接近 4 万辆。其中,私家车领域 2021 年推广销售新能源汽车 4604 辆,占全市新能源汽车新增推广应用总量的 89.4%;公共领域 2021 年销售推广新能源汽车

478 辆，占全市新能源汽车新增推广应用总量的 9.2%；货车领域 2021 年销售推广新能源汽车 65 辆，占全市新能源汽车新增推广应用总量的 1.2%。

三、2021 年新能源汽车与智能网联汽车主要企业经营情况

2021 年，襄阳市实现新能源汽车产量 14265 辆，同比增长 105.46%。东风汽车股份有限公司实现新能源汽车（轻卡、物流车、客车及底盘）产量 14125 辆，同比增长 105.41%。其中，东风股份旗下子公司东风襄阳旅行车有限公司生产氢燃料电池汽车 230 辆（含底盘）。中车腾龙汽车有限公司实现新能源汽车（客车）产量 140 辆，同比增长 100.00%。在智能网联汽车方面，2021 年，风神襄阳汽车有限公司实现智能网联汽车（自动驾驶等级在 L2 级及以上的汽车）产量 23288 辆；东风汽车股份有限公司积极展开“智慧物流”项目建设，自主研发的智慧物流、智慧环卫和智慧通勤 L4 级无人驾驶车辆于 2021 年 12 月 14 日完成装配下线。目前正在对轻商分公司厂区车路协同基础设施进行智能化改造，完成后将正式投入示范运营。

四、2021 年新能源汽车与智能网联汽车项目及园区建设情况

2021 年 6 月，中克骆瑞新能源科技有限公司投资 10 亿元的新能源纯电动汽车电机及控制系统项目一期竣工，具备年产 5 万套驱动系统产能；2021 年 11 月，龙佰集团与襄阳市南漳县签约，投资 30 亿元建设年产 15 万 t 电池级磷酸铁锂项目和年产 20 万 t 金红石型钛白粉后处理项目；2021 年 12 月，骆驼集团新能源电池有限公司总投资 17.44 亿元的高能量高密度动力型锂离子电池建设项目（二期）竣工，形成年产 43 亿 Wh 磷酸铁锂及三元材料体系的动力锂离子电池；志诚嘉金属科技（襄阳）有限公司总投资 5 亿元的新能源汽车零部件生产项目和襄阳金耐特机械股份有限公司总投资 3 亿元年产 200 万件新能源车差速器壳体项目开工建设。智能网联汽车产业方面，2021 年，襄阳达安汽车检测中心有限公司智能网联汽车专用试验场（四期）完成立项并陆续开工建设，未来将形成“一园两区”的整体布局（生态科技园、典型城市区、典型乡镇区），实现全车型全功能覆盖的自动驾驶测试基地、新产品示范应用基地、新技术体验培育基地、智慧交通与智慧城市探索的先行区的功能定位。

五、2021 年基础设施建设及运行情况

截至 2021 年底，襄阳市已累计建设充电桩 2039 个（慢充桩 996 个、快充桩 1043 个），充电站 191 座，换电站 2 座。其中，2021 年新建充电站 21 座，换电站 2 座。在加氢站方面，襄阳市已正式投入运营加氢站 2 座，分别为老河口市加氢加气站（2021 年 4 月投入运营）和东风汽车大道加氢站（2021 年 11 月投入运营），有效夯实了全市新能源汽车推广应用。

六、发展规划

为抢抓新一轮汽车产业发展机遇，推动汽车产业转型升级高质量发展，襄阳市于 2021 年 10 月印发实施了《襄阳市汽车产业转型升级高质量发展行动计划（2021—2025 年）》。以突破性发展新能源及智能网联汽车为主线，加快推动传统汽车产业高端化节能化、新能源汽车产业规模化集聚化，培育 5G+车联网产业，构建汽车产业新型网状生态，加快汽车产业转型升级，实现高质量发展，奋力创建国家级车联网先导区，打造汽车及新能源汽车先进制造业产业集群。到 2025 年，全市规模以上汽车工业产值达到 3500 亿元以上。具体措施如下：

（1）推动传统汽车向高端化、节能化发展。一是大力发展高端乘用车，支持风神襄阳打造中高端乘用车标杆企业。二是持续发展节能商用车，支持东风股份加快轻型商用车智能制造和绿色工厂项目建设，建设国际一流的轻型商用车研发生产企业。三是发挥东风在襄企业底盘优势，整合改装资源，大力发展专用车。

（2）突破性发展新能源汽车。一是壮大新能源整车规模。加快引进新能源乘用车头部企业。支持本地商用车企业优化产品结构，做大纯电动物流配送、市政环卫、快递、客车等。二是布局氢燃料电池汽车。支持本地企业以中重型商用车为突破口，开发氢燃料电池汽车。

（3）加快开发智能网联汽车。以车联网深度应用为牵引，推动本地整车企业研发生产智能网联汽车，加快车联网和智能网联技术研发导入，提高智能网联汽车渗透率。同时，围绕智慧物流、智慧环卫、智慧通勤、智慧公交、无人集卡等特色应用场景，积极探索开展形式多样的示范运营建设。

（4）做强做优汽车零部件产业。一是做大新能源汽车零部件产业。加大新能源关键零部件企业引进力度，引导本地新能源零部件企业开展联合攻关，提升电驱动总成集成度与性能水平，做大启停电池规模，加快充换电设施研发，培育氢燃料电池产业链。二是做强智能网联汽车零部件产业。大力引进智能网联汽车核心零部件企业。三是做优传统汽车零部件产业。推动发动机、车桥、座椅、轴承、蓄电池等传统优势产业延伸壮大。

（5）构建汽车产业网状生态。一是引导支持本地汽车企业向涵盖研发生产、使用保障、运营服务、解决方案等产业网状生态主导型企业转型。二是支持本地企业建设国家级研发检测平台，建设研发检测产业生态。三是支持本地整车企业引进运营、融资租赁、充换电设施等企业，积极推广应用新能源及智能网联汽车。四是加大汽车产业基础设施建设，统筹协调各部门，科学布局充换电站、加氢站等。

七、本地区新能源汽车推广应用统计表

（单位：辆）

车型 燃料	公交车	旅游大巴	公务车	出租车	租赁用车	私人用车	环卫车	物流车	邮政车	载货车	其他领域	合计
纯电动	110	29	17	312	0	3719	0	56	0	7	2	4252

续上表

车型 燃料	公交车	旅游大巴	公务车	出租车	租赁用车	私人用车	环卫车	物流车	邮政车	载货车	其他领域	合　计
插电式	0	0	0	0	0	707	0	0	0	0	0	707
换电式	0	0	0	0	0	22	0	0	0	0	0	22
增程式	0	0	0	0	0	156	0	0	0	0	0	156
燃料电池	10	0	0	0	0	0	0	0	0	0	0	10
超级电容	0	0	0	0	0	0	0	0	0	0	0	0
智能网联	0	0	0	0	0	0	0	0	0	0	0	0
合　计	120	29	17	312	0	4604	0	56	0	7	2	5147

八、本地区新能源汽车企业产销量统计表

生产企业名称	产品商标	车辆类型	通用名称	产量统计(辆)	销量统计(辆)
东风汽车股份有限公司	东风牌	新能源轻卡	凯普特	4960	104738
东风汽车股份有限公司	东风牌	新能源封闭物流车	东风御风	6927	
东风汽车股份有限公司	东风牌	新能源客车及底盘	东风天翼公交车	1963	
东风汽车股份有限公司	俊风牌	新能源轿车	俊风 E11K	275	275
襄阳腾龙汽车有限公司	九州牌	新能源客车	新能源公交车	140	140

九、本地区电动汽车充(换)电站(桩)统计表

城市名称	充电站		充电桩		换电站	
	2021年新建数量(座)	2021年底保有量(座)	慢充(个)	快充(个)	2021年新建数量(座)	2021年底保有量(座)
襄阳市	21	191	996	1043	2	2

十、本地区车用加氢站统计表

城市名称	加氢站名称	类型	供给能力(kg/d)	日加注量(kg)	加氢站氢气总储存量(kg)	储氢最高压力(MPa)	说明(运营/新建/在建)	运营时间
襄阳市	老河口市加氢加气站	固定	500	1~2	360	35	运营	2021年4月
襄阳市	东风汽车大道加氢站	撬装	250	40~50	300	35	运营	2021年11月

郑　州　市

一、2021年新能源汽车与智能网联汽车产业概况

1. 总述

全市拥有宇通客车、东风日产郑州工厂、郑州日产、上汽乘用车郑州分公司、海马汽车、少林客车等6家整车企业,已形成了客车、乘用车、新能源汽车三大整车生产格局,涵盖了客车、皮卡、SUV、MPV、轿车、轻卡、中重卡等系列化的产品体系,整车产能达到161万辆。拥有宇通重工、郑州红宇、郑州宏达、佛光发电、郑州博歌、比克新能源汽车等专用车企业15家,产品覆盖环卫车、冷链运输车、水泥罐车、桥梁检测车、电源车、防爆器材运输车等多品类车型。拥有精益达、比克电池、泰新座椅、科林空调、优尼冲压等核心零部件配套企业150余家。2021年,全市汽车产量40.67万辆,同比下降12.1%。

2. 电动汽车产业

贯彻落实《河南省加快新能源汽车推广应用若干政策》《郑州市支持汽车产业发展若干政策》《郑州市加快新能源汽车推广应用若干政策》《郑州市加快推进新能源及网联汽车发展实施方案》等政策文件,全面促进郑州市新能源汽车产业发展。全市新能源汽车生产、研发及相关企业近20家,拥有宇通客车、郑州日产、海马汽车、东风日产郑州工厂、上汽乘用车郑州分公司等新能源汽车生产企业,宇通重工、宏达汽车、比克新能源汽车等新能源专用车生产企业。产品涵盖客车、乘用车、渣土车、物流车、卡车、环卫车等系列车型。2021年,全市新能源汽车产量3.89万辆,同比增长0.7%。

3. 燃料电池汽车产业

在整车领域,大力支持宇通客车燃料电池汽车科技攻关项目,积极推广示范项目和首条示范线项目。宇通开发的燃料电池渣土车、环卫车样车已下线,海马汽车已完成第二代氢能MPV样车开发,正在推进第三代产品研发和商业运营工作。在关键零部件研发生产方面,大力支持正星科技在加

氢机、加氢机控制系统等领域研发和生产。积极申报开展燃料电池汽车示范应用，2020 年，郑州市作为牵头城市，联合省内外燃料电池产业链优势企业所在城市，组成“1+11+5”城市群，联合申报开展燃料电池汽车示范应用。2021 年，根据国家五部委和评审专家意见，经多次修改完善，最终《郑州城市群燃料电池汽车示范应用实施方案》与北上广冀共同通过专家评审，并于 2021 年 12 月 20 日获国家五部委正式批复。

二、2021 年新能源汽车推广应用情况

1. 电动汽车推广应用工作

加快新能源汽车推广，鼓励私人领域购买使用新能源汽车，并积极推动出租车、渣土车、水泥罐车、物流车等领域新能源汽车替代，2021 年全市推广新能源汽车 76093 辆，新能源汽车保有量超过 16 万辆，城市建成区公交车和巡游出租车全部为新能源汽车。

2. 智能网联汽车试点工作

推进智能网联汽车示范应用，先后投入 52 辆 L4 级自动驾驶微公交，12 辆自动驾驶公交车、5 辆乘用车，2 辆无人环卫车，开展开放道路示范运营，并积极筹办中国（郑州）国际智能网联汽车大赛，以赛促产，构建产业生态，打造智能网联汽车产业体系。

三、2021 年基础设施建设及运行情况

积极推进，科学引导电动汽车充电基础设施建设，充电基础设施数量呈现快速增长态势，截至 2021 年底，全市新能源充电基础设施充电站约 1200 座，充电终端约 2.3 万个，另有换电站 13 座，主要分布在公共机构、用户居住地、高速公路服务区、政府机关、企事业单位和公共服务领域等。郑州市现有 50 余家企业实地开展公共充电服务，其中包括排名全国前 10 位的特来电、国网、星星充电等企业，形成了国有、民营、混合所有制并存的良好格局。目前各运营服务企业还在进一步加大布局投资规模。

四、发展规划

（1）加快氢燃料电池汽车示范应用。支持整车企业做大做强，加快推动关键零部件产业化，巩固氢燃料电池客车技术先进性和行业龙头品牌地位，同时加快氢燃料电池专用车研发和产业化、加快培育制氢、储运氢、加氢装备产业；以城市公交和物流配送等公共服务领域为突破口，逐步带动旅游客运、市政环卫、城建/短倒牵引、长途货运等应用场景的示范运营，探索在乘用车领域的推广应用；推动加氢站及氢能配套设施建设，加快形成相对完善的氢气制备、储存、运输和加注供给网络。

（2）加大重点领域新能源汽车推广力度。加快环卫、渣土、物流、水泥罐车等纯电动化进程，持续推进环卫车、渣土车、物流车存量更新使用纯电动汽车。

（3）加快智能网联汽车示范运营。支持智能网联公交车常态化示范运营，拓展智能网联公交车示范运营线路，开展自动驾驶通勤出行、智能物流配送、智能环卫等多场景下的示范应用。积极筹办 2022 中国（郑州）国际智能网联汽车大赛。

（4）加快新能源汽车基础设施建设。推动利用国省干线、行政事业单位停车场、公交场站等公共服务领域充电设施建设，支持换电设施建设。简化加氢站审批、建设、验收流程，科学规划布局，加快加氢站建设。探索加氢/加油、加氢/充电、加氢/加气等合建站发展模式，鼓励利用现有站点网络改扩建加氢设施。

新　乡　市

一、2021 年新能源汽车与智能网联汽车产业概况

新乡市没有新能源汽车和智能网联汽车企业，主要是电池及材料企业。2021 年，48 家电池及材料、配件规上企业实现营业收入同比增长 50.5%，利润同比增长 225.1%。

二、2021 年新能源汽车推广应用情况

2021 年，新乡市共推广新能源汽车 13566 辆，其中乘用车 13312 辆，客车 122 辆、货车 132 辆，取得了较好效果。截至 2021 年底新乡市新能源汽车保有量约为 32330 辆。

三、2021 年新能源汽车与智能网联汽车项目及园区建设情况

新乡市高新区氢能产业园已建成 13 栋厂房，相关企业已经入驻。

四、2021 年基础设施建设及运行情况

2021 年，新乡市建设充电站 9 座，建设换电站 2 座，建设充电桩 113 个。已建成综合加能站、撬装加氢站各 1 座。

五、本地区电动汽车充（换）电站（桩）统计表

城市名称	充电站		充电桩		换电站	
	2021 年新建数量（座）	2021 年底保有量（座）	慢充（个）	快充（个）	2021 年新建数量（座）	2021 年底保有量（座）
新乡市	9	123	共 1160		2	2

广　州　市

2021 年新能源汽车产业发展及推广应用概况

截至 2021 年底,全市新能源汽车保有量达到 38.2 万辆,居全国前列。广州新能源汽车推广应用主要集中在公共领域。2017 年,全市率先实现公交电动化,同时,出租车领域,新能源汽车占比保持在 80% 以上,而个人领域新能源汽车保有量明显不足,主要原因为:其一,广州新能源汽车不限牌,燃油车实行摇号+拍牌,但拍牌成交价格较低,长期保持在 2 万元以下水平;其二,广州城区基本不限行,作为省会城市,“开四停四”政策受到诟病,执行效果亦不明显;其三,新能源汽车消费环境问题,如充电不便利,个人对新能源汽车缺乏了解,存在里程焦虑等。

进一步扩大新能源汽车推广应用,同年 5 月,广州市出台了鼓励个人消费者购买新能源汽车综合性补贴实施方案和工作指引,提出对个人消费者购买符合一定条件(体现技术先进、安全可靠要求)的新能源汽车,市级财政给予 1 万元补贴,主要用于充电、通行和停车等使用环节,且明确由消费者个人从市交通部门申领。政策实施期间,全市约 5 万名个人消费者购买使用了符合条件的新能源汽车,政策实施效果十分明显。通过第三方机构现场调研、企业和市民走访、问卷调查、专家论证等形式,对政策实施绩效综合分析评价,主要体现在三个方面:

一是个人消费者反响积极正面。99% 的受访群众认为综合性补贴进一步增强了广州市倡导绿色出行、低碳环保新发展的理念;98% 的受访群众表示,申领万元补贴,体验到了实实在在的获得感,提升了对政府的满意度;约有 90% 的群众表示由于万元补贴,在燃油车和新能源汽车之间选择了后者,在得实惠的同时感到一份荣誉。

二是新能源汽车企业直接获益。面对疫情影响、汽车产业缺芯片以及电池及钢铝铜等原材料价格大幅上涨,补贴政策的出台,一定程度上缓解了企业生产经营成本压力,提高了产品竞争力。政策设定的技术标准高于国家的标准水平,体现了政策鼓励支持整车企业实现高质量发展的导向作用,有利于促进坚持自主创新的新能源汽车企业做大做强,进而提升广州制造和广州品牌影响力。

三是激发行业全面增长。在政策带动下,2021 年,广州市个人上牌新能源车辆数超过 2020 年的两倍,新能源汽车市场渗透率从 2020 年底的 10% 迅速提升至 2021 年底的 22%;全市新能源汽车产量达 14.99 万辆,销量达 11.9 万辆,全产业发展态势持续向好。

此外,广州还在不断优化环境,进一步加快推动新能源汽车高质量发展。

深　圳　市

一、2021 年新能源汽车与智能网联汽车产业概况

2021 年,深圳市新能源汽车与智能网联汽车产业发展良好,新能源汽车产业进入高速成长期,产值营收快速增长,2021 年,新能源汽车产业增加值 319 亿元,同比增长 14.4%;“一超多强”企业格局初步形成,培育年产值千亿企业 1 家,百亿以上企业 4 家,10 亿元以上企业超过 22 家;产业链生态圈初步成型,构建囊括动力电池、驱动电机、电控系统、自动驾驶、激光雷达、毫米波雷达、车用操作系统、整车制造、基础设施等领域的完整产业链;产业影响力能级跃升,2021 年 7 月成功入选首批燃料电池汽车示范城市群(广东城市群参与城市);创新应用取得突破,累计向企业发放了近 70 张道路测试牌照,建成湾区首个新能源汽车与电网(V2G)能量互动示范站。

1. 2021 年深圳市新能源汽车产业发展情况

2021 年,深圳市新能源汽车推广应用方面,新增新能源汽车销量 14.8 万辆,超当年汽车销量 40%,累计新能源汽车保有量 54.4 万辆。基础设施方面,建成各类公共充电桩(枪)7600 个,累计建成并投入运营各类公共充电桩(枪)9.7 万个,其中快速充电桩 3.7 万个,慢速充电桩 6 万个。政策规划方面,印发《深圳市新能源汽车推广应用工作方案(2021—2025 年)》,目标明确到 2025 年,全市新能源汽车保有量达到 100 万辆,累计建成公共和专用网络快速充电桩 4.3 万个,基础网络慢速充电桩 79 万个。

2. 2021 年深圳市智能网联汽车产业发展情况

深圳市充分发挥在信息通信、人工智能、大数据等领域的技术基础优势,积极推动汽车与信息通信、交通运输等行业的融合发展,加快完善智能网联汽车产业链。

(1)初步构建政策体系。开展《深圳经济特区智能网联汽车管理条例》立法探索,推动解决智能网联汽车准入、登记,以及开展道路运输等关键问题。落实《深圳市关于支持智能网联汽车发展的若干措施》,支持智能网联汽车发展。

(2)推进产业高质量发展。构建完整创新链条,组织开展智能网联汽车关键技术研发和产业化。完善产业配套设施,规划建设深圳智能网联交通测试示范平台,满足智能网联汽车的应用测试与验证需求。

(3)积极开展示范应用。支持企业开展智能网联汽车示范应用,开放测试道路里程约 145 km,累计发放道路测试通知书 69 张,在具备条件的区域面向公众开放自动驾驶小巴、公交、出租车试运行。

二、2021 年新能源汽车与智能网联汽车主要企业经营情况

1. 2021 年深圳市新能源汽车主要企业经营情况

(1)比亚迪股份有限公司。成立于 1995 年,业务涵盖电子、汽车、新能源和轨道交通等领域,产品线包括车联网应

用、比亚迪云服务、DiLink 智能网联系统等。2021 年营业收入 2161 亿元。

(2)深圳市航盛电子股份有限公司。成立于 1993 年，为汽车整车企业研发生产智能网联汽车信息系统、智能驾驶辅助系统、新能源汽车控制电子系统等产品。2021 年营业收入约 43.4 亿元。

(3)深圳市速腾聚创科技有限公司。成立于 2014 年，主要产品为智能激光雷达系统及解决方案。2021 年营业收入约 3 亿元。

2. 2021 年深圳市智能网联汽车主要企业经营情况

(1)比亚迪股份有限公司：成立于 1995 年，业务涵盖电子、汽车、新能源和轨道交通等领域，产品线包括车联网应用、比亚迪云服务、DiLink 智能网联系统等。2021 年营业收入 2161 亿元。

(2)深圳市航盛电子股份有限公司：成立于 1993 年，为汽车整车企业研发生产智能网联汽车信息系统、智能驾驶辅助系统、新能源汽车控制电子系统等产品。2021 年营业收入约 43.4 亿元。

(3)深圳市速腾聚创科技有限公司：成立于 2014 年，主要产品为智能激光雷达系统及解决方案。2021 年营业收入约 3 亿元。

三、本地区新能源汽车推广应用统计表

(单位：辆)

燃料＼车型	公交车	旅游大巴	公务车	出租车	租赁用车	私人用车	环卫车	物流车	邮政车	载货车	其他领域	合计
纯电动	757	0	6347	188	3972	64823	79	8426	0	0	14376	98968
插电式	0	0	798	0	0	43216	0	0	0	0	0	44014
换电式	0	0	0	0	0	4801	0	0	0	0	0	4801
增程式	0	0	0	0	0	0	0	0	0	0	0	0
燃料电池	0	0	0	0	0	0	0	0	0	0	0	0
超级电容	0	0	0	0	0	0	0	0	0	0	0	0
智能网联	0	0	0	0	0	0	0	0	0	0	0	0
合计	757	0	7145	188	3972	112840	79	8426	0	0	14376	147783

四、本地区电动汽车充(换)电站(桩)统计表

城市名称	充电站		充电桩	
	2021 年新建数量(座)	2021 年底保有量(座)	慢充(个)	快充(个)
深圳市	254	5000	60000	37000

佛山市

一、2021 年新能源汽车产业概况

近年来，佛山市贯彻落实国家、省培育发展新能源汽车产业的工作部署，依托良好的汽车产业基础，大力引进新能源整车和关键零部件头部企业，取得了积极成效。科力远、一汽-大众、德方纳米、东方精工等企业加速布局电动汽车相关领域，飞驰、中车四方、国鸿氢能、爱德曼、泰罗斯等企业以氢能源产业发展契机，发力布局燃料电池汽车相关领域。已初步形成新能源汽车整车及零部件供应体系，在电池、电机、电控等关键核心技术领域集结一批优质资源。

佛山市氢能产业走在广东前列。佛山市抢抓入选联合国开发计划署“中国燃料电池公共汽车商业化示范项目”示范城市机遇，加大力度支持示范推广燃料电池汽车，以示范促应用，以市场促产业。截至 2021 年底，累计推广各类燃料电池汽车近 1500 辆，车辆安全运行已达千万公里，成为国内燃料电池汽车推广规模最大、安全运行里程最长的城市。近几年来，示范应用对产业链布局的带动效应逐步显现，基本覆盖了氢能制储运加供应链、燃料电池关键基础材料及核心零部件、燃料电池系统和整车等，产业链构建相对完善。2020 年，积极响应财政部等国家五部委关于开展燃料电池汽车示范应用的政策，在省发展改革委的统筹指导下，主动承接牵头城市职责，联合广州、深圳等市，组成“广东燃料电池汽车示范应用城市群”，并于 2021 年 8 月脱颖而出成功入选国家首批示范城市群。

二、2021 年新能源汽车推广应用情况

佛山市 2021 年注重加快推进新能源公交车投运更新工作，全面实现新能源公交应用 100%，并逐步提高全社会新能源汽车使用普及率，扩大新能源汽车应用覆盖面。1—12 月，全市上牌新年能源汽车 32130 辆；按车型分，乘用车 31896 辆，商用车 212 辆(其中，客车 34 辆，专用车 178 辆)；按动力来源分，纯电动汽车 27167 辆，插电式混合动力汽车 4941

辆,氢燃料电池汽车 22 辆。截至 2021 年底,全市累计推广新能源汽车 60403 辆。

三、2021 年新能源汽车主要企业经营情况

佛山市拥有整车及零部件制造业基础,近两年在新能源汽车领域率先布局,已初步形成新能源汽车整车及零部件供应体系,在电池、电机、电控等关键核心技术领域集结一批优质资源。整车制造领域,一汽-大众、北汽福田、飞驰汽车等车企布局新能源汽车,形成新能源汽车整车制造集聚发展态势;动力系统领域,东方精工、金辉高科等企业致力于生产研发锂离子动力电池;科力远发展混合动力总成;国鸿氢能、爱德曼、泰罗斯投入研发生产氢燃料电池动力总成;广顺电器成功研发燃料电池用高效涡轮空压机系统,成功跻身上汽、GE、通用的正式供应商;德方纳米新上年产 1.5 万 t 纳米磷酸铁锂项目;佛山市本土的上市公司佛塑股份投入电动汽车用锂离子电池隔膜生产。充电装置领域,中研能源以超大功率直流充电机生产技术为核心开展充电站及充电桩建设,柏克新能研发生产可快速充电的超级充电桩;邦普科技建成全国首条自动化的动力电池回收拆解中试线。基础平台方面,佛山市内的广东省新能源汽车核心部件产业基地,是广东省唯一的燃料电池和氢能技术核心部件产业基地。

四、2021 年新能源汽车与智能网联汽车项目及园区建设情况

佛山市南海区仙湖氢谷规划面积 48 km^2,以仙湖为核心,以氢能源产业为方向,以人才和科技为动力,围绕氢燃料电池、核心部件、动力总成和氢动力汽车等氢能源汽车智造产业链条,打造以科技研发、智能制造、展示交流、创新服务于一体的氢能源科技中心,依托“一湖一城三园区”建设产、城、人、文融合发展的国际知名的自主氢能技术先行地、高端氢能产业集聚地和先进氢能社会示范区。

聚龙湾新能源汽车产业园位于佛山市三水区白坭镇中南部,是由佛山市高起点高标准、倾力打造 23 km^2 的高端科技园区平台,依托“一心两轴,三廊道六组团”的发展规划,建成两大核心基地:新能源汽车核心零部件制造基地和新能源汽车整车产业基地。项目建设情况方面,聚龙湾智能装备产业园已引入 18 个汽车零部件和高端装备产业项目,引资额达 144.8 亿元。其中坎德拉飞轮储能系统生产建设项目等 9 个项目已落地,正在进行建设。

五、2021 年基础设施建设及运行情况

2021 年 1—12 月,全市建成充电站 23 座;建成充电桩 902 个(不含私人充电桩)。截至 2021 年底,全市累计建成充电站 240 座,建成充电桩近 7244 个(不含私人充电桩)。

在加氢站建设方面,截至 2021 年底,全市已建成加氢站 28 座(油氢合建站 6 座),正式投运 20 座,有效夯实了氢能汽车推广应用基础。

六、发展规划

按照国家《新能源汽车产业发展规划(2021—2035 年)》总体要求,完善政策,加大投入,印发《佛山市新能源汽车产业发展规划(2019—2030)》和《佛山市氢能源产业发展规划(2018—2030)》。切实履行牵头城市主体责任,协同参与城市落实示范任务,推动燃料电池汽车示范应用工作取得实效。借助建设示范城市群契机,推动氢能与燃料电池汽车产业在核心技术攻关与产业化、氢能供应体系、推广应用、政策机制、安全管理等五个维度全面提高,助力传统产业转型升级和高质量发展。

七、本地区新能源汽车推广应用统计表

(单位:辆)

燃料 \ 车型	公交车	旅游大巴	公务车	出租车	租赁用车	私人用车	环卫车	物流车	邮政车	载货车	其他领域	合计
纯电动	0	15	0	1802	2	25153	0	178	0	0	17	27167
插电式	0	0	0	0	0	4941	0	0	0	0	0	4941
换电式	0	0	0	0	0	0	0	0	0	0	0	0
增程式	0	0	0	0	0	0	0	0	0	0	0	0
燃料电池	0	0	0	0	0	0	0	22	0	0	0	22
超级电容	0	0	0	0	0	0	0	0	0	0	0	0
智能网联	0	0	0	0	0	0	0	0	0	0	0	0
合计	0	15	0	1802	2	30094	0	200	0	0	17	32130

八、本地区电动汽车充(换)电站(桩)统计表

城市名称	充电站		充电桩(不含私人)		换电站	
	2021 年新建数量(座)	2021 年底保有量(座)	2021 年新建数量(个)	2021 年底保有量(个)	2021 年新建数量(座)	2021 年底保有量(座)
佛山市	23	240	902	7244	2	2

九、本地区车用加氢站统计表

城市名称	加氢站名称	类型	供给能力（kg/d）	储氢最高压力（MPa）	说明（运营/新建/在建）
佛山市	国联氢能塱沙加氢站	固定站	500	35	运营
	佛罗路加氢站（一期）	撬装站	500	35	运营
	佛罗路加氢站（二期）	撬装站	500	35	运营
	河滘加油加氢站	油氢合建	500	35	运营
	城北加氢站	固定站	1000	35	试运营
	南海丹灶瑞晖加氢站	固定站	三级加氢站 350	35	运营
	南海中石化西樵樟坑（青龙）加油加氢合建站	油氢合建	一级油氢合建站 500	35	运营
	南海松岗禅炭路加氢站	固定站	二级 1500	35	运营
	南海桃园加氢站	固定站	二级 1500	35	运营
	平洲东信北路加氢站	撬装站	三级 500	35	运营
	九江大道撬装站	撬装站	三级 500	35	运营
	瑞晖（扩建）加氢站	固定站	三级 650	35	建成未验收
	狮山集络加油加氢合建站	油氢合建	二级油氢合建站 500	35	建成未验收
	丹灶政府东侧加氢站	固定站	二级 500	35	建成未验收
	佛南 N171 加油加氢站	油氢合建	二级油氢合建站 1000	35	建成未验收
	顺德强劲荔村加氢站	固定站	500	35	运营
	顺德强劲荔村加氢站二期扩建工程	固定站	二级 500	35	建成未验收
	顺德容桂兴顺加氢站	固定站气氢	加氢加气合建一级站 500	35	运营
	顺德大良顺风加氢站	固定站	三级站 1000	35	运营
	佛山市三水区国杰物资有限公司广海西加氢站	固定站	设计日供氢能力约为 1000	35	运营
	佛山市三水区国杰物资有限公司锦江路加氢站	固定站	设计日供氢能力约为 600	35	试运营
	佛山市高明区更合镇合塘路 500 kg/d 加氢站建设项目站房、加氢站	固定站	253 m^2，500	35	试运营
	佛山市高明区现代有轨电车示范线首期工程（站房及加氢罩棚、轻轨加氢罩棚	固定站	367.86 m^2，1000	35	运营
	南庄制氢加氢一体站	一体站	三级	35	试运营
	罗格加油加氢站	油氢合建	500	35	建成未验收
	大沥岭南车天地加油加氢站	油氢合建	三级油氢合建站	35	试运营
	顺德大良五沙加氢站	固定站	二级站	35	试运营

成　都　市

一、2021 年新能源汽车与智能网联汽车产业概况

1. 总述

2021 年，成都汽车产业在疫情和缺芯的双重压力下，持续围绕“建圈强链”，以链主引领集聚链属，加大内培外引，推进汽车产业向新能源和智能化转型；同时，成都市结合实施交通和能源等四大结构调整，加大移动污染源治理，不断释放新能源汽车市场，在新能源汽车推广应用和智能网联汽车示范应用方面均取得一定成效。

2. 电动汽车产业

成都市拥有新能源汽车企业 60 余户，其中整车企业 24 户，新能源整车产能已达 31.82 万辆/年，已形成“新能源乘用车+新能源商用车”的业态格局。2021 年，全市新能源汽车产业逆势增长，全年实现产量 5.7 万辆，同比增长 112%，占全市汽车产量的 6%。成都市拥有新能源汽车零部件企业 40 余户、充电设施运营企业 64 余户，产品涵盖“三电”关联零部件及配套设备，形成了研发、制造、检验检测、后端服务等较为完善的零部件制造体系。

3. 燃料电池汽车产业

全市聚集了氢能企业及院所超 60 户，涵盖氢源供给及储运设备、燃料电池核心零部件与系统集成、整车整机机制、加氢站投资及建设运维等重要环节，规上 34 户氢能企业实现主营业务收入 300 亿元，取得阶段性成效。

4. 智能网联汽车产业

成都市智能网联汽车道路测试工作正有序开展，百度、商汤等企业已申请开展道路测试，并在中德智能网联汽车临时封闭测试场累计 4311.6 km 的测试里程，近期已向百度公司发放了 12 台车辆的《智能网联汽车道路测试通知书》，成都高新区、龙泉驿区即将开放部分道路作为智能网联汽车测试道路。目前，成都市已成功入选智慧城市基础设施与智能网联汽车协同发展第二批试点城市，并正积极申创国家级车联网先导区。

二、2021年新能源汽车推广应用情况

1. 总述

2021年,全市新增推广新能源汽车10.8万辆,为2010至2020年推广总量的76%,占全年推广9万辆任务的120%。截至2021年12月底,全市新能源汽车保有量24.4万辆,占全市汽车总量的4.2%。推广总量位居全国第七,非限购城市第一。全年推广氢燃料电池汽车21辆,累计推广370辆,位居全国前列,辐射川渝两地的“成渝氢走廊”项目正式启动建设。新能源汽车换电项目获得突破,智能网联汽车道路测试工作稳步推进。

2. 电动汽车推广应用工作

2021年,全市新增汽车50万辆,新增新能源汽车10.8万辆,占比21%,同比增长约163%。全年新增推广新能源公交车3669辆,同比增长约700%,累计达9660辆,占全市公交车总量的56%;全年新增推广公共领域新能源出租车(涵巡游出租车和网约车)23651辆,累计推广53416辆;全年新增新能源商用车12772辆,累计达46579辆;全年新增新能源私家车52684辆,累计达92643,占比约2%。

3. 燃料电池汽车示范应用工作

成都市已出台《支持氢能暨新能源汽车产业发展及推广应用若干政策》《新能源汽车推广三年行动方案》《关于促进氢能产业高质量发展的若干意见》《成都市加氢站建设运营管理办法(试行)》等文件,形成以产业规划为引领、财政保障为支撑的燃料电池产业政策体系。进一步厘清发展思路,围绕申报成渝地区双城经济圈燃料电池汽车示范应用城市群,编制了《全球氢燃料汽车产业链全景图》《成都市氢燃料电池汽车推广计划(2021—2025)(征求意见稿)》《成都市氢燃料电池汽车推广应用政策措施(草拟稿)》。自2018年启动燃料电池示范应用以来,已累计在全市公交、物流领域推广燃料电池汽车370辆,配套建成加氢站3座。2021年11月,启动建设以成渝两地为中心,带动川南、辐射川东北经济发展的“成渝氢走廊”项目。

4. 新能源汽车换电模式应用试点工作

2017年成都市启动换电模式示苑应用以来,聚集了国家电投、协鑫、一汽、鼎研等大型换电运营企业10余户,累计在私家、网约、分时租赁、重卡等领域投运换电站38座,车辆近1万辆,总体应用规模位居全国前列。2021年,国家电投、协鑫在成都市青白江区和双流区建成投运重卡换电站2座、车辆50辆。目前,成都市龙泉驿区、青白江区、郫都区、新都区等区(市)县整车生产企业,已研制开发了“新能源重卡+换电推广”模式,适合在环卫、渣土、混凝土、冷链物流等领域开展应用。

5. 智能网联汽车试点工作

截至目前,成都龙泉驿区申请开放大运直连通道智能网联汽车道路,共计11.62 km,是全国首条与新建道路同步规划、同步实施的车联网示范线;高新区申请开放37.9 km智能网联示范道路,打造基于5G的智能网联汽车示范区。随着临时龙泉驿区测试场的启用,相关配套政策和技术及管理体系的完善,成都智能网联汽车道路测试工作已于2021年7月正式开始。目前,成都市已累计完成4311.6 km的测试里程,测试项目共计14项。按照成都市智能网联汽车产业发展规划,在道路测试的基础上将继续开展无人公交车、无人出租车、无人快递车的示范应用工作。

三、2021年新能源汽车与智能网联汽车主要企业经营情况

1. 总述

汽车产业是成都市第2大支柱产业,综合实力全国第八,聚集一汽大众、一汽丰田、沃尔沃等整车企业33户,云内动力、一汽富维/富晟等零部件企业超1000户。新能源汽车方面,聚集吉利汽车、神龙汽车、银龙汽车等整车企业24余户,东方电气、华气厚普、成都亿华通等配套企业超100户,各企业2021年产量、产值同比增加。智能网联领域,各企业在技术上进一步取得突破,形成了较为完善的技术链和产业体系。

2. 电动汽车产业

2021年,成都市汽车产量103.4万辆,同比下降4.4%;新能源汽车产业逆势增长,全年实现产量5.7万辆,同比增长112%,占全市汽车产量的6%。全市乘用车企业产量增长明显,其中重点企业一汽丰田、四川领吉、神龙汽车、野马汽车新能源整车产量同比增长100%~9291%;货车企业产量均呈同比下滑状态,下滑幅度为36%~42%;客车企业在成都市公交车订单带动下,整体发展情况较好。2021年汽车工业总产值达1723亿元,其中新能源汽车产值为83亿元。

3. 燃料电池汽车产业

截至2021年,成都市氢能创新主体、市场主体已超过110户,其中21户规上企业主营业务收入突破100亿元,东方电气、成都亿华通、厚普股份等骨干龙头企业,以及清华四川研究院、西南交大等科研院所在技术攻关、创新应用方面,取得积极成效。截至目前,已累计生产462辆燃料电池汽车并销往全国各地,其中四川一汽丰田、中植一客157辆氢燃料电池汽车交付北京冬奥奥组委;东方电气成功中标南方电网、三峡集团首个氢燃料电池发电试点示范项目;华气厚普承建国内50余个加氢站建设项目。

4. 智能网联汽车产业

目前成都市已聚集中国信通院车联网创新中心(成都)有限公司、成都路行通信息技术有限公司、阿波罗智行信息科技(成都)有限公司、威马汽车成都研究院等智能网联汽车企业,在智能网联汽车在算法、智能计算平台、高精度导航定位、感知传感器、测试验证、解决方案等领域都形成较为完善的智能网联汽车产业体系。

四、2021年新能源汽车与智能网联汽车项目及园区建设情况

按照系统布局、协同发展理念,立足全市产业空间布局基础,加强全市统筹,促进整零协调,构建“两核、四区、多点”发展格局。其中,以成都经开区和青白江区为整车集群发展两个核心区,协同提升龙泉汽车城、简州智能装备制造新城、天府智能制造产业园、天府新区半导体材料产业功能区四个功能产业能级,布局N个零部件配套区,形成“2+4+N”汽车产业空间布局。

（1）“2”即以经开区和青白江区为核心，打造汽车产业整车研发制造集聚区。

（2）“4”即以龙泉汽车城、简州智能装备制造新城、天府新区半导体材料产业功能区、新津智能制造产业园为主导，打造汽车产业协同发展产业功能区。

（3）多点。“*N*”即以汽车核心零部件及配套基础设施设备制造产业重点区域为配套，打造汽车产业关键零部件多点配套区。

五、2021 年基础设施建设及运行情况

2021 年，全市新建充电桩 3.35 万个、充换电站 711 座。全市累计建成充电桩 6.05 万个、充电站 1577 座、换电站 38 座，“车桩比”达到 3.9∶1，初步形成“覆盖全域、车桩匹配、适度超前”的市域充电网络。此外，2021 年累计建成加氢站 3 座。

六、发展规划

坚持条块结合、两级联动、政府引导、政策激励、多方参与、模式创新原则，持续在各领域大力推广和发展新能源汽车产业，逐步提高新能源汽车保有量。力争到 2025 年，新能源汽车产能达到 100 万辆，产值达到 2000 亿元。全市新增注册汽车中新能源汽车比重达到 30% 以上，基本实现全市公共领域车辆电动化，全市新能源汽车保有量达到 60 万辆，力争达到 80 万辆，并力争累计示范应用氢燃料电池汽车 5000 辆；同时，力争到 2025 年建设各类充换电场站 3000 座、充电桩 16 万个以上，支撑新能源汽车推广使用的法规政策体系趋于完善，科学、合理、先进、高效的新能源汽车推广使用和管理体制机制基本建立。

七、本地区新能源汽车推广应用统计表

（单位：辆）

车型 / 燃料	公交车	旅游大巴	公务车	出租车	租赁用车	私人用车	环卫车	物流车	邮政车	载货车	其他领域	合　计
纯电动	1242	101	39	2950	1946	36147	397	11374	0	5	28394	82595
插电式	0	0	128	0	9	12011	0	326	0	0	2097	14571
换电式	0	0	0	0	0	3437	0	49	0	4	912	4402
增程式	0	0	0	0	0	0	0	0	0	0	0	0
燃料电池	20	0	0	0	0	0	1	0	0	0	0	21
超级电容	0	0	0	0	0	0	0	0	0	0	0	0
智能网联	0	0	0	0	0	0	0	0	0	0	0	0
合　计	1262	101	167	2950	1955	51595	398	11749	0	9	31403	101589

八、本地区新能源汽车企业产销量统计表

生产企业名称	产品商标	车辆类型	通用名称	产量统计（辆）	销量统计（辆）
中嘉汽车制造（成都）有限公司	沃尔沃	插电式混合动力多用途乘用车	XC60	16981	16981
四川领吉汽车制造有限公司	吉利	插电式混合动力多用途乘用车	领克 06	7273	7273
一汽丰田汽车（成都）有限公司	丰田	插电式混合动力多用途乘用车	RAV4	4658	4658
神龙汽车有限公司成都分公司	富康	纯电动轿车	富康 ES	3088	3088
神龙汽车有限公司成都分公司	雪铁龙	插电式混合动力多用途乘用车	天逸 C5	303	303
神龙汽车有限公司成都分公司	标致	插电式混合动力多用途乘用车	4008	157	157
四川野马汽车股份有限公司	野马	纯电动轿车	芒果	22237	22237
四川野马汽车股份有限公司	野马	纯电动多功能乘用车	斯派卡	114	114
成都客车股份有限公司	蜀都	纯电动大中型普通客车	蜀都	209	209
成都客车股份有限公司	蜀都	燃料电池大型普通客车	蜀都	20	20
成都广通汽车有限公司	广通	纯电动大中型客车	广通	1094	1094
成都广通汽车有限公司	广通	纯电动专用车	广通	5	5
四川省客车制造有限责任公司	峨嵋	纯电动大中型客车	峨嵋	91	91
中植一客成都汽车有限公司	中植	纯电动大中型客车	中植	771	771

九、本地区电动汽车充（换）电站（桩）统计表

城市名称	充电站		充电桩		换电站	
	2021 年新建数量（座）	2021 年底保有量（座）	慢充（个）	快充（个）	2021 年新建数量（座）	2021 年底保有量（座）
成都市	671	1577	6.05 万	38	38	—

十、本地区车用加氢站统计表

城市名称	加氢站名称	类型	供给能力(kg/d)	日加注量(kg)	加氢站氢气总储存量(kg)	储氢最高压力(MPa)	说明(运营/新建/在建)	运营时间
成都市郫都区	德源加油加氢站	油氢合建站	500	500	—	—	运营	2019 年
成都市郫都区	中石油古城加油加氢站	加油站改建	1000	1000	345	45	运营	2022 年
成都市龙泉驿区	龙泉华通加氢站	纯氢站	1000	1000	—	20	运营	2020 年

济 南 市

一、2021 年新能源汽车与智能网联汽车产业概况

1. 总述

汽车产业已成为济南优势主导产业,2021 年全市汽车及零部件企业共 100 多家,营业收入突破千亿余元,产品涵盖各类载重汽车、特种汽车、乘用车、客车、专用车等。汇集了中国重汽、萨博特种汽车、比亚迪、豪驰等多家龙头骨干企业,拥有国家级汽车工程技术中心、企业技术中心和汽车检测中心,具有较强国际竞争力。其中,中国重汽整车销售 40.7 万辆,其中重卡突破 30 万辆。

2. 电动汽车产业

中国重汽研发的豪沃 TX 纯电动环卫车、豪沃系列纯电动牵引车、搅拌车、冷藏车等产品,均匹配重汽全新一代电驱桥,整车全新紧凑布置,为新的运输市场提供了高效、绿色、环保、智慧解决方案。山东豪驰在纯电动汽车关键总成及核心零部件领域起到示范引领作用,国内外订单已近 10 万辆,成为规模以上工业企业。比亚迪济南分公司建设项目已开工,计划在 2022 年 12 月顺利建成实现投产。

3. 燃料电池汽车产业

中国重汽研发的黄河氢燃料电池牵引车采用低风阻造型驾驶室,搭载国内首台功率 160 kW 氢燃料电池,高压储氢瓶单次可加氢 29.5 kg,提供约 560 km 续驶里程;汕德卡 6×4 氢燃料电池牵引车在济南泰钢至青岛董家口港区路线运行超 5000 km。

4. 智能网联汽车产业

截至 2021 年底,中国重汽智能网联(新能源)重卡项目,除纵梁辊型冲孔切割加工子项目正在实施建设,其余项目均已完成并投产。济南市起步区开放总长 4.8 km 道路为智能网联汽车测试道路。

二、2021 年新能源汽车推广应用情况

1. 总述

济南市新能源汽车 2021 年保有量为 5 万余量;单从新能源汽车挂牌情况来看,2021 年全市挂牌突破了 2 万余辆,其中济南公交公司购置 1100 辆纯电动新能源公交客车;从汽车品牌来看,比亚迪新能源汽车在济南市场领先,五菱、特斯拉比较稳定。

2. 电动汽车推广应用工作

对《关于加快新能源汽车推广应用若干政策》进行了修改完善,构建了从推进新能源汽车产业发展到加快推广应用的政策体系;举办“一步跨入‘新’时代——2021 年济南市新能源汽车推广活动”,该活动为期四个月,陆续举办 8 场展示、试驾活动;济南公交公司 2021 年购置 1100 辆纯电动新能源公交客车;山东豪驰 1000 余台电动物流小车已在中国邮政、中通快递和环卫等企事业单位得到规模应用。

3. 燃料电池汽车示范应用工作

2021 年持续推广应用 60 辆 10.5 m 氢燃料电池公交车示范运行;山东泰山钢铁集团有限公司为探索建设大宗物品清洁、绿色运输示范企业,5 月份首批投入运营 10 台氢能重卡。

4. 新能源汽车换电模式应用试点工作

2021 年 10 月,济南市纳入新能源汽车换电模式综合应用类城市试点;吉利枫叶新能源换电出租车首批 30 辆已正式交付投入使用;济南弗迪电池有限公司注册成立;北汽新能源已设立 4 个换电站;蔚来汽车已布局第二代换电站;国电投已在钢城区设立一座重卡换电站。

5. 智能网联汽车试点工作

2021 年 9 月,山东豪驰获得了济南市智能网联汽车测试牌照;11 月,济南市开放起步区国际标准地产业园内“谢胡路、横一路、横四路、纵一路”等横纵共计 6 条,总长 4.8 km 道路为智能网联汽车测试道路;12 月,济南市成功入围智慧城市基础设施与智能网联汽车协同发展第二批试点城市。

三、2021 年新能源汽车与智能网联汽车主要企业经营情况

1. 总述

2021 年运价持续低迷,叠加国五预挂透支、油气价格高涨、疫情反复、双限双控政策等因素,新增购车需求持续低迷,车企的生产、销售同比出现大幅度下降。中国重汽 2021 年实现汇总收入 1597 亿元,同比下降 8.4%,利税总额 154 亿元,同比下降 13%,整车销售 40.7 万辆,同比下降 16.7%。

2. 电动汽车产业

中国重汽集团纯电动商用车销量 6021 辆。山东豪驰智能汽车公司 8 月正式投产,新能源物流配送车销售 1000 余量,营业收入 2500 万余元。

3. 燃料电池汽车产业

中国重汽研发的燃料电池汽车,以雪蜡车黄可 X7 和汕德卡 C 系氢燃料电池牵引车为代表,该系车型未批量生产,2021 年已投入干线物流、港口等场景运行,销量 60 台。

4. 智能网联汽车产业

中国重汽研发的第二代智能卡车,以汕德卡 C 系列智能

卡车、豪沃T系列智能卡车、豪沃TX港口无人驾驶集卡、园区智能卡车、豪沃系列无人驾驶矿卡为代表，2021年大量应用于港口和矿山等特种作业场景。豪驰自主研发的"零载汽车"，凭借过硬的无人驾驶车辆制造技术，成功入选"2021华为智能汽车解决方案优秀合作伙伴奖"。

四、2021年新能源汽车与智能网联汽车项目及园区建设情况

1. 中国重汽智能网联(新能源)重卡项目

总装车间、冲焊联合车间、涂装车间、纵梁加工车间、底盘联合车间、仓储区、物流园、成品发车区等已建成投入使用；车架装配、底盘装配、自动化冲压线、驾驶室焊装、整车装配及调试检验等设备均已投产；纵梁辊型冲孔切割加工子项目正在实施建设中。

2. 山东豪驰纯电动物流产业基地建设项目

完成冲压、涂装、焊接、总装四大车间设备调试应用和生产工艺的优化提升，于8月开始投入使用。

3. 比亚迪汽车工业有限公司济南分公司项目

济南基地在2021年通过国家窗口指导、获得省发展改革委建设项目备案并开工建设，计划在2022年12月顺利建成实现投产。

五、2021年基础设施建设及运行情况

(1)新建充电站200座，充电桩18000个，换电站28座，覆盖主城区及高速服务区，运行状况良好。

(2)在建加氢站两座，分别为泰钢氢能源和济南公交第一加氢站(正在完善验收手续)。已建成运营加氢站一座，为中国石化第58综合能源站，该站运行良好。

(3)济南起步区总长4.8 km智能网联汽车测试道路建成开放。

六、发展规划

一是推动新能源汽车产业高质量发展，不断提升产品市场竞争力。鼓励中国重汽、山东豪驰、比亚迪济南分公司等整车龙头企业加大研发投入力度，打造高端品牌，推动产品投产上量，抢占高端私人市场，积极发展入门级新能源乘用车等特色产品。推动中国重汽集团商用车企业，加快新能源中重型卡车的示范推广，尽快实现商业化量产。

二是加快私人领域、公共领域纯电动化进程，联动市级相关部门及区县政府，依托汽车产业稳产促销、新能源汽车下乡等活动开展，鼓励市内生产企业加速开拓私人领域、公共领域市场，持续优化用户体验，推动消费者购买使用新能源汽车，加快新能源汽车推广应用。力争2022年济南市新能源车保有量6万辆以上。

三是加大充(换)电基础设施建设，持续优化新能源汽车使用环境。进一步优化充电桩布局，有效提高使用效率，积极推动"车电分离"商业模式创新发展，形成覆盖交通热点区域的充换电网络。落实新能源汽车停车减免、通行便利、降低充电服务费等优惠政策，同时结合"双智"和换电模式试点建设，营造良好推广应用社会氛围。

四是加快新能源汽车人才引进。引导新能源汽车科技领军人才、关键技术人才向济南聚集，努力形成尖端科技人才涌现的格局。坚持高端人才引进与本土人才培养并重。鼓励企业、科研院所开展国内外科技交流与合作，加快高层次研发人才、产业技术人才的培育，构筑济南市新能源汽车产业人才支撑队伍。

七、本地区新能源汽车推广应用统计表

(单位：辆)

车型 燃料	公交车	旅游大巴	公务车	出租车	租赁用车	私人用车	环卫车	物流车	邮政车	载货车	其他领域	合计
纯电动	1100	2	0	2500	50	10400	0	0	0	450	0	14502
插电式	0	0	0	0	0	4500	0	0	0	0	0	4500
换电式	0	0	90	350	50	520	0	30	0	0	0	1040
增程式	0	0	0	0	0	0	0	0	0	0	0	0
燃料电池	0	0	0	0	0	0	0	8	0	0	0	8
超级电容	0	0	0	0	0	0	0	0	0	0	0	0
智能网联	0	0	0	0	0	0	0	0	0	0	0	0
合计	1100	2	90	2850	100	15420	0	38	0	450	0	20050

八、本地区新能源汽车企业产销量统计表

生产企业名称	产品商标	车辆类型	通用名称	产量统计(辆)	销量统计(辆)
山东豪驰智能汽车有限公司	豪驰	纯电动物流小车	橙仕	1000	1000
中国重型汽车集团有限公司	重汽	纯电动商用车	—	6012	6021
中国重型汽车集团有限公司	重汽	混合动力商用车	—	384	311
中国重型汽车集团有限公司	重汽	氢燃料电池商用车	—	73	60

九、本地区电动汽车充（换）电站（桩）统计表

城市名称	充电站		充电桩		换电站	
	2021 年新建数量（座）	2021 年底保有量（座）	慢充（个）	快充（个）	2021 年新建数量（座）	2021 年底保有量（座）
济南市	200	406	27916	5303	28	29

十、本地区车用加氢站统计表

城市名称	加氢站名称	类型	供给能力（kg/d）	日加注量（kg）	加氢站氢气总储存量（kg）	储氢最高压力（MPa）	说明（运营/新建/在建）	运营时间
济南市	泰钢氢能源加氢站	加氢母站	2145	1200	772	45	在建	—
济南市	济南公交第一加氢站	三级站	1000	500～1000	893	45	在建	—
济南市	中国石化第 58 综合能源站	三级站	1000	500～1000	865	45	运营	2021 年 10 月

青 岛 市

一、2021 年新能源汽车与智能网联汽车产业概况

1. 总述

截至 2021 年底，青岛市汽车产业规上企业 278 家，其中已获得生产企业准入的整车生产企业 8 家、改装车生产企业 28 家，另有已备案的在建整车项目 3 个。整车建成产能 109.95 万辆，在建产能 24 万辆。2021 年，受商用车行业下行、芯片短缺等多重因素叠加影响，青岛市全年共生产整车 105.8 万辆。全年规上工业增加值占比 11.06%，保持全市第一大工业产业地位。

2. 电动汽车产业

青岛市共有新能源整车生产企业 8 家，2021 年全市共生产新能源汽车整车 17.3 万辆，创历史新高。

3. 燃料电池汽车产业

青岛市已初步建立起涵盖整车及核心零部件的氢燃料电池汽车产业体系。青岛美锦新能源汽车制造有限公司于 2021 年 4 月获批新能源商用车整车生产资质，是青岛市首个新能源商用车整车生产企业。海卓动力（青岛）能源科技有限公司是一家致力于燃料电池系统和关键零部件开发、集成及产业化应用的公司。青岛康普锐斯能源科技有限公司研发了具有自主知识产权的加氢站用液压活塞式压缩机，突破了国内加氢站及氢能产业链条上压缩机产品“卡脖子”技术，解决加氢站核心装备对外依赖程度高的问题，大幅降低了加氢站的建设成本。

4. 智能网联汽车产业

青岛市工业和信息化局牵头会同公安、交通运输等部门及相关区市和企业，以智能网联汽车道路测试与应用示范为牵引，带动智能网联汽车产业发展。目前全市已初步构建起车载设备、路侧设备、高精定位技术、自动驾驶技术、车路协同技术、检验检测等研发生态，培育了 5 家聚焦智能网联汽车的科研院所，相关企业超过 30 家。

二、2021 年新能源汽车推广应用情况

1. 总述

青岛市新能源汽车推广应用联席会议办公室牵头全市新能源汽车推广工作，认真落实国家新能源汽车补贴政策，组织新能源汽车生产企业申报，按程序完成申报材料的评审及公示并上报国家工业和信息化部。组织开展 2016 年青岛市新能源汽车推广应用财政补贴资金的申报及审核。

2. 电动汽车推广应用工作

认真落实国家新能源汽车补贴政策，加大新能源汽车推广宣传力度。在公共领域全面推广新能源汽车。2021 年全市合计推广新能源汽车 32333 辆。

3. 燃料电池汽车示范应用工作

截至 2021 年底，青岛市推广应用各类氢燃料电池汽车 306 辆，其中氢燃料电池公交车 50 辆，氢燃料电池冷藏车 56 辆，自卸重卡 200 辆。

4. 智能网联汽车试点工作

3 月，青岛市工业和信息化局会同青岛市住房城乡建设局启动国家“双智”（智慧城市基础设施与智能网联汽车协同发展）城市试点申请工作，经过征集，全市已有 20 多个智能网联汽车道路测试与示范应用项目在等待我市开放道路和发放测试牌照。

三、2021 年新能源汽车与智能网联汽车主要企业经营情况

1. 总述

青岛市新能源整车生产企业 2021 年共生产新能源汽车整车 17.3 万辆，创历史新高。

2. 电动汽车产业

上汽通用五菱汽车股份有限公司青岛分公司共生产纯电乘用车 16.9 万辆；一汽大众生产纯电乘用车 0.1 万辆。比亚迪生产纯电商业车 0.185 万辆；一汽解放生产纯电动厢式运输车 0.126 万辆。

3. 燃料电池汽车产业

青岛美锦新能源汽车制造有限公司于 2021 年 4 月获批新能源商用车整车生产资质，这是青岛市首个也是唯一的新

能源商用车整车生产资质。海卓动力科技已进入青岛解放、东风、上汽和南京金龙的供应商体系，合作开发完成了多款整车和底盘公告，2021 年燃料电池总装机量排名第二；燃料电池重卡装机量排名第一。

四、2021 年新能源汽车与智能网联汽车项目及园区建设情况

（1）奇瑞汽车青岛基地项目。2021 年 2 月 26 日，计划总投资 230 亿元的奇瑞汽车青岛基地破土动工，主要包括乘用车项目、新能源商用车项目、出口 KD（散件组装）项目以及相关配套零部件、物流项目，是青岛市又一个汽车整车生产制造基地，拟于 2022 年底建成投产。

（2）美锦新能源汽车整车制造及氢能科技生态园项目。设计产能为年产 5000 辆美锦新能源商用车整车制造项目，已于 2021 年 3 月底建成并通过国家工信部验收，首批 50 辆氢燃料电池汽车下线并在西海岸投入示范运营；占地 626.92 亩的美锦氢能科技生态园项目，规划建设美锦氢燃料电池商用车零部件生产制造，目前该项目正在顺利建设中。

（3）北京汽车制造厂（青岛）有限公司整车制造总部基地项目。项目一期总投资 120 亿元，占地面积 1100 亩，厂区内规划建设冲压车间、焊装车间、涂装车间、总装车间、改装车间、研发试验中心、动力中心等，总建筑面积 36.4 万 m^2，设计年产 20 万辆乘用车、货车、客车、改装车（含传统车和新能源车）等，项目已于 2021 年底建成试生产。

（4）一汽解放新能源轻卡基地项目。项目总投资 32 亿元，规划占地约 800 亩。项目以打造智能化、精致化、精益化、柔性化工厂为目标，主要建设驾驶室涂装车间、总装车间、检测线及配套辅助设施，主要从事新能源及燃油轻型卡车生产，经全力推进，一汽解放新能源轻卡基地项目按期竣工，并于 2021 年 12 月 17 日举行投产仪式。

五、2021 年基础设施建设及运行情况

截至 2021 年底，青岛市保有电动汽车充电基础设施 2.7 万余个，其中个人充电桩（简易低功率交流桩较多）约 1 万个，公共充电桩约 1.7 万个。

六、发展规划

推进即墨汽车汽车产业聚集区、莱西新能源汽车产业集聚区一体化发展，推动北京汽车制造厂（青岛）有限公司和奇瑞汽车青岛基地项目两大整车基地建成投产，在 2 个以上区域开展智能网联汽车道路测试，加快推动智能网联汽车产业发展。力争全年产业形势企稳回升。

七、本地区新能源汽车推广应用统计表

（单位：辆）

燃料 \ 车型	公交车	旅游大巴	公务车	出租车	租赁用车	私人用车	环卫车	物流车	邮政车	载货车	其他领域	合　计
纯电动	341	0	0	23	0	0	0	0	0	86	0	450
插电式	0	0	0	0	0	0	0	0	0	0	0	0
换电式	0	0	0	0	0	0	0	0	0	0	0	0
增程式	0	0	0	0	0	0	0	0	0	0	0	0
燃料电池	50	0	0	0	0	0	0	0	0	0	0	50
超级电容	0	0	0	0	0	0	0	0	0	0	0	0
智能网联	0	0	0	0	0	0	0	0	0	0	0	0
合　计	391	0	0	23	0	0	0	0	0	86	0	500

八、本地区新能源汽车企业产销量统计表

生产企业名称	产品商标	车辆类型	通用名称	产量统计（辆）	销量统计（辆）
上汽通用五菱汽车股份有限公司青岛分公司	五菱宏光	新能源乘用车	宏光 MINIEV 马卡龙	31575	31581
上汽通用五菱汽车股份有限公司青岛分公司	五菱宏光	新能源乘用车	宏光 MINIEV	131905	132036
上汽通用五菱汽车股份有限公司青岛分公司	五菱荣光	新能源乘用车	荣光加长版 EV	5303	5302
一汽-大众汽车有限公司青岛分公司	大众	纯电动轿车	宝来·纯电	1000	1860
比亚迪汽车工业有限公司青岛分公司	比亚迪	大巴	K5	70	70
比亚迪汽车工业有限公司青岛分公司	比亚迪	大巴	K6	1468	1468
比亚迪汽车工业有限公司青岛分公司	比亚迪	大巴	K7	162	162
比亚迪汽车工业有限公司青岛分公司	比亚迪	大巴	K8	150	150
一汽解放青岛汽车有限公司	解放牌	纯电动厢式运输车	J6F	759	463
一汽解放青岛汽车有限公司	解放牌	纯电动仓栅式运输车	J6F	500	300

九、本地区电动汽车充(换)电站(桩)统计表

城市名称	充电站		充电桩		换电站	
	2021 年新建数量(座)	2021 年底保有量(座)	慢充(个)	快充(个)	2021 年新建数量(座)	2021 年底保有量(座)
青岛市	212	1389	21466	7002	4	13

十、本地区车用加氢站统计表

城市名称	加氢站名称	类型	供给能力(kg/d)	日加注量(kg)	加氢站氢气总储存量(kg)	储氢最高压力(MPa)	说明(运营/新建/在建)	运营时间
青岛	滨海路加氢站	固定站	2000	0	550	45(预留 90)	在建	未运营
青岛	贵定路加氢站	撬装站	500	0	250	45	在建	未运营
青岛	中石化格尔院士港加氢站	撬装站	1000	0	0	35	运营	2021 年 3 月
青岛	中石化 9 号加氢站	撬装站	1000	0	0	35	在建	—
青岛	山东港口青岛港前湾港区北岸加氢站	加氢站	500	0	270	45	新建	2022 年 6 月
青岛	青岛美锦桥头堡加氢站	固定式	1000(500 kg/12 h)	150～300	173.3	45	运营	2021 年 1 月
青岛	青岛美锦泊里加氢站	固定式	2000(1000 kg/12 h)	—	260	45	在建	2022 年 6 月
青岛	中广能源加氢站	撬装式	2000(1000 kg/12 h)	—	无储罐	—	运营	2021 年 9 月

淄　博　市

一、2021 年新能源汽车与智能网联汽车产业概况

1. 总述

淄博市积极打造新能源汽车产业链,以智能化、规模化、高端化、品牌化为主攻方向,构建起新能源汽车、智能网联汽车、氢燃料电池汽车三大领域竞相迸发、产业融合更显张力、创新要素加快聚集的发展格局,汽车产业链能级不断提升,产业发展步入快车道。淄博市成为全国唯一一个同时入选京津冀、上海、广东、河北、河南国家燃料电池汽车示范城市群的合作城市,成功获批国家智慧城市基础设施与智能网联汽车协同发展第二批试点城市。

2. 燃料电池汽车产业

淄博市委、市政府抢抓机遇、超前布局,将氢能产业作为产业高端绿色转型的着力点,全力加快全产业链布局,打造氢能生产应用标杆城市,氢能产业驶入发展快车道。2021 年,淄博市成为全国唯一一个横跨京津冀、上海、广东、河南、河北五个燃料电池汽车示范群的合作城市,也是国家"氢进万家"科技示范工程山东省四个试点城市之一。

3. 智能网联汽车产业

近年来,淄博市把智能网联汽车产业作为重点布局的新经济、新赛道,按照"紧盯前沿、打造生态、沿链聚合、集群发展"的思路,由市委主要领导顶格谋划、顶格推进,作出了聚力打造智能网联产业技术高地的战略部署。2021 年,淄博市成功获批国家智慧城市基础设施与智能网联汽车协同发展第二批试点城市。

二、2021 年新能源汽车推广应用情况

1. 燃料电池汽车示范应用工作

目前,淄博市已建成 6 座加氢站,购置 100 辆氢燃料电池公交车,分别配置到中心城区 11 条线路。本土企业舜泰汽车生产的 50 辆燃料电池物流车已经下线投运,实现了从燃料电池膜、电堆、发动机到整车的本地化生产,产业链自主可控能力进一步提升。淄博市氢能应用示范走在了全省前列。

2. 智能网联汽车试点工作

2021 年 12 月,淄博市成功入选智慧城市基础设施与智能网联汽车协同发展第二批试点城市。工作成效:一是政策体系和工作机制日益完善。全市成立了建设国家智慧城市基础设施与智能网联汽车协同发展试点城市工作专班,全力推动智慧城市基础设施与智能网联汽车协同发展试点城市建设。今年以来,出台了《淄博市关于加快新能源汽车推广应用的意见》《淄博市智能网联汽车道路测试与示范管理试行办法》,通过不断完善政策体系,为淄博市智能网联汽车示范应用规模化发展奠定制度基础。二是基础设施加速布局。与其他试点城市横向比较,淄博市智能网联汽车测试和示范的硬件条件优势明显。测试场景方面,淄博积极打造 26 km 的独立智能网联高速公路测试基地,委托清华大学苏州汽车研究院编制了鲁中驾考中心综合测试基地改造规划,通过改造提升智能装备产业园 300 亩半开放测试道路、36 亩低速封闭测试场,形成了 18 种路况、54 种场景的无人驾驶个性化测试场景。三是产业链条聚合发展。智能网联汽车产业园"一

核八区”功能定位和空间布局进一步优化，超威合泰、众联能创、奇瑞雄狮、清华苏州院、北航研究院等企业院所紧密合作，形成了集技术研发、整车制造、关键零部件配套、自动化检测、测试应用等于一体的无人驾驶产业生态。依托舜泰汽车、睿羿科技等头部企业，发挥通用线控底盘技术优势，已建成投用年产能5万台的无人驾驶物流车柔性生产线、无人车量产自动检测线，致力于开发物流运输车、载人接驳车等6大系列拳头产品。舜泰汽车正积极打造国内功能最全、集成化水平最高的无人驾驶产业创新平台，已获批省级智能网联汽车技术创新中心，列入省级智能汽车制造业创新中心培育。四是应用场景不断丰富。以城市治理和汽车产业转型需求为导向，不断拓展智能网联汽车应用场景，以无人低速车为切入口，在环卫保洁、安防巡检、移动零售、物流配送、观光接驳、危险品运输、矿山开采等七大领域，拓展丰富智能网联汽车应用场景。

三、2021年新能源汽车与智能网联汽车项目及园区建设情况

充分发挥现有汽车产业基础优势，主要依托淄川区、博山区新能源汽车及零部件产业基地、临淄区无人驾驶产业园区、高新区新能源汽车产业基地，提升整车及零部件的技术水平和产品档次，带动汽车及零部件产业向轻量化、智能化、高端化转型，打造特色优势汽车产业集群。

智能网联汽车产业园“一核八区”功能定位和空间布局进一步优化，超威合泰、众联能创、清华苏州院、北航研究院等企业院所紧密合作，形成了集技术研发、整车制造、关键零部件配套、自动化检测、测试应用等于一体的无人驾驶产业生态。依托舜泰汽车、睿羿科技等头部企业，发挥通用线控底盘技术优势，已建成投用年产能5万台的无人驾驶物流车柔性生产线、无人车量产自动检测线，致力于开发物流运输车、载人接驳车等6大系列拳头产品。舜泰汽车牵头创建的山东省智能汽车制造业创新中心加快建设，积极打造国内功能最全、集成化水平最高的无人驾驶产业创新平台。

四、发展规划

落实国家智能汽车创新发展战略，打造集研发创新、系统测试、智能制造、应用服务于一体的智能网联汽车产业创新生态，建设国内领先的智能网联汽车创新和产业化高地，把智能网联汽车产业培育成新的经济增长极和重要支柱产业，为加快新旧动能转换和产业结构转型升级提供强有力支撑。到2025年，全市智能网联汽车产业集聚和融合发展取得实质性突破，基本建成优势突出的智能网联整车及零部件研发制造体系和特色鲜明的综合测试与创新应用示范基地；在设施建设、研发创新、智能制造、综合测试、应用示范等方面取得显著成果，基础设施体系和支撑保障体系基本完善；形成国内有影响力、有竞争力的智能网联汽车产业集群。

五、本地区新能源汽车推广应用统计表

（单位：辆）

车型 燃料	公交车	物流车	合计
燃料电池	100	50	150
合计	100	50	150

潍坊市

一、2021年新能源汽车与智能网联汽车产业概况

2021年，潍坊市新能源汽车形成初步产业化，在已拥有新能源商用车产线的基础上，建设的A0级乘用车产线投产并实现产销突破30000台，完成了在新能源汽车制造领域内乘用、商用车协同发展的良好开端。

二、2021年新能源汽车推广应用情况

1. 电动汽车推广应用工作

截至2022年12月，潍坊市新能源车辆保有量45526辆。

2. 燃料电池汽车示范应用工作

潍坊市已投运氢燃料电池车辆150辆，开通氢能公交专线17条，累计运行727.76万km，运送旅客762.7万人次。

三、2021年新能源汽车与智能网联汽车主要企业经营情况

野马汽车潍坊分公司的“雷丁芒果”车型2021年4月上市，至12月底已累计产销30467辆，进入新能源汽车销量排行榜前30位。1—12月，全市新能源汽车产业实现产值64.3亿元，同比增长28.3%。

四、2021年基础设施建设及运行情况

截至目前，潍坊市充电基础设施保有量7252个，可同时为7252辆电动汽车提供充电服务，初步建成快慢相济、覆盖全市城区和高速服务区的充电基础设施网络。

全市建设、规划加氢站8座，初步形成了合理的车站协同布局体系。中国石化、港华燃气、华润燃气、山东海化、华电潍坊、鲁清石化等企业，均在潍坊市布局建设加氢站。目前，已建成加氢站5座，数量居全省首位，日加氢能力达4500 kg，可保障350辆公交车运行，已累计加氢358 t。在建1座，中石化第52加油/加氢合建站加快建设。规划2座，中石化潍安路加油加氢一体站已完成施工图纸设计，正在办理内部审批手续，青州市宏源燃气公司计划利用现有加气母站增建1座加氢站。

五、本地区新能源汽车企业产销量统计表

生产企业名称	产品商标	车辆类型	通用名称	产量统计（辆）	销量统计（辆）
四川野马山东分公司	野马	纯电动轿车	芒果	30000	30000

六、本地区电动汽车充(换)电站(桩)统计表

城市名称	充电站		充电桩		换电站	
	2021 年新建数量(座)	2021 年底保有量(座)	慢充(个)	快充(个)	2021 年新建数量(座)	2021 年底保有量(座)
潍坊市	0	0	2926	4326	0	0

七、本地区车用加氢站统计表

城市名称	加氢站名称	类型	供给能力(kg/d)	日加注量(kg)	加氢站氢气总储存量(kg)	储氢最高压力(MPa)	说明(运营/新建/在建)	运营时间
潍坊市	寒亭区潍柴站	固定站	1000	—	—	70 MPa	运营	2019
潍坊市	坊子区华润站	固定站	1000	—	—	70 MPa	运营	2020
潍坊市	潍城区凯豪达站	固定站	1000	—	—	70 MPa	试运营	2021
潍坊市	诸城市综合站	固定站	1000	—	—	70 MPa	试运营	2021

第四篇
单位篇

一、整车领域

中国第一汽车集团有限公司

一、单位概况

中国一汽直面全球新一轮科技革命、产业变革和对外开放新格局，秉持“创新到不能再创新”理念，以创新驱动发展，加快掌控核心技术、关键资源，不断探索创新工作模式，面向打造具有全球竞争力的世界一流企业，实现跃迁式发展，助力实现汽车强国梦。决心把新红旗打造成为“中国第一、世界著名”的新高尚品牌，满足消费者对新时代“美好生活、美妙出行”的追求，成功肩负起历史赋予的强大中国汽车产业的重任。新红旗的品牌理念是中国式新高尚精致主义，突出“新高尚”“新精致”“新情怀”的理念，把中国传统优秀文化和世界先进文化、现代时尚设计、前沿科学技术、精细情感体验深度融合，打造体现“品味高尚、大气典雅”“理想飞扬、激情奔放”“精益求精、细心极致”“随心合意，完美体验”的卓越产品和服务。

二、经营情况

通过努力和奋斗，中国一汽过去三年都取得了比较好的成绩。在国务院国资委2021年央企负责人经营业绩考核中被评为A级单位，在2019—2021年任期央企负责人经营业绩考核中也被评为A级单位，且名列第一，这个成绩凝结了全体员工奋斗奋进的汗水和泪水、创新创造的激情和智慧。从中国一汽的长远战略、肩负的使命责任看，必须再接再厉、接续奋斗，争取到2025年基本建成世界一流企业的主体工程。

三、产能建设

构建全产业链的生态保障，以客户为中心，发挥中国一汽强大的资源整合能力及数字化平台优势，赋能能源流向的各个节点，打造智慧能源计划。建立一套行业最优的充电体系一汽智慧能源计划，并联合集团内5大品牌共建共享，为各品牌提供充电服务；满足用户购车、用车、换车极致体验需求。

四、技术进展及研发能力建设

以中国一汽R. Flag1785阡旗技术发展战略为引领，以创新驱动为手段，以打造极具创意、极致安全、极度融合的新能源智能底盘平台为目标，实现新红旗L、H、Q、S四大系列车型新能源产品的全覆盖，至2025年投放新能源整车产品15款以上，销量超过40万辆，新能源汽车占比超40%。

围绕纯电、混动和氢能三大技术路线，打造中国第一、世界一流的新能源产品和技术。主攻电驱、电池、电控、高压、补能和氢能（燃料电池）6大关键核心技术，重点布局十余个技术方向，实现近200项技术突破。

（1）在纯电路线方面，以超高性能电驱、可充可换可升级电池及超级充电技术为载体，以极致安全、极致体验为目标，全力打造绿色先进、高端智能、迭代快速的专属纯电动平台，并将崭新推出共计十余款电驱、电池平台产品和全维补能生态支撑红旗极致梦幻新能源车型投放市场。电驱系统创领首发多合一深度集成等领先技术，将红旗电动化产品打造成行业标杆；动力电池系统通过电化学材料体系创新，重点突破CTC集成及全固态电池等核心关键技术，实现全天候、全场景、全周期的安全保障；补能系统通过打造超级快充属性，彻底消除低温续航里程和充电方面的用户焦虑。

（2）在混动路线方面，以极度集成融合、极富创意思维、极深软件定义为手段，以持续减小系统损耗为目标，实现整车节能降耗。打造新一代双电机混动变速器技术，尺寸、效率等方面要达到行业领先水平；秉承推倒重来、归零重构的理念，将信息技术和控制技术相结合，打造车、路、云多维一体智慧能量管理体系，为用户提供更好的性能和服务体验。

（3）在燃料电池路线方面，从保障能源安全，解决弃电消纳、助力碳中和的方向出发，继续推动FCEV车示范运营，聚焦燃料电池发动机集成，打造100 kW级燃料电池发动机，推动高燃料电池动力平台快速衍进。满足全场景使用需求，为红旗FCEV产品快速落地奠定坚实基础。

五、主要新产品

序号	产品型号	产品名称	通用名称
1	红旗牌	纯电动SUV	红旗E-HS3
2	红旗牌	纯电动SUV	红旗E-HS9
3	红旗牌	纯电动SUV	红旗E-QM5

六、发展目标与规划

中国一汽持续深入贯彻习近平总书记2020年7月23日调研的重要讲话精神，创新驱动发展，奋斗改变未来。2022年，中国一汽立足新发展阶段，贯彻新发展理念，构建新发展格局，识变应变，洞悉本质、创新突破，以客户为中心，以全面创新驱动为主线，推进新时期中国一汽高质量发展。

东风汽车集团有限公司

一、单位概况

东风汽车集团有限公司（以下简称东风公司或公司）是中央直管的特大型汽车企业，前身是始建于1969年的第二汽车制造厂，总部设在湖北省武汉市。现有资产总额5377亿元，员工人数13.1万人。2021年销售汽车327.5万辆，位居中国汽车行业第3位。

东风公司是中国汽车行业内产业链最齐全、产品阵营最丰富的汽车企业。主要产品覆盖高档、中档和经济型各区隔，业务涵盖全系列商用车、乘用车、新能源汽车、关键汽车总成和零部件、汽车装备、出行服务、汽车金融等。国内事业主要分布在武汉、十堰、襄阳、广州、柳州、郑州、成都、重庆、大连等全国 20 多个城市。公司在瑞典建有海外研发基地，在俄罗斯设有海外销售公司，入股 Stellantis 集团。公司与 10 多家国际整车和零部件企业开展全球合作和协同，产品销往全球 80 多个国家。

东风公司依靠协同高效的技术创新体系和运行机制，以及稳定增长的研发高投入，使公司的技术创新工作始终走在行业的前列，技术创新能力不断提升，效果也越来越显著。在国家企业技术中心 2021 年评价结果中，东风公司以 95.4 分的成绩，再次获评“优秀”，在全国 1744 家国家企业技术中心中名列第十一名，汽车行业第二名。2021 年东风公司发明专利申请受理 4157 件，在全国车企中位居首位。

东风公司始终以科技引领高质量发展，目标是持续打造中国领先、世界一流的技术，提升企业竞争优势和生态优势。东风公司将不断完善技术创新体系和运行机制，以技术创新为驱动，强化科技力量，带动商品竞争力、市场爆发力、变革服务力的提升，持续为用户提供优质汽车产品和服务。

二、生产与经营

2021 年，东风公司销售汽车 327.5 万辆，交付 340 万辆，与上年基本持平。乘用车销售 257.68 万辆，其中自主品牌乘用车销售 53.83 万辆，同比增长 30.1%；商用车销售 68.73 万辆，商用车销量行业排名第一，国Ⅵ产品市占份额第一；新能源汽车销售 5.6 万辆，累计销量超过 28 万辆。

三、产品出口

东风公司全年海外出口 14.4 万辆，首次突破出口 10 万辆关口，创下东风公司出口历史新高，跑赢行业大市。其中，东风进出口公司出口 10168 辆，稳步踏上在无 CKD 业务作为支撑下的万辆台阶，挑战目标达成率 127%，完成年中调整的梦想目标，比上年增长 141%，高于东风集团整体出口增幅。主要产品有东风风神 E70、东风风行 S50EV、郑州日产电动皮卡、东风易捷特纯电动车等，主要出口欧洲、南美洲、中东等地区。

四、产能建设

岚图汽车科技公司致力于提供零焦虑的高端智能电动汽车，公司已建成 15 万辆/年新能源乘用车整车产能。

东风新能源汽车产业园 2#园区建设正在进行中，规划产能为年产 200 万套电驱动系统和 1 万套燃料电池系统。

五、技术进展与研发能力

东风公司注重把握汽车产业“五化”（电动化、智能化、网联化、共享化、轻量化）趋势给自主品牌向上发展带来的“窗口期”，科技创新和自主发展提速，推出东风风神奕炫 MAX 等战略车型，年销量突破 12 万辆；高端电动品牌“岚图”首款产品交付，第二款产品全球发布；高端电动越野车 M 品牌建设加速。“马赫动力”“东风氢舟”搭载上市，Windlink 等技术品牌逐步打开市场。加快芯片自研能力建设，与央企协同共建“芯片联合实验室”；IGBT（绝缘栅双极型晶体管）功率半导体模块顺利投产。新增掌握 140 多项乘用车关键核心技术，推出启辰大 V、东风猛士 M50 民用版、东风雪铁龙 C5X、东风本田新思域、东风日产新奇骏等战略车型。新能源方面，自主 IGBT 匹配 BD90 电驱动总成已搭载 E70 车型一万余台，运行情况良好，CTP1.0 电池与自主 BMS 技术应用 E70iEV 于 8 月顺利 SOP，能量密度提升8.5%；固态电池领域已完成样车的试制及调试，获得整车公告认证，满足补贴与客户需求。继续加快新能源布局；技术上聚焦三电系统，掌握了 IGBT 并联驱动、电磁设计仿真等关键技术，形成 BMS 开发及高压系统 EMC 评价优化能力。自主开发峰值功率 160 kW 电机控制器。开展被动式预燃室发动机的性能开发试验技术攻关，在四缸机实现了 42% 热效率，实现关键零部件国产化。商用车自主开发整车控制器，优化整车电、热及附件管理。完成 P2 混动节油提升关键技术开发，预见性 SOC 控制、全解耦制动能量回收等技术迭代，自主混动电机控制系统开发，自主 AMT 混动换挡策略、混动 EMT 一体化控制。

六、主要新产品

序号	产品型号	产品名称	品牌	通用名称
1	DFM6470M5F1HEV	HEV	风神	皓极
2	DFM7001G1F2BEV	纯电动轿车	风神	E70
3	LZ6518MLAEV	纯电动轿车	风行	菱智 M5EV
4	LZ7009SLAEV	纯电动轿车	风行	S60EV
5	DXK7001RD15BEV	纯电动轿车	风光	MINIEV
6	DFA7000A1F7BEV	纯电动轿车	东风	俊风 E11K
7	ZN1033U5PBEV	纯电动轿车	东风	锐骐 6 新能源
8	DXK6450EC8BEV	纯电动轿车	小康	EC36
9	DFM7000G1F6PBEV	纯电动轿车	神龙	富康 ES500
10	DC7006XAAXBEVK	纯电动轿车	神龙	富康 ES600
11	EQ6492AL5F2SHEV/EQ6490AL5F2BEV	增程、纯电动	岚图	FREE
12	EQ6530AL5F2CHEV/EQ6530AL5F2BEV	PHEV/纯电动	岚图	梦想家
13	DC6431XLAXBEVB	纯电动轿车	标致	e2008

七、合资合作及重大项目建设

聚焦智能制造，打造高端制造能力。为满足岚图高端乘用车生产能力，对现有工厂生产线进行改造，从工艺、装备等方面进行柔性化、数字化升级，充分运用网络信息技术打造 5G 全连接工厂平台，建设智能化工厂，形成制造技术领先的年产 15 万辆高端新能源整车生产工厂。

八、发展规划

“十四五”规划目标：到 2025 年东风公司新能源汽车销量突破 100 万辆，销量占比达到 20%。其中，自主新能源汽车销量挑战 80 万辆，新能源汽车的新车占比挑战 40%。整车性能水平达国际一流水平，完全自主掌控新能源核心总成。

上海汽车集团股份有限公司

一、单位概况

上海汽车集团股份有限公司（简称上汽集团，股票代码 600104）作为国内规模领先的汽车上市公司，努力把握产业发展趋势，加快创新转型，正在从传统的制造型企业，向为消费者提供移动出行服务与产品的综合供应商发展。目前，上汽集团主要业务包括整车（含乘用车、商用车）的研发、生产和销售，正积极推进新能源汽车、互联网汽车的商业化，并开展智能驾驶等技术的研究和产业化探索；零部件（含动力驱动系统、底盘系统、内外饰系统，以及电池、电驱、电力电子等新能源汽车核心零部件和智能产品系统）的研发、生产、销售；物流、汽车电商、出行服务、节能和充电服务等移动出行服务业务；汽车相关金融、保险和投资业务；海外经营和国际商贸业务；并在产业大数据和人工智能领域积极布局。

二、生产与经营

2021 年，面对缺芯、疫情、限电以及原材料价格大幅上涨等多重严峻挑战，上汽集团全年实现整车批售 546.4 万辆，终端零售达到 581.1 万辆，同比增长 5.5%，整车销量连续 16 年保持全国第一。其中，自主品牌销售整车 285.7 万辆，同比增长 10%，占公司总销量的比重首次突破 50%，达到 52.3%；新能源汽车销售 73.3 万辆，同比增长 128.9%，排名国内第一、全球前三。2021 年 8 月，上汽集团以上一年度 1075.552 亿美元的合并销售收入，名列《财富》杂志世界 500 强第 60 位，已经连续 8 年进入百强名单，在此次上榜的全球汽车企业中名列第 8。

三、产品出口

2021 年，海外市场销售 69.7 万辆（其中出口 59.8 万辆，海外基地产销 9.9 万辆），同比增长 78.9%，连续六年夺得国内车企榜首，产品和服务进入全球 70 余个国家和地区，形成欧洲、澳新、美洲、中东、东盟、南亚六个“五万辆级”区域市场，其中“中国单一品牌海外销量冠军”MG 品牌海外销量达到 36 万辆，在全球 17 个国家跻身单一品牌前十。

四、技术进展与研发能力

2021 年，上汽集团进一步强化市场导向、目标导向、结果导向，着力推动高端化、电动化、智能化、数字化重大标志性项目落地，在加快创新转型中激发拼搏干劲；以改革引领新发展、以创新竞速新赛道、以奋进开启新征程，实现了“十四五”平稳开局。在智能网联和自动驾驶方面，围绕智己汽车、飞凡汽车、L4 级 Robotaxi、L4 级洋山港智能重卡四大战略项目为载体，积极推进创新技术不断落地，并为后续市场化、规模化应用奠定良好基础。同时，为抢占未来发展制高点，“十四五”期间上汽集团将在智能电动等创新领域投入 3000 亿元，全力加快自主创新步伐，全面向高科技企业转型。2021 年，上汽在创新领域投资超过 600 亿元，近 3000 项专利获得授权，形成万人级的软件人才队伍。

五、发展规划

展望未来，上汽将牢牢把握“以用户为中心”，全面发力“数据决定体验、软件定义汽车”的新一代电动智能汽车，加快向技术升级化、业务全球化、品牌高档化、体验极致化的用户型高科技企业转型，为广大用户打造更贴心的服务和产品，为中国汽车行业创新发展作出更大的贡献。

广州汽车集团股份有限公司

一、单位概况

广州汽车集团股份有限公司，成立于 1997 年 6 月，总部位于广州市天河区珠江新城，是一家 A+H 股上市的大型国有控股股份制企业集团，拥有员工约 9.7 万人，带动上下游产业链近 80 万人。2021 年集团第九次入围《财富》世界 500 强，排名第 176 位。

广汽集团主营业务涵盖汽车研发、整车、零部件、商贸服务、金融服务和移动出行六大板块。旗下拥有广汽研究院、广汽乘用车、广汽埃安、广汽本田、广汽丰田、广汽菲亚特克莱斯勒、广汽三菱、合创汽车、广汽日野、广汽比亚迪、五羊-本田、广汽部件、广汽丰田发动机、上海日野发动机、广汽商贸、大圣科技、广汽汇理、众诚保险、广汽财务、广汽资本、中隆投资、如祺出行等二十多家知名企业与研发机构，生产销售传祺、埃安、雅阁、奥德赛、凯美瑞、汉兰达、JEEP、欧蓝德、日野等数十种知名品牌汽车产品。

面向“十四五”，广汽集团确立了“1615”总体发展战略，即实现 1 个目标（力争在“十四五”末期汽车产销量达 350 万辆，营业收入超 6000 亿元，利税总额超 660 亿元，保持世界企业 500 强和中国企业 100 强地位，新能源汽车产品占集团整车产销规模超 20%）；夯实 6 大板块（做强做实研发、整车、零部件、商贸、金融、出行服务等六大板块）；突出 1 个重点（全面提升自主创新能力，实现集团高质量发展）；实现 5 个提升（全面实现电气化、智联化、共享化、数字化和国际化五个方面的提升)。

展望未来,面向 2035 年,广汽集团将力争实现汽车产销 500 万辆,营业收入超 1 万亿元,成为客户信赖、员工幸福、社会期待的世界一流企业,为人类美好移动生活持续创造价值。

二、经营情况

2021 年,广汽集团统筹推进疫情防控和生产经营,扎实做好“六稳”“六保”工作,推动集团高质量发展取得了积极成效,2021 年全年产销 213.81 万辆和 214.44 万辆,同比分别增长 5.1% 和 4.9%;工业总产值 3500.1 亿元,同比增长 9.7%;在地产值 3269.7 亿元,同比增长 10.6%;汇总口径营业收入 4297.55 亿元,同比增长 8.66%。

三、产品出口

在国际化方面,广汽集团以“成为享有国际声誉的中国中高端汽车品牌”为目标,不断丰富产品矩阵,拓宽国际市场范围,提升品牌国际知名度。截至 2021 年底,已在全球 26 个国家和地区布局汽车市场。

广乘国际首批与 Stellantis 合作的新车 SUV“道奇 Journey”于 2021 年 9 月正式发运墨西哥,开启拓展墨西哥市场的全新征程;12 月,首款右舵车型 GS3 上市马来西亚,标志着广乘国际正式进入海外右舵市场,创下广汽集团国际化事业的又一里程碑。

四、产能建设

广汽集团顺应全球汽车产业“新四化”发展趋势、继续推行品牌进化的战略抉择,先后动工多项产能扩建项目,助力构建粤港澳大湾区新能源汽车产业集群。

为了满足日益增长的消费者定制化购车需求,广汽埃安智能生态工厂于 2021 年 4 月迎来进化升级,作为广东省重点建设项目,埃安工厂在原有 10 万辆/年的基础上,产能扩充至 20 万辆/年。

五、技术进展及研发能力建设

广汽是国内最早采用纯电平台技术进行新能源车型开发的车企之一,开发了 GEP 纯电专属平台。GEP 纯电专属平台通过将三电、车身、电子电器等系统平台化、模块化,对成本管控、产品性能提升等起到显著作用。在 GEP 平台架构下,推进了 Aion S、Aion LX、Aion V、Aion Y 等车型的开发,形成了广汽的纯电车型谱系,为新能源市场的持续发展提供了有力的支撑和保障。GEP2.0 全铝纯电专属平台产品实现了远超“油改电”平台的性能、空间、智能和安全的表现。

同时,广汽聚焦三电核心技术,重点突破动力电池、自主电芯、机电耦合、集成电驱动、域控制器、高效热管理、大功率充电等关键零部件技术,适当储备燃料电池整车集成技术,积极开发混动技术,结合智能网联技术,抢占汽车产业发展制高点,支撑自主品牌实现换道超车。此外,开展碳中和相关基础性研究,履行减碳责任。

(1)电池技术方面,攻克并掌握下一代动力电池电芯技术,能量密度达到行业领先水平。自主研发的海绵硅负极电池,有较高的能量密度,方型铝壳电芯能量密度超过 280 Wh/kg,体积能量密度超过 700 Wh/L,处于行业领先水平。通过高集成度的电池整包设计,大幅提升电池包体积利用率,使得电池体积缩小了 20%,重量减轻了 14%,整包电量达到 150 kWh,可支撑 Aion LX 续航突破 1000 km。

(2)电池安全方面,从电池本征、被动与主动安全方面入手,开发出弹匣电池技术,通过高耐热电芯、隔热安全舱、三维冷却系统以及全时监控,首次实现了三元电池针刺无明火的结果。

(3)电驱系统方面,广汽正在进行集成电驱系统的自主研发,根据不同的电驱系统综合采用扁线 Hair-pin 电机技术、多模式无动力中断技术、多动力源低能耗能量管理技术、全天候自适应高效冷却润滑技术、全域变频高效控制等多项技术,提升效率,降低重量、体积和成本。一档 IDU 产品输出功率≥200 kW,成本降低 15%,达到国内领先水平;二档 IDU 产品输出功率≥340 kW,输出扭矩≥6250 Nm,将达到行业领先水平。

(4)燃料电池方面,2021 年 5 月,广汽集团基于正向开发的首批氢燃料电池乘用车 AION LX FUEL CELL 完成下线,完成适应性测试后于 10 月 18 日正式上线如祺出行平台,率先开展粤港澳大湾区首个“网约车+氢能源”的燃料电池乘用车示范运行。该车采用燃料电池系统动力输出为主、锂电池系统辅助的电-电混合动力技术,整车搭载 70 MPa 车载储氢系统,加氢只需 3~5 min,续航里程达到 650 km,百公里氢耗仅为 0.77 kg。在-30 ℃低温环境中,汽车可以实现一键启动,总体技术指标达到行业先进水平。

(5)混合动力领域,广汽电气化战略持续聚焦高效混动系统的开发,2025 年实现全系车型电气化。2021 年广汽集团发布混动技术平台“绿擎技术”,遵循“小车低成本、注重节油,大车追求性能”的原则,着力打造中国最强混动技术平台,全面推进双电机混动系统的搭载应用。首款搭载绿擎技术的自研发动机 2.0TM+丰田全新第四代大容量 THS 混动系统的 GS8 混动版于 12 月率先上市,百公里加速仅需6.9 s,NEDC 续航达 1100 km,兼顾超强动力和超长续航,后续该混动系统将搭载在更多广汽传祺 B/C 级车型上。同时,广汽集团全自主研发的混动系统 2.0ATK+GMC2.0、1.5DHE+GMC3.0 正在推进中,将搭载 B 级车平台及 A 级车平台,从 2022 年起每年将至少推两款电气化车型,并根据市场需求,逐步扩大应用,以实现全面电气化。

除了自研新能源车型外,广汽研究院还为多家合资公司开发新能源车型,开创性地实现了向合资企业输出新能源车型及技术的突破。

六、主要新产品

序号	产品型号	产品名称	品牌	通用名称
1	GAM7000BEVA0C	纯电动轿车	广汽埃安	埃安 S(Aion S)
2	GAM6480BEVB0C	纯电动多用途乘用车	广汽埃安	埃安 LX(Aion LX)

续上表

序号	产品型号	产品名称	品牌	通用名称
3	GAM6460BEVC0H	纯电动多用途乘用车	广汽埃安	埃安 V(Aion V)
4	GAM7000BEVD0N	纯电动多用途乘用车	广汽埃安	埃安 Y(Aion Y)
5	GAC6451CHEVA6	插电式混合动力多用途乘用车	广汽传祺	GS4 PHEV
6	GAC6500HEVJ6A	混合动力多用途乘用车	广汽传祺	传祺 GS8
7	GAC6500HEVJ6B	混合动力多用途乘用车	广汽传祺	传祺 GS8
8	GAM6490BEVN0D	纯电动多用途乘用车	合创	HYCAN 007
9	GAM6460BEVM0A	纯电动多用途乘用车	合创	HYCAN Z03
10	GAM6460BEVM0E	纯电动多用途乘用车	合创	HYCAN Z03
11	GAM6460BEVM0B	纯电动多用途乘用车	合创	HYCAN Z03
12	GAM7000BEVM0B	纯电动轿车	合创	HYCAN Z03
13	GAH6460BEVS0A	纯电动多用途乘用车	合创	HYCAN Z03
14	GAH6460BEVS0B	纯电动多用途乘用车	合创	HYCAN Z03
15	GAH6460BEVS0C	纯电动多用途乘用车	合创	HYCAN Z03
16	GAH6460BEVS0E	纯电动多用途乘用车	合创	HYCAN Z03
17	GAH7000BEVS0C	纯电动轿车	合创	HYCAN Z03

七、发展目标与规划

2021 年是“十四五”规划开局之年，也是集团实现大发展、大提升的起步之年。广汽集团将推动“稳增长、提业绩、严对标、保供应、强自主、谋发展、育品牌”七大行动，在危机中育先机，于变局中开新局。统筹推进常态化疫情防控和生产经营，挑战年度产销增长 10% 的目标，推动“十四五”取得良好开局；扎实推进对标世界一流管理提升行动方案和国企改革三年行动方案落实，持续完善公司治理，焕发企业活力；加速实现关键核心零件国产化、现地化，补强核心技术短板，形成自主可控、安全可靠的供应链；贯彻践行“高颜值、科技领先、PVA（感知价值）领先、品牌向上、特色服务”五大举措，聚焦资源打造消费者喜爱的明星车型，高效落实“金三角”营销战略，提升销售体系能力，塑强特色服务品牌，为自主品牌再上新台阶蓄能；强化攻坚电气化、智联化核心技术，深入推进数字化转型，探索共享化发展模式，加强业内合作、跨界合作，形成共荣共生的生态体系，抢占全球新一轮产业创新高地。

广汽集团目前已形成涵盖纯电动（EV）、混合动力（HEV）、插电式混合动力（PHEV）、氢能源（FCV）在内的组合拳。广汽集团计划在 2025 年，实现全集团新能源汽车销量占比 20%，混动化占比超 20%；自主品牌全面实现电气化，新能源汽车占比超 36%，强混占比超 15%。面向 2035 年，力争全面实现电气化转型，实现汽车产销 500 万辆，其中节能汽车和新能源汽车各占 50%。2021 年，广汽集团计划投放氢燃料电池车，通过如祺出行开展示范运行，率先实现粤港澳大湾区首个“网约车+FCV（氢能源）”示范运行。

广汽将把握时代机遇，坚持创新驱动，科技赋能，以改革创新为引领，以智能网联新能源汽车为载体，加快推动“电动化、智联化、国际化、共享化和数字化”，加速向科技型企业转型，向移动出行价值创造者转型，为“十四五”高点起步良好开局，为我国汽车工业新一轮跨越式发展而努力奋斗！

浙江吉利控股集团有限公司

一、单位概况

浙江吉利控股集团（以下简称吉利控股）始建于 1986 年，1997 年进入汽车行业，一直专注实业，专注技术创新和人才培养，致力于成为具有全球竞争力和影响力的智能电动出行和能源服务科技公司，业务涵盖乘用车、商用车、出行服务、数字科技、金融服务、教育等。现资产总值超过 5100 亿元，员工总数超过 12 万人，连续十年进入《财富》世界 500 强（2021 年排名 239 位）。

吉利控股总部设在杭州，在中国上海、杭州、宁波，瑞典哥德堡、英国考文垂、西班牙巴塞罗那、美国加州、德国法兰克福、马来西亚吉隆坡等地建有造型设计和工程研发中心，在我国以及美国、英国、瑞典、比利时、马来西亚建有世界一流的现代化的整车和动力总成制造工厂，旗下拥有吉利、领克、极氪、几何、沃尔沃、极星、路特斯、英伦电动汽车、远程新能源商用车、曹操出行等品牌。

二、生产与经营

2021 年，吉利控股通过多品牌协同发展，全年实现总销量超 220 万辆。其中：吉利汽车（含领克、几何、极氪）销量 132.8 万辆，连续五年蝉联中国品牌乘用车销量冠军，广义乘用车销量排名第三；沃尔沃汽车全球销量 69.9 万辆，其中中国市场销量 17.2 万辆，成为电气化产品销量占比最高的传统豪华汽车品牌；宝腾汽车销量 11.5 万辆，连续三年销量破 10 万辆，成为马来西亚唯一连续三年销量、市占率双增长的汽车品牌；新能源商用车品牌远程汽车新能源重卡、轻卡均夺得细分市场冠军。

三、产品出口

2021 年，吉利控股出口以传统燃油车为主，全年实现出口超 18 万辆。

四、产能建设

截至 2021 年底，吉利控股新能源核准产能超 20 万辆。

五、技术进展与研发能力

2021 年，吉利控股持续构建硬核“科技生态”，结合全球碳达峰碳中和时间表，在乘用车、商用车、共享出行领域统筹布局，积极探索纯电、混动、甲醇、换电等多元化新能源科技，与车规芯片、智能网联、智能驾驶等上下游产业链携手共进，同时跨界布局低轨卫星、智能手机等业务，围绕汽车产业生态，打造科技护城河。

1. 乘用车方面

（1）在研发方面，吉利汽车围绕芯片、软件操作系统、数据和卫星网搭建端到端的自研体系和生态联盟，以“一网三体系”推动加速向智能时代转型。

（2）在动力总成开发方面，构建了新一代电驱装置、智能混动系统、高效变速器及高效引擎的动力产品矩阵。

2. 商用车方面

在智能网联方面，建立车联网产品“敏捷开发”能力，通过 App 项目实践开发部署一体化 DevOps 体系；实现智能驾驶从系统设计到自主软件算法开发，完成港口重卡循迹行驶功能调试。

六、主要新产品

序号	产品型号	产品名称	品牌	通用名称
1	MR6501D01	传统燃料 SUV	领克	领克 09
2	MR6501DPHEV01	插电式混合动力 SUV	领克	领克 09 PHEV
3	MR6463DPHEV02	插电式混合动力 SUV	领克	领克 05 PHEV
4	MR7152D17、MR7202D05	传统燃料轿车	领克	领克 03
5	MR7202D04、MR7202D06	传统燃料轿车	领克	领克 03+
6	MR6432D01	传统燃料 SUV	领克	领克 06
7	HQ6453D20、MR6453D35	传统燃料 SUV	吉利	博越 X
8	JL6482D01、JL6482D03	传统燃料 SUV	吉利	星越 L
9	HQ718DCHEV01M、MR718DCHEV01M	传统燃料轿车	吉利	第四代帝豪
10	JHC7182M01M、MR7182M01M	传统燃料（甲醇）轿车	吉利	全新帝豪甲醇车
11	HQ7004BEV01	纯电动 SUV	吉利	吉利 EX3
12	JL6432M21、JL6432D19	传统燃料 SUV	吉利	缤越
13	MR7203D12	传统燃料轿车	吉利	星瑞
14	HQ7002BEV67、HQ7002BEV68、HQ7002BEV78、HQ7002BEV84	纯电动轿车	几何	几何 A PRO
15	DNC5047XXYBEVDM4	全新轻卡 4.5 t 纯电车型	远程	星智
16	DNC5037XXYBEVM1	E51-4.8m 微客车型	远程	星享
17	DNC4250GM6	13L 甲醇国六重卡 6×4 牵引车	远程	星瀚
18	DNC6101BEVG21	纯电动城市客车 2020 款换代车	远程	星际
19	MR7001BEV03	纯电动轿车	极氪	001
20	MR7001BEV04	纯电动轿车	极氪	001
21	MR7001BEV05	纯电动轿车	极氪	001
22	MR7001BEV06	纯电动轿车	极氪	001
23	MR7001BEV08	纯电动轿车	极氪	001
24	MR7001BEV11	纯电动轿车	极氪	001

七、合资合作及重大项目建设

2021 年，吉利控股投资合作项目 4 个，投资范围涉及整车、芯片、金融等领域，投资金额超 10 亿元。

与百度等外部单位成立合资公司，专注智能汽车领域等业务。与芯聚能成立合资公司，投入碳化硅产业，研发生产第三代功率半导体芯片。入股合众财险，通过业务模式创新，探索数字化车险、专属品牌车险等。

八、发展规划

2022 年，吉利控股紧抓机遇，加快转型，迎接挑战，继续推动整合全球资源，持续加大研发投入，深耕国内国际市场，致力于成为具有全球竞争力和影响力的智能电动出行与智慧能源服务科技企业。围绕智能出行立体化、智慧化、网联化发展趋势，做强科技生态圈，聚力科技创新驱动转型升级，增强企业核心竞争力，持续提升用户出行体验，为从中国到世界范围内智能、环保、科技进步做出吉利贡献；努力打造最具竞争力和受人尊敬的中国汽车品牌，让吉利汽车走遍全世界。

重庆长安新能源汽车科技有限公司

一、单位概况

重庆长安新能源汽车科技有限公司(以下简称长安新能源)于2018年4月由长安汽车全资设立,现有员工2300人,是一家兼有新能源整车及零部件的研发、生产、销售、服务一体化的全产业链新能源汽车企业。

2020年1月,长安新能源首轮融资完成,成功引入长新股权基金、两江基金、南方工业基金、南京润科产投等4家战略投资者,成为第一家实现混改的汽车央企。2022年1月,长安新能源B轮融资圆满落地,成功引入交银博裕基金、芜湖信石信鸿、中金科元股权基金等战略及产业投资者,完成近50亿元人民币融资。

二、生产与经营

长安新能源成立以来,整合全球优秀的资本、顶尖的技术、专业的人才等资源,携手跨界企业,形成新能源生态圈。资本链方面,打造专业的新能源产业基金投资平台——长安新能源产业基金,围绕新能源全产业链提供充足的资金保障。合作方面,将在与宁德时代、博世集团、蔚来汽车以及BAT等伙伴战略合作的基础上,通过合资参股、联合开发、产业链合作等多种方式,在电池研究、智能网联新能源汽车研发、充电方式及环境的建设、出行方案等多个领域开展深度创新合作。

目前长安新能源正在积极整合社会资源,实现价值共创、价值共享,未来将成为拥有多元化股权结构的世界一线主流电动车中国品牌。

三、产能建设

长安新能源在电池集成和电驱集成方面均有产业化布局。

四、技术进展与研发能力

(一)研发布局

长安新能源坚持自主研发,持续打造世界领先、中国最强大的新能源研发实力,在重庆、南京、意大利都灵、英国伯明翰和美国底特律建立起各有侧重的全球协同研发格局。"十四五"期间,长安新能源加速构建新能源电动系统核心技术全栈自研能力,实现集成与控制技术领先、关键零部件自主可控。

目前,长安新能源已经全面建成覆盖电池、电驱、电控、整车、电器等领域的研发及试验能力,拥有混合动力乘用车国家地方联合工程实验室1个,重庆市重点试验室1个。

(二)技术进展

2019年9月,首发长安"智慧芯"—SVDC(第三代智能整车域控制器),将整车控制器、热管理控制器、远程监控系统等高度集成,实现"七合一",较第二代产品体积减小70%,性能提升70%,成本降低43%。2019年11月,在英国伯明翰成立长安新能源英国氢燃料电池技术创新中心。2021年3月,长安首款燃料电池乘用车(CS75-FCV)获批工信部《道路机动车辆生产企业及产品公告》新产品公告,首次通过-30℃冷启动。2021年8月,全新一代数字化电动汽车SL03及超集电驱系统在2021长安汽车科技生态大会上亮相发布。长安新一代超集电驱系统,实现240~800 V超宽电压范围覆盖、工况平均效率超过90%、首创高频脉冲加热技术,实现了产业效率、产品效率、用户效率全面提升。2022年4月,发布全新纯电品牌——长安深蓝,通过创新重构、万物互联、体验随心和低碳生活四个维度,用数字科技重构出行想象。2022年深蓝品牌车型SL03、LUMIN将量产上市。

(三)专利数量

截止到2022年6月9日,累计申请近1200件专利,专利申请量居行业前列,覆盖新能源核心三电、整车、仿真试验、燃料电池等领域。

(四)人才团队

截至2022年6月9日,长安新能源拥有员工近2300人,其中工程技术研发人员1600余人,兵装集团科技带头人2人,国家级政府津贴2人,兵装集团青年拔尖人才3人,专家30余人,高级工程师50余人,博士硕士350余人,外部专家顾问10人。此外,还具有优秀的专业技能人才,高级技师唐跃辉被评为"全国技术能手""兵装集团技能带头人",唐跃辉大师工作室被评为"国家级技能大师工作室"。

五、主要新产品

序号	产品型号	产品名称	品牌	通用名称
1	SC7001FACBEV	纯电动轿车	长安汽车	长安 Lumin
2	SC7006AABBEV/SC7156AAE6HEV	纯电动轿车/插电式混合动力轿车	长安深蓝	SL03

六、合资合作及重大项目建设

2018年9月7日,长安汽车与国网电动汽车在北京正式签订战略合作协议。基于在新能源汽车产品开发、市场拓展及车联合作等方面的合作共识,将充分发挥双方资源优势,努力为用户打造一个便捷、实惠、舒适的充电生态,合力引领并推动新能源汽车行业的发展。

2018年12月,长安汽车、长安新能源与重庆市经信委、两江新区在重庆正式签订产业园合作协议,将共同打造占地2980亩的"新能源产业园",旨在加速长安汽车香格里拉计划落实,打造贯穿新能源产业上下游的产业园,为用户打造超悦智能的产品。

2019年1月15日,长安汽车与华为正式签订全面深化战略合作协议,将共同打造全新的用车生态。在新能源领域，共同打造国际一流、中国领先的智能电动汽车平台。在智能化领域，双方将更加全面深入地在 L4 级自动驾驶、5G 车联网、C-V2X 等 10 余项前瞻技术领域开展合作，为用户提供更加智能的体验。

2021 年 4 月，长安新能源与核心合作伙伴宁德时代等签署合资协议，参股时代一汽，形成更紧密的合作关系。

2021 年 10 月，长安新能源设立南京研究院公司，实现了研发能力“一东一西”布局。充分利用长三角人才、资源优势助推战略落地。

七、发展规划

长安新能源 2021 年销量突破近 10 万辆大关，BEV 行业排名第 7。展望未来，长安新能源将定位为世界一线主流电动车中国品牌，加快推进“香格里拉计划”，全谱系打造“有生命、有情感”的智慧出行伙伴，为用户为提供极致的产品体验和服务体验。

长安新能源力争 2030 年成为中国数一数二新能源企业自主品牌，2022 年将实现销量 22 万辆，2025 年达到 70 万辆。

比亚迪汽车工业有限公司

一、单位概况

比亚迪汽车工业有限公司（原名：深圳市比亚迪汽车有限公司，以下简称公司）是深圳市工商行政管理局批准成立的有限责任公司，由比亚迪股份有限公司和 BYD（H. K.）CO. LIMITED 共同出资组建，注册资本 44800 万美元。

作为集研发试制、整车生产、销售为一体的汽车企业，公司具有乘用车和商用车生产资质。目前，主要承担着汉、全新一代唐、腾势、E6 等新能源乘用车型的生产任务以及 K 系、B 系、C 系、T 系等一系列新能源商用车型的研发、试制任务。

公司占地 250 多万 m^2，位于深圳市坪山新区比亚迪汽车生产园区内，地处比亚迪葵涌工业园和宝龙工业园之间，是比亚迪研发和生产基地，也是比亚迪总部所在地。

二、生产与经营

比亚迪的汽车业务包括新能源乘用车和商用车两大板块。其中，新能源乘用车主要车型有：纯电动车型——汉 EV、汉 EV 创世版、汉 EV 千山翠限量版、唐 EV、秦 EV、秦 Plus EV、宋 Plus EV、元 Plus EV、元 Pro EV、e2、e3、e5、e6、海豹、海豚、腾势 D9 纯电动版等；插电式混合动力车型——汉 DMp、汉 DM-i、唐 DM-p、唐 DM-i、宋 Plus DM-i、宋 MAX DM-i、宋 Pro DM-i、秦 Plus DM-i、驱逐舰 05、腾势 D9 DM-i 超级混动版等。新能源商用车主要车型有：K 系列、B 系列、C 系列纯电动客车；T 系列纯电动物流车、城市环卫车、城市建筑物流车、机场专用车等。

2021 年，比亚迪集团营业收入约 2113.00 亿元人民币，同比增长 37.68%，其中汽车及相关产品业务的收入占集团总收入的 51.90%，约为 1096.59 亿元人民币，同比增长 33.80%。

2021 年，比亚迪汽车总销量为 74.01 万辆，同比增长 73.34%；其中，新能源汽车销量为 60.38 万辆，同比增长 218.30%。2021 年，比亚迪新能源汽车产品结构进一步完善，销量依旧位列全球前列，品牌影响力持续提升。

比亚迪新能源汽车历年销量统计表　　单位：辆

年份	2009	2010	2011	2012	2013	2014	2015	2016	2017	2018	2019	2020	2021	合计
销量	48	480	1323	3153	3125	20972	65851	115743	126977	247811	229506	189689	603783	1608461

三、产品出口

2021 年，比亚迪汽车累计出口 16246 辆。

四、产能建设

2018 年，比亚迪汽车工业有限公司乘用车和客车产能利用率分别约为 85.92% 和 162.67%。

五、技术进展与研发能力

1. 研发概况

比亚迪集团技术人员超 4 万人，设有 11 个研究院，2021 年的研发投入总额超过 106 亿元，占营业收入比例超 5%。截至 2021 年 4 月，集团全球累计申请专利约 3.2 万项，其中已被授权专利约 2.1 万项。比亚迪专利创新指数、数量和强度稳居中国新能源汽车专利榜首。

此外，比亚迪牵头制定电动汽车首批三大强标，代表中国首次牵头制定国际标准 EVS-GTR（电动汽车安全全球技术法规），在联合国世界车辆协调论坛会议上获全票通过。凭借产品的高标准，比亚迪获企业标准领跑者称号。

2. 研发机构

（1）弗迪电池研究院。主要从事 3C 消费电池、动力电池及储能电池的研发应用，掌握了电池原材料、电芯、模组、管理系统、智能制造及生产回收等全产业链核心技术，提供全领域电池解决方案。

（2）电力科学研究院。主要负责电池储能及其应用、电力信息与通信等技术的研究和产品设计开发，以及电力工程设计、运行监测技术研究，推进清洁能源在全球广泛运用。

（3）半导体研究院。专业从事芯片设计及制造，提供高效、智能和集成的新型半导体产品及领先的车规级半导体整体解决方案，产品已广泛应用于汽车、能源、工业及消费电子等领域。

（4）汽车工程研究院。主要进行汽车整车设计、工程开发及验证，具有成熟的技术创新体系和完整的性能开发能力，推出数十款车型，形成多动力、全尺寸、多功能的车型布局。

（5）产品规划及汽车新技术研究院。主要开展乘用车领域前沿新技术的规划和预研，以及 DM 双模技术、DiLink 智能网联系统的开发应用，持续助力汽车电动化、智能化发展。

（6）弗迪动力研究院。主要从事新能源及燃油车动力总成研发,掌握电机、电控、电源、发动机、变速器、车桥等动力产品核心技术,提供纯电动力、混合动力、传统动力等各动力系统解决方案。

(7)弗迪科技研究院。专注于汽车电子及底盘产品的研发设计,在平台化、系统化、智能化、电动化、集成化和一站式服务的基础上,致力于为驾驶提供整体解决方案。

(8)商用车研究院。主要从事纯电动客车、卡车整车及底盘的设计与研发,打造以"26111"为核心的纯电动商用车技术平台,开发更安全、更经济、更智能的纯电动客车及卡车。

(9)轻轨交通研究院。致力于城市立体智能轨道交通系统研发、设计、验证等,掌握车辆、桥梁、道岔、全自动运行和智能运维等核心技术,推出具有100%自主知识产权的云轨、云巴系统。

(10)比亚迪中央研究院。主要承担新型材料的研发及其应用,在高分子材料、半导体材料、金属材料、复合材料、NVH材料、特种化学品及先进表面处理等多个领域实现科研成果产业化。

(11)电子科技研究院致力于为全球顶级智能产品客户提供包含新材料研发、创新工艺、产品设计、模具开发、智能制造、系统开发、设备开发、供应链开发等在内的一站式技术解决方案。

3. 新能源汽车技术创新

(1)DM技术。DM技术即Dual Mode技术,是比亚迪双模混合动力技术的简称,是一种开创性的插电混合动力技术。经过10余年经验积累、技术不断升级,比亚迪打造出了动力性能和经济性能同样出色的双模混合动力技术平台。比亚迪于2018年推出全新DM3.0技术平台,2020年6月推出DM-p&DM-i双平台战略,DM-p平台侧重动力性能的同时兼顾经济性,DM-i平台搭载全新双电机动力系统架构,侧重经济性能的同时兼顾动力性。2020年11月中,比亚迪DM-i超级混动技术的核心部件之一——骁云-插混专用1.5 L高效发动机正式亮相。骁云-插混专用1.5 L高效发动机专为DM-i超级混动技术打造,它以实现超低油耗为开发目标,热效率高达43.04%,是全球热效率最高的量产汽油发动机。截至2020年,比亚迪DM技术已成为全球市场装机量最大的插电式混合动力技术。

(2)刀片电池。在变革的年代,就需要有变革的技术,技术越来越起到决定性作用。比亚迪基于环境治理和供应链安全考虑,在新能源产业链技术基础上,通过不断集成创新,在2020年3月推出了高安全的刀片电池。刀片电池采用磷酸铁锂技术,是比亚迪最新开发的新一代磷酸铁锂电池,其采用自家研发的长度大于0.6 m的大电芯,电池单体同样向大容量进化,但电芯形状更加扁平、窄小(长边可以定制变化,单体最大稳定长度可以达到2100 mm),通过阵列的方式排布在一起,就像"刀片"一样插入到电池包里,故被称之为"刀片电池"。刀片电池自2020年3月推出后,中国电池方向彻底改变,磷酸铁锂装车量快速上升。2021年5月,磷酸铁锂电池单月产量首次超越三元锂电池;7月,单月装车量也首次超越三元锂电池。12月,磷酸铁锂电池产量占比行业总产量超过63%。

(3)e平台。2021年4月19日,比亚迪在上海国际车展发布新一代e平台(e平台3.0)。基于e平台3.0打造的电动车,零百加速最快仅需2.9 s,续航里程最大可突破1000 km。百公里电耗比同级别车型降低10%,冬季续航里程至少提升10%。

比亚迪推出的e平台,兼具自主创新、高度集成、超凡性能的特点,可实现整车重量的减轻,整车布局的优化,能耗效率的提升和可靠性的提高,同时大幅降低造车成本,是全球范围内技术领先、成熟、可靠、安全的纯电动解决方案,被称为"33111"。第一个3是高集成度的驱动三合一;第二个3是高压三合一;第一个1是一块高度集成PCB板;第二个1是一块长续航、性能稳定的动力电池;第三个1是一块高度集成控制的智能自动旋转大屏,搭载DiLink系统,兼容百万级手机应用、支持对外开放。打造e平台,要同时吃透新能源汽车全产业链的核心技术,难度之大、门槛之高,超乎想象。作为汽车电动化革命的倡导者和推动者,比亚迪将与全球汽车同行,共享e平台的所有技术,加速推动电动车的产业化,共同将电动化浪潮推向新的高度。

(4)DiLink智能网联系统、D++开放生态和DiPilot智能驾驶辅助系统。2018年比亚迪推出全球首个开放式车载智能网联系统,品牌定位于互联网行业,秉持与互联网高度融合的设计理念,由Di平台、DiUI、Di云、Di生态、Di开放五大平台组成,包含智能开放的软硬件平台及生态服务系统。全球先创的智能旋转屏幕、100%兼容手机生态,赋予智能座舱更多丰富内容。行业先创的手机NFC车钥匙、蓝牙钥匙、云服务钥匙组成全场景的数字钥匙,强大的云服务功能、千里眼、远程高温消毒杀菌等让更多功能可以在手机端实现。

比亚迪D++开放生态:2018年9月5日,以"开放·创未来"为主题的比亚迪全球开发者大会在深圳隆重举行,这是汽车行业132年发展历史上的首次开发者大会。在此次开发者大会上,比亚迪正式发布D++开放生态。结合此前发布的DiLink智能网联系统和加入D++生态的众多开发者,意味着比亚迪超级智能出行生态体系已经构架完成。D++开放生态基于全球最新汽车智能化体系结构和安全策略,为开发者提供开放的接口、车辆数据和控制权限。比亚迪D++开放平台吸引了大批厂商合作,围绕汽车智能化和自动驾驶的生态开始形成。在自动驾驶方面,比亚迪与百度、360等公司都展开合作。

DiPilot智能驾驶辅助系统:DiPilot是比亚迪汇集了对新能源用户需求的深刻洞察,以用户为核心打造的智能驾驶辅助系统。DiPilot由DiTrainer和DiDAS组成,其中DiDAS包含自动紧急制动辅助系统、前向碰撞预警系统、自适应巡航、单车道集成式巡航、交通拥堵辅助、车道偏离预警系统、车道保持系统、盲区检测、自动泊车、全景影像、遥控驾驶等功能,相当于标准化的高级驾驶辅助系统。在这些功能当中,APA自动泊车是首次应用于比亚迪汉车型。比亚迪DiPilot的出现,不仅大幅提升了新能源车在安全、智能、个性化方面的表现,更为行业发展注入了新的活力。

(5)造型设计。2019年6月25日,比亚迪全球设计中心"黑水晶"落成。比亚迪以"新设计中心""新设计团队""新设计作品",开启设计新起点,助力电动化和智能化设计新潮流。

在落成仪式上,比亚迪董事长兼总裁王传福表示:"技术，是比亚迪的硬实力；而设计，将成为比亚迪的软实力。技术与设计，两手都要抓，两手都要硬，要让比亚迪的产品从'技术'单轮驱动转变为'技术+设计'双轮驱动。"这意味着，设计在比亚迪集团的战略地位，被提升到了与技术相提并论的高度。

依托全球设计中心，比亚迪精心建立起了从创意发散、数字化设计、油泥模型制作，到虚拟现实评审、人机工程验证、品质控制与验证的一整套国际领先的设计新体系、新流程、新标准。

比亚迪拥有以艾格、帕加内蒂等知名设计大师为首的"新设计团队"，拥有来自意大利、西班牙、瑞士、德国等10多个国家的200多名设计师，分布在全球多地开展设计工作。

近年来，比亚迪在设计领域实现跨越式发展，推出了汉、唐、秦、宋、元、E-SEEDGT等众多造型惊艳、广受好评的作品，打造了Dragon Face这个独树一帜的中国文化设计语言，被媒体评价为"用中国文化演绎电动美学的典范"，2020年7月，唐凭借DragonFace设计语言斩获第二十一届中国专利奖评选——中国外观设计金奖，2021年4月，汉EV获得2021德国IF设计奖，成为中国品牌首款获奖轿车车型。2021年6月25日，比亚迪宋Max荣获第二十二届中国专利奖中国外观设计金奖。

（6）比亚迪CTB技术。比亚迪CTB技术和传统CTP技术相比，从电池"三明治"结构变成了整车"三明治"结构，将车身底板与电池上盖板合二为一，"刀片电池"采用类蜂窝三明治结构。比亚迪CTB电池系统，体积利用率提升至66%，并作为车身结构件参与整车安全，使整车扭转刚度提升一倍。

六、主要新产品

序号	产品型号	产品名称	品牌	通用名称
1	BYD7006BEVA1	纯电动轿车	比亚迪	海豹
2	BYD7009BEV8	纯电动轿车	比亚迪	汉 EV
3	BYD7150YT6HEV4	插电式混合动力轿车	比亚迪	汉 DM-i
4	BYD7008BEVB1	纯电动轿车	比亚迪	比亚迪秦 PLUS EV
5	BYD6470SBEV4	纯电动 SUV	比亚迪	比亚迪宋 PLUS EV
6	BYD6461ST6HEV8	插电式混合动力 SUV	比亚迪	比亚迪宋 Pro DM-i
7	BYD5310GJBEV4	纯电动混凝土搅拌运输车	比亚迪	混凝土搅拌运输车

七、合资合作及重大项目建设

1995年，比亚迪成立，以生产二次充电电池起步。

1997年，开始量产锂离子电池，实现年销售额突破1亿元。

1998年，在欧洲荷兰成立第一家海外分公司：欧洲分公司。

2000年，在深圳葵涌建成第一个工业园。成为摩托罗拉第一个中国锂离子电池供应商。

2002年，进入半导体行业。在香港上市（股票代码1211. HK），创下当时54支H股最高发行价纪录。成为诺基亚第一个中国锂离子电池供应商。

2003年，进入汽车行业，布局新能源汽车。

2005年，第一款自主品牌轿车F3上市。F3是中国品牌首次跨入"万辆俱乐部"的单一车型。

2006年，纯电动轿车F3e研制成功，搭载自主研发的世界上第一款铁动力电池ET-POWER。

2007年，比亚迪电子（国际）有限公司在香港上市（股票代码0285. HK）。

2008年，沃伦·巴菲特的伯克希尔·哈撒韦公司投资比亚迪。全球首款不依赖专业充电站的双模电动车F3DM上市，率先实现电动汽车商业化。

2009年，进入纯电动客车、纯电动叉车行业。

2010年，全球首批纯电动出租车（比亚迪e6）投运。首款纯电动大巴K9研制成功。发布"公交电动化"战略。与戴姆勒股份公司合资成立深圳比亚迪戴姆勒新技术有限公司，合作开发电动汽车。

2011年，在深圳交易所上市（股票代码002594）。首批纯电动大巴交付深圳。

2014年，在深圳坑梓建成当时全球最大动力电池生产基地。发布"542"战略。

2015年，发布新能源汽车"7+4"全市场战略。在英国伦敦发布全球首台纯电动双层大巴。

2016年，进入轨道交通领域，实现年销售额超1000亿元。

2017年，在银川实现全球首条"云轨"线商业化运营。

2018年，开放汽车智能开发平台，成为全球首家开放汽车硬件体系的车企。发布e平台。发布车规级IGBT4.0技术，告别行业核心技术"卡脖子"时代。

2019年，比亚迪全球设计中心落成，汽车进入"颜值革命"时代。发布e-SEED GT概念车。与丰田联合宣布合作。弗迪模具有限公司、弗迪动力有限公司、弗迪电池有限公司、弗迪视觉有限公司、弗迪科技有限公司等5家弗迪公司授牌成立。

2020年，援产口罩和消毒液，成为全球最大口罩制造商。与丰田成立合资公司（比亚迪丰田电动车科技有限公司）。正式发布高安全"刀片电池"。比亚迪"汉"车型上市。

2021年，发布DM-i超级混动，推出秦、宋、唐等DM-i超级混动车型。宣布旗下纯电动车型全面切换刀片电池，启用针刺试验为企业标准。发布新一代e平台（e平台3.0）。实现第100万辆新能源汽车下线，成为行业首个进入新能源车"百万辆俱乐部"的中国品牌。与戴姆勒签署关于调整其合资公司深圳腾势新能源汽车有限公司架构的股权转让协议，转让完成后，比亚迪和戴姆勒将分别持有腾势90%和10%的股份。

2022年，一汽弗迪新能源科技有限公司成立，该公司由比亚迪和一汽集团合资成立，占股分别为51%和49%。注册资本10亿元。

2022年2月14日,腾势汽车销售服务有限公司成立,由比亚迪汽车工业有限公司100%控股。

2022年2月17日,比亚迪集团宣布,对其品牌进行焕新升级,发布新标识,此外,其旗下的比亚迪汽车也对标识进行了升级。

2022年4月3日,比亚迪宣布自2022年3月起停止燃油汽车的整车生产,未来将专注于纯电动和插电式混合动力汽车业务。

2022年5月20日,比亚迪发布了CTB电池车身一体化技术及首款搭载了CTB技术的e平台3.0车型——海豹。

2022年6月30日,比亚迪合肥基地整车下线。

2022年7月5日,比亚迪宣布与欧洲汽车经销商集团Louwman达成合作,将共同为荷兰市场提供深受消费者喜爱的新能源汽车产品。

2022年7月21日,比亚迪股份有限公司日本分公司在东京宣布,正式进入日本乘用车市场。

八、发展规划

比亚迪始终坚持"技术为王,创新为本"的发展理念,肩负"用技术创新,满足人们对美好生活的向往"的品牌使命,力争把中国道路交通领域所有用油的地方全部用电替代,逐步实现全市场布局。

同时,比亚迪将把握新能源汽车行业蓬勃发展的历史机遇,进一步加强研发,提升产品竞争力,全面推进技术、产品和品牌三大战略。通过技术创新,颠覆传统,打造汽车互联网生态,重新定义汽车动力和安全;贯彻"7+4"全市场战略,面向全国范围内大力推广新能源汽车;未来,比亚迪将投入更多资源和精力到产品和品牌升级中,推出更多高性价比且具有竞争力的产品,满足广大消费者的需求。

北京新能源汽车股份有限公司

一、单位概况

北京新能源汽车股份有限公司创立于2009年,是中国首家独立运营、首个获得新能源汽车生产资质、首家进行混合所有制改革、首批试点国有企业员工持股改革的新能源汽车企业。2018年公司正式登陆A股市场,股票名称为北汽蓝谷,股票代码为600733。

公司拥有新能源汽车整车及核心零部件研发、生产、销售和服务等业务板块,以及分时租赁、充换电运营、二手车置换等综合服务板块,同时布局智能制造、能源管理、智慧出行、互联网+等多个战略新兴产业,拥有完善的产业链和丰富的产品线。目前公司拥有ARCFOX和BEIJING两个产品品牌,ARCFOX品牌是公司聚合全球优质资源打造的高端智能新能源汽车品牌,已上市车型有αT、αS两款高端纯电动乘用车,BEIJING品牌为公司基于北汽六十年造车经验打造的经济智能新能源汽车品牌,主要产品有EU系列。

二、生产与经营

(1)经营状况明显回暖。2021年,公司实现整车销量同比增长0.8%、营业收入同比增长65%、亏损同比减少21%、经营现金流量净额同比增长175%。

(2)产品矩阵持续优化。高阶智能豪华纯电轿车αS产品上市,αS全新HI版车型已进入道路泛化阶段;BEIJING品牌产品EU5快换出租、EU5 PLUS、EU7冬奥版产品开发完成。

(3)营销布局加速完善。ARCFOX品牌围绕用户及销售场景,推进线上+线下一体化营销模式,强化直销、分销及数字化营销业务,全面覆盖目标市场;BEIJING品牌全力推进渠道融合与开发,优化渠道布局,推进渠道焕新,渠道实力逐步提升。

(4)品牌影响日益提升。公司确立了"释放科技的包容心"的品牌核心,聚焦品牌形象塑造与用户体验提升,围绕"生而破界有何不可"的品牌主张,组织开展了贯穿上海车展、品牌发布会、极狐行动、联合华为深度营销等系列线上线下传播活动,持续引爆品牌声量。

(5)产品质量始终严控。公司将零部件质量管理前移,从设计阶段即介入评审,同时在零部件质量开发阶段开展特殊特性和技术方案评审,提升零部件质量;新车方面强化风控,早期介入对标车、整车技术规范、尺寸技术规范等评审、最佳式样/先期预告机制导入,同时从客户角度开展全工况多环境的质量试验活动、新功能专项评审。

三、产能建设

北汽新能源依托北汽新能源麦格纳生产基地进行旗下高端电动汽车品牌极狐的智能制造,年产能为15万辆。

四、技术进展与研发能力

北汽新能构建了完整的面向未来的新一代新能源整车研发体系,包括研发系统和验证系统。其中研发系统具备了三电、车型、新材料、智能化的研发能力。验证系统具备了零部件、整车、材料、安全性等方面国际领先的验证设施和验证标准。在电池系统领域,完成标准电池包规划,布局固液态电芯自研能力和4C快充热管理技术自主设计能力,实现提前24 h安全预警技术落地;并积极推进车端、充电桩、App及充电服务等板块的智能化体验升级;在充电产品领域,αS-HI版高压超充,实现充电10 min续航197 km,15 min充至电量80%,超充性能行业一流;在动力总成领域,稳步开展第三代动力总成开发,布局第四代关键技术,支持整车在动力性、操控、空间、噪声等方面建立持续竞争优势;在电控领域,持续开发高安全、高智能、高集成化的整车控制技术;在智能网联领域,ARCFOX品牌αS-HI版实现行业领先的高阶自动驾驶。

同时,北汽新能源构建了BE21等整车研发平台,涵盖轿车、SUV等多级别跨车型产品类型。通过对平台底盘进行架构化设计,可衍生多款底盘拓展方案,并具有平台车型研发周期短、开发费用相对低、通用化率高等优势。特别是ARCFOX品牌BE21平台,是全新开发的高端智能、全冗余架构纯电动汽车技术平台,具备先进电动系统和智能系统配置功能，支持轴距从 2.75 m 到 3 m 的轴距拓展，支持 L3 级别以上智能驾驶，具有超级拓展、智能、交互、进化四大特色。

五、主要新产品

序号	产品型号	产品名称	品牌	通用名称
1	阿尔法 T	中型纯电 SUV	极狐	阿尔法 T
2	阿尔法 S	中大型纯电轿车	极狐	阿尔法 S
3	阿尔法 S HI	中大型纯电智能轿车	极狐	阿尔法 S HI
4	EU7	中型纯电轿车	BEIJING	EU7
5	EU5	紧凑型纯电轿车	BEIJING	EU5
6	EU5 PLUS	紧凑型纯电轿车	BEIJING	EU5 PLUS

六、合资合作及重大项目建设

北汽新能源积极优化现有生态，着重智能网联、大数据、能源生态建设，加强生态圈运营。第一，在电动汽车智能化网联化提升层面，北汽新能源联合华为、百度及其他互联网企业，加速产品智能化、网联化步伐，逐步形成全栈自研的 L3+级智能网联电动汽车解决方案；第二，与国创中心、海纳川、北汽产投形成合力，围绕供应链核心资源，从前沿技术、零部件开发、试验验证、整车搭载应用及产业化，建立分层次的产业协同机制，进一步强化北汽新能源生态化布局的先行者地位，完善产业链生态；第三，在整体生态解决方案领域，北汽新能源聚合戴姆勒、麦格纳、华为、宁德时代、博世、西门子、SK、哈曼等全球顶级合作伙伴的力量，打造满足未来智能出行的技术解决方案，满足从 A0 到 C 级，从轿车、SUV 到 Cross 车型的全覆盖，支持 5G 通信和 L3+以上的自动驾驶。

北汽新能源代表性的合资合作及重大项目包括：

1. 北汽新能源与华为合作项目

自 2017 年 9 月起，北汽新能源与华为建立战略合作伙伴关系，历经 5 年发展，双方合作从无到有，拾级而上。北汽新能源与华为在产品、技术、品牌营销等多领域深入合作，是最早与华为合作的整车厂商。

双方联合共建“1873 戴维森实验室”开展技术研发，北汽新能源三电技术、平台技术、整车制造能力和华为 ICT 技术的强强联合，持续推高了产品竞争力。2022 年 5 月 7 日，极狐阿尔法 S 全新 HI 版正式发布，该车型创造了“全球首款支持城市道路高阶智能驾驶的量产车”“全球首款搭载 HI 华为全栈智能汽车解决方案的量产车”“全球首款搭载华为智能座舱-鸿蒙车机 OS 的高端纯电量产轿车”三个“第一”，代表着目前国内智能驾驶量产车的最高水平。

2. 北汽新能源与宁德时代合作项目

北汽新能源与宁德时代是国内新能源汽车行业各自领域的先行者，十年来携手并进。2019 年 9 月，北汽新能源与宁德时代携手推出全球首款 CTP 电池包，并共同成立“1800 伏特创新实验室”。同年 12 月，北汽与宁德时代进一步签署框架协议，进一步深化战略合作。未来双方将继续深化车型项目合作开发和完善供货保障机制，并在技术、质量、服务、生态、项目开发、合作模式等方面加强彼此间业务的深化合作。

3. 北汽新能源与麦格纳合作项目

2018 年 6 月，北汽新能源与麦格纳正式建立战略合作关系。合作 4 年来，双方先后成立技术与制造合资公司，致力于打造对外开放共享的高端智能纯电动汽车研发与制造中心。

（1）制造合资公司方面，北汽新能源麦格纳工厂是极狐品牌的生产基地，全面导入了麦格纳生产运营管理体系 MAFACT 的世界级标准体系，持续为产品的制造工艺赋能。

（2）技术合资公司方面，2021 年 1 月，麦格纳卫蓝将 BE21 纯电动汽车产品平台部分知识产权和 EE 架构授权斯太尔美国公司使用，累计许可费近 6 亿元人民币。这也是我国自主研发的新能源技术实现首次“出海”并获得高价授权费用。

七、发展规划

总体战略发展愿景及思路：（1）战略愿景：“一个卫蓝梦，两个世界级”。（2）发展思路：坚持向“高质量发展”转型的战略发展核心。

核心发展规划及关键发展举措：

（1）极致产品与体验：构建 A、B 品牌差异化产品体系，占据产品体验制高点。

（2）核心技术自我掌控：实现三电、智能网联和整车集成等技术纵深掌控，打造差异化竞争。

（3）全面营销：保持对公领先、强化对私营销力度，加强营销创新，打造高质量销售服务体验。

（4）服务化转型：在大数据、能源服务等领域推进制造业向服务型企业转型，从企业内部，用户群体到产业链伙伴等多维度，多层次提供优化支持服务，打造新的成长极，形成企业长期竞争抓手。

（5）生态圈升级：优化现有生态，着重智能网联、大数据、能源生态建设，加强生态圈运营。

（6）强化资本运作：转变思维，充分利用社会资本，通过资本运作，采用并购、控股等方式，提高资源整合的效率和效益，实现上下游产业的强强联合，优势互补。

（7）人才创新培养：以提升人力效能、优化组织生态为目标，形成人力资源合力。

（8）体制机制改革：努力破除深层次体制机制障碍，围绕现代企业治理建立完善长效机制，强化创新驱动，优化决策运营，创新人才激励，进一步增强企业活力。

安徽江淮汽车集团股份有限公司

一、单位概况

安徽江淮汽车集团股份有限公司始建于 1964 年，是一家集全系列商用车、乘用车及动力总成研产销和服务于一体，涵盖汽车出行、金融服务等众多领域的综合型汽车企业集团，致力于打造一个"全生态链、全产业链、全价值链"的综合性汽车服务平台。现为安徽省 12 家重点企业集团之一，先后荣获中国企业 500 强、中国汽车品牌前 5 强，是全国首家荣获我国工业领域最高奖项——中国工业大奖的综合型汽车集团。

公司现有主导产品：重、中、轻、微型卡车、多功能商用车、MPV、SUV、轿车、客车，专用底盘及变速箱、发动机、车桥等核心零部件。拥有"思皓""瑞风""JAC""安凯"等知名品牌。

二、生产与经营

面对全球疫情多变、汽车芯片供应紧张等形势，公司围绕用户思维，加快结构调整、加速数字化转型、推进产品升级和技术进步、狠抓质量管控，各项业务实现稳健发展。2021 年，全年销售各类汽车及底盘 52.42 万辆，同比增长 15.63%，公司整体增幅高于行业，其中，商用车降幅与行业基本持平，乘用车增幅高于行业。实现营业总收入 403.11 亿元；实现归属于上市公司股东的净利润 2 亿元，同比增长 40.24%。

三、产品出口

江汽集团矢志为全球客户制造更好产品，创世界知名汽车品牌。产品远销全球 130 多个国家和地区。截至 2021 年底，累计出口近 75 万辆，出口市场覆盖超过 80 个"一带一路"沿线国家，中高端轻卡连续多年行业出口第一。2021 年，JAC 累计出口近 10 万辆，多款明星产品已进入土耳其、意大利、墨西哥等高端市场。

四、产能建设

江汽集团已建成 8 大国内生产基地和 19 个海外 KD 工厂，具备百万辆整车产能，综合产能名列汽车行业前列，大大提升了江汽集团品牌实力。拥有各类先进生产设备 5200 余台/套，包括亚洲最大的 6000 t 压力机、尖端技术的德国 KUKA、瑞典 ABB 焊接机器人、德国数控加工中心、自动喷涂机器人等国际一流精大稀设备，在硬件上保证高品质生产。

2021 年，江淮蔚来二期 20 万辆新能源乘用车产能提升项目启动建设，项目位于合肥市经开区，用地面积新增 285 亩，建筑面积新增约 11 万 m^2，项目总投资约 20 亿元，目前已经基本建设完成，预计 2022 年 8 月达产。

2021 年，江淮安庆年产 10 万辆新能源乘用车建设项目启动建设，项目位于安庆市经开区，项目新增用地约 820 亩，总建筑面积约 35.4 万 m^2，项目总投资约 34 亿元，目前设备正在进场安装，预计 2023 年 6 月达产。

五、技术进展与研发能力

江汽集团拥有一支近 5000 人的研发团队，坚持"节能、环保、安全、智能、网联、舒适"的关键技术研发路线，是国内首家专利过万的车企。共 10 款自主研发的发动机荣获"中国心"十佳发动机。国家 863 计划重点项目 6DCT 自动变速箱，实现 TCU 上层软件开发完全自主，打破国际垄断。

作为我国新能源汽车产业的先行者，江汽集团通过十四年九代技术、四代产品迭代，形成了国内领先、国际先进的电动车技术平台，产品安全可靠、值得信赖。截至 2021 年底，江汽集团累计示范推广超 20 万辆新能源汽车，累计行驶里程突破 69 亿 km，单车最高运行里程达到 36 万 km，在私人购车领域累计推广规模名列前茅。

在电池热管理技术、本质安全管理技术等方面，江汽集团实现重要的六项核心技术突破。蜂窝电池率先通过新国标热失控安全测试；国际领先的液冷恒温技术，让电池始终处于最佳温度区间，保障电池安全且电池寿命长达百万公里。

六、主要新产品

序号	产品型号	产品名称	品牌	通用名称
1	HFC7000WEV11	纯电动乘用车	思皓牌	E10X
2	HFC7000WEV10	纯电动乘用车	思皓牌	E10X
3	HFC7000WEV9	纯电动乘用车	思皓牌	E10X
4	HFC7002BEV6	纯电动乘用车	思皓牌	E50A
5	HFC6463EEV2	纯电动乘用车	思皓牌	E60X
6	HFC7000BEV11	纯电动乘用车	江淮牌	换电版 iEVA50

七、合资合作及重大项目建设

2021 年 3 月，江汽集团与蔚来汽车继续达成深化合作，成立江来先进制造技术（安徽）有限公司，双方将在新能源整车制造、服务模式、管理机制等方面做出积极创新和探索。

2021 年 4 月，江汽集团与北京地平线机器人技术研发有限公司在上海国际车展现场举行合作签约仪式，就汽车智能驾驶、智能网联、人工智能领域展开深层合作，达成全面战略合作伙伴关系。

八、发展规划

"十四五"期间，江汽集团新能源汽车技术路线向以纯电动为主多技术路线并行的方向发展，加大插电混技术产品开发力度，批量示范运营燃料电池商用类汽车产品，并大幅提升平台化、智能化技术应用水平。做大做强商用车，聚力发展智能汽车和智能新能源汽车，转型发展零部件业务，创新发展汽车金融、汽车物流和增值业务，打造具有江淮汽车特色的产业生态体系，力争发展成为“百万辆、千亿级”的主流汽车集团。

上汽通用五菱汽车股份有限公司

一、单位概况

2002 年 11 月 18 日正式挂牌成立的上汽通用五菱汽车股份有限公司（英文缩写 SGMW），是由上海汽车集团股份有限公司、通用汽车（中国）投资有限公司、广西汽车集团三方共同组建的大型中外合资汽车公司。

上汽通用五菱积极响应国家能源战略和节能减排的要求，在新能源研发和产业化建设方面持续加大投入。在新能源产品开发方面，上汽通用五菱通过创新创造、跨界融合、共享模式等持续探索并打造新物种，建立了 GSEV（Global Small Electric Vehicle）全球小型电动架构，重新定义了小型电动车的空间、安全、能耗、能源补给和服务。截至 2021 年底，上汽通用五菱全球小型电动车 GSEV 系列产品累计销量已突破 75 万台，持续领跑中国新能源市场。

二、生产与经营

2021 年，上汽通用五菱创下了 176 万辆的优秀销量成绩，成为销量最高的民族品牌单一车企。上汽通用五菱在新三大战略之一“电动化”的引导下，GSEV 系列车型销量在 2021 年持续受到热捧，年内销量突破 45 万台，以优异销量和主动参加多项标准的优秀表现荣获中国新能源汽车产业“领跑者”称号。

三、产品出口

产品出口版图拓展到 40 多个国家，覆盖中南美、非洲、东南亚等多地，2021 年全年整车及散件出口达 145550 台/套。其中，全球车 530 出口接近 9 万台/套，印尼子公司 2021 年销量 25650 台，成为印尼最受欢迎的中国汽车品牌。2021 年 11 月，上汽通用五菱印尼子公司携 GSEV 产品矩阵中最具代表性的宏光 MINIEV 和宝骏 KiWi EV 亮相印尼雅加达国际车展，印尼政府经济统筹部长和工业部长为 GSEV 揭幕。未来上汽通用五菱将以强大的技术创新、优质的产品和服务、全新的商业模式，为印尼新能源市场注入新动能，助力国家“一带一路”建设，将中国汽车品牌的强硬实力推广海外。

四、产能建设

上汽通用五菱在国内拥有柳州河西总部、柳州宝骏基地、青岛分公司和重庆分公司四大制造基地，形成了南北联动、东西呼应的发展格局。此外，上汽通用五菱积极响应国家“一带一路”倡议，于 2017 年 7 月 11 日在印尼成立上汽通用五菱印尼汽车有限公司，成为国内首家在印尼投资建厂的中国汽车企业，也是中国汽车品牌首次在海外投入设备及资源独立建厂，输出品牌及产品并形成完整供应链、制造、销售、服务体系的范例，实现了中国汽车企业知识产权、品牌与产品、人力资源与团队、业务运营与模式等全方位海外输出。

五、技术进展与研发能力

2021 年，上汽通用五菱继续致力于以先进技术赋能产品，在提高产能的同时持续为用户提供更高质量的用车体验。

1. 五菱芯片

面对芯片紧缺危机，上汽通用五菱从 2018 年开始实施“强芯”战略，从场景出发定义芯片的功能需求，从用户体验出发定义芯片的性能参数。强化与国内半导体生产企业开展深度合作，协同零部件供应商、国产芯片厂家三级联动，制定适合上汽通用五菱车型的国产芯片新技术架构和方案，突破国产芯片适配性和稳定性技术瓶颈，同时，与芯片厂商、零部件厂商同步开展质量验证，提升芯片的通用性、经济型和可靠性。

其中，计算芯片占车用芯片的比例约为 40%，类似于电脑的 CPU。通过联合技术攻关，现在，五菱计算芯片相关参数指标已达到国外同类产品技术水平。不仅如此，上汽通用五菱还在 5G 通信芯片、存储芯片、能源芯片、人工智能芯片等领域，联合国内优秀合作伙伴共同突破核心技术，加快芯片国产化步伐。

上汽通用五菱将打造一个开放共享的国产芯片测试验证与应用平台，并以一个更加开放、共享、共创的积极姿态，与国内优秀的合作伙伴一起，共同逆风前行，助力我国早日实现汽车产业链、供应链自立自强。

2. 换电技术

区别于国内车企新能源汽车换电站，上汽通用五菱智能微型换电站占地面积仅为 2 辆小 E 停车位大小，可灵活移动，同时，不需要换电车辆上桥和精准停车，换电机器人可通过视觉识别和激光定位技术进行精准识别，单次最快换电速度和加满一箱油的时间相当，使用体验和传统汽车加油的体验相当。同时，该智能微型换电站建造成本仅为业内常规换电站的 1/3，还可积木式扩展，多个储电舱灵活配置，还可结合储能、V2X、V2G 等能源互动技术，进行多模运营，降低运营成本，加速收回投资。

3. 全线控电动汽车平台关键技术研究

在加快新能源高质量发展方面，上汽通用五菱技术团队创造性地发明了全线控电动汽车平台关键技术研究及产业化。凭借该技术，车辆驱动系统最高效率提升到 94%，整车电耗降低到每百公里 9.9 kWh，每公里不到 5 分钱；基于多域融合的电动汽车整车安全技术，以更高的效率监控整车的工作情况，提升使用安全性。同时，凭借具有自主知识产权的全线控通用电动汽车平台，有效解决了线控平台下制动响应和动作精度两大问题，还能根据路况及时调整轮边扭矩，给乘员更平稳，更安全的驾驶体验。

六、主要新产品

序号	产品型号	产品名称	品牌	通用名称
1	LZW7004EVPCBH	纯电动轿车	上汽通用五菱	宏光 MINIEV 马卡龙款
2	LZW7003EVGKAB	纯电动轿车	上汽通用五菱	宝骏 KiWi EV
3	LZW5028XXYPWG	纯电动轿车	上汽通用五菱	五菱 NanoEV

七、合资合作及重大项目建设

为更好地将前瞻技术运用到生产与研发当中，上汽通用五菱同清华大学、上海交通大学、湖南大学、武汉理工大学、国防科技大学等国内外知名高校展开了长期的产学研模式深度合作，充分利用高校深厚、创新、超前的学术理念，针对性的培养汽车专业人才，引进高端研发人员队伍，建立完善的人才梯队体系，与高校一并承担省、市级科技计划课题。上汽通用五菱与武汉理工大学张清杰院士团队，联合开发了首款氢燃料电池汽车，填补了广西氢燃料电池汽车的空白；与中车株洲电力机车研究所丁荣军院士团队，联合挂牌电子电力实验室，聚焦于国产 IGBT 在新能源汽车上的测试与应用，共同探索适用于微小型电动汽车的标准化电驱系统产品和相关技术标准；通过与电信等上下游伙伴的共同努力，上汽通用五菱无人 5G 云控物流技术已经开始在城市开放道路进行运作。

东风柳州汽车有限公司

一、单位概况

东风柳汽前身为创立于 1954 年的柳州农械厂。1969 年进入汽车行业，同年生产出广西第一辆汽车——“柳江”牌载货汽车；1981 年加入东风汽车集团；1997 年改制为东风柳州汽车有限公司。在 50 多年的造车育人历程中，秉承着“自立自强、创优创新、同心同德、为国为民”的企业精神，一代又一代的柳汽人艰苦创业，用勤奋和汗水书写了一个又一个的中国汽车工业史上的“第一”：1981 年开发生产中国第一款中型柴油载货汽车；1991 年开发生产中国第一款平头柴油卡车；2001 年推出国内第一款自主品牌 MPV——风行菱智；2007 年推出国内第一款采用龙骨框架结构驾驶室的霸龙 507 重卡产品；2017 年推出国内第一款高端长头驾驶室乘龙 T7 牵引车。2019 年第三届柳汽品牌日上，乘龙汽车品牌率先发布全系国六商用车产品，2020 年 6 月，推出乘龙 H7 新一代升级产品-乘龙 H7 2020 款。

目前，拥有员工 5700 多人，拥有科技创新人员 1400 多人，占地面积 345.4 万 m^2，已形成商用车基地年产 10 万辆商用车、乘用车基地年产 40 万辆乘用车、发动机年产 10 万台的生产能力，拥有“乘龙”商用车品牌和“风行菱智”“风行景逸”等乘用车品牌，在全国拥有近 2500 个营销服务网点，覆盖全国 30 多个省、市、自治区，产品远销美洲、非洲、中东、东南亚等近 40 个国家和地区。东风柳汽始终注重把握市场的脉搏、重视用户的需求，不断开发适应市场发展、满足市场需求的高品质产品。凭借优质的产品和服务被中国质量协会评为“重质守信 3 · 15 放心单位”“维护消费者权益 3 · 15 满意单位”“全国售后服务十佳单位”。近年来荣获“全国质量先进企业”“2020 年度全国质量诚信标杆企业”“全国产品和服务质量诚信示范企业”“广西十佳企业”等称号。

二、生产与经营

2020 年，东风柳汽持续推进“巩固南方，突破北方”课题，聚焦重点细分市场，打造 35 家核心经销商网络，通过微电影、品牌日等强化推广活动实现全年销售汽车 18.5 万辆，同比增长 4.1%，营业收入 253.02 亿元，同比增长 18.5%，利润 5.8 亿元，利润及现金流持续向好。其中，商用车事业迎来历史性突破，全年生产商用车 88189 辆，同比增长 47%，销售 85188 辆，同比增长 46.2%，实现 4、5、6 连续三个月产销过万，单月及全年产量、销量均创历史新高；乘用车销售 96340 辆，MPV 销量 5.9 万辆，自主 MPV 份额提升到 8.1%。

2020 年 11 月，东风风行在北京水立方隆重举办“风行^{3}进化论——新风行品牌之夜”活动，正式向外界发布新风行“智慧空间　享你所想”的品牌价值理念，全面推进设计理念、技术理念、服务理念三大进化。通过价值驱动，技术赋能，新风行面向新时代，开启“设计+技术+服务”强强联合的出行体验新纪元。同时，公司新产品悬挂全新劲狮标，采用锋动力学设计理念的首款车型——风行 T5 EVO 也正式亮相

2021 年，东风柳汽实现全年销售汽车 20.03 万辆，同比增长 10.4%，实现营业收入 272.43 亿元，同比增长 7.6%，其中商用车销售 7.82 万辆，乘用车销售 12.22 万辆，同比增长 26.8%。东风柳汽以品牌价值为引领，品牌知名度、美誉度进一步提升，通过举办线上、线下品牌活动，实现商、乘用车品牌知名度分别提升 4%、11%；以客户需求为引领，产品品质进一步提升，乘用车东风卓越质量体系评价总得分排名集团自主品牌第一；以“双碳”战略为引领，低碳绿色发展成效进一步提升，T5 EVO 获得国家“绿色设计产品”称号。

三、产品出口

2020 年商用车海外出口 3176 辆，同比增长 58.5%，市场占有率提升 3 个百分点，市场排名提升 1 位，出口目的地主要为东南亚的越南、老挝、菲律宾等国，以及南美洲的秘鲁、智利等国。

2021 年出口累计销售 15275 辆，大幅增长 288%，出口销量创历史新高，产品远销美洲、非洲、中东、东南亚等近 40 个国家和地区。

四、产能建设

东风柳汽商乘用车产线全线采用自动化输送、机器人自动焊接、在线测量等先进技术，机器人使用率高达 89%，实现多车型柔性共线。涂装完成国内首创的一次性过线双色车工艺；采用阴极电泳工艺，提高车身耐腐蚀性，100% 机器人自动喷涂。车架、车身、发动机等大总成采用空中跨线自动输送系统；采用模块化装配，全集配物流模式，AGV 智能小车配送上线，采用 Andon 系统提高质量和效率。同时利用信息化技术，基于 ERP、MES、CP 等系统，重构业务流程，实现过程透明化、可视化。

五、技术进展与研发能力

东风柳汽逐步完善“以我为主、集团协同、产学研协同、供应商协同”的自主创新机制，构建以柳汽为中心的汽车产业生态集群，联合区内外汽车产业链优势资源、科研院所、试验检测机构协同创新，推动自治区汽车产业共性技术、关键技术、先进技术突破。一方面加强与区内外科研院所的合作，深入开展产学研用协同攻关以促进科技成果转化，共同构建充满活力的科技人才联合培养机制；另一方面联合国内外优秀供应商的优质资源进行协同创新，共同提升产品性能与市场竞争力，优化自治区汽车产业向价值链中高端跃升。

（1）自主研发能力提升：东风柳汽商用车深化场景化研究体系，聚焦客户需求，促进产品向正向开发转变，构建 29 个重点应用场景，覆盖 67% 的以及细分市场，有效指导短中长期产品规划。以客户为中心，聚焦 12 个细分市场，推出 16 款明星产品，打造轻量化、经济性和舒适性等产品核心竞争力。稳步推进战略性平台开发，H5B、H7B 等项目有序开展。聚焦“新五化”加大技术攻关力度，掌握 EP5 电驱桥、大功率氢燃料电池等 13 项电动化技术；完成 AEBS 批量装车、自动驾驶场景化示范运营和乘龙 V+车联网迭代优化等 11 项智能网联化技术开发。乘用车 T5EVO、M7 自动挡等 14 款车型成功上市。完成 S50EV 改款升级，冬季续航能力提升 15%，同步推出换电式车型，稳步提升 TOB 市场市占率。以“五化”技术为重点，推进技术预研及搭载运用。构建芯片应用技术资源库应对芯片短缺；组织研发、工艺、制造领域团对开展软件工程培训，持续深化技术自主开发能力。

乘用车传统技术方面，实现 WLTC 工况公告油耗切换，油耗指标进一步降低，减少油耗负积分 2 万分；碰撞安全满足 2018 版 C-NCAP 五星。“新五化”技术方面，智能座舱搭载腾讯 Future Link 4.0 智联系统，20+小程序场景，贴近用户手机使用场景。

（2）试验能力提升：东风柳汽研发试验中心，建筑面积 3.7 万 m^2，一期投资 1.2 亿元，建成整车排放、耐久转鼓、NVH 半消声室、部件试验、电子电器和部件 EMC、新能源等多个大型综合试验室，试验大纲项目扩展至 4850 项，整车试验能力覆盖率提升至 86.75%，已形成较为完善的整车设计、整车试验、底盘、车身及零部件试验能力。

（3）联合创新能力提升：东风柳汽坚持“以我为主、集团协同、产学研协同、供应商协同”的自主创新机制，构建以柳汽为中心的汽车产业生态集群，联合区内外汽车产业链优势资源、科研院所、试验检测机构协同创新，推动自治区汽车产业共性技术、关键技术、先进技术突破。一方面加强与区内外科研院所的合作，深入开展产学研用协同攻关以促进科技成果转化，共同构建充满活力的科技人才联合培养机制；另一方面联合国内外优秀供应商的优质资源进行协同创新，共同提升产品性能与市场竞争力，优化自治区汽车产业向价值链中高端跃升。

2020 年东风柳汽商用车完成纯电轻卡迭代开发和 E-CVT 混动、电驱桥、液冷技术预研。完成全新电子电器架构、H7 变道辅助系统等 15 项技术开发，智能化技术达到国内先进水平。实现 H7 车型降重 138 kg，H5 车型降重 82 kg，M3B 车型降重 43 kg，继续保持行业轻量化领先优势。乘用车T5 EVO 新车型搭载腾讯新一代 TAI3.0（实现车载微信及腾讯视频）；开发全景自动泊车系统，园区自动驾驶技术预研，实现厂区间固定区域的无人驾驶；完成 500 km 续航车辆试制及换电车型逐渐批量装车。

六、主要新产品

序号	产品型号	产品名称	品牌	通用名称
1	LZ4250H7DZBEV1	换电式纯电动半挂牵引车	乘龙	H7EV
2	LZ5040XXYL2AZBEV141	纯电动厢式运输车	乘龙	L2EV
3	LZ4250H7DZFCEV1	燃料电池半挂牵引车	乘龙	H7FCEV
4	LZ6462MLAEV	纯电动轿车	东风风行	景逸 S500EV
5	LZ7008SLAEV	换电式纯电动轿车	东风风行	景逸 S50EV
6	LZ6515MLAEV	纯电动多用途乘用车	东风风行	菱智 M5EV

七、合资合作及重大项目建设

数字化智能工厂建设，针对公司柳东乘用车基地智能工厂建设的需求，推进数字化设计、装备智能化柔性化升级、工艺流程优化、精益生产、可视化管理、质量控制与追溯、智能物流等应用，推动企业全业务流程智能化整合。

东风柳汽积极开展对外合作，与《帮宁工作室》《汽车通讯社》《Dear Auto》等媒体代表围绕风行“品质向上　品牌向上”的全新品牌战略进行了深入的探讨与交流，深层解读“新风行”品牌的价值和未来发展。同时，东风柳汽致力于推进校企合作发展，务实打造创业创新型实践基地，以市场需求为导向、以合作项目为载体建立了东风柳汽-广西科技大学研究生联合培养基地，打造链接高校和企业的一流人才平台。

八、发展规划

东风柳汽持续推进企业数字化转型，梳理以客户为中心、以市场需求为导向的业务流程架构，规划未来3～5年业务流程变革项目，构建东风柳汽业务流程管理基础体系；积极响应国家智能制造战略，加快推进智能制造发展，结合新生产基地建设需求，探索商业智能与数字化智能工厂的结合新模式，建立完全网络管理机制。

东风柳汽积极践行“双碳”战略，通过与集团协同，依托外部优质资源，加速新能源事业转型。乘用车明确以混动、插电、增程式及纯电动等多种技术路线并进，力争在“十四五”末实现全系产品电动化。商用车规划开展换电牵引车/自卸车、燃料电池车、混动牵引车/自卸车、ECVT载货车商品布局及技术预研工作。完善双积分管控机制，推动规划、研发和销售部门同心协力推进公司双积分规划和新能源年度目标达成。

东风柳汽视“五化技术”作为实现企业转型升级的突破口；未来五年在“轻量化”方面，开展铝合金防撞梁、后轴液压成型、热成型整体门环等技术预研及应用，从关注车身轻量化到关注整车轻量化转变，系统开展整车轻量化工作，建立整车轻量化体系。在“新能源”方面，技术路线以EV为主，HEV、FCV为辅。在“智能互联化”方面，持续开展汽车智能座舱、园区自动驾驶、无人代客泊车系统等L3/L4级别智能化技术预研工作，力争到2025年实现量产应用。

岚图汽车科技有限公司

一、单位概况

岚图是一家高端智能电动汽车科技公司，组建于2018年。作为中国“造车新实力”，岚图充分整合东风公司超50年的造车技术和优势资源，以用户为中心构建创新的商业模式，致力于成为“中国高端新能源品牌领导者”。岚图定位为“零焦虑高端智慧电动品牌”，以“让汽车驱动梦想，为美好生活赋能”为品牌使命，为当代社会新中坚力量创造现代格调的美好生活。

二、生产与经营

岚图汽车2020年7月正式发布品牌战略和首款概念车iLand，2020年9月全球首发量产概念车iFree，2020年12月18日首款量产车型“性能级智能电动SUV”岚图FREE发布，2021年3月岚图FREE公布售价并正式接受预订，2021年6月19日正式上市，2021年6月30日正式量产下线。2022年岚图第二款车岚图梦想家于4月7日开启预售，5月7日正式上市发布。

三、产品出口

预计2022年6月底前完成挪威、荷兰、瑞典、德国、法国的出口认证。

四、产能建设

产能规模为15万辆，2021年6月30日正式量产生产。

五、技术进展与研发能力

岚图汽车充分整合东风公司超50年的造车技术和优势资源，以用户为中心构建创新的商业模式，致力于成为“高端新能源乘用车领先者”，首款性能级智能电动SUV岚图FREE已于2021年6月30日投产。岚图汽车拥有完整的新能源平台架构、高端新能源整车，以及新能源关键总成及系统技术研发能力，已全面布局新能源整车、800 V超高压系统、下一代自动驾驶平台、下一代电子电气架构等重大项目的开发与研究，未来每年将向市场投放至少一款新车。同时承担了多项“国家重点研发计划”“湖北省科技厅重点研发计划”科技攻关项目。

“十四五”期间，岚图汽车将加速突破高端新能源乘用车、关键动力总成和智能网联核心技术，建立高端新能源整车及关键技术的领先优势，形成东风集团以至新能源汽车全价值链的自主开发和制造的核心竞争力。

六、主要新产品

序号	产品型号	产品名称	品牌	通用名称
1	EQ6492AL5F1SHEV	插电式混合动力多用途乘用车	岚图	FREE
2	EQ6492AL5F2SHEV	插电式混合动力多用途乘用车	岚图	FREE
3	EQ6491AL5F2SHEV	插电式混合动力多用途乘用车	岚图	FREE
4	EQ6491AL5F2BEV	纯电动多用途乘用车	岚图	FREE
5	EQ6530AL5F2CHEV	插电式混合动力多用途乘用车	岚图	梦想家
6	EQ6530AL5F2BEV	纯电动多用途乘用车	岚图	梦想家
7	EQ6531AL5F2BEV	纯电动多用途乘用车	岚图	梦想家

七、合资合作及重大项目建设

2020年12月18日首款量产车型“性能级智能电动SUV”岚图FREE发布，今后5年，岚图汽车产品将涵盖轿车、SUV、MPV等多个车型。

八、发展规划

从2021年起，岚图汽车每年将向市场投放至少一款新车；今后5年，岚图汽车产品将涵盖轿车、SUV、MPV等多个细分市场，不断扩展高端电动汽车品牌的产品阵容。

为了直达用户，打造温暖体验，岚图汽车采用全直营模式。截至 2022 年 5 月，岚图汽车已形成销售网络 171 家，服务网络 73 家，为用户提供“物有所值、价有所信、购而不悔、用而无忧、赋能生活、收获友情”的产品和服务。

飞凡汽车科技有限公司

一、单位概况

1. 基本信息

飞凡汽车是一家由世界 500 强上汽集团打造的用户导向的数据驱动型汽车科技公司，致力于打造高阶智能纯电移动空间。飞凡汽车将“数据即动力，用户即伙伴，出行即服务”视作起点，让科技、时尚融入智能纯电的驾乘体验，用科技兑现人类对未来出行的美好想象。

2. 品牌介绍

品牌英文名 Rising Auto，Rising 代表持续向上，成就非凡之意。“飞”代表自我突破，永不止步的探索精神，“凡”代表稳步进取后积累的实力，意味着不仅要有宏大的梦想，还要坚持本真，脚踏实地的努力兑现。飞凡汽车的品牌内核是本真、开拓、品位。我们希望传递给用户的品牌调性，提供的产品与服务，都可以用本真、开拓、品位这三个词来诠释。

3. 旗下产品

“极智高阶纯电 SUV”飞凡 R7 是飞凡汽车集结上汽集团强大的技术资源倾力打造，在智舱、智驾、智电等方面应用前瞻顶尖科技。内饰方面配备 43 in 宽幅真彩三联屏横贯座舱，搭载视觉增强 AR-HUD 平视系统，高通骁龙 8155 芯片，拥有高阶语音、状态等多体征识读，支持自定义场景模式。智驾方面飞凡 R7 搭载的 PP-CEMTM 采用行业最前沿的像素级点云融合高阶智驾方案，配备多达 33 个感知硬件，将智能驾驶的安全等级提升到全新高度。

二、技术进展与研发能力

飞凡 RISING OS 配备当下单片算力业界最高、车圈最强大脑——高通骁龙 SA8155 芯片，以车载领域主流虚拟化技术及 RTOS+Android AOSP 操作系统为基础，搭载云管端一体化 SOA 软件架构需要的诸多平台化模块。基于零束 SOA 软件架构，充分释放了智能车原子化能力，为用户提供了丰富的应用及生态，同时也能让用户定制属于自己的 SOA 创意场景。飞凡 RISING OS 采用开普勒风 UI 设计美学，延续了飞凡汽车“不繁，即非凡”设计理念，在本真优雅的理性设计中融入更多星球的自然地貌元素，展现科技浪漫。飞凡 RISING OS 的直觉式交互设计，是共创中心经过数千次用户调研，充分尊重用户车机操作习惯，同时兼顾消费电子交互需求打造，通过 43 in 宽幅真彩三联屏和 AR-HUD 视觉增强系统形成的四屏联动，实现更为直观、智能且个性化的流畅互动体验。

飞凡汽车全栈自研的高阶智驾方案 PP-CEM，即点云融合的超级环境模型算法，构建了融合激光雷达、4D 成像雷达、5G-V2X、高精地图、视觉摄像头、毫米波雷达的“六重融合式”感知体系，具备全天候、超视距、多维度的感知能力，将智能驾驶的技术能级与安全性提升至全新高度。

三、主要新产品

序号	产品名称	品牌	通用名称
1	极智高阶纯电 SUV	飞凡汽车	R7
2	智能电动 SUV	飞凡汽车	Marvel R
3	纯电轿车	飞凡汽车	ER6

四、合资合作及重大项目建设

2022 年 3 月 10 日，飞凡汽车与上汽集团创新研究开发总院宣布达成战略合作，双方将通过共创的模式围绕设计、智驾、智舱、三电等方面展开深度的合作，整合创新研发资源，加速前瞻技术的布局和落地，进一步发力中高端智能电动汽车市场。

2022 年 3 月 21 日，极智高阶纯电 SUV 飞凡 R7 首批 PPV(Production Process Validation) 预制量产车在上汽集团临港智能工厂正式下线，迎来产品验证生产制造阶段的又一里程碑，距离正式量产交付更近一步。

2022 年 6 月 15 日，飞凡汽车与零束科技共建的数智共创中心揭牌仪式在安亭汽车创新港顺利举行。由双方共创打造的飞凡 RISING OS 智舱交互系统，将搭载在飞凡汽车全新旗舰 SUV 飞凡 R7 上，这也是双方数智共创中心的首个共创结晶。

五、发展规划

在 2021—2025 年的“十四五”期间，飞凡汽车的规划是以每年至少一款新车成功上市，年均销量翻一番，总量超过 60 万台。到 2025 年，飞凡汽车将成为一家具备盈利能力的中高端智能电动车头部企业。

领克汽车销售有限公司

一、单位概况

“生而全球，开放互联”，领克汽车是由吉利控股集团、吉利汽车集团与沃尔沃汽车集团合资共同创立的全球新高端品牌，于 2016 年 10 月 20 日在德国柏林发布。“领”寓意领先与引领，“克”寓意改变与突破，英文名 LYNK & CO 代表着互联和开放，LYNK 代表连接；CO 代表互联网时代开放与协作的精神以及无限可能。

“持续改变移动出行，让人们更热爱出行”是领克品牌的初心和愿景。秉承着这样的理念，领克致力于为个性、开放的都市人群提供新审美、新科技、新体验、新能源的出行解决方案，打造“不止于车”的潮流生活方式。

二、生产与经营

作为吉利与沃尔沃十年协同合作的重要结晶之一，领克汽车在研发与设计层面，拥有强大的全球体系能力，包括瑞典、中国、美国、英国等四大造型中心，张家口工厂、余姚工厂、成都工厂、梅山工厂等四大制造基地，以及位于瑞典哥德堡的中欧汽车技术中心。

得益于CMA/BMA/SPA等多样化架构，领克汽车发布了6款产品，实现了从A0级到D级的细分市场全覆盖，形成了“SUV+轿车”、“燃油+新能源”及性能车的立体化产品布局。截至2022年7月，已获得超过74万车主用户、200万App用户的认可。

(1)在渠道建设方面，领克致力于以互联网思维解决当代汽车消费痛点，在原来的4S模式(整车销售、配件供应、信息反馈、售后服务)上，加入Social(社交)和Share(分享)功能，创新“6S”商业模式。截至2022年上半年，领克开设了339家领克中心、18家领克空间/空间站、307家领克站；一级渠道覆盖232个城市，覆盖度为68%，一、二、三类城市全覆盖，领克站独立覆盖53个城市，领克渠道总覆盖285个城市，领克渠道总覆盖率84%。

(2)在用户生态建设方面，领克汽车和用户共创，建立了Co:Club领克客户俱乐部/Co客领地、伙伴计划、领克App、Co客大会等以用户为中心的出行生态，以创新化的用户生态体验，拓展品牌影响力。截至2022年7月，领克汽车官方认证Co:Club领克客户俱乐部/Co客领地317家，覆盖31省及直辖市、209个城市，在全国累计举办超12600场Co客活动；领地伙伴超3300家，覆盖3国、33省市/地区、256城市、12大行业；领克App注册用户超204万，月活用户最高超66万人次，日活最高超21万人次。

三、产品出口

拥有全球化基因的领克汽车，直接参与了全球汽车产业的格局重塑，在海外市场迈出向出行服务商转型的关键步伐。

2020年9月，领克“欧洲战略”正式落地，探索并开创了“订阅制”商业模式，向全球推广数字化用车理念。截至2022年6月，领克“订阅制”海外会员已超过11万。目前，领克汽车已在荷兰阿姆斯特丹，瑞典哥德堡、斯德哥尔摩，比利时安特卫普，德国汉堡、柏林、慕尼黑，意大利罗马开设了8家领克体验店。未来，在巴塞罗那、巴黎、米兰、罗马的领克体验店将陆续亮相。2021年11月，领克“亚太战略”正式开启，首站落地科威特，并打造了首个亚太市场的Co：Club领克官方车主俱乐部。截至2022年7月，领克已经成功向海外付运整车超2.9万辆，实现国内、国外双循环良性发展模式。未来，领克将持续深化“欧洲战略”和“亚太战略”，在俄罗斯、中东、马来西亚、澳大利亚、新西兰等国家和地区布局。

四、技术进展与研发能力

中欧汽车中心(China Euro Vehicle Technology，以下简称CEVT)集合了来自20多个国家的2000余名汽车工程师，主要负责领克的车辆架构、动力总成等技术研发，同时可为研发车辆进行一系列极为严苛的验证与测试。2021年，领克汽车于发布了SPA架构，将豪华的硬件与领先的智能数字引擎Lynk Co-Nect相融合，领克09是SPA架构下的首款旗舰车型。SPA架构是驱动领克迈向电混化、智能化的技术载体，也标志着领克正式开启架构造车的航母时代，领克未来的车型将能覆盖更大尺寸的细分市场。

在新能源领域，领克品牌在2022年6月发布了基于雷神混动技术高阶打造的领克智能电混Lynk E-Motive技术。涵盖3款高热效、高性能混动发动机，2款高效率混动变速器，匹配多款不同规格高性能动力电池和两款高功率后驱电机；提供EM-F(HEV)、EM-P(PHEV)两种动力形式；EM-P可实现两驱、四驱、标准、长续航、超长续航等不同产品配型，将率先推出四驱180 km(WLTC)纯电续航产品的同时，还有纯电续航WLTC工况60 km、100 km、150 km(四驱)等更多不同版本插电混动产品，以满足更多用户不同出行场景需求。领克智能电混Lynk E-Motive技术落地的首款油电混动车型领克01 EM-F于2022年7月正式上市，以节能更性能、智能更出色、品质更放心、风格更个性的全能实力，开启智混新次元。

五、发展规划

基于吉利汽车集团发布的智能吉利2025“一网三体系”全域智能战略布局，领克汽车以领克智能电混Lynk E-Motive为起点，开启加速“新能源转型”的进程。未来两年内，领克汽车将推出7款全新一代智能电混产品，到2025年，领克将实现全系产品电气化。

到2025年，领克所有新能源产品将会实现制造碳中和，绿电使用率达到100%，关键零部件的再生材料应用率达到25%，处于行业领先水平。目前，领克汽车还启动了零部件全生命周期碳核算体系，优先选用节能减排供应商，推进全产业链实现低碳可持续发展。

武汉路特斯科技有限公司

一、单位概况

路特斯是世界著名的跑车和赛车生产商，成立于1948年，总部位于英国诺福克郡的海瑟尔，是其跑车和超级跑车生产场所、路特斯高级性能中心和路特斯标志性的2.2 mi测试跑道的所在地。路特斯创始人柯林·查普曼是闻名世界的工程师和赛车手。旗下跑车以轻量化的结构、空气动力学设计和纯粹的驾驶乐趣而著称。

2018年10月，路特斯推出面向全球的“Vision 80”品牌复兴计划，打造路特斯科技(中国)+路特斯汽车(英国)双引擎战略，是首个向电动化、智能化转型的世界级跑车品牌。目前，路特斯已经成为包括路特斯科技、路特斯汽车、路特斯工程公司在内的集团公司。

路特斯科技是路特斯集团旗下的全球化智能科技公司，负责包含 Eletre 在内的全球超高端智能电动生活用车的研发和生产，传承路特斯 74 年的创新基因与技术积淀，并将在智能驾驶、智能交互、智能制造等领域刷新行业认知，面向全球市场打造超高端纯电智能汽车。

路特斯汽车是路特斯集团旗下的致力于制造包括 Evora、Emira 在内的世界一流高性能跑车公司。

路特斯工程是路特斯集团旗下的一家国际知名的汽车工程咨询公司，负责路特斯跑车和赛车的设计、开发及工程等任务，提供包括车型设计、底盘研发、动力总成、发动机调校等世界领先的技术解决方案，为世界上许多代工厂和一级供应商提供全面和多样的咨询服务。

二、生产与经营

路特斯是一家全球汽车品牌，经营范围包含燃油跑车、纯电跑车、纯电生活方式车型的研发、生产和销售。路特斯拥有路特斯英国海塞尔跑车工厂和路特斯全球智能工厂两家工厂，在全球范围内布局有 5 个营销中心。

1. 全球生产基地布局

（1）路特斯英国海瑟尔跑车工厂，负责生产跑车车型；（2）路特斯全球智能工厂，负责生产生活方式车型。

2. 全球营销中心布局

（1）路特斯科技全球总部，位于中国武汉，负责路特斯全球营销和销售；（2）路特斯中国品牌中心，位于上海，负责中国区品牌公关、市场投放和广宣策略；（3）路特斯欧洲营销中心，位于阿姆斯特丹，负责欧洲（除英国）的市场营销和品牌公关；（4）路特斯英国品牌中心，位于伦敦，负责英国及其他地区的营销、销售策略，并设立品牌展示厅以进行品牌建设；（5）路特斯北美销售办公室，位于密歇根，负责北美市场销售战略与执行，以及销售和售后服务。

三、产品出口

路特斯面向全球市场销售跑车及生活方式车型，目前在售跑车车型包括纯电超跑 Evija 和燃油跑车 Emira，以及旗下首款生活方式车型、纯电智能 Hyper SUV Eletre。

四、产能建设

路特斯英国海瑟尔跑车工厂，备年产 5000 辆整车生产能力。

路特斯中国武汉智能电动车工厂占地面积 1526 亩，总投资超 80 亿元，2020 年开始全面建设，具备年产 15 万辆整车生产能力，是全球第一家全工序采用 3D 数字孪生技术进行规划、设计、建设的工厂，于 2022 年下半年投产。

五、技术进展与研发能力

路特斯于 2021 年 8 月 31 日正式成立路特斯科技，目前，其智能驾驶团队已经拥有 200 项专利，积累了超 1000 个智能驾驶场景，预测算法在国际权威的 Argoverse 榜单上已经排入全球第三，其中 min FDE(K=1)（最小化 FDE）指标排名全球第一。

2021 年 4 月，路特斯向全球发布四大造车架构，分别为“纯电超跑架构”“纯电跑车架构”“燃油跑车架构”“高性能车型架构”（EPA）。其中，EPA 架构可支持 C+级、D 级、E 级和更高级别车型开发。EPA 的高压系统采用行业顶尖的 800 V 三电系统，可搭载 92～120 kWh 电量。基于该架构打造的产品，可轻松实现 3 s 以内的零百加速。

路特斯在全球范围内布局有 6 个研发中心，分别为：

（1）路特斯科技全球总部-武汉研发中心，是路特斯汽车前沿科技研发中心，负责云服务、大数据分析等；（2）中国上海智能驾驶技术中心，负责智能驾驶相关软件的研发；（3）中国杭州湾研发中心，负责产品及技术研发和质量控制；（4）德国法兰克福路特斯科技创新中心，专注于前瞻技术研发和性能调校；（5）英国考文垂路特斯科技创意中心，专注于车型造型设计；（6）英国诺维奇研发中心，负责部分车型设计与性能开发。

六、主要新产品

序号	产品型号	产品名称	品牌	通用名称
1	TYPE 130	纯电超跑	路特斯	Evija
2	TYPE 131	燃油公路跑车	路特斯	Emira
3	TYPE 132	纯电智能 Hyper SUV	路特斯	Eletre

七、重大项目建设

1. 路特斯科技全球总部

路特斯科技全球总部大楼位于武汉经开区军山新城，一期占地 186 亩，2021 年 8 月开工建设，预计 2024 年建成，届时将成为武汉经开区军山新城一张亮丽的城市名片。

2. 路特斯全球智能工厂

路特斯全球智能工厂占地面积 1526 亩，总投资超 80 亿元，2020 年开始全面建设，于 2022 年下半年交付使用，具备年产 15 万辆整车生产能力。

3. 路特斯上海智能驾驶技术中心

路特斯上海智能驾驶技术中心占地面积 2250 m^2，测试车间面积 1300 m^2。该中心将作为路特斯智能驾驶道路测试的先行区，用于智能驾驶项目落地、新车型道路测试和新功能测试等项目。

八、发展规划

路特斯将在未来 4 年内推出 3 款新车：2023 年，推出代号为 Type 133 的 E 级纯电智能四门轿跑；2025 年，推出代号为 Type 134 的 D 级“纯电智能新物种”；2026 年，推出代号为 Type 135 的纯电小跑。

2022 年，路特斯将在中国、英国、德国、法国、荷兰、挪威等 10 个国家持续完善营销及服务网络。

2022 年，路特斯将在中国约 20 座城市建设近 50 家销售及服务中心。

浙江极氪智能科技有限公司

一、产能建设

截至2021年底,极氪汽车建成新能源乘用车产能30万辆。

二、技术进展与研发能力

2021年9月份,代表极氪品牌高端车型的第一款量产纯电动车型极氪001开始交付车主。在电动车最关键的电池技术上,极氪001采用高能量密度、高安全性能电池包,通过精密的温控技术,使电池工作在最佳的充电和放电温度区间,确保电池的最佳保持率。在动力系统方面,极氪001的动力是根据驾驶员的输入请求以及外界环境因素影响,结合车辆的姿态反应,实时地智能分配到每个车轮上的,以确保车辆可以更好地按照驾驶员的意图行驶,带来更好的驾驶体验。同时,极氪001搭载智能先进的空气悬架、智能电动门、L2++的自动驾驶系统,带来舒适驾乘感受和极致用户体验的同时,具体软件空中传递升级技术,让用户可以跟随极氪技术发展不断升级自己的爱车。

同时,在智能驾驶、智能座舱及车联系统、基础电气架构等技术发展方面,在不断提升硬件的同时,不断挖掘和培养跨领域软件人才,在基础软件、系统设计、架构设计等软件开发各个层面,布局自研能力。将软件定义汽车的主动权掌握在自己手里。在机械架构和三电技术方面,对底盘系统增加更多的软件控制、在机械系统不断寻求新的轻量化方案并应用。三电系统和底盘系统不断集成为后续新的一体化底盘技术的开发奠定基础。

三、主要新产品

序号	产品型号	产品名称	品牌	通用名称
1	MR7001BEV03	纯电动轿车	极氪	001
2	MR7001BEV04	纯电动轿车	极氪	001
3	MR7001BEV05	纯电动轿车	极氪	001
4	MR7001BEV06	纯电动轿车	极氪	001
5	MR7001BEV08	纯电动轿车	极氪	001
6	MR7001BEV11	纯电动轿车	极氪	001

智己汽车科技有限公司

一、单位概况

智己汽车科技有限公司(以下简称智己汽车),成立于2020年12月,注册资本100亿元人民币,是由上汽集团、张江高科和阿里巴巴集团共同打造的全新用户型汽车科创公司,致力于打造高端纯电智能汽车品牌。上汽集团"新四化"创新成果和科技产业链上的前瞻布局,张江高科世界级的高科技产业集群生态和AI、芯片等核心技术资源,阿里巴巴的用户大数据、达摩院的最新技术、阿里云等生态圈协同优势,全面赋能智己汽车。

智己汽车总部设在浦东张江科学城,在嘉定安亭也设有研发基地。

二、生产与经营

智己汽车聚焦用户感知,应用数据驱动能力,优选全球头部资源进行开放共创,重构用户极致体验。

2021年1月,智己汽车全球首发品牌"IM 智己",智己L7与智己LS7量产定型车全球首秀。

2021年4月—9月,智己汽车分别于上海车展和成都车展期间,共开放3000个智己L7天使轮用户席位预售抢订,一售而空。同年11月,广州车展期间,A轮用户席位抢订启动。

2021年8月,智己汽车"原石谷"正式在"IM 智己"App上线,创时代先河的"用户数据权益计划"进入落地运营阶段。

2021年12月,200台智己L7 Beta体验版在上汽集团临港智能工厂下线交付。

三、产能建设

智己汽车的生产基地位于上汽集团临港智能工厂。上汽集团强大的制造体系和丰富的造车经验,使智己汽车起步即拥有百万级OEM的系统支持,确保概念即量产,并可实现全球交付。

四、技术进展与研发能力

智己汽车重点投入与用户感知体验及公司产品特色强相关的技术领域,围绕用户体验和智能场景进行技术突破,建立关键核心体验的产品定义、差异化研发和整车集成能力。

1. 整车性能

2021年8月,智己L7获得量产车全球第三的0.21Cd超低风阻认证。2021年11月,智己L7在国家机动车产品质量检验检测中心(上海)的权威实测中,百公里加速3.87 s,百公里制动32.69 m。

2. 智能驾驶

智己汽车专属的IM AD智能驾驶辅助系统,先期搭载12个超声波雷达、11个高清感知摄像头、5个毫米波雷达、2个高精度定位单元,应用基于NVIDIA高算力芯片的智能驾驶辅助超算中枢(IPD),后续可通过数据权益升级远距离高精度激光雷达以及智驾域控制器高算力Orin X芯片,实现对路面小物精准识别、360°风霜雪雨全天候感知,可实现全场景基于中国特色路况和驾驶习惯的智慧领航。智己首创的信任增强体验,可通过屏幕、声音、投影、安全带震动等,实时提醒驾驶状态,让每次接管都可预测,更信任。

3. 智能座舱

智己汽车专属的 SOA 开放式全栈软件架构，拥有分布式多核异构的系统能力，从底层打破各功能间的界限，为用户带来超丰富的原子功能应用组合，用户只需通过一键 Onehit，即可获取独特的座舱场景体验。

4. 智能交互

智己汽车专属的智能无界 IM OS 操作系统，将无界、流动、跨屏、艺术融于人机交互之中，建立起用户、产品、品牌三者之间的深度联系，重构智能时代的全新交互体验。

智己汽车专属的 Carlog 智能车载摄像系统，通过车顶三摄超亿级像素，可以拍摄 180°无畸变的超广角视频、4K 高清视频、超级夜景和延时摄影。Carlog 专属的一键 AI 剪辑玩法，极具魅力的大师剪辑模板，实现一键分享。

5. 智电

智己汽车专属的大功率整车无线充电系统技术，可提供 11 kW 充电功率，全程无须“插手”，帮助用户实现无感补能。

6. 用户数据权益

智己汽车依托前沿技术，以数据权益为路径，通过创新打造的“原石谷”用户数据权益计划，在“数据驱动价值创造，价值反馈用户权益，权益激励数据贡献”的正向反馈机制下，建立可持续发展的用户价值生态。

五、主要新产品

序号	产品型号	产品名称	品牌	通用名称
1	CSA7003DBEV1 CSA7003DBEV2	新世界驾控旗舰	智己	L7
2	待申报	豪华纯电智能 SUV	智己	LS7
3	待申报	量产概念车	智己	AIRO

六、合资合作及重大项目建设

1. 技术合作

(1)智己汽车携手威廉姆斯高级工程公司，将其从 F1 及 FE 赛事中所积累的先进技术，应用于智己汽车之上，让每一位用户都能享受到高性能电动智能汽车的驾驶乐趣。

(2)智己汽车依托上汽集团在“新四化”领域的前瞻布局，建立技术领域的铁杆朋友圈。如，与阿里在车联网系统的合作，与英飞凌合资设立 IGBT(新能源汽车功率半导体)核心部件公司，与宁德时代在新能源电池上形成产业联盟，与 Momenta 在智能驾驶领域的密切合作，以及与中移动、华为等在 5G 技术方面的合作等。

2. 品牌合作

(1)智己汽车携手英国当代设计师 Thomas Heatherwick 先生及其 Heatherwick Studio 在车型外观、内饰设计，充电桩设计等多方面展开深度合作，将智能汽车打造成流动的数字艺术品。

(2)智己汽车携手国际数字交互艺术团队 teamLab，从数字艺术的专业角度，诠释超越物质边界的理念，共创超乎想象的沉浸式智能座舱交互体验。

(3)智己汽车携手天艺文化基金联合创始人蒋琼耳女士，为用户探索并实现艺术和科技的融合。

(4)智己汽车携手著名摄影师马良先生，为智己专属 Carlog 打造极具魅力的大师剪辑模板，以独有的艺术和人文内涵为智能汽车注入文化。

(5)智己汽车携手英国大使馆文化教育处，在创意产业领域和 StudyUK 等留英教育项目进行深入合作。

3. 品牌渠道拓展

截至 2021 年底，智己汽车“IM IN 体验中心”已覆盖 9 座城市，完成 14 家体验中心开业，并持续深耕区域，充分应用合作伙伴的地方资源，建立配套的交付服务中心，做到“有体验，有交付，有保障”。

4. 产品创新及推进

(1)智己 L7 全面构建起超感驾控、净味高定、超感交互、智能驾驶等为智电汽车定制的豪华属性，将于 2022 年第二季度正式交付用户。

(2)2022 年，智己 LS7 以超长轴距、超宽车体、环抱式游艇座舱设计等颠覆用户对车内空间的想象，计划于 2022 年下半年正式上市。

(3)2023 年，智己汽车将投产两款“爆款车型”，配备 800 V 三电系统，百公里加速进入 2 s 俱乐部。

(4)2024 年，“未来出行生活的家”智己 AIRO 将实现量产，引发出行艺术与人的深度共鸣。

七、发展规划

智己汽车在 AI 时代中交融激荡“智能科技”与“人文艺术”，突破传统边界，为用户持续探索新颖丰富、高品高智和充满价值活力的出行场景体验，满足用户对未来智能出行生活的期待。

1. 技术规划

(1)智己汽车将全力打造全球领先的智能驾驶解决方案赋予数据驱动的技术理念以及强大的自我学习能力，让智能驾驶极富温度及人性化。

(2)智己汽车 IMOS 将围绕智能高端新能源汽车的用户需求，“上善如水”的产品理念，在未来五年持续提供用户数字孪生的智能座舱体验，连接物质世界和虚拟世界。

(3)智己汽车将夯实新一代 ICM 域控制器的基础能力，利用基于服务的设计(SOA 原子能力)的 One Hit 产品，强化用户交互的智能情感体验(语音、多模交互、推荐)，扩宽 V2X 车路协同和数字化/AIOT 生态。以智己云平台为智联枢纽，人车路网云多维度协同，以数据为驱动，支撑未来智慧出行的用户峰值体验，形成智己汽车差异化竞争优势。

(4)智己汽车必将全面践行可持续发展的精神，为实现碳中和的宏伟目标贡献力量。因此智己汽车将和合作伙伴一起，探索最新科技，在车内使用更低碳、更低污染、可循环的材质。

2. 产品规划

智己汽车规划 Tech 和 Art 两条产品线。Tech 线目前规划 4 款产品，智己 L7 于 2022 年第二季度上市及交付用户；智己 LS7 将于 2022 年下半年上市。2023 年将推出 B 级 SUV 和轿车产品。Art 线则是高度融合科技与艺术的新物种，目前规划两款产品，一款 B 级车 AIRO，另一款正在预研之中，计划于 2024—2025 年推出。

3. 品牌渠道拓展

未来5年,智己汽车体验中心网点数量将实现阶梯式发展,交付中心、售后服务中心采取灵活布局的方式,满足城市的交付及售后维修业务需求。

4. 用户数据权益

在机制创新上持续进行创新探索,与用户一起创造、拥抱、共享时代发展的红利。

作为定位于高端智能电动车品牌,智己汽车将助力上汽集团翻开自主品牌"品牌向上,能级向上"的新篇章。

广汽埃安新能源汽车有限公司

一、单位概况

广汽埃安新能源汽车有限公司(简称广汽埃安)成立于2017年7月28日,是广汽集团发展智能网联新能源汽车的战略核心载体。成立以来,广汽埃安秉承"成为世界领先和社会信赖的绿色智慧移动价值创造者"企业愿景,确立了"EV(纯电动)+ICV(智能网联)"的技术路线,实施了引领产业变革的发展战略,形成了"先进、好玩、新潮、高品质"的品牌基因,致力于为用户带来先人一步的科技享受。

二、生产与经营

广汽埃安2018年底建成了国内第一家智能生态纯电工厂,汽车行业首次实现大规模定制化生产;广汽埃安坚持创新引领,EV(纯电)方面,广汽埃安电池、电机、电控核心技术达到了世界领先水平,初步形成自主可控的研发体系布局和产业化能力;ICV(智能网联)方面,广汽埃安跻身世界先进行列,形成一定先发优势;推出了四款世界级智能纯电车型,其中AION S/V/Y已成为细分市场销冠,AION LX树立了自主高端智能电动车标杆,并实现了向广汽本田、广汽丰田、广汽菲克等合资企业反向输出产品、技术先河;打造了线上、线下充分融合的营销服务新生态,搭建"线上+线下""车城+商超""直营+经销"渠道框架,逐步构建起世界领先的核心竞争体系。

经过4年多的发展,广汽埃安已成为全球新能源汽车头部企业。2017年至今,年均复合增长率超120%,行业排名由第16名提升至当前第3名。2021年累计终端销售12.3万辆。

三、产能建设

广汽埃安智能生态工厂按20万辆/年一次规划,分步实施:2018年12月能扩项目(一期)顺利竣工;2021年3月启动能扩项目(二期),2022年2月能扩项目(二期)顺利竣工,实现项目整体产能达到20万辆/年。

四、技术进展与研发能力

(1)全球领先的纯电专属平台GEP已进化到了第二代。

(2)电动化量产技术行业领先,原创核心技术突破,全球首创"三合一"进化到"多合一"高效集成电驱,第一个NCM电池系统针刺不起火,全面提升电池系统安全性。

(3)智能网联技术进入世界先进序列,2020年首个L3自动驾驶量产(高速公路辅助驾驶,遥控泊车)。2021年已实现L4级特定场景下功能量产及城市小批量示范运行。

(4)全球领先的智能生态工厂,以数字化为基础,融合广汽生产方式,实现了行业首个大规模定制化生产。

五、主要新产品

序号	产品型号	产品名称	品牌	通用名称
1	GAM7000BEVA0Q	纯电动乘用车	埃安(AION)	AION S
2	GAM7001BEVA0M	纯电动乘用车	埃安(AION)	AION S PLUS
3	GAM6460BEVC0J	纯电动乘用车	埃安(AION)	AION V PLUS
4	GAM7000BEVD0L	纯电动乘用车	埃安(AION)	AION Y
5	GAM6480BEVB0N	纯电动乘用车	埃安(AION)	AION LX PLUS

六、发展规划

面向未来,广汽埃安将聚焦EV+ICV技术路线,围绕研发、产业链、智造与质量、营销服务与组织文化五大领域,全面提升品牌价值,争取2025年成为世界一流高端智能电动车品牌,2035年成为全球高端智能电动车领导者。

合创汽车科技有限公司

一、单位概况

合创汽车科技有限公司(原广汽蔚来新能源汽车科技有限公司)成立于2018年4月10日,总部位于广州市南沙区,专注新能源汽车的研发、销售和服务。合创汽车由广汽和蔚来双方共同出资成立,后于2021年初完成超24亿元增资扩股,引入跨产业战略合作伙伴珠江投管集团,在多个方面获得赋能。公司注册资本超25亿元。2021年5月,为保持外界认知的一致性,公司将企业名称与品牌名称进行了统一,工商注册信息由广汽蔚来新能源汽车科技有限公司更名为合创汽车科技有限公司。

合创汽车旗下现有两款车型在售。2020年,公司成立两年之际,就实现首款产品—合创007上市。2021年10月,第二款全新产品—潮流智驾纯电SUV合创Z03正式上市,并于同年11月开始交付。12月实现销量破1500台,收到用户青睐,上市即热销。

二、产能建设

2021年6月,合创汽车与南沙市政府正式签署项目合作协议,在南沙建设世界级的智能网联新能源汽车生产基地,与南沙政府共同助力大湾区打造世界级的智能网联汽车产业集群。

该生产基地全面满足工业4.0标准,并将引进全球先进的生产设备打造冲压、焊装、涂装以及总装四大工艺车间，从研发到制造，再到质控实现全系统数字化，智能化，信息化和低碳化。合创汽车生产基地还将通过全球化的工业网络平台的搭建，快速实现个性化定制和低碳排放，为用户带来更符合个性化需求的产品，完善南沙区智能网联新能源汽车产业生态的构建，并助力国家完成碳达峰碳中和的远大目标。

合创汽车南沙生产基地项目在持续推进中，与南沙区政府整个区域的发展和项目落地进展同步。

三、技术进展与研发能力

合创汽车整合各项资源，打破不同业态之间的壁垒，以智能第三空间——车产品为入口，为用户构建全周期、多场景的智能出行生态服务体系。合创汽车已初步掌握 L2+智能驾驶、V2X 车路协同等核心技术，并自研 H-VIP 智驾互联系统。

H-VIP 智驾互联系统是合创汽车聚焦不同年龄层的用户以及不同出行场景的需求，以创新的科技应用打造而成。合创汽车以 HYCAN ID 为纽带，有机融合珠江投管全产业生态链资源，打造智慧出行、智慧办公、智慧健康、智慧文娱、智慧购物的全聚合生活场景，“实现人-车-场景”的无缝链接，为用户创造更便捷、美好的出行体验。VI 代表智能语音交互，实现可见即可控。IP 代表智能驾驶辅助系统和三电系统的融合，将为用户带来“零里程焦虑”的全新体验。合创汽车重构了整车控制架构，实现三电系统从被动接受驾驶指令升级为提前预知驾驶工况，并且打通了地图数据与三电的数据，将自适应地调整成最佳的驱动或能量回收状态，实现整车的高效和平顺行驶。合创汽车最新车型 Z03 已搭载 H-VIP 智驾互联系统，随着产品的正式交付，相信用户可以获得良好的体验。未来，H-VIP 智驾互联系统将会持续升级，并将广泛搭载到合创汽车后续更多产品上。

2021 年 9 月，合创汽车联手博世中国、元知科技、合生汇、非夕机器人等国内顶尖科技企业在上海五角场完成国内首个自动代客泊车生态的测试。合创汽车将基于现有及未来量产的车型，结合合生商业的商住物业资源以及元知科技智能机器人的技术储备，为用户搭建完善的自动代客泊车生态，链接多元智能场景，带来“HY-Life”新生活模式。

除此之外，合创汽车还联合各领域科技伙伴，通过相关合作，合创汽车不断加强科技应用。合创汽车联合元知科技与上海交通大学共同成立了智能网联汽车联合研发中心，实现若干智能网联汽车产业的核心技术瓶颈的突破，形成一系列具有国际先进水平的自主知识产权成果；与中国汽车智能芯片头部企业——地平线、知名智能驾驶系统开发公司——MAXIEYE 合作，依托各自在人工智能、自动驾驶等方面的领先技术，共同探索和开发合创独有的、具备领先智能网联系统的优势产品。

四、主要新产品

序号	产品型号	产品名称	品牌	通用名称
1	GAM6490BEVN0B	纯电动多用途乘用车	合创汽车	HYCAN007
2	GAM6460BEVM0E	纯电动多用途乘用车	合创汽车	HYCANZ03

五、合资合作及重大项目建设

2021 年初，合创汽车完成增资扩股，此次共计增资约 24.05 亿元。其中，珠江投资管理集团有限公司（以下简称珠江投管集团）作为战略投资者增资约 19.23 亿元，为最大股东；广州汽车集团股份有限公司（以下简称广汽集团）通过全资子公司广汽埃安新能源汽车有限公司增资约 4.82 亿元。增资扩股完成后，合创汽车估值将超过 30 亿元，后续将超过百亿元规模。两大实力强劲的股东方对合创汽车的资金投入，充分体现对合创汽车未来发展前景的极大信心。作为国内最早从事大型能源与基础设施投资的民营企业集团之一，珠江投管集团近年来致力于成为国内一流的智慧城市与智慧能源综合服务商，持续在新基建、新能源、智能科技领域发力，为智能汽车项目的快速发展提供应用场景与保障基础。珠江投管集团旗下的超级电竞 IP——EDG 电竞俱乐部对 Z 世代群体价值观的精准把握，能够面向 Z 世代用户打造智能潮酷、品质卓越的新一代智能汽车。

2021 年 7 月，广州市人民政府与合创汽车科技有限公司（以下简称合创汽车）、广东元知科技有限公司（以下简称元知科技）完成战略合作暨车路协同自动驾驶等项目签约活动，将聚合三方的优势资源，就车路协同自动驾驶示范测试环境的建设、测试车辆、设备和方法的开发、车路协同自动驾驶技术规范的制定、以及运营模式创新等方面展开深度合作，将全面加强人才培养、科技成果转化、推动广州乃至粤港澳大湾区自动驾驶产业集群迈向新高度。

接下来，合创汽车将充分聚合珠江投管和广汽股东双方优势资源，在自动驾驶、智能制造、信息智能化技术等领域快速发展，推动企业品牌、产品和战略发展迈上新台阶。

六、发展规划

未来 5 年，合创汽车将按照每年不低于一款新品的节奏，逐步推出多款新能源智能网联车型。在纯电智能汽车的产品布局上，合创汽车在广州车展上带来了彰显未来发展方向的最新成果——Concept-S 与 Concept-M。两台概念车的设计语言均包含了合创对国潮美学的思考，完美融入合创智慧生态科技，尽显潮流与智能的碰撞之美。今后，合创汽车将以这两款概念车为原型，陆续推出全新量产车型。2022 年，将会上市一款纯电轿跑车型。

2022 年，合创汽车规划在两地建设世界级的智能网联新能源汽车生产基地。合创汽车计划于 2022 年内把在售的纯电 SUV 车型 Z03 导入到新工厂进行生产，还有一款于 2022 年内上市的全新中级纯电轿车也将投产于新工厂。

（1）技术研发方面，合创汽车加大对智能座舱、智能驾驶和智能语音交互上的研发投入，升级 H-VIP 智驾互联系统并计划开发全新智驾平台。同时，合创汽车正在规划自研智驾技术，解决实际用车焦虑，优化智驾算法。针对三电开发，合创汽车于 2022 年 2 月联合中创新航合作研发全新 100 kWh 大功率电池包，实现量产车 CLTC 工况下 800 km 超强续航。

（2）渠道服务方面，合创凭借全域无界智慧新零售模式，融合线上和线下，广泛拓宽渠道布点。截至 2021 年底，合创汽车已在全国建成 137 家线下店，覆盖全国 105 个城市，预计2022年共建成250+家，累计共覆盖200座城市；开发专属充电平台、投建自有品牌充电站等打造自有充电网络，并做到对保有客户一个以上的城市实现售后网点百分百覆盖。

华人运通控股（上海）有限公司

一、单位概况

华人运通成立于2017年底，是一家专注于未来出行体验的创新型科技公司，是中国汽车行业承前启后的企业，志存高远，实业报国；在智能汽车、智捷交通和智慧城市"三智战略"的指引下，将传统汽车产业的精华和互联网、信息、通讯和人工智能跨界融合，依靠成建制的专业团队、自主研发能力和资源整合能力，打造出了中国高端豪华电动汽车品牌和产品。

华人运通成立以来，已建成一支超过4000人的兼具丰富汽车行业经验和突破创新思维的国际化团队，并形成了上海运营及研发工程中心、青岛中国总部、盐城生产技术中心、北京数字化能力中心、成都软件中心、日本（东京-横滨）前瞻研发中心等跨界融合的创新研发实力矩阵，以及遍布全国主要城市的销售和服务网络。

二、生产与经营

高合HiPhi X从创作之初，就以用户实际场景需求出发，并充分挖掘E-proportion原生电动化比例车身优势，将超跑性能与大型SUV奢阔空间完美融合，创造出"超跑SUV"的全新品类，一经上市，就受到了豪华汽车行业和新能源汽车行业的广泛关注。

2021年5月8日，华人运通高合汽车正式开启首款旗舰车型可进化超跑SUV——HiPhi X的全国量产交付。

高合汽车提供科技豪华用车服务，直达用户生活半径，自五月开启交付，各地交付中心和服务网点陆续开业。高合用户可以选择就近的交付中心提车，亦可预约上门交车服务，并享受到从用车咨询、车辆维修上门服务、到取送车服务、救援车服务。7×24小时的400客服中心服务等直面客户，直达用户的售后服务。

2021年8月，高合汽车在成都车展开启高合HiPhi X 4座版的全国交付，在产品和技术实力上树立中国高端纯电汽车全新标杆。高合HiPhi X 4座版外观上采用低调奢华气场强大的钛金灰，内饰上是宽大独立的4座行政布局，车载智能冰箱可以根据需求选配豪华香槟托架和标准托盘，更显奢华配置。

2021年9月，高合汽车在50万元以上豪华品牌电动车的月销榜上，高合汽车HiPhi X首次登顶榜首，这也是中国民族汽车品牌首次在50万元以上豪华电动车月度销量上获得榜首。2021年下半年，成功斩获下半年50万元以上豪华品牌电动车销量冠军，领跑细分市场，充分证明华人运通高合汽车深受市场认可，已成为越来越多国人在高端豪华电动汽车品牌中的选择。

2021年11月，华人运通高合汽车以独特的科幻大电影方式，面向全球发布第二款旗舰数字生命GT——高合HiPhi Z量产定型车，又是一款现象级作品，高合持续打造豪华车型，以双旗舰战略开局，汇聚高端势能，实现瀑布式发展。

高合HiPhi X作为国内首个冲击豪华市场的车型，填补了中国品牌在该细分市场长久以来空白。HiPhi X先后获得国家知识产权局和世界知识产权组织主办的中国专利奖外观设计金奖、中国汽车行业最高级别专业奖项——第九届轩辕奖中国年度汽车大奖和2021寰球汽车年度车大奖、获得中汽研CCRT（中国汽车消费者研究与评价规程）有史以来最好成绩、C-NCAP五星碰撞安全佳绩，还收获美国IDA、德国红点奖国际设计等大奖，得到行业内外的高度认可。

高合汽车持续布局服务网络，截至2021年底，完成37家高合体验店HiPhi Hub和17家高合交付中心的渠道建设，并在全国设立了155个服务网点，覆盖147个城市。此外，高合充电服务正式完成国家电网、南方电网、星星充电和小桔充电等的接入，已形成覆盖全国500多个城市、超27万根桩的充电网络布局。

三、产品出口

公司计划于2024年实现首款海外车型上市。

四、产能建设

2020年，HiPhi X产品在江苏悦达起亚第一工厂实现投产。

五、技术进展与研发能力

华人运通成建制地传承中国汽车产业30年发展积淀的团队、体系、经验、知识积累，又融合互联网、通信、消费电子等中国强势产业人才和实践的跨界创新企业，覆盖自动驾驶，智能座舱，"三电技术"等先进技术研发、造型设计、整车工程开发/试制/试验、供应链和制造工艺开发等全业务链条，同时形成了在整车零售和售后服务、智能交通技术开发和示范项目运营等前后端各个领域的布局与业务开展能力。2021年9月，华人运通获评毕马威"中国领先汽车科技企业50强"。

华人运通提出独特的场景定义设计、软件定义汽车、共创定义价值的全新开发理念。

华人运通自主正向开发高性能纯电动专属整车平台，覆盖从大型车到中型车、SUV到轿跑车的众多细分市场，并自主研发了多项领先的核心技术，如以域控制器和以太网为核心的全新H-SOA电子电气（以服务为驱动的电子电气）架构、钢铝混合轻量化车身、电机电池余热利用的热管理系统等。

量产的开放式H-SOA超体电子电气架构搭载了六大计算平台和千兆以太网，开发了软件中间件实现软硬件分离，进行功能重组和调动，从而可以创造出更多的车辆智能应用，适应更多的使用场景，甚至不断创造出全新的使用场景。基于H-SOA打造出车辆智能应用图形化开发工具——HiPhi Play，构建出无限迭代的应用场景，带来更高的开发自由度、更深度的共创体验，满足千人千乘的驾乘需求。

设计方面，高合HiPhi X充分挖掘E-proportion原生电动化比例车身优势，将超跑性能与大型SUV奢阔空间完美融合,创造出“超跑 SUV”的全新品类。HiPhi X 拥有独创的全电控免触高合展翼门,为用户提供众多不同的智能进出方式,上下车可以完全做到不低头、不弯腰。创新打造的自定义智能灯光系统,包含 PML 可编程智能大灯和 ISD 智能交互灯,在自适应照明的基础功能之上,加入了交互功能,比如当车停在路口前方有行人时,PML 大灯可以投射出人行横道作引导;ISD 智能交互灯则可针对用户的使用场景呈现交互图像,还能显示智能灯语、表情包等,带来出富有情感的人车交互体验。

高合 HiPhi X 上还搭载摆幅达 10 度的后轮主动转向系统等,以及 HiPhi Pilot 智能驾驶辅助、情感化智能出行伙伴 HiPhiGo 等人性化智行科技。

六、主要新产品

序号	产品型号	产品名称	品牌	通用名称
1	YQZ6520BEVHIPHI1A	纯电动多用途乘用车	悦达	HiPhi X
2	YQZ6520BEVHIPHI1D	纯电动多用途乘用车	悦达	HiPhi X
3	YQZ7000BEVHIPHIZ	纯电动轿车	悦达	HiPhi Z
4	YQZ7001BEVHIPHIZ	纯电动轿车	悦达	HiPhi Z
5	YQZ7002BEVHIPHIZ	纯电动轿车	悦达	HiPhi Z

七、合资合作及重大项目建设

2021 年 10 月,华人运通在成都市锦江区白鹭湾新经济总部功能区成立华人运通成都软件中心,同时设立高合汽车成都软件公司,聚焦人工智能、智能网联等前沿技术研发。

2021 年底,华人运通中国总部落户青岛,将建设研发中心、销售总公司等项目。

八、发展规划

华人运通以人为本,从人出发,面向未来,从人性化需求出发,依托人性化智慧,以研发创领智能出行技术为基础,从新能源智能汽车的开发和产业化出发,布局智捷交通,并以此为入口构建智慧城市做贡献,改变人类未来出行。坚持智能汽车、智捷交通、智慧城市“三智”战略。

华人运通前瞻性业务布局将聚焦五大板块:全新智能汽车的开发与制造;车辆、充电网络及能源的共享;车联网 IoV 及先进开放的自动驾驶技术;支持智捷交通的延伸;参与智慧城市的开发和构建。

高合汽车打造的是科技豪华车辆,追求带给用户更好的体验,在未来的推出的车型中,我们也将坚持科技豪华的高端理念,以科技为驱动,以真实的用户体验来共创、打造产品。

上海蔚来汽车有限公司

一、单位概况

蔚来是一家全球化智能电动汽车公司,致力于通过提供高性能的智能电动汽车与极致用户体验,为用户创造愉悦的生活方式。蔚来成立于 2014 年,截至 2021 年底员工总数超 15000 人,资产总额 828.8 亿元,在上海、合肥、北京、南京、圣何塞、慕尼黑以及牛津等多地设立研发与生产机构。2021 年,蔚来正式发布挪威战略,迈出了全球化的第一步。

二、生产与经营

2021 年,蔚来全年营收 361.4 亿元,同比增长 122.3%;2021 年,蔚来累计交付新车 91429 台,同比增长 109.1%,连续两年翻番。其中,蔚来智能电动旗舰 SUV ES8 累计交付 20050 辆,蔚来智能电动全能 SUV ES6 累计交付 41474 辆,蔚来智能电动轿跑 SUV EC6 累计交付 29905 辆。根据全球权威数据机构统计数据,在 2021 年全球高端电动汽车销量排行中,蔚来位列前二。

三、产品出口

2021 年,蔚来全面开启全球化战略。在挪威,蔚来以“用户满意度”为目标,迅速建立了直营销售及服务网络,加速完善了补能网络体系,积极组建了本地用户社区,为海外市场的进一步拓展奠定了坚实基础。

四、产能建设

2021 年 4 月,蔚来与合肥市政府共同投资打造的“NeoPark 新桥智能电动汽车产业园区”启动建设。NeoPark 毗邻合肥新桥机场,占地 16950 亩,包括三个区域——智能制造区、研发生活社区及生态文化区。园区初期投入 500 亿元,建成后年产值超 5000 亿元,整车产能达 100 万辆/年,电池产能达 100 GWh/年,汇聚全球 5 万以上优秀人才。将打造世界级智能电动汽车产业集群,开展整车、核心零部件、自动驾驶等创新研发,汇集具有全球竞争力、引领性的创新链;引入数百家关键配套企业,形成完整与高度聚集的产业链。

五、技术进展与研发能力

蔚来始终坚持核心技术正向研发理念,2021 年研发投入 45.9 亿元,累计研发投入超 197.7 亿元,在全球范围已获得授权专利及申请超过 4500 件,其中发明专利授权及申请超过 2000 件,是国内首家同时掌握“三电与智能系统”核心技术的汽车公司。蔚来 ES6 荣获 2021 年中国新能源汽车新车质量研究豪华纯电动第一名,蔚来 ES8 荣获 2021 年中国汽车工业科学技术奖科技进步一等奖。

(1)在电动化方面,蔚来发布全栈自研碳化硅电驱系统,凭借耐高温、兼容强、损耗低等优势,提升了电驱系统整体效率;蔚来发布三元铁锂电池包,采用三元锂与磷酸铁锂电芯混合排布,低温续航损失降低 25%,拥有全球首创双体系电量估算,电量估算误差降低至 3%以内,让整车续航表现再提升;蔚来发布第二代换电站,换电能力提升至每天 312 次,可实现一键自动泊入,极大提升补能效率,并荣获 TÜV 莱茵欧盟及 TÜV MARK 证书,产品力获得国际充分认可。

(2)在智能化方面,蔚来搭建 NAD 全栈自研驾驶技术体系,其中,蔚来超算平台算力高达 1016 TOPS,拥有面对自动驾驶复杂场景的行业领先决策能力;蔚来超感系统可实现 360 度视觉冗余,有效减少潜在盲区风险,使得自动驾驶更安全可靠。蔚来发布 Aspen 车用智能系统,升级车机用户界面及应用,提升语音助手交互能力,新增驾驶安全监测功能,不断提升用户用车体验。

(3)在网络数据安全方面,蔚来在 2021 年世界智能驾驶汽车信息安全大赛夺冠,并荣获 UN R155 车辆网络安全管理体系认证,成为全球首批、亚洲首个获得此项认证的公司,持续为用户打造安全安心的智能电动汽车用车体验。

六、主要新产品

序号	产品名称	品牌	通用名称
1	蔚来智能电动旗舰 SUV	蔚来	ES8
2	蔚来智能电动中大型 SUV	蔚来	ES7
3	蔚来智能电动全能 SUV	蔚来	ES6
4	蔚来智能电动轿跑 SUV	蔚来	EC6
5	蔚来智能电动旗舰轿车	蔚来	ET7
6	蔚来中型智能电动轿跑	蔚来	ET5

七、合资合作及重大项目建设

2021 年,蔚来继续深化政产学研用合作方向,加速落地产业布局、扎实巩固能源网络、全面提升研发水平,为用户持续提供高质量的产品与服务。(1)在产业布局方面,2 月,合肥市人民政府与蔚来签署深化合作框架协议,双方共同规划建设新桥智能电动汽车产业园区,打造具备完整产业链的世界级智能电动汽车产业集群。(2)在能源网络方面,4 月,蔚来与中国石化签署战略合作协议,携手共建充换电基础设施并开展全方位合作,共同打造全球能源行业与汽车行业创新合作模式;11 月,蔚来与壳牌集团签署战略合作协议,双方共同推进充换电设施建设与运营,为全球电动汽车用户提供更好的服务与体验。(3)在产学研合作方面,4 月,蔚来与中国科学技术大学签署战略合作协议,双方在联合技术攻关、人才培养与互动等方面开展合作,共同推进技术创新和产业化,引领行业发展。

八、发展规划

2022 年,蔚来将继续坚持技术和创新双轮驱动,不断加大研发投入力度,持续提升产品力和品牌力,致力于通过提供高性能的智能电动汽车与极致用户体验,为用户创造愉悦的生活方式。一方面,蔚来将进一步提升产品及核心技术研发落地效率,持续交付行业领先、用户满意的产品;另一方面,蔚来将持续提升服务质量,加强用户沟通机制,保持高用户满意度;同时,蔚来还将持续提升组织能力,不断加强人才培养体系和组织数字化能力建设,持续提升对全球创新业务的支持能力。

合众新能源汽车有限公司

一、单位概况

合众新能源汽车有限公司(以下简称合众公司)成立于 2014 年 10 月,注册资金 22.65 亿元,总投资金额超过 200 亿元,员工总数 8000 余人,是集研发、生产、销售高品质智能电动汽车及软件服务于一体的创新型高科技公司。公司总部位于上海,在北京设立设计中心,在嘉兴设立研发中心,在桐乡等地建造生产基地。公司已获得国家发改委、工信部核准的双资质。哪吒汽车——是合众公司旗下产品品牌。

公司成立的 7 年以来,分别于 2021 年获批浙江省企业研究院,2020 年获评全球独角兽企业 500 强、浙江省高新技术研究开发中心、浙江省制造业与互联网融合发展示范企业、嘉兴市重点实验室;2019 年获得高新技术企业、嘉兴市企业技术中心;2017 年获批嘉兴市院士专家工作站;2016 年被评为浙江省科技型中小企业。

二、生产与经营

哪吒汽车营销渠道采取直营与加盟并行,线下实体与线上平台同步推进的全覆盖模式。目前一级渠道运营合计 287 家(直营店 83 家、加盟店 204 家),涉及 26 个省份的 198 个城市,主销城市基本完成覆盖。规划到 2025 年实现全国覆盖,直营规模达到 500 家、加盟店达到 1000 家。

目前公司三个系列(N01、U、V)产品投放市场,自 2018 年 12 月份首款产品上市以来,销量稳步攀升,市场占比逐步增长。2021 年销售 69647 辆,同比增长 362%。2022 年 1 月 8 日,公司迎来第 10 万辆车下线。2022 年 7 月,累计销售 77168 辆,同比增长 185%,稳居造车新势力第一阵营,电动轿跑哪吒 S 将于 2022 年上市。

三、产品出口

2021 年 11 月,与泰国国家石油股份有限公司签署战略合作协议,哪吒 V 右舵版车型率先出口泰国。

四、产能建设

合众公司于 2017 年 4 月获得国家发改委核准整车生产资质,2018 年 5 月获得国家工信部生产资质公告,目前建有桐乡生态智慧工厂,占地面积 16.6667 hm^2,建筑面积约 95762 m^2;试制试验基地占地面积约 3.3333 hm^2,建筑面积约 14556 m^2,设有整车冲压、焊装、涂装、总装四大工艺先进生产线,形成年产 5 万台新能源乘用车的生产能力,具备生产纯电动乘用车产品的生产能力。

五、技术进展与研发能力

公司着力于汽车整车研发体系的建设,设立汽车工程研究院负责新产品和新技术的研发,并联合清华大学、清华长三角研究院成立了清华长三角研究院新能源汽车研发中心,围绕产品研发、生产制造、质量管理、采购等全价值链环节，建立了一整套汽车/零部件开发与核心技术研发能力，共有研发人员 2500 余人，形成了汽车的正向研发体系和能力，并配备有专业的研发软件和设备设施，建立了产品研发数据库。形成了涵盖设计输入、设计输出、设计相关技术描述、设计评审、验证和确认、设计更改的整车研发体系。公司已在电动汽车整车、电池包、电驱动、汽车安全、轻量化、控制系统、智能驾驶等技术领域累计申请 2032 余项（包括 10 项 PCT 国际专利），发明专利占 45% 以上。

（1）在智能驾驶方面：合众全栈自研自动驾驶算法是公司打造自主的智能驾驶系统 TA PILOT，为用户实现全场景、点到点的通行覆盖，从高速延展到城区主干路、停车场、小区，直至覆盖全部半封闭非结构化道路。哪吒 U 和哪吒 V 车型已配备了 TA PILOT 2.0 智能驾驶系统，搭载 L2 级智能驾驶辅助系统，实现了自动紧急制动（AEB）、自适应巡航（ACC）、交通拥堵辅助（TJA）、智能巡航辅助（ICA）等功能。目前TA PILOT 4.0 智能驾驶系统已配备了全面的传感器组合，通过联合华为、地平线、创时智驾等公司，开展高/低算力域控平台、含激光雷达在内的多传感器感知融合、低/高阶规划控制、人机共驾信息交互四大核心技术开发，实现 L3+和部分场景的 L4 自动驾驶。

（2）在智能座舱方面：合众汽车自建了完整端云链路，借助各节点的日志，构建数据闭环，辅助深度学习模型更好的理解长尾案例。根据用户的地区分布，采集当地语音，训练更符合用户的声学模型，提高了唤醒率和语音识别率。并通过智能网联技术和新型车载终端的创新开发应用，塑造差异化的产品亮点，高集成度域控制器实现云管端一体化，支撑以小 You 机器人为载体的主动式 AI 情感交互体验，以透明 A 柱为载体的安全增强系统，和以 4G/5G 通讯为管道的 OTA 软件在线升级。不断跨界融合车内外生态，打造创新差异化用户体验。

将感知融合、智能算法、信息交互、计算平台作为四大技术研发方向。以域控制器为智能驾驶大脑（IDB），以智能座舱为核心人机界面，以人工智能、深度学习、区块链、大数据等先进技术提供算法解决方案，云端服务作为增值服务触角，全面定义智能出行新体验。

六、主要新产品

序号	产品型号	产品名称	品牌	通用名称
1	THZ7000BEVS401	纯电动轿车	哪吒	哪吒 S
2	THZ7000BEVS402	纯电动轿车	哪吒	哪吒 S
3	THZ6450BEVS303	纯电动多用途乘用车	哪吒	哪吒 U
4	THZ6450BEVS305	纯电动多用途乘用车	哪吒	哪吒 U
5	THZ7001BEVS00J	纯电动轿车	哪吒	哪吒 V
6	THZ7000BEVS113	纯电动轿车	哪吒	哪吒 V

七、发展规划

合众汽车的愿景是“让高品质智能电动汽车触手可及”，秉承“让大众产品智能化，让高端产品大众化”的企业使命，以“做智能汽车的普及者”为经营理念。

哪吒汽车拥有 HPC & HPA 两大平台，覆盖 A00-B 级主流纯电动车市场，聚焦 20 万元以下的大众消费市场，规划每年上市至少 1 款全新产品。其中，基于山海平台的首款车型——B 级智趣高能电动轿跑哪吒 S 已开启预售，并将于 2022 年底前实现交付。

哪吒汽车营销渠道采取直营与加盟并行，线下实体与线上平台同步推进的全覆盖模式。规划到 2025 年实现全国覆盖，直营规模达到 500 家、加盟店达到 1000 家。

哪吒汽车未来 5 年产销规划：2022 年 17.5 万辆、2023 年 32 万辆、2024 年 50 万辆、2025 年 70 万辆。

赛力斯汽车有限公司

一、单位概况

赛力斯汽车有限公司（简称公司或赛力斯）于 2012 年 9 月成立，注册资本 49.6 亿元。公司以“推动汽车能源变革，创享智慧移动生活”为使命，致力于用精品智能电动汽车为用户带来更美好体验，让更多人参与清洁出行。于 2017 年获得新能源乘用车生产资质，2018 年获得产品资质。2019 年 4 月发布赛力斯品牌并在赛力斯两江智慧工厂正式投产。业务涉及新能源汽车及核心三电（电池、电驱、电控），主营品牌产品包括 AITO 高端智慧汽车、赛力斯华为智选智能电动汽车。

二、生产与经营

公司始终坚持创新驱动，坚持长期主义，坚持商业成功，致力于将新能源汽车核心技术及关键零部件掌握在自己手里。每年创新研发投入超过销售收入的 10%，中美两地建立研发中心同步研发，培育并形成了具有自主知识产权的行业领先的赛力斯纯电驱增程平台，推出了行业领先的智慧汽车及三电产品。建设了“中国领先，世界一流”的工业 4.0 标准的赛力斯两江智慧工厂。

三、产品出口

赛力斯自 2020 年开始批量出口，目前已在德国、法国、意大利等 20 多个国家完成网络布局并实现批量销售，并在法国建成了“赛力斯欧洲营销服务中心”，2021 年实现出口 3000 余台。

四、产能建设

公司旗下拥有两座高端智能新能源汽车智慧工厂——位于重庆两江新区的赛力斯两江智慧工厂和位于重庆沙坪坝区的赛力斯凤凰智慧工厂。设计产能可达 40 万辆/年。两江工厂已于 2019 年 4 月 10 日正式投产，凤凰工厂预计 2022 年下半年投产。

五、技术进展与研发能力

赛力斯坚持以研发为驱动，打造极致产品。公司 2021 年研发投入占总营收的 40%。

人力方面，截至 2021 年下半年，赛力斯全球拥有员工超过 5500 人，研发团队占总人数比例为 30%，其中博士学历 30 人，硕士学历 311 人，非生产员工中本科及以上学历占比 71%。公司研发能力包括新能源整车及各系统专项产品的研发，涵盖整车、电驱动、车联网、自动驾驶等多个核心技术领域。

得益于研发的高投入，公司 2021 年共获得专利授权共 253 项，比 2020 年增长达 48%。其中发明专利和实用新型专利占比达 81%，凸显了公司创新能力。

2021 年公司在新一代纯电驱增程平台、智能座舱、智能驾驶、EEA 先进电子电气架构等方面取得了显著发展。同时积极布局下一代可扩展模块化整车平台，确保未来车型的竞争力。

1. 新一代纯电驱增程平台（DE-i）

公司 2021 年发布最新纯电驱增程平台（DE-i），该平台在集成式智能发电机组、黄金驱动组合、电池 PACK、智能控制等方面进行了全面进化，具备"高性能、低能耗、安静、安全、智能"的特点。

DE-i 平台具备行业领先的增程专用发动机技术。可实现 41% 的最佳热效率及 3.2 kWh/L 的油电转换效率。

AITO 问界 M5 作为 DE-i 平台的代表车型，百公里加速 4.4 s。综合续航 1100 km 以上。

2. 智能座舱

通过与华为公司的深入合作，公司产品首发搭载了华为鸿蒙车载操作系统。乘客可以在车内直接进入鸿蒙应用市场，下载所需的 App 及定制车辆，以满足其最佳个人需求。智能驾驶舱可以实现全程语音控制，使驾驶员和乘客能够通过语音指令与车辆互动。车载摄像头感知和监控驾驶员的实时行为，对危险驾驶行为进行警告，以促进驾驶安全。

依托于华为的鸿蒙操作系统，我们可实现多终端设备之间以及车辆与车主家庭之间的信息无缝流转。客户将能够在车内控制电视等智能家居设备。还可以实现车辆的智能控制。作为一个全能多设备应用的操作系统，可同时在汽车以及手机和手表等消费电子产品端运行，使智能电动车在内的各种终端设备之间实现便捷互联。凭借鸿蒙操作系统，我们的智能电动汽车将成为更广泛的智能设备生态系统的一部分。

3. 智能驾驶

公司自动驾驶以产学研的方式与多个院校进行深入的技术合作，在 L4 级自动驾驶的感知融合、规划决策、控制执行等方面取得了多项突破，相关成果在国内多个智能驾驶比赛中获得优异成绩，取得了 2021i-VISTA 自动驾驶挑战赛多项特等奖及一等奖、2021 中国智能网联汽车大赛金奖及银奖；同时，部分技术和功能在多个车型上进行搭载，形成了具备赛力斯特色的驾驶辅助与泊车辅助功能体验。

4. 先进电子电气架构

打造面向未来的基于服务的整车软件架构平台，全面建立体系设计、需求设计、软件架构设计、代码开发、软件集成、软件测试等基础能力，参与座舱、车身、车控、自动驾驶、云平台等产品的软件架构、基础软件、中间件、应用软件、信息安全、功能安全、算法等核心技术的设计和开发，从而缩短整车开发周期、节约整车开发成本、打造整车生态平台、稳定整车研发质量、加强公司车辆的市场竞争力。

5. 下一代可扩展模块化整车平台

公司正在优化一个专门为高端长轴距智能电动汽车设计的 SEMA 平台。SEMA 平台具有高度的模块化和灵活性。其可以支持从紧凑型到大型的轿车、SUV 及 MPV 的开发。SEMA 平台配有轻质铝合金底盘、双叉臂独立前悬架、多连杆独立后悬架、空气弹簧、CDC 减震，支持 L4 级自动驾驶。SEMA 平台还采用了标准化设计，实现了基于 SEMA 的车型的高度自动化生产。SEMA 平台是一个坚实的保障，使我们的车辆具有与高端车相匹配的良好驾驶体验。

6. 整车测试中心

除了产品研发的高投入和高产出，公司还建成了行业领先的整车测试中心，占地面积 20 万 m^2，包括从整车、三电系统总成、零部件、原材料等各类型的专业实验室，具备 2700 余项试验能力，测试中心是中国合格评定国家认可委员会 CNAS 认可实验室，拥有全光谱高低温环境仓、NVH、VOC、盐雾腐蚀、结构疲劳耐久等 20 余套智能化的整车级实验室，到达国际一流水平，拥有寒区的专业试验场，也是增程电动汽车性能模拟测试重庆市工业和信息化重点实验室。

六、主要新产品

序号	产品型号	产品名称	品牌	通用名称
1	SKE6480SSHEVA2S	插电式增程混合动力多用途乘用车	赛力斯牌	问界 M5
2	SKE6480SSHEVA4S	插电式增程混合动力多用途乘用车	赛力斯牌	问界 M5
3	SKE6480SSHEVA3S	插电式增程混合动力多用途乘用车	赛力斯牌	问界 M5
4	SKE6480SSHEVR1	插电式增程混合动力多用途乘用车	赛力斯牌	问界 M5
5	SKE6470SHEVA2S	插电式增程混合动力多用途乘用车	赛力斯牌	华为智选 SF5

零部件

序号	产品名称	产品型号	产品应用
1	90 kW 永磁同步发电机	SHG90	华为智选 SF5、东风岚图 FREE
2	75 kW 永磁同步发电机	SHG75	问界 M5、华为智选 SF5、东风岚图 FREE
3	255 kW 交流异步电机	SEP200	华为智选 SF5、东风岚图 FREE
4	165 kW 交流异步电机	SEP165	问界 M5、华为智选 SF5、东风岚图 FREE
5	17 kWh 动力电池系统	JK34505101	华为智选 SF5、东风岚图 FREE
6	35 kWh 动力电池系统	JK34509601	华为智选 SF5、东风岚图 FREE
7	90 kWh 动力电池系统	JK34825701	华为智选 SF5、东风岚图 FREE

七、合资合作及重大项目建设

2021 年公司与全球 ICT 领先企业华为开创了联合业务深度跨界融合的先河，双方充分发挥各自优势，在核心技术、产品及渠道方面进行深入合作，共创中国智能电动汽车头部品牌，双方共同打造的赛力斯 AITO 及赛力斯华为智选车型，深受市场和用户欢迎。

八、发展规划

未来三个行业顶级技术（华为鸿蒙系统、激光雷达、碳化硅逆变器）将搭载在赛力斯下一代量产车型上；未来 3 年内，赛力斯会有更多的车型问世，涵盖中型 SUV、中大型旗舰 SUV，赛力斯将融筑全力，打磨精品，满足消费者差异化需求。

重庆理想汽车有限公司

一、单位概况

理想汽车成立于 2015 年 7 月 1 日，是在北京孕育成长并不断发展的汽车科技企业。公司品牌使命是“创造移动的家，创造幸福的家”，聚焦于为家庭打造更安全、更舒适、更便捷的产品与服务。创始人李想是中国著名的连续创业者，曾创办全球访问量最大的汽车网站——汽车之家（NYSE：ATHM）。在中国，理想汽车是成功实现增程式电动汽车商业化的先锋，2020 年 7 月 30 日，理想汽车在美国纳斯达克证券市场正式挂牌上市，股票代码为“LI”；2021 年 8 月 12 日，理想汽车在香港联交所主板上市，完成双重上市。

1. 产品交付量快速增长

理想汽车首款产品“理想 ONE”于 2018 年 10 月 18 日发布，是一款智能电动大型 SUV，搭载领先的增程电动技术与智能科技，为家庭用户提供 6/7 座舒适空间。“理想 ONE”产品 2020 年交付量达 33457 台，成为国内新能源 SUV 销量冠军。2021 年全年交付 90491 台，同比增长 314.11%。2022 年 6 月 21 日，理想汽车在北京总部成功发布为家庭打造的全球智能旗舰 SUV——理想 L9。该车型采用了全新的车内外设计，科技配置、舒适实用以及智能驾驶等方面也得到全面提升。产品一经发布便得到了用户的积极反馈和广泛认可，截止到 2022 年 6 月 24 日，支付 5000 元预订金的理想 L9 用户超过 30000 位。同时，2021 款理想 ONE 的预订量依然处于较高水平，需求旺盛。

2. 北京工厂和总部建设有序推进

理想汽车顺义绿色智能工厂定位为全球旗舰工厂。项目一次规划，分两期实施，设计最大产能 25 万辆，一期产能 10 万辆，生产基地总投资 60 亿元。工厂将依托原北京现代一工厂厂房及土地资源进行改扩建，打造为数字化、柔性化智能制造生态工厂。项目用地面积为 52 万 m^2，总建筑面积约 27 万 m^2，已于 2021 年 9 月底开工，计划 2023 年 9 月 30 号产品下线，预计 2024 年满产，实现年产 10 万辆。

3. 营业收入和财务指标持续向好

随着交付量大幅提升，公司营业收入也实现快速增长。2021 年全年营收达到 270.1 亿元，较 2020 年 94.6 亿元营收增加 185.6%。2022 年第一季度，尽管行业面临供应链的限制，但在强劲交付的推动下，公司在第一季度实现了收入总额 95.6 亿元，较 2021 年第一季度的 35.8 亿元增加 167.5%。第一季度的车辆毛利率依然保持稳健，达到 22.4%，连续第八个季度实现经营活动现金净流入，达到 18.3 亿元。

4. 销售与售后服务网络加速扩展

理想汽车搭建了线上线下一体化的服务运营系统，比传统汽车厂家高度依赖第三方的方式更为高效。通过建立直营的销售服务网络，向用户直接提供更透明、更便捷、更高效的服务。截至 2022 年 6 月 30 日，理想汽车在全国已有 247 家零售中心（北京 18 家），覆盖 113 个城市；售后维修中心及授权钣喷中心 308 家（北京 11 家），覆盖 226 个城市。

二、技术进展及研发能力建设

1. 科技研发投入持续增强

2021 年全年研发投入 32.9 亿元，固定资产投资 43 亿。2022 年一季度研发投入 13.7 亿元，预计全年研发投入 70 亿元。截至 2022 年 6 月，理想汽车共获得累计授权 1611 件，其中发明专利 247 件，实用新型 1045 件，外观设计 319 件。高压纯电动汽车技术、4C 电芯、自动驾驶技术、第三代功率半导体、车规级操作系统、芯片国产化替代及未来车型的研发正在稳步推进。

产学研合作方面，公司与国内知名高校在科研、技术领域展开合作，建立产学研联合体，充分发挥校企合作优势，将先进科研成果实地应用在产品开发上，并联合开展科技攻关，共同承担国家级和省部级科研项目，推动新能源智能网联汽车行业健康向上发展。

2. 人才基础不断深化

理想汽车坚持核心技术自研、用户服务闭环的战略，不断加强研发高端人才引入和人才梯队建设。截至 2022 年 6 月底，理想汽车全国员工总数达 1.5 万人；北京总部员工超过 5000 人，其中研发人员超过 3000 人，硕士博士超 1000 人。在从事技术研究与开发的工程技术人员中，大学本科以上学历的占技术人员总数的 95% 以上。研发中心具备专业研发团队和整车正向研发能力（包括整车及驱动控制系统、动力蓄电池系统、整车集成及轻量化等方面的核心技术以及相应的试制验证能力），能完成新产品定位策划、概念设计、总布置设计、汽车造型设计、结构设计、平台开发、CAE 分析、NVH 匹配验证、工艺设计、样车试制、试验验证、投产服务等全过程的汽车整车设计开发和服务。

三、主要新产品

序号	产品型号	产品名称	品牌	通用名称
1	LXA6520SHEVX1	插电式混合动力多用途乘用车	理想	理想 L9
2	LXA6500SHEVM6	插电式混合动力多用途乘用车	理想	理想 ONE
3	LXA6500SHEVM7	插电式混合动力多用途乘用车	理想	理想 ONE

四、发展目标与规划

理想汽车的目标是成为中国新能源汽车市场的领导者。通过产品及技术创新，为家庭提供安全、便捷、精致的产品和服务。持续推动电动化创新，日后成功推出增程式电动和纯电动车型。理想计划在2022年和2023年推出的三款车型中引入下一代增程式电动汽车平台。借助下一代增程式电动汽车技术，为增程式电动汽车提供更长的续驶里程、更高的热效率和更佳的噪声、振动、声针粗糙度表现。理想正在投资研发下一代电动汽车技术，包括高倍率电池、高压平台和超快充技术。从2023年开始，理想汽车计划每年至少推出两款高压纯电车型，高压纯电车型通过新一代技术能够有效消除里程焦虑，并提供卓越的用户体验，以使我们能够覆盖更广阔的市场。理想汽车的目标是打造一个家庭信赖的可靠品牌，并选择性的扩大产品线，在目标价格范围内，提供增程式电动和纯电动车型。

江西江铃集团新能源汽车有限公司

一、单位概况

江西江铃集团新能源汽车有限公司是江西省生产纯电动车最大的企业之一，拥有一流的办公环境和生产车间，“绿色、智能、高效”为设计理念，大量采用国际一流工艺装备，采用数字孪生、物联网、虚拟化、信息化、数字化等先进前沿技术，具备钢铝混合、全铝和复合材料的轻量化制造工艺，实现A00到A+级纯电动汽车柔性化定制化生产能力，将有序导入自动驾驶车型。现代化三电实验的2864m^2、试制试验中心（2000 m^2）、造型中心（1040 m^2）、试制车间（2200 m^2），智能控制室（1140 m^2），轻量化材料应用试验室（158 m^2），具备三电系统测试，整车性能、NVH、CAE、零部件及检测等试验能力。拥有同行业最先进的全自动总装流水生产线一条，一流的生产设备、标准的实验中心，为产品提供可靠的数据验证。

二、生产与经营

面对新形势，尤其是在国补退坡、市场竞争加剧的挑战下，我们一刻也不能松懈，要在新的征程中发扬优势，展现价值和作为，提升核心能力，向未来发起冲锋。

（1）进一步完善产品纵深布局，通过开发更加多元的产品，满足不同消费者需求，提升在纯电动乘用车领域的竞争力。（2）创新营销模式，要利用一切符合消费者习惯及市场需求的手段来实现营销的突破。（3）实现更高的销售目标，不忘初心，感恩回报，继续奋斗，携手创造更加辉煌的未来。主动探索市场方向，明确各自业务的经营目标，不断学习，寻找差距，快速改善，共同谱写新的事业篇章。（4）加快品牌建设推广工作，系统构建“羿、易至”品牌，持续丰富品牌内涵。（5）整合内外部研发能力资源，推进三电技术迭代研发出成果；组建智能网联开发团队、进行前瞻技术研究和示范应用工作；（6）降本增效，面对原材料市场价格波动，扩大市场零部件采购，通过集中采购和集成化设计等措施，降低关键零部件的采购成本。

三、产品出口

公司将战略发展目标瞄准国际市场。GSE车型作为首款打入欧洲市场纯电动轿车，2021年GSE车型通过欧盟认证。2022年度出口西班牙、法国240辆。

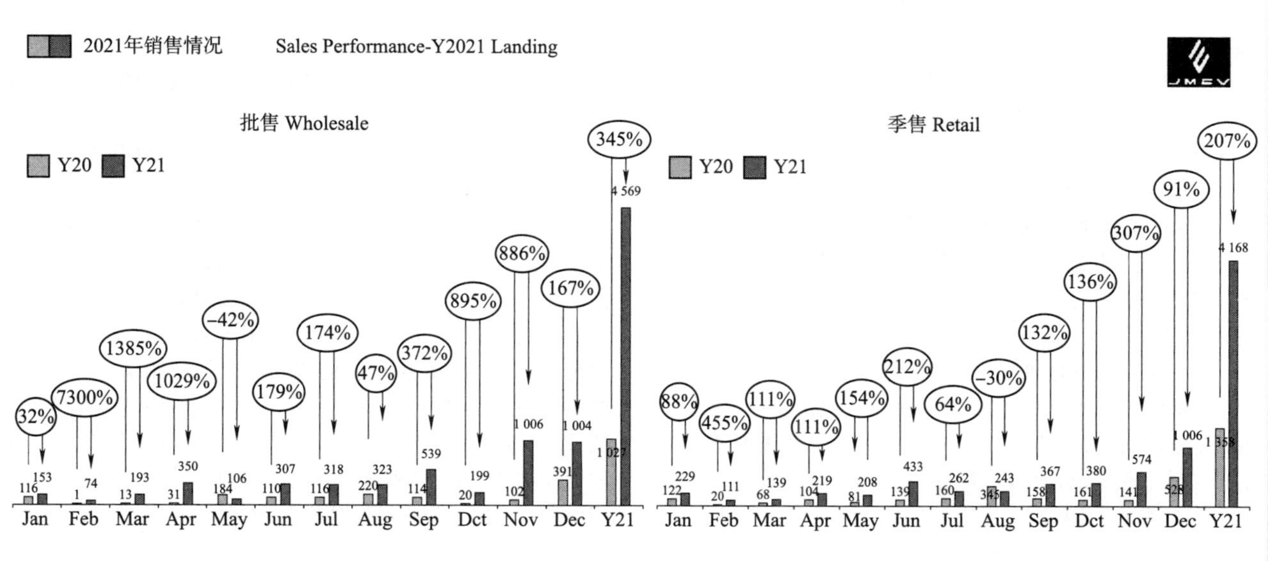

·2021年批售4569台，同比增长345%。Y2021 wholesales 4569 units and YOY growth 345%.
·2021年零售4168台，同比增长207%。Y2021 retail 4186 units and YOY growth 207%.

四、产能建设

1. 焊装产能建设

(1)车身生产线

焊接线上各工位间采用滚床滑橇的输送方式输送工件，总拼工位采用机器人抓手定位形式，车身主焊线焊接工作全部由机器人完成；工位间工件周转采用机器人抓手形式，具体工艺流程为人工装件、滑台滑入焊接工位机器人焊接、焊接完成后机器人抓件至下一个工位。

(2)GSE 钢铝车身生产线

GSE 钢铝车身主焊线总拼工位采用 OPENGATE 形式，可满足三种车型自动切换，车身主焊线焊接工作全部由机器人完成。

GSE 钢铝车身侧围自动线，工位间工件周转采用机器人抓手形式，具体工艺流程为人工装件、滑台滑入焊接工位机器人焊接、焊接完成后机器人抓件至下一个工位。

GSE 钢铝车身机舱自动线可满足三种车型的焊接的柔性自动线，夹具切换方式为直线滑台形式，上件、焊接、工位间工件周转全部采用机器人完成，输送方式为转台与滑台无缝对接、机器人搬运、APC 输送。

(3)车身补焊线

焊接线上各工位间采用滚床滑橇的输送方式输送工件，补焊线夹具采用 NC-LOCATER 柔性定位方式，可满足多种车型共线生产的需求。

门盖包边采用机器人滚边工艺，滚边胎模采用滑台切换方式，每个滚边岛可切换三种车型的门盖，每个滚边胎模两侧布置 2~3 个机器人同时滚边以提高生产效率。

2. 涂装产能建设

(1)涂装车间生产为批量流水式方式，设备分层布置，一层主要布置前处理/电泳槽体、打磨室、点修室、喷胶室、漆渣处理装置、生产及生活性辅房；二层主要布置前处理/电泳室体、烘干室、喷漆室以及车身储存线等；三层主要为设备送风空调装置。

(2)“B1B2”水性漆涂装工艺是指“中涂(水性)+底色漆(水性)+闪干/强冷+罩光漆(溶剂型)+烘干”工艺，可减少 VOC 排放。

(3)前处理、电泳及后冲洗采用连续式喷浸结合方式，为船形槽、封闭室体结构，配置循环搅拌及槽上喷淋系统，采用逆流漂洗工艺，节约工业用水量，电泳整流电源采用 IGBT(分布式整流电源)，极大的节约电泳漆和电能，同时提高了产品质量。

(4)车底 PVC 采用机器人自动喷涂设备，提高生产效率。

(5)喷漆室采用上送风、下排风的干式漆房，为适应水性涂装工艺的要求，中涂和底色面漆喷漆室设备系统采用不锈钢材质。内、外喷采用机器人喷涂方式提高喷涂效率和涂层质量，降低材料消耗和减少污染物排放。

(6)中涂、色漆过喷漆雾经过纸箱式过滤器净化处理后，通过排气筒集中高空排放(转轮吸附浓缩+RTO 装置位置)，漆渣集中存储，由制定的专业公司外运处理。

(7)罩光喷漆室采用上送风、下排风的干式喷漆室，漆雾经纸箱式过滤后通过排气筒集中高空排放(转轮吸附浓缩+RTO 装置位置)。

3. 总装产能建设

(1)根据产品特点及生产纲领，总装车间配置二条内饰装配线、二条底盘装配线、一条最终装配线、一条车门装配线、一条外观检查线、四条检测线和二条淋雨线。

(2)漆后车身由车身立体库送至总装车间内饰线线端，开始内饰装配，主要完成线束敷设、仪表安装、地毯顶衬布置、转向器管柱安装、风挡玻璃安装等工作。

(3)完成内饰装配的车身通过升降机进入悬挂底盘线，主要完成前后悬、电机减速器动力总成、电池 PACK、座椅安装、轮胎等底盘部件安装。

(4)而后车身转至最终装配线，主要完成车门安装、液体加注、电气调试等工作。

(5)下线车辆进入检测线进行四轮定位、制动、大灯调整、电气检查等检测调整工作。

(6)完成检测车辆转至淋雨线进行密封性检查。

(7)各分装线就近布置在装配线相应工位旁，部分总成分装后送至相应装配工位，主要分装线包括：仪表板分装、电机分装、后桥分装、前副车架分装、车门分装、玻璃涂胶等。

(8)车门、座椅、仪表板、风挡玻璃、轮胎等采用助力机械手辅助工人完成装配，以轻工人劳动强度，并保证装配质量。

五、技术进展与研发能力

1. 基于 5G-V2X 的辅助驾驶系统开发

面对自动驾驶、智能网联、5G-V2X 等新一轮产业革命，江西江铃集团新能源汽车有限公司积极响应江西省人民政府发布的《江西省 5G 发展规划(2019—2023 年)》中明确构建“5G+车联网”，抢占智能网联汽车引领地位。加强智能网联汽车技术创新，加强跨行业合作，支持整车企业跨界深度合作，建设车联网支撑平台，结合环境感知、车载操作系统、高精度导航等核心技术，研发具备自动驾驶功能的智能网联汽车，实现“5G+智能网联汽车”融合发展。完善各汽车厂区 5G 网络覆盖，搭建融合 5G 网络的车辆通信解决方案(5G-V2X)场景测试示范场地，推动基于 V2X 技术的智能网联汽车技术应用示范和量产应用。

基于 5G-V2X 技术采用基于 GNSS 及差分基站，实现车道线级别定位，基于摄像头、雷达等多传感器的目标物识别及融合，基于高精度地图、实时路况、V2X 信息、障碍物信息的路径跟踪，人机共驾提醒等完成了盲区监测、闯红灯预警、前向碰撞预警、紧急制动提醒、交叉路口防碰撞、弱势交通参与者碰撞预警、基于信号灯的车速引导、限速提醒、道路危险状况提示、异常/紧急车辆提醒等功能的应用落地。突破目标感知识别、信息融合及交互的技术难点，创新技术方案方法，以较低的成本将 V2X 技术应用于智能网联汽车，实现辅助驾驶功能，为自动驾驶感知决策控制提供技术支撑。由于国外 5G-V2X 相关应用相对落后，本项目相关技术在国内处于先进水平，具有较高的前瞻应用价值。

2. 线控电子制动系统开发与应用

开发 A+、A0 及 A00 级平台主缸缸径：A0 平台 EHB 主缸缸径采用 22.22 mm，A00 平台 EHB 主缸缸径采用 20.64 mm，实现平台化开发；提高能量回收率，减少配电量或增加续航里程；

完成 EHB 技术方案、结构优化、控制策略等优化设计开发，并实现主动建压，为智能驾驶、无人驾驶提供技术支持。

制动能量回收系统在保证制动感觉的同时实现常规工况下与再生制动的协调控制以及紧急工况下的 ABS/ESC 的正常介入，根据车型的整车参数、制动系统参数、电池电机性能，进行制动效率、制动舒适性与能量回收率的多目标优驾驶员踩下制动踏板，ECU 控制器根据踏板位移传感器信号，计算驾驶员期望的制动力需求；ECU 控制器根据当前车辆状态及电机回馈制动力矩能力，进行制动力分配，实现驾驶员制动需求。

电机回馈制动：VCU 接收 ECU 控制器发出的电机回馈目标力矩，发请求给 MCU，MCU 执行相应的电机回馈制动力矩请求。

液压制动：ECU 控制器控制 EHB 电机转动，再通过传动机构推动制动主缸活塞，产生相应的液压制动力。

项目开发满足现有产品实际约束条件的 EHB 性能参数匹配和接口匹配，同时达到法规要求的制动性能。

3. 纯电动 A 级轿车研究及开发

企业结合自身发展规划需要，于 2017 年 6 月策划了新能源汽车平台项目，并完成了专家评审及南昌市科技局立项，成立了江铃集团新能源汽车平台项目组。项目计划先期投产一款 A 级两驱轿车，属江西省、江铃集团自主开发的首款 A 级纯电动轿车，可面向租赁、网约、出租、私家车、公务用车。

以有较大的兼容性，有较长的生命周期为开发目标。从以下几点考虑平台化：(1)人体坐姿可调；(2)内部横向空间尺寸可调；(3)轴距可调；(4)轮距可调；达成平台的可拓展性，满足后续 MPV、Crossover 跨界及 7 座车型等车型的需求。

关键技术、主要技术创新点：WCBS 线控制动系统、车身轻量化及钢铝联接工艺、整车控制 V3.0，搭载行业领先多核架构，全 MBD 开发，实现车辆控制功能安全目标、动力系统：通过将电机、电机控制器、减速器进行三合一集成，优化了动力总成的结构，减少其在机舱的空间占用量、热泵空调：采用热泵空调系统替代电加热设备实现冬季取暖功能，能很大程度上减少能耗，提高续航里程、整车网络架构平台化设计，预留以太网接口，满足平台车型通用要求及后续功能升级要求。智能辅助驾驶：搭载单目摄像头，77 GHz 毫米波雷达，24 GHz 毫米波雷达、360 环视、超声波雷达，实现自动泊车、全速自适应巡航、自动紧急制动、智能远光、车道保持及诸多预警功能，实现 L2.5 级智能驾驶等。

4. 纯电动汽车直接式热泵空调研究与应用

在直接热泵式系统中，内部冷凝器取代了传统的暖风芯体。来自压缩机排气的高温高压制冷剂与舱内循环空气进行热交换。因此，整个系统的高压将直接受风量，风温，压缩机转速及电子膨胀阀开度影响而灵活可调。但面对于一些低温及冷车启动的过程中，热泵系统会受限机械式蒸气压缩循环中制冷剂自身物性、启动特性、热惯性等因素。因此，系统会出现制热量随环境温度下降迅速下降，效率降低，冷机启动困难等问题。因此，对于 Rl34a 热泵系统而言，空调箱内还需额外布置一高功率 PTC 以避免低温恶劣工况时制热量不足的劣势，同时由于 PTC 的灵活分组调功设计，可以精准快速调节至设定下的目标出风温度及分区控制。

研发内容一：制定整车性能目标，分解零部件性能目标，对直接式热泵空调系统的关键零部件压缩机、膨胀阀、换热器、气液分离器的性能匹配、整体布置进行设计开发，零部件的产品化由上海银轮热交换有限公司实施。

研发内容二：基于整车架构原理将直接式热泵空调集成于整车热管理系统中，整车热管理系统高度集成化控制。

研发内容三：联合相关院校对整车热管理系统的硬件、软件进行设计开发工作。

研发内容四：编写热泵空调系统标定策略，并搭建直接式热泵系统台架测试、编写整车标定规范，制定合理的标定工况，并联合相关院蒋专家对整车能耗进行标定。

六、主要新产品

整车			
序号	产品型号	产品名称	通用名称
1	JX7001ESLBEV	纯电动轿车	EV3
2	JX7004ESABEV	纯电动轿车	EV2
3	JX7001ERABEV	纯电动轿车	GSE
4	JX7001ERBBEV	纯电动轿车	GSE
5	JX7001ERCBEV	纯电动轿车	GSE
6	JX7001ERDBEV	纯电动轿车	GSE(四驱)
零部件			
序号	产品型号	产品名称	通用名称
1	JMEV-VCPCBZ003	整车控制器	—

七、发展目标与规划

1. 合作伙伴

携手全球顶尖伙伴，打造新能源汽车新标杆

江铃集团与超威集团战略合作签约

与华为签订战略合作协议

与中车株洲电力机车研究所

与卡耐锂电池生产线联合

江铃集团与宁德时代战略合作签约

与台湾产业联盟交流

2. 发展核心技术、提高新工艺、新材料水平、智能化

从车型来看，主要分为纯电动、插电式混合动力、燃料电池汽车。从畅销车型来看，纯电动占多数，如特斯拉是全球销售冠军。中国在市场化方面处于领先地位。

总的技术趋势，新能源汽车有两个方面：

一是新能源本身的一些技术发展，重点核心在动力电池方面，如何提升能量密度，如何提升续驶里程，包括降低成本。

二是从整个汽车产业趋势看新能源汽车发展趋势，可以概括为三个方面：轻量化、智能化、低碳化。(1)轻量化：每减重 1%，带来的节能效果非常显著。特别是对新能源汽车来讲，因为现在电池的能量密度还比较低，整个车重还是比较重，对新能源汽车来讲更需要轻量化。与此同时，轻量化带来的不光是技术上的进步和革新，更重要的是它会带来一些对我们传统制造加工工艺，包括生产模式的重大变革。(2)智能化：无论从传统车来讲，还是和电动车的结合来讲，都是一个新的发展热点。对于电动车来讲，更有应用的优势，因为本身电控的水平程度比较高。按照国际上大家共识的发展前景来看，日本和欧洲目前的预计，实现全自动的驾驶大概在 2025—2030 年的阶段，也就是 10 年左右的阶段。(3)低碳化：这些年国际上对这块也投入了很大精力，近年来欧洲、美国、日本等积极推动新能源汽车和可再生能源的融合，引入可再生能源，真正实现生物周期的低排放和零排放，也是重要的发展方向。

广汽丰田汽车有限公司

一、单位概况

广汽丰田汽车有限公司成立于 2004 年 9 月 1 日，由广州汽车集团股份有限公司和丰田汽车公司各出资 50% 共同投资建设和经营。广汽丰田扎根广州南沙，具有粤港澳大湾区核心区位优势。持续改善创新，始终保持稳健的高质量发展态势，被誉为 21 世纪丰田全球模范工厂。

二、生产与经营

全球品质，打造丰田全球模范工厂：广汽丰田秉承丰田数十年汽车制造之精义，引进了全球最先进的生产设备和工艺，布局了冲压、焊装、成型、涂装和总装五大生产工艺，着力打造“丰田全球模范工厂”。广汽丰田扎根南沙十余载，已吸引集聚 40 余家主要零部件企业，推动汽车产业成为南沙首个千亿级产业集群。截至 2022 年 4 月底，广汽丰田累计生产汽车 653.0 万辆，批发汽车 652.2 万辆，实现工业总产值 9433.7 亿元。

三、产能建设

公司位于广州市南沙区，占地面积 288 万 m^2，建筑面积 105 万 m^2，目前共有员工约 1.9 万人。已建成四条生产线，产能 80 万辆。目前有经销店 663 家，已经导入凯美瑞、汉兰达、威兰达、致炫、致享、凌尚、雷凌、C-HR、赛那、广汽丰田 iA5、锋兰达、威飒等 16 款车型，实现了对轿车和 SUV 各主流细分市场的全覆盖。

四、技术进展与研发能力

先进技术，实现多产品线优化生产：发挥丰田 TNGA 全球最新造车理念综合优势，不断导入丰田全球最新技术，并运用大数据、信息化、物联网构筑“供应商-广汽丰田-顾客”三位一体、行业领先的智慧供应链体系，用更低成本、更短周期实现零库存、实现柔性生产。产品方面，目前广汽丰田产品线涵盖燃油车、HEV（混合动力车型）、EV（电动车型）、PHEV（插电式混合动力车型），是国内集多种动力技术于一体的全擎全动力汽车生产服务提供商。

五、主要新产品

序号	产品型号	产品名称	品牌	通用名称
1	GTM6470BFBEV	纯电动多用途乘用车	丰田	bZ4X
2	GTM6470BWBEV	纯电动多用途乘用车	丰田	bZ4X
3	GTM700033BEV	纯电动轿车	广汽	iA5
4	GTM700035BEV	纯电动轿车	广汽	iA5
5	GTM6470FFCHEVM	插电式混合动力多用途乘用车	丰田	WILDLANDER
6	GTM6470FWCHEVM	插电式混合动力多用途乘用车	丰田	WILDLANDER

六、发展规划

创新服务，提供多元高价值：广汽丰田致力成为顾客最喜爱的品牌，协同销售渠道，为顾客提供高价值产品、高品质服务、高品位体验。通过销售店为顾客带来全方位的出行服务以及丰富多彩的社区服务。同时，积极探索共享、移动出行领域，加速布局未来战略新兴业务。

广汽丰田将继续发挥产销研一体化的优势，秉持“一切为了您的微笑”的企业使命，致力于成为中国消费者最喜爱的品牌。

东风本田汽车有限公司

一、单位概况

东风本田汽车有限公司（以下简称东风本田）是由东风汽车集团股份有限公司出资 50%、本田技研工业（中国）投资有限公司出资 10%、日本本田技研工业株式会社出资 40% 共同组建的整车生产经营企业。公司成立于 2003 年 7 月 16 日，注册资本 9.5 亿美元。公司拥有员工 1 万余人，目前共有三个生产工厂，其中一工厂占地面积 69 万 m^2，建筑面积 31 万 m^2，二工厂占地面积 105 万 m^2，建筑面积 35 万 m^2，三厂占地面积 120 万 m^2。公司拥有具备强大研发技术力量的研究开发中心，以及冲压、焊装、合成树脂、涂装、发动机铸造、机械加工、传动轴、发动机装配及汽车总装等先进工艺生产车间。

东风本田目前在售产品包括：“心时代”城市 SUV CR-V、

运动美学新标杆思域、新境界旗舰座驾英仕派、质享高端 MPV 艾力绅、智能驾趣纯电 SUV e:NS1、时尚活力 SUV XR-V、智享出行伙伴享域以及高品位旗舰 SUV UR-V、超机灵拍档 Life、纯电动质趣 SUV M-NV 等 10 余款车型，产品矩阵涵盖了“SUV+轿车+MPV”各细分市场，向 700 万中国消费者提供了超越他们期待的高品质的产品和服务。

2018 年，东风 Honda 提出了全新品牌主张“更科技、更时尚、更自如”，在秉承年轻、运动的基础上，以先进科技为核心，打造最时尚的东风 Honda 品牌形象。同时，东风 Honda 也紧跟新能源时代的发展潮流，发布了“放眼未来 Seeing the Future”新能源品牌战略计划。

以梦想作为公司发展的源动力，东风 Honda 秉承“以人为本 三个喜悦”的企业理念，积极开展各项文化、体育、科技及公益活动，努力成为“社会期待存在的企业”。东风 Honda 以“信念 突破 远界”作为品牌理念，将始终遵从中国汽车产业发展政策，为成为 QCD 具有国际竞争力、与社会、环境和谐共存的大型乘用车企业而不断努力。

二、产能建设

作为东风与本田合资的乘用车事业单元，19 年来，东风本田承载着东风和本田的美好梦想，在各级政府的大力支持下，在合作伙伴的协力合作下，东风本田在新时代加速奔跑，实现了跨越发展。

2004 年 4 月 1 日，东风 Honda 第一工厂投产。2012 年 7 月 10 日，东风 Honda 第二工厂投产。2019 年 4 月 12 日，东风 Honda 第三工厂一期项目投产，年产能达到 12 万台，并达到新能源汽车生产条件。

东风 Honda 第三工厂自 2019 年 4 月 12 日正式投产以来，以建设“灵活应对商品进化的新世代绿色、智能化、柔性工厂”为核心理念，东风本田第三工厂创下多个“国内第一”“全球首次”实现了汽车制造领域的绿色生产、智能生产、柔性生产、环境友好型的水性涂料智能化的伺服拧紧实时监控数据系统，柔性化的 APS 机器人自动装箱系统等。

三、主要新产品

序号	产品型号	产品名称	品牌	通用名称
1	小型 SUV	时尚活力 SUV	东风本田	全新 XR-V
2	油电混动轿车	科技美学新标杆	东风本田	第十一代思域 e:HEV
3	纯电 SUV	智能驾趣纯电 SUV	东风本田	e:NS1

四、发展目标与规划

在汽车市场在新常态下趋于复稳背景下，各个品牌都在推动变革，调整步伐，积极拥抱新时代的机遇。东风 Honda 秉持着汽车人的初心，在客户朋友及社会各界的支持下，也正在凝聚全价值链力量，向着新时代的目标迈进。

顺应电动化趋势的产品结构与消费需求同步，是以新世代用户为典型的消费理念全面革新。要做到“实时洞察用户需求，实时满足用户需求”，数字化的营销体系，至关重要，同时也是品牌与用户沟通的重要纽带和战略要地。

面对滚滚而来的电动化浪潮，汽车行业的新赛道硝烟四起。东风 Honda 绘制了全新蓝图，将围绕“产品电动化、品牌温情化、管理数字化”三大维度，实现全链路业务的脱胎换骨，致力于成为“社会期待存在的企业”。

宇通客车股份有限公司

一、单位概况

宇通客车股份有限公司是一家集客车产品研发、制造与销售为一体的大型制造业企业，主要产品可满足 5~18 m 不同长度的市场需求。公司拥有 126 个产品系列的完整产品链，主要用于公路客运、旅游客运、公交客运、团体通勤、校车、景区车、机场摆渡车、自动驾驶微循环车、客车专用车等各个细分市场。

宇通客车股份有限公司的业务覆盖国内所有市县市场及全球主要的客车进口国家，以直销为主、经销为辅，以订单模式提供标准化及定制化的产品。近年来，公司正在从“制造型+销售产品”企业向“制造服务型+解决方案”进行转型。独创中国制造出口的“宇通模式”，成为中国汽车工业由产品输出走向技术输出的典范。公司产品已批量销售至全球 30 多个国家和地区，形成覆盖美洲、非洲、亚太、独联体、中东、欧洲等六大区域的发展布局。

二、生产与经营

2021 年，受疫情反复、新能源补贴政策变化以及国内经济发展面临需求收缩、供给冲击、预期转弱三重压力等影响，宇通客车股份有限公司认真落实和推进“十三五”和“五条主线”的战略规划要求，攻坚克难，迎难而上，全年累计实现客车销售 41828 辆，同比提升 0.17%；实现营业收入 232.33 亿元，同比提升 7.04%；实现归属于上市公司股东的净利润 6.14 亿元，同比提升 18.95%。公司净利润同比增长的主要原因为：2021 年，随着海外客车市场新能源化的推进和需求恢复，公司海外出口业务有所增长；同时，公司职工住房项目交付给公司业绩带来一定贡献。

三、产品出口

目前，宇通客车股份有限公司累计出口各类客车超过 80000 辆，产品远销至哈萨克斯坦、智利、秘鲁、巴基斯坦、菲律宾、缅甸、澳大利亚、埃塞俄比亚、安哥拉、加纳、尼日利亚、科威特、卡塔尔、沙特、英国、挪威、丹麦等全球主要客车需求国家与地区。在主要目标市场，公司已成为主流客车供应商之一。在新能源客车领域，公司已在中东、拉美、东南亚、欧洲等地区的主要市场形成批量订单销售。2021 年，公司在船运资源紧张、海运费上涨等不利条件下，保证了卡塔尔大批量订单顺利交付，并提供了全面的服务保障。

四、产能建设

宇通客车股份有限公司 2021 年大型客车累计生产 16321 辆，中型客车 17146 辆，轻型客车 8361 辆，合计产量 41828 辆。其中，新能源汽车纯电动 11850 辆，插电式 658 辆，燃料电池 63 辆，合计产量 12571 辆。

五、技术进展与研发能力

1. 技术发展

（1）按照国家纯电驱动的技术转型战略，宇通客车股份有限公司坚持电动化、智能化、网联化的产业发展方向，确立了“三横五纵”的研发布局，开发插电式、纯电动、燃料电池整车技术平台，突破动力电池、电机驱动、智能控制、充电/加氢、电动化附件等共性核心技术，并重点开展多源信息融合、决策与协同控制、车载超算平台、云控平台等智能网联关键技术攻关，自主研发的新能源客车综合技术处于国际先进水平，其中在整车节能与控制技术、高压隔离电源变换技术、高密度电驱动控制技术等方面处于国际领先水平。

（2）截至 2021 年末，宇通客车股份有限公司新能源和智能网联技术累计获得授权专利（发明、实用新型、外观设计）及软件著作权 1240 件，其中发明专利 323 件，软件著作权 118 件。

2. 研发能力

宇通客车股份有限公司建设有“国家认定企业技术中心”“企业博士后科研工作站”“国家电动客车电控与安全工程技术研究中心”“客车安全控制技术国家地方联合工程实验室”“交通安全应急信息技术国家工程实验室车辆信息技术分实验室”“国家认可实验室 CNAS”“国家级工业设计中心”共计 7 个国家级科研创新平台，同时拥有“河南省燃料电池技术创新中心”“客车安全控制技术河南省工程实验室”“河南省新能源客车技术重点实验室”“河南省客车工程技术研究中心”“河南省智能网联客车工程技术研究中心”“河南省客车技术开发国际联合实验室”等 10 个省级科研创新平台，被科技部、国务院国资委和中华全国总工会联合授予首批“国家创新型企业”称号，被工信部及财政部联合授予“国家技术创新示范企业”，被工信部授予全国“工业企业质量标杆”“工业产品绿色设计示范企业”，被商务部、国家发改委授予“国家汽车整车出口基地企业”称号，是行业首家“国家级信息化和工业化深度融合示范企业”“国家火炬计划重点高新技术企业”，获得河南省省长质量奖、2020 中国设计红星奖、2021 年红点奖等，为聚集创新人才及科技成果工程化和产业化创建了优良环境。

六、主要新产品

序号	产品型号	产品名称	品牌
1	ZK6816BEVG5	纯电动公交车	宇通
2	ZK6117H96	后置公路车	宇通
3	ZK6805DX	校车	宇通

七、合资合作及重大项目建设

宇通客车股份有限公司先后承担了国家 863 计划、国家科技支撑计划、新能源汽车产业技术创新工程、国家重大科技成果转化、国家重点研发计划、河南省重大科技专项等 57 项国家和省市级科研项目，突破多项制约产业发展的关键技术难题。

此外，与高校和科研院所合作开展基础研究，共同开展人才培养，实现成果转化；与供应商通过联合开发，实现技术升级和产品改进；与用户合作实现成果应用，促进产品性能提升；与行业企业合作制定标准规范，推动产业技术升级。目前已形成产业成果转化反哺技术创新的良性循环，推动了行业整体技术水平的提高。

八、发展规划

宇通客车股份有限公司将继续围绕“成为全球领先的客车及出行解决方案提供商”的愿景目标，在全球范围内实现规模和竞争力的提升。通过做好“电动化、智能网联化、高端化、国际化”，做深做透国内、海外、专用车三个“目标市场”，推动多项战略举措高标准落地，支撑企业完成管理转型和品牌影响力的双提升，为客户、股东、社会等利益相关者创造更大价值。

北汽福田汽车股份有限公司

一、单位概况

北汽福田汽车股份有限公司（简称福田汽车）成立于 1996 年，1998 年在上海证券交易所上市，是中国品种最全、规模最大的商用车企业，2021 年品牌价值达 1808. 36 亿元，连续 17 年蝉联中国商用车行业第一位。2021 年 4 月，福田汽车总销量突破 1000 万辆，成为中国汽车工业史上首个销量突破千万辆的商用车企、中国首个千万级“双自主”（自主技术、自主品牌）商用车企、全球突破千万销量用时最短的商用车企。海外累计出口 68 万辆，连续 11 年位居中国商用车出口第一，产品覆盖全球 110 个国家和地区。辉煌 25 年，福田汽车锻造了从新兴企业到世界前列商用车引领者的传奇。

2021 年，福田汽车顺利收官，跃升至新的发展高度，品牌向上，在技术突破、产品升级、营销模式、服务理念等方面引领行业发展，开启了中国商用车“X 新世代”。2022 年，在“十四五”开局之年，福田汽车将持续建设世界级自主品牌核心能力，力争成为绿色、智能高科技的全球主流汽车企业。

未来，福田汽车将以科技引领发展，品质铸就价值，为客户提供智慧与高效的综合解决方案，持续强化中国商用车第一品牌价值，努力成为科技与品质领先的世界级商用车企业。

二、生产与经营

福田汽车已经形成集整车制造、核心零部件、汽车金融、后市场为一体的汽车生态体系，涵盖整车、零部件、金融、汽车后市场 4 大业务版块。整车业务覆盖卡车、大中客车、轻型客车、皮卡、工程机械与环境装备、新能源汽车等 6 大业务单元及 18 个产品品牌。在超级动力链层面，福田汽车与康明斯、采埃孚等全球合作伙伴，全球首创动力链集成创新模式，成立福田汽车动力集成创新中心 PDIC，定制打造福田汽车第一条超级动力链产品，引领中国商用车动力系统变革。2020 年，发布智能互联业务品牌——会享福，覆盖用户从购车到用车的全生命周期，积极拓展金融、二手车业务，将智能科技融入服务体系，逐步形成了以用户为中心的商用车生态系统，打通汽车全生命周期，为用户提供 360 度解决方案。

福田汽车坚持以高质量发展为主线，以客户为中心，聚焦商用车发展主业，围绕“聚焦价值 · 精益运营”核心经营理念，以创新科技助力产品向上，以客户为本引领营销变革，布局新技术、拓展新模块、培育新业态，通过数字化转型升级、业财结合创新、合规体系建设等方面助力精益运营，全力打造可持续发展的高质量增长路径。2021 年，福田汽车全年销量 65 万辆，海外业务出口 5.6 万辆，在商用车行业下行趋势下实现逆势上扬，全年及海外销量均位列商用车行业第一。

三、产品出口

2021 年福田新能源出口 475 台，目前新能源客车出口为主，客车出口 462 台，主要出口印度市场；卡车及轻型商用车出口处于产品导入阶段，2021 年出口 13 台，卡车出口墨西哥 10 台。2022 年福田将加快新能源产品开发及导入，抓住新能源市场机遇。

四、产能建设

根据国家《汽车产业中长期发展规划》中明确的发展方向，结合公司新能源产品发展规划及业务需要，在北京、山东、广东等三个区域建立了 7 个新能源产品生产基地，产品覆盖新能源客车、重卡、中轻卡、微卡和皮卡，标准产能共计 3.83 万辆/年。

五、技术进展与研发能力

1. 技术进展

福田结合新能源产品多场景的使用需求和产业政策，基于纯电动、混合动力和燃料电池三种技术路线，开发了微卡、皮卡、VAN、轻卡、中重卡、客车等多种新能源车型，实现了新能源商用车全覆盖。福田已建立完善的整车功性能集成开发测试能力，具备电驱动系统、电池系统和整车控制系统的软硬件集成开发测试能力；对换电、增程式混动、大功率燃料电池技术进行了开发并形成市场销售，实现了动力电池安全预警技术在整车的应用。

2. 研发能力

(1)整车系统集成方面：建立了完整的性能指标体系、功能规范体系，通过仿真技术构建系统正向需求。

(2)整车控制方面：具备完全自主开发能力，32 位整车控制器实现新能源车型全覆盖。

(3)电机控制方面：具备需求定义、软硬件开发能力，电池系统具备 PACK 及 BMS 自主设计、开发、仿真及测试验证能力。

(4)电驱动系统方面：已建立电机的电磁、结构设计能力，具备电驱桥和三合一动力总成的集成设计能力，具备电机控制系统需求定义、策略开发能力。

(5)燃料电池系统方面：已初步具备需求定义、燃料电池系统集成应用研发能力。

(6)产品研发方面：整车的动力性、经济性与安全性位居行业前列。在氢燃料电池客车方面，2006 年与清华大学联合承接了国家“863”计划，现已完成四代氢燃料客车产品迭代升级，满足-35 ℃到 50 ℃环境使用需求；创建了燃料电池客车“分频均衡能量型”架构，使整车氢耗下降了 20%左右；提出了自适应准稳态功率分配策略，燃料电池系统寿命明显提高；提出了氢燃料电池与动力电池、DC/DC 变换器与阴极空气循环的协同控制方法，福田欧辉全天候纯电动客车和氢燃料电池客车顺利通过海拉尔极寒测试、海南高温高湿测试，实现了整车-30 ℃低温启动、-40 ℃低温存储，打破了新能源客车“禁区”，成为国内首家通过全气候测试的客车品牌；整车性能多数指标已与国外水平相当，部分指标优于国际水平，成本具有明显优势。在纯电动和混合动力方面，福田欧辉积极开拓，已拥有领先的核心技术，并实现“人—机—电”一体化智能操控平台，产品涵盖 5.9~18 m 全线产品。

六、主要新产品

序号	产品型号	产品名称	品牌	通用名称
1	BJ4259EVPA1	纯电动半挂牵引车	福田	智蓝纯电动牵引车
2	BJ4259FCEVPH	燃料电池半挂牵引车	福田	智蓝燃料电池牵引车
3	BJ5319GJBEV2A	换电式纯电动混凝土搅拌运输车	福田	智蓝换电混凝土搅拌车
4	BJ3319FCEVPH	燃料电池自卸车	福田	智蓝燃料电池自卸车
5	BJ5184TXSEV-H1	纯电动洗扫车	福田	福田纯电动洗扫车
6	BJ5183ZYSEV-H1	纯电动压缩式垃圾车	福田	福田纯电动压缩式垃圾车
7	BJ5045XLCEVK	纯电动冷藏车	福田	智蓝燃料电池冷藏车
8	BJ5045XXYFCEV1	燃料电池厢式运输车	福田	智蓝燃料电池厢式运输车
9	BJ5045XXYEVH	纯电动厢式运输车	福田	智蓝纯电动厢式运输车
10	BJ5082XTYEV-H1	纯电动密闭式桶装垃圾车	福田	福田纯电动桶装垃圾车
11	BJ1045EVJAK	纯电动载货汽车	福田	智蓝纯电动载货汽车

续上表

序号	产品型号	产品名称	品牌	通用名称
12	BJ5044ZLJEV-H1	纯电动垃圾转运车	福田	福田纯电动垃圾转运车
13	BJ5045CCYEVK	纯电动仓栅式运输车	福田	福田纯电动仓栅式运输车
14	BJ1031EVJA3	纯电动载货汽车	福田	时代祥菱纯电动微卡
15	BJ5031XXYEV3	纯电动厢式运输车	福田	时代祥菱纯电动微卡
16	BJ1037EVMA2	纯电动多用途车	福田	大将军 EV
17	BJ5033XGCEV2	纯电动工程车	福田	大将军 EV
18	BJ5038XXYEV1	纯电动厢式运输车	福田	智蓝精灵 E5
19	BJ5038XXYEV2	纯电动厢式运输车	福田	智蓝精灵 E7
20	BJ6116FCEVUH	燃料电池客车	福田	欧辉燃料电池客车
21	BJ6105EVCA-49	纯电动城市客车	福田	欧辉纯电动城市客车
22	BJ6126EVUA-2	纯电动客车	福田	欧辉纯电动客车
23	BJ4259EVDHF-01	换电式纯电动半挂牵引车	欧曼	欧曼换电牵引车
24	BJ3319EVGRF-01	纯电动自卸汽车	欧曼	欧曼纯电动自卸汽车
25	BJ3319EVGRF-05	换电式纯电动自卸汽车	欧曼	欧曼换电自卸车
26	BJ4259EVDHF-01	换电式纯电动半挂牵引车	欧曼	欧曼换电牵引车

七、合资合作及重大项目建设

福田汽车积极响应国家节能减排号召，推动新能源整车发展。在部分模块资源方面，将通过合资合作的方式提升模块能力，构建具有竞争力且满足“双碳”战略的深度集成的新能源系统。

八、发展规划

福田新能源以整车业务为核心，构建全价值链生态体系，基于使用场景为客户提供一体化解决方案，打造“中国新能源商用车第一品牌”。业务规划如下：

（1）技术路线：长期保持多种技术路线并存，根据产业链成熟度及场景工况做动态调整，以纯电动产品满足中短途运输场景，燃料电池产品满足中长途运输场景，混合动力产品作为补充，满足纯电动、燃料电池无法覆盖的场景；

（2）整车平台：短期内基于传统车平台，通过深度改款，拓展产品品种，长期规划新能源专用平台，同步升级核心模块，提高产品竞争力；

（3）核心模块：深入开展核心模块的自研、自制工作，硬件高效集成，软件持续迭代，通过不同的软硬件匹配，形成整车产品的差异化组合，保持产品竞争力。

厦门金龙联合汽车工业有限公司

一、单位概况

厦门金龙联合汽车工业有限公司成立于 1988 年 12 月，隶属于厦门金龙汽车集团股份有限公司（股票代码 600686）。金龙品牌价值高达 592.85 亿元，位列中国汽车行业品牌前十。

金龙拥有国家认定的企业技术研究院、国家级试验中心及博士后工作站，是国家“两化融合”示范企业。金龙专注智能网联交通领域研发，相继推出龙翼车联网科技平台、易驱新能源管理系统、氢燃料电池客车，以及中国首款 L4 级量产阿波龙自动驾驶客车和 5G V2X 智能网联城市公交客车。

二、生产与经营

金龙拥有厦门大中型客车、厦门轻型客车、绍兴专用车三大基地，大中型客车年产能 2 万辆、轻型客车年产能 3 万辆，提供业界齐全的智慧交通产品线，涵盖大、中、轻型客车、自动驾驶客车和底盘、专用车、房车及各类泛出行产品。

三、产品出口

在客车行业出口整体下滑的背景下，金龙客车海外市场迎难而上，持续保持行业出口领先地位。同时金龙客车仍不断在新市场上寻求增量。2021 年金龙客车出口数量为 8047 台，创汇 13783 万美元。占出口车辆比例最少的新能源大中型客车大约在 100 辆左右。

四、技术进展与研发能力

拥有国家认定的企业技术研究院、国家级试验中心及博士后工作站，被评定为海西人才高地。金龙试验中心是国家认可的 CNAS 实验室及福建省客车安全与节能技术重点实验室，总投资近 2 亿元，占地 5294 m^2，拥有国际先进的试验设备及由 8 名博士、12 名硕士及 30 余名资深汽车工程师组成的核心团队，客车试验实力业内一流。

试验中心拥有新能源车辆试验、道路试验、NVH&CAE 试验、零部件性能试验、道路模拟疲劳耐久试验、整车道路模拟耐久试验、底盘测功机试验、动力链台架试验和动力电池试验等 9 大实验室，是国内少有的试验设备、研究理念皆与国际先进标准接轨的客车试验中心。金龙客车工程研究院已承担了 24 项重大科技项目、参与两项国家 863 项目等，参与制修订 100 项国家、行业标准规范，获得省市科技奖励 37 项，拥有有效专利 241 项。

五、主要新产品

序号	产品型号	产品名称	品牌
1	XMQ6905AYBEVL2	纯电动客车	金龙
2	XMQ6650AGBEVL4	纯电动城市客车	金龙
3	XMQ6850AGBEVL29	纯电动低入口城市客车	金龙
4	XMQ6106AGCHEVN62	插电式混合动力城市客车	金龙
5	XMQ6106AGBEVL39	纯电动城市客车	金龙
6	XMQ6108SGBEVL	纯电动双层城市客车	金龙
7	XMQ6115FGFCEV	燃料电池城市客车	金龙
8	XMQ4180BEVL	换电式纯电动半挂牵引车	金龙
9	XMQ5310ZLJFCEV	燃料电池自卸式垃圾车	金龙
10	XMQ4250FCEV3	燃料电池半挂牵引车	金龙

六、合资合作及重大项目建设

2021 年 12 月，金龙联合汽车参与了由东南大学牵头的国家重点研发计划项目“高性能轮毂电机及模块总成集成关键与应用”，项目执行期为 2021 年 12 月—2024 年 11 月，此项目为公司近些年来唯一以子课题负责单位承担的国家科技部重大专项项目。申报项目总投入金额为 9800 万元（中央财政 4800 万元，自筹 5000 万元），其中我司在项目中总承担费用 2665 万元，其中自筹 2000 万元，共可获得政府资助金 665 万元。

产学研方面：与国内知名高校清华大学、吉林大学、北京理工大学、厦门大学，以及华为、百度及阿里巴巴等企业的合作在新能源、车联网、汽车电子以及安全轻量化等领域都取得了丰硕成果。

安徽安凯汽车股份有限公司

一、单位概况

安徽安凯汽车股份有限公司是专业生产各类高中档、大中轻型客车及汽车零部件的上市公司，公司成立于 1966 年，1997 年 7 月在深交所挂牌上市（股票代码 000868）。公司共有 2 个客车整车和 1 个汽车零部件生产基地，是国家高新技术企业、国家创新型试点企业、国家知识产权优势企业。拥有国家企业技术中心、国家电动客车整车系统集成工程技术研究中心、电动客车整车系统开发与应用国家地方联合工程研究中心、国家博士后科研工作站、国家认可的整车性能实验室。产品覆盖各类公路客车、旅游客车、团体客车、景观车、公交客车、新能源商用车等，大中型客车同步、高中档客车并举。

公司是中国豪华客车的领导者和标杆，1993 年，第一辆安凯豪华客车在成渝高速运营，填补了国内高档豪华客车的市场空白，开创了中国道路客运的新纪元。公司依托全承载车身制造技术，率先与全球知名高校和一流零部件企业合作，成功开发出一系列纯电动、混合动力和氢燃料客车，电动客车整车系统集成技术国内领先，电机、电控、轮毂电机驱动桥等拥有自主知识产权制造技术。在智能网联汽车的发展进程中，安凯客车持续创新、积极推动无人驾驶、5G 技术应用落地，以领先的技术产品引领汽车产业全面升级，助力未来智慧出行。

公司认真贯彻“敬客经营　质量为本　求真务实”核心价值观，致力于制造最好的中国客车，努力为客户提供更好的产品与服务，产品畅销国内外市场。目前，安凯客车已出口美国、英国、法国、俄罗斯、澳大利亚、阿联酋、新西兰、新加坡、南非等近百个国家和地区，建立了覆盖全球的销售网络。

二、生产与经营

2021 年，公司生产各类客车 3782 辆，同比下降 30.88%，其中新能源客车 2135 辆，同比下降 30.11%；累计销售各类客车 3833 辆，同比下降 31.61%，其中新能源客车 1796 辆，同比下降 41.48%，销售收入 17.84 亿元，同比下降 46.32%。2021 年 5 m 以上客车销量位居行业第九位。

三、产品出口

2021 年，公司聚焦资源精准营销，斩获泰国 42 辆、菲律宾 94 辆、沙特 100 辆、墨西哥 800 辆等批量订单，战略市场持续发力。全年累计出口各类客车 333 辆，出口总额 8673 万元。

四、产能建设

目前公司拥有 2 个客车整车生产基地，年设计产能分别为 6000 辆，合计产能 12000 辆（含新能源客车产能 6000 辆，均与传统客车共线生产）。

五、技术进展与研发能力

公司建有动力系统试验室、动力电池试验室、电控系统试验室、整车研发与性能试验室、零部件性能试验室共计 5 个试验室，实验室购置了奥地利 AVL 公司混合动力测试设备和车载排放测试系统、美国宝克公司底盘测功机、比利时 NVH 测试设备、氢燃料电池系统性能测试设备等 65 余台（套）国际领先的进口设备，实验室达到国内领先水平，具备了新能源汽车零部件性能测试、验证及开发能力、新能源汽车动力系统开发及集成匹配能力、动力电池系统开发及测试能力、整车控制系统软硬件开发及验证能力、新能源整车性能仿真及测试能力、实验室条件下的新能源整车性能测试及验证能力，试验室并通过国家 CNAS 整车性能试验室认证。

2021 年公司承担省级科研项目 2 项，产学研合作研发横向课题 10 项。围绕电动客车一体化底盘技术、高效电驱动系统集成技术、整车智能化控制技术、整车安全性技术、L4 级智能驾驶技术、燃料电池客车系统集成及控制技术等行业关键共性技术研究，开展了面向 L4 级智能驾驶公交客车开发、基于环境感知的智能控制系统开发、宽效域新能源车用永磁电机关键技术研发及应用等项目研究并取得技术突破。申请专利 121 项，其中发明专利 67 项，截至目前公司拥有授权专利 1258 项，其中发明专利 286 项；主持和参与制定国家标准 3 项；获得省部级科技成果 8 项；获得中国汽车工业科学技术进步一等奖 1 项。

六、主要新产品

整车				
序号	产品型号	产品名称	品牌	通用名称
1	HFF6120E9EV22	纯电动城市客车	安凯	E9
2	HFF6120G9EV22	纯电动城市客车	安凯	G9
3	HFF6650GEV33	纯电动城市客车	安凯	G6
4	HFF6124GS03EV1	纯电动城市客车	安凯	GS
5	HFF6122K10EV	纯电动客车	安凯	A8
6	HFF6110A6EV22	纯电动客车	安凯	A6
7	HFF6121G03FCEV	氢燃料电池城市客车	安凯	G9
8	HFF6100E9FCEV22	氢燃料电池城市客车	安凯	E9
9	HFF6600E6EV21	智能驾驶纯电动城市客车	安凯	E6
10	HFF6660K8EV21	纯电动客车	安凯	K8
11	HFF6710K7EV21	纯电动客车	安凯	K7
12	HFF6821KEV1	纯电动客车	安凯	F7
13	HFF6530Q5EV21	纯电动客车	安凯	Q5

零部件			
序号	产品名称	产品型号	产品应用
1	80 kW 永磁同步电机	TZ365XS080/T Z365XSQ80	安凯纯电动客车
2	100 kW 永磁同步电机	TZ425XS100	安凯纯电动客车
3	120 kW 永磁同步电机	TZ365XS120	安凯纯电动客车

七、合资合作及重大项目建设

公司围绕纯电动客车产业技术创新链,运用市场机制集聚创新资源,实现企业、高校和科研院所在战略层面有效结合,如与北京理工大学、合肥工业大学、同济大学、北方工业大学等高校先后在纯电动客车高效动力系统开发、永磁同步电机开发、燃料电池系统开发、NVH 性能分析、智能驾驶等多个领域开展项目合作;与上海电驱动、嘉兴德燃动力、明天氢能、宁德时代等企业开展燃料电池、电机等零部件技术攻关,与高节能电机及控制技术国家地方联合工程实验室合作组建"电驱动系统技术研究院",开展新能源汽车电驱动系统关键技术研究,提升关键零部件集成水平,带动新能源汽车企业共同发展。

八、发展规划

"十四五"期间,公司将积极应对国家安全、油耗及排放法规;持续研究轻量化设计和能耗管理技术、整车环保达标和监控技术、智能辅助驾驶安全技术,培育传统客车"更安全更舒适更节能"的产品特色,构建新一代节能客车产品平台。顺应汽车产业"四化"发展潮流和趋势,通过与新能源、新材料、互联网、人工智能等多领域融合创新,持续提升设计仿真能力;完善整车排放、安全和零部件检测能力,建立智能驾驶客车的试验验证能力;掌握分布式驱动系统、燃料电池客车、智能驾驶汽车等关键技术,占领新能源汽车技术制高点。

深化推进 1+3 研发体系,建设国家级优秀研发平台,利用国家级平台和采取"走出去 请进来"的科技人才培养模式,引进和培养高端人才,创新科技人才选育用留机制;以客户核心价值为驱动,持续优化 AK. NAM 流程,强化项目管理;开展知识管理能力建设,建立基础知识库和经验知识库,实现知识共享;推进技术标准体系建设,提升标准法规应对能力。

中车时代电动汽车股份有限公司

一、单位概况

中车时代电动汽车股份有限公司(以下简称中车电动或公司)成立于 2007 年,位于湖南省株洲市天元区栗雨工业园 57 区,法定代表人肖高华,注册资本 25.4 亿元。中车电动是中车集团整合国内外优质资源成立的国内第一家专业从事电动汽车研发与制造的高新技术企业,将世界领先的轨道交通电气传动及控制技术成功应用于新能源汽车领域,并打造了新能源汽车从电池管理系统等关键零部件到动力系统平台和整车制造的新能源汽车的全产业链平台,产品广泛应用于公交、公路、团体、旅游、环卫、物流、小车、工程、医疗救护、抗险救援等领域。中车电动用一颗环保的心,生产零排放、亲和环境的新能源汽车,成为继高铁之后,中国中车的产业新名片。2020 年,获评 AAA 级信用企业。

截止到 2021 年底,车辆投放规模全国领先,累计投放新能源整车 5 万余台,产品批量服务湖南、广东、北京、上海、河北、山西、广西、云南、海南、贵州等多个省市区,并相继突破白俄罗斯、新西兰、法国、韩国、沙特等国际市场。历经十余年发展,产业规模已突破 50 亿元,成为中国新能源客车行业领导品牌之一。

二、生产与经营

在国家大力发展新能源汽车产业的大背景下,公司抓住新能源汽车产业发展机遇,充分利用中车品牌及核心技术优势,取得定的成绩。产业规模从37.9亿元发展至50亿元,整车销量从4000余辆提升至逾万辆;截至2021年底,总资产109.75亿元,实现营业收入逾37亿元,其中客车销量近6000辆,位列客车行业第八,新能源客车行业第三。公司自成立以来,坚持走专业和创新的道路,节能与新能源客车技术处于国内领先水平。公司已通过国家质量体系ISO 9001认证及ISO 16949质量体系认证。

三、产品出口

海外市场向新领域迈进,新西兰、马来西亚、韩国、匈牙利等既有客户订单量加大,全力推进北欧、新加坡等市场。

四、产能建设

中车电动建成了行业一流的底盘、焊装、电泳、涂装、总装、检测生产流水线,具备年产整车30000辆的生产能力,是我国新能源客车重要的产业化基地。为满足当前新能源客车市场高品质、短交期、定制化的需求,中车电动搭建了包括ERP、MES、PLM、CRM等平台的智能化生产管理体系,有效提升产品质量,缩短产品生产周期,确保产品及时交付。

五、技术进展与研发能力

公司搭建了具备项目管理与评估团队,执行一定的客车创新研究、技术集成、项目管理和运行。“十三五”期间,公司牵头开展了《宽禁带半导体电机控制器开发和产业化》《商用车高可靠性电力电子集成系统开发》两项“新能源汽车”国家重点研发计划的项目研发工作,该两项重大研发项目重点利用中车集团内功率半导体优势产业资源,提升了公司在新能源汽车电驱动系统领域的领导作用。公司拥有专利总量近千件;公司累计主持制定国际、国家或行业标准4项;累计参与制定国际、国家或行业标准31项。

截至2021年末,公司拥有“国家认定企业技术中心”国家级资质科研平台,组建了“湖南省电动汽车电传动系统工程技术研究中心”“电动汽车动力系统及关键技术湖南省重点实验室”“湖南省企业技术中心”“江苏省企业技术中心”“浙江省级高新技术企业研究开发中心”等5个省级科研创新平台。

六、主要新产品

1. 整车				
序号	产品型号	产品名称	品牌	通用名称
1	TEG6530BEV02	纯电动城市客车	中车	H05/小V
2	TEG6105BEV	纯电动城市客车	中车	C10
3	TEG6126BEV01	纯电动低地板城市客车	中车	X12
2. 零部件				
序号	产品名称	产品型号	产品应用	
1	一体化底盘动力电池系统	L121A	低地板电池底置车型	
2	轨道交通1500 V标准电池包	tpower-AS33	3000马力轨道交通混合动力机车、1500 V高电压平台轨交机车、地铁、有轨电车等	

七、合资合作及重大项目建设

公司积极发挥次级投资平台作用,优化资源配置,重点城市战略性投资布局;开展电池PACK等上游零部件项目拓展和培育新业务。

八、发展规划

基本构建较为完整及高效的新能源商用车技术创新体系,产学研协同并进,有效支撑公司战略落地。掌握新能源商用车电动化、智能化、网联化发展关键核心技术,客车基础研究及原始创新能力显著提升,专用车及物流车等新领域技术能力持续增强。打造“产品+服务”模式,开发自主网络服务平台,研发一批具有行业影响力的装备,提供行业一流的新能源交通系统解决方案。成为中车“一核三级多点”业务结构下重要的战略科技力量。

开沃新能源汽车集团股份有限公司

一、单位概况

开沃新能源汽车集团股份有限公司(以下简称开沃汽车集团)是集新能源整车及核心零部件研发、生产、销售、服务于一体的高新技术企业、独角兽企业。开沃汽车集团总部位于江苏省南京市溧水开发区,集团产业布局全国,在深圳、武汉、徐州、呼和浩特、渭南均建有生产基地,产品涵盖乘用车、客车、物流车、专用卡、卡车、无人驾驶车等多种车型,并可提供充/换电场站建设和运营的解决方案。

二、生产与经营

2021年,开沃汽车集团实现销售额40亿元,同比增长23%。

三、产品出口

开沃新能源汽车自2017年布局海外市场,遍布德国、以色列、希腊、墨西哥、吉尔吉斯斯坦、乌兹别克斯坦、厄瓜多尔、澳大利亚、罗马尼亚、土耳其、俄罗斯等多个国家和地区,海外市场已经步入高增长通道。

四、产能建设

开沃新能源汽车集团股份有限公司占地面积83万m^2,建筑面积50万m^2,总投资50亿元,可年产2万台大中型客车、20万台轻型客车、10万台乘用车。

五、技术进展与研发能力

在技术研发上，开沃汽车集团拥有一支以专家、博士、硕士为技术领头人的近800人技术团队，集中了国内优秀的研究、试验队伍和先进的技术成果。新能源技术开发平台在自主研发和试验检测方面均做到国内一流；技术成果在电驱动智能化、整车控制策略、电安全保障、轻量化、舒适性设计、内外饰等方面打造国内一流产品。2014年通过“南京市高端人才团队引进项目”审核，成为南京唯一一家入围的新能源汽车企业。除了紧跟国家新能源战略步伐以外，公司在产学研合作创新方面也有所突破，被评为2017年中国产学研合作好案例。截至2021年底，开沃汽车集团通过自主创新和对外合作已累计申请专利1290项，其中发明专利477项；获得专利授权804项，其中发明专利36项。

在核心“三电”方面，2015年成立了南京创源天地动力科技有限公司(Skysource)，专注可充电动力电池包、电池管理系统、汽车线束、高压配电箱、电机控制器、BMS等汽车核心零部件及系统的设计、研发和生产。致力于通过先进的电池技术，生产安全、优质、高效、环保的锂离子电池包及管理系统，与新能源汽车、新能源汽车充/换电站以及电网储能系统等形成完美配套，为客户提供优质的能源解决方案。

六、主要新产品

整车				
序号	产品型号	产品名称	品牌	通用名称
1	NJL6472BEV400	纯电动多用途乘用车	创维汽车	EV6
2	NJL6473BEV400	纯电动多用途乘用车	创维汽车	EV6
3	NJL6471BEV500	纯电动多用途乘用车	创维汽车	EV6
4	NJL6470PHEV1	插电式混动动力多用途乘用车	创维汽车	HT-i
5	NJL6450ICEV	纯电动智能驾驶观光车	开沃汽车	蓝鲸号
6	NJL5026XXYEV3(5/7/8)	纯电动厢式物流车	开沃汽车	D07
7	NJL6420EV3(6)	多用途乘用车	开沃汽车	创业者
8	NJL5038XXYEV4(5/6/7/8)	纯电动厢式物流车	开沃汽车	D10
9	NJL6520EV1	纯电动城市客车	开沃汽车	D10 客车
10	NJL5040XXYEV1(2/3)	纯电动厢式物流车	开沃汽车	D11
11	NJL5041XXYEVC(2)	纯电动厢式运输车	开沃汽车	K10
12	NJL5041XLCEVC2	纯电动厢式冷藏车	开沃汽车	K10 冷藏
13	NJL5043XXYEVA1(2)	纯电动厢式运输车	开沃汽车	K15 厢式
14	NJL5042XXYEVA	纯电动厢式运输车	开沃汽车	K15T 厢式
15	NJL6700EV	纯电动城市客车	开沃汽车	—
16	NJL6856EV	纯电动城市客车	开沃汽车	H85
17	NJL6871EVLG	纯电动铛铛车	开沃汽车	—
18	NJL6106EV	纯电动城市客车	开沃汽车	H10
19	NJL6822EV	纯电动公路客车	开沃汽车	—
20	NJL6113FCEV	氢燃料城市客车	开沃汽车	F13
21	NJL6129GSEV	纯电动双层巴士	开沃汽车	G12
22	NJL3310ZHJBEV	纯电动自卸汽车	开沃汽车	ZP33
23	NJL3310ZHJBEV4	换电式纯电动自卸汽车	开沃汽车	ZP43
24	NJL3310ZHJBEV5	换电式纯电动自卸汽车	开沃汽车	ZP51
25	NJL4250KEKBEV	纯电动半挂牵引车	开沃汽车	TH01
26	NJL4250ZEKBEV	纯电动半挂牵引车	开沃汽车	TP11
27	NJL4250ZEKBEV2	换电式纯电动半挂牵引车	开沃汽车	TP31
28	NJL4250ZEKBEV3	换电式纯电动半挂牵引车	开沃汽车	TP51
29	NJL5310GJBZHKBEV1	换电式纯电动混凝土搅拌运输车	开沃汽车	SP03
30	NJL5080TCABEV	纯电动餐厨垃圾车	开沃汽车	—
31	NJL5080ZYSBEV	纯电动压缩式垃圾车	开沃汽车	—
32	NJL5080XTYBEV	纯电动密闭式桶装垃圾车	开沃汽车	—
33	NJL5120TXSBEV	纯电动洗扫车	开沃汽车	—
34	NJL5180TXSBEV3	纯电动洗扫车	开沃汽车	—

零部件			
序号	产品名称	产品型号	产品应用
1	液冷标准箱电池系统	C280LY3-＊P＊S	纯电动客车、纯电动专用车
2	液冷标准箱电池系统	C105LY4-＊P＊S	纯电动客车、纯电动专用车
3	高能标准箱电池系统	C173LY-＊P＊S	纯电动客车、纯电动专用车
4	高能标准箱电池系统	B173LY-＊P＊S	纯电动客车、纯电动专用车
5	高能标准箱电池系统	G173LY-＊P＊S	纯电动客车、纯电动专用车

续上表

序号	产品名称	产品型号	产品应用
6	高能标准箱电池系统	C230LY-＊P＊S	纯电动客车、纯电动专用车
7	高能标准箱电池系统	G230LY-＊P＊S	纯电动客车、纯电动专用车
8	高能标准箱电池系统	C304LY-＊P＊S	纯电动客车、纯电动专用车
9	高能标准箱电池系统	G304LY-＊P＊S	纯电动客车、纯电动专用车
10	乘用车电池系统	BE11	纯电动乘用车

七、合资合作及重大项目建设

近年来，开沃汽车集团多次获得国家级、省级重大技术攻关，核心技术等重大专项。2018 年自主研发的“新一代 VCU 和 BMS 二合一控制器”荣获国家级技术金桥奖“优秀项目奖”；2019 年 L4 级无人驾驶观光车“蓝鲸号”获得了“2019 年度 ICT 中国创新项目最佳城市创新应用奖”；2021 年获评“十大新能源客车品牌”“优秀客车品牌”等多项殊荣。

八、发展规划

开沃汽车将继续坚持科技创新，品质至上。预计在 2025 年客车海内外目标实现销量 1 万辆，销售额 70 亿元；轻型车年产销 5 万辆；重卡年产销 2 万辆；乘用车——创维汽车实现年产销 25 万辆，依托开沃汽车和创维集团的海外资源和生态优势，实现海外销量占比达到 40%，实现本地化生产；零部件主营业务收入 300 亿元，全年总收入突破 1200 亿元。实现开沃汽车集团千亿级的战略目标。

成都客车股份有限公司

一、单位概况

成都客车股份有限公司成立于 1952 年，七十年来一直专注于节能与新能源商用车的研发制造和推广。1995 年，该公司研制的 CNG 客车成为全国第一个进入汽车产品目录的天然气客车产品；2009 年，该公司积极参与了国家首批“十城千辆”电动汽车示范推广应用工程；2017 年成功研制了西部地区第一个进入燃料电池汽车推荐目录的燃料电池客车并率先开展了商业示范运营。凭借务实求进的企业精神和深厚扎实的专业积淀，已成长为具有明显区域优势的新能源商用车企业，“蜀都”牌商标已获得中国驰名商标荣誉。

在交通行业低碳化、智能化快速转型和汽车行业加快变革、创新、整合的背景下，成都客车股份有限公司积极融入行业整合，重组后作为四川发展（控股）有限责任公司先进制造业板块的核心重点企业，将紧紧抓住新能源智能网联汽车产业发展的历史机遇，聚焦以纯电、氢能新能源商用车领域，以成都为中心建设全国重要的新能源商用产业集群和总部基地，培育具有全国影响力和国际竞争力的新能源商用车产业链，推动新能源商用车整车生产、零部件制造、能源供给、运维服务等企业协同发展，为建设绿色低碳高质量公交、客运、环卫、物流系统提供质量过硬、技术领先、深度定制、服务优质的新能源商用车整体解决方案和智能化运营服务平台，助力成渝双城经济圈高质量建设。

二、生产与经营

成都客车股份有限公司研发生产的“蜀都牌”全系列客车及专用车产品覆盖纯电动、燃料电池、混合动力、天然气等多种能源形式，适用于 BRT 公交、干线公交、社区公交、旅游观光、通勤、专用校车、城市物流、环卫、移动医疗等不同场景。超过 4 万辆的清洁能源客车和超过 5000 辆新能源客车已批量投向全国二十多个省市及南美、东南亚等市场，取得了良好的经济和社会效益。

三、产品出口

蜀都牌商用车已小批量出口俄罗斯、越南、老挝、玻利维亚、印度、阿联酋等国家。

四、产能建设

成都客车股份有限公司是四川省和成都市重点支持的新能源商用车研发制造及产业化基地，在成都建有先进的冲压、焊装、整车阴极电泳、涂装、底盘装配、整车总装生产线和全自动检测线，具备单班年产 5000 辆新能源商用车的生产能力。

五、技术进展与研发能力

成都客车股份有限公司是国家高新技术企业，建有省级技术中心、成都市院士（专家）创新工作站、成都市工业设计中心和成都市新能源客车研究中心、四川汽车轻量化研究中心等研究机构，并与多家高校、科研院所和相关企业建立了紧密的“产学研用”合作关系，联合承接了多项新能源商用车科研及示范推广项目。专职研发人员近百人，研发场地约 3000 m^2。建有国内领先的新能源汽车（混合动力、纯电动、燃料电池）驱动系统综合测试平台、燃料电池性能测试台架、整车底盘测功机、道路模拟平台、高压氢系统测试平台等高水平研发测试设备，具备一流的研发测试能力。

成都客车股份有限公司紧跟国家碳达峰碳中和战略方向，坚持“氢电协同”的发展战略，聚焦纯电动、氢燃料商用车技术，在不断提升传统商用车的底盘、车身、轻量化、电器技术基础上，蜀都客车深入掌握了完全自主知识产权的新能源商用车整车控制器软硬件技术、动力电池集成管理技术、燃料电池系统集成匹配、DC/DC 变换器、驱动电机、储供氢系统等关键零部件集成匹配技术，已形成了整车控制器、安全控制、能量管理、轻量化、智能监控等具有领先优势的自主核心技术，取得了数十项专利和专有技术，已具备国内领先的新能源与智能汽车的研发能力。

成都客车股份有限公司是西部地区第一个进入燃料电池汽车推荐目录的企业。生产的氢能商用车率先在西部投入商业运营。目前已成功研发多款氢能商用车产品，可覆盖公交、旅游和城市物流、城间物流、环卫等市场需求，多个氢能商用车产品进入《公告》和《推荐目录》。已累计生产超过220 辆氢能客车并投入商业运营，安全运营总里程已超过1200 万 km，积累了宝贵的研发、制造、服务经验。其中 FC90 氢能客车百公里氢耗约 3.3 kg，FC11 氢能客车百公里氢耗约 4.3 kg，已实现《节能与新能源汽车技术路线图 2.0》中 2020—2025 阶段对燃料经济性<5.5 kg/100 km 的展望，已达到了行业领先水平。

六、主要新产品

序号	产品型号	产品名称	品牌	通用名称
1	CDK6126CBEV6	纯电动城市客车	蜀都牌	EC12
2	CDK6116CBEV7	纯电动城市客车	蜀都牌	EC11
3	CDK6850CBEV10	纯电动城市客车	蜀都牌	EC85
4	CDK6810CBEV2	纯电动城市客车	蜀都牌	EC81
5	CDK6660CBEV	纯电动城市客车	蜀都牌	EC66
6	CDK6590CBEV2	纯电动城市客车	蜀都牌	EC59
7	CDK6110CFCEV1	燃料电池低入口城市客车	蜀都牌	FC11
8	CDK6851CFCEV01	燃料电池城市客车	蜀都牌	FC85
9	CDK5180GQXBEV	纯电动清洗车	蜀都牌	EZ18
10	CDK5180TXSBEV	纯电动洗扫车	蜀都牌	EZ18
11	CDK5180ZYSBEV	纯电动压缩式垃圾车	蜀都牌	EZ18
12	CDK5180TDYBEV	纯电动多功能抑尘车	蜀都牌	EZ18

七、合资合作及重大项目建设

为响应国家和四川省委、省政府关于加快发展新能源汽车产业的号召，推动“零碳四川”方案的实施，2022 年 1 月，四川发展（控股）有限责任公司与成都客车股份有限公司完成了重组整合，通过整合，四川发展成为该公司的控股股东，四川新筑通工汽车有限公司成为该公司的子公司，重组后的成都客车股份有限公司将抓住新能源汽车产业发展、“一带一路”、“成渝双城经济圈”发展的历史机遇，以成都为中心，聚焦新能源商用车产业，围绕“先进制造+科技创新”，通过产业链横向整合与纵向延伸，建设全国重要的新能源商用产业集群和总部基地，培育具有全国影响力和国际竞争力的新能源商用车产业链。

八、发展规划

成都客车股份有限公司作为四川发展（控股）有限责任公司先进制造业板块的核心重点企业将聚焦新能源商用车研发制造及运营维保主业，不断完善新能源客车、货车、专用车产品品种，提升产品品质，积极建设商用车一体化运营平台，大力发展新能源商用车循环经济，培育具有全国影响力和国际竞争力的新能源商用车产业链，推动新能源商用车整车生产、零部件制造、能源供给、运维服务等企业协同发展，为建设绿色低碳高质量公交、客运、环卫、物流系统提供质量过硬、技术领先、深度定制、服务优质的新能源商用车整体解决方案。

成都客车股份有限公司将继续坚持“氢-电协同”的战略方向，聚焦纯电动、氢能商用车市场和技术，把安全性、可靠性、实用性和低碳化、智能化、人性化作为最重要的技术创新方向，坚持“产-学-研-用”深度融合的开发模式，紧跟市场需求，瞄准世界一流技术，不断提升产品竞争力。同时加快推进新能源客车、中重型冷链物流车、环卫车的研发，拓展产品品种，为新能源商用车市场新能源替代率。同时，蜀都客车将持续调整优化生产、测试、服务流程，提升智能制造装备水平，升级测试、试验、故障诊断设备，做好新能源商用车大批量生产和运营服务的技术、装备、人员准备。

成都客车股份有限公司将抓住商用汽车低碳化，智能化带来的机遇，瞄准世界一流，积极整合行业资源，立足成都，辐射全球，努力发展成为国内领先的、产业规模超百亿的新能源商用车企业。

奇瑞万达贵州客车股份有限公司

一、单位概况

奇瑞万达贵州客车股份有限公司系奇瑞集团与贵阳市政府合资成立的集研发、生产、销售、售后为一体的商用车车企。公司总投资 22.6 亿元（2019 年新增投资 6.3 亿元），具备年产 1 万台大型客车与 2 万台轻型客车的生产能力。产品覆盖公务、商务、旅游团体、城市公交、专用车等各个领域，是贵州省内唯一一家具备客车整车资质、新能源资质、轻客资质及氢燃料客车资质的本土车企。自 2013 年以来，公司的新能源公交车、公路客车已累计实现销售近 1.5 万余台，销售区域涵盖贵州、安徽、云南、广州等众多省市，为贵州省汽车产业发展及节能环保事业作出了应有的贡献。

二、生产与经营

公司 2021 年全年累计实现销量近 1000 辆。

三、产品出口

奇瑞万达贵州客车股份有限公司依托奇瑞集团连续 18 年自主品牌出口第一的市场资源与销售能力，以高端新能源客车和特种改装车辆拓展东南亚、西亚、中东及南美洲等国际市场，实现“贵州制造”的对外批量出口，促使整体海外市场成为公司业绩新一轮的增长点。

四、产能建设

奇瑞万达贵州客车股份有限公司具备年产 1 万台大型客车与 2 万台轻型客车的生产能力，精细生产组织，突出规模效益建产。

五、技术进展与研发能力

新型智能化产品（智能无人驾驶、双层客车、18 m 铰链客车）、新自动化生产线（焊装机器人）、新能源实验室（氢燃料动力)等相关建设。其中特别针对贵州公交、客运旅游市场而开发的 18 m 铰链客车、旅游客车等高端产品已具备批量生产条件。2020 年在获得氢燃料电池客车生产资质后,在安徽省、贵阳市实现氢燃料动力电池公交示范应用。

六、主要新产品

序号	产品型号	产品名称	品牌
1	WD6187BEVG01	18 m 铰链客车	万达牌
2	WD6117BEVSG01	双层客车	万达牌
3	WD6117BEVG05	纯电动公交车	万达牌

七、合资合作及重大项目建设

以奇瑞万达公司车企为龙头,带动贵阳市乃至贵州省氢燃料电池汽车产业链不断技术创新、传统企业转型升级。

结合奇瑞集团氢能产业布局,适时推进建设奇瑞集团瑞氢动力公司建设项目。

八、发展规划

奇瑞万达公司始终坚持以汽车产品新“四化”为基础,通过整合氢能产业、自动驾驶、智能互联、大数据云平台等技术,为客户提供一个绿色智慧交通解决方案,将会按计划逐步申报轻/重型卡车等资质,为做大做强新能源汽车产业创造相应的资质条件并紧紧围绕将奇瑞贵阳基地建设成奇瑞西南百亿级商用车生产基地的目标,为贵州省打造成为西南地区先进装备制造业发展高地贡献力量。

格力钛新能源股份有限公司

一、单位概况

格力钛新能源股份有限公司是一家集锂电池核心材料、电池、电机电控、充电设备、智能储能系统、纯电动整车研发、生产、销售以及动力电池回收梯次利用为一体的全球综合性新能源产业集团。公司以科技创新为核心,打造新能源闭合式循环产业链,旗下拥有广通汽车、奥钛储能两大品牌。

公司近几年先后获得多项荣誉,2016 年荣获联合国工业发展组织授予的“全球可再生能源领域最具投资价值的领先技术蓝天奖”“纳米钛酸锂动力电池技术”获“国际领先”认定、被认定为“广东省钛酸锂电池工程技术研究中心”。2017 年被认定为“院士专家服务基地”。2018 年获得工信部颁发的“绿色工厂”荣誉称号、上榜科技部发布的新能源领域独角兽企业、连续四年入选全球新能源企业 500 强、钛酸锂电池和仿古铛铛车被评为“广东省名牌产品”、18 m 海豚公交车作为新能源汽车行业唯一入选的产品荣获“中国专利奖—外观设计金奖”。2019 年入选“2019 全球新能源企业 500 强榜单”百强、被认定为“广东省省级企业技术中心”,1 MWh 集装箱储能系统首次在国内应用,荣登“2019 中国制造业企业 500 强”榜单、获得中国科学技术进步奖等;2020 年,连续两届获得“中国储能产业最具影响力企业奖”,荣获“锂想 2020 技术创新奖”;2021 年“高安全大倍率储能系统关键技术研发与应用”获“国际领先”认定,荣获“2021 年度中国储能产业最佳光储充一体化解决方案奖”“2020—2021 年度优秀梯次利用企业”荣誉称号;2022 年荣获广东省科技进步奖二等奖等。

二、生产与经营

公司总部位于珠海,拥有邯郸、石家庄、成都、天津、南京、洛阳、兰州等产业园。

格力钛新能源以自主研发的钛酸锂材料、电池的技术研发和制造能力为核心,进行钛酸锂负极材料、钛酸锂电池、钛酸锂储能系统的研发、生产和销售,是全球最大的钛酸锂电池生产基地,具备不同型号不同系列钛酸锂电池产品生产能力,国内市场占有率排名第一,2021 年 11 月经工业和信息化部认定为制造业单项冠军产品。

现装配格力钛酸锂电池系统的客车,产品品种丰富且具有较高的市场信誉和极强的市场竞争力,畅销国内市场,已在北京、广州、石家庄、珠海、湛江、中山、包头、齐齐哈尔、邯郸、永州、揭阳、汕头、江门、潮州等 100 余座城市成功运营。

公司的储能系统产品应用覆盖电力调峰、火电调频、基站备换电、工程机械、轨道交通、数据中心、应急供电、家居等场景,目前,我司储能系统产品在国际上已进入美国、欧盟并多年稳定运行,在国内已经进入国网冀北电力有限公司国家风光储输示范工程、南方电网 MW 级电池储能站 863 课题示范工程。

三、产品出口

格力钛生产的钛酸锂电池具有高安全、长寿命、快充放、耐宽温四大特性,可在电钻、浸泡针刺、切割、过充放、燃烧等严苛测试条件下不冒烟不起火,因此格力钛钛酸锂电池凭借过硬的品质,在海外市场上获得了客户的一致好评。并远销海外市场,包括意大利、德国、马来西亚、印度、菲律宾、泰国、越南等国家。

四、产能建设

格力钛新能源以一站式技术研发体系,加快技术创新与产业升级的步伐。在全球拥有材料研究院、电池研究院、商用/专用车研究院、电池应用及工艺研究院、储能系统研究院、燃料电池研究院等 6 个研究院和 5 个技术中心。公司目前有两个钛酸锂电池生产基地及一个钛酸锂材料生产基地,珠海钛酸锂电池厂、邯郸钛酸锂电池厂、邯郸钛酸锂材料厂。生产线的主要设备都购自国外先进设备厂家或国内大型一线品牌锂电设备厂,结合自主开发自动化设备及装配模式,自动化程度居于国内领先水平。

五、技术进展与研发能力

1. 技术创新能力

(1)钛酸锂电池技术

钛酸锂材料突破了传统石墨负极二维层状结构的局限,

具有稳定的三维晶体结构，在充放电过程中，材料结构几乎不发生变化，被称为“零应变材料”。与石墨负极材料相比，钛酸锂材料几乎不形成热稳定性差的 SEI 膜，避免了 SEI 膜在高温分解时引发的热失控导致电池起火、爆炸的隐患。格力钛新能源通过纳米化工艺与结构控制技术相结合，合成了高相纯度的“格力钛”材料，独特的颗粒形貌及尺寸设计，优化了钛酸锂材料的电化学性能，攻克了纳米材料难以分散的加工难题，为格力钛酸锂电池提供坚实的技术保障。

（2）高安全大倍率储能系统关键技术

公司采用介孔微球钛酸锂材料自晶化构建技术，开发了一款更适宜大倍率工况的高性能钛酸锂材料，设计了全覆盖多通道极片自约束圆柱电池，基于此钛酸锂电池研发了电池模块并集成研发了 4P 工况高安全大倍率储能系统，其中重点研究了大倍率运行工况下的散热管理和安全管理，提出一种从电池、电池模块、系统三个层级来限制大倍率充放电时的电池温升及温差的散热关键技术。

（3）动力电池、动力系统、电机电控三大核心研发及试验能力

公司拥有广东省新能源汽车安全与节能技术重点实验室，具有动力电池、动力系统、电机电控三大核心研发及实验能力，包括 30 多个零部件专业检测室和 1 个远程监控中心，拥有国内领先的研发试验仪器 200 余台套，如瑞典优胜公司 truckaligner 的四轮定位设备，德国拜斯瓦特的制动检测台，德国 wabco 的 ABS/ASR 测试仪，美国 ROBINAIR 空调真空检测仪等进口设备。

2. 研发能力建设

公司以 6+1 的研发体系，加快技术创新与产业升级的步伐。在全球拥有材料研究院、电池研究院、商用/专用车研究院、电池应用及工艺研究院、储能系统研究院、燃料电池研究院等 6 个研究院和院士专家服务基地、广东省战略性新兴产业基地、广东省钛酸锂电池工程技术研究中心、广东省钛酸锂动力电池材料工程实验室、广东省新能源汽车安全与节能工程技术研究中心、广东省省级企业技术中心、广东省教育部科技部产学研结合示范基地等政府认可省级科技平台。

公司研发的锂电池系列产品，具有高能量、高倍率、高安全、耐宽温、长寿命等特性，可覆盖全储能应用场景，被广泛应用于新能源汽车以及工商业园区、通信基站、电网调频、轨道交通、船舶岸电、家庭住宅等储能领域，具有广阔的市场前景和应用价值。

六、主要新产品

序号	产品型号	产品名称	品牌	通用名称
1	CAT6601CRBEV1	纯电动城市客车	广通牌	6 m 公交车
2	CAT6858CRBEVT	纯电动城市客车	广通牌	8.5 m 公交车
3	GTQ6116BEVB30	纯电动城市客车	广通牌	10.7 m 海豚公交车
4	GTQ6129BEVH31	纯电动客车	广通牌	12 m 脸谱大巴
5	GTQ6702BEV2	纯电动客车	广通牌	7 m 考斯特
6	CAT6852CRFCEVT	燃料电池城市客车	广通牌	8.5 m 燃料电池公交车
7	CAT6131FRBEVT	纯电动双层城市客车	广通牌	双层公交车
8	CAT5030XXYBEV1	纯电动厢式运输车	广通牌	3 t 物流车
9	TJR5030XXYBEV2	纯电动厢式运输车	广通牌	3 t 物流车
10	NJK5310ZLJBEV1	纯电动车厢可卸式垃圾车	广通牌	31 t 垃圾车
11	NJK5310ZLJBEV2	纯电动自卸式垃圾车	广通牌	31 t 垃圾车
12	CAT5181XYLDF	医疗车	广通牌	18 t 医疗车

七、发展规划

未来，格力钛新能源将立足于新技术、新模式、新产业，结合自身技术、产品、渠道等优势，积极践行“科技创新与商业模式”双驱动，以打造“5G 智慧城市分布绿色能源运营商”为品牌发展方向，为城市发展提供智能化、闭合式新能源综合解决方案，始终秉承“与绿色同行”发展理念，引领行业走向可持续发展的未来。

四川新筑通工汽车有限公司

一、单位概况

四川新筑通工汽车有限公司（简称通工汽车）是一家集设计开发、生产制造、销售服务为一体的新能源客车（即纯电动客车、燃料电池客车）整车和专用车制造企业；是四川发展轨道交通产业投资有限公司控股的成都客车股份有限公司的全资子公司，始建于 1958 年，其前身名为四川雅安通工汽车厂，为国有控股企业，地处雅安市国家经济技术开发区，距成都市 110 km，占地面积 289 亩，注册资本 2.85 亿元，现有员工 198 人。主要产品有新能源客车、新能源环卫车、专用货车、专用作业车等。拥有新能源客车整车的先进制造能力及专用车制造能力。是四川发展（控股）有限责任公司布局“5+1”重点支柱产业的装备制造产业和“16+1”重点领域的“新能源与智能汽车”领域的重要组成部分。

通工汽车是工业和信息化部《道路车辆生产企业和产品公告》内整车生产企业，目录序号为 206，企业名称代号为"TG"，注册商标为"通工牌"。其经营范围：纯电动城市客车、混合动力城市客车、纯电动厢式运输车、大中型客车、专用货车、自卸汽车（改装类）通用货车挂车、普通罐式车辆、常压危险品罐式车辆、专用作业车制造及销售；车载钢（铝）罐体制造及销售，汽车配件加工销售，机械加工、商用车辆的销售和租赁；机械装备类技术服务；汽车租赁；电池销售、租赁和回收；充电站（桩）建设及经营；进出口业务。

二、生产与经营

截止到 2022 年 02 月底，通工汽车总资产（不含土地价值）81155 万元、净资产（不含土地价值）13887.35 万元。主营业务为新能源城市客车和新能源环卫车。通工汽车实施产业升级进入新能源商用车整车领域，目前处于发展初期，产品在国内市场正逐步推广，市场范围涵盖四川省内、省外市场及海外市场。

通工汽车目前正在进行产品线整合，提高资产运营效率。根据公司发展战略，扩展环卫车、重卡等产品线，与现有客车产品线进行资产整合，提高资产运营效率，丰富产品系列，提高经济效益。市场方面：（1）市场愿景是成为国内知名的新能源商用车整体解决方案服务商。（2）市场定位为聚焦资源，专注于新能源商用车研发制造。（3）市场方向是致力于中高端商用车及关键零部件市场，重点针对大中城市公交、市政环卫、旅游、景区、通勤等领域。（4）市场策略是坚持技术引领、资源突破、服务制胜策略。截至目前川内多个地市州已开展销售，已有多个车型投入运行。

通工汽车是科技部国家新能源客车车用超级电容系统工程技术应用中试基地、是《客车技术与研究》副理事长单位、是四川省汽车产业协会副会长单位、是四川省汽车工程学会副理事长单位、四川省标准化协会成员单位。

三、产能建设

2019 年以来，公司新建有新能源客车整车生产的四大工艺，其设施和设备齐全，具备年产 5000 辆新能源客车（即纯电动客车和燃料电池客车）整车的生产能力。

四、技术进展与研发能力

近年来，公司积极响应国家新能源汽车发展战略，积极推动四川发展的新能源与智能汽车产业发展战略，通工汽车坚持秉承"技术领先"的企业方针，注重研发投入，始终坚持通过"技术创新"达到行业领先水平。为加大企业技术创新和产品研发，公司专门成立了研究院，进行新产品开发、工艺设计及关键技术研究。

通工汽车研究院目前具有整车设计与集成、整车结构设计、外观造型设计、内饰设计、车辆底盘设计、系统集成与动力系统匹配设计、转向系统设计、制动系统（及底盘辅助系统）设计、车身设计、系统集成控制技术等专业设计人员 30 多人。为提升品牌形象，增强企业竞争力，占领技术制高点，与德国造型设计 TRICON 公司合作打造符合当代审美观、富有科技感、亮点突出的外观产品；与优秀的超级电容生产商——上海奥威科技有限公司和燃料电池厂商—东方电气和西南交通大学开展全面合作，研发以超级电容为主的产品技术路线，同时加强"超级电容+锂电""超级电容+燃料电池"并联输出动力技术开发，同时与中国汽车工程研究院股份有限公司和北京理工大学合作建立产品强制检测和全生命周期运行监测，形成了强大的产品研发技术优势和研发力量。

截至目前，通工汽车研究院先后完成了 20 多款纯电动城市客车、燃料电池城市客车、纯电动专用车（即环卫车）等车型的研发设计，经国家认可的第三方专业检测机构检测合格，经国家工信部及国家质量认证中心认可，获得工信部《道路机动车辆生产企业及产品公告》、国家质量认证中心《强制性产品认证证书》（3C 证书）。公司拥有专利技术 39 项，其中已授权 29 项，已受理正在审查过程中的 10 项。

通工汽车建有新能源汽车系统总成及整车的全套试验设施。系统总成试验设施涵盖驱动电机、动力电池、整车控制器、燃料电池发动机及其他关键零部件与核心总成的开发验证试验、HIL 仿真测试试验、三电联调验证试验、高低温试验、振动试验、盐雾试验、材料性能试验等设备。整车试验设施涵盖整车转鼓试验台（即底盘测功机）、整车道路模拟试验机（四立柱整车道路模拟试验台）、整车路试道路、操作稳定性能测试系统、整车下线性能检测线等设施，具有整车动力性能、经济性能、耐久疲劳性能、操作稳定性能、制动性能、转向性能及道路路试等验证测试能力，具备完整的新能源汽车整车研发验证试验能力。具有下料与加工车间、焊装车间、电泳与涂装车间、总装车间、调试与完检车间等五大车间，其冲压、焊接、涂装、总装调试四大工艺齐全，配备有电池专用库房、油漆库房、综合库房等辅助设施，拥有完备的新能源客车（即纯电动客车和燃料电池客车）生产条件。能够确保公司整车产品的性能和品质，满足市场的需求。

五、主要新产品

序号	产品型号	产品名称	品牌
1	TG6850GBEV1	纯电动城市客车	通工牌
2	TG6850GBEV3	纯电动城市客车	通工牌
3	TG6106GBEV4	纯电动城市客车	通工牌
4	TG6810GBEV4	纯电动城市客车	通工牌
5	TG6660GBEV1	纯电动城市客车	通工牌
6	TG5120GSSBEV1	纯电动洒水车	通工牌
7	TG5180TXSBEV1	纯电动洗扫车	通工牌
8	TG5030ZLJBEV1	纯电动自卸式垃圾车	通工牌

六、发展规划

（1）以"新技术+新产品+特色优势产品"为重点，走产品差异化之路。

（2）以"市场拓展+股权合作+产业链整合"三轮驱动为动力，走路径差异化之路。

（3）以"产品营销+金融服务"为重点，走模式差异化之路。

（4）长远发展目标：到 2025 年，面向全球拓展市场，输出技术、产品和服务，初步建成四川本土的新能源商用车制造具有影响力的企业，实现高质量可持续发展。

中国重型汽车集团有限公司

一、单位概况

中国重型汽车集团有限公司的前身是济南汽车制造总厂,始建于1930年,是我国重型汽车工业的摇篮。1960年生产制造了中国第一辆重型汽车——黄河牌JN150八吨载货汽车,结束了我国不能生产重型汽车的历史。目前,中国重汽已成为我国最大的重型汽车生产基地,是我国重卡行业驱动形式和功率覆盖最全的企业,拥有黄河、汕德卡、豪沃等商用车品牌,并形成了以重卡为主导,同时涵盖中卡、轻卡、特种车等全系列商用车的产业格局。

二、科研项目及成果

2021年10月,我国首台拥有完全知识产权的智能雪蜡车——黄河X7雪蜡车在国家体育总局顺利完成交付,为北京冬奥会贡献了山东力量。

黄河X7雪蜡车由中国重汽集团承制,牵引车采用了中国重汽集团自主研发的新黄河重卡。新一代“黄河”重卡,是中国重汽集成最先进科技的结晶,各项性能全面实现国内引领,国内首创的车挂整体式设计让其拥有行业领先的0.37风阻系数,整车可靠性、燃油经济性、驾乘舒适性、操纵稳定性、低TCO长保养、全副武装的高科技配置和智能硬件水平等方面,均处于国内外领先水平。雪蜡车以低碳环保为目标,车载平台采用氢动力,搭载山东重工集团旗下潍柴集团生产的氢燃料电池动力系统,该动力系统配备360 kW大功率电机,能确保低温下冷启动,动力强劲而全程零排放。雪蜡车总体空间布局、人机及信息环境交互界面、空气、噪声、光色等已经具备形成行业标准能力,是一次领先的、典型的中国创造。

2021年,中国重汽集团承担重点新能源商用车研发计划及国家自然科学基金课题简述如下:

(1)国家重点研发计划“超级节能型重型载货汽车混合动力系统开发研究”以突破超节能重型混合动力专用发动机及重卡混合动力系统的基础科学问题和瓶颈技术为基础,开发了超级节能型混合动力专用发动机样机和重型混合动力卡车样车。

(2)国家自然科学基金课题“混合动力系统优选方法及机电耦合高频协调控制”围绕构型优选、机电耦合动力学、发动机/电机动态转矩协调控制3个问题展开研究,主要思路是基于构型拓扑综合图论模型,采用动态规划优化方法,研究混合动力系统的机电耦合规律,发展扭转主动减振、多动力源协调鲁棒控制等方法,实现构型优选和机电耦合的高效协调控制,开发多模式混合动力车辆传动装置验证样机,并进行了实车验证。

三、技术进展与研发能力

中国重汽始终聚焦核心关键技术攻关,不断加大科技投入,持续强化创新体系化能力提升,面向打造世界一流全系列商用车集团的战略愿景,不断完善创新体系,大力提升技术创新能力,通过创新大力推进产品技术创新、质量提升和生产效率提高,厚植发展优势,增强集团公司发展竞争力。加大对动力总成、新能源、智能驾驶、车联网、新材料、新工艺等前沿、基础领域的投入和研究力度,加快突破具有重要影响力的技术和成果。

2021年中国重汽集团专利申报和专利授权数量稳步增长。全年共完成专利申报631件,其中发明专利226件,同比增长66.2%,获得专利授权398件,其中发明专利44件,同比增长69.2%。截至2021年底,中国重汽拥有有效授权专利3384项,其中发明专利326项。

中国重汽集团拥有全国第一批国家认定企业技术中心、国家重型汽车工程技术研究中心、国家重型汽车质量监督检验中心和山东省重型汽车技术创新中心。中心面向商用车整车、关键总成及核心零部件等领域开展关键共性技术攻关,解决产业重大技术难题。现已形成集重、中、轻、特、客等汽车产品及关键总成零部件设计、科研试验和检测、产品工艺、标准化与信息化等业务于一体的综合性研究开发体系,一系列整车、关键总成系统和关键技术水平均达到国内领先。截至目前,中国重汽集团拥有国家级科技创新平台4个,省级科技创新平台14个,博士后科研工作站1个。

依托研发创新平台的建设,未来三年,中国重汽集团将进一步完善和提升整车性能匹配与优化、关键总成及核心零部件、汽车新技术/新工艺/新材料基础研究与应用、整车及总成零部件试验检测与虚拟仿真当量化设计、新能源汽车研发和汽车智能网联电子化等六大创新基础平台,积极承担和参与国家、省部级项目,围绕产业重大技术难题开展攻关,引领行业实现关键核心技术突破。

四、主要研究方向

中国重汽聚焦新能源重型商用车核心技术,瞄准国际先进技术水平的重型汽车产品,将完善和提升整车性能匹配与优化、关键总成及核心零部件、汽车新技术/新工艺/新材料基础研究与应用、整车及总成零部件试验检测等核心技术开展攻关研究。

五、发展规划

面对“电动化”的发展趋势,顺应绿色低碳发展的大方向,深入推进产业变革,从全生命周期去不断持续地减少碳排放和污染物排放,中国重汽将全面提升新能源整车和零部件的研发能力,坚持纯电动、混合动力、燃料电池三线并举,完善整车及核心总成产品开发和布局。结合全新一代商用车发展规划,提升新能源整车及系统集成匹配能力,开展整车动力系统优化集成技术研究,加快新能源整车及关键总成研制和开发。开展高效轻量化驱动系统技术研发、测试和试验,开展商用车整车控制技术、集成式电驱动桥、重型商用车中强混合动力系统、48 V轻混系统以及集团标准商用车电池包集成应用,着力在新能源商用车共性技术上取得突破,推进集团新能源汽车产业化进程。燃料电池汽车侧重示范运营,满足特定场景的物流需求,通过技术研发、示范领域推广,掌握氢燃料电池汽车的设计与集成技术,完善布局氢燃料电池汽车及关键零部件等在内的技术链和产业链,实现构建面向未来的清洁、低碳、高效氢燃料电池的研发和应用体系。

在发力新能源技术同时,中国重汽积极探索发展新能源汽车商业模式,打造重汽的绿色智慧物流营运模式。充分研究细分市场应用场景需求,加快新能源产品市场导入,如在城市配送、港口作业、矿区等领域;以业务为驱动,加快数字化转型步伐,发展“互联网+”高效物流,打造重汽的绿色智慧物流营运模式,加速主机厂从整车制造向制造+运营的转型。

东风商用车有限公司

一、单位概况

东风商用车有限公司是东风汽车集团有限公司的下属子公司,始建于 1969 年,前身是中国第二汽车制造厂,始终牢记使命与担当,积极响应国家应对气候变化、推动绿色发展的战略举措,推动新能源及智能网联商用车的发展,已基本形成以纯电动汽车、混合动力电动汽车、燃料电池汽车为“三纵”的新能源整车研发能力和以整车控制、动力总成、动力电池(含燃料电池)等为“三横”的关键零部件开发能力,并率先开展了高速模拟场景 L3 级卡车队列和港口、矿区、园区 L4 级别智能驾驶商用车的研发与示范运营,成为新能源和智能网联商用车的重要力量。

二、生产与经营

2021 年,东风商用车经历了芯片紧张、疫情反复、材料上涨等诸多风险和挑战,公司强化创新驱动,主动深化改革,以实现高质量发展为目标,商品竞争力全面提升,圆满完成年度经营目标,实现了逆市上扬。

(1)在纯电动车方面,东风商用车自 2018 年就推出了中、重型环卫车,一直保持细分市场市占率领先;2020 年开发中重型纯电动环卫车新平台,在技术水平和特性方面领先;2021 年从中、重型纯电环卫车产品快速扩展到换电短倒/港口重型牵引车、纯电水泥搅拌、纯电及换电重型工程/渣土车等细分市场全品系车型,其中换电牵引车当年开发当年实现批量销售,在钢厂、短倒等市场实际运营,为区域降碳作出突出贡献,东风换电重卡在特性表现方面优秀,获得客户肯定。

(2)在氢燃料电池车方面,公司在 2021 年主要开展了以下开发:一是为满足雄安新区砂石料运输工况,东风公司启动 D320 平台匹配上然氢燃料电池牵引车项目开发,采用东风天龙新款 KL 高顶驾驶室,匹配 250/360 kW 电机系统,6 挡 AMT 变速箱,100 kWh 动力电池,110 kW 燃料电池系统,搭载 1680 L 容量的储氢系统,整车续航里程可达 300 km。从 2021 年 6 月投放市场起,在保定雄安新区累计运营总里程 42900 km,市场反响良好,有力保障了雄安新区的建设。二是为满足南方城市环卫需求,东风公司启动 D560 平台匹配新氢燃料电池环卫车项目开发,2021 年主要完成整车详细设计及车辆交付。该车型采用东风天锦新款 KR 驾驶室,匹配 80/160 kW 电机系统,6 挡 AMT 变速箱,50 kWh 动力电池,110 kW 燃料电池系统,搭载 840 L 容量的储氢系统,整车续航里程可达 300 km。从 2021 年 12 月起投放市场起,在广州黄埔区共运营 2000 km,市场反响良好。三是为满足北方城市环卫需求,东风公司启动 D530 平台匹配亿华通氢燃料电池环卫车项目开发,采用东风天锦单排驶室,匹配 80/160 kW 电机系统,6 挡 AMT 变速箱,50 kWh 动力电池,50 kW 燃料电池系统,搭载 840 L 容量的储氢系统,整车续航里程可达 300 km。2021 年 7 月在北京大兴区运营一个月,累计里程 1000 km,市场反响良好。

三、产能建设

东风商用车坚持推动商用车前沿技术研发与应用,在纯电动卡车、燃料电池卡车、混合动力卡车、低碳燃料发动机等产品和技术方面进行了全面布局。目前能力建设重点提升整车及关键总成可靠耐久、动力经济性试验能力,前传统技术领域系统级试验能力基本覆盖;同时逐步构建新能源(混动、电机),电控(HIL、工具链)新技术试验能力;未来几年能力建设重点聚焦智能网联(开发、测试)、新能源(大三电)等新技术。

电动化方面,建设中的东风新能源汽车产业园拥有 80 万套电控、28 万套电机及驱动总成、10 万套电池系统、30 万套 IGBT 产线运营能力。在动力电池供应链布局上,东风汽车与宁德时代的合作继续深化,于 2018 年共同合资成立了东风时代电池系统有限公司,该公司将主要从事研发、生产和销售新能源汽车动力电池系统。

东风公司整合集团力量,建立有燃料电池电堆及系统总成自动化试制线,该试制线属国内首条金属板电堆的自动化装配线,具有国际先进水平,产能高、扩展性强,年产能可达 10000 台电堆与系统,已规划匹配建设高性能膜电极中试线、双极板中试线,满足“十四五”产品市场需求。

四、技术进展与研发能力

1. 技术进展

东风商用车坚持实施“预研一代、开发一代、改进一代”正向开发模式,持续提升年型车商品竞争力,战略性商品保持客户价值领先,商品特性接近欧洲高端车水平。在技术进展方面,已经全面完成国六车升级换代,提升核心特性,完成自主动力总成开发,实现商用车转型。

在新能源和智能网联领域,东风商用车实现从无到有突破新能源、智能网联、电控领域的核心技术,并充分利用多种协同开发方式,加速核心技术自主掌控。在动力电池技术升级和商业模式创新驱动下,换电重卡的市场化提速,东风商用车已多批次向用户交付换电重卡车辆,尝试换电模式。东风商用车可以针对不同合作伙伴和用户的诉求,提供包括无动力电池底盘、整体车辆方案和换电物流整体运营方案。根据不同的场景诉求,打造出系列“绿色智慧物流解决方案包”,并首批发布了“换电物流整体解决方案”和“L4 智慧港口整体解决方案”。

2. 研发能力

东风商用车有限公司以市场客户为导向,打造持续领先商品竞争力为目标,初步构建完成以技术中心为创新主体,产学研结合的“改进一代、开发一代、预研一代”正向完整循环的技术创新体系。

公司着重于重卡新能源产品开发体系建设和能力建设,2019 年完成了纯电动体系的完善和体系文件的修订补充,2020 年进一步完善纯电体系建设,2021 年进一步完善纯电体系建设、建立混动系统,牵头和参与制定汽标委多项商用车新能源国标的制定,包括商用车换电方面国标的制定;投入建设了重卡新能源多控制器 HiL 台架、新能源多控制器联调台架、新能源动力电池系统充放电性能环境试验台架、电驱动桥总成试验台架等试验验证能力建设,为重卡新能源技术及商品开发提供了必须的验证手段。

在氢燃料电池领域,由东风集团整合全公司力量,建立具有国际先进水平的燃料电池电化学、电堆、系统测试、整车测试试验室;满足燃料电池基础材料研究、燃料电池零部件开发、燃料电池电堆开发、燃料电池系统开发、控制系统开发以及相关测试验证的工作需求;具备完整的燃料电池汽车道路开发试验、法规检测能力;在系统和电堆检测能力方面已具备系列化的燃料电池系统、电堆和单片的检测试验能力;已投资在建项目包括 70 MPa 正式加氢站、燃料电池整车涉氢环境模拟试验中心、燃料电池汽车密闭分析室及燃料电池发动机综合测试系统项目。在燃料电池领域进行全价值链研发与布局,开发全系列燃料电池商用车、乘用车,打造燃料电池技术策源地与产业链,带动行业与产业发展。

五、主要新产品

续上表

序号	产品型号	产品名称	品牌	通用名称
1	DFH4180DSEV	充换电一体牵引车	东风	TE41
2	DFH4250DBEV *	充换电一体牵引车	东风	TE81-001
3	DFH4250DSEV *	充换电一体牵引车	东风	TE81-103
4	DFH3310ASEV *	充换电一体工程车	东风	TZ3B
5	DFH1310BEV1	充换电一体专用车	东风	KT8B
6	EQ1180GFCEVJ	燃料电池专用车	东风	KV1B
7	EQ1180GFCEVJ3	燃料电池专用车	东风	KV1C
8	EQ4250GFCEV	燃料电池牵引车	东风	TV1B

六、合资合作及重大项目建设

2021 年 1 月,东风商用车有限公司与武汉理工大学共建商用车新能源动力系统联合实验室框架协议,双方的合作主要基于燃料电池发动机系统集成方向的研究开发、成果转化等方面的工作。

2021 年 9 月,东风公司宣布五大战略合作,加速在新能源汽车和智能驾驶领域落棋布子,商用车是东风公司自主业务的核心之一,在事业发展格局中首先进行布局和转型。

七、发展规划

东风商用车“十四五”规划愿景:分三步走战略,在近期保持商品竞争力持续领先,突破核心技术;在中期打造商品竞争力新优势,掌控部分核心技术;在中长期打造国际一流商用车技术中心,全面掌控核心技术,产品全面走向成熟发达地区市场。

具体实现措施有,在商品车方面打造快速响应市场的迭代开发体系,结合客户诉求全品系电动化商品线覆盖纯电动;在混合动力车方面,优化与开发长途物流运输牵引、载货车;氢燃料车方面,优化与开发 18 t 环卫车、49 t 短倒牵引车;结合现有和未来平台,完成电动化开发升级。在技术领域,追求技术商品化,整车集成、能源管理及控制、电池系统、电机控制、氢燃料发动机等核心竞争力技术或资源的自主开发或掌控,实现“从无到有”“从有到优”,助力整车打造竞争领先优势。

浙江吉利新能源商用车集团有限公司

一、单位概况

2014 年吉利控股集团汇集资源优势,前瞻布局商用车业务成立吉利商用车集团。2016 年正式创立中国首个专注于新能源领域的商用车品牌——远程新能源商用车,确立了“以研发为先导,以商业模式为基础”,专注于绿色、智能的新能源新一代商用车的发展定位。

二、生产与经营

早在 2013 年 2 月,吉利控股集团收购英国锰铜控股的业务与核心资产,并组织了沃尔沃动力系统团队,开始筹划按照伦敦将于 2018 年实施的城市排放新法规标准开启全新一代城市商用车产品的技术开发。

在市场尚处于观望期,吉利控股集团就汇集资源优势,于 2014 年前瞻布局商用车业务成立吉利商用车集团,率先落子新能源商用车产业,成为中国首个聚焦新能源领域的商用车集团,同年 12 月 31 日,与南充市政府签约,开始吉利南充项目的投资发展,并于 2016 年 10 月 26 日,正式发布了新能源商用车品牌远程汽车。

同时走出去的步伐也在加快,吉利商用车迅速开启全球化战略布局,2017 年 12 月 27 日,吉利入股沃尔沃卡车集团,成为其大股东,2018 年 2 月 24 日,吉利入股戴姆勒奔驰卡车集团,成为其大股东,至此基本实现在卡车领域的战略布局。

吉利商用车目前已设立四川南充、江西上饶、安徽马鞍山、山东淄博、山西晋中、浙江湖州六大生产制造基地,并形成“制造中心+商业生态”的布局。2021 年,远程汽车通过产品及商业模式创新,迅速建立了新能源商用车行业头部地位。其中,新能源重卡全目标市场排名行业第一,新能源轻卡销量排名行业第一;增程轻卡连续三年保持市场绝对领先。

三、产品出口

远程新能源商用车多款新能源产品已实现出口乌拉圭、智利、以色列等多个国家。

2022 年 2 月 21 日，远程汽车与韩国汽车产业集团 MS 明信集团签署战略合作协议。双方将共同基于新能源全新轻客远程星享 V 开发定制车型，并在技术开发、属地认证、市场销售等领域进行深度合作。后续三年将实现该定制车型在韩国市场销售 12000 台的目标，同时基于韩国的优势资源覆盖周边国家市场。

2022 年 6 月 17 日，远程新能源商用车旗下轻卡 E200、小微卡 E200S 在天津港集结完毕，正式发往哥斯达黎加。

四、产能建设

吉利商用车以国际领先企业为标杆，打造自动化、数字化、智能化的资源节约型和环境友好型工厂，确保产品质量的一致性，以及产品品质的可靠性，目前拥有六大生产基地，其中，四川南充及江西上饶为主要的两大新能源商用车生产基地。

吉利南充生产基地占地 1000 余亩，项目采用吉利全新纯电动及分布式、智能化集成的新能源动力系统和轻量化车身技术，建设内容包括冲压、焊接、涂装、车架、总装和动力总成组装等主要生产工艺装备，以及新能源商用车研究院和试车场等配套设施，具有生产节拍快、先进设备多、质量保障能力强等特点，达到国内领先水平。

南充工厂是吉利新能源商用车公司在四川布局建设的首个新能源商用车项目。项目分两期建设。一期项目总投资 70 亿元，占地 1530 亩，建设年产 10 万台新能源商用车、5 万台燃气发动机的生产基地和新能源商用车研究院，项目达产后可实现年产值 216 亿元，创税 15 亿元。二期项目计划投资 68 亿元，占地 800 亩，建设周期 22 个月，建设年产 50 万台新能源商用车动力总成（20 万台甲醇发动机、30 万台增程式动力总成）、1 万台新能源客车的生产基地。项目达产后可实现年产值 302 亿元，创税 12.6 亿元。

上饶生产基作为吉利商用车第六大生产基地之一，该项目总投资 146 亿元，用地 1178 亩，按照规划显示形成年产 20 万套新能源智能化新一代城市商用车生产能力，建成后预计年主营业务收入 360 亿元，税收 25 亿元。在智能化厂区建设方面，上饶基地能够同时满足 3 个平台车型的共线生产；拥有 277 台机器人、117 台 AGV 小车，实现多工序生产自动化及物料配送自动化；车身车架冲压、焊装主线、涂装喷漆等工艺实现自动化率 100%。此外，上饶基地还拥有国内首条全封闭纵梁冲压设备，年产能 120 万冲次；在商用车行业首次采用 IGBT 模块化电源配套弧形阳极、无磷前处理工艺，耐盐雾性能可达到 1200 h，同时达到重金零排放，废水排量减少 60%，废渣降低 90%。

吉利商用车之所以选择将最后一个基地落户在上饶，这与上饶基地的区位优势密不可分，上饶地处长三角经济区，位于赣浙闽皖四省交界，距离吉利杭州总部高铁仅一个半小时；此外新能源汽车产业园、零部件物流中心、包括爱驰、中汽瑞华、长安跨越等整车项目相继入驻，汽车产业配套完善；加之上饶政府优化汽车产业政策环境增加扶持力度，如落户奖励、平台建设支持、设备投资支持、产业金融支持等政策，极大吸引汽车产业项目落户上饶。

五、技术进展与研发能力

以研发为先导，共享吉利控股集团中央研究院深厚的技术资源，远程新能源商用车建立了国内最大的新能源商用车研究院，汇聚了国内外超 2000 名研发工程师，专注于商用车新能源和智能化技术开发，并形成以纯电驱动和增程式电驱动的动力系统为核心的城市商用车技术路线、以液氢能源甲醇动力与采用换电技术的纯电驱动为核心的公路商用车技术路线。产品覆盖重卡、轻卡、小微卡、LCV、客车全系新能源产品。

六、发展规划

吉利商用车将开展实施“4.2.3”发展战略，即依托过去 8 年多“以研发为先导，以商业模式为基础”形成的新一代绿色智能商用车“4”大支柱，全力开展产品市场到资本市场两个市场的战略协同，通过“2”个市场双轮驱动，构建完成“3”驾马车协同发展的集团整体发展长远架构。

1.“4”大支柱：研发、制造、运营、绿色循环再制造

强大的专业研发能力：吉利控股集团中央研究院，1 万多名工程师在进行前瞻性技术、汽车的平台化技术，电子电气架构化技术的研发；以吉利控股集团中央研究院为依托，建立了全国最大的商用车新能源和智能化技术开发的杭州研发中心，拥有超 2000 名研发工程师，负责进行乘用车技术基础上新一代绿色智能商用车产品的研发。

绿色智能新一代商用车制造中心：在四川南充、江西上饶、安徽马鞍山、山东淄博、山西晋中、浙江湖州落成六大制造基地，以国际先进、国内领先和行业标杆的数字化、智能化为核心打造资源节约型和环境友好型工厂，依托各产品线制造中心形成数字化、智能化的先进制造能力。

运营三大平台公司：对绿色慧联、万物友好以及阳光铭岛三大平台协同运营，实现全场景的人、车、货、站、电的智能匹配，为物流行业降本增效。依托三大平台公司，大力开展车与货、车与能源、车与环境三个方面协同发展。

新能源商用车再制造：以整车低碳修复和再制造核心部件为发展目标，打造行业领先的高标准、智能化绿色再制造企业。通过绿色循环再制造，对新能源商用车三电系统等核心零部件进行检测更新，提升产品全生命周期，实现再制造再利用价值，促进绿色循环经济发展。

2.“2”个市场

全力开展产品市场到资本市场两个市场的战略协同，实现“2”个市场双轮驱动。

3.“3”驾马车：构建完成 3 驾马车协同发展的集团整体发展长远架构

（1）以纯电驱动和增程式电驱动的动力系统为核心技术路线，聚焦绿色智能的电动商用车的研发与运行，并通过一系列布局进行最大化资源整合，构建全资源链产业生态。

（2）以液氢能源甲醇动力为核心技术路线，围绕液氢能源甲醇动力重卡的运行与研发平台，并以能源变革为基础持续为绿色运力赋能，聚焦甲醇燃料生产及加注体系建设。

（3）以智能制造为核心，打造全国重要的新能源商用车生产基地、研发基地和产业链核心零部件配套生产基地。

宇通商用车有限公司

一、单位概况

宇通商用车有限公司(简称宇通商用车)是宇通集团的核心企业,总部位于河南省郑州市,是集产品开发、生产制造、销售服务为一体的专业制造企业。

宇通商用车致力于成为新能源重卡引领者,依托宇通集团强大的新能源技术能力、创新能力和先进的智能制造能力,坚持市场导向,为客户提供高质量的产品和服务。针对重卡市场各种应用场景,提供节能环保、智能安全、可靠耐用的新能源重卡产品及整体解决方案,为客户创造更大价值。

目前,宇通商用车已涵盖牵引车、自卸车、搅拌车等多个新能源产品系列,广泛应用于短倒运输、城建渣土运输、混凝土运输等多个领域。

二、生产与经营

2021 年,宇通新能源重卡产品上市首年即进入行业第一梯队。宇通新能源重卡总销量、新能源自卸车销量和新能源搅拌车销量上稳居行业前列,得到中国新能源商用车产业最具权威和影响力盛会的认可,出席第五届中国新能源汽车产业大会,荣获“2021 年度重卡总销量 TOP 奖”“2021 年度重卡新能源自卸车销量 TOP 奖”“2021 年度重卡新能源搅拌车销量 TOP 奖”三项大奖。

三、技术进展与研发能力

宇通新能源研发按照国家纯电驱动的技术转型战略,宇通坚持电动化、智能化、网联化、轻量化的产业发展方向,新能源技术方面按照“三横五纵”的研发布局,重点突破车载能源、电机驱动、智能控制、充电/加氢和电动化附件五项共性核心技术,支撑混合动力、纯电动、燃料电池 3 大动力系统的整车技术平台开发和应用。智能网联及自动驾驶技术方面,围绕自动驾驶、车联网、智能网联云平台、重点突破多源传感器信息融合、决策与协同控制、车载超算平台、云控平台等核心关键技术,支撑各类商用车辆在不同场景下的自动驾驶产品开发和应用。宇通自主研发的新能源整车节能与控制技术、高压隔离电源变换技术、高密度电驱动控制技术等处于国际领先水平,先后获得国家科技进步奖、国家专利奖等奖项。

四、主要新产品

产品型号	产品名称	品牌	通用名称
ZKH4250P4BEV5	充电式纯电动半挂牵引车	宇通	牵引车
ZKH3310P6BEV	充电式纯电动自卸车	宇通	自卸车
ZKH5310GJBP6BEV5	充电式纯电动搅拌车	宇通	搅拌车

北奔重型汽车集团有限公司

一、单位概况

北奔重型汽车集团有限公司总部在内蒙古包头市,拥有资产总额 70.71 亿元,占地面积 655.75 亩。公司拥有较为先进的整车总装、驾驶室、车架及车桥生产线。北奔重汽以先进独特的奔驰技术为核心,深度融合严谨领先的车工技术,通过消化吸收,自主创新,集成开发,建成学科门类齐全的科研开发队伍和专业吗成熟完善的科技创新体系。

北奔重汽作为国家企业技术中心、国家高新技术企业等重要承重平台,构建 NG80、NG08、NG09、NG10 四大产品平台,通过先进的整车总装、驾驶室、车架、车桥生产线打造北奔重卡精品,产品远销“一带一路”百余个国家和地区。北奔重汽积极探索开展产业转型升级,高度关注、聚焦新能源汽车产业发展。

2019 年 7 月取得国家工信部核准的新能源汽车生产资质。2020 年加入电动交通换电产业联盟理事单位,2021 年 1 月北奔 8×4,31 吨纯电动换电版自卸车被中国卡车网评选为“2021 年度值得用户信赖零排放电动自卸运输车型”奖、北奔 6×4,标载电动运输牵引车被中国物流商用车专业委员会评选为“2020 年度新能源优胜”。北奔重汽将坚持打造“选北奔重卡、可靠更安全,奔驰技术”等品牌特性,实现“产品终身可托付”的服务目标,为国家国防建设和国民经济建设作出更大贡献。

二、生产与经营

北奔重汽 2021 年在外贸、中高端民品等目标市场取得了实质性的进展。2021 年,公司全面贯彻落实集团公司决策部署,围绕质量效益可持续发展,按照“为客户创造全生命周期产品价值最大化”经营理念,市场开拓和新能源产业建设相结合,调整战略战术,狠抓质量管理等的工作落实,充分发挥全面预算引领作用,各项工作取得了积极成效,为后续良性稳步发展奠定了基础。

2021 年北奔新能源重卡实现终端上牌 914 台,与上年同期相比增长 161%,行业排名第六,实现终端销售 1000 余台,订单数已超过 1500 台,运行总里程达 5002.8 万 km,钢铁行业新能源重卡销量第一的辉煌战绩。

北奔重汽经过几年的发展,在新能源板块已建立起了较为完备的纯电动牵引车、纯电动自卸车、氢能源环卫车等系列车型的开发和生产环境,正在积极推进新能源电动车在全国地区的示范运营工作,在新能源汽车产业化道路上迈出了坚实的步伐。

新能源事业部深入贯彻落实自治区氢产业发展规划部署,全力推进氢燃料环卫车型开发工作,2020 年 11 月正式启动氢燃料环卫车型开发工作,2020 年 11 月正式启动氢燃料环卫车型研发,2021 年 1 月底完成样车底盘装配及整改工作,2021 年 3 月 1 日“内蒙古氢燃料车首台套包头下线仪式”在公司举行。公司氢燃料车型的研发为北奔重卡抢占氢燃料市场,率先取得氢燃料汽车准入资质,进一步优化新能源技术储备打下坚实的基础。按照国家新能源三横三纵总体规划,公司正在开展混合动力产品及相关技术研究,首台样车已开展实地场景运行,效果良好,同时预计在2022年底前取得混合动力生产资质。

北奔重汽作为自治区打造国家氢能示范城市群的核心企业,在包头市委,市政府的大力支持和帮助下,积极履行央企社会责任,充分发挥整车制造产业优势,带动氢燃料商用车上下游产业链及科技创新平台属地化合作,搭建新能源产业集聚效应,2022年北奔重汽将认真落实内蒙古自治区万台新能源项目目标实现,北奔重汽目前在推进销售体系积极转型,在推广的过程中,充换电的建设、电池银行加入全新的内容,并与产业链合作伙伴深入合作把北奔重汽从汽车制造商向绿色低碳物流方案解决商转变。在未来的发展过程中坚持利国、利民、利企的原则,为国家“3060双碳”目标作出贡献,为包头打造创新创业城市、建设美丽宜居城市、幸福平安城市,助力自治区氢能产业发展迈入新阶段。

三、产能建设

北奔重汽拥有较为先进的整车总装、驾驶室、车架及车桥生产线,有各类设备2218台(套),其中进口设备252(套),专业化的生产线和制造设备成为整车卓越品质的坚强保证,目前拥有年产5万台重卡的生产能力。

未来在新能源重卡板块,北奔重汽将取缔新能源汽车与传统车并线生产的方式,计划2023年前完成新能源车辆生产线建设投产工作。新能源车辆生产线建成后,新能源智能网联汽车生产线具备机械化焊(铆)、预装、底盘装配能力,新建电机装配生产线,下线自动检测台等,产能将达到8000台/年。

四、技术进展与研发能力

北奔重汽投入大量资金建成了国内一流的综合研发基地。占地面积53000 m^2,拥有图形工作站28余台,具备综合办公、部件及整车台架试验、数据采集、工艺验证等功能。技术中心现有员工310人,科技人员289人,其中研究生以上学历55人,本科学历224人;研高工17人,高级工程师77人,工程师82人,中国兵器科技首席科学家1人,科技带头人3人,青年技能带头人2人,技能带头人1人。

北奔新产品开发已实现了全数字化开发环境和工作流程,建立了基于BOM和VPM系统的同步设计系统,实现协同开发同步设计;3D数据应用贯穿产品定义、概念设计到SOP整个开发过程。技术中心目前采用CATIA进行三维设计,干涉检查,装配工艺性检查,采用HyperMesh/ANSA、MSC. NASTRAN、DYTRAN、MSC. ADAMS、FEMFAT、LS-DYNA、HyperViewCRUISE、KULI等专业设计、分析和计算软件,在专家团队的带领下,形成了整车性能开发能力。产品验证中心试制车间采用全新的工艺定置方案,同时具备三台整车的试制能力。

目前拥有INTEST、VBOX、M+P三套先进的试验设备,主要用于温度、压力、加速度、方向盘转角转矩、车速的测量。能够独立完成整车的平顺性、动力性、制动性、经济性、热平衡、NVH等基本定型试验。

在研发能力建设方面,北奔重汽目前拥有新能源生产企业准入要求的整车及系统试验验证能力,结合企业发展要求,进一步发展新能源汽车试验能力,建设先进的新能源汽车试验中心,推动北奔自主研发体系不断趋于完善,大幅提高北奔的核心竞争力。

五、主要新产品

序号	产品型号	产品名称	品牌
1	ND4250BBXJ7Z01BEV	纯电动牵引车	北奔
2	ND4250BBXJ7Z02BEV	纯电动牵引车	北奔
3	ND4250BBXJ7Z03BEV	换电式纯电动牵引车	北奔
4	ND3310DBXJ7Z01BEV	纯电动自卸车	北奔
5	ND3310DBXJ7Z02BEV	换电式纯电动自卸车	北奔
6	—	氢燃料环卫车	北奔
7	—	纯电动宽体车	北奔

六、发展规划

北奔重汽将在新能源领域持续发力,在重卡板块,目前已完成纯电动牵引车、自卸车、90T矿用宽体车、氢燃料环卫车等系列车型的研发,后续根据市场需求及政策完成、AGV、城市渣土等系列产品开发,掌握新能源整车集成开发、整车控制、新能源轻量化、新能源NVH等核心技术及先进的试验验证能力,成为内蒙古地区率先拥有新能源重卡研发能力的汽车企业。

大运汽车股份有限公司

一、单位概况

大运汽车股份有限公司总部位于山西省运城经济技术开发区,注册资本10.7亿元,是一个集汽车研发、生产、销售、服务为一体的民营企业,总资产逾100亿元,拥有全系列汽车生产资质,旗下拥有运城、成都、十堰三大生产基地,其中运城基地以重卡(含新能源)、新能源乘用车为主,成都基地以轻卡(含新能源)为主,十堰基地以中卡(含新能源)为主。

二、生产与经营

大运汽车股份有限公司积极响应国家“绿色发展”的政策指引,坚持“商乘并举”发展战略,全力以赴发展新能源汽车,兼顾发展传统燃油车。将发展新能源汽车作为企业的核心战略着力点,超前谋划、精准发力,实现新能源重卡、中卡、轻卡、客车、乘用车全系列产品布局。此外,大运汽车在山西省内率先拥有新能源实验室,在纯电动汽车整车集成匹配设计、整车控制器方面拥有完全的自主知识产权，已具备电动汽车关键技术和整车匹配开发的能力。

在新能源商用车产品开发上，大运完成了新能源重卡、中卡、轻卡等全系产品研发，目前已有 E3、E6、E8/E9 四大产品平台，具备纯电、换电、混动和氢燃料多种技术路线。

大运新能源乘用车产品涵盖纯电动 SUV、MPV、轿车三大系列乘用车产品，产品质量定位高端，整车智能化、网联化、动力性、经济性、舒适性、可靠耐久及底盘性能明显优于竞品车型，具有较强的市场竞争力。在产品平台布局方面，围绕细分市场需求积极实施双品牌战略，在全面推广大运品牌新能源乘用车，打造国潮品牌、亲民产品的同时，推出以“雄鹰展翅”图形为注册商标的远航品牌，定位高端新能源乘用车，由大运和华为、阿里斑马、德国博世、本特勒等世界一流企业战略合作研发的 Y 系列轿车、H 系列 SUV 即将上市。

三、产品出口

大运汽车股份有限公司从 2011 年开始进军国际市场，先后出口亚洲、非洲、南美洲等 70 余个国家和地区，产品质量稳定可靠，广受海外用户称赞。近年来，大运海外市场实现了重点市场(特别是在东亚、东南亚、中东、南美等区域市场)持续发力，获得了较大的市场突破。

四、产能建设

大运新能源汽车生产基地位于运城经济技术开发区，厂区占地面积 1000 余亩，总建筑面积 30 万 m^2，具备年产2 万辆新能源商用车和 10 万辆新能源乘用车的生产能力，已建成具备高度自动化、智能化的标杆工厂，可实现多种车型混线生产，生产效率及产品品质均得到充分保障。

五、技术进展与研发能力

新能源商用车平台攻克大功率燃料电池整车控制策略、燃料电池系统集成匹配、安全管理技术等多项技术难关，开发了氢燃料车型并批量交付雄安新区，通过结构简化和策略优化，整车在轻量化和降能耗方面有显著提升，整车整备质量约 11700 kg，百公里氢耗<12 kg，整车性能处于行业领先地位，同时在换电牵引车、纯电动自卸车、纯电动环卫车等车型开发方面均取得新的突破。

新能源乘用车平台坚持纯电动技术路线，本着树立中高端品牌形象，并承接公司“高起点规划、高品质打造、高品位体验”的品牌理念，在充分研究国内外主流纯电动车型平台策略的基础上，取长补短，大胆创新，围绕三电系统(电机、电池、电控)制定了以“大电量、大空间、大轮胎、长续航、长轴距，高坐姿、低质心、低风阻，平地板、平电包、主后驱(兼四驱)”为核心的纯电动平台架构开发策略，全新推出大运 DEA 纯电动乘用车专属平台，该平台车型采用一体化智能底盘架构，这是一个高度集成的，可开发 10 余款车型的底盘架构，具有良好的平台化、可扩展性以及较强的产品竞争力。

六、主要新产品

序号	产品型号	产品名称	品牌	通用名称
1	CGC5045XLCBEV1Z5	纯电动冷藏车	大运牌	纯电动冷藏车
2	CGC5045XXYBEV1Z14	纯电动厢式运输车	大运牌	纯电动厢式运输车
3	CGC5045XXYBEV1Z15	纯电动厢式运输车	大运牌	纯电动厢式运输车
4	CGC5045XXYBEV2Z5	换电型纯电动厢式运输车	大运牌	换电型纯电动厢式运输车
5	CGC5045XXYBEV1Z16	纯电动厢式运输车	大运牌	纯电动厢式运输车
6	CGC5045TYHBEV1Z1	纯电动路面养护车	大运牌	纯电动路面养护车
7	CGC5045ZLJBEV1Z1	纯电动自卸式垃圾车	大运牌	纯电动自卸式垃圾车
8	CGC5045ZZZBEV1Z1	纯电动自装卸式垃圾车	大运牌	纯电动自装卸式垃圾车
9	CGC5095XXYBEV1Z1	纯电动厢式运输车	大运牌	纯电动厢式运输车
10	CGC3310BEV1Z1	纯电动自卸汽车	大运牌	纯电动自卸汽车
11	CGC3310BEV1Z2	换电型纯电动自卸汽车	大运牌	换电式纯电动自卸汽车
12	CGC3310BEV1Z3	纯电动自卸汽车	大运牌	纯电动自卸汽车
13	CGC5180GQXBEV1Z1	纯电动清洗车	大运牌	纯电动清洗车
14	CGC5180TXSBEV1Z1	纯电动洗扫车	大运牌	纯电动洗扫车
15	CGC5180TDYBEV1Z1	纯电动多功能抑尘车	大运牌	纯电动多功能抑尘车
16	CGC5125TXSBEV1Z1	纯电动洗扫车	大运牌	纯电动洗扫车
17	CGC5125ZYSBEV1Z1	纯电动压缩式垃圾车	大运牌	纯电动压缩式垃圾车
18	CGC6481BEV2P1	纯电动多用途乘用车	大运牌	驰虎 EM6，悦虎 6，远志 M1
19	CGC7000BEV2J3	纯电动轿车	大运牌	悦虎 ES3，悦虎 3，悦虎
20	CGC7000BEV2J4	纯电动轿车	大运牌	悦虎
21	CGC7000BEV2J5	纯电动轿车	大运牌	悦虎
22	CGC5021XJEBEV2P1	纯电动环境监测车	大运牌	CGC5021XJEBEV2P1
23	CGC5021TXUBEV2P1	纯电动巡逻车	大运牌	CGC5021TXUBEV2P1
24	CGC3310BEV1Z4	换电式纯电动自卸汽车	大运牌	换电式纯电动自卸汽车
25	CGC4250FCEV4Z1	燃料电池牵引汽车	大运牌	燃料电池牵引汽车
26	CGC4250BEV1Z5	换电式纯电动牵引汽车	大运牌	换电式纯电动牵引汽车
27	CGC4250BEV1Z6	换电式纯电动牵引汽车	大运牌	换电式纯电动牵引汽车

续上表

序号	产品型号	产品名称	品牌	通用名称
28	CGC4250BEV1Z8	纯电动牵引汽车	大运牌	纯电动牵引汽车
29	CGC4251FCEV1Z2	燃料电池牵引汽车	大运牌	燃料电池牵引汽车
30	CGC4250FCEV1Z3	燃料电池牵引汽车	大运牌	燃料电池牵引汽车
31	CGC4250BEV1Z4	纯电动牵引汽车	大运牌	纯电动牵引汽车
32	CGC4250BEV1Z7	纯电动牵引汽车	大运牌	纯电动牵引汽车
33	CGC4250FCEV1Z2	燃料电池牵引汽车	大运牌	燃料电池牵引汽车
34	CGC4250FCEV1Z4	燃料电池牵引汽车	大运牌	燃料电池牵引汽车
35	CGC4251FCEV1Z1	燃料电池牵引汽车	大运牌	燃料电池牵引汽车
36	CGC4250FCEV4Z2	燃料电池牵引汽车	大运牌	燃料电池牵引汽车
37	CGC4250BEV1Z9	换电式纯电动牵引汽车	大运牌	换电式纯电动牵引汽车
38	CGC1045EV1Z14	纯电动载货汽车底盘	大运牌	—
39	CGC1045EV1Z15	纯电动载货汽车底盘	大运牌	—
40	CGC1045EV2Z5	换电型纯电动载货汽车底盘	大运牌	—
41	CGC1045EV1Z16	纯电动载货汽车底盘	大运牌	—
42	CGC1045EV1Z17	纯电动载货汽车底盘	大运牌	—
43	CGC1095EV1Z1	纯电动载货汽车底盘	大运牌	—
44	CGC3310EV1Z1	纯电动自卸汽车底盘	大运牌	—
45	CGC3310EV1Z2	换电式纯电动自卸汽车底盘	大运牌	—
46	CGC3310EV1Z3	纯电动自卸汽车底盘	大运牌	—
47	CGC1180EV1Z1	纯电动载货汽车底盘	大运牌	—
48	CGC1125EV1Z1	纯电动载货汽车底盘	大运牌	—
49	CGC1125EV1Z2	纯电动载货汽车底盘	大运牌	—

七、合资合作及重大项目建设

大运高端智能新能源乘用车车型开发项目承接企业“高起点规划、高品质打造、高品位体验”的品牌理念，肩负大运未来10年中高端产品开发使命，制定以“大电量、大空间、大轮胎、长续航、长轴距、高坐姿、低质心、低风阻、平地板、主后驱(兼四驱)”为核心的产品开发策略，打造大运纯电动乘用车专属平台，树立大运中高端品牌形象。与华为、博世等世界一流企业在多项前沿技术领域展开战略合作，开发四款C+级高端智能新能源乘用车车型，涵盖800 V高电压平台、超级快充、CTP动力电池、热泵空调、一体化智能底盘架构、自动驾驶达到L2+级(预留L4)可实现记忆泊车和遥控泊车、碰撞安全满足C-NCAP五星要求、智能座舱、全新电子电气架构等先进技术，打造具有世界先进水平的智能化、高性能、超长续航的整体技术领先竞争优势。

八、发展规划

“十四五”期间，公司将坚持“商乘并举”发展战略，在兼顾发展传统燃油车的同时，全力以赴发展新能源汽车，通过持续的产品创新和强有力的市场拓展“双管齐下”，致力将大运汽车打造成国内重要的商用车和乘用车研发制造基地。在具体业务层面，持续加强技术管理，提升产品性能开发，强化成本质量管控，持续降本增效，提升产品通用化水平及公司业务流转效率，在保证质量的前提下，为客户提供丰富内涵的产品和服务，快速上规模、增效益、提品牌，实现公司的高质量高速度发展。

四川南骏汽车集团有限公司

一、单位概况

四川南骏汽车集团有限公司是国家定点商用车生产企业，是资阳市构建“西部车城”的核心支撑之一，总占地2800余亩，厂房面积达52.2万m^2，总资产逾30亿元，现有员工2800人，旗下子公司9家，业务涵盖商用车、专用车及零部件设计、制造、销售和相关服务。

四川南骏汽车集团有限公司专注造车近30年，拥有货车整车、新能源货车、专用汽车、挂车生产资质，已形成满足国六标准的重中轻微型货车产品线和纯电动轻微型货车产品线，南骏牌商用车累计产销量已达90余万辆以上，“南骏”是国家工商总局商标局认定的“中国驰名商标”。

四川南骏汽车集团有限公司于2015年开始研发新能源汽车技术，在驱动电机、动力电池、增程器、电动空调、电动转向、电动制动等关键产品和整车机电耦合、能量回收、轻量化等关键技术方面取得一系列成果，通过了新能源汽车生产准入、新能源汽车整车生产准入，取得了插电式混合动力运输车(含增程式)的生产资质。

二、生产与经营

南骏牌新能源商用车于2020年批量上市，已销往四川和重庆各地市、深圳、厦门等地，平均每台车行驶2万km无重大故障，赢得了市场和客户的肯定。

三、产品出口

南骏瑞帅CE系纯电动厢式运输车已成功销往厄瓜多尔

和多米尼加等中南美洲国家，经受了当地的潮湿炎热的环境考验，赢得了客户的好评

四、产能建设

四川南骏汽车集团有限公司冲压、焊装、涂装、总装四大生产工艺齐备，具备年产重中轻微型货车 10 万辆、专用车 3000 辆和车桥、车架、车身、车厢、线束等零部件生产能力，通过了中国国家强制性产品认证、质量管理体系认证、环境管理体系认证、职业健康安全管理体系认证，具备生产一致性保证能力。新能源汽车经过严格的出厂检验：专项电气性能、绝缘、侧滑、轴重、制动、车速、灯光、喇叭声级、底盘、四轮定位、水密性、动态性能检测等。

五、技术进展与研发能力

四川南骏汽车集团有限公司以技术中心作为研发主体，严格按照正向开发流程体系来搭建队伍，具备完整的传统商用车与新能源商用车整车产品设计、开发、试验、验证、生产、检测、销售和服务能力。

四川南骏汽车集团有限公司重视产品研发和技术创新，建立了专门负责产品规划、研发、改进、试制、试验、测评的省级企业技术中心，并设立了试验中心。试验中心下设 13 个试验室，包括：整车性能试验室、整车控制逻辑测试试验室、电器电控试验室、动力电池性能试验室、发动机及电机试验室、造型试验室、零部件耐环境试验室、理化试验室、基础材料试验室、汽车试验设备室、振动试验室等，试验设备总价值 2300 万元，具备了完整的新能源汽车整车、零部件试验能力。

四川南骏汽车集团有限公司对纯电动商用车和混合动力商用车的电气架构、整车电气安全、整车控制技术有深入研究，经过 5 年的发展和研究，已开发完成 13 款微型、轻型、中型纯电动载货车和混合动力载货车，特别是最新开发的两轴低入口自卸电动车赢得市场好评。针对不同用户需求的使用环境，南骏牌新能源商用车验证了纯电动车和混合动力技术，驱动系统开发了直驱、AMT、桥电一体三种模式，动力电池搭载了三元锂电池和磷酸铁锂两种最主流的电池类型。

六、主要新产品

序号	产品型号	产品名称	品牌	通用名称
1	NJA1030SDE30BEV	纯电动载货汽车	南骏牌	南骏瑞帅 CE 系
2	NJA5030CCYSDE30BEV	纯电动仓栅式运输车	南骏牌	南骏瑞帅 CE 系
3	NJA5030XXYSDE30BEV	纯电动厢式运输车	南骏牌	南骏瑞帅 CE 系
4	NJA5031XLCSDE30BEV	纯电动冷藏车	南骏牌	南骏瑞帅 CE 系
5	NJA3090EDH32BEV	纯电动自卸汽车	南骏牌	南骏新祥康系
6	NJA3120EDH32BEV	纯电动自卸汽车	南骏牌	南骏新祥康系
7	NJA1040EDF33BEV	纯电动载货汽车	南骏牌	南骏瑞捷 D20 系
8	NJA5040CCYEDF33BEV	纯电动仓栅式运输车	南骏牌	南骏瑞捷 D20 系
9	NJA5040XXYEDF33BEV	纯电动厢式运输车	南骏牌	南骏瑞捷 D20 系
10	NJA3040EDF33BEV	纯电动自卸汽车	南骏牌	南骏瑞捷 D20 系
11	NJA1040PDF33BEV	纯电动载货汽车	南骏牌	南骏瑞捷 D30 系
12	NJA5040CCYPDF33BEV	纯电动仓栅式运输车	南骏牌	南骏瑞捷 D30 系
13	NJA5040XXYPDF33BEV	纯电动厢式运输车	南骏牌	南骏瑞捷 D30 系

七、合资合作及重大项目建设

四川南骏汽车集团有限公司一直重视技术创新和产学研合作，不断完善和提升自身研发能力，与国内知名高等院校合作研发新能源核心技术，掌握了整车动力系统设计与验证、CAN 网络通信、整车控制器等开发标定、控制器诊断标定的能力。

（1）2021 年，四川南骏汽车集团有限公司进一步加强可靠性试验能力建设，投入近千万元对原南骏汽车试验场进行两期改扩建，为产品开发提供了更强有力的保障。南骏汽车试验场占地 26680 m^2，试车跑道全长 2145 m，含有 5 种不同强化系数的特殊路面（搓衣板路、比利时路、鹅卵石路、鱼鳞坑路、扭曲路）及涉水路面（可用于新能源车底盘防水性能试验），特殊路面合计长度 760 m，3 种不同的道路坡度（10%、16%、21%），通过用户关联及道路组合应用于重中轻微不同车型的 24 h 不间断加速可靠性行驶试验，全方位进行车辆底盘（含三电系统）、驾驶室及上装结构强度、功能检查和性能。

（2）与陕西法士特公司共同开发驱动系统靠齿扭矩控制策略，可保证传动系统主动轮和从动轮始终处于贴合状态，解决了当油门踏板瞬间大开度时大扭矩导致对传动系统的冲击问题，极大提高了整车平顺性，降低了传动系统故障率和车辆维护成本。

（3）与宁德时代公司合作，开发了磷酸铁锂电池包冷却系统，确保电池工作在 25～45 ℃理想的温度区间，延长电池寿命，提高电池安全性，杜绝了夏季车辆行车后电池温度高导致不能充电和充电后不能行车的行业诟病。

八、发展规划

未来，南骏集团将开发“成本更低、安全性更好、操控更智能”的新能源汽车，计划完成多款纯电动客厢车、纯电动物流车、纯电动城市环卫车、纯电动矿用车、纯电动城市渣土车、插电式混合动力冷藏车等系列产品开发，掌握新能源整车集成开发、整车控制、新能源轻量化、新能源 NVH 等核心技术及试验验证能力，还将重点加强智能化与网联化相关技术的储备应用，加快推进全系共性平台的搭建，为后续智能汽车、自动驾驶技术的发展应用提供战略基础。计划完成驾驶员高级辅助系统（ADAS）平台的搭建，包括：车道偏离系统（LDWS）、高级紧急制动系统（AEBS）、自适应巡航系统（ACC）等。

三一汽车制造有限公司

一、单位概况

三一汽车制造有限公司(以下简称三一汽车)是三一集团旗下核心企业,成立于2003年4月28日,由三一重工投资控股,分两个产业园,星沙产业园位于湖南省长沙市国家级经济技术开发区,占地面积2260亩。宁乡产业园位于湖南省长沙市宁乡高新技术产业园区金洲大道,占地面积1400余亩,拥有常规车型、纯电动车型以及氢燃料车型的生产资质。三一汽车拥有数字化生产的“灯塔工厂”,全工序实现智能化制造,以“打造最符合客户应用场景的产品”为己任,致力于发展成为电动专用车行业第一品牌和引领者。

二、生产与经营

2021年,中国实现了全面建成小康社会的百年奋斗目标,我国经济发展与疫情防控保持全球领先地位,在第四次工业革命和第三次能源革命叠加状况下,三一汽车与时俱进,积极响应集团“国际化、数字化、电动化”战略,公司产品竞争力持续增强。

2021年,三一汽车实现营业收入187亿元。完成4款纯电搅拌车和4款纯电动自卸车等8款电动化工程车辆上市,产品涵盖纯电、换电、氢燃料3大技术路线。电动搅拌车、电动自卸车、电动起重机、电动重卡销售实现重大突破,取得年度销量冠军。电动化工程车辆产品销量破千台,销售额近10亿元,市场份额均居行业第一。

三、产品出口

三一汽车制造有限公司积极推进三一集团国际化发展战略,致力于国内国外双向市场拓展。在2021年新冠肺炎疫情影响下三一汽车积极响应国家“一带一路”建设,不断创新海外业务发展的模式。与中建五局、中铁五局等央企签订全面战略合作协议,通过优势互补,提升在海外的整体竞争实力。

四、产能建设

三一汽车制造有限公司拥有智能制造的“灯塔工厂”,被列为首批国家智能制造试点示范项目。三一汽车生产设备齐全,包含下料、成型、焊接、机加、装配、调试、表面处理及涂装八大工艺设备,具备完整的冲压车间、焊装车间、涂装车间、底盘车间以及总装车间五大工艺生产线;拥有多种试车跑道、涉水池、整车淋雨实验室、全数字化汽车综合性能检测线。2011年斥资2亿元建成首条高端重卡车身生产线,可实现年产3万台重卡驾驶室和1万台起重机驾驶室共8种车型的混线生产。新能源车总装装配生产线,主要从事新能源车(纯电动和燃料电池专用车)底盘和上装的装配、检测线以及调试等工作。

五、技术进展与研发能力

2021年三一汽车研发成果显著,向新产品、新技术、电动化、智能化及国际化产品倾斜大量资源,实施科研人才倍增计划,推行“销售一代、储备一代、研发一代”的三代研发政策。

(1)燃料电池搅拌车:全球首款氢燃料电池搅拌车,搭载高效氢燃料发动机,加氢仅需20 min,续航400 km(标载,40 km/h等速),同时轻量化车身匹配更大搅动容量。

(2)四桥换电搅拌车:282 kWh储能电池,充换一体,采用上装电动直驱,更节能、高效;精致的热管理设计,满足-50 ℃~+50 ℃全天候区域应用;搭载Truck Link车联网平台、360环视、TBOX等智能化技术。

(3)新能源自卸车:全球首款氢燃料电池自卸车,整车轻量化设计,双环保动力源,完全零排放,匹配1680 L大容量氢气瓶组,解决用户里程焦虑,搭配大功率电堆系统,能量转化效率高达50%以上,达到国际领先水平。

(4)电动化汽车起重机:全球首款可上牌的纯电动汽车起重机,采用纯电驱动技术,低噪声,操控精准,使用和维护成本低,有效解决纯电技术大规模应用的经济性难题,是汽车起重机进入电动化时代的标志性产品,荣获2022中国工程机械年度产品TOP50新能源金奖。

六、主要新产品

序号	产品型号	产品名称	品牌
1	SYM5310GJB4BEV1	纯电动混凝土搅拌运输车	三一牌
2	SYM5310GJB5BEV2	换电式纯电动混凝土搅拌车	三一牌
3	SYM3314ZZX1BEV	纯电动自卸汽车	三一牌
4	SYM3314ZZX2BEV	纯电动自卸汽车	三一牌
5	SYM3312ZZX5BEV	换电式纯电动自卸汽车	三一牌

七、合资合作及重大项目建设

三一汽车制造有限公司将逐渐向数字化、智能化转型,使企业的制造行为向精益制造、绿色制造方向发展,也同样愿与志同道合的企业深入合作。

(1)与宁德时代签署战略合作协议,深化合作伙伴关系,积极推进工程机械的电动化发展。

(2)2021年2月22日全球首条电动重卡干线(福宁干线)投入运营。

八、发展规划

第四次工业革命和第三次能源革命叠加,世界正处在一个前所未有的超级技术窗口期,三一汽车制造有限公司坚定实施数字化、电动化、国际化战略,积极响应国家“2030年碳达峰、2060碳中和”目标。加强研发创新,加强核心技术研究,抓好人才引进与培养提升研发创新能力。加强经营风险控制、供应链建设,进一步提升供应链“韧性”,增强应对各类不确定性风险的能力,抓住历史机遇,推动三一汽车高质量发展。牢记“品质改变世界”的使命,以“打造最符合客户应用场景的产品”为己任,深耕电动化、数字化、国际化、多元化等领域,打造中国制造的世界品牌。

质子汽车科技有限公司

一、单位概况

质子汽车科技有限公司(以下简称质子汽车),位于陕西省西咸新区泾河新城崇文镇院士谷展示中心,注册资本1亿元。重点围绕商用汽车“智能化、电动化、网联化、轻量化”开展研发创新、销售运营。业务涵盖新能源、智能网联、新材料技术研究、新能源整车、零部件研发、汽车零部件(配件)制造、新能源整车、汽车零部件(配件)销售等。

质子汽车是德创未来汽车科技有限公司的子公司。德创未来是陕汽为全面落实习近平总书记发展“新模式、新业态、新技术、新产品”的重要指示、落实陕西省国企改革及秦创原创新驱动平台建设要求,联合西咸新区泾河新城管委会、汽车产业上下游公司及运营团队合资成立,集“政产学研用金”全要素融合的创新平台公司。

二、生产与经营

围绕细分场景,质子汽车已自主研制了30余款新能源智能商用车产品,现有在售车型18款,累计接到销售订单两百余台;由质子汽车与陕重汽、陕汽商用车、陕汽下属子公司签订新能源汽车代工协议,累计下发生产计划新品试制车型9批、生产订单类20批。

其中,氢燃料电池车已取得了百余台销售业绩,首批钢厂牵引车订单已顺利交付广西用户,首批环卫车订单已顺利交付西咸新区泾河新城,另有充换电一体自卸车、自动驾驶巴士等产品在山西、陕西、内蒙古等地开展实地运营,防撞缓冲车亮相西安市高速施工现场保驾护航,针对性地为客户提供了绿色、高效、安全的运输解决方案。

三、产能建设

质子汽车在商用车制造领域创新性地推行“多元化”代工模式,由质子汽车与陕重汽、陕汽商用车、陕汽下属子公司签订新能源汽车代工协议,累计下发生产计划新品试制车型9批、生产订单类20批,整合了陕汽生产资源及富余产能,提高了产品交付效率。同时,质子汽车在西咸新区泾河新城规划了开放式商用车验证平台,为企业的产品质量保驾护航。

四、技术进展与研发能力

质子汽车围绕商用汽车“智能化、电动化、网联化、轻量化”,开展新能源商用汽车产业技术创新、智能网联与自动驾驶技术开发与推广应用,形成了“新能源+智能网联”全系统技术链条,开展了全新平头宽体重卡驾驶室、固态底盘技术开发、超材料技术开发及应用、换电系统开发、燃料电池发动机系统开发等13项核心技术攻关项目,构建了全系列新能源智能商用车整车开发平台。

质子汽车积极响应秦创原“两链融合”号召,联合科研院所、产业链优质研发资源,展开产、学、研项目公关。先后与西安交大、吉林大学等展开“面向零碳物流的轻量化镁合金挂车开发”“商用车固态地盘EMB关键技术开发”“基于多传感器融合的高精定位系统”“声学超材料产业化项目”等合作项目。

质子汽车始终坚持以人才为本、质朴诚信的经营理念,用真诚打动客户,把廉价、绿色、智能的运输服务带给世人;让员工发展个性和能力,为员工带来精神和物质的幸福。已组建了一支240余人的科技创业团队,博士占比5%,硕士及以上占比40%,高级工程师20%以上,本科以上占比100%;奉行“共享、共担、共赢”的文化理念,形成了开放、创新、灵活、高效的创业文化,为新能源、新材料、智能网联、自动驾驶等核心技术的发展做好了人才储备。

五、主要新产品

序号	产品型号	产品名称	品牌	通用名称
1	SX4250MY384N	6×4 换电牵引车	陕汽牌	翼3标载版换电牵引车
2	SX3310M4326N	8×4 换电自卸车	陕汽牌	翼3标载版换电自卸车
3	SX4250G4384U	6×4 燃料电池牵引车	陕汽牌	翼3标载版燃料电池牵引车
4	SX5540TQYP7391N	6×4 宽体牵引车	陕汽牌	换电宽体钢厂牵引车
5	SX5640TZXPY396N1	6×4 宽体自卸车	陕汽牌	偏置宽体钢厂自卸车
6	SX5900ZXEP484N1	6×4 宽体自卸车	陕汽牌	换电非公路宽体自卸车
7	SX5380TQYPY324N	6×4 换电水渣牵引车	陕汽牌	偏置换电水渣牵引车
8	SX5180TQYZL361N	4×2 纯电偏置码头车	陕汽牌	偏置纯电码头车
9	SX5120TCABEV381L	4×2 纯电动餐厨垃圾车	陕汽牌	翼9纯电动餐厨垃圾车
10	SX5120TFZBP	4×2 防撞缓冲车	陕汽牌	轩德9系防撞缓冲车

六、合资合作及重大项目建设

为推动科技成果转化与落地,质子汽车承接了省内的氢能发展项目,与榆能集团共同研制氢燃料电池等新能源重卡;联合延长、陕煤、西北有色等省内国有企业筹建氢能产业园,布局氢能产业,共同推进物流运输板块绿色新能源业务。联合产业链上下游资源,与西安交通大学、金茂智慧交通、微宏动力、今创环境、嘉瑞集团签署战略合作协议,推广自动驾驶技术,开展智能驾驶场景示范,在智慧矿山、数据监控平台、智慧环卫、新材料等多领域发力,承担西安十四届全运会工作人员接驳任务,《面向城市场景的 L4 级智能微公交产品开发》荣获 2021 年陕西省科技工作者创新创业大赛二等奖,并当选为中国智能网联汽车优秀企业。

七、发展规划

质子汽车重点围绕商用汽车“智能化、电动化、网联化、轻量化”,聚焦多场景需求,开展新能源、智能网联整车及核心系统零部件创新研发,不断增强新能源、智能网联核心竞争力。创新技术型营销、场景化落地运营新模式,实现新能源、智能网联商用车整车快速上量,自主掌握核心技术,并培养一支以市场为目标,能创新产品技术,能突破市场,人才梯次合理的创新型人才团队,实现新能源、智能网联战略落地,确立行业领先地位。

质子汽车计划在 2~3 年内发布全新平台产品,聚焦 3 大氢能区域市场、3 大换电区域市场进行燃料电池重卡、轻卡、换电重卡的产业布局和产品推广,并依托集团各生产基地,通过属地化生产的运作模式打动当地政府释放相应运力资源。远期逐步形成覆盖西北、华中华北、西南、华东四大主战区,其他区域市场辅助,从而实现全国市场覆盖。

柳州五菱汽车工业有限公司

一、单位概况

柳州五菱汽车工业有限公司(简称五菱工业公司)成立于 2007 年,是由五菱工业公司有限公司(原柳州五菱汽车有限责任公司)与香港上市公司五菱汽车集团控股有限公司(HK. 00305)共同设立的大型合资企业,是国家科技创新示范企业。

五菱工业公司秉承三十多年丰富造车经验,专注为客户提供高价值产品,具备汽车零部件超 200 万台套、汽车发动机 80 万台、专用车 12 万辆的年生产能力。目前,公司在国内已形成柳州、桂林、青岛、重庆南北联动的制造基地,并积极扬帆出海,在印尼、印度建立了公司海外零部件生产基地。深耕汽车零部件业务 30 余年,在集成原有零部件制造资源基础上,具备提供底盘、车身、内外饰、动力系统、电子电器五大系统零部件和关键技术支持与服务的能力,集团进一步潜心开发高价值乘用车和新能源汽车零部件,打造出汽车发动机、电动桥、后部下车体、座舱等核心产品模块,乘用车零部件配套占比达 70%,形成了与整车企业同步开发能力,建成了国内首条热气胀成形生产线、广西乘用车底盘智能示范性工厂。在将成熟微车制造资源输送给合资企业上汽通用五菱之后,集团即从零开始,跻身国内最具影响力的微小型改装车生产企业之列,产品拓展至改装车、非道路车、新能源物流车、客车等领域。五菱微改车连年市占率第一,五菱校车已发展成为幼儿校车领域的排头兵,五菱观光车成为“一带一路”高峰论坛指定服务用车,新能源物流车远销北美、日本等。汽车服务与贸易业务向中高端品牌转型升级,向智能制造和数字化延伸拓展,以专业优质的服务能力影响汽车产业链上下游协同发展。

未来,五菱工业公司将以汽车产业链为核心,拓展汽车产业链上下游资源,加强创新驱动,推动企业数字化转型,优化产业结构,推进产融结合,重点发展汽车零部件及发动机业务,策略性发展整车,坚持稳中求进,不断推进转型升级,实现高质量发展,努力建设成为国内领先、国际上有竞争力的综合性汽车集团。

二、生产与经营

公司业务涵盖汽车零部件及发动机制造、客车及改装车制造、汽车服务与贸易。在国内已形成柳州、桂林、青岛、重庆、贵阳南北联动的制造基地,并积极扬帆出海,在印尼、印度建立了公司海外零部件生产基地。在集成原有零部件制造资源基础上,集团潜心开发高价值乘用车零部件,打造出汽车底盘、车身、内外饰、发动机等核心产品模块,乘用车零部件配套占比达 70%,形成了与整车企业同步开发能力,广西乘用车底盘智能示范性工厂已建成投产。在将成熟微车制造资源输送给合资企业上汽通用五菱之后,集团即从零开始,跻身国内最具影响力的微小型改装车生产企业之列。五菱校车已发展成为幼儿校车领域的排头兵;五菱观光车成为“一带一路”高峰论坛等重要场合接待用车。

三、产品出口

面对全球疫情冲击、客车运营需求下降明显形势,益于五菱客车良好的口碑、品质和服务,五菱高尔夫球车、新能源车 EV50、电卡、S100 客车斩获海外订单,出口到“一带一路”沿线国家。

四、产能建设

拥有超 200 万台套汽车零部件、80 万台汽车发动机、2 万台轻型客车和 10 万台微型改装车的综合产能。未来,五菱工业公司将积极培育新能源汽车产业,形成企业发展的新动能,促进企业产品结构和业务结构的转型升级,努力实现高质量的发展。

五、技术进展与研发能力

(1)具备新能源混合动力驱动系统开发能力:具备拥有自主知识产权的全新一代混合动力驱动系统开发能力,研究整车驱动模式,与现有产品形成显著差异,技术水平与日本汽车行业同类产品抗衡,处于国际领先地位。

(2)具备整车控制器开发能力:具备整车控制器硬件选型、控制策略设计、基于模型的应用层软件编程、MIL 和 HIL 测试、实车功能调试、动力性和经济性能标定的能力。

(3)具备电池系统集成开发能力:建立了电池系统集成开发体系,具备电池系统选型设计、电池结构 CAE 仿真、电池系统虚拟装配、控制逻辑策略设计、电气原理设计等能力。

(4)具备三电系统集成开发能力:具备整车电安全设计、高压电气架构设计、整车控制策略设计、高压辅驱系统集成开发设计、整车 CAN 总线网络拓扑结构设计、整车 CAN 通讯协议设计等能力。

六、主要新产品

序号	产品型号	产品名称	品牌	通用名称
1	GXA5032XXYBEV	纯电动厢式运输车	五菱	EV50
2	GXA5030XLCBEV	纯电动冷藏车	五菱	EV50 雪宝
3	GXA1031BEV	纯电动货车	五菱	五菱电卡
4	GXA5032XXYEV	纯电动单层厢式运输车	五菱	电卡单层货柜
5	GXA5032CCYEV	纯电动仓栅式运输车	五菱	五菱电卡仓栅
6	GXA5032XLCEV	纯电动冷藏车	五菱	五菱冰宝

七、合资合作及重大项目建设

致力于国家发展新能源汽车战略和汽车产业中长期发展规划，以构建广西特色现代汽车产业体系为目标。公司以新能源汽车、新能源动力系统、新能源汽车关键零部件、智能制造装备为突破口，构建新型产业生态，带动产品结构转型升级，推进新能源汽车及相关核心零部件的落地普及。

1. 新能源汽车方面

2019 年 10 月获得新能源纯电动轻型客车生产资质，2020 年 9 月获得新能源纯电动货车生产资质。截至目前公司已有 73 款新能源货车及底盘、9 款新能源纯电动轻型客车获得国家公告，形成以新能源轻型客车和新能源物流车两大系列产品为主的产品布局。

2. 新能源动力方面

（1）新能源混动发动机

通过研究开发阿特金森循环、热管理等发动机技术，进一步提高发动机热效率，为串并联新能源混动系统提供动力来源；通过研究开发结构紧凑、高效率的串联发动机技术，为国家政策鼓励支持增程式纯电动汽车发展建立动力系统基础。目前已完成 L3R12W35 增程发动机、ISG 电机、驱动电机等的开发，正在加紧研发高功率大扭矩驱动电机和高速运转电机等两款电机。

（2）新能源动力核心零部件

构建新能源三电能力，新能源试验室已建设完成，新能源电机及电机控制生产线正在建设，已完成开发的电机控制器有：IGBT 双电机控制器 2x180 kVA，12 L，IGBT 单电机控制器 180 kVA，5.7 L（345 V），IGBT 单电机控制器 180 kVA（540 V），下一步实现电机控制器的批量生产，并加紧研发碳化硅电机控制器 250 kVA 控制器。同时正在进行合资合作等方式引入外部产品技术，积极推进为本地化新能源整车配套服务。

（3）新能源动力系统集成

以高效发动机为基础，整合高效率的电机及电机控制器，形成各类型新能源动力系统集成产品技术（串并联混动系统，增程式串联混动系统），通过建设相应的产品试验、生产制造能力，为新能源整车提供专业的新能源动力系统解决方案。目前已完成 IGBT 模块 650 V/400 A，IGBT 模块 650 V/600 A，IGBT 模块 1200 V/450 A 等功率模块的开发，正在加紧全碳化硅模块 1200 V/285 A/7 nH 的研发。

3. 新能源汽车关键零部件方面

围绕轻量化汽车底盘关键零部件“一厂两线：智能工厂，后桥主减速器/独立悬架智能装配生产线”智能工厂建设展开，引入信息物理系统（CPS），通过工业通信网络实现互联和集成，形成企业统一的数据平台，构建能够与物理生产线同步镜像与交互的全映射虚拟生产线，实现虚拟与物理融合制造；并将虚拟现实/增强现实（VR/AR）技术贯穿于产品研发、装配工艺规划、工厂布局规划、产品品质在线检测、产品性能评估中，实现制造全过程透明化与智能化；同时，进行智能化在线检测与装备研发、柔性可视化装配装备研制。目前已实现 E300P 电驱桥的量产。

八、发展规划

五菱工业公司紧紧围绕国家发展战略，以汽车全产业链为竞争核心，拓展上下游资源，加强创新驱动，优化产业结构，推进产融结合，巩固传统优势业务（汽车零部件和发动机），积极培育发展新动能，在创新发展、绿色低碳产业上加大研发投入，着重发展新能源汽车及核心零部件业务以及智能制造装备产业。

1. 新能源整车

根据市场需求，全面发展 2~6 m 新能源物流车，形成系列新能源物流车平台及车型；同时开发 6 m 以上新能源客车，特别是新能源公交，形成全系列新能源客车车型。同时不断开发适用于各行业、场景的新能源专用车、新能源改装车，不断丰富新能源整车产品系列。

2. 新能源动力方面

结合新能源整车的发展规划及外部市场需求，公司将继续积极向新能源动力系统转型升级，寻求新的增长点。开展新能源混动发动机、电机/电机控制器产品、新能源动力系统集成（包括纯电动、插电式、增程式、混合动力等）研究开发工作，提升自主研发能力，助力新能源汽车的发展。

3. 新能源汽车关键零部件方面

以工业互联网、云平台及智能软件、装备为基础，完善数字化产线及配套产线级 MES 系统开发；集智能物流系统、能源管理系统、设备管理系统、全生命周期管理系统、工艺规划系统、大数据服务平台、VR/AR 装配工艺仿真平台，MBD 标准制定等优势，实现后桥产品从设计、制造、质检及运营的全过程的数字化、信息化，通过工业互联网建设，实现全生产过程信息的集成与互通，实现了实时现场数据驱动工业生产。通过技术、工艺、设备的提升和改进，实现转型升级。

北汽瑞翔汽车有限公司

一、单位情况

北汽瑞翔汽车有限公司（以下简称北汽瑞翔）成立于 2021 年 4 月 23 日，由重庆市属国有企业与北汽集团联合打造，是重庆市政府与北汽集团携手，为推动重庆市汽车产业转型升级、实现高质量发展，优化北汽集团战略布局、拓展产业发展空间打造的新标杆。

二、产能建设

北汽瑞翔占地面积1340余亩，总建筑面积36万 m^2，整车年产能达50万辆。具备完备的汽车四大工艺生产线，配备KUKA/ABB/川崎智能机器人工作平台，形成完整独立、高效的多车型混装柔性制造体系，关键生产线工艺自动化率达到95%以上，工艺工装达到国际先进水平。

三、研发能力与技术进展

公司研发实力雄厚，目前产品覆盖燃油车与新能源领域，全面布局SUV、MPV、轿车、客车、货车、专用车等细分市场。建立有整车试制生产线、整车道路性能试验平台、零部件综合性试验平台、纯电车型检测平台，以及汽车电子模拟试验专业实验室等，研发硬件条件达到一流水平。同时与国际、国内一流院校和科研机构在电动化、智能化、网联化、共享化展开合作，开发具自主知识产权的新型汽车及关键零部件。公司建有市级博士后科研工作站，拥有重庆市认定企业技术中心、重庆市汽车智能安全工程技术研究中心等省级研发平台，是国家知识产权优势企业和重庆市技术创新试点企业，工信部和重庆市两化融合管理体系贯标试点企业。

四、发展规划

面向未来，公司秉承“乘用车与商用车并举，传统能源与新能源并行，国内市场与国外市场并重”的发展战略，将依托模块化基础架构、电子电器架构、智能网联三大架构及四大制造平台优势，带来不止于汽车层面的产品及服务体验，打造用户体验导向型的开放式生态平台，满足用户日益增长的美好生活需要；同时建立高效的市场化运行机制，在市场搏击中强化竞争优势，努力成为引领消费升级的新时代用户品牌。

浙江新吉奥控股集团有限公司

一、单位概况

浙江新吉奥控股集团有限公司（以下简称新吉奥集团）位于全球金融中心、世界东方明珠——上海浦东新区。集团下辖房车智造、新能源汽车智造和融资租赁三大板块，拥有桐乡、台州、商丘、十堰及澳大利亚墨尔本五大智造基地，在桐乡和上海分别设有研发中心和互联网运营中心。新吉奥集团在互联网+汽车领域主动探索，研发并运营共享房车、新能源物流车互联网平台，已成为国内造车企业进军互联网的先锋。

新吉奥集团以十余年整车研发及制造经验为基础，联合清华大学新能源研究院、合肥工业大学、同济大学、德国亚琛工业大学等国内外权威机构，整合新能源汽车生产制造的新材料、新技术、新工艺，全力聚焦新能源物流车、新能源城市公交车及新能源关键零部件的研发及智造。在桐乡设有新能源汽车研发中心和试制试验中心，拥有专业、资深的研发、工艺团队，构建了完备的研发体系，是新吉奥集团新能源汽车产业的科技创新平台和技术研发平台。在台州湾新区一期投资42亿元，建设占地600余亩、年产2万辆商用车的智造基地。在上海成立融资租赁公司，专门从事汽车融资租赁，尤其是新能源汽车金融服务，为客户提供一站式的汽车金融服务体验。集团新能源汽车产品包括小型车平台、中型车平台和大型车平台，涵盖纯电动汽车、增程式电动汽车以及氢燃料汽车。

新吉奥集团在沪、杭、苏金三角中心、世界互联网大会永久会址地——中国桐乡成立了国内首家房车研发中心，占地550亩，投资21.6亿元，是亚洲具有一定影响力的房车领域综合性企业。并积极在全球进行战略布局，成功收购澳大利亚第二大房车生产商Regent公司，成为国内特种车行业率先在国外建立了完整研发、制造、销售和售后服务体系的房车企业。集团房车产品涵盖自行式旅居车与旅居挂车，可提供高端私人定制化设计服务，配备国际化的室内设计团队，在科技与舒适感方面具有独特优势。

新吉奥集团在互联网+汽车领域主动探索，成功开发房车共享互联网平台，与旅游产业紧密对接，包含O2O房车共享、房车租赁及销售、高速公路服务区微营地、旅游景区房车营地连锁酒店开发建设、招商加盟、运营辅导、客户引流、培育房车出行智慧旅游新生态，打造互联网运营服务平台，通过线上引流、输出品牌、提供产品，联创共投、合作加盟多模式构建房车旅游产业生态圈，全力推动房车互联网化运营。

二、生产与经营

新吉奥集团下设桐乡、台州、商丘、十堰及澳大利亚墨尔本五大智造基地，建立健全了营销售网络及售后服务网络，2021年车辆销售2993辆。

三、产品出口

新吉奥集团在聚焦国内市场的同时，加速海外市场的战略布局，已成功开拓澳洲房车市场，并已形成完整的销售及售后服务网络，2021年共计出口近1850辆。

四、技术进展与研发能力

新吉奥集团建立了完善的新能源汽车开发团队和新能源汽车试验能力。目前已掌握纯电动汽车、增程式电动汽车、氢燃料汽车整车及关键零部件的集成应用能力，具备新能源汽车整车控制器、电池管理系统、驱动电机、电机控制器、车联网、动力电池集成自主开发能力，并已有成熟产品应用。

集团与全球知名的轻量化科研院所——德国亚琛工业大学签署了轻量化战略合作合同，通过学习亚琛工业大学轻量化科研所的轻量化策略，利用研究所研发的轻量化新型材料，实现轻量化目标，使新吉奥集团走在了行业的前列。

五、主要新产品

序号	产品型号	产品名称	品牌	通用名称
1	NGA5031XXYBEV1	纯电动厢式运输车	吉奥牌	吉奥奥腾
2	NGA5040XXYBEV2	纯电动厢式运输车	吉奥牌	吉奥帅驰
3	NGA5030XXYBEV3	纯电动厢式运输车	吉奥牌	吉奥帅凌
4	NGA1030BEV1	纯电动载货汽车	吉奥牌	吉奥帅舰
5	NGA5030TYHBEV1	路面养护车	吉奥牌	奥智
6	NGA5030ZLJBEV1	纯电动自装卸式垃圾车	吉奥牌	奥智
7	ZDD5042XLJ6	旅居车	隆翠牌	麒麟
8	ZDD5066XLJ	旅居车	隆翠牌	麒麟

启航汽车有限公司

一、单位概况

启航汽车有限公司是一家具有自主研发能力的商(专)用车制造企业,成立于 2018 年 10 月,隶属中车城市交通有限公司旗下绿脉汽车平台,系浙江省重大工业投资项目。公司位于湖州莫干山高新技术产业开发区,地处长三角区域经济带核心区域,具备良好的区位条件和区域优势。

启航汽车肩负着中车交通商(专)用车高端品牌输出的使命,围绕“4+X”产品定位,致力于培育专汽行业多个“专精特新”小巨人,立足长三角,打造高端智能制造超级工厂。以“智能制造、生态创新”为主线,以“规模+品牌”实施双轨驱动,打造高质量发展的“启航模式”,实现智能制造、超级工厂。

二、生产与经营

公司总规划面积 1155 亩,已建成一期 283 亩,建筑面积 100000 m^2,具备焊装、涂装、总装、调试四大智能制造工艺能力,建有商用大轿车、自卸车、环卫车、厢式车、消防车等产品专业化生产线,现有 200 多台套先进装备,具备年产商用大轿车 1000 台、环卫车 2000 台、自卸车 6000 台、厢式车 5000 台、应急装备类 1000 台,合计年产各类专用车 15000 台的能力。二期、三期达产后,将新增九大专用车制造品系,产能拓展至年产 50000 台。

公司成立以来,先后取得专用车生产企业资质、产品 3C 证书、启航商标证书、ISO 9001 质量体系证书、ISO 14001/ISO 45001 安环体系、世界制造厂代号证书、企业代号证书等,拥有专利示范企业、全国用户满意单位、AAA 级重质量守信用企业、AAA 级信用企业、AAA 级诚信经营示范单位、消防车生产资质、半挂车生产资质等。

三、产能建设

公司总规划面积 1155 亩,已建成一期 283 亩,建筑面积 100000 m^2,具备焊装、涂装、总装、调试四大智能制造工艺能力,建有商用大轿车、自卸车、环卫车、厢式车、消防车等产品专业化生产线,现有 200 多台套先进装备,具备年产商用大轿车 1000 台、环卫车 2000 台、自卸车 6000 台、厢式车 5000 台、应急装备类 1000 台,合计年产各类专用车 15000 台的能力。二期、三期达产后,将新增九大专用车制造品系,产能拓展至年产 50000 台。

商用大轿车生产线占地 10000 m^2,配备高端专业化设备 40 多台,工装 30 多套,规划产能 1000 台/年。

自卸车生产线占地 10000 m^2,配备高端专业化设备30 多台,13 台套焊装机器人工作站,工装 20 套,规划产能6000 台/年。

环卫车产线占地 10000 m^2,配备专业化设备 20 多台,工装 30 多套,规划产能 2000 台/年。

厢式车生产线占地 5000 m^2,具备专业化生产设备及流水作业产线布置,规划产能 5000 台/年。

应急装备生产线占地 3500 m^2,具备专业化生产设备及精致手工打造,规划产能 1000 台/年。

四、技术进展与研发能力

公司拥有各类技术研发人员 50 人,科研用房 1000 m^2,具备轻型客车、环卫车、自卸车、厢式车、应急装备等专业研发能力和各类专用汽车设计开发能力,是浙江省科技型企业。

紧紧围绕“4+X”产品定位,依托启航汽车和行业领军人才,与同济大学中车捷运(莫干山)研究院、MATT(中意印设计中心)、爱中和汽车技术、福田汽车研究院等达成战略协作,专注商(专)用车的“功能性内装、功能性上装”的集成定制方案,致力于打造启航汽车成为(商)专用车技术领先、四化(新能源、轻量化、智能化、网联化)引领的标杆企业。

五、主要新产品

序号	产品型号	产品名称	品牌
1	QHV5038TYHSCBEV	纯电动路面养护车	启敬牌
2	QHV5188TXSEQBEV	纯电动洗扫车	启敬牌
3	QHV5098ZYSEQBEV	纯电动压缩式垃圾车	启敬牌
4	QHV5040XBWEQFCEV	燃料电池保温车	启敬牌
5	QHV5130XBWEQFCEV	燃料电池保温车	启敬牌

六、发展规划

企业愿景:致力于成为世界一流专用车方案解决者。

企业使命:品质创造价值,科技改变世界。

企业价值观:实业报国,正心正道,善为善成。

营销理念:客户第一,以快制胜。

管理理念:在发展创造中解决问题,把正确的事情做到十分。

研发理念：市场主导，技术领先。

建立和完善项目营销组织模式：建立专用车客户的全寿命周期营销网络，完善商用大轿车、自卸车、环卫车、厢式车等系列产品的项目营销组织和区域中心布局；建立与底盘厂合作共享的营销生态；拓展与底盘厂的深度合作，共享底盘厂分销渠道，助推代理商、经销商共同深耕区域本地化市场；建立“以快制胜”的营销服务机制；建设“启航模式”的营销体系和工作机制，解放思想，配套快速价格机制、精准产品公告、专项营销政策。

舜泰汽车有限公司

一、单位概况

舜泰汽车有限公司成立于 2016 年，是一家专注于新能源智能网联专用车辆、线控底盘及无人驾驶一体化解决方案的高新技术企业，系国家专精特新“小巨人”企业、山东省泰山产业领军人才企业、瞪羚企业，作为淄博市新能源汽车产业链链主企业，联合清华大学、北京航空航天大学等共同设立无人驾驶研发中心，获批建设山东省智能网联汽车技术创新中心、山东省智能汽车制造业创新中心两大省级创新平台。舜泰汽车为构建绿色低碳、智慧交通不断进取，全力制造满足不同场景需要的各类智能化车辆及装备，其中智能线控底盘出货量处于行业前列，新能源及专用车辆出口 30 余国家和地区。与智能网联汽车领域内头部企业、院所合作共建省级智能汽车技术及制造业创新中心，争创行业国家级创新平台。致力于打造业内领先的新能源智能网联专用装备研发、制造标杆企业。

二、生产与经营

新能源智能网联专用车方面，舜泰汽车拥有完整自主知识产权的新能源二类底盘平台，配置模块化的上装，可以满足不同场景需求，已经形成冷藏、售货、房车、检修等六大系列产品。与北汽福田、长安、上汽等国内知名车企达成车型共享、联合生产的长期战略合作，产品业务持续增长。

智能线控底盘及无人装备方面，舜泰汽车按照“1+N”（即：统一平台，多种场景）的理念，提供面向特定场景的无人驾驶全栈式解决方案。面向环卫、园区运输、教育、市政等领域提供业内领先的产品服务及解决方案，处于细分行业前列。

三、产能建设

拥有加工、焊装、涂装、总装、检测五大工艺，建有无人驾驶实验中心、无人驾驶装备检测中心、远程驾驶控制中心、智能驾驶封闭测试场（36 亩），具备年产 5 万台新能源车辆装备及线控底盘生产能力。

四、技术进展与研发能力

舜泰汽车核心研发团队 100 余人，来自清华、北航、国防科技大、百度、京东、东风、奇瑞等一线名校企，拥有专利及著作权 100 余项，已形成自主可控的知识产权和技术支撑体系。

公司掌握智能车辆核心控制、云端平台控制、整车集成、底盘平台轻量化、智能四轮驱动、分布式驱动控制、电池在线均衡、能量优化等核心技术，突破了毫秒级响应/车规级/智能线控底盘控制、基于低成本/高可靠/抗干扰/厘米级/高精度导航定位的自动驾驶算法等“卡脖子”关键技术，技术水平行业领先。

五、主要新产品

序号	产品型号	产品名称	品牌	通用名称
1	BTQ5040XLCFCEV	氢燃料电池冷藏车	舜泰	冷藏车
2	BTQ5030XSHJKC6	移动售货车	舜泰	售货车
3	BTQ5031XLJSC	旅居车	舜泰	房车
4	BTQ5041XXHZB6	救险车	舜泰	救险车
5	ZNZB01	0.7T 清扫车	舜泰	无人清扫车
6	ZNZB04	无人售卖车	舜泰	无人奶茶车
7	ZNZB06	无人安防车	舜泰	无人安防车
8	ZNZB07	无人接驳车	舜泰	无人接驳车
9	ZNDP01	智能纯电滑板底盘	舜泰	民用智能线控底盘
10	ZNDP03	智能混动线控底盘	舜泰	特种智能线控底盘

上海神舟汽车节能环保股份有限公司

一、单位概况

交大神舟成立于 2009 年，由上海交通大学教授团队创办，以用节能环保的汽车技术服务社会为使命，致力于中高端节能环保专用车辆和智能化专用车电子技术与服务的研发和产业化。公司是高新技术企业、上海市专利示范企业，是首批国家级“专精特新小巨人企业”，获得过上海市科技进步奖等荣誉。品牌“交大神舟”是上海市著名商标和重点保护商标。拥有工信部批准的专用车生产资质，并有“双软企业”认定。公司市政类专用车辆（吸尘车、智能化纯电动环卫车等)、特种车辆(机场除冰液回收车、矿山爆破抑尘车等)和智能化专用车电子技术产品(垃圾分类车载实时称重系统、专用车作业质量管理系统等)广泛服务于市政环卫、公路和各类企业。

公司是产学研融合的载体,现有包括专利、软件著作权、集成电路设计等知识产权200余项,拥有三项高新技术成果认证、20多项各类国际国内奖励,并参编多项标准。公司注重员工发展,员工胡振球从农民工成长为全国劳模,培养出上海市首席技师2人、上海市劳模2人、上海市优秀/先进农民工5人,胡振球劳模创新工作室获上海市总工会授牌并获评长三角劳模创新工作室。交大神舟以其专业化、智能化和新能源化的定位和创新发展、工匠精神,在专用车领域独树一帜。

二、生产与经营

公司厂址位于上海市奉贤区金汇镇光泰路1858号,主营业务包括市政园林类专用车车辆和设备、特种车辆和专用车电子类产品、技术咨询服务等,用户遍布全国并有出口。

三、产品出口

公司产品销售遍布全国并对外出口。同时依据其自身研发实力,为客户提供定制化服务。

四、产能建设

专用车车辆和设备年产800辆产能,专用车电子类产品年产5000台的产能。

五、技术进展与研发能力

公司具有较强的技术创新能力,公司以专家教授团队的班底起步,自主创新的技术与产品处于行业领先水平,并具备根据客户的需求进行定制开发的能力,可以满足各类特种行业的专用化需求。截至2022年6月30日,已授权及已申报待授权的专利共198项,其中发明101项,实用新型91项,外观6项,软件著作权16项。公司技术成果转化项目包括,高效真空吸尘车,是移动的大型吸尘器,是行业的符号产品;矿山爆破控尘的矿山爆破抑尘车,服务于金隅冀东、华润、首钢集团等,助力绿色矿山建设;公司的纯电动扫路车,具有超长作业时间、超静音作业和高性价比的特点;国内首创“机场除冰液回收车”也投入北京大兴机场、上海浦东机场、虹桥机场等地使用。除专用车辆外,公司具有较强的汽车电子技术开发和应用能力,自行开发了多款专用车传感器和软件平台,针对上海的垃圾分类带来的计量新课题,研发的垃圾车实时称重系统,已服务于上海及长三角地区城市,并在全国范围推广。公司对于产品发展的定位为:专业化、智能化、人性化、节能环保。凭借专业化特色,2019年神舟汽车入选国家工信部首批专精特新“小巨人”企业名单。

公司具有成体系的专用车车辆研发团队和体系,配备了各类研发所用的软硬件设施设备,并设立有研究院。根据专用车辆“多品种、小批量、高技术”的行业特点,公司注重技师团队的培训,先后培养出全国劳动模范1人、上海工匠1人、上海五一劳动奖章获得者2人,上海首席技师2人,上海市优秀/先进农民工5人。

六、主要新产品

整车			
序号	产品型号	产品名称	品牌
1	SSZ5040TSLBEV	纯电动智能化扫路车	交大神舟
2	SSZ5040ZZZBEV	纯电动智能化船型自装卸垃圾车	交大神舟
3	SSZ5040XTYBEV	纯电动智能化桶装垃圾运输车	交大神舟
4	SSZ5180TXSBEV	纯电动智能化洗扫车	交大神舟
5	SSZ5180GQXBEV	纯电动智能化清洗车	交大神舟
6	SSZ5180ZYSBEV	纯电动压缩式垃圾车	交大神舟
7	SSZ5180TXC	高效真空吸尘车	交大神舟
8	SSZ5311TDY	矿山多功能爆破抑尘车	交大神舟
9	SSZ5030TYH	绿化综合养护车	交大神舟
零部件			
序号	产品名称	产品型号	产品应用
1	垃圾车载实时称重系统	交大神舟牌 LJW 系列	垃圾车的载装桶数、重量的实时称重、数据采集,助力城市垃圾分类和垃圾减量化管理
2	专用车作业质量管理系统	交大神舟牌 JDS 系列	利用不同类型的传感器实时采集专用车作业的数据并分析车辆作业状态,助力车队作业质量的管理与考核

七、合资合作及重大项目建设

针对专用车“多品种、小批量、专业化”的特点,公司在所在行业内和相关企业、高校,开展多项合作项目,为包括环卫和各类厂矿企业的特殊应用场景,研发并产业化相关产品。

八、发展规划

公司秉承着“用节能环保的汽车技术服务社会”的初心使命,打造中高端环保专用车辆和智能化专用车电子技术与服务的领军品牌。

二、零部件及相关产业

宁德时代新能源科技股份有限公司

一、单位概况

宁德时代新能源科技股份有限公司(以下简称宁德时代)成立于2011年,作为一家全球领先的新能源创新科技公司,公司致力于为全球新能源应用提供一流解决方案和服务。2018年6月,公司于深圳证券交易所上市,股票代码300750。

宁德时代总部位于福建省宁德市,业务范围覆盖全球,已先后在福建宁德、江苏溧阳、青海西宁、四川宜宾、广东肇庆、上海临港、福建厦门、江西宜春、贵州贵阳、德国图林根州埃尔福特等地设立十大电池生产制造基地,在德国慕尼黑、法国巴黎、日本横滨、美国底特律等地成立子公司。

2021年,公司营业收入1304亿元,同比增长159%,净利润159亿元,同比增长185%。动力电池系统和储能系统销售同比增长分别为132%和601%,公司境外营收同比增长252%。根据SNE Research数据统计,宁德时代动力电池使用量连续五年排名全球第一,公司拥有全球最广泛的整车厂合作伙伴。根据ICC鑫椤资讯数据,2021年宁德时代储能电池产量市占率全球第一。

宁德时代重视研发,已在宁德、溧阳、上海、厦门以及德国慕尼黑设立了五大研发中心。2021年宁德时代研发费用77亿元,同比增长115%,近三年公司累计研发投入超过142亿元。研发人员共有10079名,其中博士170名,硕士2086名。研发能力涵盖材料研发、产品研发、工程设计、测试分析、智能制造、信息系统、项目管理等各个领域。公司拥有电化学储能技术国家工程研究中心、福建省锂离子电池企业重点实验室、中国合格评定国家认可委员会(CNAS)认证的测试验证中心,以及聚焦能源存储转化领域前沿基础问题研究的21C创新实验室,并设立了"博士后科研工作站""福建省院士专家工作站"等。公司拥有及正在申请的国内外专利合计10222项,主导或参与制修订超过70项国内外标准。

2021年,宁德时代被世界经济论坛评选为"灯塔工厂",宜宾基地获得全球首个电池零碳工厂认证。宁德时代立足技术领先优势和供应链整合能力,构建电动化和智能化相结合的新能源产业生态,已推出光储充检智能充电站、电动船舶、电动智慧无人矿山、重卡换电等创新解决方案。换电服务品牌EVOGO推出组合换电解决方案,正陆续在全国落地运营,通过打造基于车电分离模式下的电池租购、换电运营、回收等新商业模式,实现电池全生命周期服务闭环。未来。宁德时代将积极践行社会责任,为全球新能源事业发展作出卓越贡献。

二、生产与经营

公司实现营业总收入13035579.64万元,同比增长159.06%,归属于上市公司股东的净利润为1593131.79万元,同比增长185.34%。公司实现锂离子电池销量133.41 GWh,同比增长184.82%,其中动力电池系统销量116.71 GWh,同比增长162.56%。

三、产品出口

2021年,公司从事锂离子电池产业链相关业务的海外销售收入达2787203.78万元,同比增长252.47%,产品远销全球35个国家和地区。

四、产能建设

2021年,公司根据市场需求启动四川宜宾、广东肇庆、上海临港等生产基地的建设,建成产能从2020年的69.10 GWh提升至2021年的170.39 GWh,在建产能140 GWh。

五、技术进展与研发能力

公司加强产品研发,持续提升产品竞争力,第二代磷酸铁锂CTP产品实现大批量交付,高电压三元产品在700 km续航以内的乘用车上得到大规模应用,磷酸铁锂量产供货电芯能量密度最高已达200 Wh/kg,第二代无热扩散的电池系统已获得多个国内外客户的认可。由公司牵头承担的国家重点研发计划"智能电网技术与装备"中的重点专项"100 MWh级新型锂电池规模储能技术开发及应用"项目,攻克了12000次超长循环寿命、高安全性储能专用电池核心技术难题,掌握了大规模储能电站的统一调控、电池能量管理等系统集成技术。2021年,前期推广的户外液冷EnerOne产品已实现批量交付,公司基于长寿命电芯技术、液冷CTP电箱技术,推出了户外预制舱系统EnerC,其在安全性、占地投影能量密度、充放电效率、长期可靠性方面优势显著,并率先在海外实现项目推广和落地。

在研发能力方面,公司高度重视产品和技术工艺的研发,建立了涵盖产品研发、工程设计、测试验证、工艺制造等领域完善的研发体系,同时,公司积极与国内外知名企业、高校和科研院所建立深度合作关系,与上海交通大学成立未来能源研究院、与厦门大学共建厦门时代新能源研究院。

六、合资合作及重大项目建设

在合资合作方面,2021年,公司携手永福股份成立合资公司,并先后与香港中华煤气、晶科能源达成战略合作,与上海市政府、三峡集团签订战略合作框架协议,与国家电投、中国能建、中国建材、国家能源集团、中国华电、中国人保财险等公司签署战略合作协议,与宜宾市签署全方位深化合作协议,与戴姆勒卡车股份公司扩大全球合作伙伴关系。在重大项目建设方面,2021年,宁德时代动力及储能电池肇庆项目、宁德时代邦普一体化新能源产业项目正式开工,四川时代动力电池一期项目正式投运。

七、发展规划

公司将加快以“电化学储能+可再生能源发电”为核心，实现对固定式化石能源的替代，摆脱对火力发电的依赖；以“动力电池+新能源车”为核心，实现对移动式化石能源的替代，摆脱交通出行领域对石油的依赖；以“电动化+智能化”为核心的三大战略布局，持续推动市场应用的集成创新，为各行各业提供可持续、可普及、可信赖的能量来源，并进一步完善构建材料体系、系统结构、极限制造和商业模式四大创新体系建设，建立健全覆盖产业链上下游的创新体系，加快研究开发高能量密度、高可靠性、高安全性、长寿命的电池产品和解决方案，以产品在技术上领先同侪、实现卓越制造和精益管理的核心理念应对市场竞争。

欣旺达电动汽车电池有限公司

一、单位概况

欣旺达电动汽车电池有限公司位于深圳市光明区，是一家集动力电池 CELL、MODULE、BMS、PACK 研发、生产和销售于一体的综合性民营企业。公司成立于 2014 年，目前在深圳设立了销售研发基地，在惠州、南京、南昌（在建）、枣庄（在建）设立四大生产基地，员工 9000 余人。

公司始终坚持“全产业链深度参与，建立资源掌控力；全区域化生产布局，服务高端客户；全生命周期质量管理，打造数字保障平台；全组织覆盖工业互联网，实现高效规模增长；全方位可持续经营，确保全球性业务拓展”的“五全”发展战略。

目前，公司具备动力电池系统领域完整的研发、制造、测试评价能力，拥有完全自主知识产权的电池管理系统、高度自动化电芯分选、模组组成和电池系统总成装配全自动化生产线，拥有海内外核心自主知识产权 647 项。

二、生产与经营

公司始终致力于通过先进锂电池集成技术，为海内外整车纯电动、混合动力电池系统的研发及制造提供整套解决方案。

2021 年，动力电池的技术实力和发展潜力愈加获得了国内外众多知名车企的深度认可，产品成熟度和稳定性进一步得到市场批量应用验证，动力电池的管理系统和运营体系不断通过国内外高端客户的严格审核，得到充分认可。2021 年动力电池实现收入 29.33 亿元，较去年同比增长 584.67%。根据中国汽车动力电池产业创新联盟的数据，2021 年动力电池总出货量 3.52 GWh。

（1）在产品开发方面，公司坚持“聚焦+差异化”的策略，建立了系统成熟的“五层安全设计”。动力电池产品聚焦方形铝壳电芯，覆盖了 BEV、HEV、48 V 等应用市场，产品应用快速进入高端品牌车型，累计已有 34 款车型进入推广目录。

（2）在市场上开拓方面，公司已相继获得东风柳汽菱智 CM5EV、东风 E70、吉利 PMA 平台、上汽 ZS12 平台等多家车企车型项目的定点函；目前公司已与国内外众多知名汽车厂商建立了合作关系，并在多个市场主流车型上与客户建立同步联合开发机制。已建立合作关系的车企包括：雷诺、日产、大众、沃尔沃、吉利、广汽、上汽、上通五、东风柳汽、东风汽车、东风悦享、南京金龙、长安、易捷特、江铃、江淮、云度、爱驰、小鹏、零跑等。此外，公司参与起草的换电领域首个国家标准《电动汽车换电安全要求》（GB/T 40032—2021）已开始实施并应用。

（3）在生产制造过程控制方面，公司凭借优良的工艺管控能力和先进的生产设备制造能力，持续为客户、市场提供高安全、高可靠、高稳定的动力锂电池。与此同时，欣旺达市场服务已通过国家“五星售后服务”认证，为客户的市场开拓和稳定运营保驾护航。公司坚持可持续发展理念，2021 年公司通过汽车行业绿色发展指数 AA 级企业，通过创新发展和绿色发展，践行企业绿色低碳运营，助力国家“双碳”目标实现。

三、产品出口

2021 年，我司海外合作客户主要包含易捷特、雷诺、日产等，主要出口地为法国、西班牙、土耳其和日本。出口产品包含模组和 PACK。

四、产能建设

当前产能：惠州生产基地已建成年产能 6 GWh，南京生产基地规划 30 GWh 产能，一期已投产 4 GWh，二期规划 26 GWh，其中 11.5 GWh 已投产，其余枣庄、南昌、珠海、什邡等基地同步建设中；

产能规划：我司 2022 年总 23 条线，产能 50 GWh，其中 HEV 1.4 GWh，BEV 规划 48.6 GWh；2023 年 150 GWh，其中 HEV7 GWh，BEV 143 GWh；2025 年达到 500 GWh（HEV30 GWh，BEV 470 GWh）同比 2022 年增加 1000%。

五、技术进展与研发能力

公司自成立以来，始终高度重视研发及创新，开展电动汽车电芯及 BMS、储能系统、新材料的方面研发。公司与清华大学深圳国际研究生院、松山湖材料实验室等多所国内知名高校、科研院所在锂电池技术、电池材料等多领域开展产学研合作。2021 年，欣旺达与华南理工大学、中南大学联合承担惠州市揭榜挂帅项目“高功率长续航混合动力电池关键技术研发”获得立项支持。

当前动力电池研发人员 864 人，其中 83% 为本科学历，8% 为博士学历。公司致力于电池模组、BMS 软硬件、电芯等技术开发。HEV 动力电池早于行业一年多实现 SOP，产品具有高性能、高安全、高可靠性等优势。在行业处于领先地位，已获得包括雷诺、日产、广汽、上汽、柳汽等车企的定点。在纯电动汽车电池上，开发出三元、磷酸铁锂等优势产品。同时，布局长电芯、大模组、CTP 无模组等产品技术，主要客户包括吉利、上汽通用五菱、柳汽、易捷特、东风乘用车等。创新方面，公司积极布局专利，截至 2021 年底，累计申请专利 1099 件，其中已授权专利 609 件。

六、主要新产品

序号	产品名称	产品型号	产品应用
1	52.8 kWh 动力电池系统	E70	东风纯电动运营轿车
2	1.83 kWh 动力电池系统	M57	东风 HEV 混动乘用车
3	49.35 kWh 动力电池系统	E70 换电项目	东风纯电动运营轿车
4	67.3 kWh 动力电池系统	CM5EVF	东风纯电动物流车
5	57.25 kWh 动力电池系统	S50EVE NCM	东风柳汽纯电动运营轿车
6	85.97 kWh 动力电池系统	SX5G	东风柳汽纯电动运营轿车
7	54.63812 动力电池系统	S50EVE LFP	东风柳汽纯电动运营轿车
8	48 kWh 动力电池系统	A322	云度纯电动运营轿车
9	2.06 kWh 动力电池系统	A9E	广汽 HEV 混动乘用车
10	66.36 kWh 动力电池系统	BE13	吉利纯电动乘用车
11	86 kWh 动力电池系统	BE11	创维纯电动 SUV
12	14.1 kWh 动力电池系统	五菱 E50	宏光 MINI 纯电动乘用车
13	1.83 kWh 动力电池系统	五菱 CN220M	上通五 HEV 混动乘用车
14	89.55 kWh 动力电池系统	C11	零跑纯电动乘用车
15	40.88 kWh 动力电池系统	C01	零跑纯电动乘用车
16	0.88 kWh 动力电池系统	48 V	雷诺 48 V 启停乘用车
17	47.59 kWh 动力电池系统	启辰 322EV	启辰纯电动乘用车
18	59.11 kWh 动力电池系统	启辰 322EV	启辰纯电动乘用车
19	29.56 kWh 动力电池系统	Life R11	e. Go 纯电动乘用车
20	1.8 kWh 动力电池系统	ZS12	上汽 HEV 混动乘用车

七、合资合作及重大项目建设

为更好地服务客户，公司在国内布局了惠州、南京、南昌、枣庄共四大动力电池生产基地，其中惠州及部分南京基地已实现量产。2021 年，南昌基地项目总投资 200 亿元，规划产能 50 GWh；山东枣庄基地总投资 200 亿元，规划产能 30 GWh。公司还与吉利在枣庄合资建设年产能 80 万套混合动力电池，该项目总投资 50 亿元。

为了保障原材料供应安全，提升全产业链竞争优势，公司积极在上游材料领域大力布局。12 月 3 日，欣旺达、川恒股份与瓮安县人民政府签订《瓮安县"矿化一体"新能源材料循环产业项目投资协议》，本次合作项目计划总投资 70 亿元，项目建设包括 60 万 t/年电池用磷酸铁生产线等。

八、发展规划

欣旺达在进一步深化执"五全"业务战略举措的同时，公司不断强本固链，在上游矿产、核心原材料及关键设备上已完成全面布局并取得良好成果，并已陆续发挥市场效应；为增强与客户的黏性和快速响应客户需求，公司将继续稳步推进产能建设，实现基地与客户整车基地的区域化战略布局，并陆续在西南、华中、华北等地区建设生产基地。

市场和产品方面，公司将继续采取"聚焦+差异化"策略，聚焦核心客户、聚集核心项目和聚集核心产品。公司还将继续聚焦资源做好技术平台和产品平台开发，加强与现有客户的持续合作，同时固化合资品牌客户合作的深度，与客户建立产品联合开发机制，以优异的产品品质、良好专业化服务和质量满足客户需求，系统化为客户提供富有综合竞争力的整体解决方案，充分展示公司的核心竞争力。

九、2021 年 1—12 月企业在新能源汽车方面经济指标统计

填报单位名称	指标名称	单位	本期累计	同期累计	增长率
欣旺达电动汽车电池有限公司	2021 年末资产总计	万元	876271.44	338877.07	158.58%
	2021 年营业收入	万元	293288.49	42995.30	584.67%
	2021 年利润总额	万元	−106402.43	−61745.14	72.33%

中创新航科技股份有限公司

一、单位概况

中创新航科技股份有限公司是全球领先的新能源科技企业，致力于成为能源价值创造者。公司以持续领先的技术创新能力和规模化智能制造实力，为全球优秀汽车企业、储能及特种应用市场提供了最具价值贡献的动力及储能电池产品解决方案和高质量的新能源全生命周期服务。

二、生产与经营

中创新航是专业从事锂离子动力电池、电池管理系统、储能电池及相关集成产品和锂电池材料的研制、生产、销售和市场应用开发的高科技企业。

三、产品出口

中创新航致力于为全球客户提供完整的产品解决方案和完善的全生命周期服务，主要出口产品涵盖三元锂电池、磷酸铁锂电池，电池类型涉及单体、模组、PACK，全面覆盖乘用车、商用车、储能、特种应用等市场领域。

四、产能建设

基于新能源产业的广阔市场前景，中创新航踏准市场节奏快速拓展产业布局。公司目前已经设立常州、厦门、成都、武汉、合肥、江门、眉山等产业基地，构建长三角，西南、中部和大湾区等产业集群，实现全方位国内产业布局。2022 年规划产能达 280 GWh，2025 年规划产能超过 500 GWh，2030 年进入 TWh 时代；同时进行海外产业布局，打造拥有规模化智能制造实力的全球化领先企业。

五、技术进展与研发能力

中创新航始终以领先的技术和最具价值贡献的产品解决方案，服务市场，成就客户。公司全球领先的高安全三元锂电池高电压技术与产品引领了三元锂电池的技术发展方向，具有高比能、高安全、长寿命的特点，为行业作出了巨大的贡献；全球首创的高能量密度电池系统不起火技术及产品，三元整包针刺不起火，铁锂电池包通过枪击极限测试，重新定义锂电安全标准；全球独创的 One-Stop 电池技术与产品，高度功能集成、结构极简、高安全、高可靠，引领 TWh 时代电池技术革新。

六、主要新产品

序号	产品名称	产品型号	产品应用
1	锂电池	L148 平台	广汽、长安纯电动乘用车等
2	锂电池	L221 平台	广汽、小鹏纯电动乘用车等
3	锂电池	L160 平台	上汽通用五菱纯电动乘用车等
4	锂电池	L173 平台	商用车、储能等
5	集装箱	40 尺标准集装箱	储能

七、合资合作及重大项目建设

新能源乘用车市场中，中创新航已实现 16 家车企 30 款车型配套，全面覆盖 A00-B 级及以上全系车型，主供广汽、长安、小鹏、零跑、上汽通用五菱五大客户，稳居广汽、小鹏、零跑电池供应商 TOP1。

新能源客车市场中，中创新航主要合作配套的车企包括苏州金龙、厦门金龙、厦门金旅等国内主流客车企业，实现 6～18 m 公交车型全系覆盖。

新能源专用车市场中，中创新航主要合作配套的车企包括重庆瑞驰、吉利商用车、奇瑞商用车、中国重汽、一汽专用车等。其中，稳居重庆瑞驰电池供应商 TOP1。

储能市场中，中创新航主要与金风科技、许继、平高等在大规模储能规划、设计、投建运一体化领域开展合作，与国网、三峡能源等打造能源互联网产业生态圈，进一步巩固储能行业领先地位。

八、发展规划

中创新航以“超越商业，造福人类”为使命，以“共创共赢，成就伟大”为愿景，以创新基因、技术引领、面向未来的战略考量，为“双碳”目标和新能源汽车国家战略的实现尽最大担当，为创造和谐共生、绿色持续发展的能源生态与人类更美好的未来贡献最大力量。

蜂巢能源科技股份有限公司

一、单位概况

蜂巢能源科技股份有限公司脱胎于长城汽车，2018 年注册成立。公司业务涉及新能源汽车动力电池及储能电池系统的研发、生产和销售。公司持续在中国长三角区域、华中区域、西南区域及欧洲地区进行生产和研发布局，持续完善全球化的研发、生产和服务网络。公司秉承“因创新而前进”的企业精神，自主研发的无钴正极材料技术、超高速叠片工艺技术、“蜂云平台”监控系统等核心技术水平处于行业前列。公司注重知识产权保护，蝉联 2020 年、2021 年“中国汽车知识产权优秀企业”，获得“2021 年世界新能源汽车创新技术大奖”。

二、生产与经营

蜂巢能源目前主要生产车规级动力电池产品，作为整车厂出身的动力电池企业，蜂巢能源从研发到产品交付更加贴合整车厂需求，为其提供高品质、多样化的动力电池产品。目前已为合众汽车、零跑汽车、长城汽车、岚图汽车等多家主机厂提供动力电池，随着生产基地的完善和产能的不断上升，蜂巢能源在持续扩大国内客户的同时，也在积极拓展海外客户和生产基地规划。除了动力电池产品外，公司还在积极规划储能和轻型动力相关产品。

三、产品出口

海外市场拓展和基地规划是蜂巢能能源实现全球领先的能源互联公司目标中关键一环。目前已与欧洲主流车企 Stellantis 等签署定点协议，此外，与其他目标客户展开密切沟通，持续拓展海外市场。为满足海外市场需求，蜂巢能源还在海外规划建设产能基地和研发中心，德国萨尔州生产基地正按既定照规划快速推进。

四、产能建设

目前蜂巢能源在常州、保定、泰州、马鞍山等地建有生产基地，随着规模不断扩大，公司将继续在中国长三角区域、华中区域、西南区域及欧洲地区逐步完善生产基地布局。蜂巢能源还积极与上下游协同，共同探索零碳产业园合作新模式，为行业提供互惠互利，协同发展的范本案例。

五、技术进展与研发能力

蜂巢能源拥有完善的研发创新体系，打造了一支经验丰富、勤勉专业的研发团队。截至 2021 年末，共有 2164 名研发与技术人员。蜂巢能源秉持“因创新而前进”的企业精神，高度重视动力电池正负极材料、智能制造、先进生产工艺等领域核心技术的研发。目前，蜂巢能源自主研发的无钴正极材料技术、超高速叠片工艺技术、“蜂云平台”监控系统等核心技术水平处于行业前列。此外，蜂巢能源还积极开展钠电池技术开发、高比能锂金属电池、全固态锂电池等新兴技术的储备性研发，目前已取得阶段性成果。

六、主要新产品

序号	产品名称	产品型号	产品应用
1	短刀电池	L3-L6	乘用车、商用车、储能等
2	无钴电池	MEB/L3	乘用车、商用车等
3	三元锂电池	MEB/VDA	乘用车、商用车等

七、合资合作及重大项目建设

（1）在常州、成都、湖州、盐城等地规划建设动力电池生产基地。

（2）在常州、上饶、遂宁建设智能制造产业园、零碳产业园、锂电全链生态产业园。

（3）2020—2021 年完成四轮融资。

（4）在无锡、上海等地成立研发中心。

（5）与华为、巴斯夫、川能动力等签署战略合作。

八、发展规划

公司未来发展规划是继续加大在前沿技术、先进工艺等方面的研发工作；加快基地建设进度，缩短新基地产能爬坡周期；与业内合作伙伴探索合作新模式，打造协同共赢，互惠互利的新型合作样本。为确保目标实现，蜂巢能源同步提出了品类创新、AI 智能制造、蜂链生态伙伴、资本共创等四大支撑战略，分别在产品、智造、供应链、资本四大维度支持目标实施落地。

弗迪电池有限公司

一、单位概况

在二次充电电池领域，弗迪电池进行全产业链布局，从矿产资源开发到电池包产出、梯次利用、产品回收；技术上，具备深厚的材料研发实力，精湛的电芯以及封装设计能力。

弗迪电池拥有完备的大规模全自动化生产线，处于国际领先水平；目前产品涵盖钴酸锂电池、磷酸铁锂电池、三元电池，广泛被应用于电子产品、电动汽车、储能等领域。

二、技术进展与研发能力

弗迪电池于 2020 年 3 月推出刀片电池。刀片电池运用“叠片工艺”把一片片极片压在一起，又把外部造型很规则的电池一片片阵列排布，加上去模组结构，使得电池包空间利用率有大幅提升，紧密排列的刀片电池既充当电池，又充当结构件。相比于传统电池包，刀片电池包的零件数量减少了 40%，体积利用率提高 50%，空间利用率可达到 60%，意味着，同等空间下的刀片电池包电量更大，拥有更长的续航里程。

三、发展规划

弗迪电池与整车厂无缝合作，积累丰富经验，打造了专业的开发及服务团队，拥有全面的预知及应对机制。目前应用车型超过 40 款，涵盖乘用车、商用车、专用车等领域。

（1）全产业链布局：具备动力电池完整的研发及生产体系，包括矿产资源开发、材料研发制造、工艺研发、电芯研发制造、BMS 研发制造、模组研发制造、电池包开发制造、梯级利用回收。

（2）强大的产品研发能力：以基础材料研发为基石，以电池性能为中心，以创新技术为导向，进行全方位研发布局；在固态电解质、复合隔膜、电解液等领域都有深入研究。

（3）设备及测试能力：先进、全面的设备研发能力；完备的测试能力。

（4）智能制造：智能化、信息化、工业 4. 0。

湖北亿纬动力有限公司

一、单位概况

湖北亿纬动力有限公司（以下简称亿纬动力）成立于 2012 年 7 月，是惠州亿纬锂能股份有限公司（股票代码：300014）的全资子公司，现有员工 15000 余人，同时具备方形、圆柱磷酸铁锂电池，软包、方形、圆柱三元电池，xHEV 电池，BMS 及电池系统等多种技术路线产品，广泛应用于新能源乘用车，新能源客车、专用车，电力、通信、家庭储能，工程机械，电动船舶五大领域。

亿纬动力的愿景是“打造最具创造力的锂电池龙头企业，为人类可持续发展做出突出贡献”，以进入全球动力储能电池第一阵营为目标。作为国际领先的锂电池企业，亿纬建立了可服务全球的销售和售后网络，在美国，德国设有销售公司和办公室，欧洲及亚太大部分地区拥有长期合作的分销商或战略伙伴。

二、生产与经营

2021 年动力电池业务实现营业收入 100. 07 亿元，同比增长 146. 25%。历经十年的快速发展，公司产品获得了广泛的市场认可，软包电池国内市场份额位居第一，中国企业国内储能电池出货量排行榜名列第二,2021 年新能源专用车装机量排名第二,2021 年新能源客车装机量第三。

乘用车市场,亿纬动力已进入国际一流乘用车企供应链,批量供货戴姆勒、现代起亚,已获德国宝马集团、捷豹路虎定点。2022 年 3 月被选定为博世的供应商,为博世提供锂离子动力电池,用于全球市场电动汽车的辅助应用。

在商业应用方面,公司已与国内一线厂商建立合作关系。商用车市场,服务开沃、南龙、东风、宇通、中车等客户。2022 年 4 月亿纬动力获成都大运汽车集团有限公司定点,为大运汽车动力电池提供 46 系列大圆柱电芯的整包服务。工程机械市场,服务三一、中联、徐工等重要客户,促进工程机械电动化。

经过近几年在储能市场中不断积累经验,公司在电力储能、通讯储能、家庭储能等场景具备丰富的应用经验。作为最早进入船舶领域的锂电池厂家,公司的船用动力电池已获得中国船级社 CCS 认证以及德国莱茵防爆认证。目前,国内约 90% 电动船舶配套亿纬电池解决方案,装机数量超过 300 艘。

三、产品出口

亿纬动力已进入国际一流乘用车企供应链,批量供货戴姆勒、现代起亚,已获得宝马两个定点、欧洲戴姆勒定点。公司与匈牙利 Debrecen(德布勒森市)政府的子公司签订意向书,拟向卖方购买目标地产,并在匈牙利建立新型圆柱形动力电池工厂,奠定公司在大圆柱电池领域的先发优势。2022 年 3 月被选定为博世的供应商,为博世提供锂离子动力电池,用于全球市场电动汽车的辅助应用。

四、产能建设

亿纬动力总部位于湖北荆门,目前布局我国的湖北荆门、广东惠州、云南曲靖和玉溪、四川成都,以及匈牙利、马来西亚等国外生产基地。

五、技术进展与研发能力

亿纬动力通过技术创新与极致制造,为客户提供安全可靠、环保低碳的电池产品,拥有方形、圆柱磷酸铁锂电池,软包、方形、圆柱三元电池,xHEV 电池,BMS 及电池系统等多种技术路线产品。在坚持自主研发的同时,我们也积极与武汉大学、以色列 StoreDot 等高等院校和科研机构,就新材料、前沿技术建立广泛合作关系,致力于打造具有全球影响力的锂电池研究基地。

亿纬动力把科技创新作为企业发展的重中之重,在科研方面有很大的投入,每年研发投入大于营收 8%,2022 年 9 月 14.5 万 m^2 的研究院新研发大楼建成,满足从电芯到系统的全面测试。其中包含 8 条电芯中试线,其产能每日可满足 NCM、LFP、软包及圆柱电池共计约 10 辆车需求,6 条全自动化+信息化模组及系统中试线,产品覆盖乘用、商用、储能等领域。

在电池技术不断迭代中,公司也高度关注行业前沿,始终坚持技术创新,除了对当前产品持续保持高性能、高安全之外,还积极储备锂电技术,保持产品系列稳定发展,打造未来发展新优势,布局下一代电池产品研发,如燃料电池等。同时,加大研发人员的培养,亿纬动力拥有超过 1800 人的研发团队,其中有 40 余名博士、900 余名硕士,研发能力涵盖材料、电化学、结构设计和电子电路设计等各个学科,已建立 8 大电池研究所和 10 个大型研发实验室,并依托 320 台高端精密仪器开展研发工作。

得益于优秀的研发平台以及国际化、系统化的强大研发团队,截至 2022 年 7 月,亿纬动力已累计申请超过 2100 余项专利,并承担了 7 次国家级项目,参与制定行业标准 30 多条,获得 2019 年国家双创支撑平台项目、绿色工厂、2021 年度中国机械工业科学技术奖一等奖等国家级荣誉,先后获批建设湖北省博士后创新实践基地、湖北省“双创战略团队”、湖北省工程技术研究中心、湖北省省级工业设计中心、湖北省工程研究中心、湖北省企业技术中心 20 余项湖北省荣誉。

六、合资合作及重大项目建设

公司积极布局产业链上下游,协同华友钴业、德方纳米、贝特瑞、新宙邦、恩捷等上游优质上市企业进行投资,构建了稳固的战略供应链,以保障镍钴锂资源、电芯主材的供应安全和成本规划。目前已构建“镍钴锂矿—电池材料—电池回收—电池再造”全生命周期价值链与绿色供应链。

2021 年 3 月 23 日,公司与德方纳米设立合资公司德枋亿纬;2022 年 5 月 8 日,德枋亿纬年产 11 万 t 磷酸铁锂项目试生产。

2021 年 7 月 9 日,收购金昆仑锂业有限公司 28.125% 股权同时设立合资公司,建设年产 3 万 t 碳酸锂和氢氧化锂项目;2022 年 7 月 21 日,合资公司金海锂业、金纬新材料试生产。

2021 年 6 月 28 日,与贝特瑞(江苏)、SKOn 设立合资公司常州贝特瑞,打造年产 5 万 t 锂电池高镍三元正极材料项目;2022 年 7 月 18 日,常州贝特瑞投产,首批出货 110 t,正式进入量产阶段。

2022 年 5 月 17 日,与云南省玉溪高新区签订协议,建设 10 GWh 动力储能电池项目;同年 6 月 27 日,项目开工建设。

2022 年 4 月 29 日,亿纬锂能第二十九工厂投产仪式暨 xHEV 产品战略发布会举行;6 月 12 日,亿纬锂能第十二工厂投产。

2022 年 4 月 28 日,与成都经开区管委会签约建设年产 50 GWh 动力储能电池生产基地和成都研究院;同年 7 月 29 日,项目一期开工建设。

2022 年 6 月 8 日,与曲靖市政府、曲靖经开区管委签订《年产 10 GWh 动力储能电池项目投资协议》;6 月 13 日,与川能动力、蜂巢能源签订《股权投资协议》在四川德阳设立合资公司,建设年产能 3 万 t 电池级碳酸锂和电池级氢氧化锂产品的生产线;7 月 8 日,总投资 30 亿元的储能总部及储能技术研究院项目签约落户武汉光谷,将建设亿纬锂能储能总部及储能技术研究院项目;7 月 22 日,与紫金锂业、瑞福锂业签订《投资协议书》成立合资公司,分期投资建设年产 9 万 t 锂盐项目。

七、发展规划

自 2001 年母公司亿纬锂能成立并研发圆柱电池以来,21 年间产品不断迭代创新,已研发生产超过 50 种规格型号的圆柱电池。2021 年推出应用在新能源汽车上的 46 系列大圆柱电池,2022年4月亿纬动力收到成都大运汽车集团有限公司运城分公司发出的供应商定点通知书,被成都大运选定为大运汽车动力电池使用46系列大圆柱电芯的整包项目的开发供应商。8月亿纬首件搭载自主研发46系列大圆柱电池的系统产品在研究院中试线成功下线。

基于对电池安全性和经济性的认识,公司认为大圆柱电池会成为未来高中端车型的主要电源方向。基于电化学和美学,铁锂电池的使用寿命等优势明显,对普及性的车型和长期的使用提供了廉价优质的电池。因此,看好圆柱三元电池和叠片电池发展。

展望未来,我们将积极响应国家"双碳"战略目标号召,继续秉持"打造最具创造力的锂电池龙头企业,为人类可持续发展做出突出贡献"的愿景,研发、倡导低碳电池产品,构建绿色低碳新产业、新业态,助推能源行业快速转型,修复工业革命300年对地球的创伤。

广州巨湾技研有限公司

一、单位概况

广州巨湾技研有限公司(简称巨湾技研)成立于2020年9月,是广汽集团首家内部孵化的民营控股混合所有制高科技企业,由广汽集团、广汽资本、广汽研究院先导技术团队与第三方战略伙伴持股平台共同出资。公司专注XFC极速充电动力电池和新一代突破性储能器及其系统的研发、生产、销售和服务,致力成为客户满意、员工信赖、社会赞誉的一流创新型企业,为人民的美好生活持续创造绿色环保的高科技产品、服务和价值。

二、生产与经营

巨湾技研面向新能源、新材料、新能源汽车、绿色低碳、IT与人工智能等国家战略性新兴产业,目前主要聚焦于先进超级储能器的材料、器件与系统研发与生产。巨湾技研自成立以来发展迅猛,仅用6个月的时间,完成了第二代电池核心基础专利的授权;3个月内,完成了首个研发和生产基地落户国家级高新区的谈判和签约工作;5个月内,完成了南沙电池系统工厂的建设,目前广州南沙的电池包工厂目前已全面投产,PACK生产线采用自动化生产方式,年产能5 GWh,可满足大约6万辆电动汽车的电池包供应。

巨湾技研XFC极速电池现已进入广汽集团新能源汽车配套体系。2021年9月26日,巨湾技研与装备XFC极速电池的广汽埃安V plus车型亮相工信部主办的"建党100周年新能源汽车技术成果展"。2021年9月30日,广汽埃安举办AIONV Plus新产品上市发布会,其中70超级快充版搭载了巨湾XFC技术和极速电池包,标志着巨湾XFC极速电池正式全球量产发售。该车型以5 min充电30%~80%的成绩获得了世界纪录认证机构(WRCA)的"最快的电动汽车充电技术"世界纪录认证。巨湾技研的电芯及电池包有3C和6C充电倍率两种版本,电芯能量密度都在200 Wh/kg以上,按3C或6C充电、1C放电的循环寿命达到2000次以上,室温下0~80%SOC极速充电的时间分别为低于15和8 min,分别提前超过了美国能源部(DOE)2023年把电动汽车快充时间先缩短到15 min以内的目标和XFC充电≤10 min的目标。配置巨湾6C倍率XFC极速电池的同品牌车型也已于2021年9月30日获得整车的国家公告,有望近期上市。

公司自主研发600 kW液冷分体式XFC充电桩,其包含1超充枪+4快充枪,采用冷却液系统,使用冷却液循环管道包裹住充电线,冷却液在管道中循环带走充电产生的热量,从而实现降温效果。其超充终端最大输出功率600 kW,支持最大电压1000 V,电流600 A;快充终端支持最大电压1000 V,电流250 A,真正实现了"让充电像加油一样快"。目前,在广州、深圳、北京等主要城市同步推进建设XFC充电站。同时,巨湾技研积极推动行业XFC生态建设,通过巨湾技研自建、技术方案输出和战略合作等方式,引领超充生态联盟建设和技术普及,带动充电行业的升级转型。

巨湾技研于2021年9月30日获得"广州未来独角兽创新企业"称号。2021年9月9日第十届中国创新创业大赛(广东赛区)暨第九届"珠江天使杯"科技创新创业大赛节能环保、新能源及新能源汽车行业半决赛小组第一名。2021年10月13日参与第十届中国创新创业大赛(广东·广州赛区)暨第六届羊城"科创杯"创新创业大赛获节能环保初创组第一名,并于10月18—20日参加第十届中国创新创业大赛新材料、新能源、新能源汽车、节能环保全国赛。

三、产能建设

巨湾技研正在积极建设和布局电芯和电池包生产能力,2022年5月28日,巨湾技研总部及储能器件与系统生产基地正式动工建设,一期工程产能将达8 GWh,对应12万台车的供应,预计巨湾技研的产能到2025年将达到120 GWh,满足200万辆电动车的超充电池供应。

四、技术进展与研发能力

巨湾技研是专注于先进储能器的研发与生产的高科技公司。目前,巨湾技研已经掌握了完整的材料制备技术,并且核心专利已经获得授权。巨湾技研成立以来致力于打造高质量的研发团队,深耕研发一线。发明专利占比超过50%,截止到2022年5月申请专利共19项,含发明专利申请8项、实用新型申请7项、外观设计专利申请2项、专利著作权申请2项;已获得专利授权11项,含发明专利授权3项;实用新型专利授权7项,外观专利授权1项。专利涵盖关键材料及其制备、储能器件及系统制备与生产等关键技术领域,逐步成为专利体系,形成完善的专利群。

公司研究中心按照职能划分了三大研究院,分别为X研究院、电池研究院、AI电控研究院,每个研究院均配备单独的研究室和实验室,已采购国内外先进的检测检验设备。组建了一支由黄向东教授牵头,高学历创新研究团队,截至2022年4月工程中心专职从事研究开发人员数47人,占职工总人数的25.54%,其中高级技术职称占技术人员总数

10.64%,中级技术职称占技术人员总数 12.77%,博士 6 名,硕士 21 名。研发中心占地约 1200 m^2,配置各类完备的办公设备;工程试验用房占地约 800 m^2;配置各类试验检测检查设备 100 余台(套),配备了 XFC 极速电池产品试制生产线 1 条,占地约 12400 m^2(南沙)。

美国能源部(DOE)明确定义了极速充电技术 XFC(eXtreme Fast Charging),并将 XFC 识别确定为实现电动汽车被广泛采用所须克服的关键挑战。锂离子电池要实现 XFC 极速快充,需克服快充时电池(寿命、性能)衰减、快充电池成本增高、能量密度降低等主要技术障碍。巨湾从电池材料体系和电池系统两个方向去着手解决。专门针对 XFC 电芯开展材料体系的全面综合寻优,以正/负电极材料、电解液及隔膜等材料的研发、优选与匹配为重点突破口,并综合平衡电化学、热力学、力学、几何尺度、工艺性、轻量化、成本等诸多影响因素进行攻关。通过多年的研发积淀,形成了 XFC 电芯的成套产品技术、生产技术及相配套的 XFC 充电设施技术,于 2021 年实现了 XFC 电芯的量产和电池包对上市车型的装车配套供应。

目前,巨湾 XFC 极速充电动力电池产品的充电倍率覆盖 3C~6C,电芯能量密度均在 200 Wh/kg 以上,整车在常温下以 3C 或 6C 倍率充电,0~80% SOC 的充电时间分别为 15 和 8 min,提前超越了美国 2023 年的近期目标或其所定义的 XFC 目标。为推进巨湾 XFC 极速充电动力电池的商业化普及,解决消费者对充电速度的需求,巨湾技研已成功完成与 XFC 电池匹配的 XFC 超充桩的开发,目前,巨湾技研已成功研发最大功率 600 kW 超级充电桩,正在与各方充电生态合作伙伴紧密合作,积极推动超充网络和生态的建设。

巨湾技研以"应用一代、研发一代、储备一代"的超前眼光为布局,目前正在研发具有突破性的储能器技术,性能远比锂离子动力电池优异。由于采用了全球独创的新型固体功能材料,实现了超高容量和高耐压,具有能量密度高、充电速度快、循环使用寿命长、安全系数高、绿色环保无污染、长期使用免维护、性能稳定,无过充电损害器件等特点,预计将对动力电池和储能行业带来突破性的影响。巨湾技研对新型巨介电质材料、下一代巨电容/电池器件及系统的开发、中试工作正加速推进,迄今前期开发成果及专利已反映出可喜的前景。

五、主要新产品

序号	产品名称	产品型号	产品应用
1	XFC 极速电池(3C 版)	GBT31314811	广汽埃安纯电 SUV
2	XFC 极速电池(6C 版)	GBT31314858	广汽埃安纯电 SUV

六、合资合作及重大项目建设

(1)2022 年 4 月,巨湾技研携手广汽埃安,联合南方电网电动汽车服务有限公司、广东电网电动汽车服务有限公司、广州市城投土地开发公司、广州交投实业有限公司、广州保利商业物业发展有限公司、中国石油天然气股份有限公司广东广州销售分公司等行业知名企业代表,在广州市工业和信息化局相关领导的见证下,共同发起打造广州"超充之都"计划,着力 XFC(eXtreme Fast Charging)极速充电技术商业化应用,构建极速充电生态,实现新能源汽车技术充电产业标准化、普及化。

(2)2022 年 5 月,广州南沙区建设"巨湾技研储能器件与系统生产基地"项目正式开工。该项目预计总投资 40 亿元、产能 8 GWh,具备为 12 万辆新能源汽车实现配套的能力、年产值 72 亿元,专注 XFC 极速电池、新型储能电芯及 PACK 集成系统的研发和生产。

(3)2022 年 6 月,广州巨湾技研有限公司与广东华锋新能源科技股份有限公司完成投资意向书的签署,双方共同出资人民币 6000 万元设立广东巨锋新能源有限公司(暂定),从事 XFC 极速电池和新一代突破性储能器及其系统的研发和经营工作。

七、发展规划

巨湾技研希望把 XFC 锻造成"国之长板",通过 XFC 产品的推广和生态发展,使消费者获得新能源汽车"充电像加油一样快"的更好体验,并大幅降低新能源汽车充电设施对于场地的占用及总体投入。在巨湾总部建设进程中,为了实现产能进一步的跨越,巨湾技研将持续寻求合作,整合多方产业资源,以大湾区为起点积极促进 XFC 生态推广,不断抢滩先进制造业和战略性新兴产业高地,使消费者获得新能源汽车"充电像加油一样快"的更好体验,为保持和巩固我国在新能源汽车领域的优势地位作出贡献。

湖南领湃达志科技股份有限公司

一、单位概况

湖南领湃达志科技股份有限公司(以下简称公司)成立于 2002 年,2016 年 8 月在深圳证券交易所创业板 A 股上市(股票代码 300530.SZ),2020 年初公司通过控股湖南领湃新能源科技有限公司与四川领湃新能源科技有限公司,涉入新能源动力电池行业。公司的新能源锂电池业务板块专注于新能源汽车动力电池、储能产品的研发、生产和销售,致力于为全球新能源应用提供一流的解决方案。主要产品有锂离子电池及模组、系统等,产品应用场景为新能源汽车及储能等市场。

二、生产与经营

公司 2021 年实现营业收入为 14601.67 万元,较上一年同期上升 29.96%。2021 年度,公司的动力电池系统收入为 2077.93 万元,占营业收入比重为 14.23%。

公司 2022 年第一季度实现营业收入 3865.31 万元,较上年同期增长 71.89%。

三、产能建设

在湖南衡阳和四川绵阳建立了两个动力电池生产制造基

地,规划总产能 30 GWh。湖南衡阳和四川绵阳各 15 GWh。其中衡阳工厂首条 1.8 GWh 产线已于 2021 年投产。

四、技术进展与研发能力

公司具有来自国际一线电池厂家和国内 TOP5 电池企业的跨国专家团队,技术带头人具有 20 年以上锂离子电池开发经验,并承担过国际一线汽车的动力电池开发项目。

公司大力发展新能源电池业务,以客户需求为价值导向,坚持面向产品应用的技术创新,深入理解并快速响应客户需求。公司坚持以技术创新为主,建立供应链上下游的协同体系,采用先进的设计开发理念,研发高能量密度、高可靠性、高安全性、长寿命的电池产品和解决方案,以期获得产品在技术上的领先、从而应对市场竞争。

公司已建成先进的分析实验室、电池研发试验线、电池系统研发试验线和产品测试评价中心,采用国际先进的锂离子动力电池制备技术和工艺,可以快速将前沿技术产业化。公司在材料体系设计、产品开发和生产制造核心技术方面拥有完全独立的自主知识产权,完善的研发体系和丰富的研发成果为产品的技术优势奠定了坚实基础。公司新能源电池业务共取得相关实用新型专利 94 项,发明专利 8 项,外观专利 1 项。

五、主要新产品

序号	产品名称	产品型号	产品应用
1	动力电池电芯	LP79148102	上汽通用五菱、御捷汽车、领途汽车
2	动力电池电芯	PR79148102	威马汽车
3	储能电池电芯	PR54173206	商用车/储能/工程机械
4	储能电池电芯	PR71173206	储能/工程机械

六、合资合作及重大项目建设

2022 年 4 月,与恒天领锐签署采购合作协议。

2022 年 6 月,与山东旭能签订战略合作协议开展在储能、综合能源、智慧能源等相关产品方面的合作。

2022 年 5 月,锂离子动力电池(2.4 GWh)建设项目已发布定增公告。

目前正在进行 PACK 厂建设,一期于 2022 年 3 月已投产。

七、发展规划

为实现公司未来发展战略目标,2022 年公司将重点做好以下几方面工作:在新能源电池业务上,公司将坚定动力与储能双轮驱动的发展战略。按照短期行业立足,中期快速发展,长期具备竞争优势的战略目标。重点技术提升、产能建设、全面降本增效、组织架构和工作流程优化、队伍建设五条主线展开工作。

公司秉持生产一代、研发一代、储备一代的理念。在材料体系方面,主要是高镍三元和磷酸铁锂体系,结构形式为方形硬壳;在制造工艺方面,主要目标是提高生产效率和提高产品一致性。研发方面公司采用自主研发为主的研发模式,在三元高能量密度、叠片技术等差异化产品方面进行研发投入,主要围绕产品安全性、循环寿命和能量密度等方面开展工作。

江西安驰新能源科技有限公司

一、单位概况

江西安驰新能源科技有限公司成立于 2016 年 5 月,位于江西省上饶市国家级经济开发区,占地约 183 亩,注册资本 7.62 亿元人民币,总投资 21 亿元。公司现有员工 1000 余人,是一家由具有行业丰富经验的上市公司高管团队创立的集磷酸铁锂电池研发、生产和销售为一体的新能源科技公司。

公司自 2017 年 4 月开始批量生产,至今已形成产能 3 GWh,并新规划 16 GWh 的产能,2018 年 8 月荣获国家级高新技术企业认定,2021 年 7 月荣膺国家级专精特新“小巨人”企业称号。安驰科技专注于磷酸铁锂动力电池和储能电池的研发与应用,致力于为社会建立安全环保的清洁能源系统,并将以“卓越的品牌、创新的技术、守信的品质和共赢的理念”将公司打造成国际知名、国内一流产值超千亿的动力电池龙头企业。

二、生产与经营

公司 3 GWh 产能已全部达产,并新规划产能 16 GWh。安驰科技精专于磷酸铁锂电池研发和制造 20 年,是等待上市序列中最大的磷酸铁锂电池企业;2019 年动力电池装机量排名第六、2020 年动力电池装机量排名第十、2022 年 1—4 月商用车装机量排名第八;安驰科技拥有自己研发的生产线,国产程度非常高,可快速复制。

三、产能建设

公司自 2017 年 4 月开始批量生产,至今已形成产能 3 GWh,并新规划 16 GWh 的产能。

四、技术进展与研发能力

安驰科技成立以来,在技术力量方面,坚持内外兼修。对内,公司建立了集研发、检测于一体的省级企业技术中心,技术中心下设工艺工程部、产品部和研发部,其中技术研发人员超过百余人,硕博比超 60%。技术中心集原材料分析、研发试制、安全性测试评价、性能测试/评价能力于一体,引进国内外先进设备,拥有电池正负极材料、电池单体和模块制造、动力电池总成及 BMS 控制系统的全部安全测试及性能测试能力,研发实验线投资规模达 8000 万元。

对外,与华中科技大学建立良好长期的科研合作关系,并与中国科学院程时杰院士建立院士工作站,发挥院士专家的统领作用,依托项目、制定规划、重点攻关并实现技术突破,成功研发出一大批具有自主知识产权的重大科技产品,同时坚持走“生产一代、储备一代、研发一代”的多代技术兼顾原则。安驰科技现已申请高比能磷酸铁锂电芯技术、车用动力电池系统技术、动力电池全自动高效智能化工艺等专利400项,291项专利已获授权,其中发明专利25项。

五、主要新产品

序号	产品名称	产品型号	产品应用
1	电芯"祝馀"	23140160	低速车、储能、备电、专用车、商用车、乘用车
2	电芯"杜蘅"	48173115	低速车、储能
3		48173166	专用车、储能、大巴车、工程车

六、合资合作及重大项目建设

江西鹰潭在建项目一期4 GWh,总计20 GWh;更多基地洽谈中。

七、发展规划

2022年,新规划产能16 GWh,筹建安驰研究院;2023年,进入物流车领域前三甲,布局全球客户;2025年,公司产能达到100 GWh,当年销售收入达300亿元,净利润45亿元,市值1000亿元。

辉能科技股份有限公司

一、单位概况

辉能科技股份有限公司(以下简称辉能)成立于2006年,是全球首个成功研发并量产固态锂陶瓷电池芯的创业公司,连续于2018、2019成为胡润研究院《胡润大中华区独角兽指数》中新能源领域唯一入榜企,技术与量产进程领先市场5~10年。

辉能采用固态陶瓷电解质取代传统易燃易爆的聚合物电解液,创造具绝对安全性与稳定性的固态电池,并导入卷自动化式生产制程,成为全球首家走出实验室、实现大规模量产的固态电池企业。为满足各市场应用需求,辉能推出多种类的固态电池:FLCB(超薄可弯曲固态锂陶瓷电池)、PLCB(高容量软包固态锂陶瓷电池)及MAB固态电池包。

产品获得国际安规与飞航认证:UL1642、IEC 62133、PSE、BSMI、RoSH、UN38.3。

二、生产与经营

2012年发表超薄可弯曲电池产品FLCB后,以安全、超薄可弯曲的特性打进穿戴、消费性、IOT与智能卡市场,与HTC、日本软银(Softbank C&S)、Digitsole等品牌协力推出更轻薄安全的电子产品。

随着电池技术与生产规模提升,辉能于2017年起跨足对电池容量与电性要求更高的新能源车市场,电芯通过欧美中日各大车厂安全测试并获得极高评价,分别与各车厂进行合作案商讨,并开始进行样车打造。

2018年,辉能发布突破传统锂电框架的BiPolar+技术(双极电池),直接于电芯内部串并联,从机构面大幅拉升能量密度,并于2019年发表了全球首个固态电池包设计,结合双极电池技术与固态锂陶瓷电池技术,创造出颠覆性固态电池包方案,荣获全球两大科技创新奖项——美国CES创新奖与美国爱迪生奖金奖的肯定,并与车厂共同完成固态电池装车测试。

数年来,辉能陆续获得国内外指标性投资管理企业与产业链上下游领导品牌注资,将募资所得将应用于固态电池量产线扩张计划,加速固态电池产业化进度。

三、产能建设

辉能科技在2013年首条预试(pre-pilot)生产线开始营运销售,以及2017年10月动力电池卷式试产线开始投产后至今,制造能力已经9年市场验证,并已在产在线达到超过4000个质量控制点、99.9%的单层电芯良率及94%的多层电芯良率。同时,超过7300颗的50~60 Ah车规等级电芯验证,及超过100万颗电芯的实际销售数字,为接下来的量产打下了厚实的基础。

为满足新能源市场急迫且大量的固态电池需求,辉能与车厂及相关企业合作,共同为固态电池的产业化而努力,计划首个数十亿瓦时级的固态动力电池生产基地将于2023年前于国内启动,随后向外扩张至欧、日、美等重点地区,布局全球次世代动力电池市场。

四、技术进展与研发能力

辉能专注自主研发电芯与生产技术,在全球建立100%自有专利布局,截至2022年7月,共有356张专利证书及177个申请中,范畴广含产品、技术、机构/化学系统、设备、制程、应用等。

动力电池技术方面,辉能同时发展固态电池芯技术以及针对固态电池所发展出的机构组装技术——MAB(多轴双极电池包),发挥陶瓷固态电池本质安全与高散热能力的优势,开发出气冷式MAB电池包,大幅拉升"成组效率",创造高能量密度、低成本的创新电池包技术。

此外,辉能于2021年成功开发ASM(主动安全技术),主动终结造成热失控的副反应,确保大容量、紧密排列的电动车电池包也能拥有绝对的安全性。

产品连续多年荣获多项国际奖项:

2017—2019连续三年荣获美国CES消费性电子展"创新奖";2018年11月入榜胡润研究院《2018第三季度胡润大中华区独角兽指数》;2019年04月荣获美国爱迪生奖(Edison Awards)金奖;2019年05月入榜胡润研究院《2019第一季度胡润大中华区独角兽指数》;2020年05月入榜CB Insights中国动力电池科技企业榜单;2020辉能被誉为"固态电池领军企业";2021年05月荣获美国爱迪生奖(Edison Awards)。

上海奥威科技开发有限公司

一、单位概况

上海奥威科技开发有限公司成立于 1998 年，注册资本 6875 万元，上海市高新技术企业、科技小巨人企业、专精特新企业。公司总部及研发基地位于中国（上海）自由贸易试验区郭守敬路 188 号（张江高科技园区），并在浦东老港拥有一个占地 66600 m^2 的产业化基地。2022 年 1 月被工信部命名为国家级绿色工厂。

作为中国超级电容器行业唯一的“国家车用超级电容器系统工程技术研究中心”依托单位，奥威拥有“上海超级电容工程技术研究中心”“上海市超级电容技术创新中心”“上海市超级电容材料及检测专业技术服务平台”“上海市企业技术中心”等 4 个省级研究平台，已建成了国内最具规模的超级电容器研发基地，先后承担了包括国家 863 计划、国家科技支撑计划、科技部重大专项及上海市科委登山行动计划等在内的国家和地方重大科研项目攻关。

公司拥有超级电容器的自主知识产权，产品广泛应用于电子电器和机械制造等行业，其中 UCK 系列产品能量密度大于 125 Wh/kg，已达国际领先水平，产品已广泛应用于电动城市客车、纯电动重型牵引车、有轨电车、电动游览车、混合动力汽车、港口机械、AGV 等诸多领域，并进军以色列、白俄罗斯、保加利亚、奥地利等海外市场。

二、生产与经营

奥威 UCK 系列超级电容器的能量密度大于 125 Wh/kg，已达到了国际领先水平，奥威科技超级电容技术作为新能源产业的代表，获选“一带一路”首批项目正式落户白俄罗斯工业园，产业化基地已于 2018 年 8 月正式建成投产，是中白工业园第一个建成投产的项目。具有自主知识产权超级电容器产品，已经广泛应用于超级电容城市客车、纯电动港口牵引车、矿用牵引车、超级电容电动游览车、混合动力汽车、重型机械、特种车辆、太阳能风能储能等领域。

三、产品出口

奥威一直以来秉承全球化发展的战略，车用超级电容系统在纯电动公交车上的应用主要在海外，目前已经在多个国家开辟纯电动公交市场，并获得一系列的好评：2014 年 4 月底，保加利亚索菲亚 11 路超级电容公交示范线已开通运营；2016 年 8 月，塞尔维亚贝尔格莱德和奥地利格拉茨的公交示范线开通运营；2016 年 9 月，以色列特拉维夫 4 路超级电容公交示范线投入运营；2017 年 5 月，中白合作打造的新型 18 m 超级电容公交车样车在白俄罗斯首都明斯克正式开通运营；2018 年 5 月，超级电容公交车驶入马其顿共和国最大的城市斯科普里，同月，意大利拉兹佩齐亚超级电容公交示范线正式开通运营；2019 年 6 月，超级电容电动城市客车在丹麦奥尔堡正式开通公交试运营。

奥威科技在目前电动城市客车用超级电容系统领域的市场占有率全球第一。2017 年在中白工业园设立白俄罗斯生产基地用于当地生产和售后，2019 年设立丹麦分公司进一步开拓欧洲市场，解决欧洲特别是北欧寒冷地区的新能源储能问题。

四、产能建设

上海奥威科技开发有限公司总部位于中国（上海）自由贸易试验区郭守敬路 188 号，在南汇老港还拥有一个占地 66600 m^2 的产业化基地，年产各种超级电容器单体 60 万只。

五、技术进展与研发能力

作为国内最早从事超级电容器研发与应用的企业，奥威始终将创新作为推动企业发展的源动力，目前拥有行业唯一一家“国家车用超级电容器系统工程技术研究中心”，以及“上海超级电容工程技术研究中心”“上海市超级电容技术创新中心”“上海市超级电容材料及检测专业技术服务平台”“上海市企业技术中心”等 4 个省级研究平台。

奥威科技已在产品的设计、研发和制造等关键环节形成了一批具有国际先进水平的自主知识产权和核心技术成果，申请专利百余项，UCK 系列超级电容器的能量密度大于 125 Wh/kg，已达到了国际领先水平；通过与上游企业及高校等合作开发高性能活性炭等先进材料实现国产化；具有国际先进和领先水平的无机混合型超级电容器、有机对称型超级电容器和有机混合型超级电容器技术，特别是开创了我国有机混合型超级电容器的产业化和应用之先河；以高能量超级电容器城市客车等为代表的先进超级电容电动汽车技术，在实现应用推广的同时进入了国际市场；在节能电梯、消防电梯、储能电源等一批应用成果。

通过不断整合优化资源配置，扩展使用场地，购置先进仪器设备，奥威科技建成车用超级电容器系统技术开发、试验和检测的七大技术平台；在科学布局、体制创新、文化建设、人才工程等方面进行了积极探索，初步建成了“超级电容器材料应用与单体技术”“机械总成设计”“电气控制与自动化”三大核心特色技术团队框架，并成立了“超级电容器材料和器件”“有轨电车储能系统”“公交电机车储能系统”三大顾问团队，逐步建成国家车用超级电容器系统技术创新基地、产品开发基地、应用推广基地、技术交流合作平台、人才培养平台和标准体系建设平台。

奥威科技曾荣获“全国职工优秀技术创新成果一等奖”“上海市科学技术一等奖”“浦东新区科学技术一等奖”等荣誉，2019 年获联合国工业发展组织全球科技创新大会“长三角区域绿色技术应用十佳”，2021 年获中国土木工程学会第十八届“詹天佑奖”、中国钢铁工业协会和中国金属学会联合颁发的“冶金科学技术三等奖”。产品已通过 ISO 9001、ISO 14001、IATF 16949、SA 8000、OHSAS 18001 等体系认证和 ROHS、CE、UL、ECER10、ECER100 等产品认证，产品还通过了阿尔斯通模拟工况、法国国际轨道交通极端试验检测。

六、主要新产品

序号	产品名称	产品型号	产品应用
1	UCK 系列超级电容器	UCK42V9000	城市公交车、矿用机车等
2	UCK 系列超级电容器	UCK42V14000C	城市公交车、矿用机车、码头车等
3	UCK 系列超级电容器	UCK42V20000B	城市公交车、矿用机车、码头车等
4	UCK 系列超级电容器	UCK42V20000C	城市公交车、矿用机车、码头车等
5	UCK 系列超级电容器	UCK42V20000	城市公交车、矿用机车、码头车等
6	UCK 系列超级电容器	UCK42V28000	车用储能电源、功率补偿装置
7	UCK 系列超级电容器	UCK42V6800C	AGV 物流车等
8	UCR 系列超级电容器	UCR27V3000B	混合动力汽车
9	24 V 车用超级电容器模块	MUCK24V2870	车用储能电源、功率补偿装置
10	48 V 车用超级电容器模块	MUCR48V196A	混合动力汽车
11	车用超级电容分体式标准箱	S144V10-K11	城市公交车

七、合资合作及重大项目建设

2019 年 3 月 5 日，奥威全资子公司 Shanghai Aowei Technology Development 丹麦奥威科技公司，Nordic Ultra Capacitor Engineering Research Center 国家工程中心丹麦分中心分别在丹麦奥尔堡市注册成立。

八、发展规划

奥威科技的定位是超级电容的研发、制造、集成为一体的，为用户提供整体解决方案的服务供应商，包括延伸的技术售后服务。作为国内超级电容器产业的龙头企业，奥威科技将立足现有的技术优势、系统集成优势和工程化应用优势，依托工程中心和产业化基地，进一步强化现有竞争优势，着重进行市场开拓和推广，同时通过引入资本迅速做大做强，辅以行业整合和并购，将奥威科技发展成为全国乃至全球的超级电容器产业领军者。力争在 2 年实现产值过5 亿元，发展创造新的商业模式，努力提高服务收入，成为国内超级电容器产品体系最齐全的、名列前茅的超级电容器供应商和集成商。

奥威将以国家“一带一路”倡议为契机，以市场需求为原则，以企业多年研发为基础，通过优化股东结构争取在上海科创版上市为目标，分阶段在 2 年内引入 1~2 家重量级战略投资者，计划在 2024 年底前完成 IPO 上市计划。

科力远混合动力技术有限公司

一、单位概况

科力远混合动力技术有限公司（简称 CHS 公司）是由湖南科力远新能源股份有限公司与重庆长安汽车股份有限公司、无锡明恒混合动力技术有限公司、重庆长安新能源汽车有限公司共同出资建立的一家合资企业。

科力远混合动力技术有限公司成立于 2014 年 11 月，具有完全自主知识产权的深度混合动力总成系统。2016 年股权收购福建福工动力，成立日本名古屋研究院；2017 年与国内柴油机领军企业云内动力合资成立无锡明恒混合动力技术有限公司，开发柴油深度混合动力系统。2015 年经国家级科技成果鉴定，技术已达到国际领先水平，不但适用于 HEV，也适用于 PHEV（全面覆盖节能与新能源汽车）；2021 年经国家级科技成果鉴定，技术达到国际先进水平。

2018 年 6 月，CHS 百万级产能佛山工厂正式投产，总占地面积 8 万 m^2，总建筑面积约 6.49 万 m^2，工厂建设与生产准备期共计 5 年。

CHS 公司本着绿色、开放、共享的发展理念与原则，通过不懈的努力，将 CHS 混合动力总成系统技术与产品在全行业内得到广泛的推广与应用，形成科力远混合动力技术形象和 CHS 行业品牌。做最值得信赖的混合动力总成系统平台运营商，为节能与新能源汽车产业发展及人类生存环境友好作出贡献！

二、生产与经营

CHS 公司拥有 2 个科研中心：CHS 研发中心、日本名古屋研究院；CHS 研发中心主要涵盖混合动力合成箱开发、电机电控开发、系统开发及集成、电池系统开发、整车应用集成及试验验证六大模块；日本名古屋研究院以丰田技术背景为主的核心技术团队，从技术攻关、业务合作等方面与 CHS 研发体系形成互补优势。

CHS 公司产品已形成整车全谱系适配的产品平台，从 A 级车到中大型 SUV、大巴，从前驱车到后驱车，从汽油车到柴油车，现已投产上市的 CHS1800 产品，主要适用于 A 级车的 HEV 和 PHEV 车型搭载。CHS2800 产品，是在 CHS1800 产品的基础上升级而来，能够满足 B 级车、中大型 SUV、MPV 车型搭载。除此之外，与云内动力共同开发了 CHS3800 柴油机混合动力系统、为商用车开发的 CHS18000 混合动力系统，实现车型谱系全覆盖。

CHS 公司的产品主要包括先进变速器 CHS（含双电机 E1、E2）、整车控制器（HCU）、电机控制器（PEU）、油泵控制器（OPC）、动力电池（Battery）及其控制系统（BMS）。CHS 公司生产的混合动力变速箱主要搭载于吉利帝豪、东方风光 580、长安 V302、大迈 X7、江铃 X5 PLUS、云内、海马汽车 S7、东风云汽、江淮汽车、亚星、大金龙等车型上。

三、产品出口

目前产品 100% 应对中国市场需求，不排除将来出口海外市场的可能性。

四、产能建设

2018 年 4 月 CHS1800 生产线设备进入佛山工厂，2018

年6月27日下线仪式顺利完成,2018年8月底通过客户达成审核并投产。CHS1800产线占地约5000 m²,是全封闭、无尘正压、全室空调车间。CHS1800产线主要有主箱体、差速器、中隔板、后端盖4条分装线,1条总装线,1条测试线,双班产能10万台/年。

CHS1800装配线采用标准化、模块化设计,大量运用了视觉系统、电子伺服压装、多轴伺服拧紧、机器人装配、EMS系统等多种高新技术,实现100%防错控制,实时控制产品参数。CHS1800产线共有86个工位,自动工位32个,半自动工位23个,高自动化率≥60%。关键工位CPK≥1.67,测量工位GR&R≤20%。CHS1800产线具备自动送料、自动传输、自动压装、自动拧紧、自动检测、自动分析等功能。产品100%下线测试(含NVH测试),测试线具备自校准及自学习模式,测试台能力经过Error mapping验证。产品关键和重要部件实现精确追溯,常规部件实现批次追溯,过程特性100%追溯,每台产品都有独立的档案,产品可追溯性强。

CHS1800装配线以高品质为第一目标,结合高稳定性、高柔性化、高自动化和低运行成本的原则进行规划。产线可以满足一个平台多个变形机种的共线生产,通过仪器设备层、现场管理层、生产管理层组成的三层构架,从而使生产线实现信息化、数字化的管理。

CHS公司佛山试验中心主要建筑占地5000 m²,目前拥有AVL等国内外先进测试台架设备20余台套,其中动力传动系统试验台架8套、动力电机试验台架1套、整车排放试验室1套、三综合试验箱1套、5T振动试验台1套、电池充放电设备2套、离合器试验台架1套、小功率电机试验台架1套、液压系统测试设备1套、高低温环境仓3套。

五、技术进展与研发能力

目前已量产产品有CHS1801(吉利帝豪HEV车型)、CHS1803(17-18款吉利帝豪PHEV车型)、CHS1803-NVH(18-19款吉利全新帝豪PHEV车型)、1803小康(东方小康风光580PHEV车型);CHS2800已搭载大迈X7、江铃X5 PLUS、云内、海马汽车S7完成样车交付,CHS2800搭载长安V302处于样车开发阶段;CHS3800已搭载东风云汽、江淮汽车、CHS18000已搭载亚星、大金龙等车型,以上合成箱已具备批量生产条件。

技术产品围绕整车产品大规模产业化目标,通过采用双电机与基于拉威娜复合行星排动力合成箱无级变速技术、发动机高效运行控制技术、一体化高效电机及控制技术、动力电池寿命预估与优化控制技术、整车能量管理与转矩协调控制技术,开发深度混合的高效混合动力系统、匹配系列化整车、实现规模产业化。采用以核心关键零部件技术开发为先导,在各个子系统关键技术突破后,进行系统集成,之后进行系统的测试、评估与优化,制定质量控制方案和工艺流程,实现规模产业化。

科力远混合动力总成系统,具有独立的知识产权。在技术研发及产业化的过程中,已申请专利280项,其中发明专利114项,实用新型专利164项,外观设计专利2项。核心技术《双行星排四轴混合动力传动装置/混合动力车的动力系统》与《用于混合动力变速器的液压控制装置》已获得美国、法国、德国、意大利、瑞典、日本、韩国、土耳其、英国、西班牙、比利时授权。

六、主要新产品

序号	产品名称	产品型号	产品应用
1	混合动力变速器	CHS1800	吉利帝豪、东风580
2	混合动力变速器	CHS2800	长安、奇瑞、宝雅
3	混合动力变速器	CHS3800	江淮轻卡、东风云汽
4	混合动力变速器	CHS18000	亚星客车、苏州金龙

七、合资合作及重大项目建设

CHS公司股东构成:湖南科力远新能源股份有限公司87.99%、重庆长安汽车股份有限公司8.78%、无锡明恒混合动力技术有限公司2.77%、重庆长安新能源汽车有限公司0.46%。

CHS公司历时5年,完成佛山总部基地一期建设;2015年、2018年、2022年完成3次技术成果鉴定。

八、发展规划

CHS未来的研发目标仍将聚焦于优化现有平台产品,力求增强产品兼容性,并实现“两高一低”——高质量、高性能、低成本的平台化混合动力系统。

科力美汽车动力电池有限公司

一、单位概况

科力美汽车动力电池有限公司是由Primearth EV Energy株式会社(以下简称PEVE)、丰田通商株式会社、丰田汽车(中国)投资有限公司与湖南科力远新能源股份有限公司、常熟新中源创业投资有限公司共同出资建立的一家中外合资企业。是PEVE首次在日本本土之外投资建厂,其生产的镍氢动力电池主要用于配套一汽丰田、广汽丰田国产化混合动力汽车。

科力美汽车动力电池有限公司成立于2014年8月,主要产品为汽车用镍氢动力电池。工厂建设&生产准备期共两年,于2016年末正式投产。在过去的时间里,公司传承工匠理念,以不断优化升级改造产能,满足市场的需求。目前产能供不应求,加之市场需求,公司扩建了第二、三、四期工厂,相继于2020年6月、2021年5月、2021年8月正式投产,未来将更好地满足中国混合动力汽车市场的需求。

公司总占地面积130930 m²,职工人数约850人。在生产准备期间及生产期间有PEVE及相关日方技术人员全程做技术支持和生产调试,以确保产品在量产时的品质安全性和稳定性。目前为了满足客户的需求,公司正在做扩建的相关准备工作。扩建项目预计可于2021年建成并投产,以满足客户需求。

伴随着产能的逐步稳定,科力美的产能将在满足一汽丰田、广汽丰田对镍氢动力电池需求的同时,还将能满足中国国内品牌的节能车用镍氢动力电池的需求。

公司将发挥各出资方的技术优势及产业链资源优势,制造综合性能优越的、安全的汽车动力电池,推动中国汽车混合动力产业发展,实现节能及环境改善使命。

二、生产与经营

科力美为打造高品质的电池产品,进行了缜密精细的各项准备工作。一方面,科力美携手 PEVE 生产技术部历时数月对设备进行精密调试,并对出现的问题逐一排查、彻底解决。以此实现坚决不给客户生产不良品的信念;另一方面是人才的培养,科力美秉承“企业发展与人才培养密不可分”的管理理念,在提高技术技能的同时,也培养了众多抱有工匠精神的优秀员工。

公司生产的动力电池模块组主要搭载于一汽丰田卡罗拉双擎、亚洲龙双擎、奕泽双擎、皇冠陆放、格瑞维亚和广汽丰田雷凌双擎、凯美瑞双擎、C-HR 双擎、汉兰达双擎和赛那车型上。同时,为了让更多的顾客使用优质的电池,公司一直在积极开展营业活动。例如开展对外销售的宣传和推广活动,参加各类与新能源相关的知名展会,并陆续与若干家镍氢电池包组装厂商进行了不同程度的接触与磋商。有关产品的说明和技术商谈,公司会一直站在客户的立场积极对应,给出专业的回答。

科力美于 2016 年底正式投产,当年产能达到 1000 台。2021 年随着三、四期工厂的投产,全年销售台数达 34 万台(含部分进口)。

公司始终秉持着安全第一、品质是企业的根本的方针理念,推动着中国混合动力汽车的发展。此外,公司在对环境贡献方面,着眼于引领汽车节能科技前沿,减少车辆废气的排放;同时在社会责任方面,着眼于中国汽车工业、提供优质技术产品、供应链;创造和谐工作环境,提供更多就业机会培养更加专业的人才。

三、产能建设

公司实行三班两运转体制,即保证了机器设备的 24 h 运转。公司一期工程于 2016 年底正式投产,2017 年初开始向客户供货,2017 年 5 月基本开始满负荷稳定运转,2018 年内实现了满产目标。公司在过去的时间里因活用工匠理念,以不断优化升级改造产能,满足了市场的需求。目前为了满足客户的需求,公司在不断优化现有产能的同时,也全力投身于扩建的相关工作。2021 年既定的扩建项目已全部建成并投产,未来将更好地满足中国混合动力汽车市场的需求。

四、技术进展与研发能力

产品采用日本 PEVE 和丰田汽车先进、安全的产品设计和制造工艺,不断与 PEVE、丰田汽车更新的技术相匹配,在提升产品性能的同时也力争降低成本。为了制造更严格质量标准的电池、赢得更多客户的信任,科力美一直在努力。

五、主要新产品

序号	产品名称	产品型号	产品应用
1	汽车镍氢动力电池模块组	28M	一汽丰田卡罗拉双擎 & 广汽丰田雷凌双擎
2	汽车镍氢动力电池模块组	34M	一汽丰田亚洲龙双擎 & 广汽丰田凯美瑞双擎
3	汽车镍氢动力电池模块组	30M	一汽丰田奕泽双擎 & 广汽丰田 C-HR 双擎
4	汽车镍氢动力电池模块组	40M	一汽丰田皇冠陆放、格瑞维亚 & 广汽丰田汉兰达双擎、赛那

六、合资合作及重大项目建设

合资状况:Primearth EV Energy 株式会社 41%、湖南科力远新能源股份有限公司 40%、常熟新中源创业投资有限公司 10%、丰田汽车(中国)投资有限公司 5%、丰田通商株式会社 4%。

七、发展规划

积极进行对外销售的宣传和推广活动,加强与潜在客户的接触与技术交流;积极应对市场需求,扩大生产规模,以更好地满足中国混合动力汽车市场的需求。

另外,随着中国对环境管控越来越严格,对汽车新能源市场整个体系提出更多更苛刻的要求,科力美公司正着眼于环保科技的前沿,并积极为环境事业和汽车新能源产业作出更大的贡献。

风帆有限责任公司

一、单位概况

风帆有限责任公司(简称风帆公司或公司)直属中国船舶集团有限公司,前身保定蓄电池厂始建于 1958 年,是“一五”期间国家 156 个重点建设项目之一。2000 年 6 月设立风帆股份有限公司,2004 年 7 月“风帆股份”A 股(SH600482)在上海证交所上市。2016 年 5 月中船重工完成风帆股份重大资本重组,设立中国船舶重工集团动力股份有限公司(简称中国动力)。原风帆股份全部资产、人员转入风帆有限责任公司,系中国动力子公司,注册资本金 128347.13 万元,现员工总数约 7900 人,生产基地分布于保定、唐山、淄博和扬州。

公司整合推进“风帆”“火炬”双品牌战略,主营业务为起动用、牵引用、工业用铅酸蓄电池、特种材料制品以及消费型和动力型锂离子电池,整体具备约 2500 万只铅蓄电池(含 500 万只 AGM、EFB 电池)年生产能力,是一汽大众、一汽奥迪、上海大众、上海通用、北京现代、东风汽车等国内各大汽车主机厂的常年合作伙伴,奔驰、宝马配套 AGM 电池国内供应商,汽车起动电池配套市场占有率达到 20% 以上、牵引用蓄电池市场占有率 30% 以上,产品出口 30 多个国家和地区,连续多年跻身于“中国汽车零部件百强企业”。

二、生产与经营

锂离子电池生产销售。风帆公司从事锂离子电池产业近二十年，先后设立风帆新能源公司、动力锂离子电池实验室、动力电池系统研发中心、动力电池研发中心、动力电源分公司等机构，并于2020年整合为锂电池事业部，专业开展锂离子电池的研发、生产和销售。在常规锂电池、汽车用（48 V、12 V）动力锂电池及系统、叉车锂电池，低温锂电池产品性能等方面形成了一定的领先优势。

三、产品出口

2021年，受全球疫情影响，海外整体经济下滑，市场疲软，人民币兑换美金升值至6.3左右，海运价格疯涨，面对诸多不利因素，2021年风帆公司出口销量和销售收入，实现小幅增长。在整体销量中，东南亚市场占比70.63%，直接签约经销商11家，为后续将东南亚市场销量较快拉升奠定基础。

四、产能建设

年产400万只动力型锂离子电池生产线建设项目：项目总投资50000万元，已进入量产阶段，具备70万套48 V MHEV电源及电芯年生产能力，兼容其他动力电池生产，产能2 GWh。

汽车用动力电源研发中心建设项目：项目固定资产总投资42000万元，项目预计2022年7月实施完成，检测中心大楼具备检测能力。

五、技术进展与研发能力

48 V低压锂电产品完成PPAP阶段验证，电芯和模组产线实现试产、批产。上海系统研发中心逐渐发力，基于车用48 V和储能领域的BMS A样品通过内部性能测试。“车载高安全高比功率锂离子电池的开发”列入省重点研发计划。公司拥有国家企业技术中心、博士后工作站，被国家知识产权局确定为第三批全国企事业知识产权试点单位，取得国家认可委（CNAS）颁发的“国家实验室”认可证书。风帆系中国化学与物理电源行业协会酸性蓄电池分会和中国电池工业协会铅酸蓄电池分会理事长单位。此外，还拥有河北省动力电池工程技术研发中心、河北省铅合金材料工程实验室、山东省动力型蓄电池工程技术研究中心等省部级创新平台。公司积极发挥各大研发平台优势，引进先进的研发手段和仪器，公司在铅酸蓄电池，尤其是混合动力用AGM、EFB电池，拥有完全自主知识产权，具有较强的技术。

公司拥有一支高水平的研发团队，核心研发人员200余人。团队以享受政府特殊津贴和集团公司学科带头人为公司技术带头人，省部级优秀科技工作者为核心，技术骨干和优秀技术人才为主力，逐步培养公司自主创新人才梯队。

六、主要新产品

序号	产品名称	产品应用
1	48 V车载混动电源系统	搭载于MHEV车型
2	12 V车载电源系统	搭载于EV型电动汽车/传统车型

七、合资合作及重大项目建设

风帆公司计划在珠三角或长三角地区，新建设动力电池及PACK生产线满足车用12 V、储能以及两轮车电池生产。预计投资10亿元，主要建设PACK线和电极线有效补充风帆公司磷酸铁锂类电池生产能力。

八、发展规划

以节能汽车电源和特种低温电池为产业重点，风帆公司将锂电板块发展成为在车用48 V市场和特种低温电池市场国内第一，世界前列的一流科技型企业，在此基础上积极进行技术拓展，利用风帆品牌优势和系统设计能力，通过整合行业资源，发展特种电源、储能、两轮车、工程机械和船舶电源市场。到2025年锂电板块营业收入15.8亿元，较2020年增长约14亿元；利润总额5000万元，较2020年增长8300万元，引领风帆公司高质量发展战略转型，将锂电板块树立成船舶集团公司锂电发展领域的一面旗帜。

上海翼飞天地电控科技有限公司

一、单位概况

上海翼飞天地电控科技有限公司（以下简称EVTD）成立于2012年，由日本NExT-e Solutions株式会社（以下简称NExT-eS）100%控股，是一家专注于锂离子电池管理系统（BMS）、锂电池均衡技术及电池系统的研发、制造、销售及提供咨询服务的企业。公司拥有一支精通电池、电机、电器、汽车等技术的专家团队，在电池及BMS应用上拥有丰富的知识和经验，目前已获得16项相关技术专利，还有多项专利在申请中。

EVTD的电池系统涵盖从低压控制到高压控制共计4大系列50多种型号，可应用于电动汽车动力电池系统、工程机械车辆动力电池系统、新能源储能系统，以及通信基站、银行、写字楼、医院等备用电源系统及其他广泛领域。同时可以结合客户特殊需求和电池参数等，设计生产匹配的电池系统、BMS，确保电池安全、稳定、可靠，延长电池使用寿命。

EVTD充分发挥全球化人才优势，灵活运用先进的管理理念，在上海成立了研发中心，并依托总部在东京的母公司，与全球多家著名院校及大型电子生产商、知名整车制造商、世界知名汽车零部件生产商建立了良好稳定的合作关系，将最尖端的科研成果应用于产品之中。

EVTD以上海为辐射中心，已承接中国国内市场业务为核心，当前业务网络已覆盖全国、并延伸至日本、东南亚及欧美，技术水平与产品均受到极大好评。目前正在为多家电动汽车制造商、工程设备制造商、锂电池生产商、电力系统运营商等提供产品及技术服务。

二、生产与经营

2021，面对着国内疫情时有反复的局面，EVTD 按照既定发展规划稳步有序地向前发展。其中，锂电叉车租赁业务数量 2021 年同比增长 165%，研发生产的电池系统设备已运用于国内日系、德系、美系、国产系统等各类型叉车。同时，在新能源储能系统领域，EVTD 研发生产的锂电池系统设备已批量出口至日本并成功部署。

2021 年 8 月，EVTD 取得了 ISO 14001 环境管理体系认证，标志着 EVTD 具备了按既定环境保护标准和法规要求，提供产品和服务的环境保证能力，为 EVTD 成为能源循环型社会的系统服务商的长期规划打下了坚实的基础。

2021 年 12 月，EVTD 获得高新技术企业认定，这是对 EVTD 是在核心自主知识产权、科技成果转化能力、研究开发的组织管理水平等各方面的综合评估和认定，也是对 EVTD 持续发展的一种鞭策和激励。

三、产品出口

2021 年，EVTD 的 48 V/80 V 主动均衡型锂电池设备主要出口至日本，应用在储能系统领域、工程车辆领域等多个领域，深得用户好评。

四、产能建设

EVTD 继续与知名汽车零部件生产商开展生产合作，发挥各自优势，在我国上海、宁波、台湾等地区，以及日本均拥有年产 100 万套 BMS 和均衡系统专用芯片的全自动化生产线。

五、技术进展与研发能力

EVTD 将自研的新一代电源技术，主动均衡技术（芯片间均衡技术/模组间均衡技术）应用于现有的锂电池系统产品，通过均衡统一电池的性能，使电池可以长时间工作以及根据不同情况进行蓄电池的重复再利用。

EVTD 开发的电池远程智能数据平台，可通过获取的电池运行数据，分析并预估设备使用寿命，帮助评估 SOH 电池衰减程度，为电池的梯次利用等应用提供残值评判依据。

六、主要新产品

序号	产品名称	产品型号	产品应用
1	电池管理系统（BMS）	LEBM/SEBM/BEBM/MEBM	新能源大巴、工程叉车、高空作业车、储能系统
2	锂电池动力电池系统（磷酸铁锂）	24 V/48 V/72 V/80 V	工程叉车、高空作业车、储能系统
3	锂电池动力电池系统（三元）	24 V/48 V/72 V/80 V	新能源大巴、工程叉车、高空作业车、储能系统
4	均衡系统专用芯片	EHC 系列	新能源大巴、工程叉车、储能系统
5	智能热拔插开关	IHS 系列	储能系统

七、合资合作及重大项目建设

EVTD 与国内新能源汽车制造商、工程车辆制造厂商、锂离子电池生产商以及世界知名汽车零部件生产商开展合作，共同开发了一系列技术领先、安全性高、可靠性强的产品。

同时，与国内知名电池生产商共同研发制作的新能源储能系统，在双方紧密配合下，已出口日本，并与日本智能电网并网，平稳运行至今。

八、发展规划

到 2020 为止，EVTD 已完成了第一阶段的规划，以锂电池系统服务提供商的身份，将搭载新电池或梯次电池的 EVTD 锂电池系统应用到新能源各领域，包括电动汽车、电动大巴、工程车辆、储能系统等。

EVTD 目前正在实施第二阶段规划。计划 2021—2025 年，EVTD 将持续致力于中国锂离子电池产业的技术发展与创新，不断完善现有产品、开发新产品，同时创建电池循环利用市场，促进锂电池的高效回收利用，降低电池使用成本。

第三阶段规划从 2025 年起，实现可再生能源的导入和扩大，EVTD 成为能源循环型社会的系统服务商，为中国实现碳达峰碳中和目标作出自己的贡献。

赣州市豪鹏科技有限公司

一、单位概况

赣州市豪鹏科技有限公司（以下简称赣州豪鹏）是首批工业和信息化部新能源汽车废旧动力蓄电池综合利用行业（再生利用）准入公告企业之一，也是工业和信息化部第二批新能源汽车废旧动力蓄电池综合利用行业（梯次利用）准入公告企业之一。公司成立于 2010 年 9 月，国内早期从事废旧新能源汽车动力电池回收及梯次利用，废旧电池无害化和资源循环利用的企业之一。现有处理能力 1 万 t/年。艰难困苦，玉汝于成，经过十余年的砥砺前行，赣州豪鹏通过股权纽带，既整合产业资源，形成了“材料-电池-新能源整车制造-动力锂电池回收的”上下游企业联动的产业体系，又走出了一条锂电行业优势互补、资源相互对接、企业共同发展的新路；目前已发展成为国内外多家知名整车和电池生产企业信赖的配套服务商。

二、经营情况

赣州豪鹏在近 10 年的迅速发展中，一直围绕企业定位“专业、专注、专致”发展，积极开展废旧动力电池的回收、拆解、梯次利用、再生利用技术研究。专业的废旧电池回收处理团队和专业的废旧电池运输车辆和贮存仓库、拥有专业的回收处理生产线；专注于废旧电池回收市场开发废旧电池无害化处理技术研究及为客户提供优质的绿色服务，把废旧电池回收和无害化处理做好。

基于成熟的技术团队、自主的知识产权，标准化的信息管理手段，以顾客为关注焦点的服务，赣州豪鹏绿色回收无害化处理网络体系正在形成。

三、产能建设

赣州豪鹏一期项目2015年已建成投产，年回收处理废旧锂电池1万t。目前正在建设的《退役动力电池回收与梯次利用项目》，预计项目投产后，公司处理能力可达到4万t/年。

四、技术进展及研发能力建设

以技术创新为发展之魂：赣州豪鹏依托本企业技术研发中心积极开展废旧动力电池的回收、拆解、梯次利用、再生利用技术研究。公司已获授权专利62项，其中11项发明专利，涉及动力电池回收利用关键工艺相关专利40余项。

(1)回收再利用技术方面：近年来，赣州豪鹏研制并应用了金属锂回收提纯、负极碳粉回收利用、电池粉料连续浸出工艺、镍钴锰协同萃取提纯、钴镍锰离子交换净化、精细拆解技术等。公司在新能源汽车动力电池再生利用领域取得了多项关键核心技术突破，获得多项荣誉，其中“退役单元锂电池废料选择性提锂技术”被认定为2020年度首届再生资源行业十佳绿色技术成果，《废电池回收利用和处理处置方法系列标准》获得科技进步奖二等奖，《锂电池废料短程利用与污染全过程控制技术及应用》获生态环境部环境保护科学技术一等奖，“退役锂离子电池短程回收技术及应用”技术获得江西省科技进步奖一等奖。

(2)梯次利用技术方面：赣州豪鹏开发的异构兼容梯次利用系列技术，可实现不同状态退役电池的交叉使用和替换；并基于此开发了500 kWh梯次利用储能系统，该系统支持接入各种新能源发电设备、负荷设备、储能设备、动环监测设备等；储能系统的能量调度策略可以根据电网峰、平、谷段电价和储能电池的SOC状态灵活的调整/设置，系统接受能量管理系统(EMS)的调度，由能量管理系统智能化充放电控制，该储能系统具备完善的通信、检测、管理、控制、预警和保护功能，长时间持续安全运行，可通过上位机软件对系统运行状态进行检测，具备丰富的数据分析功能。

赣州豪鹏与中国铁塔股份有限公司赣州市分公司合作成立创新研究中心，深耕退役动力电池在基站、备电等方面的技术开发与应用。

五、主要新产品

序号	产品名称	产品型号	产品应用
1	氯化钴	电子级	生产正极材料
2	硫酸钴	电子级	生产正极材料

六、合资合作及重大项目建设

正在开展《退役动力电池回收与梯次利用项目》建设，预计项目投产后，公司处理能力可达到4万t/年。

七、发展目标与规划

永无止境的改善与提升一直是赣州豪鹏追求的建设目标，公司围绕用地集约化、生产洁净化、废物资源化、能源低碳化原则，开展绿色改造，重点实行清污分流、废水循环利用、固废资源化和无害化利用。实施绿色设计和绿色采购，开发生产绿色产品，采用先进适用的清洁生产工艺技术和高效末端治理装备，建立资源回收循环利用机制，实现工厂持续绿色发展。赣州豪鹏废旧电池绿色回收无害化处理工厂在自身实现绿色工厂建设目标的同时，也恰恰再助力实现电池全生命周期的绿色化。

浙江新时代中能科技股份有限公司

一、单位概况

浙江新时代中能科技股份有限公司(以下简称公司)是中节能环保集团参股国家高新技术企业，2015年成立，注册资金8248万元，位于杭州湾国家经济技术开发区。建有绍兴、上饶两个基地，占地350亩，专注于镍钴资源循环、退役锂电高值化的研发及应用，主要产品有电池级钴盐、硫酸镍、四氧化三锰、碳酸锂、磷酸锂等产品，主导产品为电池级钴盐晶体材料，在退役动力电池高值利用领域属于“补短板”领域，细分领域名列第二，为工业稳增长和转型升级成效明显企业。现有职工500余人，其中博士及硕士40人、其他技术人员100余人。通过ISO 9001、ISO 14001、ISO 45001、ISO 50001等体系认证，申请专利71项，制定标准18项。目前公司承担“国家重点研发计划”项目2项、“省重点研发项目”1项，正在推进IPO工作。公司建立了院士专家工作站、国家级及浙江省博士后科研工作站、中国再生联盟联合创新实验室——退役锂离子电池拆解与资源化利用联合创新实验室、《新能源汽车废旧动力蓄电池综合利用行业规范条件》白名单—“梯次利用及再生利用”双资质、浙江省“专精特新”中小企业、省级锂电循环利用研发中心、省级研究院等平台，为公司产业转型升级提供技术保障。

二、生产与经营

公司采用废弃资源综合利用行业先进设备，通过技术创新采用智能拆解、环保治理工艺流程，2022年计划实现营业收入45亿元，净利润2.44亿元，缴纳税收1.05亿元。

三、产能建设

公司退役锂电池及钴镍资源循环项目全面建成，具备年产20000金属吨钴、5000金属吨镍、5000 t碳酸锂、5000 t四氧化三锰的生产规模，产出的钴、镍、锂、锰化合物产品循环再用于动力锂电池生产。

四、技术进展与研发能力

公司汇聚和培养了行业内资深的技术、经营团队，与中南大学、武汉理工大学、兰州理工大学、江苏大学、浙江理工大学等院校开展产学研合作，共同打造院士专家工作站、博士后流动站、省级研发中心等科研平台，申请专利 70 余项，承担国家科技部重点研发项目 2 项，参与制订的 1 项国家标准、6 项行业标准已获颁布，引领企业通过 ISO 9001、ISO 14001、ISO 45001、ISO 50001 四体系认证。

五、合资合作及重大项目建设

公司与中南大学、武汉理工大学、兰州理工大学、江苏大学、浙江理工大学等院校建立长期产学研合作关系，承担国家重大科技项目：2020 年“国家重点研发计划”—固废资源化—“6.2 退役三元锂电材料高效清洁回收利用技术与开发；获得国家级技术创新类项目：2019 年“国家重点研发计划”—固废资源化—“6.1 退役动力电池异构兼容与智能拆解技术”等。

六、发展规划

公司秉承“践行碳中和守护绿水青山，服务新能源创造美好未来”的发展理念，立足以资源循环业务促进新能源产业发展，致力于打造一流的新能源综合服务商。到 2025 年，公司将形成年处理 30 万 t 磷酸铁锂电池及材料，年产 3 万 t 电池级碳酸锂、15 万 t 电池级磷酸铁产品的规模。

长沙矿冶研究院有限责任公司

一、单位概况

长沙矿冶研究院有限责任公司（以下简称长沙矿冶院）始建于 1955 年，曾先后隶属于中国科学院、国防科工委、冶金工业部、1999 年转制为中央直属大型科技企业，2003 年开始由国务院国资委直接管理，2009 年成为中国五矿集团有限公司（以下简称中国五矿）的直管科研单位。拥有国家金属矿产资源综合利用工程技术研究中心、深海矿产资源开发利用技术国家重点实验室等国家及省部级研发平台 13 个。

作为国家金属资源开发利用重大创新基地，长沙矿冶院自建院以来一直是国家金属矿产资源开发利用科技计划项目的主要承担单位，取得国家及省部级科技成果 1200 余项，为行业技术进步作出了突出贡献。践行国家海洋战略三十年，先后成功开展我国首次深海输运试验和海底采矿试验，掌握了深海矿产资源开发利用核心技术，跻身国际先进行列。

作为中央企业电动车产业联盟成员单位，专业从事新能源材料研究开发三十年，形成了完整的“基础研究—技术开发—中试孵化—产业转化—龙头示范”创新创业链，以“一院二园一基地一基金”（长沙新能源材料工业技术研究院、中国五矿麓山科技创新园、中国五矿麓谷科技产业园、中国五矿国家新能源材料产业基地、新能源材料双创基金）为建设内容，与长沙市人民政府共建“中国五矿新能源材料双创示范基地”，聚集全球高端人才和领军人物，吸引国内外创业创新企业，打造全球最重要的新能源材料科技协同创新平台。

长沙矿冶院坚持“技术研发、产业孵化、成果转移”创新发展模式，经过 60 余年的改革发展，培养造就了以余永富、刘宝琛院士为首的一大批科技创新人才，荣获“中国十大科技成就”“国家科学技术进步奖特等奖”等国家及省部级科技成果奖励 500 多项，孵化了以金瑞科技（现更名为五矿资本，股票代码 600390）、惠同新材（股票代码 833751）、长远锂科、金驰材料、金炉科技等公司为代表的高新技术企业集群，为集团公司打造“世界一流的金属矿产企业集团”提供强有力的科技支撑。

二、生产与经营

长沙矿冶院近年来以战略定位调整和管理变革为主线，推进落实各项重大战略举措，巩固提升传统优势业务，大力拓展战略性新兴业务，全院经营业绩快速提升并达到历史最好水平，科研与产业发展呈现稳中有进、进中向好的优良态势。

聚焦资源环保、新材料、科创平台运营三大主业，科技创新和成果转化成效显著，传统优势业务创历史最好业绩，新兴业务蓬勃发展，核心竞争力明显提升。“两利四率”指标全面优于预期，运营质量效率持续改善。参股企业长远锂科成功登陆科创板，持股市值大幅攀升。2021 年度，全年实现营业收入 20.4 亿元，同比增长 62%，全年实现报表利润 2.46 亿元。

三、产能建设

长沙院以传统优势专业有色金属选矿冶金技术为基础，以 1992 年承担国家 863 计划项目镍氢电池正极材料研发为契机，进入新能源电池材料研发领域，是动力电池材料领域最重要的技术创新源与产品供应商。2013—2015 年发展规划更是进一步布局了“原料提纯—前驱体—正极材料—动力电池—废旧动力电池回收”的产业链发展战略，到 2025 年正极材料产能达到 10 万 t，镍钴锂原料的需求量分别达到 3 万 t、1.2 万 t、0.72 万 t，废旧动力电池的回收业务将为全产业链提供稳定的原料保障。

2021 年度，长沙矿冶院废旧动力电池回收业务板块形成闭环。攻克了退役电池残值评估技术、异构兼容集成、金属短流程提取等关键技术。锂汇通退役动力电池回收服务平台新签销售合同 1 亿元，平台确认成交交易额 1.9 亿左右，设立区域回收中心 13 个，回收网点 59 个，连接供货商 169 个，覆盖 16 省 64 市、区，逐步建立起“回收-梯次储能-再生资源化”闭环创新业务体系。

四、技术进展与研发能力

2021 年内申请专利 85 项，其中发明专利 53 项，国际 PCT 专利 1 项，授权专利 97 项，其中发明专利 25 项。参与制定标准 17 项，其中国家标准 4 项，行业标准 9 项。获得省部级奖励5项,"秘鲁高纯铁精矿选矿技术及伴生铜铅锌综合利用"获冶金科学技术一等奖,"柿竹园复杂多金属矿采选协同清洁高效利用关键技术及应用"获绿色矿山科学技术一等奖。"可搭载潜器的深海沉积物土工力学原位测试仪"获集团专利奖。"鲲龙500"采矿车亮相国家"十三五"科技创新成就展。"绿色设计产品评价技术规范车用动力电池梯次利用产品"入库湖南省绿色设计产品评价标准计划。

长沙矿冶院获批新能源汽车废旧动力蓄电池综合利用行业规范条件企业("白名单"),解决了院动力电池回收业务发展的门槛问题。新增国家产业技术基础新材料测试评价公共服务平台、湖南省企业技术中心、湖南省退役电池梯次利用工程技术研究中心、湖南省第一批工业设计研究院和湖南省众创空间5个创新平台。

云南恩捷新材料股份有限公司

一、单位概况

云南恩捷新材料股份有限公司(以下简称恩捷股份)是全球新能源锂离子电池隔膜龙头企业,全国最具竞争力的BOPP薄膜(烟膜和平膜)、烟标和无菌包装、特种纸产品供应商。公司创建于1996年,以包装印刷业务肇始,历经转型、并购、重组等二十余载的奋斗,从传统制造业企业转型为以"锂电池隔膜"为核心产业的高科技企业。2016年9月14日,恩捷股份在深圳证券交易所挂牌上市(股票简称为恩捷股份,股票代码为002812)。目前恩捷股份市值超2000亿元。2021年,恩捷股份以2235亿元的总市值位列2021年中国上市公司500强第75位。恩捷股份拥有"新能源"和"包装"两大业务体系,主要产品可分为三类:膜类产品、包装印刷产品、纸质品包装产品。其中,锂离子电池隔离膜是公司的核心业务,其产能规模、产品品质、成本效率、技术研发皆为全球领先。同时,在烟标、BOPP薄膜、无菌包装及特种纸等细分行业,恩捷股份也是全国极具竞争力的企业。

二、生产与经营

恩捷股份新能源业务体系,主要产品为湿法锂电池隔膜类产品,由上海恩捷及其子公司生产,主要运用于新能源汽车锂电池领域、3C类产品及储能领域。迄今为止,恩捷股份先后建设、建成、并购了上海恩捷、珠海恩捷、无锡恩捷、江西通瑞、苏州捷力、重庆恩捷、纽米科技、玉溪恩捷、荆门恩捷、厦门恩捷、匈牙利工厂、美国俄亥俄州工厂等,并与日本松下、LG Energy Solution, Ltd.、三星SDI等海外企业,宁德时代CATL、比亚迪、中创新航、蜂巢能源、国轩高科等国内外新能源领军企业保持长期良好合作。

三、产品出口

产品出口到日本、韩国以及欧美。

四、产能建设

在国内,公司拟在常州、厦门、荆门等地建设新工厂。在国外,公司拟在欧洲匈牙利建设新工厂,在美国俄亥俄州建立新工厂。

五、发展规划

未来,恩捷股份将紧抓锂电池隔离膜业务的行业发展机遇,优化整合全球技术和人才资源,积极拓展海内外市场,携手各界合作伙伴,助力实现碳达峰碳中和目标,更好地满足人们对美好生活的向往追求。

贵州红星电子材料有限公司

一、单位概况

贵州红星电子材料有限公司成立于2016年3月,注册资本6850万元,坐落于贵州省铜仁市大龙经济开发区,占地约50亩。是由青岛红星新能源技术有限公司、贵州振华新材料股份有限公司等共同出资成立的股份制公司,主要致力于废旧锂电池回收及资源化综合利用。

青岛红星化工集团有限责任公司是国有化工生产企业,经过50多年的发展,已成长为主业突出、跨行业、跨地区的大型企业集团,青岛红星新能源技术有限公司是青岛红星化工集团旗下从事锂离子电池等新能源产业的运营平台企业,营业范围涉及电池基础材料、电池、资源循环利用等。贵州振华新材料股份有限公司是央企中国电子信息产业集团(CEC)旗下专业从事锂离子电池正极材料制造的企业,是国内最优秀的动力电池正极材料供应商之一。青岛红星化工集团是有60多年生产经验的国有化工生产企业,主营钡盐、锶盐、锰盐、新能源、新材料、天然色素等业务,有着丰富的无机盐生产经验,尤其在元素除杂、高纯无机盐生产方面有着丰富的积累。红星电子公司借鉴集团多年来无机化工生产经验及工艺积累,自主研发锂电材料再生工艺,采用非传统萃取反萃取工艺,实现钴镍锰锂元素的同步回收和工艺用水完全闭路循环,钴镍锰金属回收率大于98%,锂金属回收率大于95%。

二、生产与经营

2021年综合利用废旧三元锂电池0.76万t,生产碳酸锂和三元复合氢氧化物1.6万t。公司项目通过试生产工作,不断优化工艺条件,工艺用水完全闭路循环,废旧三元材料中钴、镍、锰的回收率达98%以上,锂的回收率达95%以上。所产出三元复合氢氧化物、碳酸锂能有满足下游锂电正极材料厂商的高质量要求,通过多家客户的认证,销售范围涵盖三元、碳酸锂正极材料行业,产品质量水平良好。

三、产能建设

贵州红星电子材料有限公司现形成1条15000 t/年废旧新能源动力电池拆解线以及1条年处理6000金属吨三元极片回收再生利用生产线，为积极拓展废旧动力锂电池综合利用行业产业链，确保更多退役锂电池能及时快速进入综合利用阶段，公司积极与废旧电池厂家拓展业务，与苏州星恒电源股份有限公司、湖南立方新能源科技有限公司等多家电池制造厂家签订战略合作协议，保证废旧动力电池来源及供应链可满足现公司项目的回收规模，形成以锂动力蓄电池为源头，从再生利用到资源重复利用的闭路循环。

九江天赐高新材料有限公司

一、单位概况

九江天赐高新材料有限公司（以下简称九江天赐）成立于2007年10月，注册资金4.18亿元，企业总资产约31亿元，是一家拥有自主知识产权、核心竞争力的国家高新技术企业。公司面积从308亩发展到3000余亩，截至2021年职工总数2000多人，拥有20多条生产线，产品涉及锂离子电池材料、日化及特种化学品和有机硅功能材料三大业务板块，其中锂离子电池材料产品有六氟磷酸锂和锂离子电池电解液及电解液添加剂，是国内主流动力电池厂商的核心供应商，日化材料主要产品有卡波、氨基酸、表面活性剂、阳离子淀粉，产品远销至欧洲、东南亚，公司规模和市场份额在全国同行业中名列前茅。

二、生产与经营

企业作为锂离子电池电解液生产的龙头企业，带动了本地新能源产业的发展及配套，九江天赐2021年销售收入：已实现营业收入73.65亿元，同比增长184.70%，利润总额15.94亿元，同比增长189.54%，上缴税费总额3.26亿元，同比增长166.82%。

三、产品出口

公司2021年出口额1946.8万美元。

四、产能建设

锂电材料方面，现拥有2000 t/年锂离子电池电解质材料（300 t/年四氟硼酸锂项目、1700 t/年六氟磷酸锂项目）、1000 t/年电解质装置、6000 t/年电解液配置装置、6000 t/年液体六氟磷酸锂、300 t/年新型锂离子电池电解质生产装置（FSI）、30000 t/年磷酸铁正极原料生产能力。

日化材料主要产品有：卡波、氨基酸、表面活性剂、阳离子淀粉。国内核心供应商如联合利华、环亚、Rita等，产品远销至欧洲、东南亚。拥有28000 t/年氨基酸表面活性剂等日用化工材料生产装置；10000 t/年氨基酸表面活性剂装置；3000 t/年季铵盐装置、10000 t/年丙二胺；5000 t/年阳离子淀粉生产装置等日化基础材料生产能力。

五、技术进展与研发能力

公司依靠自身科技创新，强化技术优势，增强企业核心竞争力，全心致力于科研项目研究及组织管理，当年自主研发项目63个，研发费用达到2.41亿元，同比增长157.1%，研发投入占比3.28%，首次突破亿元创历史新高，位居全市领先水平。截至2021年底，公司拥有申请专利110件，授权专利54件，其中授权发明专利38件。

六、合资合作及重大项目建设

2021年，公司通过产品技术迭代和升级改造进行项目扩产增效，从而提升产品产能来满足未来锂离子电池材料市场需求，先后投资20亿元建设龙山基地项目含2个子项目（年产2万t电解质基础材料以及5800 t新型锂电电解质项目、15万t锂电材料项目），项目已于2021年12月正式投入生产使用，目前已取得的良好经济效益。

2021年底，再次拟投资100亿元建设九江天赐新材料延链补链项目含4个子项目（年产6万t日化基础材料项目、年产9.5万t锂电基础材料及10万t二氯丙醇项目、年产20万t锂电材料项目、废旧锂电池资源化循环利用项目），项目全部建成后，预计实现年营业收入400亿元，税收20亿元，建成后将进一步完善锂电产业链布局，有利于构建九江天赐高新材料锂电绿色循环产业园、沙湾循环产业园的建设，极大巩固天赐在锂电池电解液领域的龙头地位。

七、发展规划

天赐材料的短期战略在电解液方面继续保持全球领先，进一步巩固发展地位。未来化学品可能在电子化学品、汽车用化学品，与资本市场进行配合，实现公司的发展。人才战略方面需要匹配公司的发展战略，实现矩阵管理，将工作流程利用IT方法、考核手段等进行固化。

公司未来发展路径以自主发展和并购等相结合的方式，从公司整体产业链布局及未来整体规划，从产品研发、产品线管理、工程技改、产能扩建、销售策略、品牌运营等方面提升各产品线系列产品的市场竞争能力。坚持安全环保第一理念，适应外部安全环保形势要求，围绕绿色发展循环经济的理念，践行PSM管理，实施先进控制系统（APC），高标准高要求抓好抓实安全环保工作，形成生产过程安全可靠，生产环境健康优美的制造中心。

为了更有目的性地来拓宽公司的技术维度，方便新产品的推进落地，除原有锂电材料、日化材料技术平台，内部划分出了多个技术平台：工艺工程技术平台、新技术平台、分析测试平台等。公司发展战略中长期继续聚焦于锂离子电池材料、日化材料及特种化学品。目标成为国际化一流的绿色化学运营企业，长期规划锂电、氟硅高性能材料，电子化学品等新兴业务。

中科意创(广州)科技有限公司

一、单位概况

中科意创(广州)科技有限公司由广东省大湾区集成电路与系统应用研究院和创始团队发起设立,核心成员具备BOSCH、Valeo、西门子、华为等国际汽车Tier1海内外工作经验,依托国家科技重大专项总师的指导和大力支持,结合系统体系强大的芯片设计、制造、封装资源支撑,发挥团队在汽车电子芯片系统定义、产品订制特有优势,以功率半导体为市场切入点,发挥系统应用牵引和整机带动作用,为汽车行业客户提供控制器产品开发相关的共性技术、订制器件、芯片设计等,打造国产汽车半导体生态圈。公司已获得中科院体系产业化重点项目扶持,和全球半导体巨头意法半导体(ST Microelectronics)共建“智能汽车电子联合实验室”,和全球化的汽车电子系统供应商易特驰汽车技术(ETAS)共建“汽车电子软件平台联合实验室”。

二、生产与经营

公司以功率半导体为市场切入点,发挥系统应用牵引和整机带动作用,为下游客户提供功率模组/模块、控制器产品开发相关的共性技术、增值器件销售、PCBA板载技术,打造国产汽车半导体生态圈。5年之内成为中国最大的国产汽车半导体及系统应用提供商。业务上,公司坚持系统应用牵引芯片的原则,聚焦汽车功率半导体和功能安全两大产品方向,深入研发SiC电机控制器、SiC功率模块、电池管理系统(BMS含E-Fuse)三大产品平台。

三、技术进展与研发能力

中科意创作为第三方汽车电子解决方案商以技术服务为牵引,保持技术的先进性和引领性,不断牵引客户的需求,并引入除开发服务费以外的半导体相关业务,包含定制化功率模块、复杂IC的开发,协助客户搭建定制化功率模块的量产级产线,半导体器件供应,客户系统方案牵引国产芯片落地整车厂,PCBA的全产业链服务。

四、核心业务

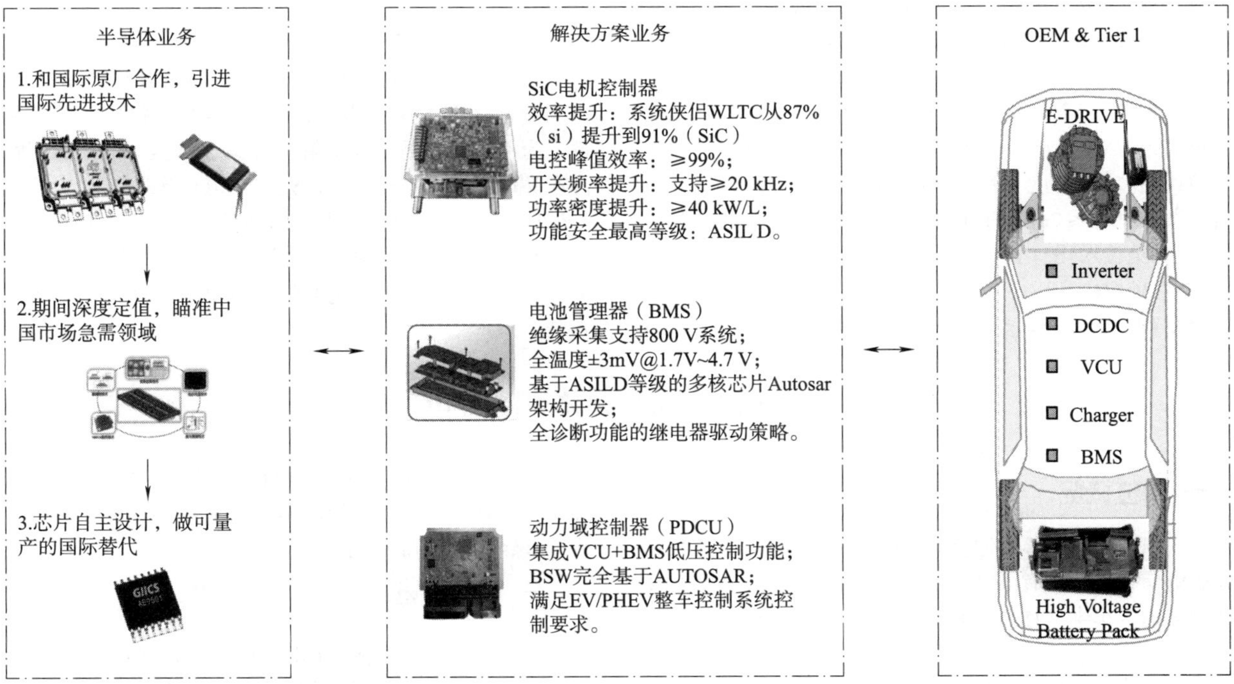

五、产品介绍

1. SiC功率模组试制

功率半导体是电子装置电能转换与电路控制的核心,是汽车电动化关键所在。SiC MOSFET作为新能源汽车下一代功率半导体核心器件,其超低的开关及导通损耗、超高的工作结温等特性,可实现逆变器损耗降低75%以上,EV行驶里程提升5%以上。

中科意创为整车厂及一级供应商推出的定制化碳化硅功率模组,采用成熟车规级碳化硅功率模块,业内前沿的银烧结技术及激光焊工艺,结合功率器件结温估算及均流设计,为客户降低系统设计难度,提升系统可靠性,同时满足不同等级功率设计需求。

2. 碳化硅电机控制器

电机控制器(Motor Control Unit, MCU)作为新能源汽车动力系统三大电中最有技术含量的控制器,作为车辆动力输出的主驱电机控制器，对车辆驾驶的操作性、安全性及舒适性都有关键影响。

中科意创的 MCU 解决方案满足功能安全 ASIL D 扭矩安全的需求，具有高功率密度（峰值功率密度达到 40 kW/L）紧凑设计的特点，最高效率大于 99%，且具有较高的性价比竞争力。方案优化了整体结构设计，满足整车厂对于三合一的需求，便于与电机、减速器的集成，并且整体产品的整体电磁兼容设计满足高等级 EMC 的要求，在设计上尽可能使控制板和驱动板分离，并采用适当的屏蔽方式和二级输入滤波，最终实现 EMC 性能和热性能的最优化。与此同时，该解决方案能快速响应对 SiC 的各种故障（短路，过流，过压，过温等），保证 SiC 等关键元器件的故障诊断和安全。

中科意创致力于产品级动力系统解决方案，同时对主驱系统起到关键作用的功率器件及驱动电路进行深入研究，设计了满足 SiC 等第三代半导体器件应用的驱动电路，使控制器效率得到了比 Si 基系统 6% 以上的提升，同时体积减小 30% 以上。依据 ISO 26262 及 ASPICE 的开发流程，保证产品的高质量和 ASIL D 功能安全的要求。

该平台方案目前已通过内部台架测试，技术成熟度较高，已经和国内多个主流整车厂开展技术合作，并已申请专利 202110089690. 2 和 202110076442. 4。

3. 功率模块定制

联合整车厂共同开发 ECM1000X 系列 TAN 碳化硅模块，以银烧结 & 塑封技术方案研制高功率密度、高寿命、高可靠性的车用碳化硅功率模块，满足新能源汽车 220 kW 以上电机控制器批产要求

半桥结构，每个开关由 6/8 颗 16 mΩ SiC 芯片并联，封装规格可满足 1200 V/600 A；无并联 SBD，采用优化后体二极管续流，提高功率密度；封装尺寸：50×60×4（转模体尺寸）；封装内杂散电感≤7nH；内置温度传感器，精确反馈芯片结温；全银烧结技术，SiN 衬板。

4. 12 V BMS

12 V 锂电池相对传统的铅酸电池，具有环保（无铅）、重量轻（减重 10 kg 以上），体积小（缩小 1/2 体积），寿命长、放电特性好等优势，已在一些高端车型开始应用，同时随着环保及回收趋严，碳中和要求，在车载电池领域，使用锂电池替代原有铅酸电池的实际应用研究受到了各大车企的关注及跟进。

在为了精确估算 12 V 锂电 SOC 及充放电控制，需要一个 12 V BMS，实现在高温和冲击状态下的高安全性及高耐久性。电池管理系统（BMS）是连接电池和用户之间的桥梁，它不但能保证电池的正常工作，还能发挥电池的最佳性能，增强电动汽车的续航能力，延迟电池老化速度。BMS 的主要功能有数据采集和运行状态估计、信息通讯、电池保护及预警，以及能量管理等。

主控芯片选取了满足 ISO 26262 功能安全 ASILD 的 SPC574K2 及配套的电源管理芯片 L9396，方便 Autosar 架构配置及 OTA，前段采集芯片选取了高精度 MC33772，满足全温度范围高精度电流电压采样监测要求。MOS 预驱芯片采用 VNF1048，满足低功耗及各类诊断及通信要求。

产品特点：

（1）轻量化、更环保以及高比能量，静态低功耗电流≤200uA；（2）具备 Efuse 功能，可通过负载电流的变化实时调节 MOS 的通断来模拟传统的 Fuse 保护功能；（3）全温度、全电压条件下，Cell 电压采样精度≤2 mV；（4）功能安全 ASIL C 设计，保证电池热失控时断开主回路。

六、发展规划

未来公司将发挥系统优势，和 ST 等芯片原厂紧密合作，共同制定功率模块规格、封装，优化性能、提供系统应用方案。为下游客户提供技术解决方案，加速客户开发过程，提高产品可靠性和安全性。并提供 PCBA 板载技术，助力客户降低成本，打通国产芯片上车的路径。并在汽车功率半导体和汽车数模混合芯片领域进行深度自主研发布局，打造中国最大的汽车半导体产业化平台，为中国汽车半导体事业作出贡献。

大唐恩智浦半导体有限公司

一、单位概况

大唐恩智浦半导体有限公司，成立于 2014 年 3 月，公司由大唐电信科技股份有限公司，徐州汽车半导体产业基金及全球领先的汽车半导体供应商荷兰恩智浦半导体有限公司共同出资成立。恩智浦有限公司持股 49%，徐州汽车半导体产业基金合伙企业持股 27%，大唐半导体设计有限公司持股 24%。公司业务定位于新能源汽车的电池管理、电机驱动以及相关的集成电路设计，专注于研发和销售采用高性能混合信号技术的高级专用汽车电子芯片，致力于成为全球领先的汽车半导体公司。我们基于先进的设计和制造基础架构、先进的混合信号工艺、零缺陷策略、功能安全专业知识以及经验丰富的产品开发团队，开发锂离子电池监测芯片，在电池管理系统市场上有大量投资。凭借专有的技术和知识，我们的愿景是通过市场颠覆性的创新产品为客户增加独特的价值，从而成为电动汽车和工业储能系统市场的领导者。大唐恩智浦半导体还拥有用于汽车照明应用的驱动器芯片产品线，是该细分市场的领导者。

二、生产与经营

大唐恩智浦半导体（徐州）有限公司作为大唐恩智浦半导体有限公司的全资子公司，结合大唐电信与恩智浦半导体的优势，拥有非常强的核心竞争力基础，主要有以下方面：

（1）掌握电源管理的核心技术：大唐恩智浦的研发团队自主开发，采用恩智浦半导体公司的芯片设计、项目管理和质量管理流程，通过 ISO 26262 功能安全流程任职。

（2）世界一流的半导体工艺：采用恩智浦先进的 SOI 工艺，可到达芯片高度集成化，缩小芯片尺寸，降低成本；100 V 的耐压保证了大多数的应用覆盖；SOI 工艺避免了一般 Bulk

工艺的 Latch-up 问题，并具有可耐受较强负压、出色的 EMC、ESD 性能等一系列高可靠性特性。

(3)公司于 2021 年已经申请 2 项发明专利，2 项 PCT 专利，致力于建设公司核心知识产权体系，目前已经通过知识产权贯标认证。

三、技术进展与研发能力

芯片由检测电路、均衡电路、温度检测器、模数转换器、数据处理电路、阻抗测试电路及通信接口等模块构成。

芯片由电池进行供电，同时采样该电池的参数。采样后的数据通过数模转换器变为数字信号输入到数据处理模块，产生电压、温度、阻抗信号，通过差分通信口输出数据，再通过 SPI 通信接口送到 MCU，用于整个电池管理系统的控制和诊断。芯片中亦集成电池均衡电路，基于 MCU 主控的指令，可对电池执行均衡操作。

关键功能实现方案：

(1)电压监测：±5 mV 的电压测量精度、14 bit 的分辨率、高线性度的 SD-转换器、高精度的电压基准。

(2)阻抗监测：阻抗测量在芯片内通过硬件来实现，通过专用的 AD 转换器实现奈奎斯特速率采样，并通过数字部分电路，直接产生阻抗的实部和虚部数据。这样可以减少通信线上的数据传输量，同时也可以减少主控制器的计算工作量。

(3)温度监测：可以测量芯片内部晶片的温度，并通过外部金属焊盘与电池产生热耦合，以监测电池温度。

(4)级联通信：采用差分通信，以实现 EMC 可靠性。链路具有双向通信功能，可以保证在某处线路断路通信仍然可以从另外一个方向传递。另集成差分转 SPI 模块，使得芯片可以配置为桥接芯片，连接芯片和 MCU 主控。

(5)均衡：提供外部均衡和片上均衡两种选择。外部均衡为片上集成 MOS driver，以驱动外部放电回路，外部器件与阻抗监测共用。片上均衡为片上集成电流源，外部无须放电回路，适用于无须阻抗监测功能的应用。

广东芯聚能半导体有限公司

一、单位概况

广东芯聚能半导体有限公司成立于 2018 年 11 月，注册资本 1.62 亿元，位于广州市南沙区万顷沙，占地 40000 m^2，主营业务为碳化硅基和硅基功率半导体器件及模块的研发、设计、封装、测试和销售，主要产品包括车规级功率模块、工业级功率模块和分立器件等，产品可广泛应用于新能源汽车领域和工业领域。公司积极发挥大湾区区位优势，结合政府高端人才政策，引进欧美日国际知名半导体公司管理和技术精英组建核心团队。

二、生产与经营

芯聚能半导体凭借领先的器件设计、封装技术、应用服务和稳定的产品性能，与主机厂和一级供应商自电驱动研发阶段建立合作关系。目前已有多款主驱模块获得国内自主品牌车企和造车新势力的认可，SiC 主驱模块的主机厂认证进度处于行业领先位置。其中，与公司深度合作的国内某前三主机厂，新车型开发进度较快，SiC MOSFET 模块已完成车载可靠性测试、夏季标定和夏季耐久测试，通过系统环境耐久试验考核，已于 2022 年第一季度开始量产。

三、产能建设

车规级碳化硅模块产能：2021 年 5 万只、2022 年 10 万只(一期现有产能)；2023 年 30 万只、2024 年 60 万只、2025 年 100 万只(一期规划产能)

四、技术进展与研发能力

(1)技术攻关能力：以实现车规级主驱 SiC 功率模块设计开发生产制造并交付市场；已完成银烧结技术的开发并用于量产产品；自主创新无引线框架焊接技术，低杂散电感封装设计等技术开发。

(2)知识产权：申请专利 105 件，授权专利 76 件。

五、主要新产品

序号	产品名称	产品型号	产品应用
1	动力系统主驱碳化硅模块	ACN02FT12V2NA	吉利纯电动轿车、某某纯电动汽车
2	动力系统主驱碳化硅模块	ACN01FT12V5NG	吉利纯电动轿车
3	动力系统主驱碳化硅模块	ACN03FT12V3NB	某某纯电动轿车

六、合资合作及重大项目建设

芯聚能半导体和吉利威睿(车企)共同成立芯粤能半导体(碳化硅晶圆和芯片制造)，为国家发改委工信部重点支持项目，也是国内目前唯一通过国家部委大规模碳化硅芯片制造重大项目。一期月产 2 万片 6 in SiC 芯片制造，，二期月产 2 万片 8 in SiC 芯片制造，总投资 75 亿元人民币，一期设备 2022 年 11 月搬入，2023 年一季度开始投产，未来能够保障芯片自给自足，形成产业链协同优势，形成实质的碳化硅 IDM。

七、发展规划

芯聚能半导体未来重点发展市场竞争优势显著的车规级 SiC MOSFET 功率模块和定制化模块及分立器件，并进一步开发用于光伏、风能、储能、IDC 等符合国家碳达峰碳中和目标和“新基建”方向的工业级 SiC 功率器件及模块。为广东打造我国集成电路第三极，构建“粤港澳大湾区碳化硅全产业链生态”的战略规划贡献力量。

上海华虹(集团)有限公司

一、华虹集团

上海华虹(集团)有限公司成立于1996年,是一家领先的以8英寸和12英寸集成电路晶圆制造为主业的企业集团,也是中国唯一拥有芯片制造主流工艺技术的国资布局8+12英寸集成电路晶圆制造集团。从建设和经营国内第一条亚微米集成电路生产线起步,华虹集团现拥有6条集成电路晶圆生产线,其中8英寸和12英寸量产线各三条,由华虹集团旗下华虹宏力和上海华力具体运营,可提供全球领先的1 μm到28 nm不同技术节点的晶圆代工与技术服务。同时,华虹集团联动发展了集成电路制造工艺研发和公共平台服务、专用集成电路产品、智能系统集成与应用服务、电子元器件分销与解决方案和产业投资与园区开发管理等业务。

二、华虹宏力

1. 单位概况

华虹集团旗下上海华虹宏力半导体制造有限公司(以下简称华虹宏力)是全球领先的特色工艺纯晶圆代工企业,专注于非易失性存储器、功率器件、模拟及电源管理和逻辑及射频等“8英寸+12英寸”特色工艺技术的持续创新,先进“特色IC+Power Discrete”强大的工艺技术平台有力支持物联网等新兴领域应用,并拥有多年成功量产汽车电子芯片的经验。华虹宏力拥有行业内工艺水平高、盈利能力强的8英寸制造平台,位于上海的三座8英寸晶圆厂(华虹一厂、二厂及三厂)月产能合计约18万片,工艺技术覆盖1 μm至90 nm各节点;另在无锡建有一座现月产能6.5万片的12英寸晶圆厂(华虹七厂),工艺技术覆盖90 nm至65/55 nm,是国内领先的12英寸功率器件代工生产线。

2. 生产与经营

2021年华虹宏力营业收入大幅提升,年度增幅达到69.6%,这主要得益于公司的产能扩充与强劲的市场需求。由于疫情及国际环境的变化,供应链转移带来了更多下游需求与本地化生产偏好,其中汽车电子表现尤为明显,伴随着互联网技术、智能驾驶技术以及新能源技术的发展,汽车电子在感知端、动力端、驾驶端、影音娱乐端等各个层次都产生了爆发性的市场需求,迎来了全新的发展时代。汽车电动化、智能化、网络化以及共享化的发展趋势强力驱动汽车电子中的半导体元器件数量大幅增加,成为半导体产业重要的增长动能。随着全球对节能减排的更高要求,新能源汽车逐步成为汽车产业的新宠,新能源汽车里的电机、电池、车载充电机、电机逆变器和空调压缩机等,都需要大量的功率半导体芯片,功率半导体作为汽车工业的核心元器件之一,在汽车电动化的进程下,其需求必将大幅提升。华虹宏力作为全球领先的特色工艺纯晶圆代工企业,其特色工艺平台在全球业界极具竞争力,很早就开始布局汽车电子市场,积累了丰富的汽车电子芯片成功量产经验,具备独具特色的工艺能力。为符合汽车的严苛安全要求,华虹宏力实施全面的汽车电子质量管控,建立了零缺陷管理模式,拥有符合汽车电子AEC-Q100 Grade-1标准的高可靠性嵌入式闪存(eFlash)技术,可配合ECC纠正电路,自带BIST/BISR测试;可支持AEC-Q100 Grade-1标准的汽车电子产品设计。“8英寸+12英寸”四个工厂均已通过IATF 16949汽车质量管理体系认证,并获得多家客户的VDA6.3(德国汽车质量流程审计标准)过程质量审核的A级标准认证,为持续攀升的汽车电子市场蓄力,通过“安全、可靠、高性能”的多种工艺平台灵活组合,为客户提供更优质的芯片代工服务。

3. 技术进展与研发能力

在汽车电子领域,微控制器(MCU)、模拟芯片、功率分立器件等三大类半导体芯片市场规模大、未来的成长性较好,这也是华虹宏力在汽车电子领域布局的重点。公司功率器件、模拟及电源管理、非易失性存储器、逻辑及射频和标准闪存等技术平台已在汽车电子的车载动力/引擎数据等存储、引擎及安全气囊控制、油泵系统、AC/DC转换器、车身稳定(ESP)系统,电动汽车逆变器/充电桩/车载充电机(OBC)、信息娱乐系统、语音系统等市场得到了大量应用。

华虹宏力拥有世界领先的非易失性存储器(NVM)技术,从0.5 μm到65/55 nm,涵盖OTP、MTP、EEPROM和Flash等量产技术。应对迅速发展的MCU市场,华虹宏力不断深耕拓展,技术升级创新,拥有高端32位MCU所用的先进eFlash/EEPROM平台,以及入门级8位MCU所用的低本高效OTP/MTP平台,为客户提供更具成本效益且可用于多种应用的微控制器解决方案。专为物联网打造的0.11 μm超低漏电(ULL)eFlash及EEPROM工艺平台,具有超低功耗,还可将NVM技术与CMOS RF技术集成结合,极大增加了可用MCU解决方案的数量。95 nm 5V SG NVM工艺平台,低成本的优势,在8位MCU市场广受客户青睐。基于90 nm和65/55 nm的低功耗eFlash以及EEPROM工艺平台,在保证高可靠性的基础上,提供其相同节点工艺下目前最小单元尺寸,为32位高性能MCU产品提供了更优化的芯片面积,帮助客户发展高规格的MCU产品,满足各种多元化应用。已有大量产品采用华虹宏力具有完全自主知识产权的NORD-Flash闪存单元满载生产,再次证明了公司在eFlash制造工艺领域的领先地位。凭借单元面积小,且光刻层数极具业界竞争力的优势,华虹宏力在MCU应用领域有着突出表现,该技术荣获了由《中国电子报》颁发的“2021高可靠型MCU优秀(工艺)解决方案奖”,为汽车电子等热点应用的快速发展提供有力的技术支持。

华虹宏力拥有先进的模拟及电源管理芯片工艺平台,涵盖0.5 μm到90 nm工艺节点,是DC-DC转换器、AC-DC转换器、LED照明和电池管理等产品的极佳工艺选择。随着汽车电气化步伐的加快,电源管理在汽车电子上的应用成为焦点,增长迅速,华虹宏力在模拟及电源管理IC工艺技术布局与客户积累方面加速发展。2021年BCD工艺平台出货量实现三位数增长,工艺范围涵盖中低压、高压及超高压产品。业界领先的8英寸0.18 μm BCD工艺技术平台,性能指标匹配业界先进水平,可靠性高,可提供更高电压的设计选项,满足工业控制及汽车电子领域需求;得益于12英寸制程的稳定性,90 nm BCD工艺拥有更佳的电性参数,并且良率优异,为数字电源、数字音频功放等芯片应用提供了更具竞争力的制造方案。因应未来电源管理芯片向大功率、高集成、智能化方向发展,华虹宏力进一步突出60 V~100 V、集成NVM等更丰富的特色模拟及电源管理平台。

作为全球首家同时在"8英寸+12英寸"生产线量产功率MOSFET、超级结MOSFET、场截止型(FS)IGBT等分立器件的纯晶圆代工企业,华虹宏力根据客户需要定制全系列的各种功率器件,已成为全球汽车电子功率器件客户的可靠合作伙伴。瞄准汽车等高端应用市场,针对车规级IGBT大电流、低损耗、耐高温、更高安全性的特别要求,华虹宏力采取更严苛的管控,为车规级IGBT芯片的研发搭建了良好的工艺平台。从工艺、设计等多方面进行自主创新与优化,华虹宏力研制了车用650 V/750 V/1200 V IGBT制造的系列关键技术,其器件特性达到世界领先水平,所形成的IGBT产品通过了客户端的车规级可靠性验证以及终端车企的应用评估,在电机控制器、车载充电机OBC、空调电动压缩机的电控及暖风加热PTC等应用领域具有极强的竞争力。华虹宏力重视技术迭代,新一代IGBT研发顺利,量产产品亦进入新能源车主逆变器以及光伏、风能等新能源市场。

凭借优异的表现,华虹宏力新能源车用IGBT技术荣获了"2019中国新能源汽车用IGBT最具发展潜力企业"以及"第十四届中国半导体创新产品和技术"奖。2021年,华虹宏力功率分立器件工艺平台受益于新能源车及配套基础设施市场的爆发式增长,持续耕耘多年的特色技术获得了丰厚回报,其中以IGBT技术最为亮眼,已连续七年保持高增长,全面挺进车规级芯片市场。

除IGBT之外,华虹宏力新一代深沟槽(Deep-Trench)超级结技术也成功进入新能源车车载充电机(OBC)与充电桩等应用领域。与车规级IGBT产品并肩在市场上大放异彩,加速新能源汽车芯片国产化进程,进一步为中国汽车产业保驾护航。

4. 愿景规划

经过多年积累的工艺实力和经验,华虹宏力可为汽车电子产业提供可靠、值得信赖的绿色"芯"制造平台,紧密围绕华虹集团发展战略和业务总体布局,聚焦汽车智能化、互联化、绿色化的发展方向,持续深化推动汽车电子产品线,积极创新、力求突破,同时积极与产业链上下游企业协同合作,共同迎接汽车电子市场"芯"机遇,共建中国汽车电子"芯"生态。

三、上海华力

1. 单位概况

华虹集团旗下上海华力起步于2010年,现包括上海华力微电子有限公司和上海华力集成电路制造有限公司。作为行业内领先的集成电路芯片制造企业,上海华力拥有先进的工艺制程和完备的解决方案,专注于为无晶圆厂设计(Fabless)公司、集成设计制造(IDM)公司及其他系统公司提供65/55 nm至28/22 nm不同技术节点的一站式芯片制造技术服务,工艺类型包括先进逻辑(Logic)以及射频(RF)、高压(HV)、嵌入式闪存(eFlash)、超低功耗(ULP)、NOR闪存和图像传感器(CIS)等特色工艺平台,丰富的工艺技术全面应用于手机通信、消费类电子、物联网及汽车电子四大终端产品市场。上海华力拥有华虹五厂、六厂两座12 in全自动晶圆代工厂,拥有先进的工艺制程和完备的解决方案,两个厂均已通过包括可靠性标准AEC-Q100、符合零失效(Zero Defect)供应链质量管理标准的IATF 16949汽车质量体系认证。

2. 生产与经营

上海华力经过历年重点应用攻坚,紧跟汽车电子发展步伐,在包括车身、动力总、底盘、信息娱乐、辅助驾驶、网关和T-Box等方面取得显著成效,可提供65/55 nm至28/22 nm不同技术节点的一站式车规芯片制造技术服务。上海华力在汽车电子的车身控制系统、行车控制系统、通信系统和娱乐系统均具有大规模量产的产能准备,已有多颗车用芯片处于量产/风险量产/验证阶段。

上海华力承担汽车芯片生产流程的晶圆制造关键环节,同上下游的芯片设计、封装测试企业建立了广泛深入的联系,从需求规划、设计、实施、集成、验证、确认和配置的整体开发过程共同协作完成车规芯片的认证和产品测试,确保产出的车用芯片满足苛刻的汽车行业标准。

上海华力建立了全流程质量管控体系,生产过程的数据一直被监控并形成闭环,保证产品的一致性,保证芯片的操作温度、操作电压、储存温度、储存湿度、可靠复位、抗ESD静电伤害、抗EFT群脉冲、抗RS传导辐射等性能指标满足标准,保证芯片在宽度光、高振动、发霉、多粉尘、多电磁EMC、高低温环境下的可靠性。通过加速老化等各种手段保证至少15年的预期使用寿命,为客户提供交钥匙服务。

3. 技术进展与研发能力

为了保障车辆安全性能,上海华力对车规芯片非常谨慎。根据产品用途选择AEC-Q100不同等级标准以便客户在成本和可靠性方面达到合适的平衡。从提供给设计公司的设计套件开始,上海华力为车规芯片开发了专门的产品开发套件,从工艺规格、线上管控、模型PDK、库及IP等多个维度进行工艺加固,提高可靠性,保证提供的模型和单元库满足车规芯片的开发要求。上海华力在生产过程中为汽车芯片提供专门的产品包,建立了汽车电子工艺平台,形成体系化的管理文件系统,管理规范涵盖质量要求、培训、良率提升、控制计划、失效分析等各方面,为大规模车规芯片的生产打下了良好基础。

上海华力作为国内晶圆制造的重要代表性企业,基于企业成熟量产的工艺如Logic以及RF、HV、eFlash、ULP、NOR和CIS工艺平台,开发了多种车规级芯片通用平台,为各行业应用提供了各种解决方案,为多家客户生产车用电子所需芯片产品,并与不同的无晶圆厂(Fabless)和轻晶圆厂(Fablite)芯片厂商、模块提供商和整车厂商建立了紧密合作关系。客户车规芯片产品种类丰富,包括车用NOR存储器、车用光学成像芯片、车用控制器芯片和SOC主控计算芯片、车用雷达芯片等,广泛应用于汽车电子各领域,如雷达、摄像头、电控单元、整车控制器、辅助驾驶等。

MCU芯片,可用于动力传递领域,包括ESP、ECU、发动机管理、变速箱管理、车身、空调、车灯、钥匙和座椅控制,其中高速车规MCU采用65~28 nm的eFlash工艺,上海华力会根据用途匹配 AEC-Q100 标准 Grade0/Grade1/Grade2 等级，使产品节温和环境温度测试达到合适标准。

在车规 MCU 无法满足高性能控制要求情况下，上海华力针对不同客户系统级芯片（SOC）智能控制具体需求，进行了包括先进工艺开发在内的针对性工艺升级改造和商业导入，重点和国内新兴 Fabless 公司合作，并和多家 OEM 厂家及整车厂建立战略合作关系，利用当前芯片国产化的趋势和晶圆产能紧缺的机会，推广上海华力的先进工艺，满足升级产品 SOC 的各项指标需求，共同开拓市场，这是国产汽车芯片逆袭的重要方向，其中可用于 ADAS、AD 和座舱 SOC 等的主控计算芯片（支持 AI），采用 28nm 甚至更先进技术节点（准备中），支持人工智能高性能计算，采用 AEC-Q100 Grade1/Grade2 等级。

CIS 工艺是上海华力的优势工艺平台，上海华力与 CIS 设计公司客户合作加快 55 nm CIS 产品以及传感器与雷达，包含车载摄像头（前视、环视、辅助停车等）CIS 和 ISP（28 nm Logic 工艺），可用于 ADAS、导航等。通过加大制造产能和升级工艺平台，上海华力和客户合作，利用专利技术，打造上海华力特色的车规级传感器工艺平台，采用 AEC-Q100 Grade2 等级，可生产包括 SiPM、SPAD 激光雷达，以及采用 65 ~ 28 nm RF 工艺的毫米波雷达主芯片。

存储 IC 方面，上海华力和 eNVM 客户合作加速 NOR 产品等车规级芯片国产化进程，产品分布于汽车各个子系统，如雷达、摄像头、仪表、车内屏幕、地图、行驶控制部件、电子控制装置等，采用 NOR Flash/ NAND Flash 工艺，产品等级 AEC-Q100 Grade1 ~ Grade4，同时支持新型存储，如 MRAM/FeRAM 存储工艺。

RF 芯片，适用于车用短距通信的智能物联解决方案，采用 65 ~ 28RF 工艺，包括 4G 通信/蓝牙/Wi-Fi/NB-IOT/Cat. X 单模或多模产品；其他车联网通信芯片，如无线 Modem、V2X 等，采用 40/28 nm RF 工艺。这类产品建议采用 AEC-Q100 Grade2/Grade3 等级。

车用显示驱动 IC，用于驱动智慧显示屏幕，支持 65/55 nm 和 40 nm 及 28 nm HV 工艺，这类产品建议采用 AEC-Q100 Grade4 等级。

以上系统按照实际用途如果安全等级要求高，将按照就高的原则选择等级。

4. 愿景规划

未来汽车芯片的竞争主要集中在算力、功耗、能效比和配套的软件和算法工具链这几个维度。依托雄厚的国内市场基础，车规芯片将有相当广阔的成长空间。上海华力拥有全自动的先进芯片生产线，期待和各汽车整车厂及 Tier1 集成商、Tier2 元件提供商等车规芯片产业链合作伙伴一起，加强车规级芯片标准化工作，谱写汽车芯片“芯”篇章，为汽车芯片行业的发展贡献力量。

广州粤芯半导体技术有限公司

一、单位概况

粤芯半导体坐落于广州知识城，是一家广东省广州市自主培育的市场化创新创业企业，也是粤港澳大湾区目前唯一进入全面量产的 12 英寸芯片制造企业。公司专注于模拟芯片制造，从消费级芯片起步，进而延伸发展至工业级和车规级芯片。公司始终坚守“服从国家产业战略、服从广东产业布局，坚持市场导向、坚持自主创新”的核心发展理念，致力于提升中国各类模拟芯片自给率。

粤芯半导体自落户广州以来，在推动广州市乃至广东省集成电路产业链集聚和高端化发展上具有重要战略意义。粤芯半导体链核效应明显，作为广州市半导体协会会长单位、粤港澳大湾区半导体产业联盟创会理事长单位，粤芯半导体成功带动了近 150 家半导体上下游企业前来广州选址落户，其中近 100 家已签约落地，激活了广东省半导体产业，推动了广东省集成电路的人才集聚与产业链集聚，为广东省抢占新一轮技术革命提供了支撑。

二、生产与经营

粤芯半导体一、二期项目均已建成投产，实现了广东省、广州市自主培养的集成电路制造企业从“0”到“1”的跨越。通过既有项目高速度、高品质的投资、建设与运营，公司已形成千人级规模的专业团队，建立了完备的技术储备和知识产权体系，获得行业头部客户的信任和合作，得到了业界的充分认可，具备进一步持续扩产所需的核心基础和综合实力。

三、产能建设

一、二期项目均已建成投产，实现月产能 4 万片。三期项目重点是工艺平台质量规格的精进，在已有的技术平台基础上打造工业级和车规级模拟特色工艺平台，实现新增月产能 4 万片，满足目前巨大产能需求的同时提升产品的性能及经济效益。

四、技术进展与研发能力

粤芯半导体具有粤港澳大湾区目前唯一进入量产的 12 寸集成电路生产线，并已在生产管理层面、计划执行层面、生产控制层面建立了完善的网络化、数字化、信息化系统，生产线实现全自动化。粤芯半导体当前拥有 15000 m^2 的 100 ~ 1000 级无尘车间，生产和研发设备总计超过 500 台，已实现 CIS、MS、TMOS、HV、BCD 五大技术平台的开发与量产，奠定了工艺深度和工艺积淀进一步发展和积累的基础，可有力支撑新建项目技术可靠性，具有分立器件、电源管理及信号链等模拟芯片研发与制造能力，生产产品可覆盖消费级、工业级、车规级芯片。

五、主要新产品

序号	产品名称	产品型号	产品应用
1	晶圆制造	—	消规芯片、工规芯片、车规芯片

六、发展规划

粤芯半导体“服从国家产业战略、服从广东产业布局”“坚持市场导向、坚持自主创新”，全面融入广东省对于集成电路产业的总体战略，更要在国家战略中重新找准定位，与国内现有主要主体形成差异化发展。

粤芯半导体将持续通过模拟芯片制造带动培育集成电路产业基础，推动产业集群发展。将紧握粤港澳大湾区产业终端优势，深度与国内工业芯片终端用户和汽车终端厂家及一级供应商合作，积极推动自主产品应用，满足目前巨大产能需求的同时提升产品的质量及经济效益，同时一定程度上聚集和培养国内集成电路人才，为行业扩大人才储备，夯实广东省集成电路基础，进一步推进粤港澳大湾区集成电路产业与京津冀、长三角地区的差异化发展，为广东省争创中国集成电路“第三极”的目标提供核心支撑。

阿尔特汽车技术股份有限公司

一、单位概况

阿尔特汽车技术股份有限公司（以下简称阿尔特）成立于2007年5月，2020年3月在深交所创业板上市，股票代码300825。阿尔特办公地址位于北京经济技术开发区凉水河二街7号院。

阿尔特是我国首家上市的独立全栈式汽车研发解决方案供应商，开创了我国独立汽车研发企业开展整车研发“交钥匙”服务和发动机/动力总成研发制造的先河，是我国极少数可向市场独立销售V6发动机的企业，是我国极少数具有汽车平台研发及应用经验的独立汽车研发企业，也是我国首家披露进行滑板底盘研发与集成制造前瞻布局的上市公司。

公司自成立以来，不断强化核心技术能力建设，是我国首批高新技术企业、国家级工业设计中心，还是北京高精尖产业设计中心、北京市设计创新中心、北京科技研究开发机构、2020年度北京工业设计促进专项设计领军机构，拥有新能源汽车整车控制系统技术北京市工程实验室和新能源汽车整车研发中试基地。公司为我国汽车行业技术进步和人才培养提供了优质平台。是我国从汽车大国向汽车强国迈进中的有力推动者，在我国独立汽车研发领域拥有较高的行业地位，在核心零部件研发制造领域的市场影响力在逐步提升。

公司是以研发为核心基础，并向核心零部件等研发制造逐步拓展的综合性汽车研发解决方案供应商。研发业务包含乘用、商用、特殊场景专用的新能源汽车及燃油汽车整车研发，平台研发及基于平台的电子电气架构、SOA架构和智能化关键软硬件研发等核心模块研发，制造业务主要围绕动力系统相关核心总成、部件研发制造销售展开。各业务模块围绕整车研发展开，相互间具有较强的互补性、协同性、关联性、共生性。在保持现有业务竞争力的同时，公司还根据市场需求和行业发展趋势及公司对未来的认知，通过内部研发孵化、内外部联合投资、战略合作等方式积极布局与公司主营业务相关的前沿技术或项目。

整车研发主要包含多类型新能源汽车和燃油汽车全新研发与改款研发。燃油汽车整车全新研发业务内容包括商品企划、造型创意、工程可行性分析、工程设计、性能开发、SE同步工程、样车试制及管理、样车试验及管理八个业务模块。新能源汽车全新研发业务内容除包含上述八大业务模块外，还增加了新能源汽车集成、电驱系统、电控系统、电源系统、电子电气架构、SOA架构等新能源汽车核心模块设计研发。改款研发根据改动幅度及改动位置情况，涉及的业务模块与全新研发会有部分重合。由公司参与的全新研发车型，在全新研发期即可同步推出改款方案。公司整车研发业务基本涵盖了汽车开发的全流程，无论是燃油汽车还是新能源汽车开发，公司均既可以提供整车全流程的研发服务，又可以提供单独和组合模块的研发服务。

二、生产与经营

阿尔特设全球四大设计中心（意大利，日本，美国，中国），在我国11个城市（北京/天津/上海/长春/成都/重庆/南昌/广州/柳州/宜兴/武汉等）开设分子公司。截至2021年末，公司已成功研发超过200款车型，覆盖60余家客户，包括从轿车（A00级到C级）、SUV、MPV到商用车的多种车型。

2021年度实现营业收入12.7亿元，其中新能源汽车设计开发营业收入10.09亿元，占比达到79.36%。

三、产能建设

阿尔特高端零部件产能建设情况：

1. 6G30T/6G30T2发动机

6G30T/6G30T2发动机生产线采用自动化精益化生产模式、关键工位采用进口设备。整线配置呼叫显示系统、错漏装防止系统、驱动联动系统。目前具备年产5万台的能力。

2. 新能源汽车耦合器及减速器

新能源汽车减速器柔性生产线为全日本进口，耦合器生产线为团队自主设计并导入，设备自动化率高，关键工位采用激光自动测量、轴组件在线自动啮合检测、全自动气密检测，产品100%进行NVH下线检测。两条生产线匹配SAP-ERP及MESS系统全过程追溯管理，同时实行TPS和TPM精益化生产管理。目前具备减速器年产10万台，耦合器年产20万台的能力。

四、技术进展与研发能力

阿尔特是我国首批高新技术企业，通过在汽车研发领域近20年的技术积累，公司对于汽车设计理念、消费市场的心理需求和文化需求方面有着敏锐而又深刻的把握。

阿尔特是国家级工业设计中心、北京高精尖产业设计中心、北京市设计创新中心、北京市科技研究开发机构，拥有新能源汽车整车控制系统技术北京市工程实验室和新能源汽车整车研发中试基地。

阿尔特拥有超过1800余人的专业团队，技术骨干均来自一汽、二汽、上汽、北汽等各大主机厂。包括百余位国内外知名汽车创意大师及工程领域资深专家，这些专家拥有意大利博通、宝马美国设计中心、通用汽车、日本三菱、梅赛德斯奔驰、日产、丰田等世界著名汽车企业及设计公司的多年开发经验，尤其在汽车整车、造型、发动机、耦合器、减速器及新能源汽车设计开发等方面具备显著优势。

截至 2021 年 12 月 31 日，阿尔特拥有 904 项专利及 14 项著作权。在造型创意设计、工程可行性分析技术、电源系统开发、电动汽车整车控制器开发技术、耦合器开发、新能源汽车增程器开发、精致性开发、汽车碰撞仿真优化技术、汽车底盘调教技术、SE 同步工程技术、发动机设计及仿真技术方面等均积累了丰富的设计成果和技术结晶，在汽车整车发动机、耦合器、减速器及新能源汽车设计开发、汽车智能化等方面具备显著的技术优势。

在动力总成相关技术方面，阿尔特已掌握 BEV/REEV 减速器、耦合器、增程器及集成式电驱动等技术储备，减速器及增程器均为自主研发，可以根据不同客户需求提供整套动力总成产品方案。

阿尔特控股子公司柳州凌特研发并生产的 V6 发动机已于 2020 年 7 月正式成为北汽旗下越野车品牌北汽 BJ80 进行批量配套。

五、主要新产品

序号	产品名称	产品型号	产品应用
1	V6 发动机	6G30T/6G30T2	北汽 BJ80
2	纯电动汽车减速器	E1M20、E1M20 CP、E1M25、E1M30、E1M30P、E1M30C 系列	E1M30 量产品应用于广汽本田电动轿车、东风本田电动轿车；E1M20 CP 样机应用于纬湃科技电驱总成
3	DHT 总成	P1M35、P1M40 系列	P1M40 量产品应用于上汽通用五菱 SUV、MPV
4	增程器系统	R1M25、R1M35 系列	—
5	多合一电驱动系统	D1M50	—

六、合资合作及重大项目建设

（1）造型中心升级扩建项目：通过造型中心设计开发环境进行提升，研发和应用数字信息化设计技术能力，完成设计团队的技术能力提升与团队规模的扩大，从而实现对更高阶项目和更高等级汽车生产企业的技术服务。

（2）整车工程开发中心升级扩建项目：通过对公司工程开发中心所包括的如总体、开闭件、电器、底盘、工艺等等环节进行升级和扩建，提升软硬件设计与测试能力，加强工程开发技术研发，提升项目组织管理效率，从而提升公司整车工程开发能力，服务于 B 级及以上中高端乘用车的工程设计开发。

（3）前沿技术研发项目：通过购置先进、专用的研发设备，打造一流的研发条件。实现公司汽车轻量化及智能驾驶技术的研发突破，进行公司前瞻性技术产品与业务布局，进而提高公司市场竞争力，培育公司未来新的利润增长点。

七、发展规划

公司已形成以研发业务为核心基础，以向核心零部件等研发制造为重要拓展方向，以前瞻布局为突破口的综合性发展业务格局，未来将在现有模式下继续开拓创新。

研发业务是公司多年来最主要的收入来源，汽车全流程研发是公司的基石。在研发业务上，未来公司将继续把巩固和加强整车全新研发及改款研发能力放在首要位置，重点强化新能源汽车相关研发能力提升。并将平台研发以及基于平台的电子电气架构、SOA 架构、智能化关键软硬件等核心模块的研发放在突出位置。

公司未来将主要从以下三个方面提升公司的整体研发能力：一是要全面掌握新能源汽车核心技术，如纯电动汽车三电系统、智能驾驶系统等，形成自主知识产权，进一步提升技术竞争力；二是继续加强造型原创能力建设，依托丰富的国际化资源，将造型设计业务建设成国内顶级、国际一流、具备全球化视野的优势业务；三是在关键技术的研究和应用上，积极响应国家关于新能源汽车的产业政策，着重研究符合节能、环保、智能要求的新技术、新功能，包括混合动力控制技术、燃料电池集成匹配技术、智能驾驶系统集成及功能开发等，并逐步将该等技术运用到实际设计业务中。

核心零部件研发制造业务是公司重点培育的业务方向，有望成为公司业绩增长的第二动力。未来将为客户提供设计方案、产品交付、升级计划等一揽子优质解决方案。在核心零部件研发制造方面，公司将继续提升现有核心零部件产品的研发和制造能力，并重点加强新能源汽车核心零部件的产业布局。在核心零部件市场规划和销售方面，公司将充分重视研发业务与零部件制造业务的协同发展以及各零部件制造业务间的协同发展，增加研发业务与零部件制造业务的相互导流，增加公司零部件产品在公司系统总成或部件产品上的使用率。重点强化现有客户的深度需求开发，多形式多路径推动新客户的开拓。前瞻布局是形成未来竞争能力的重要渠道，是公司基于现有竞争优势和对行业未来发展方向的深度认识，在汽车发展核心领域重要方向上的深度探索。

上海电驱动股份有限公司

一、单位概况

上海电驱动股份有限公司成立于 2008 年，专业从事节能与新能源汽车用永磁同步驱动电机、控制器及总成的研发、生产、销售和服务。公司技术团队覆盖车用电机系统领域各方面，多人次获得过国务院津贴专家、上海市优秀学科带头人、上海市青年科技启明星、上海市浦江人才等荣誉称号。

公司先后承担多项科技部 863 计划、科技支撑计划、工信部创新工程、国家重点研发计划等项目，掌握车用驱动电机、控制器及总成设计技术及产业化关键技术，形成了多规格车用驱动电机、控制器及总成系列产品。其中，集成驱动电机、电机控制器和高速减速器的“三合一”电驱动总成，具有集成高,体积小,重量轻,EMC及NVH性能优良等特点,为全球范围内率先量产产品,搭载应用于国内外多家主流整车企业多种纯电动新能源汽车车型;开发的48 V BSG集成一体化总成,是我国第一个实现量产配套的产品。

公司完成了多项国家和行业标准制修订,拥有新开发产品检测、试运行能力的实验室,拥有多个大功率高转速电机的性能以及可靠性测试的测试平台,同时配置有三综合等先进的环境适应性测试设备。建立了多条驱动电机、电机控制器和电驱动总成生产线,产能达到42万台套以上。

团队发起成立"电动汽车电驱动系统全产业链创新联盟",以联盟为平台,在车用硅钢、磁钢、绝缘材料、高速轴承、IGBT器件、碳化硅器件、膜电容器、传感器、集成芯片等方面取得了很大进展,推出了一大批适用于电动汽车电机及其控制系统工况的上游产品,推动了电驱动上游关键材料和关键部件的行业发展和技术进步。

二、经营情况

上海电驱动股份有限公司专注于新能源乘用车用驱动电驱动系统产业,2021年度,完成横向委托任务100多项,并完成了多项自主立项项目,通过这些项目的开展,围绕基于扁导线技术深度耦合电驱动总成技术、NVH技术、积木式硬件技术、嵌入式软件技术、碳化硅(SiC)器件应用技术、800 V高压电驱动技术、GaN控制器等开展了一系列的研究,开展了EP20、EP35、EP55、EP100、EP120、EP150、EP220、EA120、ER40、EH150产品平台的开发,开展了高速测功机技术的研究,开展了噪声实验室的建设,在节能与新能源汽车用永磁同步驱动电机、控制器及总成方面形成了一系列的科技成果,包括设计技术、产业化工艺工装、测试技术及新产品等。2021年,公司完成了Level2(Managed)->Level3(Practiced)功能安全开发体系升级;新申请专利56项,其中发明专利22项,新获授权专利47项;负责完成了"汽车用轮毂电动轮总成可靠性试验方法"团体标准的制订,参与完成了"纯电动乘用车一体化电驱动总成测评规范"及3项汽车用轮毂电动轮总成相关的团体标准的制订。

公司主要产品为车用驱动电机、控制器及总成,其中集驱动电机、电机控制器、高速减速器的"二合一""三合一"电驱动总成,具有集成高,体积小,重量轻,EMC及NVH性能优良等特点,2021年公司新能源汽车驱动电机及控制器累计销售数量达24万台套,主要客户包括长安、长城等国内主流整车企业,法国雷诺、上汽通用、韩国现代、印度塔塔等国际知名品牌的整车企业。2021年,公司"车用高效高密度永磁驱动电机系统及核心器件关键技术与产业化项目"获中国电工技术学会科技进步一等奖;参与的"节能与新能源汽车技术路线图研究"项目获评中国汽车工业科学技术进步一等奖;《新能源乘用车用电驱动总成》项目获中国汽车工业协会"2021中国汽车供应链优秀创新成果"荣誉;"基于双面焊接与双面冷却技术的碳化硅电机控制器"获"2021中国汽车新供应链百强""动力总成电气化领域2021金辑奖";上海市市级企业技术中心的评估中获评优秀,为2021年度参评的600多家市级企业技术中心中获评的34家优秀市级企业技术中心之一;还获得了"中国汽车零部件行业献礼建党百年最佳贡献奖""NE时代自主电驱动系统TOP奖""2021年度中国智能电动汽车核心零部件100强"等其他多项行业荣誉和奖项。

三、产品出口

2021年,公司EP35、EP55、EP120、HSG等三合一总成产品批量出口法国雷诺汽车、印度塔塔汽车和现代汽车等,2021年实现出口销售约6万台套。

四、产能建设

上海电驱动股份有限公司嘉定生产基地,占地123亩,2021年针对畅销产品围绕已有产线进行了产业化适配用产业化生产线工装夹具等的优化升级,产线年产能达42万台套。

五、技术进展及研发能力建设

开展了基于扁导线技术深度耦合电驱动总成技术、NVH技术、积木式硬件技术、嵌入式软件技术、碳化硅(SiC)器件应用技术、800 V高压电驱动技术、GaN控制器等的研究;开展了EP20、EP35、EP55、EP100、EP120、EP150、EP220、EA120、ER40、EH150产品平台的开发;开展了高速测功机技术的研究;建成了高速电机和电驱总成NVH半消声室。

六、主要新产品

序号	产品名称	产品型号	产品应用
1	乘用车三合一电驱动总成	EP35、EP55、EP100、EP120	长安、长城、雷诺、印度塔塔等
2	48VBSG集成一体化总成	YS146HF02C/D	上汽通用别克商务车、轿车

七、合资合作及重大项目建设

以团队发起成立"电动汽车电驱动系统全产业链创新联盟"为平台,与上海道之、厦门法拉、上海大学、电工所等车用电驱动上游关键零部件企业,及电驱动行业内高校、科研院所合作,在IGBT器件、碳化硅器件、膜电容器等国产化应用获得进一步推广,其中上海道之、厦门法拉等产品国内市场占有率均排名第一。

八、发展目标与规划

进一步开展高效扁线定子设计与工艺、驱动电机低振动噪声设计与工艺、基于碳化硅技术的电机驱动系统集成设计、新一代MCU控制器开发与应用、高效高品质永磁同步电机控制等新技术、新工艺、新产品研究。

持续深化现有信息系统应用,实施数据分析与开发利用,充分挖掘数据价值,建立数据分析模型,为公司管理及提高生产效率、产品质量提供决策支持;扩展供应链协同应用,将逐步新增实施SRM等系统,打通与客户、与供应商的信息协同,实现订单、质量、财务、物流、库存信息共享。

联合嘉兴斯达、厦门法拉、宝武集团、宁波韵升等国内在新能源汽车电驱动系统核心材料与零部件的龙头企业,持续开发车规级功率器件、膜电容器、高性能硅钢、永磁磁钢等,并持续推动新能源汽车应用。

玉柴芯蓝新能源动力科技有限公司

一、单位概况

玉柴芯蓝新能源动力科技有限公司是广西玉柴机器股份有限公司的子公司,公司成立于2021年8月16日,在新能源动力系统的研发和推广应用方面,拥有雄厚的研发、应用基础。玉柴从2008年开始对标国际先进混合动力系统,先后自主研发ISG电机系统和并联式混合动力系统,于2010年通过国家新能源汽车专家组鉴定,产品性能国内领先,填补国内空白。随后玉柴先后推出插电式混合动力系统、混联式混合动力系统和纯电驱动系统,产品已批量配套国内主流汽车厂。对标国际先进的新能源动力技术,在国内率先研发全新一代混合动力系统(配套18T、31T、49T商用车)、燃料电池系统(40 kW、90 kW、120 kW)、集成电机式发动机动力系统(增程系统65 kW-400 kW)、纯电驱动系统(含电桥4.5T-8T)作为新能源动力四大平台。四大平台新产品均已完成产品开发并实现整车配套。

二、生产与经营

2021年,玉柴芯蓝新能源动力科技有限公司秉承"成为行业一流的专业新能源动力系统供应商"的战略愿景,加强对新能源行业趋势的密切关注和分析,结合玉柴新能源产业规划,切实加强市场调研和产品应用场景的深透剖析,加大市场开拓力度,全年完成新能源动力产品销量502台,销售收入3384万元,创历史新高。2022年1—6月销售1000台套各类新能源动力产品,实现销售收入近6000万元。

完善公司组织机构,成立运营管理部、研发工程部、市场营销部、生产制造部,职能更加完善,机制更加健全。细化研发专业领域研究,完善标准规范,加大项目过程的管控和技术储备力度,持续提升研发能力。建成了四大条新能源动力产品装试线,实施精益生产管理,严格执行工艺规范,不断提升产能及产品质量,全员参与构建成本管控新机制,建立"优化批产+试制供应"体系,同时强化各业务板块的职能,对部门年度目标和重点工作进行有效跟踪,即时发现问题,落实解决措施,促使部门各项工作取得了较好成效。

三、产能建设

一期建设建设eCVT小批装试线(3000台产能)、中速电机小批装试线(3000台产能)、燃料电池小批装配线(400台产能)、高速电机小批装试线(3000台产能)、电桥小批装试线(500台产能)等。2022年一期产能可全部投产。

四、技术进展与研发能力

1. 技术进展

玉柴芯蓝对标国际最先进的新能源动力技术,在国内率先研发全新一代混合动力系统(18T、31T、49T)、燃料电池系统(40 kW、90 kW、120 kW 等)、集成电机式发动机动力系统(增程系统65 kW~400 kW)、纯电驱动系统(含电桥4.5T~8T)作为新能源动力四大核心项目。全面覆盖新能源汽车主流的技术路线。

玉柴芯蓝燃料电池系统对标国际领先产品,稳健布局,潜心研发攻克燃料电池系统、电堆、空压机等关键零部件的核心技术,突破燃料电池系统的高度集成技术和耐久技术,系统技术指标达到国内领先水平。40 kW燃料电池动力系统已完成开发,90 kW燃料电池动力系统已实现样车配套,目前在样车验证中,120 kW燃料电池动力系统在开发中。玉柴芯蓝燃料电池系统发电效率高,比行业平均水平高5%,成为行业标杆。

全新一代混合动力系统面向无补贴的中、重型商用车,解决国内现有混动产品的固有缺陷,突破低能耗瓶颈和应用领域局限性,采用高功率密度高速车用电机,高度集成化,在拖拉机领域实现对动力换挡/HMCVT高端进口产品的替代;高效节油,比传统动力节油率达到20%~35%;助力"双碳"目标,发动机可以选用低碳(天然气、甲醇、乙醇等生物质燃料)或"零碳"(氢气、氨气等)燃料,较经济地实现低碳或近零碳排放。18T产品已实现配套,31T产品开发中、规划49T产品。

集成电机式发动机动力系统(增程系统)瞄准纯电动汽车五大痛点,解决纯电动车续驶里程焦虑、价格高等问题,采用国内首创的飞轮集成电机,发动机和电机一体化开发,实现机电耦合优化,高度集成,系统效率高;燃油发电4.3 kWh/L;燃气发电4.8 kWh/kg;相比独立发电机节油>20%。助力"双碳"目标,发动机可以选用低碳(天然气、甲醇、乙醇等生物质燃料)或"零碳"(氢气、氨气等)燃料,较经济地实现低碳或近零碳排放。已完成产品系列化开发并批量投放市场。

集成电桥系统面向轻型商用车,对标国际同类产品,解决国内现有纯电动系统的低效高耗问题,将高速电机、变速箱、车桥高度集成,系统效率提高超过25%,产品性能目标达到国际领先水平。已完成可靠性整车测试。

2. 研发能力

玉柴芯蓝现有员工178人,其中博士3人,硕士24人,本科以上学历人员占68.2%。工程技术人员103人,高级工程师6人,工程师27人,助理工程师68人。专业覆盖产品设计、工程技术应用、CAE分析、动力系统匹配、机械开发、材料工艺、电子控制、电化学等多学科领域,人员配备科学合理,专业领域覆盖面广,具备扎实的理论基础,并且长期工作在产品研发、生产和技术服务第一线,具有丰富的实践经验,是行业一流的新能源动力研发团队。

玉柴芯蓝在研究开发条件建设上,拥有功能完备、设施先进的新能源动力试验台架10余个,有包括混合动力系统性能测试、纯电系统性能测试、燃料电池系统性能测试等专门试验室以及UG三维设计软件、PDM系统软件、CAE分析等专门的计算分析软件。现有的新能源动力总成研发试验室是国内行业中规模大、设备全面的实验室。

玉柴芯蓝积极申报和参与国家级、省部级科技项目,参与国家重点研发计划"工厂化农业关键技术与智能农机装备"项目、(2022年内蒙古自治区"双碳"科技创新重大示范工程"揭榜挂帅"项目)"质子交换膜燃料电池与氢基内燃机混合发电系统技术研发与应用”;牵头广西科技重大项目“面向客车和卡车的大功率燃料电池动力系统开发及应用”“31吨重型卡车超节能混合动力系统协同开发及关键技术研究”获得立项;牵头广西重点研发计划“新能源商用车机电耦合式高效增程器系统开发及应用”获得立项;参与广西科技重大专项“高效智能非道路国四发动机及动力总成关键技术研究及产业化”“大功率氢燃料电池卡车协同开发及示范运营”获得立项。

五、主要新产品

序号	产品名称	产品型号	产品应用
1	S04-75 kW 增程器系统	YC075ZQ-1-3S7501	三一港机45 t正面吊、海通科创港口牵引车
2	S04-100 kW 增程器系统	YC100ZQ-1-3BA009-C	苏州金龙增程式公交客车
3	S04-100 kW 增程器系统	YCRE100-S04Z1-3BA010-C	苏州金龙增程式公交、中通客车增程式公交
4	A05-100 kW 增程器系统	YC100ZQ-1-3SA001	北京得到运通、西安主函数宽体矿用车
5	K05-150 kW 增程器系统	YC150ZQ-1-3SA501	浙江远程换电重卡、联合动力水泥搅拌车
6	K09-250 kW 增程器系统	YC250ZQ-1-3SB502	陕西长之河、山河巨鼎、临工大型矿用车
7	K11-300 kW 增程器系统	YC300ZQ-1-3SC002-L1	徐工、临工、洪长兴盛大型矿用车
8	18T eCVT 混合动力系统	YCPD230-K05111-4TB3L2	东风柳汽载货车、东风华神冷藏车
9	P1.5 -15 kW 混动系统	YCHP015-110-HP1500	湖南兴邦智能高空作业平台
10	拖拉机电驱动力总成	YCHS200-A08121-HS30T1	山拖农机、柳工农机拖拉机
11	纯电驱动系统	YCEV100-11-EV20SH	苏州金龙、广西申龙、中通纯电公交客车、海通科创纯电港口牵引车
12	90 kW 燃料电池系统	YCFC90-A10-FC9001	广西申龙燃料电池公交车

六、合资合作及重大项目建设

玉柴芯蓝新能源动力科技有限公司与北京市兴顺达客运有限责任公司,于2022年2月28日分别出资650万元人民币和350万元人民币,合资注册成立北京玉柴兴顺达新能源科技有限公司。紧接着双方签订补充协议,达成2024年6月30日前,分别追加投资至6500万元和3500万元,最终北京玉柴兴顺达新能源科技有限公司注册资本1亿元人民币。玉柴芯蓝持有合资公司股权65%,北京兴顺达持有合资公司股权35%。

玉柴芯蓝新能源动力科技有限公司拟投资3.5亿元,建设“玉柴芯蓝新能源动力项目”。其中固定资产投资2.06亿元,建设eCVT小批装试线(3000台产能)、中速电机小批装试线(3000台产能)、燃料电池小批装配线(400台产能)、高速电机小批装试线(3000台产能)、电桥小批装试线(500台产能)等。项目建设期2021—2025年。

七、发展规划

玉柴芯蓝能源动力科技有限公司致力于成为行业一流的新能源系统供应商,秉承从低碳到零碳,发力混合动力、补齐纯电驱动、发展氢能动力的战略方针,大力发展混合动力系统、纯电系统、燃料电池系统等新能源动力。通过融资、产业链合作等方式,规划2022—2025年,持续投入10亿元资金,形成年产燃料电池4万台、电桥6万台、配套电机30万台、e-CVT混动系统8万台、增程器/P1系统7万台的生产能力。规划到2025年实现各类新能源动力系统销售10万台套,实现销售额45亿元,2027年公司上市的战略目标。

八、2021年1—12月企业在新能源汽车方面经济指标统计

填报单位名称	指标名称	单位	本期累计
玉柴芯蓝新能源动力科技有限公司	2021年末资产总计	万元	24210
	2021全年完成投资额	万元	12008
	2021年营业收入	万元	3384
	2021年利润总额	万元	—
	2021年产品销售率	%	—
	2021年销售利润率	%	—

浙江方正电机股份有限公司

一、单位概况

浙江方正电机股份有限公司是一家专业从事微型特种电机(汽车用座椅电机)、新能源汽车驱动电机、智能控制器和汽车整车集成控制研发、生产、销售于一体的国家级高新技术企业。2007年12月12日公司在深圳证券交易所正式挂牌上市,公司建有浙江省博士后工作站试点单位、省级企业研究院。公司具有年产家用缝纫机电机500万台、新能源驱动电机及集成系统100万台的生产能力。其中,多功能家用缝纫机电机产量全球第一,全球市场占有率约为85%;汽车电机产品已经成为美国江森公司(全球500强企业)在中国的首选供应商,并且成功进入通用汽车及一汽大众等知名汽车企业;公司新能源驱动电机系列产品已与多家国内头部传统自主品牌整车厂、造车新势力及国际Tier1等客户建立配套合作关系,客户包括上汽通用五菱、吉利汽车、上汽集团、奇瑞汽车、蜂巢传动、蔚然动力、小鹏汽车等。受益于搭载公司驱动电机的已量产车型五菱宏光MINI EV和小鹏P7等的良好市场表现,公司2021年新能源驱动电机出货量继续稳居第三方独立供应商第一,仅次于比亚迪、特斯拉。公司秉承了技术创新、顾客需求为主体的管理理念,坚持以“深

化向汽车行业转型升级，成为节能与新能源汽车核心零部件供应商”的公司战略规划的公司发展战略。以“成为节能与新能源汽车领域一流的核心零部件供应商，实现技术、产品及客户升级。有能力、有技术服务世界一流客户，未来靠专利、标准占领市场”为公司发展战略目标。公司一直注重科技创新，节能环保，并致力于产业机构的转型升级。通过有效开展院企合作，共承担了国家级项目 3 项、省重大科技专项项目 3 项。

二、生产与经营

2021 年，新冠肺炎疫情持续在全球蔓延，经济秩序遭受了巨大的冲击，全球经济面临着巨大的不确定性，国际贸易摩擦持续升级，面对复杂的国际经济形势和国内大宗商品价格上涨、疫情的持续影响等不利环境，公司围绕既定的战略目标和年度经营计划，积极开拓各项业务，着重提升产能以应对新能源汽车爆发式增长的需求。公司在新能源驱动电机产品创新和制造能力方面得到了极大的提升，较好完成了年度既定目标。公司 2021 年营业收入同比增长 65.47%，其中驱动电机业务同比增长 188%。根据 NE 时代公开数据（保险数）FDM 在 2021 年 TOP10 电机企业中，供货总量排名前 3 独立电机供应商第一。

三、产能建设

220 扁线电机自动定子线，年产能约 10 万台，同时还拥有多条圆线自动定子线，自动转子线和半自动装配线，年产能约 120 万台。

四、技术进展与研发能力

2021 年公司结合市场需求稳步推进新产品研发工作，继续加大技术研发投入，以新能源集成驱动系统为总方向、继续践行“技术先行”的发展理念，以产学研、国内外科研单位合作开发等模式探索适合市场的新产品新项目。2021 年公司（方正和方德研究院）共授权专利 24 项，其中发明专利 2 项，实用新型专利 22 项，为公司长远发展和战略目标实现奠定了良好的技术储备和产品基础。公司在 800 V 高压电机、扁线电机、油冷电机等新能源驱动电机新技术方向持续投入，并且已获得某新能源汽车头部企业 800 V 高压电机开发合同和项目定点。

目前公司自主研发的扁线电机已完成研发和量产准备，功率密度、效率等核心参数全部达到或超过国家《新能源汽车产业发展规划（2021—2035）》中对驱动电机要求达到的性能指标；子公司上海海能研发的“国六”排放的气体机、柴油机控制器产品试验进展顺利，在同行业竞争中处于优势地位；公司和高科润联合开发的高转速吸尘器电机也已顺利完成研发，正处于量产准备阶段。

五、主要新产品

序号	产品名称	产品型号	产品应用
1	30 kW 永磁同步电机	23758711	五菱宏光 EV MINI
2	200 kW 永磁同步电机	TZ220XSFDM80	小鹏 P7
3	160 kW 扁线电机定转子组件	G2.9	蔚莱 ET7

六、合资合作及重大项目建设

依托丽水智驱应用技术研究院，组建一支高层级科技人才的研究团队，瞄准 9 大研究方向，通过购置具有国际先进水平的研发、检测设备 14 台（套），引进专业研发技术人才，将丽水方德智驱应用技术研究院打造成具有国内先进水平的新能源汽车驱动电机和汽车电机创新平台，全面提升企业自主研发能力、科技创新水平和综合检测能力。以产学研、国内外科研单位合作开发等模式探索适合市场的新产品新项目。以“技术先行”为发展理念，持续加大技术研发投资力度。

2021 年公司新能源驱动电机系列产品已与多家国内头部传统自主品牌整车厂、造车新势力及国际 Tier1 等客户建立配套合作关系，客户包括上汽通用五菱、吉利汽车、上汽集团、奇瑞汽车、蜂巢传动、蔚然动力、小鹏汽车等。受益于搭载公司驱动电机的已量产车型五菱宏光 MINIEV 和小鹏 P7 等的良好市场表现，公司 2021 年新能源驱动电机出货量继续稳居第三方独立供应商第一，仅次于比亚迪、特斯拉。公司持续投入产能建设，至 2021 年底已投入量产的驱动电机产能为 70 万台/年，目前处于满产状态。为满足下游客户不断增长的需求，公司自 2021 年下半年开始，不断加大产能建设，拟募集资金新建年产 180 万台驱动电机项目，新增产能中主要以扁线电机为主。同时公司加强供应链建设和完善，与核心材料供应商太钢股份、宁波韵升、铜陵精达等建立了战略合作伙伴关系，共同开展各项新材料在新能源汽车驱动电机上的应用研究，有利于公司在电机设计前期建立材料成本等竞争优势。

七、发展规划

依托公司在新能源汽车驱动电机和汽车电机领域的人才、技术优势，瞄准电机轻量化研究、电驱动集成系统研究，电机高可靠性、耐久性、安全性、环境适应性和电磁兼容性研究，电机高效率冷却系统和热管理研究，扁线电机开发，开关磁阻电机开发，超高转速电机开发，无刷电机开发，电机振动和噪声控制研究 9 大研究方向，通过购置具有国际先进水平的研发、检测设备，引进专业研发技术人才，将公司打造成具有国内先进水平的新能源汽车驱动电机和汽车电机创新平台，全面提升企业自主研发能力，科技创新水平和综合检测能力。

无锡中车浩夫尔动力总成有限公司

一、单位概况

无锡中车浩夫尔动力总成有限公司（以下简称公司）于 2018 年注册成立于江苏省无锡市惠山经济开发区，注册资本 4000 万欧元，由中车时代电气（香港）有限公司、Hofer Powertrain International GmbH、无锡惠程远达投资合伙企业共同出资设立。公司专注于新能源汽车驱动系统研发、生产、测试、销售的“一站式”服务，立足于中车时代电气与 Hofer Powertrain 在电驱动领域的优势资源和专业能力，努力为客户提供高性能、高集成度及定制化动力总成系统解决方案。

秉持“创新驱动，绿色出行”的使命，中车浩夫尔致力于以不断创新的科研实力驱动绿色未来，助力碳达峰、赋能碳中和，为成为全球领先、高度集成、高效节能的新能源汽车动力系统解决方案供应商持续奋斗。

二、生产与经营

公司配备一支专业化精锐团队，自主研发实力突出，工程师占比高达 81%（含研发、质量、运营等）。历经数载，公司在团队建设上不断提升规模和专业度，组织管理上更加精益，技术上不断沉淀、提升、创新、突破，在充分吸收中德股东方技术积淀的同时，不断提升自主研发和科技创新的能力；在研发客户定制产品的同时，跟进自研平台产品和前沿技术。2021 年，公司实现首个“电机、电控、减速器三合一”项目量产并成功交付装车，产品质量和服务态度获得客户一致好评。自研平台产品也相继获得客户定点和认可，将在 2022 年实现产业化。

公司拥有独立先进的制造中心及测试中心，位于无锡惠山经济开发区高端装备园内。制造中心投资上亿元，占地 4200 m^2，已建设完成高度自动化智能化产线，2021 年已全面拉通制造交付体系；实验室投资数亿元，占地 7900 m^2，配备行业领先的高速、动力总成、三轴等测试台架和 EMC、NVH 试验室，已承接对外测试业务。

三、产能建设

基于先进制造理念，借鉴行业先进标准和规范，综合物流，工艺，精益生产考虑，公司已建设完成具备 15 万套/年动力总成产能的数字化智慧工厂。融合 WMS、ERP、PLM 等软件平台，实现人、机、料、法、环、测的数字化高效管理。目前已开始规划产能提升。

四、技术进展与研发能力

基于中德股东方的研发优势，公司已建立完备自主的乘用车电驱系统研发技术体系，研发范围覆盖动力总成系统、电机、电控、减速器、测试等领域；具备整车、系统、零部件等多层次的机、电、热、磁及 NVH 仿真能力和项目全生命周期的正向开发能力，目前已完成多个项目从 A 样功能样机到 SOP 量产的开发，并顺利实现产品批量交付。

公司电驱产品采用高度集成设计，重量轻体积小，系统最优设计导向，具备高功率密度、系统高效率、宽恒功率区间、扭矩安全、平台兼容设计等特点。单电机总成峰值功率覆盖 100 kW ~ 250 kW，峰值扭矩 2400 Nm ~ 5000 Nm，轮端最高转速达 1600 r/min。基于自主 SiC 模块的高压三合一动力总成峰值功率 220 kW，已完成相关测试并开展装车测试。

融合中德开发体系和标准，现已建立完整的动力总成测试标准，并配套自主建设的试验室，目前已通过 CNAS 认证。试验室可覆盖从部件到总成及整车的完整测试范围，配备高性能高速 22000 r/min 动力测功机、动力总成测功机、三轴测功机，满足电驱动力总成产品功能及性能测试，具备电驱加载 EMC、整车 EMC、高速 EDS 及 EDU 的 NVH 测试、交变湿热、温度冲击、三综合、IPX6K、IPX9K、盐雾等全方位测试能力。

五、主要新产品

序号	产品名称	产品型号	产品应用
1	120-140 kW 三合一电驱动系统	EPT10	纯电动乘用车
2	150-170 kW 三合一电驱动系统	EPT20	纯电动乘用车
3	180-240 kW 三合一电驱动系统	EPT30	纯电动乘用车

六、发展规划

公司未来将继续整合股东方全球范围的汽车行业资源，紧跟前沿技术及关键核心技术，丰富零件供应网优化供应链，集成智能先进制造、先进质量管理等核心产业优势，力求与国内外一流品牌直接对话，引领动力总成发展。

公司将立足于动力总成系统及关键零部件的开发经验，聚焦 A 级及以上中高端车辆的应用需求，包括 A 级，B 级，C 级以上车辆的动力总成开发，建立满足 EV，FCV 和 PHEV 需求的动力总成平台型谱，加大研发投入，结合新能源汽车市场需求，完善动力总成产品平台国产工程化，不断增加产业化规模，增资扩产，就近配套客户，提升产能，快速扩展市场应用，持续为客户赋能。

福建艺达电驱动股份有限公司

一、单位概况

福建艺达电驱动股份有限公司创立于 1994 年，是一家专注于汽车零部件产品研发、生产、销售和服务的“国家高新技术企业”，旗下拥有“金笛”和“KPL 开普勒”两大品牌。艺达 20 多年坚持稳健经营、持续创新，艺达实验中心获得“CNAS 国家认可委员会”认证，通过 IATF 16949 质量管理体系认证，逐步发展为汽车电机研发与制造专家，并与国内多家著名汽车主机厂建立配套合作关系。并获得福建省“未来独角兽”创新企业、专精特新企业，是福建省重点上市后备企业。

二、经营情况

艺达公司当前以新能源驱动电机为主营方向，与一汽解放、北汽福田、东风德纳、汉德车桥、五菱汽车、金龙客车、司凯奇、福龙马、合力叉车、京穗船舶等企业展开合作。面对新能源驱动电机市场，艺达以商用车为主阵地，并触及多个行业，基于 146 ~ 445 多个产品平台，为商用车、叉车、船舶、工程机械、农业机械等领域提供极具优势的新能源电驱动系统解决方案。目前，艺达公司产能达 25 万台/年。

三、技术进展及研发能力建设

艺达公司现有厂区面积100多亩，员工500多人，其中技术研发人员70多名，研发费用投入超过6%。并依托中国科学院海西研究院，与其博士研发团队进行产学研合作，形成完善的电机自主研发体系，系省级企业技术中心。

艺达公司以技术创新为驱动力，目前公司已获得12项发明专利、5项软件著作权和70项国家实用新型专利。艺达公司的实验中心在业内处于领先水平，主要仪器设备百余台，可全面满足各项试验所需。公司于2013年研发出新能源扁线驱动电机；2015年电机定子及绕线方法获国家发明专利；2016年电机控制器控制软件获著作权；2017年新能源高效扁线电机正式量产；2019年船用ECU控制软件获著作权；2019年联合开发的一汽解放首款增程式动力系统点火成功；2021年联合开发的一汽解放首款电驱桥成功下线；2021年联合开发的合力电动叉车驱动系统成功下线；2021年电动船推进系统成功试航；2022年行业领先的驱动电机自动化生产专线启动。公司拥有自主装备制造和智能生产制造体系，是国内少有的产品设计、生产工艺和制造装备均具备自主研发能力的扁线电机厂商。

四、发展目标与规划

艺达以“将更好的产品交给客户”为使命，公司致力于打造更契合新时代与客户新需求的产品，积极推动电驱动行业的创新发展。随着我国积极推进碳中和战略进程，新能源成为大势所趋，艺达将以自身技术赋能社会实现碳中和，推动新技术在耗能高环节的应用，发挥技术节能作用。预计未来10年，艺达将平均每年促进减少碳排放量超1100万t，助力中国实现碳中和战略目标。打造民族品牌，驱动美好未来！

绿传(北京)汽车科技股份有限公司

一、单位概况

绿传(北京)汽车科技股份有限公司(以下简称绿传科技)于2019年成立，是一家致力于新能源汽车智能动力域产品研发、生产和销售的高科技型公司。绿传科技主营产品新能源汽车电驱动总成、域控制器、电子油泵及软件模块快速获得多家知名主机厂量产定点，控制器和电子油泵产品已顺利批产，产业化进程在同行业中属于领先水平。绿传科技在智能动力域产品领域拥有百余项核心发明专利和软件著作权，已构筑核心技术专利壁垒。公司先后被认定为国家高新技术企业、北京市“专精特新”企业、行业隐形独角兽企业等。

二、经营情况

面对市场经济大潮和国内外形势变化，绿传科技坚持“灵活策略赢市场、扩大规模增实力、加强管理保营收”经营理念，积极挖掘细分市场机会，从营销规划、产品研发、体系建设、质量管控、生产保障等方面进行全方位梳理和优化提升。在成立短短三年间，绿传科技旗下核心智能电驱动、域控制器、电子油泵、软件模块四大主营产品全部获得量产定点，其中控制系统和电子油泵已率先于2021年实现量产供货，两挡电驱动和单挡电驱动已进入装车调试阶段，预计2023年实现批产。2021年绿传科技主营业务收入为1276万元，2022年主营业务收入预计突破5000万元，2023年主营业务收入预计突破2亿元。

三、产能建设

绿传科技将建设华南基地、华东基地和华北基地三大生产基地，目前已拥有年产25万台套新能源电驱动自动化柔性生产线、年产15万套智能域控制器自动化柔性生产线和年产10万套电子油泵自动化柔性生产线，满足电驱动、控制器及电子油泵产品批产需求，同时拥有机加中心和中试车间，满足快速样件试制需求。

四、技术进展及研发能力建设

绿传科技核心团队基于北航博士团队为基础构建，团队中多人荣获国家科技进步一等奖，并汇聚了行业精英和高管，已形成了稳定互补的尖端科研团队，完全掌控正向设计研发新能源汽车电驱动系统和控制系统的核心技术。目前，绿传科技拥有研发人员近100人，其中拥有博士学历12人，高级工程师职称5人，本科及以上占比93%以上，已形成包括中国工程院院士增选候选人、国家万人计划专家、国家创新创业领军人才、国家百千万人才在内的高层次人才团队。作为专利权人，绿传科技在智能动力域产品领域拥有100余项核心专利和软件著作权，已构筑智能感知驾驶人意图系统、智能电驱动效率提升系统、智能自我补偿修复系统三大核心技术专利壁垒。

绿传科技拥有15000 m^2 试验中心，试验人员10余人，拥有电驱动综合性能试验台、电驱动高速空载试验台、电驱动高低温倾斜润滑试验台、液压系统试验台、电子油泵试验台、电子试验室、LMS噪声测试设备、油冷机、空压机、电池模拟器等辅助设备；在整车匹配标定方面拥有德国Vector整车四配标定系统、HIL硬件在环系统、换挡性能设备采集和评价系统、动力传动控制系统软件开发工具链、芯片编译器等。

绿传科技已形成四大产品矩阵和成熟产品平台，近期成功研制了高性能两挡油冷扁线电驱动产品、自主可控纯国产化控制器、高效双联泵等全新产品，以满足客户需求。

五、主要新产品

序号	产品名称	产品型号	产品应用
1	两挡油冷扁线电驱动总成	2EDS-400-01	新能源B级以上高性能乘用车
2	纯国产控制器总成	PDC-24-01	乘用车、商用车及特种车辆自动变速器及混合动力变速器
3	新能源双联泵总成	EOP-300-03	新能源电驱动桥
4	新能源四驱减速器	1WET-360-01	新能源四驱车型

六、发展目标与规划

绿传科技将坚持精准化的发展策略，牢牢抓住目标细分市场，不遗余力的开发快速上量和带来品牌效应的优质客户，打造以核心智能电驱动、动力域控制技术、电子油泵产业化、软件模块为基础，正向设计开发能力、本地化响应和成本优势为抓手的产品核心竞争力。短期内，绿传科技将以国内自主品牌汽车和头部一级供应商为主要应用市场，尤其重视开放供应链、开放技术能力的客户为对象。同时，绿传科技也在积极开拓海外市场，扩大客户群体。

绿传科技坚持聚焦主业，不断突破创新，牢记"传递绿色动力，引领绿色出行"使命，不忘"为全球用户提供车辆智能动力域系统和服务"初心，节能减排助力"双碳"建设。

陕西法士特汽车传动集团有限责任公司

一、单位概况

陕西法士特汽车传动集团有限责任公司（以下简称法士特集团）始建于1968年，旗下拥有10多家控、参股子公司，是中国齿轮行业首家年产销超百亿元企业，已形成年产销汽车变速器120万台、齿轮5000万只和汽车铸锻件20万t的综合生产能力，产品广泛出口美国、日本、澳大利亚、东欧、南美、东南亚、中东等十多个国家和地区。企业各项经营指标连续19年名列中国齿轮行业前茅，重型汽车变速器年产销量连续16年稳居世界前列，已跻身中国汽车工业30强、中国机械工业100强、中国制造业500强、国际国内汽车零部件"双百强"行列。先后荣获"全国五一劳动奖状""全国国企十大典型""全国模范职工之家""全国文明单位""全国企业文化建设最佳实践企业""全国模范劳动关系和谐企业""全国先进基层党组织"等荣誉称号。

依靠自主创新和科技进步，法士特集团已建成以"国家级企业技术中心""院士专家工作站""国家级博士后科研工作站""英国创新中心"为支撑的一流科技研发体系和自主创新体系，形成集产学研于一体、国内外市场优势互补发展的新格局。成功入选"首批国家级知识产权优势企业""首批制造业单项冠军示范企业""智能制造示范企业""国家级绿色工厂"和国企改革"双百企业"，已跻身中国汽车工业30强、中国机械工业100强、中国制造业500强、国际国内汽车零部件"双百强"行列，拥有核心技术专利超过1700项，荣获"国家科技进步一等奖"和"中国工业大奖"。

法士特集团主导产品为商用汽车变速器，广泛应用于重型车、大客车、中轻型卡车、工程用车、矿用车和低速货车等各种车型，被国内外150多家主机厂的上千种车型选为定点配套产品，市场保有量超过1100万台，国内市场占有率超过70%。自主研发生产的AT、AMT、S变速器、液力缓速器、轮边减速机、混合动力和纯电汽车传动系统等新能源产品的关键技术和核心技术已达到国际领先水平，为商用车升级换代提供了源源不断的全新优化配置。

在深耕国内市场同时，法士特集团抢抓"一带一路"发展机遇，国际化进程不断加快，先后与数十家知名跨国公司建立了良好战略合作关系。泰国独资工厂已全面发力东盟市场，白俄合资公司已全面投产。同时，法士特集团在北美、东欧、东南亚等地区设有分销公司和办事处，国际化布局初具规模，全球化辐射效应日益凸显。

2021年，法士特集团实现营业收入220亿元，各项经营指标取得了历史第二好成绩，国有资产持续保值增值。在深耕国内商用车传动市场中，法士特集团与秦川集团实现优势互补、战略协同。

面向"十四五"，法士特集团将继续坚持以习近平新时代中国特色社会主义思想为指导，紧紧围绕高质量发展主线，纵深推进"4321"战略（即核心传统业务销售占比40%、智能化与新能源业务销售占比30%、国际市场销售占比20%、资本市场和新业态占比10%），力争到2025年，企业年销售收入突破500亿元，构建"内生式"和"外延式"双轮驱动平台，全力打造国际一流企业，为地方经济社会发展和实现汽车强国梦贡献更大力量。

二、经营情况

进入21世纪以来，法士特集团率先实现市场化公司制改革，焕发新的生机活力，各项经营指标连年以倍增的速度高速增长，年销售收入和工业总产值已由2000年的1亿多元双双增长到240亿元以上，变速器产销量由5000多台增长到118万台，出口创汇由200多万美元增长到6600万美元以上，成为中国齿轮行业第一家年产销超百亿元企业。

2021年，法士特集团连续19年名列全国齿轮行业前茅，重型变速器累计保有量突破1000万台大关，年产销量连续16年稳居世界前列。

三、产品出口

法士特集团已形成年产销汽车变速器120万台、齿轮5000万只和汽车铸锻件20万t的综合生产能力，产品广泛出口美国、日本、澳大利亚、东欧、南美、东南亚、中东等十多个国家和地区。抢抓"一带一路"发展机遇，法士特汽车传动（泰国）有限公司已全面发力东盟市场，法士特马兹有限责任公司正紧锣密鼓加快建设，在北美、东欧、东南亚等地区设有分销公司和办事处，国际化、全球化辐射效应日益凸显。

四、产能建设

法士特集团始终坚持"生产一代、试制一代、研发一代、构思一代"的产品研发理念，坚持自己淘汰自己的迭代更新理念法则，运用国际一流水平的实验装备和制造装备，将一项项科技成果转化为市场需求的拳头产品，形成了30多个系列、数百品种千余款产品型谱。

现在，法士特集团生产的变速器一天的产销量相当于20年前9个半月的产销量；一个月的产销量相当于20年前月产销量的359倍。与企业改制前的2000年相比，工业总产值、销售收入分别增长240多倍，重型变速器产销量增长

236 倍，而职工总数仅增加不到 3 倍。企业综合竞争力显著提高，对国家、对社会的贡献越来越大，为我国汽车工业和地方经济发展作出了突出贡献。

五、技术进展及研发能力建设

法士特集团的新能源传动系统等新产品已批量配套矿用车、码头车、城市公交等市场领域，关键核心技术达到国内领先水平。

法士特集团正在由传统生产制造向智慧型企业转变，特别是新建的陕西法士特智能制动公司，是国内首个集数字化、智能化、自动化为一体的缓速器研发生产基地；2020 年 7 月开工建设的法士特 20 万台 S 变速器项目，同样是以数字化标准正在规划建设中。

法士特集团建成的集国家级企业技术中心、院士专家工作站、博士后科研工作站、英国创新中心和校企合作于一体的创新研发体系，与多家国际知名跨国企业和专业机构建立战略合作联盟，签订智能产品联合研发协议，研发新一代智能产品；坚持国际研发队伍建设与培养，全面提升专业技术人员研发能力水平，为企业未来的产品研发、工艺创新做好技术储备，为打造世界一流企业奠定坚实的基础。研发投入占销售收入 3.3%以上；截至目前，累计获得专利达 2025 项，其中发明专利 253 项，创新成果呈爆发式增长态势。

法士特集团组织完成了 54 项国、行、团标的制修订，累计牵头或参与国标 27 项、行标 16 项，团标 11 项。其中发明专利增长 125.6%，科技成果转化率高达 95%；在 1563 家国家级企业技术中心综合排名上升至第 56 位，位居行业领先水平。

法士特集团运用国际一流水平的实验装备和制造装备，通过严苛的高温、高原、高寒“三高”试验和各种工况、路况载荷等试验，将 95%以上的核心技术专利被转化为各类科技成果。

全新开发的纯电动重卡集成化动力系统 FS4E200-2，项目采用扁线、高速电机，四挡变速箱、一体化铝壳，集成化操纵机构等，使得该产品具有体积小、重量轻、成本低、外观和可靠性提升等优点，符合高速化和集成化的发展趋势。可满足 31~49 t 短途新能源牵引车、渣土车、混凝土搅拌车的需求。

六、主要新产品

序号	产品名称	产品型号
1	新能源电驱动产品	FS4E200-2
2	新能源电驱动产品	F4E240
3	新能源电驱动产品	FS2E83
4	新能源电驱动产品	2E280
5	新能源电驱动产品	4E120
6	新能源电驱动产品	2E110-B
7	轮边减速机	FJXBL1100 13T
8	轮边减速机	FJXBL400 5T

七、合资合作及重大项目建设

加快高端化、智能化工厂建设，法士特中轻卡变速器产业基地、咸阳液力缓速器基地达产达效，出口基地达产达效，高新区 278 亩地智能工厂项目开工建设；推进数字化转型，对 50 余条产线进行升级优化，关键工序数控化率 98%，助推法士特变速器产销量跃上千万量级，创造行业新高度，跻身国家绿色工厂行列。

始终坚持合资合作共赢发展理念，近年来，累计实施战略投资数十亿元，建成宝鸡中轻型变速器及新能源传动基地、咸阳节能与新能源商用车制动系统智能工厂、法士特松正合资公司致力于打造国内商用车行业前三的电驱动独立供应商，其生产的 390 系列产品，具有扭矩大、体积小、散热好等优势，并顺利通过关键工艺、工装设备验证，可匹配 8~12 m 客车、中型卡车等车型。同时，正在开发的重卡纯电、混动等重点产品将在 2021 年陆续亮相。

企业转型升级需要，新成立新能源事业部，负责新能源产品研发管理，营销管理，快速响应市场，为客户提供有竞争力的系统解决方案。与国内知名电机控制器零部件厂签署战略合作协议，共同推进国内新能源商用车快速上量，为终端客户创造价值。

全球业务布局加速拓展，在现有 3 家中外合资公司的基础上，又在白俄罗斯建成法士特马兹公司，于 2020 年 10 月全面投产，形成立足“一带一路”、辐射全球的产业链布局。

法士特集团加速冲刺新能源产品“新赛道”。在“双碳”战略目标加速落地的大背景下，2022 年，法士特新能源重卡市场进入高速增长快车道，上半年累计销量 1.01 万辆。作为商用车传动系统综合解决方案提供商，在新能源产品供给上作出了积极贡献。电驱动新能源产品销量同比增幅 260%以上。

八、发展目标与规划

法士特集团聚焦新时代，融入新格局，贯彻新发展理念并紧紧抓住国家汽车产业转型升级重大战略机遇期，纵深推进“4321”战略，力争到 2025 年末，年营业收入突破 500 亿元，实现新跨越。

“4321”战略：“4”——核心传统业务销售占比 40%；“3”——智能化与新能源业务销售占比 30%；“2”——国际市场销售占比 20%；“1”——资本市场和新业态占比 10%。

“生产一代、试制一代、研发一代、构思一代”的产品研发理念和“自己淘汰自己”的迭代法则是法士特自立自强的根本遵循。早在“十三五”期间，法士特集团就将新能源产品纳入战略规划。

按照“4321”战略目标，法士特集团在“十四五”期间将努力实现智能化和新能源产品销售收入占企业总营收 30%的目标，为汽车产业高质量发展贡献法士特力量。今年将推出性价比更高的第二代新能源产品，进一步提升市场份额。

当前，新能源商用车市场进入高速发展机遇期，法士特集团作为汽车零部件行业的先行军，将坚决保持战略定力，精准聚焦“双碳”变革路径，始终紧盯“新四化”发展趋势，积极开展线控转向、预测驾驶、ECVT 等前沿技术储备，加速高精特新产品创新研发，主动引领行业智能化、新能源发展潮流，朝着数字化、绿色化、智能化的行业发展前景全面迈进。

法士特集团正在全力打造国际一流企业，为地方经济社会发展和实现汽车强国梦贡献更大力量。

特百佳动力科技有限公司

一、单位概况

特百佳动力科技有限公司是一家专注于新能源商用车驱动系统研发与创新的高新技术企业,注册资本7082万元。公司研发的新能源商用车动力传动核心控制技术,独领行业前沿。公司以其强大的技术研发能力和创新精神,面向市场推出成熟、高效、安全、稳定的商用车纯电动驱动系统(EV/EMT)、氢燃料驱动系统和混合动力驱动(PHEV)系统总成,产品覆盖中、重卡及工程机械等领域。用匠心精神打造一流的高新技术平台,为客户及合作伙伴提供最具有竞争力的新能源商用车驱动系统总成产品和解决方案;创造协作共赢、协作多赢的商业模式和生态环境。

公司坚持以市场需求为导向、以技术创新作为企业发展的动力之源,培育了一支研发经验丰富、自主创新能力强的专业研发队伍;主持起草了多项新能源国家标准,是行业内为数极少的掌握多项自主核心技术的企业之一。

特百佳动力与同济大学、上海交通大学、武汉理工大学以及华中科技大学等著名高校和科研机构建立了密切的产学研合作关系。公司依托多年积累的强大研发实力、先进的生产设备及工艺、成熟、安全、高效的商用车新能源动力驱动系统产品;致力于打造国际一流的技术平台,为客户提供最具有竞争力的全面商用车驱动系统总成产品解决方案。

二、经营情况

特百佳动力自2017年开始专注新能源重卡、工程机械动力系统市场的开发,现已成为北奔重汽、福田汽车、上汽红岩、华菱汽车、中国重汽、陕西重卡、大运汽车、徐工汽车等众多一线主机厂的首选配套商。

2021年,超9000台新能源重卡搭载特百佳动力驱动系统运营在150多坐城市覆盖200多个应用场地。搭载特百佳动力驱动系统的新能源重卡在炼钢运输、砂石骨料运输、渣土车、混凝土搅拌车、港口运输、非公路用车等六大场景广泛应用。目前,单车最长运行里程接近30万km,累计运营里程超3亿km。

特百佳动力连续四年蝉联"年度第一商用车新能源动力总成品牌"、先后获得工信部专精特新"小巨人"企业,上海市高新技术企业,上海市小巨人培育企业等。连续4年在纯电动重卡市场占有率超过65%。

短短数年,特百佳动力不断创新,引领行业技术发展,已经成长为细分行业的独角兽企业。

三、产能建设

特百佳动力建立了MCU、VCU、TCU无尘生产车间、XY选换挡生产车间。一期年产能50000套动力总成。目前,特百佳动力新能源重卡驱动系统自动装配线已投入运行,单班年产50000套。后期,特百佳动力将在上海金山区增资1.5亿元,投入新的电机、变速箱厂房及生产线,一期规划年产能各50000套。

四、技术进展与研发能力

特百佳动力自成立以来始终坚持自主创新,已形成较强自主研发、自主设计及自主创新能力,行业地位及竞争优势十分明显。公司创始及核心技术骨干均具有智能化及新能源车辆研发工作背景,经过多年的项目研发及积累,已经培育了一批新能源汽车动力总成系统领域的优秀技术人才,形成了以高层次人才专家带队、专业技术骨干为核心的人才梯队,打造出了一支经验丰富、熟悉整车制造商需求以及敢于吃苦、勇于拼搏的高素质研发及服务队伍。2021年底,公司专职研发人员占比超过31%,平均年龄35周岁,其中拥有高级工程师职称3人,工程师38人,保证了团队的专业化水平及创新活力。

作为技术创新的企业,公司鼓励创新并十分注重核心技术成果的保护,通过了知识产权管理体系认证,目前已获得授权发明专利7件,实用新型专利31件,软件著作权11件,外观设计专利2件,还有30件专利在实审过程中,公司的核心技术成果得到了有效地保护。

五、主要新产品

序号	产品名称	产品型号	产品应用
1	标准纯电驱动系统	TZ365XSTPG02	14~18T 环卫车辆及特种车辆
2		TZ400XSTPG34	标载版 4×2、6×4、8×4
3		TZ400XSTPG46	重载版 & 山区版 4×2、6×4、8×4
4		TZ400XSTPG38	重载版 & 山区版满载质量≥80T
5	一体机纯电驱动系统	TZ400XSTPG11	标载版 4×2、6×4、8×4
6		TZ400XSTPG47	重载版 & 山区版 4×2、6×4、8×4
7	工程类系统	TZ400XSTPG36	60T 矿用车
8		TZ400XSTPG38	90~120T 矿用车
9		TZ400XSTPG56	装载机
10	氢燃料驱动系统	TZ400XSTPG11	标载版 4×2、6×4、8×4
11	混合动力驱动系统	TZ450XSTPG49	重卡 4×2、6×4、8×4
12		TZ365XSTPG33	重卡 4×2、6×4、8×4
13		TZ400XSTPG43	矿用车、全地面起重机等

六、发展规划

未来,特百佳动力将持续强化"两横三纵"产品平台发展战略,即建立纯电动、混合动力以及氢燃料动力总成三大产品线,以新能源重卡和新能源工程机械动力总成系统作为核心两横的产品体系;建设具有关键硬件制造能力,围绕新能源动力总成相关的电机、电控、变速箱及其他关键零部件,产品符合标准化、智能化、多合一集成化要求;重点推动从动力系统提供商往新能源动力域数字化服务提供商而实现价值提升,即依托新能源重卡大数据积累,实现产品智能化,提升数字互联解决方案能力,成为面向智能化电动化的新一代"三电"零部件公司。

北京理工华创电动车技术有限公司

一、单位概况

北京理工华创电动车技术有限公司成立于 2010 年，是北京理工大学电动车辆技术重要的成果转化和产业依托单位，是广东华锋新能源科技股份有限公司的全资子公司（上市代码 002806），是国家及中关村高新技术企业，工信部授予的第二批国家级专精特新“小巨人”企业。

公司通过良好的客户服务和供应链体系整合，促进了产业链的技术进步和产业化水平提高，发挥了国内新能源商用车产业链龙头作用，新能源商用车电控及驱动系统平台解决方案已批量应用于新能源客车、重卡、物流车、环卫车、工程机械、工业机械、机场特种车等领域。

先后成功服务于北京奥运会、上海世博会、广州亚运会、APEC 及 G20 峰会、国庆 70 周年阅兵、建党 100 周年庆祝活动、北京冬奥会等国家级项目，社会及用户评价良好。

二、生产与经营

总部和研发中心位于北京，两个生产基地分别位于北京市顺义区和广东省肇庆市。

北京工厂位于北京市顺义区金马工业区内，厂房租赁面积 6000 m^2。高附加值核心产品在公司工厂进行生产，低附加值产品及零部件委托外加工厂进行生产。

广东工厂位于广东省肇庆市肇庆新区大湾区生态科技园华锋新能源科技产业园。

公司已于 2013 年通过 ISO/TS 16949：2009 质量管理体系认证，并顺利通过每年的审核。

三、产品出口

2016 年，公司携手国内知名客车制造商为波兰客户量身打造的纯电动公交客车 e-Bus 项目首批样车通过欧盟认证，出口波兰并投入正式运营，标志着公司产品成功进入欧盟新能源汽车市场。

四、产能建设

2020 年，理工华创广东肇庆生产基地开始建设，2022 年初一期投产。

2021 年，理工华创高精尖产业基地正式落地北京顺义，预计 2024 年投产。

五、技术进展与研发能力

公司由国家“万人计划”专家、北京理工大学林程教授担任董事长，中国工程院院士孙逢春教授担任首席科学家，拥有 10 余名博士组成的高学历技术人才队伍，核心管理团队由全职博士、海归人才、行业专家组成，在车辆工程、电力电子、智能控制、企业管理等领域有着丰富的理论和实践经验，形成了跨学科优势，此外公司还拥有一批具有丰富经验的工程师和熟练工艺人员，保障了技术成果产业化的顺利实施，所研发的新能源汽车电控及驱动系统具有国内领先水平。

公司以电动车辆国家工程研究中心、电动汽车北京市工程研究中心为研发平台，长期致力于新能源汽车电控及驱动系统关键技术的研究和产业化，在整车智能网联控制、车用逆变器及电源控制、电控及驱动系统一体化集成设计、全扭矩换挡控制、多电机耦合驱动和全气候电池一键加热等领域掌握了一系列核心技术，形成了以智能整车控制器、电驱动与传动系统、高压集成控制器为代表的新能源汽车电控及驱动系统核心产品体系，可提供新能源汽车电控及驱动系统的平台解决方案。

公司主持承担或参与了国家及省部级近 20 项新能源汽车技术领域的科技课题研究，获得电动汽车领域授权专利及软件著作权共计 118 项，获得北京市政府颁发的科学技术一等奖 1 次、二等奖 2 次，获得中国汽车工程学会颁发的中国汽车工业科学技术进步奖一等奖 1 次。

六、主要新产品

序号	产品名称	产品型号	产品应用
1	整车控制器	HCDN67VCU-41B	福田欧辉，苏州金龙，厦门金龙
2	智能网联整车控制器	HCDN67VCU-41A	福田智蓝，福田戴姆勒
3	双电机一体化驱动动力总成	HC2U12PWT-MQA	2022 年北京冬奥会保障车
4	直驱电机	HCDM090LH1/HCDM120WL1	—
5	三合一电驱动桥总成	HC1N60PWS-FHA	—
6	二合一电驱动总成	HC1N03PWT-LMC	—
7	多合一高压集成控制器	HC60LTPIC-F21/HC60L9PIC-F60	—
8	12 kW DCDC	HC60LMPIC	—
9	40 kW 车载充电机	HC60LPPIC	—
10	高压线束/充电插座	HC6S14GXS/HC6S08GXS	—

七、合资合作及重大项目建设

北方生产基地：位于市顺义区，建筑面积 30000 m^2，2021 年开工，预计 2024 年投产。

南方生产基地：位于广东肇庆，建筑面积 16.5 m^2，2020 年开工，2022 年一期投产。

八、发展规划

公司已投入建设新能源汽车研发及生产的北方和南方两个基地。其中,北方基地面向新产品研制及产品中试,拟在北京顺义打造30000 m^2 的北方总部基地;面向南方市场,将在广东佛山建设工程研究院与南方运营中心,整合南方核心供应链资源。同时,将在广东肇庆打造占地30亩的南方新能源汽车产品生产基地,满足年产5万台套新能源汽车零部件产品的大批量生产订单需求。

未来5年,公司拟产品将由电动商用车拓展到电动乘用车领域,提升有效先进产能,打造高品质系列化产品,以满足市场快速发展的需要,继续引领我国新能源汽车动力系统平台技术发展方向。

合肥阳光电动力科技有限公司

一、单位概况

合肥阳光电动力科技有限公司是阳光电源股份有限公司的全资子公司,阳光电源(股票代码300274)自1997年成立以来,始终专注于电力转换技术,先后承担了20余项国家重大科技计划项目,主持起草了多项国家标准,是业内为数极少的掌握多项自主核心技术的企业之一。

阳光电动力立足集团25年积累的研发平台、丰富的制造经验及稳定的全球供应链,汇集高层次汽车电子人才,致力于为节能与新能源汽车提供高品质的电控及电源产品。自2010年以来,公司连续10余年为优质乘用车、商用车及工程机械企业提供产品及服务。系列化的产品采用平台化设计,具有高效能、高可靠、适配灵活等特点。截至2021年底,公司电控类产品已累计装车超40万辆。

公司凭借专业的技术实力、可靠的产品性能和稳定的供货能力,先后获得全球工业设计大奖“红点最佳设计奖”“中国电工技术学会科学技术一等奖”“中国电源学会科技进步一等奖”“2021中国电动汽车核心零部件100强”“全国百家优秀汽车零部件供应商”等荣誉。

未来,阳光电动力将立足节能与新能源汽车、工程机械的电控、电源领域,专注产品与技术创新,以专业的生产和严谨的测试确保产品安全可靠,不断贴近客户需求,为客户提供更具竞争力的产品,成为新能源汽车电力转换技术的领跑者。

二、生产与经营

公司主营新能源汽车驱动系统研发、生产、销售和服务。2021年度,阳光电动力电控产品出货量28万台。乘用车电控装机量突破21万台,市场份额排名行业前四。

乘用车电控已向奇瑞、上汽通用五菱、吉利等企业批量供货;客车类电控自2016年起向安凯、中通、厦门金龙、苏州金龙、厦门金旅等新能源客车厂家批量供货。物流车电控已向开瑞汽车、吉利远程、重庆瑞驰、华晨鑫源、开沃等汽车企业的微面、轻卡等车型批量供货。工程车辆电控产品已在博雷顿纯电装载机上批量装车,并与徐工汽车等企业在重卡车型的电动化上开展合作。

三、产能建设

公司的制造生产位于合肥总部,拥有自主SMT能力和多条自动化产线,年产能达100万台。结合集团的资源供应优势,公司在全球与核心器件供应商深度合作,包括Infineon、TI、ST等,同时公司也注重国产器件厂商的开发,充分保障供应链的稳定。

四、技术进展与研发能力

合肥阳光电动力科技公司始终深耕电机控制技术,在电控的功率器件并联方向上投入大量研发资源,目前已形成MOS并联和IGBT并联的多款产品,具有适配灵活和可靠性高等优势。在为混合动力车型定制开发的双电机控制器上,采用了全新分立器件并联技术,先进焊接技术降低系统热阻,辅以专利冷却水道设计,提高散热效率,单颗器件电流输出能力提升20%,系统性能显著提升。基于平台化设计,器件通用性好。新型并联方案可以兼容Si基及SiC功率半导体,可在不改变产品外部尺寸的前提下提供不同器件的产品,实现多功率等级的输出,兼容多种车型。

此外,产品可根据车型需求集成Boost升压,以确保系统工作在高效区间,整体效率提升3.5%,进一步降低能耗;集成DCDC、油泵控制器、TCU等功能,在减少体积占用和线束成本的基础上,实现驱动及热管理的集成控制,动力系统的深度整合。

公司研发团队的硕士比例高达82%,优秀的技术性人才为我们的创新开发源源不断的贡献力量。公司的开发模式采用源自IBM的IPD集成产品开发模式,从市场洞察至产品规划,到具体的产品概念设计和具体的开发验证,拥有产品全生命周期的、科学严谨的开发流程保障,确保产品品质。此外,依托先进完备的试验设施和严谨的测试流程,可自主完成产品全生命周期测试。

五、主要新产品

序号	产品名称	产品型号	产品应用
1	乘用车碳化硅电机控制器	EC60系列	适用于各类B、C级高端新能源乘用车
2	集成式控制器	EE30系列	适用于微面、海狮等轻型商用车
3	车载电源	EP30系列	适用于A0、A级及以上新能源乘用车
4	混动双电机控制器	HEM系列	适用于A、B级混合动力乘用车、混合动力轻型商用车

六、发展规划

随着市场端对新能源汽车的接受度提高,行业发展已逐渐由政策驱动转向市场驱动,在竞争日益激烈的市场环境下,零部件企业如何持续提高生命力与独特竞争力是必须面对的问题。

阳光电动力立足25年电力电子技术应用积累,专注电机控制技术研发与应用,在电控适配能力、控制算法优化、功能安全等领域均有深入研究。未来将继续发挥自身优势,以技术创新为导向,专注于控制技术的优化与提升,致力于开发高效率、高功率密度和高可靠性的新能源汽车驱动系统;以开放合作为基础,积极与业内优秀的整车及零部件企业开展技术及产品合作,努力成为新能源汽车电力转换技术领跑者。

苏州汇川联合动力系统有限公司

一、单位概况

苏州汇川联合动力系统有限公司,原汇川技术汽车电子事业部,自2008年以来开始经营新能源动力及电源产品业务,并在2016年成立独立子公司,现为汇川技术全资子公司。

汇川联合动力拥有完善的动力及电源产品解决方案,超过120万台的丰富应用案例(截止到2021年底),超过1200人的高素质研发队伍,致力于成为全球一流电动动力总成(含电源系统)解决方案提供商。

二、生产与经营

汇川联合动力具备专业研发团队1200+人,博士与硕士的人数占比超过50%,专利450+项。联合动力在研发团队建设上不断扩大队伍和提高专业度,以精益管理的理念,在技术上不断创新、突破与沉淀;在为客户提供解决方案和跟进前沿技术的同时,致力于成为全球一流电动动力总成(含电源系统)解决方案提供商,帮助客户构建持续竞争力。2021年,联合动力实现了动力总成10万台下线与电控100万台下线的里程碑,高质量高效率的产品交付获得客户一致好评。

联合动力有先进的制造中心、科学的试验中心、国际化的质量中心与响应迅速的服务中心,位于苏州、常州等地。制造中心建设投资上亿元,占地4300 m^2,已完成高度自动化及智能化的车间;试验中心投资过亿,总面积超1万平,拥有功能、性能、耐久、NVH、EMC等台架136个;产品质量也在国内外得到了客户的一致认可;为保证能迅速响应客户,服务中心签约服务站715家,覆盖31个省293个地级市。

截止到2021年,汇川联合动力在新能源商用车电控领域占比超过50%;在乘用车领域,电控产品占比位列TOP3,动力总成产品出货量排名TOP5。公司产品覆盖A00~D级轿车和SUV车型,动力系统包含纯电和混动等各种动力类型,具有完善的产品矩阵和系统解决方案。

三、产品出口

公司的相关产品已通过国际和自主品牌主流整车企业认证审核,且通过国际第三方机构管理体系、实验室体系认证,如IATF 16949(TUV)、VDA6.3(SGS)、CNAS。

四、产能建设

基于数字化智能工厂的制造理念,实践行业先进标准和规范,综合完整的供应、先进的工艺及精益生产考虑,联合动力国内已具备电机90万台/年、电控420万台/年、电源180万台/年、动力总成200万台/年的产能。融合WMS、ERP、PLM等软件平台,智能工厂实现了结合人、机、料、法、环、测的智能化高效管理。

目前欧洲制造中心已开始规划建设新的产线,整体规划电控产品110万台/年,电源产品50万台/年。

五、技术进展与研发能力

依托于优秀且庞大的研发团队,联合动力已建立完备、自主的乘用车电驱系统研发技术体系,研发范围覆盖动力总成系统、电机、电控、减速器、测试等领域;具备整车、系统等多层次的机、电、热、磁及NVH仿真能力和项目全生命周期的正向开发能力,目前已完成多个项目从A样功能样机到SOP量产的开发,并顺利实现产品批量交付。

公司电驱产品采用高度集成设计,重量轻体积小,系统最优设计导向,具备高功率密度、系统高效率、宽恒功率区间、扭矩安全、平台兼容设计等特点。电驱总成峰值功率覆盖50 kW~300 kW,峰值扭矩1600 Nm~5000 Nm,轮端最高转速达2000 r/min。

汇川联合动力现已建立完整的动力总成测试标准,并配套自主建设的试验室,目前已通过CNAS认证。试验室可覆盖从部件到总成及整车的完整测试范围,配备高性能高速22000 r/min动力测功机、动力总成测功机、三轴测功机,满足电驱动力总成产品功能及性能测试,具备电驱加载EMC、整车EMC、高速EDS及EDU的NVH测试、交变湿热、温度冲击、三综合、IPX6K、IPX9K、盐雾等全方位测试能力。

六、主要新产品

序号	产品名称	产品型号	产品应用
1	第3代电桥	ECO140	纯电动乘用车
2	双电机控制器	PD29	混合动力乘用车
3	汽车电机	OD180	纯电动和混动乘用车
4	电源产品	PC	纯电动和混动乘用车

七、发展规划

公司致力于成为全球一流电动动力总成(含电源系统)解决方案提供商,未来将持续投入研发资源,引领行业前沿技术和掌握关键核心技术,不断优化产品矩阵和供应网络,积极参与全球竞争,持续为客户赋能。

公司将立足于动力总成系统及关键零部件,聚焦新能源汽车动力系统的应用需求、实施全球化战略、整合全球研发资源、积极着眼国际市场、完善全球化产能布局,为客户提供优质服务。

广州领世汽车科技有限公司

一、单位概况

智能网联汽车整车控制核心技术解决方案与产品供应商广州领世汽车科技有限公司(以下简称领世)成立于2015年,致力于研究发展新能源汽车、智能网联汽车等前沿汽车科技,为国家高新技术企业。公司办公地点位于交通便利、环境优雅的广州清华科技园。公司主营新能源和智能汽车控制系统产品和技术开发,其愿景是成为品牌一流的汽车控制技术和产品提供商。

公司依托所掌握的汽车ECU(电子控制单元)开发平台、电动汽车控制、智能汽车控制三大核心技术,面向整车厂、汽车零部件企业、互联网汽车公司提供各类汽车控制系统产品和服务。近年来领世通过研究集中式电子电气架构,面向整车企业和自动驾驶公司提供中央控制器+高级智能驾驶系统+OTA一体化解决方案,开发出整车中央控制器神阙系列组合产品。虽然集中式架构已经成为业界共识,但受限于基础研发薄弱,行业内长期缺乏成熟的解决方案,因此领世成为国内第一家为客户提供特斯拉式集中式架构整车控制解决方案的供应商,让国产替代化作现实。

二、经营情况

2018年6月,领世发布第一代整车控制器(VCU)产品,并同步启动东莞工厂的VCU生产线,同年11月领世VCU开始进入整车企业供应链,成为国内某纯电动乘用车车企A点供应商,该项目计划配套数量(2020—2023年)超过20万台。2019年6月,领世发布第二代VCU产品,并启动与国内多家主流新能源车企的合作与互动。截至2020年底,VCU出货量累计超过1万台。在领世VCU已经与车厂进行前装量产配套,成功应用于新能源乘用车和商用车的基础上,领世与国内多家主流新能源车企保持合作、互动的同时,针对不断升级的市场需求,快速开发出了业内领先水平的VCU升级产品动力域中央控制器神阙Ⅰ。神阙Ⅰ相比VCU不仅在技术、功能、性能方面有了较大提升,更是在功能安全和降本增效上有了质的飞跃,相比VCU产品,神阙Ⅰ具有更高的安全等级、更强的硬件性能和更全的软件功能。

2022年4月16日,发布了神阙-I产品升级版。该方案采用ST(意法半导体)主芯片平台,主要是应对行业普遍面临的芯片短缺问题。此前领世已经成熟应用的英飞凌和恩智浦芯片平台,因为芯片短缺问题出现保供风险。为避免客户受到芯片供应形势的影响,自2021年下半年起,领世启动了神阙-I保供计划,开始将神阙-I主芯片平台切换至ST方案。目前,新方案的神阙-I产品已经成功通过测试认证并发布,并在江苏南通工厂新建生产线上进行了规模化量产,接下来会陆续向现有客户完成平台切换。在芯片存货方面,目前领世ST主芯片存货充足,可以支撑2~3年持续供应。

2018年3月,领世开发出第一款ACU应用,即满足自动驾驶测试车需求的线控套件ADAS-Kit。ACU通过CAN总线接口与上层智能驾驶系统IDS交互,实现完整的线控功能,即油门、刹车、转向、档位、驻车和声光系统均可通过软件进行完全控制。2020年领世在ACU的基础上升级将ACU升级为底盘域中央控制器神阙Ⅱ,保证了与前装零部件相同的可靠性。通过实施严格的功能安全方案保证ASIL-C级的功能安全等级,其主要的安全目标是安全驾驶员总是能够接管车辆;通过采用明确的分层架构,以及制定标准的控制接口协议保证了产品的易用性。通过神阙Ⅱ对不同车辆的不同底盘控制器的控制,基本上可以实现对车辆所有部件的完全控制。不同的车辆,大概会有200~300个控制接口,这样在统一接口之后,就可以为自动驾驶完全控制车辆打下基础。领世汽车科技把这一中间层控制系统称为VCOS,也就是整车控制操作系统,底盘域控制器神阙Ⅱ向下整合传统ECU功能,向上提供智能化、网联化所需的车辆控制接口。使得客户与领世之间非常容易建立清晰的分工,实现有效合作。

在车身域方面领世对标特斯拉的电子电气架构,将区域控制概念应用到集中式架构中作为补充,主要是为了“就地处理”一些非总线控制的模块,以简化整车线束。在就近处理的基础上,领世的车身域中央控制器神阙Ⅲ已完成开发,可以实现的主要功能有:灯光控制、门锁控制、雨刮控制、洗涤控制、防盗报警、网关、遥控等。

采用领世的车身域中央控制器神阙Ⅲ,可以使整车全车无一个按键,所有车门、车灯、雨刮、空调控制等都在车辆中央大屏上通过智能人工语音操作,大大降低了驾驶员的驾驶强度,使车身操控更加智能化,机械操作变得具有智能网联时代的趣味性。

领世适应集中式电子电气架构技术趋势主打的中央控制器神阙系列产品,目前神阙Ⅰ已经应用到电动乘用车实现前装量产出货1.5万套,在售车型已经销往全球43个国家。神阙Ⅱ底盘域控制器已经获得前装定点,新车型于2022年底上市。神阙Ⅲ车身域控制器已经出DEMO样车,计划在2023年前装量产,新车型于2024年1月份上市。

领世作为第一个以供应商身份面向车厂提供集中式整车控制系统解决方案的公司,通过三个神阙系列中央控制器架构一个集中式整车控制系统硬件平台,为智能化软件功能提供硬件载体,实现硬件集中软件分层,真正实现软件定义汽车,向下整合和标准化传统ECU,向上提供软件定义汽车的统一接口。为软件定义汽车扫清障碍。

目前领世通过神阙Ⅰ、神阙Ⅱ、神阙Ⅲ系列产品整合传统ECU数量可达44个,直接降低硬件成本将近2.4万元,而3个核心控制器神阙系列产品的对于整车厂来说成本可以做到4000左右。

三、产能建设

领世汽车科技与台湾KUS集团在汽车电子产品研发、生产和销售领域展开战略合作,所研发的汽车电子产品将主要在KUS集团位于东莞的工厂批量生产。目前,领世已经在该工厂建立年产能20万台的VCU生产线。此外,为了面对缺芯的业界现状,领世2022年还在江苏南通新建了一条生产线,专门生产采用ST主芯片的神阙Ⅰ系列产品,产能一年可达10万,充分满足了整车厂在缺芯状况下的供应需求。

在技术积累方面，目前领世具备了英飞凌、恩智浦、意法半导体三大主流汽车 MCU 芯片厂商的芯片平台，并已经启动国产 MCU 替代平台的评估开发。不管以后芯片形势如何，领世都有多种方案可以相互替代，能真正做到为客户保供。

KUS 和领世已经具备 IATF 16949 生产质量管理体系认证，KUS 和领世已经于 2019 年内完成 IATF 16949 研发质量管理体系认证。

四、技术进展及研发能力建设

特斯拉将整车控制能力集中于三块核心板卡上，各控制单元可以实现就近接入、统一管理。领世的核心产品也是三块高度集中的车载板卡，并且按照功能区域划分为动力域、底盘域和车身域三类控制器，他们都有一个共同的名字——“神阙”。

“阙”即是“门”，领世希望于通过神阙系列产品，打造智能汽车整车控制的基础设施，助力汽车电气架构革新，从而真正实现软件定义汽车之门。

1. 动力域中央控制器（神阙Ⅰ）技术进展

动力域中央控制器，集成 VCU 整车控制、TMS 热管理控制、CGW 整车 CAN 网关。已经应用电动乘用车实现前装量产。

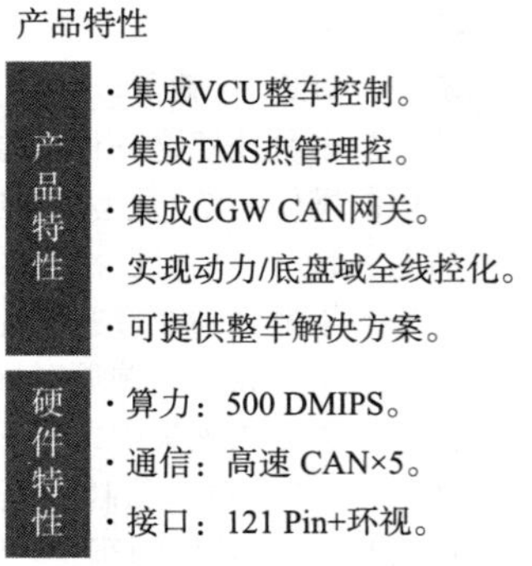

神阙Ⅰ

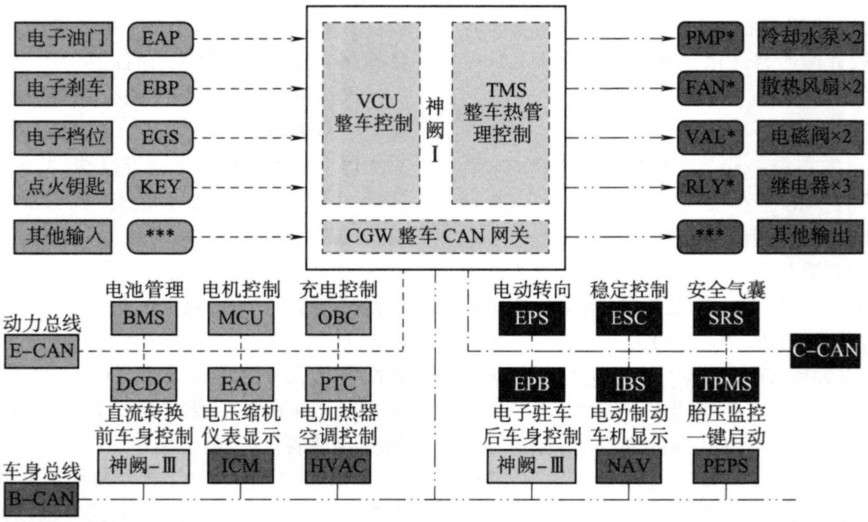

2. 底盘域中央控制器（神阙Ⅱ）技术进展

动力域/底盘域中央控制器，在神阙-I 基础上增加 AVM 环视、APA 自动泊车、ACC 自适应巡航、LKA 车道保持。算力高达 1TOPS，可接 5 摄像头、12 超声波雷达、5 毫米波雷达。

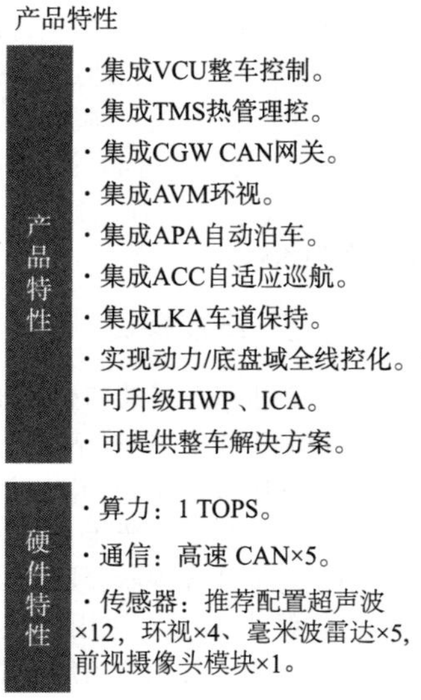

神阙Ⅱ

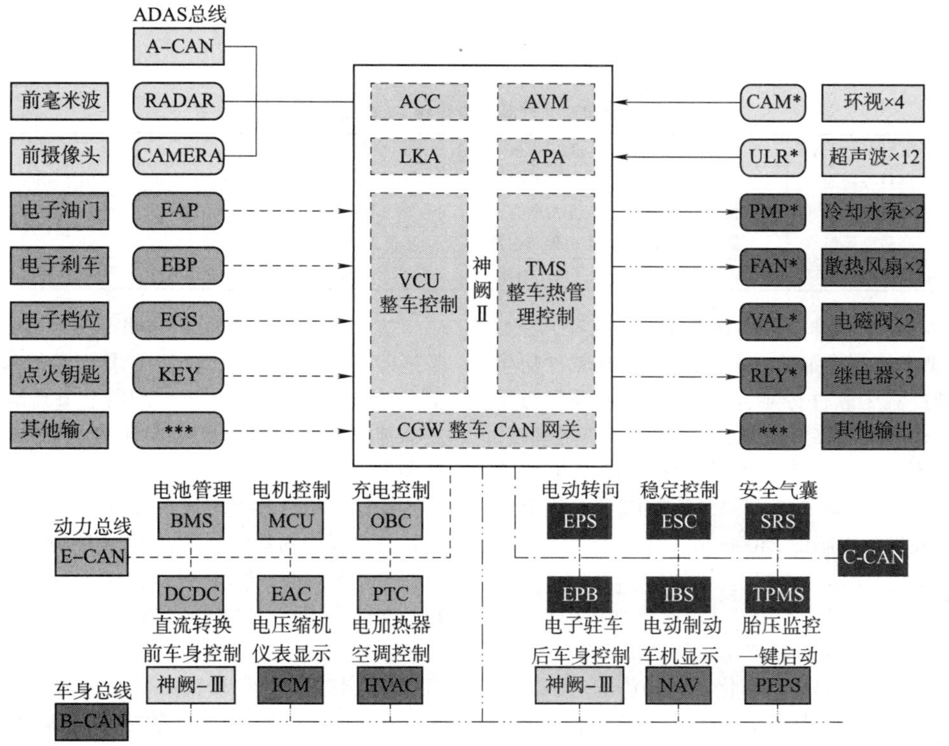

3. 车身域中央控制器(神阙Ⅲ)技术进展

车身域中央控制器,实现车身灯光、门窗控制,以及后视镜、雨刮器控制、集成远程监控、胎压监控、4G/5G 和 BLE,实现车身域线控化。

产品特性

产品特性
- 集成BCM车身控制。
- 集成TBOX远程监控。
- 集成TPMS胎压监控。
- 集成4G/5G网络接口。
- 集成BLE蓝牙接口。
- 集成PLG电动尾门控制。
- 实现前车身域完全线控化。

硬件特性
- 算力:500 DMIPS。
- 通信:高速 CAN×3。
- 接口:121 Pin。

神阙Ⅲ

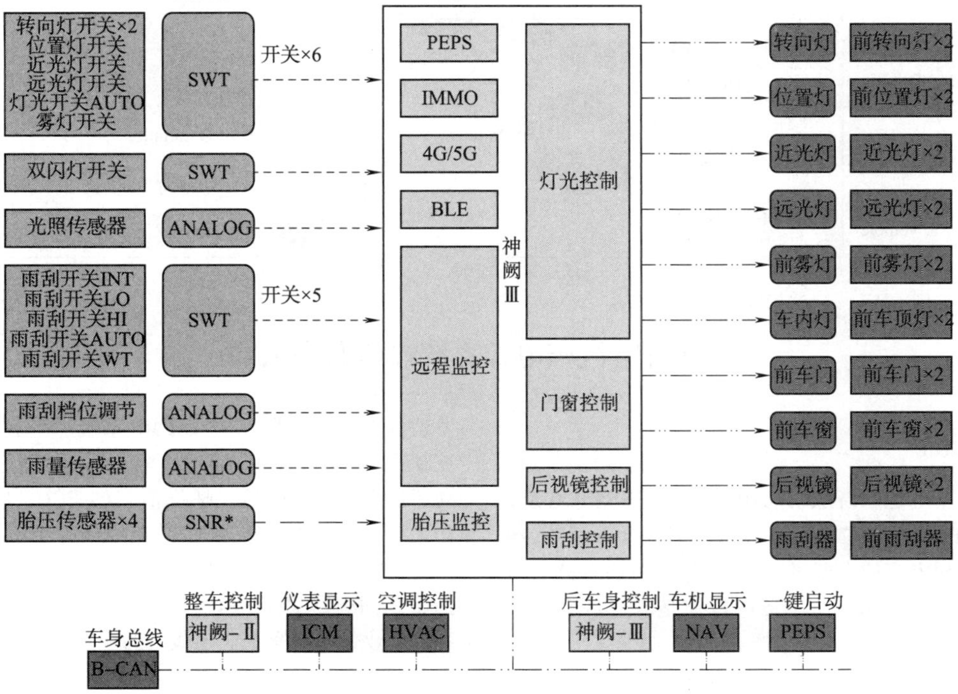

五、主要新产品

神阙系列产品对应传统 ECU 功能

车身控制器	后视镜调节控制器	安全带控制	前门模块	尾门控制器	天窗模块	车窗控制系统	座椅控制器
前灯控制器	尾灯控制器	氛围灯模块	自适应大灯	转向灯控制	低速音提醒模块	雨刮控制器	网关
蓝牙模块	胎压监控	无钥匙进入系统	车身防盗	无线模块	远程监控	数据记录仪	线控控制器
自动泊车	自适应巡航	紧急制动	车道偏离预警	车道保持	盲区监测	疲劳预警	碰撞预警
整车控制器	电池管理监控系统	热管理模块	空调控制器	压缩机控制模块	电子驻车	挡位控制器	智慧电源

上述产品从神阙-Ⅰ到神阙-Ⅲ，按照集中式 E/E 架构，逐步实现集中式整车控制系统硬件平台，为智能化软件功能提供载体，实现硬件集中软件分层，向下实现集中采集与集中控制，向上提供标准控制接口，为软件定义汽车奠定基础。通过集成 40 多个传统 ECU，使生产环节减少 40 个工作节点，生产效率提高、成本下降，减少了 40 多个 ECU 及线束成本，最终每台车的硬件成本降低 24000 元。

六、发展目标与规划

领世汽车的中央控制器平台神阙系列产品是针对新能源汽车电动化、智能化、网络化、共享化四化趋势下基于集中式电子电气架构开发的新一代智能网联电动汽车中央控制系统，它需要将上百个 ECU 逐一进行软硬件剥离，然后将软件注入集中式的计算单元，逐步催生出一个汽车大脑。

按照领世的产品规划，神阙Ⅰ动力域中央控制器是最先发展的，它在前期研发整车控制器产品的基础上进行集中升级。2019—2022 年在整车控制器上重点研发动力域中央控制器神阙Ⅰ，集中整车控制与热管理等功能，并实现批量生产和配套。

2020—2023 年重点研发底盘域中央控制器神阙Ⅱ，在自动驾驶车线控的基础上增加 AVM 环视、APA 自动泊车、ACC 自适应巡航、LKA 车道保持等 ADAS 功能，将之前分布式实现的功能集中在一个控制器上，并整合传感器资源。

2020—2023 年同步研发车身域中央控制器神阙Ⅲ，将车身、门窗、灯光、雨刮、后视镜等实现车身域线控化，根据重点客户逐个突破，陆续增添新的功能，并从 2024 年开始实现网联化，在神阙Ⅲ上集成远程监控、5G 和 BLE 等。

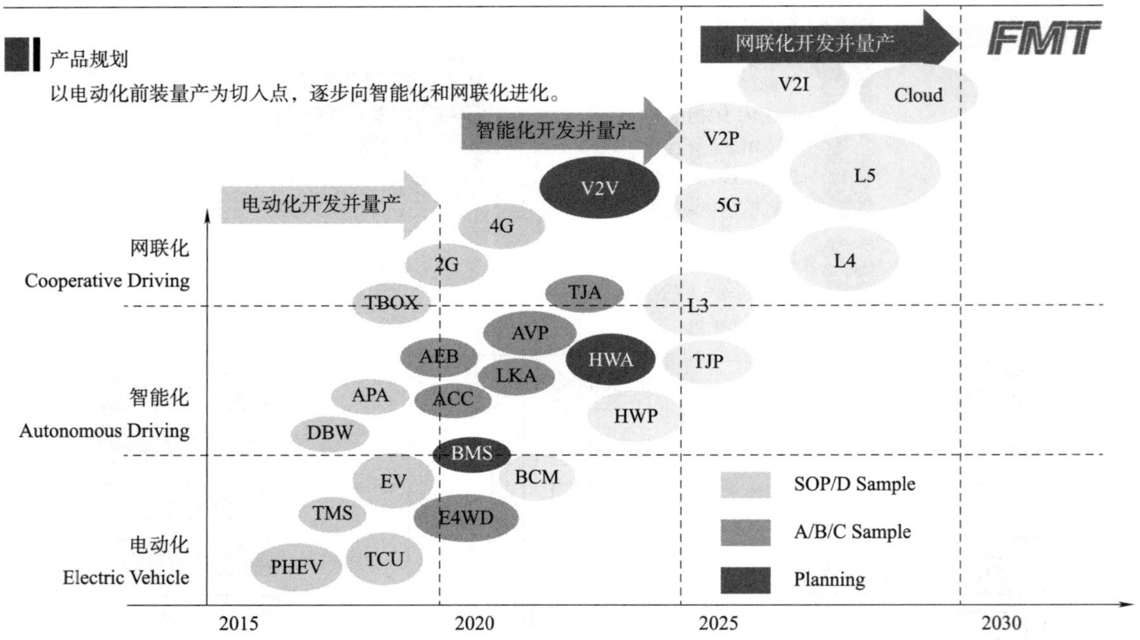

武汉菱电汽车电控系统股份有限公司

一、单位概况

武汉菱电汽车电控系统股份有限公司(简称菱电电控)成立于 2005 年 1 月，总部位于武汉市东西湖区金银湖畔，是一家在上海科创板上市的中型民营股份制企业，拥有员工约 840 人，其中研发人员约 650 人。菱电电控是专业从事汽车发动机管理控制器 ECU 及 EMS 系统、纯电动汽车动力电子控制系统、混合动力汽车动力电子控制系统研发及产业化的高新技术企业。产品包括汽油车的 ECU 和 EMS，电动车的 MCU、VCU，以及混合动力汽车的 EMS、VCU、MCU 和 GCU。

菱电电控为工业和信息化部认定的专精特新“小巨人”企业，是中国实现自主汽车发动机管理控制器 ECU 和 EMS 系统产业化的两家企业中最大的一家，是国内汽车动力控制行业唯一一家上市企业。

二、生产与经营

目前,菱电电控销售收入主要集中于汽车发动机控制器 ECU 及 EMS 领域,2019 年销售不同车型的 EMS 系统(含核心部件 ECU)35.77 万套,实现销售收入 53569.48 万元;2020 年销售 52.34 万套,实现销售收入 76241.29 万元;2021 年销售 64.46 万套,实现销售收入 83468.04 万元。

2021 年,受国六排放标准切换、“蓝牌轻卡”政策预期带来的消费观望、房地产开发行业较冷以及前期政策红利逐步减弱等因素影响,下半年商用车市场需求弱于上半年。同时,面对疫情反复、芯片供应持续紧张,汽车零部件企业,特别是菱电电控这样的 Tier One 企业承受着比较大的供应链和资金链断裂的风险,菱电电控克服大环境的不利影响,积极筹措芯片,加强保供力度,推进客户车型的快速量产,2021 年实现销售收入 83468.04 万元,收入较 2020 年增长 9.48%。

菱电电控近年主要财务数据

年度	销售收入(万元)	利润(万元)	研发投入(万元)	净资产收益率(%)	资产负债率(%)	主营业务利润率(%)	税收(万元)
2019 年	53569.48	9065.86	4073.75	33.95%	62.75%	31.87%	2135.08
2020 年	76241.29	17864.11	4741.18	39.62%	47.89%	32.75%	4956.49
2021 年	83468.04	14787.95	10116.74	9.78%	20.39%	30.56%	4712.26

三、产能建设

菱电电控目前在武汉建有 2 个研发/生产中心(其中金银湖基地于 2012 年建成并投入使用,径河新能源电控产业园于 2022 年 2 月开始动工建设)、1 个研发中心(武汉光谷),其中研发及生产基地总占地面积近 8 万 m^2,科研生产用房面积 7 万多 m^2,现有生产能力 120 万套/年。按照目前菱电电控已承接立项的客户委托开发项目,为满足未来项目开发完成后大量订单交付生产的需要,规划建设一条年产 180 万套的先进 ECU 组装生产线。

四、技术进展与研发能力

菱电电控现有技术人员 637 名,其中硕士研究生以上学历 90 名,中级职称 230 名,高级职称 20 名,研发人员状况统计如下表所示。

菱电电控主要人才构成

投标单位人员状况	职工总数	840	技术人员数	637	
	其中	高级职称	20	中级职称	230
	其中	研究生以上学历	90	本科学历	469

截至 2021 年,菱电电控研究院研发人员超 500 人,拥有中国汽车动力控制和发动机及整车标定行业专家数十人。菱电电控拥有众多高端创新平台,2015 年获批成为“汽车发动机管理系统(EMS)湖北省工程实验室”,2015 年建立“武汉理工大学研究生工作站”,2019 年被湖北省经信厅认定位“湖北省支柱产业细分领域隐形冠军示范企业”,2020 年被工业和信息化部认定为专精特新“小巨人”企业。

菱电电控自设立以来始终坚持自主研发的技术路径,持续加大研发投入。截至 2022 年 6 月 30 日,研发人员从年初的 428 人增长至 637 人,研发人员增长 48.83%,占员工总数的 75.83%;投入研发费用 10116.74 万元,同比增长 113.38%。菱电电控在 GDI 乘用车、电动车 VCU 和 MCU、混合动力汽车控制系统、T-BOX 方向投入大量研发资源,引进行业高端人才,设立北京研发中心和光谷研发中心,使菱电电控整体研发实力得到进一步提升。持续的研发投入将会增强公司业务发展后劲,有利于实现客户从商用车向乘用车转型,产品向电动化、网联化转型。

菱电电控致力于打破中国汽车产业“核心技术空心化”的局面,通过研发团队多年持续的努力,成功开发出具有自主知识产权的发动机管理系统,实现了汽车动力电子控制系统的国产化,并在部分市场已经开始替代进口。

五、主要新产品

产品名称	产品型号	产品应用
汽车发动机管理系统 EMS	LEC4AD	福田、鑫源、河北长安、广汽、理想

六、合资合作及重大项目建设

菱电电控新能源电控产业园位于武汉市东西湖区霞飞路,用地面积 68 亩,拟投资建设 12 个发动机台架实验室,其中台架测控系统 PowerLink5 套、Froude Hofmann2 套,Cama1 套,AVL4 套。按照目前菱电电控已承接立项的客户委托开发项目,为满足未来项目开发完成后大量订单交付生产的需要,规划建设一条年产 180 万套的先进 ECU 组装生产线。

七、发展规划

2021 年,受国六排放标准切换、“蓝牌轻卡”政策预期带来的消费观望、房地产开发行业较冷以及前期政策红利逐步减弱等因素影响,下半年商用车市场需求弱于上半年。根据中国汽车工业协会统计,2021 年,中国商用车累计产销 467.4 万台和 479.3 万台,同比下降 10.7%和 6.6%。公司克服大环境的不利影响,积极保供,推进客户车型的快速量产,公司 2021 年实现销售收入 83468.04 万元,收入较 2020 年增长 9.48%。

1. 持续加大研发投入,助力公司产品升级转型

公司自设立以来始终坚持自主研发的技术路径,持续加大研发投入。报告期内,公司研发人员从期初的 286 人增长至期末的 428 人,研发人员增长 49.65%,占员工总数的 70.16%;投入研发费用 10116.74 万元,同比增长 113.38%。公司在 GDI 乘用车、电动车 VCU 和 MCU、混合动力汽车控制系统、T-BOX 方向投入大量研发资源,引进行业高端人才,设立北京研发中心和光谷研发中心,使公司整体研发实力得到进一步提升。持续的研发投入将会增强公司业务发展后劲,有利于实现公司客户从商用车向乘用车转型,产品向电动

化、网联化转型。

2. 实施股权激励吸引和留住人才，为公司长期稳定发展提供人才支撑

汽车动力电控系统行业具有技术壁垒高、产业化周期长的特点，需要研发人员有长期坐冷板凳的思想准备。公司作为自主品牌 EMS 行业内的国内领军企业，高度重视研发人员的引进、培养，吸引并留住优秀科研人员。为了更好地激励研发人员内在激情，迅速推进研发成果产业化和吸引高端研发人才，公司于报告期内实施了 2021 年第一期股权激励计划，本期股权激励计划的激励对象以公司核心技术人员以及其他研发人员为主，股权激励计划的实施，建立了公司与员工的利益共享机制，留住和吸引研发人才，充分激发了研发人员的积极性和活力，增强了公司凝聚力，提高了公司的核心竞争力，为公司长期稳定发展提供了厚实的人才支撑。

3. 优化供应链，积极保证客户生产供应稳定

报告期内，面对疫情反复、芯片供应持续紧张导致的汽车产业链供应风险问题，公司与上游芯片供应商和芯片代理商积极沟通锁定订单，及时跟踪，确保芯片供应准时交付，满足了客户的订单及排产需求。公司供应链部门定期开会讨论梳理芯片交货情况，提前识别可能存在的缺料风险，把存在的芯片短缺风险扼杀在摇篮中。同时关注其他供应商的产品供应风险，提前预警定期沟通。报告期内，公司持续稳定的为客户提供产品，积极保证客户生产供应稳定。

4. 紧抓市场机遇，持续加大市场开拓力度，提升市场竞争实力

随着部分跨国 EMS 企业退出中国市场或竞争力下降，且芯片供应持续紧张的情况下，主机厂一般都希望其体系内有一家 B 点供应商的存在，可供选择的电控企业很少，市场格局朝着有利自主电控企业的方向发展。同时，自 2019 年 7 月 1 日，公司有大量国六车型投放市场，软件程序及硬件版本快速迭代，反映故障率的指标 PPM 值快速下降，在市场上逐步树立了自主品牌的质量口碑。公司紧抓市场机遇，持续加大市场开拓力度，报告期内新客户开发取得了积极的进展，提升了市场竞争力。

在纯电动领域，公司依据现有的客户资源，积极推进 VCU、MCU 的销售，报告期内公司承接了多个 VCU、MCU 项目，并销售 VCU 16318 套，MCU 1541 套。公司将持续在 MCU、VCU 领域投入更多的研发资源，积极推动公司产品朝电动化转型。

江苏奥易克斯汽车电子科技股份有限公司

一、单位概况

江苏奥易克斯汽车电子科技股份有限公司（简称奥易克斯）是清华大学科技成果转化企业，2013 年成立于北京，2018 年迁至南通。

主要业务涵盖新能源汽车电控产品和传统动力汽车电控产品，自主知识产权技术，处于国内领军地位。奥易克斯已经在清华大学苏州汽车研究院完成孵化，并实现了大规模的产业化，南通基地 2018 年 3 月 31 日在港闸市北高新区正式动工，现已投产。

奥易克斯主要客户以国内自主品牌的整车生产企业为主，产品以国六汽车发动机电控产品为主，主要客户包括上汽通用五菱、东风柳汽、江淮汽车、长安商用车、奇瑞商用车、北京汽车、昌河汽车、东风商用车、上汽大通、一汽吉林、广西汽车集团、厦门金龙、厦门金旅、江苏九龙、华晨鑫源、福田汽车、南京开沃等；轻型商用车客户约三分之二，乘用车客户约三分之一。

奥易克斯目前拥有南通总部、柳州生产基地和北京、重庆两个技术中心，员工约 400 人，其中技术管理人员 200 人。

二、生产与经营

电控产品是汽车的大脑，随着汽车行业的发展和新能源汽车的普及，未来汽车上电子产品的应用会越来越广泛，预计到 2025 年可以接近 50%。

汽车传统动力电控和新能源汽车电控产品的供应商以国际大公司，比如博世（含中国合资公司上海联合电子）、德尔福、大陆、电装、日立等，基本占国内市场份额的 99%。中国汽车路线图的规划是希望自主品牌的电控企业能够在 2025 年占据前装市场份额的 15% 左右，约 80 亿元。

自主品牌电控企业具备国六技术能力的企业，包括奥易克斯只有两家。而奥易克斯的产品无论传统动力电控还是新能源电控产品均处于国内领军地位，尤其在混合动力汽车电控产品上已经达到了博世或者德尔福的水平。

新能源汽车主要包括纯电动汽车和混合动力汽车，纯电动汽车电控产品是整车控制器（VCU），混合动力汽车（插电混动、油电混动、增程和 48 伏弱混等几种类型）的电控产品包括动力总成电控系统产品和整车控制器。

三、产能建设

拥有三条全自动产线，年产值 100 万套以上。

四、技术进展与研发能力

奥易克斯是清华大学科技成果转化企业，团队主要成员均有国际大公司的长期工作经验。团队在汽车电子尤其是汽车动力总成电控技术方面已经进行了五年多的技术积累，累计申请的专利等知识产权超过 40 项，目前共有发明专利 20 项，实用新型 43 项，软著 22 项。子公司北京奥易克斯被认定为中关村高新技术企业；子公司苏州奥易克斯是国家高新技术企业，获得 2020 年江苏省科技奖三等奖，同时被评为江苏省民营企业，于 2019 年承担苏州市重点研发产业化项目，通过 GB/T 24001—2016 环境管理体系认证和 IATF 16949:2016 质量管理体系认证。

公司仅在 2019 年就获得了长安凯程的最佳技术合作奖、五菱集团最佳供应商、东风柳汽技术开发奖和交付贡献奖、东风开发最佳供应商等诸多奖项。2020 年荣获东风柳汽的先进供应商和江汽集团的协同开发奖。荣获 2020 年度江

苏省科学技术奖三等奖。

五、主要新产品

序号	产品名称	产品型号	产品应用
1	国六电控单元	FC34	国六汽油车电子控制单元
2	双燃料电控单元	FC50	国六双燃料电子控制单元
3	国六升级版电控单元	FC51	国六汽油车电子控制单元升级型

六、发展规划

在传统动力汽车产品方面,公司会针对即将到来的国七排放法规,提前布局,争取更多的客户。

在新能源汽车产品方面,与客户和业内合作伙伴成立联盟,重点推动增程式电动汽车、插电混动汽车和油电混动汽车的产业化工作。目前正在进行十余个增程式、插混和油混的前期预研项目,争取2022年具备批量生产条件。

柳州五菱柳机动力有限公司

一、单位概况

柳州五菱柳机动力有限公司(以下简称五菱柳机),始建于1928年,是广西第一家机械工厂,为广西机械工业的发展作出重大贡献,被誉为“广西机械工业的摇篮”。

二、生产与经营

五菱柳机主要产品涵盖1.0 L-3.7 L国六汽油发动机、150~350 Nm电机、40~150 kW电机控制器、混合动力系统等,掌握油电双核心技术,致力于为客户提供更优动力总成系统解决方案。年营业收入近50亿元,主要配套上汽通用五菱、东风股份、江淮汽车等市场主流整车厂,发动机市场保有量800万台。

三、产能建设

五菱柳机具备年产发动机80万台、电机20万台、电控20万台的生产能力,是国内品种丰富、型谱完整的动力总成生产企业。

四、技术进展与研发能力

五菱柳机具备国内一流的发动机设计开发、标定试验、制造装配的一体化服务水平。

(1)研发试验能力:拥有省级技术中心及近百位经验丰富的研发人员、CANS认可试验中心,18个发动机试验台架,NVH实验室,AVL(两驱、四驱、混动)高精度性能试验台架、国六转毂排放实验室、环境试验舱、XYZ振动实验室。

(2)生产制造能力:自动智能化动力总成生产装配线、自动化智能无尘电控生产装配线、全自动智能化机加工工厂。

五、主要新产品

序号	产品名称	产品型号	产品应用
1	1.3L自吸汽油发动机	LJ469Q6	福田奥铃、奇瑞汽车、长安跨越、东风凯马
2	1.5L自吸汽油发动机	LJ4A15Q6	上汽大通、东风凯马
3	1.6L自吸汽油发动机	LJ4A16Q6	东风凯马、上汽大通
4	1.8L自吸汽油发动机	LJ479Q6/LJ4A18Q6	SGMW、江淮股份、上汽大通、厦门金旅
5	2.0 L自吸汽油发动机	LJ481Q6	江淮股份、北汽福田、东风凯马、长安跨越
6	2.0T涡轮增压汽油机	LJ488ZLQ	SGMW、江淮股份
7	PDS前驱混动系统	LJP40F	SGMW
8	PDS后驱混动系统	LJP60R	江淮汽车
9	L4增程器	L4R16W35	广西汽车集团
10	纯电系统150~350 Nm永磁同步电机	LJC30~C60、LJA25~40	广西汽车集团
11	纯电系统40~150 kW电机控制器	LJKC25S~LJKC50D	广西汽车集团

六、合资合作及重大项目建设

2018年,五菱柳机与臻驱合资公司——柳州臻驱电控科技有限公司成立。

七、发展规划

以发动机为基础优势,纵向一体化。做强做宽发动机,发展新能源汽车动力,结合电气化和电驱动,为客户提供全方位节能环保的动力系统解决方案,构建未来核心发展能力。

北京索德电气工业有限公司

一、单位概况

北京索德电气工业有限公司成立于 1999 年,位于北京经济技术开发区兴盛街 9 号,是一家拥有完全自主知识产权的创新型企业,是政府重点支持的国家级高新技术企业。公司的业务范围涵盖了智能制造、新能源汽车、船舶、轨道交通、电梯等相关产业,产品主要包括新能源汽车驱动控制器、一体化电梯控制器、轨道交通产品、变频器等。2012 年公司创立索德科创园,目前建有现代化厂房和研发办公楼,以及数字化智能生产线,索德电气一贯秉持“世界没有,中国需要,自主研发”的经营理念,将其贯穿于每一个重要发展节点,在传统工业领域踏实耕耘的同时,不断追求产品和技术的创新。

二、生产与经营

公司建有 5000 m^2 的数字化智能生产车间,主要包括了SMT(Surface Mounted Technology)组装线、THT(Through Hole Technology)组装线、ICT(In Circuit Tester)测试线、模块组装、FT(Functional Tester)测试、整机组装、自动化测试等。部署了以企业资源管理系统为中心、产品生命周期管理系统、制造执行系统、自动化办公系统、客户关系管理系统等为支撑的信息化综合管控平台。2020 年实现营收 7265.64 万元。

三、产品出口

公司出口产品为电梯专用变频器、门机一体化控制器,产品出口伊朗、印度、韩国等。

四、产能建设

在产能方面,公司依托现有生产厂房,控制器产品年平均产能 20000 台,未来将加速布局苏州子公司、成都子公司生产基地。

五、技术进展与研发能力

公司自成立以来,一直专注于产品的原创研发和工业装备的技术升级,先后组建了创新驱动实验室平台、职工创新工作室等研发部门,积累了丰硕的技术成果。目前公司有新能源汽车控制器、电梯控制器等方面的授权专利 69 项,其中发明专利 16 项,实用新型专利 38 项,外观专利 15 项,另外获得软件著作权 28 项。同时公司相关产品还获得了欧盟CE(Certificate of Conformity)认证、中国船级社型式认可证书、ISO 9001 认证、武器装备质量管理体系认证以及 IATF 16949 认证等,公司的无刷双馈控制系统曾获得科技部国家重点新产品证书。

在荣誉方面,公司获得了 2017 年开发区智能制造试点示范企业称号、2018 年第五届强国知识产权论坛智能制造产业行业领先企业、2020 年高新技术企业(复审)、2020 年中关村高新技术企业(复审)、2021 年北京市“专精特新”中小企业、2021 年北京市级企业科技研究开发机构、北京市知识产权试点单位等。

六、主要新产品

序号	产品名称	产品型号	产品应用
1	电动汽车电机控制器	GP31	商用车、大巴车
2	电动汽车电机控制器	GP35	商用车、大巴车
3	电动汽车电机控制器	GP43	商用车、大巴车
4	电动汽车电机控制器	GP45	商用车、大巴车

七、合资合作及重大项目建设

2021 年 3 月,索德电气与比亚迪达成了战略合作关系,双方将深化新能源汽车领域的合作,将新技术应用于新能源公交客车、物流车、重卡及港口专用车领域。

2021 年 7 月,索德电气与吉利商用车达成了战略合作关系,双方将本着平等互利、优势互补的原则在客车领域开展深度合作,以科技创新助力绿色商用。

八、发展规划

公司始终坚持创新驱动发展战略,未来将继续加大研发投入力度,集中优势力量,向集成化电机电控方向发展,扩展产品功能,减小体积和质量,降低成本,提高产品效率,同时重点发展下游优质客户资源,进入大型整车厂供应链体系,在与对方合作的过程中不断提高产品的技术水平,获得技术认可。

苏州英特模汽车科技有限公司

一、单位概况

苏州英特模汽车科技有限公司成立于 2014 年,是一家从事汽车高端研发技术服务和提供研发测试设备的高科技公司,注册资本 5395.2381 万元。主要提供汽车行业的测试研发服务和测试设备,包括整车、工程技术、发动机、新能源三电、氢能源、智能驾驶等方向。

作为高科技企业,公司所有技术创新均为自主研发,拥有独立的知识产权,现拥有发明专利 30 件、实用新型专利 29 件、软件著作权 7 件。拥有国家认可实验室 CNAS 认证、国际 A2LA 的 ISO/IEC 17025 实验室认可、质量管理体系 ISO 9001:2015 认证、知识产权管理体系 GB/T 29490—2013 认证等。自成立以来,公司不断取得科技突破,引领新兴服务产业发展,获得多项荣誉:国家高新技术企业、江苏省民营科技企业、省级云上三星企业、江苏省工程技术研究中心、江苏省生产性服务业优秀服务机构、苏州市“独角兽”企业培育入库企业、常熟市科技创业领军人才、常熟市优秀自主品牌培育企业、经开区企业创新中心，2021 年工信部人工智能揭榜挂帅项目名列全国前五。

公司始终致力于在汽车测试行业细分领域做大做强，从客户需求出发，开展定制化测试技术服务。以“制造+服务”为经营战略核心，通过技术服务过程中发现的问题可以反过来促进制造的技术进步和质量提升，并根据客户的技术需求为客户提供定制测试装备或者个性化测试技术服务。目前公司已与国内外诸多汽车整车厂、汽车零部件企业如奔驰、路虎、蔚来、理想、戴姆勒、宝马、小米、小鹏、福特、菲亚特、博世、上汽通用、博格华纳、汇川、福斯、联合电子、泛亚、大众、宇通汽车、一汽、德尔福、麦格纳、吉利、潍柴、上柴、玉柴、长城、康明斯等达成了稳定深厚的合作关系。

二、生产与经营

公司 2021 年主营业务技术服务销售收入实现一年翻一番。随着企业实力不断提升，越来越多的行业专家和技术精英从北京、上海等大城市加入我们。随着人才队伍的不断壮大，英特模的业务板块，也从发动机拓展到了新能源、工程技术、氢能、智能驾驶等领域。预计未来几年，我们的发动机、新能源业务将跃居国内前列，工程技术、氢能、智能驾驶等领域的业务也会有非常大的增长空间。

三、产品出口

产品和服务主要聚焦于国内，最近几年特别是测试服务已与多家欧洲客户直接签订框架合同，客户的反馈是在效率和质量上远远超出他们的期望。

四、产能建设

截止到 2021 年底，英特模拥有 2 万多 m^2 研发实验室及配套科研设备仪器，累计搭建 300 多套测试实验室、测试台架。2021 年度产能达 150 万试验小时。

五、技术进展与研发能力

英特模在测试领域研发方面定义为“长期持续投入”，研发资金保持每年按照销售额的 10% 以上投入。2021 年度，公司累计获得 20 余件自主知识产权。

除了研发资金的保障之外，英特模推动技术进展与研发能力体现在：(1) 不断完善内部研发机构——研究院的建设；(2) 积极推进与高效的产学研合作；(3) 关键技术发布揭榜挂帅攻关需求等等。

六、主要新产品和测试服务

序号	产品名称	产品功能	品牌
1	燃料电池/电动汽车/混合动力多电联调系统	能量流的分析、策略验证和功能优化	ITI
2	热管理测试平台	对电动车/混合动力在热管理方面进行从子系统到整车级别的开发、优化和验证	ITI
3	新能源驱动系统 B2B 测试台架	高效验证电桥的性能和可靠性测试	ITI
4	可转向转毂测试台	在实验室环境实现纵向加载的同时，保持车辆转向功能，可用于智能驾驶功能测试，整车 EMC 测试和智能整车下线测	ITI
5	耦合式动力总成测试平台	在整车未开发出来之前，就可以对动力系统，控制系统进行全部的控制策略开发和验证	ITI
6	智能驾驶虚拟仿真测试平台	从 SIL、HIL 到 VIL 的智能驾驶全研发流程测试验证平台	ITI

七、合资合作及重大项目建设

公司投资建设的“新能源、燃料电池检测扩建项目”被列入 2022 年常熟市重点产业项目，对促进经济高质量发展的重要支撑作用。主要建设：(1) 实验室、研发楼、车间等生产辅房；(2) 汽车发动机实验室、新能源电机电控电池测试台架、动力总成测试台架、整车转毂实验室、EMC 实验室等。

本项目建成后，将成为华东地区规模最齐全的汽车测试中心（包括发动机、传统动力总成、混合动力总成、纯电驱动桥、新能源电机电控电池、整车、EMC 等测试）。

八、发展规划

英特模总部位于常熟，常熟有着得天独厚的地理位置和首屈一指的营商环境，长三角一体化、苏州市域一体化等战略叠加机遇为企业带来了新的发展空间。

汽车及零部件产业是常熟支柱产业之一，作为扎根于常熟的科创企业，英特模已长期服务路虎、索特传动、大陆、法雷奥西门子等头部企业。以经开区为核心区域的“苏州 · 中国声谷”自建设以来集聚了声学产业优质创新资源，英特模正与江苏省声学产业技术创新中心在汽车 NVH 检测方面积极开展合作，助力声学联合检测中心建设。

布局较早的新能源产业已在常熟形成了规模化的产业集群。2022 年上半年，英特模投产二期的新能源项目，全面对接新能源汽车头部企业，为全市布局新能源汽车产业，提升供应链能级作出贡献。2022 年将是国家氢能大发展的一年，常熟培育氢能产业早，具有规模齐全的氢能产业基础。英特模的氢能业务已服务潍柴、一汽、上柴、康明斯等众多车企，也与常熟的重塑、治臻建立了业务联系。英特模在氢能方面的研发测试能力必能服务好常熟氢能企业，实现共赢。

2022 年 4 月，作为常熟重点项目，完成“云签约”。项目主要从事氢气发动机、燃料电池发动机、燃料电池电堆等氢能技术产品、智能驾驶高端测试装备及相关部件的技术研发、系统开发测试等。预计可实现市场占有率 40% 以上。

亚新科工业技术(北京)有限公司

一、单位概况

亚新科集团成立于1994年,是中国领先的汽车零部件制造集团之一,拥有6大产品线,12个生产制造基地。在美国、欧洲和日本分别设有分支机构,提供技术支持、销售和物流服务。其70%的产品提供给全球的跨国公司,业务涵盖国内外市场。

亚新科的业务分为四大板块,即商用车市场、乘用车市场、国际市场和新能源汽车市场。主要产品有降噪减振及制动密封件、活塞环、气门座圈等部件,以及以材料应用技术为核心的发动机缸体缸盖、凸轮轴和粉末冶金制品等。其多条产品线在中国市场拥有行业领先地位。亚新科在传统业务领域积极践行国家降碳减排政策,推动绿色低碳和国七产品的技术研发。同时,亚新科多元发展,向“新”而生。快速扩大新能源零件业务,聚焦新能源汽车的电动化、智能化、轻量化的核心部件与系统开发。

二、生产与经营

2021年,亚新科集团销售收入32亿元。公司先后在各家制造基地建立了ERP、MES、OA、SPC、PLM、PDM等系统,并融入精益生产理念,以完成业务流程的优化和整合,覆盖销售、制造、质量、采购等业务环节,主要体现在,对上无缝集成现有ERP系统,对下与智能设备联网,实现生产计划排程、订单管控、半成品配送、设备点检、在制品质检记录、工作中心产出报工、生产异常呼叫及响应和产品快速追溯。

公司在关键工序上广泛应用高档数控加工中心、自动化设备、工业机器人,对低效率工序进行自动化和连线改造,建成一批拥有自主知识产权的柔性制造单元;引进或合作开发一大批行业领先的智能检验、测试、分析装备。目前,多数生产制造基地关键设备数字化率100%,实现智能设备、智能检测、智能物流等关键技术装备之间的信息互联互通与集成。

三、产品出口

亚新科集团在美国、欧洲和日本分别设有分支机构,在美国、墨西哥、法国、德国、荷兰和比利时设有仓储为全球客户提供技术支持、销售和物流服务。

亚新科为康明斯、博世、卡特彼勒、菲亚特、依维柯、达夫、斗山、PSA、福特、日产、日野、小松、珀金斯、大陆等国际知名企业供货,并与多家公司建立了战略伙伴关系,产品远销90多个国家。

四、产能建设

亚新科双环年产能超1.8亿片活塞环、品种规格5800多个。

亚新科安徽向客户提供全套NVH技术解决方案。针对汽车整车业开发的减振类(包括发动机悬置、底盘衬套等)和制动类(包括制动皮碗、皮膜等)橡塑产品已成为两大支柱产品。年销售额超过10亿元。

亚新科山西拥有产能18万t,是中国最大的、独立的发动机缸体缸盖制造商。

亚新科凸轮轴具有年产50+万件凸轮轴毛坯、120万件凸轮轴成品的生产能力。

五、技术进展与研发能力

1. 亚新科双环

亚新科双环开发了铬基陶瓷复合镀层活塞环及其加工技术、端面闪镀技术、物理气相沉积技术、铬基金刚石复合镀铬涂层活塞环及其加工技术、活塞环外圆面DLC技术(镀膜DLC技术:世界一流;端面强化技术:世界首创;外圆镀层技术:世界首创),进行成果转化,填补了国内空白,达到了国际先进水平,使公司掌控了活塞环表面处理领域的核心技术,打破国外同行的技术垄断,引领了国内同行发展。

目前公司建有省级研发机构:江苏省企业技术中心、江苏省复合镀层工程技术研究中心、江苏省博士后创新实践基地、江苏省企业研究生工作站。企业技术中心先后与东南大学、中科院兰州物理化学研究所、江苏大学、上海内燃机研究所、北师大、德国GTV、日本NPR公司等国内外科研院校进行长期合作,共同攻关。成立了“江苏省复合镀层工程技术研究中心”“东南大学—仪征双环活塞环技术研究所”“江苏大学—仪征双环活塞环研发中心”,“LICP-CYPR高性能活塞环联合研发中心”“扬州大学—仪征亚新科双环活塞环有限公司联合实验室”。

公司形成了较为完备的研发设计体系,通过逐年加大科研力度,技术实力不断增强。公司累计授权专利共计45项:中国专利43项(10项发明、33实用新型专利;同族海外专利5项:欧洲发明专利2项,美国发明专利2项,日本发明专利1项),日本发明专利1项,德国实用新型1项。

2. 亚新科安徽

亚新科安徽被认定为高新技术企业和省企业技术中心。研发团队150人,其中工程人员80人,CAE分析15人,并与北京科技大学、重庆大学、青岛化工学院技术合作。拥有18项国家发明专利,28项实用新型专利,具备与客户同步研发能力。公司拥有二维/三维设计软件:AUTOCAD、Catia、Creo、UG;动力学分析软件:ADAMS;有限元分析软件:ABAQUS等多种软件设计平台,且引进了包括K5和GUMIX80L密炼机、三维加工中心、臭氧老化箱、MTS动静刚度仪、发动机动力总成惯性参数测量设备、BBM汽车整车噪声与振动测试系统、路谱采集和测试系统、耐疲劳试验台等加工、检测设备,其设计能力、装配水平和生产能力均居国内行业前列,达到国际先进水平。

在减振新能源领域,电机悬置、底盘衬套、Top Mount以及空气弹簧隔振块均具有设计分析能力。并在轻量化技术、路谱采集技术、模具技术、无飞边技术、自动化应用等均处于先进水平。

在高端密封领域,公司已达到国际先进水平,电驱总成、热管理、动力电池均在设计研发中。

3. 亚新科山西

亚新科山西技术中心目前已获得“运城市工程技术研究中心”及“省级企业技术中心”称号；2022 年申报山西省科技厅“发动机核心部件智能与绿色铸造省技术创新中心”。研发人员 70 余人（铸造技术 40 人），在铸件结构设计、材料性能确定、铸造全程工艺、加工装配性改善、失效原因分析改进等方面经验丰富。截至目前，公司共获得专利 49 项，其中发明专利 4 项，实用新型专利 45 项。2022 年正在受理专利 15 项，其中 1 项发明专利。制定企业标准 5 项，参与制定中国机械工程学会社团标准 1 项。

4. 亚新科凸轮轴

亚新科凸轮轴技术中心已被认定为扬州市企业技术中心。并在 2016 年获得国家“高新技术企业”证书。同年康明斯 Viking5. 0L 凸轮轴获江苏省高新技术产品。公司隶属国家火炬计划扬州汽车及零部件产业基地，系国家高新技术企业、江苏省信息化和工业化融合试点企业，多项产品被评为江苏省高新技术产品。

公司拥有工程技术人员 26 人，设有专门研发技术中心，具备商用车用凸轮轴的设计开发及匹配能力。完善的研发体系，前瞻性的技术布局。公司高度重视产品和技术开发，建立了涵盖产品研发、工程设计、测试检验等领域完善的研发体系。

公司被授予“国家高新技术企业”“工程技术研究中心”“扬州市认定企业技术中心”。企业拥有有效专利 19 件，其中发明 5 件、实用新型 15 件。实质审查发明 1 件。

六、合资合作及重大项目建设

亚新科集团在多地布局新项目，主要包括：亚新科技术研发中心；从事研发、生产、销售各类新型活塞环的高端汽车零部件智能制造项目；汽车减振制品装配智能制造项目；设计产能 6 万 t，主要生产 10~15 L 发动机缸体缸盖，应用和开发发动机轻量化和蠕墨铸铁等新材料智能化的汽车零部件制造基地，以及为满足国六、国七发动机排放的组合凸式轮轴项目等。

七、发展规划

亚新科集团将稳固国内商用车和重型发动机业务的市场龙头地位，把传统业务做到极致。与此同时，迅速扩大新能源零件业务，布局新能源部件、总成和系统业务，提升新能源产品在整个集团的销售占比。亚新科集团正在加速推进数字化、智能化转型升级，驱动集团创新发展。

珠海华粤传动科技有限公司

一、单位概况

珠海华粤传动科技有限公司（CNCDT）是成立于 1993 年的汽车传动领域科技型公司，是中国汽车工业协会理事单位及其离合器委员会理事长单位。

CNCDT 作为自动变速器关键总成、节能与新能源汽车传动供应商，三地研发（珠海，南京，重庆），拥有正向开发及 OEM 所需整车匹配、系统评价、产品测试能力，是国家高新企业、省级企业技术中心/工程技术中心

公司始终秉承“客户满意是我们不懈的追求”的经营理念，以客户为导向，聚焦客户的价值需求，为客户提供个性化“智能传动”系统解决方案，让驾乘更舒适。

CNCDT 致力于提供传动系统动力耦合方案、NVH 系统技术服务产品：

1. 节能与新能源汽车传动、减振解决方案

（1）48 V 皮带轮解耦器；（2）混合动力限扭减振器，湿式离合器；（3）增程式减振器；（4）纯电多挡变速器用湿式离合器。

2. 传统汽车传动、减振器方案

（1）离合器：干式离合器，湿式离合器、湿式双离合器；（2）减振器：MT 双质量飞轮，DCT\CVT 减振器（含 CPA）。

二、生产与经营

目前珠海华粤传动科技有限公司的产品已被国内外客户广为认知。公司的产品 80% 在国内市场销售，已为南北大众、上汽通用、上汽通用五菱、一汽集团、东风集团、上汽乘用车、长安汽车、吉利汽车、奇瑞汽车、比亚迪、江淮等汽车主机厂配套及合作，并在国内大中城市：北京、广州、重庆、沈阳、南京、武汉、郑州、哈尔滨、济南、昆明等地建立了 10 多个核心经销商，而且在不断开发新平台客户，如康众连锁、三头六臂等。公司约 20% 的产品在欧洲、北美、南美、中东和非洲等 70 多个国家海外市场销售。根据行业统计资料，公司已成为最大的国内品牌乘用车离合器配套商。

三、产品出口

出口产品主要是离合器套件（clutch cover, disc and bearing 3 in 1 Kits），其中欧洲占 70%，亚非占 15%，美洲占 15%。

四、产能建设

2021 年双质量飞轮（DMF）、TD 产能 100 万套，湿式离合器（含湿式双离合器）产能 40 万套，混合动力限扭减振器产能 40 万套，干式离合器产能 300 万台。公司节能与新能源产品系列已进入大批量化生产阶段，可根据客户需求与项目进度同步扩产，能够快速响应节能与新能源产品发展需求。

五、技术进展与研发能力

1. 企业技术中心的组织机构及运行机制

技术中心具备先进的研究开发条件，拥有有效的激励机制，吸引科技人才到企业技术中心工作，增强企业对科技人员的凝聚力，提高企业技术人员的整体素质。截至 2019 年，公司自主研发 26 件授权实用新型专利。此外，公司也十分注重各国内知名高校进行产学研项目合作，从 2010 年起与南京理工大学建立了“离合器力学特性研究”的项目合作，2014 年公司又与吉林大学珠海学院建立产学研实习基地、与

吉林大学开展“基于纯电动轿车两档自动变速器的干式双离合器总成及其电控系统开发”的研究项目，开始新能源电动汽车 DCT 产品的研究，充分发挥校企合作的人才与资源的双向优势。

2. 企业技术中心研究开发及试验的基础条件

技术中心现有面积 2330 m^2，办公面积 1890 m^2，拥有整车 NVH 测试、产品试验与理化试验室共占地面积 700 m^2，具有完善的试验检测设备，包含系统检验、功能测试、疲劳测试、材料及测量等设备 30 多台，试验专用车辆 8 辆。为研究系统提供了真实可靠的数据分析和试验结果。也为众多客户提供传动系统的 NVH 与耦合检测数据。公司不断加大研发投入，先后于 2017 年、2018 年成立南京研发中心、重庆研发中心，为公司研发提供源源动力。

3. 企业技术中心的研究开发工作开展情况

公司近年来不断加大科研投入，进一步研发新产品、新工艺、新技术，提高创新能力和服务水平，稳定产品品质，为汽车传动系统提供更快更好的振动、噪声、阻尼衰减、发抖等解决方案。公司十分注重与国内知名高校进行产学研项目合作，从 2010 年起与南京理工大学建立了“离合器力学特性研究”的项目合作，并在《汽车工艺与材料》刊物上发表了《冷强化对膜片弹簧载荷变形特性的影响分析》、在《机械传动》刊物上发表《膜片弹簧 A-L 修正公式的研究》等十篇与本项目课题相关的研究文章。2014 年公司又与吉林大学珠海学院建立产学研实习基地、与吉林大学开展“基于纯电动轿车两档自动变速器的干式双离合器总成及其电控系统开发”的研究项目，开始新能源电动汽车 DCT 产品的研究。公司在 2012 年和 2018 年成为珠海市市级重点企业技术中心，致力于打造持久的企业核心产品竞争力、全方位卓越质量追求，成为一流企业，行业标杆。公司近年来通过不断的技术创新，获得了客户、行业与政府的充分认可，获得大众、通用、比亚迪、海马、东安动力等客户颁发的优秀供应商的荣誉称号；同时也是中国汽车工业协会离合器委员会理事长单位、国家高新企业、省级技术中心、广东省制造业 500 强、市级技术中心、珠海市创新产业化示范基地。

六、主要新产品

序号	产品名称	产品型号	产品应用
1	新能源湿式离合器	新能源湿式离合器	红旗、东风电动、智新科技、纳铁福
2	新能源减振器	新能源减振器	科力远、吉利汽车、上汽通用五菱，比亚迪
3	皮带轮隔振器	皮带轮隔振器	上汽，吉利
4	双质量飞轮	双质量飞轮	东风柳汽、江淮、上汽通用五菱、上汽乘用车、上汽通用、吉利汽车
5	湿式双离合器	湿式双离合器	比亚迪
6	标准离合器	标准离合器	一汽大众、上汽大众、上汽通用、上汽通用五菱、一汽轿车、东安动力，东风柳汽，江淮汽车，吉利汽车、北汽、奇瑞

七、发展规划

(1)立足于《新能源汽车产业发展规划(2021—2035年)》《节能与新能源汽车技术路线图(2.0 版)》，为客户提供个性化“智能传动”系统解决方案，让驾乘更舒适。

(2)公司技术中心后续将坚持吸收人才的理念，不断吸收专业人才和专家，扩大技术中心队伍，加快培养高技能人才，形成老中青阶梯的团队构架组合成技术中心，实现可持续发展目标。

(3)技术中心加大科研投入，进一步研发新产品，新工艺，新技术，提高创新能力和服务水平，稳定客户品质，为汽车整车传动系统更快更好的解决整车振动、噪声、阻尼衰减、发抖等问题。打造持久的企业核心竞争力，成为一流企业，行业标杆，从提供单一产品的 OEM 配套商向提供综合产品与服务的传动科技公司转型，向新能源减振器与纯电动拓展。

(4)打造国家标准的实验室。技术中心的实验室不仅成为客户认可的实验室，后续将建立成为国家认可的实验室，利用购买的先进进口试验设备，为广大的客户提供专业的服务平台和建立分析系统。

(5)充分利用我们已经形成的产学研基地，重点研究汽车传动系统的 NVH、EMT、DCT 的技术难题，创建行业的领先技术。完成新能源汽车关键部件 AT，DCT，CVT 用减振器开发工作，实现混合动力产品量产，同时把纯电动产品推向市场。

恩斯克投资有限公司

一、单位概况

日本精工株式会社(NSK LTD.)成立于 1916 年，是日本国内第一家设计生产轴承的厂商。目前 NSK 在全球 30 多个国家和地区建立了销售网络，并拥有近 70 家工厂，行业排名位居世界前列。NSK 还利用生产轴承锤炼出的精密加工技术，从很早以前就开始通过向汽车零部件、精密机械产品、电子应用产品等领域的进军，推动多方位的事业拓展。目前 NSK 在轴承领域排名世界第 3，并且在电动助力转向器、滚珠丝杠等领域位居世界领先地位。

恩斯克投资有限公司是日本精工株式会社的中国总部，全权负责在中国的生产技术销售营运。

NSK 的企业理念是“通过 MOTION & CONTROL(运行与控制)，为贡献一个舒适而安全的社会尽心尽力。在维护地球环境的同时，通过在全球的事业发展，加强国与国、人与人之间的团结和合作。”NSK 在企业成立 100 周年之际，制定了《NSK2026 愿景》，提出要“齐心协力，慧动未来”，NSK 期待与世界共同创造社会价值，在实现企业发展的同时对社会作出贡献。

二、生产与经营

自 1992 年成立北京事务所以来，NSK 在中国设立的 12 个生产基地、1 个研发基地、19 个销售网点，营销网络遍及中国各地。

作为一家深耕于汽车行业百年的世界知名汽车零部件企业，为顺应并推动中国汽车行业“新四化”（电动化，智能化，网联化，共享化）的发展，NSK 中国正在着力推进相关技术的研发，以及研发成果的市场化。

三、技术进展与研发能力

NSK 的百年发展中，始终坚持科技的开发与创新，以领先的技术优势为客户提供量身定制的解决方案。为满足中国市场的产品需求，NSK 在 1995 年建立首家中国工厂（昆山 NSK）后，立刻着手组建 NSK 中国技术中心——恩斯克（中国）研究开发有限公司。2009 年 9 月建造在江苏省昆山市花桥经济开发区的 NSK 研发大楼正式启用，这是 NSK 在日本以外建造的最大的研发中心，拥有日本派驻专家、博士、硕士等高级技术人员近百人，在职人数近 300 人。

NSK 中国研发中心与位于日本藤泽的 NSK 综合研发中心及位于美国、英国、德国、巴西等 14 家研发中心合作，通过对终端客户的潜在需求调研，以前瞻性的眼光积极立项开发新产品、新技术，引领行业的发展。同时，公司也会配合尖端客户的需求，为客户提供关键部位的攻关支持，助力客户产品的创新发展。

加特可（广州）自动变速箱有限公司

一、单位概况

加特可（广州）自动变速箱有限公司（以下简称加特可广州）是加特可为了向广阔的中国市场供应产品，2007 年在广州独资设立的生产据点，2009 年开始量产，目前已发展成为员工人数逾 2000 人，年产能 120 万台的工厂。除了生产外，还具有研发、市场调查、品质保证、销售等职能，建立起了能够快速应对中国市场需求的体制。

二、生产与经营

加特可广州延用集团特有的 JEPS（JATCO Excellent Production System）生产方式，秉承精密严谨的生产态度，坚持“安全绝对”的生产管理，把从原料采购、加工、组装、检查到出货的所有工序整合到一条生产线上，在品质、成本、交货期等方面都以行业领先的生产制造为目标，在现状与目标差距上无限改善与变革，持续提升生产制造的水平。

加特可广州主要生产 Jatco CVT7、Jatco CVT8、Jatco CVT7 W/R 等加特可最新重点产品。截至 2020 年4 月 1 日，加特可广州生产的 CVT 台数占加特可全球台数的 21%，截至 2021 年 12 月，累计生产 CVT 达 900 万台。

三、技术进展与研发能力

为了能够提供符合中国市场需求，实现超越客户期待价值的高品质产品制造，加特可广州于 2012 年设立了品质技术中心，通过开发、市场品质保证、采购、供应商品质保证等生产以外的制造功能，与生产紧密协作，为产品生产提供支持。

为顺应汽车行业电动化、智能化的发展，除了搭载在传统汽车上的 AT、CVT 之外，加特可结合自身 50 余年专业变速器生产厂商所特有的齿轮设计、加工技术，推出对应混合动力 HEV 的变速器，力求支持混合动力汽车（HEV）、纯电动汽车（EV）、燃料电池电动车（FCV）等多样化的驱动和传动系统。实现小型轻量化、优越搭载驾驶性、高效率能量传递。

加特可通过自由的想象汇聚点子，孜孜不倦地挑战技术，致力于提供超越客户期待价值的高品质产品。将驾驶乐趣传递于人，将活力传递于社会，将友好传递于地球，为客户、汽车文化和社会创造价值。

四、主要新产品

序号	产品名称	产品型号	产品应用
1	JF020E 小型前置前驱车用 CVT	Jatco CVT7 W/R	东风日产蓝鸟、轩逸、劲客；东风启辰 D60\T60
2	JF015E 轻型小型前置前驱车用 CVT	Jatco CVT7	东风日产阳光、骊威、骐达、轩逸；东风启辰 M50 V；东风裕隆纳智捷 S3、U5
3	JF016E/JF017E 大中型前置前驱车用 CVT	Jatco CVT8	东风日产天籁、奇骏、逍客、楼兰、西玛；东风雷诺科雷嘉、科雷傲

五、合资合作及重大项目建设

制定《无级自动变速器（CVT）技术要求及实验方法》的行业标准，填补业内空白。

电装（中国）投资有限公司

一、单位概况

作为日本汽车零部件及系统供应商株式会社电装在中国的事业统括公司，电装（中国）投资有限公司（DENSO (CHINA) INVESTMENT CO.，LTD.）自 2003 年成立以来，在尊重中国地域文化的基础上，通过投资统括活动，有效地整合中国的人才及资源优势，将中国发展为电装重要的生产基地，并通过提供高品质产品和服务，最大限度地满足中国汽车生产厂家及用户的需要。同时，深入中国社会，积极承担作为一个良好企业市民的社会责任，为实现"人·车和谐共存"的理想汽车社会不断努力。目前除位于北京的总公司外，在天津、上海、广州、长春、武汉、济南、重庆设有分公司，并在上海设有技术中心。主要业务包括销售、技术研发、行政管理以及对中国20多家生产公司的投资统括。

产品范围包括电动化产品（如逆变器、电动机），动力传动系统产品（如喷油器、燃油泵、ECU等）、热系统产品（如空调单元、压缩机、冷凝器等）、智能移动系统（如雨智能仪表、毫米波雷达、远程监控单元等）、汽车后市场产品（如火花塞、雨刮片等）以及机械手、扫码器等其他领域产品。

公司成立于2003年1月14日，出资方为株式会社电装（100%），注册资金2.66亿美元，董事长是井上英治，有员工数1.7万人（截至2022年3月，包含合资公司及生产公司员工）

二、合资合作及重大项目建设

面向未来移动社会，电装始终致力于"电动化""先进安全/自动驾驶""智能网联"等技术的研发。在"电动化"领域，电装发挥在电子产品、电机领域所积累的专业技术及优势，拥有逆变器、电动机等丰富的产品线。2019年在中国首次亮相的ELEXCORE/睿核的品牌，象征着电装立志成为电动化中坚力量的决心，并将"用尽最后一滴电"的技术人员的热情表现在品牌名称和产品设计中。

电装一直致力于"实现安心的技术"和"保护环境的技术"的研发。通过对于交通、环境、移动需求等整个城市的数据进行收集的新物联网技术，通过云端安全控制交通，有助于降低占交通事故主要原因的驾驶员操作失误。通过高效的能源再生系统、利用半导体集成化及高性能冷却的电驱动技术、较大限度地发挥发动机性能的燃烧、排放技术，实现主要产品的高性能化，致力于CO_2减排。

新公司BluENexus主要进行驱动模块的开发及销售。驱动模块是把电动化汽车驱动中必不可少的电机、逆变器、集成传动轴这3大关键部件打包，实现直接驱动车轴的一种产品。爱信的集成传动轴，电装的逆变器，皆享有世界范围内较高的市场占有率。此外，在电机开发领域两家公司都具备了世界先进的高技术水平。正因为有这样的强强联手，BluE Nexus生产的驱动模块可以更低成本地实现高效化、高舒适驾乘感以及小型化设计。爱信与电装拥有在各种组合部件开发中磨练出的技术强项，将这些强项结合活用，研发出新的技术和产品，才能最终打造成这样的驱动模块。

另外，新公司的名称为BluENexus，Blue代表天空、地球、Nexus代表羁绊。BluE Nexus的动力传动产品可以用于混合动力车或插电式混合动力车使用的双电机模式及单电机模式的油电混动单元，还可以用于作为电气汽车或燃料电池车驱动源的e-Axle以及各种类型的电动汽车。满足多样化的电动化中所需的性能及需求。另外该公司还可以配合客户的平台及要求，开发驱动模块乃至整体系统，甚至提供ECU软件控制匹配的技术支持。从打包提案到车辆匹配进行全程服务，为客户导入新型驱动模块和加速平台应用持续贡献力量。

中国汽车电动化进程正在引领全球市场。电装与爱信至今分别将自动变速箱和逆变器作为核心技术。在这两大技术建立起的客户群的基础上，BluE Nexus将把驱动模块分享给更多的新客户，直至全世界。在组合件和模块开发、整车匹配方面的综合技术能力能满足广阔的中国市场需求。将会努力赢得合作伙伴的信任，深耕中国事业，为中国实现可持续发展社会添砖加瓦。

三、发展目标与规划

电装集团于2017年10月31日，正式对公司内外发布了2030年企业长期方针。以"为地球、社会和全世界的人们，创造笑容绽放的未来。"为口号，旨在打造为实现绿色环保，让全世界人们都感受到安心和幸福的智能移动社会而不懈努力，坚持创造全新价值的企业。核心价值：环境、安心、共鸣。

在中国，电装在生产和销售众多降低油耗、净化尾气排放、助力安全驾驶等相关产品的同时，也积极投身于中国汽车产业的发展和环境保护。

现如今，瞬息万变的世界正面临百年一遇的变革时代。汽车产业也正处于移动社会的变革浪潮中。身处这样的变革时代，首先我们需要重新审视以往的自身强项并加以磨练，然后大胆寻求全新的事业发展，积极探索以往未知的业务领域。

因此，打破固有思维，发挥灵活创想，并迅速付诸行动非常重要。同时，为区域社会贡献力量也一如既往的重要。只有通过这些行动，才能得到社会的认可，真正被视作为"中国必不可少的公司"。让我们群策群力，共同迈向新世界！

奥特佳新能源科技股份有限公司

一、单位概况

奥特佳新能源科技股份是国内汽车热管理技术开发行业内最具有国际竞争力的领军企业，是国内汽车热管理行业的主要参与者和技术开发者，在汽车热管理领域具有雄厚的科研创新能力和强大且均衡的制造能力，产销量世界排名前三。

公司拥有南京奥特佳、空调国际集团等多家全资子公司，拥有15家生产基地，分布中国、美国、欧洲、北非及东南亚地区，覆盖全国各地及世界各主要汽车发达市场，贴近主要客户。公司的主要客户涵盖了国内各大主流自主品牌汽车主机厂，以及通用、福特、Stellantis（标致-雪铁龙和菲亚特-克莱斯勒）、大众、捷豹-路虎及美国某著名电动车公司等。与客户牢固的业务纽带显示了奥特佳公司强有力的技术水平和产能供应能力，也奠定了业务可持续发展的基础。

截至2021年末，公司注册资本32.43亿元，总资产101亿余元，业务总收入51亿余元，雇员总数6000余人。

二、生产与经营

公司的主营业务是汽车热管理系统及零部件的技术开发、产品生产及销售，主要产品包含汽车空调压缩机、汽车空调系统、储能电池热管理产品及其关键部件。各类产品均为技术精密、质量稳定、可靠耐用的精品，占有国内外广泛的市场份额。公司生产的涡旋式空调压缩机是伴随自主汽车品牌成长的标杆式产品；自主开发的电动压缩机广泛适配于各类电动汽车，目前已经进化至第四代，且正在进行第五代电动压缩机等新技术新产品的研发；精心研制的热泵空调系统产品具有极高的技术水平，获得了美国某著名电动车公司及蔚来汽车等众多新能源汽车主机厂的青睐；公司生产的储能电池设备的热管理设备产品，已与宁德时代进行合作。

三、产品出口

公司的产品通过两种方式向境外出口：公司在特定区域投资设厂，对公司产品进行生产、组装。其工厂选址大多贴近客户，以取得一定地理优势，降低运输等成本。2021 年末，公司在摩洛哥成立的子工厂年生产量达到 29 万台，发货量达到 25. 8 万台。

四、产能建设

奥特佳具备所销售的全部产品的生产制造能力，2021 年汽车空调压缩机产品的总产能约为 820 万台，其中电动空调压缩机的产能为 60 万台；汽车空调系统（以构成空调系统的核心部件计）汽车空调系统中芯体的总产能约为 600 万件；空调箱的总产能约为 430 万套；各类零部件中应用于新能源汽车空调系统的整体产能约为 110 万套。储能电池热管理系统的产能紧凑，与销量基本保持平衡。

奥特佳当前产能情况与公司的销售水平相适应，符合当前和中期生产销售变化趋势，具备热管理系统全产业链终端产品的充足生产能力。随着市场结构的变化，新能源汽车热管理零部件的需求快速增长，公司加大对电动压缩机和电动汽车空调系统的产能投资，调整产能布局。

五、技术进展与研发能力

奥特佳是目前全球领先的涡旋式汽车空调压缩机和国内产销量领先的汽车空调压缩机的生产企业，是《汽车空调用小排量涡旋压缩机》（GB/T 27942—2011）行业国家标准的起草单位。

就压缩机业务而言，电动汽车空调压缩机的技术路线大多是采用涡旋压缩机结构，公司依托涡旋型传统压缩机技术上的深厚积累与强大生产能力，在“汽车用高效电动空调（热泵）压缩机技术关键技术开发与应用”项目上取得中国机械工业科学技术一等奖，相关电动压缩机产品具备长寿命、低故障率、较低能耗和低 NVH 等特色，处于业界领先水平。

就空调系统业务而言，公司为全球主流厂商设计和开发了大量的完整系统、模块和热交换器部件项目。公司重视汽车热管理领域前沿先进技术的开发积累。2021 年，公司启动了以 R290、二氧化碳等多种替代制冷剂的空调压缩机、模块化热泵系统、第五代电动压缩机（公司内部的代际划分标准）等新技术新产品的研发进程。

公司是国内首批进入新能源汽车热管理领域的厂商，拥有长达 13 年的丰富开发经验和众多客户，具备系统及核心部件压缩机的专业研发体系与强大的创造能力，同时具备丰富的新能源汽车热管理开发经验和专业制造技术，研发队伍在设计和开发概念到生产方面有着出色的成绩。

奥特佳利用在研发上的深厚积累，逐步形成自身的核心技术集群，涉及能效提升、原理优化、制造加工技术等多个方面，全方位地构筑了产业技术优势。公司 2021 年新增 42 项专利，其中发明专利 7 项、实用新型专利 32 项、外观 3 项，合计拥有技术专利 277 项。

六、主要新产品

（1）汽车用高效电动空调（热泵）压缩机。公司依托涡旋型传统压缩机技术上的深厚积累与强大生产能力，在“汽车用高效电动空调（热泵）压缩机技术关键技术开发与应用”项目上取得中国机械工业科学技术一等奖，公司生产的第四代电动压缩机产品具备长寿命、低故障率、较低能耗和低 NVH 等特色，处于业界领先水平。目前第五代电动压缩机正在研发中，预计新一代压缩机会拥有更高转速及功率。

（2）汽车空调系统及部件。2021 年，公司启动了以 R290、二氧化碳等多种替代传统制冷剂的空调压缩机、模块化热泵系统，为全球主流厂商设计和开发了大量的完整系统、模块和热交换器部件项目。

（3）储能电池热管理设备。2021 年，公司新设埃泰斯新能源科技（上海）有限公司，批量化生产储能电池热管理设备，产销量快速增长，已获得了业界客户的广泛好评。

公司各类产品及应用如下：

零部件			
汽车空调压缩机			
序号	产品名称	产品型号	产品应用
1	45cc 压缩机	E45TM（单级压缩）	满足新一代中高端车型高续航、电池超级快充需求的产品
2	27cc 压缩机	E26	纯电/混动小型轿车，SUV，物流车，高性价比需求
3	34cc 压缩机	E34	B 级，C 级，SUV 纯电/混动车型
4	70cc 压缩机	E70	大巴，轨道交通，地铁
汽车空调系统			
序号	产品名称	产品型号	产品应用
1	Gemini	HVAC	蔚来汽车
2	VX1	前端冷却模块	高合汽车
3	HA1	HVAC	高合汽车

续上表

序号	产品名称	产品型号	产品应用
4	Force	HVAC	蔚来汽车
5	Force	香氛	蔚来汽车

储能热管理系统

序号	产品名称	产品型号	产品应用
1	8 kW 储能水冷机组	BTMS-ES80	储能户外柜产品
2	15 kW 储能水冷机组	BTMS-ES150	集装箱式储能产品
3	8 kW 车用水冷机组	ETMS-80	新能源商用车,工程机械

七、合资合作及重大项目建设

1. 合资建厂

奥特佳子公司空调国际集团与中国长安汽车集团有限公司合资成立了南方英特空调有限公司,南方英特是一家集研发、生产、销售汽车热管理系统为一体的科技公司,拥有重庆市市级企业技术中心和日本广岛工程技术研发分中心,拥有完善的研发体系和强大的本地化自主研发能力,研发人员占比超过 20%,并充分利用空调国际的全球技术资源,积极参与客户整车的全球同步开发,为客户提供领先的车用热管理系统解决方案。

南方英特凭借覆盖全国的强大制造能力,完善的运营和质量管理体系,得到了客户及社会的高度认可,是长安汽车 QCA2.0 卓越供应商、福特 Q1 供应商及马自达战略供应商,荣获渝北区区长质量管理奖、重庆市技术创新示范企业等多种奖项,并通过了 IATF 16949、ISO 14001、OHSAS 45001 等体系以及 CNAS 实验室认证和国家级两化融合管理体系认证,多次荣获长安汽车、长安福特、长安马自达优秀供应商。

2. 产学研

奥特佳保持与国内高等院校,研究院所建立多种形式的合作协同关系,有效地组织和运用社会资源为企业技术创新服务。奥特佳已与美国普度大学、东南大学、华中科技大学、合肥通用研究所签订合作协议,在攻坚克难、新技术领域有所突破。

3. 重大项目最新进展

2021 年,公司利用 2020 年非公开发行募集资金投资建设了多个生产研发项目。其中位于江苏南通的新能源汽车热泵空调系统项目投资总额达 1.2 亿元,于 2021 年 10 月建成并投产,为多个主流新能源整车厂销售汽车热泵空调系统。截至 2021 年末,该项目实现效益 4900 万余元。公司在安徽滁州投资建设的“年产 60 万台新能源汽车电动压缩机项目”,总投资额达 4700 万元,截至年末该项目已实现收益 510 万元。此外,根据对新能源汽车市场发展情况的判断及对未来订单情况的估计,公司认为该项目为公司带来的产能已无法满足蓬勃发展的市场需求。结合实际经营情况,公司启动“年产 100 万台新能源汽车电动压缩机项目”,以满足市场发展需求。该项目于 2 月 8 日举行了开工典礼,滁州市南谯区政府领导及公司高层管理人员出席了本次典礼。公司在安徽马鞍山投资建设了“年产 360 万支压缩机活塞项目”,总投资额 5200 万元,已于 2022 年 4 月建成投产。公司子公司主持的奥特佳中央研究院项目,地点位于江苏南京秦淮区,总投资额为 4000 万元,因该项目依托于总部大楼建设而成,预计 2023 年施工完毕投入使用。

八、发展规划

推动公司新能源化、系统化、国际化战略的稳健落实,成为世界领先的汽车热管理系统方案供应商。

全力以赴发展新能源汽车热管理系统的综合技术,提供从压缩机到空调系统及相关软硬件的综合解决方案,利用新能源整车热管理研发方面的先发优势,全面构筑先进的技术体系。

深入促进空调压缩机业务和空调系统业务的在技术、产品、市场上的全面融合,打造软硬件合一的汽车热管理系统产品及技术方案,生产具有鲜明技术特色的过硬产品,以产品力铸造市场力,形成更加稳定、均衡的规模效应。

夯实国际经营实体的经营基础,强化管理,降低成本,减少费用,增强各实体适应当地市场的经营能力,提升国际业务盈利能力。

大力发展储能电池热管理系统业务,引入战略资源,加大投入,加深技术研发积累,发挥先发优势,扩大客户服务面,拓宽业务方向,尽快做大做强,使之成为公司业务第三支柱。

九、2021 年 1—12 月企业在新能源汽车方面经济指标统计

填报单位名称	指标名称	单位	本期累计	同期累计	增长率(%)	增长额(提高百分点)
奥特佳新能源科技股份有限公司	2021 年末资产总计	万元	1012326.33	840864.47	20.39	171461.86
	2021 全年完成投资额	万元	40868.39	22846.82	78.88	18021.57
	2021 年营业收入	万元	513740.13	372689.36	37.85	141050.77
	2021 年利润总额	万元	−10066.83	−36660.91	72.54	26594.08
	2021 年产品销售率	%	78.05	69.40	8.65	—
	2021 年销售利润率	%	−1.96	−9.84	7.88	—

上海加冷松芝汽车空调股份有限公司

一、单位概况

上海加冷松芝汽车空调股份有限公司创立于1998年，专业研发、制造各类车辆空调系统。2010年在深交所成功上市，股票简称松芝股份，股票代码为002454。控股厦门松芝、安徽松芝、重庆松芝、成都松芝、柳州松芝、武汉松芝、南京博士朗等20余家分子公司。上海总部建有春光路、华宁路、颛兴路三大厂区，总计占地面积18.1万m^2，建筑面积22.4万m^2。员工约3000人，其中技术人员近500人。

依托20年的卓越管理与雄厚的技术积淀，松芝股份业务领域逐步覆盖大中型客车空调、乘用车空调、轨道车空调、冷冻冷藏车空调、车用空调零部件、新能源汽车空调及压缩机领域。

二、生产与经营

松芝股份致力于打造移动式空调系统的民族第一品牌，始终坚持“高效、节能、环保”的产品战略和“高技术、高品质、高服务”的技术营销市场理念。目前已拥有20余家分子公司，形成以上海为中心，以安徽、重庆、武汉、柳州、成都、北京、厦门等地区为主要基地的国内市场布局，业务覆盖全国34个省区市。

2020年公司克服疫情的不利影响，抓住市场机遇，持续提升客户质量，扩大新产品销量。在大中型客车热管理业务板块，公司面对客车行业下滑的不利局面，稳住大中型客车空调系统基本盘的基础上，扩大大中型客车电池热管理产品销量，持续巩固公司在大中型客车热管理行业中的龙头地位；在小车热管理业务板块，公司坚持“商乘并举”的策略，抓住商用车快速发展的行业机遇的同时，持续提升乘用车客户质量和产品盈利能力；在其他业务板块，公司持续扩大客户范围，获得部分优质订单。

三、产品出口

松芝产品远销俄罗斯、智利、土耳其、巴西、马来西亚、印度尼西亚等海外30多个国家。2021年境外营收214051655.64元，同比上涨13.99%。

四、产能建设

目前公司已具备上千种产品的产业化能力，客车空调年产能达6.5万套，换热器芯体年产能达400万件，空调总成年产能180万套。引入国内领先的自动总装线、芯体装配线、自动焊接机、自动氦检机、激光切割等，形成以上海为中心，覆盖厦门、江淮、柳州、重庆、南京、武汉等地的全国生产布局。

通过企业资源计划系统（ERP）、制造执行系统（MES系统）及仓库管理系统（WMS）等信息化系统进行资源整合，实现生产物料透明化、作业指导信息化、生产过程可视化，贯彻信息化和工业化深度融合，打造数字化智能制造的标杆工厂。

五、技术进展与研发能力

通过外部引进和内部培养相结合的方式，公司坚持打造高质量的研发团队。目前专业技术人员超过500人，其中博士、硕士超过30人；涉及前瞻技术、产品开发、应用研究、仿真/试验技术等各领域，构建了比较完善的开发系统。

公司持续投资，新建、改造研发设备。投资1.5亿元人民币、具有国际先进水平的环模风洞试验室自落成以来持续保持较高负荷运行，不仅满足内部试验的需求，还为标致-雪铁龙、蔚来汽车、长安汽车、江淮汽车、上海泛亚、上海大众等客户提供试验服务。持续对新能源热管理系统试验台、多功能试验室等关键设备进行技术升级，拓展了热泵空调、高性能换热器的试验能力。

构建自主创新与知识产权体系，核心技术累计申请专利六百余项，参与制定国家标准2件、行业标准6件，注册商标25项。自主研发的产品获得国家科技进步二等奖、上海市科技进步二等奖、国家重点新产品、上海市重点新产品、国家机械工业科技进步二等奖、国家发明展“发明创造奖”项目奖金奖、产学研一等奖、闵行区科技进步奖一等奖等。

六、主要新产品

序号	产品名称	产品型号	产品应用
1	大中型客车空调	JLD、JLE、JLF系列产品	储能领域
2	乘用车空调	江淮J10、东风柳汽景逸S50、上汽通用五菱宝骏系列等	乘用车领域
3	轨道车空调	KLD29/35/40系列等	轨道车领域
4	冷链制冷机组	全电式半挂车冷藏机组、新能源全电式机组等	冷链制冷机组领域
5	电动涡旋压缩机	新能源C型、EVH型电动压缩机等	电动压缩机领域

七、发展规划

公司自成立以来不断进行技术研发，利用规模生产优势，大幅降低成本，将重要零部件从外部采购逐步转为内部自制，一是可以降低产品成本，二是通过对重要零部件的自主研发、生产，有利于把握重要零部件质量并对整个热管理系统进行优化。公司已经陆续完成压缩机、电子控制系统、风机、注塑件、各类配管等重要零部件的自制。由于规模经济优势，公司强大的自我配套能力可以有效降低成本，提高空调系统性能，提升公司产品竞争力。

八、2021年1—12月企业在新能源汽车方面经济指标统计

指标名称	单位	本期累计	同期累计	增长率(%)
2021年末资产总计	万元	692821	654845	5.8%
2021全年完成投资额	万元	19408	15817	22.7%
2021年营业收入	万元	412369	338383	21.86%
2021年利润总额	万元	15699	29901	-47.4%
2021年产品销售率	%	98	98	0.00%
2021年销售利润率	%	3.8	8.83	-43.03%

扬州嘉和新能源科技有限公司

一、单位概况

扬州嘉和新能源科技有限公司成立于2017年9月，总部坐落于高邮苏中循环经济产业园。公司总占地面积近百亩，是一家专业从事新能源汽车系统解决方案的供应商。

公司在新能源汽车领域的产品涵盖：电池、电机、电控和电空调——"四电"的热管理，具体包括散热器、电子扇、冷凝器、空调箱、蒸发器、Chiller、PTC、电机冷却系统(MTS)、电池温度管理系统(TMS)和电控冷却系统，以及无人驾驶和电控系统。

公司是新能源汽车行业具有自主研发、创新能力和独立品牌的企业，在行业内处于国内领先、国际一流水平。凭借良好的技术研发能力，优越的产品性能以及卓越的售后服务等综合管理优势，业已在新能源汽车制造厂商及主流的电池厂家积累了丰富的客户资源。

面对顾客要求的日益提高和新能源技术的不断发展，嘉和公司秉承"勇于创新、与时俱进、追求卓越"的企业精神，通过公司员工的共同努力，把公司打造成"国际一流、国内领先"的新能源汽车专业供应商，为振兴中国汽车零部件工业和民族品牌做出贡献自己的一份力量。

二、生产与经营

燃料电池系统相关零配件，元器件的技术研发、技术咨询、技术服务，新能源汽车零部件产品制造、销售；机械设备生产、加工、销售；机电设备制造、安装、维修；自营和代理各类商品及技术的进出口业务；房屋租赁业务。

三、产能建设

项目	规划产能(万台)	已建成产能(万台)	备注
燃料电池热管理系统	10	5	—
冷板	140	50	—
电池冷却器 Chiller	120	30	—
前端冷却模块	60	60	—
无刷风扇及控制器	60	30	—

四、技术进展与研发能力

1. 研发能力

(1)以整车热管理开发专业人才为基础，整合合作单位优秀科研队伍并进一步吸引优秀人才，本科及以上学历占90%以上，形成了"高端人才领衔、专业技术人员为骨干、优秀科技青年为储备"的多层次人才梯队，涵盖产品设计、系统仿真、工程研究、试验验证和项目管理等多个领域。

(2)采用UG、Solidworks进行系统结构3D及2D工程用图设计。

(3)Amesim进行散热系统1D性能匹配仿真，Star-CCM+进行电池包流场、压力场、温度场分析，Ansys Workbench进行结构强度分析。

(4)测试中心获得CNAS中国合格评定国家认可委员会实验室认可证书，并得到客户上汽通用五菱公司GP10、吉利汽车、东风日产、比亚迪以及东风小康等主机厂的认可。

2. 技术进展

(1)燃料电池散热模块，已开发完成系列化产品(功率30~120 kW)，目前对于大功率(300 kW级)的研发也已实现突破，市场应用推广中。

(2)动力电池冷板已形成口琴管、冲压板两个平台系列产品开发交付，目前展开蛇形管、直冷板等新技术的研发应用。

(3)动力电池冷却器Chiller已建立3~5 kW平台产品，下一步5~8 kW、8~12 kW纯电及超级快充应用平台。

(4)优化完善了混合动力汽车前端冷却模块。

五、主要新产品

序号	产品名称	产品型号	产品应用
1	电池冷板	F15A	东风
2	电池冷板	F132	东风
3	电池冷板	T03	零跑
4	电池冷板	H97	岚图
5	电池冷板	H56	岚图
6	电池冷板	GBD_C03	长城
7	电池冷板	C01_PHEV	长城
8	电池冷板	C46	北汽
9	Chiller	EC60	四川野马
10	Chiller	SZ01	东风小康
11	ATS散热模块	L154	上海重塑
12	ATS散热模块	T108	上海重塑
13	ATS散热模块	C00373383	上汽跃进
14	ATS散热模块	G80	亿华通
15	ATS散热模块	P00008308	捷氢
16	前端模块	V534	启辰
17	前端模块	HDE-130030E	比亚迪
18	前端模块	SC2E-1300030	比亚迪

六、合资合作及重大项目建设

(1)电池冷板扩产，增加2条产线。

(2)新建电池冷却器自动化装配流水线。

(3)新建无刷风扇研发平台及生产线。

(4)新建控制器研发平台。

(5)智能工厂建设。

深圳市顺熵科技有限公司

一、单位概况

深圳市顺熵科技有限公司位于深圳市光明区南太云创谷，是一家热管理高科技公司，主要业务是研发、生产和销售高效传热器件及热管理系统，为客户提供最优热管理解决方案和技术。

公司创始人和首席执行官是国家特聘专家、热流体和微纳传热领域的国际知名专家朱永刚教授。公司研发团队骨干包括朱永刚教授等多名高层次人才，在传热领域有几十年的研发经验，研发实力雄厚。公司在多个重要的应用领域中拥有多项自主的知识产权。公司生产测试设备齐全，聚集了一大批在先进制造领域有丰富经验的技工人员，能保证核心器件的量产和热管理系统的计算和搭建。

以公司核心技术为基础开发的热管理系统可以解决绝大多数领域的散热难题，在信息通信（移动终端、数据中心、计算工作站、基站等）、交通运输（新能源汽车、飞行器、船舶等）、能源（地热采集、氢能、储能、光伏等）、国防（激光器、雷达、航空航天等）等领域具有极强的竞争力。2021 年，公司荣获了多项国家级、市级和区级创业大赛奖——第五届光明区创新创业大赛"优秀创业奖"、第十三届深圳创新创业大赛"二等奖"以及武汉全国赛"优秀企业奖"、北京市景贤杯创新创业大赛"三等奖"。

二、生产与经营

目前公司已经完成新能源汽车热管理系统中试车间的搭建，2022 年底将实现电池热管理系统量产，公司将立足超高传热性能器件及热管理系统的开发，2023 年将实现规模及盈利双丰收。

三、产品出口

在 5G 通信市场，公司积极布局，目前已经完成国外手机商热管理产品验证，正在进行生产线布局，2022 年 12 月将完成产线布局，2023 年将实现 5000 万元以上营收。

四、产能建设

2022 年 12 月将建成年产 1000 万件新型超薄均热板产线，届时产品将应用于移动通信、新能源动力电池、储能等应用领域。

2023 年底将建设第二生产基地，落地长三角地区，届时将布局新型一般厚度 VC 年产 2000 万件，新型超薄 VC 年产 1 亿件产线，产值将突破 5 亿元。

五、技术进展与研发能力

公司核心技术为新型热管和平板热管（VC）技术，以及由这些导热技术形成的热管理系统。公司的核心技术采用独创的先进材料和流体结构，实现无与伦比的吸液性能以及气液两相流的自我驱动的微循环性能，从而实现无与伦比的传热性能和热管理效率。以该技术加工的传热器件散热密度突破 107 W/m^2，具备快速响应、抗重力、长距离传热等优点，传热性能是铜的几十至几百倍，是石墨烯的几十倍，热阻是传统热管的 1/10～1/100，传热能力是现有均热板产品的几倍。该项技术是基于哈尔滨工业大学（深圳）国家特聘专家团队的多年研发成果。公司还研发了关键的制造技术，产品的实现形式多种多样（如超薄（<0.3 mm）、柔性、异形、超长≥1 m 等），可以应用在不同的场景，公司目前与国内外多个用户建立了合作关系。

六、发展规划

随着新一代信息与通信技术的革新换代，电子设备、新能源、国防科技等热管理瓶颈越发严峻新能源汽车、手机、5G 基站、数据中心等热管理系统的市场价值在万亿量级以上，公司开发的先进热管理系统将占据一定市场份额，产生巨大的经济效益。而现在研发的电池热管理技术可以极大地提升电池散热效率，解决电芯散热难题，目前已经与国内一级新能源车企达成研发合作。在更长远的规划中，公司立志成为传热与热管理领域的龙头公司，进一步对公司产线进行智能化改进，增效降本；为国家亟需的高精尖制造业提供基础热管理保障，成为行业标杆，也为高校产学研合作提供一个可行范本。

峰范新能源汽车技术（太仓）有限公司

一、单位概况

峰范新能源汽车技术（太仓）有限公司（以下简称公司）成立于 2018 年 6 月，坐落于江苏省苏州市太仓港经济技术开发区，公司致力于打造汽车试制与测评相结合的平台，为国内外整车厂家提供轻量化车辆开发设计、高质量试制、轻量化连接及其相关验证测试服务。

公司按照汽车行业的标准和要求建设一套领先的以轻量化连接技术为核心的一站式车辆试制平台，以及对整车相关性能进行测试和验证，可提供的产品和服务为：

交钥匙车辆试制：根据客户需要进行样车试制，帮助客户快速完成车型从零件到总成的小批量、短周期、低成本验证试制，加速验证产品设计和车辆制造工艺的开发。

车辆的轻量化设计制造和连接技术及展开应用：轻量化材料的零部件制造；SPR、FDS 等铝材料相关的连接技术在制造工程中的选用数据库及连接工艺验证；SPR 铆钉的制造；

轻量化连接工艺在CAE计算环境中的参数验证等。

试制车辆的轻量化相关性能仿真和设计：大铸件及其他高压真空铸造零件的设计，相关铝钢连接总成的方针，设计，包括零件的设计，连接方式的设计，总成性能的分析，保证汽车动刚度、静刚度等方面的结构力学性能；铸造零件的模具的同步工程，材料选取及前期试验，形成相关的测试结果提供给设计团队；积累的SPR、FDS数据形成结构数据库，指导车辆结构开发和轻量化方案，为客户提供结构开发和轻量化服务。

二、经营情况

公司打造"峰范"产业生态链，将传统车企、互联网车企、零部件供应商等有机结合，形成资源共享、技术互补。公司为汽车厂商提供整车轻量化设计、样车试制和相关设计等业务。公司成立以来，已与国内多家知名企业达成配套合作，主要客户有：上汽乘用车、上汽商用车、特斯拉、东风技术中心、东风日产、华人运通、蔚来汽车、理想汽车等。

三、产能建设

公司已成为苏州市工程中心，建立建成8000 m^2 的试制中心，具备试制软模零件生产、车身（特别是钢铝车身）试制、总装试制以及整车轻量化结构设计部门。

公司可以同时进行3个车型整车白车身试制，2个车型总装试制，4个项目的整车零件试制。每年造车当量达到300辆。

四、技术进展及研发能力建设

（1）夯实汽车试制技术，整合国内资源并产业化。国内有一大批从零件制造，生产线制造转行到试制行业的企业，他们对零件和工装有一定的理解，但对整车的试制工作很难说标准，甚至低质量；在轻量化试制方面也没有任何经验。峰范将在未来5年内打造业内试制企业标杆，并纵横中国南北整车企业，联合专业的零部件企业和工装企业，捭阖试制项目。

（2）把轻量化的资源和取得的成果输入到汽车开发整个过程。设计-制造-验证-优化设计-再制造-完成验证，整条链上都要有亮点有优势。在轻量化连接铆钉方面，也要取得一定突破，打造国内名牌替代进口。

（3）整车测评系统应用多点开花。汽车测评系统开发运用，将是对中国汽车开发行业20年发展从向国外学习到自我积累和不断提升的转折，填补汽车行业综合评价系统空白。该系统不光应用在开发过程，还可以在售后市场发挥专业化的作用，甚至在汽车媒体，车评网站起到标尺的作用，消灭目前车评界过于主观和黑幕乱象。

（4）汽车试制和性能测评相结合，通过对试制产品进行性能测评，结合车身刚度测试模态测试结果，对车身设计的问题做出快速响应，在试制初期发现、解决或者优化汽车结构设计，为整车厂提供更好的试制-测试-产品优化服务。

五、合资合作及重大项目建设

目前与日本试制公司鸟羽工研进行合作，参与过吉利等国外项目；2025年前将进行合资项目在苏州的落地。

与压铸模具设计和制造公司，免热处理材料公司进行深度合作，完成奇瑞汽车第一个压铸项目的设计和落地，未来的设计部门，将有大量模具和材料的同步工程人员参与。

六、发展目标与规划

公司通过不断引入先进的研发、制造等资源，通过3~5年的建设，发展成为具有一流研发和生产团队的创新型企业，对汽车行业最新的需求进行设计和试制，开发满足国内外市场的产品和服务，提高公司的综合竞争能力。

奥升德功能材料（上海）有限公司

一、单位概况

奥升德功能材料公司是拥有70多年历史的国际知名的大型上下游一体化聚酰胺生产商，产品涵盖聚酰胺树脂、纤维、工程塑料及特种化学品，总部位于美国得克萨斯州休斯敦市，业务遍及全球数十个国家及地区，在美洲、欧洲、亚洲都设有研发、生产、销售、技术支持的分支机构。奥升德亚太区总部位于中国上海。

二、生产与经营

奥升德在全球设有十座生产基地，是全球唯一的大型丙烯腈法-己二腈生产商，持有多项研发和生产专利，生产的己二腈、己二胺以及聚酰胺66树脂除了满足自有下游产品生产之外，也销售给全球聚酰胺66下游企业，是下游不可或缺的关键原料。

奥升德于2009年在中国上海设立了第一家外商投资企业，由母公司授权在中国经营相关的销售和客户服务业务。经过努力经营，特别在聚酰胺树脂、纤维、工程塑料及特种化学品在中国乃至亚洲地区的销售取得较好的业绩。基于奥升德在中国已有超过21年的成功经营经验，母公司授权奥升德功能材料（上海）有限公司于2021年设立并被上海市认定为跨国公司地区总部。

随着电动汽车、5G通信等新兴产业的快速发展，奥升德预估销售收入将同步获得快速增长；同时，通过增加本地产能，以及拓展产品品类，奥升德销售预期收入将获得每年二位数的增长。

三、产能建设

作为一家全球知名的大型一体化聚酰胺树脂和工程塑料生产商，自2018年在荷兰蒂尔堡的首次收购以来，奥升德近几年已在亚洲、欧洲、美洲实施五次收购，并于2022年1月宣布在连云港建设生产基地，拓展全球生产能力布局，致力于打造多元化耐用工程材料。

目前奥升德在美国设有5座生产基地，墨西哥设有1处，欧洲荷兰、意大利和法国设有3处，中国江苏苏州设有1处，中国江苏连云港在建1处，正在收购印度1处。

四、技术进展与研发能力

聚酰胺树脂和工程塑料因其具备高强度、耐高温、耐腐蚀、耐热老化、抗冲击、耐候、抗紫外线，阻燃，易于加工和着色等出色的综合性能在下游领域有着非常广泛的应用，比如汽车零部件（尤其是发动机周边等严苛工作环境）、轮胎帘子布、安全气囊丝、电子电气零部件、民用消费品和工业品、地毯丝和户外用品等。除此之外，聚酰胺树脂和工程塑料不仅在上述传统产业中有着广泛应用，在一些新兴领域也有着良好的发展，比如电动汽车、人工智能、5G通信建设等。

奥升德以产品创新、市场需求为出发点，致力生产高品质的工程塑料、织物、纤维和化工产品，持有Vydyne®，Starflam®，HiDURA™，Acteev Protect™ 等产品品牌，专注于开发、生产、销售聚酰胺全生产链的树脂、纤维、工程塑料，以及特种化学品。

奥升德泛达Vydyne®聚酰胺具有出色的强度、尺寸稳定性、耐磨性、耐化学性和耐温性能。丰富的通用型、热稳定、抗冲改性和电中性PA66和PA6多种牌号选择，为您量身定制，易于加工。

奥升德HiDURA™ PA610和PA612长链聚酰胺产品系列旨在提供卓越的尺寸稳定性和长使用寿命，增强耐化学品、耐冲击和耐磨损性能。

奥升德Starflam® 阻燃聚酰胺全产品线拥有超过120张UL黄卡认证，保证材料安规要求，涵盖无卤和有卤、非增强和玻纤填充PA66、PA6和PA66，6多种牌号，阻燃等级可达V0（0.2 mm）和RTI 150 ℃。

奥升德Acteev Protect™ 功能性工程塑料，将活性锌离子嵌入高品质PA66，可以有效抑制细菌、霉菌和真菌的生长和繁殖，避免产生异味和变质，实现长效安全抗菌。

奥升德亚太创新中心（AAIC）正加速建设中。作为奥升德全球重要的创新中心之一，奥升德亚太创新中心将具备四个层面的重要使命：

（1）亚太创新中心的建成能很好地支持苏州生产基地的生产。这个中心设立在奥升德苏州生产基地中，它会全力支持苏州生产基地的生产。同时，奥升德在美国、欧洲生产的产品，可以在这里快速实现本地化生产。

（2）亚太创新中心的建成能对客户的需求做出快速反应。创新中心落成后，对亚太地区客户需求的反应速度会显著提高，而且效率也会大幅提升。在未来，创新中心和苏州生产基地的“一站式”服务，能够直接与客户面对面，针对客户的需求，快速解决客户所面临的问题和挑战。

（3）进行新产品的开发并能快速地进行本土市场的商业化。目前，随着中国经济的蓬勃发展，众多客户涌现出许多创新的想法。针对这些创新的需求，依托创新中心，奥升德能够在本土进行新产品的开发，满足客户快速定制化的需求。

（4）关注多个重点应用领域，提供全面技术支持。创新中心重点关注汽车、新能源、电子和电气以及消费和工业领域的应用和需求，同时积极开发其他新兴应用领域，为全球客户提供全面技术支持和测试服务。

五、主要新产品

序号	产品名称	产品型号	产品应用
1	泛达Vydyne®聚酰胺	通用型、热稳定、抗冲改性和电中性PA66和PA6多种牌号选择	使用泛达Vydyne®耐水解材料、以及HiDURA™长链聚酰胺，实现良好的整车热管理。 使用泛达Vydyne® AVS材料实现出色的结构支撑同时改善NVH，提供安全和舒适的驾乘体验
2	Starflam®阻燃聚酰胺	全产品线拥有超过120张UL黄卡认证，涵盖无卤和有卤、非增强和玻纤填充PA66、PA6和PA66，6多种牌号，阻燃等级可达V0（0.2 mm）和RTI 150 ℃	使用Starflam®阻燃材料保障电气高压安全
3	HiDURA™长链聚酰胺	HiDURA™ PA610和PA612长链聚酰胺产品系列	适用于冷却管路
4	Acteev Protect™功能性工程塑料	嵌入活性锌离子的抗菌型聚酰胺	适用于高频接触表面
5	Trinohex™ Ultra锂电池电解液添加剂	1，3，6-己烷三腈（HTCN）	环保型电解液添加剂，可有效改善锂电池的电化学性能并延长其使用寿命
6	e-Range新能源汽车材料解决方案	泛达Vydyne®、Starflam®、HiDURA™、Acteev Protect™、Trinohex™ Ultra	e-Range除了为上述关键方面提供解决方案，在汽车轻量化方面，可使车身结构件、底盘减震部件、仪表板骨架、高压设备箱体等部件有效减轻重量，且保持卓越的性能表现

六、合资合作及重大项目建设

奥升德于2020年6月宣布在中国的首次资产收购，并在数月内完成整合投产，奥升德苏州生产基地启动正式运营至今，已完成一系列软硬件升级改造和产能提升，并将持续投入资源增加产能。

同时，奥升德正在苏州基地加速建设亚太创新中心（AAIC），开发更为广泛的高性能材料，与客户更加紧密地开展合作，以满足亚洲尤其是中国市场日益增长的需求。奥升德亚太创新中心计划于2022年4月正式投入运营。

奥升德于2022年1月12日正式签署投资协议，宣布在江苏省连云港市徐圩新区新建生产基地，生产己二胺和特种化学品。此次投资是奥升德在美国以外第一座化工生产基地，也是公司迄今在美国以外进行的最大投资。将于2022

年内开工建设,预计于 2023 年下半年正式启动生产。

七、发展规划

奥升德正积极推进各项投资项目,以拓展多品类尼龙产业链的本地化产能,包括己二胺;聚酰胺(PA)及其改性材料;长碳链尼龙、耐高温尼龙等新型聚酰胺,差别化、功能性、高附加值改性尼龙(包括尼龙弹性体、共聚尼龙、尼龙工程塑料、阻燃尼龙)等均已被明确列入《鼓励外商投资产业目录(2020)》中的国家重点关注产业方向。

奥升德致力于深化聚酰胺树脂、纤维、工程塑料及特种化学品在中国乃至亚洲地区的业务,拓展本地化的研发和生产能力,优化客户服务的响应时效,在中国乃至亚洲开展多渠道多品类的生产经营活动。

深圳市力辉电机有限公司

一、单位概况

深圳市力辉电机有限公司(以下简称力辉电机)成立于 2001 年,是一家可靠的电机解决方案供应商和制造商。领先的电机技术、丰富的电机应用经验和完善的定制平台,使力辉电机成为电机定制开发项目的理想合作伙伴。力辉电机致力于通过提供卓越的差异化产品和供应链,帮助我们的客户在市场竞争中获得成功。对于需要保证电机性能和大批量稳定供货的企业来说,力辉电机是可靠的选择。

二、生产与经营

力辉电机可定制多种电机方案,包括通用交流,有刷直流,无刷直流和齿轮减速电机方案,广泛应用于新能源汽车各零部件:如汽车电动座椅调节电机、车窗升降调节电机、尾门升降电机、尾翼调节电机、方向盘助力及位置调节电机、AMT 换挡助力电机、雨刷器电机、循环冷却泵等。

三、产品出口

产品主要出口美国、亚洲及欧洲地区。

四、产能建设

力辉电机从成立之初就非常重视现代工艺和生产技术,从电机方案设计阶段就考虑生产工艺的合理性和便捷性;成立专门的部门负责国内外先进生产工艺及技术的引进、本土化及创新,构建业界领先的电机生产工艺体系及创新模式;不但提高了品质统一性,而且降低了生产成本。

力辉电机 2010 年就成立自动化工程部,全面负责自动化生产线的引进、落地和升级改造,结合市场趋势自主开发高效自动化生产线,改进生产工艺及技术,不断提高自动化程度。力辉电机拥有 40 多条高效的自动生产线,主要分为四大类型:交流电机、有刷直流电机、无刷直流电机和齿轮减速电机自动化生产线,所有自动生产线均配有伺服机械手,使生产效率和产品质量的一致性都处于业界领先。

力辉电机拥有 72000 m^2 的现代化生产基地,40 多条自动化生产线,自动化程度高,产能稳定,每月可生产 400 百多万台电机;产能还可以根据客户要求进一步提升。

五、技术进展与研发能力

力辉电机拥有 100 多位定制经验丰富的工程师,21 年的电机应用方案设计、集成和创新经验,构筑了 300 多项电机专利技术优势。

力辉电机专注于客户需求和前沿驱动技术,不断发展高性能电机基础技术,在技术上所能做到的极限上不断研究及创新。为此,力辉电机战略性地投资于研发现代工艺和生产技术,以不断地为创新产品制定新标准。

力辉电机连续三年(2017—2019)成为博世集团全球优秀供应商。

六、主要新产品

序号	产品名称	产品型号	产品应用
1	新能源汽车电动座椅调节电机	PGM-W043P 系列(轻量化) PT2947 系列(轻量化) PT3032 系列	新能源汽车电动座椅调节
2	汽车尾门/尾翼电机	PGM. P029 系列 PGM. W067P 系列	新能源汽车尾门开关/汽车尾翼调节
3	汽车方向盘电机	PGM. W068P 系列	新能源汽车方向盘调节
4	AMT 换挡电机	PT3250 系列 PT3440 系列	新能源汽车 AMT 换挡调节
5	EV 冷气泵无刷电机	PBL0245 系列	新能源公交车磁力泵

七、发展规划

预计未来 3 年汽车电机自动化生产线的投入达上亿元人民币,不断提高汽车电机的产量;结合国内外最新技术,引进先进人才,不断改善原有产品以及开发新产品,产品设计不断实现轻量化以及无刷化的转变;着力于新能源汽车的车身系统的舒适性和自动化不断发展。

南方电网电动汽车服务有限公司

一、单位概况

南方电网电动汽车服务有限公司（以下简称公司）于2019年3月22日正式挂牌成立，是中国南方电网旗下专业从事电动汽车产业服务的企业，业务范围涵盖电动汽车服务全产业链，以能源服务为核心，以充电服务为基础，以服务出行为导向，搭建产业链生态平台，以建设“智慧能源、智慧交通、智慧生活、智慧城市”为目标，坚持“绿色发展、创新驱动、能者无疆、相融共赢”的发展理念，开展“技术、服务、商业模式”创新。公司整合发展产业规模效应和叠加效应，坚持“以客户为中心”，为客户提供“最安全、最便捷、最优惠”的服务。打造卓越的电动汽车服务运营商，电动汽车产业价值链整合商，绿色能源生态服务商。

二、生产与经营

2021年，公司营业收入5.30亿元，统一运营南方区域规模最大的充换电设施网络，南网五省统一充电服务平台“顺易充”有效注册用户数超208万，充电站数量2.5万座，接入充电桩50余万台，覆盖南方区域城际高速及遍布城区的充电网络，在南网五省内为客户提供充电服务，成为全国第四、南方第一的充电运营商。

三、技术进展与研发能力

作为中国电力企业联合会理事单位、中国电力企业联合会能源行业电动汽车充电设施标准技术委员会委员单位、中国电力企业联合会电动汽车与储能分会副会长单位、中国电力技术市场协会充电技术与设备专业委员会会长单位、中国电动汽车百人会理事单位、广东省充电设施协会会长单位，公司设有专门的研发中心，拥有自主研发在内的一批先进、专业检测设备，支持公司产品研发、科学实验、质量检验的技术需求。团队研发骨干多长期从事新能源汽车产业链相关产品的设计研发工作，深耕电力系统自动化、电力电子技术、自动控制技术、装备成套技术等领域，已获得广东省科技进步奖、中国电工技术学会科学技术奖、中国电力科学技术进步奖、中国机械工业科学技术奖、全国电力行业信息化成果奖、全国电力设备管理创新奖、南方电网公司科技进步一等奖、南方电网专利一等奖等诸多荣誉，已申请电动汽车充电设施相关专利百余项，软件著作权40余项，并取得了知识产权贯标认证，充电桩系列产品也取得了国家认监委批准的产品认证。

作为国家高新技术企业，公司构建了“三横一纵”研发体系，集科研、技术服务、解决方案和产品销售于一体，整合产学研等各方资源，与华为、腾讯、中兴、清华大学等单位建立了联合创新实验室，在智慧能源、超能充电、车网互动等方面开展合作研究。聚焦用户体验和技术前沿，专注新能源汽车能源服务设备研发制造，产品线涵盖交直流充电设备、充电连接装置、电源模块、集装箱式配电房、配充一体化智能柜、换电设备、充电检测设备、动力电池检测设备、港口岸电设备、移动补电设备、无线充电设备、便携式充电设备以及车载智慧终端等系列，掌握智能控制、物联网、功率定制等核心研发能力。经过不断的努力，公司的研发实力、科研成果、人才培养等综合实力得到国家有关部门的认可，公司顺利取得了博士后创新实践基地的挂牌。

四、主要新产品

序号	产品名称	产品型号	产品应用
1	14 kW 双枪落地交流充电桩	NWDD-YL-A220/14-2	用于私家车、泥头车、客车充电
2	15 kW 单枪落地直流充电机（V2G）	NWDD-YL-A530～D750/15-1	
3	240 kW 四枪直流充电机	NWDD-YL-D750/240-4	

五、合资合作及重大项目建设

公司获批设立博士后创新实践基地，推动产学研用结合；已与华为、中兴、腾讯及清华大学分别成立创新工作室、实验室；获得国家高新技术企业认定；建设粤港澳大湾区首座重卡换电示范站；南方电网首个车网互动示范站、首个光储充检一体化等示范站。

六、发展规划

坚持低碳发展，展现国企战略担当：着力推进运力电气化，推动能源低碳化，顺应产业发展趋势发现碳资产价值；坚持市场导向，激发不竭发展动力，合作共赢打开市场局面；坚持创新驱动，勇做科创排头尖兵；坚持融合发展，打造价值链整合商；坚持数字转型，启动数字能源引擎；坚持生态发展，实现公司升维跨越。

万帮数字能源股份有限公司

一、单位概况

万帮数字能源股份有限公司（以下简称万帮），品牌为“星星充电”成立于2014年10月，万帮数字能源股份有限公司专注于新能源汽车充电设备的研发制造，智慧云平台的开发拓展，以及能源全链路的业务交易。万帮数字能源股份有限公司拥有物联网、能源动态管理、大功率定制以及V2X等核心研发技术；还拥有涵盖基础的交直流设备、充电枪头总成、电源模块、智能电柜、换电设备等硬件产品；以及涵盖数字云平台、App开发、智慧能源管理系统等软件产品；更提供了云安装和云售后等直面用户的服务。

二、生产与经营

万帮数字能源股份有限公司遵循节约用地的原则，对厂区的技术改造按总体规划进行。万帮数字能源股份有限公司占地约 35930 m^2，建筑面积为 54736 m^2，一楼厂房布局大体为实验室、直流桩车间、交流桩车间、SMT 车间、调试车间、仓库、员工食堂和休息区。办公区域主要集中在公司行政楼 2 和 3 楼，备有吧台与活动室。整个厂区雨、污水管网区分，全面做到既环保又节约用地，工艺布局合理，适合现代化企业管理。精良的生产设备、先进的技术和高水平的设备管理是确保产品质量的重要前提。为确保 PCBA 的高精度高可靠性的生产，万帮数字能源股份有限公司引进了一套国际领先的设备，搭建了国际一流的 PCBA 的生产车间。为了确保组装可高品质，万帮数字能源股份有限公司引进了自动化组装生产线。

近三年在国家宏观政策的影响下，万帮数字能源股份有限公司的战略目标实现结果良好，在主营业务收入方面，虽然提出的目标逐年上升，但公司上下一心，近三年的完成率也逐年上升；在产品质量性能方面，近三年公司的指标稳定在国际先进水平，同时产品的出厂交验合格率也逐年上升；在经营效率方面，公司加强内控，持续开展降本增效工作，近三年的资产贡献率和全员生产效率逐年提升。战略目标实现率、关键绩效指标达成率及战略规划完成率至 2020 年已达到百分百。

三、产品出口

万帮数字能源股份有限公司是全球近 60 家知名车企的战略合作伙伴，包括梅赛德斯奔驰、保驰捷、宝马、捷豹路虎、大众等国际品牌，和比亚迪与北汽等国内企业。万帮是电动汽车充电设备制造领域的国内龙头，全国出货量第一，公共运营桩数量全国第一，获 2020 年工信部制造业单项冠军产品。截至 2021 年 12 月，万帮在全国近 350 个城市累计建设了 90 万多个充电终端，日均充电量超 1000 万 kWh，拥有超 80 万高频用户。万帮承担了国家科技部重点研发计划及省成果转化等多个省部级项目，是国家级绿色工厂和工信部制造业单项冠军企业，牵头成立了江苏省新能源汽车领域唯一的智慧能源装备创新中心。万帮数字能源股份有限公司的充电产品运用于保时捷、奔驰、壳牌等 300 余家世界 500 强企业，为我国“一带一路”建设及节能减排作出了突出贡献。万帮 B 轮融资后估值 155 亿元，位列 2021 年全球独角兽企业榜第 321 位(胡润研究院发布《2021 年全球独角兽企业榜》)，该榜单共囊括全球 1058 家独角兽企业，中国上榜 301 家。

四、产能建设

大功率快速充电是新能源汽车能否迅速普及的关键，是国际充电行业公认的难题。万帮数字能源股份有限公司的研究团队依托国家重点研发计划、国家工信部绿色制造、江苏省级战略性新兴产业发展等项目开展技术攻关，攻克了充电桩快速充电及大功率充电模块散热难题，使充电时间由数小时缩短为 10~15 min，并在第三方试验中得到验证，支撑了大功率充电的安全快速高效运行，经济和社会效益显著。

五、技术进展与研发能力

万帮数字能源股份有限公司拥有国内桩企中面积最大的实验室，占地面积 3500 m^2，拥有国内最多的 CNAS 检测能力共计 200 多项，包含充电设备、核心部件(含充电枪、充电模块等)及车桩联调的检测。该实验室是桩企中第一个获得 CNAS 国家认可、第一个获得 IECEE CB 资质、第一个获得 ISO 17025 国际标准体系管理证书的实验室，是国内唯一可做国标(GB)、欧标(CCS)、美标(SAE)、日标(CHAdeMO)通信检测、新加坡 TR25 标准检测的实验室，是国内第一个开放车桩联调及车桩互操一致性测试、第一个拥有充电桩 IECEE CB 测试资质、第一个充电桩领域获得北美认证机构 CSA 授权、第一个拥有大功率试验能力的实验室。此外，研究中心实验室与德国 TUV 莱茵、德国德凯、法国必维、瑞士 SGS、北美 CSA 建立了国际互认实验室，为公司技术创新和产品研发进一步提供了认证便利。

万帮数字能源股份有限公司实现了具有核心制造参数回馈功能的充电桩生产制造新模式，实现了新能源汽车充电桩生产制造过程中的工艺参数自动调整、核心模块差异化匹配、出厂参数自动调整、个性定制化制造等生产运营一体化管理，利用数据分析技术提升生产力，构建覆盖整个新能源汽车充电桩生命周期的一体化平台。

万帮数字能源股份有限公司自主创新了大功率快速充电技术、小功率双向便携直流充电技术、智能车桩网融合及大数据分析技术、虚拟验证和仿真优化设计等核心技术，通过设计验证，该技术形成的产品已通过第三方实验室认证并投入批量生产。

六、合资合作及重大项目建设

在核心技术的支撑下，万帮数字能源股份有限公司自主创新能力和核心竞争力得到了大幅提升，成为中国新能源充电建设与运营的领导者，实现全国出货量第一，运营桩数量全国第一，为移动能源互联网行业的发展作出了突出贡献。

万帮数字能源股份有限公司走集成自主可控的模式，发展智能充电桩群工业互联网道路，实现了基于工业互联网的大规模定制化智造能力，并在移动能源领域率先提出了“云管端”的业务形态，一站式云(软件)、管(服务)、端(硬件)带来了自行强化的网络效应。实现了工业联网、能源联网、交通联网的“三网联结”，打造智能制造、智慧能源“双智名片”，实现两化融合水平和能源利用效率的“双提升”，成为新基建企业信息化建设的标杆。

万帮数字能源股份有限公司为推动新能源汽车充电设施的应用，与整车生产企业、能源供应企业(如电网公司、电池企业等)、能源补给设备生产企业、能源补给服务企业、信息技术企业等产业链上下游的各类企业，以及相关的学校、科研机构的共同参与，协同创新。先后发明了 B 型漏电保护方法、直流 IT 系统绝缘侦测方法、堆叠式充电方法等，研究了大功率动态功率分配技术、大功率液态冷却技术等，智能大功率快速充电关键技术相关研究成果，共形成了 116 件专利，主导或参与起草的标准 24 项，其中国际标准 2 项、国标

11项、行标10项、地标1项。该技术形成的产品已在保时捷、南京能源等厂商得到运用，同时远销海外，如荷兰、俄罗斯、智利、法国、德国、印度、尼泊尔、越南等，为我国“一带一路”建设作出了巨大贡献，目前已累计销售近10亿元，市场份额全国第一，该成果获得2018年国家重点研发计划专项资金(项目编号:2018YFB0106300，项目名称:基于新型电力电子器件的高性能充电系统关键技术)。2020年12月，荣获工信部、中国工业经济联合会公布的第五批国家级制造业单项冠军产品。

七、发展规划

万帮数字能源股份有限公司作为充电设施行业的龙头企业，依托电动汽车充电设备联合技术中心、电动汽车充电系统大数据联合实验室、电动汽车智能充电系统实验室、电动汽车充电控制系统联合实验室、电动汽车充电设备电源模块联合实验室，在电动汽车充电设备研究方面一直走在国内前列。产品的研究开发瞄准世界当代先进技术和高质量高性能产品的市场需求，使企业的技术开发水平在国内领先的基础上逐渐实现国际先进。

万帮数字能源股份有限公司在拥有目前先进技术的基础上进行设备改造，以适应未来产品开发的需要。明确了技术开发和改造的目标和计划，新产品朝功能化、差异化发展、提高新产品附加值。当前，新能源汽车发展面临最严峻的挑战便是充电焦虑和里程焦虑，其中，充电速度慢成为制约新能源汽车大范围推广的制约因素，针对大功率充电需求和面临的共性技术问题，万帮明确短期以高性能大功率系统开发为主导的技术发展方向，解决新能源汽车充电慢的迫切焦虑。未来3~5年公司将大力发展能源数字化，共建全球最大移动能源互联网生态项目，包括光储充一体化微网项目、动力电池梯次利用项目等。

奥动新能源汽车科技有限公司

一、单位概况

奥动新能源汽车科技有限公司(以下简称奥动)，全球换电模式开创与引领者。自2000年起，奥动一直专注于新能源汽车换电技术研发及换电站网络商业运营，努力于打造“车辆-换电站-电池-智能大数据-城市储能”多位一体的换电生态，致力成为全球领先的智慧能源服务平台。

二、生产与经营

奥动积极打造换电服务网络、基于全生命周期管理的电池梯次利用、智能数据运营等换电商业生态。同时，已与多家主流车企达成合作，包括一汽、东风、长安、上汽、北汽、广汽、东风日产、合众等，并共同开发近30款换电车型，在全国多座城市实现多品牌车型共享换电服务。

在市场布局方面，奥动的换电服务网络已覆盖北京、上海、广州、厦门、海口、三亚、重庆、合肥、郑州、长春、南京、武汉、杭州、昆明、张家口、兰州等全国36座城市，投运超过610座换电站(含在建)，形成规模化商业换电运营解决方案。2008年起，奥动曾助力北京奥运会、上海世博会、广州亚运会、厦门金砖峰会等国际大型会议活动。

三、产品出口

奥动换电站产品远销国际，包括波兰、德国。

四、产能建设

奥动新能源投资4.5亿元在上海市浦东新区临港重装备园区，建成新能源汽车充换电站设备研发生产基地，园区占地67000 m²，该基地集新能源汽车应用、智能储能站、节能增效管理为一体，对电动汽车退役的电池进行梯次利用，建成4 MWh容量的梯次储能站，是世界上首个集“风、光、储、行”为一体的绿色能源产业基地，成为绿色能源和绿色出行协同发展模式的典范。

奥动新能源投资了国际知名品牌的自动化生产设备。各类自动化生产设备总数近40台，自动化机器人60台。各种自动化机械加工设备及全机械自动焊接生产线，提高产品质量，优化生产效率，形成了换电电池箱20万套、换电站500套的年生产配套能力。

2022年，换电站二期生产基地在上海临港新片区启动建设，项目将生产最新一代乘用车换电站，项目拟投入1亿元生产设备，项目达产后可贡献1000套/年。

五、技术进展与研发能力

奥动作为全球最大规模商业化换电服务平台，20 s极速换电技术，1 min服务全程，换电速度与服务效率一直居行业领先水平。奥动在全球范围拥有超过2600项换电专利技术，荣获包括世界首张电动汽车欧盟CE认证、国际电工认证等全球资质证书，并积极参与国内外换电行业标准制定工作。2021，奥动新能源及旗下上海电巴新能源，接连荣获工信部“专精特新”小巨人企业、广州独角兽创新企业、广州高精尖企业等称号。

1. 奥动“双碳四步走”

在汽车、交通、能源协同实现双碳目标的大前提下，换电从本质上来说，与国家战略目标密切关联。奥动结合自身实践，总结提炼动出基于换电的技术路径与行动规划，创造性地提出“双碳四步走”方案:(1)通过规模化发展全国换电服务网络，加速电动化转型进程;(2)通过换电延长动力电池寿命，提升电池全生命周期价值;(3)综合利用电池资源，扩展储能应用场景;(4)打造基于换电的新型社会协作体系，推动新型电力系统的实现。“双碳四步走”方案，通过不同阶段的重点发力，逐步减少汽柴油燃烧过程中、电池制造过程中的碳排放，通过高效利用电池资源提供安全、低成本的储能系统，降低发电行业碳排放，最终实现车-站-网互动给电网提供灵活性电力，大幅度降低发电行业的碳排放。

2. 乘商并举

目前，奥动已完成自主研发“乘商并举”全系车型的换电解决方案，覆盖重卡、轻卡、微面、轿车、大巴，最新一代换电站可实现多品牌车型共享 20 s 极速换电,轿车与微面可实现一站共享换电。

在商用车换电领域,奥动创新性地在商用车领域延续一贯的卡扣式底盘换电技术,其独特优势在于:运营效率更高、车重更轻、载货容积更大、重心稳定性更好、使用成本更低。

3. 换储一体

换电车型,天然兼容换电与充电两种模式。在土地、电力资源必须集约化统筹使用的前提下,建议必须充分考虑电动汽车最大量的用户群体利益,亦即无私桩条件人群的补能条件。在动力电池完成车端应用阶段后,奥动继续通过换电模式,梯次利用电池包,提供储能服务。目前,奥动全系换电站,均可兼容双向充电机,从而实现电能双向流动、换储一体。

4. 车-站-网能源高效交互

在换电网络基础上,结合新能源汽车用户、电网,共同形成面向低碳电网的新型社会协作体系。根据新能源(风光发电)的特性,“多发多充,少发少充,不发反充”,打破能源的“不可能三角”,促进新型电力系统的实现,从而达到通过车-站-网互动给电网提供深度减碳必须的灵活性资源,大幅度降低发电行业的碳排放目标。奥动提出的 V2S2G 概念,是换电车辆、换电站、电网三者之间进行能源交互的过程,高功率、高效率、高利用率,推动用户侧参与电力市场交易。每一座奥动换电站,都是一座城市分布式储能站,有利于能源就地消纳;更可以全功率支撑电网,实现波谷充电、波峰放电,调节电力平衡,降低电网压力。

六、主要新产品

序号	产品名称	产品型号	产品应用
1	乘用车充换电站	2.0	北汽
2	集装箱式乘用车换电站	3.0	北汽
3	集装箱式乘用车换电站	3.0+	北汽、广汽、上汽、长安
4	集装箱式乘用车换电站	4.0	北汽、广汽、上汽、长安、启辰、东风、一汽红旗、一汽奔腾、合众
5	集装箱式乘用车换电站	5.0	北汽、广汽、上汽、长安、启辰、东风、一汽红旗、一汽奔腾、合众、瑞驰、开瑞等

七、合资合作及重大项目建设

自 2021 年起,奥动以开放合作模式,在广州、深圳、南京、合肥、东莞等地成立区域合资合作公司,开展出租车、网约车等运营车辆换电应用实践。

在碳中和探索方面,奥动持续加快全国共享换电服务网络布局,2021 年 5 月,奥动与中国石化达成战略合作,共同打造多元综合能源服务新场景,助力国家“双碳”战略达成。

同年 11 月,英国石油 bp 与奥动正式签署合资合作协议,双方打造城市级合资公司合作模板,并积极探讨国内合作版图扩张以及海外合作的可能性。

八、发展规划

奥动规划至 2025 年,在全国运营超过 10000 座换电站,为 1000 万辆以上新能源汽车提供换电服务,为城市建设高效分布式储能网络。

昆山斯沃普智能装备有限公司

一、单位概况

昆山斯沃普智能装备有限公司(以下简称斯沃普)是一家以电动汽车快速自动换电站智能装备为核心产品的高科技公司。斯沃普致力于为电动汽车厂家和运营方提供快速自动换电系统的设计研发、生产制造、工程安装、运维保养等一体化方案及服务。

斯沃普是由上市公司山东威达(002026)全资子公司苏州德迈科电气有限公司(简称德迈科,占股 44%)、武汉蔚来能源有限公司(蔚来汽车关联公司,简称武汉蔚来,占股 43.5%)和范方祝先生(占股 12.5%)合资成立,目前公司形态为有限责任公司,注册资本 1000 万元,实收资本 1000 万元。德迈科是国内领先的工业自动化及信息化智能制造解决方案提供商,具有超过 300 人的专业技术团队,成功推出智能穿梭车、多层堆垛机、伺服电机、高速并联机器人、MES/WMS 软件等智能产品以及机器人包装装备、智能物流装备、自动化装备线等智能装备,具有很强的工业自动化和信息化的研发实力;武汉蔚来是蔚来汽车围绕电动汽车用户的充电需求,进行充换电设备的研发、制造、布设,提供基于移动互联技术的智能充换电服务的公司,二者强强联手,成立昆山斯沃普智能装备有限公司,德迈科发挥在自动充换电领域的技术实力,武汉蔚来发挥市场作用,加上范方祝先生的研发和管理能力,这种公司形态有利于加快技术开发、科技成果转化、新产品开发和产品市场推广工作的开展。

斯沃普由公司总经理范方祝领衔组织一支在国内自动化设备、机器人和电气工程研究领域具有丰富经验的中青年研发和管理团队。项目研发团队现有研发人员 26 名,其中博士 1 人、硕士 6 人,专业齐全,结构合理;5 人曾在国内外知名自动化、汽车公司担任研发和管理要职,均有机械设计、电气、控制的研发和团队合作的丰富经验。团队核心成员理念相投,事业心、责任感非常强,具有较长的共事经历和良好的团队精神,既能独立带领所属人员做好分管工作,又能注重协作配合。

斯沃普总部位于昆山市德国工业园区,有三个总装车间,生产车间面积超过 20000 m^2,换电站生产能力 80 台/月。其优越的地理位置、强大的技术背景以及充足的资金支持,使得斯沃普在人才引进、产品研发及生产制造等各领域快速发展。公司技术力量雄厚,在电动汽车快速自动换电站的系统规划、机械设计、电气控制等领域拥有多项发明和实用新型专利。斯沃普员工总数已经超过 500 人,其中研发及工程人员150人以上，还有一支经验丰富的装配、调试工匠技师队伍，从而有效地保证了换电站产品从研发到交付全流程顺利推进。

二、生产与经营

1. 公司总体运营情况

国家在保持宏观经济政策相对稳定的同时，斯沃普在国家政策的指导下，利用国内外社会资源，积极进行市场的选择、产品的前瞻性，研究、寻找市场空隙，支持有价值、有前瞻性、有潜力的产品以及技术的创造。加强产品技术实验、技术创新以及产品升级研发，保证产品的可持续发展性。

2. 报告期内公司运营情况

截至2021年12月，斯沃普发展态势稳定，资金利润情况良好，公司总资产63765.07万元，实现销售收入78614.17万元。

三、产品出口

2021年6月12日，斯沃普出口第一台换电站到挪威。这是一座蔚来2.0换电站，拥有14个电池槽，包括13个电池组和1个空槽，用于放置取下来的电池。换电站将为正在挪威销售的ES8车型提供支持。2022年1月20日，该换电站在挪威正式投入使用。

四、产能建设

斯沃普拥有建德路（A厂）和源浦路（B厂）两个制造基地，A厂有2座长100 m、宽50 m的现代化厂房，B厂有2座长100 m、宽50 m的现代化厂房，合计生产面积20000 m^2。

其中AC车间的主要配置为机加工单元，AM车间为主装装配和总成单元；BA2和BA3均为主装装配和总成单元。目前生产人力211人，现有产能规划为每月量产80台。

五、技术进展与研发能力

斯沃普电动汽车全自动快速换电站采用模块化的设计理念，即将整套换电站设备分解为独立模块，相互之间功能区分清晰，可以快速拆装连接，设计维护简便。产品设计从电驱化、智能化、模块化思路入手，为满足三个标准车位存放9块电池的需要，将设备分为两列、两层结构，在储存仓内通过移载机构和提升机构进行上下层电池与汽车进行调换，换电站整体上拆分为停车平台、移载机、提升机、换电小车、充电储存单元、电控系统集成、围护结构等7大模块。各模块可独立运输，相互连接方便快捷，并且能够根据客户后期的需要进行快速扩展。

斯沃普换电站项目产品关键技术的水平：委托中国科学院上海科技查新咨询中心进行科技查新，通过国内数据库对与本项目相同或类似文献与研究报告进行查新检索，具有新颖性。出具的咨询报告显示，本项目技术水平达到国内领先水平。

斯沃普换电站项目核心产品已销售至蔚来汽车有限公司，使用在其公司生产的电动汽车充换电中心，并且作为其产品的一个卖点，获得了用户的好评。

斯沃普换电站关键技术的优势：（1）研发智能电池监控系统，保障了配电、充电、换电、冷却、温湿度等运行状态得到严格的监控；（2）研发电池管理系统，对电池的电压、电流、温度进行时刻检测，并且能够根据温度、电网的峰段和谷段进行智能调节充电电流，从而能够在不损害电池和干扰国家电网电压的基础上进行快速充电；（3）设备设计充分保障安全，采用多层安全防护，浮动自适应对准等技术，整体达到Cat4级安全标准，大大提高设备运行安全性与可靠性；（4）研发的3D视觉定位和机械定位融合的高精度定位技术，使得换电加解锁准确的对准底盘和电池，换电全程自动无人工参与，实现一键换电；（5）研发超薄型导轨平移机构，厚度设计为40 mm，承载2000 kg，在保证超薄的同时实行了2000 kg的承载力；（6）在知识产权上，一是转移转化充换电中心核心专利技术11件（1件发明和10件新型），新申请知识产权10件，其中发明专利2件，新型专利8件，申请软著6件。

六、主要新产品

产品型号	产品名称	品牌	通用名称
PS300B	电动汽车快速自动换电站	蔚来	V2.0

七、合资合作及重大项目建设

根据产业化的发展阶段，在产能大幅提升的基础上，在推广区域上做好严密的布局，紧跟大型电网企业智能交换电网络发展规划，2021年全面建成以“四纵四横”（四纵：沈海、京沪、京台、京港澳，四横：青银、连霍、沪蓉、沪昆）为支撑的、覆盖国家电网公司经营区内所有示范城市的城际快充网络。定制斯沃普公司的网络布局：先北京、深圳、上海等大型城市，再环渤海，进而长三角珠三角等电动汽车充换电中心网络，逐步形成“贯穿南北”“东西相连”的服务网络。

八、发展规划

随着电动汽车的普及，电动汽车充换电站必将成为汽车工业和能源产业发展的重点。电动汽车充换电站能较好地解决快速充电问题，符合国家的节能减排的大政方针，因此，斯沃普换电站产品有着极大的市场需求。斯沃普立足于行业的巨大发展空间和良好的国家政策，把技术创新作为公司发展的基本动力，集中资金等资源，大力引进优秀技术人才，夯实技术基础，抓住市场机遇，以专业化的团队，做好研发、生产和质量控制等基础工作，谋求在该领域的综合竞争优势，立志成为电动汽车充换电智能设备的先驱与领航者。

1. 短期发展目标

3年短期目标（2019—2021年），新增投资3000万元，完成换电站产品中试工作任务，成为国内知名的电动汽车全自动快速换电解决方案提供商，累计实现销售收入2.8亿元，利税7550万元。

具体工作任务：不断优化RGV换电小车技术、智能综合控制与管理系统、机器视觉识别和定位技术、云端信息共享与交互技术等，通过股东蔚来汽车的应用，联合蔚来汽车对产品进行测试，解决测试中出现的技术和量产问题；成功申请认定高新技术企业；完成苏州市级工程技术中心认定，新增员工25人，申请专利15件；投入600万元新增一批设备和仪器；完成中试工作，完成销售服务网络建设，不断提高本项目产品的知名度，快速占领国内市场。

2. 中期发展目标

5年中期目标(2019—2023年),完成换电站产品产业化阶段工作任务,产品形成全自动充换电产品和周边产品的系列化,成为国内电动汽车充换电解决方案的创新领军型企业,累计实现销售收入6亿元,利税1.5亿元。

具体工作任务:投入5000万元建设昆山研发中心,购置一批生产加工设备;与中科院、东南大学、苏州大学等院校开展产学研合作,建立校企联盟;建设江苏省级充换电工程技术研究中心,申请专利29件;成功开发6种新产品并形成销售;建立国外销售渠道;吸引战略投资者进入,完成公司股份制改造,实现在国内创业板或中小板资本市场上市目标。

3. 长期发展目标

10年长期目标(2019—2028年),加大技术开发、升级力度,每年将收入的6%作为研发经费,持续保持技术领先;在上海、北京、合肥、香港等人才聚集地建立研发中心,加大研发力度,持续保持技术领先;产品达到标准化、尖端化、国际化;建设成为具有国际竞争力的企业集团;累计实现销售收入15亿元,利税5亿元;实现"做最智能的电动汽车充换电中心全自动化设备,创建环境友好型和谐社会"的企业愿景。

具体工作任务:投入7000万元建立上海、北京、合肥、香港研发中心,购置一批研发设备;投入3000万元在全国建设6家功能完善的营销服务中心,增强市场渗透能力、产品宣传力、技术服务能力、综合管理能力;建设成为国内一流电动汽车行业人才聚集高地和国内领先、世界先进的充换电中心研发基地,产品形成智能化、多样化、尖端化、国际化;申请国内外专利80件;扩大国内外渠道建设,新增国内外代理商50个。

博众精工科技股份有限公司

一、单位概况

博众精工科技股份有限公司(股票代码688097)成立于2006年,建有研发中心、生产基地40万m^2,专注于工业装备制造领域。

业务聚焦在消费类电子、数字新能源、关键零部件、高端装备、AI机器人领域。

博众精工在未来的发展中持续发挥自动化设备系统集成技术与研发优势,以客户为中心在所属领域持续提供"稳定可靠的产品""有竞争力的价格""全周期立体化的客户服务""端到端的快速交付能力"。弘扬"博采众长、博施济众"的精神,秉承着"追求卓越、和谐共赢"的经营理念,践行"让我们的智慧在外太空为人类服务"的使命,不断加强技术专家团队建设,完善管理体系,提升综合服务能力,成为装备制造业可持续发展的世界级企业。

二、生产与经营

博众精工业务聚焦在消费类电子、数字新能源、高端装备、智慧仓储物流、装备制造业关键零部件、AI智能机器人。博众凭借多年来在智能制造领域的深耕细作,不断创造出一个个骄人的业绩,获取了多项殊荣:"工信部认定服务型制造示范平台""国家知识产权优势企业""江苏省认定企业技术中心""国家级高新技术企业""入选第一批江苏省工业互联网服务资源池""工业强省六大行动重点项目单位""江苏省五星级数字企业""江苏双创人才企业""江苏省两化融合示范企业""江苏省著名商标""江苏省服务型制造企业""江苏省示范智能车间"等,公司在多年的持续生产经营中,树立了良好的口碑和企业形象。

三、产能建设

公司高度重视新能源充换电板块,于2020年建成投产的博众充换电站产业园坐落于鱼米之乡吴江经济开发区,园区占地66亩,年产能充换电站2000台,产品涵盖乘 用车充换电站、商用车充换电站、充电桩等。园区为博众重点打造的数字化生产基地,将实现智能人员管控、智慧物流、自动化生产、数字化生产流程、精益化模块装配。博众充换电站产业园将成为充换电行业标杆产业园。

技术进展与研发能力:

(1)研发人员:截至2021年底公司拥有技术研发工程师1300多人。

(2)研发费用比例:12%以上。

(3)截至2021年底,博众已取得发明专利923件,实用新型专利973件,外观设计专利122件,总计有效授权专利2018件;并获得软件著作权338件。其中关于充换电产品已申请充换电产品专利275件,其中发明专利147件,实用新型专利124件,PCT专利申请4件。

四、主要新产品

序号	产品名称	产品型号	产品应用
1	标准智能换电站	BZ-CS01	东风换电版E70轿车换电
2	中型智能换电站	BZ-CS02	东风换电版E70轿车换电
3	小型智能换电站	BZ-CS03	东风换电版E70轿车换电
4	钢结构式重卡换电站	BZ-TCS01	重卡牵引车、搅拌车、渣土车等重卡换电
5	集装箱式重卡换电站	BZ-TCS02	重卡牵引车、搅拌车、渣土车等重卡换电
6	矿卡换电站	BZ-TCS03	矿卡车型换电
7	直流充电桩	BZ-CSDC	新能源电动汽车充电

五、合资合作及重大项目建设

2017 年 12 月，博众与蔚来合作，开发设计了蔚来五棵松发布会站。

2018 年至今，博众先后与多家车企合作开发多款乘用车换电站，并先后在全国交付 400 多套换电站。

2018 年，在上海交付国内首个顶吊式重卡换电站。

2021 年，在鄂尔多斯交付国内首个矿卡柔性换电站。

六、发展规划

博众精工在未来的发展中持续发挥自动化设备系统集成技术与研发优势，以客户为中心在所属领域持续提供“稳定可靠的产品”“有竞争力的价格”“全周期立体化的客户服务”“端到端的快速交付能力”。弘扬“博采众长、博施济众”的精神，秉承着“追求卓越、和谐共赢”的经营理念，践行“让我们的智慧在外太空为人类服务”的使命，不断加强技术专家团队建设，完善管理体系，提升综合服务能力，成为装备制造业可持续发展的世界级企业。

易易互联科技有限公司

一、单位概况

易易互联科技有限公司为吉利集团部署的换电运营公司，公司专注于充换电综合补能服务、提供电池全生命周期管理、为智慧交通和智慧能源提供大数据等服务，所经营的易易唤能换电站作为具有智能换电综合补能服务的设施，可拓展电动汽车充换电、两轮车换电、边缘计算、5G 基站等能源综合服务。在使用区块链、云计算等技术将其聚合后可实现分布式智慧能源网，最终使之成为风能、太阳能、水能、核能等清洁能源聚合的绿色储能，全时空能源供给的能源物联生态智慧平台。

二、生产与经营

自 2020 年 9 月首座换电站落成，易易互联科技有限公司在重庆、杭州、济南、长沙、天津、青岛、成都、海口、淄博、苏州、南京、马鞍山等城市建立智能换电站近百座，并与广西、江西及老挝等国内外地区达成合作协议，实现智能快速无人值守换电，一经上市，便得到 B 端出行服务市场广泛认可。

三、技术进展与研发能力

易易互联科技的易易唤能换电站顺应节能与新能源汽车产业趋势，集中优势力量进行了技术攻关，先后投入资金数十亿元，参与研发的人员也超过了 1000 人，进行了超 3 万次的相关实验，并获得换电相关专利千余件。

易易唤能换电站具备高模块化、高兼容性、高安全性、高智能化特点，其开发的智能补能终端集换电、充电、监控、消防、智能温控、电池维护保养等功能为一体，可向用户提供安全便捷、高效可靠的补能服务，整个换电动作 1 min 完成，单个大型换电站满载可达 39 块电池，每天最高可完成 1000 次换电，同时延长电池使用寿命至 8 年 60 万 km。

实际换电时，电池包的稳固、耐用和安全性乃至换电速度，都直接取决于快换锁止机构及水电连接器等关键零部件，易易唤能创新设计的换电锁止机构兼具“螺栓式”和“挂接式”的优点，具备高可靠性和高适配性，其快换水连接器、电连接器在换电过程中可实现自动纠正和导入，且单个锁体破坏强度达到 40 kN，能够承受 6 t 重量。不仅如此，其单个部件均接受了超 16000 次的耐久测试，确保换电系统可以达到 10 年以上使用寿命。

四、主要新产品

序号	产品型号	产品名称	品牌	通用名称
1	A 型站	单仓单工位换电站	易易唤能	1.0 单仓换电站
2	B 型站	双仓单工位换电站	易易唤能	1.0 双仓换电站
3	E-S 站	单仓单工位换电站	易易唤能	2.0 单仓换电站
4	E-M 站	双仓单工位换电站	易易唤能	2.0 双仓换电站

五、合资合作及重大项目建设

2021 年 5 月 25 日，易易互联科技有限公司与济南产业发展投资集团在杭州签订合作协议，济南产业发展投资集团增资入股易易互联科技有限公司下属济南公司，双方将充分发挥协同效应，在济南开展智慧充换电站运营网络项目业务，加速换电模式在济南落地。

2021 年 5 月 27 日，易易互联科技有限公司与中国石化销售股份有限公司山东石油分公司在济南签订战略合作协议，双方将共同研究推动智能换电等全场景商业应用模式，在电动汽车充换电研发、建设和推广应用方面展开合作。

2021 年 7 月 2 日，易易互联科技有限公司与国网重庆电动汽车服务有限公司签订战略合作协议，双方将从换电站运营合作、电池价值管理、汽车销售、储能合作、工程建设五大板块入手进行长期、稳定的合作。

2021 年 7 月 30 日，易易互联科技有限公司与中国石化销售股份有限公司安徽石油分公司签订合作协议，正式确定战略合作关系，双方将围绕安徽省内换电站的建设和运营展开全面合作，从马鞍山和合肥起步，积极探索在传统加油加气站内建设换电站，共同推进换电车辆及换电业务模式在安徽省的推广和应用。

2021 年 9 月 24 日，“庆祝中国共产党成立 100 周年——新能源汽车产业发展成果展”在北京开幕。易易唤能作为换电新势力，携加解锁平台、快速锁体、快换水电连接及五合一高效电驱动集成系统等核心成果亮相。

六、发展规划

2022 年，将全面布局天津、山东、安徽、江苏、浙江、海南、广东、广西、重庆、四川、陕西等市场，形成规模化运营，至 2025 年将在全球运营 5000 座智能换电站。

协鑫能源科技股份有限公司

一、单位概况

协鑫能源科技股份有限公司(证券简称:协鑫能科 002015.SZ)系协鑫(集团)控股有限公司旗下企业。公司于2019年5月在深圳证券交易所上市,主营业务为清洁能源运营、移动能源运营以及综合能源服务。公司倾力打造从清洁能源生产、补能服务到储能的便捷、经济、绿色的出行生态圈,为电动化出行提供一体化能源解决方案,致力于成为领先的移动数字能源科技运营商。

协鑫能科深耕清洁能源运营及综合能源服务20余年,业务范围涵盖热电联产、风力发电、垃圾发电、生物质发电等,并网总装机容量近400万kW,清洁能源占比超91%。在综合能源服务领域,公司年度售电量近200亿kWh,是参与国家增量配电业务改革试点项目最多的民营企业;拥有电力需求侧管理服务机构一级资质,管理容量超1350万kVA,已投运储能、分布式能源、微网等能源服务项目20余个。规模化、低成本的绿电生产与供应,多元化、专业化的综合能源服务平台,为公司角逐移动能源赛道打造出差异化的竞争优势。

二、生产与经营

2021年,协鑫能科响应国家“双碳”政策,依托深耕能源行业的产业布局与科技实力,发挥清洁能源绿电生产、储能与补能生态的协同优势,以及在充换电技术开发迭代、数智平台研发运营等方面迅速建立的核心竞争力,创新业务模式,构筑生态闭环,推出移动能源电动化出行解决方案品牌-协鑫电港,致力于打造领先的移动数字能源生态平台。

协鑫电港秉持科技为核,用户为王,诚信为本的品牌经营理念,以“科技驱动低碳生活”为使命,以绿电为源,运力为先,通过数字聚合,金融赋能,打造移动数字能源运营平台和智能电动汽车双轮驱动的业务模式;以车为能源载体,以电池为核心资源,以港为基础设施,搭建绿电、港站、车、电池、储能生态闭环,联合开发定制运营领域新能源汽车,整合运力资源,提供电动汽车补能服务、电池全生命周期管理、充换电站港及移动数字能源平台的商业化运营,致力于为电动化出行提供便捷、经济、绿色的一体化解决方案。

公司已在江苏、广东、湖南、新疆、内蒙古等省区的十余座城市投运乘用车、商用车换电港。

三、产能建设

在北京亦庄高端汽车零部件产业园区建成协鑫移动能源产品及数字运营平台研发中心,厂房面积12400 m^2,主要致力于重卡、轻卡换电模块的生产与销售,同步开展重卡、轻卡、乘用车换电港的研发试制。截至目前,亦庄研发制造基地共投入充放电测试设备、高低温箱、锁止机构测试台架、起重机等30余台设备,投资总额1500余万元;重卡换电模块产能达3000套/年,轻卡换电模块产能达4500套/年。

协鑫能科下属北京胜能以换电产品开发为核心业务,同时开展国家课题申请、建立国家级创新中心联合实验室、高端人才培养、知识产权布局、前瞻技术研发、产品开发流程体系建设、企业标准体系建设等七大业务,保障产品开发与可靠性,提升产品市场竞争力。

协鑫诸暨换电站生产基地于2022年5月落户浙江省诸暨市,意向选址210亩进入报批阶段,过渡期间租用2.6万 m^2 厂房加速产业落地。6月初,诸暨生产基地部分生产线投产,目前已出货换电港9台,在产换电港8台。该基地计划于8月初全面投产,预计至年底产能将达25台/月,产值超10亿元。到2023年底,产能将达40台/月。

四、技术进展与研发能力

(1)独创CSE核心技术架构,以此为内核,加速换电模式普及,促进产业融合升级,有力推动智能交通、零碳城市进程。所谓CSE,C即compatible and sharing(兼容共享),解决换电站多车型兼容难的痛点,实现标准化快速推广;S即smart and convenient(智能便捷),解决产品被动适配、寿命短、补能慢、找站难、效率低的痛点,为用户提供极致补能体验;E即economic and security(经济安全),解决换电站投资大、成本高的痛点,大幅降低换电站投入及运营成本。

(2)自主研发协鑫电港“三剑客”:商用车换电港、物流车换电港和乘用车换电港,覆盖了当下所有新能源汽车的应用场景。自研产品配备了可选择的备用电池序列,单双通道按需设计,无须等待,可实现快速补能,双通道产品更将使服务效率翻番;站端布局可实现无人值守,运营端、用户端软件具备智能OTA功能,可一键升级,大幅延长换电站的使用年限;接口标准化、电量系列化,标准电池包具备一包多车的属性,可服务多种车型;同时采用多模BMS技术,赋能一包多能,可换可充可储,未来3年可覆盖80%以上商用车补能。

(3)开发多能集成,无接触智能磁感锁止技术,共享电池技术以及智能EMS/BMS/SMU四大核心技术。

(4)构建业内首个PaaS和SaaS一体化数字换电云平台。

(5)科研能力:持续加大研发投入,2021年,公司科研人员同比增长近4.5倍,研发投入同比增长近1.5倍,后期还将逐年增长。成立新能源汽车研发、自动驾驶研发、三电研发、数字化研发、区块链研发等研究院,进一步加强研发能力。

(6)截至2022年6月底,委托专利334,受理235件专利,授权53件专利,主导、参与了39项换电国家标准、行业标准和团体标准的编写。

五、主要新产品

序号	产品名称	产品型号	产品应用
1	商用车换电港	CA01105/7(10/14)Y-A	吉利、福田、徐工、三一、东风、陕汽等牵引车自卸车
2	轻卡换电港	CB01114Y-A	吉利、福田、陕汽等主流4.5 t换电轻卡车型

续上表

序号	产品名称	产品型号	产品应用
3	乘用车换电港	PA01113X-A/PA01226X-A	东风、柳汽、轻橙、吉利换电车型
4	商用车换电模块	M103001000/M103000000	福田、三一、苏州金龙等
5	轻卡换电模块	N01	吉利、福田、陕汽等主流4.5 t轻卡车型

六、合资合作及重大项目建设

打造中金协鑫碳中和百亿产业投资基金。首期落户诸暨，将围绕包括协鑫（诸暨）移动能源项目以及其他移动能源生态产业在内的碳中和领域进行投资布局。

全面整合汽车生产、电池制造、出行平台、物流企业等行业以及政府资源，与吉利、福田、三一、东风、货拉拉、宁德时代、徐工集团、贵阳产控、同圣产投、地上铁、快成物流、长久物流等头部企业开展全面合作，共建低碳、智能、便捷的出行生态圈。

七、发展规划

重点布局华北、华南、华东、西南、鲁豫、两湖，以及山西、内蒙古、西北等，打造便捷、经济、绿色出行新生态。根据规划，公司将在“十四五”期间建成服务超过50万辆新能源汽车的补能网络。同时布局锂矿、盐湖锂资源开发及锂盐深加工，退役电池梯次利用等产业链上下游，形成更强的差异化竞争优势。

优品汽车服务集团有限公司

一、单位概况

优品汽车服务集团有限公司成立于2014年，总部位于上海陆家嘴，是国家“新基建、新能源、绿色交通”产业代表性企业，2019年营业额已超过100亿元人民币，是国内领先的新能源汽车整合服务及行业应用解决方案提供商。

拥有自主知识产权的“UOTTA”智能换电技术，是国家及行业换电标准起草单位之一。现已推出涵盖换电网络、行业应用、产业集群、用户平台于一体的“城市级全域电动化解决方案”，是城市低碳发展及绿色交通建设的有力践行者。

二、生产与经营

优品车集团现已搭建完整的新能源汽车产业服务生态链，凭借自主研发的UOTTA™智能换电技术及与之匹配的UNEX智能换电定制车型，推出适用于矿山、港口、物流、客运交通等行业的新能源汽车智能换电平台。另外，公司还通过商用智能换电新能源车的销售，换电站和EAAS站端服务、产业链金融、电池银行以及用户平台的建设，完善了新能源车的产业服务生态体系，构建了全产业链的闭环。

集团已与一汽解放、上汽五菱、徐工集团、东风汽车等国内大型车企及达成战略合作，共推新能源汽车换电模式标准化、商业化建设。以此为依托，优品车集团与新奥集团、浙能集团在福建、浙江、山东等地共建城市出租车网约车智能化换电运营网络，并携手中国华能，在内蒙古、陕西、宁夏等地，合作重卡换电运输干线，为传统能源企业在电动化时代的可持续发展，提供了行之有效的解决之道。

三、产能建设

优品车集团淄博智能换电站产研基地，第一期投资2亿元，目前已完成ISO 9001、IATF 16949质量管理体系认证，可年产80套重卡及轿车换电站，年产值可达4亿元。

四、技术进展与研发能力

优品车已开发出拥有自主知识产权的UOTTA™智能换电技术，并建立及开放基于UOTTA™换电技术的数据云平台，完成车辆、换电站数据交互的底层建设，为使用UOTTA™换电技术的定制、改制车辆提供完整的PACK系统及换电技术；并与一汽、东风、奇瑞、徐工等车企合作，对其主流车型进行PACK系统预开发，推出基于UOTTA™换电技术的UNEX换电产品体系，接入更多满足UNEX换电产品体系的商用车辆，提高换电站的模块化标准，实现未来同一换电站满足同类多车型的兼容性换电需求。

五、主要新产品

序号	产品型号	产品名称	品牌	通用名称
1	U6A08	8仓重卡换电站	UOTTA	UOTTA重卡换电站
2	U6D28	28仓乘用车换电站	UOTTA	UOTTA出租网约车换电站

六、合资合作及重大项目建设

新奥集团“E车E站”战略合作；浙能集团“浙优”换电站战略合作。

七、发展规划

全面开放基于UOTTA™换电技术的标准化数据交换平台。UOTTA™换电技术可满足UNEX换电车型的正向设计开发，研制多车型兼容通用标准的PACK系统，以及柔性换电站，实现真正意义上的同类车型的通用通换。

全面融合换电机器人机构设计与人工智能技术（包括智能机器人技术、深度学习技术、多模态数据融合技术、多目标优化技术）改进现有换电站，突破现有换电站匹配车辆、电池包种类限制，提高换电站兼容性、通用性，提高换电设施利用率。公司将与众多合作伙伴携手在全国铺设基于UOTTA™技术的多主机厂多车型的通用换电站，至2024年全国通用换电站数量近500座。

上海启源芯动力科技有限公司

一、单位概况

上海启源芯动力科技有限公司是国家电投集团下属绿电交通产业的专业化平台企业。公司基于国家电投电力生产主业，以科技创新为驱动、以金融服务为手段，聚焦换电重卡细分领域，推动交通与能源领域的深度融和，打造集绿色电力供应与零碳交通为一体的综合能源服务独角兽企业。目前，公司业务涵盖换电重卡及电动工程机械研发推广、电池资产管理以及充换电设施研发建设运营等板块，并加持自主研发的电池银行、充换电站管理、车联网监控调度等数字化管理云平台，赋能产业数字化升级。

自 2019 年以来，上海启源芯动力带动换电重卡及配套能源基础设施产业的研发、推广，并联合产业上下游企业推动产业发展，已成为我国绿电交通领域的一支主力军，有力助推我国重卡运输领域低碳智慧化转型。

二、生产与经营

上海启源芯动力（早期为中电投融和融资租赁有限公司）从 2016 年起联合生态圈企业进行研发攻关，并于 2018 年推出全球首款换电式重型牵引车及重卡换电站，推动换电重卡及换电站的示范应用及商业化推广。截至 2022 年 5 月底，国家电投已推广高通用化的纯电动重卡及工程机械产品近 15000 台，配套建设换电站 150 余座，推广车辆及换电站市占率近 80%，电池银行配套运营电池资产约 2 GW。

开启“绿电替代”新模式，引领换电技术。围绕传统充电式重卡充电时间长、购车成本高、行驶里程短的“痛点”，上海启源芯动力创新性地提出了“重卡-电池银行-换电站”三位一体运营模式，“车身与电池分离使用，电池可快速更换”。该模式下，动力电池是可分离、可控制的特殊资产，可独立于汽车购买、租赁、运输、管理。终端车辆用户仅需一次性购置无动力车身，通过租用换电电池包，重卡用户一次性购车成本可降低约 50%；同时采用度电模式购买充换电服务，通过在换电站快速更换电池实现高效运营；动力电池资产管理企业通过专业运管平台对电池资产进行集中监管及维保，有效提升电池使用寿命，产业的整体经济性更高。

标杆场景打造及复制，加速产业升级。通过示范应用，启源芯动力打造了以矿山、钢厂、港口、城市渣土、电厂，以及中短距离的干线运输等标杆场景。是钢厂、矿山等“高频”“重载”场景，通常需要重卡 24 h 连续运营。按照现有充电技术，一个标准电池包（282 kWh 容量）充电需 1～1.5 h，而采用换电重卡整个换电过程只需 3～5 min，运营效率大幅提升。不同场景运营数据显示，换电模式整体油电经济性在 10%～30%。

标准化产品研发推广，助力国家技术标准统一。从 2019 年开始，国家电投在全国范围内主导推广的换电重卡、电池银行、换电站均按照统一技术标准施行，为后续全国范围内重卡换电技术标准的统一打下了良好基础。截至工信部车型公告第 352 批次，有 54 家主机厂共 203 款换电重卡车型上榜工信部车型公告，其中 166 款车型采用国家电投推行的换电箱技术标准，市场占有率达 81.77%。

三、技术进展与研发能力

换电重卡及换电站产品研发方面，从 2018 年国家电投向市场推出全球首款换电重卡及与之配套的全球首款重卡换电站至今，通过技术创新与产品迭代，基于多年来在绿电交通领域的深耕，上海启源芯动力已联合生态圈企业研发了集固定式、移动式、撬装式为代表的换电站明星产品，可为用户提供多种可灵活组网的能源补给方案。联合头部主机厂开发了 56 款高通用性的纯电动产品谱系，包括换电重卡、电动工程机械、电动港口机械、换电矿卡等，可全面适用于港口、矿山、电厂、城市渣土、干线运输等场景。

产业数字化研发方面，通过智能硬件终端及运营管理云平台系统建设，构建以 IOT 为基础，“端边云”协同的数字生态。围绕“人-车-站-电池-金融”五位一体的业务生态链，打造产业运营云平台“ECUBE”及金融服务云平台“DPAD”，结合中台微服务框架技术支撑，输出 SaaS 软件服务能力，逐步形成业界口碑和品牌效应。智能硬件研发方面，自主研发了车载通讯 TBOX（换电控制）终端设备、电池通讯 BBOX（运营控制）终端设备、移动换电站站控系统等产品，已完成主要合作车厂（华菱、红岩、福田、北奔、徐工等）适配的 TBOX 设备版本开发，推广设备已过万台。数字化运管平台方面，通过车辆运管云平台、电池银行云平台、充换电运营云平台、物联网开发平台、金融服务平台及司机端换电小程序开发建设，全面实现产业的数字化运营及精细化管理。

四、主要新产品

序号	产品名称	产品型号	产品应用
1	BBOX（电池运营控制器）	BBOX-QY	宁德时代电池系统
2	TBOX（换电控制器）	TBOX-SH	换电重卡
3	工控机	VMC-5920	国家电投撬装式换电站
4	工业级平板	VDC-3210	国家电投撬装式换电站
5	智能电表	ZNDB4X4-50	车载换电电池系统

五、发展规划

“十四五”期间，上海启源芯动力计划推广换电重卡及电动工程机械等相关产品合计 20 万台，新增换电站 4000 座，新增电池资产 22.8 万套。

南通金予博信智能科技有限公司

一、单位概况

博信科技是唯一一家聚焦于“空中机器人”关键核心技术与大件货品智能物流拣选系统的公司,成立于2011年,下设多家子公司,包括江苏博信机器人有限公司、上海博信业辉智能科技有限公司、陕西源博信予智能科技有限公司等,公司在北京、上海、南通、盐城、西安、重庆等城市建立了分支机构及区域技术服务中心,形成了覆盖全国的营销网络和技术服务体系。博信以解决人类密集拣选及重载搬运难题为企业使命,专注于数智化技术研究应用,为企业类客户量身打造智能物流拣选及配送系统、重型工件厂内物流系统、工厂物流仓储系统、轮胎生产智能物流系统、智能化装卸车系统、智能充换电系统提供方案设计、系统集成、设备选型、软件开发、电气控制、安装调试、培训及售后的一站式全流程服务,为客户实现生产和物流环节的自动化无人作业、柔性化生产、资源优化配置、数据互联互通、高效协同管理等,从而帮助客户提高效率、降低成本、提升管理水平,开启工业4.0和智能制造之路。

二、生产与经营

1. 生产

博信拥有两大生产智造基地,分别位于上海市金山区占地5000 m^2 和盐城市盐南高新区占地10000 m^2。厂区进行科学划分,设立了装配区、电气区、测试区、待检测区、装卸货区、待发货区、新产品研发区等。推行5S管理理念,整理、整顿、清扫、清洁、素养,提升博信企业形象和员工归属感,减少浪费现象,增强了现代企业管理能力。

2. 经营

智能换电、智能制造、智能物流,三大业务板块。智能换电基于国家“新基建”战略和“3060双碳”政策的产业环境,博信科技凭借多年在空中机器人领域智能化应用的头部优势,进军新能源重卡充换电赛道,为绿色能源产业赋能。博信科技秉承着“智能是发展之道、创新是发展之魂、融合是发展之本”的先进理念,提出了“双智”战略,即“智能产品”和“智能平台”,打造出“3+1”创新平台体系,为用户提供全生命周期解决方案,即前期咨询-方案选型-项目实施-业务运营-资产管理。先进可靠的模块化智能换电设备,融合了完整的全流程数字化、3D场景化、AI人工智能和边缘计算等技术手段,持续为新能源产业赋能,构建绿色能源新生态。

3. 全产业链布局

主机厂、电池厂、运营商、政府机构、能源机构合作。

(1)政府机构:在“3060双碳”背景和国企数字化转型下,为政府提供行业标准和研究课题的技术支撑,发挥政府场地和政策的优势,助力重卡换电项目落地,更好服务地方经济,守护绿水青山。

(2)电池厂家:与主流电池厂家进行技术合作,共同开展电动重卡换电相关匹配测试,围绕电池资产管理进行广泛合作,探索电池银行等产业背景下的合作模式。

(3)主机厂:为主机厂定制化设计、生产,提供标准、可靠、简单的换电产品,探索在绿电交通产业背景下的合作模式。

4. 智能换电系统解决方案的优势

(1)效率大幅提升

采用多换电机械手联动系统,结合电池协同转运系统,换电节拍缩短至4 min以内,相比行业效率提升50%。

(2)数字化管理

构建“3+1”平台体系,打造1个电动重卡数据管理中心,三个智能应用平台,智能充换电管理平台,智能运维线上管理平台,电池资产全生命周期管理平台。

(3)占地面积更小

通过效率提升和立体空间布局,需求的换电系统占地面积约为80 m^2。

(4)安全更完备

安全故障预警,充电、换电上下分区管理,配置路面安全系统,支持手自动切换。

(5)快速精准定位

配置视觉和激光动态感知定位系统,实现车辆的快速识别和空中机器人的快速定位。

三、技术进展与研发能力

1. 技术进展

(1)机械臂视觉智能拣选算法

可以自主地从与环境交互产生的视觉图像中不断学习特征提取,直接地将提取的特征应用于机械臂抓取控制。通过不断的抓取实验,获得最优的抓取策略,并且可以针对不同的抓取任务和抓取环境,学习相应的机械臂抓取控制策略。神经网络架构获取机械臂环境的视觉图像。

(2)WMS系统的AI分析

采用视觉及光电传感器等技术,对物品的质量等进行自动检测。多级联动机械手可根据WMS下发的指令,对不同物品进行快速抓取和移动(结合视觉及传感器等技术,实现自动化装车,实现全流程自动化,无缝连接。

(3)智能重载搬运系统

最大跨距可达20 m^2,最大载荷可达40 t。采用高精密滚轮技术,实现快速移动(均速达到3 m/s),定位精准(可实现0.02 mm精准定位)。

2. 研发能力

(1)拥有交大博士、海归硕士领先的研发团队,丰富的系统集成经验,研发人员占公司总人数的30%。

(2)校企合作,联合开发,运用新的AI、机器学习的算法、大数据、区块莲等技术,重看场景中应用创新。

四、主要新产品

序号	产品名称	产品型号	产品应用
1	商用车重卡换电站	BSHD-JZ-600	重卡换电矿山、港口、钢厂、电厂、城市渣土、干线物流

续上表

序号	产品名称	产品型号	产品应用
2	移动式重卡换电站	BSHD-JZ-300	重卡换电矿山、港口、钢厂、电厂、城市渣土、干线物流
3	智能充换电管理平台	BSHD-PX. V1.0	重卡换电矿山、港口、钢厂、电厂、城市渣土、干线物流

五、合资合作及重大项目建设

博信 2018 年 7 进行了天使轮，投资方郎程资本。2019 年 1 月 Pre-A 轮，清控银杏、梅花创投、科鑫资本。2021 年 3 月 A 轮梅花创投、南通科创投等。准备启动新一轮融资，发力重卡换电赛道和智能物流赛道，加快企业数字化转型进程，换电产业项目在调研和储备阶段。

六、发展规划

(1) 为产业和地方政府赋能，挖掘和培育新型运营模式。

(2) 全方位服务电池银行模式，助力重卡换电赛道。

(3) 三网融合，能源网、车联网、交通网，构建绿色能源新生态。

宁波江宸智能装备股份有限公司

一、单位概况

宁波江宸智能装备股份有限公司成立于 2007 年，总部位于沪杭甬大湾区核心地段：宁波前湾新区。在上海，杭州，无锡，安庆等地建有研发制造基地，为新能源汽车智能装备领域提供全面的整体解决方案。

公司在发展过程中，不断采用当今最先进的工业发展技术，与吉利、蔚来、东风、上汽、一汽大众、云内、SKF 等国内外知名品牌企业合作，已成为行业中专业和可值得信赖的设备集成商，不断为客户提供更好的产品服务。

二、生产与经营

公司是由汽车装备事业部、新能源装备事业部和智能制造事业部等部门组成，是一家由新能源汽车换电站制造运营、汽车动力总成、电机电控、锂电设备、汽车零部件的研发、设计、制造、安装调试及服务于一体的系统集成商。

江宸智能通过与吉利汽车等下游汽车主机厂的紧密合作，在工业自动化领域的技术积累，在汽车产业不断的深耕发展，站在技术层面，它是百年工业桂冠上的一颗明珠；站在文化层面，它是大工业时代生长出的生活理念、价值观和身份认同等大量文化符号的集合。2014 年开始至今，世界汽车工业发生了范式转换的苗头，在这期间，中国汽车产业出现了两股颠覆性的力量：一是新能源，二是智能化。在获得资本支持之后，有着多年自动化、智能化研发基础的江宸在 2017 年把重心逐渐放到参与新能源项目开发中，开始在新能源汽车生产制造的赛道上狂奔。

经过十余年的发展，江宸智能已经成长为业内技术领先，集换电站设备设计、制造、安装调试与运营服务一体的“技术密集型”企业。

三、产能建设

宁波慈溪换电站项目，辐射长三角地区；一期建设用地 50 亩，总建筑面积 32592 m^2，总投资 3 亿元；2022 年下半年投产，年产 500 套，二期扩产项目已经在 2022 年 8 月正式启动，总投资 7 亿元，将为公司增加 15 亿元的产能。

四、技术进展与研发能力

公司是一家国家高新技术企业、双软企业，拥有几十项发明专利及软件著作权，2019 年、2020 年连续两年进入中国智能制造企业百强。

主要产品：(1) 锂电设备、电驱电机生产线，包括电池模组和 PCAK 生产装配线、新能源汽车电机电驱电控生产线。(2) 新能源汽车换电站，新能源汽车换电站产品及运营系统成熟，将依托整车客户迅速打开市场。

公司以“技术领先”和“产品质量”为企业的核心竞争力，先后与国内科研院所、知名厂商建立了紧密的合作关系，实现自动化技术与信息化平台的高度集成，推进中国制造向“智慧制造”的转变；

公司与头部车企合作多年，市场率先研发换电设备，换电车型涵盖 A 级-D 级车，包括微型乘用车及物流车、乘用车、SUV 及重卡等系列；

公司换电技术不断迭代，研发的第三代换电站已在最后组装测试阶段，具有全自动化整块电池包换电、换电时间缩短至 60 s 以内、占地面积缩小至 50 m^2 以内、无地埋部件、落站周期短等优势。

公司拥有强大的研发团队、自主研发设计能力，可根据客户需求进行个性化定制。公司每年投入 2000 万元以上资金进行项目研发，目前已拥有换电站相关专利 25 项，具备成熟的换电站设备制造运营经验。

五、合资合作及重大项目建设

江宸作为新能源汽车锂电池生产智能制造设备供应商，从 2017 年就已经开始布局新能源锂电池行业，2017 年—2020 年陆续承接吉利威睿、威马汽车、长安汽车、蔚来 PCAK 装配生产线，大模组及 PACK 生产线技术行业领先。

江宸与吉利旗下换电运营商易易科技合作，2022 年 4 月正式进入批量产阶段，江宸成为吉利汽车换电站主要供应商，与吉利就换电站业务展开全方位合作。

六、发展规划

公司秉承“精细化管理”的意志，“服务满足客户需求”的理念，推崇独立创新和工匠精神，追求全面优质的系统服务，不断研究开发新一代智能装备，依靠自身雄厚的技术实力，为行业用户提供更高效的生产、产品装配质量、车间规划布置、生产工艺改善等技术支持。公司未来将以换电站为核心，以开发的姿态，深耕换电网络，打造开放式生态体系，以江宸换电技术平台、车型构架平台、大数据运营平台三位一体，实现换电业务规模化，构建物联、智能、共享的生态圈，推动与建立统一的换电标准，致力于成为国内新能源汽车换电事业的先行者、领跑者和标准制定者。

西安领充创享新能源科技有限公司

一、单位概况

领充专注于新能源汽车智能充电、换电、新能源微网、智能检测及车载充电等领域的产品研发、制造及销售，同时依托充电网、智能微电网等生态云平台，为客户提供全场景、全生命周期的能源服务。领充始终坚持“以客户为中心”的价值观，为客户提供一站式专业服务，助力客户发展，实现共赢。

二、生产与经营

自2020年成立以来，申请并授权的国内专利超过200项，国际专利10余项，软件著作权10余项，主持并制定了行业相关标准10余项，涉及新能源汽车技术发展路线、二手车评定规范及超级充电等方向。公司产品主要应用于地产行业、车载行业、智能检测行业、新能源微网行业、换电行业、运营商行业。销售收入稳定且持续增长，在成立当年营业额为2523万元，截至2020年底，公司净资产为2703万元。2021年公司销售收入1.78亿元，增长率606.26%，研发投入2471.01万元，2022年公司预计销售收入5亿元，增长率194.1%，研发投入3200万元，2021年公司已经完成Pre A轮融资5000万元，目标在2025年实现综合销售70亿元以上，并在2025年启动登陆资本市场，最终达成A股上市。

三、产品出口

AC桩。目前随着欧洲新能源车辆的发展，这一块的需求巨大。

DC直流桩。目前是作为项目和大客户类型进行销售，主要区域为东南亚和东欧区域。

四、产能建设

公司目前在深圳，嘉兴，成都，绵阳有多家合作外协。2021年3月在绵阳成立了绵阳工厂，位于绵阳市高新区，工厂目前拥有生产面积7500 m^2，现有5条生产线，设计年产能充电桩135000台。

五、技术进展与研发能力

国内专利200余项，国际专利10余项，软件著作权10余件，引领技术方向，主持制定了行业相关标准十余项。

六、主要新产品

序号	产品名称	产品型号	产品应用
1	锐系列7 kW交流充电桩	R1-1，R1-3	适用于各种需要交流充电的停车场所
2	移动式储能系统	TIMS/100/0.38AC	适用于电力增容、削峰填谷、电网改造、临时用电等
3	整车动力电池检测设备	TVG-060K，TVG-120K，TVG-240G	可以对市面所有电动汽车进行检测评估

七、合资合作及重大项目建设

西安西电集团光储充项目，连云港直流储能项目，青岛特锐德园区光储充项目等。

八、发展规划

1. 产品和技术开发计划

（1）新一代20 kW壁挂随车直流桩；（2）国网版7 kW交流充电桩；（3）电动汽车充放电仿真测试系统2.0版本。

2. 创新生态模式合作

（1）新能微网运营生态；（2）新能汽车目的地充电运营生态模式；（3）云综合服务生态模式；（4）公快超级充电站。

3. 人才引进计划

继续在研发领域里加大人才引进，未来希望建成行业一流的开关电源研发中心，拥有5~8个研发领军人物，扩充到150~200人的研发团队，能同时进行3~5个大型项目的研发。

安徽绿舟科技有限公司

一、单位概况

安徽绿舟科技有限公司成立于2015年9月6日，是一家专注于人工智能+物联网综合解决方案的国家高新技术企业，自成立以来始终保持稳定高速的增长，近三年营业收入复合增长率达134%，2021年底，公司成功完成A轮融资。公司现有员工200余名，80%以上为研发人员，聚焦“AI+平台”发展战略，依托在人工智能领域的深厚积累，持续聚焦新能源换电及工业互联网两大业务方向，专注大数据、机器视觉、深度学习、数据分析等AI技术的创新研发。

截至2021年12月末，安徽绿舟科技有限公司拥有7项实用新型专利、40项计算机软件著作权、2项商标注册证书，申请了近30项发明专利。自2020年先后获得国家高新技术企业、合肥市大数据企业、科技型中小企业、合肥市高成长种子企业、高新区雏鹰企业、软件企业、人工智能企业、合肥市优质小微工业企业等称号；2021年成功在安徽省股权托管交易中心机器人产业版挂牌。同时荣获 2020 讯飞 AI 服务市场年度产品创新奖、安徽省最佳中小企业雇主、中国充换电行业十大竞争力品牌、“创响中国”安徽省创新创业大赛优秀奖等荣誉，自主研发的软件产品连续两年获得安徽省首版次软件认定。

二、生产与经营

2021 年安徽绿舟科技有限公司整体运营情况良好，各项工作稳步推进，经营状况呈快速增长的势头。较上一年度营业收入增长 87.20%，利润总额增长 368.67%，研发投入增长 50.75%，当年研发投入占营业收入比例达 59.32%。

产品研发方面，新增 AIOS 智能换电站控制系统、AIOS 换电运营云平台、AIOS 智能换电视觉综合检测系统等产品。该系列产品主要应用于智能换电站，AIOS 智能换电站控制系统通过互联网运营的方式建立集中型无人充换电站对大量电池集中存储、集中充电、统一配送，具备换电、充电、监控、消防、智能温控、电池维护保养等功能的智能控制和调度能力；AIOS 换电运营云平台对换电站运营商、电池银行、车辆运营商，提供人、车、电池、换电站、资金等核心资产管理，配有全套的营销工具及运营分析插件；AIOS 智能换电视觉综合检测系统在换电过程中对车辆快速引导到换电区域，精确定位电池包的精准位置进而准确抓取电池包，以及站内的安全检测。

三、技术进展与研发能力

安徽绿舟科技有限公司现有人员 200 余名，研发人员占比 80% 以上，含软件研发、嵌入式软件研发、大数据云平台研发及硬件研发等。核心成员大都来自中国科学技术大学、合工大、安徽大学等国内知名院校，拥有十多年专业人工智能、移动互联网、云服务、大数据技术开发经验，在人工智能与新能源汽车及工业领域相结合领域有丰富积累与实践。在坚持自主创新研发的同时，公司也积极寻求外部研究机构的技术合作，目前已经与中国科学技术大学、安徽大学和安徽信息工程学院建立了产学研合作，为公司在计算机视觉和图像算法上的建设提供了有力的技术支持和后备人才储备条件。

公司核心产品绿舟 AIOS 智能换电站控制系统，是自主研发的、系统化整体无人管理解决方案，掌握了核心智能设备与人工智能算法，拥有完全的自主知识产权，实现少人化或无人化的应用场景，从而大幅提升运营环节的作业效率，为行业客户创造更多价值。目前我们已经在无人换电站、无人零售、智能物流、智慧供应链等方面形成典型的应用案例。换电合作车企和电池厂商近 20 家，其中换电车型包含乘用车，重卡车，物流车，无人车等。目前在全国 10 多个城市已经落地换电站 200 多座，而覆盖车型近 20 种，累计换电订单达到 3000 多万次。

四、主要新产品

序号	产品名称	产品型号	产品应用
1	AIOS 智能换电站控制系统 V1.0	V1.0	智能换电站
2	AIOS 换电运营云平台 V1.0	V1.0	智能换电站

五、合资合作及重大项目建设

安徽绿舟科技有限公司积极响应政府号召，计划于 2022 年底在合肥完成 20 座新能源汽车换电站的投资建设。项目建成后，换电站将极大改变交通出行方式，赋能城市出行清洁化、智能化，同时可打造为节能减排与低碳技术成果转化示范场所。

六、发展规划

安徽绿舟科技有限公司将以新能源汽车换电站占领制高点，打造新能源汽车无人换电站国内龙头企业，与主机厂及电池能源商达成共同运营模式。

七、2021 年 1—12 月企业在新能源汽车方面经济指标统计

填报单位名称	指标名称	单位	本期累计	同期累计	增长率	增长额(提高百分点)
安徽绿舟科技有限公司	2021 年末资产总计	万元	8783.85	967.52	807.87%	7816.33
	2021 全年完成投资额	万元	35.27	20.16	74.95%	15.11
	2021 年营业收入	万元	3773.06	2015.57	87.20%	1757.49
	2021 年利润总额	万元	1254.44	267.66	368.67%	986.78
	2021 年产品销售率	%	—	—	—	—
	2021 年销售利润率	%	33.25%	13.28%	19.97%	—

中兴新能源科技有限公司

一、单位概况

中兴新能源科技有限公司(以下简称中兴新能源)，电动汽车无线充电行业引领者。自 2014 年起，中兴新能源一致专注于电动汽车无线充电技术研发、标准制定及产品开发，同时也开始提供光伏、储能的全套解决方案，致力成为新能源行业领先的方案解决供应商。

二、生产与经营

中兴新能源在电动汽车无线充电行业基础上，积极打造清洁能源的光伏发电、电化学储能、大功率变换电源、全场景智能数据管理及运营平台，致力成为行业领先的清洁能源解

决方案供应商。公司与一汽、东风、上汽等主流车企达成合作开发了多个版本的无线充电系统，与国家电网、南方电网、国家电投等大型国企在清洁能源设备供应及新能源汽车充电设备方面达成合作，形成清洁能源发、储、充各环节关键设备的成套商业体系。

在无线充电市场布局方面，中兴新能源坚持标准化技术自主、合作开放、高质量生产理念，前期重点开展标准化自主技术积累，积极参与中日、中德、ITU、ISO、IEC 等国际合作项目及组织。目前正在与头部车企开展无线充电量产项目推进，后续也将围绕车企需求，推动无线充电行业规模化应用。

三、产能建设

电动汽车无线充电行业属于新兴充电技术行业，2022 年处于行业启动阶段。中兴新能源在当前车企合作伙伴的量产项目基础上，按照车规级生产质量要求，规划年产能超过万台的设备制造产线，预计 2023 年底启动投产。产线计划引入自动化机器人、自动生产设备，提升生产质量、优化生产效率。基于母公司中兴通讯的质量管理体系及生产制造经验，已在公司内形成了车规级生产制造管理体系，完成了相关认证。同时针对无线充电系统的下线测试，定制全自动六轴测试平台、高低温老化平台、功能及性能自动测试平台等完善的测试装备，保障下线产品的可靠性。

四、技术进展与研发能力

中兴新能源作为行业内最早从事电动汽车无线充电领域的企业之一，是国家级高新技术企业。经过近 10 年的积累，已形成功率等级覆盖 3.7～60 kW 的无线充电设备技术体系，可为乘用车、商用车提供自动化充电解决方案，系统设备的功率等级、效率、功率密度等性能指标及电磁环境安全主动防护等功能完善性一直处于行业领先水平。中兴新能源在无线充电领域申请专利超过 200 余项，牵头电动汽车无线充电国家标准制定 2 项、主编相关国家标准 8 项，作为专家注册单位参与 ISO TC22、IEC TC69 的共 5 项相关标准的编制工作，作为事项负责人，参与 ITU-R SG1 的 3 项报告书/建议书制修订工作，同时也牵头/主编了 20 余项行业/地方/团体标准的编制。

在技术研究方面，中兴新能源作为子课题负责单位参与了 1 项国家科技支撑计划、1 项国家重点研发计划项目，负责/参与了多项广东省、深圳市等省部级及市级的重点研发项目。公司具备完善的大功率无线充电研发实验室，具有六轴自动测试平台、可编程交流源、电池模拟器、高功率直流电源、高功率电子负载、高带宽功率分析仪、便携式磁场分析仪等装置，可覆盖无线充电系统电—磁—热—控等多领域的、全阶段的开发过程。中兴新能源目前的无线充电产品包括：

1. 乘用车无线充电系统设备

功率等级包括 3.7 kW、7.7 kW、11 kW 和 22 kW 四类，输出电压范围覆盖 250～1000 V（车载设备可支持 400 V 和 800 V 充电电压平台），系统装车后峰值效率超过 91%。具备异物检测功能，最小检测尺寸为曲别针（29 mm）；具备生物检测功能，检测精度为 ϕ5 cm 物体；具备偏移检测功能，检测精度为±1 cm。地面装置具有多类型网络接口，可满足 4G/5G/Wi-Fi/蓝牙等通信外接。系统设计满足 GB/T 38775 系列标准的规定，地面设备可支撑国内互操作性需求。

2. 商用车无线充电系统设备

功率等级包括 33 kW 和 66 kW 两类，输出电压范围满足高压商用车充电需求，系统装车后峰值效率超过 90%。地面设备支持地埋、地上安装模型，防护等级满足 IP68。具备异物检测、生物检测及引导对齐功能，系统设备支持高功率并联扩容。

五、主要新产品

序号	产品名称	产品型号	产品应用
1	22 kW 无线充电系统设备	4.0	一汽
2	11 kW 无线充电系统设备	3.0	吉利、广汽埃安
3	7.7 kW 无线充电系统设备	2.0	上汽
4	6 kW 无线充电系统设备	1.0	长安、北汽、腾势等

六、合资合作及重大项目建设

2016—2019 年，中兴新能源与深圳市西部公共汽车有限公司合作，为其建设了 33 个充电站，总装机容量达 55500 kW，其中有 370 个 150 kW 直流充电桩和 78 台 800 kVA 箱式变压器，总建设投资高达 9500 万元。

2017 年中兴新能源、智能汽车有限公司及深圳市西部公共汽车有限公司战略合作，达成了 204 辆公交车与 68 个充电桩合作项目，总销售额达 2 亿元。

七、发展规划

中兴新能源科技有限公司作为国内最早从事大功率无线充电产业推广的企业，已经形成了从基础技术研究、关键科学问题解决、标准化制定、方案定制、产品研制、设备生产销售的成套体系。依托于中兴通讯的技术、供应链、生产及测试平台，正在开拓清洁能源领域的光伏、储能及用电全套解决方案。在碳达峰碳中和的国家战略方向中，中兴新能源将致力于新能源能量转换及储存领域开拓，充分发挥自身的技术及应用成果积累，深耕新能源汽车的智能充电行业，积极推动清洁能源的高效、可靠、智能、规模化应用。

厦门新页科技有限公司

一、单位概况

厦门新页科技有限公司为厦门新页集团旗下全资子公司，新页集团由国家“万人计划”人才、无线供电技术领军人物林桂江博士于 2014 年 10 月底创立，是一家专注于充电核心技术研发及产业化应用，集研发、制造、投资、运营于一体的技术驱动型高科技集团；旗下拥有新页科技和新页微电子两家国家级高新技术企业，是首批加入 WPC 国际无线充电联盟的会员企业。发展至今,新页集团已经是国际上少数能将无线充电技术在大、中、小功率全链条产业化应用的企业,其商业化模式也得到了市场的验证。

厦门新页科技有限公司专注于电动汽车智能充电解决方案,是国内较早进行电动汽车无线+有线智能充电系统研发、生产、运营一体化的企业,也是国际和国内电动汽车无线充电标准制定单位之一。作为行业领导者,新页是多项标准制定的主导者与参与者。截至 2021 年底,新页科技已同中电联、中汽研、华为、中兴等企业,主导、参与 23 项国家标准、地方标准和行业标准的制定。是国家"万人计划"科技创业领军人才项目及科技部创新人才推进计划创新创业项目企业,团队获评为福建产业领军团队。

二、技术专家团队

新页科技拥有来自国内外的教授、博士、硕士、高工组成了强大研发和经营管理团队,专注有线、无线供电技术研发及无线供电系统产业化。其中,技术专家朱春波教授、孙跃教授、李宁博士、沙锦明博士、俞容文博士等均为国内、国际顶尖技术专家,专注有线、无线供电技术研发及无线供电系统产业化。

三、知识产权

截至目前,新页科技在充电领域已累计申请专利 235 件,已授权美国发明专利 1 项,国内发明专利授权 7 项,审中发明专利 18 项,国内授权实用新型专利 83 项,外观设计专利 35 项,登记软件著作权 29 项。

据权威专利数据搜索引擎 incoPat 统计,在国内电动汽车无线充电企业专利申请情况排名中,中兴新能源、国家电网和厦门新页集团在电动汽车无线充电领域遥遥领先。该排名主要基于企业专利申请的质量和数量,是行业内具有重要参考价值的排名。

作为行业领导者,新页是多项标准制定的主导者与参与者。截至 2021 年底,公司会同中电联、中汽研、华为和中兴等企业,主导、参与 23 项国家标准、地方标准和行业标准的制定。其中:参与审查国际标准 3 项、参与制定《电动汽车无线充电系统　第 1 部分　通用要求》国家标准 10 项,主导起草地方标准 1 项,主导起草行业标准 1 项,主导/参与起草团体标准 8 项。

四、产研基地

新页智能充电桩产研基地坐落于素有"北溪明珠"之称的漳州华安,距离厦门总部 80 多 km,基地总占地面积 256 亩,建筑面积近 11 万 m^2,包括六栋标准化整机及零部件厂房和宿舍,能实现智能充电设备的研发和大规模产业化任务。

五、新页科技产品介绍

1. 电动汽车无线充电技术

(1)新页自成立以来在电动汽车无线充电技术领域不断扎根,结合汽车电动化、网联化、智能化、共享化的趋势,提供成熟的高适配性应用系统产品,适配以自动驾驶、智能物流、智能机器人、共享出行领域为首的各行业越来越"刚需"化要求。新页科技如今已自主开发 2/3. 7/7. 7/11/30 kW 电动汽车无线充电系统,60 kW 动态无线充电系统,移动无线充电系统等,在国际上属于领先地位。并且,无线充电具有即停即充、边走边充、充电远程控制等优势,传输效率达到 92%,在电气安全保护、功能安全设计、异物检测、活物检测、远程控制等关键技术指标上通过科技查新,第三方检测评价,达到国际先进水平。

(2)无线充电系统产品市场应用和开发:①在 2022 年时,新页科技与敏实集团签订了合作战略协议。敏实集团是一家全球领先的汽车零部件设计制造公司,同时也是全球汽车零部件供应商百强企业之一。此次,新页科技为其提供 11 kW 无线充电系统,依托敏实集团在全球 8 大国家 50 多家生产工厂和 4 家研发中心,实现长期战略合作。②新页科技在 2020 年时,已与印度塔塔汽车公司开展战略合作。塔塔汽车公司(TataMotors)是印度最大的综合性汽车公司、商用车生产商。塔塔汽车是印度塔塔集团下属的子公司,成立于 1945 年,全球商用汽车制造商中排名十甲之内,占有印度市场 59% 的份额。2018 年 7 月 19 日,《财富》世界 500 强排行榜发布,印度塔塔汽车公司位列 232 位。目前新页 3. 6/6. 6 kW 无线充电系统,已加装在 Tata 已量产的紧凑型 SUV 车上。此外,Tata 已量产的商务车上,也加装了 11/30 kW 无线充电系统。③我司已经开展和合众汽车、威马汽车、零跑汽车、奇瑞新能源、东南汽车、广汽埃安、上汽、小鹏汽车、北汽新能源、长城汽车、极氪科技等新能源主机厂进行商务、技术交流,2022 年与多家主机厂完成定点项目合作,建立战略合作伙伴关系。④新页科技创新研发"有线无线一体桩",能在既有有线充电桩上实现自主迭代升级,同时也能实现电动汽车的无线充电,有效降低升级的成本并集约化利用停车位。该产品已在福建、湖北、海南、江苏等地相继开始建站投入使用,市场在越来越接受和认可有线、无线充电并存过渡期的同时,也开始着力布局此部分市场需求。目前,新页科技的无线充电桩已在福建,湖北、海南、江苏等地建站投入使用。大功率电动汽车无线充电系统,已经应用于北汽,东南,吉利,东风、比亚迪等多品牌乘用车,以及金龙客车等多品牌商用车。

2. 智能充电桩系列

在电动汽车智能充电桩板块,新页科技拥有 7 kW~480 kW 全功率产品线。全功率充电桩产品系列,广泛应用于电动汽车充电系统不同应用场景,如公共充电站、公共停车场、小区停车场、储能充电站等。在智能充电领域储备了多项世界领先的技术,包括安全智能充电技术、双向充电技术、光储充技术、智能柔性功率调配技术,产品在湿热、严寒、高温等各类严苛的自然环境下,经过了长期稳定的市场运行验证,引领国内充电行业的飞速发展。产品可灵活扩展,拥有多种容量配置,可根据客户需求提供定制化的整体解决方案。

3. 充电桩产品市场应用和开发

新页科技与多个央企如国投电力、国家能源投资集团、三峡电能、大唐新能源等形成战略合作,项目落地达 20 多个城市。并已远销德国、波兰、英国、法国、泰国、荷兰、意大利、新加坡、印度、巴西 10 国。

六、运营管理平台

新页科技利用自身新能源运营平台、智能充电网络、大数据等新一代技术，实现平台物联网化、数据化管理，依托智能用电监测、环境及能耗监测、智能计量采集结算等系统，推进智慧能源生态系统建设。目前，新页科技已与小桔、云快充等十几个头部充电平台实现互联互通。将使用新页充电桩建站的全国20多个省市的近百个充电站纳入自有充电运营平台。

七、发展规划

为了积极落实创新驱动战略，建设科技强国的目标。新页科技联合各地高校，规划成立无线电力研究院。该研究院以“致力于无线电力技术开发和产业化应用，搭建国际化的产学研平台，培养创新创业领军人才，促进经济社会可持续发展”为使命，采取“与大学研究所协同、与产业协同、与上下游企业协同、技术应用创新与人才培养协同”的发展战略，形成国际一流的新型研发机构。

通过与高校、研究所、企业合作共同推进无线充电技术及相关领域技术的快速发展与产业化，并引进更多的创新团队基于新页集团的技术平台，孵化出更多的无线充电产业团队培养更多的产业人才，为无线充电产业及国家创新创业发展的作出积极贡献。

中航光电科技股份有限公司

一、单位概况

中航光电科技股份有限公司是专业从事高可靠光、电、流体连接器及相关设备的研发、生产、销售与服务，并提供系统的互连技术解决方案的高科技企业。总部设在洛阳，在北京、深圳、广州、上海、沈阳、泰兴、西安、青岛、东莞、合肥、南昌、成都等地设有分公司和子公司，在德国、越南设有海外分支机构，并于2007年在深交所上市。公司深耕连接器行业50余年，树立了“专业、可靠、高端”的品牌形象，始终践行“以客户为关注焦点的市场观”和“以顾客满意为决策原则的客户观”，获得了国内外客户的广泛认可。公司具备完善的市场营销体系，建立了境内全覆盖、境外重点区域覆盖的营销网络，为客户提供高效专业的本地化服务，实现对客户需求的快速响应。

公司于2009年进入新能源汽车行业，2014年成立新能源汽车事业部。作为最早介入国内新能源汽车产品开发的企业之一，历经十余年的发展，公司始终把握新能源汽车行业发展趋势，坚持聚焦“国内主流、国际一流”客户，围绕电动化、智能化、网联化汽车发展方向，立足动力总成、充/换电、智能网联领域，不断提升重点车企配套份额，增强核心竞争力，实现新能源汽车业务持续健康发展。

二、生产与经营

2021年，面对疫情反复和贸易摩擦的冲击以及“双控”政策实施的叠加影响，公司保持战略定力，积极应对，全年实现销售收入128.67亿元，同比增长24.86%。公司积极抓住“十四五”开局之年的发展机遇，综合实力稳步提升。根据Bishop专业排名，2021年公司全球排名提升至第12位，中国电子元器件行业排名上升至第8位。2021年公司新能源汽车业务全年订货实现翻番增长，渗透率不断提升，成功定点多个国内外重点车型项目，通过多家国际一流车企供应商审核，业务逐步向优质客户聚集。

公司生产组织坚持以客户为中心，建立了以市场需求为指引的拉动准时化生产运营机制，合理制定生产计划，引导快速反应和精准交付。目前整体生产经营状况良好，新能源汽车领域渗透率不断提升。未来事业部将会持续推进管理模式创新，逐步完善产能分析，进一步提高运营效率及综合能力。

三、产品出口

新能源汽车国际业务目前已在德系、法系、美系等主流车厂实现了定点，部分项目已陆续进行批产交付。公司将持续聚焦战略定位，紧密关注国际友商发展方向与客户未来技术变革需求，加快全球化布局。随着公司国际化业务逐步拓展，公司新能源汽车业务行业影响力将不断提升，未来国际化业务占比会逐步提高。

四、产能建设

目前新能源汽车业务整体增速较快，生产任务比较饱满。随着2022年新技术产业基地二期C6楼建成投用，产能将进一步得到提升。公司华南产业基地项目一期已于2021年11月动工建设，产能将随建设进度陆续释放。同时将建设新能源汽车连接产品的自动化、智能化产线，扩展相关产能布局以满足高速增长的市场需求。随着自动化装备的投用，数字化和智能化车间的不断建设，公司整体制造能力将会不断增强。

五、技术进展与研发能力

事业部攻克了高强度随机振动条件下的大电流传输技术、高寿命耐插拔接触技术、高压连接器电磁屏蔽技术、高压安全防护技术等多项关键技术，并突破片式大电流传输技术、高稳定小电阻接触件端接技术、液冷大功率传输技术等汽车高压连接器的核心技术。

目前产品涵盖新能源汽车电池、电机、电控、PTC等整车高压互连需求，相关产品已成功应用到国内外多家主流车企。公司申请并授权新能源汽车高压互连相关专利200余项；主持制定7项IEC国际标准，其中3项IEC标准已发布；参与编制和修订5项国家标准，其中2项已发布；参与编制6项行业和团体标准，6项均已发布。

随着汽车电动化进程的加快，行业对智能网联的需求更加迫切，未来市场前景广阔。公司紧抓行业机遇，将智能网联业务锁定为发展重点，加大对车载高速射频领域产品的研发，参与重点整车智能驾驶高速网络的搭建，为智能网联汽车出行提供可靠数据连接，保障人们的出行安全。目前产品涵盖 Fakra、HSD、Mini-Fakra、以太网等连接器，同时也与战略伙伴共同做产品方案推动，根据客户需求定制开发相关产品。

六、主要新产品

序号	产品名称	产品型号
1	高压大电流连接器	EVH1、EVH4、EVH6、GYHF
2	高压小电流连接器	EVH2、EVH2C、EVH2D3、EVZ4
3	信号连接器	CT63、EVS5、EVS6
4	充电连接器	EVC1、NDQ

七、合资合作及重大项目建设

公司在新能源汽车领域专注于汽车互连及充/换电解决方案的研究与开发，产品覆盖动力系统、充/换电领域、智能网联。公司在国内主流车厂客户拓展较为稳定，国际业务也已在德系、法系、美系等主流车厂实现了定点。目前公司新能源汽车领域处于高速增长阶段，下一步将主要围绕国际新车型和新客户进行市场开拓，把握新能源汽车国际业务的增长机遇，持续加强能力建设，提升公司全球化交付能力，不断适应全球产业链、供应链变化发展的新趋势。

八、发展规划

2022 年为公司全面落实“十四五”规划关键的一年，新能源汽车事业部将始终坚持聚焦“国内主流、国际一流”客户，深化业务布局，提升技术创新能力，巩固和扩大市场占有率，进一步提高运营质量和效益。具体规划如下：(1) 持续加大产品技术研发投入；(2) 进一步巩固公司在制造领域的优势；(3) 深度绑定战略与潜在战略客户；(4) 持续强化新能源汽车供应链能力建设；(5) 积极探索适合新能源汽车业务体制机制的创新等。

南京康尼新能源汽车零部件有限公司

一、单位概况

南京康尼新能源汽车零部件有限公司（以下简称公司）是南京康尼机电股份有限公司控股子公司，位于南京经济技术开发区内，公司专业从事新能源汽车的高压电气系统的设计、制造、销售与服务。

公司注册资金 3000 万元，生产办公面积约为 2.5 万 m^2，现有产线设计产能可达到 645 万件。公司主要产品有交、直流充电插座线束，交、直流充电枪、充电模式二、模式三、高压连接器、充电桩、小功率充电机、车载高压配电盒、电池系统配电盒、维修开关、电锁、氛围灯及整车高压线束等，成为国内主要自主品牌新能源汽车企业的重要供应商。

公司组建了专业技术团队进行市场开拓、产品和制造过程开发，参与国家标准和产品认证规则的讨论，制定并执行汽车行业的体系要求。

二、生产与经营

康尼新能源立足于新能源汽车产业爆发式增长的关键时期，凭借自主开发技术，以产品质量好、可靠性高、性价比高的优势，开辟华东、华南、华北、华中等多个片区一级市场，取得了与上汽、比亚迪、吉利、奇瑞、广汽、长城、宇通客车等主机厂合作，成为这些新能源整车生产厂商充电系统的重要供应商。在服务好自主品牌的主机厂的同时，康尼新能源还与合资品牌大陆电子、奔驰汽车、捷豹路虎、长安马自达，沃尔沃等厂商建立了合作。

三、产能建设

公司生产办公面积约 2.5 万 m^2，建设完成产能达到 645 万件/年的生产能力，各类型生产建设完成共 20 条，设备及专用工装 1600 余台套，其中大型/关键设备 120 余台套，为生产交付保驾护航。

四、技术进展与研发能力

康尼参与制定两项国家标准，并与主机厂共同制定 1 项行业标准，已实施、发布。

拥有 106 项授权专利，其中包括 86 项实用新型专利、16 项国家发明专利、4 项外观专利，且核心发明专利“一种用于新能源汽车充电接口的电子锁止装置”荣获 2019 年“市优秀专利奖”；荣获高新技术企业称号，多项产品获得省级新产品新技术鉴定“国内领先”荣誉。

康尼新能源是中国大功率充电标准委员会委员单位；康尼新能源是中德大功率充电标准委员会中方委员单位；康尼新能源是铝/铝导体标准发起单位；康尼新能源电动汽车模式二用插头标准工作组成员单位；康尼新能源充电接口、高压线束、高压模块产品是国内八大主流整机厂的一级供应商；轻量化集成式充电模式二产品国内销量/技术领先；围绕高压电气系统和充放电系统的开发，提供全面的解决方案。

五、主要新产品

序号	产品名称	产品应用
1	交流充电枪	国内各乘用车主机厂及充电桩
2	直流充电枪	国内各乘用车、商用车主机厂及充电桩
3	充电模式二、三	国内各乘用车主机厂及充电桩
4	交流充电桩	国内各乘用车主机厂
5	交流充电插座线束	国内各乘用车主机厂
6	直流充电插座线束	国内各乘用车主机厂
7	电子锁	国内各乘用车主机厂
8	PDU	国内各乘用车主机厂
9	MSD	国内各乘用车主机厂、商用车主机厂、电池厂
10	高压连接器	国内各乘用车主机厂、商用车主机厂、电池厂
11	高压线束	国内各乘用车主机厂、商用车主机厂
12	小功率充电机	国内各乘用车主机厂

六、发展规划

随着业务的不断发展，我司也在积极规划筹建更先进的自动化建设车间，目前规划与筹措中，如新增 MES、SAP 等软件；硬件上新筹建模式 2 自动化控制盒自动化生产线等等。

截至 2021 年营收规模实现 18.95 亿元，年产量 645 万套，在高压接口及高压线束领域进入行业前五名，主产品稳居行业市场细分前三，稳固国内新能源汽车连接器首选系统供应商地位。

张家港友诚新能源科技股份有限公司

一、单位概况

张家港友诚新能源科技股份有限公司（简称友诚科技，证券代码 873087），定位为国内一流的充电解决方案服务商，聚焦于新能源汽车高性能充电产品的开发和市场推广。公司成立于 2004 年 6 月，2017 年完成股改，目前为新三板创新层挂牌公司。国内主要客户为小鹏、理想、蔚来、上汽、比亚迪、华为金康、江淮等国内一流主机厂，海外主要客户有沃尔沃、雷诺汽车等车企及欧美国家排前三的充电桩企业。

公司布局未来的核心技术——大功率充电技术和新能源汽车无线充电技术均具备行业领先水平，公司作为全球大功率充电接口标准（Chaoji 标准）的方案起草单位，全面参与了 Chaoji 大功率标准的编制，并参与了国标大功率充电接口的标准工作组，在业内优先推出了各类标准的大功率充电产品。

二、生产与经营

公司主营产品为电动汽车充电连接装置、充电桩、高压连接器及总成、无线充电技术研发及部件的制造和销售。主要产品分别通过 CQC、UL、CSA、TUV、BS、CE、SAA、PSE 等专业权威机构检测认证。公司已建立健全多项体系，分别通过了 IATF 16949 和 ISO 9001 质量管理体系认证、ISO 14001 环境管理体系认证、ISO 45001 职业健康管理体系认证、SA 8000 企业社会责任体系认证、AA 两化融合管理体系评定证书等。

三、产能建设

公司现有厂房面积 5 万 m^2，4 大系列，400 余种规格，设备达到 150 台，目前拥有电动汽车充电连接装置（充电枪和充电座）200 万/台套，高压连接总成 100 万/台套，充电桩 10 万台/套，工业电源连接器 2000 万个的年生产能力。设有精密模具、数控机加、塑胶成型、金属冲压、成品总装整链生产线。新厂房投产后公司整体产能为现有产能的三倍以上。

四、技术进展与研发能力

公司现有员工 600 人，拥有研发技术工程类人才超 100 余人，累计获得专利 96 项，其中发明专利 13 项、实用新型专利 43 项、软件著作权 2 项。公司投入巨资建立了行业领先的实验室，在 2020 年先后获得 TUV 莱茵颁发的实验室 CTF 资质证书和 Intertek（天祥）认可的实验室资质，并于 2021 年获得 CNAS 国家认可实验室。

河南航瑞电子科技有限公司

一、单位概况

河南航瑞电子科技有限公司位于鹤壁市国家经济技术开发区，是在国家大力发展汽车产业背景下，结合当地产业特色注册成立的一家新能源汽车车身电子电器系统产品研发、生产、销售、技术服务于一体的高科技汽车电子电器企业。航瑞科技由河南瑞丰电子科技有限公司和航天领域的新能源技术专家共同设立，总投资人民币 2.5 亿元。公司一向以“科技是第一生产力”为先导，与重庆航天工业公司、北京航空航天大学共同建立了新能源汽车零部件技术开发平台和北航新能源与智能车辆博士工作站，并先后在鹤壁、北京和苏州设立了技术中心。公司现占地 80 余亩，厂房 30000 余 m^2。公司现有员工 420 人，其中研发技术人员 60 人，博士 3 人，行业带头人 2 人。

公司自成立以来，专注于新能源汽车高低压部件、智能控制部件的研发、生产及销售，以创新的精神，最大限度为客户提供性价比较高的产品。公司目前覆盖开发的产品领域：智能接线盒（SJB）、中央电器盒（CJB）、三合一控制器、DCDC、OBC、高压配电盒（PDU）、高压线束、高压连接器产品。

二、生产与经营

公司产品为国内多家大型主机厂配套服务：通用五菱、奇瑞新能源、东风小康、赛力斯、重庆瑞驰、上汽大通、长安汽车等。2021 年公司年末资产总计 21931 万元，较上年同期增长 322%。营业收入 18325 万元，较上年同期增长 405%。预计 2022 年营业收入将达到 30000 万元。

三、产能建设

公司现有各类生产设备、检测设备和装配生产流水线 150 余套，具备年产各类接线盒、PDU 高压配电总成 40 万套的生产能力。关键设备包括雅马哈贴片机、回流焊、波峰焊、GKG 印刷机、AOI、注塑机、进口全自动电脑下线机、数字化信息化倍速链流水线、剖面分析仪等。公司产品提倡“零缺陷”和“一次把事情做对”的理念，严格按照 IATF 16949 质量管理标准生产。

（1）快充产线：2 条标准化 L 型产线。

（2）低压中央配电盒和后封闭配电盒产线：5 条标准化贴片、自动插装、回流焊产线，2 条标准化 U 型装配产线。

（3）三合一（DCDC/OBC/PDU）产线：3 条信息化、自动化倍速链流水线产线。

(4)PDU 产线:12 条数字化、自动化倍速链流水线产线标准化产线。

(5)高压线束产线:15 条数字化、自动化倍速链流水线产线标准化产线。

(6)高压连接器产线:5 条标准化流水组装产线。

四、技术进展与研发能力

技术进展及研发能力建设:公司未来 3 年的发展战略,将以自主品牌主流市场为核心,以科学管理为手段,努力发挥公司科研特长,聚焦于新能源汽车,以新能源汽车零部件为主力,同时布局“智能化”产品领域。以“新能源、智能化”为核心打造布局产品,形成系统总成供货能力,建立市场壁垒高、总成技术优势和成本优势明显的发展方向。

关键举措:

(1)按照产品线建立成熟的产品技术平台,打造总成技术集成能力,快速实现客户定向开发。

(2)前端设计推动原材料通用化、标准化,支持后端规模化采购、生产。

(3)智能化产品技术的前瞻性储备。

(4)强化工艺体系建设,提升工程标准化能力,不断优化制程。

(5)根据技术发展趋势和产品特点,形成低压产品规模化供应、新能源控制类产品核心打造、智能化关键产品长期预演布局。形成产品实现的创新性、标准化、平台化、通用化、仿真性研发设计能力。

五、主要新产品

序号	产品名称	产品型号	产品应用
1	高压盒总成	E410201	赛力斯/华为　问界 M7
2	AC 高压线束总成	W028004	五菱宏光 MINI
3	MCU 高压线束	W028003	五菱宏光 MINI
4	高压电器三合一总成	E700501	东风小康 F505V
5	高压分线盒	E409301	长安 C211

六、合资合作及重大项目建设

1. 辅助电源三合一项目

项目对应产品规格:IPS101_1k5_3k3,该产品是一个新能源汽车辅助三合一产品,包括 DCDC、OBC 和 PDU 三部分,其中 DCDC 为 1.5 kW,OBC 为 3.3 kW。项目总投入 600 万元,其中产品开发及实验费用 230 万元,产线投入 370 万元,项目 2020 年 10 月立项,2022 年 8 月 SOP。

2. 新能源汽车智能快充项目

项目对应产品规格,IC211,该产品是一款新能源车载快充模块,项目总投入 2000 万元,其中研发及实验费用 600 万元,产线费用 1400 万元,项目 2022 年 7 月份立项,2023 年 6 月份 SOP。

七、发展规划

1. 愿景

成为国内主流新能源汽车核心零部件供应商。

2. 战略目标

(1)销售规模:年均增长率不低于 45%,2025 年销售额达到 5 亿元。

(2)净利率:年均净利率达到 16%;年度净利率不低于 14%。

(3)市场:成为通用五菱、奇瑞、长安汽车、上汽荣威等国内一线客户的主流供应商,至少一种产品系列进入行业前列。

(4)2025 年具备上市条件,能够启动 IPO。

(5)总成化:以“新能源、智能化”为核心布局产品,形成系统总成供货能力,建立市场壁垒和成本优势。

(6)快速化:通过成熟产品快速进入核心客户市场,并建立良好的合作关系,加速新业务布局和市场推广,快速提升规模,形成价格优势。

(7)稳健化:重点打造一线品牌客户市场,做好项目、订单、回款评估,严控经营风险。

发展规划:形成传统低压配电盒、高压配电系统总成及智能化产品分阶段、分步骤发展模式。

泰科电子(上海)有限公司

一、单位概况

泰科电子(TE Connectivity,简称 TE)总部位于瑞士,是全球行业技术企业,致力于创造一个更安全、可持续、高效和互连的未来。TE 广泛的连接和传感解决方案经受严苛环境的验证,持续推动着交通、工业应用、医疗技术、能源、数据通信和家居的发展。TE 在全球拥有近 80000 名员工,其中 7500 多名为工程师,合作的客户遍及全球近 140 个国家。

二、生产与经营

TE 汽车事业部致力于为整车和汽车零部件企业提供连接和传感领域的专业技术解决方案,包括专业的汽车端子与连接器、混合与纯电动汽车解决方案、高低压继电器、高速数据连接解决方案、无线连接技术、车用传感解决方案、线束组装、中央电器盒、套管/热缩套管等,其产品通过了严苛的环境验证。TE 汽车事业部的产品被广泛应用于汽车动力系统、车身和底盘系统、安全系统、电子控制系统、自动驾驶系统、信息娱乐系统以及舒适系统。

TE 汽车事业部的研发中心和制造基地覆盖亚太、欧非及美洲地区,致力于在整个设计、生产过程中与客户密切合作。

TE 中国汽车事业部总部位于上海,在全国拥有 4000 多名员工和 10 个销售办公室,在苏州建有 4 座工厂。丰富的连接和传感解决方案,完善的本土开发、验证和生产能力,使

TE 可以为本土乃至全球客户提供卓越的解决方案和优质的服务。

三、产品出口

TE 中国团队自主研发生产的产品广泛出口日韩，远销欧美，并不断获得全球客户的认可，许多出口产品的国产化率也逐步接近 100%。

四、产能建设

TE 中国汽车事业部在国内拥有四座工厂，总生产面积达 105920 m^2。目前工厂已有多条自动化产线投产，生产工艺涵盖注塑/嵌件注塑、冲压/电镀、组装、绕线、焊接/热铆、灌胶等。

五、技术进展与研发能力

TE 中国汽车事业部可提供丰富的连接与传感产品，系统架构能力与产品模拟分析能力，在上海、苏州拥有总面积 2600 余 m^2 的测试中心，包含百余台实验测试设备，30 余位顶尖行业专家，提供设计确认测试、产品验证测试、产品失效分析等，经过 CNAS 认证及欧洲主流整车厂认可。

六、主要新产品

序号	产品名称	产品型号	产品应用
1	HVP2100 高压连接系统	2385581-1	电动汽车电池包外部连接、电机连接
2	GB DC 充电插座	2383754	电动汽车国标充电接口
3	HC STAK 高压连接系统	3-2840672	电动汽车电池包外部连接

七、合资合作及重大项目建设

TE 中国汽车事业部目前已同国际及国内大量主机厂、知名系统集成商及线束厂达成合作，其产品与解决方案已广泛用于国内各车型，在市面上主流乘用车品牌的车型中均有应用。

八、发展规划

TE 中国规划积极赋能客户在汽车“新四化”变革下的发展，针对“电动化”与“智能网联化”趋势不断推出下一代产品，满足更高电力及高速高频数据的连接。同时，TE 正在积极与客户及行业组织合作，推出符合下一代连接需求的行业标准，以助力行业应对未来挑战。

深圳 ABB 电动交通科技有限公司

一、单位概况

ABB 领先的电动汽车充电技术解决方案能够提供全功率段充电系统，基于深厚的行业专长、广泛的产品组合与互联互通的智能管理，结合安全、智能、可靠的 ABB Ability™ 数字化解决方案，为智慧城市中各应用场景提供可靠保障，支持中国构建面向未来的、可持续的交通体系，引领全球未来出行变革。

二、产能建设

深圳 ABB 电动交通科技有限公司位于浙江平湖的生产基地占地 36 亩、厂房面积 35000 m^2，拥有 5 条交流智能充电桩自动化生产线，3 条直流智能充电桩自动化生产线。一期产能达 40 万套，二期产能达 100 万套以上，制造能力处业界领先水平。具备 IATF 16949：汽车行业及充电桩行业最重要的认证，也是国际汽车行业的技术规范。

三、技术进展与研发能力

深圳 ABB 电动交通科技有限公司拥有可靠性实验室、机械力学实验室、电学实验室、EMC 实验室，不仅拥有交流 7 kW 慢速充电，还推出了 21 kW 交流快速充电满足未来需求，其完善的智能有序充电功能更好地帮助充电基础设施应用居民社区、工业园等场景；此外，深圳 ABB 电动交通科技有限公司的 Terra 直流充电系列产品，从 60 kW 到 240 kW 再到 480 kW 大功率液冷充电系统和顶部接触式充电系统，为车辆运营提供了安全可靠的快速充电解决方案；基于物联网技术，通过微信小程序作为入口，ABB Ability™ 充电服务平台在云端可实现经营数据管理、用户及订单管理、设备实时监控等，智能、便捷地提供无感维护和预测养护的极致运营体验。

四、主要新产品

序号	产品名称	产品型号	产品应用
1	交流充电桩	EVinn TA 7 kW/21 kW	乘用车
2	Terra 系列直流充电桩	Terra CA 62/122/182/242	商用车
3	大功率液冷超级充电系统	HPC 360 kW/480 kW	乘用车、商用车、特种车等

五、合资合作及重大项目建设

2010：欧洲首台基于主机厂私有协议 50 kW 充电桩；初创参与成立 CHAdeMO 并发布 ABB Terra 51 50 kW CHAdeMO 充电桩；首批配备直流快充的 EV Nissan Leaf & Mitsubishi iMieV。

2012：首台 CCS 充电样机 ABB & CCS 联盟在 EVS26 美国洛杉矶发布；成立 CCS 联盟。ABB 初创参与 IEC 标准的基础，首批全国性的直流快充网络在爱莎尼亚，丹麦，荷兰布局。

2013：发布 CS& 多标准的 Terra 53 CCS + CHAdeMO+AC。

2013—2015：发布全球变种 Terra 53，如：中国、美国等。

2016：欧洲首个受电弓充电桩与巴士厂全球化合作。

2017：发布大功率充电桩 150~350 kW 快速充电全球化合作。

2018：第二代大功率充电终端、Terra 以及首个电动卡车充电桩与卡车厂全球化合作。

2019：中国发布国标 EVinn 7 kW 充电桩。

2020：中国发布国标直流快充 Terra CA/CB 60 kW～240 kW。

2021：国标 EVinn TA 7 kW/21 kW 交流桩。

2022：国标 HPC 360/480 kW 超充系统发布。

三、燃料电池

上海重塑能源科技有限公司

一、单位概况

上海重塑能源科技有限公司（以下简称重塑科技）是全球领先的燃料电池技术提供商，研发和办公总部位于上海，专注于燃料电池技术的研发及应用，业务包括燃料电池系统、电堆、电力电子等产品的研发、生产、销售及工程应用开发服务，致力于“成为技术卓越的全球化燃料电池企业，把氢能和燃料电池带入人类生活，创造地球可持续发展的未来”。截至目前，公司已与包括一汽解放、东风汽车、宇通客车、中通客车、丰田汽车、三菱扶桑等国内外知名车企建立了深入的合作，结合产品实际应用场景开发了多款燃料电池汽车车型，公司的燃料电池技术已应用于国内超过 8 省 18 市的商用车上，覆盖长三角、珠三角、华中、华北等地区，并同步拓展至美国、德国、瑞士、日本、马来西亚等国外市场。

二、生产与经营

截至 2021 年 12 月底，重塑科技已开发完成 63 kW～130 kW PRISMA 镜星系列燃料电池系统，在额定功率、质量功率密度、电堆额定功率密度、冷启动温度等关键技术指标层面具备突出优势，目前主要应用于燃料电池汽车领域，具备长寿命、高集成度和高效可靠的特性，并已批量生产并投入商业运用，为商用车提供清洁动力的同时满足其长续航、高负载率、持续高速等设计要求。另外，公司已具备燃料电池电堆、DC/DC、空压机、控制器等核心零部件的自产能力。

三、产品出口

2021 年 8 月，搭载重塑科技氢燃料电池系统的梅赛德斯-奔驰 Citaro 客车在德国下奥得河河谷公园投入使用，为当地游客提供绿色清洁的接送服务。

四、产能建设

2020 年 9 月，公司位于江苏常熟的燃料电池产业化基地年产能 5000 套燃料电池系统产线正式投产。2021 年 12 月，重塑科技天津燃料电池产业化基地一期产线正式竣工，规划年产能 5000 套。

五、技术进展与研发能力

技术研发方面，重塑科技持续提升关键核心技术和自身创新能力的建设。公司拥有一支专业化的研发团队，公司研发人员占公司员工总数的比例超过 30%。同时，公司具备一套成熟的研发组织结构，建立起燃料电池系统、核心零部件、工程应用开发服务三位一体的研发流程，掌握了燃料电池系统设计、仿真、控制、集成以及安全性等核心技术，并获得国家和行业的高度认可。2021 年 5 月，重塑科技获得。2021 年 12 月，公司凭借着应用于商用车领域的氢燃料电池产品，获得由工信部颁发的第六批制造业单项冠军企业称号。

六、主要新产品

序号	产品名称	产品应用
1	63 kW～130 kW PRISMA 镜星系列燃料电池系统	截至 2021 年 12 月底，该系列产品已被应用于包括一汽解放 49 t 重卡、开沃 31 t 渣土车等多元应用场景中

七、合资合作及重大项目建设

2021 年新年伊始，三一重工联手 REFIRE 重塑科技，发布了全新的燃料电池自卸车、搅拌车。自卸车、搅拌车的运行强度高、工况复杂，对燃料电池技术应用提出了更高的环境适应性和可靠性的挑战。2021 年 4 月上海国际汽车展期间，重塑集团与舍弗勒集团正式签署战略协议，双方将在燃料电池关键技术领域展开深度交流与合作。

广东国鸿氢能科技有限公司

一、单位概况

广东国鸿氢能科技股份有限公司成立于 2015 年 6 月，是一家以氢燃料电池为核心产品的高科技企业，致力于为社会提供优质的氢燃料电池产品和完善的系统解决方案。2017 年，公司建成全球规模领先的氢燃料电池电堆生产基地。

公司坚持自主创新，追求突破与超越，成功实现研发创新的自主化、核心材料与生产装备的国产化、生产智造的高品质规模化。凭借雄厚的技术实力、优质可靠的产品、完善的服务体系，连续保持五年燃料电池电堆国内市场占有率排名第一。

公司将始终秉承“坚韧、创新、开放、共赢”的理念，通过持续的技术创新和高品质规模化生产，推进燃料电池技术在道路交通、轨道交通、船舶、分布式发电等领域的商业化应用，并竭诚与上下游企业合作共赢，共同创造清洁可持续发展的美好未来。

二、生产与经营

电池制造；电池销售，发电机及发电机组制造，发电机及发电机组销售，输配电及控制设备制造，电机制造，气体、液体分离及纯净设备制造,气体、液体分离及纯净设备销售,技术服务、技术开发、技术咨询、技术交流、技术转让、技术推广,工程和技术研究和试验发展,新能源汽车整车销售,站用加氢及储氢设施销售,储能技术服务,以自有资金从事投资活动,非居住房地产租赁,电气设备修理,货物进出口,技术进出口。

三、产能建设

目前,国鸿氢能已建成全国规模领先的氢燃料电池电堆生产基地,年产量可达到 20000 台氢燃料电堆,2017—2020 年,其车用电堆国内市场占有率已连续五年排名第一,累计安全行驶里程超过 1.3 亿 km。

北京亿华通科技股份有限公司

一、单位概况

北京亿华通科技股份有限公司(以下简称亿华通)是中国领先的燃料电池系统制造商,拥有设计、研发、制造燃料电池系统包括核心零部件燃料电池电堆的能力,产品主要面向商用车(如客车和货车)市场。根据灼识咨询报告,按 2020 年车用燃料电池系统总功率输出计算,亿华通在中国燃料电池系统市场排名第一,占市场份额为 34.8%。截至 2021 年 9 月 30 日,有 67 款搭载亿华通产品的燃料电池车型获工信部认可,让亿华通位居行业第一。

亿华通成立于 2012 年,是中国燃料电池系统研发与产业化的先行者。亿华通于 2016 年开始量产。根据灼识咨询报告,亿华通是中国最早实现具有自主知识产权燃料电池系统包括核心零部件燃料电池电堆的批量化制造的企业之一。亿华通曾参与中国多项国家级燃料电池研发项目,特别是共同开发燃料电池客车的早期原型。亿华通参与了联合国开发计划署促进中国燃料电池车商业化发展计划,历经了中国燃料电池汽车产业从技术研发为主向示范运营和产业化推进的重要转变。

亿华通提供及出售具不同额定功率的燃料电池系统型号。亿华通持续迭代开发出了 30 kW、40 kW、50 kW、60 kW、80 kW 及 120 kW 燃料电池系统型号,并于 2021 年 12 月向市场发布首个 240 kW 燃料电池系统型号,为国内首款额定功率达到 240 kW 的车用燃料电池系统。随着此高输出功率的新燃料电池系统推出,亿华通的产品涵盖从 30 kW 至 240 kW 的广泛范围,能够满足客户的各种需求并涵盖多个应用场景。自 2016 年推出首款商业化产品起,已累计向超过 19 家中国商用车制造商销售超过 2000 套燃料电池系统。亿华通的燃料电池系统安装于中国城市运营的商用车上,包括北京、张家口、上海、成都、郑州及淄博。

截至 2021 年 12 月 31 日,亿华通的燃料电池系统已经为中国超过 1800 辆在路上行驶的燃料电池汽车提供动力,单台车辆平均行驶里程接近 4 万 km,累积安全运行距离超过 7400 万 km,累积安全运行时间超过 160 万 h,运营里程及时长均稳居行业前列。我们相信,更多车辆运行记录可以有助于不断提升产品在环境适应性(如温度、气压、湿度等)、耐久性、可靠性、能量转换效率、安全性及经济性等方面的技术参数,从而可以提升亿华通的领先地位。

亿华通的产品目前主要应用于公交车、城际客车及物流车。与国内主流商用车企业北汽福田、宇通客车、吉利商用车等建立了稳固的长期合作关系。同时,亿华通积极参与燃料电池相关国际合作,与丰田及北汽福田共同开发燃料电池客车,该项合作所开发的客车指定作为北京 2022 年冬奥委会的赛事交通服务用车。

亿华通于 2016 年在新三板挂牌上市并在挂牌期间成功累计股权融资约人民币 7.9 亿元。于 2020 年 8 月登陆了上海证券交易所(科创板)并在上市期间成功累计融资约人民币 15.5 亿元。我们相信亿华通的股权融资记录反映了资本市场及投资者对亿华通的认可,使亿华通能够进行更多资本投资,并使亿华通比同行处于更有利的地位。

二、生产与经营

于 2021 年第四季度,亿华通的业务持续扩展,燃料电池系统的销售增加至 2021 年第四季度销售 293 台累计 58580 kW,而 2020 年则同期销售 412 台累计 35600 kW。燃料电池系统的平均售价持续下降,主要由于公司的原材料成本及产品成本持续下跌以及市场竞争更加激烈所致。

三、产能建设

亿华通在张家口建设了中国首条自主开发的批量化燃料电池系统半自动生产线。张家口工厂具备年产 2000 套的燃料电池系统的生产能力。同时,正在扩建张家口生产基地,计划投资合共人民币 6 亿元,建设周期约为 36 个月,计划在 2022 年的下半年投产,并实现年产 8000 套燃料电池系统的产能。

亿华通在上海有一个燃料电池电堆生产基地,计划扩充位于上海的燃料电池电堆生产基地的现有生产线,并投资技术系统以进一步优化运营效率及产品质量。升级后的生产基地的产能将由现时的每年 1000 台增至 6000 台,并配备更多功能。

四、技术进展与研发能力

亿华通的研发战略及目标是不断对标国际先进水平,始终坚持"预研一代""开发一代"及"推广一代"的产品布局。矢志围绕燃料电池系统环境适应性(如温度、气压及湿度)、耐久性、可靠性、效率、安全性及经济性开展研发及测试活动,以推动公司产品的性能优化与升级迭代。雄厚研发实力使公司在中国燃料电池系统市场开发顶尖的燃料电池技术和维持市场先发优势,对提升竞争力及引领中国燃料电池产业的发展至为重要。研发团队贯彻落实公司的研发理念,多年来持续迭代开发出了 30 kW、40 kW、50 kW、60 kW、80 kW 及 120 kW 燃料电池系统型号,特别是于 2021 年 12 月发布的240 kW大功率系统产品，是国内首款额定功率达到240 kW的车用燃料电池系统。

亿华通已建立一支由逾232人组成的卓越研发团队。此外，积极建立与清华大学等中国顶尖研究型大学合作的机制，旨在促进新技术发展及商业化，以应对快速发展的市场需求。

亿华通还积极参与了多项中国政府资助的研发项目，并取得了重大成果。截至2021年9月30日，拥有超过400项专利，包括超过150项发明专利、超过160项实用新型专利及超过15项外观设计专利。此外，截至2021年9月30日，在中国有超过460项专利的申请已被受理，包括超过340项发明专利、超过110项实用新型专利和外观设计专利。截至2021年9月30日，主持或参与起草37项燃料电池技术国家标准或行业标准。

五、主要新产品

序号	产品名称	产品型号	产品应用
1	G80Pro 燃料电池发动机	G80Pro 燃料电池发动机	福田燃料电池商用车
2	G120 氢燃料电池发动机	G120 氢燃料电池发动机	福田燃料电池商用车
3	G20+氢燃料电池发动机	G20+氢燃料电池发动机	福田燃料电池商用车

六、发展规划

维持及扩大客户基础，以增加市场份额。利用新一代研发平台改进产品，增加产品组合，以迎合客户的需求。拟与更多车辆制造商及客户推广新产品，以实现更高的客户集中度，并扩大燃料电池系统在其他类型商用车辆（如重型卡车）中的应用范围。营销策略是基于区域燃料电池系统市场的发展及中国氢资源的地理分布。

继续并进一步扩大与在北京、张家口、上海、郑州及淄博等主要城市营运的中国大型商用车制造商的业务关系。北京及上海为中国首批燃料电池汽车示范城市，而淄博位于北京、上海及广东示范城市群内。国务院于2015年批准设立张家口再生能源示范区。成都拥有发展氢能产业的丰富资源，包括水电资源，并正在与重庆合作建设"成渝氢走廊"，即从成都到重庆的两条城际线和沿成安渝高速的一条直达干线。

以中国这些重点城市为中心，在距离河南省这些重点城市500 km范围内的其他地区（如内蒙古和江苏）推广燃料电池系统。

由于中国燃料电池系统行业逐步成熟，我们期望把握技术进步带来的机遇，利用已建成的城市及城际管道网络，建设中国氢能产业园区。

新源动力股份有限公司

一、单位概况

新源动力是由中国科学院大连化学物理研究所等单位于2001年发起成立的致力于燃料电池产业化的股份制企业，经过20多年的发展已经成为中国燃料电池产业化的领军企业。新源动力战略定位是成为具有国际竞争力的燃料电池电堆及系统供应商。

新源动力是国家燃料电池技术标准制定的副主任委员单位，同时也是高新技术企业。2006年，国家发改委授牌新源动力建设国内唯一的"燃料电池及氢源技术国家工程研究中心"；同年获得国家人事部批准设立"博士后科研工作站"；2016年，新源动力通过企业知识产权管理体系认证，成为行业内唯一的"国家级知识产权示范企业"；2019年，"燃料电池汽车关键技术研发及其产业化项目"荣获"中国汽车工业科学技术进步特等奖"；同年，"高功率密度燃料电池薄型金属双极板及批量化精密制造技术"获得"上海市技术发明奖特等奖"；新源动力的燃料电池电堆技术先后在2019年、2020年两届全球新能源汽车大会上斩获前沿技术奖和创新技术奖，是国家科技部燃料电池技术攻关的"主力军"，关键技术已达到国际一流水平，是我国燃料电池发展水平的前沿核心技术，代表了我国燃料电池的最先进技术。2021年，新源动力燃料电池电堆实现-40 ℃无辅助低温启动；"高可靠性燃料电池模块及核心零部件开发"项目被认定为首批"大连市氢能综合利用示范工程"项目；"车用高功率氢燃料电池电堆精准设计制造及产业化"荣获中国机械工业科学技术奖"一等奖"；"大功率车用燃料电池电堆关键技术开发"项目在首届全国颠覆性技术创新大赛获得优胜。

新源动力愿景为燃料电池驱动世界；企业使命为以创新报国为己任，致力于燃料电池产业化；企业价值观为有益社会、创造价值、客户满意、团队成长。

二、生产与经营

新源动力主营产品包括：燃料电池膜电极组件、电堆、系统以及测试台架，所有产品均具有自主知识产权。新源动力燃料电池产品可满足乘用车、客车和货车等道路车辆动力系统的需求，还可广泛应用于叉车、工程机械、矿卡等非道路车辆、轨道交通、船舶、航空、分布式发电、热电联供以及备用电源等领域。截至2021年底，新源动力核心零部件已累计装车超过1000辆，运行里程超过2000万km。全国11个城市有搭载新源动力产品的燃料电池汽车车队在运营。

三、产能建设

新源动力具备燃料电池系统3000台（套）/年的集成试制和工程技术验证能力。

四、技术进展与研发能力

新源动力成立近20年来，始终坚持自主创新，逐步建立健全了产品开发体系、生产管理体系、测试评价体系以及售后服务体系，掌握了燃料电池电堆及零部件正向开发、批量制造工艺的核心技术，拥有燃料电池电堆、系统及关键零部件工程技术、工艺验证以及测试平台和氢源技术工程化实验平台等国内先进的燃料电池产业化平台，在技术开发、产品应用、平台与体系建设、产业链培育与布局等方面均取得了阶段性进展。

新源动力自2008年全国燃料电池标准化技术委员会成立之初即为燃标委会副主任委员单位，先后主持及参与起草了30余项燃料电池国家标准，承担了具体的燃料电池国标制修订工作，截至2021年底，累计申请自主知识产权专利技术558项，涵盖了质子交换膜燃料电池发动机系统关键材料、关键部件、电堆、系统等各个层面。积极推动了燃料电池的商业化应用进程。与此同时，新源动力先后承接了46项国家和省市项目，其中国家级项目/课题28项，与国内外知名高校、科研院所及企业，通过产-学-研-用结合的方式，实现了商业化转化，包含关键材料、关键部件和燃料电池电堆的产业链示范体系已经形成，培养了我国优秀的燃料电池专业研发和产业团队，推动了燃料电池电堆技术链的完善和提高。

新源动力于2018年通过IATF 16949质量体系认证，产品开发、生产制造严格按照质量体系要求高标准执行，保证产品的性能竞争力；同时新源动力有着清晰的降本路径，持续进行产品的降本工作，保证产品的价格竞争力。针对产品服务，新源动力制定了快速服务响应方案，进一步提升客户满意度。

作为国家发改委唯一授牌的燃料电池及氢源技术国家工程研究中心，在国家发改委和大连发改委的支持下，现已完成二期创新能力的技术研发、产品开发及测试服务等平台能力建设，成为国内研发和试验测试能力最强的国家级创新平台。

五、主要新产品

序号	产品名称	产品型号	产品应用
1	燃料电池膜电极	HYMEA	电堆
2	燃料电池模块	HYMOD-40	40 kW 级别系统开发
3	燃料电池模块	HYMOD-70	60 kW 级别系统开发
4	燃料电池模块	HYMOD-110	100 kW 级别系统开发
5	燃料电池模块	HYMOD-150	120 kW 级别系统开发
6	燃料电池系统	HYSYS-20	40 kW 系统，应用于叉车、拖车、微型车
7	燃料电池系统	HYSYS-70	60 kW 系统，应用于乘用车、商用车
8	燃料电池系统	HYSYS-100	100 kW 系统，应用于商用车
9	燃料电池系统	HYSYS-120	120 kW 系统，应用于商用车
10	燃料电池测试台架	HYFTB-M/S	电堆及系统测试台架

六、合资合作及重大项目建设

投资1.5亿元，建成世界领先的自动化膜电极及电堆生产线，2021年已建设完成。

七、发展规划

新源动力的战略目标是成为具有国际竞争力的燃料电池电堆及系统供应商，同时通过力争3年登陆科创板上市，借助资本市场发展成为创新驱动与市场化拓展双轮驱动高速发展的高科技成长企业。未来5年公司将进一步加大研发投入、产业布局和产能扩充，建立集团化组织与品牌体系，争创行业品质世界一流。到2025年，公司团队达到500人，燃料电池电堆及系统的年生产能力达到1万台套以上，实现销售额超过20亿元，市场份额超过15%。

德燃(浙江)动力科技有限公司

一、单位概况

德燃(浙江)动力科技有限公司(以下简称德燃动力)成立于2017年7月，总部位于浙江清华长三角研究院，在上海设有技术中心，在重庆、安徽等设有全资子公司，拥有先进的氢燃料电池发动机及核心部件生产基地、试验与试制中心，与同济大学成立联合实验室，与浙江清华长三角研究院联合成立氢燃料电池汽车技术研究中心，与德国下萨克森州汽车研究中心成立中德氢燃料电池汽车联合研发中心。公司核心骨干为国内最早从事燃料电池发动机开发与示范运营的团队成员，具有领先的燃料电池技术，历经多轮国际重大活动的示范运行，积累了丰富的产业化经验。

德燃动力以核心技术与部件为业务支撑，形成系列化燃料电池系统产品。产品覆盖系统产品(燃料电池发动机系统、动力总成系统、氢燃料电池发电装备)、核心部件(空压机和供氢回氢组件等)、工程服务、燃料电池观光车四大板块。已完成了数十款产品定型与车型配套，突破行业"卡脖子"技术，获得国内外一线车企的合作与认可。产品符合车规级标准要求，形成了完善的研发体系与企业技术标准。

公司拥有数十项发明专利、实用新型专利、软件著作权，商标权属；已通过ISO 9001质量管理体系认证、IATF 16949汽车行业质量管理体系认证；参与科技部多项重大专项及《"领跑者"标准评价要求车用燃料电池发动机》等多项标准编制。公司被评为国家高新技术企业、浙江省科技型中小企业，荣获"创新嘉兴·精英引领计划"领军人才A+，浙江省级高新技术企业研究开发中心，浙江省首台套产品等，中科协全国双创活动"2019颠覆性创新潜力榜全国40强"，中国隐形独角兽500强，中国汽车隐形独角兽，2020年氢电风云奖颁奖年度优秀技术创新企业奖、2019第八届中国创新创业大赛浙江区新能源行业总决赛优胜奖及省内总决赛三等奖等荣誉与奖项。

二、生产与经营

德燃动力具备国内最为全面的燃料电池系统及部件的

测试能力，是国内唯一具备自主完整关键部件支撑的系统产品企业，也是国内少数具有正向开发能力的企业。公司实现了“系统-部件-服务”的全方面战略布局，实现了全场景产品应用，已累计完成 3 大系列 30 多款车型的产品配套开发，并通过工信部产品公告，实现小批量供应与上线运营，是国内车型覆盖最全的燃料电池系统供应商之一。

德燃动力在乘用车领域的合作客户包括一汽、长安、大众、上汽、北汽、广汽等；在商用车领域的合作客户有上依红、陕汽、中车、吉利商用车、安凯客车、中通、奇瑞万达、江淮等。

三、产能建设

德燃动力在总部设有氢燃料电池发动机及核心部件研发与生产基地，已具备年产千套级燃料电池发动机的生产组装能力和配套的检测检验能力，整个厂区设有“5 区 1 场”，即燃料电池系统产线与测试区、零部件产线与测试区、仓储区、动力系统与车辆调试区、办公区、室外车辆调试场。规划在建年产 3000 套车用燃料电池动力系统及核心零部件生产基地。

四、技术进展与研发能力

德燃动力技术研发专注于车载领域，遵照车规级开发规范，符合国际化燃料电池汽车产业化路径。以发动机系统为核心，辅以动力总成与储氢系统技术形成闭环迭代。自成立以来，已完成了国内多家一流车企的多款车型开发与配套，并发布多款自主研发的燃料电池发动机与核心部件产品，其中红旗、长安、红岩等配套车型技术指标国内领先，尤其是在乘用车领域处于技术与产品的绝对优势，对商用车领域的竞争将形成技术降维覆盖与未来的规模化导入等持续优势。公司通过了 ISO 9001:2015 以及 IATF 16949 认证，并对业务领域内产品进行了完善有效的专利覆盖，发明专利申请逐年增加。

公司与同济大学成立联合实验室，与浙江清华长三角研究院联合成立氢燃料电池汽车技术研究中心，和德国下萨克森州汽车研究中心、氢燃料电池汽车技术研究中心成立中德氢燃料电池汽车联合研发中心、与长安大学建立联合实验室、与中科院浙江分院建立研究院平台，集聚了国内外顶尖的优质资源。

（1）氢燃料电池发动机产品：德燃动力自主研发的燃料电池系统已实现 5～120 kW 功率范围的覆盖，可满足乘用车、客车、物流车、重卡、市政环卫等整车应用场景，在船舶、叉车、无人机、热电联产和备用电源等领域探索应用。发动机产品基于自主开发的核心部件，采用中高压进气与引射回氢技术路线，具有配套多种应用场景的车型产品方案供用户选取，高度的集成化设计，具高可靠性与安全性。

（2）关键部件产品：氢燃料电池发动机专用空压机完全自主研发，采用高速电机直驱、离心式增压、无油润滑等技术，有效降低传动系统噪声，避免润滑油泄漏导致电堆损坏，更符合中高压电堆对高压比的运行要求。

（3）供氢回氢组件产品：采用电控喷氢+引射回氢的国际主流技术路线，满足各工况范围内氢循环要求，实现大工况范围内高当量比的氢气循环效果，并有效提高氢气利用率。

（4）氢燃料电池观光车产品：燃料电池观光车采用前后双横臂独立悬架，整车操稳性及舒适性高，动力系统装配 10 kW 燃料电池发动机。整车续航里程可达 200 km，加氢时间 5 min，最高车速可达 45 km/h，爬坡度大于 20%，具有续航里程长、加注时间短、零污染等特点，适用于 VIP 接待、观光与景区接待、巡逻等应用场景，德燃动力可提供完善的应用支持，氢能展示、旅游等项目策划。

（5）氢燃料电池发电装备产品：德燃动力基于自主开发的核心部件，已完成了应急电源、备用电源、调峰电源三款燃料电池电源产品，模块化设计具备离并网双工作模式，可实现 MW 级模块化并联运行。

五、主要新产品

1. 整车

序号	产品型号	产品名称	品牌	通用名称
1	DR-FCV-10	氢燃料电池观光车	德燃动力	燃料电池观光车

2. 零部件

序号	产品名称	产品型号	产品应用
1	氢燃料电池发动机	FCE-10（5～20 kW）	应用于观光车、叉车、无人机、热电联供、备用电源
2	氢燃料电池发动机	FCE-30（20～50 kW）	应用于乘用车、物流车、专用车、热电联供
3	氢燃料电池发动机	FCE-60（50～80 kW）	应用于物流车、公交车、乘用车
4	氢燃料电池发动机	FCE-100（80～150 kW）	应用于客车、重卡、物流车、乘用车
5	氢燃料电池发电装备	FPS-100（5～20 kW）	服务器电源、应急电源、备用电源
6	氢燃料电池发电装备	FPS-300（20～50 kW）	服务器电源、应急电源、备用电源
7	氢燃料电池发电装备	FPS-101（50～1000 kW）	调峰电源、应急电源、备用电源
8	氢燃料电池发电装备	FPS-102（MW 级）	固定式发电、调峰电源、应急电源、备用电源
9	氢燃料电池发动机专用空压机	FAC-40	适用 10～30 kW 燃料电池发动机
10	氢燃料电池发动机专用空压机	FAC-50	适用 30～80 kW 燃料电池发动机
11	氢燃料电池发动机专用空压机	FAC-100	适用 80～150 kW 燃料电池发动机
12	供氢回氢组件	HSE-22	适用 10 kW 燃料电池发动机
13	供氢回氢组件	HSE-72	适用 30～60 kW 燃料电池发动机
14	供氢回氢组件	HSE-152	适用 60～100 kW 燃料电池发动机
15	供氢回氢组件	HSE—202	适用 100～120 kW 燃料电池发动机

六、合资合作及重大项目建设

德燃动力与同济大学、浙江清华长三角研究院、长安大学、中科院浙江分院、德国下萨克森州汽车研究中心、舍弗勒、莱茵金属、EKPO 等国际一流科研机构、企业、高校建立长期合作伙伴关系，与中国一汽、长安汽车、中国中车、上依红等一线车企建立长期业务伙伴关系，共同推动燃料电池技术的发展与产品示范推广。

七、发展规划

德燃动力始终致力于技术的创新与突破，以技术创新助推行业发展为己任，整合国际领先的技术和资源，完善产品体系，夯实独门绝技。通过乘用车高标准要求的技术迭代与商用车高质量产品应用迭代，成为有“德”的“燃”料电池行业领先企业。

东方电气(成都)氢燃料电池科技有限公司

一、单位概况

东方电气(成都)氢燃料电池科技有限公司(以下简称东方氢能)是中国东方电气集团有限公司(以下简称东方电气集团)氢能与燃料电池产业发展的核心平台，成立于 2015 年 8 月，2018 年 4 月开始产业化运作，是一家以氢燃料电池相关产品为核心的高新技术企业。

东方氢能成立之初，就以推动中国氢燃料电池高新技术产业化应用为己任，致力于成为中国氢能综合利用引领者，为客户提供氢能利用整体解决方案及燃料电池相关的核心设备和一流服务。

经过潜心研究，东方氢能自主开发的产品主要有：膜电极、电堆、燃料电池动力系统、热电联供系统，并提供相关技术开发、技术咨询、运维等服务。

二、生产与经营

东方氢能自主研制的氢燃料电池动力系统于 2018 年在成都市氢燃料电池公交线路实现首批应用。该线路是中国西部第一条、国内第二条燃料电池公交车示范项目。2019 年，东方氢能建成中国西部首条氢燃料电池自动化生产线，具备年产 2000 台套的生产能力，迄今仍是西部地区最大的生产线。该生产线已经过充分制造验证，产品质量稳定可靠。中国西部首条商业运营的氢燃料电池公交线路的开通和中国西部首条氢燃料电池自动化生产线的投运，在中国氢能产业化发展道路上具有里程碑意义，为中国西部乃至全国氢能产业发展增添了强劲动力，必将成为中国氢能产业发展史上浓墨重彩的一笔。

截至 2021 年底，东方氢能自主研制的氢燃料电池动力系统已累计装车超过 200 辆，运行里程超过 1300 万 km。公司以燃料电池示范城市群为重点，在苏州、北京、唐山、阜阳四地实现战略布局，在京津冀、长三角等一线地区形成战略支点，并积极在广东、福建、山东等省份谋篇落子。

三、产能建设

公司于 2019 年 4 月建成燃料电池生产线，具备年产 6000 m^2 膜电极、2000 套燃料电池电堆及发动机的能力。

四、技术进展与研发能力

1. 研发实力

东方电气集团于 2010 年正式启动氢燃料电池研发项目，承担国家和省部级重点项目超过 20 项，培养并形成了多学科交叉、年龄结构优化的高水平研发队伍，其中核心研发人员近百人，博士 10 余人，研究生以上学历占比超过 75%。

东方氢能始终牢记习近平总书记关于“关键核心技术是要不来、买不来、讨不来的”重要指示精神，长期致力于关键核心技术自立自强。经过 10 余年的潜心研究，东方氢能已掌握了燃料电池领域核心部件设计与系统集成技术，申请专利 200 余项，其中授权发明专利近百项，开发出具有国际先进水平的车用膜电极，形成高效率高功率密度电堆序列，研制出 40~110 kW 等级燃料电池，拥有分布式发电千瓦级燃料电池备用电源、兆瓦级氢储能技术，先后获得海外高层次人才创新创业基地、国家认定企业技术中心、国家技术创新示范企业、四川省科学技术进步奖一等奖和二等奖各 1 项，2019 年获得高新技术企业认证，取得了 IATF 16949 和 ISO 9001 双质量管理体系认证。

2020 年，东方氢能建成中国西部唯一省级燃料电池领域的重点实验室——“长寿命燃料电池四川省重点实验室”。依托该重点实验室，东方氢能积极参与国家重大科研计划项目，与国内外相关学术机构、高校等科研单位围绕长寿命燃料电池等研究课题进行广泛合作。目前，实验室在研项目累计 36 项，其中，国家科技部重大专项课题 8 项，四川省科技厅重要项目 13 项，与其他高等院校及研究院所开展联合开发 10 余项。当前，东方氢能正在新建规模更大、设施更完备、能力更强的实验基地，研发实力将进一步提升。

2. 产品优势

东方氢能自主研制的长寿命、高效率、高可靠性膜电极产品，寿命 20000 h，功率密度超过 1.6 W/cm^2，性能达到国内领先水平。根据交通、发电等不同应用场景的特殊需求，即将推出新一代膜电极寿命超过 30000 h。

在高性能膜电极产品基础上，东方氢能以高耐久性为主攻方向，积极开发长寿命电堆产品，寿命达 20000 h。东方氢能电堆产品台架实测寿命、批量装车运行均已超过10000 h，在国内率先将自主电堆实际装车运行带入万小时层级。2022 年，东方氢能正在开发更长寿命、更高功率密度的下一代电堆，寿命和功率密度也将进一步提升。

面向交通领域，2017—2021 年，东方氢能连续开发出 40~110 kW 不同系列等级的商用氢燃料电池动力系统，系统一级零部件国产化率 100%，已面向城市客车、城际大巴、物流车、环卫车、重卡等开发出定制化产品。经过近几年的应用推广，得到了客户的一致好评。2022 年即将推出 150 kW

以上的动力系统。

面向发电领域,东方氢能借助东方电气集团 60 余年深耕发电装备领域积累的宝贵经验和强大研制能力,率先将氢燃料电池技术应用到发电领域,开发热电联供系统,可实现百千瓦至兆瓦等级功率,发电效率 50%~63%,综合能量转化效率达 90%,寿命超过 30000 h,可实现全过程零碳排,现已在高原地区、极寒地区、亚热带地区推广了多个示范项目,为氢能发电提供了先行先试的宝贵经验。该系统可作为医院、商场、社区、海岛等分布式发电、热电联供装备,具有十分广阔的应用场景。

五、主要新产品

续上表

序号	产品名称	产品型号	产品应用
1	燃料电池系统	VM45	应用于公交、客车
2	燃料电池系统	VM40B	应用于公交、客车
3	燃料电池系统	Olas 60 A	应用于公交、物流
4	燃料电池系统	Olas 80 A	应用于物流、环卫
5	燃料电池系统	Olas 110 A	应用于重卡
6	燃料电池膜电极	M002	应用于公交
7	燃料电池膜电极	M003	应用于公交、客车
8	燃料电池膜电极	DEC-T1	应用于城市公交、客车、物流、重卡
9	燃料电池电堆	V20	应用于公交、物流
10	燃料电池电堆	V20B	应用于公交、客车
11	燃料电池电堆	YFD-100	应用于客车、物流、重卡

六、合资合作及重大项目建设

已在成都市郫都区开工建设中国西部氢能高端装备产业园,总投资 15 亿元,以"一园全链"建设高质量氢能产业集群,该产业园一期工程预计 2022 年建成。

七、发展规划

坚持以科技创新为引领,以长寿命、高功率、低成本、高可靠为产品开发目标,立足氢交通、氢储能、氢发电等应用领域,形成核心设备和关键技术的研发制造能力以及综合利用解决方案提供能力,突出开放合作、共享共赢,促进企业和氢能产业实现高质量可持续发展。

安徽明天氢能科技股份有限公司

一、单位概况

1. 企业简介

安徽明天氢能科技股份有限公司成立于 2017 年 7 月 1 日,是一家燃料电池研发制造的高新技术企业,公司主营产品为燃料电池电堆及系统,拥有燃料电池与系统自主核心技术。

2. 人才团队

明天氢能公司拥有成建制研发团队,现有研究员、博导、博士、硕士及中高级工程师 80 余名,获批安徽省高层次人才团队,具有优秀的基础研究能力和技术储备。技术来源于中科院大连化学物理所、同济大学。国内燃料电池领域唯一院士,衣宝廉院士在公司建立了院士工作站,2020 年院士工作站省级绩效考评优秀。

3. 产品技术

明天氢能公司掌握最新一代金属双极板电堆成套技术,核心产品包括 30~150 kW 燃料电池电堆、10~120 kW 燃料电池系统、高耐久金属双极板、高性能膜电极及 10~200 kW 燃料电池电堆、系统及膜电极测试设备。明天氢能最新一代燃料电池产品,设计寿命超过 15000 h,体积比功率超过 4.0 kW/L,低温启动温度达-35 ℃。已开发 10~150 kW 电堆,30~110 kW 系统,10~150 kW 测试台架、产品通过国家机动车产品质量监督检验中心认证。自主开发的 10~150 kW 燃料电池及系统测试设备接近国际同类产品先进水平。明天氢能科技成果——"氢燃料电池电堆及系统集成"入选安徽省庆祝改革开放 40 周年科技创新成果展。

4. 制造技术

明天氢能公司在工厂规划、包括金属极板冲压、双极板焊接、表面处理、膜电极制造、电堆组装、系统组装、电堆活化测试级系统测试等生产线的布局、工艺内容的确定及工艺流程、工艺方法、工艺过程及装备自动化、智能化等方面开展了深入的研究,在此过程中,对每一个关键工艺进行了大量的论证及工艺试验,产业化制造技术全部自主设计,具有独立的自主知识产权,取得了一大批创新成果。成为国内第一个万台级高标准、高度自动化、智能化的金属双极板燃料电池产业化样板工厂,产业化技术处于国内先进水平。

5. 项目建设

目前,明天氢能公司已建成国内首条万套级自动化、智能化金属极板冲压生产线;首条万套级自动化、智能化金属极板焊接生产线;镀膜装备及工艺和膜电极组件生产装备及工艺;自动化、智能化电堆组装装备及工艺,实现 1 万台套年产能。目前全部生产线都在正常生产运营,2019 年营业收入 966.36 万元,2020 年全年实现营收 2999 万元,2021 年全年实现营收 5048 万元,销售收入逐年递增。

6. 产品应用与示范运营

(1)产品系列

明天氢能公司核心产品包括 30~150 kW 燃料电池电堆、10~120 kW 燃料电池系统、高耐久金属双极板、高性能膜电极及 10~200 kW 燃料电池电堆、系统及膜电极测试设备。明天氢能最新一代燃料电池产品,设计寿命超过 15000 h,体积比功率超过 4.0 kW/L,低温启动温度达-35 ℃。

(2)产品优势

金属双极板:明天氢能开发了全自动化的冲压、激光焊接生产线;针对燃料电池的高耐久性与低成本问题,开发了基于物理气相沉积的表面处理技术,可大幅提高金属双极板燃料电池电堆的寿命,开发的镀膜生产线,在提高产能的同时大幅降低了成本。

膜电极:明天氢能具备高性能膜电极的产业化制造技术,围绕高性能与低成本两大目标,通过膜电极的材料筛选与结构优化提高膜电极的性能,同时针对批量化生产工艺基于现有的喷涂工艺开发涂布工艺,从而在实现更高产能的同时进一步降低膜电极的成本。

燃料电池电堆:大功率、高耐久性的电堆水热管理技术主要针对燃料电池的耐久性与环境适应性问题。电堆水热管理技术的优劣会影响燃料电池在长期运行过程中的耐久性,通过模拟计算与实验验证的手段优化电堆的水热管理,提高了长期运行下的稳定性与寿命,其次通过开发低温自启动策略,实现了-35 ℃下的低温启动,提高了燃料电池电堆的耐久性与环境适应性。

燃料电池系统:在整车动力系统匹配与控制技术方面,实现了自适应功率分配算法、高动态响应控制技术以及智能怠速控制技术;在面向耐久性的燃料电池系统控制技术方面,实现了电位主动控制技术、燃料电池阳极压力跟随与补偿控制技术以及状态估计控制技术;在环境适应性控制技术方面,分别应用了空气闭环解耦控制算法、低温环境启动控制技术、高可靠燃料电池系统故障诊断及容错控制技术、高效 DC/DC 与系统的匹配技术和试验与测试匹配技术。

(3)产品应用

产品应用范围广泛,其中 5~30 kW 功率段主要应用于叉车、热电联供,30~110 kW 功率段主要应用于 8.5~12 m 客车、4.5T~31T 商用车、专用车和乘用车,200 kW 以上功率段可以用于重卡和船舶,1MW 系统是多堆集成的储能电站,可用于分布式储能与发电。

(4)2021 年 1 月—12 月产品出货/营收情况

2021 年 1 月—12 月出货量 98 台,营收 6800 万元。

(5)主要客户

六安公交、芜湖公交、重庆公交、国家电网、安凯客车、奇瑞汽车、合力叉车、福田客车、东风商用车、吉利远程、中铁轨道交通、中石化、中石油等。

(6)加氢站建设运营

在加氢站建设与运营方面,已在六安市建成安徽省首座固定式加氢站(全国第六座),日加注能力 1000 kg。该站从设计、建设、安装和调试均由公司加氢站团队主导完成。

二、生产与经营

1. 生产概况

明天氢能公司已通过 IATF 16949 质量管理体系认证,自主开发了金属单极板冲压、金属双极板激光焊接、金属双极板镀膜、MEA 生产、电堆装配、电堆活化与测试、燃料电池系统、燃料电池系统测试八大生产线。建成国内首个万台级燃料电池工厂。

2. 经营概况

明天氢能公司与安凯、奇瑞、东风、广汽、福田、申龙等整车企业联合开发燃料电池汽车。产品应用场景覆盖氢能公交、叉车、物流车、市政用车、轨道交通、船舶、储能电站等。

2021 年 1 月,配套福田客车 4 套燃料电池系统,开发的 10.5 m 客车于 2 月在安徽省六安市 301 线路上线运营;2021 年 1 月,配套万达客车 15 套燃料电池系统,开发的 12 m 客车于芜湖市公交运营;2021 年 3 月,配套安凯客车 5 套燃料电池系统,开发的 10.5 m 客车于 4 月在安徽省六安市 301 线路上线运营;2021 年 4 月,与奇瑞星途合作开发氢燃料乘用车;2021 年 7 月,配套福田客车 10 套燃料电池系统,开发的 10.5 m 客车于重庆市公交运营;2021 年 8 月,配套东风襄旅 10 套燃料电池系统,开发的 9 t 物流车于重庆市物流运营。

三、产能建设

如今,明天氢能公司已经能够实现电堆部件、电堆总装、电池系统及其零部件的量产。同时,明天氢能是国内唯一一家率先建立万套级冲压、焊接、组装、测试等工艺装备的完整解决方案企业,拥有完善的技术、工艺和设备来满足 10~150 kW 等功率燃料电池电堆的生产。

四、技术进展与研发能力

明天氢能的氢燃料电池电堆及系统产品核心技术来源于两支国家队,中科院大化所和同济大学。现有研究员、博导、博士、硕士 80 余名。中科院大化所是燃料电池国家科研责任单位,有着 50 年的研发历史。同济大学是最早从事燃料电池系统研发和应用的国家级责任单位。明天氢能在两支国家队深厚底蕴的基础上,通过在关键材料、核心组件以及电堆总成上,从体系的重构、微尺寸成型的开发、耐久性涂层的突破以及精密组装的探索等多重创新,完成了 10~150 kW 金属板燃料电池电堆的自主研发。

明天氢能研发团队结合燃料电池开发,研究领域覆盖燃料电池发动机涉及的所有学科。掌握燃料电池及核心零部件正向自主研发能力,形成自主正向研发能力。主流程为:概念设计—单流产仿真—基材冲压仿真—单板流体仿真—电堆流体仿真—整板冲压仿真—密封胶线仿真—气密性测试—压缩量测试—电堆组装集成—单板流阻测试—电堆流阻测试—电堆性能测试。并采用 PLM 系统对产品数据和研发过程进行管理。建立了有效的研发项目管理制度。

2019 年明天氢能研发投入 1214.43 万元,2020 年投入研发费用 1784.22 万元,2021 年研发投入 3384.18 万元。各年度研发投入占比均大于 50%。

明天氢能承担国家科技部国家重点研发计划可再生能源与氢能技术重点专项、安徽省科技重大专项定向委托项目("卡脖子"专项),省经信厅"揭榜"攻关项目、省"三高"项目等;每年设自主研发项目 10 项以上,各项目均按计划进展。

五、主要新产品

序号	产品名称	产品型号	产品应用
1	100 kW 燃料电池系统	MTSYS100	10.5 m 氢能城市客车
2	110 kW 燃料电池系统	MTSYS110	49T 燃料电池重卡、 11 m 燃料电池通勤车

六、发展规划

明天氢能 2018 年已建成万套级电堆及系统工厂,规划到 2024 年实现 10 万套级电堆及系统生产能力,核心零部件工厂全面投产。2028 年形成 30 万套产能,完成产业链布局。

武汉海亿新能源科技有限公司

一、单位概况

武汉海亿新能源科技有限公司是一家专注于氢燃料电池发动机系统及其核心零部件、燃料电池电堆和系统相关检测和测试设备、燃料电池汽车动力系统技术平台及其产业化的高新技术企业。海亿新能致力于氢燃料电池发动机系统及其核心零部件、燃料电池电堆和系统相关检测和测试设备、氢燃料电池汽车的多能源多负载动力系统技术平台等产品的研发、生产、销售及工程技术服务和技术咨询。海亿新能由湖北省相关专家及行业资深大学教授技术专家等联合创办，是高新技术企业、入选武汉市“千企万人”支持计划、“3551 光谷人才计划”、湖北省“双创战略团队”等。

作为国内氢燃料电池汽车关键技术研发最早的一批探路人，海亿新能的核心技术团队自 2001 年以来先后承担了国家“863”计划中多个关于燃料电池汽车的重大专项课题，作为核心成员深入参与武汉理工大学和东风公司共同开展的“楚天一号”燃料电池轿车、“楚天二号”燃料电池客车的研发。积累了深厚的实践经验，具有了成熟的技术储备，并取得了多项创新成果。当前团队拥有多项自主知识产权专利技术，出版数部相关专著，形成了国内领先、国际先进的燃料电池系统及汽车动力系统的技术力量。

海亿新能围绕燃料电池系统及汽车动力系统技术平台坚持技术创新，打造核心技术链。联合产业链上下游各个关键节点，为我国新能源汽车发展做出卓越贡献，推动我国向全面资源节约型、环境友好型社会健康前进。

二、产能建设

“氢能技术研究院”是武汉理工大学与老河口市政府联合签订协议共建，围绕氢能源汽车及核心零部件研发、试验检测、认证推广的产业链体系，开展系统的科学研究、新产品开发和成果转化工作，建设成为湖北省乃至全国氢能行业内集产品开发、科技创新、信息交流、成果转化和人才培训为一体的综合性产业科研和推广平台。

研究院整合武汉理工大学多学科资源与研究成果，依托武汉理工大学的人才和技术优势，充分发挥并利用老河口市在新能源汽车及零部件方面的工程实践、市场网络、品牌经营和资金等优势，为增强湖北襄阳老河口市氢能产品的市场竞争力作出贡献。

公司于 2021 年扩建老河口智能制造中心，将年产能 1000 台套的半自动生产线升级为年产量 3000 台套，在原生产基础上增加 80 kW 和 130 kW 新一代大功率氢燃料电池发动机生产线，现有样车以及公告车型包括氢燃料公交车、通勤、环卫、物流、中重卡、牵引车等多，为氢能产业发展提供丰富的应用场景。

为满足市场需求，2021 年在新增 CVM 产品产能建设，建设年产 5000 台套 CVM 产品产线，主要在武汉研发中心完成批量产品生产和交付，保证生产安装和调试工作顺利进行，完善生产制造工作流程，为 CVM 产品的市场化夯实基础。

2022 年上半年，为满足公司发展需要，公司在通山建立先进制造基地，工业园内厂房面积 3436 m^2，投资 5000 万元，建设年产 3000 台套氢燃料电池系统和核心零部件的生产线。

三、技术进展及研发能力建设

海亿新能现有员工 50 余人，研发人员占比 70% 以上，其中硕士研究生及以上学历员工占比 60% 以上，现拥有已授权的发明专利 16 项、实用新型专利 33 项，软件著作权 10 项，另有 30 余项专利已在实审中。核心团队具有十多年的氢燃料电池领域研究背景及丰富的整车开发经验。

公司已掌握全套的氢燃料电池发动机核心技术并自主开发完成了覆盖 30~110 kW 功率等级的多款氢燃料电池发动机系统，可实现环境仓内-40 ℃低温储存和-30 ℃低温启动性能要求，并具有功率密度高、抗振性能好、动态反应快、可远程智能监控和诊断等特点。根据氢燃料电池系统输入输出要求以及系统设备特征，该系列燃料电池发动机系统采用平台化设计方案，实现了系统结构创新设计，完成了系统高度集成和最佳优化匹配。并且各项性能指标达到国内领先水平，并已通过国家检测中心的强制检测。适用于中重型物流车、大中型客车、工程车、全功率乘用车等各类车型。

公司始终按照生产一代、开发一代、预研一代产品研发思路打磨核心产品线。生产一代的产品公司相对技术成熟，并能形成规模产业化，给公司带来效益的相关产品，重点考虑产业化要求，具备完整的产品销售、产品生产、产品售后流程，为公司绩效考核重点部分。开发一代的产品为满足市场需求和公司发展要求必须开发的具有研发难度的新型产品，该部分任务为研发工作中的重点、难点，最能直接体现公司研发能力，需要具备持续的创新能力。预研一代的产品为面向行业未来发展方向、具有巨大前景的前瞻性产品，能体现出行业未来发展趋势和发展方向，公司目前需要掌握并储备相应技术能力，结合公司实际情况预判并提前学习了解的部分，对公司未来发展具有重要意义。

(1)新系统研发与生产。2021 年上半年完成 HYX120 系统的研发和强检报告，系统技术指标和性能满足产品设计要求，特别是经过多次零部件选型设计、湿度控制和温度控制优化后系统性能有了很大提高，并能突出公司在动力系统效率利用综合优势，在高可靠性、高安全性、低耦合性上突出公司系统集成优势。

(2)新车型开发。2021 年完成多款样车开发，包括与东风襄旅、东风华神、武汉客车厂等诸多整车厂合作开发，现有样车以及公告车型包括氢燃料公交车、通勤、环卫、物流、中重卡、牵引车等多，为氢能产业发展提供丰富的应用场景。

(3)核心零部件研发。公司自主研发气水分离器、节温器在自研系统安装适配并已批量生产，应用效果良好。引射器、增湿器等新核心零部件产品得到进一步设计优化验证。其中引射器获得 2021 年湖北省科技厅重大项目子项立项，在多级引射结构设计与精密加工工艺问题上积累很多经验，在无极引射切换精准控制研究上有了重大突破，希望通过中大功率燃料电池系统集成形成产业化，完全替代氢气循环泵工作。增湿器产品完成原型设计和选型，有望在2022年完成设计与测试。

（4）氢能研究院建设。老河口氢能研究院建设基本完成，通过“氢—电”混合动力测试平台搭建完成了燃料电池系统测试技术、纯电测试技术、“氢—电”混合动力测试技术，在动力平台研究上更上一个台阶，在测试系统结构设计、电气设计、测试设备选型等方面积累更多经验。首个燃料电池高低温试验舱建设完成，燃料电池系统的-40 ℃低温测试工作进展顺利，完成低温储存和低温启动测试，积累了丰富的测试经验和测试数据，为燃料电池系统优化和下一代系统开发奠定了基础。

（5）发电类产品。为拓展燃料电池系统应用场景，利用现有资源配置适当进行产品扩充，在非车用燃料电池系统市场领域拓展。具体包括制储氢发电系统，动式备用/应急燃料电池电源系统，燃料电池热电联供系统、动力机械氢能电源系统。

四、主要新产品

序号	产品名称	产品型号	产品应用
1	高性能氢燃料电池发动机系统	HYX80	公交车、通勤车
2	高性能氢燃料电池发动机系统	HYX120	工程车、环卫车、中重卡
3	燃料电池单片巡检仪	HYC20-CVM	燃料电池发动机系统检测
4	氢燃料电池电堆测试与研发平台	HYL-FST 和 HYH-FST 系列	电堆测试
5	燃料电池发动机系统综合测试与研究平台	FGT 系列	系统测试
6	“氢—电”混合动力系统综合测试与研发平台	PIT 系列	整车动力系统测试

五、合资合作及重大项目建设

武汉市氢能产业促进会第一届第一次会员大会于7月11日在武汉会议中心举行。武汉海亿新能源科技有限公司作为理事单位深度参与武汉市氢能产业发展，积极探索武汉市氢能开发利用。

武汉海亿与武汉客车厂合作开发10.5 m氢燃料公交车进入工信部推荐目录，并批量生产下线。

武汉海亿、老河口政府与武汉理工大学共建氢能研究院完成测试与验收工作，为氢燃料电池系统以及核心产品下线提供全方位测试服务。

2022年上半年，公司在通山建立先进制造基地，建设年产3000台套氢燃料电池系统和核心零部件的生产线，项目达产后预计年总产值可达3亿元，税收可达1000万元。

六、发展目标与规划

武汉海亿将抓住国家以及地区氢能产业发展东风，持续推进氢燃料电池产品技术迭代和技术创新，打造核心技术圈，与合作伙伴一道共同促进燃料电池产业链发展。武汉海亿的战略目标是成为国内乃至国际具有核心竞争力的燃料电池系统和核心零部件供应商，力争通过3年的发展实现科创板上市目标。

爱德曼氢能源装备有限公司

一、单位概况

爱德曼氢能源装备有限公司成立于2016年，拥有完全自主知识产权的氢燃料电池系列产品。爱德曼氢能源装备有限公司是国内规模较大的集研发和生产金属电极板、膜电极、质子膜燃料电池电堆，并以氢燃料电池系统为核心产品的氢燃料动力系统提供商，也是国内较少同时具备氢燃料电池系统和整体装备生产线制造能力的高新技术企业。目前已经建成浙江嘉善、广东佛山、上海青浦、淄博博山、北京大兴五个基地。核心关键零部件：金属电极板和膜电极均为自主创新及自行生产。主要业务体系围绕储能电力与交通领域展开。

二、生产与经营

1. 爱德曼氢能源装备有限公司生产与检测设备齐全

公司具备双极板冲压生产线、超声清洗生产线、双极板焊接生产线、双极板涂层生产线、双极板胶线贴敷生产线、CCM生产线、膜电极热压生产线、碳纸贴合线、电堆组装生产线、电堆测试活化台、系统组装生产线、系统测试活化台等设施，可以满足产品研制和生产检测的需要。项目具备完备的双极板质量检测、膜电极质量检测、电堆性能检测设施。

2. 爱德曼公司生产与经营紧紧围绕三大体系

（1）创新研发体系建设：关键材料与零部件国产化、产业化，系统针对应用场景模块化、电气化，整个产业链条研发及应用一体化；

（2）智能制造体系建设：围绕强基工程，发展为行业头部企业，继续建设和发挥装备能力与工艺能力的优势，借助于产业互联网等技术将设备运行状态与ERP管理结合，实现电堆产品的运营统一监控与安全隐患快速预警；

（3）服务保障体系建设：成为市场销售与服务的“二合一”主体。充分利用装备、产能与成本控制优势，迅速建立市场地位并打破燃料电池价格高的固有观念。

三、产能建设

目前已经建成浙江嘉善、广东佛山、上海青浦、淄博博山、北京大兴五个基地，形成年产10000台燃料电池系统产能；爱德曼氢能源装备有限公司自主完成零部件、电堆、系统、工艺装备和专用设备的设计与制造，成本优势明显。

四、技术进展与研发能力

公司现有员工420人，现已拥有80余人的研发团队(12名博士，30名硕士)，拥有知识产权80项，其中授权发明专利28项，授权实用新型专利34项，计算机软件著作权登记18项。公司成功开发了30 kW、35 kW、40 kW、60 kW、80 kW、100 kW、128 kW、150 kW和223 kW系列产品，全部通过国家机动车产品质量监督中心的强制检测并实现量产。

“车用大功率高性能金属板氢燃料电池关键技术及产业化”成果，经中国汽车工程学会鉴定，金属双极板初始接触电阻与腐蚀电流、功率体积比(5.18 kW/L)等技术水平居国际先进。

30/35 kW、60 kW、100 kW、150 kW氢燃料电池连续获得浙江省装备制造业重点领域首台套；2020年荣获福建省科学技术进步一等奖，2021年认定为氢燃料电池省级企业研究院并入选中国科学技术协会“创新中国”新锐企业榜。

截止到2021年底，氢燃料电池电堆累计出货量970台套，电堆总功率超过100 MW，累计装车770辆，累计运行里程达2000万km，按等量油耗法计算已减少二氧化碳排放1.4万t。项目经济效益和社会效益显著。

五、主要新产品

序号	产品名称	产品型号	产品应用
1	30 kW/35 kW	C01-30 kW/C01-35 kW	东风特汽(十堰)客车有限公司
2	60 kW、80 kW、128 kW	C02-60 kW/C02-80 kW/C02-128 kW	厦门金龙旅行车有限公司
3	100 kW	CO3HS100JS	金龙联合汽车工业(苏州)有限公司
4	80 kW	C03HS80JSA0	南京金龙客车制造有限公司

六、合资合作及重大项目建设

2019年，爱德曼氢能源装备有限公司“电极板、膜电级工艺改造提升项目”入选浙江省制造业高质量发展产业链协同创新项目，并在2020年顺利通过验收。

2021年，“150 kW高功率密度质子交换膜金属板燃料电池电堆研发及产业化”项目通过验收并获得浙江省科学技术成果登记证书。

2022年，爱德曼公司与浙江大学、浙江科技学院、浙江吉利新能源商用车集团有限公司等共同推动的“车用大功率高性能金属板氢燃料电池关键技术及产业化”项目，顺利通过中国汽车工程学会专家鉴定。中国工程院郭孔辉院士、中国汽车工程学会王菊副秘书长，以及来自中科院大连化物所、清华大学、上海交通大学、北汽福田、宇通集团等单位的7位专家一致认为，30 kW~223 kW系列氢燃料电池的金属双极板结构及涂层优化、低铂膜电极研究及性能提升及电堆封装结构优化及比功率提升方面均具有重要创新性。其中金属双极板初始接触电阻与腐蚀电流、电堆比功率技术水平国际先进。

七、发展规划

紧紧围绕氢燃料电池及系统领域，投身于氢能产业的建设，深化氢燃料电池系统在交通领域的探索，通过与多家国际顶尖整车厂商和其他交通领域厂商的合作，将氢燃料电池产品应用在更广阔的交通场景。同时在储能发电领域，通过制氢储能技术，充分利用夜间谷电制氢，以谷补峰，满足电网调峰需求和缓解可再生能源消纳压力，满足工业园区和居民社区用电需求，打造零碳工业区、零碳社区。为做好2030年碳达峰、2060年碳中和，实现全社会的低碳、零碳、规模化利用绿色能源而不懈努力。

广东喜玛拉雅氢能科技有限公司

一、单位概况

广东喜玛拉雅氢能科技有限公司，源自武汉喜玛拉雅光电科技股份有限公司，2020年经广东省中山市政府招商引资，喜玛拉雅集团总部迁移至广东中山而设立，喜玛拉雅集团整合了武汉喜玛拉雅的专利、技术，不断扩大科研团队、增加技术迭代的投入，务求以技术引领行业的发展。

广东喜玛拉雅现已整合了国内顶尖的氢燃料电池核心材料、核心零部件及系统集成技术、氢能及相关产业运营资源。

公司业务：自主研发和生产全系列氢燃料电池系统集成及核心材料、核心零部件，实施商业化运营和产业化升级，不断拓展氢燃料电池系统在乘用车、物流车、摩托车、农用机械、通讯、无人机、备用电源、分布式能源等多领域的应用和系统解决方案。

二、生产与经营

喜玛拉雅氢燃料电池系统运用范围氢能物流车，叉车，重型卡车，备用电源等，其中近半年并入整车的氢燃料电池系统共34台套(未计算叉车及其他测试样车)，国家数据平台已累计计入行驶公里数43万。氢燃料电池系统并入整车故障率约为5%，氢燃料电池系统供货范围内运行状况良好，仅在自主研发软件程序运行中出现故障，搭载喜玛拉雅氢燃料电池系统车辆在广东已接入国家平台氢能车辆中占比2%，在全国已接入国家平台氢能车辆中占比0.5%；作为掌握氢燃料电池电堆系统集成及核心零部件生产研发一体化技术及量产能力的氢能智造企业，喜玛拉雅在行业中具有技术优势、资源整合优势及可提供并实现产品使用及智能可视化检测平台结合的完整方案。

三、产能建设

喜玛拉雅集团主要生产主力为中山工厂(广东喜玛拉雅氢能科技有限公司)及咸宁工厂(武汉喜玛拉雅光电科技有限公司),投入产线测试工厂有广州工厂、包头工厂、上海工厂。目前总产能:催化剂每日 3000 g,氢燃料电池系统每日 1 台。2023 年总规划产能:催化剂每日 6000 g,系统每日 1.5 台(根据订单需求,可随时扩产)。

四、技术进展与研发能力

喜玛拉雅具有一套成熟的研发组织结构,以及一支专业化的研发团队,共有技术人员 37 位,占总员工数 24.18%;坚持以催化剂、膜电极为核心技术产品,独立完成双极板、电堆的设计和研发,以燃料电池系统为终端产品面向商用车市场,是目前国内唯一一家实现自主技术的产业链深度覆盖国家重点支持的 5 大核心零部件的氢燃料电池企业。在燃料电池系统和核心零部件上建立起了核心技术优势,并获得国家和行业的高度认可,荣膺“国家高新技术企业”“院士专家工作站”“省级企业技术中心”等多项荣誉,拥有燃料电池领域多项核心技术及专利超 180 项。

此外,氢气引射器、CVM、CCM 设备、MEA 设备、电堆测试台、系统测试台、反应环境仓,均由喜玛拉雅独立自主研发和设计,真正具备了产品国产化、生产设备国产化、检测设备国产化三个“国产化”的突出优势,打破对进口的依赖,同时大幅度降低制造成本。

五、主要新产品

序号	产品名称	产品型号	产品应用
1	催化剂	—	燃料电池的核心材料
2	燃料电池模块(水冷)	—	燃料电池系统
3	燃料电池模块(风冷)	—	燃料电池系统
4	氢燃料电池动力系统	—	氢能物流车,叉车,重型卡车,备用电源等
5	氢燃料电池备用电源	HMK5000	发电机、电信基站、户外动力设备、医院及银行备用电源、机场及铁路照明电源
6	膜电极	—	燃料电池模块
7	双极板	—	燃料电池模块
8	燃料电池单电池治具	—	测试燃料电池核心材料

六、合资合作及重大项目建设

2021 年 1 月 11 日,张家口喜玛拉雅氢能科技有限公司与中通客车股份有限公司联合开发氢燃料电池保温车获得工信部(第 340 批)车型目录公示。

2021 年 3 月 13 日,广东喜玛拉雅氢能科技有限公司与桂林旅游股份有限公司、广西新能源船舶电池工程技术研究中心共同启动“氢能源船舶项目”合作。

2021 年 3 月 16 日,广东喜玛拉雅氢能科技有限公司携手合力叉车、氢驰出行、氢化新能源、东风日梱联合发布氢燃料电池叉车,即华南地区首台套“氢燃料叉车”在广东广州正式下线。

2021 年 5 月 20 日,广东喜玛拉雅氢能科技有限公司同海博瑞德,德力汽车联合研发中心正式揭牌。

2021 年 7 月 13 日,搭载喜玛拉雅质子交换膜燃料电池系统的德帅牌燃料电池厢式运输车获得工信部(第 346 批)车辆新产品公示。

2021 年 7 月 30 日,重庆开州浦里新区管理委员会与广东喜玛拉雅氢能科技有限公司签署“氢能产业链建设项目”战略合作协议,落地浦里新区赵家组团。

2021 年 8 月 30 日,广东喜玛拉雅氢能科技有限公司与江龙船艇科技股份有限公司共同创立的“中山市氢能源船艇研发中心”。

2021 年 10 月 11 日,广东喜玛拉雅氢能科技有限公司上海临港氢燃料电池产业化项目签约落户临港蓝湾。

2021 年 10 月 22 日,落地全国首批 4.5 t 氢能物流车。

2021 年 11 月 01 日,广东喜玛拉雅氢能科技有限公司分别与上海乐亚汽车维修有限公司和广州市博陆飞新能源技术有限公司签署售后合作协议,构建一站式氢能源车售后服务生态圈。

2021 年 12 月 10 日,河南德力新能源汽车有限公司向广东氢驰科技有限公司交付首批搭载喜玛拉雅氢燃料电池系统物流车 100 台。

七、发展规划

1. 市场布局规划

(1)确保原有物流车量订单,跟随地方政策逐步在示范城市群落地运营。

(2)催化剂开始进行全力进行市场渗透,向不同类型的膜电极企业试用和验证,不断开拓催化剂市场,进行国产化替代;尽管催化剂产值相比系统并不高,但是国产化替代市场体量仍然很大,有利于市场地位的进一步巩固。

(3)以具体应用场景为切入口,逐渐开发具备低价氢源的应用场景的燃料电池重卡的商业化应用(并形成专业的物流运输场景的推广和模型测算团队),同时引入相关战略投资人导入市场资源。

2. 技术研发规划

(1)核心技术产品催化剂和膜电极方面严格按照清华大学协议,落实更高技术指标的新产品、新技术的产业化和应用验证。

(2)深耕燃料电池系统在中重型商用车(物流车、重卡、渣土车、牵引车等)方面的应用和稳定性测试,确保产品安全和质量,全方位验证产业链每个环节,完成技术优化以及以“降本”为中心的技术迭代。

(3)研究和开发新应用场景的使用和验证,如船舶、叉车、无人物流车等。

(4)进一步落实储备技术质子交换膜(PEM)水电解槽设备的落地,确保设备制氢成本实现商业化水平(峰电谷电平均/风电/光伏等),并逐渐融合个地方加氢站建设和综合能源站改造。

苏州氢澜科技有限公司

一、单位概况

苏州氢澜科技有限公司致力于为客户提供燃料电池动力系统整体解决方案，面向乘用车、商用车、储能、氢能发电等应用领域。公司拥有自主知识产权燃料电池技术，拥有完整燃料电池动力系统集成与控制的开发体系和综合服务能力。氢澜科技核心竞争力在于自主知识产权的人工智能算法在燃料电池系统的应用，目前公司拥有 80 kW、118 kW 燃料电池系统发动机，并且燃料电池系统产品已经获得权威强检资质的认证报告。

二、生产与经营

苏州氢澜科技有限公司拥有完整的采购、生产和销售等系统，具备完整的业务体系及面对市场自主经营的能力，生产经营稳定。

三、产品出口

苏州氢澜科技有限公司积极发展海外市场，现已于南非、东盟、沙特阿拉伯、欧洲国家等建立合作关系，计划将产品出口海外，提供客户更经济环保、可持续发展的技术装备和产品服务。

四、产能建设

苏州氢澜科技有限公司专注于产品的研发、可靠性验证和持续降本，拥有年产 1000 套氢燃料电池系统的生产能力。

五、技术进展与研发能力

苏州氢澜科技有限公司大功率燃料电池系统额定功率达 120 kW，环境温度在-30 ℃的低温启动，与同行业相比公司产品相比技术性能指标具备竞争力，在燃料电池技术领域具备一定的核心竞争力。

六、主要新产品

序号	产品名称	产品型号	产品应用
1	80 kW 燃料电池系统	PG80	金龙燃料电池城市客车
2	118 kW 燃料电池系统	PG11	—

七、发展规划

苏州氢澜科技有限公司以战略布局为主，项目主要集中在城市群，凭借燃料电池系统领域的丰富经验及产品核心技术优势，积极拓展产品应用场景，在业内拥有广泛的合作资源。

四、智能网联

北京百度智行科技有限公司

一、单位概况

百度是一家有强大的互联网用户基础的人工智能公司。

从技术上，2021 年，百度核心研发费用占收入比例达到 23%，研发强度位于中国大型科技互联网公司前列。2021 年 10 月，国家工业信息安全发展研究中心、工信部电子知识产权中心联合发布的《中国人工智能高价值专利及创新驱动力分析报告》显示，百度申请人工智能专利数已达 13007 件，申请量和授权量方面连续四次位居中国第一。在算法方面，百度飞桨是中国自主研发的首个开源开放产业级深度学习平台，是智能时代的操作系统，凝聚了 406 万开发者、服务了 15.7 万家企事业单位。在算力方面，百度自主研发的云端通用芯片昆仑 1，已在百度搜索引擎和智能云生态伙伴等场景广泛部署，具有高性能和高性价比。7 nm 昆仑 2 芯片已经量产，性能比昆仑 1 提升 2~3 倍。

从生态上，除了有深厚的 AI 技术积累，全栈的 AI 布局，我们还建设了繁荣开放的 AI 生态。百度大脑是百度人工智能的集大成者，已有近 1400 项 AI 开放能力。同时百度战略投资了开源中国，它是目前国内最大、最活跃的中文开源社区，拥有超过 300 万开发者。

从产品和服务上，百度 App 是全网领先的以信息和知识为核心的综合性内容和服务平台。百度智能云是中国云计算厂商第一阵营“云+AI”领导者，稳居中国四朵云之一。百度 Apollo 是全球最活跃的自动驾驶开放平台和生态。小度是百度软硬件一体化战略的重要载体。

二、生产与经营

百度 Apollo 具有如下产品：

1. 百度自动驾驶

百度 2013 年开始布局自动驾驶，2017 年推出全球首个自动驾驶开放平台 Apollo。九年的深耕，使得百度 Apollo 持续领跑中国无人驾驶行业。经过多年的发展，百度 Apollo 目前已形成自动驾驶、智能交通、智能车联三大开放平台，拥有全球生态合作伙伴 210 家，汇聚全球开发者超过 80000 名，从自动驾驶领域扩展到整个智能交通体系。

2021 年 8 月的百度世界大会上，自动驾驶出行服务平台 Apollo Go 升级为萝卜快跑，测试车队规模已达 500 辆级别，在世界范围内的近 30 个城市开放道路测试，测试总里程目前已经超过 2100 万 km，是全球唯一一家实现千万公里级路测积累的中国企业，已获得中国自动驾驶测试牌照 411 张，其中载人测试牌照 231 张。百度还是中美同时进行无人驾驶测试的企业，拥有中国北京、长沙、沧州以及美国加州的无人驾驶测试许可。目前,出行服务平台“萝卜快跑”已经在北京、上海、广州、深圳、重庆、长沙、沧州、阳泉八座城市全面开放载人测试运营服务,2021 年 Q4 的订单量约 21.3 万,是目前全球最大的自动驾驶出行服务提供商。预计到 2025 年,“萝卜快跑”将扩展到 65 个城市,到 2030 年扩展到 100 个城市。

在 2019 年加州 DMV 自动驾驶脱离报告中,百度 Apollo 位列全球提交报告的 60 家公司中的第一名。2020 年、2021 年,全球知名调研机构 Guidehouse 连续将 Apollo 列为全球自动驾驶领域四大“领导者”之一,是领导者阵营唯一的中国企业。

2. 百度智车产品

百度 Apollo 推出了包括智舱、智驾、智云、智图四大系列的智车产品全景,以软硬配套、乐高式、领先一代的整车智能化解决方案,助力中国车企“智”造顶尖智能汽车。

Apollo 智舱与超过 70 家车企、800 款车型展开合作,已实现超过 100 万台的小度车载 OS 前装量产搭载,在 2020 年智能新车市场占比第一。第二届 Apollo 生态大会重磅发布了“小度助手汽车版”和“百度地图汽车版 2021”两大产品。预计到 2023 年搭载 Apollo 智能车联 AI 能力的车将超1 亿辆。

Apollo 智驾以领先的 AVP 解决方案为起点,将自动驾驶量产方案由泊车领域拓展到了行车领域,即 ANP 领航辅助驾驶。从 AVP 到 ANP,从泊车域到行车域,Apollo 智驾产品实现了面向城市复杂道路的全场景自动驾驶量产解决方案。未来 3~5 年 Apollo 智驾产品预计前装量产搭载 100 万台。

Apollo 智能车云围绕 OEM 的三大核心价值链—造好车、卖好车和用好车,推出了自动驾驶中台、汽车 AI 中台、营销大脑、安全大脑等一系列完整的汽车云解决方案,助力 OEM 开启 AI 之门,建立智能化能力,提前打造出领先一代的智能汽车,智能化时间可以整整缩短一代车,效率得到显著提高,成本大幅降低。

3. 百度 ACE 智能交通产品

2020 年 4 月 9 日,百度 Apollo 正式对外发布“ACE 智能交通引擎”,首次披露 Apollo 智能交通解决方案。它集成了百度在人工智能、大数据、自动驾驶、车路协同等领域的多年积累,其中 ACE 分别代表了 Autonomous Driving 自动驾驶、Connected Road 车路协同、Efficient Mobility 高效出行。百度“ACE 智能交通引擎”被称为国内外第一个车路行融合的全栈式智能交通解决方案,是交通强国的 AI 引领者。

“ACE 智能交通引擎”通过数字化、网联化、自动化的手段,推动人工智能与基础设施、运输装备和行业治理的深度融合,通过大数据与云计算等技术提升城市治理体系和治理水平,构建起实时感知、智能决策的现代交通网络,让城市运行更顺畅。根据百度在北京、广州、长沙、沧州、重庆、合肥、阳泉、南京等城市开展的实践经验,以车路协同为基础的智能交通基础设施建设,将能够提升 15%~30% 的通行效率,这意味着对于 GDP 绝对值 2.4%~4.8% 的增长,对国家经济的发展具有重大意义。

相比于传统的智能交通解决方案,“ACE 智能交通引擎”有非常强的前瞻性,不仅具有技术优势,还具备成本优势。是行业内唯一“既面向未来,又兼容当下”的下一代智能交通解决方案。截至 2022 年 2 月,百度 ACE 智能交通引擎已经在全国超过 50 个城市开展落地实践,助力当地交通管理迈入智能化、一体化的崭新阶段。

在 2020 世界互联网大会上,百度凭借 ACE 智能交通获奖。作为引领“互联网+智慧交通”的变革者,百度连续 5 年获“世界互联网领先科技成果”殊荣。

三、技术进展与研发能力

百度于 2013 年在国内率先开展自动驾驶技术研发,2017 年打造全球首个自动驾驶开放平台 Apollo,并形成自动驾驶、智能汽车、智能交通三大业务板块,促进汽车、交通、出行和城市的智慧化融合。截至目前,百度拥有自动驾驶车队超过 800 台,在中美 30 个城市开展道路测试和试运营,实际道路测试里程超过 2500 万 km,仿真测试里程超过 10 亿 km,是全球首个突破千万公里的中国企业。

(1)在技术研发方面,坚持技术全栈自主开发,持续突破复杂道路技术能力,尤其是在多源场景感知计算、智能决策与规划控制、高精度地图与定位、网络与信息安全等方面做了重要创新,在自动驾驶领域专利申请量 1058 族位居全球第一在智能交通领域专利申请量 925 族排名全球第二,且在自动驾驶、智能交通领域专利质量均有明显优势。百度取得国内超过 18 个城市的测试牌照,牌照数量累计超过 600 张,约占国内总量的 40%。

(2)在产品创新方面,率先与整车、零部件企业深度合作定制 L4 级别自动驾驶车辆,2018 年与厦门金龙合作阿波龙无人小巴,2019 年与一汽集团合作红旗纯电 Robotaxi,2021 年推出北汽极狐、广汽埃安、威马三款第五代自动驾驶车型,标配 5G 远程驾驶和 V2X 能力。尤其是北汽极狐第五代车成本将至 48 万元,性能提升 10 倍,已经在北京首钢园区开展全无人的运营服务。同时将自动驾驶技术进行降维,形成“智能座舱、智能驾驶、智能地图、智能云”以及“车路协同、智慧交通、车城网”等服务能力。

(3)在运营服务方面,百度于 2019 年率先开启自动驾驶出行服务,截至当前已在北京、上海、广州、深圳、重庆、长沙、阳泉、乌镇等 9 个城市开展自动驾驶 Robotaxi 服务,累计出行人次超过 50 万单,载人运行里程超过 500 万 km,约 95% 的用户给予满意度评价。尤其是 2021 年 11 月,北京市率先为百度萝卜运力自动驾驶服务发放自动驾驶商业化服务试点许可,开启有偿自动驾驶出行服务,加速探索商业可持续发展模式。

(4)在生态建设方面,承担自动驾驶国家新一代人工智能开放创新平台建设,打造全球最大规模的自动驾驶生态联盟,成员超过 210 家,开放代码超过 70 万行,开发者超过 65000 人,覆盖 97 个国家,开源自动驾驶系统超过 11 个版本,为数十家自动驾驶初创企业或高校提供赋能,形成无人配送、低速物流、园区接驳、安防巡逻、干线物流、矿山港口等系列解决方案,产生了一大批新物种无人车,助力高质量发展。

北京千方科技股份有限公司

一、单位概况

千方科技(股票代码 002373)创立于 2000 年,现有员工近 8000 人,业务遍及全球 150 多个国家和地区。公司作为国内领先的行业数字化解决方案和大数据服务提供商,依托大数据、人工智能、云边端融合等创新优势,构建开放协同的产业生态,赋能行业数字化治理与转型。

历经二十载的稳步发展,千方科技率先完成了覆盖城市交通、公路交通、轨道交通、民航、水运等的智慧交通全业务布局,以多维、丰富、精准的行业数据为基础,以全景、数智、物联的产品技术为核心,形成从产品到解决方案、从硬件基础设施到软件智慧中枢的完整产业链,并通过对先进技术攻关和行业智慧积累,将创新成果广泛应用于行业场景,助力行业数字化升级,共建数字经济基础设施。面向智能物联时代,千方科技率先推出交通行业首个全业务领域、全栈式技术、全要素数据及全生命周期的全域交通解决方案,构建行业 SaaS 平台,为客户提供产品、解决方案以及基于产业互联网的创新服务。

目前,千方科技已在北京、天津、深圳、武汉、杭州、西安等全国重点城市设立了研发基地,形成了“三院五所八中心”的研发布局。公司现有研发人员 3500 余人、行业专家 200 余人,拥有自主知识产权 2000 余项,获得国家级、省部级奖项近百项,连续承担多个国家级、省部级重大课题及专项。

公司获得国家高新技术企业、国家技术创新示范企业、国家企业技术中心、国家 CNAS 认可实验室、交通运输部“智能交通技术和设备”行业研发中心、公安部“警务物联网应用技术”重点实验室等认定,是中国区交通领域首个入选 5GAA 联盟成员单位、国内 C-V2X——蜂窝车联工作组织标准成员、国家 863 计划首个车联网课题承担单位、工信部“基于宽带移动互联网的智能汽车与智慧交通应用示范”牵头建设单位。

公司连续承担多项“十五”“十一五”“十二五”国家科技支撑计划项目,主持参与了数个国家 863 计划专项,多项自主研发的系统(产品)已广泛应用于全国以及北京奥运会、上海世博会、国庆 70 周年等重要国事及大型社会活动。

公司荣获“国家技术发明奖二等奖”“国家科技进步奖二等奖”“中国设计智造奖”“中国智能交通行业最具影响力企业”“德勤高科技/高成长中国 50 强”“福布斯中国潜力企业”等众多荣誉。

千方科技秉承“优先满足客户需求,更好实现客户价值”的价值主张,践行“成就客户、人才为本、拥抱变化、开放协同、追求卓越”的核心价值观,不断引领技术创新,积极推进行业应用场景落地,致力于让世界更安全、更便捷、更智能。

千方研究院成立于 2000 年,总部位于北京中关村软件园,致力于紧随“交通强国”战略,深耕智慧交通和智能物联领域前瞻技术、产品和解决方案研发,助推中国及全球交通数字化变革。千方研究院目前下辖四大核心实验室,拥有智慧交通及智能物联方面国内外一流的软硬件设备,并依托行业前沿的研发云和标准化的研发工具链构建安全高校的研发环境。

经过 20 多年发展,千方研究院已形成“三院”(北京千方研究院、北京千方规划与设计院、杭州研究院)、“五所”(天津研究所、济南研究所、武汉研究所、西安研究所、深圳研究所)、“八中心”(北京智能车联产业创新中心、北京产品研发中心、石家庄研发中心、兰州研发中心、成都研发中心、重庆研发中心、广州研发中心、郑州研发中心)的研发布局,拥有研发人员近 4000 人,其中有超过 2000 人聚焦在机器视觉、边缘计算等数智科技领域,行业专家队伍超 200 人。

千方研究院目前下辖四大核心实验室,拥有智慧交通及智能物联方面国内外一流的软硬件设备,并依托行业前沿的研发云和标准化的研发工具链构建安全高校的研发环境。

1. 智慧交通硬件设备实验室

实验室具备支撑智慧交通领域内信号控制、边缘计算、车路通信等硬件产品的完整研发能力。支撑了千方科技汽车电子标识 RSU、OBU 产品、车路协同(V2X)RSU、OBU 产品、不停车电子收费(ETC)RSU、OBU 产品,信号控制机等。

2. 智能物联硬件设备实验室

实验室具备支撑智能物联领域内前端视觉感知、雷达感知,云边端视觉计算等硬件产品的完整研发能力。支撑了千方科技智能物联产品的分析需求,支撑如研发阶段的物料导入可靠性识别,研发测试、试制阶段问题定位,支撑供应链生产阶段异常定位,支撑市场阶段失效件异常分析等需求。

3. 视觉人工智能实验室

实验室依托博观智能自研的 BreSuite 一站式 AI 产品开发平台搭建而成,已开发六大类核心算法:人像识别、车辆识别、跨镜追踪、行为识别、车路协同、人数统计。除此之外还包含十几款算法仓,上百种细分场景应用算法。视觉人工智能实验室在人像识别、多目标检测、车辆识别、ReID 跨镜追踪、OCR 文本识别等全球高级别算法数据集赛事项目累计获得了 10 次榜单冠军。

4. 智慧交通仿真实验室

实验室具备支撑车路协同通信协议栈、信号控制与优化算法、交通管控策略研发,信号控制与车路通信设备功能部件测试验证,主动交通管控、车路协同自动驾驶等场景研发与测试的能力。

二、经营情况

2021 年,疫情仍然在全球范围内蔓延,全球产业链、供应链面临深度调整、地缘政治格局出现扰动,外部环境存在高度不确定性。对内,中国经济以“十四五”规划为大局发展新坐标,积极打造以数字经济为核心的经济发展新格局。公司以完整的研发体系和持续的研发投入为抓手,以多年行业积淀为基石,积极赋能布局数字经济产业,在智慧交通及智能物联等领域持续发力。

报告期内，公司实现营业总收入 102.81 亿元，同比增长 9.15%；实现归属于上市公司股东的净利润 7.24 亿元，同比下降 33.01%，主要系市场波动导致我司持有鸿泉物联的公允价值变动较 2020 年同期下降较大，销售渠道拓展以及研发投入加大导致费用上升所致。

公司智慧交通业务（剔除子公司视频产品贡献）实现营业总收入 42.31 亿元，同比增长 0.02%，若扣除 ETC 产品及拆除省界收费站项目影响，智慧交通业务收入同比增长 19.52%。其中城市交通业务实现收入 14.51 亿元，占智慧交通业务收入比 34.30%；城际交通业务实现收入 24.63 亿元，占智慧交通业务收入比 58.20%；其他业务实现收入 3.17 亿元，占智慧交通业务收入比 7.50%。智能物联业务（包括部分物联产品在智慧交通领域的销售）实现收入 60.74 亿元，同比增长 15.11%。人工智能业务实现收入 0.87 亿元，同比增长 43.22%。

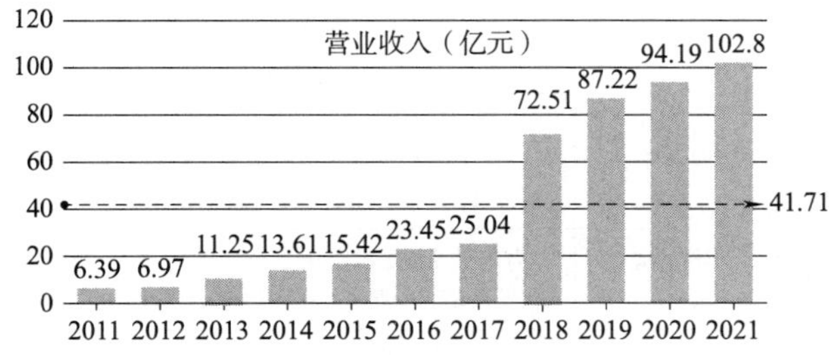

2011—2021年企业年营业收入（亿元）

三、技术进展及研发能力建设

基于场景优势和十余年行业积累，公司投入 300 多人专注于人工智能领域，搭建了全能力、全链条的集开放 AI PaaS 平台“BrePaaS”、AI 产品化引擎“BreSuite”和 AI 服务引擎“BreService”的“1+2”全景 AI 技术栈，形成了基于深度学习的模型训练与数据生产技术为核心的人工智能全链路输出能力，构建了以“快”“灵”“轻”为特色的三大核心特点。“快”是指公司基于全自研的 BreSuite 人工智能基础设施实现了算法训练平台、训练数据、算法模型、推理、自动化测试、发布等多层面、可扩展的算法流水线生产体系，对 AI 产品研发过程进行全生命周期的自动化和数字化管理，实现了流水线式的算法快速生成，从接触需求到生成 Demo 算法的时间控制在 72 h 之内。“灵”是指公司利用全自研 BreService 全流程 AI 服务引擎，和多年行业场景历练，能迅速、准确为客户碎片化场景需求匹配最佳算法，使得算法在该场景实现极高的准确率。“轻”是指公司凭借全自研的轻量化 BrePaaS 平台，以小样本技术打造轻样本的训练方案，有效降低传统深度学习模型对大量样本的依赖，并通过自研的 AdaptNet 轻量化网络架构，将基线模型的参数量降低 70%，将模型参数量大幅减少的同时，保障算法指标的稳定，从而大幅降低客户对算法产品的 TCO 总拥有成本。截至 2021 年 12 月 31 日，公司累计获得国家及省级科技类（未包含品牌荣誉类）奖项 25 项，承担了国家省部级重大专项 60 项，累计申请专利 3648 项，其中发明专利 2829 项，拥有软件著作权 1395 项。

研究方向与科技成果方面获得国家级、省部级奖项近百项，承担国家级、省部级重大专项 58 项，重点包括国家技术发明二等奖、北京市科学技术奖一等奖、天津市科学技术奖二等奖、中国产学研合作创新成果奖一等奖、中国智能交通协会科学技术奖三等奖等。

1. 智能交通感知技术研究

面向极端路况、高动态未知环境的路车超视距感知技术研究；基于多元多维数据的融合感知技术研究。

2. 智能交通管控技术研究

面向异常流量、天气、事件的主动交通管控技术研究；基于无人驾驶场景库的车路协同安全管控技术研究；路车智能融合控制技术的研究。

3. 智能交通仿真技术研究

基于自动驾驶数据的微观高真实交通仿真技术研究；基于多元多维实时数据的多尺度数字孪生技术研究。

4. 车路协同自动驾驶测评技术与方法研究

基于混合现实的实车封闭场地高级别自动驾驶能力测试技术研究；基于自然驾驶数据的高级别自动驾驶能力评价技术研究。

四、主要新产品

序号	产品名称	产品型号
1	智能信号控制机 TCU	XHJ-CW-GA-CT6100
2	边缘计算单元 ECU	QF-CA1000/QF-CA1300/QF-CA1500
3	V2X 路侧通信设备 RSU	QF-VX1000U5
4	V2X 车载终端设备 OBU	QF-VX2000D/QF-VX2000U5

长春吉大正元信息技术股份有限公司

一、单位概况

长春吉大正元信息技术股份有限公司（以下简称吉大正元，股票代码 003029）成立于 1999 年，是国内知名的信息安全产品、服务及解决方案提供商。2020 年 12 月 24 日在深圳证券交易所主板上市。

吉大正元以密码技术为核心，开展信息安全软件的研发、生产和销售及服务，面向重点行业和领域提供基于密码的可信身份认证及可信数据保障等多层次、全方位的综合性安全解决方案，为其信息系统提供关键的安全支撑与保障。

吉大正元全国信息安全标准化技术委员会 WG3（密码技术工作组）、WG4（鉴别与授权工作组）、WG5（信息安全评估工作组）、WG7（信息安全管理工作组）和 SWG-BDS（大数据安全标准特别工作组）的主要成员和子项目召集单位。自国家密码行业标准化技术委员会在 2011 年成立以来，就是国家密码行业标准化技术委员会密码基础工作组、密码应用工作组、密码测评工作组的成员单位。公司主持及参与制定了多项国家信息安全标准以及密码行业标准，其中已发布国家标准 14 项，已发布密码行业标准 32 项。是我国 PKI 电子认证产品领域标准的主要制定者之一。公司还加入了全国智能运输系统标准化技术委员会、全国汽车标准化技术委员会、全国区块链和分布式记账技术标准化技术委员会、工信部商用密码应用标准工作组等标准组织，积极参与相关领域信息安全标准的制定工作，在各业务领域进行商用密码的应用推广。

吉大正元现已拥有20项发明专利技术及410项软件著作权，是国家密码管理局认定的首批商用密码产品生产定点单位和销售许可单位，国家火炬计划软件产业基地骨干企业，“十五”国家863计划成果产业化基地，国家规划布局内重点软件企业。

吉大正元是国家人事部和全国博士后管理委员会批准的企业博士后科研工作站，具有信息系统安全集成服务资质，并通过了ISO 9001质量体系认证、ISO 20000信息技术服务管理体系认证、ISO 27001信息安全管理体系认证。

公司自成立以来为40个以上中央国家机关及部委提供信息安全解决方案或服务，参与建设了1000多个国内知名的大中型信息化项目的安全支持与保障工作，包括国家“金盾工程”“金财工程”“金水工程”“金质工程”等金字工程及2008奥运会、载人航天工程等众多具有重大社会、政治影响的大型项目。

二、生产与经营

（1）工信部公布车联网身份认证和安全信任试点。

（2）IMT-2020（5G）推进组蜂窝车联C-V2X工作组成员中国物联网应用与推进联盟理事单位。

（3）工信部工业互联网研究院《工信部可信根管理平台》承建单位。

（4）中国城市轨道交通协会理事单位。

（5）IFAA数字钥匙焦点组成员单位。

（6）工业互联网研究院第一批网络安全技术支撑单位的授牌。

（7）30+车企客户应用案例。

（8）160+款车载设备适配经验。

（9）50+类嵌入式系统研发能力。

（10）千万级以上车载数字证书适配应用。

三、技术进展与研发能力

参与标准组织制定如下：

（1）TC260信安标委：WG5标准《信息安全技术-车载网络设备信息安全技术要求》。

（2）TC268运标委：《交通运输数字证书格式》《智能交通数字证书应用接口规范》。

（3）IMT-蜂窝车联（C-V2X）工作组：《基于LTE的车联网无线通信技术安全认证技术要求》。

（4）轨道交通协会：《智慧城市轨道交通信息技术架构及网络安全规范第3部分：网络安全》。

（5）互联网金融身份认证联盟（IFAA）：《IFAA数字车钥匙技术规范》。

（6）国家密码管理局：《物联网密码应用标准体系研究报告》。

（7）国密局密标委应用组：机器人和无人机标准组。

（8）交通部：与公路院合作“车路协同关键设备管控平台”，协同ITS中心推进v2x证书管理系统平台与相关标准，跟进新一代国家交通控制网和智慧公路试点工作，主要参与九省高速、智能交通运输-车路协同工作组参与国家级示范项目。

（9）工信部：车联网行业密码应用项目。

（10）工信部：信息编码算法应用公共服务平台。

（11）工信部：智能网联汽车安全信息编码算法应用体系与关键技术。

四、主要新产品

序号	产品名称	产品应用
1	X.509 PKI	为参与车联网通信的各类实体，包括服务器、业务系统、端侧设备、人员签发标识身份的数字证书，并提供证书状态查询服务
2	签名服务器	为云端业务系统提供安全链路接入服务以及数字证书状态校验服务，用于保护业务系统，并简化业务系统安全链路服务配置
3	车联网信任中心	管理证书类型，对接业务系统与PKI产品，提供可以灵活适配的证书管理服务，设备认证服务集成、证书主题规划、业务服务监控等功能
4	车载设备安全组件SDK	为车载设备提供密钥及证书管理，安全链路管理、密码运算等服务，赋能端侧设备密码运算能力
5	移动端安全组件SDK	为移动端应用提供密钥及证书管理，安全链路管理、密码运算等服务，赋能端侧设备密码运算能力
6	V2X PKI	为V2X设备签发各类通信证书，并对V2X机构证书进行管理，提供可信根、可信域管理、异常行为管理等服务
7	V2X安全协议栈组件SDK	实现V2X安全协议栈，包括V2X证书申请、更新等管理操作，吊销列表下载、可信根下载、安全基础消息封装、解析等核心功能

五、合资合作及重大项目建设

2017年，威马汽车PKI建设项目。

2018年，观致汽车车联网PKI项目。

2018年，江铃车联网PKI项目。

2018年，一汽集团证书服务项目。

2019年，吉利汽车PKI系统项目。

2019年，T3出行PKI系统建设项目。

2019年，上汽大通PKI系统建设项目。

2020年，东风日产一期PKI。

2020年，江铃车联网PKI二期扩展采购。

2020年，恒大新能源PKI系统建设项目。

2020年，一汽国密信息安全平台开发项目。

2020年，一汽解放PKI建设项目。

2021年，东风集团PKI建设项目。

2021年，恒大新能源PKI系统建设项目。

2021年，华人运通三期RSU定制开发项目。

2021年，东风商用车PKI建设项目。

2021年，新能源汽车监管平台间数据安全产品。

六、发展规划

站在新起点、瞄准新目标、实现新跨越。吉大正元将通过物联网、云安全、云服务、互联网+政务等重大专项的开拓和创新探索,形成以密码技术为核心的信息安全产品提供能力和整体解决方案的服务能力;保障网络信息安全,为可信网络提供安全解决方案,为广大用户提供适用的安全产品和服务,致力于将公司打造成为快速发展的中国信息安全航母型企业。

启明信息技术股份有限公司

一、单位概况

启明信息技术股份有限公司(以下简称启明信息,股票代码 002232. SZ)是国内领先的数字化服务提供商,成立于2000年,2008年在深交所上市。公司专注于产品的研发与创新,融合云计算、区块链、大数据、人工智能等前沿技术,在企业数字运营,智慧汽车 & 智能网联汽车两大领域,面向汽车制造全产业链和集团化企业管理,提供相关数字化解决方案。在企业管理方面,覆盖产品研发、财务、营销、采购、制造、仓储物流、协同办公等多个业务领域,其中核心的 ERP 产品助力中国一汽数字化转型,产品具备完整的自主知识产权,成为汽车制造行业数字化转型的最佳实践之一。启明信息具备多年的业务经验和一流技术水平,先后承建了国家智能网联汽车应用(北方)示范区、吉林省数据灾备中心,同时为政府提供城市智能化建设方案以及系统集成业务为核心的网络工程设计施工、数据中心建设及其运维服务。成立 22 年来,启明信息累计为 21 个行业,10000+家客户提供优质服务,伴随客户成长,帮助伙伴成功。

二、生产与经营

2021 年启明公司聚焦产品研发领域,围绕“铸产品”和“保经营”两条战线,全力推进“三大攻坚战”和“五大重点工作”。完成公司营业收入 105119. 24 万元,净利润 4040. 47 万元,研发投入 8008. 63 万元。

三、产品出口

车载电子产品曾出口泰国、美国和日本,分别为三菱帕杰罗、美国通用和日本后装市场,年出口量超过 30 万套。

四、产能建设

启明菱电经历 10 余年的发展,拥有高水准的车载电子产品研发及生产制造、销售与服务能力,目前除集团内部红旗、解放品牌持续供货外,已取得通用公司全球一级供应商、华晨雷诺一级供应商资质,产线布局先进,并建立了国际领先水平的全工序产线防错系统、可视化智慧仓储管理系统、1000 级防尘液晶贴片车间,能够全年 100 万套以上的生产能力。2022 年,为满足新国标行驶记录仪产品量产,保障客户需求,启明菱电升级产线,扩大产能,在满足当前所有产品供货需求。

五、技术进展与研发能力

启明信息技术股份有限公司 2005 年涉足汽车电子业务领域,至今从业已 17 年。从起初的车载定位终端、商用车记录仪、诊断及非标设备开发,到后来新宝来和奔腾 B70 等国内第一代前装导航系统开发,不断积累产品开发经验。2011 年与日本三菱成立合资公司-启明菱电,借助三菱开发经验、自研开发工具链,扩大研发队伍,成功研发红旗第一代 IVI 系统并量产。2017 年开始,红旗 H7 导航、解放记录仪、解放多媒体终端、解放便携式诊断终端等前装产品开始供货。2021 年,启明公司与海康联合开发新国标行驶记录仪并于 2022 年解放前装供货。经过多年发展,公司具有车载软件移植定义开发基础和复杂车载硬件设计开发经验和能力。

六、主要新产品

序号	产品名称	产品型号	产品应用
1	多媒体娱乐导航音响	红旗 H7	车载娱乐,具备音响、收音机、数字电视、导航、蓝牙,支持 USB、CD、SD 卡等多功能娱乐系统
2	北斗行驶记录仪	DRT3110	国标产品,具备北斗卫星定位、车辆行驶数据记录、车联网数据传输等功能
3	车联网智能车载终端	T-BOX	获取车身状态、车况信息,具备 GPS、WIFI、远程诊断、安全控制等功能

七、合资合作及重大项目建设

2020 年,启明信息技术股份有限公司以折价方式收购三菱 49% 股份,自此启明菱电合资公司转变为启明全资子公司,子公司注册资金保持不变。后期将根据公司业务发展需要,视情况择机选择合资合作伙伴。近年来,公司先后与海康汽车联合开发新国标行驶记录仪产品,目前项目进展顺利,产品已经前装供货解放。同时,公司正在与行业其他汽车电子域控制器、ADAS 企业接触,探索面向未来汽车电子电器架构的新产品开发。

八、发展规划

以当下面向法规的电子产品为基础,构建智能网联汽车电子中央控制器,以车控平台、座舱平台、自动驾驶平台等域控制器为载体,依托启明云平台、数据平台及信息服务,支撑汽车产业数智化转型,提供车云一体化协同服务。

中电车联信安科技有限公司

一、单位概况

中电车联信安科技有限公司，由中国电子二级企业中电互联与网络安全头部企业奇安信联合投资成立，聚焦“5G+车联网+安全领域”，研发车联网安全评估评测、智能车安全态势感知产品、车联网固件漏洞检测平台和服务体系；融合攻防技术构建车联网数字孪生靶场；基于中国电子 PKS（P飞腾芯片、K 麒麟操作系统、S- Security 安全防护链）安全体系构建车联网与数字城市融通方案，全面协助政府打造建设以安全为特色的智能网联车试点示范以及车城网安全应急响应中心。2021 年，获批工信部车联网身份认证和安全信任试点、工信部车联网产品安全漏洞专业库（CAVD）首批技术支撑单位。作为中央汽车企业数字化转型协同创新平台秘书单位，首创提出基于 PKS 原生安全双智城市运营能力，通过弯道超车实现行业定义规则。以车城安全运营中心为抓手，支撑各地城市打造碳中和及车联网标杆城市。

二、生产与经营

中电车联信安科技有限公司首次提出打造 PKS 原生车联网信息安全概念，为 5G+V2X 环境下智能网联车提供专属的从框架设计和开发应用全生命周期、全栈化，并极具兼容性的全新的安全技术和服务，实现智能汽车行业的本质安全、过程安全，最终形成产业安全的目标。

研发推出“一系统、三平台”系列安全产品。一系统为车联网安全测评系统；三平台分别：为车联网大数据云控及安全态势感知平台、智能汽车固件漏洞检测平台、智能汽车 OTA 漏洞检测平台，应用于“空天地海井”多种场景。

围绕政府对智能汽车信息和数据安全监管方向，中电车联信安科技有限公司基于内生安全框架理念，重点规划建立城市级的“车联网信息和数据安全运营中心”管理平台方案，主要功能是将各业务需求、技术资源和能力进行相关性匹配，同时也作为生态伙伴合作主体，建设车联网信息与数据安全生态链的开放性合作平台。

与江苏省通信管理局共建“江苏省车联网信息和数据安全运营应急响应中心”，其中落地规划安全特色的智能汽车路协同示范区，构建覆盖城市运营的智能汽车数据和信息安全体系，培育数据要素、碳中和增量市场；举办智能网联车信息和数据安全大赛；共建产教融合中心培育人才等举措持续提升江宁区智能网联车产业在省内影响力，满足区域智能网联车产业发展需求。

三、技术进展与研发能力

（1）针对市场现有车联网信息安全产品普遍处于事后查漏补缺的现状，提出信息安全应整合到汽车开发生命全周期中，尤其是在早期需求、设计、测试和开发阶段，根据判定的工作导向，推出服务全生命周期的信息安全整体解决框架的策划咨询服务，从开发到运营、涵盖“云-管-端”等不同场景的车联网信息安全解决方案。基于国家政策导向以及技术优势，向整车制造业推广相关服务，践行公司提出的集成创新的发展思路。

（2）推出服务于车联网全生命周期的安全检测产品，在用户的授权和监督下，充分利用攻防渗透能力、攻击技术和漏洞发现技术，对目标系统的安全做深入的探测，发现系统最脆弱的环节，充分挖掘业务系统可能被攻击者利用的安全漏洞，并针对安全漏洞提出整改修复建议。

（3）打造汽车行业工业互联网安全大数据中心，针对车联网数据生态环境，在数据流控制、集群运维控制、数据处理、标准规范、适配接口上进行大量封装和定制。利用 5G 技术以及车路协同设备，结合大数据中心的核心算力以及车载设备边缘算力，对智能网联汽车的实时安全性进行评估，对信息安全和汽车运行稳定性提出警示建议。

（4）推出汽车安全管家类产品，深入挖掘车主的核心安全需求，提升产品的安全价值。通过扫描、防护车主敏感数据，保护车主和车辆隐私，管理车载设备数据流量，提示车辆安全防护状态，OTA 方式安装车载控制系统补丁，清理车载系统存储空间等功能，提升车主安全感。

（5）建设智能网联车固件漏洞检测平台/OTA 信息漏洞检测平台，该平台无须源代码直接提交固件进行检测，支持包括第三方开源组建检测，配置文件漏洞检测，公私钥安全监测，以及源码泄露、硬编码凭证、IP/URL 等敏感信息泄露检测。

四、合资合作及重大项目建设

1. 与省级政府业务管理部门合作

（1）根据规划的城市级车联网安全运营中心与江苏省通信管理局、工业和信息化厅开展江苏省 5G 车联网安全创新中心（包括检测中心、应急响应中心、产教融合中心和国产化研发中心）共建，并以此案例在省内地市推广；依托补天漏洞平台在漏洞方面深厚的积累，以车路协同示范区经验为基础，形成基于 PKS 安全体系的车联网运营管理和研发基地。

（2）与江苏省工业信息化厅合作，借助长三角车联网信息数据一体化项目，通过汇总各市车联网先导区收集的数据开展业务。

2. 与企业合作

（1）与中国汽车工程研究院股份有限公司在智能网联汽车信息安全攻防技术、信息安全检测、认证等领域开展实质性合作。

（2）与中国联通集团智网科技公司合作，为智能网联汽车提供网联安全能力，支持车云、车车、车路协同，同时可作为边缘计算设备解决整车算力不足的问题，共同研发搭载国产安全芯片的 5G 安全网关，将安全模块从传统的车联网终端应用中剥离，保障数据安全，提高产品通用性。

（3）以车联网攻防靶场建设、车城网安全漏洞平台、车联网数据与信息安全应急响应中心等产品为基础，与无锡市产品质量监督检验院共建江苏省省内国家级车联网信息和数据安全质检中小企业公共服务平台，统筹各板块测试基础能力和特色场景，形成智能网联汽车测试服务商业运营模式。

五、发展规划

1. 完善商业模式和路径

根据行业发展态势,完善商业模式和实施路径,夯实、打牢安全主业,继续探索新能源、充电桩和清洁能源车辆为特色场景的商业模式,依据智能网联车安全态势感知平台、智能网联车安全应急响应中心、新能源电桩安全平台、碳中和交通领域交易平台等,结合数据治理发展和市场需求打磨产品,为碳中和绿色金融助力,打好江苏省内智能网联汽车业务拓展的阵地战。

2. 明确产业方向,深化产品体系

(1)继续推进以中国电子信息产业集团有限公司"坚底强链"产业布局为依托,以PKS原生车联网信息安全为产品发展指引,继续提升车联网安全运营中心、双碳交易中心为主要商业模式的服务体系内容,以"双智"(智慧城市基础设施与智能网联汽车协同发展)政策落实"车城信安"产品体系应用布局,将智能网联汽车运营中心作为智慧城市的安全中心,与生态伙伴联合,以"车城应用"驱动"城园一体化"为发展目标,协力打造城市面向未来的安全发展的双智城市。

(2)继续推进以市场为基础、以需求为导向的产品开发与升级原则,收集市场信息反馈至技术研发部门,对产品进行升级改造和二次开发,逐步完善产品品类和性能。对已有车联网安全评估评测系统、智能网联车安全态势感知平台、联网固件漏洞检测平台、OTA漏洞检测平台等产品,总结前期产品开发工作经验,对产品能力进行客观评估,认真研判现阶段市场需求和变化,制订下一阶段工作目标,联合研发合作伙伴进行二次开发和测试,增强产品适配性和市场竞争力。

3. 统筹谋划智能网联汽车业务布局

加快"中央汽车企业数字化转型协同创新平台"智能网联汽车信息安全领域专委会筹建工作,招募行业内重要生态伙伴加入专委会,制定专委会工作规范,协调会员发展共识,明确会员工作分工,形成内部良性工作机制,统一意见向国家主管机构提供决策建议,争取与地方政府合作建立地方分会形式合作示范项目。

斑马网络技术有限公司

一、单位概况

斑马网络技术有限公司是一家以智能汽车操作系统为核心产品和业务的互联网高技术企业。公司于2015年由阿里巴巴集团与上汽集团共同出资成立,专注于智能网联技术和车载操作系统研发,业务覆盖数字交通、自动驾驶、车路协同、人工智能等多个领域。2018年9月,斑马网络技术有限公司完成了由国投创新领投,云锋基金、尚颀资本跟投的16亿元首轮融资,跻身国内科技公司独角兽行列。2019年8月,斑马网络进行战略重组和组织架构调整,阿里巴巴集团成为斑马网络的控股股东。同年,阿里巴巴集团副总裁、操作系统事业部创始团队成员张春晖博士出任斑马网络技术有限公司联席CEO。张春晖博士同时也是国家科技重大专项战略研究专家组专家、中国集成电路创新联盟副理事长。2021年7月,斑马网络技术有限公司获得阿里巴巴集团、上汽集团、国投招商、云锋基金四大股东联合增资30亿元人民币,该融资金额位居2021国内智能汽车与汽车科技领域融资TOP10。

二、生产与经营

斑马网络技术有限公司是国内最先实现车载操作系统规模量产化的企业,也是全球同时拥有车载操作系统和自动驾驶操作系统技术的四家企业/组织之一(QNX、Linux、AliOS、HarmonyOS),公司聚焦智能网联汽车和数字交通,推出"汽车智能操作系统AliOS""智能汽车解决方案",以及融合阿里巴巴集团能力形成的"数字交通解决方案"三大核心产品及业务。斑马网络技术有限公司开放合作上汽、一汽、大众等自主/合资品牌车企,落地智能汽车超过200万辆,成为自主品牌数智化转型升级、合资品牌落地本土化战略的重要抓手。公司在上海、杭州、北京、武汉、合肥、广州、成都均设有研发及办公场地,总面积26956.35 m^2,拥有员工1831人,平均年龄33.50岁,其中研发人员超过82.47%,硕士及以上学历员工32.60%。

三、核心产品及业务

1. 汽车智能操作系统AliOS

AliOS是斑马网络技术有限公司旗下自主可控智能汽车操作系统产品,也是国内首个大规模量产的自主可控车载操作系统。AliOS团队深耕操作系统领域12年,"十二五"和"十三五"期间两次获得国家科技重大专项的支持,并于2021年10月21日—27日受邀在国家"十三五"科技创新成就展亮相。

在汽车操作系统技术研发与演进方面,斑马智行制定了OS战略三部曲:第一部是智能车载操作系统,采用云端一体架构、多模态交互方式、去App化生态服务,拥有在线数据服务平台,支持OTA在线升级,给汽车带来更好的用户体验,在技术和体验方面已经追平Android系统。第二部是智能座舱操作系统,采用多核异构分布式架构,实现分层解耦、跨域融合,支持汽车SOA生态化发展,从技术和体验上超过业内主流的QNX+Android组合方案,目前在智己、荣威、名爵、大通等重点车型落地。第三部是整车智能操作系统,在智能座舱操作系统之外,重点研发自动驾驶操作系统和车控操作系统,已经完成微内核AliOS RTOS自主研发,并通过ISO 26262安全管理体系和产品功能安全双认证;自动驾驶操作系统采用AliOS RTOS微内核和Safety Linux双内核驱动,相关虚拟化、中间件技术及工具链处于研发中,按照中国方案自动驾驶操作系统架构要求,将实现跨域融合、分层解耦、南北开放。

2. 智能汽车解决方案

基于AliOS操作系统,斑马网络技术有限公司推出智能汽车解决方案,助力车企打造下一代智能座舱。斑马智行最新版本支持城市桌面、对话式导航、车载小程序等功能。斑马智行打通了互联网消费生态和车联网产业生态,利用超级账号和人工智能贯穿生态数据，提供更好的场景化服务。在互联网消费生态方面，支持在线音视频娱乐、餐饮票务购买、车家互联等；在车联网产业生态方面，充电地图、无感加油、智慧停车等，让出行更加便利。

斑马智行解决方案

当前智能汽车解决方案已经在荣威、名爵、大通、东风雪铁龙、长安福特、观致、新宝骏、斯柯达等 10 余个汽车品牌落地。

3. 数字交通操作系统方案

斑马网络技术有限公司是阿里巴巴集团数字交通操作系统布局中重要一环。阿里巴巴集团基于阿里云、达摩院、斑马网络、高德地图、千寻位置、支付宝出行码，形成涵盖“车、路、云、网、图、位、码”七位一体的数字交通操作系统能力，当前部分能力已经在全国 50 多个城市以城市大脑、智慧交通等项目形式落地，数字交通操作系统方案将成为智能网联汽车先导区领先发展的优选方案。

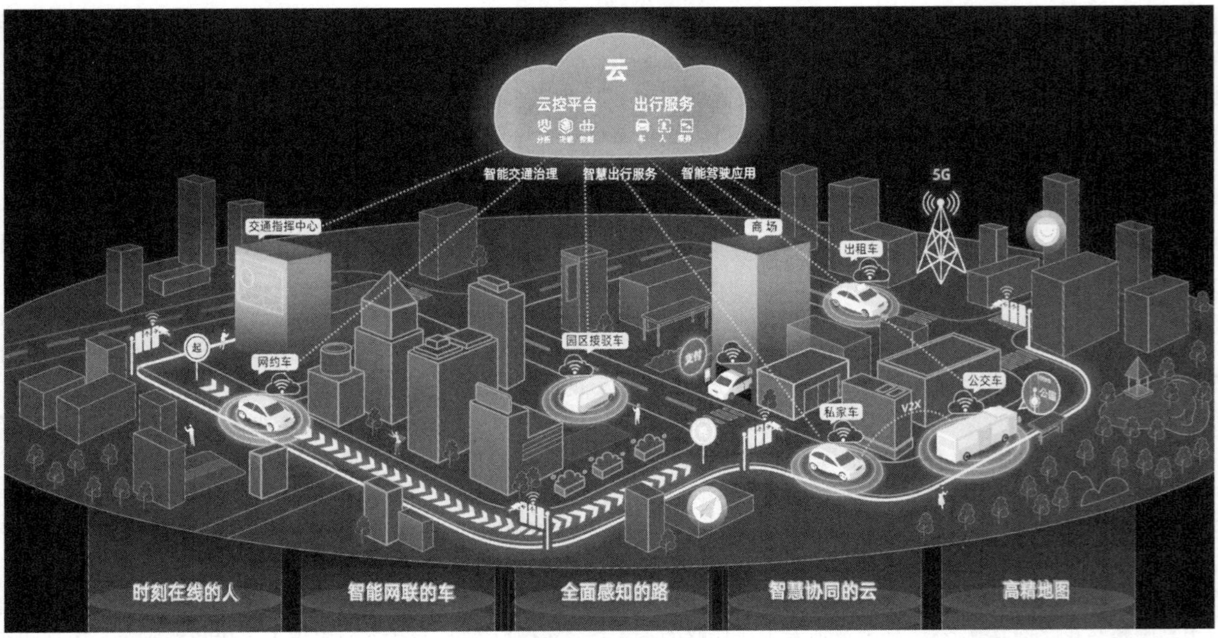

斑马智行数字交通解决方案

四、发展情况及影响力

斑马网络技术有限公司正牵头及参与近10项操作系统相关国家标准建设，在国际标准组织IEEE成功立项《车载操作系统安全要求与测试方法》，通过了ISO 26262管理体系与产品功能安全认证、TISAX汽车行业信息安全管理体系高等级评审、国际质量管理体系ISO 9001认证、CMMI软件能力成熟度模型集成3级认证等多项国际认证。

面向客户与用户，斑马网络技术有限公司提供领先的技术方案与产品体验。截至2021年12月底，AliOS操作系统累计合作汽车品牌近20家，操作系统及数智化服务合作汽车品牌达30家，累计触达用户超过500万。与上汽荣威联合打造互联网汽车，助力荣威汽车销量实现持续增长；与上汽智己联合打造高端电动汽车品牌，成为上海“智造”新名片；合作上汽大众、一汽大众、大众安徽、保时捷、奥迪、斯柯达、捷达等大众系企业与品牌，成为全球汽车巨头本土化战略落地重要抓手。

面向生态合作伙伴，斑马网络技术有限公司坚持开放合作。在智能座舱领域，支持所有主流芯片，其中异构芯片包括TI、NXP、瑞萨、MTK、高通、芯驰科技、杰发科技等；在智能驾驶领域，与高通、地平线、黑芝麻、芯驰、NXP、瑞萨等10家企业建立新汽车芯联盟，逐步加深合作。当前累计合作芯片企业、一级供应商、技术服务商、互联网服务商等超过200家，形成了可持续发展的产业生态。

作为自主可控操作系统企业，斑马智行正为中国方案智能汽车积极贡献力量。AliOS操作系统完全符合“中国方案”架构设计，作为基础技术平台，已经全面融入“中国方案”的系列产品。2021年11月，公司成立新汽车云栖实验室，面向未来汽车核心技术，集中核心研发力量进行前沿技术探索，联合国内专家学者开展“产-学-研-用”协同创新，打造项目孵化、生态合作的开放平台。云栖实验室深度参与和承担了“中国方案”中自动驾驶操作系统的研发工作，与国家智能网联汽车创新中心，李克强院士团队、清华大学、电子科技大学等单位合作，面向中国方案量产上车，在自动驾驶操作系统微内核、宏内核、虚拟化及中间件等关键领域进行研发，同时积极筹备面向汽车行业的操作系统开源社区，吸引聚集更多行业企业共同参与。

五、合资合作及重大项目建设

2021年4月19日，斑马网络技术有限公司与速腾聚创、AutoX达成战略合作，三方将在操作系统、融合感知、自动驾驶AI算法等方面深度合作，打造基于人机共驾的新一代智能座舱，共同发力高级别自动驾驶平台，并布局整车智能操作系统。

2021年7月8日，斑马网络技术有限公司与奇瑞雄狮正式签署合作框架协议，双方将共同成立汽车智能化联合实验室，联手打造面向未来的智能汽车新体验，共同探索汽车行业智能化升级和数字化转型。

2021年10月20日，斑马网络技术有限公司与一汽-大众捷达品牌、摩斯智联举行智能网联战略合作签约仪式，将共创新一代智能网联产品。

2021年11月3日，斑马网络技术有限公司与上海人民广播电台在广播大厦举行战略合作签约暨“1057千里眼”发布仪式。双方携手以数字科技服务上海交通与市民出行，助力上海建设智慧城市。

2021年11月13日，斑马网络技术有限公司与上海金桥集团正式签署框架合作协议，双方携手推进城市智慧出行，为打造便民示范新场景贡献力量。

六、发展规划

在汽车电子电气架构变革下，斑马网络技术有限公司坚定推进“AliOS三部曲战略”，推动AliOS从智能车载操作系统向智能座舱操作系统、整车智能操作系统演进。

当前，斑马网络技术有限公司正推动智能座舱操作系统的商业化应用拓展，并投入研发智能整车操作系统，成立云栖实验室，通过产学研深度融合共创新汽车技术生态，并融入智能网联汽车中国方案，致力于实现车路云一体化融合。

未来10年，人机共驾与车路协同是智能汽车和数字交通发展趋势。斑马网络技术有限公司聚焦于智能汽车操作系统关键技术突破和软硬生态协同发展，为汽车产品和产业数智化升级提供创新基础，提升我国智能汽车产业核心竞争力，助力实现“汽车强国”之梦。

蘑菇车联信息科技有限公司

一、单位概况

蘑菇车联信息科技有限公司（以下简称公司）成立于2017年，是国内领先的自动驾驶全栈技术与运营服务提供商。

公司拥有全栈自研的“车路云一体化”自动驾驶方案，具备城市级大规模自动驾驶公共服务车队的运营能力，落地了国内第一个开放式5G商用智慧交通车路协同项目，打造了国内首个城市级自动驾驶落地项目（湖南衡阳），成为中国第一个独家服务世界级综合体育赛事的自动驾驶企业。

公司在公交车、接驳车、出租车、清扫车、巡逻车、牵引车、物流车等车型上实现了L4级自动驾驶，并应用于城市开放道路、园区、景区、港口、机场等场景。目前，公司自动驾驶项目累计签约金额已达数十亿元，在北京、江苏、湖南、河南、四川、云南等落地。

二、生产与经营

公司以车路云一体化自动驾驶技术平台为核心，提供车路协同系统服务、自动驾驶车辆运营、自动驾驶数据运营服务。

1. 车路协同系统服务

为城市、高速等建设交通数字底座，既赋予L4级自动驾驶车辆安全高效行驶的能力，也满足未来自动驾驶（L4～L5

级)交通体系运行的要求。它将交通元素实时数字化,提供给所有的交通参与者。

2. 自动驾驶运营服务

在城市各个场景实现自动驾驶商业化落地

基于交通数字底座的安全体系,公司在城市里落地各种自动驾驶应用场景。优先切入具备商业可行性、有无人化改造需求的场景,如城市公共服务领域中的环卫、巡逻等场景,逐步覆盖公共服务特种车辆、Robo-Bus、园区物流、Robo-Taxi等城市自动驾驶场景,实现自动驾驶全面商业化落地。

3. 自动驾驶数据服务

为所有交通参与者提供实时交通数据

在车路云一体化自动驾驶系统覆盖范围下,为所有交通参与者提供实时交通信息,从而实现接近100%安全的驾驶。对于自动驾驶车辆,可以接入蘑菇AI云平台,接收实时交通信息实现安全的自动驾驶;对于非自动驾驶车辆、行人、非机动车等,也可以通过智能终端、App等形式,接入蘑菇AI云平台,收到实时交通信息,实现更安全的驾驶,同时也提供了自身信息给其他交通参与者,使得整个交通体系更加安全和高效。

三、技术进展与研发能力

蘑菇车联是业内最早选择"单车智能+车路协同"技术路线的自动驾驶公司之一。2019年10月,蘑菇车联落地国内第一个开放式5G商用智慧交通车路协同项目;2020年6月,实现暴雨、夜晚等极端天气下安全自动驾驶,系统级方案的可行性得到验证;2021年4月,蘑菇车联发布"车路云一体化"系统2.0;2022年,蘑菇车联"车路云一体化"系统2.0在湖南衡阳落地,这是国内首个城市级自动驾驶项目。

(1)硬件自研:公司是业内少有具备"单车智能+车路协同"全栈方案相关核心硬件自研能力的企业之一,核心硬件全部自研,包括自研自动驾驶车载基础算法平台、ADCU域控制器、高精定位、OBU(车载通信单元)、RTK(实时差分定位)、5G-V2X(车联网)通信等智能网联核心技术产品等,保障自动驾驶规模化落地的可控性、可靠性和低成本。

(2)算法领先:车路云一体化自动驾驶系统有很高算法壁垒,需要具备车端、路侧和云端的核心AI算法及大规模数据实时处理能力(高通量、低延时),蘑菇车联是业内罕见有相关算法能力的企业之一。

车端:核心硬件自主设计研发,拥有广泛适配能力。自主研发Mogo AutoPilot(MAP)系统,包含体现蘑菇车联技术路线特色的车路协同模块,同时采用融合感知算法,达到行业顶尖标准;数据闭环系统支持业内最复杂、最庞大的自动驾驶运营体系;已进行不同车型适配,支持城市级大规模、多场景自动驾驶运营服务。

(3)路端:Mogo Road System具备整体性强、支持C-V2X全、支持全息目标识别定位、边云协同和全链路低时延等技术优势,拥有目前中国最长连续道路(200KM)的车路协同系统,能构建城市级交通数字底座。

(4)云端:蘑菇车联AI云具有计算规模大、低时延、高可靠、通用性强、高可扩展性等优点,具备月均PB级数据处理能力,支持百万终端同时高频并发处理,应用层全链路时延小于100 ms。

四、合资合作及重大项目建设

公司首创车路协同智慧交通新基建、城市公共服务车队运营、智能交通数据服务三大创新业务模式,借助国家大力发展"新基建"大势能,基于"车路云一体化"建设数字城市底座,服务于未来大规模自动驾驶与智慧交通大市场;产品从城市公共服务切入,以"降本增效"为核心驱动,推动传统产业升级,创造全新的商业利润与商业价值。长线来看,相关技术和产生的数据还能反哺城市的数字化建设。

公司率先在城市级自动驾驶领域实现大规模项目落地,项目落地规模大、速度快。2019年10月,公司在北京顺义落地了中国的第一个开放式5G商用车路云一体化示范项目;2020年,公司与苏州高铁新城达成合作,进一步锁定城市场景;2021年3月,公司与湖南省衡阳市政府达成合作,落地国内第一个城市级自动驾驶项目,集合城市交通新基建、自动驾驶运营服务和城市智慧交通大脑,项目金额约5亿元。在先行项目的示范效应下,公司积极开拓业务,2021年9月,公司与河南鹤壁市签署合作协议,加速推进智慧交通建设,项目金额约3亿元;2022年1月,公司与大理市人民政府签订合作协议,打造西南地区首个"智能网联+智慧旅游"生态示范区,项目金额10亿元。

公司在城市级项目的落地速度与规模都排名行业最前列,目前已积累行业最丰富的自动驾驶运营场景,并拥有目前国内已投入运营种类最为齐全的自动驾驶车队之一,拥有突出的先发优势,先行者壁垒不断抬升。

镁佳(北京)科技有限公司

一、单位概况

镁佳(北京)科技有限公司2018年成立于北京。秉承着"软件改变世界"的梦想,凭借多年在互联网和汽车行业的积累,镁佳创新性地提出了模块化的汽车软件开发方式,并成功推出镁佳整车级别分布式智能操作系统SmartMega® OS+和软件开发基础组件SmartMega® Core。

SmartMega® OS+和SmartMega® Core可覆盖从车到云的核心软件构架,根据车型可快速定制专属零部件软件产品和云端业务系统,同时也提供硬件零部件的设计和定制开发。基于SmartMega® OS+和SmartMega® Core定制的零部件,可实现一年数次软件大版本迭代。SmartMega® OS+和SmartMega® Core目前支持的零部件包括:数字座舱、多个域控制器、T-Box、网关,具有极强的平台化和规模化能力。

镁佳通过自主研发的软硬件基础设施SmartMega® OS+和SmartMega® Core,不仅帮助整车厂更好地掌控智能汽车中的软硬件开发过程,还能让车厂更自主、灵活地构建优质的用户体验。镁佳科技不断地赋能整车厂,同时也提供多种灵活的合作模式，包括传统的 Tier 1 零部件供应的模式，也包括软件服务模块授权、合作开发等智能化时代的崭新合作方式。

二、经营情况

镁佳科技和国内外多家整车集团已共达成总额 30 多亿元人民币的量产零部件研发和供应合同，这充分验证了基于 SmartMega® OS+系列车载操作系统和 SmartMega® Core 软件和云服务组件，可以高效开发高质量和高智能的数字座舱、域控制器、T-Box 等零部件，以及强大的车联网云服务。

镁佳科技与各大车厂的量产合作还在持续增加，目前公司服务的整车厂客户包括：广汽蔚来、理想汽车、东风、长安、奇瑞、岚图汽车等重量级汽车厂商。

三、产能建设

镁佳的总部 & 软件平台化研发中心在北京，武汉设有子公司，同时在重庆、广州、苏州等地也有项目交付中心。

四、技术进展及研发能力建设

1. 技术与知识产权情况

公司自成立以来，注重研发与成果转化，已经获得了涉及与车辆软件著作 30 余篇，发明专利 19 项，涵盖了云服务、安全、语音等多个系统。目前还有多项软著及专利在申请中。

2. 人才团队情况

研发人员约 600 人，2022 年底规划扩展至 700 人。团队主要成员毕业于清华、复旦、交通大学等国内知名学校和海外一流计算机科学院系，团队 50% 以上为硕士学历。团队成员来自大众、蔚来、宝马、博世、QNX、WindRiver、雅虎、谷歌、微软、百度、小米等知名企业，80% 以上工程师有 8 年以上工作经验。团队成员的技术领域覆盖汽车电子、物联网和互联网主流技术，包括人工智能、大规模数据中心、分布式系统、搜索、计算广告、个性化推荐、自然语言理解、语音信号处理等。

五、合资合作及重大项目建设

（1）长安新能源汽车平台级智能座舱系统。

（2）东风岚图新能源汽车平台级智能座舱系统。

（3）电动汽车制造商 LMC 的第一代、第二代智能座舱系统。

（4）合创 007 智能座舱系统。

（5）理想新能源汽车的智能座舱系统。

（6）广汽蔚来车联网云平台。

六、发展目标与规划

1. 公司发展目标

镁佳致力于成为最大的智能汽车基础设施平台，深度赋能全产业链。

2. 公司发展规划

（1）2018—2020 年：开发领先产品

扩大市场覆盖，迅速迭代基础软件，智能化产品全矩阵。

①规模复制既有产品优势和成功案例；

②推进产品迅速迭代，覆盖更多主机厂和车型。

（2）2021—2025 年：定义行业标准

构建多域协同的产品形态，全面赋能软硬件生态伙伴。

①以 OS 系统为核心，实现整车多域融合，构建从座舱域至自动驾驶域的完整解决方案能力；

②协同开发和积累产业链伙伴，实现更广范围客户的快速覆盖。

（3）2025 年后：赋能智能出行场景

基于集中计算架构，软硬件生态深度平台化，全面释放平台价值。

①链接全产业链，深度平台化，推进全产业链协同和迭代；

②最大化利用数据和流量，赋能全生态体系，扩展服务为核心的商业模式。

云控智行科技有限公司

一、单位概况

云控智行科技有限公司（以下简称云控智行）成立于 2017 年，前身为启迪云控（北京）科技有限公司。公司以清华大学在智能汽车领域 20 年的技术积累为基础，打造自主可控“网联云控系统”技术体系，全栈自研“云、路、车、应用”系列产品，包括城市级云控基础平台、高速公路云控基础平台、智能路侧设备、网联车载终端及各类网联自动驾驶应用服务，形成“车路云一体化”综合解决方案，面向智能驾驶、智能交通等领域，提供云控核心技术支撑与产业赋能服务。

目前，云控智行先后承担了国家发改委、工业和信息化部、交通运输部、北京市科委、上海科创办等“车路云一体化”标杆项目，深度参与建设北京、上海、雄安、长沙、河北等地智能网联汽车示范区，全面覆盖城市、高速、园区等场景。同时，公司与奥迪、上汽、上汽通用五菱、宇通、潍柴等整车企业达成深度合作，开启云控系统规模化商用落地，推动智能汽车的推广普及与商业模式创新，助力实现智能汽车与智能交通、智慧城市的协同发展。

二、生产与经营

云控智行通过多个城市级“车路云一体化”标杆项目的落地实施以及与产业链上下游企业的广泛合作，实现了“车路云”全产品体系的规模化应用以及云控基础平台与跨品牌车辆数据的标准化互联互通，并在“车路云一体化”基础设施体系的建设、示范、运营方面积累了丰富经验，有助于在城市道路、高速公路、封闭园区、整车应用等各类型云控项目建设中建成行业领先水平的云控系统，逐步实现系统商业化运营，有力支撑产业创新生态的构建。

三、技术进展与研发能力

云控智行在云控技术领域的研究处于行业领先水平，掌握云控相关核心专利，构建行业领先的云控产品体系并实现规模化应用，包括云控基础平台、智能路侧设备、网联车载终端、支撑产业链研发测试与示范运营的百余种云控应用服务。公司承担国家发改委 2019 增强制造业核心竞争力专项《基于智能汽车云控基础平台的车路网云一体化综合示范建设项目》、工信部《基于多接入边缘计算(MEC)的车路协同应用系统应用示范》、北京市科委《基于融合一体化自动驾驶技术的城市性一代共享出行系统与车辆架构前瞻研究》、上海市科创办《智能汽车云控应用场景库公共服务平台建设》等重大项目。云控网联式预测性巡航控制系统获 2020 中国汽车工业科学技术奖唯一特等奖。这是网联自动驾驶在商用车物流领域的典型应用，领先国际水平，显著提升商用车的燃油经济性。

四、主要新产品

序号	产品名称	产品应用
1	智能网联汽车云控基础平台	北京、上海、长沙等示范区
2	4G/5G TCU(车载计算通信终端)	百度 Apollo、滴滴、长安等智能网联汽车
3	雷视一体机	各地智能网联汽车路侧基础设施

五、合资合作及重大项目建设

云控智行深度参与全国多个重点城市“车路云一体化”标杆项目建设。

(1)北京，参与北京网联云控式高级别自动驾驶示范区建设。该项目为全球首个网联云控式高级别自动驾驶示范区，2022 冬奥样板工程。云控智行负责开发边缘云、区域云、云控应用平台、业务运营系统和基础服务系统，支持全部路侧、车辆数据接入，实现云控平台与交通、高级别自动驾驶全面打通。

支撑自动驾驶：面向不同等级(L0~L4)网联车辆提供协同感知、协同决策、协同控制等云控应用服务，形成整车服务能力；赋能城市交通：实现态势感知、流量预测、交通优化等功能，助力打造智慧交通管理示范区。

(2)上海，承担基于智能汽车云控基础平台的“车路网云一体化”综合示范建设项目。该项目为全国首个集合“车路网云”要素于一体的综合示范项目。项目总投资 3 亿元，覆盖道路里程 71.8 km，涵盖高速、高架、省道、城市主干、乡村道路等。

云控智行投资、建设、运营的综合示范区；建设一网一平台。一网为 4G/5G 以及 C-V2X 在内的多模通信网，一平台为云控基础平台，包括中心云 & 区域云体系、边缘云体系、车路协同体系三部分；部署智能路侧设备 300 余套、智能化车端设备 300 余套；支持万辆级以上规模智能网联车辆运营；产生结构化数据 0.21 TB/天，非结构化数据 24 TB/天。

(3)湖南长沙，湘江新区“双 100”项目、云控基础平台与绕城高速西北段智能路侧系统项目。该项目共建设 7.8 km 开放道路智慧公交示范线，100 km^2 范围内约 135 km 城市开放道路和 100 km 智慧高速(双 100)。

云控智行主导总体方案设计与建设，采用云控技术对示范区基础环境与测试手段进行升级；在绕城高速西北段构建完整的云控基础体系；作为技术牵头方，负责集成绕城西南段路侧系统，并在该路段提供与西北段同等的功能服务体系；作为技术牵头方，负责集成长益复线与城市道路边缘云系统，提供交通智慧监管服务。

(4)雄安新区，荣乌与京德智慧高速云控平台项目。该项目为“新一代国家交通控制网”智慧高速样板工程、雄安新区对外路网高速车路协同重大工程。建设总里程160 km，包括荣乌高速北京至雄安段建设里程 73 km，打造雄安新区智慧高速样板；京德高速建设里程 87 km，打造全国首条智能化高速。

云控智行负责搭建云控平台，核心能力包括互联互通、融合感知、决策控制、数据分析、监控管理、服务发布、运营管理七大中心。

国内首次系统化应用车道级动态控制技术，管控里程长，系统耦合性高，场景策略丰富。基于云控系统，打造准全天候坐席系统，与交警、气象等公共机构打通。通过“京德高速交通态势及风险分析系统”，实现运行监控、交通态势、实时风险、风险应对等安全风险预测功能闭环。

六、发展规划

作为智能网联汽车与交通赋能者，云控智行立足国家智能网联汽车战略的先行者、车路云一体化产业创新的赋能者、智慧城市基础设施与智能网联汽车协同发展的支撑者的定位，致力于构建“人-车-路、云”系统性协同产业基础设施体系，重塑汽车产业竞争规则，支撑中国标准智能汽车核心竞争力的建立，赋能未来智能网联汽车与交通融合创新生态的发展。

北京市商汤科技开发有限公司

一、单位概况

商汤以“坚持原创，让 AI 引领人类进步”为使命，作为中国领先的 AI 软件企业，秉持坚持原创的科研精神，攻关关键核心技术，并凭借卓越的技术，脚踏实地赋能实体经济千行百业，取得了数千家大型企业及政府客户的认可。目前商汤汤科技业务涵盖智慧商业、智慧城市、智慧生活、智能汽车四大板块，相关产品与解决方案深受客户与合作伙伴好评。

二、生产与经营

商汤早于 2017 年与本田建立长期战略合作，成为亚洲首个与全球前五大车企品牌合作开发自动驾驶技术的 AI 企业。根据 IPRDaily2021 年公布的全球智能驾驶专利排行榜，商汤位列全球第十。2021 年，商汤的智能汽车板块实现收入 1.8 亿元，同比增长 16.3%，2021 年内签约的合作车企客户数超过 30 家。智能驾驶和智能座舱产品累计前装定点数量达 2300 万台，覆盖未来 5 年内量产的 60 多款车型，将带来业务规模化增长。

三、产品出口

商汤智能座舱产品目前以国内市场为主。

四、产能建设

商汤主要为整车厂提供软件及智能感知算法能力，不涉及产能建设。

五、技术进展与研发能力

商汤科技是亚洲领先的人工智能软件公司，按收入计算是亚洲最大的 AI 软件公司，布局全球 15 个国家和地区，2400+客户、公司计有 40 位教授，逾 5000 名各类雇员，其中约三分之二为科学家及工程师。丰富的人才资源为公司从研发到生产的全栈式人工智能创新体系奠定了坚实基础，使公司能日益增强行业内领先的 AI 能力。商汤科技已与香港中文大学、清华大学、北京大学、上海交通大学和浙江大学等全球 52 所顶级大学及 15 个联合实验室的达成广泛而密切的研究合作。自成立以来，公司在各项全球竞赛中已获得 70 多项冠军，发表了 600 多篇顶级学术论文，并拥有 8000 多项人工智能专利及专利申请。

商汤前瞻性打造新型人工智能基础设施——SenseCore 商汤 AI 大装置，打通算力、算法和平台，大幅降低人工智能生产要素价格，实现高效率、低成本、规模化的 AI 创新和落地，进而打通商业价值死循环，解决长尾应用问题，推动人工智能进入工业化发展阶段。

SenseAuto Cabin 绝影智能车舱产品由驾驶员感知系统（DMS）、座舱感知系统（OMS）、智能进入系统以及座舱 App 等子产品组成。通过商汤科技独有的人工智能技术，借助完善的产业链，商汤绝影智能车舱能够提供全方位、多层次的一站式智能车舱视觉解决方案。

六、主要新产品

序号	产品名称	产品型号	产品应用
1	驾驶员感知系统（DMS）	SenseAuto Cabin-D	长城汽车、广汽传祺、广汽埃安、东风汽车、长安等
2	座舱感知系统（OMS）	SenseAuto Cabin-O	长城汽车、广汽传祺、广汽埃安、东风汽车、长安、吉利等
3	智能进入（Keyless Entrance）	SenseAuto Cabin-K	凯迪拉克、上汽大通等
4	座舱域 App（In cabin App）	SenseAuto Cabin-V	广汽传祺、广汽埃安、比亚迪、吉利等

七、发展规划

商汤绝影智能车舱提供行业领先的智能车舱解决方案，深度挖掘车载数据的感知价值，连接智能汽车与商汤智慧产业生态，实现与汽车产业和生态的共生共赢，依靠 3500+生态客户优势，以汽车为核心，跨行业赋能产业链，让汽车更加智能，与客户共同打造移动的第三生活空间。同时，商汤作为智能车舱视觉技术引领者，商汤会积极参与国家法规的制定，协助车厂一起提升项目的交付质量，测试验收等全过程。

毫末智行科技有限公司

一、单位概况

毫末智行成立于 2019 年，是一家致力于自动驾驶的人工智能技术公司，前身是长城汽车技术中心智能驾驶前瞻分部。毫末智行以零事故、零拥堵、自由出行和高效物流为目标，助力客户重塑和全面升级整个社会的出行及物流方式。

2021 年 2 月，毫末智行完成 Pre-A 轮数亿元融资，首钢基金领投，美团、高瓴创投等资本跟投。2021 年 12 月，毫末智行宣布获得 A 轮融资近 10 亿元，投资方为美团、高瓴创投、高通创投、首程控股、九智资本等，成为中国第一个量产自动驾驶独角兽。2022 年 4 月，毫末智行宣布完成 A+轮数亿元融资，中银投领投。

毫末自成立以来，秉持“风车战略”，以数据智能为核心，布局三大业务方向：乘用车、末端物流自动配送车和智能硬件。通过三大业务布局不断积累场景数据，促进数据能力的迭代，从而能生产出更好的产品，实现良性循环。

历经两年半高速发展，毫末已探索出自身的毫末制胜公式：

毫末制胜公式 =（领先的数据智能×稳定的量产能力×安全）^生态

二、生产与经营

截至 2022 年 6 月，毫末持续引领中国量产自动驾驶第一名。

在乘用车领域，毫末辅助驾驶系统 HPilot 共计推出了 3 个版本，实现了 HWA 高速智能驾驶系统、NOH 智慧领航辅助驾驶系统、城市 NOH 的功能更迭，同时，辅助驾驶场景覆盖高速公路、城市快速路，并正在向城市道路拓展。截至 2022 年 6 月，毫末 HPilot 已陆续搭载至 6 款长城热门车型，共计数万台乘用车上，包括魏牌摩卡、坦克 300 城市版、魏牌拿铁、魏牌玛奇朵、哈弗神兽、坦克 500，其辅助驾驶用户行驶里程已突破 1000 万 km。

在末端物流自动配送领域，截至 2021 年底，毫末生产末端物流自动配送车超过 1000 台，与美团、阿里达摩院小蛮驴等行业头部合作伙伴签署战略合作协议，并在量产等方面展开了深度合作。同时，毫末全栈自研末端物流自动配送车小魔驼与物美多点展开合作，在北京顺义等地区展开常态化运营，截至 2022 年 6 月，配送订单超过 6 万单。2022 年 4 月，毫末推出第二代末端物流自动配送车小魔驼 2.0，单车售价 128888 元，是中国首款十万元级末端物流自动配送车。

毫末智行经过两年半发展，已经形成了自己健康的生态朋友圈，合作伙伴数量超过 100 家：包括长城汽车、阿里、腾讯、高通、百度、高德等合作伙伴及首钢基金、美团、高瓴创投、高通创投、中银投等投资机构。

毫末智行是中国国家高新技术企业、是中国产品落地规模最大的自动驾驶 AI 技术公司，也是明星级独角兽公司。目前毫末已申请自动驾驶专利超 200 项，获批 50 项。

三、产能建设

乘用车方面，毫末拥有保定、北京、上海、深圳四大研发中心。

末端物流自动配送车方面，毫末在中国保定拥有全球最大的末端物流自动配送工厂，面积 1 万 m^2，年产能 1 万台。

四、技术进展与研发能力

1. 技术进展

2021 年 12 月，毫末发布中国首个数据智能体系 MANA。截至 2022 年 6 月，MANA 学习时长近 24 万 h，虚拟驾龄相当于人类司机驾驶 2 万年。

2. 数据智能体系 MANA 由 BASE、TARS、LUCAS、VENUS 四个子系统组成

BASE 包括了数据的获取，传输，存储，计算，以及新的数据分析和数据服务；TARS 是一些关于计算的核心算法原型，用于感知、认知、车端建图和验证的实践；LUCAS 是对算法在应用场景上的实践，包括高性能计算、诊断、验证、转化等核心能力；VENUS 是数据可视化系统，包括软件和算法的执行情况，对场景的还原，以及数据洞察等能力。

在“感知智能”方面，毫末通过“双流”感知模型及自研 BEV Transformer，“让中国没有不能识别的红绿灯和车道线”成为现实。

在“认知智能”方面，MANA 用机器学习模型替换了传统的手写规则和参数，解决了此前代码臃肿且面对复杂场景容易崩溃失效的问题，使场景决策更具泛化适用性，极大提升了可解释性和泛化能力。

在“成本与速度”方面，模型训练成本降低 60%，加速比超过 96%，吞吐量超过每秒 40000 个 sample。此外，标注 AI 自动化率已达到 80%，大幅提高了标注效率，降低了标注费用成本。

3. 研发能力

2022 年，NOH 智慧领航辅助驾驶系统量产上市，毫末成为全球第三家、中国第二家具备智能驾驶全栈能力的厂商。

2022 年 4 月，毫末宣布其城市 NOH 将于近日正式上市，是中国第一个大规模量产的城市辅助驾驶系统。

五、主要新产品

序号	产品名称	品牌	通用名称
1	小魔盒	毫末智行	HPilot
2	小魔驼	毫末智行	HDeliver
3	小魔盘	毫末小魔驼、阿里达摩院小蛮驴	—

六、发展规划

毫末智行预计 2022 年将承担 34 款长城车型高级别辅助驾驶的开发任务，约占整体待上市车型 80%。未来两年，搭载毫末智行辅助驾驶产品的长城乘用车数量将突破 100 万台。

深圳市镭神智能系统有限公司

一、单位概况

深圳市镭神智能系统有限公司成立于 2015 年 2 月，以强大的自主研发实力成为全球领先的全场景激光雷达及整体解决方案提供商，致力于以高端、稳定、可靠的激光雷达环境感知技术赋能产业升级，服务覆盖自动驾驶、智慧交通、轨道交通、机器人、物流、测绘、安防、港口和工业自动化等九大产业生态圈。秉持着“让驾驶更安全，让机器更智能，让生活更美好”的使命，镭神智能始终坚守“专业 · 创新 · 品质”，以卓而不同的感知精品为客户创造价值，立足全球构建智能感知的黄金时代。

二、生产与经营

镭神智能生产经营车规级 1550 nm/905 nm 混合固态激光雷达、多线和单线机械式激光雷达、单点激光雷达、FMCW 激光雷达、3D FLASH、相控阵激光雷达、激光雷达专用芯片、1550 nm 光纤激光器及光纤器件等，以及基于激光雷达的智能驾驶、车路协同、智慧交通、轨道交通、桥梁防撞、AGV& 无人叉车、移动机器人、工业自动化、三维测绘、智慧安防等智能化系统解决方案。

镭神智能的总部位于深圳，拥有 4000 m^2 的研发办公区；深圳生产基地与徐州全自动化制造中心建筑面积合计达 30000 m^2，激光雷达年产能规模最高可达百万台；两处工厂全环节流程完全可控化管理，已取得 IATF 16949：2016、ISO 9001：2015、ISO 14001：2015、ISO 26262：2018 等管理体系认证，有效保证产品一致性和可靠性，提高生产效率降低整体成本，为客户提供高品质、高价值产品。

公司职工总人数 500 余人，其中研发人员有 200 余人，拥有国内在激光雷达、高性能光纤激光器、光电探测、信号电路、FPGA、三维数据处理软件、机器人、自动控制等技术领域最有优势的技术团队，且长期与国内外企业及高等院校保持紧密合作，建立联合实验室、互聘技术顾问。

三、产能建设

镭神智能的总部位于深圳，拥有 4000 m^2 的研发办公区；深圳生产基地与徐州全自动化制造中心建筑面积合计达 30000 m^2，激光雷达年产能规模最高可达百万台；两处工厂全环节流程完全可控化管理，已取得 IATF 16949：2016、ISO 9001：2015、ISO 14001：2015、ISO 26262：2018 等管理体系认证，有效保证产品一致性和可靠性，提高生产效率降低整

体成本，为客户提供高品质、高价值产品。

四、技术进展与研发能力

1. 独有技术优势

镭神智能是全球唯一一家同时掌握了TOF时间飞行法、相位法、三角法和调频连续波等四种测量原理的激光雷达公司，打造了市面最齐全的激光雷达产品矩阵。已完成激光雷达专用芯片、1550 nm光纤激光器、十多种高功率核心器件等关键核心器件的自研自产，以及半导体激光器和探测器封装工艺。

镭神智能是国内最早开始进行垂直产业链资源集成与整合战略布局的公司，已具备从关键核心器件到整机全链条的设计、研发、工艺、制造、测试能力，均达到行业领先水平。

2. 专利数量及行业标准认证

目前公司已累计申请专利463项，已获得专利248项，其中发明专利39项，实用新型专利139项，外观设计专利70项、软件著作权35项、集成电路版图设计3项。

公司已取得IATF 16949：2016、ISO 9001：2015、ISO 14001：2015、ISO 26262：2018汽车功能安全流程认证和知识产权等管理体系认证，科技成果转化数十项。

3. 荣获的科技进步荣誉

荣获2020年国家科技进步二等奖；成功入选“国家工信部新一代人工智能产业创新重点任务优胜揭榜单位”；获广东省科技厅认定为“广东省激光雷达工程技术研究中心”；实力斩获2019广东省重点领域研发计划“新能源汽车”重大科技专项；成功入选深圳市2021年度“专精特新”企业。

五、主要新产品

序号	产品名称	产品型号	产品应用
1	车规级混合固态激光雷达	CH128系列	应用于东风悦享、悠跑科技
2	大视场补盲激光雷达	CB64S1	应用于五菱太空舱、五菱无人驾驶观光车
3	混合固态激光雷达	CH120/64/32/16	应用于东风悦享
4	多线机械式激光雷达	C32/16	应用于东风悦享
5	车规级混合固态激光雷达	CX128S1	真128线无拼接成像，200 m探测距离，156万点/s的测点速率，2022年即将上市
6	图像级1550 nm光纤车规激光雷达	LS系列	图像级点云成像，最远500 m的探测距离，最高640万点/s的测点速率，个性化ROI定制，2022年即将上市

六、合资合作及重大项目建设

镭神智能帮助东风悦享实现国内首个7×24 h服务的车路协同无人驾驶接驳巴士“春笋号”；镭神智能帮助五菱太空舱、五菱无人驾驶观光车，达到限定区域和特定场景L4级自动驾驶水平；镭神智能帮助悠跑科技实现分体式开发模式和软硬件一体化操作系统的超级底盘，可满足未来L4及以上自动驾驶需求。

七、发展规划

（1）继续完善及扩充TOF（时间飞行法）、相位法、三角法及FMCW等全技术路线，建立最全产品矩阵，并不断优化提升产品性能。

（2）更深入集成垂直产业链，在激光雷达芯片、光纤激光器及核心器件、半导体封装工艺等基础上再进行纵向垂直发展，最终实现激光雷达全国产化。

（3）打造全自动化智能工厂，完成百万台产能布局。

（4）拓展全球业务，扩大海内外市场占有率。

（5）推动全场景激光雷达及整体解决方案在智能驾驶、车路协同、智慧交通、轨道交通、桥梁防撞、AGV&无人叉车、移动机器人、工业自动化、三维测绘、智慧安防等领域的大规模落地应用。

宁波舜宇车载光学技术有限公司

一、单位概况

宁波舜宇车载光学技术有限公司是舜宇光学科技（集团）有限公司的核心子公司，国家高新技术企业，国家级第三批单项冠军示范企业。公司从事车载镜头行业18年，拥有30%以上的全球市占率，是全球领先的车载镜头生产厂商，产品普遍应用于宝马、奔驰、奥迪、丰田、本田、克莱斯勒、福特、通用、大众、沃尔沃等众多车型。公司一贯注重创新与产学研合作，多次获得省、宁波市科技进步奖，被浙江省科技厅纳入2019年度创新型领军企业培养名单，并与浙江大学、宁波大学、长春理工等高等院校及研究机构开展长期技术交流合作。

二、生产与经营

目前公司主要产品应用领域除车载镜头（前视镜头、后视镜头、环视镜头、内视镜头、电子后视镜头）之外，还包括激光雷达、HUD抬头显示器以及智能车灯等新型车载光学用品。

三、产品出口

自公司成立以来，始终坚持以客户需求为导向，坚持实施名配角战略，严格按照国际标准进行产品设计和生产，全球客户信誉基础良好，产品销往欧美、日韩、亚太地区多个国家及地区，应用于宝马、奔驰奥迪及造车新势力等各类车型，已成为多家国内外著名品牌客户的重要供应商,多次获得国际知名客户的认可,并获得优秀供应商奖项。

四、产能建设

公司具备年产8000万颗车载镜头的生产能力,拥有三个万级无尘生产车间,配备有1000多台行业一流的高端生产设备,自动化率达到了70%以上,自动化水平行业领先。

五、技术进展与研发能力

公司拥有省级高新技术企业研究开发中心和省级企业研究院。公司每年的研发投入占销售的6%以上,近三年累计投入4亿元。公司拥有3000 m^2 研发空间,已建立信赖性实验室、激光雷达测试实验室、设备开发实验室、元件实验室、模具实验室等,拥有三坐标测量仪、光学传递函数测量仪、UA3P超高精度三维测量仪等研发设备原值3000余万元。

截至2021年底,公司共有职工2360人,拥有专职研究开发人员897人,占公司总人数的38%。其中,博士3名,硕士及以上人员243人,占研发人员总数的27%,本科及以上人员790,占研发人员总数的88%。

截至2021年12月,公司在全球共申请专利623件,发明专利占比达82.5%,授权202件,其中发明专利133项。

六、主要新产品

序号	产品名称	产品型号	产品应用
1	车载镜头	环视	宝马电动轿车

续上表

序号	产品名称	产品型号	产品应用
2	车载镜头	前视	小鹏P7纯电动轿车
3	车载镜头	前视	蔚来ES8纯电动轿车
4	激光雷达模组	—	蔚来ET7纯电动轿车
5	HUD光学件	—	蔚来ET7纯电动轿车
6	智能大灯光学件	—	Tesla Model3/Y纯电动轿车

七、合资合作及重大项目建设

(1)2019年,宁波市产业投资项目:年产1000万件高精度车载镜头技术改造项目,总投资13895万元。

(2)2021年,宁波市产业投资项目:年产2000万件高清环视车载镜头生产线技术改造项目,总投资9200万元。

(3)2021年,宁波市重点领域新兴产业及战略性新兴产业发展专项:混合固态激光雷达中试生产线项目,总投资3750万元。

八、发展规划

公司秉承着共同创造的价值观,持续为客户提供满意的产品及服务的使命,本着让汽车拥有智慧的眼睛,让用户更舒适更安全的愿景,在不断深耕车载镜头行业的同时,积极拓展激光雷达、HUD抬头显示器、智能车灯等新型车载光学用品,不断提高自己在车载行业的市场占比,计划在2030年实现千亿目标。

北京六分科技有限公司

一、单位概况

北京六分科技有限公司(以下简称六分科技)成立于2018年3月,是GNSS高精度定位服务产品专业提供商。公司基于虚拟参考站技术原理,依托在全国自建的约2800个CORS基站,自研终端RTK算法与组合导航算法,以"网-云-端"一体化解决方案为海量用户提供5系统16频点、全天候、实时厘米级和亚米级的高精度定位服务。

公司高精度定位服务已覆盖智能驾驶、共享出行、精准农业、测量测绘、智慧城市、大众应用等多个领域,收获包括威马、赢彻科技、图森未来在内的多个智能驾驶量产订单,并与仙途智能、英泰斯特、u-blox、中电昆辰等多个北斗上下游企业携手合作,行业应用与生态合作遍地开花。秉承与行业伙伴开放合作,共同打造以高精度定位为基础的生态圈为理念,六分科技致力于以高精度定位服务赋能各领域创新应用,以精准定位,助力万物互联。

二、生产与经营

六分科技以"GNSS高精度定位能力"为核心,基于互联网,融合大数据、云计算、移动通信等技术,通过"网-云-端"一体化解决方案为用户提供高精度定位服务及可定制化的解决方案。公司目前服务包含厘米级高精度定位服务、亚米级高精度定位服务、高精度定位引擎,以及专为各领域客户量身打造的高精度定位解决方案。

在2021年,六分科技的定位服务已经拓展涵盖了智能驾驶、共享出行、精准农业、智慧港口、智慧城市、形变监测、测量测绘等众多领域。2021年,公司收获商用车自动驾驶领域的首个前装定点项目赢彻科技,为电单车提供高精度定位服务,并与仙途智能、科比特航空、英泰斯特、U-Blox等行业上下游企业通力合作,共建互惠共赢行业生态。尤其在智能驾驶领域,六分科技支持多家车企实现位置信息接收、坐标数据处理、位置信息输出、高精度定位服务等功能,提供灵活的定制化方案,使整个系统能够及时、安全、可靠运行,为智能驾驶量产落地提供助力。

三、技术进展与研发能力

1. 技术进展

(1)在定位服务方面,2021年六分科技高精度定位服务全面升级,支持5星16频。本次服务升级新增的卫星导航系统频点,能够有效增加遮挡环境下的可用卫星信号数量与质量,提高定位精度,增强定位效能。

(2)在地基增强网络建设方面,截至2021年底,六分科技已经在全国完成约2800个CORS基站的建设工作,包括专线铺设、设备安装、系统调试、服务运行等,用于增加高精度定位服务的网络覆盖面积和服务用户数量,六分科技自主建设的CORS基站,其核心算法等技术全部自主可控。

(3)在生态合作方面,2021 年六分科技正式上线自主研发的高精度定位产品一站式服务及购买平台,携手生态合作伙伴打造综合性、标准化、便捷化的北斗高精度定位软硬件交易服务平台,为用户采购提供便利。

与此同时,六分科技也在不断提升 GNSS 高精度定位服务的完好性监测,满足车规级安全需求等,为智能驾驶行业用户提供更可靠的服务与更高的安全保障。

经过持续的技术耕耘和专业服务,六分科技高精度定位服务产品技术含量和附加值逐渐提高,形成具有自主核心技术和高性价比,可根据用户需求个性定制的定位产品服务体系。

2. 研发能力

(1)在人才队伍建设方面,六分科技坚持打造规模化、专业化、创新性的研发团队。公司现有员工中参与公司技术研发、运维、数据解算等一线技术人员规模占比 82%,核心研发团队研究生及以上学历人员比例超 85%,部分核心算法人员从业时间超过 10 年。为扩大人才队伍,为研发不断注入新的活力,六分科技还在通过多种途径,持续调整、优化人才结构及人员配置。

(2)在深度服务客户方面,六分科技始终以用户需求为出发点,通过高精度定位软硬件的创新开发应用,打造创新性、个性化的用户体验。以智能驾驶为例,通过打造企业级运营平台,定制化高精度定位解决方案,利用技术手段保护用户隐私,对车辆发布完好性信息等,充分满足车辆对安全的需求,同时研发高精度定位引擎产品等,为智能驾驶的量产落地提供精准定位服务。

四、主要新产品

产品名称	产品型号	产品应用
巡天	AGNSS 加速辅助定位服务	威马汽车

五、合资合作及重大项目建设

2021 年 3 月,自动驾驶卡车技术与运营公司嬴彻科技正式发布首个全栈卡车自动驾驶软硬件系统“轩辕”。六分科技作为嬴彻科技高精度定位服务提供商,为其量产搭载“轩辕”系统的 L3 级重卡,提供全国范围面向 L3 级自动驾驶干线物流的实时动态高精度定位服务,这是六分科技在商用车自动驾驶领域的首个前装定点项目。

2021 年 3 月,六分科技正式上线高精度定位产品一站式服务及购买平台,用户可通过六分科技官网导航栏直接进入六分商城,了解高精度定位产品的相关信息,并进行购买。该平台是六分科技高精度定位服务生态合作迈出的关键一步,未来,六分科技将携手生态合作伙伴,持续打造综合性、标准化、便捷化的北斗高精度定位软硬件交易服务平台。

2021 年 4 月,六分科技高精度定位服务助力电单车在江西赣州顺利投放运营。搭载六分科技高精度定位服务后,电单车具备实时精准定位、精准停车等能力,在复杂的城市环境中,也可被精准感知、智能管控。

2021 年 5 月,六分科技高精度定位服务全面支持 5 星 16 频。本次服务升级,六分科技新增的卫星导航系统频点,能够有效增加遮挡环境下的可用卫星信号数量与质量,提高定位精度,增强定位效能。

2021 年 9 月,六分科技成功获得由德国知名检测和认证机构 VDA-QMC 授权签发的 Automotive SPICE L2(简称:ASPICE L2)级认证证书,这意味着六分科技的高精度定位服务能力已达到全球车规级安全、可靠标准,质量管控流程达到了国际水平。

除此之外,六分科技也与北斗上下游单位、企业密切合作,通过不断优化产业生态,持续推出专业、高效的高精度定位服务产品服务,为用户提供超越期待的服务体验。

六、发展规划

随着汽车智能化与网联化的不断渗透,高精定位已成为智慧交通基础设施建设中的重要组成部分。在智能驾驶规模化落地加速过程中,六分科技的高精度定位在 L2+级辅助驾驶中不断渗透,为车速及碰撞预警、车道级定位、V2X 以及车辆监控等提供助力。在未来的 L3+级自动驾驶中,高精定位将为高速公路巡航、交通拥堵引导、自动超车等更多场景功能的改善提供有效帮助,以技术创新,大幅提高道路与交通的利用效率。

同时,六分科技也将紧跟国家新能源战略步伐和高精度定位技术应用发展趋势,以“GNSS 高精度定位能力”为核心,提供面向用户需求的“高精度定位应用解决方案”。为达到更稳定精准的定位精度,未来六分科技将继续:

(1)在全国范围内合理规划管理 CORS 站点,加大技术投入,持续提升服务质量;

(2)基于国际领先的卫星定位技术,研发更便捷、更低成本、更高效的高精度定位服务 ;

(3)与行业上下游伙伴紧密合作,共同构建基于 GNSS 高精度定位的生态圈和产业链;

(4)从研发、采购、服务、销售、售后等环节,持续创新优化流程,打造满足客户需求的高精度定位服务。

北京初速度科技有限公司

一、发展概况

Momenta 是全球领先的自动驾驶公司,致力于通过突破性的 AI 科技,创造更美好的生活。为实现可规模化的自动驾驶,Momenta 基于数据驱动的“飞轮”技术洞察,以及量产自动驾驶(Mpilot)与完全无人驾驶(MSD)相结合的“两条腿”产品战略,提供不同级别的自动驾驶解决方案,更高效快速地实现无人驾驶规模化落地,赋能更安全、便捷、高效的未来智慧出行。

Momenta 拥有世界领先的深度学习和软件团队,成员来自国际国内知名高校,研发人员占比 85%,硕博人数占比 53%,超过 500 个专利/专利申请。公司连续两年入选《麻省理工科技评论》(MIT Technology Review)发布的年度“50 家聪明的公司”榜单,连续四年获颁中国汽车零部件产业权威奖项铃轩奖。

Momenta 成立于 2016 年,在中国、德国、日本有全球业务,并已获得上汽集团、通用汽车、梅赛德斯-奔驰、丰田和博世的战略投资,截至 2021 年,累计融资额过 12 亿美金。

Momenta 在研发投入方面,对应的研发资源达到了行业领先的水平。在营收方面,主要客户包括国际国内的一线车企和一级供应商,未来将利用量产订单,把自动驾驶的技术应用到消费者终端汽车上。公司期望能抓住汽车智能化、电动化的发展浪潮,在未来与汽车行业上下游合作方共同推动自动驾驶落地,以实现规模化营收的增长。

二、核心技术

Momenta 定位于打造自动驾驶大脑,核心技术是基于深度学习的环境感知、高精地图和驾驶决策算法。

1. 数据驱动的感知

Momenta 的感知算法可以实时基于传感器信息输出执行策略。Momenta 的深度学习专家在过去的几年里自主自研的感知算法在车辆的使用上具有高精度,功能丰富,便于集成等优势。

2. 高精地图

为自动驾驶而生的“活”高精地图。Momenta 通过提取车辆拍摄的 2D 图像语义,融合 GPS 和 IMU 数据重建周围环境的 3D 位置。采用量产传感器的方式,提供满足自动驾驶需求的“活”地图服务,全流程自动化处理并与下游自动驾驶应用形成闭环。

3. 驾驶决策技术

利用“专有”的人工智能深度学习技术,Momenta 的规划算法能引导车辆完成各种驾驶动作。与更常用的规则驱动的方法相比,数据驱动的方法可以使我们的规划算法高效地适应新场景下的交通规则或驾驶风格。通过减少更新规划算法逻辑所需的大量系统工程的工作量,Momenta 的规划算法能够实现高度的可扩展性以及快速的迭代更新。

三、公司战略

1.“一个飞轮”的技术洞察,“两条腿”的产品战略

规模化 L4 面临“行驶千亿公里,解决百万问题”的巨大挑战。千亿公里,相当于地球到太阳系尽头行星距离的 22 倍。而面对百万个问题,可以用 100 个人的团队一年的时间解决 100 个问题,但是不可能有 100 万个人在一年的时间里去解决 100 万个问题。

为了实现规模化 L4,Momenta 从创立之初就确定了“一个飞轮”的技术洞察,指随着数据驱动、海量数据,以及两者闭环自动化的不断积累和迭代,飞轮将越转越快,终成厚积薄发之势,带来产品和商业的爆发增长,最终实现无人驾驶规模化落地。

规模化 L4 的最终实现,要有千亿公里的数据以发现长尾问题。这需要通过量产自动驾驶去获取海量数据。Momenta 通过将量产自动驾驶产品 Mpilot 搭载在车辆上,在为客户解决问题、创造价值的同时,助力客户更好地迭代产

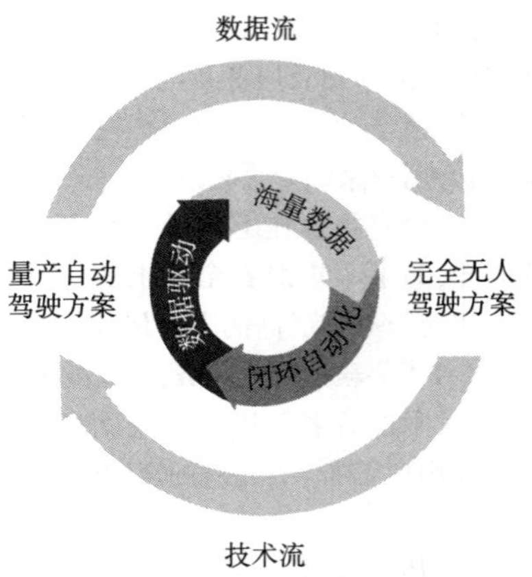

品。这些来自真实世界的海量数据,就像“活水”一样,源源不断地进入“飞轮式”的循环中,推动完全无人驾驶产品 MSD 不断升级。

要解决这些海量数据中的海量问题,必须通过数据驱动(Data-Driven)的算法才能高效解决。Momenta 内部推行“架构师”文化,相比于见招拆招的解决单一问题,公司鼓励团队把更多的精力放在如何搭建一套数据驱动(Data-Driven)的算法框架上。随着量产数据的不断流入,数据驱动的算法会驱动飞轮不断迭代,自动化地解决自动驾驶的长尾问题。

海量数据和数据驱动的算法之间还需要形成自动迭代的闭环。闭环自动化(CLA)正是这样一套高效、自动化的工具链:通过建立对问题自动化发现、记录、标注、训练、验证的闭环过程,为技术和产品提供自动化的迭代能力,驱动“飞轮”高速转动。

基于一个飞轮的技术洞察,衍生出了 Momenta 两条腿的产品战略。即左腿量产自动驾驶 Mpilot,为行业交付一流可量产的自动驾驶系列产品,并提供源源不断的数据流;右腿完全无人驾驶 MSD,致力于打造 L4 级别的完全无人驾驶,并反馈给量产产品领先的技术流。两条腿战略需要建立在统一量产传感器基础及统一的技术路线上,两者相互协同打通。通过“一个飞轮”技术洞察和“两条腿”产品战略,可将实现规模化无人驾驶的成本跨数量级降低。

2. 全速开转,打造“飞轮速度”

随着飞轮的转动,Momenta 实现完全无人驾驶的速度得到了显著提升,“两条腿”产品战略也得以快速落地。随着 Mpilot 和 MSD 协同增效,Momenta 将实现商业上的快速增长。Mpilot 现已与数家国际、国内顶级车企和一级供应商达成战略合作,合作车型将在 2021 年到 2023 年实现全球范围的大规模量产,为终端用户使用。

MSD“飞轮式 L4”技术自 2019 年发布起,就一直凭借“飞轮”的强大动力在快速进化迭代。2020 年 10 月,搭载了“飞轮式 L4”的 Robotaxi 产品 Momenta GO 在苏州正式发布。2021 年 12 月,Momenta 完全无人驾驶 MSD 获得中国汽车零部件产业年度贡献奖——铃轩奖前瞻智能驾驶类优秀奖。同月,应用了 Momenta“飞轮式 L4”的享道 Robotaxi 也正式启动运营,并已于上海及苏州启动运营,累计运营车辆 60 台。这也是 Momenta 在 L4 技术商业化落地的又一重要里程碑。

对 Robotaxi 而言,Momenta 计划先从部分标杆城市开始商业化落地,建立 0-1 得商业模式积累。随着量产数据大规

划回流，此时数据和技术上 1-N 的储备也已到位，具备了扩张条件。Momenta 将开始进行多地落地，从而以极快的速度实现规模化 L4。

四、发展规划

在中国，汽车新四化“电动化、智能化、网联化、共享化”发展趋势也已成为行业共识。《新能源汽车产业发展规划（2021—2035 年）》中指出，要“推动汽车从单纯交通工具向移动智能终端、储能单元和数字空间转变”，而且，近两年北京、广州、深圳、重庆、武汉、苏州等地相继出台相关规范和标准，为自动驾驶的落地应用“铺路搭桥”。

Momenta 将持续助力合作伙伴实现自动驾驶产品落地，共同实现可规模化的无人驾驶，赋能更安全、便捷、高效的未来智慧出行。

未来，Momenta 将持续以客户为中心，围绕“一个飞轮”的技术洞察和“两条腿”的产品战略持续发力，以实现“十年挽救百万生命、十年解放百分百时间、十年物流出行效率翻倍”的愿景。

北京主线科技有限公司

一、单位概况

北京主线科技有限公司创立于 2017 年，是中国最早研发 L4 自动驾驶卡车的人工智能国家高新企业，拥有近 20 年完全自主研发经验与积累成果，无人驾驶卡车核心关键技术排名领先，知识产权布局完备；主线科技作为物流智能驾驶平台与服务提供商，成立以来一直专注于自动驾驶卡车在物流领域的应用，面向物流枢纽与物流干线场景，以领先的自动驾驶全栈技术重新定义物流运输方式，致力于打造覆盖全国的网络化人工智能运输系统 NATS（Networked AI Transportation System，NATS），让物流运输更安全、更智能、更经济，通过人工智能等信息技术推动运输装备和路网枢纽的数字化、网络化、智能化，以自动驾驶卡车为两个核心，以人工智能信息平台为依托，打造协同共享、经济高效、安全稳定、绿色低碳的“货运即服务”货运物流骨干网。

二、生产与经营

主线科技作为无人驾驶技术研发的人工智能国家高新企业，是出身算法的人工智能创新公司，欲搭建数字化、智能化的全国物流运输网络，核心抓手和载体为具备量产能力的自动驾驶卡车，生产与经营为自动驾驶域控制器、算法以及平台产品。作为最早在商用落地中去掉安全员的公司，主线科技的无人集卡在天津港以及宁波舟山港不断地开始上岗，已实现无人化运输。干线运输方面，与德邦、申通等大型物流企业开展长期合作，开展基于智能辅助驾驶的干线物流运营，以真实高速公路卡车实车运行数据推动重卡自动驾驶技术的迭代升级，并主导多项科技部、交通部研发与示范项目，开展高级别自动驾驶干线运输示范运营。

三、产能建设

1. 港口无人驾驶集卡建设

主线科技以自主研发的自动驾驶全栈技术，针对港口的无人集卡智能运输系统已与港口 TOS 系统的完美对接，打造具备实际作业能力的港口一体化作业系统，完成无人集卡在港口的全天候 24 h 作业，成功打造我国港口枢纽自动驾驶样板间，助力港口实现传统模式向现代化智慧港口的快速转型，实现我国绿色港口、零碳码头，实现规模化商业交付。截至目前，主线科技已向天津港等港口交付 L4 级无人集卡50 余台和 ART 人工智能运输机器人 60 台，并实现港口枢纽自动驾驶解决方案的标准化复制与规模化应用。同时，已在中海油惠州物流基地、宁波舟山港等多地开展自动驾驶运输业务。

2. 干线物流无人驾驶运输建设

主线科技已开启 L4 级重卡物流车的自动驾驶测试和货车编队测试，与德邦、福佑开展长期合作，在京沪高速以自动驾驶“影子”模式进行实际运输活动，以真实高速公路卡车实车运行数据推动重卡自动驾驶技术的迭代升级，入选“十三五”国家重点研发计划《高速公路智能车路协同系统集成应用》，联合九家高速公路集团进行货车编队的高速实测。2021 年，依托北京市高级别自动驾驶示范区与北京市智能网联汽车政策先行区，主线科技联合京东物流、北汽福田等智慧物流生态合作伙伴，获得国内首批高速自动驾驶商用车测试牌照，并在经开区投入实际测试与运营。

四、技术进展与研发能力

围绕构建新一代人工智能运输系统，打造技术、产品、运营闭环技术与研发服务能力。

1. 技术生态

主要包括：AiTrucker 人工智能虚拟司机、Trunk Cloud 自动驾驶云工具链、CAFC 网联自动驾驶货运编队技术。

（1）AiTrucker 人工智能虚拟司机。是主线科技专为卡车研发设计的 L4 级自动驾驶解决方案，融合车规级硬件系统与车载软件算法系统，致力于让虚拟司机搞定全流程物流运输，目前适用于封闭港口园区场景下的成熟商业化运营，未来将实现开放道路场景下的全域完全无人驾驶。AiTrucker 中央计算平台集成领先软件算法，具备强劲算力，性能稳定持久，达到车规级功能安全。感知定位系统为卡车专门设计的多传感器系统，结合高精度地图，实现感知能力更远、更全面。

（2）Trunk Cloud 自动驾驶云工具链。构建统一的自动驾驶云数据底座，基于自研的“数据平台+数据服务”串联起主线科技的云工具链，助力自动驾驶系统实现高效、自主的算法迭代与功能升级。

（3）CAFC 网联自动驾驶货运编队技术。可以实现多辆自动驾驶卡车以较高速度和紧凑的间距完成队列行驶，是一种利用车路协同、自动驾驶、云计算、人工智能等融合技术，实现毫秒级响应、低间距一体化运行、车路云协作的编队智能驾驶机制；该技术可以减少空气阻力，释放更多车道，提升运输效率，缓解交通压力，提高驾驶安全性，减少人员成本。

2. 产品生态

主要包括：AiTruck 人工智能卡车家族、TrunkGo 智能运输云服务。

（1）AiTruck 人工智能卡车家族。从封闭枢纽场景到开放公路，主线科技提供 L4 级智能卡车服务。

主线科技与主流商用车 OEM 深度合作，实现智能卡车的快速前装量产，并确保其符合车规级功能安全，累计已推出十余款智能卡车。

（2）TrunkGo 智能运输云服务。是基于云计算、大数据、车联网等核心技术打造的智能云产品，主线科技基于 TrunkGo 为用户提供智能卡车的全生命周期服务。

3. 运营生态

主要包括：Trunk Freight 高速干线自动驾驶货运解决方案及 Trunk Pivot 智慧物流枢纽自动驾驶车队解决方案。

（1）Trunk Freight 高速干线自动驾驶货运解决方案聚焦于高速干线长途运输，以科技运力——自动驾驶卡车及云服务为产品，为物流客户提供更安全可靠、更高效精准、更经济普惠的高速干线货运服务与体验，帮助客户实现物流数智化升级。

（2）Trunk Pivot 智慧物流枢纽自动驾驶车队解决方案以“智慧高效、绿色发展”为理念，聚焦物流枢纽内货物集散和转运，以领先的“车-路-云”产品和技术，为客户提供物流枢纽自动驾驶车队运输产品与服务，帮助客户打造的绿色智慧型物流枢纽。

五、主要新产品

序号	产品名称
1	AiTruck 人工智能卡车
2	TrunkGO 智能运输云服务

六、合资合作及重大项目建设

（1）开展港口枢纽自动驾驶规模化应用。截至 2022 年，主线科技已向天津港等港口交付 60 台 ART 人工智能运输机器人及 50 余台 L4 级无人集卡，实现港口枢纽自动驾驶解决方案的标准化复制与规模化应用。

（2）获得我国首批高速公路公开道路测试牌照。2021 年，依托北京市高级别自动驾驶示范区与北京市智能网联汽车政策先行区，主线科技联合京东物流、北汽福田等智慧物流生态合作伙伴，获得国内首批高速自动驾驶商用车测试牌照，并在经开区投入实际测试与运营，实现常态化 L4 级自动驾驶高速路测，向完全无人驾驶前进。

（3）牵头并参与多项我国自动驾驶商用车国家或团体标准建设。包括《高速公路卡车队列运行系统技术要求》《智能网联汽车自动驾驶系统特定场景应用性能要求及试验方法》等。

七、发展规划

发展规划以自动驾驶软硬件系统为抓手打造新型人工智能智慧物流生态，用高效、快捷、全面的物流运输服务为国民经济输送动力，解决我国货运网络面临司机短缺、效率低下、环境污染等困境，承担构建低碳、环保、高效的自动驾驶业态的社会责任。

围绕“技术+产品+运营”的战略闭环，携手智能驾驶、商用车以及物流运营的产业链头部伙伴建立合作生态圈，深化业务协同，共享产业资源，开放技术创新，共同加速建设 NATS 网络化人工智能运输系统，并持续推动产业升级与变革，为合作伙伴和用户创造可持续高质量发展的共赢价值。

上海淞泓智能汽车科技有限公司

一、单位概况

上海淞泓智能汽车科技有限公司成立于 2017 年 6 月，股东方单位包括上海国际汽车城（集团）有限公司、中国汽车技术研究中心有限公司、上海电科智能系统股份有限公司和上海机动车检测认证技术研究中心有限公司。淞泓公司是上海市智能网联汽车制造业创新中心，是国家智能网联汽车（上海）试点示范区具体运营和管理单位，受上海市智能网联汽车道路测试推进工作小组（市经信委、市交通委、市公安局联合成立）委托，作为第三方机构承担上海市智能网联汽车道路测试牌照申请、测试和管理工作。同时是国家智能网联汽车（上海）试点示范区运营及管理单位及长三角地区智能网联汽车一体化工作牵头单位，获批交通运输部自动驾驶技术交通运输行业研发中心。公司主要业务涵盖智能网联汽车测试认证、前瞻技术研究、大数据分析与人工智能服务等，具备国内领先、国际知名的面向智能网联汽车全生命周期的测试与技术服务能力。2021 年，公司获得全国汽车标准化技术委员会授予的 2020 年度标准化工作优秀企业荣誉，成功申报市经信委 2020 年中小企业发展专项资金和嘉定区 2020 年智慧城市人工智能创新发展专项资金。2021 年获得两化融合管理体系评定证书；检验检测机构资质认定证书等。

二、经营情况

公司依托国家智能网联汽车（上海）试点示范区的建设，汇聚了 40 余名汽车、交通、计算机、通信等跨学科高端人才，探索建立了一套从虚拟仿真到开放道路完整的智能网联汽车道路测试技术服务、软硬件支撑体系，为汽车行业领先的整车、零部件企业以及通信、人工智能、互联网企业等提供优质测试服务及产品。

截至 2021 年 12 月，已协助上海及长三角累计向 25 家企业发放了 295 张测试牌照。公司建设了国内第一个智能网联汽车道路测试数据分析和监管中心，实现人、车、路、环境数据实时动态采集呈现。

公司主要服务和产品：

1. 技术服务

（1）测试认证服务

公司依托国家智能网联汽车（上海）试点示范区封闭测试区建设，以 L3 和 L4 为主研发，构建了一套从虚拟仿真到开放道路完整的智能网联汽车道路测试体系，为主机厂、Tier1 等企业提供专业的自动驾驶测试（智能化测试、网联化测试)服务;制定自动驾驶评价规程及相关测试标准,为上海市智能网联汽车测试服务提供参考。

(2)数据监管服务

研究制定建设方案,协助上海国际汽车城(集团)建设国内第一套智能网联汽车道路测试数据分析和监管中心,台能够接入包括车载自动驾驶路测监管数据、车载视频数据,实现人、车、路、环境数据实时动态采集,确保道路测试安全有序可控。

2. 系统平台开发

(3)路侧管理服务平台

建设开放道路设备管理平台,平台能够接入包括 RSU 数据、红绿灯、路侧视频数据(摄像头)。结合开放测试道路的智能化改建,建立了车端、路端一体化的全息监管方案,对智能网联汽车道路测试的整体情况做到了可观可查,保证了测试的安全有序开展。

(4)V2X Server

面向智能网联汽车 C-V2X 网联通信关键技术的测试、应用与数据服务需求,综合搭建 C-V2X Server 中心平台,实现路侧 RSU、MEC 和车端 OBU 等多源数据到中心平台的集成整合,开发基于高精度电子地图的车路信息交互系统,实现基于 PC5 接口的实时 V2X 通信,及 PC5 接口通信消息的数据记录,以及实现基于 Uu 接口的消息定向下发。综合为测试客户提供功能完善、系统可靠的测试与服务环境,支撑网联测试业务的正常开展。

3. 硬件设备研发

(1)SiBox 智能路侧终端

开发一种为智能网联汽车开放道路测试的智能路侧设备,为 19 英寸标准尺寸机柜,内部采用模块化设计,主要控制单元采用工业级 32 位 ARM9 处理器,具有 2 个 RJ45 网络通信口、1 个 RS232 接口、1 个 RS485 接口、1 个 USB 接口,内置 GPS 模块,数据更新频率 10 Hz。可集成多种检测和通信设备,目前已集成的 DSRC 通讯单元工作频段:5.88 GHz~5.925 GHz,发射功率≥20 dbm,时延小于 10 ms,已集成的 LTE-V 通讯单元工作频段: 5855 MHz~5925 MHz 可调,工作带宽:10 MHz,发送功率:最大 23 dBm。设备整体安装方便,维护简单,对不同环境的适应力强,符合新一代智能交通设备科技感和实用感兼备的需求。Sibox 主要用于智能网联汽车封闭测试区和开放道路测试区中路侧端交通信号数据的采集和转换,为测试车辆提供标准的信号灯数据,以指导测试车辆的驾驶行为。该设备已运用于上海嘉定、奉贤开放道路测试区,长春、广州等地的开放道路测试区域项目建设,产生了广泛社会效益和经济效益。

(2)多接入路侧边缘计算(MEC)设备

多接入路侧边缘计算设备,能够接入路侧微波雷达检测器、视频检测器、激光雷达检测器、信号灯信息采集单元,具备数据融合和集成的能力,可以与 RSU、OBU 实现信息互通。设备具备实现盲区行人检测、非机动车检测、大货车检测的功能,能够实现路侧微波雷达检测器、视频检测器、激光雷达检测器数据的融合,基于该设备形成了路侧交通状态与交通安全评价算法体系,结合 V2X 实时消息处理,具备 RSI、RSM、SPAT、MAP 消息内容的生成与发送的功能。

(3)智能转向系统高性能检测装备

智能转向系统高性能检测装备的技术方案包含机械、电气及测控三大系统方案。主要包括:高动态 4 轴液压作动缸单元及其控制系统、精密力学与位移测量系统、HIL 硬件在环系统、精密伺服转向模拟控制系统、静压耐磨直线运动单元、可调整机械底座、减震系统、自动化测控系统等各类部件及功能,关键核心部件采用国际一流品牌。

三、产能建设

依托国家智能网联汽车(上海)试点示范区,公司建设了六大创新服务平台。“一场”——研究制定技术方案,协助汽车城集团建成国内第一个智能网联汽车专用封闭测试区,并负责具体运营和管理工作。目前,测试区累计为 100+家国内外企业提供超过 1500 天次、15000 h 的测试服务,成为中国智能网联汽车产业的一张名片。“一路”——研究形成道路智慧化建设系统解决方案,协助汽车城(集团)建设国内第一条面向智能网联汽车测试运行的智慧道路并负责具体运营和管理,率先打造了车路网云一体化的智慧道路样板。“一库”——建设国内第一个智能驾驶全息场景库,定义和梳理了“中国工况”,有力支撑测试评价方法完善和产品技术研发,并推动我国牵头自动驾驶测试场景国际标准。“一中心”——研究制定建设方案,协助汽车城(集团)建设国内第一套智能网联汽车道路测试数据分析和监管中心,实现人、车、路、环境数据实时动态采集,确保道路测试安全有序可控。2020 世界智能网联汽车大会上,经上海市经信委正式挂牌“上海市智能网联汽车公共数据中心”。“一平台”——构建面向高等级自动驾驶的虚拟仿真测试平台,面向自动驾驶研发与测试关键技术,搭载安亭全域 100 km^2、450 km 道路的高精度地图照片级精细化模型,为企业提供仿真测试服务。“一基地”——积极参与教育部 1+X 证书试点工作,成功申报第四批职业教育培训评价组织和职业技能等级证书(证书名称:《车辆自动驾驶系统应用》),努力打造中国自动驾驶领域职业教育人才培养基地。

四、技术进展及研发能力建设

公司聚焦公共服务平台建设和前瞻共性技术研究,致力于推动智能网联汽车从研发测试向商业化应用迈进。以“345”为抓手,即围绕智能网联汽车“上路难、评测难、监管难”的三难问题,构建了支撑智能网联汽车规模化应用的“新技术、新系统、新标准、新工程”(四新),建立智能网联汽车“可运行、可推广、可监控、可认证和可提升”(简称五可)智能网联汽车应用关键技术体系。

(1)“可运行”:构建完善的智能网联汽车测试示范环境和运行组织方法。建设智能驾驶全息场景库,研究制定智能网联汽车测试示范区规划设计和场景构建方法;牵头完成汽车工程学会团体标准《智能网联汽车测试场设计技术要求》的研究制定,联合工信部赛迪研究院完成《智能网联汽车测试场分级评价体系》构建,推动行业建立完整完善的封闭测试区设计规范。构建基于“交通流-测试车量-场景级别”多重饱和度的路网承载能力和道路风险计算模型,实现测试车辆和路网负载动态均衡,支撑上海市开放测试道路选取,并联合汽标委牵头开展《智能网联汽车自动驾驶功能实际道路评价方法及要求》研究。

(2)“可推广”:推进智能网联汽车示范应用探索应用关键技术和法律法规问题研究。牵头开展示范应用管理研究,构建示范应用体系,支撑《上海市智能网联汽车道路测试和示范应用管理办法》的研究制定,目前已推动 11 家企业获得 166 辆车的示范应用牌照。支撑 V2X 三跨、四跨、2020 年的大规模测试、“新四跨”以及 2021 沪苏锡互联互通的“四跨”,推动 V2X 规模组网技术和信息安全技术的集成应用,最大程度实现互联互通;积极参与长三角地区智能网联汽车测试示范区规划建设,推动“物理分散、逻辑统一”,为实现跨区域的推广应用奠定基础。此外,完成测试底盘设备的功能开发与迭代工作,实现纵向和横向测试设备的精准控制,具备对外产品销售条件。

(3)“可监管”:建设上海市智能网联汽车道路测试数据分析与监控平台。通过车端和路侧两个视角对智能网联汽车道路测试与示范应用牌照开展全生命周期实时监控,实时采集六项指标数据,并采用地理围栏开展精细化管理,实现多层次实时数据采集,全方位测试过程监管,系统性测试数据分析。在 2020 年世界智能网联汽车大会上,上海市经信委正式挂牌“上海市智能网联汽车公共数据中心”。

(4)“可认证”:持续推进智能网联汽车驾驶能力和安全性评测体系建设。2020 年参考国家的《测试规范》,研究构建了包含 25 个项目 91 个场景的测试体系,累计支撑超过 25 家企业近 295 辆车的自动驾驶道路测试和示范应用。2021 年,支撑上海智能网联推进小组研究制定出台了《上海市智能网联汽车测试与示范实施办法》(管理办法 3.0),并同步推进研究制定包含道路测试,仿真测试,功能安全,预期功能安全,网络安全和数据安全的大安全评测体系。与公安部无锡所等积极推进测试规范和体系的互认,推动长三角一体化牌照的落地;同时,联合行业各方力量,积极推进智能网联汽车“大安全”(交通安全、信息网络安全、功能安全)测评体系建设。

(5)“可提升”:持续完善道路测试环境,加强智能网联汽车环境适应性评估。不断完善和提升开放道路测试环境,联合行业合作伙伴共同推进智慧道路建设,推动智能的车与智慧的路协同发展;加强数据分析,构建了多阶层可靠性评估指标体系和时变运行环境的适应性量化评估方法,研究智能网联汽车对现有道路交通环境的影响。2021 年,受汽车城(集团)委托,公司负责汽车城核心区开放道路智能网联汽车测试环境系统的运维,逐步构建了国内首套智能网联汽车开放道路运维体系,包括开放道路运维体系,数据中心运维体系,V2X 服务体系和自动驾驶监管体系,有效提升了开放道路的服务能力和水平。

公司自成立以来,联合行业合作伙伴承担智能网联汽车科研项目,成功牵头申请国家、市级科研项目 10 余项,涉及智能网联汽车、大数据、信息安全、5G 通信等多方面前沿技术领域。累计参与国际、国家、行业、地方和团体标准共计 50 项,并建立了完善的市场化运营机制、智能网联汽车示范区技术方案“上海模式”输出机制和闭环运行的知识产权协同运用机制,累计申请专利、软著等知识产权成果 54 项。

五、发展目标与规划

未来,公司将坚持功能性和竞争性“双轮驱动”,在做好国家智能网联汽车(上海)试点示范区运营和管理的基础上,以上海市智能网联汽车创新中心建设为核心,为行业主管部门推进智能网联汽车行业管理和产业发展提供有力支撑,努力为智能网联汽车企业提供全生命周期的测试认证和技术研发服务,持续开展智能网联汽车前瞻共性技术研发,打造政府高度信任,行业高度认可的政企高效联动的“桥梁纽带”,建设国际一流的智能网联汽车测试认证能力,集中攻克一批智能网联汽车前瞻共性技术,成为上海乃至长三角区域最核心的智能网联汽车功能性平台、国内具有知名影响力的智能网联汽车技术服务机构,推动智能网联汽车产业实现高质量发展。

北京东方中科集成科技股份有限公司

一、单位概况

北京东方中科集成科技股份有限公司(以下简称东方中科)是中国科学院控股有限公司旗下东方科仪控股集团有限公司的控股子公司,是在中关村科技园区注册的高新技术企业,2016 年 11 月在深圳证券交易所 A 股上市,股票代码为 002819。

东方中科作为国内领先的测试技术和科技服务公司,为广大客户提供了包括仪器增值销售、科技租赁、系统集成及相关技术服务在内的“一站式”综合服务。多年来深耕测试测量领域,在 5G 通信、新能源、工业及消费电子、人工智能、云计算大数据、新基建等多个领域提供了具有竞争力的综合测试服务解决方案。营销网络覆盖北京、上海、广州、深圳、南京、苏州、杭州、西安、武汉、成都在内的国内众多制造与研发基地。

东方中科新能源汽车事业部脱胎于东方中科原系统集成部门,继承了中科院强大的创新基因,以“科技无限、服务创新”为使命,从历史十几年的系统集成经验和汽车项目的配套服务中建立新起点。汇集业内经验丰富的汽车测试系统专家,同时依托于中科院、东方科仪集团和国内外一线测试厂商资源实现技术协作和深度共建,打造从软硬件开发调试、项目咨询到系统集成、现场测试服务的核心人才梯队和产业生态闭环,成为新能源汽车专业研发测试咨询服务的中坚力量。

东方中科新能源汽车事业部以成为中国领先的测试技术与科技服务公司为愿景,在新能源汽车测试领域厚积薄发,为行业用户量身打造从信号级仿真测试到功率级性能测试,从零部件单品测试到整车系统集成测试等多种解决方案。依靠自身强大的系统集成和技术创新能力,自研无线充电、高压系统、智能驾驶、燃料电池等多个新能源汽车应用形成测试组合拳，追踪新能源汽车行业发展趋势和行业测试标准，持续完善系统测试流程和方法，提供一站式测试解决方案和服务，赋能新能源汽车行业发展。努力为客户提供“更丰富的产品选择、更经济的解决方案、更全面的专业服务”。

二、测试技术及规范研究与制定

GB/T 38775—2020《电动汽车无线充电系统》标准的制定参与单位。

三、检测能力建设

1. 无线充电测试

(1)电动汽车无线充电测试；(2)车载/消费电子无线充电测试；(3)无线充电测试服务。

2. 高压系统测试

(1)高压系统集成测试；(2)三电系统 HiL；(3)车规级快速控制原型设备(RCP)；(4)测试服务。

3. 智能驾驶测试

(1)整车在环解决方案(ViL)；(2)V2X 系统测试；(3)智能网联测试；(4)ADAS 测试；(5)远程驾驶解决方案；(6)驾驶模拟器。

4. 车身电子和智能座舱测试

(1)整车级电子电器虚拟测试系统(VV)；(2)智能座舱测试；(3)车身电子测试；(4)车载以太网开发测试平台；(5)车舱声光组件性能测试。

5. 燃料电池测试

(1)燃料电池仿真测试系统(FCU HiL)；(2)燃料电池电堆测试；(3)燃料电池发动机测试；(4)燃料电池智能温控系统。

6. 非标系统定制

(1)自动化下线测试(EOL)；(2)旋转变压器测试；(3)车规级功率器件动静态测试系统；(4)NVH 测试系统；(5)EMC 测试系统。

四、发展规划

(1)软体目标物与平台车测试系统；(2)真值系统与数据分析；(3)车辆远程智能诊断系统；(4)智能底盘 HIL 测试解决方案。

南京博裕物联科技有限公司

一、单位概况

南京博裕物联科技有限公司是依托北京大学人才团队在宁成立的一家专注于城市物联网及大数据应用的科技创新型企业，自成立以来，公司重点围绕“物联网与智慧城市”国家重点研发计划核心科技成果“应用驱动的异质物联网系统互联平台”，开展了主要面向城市基础设施监控、视频监控及车联网应用等在内的产学研合作及应用示范工程。

博裕物联以“联接万物，联接价值”为导向，重点从“数据-资源-服务”三个层面出发，首次提出了应用驱动异质物联网三元分治架构体系，通过跨行业设备联接管理技术、网络资源虚拟化控制复用技术、跨行业应用软硬件协同技术等核心科技能力，实现了车联网、城市管理物联网、消防物联网、能源物联网、工业物联网、农业物联网、卫星物联网等多种异构网络及复杂协议间的互联互通与深度融合。截至目前，博裕物联在车联网、车路协同、路网群智感知等多个方面，与华设、中电车联、蘑菇车联、路安交科等多家行业内企业共同开展了丰富多样的合作项目。

二、生产与经营

南京博裕物联科技有限公司主要涵盖的领域有车联网、城市管理物联网、消防物联网、能源物联网、工业物联网、农业物联网、卫星物联网等多个行业物联网领域，在车联网领域中主要提供车路协同通信、路网群智感知、交通流仿真优化等技术解决方案。公司主要经营 5G 通信与物联网、人工智能、地理遥感信息服务、互联网与大数据、智能控制系统、工业互联网、区块链与云计算技术、互联网安全、标准化与工程管理等；主要供应包括移动终端设备、数字视频监控系统、网络设备、通信设备、信息安全设备、物联网设备、计算机软硬件及外围设备等。

三、产品出口

公司产品主要面向具有数字化转型需求的企业及政府机构单位提供物联网与智慧城市领域各行业方向的技术服务咨询、产品设计及数字化平台服务等，以异质物联网系统互联平台为底座提供多类型灵活兼容的综合解决方案。

四、产能建设

南京博裕物联科技有限公司基于应用驱动的异质物联网系统互联平台建成了支持不少于 8 种物联网协议，网络利用率大于 90%，用户接入服务双向延迟(不包括线路物理延迟时)小于 5 ms 的互联互通解决能力，自主研发物联网统一互联设备，配套的软件架构具备大于百亿级设备互联能力。针对城市基础设施监控、视频监控、车联网应用开展千万级的应用示范工程，在项目执行期内互联解决方案形成了不少于 2 亿的泛用户覆盖，其间研究团队牵头或参与了 20 项物联网互联领域的国家标准或国际标准提案，并成功申请了系列专利。

车联网产品面向车与路侧设施直连通信，建立车路安全通信体系。在重点城市、高速公路、封闭测试场、车路协同试点路段等场景下，实现基于安全通信的安全预警、效率提升等车路协同应用、包括红绿灯提醒及绿波通行、道路交通信息提示、弱势交通参与者提醒、公交优先通行、自动驾驶测试等功能的部署。通过接入相关车联网电子认证安全根和工业和信息化部车联网电子认证可信安全根管理平台，开展跨信任域的身份认证，保障本区域多类路侧设备与车辆的车路安全通信，构建车路通信安全保障能力。

五、技术进展与研发能力

依托于国重点项目建成的应用驱动的异质物联网系统

互联平台具有一套完整的支持物联网异质网络互联的模型、方法和自主创新的应用驱动物联网架构，包含三大关键共性技术：一是广域接入的跨行业设备联接管理技术、二是应用适配的异质物联网虚拟化控制复用技术、三是面向深度融合的异质物联网应用服务协同技术，实现了“广域接入稳态化、异质资源复用化、应用服务融合化”三大目标。

摒弃传统网络以“流量”为核心、分层设计的架构模型，建立以“应用”为核心、“数据-资源-服务”三元分治架构模型。相较于现有的“感-联-知-用-融”物联网架构，具备应用与系统高适配松耦合、资源与控制强一致低聚合、数据与网元免网关互兼容等特性，为应用驱动的一体化服务新范式和异质物联网系统互联融合提供理论基础和架构支撑。提出免网关通用直联、边云双循环协同计算、微容器交叉融合封装等一系列关键技术，使针对不同应用的物联网系统互联更加协调统一，资源控制复用更加精准抗干扰，设备接入交互更加持续稳态，数据传输更加稳定可靠。

在车联网方面重点研究复杂多变交通环境下多主体协同运行的信息可信交互机制，针对人车路多端的实时交通数据形成一套全局感知融合与全景状态重构的理论方法；研究基于多源异构传感器的信息融合方法，研究基于边缘计算的路网协同认知与信息融合技术、端边云资源优化与协同等技术，突破高可靠车路交互、主动安全协同辨识等技术难点；研究基于车辆群体智能的交通决策优化控制技术，开展异构交通主体群体智能仿真计算与控制平台体系设计。

六、主要新产品

序号	产品名称	产品应用
1	无源反射通讯网关	仿真硬件和软件平台
2	多协议智能网关	主要应用场景为数据收集和边缘计算传输
3	视频服务系统	主要应用场景为工业环境中的视频类信息的录制、调度、存储和内容分析等

七、合资合作及重大项目建设

目前，博裕物联在北京大学牵头的“物联网与智慧城市”国家重点研发计划项目“应用驱动的异质物联网系统互联平台架构关键技术研究及验证”中，主要承担了异质物联网系统互联平台（东部）的示范工程建设工作。目前已实现在东部地区上海、南京、苏州、杭州、广州等多个城市累计 651.2 万套物联网设备的互联互通接入，已覆盖泛用户规模近亿人次。其中在江苏省，博裕物联面向智慧消防领域同江苏省消防协会、江苏安泰消防技术服务有限公司共同建设了消防行业子平台，并同安泰消防集团合资共建了南京六域知物科技有限公司，致力于共同打造数字消防生态云服务体系；在浙江省，博裕物联重点参与了同瓶安用气（杭州）物联网科技有限公司合作的“数治瓶安”工程，实现了全杭州市燃气钢瓶全生命周期的物联管控及大数据应用分析。

在车联网方面，博裕物联重点参与了由华设集团牵头的工信部“车联网身份认证和安全信任”试点项目中“智慧公路车联网车路身份认证安全体系建设与运营”，主要负责其中车联网同路侧设备间互联互通及车联网同城市物联网系统间互联互通的技术解决方案。项目依托工程在五峰山新一代（未来）高速公路建设了基于 C-V2X 的智能网联路侧基础设施（包括路侧智能设备 RSU、车路协同感知设施及边缘计算单元 MEC 等）和车路协同平台，建成了国内首条完备的高速公路车路协同测试基地和示范应用基地，并通过实施手机 App 和车载终端等方式实现了高速公路广义车路协同应用。并在无锡 S342 省道智慧公路打造了“全息感知网、车路协同链、智慧公路脑、安全运输带、便捷服务站、高效管理域、支撑保障源”七大主题，应用示范成果主要是针对外场监测感知中采集的数据，采用自建、租用专线/4G/5G/物联网/互联网等手段，建设数据通信网络系统，实现不同需求的数据可靠传输，为车路协同提供支撑。

八、发展规划

博裕物联计划在本年度重点完成面向车联网及各行业物联网在边缘智能计算平台、物联管控平台及数据仿真决策平台方面的二期开发及优化工作，未来公司将持续致力于建设可实现“万物互知，万物互联，万物互融”的跨行业深度融合技术解决方案及物联网数字化底座，为物联网与智慧城市各类典型行业应用提供专业化的技术支持力量。

北京英创汇智汽车技术有限公司

一、单位概况

英创汇智是中国汽车智能线控系统与智能安全技术创新发展的领航者，已经研发出具有国际先进水平的 ABS/ESC/EPBi、eBooster、IBC（onebox）、T-RES（冗余电控转向系统）、ADAS、线控底盘等关键零部件，建立了涵盖汽车底盘电控产品的研发、测试、制造、标定匹配等全链条的技术能力，研发与生产体系。

公司先后荣获重庆市科技进步 一等奖、安徽省科技进步三等奖、天津市发明奖；获国家工信部自主 ESC 技术强基工程支持；在 ESC、eBooster、IBC、T-RES、ADAS 全链条底盘线控系统产品核心技术上申请国家发明专利 130 多件，获授权发明专利近 60 件。

公司相继荣获国家科技型企业、国家高新技术企业、天津市专精特新企业（天津公司）等资质；通过了 ISO 9001、ISO 14001、IATF 16949、VDA6.3 等质量体系认证。

已建成北京经济技术开发区总部基地（智能制造、研发与测试中心）、天津公司（ESC 生产基地）和湖北公司（整车测试场（240 亩）与机加工基地）。

“创立世界的英创，做汽车线控技术的领航者”是公司的愿景。英创汇智坚持自主创新、开放交流，立志通过一流的产品和技术服务我国汽车工业自主可控战略目标，为民族汽车工业做大做强贡献力量。

二、生产与经营

英创汇智在智能线控底盘技术方面拥有近 20 年的深厚

积累，近两年更是迎来飞速发展期，人员规模从100人迅速跃升至500人，其中研发人员就占300人。上汽通用五菱、奇瑞汽车、江淮汽车、东风汽车、北汽集团、一汽集团、长安汽车等都是公司稳定客户，未来将进军国际市场，进一步扩展业务版图。经过上半年的产能爬坡，随着ESC自动化生产线和TBS自动化生产线的建设完成，公司下半年有望达到ABS/ESC产能300万套/年、TBS产能40万套/年。

三、产品出口

面向新加坡、俄罗斯等国出口ESC、TBS等产品。

四、产能建设

（1）北京：英创汇智总部、研发中心、销售中心，2022年实现ESC总装产能200万套/年，TBS总装产能40万套/年。

（2）天津：英创汇智一期生产基地，2016年建立，目前ESC零件制造和总装产能100万套/年。

（3）湖北：英创汇智标定匹配中心与实车测试场，预计2022年建成，占地250亩；英创汇智二期生产基地，预计2022年建立，实现零件制造产能300万套/年。

五、技术进展与研发能力

在ESC、eBooster、IBC、T-RES、ADAS全链条底盘线控系统产品核心技术上申请国家发明专利130多件，获授权发明专利近60件。

六、主要新产品

序号	产品名称	产品型号	产品应用
1	ESC/EPBi（电子稳定性控制系统）	ABS9.1、ABS9.2、ESC9.2、ESC9.3、EPBi9.2、EPBi9.3	江淮X8、东风C5等
2	TBS（电动制动助力系统）	TBS260、TBS450、TBS600	上汽 RX5、江淮i3

七、发展规划

发展规划：秉承“底盘线控”和“线控底盘”双轮驱动的产品布局。

底盘线控：线控制动、转向等全链条关键技术撬动千亿级市场。

线控底盘：基于底盘线控的单元技术突破，升级为平台化的通用线控底盘关键技术撬动万亿级市场。

东软睿驰汽车技术（上海）有限公司

一、单位概况

东软睿驰汽车技术（上海）有限公司（以下简称东软睿驰）创立于2015年10月。公司以软件技术为核心，融合大数据、人工智能、基础软件等关键技术，聚焦智能网联、自动驾驶、EV动力系统，出行服务等领域，为全球车企面向未来技术创新发展，提供卓越的、可迭代升级的核心技术产品，软件平台产品，构建围绕软件的系统级开发能力，致力于成为其“软件定义汽车”最可信赖的合作伙伴。

二、产能建设

公司总部位于上海，并于沈阳、大连、北京、武汉设有分公司；

营销服务网点覆盖中国、美国、日本以及欧洲部分国家。

公司于沈阳、武汉分别设有0号生产线和1号生产线，分别进行PACK的中试及量产；

同时于大连和青岛分别设立有相关产品的代工厂。

三、技术进展与研发能力

面向下一代智能网联汽车的基础软件平台-NeuSAR

NeuSAR由东软睿驰全新自主研发，兼容最新版AUTOSAR标准，既支持传统的ECU开发，同时又对新一代电子电器架构下的基于域控制系统的软件开发提供丰富的基础软件、中间件和开发工具。广泛应用在新一代架构下的自动驾驶、智能驾舱、底盘动力、车身控制等域控制系统。

2020年7月在工信部指导下，东软睿驰与中国汽车工业协会共同策划并发起中国汽车基础软件生态委员会（AUTOSEMO），联合20家创始会员单位，面向智能网联、自动驾驶等创新领域的新需求，共同分享实践创新，构建开放的标准化软件架构，接口规范和应用框架。致力于发展我国自主知识产权的汽车基础软件产业生态体系，促进我国汽车产业向智能化加速转型发展。

公司以NeuSAR基础软件产品、大数据技术为战略核心，构建了完整的技术生态体系，为客户提供便捷、高效的技术产品与本地化支持。

自动驾驶领域，近20年自动驾驶领域研发经验，提供L0-L3自动驾驶产品与服务，L4+自动驾驶技术研发。同时面向SOA架构提供智能驾驶域控制器与智能驾驶开放软件平台产品，结合云端智驾平台与大数据应用，实现可迭代进化的智能驾驶体验。

智能网联领域，提供面向SDV车云服务一体化平台产品，技术与数据运营服务。基于SOA设计思想，实现跨域的车云协同服务，并提供高品质的技术产品与本地化服务支持。助力车企打造可持续迭代的个性化功能和用户体验。

EV电动化领域，通过融合大数据，基础软件等关键技术，提供高品质，安全智能的EV动力电池系统。包括BMS、整车域控制器、Battery Pack、EV大数据平台、三合一电驱动系统、智能充电系统。

出行服务领域，通过大数据与平台运营能力，构建面向出行大数据服务平台，实现出行模式创新和服务升级。

四、合资合作及重大项目建设

2021年4月19日，上海国际车展首日，东软睿驰与地平线在智能驾驶领域达成战略合作。

2021 年 12 月,东软睿驰与中兴通讯签署战略合作框架协议,形成全面战略合作伙伴关系。

2021 年 10 月,东软睿驰首获国投招商、德载厚资本合计 6.5 亿元人民币融资。

2021 年 6 月,东软睿驰汽车基础软件平台产品 NeuSAR 顺利通过 SGS 审查,获得 ISO 26262 功能安全 ASIL-D 证书。

2021 年 8 月,东软睿驰标准化与控制器正式发布。

2021 年 9 月,东软睿驰总经理曹斌作为 AUTOSEMO 首届轮值主席发布了《中国汽车基础软件白皮书 2.0》。

2021 年 9 月,东软睿驰荣获 2021 中国汽车工业科学技术奖。

2021 年 8 月,东软睿驰蝉联毕马威中国汽车科技领先企业 50 强。

五、发展规划

中国汽车产业正面临百年未遇之大变局,“软件定义汽车”(SDV)已经成为行业共识,这将在技术、产品、运营理念、组织架构等多方面给汽车产业带来全面的转变,最终实现低成本、高效率和高安全的智能出行。

东软睿驰汽车基础软件平台 NeuSAR 是国内领先的面向下一代智能网联汽车的基础软件平台产品。NeuSAR 兼容最新版 AUTOSAR 标准,支持传统的 ECU 开发,同时又对基于域控制器和新 E/E 架构的软件开发提供丰富的基础软件、中间件和开发工具,广泛应用在新一代架构下的自动驾驶、智能驾驶、底盘动力、车身控制等域控制系统,为下一代智能汽车实现更多个性化、智能化的应用提供底层软件支撑。

无锡物联网创新中心有限公司

一、单位概况

无锡物联网创新中心有限公司(以下简称创新中心公司),是无锡市政府主导下,联合先进芯片、传感器、存储器、网络通信、计算、系统集成、服务等物联网产业链上下游多家龙头企业与科研机构共同发起,于 2018 年 7 月 31 日成立,注册资本 8.72 亿元。创新中心公司定位于建成无粮网关键技术“策源地”、物联网创新人才“集聚区”、物联网公共服务“示范点”、物联网产业发展“推进器”,组织实施物联网及工业互联网关键共性技术研发和成果转移转化,牵头组织申报和承担国家重大创新项目,联合创新平台开展行业应用,提供总体解决方案,同时进行产业技术发展战略规划研究、标准研究制定、测试验证和推广应用等工作。已获批江苏省物联网创新中心、江苏省物联网先进感知产业创新中心和江苏省红外热敏探测技术工程研究中心、江苏省专精特新小巨人企业(创新类)。

创新中心公司拥有在职员工 112 名,其中研发人员 76 名,占比达到总人数的 68%,国家万人计划 1 名,高级工程师 15 名,博士 8 名,硕士 32 名。创新中心公司主攻先进感知、工业互联网、车联网三大领域关键核心技术的研发,布局 MEMS 热电堆红外传感器、红外成像传感器、物联网智能节点(MCU)、车联网车路协同 OBU、智能全景摄像头、建筑物位移姿态监测、特种车辅助驾驶系统、智慧城市神经元等研发团队,为红外测温及成像、车联网车路协同、智能全景视频、智能纱锭检测、智慧城市、智慧港航等行业提供可靠、可信、可控以及定制化的完整解决方案。截至 2021 年,创新中心公司申请专利 71 件,其中发明专利 53 件、PCT 专利 3 件;授权专利 36 件;软件著作权登记 45 件。

二、科研项目及成果

已开发完成一套面向 V2X 环境下智能驾驶/自动驾驶的集成硬件、软件、算法、SDK 开发平台的完整解决方案,可全面满足智能辅助驾驶(ADAS)、汽车自动驾驶、智能交通管理等应用需求。系统及解决方案在无锡国家车联网先导区,德清城市级自动驾驶示范区进行应用。在无锡新吴区微纳园搭建车路协同实验环境,实现 V2X 环境下的自动驾驶。参与新吴区车路协同一期项目,实现基于高精地图的智能网联汽车应用。为山东省自动驾驶与车路协同重点实验室搭建车路协同实验环境。负责青海省海西州 5G 电动重卡自动驾驶物流应用示范。参与工信部《车联网身份认证和安全信任试点项目》、中标国家级江苏(无锡)车联网先导区和“双智”试点城市重点任务:5G-V2X 全场景自动驾驶验证与服务。

三、科研设施及科研能力建设

无锡物联网创新中心具有较完备的智能网联科研设施,包括满足自动驾驶功能的中巴车一台,满足自动驾驶功能的乘用车一台,以及多款机械式、固态式激光雷达,毫米波雷达,单目、双目相机,用于智能网联汽车的中央计算平台等。

四、主要研究方向

面向车联网科技前沿,以及行业急需解决的共性关键技术,在 5G-V2X 方向开展多源环境感知、移动计算、协同决策等自主技术研发。

五、国内外交流

无锡物联网创新中心与车联网产业链上下游建立了良好的合作关系,共同推进车联网关键共性技术研发和产业发展。与华为、公安部交科所共建车联网创新基地;与同济大学共建智能网联交通实验室;与大唐、中电科 36 所共建物联网及工业互联网安全联合实验室;与斯润天朗(无锡)科技有限公司、清华大学苏州汽车研究院(吴江)、中汽创智科技有限公司共建车联网(C-V2X)技术与产业创新中心。

六、发展规划

未来聚焦于 5G-V2X 车载设备、5G-V2X 路侧设备研发,以及 V2X 与单车智能融合算法研发,车路协同环境下的智能驾驶解决方案提供等。

中国移动上海产业研究院

一、基本概况

中国移动上海产业研究院(以下简称上研院)是中国移动的正厅级全资子公司,于2018年9月18日在中国(上海)自由贸易试验区完成公司注册,注册资本20亿元,并于2018年11月6日正式挂牌成立。公司总部设在上海市浦东新区金桥经济技术开发区,现在北京、武汉、沈阳设立分公司。

上研院是中国移动面向5G和人工智能,引领时空信息、智慧交通、工业能源、金融科技等领域数字化服务的专业机构,深耕“1+3”业务布局,赋能四大垂直行业,始终坚持央企使命担当,贯彻落实国家对新基建、交通强国、工业互联网等方向的建设要求,以5G发展为契机,持续锻造核心能力,全面布局产品、研发、运营、支撑、拓展等一体化工作,目前已获得国家高新技术企业认证并取得国家测绘甲级资质。目前上研院员工总数超1300人,其中技术研发人员占比超过90%,硕士研究生及以上学历人员占比约60%,人才队伍专业化、高素质、年轻化。

近年来,上研院在能力和应用上结合人工智能、云计算、大数据、物联网、边缘计算、高精度定位等新一代信息技术,发挥长三角地区经济发展和信息通信产业优势,践行科技创新使命,深入推进5G技术应用创新,积极承担国家重大科研项目,参与国际、国内行业标准制定,取得显著成果。

二、建设情况

在试点建设方面,中国移动作为唯一获批“交通强国”的运营商试点单位,围绕“5G智能交通信息基础设施及服务、5G车路协同与智慧高速、5G智慧港航”展开三个方面的试点任务。作为智慧交通主建单位,上研院围绕5G等新型信息基础设施建设及其在智慧交通领域中的应用,积极推进5G智能交通信息基础设施建设、5G车路协同与智慧公路技术创新及应用和5G智能航运技术创新及应用等试点建设。此外,上研牵头“基于5G+车联网远控场景的车云协同安全项目”入选工信部公示车联网身份认证和安全信任试点项目,同时上研院与合作伙伴基于落地项目共同申报的5个项目同步入选,覆盖本次试点的全部试点范围。

在产业落地方面,作为中国移动集团在智慧交通行业的专业公司,近两年来上研院协同各省市公司,落地交通行业项目上百个,带动收入几十亿元,在各细分领域均有标杆项目落地,带来了良好的示范效应。在湖北武汉,打造了目前国内规模最大的智能网联示范项目,示范区面积21 m^2,5G智慧道路28 km。在江苏无锡,打造国家级车联网先导区,智慧化升级路口280个,车联网系统已稳定运行3年。在江苏苏州,打造了高铁新城5G+智慧路口,实现了国内基于5G无线空口的车路协同多业务验证首秀。在广西南宁,打造了全国首个边坡检测领域的5G+北斗精准定位融合应用项目等。在重庆,打造全国首个基于5G消息的车路协同多业务验证——重庆两江示范区车联网项目,应用融合感知能力识别港口交通目标及箱区拥堵、交叉口碰撞预警等的厦门远海码头示范区项目等。

在生态建设方面,坚持自主创新与合作共研相结合,为拓展无线通信能力在网联智能交通中的应用,积极构建开放合作生态,上研院参与组建精准定位联盟、5G自动驾驶联盟、飞联网联盟及中国移动轨道交通智联网联盟,参与中国汽车工程学会、中国智能网联汽车产业创新联盟等相关联盟及行业组织共计33个。同时积极支撑中国移动集团参与行业联盟,目前中国移动集团是5G汽车联盟(5GAA)董事会唯一中国运营商。

在政产学研用方面,上研院与众多高校、科研企业成立创新实验室,与清华大学、长安大学成立“车联网”教育部—中国移动联合实验室,与交通运输部公路科学研究院成立“5G智慧公路联合创新实验室”,与中远海运成立“5G智慧港口联合创新实验室”,与武汉大学成立“5G+北斗联合创新实验室”,与太原地铁成立“5G联合创新实验室”。此外,上研院与政府、科研院所、行业龙头等单位签署相关战略合作协议,探索在交通、工业、金融等领域的深度合作。

三、技术进展及研发能力

上研院深入开展智慧交通核心技术能力建设。构建3-1-N能力体系:3是指三张网,即高精度定位、5G蜂窝网及车路协同网,依托现有全国站址优势,布局全球规模最大、覆盖最广、制式最新的网络能力,通过三网融合构建“连接+算力+定位”的基础能力,赋能智慧交通行业高质量发展。1是指One Traffic智慧交通平台,以该平台为自研能力底座,基于该平台,将智能网联、车路协同、交通大数据等核心能力下沉,提供车联网一站式服务、数字交通产品、智慧港航产品,并孵化飞联网市场新引擎。N是指N个应用场景,围绕公路、港航、轨交、民航、汽车、物流、公交和出行8大细分市场,打造无人车、智能网联测试示范区、港机远控等多个5G示范应用场景。

在关键技术方面,目前车路协同平台并发性能指标达到六百万V2X消息并发下处理时延不大于70 ms,车联网平台具备千万级连接能力,超亿次调用,数字交通高并发、低时延关键技术达到业界主流水平。同时,高精度定位已实现了地基、星基等部分核心定位算法的自主掌控,提供广泛连续覆盖的高精度定位服务能力。为积极落实国家北斗发展战略,强化北斗关键核心技术创新,上研院也成为“5G+北斗+短报文”高精度定位能力唯一建设方,且已经建成全球最大的5G+北斗高精度定位系统。

标准化方面,上研院参与了多项交通领域国内外标准制定。如作为ITU-T报告人牵头制定《基于网络的自动驾驶车辆驾驶辅助功能架构》标准;在IMT-2020牵头立项3项,其中《基于C-V2X的船岸协同关键应用技术》是通信行业第一个5G在港航应用课题;联合中远海运、东风等单位制定了港口无人驾驶集装箱车系列标准,其中由中国移动主导的《港口无人驾驶集装箱车技术要求　第2部分　无线通讯和信息安全》(TITS 0147.2—2021)已在C-ITS发布;在中国通信标准化协会(CCSA)参与《航空机载通信客舱基站子系统技术要求》标准,为中国ATG领域行业领域第一个行业标准,同时参与多项关键性国标的制定。上研院的交通技术研发能力得到了团体组织成员的广泛认可,行业影响力持续扩大。

此前交通运输部正式发布《交通运输部关于公布2020年交通运输行业研发中心认定名单的通知》,中移上研院联合合作伙伴荣获三项"交通运输部行业研发中心"认定(唯一荣获三项"行业研发中心"认定的通信运营商)。同时,中移上研院亦承担了交通部重点研发项目——面向智慧公路的5G车路协同与管控关键技术演进,其中"交通运输自动化作业技术行业研发中心"是依托5G通信、北斗高精度定位和车路协同等关键技术,聚焦交通运输自动化作业领域重大技术和装备,加速推进交通运载机具、施工作业设备自动化生产进程,奠定基建作业环境下感知共享、远程驾驶、自动驾驶应用发展基础。而自动化作业行业研发中心是以联合体已有科研成果为基础,以引领行业技术发展为己任,面向行业发展需求,建设具有国际影响力的自动化作业创新基地,建设国内领先的无人作业公共服务平台,构建"车、路、云、管、安"之间的技术联动,构建产学研用一体化研发体系,提升行业自主创新能力,打造无人作业产业生态。

四、发展规划

高带宽,低时延的无线通信网络对于智能驾驶以及产业升级的影响正在加速,跨界、跨产业的合作也在重塑。交通设施从"灵活的移动空间"正在走向"虚实结合的智慧空间",而自动驾驶的能力从"主动"到"智慧"转型。未来,上研院将继续践行"尚善尚为、研精研新"的工作文化,打造面向"车联网链接+平台服务+增值服务"的产品组合和运营能力,不断提升交通大数据应用能力,深耕智能网联汽车产业,贡献自身力量做行业"使能者"争当垂直行业数智化发展主力军,成为5G+交通新基建先导区主要服务商。

黑龙江省交投智能网联汽车产业创新有限公司

一、基本概况

黑龙江省交投智能网联汽车产业创新有限公司,位于黑龙江省黑河市,成立于2020年6月,是黑龙江省交通投资集团的权属企业。利用黑河市高寒气候环境及已有的寒区试车产业基础,规划建设有黑河市自动驾驶测试场、黑河市智能网联城市测试区、智能网联高速测试区等项目,可成为国内领先的将高寒地区汽车传统测试、自动驾驶汽车测试与智能网联应用示范相结合的第三方测试、认证、示范平台基地。同时,公司联合标准制定机构、高校、科研院所、智能网联上下游企业等,共同推动智能网联、自动驾驶汽车高寒地区路测标准的制定。可在虚拟仿真测试、封闭受控测试的基础上,开放特定商业场景测试、开放市区道路测试及高速公路测试,实现全场景的智能网联车辆、自动驾驶车辆及相关设备智能化、网联化测试验证及应用示范。

二、建设情况

2021年12月,已完成《可行性研究报告》、《初步设计方案》、国有土地招拍挂手续工作。

2022年10月,计划完成自动驾驶测试场的基础施工建设,基本实现封闭测试场内的智能网联设备、通信设备、自动驾驶汽车感知设备的高寒耐受度测试及边缘计算的研发与探索性应用条件;初步完成智能网联高速城市区的实施改造方案。

2023年12月,计划完成智能网联高速测试区、智能网联城市测试区的改造建设,基本实现具备高速公路、城市市区场景下的智能网联汽车测试及应用示范条件。

三、测试场地、设备及能力

1. 自动驾驶测试场

位于黑龙江省黑河市北部上马厂乡,总占地面积0.78 km^2,满足《智能网联汽车测试场设计技术要求》场景设计要求,应用场景4大区域(快速路测试区+城市道路测试区+乡村路测试区+越野测试区),测试单元48个,测试内容91项,配套建设测试场信息化设施设备1242(台)套及厂区附属公用工程,全区域5G+C-V2X全覆盖;全套辅助配套设施,包括保密车间,餐饮,住宿等;常规/压实雪/雪冰混合/冰路面测试环境等。

自动驾驶测试场具有约9.5 km高附着力城市模拟道路、2×800 m长直道、2.5 km快速环道、4条乡村类型复合型铺装路面、3 km低附着力冰路面,以及越野车车测试区,自动驾驶泊车测试区、自动驾驶接驳车体验区等超过250种场景的综合性测试区;拥有交投智联运营中心综合大楼、综合性车辆服务车间、餐饮住宿区、充电站等配套基础设施建设;完成厂区5G通信覆盖,V2X智能网联通信覆盖,高精度地图覆盖、部分路段实现路侧边缘计算服务能力覆盖,实现基于5G的远程驾驶车辆调度能力、自动驾驶接驳车调度能力、寒区路面附着力系数变化预警能力、车辆寒地仿真测试服务能力、城市及快速路交通仿真测试模拟服务能力等能力。

2. 智能网联高速测试区

拟计划位于黑河市吉黑G1211高速公路,单向里程约为87 km,往返里程约为174 km。全程沿途部署V2X路侧通信单元及高精度地图扫描,配有自主研发的智能网联汽车车端OBU设备及提供配套安装运维服务;区间内服务予以升级改造,满足包括10个功能,包括接待展示、车企办公、餐厅、无人超市、监控室、运营人员办公区、库房、锅炉房、停车场、能源补给(加油站、充电桩)等。道路条件优越,往来车辆较少,测试区内涵盖各相应智能网联测试配套设施、服务设施;高速测试区沿途部署V2X路侧通信设备,实现智能网联全覆盖。

3. 智能网联城市测试区

拟计划位于黑河市爱辉区自贸区,道路总长约为2.5 km,信号灯6个,测试区道路呈日字状布局,长直道路段每间隔500 m安装RSU设备,满足V2X通讯要求。对于有红绿灯的6个十字路口,则根据十字路口的面积各自安装1台RSU设备。

四、运营及服务

1. 自动驾驶测试场

业务范围:常规汽车寒区测试支持、高级辅助驾驶标准测试支持、自动驾驶全场景测试支持、智能网联路侧设备测试场景支持等。

乡村道路测试区,可测试汽车的操稳性(例如转向回转、稳态过弯、转向轻便性等)、底盘结构稳定性、整车结构可靠性、低速 NVH 静谧性、ABS 制动稳定性、制动滑移率、坡道 TCS 牵引力及手刹制动性等。城市道路测试区,可测试汽车的自动灯光感应、智能识别、自动驾驶、联网通讯、机非识别及避让、标志标线识别及响应、跟车行驶、超车并道、路边临停、环岛通行、交叉路口通行、低附操稳性等。自动泊车测试区,可测试自动驾驶汽车的自动泊车入位功能、泊车场景识别功能。SUV 越野测试区,建设目标为可测试越野汽车在四季气候环境下,各种复杂、极端路况的越野通行能力等。快速路测试区,可测试汽车的高速可靠性、耐久性、直线加速性能、高速制动性能、高速 NVH 静谧性、高速公路智能识别、自动驾驶、联网通信等。越野测试区,可测试越野车的操稳性、通过性等。

测试广场,为可测试汽车低温启动能力、急速弯道通过能力、低附操稳能力、空调性能、除霜能力等。

2. 智能网联高速测试区

业务范围:常规汽车高速公路耐久测试支持;自动驾驶汽车高速公路场景智能网联功能测试支持;对接黑河智慧城市建设管理平台,辅助城市交通管理、城市应急指挥管理、城市安防监控管理等。

可测试汽车高速低温耐久、整车高速可靠性、新能源动力消耗、高速场景识别、高速静谧性等等,可解决具有高级辅助驾驶功能、智能网联功能、高等级自动驾驶功能的车辆需要在长时间、高速度条件下进行相关车辆功能性和安全性测试的刚性需求。同时,为智能网联路测设备和算法提供真实路面条件下面对高速行驶车辆的感知能力,算法能力和抗寒冷、抗风雪等恶劣气候条件的测试。

3. 智能网联城市测试区

业务范围:自动驾驶汽车城市场景智能网联功能测试支持;对接黑河智慧城市建设管理平台,辅助城市交通管理、城市应急指挥管理、城市安防监控管理等。

可测试智能网联汽车在城市实景环境下的信号识别、网联识别、人工接管、动态交通规则响应、特定场景作业等测试。通过半开放自动驾驶城市测试示范区,将进一步验证被测试车辆在真实的城市环境、有限交通流、极寒温度和冰雪混合路面条件下的高级辅助驾驶 ADAS 功能,自动驾驶行车感知设备算法、智能网联路侧设备和融合算法的稳定性、可靠性及安全性,为高级辅助驾驶和自动驾驶技术进一步融入城市交通环境打下基础。

五、愿景规划

(1)实现路侧车路协同技术、车联网技术在国内高寒地区城市道路和高速公路的落地应用;形成新一代车路协同及自动驾驶技术在高寒地区的国家级测试标准;形成一整套基于车路协同和智能网联汽车技术的新一代国家交通控制网试点示范样板工程;

(2)与高速公路测试区、城市测试区直接连接,形成智能网联示范区与高速公路测试区的联通效应,将测试场孵化出的可落地的车路协同技术、智能网联技术等与道路相关的技术运用到下一代智慧高速的建设和管理之中,成为完整的下一代基于车路协同技术智慧高速建、管、运的样板和雏形;

(3)通过将车路协同技术、路侧边缘计算技术、5G 技术、北斗高精度定位技术等相关技术融合,形成车道级导航整体解决方案,并通过导航软件或高速公路监管及信息平台将道路实时路况发送给行驶中车辆,从而实现降低高速公路路网的交通事故率、交通事故死亡率、平均拥堵时间等;

(4)与"醉美龙江 331 交旅项目"深度融合,拓展"无人驾驶+创新旅游"服务,实现在高寒带地区短途无人驾驶接驳应用示范落地,实现智能网联汽车技术作为车辆间、车路间、车网间信息传输及展示平台的技术应用落地。

深圳市未来智能网联交通系统产业创新中心

一、基本概况

深圳市未来智能网联交通系统产业创新中心(以下简称深智联)是深圳市智能网联交通测试示范区的运营主体,依托"三区五平台"项目基础,同时充分融合政府部门、科研高校、产业联盟以及深城交、比亚迪、华为、腾讯、北理工、中兴通讯等领先企业资源,重点打造集产业服务、应用运营、测试认证于一体的行业公共服务平台。结合坪山区政府战略布局,深智联筹建智能网联汽车产业服务中心,聚集提供招商引资、初创孵化、人才实训和开放数据四大服务,构建"政-产-学-研-资"深度串联的智能网联汽车产业发展新生态。

二、建设情况

深圳市在坪山打造智能网联测试示范平台,建设内容包括半开放、开放、封闭三大测试区的外场感知设备及自动驾驶综合测试平台等 5 大测试示范平台。目前开放区、半开放

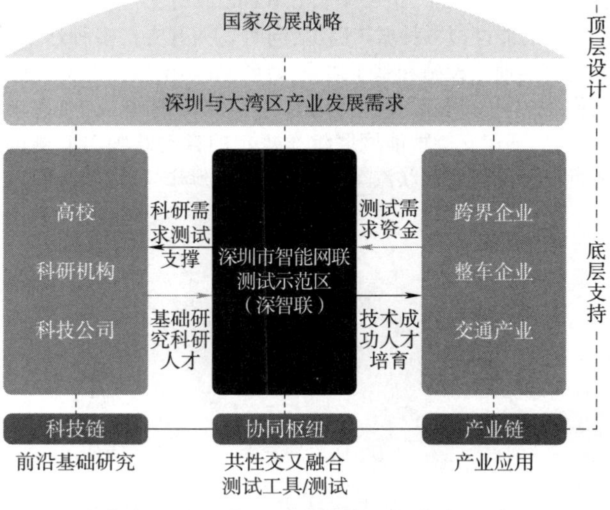

深圳市未来智能网联交通系统产业创新中心功能定位

区和临时封闭测试区已陆续投入使用，自动驾驶综合测试、V2X、前沿科技、数据安全和存储平台等五大平台初具规模，永久封闭测试区明年底可以投入使用。三区五平台全部建成后将可为智能网联汽车提供全场景、多维度的全方位测试服务。

深圳智能网联交通测试示范区

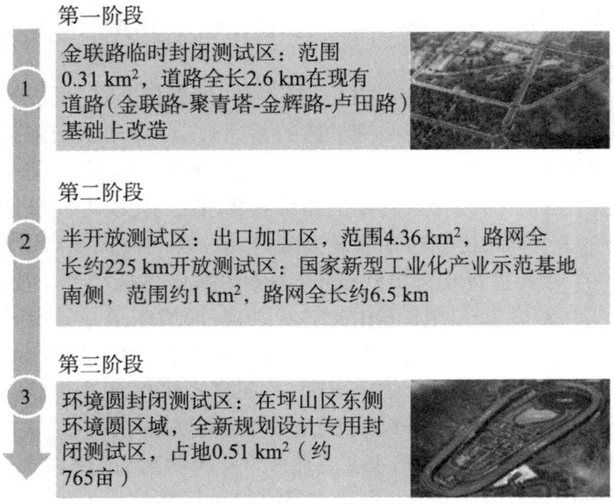

三区五平台建设规划

三、测试场地、设备及能力

1. 三区建设情况

金联路临时封闭测试区于 2019 年 6 月正式启动运营，覆盖范围 0.31 km^2，道路全长 2.6 km，最高支持测试速度为 80 km/h，能模拟各种城市路况，同时还拥有支持多种通信模式的路侧通信设施和基于边缘云计算的环境感知设备（感知摄像头、毫米波雷达、激光雷达）和路侧单元（LTE-V、DSRC），不仅支持智能网联汽车规定的自动驾驶功能测试，还可以满足智能网联汽车网联化功能的调试。

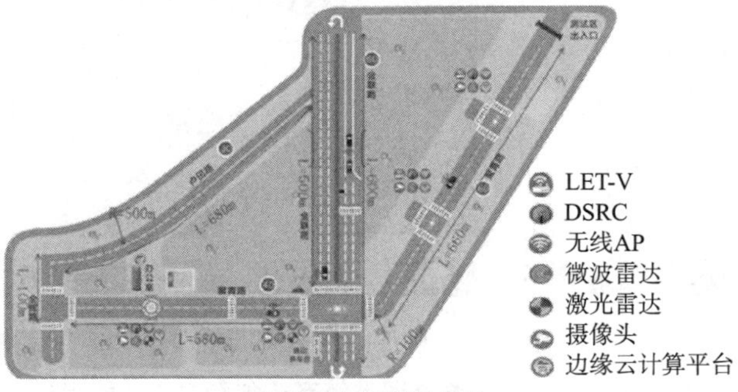

金联路封闭测试区

环境园封闭测试区位于坪山高新区南片区环境园内，面积约 773 亩，目前正在建设中，将为车辆提供危险、极端、通用等多场景的测试服务，测试区内通信环境及交通情况自主可控。环境园封闭测试区分为六大功能分区：高速测试区、城市测试区（含街区）、乡村测试区、自由测试区、独立测试区、综合管理用房等。构建 14 类 34 项无人驾驶标准考试场景，满足国家要求的测试考试需求。能够模拟湿滑路面设施、雨天设施、雾天设施、夜间路灯设施、光照设施等 26 种特殊工况，114 项测试功能。

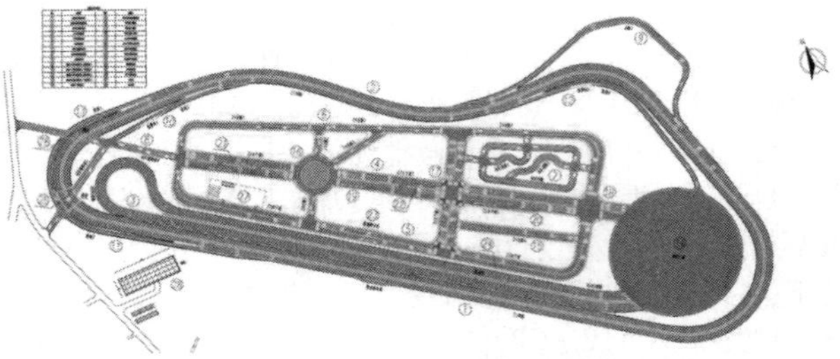

环境园封闭测试区

半开放测试区路网全长 25.69 km，面积约 4.36 km^2，设立 12 处车路协同设备，支持高级别自动驾驶及智能网联汽车在完全公开道路上的测试需求。

半开放测试区

开放测试区路网全长 6.53 km，面积约 1.06 km^2，设立 13 处车路协同设备，为车辆提供危险、极端、通用等多场景的测试服务。

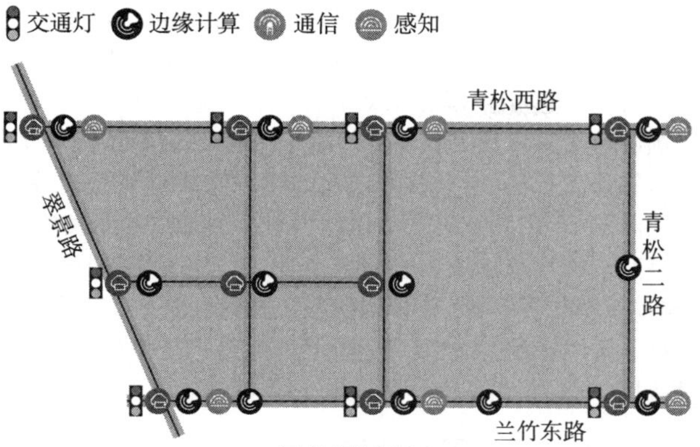

开放测试区

2. 五平台建设情况

通过构建数据存储分析平台、自动驾驶综合测试平台、信息安全测试评价与服务平台、V2X 网联化测试认证平台以及前沿科技与共性技术研究平台等五大平台，与封闭场地整车测试、公共道路测试共同构成了完整的智能网联汽车开发与测试的模式体系。其中：自动驾驶综合测试平台、V2X 网联化测试认证平台、信息安全测试评价与服务平台是三项核心的测试平台，前沿科技与共性技术研究平台及数据存储分析平台作为基础平台是三大核心测试平台的支撑。

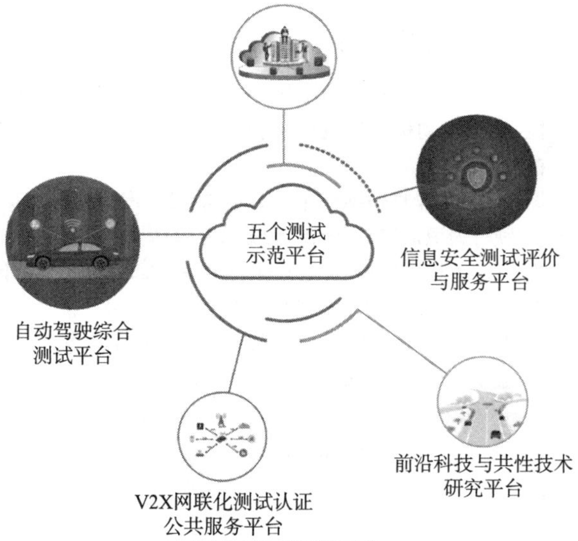

五个测试示范平台

四、运营及服务

深智联依托金联路封闭测试场，打造智能汽车测试、V2X 网联化测试等测试业务服务模式，推进三区五平台验收及 CNAS 体系建设，不断提升测试认证能力，截至 2021 年底，已为 40 余家企业、170 余台车辆提供了测试服务，累计测试里程达 4 万 km，共有 6 家企业获得了 48 张自动驾驶道路测试牌照。

金联路封闭测试区

此外，深智联还推动智能网联与智慧交通、智慧城市深入融合应用，赋能交通管控、安全治理和出行服务。聚焦产业发展趋势动态，开展行业研究、标准法规制定工作，对接测试认证市场需求，促进智能网联产品研发、测试。同时围绕智能网联行业发展机遇，持续打造专业的智能网联孵化空间服务体系，为企业提供孵化转化、人才培养、开放数据、市场推广等一站式产业服务。

五、愿景规划

深智联以“三区五平台”为架构，致力于打造集研发、测试、示范、产业化于一体的国际一流智能网联交通测试示范平台，为大湾区产业集群发展提供夯实支撑底座，推动建成国际领先的以 5G 应用引领的智能网联交通系统测试基地，以及自动驾驶产业的商业模式、未来城市交通管理管控与服务的智能网联综合应用的国际标杆。

五、科研院所及检测机构

清华大学汽车安全与节能国家重点实验室

一、发展概况

2021 年固定人员 87 人，其中研究人员 76 人，技术人员 10 人，管理人员 1 人。研究人员中，正高级 34 人、副高级 34 人、中级 8 人。包括院士 5 人、国家高层次人才特殊支持计划 10 人、海外高层次人才引进 5 人、中青年科技创新领军人才 8 人、教育部长江学者奖励计划 6 人、国家杰出青年科学基金获得者 1 人、国家优秀青年科学基金获得者5 人、海外优青 1 人。

顶尖人才工作再上新台阶。李克强教授入选中国工程院院士，张亚勤教授入选中国工程院外籍院士，欧洲科学院院士曲小波教授正式加盟我室，成为我室的 5 位院士。通过一系列高端人才布局，实现国内国际技术和行业的双引领。

教师国际与行业影响力持续增强。本年度王建强老师当选中国汽车工程学会会士,徐梁飞老师获得中国汽车工业优秀青年科技人才奖,王红老师入选中国科协青年托举计划,钱煜平老师获得亚洲流体机械青年工程师奖。

青年教师队伍建设取得新进展。出台《青年教师"优才计划"实施办法》,配齐科研发展基金和行业导师,着力激发青年教师学术志趣。继续扩大青年人才储备,疫情期间转变全球招聘模式,组织参加了清华大学全球线上宣讲,持续增强我室影响力。本年度郝瀚和黄晋老师入选优青,新引进智能交通方向、特种车辆方向和分布式驱动方向教研系列助理教授3人(胡尊严,徐少兵,王凯),其中徐少兵入选海外优青。

加强高水平博士后队伍建设。博士后是支撑科研工作的重要力量。2021年3人入选水木学者,1人获评清华大学优秀博士后,27人获得面上、青年基金资助。举办了首届博士后交流论坛,拓展学术视野,增加人文交流。

教育教学改革深入推进。研究生招生机制不断优化,继续实施博士生招生名额配置方案,对在人才培养和科学研究方面取得实际成效的教师给予招生奖励。暑期招生夏令营生源非常优秀,吸引近300名"双一流"高校学生报名,面试增加科研能力展示环节,加强对科研素养的考核,经过层层选拔,最终录取24人。"智能新能源汽车"全日制专业硕士培养项目成功立项,设计规划"清华大学-怀柔实验室联合培养博士生项目",未来将持续推进与国家实验室在人才培养方面的合作。在研究生国际化培养方面,全年共派出8位获"国家留学基金委"资助的学生赴海外留学主导"车辆学院-亚琛工业大学""车辆学院-法国国立高等先进技术学校"双硕士项目,继续稳步推进该项目的招生及线上教学工作;作为参与单位继续支持"清华大学-威斯康逊大学"双硕士学位项目;同时与美国ART Center进行合作洽谈,拓展新项目。

二、科研项目及成果

2021年新增科研项目190余项,实到科研经费2.86亿元,其中国家及省部级经费10779万元(占比38%),国防经费4349万元(占比15%),国内合作经费8533万元(占比30%),国际合作经费4909万元(占比17%)。组织动员青年教师和博士后参与国家自然学科基金申报,申报67项,获批29项,批准率达到43%,并斩获优青项目2项(黄晋、郝瀚)、重点项目1项(王建强)。组织国家重点研发计划申报,获批项目2项(帅石金、李建秋),课题4项。

发表SCI收录论文363篇,其中第一完成单位165篇,截至目前ESI高被引论文共59篇,其中第一完成单位共31篇,包括含2021年新入选的6篇。欧阳明高院士入选IEEE Transportation Technologies Award(交通技术奖),成为该奖项成立以来的第九名获奖者,也是本年度全球范围内唯一获奖者。此外,欧阳明高院士、赵辰孜博士还入选科睿唯安2021全球高被引科学家。2021年实验室主编的国际期刊 *eTransportation* 被SCI收录,影响因子10以上,此外,*eTransportation*、*Journal of Intelligent & Connected Vehicles* 均入选汽车行业T1类重点期刊(全国仅有8种),《汽车安全与节能学报》入选T2类(全国仅有16种)。

授权发明专利118项,转化成果10项(含发明专利、实用新型和软著),转化金额1518万元。获国际奖励3项,行业奖励5项,其中:李骏院士团队的"多模态陆空两栖智能运载平台"和"基于多模态感知的自主作业移动平台"项目获德国纽伦堡国际发明展金奖,"基于多模态感知的高精度自主认知移动平台"项目获日内瓦国际发明展金奖,张俊智老师团队的"车用高品质电动化动力总成关键技术及其应用"项目获中国汽车工业科技进步一等奖,李克强院士牵头的"电动汽车工程手册"获中国机械工业科技进步一等奖。李建秋老师团队的"高性能商用车燃料电池系统关键技术研究及应用"项目获北京市科技进步一等奖。

三、科研设施及科研能力建设

实验室现有50万元以上大型仪器83台,总价值10370万元。按照实验室的要求,大型实验设备需要由专人进行管理,每台设备均必须建立设备台账和技术档案。同时,鼓励和支持设备共享和设备开放,所有的大型设备均在清华大学实验室与设备处的网站上进行了开放使用备案,面向社会开放。同时,基于实验室开放课题合作和企业课题合作,很多国内外高校和科研单位的工作人员也经常到实验室科研平台上从事研究与开发工作。例如实验室动力系统集成测试平台的发动台架既帮助了烟台大学的老师进行课题研究,也为奇瑞、吉利、东风、壳牌等多家企业进行了发动机的匹配和标定。

四、主要研究方向

实验室的主要研究方向为:汽车主动安全性、汽车被动安全性、先进发动机与排放控制、电动汽车与新型动力、汽车电子控制。

汽车主动安全性包括汽车动力学与控制、汽车振动与噪声控制、驾驶行为识别与安全辅助系统、交通安全与事故再现。

汽车被动安全性包括汽车碰撞力学、汽车安全性设计、乘员保护及人体损伤机理、汽车新型材料与轻量化。

先进发动机与排放控制包括发动机燃料与燃烧、发动机排放控制、发动机热流体学、动力总成与性能优化。

电动汽车与新型动力包括车用动力电池系统、纯电驱动系统、混合动力系统、燃料电池动力系统。

汽车电子控制包括发动机电子控制、底盘电子控制、智能汽车、智能交通。

五、国内外交流

2021年实验我室有序推进疫情防控常态化条件下实验室开放工作,接待实验室参观27次,其中参观访问18次,科普讲座9次,其他活动1次;参观总人次为358人次,其中大学生102人次,中学生50人次,小学生20人次,社会其他186人次。

在2021年4月11日接待清华附中优秀生10名,在2021年4月24—25日接待校友、学生及公众,在10月22日接待来自经管学院组织的EMBA学员40名等,各实验室的讲解人员以现场讲解、展板介绍、视频播放、邀请来访者参与体验的方式,进行科普讲座并开展互动,让公众走进实验室,深入了解实验室的研究内容和日常运转,体验实验室环境,让公众零距离观摩现场演示和设备操作过程,将硬件体验变为场景体验,就公众关心的热点问题和专业内容与大家进行深入浅出分析和交流，拉近了高校及重点实验室与大众的距离，激发了公众特别是青少年的科学兴趣，更促进了安全、节能、环保知识的宣传以及安全环保理念的普及。

实验室配合中央电视台报道2次，配合其他多家重要新闻媒体对实验室进行科学传播等新闻报道11次，各类新媒体报道44次。在2021年4月19日，清华大学建校110周年校庆日前夕，中共中央总书记、国家主席、中央军委主席习近平来到清华大学考察。实验室欧阳明高院士、李建秋教授科研团队研发的高性能商用车燃料电池系统作为清华大学代表性科研成果之一，接受总书记检阅。在向全社会展示近年来的重大科技创新成果和科研进展，全面展现我室科学研究在服务国家，共同塑造人类美好未来的信念方面发挥的重要作用，让公众感受浓厚的科学文化氛围。

六、发展规划

(1)争创优秀级的车辆领域国家重点实验室，联合国内优势学术团队，引领国家汽车技术发展。

(2)建立起适应国家重点实验室改革的人才队伍体系：一方面调整人员结构，实现汽车、能源、先进交通、人工智能、互联网与大数据等人才多样化；另一方面改善人才梯队，加强顶尖人才突破的支持力度、加强中青年人才蓄积。

(3)结合汽车系升级为车辆与运载学院，突出学科发展的新思路：一方面形成优势学科团队，聚焦智能汽车+新能源汽车；另一方面加强发展新学科和交叉学科，以更好适应车辆学科高度交叉融合的特点。

同济大学汽车学院

一、单位概况

同济大学汽车学院特色鲜明、实力雄厚、影响力广泛，作为上海国际汽车城科学研究与人才培养核心功能的承载体，以追求可持续发展世界一流学科为发展目标，以科研教学为发展基础，以立德树人为发展根本，为国内新能源汽车、智能汽车和空气动力学科学研究、技术开发与人才培养高地，汽车专业更是同济大学“双一流”建设的特色和优质学科之一。

汽车学院面向汽车、动力和交通等行业，依托车辆工程、动力机械及工程、载运工具运用工程三个学科，针对新能源汽车和智能驾驶汽车的专业人才需求，设立了“汽车工程”“车用能源与动力”“汽车电子与智能”三大教研室，构建了完备的本、硕、博贯通人才培养体系，以德语、英语的双外语教学为培养特色。拥有机械工程一级学科博士后流动站、管理工程一级学科博士后流动站、车辆工程博士点、动力机械及工程博士点、车辆工程硕士点、动力机械及工程硕士点和车辆工程学士点。

截至2021年底，学院共有在编教职工121人，其中正高级专业技术职务40人，副高级专业技术职务39人，中级专业技术职务32人，其他10人。学院现有教育部节能环保汽车创新团队1个，中国工程院院士2人，国家高层次人才计划专家6人，长江学者1人，973计划和863计划首席科学家3人，海外高层次人才青年项目专家2人，国家优秀青年基金获得者1人，国家优秀青年基金(海外)获得者1人。

二、科研项目及成果

2021年，实现新增500万元以上重大项目5项，全年科研经费到款1.46亿元。持续推进国家自然科学基金申报工作，深抓、细抓、紧抓基金申报全流程，实现了基金获批12项(包括面上项目7项，青年项目4项，海外优青1项)，站稳两位数台阶，并在人才类项目方面实现了零的突破。继续发挥学院在新能源汽车领域的积累和重大项目申请方面的传统优势，新获批国家重点研发计划课题3项和子课题1项，另获批科技部科技创新2030重大项目子课题1项，4项课题(子课题)立项总经费达2478.8万元。各项科研产出再创佳绩：发表SCI论文179篇，其中高影响因子论文11篇，发明专利授权77项，数量均创学院历史纪录；获省部级/行业奖9项，其中一等奖6项，第一完成单位和第一完成人2项，实现学院省部级科学技术奖励新突破；出版著作(非教学)13部，其中专著6部，译著4部，编著3部，出版总数创学院历史新高。

三、科研设施及科研能力建设

2021年，校企合作和校地合作不断开花结果，建立了3个校企合作平台，平台皆在顺利运行中，其中与未势能源科技有限公司建立的氢能与燃料电池联合研究院项目的立项经费为1600万元；与东风汽车、上汽集团、泛亚汽车等企业合作的项目进展顺利。2021年通过南昌智能新能源汽车创新研究院等校地合作平台立项17项，立项经费1279.4万元。

在重大科研平台建设方面，围绕国家发改委对国家工程研究中心优化整合的要求，学院提前谋划，积极组织，建立专班工作组，系统性的推进学院“新能源汽车及动力系统国家工程实验室”评估工作，成功实现学院国家工程实验室纳入国家工程研究中心新序列管理，更名为“新能源汽车及动力系统国家工程研究中心”，保障了学院后继学科建设和发展的国家级科研平台支撑条件。

四、主要研究方向

面向未来汽车发展趋势，重点开展汽车动力电动化、汽车安全智能化和汽车整车平台化三大硬技术方向，和汽车出行一体化一个软科学方向，主要研究内容如下：

1. 汽车动力电动化

在电源技术方面，重点针对电池寿命短、能量密度低、环境适应性差，以及燃料电池成本高、寿命短、环境适应性差等瓶颈问题，重点开展电池新型材料体系、电池系统的机-电-热耦合集成设计、低铂催化剂、长寿命燃料电池系统集成、高效低成本车载储氢等关键技术研发。在电驱动与机电耦合技术方面，针对机电耦合传动系统结构复杂，成本高，混合动力发动机起停排放差、噪声大等瓶颈问题，开展高功率/转矩密度、低损耗电机设计与控制、新型轮边及轮毂电机构造与驱动系统、新型机电耦合传动装置、增程器专用发动机设计及系统集成等关键技术。在电控技术方面，针对多能源协调管理能效不理想、多动力源协调控制不够柔顺等问题，开展多动力源系统架构设计及建模、多源动力总成集成与控制、故障诊断与容错控制、结合智能网联的动力系统协调控制等关键技术。

2. 汽车安全智能化

在环境感知技术方面，针对系统架构完整性差、传感器成本高、环境稳健性差等瓶颈问题，重点突破车辆识别（定位、距离、速度等）、非机动车与行人识别、道路标识/障碍物识别、驾驶员状态/意图/行为识别等关键技术。在通信与人机交互技术方面，针对车载无线通信可靠性和实时性差、人机交互不够友好等瓶颈问题，重点突破 V2X 通信技术（车车/车路通信）、先进车载网络通信技术、车载智能化信息平台、人机交互信息现实增强技术等关键技术。在辅助驾驶与无人驾驶技术方面，针对信息提取速度慢、识别判断精度低、综合判断与决策智能化程度低等问题，重点突破多源信息融合与容错、纵向避撞系统控制、主动避障系统控制、车路协同自动驾驶等关键技术。在汽车底盘线控系统方面，针对汽车底盘线控系统可靠性和稳健性差等问题，重点突破线控制动、线控转向等汽车底盘线控技术。

3. 汽车整车平台化

针对动力电动化和安全智能化引起的整车层面新技术需求，包括轻量化新要求、安全性新需求、舒适性新需求等，在轻量化技术方面重点突破轻质材料（复合材料、铝合金等）、轻质结构与优化设计、轻质材料制备与轻质结构制造工艺；在车身造型技术方面，重点研究超低风阻车身造型与制造、模块化车身造型与制造、车身空气动力学理论与数值计算；在振动噪声（NVH）控制技术方面，重点研发噪声源测试、分析与建模、振动噪声主、被动一体化控制、声品质评价与设计技术；在碰撞安全技术方面，研发碰撞条件下的电安全及电池滥用防控、碰撞条件下的氢安全防控、电动汽车碰撞安全综合测试、仿真与评价；在热管理技术方面，开展整车综合热管理系统集成与控制、低温差分布热源的散热方案与实施、关键部件抗低温保护和冷启动技术的研发与应用。

4. 汽车出行一体化

针对未来智能汽车、智能交通和智慧城市发展趋势，围绕汽车交通互联网和汽车能源互联网集成的汽车出行一体化系统，系统开展科学、技术和产品路线图，以及配套的国家、行业和区域政策，国家标准与法规，基础设施规划与布局等的调研、咨询与决策研究工作。

五、国内外交流

2021 年，汽车学院克服疫情带来的困难。国际科研方面，本年度实施国家级重大国际联合科研项目 3 项；与国际学术机构或组织联合发表高水平论文 15 篇；聘用及延聘了 10 位有重要贡献的海外专家；召开线上讲座 9 场。对外交流方面，共计支持 111 位师生参加线上国际会议；与斯图加特大学定期举行线上例会，在上海市人民政府和德国巴登-符腾堡州政府指导下，同斯图加特大学汽车工程学院联合主办了第五届“上海-斯图加特汽车与动力系统研讨会”，构建了具有前瞻性和战略性的学术交流平台。

与德国、法国、奥地利等国家高水平工科大学签署的 12 个双学位联合培养项目稳定运行，并通过多次线上会议推进同济-达姆双学位项目；2021 年度共派出短期交流生 3 名，分别赴慕尼黑工业大学、奥地利格拉茨工业大学以及洛桑联邦理工学院；双学位学生 1 名，赴卡鲁工业大学；本硕联合培养学生 2 名，赴德国达姆工业大学；博士方面，派出短期访学学生 1 名，赴德国联邦物理技术研究院（PTB）；依托国家留学基金委 CSC 公派出国留学项目，派出 2 名学生攻读博士，分别赴日本东京大学以及谢菲尔德大学。成功举办第二届同济-达姆施塔特大学暑期学校，采用线上和线下相结合的方式，效果良好。

六、发展规划

在重大国家需求牵引下，在新一轮科学和技术革命的推动下，在能源安全、气候变化和城镇化发展等资源约束条件下，未来中国汽车将朝着绿色、智慧、安全和宜人移动空间的方向发展。汽车学院的战略选择就是紧密围绕智慧交通出行这个中心，在综合交通网、信息互联网和能量互联网的大框架下，聚焦可再生能源驱动的能源与动力转型、人工智能/大数据/云计算驱动的信息与智能转型、新材料驱动的材料与结构转型以及用户体验驱动的人机关系转型四大方向，坚持多学科交叉、多技术集成和多单位协同，构建大平台，聚集大团队，承担大任务，催生大成果。

“十四五”期间，面向国家新能源汽车战略性新兴产业重大发展战略，重点瞄准氢能燃料电池与智能驾驶汽车的世界科技前沿，强化原创性基础研究、前瞻性技术研发和颠覆性技术创新，抢占未来汽车技术制高点，增强汽车竞争话语权，有力支撑制造强国和交通强国建设，推动能源安全与生态文明发展。综合水平国内前列，特色方向国际知名的智能型新能源汽车装备与智能汽车交通人才培养高地、人才汇聚高地、科技研发策源地和社会服务基地，有力支撑同济大学双一流“优势工科”建设。

上海交通大学智能汽车研究所

一、单位概况

上海交通大学车辆工程学科始建于 1936 年，1986 年重建，2008 年组建汽车电子控制技术国家工程实验室。为响应智能网联汽车国家战略，依托学科优势和政府基地平台，深度融合车辆智能化、网联化和电动化相关专业，于 2019 年将车辆学科的师资与研究队伍进行重组，正式成立智能汽车研究所，由张希教授担任所长。系所瞄准国际汽车科技前沿技术，在政府、学校以及企业等多方面的支持下，通过整合和优化上海交通大学汽车工程相关学科和研究方向，组建的具有上海交通大学特色的汽车学科大平台。学科下建有两大研究基地平台，分别是汽车动力与智能控制国家工程研究中心和上海市智能网联电动汽车创新中心。

二、科研项目及成果

研究所以对接国家战略、进行人才培养和开展产学研合作为重心，承担包括科技部重点研发计划、自然科学基金、上海市科委/经信委项目在内的一大批国家及省部级项目，并多次获得上海市科技进步奖、上海市技术发明奖等省部级奖项。

三、科研设施及科研能力建设

智能汽车研究所依托汽车电子控制技术国家工程实验室，拥有一支事业心强、富于创新精神的科研团队，现有教职员工 21 人，其中教授（研究员）6 人，副教授 10 人，硕士生以上研究人员 200 余人。目前，智能汽车研究所实验大楼具有 10000 m^2 的实验面积，拥有各类先进实验测试平台，包括发动机直喷测试台架、混合动力系统开发平台、动力电池测试平台、智能网联驾驶系统开发平台等。

四、主要研究方向

研究所的研究方向全面覆盖智能网联和电动汽车关键技术领域，包括自动驾驶与车联网技术、电池管理和无线充电技术、线控底盘控制和执行技术等。

五、国内外交流

研究所以产学研合作的方式，从学科层面服务于产业界的发展，与上汽集团、华为、特来电、商汤科技、英伟达、博世、中国联通等行业重点企业在“新四化”核心技术突破、高层次人才培养、重点基地建设等方面建立了紧密的校企合作关系，另外与斯图加特大学、滑铁卢大学、密歇根大学、俄亥俄州立大学、阿贡国家实验室等国际知名研究机构共同完成了一系列合作课题研究，产生了众多国际合作科研成果。

六、发展规划

智能汽车研究所的发展方向同时也是“互联网+行动计划”等政策的聚焦点，除发展新型发动机技术在排放和效率上尽快满足国家严格标准，重点进行汽车“新四化”（智能、网联、电动和共享化）的重大基础研究和核心关键技术的突破，主要由当前汽车产业技术发展痛点难点问题驱动开展，最终形成各个问题的根本技术解决路径。

中国科学院青岛生物能源与过程研究所—燃料电池工程研究中心

一、单位概况

中国科学院青岛生物能源与过程研究所（以下均简称青岛能源所）是由中国科学院、山东省人民政府、青岛市人民政府于 2006 年 7 月启动筹建，2009 年 11 月 30 日通过共建三方验收并纳入中国科学院“知识创新工程”管理序列的国立科研机构，2020 年依托青岛能源所成立山东能源研究院、青岛新能源山东省实验室，形成了“所、院、室”三位一体的发展格局，是面向国家能源战略和服务国家和地方经济发展的重要科技力量。

青岛能源所燃料电池工程研究中心以衣宝廉院士为名誉主任，负责中心的科研方向设计规划及学术指导；邵志刚任主任，李晓锦任副主任，共同进行科研开发、团队和平台建设及重大项目规划实施。目标整合科技创新资源，汇聚国际优秀人才，集中力量突破氢能与燃料电池关键技术并进行示范应用，面向国家“双碳”战略以及“氢进万家”示范工程，致力于建立国际一流、基础研究与工程开发并重的科研团队，打造集原始创新—工程开发—集成示范于一体的创新高地与技术策源地，产出一批山东创造的首台套核心技术与装备，并实现在交通、港口机械、热电联供等领域的示范应用与商业推广；孵化创新型高科技企业，补强燃料电池技术链与产业链，成为推动山东省氢能与燃料电池产业发展壮大的新兴动能。

燃料电池工程研究中心副主任李晓锦，中科院青岛能源所研究员、博导，国家重点研发计划项目首席科学家，山东氢能源与燃料电池产业联盟专家委员会专家，中国先进技术转化应用大赛评审专家；长期从事质子交换膜燃料电池关键材料开发、过程模拟及系统集成方面的研究，主持国家重点研发计划“氢能技术”专项（总经费 1.58 亿元）、国家重点研发计划政府间国际科技创新合作、山东省重点研发计划等项目十余项，开发了低成本长寿命模压石墨板燃料电池电堆及自增湿燃料电池技术等，在质子交换膜燃料电池双极板与电堆开发、燃料电池系统集成与过程模拟等方面取得一系列创新性成果，在 Carbon、Int. J. Hydrogen Energy 等期刊发表 SCI 论文 40 余篇，申请国家发明专利 30 余件，2011 年获得大连市科学技术奖一等奖。

二、科研项目及成果

青岛能源所牵头、燃料电池工程研究中心李晓锦研究员任项目负责人承担国家重点研发计划 2021 年“氢能技术”重点专项“住宅用质子交换膜燃料电池综合供能系统集成关键技术”项目，该项目参与单位包括大化所、西交大、清华、同济、青岛海尔、东方电气、山东能源研究院、国网山东电力、车百会等国内优势力量。项目依托山东“氢进万家”科技示范工程，开展质子交换膜燃料电池热电联供系统研发及示范应用，目标产出符合中国家庭个性化需求的质子交换膜燃料电池热电联供系统及批量制造技术，推动我国住宅用燃料电池热电联供系统创新链和产业链发展，积极引导氢能进入居民能源消费终端，为我国碳达峰碳中和目标实现提供有效途径。燃料电池工程研究中心围绕该项目在燃料电池石墨双极板、膜电极及电堆方向取得阶段性成果。

1. 模压石墨双极板批量制备技术

模压石墨双极板批量化生产成本比机加工极板低 50% 以上，使用寿命平均比金属双极板长约 2 倍左右。近年来，以其低成本、长寿命及高体积功率密度等特点得到行业内认可，并进行规模化推广和使用，出货量逐年增长。青岛能源所燃料电池工程研究中心基于前期技术积累，开发了以大功率车用燃料电池和千瓦级热电联供燃料电池为应用场景的模压石墨双极板，并建成年产能 10 万片模压极板中试生产线。针对千瓦级热电联供所开发的石墨双极板，除了具备车用燃料电池极板所具备的寿命长、成本低等优点，还具有超高流场一致性、超低流阻等特点，助力我国家庭个性化需求的住宅用 PEMFC 热电联供系统发展。

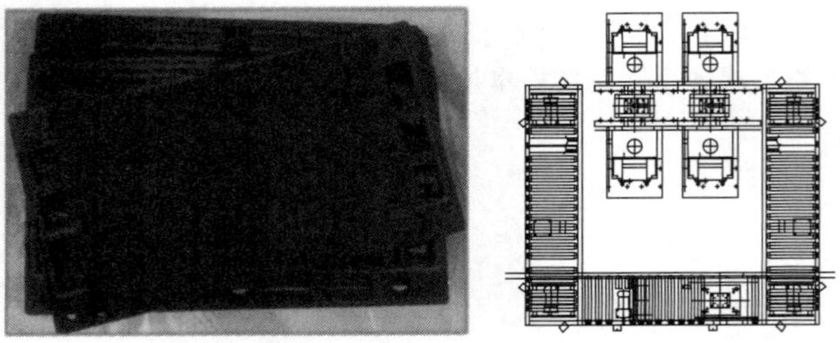

模压石墨极板及部分批量产线示意图

2. 高性能抗 CO 膜电极

燃料电池工程研究中心在常规及高温质子交换膜燃料电池膜电极开发方面具有较好的研究基础，近年来承担过山东省重大科技创新工程——低铂高性能车用质子交换膜燃料电池关键技术研究，科技部中日政府间合作——低铂、高性能中温质子交换膜燃料电池电堆技术研究等项目。通过前期技术积累，经中汽研汽车检验中心（天津）有限公司第三方检验，常规质子交换膜燃料电池膜电极 Pt 担量<0. 34 mg/cm^2，性能达到 0. 82 V@ 0. 3 A/cm^2 及 0. 64 V@ 2A/cm^2（检验依据为：GB/T 20042. 5—2009《质子交换膜燃料电池　第 5 部分：膜电极测试方法》和 GB/T 28817—2012《聚合物电解质燃料电池单电池测试方法》）。

基于前期质子交换膜燃料电池膜电极的研发基础，针对国家重点研发项目开发了适用于低氢压的 PtRu 抗 CO 膜电极。通过优化催化剂浆料配方、混料工艺和喷涂工艺，研究催化层可控构筑和界面演化机制，构建了质子、水、电、气的有效传递通道，提升了催化剂的利用率和电极性能，并结合表征方法和电化学测试对膜电极耐久性和失效机理进行了研究。通过第三方检测机构中汽研汽车检验中心（天津）有限公司的验证，目前性能可达到，Pt 担量<0. 34 mg/cm^2 下，性能>0. 60 V@ 1. 5 A/cm^2（氢气压<8. 4 kPa）；CO 耐受性测试为当混合气中 CO 含量 10 ppm 时，通入混合气，电压由 0. 74 V 迅速降低至 0. 71 V 左右（400 mA/cm^2），之后可保持平稳，证明其优异的抗 CO 性能。

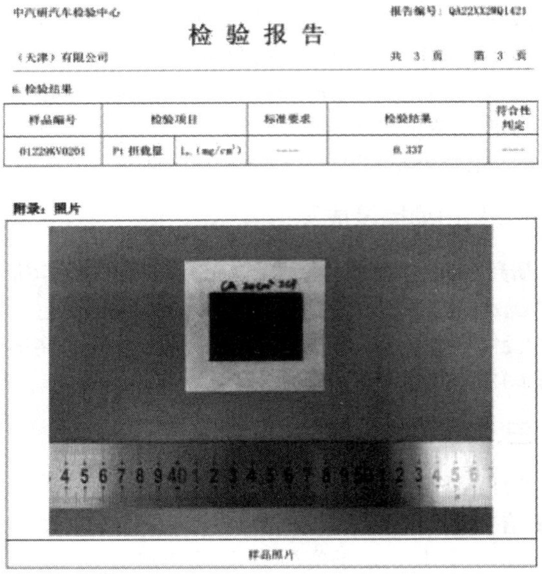
中汽研汽车检验中心（天津）有限公司　　检验报告　　报告编号：QA22XX2WQ1421
共 3 页　第 3 页

6. 检验结果

样品编号	检验项目		标准要求	检验结果	符合性判定
01229KV0201	Pt 担载量	L_c (mg/cm^2)	——	0. 337	——

附录：照片

样品照片

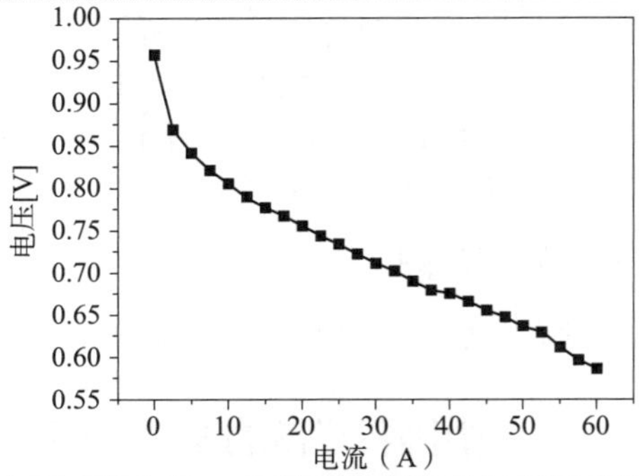

中汽研对膜电极 Pt 担载量及极化曲线的测试结果

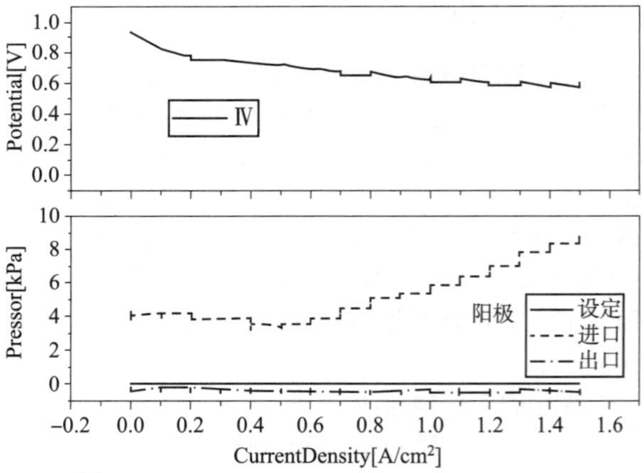

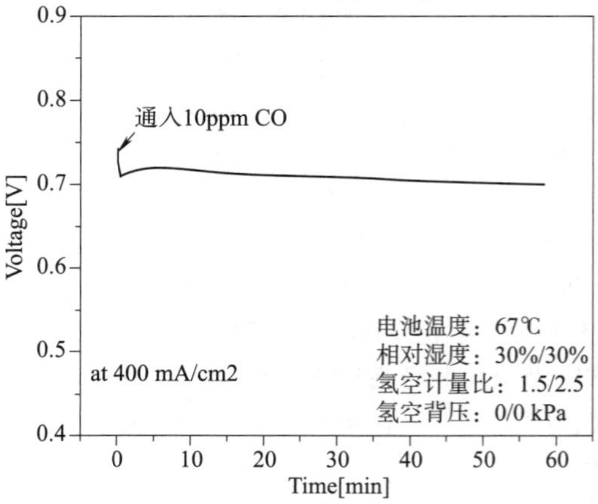

低氢压抗 CO 膜电极测试性能

3. 燃料电池电堆开发技术

基于模压石墨双极板，青岛能源所燃料电池工程研究中心通过电堆设计、高可靠密封技术、半自动电堆组装技术、电堆快速评价技术和电堆延寿策略开发，已开发出 1 kW～60 kW 燃料电池堆。电堆具有体积功率密度高、运行稳定、一致性优异等优势，大功率车用燃料电池堆体积功率密度达到 4.2 kW/L。另外，针对千瓦级热电联供系统在国内率先开发了超低氢气操作压力燃料电池堆，达到国际先进水平。

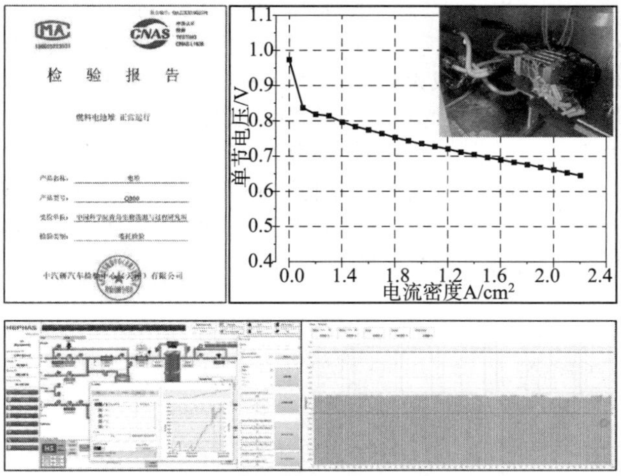

大功率燃料电池堆及性能输出

主要科研项目：

(1)国家重点研发计划“氢能技术”专项——住宅用质子交换膜燃料电池综合供能系统集成关键技术(2021.12—2025.11)；(2)山东省重点研发计划(科技 JMRH)项目——静态排水燃料电池电堆关键技术研究(2022.1—2024.12)；(3)山东省重大科技创新工程项目——低铂高性能车用质子交换膜燃料电池关键技术研究(2019.6—2021.12)；(4)科技部中日政府间合作项目——低铂、高性能中温质子交换膜燃料电池电堆技术研究(2017.1—2019.12)；(5)中国科学院科技服务网络计划(STS 计划)——模压石墨双极板产业化技术开发(2020.1—2020.12)；(6)中国科学院洁净能源创新研究院合作基金项目——高性能非铂氢燃料电池阴极材料的研制及氧还原机理研究(2019.10—2021.9)。

三、科研设施及科研能力建设

青岛能源所目前建有中科院生物燃料重点实验室、中科院生物基材料重点实验室、山东省合成生物技术创新中心等 16 个省部级平台。构建了完善的国际合作网络，与波音、宝洁、壳牌、道达尔等世界 500 强企业及牛津大学、德国亥姆霍兹联合会、香港大学等知名科研机构/大学建立科技合作，共建“可持续航空生物燃料联合研究实验室”“皮肤与口腔微生物组联合科学研究中心”等 8 个合作研发平台，成为德国工业生物技术集群在国内唯一代表处，获批山东省品牌国际合作基地(2017)、青岛市国际合作基地。

青岛能源所下设 8 个研究中心，燃料电池工程研究中心作为其中之一，计划在 3～5 年内建立一支由衣宝廉院士任顾问的 50～70 人左右的研究队伍，引进海内外高端人才 3～5 名，兼职客座人员 4～8 名，形成岗位聘用 15～25 人、项目聘用 20～25 人、学生及博士后 10～15 人的科研队伍。

四、主要研究方向

(1)燃料电池前沿基础：燃料电池关键材料及衰减机理研究，电堆过程建模仿真、状态观测及寿命评价方法研究，新型质子交换膜燃料电池研究。

(2)先进燃料电池技术：开展新一代低成本长寿命燃料电池关键材料、核心部件制备技术研究，突破燃料电池电堆、关键材料与核心零部件关键技术，形成大功率电堆和多规格燃料电池发动机技术开发能力，并进行产业化开发与示范应用。

(3)先进氢能技术：开展副产氢精准纯化工艺研究，开展水电解制氢、海水电解制氢应用基础与工程开发研究，支撑引领氢能技术创新与产业发展。

五、国内外交流

青岛能源所燃料电池工程研究中心与国际国内多所高校和企业，例如清华大学、同济大学、潍柴动力、青岛院士港、日本名古屋大学、日本富山大学等建立了稳定的科技合作与人才交流关系。

六、发展规划

青岛能源所(山东能源研究院)氢能与燃料电池研究室，实验室规划面积 15000 m²，已完成主体建设，计划于 2023 年交付使用，在未来 3～5 年将打造燃料电池热电联供系统及关键材料、部件、电堆和系统产业链研发与测试平台，同时积极申报燃料电池国家标准，助推我国燃料电池相关标准和检测方法体系建立。中心将力争获批省部级奖项 1～2 项，并计划申报市级或省级工程研究中心及与企业合作共建产业技术创新中心 1 个，推动燃料电池相关技术成果转移转化，孵化高科技企业 1～2 家。

四川新能源汽车创新中心有限公司

一、单位概况

四川新能源汽车创新中心有限公司(欧阳明高院士工作站)是四川省《新能源与智能汽车产业 2020 年度工作要点》重点支持的创新平台，由中国科学院院士、清华大学欧阳明高教授团队带头发起，在宜宾市委市政府的支持下，依托清华大学汽车安全与节能国家重点实验室、清华新能源汽车产学研联盟的力量共同建设，落户于四川省宜宾市科技创新中心，致力于推动以动力电池为核心的新能源汽车全技术链和产业链发展。

创新中心通过开发关键技术、引育创新创业团队、成果转化与孵化等工作的开展，协同川渝地区的新能源汽车技术创新力量，形成符合产业创新重大需求、具有国际国内影响力和竞争力的技术创新网络，攻克转化一批产业前沿和共性关键技术，完成高水平的研究成果与产业应用，建成国家重大成果转化基地、清华大学等知名学府双创、校企联合研发基地、创新技术示范工程、创新人才实践培养示范基地，成为开放型、专业化的省级以上新型研发机构或创新中心，打造具有世界先进技术水平和行业影响力的新能源汽车创新平台。

二、科研项目及成果

创新中心在电池安全、先进动力电池材料、BMS 管理、电池热管理、测试技术等动力电池领域，混合动力系统，以及充换电技术、充换电设备开发和新能源汽车大数据均有技术储备和布局，针对解决关键技术、核心技术和共性技术开展成果转化工作，共申请专利超 70 余项，现有包括发明专利在内的授权专利 37 项。所研发的智慧新能源综合平台在冬奥会期间成功示范，低温续航技术在全国销量第一车型宏光 Mini-EV 中推广应用，经第三方独立机构测试处于行业领先水平，并获 2021 年度省经信厅新能源汽车研发奖励；建成国际先进的新能源汽车动力电池安全实验室（1 期），开展了高安全动力电池开发、重卡换电系统、电动汽车低温续航、电池大数据建模、智能微电网、滑板底盘系统等多个研发项目，承担 2 项省级科技专项，截至目前已产生授权专利 36 项，参与或牵头多项国家、行业标准的制定和修订；组建及参建了全生命周期电池管理联合研究中心（与上海理工大学、蔚来汽车共建）、四川智能及新能源汽车现代产业学院（与西华大学、丰川动力等共建）、广西新能源汽车科学与新技术实验室（与上汽通用五菱等共建）3 个研究平台；四川新能源汽车技术创新中心获批成为省级新型研发机构，牵头组建的四川省新能源汽车先进动力技术创新中心以及参建的四川省动力电池产业创新中心均获正式批复。目前，创新中心正在推动的企业项目近 10 项，服务企业包括中创新航、容百科技、锂宝新材料、凯翼汽车、上汽通用五菱等，同时还承担了多个四川省级和宜宾市科技成果转化项目。

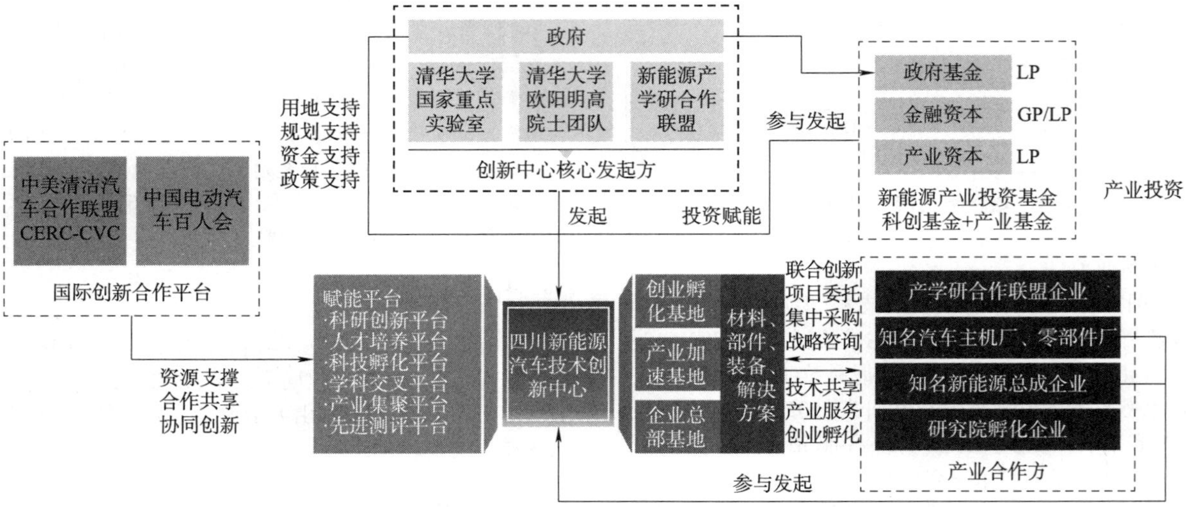

围绕创新中心打造创新策源地、人才聚集地、产业聚集地

三、科研设施及科研能力建设

1. “3+3+3”实验室体系

中心成立了全资子公司四川赛科检测技术有限公司进行实验检测，设备总投资近 2 亿元，占地面积 18000 m^2，由先进动力电池实验室、电池热分析实验室 材料分析检测实验室、先进电池材料智能制造中心、下一代电芯智能制造中心、高性能电池系统智能制造中心及新能源汽车大数据平台、智慧能源系统实验平台、电池系统安全性与可靠性测试平台构成的“3 实验室+3 研究平台+3 制造中心”组成。

（1）先进动力电池实验室

实验室可全程实现-60°低露点环境控制，包含千级光刻实验室、模拟仿真实验室，拥有先进锂电材料、固态电池、智能电池、缺陷电池等前沿领域的研究能力。

（2）电池热分析实验室

实验室具备动力电池单体及电池系统、储能系统的热蔓延、热管理与电池高温特性的研究能力，是全国唯一的电池热分析实验室。

（3）材料分析检测实验室

实验室能够进行锂离子电池正极材料、负极材料、电解液、固态电解质、隔膜等材料的表征、分析、测试，以及电池的热性能分析、电性能分析、电池性能测试、质量评估及失效分析。

（4）新能源汽车大数据平台

大数据平台基于创新中心建成西南地区新能源汽车及动力电池大数据中心及云平台，对新能源汽车及动力电池数据进行智能管理，最终实现大数据的智能管理和科学应用。

（5）智慧能源系统实验平台

实验平台揭示面向能源互联网的“光储充换检”直流微网系统内部运行机理，优化微电网系统结构与参数配置，降低微电网系统发电与维护成本，提升智慧能源系统全生命周期内的整体经济效益。

（6）电池系统安全性与可靠性测试平台

测试平台试验室及体系建设符合国家实验室认可（CNAS）、实验室资质认定（CMA）建设标准，作为第三方检测机构，为行业以及产业链各产学研单位提供电池安全性及可靠性测试服务。

(7)先进电池材料智能制造中心

可拥有高镍三元正极、硅碳负极、锂金属负极、固态电解质等多种材料先进特殊制备工艺研究以及制造能力,能够进行公斤级电池材料小试、中试以及量产工程化研究。

(8)下一代电芯智能制造中心

可满足高镍三元正极材料、负极预锂化、固态电解质等多种先进材料特殊工艺环境控制要求,能够进行5 Ah~40 Ah软包电芯试制,日产能500只软包电芯。

(9)高性能电池系统智能制造中心

具备柔性化、智能化的特点,能够适应所有类型锂离子电池,实现高性能动力电池系统与储能系统试制,也具备新型结构电池系统的研究开发能力。

2. 实验检测服务

可进行动力电池材料的开发、表征、测试,电池材料、单体及系统的工程化开发、安全性研究与可靠性测试、新能源汽车及动力电池大数据分析,以及智慧能源系统的工程化研究等,覆盖新能源全技术链的测试与研究能力。

四、主要研究方向

先进动力电池技术与储能系统技术

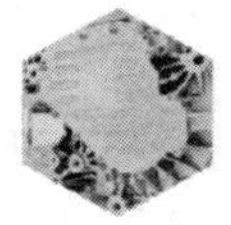
电驱动、混合电驱动系统与整车控制系统技术

先进智慧能源系统技术

新能源汽车大数据服务

1. 先进动力电池技术与储能技术

高安全先进动力电池材料方向:高安全高能量密度811电芯、高能量密度磷酸铁锂电芯、下一代高安全新体系电芯、高安全高性能特种电池等。

高安全先进动力电芯方向:高安全811正极材料、高能量密度LEP正极材料、高安全硅碳负极材料高安全高压电解液、新体系电池材料等。

动力电池低温速加热解决方案,车端:面向电动汽车的低温续驶里程下降、充电困难等瓶颈问题,通过新型车载电机驱动芯片,实现整车电池系统的低温极速加热,实现8 ℃/min以上的高速均匀加热,达到国际先进水平。桩端:推出大功率双向充放电模块,为充电桩提供高频双向能力,结合脉冲算法,实现低温快速加热与充电;同时提供车网互动能力。

电池安全管理解决方案:电池失效诱因与失控预警、电池系统热蔓延与热管理、电池管理技术科研。

智能BMS核心技术:先进的电池状态参数估算、智能充电策略、智能电池热管理策略、热失控预警策略、Cloud-BMS、OTA(Over The Air)、无线通信技术等。

2. 电驱动、混合电驱动系统与整车控制技术

新能源汽车动力系统方向:新型动力系统控制平台、电机与电机控制器、混合动力系统平台、燃料电池动力系统。

动力电池系统方向:高安全车用动力电池系统、高安全长寿命储能电池系统、高安全工业动力电池系统等。

混合动力汽车双电机驱动解决方案,增程式电动车型适应性更高,NEDC工况续驶里程超过600 km、纯电模式里程150 km,80%时间使用纯电驱动,EV电池容量20 kWh、1.5 L Atkinson循环发动机,油耗低至4.0 L/100 km。

3. 智慧能源系统技术

智能微网:基于公司在电控、电池、燃料电池方面的技术积累,开展储能电池-光伏-V2G智能充电系统、氢-光-电一体化微网系统、先进充换电技术等智慧能源系统的研究与产业化,推进新能源汽车与可再生能源网络的生态融合,优化社会能源结构,为实现“2030碳达峰”“2060碳中和”提供最优解决方案。

重卡换电:创新中心联合欧阳团队孵化公司科易动力、智理物联等企业提供80、160、200 km等不同的模块化、多应用场景的重卡充换电解决方案,包括重卡换电系统总成、换电智能机器人、车载换电底座、动力电池PACK储充设备及配套的控制信息系统,以及底盘换电、侧换电、顶部换电等多种形式的全自动换电装备。

4. 新能源汽车大数据服务技术

新能源汽车大数据中心智能管理云平台多场景智能应用:新能源汽车及配套设施发展建设决策分析、新能源汽车年检设备及检测技术、重卡换电数据资产管理、新能源汽车“车-桩-电池”综合管理、地区和企业新能源汽车的安全保障及预警技、动力电池的溯源及回收利用辅助支撑技术、动力电池认证技术及残值评估计算模型等。

通过开发关键技术、引育创新创业团队、成果转化与孵化等工作的开展,协同川渝地区的新能源汽车技术创新力量,形成符合产业创新重大需求、具有国际国内影响力和竞争力的技术创新网络,攻克转化一批产业前沿和共性关键技术,完成高水平的研究成果与产业应用,建成国家重大成果转化基地、清华大学等知名学府双创、校企联合研发基地、创新技术示范工程、创新人才实践培养示范基地,成为开放型、专业化的省级以上新型研发机构或创新中心,打造具有世界先进技术水平和行业影响力的新能源汽车创新平台。

五、国内外交流

1. 国际合作

与荷兰皇家壳牌、德国宝马等国际能源和汽车服务商开展新能源汽车全生命周期能源补给、电池安全、低碳应用等技术合作。

为解决充电时间长、低温充电难等新能源汽车行业难题,欧阳明高院士团队在超级快充技术领域进行了多年研究,在业界处于领先地位。为将超级快充技术进行成果转化,创新中心和荷兰皇家壳牌联合牵头发起,协同北汽新能源、长安新能源、清华大学等单位,在北京冬奥会期间,将研究成果以综合智慧能源示范站的形式向全世界展示。牵头研发综合智慧能源示范站、整车匹配、超级快充电池系统,通过冬奥会示范展示新能源汽车创新技术力量。

2. 国内合作

与上汽通用五菱、中国汽车工程研究院、中国兵器、中航工业、北京金茂科易、宜宾市长江上游区域大数据中心、凯翼汽车、宜宾锂宝、宜行科技展开紧密合作交流,推动新能源行业发展。

创新中心与上汽通用五菱共建“新能源创新飞地”,面向

未来动力电动化、控制智能化、使用低碳化、产品生态化的发展趋势，创新飞地将率先布局，主动探索高安全高能量密度电池、V2X 车网能量互动等新技术的融合发展，实现汽车由单纯的代步工具向科技产品的转型升级。

与中国汽车工程研究院等企业强强联手，依托成渝双城经济圈优势资源，共同筹建国家级新能源汽车检测平台和年检体系，主要内容包括新能源汽车年检技术研究、年检设备开发和年检标准制订等，并协助成渝地方政府出台新能源汽车年检法规，打造成渝年检试点示范工程。

与中国兵器、中航工业等展开将现代武器的传统动力产品升级为锂电动力的研究合作。满足现代化武器装备升级的需要，将产品体积缩小、重量减轻，功率提高，放电时间延长，提升装备武器的机动性能。

院士工作站孵化企业四川智锂智慧能源科技有限公司合作建设宜宾电动重卡换电示范站，开发基于智慧运营与智能监控的重卡换电平台。基于示范站与换电平台，对电池系统结构集成及轻量化、电池管理系统优化展开深入研究，并加快推进建设宜宾重卡换电系统产业化生产基地，打造完整重卡换电生态产业链。

联合宜宾市长江上游区域大数据中心，创新中心牵头筹建四川省新能源汽车大数据监控分析云平台，以创新中心与欧阳明高院士课题组数据分析技术为基础，通过大数据分析为新能源汽车全生命周期及产业链上下游提供创新应用场景，打造完善的新能源汽车全产业链的数据应用生态，为地区新能源汽车产业发展持续赋能。

与凯翼汽车在新能源技术方面展开密切探讨与交流，积极推进新能源汽车电池大数据云平台、集成混合动力驱动、高安全消防电池系统、智能电池系统柔性制造线、试验室共建共享等科研合作项目的落地。

与天原锂宝围绕动力电池三元正极材料的安全性展开交流与合作。推动超高镍三元正极材料开发项目，通过揭示高比能三元正极材料相变-释氧-产热耦合机制，确定提升高镍三元正极热稳定性的有效途径，指导企业研发具有高安全性高比能的三元正极材料并应用于动力电池产业中，为中国电动汽车产业健康发展贡献力量。

3. 高校合作

与清华大学、上海理工大学、北京理工大学、北京航空航天大学、四川大学、电子科技大学、中国民用航空飞行学院、西南交通大学、西华大学、宜宾学院、昆明理工大学等全国知名学府开展产学研深度融合形成创新合力，成为各大院校的人才培养实践基地，为新能源行业持续输出高精尖人才。

4. 中国电动重卡换电产业促进联盟

为推动电动重卡的标准化和产业化，创新中心联合中国汽车工程研究院、中国电子信息产业发展研究院、中国电力企业联合会、国网电动、宁德时代、中化金茂、北汽福田、清华大学、北京理工大学等单位成立了中国电动重卡换电产业促进联盟。由创新中心担任联盟秘书长单位。联盟以“构建电动重卡技术标准，促进电动重卡换电产业生态良性发展”为宗旨，共同协作填补国家标准、行业标准空白，并与现有标准保持协调统一，解决标准化问题、技术兼容性问题，探索换电商业模式，推动产业发展。服务政府、公众、行业，承担工业企业社会责任，协助主管部门、政府探索行业模式，搭建电池银行，帮助行业解决共性问题，研究、制订标准减少重复投资，提升社会效益，保护用户利益，确保运营安全，促进生态发展。

六、发展规划

公司围绕产业关键需求开展新能源汽车动力系统与电控、高安全先进动力电池、智慧能源管理等方向的研究，重点完成技术的工程化与产品化，推动“产学研用”合作，依托四川新能源汽车先进动力技术创新中心、四川省动力电池产业创新中心等省级创新平台的建设，打造新能源汽车前沿技术集成创新中心，建成技术研发及服务输出高地、行业高端人才集聚高地，以及科技成果产业化平台、行业交流及高端人才培养平台和科研转化的金融创投平台。

强化实验室和公共研发服务平台建设，重点突出先进动力电池及材料领域为核心特色，实验室能力覆盖新能源汽车整车及其动力电池等关键系统完备的开发、小试、试验、仿真、大数据应用的五大服务平台，3 年内分阶段建成并获得国家专业实验室资质认证，为四川省乃至面向全国范围内的产业链企业提供测试检验、研究试制、技术开发等专业技术服务。未来 5 年内，建成具有世界先进水平和行业影响力的新能源汽车动力电池创新平台，有效服务产业、孵化新能源汽车产业链上下游企业，建成四川新能源汽车先进动力技术创新中心等省级以上新型研发机构，服务企业客户超 100 家。

广东省大湾区集成电路与系统应用研究院

一、单位概况

广东省大湾区集成电路与系统应用研究院（以下简称研究院）由国家 02 专项总师领军，引进欧洲科学院院士、中国工程院院士和国家高端人才在内的科研领军人才以及来自台积电、三星半导体、意法半导体、博世、联合电子等世界顶尖企业的资深研发人员，在广东省、广州市、广州高新技术产业开发区的大力支持下，于 2019 年注册成立为省级事业单位，研究院目前已获批成为省级高水平创新研究院、省级新型研发机构、广东省集成电路行业协会副会长单位、广州市半导体协会副会长单位、广东省博士工作站。

研究院目前在职员工 300 人，其中科研人员占比超 85%，硕士博士人才占比超 60%；已组建包括多名院士级专家、国家级高端人才在内的 11 个研发团队。

2019 年获批成为广东省高水平创新研究院和广东省新型研发机构，担任广东省集成电路协会副会长单位、广州半导体协会副会长单位、中国汽车芯片创新联盟理事单位，与世界顶尖的汽车电子芯片研发机构意法半导体共建联合实验室。2021 年 5 月，研究院正式获批广东省博士工作站。2021 年 6 月，研究院荣获“先进基层党组织”称号。2021 年 9

月,研究院获国内首张 ASIL-D SiC 电机控制器功能安全证书,标志着研究院不仅建立了符合功能安全“ASIL D”级别的产品开发流程体系,而且对应的碳化硅电机控制器产品已经满足 ISO 26262:2018 ASIL D 等级的要求,达到国际先进水平。2022 年 7 月,ASIL-D SiC 电机控制器荣获广东省电子信息行业科学技术奖二等奖。

二、科研项目及成果

(1)研究院自主研发的汽车电子电机控制器项目取得突破,获得国内首张碳化硅电机控制器功能安全最高等级认证,碳化硅功率模组国内试制成功。

(2)成功研发国内第一颗引擎控制芯片,打破了车规动力域核心控制芯片的国外垄断,为国产汽车构建自主可控产品链奠定基础;获得国内三大 tier1 之一奥易克斯乘用车定制芯片订单。

三、科研设施及科研能力建设

目前研究院已建成集成电路设计及测试平台,工程试验用房近 4000 m^2,用于研发活动的各类机器和设备、试验测量仪器、工装工具等仪器设备装备总数近 200 台,总值近 3000 万元。

四、主要研究方向

1. 汽车电子芯片方向

开展基于 AEC-Q100 的车规级芯片可测性及可靠性电路设计方法论与测试标准体系研究;开展面向新能源车的车规级第三代半导体大功率(SiC)高压隔离驱动芯片核心技术研究;开展车规级系统基础芯片(SBC)数模混合核心控制芯片关键技术研究;开展车用 GAN 控制芯片关键技术研究。

2. 汽车电子系统方向

开展 SiC 器件安全可靠带诊断功能的驱动技术研究、SiC 电力电子系统业界前沿技术降本开发,SiC 电力电子系统的电磁兼容设计、大功率升降压双向 DC/DC 单元和双电机控制单元设计,满足功能安全标准要求和多核 AUTOSAR 架构的开发,多功率单元及控制单元的高密设计和集成开发、高压大电流/低杂散电感/低热阻/通过车规验证的国产 SiC 功率模块开发、国产芯片在电驱系统替代开发及批量可靠应用。

五、国内外交流

(1)与欧洲芯片巨头意法半导体共建智能汽车电子车联合实验室,开展全面战略合作。

(2)与 BOSCH 集团成员企业 ETAS 公司共同打造汽车电子开放软件平台。

(3)研究院及其科技成果转化公司-中科意创已获得广汽、一汽、东风、宁德时代、Bosch、ST 等多家国内外行业巨头订单,合同金额累计超 2000 万元。

六、发展规划

(1)继续深化和整车厂的研发合作,重点在芯片研发、SiC 驱动、功能安全和汽车软件三大领域布局。

(2)在芯片设计方面,面向汽车电子应用领域,重点研究体偏压和 Flip-Well 等 FDSOI 技术特有的结构,充分发挥 FDSOI 技术更高的灵活性,从器件、模块等不同级别施加背偏压控制,达成芯片功耗和性能的最佳平衡,实现“软件定义芯片”的创新理念。

(3)通过不断技术创新和产品升级换代,促进芯片集成度不断提高,以此来帮助发动机 ECU /VCU 功能升级和成本降低的双重要求成为现实。

(4)积极拓展新能源车芯片业务,开发更多功能的芯片。

广州汽车集团股份有限公司汽车工程研究院

一、单位概况

广州汽车集团股份有限公司汽车工程研究院成立于 2006 年,是广汽集团的技术管理部门和研发体系枢纽,主要负责广汽传祺、广汽埃安等自主品牌产品开发及新技术的规划与研发。已构建以广汽研究院为核心,以广汽美国研发中心、广汽欧洲研发中心(筹建中)、广汽上海前瞻设计工作室为支撑的广汽全球研发网。

二、科研设施及科研能力建设

广汽研究院已建造国内一流、国际先进的研发设施,包括整车、动力总成、新能源、智能网联等 15 类实验室和 1 间含焊接、涂装、总装、机加工的试制工厂,以及 1 个汽车调校专用试验场。已建设广汽黑河寒区试验场、南方(韶关)智能网联新能源汽车试验检测中心,并在北京、襄阳、吐鲁番等地布局大型试验场基地。

累计研发投入超 300 亿元,“十三五”期间研发投入强度 7.5%,“十四五”期间研发投入将超 250 亿元;打造了一支来自全球 15 个国家和地区、超 5000 人的国际化研发人才队伍,其中不乏享有“中国汽车工业优秀科技人才奖”称号的技术精英。

拥有国家认定企业技术中心、海外高层次人才创新创业基地、国家引才引智示范基地、博士后科研工作站等创新平台。截至 2022 年 3 月,累计有效专利申请 11215 件,其中,授权专利 7465 件,发明专利占比约 40%;国外专利申请约 180 件,已授权 56 件。累计获得 40 余项行业、省、市科技奖励,近三年每年至少获得一项行业/省级科技大奖。

三、科研项目及成果

广汽研究院始终坚持自主正向开发,具备完整的整车和核心系统部件开发能力,整体水平处于自主品牌前列。在产品开发方面,已建成广汽全球平台模块化架构 GPMA、广汽纯电专属平台 GEP,开发了广汽传祺、广汽埃安两大自主品牌一系列产品,为广汽丰田、广汽本田、广汽三菱、广汽菲克、广汽日野等开发多款新能源车、商用车,共 30 余款整车;以及 20 余款发动机、变速器,涵盖常规高效节能、混合动力等多种技术路线。在技术创新方面,聚焦低碳化、智联化、数字化重点突破,持续加大技术创新投入,支撑产品技术竞争力达到国内领先水平。

四、发展规划

“十四五”期间，广汽研究院将聚焦提升低碳化、智联化、数字化、国际化水平，实现总体研发能力达到自主品牌前三，支撑广汽集团“十四五”目标实现。

佛山仙湖实验室

一、单位概况

佛山仙湖实验室是广东省建设的第三批省级实验室之一，成立于 2019 年 11 月 21 日，由佛山市人民政府、武汉理工大学、佛山市南海区人民政府合作共建。2021 年底广东省科学技术协会授牌成立“广东省院士工作站”，中国汽车工程学会理事长李骏院士“智能氢复合动力车辆技术研究院”落户实验室。佛山仙湖实验室以建成面向全球吸引和汇聚高端人才的集结地、氢能核心技术与新材料的发源地和国家战略科技力量的战略性新型研发机构为目标，聚焦氢能和燃料电池技术领域，重点解决燃料电池关键材料及系统卡脖子的技术问题、氢能源高安全低成本储运重大瓶颈问题、低碳和零碳燃料及其燃烧技术的迫切和重大需求问题。

实验室一期总投资 18.8 亿元，占地面积 100 余亩、建筑面积约 6.4 万 m^2，设备总投资 2.95 亿元(185 台套)，目前科研人员 143 人，含院士 3 人、国家级人才 11 人、高级职称人员 73 人，博士学位人才占比 70% 以上。氢能与燃料电池技术、氨氢融合新能源颠覆性技术作为实验室重点研发方向通过仙湖科技有限公司进行成果转化、孵化及产业化，现已与上汽通用五菱、东风汽车、陕西同力重工、欧神诺、德力泰等头部企业联合技术开发和产品配套。

二、科研项目及成果

佛山仙湖实验室科研重心紧密聚焦于氢能与燃料电池关键材料、氢燃料电池核心部件、氢燃料电池汽车关键技术等方面的重大科学与工程问题，在高效光伏制氢技术、电堆与关键材料、燃料电池汽车、氨氢复合动力、氢能测试与安全方面战略部署了重大自主专项 5 项，具体如下：30 Nm^3/h 光伏制氢与光热制氢关键技术及示范；高功率密度、长寿命 120 kW 大功率电堆及其关键材料工程化技术；基于氢燃料电池的多能源智能网联汽车关键技术；氢氨复合动力系统技术与产品；氢燃料电池测试与安全技术研究。2021 年度，佛山仙湖实验室的全氟磺酸树脂质子交换膜研发、高效大面积钙钛矿太阳能电池制备关键技术研究、超低铂载量质子交换膜燃料电池膜电极的开发等项目获得省部级研发计划和基金支持额度超 2600 万元。

佛山仙湖实验室先后申请了发明专利 104 项，实现了原创性研究成果在世界顶刊 *Science* 发表，所取得的代表性科研成果陆续实现产业化应用和示范，典型应用有：唐浩林教授团队的复合结构质子交换膜技术被国家电投集团在燃料电池系统和氢能大巴上采用，支撑了 2022 年冬奥会近 100 辆我国首批材料级全自主化燃料电池汽车示范运营；潘牧教授团队的两款百千瓦级的金属双极板燃料电池电推技术在北汽福田、东风氢舟等多个量产车型上应用；李俊院士团队创新提出的氢复合动力、多堆共轨燃料电池系统，可实现降碳 60% 以上，全生命周期成本优势较传统燃油车明显；程一兵院士突破了用于高效光伏制氢的大面积高稳定性钙钛矿太阳能电池印刷制备技术，大面积钙钛矿电池组件效率达到 20%；孵化的仙湖氢电科技有限公司，将低噪声同轴式电驱动桥和承载式高效空心轴电机在上汽通用五菱等头部车企应用。

三、科研设施及科研能力建设

佛山仙湖实验室在科研设施方面，已建成占地面积 100 余亩、建筑面积约 6.4 万 m^2 办公、科研及生活园区，含科技主楼、第一实验楼、第二实验楼、涉氢的甲类/丙类综合厂房以及专家公寓等主体建筑，未来实验室 2023—2027 年二期规划建设预计新增用地达到 120 余亩；在大型仪器设备方面，已完成大功率电堆测试台、百千瓦级燃料电池系统测试台、多通道质子交换膜老化测试台、质谱/色谱/光谱仪等的 185 台套、价值 2.92 亿元大型仪器设备的招标和采购，相关仪器设备已全部进驻各实验室和厂房现场，预计 2022 年 8 全面完成科研设备的安装和调试。

佛山仙湖实验室在研发团队方面，已形成以院士为核心、国家级高端人才为骨干的科研人才队伍，原创性研究成果在世界顶级期刊 *Science* 上发表，核心技术取得突破、部分成果实现产业化。尤其是依托各专业实验室和公共服务平台的高精尖设备仪器支撑，佛山仙湖实验室在绿色制氢、氢能储运与安全、氢燃料电池关键材料/电堆/系统以及氢能源汽车示范等方面，已全面具备从基础材料到关键部件、从核心部件到关键装配与总成系统、再到终端车辆应用的系统研发能力，并且建立了对百瓦级到数百千瓦级燃料电池电堆及系统测试与评价能力，能够满足电堆及系统性能测试、寿命测试、环境适应性测试、健康状况与故障分析的能力。

四、主要研究方向

佛山仙湖实验室面向国家氢能与双碳战略进行科研布局，重点突破燃料电池关键材料、核心部件及系统等卡脖子技术，解决氢能源高安全、低成本储运的重大瓶颈问题，支撑低碳和零碳燃料及其燃烧技术的迫切和重大需求。在上述科研布局基础上，形成有两条清晰的科研主线，一条主线是致力于氢能与燃料电池技术研究，主要以打通氢能制备到氢能利用全产业链的关键环节为目标，开展高效太阳能发电、电解水制氢、氢能储运与安全、燃料电池关键材料/电堆/系统以及燃料电池汽车等技术研究；另一条主线是致力于氨氢融合新能源颠覆性技术研究，主要是以解决氢能低成本高可靠性储运、实现交通运输装备与工业低碳排放为目标，开展低碳绿氨制备、零碳交通运输装备、高温工业零碳燃烧等技术研究。

佛山仙湖实验室在一期建设阶段(2020年1月—2022年12月)主要围绕氢能与燃料电池技术研究主线开展各项科学研究与实验室建设工作,通过聚焦氢能与燃料电池关键材料、核心部件和燃料电池汽车技术等的研究,研发下一代燃料电池关键材料、核心部件工程化制备并实现完全自主产业化应用,包括高能量效率近零渗透质子交换膜、高强超薄碳纸气体扩散层、高效率长寿命膜电极、高效长寿命大功率电堆、基于国产芯片的燃料电池系统控制器等,打破关键核心材料依赖进口,助力广东城市群燃料电池汽车示范运营。

五、国内外交流

佛山仙湖实验室与国内外知名企业、科研院所以及社会团体开展有多种形式的交流与技术推广活动,助力了实验室科研内容的高度聚焦和产业化进度的加快。在企业科技调研方面,累计走访调研了50余家佛山地区陶瓷、材料、建材、智能制造等领域的科技创新性企业,与佛山欧神诺陶瓷有限公司、佛山市德力泰科技有限公司联合成立先进零碳燃烧技术联合创新研发中心,与国家电投、东风汽车、一汽解放等央企国企建立战略合作关系;在社团体活动方面,参与组建了佛山市新材料高新技术企业创新联盟,并作为理事单位参与广东省大湾区新能源汽车产业技术创新联盟、佛山建材行业协会、佛山丹灶高新企业协会等行业协会工作与活动中,受邀参加了第20届亚洲科学理事会大会和2021联合国开发计划署氢能产业大会;在科研领域,除了与清华大学、武汉理工大学、南京大学等院校建立有战略合作外,与来自澳大利亚、英国、日本等十几个国家和地区的相关研究机构专家学者也保持密切联系,积极开展各个方向上的学术交流和合作研发,与国外科研机构合作的学术成果占超30%。

六、发展规划

佛山仙湖实验室建成国家重点实验室的规划已被列入2021年发布的《佛山市国民经济和社会发展第十四个五年规划和2035年远景目标纲要》。目前,佛山仙湖实验室一期建设任务和工作基本完成,在面向国家重点实验室的建设规划目标,实验室二期(2023年1月—2027年12月)的建设,将在氢能与氨氢融合新能源技术及关键材料领域成为国家战略科技力量,服务广东和国家氢能产业发展及“双碳”战略的贡献度更加显著,实现世界氢能与氨氢融合新能源领域技术研发中心、氢能与氨氢融合新能源领域技术转移与辐射中心、氢能与氨氢融合新能源高端人才汇集与国际交流中心、氢能与氨氢融合新能源领域大学生创新创业中心、氢能与氨氢融合新能源领域高科技企业孵化中心等“五个中心”建设。

上海市新能源汽车公共数据采集与监测研究中心

一、单位概况

上海市新能源汽车公共数据采集与监测研究中心(以下简称数据中心)于2014年12月正式注册成立,由上海市经济和信息化委员会负责业务指导,是全国第一个集公共领域和私人领域为一体的新能源汽车公共数据采集地方平台。数据采集依据《电动汽车远程服务与管理系统技术规范》(GB/T 32960—2016),主要包含车辆行驶、电池、电机、充电等实时运行数据。截至2021年底,数据中心已接入64.3万辆新能源汽车(含商用车),其中乘用车61.3万辆,占比95%;累计接入的新能源乘用车共涉及品牌车企78家,合资、外资、自主三类企业的车辆数占比分别为12%、15%和73%。

二、科研项目及成果

(1)数据产品方面。基于新能源车端数据、依托数据质量评价、定制化分析、行驶行为分析、充电行为分析、车辆性能分析、精准营销分析6大产品体系,为整车企业、充电桩企业、电力企业等多家企业或机构提供了多样化的市场化服务。

(2)政府服务方面。持续为上海市相关委办提供了电动物流车通行证使用情况评价、充电桩抽查、法人购车审批、车辆事故核查等多项支撑服务。

(3)数据开放方面。2021年数据开放实验室围绕“电池健康/残值评估、充电负荷、氢燃料电池研究等”为主要方向,为清华大学、同济大学、上海机动车检测中心、华为等企业或科研院所提供数据开放服务。截至2021年底,实验室累计共完成64个开放服务项目,为进一步扩大公共数据开放应用积累了丰富经验。

(4)课题申报方面。2021年累计完成14项课题申报工作(含国家级3项、市级8项、区级3项)。

三、科研设施及科研能力建设

2021年数据中心以“数据赋能产业发展”为目标,围绕“持续推进‘1+X’平台建设,深化数据应用与共享”。

(1)平台建设与推广。2021年度数据中心平台建设实现90%以上自主研发。支持国家与地方政策,加强上海市燃料电池车推广与加氢站的安全管理、运行及运营情况监测、后期补贴政策制定而建设“车站一体化”平台完成研发上线;全新的大屏2.0、质量系统2.0、交通课题网站先后完成研发测试上线;车企管理平台,电池溯源平台完成数个版本的迭代优化,目前车企平台支持百万级新能源汽车数据接入。

(2)数据采集与监测。上海市新能源汽车数据平台,截至2021年底,已接入64.3万辆新能源汽车(含商用车),其中乘用车61.3万辆;上海市动力蓄电池全生命周期溯源管理平台,平台累计完成账号注册企业84家,其中包含整车厂82家;上海市加氢站与氢燃料电池汽车公共数据采集平台,数据中心在原有上海市新能源汽车数据平台的基础上,拓展建立上海市加氢站与氢燃料电池汽车公共数据平台,启动平台数据接入工作。

(3)数据研究与应用。数据是数据中心的核心竞争力,但是仅有数据也不行,数据中心不断围绕行业热点展开研究与数据应用,主要聚焦于车辆行驶行为与充电行为、车辆性能分析(电池健康度评价等)、基础设施规划与运营等方面。

四、主要研究方向

(1)数据算法自研。依托平台车辆实时运行数据,在车辆用途识别、固定充电地点识别、碳排放核算、道路车流量测算、充电符合动态计算、动力电池一致性评价模型、电池内短路识别模型、多维度电池健康度评价模型等方面开展算法研究。

(2)充电应用研究。聚焦网格化的充电需求,依托固定停留点识别模型和网约车识别模型等自研算法,以期为充电运营等企业进行电力预测与策略规划提供有效支撑。

(3)探索性研究。对于保险、二手车交易、碳交易等前瞻性领域应用,持续跟进产品研发,争取 2022 年在产品内容及形态上有所突破。

五、国内外交流

2021 年数据中心一共接待来访 49 批次,超 300 人;数据中心员工外出参加各类技术会议和技术论坛 32 人次,为数据中心的知名度与影响力提升发挥了重要作用。

六、发展规划

数据中心还将继续努力并保持在新能源汽车地方平台的国际领先地位,建设成为集新能源汽车公共数据、动力蓄电池追溯数据、燃料电池车与加氢站数据等多源数据为一体的"大数据中心",支撑嘉定和上海建设世界级汽车产业发展高地,不断创新大数据的社会价值与经济价值。

上海市中新新能源汽车动力电池循环利用促进中心

一、单位概况

上海市中新新能源汽车动力电池循环利用促进中心(以下简称中新中心)于 2015 年 12 月正式注册成立,由上海市经济和信息化委员会负责业务指导,促进电池循环利用产业发展的专业行业组织,由五家单位出资成立:上海国际汽车城(集团)有限公司,上海中兴派能能源科技有限公司,上海德朗能动力电池有限公司,宁波和真汽车电子系统有限公司,上海攀业氢能源科技有限公司。

二、科研项目及成果

(1)搭建了上海市新能源汽车动力蓄电池溯源管理平台。

(2)进行电池回收体系建设相关地标和团体标准制定:参与制定 1 项上海市地标,1 项联盟标准。

(3)探索推进退役电池回收利用产业化、市场化及商业运营模式:中心作为上海电池回收利用试点推进牵头单位和行业组织者,一直谋求能够将电池回收利用工作落地,进行商业和产业化推广。

(4)建立和政府管理部门、行业组织、企事业单位关系:中心与经信委、发改委、商务委等部门以及一些行业组织和企业建立沟通关系。

三、科研设施及科研能力建设

(1)开展动力电池回收利用监测,推动上海市动力电池回收利用体系建设。

(2)搭建上海新能源汽车动力电池溯源管理平台。对上海的动力电池进行溯源管理,能够实现对上海新能源汽车动力电池的生产、销售、使用、回收拆解、综合利用等各个环节进行信息采集追踪,面向新能源汽车生产企业、销售企业、维修企业、回收企业、拆车企业、梯次利用企业、再生利用企业等,保障电池的来源可查、去向可追、节点可控、责任可究。截至 2022 年 5 月 31 日,已经完成企业注册 97 家,接入新能源汽车生产信息 16 万辆。销售信息 15. 7 万辆。

四、主要研究方向

(1)收集与分析动力电池循环利用产业与技术信息。

(2)建立动力电池循环利用产业发展的国际合作交流平台。

(3)研究动力电池循环利用的政策、相关规范及标准。

(4)研究新能源汽车动力电池循环利用的检测评估技术。

(5)联系政府管理部门、学术研究机构以及企事业单位等利益相关者,讨论各自在产业推进中的角色,促进动力电池循环利用的产业化与技术创新。

五、发展规划

中新中心未来将继续推进上海动力电池回收利用相关工作,依托动力电池溯源平台服务于政府及产业链上下游企业,建立企业与政府联系纽带,助力上海新能源汽车动力电池回收利用产业健康发展。

上海机动车检测认证技术研究中心有限公司

一、单位概况

上海机动车检测认证技术研究中心有限公司(以下简称上海汽检)始立于 2003 年,是华东地区唯一的第三方国家级机动车产品检测机构,是国家认证认可监督管理委员会(CNCA)授权的国家机动车产品质量检验检测中心(上海)、国家新能源机动车产品质量检验检测中心,通过中国合格评定国家认可委员会(CNAS)实验室认可。

历经数年发展,上海汽检已获得汽车、摩托车产品的全部国家授权,包括国家工信部车辆《公告》检测、国家生环部车辆环保目录检测、国家交通部车辆油耗检测、国家认监委车辆及零部件产品(CCC)认证检测等,同时也是国家市场监管总局缺陷汽车产品召回鉴定检测机构和国家进口汽车检验机构,国内唯一的汽车专用器具计量检定站,国内首个获批筹建的国家智能网联汽车产业计量测试中心及首批“自动化作业”行业研发中心。

自2016年“事转企”改制以来，上海汽检秉承“为客户钻研、替用户把关”的核心价值观与“精诚育人、精细管理、精准营销、精益检测、精到服务”的五精文化，实施适应企业自身发展的战略布局，以“数字化、平台化、多元化、国际化”为发展定位，精耕汽车检测行业的各项技术领域，增强企业转型动能，通过多元化合作模式，成立了7家分公司、13家子公司，以区域特色化、专业化的服务满足客户需求，凭借优秀的专业能力和服务意识，不断提升行业影响力和话语权。

目前，上海汽检已拥有国内领先的汽车、摩托车检测能力，以及机动车产品计量测试和校准、智能汽车传感器检测及环境理化性能试验能力。能够承担产品型式认证、强制性产品检测认证、进出口产品认证检测、委托检测、标准管理、产品技术研发、检测设备开发、技术咨询及创投孵化等多项工作。依托跨界融合方式打造的综合性第三方智能网联汽车公共检测研究服务平台，可满足智能网联汽车通讯性能、功能验证、场景模拟、示范运营的测试研究需求，为智能网联汽车领域前瞻技术研究和应用开发提供技术支持；同时，深度聚焦智能网联汽车数据安全领域，与国家网信办合作建设智能网联汽车信息安全实验室，开展智能网联汽车的漏洞扫描、安全检测、渗透测试，逐步形成汽车网络信息安全试验能力和评价体系。

面对未来智能互联时代的挑战和高新技术的迭代，上海汽检将持续发力“数字化、平台化、多元化、国际化”的战略发展路线，通过业务拓展、管理提升、创新转型、多元融合等举措提升公司核心竞争力，构建适应现代化市场经济发展需要的检测认证高质量发展的集团公司，更好地为政府、行业和企业提供公正、科学的服务，助力汽车产业高质量发展。

二、测试技术及规范研究与制定

上海汽检积极参与节能新能源汽车领域相关标准、测试技术、规范的研究。

参与汽标委汽车节能分技术委员会工作，主要参与了以下标准制修订工作：

GB/T 40711.2—2021《乘用车循环外技术装置评价方法　第2部分：怠速起停系统》；GB/T 40711.3—2021《乘用车循环外技术装置评价方法　第3部分：汽车空调》；GB/T 40711.4—2021《乘用车循环外技术装置评价方法　第4部分：制动能量回收系统》；GB/T 19753—2021《轻型混合动力电动汽车能量消耗量试验方法》；GB/T 19754—2021《重型混合动力电动汽车能量消耗量试验方法》

氢能与燃料电池汽车领域参与制定标准：

DB31/T 1313—2021《燃料电池汽车及加氢站公共数据采集技术规范》；GB/T 41134.2—2021《电驱动工业车辆用燃料电池发电系统　第2部分：性能试验方法》；GB/T 26779—2021《燃料电池电动汽车加氢口》；TCSAE 187—2021《氢燃料电池发动机用离心式空气压缩机性能试验方法》；TCSAE 183—2021《燃料电池堆及系统基本性能试验方法》等。

同时，上海汽检开展了上海市智能网联汽车及应用标准化技术委员会组建工作，并召开成立大会，和“智能网联地标委第一次工作会议”，审查通过地标委章程、工作细则、标准规划，以及《车载毫米波雷达技术要求及测试方法》1项地标；组织召开“上海市新能源汽车及应用标准化委员会年会”，审查通过《电动汽车智能充电桩及平台技术要求》等2项地方标准；在标准规范方面，参加了1个ISO标准、4个国标、4个团标的制修订工作；在自驾仿真方面，参加了3个国标预研项目，1个国际标准、2个团标、1个地标的制修订工作；在网联通信方面，参加了2个国标、1个行标的制修订工作。GB/T《智能网联汽车自动驾驶功能道路试验方法及要求》首次商用车实际道路验证工作，完成了标准的送审稿。完成2项新能源地方标准和1项智能网联地方标准的技术审查并通过市市场监管局审定，目前发布1项，报批2项；协助上海市汽车工程学会批准发布3项团体标准；积极推进《智能交通系统拥堵辅助系统性能要求及测试规程》等3项长三角团体标准制定工作，形成送审稿。

三、检测能力建设

上海汽检2021年投资建设中的能力有广德重型汽车测试系统、重型车混合动力能量消耗量测试系统等，建成或升级整车NVH试验能力（道路试验振动与噪声数据采集）、汽车整车动态性能设备能力（大扭矩测力方向盘、高精度数采系统等）、汽车整车主动安全设备能力（人车交互系统（声音图像识别）、弱势群体软目标平台等），进一步完善和提升了节能与新能源汽车、智能网联汽车的检测能力，相关能力涵盖企业研发领域的测试验证需求，可以为企业提供研发和检测认证的全方位服务。

在新能源汽车三电技术领域，具有车用电驱动系统及动力总成（含电驱变速箱）测试系统、动力电池测试系统、充电系统测试系统，具备标准法规测试能力和产品开发研究试验检测能力，能够进行车用驱动电机系统及总成动力性、电气安全、全项环境、带载EMC试验及可靠性，能够进行动力电池的单体、模块、包和系统的电性能、循环寿命和滥用安全试验，能够进行充电系统性能、互操作性和通讯协议一致性测试，具备动力电池单体及系统测试和评价能力，电驱动系统和动力电池在带载工况下的环境模拟测试评价能力，具备电驱动力系统总成（含电驱变速箱）测试评价能力，具备交直流充电桩的测试能力。

氢能及燃料电池领域技术能力建设：

（1）燃料电池发动机性能检测能力建设项目，主要包括大型电池充放电设备、80 kW燃料电池发动机性能测试台架、160 kW燃料电池发动机性能测试台架、集装箱式试验室常温综合试验系统、燃料电池发动机性能测试供气系统、直流稳压电源，满足GB/T 24554—2009《燃料电池发动机性能试验方法》、《中机函〔2017〕2号》，GB/T 33979—2017《质子交换膜燃料电池发电系统低温特性测试方法》中所有项目的实验要求。GB/T 33978—2017《道路车辆用质子交换膜燃料电池模块》中部分项目的实验要求。

（2）氢传感器测试设备能力建设项目，主要包括氢传感器测试设备，满足GB/T 34593燃料电池发动机氢气排放测试方法及GB/T 35178—2017燃料电池电动汽车氢气消耗量测量方法的实施后对于氢传感器的要求，同时可以满足

GB 15322. 1—2019《可燃气体探测器第 1 部分：工业及商业用途典型可燃气体探测器》。

（3）氢系统核心零部件测试设备能力建设项目，满足燃料电池系统及核心零部件的研究要求。

（4）燃料电池车载氢系统测试设备能力建设项目，满足公告强检标准 GB/T 26990—2011《燃料电池电动汽车　车载氢系统　技术条件》、GB/T 29126《燃料电池电动汽车　车载氢系统　试验方法》对于车载氢系统冲击动态位移的测量。

（5）燃料电池汽车尾排氢气测试能力建设项目，能够满足 GB/T 37154—2018《燃料电池电动汽车　整车氢气排放》的测试要求。

（6）氢气子系统测试台架能力建设项目，主要包括增压模块、减压模块、环境箱、流量计模块、氢气循环泵测试台架，满足测试功能：氢气系统测试台架针对燃料电池系统的氢气子系统及零部件进行测试，测试对象包括减压阀、加氢口、瓶口阀、单向阀、加氢管路等。

在智能网联领域，明确了上海汽检未来出行实验室的功能定位和建设方向；完成了本项目的公司内部立项材料整理和立项流程，完成了内审报告编制，通过公司董事会审批；完成了相关能力建设的技术方案。开展了内部智能网联汽车全检测链测试实验室能力建设，完成了智能汽车功能安全测评系统、自动驾驶道路测试系统-行人/两轮车目标设备、自动驾驶半实物仿真系统-感知决策硬件在环仿真系统建设工作，开展了自动驾驶半实物仿真系统-自动驾驶线控系统硬件在环仿真系统、自动驾驶数据采集系统-自动驾驶场景库系统、自动驾驶半实物仿真系统-自动驾驶人机交互评估系统，自动驾驶半实物仿真系统-车联网和 GNSS 硬件在环系统，自动驾驶道路测试系统-驾驶机器人控制系统、自动驾驶电动汽车驾驶能力及安全性评测技术与系统等能力建设工作，并根据技术发展，进行了数据管理和信息安全的能力建设与规划。

同时，上海汽检加快推进布局全国的发展步伐，在湖南、江苏、安徽、福建、河南、天津等地采用多种投资合作模式，实现共赢发展。

四、国内外交流

上海汽检非常注重与国内外汽车知名企业、科研院校和检测机构保持密切沟通，定期开展技术交流和合作，相关企业包括上汽乘用车、上汽通用五菱、大众中国、泛亚技术中心、吉利汽车、江淮汽车、福田汽车、比亚迪、沃尔沃、玛莎拉蒂、牛创等，同时与中国环境科学研究院、上海市环境科学研究院、上海市环境监测中心、上海交通大学、同济大学等科研院所保持相关技术交流及合作，内容包含节能与新能源汽车性能与能耗特征、测试技术、评价体系、节能减排技术路线等。

氢能及燃料电池汽车领域积极参与技术交流活动：

（1）“第 34 届世界电动车大会 the 34th International Electric Vehicle Symposium & Exhibition（EVS34）”作报告——氢安全事故案例分析及加氢站安全设计。

（2）中国城市燃气氢能发展创新联盟 2021 年年会及第二届学术会议作报告——氢安全事故案例分析及加氢站安全设计。

（3）燃料电池汽车在交通领域示范应用论坛作报告——氢能及燃料电池标准法规及上海汽检在其中的工作。

（4）汽标委燃料电池标准研讨会作报告——燃料电池汽车燃料电池电动汽车氢气消耗量测量方法 试验验证。

（5）智星时空：“AI 闪耀氢能源物流智能化之路”主题论坛演讲——“AI+车站联动”助氢能产业进阶，高科技打出安全牌。

（6）e 视窗：新型汽车科普微视频项目中有关智慧氢能汽车的科普视频讲解——智慧氢能从氢能源汽车开始。

（7）电池协会燃料电池技术委员会政策研讨会作报告——燃料电池汽车示范政策及测试解读。

（8）与丰田中国及丰田日本进行多次技术交流线上会议。

（9）举办多场地方标准技术研讨会（针对标准 DB31/T 1313—2021 燃料电池汽车及加氢站公共数据采集技术规范。

在智能网联汽车领域，与上研智联，同济大学在场地资源上进行合作，发挥区域整合优势，支撑郑州智能网联大赛准备工作，拓展中心在智能网联的测试业务。支撑临港管委会开展自动驾驶立法方案工作，协助完成《上海市浦东新区促进智能网联汽车与无人驾驶装备创新应用管理条例》，利用浦东和临港新片区的区位优势和政策优势，做好浦东立法和临港规模化示范应用的技术支撑工作。牵头和参与省部级课题 3 项。

参与国际标准法规的研究，多次参与 WP 工作组会议，推荐 5 名青年专家参加“第一届工作汽车标准化青年专家选培活动”，作为参加国际标准化活动的后备力量。推荐技术专家申报 ISO/TR 9968（道路车辆-功能安全-新能源汽车可充电储能系统的应用）国际协调支撑专家。

五、发展规划

上海汽检已完成“十四五”发展规划的制定，“十四五”阶段公司将紧贴汽车产业发展趋势，围绕公司“新四化”发展路径，以传统检测及前瞻研发“两条腿”并行为总体思路，推进新兴技术发展，营造服务新生态。“十四五”期间将继续加强新能源汽车整车及关键零部件技术领域检测技术能力建设的投入力度和速度，不断提高技术能级，根据产业发展趋势进一步构建和提升测试评价体系，全面提升上海汽检的综合技术服务能力，适应和满足我国新能源机动车产业发展的要求。

按照“十四五”发展规划，建立与“电动化、网联化、智能化、共享化”汽车新四化变革相适应的汽车整车性能集成验证体系；紧跟标准发展方向，持续完善检测技术；瞄准事中事后监管，服务政府采购；面向企业研发流程，致力于新技术研究和验证。全面建设覆盖整车性能、主动安全、节能环保等技术领域的综合实验室。聚焦全产品链、全生命周期评价，根据产业发展趋势紧跟“节能汽车技术路线”“纯电动和插电混合动力汽车技术路线”“轻量化技术路线”等领域，进一步构建和提升测试评价体系和技术服务能力。针对插电式混合动力汽车，研究整车匹配技术，总布置优化技术等底盘系统集成优化技术，智能化，信息化融合的整车智能控制技术，围绕以能量管理为核心的整车控制技术，开发符合真实道路场景和驾驶习惯的节能减排测试方法，构建新一代插电式混合动力汽车及纯电动汽车节能减排评价体系。上海汽检积极响应碳中和、碳达峰总战略，以节能与新能源汽车标准工况能耗、特殊场景能耗、实际道路能耗、整车能量流试验规程及多维度全方位大数据平台为基础，以汽车产品全生命周期（燃料周期、材料周期等）碳排放核算方法研究为目标，致力于推动机动车领域减污降碳协同增效，激发行业技术变革和绿色低碳转型。

在新能源汽车三电技术领域，重点建设动力电池材料和失效分析检测和评价技术能力、四驱分布式电驱系统动力总成检测和评价技术能力，电驱动系统 NVH 测试和评价能力，充电桩电磁兼容测试和评价能力，超级充电桩及光储充一体充电桩的测试评价能力，电动底盘测试评价能力，车用功率半导体器件的测试评价能力。

在氢能与燃料电池汽车领域，推进氢能港氢能基地项目建设实施，打造长三角氢能燃料电池一体化检测服务大平台，确保氢燃料电池检测技术继续保持国内领先地位，力争国际一流水平。对标行业龙头，形成涉氢核心竞争力；在服务氢能汽车基础上向下兼容，提高设备利用率；形成公司内部差异化布局，提升研发服务能力；一次规划，分步实施，逐步完善。完善氢能全产业链的能力建设。积极参与和推动行业内相关标准的制修订，包括国家标准、地方标准、团体标准等。项目包括但不限于燃料电池电动汽车 能量消耗量及续驶里程测试方法、低温冷起动测试方法、商用车质子交换膜燃料电池系统评价、氢燃料电池汽车运营安全及维护保障技术规范、燃料电池汽车核心零部件测试规范、燃料电池汽车及维修网点安全保障技术规范、燃料电池汽车年检技术规范等。

针对智能网联汽车领域的关键技术，及时关注相关行业与技术领域的动态发展信息，继续紧跟相关技术、标准发展动态，服务于部门及公司后续技术发展方向规划，并结合能力建设进行迭代，开展实验室能力建设和未来出行实验室建设工作。积极做好标准验证、科研项目测试等工作，致力于通过业务开展带动技术研究，开展工信部智能网联汽车准入试点工作和市场监管总局智能网联汽车沙盒管理工作。

招商局检测车辆技术研究院有限公司

一、单位概况

2003 年，招商局检测车辆技术研究院有限公司（以下简称招商车研）由招商局集团和重庆市政府整合相关资源组建而成，是招商局集团控股的国有企业。招商车研是国家火炬计划重点高新技术企业、重庆市创新型企业；获工业和信息化部、交通运输部、生态环境部、市场监管总局等行业主管部门授权和认可；主要从事汽摩产品公告、CCC、道路运输车辆达标车型、环保型式认证等法规检测，研发验证、供应商检测、进口商检、出口认证、标准制修订、技术咨询等工作；建有汽车、摩托车、智能网联汽车 3 个“国家质检中心”，在新能源、智能网联汽车等领域拥有 8 个省部级科技平台和 2 个省部级科普基地。同时，立足重庆、辐射西南、放眼全国，设有华东、华南、华北分支机构，黑河寒区试验基地，重庆渝欧、大连渝海、深圳渝鹏控股子公司，服务全国 1000 余家企业客户。

二、测试技术及规范研究与制定

2021 年招商车研参与制修订发布的标准共计 12 项，在节能与新能源汽车领域的标准 9 项，其中国家标准 1 项，为 GB/T 19754—2021《重型混合动力电动汽车能量消耗量试验方法》，团体标准 8 项，分别为由中国国际科技促进会发布的 TCI 038—2021《锂离子电池单体平均比热容测试方法》，由中国智能交通产业联盟发布的 T/ITS 0186—2021《无人驾驶营运车辆安全技术条件》、T/ITS 0147. 1—2021《港口无人驾驶集装箱车技术要求　第 1 部分：驾驶场景和行驶行为》、T/ITS 0147. 2—2021《港口无人驾驶集装箱车技术要求　第 2 部分：无线通讯和信息安全》、T/ITS 0147. 3—2021《港口无人驾驶集装箱车技术要求　第 3 部分：车辆功能要求》、T/ITS 0147. 4—2021《港口无人驾驶集装箱车技术要求　第 4 部分：车辆测试方法》，由中国汽车工程学会发布的 T/CSAE 189—2021《电动汽车高压屏蔽线缆及连接器表面转移阻抗测试方法》、T/CSAE 231—2021《智能网联汽车电磁抗扰性能技术要求与测试评价方法》。

三、检测能力建设

招商车研建有占地 730 余亩的金凤和金山两个研究测试基地。金凤基地位于重庆高新区，占地 640 余亩，打造了国内领先的“试验室+试验场”一体化试验检测技术平台；金山基地位于重庆两江新区，占地近 100 亩，拥有国内一流的摩托车和汽车电子试验检测技术平台。两个研究测试基地共建有机动车强检试验场以及整车、排放、动力、碰撞、部件、电磁兼容、智能网联、新能源、摩托车等 10 余个专业试验楼；拥有全封闭、半开放和全开放道路的自动驾驶测试评价基地；可开展乘用车、商用车实车碰撞和零部件模拟碰撞试验，整车声学测量、底盘悬架参数测定，新能源整车火烧及热失控、动力电池系统全生命周期、超高速电机（含 NVH）等测试评价，有害物质和贵金属化学分析，ADAS 标定匹配、自动驾驶在环仿真、V2X 规模测试等试验。

招商车研在黑河拥有寒区试验基地，其中陆上面积 $0.14\ km^2$，湖面面积 $28\ km^2$。基地可开展静态和动态综合主观评价、寒区环境适应性、寒区性能验证等试验。

四、发展规划

招商车研积极响应国家“质量强国”战略，主动加快市场化转型步伐，正大力开展汽车主被动安全、汽车节能降碳、新能源汽车、智能网联汽车和智能车路协同五大专业领域的产品研发验证和测试评价服务。

襄阳达安汽车检测中心有限公司

一、单位概况

襄阳达安汽车检测中心有限公司（以下简称达安中心）暨国家汽车质量检验检测中心（襄阳）、国家智能网联汽车质量检验检测中心（湖北）、国家燃料电池汽车质量检验检测中心，是经中国合格评定国家认可委员会认可和授权的、具有独立法律地位的第三方综合性汽车检测及技术服务机构，获得国家认监委、工信部、交通部、生态环境部等对于汽车检测机构的全部资质授权。

获得授权的机构名称包括：国家汽车质量检验检测中心（襄阳）；国家级汽车试验场；国家智能网联汽车质量检验检测中心（湖北）；国家级智能网联汽车自动驾驶封闭场地测试基地；国家燃料电池汽车质量检验检测中心；国家授权的《公告》车辆产品检测机构；国家指定的强制性产品认证检测机构；国家指定的道路运输车辆燃料消耗量检测机构；国家指定的新生产机动车噪声和排放污染检测机构；国家指定的缺陷汽车产品检测和实验机构；国家认可的汽车产品检查中心；汽车专用仪器和汽车检测线的校准实验室；汽车产品认证检测机构和科研成果技术鉴定试验机构。

自 1985 年建设起，历经 36 年的发展积累，达安中心始终保持着国内领先的行业地位。

当前，达安中心已形成“四个中心”（试验开发验证中心、国家汽车质量检验检测中心（襄阳）、国家智能网联汽车质量检验检测中心（湖北）、国家燃料电池汽车质量检验检测中心、襄阳达安检查中心）的业务形态。立足襄阳、武汉，达安中心在国内构建了 8 个分（子）公司、工作部以及日本、韩国 2 个海外办事处，形成覆盖全国、辐射全球的服务格局。

二、测试技术及规范研究与制定

达安中心拥有丰富的标准化工作经验。往年主持参与制修订的、且已发布的标准有 130 余项，今年以来达安中心主持/参与制修订的未发布的标准达 170 余项，涵盖国标、行标、团标等，包括 GB 14166 机动车乘员用安全带、GB 14167 安全带固定点、GB 11562 前方视野、GB 11566 乘用车外部凸出物、GB 20182 商用车驾驶室外部凸出物、GB 157402 汽车防盗装置、GB/T 18385 电动汽车动力性能试验方法、GB/T 19752 混合动力电动汽车动力性能试验方法、GB/T 燃料电池电动客车定型试验规程等 90 余项强制性标准，在汽车行业标准化工作中影响力巨大。

三、检测能力建设

当前，达安中心占地近 6000 亩，拥有乘用车、商用车、专用车、智能网联汽车、综合试验等汽车试验场地和 18 个专业领域研究方向试验室，拥有高温、高寒、高原三大试验基地，具备涵盖所有车型全系列试验的道路和路况，形成了高集中度、前瞻性、专业化的测试能力。检测范围涵盖汽车整车和零部件全系列，具备 246 类、1667 项标准的检测能力。

四、国内外交流

助力汽车强国梦想实现，达安中心以提升试验技术能力、提高工作服务质量，拓展检测认证业务为核心，始终致力于打造倍受信赖的汽车检测认证技术研究服务机构，业务范围遍布海内外 1500 余家整车及零部件企业。

达安中心与国际认证机构形成合作和互认机制，近五年累计服务 330 个出口车型。业务范围包括日本、韩国、美国、俄国、澳大利亚、海湾、欧盟、巴西、智利等的认证；国际合作机构包括荷兰车辆认证中心（RDW）、塞尔维亚国家认证机构、土耳其国家认证中心（TSE）、澳大利亚政府基础设施和交通部、南非国家标准局（SABS）、乌克兰国家标准计量检测以及消费者权益保护中心、海湾合作组织（GCC）；国际合作技术服务包括荷兰 HCS、瑞典 SGS、TUV 莱茵/北德/南德、西班牙 IDIADA、英国 VCA、俄罗斯 NAMI、伊朗 ISQI。

达安中心服务特色是：一次试验，两张证书；伊朗 ISQI 国内唯一代理机构；RDW 授权 ECE 认证工程师；检测认证一体化。

五、发展规划

面对汽车产品轻量化、电动化、智能化、网联化、共享化的发展趋势，达安中心加快新能源和智能网联检测技术研究和积累。2022 年 6 月 24 日，达安中心正式授权国内唯一“国家燃料电池汽车质量检验检测中心”，当前已形成全面的新能源（含氢燃料）汽车测试技术能力，可开展所有法规项目检测，建成覆盖电堆、燃料电池系统以及燃料电池整车等完整的试验能力体系，拥有国内最先进的氢燃料及新能源汽车碰撞试验室，具备国内唯一具备加氢能力的汽车试验场，日均加氢 240 余 kg，当前氢燃料电池汽车测试行驶里程累计已达 250 万 km，是国内唯一开展 3000 h 级别燃料电池系统与电堆耐久性的研发试验测试机构。

作为最早建成国家智能网联汽车质量监督检验中心的机构之一，达安中心完成了现有园区的智能化网联化改造，是交通运输部、工业和信息化部联合认定的“智能网联汽车自动驾驶封闭场地测试基地”。

现已形成完善的整车 ADAS 测试以及自动驾驶试验测试能力，并依托测试场地平台、测试验证平台、系统服务平台，为智能网联汽车整车级、系统部件级开发提供全生命周期的测试技术服务，在国内处于领先地位。

未来达安中心将在汽车产品轻量化、电动化、智能化、网联化、共享化的标准法规、试验验证方法等方面深入探索，在新能源、智能网联和集成底盘方面继续加大研究和试验设施设备场地的投入，正向推进和有力支撑汽车行业，尤其新能源汽车和智能网联汽车的快速发展。

国家汽车质量监督检验中心(长春)

一、单位概况

长春汽车检测中心有限责任公司(以下简称长检中心)是独立的第三方汽车产品检验检测机构,总部位于美丽的汽车城吉林省长春市。长检中心应中国汽车工业的发展而诞生,并伴随国际汽车产业的发展而成长。长检中心于1984年12月,根据中汽公司(84)中汽质字0778号文件精神,由机械工业部长春汽车研究所划出一部分进行筹建,1986年10月正式成立,随后被授权为"国家汽车质量监督检验中心",是国内第一家国家级汽车产品检测机构。随后,长检中心先后被国家有关部门授权为汽车新产品申报《公告》国家级检测机构、汽车产品强制性认证国家级检测机构、机动车排气污染物国家级检测单位、道路运输车辆燃油消耗量检测机构、科技成果检测鉴定国家级检测机构。2017年12月被国家工业和信息化部批准为"试验检测类 产业技术基础公共服务平台",2019年9月被吉林省科技厅、财政厅、税务局认定为"高新技术企业"。

长检中心历经30余年的发展,形成了以长春本部为核心、以长春本部+农安汽车试验场+大连分公司为北方基地、以天津分公司+东营试验场+青岛分公司+无锡分公司+定远分公司为华东基地、以海南试验场+广州分公司+柳州分公司+海南分公司为南方基地的"一中心、三基地"布局,在深耕检测、试验、试验场三大主营业务的同时,拓展政策法规咨询、工业制备、高端检测仪器设备开发与校准等新业态,固定资产达40余亿元,员工近400余名。

长检中心始终本着"开拓、务实、合作、共享"的理念、坚持"对产品进行公正、科学的检测,为用户提供优质、完善的服务"的宗旨,努力将自身打造成诚信于社会、满意于客户的独具特色的国际化综合汽车产品检验检测机构。

二、测试技术及规范研究与制定

长检中心在完成检测工作的同时,致力于认证制度和标准建设,积极参加相关部委和标委会活动,是全国汽车标准化技术委员会、电子与电磁兼容分技术委员会副秘书长、非金属制品分技术委员会、专用汽车分技术委员会、仪表分技术委员会、制动分技术委员会、发动机分技术委员会、整车分技术委员会、灯具及灯光分技术委员会、燃气汽车分技术委员会、汽车碰撞试验及碰撞防护分技术委员会、智能网联汽车分技术委员会、全国轮胎轮辋标准化技术委员会汽车工农业机械轮胎轮辋分技术委员会、全国无线电干扰标准化技术委员会委员单位,主导和参与了诸多标准的制修订工作。作为国家认监委汽车及部件技术专家组副组长单位,在国家认监委的领导下,与认证机构、检测机构、行业协会学会等一同进行了多版本的认证实施规则制修订工作。

长检中心是高寒地区新能源汽车产业联盟创始成员单位,已制定并发布多项团体标准,目前正在与各方一同制定新能源汽车、智能网联汽车高寒地区适应性测评规则。

三、检测能力建设

长检中心已具备和正在建设纯电动汽车、混合动力电动汽车、增程式电动汽车的电安全及车载终端、能量消耗量及续驶里程、驱动电机及控制器、动力电池及管理系统、传导及无线充电系统等检测能力,氢燃料电池电动汽车的氢安全及氢泄露、加氢口及氢系统、电堆及发动机等检测能力,智能网联汽车的功能及功能安全、车路协同、信息安全及软件测评、传感器及卫星定位系统、软件在环及硬件在环、场景构建及仿真等检测能力。

为更有效开展新能源汽车、智能网联汽车高寒地区适应性测评,正在建设高寒低附着测试场地、极低温续驶里程转鼓。

四、国内外交流

每年除参加认监委组织的与欧美国家、日本的技术交流会外,长检中心至少组织柜内、国外两次客户交流会。每当四部委产品准入管理规定有变化或有新制定修订的标准发布时,都会有针对性的与国内外的认证机构、生产企业开展技术交流,研讨准入实施、解读标准、交流试验方法、说明样品与参数提供要求等。

五、发展规划

围绕国家"双碳"战略和新能源汽车"三纵三横"技术发展路线图以及长检中心"一中心三基地"战略布局和"检测、试验、试验场"业务定位,长检中心经持续完善传统领域能力建设,包括重型车用和非道路机械用发动机、碰撞、电磁兼容、零部件等;加快推进新兴领域能力建设,包括电动汽车、氢燃料电池汽车、智能网联汽车、司乘人员健康安全等。

国家汽车质量监督检验中心(广东)

一、单位概况

广东汽车检测中心有限公司(以下简称广东汽车检测中心),创立于2008年,是国家汽车质量检验检测中心(广东)的运营主体,是以汽车整车、汽车排放及零部件检验检测服务为主的国家级第三方检测机构。

广东汽车检测中心2011年开展整车企业的委托试验业务,2013年"国家汽车质量监督检验中心(广东)"获得授权,2014年率先在华南开展电动汽车动力电池检测业务,2015年确立传统汽车和新能源汽车检测并行发展的思路,2018年获得环保部"检测机构视频监控及数据传输联网"资质,2019年成为国家认证认可监督管理委员会强制性产品指定实验室，2020 年成为广东省高新企业。

广东汽车检测中心可开展汽车（乘用车、货车、客车、专用车、挂车、新能源汽车整车及驱动电机、动力电池、BMS 等零部件）和三轮汽车等产品的《公告》检验，相关汽车及零部件产品的 CCC 认证检验，轻型车排放、发动机排放及整车加速行驶噪声检验等公告、CCC 和环保检验检测业务。广东汽车检测中心具备在华南乃至全国范围提供一站式检测服务的能力。

目前，广东汽车检测中心与中国汽车工程研究院合作联动，着力打造氢能动力、动力电池、电子安全等特色能力，为大湾区汽车产业蓬勃发展作出贡献。

二、测试技术及规范研究与制定

广东汽车检测中心是全国汽车标准化技术委员会制动分技术委员会委员单位、广东省汽车工程学会副理事长单位；曾参与制订 GB/T 5620—2020《道路车辆汽车和挂车制动名词术语及其定义》等多项国家标准和汽车行业标准，对数十项国家/地方/行业标准制修订提出修改意见，在汽车领域的测试技术评价研究及标准规范制定方面拥有良好的基础和丰富的经验。

三、检测能力建设

广东汽车检测中心最早于 2014 年开始引入新能源汽车关键零部件检测设备，累计设备投入达 2000 多万元。经过多年的检测实践，广东汽车检测中心已锤炼出一支技术过硬的专业团队，并形成如下一系列特色检测能力：

（1）华南地区首个新能源汽车“三电”——电池、电机、电控工信部公告强检项目全覆盖检测机构。

（2）国内最早形成电池包外部火烧、热扩散室内实施能力检测机构。

（3）具备 3 种热失控引发方式全覆盖的电池包热扩散试验能力。

（4）广东地区唯一可室内实施整车状态电池包热扩散乘员保护验证试验检测机构。

（5）具备电池短路瞬变大电流信号精确捕捉能力。

同时还可以进行以下试验：高低温环境试验、全光谱阳光模拟试验、地热辐射模拟试验、空调降温/采暖试验、发动机热管理试验、续驶里程试验、新能源汽车整车常规性能试验、电安全要求试验、安全防护试验、碰撞测试试验、车载氢系统试验、各种温度的充电性能试验。

四、国内外交流

广东汽车检测中心作为国家级的检验中心，努力承担起相应的社会责任，积极与检测同行及整车和零部件企业加强沟通交流，为华南地区汽车产业的发展贡献自己的力量。自 2018 年起连续三年举办“华南地区汽车产品技术交流会”，邀请比亚迪汽车股份有限公司、广州汽车集团乘用车有限公司、广州汽车集团本田汽车有限公司、广西玉柴机器股份有限公司、欣旺达电子股份有限公司等国内知名企业及中国质量认证中心、TÜV 南德认证检测（中国）有限公司等知名机构及著名高校的研发团队齐聚佛山，进行政策解读、市场趋势预判、专家解惑、新技术交流，为华南地区汽车产业蓬勃发展作出积极贡献。

国家智能清洁能源汽车质量检验检测中心

一、单位概况

国家智能清洁能源汽车质量检验检测中心（以下简称中心）是独立从事检测的专业机构，经国家市场监督管理总局、国家认证认可监督管理委员会等主管部门的授权和认可，专业从事汽车产品检测的第三方检验检测机构。目前，中心已获授权汽车整车、电动汽车、专用汽车等 3 个类别共 12 个产品，284 个检测项目，涉及 84 个标准。

中心的法人单位为河南凯瑞车辆检测认证中心有限公司（以下简称河南凯瑞），成立于 2019 年 7 月，位于河南省焦作市武陟县，其经营范围包括汽车、零部件、材料的认证、评价、检测及测试的技术咨询等服务。中心的资质认定授权证书编号：（2020）国认监认字（861）号；检验检测机构资质认定证书编号：210008349311。

二、测试技术及规范研究与制定

参与制定以下标准：

《集成电路　电磁兼容建模　第 1 部分：通用建模框架》；

《集成电路　收发器的 EMC 评估　第 1 部分：通用条件和定义》；

《车辆后装电气电子设备的电磁兼容性要求和测量方法》；

整车天线紧缩场测试验证方案；

《集成电路　电磁发射测量　第 4 部分：传导发射测量 1 Ω　150 Ω 直接耦合法》；

《静电放电敏感度测试　传输线脉冲　器件级》；

《集成电路_电磁抗扰度测量　第 2 部分　辐射抗扰度测量 TEM 小室和宽带 TEM 小室法》。

三、检测能力建设

河南凯瑞车辆检测认证中心有限公司暨国家智能清洁能源汽车质量检验检测中心（以下简称中心）先后于 2020 年 9 月、2021 年 5 月顺利通过国家检验检测机构 CMA 资质认定及获得 CNAS 认可证书（证书编号 CNAS L14750）；中心于 2021 年 7 月获得工信部资质，可开展道路机动车辆产品检测相关业务；中心于 2021 年签约成为强制性产品认证指定实验室，目前，3C 产品认证资质包括 CNCA-C11-01：汽车（非量产核查）中的下列产品：M、N、O 类汽车（起重举升类、高空作业车、混凝土泵车、罐式车辆除外）。作为黄河流域规模大、检测能力完善、辐射服务面积广的国家级汽车检测机构——国家智能清洁能源汽车质量检验检测中心，对于提升汽车行业产品质量，推动产业技术创新发展具有重要的战略意义。中心拥有国内领先的整车试验室、排放试验室、EMC 试验室、安全试验室、部件试验室和汽车综合性能试验场；公司获得河南省智能网联汽车测试第三方机构授权认可，承担自动驾驶汽车测试及监督管理相关工作，可开展 ADAS 及 L3 级以上自动驾驶车辆的场地测试评价和道路验证测试。

四、国内外交流

2021 年 3 月 15 日，汽车电磁兼容基础标准研究小组 2021 年第一次会议。

2021 年 4 月 26 日，智能网联全领域关键技术交流培训会。

2021 年 5 月 25 日，中国智能网联汽车产业创新联盟 2021 年度工作会。

2021 年 12 月 13—15 日，2021 国际智能网联汽车测试示范发展论坛（ICVTP2021）。

五、发展规划

落实通用技术中国汽研战略支点和产学研区域中心定位，将公司建设成为基础设施齐全、能力特色突出、产品型谱丰富、创新能力显著的国家级检测机构。围绕汽车产品检测认证、产学研协同创新，打造智能网联汽车检测认证和产学研特色服务能力，打造具有广泛影响力的汽车产品检验检测技术服务企业。

国家汽车电气化产品及系统质量检验检测中心

一、单位概况

国家汽车电气化产品及系统质量检验检测中心挂靠在上海电器科学研究所（集团）有限公司电器设备检测所有限公司（以下简称上海电科所），具备新能源汽车产品及系统的全面测试能力，专注于汽车电气化产品的委托检测及研发性测试，测试能力覆盖动力电池、驱动电机、电机控制器、充电系统、接触器、高压线缆等新能源汽车高压部件，共性技术实验室包括电磁兼容、环境适应性、绝缘、功能安全、材料、软件、射频通信等，可按国家标准、ISO/IEC、行业标准、企业标准的有关技术要求和试验规范进行相关性能试验和安全测试，已获得国内多家主流汽车企业的试验室认可，快速成长为华东地区规模最大、测试能力最全的检测中心之一。

国家汽车电气化产品及系统质量检验检测中心发展汽车电气化产品及检测能力的同时，以电磁兼容、可靠性、材料等电工领域学科技术实力为基础开展失效分析服务与可靠性工程咨询服务。失效分析中心分析范围涵盖各类产品及材料，可提供电气产品、金属和非金属类构件、电子元器件、PCB 板等的故障定位与失效分析，并协助企业评估新器件/新工艺/新材料的可靠性，在产品大规模生产前识别可靠性风险，避免批量失效的产生。可靠性工程咨询中心面向不同行业的客户提供可靠性工程咨询服务，服务包括可靠性设计、可靠性分析、可靠性研发测试方案、故障预测与诊断等内容。

上海电科所创建于 1953 年，业务领域涵盖电机与系统节能、智能电网、智慧城市与智能交通、船用电气、智能制造与工业互联网、智能电网用户端与能源互联网、检测与认证等，面向战略性新兴产业与传统产业转型升级，是系统解决方案与产业技术服务优秀提供者。六十余载专注电工领域，结合产业发展阶段，面向产业需求，发展成为集检测、计量、认证、认可、检验评估、标准、技术研究、教育培训、技术咨询为一体的综合技术服务提供商。具有深厚的技术底蕴和积淀，拥有一系列国际国内资质授权，是我国首个参加电工领域国际电工委员会 IECEE-CB 互认体系的机构，先后获得低压电器（1988）、中小电机（1991）、智能电网（2012）、机器人（2015）、汽车（2018）、工业互联网（2020）领域的国家质量检验检测中心授权，以极致的专业化服务支撑产业技术进步和质量提升，开展产品标准化检测方法研究及建模建标工作，通过标准引领我国电工行业检验检测整体技术发展。

二、测试技术及规范研究与制定

作为标准化工作的排头兵，电科所承担低压电器标委会、旋转电机标委会、无线电干扰标委会、机器人标准化总体组等 11 个全国性标准化技术委员会秘书处，近年来牵头制修订国家、行业标准近百项，牵头编制《中国机器人标准体系建设指南》等顶层设计文件，并受国标委委托面向全国开展宣贯和培训活动。承担 IEC/CISPR、IEC/T C2、IEC/T C121 等 9 个 IEC 技术委员会的国内技术对口，并选派专家担任 IEC/T C125（人员电气运输设备）主席、IEC/CISPR（无线电干扰特别委员会）副主席、IEC/ACOS（安全顾问委员会）专家、IEC/SyC/SM（智能制造系统）专家等，深度参与国际标准化工作。以标准化为引领，打通研发、产业化应用和检测认证，助力企业转型升级，并带动行业高质量发展。

研究领域涉及智能电器、电机及系统、智能配电与系统、智能交通及智能市政、船用电机电器、智能电网用户端产品及系统等，拥有国家级和行业级的多个工程技术研究中心和重点实验室，承担国家低压电器、中小型电机、无线电干扰等多个标委会标准归口工作，国际电工技术委员会等十多个技术委员会/分技术委员会的国内归口工作。在智能电网用户端、低压、机器人、汽车等新领域积极开展标准化研究，研究并主持完成近五百项国家及行业标准的制定，引领电器、电机行业的技术发展，为行业技术进步做出杰出贡献。自 2009 年以来，获中国标准创新贡献奖 2 项，国家科技奖二等奖，上海市标准化优秀成果近 20 项，中国机械工业科技奖、上海市科技奖近 20 项。

搭建中国汽车工程学会电磁兼容分会行业平台，联合国内多家整车企业、研究院所及高校、检测认证机构、部件制造商，融合理论、检测、整车和产品的知识和经验，指导及运行汽车电磁兼容团体标准专家组，结合市场需要组织行业专家制定/维护汽车电磁兼容团体标准。

2021 年开展以下标准制修订工作：

《车辆、船和内燃机　无线电骚扰特性　用于保护车外接收机的限值和测量方法》《电动汽车高压线缆及连接器表面转移阻抗测试方法》《智能网联汽车电磁兼容抗扰度测试方法及要求》《电动汽车充电设施状态评价及鉴定导则》《电化学储能传导充电设施技术规范》《电动汽车充电设施在线计量技术规范》《电动汽车充电设备现场检测技术规范》《电动汽车 63A 交流充电系统特殊要求》《电动汽车顶部接触式充电系统 第 1 部分:通用要求》《高压高功率密度电动机检验规范与可靠性评价方法》《高压高速电动机检验规范与可靠性评价方法》《电动汽车 60～1000 V 部件电源端口瞬态现象测试方法及要求》等。

三、检测能力建设

国家汽车电气化产品及系统质量检验检测中心专注于新能源汽车电气化产品及系统的委托检测及研发性测试,具备完善的电磁兼容、环境适应性、绝缘、功能安全、材料、软件、射频通讯测试能力。

(1)汽车 EMC 检测技术服务:1953 年成立,深耕电磁兼容测试领域六十余年,是国内唯一一家同时拥有 30 m 法开阔试验场、整车 10 m 法电波暗室、3 m 法电波暗室、全电波暗室、电机加载暗室、混响室、屏蔽室等数个类型测试场地,且供电能力达到 600 kW,低压电流高达 15000 A,测试对象覆盖动力电池、DCDC、高压空调、充电系统、高压线缆等新能源汽车高压部件。电机加载测试暗室最大功率 250 kW,最大转速 12000 r/min,最大扭矩 500 Nm;混响室测试频率 200 MHz～6000 MHz,200 V/m。网联产品可实现 GPS、2G、3G、4G、5G 模拟信号与实网信号接入,适配各种带通、带阻滤波器、衰减器。

(2)环境可靠性工程技术服务:提供完整的机械环境、气候环境、综合环境、安全防护试验测试条件,拥有 12 t 推力 15 m^3 三综合试验系统、可进行产品加速应力试验的 HALT&HASS 试验系统、60 m^3 步入式交变湿热房、15 m^3 复合盐雾房、IP69/IK10 防护试验系统、10 m^3 模拟高原/高空低气压试验箱、20 m^3 提篮式温度冲击箱等多台大型环境测试设备,试中可进行应力监测、交直流大功率加载等满足不同测试条件需求。

(3)汽车电性能技术服务:试验室具备完整的低压部件、48 V 部件和高压部件电性能试验能力。48 V 系统部件测试能力处于国内领先地位,是国内唯一拥有新能源汽车电气特性测试能力和航空电气特性测试能力检测技术。结合环境箱可实现动力电池包、驱动电机系统、空调压缩机、PTC、OBC 等高压部件的电性能测试,满足 ISO 7637-4/ISO 21498-2/IEC 61000-4 系列标准/宝马 GS 95023/奔驰 MBN LV213/大众 VW 80300/尼桑 28400NDS91-5/美国航空标准 DO 160/雷诺 36-00-811-C/标致 B21 7112 等标准要求。

(4)新能源电池技术服务:拥有单体电芯试验室、模组试验室、电池包试验室、BMS 试验室,提供电性能、环境适应性及安全等测试。PACK 试验设备最大功率 500 kW,最大电流 1600 A,响应及切换时间控制在 5 ms 以内;电芯及模组试验设备电流最大 2400 A,精度达到 0.05% FS;能够实现充放电设备-冷水机-温箱集成联动测试;热失控试验及分析;水冷板的冷热冲击耐久、流阻试验等。盐城新建成的安全实验室可进行 pack 级别的挤压针刺、外部火烧、外部短路、底部针刺/球击、跌落等。

(5)驱动电机:覆盖新能源乘用车电机及控制器、商用车电机及控制器、电动重卡/工程牵引车电机、电机减速器、控制器测试,测试最大功率 250 kW 最高转速 15000 r/min,直流供电能力 2000 V 1200 A,测功机最大功率 2000 kW 最大扭矩 12000 Nm。

(6)汽车电器:试验能力覆盖高压继电器、高压熔断器、BDU、PDU 等产品的电性能测试需求。拥有大容量短路试验室,电寿命试验室,高压继电器试验室、高压熔断器试验室;短路试验能力达到电压 DC250 V～2000 V,电流 2500 A～100 kA;电寿命试验能力可实现电压 DC24 V～1500 V,电流 100 A～6 kA;继电器试验能力范围 DC200 V～1500 V,电流 15～1300 A;熔断器试验室能力可达试验电流 0～1200 A。

(7)充电设施:实验室具有一个 630 kW 大功率充放电测试平台、两个 240 kW 非车载及车载直流充电测试平台、三个交流充电桩测试平台、电动汽车充电连接器实验室、电动汽车互操作性及协议一致性测试实验室、CAN 总线协议一致性实验室、光储充实车实桩验证平台等,测试对象覆盖所有规格电动汽车、车载与非车载充放电设备、汽车电气通信零部件、控制器及充电连接器等。

(8)汽车线缆及连接器:实验室拥有 40 kV 交直流耐压试验仪、低温性能测试装置、导体电阻和绝缘电阻测试系统、垂直燃烧试验仪、线注入法/三同轴法/管中管法全套屏蔽效能测试设备等,可进行线缆屏蔽性能、电性能、机械力学性能、环境适应性、安全性能等试验,覆盖产品包括低压线束、高压线束、高频通信线束及对应连接器等。

(9)通讯产品:EMC 通讯实验室拥有丰富的车载网联测试经验和先进的测试设备,全电波暗室配备无线通信的输入端口,在该场地可完成 2/3/4/5G、Wi-Fi、蓝牙等无线通信的辐射杂散和发射测试;提供一站式的车载产品国内的 CCC, SRRC,NAL 服务,国外 CE、FCC、IC、E/e mark,Ecall 等认证服务;为车载智能网联客户提供 FM/AM、Bluetooth 射频性能测试、辐射杂散、功率等测试,为智能网联汽车的网联化提供优质的检测认证服务。

(10)失效分析:失效分析咨询服务产品线业务范围涵盖各类产品及材料,涉及机器人、汽车、电器、新能源、风电等相关行业,提供金属、非金属、电子元器件、PCB 板等的失效分析服务。拥有各类仪器:扫描电子显微镜(SEM)、超声扫描显微镜(C-SAM)、三维立体成像 X 射线显微镜(3D X-RAY)等各类大型分析设备和配套的性能测试、评价、分析等精密仪器。对金属/非金属构件、电子元器件、PCB 板等失效品进行分析,找到失效原因,给出改善措施;评估新器件/新工艺/新材料的可靠性,识别可靠性风险,避免失效的产生;从人/机/料/法/环角度进行失效模式研究,将失效模式与机理相对应,帮助解决问题。

(11)天线测试:是国内仅有的两处天线校准开阔试验场地之一,也是国内唯一汽车方向图开阔测试场地。具备民品、汽车 EMC 测试天线和场地确认天线的校准能力,覆盖 9 kHz～18 GHz 的频率,被测对象包括杆天线、双锥天线、复合天线、对数周期天线、喇叭天线等不同类型的天线。

(12)绝缘材料:实验室拥有 120 kV 交流耐压试验仪、

40 kV 直流耐压试验仪，20 kV-1/2.5/5 kHz 高频电压试验仪，高精度高频介电损耗试验仪，10T 高精度高阻计，最大承重 4T，最大尺寸 45 m^3 高温箱，温度覆盖-70 ℃～300 ℃，200 kN 万能试验机，测试对应覆盖汽车电机、电机绝缘系统和绝缘材料、汽车配件材料等新能源汽车的绝缘部件。新增 2.5/5 kHz 高频电压试验仪和绝缘系统耐油试验系统，满足更多新能源汽车电机绝缘系统高频电性能和耐油性能的检测。

（13）功能安全：覆盖系统软件设计测试、基础测试及仿真测试等服务能力，包含软件设计、编码、集成全生命周期，为汽车产品软件的安全性和可靠性提供专业支撑，为智能汽车测评提供全新的解决方案。服务项目包含咨询、测试平台搭建、工具租赁、软件测试、培训等。

（14）软件测试：软件测评中心服务能力覆盖软件设计、编码、集成全生命周期，为系统软件的安全性和可靠性提供专业支撑，为人工智能的算法测评提供全新的解决方案。软件测评中心提供功能、性能、代码安全、漏洞扫描、渗透测试、算法类的数据集测试、虚拟内场测试、外场测试等测评服务，针对控制器、控制系统的安全性及可靠性提供仿真测试模型设计、硬件在环测试以及相关系统的自动化测试服务，同时提供多种仿真应用环境。

（15）信息安全：工业互联网安全实验室聚焦工业互联网边缘侧设备和平台的网络安全及信息安全，研究工业安全与信息安全相融合。主要测试有：漏洞扫描、漏洞挖掘、无线安全、安全审计、流量分析、App 安全检测等。

（16）公告认证服务：2020 年 11 月，上海电器设备检测有限公司正式获得工业和信息化部装备工业发展中心发布的道路机动车辆检验检测机构准入公告检测授权，授权范围包括新能源汽车电机、电池、充电系统等部件测试。

四、国内外交流

国家汽车电气化产品及系统质量检验检测中心挂靠单位上海电科所组织和参加行业技术交流活动，和国内外知名汽车厂商、部件制造商保持着技术交流与合作关系。

2021 年 3 月 9 日，国家电网公司《低压开关柜标准化设计方案（2020 版）》宣贯研讨会在上海中谷小南国花园酒店隆重召开，本次会议作为国网低压标准化柜的第一场宣贯研讨会，受到了各方的重视。

2021 年 4 月，上海电器设备检测所有限公司（STIEE）、国家中小电机质量监督检验中心举办电机标准、检测方法暨检测数据比对分析技术专题交流研讨培训班，并开放国家中心实验室检测平台提供参训人员实际操作练习，另组织标准样品检测数据质控能力验证比对。

2021 年 4 月 14 日至 16 日，STIEE 受上海核电办公室邀请参展第十四届中国国际核电工业展览会，与众多核电相关运营、研发、工程机构的领导、专家、技术人员等，分享核电设备鉴定经验，介绍 STIEE 的业务范围和专业实力，探讨核电领域的行业需求和发展动向。

2021 年 6 月 10 日，“走进东风汽车技术中心”技术创新展示交流会在武汉东风汽车技术中心举办，活动涵盖“新能源 & 智能网联/自动驾驶/智能驾舱 & 轻量化”三大主题，上海电器设备检测所有限公司 STIEE 作为第三方检测认可合作实验室受邀参加交流会，与东风乘用车、东风商用车、东风越野车、东风日产等技术研发相关部门进行交流。

2021 年 6 月 26 日，第三十四届世界电动车大会暨展览会在南京溧水空港国际博览中心盛大召开。EVS34 大会 C12 分会场以“电磁兼容”为主题，由上海电器科学研究院、国家汽车电气化产品及系统质量监督检验中心合作举办，论坛围绕电动汽车电磁兼容标准、电磁兼容设计及相关测试展开，通过专业及系统的报告，展示电动汽车电磁兼容最新成果。

2021 年 7 月 1 日，在长城汽车第 8 届科技节期间，以“合聚变智领行”为主题的智能化技术论坛在长城汽车哈弗技术中心举行，上海电器科学研究院受邀参加。论坛中，上海电器科学研究院检测分院副院长刘媛女士发表《复杂电磁环境效应对智能化汽车的挑战》主题报告。

2021 年 7 月，由国家机器人检测与评定中心（总部）与 SGS 共同举办的机器人/智能制造功能安全培训在国评中心总部单位上海电器科学研究所（集团）有限公司成功进行。本次培训依托上电科精品培训品牌“添唯课堂”，来自埃夫特、节卡、艾利特、法奥意威、博智林、擎朗、广数等多家国内外知名机器人企业的安全经理、技术开发人员、产品工程师、系统工程师/系统经理、软件开发人员等相关人员参加培训。

2021 年 9 月 16 日，中国汽车工程学会电磁兼容分会团体标准《电动汽车 60～1000 V 部件电源端口瞬态现象测试方法及要求》第一次工作组会议圆满举行。该标准由上海电器科学研究院牵头、十余家汽车整车及零部件企业参与制定，是电磁兼容分会根据汽车行业发展情况，基于电动汽车高压电源端口瞬态现象测试，从标准适用范围、脉冲应用范围、测试方法等方面对高压端口瞬态现象测试等进行规范，并出具标准测试方案。

2021 年 9 月 28 日，中国电力企业联合会标准化管理中心委托上海电器科学研究所（集团）有限公司组织召开了国家标准《电动自行车集中充电设施技术规范》充换电连接装置测试验证总结研讨会。

2021 年 10 月 21 日，由本届会议由中国汽车工程学会指导，中国汽车工程学会电磁兼容分会主办，上海电器科学研究院、国家汽车电气化产品及系统质量检验检测中心承办的中国汽车工程学会电磁兼容分会 2021 年会暨第三届汽车电磁兼容技术研讨会在上海安亭汽车会展中心隆重召开。本次年会作为 2021 中国汽车工程学会年会暨展览会（SAECCE 2021）专题分会之一进行，汇聚各大汽车整车及零部件企业、第三方机构、高校、科研机构的技术人员与专家学者，共同探讨汽车“新四化”趋势下的电磁兼容技术挑战、相关团体标准工作研究成果以及汽车电磁兼容学科前沿技术等，是一场基于前沿热点信息的高端技术论坛。

五、发展规划

国家汽车电气化产品及系统质量检验检测中心面向行业需求，以建设汽车专业化服务平台为目标，密切关注汽车电气领域技术水平提升与新技术发展。

（1）以电工领域经验为基础，面向汽车领域需求，做好新能源电气化产品及系统的技术支撑，开展技术培训、技术咨询服务，培养汽车电气化领域的人才，对电气化产品性能及质量水平提升积极贡献力量。

（2）搭建汽车电气领域交流平台，组织论坛、技术研讨会等行业活动，关注行业动向、产品新技术研发、共性学科技术需求、企业个性需求等，推动电工领域与汽车领域进行资源对接。

（3）发展共性学科技术优势，不断加深电磁兼容、可靠性、绝缘、功能安全等领域的技术研究深度。

关注新能源汽车电气化产品研发检测需求，不断完善新能源电气化产品检测能力。

国家汽车质量检验检测中心(广西)

一、单位概况

国家汽车质量检验检测中心（广西）（下简称广西中心）是以柳州汽车检测有限公司为运营主体，2020 年经国家市场监督管理总局批复成立，以汽车整车及零部件检验检测服务的第三方检测机构。

广西中心占地 374 亩，试验室面积 8 万 m^2，主要仪器设备 500 余台（套），检测能力覆盖传统汽车、新能源汽车、智能网联汽车、专用车等整车性能与可靠性、排放、主被动安全、电磁兼容等领域，汽车零部件覆盖车身及附件、发动机、电动汽车电机及控制器、电池等领域；是国家工业和信息化部备案的检验检测机构，可开展汽车“CCC”强制性产品检验检测项目。

自成立以来，广西中心一贯秉承“客观公正、科学准确、诚实守信、高效廉洁”的宗旨为政府部门和国内外广大客户提供全面、便捷、高效、可靠的检验检测服务和技术支持。

二、测试技术及规范研究与制定

广西中心是全国汽车标准化技术委员会会员单位，围绕汽车及零部件关键技术的检验检测方法、标准以及新产品技术研发领域，积极开展科研技术研究，参与标准制（修）订工作；主持起草柳州市团体标准《柳州市智能网联汽车封闭场地测试规程》；组织、参与筹划《智能网联汽车封闭场地测试规程》《商用车纯电动车防水密封性试验方法》广西地方标准制定工作；对多项国家、地方、行业标准制修订提交修改意见。在开展测试技术和标准制修订过程中，广西中心不断提升自身的技术和科研能力，为以后开展更多更有技术难度的科研、标准制修订项目打下坚实基础。

三、检测能力建设

广西中心按照“总体规划、分步实施”的思路开展检测能力建设，2019 年底，完成一期项目全部建设，投入约 8 亿元，2020 年初开启二期项目建设，计划投入 5 亿元，建设围绕新能源汽车领域、智能网联汽车领域、汽车被动安全领域，满足国家强制性标准的检测能力。

目前，广西中心建有整车性能试验所、新能源汽车试验所、智能网联汽车试验所、电磁兼容试验所、节能与排放试验所、汽车安全及零部件试验所等多个试验室，检测设备达到具备国际一流、国内领先技术水平。

新能源汽车试验所，现有高速驱动电机测功机台架、大扭矩驱动电机测功机台架、外部火烧试验机等 26 套大型检测设备及 18 台精密仪器仪表，能够开展满足国家最新标准规定的新能源汽车核心三部件——电动机、动力电池、电控系统，相关测试项目。

电磁兼容试验所，拥有整车电波暗室 1 间，屏蔽室 2 间，其中整车电波暗室转台直径 12 m，最大承重 30 t，能够开展按照国际标准、国家标准、欧盟标准等要求进行的 10 m 法和 3 m 法电磁兼容测试，检测能力完全覆盖汽车整车、零部件试验检测项目；2021 年已逐步完善整车充电状态测试、谐波浪涌测试等新的检测项目。

汽车安全及零部件试验所，现拥有加速式模拟碰撞试验台车系统、实车碰撞系统、行人保护系统等大型检测设备，其中加速式模拟碰撞试验台车系统其推力和精度达到国内前列，实车碰撞系统的设备及其附属设施都达到了国内先进水平，可以对传统和新能源乘用车、商用车开展严格、精确的实车碰撞测试。

智能网联汽车试验所，拥有广西首个智能网联汽车封闭试验场，占地 10 万 m^2，能够满足新版《智能网联汽车自动驾驶功能测试规程》规定的 8 项必测项目以及整车爬坡能力、涉水能力的检测技术要求。

目前，广西中心已获授权、认可的检验检测能力范围覆盖整车领域 4 个类别、新能源汽车领域 6 个类别、汽车安全领域 14 类别，能够满足 446 个检测项目、246 个国内外标准及法规的检测要求。

四、国内外交流

广西中心十分注重与国内外知名企业、科研院校、检测机构和行业协会的沟通交流，积极参与汽车行业相关标准技术交流会、座谈会及研讨会。与国内多家科研院校、检测机构建立了战略合作伙伴关系，合作双方充分利用各自的能力、资源，实现技术优势互补、资源共享、相互促进、良性发展。2021 年 12 月，与中国信息通信研究院共同承办“2021 C-V2X‘四跨’（柳州）先导应用实践活动——大规模通信测试活动”，标志着广西中心进入了中国智能网联的行列。

广西中心在为汽车企业开展检测服务的同时，深入到企业开展技术交流活动，如区内的东风柳州汽车有限公司、上汽通用五菱汽车股份有限公司、广西汽车集团等及零部件企业，区外的广州小鹏汽车科技有限公司、比亚迪股份有限公司、宁波央腾汽车电子有限公司等，了解企业的研发需求和技术痛点，参与到企业的研发过程，利用自身检验检测能力优势，解决了企业产品研发过程中的难点、痛点。

工程机械电动化快速发展时期，为某民族品牌工程机械企业设计控制器电磁兼容测试方案，抢占市场先机，为推动工程机械电动化产业高质量发展扫清障碍；在助力汽车企业产品出口方面，广西中心积极参与，发挥设备设施优势，为测试方案提供建议，帮助企业顺利实现产品转型升级，出口海外。

广西中心还围绕 2021 年《深入实施质量提升行动，大力推进质量强国建设》"质量月"活动主题,积极配合地方政府工作安排,开展汽车产业检验检测知识普及、演示等相关活动,贯彻落实质量理念深入到城市建设发展全过程,持续不断提升服务汽车产业的检验检测能力水平,助推经济社会转型升级高质量发展。

五、发展规划

广西中心以"标准、检验检测、认证一体化"为发展方向,打造国内一流的汽车产业质量服务"一站式"平台。根据汽车产业发展、国内外法规要求及市场研发需要,在技术研究、能力建设等方面进行新的规划,将在"十四五"期间启动三期建设。

广西中心根据汽车行业对综合试验场、新一代智能网联封闭测试场的迫切需求,将建设涵盖乘用车、商用车传统测试道路场景以及新一代智能网联封闭测试场在内的国内一流的综合汽车试验场。

在新能源汽车领域,围绕氢燃料动力电池、混合动力、新型替代燃料电池的技术研究,建设相应检测能力;在智能网联汽车领域,在完成建设智能网联封闭测试场的基础上,建设以软件检测能力为核心,围绕"数字化、信息化、智能化"建设与 V2X 相关的功能模块的检测能力;还将在新能源汽车底盘、电子电器零部件、计量和校准方面,建设高市场需求、高技术含量的相关检测能力。

通过持续的建设和运营,广西中心将全面获取工业和信息化部道路机动车辆《公告》检验检测机构、交通运输部道路运输车辆达标车型检测机构、认监委汽车强制性产品认证(CCC)指定实验室、生态环境部整车环保噪声检测机构等资质授权,积极承担政府部门的监督管理职责。

广西中心将利用地域优势,面向"一带一路"和东南亚国家联盟,在汽车进出口检测检测、认证方面投入力量,为我国汽车产业"走出去、引进来"作出贡献。

国家汽车质量检验检测中心(北京顺义)

一、单位概况

根据北京市汽车产业调整与振兴发展的需求和国家质检中心服务当地经济发展的功能定位,2009 年 2 月 18 日,原国家质检总局批复,由原北京市质量技术监督局负责,在北京市产品质量监督检验院基础上,积极联合交通运输部公路科学研究院等北京及周边地区汽车检测优势资源,并通过市政府立项投资,建设国内第一个由质检系统内机构主导,多方参与的国家汽车质量检验检测中心(北京顺义)(以下简称中心),打造功能齐全、设施完善的独立、公正、科学、权威的第三方汽车专业检测研究机构。

中心于 2013 年 11 月由国家认证认可监督管理委员会授权开展业务,并于 2014 年 10 月由原国家质量监督检验检疫总局和国家认证认可监督管理委员会共同批准成立,是依托北京市产品质量监督检验研究院建设的独立、公正、科学、权威的第三方汽车专业检测研究机构。

中心总占地面积 14.3 万 m^2,建设用地面积 9.5 万 m^2,建有碰撞安全实验室、零部件实验室、整车性能实验室、排放节能实验室、灯光电器与新能源实验室(搭载新能源汽车监控平台)、电磁兼容实验室、材料与油品实验室、缺陷分析实验室、智能网联汽车实验室和二手车检测事业部。

二、测试技术及规范研究与制定

近几年参加的科研课题如下:

2011.11—2013.12,北京市科委课题——电动汽车及充电设施检测标准研究及验证。

2011.11—2015.01,北京市科委课题——国家级电动汽车检测平台建设。

2012.01—2014.12,国家质检总局课题——公共管理与社会服务技术标准研究。

2014.01—2016.12,北京市科委课题——新能源小客车全过程风险监测与评估-车辆抽检及评估。

2014.03—2015.03,北京市科协课题——北京市居民室内、车内空气污染现状与影响因素调研及对策分析。

2015.03—2018.06,北京市科委课题——新能源小客车质量安全风险预警平台建设。

2016.01—2017.12,北京市环保局课题——北京市车用油品环保性能监测平台建设。

2016.01—2018.12,北京市科委绿通项目——乘用车车内空气污染物关键检测技术研究及示范应用。

2016.11—2016.12,北京市经信委项目——2016 年北京市示范应用新能源小客车安全指标及产品一致性对比分析。

2017.01—2018.12,北京市交委课题——基于多源数据的新能源小客车诊断维修技术研究与应用示范。

2019—2021,机动车排放缺陷识别技术支撑体系建设。

2019—2021,大规模网联车辆协同服务核心技术。

2019—2020,氢燃料车辆检测及安全评价方案研究。

2019—2022,车载液氢储供系统检验鉴定方法研究。

三、检测能力建设

中心先后获得以下国家有关部委的资质授权:

中华人民共和国海关总署授权的进出口商品检验鉴定机构;

国家工信部授权的道路机动车辆产品准入检验检测机构;

国家交通部指定的道路运输车辆达标车型检测机构;

国家认监委授权的汽车 CCC 产品强制性认证检测资质;

国家环保部授权的联网检验机构检测资质;

中国充电设施发展促进联盟标识管理授权第一批检测机构资质;

中国质量认证中心授权的节能产品认证检测资质(汽车整车产品);

北京市商务局授权的北京市出口二手车第三方检验机构资质。

检测能力覆盖参数 3284 项,产品标准 44 项,方法标准

756 项，具备汽车及相关产品强制性检验能力和研发测试能力。可开展各类整车及零部件产品检测、研发试验、认证检测等相关技术服务，为政府质量监管、企业产品研发、保障消费者权益提供技术支撑。

四、国内外交流

在服务政府和国内外重大活动保障方面，中心致力于发挥积极作用。中心曾先后为 APEC 会议、平昌冬奥会闭幕式、世界智能网联汽车大会等重大活动提供技术保障。同时，中心受北京冬奥组委及北京市经信局委托，于 2019 年—2022 年多阶段为北京冬奥会保障用车提供多轮实地测试服务和技术服务，通过对测试车辆实车实景表现和测试数据分析，有效地支撑了冬奥会部分车辆的选型确定工作，为冬奥交通服务保障提供科学有效的支撑，体现了国家汽车质量检验检测中心（北京顺义）作为专业汽车检测机构应有的担当和责任。

五、发展规划

为了更有效地助于实现氢能动力产业集聚，提升共性研发技术的快速迭代和验证评价能力，同时协助北京市在氢能产业发展中抢占制高点，中心在完成日常的检验检测工作外，将建设氢能国家级质检中心作为近期的首要工作。

对于建设氢能国家级质检中心，中心总体目标为：以氢能源及氢燃料电池汽车发展规划为蓝图，打造氢燃料电池汽车的国家级实验室，建设综合性国家科学中心，以前瞻性、专业化的技术优势，打造国内领先、国际先进的氢燃料电池汽车公共技术服务平台，为氢能产业化在标准体系、检测认证、测评研究、技术服务、应用推广、产业孵化、质量监管等方面提供有力支撑，并带动氢能产业的发展，助力氢能产业集群的形成，为我国能源、汽车和装备制造产业的转型升级提供保障。

中汽院智能网联汽车检测中心（湖南）有限公司

一、单位概况

中汽院智能网联汽车检测中心（湖南）有限公司成立于 2020 年 12 月 25 日，由中国汽车工程研究院股份有限公司和湖南湘江智能科技创新中心有限公司合资成立，公司注册地点位于湖南省检验检测特色产业园。公司负责运营国家智能网联汽车（长沙）测试区，筹建国家市场监督管理总局批准的“国家智能网联汽车质量检验检测中心（湖南）”，于 2021 年获批成为湖南省智能网联汽车道路测试第三方监管机构，并于同年获得中国汽车拉力锦标赛委员会“全国新能源汽车产业示范基地”授牌。企业目前已拥有 10 项核心智能网联汽车软件著作权，还有 8 项实用新型专利在评审中。

二、测试技术及规范研究与制定

中汽院智能网联汽车检测中心（湖南）有限公司自成立以来，积极参与地方、团体性标准的制定，目前牵头会参与编制的标准包括《智能网联汽车云控平台运营服务规范》《智慧城市路口智能化路侧系统技术要求》《智能网联汽车自动驾驶功能测试规程　第 1 部分 公交车》《智能网联汽车封闭测试场地测试能力评价规范》等，目前正在参与编制《智能网联汽车测试驾驶员能力要求》《智能网联汽车自动驾驶功能危险场景封闭场地测试方法》

三、检测能力建设

1. 智能网联整车测试能力

基于国家智能网联汽车（长沙）测试区，通过完善设施设备，构建 AEB/FCW/ACC/LDW/BSD/APS 等 ADAS 系统的封闭场地开发验证测试能力和开放道路测试能力，搭建起 Euro-NCAP、ISO、i-VISTA 等标准法规测试能力。为企业提供完善的整车 ADAS 及自动驾驶测试服务能力，解决企业智能系统开发验证的测试需求。其中整车试验设备购置包括驶机器人、高精度定位及惯性导航系统、高精度定位及数据/音视频采集设备、报警信号采集设备、目标假车及拖拽系统、目标假车及移动平台车、成年和幼年目标假人及拖拽系统、两轮目标车及拖拽系统、智能汽车道路测试设备等，满足 ADAS 系统封闭场地 AEB/FCW/ACC/LDW/BSD/APS 等标准法规测试、开放道路鲁棒性测试要求，检测能力除囊括 C-NCAP、Euro-NCAP、ISO、i-VISTA 等 12 项 ADAS 标准法规测试，还满足智能汽车的直道试验、岔路口试验、弯道试验，以及传统汽车的制动、爬坡、涉水性能试验。

2. 智能网联零部件测试能力

以现有智能系统检测实验室为基础条件，建立室内振动、温湿度、盐雾试验、防水防尘等环境可靠性测试能力，为整车企业及零部件生产厂商提供相关标准法规测试业务。将以长沙作为全国智能网联零部件制造基地的区域优势建立，支持包括三综合振动、温度冲击、快速温变、温湿循环、高/低温工作、盐雾、防水防尘等相关环境可靠性测试，进一步完善在华中地区的智能网联汽车产业链测试服务网络，更高质高效地为企业提供全方面的一站式解决方案。

3. 智能网联汽车虚拟仿真测试能力

已经初步建成虚拟仿真测试验证能力，构建了多传感器仿真、车辆动力学仿真、道路与场景环境仿真、交通流与智能体仿真、感知与决策仿真、自动驾驶行为训练等一体化的自动驾驶仿真测试平台。基于现有的虚拟仿真平台可帮助自动驾驶产品的研发、测试和验证，可为用户快速积累自动驾驶经验，提升产品性能安全性与可靠性，有利于加快产品开发速度、降低开发成本。未来将建设多场景、多复杂度的场景采集系统，在现有能力基础之上，进一步完善场景库采集、建设、应用和服务能力，基于性能优良车载工控机、车载数据融合设备、激光雷达、高清摄像头，搭配场景编辑系统、模块配置系统、数据分析系统以及模拟仿真等系统，在测试体系搭建过程中采用更加完善准确的实时场景数据采集的方法，以便建设符合中国标准、具有中国特色的测试场景库，基于采集融合后的汇聚的真实场景库，进一步提升仿真技术研究水平及试验验证能力。

4. 智能网联汽车 V2X 网联通信测试能力

建立健全智能网联汽车 V2X 网联通信实验室，提供四大层次测试能力：可支持 V2X 网联通信系统所具备功能的开发和实现，提供各类测试服务；可完成系统感知层、网络层和应用层的信息安全的评价与测试；可完成各类消息体及信息感知融合的验证及测试；可完成单车、双车路人、多车协同的复杂场景的测试及功能验证。

四、国内外交流

中汽院智能网联汽车检测中心（湖南）有限公司自成立以来积极为国内外智能网联汽车相关企业提供优质的检测服务。其中主要服务的国内企业为三一、希迪智驾、吉利、理想等，主要服务项目为自动驾驶功能检测和整车主动安全场地、道路测试。国外主要合作企业为奔驰、舍弗勒、路特斯等企业，主要服务为自动驾驶功能场地测试、研发测试服务以及整车自动驾驶功能测试验证。

五、发展规划

中汽院智能网联汽车检测中心（湖南）有限公司将依托智能网联整车检测技术平台，为三一、希迪智驾、中联等企业提供自动驾驶测试服务，同时为其开发验证提供技术支持。联合相关政府单位与智能网联企业，以大规模的测试验证为基础，牵头制修订智能网联汽车整车测试的相关标准规范，结合国家智能网联汽车（长沙）测试区和长沙市已完成智能化升级改造的城市开放道路，探索智能网联汽车可能存在商业化落地的应用场景，积极响应智能网联“先试先行”政策，为智能网联汽车示范应用和商业化运营提供标准支撑和政策支持，推动智能网联示范应用、示范运营相关标准的建立和落地。此外，公司将以智能网联汽车预期功能安全测试为核心，为全省乃至全国范围内智能网联汽车企业提供专业的技术服务，推动全国智能网联汽车产业升级。

中汽研新能源汽车检验中心（天津）有限公司

一、单位概况

1. 公司情况

中汽研新能源汽车检验中心（天津）有限公司（以下简称新能源检验中心）注册成立于 2020 年 4 月，位于天津市东丽区雄姿道 88 号，是由中国汽车技术研究中心有限公司（以下简称中汽中心）投资设立的全资子公司。新能源检验中心占地 308 亩，总建筑面积约 146433 m^2，建设燃料电池、动力电池、电驱动总成、电磁兼容、新能源整车等 20 余栋综合试验室，以及能源中心、供氢中心、科研中心等基础设施，总投资约 19.9 亿元，预计 2023 年完成建设。

2. 建设情况

新能源汽车检验中心（天津）建设项目（以下简称项目）是中汽中心服务国家新能源和氢能产业发展战略，服务天津市氢能产业高质量发展，服务行业协同发展，服务中汽中心战略发展布局，强化核心竞争力的重大战略举措。新能源检验中心作为项目的实施主体、国家级燃料电池汽车产品检验检测中心的筹建主体，按照“公司建设”“工程建设”“能力建设”三大主线稳步开展工作。

二、测试技术及规范研究与制定

新能源检验中心围绕“打造国内领先、世界一流的服务于新能源汽车全研发流程链、全产品链、全生命周期和全应用领域的综合研发验证和测试评价基地”的总体目标，聚焦 5 个核心技术领域和 27 个重点技术平台。

在燃料电池测试技术领域，重点研究燃料电池低温冷启动测评技术，建立了“单电池-电堆-系统”多物理场耦合低温冷起动仿真体系，实现了对车辆低温冷起动性能的多维度多指标综合量化评价。

在动力电池测试技术领域，重点研究“材料-电池”闭环联动测评技术，建立动力电池在线无损检测平台，模拟电池在实际使用工况下进行无损透视成像，可以动态的检测到电池内部结构变化，将电池内部参数与外特性相对应，形成“材料-电池”闭环联动评价体系。

在电驱电控测试技术领域，重点研究新能源汽车热管理集成测评技术，新能源汽车热管理集成测试平台可搭载电驱动系统、电池系统、热管理系统及控制系统，为被测件提供与实车运行一致的温度、湿度及流场环境条件。

在充电系统测试技术领域，重点研究电动汽车新兴充换电测评技术，在电动汽车前沿充换电技术研究方面，紧跟大功率充电、快速换电、无线充电、自动充电、光储充放一体化等行业热点前沿先进充换电技术发展步伐，为行业测评提供平台服务。

在电磁兼容测试技术领域，重点研究智能网联汽车电磁安全测评技术，建立了智能网联车辆电磁抗扰测试能力，提出了实物场景法、光学-雷达模拟法、车载大电流注入法等，可对 ADAS 功能和 L3 以上的自动驾驶车辆开展测试。

新能源检验中心重点围绕燃料电池、动力电池、电驱电控、充电系统以及电磁兼容，研究制定相关标准和测试规范，目前，牵头/参与制修订国家标准 26 项，行业标准 5 项，团体标准 31 项，企业标准 2 项。

三、检测能力建设

电驱电控测试技术领域重点围绕可靠性、舒适性、安全性、经济性开展全流程链、全产品链、全生命周期、全应用领域服务。打造电驱电控产品分层分级综合测评与认证技术服务体系，重点围绕安全性、可靠性、经济性、舒适性开展测评服务能力完善：横向覆盖关键器件/组件（IGBT 模块等）-部件-系统-整车；纵向涵盖基本性能-环境适应性-安全性-可靠性-节能性-舒适性。

充电系统测试技术领域以电动汽车传导充放电测评平台、无线充电测评平台、高压安全测试平台，“三大核心平台”为依托，持续打造多场景-多层级完整测评技术矩阵，建成“六位一体”综合行业公共技术服务中心。

动力电池测试技术领域基于动力电池行业的强制性检测和研发验证需求，在性能和安全两大板块，依托动力电池材料分析测评平台、动力电池全生命周期性能测评平台、动力电池系统量化评价测评平台、动力电池管理系统标定及智能测评平台、动力电池再利用综合服务平台，五大技术平台开展强制性检测、对标研发验证和产品认证服务，进一步拓展优化测试能力、测试流程和服务范围。

电磁兼容测试技术领域研发“车与环境、车与人、车与电网”系统电磁兼容测试技术，建立“电磁设计、电磁安全、电磁环境、电磁功能与性能”测评体系，横向平台化发展：整车EMC测评平台；部件及总成测评平台；复杂电磁环境平台；人体电磁防护测评平台；时域EMC测评平台。纵向覆盖全价值链：风险评估布局选型；工艺及制造；测试整改优化；公告及认证；品牌效应、消费者满意度。

燃料电池测试技术领域围绕燃料电池汽车产业链、全术链、燃料电池应用和全生命周期。规划建设超大功率电堆、发动机性能测试能力、唯一涉氢三高环境适应性测试能力、唯一涉氢带载振动测试能力、燃料电池汽车能量流测试能力、唯一涉氢带载NVH测试能力、唯一涉氢带载六自由度测试能力。

四、国内外交流

公司致力于服务行业高质量发展，联合行业力量，牵头建立燃料电池测评工作组、动力电池评价与应用共性技术联盟、电驱动总成测评工作组、电动汽车充电测评工作组、车辆复杂电磁环境适应性测评工作组、车辆电磁场人体防护测评工作组等行业技术交流组织，汇聚行业资源、开展联合技术攻关，在测评技术以及标准法规研究、产品性能提升等方面取得丰硕成果。

五、发展规划

1. 战略定位

新能源汽车产业链检验检测业务领先者，服务国家“双碳”战略，聚焦能源系统变革，发展新能源和燃料电池汽车新兴产业，打造国内领先、世界一流的新能源整车及零部件测试评价基地，致力于行业共性技术研究，建立核心系统测试技术和评价体系，稳固中汽中心行业权威地位，领跑新能源汽车产业链检验检测业务，为中国新能源汽车行业健康有序发展保驾护航。

2. 发展目标

“十四五”总体目标：国内领先、世界一流的服务于新能源汽车全研发流程链、全产品链、全生命周期和全应用领域的综合研发验证和测试评价基地。

前瞻业务创造新价值。打造国家级燃料电池汽车测试评价、技术服务、质量监督、认证认可平台。推动燃料电池汽车领域前瞻技术研究，助力燃料电池汽车产业健康可持续发展。

行业地位获得新提升。在动力电子测评、氢能与燃料电池汽车、汽车电磁兼容、新能源汽车功能安全领域建成四个行业技术中心平台，全面树立在新能源汽车认证检测服务、研发验证领域的行业领先地位。

科研管理实现新突破。在能力建设方面，在动力电子测评、氢能与燃料电池汽车、汽车电磁兼容、新能源汽车功能安全等领域建成在行业内具有引领性和前瞻性的测试评价技术研究平台，开发和掌握一批具有国际领先水平的先进技术。在科研成果方面，力争实现国家级科研奖励突破，建成省部级研发平台2个，获得省部级科研奖励7项。

3. 发展思路

坚持面向智电汽车产业链和面向氢能汽车产业链的产品开发验证与认证检测服务的技术需求；聚焦做精做强“检测认证、研发验证”的主线业务。面向新能源产业市场围绕智电汽车产业链、氢能汽车产业链、动力电池产业（链）、电驱动产业（链）、充电桩产业（链）五大产业链，全力构建在新能源汽车产业“全研发流程、全产品链、全生命周期、全应用领域”的业务布局（简称“四全”布局）。以市场和客户需求为导向，整合优势资源，着力打造在行业最具权威性和领导力的“四个行业中心”即：新能源汽车动力电子技术测评中心、氢能与燃料电池汽车技术测评中心、汽车电磁兼容行业监控中心、新能源汽车功能安全研发验证中心，着力从“标准法规、测试评价、行业平台”三个维度为行业企业提供核心技术支撑，逐步构建行业权威影响力，成为公司在新能源汽车行业的四大技术品牌。

中汽研汽车检验中心（广州）有限公司

一、单位概况

中汽研汽车检验中心（广州）有限公司（以下简称广州检验中心）成立于2016年10月24日，是中国汽车技术研究中心有限公司全资子公司，公司位于广东省广州市增城区，总占地面积577亩，总投资金额超过20亿元，建设有7栋试验室及一个试验场。公司于2020年获得“国家新能源汽车质量检验检测中心（广州）”的资质授权，作为目前华南地区唯一具有整车测试资质的国家级检测中心，主营业务涵盖了整车及零部件的全项强制性检测、研发验证及评价测试，具备覆盖整车排放性能、电磁兼容、主被动安全、汽车零部件及总成、新能源汽车三电系统等整车及关联零部件安全、节能和环保等领域的全面测试能力。未来广州检验中心将建设成为华南区域的新能源和智能网联技术应用和示范创新基地，着力开拓数字化测试业务，全面承接“中汽中心华南分中心”建设任务，全面联合认证、标准、政策研究、测评等技术服务能力，提供全价值链技术服务，着力打造以粤港澳大湾区为核心，覆盖华南，辐射东南亚的区域性汽车行业智库和高端技术服务机构。

二、测试技术及规范研究与制定

2021年，广州检验中心参与多项国家标准及地方标准制修订工作，参与《储能用锂离子电池系统安全通用技术规范》《电动汽车用动力蓄电池安全使用规范》《电动汽车用动力蓄电池单体安全性分级评价》《电动汽车用动力蓄电池单体电性能分级评价》等标准制定工作。

三、检测能力建设

广州检验中心共建成7个业务板块的检测能力，分别是排放节能领域，包括轻型车排放，重型车排放、整车耐久及发动机测试能力；零部件领域，包括车身性能及关键部件测试，智能座舱部件开发与验证，环境及化学试验能力及通用试验能力；智能网联汽车研究领域，主要承担封闭场地ADAS法规认证类及研发类测试、公开道路自动驾驶主客观测评及场景库构建、L2～L4级自动驾驶算法及软硬件在环仿真测试等业务；整车试验领域，主要依托自有试验场地开展整车基本参数、防护安全、道路性能、环境可靠性等领域的强制性检验、进出口认证测试、生产一致性、研发测试等工作。碰撞安全领域，主要分为实车碰撞、模拟碰撞、行人保护三个板块，开展汽车主被动安全性能测试工作；电磁兼容领域，拥有整车EMC测试平台，电驱动测试平台，高低压部件测试平台，瞬态及充电测试平台，可开展乘用车、商用车，汽车零部件等全项EMC测试；新能源关键部件试验领域，主要针对动力电池，电驱动系统，传导充电系统开展性能，安全，可靠性及耐久性测试。

广州检验中心致力于发展新能源和智能网联领域前瞻性检测验证能力，搭建了“自动驾驶汽车复杂天气模拟通道”“大功率传导充电测试平台”等新兴能力，加强技术服务水平，提供一站式研发验证能力。

四、国内外交流

对外交流方面，广州检验中心结合区位优势，积极发挥技术引领作用，与TÜV南德、TÜV北德，TÜV莱茵，德凯认证等国际检验检测认证机构建立良好的合作关系，促成TÜV南德意志集团授予整合及零部件领域的UNECE、EU认证，助力粤港澳大湾区车企产品走出国门，参与国际竞争，另外，广州检验中心逐步建立与港澳、东南亚各国政府的联系，深度参与各地方、国家标准制修订工作，推动中国标准国际化进程。

五、发展规划

华南区域历来是中国汽车工业的重要组成部分，市场活力旺盛，产业集群完善，同时是造车新势力、新能源产业、智慧交通行业的重要集聚地。广州检验中心充分把握区域特色与优势，抓住机遇，以乘用车产品全领域研发验证和测试评价为核心主线，着力开拓新能源、智能网联两个重点发展领域，为区域内企业提供属地化专业服务，实现快速高质量发展。

“十四五”规划中，广州检验中心定位为华南区域整车及零部件全领域研发验证和测试评价基地。广州检验中心将重点以乘用车产品全领域研发验证和测试评价为核心业务，着力开拓新能源、智能网联两个重点发展领域，围绕“粤港澳区域汽车智库、中国日企日标专家机构、全领域汽车数字化测试试验室”三个特色定位，未来将建设成为华南区域的新能源和智能网联技术应用和示范创新基地，重点开拓芯片测试和数字化测试业务，适时注入认证、标准、政策研究、测评等技术服务能力，力争提供全价值链技术服务，着力打造以粤港澳大湾区为核心，覆盖华南，辐射东南亚的区域性汽车行业智库和高端技术服务机构。

工业和信息化部电子第五研究所

一、单位概况

工业和信息化部电子第五研究所（中国赛宝实验室）（简称电子五所），又名中国电子产品可靠性与环境试验研究所，始建于1955年，是中国最早从事可靠性研究的权威机构。广州总部（天河、花都、增城）占地面积122万m^2，科研生产用房面积约11万m^2各类试验、分析测试和计量设备仪器超1万台（套），现有人员5400余人。1979年引人“认证”新概念，1989年成为国内首个IECEE/CB实验室。年服务企业2万多家，各类证书报告60多万份。实验室可提供从材料到整机设备、从硬件到软件直至复杂大系统的认证计量、试验检测、分析评价、数据服务、软件评测、信息安全、技术培训、标准信息工程监理、节能环保、专用设备和专用软件研发等技术服务。实验室具有多项认证、检测资质和授权，建立了良好的国际合作互认关系，可在世界范围内开展认证、检测业务，代表中国进行国际技术交流、标准和法规的制定。同时，电子五所作为工业和信息化部的直属单位，为工信部行业管理和地方政府提供技术支撑。

二、测试技术及规范研究与制定

电子五所参与制定了多项新能源和智能网联汽车领域相关标准，包括《梯次利用锂离子蓄电池》（含检测方法、储能用蓄电池、低速电动车用蓄电池、电动自行车用蓄电池）、《道路车辆电气/电子部件对窄带辐射电磁能的抗扰性试验方法》（包括第7部分射频（RF）功率直接注入法、第8部分磁场抗扰法、第9部分便携式发射机模拟法、第10部分扩展音频范围的传导抗扰法），以及《低速无人车城市商业运营安全管理规范》《露天矿山无人驾驶自动作业的安全要求》《智能网联汽车测试场设计技术要求》《基于视觉的辅助驾驶系统离线测试方法》《汽车驾驶员异常行为监测系统技术要求》《车载毫米波雷达测试方法》等。

三、检测能力建设

电子五所经国家授权具备国家汽车电子产品质量检验检测中心、国家嵌入式软件产品质量检验检测中心、国家通用电子元器件及产品质量检验检测中心、电子元器件可靠性物理及其应用国防重点实验室、智能产品质量评价与可靠性保障工信部重点实验室和国家卫星导航及应用产品质量检验检测中心等相关资质；具有质量与可靠性、科研双重职能，承担着工业和信息化部可靠性工程技术中心、工业和信息化部工业控制系统信息安全仿真评价实验室的主体工作，是中国强制产品认证（CCC）委托检测实验室、中国国家认证认可监督管理委员会CNAS认可实验室。

近几年电子五所重点围绕新能源和智能网联汽车，与国内各大整车企业、研究机构和高校开展了包括质量可靠性验证、环境试验、分析评价在内的相关合作，具有动力系统、车身系统、智能座舱系统、智能驾驶系统、智能互联系统等新能源和智能网联汽车零部件检测能力，涵盖动力电池、驱动电机、DC/DC 变换器、车载充电机 OBC、热管理系统、智能照明系统、空调系统、智能座舱域控制器、中控屏、HUD、流媒体后视镜、感知传感器（激光雷达、毫米波雷达、超声波雷达、车载摄像头）和 V2X（OBU、RSU）等零部件产品，具有自动驾驶功能整车级测试验证能力，为新能源和智能网联汽车提供检验检测、质量提升、标准计量、数据服务、行业研究、政府支撑、人才培训等全方位服务的能力。

四、国内外交流

牵头组建广州市智能网联汽车示范区运营中心和合肥市智能网联汽车创新中心，发起成立广州市智能网联汽车电子产业发展促进会、广州市新能源智能汽车发展促进会、粤港澳大湾区自动驾驶产业联盟，发起成立广东省无人智能技术标准化技术委员会（GD/TC 128）、广州市智能网联汽车与智慧交通专家委员会。2021 年牵头承办相关论坛 3 次，发表主题演讲 5 次。举办中国赛宝 2021 年合作伙伴技术交流“智能网联汽车”学术论坛，承办 2021 世界智能汽车大会平行论坛“多规并行 数据安全与法规标准完善车联网”，作品《无人驾驶战疫情，安全护航勇担当》荣获广东省直属机关工委第九届“先锋杯”工作创新大赛三等奖。

五、发展规划

2022 年，围绕新能源和智能网联汽车，推进整车及关键零部件检验检测、信息安全、功能安全与预期功能安全评价体系核心技术能力深入研究，完善自动驾驶虚拟仿真、封闭道路、开放道路三级测试体系建设，进一步推进广州市应用落地，打造具备新能源和智能网联汽车的测试评价、科学研究、试验示范的多功能综合性平台，为新能源和智能网联汽车提供理论支撑和技术服务，支撑粤港澳大湾区、长三角乃至全国范围内新能源与智能网联汽车检验业务的发展，继续以优质的技术服务能力为汽车电子信息行业和企业高质量发展贡献力量。

浙江方圆检测集团股份有限公司

一、单位概况

浙江方圆检测集团股份有限公司（简称：方圆检测集团，注册商标：方圆检测）成立于 2002 年，面向社会提供社会化、商业化的检验检测、产品认证、标准制定、质量鉴定、培训咨询等全方位技术服务。

集团注册资金 3000 万元，资产总值 4.6 亿元，检测实验室面积超过 9.3 万 m^2。目前，集团共有各类技术人员 800 余人，其中博士 9 人，硕士 170 余人，硕博以上学历人员比例达 30%；拥有教授级高工 14 人，高级职称 120 余人。通过 CNAS 项目 5116 项，CMA 项目 6185 项。

集团下设 22 个部门。其中包括食品检验所、化工产品检验所、包装产品检验所、建材产品检验所、电器产品检验所、机械轻工检测部、黄金珠宝检测部、质量鉴定部、纺织产品检测部、金属制品检测部、信电工程检测部、皮革制品检测部和高低压电器检测部 13 个检测部。集团是国家级高新技术企业，设有浙江省院士专家工作站、方圆检测技术省级企业研究院和长三角地区唯一的国家级标准验证检验检测点。附设国家化学建材质量监督检验中心等 6 个国家级质检中心、浙江省电动车辆产品质量检验中心等 5 个省级质检中心、浙江省市场监管新能源汽车驱动系统重点实验室等 2 个重点实验室。集团系“浙江制造”国际认证联盟主席单位，广泛开展了检测认证国际交流。集团的电器 CB 实验室，已与全球 52 家国际电工委员会成员方实现检测结果互认。

二、测试技术及规范研究

在检测工作的同时，积极开展新能源汽车领域检验检测、法规标准研究、科学研究等技术服务活动，为政府提供技术支撑，为企业提供技术咨询，包括新能源驱动系统技术、检测及认证等技术咨询服务。是全国汽车标技委电动车辆分技委驱动电机工作组成员单位、全国工业机械电气系统标委会机床电气分技术委员会委员单位、全国铅酸蓄电池标准化技术委员会委员单位、全国自行车标准化技术委员会电动自行车分技术委员会单位。参与多个新能源汽车相关的国家标准和行业标准的制修订工作，作为牵头单位承担了多个“浙江制造”标准的起草工作，是多项国家标准、行业标准、联盟标准等标准编制的第一起草单位，是多个国家、省级科研项目的第一完成单位。

三、检测能力

在新能源汽车领域，设有浙江省市场监管新能源汽车驱动系统重点实验室及浙江省电动车辆产品质量检验中心，主要开展新能源汽车驱动系统及相关零部件的检验检测及技术研究，是市场监管系统内涉及新能源汽车驱动系统及关键零部件检验检测的第三方实验室。

检测对象：驱动电机《公告》管理强制性项目检测、汽车变速器、电驱动动力总成、混合动力总成、电池、车灯、制动器、衬片及相关汽车零部件。

主要检测设备：高速综合性能三电机试验台、带半消室的 NVH 三电机试验台、LMS 振动噪声测试系统、高速驱动电机试验台（最高到 22000 r/min）、充电桩自动测试系统、电池综合性能测试系统、灯具配光性能测试系统、光电/光谱测试系统、摩擦试验机、10 m 法电波暗室、可编程恒温恒湿箱、复合盐雾试验箱、高低温冲击试验箱、三综合试验台、齿轮测量中心、三坐标测量中心、激光跟踪仪、金相显微镜、IP 防护等级等专业检测设备。

四、国内外交流

始终坚持打造“一流民族检测事业”品牌文化及价值，举办了多次行业标准及技术交流会、座谈会、研讨会等。与多家整车及零部件企业签订合作协议,并先后同多家实验室开展交流合作,不断提升中心权威性和影响力。严格遵循“公正守则、优质高效、科学创新、铸就一流”的质量方针,服务行政监管、服务社会民生、服务经济高质量发展,与众多著名企业建立了战略合作伙伴关系。

五、发展规划

深化事企分离改革,进行市场化运作,打造新能源汽车检测专业服务品牌。积极为政府主管部门汽车产品市场准入、质量监管、政策研究以及促进产业创新发展等方面提供技术支撑与服务。与行业协会、标委会等深入合作,开展新能源汽车驱动系统及零部件的检测技术、性能评价、标准制修订等研究工作,充分发挥市场监管系统第三方实验室的作用。为新能源汽车驱动系统及零部件企业产品研发、质量提升和认证检测提供技术服务,与国际权威实验室进行互认合作。将新能源汽车驱动系统项目作为重点发展项目,在已有检测能力的基础上将不断升级检测能力,力求在新能源汽车驱动系统检测及技术研究领域做大做强,根据新能源汽车行业发展变化,统筹谋划,实现公司高质量发展。

中认车联网技术服务(深圳)有限公司

一、单位概况

中认车联网技术服务(深圳)有限公司成立于2020年10月,注册资本为2000万元人民币,位于深圳市南山区西丽街道曙光社区TCL国际E城G5栋。

经营范围包含:一般经营项目是:车联网技术服务;从事机动车及非道路车辆技术、自动驾驶及智能网联技术、机械设备技术、检测设备技术领域内的技术开发、技术咨询、技术服务、技术转让;自有房屋租赁,物业管理;企业管理咨询,会务服务,展览展示服务,机械设备、检测设备的上门维修(除特种设备);企业管理培训(不含职业技能培训)(法律、行政法规、国务院决定禁止的项目除外,限制的项目须取得许可后方可经营)。许可经营项目是:认证服务;机动车、工业机械、农用机械的整车(机)及其零部件和车联网的认证、检测试验、测评、评估、检测技术研究、计量检定;从事机动车、机械设备、检测设备质量的技术检测。

中认车联网技术服务(深圳)有限公司为中国质量认证中心(CQC)独资子公司。中国质量认证中心是由中国政府批准设立,被多国政府和多个国际权威组织认可的第三方专业认证机构,隶属中国检验认证集团(CCIC,中国中检)。中国检验认证集团是经国务院批准设立、国务院国资委管理的中央企业,是以“检验、鉴定、认证、测试”为主业的综合性质量服务机构。

“国家车联网产品质量检验检测中心”(车联网国检中心)由国家主管部门批准,由中国中检集团负责筹建、以集团下属的中国质量认证中心为项目单位、以中认车联网技术服务(深圳)有限公司作为法人实体的国家级质检中心。国检中心将支持5G、北斗车联网数据应用,形成有北斗应用特色、具备自主创新技术的车联网检测认证能力,推动汽车电子、汽车工业软件以及智能汽车产业高质量发展,有效支撑产业界共同构建有中国特色的车联网质量体系生态。

中认车联网技术服务(深圳)有限公司拥有一支来自整车厂、知名检测机构及大型智能网联零部件厂家,具备丰富的车联网,整车研发及第三方测试认证经验的人才队伍。

二、测试技术及规范研究与制定

2021年6月,车联网国检中心聘请来自行业协会、行业权威机构和高校的16位知名专家、学者组建了专家委员会,以打造车联网公共技术平台,助力产业发展和服务政府监督,做好车联网生态系统质量守护者,支持车联网质量体系建设的合作者,车联网检测认证技术的引领者。

中认车联网技术服务(深圳)有限公司也承担了中汽协标准法规工作委员会北斗应用专业委员会主要工作。该标委会围绕北斗+5G等自主通信技术的芯片、终端、算法,围绕商用车的北斗应用生态以及供应链管理数字化,围绕汽车产业的北斗可信时间、可信位置相关的数据质量这三大重点领域建立标准体系。

中认车联网技术服务(深圳)有限公司参与起草国家推荐标准《车载北斗模块/芯片产品技术要求和试验方法》、认证认可行业标准RB标准《汽车电子电气系统软件功能安全测评方法》、中汽协团体标准《车载激光雷达检测方法》、汽车工程学会《车用控制器芯片级车用操作系统》等国标、行标和团体标准等标准制定工作。并牵头进行中国质量认证中心《北斗车联网产品的技术规范和认证规则》的制定工作,首次在国际上形成北斗车联网模块、终端和系统级的综合检测能力和认证方案。

三、检测能力建设

中认车联网技术服务(深圳)有限公司2021年通过实验室CNAS/CMA现场评审,获得国家级CNAS/CMA实验室认可证书,涉及产品标准430多个,参数1500多项。形成北斗/全球卫星导航、车际网、车内网、功能安全和网络安全、车辆复杂电磁环境、汽车材料和可靠性等七大领域的测试能力。

现有实验室面积6000余m^2,大中型核心设备近200台。建设了汽车安全中心、车载以太网、复杂电磁环境EMC、软件、导航/紧急呼叫、通信、汽车材料、环境可靠性等多个专业实验室。配备了一批高、精、尖的处于世界先进水平的仪器设备,主要有:Testcenter C50以太网测试仪及软件、VECTOR VN5650及软件、Golden Device等网络分析仪及软件、罗德施瓦茨V2X及EMC测试系统、奥尔托电波暗室系统、ESPEC可编程温湿度试验箱、Yamasaki有害气体腐蚀箱、三综合测试系统、安捷伦气相色谱质谱联用仪和高效液相色谱仪、理学X射线衍射仪、岛津X荧光光谱仪、电感耦合等离子、汽车零部件VOC环境舱及预处理等仪器设备。

四、国内外交流

国家车联网产品质量检验检测中心与中国空间技术研究院（航天五院）、公安部交通管理科学研究所、中国环境科学研究院、交通运输部公路科学研究院、中国信息通信研究院、清华大学苏州汽车研究院、哈尔滨工业大学汽车学院、（杭州）北斗时空研究院、（杭州）数据质量研究院等行业权威机构和高校联合开展车联网相关的项目研究和合作。

国家车联网产品质量检验检测中心先后成为比亚迪、北汽、江淮、大长江、杜卡迪、台铃等汽车、摩托车和电动车等头部整车企业的合作实验室，助力企业产品开发和质量控制。

五、发展规划

1. 战略目标

国家车联网产品质量检验检测中心的筹建将抓住北斗导航、新能源和智能网联汽车以及新一代移动通信发展的历史机遇，借助汽车产业转型升级的时代契机，建设成为集产品检验、技术研究、标准制修订、评估认证、咨询培训、方案设计、流程规划、工具开发于一体的“国内领先、国际一流”的国家级车联网产品质量检验检测机构。

2. 建设目标

国家车联网产品质量检验检测中心围绕北斗/全球卫星导航、车际网、车内网、功能安全和网络安全、车辆复杂电磁环境、汽车材料和可靠性等领域，建设车载通讯、导航定位、功能安全/ASPICE、ETC/E-call、毫米波雷达、以太网/总线、电磁兼容（EMC）、环境可靠性和汽车材料 VOC/ELV 等测试能力，初步形成跨越机械、电子、材料、软件多个创新领域的检测、认证、咨询、评价能力，成为国家级车联网公共服务平台。

节能与新能源汽车

年鉴

第五篇

成果篇

一、电 动 领 域

新能源汽车平台化开发及应用

供稿：东风柳州汽车有限公司 张志强

1. 成果简介

新能源汽车平台总体目标是结合整车、系统和零部件的平台化设计和测试，使东风柳汽的纯电动车型品类扩展至轿车 CAR、家用 MPV 和公商务 MPV，并在后续升级版车型中可继续使用。通过产品技术创新、成本控制和建立智能柔性制造体系，将多款不同车种的新能源车型逐步推向市场，达到目标销量，以满足日趋严格的乘用车企业油耗法规和新能源汽车积分要求，建立东风柳汽新能源车型的平台研发能力。

2. 成果创新点及解决的难点问题

研究纯电动整车产品的车型规划、开展车型的工程化设计，并实现批量化生产销售；开展车型的商品定义，车型规划，车辆的数据设计及试制、测试验证工作，车辆的市场推广及销售工作。研究整车平台化技术、建立关键零部件的开发及测试能力，使开发零部件达到国内及国际先进水平。

（1）高等级的碰撞安全设计

为保证整车碰撞安全性能，东风柳州汽车有限公司的“东风”自主品牌纯电动车白车身在关键部位大量使用高强度钢板（见图 5-1-1），整车高强度钢板使用比例超过 50%，在

图 5-1-1 使用钢板的车身

降低了车身重量同时，有效提高整车碰撞安全性能。同时根据电池包布置特点，在地板区域采用上下双层纵梁的加强型结构（见图 5-1-2），合理设计变形吸能区域，减少碰撞时钣金的侵入量，以使保护电池包在碰撞时的损伤最小化。经过数轮模拟分析及实车碰撞测试评估，东风柳州汽车有限公司的“东风”自主品牌纯电动车能有效保护车内乘员人身安全及车载电池包的安全。

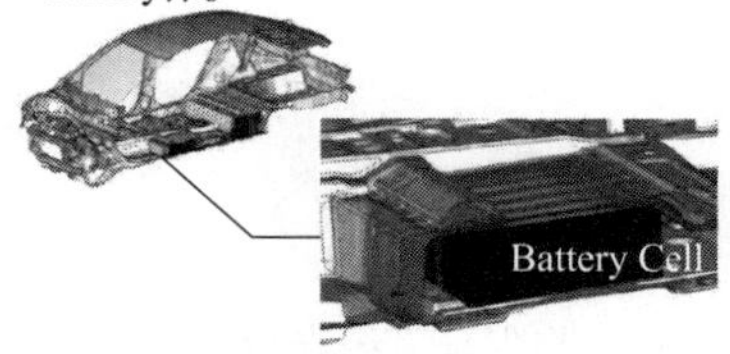

图 5-1-2 电池包

整车碰撞安全在 C-NCAP 的碰撞测试标准中，安全等级为 5 颗星，有效地保障整车安全。

（2）电子电气架构设计

按照电子电气架构正向开发流程，进行竞品分析、功能需求分析、法规分析等，并完成功能需求规范、软件部件规范、功能逻辑仿真，开发了适用于电动车的网络拓扑结构，建立新能源汽车平台化通信矩阵，动力网段实现 OSEK 网络管理，保证功能方案的可靠性，实现最优的控制策略。整车电气架构拓扑如图 5-1-3 所示。

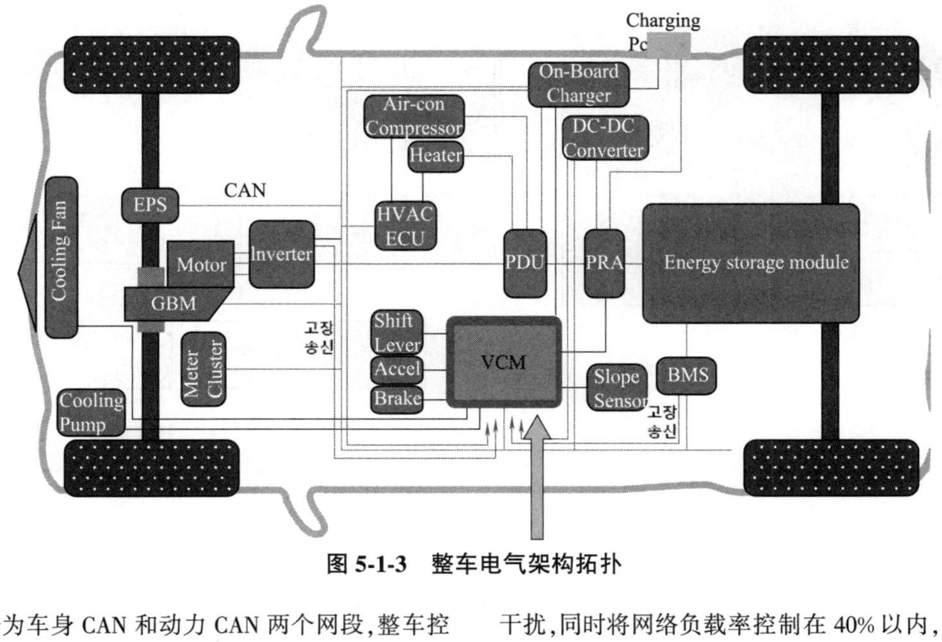

图 5-1-3 整车电气架构拓扑

整车网络分为车身 CAN 和动力 CAN 两个网段，整车控制器 VCM 作为两个网段的纽带，避免两个网络之间的信号干扰，同时将网络负载率控制在 40% 以内，确保网络的稳定性。网络拓扑如图 5-1-4 所示。

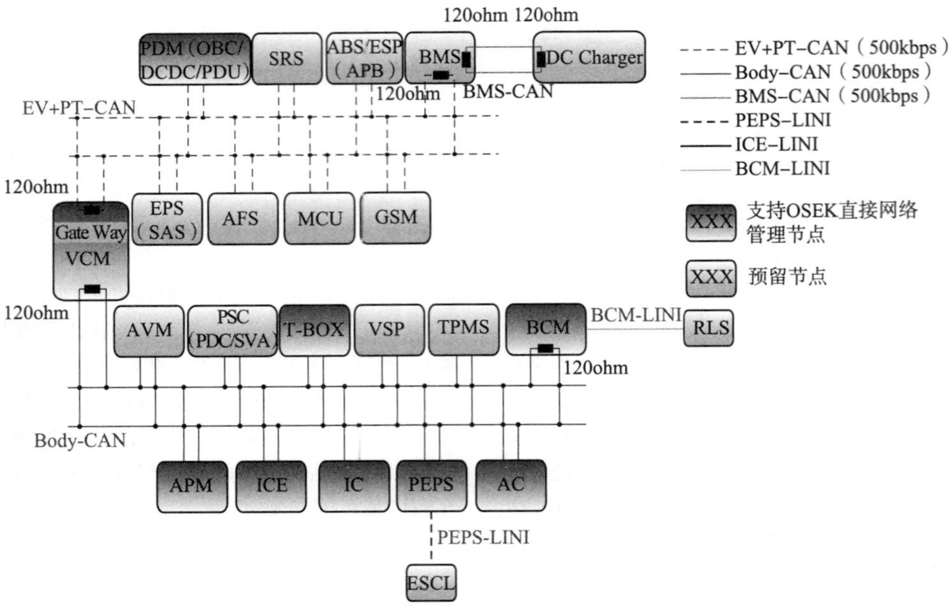

图 5-1-4　网络拓扑

（3）高压系统架构设计

高压系统原理，在保证系统安全及可靠的前提下进行设计，高压配电盒的设计将动力电池的能量源分配到各相关高压器件。采用主正、主负继电器及预充回路集成在电池包内的方式，可有效地对继电器的粘连情况进行实时检测，并减小三合一（OBC+DCDC+PDU）的体积，给整车总布置提供更多的布置空间。高压用电器经过预充之后再执行上高压，有效地减小了启动瞬间带来的高压冲击，很好地保护了各用电器。高压系统原理如图 5-1-5 所示。

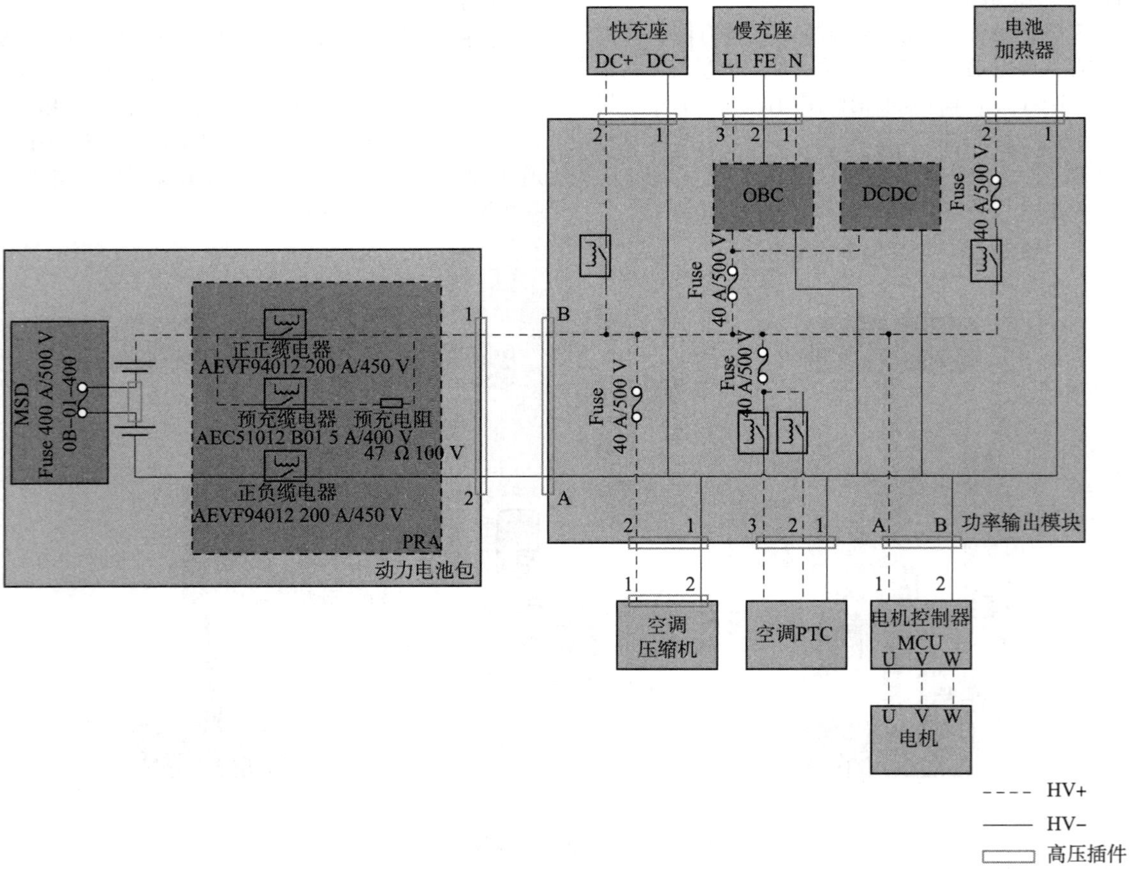

图 5-1-5　高压系统原理

采用350 V电压平台,电压范围为260 V~450 V,实现高压零部件的平台化应用。

(4)整车控制系统

整车控制系统的研发重点是研究整车控制系统的核心控制算法与应用软件的开发方法;研究制定以提高系统能量利用效率并兼顾行驶平顺性为目的的整车驱动与制动能量回馈策略与算法,控制策略通过电池包电量及充放电能力、行驶所需功率及扭矩等进行计算并判断,以满足整车的经济性及动力性目标;确定满足整车行驶工况的安全控制策略及故障诊断和容错控制算法,构建基于CAN通讯协议的纯电动汽车整车控制系统结构体系。

纯电动汽车采用动力电池作为储能动力源,为驱动电机提供电能,驱动电机运转推动汽车前进,并通过车载充电机利用外部电源为动力电池进行充电。其中附件系统包括DC-DC(直流-直流转换模块)进行高压传12 V,冷却系统回路进行驱动及电池包系统的冷却。这些系统的功能实现主要通过整车核心主控制单元(VCM)协调各控制单元,实现电动车的安全,有效工作。

根据新能源汽车平台车型整车功能定义及整车控制系统性能需求出发,整车控制器为双处理芯片设计,主处理芯片采用飞思卡尔32位处理器,实现网络管理、车辆动力系统管理、模式控制、CAN信息交互。为满足ISO 26262标准,实现功能安全,从处理芯片采用飞思卡尔16位处理器,作为安全控制单元主要完成完全冗余控制。主处理器和从处理器间通过SPI通信,从处理器负责协同主芯片共同完成对整车运行过程中的扭矩及系统安全的监控和处理。

VCM软件功能模块基于模型开发,完成控制的控制功能有:电源管理(包括强电、弱电)管理驾驶员、实现整车能量管理、网络管理、监控,扭矩解析,整车驱动,制动能量回收,档位管理,安全管理,系统保护,标定,故障诊断与检测(故障识别、在线和离线诊断),定速巡航功能,电动真空泵、电动冷却水泵、冷却风扇的控制。

整车控制器作为整车控制系统的核心控制器,采用V型流程开发,对标已在欧洲汽车行业通用的汽车产品开发体系ASPICE标准,提升软件开发质量。

整车控制器软件采用3层式软件架构,以AUTOSAR汽车软件开放式系统架构为蓝本,结合实际产品应用特性,以解除应用层控制策略与底层驱动之间的耦合关系为目标,同时结合基于模型开发(MBD)的经验和实际应用需求进行开发,经过MIL/SIL/HIL测试,确保软件开发的稳定性和可靠性。

通过cruise搭建仿真模型并结合车辆标定验证方式优化整车控制器策略实现整车的降能耗,整车三高标定确保整车控制策略满足全区域的使用环境要求,整车驾驶性标定确保驾驶的舒适性、改善车辆NVH,提升车辆的驾驶体验。

(5)一体化地板式电池组的模块化设计

一体化地板式电池组内部集成冷却和加热系统,由金属外壳封装,设计开发加强型支撑横梁,安装及拆卸操作方便。

安全防护强,多重安全防护设计,确保整车的运行安全和操作安全。选用的锂离子电池符合相关国家标准认证要求,满足ISO/DIS 12405对机械冲击、振动、模拟碰撞等安全性要求;电池包满足满足GB/T 18384对人员触电防护的要求;电池管理系统主动安全保护与被动防护相结合,确保发生危险时能采取安全措施和故障防护;电池管理系统(过电压、欠电压、过温、过电流等)功能安全设计等级达到ASILC,符合ISO 26262标准要求。

寿命长,满足8年或者12万km使用寿命,电池系统的日历寿命可达8年,电芯循环充放次数达到1000次,电池箱体机械性能设计达到12万km以上。高效液冷技术,确保8年无泄漏,可快速调节温度至电芯最适宜工作范围;BMS被动均衡有效调节电芯一致性水平,保证电池系统在生命周期内的一致性,延迟使用寿命。

环境适应性好,良好的环境适应能力满足整车在极限工况下的使用。电池系统可在-20 ℃~55 ℃环境温度下使用,与车载空调一体的热管理设计方案(液冷和加热),能有效保证电池系统适应极限高温或低温极限工况,扩大整车应用区域和使用便利性(低温可加热电池且加热时间短)且热效率高。电池箱体的密封等级达到IP67,确保能适应全天候气候环境需求;电池包内外压力快速平衡设计,保证整车在高海拔区域的整车使用。

长续航里程:高能量密度电芯和轻量化结构设计,有效提升整车续航里程。选用高能量型三元锂离子电池,电池芯体能量密度高达207 Wh/kg;总重量≤406 kg的电池包,总能量可达56.9 kWh,有效保证整车在NEDC工况下较大的纯电续驶里程。

锂离子电池单元采用地板式模块设计,保证乘员舒适的车内空间和实现电池质量的最佳轴荷分配。

一体化电池模块设计具备平台化推广条件,降低开发成本。

(6)电驱动系统

电驱动系统选用了永磁同步电机,并创新采用了电机和减速器集成一体化,电机轴与驱动轴同轴输出的设计。目前搭载的电机峰值功率达到120 kW,最高转速达到14000 r/min,最大扭矩达到280 Nm;采用速比为9.3的减速器,能够实现最佳加速性能和最高车速,为整车提供了优异的动力性。

驱动电机和减速器的集成化设计有利于总成的轻量化和小型化,另外驱动电机采用矩形分段式的绕组设计,有利于提高效率、功率密度和NVH性能,电机的最高效率达96%,功率密度可达2.3 kW/kg。

紧密的线圈结构也有利于降低噪声,在噪声方面,驱动电机在4000 r/min以下,噪声不超过80 dB(A),在高转速阶段,最大噪声不大于90 dB(A);搭载该驱动电机系统后,整车噪声在车速0~120 km/h范围内不大于69 dB(A)。

电机控制器基础通信软件架构结合参照AUTOSAR与ISO标准,统一上下层接口;严格完善的技术及质量管理体系,所有设计满足ISO 26262安全要求。电机控制器体积小、质量轻,最大容量120 kW,能量密度11.42 kW/kg。

采用基于转速-扭矩-扭矩变化率的3D扭矩响应map的矢量控制,能够非常精确地控制器电机,且具备较好的鲁棒性,电机控制器最高效率高达97%,扭矩动态响应快,最高响应速率1.4 Nm/ms。

整个电机驱动系统按照IP67进行设计,具备良好的防尘防水能力。

(7)热管理系统

先进高效的热管理系统,拥有两套独立水冷却循环,分别对驱动单元、电池包进行加热和冷却,满足整车在极限工况下的使用。

电子扇通过 PWM 控制器进行线性调速,实现了电量的合理利用,提升 NVH 性能,节能环保。

电池包冷却水循环利用 chiller 对冷却水进行冷却,将电池包温度控制在 30~35 ℃的最佳工作范围,简单、高效。

独有的电池包加热功能,能在环境温度极低(-30 ℃)时,通过外部电源对电池包进行预热,使电池包在适宜的温度工作,延长电池包的使用寿命。

(8)远程监控系统

远程监控系统可实时采集车辆信息,通过 GPRS/3G 无线通信将电池电量、电机转速等车辆信息传输到监控平台。监控平台对车辆信息进行记录和分析,对车辆状态进行实时监控,积累研发数据,对车辆故障进行实时报警,为车主提供安全保障。车主也可通过安装手机 App,远程查询车辆信息。

所检测数据如下:

①整车:车辆 VIN 码、行驶状态、车速、蓄电池电压、电机冷却水温、续航里程、累计里程等。

②电池包:电池 SOC、电池寿命状态 SOH、电池总电压、电池总电流、单体电压、最高单体电压、最高单体电压编号、最低单体电压、最低单体电压编号、电池平均温度、最高单体温度、最高单体温度编号、最低单体温度、最低单体温度编号、绝缘电阻、过压报警、欠压报警、高温报警、欠温报警、SOC 过低报警、高压漏电报警。

③驱动电机系统:电机转速、电机目标扭矩、电机扭矩、电机控制器母线电压、电机控制器母线电流、电机温度、电机控制器温度、电机超速报警、电机过热报警等。

④充电机、DC/DC:DC/DC 温度、DC/DC 输出电流、DC/DC 输出电压、母线欠压故障、母线过压故障、充电机电压输出值、充电机电流输出值等。

⑤卫星定位系统:经度、纬度、海拔高度、方向、速度等。数据发送频次可配置,默认 1 s 一次,已完成与国家平台对接。

3. 应用情况

(1)完成两个平台车型开发,含前置前驱和前置后驱两个平台;至少平台化至四种车型,包括轿车、SUV、家用 MPV 和商用 MPV。

(2)完成平台化的动力电池包,驱动系统、充电机和 DCDC 等核心零部件的平台化设计,应用在大于两款及以上的车型。

(3)平台化大续航轿车车型百公里加速时间<12 s、最高车速>140 km/h、爬坡度>20%、续航里程>320 km、能量消耗率<20 kWh/100 km。

(4)SUV 及其他车型平台百公里加速时间<13 s、最高车速>120 km/h、爬坡度>20%、续航里程达 300 km、能量消耗率<20 kWh/100 km。

(5)申请专利 15 项,其中发明专利 14 项、实用新型 1 项,见表 5-1-1。

表 5-1-1 申请专利情况

序号	专利号	专利名称	专利类别	专利状态
1	201610393003.5	电动汽车驱动单元	发明专利	授权
2	201610393012.4	电动汽车车身	发明专利	授权
3	201610492534.X	DCDC 转换器的控制方法	发明专利	授权
4	201610492533.5	后悬架缓冲块	发明专利	授权
5	201610764934.1	电动汽车挡位器及控制方法	发明专利	授权
6	201620951536.6	开关式变电桥绝缘电阻检测电路	实用新型专利	授权
7	201610764932.2	汽车空调电动压缩机转速控制方法	发明专利	授权
8	201810173965.9	纯电动汽车动力驱动控制方法	发明专利	受理
9	201810179794.0	精定位顶盖对中台	发明专利	受理
10	201911214588.x	纯电动汽车驱动系统冷却电子风扇控制方法	发明专利	受理
11	201910008645.2	DC-DC 转换器通风散热装置	发明专利	受理
12	201911214582.2	纯电动汽车能量回收方法	发明专利	受理
13	201911220046.3	新能源汽车电池包加热装置及控制方法	发明专利	受理
14	202010309342.7	新能源汽车电池固定结构	发明专利	受理
15	202010341192.8	一种车载电池的温度调节系统及方法	发明专利	受理

(6)发表论文 5 篇(见表 5-1-2)。

表 5-1-2 发表论文情况

序号	论文标题	发表期刊	发表时间
1	纯电动汽车驱动系统选型及仿真研究	装备制造技术	2019 年第 6 期
2	纯电动汽车用驱动电机关键参数选型计算分析	南方农机	2017 年 6 月上
3	电动汽车电池管理系统 SOC 算法研究分析	南方农机	2017 年 3 月上
4	电动汽车平台规划探讨	时代汽车	2018 年 3 月
5	某车型动力总成悬置系统的匹配设计	装备制造技术	2017 年第五期

(7)获得科技奖励3项(见表5-1-3)。

表5-1-3 获奖情况

序号	项目名称	奖励名称	时间
1	S50EV纯电动轿车开发	广西科学技术进步奖三等奖	2021年
2	风行景逸S50EV纯电动轿车开发	东风汽车集团科学技术进步一等奖	2019年
3	风行景逸S50EV纯电动轿车开发	东风汽车集团青年自主创新银奖	2018年

4. 社会及经济效益

通过技术攻关打造新能源车型专有平台,通过提高所有零部件的通用化率,在满足各自车型商品定义的前提下,最大限度降低成本和缩短开发周期。在此新型平台上实现轿车、家用MPV和公商务MVP的新能源化,通过产品技术创新,成本控制和混线制造体系,开始推向市场,通过多个维度的商业模式尝试达到预期销量,满足日趋严格的乘用车企业油耗法规和新能源汽车积分要求。

长安新一代超集电驱系统

供稿:重庆长安新能源汽车科技有限公司

1. 成果简介

2021年8月24日,长安正式发布两款新一代超集电驱系统,实现240~800 V超宽电压范围覆盖、工况平均效率超过90%、首创高频脉冲加热技术,实现了产业效率、产品效率、用户效率的全面提升。

(1)应用领域

电驱动系统作为新能源汽车动力输出不可或缺的核心零部件,是新能源汽车的心脏,发挥着燃油汽车中"发动机、ECU电控单元、变速箱"的作用,直接影响新能源汽车的动力性、经济性、舒适性、安全性等。不论采用何种电动化技术路径(纯电动、插电混动、增程式等),不论采用何种动力电池(磷酸铁锂、三元锂、燃料电池等),都需要电驱动系统实现动力输出与控制,如图5-1-6所示。

(450 A)

(800 A)

图5-1-6 两款超集电驱动系统

(2)关键技术

①深度集成

集成电机、减速器、IPU、DCDC、DCAC、高压分线、充电机等多功能于一体,实现电驱重量较"三合一"降低10%、体积降低5%、功率密度提升37%、噪声降低15%、成本下降17%。同时,由于深度集成化带来的轻量化和体积小等优势,能更好地支持后驱、四驱的平台拓展,实现兼容纯电、增程、氢燃料三种动力架构。长安超集电驱的深度集成技术不局限于直观上给电驱减负增效,同时也是对整车平台生产效率的一次体系化升级。

②性能开发

系统效率:采用超高效率新材料功率半导体、高效冷却系统、扁线绕组、超低黏度润滑油等先进技术,同时建立考虑多性能边界的拓扑优化模型、多参数耦合的电驱损耗响应面模型,开发基于灵敏度分析的分区效率优化算法,突破"机-电-热-磁-声"等多场耦合仿真技术,实现电驱系统效率较"三合一"提升5%,电驱系统总成最高效率突破95%,工况平均效率超过90%。

NVH性能:基于"机-电-磁-声"多物理场多目标优化,提出考虑总成非线性激励的电机谐波主动注入算法、齿轮参数DOE自动寻优算法和电驱间隙最优控制及软件匹配策略,实现电驱总成1 m平均声压级小于78 dB(A)(优于行业领先水平5 dB以上),敲击声压降低至0.7 Pa(行业领先水平的1/3)。

EMC性能:建立多源模块化电磁兼容正向设计和多源干扰分级控制方法,达成多合一总成级CISPR 25 Class3;建立基于多物理场参数耦合能量自适应算法的动态热预测模型,在整车运行环境下实现电机转子、IGBT、膜电容等部件温度实时估算精度达±5 ℃。

电驱可靠性:开发多合一电驱系统专用的分级可靠性验证方法,在功能安全基础上首创了电驱远程健康管理技术,实现电驱总成设计寿命提升25%以上。

③脉冲加热

行业首次提出并应用利用电机高频随机脉冲电流的电池自加热方法,基于脉冲矢量控制理论和随机频率叠加算法,首发量产应用了脉冲加热技术,可在-30 ℃低温环境下实现电池快速温升,速率达4 ℃/min。

(3)专利情况

长安超集电驱系统累计完成210余件专利申请,发表30余篇专著论文,2项软件著作权。

2. 成果创新点及解决的难点问题

(1)宽电压覆盖提升产业效率

2017—2021年,电动汽车续驶里程从150 km增长到500~600 km,电池电量从20 kWh增加到100 kWh以上。受电驱系统可用电压范围的限制，电芯容量逐步从 20~30 Ah 增加到 200 Ah 以上，为此，电池行业研发了大量不同规格的电芯。据不完全统计，2017—2021 年间，中国新能源汽车使用过的电芯数量超过 500 种，按每颗电芯研发和产线净投入 1 亿元计算，仅不同电芯的研发和产线净投入已超过 500 亿元。但到目前为止，我国累计推广新能源汽车约 700 万台，这意味着单车分摊的电芯研发和产线投入超过 7000 元。基于此，长安新能源自主开发基于控制电路、功率电路深度集成的电驱控制器总成，突破 800 V 高压、油冷电机等技术，掌握功率半导体模块封装设计能力等，完成 450 V/800 V 多合一电驱平台打造，通过两款电驱组合，实现 240~800 V 超宽电压范围覆盖，满足 160~300 kW 功率需求，最大可满足 400~1000 km 超宽里程需求。按照每年 3 款全新车型计算，如果采用 3 种不同容量规格的电芯，每种电芯全新开发的研发和产线投入 4 亿元，则需要投入 12 亿元；如果采用 1 种电芯规格，只需要投入 4 亿元，单车的研发和制造分摊显著改善。得益于 450 V 和 800 V 两个系列化电驱系统，长安全新纯电专用平台所有车型的电芯规格得到了极大精简，用户的购车成本随之下降，这就是超集电驱带来的产业效率提升。

(2)深度集成提升产品效率

与传统内燃机相比，纯电动汽车效率具备相对优势，但站在产品角度，能不能在 85% 平均效率的基础上，挑战极限，打造更高效率的电驱系统，赋能人类社会极致低碳出行，是长安新能源一直探索的重要方向。为实现极致效率，长安超集电驱采用了超高效率新材料功率半导体、高效冷却系统、扁线绕组、超低黏度润滑油等先进技术，配合自主开发的高效控制软件，最大程度降低机械和电磁损耗，整体损耗下降约 1/3；电驱系统总成最高效率突破 95%，工况平均效率超过 90%，相对于行业 85% 的平均水平，单车 10 年 30 万 km 全生命周期碳排放可以再降低约 2 t，这就是超集电驱带来的产品效率提升，同时也是对“双碳”战略做出的努力。

(3)脉冲加热技术提升用户效率

低温续航缩水是影响电动汽车发展的主要因素之一。在冬天极低温度下，电池活性下降，充放电效率和充放电功率减弱。以 50 kWh 磷酸铁锂电池为例，-20 ℃下，可放出电量降至约 35 kWh，衰减超过 30%，导致北方用户冬天甚至不敢开空调，严重影响使用体验。基于此项难题，长安新能源团队探索找到锂电池在极低温度下快速充电的安全边界，首次面向全球发布了电驱高频脉冲加热技术，实现了锂电池在超低温度下的极速加热，有效解决这一复杂工况难题，如图 5-1-7 所示。该技术利用电驱的电感和开关特性，驱动电池和电驱之间产生高频脉冲电流，通过电池内阻实现自加热。该技术较传统方式，加热效率更高、加热更均匀，在-30 ℃环境下，可实现5 min 加热 20 ℃，充电时间缩短 15%，动力性提升 50%。同时充分利用长安新一代超级电驱系统冷却系统高换热效率的特点，将电机工作产生的热量，转移给电池和乘员舱，最大可提升冬季续航里程 40~70 km。通过对北方 7 个城市进行用户调研，300 多个用户样本中，在搭载超级脉冲加热和超级余热回收技术后，用户对纯电动车的接受度提升了 54%，这就是长安新一代超集电驱带来的用户效率提升。

图 5-1-7　脉冲加热示意图

3. 国际水平对比分析

对标国际电驱系统，从整体技术表现上看，长安超集电驱系统(800 V)处于国际一流水平，特别在峰值功率、综合效率及噪声控制等技术方面表现突出(见表 5-1-4)，有效推动了行业水平进一步提升。

表 5-1-4　电驱系统国际对标情况

电驱系统	系统峰值功率 kW	电机最高转速 r/min	系统峰值扭矩 Nm	系统功率密度 kW/kg	CLTC 综合效率 %	平均 1 m 声压级 dB(A)
长安 800 V 超集电驱	227	18000	365	2.2	90	78
国外典型产品 1	202	17900	404	2.1	89	78
国外典型产品 2	150	16000	310	2.0	86.5	80
国外典型产品 3	150	15000	380	1.8	86.5	78
国内典型产品 1	180	17000	300~410	2.0	89	80
国内典型产品 2	270	16000	360	2.0	89	79

4. 成果应用情况

长安新一代超集电驱系统已完成技术开发，通过小批量生产验证，即将搭载长安新能源全新深蓝品牌车型量产应用。

5. 成果产能建设情况

长安新能源已投资自建三合一电驱系统总装线(产能 7 万套/年)；自建多合一电驱系统总装线(产能 5 万套/年)，正在启动产能扩建计划，预计 2022 年 8 月完成，届时多合一电驱产能可达 15 万套/年。

6. 社会经济效益分析

2022 年搭载长安超集电驱系统的纯电动汽车预计销量将突破 10 万辆，电驱系统创造产值约 10 亿元。纯电动产品节油 100%，按 1 辆传统汽车油耗 0.5 t/年计算，2022 年预计销售搭载超集电驱系统的纯电动汽车累计可节油 5 万余 t；按每车二氧化碳排放量 180 g/km，每年行驶里程约 10000 km 计算，预计减少二氧化碳排放 18 万 t/年。电驱系统的需求带动上下游产业人员就业，同时，长安新能源投资自建电驱系统总装线，累计提供就业岗位上千余个。

东风 ESSA 架构开发及其在岚图梦想家 MPV 上的应用

供稿:岚图汽车科技有限公司 李 健 刘嘉梁 马碧波 顿栋梁

1. 成果简介

伴随着国家的全面贯彻新发展理念助力碳达峰碳中和目标,2021 年全球新能源汽车销量再创新高,达到 675 万辆,同比增长 108%。其中,中国新能源汽车市场持续突破,产销同比增长 160%以上,销量达 352 万辆。我国新能源汽车市场渗透率由 2020 年的 6.2%增长至 2021 年的 13.4%。渗透率逐年提高,2025 年规划新能源汽车销量占比 20%目标将提前 1~2 年实现。

将核心技术牢牢掌握在自己手中,也是新时代对东风汽车的使命召唤。岚图汽车应运而生。为了实现品牌向上突破,在新能源汽车板块中占据一席之地,岚图汽车必须要有自己的整车平台。

随着汽车行业的快速发展,汽车从单一车型开发转变为平台开发,进一步演化为同一架构下多车型同时开发。岚图汽车致力于开发零焦虑高端智慧品牌,在 2019 年成立 ESSA 架构项目组,创建双动力、大带宽、多车型的融合型架构,如图 5-1-8 所示。具备热效率 41.07%发动机+电机效率“双 90”双电机智能多模驱动的高效节能混动模型,以及静音电驱动总成+云母安全电池的静谧安全纯电模型。

图 5-1-8 ESSA 架构

ESSA 架构下的 MPV 车型岚图梦想家已于 2021 年 11 月 19 日在广州车展首发(见图 5-1-9),掀起电动豪华 MPV 热潮。梦想家具备超级安全,超级性能,超级智能,超级空间,超级豪华等优势,兼顾行政商务与家庭出行的多功能车型,开启智能电动 MPV 新时代。

梦想家搭载岚海动力为用户提供高性能纯电+智能多模驱动的动力组合;轴距 3200 mm 提供座座皆首席的乘坐空间,定制版享有私人智能移动会客厅;空气悬架+CDC 连续阻尼可调减震器为用户提供极致的舒适性;超五星的安全开发标准更是带来全域安全保障。

图 5-1-9 岚图新能源 MPV 梦想家

2. ESSA 架构的成果创新点及关键技术

(1)ESSA 模块化架构开发及应用

项目开启初期即设定研发目标:双动力、大带宽、多车型的融合型架构,具备柔性拓展能力,模块可升级迭代,固化模块的数量、边界及接口定义。

设定 1 个架构,13 个模块单元,66 个架构模块+75 个上装模块的基础模块原则,如图 5-1-10 所示。

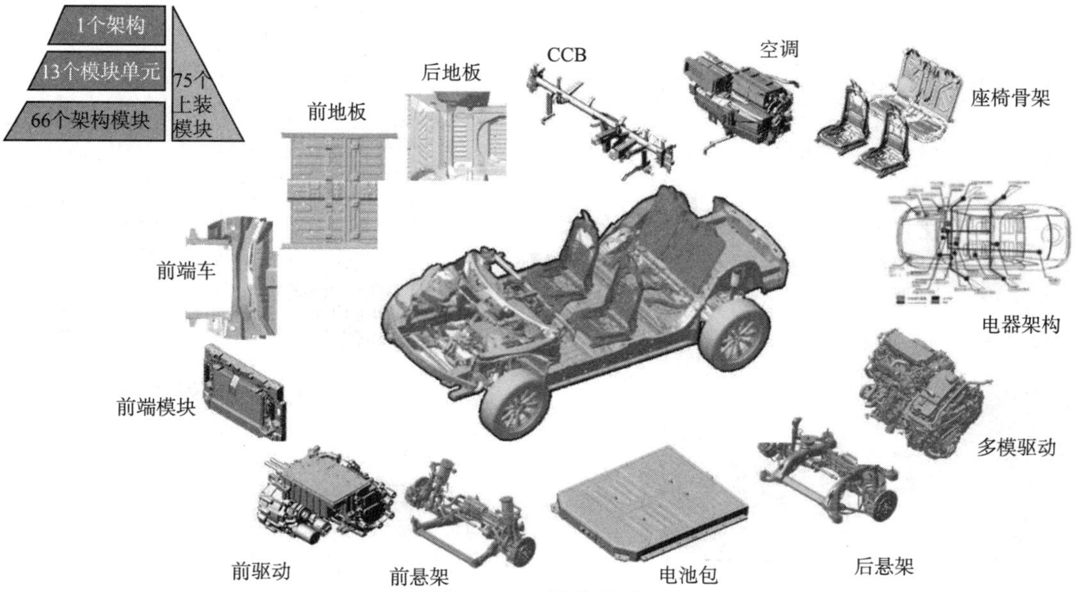

图 5-1-10 模块策略

通过空间、性能、安全三大主策略+14个系统策略组合方法完成ESSA架构的开发。解决双动力、多车型开发共用难点,将全架构设计前置化,在仿真阶段即将架构全部车型进行预判仿真分析,提前识别风险并进行规避。

空间主策略为车长、车高、车宽策略。系统策略包括悬置策略,行人保护策略,前端模块策略,防撞梁高端策略,动力组合策略等。与车型开发的人机策略,智能座舱策略,智能驾驶策略等相辅相成,提前打通各种瓶颈问题。

(2)岚海动力

混动构型-智能多模驱动:采用东风自研的1.5TGDI"中国心"十佳发动机,热效率41.07%,搭载行业效率最高的8层扁线电机,可油可电;整套混动系统的市区百公里油耗低于5 L,如图5-1-11所示。发动机及双电机模块实现完全自主开发,搭载40项行业领先技术(MAKC抗爆震快速燃烧技术、ITM集成智能热管理技术、S-EGR废气再循环技术设计,MHP超高压喷射系统、MSC高效增压技术),产出256项发明专利。

BEV构型-静谧电驱动系统:采用电机+减速器+电机控制器三合一集成化电驱动系统集成度高,重量轻,动力强。

定子采用扁线插线技术。该技术方案特点:①高功率密度:定子槽满率高达70%、功率密度提升20%~30%,减少产品体积,减轻重量。②温度性能优异:扁线绕组内部间隙小,扁线与扁线、铁芯之间的接触面积大,散热和热传导效率更优,电机温升降低约10%。③噪声扁线优异:扁线定子刚度较大,提高固有频率,对噪声具有抑制作用;同时槽口尺寸较小,有效降低齿槽力矩,从而降低转矩脉动,进一步降低电机电磁噪声。

转子采用双层V型磁极,多段斜极分布方案。该技术方案特点:①效率更高:采用双层V型磁钢设计,永磁转矩及磁阻转矩利用率更优,高速性能好,高效区域宽广(提升5个百分点),恒力矩区宽,最高效率提升(97%以上)。②噪声优异:转子永磁体V形斜极形式,消除轴向力,降低轴承与齿轮运行噪声。③降低能耗:转子外圆开槽方案,调节气隙磁场,降低转矩脉动并改善激振力,抑制振动噪声同时减小电机能耗提高效率。

NVH优化:采用多种NVH优化手段降低噪声,实现超级静谧的电驱动总成。

电磁优化:优化转子结构,降低电磁力波幅值,提升NVH性能。

PWM噪声优化:优化载频方向,降低PWM噪声。

关键零部件结构优化:优化电机接线盒盖板结构,改善共振辐射噪声。

谐波注入:优化个别阶次噪声。

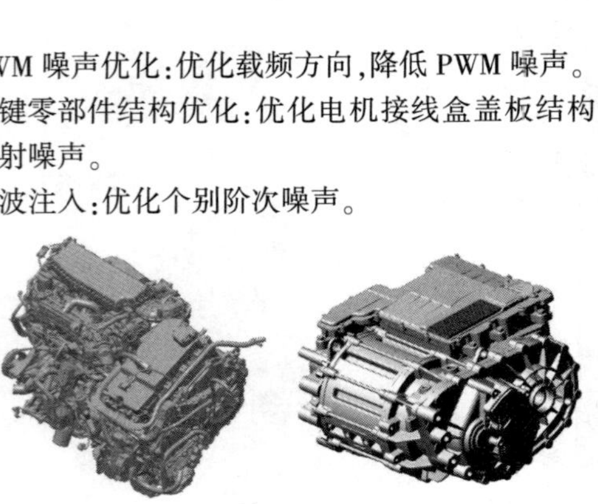

图 5-1-11　岚海动力

(3)全域安全:超5星安全开发标准的架构设计,及超高的动力电池安全设计

①车身设计、超70%车身高强度钢比例

梦想家车身采用超70%车身高强度钢比例,拥有以下三项关键技术:2000 MPa一体式热成型激光拼焊门环,2000 MPa铝硅涂层车门防撞梁,贯穿式铝质门槛加强梁,如图5-1-12所示;斩获2021年中国车身大会特别荣誉奖。

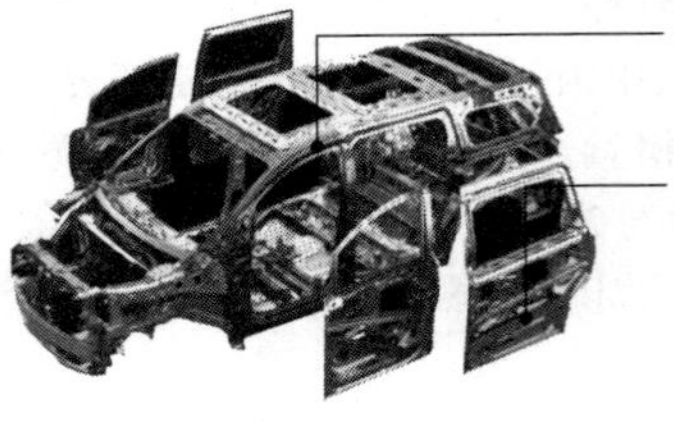

图 5-1-12　梦想家车型白车身

②全场景电池防护系统

关键技术:建立动力电池系统集成防护设计,超过100项的产品安全、可靠性测试项目,极端苛刻的测试工况,独创的组合应力测试方法,全方位确保产品全生命周期内安全可靠,如图5-1-13所示。

创新点1:PDD毫秒级(10 ms内)断点主动防护。

创新点2:首搭锌镁合金上盖,盐雾试验超3000 h,>1000 ℃喷枪燃烧试验,镀层不起火,安全级别优异。

创新点3:采用高强铝合金框架,压力传递设计,预留形变吸能等组合方法,耐20 t压力,高于国标2倍。

创新点4:通过岚图专有云BMS管理系统,实时监控电池健康状态,可提前预警电池故障及安全风险,还可以进行用户行为分析,最优化的热管理策略,降低高温和低温环境下的用车能耗。

创新点5:采用1500 MPa超强钢底护板,可承受35 kN的底部托底力。

创新点6:采用独特的热管理策略,实现Max. 230 kW/550 A快充能力,且无热失控风险(400 V体系下,20 min充电20%~80% SOC)。

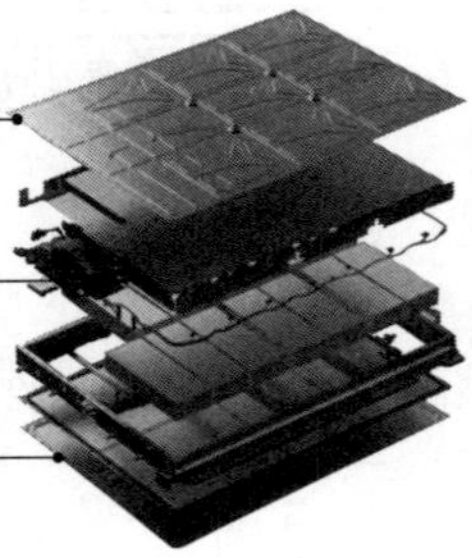

图 5-1-13　ESSA架构电池包分层图

(4)极致性能的底盘设计

①全铝底盘设计,前双叉臂+后五连杆独立悬架为ESSA架构带来极致的性能表现,驾控轻盈,操控精准稳定,平稳舒适。一体式高压铸造后副车架进一步降低底盘重量。

②带预瞄功能的加强型CDC减震器,舒适与运动的极

致融合。带魔毯功能的空悬+CDC 配置的 MPV 带来行政级轿车的驾乘质感,推动国内空气弹簧和 CDC 减震器产业进步。ESSA 架构下空气悬架可实现共 100 mm 的可升降范围,降低乘员上下车的难度,提高整车的通过性能力。

3. 国际水平对比分析

(1)ESSA 架构的模块化管理及开发策略控制能够有效地控制车型的开发节奏和边界范围,有效提升通用化率,降低开发成本。双动力的架构给用户更多的选择。

(2)车身大范围高强度钢的应用给乘员提供足够的安全空间。

(3)全铝底盘设计降重 15%,续航提升 3%。

(4)优异的电池性能,智能云端 BMS 系统,极致可靠的电池包结构安全设计,给用户带来极大的自信。

4. 成果应用情况

ESSA 架构已经开发完成,在 2020 年 9 月 26 日北京车展对外发布,ESSA 架构承载的 MPV 车型岚图梦想家在 21 年广州车展进行全球首发,2022 年 5 月 7 日梦想家上市发布,好评如潮,订单不断。ESSA 架构下的第 2、3 款车型均在研发中,目标在 2023 年,2024 年分布投放市场。

岚图梦想家为打造电动豪华旗舰 MPV 采用 17 项 MPV 车型首搭技术,为用户打造智能移动会客厅的同时提供全域安全保障。高通 8155 旗舰级车载芯片助力智能科技;24 个智能传感器使其拥有 26 项 L2+级智能驾驶辅助功能;320 kW/620 Nm 的强劲让梦想家拥有轻盈驾驶感受。

5. 成果的产能建设情况

岚图汽车 ESSA 架构及其应用车型在武汉市岚图汽车智能化工厂生产。

6. 社会及经济效益分析

ESSA 架构的开发过程中积极采用国产核心器件,多数模块自主开发(如电驱动总成,发动机,双模电驱动模块),空气悬架及 CDC 减震器与国内供应商的联合开发,推动国产化,为提升国产部件竞争力及质量具备推动作用。提供汽车多场景服务的零焦虑、零排放、零拥堵的智能电动车辆给消费者,让用户无忧地选择新能源汽车,降低碳排放。实现东风集团整体上碳达峰碳中和的目标,最终也可以出口碳积分,获取经济价值。

岚图 FREE NVH 性能开发

供稿:岚图汽车科技有限公司 张紫广 张永仁

1. 成果简介

岚图汽车成立于 2018 年,隶属于世界 500 强东风汽车集团有限公司。作为中国造车新势力,岚图汽车充分整合东风公司超 52 年的造车技术和优势资源,以用户为中心构建创新的商业模式,旨在成为高端新能源乘用车的领先者。

作为岚图首款车型,岚图 FREE 非常重视 NVH 性能开发,对标 Q5L 和奔驰 GLC,历时两年多,从概念设计、CAE 分析开始,经过数轮 NVH 调校和验证,NVH 性能达到 CE-CAP 白金牌水平,CCRT 车内噪声评分达到 89.7 分。当前,岚图汽车已具备新能源汽车 NVH 正向开发能力,申请专利 11 项。

2. 成果创新点及解决的难点问题

(1)增程器 NVH 控制

汽车动力系统噪声是影响用户驾乘感受的主要因素。与传统汽车相比,增程电动车怠速及低速充电工况,为保证电池 SOC 不降低或快速增加,发动机负荷会显著增加,会产生车内振动噪声、咕噜声、发电机啸叫等增程器 NVH 问题。针对增程器 NVH 问题,岚图 NVH 工程师从产品开发初期介入增程器的 NVH 开发,从增程器结构设计、燃烧控制、扭振控制、总成模态分布、进排气系统 NVH 控制等多维度对增程器 NVH 进行控制;样车调校阶段,结合实车表现,继续优化传递路径分析和控制策略,使岚图 FREE 增程器 NVH 达到市场领先水平。

岚图 FREE 样车调校阶段怠速及低速充电工况车内噪声大,咕噜声明显,实车测试发现:咕噜声是由曲轴扭振激励,经悬置支架放大,传递到车内引起,车内噪声大是因为增程工况点选择不合理。因此,将曲轴扭振减振器由单模 TVD 更改为双模 TVD,悬置支架模态提升至 650 Hz,同时在满足整车功率需求的前提下,通过矩阵式扫描发动机转速和功率,确定 NVH 较优的工况点,最终咕噜声消失,如图 5-1-14 所示;怠速充电车内噪声由 50 dB(A)降低到 40 dB(A),如图 5-1-15 所示;20 km/h 匀速行驶车内噪声由 53.5 dB(A)降低到 48.5 dB(A),如图 5-1-16 所示。由于发动机转速、扭矩和车速、油门解耦,通过合理的控制策略匹配,使发动机转速和车速合理匹配,岚图 FREE 在怠速、匀速及加减速时,车内始终保持静谧,在车辆行驶过程,几乎感知不到发动机噪声。

(2)电机减速器 NVH 控制

电机减速器啸叫是行业难题,岚图 FREE 搭载最大功率 510 kW、峰值扭矩 1040 Nm 的双电动机,高功率、大扭矩电机的应用,对电机与减速器 NVH 的控制提出更高要求。

针对电机减速器啸叫,岚图 FREE 从立项初期,通过电磁优化、谐波注入、壳体模态提升等多项措施使电机啸叫得到优化,图 5-1-17 为谐波注入对电机啸叫的改善效果;对于齿轮啸叫,历经一轮宏观修形和三轮微观修形,以及量产减速器一致性管控,使齿轮啸叫明显优化。为进一步降低电驱总成啸叫,岚图 FREE 不计成本,采用声学包裹方案。当前岚图 FREE 电机啸叫优于市场竞品车型,达到市场领先水平,如图 5-1-18~图 5-1-20 所示。

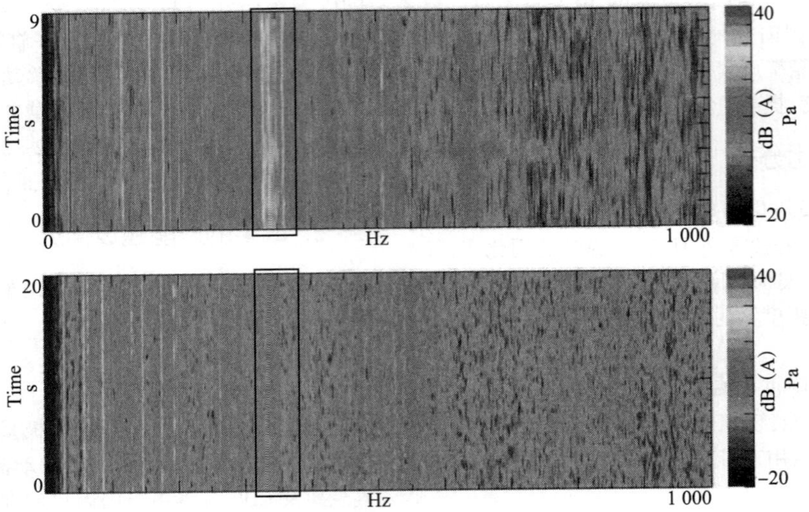

图 5-1-14　优化前后车内咕噜声

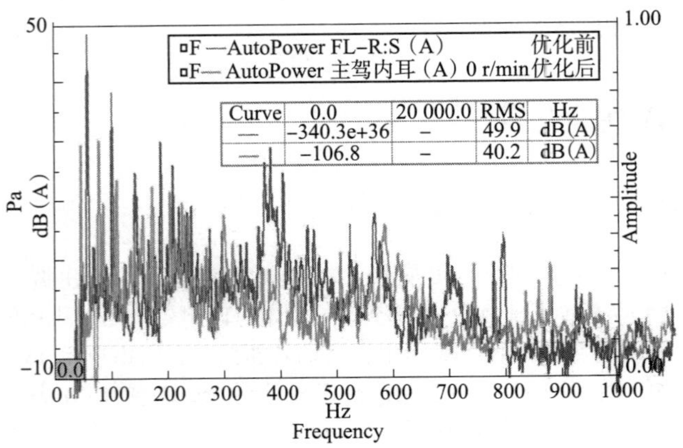

图 5-1-15　优化前后怠速充电车内噪声

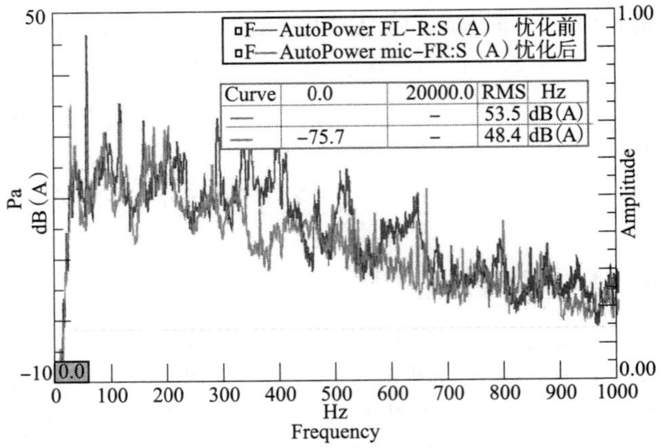

图 5-1-16　优化前后 20 km/h 匀速车内噪声

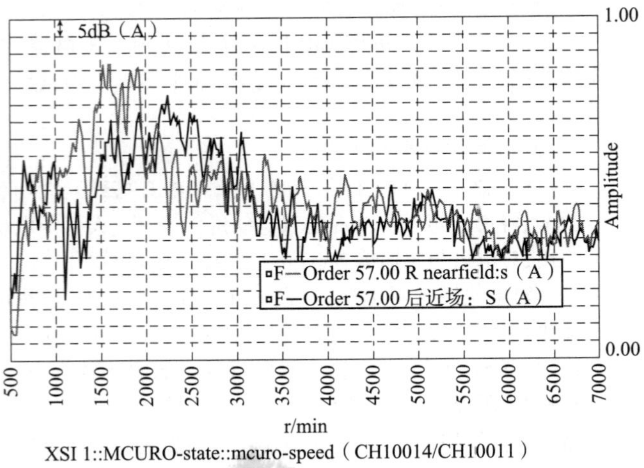

图 5-1-17　谐波注入前后的电机啸叫对比

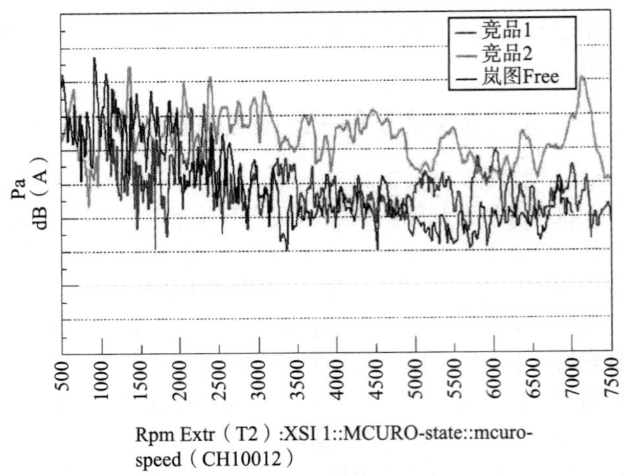

图 5-1-18　电机噪声

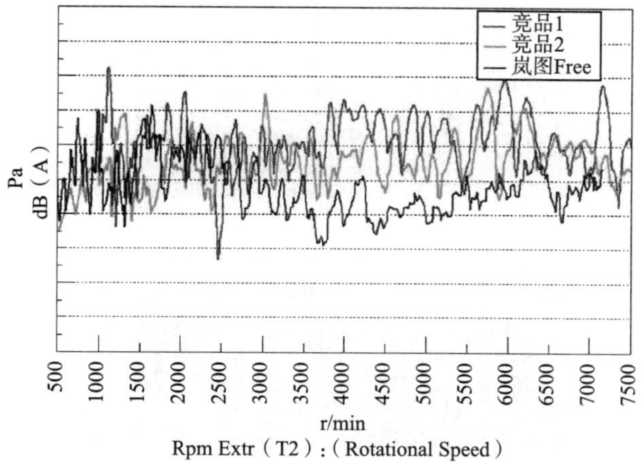

图 5-1-19 一级齿轮噪声

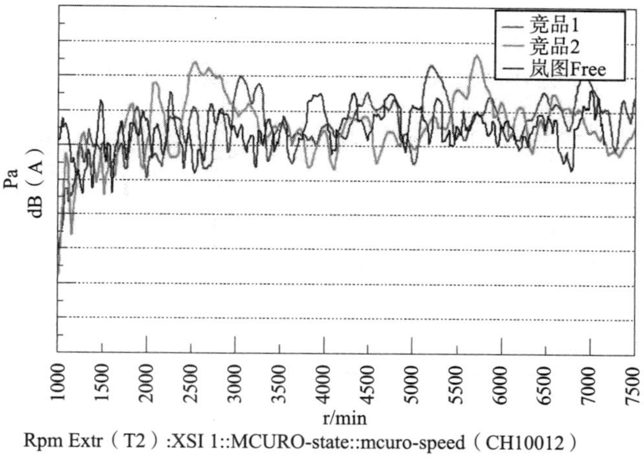

图 5-1-20 二级齿轮噪声

（3）电机控制器开关频率啸叫控制

电机控制器是新能源汽车的核心部件，其产生的开关频率噪声属于高频啸叫，其频率分布一般在 4 kHz～15 kHz。人耳对噪声中的高频成分非常敏感，高频啸叫会让人感到烦躁而难以接受，严重影响车内乘员的舒适性。

岚图 FREE 样车调校阶段，电池低 SOC 时，加速和高速行驶存在明显的发电机控制器啸叫。为解决岚图 FREE 发电机控制器开关频率啸叫问题，探讨电机控制器噪声产生机理，并从控制噪声测试分析方法、发电功率、控制策略以及传递路径等方面，对新能源汽车电机控制器噪声控制进行了系统性研究，得出结论如下：

①电机控制器噪声随功率的增大而增大，在满足动力经济性的前提下，可通过合理选择发电功率来改善发电机控制器噪声，提升车内 NVH 水平；②控制策略对控制器噪声影响较大，通过提高载频和采用随机载频策略均可有效降低控制器噪声；③控制器本体为控制器噪声的主要辐射源，声学包裹可有效降低控制器噪声。

通过载频策略优化和控制器加声学包裹，最终岚图 FREE 发电机控制器开关频率啸叫最大优化 10 dB（A）以上，车内声品质得到明显改善，如图 5-1-21 所示。

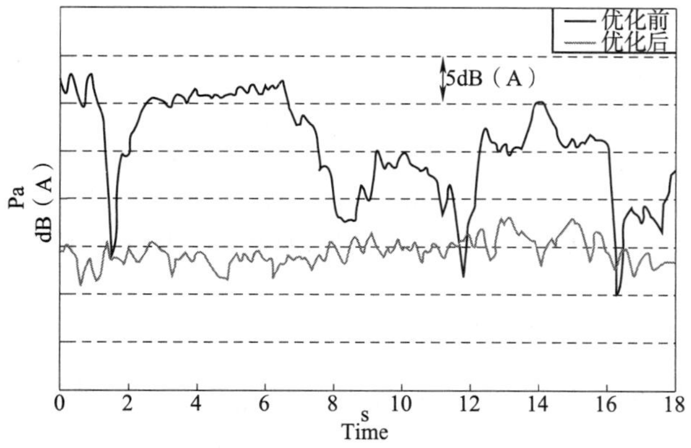

图 5-1-21 优化前后发电机控制器啸叫对比

（4）路噪控制

与传统车相比，由于电池包的引入使得底盘弹性元件刚度增大，同时在纯电行驶工况缺少发动机噪声的掩蔽，新能源汽车的路噪突显，易被乘员感知。

白车身作为整车 NVH 性能的基础，岚图 FREE 首次采用 2000 MPa 铝硅涂层材料的车门防撞梁，同时白车身高强钢占比达到 75%，应用在车身 A 柱、B 柱、门槛、中通道、座椅横梁、前后纵梁以及前后门防撞梁等车身骨架件。经检验，岚图 FREE 车型 1500 MPa 以上热成型比例高达 31%。从车身结构设计开始，进行了三个阶段的模态及刚度优化，最终岚图 FREE 白车身静态扭转刚度达 39.3 kNm/deg。因此，2021 中国汽车安全大会暨中国车身大会上，获“2021 中国十佳车身”和“最佳工艺奖” 两项大奖。

开展了基于轮心载荷的逆矩阵法进行整车路噪仿真研究，仿真结果与样车实测结果趋势一致，如图 5-1-22 所示。并利用 CAE 的板块贡献量分析，快速定位结构的对低频声贡献较大的薄弱位置，早期发现并解决路噪问题。

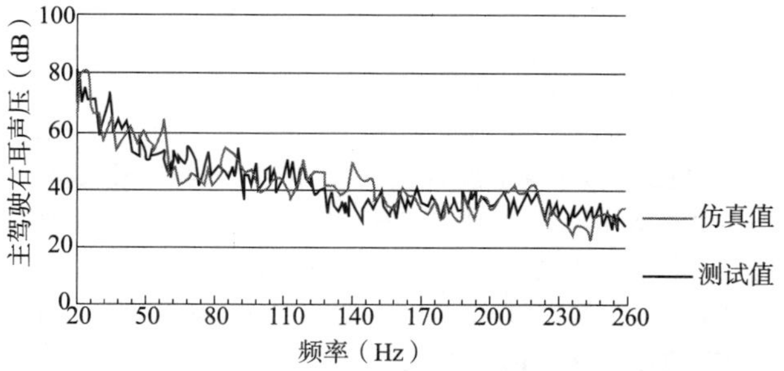

图 5-1-22 光滑沥青路面 60 km/h 路噪仿真值与测试值对比

为保证良好的路噪性能，岚图 FREE 对标 Q5L 和 Benz GLC，运用模态分离策略做好整车及车身模态分布，历经三轮轮胎选型及底盘调校，达到 NVH、操稳与平顺性的均衡，有效降低了路面对车内振动的影响，保障了舒适静谧的驾乘感受。最终岚图 FREE 路噪在 60 km/h 匀速行驶时，车内噪声低至 54 dB（A），达到 CE-CAP 白金牌水平，评分 100 分。

（5）风噪控制

气密性是整车 NVH 性能的基础，车辆行驶中，空气阻力、行驶环境等形成的噪声会通过车门、车身间隙、空调进出风口等位置传入车舱，岚图 FREE 采用多位置的声腔隔断设计、卡接过孔密封设计，涂胶、阻尼、堵盖等严格密封管控，降低泄露。整车气密性为 85 m^3/h，与 BBA 同级产品成绩相当，如图 5-1-23 所示。50 处关键部位声学包全流程管控，材质定义，覆盖面积优化，隔吸声性能检验，确保隔声性能达到豪华车水平。

为了在车辆高速行驶时降低风噪，岚图 FREE 采用了对中高频噪声隔声性能更好的高品质双层隔音玻璃，历经 24 轮次的整体造型设计、分析、优化，从后视镜造型、A 柱曲线，实施了 80 余项风噪控制规范，实现了更优高速行驶车内空间安静度。据风洞实测，在 160 km/h 时，120 km/h 0°偏航角车内驾驶员外耳噪声低至 64 dB(A)，与 BBA 同级产品相当。

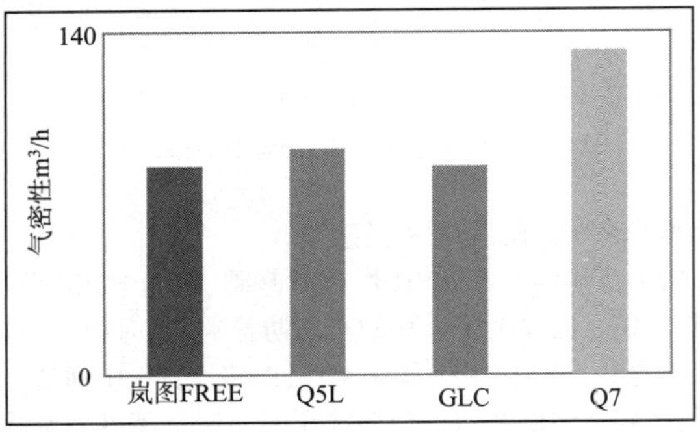

图 5-1-23 岚图 FREE 整车气密性

(6)整车振动控制技术

与传统车相比，新能源汽车的扭矩大且响应迅速，整车振动问题更为突出。岚图汽车非常注重整车的振动控制，在驱动轴夹角布置、动力总成与悬架的模态匹配以及整车控制策略等方面都做了大量工作，保证岚图 FREE 有着良好的整车振动舒适性。

与传统车相比，混合动力汽车在低 SOC 时，发动机转速负荷大，更容易引起的整车振动。岚图 FREE 在样车调校过程中，130 km/h ~ 140 km/h 匀速行驶工况，车内副驾地板位置能感知到明显振动，使乘客感觉腿部发麻，主观评价无法接受。此时，发动机转速在 3400 r/min ~ 3500 r/min 之间，对应发动机二阶激励频率为 113.3 Hz ~ 116.7 Hz，与地板振动 114 Hz 的共振频率一致，因此发动机是地板振动的主要激励源之一。由于发动机功率限制和车辆动力性要求，该车维持 130 km/h 以上巡航，发动机功率需求在 60 kW 以上，要求发动机转速在 3400 r/min 以上，否则无法维持电量平衡，但发动机转速在3500 r/min 以上车内噪声恶化明显。因此，无法通过标定调整发动机转速避开地板共振频率，或降低发动机充电功率，以达到改善地板振动的目的。最终将排气吊耳刚度降低 20%，同时在副驾地板增加横梁，使地板模态由 113.8 Hz 提升至 154.7 Hz。副驾地板振动改善明显，如图 5-1-24 和图 5-1-25 所示，主观评价 7 分，地板振动问题得到解决。

(7)附件 NVH 控制技术

与传统汽车相比，新能源汽车在纯电行驶工况，由于缺乏发动机噪声的掩蔽，电动压缩机、水泵等附件噪声突显。岚图汽车非常注重附件 NVH 性能的控制。

①在零部件选择时，选择 NVH 开发能力强的供应商或者在用车型上没有引起抱怨问题的零部件。

②研究了布置位置对附件 NVH 性能的影响。表 5-1-5 是不同布置位置的水泵噪声衰减量对比，从中可以看出：水泵布置在电驱动总成上的车 D，水泵噪声衰减量最大，为 20.3 dB(A)，其次是水泵布置在副车架前横梁上的车 A 和车 B，噪声衰减量分别为 12 dB(A)和 11.8 dB(A)，最后是水泵布置在转向器上的车 C，噪声衰减量仅为 8.5 dB(A)。因此，电动水泵应优先布置在有二级隔振的位置，其次是远离驾驶员的结构刚度大的位置。

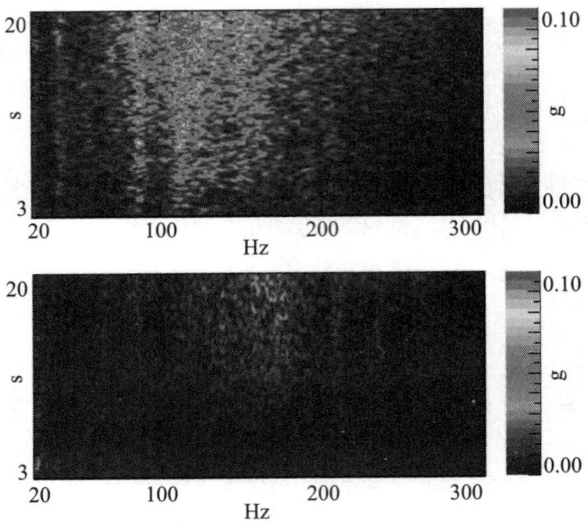

图 5-1-24 优化前后地板振动频谱

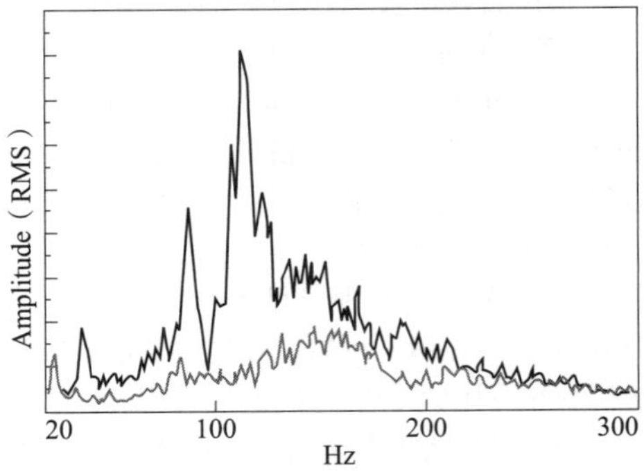

图 5-1-25 优化前后地板振动

③研究了隔振垫的隔振性能对附件 NVH 性能的影响。图 5-1-26 是水泵二级隔振与一级隔振的效果对比。图 5-1-27 是不同衬套刚度对压缩机噪声的影响，方案 1 到方案 4，衬套刚度依次增大。

④研究了控制策略对附件 NVH 性能的影响。对于有多个电动水泵的新能源汽车，水泵间的工作转速必须有一定的间隔，推荐水泵之间工作转速相差 300 r/min。通过限制压缩机最高转速解决压缩机噪声问题，调整压缩机控制策略解决启动异响等问题。

表 5-1-5 不同布置位置的水泵噪声衰减量对比

车型	水泵近场噪声 dB(A)	驾驶员右耳噪声 dB(A)	水泵噪声衰减量 dB(A)	布置位置
A	45	33	12	副车架前横梁
B	39.1	27.3	11.8	副车架前横梁
C	40.9	32.4	8.5	转向器
D	42.6	22.3	20.3	电驱动总成

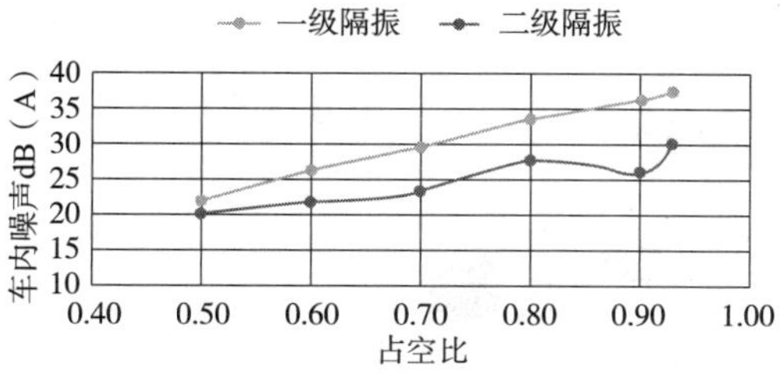

图 5-1-26　水泵二级隔振与一级隔振的效果对比

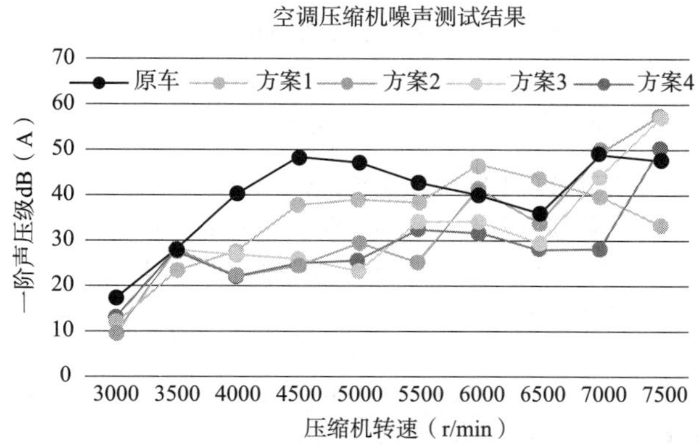

图 5-1-27　不同衬套刚度对压缩机噪声的影响

3. 国际水平对比分析

岚图 FREE 从有效降低动力系统噪声、风噪、路噪等方面进行优化设计，同时采用行业领先的 NVH 配置，整车 NVH 性能开发关注工况/使用场景多达 200 余项，涵盖用户动态驾驶、静态操作等各种工况。工程师模拟用户使用场景，在怠速和行驶的典型情境进行了综合测试，包括动力总成 NVH、路噪、风噪等。测试显示，在怠速情况下，充电噪声人耳感知为 40 dB(A)，相当于置身图书馆内。在 60 km/h 巡航、80 km/h 巡航和 120 km/h 巡航等典型车速时，NVH 数值分别为 55. 4 dB(A)、60 dB(A)、65. 6 dB(A)，而 WOT(全油门加速工况)的 0～120 km/h 加速噪声为 50～66 dB(A)，亦处于行业领先水平。

4. 成果应用情况

岚图 FREE 于 2021 年 6 月 19 日正式上市，目前销量已突破 10000 辆。上市以来，岚图 FREE NVH 性能广受用户、媒体的好评。岚图 FREE 荣获第八届环青海湖(国际)电动汽车挑战赛高端电动品牌领导者大奖，其中以出色的 NVH 性能荣获最舒适高端 SUV 奖。在 2021 年中国汽车风云盛典的 11 项测试，以总分第一和五个单项第一的好成绩荣获评委会大奖。

利用“驱动”“转向”“制动”构建安全舒适的未来出行社会

供稿：恩斯克投资有限公司　恩斯克(中国)研究开发有限公司

新能源汽车市场正在中国蓬勃发展，本文结合汽车三大要素“驱动”“转向”和“制动”的技术需求，介绍其背后的 NSK 技术成果及其未来的发展方向。“驱动”“转向”和“制动”这三个基本功能被称为汽车的三大要素。汽车自由转弯，随心所欲地停下，安全地驶向目的地。“驱动”是汽车最基本的功能。发动机、电机等动力源产生的力传递给轮胎，使汽车做出移动、加速等驾驶员所希望的动作。“转向”是一种通过将驾驶员转动方向盘的力传递给轮胎来改变汽车方向的功能。未来，由于自动驾驶技术的发展，预计转向的方式会发生重大变化。“制动”是一种功能，当驾驶员踩下制动器以减速并停止汽车时，对轮胎施加力，需要电气化以进一步提高安全性。所有这些因素对于安全和舒适的驾驶都是必不可少的，汽车需要极高的可靠性。

1. “驱动”背后的 NSK 技术

为了以驾驶员要求的速度行驶，需要一个调节发动机和轮胎之间作用力的“变速器”。在传统的发动机汽车中，燃料在发动机中燃烧以产生行驶所需的能量。当汽车从停止状态启动和在城市中行驶时，轮胎的转数和扭矩是不同的。因此，变速器的作用是根据驾驶员的驾驶要求，调节发动机与轮胎的转速和扭矩之间的关系，平顺地换挡。

“驱动”最大的挑战是减少能量损失。驱动一辆重达 1 t 以上的汽车需要大量的能量。为了减少二氧化碳排放并尽量减少对环境的影响，人类社会要求汽车使用更少的能量。为此，许多节能技术被创造出来。以自动变速器(AT)为例，其换挡技术得到了飞速的发展。大约 30 年前，最常见的是 3 挡齿轮，而最近世界上已经出现了 8 挡和 10 挡，挡位数获得了极大的提高。这使得变速箱可以细微地改变转数和扭矩之间的平衡，将发动机的动力更有效地传递到轮胎。

为了减少能量损失，需要减小传递力部件旋转部分的摩擦力。NSK 集团的产品广泛应用于 AT 中，例如减小齿轮旋转时摩擦的轴承和摩擦材料产品，如图 5-1-28 所示。轮毂单元轴承用于轮胎中，以在行驶时支撑汽车在轮胎上的重量以及在转弯时施加的横向力。在雨水、泥浆、雪地等各种环境下都具有耐久性和可靠性，并实现顺畅的旋转。

图 5-1-28　有助于减少能量损失的轮毂单元轴承

另一方面，无论发动机多么高效，它消耗的能量都是最初驾驶汽车所需能量的数倍之多。因此，在停车时停止发动机怠速等减少发动机工作时间的技术得到了应用。发动机和电机并用，能实现刹车时的能量回收再利用的混动汽车(HEV)以及使用电机驱动的电动汽车(EV)获得了飞速的发展。

电动汽车驱动领域的挑战之一是续航里程。为了一次充电能跑很远的距离，需要安装很多电池，并且需要确保电池的安装空间。因此，汽车需要使用更小更轻的零件。为了用小电机输出大的力，需要使电机高速旋转。因此，需要能够承受高速旋转的轴承和减速齿轮。此外，更高效的电池能量转换并减少运行能量损失也将延长续航里程。因此，NSK提出的解决方案是“2 挡平顺换挡电驱动系统”，如图 5-1-29所示。利用 NSK 的多项核心技术，实现小型化和高速化，同时实现了安静平稳地换挡，提供了舒适的驾驶体验。

图 5-1-29 改善 EV 续航里程问题的“2 挡平顺换挡电驱动系统概念(Gen2)”

2.“转向”背后的 NSK 技术

当驾驶员转动方向盘时，力从方向盘底部通过一根细棒状的零件传递到轮胎上，汽车就可以转弯了。这个将驾驶员意图从方向盘传递到轮胎的部分被称为转向装置。

转向装置也是电气化程度很高的产品之一。对于具有液压转向的汽车，即使不操纵方向盘也会持续消耗能量来产生液压。而在配备电动助力转向器(EPS)的车辆中，由于电机仅在必要时提供辅助，因此可以降低能耗。以 NSK 擅长的管柱式 EPS 为例，它在方向盘底部有一个扭矩传感器，可以读取驾驶员希望如何驱动汽车的意图并传递至轮胎，如图 5-1-30 所示。

图 5-1-30 NSK 管柱式电动助力转向器(EPS)

自动驾驶技术正在不断进步。随着人类活动向自动驾驶社会的转变，驾驶员与汽车的交互方式正在发生变化。将来，汽车可能仅在必要时才配备方向盘，甚至设计之初就没有方向盘。目前，汽车的方向盘和轮胎是通过转向机构进行机械连接的，但在未来，方向盘和轮胎将实现分离，将转向通过电气信号进行传递将成为主流。作为引领自动驾驶的产品，我们正在利用 NSK 培育的 EPS 技术开发“线控转向”，如图 5-1-31 所示。由于方向盘和轮胎没有机械连接，因此可以阻断路面的令人不舒服的振动，通过自动驾驶控制，避免危险。通过这种方式，我们正在努力实现新的价值。

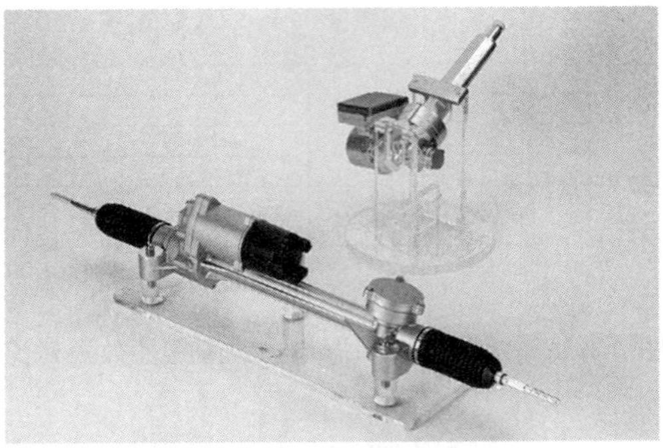

图 5-1-31 助力实现自动驾驶的“线控转向”

3.“制动”背后的 NSK 技术

当驾驶员踩下制动踏板时，汽车会减速并停下来，但踩下的力会被称为助力器的部件放大和传递。由放大的力产生的液压移动刹车片，夹住并拉紧行驶中的轮胎，制动力得以产生并使汽车停止。

在传统的汽油车中，发动机运转时产生的吸入负压被用来移动增压器。但是，在 HEV 中，发动机有时不需要工作；在 EV 中没有发动机，因此不能使用吸入负压。因此，在HEV 和 EV 中，“制动”部件的电气化正在发展，如图 5-1-32所示。近年来，配备紧急刹车辅助系统(Advanced Emergency Braking System，AEBS)的车辆越来越多。AEBS 已经开始分阶段强制实施，是未来不可或缺的技术。电动制动器中使用了“电动液压制动器用滚珠丝杠执行器”(见图 5-1-33)，其中NSK 拥有世界顶级份额的滚珠丝杠获得了使用。被称为滚珠丝杠的零件，具有良好的运转效率和高响应性，因此适用于力的精确控制，有助于安全驱动技术的进步。

图 5-1-32 “制动”中的自动控制系统

图 5-1-33 助力“制动”电动化“电动液压制动器用滚珠丝杠执行器”

4. NSK 旨在为可持续的移动社会作出贡献

迄今为止,NSK 已开发出许多为汽车进化作出贡献的产品。未来,我们将持续开发有助于“驱动”“转向”和“制动”的电气化技术及产品。通过电气化,可以仅在需要时投入必要的能源,实现节省能源。此外,由于可以利用电气进行各种控制,因此还可以通过事故预防提高安全性。汽车产业的环境正在发生巨大的变化,不仅包括电气化,还包括二氧化碳排放量的减少和安全性的提高。我们需要跳出传统的产品框架,创造出符合社会需求和变化的产品,在考虑驾乘人安心和快乐驾驶的基础上,努力为可持续的移动社会作出贡献。

满足功能安全 ASIL D 的 SiC 电机控制器开发及其产业化

供稿:中科意创(广州)科技有限公司

1. 成果简介

(1)概述

目前 SiC MOSFET 已经开始被整车厂(特斯拉、比亚迪、蔚来等)选择并应用于新能源汽车主驱控制器,SiC 材料凭借较 Si 材料相比具有更高频、高效、耐高压以及耐高温等特点,SiC 材料正在逐渐替代 Si 被应用在功率器件中。运用 SiC 材料之后,新能源汽车可以提升整个驱动系统的效率指标,通过整车系统优化,可以达到续航里程 5%~10% 的提升。

中科意创(广州)科技有限公司(以下简称中科意创)开发的满足功能安全 ASIL D 的 SiC 电机控制器产品为采用 SiC 材料功率器件的高压电机控制器,与 Si 基功率器件的电机控制器相比,控制器体积更小,重量更轻,电力损耗从 20% 降低到 5%,效率达到 99% 以上,可有助于整车续航里程提升 5%~10%。除开充分发挥 SiC 的优势之外,本产品同时运用多项前沿系统技术使得产品具有高可靠性、高安全性以及高功率密度等特点。该产品获得了 SGS 德国颁发的满足功能安全 ASIL D 认证的产品认证证书(见图 5-1-34),在新能源汽车领域形成了自主的知识产权,掌握了电机控制器的设计方法,可以提供完整的满足功能安全 ASILD 的 SiC 电机控制器应用解决方案。

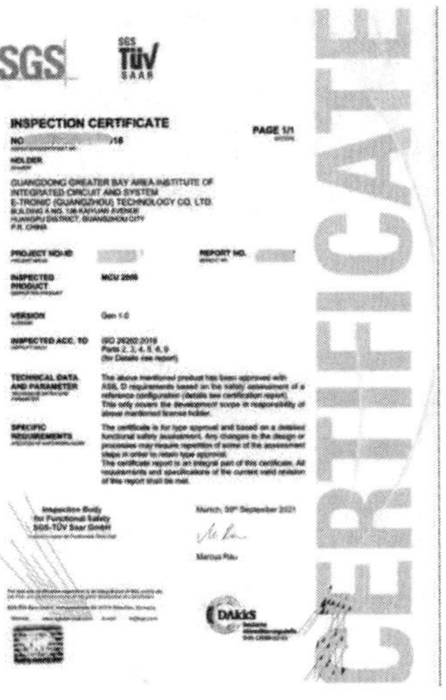

图 5-1-34 ASIL D 产品认证证书

(2)应用领域

中科意创开发的满足功能安全 ASIL D 的 SiC 电机控制器产品(见图 5-1-35),可以作为主驱电机控制器应用到纯电动或者混合动力乘用汽车,也可以应用到商用汽车或者专用汽车;目前已经应用到多家国内乘用车及商用车主驱控制器产品上。

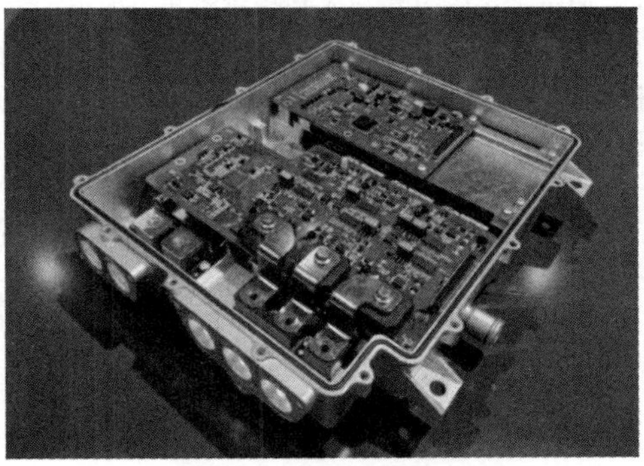

图 5-1-35 SiC 电机控制器

(3)产品关键技术

为实现高集成度、高效率、高功能安全等级的 SiC 电机控制器,该产品在以下关键技术的研究方面取得了技术突破。

①功能安全 ASIL D 产品技术突破

采用归纳法和演绎法研究电机控制单元系统性失效和随机失效机理,科学评估汽车安全完整性等级,设置电机控制器对应的系统硬件条件和软件条件,提出一套符合ISO 26262 安全指标的设计方法;采用温度冲击、振动、电流过载等极端条件的试验方法,对高功率密度 SiC 电机控制器的可靠性和安全性进行科学评估;采用电流法与功率法相结合的异构扭矩估算方法,扭矩监控所使用的始终保持精度较高的扭矩值,有效地降低由扭矩估算精度不高导致的误触发安全关断工况的发生,最大程度提高 SiC 电机控制器的安全性和可靠性。

②SiC 电机驱动系统高效率逆变技术

为满足功率密度>40 kW/L 的要求,匹配 SiC 器件(模块)的新型控制器结构紧凑方案进行了设计制造。为满足高峰值效率(>99%)的要求,研究了 SiC 器件的损耗机理及评价体系,匹配 SiC 器件的驱动电路及电源系统拓扑最优效率机制,本产品采用了电机控制高频载波控制算法。

③高功率密度 SiC 电机驱动系统电磁干扰(EMI)控制

通过研究 SiC 电机控制器高速开关条件下干扰通路寄生参数、驱动电路、吸收回路、滤波器等关键部件的物理特性,建立仿真平台。基于仿真平台研究 SiC 电机控制器电磁干扰源频域特征及干扰传播机理,结合试验台架测试数据,修正相关设计参数,迭代优化产品设计方案,结合多种

SVPWM 调制方法实现对谐波电流能量的有效抑制。混合随机抑制策略通过对载波频率和零矢量的配合，达到谐波抑制性能最大化，同时可以降低可能的噪声或导致电磁干扰的问题。从而降低系统的 EMI，改善系统的电磁兼容性。攻克高速开关下的 SiC 电机控制器电磁兼容技术，控制器的电磁兼容等级满足 CISPR 25 class 4~5 等级要求。

④SiC 模块结温估算技术提升可靠性及功率密度提升技术

针对 SiC 功率模块进行传热分析，建立导热模型，由 SiC 模块损耗产生的热量经过热传递最终由冷却水带走从而保证功率器件的温度不超过最高温度。采用热阻网络分析法建立热分析数学模型，根据数学模型，SiC 的温度可以通过冷却水温度再加上因损耗而带来的温升而计算得到，同时需要考虑来自其他节点的热辐射的影响。热阻值是经过一系列工况试验得到的，通过标定的方式写入到控制器里，而功率器件和体二极管的功率损耗是通过软件实时进行计算得到，从而实现对 SiC 模块温度进行精确的估计，在保证可靠性的前提下实现 SiC 模块的最大输出能力，最终实现整车动力性能的提升。

⑤低杂散参数薄膜电容设计应用

基于工作开关频率、电容内部电气结构和材料温度特性，建立电容电-热仿真模，综合耐高温材料应用、主动散热设计、低感结构设计等方法，有效降低电容的电路杂散参数，有效提升电容的高温耐受性。

⑥高集成环境下热设计技术

根据电机控制器的设计结构与器件排布，建立电机控制器的三维热阻网络，将电热耦合分析问题转化成目标函数优化问题，采用热场耦合分析方法对电机控制器热流进行综合分析与计算，揭示高集成环境下的传热机理。根据全封闭电机控制器热阻网络的特点，构建基于热流平衡的热分析模型，形成一套高集成环境下热设计及优化方法。

(4)产品专利情况

基于中科意创开发的满足功能安全 ASIL D 的 SiC 电机控制器产品，目前已申请 11 项相关专利，其中 3 项发明专利和 1 项实用新型专利已经获得授权，另外 7 项发明专利已获得受理。

2. 成果创新点及解决的难点问题

(1)功能安全 ASIL D 的扭矩估算

采用电流法与功率法相结合的异构扭矩估算方法，扭矩监控所使用的始终保持精度较高的扭矩值，有效地降低由扭矩估算精度不高导致的误触发安全关断工况的发生，最大程度提高 SiC 电机控制器的安全性和可靠性，转矩估算效果如图 5-1-36 所示。

(2)无差拍倍频控制方法与谐波抑制技术

本产品上提出并应用的无差拍倍频采样控制方法，提高转矩动态响应性能，有效降低开关损耗；驱动系统随机 SVPWM 控制策略创新，抑制谐波干扰，提升 SiC 系统的抗 EMI 性能，如图 5-1-37 所示，是在应用了谐波抑制技术前后的效果对比。

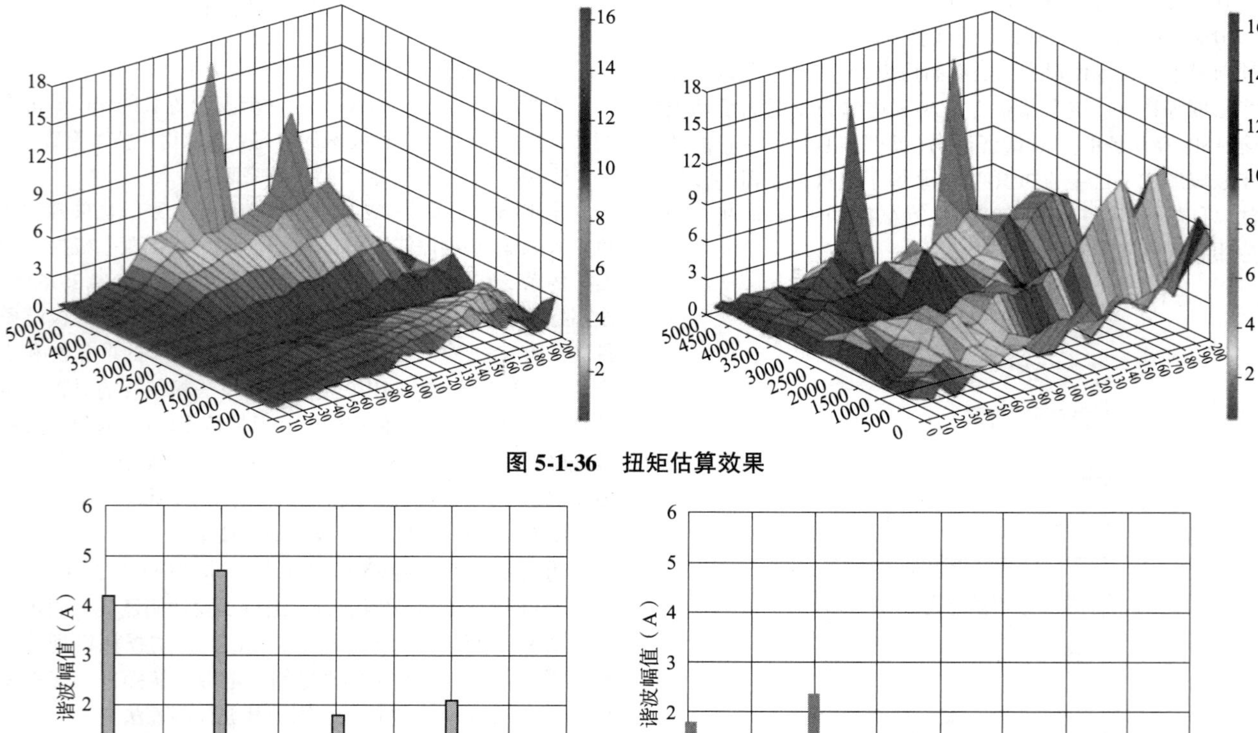

图 5-1-36 扭矩估算效果

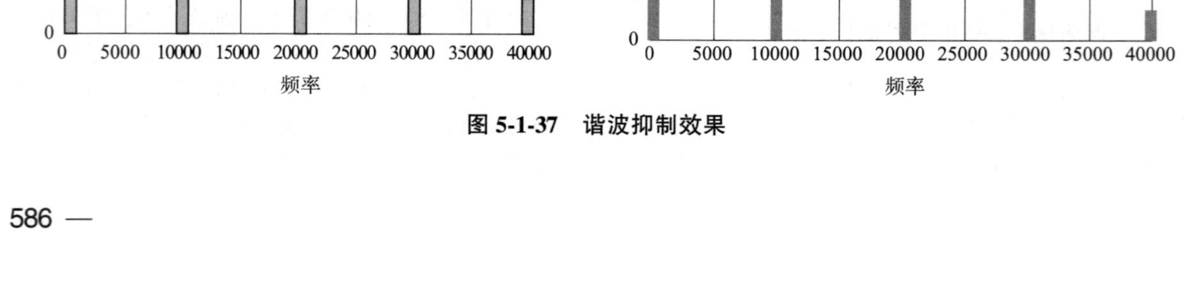

图 5-1-37 谐波抑制效果

(3)功率器件结温估算

本产品基于 Foster 等效模型传热原理,建立 SiC 模块高精度热阻数学模型,设计基于观测器的先进结温估算算法,实现稳态估算精度<3%、动态估算精度<5%,如图 5-1-38 所示,提高 SiC 功率模块的可靠性,建立寿命预测机制。

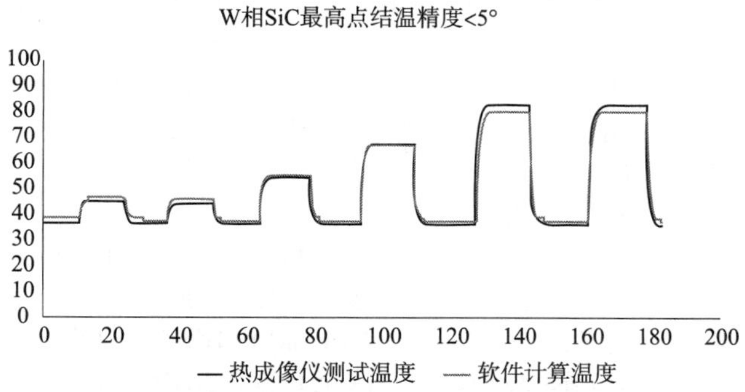

图 5-1-38 SiC 功率器件结温估算效果

3. 国际水平对比分析(见表 5-1-6)

表 5-1-6 国际水平对比

性能对比	国外量产电机控制器	国内量产电机控制器	中科意创 SiC 电机控制器
功能安全等级	ASIL C	ASIL C	ASIL D
单点失效覆盖率指标	97%	97%	99.78%
潜伏失效覆盖率指标	80%	80%	98.81%
硬件随机失效指标	100Fit	100Fit	9.97Fit
功率密度	35 kW/L	30 kW/L	40 kW/L
EMC 等级	Class 3	Class 3	Class 3

通过如上的对比分析,中科意创研制的满足功能安全 ASILD 的 SiC 电机控制器目前在国内处于领先地位,国际先进水平。

4. 成果应用情况

目前该产品已经在整车厂骡车上得到初步验证,技术成果推广工作非常顺利。项目立项以来,已获得多个整车厂以及 Tier1 对于电机控制器应用的技术服务合作,产品很好地满足了客户的多样性需求,得到多家国内乘用车整车厂和 Tier 1 客户的认可。

①针对某整车厂对于 SiC 功率器件应用重点关注的特定软件包的应用,包括旋变位置软解码,高次谐波抑制与死区补偿软件包的需求,由于本产品平台功能设计范围直接就包含了该需求内容,直接向其输出了定制的软件包应用服务。

②针对某整车厂对于 AUTOSAR 基础软件的服务需求,基于该产品为其量身定制了基于 ST SPC58NN 单片机的 AUTOSAR 基础软件服务。

③针对某 Tier1 对于既能满足功能安全又使用 SIC 功率器件特定需求,其在国内一直没找到合适的渠道和供应商,本产品的出现,完美地满足其需求,该 Tier1 将基于中科意创的提供的研发服务将该产品应用到量产整车项目上。

在该产品推广应用过程中,产业链下游对 SiC 电机控制器的研发服务需求强烈,尤其是能够满足功能安全等级 ASIL D 的产品(目前国内中科意创是首家拿到 ASIL D 证书),SiC 电机控制器不仅能提高效率减少损耗,同时在整车的考量上能够降低能耗的同时提高续航里程,该产品市场应用前景甚是广阔。

5. 社会及经济效益分析

(1)产品经济效益

本产品拟在三年时间内,搭载至少一款的主机厂整车,实现符合功能安全 ASIL-D 的 SiC 电机控制器的产业化量产。并在后续的每一年时间,实现新增一款车型的量产。

基于本产品将提供的"核心产品方案、关键软件包、开发工具、测试工具",促进有实力的整车企业、新能源汽车新势力公司进行产品开发、产业化生产、市场推广,缩短研发周期、提高开发效率,降低开发成本 10%~15%,形成自主产权电驱控制系统产品产业集群,于 2027 年形成年产量 100 万台以上、年产值 50 亿元以上的新能源汽车产业链。

(2)对社会经济发展和科技进步的意义

①打破国外对电驱控制系统产品及技术的垄断

本产品项目打破了国外对电驱控制系统产品领域高、新、尖产品及关键技术垄断,解决我国电驱控制系统产品缺乏核心技术、缺乏原创型创新、缺乏核心竞争力,受到上游、下游企业的挤压,位于利润"微笑曲线"底端的局面和问题,解决制约我国电驱控制系统产品的瓶颈,改变电驱控制系统产品在国际市场的形象。

②形成核心自主知识产权,解决行业共性技术工艺问题,促进行业技术进步和发展

本产品项目形成了完全自主知识产权产品方案、专利、技术规范、解决方案,解决行业共性技术工艺问题。为第三方提供核心产品、关键软件包、技术模块、工具链、测试和检验条件,促进合理分工、缩短开发了周期,极大促进行业技术进步和发展。

③牵引国产芯片上车,提供规格指引和测试

本产品项目将以电机控制器芯片为切入口,牵引国产芯片上车,促进国产芯片企业大规模进入汽车供应链,并提供规格指引和测试,大力推动中国芯片产业发展。

④促进电驱控制系统产品产业集群形成,促进新能源汽车产业发展

本产品项目通过行业龙头企业的产业化示范,带动和促进电驱控制系统产品产业集群的形成,提升新能源汽车产业的结构层次,促进新能源汽车产业关键技术的发展,最终形成年产值数十亿元、高利润回报的产业。

⑤促进行业技术规范统一形成

本产品项目对外提供委托开发、技术交流和培训、检验检测任务,解决行业共性关键技术问题,为第三方企业产品研发、产业化提供支持,接收政府、高校、科研机构委托开发任务。通过政府引导项目带动,形成新能源汽车产学研联盟,促进成果的进一步推广应用及自主版权的行业技术规范统一形成。

⑥带动上下游相关产业发展,促进社会就业

本产品项目将带动芯片、电驱产品、电子元器件、核心软件、集成电路、电机等新能源汽车上下游产业链发展,带来大量的直接和间接就业机会。

满足车规要求的碳化硅功率模组/模块开发及其产业化

供稿：中科意创（广州）科技有限公司

1. 成果简介

（1）概述

碳化硅（SiC）是由碳元素和硅元素组成的一种化合物半导体材料，并和氮化镓（GaN）都具有宽禁带的特性，被称为第三代半导体材料。功率半导体是电子装置电能转换与电路控制的核心，是汽车电动化关键所在。SiC MOSFET 作为新能源汽车下一代功率半导体核心器件，其超低的开关及导通损耗、超高的工作结温等特性，可实现逆变器损耗降低75%以上，EV 行驶里程提升 5%以上。

中科意创（广州）科技有限公司（以下简称中科意创）为整车厂及一级供应商推出的定制化碳化硅功率模组/模块，6in1 功率模组采用量产级车规碳化硅 1in1 功率模块，业内前沿的银烧结技术及激光焊工艺，结合功率器件结温估算及均流设计，为客户降低系统设计难度，提升系统可靠性，同时满足不同等级功率设计及快速上车应用需求。半桥功率模块采用业界领先的车规级碳化硅功率晶圆，业内前沿的银烧结工艺及碳化硅芯片上层铜互连技术、大面积模封工艺及直接水冷技术，满足 EV/HEV 高功率密度、高可靠性，高压化电驱要求，实现更高输出功率及充电能力及快速产品化需求。

（2）应用领域

随着科学技术不断进步，使得新能源汽车在近些年从理论走向我们的现实生活，同时涌现出蔚来，理想，小鹏等一批新势力造车公司。电机驱动系统是新能源电动汽车动力总成的重要组成部分，为电动汽车提供正常行驶动能以及减速制动时进行能量回馈。而逆变器作为新能源汽车电机驱动系统的主要执行机构，是电动汽车“三电”核心技术之一，其性能指标决定了整车的主要技术指标。中科意创以系统牵引芯片，芯片支撑系统，联合业界上下游，设计开发了碳化硅功率模块，优化内部结构，使其具有更小的杂散电感，更优的散热路径，更高的功率密度，满足新能源汽车的高功率密度，高可靠性等要求。

（3）产品关键技术

为实现高集成度、高效率、高功能安全等级的 SiC 电机逆变器，中科意创的碳化硅功率模组/模块采用以下关键技术。

①银烧结技术

在传统功率模块中，芯片通过软铅焊料焊接在基板上，使得连接界面形成两相或三相合金。连接焊料的电和热性能较低，使得芯片的工作结温只有 125 ℃，很容易在多循环工作下产生疲劳失效，影响模块工作的可靠性。与传统连接方式相比，烧结银技术具有以下几方面的优势：烧结连接层成分为银，具有优异的导电和导热性能；由于银的熔点高达961 ℃，将不会产生熔点小于 300 ℃的软钎焊连接层中出现的典型疲劳效应，具有极高的可靠性；所用烧结材料具有和传统软钎焊料相近的烧结温度，可为工业界接受，运用在大批量产上；烧结料不含铅，属于环境友好型材料。从器件使用的角度考虑，也证明了纳米银焊膏的各项性能指标均优于传统锡银焊料，包括电热导率、热膨胀系数、拉伸强度等，因此，采用纳米银膏代替传统焊料用于芯片黏接的优势非常明显。使用纳米银膏的功率半导体器件的使用寿命将达到传统锡银焊料的 5 倍以上。

②激光焊接技术

激光焊接技术是把激光作为加热源，利用激光的高能量密度这个特点，把若干方向的激光汇聚成一束激光，从而完成焊接工艺的过程。750 V/1200 V SiC 功率模组中母线电容正向输出端通过激光焊工艺与单管正输入引脚焊接成一体，负转接铜排组件通过卡扣连接到 SIC 塑封单管组件，通过激光焊工艺连接母线电容负输出端与单管负相引脚，如图 5-1-39 所示。通过激光焊接技术，把 SIC 塑封单管与母线电容的连接。激光焊接技术有众多优点：能量密度高（大于 105 W/cm^2）；焊接速度高（一般可以达到 5～10 m/min）；热影响区窄（仅为焊缝宽度的 10%～20%）；热流输入少、工件变形小；易实现自动控制、可在线检测焊缝质量；非接触加工、无后续加工。

图 5-1-39　750 V/1200 V SiC 功率模组

③上层铜互连技术

上层铜互连技术是指使用铜线键合需要更加坚硬的芯片表面金属层来避免在键合过程中引起芯片失效，通过烧结技术在芯片（镀金或银）表面烧结一层铜箔，来实现在芯片表面进行铜线键合的工艺。通过 DTS 技术，芯片的载流能力比采用键合铝线提高 50%以上，电力电子系统的使用寿命比使用焊料及铝线工艺提升数倍以上。

（4）产品专利情况

基于中科意创开发的 SiC 电机控制器产品，目前已申请 11 项相关专利，其中 3 项发明专利和 1 项实用新型专利已经获得授权，另外 7 项发明专利已获得受理。

2. 成果创新点及解决的难点问题

（1）更低的杂散电感

在快速开关的电路应用中，寄生电感是功率器件模块所面临的主要问题，元件互连产生的寄生电感会引起电压过冲并增加半导体的关断损耗，因此工程师们都在力求杂散电感最小化，通过这样可以有效减小器件的开关振荡及过压风险。我们自研的功率模块通过优化布局，极大的降低杂散电感，仅为 7nH。

(2)更优的散热路径

由于碳化硅高频、高效、耐高压以及耐高温的特性,模块内部因为高温导致芯片失效。通过优化模块芯片内部布局,以及 pinfin 结构改善模块内部散热,使得内部每个芯片大抵相同。

3. 国际水平对比分析(见表 5-1-7 和表 5-1-8)

表 5-1-7 开通参数

测试项目	测试数据		单位
	中科意创	国际领先 D 厂家	
开通延迟时间	171	215	ns
上升时间	157	155	ns
开通时间	328	371	ns
开通时源极-漏极电压变化率	3.82	2.47	V/ns
开通时源极电流变化率	0.778	0.925	A/ns
开通损耗	9.779	11.24	mJ

表 5-1-8 关断参数

测试项目	测试数据		单位
	中科意创	国际领先 D 厂家	
关断延迟时间	877	1026	ns
下降时间	69	72	ns
关断时间	946	1098	ns
关断时源极-漏极电压变化率	4.8	4.66	V/ns
关断损耗	8.278	8.379	mJ
关断电压尖峰	104	104	V
关断电压峰值	616	610	V
关断电流变化率	1.5	1.5	A/ns

4. 成果应用情况

中科意创的碳化硅功率模组/模块收到国内众多车企认可,已在国内头部乘用车企业开始进行试车验证,在 800 V 平台,电机控制器最大输出电流达到 460 A,峰值效率达 99%。

5. 成果的产能建设情况

6in1 碳化硅功率模组已通过 LV/AQG 324 认证,将于 2023 年 8 月进行量产。规划日产 100 套,年产 2 万套。1200 V 600 A 以上 SiC 功率模组实车验证中,如图 5-1-40 所示,将在 2023 年 12 月之前通过车规认证,年产量在 10 万套。

图 5-1-40 1200 V 600 A 以上 SiC 功率模块

6. 社会及经济效益分析

(1)产品经济效益

中科意创自主开发的碳化硅功率模组/模块,受到大多整车厂和 Tier 1 客户的认可,纷纷投来合作意向。我们与客户进行广泛交流,将量产装配在多辆车上。750 V/1200 V SiC 单管功率模组可根据客户定制要求通过不同数量的单管组合实现不同的电压与功率。1200 V 600 A 以上 SiC 功率模组可根据客户要求在原有基础上进行二次开发,以实现在不同车型上的应用。预计在 2027 年形成年产量 100 万台以上、年产值 50 亿元以上的新能源汽车产业链。

(2)对社会经济发展和科技进步的意义

①打破国外对电驱控制系统产品及技术的垄断

在过去相当长的一段时间里,汽车功率半导体市场一直由欧美日等外资巨头牢牢占据着主导地位。随着近几年新能源汽车的快速发展和中美贸易博弈的大背景下,缺芯问题越来越严重。因此从供应链安全的角度考虑,自主可控的功率模块越凸显出重要作用。中科意创推出本土自主可控的功率模块,有效解决制约我国电驱控制系统产品的瓶颈,有效改善了电驱控制系统产品在国际市场的议价权与市场地位。

②形成核心自主知识产权,解决行业共性技术工艺问题,促进行业技术进步和发展

碳化硅由于其高频、高效、耐高压以及耐高温的特性,传统的硅基封装将不在适用于碳化硅模块。如何通过新的封装形式把碳化硅的优点体现在功率模块上已经成了行业的共性难题。中科意创通过不同工艺的尝试与多次实验,把碳化硅的性能尽最大地体现在功率模块上。

③牵引国产芯片上车,提供规格指引和测试

中科意创功率模块为了供应链的安全将尝试不同芯片,以此为切入口将牵引国产芯片上车,促进国产芯片企业大规模进入汽车供应链,并提供规格指引和测试,大力推动中国芯片产业发展。

④促进电驱控制系统产品产业集群形成,促进新能源汽车产业发展

本产品项目通过行业龙头企业的产业化示范,带动和促进电驱控制系统产品产业集群的形成,提升新能源汽车产业的结构层次,促进新能源汽车产业关键技术的发展,最终形成年产值数十亿、高利润回报的产业。

⑤促进行业技术规范统一形成

功率模块几乎涉及了半导体上下游,不仅包括芯片以及加工原材料,还包括加工的封装设备。由于碳化硅与硅特性大不相同,传统硅基的材料与设备大都不适用。中科意创积极加入各种联盟,与上下游公司探讨,促进形成行业统一技术规范。

新一代纯电动汽车动力总成设计技术

供稿：阿尔特汽车技术股份有限公司

随着新能源汽车电驱动、电池、电控等技术的高速迭代更新，目前新能源电动汽车市场占有率越来越高，已经成为市场消费主力。阿尔特汽车技术股份有限公司（以下简称阿尔特）基于在整车设计开发、动力总成生产制造领域的多年积累，开发自主知识产权新一代纯电动汽车动力总成。当前电驱动系统技术迭代更新较快，各种先进技术逐渐被应用到具体产品中。

本文主要介绍了面向下一代集成式纯电动汽车动力总成系统，采用全新的电子电气架构和多项关键技术，集成电机、减速器、电机控制器和整车控制器的“四合一”动力总成产品；从整车层面的需求出发，进行“机”“电”“热”“控”四个维度的高度一体化系统集成；在发卡式扁线油冷高速电机、SiC 功率电子集成应用、集成动力域控制及高度集成一体壳等核心关键技术方面产生重大突破。该产品性能指标超越当前市场主流对标产品，成为下一代车用动力总成更新换代的优选产品，推进国内新能源汽车核心零部件的关键技术研究和规模制造。

1. 纯电动汽车动力总成现状

目前国内大部分电动车均在使用圆线、水冷、低速、低功率/转矩密度、低效率的驱动电机，即便部分电机企业推出了扁线、油冷电机，但仍然处于样件阶段，大部分都没有量产实绩。相比国内，国外扁线、油冷电机技术已经被适配到量产车型上，且大量被使用。

国内大部分驱动电机控制器均使用 IGBT 模块，IGBT 模块大部分采购国外成熟、标准化模块，二次开发难度大，导致国内企业在应用开发过程中很难适配到合适的功率模块，致使驱动电机控制器功率密度、体积密度和效率较低。

2. 纯电动汽车动力总成发展趋势

（1）平台化、模块化

电驱动系统的平台化和模块化设计可以大大减少整车和零部件的差异化，通过规划好的功率/扭矩/转速平台，可以大大降低电驱系统和整车的成本。

（2）高度集成化

高度集成化设计就是从最初的全分体结构，逐步变化为电机与减速器共壳体，直到电机、控制器与减速器共壳体的集成模式。这样从结构设计的角度减少了零部件的数量，同时将整车控制器与“三合一”集成一起形成域控制器，缩小了体积，减少了重量，从而提升了整车搭载性，降低了成本。

（3）驱动电机高速化

高速电机可以节省昂贵的永磁材料，也能减小电机体积，对提升功率密度、扭矩密度，降低制造成本效果显著。

（4）SiC 功率器件广泛应用

相比目前大批量使用的 IGBT，SiC 功率器件有耐高温、耐高压、高频、低通断损耗等优势，使用 SiC 功率器件可以减小控制单元体积、降低重量、提升控制单元功率密度及体积密度、提升控制器效率，通过提高高速开关频率可以有效改善电驱动系统 NVH 性能。

（5）油冷、扁线电机

扁线技术可以极大地提升槽满率和铜满率，进而有效地减小电机尺寸、提高电机效率。扁线和油冷搭配，在油冷器内完成热交换的冷油可以直接给线圈端部和定子铁芯进行冷却，使定子铁芯和线圈得以充分冷却。冷却油也可以给转子磁钢和铁芯进行冷却，有效降低转子铁芯和磁钢温度，冷却效果良好，散热快。扁线和油冷技术可显著提升电机功率密度，降低有效材料的耗用量。还可以给电机内轴承进行润滑和冷却，防止电机轴承失效，大大提升了轴承可靠性和寿命；采用油润滑代替脂润滑，可以降低电机轴承选型难度，降低电机轴承成本。

（6）高安全

当前很多企业宣称功能安全能达到 ASIL C 级别，但是真正通过认证的凤毛麟角，未来电驱动总成功能安全需求将达到 ASIL D 级别。当前电驱动系统是整车上最大的 EMC 干扰源，目前大部分车型只能满足未带载时的 Class 3 级，未来需要满足带载 Class 3 级。

3. 阿尔特新一代纯电动汽车动力总成技术

（1）产品定义

市场主流 A 级车动力总成电机峰值转速范围为 10000~15000 r/min，总成峰值功率为 120~135 kW，总成峰值扭矩为 250~350 Nm；主流 B 级车动力总成电机峰值转速范围为 11000~17000 r/min，总成峰值功率为 163~220 kW，总成峰值扭矩为 330~440 Nm。

阿尔特新一代动力总成可提供不小于 200 kW 的最大输出功率（产品设计兼容 160 kW 和 220 kW 的最大输出功率），适用于大部分单电机最大输出功率要求不小于 200 kW 的 B 级、C 级纯电动乘用车，兼顾部分未来对动力性要求较高的 A 级纯电动乘用车（要求最大输出功率不小于 160 kW），参数表见表 5-1-9。

新一代电动汽车动力总成应用前沿技术，包括扁线高速油冷电机、SiC 功率器件应用、智能化软件等，研究高度集成、兼容性强、扩展性强的新一代核心共性技术平台，如图 5-1-41 所示。本文主要介绍首款 200 kW 四合一产品设计技术。

表 5-1-9 总成参数表

序号	参数	产品指标
1	电机类型	永磁同步
2	工作电压范围	240~470 V
3	额定电压	370 V
4	EDU 峰值功率	≥200 kW@370 V/30 s
5	EDU 额定功率	≥80 kW
6	最大电机扭矩/轮端扭矩	≥385 Nm /4650 Nm

续上表

序号	参数	产品指标
7	最大电机转速/轮端转速	≥18000 r/min/1440 r/min
8	重量	≤88 kg
9	最高效率	≥95.5%
10	尺寸(X×Y×Z)	≤465×470×300(mm)
11	冷却方式	电机油冷/控制器水冷
12	绕组形式	Hair Pin 扁线
13	功率模块	SiC

(2)系统集成

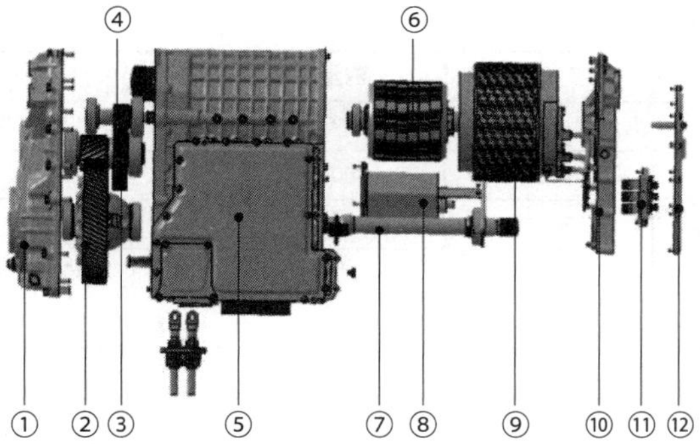

①右壳体　⑤控制器总成　⑨定子总成
②差速器总成　⑥转子总成　⑩后端盖总成
③中间轴总成　⑦支撑半轴　⑪接线座总成
④输入轴总成　⑧油冷器　⑫后盖板

图 5-1-41　总成爆炸图

将驱动电机、电机控制器、减速器和整车控制器四个独立的部件集成设计为一个动力总成,通过机械结构、电子电气、热管理和控制策略等四个方面的耦合优化设计,降低壳体、端盖、齿轴等机械结构上的冗余设计,减少机械接口、电气接口、通讯接口、冷却接口的数量,以及线束、管路、插件等相关的连接部件,通过高效集成降低总成体积、重量并缩减成本。

电机、减速器、电机控制器、整车控制器共用壳体,以往结构四个部件四个壳体,空间大、重量大,新的结构将四个部件布置在一个壳体内,优化布置空间。

(3)电机开发

电机定子采用常用的 ϕ220 mm 规格冲片、8 层 Hair-Pin 绕组,采用扁线绕组可以获得更高的槽满率,定子绕组使用更多的铜材料,降低了定子发热量,在提高了电机效率的同时降低了冷却系统的压力。定子外表面设计有油路,可以给铁芯外表面和绕组端部进行冷却;最外层与壳体过盈配合安装。

电机转子磁钢采用有中间磁桥双"V"设计,增加磁桥的数目,减小 V 字的夹角,使得交轴磁路通道变宽,交轴电感大幅上升,如此磁阻转矩得以提高;优化定子齿槽面积比例,降低定子的饱和度,提高凸极率,提升转矩密度。转轴内部通入冷却油液,既可以冷却转子,也可以冷却轴承和绕组端部。转子采用 6 段"V"型斜极设计,可以有效降低电机噪声,提升总成 NVH 性能。通过采用不到 0.3 mm 厚的硅钢片和高规格的磁钢,可以减少有效材料用量,降低高转速下的铁耗,提高电机综合效率,见表 5-1-10。

选用油冷电机技术,油冷技术可给转子磁钢和铁芯进行冷却,有效降低转子铁芯和磁钢温度,冷却效果良好。还可以给电机内轴承进行润滑和冷却,防止电机轴承失效,大大提升轴承可靠性和寿命。选用扁线绕组技术,在材料成本、功率密度、高效区域、NVH、绕组温度、槽满率、重量等方面均优于圆线电机。

表 5-1-10　电机设计关键参数

序号	项目	单位	驱动电机参数
1	电机类型	—	PMSM
2	峰值扭矩	Nm	≥385
3	峰值功率	kW	≥200
4	持续扭矩	Nm	≥165
5	持续功率	kW	≥80
6	最高转速	r/min	≥18000
7	最高效率	%	≥97.5%
8	冷却方案	—	油冷

(4)域控制器开发

采用基于定制的 750 V 1000 A 的 SiC 大功率 MOSFET 模块的电气布置方案。SiC 功率 MOSFET 优点是禁带宽度大、击穿电场高、热导率高、抗辐射能力强、频率高,在高压、高温、高频应用领域相较于传统硅基器件有更强优势,同时使得系统结构简单化,降低损耗,更加节能,耐高压、耐高温、损耗低,采用标准封装的 MOSFET 有利于未来产品迭代时降低开发成本和减少开发周期;使用定制化的 BUSBAR 铜排连接功率电路,降低分布参数的不利影响,改善电路的 EMC 特性;同步开展对应的 SiC 功率模块驱动电路的开发和集成测试。

动力总成域控硬件采用高性能车用多核微处理器芯片 TC387(逆变器和整车控制器共用),10MFlash,300 MHz 主频,保证功能安全最高等级,搭载车用级 Ethernet 通讯芯片(千兆),最大可扩展至 12 路 CAN/CANFD 通讯接口,具备丰富的硬件输入/输出接口资源。

动力总成域控软件包含原有 VCU 和 MCU 的全部功能,并且在原有功能的基础上进行接口和功能模块间的集成优化,实现软件代码及执行效率的高效化。

支持 Autosar 及面向服务 SOA 软件架构,采用基于模型的控制软件设计方法,以功能安全等级为目标,具备 OTA、信息安全,网络通信管理等功能。

(5)减速器开发

减速器采用传统的平行轴式两级减速布置方案,减速器与电机、域控制器共壳体;壳体还集成了油泵、油滤、油冷器、油管等油路的安装接口;集成了 P 挡驻车机构。

通过精细化设计油道、油槽、挡油板等机械结构来满足轴承和齿轮润滑,且在保证高转速、高功率、高效率性能的基础上,进行了轻量化设计。

为了匹配高转速 18000 r/min 电机,选用大速比 12.5 的单速减速器。同时减速器最大输入转速满足≥18000 r/min,

输入最大扭矩满足≥400 Nm,最高效率≥98.5%。

(6)总成油路设计

电机为强制油冷,油泵从变速箱底部吸油,油液枝过滤器过滤后进入油泵;油泵先将油液输出给油冷器进行冷却,冷却后进入到电机;进入电机后,一路油路进入电机定子外表面,冷却定子铁芯后,从定子前后端流出给前后端绕组冷却;另一路油直接进入电机转子内部,冷却转子,并通过油孔给轴承和电机前后端部绕组冷却,如图 5-1-42 所示。

减速器为飞溅润滑,通过齿轮搅动油液给齿轮、轴承、差速器等部位冷却。

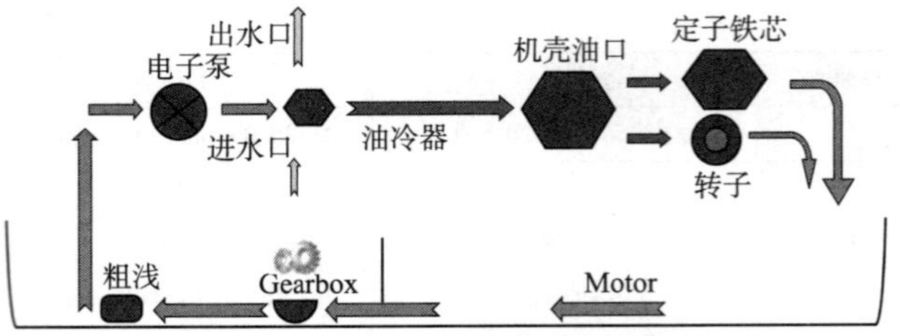

图 5-1-42　动力总成油路示意图

(7)整车搭载性能验证

本总成搭载到一款 B 级车型进行性能验证。性能对比结果见表 5-1-11。

表 5-1-11　性能对比结果

项　目			单位	测量结果		
总成参数	EDU		/	阿尔特 200 kW	国外 A-200 kW	国外 B-200 kW
	电机/轮端峰值扭矩		Nm	385/4650	400/4500	370/3800
	EDU 峰值功率		kW	200	200	200
	EDU 电压平台		V	370	380	400
动力性	加速性能	0~100 km/h 加速时间	s	6.61	6.47	7.5
		0~50 km/h 加速时间	s	2.68	2.82	3.19
		80~120 km/h 加速时间	s	4.44	3.99	4.9
	爬坡能力(1 km)	最大爬坡度	%	57.4	54.7	45.7
		4%最大爬坡车速	km/h	204	192	203
	30 min 最高车速		km/h	185	176	181
经济性	NEDC 工况总成平均效率		—	90.60%	84.10%	86.97%
	CLTC 工况总成平均效率		—	92.10%	87.60%	88.73%
	匀速工况	60 km/h 效率	—	88.90%	76.39%	85.76%
		80 km/h 效率	—	88.56%	81.48%	84.99%
		100 km/h 效率	—	89.35%	84.23%	87.54%
		120 km/h 效率	—	89.22%	86.33%	86.93%

根据上述测试结果可知,阿尔特 200 kW 总成与国外两款主流动力总成相比,加速性能与国外 A 款总成相当,优于国外 B 款总成;爬坡能力、30 min 最高车速阿尔特总成均优于国外两款总成;经济型对比,工况循环或匀速行驶测试时,阿尔特动力总成明显优于国外两款主流动力总成。

4. 总结

本产品实现了集成电机、减速器、电机控制器和整车控制器的“四合一”动力总成产品高效设计开发,实现了高集成度、高效率、高功率密度、小体积、低重量的动力总成目标。使公司具有完全自主掌握设计电动汽车动力总成设计与制造能力。

很多国外的零部件企业很早就积累了关于动力总成的相关开发技术和经验。而国内的电机电控产品大多用于工业生产,而车用产品积累相对较少。在纯电动动力总成方面,国内虽然建立了一定的产业链,但是竞争格局明显落后于外资企业或合资企业。国内的动力总成在商用车、物流车等产品技术要求低的领域占有优势,而在中高端乘用车领域却无法满足需求。本产品满足了最大输出功率不小于 200 kW 的高端 B 级、C 级纯电动乘用车,兼顾部分未来对动力性要求较高的 A 级纯电动乘用车(要求最大输出功率不小于 160 kW)需求,将有效解决我国目前动力总成供给无法满足当前中高端乘用车需求的矛盾,占领高端乘用车动力总成产品制高点。

新能源汽车高性能永磁同步电机控制系统关键技术研发及应用

供稿:岚图汽车科技有限公司　黄　震

1. 成果简介

当前,全球新一轮科技革命和产业变革蓬勃发展,汽车与能源、交通、信息通信等领域有关技术加速融合,电动化、网联化、智能化成为汽车产业的发展潮流和趋势。新能源汽车融汇新能源、新材料和互联网、大数据、人工智能等多种变革性技术,推动汽车从单纯交通工具向移动智能终端、储能单元和数字空间转变,带动能源、交通、信息通信基础设施改造升级，促进能源消费结构优化、交通体系和城市运行智能化水平提升，对建设清洁美丽世界、构建人类命运共同体具有重要意义。近年来，世界主要汽车大国纷纷加强战略谋划、强化政策支持，跨国汽车企业加大研发投入、完善产业布局，新能源汽车已成为全球汽车产业转型发展的主要方向和促进世界经济持续增长的重要引擎。

按照东风公司的"十四五"规划——"东方风起"战略思路，随着科技创新"跃迁行动"的推进，东风公司在新能源领域将加速核心技术的迭代创新，2024 年实现主力乘用车品牌全新车型 100% 电动化，助力国家 2030 年碳达峰、2060 年碳中和目标达成。而岚图致力于成为新能源标杆企业，树立高端领导者形象，则会加速东风公司品牌向上以及科技跃迁目标的落地。

电驱动控制系统关键核心技术作为支撑岚图成为新能源标杆企业，树立高端领导者形象的新能源关键核心技术，掌握电驱动控制系统关键核心技术可以提升岚图产品核心竞争力，同时也符合东风公司大力发展自主事业的需要。

永磁同步电机作为新能源汽车的主要驱动系统，必须具备更高的功率密度、最优的效率、较快的扭矩响应以及优异的 NVH 性能。目前，无论是国内外的主流供应商还是整车企业，在这些领域都进行了相应的技术布局。但是，对于现有技术目前仍然存在一定的问题，依然存在改善空间。因此，针对永磁同步电机扭矩高精度控制技术，最优效率提升技术研究，整车最优 NVH 性能技术开展技术攻关，一方面，可以针对岚图现有车型进行技术迭代，让岚图各车型产品更具核心竞争力；另外一方面，可以通过关键核心技术开发，掌握电驱核心关键技术为未来岚图自主事业开展进行技术储备，提升自主开发能力。

2. 成果创新点及解决的难点问题

(1)成果实现目标

永磁同步电机作为新能源汽车的主要驱动系统，必须具备更高的功率密度、最优的效率、较快的扭矩响应以及优异的 NVH 性能。针对永磁同步电机扭矩高精度控制技术，最优效率提升技术研究，整车最优 NVH 性能技术开展技术攻关，达到如下的目标：

①通过扭矩闭环控制技术以及转矩脉动抑制技术相结合提升永磁同步电机扭矩控制精度，在全转速段内扭矩精度控制在±3%范围内，能够消除外界环境(温度)对扭矩精度的影响。

②传统的 SVPWM 策略具有电压利用率高、电机相电流谐波含量较小的特点。DPWM 通过在调制波中加入零序分量，可以实现开关管在 1/3 电压基波周期内不动作，这样减少功率器件开关次数，降低开关损耗，从而可以通过降低开关损耗来提高逆变器效率。但是，由于 DPWM 产生了箝位区间使得 DPWM 的输出波形信号产生了畸变，因此可以说 DPWM 在较小损耗的同时，造成了部分输出谐波性能的劣化；但当将 DPWM 的开关频率提高后，其谐波畸变因数随调制度 M 增大会先升后降，当 M 高于一定值后，DPWM 的谐波畸变因数均低于 SVPWM 方式，在高调制度的情况下 DPWM 具有的优异的谐波性能。因此，将 SVPWM 和 DPWM 相结合可以降低谐波含量并且提升系统效率。

采用一种永磁同步电机扭矩转矩脉动抑制方法，以解决现有技术由于需要大量的坐标变换，同时需要设计高性能的低通滤波器，使系统在精确性和稳定性上存在矛盾，并且解决现有技术存在较大信号延迟、信号实时性较差的问题。

(2)开发内容

通过电驱关键核心技术自主开发项目形成完整的技术路线，主要包括：

①永磁同步电机扭矩高精度控制技术开发，包括通过扭矩闭环控制技术以及转矩脉动抑制技术相结合提升永磁同步电机扭矩控制精度，在全转速段内扭矩精度控制在±3%范围内，能够消除外界环境(温度)对扭矩精度的影响。

②永磁同步电机最优效率提升技术研究，通过对比不同开关频率时的电流谐波含量确定最优开关频率，并且考虑了不同调制系数对电机性能的影响，最后根据在不同开关频率和调制系数时电机谐波含量大小、逆变器损耗进而确定最优开关频率，以实现电机控制器 IGBT 变开关频率控制的同时使电机控制器达到最佳性能的目的。同时，将 SVPWM 和 DPWM 相结合可以降低谐波含量并且提升系统效率。将基于永磁同步电机驱动系统损耗模型的最小损耗控制方法应用于 MCU，与传统的基于永磁同步电机驱动系统损耗模型的最小损耗控制方法下的电机效率相比可提升 5%。

③永磁同步电机的整车最优 NVH 性能技术，通过在线跟踪负载变化，自适应地计算最优的电感电流过零区域宽度，以精确实现电感电流过零区域和非过零区域死区效应的分别消除，从而使逆变器输出在整个正弦调制周期内无论负载如何，均能有效消除死区，明显减小输出电压基波损失和低次谐波含量。采用一种永磁同步电机扭矩转矩脉动抑制方法，以解决现有技术由于需要大量的坐标变换，同时需要设计高性能的低通滤波器，使系统在精确性和稳定性上存在矛盾，并且解决现有技术存在较大信号延迟、信号实时性较差的问题。

(3)关键技术

①提出了一种提升永磁同步电机扭矩精度的方法与系统，通过一种简单可靠的工程化方法来实现永磁同步电机的输出扭矩高精度控制。本发明的技术方案综合考虑了永磁同步电机定子温度对磁链的影响以及不同交直轴电流对电感的影响，同时采用查表的方式获取由于永磁同步电机扭矩精度变化所需要调节的交直轴电流，能够实现扭矩精度动态调节，具有实时性较高的特点。

②提出一种基于变开关频率的永磁同步电机性能优化的方法与装置，本发明通过对比不同开关频率时的电流谐波含量确定最优开关频率，并且考虑了不同调制系数对电机性能的影响，最后根据在不同开关频率和调制系数时电机谐波含量大小、逆变器损耗进而确定最优开关频率，以实现电机控制器 IGBT 变开关频率控制的同时使电机控制器达到最佳性能的目的。

③提出一种永磁同步电机扭矩转矩脉动抑制方法，以解决现有技术由于需要大量的坐标变换，同时需要设计高性能的低通滤波器，使系统在精确性和稳定性上存在矛盾，并且解决现有技术存在较大信号延迟、信号实时性较差的问题。

④提出一种用于电机控制器转矩估算的方法与系统，可用于电机控制器精确的扭矩估算，实现方法简单，扭矩估算精度较高。

⑤提出了在不同调制度下将 SVPWM 和 DPWM 相结合

可以降低谐波含量并且提升系统效率。将基于永磁同步电机驱动系统损耗模型的最小损耗控制方法应用于 MCU，与传统的基于永磁同步电机驱动系统损耗模型的最小损耗控制方法下的电机效率相比可提升 5%。

⑥通过在线跟踪负载变化，自适应地计算最优的电感电流过零区域宽度，以精确实现电感电流过零区域和非过零区域死区效应的分别消除，从而使逆变器输出在整个正弦调制周期内无论负载如何，均能有效消除死区，明显减小输出电压基波损失和低次谐波含量。

3. 国际水平对比分析

随着中国新能源汽车技术在不断发展，中国自主品牌汽车技术水平取得了较大进步，自主品牌汽车使用自主开发关键零部件得益于各主机厂自主开发能力的不断提升。尤其对于自主汽车高端品牌而言，掌握新能源汽车电驱动核心关键技术对于提高产品竞争力具有极大作用，本项目成果能够有效提升整车的舒适性和续航里程，对比国外同级别豪华品牌车型极大地提高了整车的性价比，本项目成果达成的效果主要包括：

①基于永磁同步电机最优 NVH 技术，电机电磁噪声能够显著降低，整车 NVH 性能能够明显提升；②永磁同步电机扭矩高精度控制技术，实现扭矩精度±3% 范围控制，并且在不同环境温度下电机的扭矩精度仍然达到并保持在目标范围内；③永磁同步电机最优效率提升技术研究，整车 CLTC 工况效率达到 89% 以上。

4. 成果应用情况

应用该项目成果，包括：永磁同步电机扭矩精度的方法与系统、基于变开关频率的永磁同步电机性能优化的方法、永磁同步电机扭矩转矩脉动抑制方法、一种用于电机控制器转矩估算的方法与系统以及优化的死区补偿算法等相关关键技术的岚图 FREE 评借各项优异的性能荣获 2021 年中国汽车风云盛典评委会大奖，尤其是整车动力性和整车 NVH 性能均达到行业领先水平。同时，此项目成果应用于 2022 年 5 月上市的岚图梦想家车型（见图 5-1-44），提升中国首款高端豪华电动 MPV–岚图梦想家市场核心竞争力。

图 5-1-43　岚图 FREE

图 5-1-44　岚图梦想家

5. 社会及经济效益分析

此项目成果为新能源汽车永磁同步电机控制关键核心技术，可实现电机扭矩高精度控制，可有效提升整车驾驶舒适性以及整车的经济型。此技术为方法类技术，可运用于岚图各车型能有效提高电驱产品的核心竞争力，有助于岚图汽车高端品牌产品定位，同时加速东风公司品牌向上以及科技跃迁目标的落地。

高效扁线驱动电机的研发与应用

供稿：福建艺达电驱动股份有限公司

新能源汽车产业是国家战略性新兴产业之一，随着我国对新能源汽车产业的大力投入和积极推广，新能源电动汽车迎来蓬勃发展，而随着新能源汽车性能的提高和市场的高速发展，驱动电机行业也有了更高要求。

1. 成果简介

从性能角度出发，更好的驾驶体验通常需要电机具有更高效率、更轻量化、更静音、更长寿命等要求。为了解决这些问题，电机技术也在不断革新。其中，扁线技术对于提升电机功率密度、提升效率、降低损耗具有显著作用，电机高功率密度和轻量化的发展趋势使得扁线电机成为必然趋势。

艺达电驱动在 2000 年后就认准扁线电机未来的前景并将其定位未来战略发展目标。在 2006 年研发出高效扁线发电机，2013 年自主研发出新能源扁线驱动电机（见图 5-1-45 和图 5-1-46）。扁线驱动电机相比传统电机功率密度更高、体积更小、更轻量化，是驱动电机新趋势。

图 5-1-45　扁线驱动电机

图 5-1-46　扁线驱动电机拆机示意图

2. 成果创新点及解决的难点

艺达扁线驱动电机采用扁线定子部件，定子是电机的关键部件。公司研发的扁线定子采用矩形铜线及创新绕线法，线圈槽满率从普通线圈的 45% 提高到 70% 以上，使电机性能大幅提升。

扁线驱动电机效率高达97%,有效增加行驶里程,实现碳减排目标;电机绕组有效槽满率提升30%以上,减少了材料及能源消耗;峰值功率密度达5.0 kW/kg以上,体积减小15%,重量降低20%,符合轻量化的发展趋势;热传导效率更高,电机温升降低15%,提升车辆高速行驶性能;电机振动噪声小,良好的NVH表现带来更好的驾乘体验。

相对圆线电机,扁线电机无法进行手工制造、对自动化要求较高——绕组制造过程(见图5-1-47)非常复杂,需要先将导线制作成发卡的形状,并通过自动化设备插入定子铁芯槽内,然后进行端部扭头和焊接。高自动化及定制化使得扁线电机产线投入较高。艺达不断提高在扁线电机研发设计、生产设备、生产工艺的自主化,不断驱动创新,并组建高精尖技术研发团队和装备制造团队。

图5-1-47 扁线定子绕组制造

3. 成果应用

福建艺达作为一汽解放重要的零部件供应商及合作伙伴,积极探索新能源驱动电机的技术发展和工艺升级。

2021年,一汽解放首款轻型电驱桥成功下线,该电驱桥采用同轴式设计,集艺达BDM230高效扁线电机、减速器及差速器于一体,电驱桥是新能源车重要组成部分,作为节能减排系统解决方案之一。该高效扁线驱动电机产品峰值性能达380 Nm/140 kW,凭借先进的扁线技术和制造工艺、全面领先的电机性能与品质,获得一汽解放的高度认可。

2022年,艺达为一汽解放量身打造了驱动电机自动化生产专线,该产线共耗资3000多万元,总产能达12万台,所有设备及工装均为自主研发。生产专线具有柔性制造能力强、自动化生产能力强、过程控制力强的特点。无论从设计、制造和质量控制都已达到国内领先水平。

电动重卡智能化三合一驱动系统总成

供稿:特百佳动力科技有限公司

1. 成果简介

特百佳动力科技有限公司的“电动重卡智能化三合一驱动系统总成”项目突破了电机、传动装置与逆变器集成,以及高集成电驱动专用变速器等技术难题。提出了基于多挡双中间轴AMT新能源重卡一体化电驱动总成构型,无副箱、无同步器、少挡位、高集成,减小了产品体积、重量、成本,提高了转矩密度、有效电功率和可靠性;提出了MCU/TCU/VCU动力域参数综合自适应控制方法,实现了路面坡度与车辆载重动态识别、自适应学习与匹配变速箱机械参数、车辆抖动主动抑制、运行中实时优化扭矩分配和能量管理策略等自适应控制,降低了电耗,提高了平顺性和可靠性;研发了电动重卡驱动总成云端大数据管理系统,通过电机、电控和变速箱等传感器信息融合,对动力总成系统进行状态监控、故障诊断与预判,实现了服务模式从故障后维修向预防性维修转变。

本项目相关技术已申请并获得授权发明专利3件,实用新型专利14件,外观设计专利2件,另外还有30多件专利在申请中。

2. 成果创新点及解决的难点问题

电动重卡特别是换电重卡是重型卡车节能减排的重要发展方向,而当前市场绝大部分产品是基于传统电机电控、重卡自动变速箱的简单机械耦合,从电耗性能、可靠性、重量尺寸等方面难以满足电动重卡高频次高强度以及燃油经济性的需求。本项目集成纯电动重卡专用自动变速箱、高集成大功率高效率永磁同步电机和电机控制器创新开发了电动重卡智能化三合一驱动总成。项目突破了动力总成系统一体化技术、系统驱动及制动过程中安全及平顺性协同控制技术和整机高效节能优化控制技术,在保证动力高效输出同时,提升了产品的安全性、可靠性和适应性。主要科技创新点如图5-1-48所示。

(1)创新点1:基于多挡双中间轴AMT新能源重卡一体化电驱动总成构型:无副箱、无同步器、少挡位、高集成设计,减小了产品体积、重量、成本,提高了转矩密度、有效电功率和可靠性。

①电动重卡专用变速箱

为了解决国内电动重卡没有专用设计的自动变速箱问题,设计了一款电动重卡专用四挡变速箱。通过仿真计算合理定义了电动重卡挡位间合理速比级差要求以及中心距要求,并用于指导变速箱齿轮齿数设计,并保证产品能够覆盖整个中重卡产品线的绝大多数电动重卡工况需求。合理的齿轮传动设计能够取消传统变速箱不可或缺的副箱,提升传动效率约1.5%;减少近一半内部齿轮数,搅油损失下降,表面温度较传统变速箱下降5 ℃左右,提升了传动效率。

②花键轴硫化工艺

为了应对电动重卡重载高可靠要求,对输入轴花键在传统渗碳淬火的基础上再进一步增加了硫化工艺。硫化工艺形成的表面渗层较浅,不会影响渗碳层的性能,而在花键表面随着使用时间的延长,出现微观凹痕时,硫化层可实现表面流动,对微观凹痕进行修补,从而实现延长寿命30%以上,使售后维修成本大幅降低。

③电机、电控、自动变速箱三合一总成架构

通过电机、电控以及自动变速箱的定制化设计开发,提出了三合一电动重卡驱动总成架构。电机与变速箱壳体之间取消离合器腔体,通过采用轴直接连接来传递动力,如图5-1-49所示。通过这种紧凑型的布置大幅缩短动力总成的

难题	市场快速发展与成熟可靠产品空白	低电耗、高可靠、应对复杂工况要求	售后维护难、售后成本高
创新	多挡双中间轴一体化电驱动总成构型 ①电动重卡专用变速箱 ②花键轴硫化工艺 ③电机、电控、自动变速箱三合一总成架构	MCU/TCU/VUC动力域参数自适应控制方法 ①动力域参数综合自适应控制 ②电池高压丢失时，转向动力自适应切换	电动重卡驱动总成云端大数据管理系统 ①多路传感硬件集成，传感信息融合 ②模型预测，状态监控，故障预判
效果	1.通过仿真重新定义电动重卡挡位间合理速比级差及中心距要求，最优化四挡专用变速箱设计，提升传动效率约1.5%表面温度下降5℃左右 2.采用硫化工艺对传动花键微观凹痕进行修补，提升寿命30%以上 3.三合一总成架构中电机和自动变速箱采用铝合金一体化壳体降低重量约100 kg	1.动态滤波算法使得坡度检静态测精度达到±1%，动态精度±2% 2.运用带遗忘因子的递推最小二乘法使得车辆动态载重计算误差精度小于8% 3.通过电池高压丢失时转向动力自适应算法保证电动车辆安全性能	1.通过基于MotorCAD-Therm电机热计算模块，电机内部布置两套温度传感器硬件，启动冷却泵的次数减少约10% 2.基于ANSYS热分析、功率模块布局温度传感模块，电控水泵启动次数减少12% 3.选换档动作执行的行程和控制精度比市场上其他AMT变速箱提高约10% 4.通过多传感器融合算法，使至少50%的故障后维修变成为预防性维修，节省约30%的维修服务成本

图 5-1-48　项目主要创新成果

长度，同时大幅度降低系统总成的重量。电机逆变器与电机之间也是通过壳体直连实现一体化设计，省去 UVW 三相线；同时采用了优化的铜排连接方式，封闭感染源，使得对于整车电磁感染大幅降低。

图 5-1-49　电机变速箱铝合金一体化壳体

（2）创新点 2：提出了 MCU/TCU/VCU 动力域参数综合自适应控制方法：实现了路面坡度与车辆载重动态识别、自适应学习与匹配变速箱机械参数、车辆抖动主动抑制、运行中实时优化扭矩分配和能量管理策略等自适应控制，发明了车辆电池掉电通过电机发电维持高压转向技术，降低了电耗，提高了平顺性和可靠性。

重卡作为物流运输的重要载体，运行在国内平原、山区等复杂工况，坡度变化大；同时不同于乘用车，重卡的空载和满载有很大的差异。重卡这种特殊的运行工况会给变速箱的自动换挡带来很大挑战。除了传统重卡面临的自动换挡难题，纯电动重卡由于没有离合器用于减震，电机扭矩会直接传递到变速箱，更容易由于共振导致整车低频抖动。此外，纯电动重卡转向系统依赖于高压电池提供能量，一旦车辆高压掉电也会引发转向丢失，危害行车安全。为此特百佳推出基于纯电动重卡的动力域控制器。系统高度集成 TCU/TCU/VCU，高效协调各控制部件，为解决以上重卡应用难题，针对性地提出自适应控制策略。

①对于车辆动态载重识别：通过当前坡度的信息、当前牵引力和加速度的信息，借助于整车纵向动力模型，运用带遗忘因子的递推最小二乘法，进行车辆动态的载重计算，其误差精度小于 8%，更好地进行动力分配和能量管理。

另外由于变速箱的制造公差、一致性以及在使用过程中的磨损，每台变速箱以及使用过程中变速箱的选换挡位置的位置是不一样及变化的，为了更好适应这种不一致和变化，特百佳的选换挡电机在每次下电时均会对当前位置进行一次自学习并进行标定，自动测量当前的换挡拨块的位置，以便更好地控制选换挡。

②电池高压丢失时，转向动力自适应切换

安全性方面，2017 年开始执行的《电动客车安全技术条件》要求，车辆在行驶过程中，出现需要整车主动断 B 级高压电的车辆异常情况时，在车速大于 5 km/h 时应保持转向系统维持助力状态或至少保持转向助力状态 30 s 后再断 B 级电。当运行过程中发生电池高压故障时，会导致电动转向失效，危害驾驶安全。而本三合一系统识别到电池故障后，会自动让旋转中的电机进入发电状态，并动态调整电机的回馈扭矩值，使得电转向的母线电压能维持一个稳定值，确保转向安全。

（3）研发了电动重卡驱动总成云端大数据管理系统：通过电机、电控和变速箱等传感器信息融合，对动力总成系统进行状态监控、故障诊断与预判，实现了服务模式从故障后维修向预防性维修转变。

碳达峰碳中和目标的提出，以及国家能源结构优化，推动重卡电动化快速发展，电动重卡保有量快速增长。动力总成不同是电动重卡和传统燃油重卡最重要的区别。由于重卡装载量变化大，道路工况复杂，对电动动力总成运行状态信息数据采集，实时进行监测，预防故障发生，是保证电动重卡长里程良好运行、降低故障率、降低成本、提高客户满意度的重要手段。当前市场上的一些电动重卡对动力总成的监测存在传感硬件布置数量较少、信息融合度低、应用效果不高等不足。为此，特百佳公司结合电动重卡智能一体化电驱动总成，研发了电动重卡电驱动总成传感器信息融合管理系统。通过对电机、电控和变速箱优化布置更多的传感硬件，实现传感器信息融合，从而达到对智能一体化电驱动总成系统进行更完整和精确的状态监控、故障诊断与预判，快速解决问题，减少维修服务成本，促使客户服务模式从故障后维修向预防性维修转变。

①多路传感硬件集成，传感信息融合。

②模型预测，状态监控，故障预判。

3. 应用情况

2019年特百佳电动重卡智能化三合一驱动总成全面推向市场，动力总成产品全面匹配重卡，如牵引车、自卸车、搅拌车、矿卡等全系列车。广泛应用在运输各种集装箱货柜、煤矿土石方、煤炭、盐矿、金矿、铁粉、污水处理污泥、混凝土、砂石料、钢材或附近钢厂散货等短途转运或长途城区道路行驶的车辆上，在矿区坑洼道路、城市水泥道路、港口平坦道路、厂区限行道路、丘陵山区泥泞道路等各种场景均有良好的表现。

目前电动重卡智能化三合一驱动总成面向国内外运营服务已超过150个城市200余个应用场景，驰骋于从海南到新疆、西藏等各类高寒、高温、高海拔气候环境。

特百佳电动重卡智能驱动总成产品已成功配套中国重汽、福田汽车、上汽红岩、华菱汽车、北奔重汽、大运汽车、陕汽集团、东风柳汽、东风华神、徐工汽车、三一重工等多家知名企业，在重卡匹配的车型并上汽车公告数量超过140个，与国内众多主机厂建立了战略合作关系，是各大主机厂信赖的伙伴。

4. 社会及经济效益

特百佳电动重卡智能驱动总成自2019年全面推向市场以来，已成为众多主机厂的标准配置，近三年已装车运行超过10000台，并在纯电动重卡市场上超过了65%的市场份额(其中换电重卡的市场占有率超过90%)，运营在150余个国内外城市、200个以上的运营场景、累计运营里程超过3亿km，对公司及客户均产生了非常可观的经济效益，同时对节能减排贡献了巨大的社会效益。

从车辆应用细分市场来看，重卡仅占全国机动车保有量的7.8%，却排放了57.3%的氮氧化物和77.8%的PM，电动重卡智能化三合一驱动总成用于重卡，0排放，是最为直接的减排；以实际行动践行我国提出的：在2030年前二氧化碳的排放不再增长，达到峰值之后再慢慢减下去，在2060年前，针对排放的二氧化碳需要采取植树、节能减排等各种方式全部消耗掉的碳达峰碳中和的目标。

按传统燃油重卡平均百公里油耗35 L，搭载公司该产品的车辆已累计运营里程超过3亿km，累计节省柴油超过1亿L、相当于减少超过26万t的二氧化碳、约7500 t硫氧化合物和氮氧化合物的直接排放，产生了巨大的环境保护社会效益。

同时，从我国目前能源结构情况来看，我国原油对外依存度高达73%，交通用油占比超过50%，天然气对外依存度43%；2022年3月国家能源局关于印发《2022年能源工作指导意见》中披露2022年发电装机达到26亿kW左右，发电量达到9.07万亿kWh，新增电能替代电量1800亿kWh左右，风电、光伏发电发电量占全社会用电量的比重达到12.2%左右，装机量、发电量大幅提升，特别是风电、光伏发电的占比进一步扩大，特百佳电动重卡智能驱动总成将传统重卡以燃油、燃气为动力转变为电能，减少能源对外依赖，进一步扩大绿色电能的应用场景，对能源结构改革提供有力支持。

特百佳电动重卡智能驱动总成产品响应"十四五"规划号召助力新科技的应用与发展。"十四五"规划中明确要求在新一代人工智能、集成电路等科技前沿领域攻关。特百佳系统大量应用集成电路、绝缘栅双极晶体管(IGBT)等方面取得一系列的成果，并且大量实际应用。同时助力重卡无人驾驶发展，更智能化，操控更精确化；使车辆更智能网联化，提升安全性，采用大数据平台，加强人机互动，减少交通事故等意外情况发生，并可追溯；具备能量回收、辅助制动功能，减少制动系统损耗，并将制动能量回收为电能，节能、环保、降本。

特百佳电动重卡智能驱动总成还提升了车辆配置，将重卡推到了自动挡时代，同时为智能驾驶等其他更多的智能化的车辆配置更广泛的应用搭建了一个全新的平台。

纯电动汽车串联制动能量回收下的踏板感优化研究

供稿：北京新能源汽车股份有限公司 金 才 李 波 王培玉 金钟徐 沈海燕 刘 杰

摘要：纯电动汽车的发展和串联制动能量回收的应用越来越紧密地联系在一起，纯电动汽车在串联制动能量回收下的制动踏板感也引起广泛的关注。本文基于串联制动回收的系统构成和作用原理研究串联制动能量回收对制动踏板感的影响以及串联制动能量回收对踏板感的调节机制，并结合纯电动汽车串联制动回收的开发案例对制动踏板感进行测试和评价，针对踏板感测评问题进行优化研究，提出验证有效的优化策略。

关键词：纯电动汽车；串联制动能量回收系统；踏板感

引言

在全球能源危机和环保意识的大背景下，伴随排放法规的加严和政府政策倾斜引导，纯电动汽车作为新能源汽车的主流解决方案，在智能网联技术增速发展推动下，不断掀起行业热潮。伴随高能量密度全气候高压电池的开发量产以及快充技术和换电技术的研发应用，纯电动汽车逐步被市场用户所接受，销量和市场保有量节节攀升，用户对纯电动汽车的综合性能要求也越来越高。

制动能量回收作用下的制动踏板感成为纯电动汽车关注的性能指标。能量回收技术基于纯电动汽车的电驱动系统将车辆动能转化为电能存储到高压电池，有效提高能源利用率。制动电控智能助力器的发展应用实现串联制动能量回收，有效提高能量回收效率，同时电制动和液压制动解耦协调作用对制动踏板感的线性度产生影响。

本文对纯电动汽车串联制动能量回收作用下的制动踏板感进行优化研究。

1. 串联制动能量回收控制和调节

本文基于前轴驱动纯电动汽车的串联制动能量回收进行研究。

（1）串联制动能量回收系统构成和控制原理

串联制动能量回收系统包括电机制动系统和液压制动系统。电机制动系统通过电机控制器控制电机执行制动扭矩，经过减速机构、差速器传递到驱动轮。液压制动系统通过液压调节单元调节四轮制动液压，并经过制动管路、制动轮缸传达到四个车轮。电机制动系统通过整车控制器进行控制，液压制动系统通过制动控制器控制，如图 5-1-50 所示。

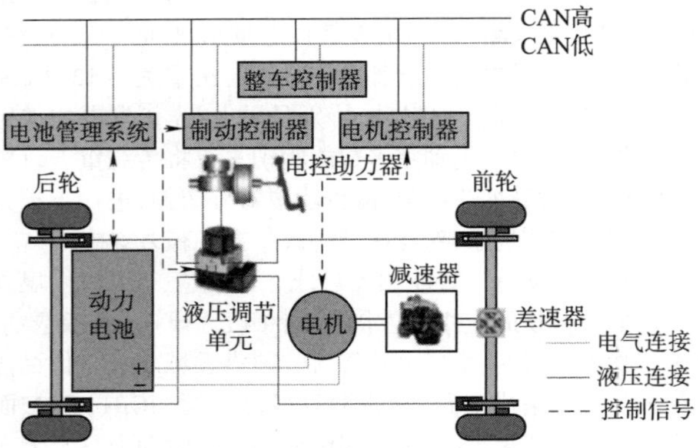

图 5-1-50　串联制动能量回收系统示意图

（2）串联制动能量回收对踏板感的调节

串联制动能量回收通过制动控制器、整车控制器分别实现对液压制动系统和电机制动系统的控制。制动控制器和整车控制器通过 CAN 通讯交互进行液压制动和电机制动的串联调节，实现踏板力和制动力的控制目标，获得踏板感目标曲线。

整车控制器计算最大回收扭矩发送给制动控制器，制动控制器基于踏板行程计算总的制动力需求分配给液压制动系统和电机制动系统，发送回收扭矩请求给整车控制器控制电机制动系统执行电机制动，整车控制器最后把电机制动系统执行的实际回收扭矩发送给制动控制器进行闭环监控，如图 5-1-51 所示。

串联制动回收总的制动力矩（Nm）计算公式：

$$T_t = T_m + T_e$$

式中　T_m 是液压制动力矩；

T_e 是电机制动力矩。

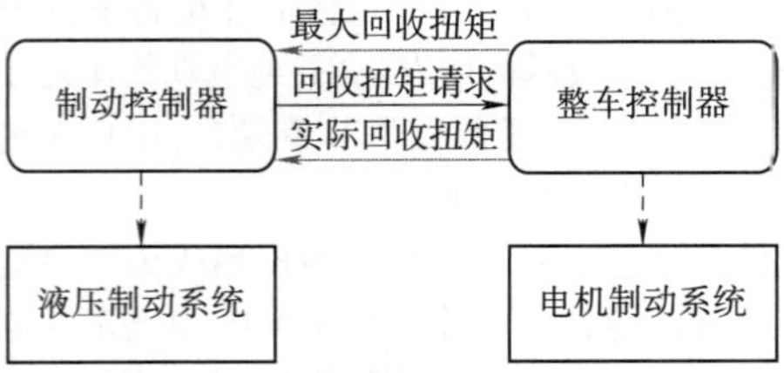

图 5-1-51　串联制动能量回收调节示意图

2. 串联制动能量回收踏板感分析

纯电动汽车串联制动能量回收下的踏板感通过液压制动和电机制动解耦作用产成，液压制动和电机制动协调作用保证良好的踏板感。

（1）驾驶员制动意图判断

本文研究的传电动车串联制动能量回收系统通过电控助力器的主缸推杆行程传感器和制动踏板上的制动开关判断驾驶员制动意图，用于制动控制器和整车控制器启动制动控制以及计算制动力需求。

（2）电机制动控制

整车控制器判断驾驶员制动意图并根据制动控制器回收扭矩请求控制电机执行回收扭矩，扭矩响应梯度和滤波控制需要实车标定保证扭矩响应满足延迟要求和精度要求。

（3）液压调节控制

制动控制器通过液压调节单元调节制动液压，控制液压制动与电机制动相协调，电机制动进入和退出时，液压制动需要同步调节，保证总的制动力满足制动需求，实现稳定的踏板感。

3. 测试案例分析

本文基于某纯电动车型进行制动踏板感测试分析。

（1）测试设备

测试设备包括 VBOX 测试工具和 VECTOR 测试工具，如图 5-1-52 所示。测试设备可以采集制动踏板力、制动踏板行程、制动压力、车速、减速度、回收扭矩请求、实际回收扭矩、最大回收扭矩等信号。

图 5-1-52　测试设备

（2）踏板感测试和评价

按照常规方法开展纯电动汽车串联制动能量回收下的踏板感测试和评价。

通过踏板感评价反馈制动前段制动力不足，减速度建立慢，而且增加制动踏板踩下速度，减速度建立慢的问题加剧，踏板速度 10 mm/s 和 20 mm/s 对应的踏板感曲线如图 5-1-53 和图 5-1-54 所示。

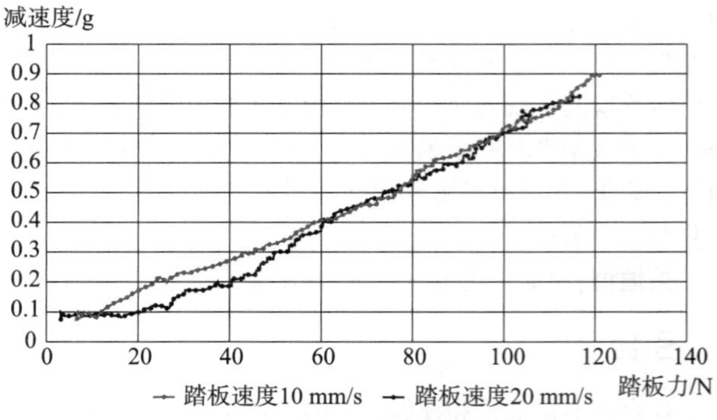

图 5-1-53　踏板行程–减速度曲线

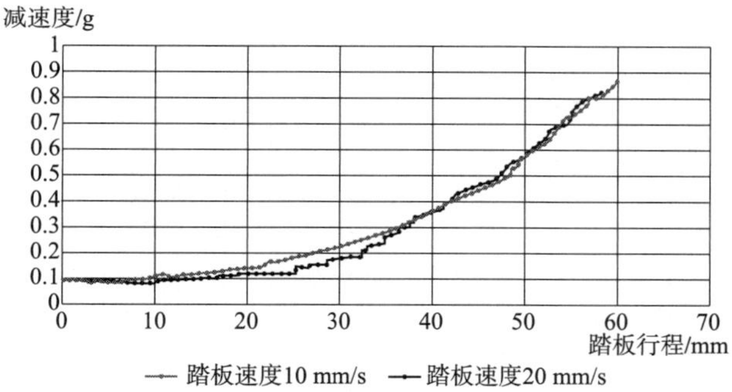

图 5-1-54 踏板力-减速度曲线

由于踏板感制动力反馈不足,减速度建立慢,最终踏板感整体评分平均分 5 分。

(3)问题分析

通过对串联制动回收液压和回收扭矩数据制进行分析,发现整车控制器发出的实际回收扭矩存在较大的延迟,从而导致制动力响应慢。实际回收扭矩相对回收扭矩请求延迟 320 ms 左右,响应的延迟同时导致制动初期踏板行程增加过程出现实际回收扭矩存在较大的差值,达到 780 Nm,如图 5-1-55 所示。

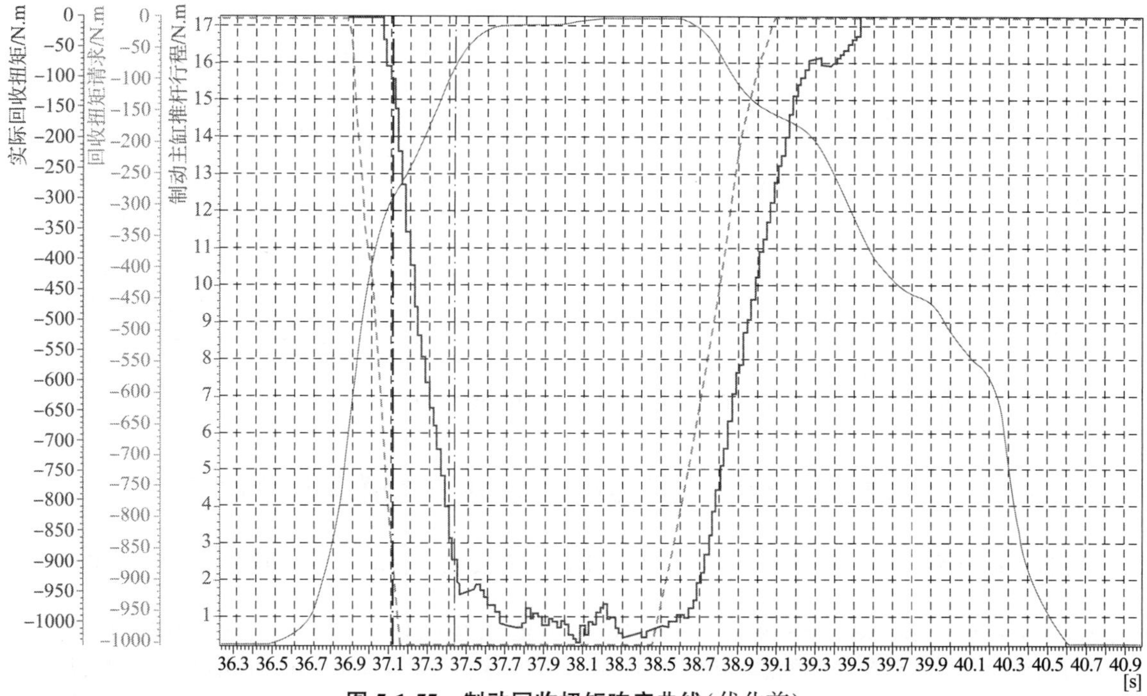

图 5-1-55 制动回收扭矩响应曲线(优化前)

4. 制动踏板感优化验证

(1)制定优化措施

通过数据分析,本文研究案例制动力响应慢的问题真因是制动回收扭矩响应延迟。本文从两个方面解决制动回收扭矩响应延迟的问题。

由于液压制动系统和电机制动系统分别使用踏板行程传感器和制动开关判断制动意图,信号源不统一,而且霍尔传感器比点触式开关更为灵敏,整车控制器接收踏板行程传感器信号代替制动开关信号判断制动意图,与液压制动系统使用相同信号源判断制动意图。

同时提高整车控制回收扭矩响应梯度以减少扭矩响应延迟。

(2)优化措施实施验证

上述两项优化措施,对其实施验证,更改整车控制器软件策略使用制动控制器接收踏板行程传感器信号发出的 BPA(Brake pedal applied)CAN 信号判断制动意图。

同时调整整车控制器软件参数,将回收扭矩响应梯度限值从 2000 Nm/s 提高到 5000 Nm/s。

整车控制器软件完成以上更改后更新到测试车辆上进行串联制动能量回收验证测试,回收扭矩延迟减少到 80 ms,实际回收扭矩和回收扭矩请求的最大差值减小到 150 Nm,如图 5-1-56 所示。

通过数据对比验证,优化措施改善效果明显,同时踏板感评价人员再次进行主观评价,平均分评分 7 分,达到设计预期评分。

5. 结　论

本文基于纯电动汽车串联制动能量回收系统构成和控制原理,研究串联制动能量回收对纯电动汽车制动踏板感的影响,并从制动踏板感调节和目标实现角度对串联制动能量回收作用机制进行了研究和论证,通过调整串联制动能量回收实现制动踏板感的调节。

本文的重点是基于实际案例的测试研究,在纯电动汽车串联制动能量回收开发过程中对制动踏板感进行测试和评价,发现问题并分析原因制定对策,并结合实车验证数据,有效地解决纯电动汽车串联制动能量下制动踏板感问题,提出有效的改善措施,积累了宝贵的经验。

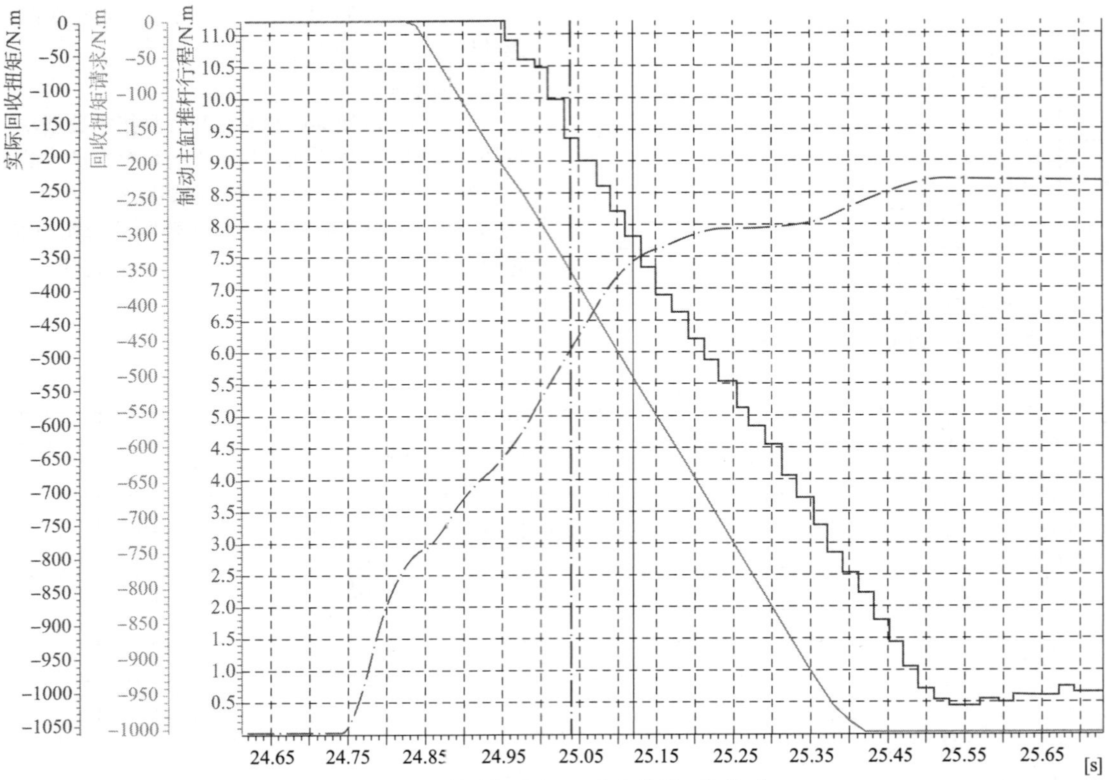

图 5-1-56　制动回收扭矩响应曲线（优化后）

车载二合一电源模块电磁兼容问题的整改案例分析

供稿：北汽福田工程研究总院　咸利国　邵长宏　郭凤刚　徐欣悦　张艳超

摘要：本文从实际整车 EMC 测试过程中辐射发射超标的问题，通过对比分析定位了整车辐射发射超标的原因，研究了差模和共模信号对电磁发射的影响和抑制方法，并改进、调整二合一（OBC 和 DC/DC 集成）车载电源滤波电路及参数。通过模块测试验证了改进方案可以有效降低了车载电源模块辐射发射的幅值；整车 EMC 测试数据，验证了其方案可以有效提升整车 EMC 性能。

关键词：电动汽车；辐射发射；车载电源模块；差模干扰；共模干扰

引　言

随着电动汽车的发展，尤其是智能化、网联化的发展，电路集成度也逐渐升高，所用的电气电子元器件也成倍增长。首先，为满足消费者更高要求的驾车体验以及自动驾驶技术的发展，汽车所用的控制器越来越多，整车内部电磁环境也变得越来越复杂，抗扰性要求越来越高；其次，车辆上配置的电子电气设备也大幅增加，例如智能网联、智能驾驶、车载娱乐系统、自动泊车等等，对低压电源容量的需求也不短增大；最后，在新能源电动汽车中电磁兼容问题越来越多，难度也越来越大，尤其是电动汽车内部电力电子部件开关造成的瞬态发射、辐射发射问题尤为突出，比如电驱动系统中 DC/AC 逆变器、车载电源 DC/DC 转换器等模块，大功率功率元器件（IGBT/MOSFET）开关形成的共模和差模信号，产生的共模和差模信号对整车的 EMC 性能有很大影响，甚至导致整车测试过程中低频电磁场辐射发射超标。控制器和电源模块产生的共模和差模信号，一方面通过线缆耦合形成传导至车辆其他零部件，影响车辆内部的自兼容问题；另一方面也会通过线缆辐射发射至空间，影响车辆其他部件或车辆附近电子设备。

1. 车辆辐射发射超标问题分析

在某纯电动车型在整车级辐射发射测试时，频段 45～60 MHz 内宽带辐射发射超标。最高点在 50 MHz，幅值约 42 dB，超过限制要求 10 dB 以上，如图 5-1-57 所示。

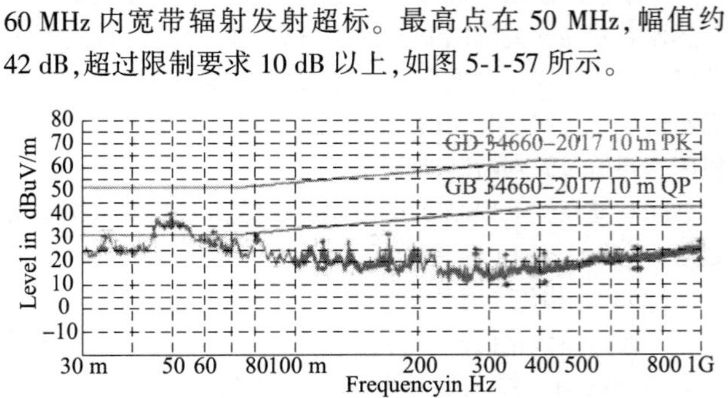

图 5-1-57　整车宽带辐射发射测试

采用近场频谱分析仪扫描，发现在车载电源模块端口附近辐射发射较高，初步判断为车载电源模块沿电源线传导出来，再由线束辐射发射至空间。车载电源模块进行独立的辐射发射测试，测试结果如图 5-1-58 所示，从图中可看出在 40~60 MHz 频段内辐射发射超标，最高点在 54 MHz，幅值约 45 dB，超过限制 5 dB 以上。

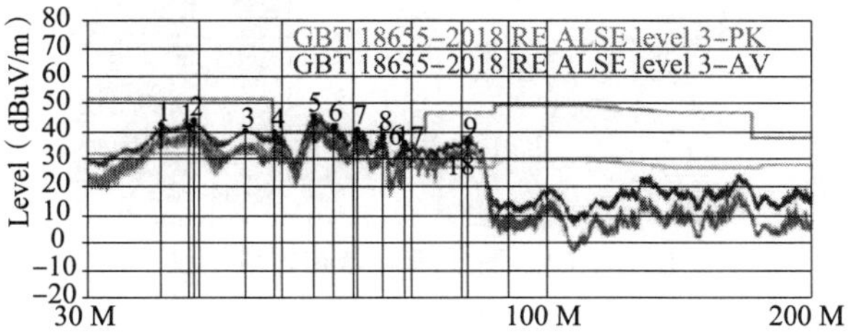

图 5-1-58　车载电源辐射发射测试

通过对整车测试数据和车载电源模块的辐射发射测试数据对比分析，发现车载电源的辐射发射超标频段与整车辐射发射超标频段高度重合，其车辆启动后停止车载电源模块工作，超标频段辐射发射幅值降低。结合整车近场扫频结果，判定为车载电源模块辐射发射超标引起的车辆辐射发射超标。

2. 差模/共模对辐射发射影响及抑制方法

新能源电动汽车中驱动电机控制器、DC/DC 转换器等电力电子模块，其内部功率器件（IGBT、MOSFET）工作时，尤其调制工作原因，在端口会产生较大的差模和共模信号，这也是多数功率变换模块宽带低频段辐射发射超标的主要原因。下面分析一下差模信号和共模信号对辐射发射的影响。

（1）差模信号对辐射发射影响

根据麦克斯韦全电流理论，电场与磁场是由快速变化的电压或电流产生的。快速变化的差模电压和差模电流形成电磁场辐射发射，其电场强度计算方法，见式（1）。

$$E_{dm} = 263 \times 10^{-16} \times \frac{A \times I \times f^2}{r} \qquad (1)$$

式中　E_{dm}——差模辐射电场强度（V/m）；

f——差模电流频率（Hz）；

A——差模电流环路面积（m^2）；

I——差模电流（A）；

r——距离（m）。

根据以上理论公式，控制差模辐射发射的方式包括减小差模电流幅值、频率和电流的谐波分量及环路面积。

（2）共模信号对辐射发射影响

快速变化的共模电压和共模电流形成电磁场辐射发射，其电场强度计算方法，见式（2）。

$$E_{cm} = 12.6 \times 10^{-7} \times \frac{I \times L \times f}{r} \qquad (2)$$

式中　E_{cm}——共模辐射电场强度（V/m）；

f——共模电流频率（Hz）；

I——共模电流（A）；

L——电缆长度（m）；

r——距离（m）。

式（2）表明在减小共模辐射发射大小的主要方法是限制共模电流的大小、共模电流频率和线缆的长度。传播途径是电磁场能量通过相应介质耦合传输的过程，既包括了传导耦合，也包括了辐射耦合。

在实际车辆排查中发现，辐射发射噪声主要还是由共模噪声引起的，共模电压和电流的抑制也较为麻烦。

（3）差模/共模信号抑制方法

电磁噪声的三大抑制手段分别为屏蔽、接地、滤波。滤波是信号处理里面比较重要的一个环节，在零部件电路设计、电源噪声消除中非常重要的环节。滤波器由电容、电感、电阻或者铁氧体器件组成的频率选择性二端口网络，可以连接传输线，抑制不需要的频率传播。电动汽车上的骚扰很多是通过线束和端口发射出来，所以滤波对于电动汽车的电磁兼容优化效果很明显。差模信号的抑制一般采用差模电感和差模电容（X 电容）滤除，减少其电磁发射和传导干扰。共模信号的抑制一般采用共模电感和 Y 电容滤除，如果一级滤波效果甚至需要增加两级滤波，将不同频段的共模信号滤除。为了有效滤除干扰信号，对于部分频段的干扰信号也可以采用 π 型滤波电路，T 型滤波电路。

差模滤波电容、共模电感和 Y 电容在设计时，应根据其电路实际的发射情况进行调整，经常出现太大或太小的 Y 电容，太大或太小的共模电感，反而导致无法滤除期望的频率段谐波，无法减少共模电压造成的辐射发射，太大的 Y 电容还会影响车辆的安规测试。将车辆测试未通过的车载电源模块拆下进行测试，发现其共模信号较大。

3. 二合一车载电源整改方案

由车载电源模块辐射发射测试数据可知，在抑制辐射发射方面，车载电源模块的滤波电路存在某些不足。原电源模块的滤波电路如图 5-1-59 所示。从图中可以看出高压输入侧，有两级共模电感，共模电感前后均含有正负极对地的 Y 电容，如果参数配置合理应该可以滤除其共模电压影响，初步判定为参数配置不合理。

（1）高压直流端口的共模电压整改方案

为了解决端口的共模电压/共模电流造成的辐射发射问题，在高压端口两级共模滤波电路中，更改共模电感比较麻烦，从更改电容容值，调整滤波器时间常数。

一方面选择更改其 $C_1 \sim C_6$ 共模电容的值，吸收其功率器件在开关过程中产生的共模电压。另一方面调整 X 电容 C_7，并在两级共模电压后增加 C_8 的 X 电容，就近吸收开关过程产生的差模信号。

在测试调整过程中发现 C_1、C_2 调整为 2.2 nF，$C_3 \sim C_4$ 调整为 4.7 nF 滤波效果较好，高压端口的共模电压别有效抑制，在频段 45~60 MHz 内宽带辐射发射明显减低。

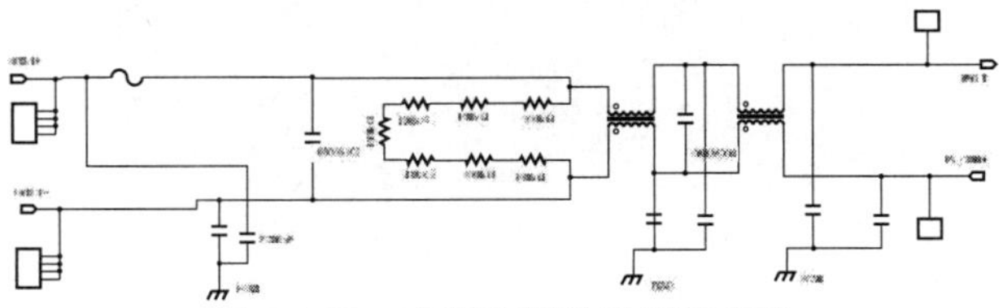

图 5-1-59　车载电源输出滤波电路

（2）车载电源低压输出端口整改方案

车载电源低压输出端口一般采用 LC 滤波电路来解决，

原模块设计中考虑滤波电感和滤波电容,如图 5-1-60 所示,但是滤波效果并不好。

在对该部分电路进行整改时,考虑到低压端口输出电流较大,整改其滤波电感 L3 比较困难,成本也会较高,而且会影响在板卡上的安装,甚至需要重新布板设计,不是最优的方案,我们选择调整输出端并联电容的容值。

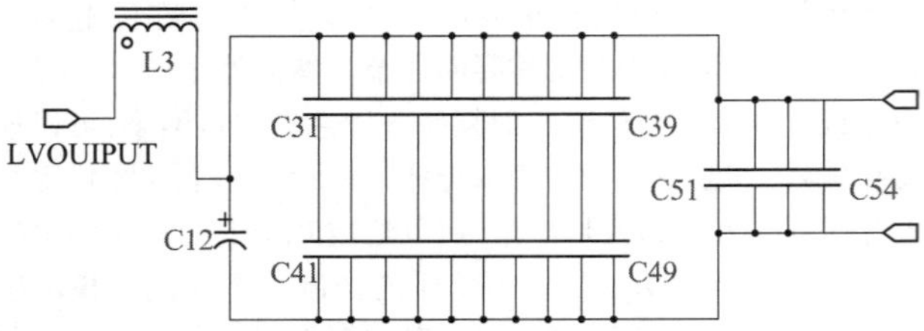

图 5-1-60　DC/DC 低压输出滤波电路

在实际测试整改过程中,保持支撑电容不变的情况下,将 DC/DC 低压输出的 LC 滤波器中输出正对地的瓷片电容的总容值由 34.4 uF 增加到 64.4 uF,滤波效果最佳。

(3)低压控制电源电路整改方案

在车载电源功率回路中功率器件开关过程中,通过驱动电路传导耦合之低压电源侧的干扰信号,再加上低压控制电源内部的小开关电源或者电源芯片的影响,在低压端口一般会有较大的干扰信号,通过电源线传导至其他部件或沿着电源线辐射发射到空间。但在检查时发现控制板卡中,仅有几个滤波电容,并没有共模电感,抑制效果较为不明显。

为了更好地滤除沿着低压控制供电电源发射,在端口增加了小的滤波板,在板卡上增加了两级共模抑制电路,如图 5-1-61 所示。并将电路中 C3 容值选择为 4.7 uF,C4 容值调整为20 uF。同时,将信号线上的 PTC 电阻 R 替换为磁珠,如图 5-1-62 所示,抑制电源线上的高频噪声和尖峰脉冲。

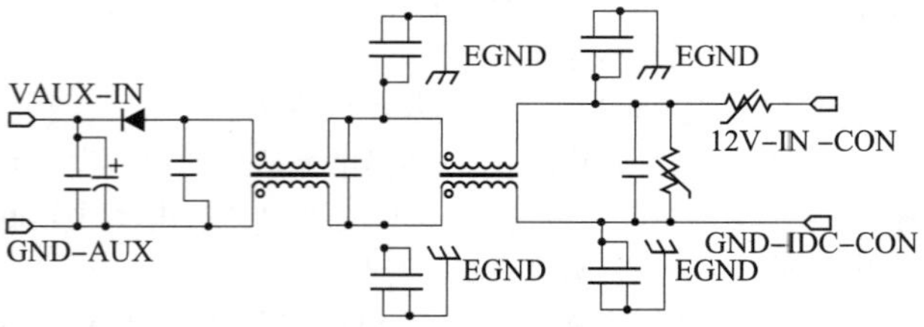

图 5-1-61　低压控制电源端口滤波电路

图 5-1-62　磁珠位置展示图

(4)二合一车载电源内部布置整改

二合一车载电源内部布置进行调整,避免骚扰信号的相互耦合。将交流输入端口滤波器、高压直流端口滤波器、车载低压输出滤波器增加独立腔体放置,如图 5-1-63 所示。

图 5-1-63　高压滤波器布置位置图

4. 解决方案验证

(1)二合一车载电源模块整改测试验证

在进行完二合一车载电源模块的整改后,再次进行辐射发射测试。在高压输入 360 VDC 低压输出带载 1 kW 的条件下测试,测试结果如图 5-1-64 和图 5-1-65 所示。

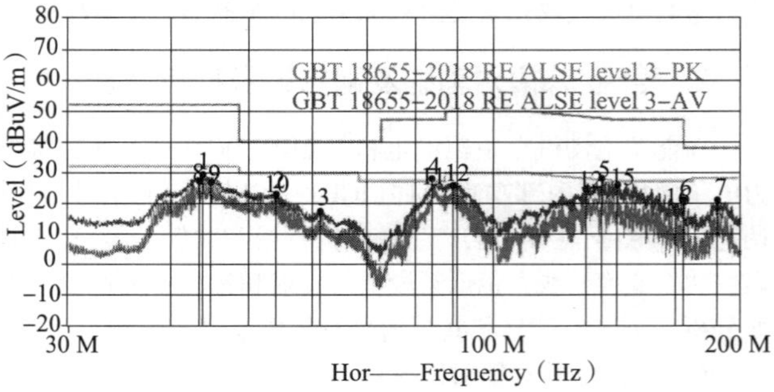

图 5-1-64　水平辐射发射测试

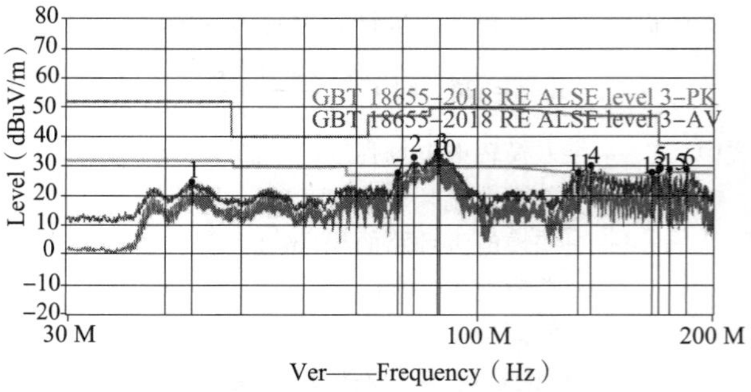

图 5-1-65　垂直辐射发射测试

通过测试结果与前期测试结果对比,之前辐射发射严重的 40~60 MHz 频段改善较为明显,最高点在 54 MHz,辐射发射强度为 23 dB,低于限值约 16 dB,该频段降低超过 20 dB,说明整改方向正确,整改措施是有效的。

(2)整车辐射发射测试验证

将整改后的二合一车载电源模块,安装在整车上,进行整车行车过程中的整车辐射发射测试,车辆左侧水平方向辐射发射测试数据如图 5-1-66 所示;车辆左侧垂直方向辐射发射测试数据如图 5-1-67 所示;车辆右侧水平方向辐射发射测试数据如图 5-1-68 所示,车辆右侧垂直方向辐射发射测试数据如图 5-1-69 所示。

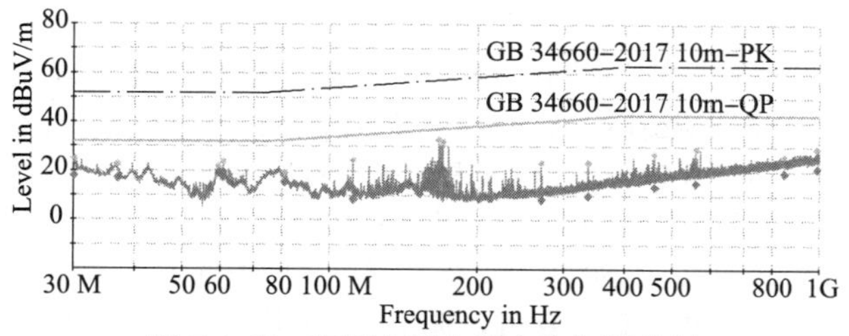

图 5-1-66 车辆左侧水平方向辐射发射

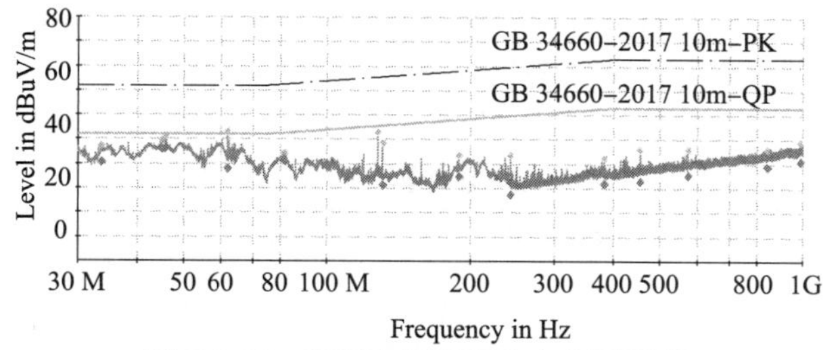

图 5-1-67 车辆左侧垂直方向辐射发射

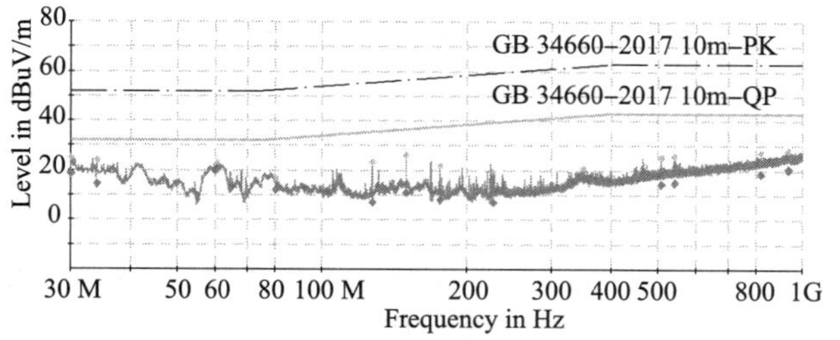

图 5-1-68 车辆右侧水平方向辐射发射

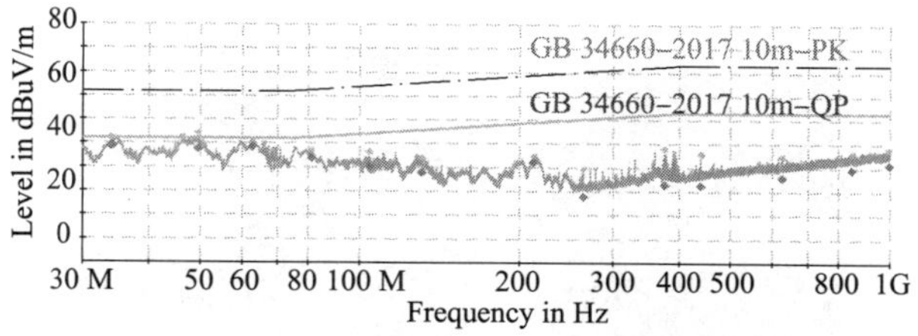

图 5-1-69 车辆右侧垂直方向辐射发射

从整车测试数据可知,整车左侧和右侧辐射发射幅值均有大幅降低,在 40~60 MHz 的超标频段也均达标。

5. 结 论

本文通过分析整车辐射发射超标问题的原因,找到了引起辐射发射超标的发射源,并对发射源的内部设计电路进行参数调整、低压控制电源的滤波电路、调整二合一车载电源模块内部的布置,降低了二合一电源模块的辐射发射,并分别通过整改后的模块测试和整车测试验证了整改方案的有效性,整改后车辆在 40~60 MHz 辐射发射明显降低,有效解决了整车的辐射超标问题。

纯电动客车噪声分析与优化

供稿:北汽福田汽车股份有限公司北京欧辉客车分公司
张文辉 周恩飞 赵 松 刘继红 王海龙 来星呈

摘要:随着人们对汽车乘坐舒适性的要求越来越高,汽车噪声成为评价纯电动客车性能的重要标准之一。本文针对纯电动客车加速噪声试验时存在的噪声超标问题,利用 LMS NVH 测试分析系统在加速噪声试验过程中采集纯电动客车多处测点噪声数据。通过频谱分析识别出贡献度最大噪声的阶次,结合纯电动客车主要零部件各自对应的主要阶次,识别出噪声值最大阶次对应的零部件,对零部件进一步优化,从而解决纯电动客车噪声超标的问题。

关键词:纯电动客车;噪声;阶次;LMS NVH

引 言

噪声严重影响人们的工作生活和身心健康,长期在噪声环境下工作会使人的听力下降,还会造成其他多种疾病。与传统客车相比,纯电客车没有了发动机和进排气系统,噪声值相对降低。纯电动客车噪声主要来源包括:驱动电机噪声、车桥噪声、轮胎噪声和风噪等。

针对在纯电动客车噪声测试时噪声超标问题,本文采用 LMS NVH 测试分析系统对纯电动客车进行噪声测试,通过对噪声频谱进行分析,找出对噪声贡献最大的阶次,以及整车上产生该阶次振动的零部件,对相应的零部件进行优化从而实现整车降噪。

1. 测试背景

本次噪声测试方法参考《GB 1495—2002 汽车加速行驶车外噪声限值及测量方法》,噪声测试场地以测量中心为基点,半径为 50 m 的范围内没有大的声反射物,测试路面干燥没有积雪、高草、松土等吸声材料,场地基本水平、坚实、平整。测量时传声器高度的风速不超过 5 m/s,背景噪声至少比被测汽车噪声低 10 dB。测试工况为:车辆从 50 km/h 开始急加速通过 20m 噪声测试路段。测试噪声的传声器布置在离地高度 1.2 m 处,距离行驶中心线 7.5 m 处。纯电动客车加速噪声测试过程中噪声的最大值应不超过 80 dB(A),噪声值超过 80 dB(A)视为噪声测试结果不合格。

2. 测点布置

纯电动客车中,电机和驱动桥是主要的振动和噪声来源,因此振动传感器和噪声传感器布置在电机和驱动桥端。为了监测车内和车外噪声值,将噪声传感器布置在车外和车内后排座椅处。

采用 LMS NVH 测试分析系统进行整车噪声测试,噪声传感器和振动传感器布置位置如图 5-1-70 所示。其中声传感器布置在车内、车后以及电机的近场端,振动传感器布置在电机前端盖、机壳及后桥处。

图 5-1-70　噪声传感器和振动传感器布置

3. 噪声测试数据分析

纯电客车中主要的噪声和振动源电机主要阶次为 12 阶、24 阶、36 阶、48 阶和 72 阶，驱动桥主要阶次为主减齿数的倍数。本文选取两个特殊故障车型，分别对电机和车桥两个零部件优化从而实现整车降噪。

(1) 电机程序对噪声的影响

表 5-1-12 为某纯电客车 50 km/h 加速试验时噪声数据，为了排除整车布置对噪声值的影响，噪声测试时将两个噪声仪对称布置在测试道路两侧；为了排除风向对噪声值的影响，第 1/3 次测试为同向行驶，2/4 为反方向行驶。通过查询整车参数得出，车速 50 km/h 对应电机转速约 5000 r/min 左右。

通过测试数据可以看出，该车左侧噪声值低于 80 dB(A)，右侧噪声值高于 80 dB(A)，不满足整车噪声低于 80 dB(A) 的要求，噪声测试不合格。通过左右两侧噪声值对比可看出，每次测试右侧噪声值明显高于左侧。对整车布置进行分析，发现打气泵和风扇均布置于车辆的右侧，因此可以判断左右两侧噪声的差异主要是由于打气泵和风扇产生的。通过对比不同行驶方向噪声测试结果，发现风向对噪声有较小影响。

表 5-1-12　某纯电客车噪声数据

序号	左侧噪声值 dB(A)	右侧噪声值 dB(A)
1	75.2	81.1
2	76.3	81.7
3	76.5	80.6
4	77.4	80.8

图 5-1-71 为整车噪声 Colormap 图，可以看出 电机转速为 5000 r/min 左右时噪声的最大贡献阶次为 48 阶，该阶次的噪声主要由电机产生。通过对电机控制器程序进行标定及反复测试，当电机控制器开关频率降低 20% 时 48 阶次噪声在电机转速为 5000 r/min 时有明显的减弱。图 5-1-72 为调整电机控制器开关频率后的整车噪声 Colormap 图。

图 5-1-73 为调整开关频率前后阶次噪声变化，从阶次上看，噪声降低了 2.9 dB(A)。

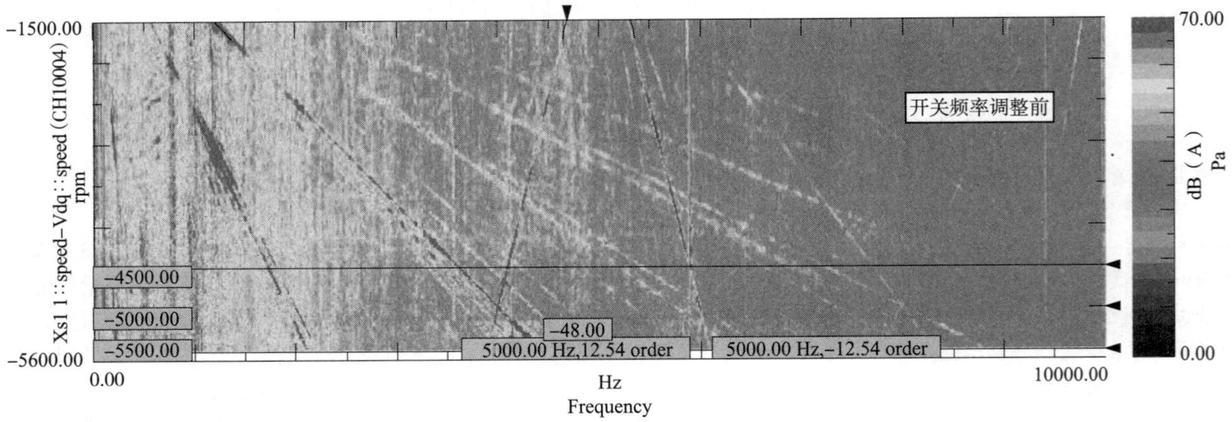

图 5-1-71　噪声 Colormap 图

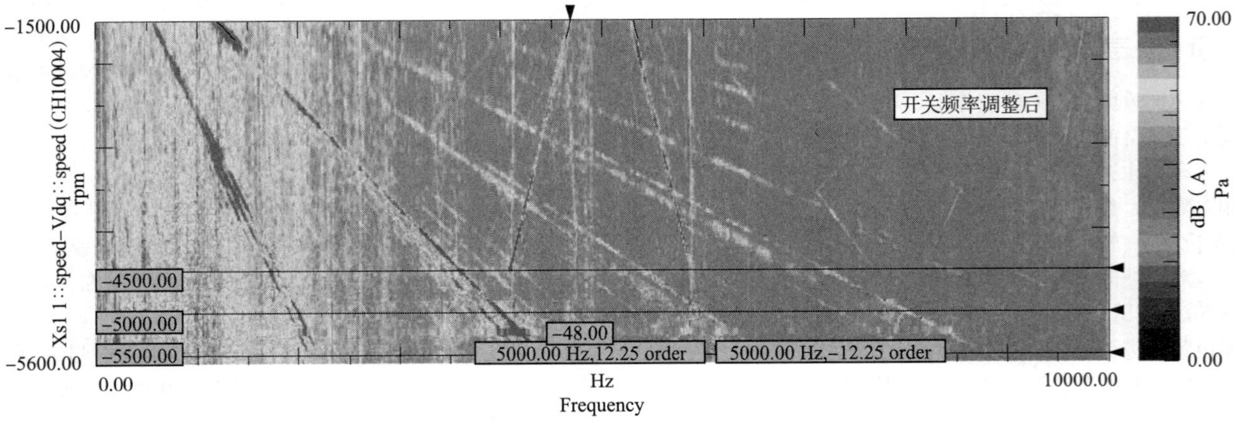

图 5-1-72　控制器开关频率调整后噪声 Colormap 图

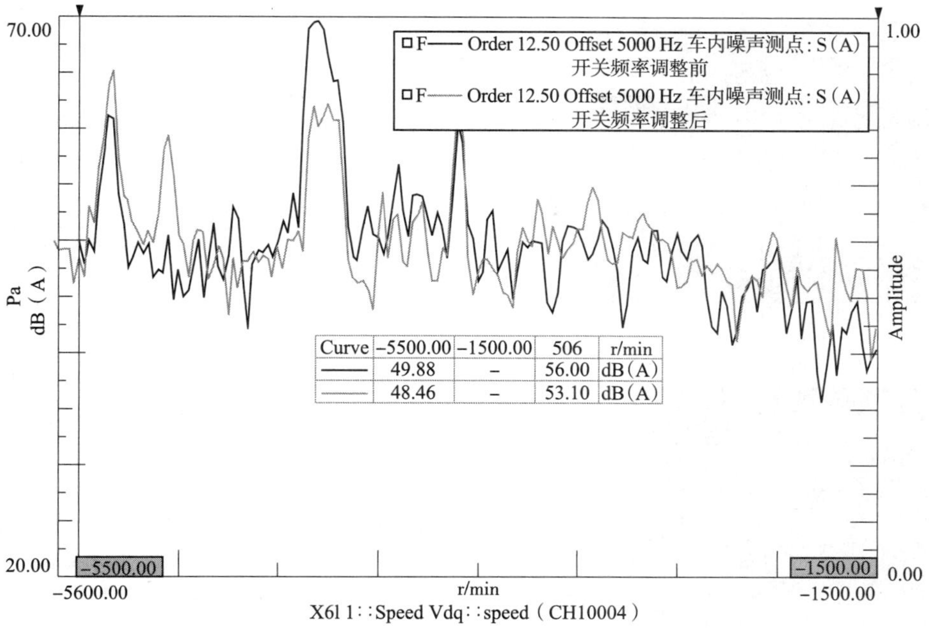

图 5-1-73 调整开关频率前后阶次噪声变化

表 5-1-13 为电机程序优化后整车噪声值,通过优化电机控制器程序左右两侧噪声值均降到 80 dB(A),电机控制器程序优化后噪声测试合格。

表 5-1-13 电机程序优化前后整车噪声值对比

次序	左侧噪声值 dB(A)	右侧噪声值 dB(A)
1	75.6	79.9
2	74.9	79.6
3	75.3	79.3
4	74.6	76.5

(2)车桥对噪声的影响

表 5-1-14 为某纯电客车 50 km/h 加速试验时噪声数据,通过测试数据可以看出,该车右侧噪声值低于 80 dB(A),左侧噪声值高于 80 dB(A),不满足整车噪声低于 80 dB(A)的要求,噪声测试不合格。通过左右两侧噪声值对比可看出,每次测试左侧噪声值明显高于右侧。对整车布置进行分析,发现打气泵和风扇均布置于车辆的右由于打气泵布置在左侧,此车左右两侧噪声的差异主要是由于打气泵和风扇产生的。通过对比不同行驶方向噪声测试结果,发现风向对噪声无明显影响。通过查询整车参数得出,车速 50 km/h 对应电机转速约 1900 r/min 左右。

表 5-1-14 纯电动客车噪声值

次序	左侧噪声值 dB(A)	右侧噪声值 dB(A)
1	81.6	77.9
2	82.1	78.6
3	81.1	78.3
4	81.7	77.5

通过图 5-1-74 可以看出,电机转速为 1800~2000 r/min 范围内,27.5 阶附近最为显著,是导致噪声超限值的主要因素,且该转速范围内车桥近场端噪声值大于电机近场端。通过图 5-1-75 可以看出,电机近场端无 27.5 阶附近相关振动阶次,车桥近场端及车内后排座椅处有 27.5 阶附近振动阶次。

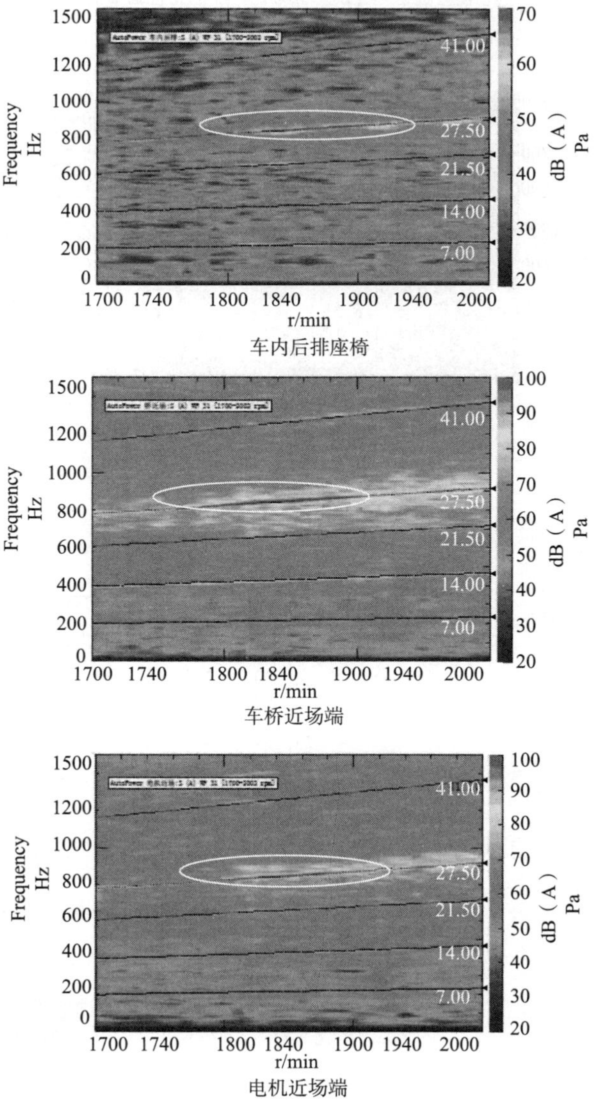

图 5-1-74 噪声 Colormap 图

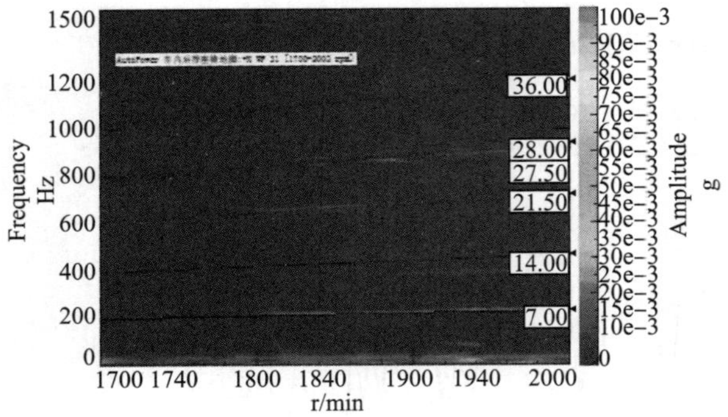

车内后排座椅

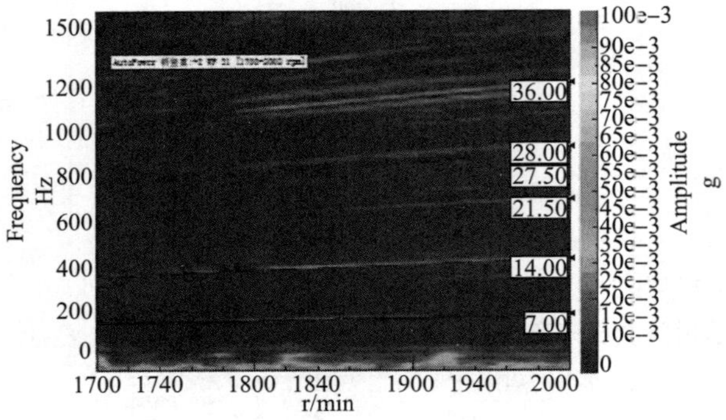

车桥近场端

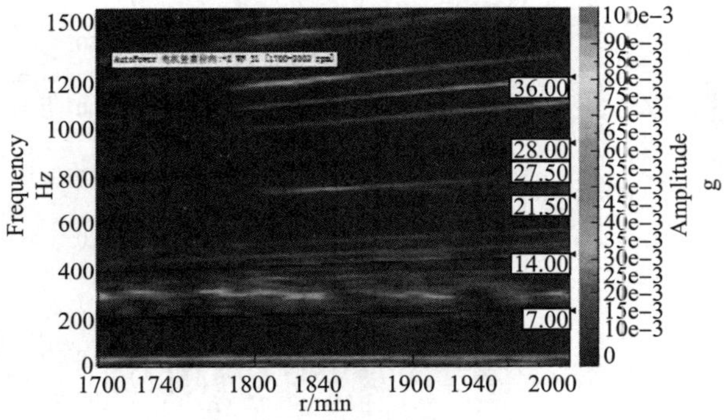

电机近场端

图 5-1-75　振动 Colormap 图

图 5-1-76 为整车噪声曲线图，可以看出 27.5 阶次附件为噪声的主要贡献，其中车桥近场端和电机近场端贡献最为突出。表 5-1-15 为整车车内后排座椅、车桥近场端和电机近场端三个位置噪声传感器测得的 27.5 阶次噪声值对比。通过对比可以看出车桥近场端 27.5 阶次噪声值最大为 107.37 dB(A)。

表 5-1-15　整车 27.5 阶次噪声最大值

位置	27.5 阶次噪声最大值 dB(A)
车内后排座椅	72.57
车桥近场端	107.37
电机近场端	99.6

本车采用的车桥齿数为 7/43，对应的阶次为 28 阶附近。因此判断该车噪声主要来源可能为车桥，为了排除车桥差异对整车噪声值的影响，更换车桥时选用同批次车型上匹配的同厂家噪声值测试达标的车桥。表 5-1-16 为更换车桥后复测的噪声值，更换车桥后噪声值降到要求的 80 dB(A) 以下。

表 5-1-16　更换车桥后的噪声值

次序	左侧噪声值 dB(A)	右侧噪声值 dB(A)
1	78.6	76.6
2	79.1	77.2
3	78.9	76.9
4	79.3	76.2

本文利用 LMS NVH 测试分析系统对两个纯电动客车进行噪声测试，分别测得噪声主要贡献阶次为 48 阶和 27.5 阶，对应整车零部件分别为电机和车桥。通过对电机控制器开关频率调整和更换车桥，有效降低了整车噪声。

4. 总　　结

本文以纯电动客车为研究对象，针对加速噪声过大的问题，通过 LMS NVH 测试分析系统对整车上多个位置的噪声和振动频谱进行分析，判断出整车上最大噪声对应的阶次。并识通过对产生该阶次噪声的零部件进行优化从而降低整车噪声，为今后纯电动客车的开发和整车 NVH 性能优化提供了理论依据。

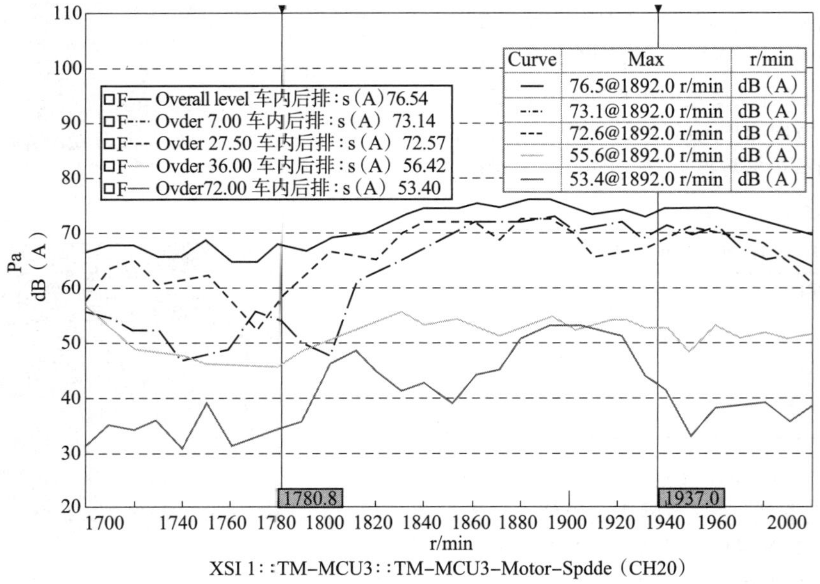

XSI 1∷TM-MCU3∷TM-MCU3-Motor-Spdde (CH20)

车内后排座椅

图 5-1-76　整车噪声曲线图

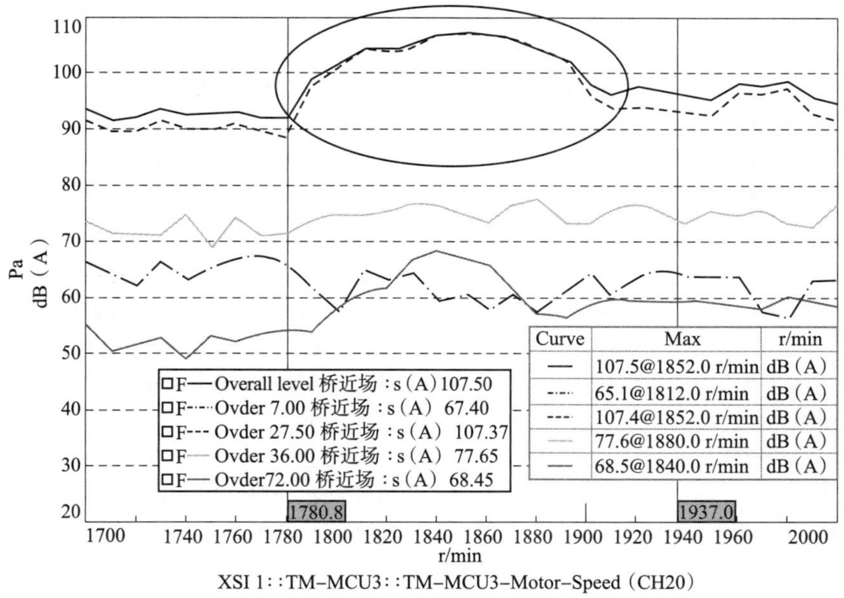

车桥近场端

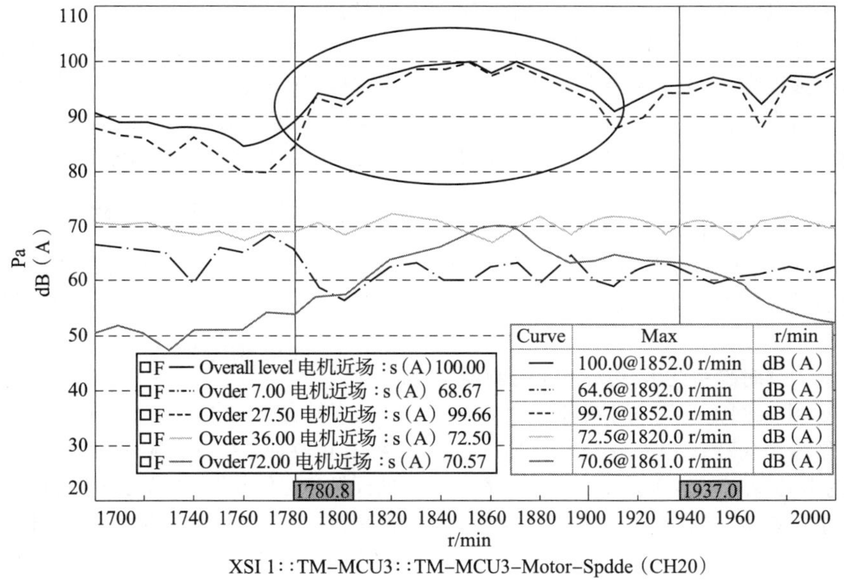

电机近场端

图 5-1-76 整车噪声曲线图(续)

思皓 E50A 纯电动车产品开发及产业化

供稿:安徽江淮汽车集团股份有限公司

1. 成果简介

思皓爱跑是基于江淮新能源“九代技术四代产品”开发纯电动 A 级智能轿跑,整车尺寸 4770×1820×1510 mm,轴距 2760 mm,整备质量 1650/1700 kg,采用峰值功率 142 kW、峰值扭矩 340 Nm 的永磁同步电机,50. 1 kWh LFP/64. 5 kWh 三元锂离子电池,实现 CLTC 工况续驶里程 460/602 km,0 ~ 100 km/h 加速时间 7. 6 s,具备 L2 级智能驾驶辅助功能。

产品定位家庭私人购买细分市场,起步加速快,动力性能强,低噪声,驾乘感觉愉悦。应用江淮自主开发的蜂窝电池、高效静音大功率“三合一”电驱动系统、节能热泵空调、智能刹车系统,解决“卡脖子”技术难题,有成本竞争优势,集智能、趣味、灵动操控、智能于一身,是一台节能、安全、环保的 A 级纯电动轿车,可满足中高端用户使用需求。目前已有 16 项授权发明专利。

2. 成果创新点及解决的难点问题

(1)攻关高比能动力电池安全技术

对标国际标杆成组技术，应用 4.8 Ah 圆柱电池，电池包能量 64.5 kWh。重点通过五层次方案的蜂窝电池技术，突破热失控安全。

第一层，电芯定向爆炸。联合一流电芯供应商，优化设计电芯壳体厚度、正极盖帽小孔板和密封圈结构、负极刻痕结构与爆炸阀值，隔膜增加陶瓷涂覆，确保电芯定向爆炸，杜绝侧面爆炸和壳体局部熔洞。

第二层，模组内电隔离与热隔绝。模组结构蜂窝状，单元化管理电芯，单个电芯爆炸后能量释放受控，模组无外短路，不爆炸，不起火。

第三层，简易电池包相邻模组间安全隔离。模组间防护和电池包排气路径设计结合。

第四层，电池包机械结构可靠。发明了一种轻质高强阻燃塑料上壳体，以塑代钢。开发了高强度电池下壳体确保整车碰撞时电池包主体结构不变形。电池包防撞梁、防护板及底板抗石击涂层，避免电池包因底部穿刺造成模组结构失效。

第五层，整车，“机-电-热”耦合，电控系统实时检测电池包安全状态，电芯一旦爆炸，立即开启智能温控中心，迅速降低电池包温度，同时向远程监控系统上报电池故障。

(2)攻关智能整车域控制器技术

①“1+2+X”的域控平台：“1”即一个硬件平台，“2”即北向开放、南向解耦，满足 2C 场景的快速开发。北向开放，应用层软件建立基于原子服务的 API，与多个控制器交互，繁荣北向应用生态，南向解耦，Autosar 架构，控制器硬件与应用层软件解耦，支持软件模块即插即用的敏捷开发；“X”即面向服务，千人前面。

②硬件分时复用，应用分时复用技术，集成 5 个控制器：整车控制器、空调控制器、中央网关、真空泵控制器和水泵控制器，微处理芯片、电源芯片和存储芯片分别各由原来的 5 个减少为 1 个，通讯芯片由原来的 8 个减少为 4 个。在控制器硬件的安全性能、控制精度、采样精度和响应时间均提高的情况下，成本下降 30%。

③软件模块化，Autosar 软件架构：开发虚拟总线软件模块、12 个应用层软件模块，实现软件和硬件解耦及应用层层软件解耦，软件模块可重用、易移植。原子服务，识别出各类控制器应用层软件中不可再分的最小控制单元，建立标准的软件库函数和 API 接口，可供整车域控制器应用层软件调用。整车应用，域控制器的应用层软件根据功能的时序及其功能特性，调用相关的原子服务，完成基于逻辑的组合和排序，实现面向服务的敏捷开发。

OTA 不死机，具备完整的从服务器端到终端校验策，包含上传软件有效性校验和车型的匹配校验等，确保上传的软件的正确性；支持 OTA 系统一键升级，实现车辆休眠工况下的快速升级；控制器采用软件双备份机制，优化当 OTA 升级失败后支持软件回滚到上一个版本功能，同时 OTA 升级过程中能够快速终止升级进程并响应用户请求，避免升级失败或用户误操作升级带来的车辆无法行驶的困扰。

(3)攻关静音电驱动系统技术

运用电磁多目标优化技术、电机控制过调制技术、大功率多并数 IGBT 单管并联技术、超低流阻设计技术等多项核心创新技术，自主开发了高效静音“三合一”电驱动系统，成本可控，由合资企业安徽道一生产。完成 DV 试验 134 项，台架耐久性试验 1690 h，攻关解决断、磨、漏、烧、炸、响、变形等 143 例问题，产品已实现批量生产，质量稳定。开发出优于国际优秀标杆的“三合一”电驱动系统。峰值功率 142 kW，峰值扭矩 340 Nm，最高转速 11000 r/min，可用于四驱。通过结构设计和电控软硬件开发，解决了电机啸叫，NVH 性能比标杆更优；系统最高效率 92%，国内领先。掌控成本并优于标杆产品 5%。

自主研发的全新的“三合一”电驱动系统，将电机、电机控制器、减速器一体化高集成，体积减小 30%，重量降低 20%。采用 0.27 mm 超薄的硅钢片、瑞典 SKF 低摩擦系数轴承、德国英飞凌 IGBT、瑞士 LEM 高精度电流传感器等核心部件进一步将电机效率提升至 97% 以上，有效降低能耗。

“三合一”电驱动系统通过了 IP、振动、EMC、NVH 等 200 余项极端试验，等效一百万公里的台架耐久性试验，经吐鲁番 42 ℃高温的急加减速试验，黑河-30 ℃极寒的打滑试验，黄山山路的爬坡、制动试验验证，性能高效可靠。

3. 国际水平对比分析

产品搭载的蜂窝电池技术，技术水平评价为国际领先，静音电驱动系统技术水平国际先进、国内领先。

4. 成果应用情况

思皓爱跑纯电动车产品开发完成了蜂窝电池系统、“三合一”电驱动系统可靠应用，实现了纯电动车核心零部件正向开发和迭代升级，产品通过系统的设计验证、试验验证、量产调试准备，产品性能符合设计目标要求，动力性、经济性、操控、噪声等性能等优于竞品车型，2022 年 4 月实现批量生产，目前思皓爱跑系列车型已累计产销 5000 余辆。

5. 成果的产能建设情况

目前已完成生产线的建设，具备年产 5 万辆的生产能力。

6. 社会及经济效益分析

①思皓爱跑轿车实现产业化，与电机、电池、电控等相关零部件企业构成行业产业链，形成有效合力，攻克高比能三元电池热失控等产业化难题，对促进安徽省、合肥市在新能源汽车领域继续领跑，缩小与国外关键技术差距，减少对国外技术依赖，对推动我国新能源汽车产业的发展具有重要意义。

②思皓爱跑系列产品为公司创造直接经济效益，预计每年新增销售收入 20 亿元。

吉利增程式商用车技术路线

供稿：浙江吉利新能源商用车集团有限公司

1. 成果简介

增程式电动汽车是一种在纯电动模式下可以达到其所有的动力性能，而当车载可充电储能系统无法满足续航里程要求时，打开车载辅助供电装置为动力系统提供电能，以延长续航里程的电动汽车。2021年增程式轻卡销量为1117台，同比增长412%，其中吉利商用车1073台、重汽豪曼32台、东风股份12台；2022年1—5月销量为492台，同比增长56%，其中吉利商用车466台、重汽豪曼20台、东风股份6台。吉利远程作为增程式电动商用车的主销品牌之一，致力于探索增程式技术路线，目前拥有93项已授权专利（部分专利信息见表5-1-17）。

表5-1-17 部分吉利商用车增程器相关专利

专利标题	公开（公告）号
一种用于车辆的增程式能量管理系统及其设计方法	CN111075620B
一种调节增程器转速稳定性的控制方法及系统	CN112373456B
一种增程器冷启动系统及汽车	CN216886903U
一种增程器飞轮以及应用其的交通工具	CN212055668U
一种增程式车辆EGR冷却系统及车辆	CN211549859U
一种增程式车辆的整车控制方法及系统	CN112060925B
一种增程器安装总成	CN211764874U
一种车辆的增程器控制方法、系统及车辆	CN113071336B
适用于增程器的双质量飞轮及混合动力车辆	CN206357980U

2. 成果创新点

增程轻卡产品能耗一直是客户关注度较高的属性，降耗这个议题，离不开能量流的分解，通过能耗构成的拆解，提升潜力部件的识别，结合仿真手段对比等手段来完成提升方案的制订。2021年吉利增程式轻卡产品新增对低温环境下的控制策略优化，主要围绕以下几个方面优化产品能耗，提升产品优势：①增程器标定优化油耗；增程器启停策略优化，减少综合工况启停频次，提升综合工况下的发电效率；②优化能量回馈策略，降低综合电耗；③优化热管理策略，降低附件消耗；④驱动电机标定优化，提升电机效率；⑤低滚阻轮胎应用；⑥同时在研项目应用更高效的增程器；⑦优化低温控制策略，提高低温纯电行驶里程；⑧调整优化增程器断油输出扭矩，减缓转速掉落时间，增加再生时间，优化GPF再生策略，减少碳排放。

3. 国内外水平对比分析

（1）国外增程式电动商用车产业发展

国外增程式电动乘用车发展较早，典型的如美国通用、日本丰田和本田等公司，但商用车发展较为缓慢。美国福特汽车于2019年在轻客（Transit custom）、皮卡（F150）上布局有增程式版本，美国Workhose于2018年推出W-15增程式皮卡，是当前为止全球第一辆增程式皮卡产品。

（2）国内新能源技术路线发展

目前国内主要的新能源技术路线如下：

①纯电技术：该技术路线解决了车辆运营成本高、排放污染及噪声等问题，但是也存在续航里程受限、充电时间长、环境和温度适应性差（如寒区）等问题。目前电池技术上还没有得到颠覆性突破，纯电动车在固定路线、固定货物、固定场景的城市物流领域尚能适用，但针对国内大量计划外物流需求，纯电车型不能胜任。同时，纯电动车在部分上装用电需求量大的车型上不能满足客户使用需求，如冷藏车、市政环卫车辆。

②氢燃料技术：目前，我国氢气的生产及能源应用已经具备了一定的基础，氢能源车辆是未来氢能利用的最主要方向。与锂电池驱动的车辆相比，氢燃料车无污染，电解的化学反应只会产生水，发电率可达到50%以上，续航能力优秀。但是就目前的技术而言，它还处于布局示范过程，存在制造成本高昂、氢气运输储存困难、技术不完全成熟等问题。

③混合动力技术（含增程式混动）：混动车型有效弥补了续驶里程不足和充电时间长的短板，同时又兼顾传统燃油系统与电动系统的优势，推动混动汽车技术迭代更新，对于降低碳排放具有十分现实和积极的意义。增程式作为结构最简单的混动技术路线，市场和技术已相对成熟，该技术路线兼顾纯电产品及燃油产品优势，取长补短，从能耗上、动力上、续航上，都较燃油车和纯电卡车有明显优势，为客户提供了更优的产品解决方案。

（3）国内增程式电动商用车产品

能源和环保双重压力推动新能源商用车高效发展，增程式电动化技术路线是适应当前国情、行情的最佳技术路线。除了吉利增程式商用车之外，还有其他企业正在广泛布局增程式产品。

①重汽豪曼、东风股份增程式产品目前尚处于市场推广阶段：重汽豪曼增程式小电量冷藏车，增程器采用1.5T汽油发动机，动力电池15 kWh，综合纯电续航里程43 km；

东风商用车凯普特增程式小电量冷藏车，增程器采用2.4 L柴油发动机，动力电池17 kWh，综合纯电续航里程50 km。

②为应对未来多元化发展的市场趋势，国内其他车企也正在积极探索增程式电动汽车技术路线：陕汽重卡L6000增程式中卡产品，配置1.2 L柴油增程器及53.8 kWh动力电池；南骏汽车瑞吉增程式轻卡，配置1.2 L汽油增程器及77 kWh动力电池；福田时代增程式轻卡，配置1.5 L汽油增程器及15.4 kWh动力电池；福田奥铃增程式轻卡，配置2.3 L柴油增程器及17.52 kWh动力电池；电咖汽车ER600增程式轻卡，配置1.5 L汽油增程器及21.5 kWh动力电池；湖北三环增程式轻卡，配置1.3 L汽油增程器及30.13 kWh动力电池；山东丽驰增程式轻卡，配置1.5 L汽油增程器及

15.4 kWh 动力电池。

此外福田欧马可、比亚迪正在研发增程式轻卡，吉利商用车正在研究增程式技术在重卡、客车、小微卡、皮卡上的搭载应用。

4. 成果运用情况

2018 年 12 月吉利远程发布第一代小电量 RE500 25.9 kWh 增程式轻卡，目前正处在第二代 GLR 54 kWh 产品阶段，2021 年销量实现同比增长 370%，第三代基于全新轻卡平台的增程式产品开发也正在进行中，预计 2022 年下半年上市。同时吉利商用车已在物流车、市政环卫车、旅居车等形成增程式产品的广泛布局，整体处于市场推广上量阶段(具体销量数据可见表 5-1-18)。

表 5-1-18 吉利远程各车型销量情况

车辆种类	2021	2022 年 1—5 月
冷藏车	423	113
厢式车	347	160
仓栅车	272	154
市政环卫车	14	19
栏板车	9	19
旅居车	8	1
总计	1073	466

如表所示，吉利远程 2021 年销售增程式商用车 1073 台，占增程市场的 96%，占新能源轻卡市场的 5%；2022 年 1—5 月销售 466 台，占增程市场的 95%，占新能源轻卡市场的 6%。目前吉利远程增程式商用车中物流车(冷藏及厢式车)的销量占比较高，2021 年占比 72%，2022 年 1—5 月占比 59%。

目前吉利远程主销的增程式冷藏车及厢式车匹配 54 kWh 大电量电池，综合续航里程大于 600 km，城配 120～140 km 可满足纯电动行驶，中途补电或用油发电均可继续行驶，满足用户灵活多变的用车需求(具体车辆信息可见表 5-1-19)。

表 5-1-19 吉利远程主销增程式电动商用车信息

底盘厂家	吉利商用车	吉利商用车
底盘品牌	远程 GLR	远程 GLR
底盘型号	DNC1042SHEVGLJ1	DNC1049SHEVGLJ1
整车	冷藏车/厢式车/仓栅车	冷藏车/厢式车/仓栅车/栏板车
发动机	1.5 汽油	1.5 汽油
电池	54.72 kWh	53.58 kWh
纯电续航	120 km	120 km
综合续航	600 km	600 km
2021 年销量	726	307

吉利远程增程式轻卡 2.0 代产品在 1.5 代产品的基础上迭代更新。①采用全新驾驶室，增加整车的科技含量的同时提升驾驶员视野的开阔性。②安全性方面：新增前碰撞预警+车道偏离预警+自动紧急制动+疲劳检测+360 环视影像+盲区检测等安全配置，全方位保证驾驶员安全。③轻量化方面：2.0 代整车通过轻量化技术，科学降重 320 kg，提升车辆载货量。④性能方面：采用全新电驱桥设计，在动力性、经济性、续航等方面全方位提升产品性能。⑤舒适性方面：增程 2.0 代产品在 1.5 代产品的基础上优化底盘减震效果，与其他竞品相比整车操纵性更优，通过先进的人机工程技术优化方向盘调节和座椅调节，打造轿车化驾乘空间。

5. 产能建设情况

吉利商用车以国际领先企业为标杆，打造自动化、数字化、智能化的资源节约型和环境友好型工厂，确保产品质量的一致性，以及产品品质的可靠性，目前拥有六大生产基地，其中四川南充及江西上饶为主要的两大新能源商用车生产基地。

(1)吉利四川南充生产基地

吉利南充生产基地占地 1000 余亩(见图 5-1-77)，项目采用吉利全新纯电动及分布式、智能化集成的新能源动力系统和轻量化车身技术，建设内容包括冲压、焊接、涂装、车架、总装和动力总成组装等主要生产工艺装备，以及新能源商用车研究院和试车场等配套设施，具有生产节拍快、先进设备多、质量保障能力强等特点，达到国内领先水平。

南充工厂是吉利新能源商用车公司在四川布局建设的首个新能源商用车项目。项目分两期建设。一期项目总投资 70 亿元，占地 1530 亩，建设年产 10 万台新能源商用车、5 万台燃气发动机的生产基地和新能源商用车研究院，项目达产后可实现年产值 216 亿元，创税 15 亿元。二期项目计划投资 68 亿元，占地 800 亩，建设周期 22 个月，建设年产 50 万台新能源商用车动力总成(20 万台甲醇发动机、30 万台增程式动力总成)、1 万台新能源客车的生产基地。项目达产后可实现年产值 302 亿元，创税 12.6 亿元。

图 5-1-77 吉利四川南充生产基地

(2)吉利江西上饶生产基地

上饶生产基作为吉利商用车第六大生产基地之一，该项目总投资 146 亿元，用地 1178 亩(见图 5-1-78)，按照规划显示形成年产 20 万套新能源智能化新一代城市商用车生产能力，建成后预计年主营业务收入 360 亿元，税收 25 亿元。在智能化厂区建设方面，上饶基地能够同时满足 3 个平台车型的共线生产；拥有 277 台机器人、117 台 AGV 小车，实现多工序生产自动化及物料配送自动化；车身车架冲压、焊装主线、涂装喷漆等工艺实现自动化率 100%。此外，上饶基地还拥有国内首条全封闭纵梁冲压设备，年产能 120 万冲次；在商用车行业首次采用 IGBT 模块化电源配套弧形阳极、无磷前处理工艺，耐盐雾性能可达到 1200 h，同时达到重金零排放，废水排量减少 60%，废渣降低 90%。

吉利商用车之所以选择将最后一个基地落户在上饶，这与上饶基地的区位优势密不可分，上饶地处长三角经济区，位于赣浙闽皖四省交界，距离吉利杭州总部高铁仅一个半小时；此外新能源汽车产业园、零部件物流中心、包括爱驰、中汽瑞华、长安跨越等整车项目相继入驻，汽车产业配套完善；加之上饶政府优化汽车产业政策环境增加扶持力度，如落户奖励、平台建设支持、设备投资支持、产业金融支持等政策，极大吸引汽车产业项目落户上饶。

图 5-1-78 吉利江西上饶生产基地

6. 社会及经济效益

目前，能源和环保双重压力正在推动新能源汽车的高效发展。从能源方面来说，2021 年我国能源消费煤炭占比 56%，石油占比 18.7%，石油对外依存度高达 72%，能源消费结构调整迫在眉睫。从环保方向来说，根据中国细分行业碳排放数据，道路交通碳排放占比约为 9%，成为仅次于燃煤电厂、钢铁、水泥的碳排放行业。2020 年 9 月，我国明确提出 2030 年“碳达峰”与 2060 年“碳中和”目标，要求加快降低碳排放，控制化石能源消费，促进新能源和清洁能源发展。同年 11 月，国务院办公厅印发《新能源汽车产业发展规划（2021—2035）》，明确了电动化发展方向不动摇。至今为止，已经有超过 80 个城市跟随国家政策脚步出台了新能源相关政策。

增程式商用车作为国家认可的新能源车型（工业和信息化部《新能源汽车生产企业及产品准入管理规则》）具备节能减排效果，能够为国家实现“双碳”目标贡献力量。节能减排可以从两方面进行评估，第一是能耗，即百公里耗油量和耗电量的集合，第二是排放，即汽车碳排放量。以 6 t 冷藏车为例与同质量燃油车进行对比，节能减排效果见表 5-1-20 所示。

表 5-1-20 6 t 增程冷藏与柴油冷藏能耗与排放对比

车型（6 t 冷藏）	增程冷藏	柴油冷藏
燃油形式	汽油，电	柴油
柴油百公里油耗（L/100 km）	—	15.14
汽油百公里油耗（L/100 km）*	6.85	—
单位柴油二氧化碳排放（kg/L）	—	2.63
单位汽油二氧化碳排放（kg/L）	2.3	—
年行驶里程（万公里）	6.6	6.6
全生命周期（年）	5	5
单位二氧化碳交易价（元/t）	52.78	52.78
二氧化碳年排放量（t）	10.40	26.26
二氧化碳年减排量（t）	15.86	
全部二氧化碳减排量（t）	79.3	

增程式商用车还处在发展阶段，能效、排放水平等仍有提升空间。吉利作为增程式商用车的领军品牌，其对增程式的探索和研究能带动整个增程式商用车的发展，助力节能减排以及商用车市场多样化。

XFC 极速充电动力电池及其系统技术

供稿：广州巨湾技研有限公司

1. 成果简介

充电难、充电时间长等技术性问题一直是电动汽车推广的拦路虎，也是“里程焦虑”的重要诱因。众多电动汽车企业在追求更高续航里程的同时，并未很好地兼顾到充电时间，核心问题在于车用快充电池技术尚未满足快速充电的要求。支持快速充电的动力电池已成为行业和市场的显性需求，正在引领革新技术和新产品的出现。巨湾技研自 2020 年成立以来致力于突破电池充电效率瓶颈，聚焦 XFC（extreme fast charging）极速快充动力电池的研发，针对电芯开展材料体系的全面综合寻优。通过多年的研发积淀，形成了 XFC 电芯的成套产品技术、生产技术及相配套的 XFC 充电设施技术，于 2021 年实现了 XFC 电芯的量产和电池包对广汽埃安量产车型 AION V plus 的装车配套供应，获世界纪录认证机构（WRCA）的“电动汽车最快充电技术”世界纪录认证。

2. 成果创新点及解决难题

（1）技术难题

国际上对极速充电技术 XFC（Extreme Fast Charging）的定义：0~80% SOC 的充电时间≤10 min（新增逾 55 kWh 电或逾 320 km 续航，平均充电倍率 6C 及以上），电池比能量≥200 Wh/kg，充电桩功率≥400 kW（美国）/350 kW（欧洲）。要实现 XFC 极速充电技术目标和应用落地，需要攻克电池大电流充电、整车高压平台应用及大功率充电设施技术推广三大课题，其中 XFC 电池技术是核心因素。

锂离子电池要实现 XFC 极速快充，需克服快充时电池（寿命、性能）衰减、快充电池成本增高、能量密度降低等主要技术障碍。例如，短时间使电池内阻升高较小目前在技术上完全是可能的，但伴有寿命衰减、内阻累积升高、电池充放电能力下降和温升过高，再诱发寿命加速衰减的恶性循环。其中锂离子动力电池常采用的石墨负极体系，在快速（尤其低温条件下）充电时易析锂的问题突出，会造成电池寿命急剧衰减，并存在引发电池内部短路的安全隐患。该问题可从加速锂离子去溶剂化、形成低电阻 SEI、增加活性位点密度、早期检测发现枝晶并抑制其生长、优化设计（组分、担量、孔隙率、分布均匀性等）、寻找其他（例如硅等）负极材料等方向去着手解决。又如电池金属氧化物正极的老化与裂纹的问题，在快充早期循环时情况尚可，但在寿命后期出现明显疲劳裂纹后便加速衰退。而采取正极辅以锂过量/富锂电极材料等措施不仅能使容量有所提高，还有助于促进锂离子迁移、提高充放电速度并减缓衰退。

（2）创新点及优势

巨湾技研通过电芯材料体系、电池系统研发，以及结合整车平台、充电基础设施的体系化开发和适配，实现了 XFC 极速充电技术的应用落地。

①快充电池材料体系选择

快充锂离子电池材料体系选择的研究重点主要有正极材料、负极材料、电解液及隔膜等四个方面。此外还包括热力学、力学、几何尺度、工艺性和系统化轻量化设计等方面的考虑。锂离子动力电池常用正极材料包括三元材料（NCM 和 NCA）、磷酸铁锂（LFP）和锰酸锂（LMO）等。一般认为，具有较高锂离子扩散系数和电子电导率的正极，可以保障充放电过程中有较高的锂离子传输效率以及较低的电子传输阻力。锰酸锂材料具有三维锂离子扩散通道，在充放电过程中可始终保持较高的功率性能，但其能量密度略低。三元 NCM 材料也拥有相对较高的锂离子扩散系数和电子电导率，而且能量密度相对较高，是兼顾能量与快充的较平衡选择。

负极作为充电过程中锂离子的接受体，是快充电池设计中最重要的环节。负极材料必须具备快速接纳大量嵌入锂离子的能力，否则在快充过程中，锂离子会在负极表面沉积、析出并形成锂枝晶，产生安全隐患。目前现有商业化的电池体系中，适合于快充的有两种常见体系，钛酸锂负极体系和复合无定形碳体系。

人造石墨是最常用的负极材料，但其层间距较小（0.354 nm），在快充模式下嵌锂速度低于锂离子的到达速度，且由于界面反应阻抗的增加，石墨负极相比于慢充更容易达到析锂电位，锂离子不能正常嵌入石墨负极，而是以原子的形式沉积在负极表面形成锂枝晶，并出现满充电池 SOC 下降（30%~70%）的现象。无定形碳也称为有机裂解碳，它没有宏观的晶体学性质，但是在微细区域内，存在不同程度的有序结构，称为“微晶体”。无定形碳实际是石墨化程度较低的石墨，由石墨微晶和无定形区域组成，从内部结构上来看，是由尺寸不同的二维乱层微晶堆积的镶嵌体结构。无定形碳材料目前成熟的产品包括软碳和硬碳两类，应用于锂离子电池负极体系中，由于层间距较大，可以提供锂离子快速脱嵌的通道，而且可用电位较高，电池的安全性、低温特性、倍率性和循环性都比石墨体系优越，但是存在的问题是首次循环效率很低，一般只有 60% 左右，导致比能量较低，其大部分应用的方向是混合动力车用功率型电池。例如日立公司的第四代产品（外形尺寸为 120 mm×90 mm×18 mm，电流容量为 4.8 Ah，平均电压为 3.6 V，能量密度为 72 Wh/kg，功率密度≥3 kW/kg），功率密度较高但能量密度偏低，难以在纯电动汽车上应用。

采用无定形碳掺混、包覆石墨等复合碳材料技术方案，有助于改善石墨类负极材料的电阻率、功率特性并抑制析锂，把比能量的下降控制在较小范围；而采用新技术制备的使石墨层间距稳定增大近 50%、循环首效在 95% 以上且完全消除了层间含氧基团的所谓“快充石墨材料”，对 XFC 电池的创成大有裨益。钛酸锂（LTO）负极为尖晶石结构的零应变材料，锂离子可不受限制地进行嵌脱，而且其为纳米颗粒，锂离子迁移路径短，高电位不析锂，具有长寿命、高倍率、高安全和低温性能优异的特点，但能量密度通常低于石墨负极且成本偏高。当然，钛酸锂可作为快充锂离子电池负极材料的选项之一予以考虑。

快充电池专用电解液的设计一般从两个方面出发，一是提高电解液的电导率，降低 锂离子扩散阻力，二是制备高浓度电解液，降低高倍率下产生的浓差极化。在电解液中加入新型添加剂以提高其快充性能、抑制负极析锂是一种有效的方法。

在确定了正负极材料和电解液体系之后，XFC 电池在电极设计上宜采用“轻薄化”方案，通过降低电极材料涂布厚度、密度与担量来降低锂离子的扩散路径，以提升电池快速充放电的能力。同时为降低极片的电阻，可增加导电剂在电极材料中的含量、构建导电网络，从而降低电池的内阻，提高大电流充放电能力。

根据以上解决方案思路，针对 XFC 电芯开展了材料体系的全面综合寻优，以正/负电极材料、电解液及隔膜等材料的研发、优选与匹配为重点突破口，综合平衡电化学、热力学、力学、几何尺度、工艺性、轻量化、成本等诸多影响因素进行攻关，如图 5-1-79 所示。主要工作成果如下：

（a）开发了高容量强稳定的正极技术。采用高电压中高镍三元正极材料，兼顾能量与快充的平衡。正极材料实施单晶化小颗粒化处理，提升材料的反应动力学，缩短锂离子传输通道，缓解材料的粉化问题，兼顾电芯的快充性能和循环性能。正极材料实施包覆处理，抑制锂和过渡金属元素的溶解，防止表面重构。

（b）开发了可高压实的高容量快充负极技术。通过对负极石墨材料实施新型软碳/硬碳包覆改性，增加石墨的活性位点，提高锂离子嵌入/脱出速率，显著改善了负极的动力学性能，抑制了快充时负极析锂。

（c）开发了新型导电添加剂。在电极内部构建高效的三维立体导电网络，减小电芯的内阻和发热，进一步提升了倍率性能。

（d）研制了耐高温高压 XFC 专用电解液。在保证电解液的高离子电导率的同时，改善电解液的耐压和耐温性能，拓宽了 XFC 电池的温度和电化学窗口。

（e）优选了新型耐高温复合隔膜，隔膜在 200 ℃下的收缩率低于 5%，提高了热冲击下的安全可靠性，综合提升电芯的过充、针刺和耐热扩散等安全性能。

（f）开发了多梯度厚极片技术。采用独特的混浆和梯度涂布等新工艺，实现多梯度厚极片的工艺设计，既提高了电池的能量密度，又保障了快速充放电性能。

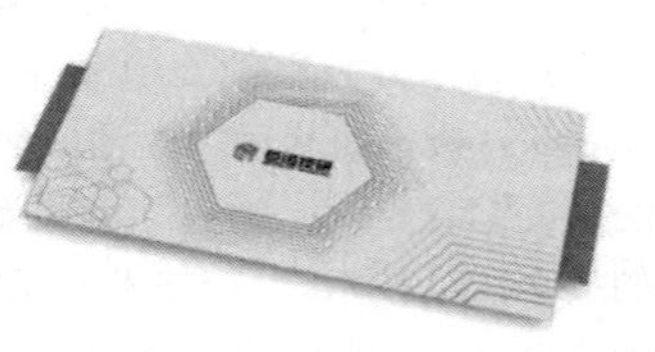

图 5-1-79　巨湾 XFC 极速电芯

②快充方法的设计

按传统电池的充电观念动力电池是不允许快速充电的。随着科学进步，现已证明动力电池甚至可以实现 3~10 min 的极速快充（见图 5-1-80）。目前，国内外开发的快速充电方法主要有大电流恒流方法、多阶段恒流方法、大电流限流恒压方法、限流无阻恒压方法、脉冲充电方法(包括普通脉冲充电、带负脉冲的脉冲充电和慢脉冲充电)以及根据特定电池体系的充电基本理论开发出的专有快速充电方法。总之要在保证电池安全性的前提下，找到产生最大容量的电压区间，在该区间内采用大电流充电，快到截止电位时，降流充电，在保证快充的同时兼顾安全性和寿命。

BMS 通过对电池包各电芯、模组及整车动态数据的实时采集与监控，基于电化学、等效电路等多种电池模型对电池状态进行精确估算，结合实车使用的边界条件最终实现对整个电池工作的精确控制。为保证车辆与市面上各种充电桩进行稳定的交互，BMS 还要在充电时与各种快充电设施进行“握手”和通讯，使之按照相关充电“协议”正确准确地充电，并且保证超充车辆不仅可以在超充桩进行高速充电还要稳定适配市面上所有普通的快充桩，为用户提供良好的使用体验。作为动力电池包的“安全屏障”，BMS 须做到对电池包以及整车状态的高效监控，防止对动力电池的滥用，并能够在事故危险出现之前及时预警、切断电源，降低事故等级、减少事故损失，尤其是在 XFC 等快充模式下，要实现短时间内大量电能的转化，需要对每支电芯在充电过程中的实时状态进行精确的监控和快速的预测，这样才能有效保证超充电池的高安全性。在 BMS 的热管理控制方面，开发了电池的预冷预热策略，智能识别充电场景，提前将电池调节至满功率充电的温度范围，实现多气候环境快速充电。此外，通过电池的热力学建模，和对冷却液温度、流速以及充电电流的实时自动化控制，实现了全外界气温范围内的极速快充。在 BMS 的电池状态估算方面，引入了卡尔曼滤波、神经网络等高性能算法，实现对每一颗电芯的 SOC、SOP、SOH、SOE 的精确评估，使得电池在全生命周期都能得到合理的利用及控制。不仅如此，BMS 结合了后台大数据实现了电池、车、充电站的数据互联互通，描绘出精确的用户画像，为超充用户提供更精准的定制化服务。同时结合对后台数据的深度学习，可实现对电池故障更快、准、全的提前预警，保证超级快充电池更可靠、更安全、寿命更长。

图 5-1-80 巨湾 XFC 极速充电动力电池

③整车高压平台适配开发及 XFC 充电设施配套

为发挥出电动汽车的各种潜能，包括为普及实现 XFC 极速快充，电动汽车电源母线的等级将从目前 400 V 平台为主，升级到 900 V 左右的高压平台，这已成为必然的发展趋势。这不仅对电池包、BMS 等的开发提出要求，也对 XFC 等快速充电设施的开发，既提出了新的边界条件、也铺平了发展的路径。为推动极速充电技术的应用和普及，解决消费者对充电速度的需求，巨湾技研已成功完成与 XFC 极速充电动力电池匹配的大功率 XFC 超充桩的开发(见图 5-1-81)。巨湾 XFC 超充桩具有以特点：采用兼容国标 2015 版液冷枪，支持最大电流 600 A，即可超充，也可快充，向下兼容 250 A，重量比目前 250 A 国标版充电枪更轻；充电模块最高电压支持 1000 V 直流电，当前功率输出最高 480 kW，可兼容升级到 600 kW。

图 5-1-81 XFC 超充站

上述国标 2015 版液冷的大功率解决方案，通过行业多年的测试实验，在进行改进优化后，可以满足未来更大功率充电的要求；同时能很好地兼容快充车、超充车，有利于行业的发展和成本节约。目前，巨湾技研正与各方充电生态合作伙伴紧密合作，积极推动超充网络和生态的建设。

3. 国际水平对比分析

美国将 XFC 极速充电技术识别确定为实现电动汽车被广泛采用所须克服的关键挑战，还设定了 2023 年先将电动汽车充电时间先缩短到 15 min 内的近期目标。目前，巨湾 XFC 极速电池产品的充电倍率覆盖 3C~6C，电芯能量密度均在 200 Wh/kg 以上。巨湾 XFC 电芯量产和电池包于 2021 年已实现对广汽 AION V Plus 70 超充版车型的配套供应，其中配置巨湾 6C 倍率 XFC 产品的车型，0~80% 充电仅 8 min、续航增加超过 400 km，超越 XFC 目标要求；配置巨湾 3C 倍率 XFC 产品的车型，0~80% SOC 极速充电的时间仅为 15 min，也提前超过了美国能源部设定的 2023 年近期目标。

4. 成果应用情况

2021 年 8 月，搭载巨湾 XFC 技术与动力电池的车型获得世界纪录认证机构(WRCA)的“电动汽车最快充电技术”世界纪录认证(见图 5-1-82)。2021 年 9 月，配置巨湾技研电池产品的 AIONV Plus 70 超级快充版车型量产上市，2022 年下

图 5-1-82 世界纪录认证证书

半年，将会陆续有搭载巨湾 XFC 动力电池的更多车型发布与上市。同时，已有近 10 家国内外汽车厂商在与巨湾技研商讨合作事项，展示出巨湾 XFC 技术与产品的广阔市场应用前景。

5. 成果产能建设情况

巨湾技研正在积极建设和布局电芯和电池包生产能力，目前广州南沙的电池包工厂目前已全面投产，PACK 生产线采用自动化生产方式，年产能 5 GWh，可满足大约 6 万辆电动汽车的电池包供应。2022 年 5 月 28 日，巨湾技研总部及储能器件与系统生产基地正式动工建设，一期工程产能将达 8 GWh，对应 12 万台车的供应，预计巨湾技研的产能到 2025 年将达到 120 GWh，满足 200 万辆电动车的超充电池供应。

6. 社会及经济效益分析

XFC 极速充电技术和产品的应用，将有助于缓解新能源汽车当前“充电 1 小时，排队 4 小时”补能效率低下的困境，助力充电行业整体升级，有望节省至少二十倍土地资源，带动超充站建设及运营效益大幅提升。

巨湾技研将继续专注于新能源汽车极速充电技术的发展，以科技创新为驱动力做好新能源汽车“极速快充电池技术引领者”的担当，积极推动新能源电池技术迭代升级，为新能源汽车行业发展作贡献，加快国家“双碳”战略目标的实现。

广汽埃安动力电池技术群

供稿：广汽埃安新能源汽车有限公司

随着新能源汽车的蓬勃发展，“三电”作为电动汽车的核心，各大车企都在致力于核心技术的突破与创新。而动力电池作为新能源车核心技术中的核心，对车企的市场竞争力起着极为关键的决定性作用。作为新能源车领域的创新科技公司，埃安在动力电池技术方便取得卓越成果，形成广汽埃安动力电池技术群。

仅 2021 年一年，埃安就发布了弹匣电池系统安全技术、超倍速电池技术 &A480 超充桩，以及海绵硅负极片电池技术三大原创电池科技，并实现了在量产车上的搭载应用，分别为行业和用户解决了安全、充电、续航三大痛点。埃安通过新材料和新技术的应用，在多个电池科技领域均取得领先成绩（见图 5-1-83）。

2021 年广汽埃安“动力电池技术群”获得央视 2021 年度科技类最高奖项。

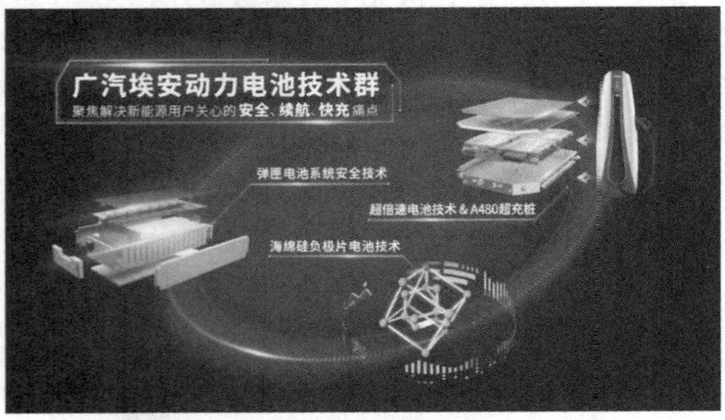

图 5-1-83　动力电池技术群

1. 弹匣电池系统安全技术

弹匣电池系统安全技术，首次实现了三元锂电池整包针刺不起火，攻克行业难题，是唯一能同时适用三元锂和磷酸铁锂电池的安全技术，全面满足用户不同出行场景的需求，如图 5-1-84 所示。

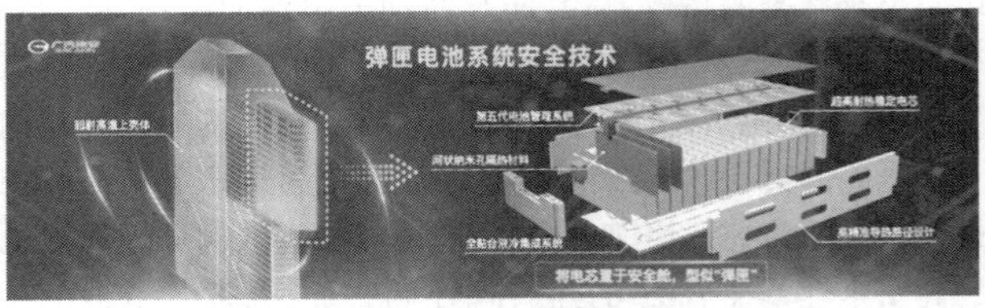

图 5-1-84　弹匣电池系统安全技术

2. 海绵硅负极片电池技术

“海绵硅负极片电池技术”是一个从材料、黏结剂、极片到生产制造等领域具有自主知识产权的近 50 项专利的技术群。

广汽埃安经过 5 年秘密攻关，在行业内率先攻克了硅负极材料在大型动力电池上的应用性难题，成功自研出海绵硅负极片电池技术。包括“纳米复合硅技术”“自修复黏结剂技术”“梯度复合涂布技术”等近 50 项自主知识产权专利技术。这些技术可让电池内部的硅负极像海绵一样柔软有弹性，使硅在充放电过程中的膨胀和收缩被限制和缓冲，不会碎裂。同时，还能像海绵吸水一样，让硅负极发挥大容量的优势，储存更多的能量。

海绵硅负极片电池技术可以大幅降低电池的重量和体积，在相同电量情况下，电芯可实现体积减小 20%、重量减轻 14%，如图 5-1-85 所示。除此之外，AION LX Plus 还采用了高集成整包设计，进一步优化了电池包的体积和重量，最终使得整包能量密度达到 205 Wh/kg 以上，实现 144.4 kWh 超大电池电量。得益于领先的电池技术创新以及轻量化设计，AION LX Plus 千里版整备质量为 2240 kg，仅比 80 智尊版（2090 kg）重 150 kg。

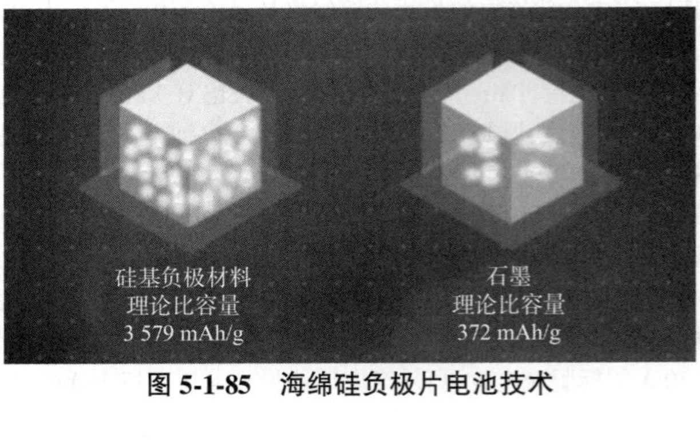

图 5-1-85　海绵硅负极片电池技术

经第三方权威测试机构按照国家标准工况进行续航测试，搭载海绵硅负极片电池技术的广汽埃安 AION LX 可实现续航里程超过 1000 km。同时，车辆已经开展了夏季和冬季的高温高寒测试，性能优异，动力强劲，安全可靠。

3. 超倍速电池技术

广汽埃安旗下的超倍速电池技术。该技术使用新型导电材料，搭建高效的三维导电网络，提高电极材料导电能力；采用高孔隙涂覆陶瓷隔膜和新型高功率电解液，提高电池的倍率性能和热稳定性。

快充技术包括 6C-500 km、3C-500 km 两个版本，满足不同用户的快充需求。3C 高倍率快速充电可实现 0~80% 电量充电时间 16 min，30%~80% 电量充电时间 10 min，6C 高倍率快速充电可以实现 0~80% 电量充电时间 8 min，30%~80% 电量充电时间 5 min，车辆常温 6C 快充循环可达 100 万 km。

相关的超倍速电池技术和与之匹配的 A480（功率达 480 kW）超充桩已于 2021 年 8 月 30 日正式发布；其中搭载超倍速电池技术的量产车型埃安 AION V Plus 已于 2021 年 9 月 29 日正式上市，并在公测中实现“充电 5 分钟，续航 112 公里”，让充电像加油一样快成可能，如图 5-1-86 所示。

2022 年 4 月 21 日，全球首个超充之都（广州）启动暨埃安超级充换电中心落成活动举行。在已有的车、桩量产超充技术基础上，埃安将大力推进超充、快换网络建设，计划 2025 年在广州建设超 1000 座超级充换电中心，实现 1.5 km 半径覆盖，将广州率先打造成为全球首个“超充之都”。

图 5-1-86　快速充电

蔚来汽车第二代换电站

供稿：昆山斯沃普智能装备有限公司

1. 发展状况

昆山斯沃普智能装备有限公司（以下简称斯沃普）是一家以电动汽车快速自动换电站系统为主营业务的高科技智能装备企业，是高新技术企业，是上海蔚来、武汉蔚来、浙江加能等电动汽车的全自动换电站的供应商。

2. 成果简介

（1）特有关键技术的特点、水平和优势

本项目电动汽车全自动快速换电站采用模块化的设计理念，即将整套换电站设备分解为独立模块，相互之间功能区分清晰，可以快速拆装连接，设计维护简便。产品设计从电驱化、智能化、模块化思路入手，为满足三个标准车位存放 9 块电池的需要，将设备分为两列、两层结构，在储存仓内通过移载机构和提升机构进行上下层电池与汽车进行调换，换电站整体上拆分为停车平台、移载机、提升机、换电小车、充电储存单元、电控系统集成、围护结构等 7 大模块。各模块可独立运输，相互连接方便快捷，并且能够根据客户后期的需要进行快速扩展。分布如图 5-1-87 所示。

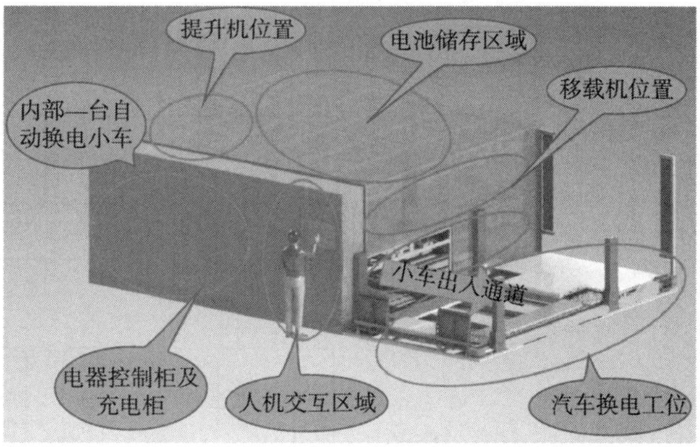

图 5-1-87　产品设计的整体布局图

本项目关键技术如下：

①智能充换电管理系统

智能充换电管理系统包括电池管理系统、充电监控系统、充电管理系统、电池物流存储系统等，实现对电池从更换、充电、监控、仓储、和物流进行全方位管理，如图 5-1-88 所示。

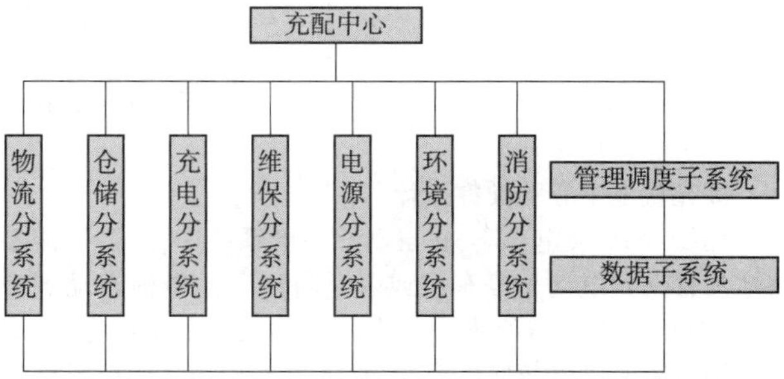

图 5-1-88　电动汽车电池仓储系统功能图

电池管理系统，电池的电压、电流、温度进行时刻检测，同时还进行漏电检测、热管理、电池均衡管理、报警提醒，计算剩余容量、放电功率，报告 SOC&SOH 状态，根据电池的电压电流及温度用算法控制最大充电功率以及电网的用电峰段和谷段，进行充电功率的自适应调整，最大限度避免给国家电网造成电压影响。电池管理涉及电池的充电，以及负载放电，以提高电池性能为目的，协调充电和放电，在适当情况下可以调整充放电速度。相当于一个系统的电源管理和能源管理部分。

电池存储系统完成周边输送系统、条码系统、堆垛机共同完成电池的周转搬运及信息采集跟踪,实现存储的全链自动化,如图 5-1-89 所示。

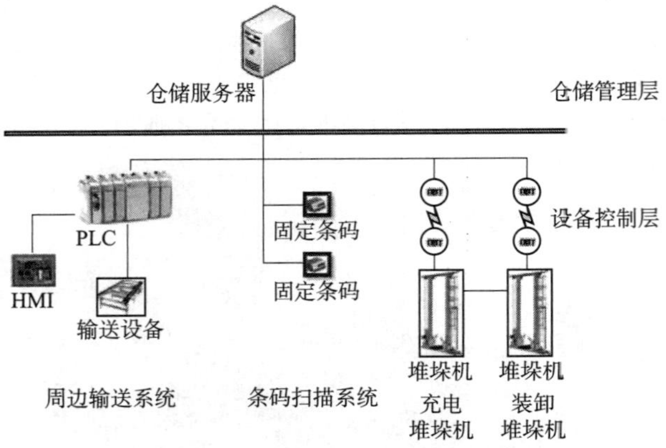

图 5-1-89　电池存储系统架构图

电池的物流管理系统是通过入库业务、出库业务、仓库调拨、虚仓管理等功能,综合批次管理、物料对应、库存盘点、质检管理、虚仓管理和即时库存管理等功能综合运用的管理系统,有效控制并跟踪仓库业务的物流和成本管理全过程,实现完善的企业仓储信息管理。该系统可以独立执行库存操作,与其他系统的单据和凭证等结合使用,可提供更为完整全面的企业业务流程和财务管理信息。在本项目中,仓库管理系统主要负责充配中心仓储的相关业务操作管理及充配中心中仓储相关自动化设备的作业执行管理,功能如图 5-1-90 所示。

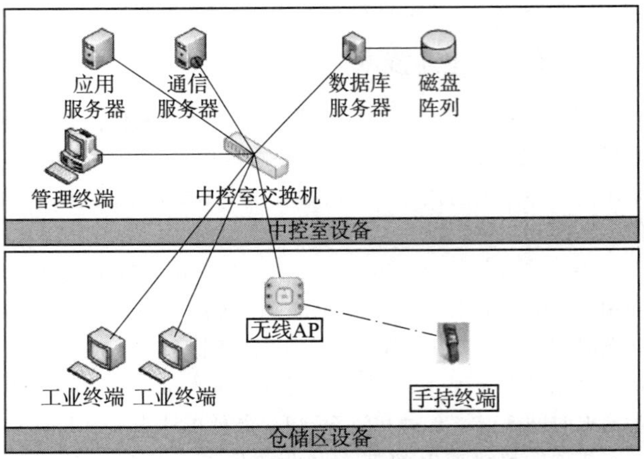

图 5-1-90　电动汽车电池物流管理系统

充电站监控系统包括三层设备:第一层充电站中央监控管理系统,包括数据服务器、Web 服务器、监控主机等;第二层为配电监控、充电监控、烟雾监控和视频监控四个子监控系统;第三层为现场智能设备,如图 5-1-91 所示。各监控系统通过局域网的 TCP/IP 协议与中央监控管理系统连接,实现对充电站的数据汇总、统计以及故障显示与监控。

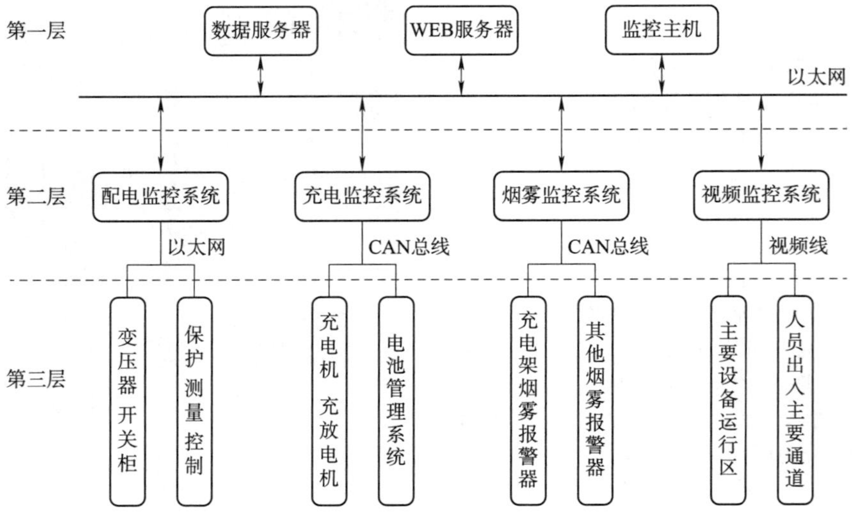

图 5-1-91　充电站监控系统

②充换电中心的硬件设计

无线 RGV 换电小车,在自动充换电系统中,重要是需要将电池移动到电动车停车位或者是将取下的电池移动到充电架,因此 RGV 小车要载电池在不同楼层之间来回穿梭,如果采用传统的供电及通讯模式,其供电电缆和通讯电缆将使设计变得异常复杂而难以实现。本项目研发的无线 RGV 换电小车以工业以太网通讯,并且在电池仓、升降机和停车平台等金属框架内布置了通讯天线,并且编制了高效的通讯代码程序。保证了 RGV 小车在金属框架环境中的通讯安全;研发了 RFID 和二维码融合的定位系统,解决了 RGV 小车在复杂环境下的快速定位难题;RGV 自带电池电压 DC48 V,电量 100 Ah,可以连续工作 6~8 h,在电池仓内布置了充电点,工作不饱满时 RGV 会自动运行到相应位置进行充电。采用直流驱动系统,具有举升高度 200 mm、举升重量 1500 kg 的能力。

超薄型导轨平移机构,换电站的高度通常只有 2400~2500 mm 左右,而车身高度就有 1800 mm,要求 RGV 小车加电池的总高要限制在 550 mm 左右。因此,小车移动导轨基座的厚度必须控制在 40 mm 以内,而承载 2000 kg 的导轨平移机构就要在这 40 mm 的厚度内实现,难度非常大。本方案采用齿轮齿条传递动力、采用直线滑轨做承载和导向。RGV 停在轨道上之后,移载电机转动齿轮齿条,移载板沿直线滑轨左右平移。到达对接轨道时即可停止。两端均设有死档块，确保移载板不会过行程而冲出去。移载板由方管焊接件替换原先的平板件，整体刚度加大。齿轮齿条幅传动刚度大，避免启动停止时位置不准的情况。直线滑轨作为承载和导向，从承载能力、阻力及噪声方面要优于之前的导向条加滚轮结构，确保移载板可以高速高响应的左右平移。本方案的优点在于提高运动精度及平稳性，减小运行发出的噪声，减小能耗。使用当中，400 W 电机负载率由原先 35% 降低至 13%，且噪声大大小于原先方案；移载板在启动和停止时无延迟和抖动现象，在运动过程中平稳无噪声。

车辆举升平台机构，目前，对于普通的电动汽车换电站，电动汽车定位平台一般为下沉式平台，即平台只负责电动汽车的驶入、导向和定位。但是，对于设计在汽车底部的动力电池，必须在平台下方设置单独的通道供换电小车行驶。通常采用的办法是土建施工，即在平台下方开挖并完成一个基坑，用以容纳动力电池、换电小车以及其他设备。但是，下沉式的电动汽车定位平台势必会造成土建结构设计麻烦、部署施工时间较长、需要增设单独的排水措施、无法搬迁和投入成本高的问题。为了解决现有技术中的上述问题，本项目研发了用于换电站的举升式换电平台，该举升式换电平台研发了举升装置、举升平台，举升装置驱动举升装置沿竖直方向移动，带动车辆上下举升。

电池锁止机构，在蔚来汽车项目中，蔚来汽车研发的电池的尺寸是长 2 m，宽 1.5 m，重 500 多 kg，整个电池呈平板状且电池与车接触面积非常大。车辆研发团队考虑到车辆与电池的安全性，故蔚来汽车给出的要求及设计思路是 10 个螺栓将电池与车固定住，其中 8 个螺栓在 4 个平均分布在 4 边，2 个螺栓在电池的中间部位，从而有效保证了电池稳定地固定在车身及充电仓位上并长时间不变形。但作为能够进行反复自动化换电的车辆，除了安全性还要考虑能够反复拧紧和拆卸。该项目研发了一款能够反复拆卸的螺纹锁紧机构，Bayo-bolt，通过受力计算，与车辆配合在电池的平面上多点布置，保证锁紧力及支撑力均匀。该机构使用较大直径的细牙螺纹，拧紧时只使用螺纹额定拧紧扭矩的 25%，这样在反复拧紧时不破坏螺纹，可实现反复使用并可拧紧的目的。

加解锁平台及加解锁机构，电池与车锁止机构采用了 10 个 Bayo-bolt 螺栓，而这 10 个螺栓需要准确的定位，并同时进行加解锁。因此，需要加解锁平台上面 10 把加解锁机构必须同时准确的定位，且加解锁能完全同步。设计时考虑将加解锁平台固定于换电 RGV 上，RGV 的准确定位后，换电平台有一定的上下左右浮动量，从而保证换点平台与电池有个很好的对准和定位对接。换电平台上的 10 把加解锁机构上面与电池锁定螺栓接触的套筒也需要有一定的浮动量，才能有效消除不同车辆以及电池之间可能存在的制造偏差。本技术研发高精度的伺服力矩控制原理实现加解锁枪的力矩、转速控制，确保电池连接 Baly-bolt 螺栓不被损坏；通过万向浮动弹簧组件使得 RGV 解锁枪平台在平面内小范围浮动，大大增加了加解锁成功概率；由于 RGV 与电池接触面的位置存在误差，通过将加解锁枪头做成可伸缩结构，能够有效消除该误差，确保枪头与螺栓有效啮合。本套自动加解锁机构连接于外部直线驱动件，包括加解锁套筒、连接于加解锁套筒的且与加解锁套筒配合使用的驱动装置，加解锁套筒内部设置有感应杆且与用于将电池螺栓锁紧的十字夹套配合使用；加解锁套筒内部还设置有连接轴，加解锁套筒设置于减速组件上，连接轴通过减速组件与驱动装置配合使用的，感应杆下端连接有感应头，且加解锁套筒下端还设置有与感应头配合使用传感组件。重复定位精度达到±1 mm，测试加解锁成功率达到 99.99% 以上。

本项目产品关键技术的水平：本项目委托中国科学院上海科技查新咨询中心进行科技查新，通过国内数据库对与本项目相同或类似文献与研究报告进行查新检索，具有新颖性。出具的咨询报告显示，本项目技术水平达到国内领先水平。

本项目核心产品已销售至蔚来汽车有限公司，使用在其公司生产的电动汽车充换电中心，并且作为其产品的一个卖点，获得了用户的好评。

本项目产品关键技术的优势：一是研发智能电池监控系统，保障了配电、充电、换电、冷却、温湿度等运行状态得到严格的监控；二是研发电池管理系统，对电池的电压、电流、温度进行时刻检测，并且能够根据温度、电网的峰段和谷段进行智能调节充电电流，从而能够在不损害电池和干扰国家电网电压的基础上进行快速充电；三是设备设计充分保障安全，采用多层安全防护，浮动自适应对准等技术，整体达到 Cat4 级安全标准，大大提高设备运行安全性与可靠性；四是研发的 3D 视觉定位和机械定位融合的高精度定位技术，使得换电加解锁准确的对准底盘和电池，换电全程自动无人工参与，实现一键换电；五是研发超薄型导轨平移机构，厚度设计为 40 mm，承载 2000 kg，在保证超薄的同时实行了 2000 kg 的承载力；六是在知识产权上，一是转移转化充换电中心核心专利技术 11 件（1 件发明和 10 件新型），新申请知识产权 10 件，其中发明专利 2 件，新型专利 8 件，申请软著 6 件。转让专利见表 5-1-21，新申请知识产权见表 5-1-22。

表 5-1-21 转让知识产权列表

序号	知识产权名称	类型	专利号	状态
1	撬块式电动汽车换电站	发明	ZL 201611032483.9	授权
2	举升式换电平台	新型	ZL 201621245383.X	授权
3	悬挂式电池储存单元	新型	ZL 201621246471.1	授权
4	无线穿梭式换电小车	新型	ZL 201621241261.3	授权
5	用于电动汽车换电站的轨道切换装置	新型	ZL 201621241070.7	授权
6	升降装置和包含该升降装置的充电平台	新型	ZL 201621246362.X	授权
7	穿梭车定位机构	新型	ZL 201621252746.2	授权
8	可翻转坡道装置	新型	ZL 201621241838.0	授权
9	用于浮动平台的弹簧组件	新型	ZL 201621240943.2	授权
10	撬块式电动汽车换电站	新型	ZL 201621252734.X	授权
11	车辆位置自动调节装置	新型	ZL 201621245296.4	授权

表 5-1-22　新申请知识产权列表

序号	知识产权名称	类型	专利号	状态
1	电动货车车载电池锁止结构及锁止方法	发明	201811604587.1	受理
2	新能源汽车换电站用自动加解锁机构	发明	201811605616.6	受理
3	电动货车车载电池锁止结构	新型	201822204315.4	受理
4	电池承载机构	新型	201822204344.0	受理
5	可扩展式充电仓水冷结构	新型	201822207176.0	受理
6	单驱动式多丝杆同步驱动结构	新型	201822207307.5	受理
7	新能源汽车换电站用自动加解锁机构	新型	201822207458.0	受理
8	RGV 在线充电系统	新型	201822239746.4	受理
9	高效 RGV 运行控制结构	新型	201822239749.8	受理
10	机械式自回位导向销	新型	201822210203.X	受理
11	斯沃普一种 RGV 小车在线充电控制逻辑	软著	2019SR0129020	授权
12	斯沃普一种针对换电站电池仓位管理系统	软著	2019SR0128649	授权
13	斯沃普针对换电站电池挂架控制软件	软著	2019R11L174566	受理
14	斯沃普 RGV 小车加解锁控制软件	软著	2019R11L174556	受理
15	斯沃普 RGV 小车举升控制软件	软著	2019R11L174544	受理
16	斯沃普针对换电站条码系统控制软件	软著	2019R11L174402	受理

(2)主导产品相对于市场同类竞争产品在质量、性能、功能等方面的特点和优势

本项目全自动智能充换电解决方案，全面整合了研发团队国内外多年扎实的产品技术积累，针对电动汽车充电和换电的痛点、难点，以及蔚来汽车整车研发团队对未来电动汽车的思考，采用自有核心技术开发，在充换电中心的便捷实施、快速扩展、快速换电和有效充电等关键技术上均有突破(见表 5-1-23)，其主要体现在以下方面：

①安全可靠

技术特点：整体达到 Cat4 级安全标准，采用多层安全防护，浮动自适应对准等技术，大大提高设备运行安全性与可靠性。

生产制造：按照汽车行业的 APQP 标准进行生产制造，通过多达 1000 多项 5000 多次严格 DV、PV 测试后方可进行批量生产投放市场，产品的耐久性、稳定性有强有力的保障。

监控系统：一体化的综合控制与管理系统，保障了配电、充电、换电、冷却、温湿度等等运行状态能得到很好的监控与运营管理。

②快速部署

占地面积：占地面积仅 40 m^2 左右，即三个标准化停车位大小，可大量布置于各类地上地下停车场，包括高速服务区等。

选址便捷：产品总用电量不超过 350 kW，同时可以根据实际用电情况调节负载输出，使得其在选址上更为方便。

模块设计：高度集成化及标准化的模块设计使其可以快速建站，重新选址后可以很灵活地拆卸后再快速拼接安装。

③系统智能

高度集成：一体化的箱体外壳内集成了换电平台、换电机器人、电池仓、升降机、充电系统、水冷系统、视觉系统、安防消防系统等。

无线连接：产品通过 4G 信号，与上层云端服务器实时交互信号，设备运行状态、车辆状态、电池状态都能实时记录在数据库里。

设备智能：自动校正车辆状态，视觉识别与机械精准定位共同作用下，使得换电加解锁准确的对准底盘和电池，换电全程自动无人工参与，实现一键换电。

④灵活接入

接口开放：采用主流的通讯接口 CAN 总线及以太网，经授权和配置后可以对产品进行相应的设置或者连接通讯互动。

运营灵活：系统可单独运营，或与众多换电站组成一个网络，通过上层进行统一管理、分配、监控运营。

信息共享：其无线 4G 功能可接入各级运营及管理平台，实现了人与车、电池、换电站、运营商、电网、国家监管部门等进行必要的信息共享与交互。

表 5-1-23　竞品分析

公司	Better Place	特斯拉	电巴/奥动	电巴/奥动	移峰能源	移峰能源	斯沃普
产品			奥动电吧充换电站 1.0	充换电站 2.0	集中式能源站	分布式能源站	换电站 V1.2/V1.4
服务车企	雷诺	特斯拉	北汽新能源出租车	北汽新能源出租车	力帆汽车分时租赁业务“盼达用车”	力帆汽车分时租赁业务“盼达用车”	蔚来私人车主
服务车型	雷诺 FluenceZE	Model S	EU 系列快换版	EU 系列快换版	力帆 330EV3	力帆 330EV3	ES8、ES6
电池大小			45 kWh	45 kWh	2.7 kWh×8	2.7 kWh×8	70 kWh
换电站类型	框架建筑	框架建筑	框架建筑	集装箱式	框架建筑	框架建筑	集装箱式
选址要求	选址难度极大； 面积大； 需挖较大地坑； 电量接入极大	选址难度大； 有空地的加油站； 需挖地坑； 电量接入大	选址难度大； 有空地的加油站； 需挖地坑； 电量接入大	选址难度中； 一般空旷地带； 电量接入较大	选址难度极大； 面积大； 需挖较大地坑； 电量接入极大	选址难度中； 一般空旷地带； 电量接入较大	选址难度小； 普通停车场； 电量接入小
占地面积			300 m^2	67.5 m^2 5 个车位	5~6 亩 3300~4000 m^2	200 m^2	40 m^2 3 个车位

续上表

公司	Better Place	特斯拉	电巴/奥动	电巴/奥动	移峰能源	移峰能源	斯沃普
建设时间	3 个月以上	1 个月以上	1 个月以上	48 h	电池充电位于地下一层，基建+设备安装时间估算 3 个月以上	基建+设备安装时间估算 1 个月	18 h
基建及设备投资	200 万~500 万美元	50 万美元	1000 万元	500 万元	3000 万元	50 万元	200 万元
电池投资	—	—	200 万元	150 万元	2000 万元	80 万元	50 万元
电池存储	—	50 块	40 块×45 kWh	28 块×45 kWh	16000 组×2.7 kWh	640 组×2.7 kWh	5 块×70 kWh
换电车位	—	—	1	1	2	1	1
换电时间	3 min	1.5 min	3 min	3 min	3 min	3 min	3 min
技术难度	—	—	中： 换电全程自动化； 加解锁机构简单	中： 换电全程自动化； 加解锁机构简单	低： 换电全程手动	低： 换电全程手动	中： 换电全程自动化； 加解锁机构复杂
质量	高	—	质量中： 按照一般非标设备生产	质量中： 按照一般非标设备生产	质量中： 按照一般非标设备生产	质量中： 按照一般非标设备生产	质量要求高： 按照汽车的研发制造 APQP 流程生产
备注	2007 年创立 2013 年倒闭： 投资庞大； 车型销售惨淡	2013 年实施 2015 年放弃：运营成本高、电网接入大、技术不成熟、后续流程过于复杂、快充模式的出现	基本放弃，投资大、建设难度大	更新换代产品，投资一般、建设难度小，厦门换电站已经盈利	基本放弃，投资巨大、建设难度大、盈利空间低	基本放弃： 投资巨大、建设难度大、盈利空间低	产品持续迭代： 投资小、建设难度小，有较好市场潜力

通过比较，本公司研发的全自动智能充换电解决方案，在技术方案、占地面积、投资额、建设难度、质量标准、建设时间等方面均有突破，并且能够自动监控充电、智能调整充电速率，并且和国内最先进的蔚来汽车合作，因此本产品具有巨大的市场潜力和竞争优势。

3. 成果创新点及解决的难点问题

①相比第一代换电站，单站的电池储备数量增加，由 5 块增加到 13 块，并采用混搭模式，可同时储备 100 kWh、75 kWh、70 kWh，的电池，以满足不同用户的换电需求。

②蔚来汽车第二代换电站采用全新的自适应换电平台，可自动识别蔚来待换车，适应不同轴距的蔚来车辆，让平台自动调整到合适的状态，可兼容目前上市的所有蔚来车型。

③蔚来第二代换电站可以实现无人值守，车辆自动泊入，车内一键自助换电，用户无须下车。

4. 国际与国内水平对比分析

蔚来第二代换电站产品的主要技术与产品性能指标如下：

序号	项目	指标
1	生产节拍	3 min 更换电池
2	整机故障率	3‰
3	每 5000 次发生 2 h 离线检修故障率	<1‰
4	噪声指标	<70 dB

换电站属于新兴行业，目前国际和国内同类厂家不多，蔚来汽车第二代换电站对应的是蔚来汽车的车型，因蔚来电池采用螺栓式连接，其他换电站厂家因对应的车型不同，采用的结构区别较大，如图 5-1-92 和图 5-1-93 所示。

相比之前的蔚来第一代换电站，第二代换电站从电池存储量上从 5 个增加到 13 个，并且可适应不同轴距的车型，并且可实现无人值守，车辆自动泊入，车内一键自助换电，用户无须下车。

第二代换电站每天可提供最多 312 次换电服务，相较第一代换电站有效提升了换电效率。

5. 成果应用情况

其第二代换电站是全球首个量产实现车辆自动泊入的换电站，是由软件定义的端云结合的智能换电系统。蔚来第二代换电站全站共布置了 239 个传感器、4 大云端系统，在科技加持下，用户无须下车，在车内即可一键启动自助换电。

图 5-1-92 蔚来第二代首站北京中石化朝英站

图 5-1-93 蔚来欧洲首站挪威南部城市德拉门（Drammen）

6. 成果的产能建设情况

斯沃普对于蔚来汽车第二代换电站，目前可实现平均月产能达 100 套站的生产能力。可满足蔚来汽车不断增长的用户所需换电站需求。

7. 社会及经济效益分析

本成果的蔚来汽车第二代换电站已经过蔚来汽车的技术验证，2021 年已经完成 500+站的部署，目前已经开始在欧洲部署第二代换电站。

本成果有利于进一步推动新能源汽车车电分离，在换电模式下，电池可作为独立资产由电池银行持有并进行运营与管理，对于电池运营和资产管理者而言，精细化管理可以延长电池的使用寿命，能够更好地参与电网互动，根据电池使用情况选择谷时段充电。不仅可产生巨大的社会效益，也可从参与需求响应中获取更高收益。

新能源汽车高压部件高压瞬态现象测试研究

供稿：国家汽车电气化产品及系统质量检验检测中心/上海电器设备检测所有限公司
盛忠一　刘　媛　张华中　潘青梅

1. 成果简介

随着电动汽车电气网络系统复杂化，高压部件的瞬态现象越来越多，所产生各类高压异常波形会干扰到车辆整个电气网络系统中的其他高压部件，甚至影响到低压部件正常工作。为保证高压部件的工作正常，国际标准 ISO 21498 明确规定了需要进行高压电性能测试的系统类型、选择电压等级的技术背景、各类异常波形产生的原因及要求、测试时的各注意事项等。

STIEE 国家汽车电气化产品及系统质量检验检测中心通过研究 ISO 21498-2：2021、ISO/TS 7637-4：2020 等标准与新能源汽车高压部件的内外部电气结构，分析新能源高压部件的瞬态现象以及产生的机理，扩展与搭建高压部件的瞬态现象测试系统，形成相关的试验能力，实现电驱系统、DC/DC、空调压缩机、PTC、OBC 等高压部件的高压电性能以及脉冲测试要求。

搭建新能源高压部件瞬态现象测试系统的关键技术难点在于解决电源质量要求高，输出模式要求多、两路波形输出的同步性、电压变化斜率快等问题。

STIEE 国家汽车电气化产品及系统质量检验检测中心使用现有设备，测试软件配合使用，集成高压瞬态测试系统，国内率先满足 ISO/TS 7637-4 标准测试要求：采用函数发生器和音频功放产生测试波形，通过耦合变压器注入测试回路中，测试频率可达 500 kHz，样品供电可满足 300 A 的要求，满足共模测试和差模测试要求；使用高压电源，通过滤波器对 DUT 供电，有效降低电源纹波的影响，解决高压电源自身的输出纹波过大导致波形失真的问题，并且滤波器最大能力可以实现 500 A；测试前确认测试频率、测试等级，可实现自动化测试。

STIEE 国家汽车电气化产品及系统质量检验检测中心使用高压电源搭配脉冲发生器来满足不同快速电压变化斜率的电压变化波形测试要求，ISO 21498-2 标准 Immunity to load dump voltage 测试要求的 250 V/ms 波形、VW 80300 标准 EHV-10 Load dump 测试要求的 3000 V/ms 的快速上升斜率的脉冲、VW 80300 标准 EHV-16 HV Pulse 测试要求 5V/ns 的快速上升斜率的脉冲等，是国内首个满足的以上所有脉冲波形的第三方检测实验室。

STIEE 国家汽车电气化产品及系统质量检验检测中心利用交直流可编程电源的串并联输出，满足低电压大电流的样品供电要求，最大输出电流可达 225 A，最大输出电压可达 1120 V，是国内最大电流输出能力的检测机构，同时输出不同的电压波形，可以满足对地偏置电压试验。

2. 成果创新点及解决的难点问题

STIEE 结合现有设备的基础上进行二次开发组成新系统，搭建了一套新能源汽车高压瞬态现象测试平台，国内率先满足 ISO/TS 7637-4 标准全项测试要求，率先在国内实现 ISO 21498-2：2021 标准以及 LV 123、VW 80300、GS 95023 等企业标准高压瞬态现象测试，包含了高压电性能测试和高压脉冲测试，综合技术达到国际领先水平。

新能源汽车高压瞬态现象测试平台应用范围广，不仅可以用于汽车领域的高压电性能、高压脉冲试验，还可以应用于航空等测试领域。

3. 国际水平对比分析

STIEE 新能源汽车高压瞬态现象测试平台输出功率可达 72 kW，输出电压−1120 V ~ +1120 V，最大输出电流 225 A，最快电压上升下降斜率 8 V/us，可输出 500 kHz 叠加交流电压；耦合网络可承受 300 A 电流。目前已覆盖市面上所有新能源汽车高压部件，样品覆盖面广，该项目的建成可以促进国内新能源汽车高压部件的研究与开发，提高新能源汽车的质量水平。目前国内外并无其他机构可以达成新能源汽车高压瞬态现象测试，STIEE 在高压瞬态现象测试的综合技术达到国际先进水平。

4. 成果应用情况

通过对新能源汽车高压部件高压瞬态现象的研究，在中国汽车工程学会的指导下，制定中国汽车工程学会电磁兼容分会团体标准《电动汽车 60 ~ 1000 V 部件电源端口瞬态现象测试方法及要求》，引领测试技术走向，填补了国内高压瞬态现象标准空白。另一方面，与国际标准 ISO 21498-2：2021 处于同步研究的阶段，通过研究与验证为国际标准的编制提供相关的提案。

5. 社会及经济效益分析

新能源汽车高压部件通过电性能测试首要目的是排除

对人身安全可能造成危害的风险，同时通过测试评估车辆电源系统、能量转换系统在设计、实现方面潜在的缺陷，并针对问题通过评审确认工程化解决方案，从而降低整车风险和售后的服务成本。

新能源汽车高压部件高压瞬态现象测试平台的建成，为新能源汽车相关企业提供专业的服务平台，解决测试需求，降低车企以及零部件企业研发成本，缩短研发周期，降低测试费用，促进新能源汽车高压部件技术进步。

同时为新能源汽车相关企业提供专业的服务平台，解决测试需求，促进新能源汽车高压产品技术进步；完善了国内新能源汽车高压部件测试能力，填补试验测试资源空白；完善国内高压瞬态现象标准体系，填补国内标准空白。

电动车低温热泵空调系统

供稿：上海加冷松芝汽车空调股份有限公司

1. 开发背景

随着我国电动车渗透率的迅速提高，电动车在低温环境下高效采暖的问题日益凸显。电加热方式简单可靠，但耗能较多、对行驶里程影响明显；热泵空调通过电动压缩机做功、将车外低品位的热能搬运到车内，具有较高的运行效率；但受限于制冷剂自身物性，当前基于 R134a、R1234yf 的常规热泵空调系统无法长期工作在-10 ℃以下的低温环境，且其制热能力随着环境温度的下降而严重衰减、无法充分满足低温环境下的使用需求。

同时，电机、电池、电控等工作产生可观热量，对于热源有限的电动车来说，回收这部分余热是弥补热量不足的有效方式。因此，结合电动车各部分热管理需求及各零部件的最佳工作温度范围，通过制冷剂——冷却液——空气三种媒介，借助板式换热器、平行流换热器、低温水箱等换热器，将冷媒循环系统、冷却液循环系统进行有机集成，形成综合考虑乘员舱、动力电池和电机电控的一体化热管理系统，是解决此问题的理想手段。该热管理系统的核心是低温热泵空调系统。

上海加冷松芝汽车空调股份有限公司经过多年努力，成功开发了具有余热回收和补气增焓功能的低温热泵空调系统，并已完成整车搭载、环模和路试验证。基于该技术进行调整和变型的各种热泵空调系统，已在数个车型上实现量产。

2. 低温热泵空调系统关键技术简介

(1)系统架构

系统架构如图 5-1-94 所示，包括制冷剂和冷却液两个回路。其中，制冷剂回路有制冷、制热、除湿、除冰、电池冷却、余热回收等 11 种主要运行模式；冷却液回路有电池冷却、电机冷却、自循环、串联冷却等 4 种主要运行模式。补气增焓压缩机和经济器确保热泵系统在低温环境下能长期可靠工作；借助余热回收换热器将电机、电池冷却液中的热量回收到制冷剂回路中，从而提升系统制热量和制热效率；电池冷却器和余热回收换热器共用一个换热器，从而简化了系统设计。经过反复迭代验证，确定系统各零部件的性能要求。

(2)补气增焓压缩机

作为该系统的核心零部件之一，基于成熟的 SONGZ 34cc 电动压缩机进行开发。缸盖分为端盖和中盖两个部件，端盖和中盖之间的空腔构成补气腔，在中盖上设有通向静涡盘补气口的补气通道和补气阀片。静涡盘上的补气口位置

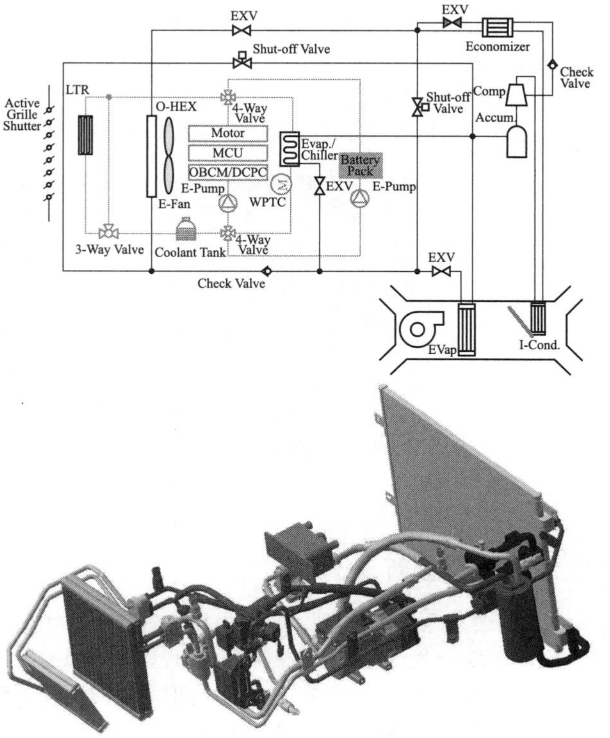

图 5-1-94　系统架构

使其在吸气结束时即，以最大限度延长补气时间、提高补气量。实测该压缩机在 6000 r/min、吸气温度-15 ℃时，制热量可达 5.1 kW，COP 可达 2.4，如图 5-1-95 所示。

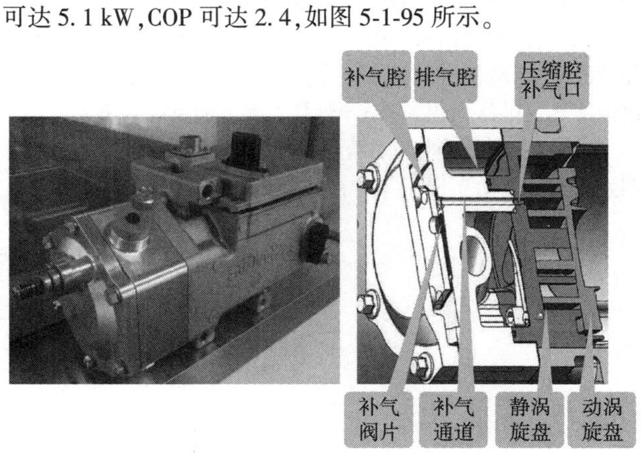

图 5-1-95　补全增焓压缩机

(3)电池冷却/余热回收换热器

低温工况下，制冷剂低压侧阻力的升高将导致热泵性能

的显著降低，且低温工况下冷却液黏度较高、循环阻力大；故要求电池冷却/余热回收换热器在保证换热性能的同时、具有极低的流阻。因此进行专门开发。采用大尺寸波纹板片、单流程设计，并对波高、波距等关键参数对换热器性能的影响规律进行仿真优化，从而确保达成设计目标，如图5-1-96所示。实测该产品在电池冷却工况下的制冷能力达5.5 kW，余热回收工况下的吸热量可达2.7 kW；设计工况下冷媒和冷却液流阻均低于10 kPa。

图 5-1-96　换热器

(4)其他关键换热部件

包括车外换热器、车内冷凝器、经济器等，如图5-1-97所示。车外换热器采用两流程平行流结构，着重提升蒸发工况的换热性能；车内冷凝器亦采用双排平行流结构，效率高且出风温度比较均匀；经济器采用逆流板式换热器，结构紧凑。

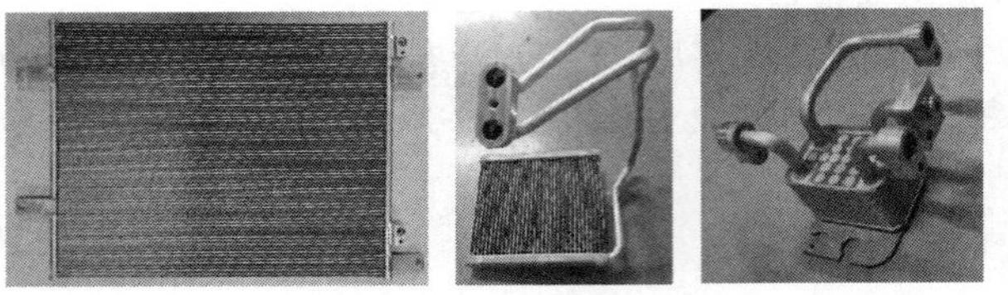

图 5-1-97　换热部件

(5)整车实测效果

整车测试(见图5-1-98)结果显示，该系统可稳定运行于-15 ℃的低温环境；试验30 min后吹脚模式出风温度即可达到55.1 ℃，系统COP 1.64，基本满足使用需求；电机、电池、电控系统温度均符合预期。

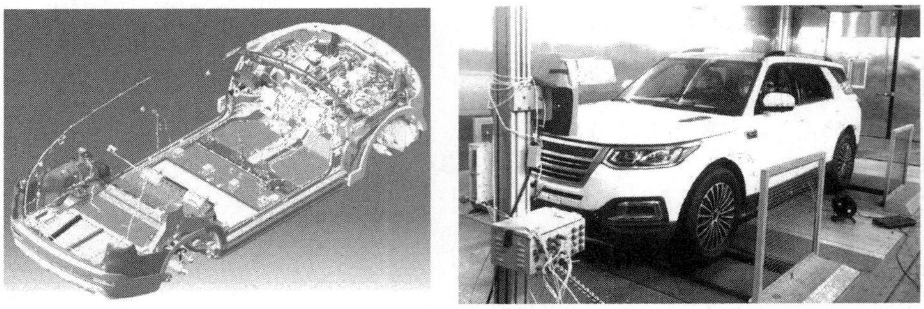

图 5-1-98　整车实测

3. 优势和创新

①基于整合乘员舱、电机、电池、电控热管理的一体化热管理设计方案，开发低温热泵空调系统，实现整车热源的高效利用；制冷剂回路有11种主要运行模式，冷却液回路有4种主要运行模式，从而确保系统在各种工况下均能高效运行。

②专门设计的冷却液回路：在电池冷却工况下，借助空调系统进行电池水路冷却；在热泵工况下，借助热泵系统、通过该换热器来回收电机、电池冷却水路的热量，提升系统制热量和制热效率。同时专门开发了兼具电池冷却和余热回收功能的换热器；在余热回收工况下，具有较小的制冷剂侧阻力和冷却液侧阻力，从而有效减小了热泵工况下制冷剂和冷却液通过该换热器的压力损失、提升热泵工况下的系统效率。

③专门开发的补气增焓压缩机，确保采用R134a热泵空调系统在-15 ℃工况下工作的可靠性，并提高系统制热量。

4. 应用前景

受限于制冷剂本身物性，低温下的制热功率和能耗是电动车面临的难题。电动车一体化热管理系统，以及作为其核心的低温热泵空调系统，通过将热泵空调与补气增焓、余热回收技术相结合，拓展R134a/R1234yf制冷剂的使用环境温度范围、提高制热功率和效率，从而缓解上述难题。同时该系统基于现有电动车热管理系统架构、便于实施，较好实现了效率、可靠性、成本的平衡。

该系统较好地弥补了全新的高效环保制冷剂(如R744，R290)大规模应用前的空缺。以此系统为基础，进行局部的调整和变型，可满足不同的设计目标和市场需求。同时，在此基础上，采用组合阀、集成阀板等结构，进行冷却液回路、空调系统的集成化设计，从而减少系统管路的复杂程度，提升可装配性，具有广阔的应用前景。

一种用于车道偏离系统中的车道线识别方法

供稿：奇瑞万达贵州客车股份有限公司　江　涛

1. 技术领域

本技术涉及一种车道偏离系统中的车道线识别方法，属于用于新能源客车车道线识别技术领域。

2. 背景技术

随着机动车数量的不断增加，由驾驶员误操作引发的交通安全问题日益严峻，以安全辅助驾驶系统为代表的智能汽车技术可有效减少因驾驶员操作失误导致的交通事故。

当然，在室外自然环境下的汽车安全驾驶预警系统中，环境光照以及视野角度变化会严重影响车道线识别。如果车道线的识别率略低以及ACC(自适应巡航)对于前方压线行驶车辆的识别率很低，就会有发生碰撞的隐患。近年来许多学者一直采用各种办法来消除这些因素的影响。比如有些学者采用直方图法来增强识别目标域值，同时采用具有修正值的各种边缘检测方法来提高边缘检测精度。这些方法能在较稳定光照环境下提高识别精度，减少了背景噪声。但是没有根本解决实际动态变化自然光照对车道线识别的影响。比如光线强弱变化，以及视野角度改变都会影响识别精度。另外一些学者通过采用改变摄像机物理属性来提高识别精度，比如采用红外摄像机替换普通摄像机。这种方法虽然可以直接消除环境光照影响，但造价较高，还无法推广到当今的汽车安全驾驶辅助系统中。

3. 技术内容

本技术要解决的技术问题是：提供一种用于车道偏离系统中的车道线识别方法，以解决现有技术中存在的技术问题。

本技术采取的技术方案为一种用于车道偏离系统中的车道线识别系统，包括：特征图像提取模块，对相机捕获到的视频图像进行车道线特征图像提取；特征点提取与跟踪模块，对特征图像提取模块得到的图像进行特征点的提取，获取相对可靠的特征点位置后，使用卡尔曼滤波器对特征点进行跟踪；并获取图像坐标系下车道中心线方程；车道中心线方程拟合计算模块，通过两侧跟踪到的特征点计算车道中心线特征点，拟合出图像坐标下车道中心线方程，然后通过标定获得逆透视图像与实际道路之间的横纵向坐标比例关系，利用特征点提取与跟踪模块所得图像坐标系下车道中心线方程与此比例关系进行实际车道中心线方程的计算。

用于车道偏离系统中的车道线识别方法为：在进行车道偏离预警之前，先进行车道线识别并估计车道中心线方程，具体步骤如下：

①在图像预处理阶段，对图像进行畸变校正，再对校正后的图像进行逆透视变换(IPM)获取车前方道路的俯视图，并对IPM图像进行双边滤波消除图像噪声。

②使用Sobel算子对IPM图像进行边缘检测，并基于车道线宽度模型与边缘检测图像进行车道线特征图像的提取，消除非车道线信息的干扰；然后，在得到车道线特征图像后搜索并提取车道线特征点，并使用最小二乘法对特征点进行拟合，获取车道线方程。

③为提高车道特征点的提取精度，采用卡尔曼滤波器对车道线特征点进行跟踪，建立前后帧之间特征点的联系，同时使用获取的车道线方程建立动态感兴趣区域用于后续图像的检测；最后根据卡尔曼滤波器跟踪到的车道线特征点计算出车道中心线特征点并进行拟合，获取像素坐标下车道中心线方程。

④在得到像素坐标下车道中心线方程后，确定逆透视图像与实际道路坐标空间之间的比例关系，计算实际道路坐标下车前道路中心线方程、曲率半径等信息、同时分析车道偏离预警模型，制定偏离预警决策算法，设置预警触发条件。

步骤①中先进行图像的灰度化，再对图像进行逆透视变换。

步骤②中车道特征图像提取方法为：设 $g(x,y)$ 为边缘检测图像的梯度值，T为梯度阈值，L为车道线宽度；当某点梯度 $g(x,y)$ 大于阈值T且与其水平相隔距离L处的像素点 $g(x+L,y)$ 的梯度值也大于阈值T，则此处为可能的车道线边缘点，将这两点间的像素值全部置为255，不符合条件的像素点像素值置为0，至此即完成从Sobel边缘检测图像到车道特征图像的提取。

本技术的有益效果：与现有技术相比，本技术是基于机器视觉的车道线识别方法，能够实时进行车道线识别并计算车道中心线方程，当车辆偏离当前车道或有偏离当前车道趋势的时候能够发出预警信号，减少由于驾驶员疲劳驾驶或注意力分散引发的交通事故，提高行车安全性。

4. 具体实施方式

实施例1：一种用于车道偏离系统中的车道线识别系统，包括：

①特征图像提取模块，对相机捕获到的视频图像进行车道线特征图像提取；包括对图像进行灰度化，再对图像进行逆透视变换(IPM)获取俯视图图像，接着使用Sobel算子对图像进行边缘检测，最后使用车道线宽度模型对边缘检测图像进行车道线特征图像的提取。

②特征点提取与跟踪模块，对特征图像提取模块得到的图像进行特征点的提取，获取相对可靠的特征点位置后，使用卡尔曼滤波器对特征点进行跟踪；并使用最小二乘法对特征点进行拟合，获取曲线车道线方程，绘制出车道线。为进一步提高车道线识别精度与速度，利用所得两侧车道线建立动态感兴趣区域，对后帧图像检测范围进行限制，提高检测精度；利用两侧感兴趣区域对左右车道进行分割，通过统计投影点数区分实线与虚线车道。

③车道中心线方程拟合计算模块，通过两侧跟踪到的特征点计算车道中心线特征点，拟合出图像坐标下车道中心线方程，然后通过标定获得逆透视图像与实际道路之间的横纵向坐标比例关系，利用特征点提取与跟踪模块所得图像坐标系下车道中心线方程与此比例关系进行实际车道中心线方程的计算。

④特征图像提取模块是车道线检测与车道偏离预警算法实现的前提。这一模块包括图像预处理与逆透视车道线特征图像提取。图像预处理目的在于降低图像中噪声的干扰，减少计算时间，提高算法的鲁棒性与实时性。系统从安装于汽车前部的摄像头中获取车前方道路的视频图像信息，在未进行任何处理的图像中，存在着大量的干扰，包括阳光照射路旁行道树造成的阴影干扰、路面反光、落叶遮挡、车辆干扰、路面非车道线标志干扰、车道线缺失干扰等。系统需要从这些干扰中将车道线信息凸显出来。为达到凸显车道线信息并降低干扰的目的，需应用图像预处理技术，包括图像灰度化、图像平滑处理、阈值操作、边缘检测等算图像预处理算法。

灰度化是实现三通道彩色图像到单通道灰度图像的转

化步骤，这一步的作用在于降低图像处理的复杂度，提高图像处理速度。

图像平滑处理又可称为模糊处理，是用来对图像进行降噪和减少失真的方法。

使用阈值操作来进行车道线信息提取，阈值操作是先设定一个阈值，将图像中像素点灰度与此阈值进行比较，大于此阈值则被认为是目标点，小于阈值的像素点则会被滤除，其进一步降低了图像中的信息复杂度，使得图像中信息只有两个值，降低了图像处理的数据量，突出了目标信息。

边缘检测是通过检测图像中边缘信息来凸显检测目标的方法，本实用新型采用的边缘检测算法为 Sobel 边缘检测。

因视觉相机成本相对较低，基于视觉的车道偏离预警系统是目前主流的车道偏离预警形式，系统可通过单目或双目相机获取前方道路的图像信息，再使用算法程序对图像进行处理，识别出车道线，并判断车辆当前位置及是否有偏离车道的危险，最后根据判断结果向驾驶员反馈信息，本技术提出的一种用于车道偏离系统中的车道线识别方法流程如图 5-1-99 所示。

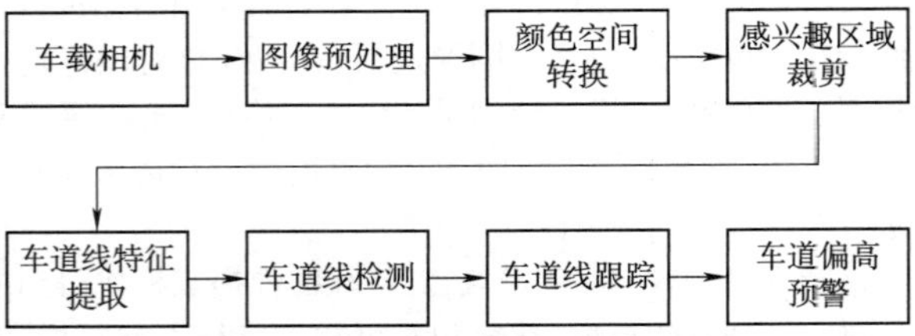

图 5-1-99　车道检测及偏离预警系统预警流程示意图

实施例 2：如图 5-1-100 所示，一种用于车道偏离系统中的车道线识别方法，该方法为：在进行车道偏离预警之前，先进行车道线识别并估计车道中心线方程；具体步骤如下：

①在图像预处理阶段，对图像进行畸变校正，再对校正后的图像进行逆透视变换（IPM）获取车前方道路的俯视图，并对 IPM 图像进行双边滤波消除图像噪声。

②使用 Sobel 算子对 IPM 图像进行边缘检测，并基于车道线宽度模型与边缘检测图像进行车道线特征图像的提取，消除非车道线信息的干扰；然后，在得到车道线特征图像后搜索并提取车道线特征点，并使用最小二乘法对特征点进行拟合，获取车道线方程。

③为提高车道特征点的提取精度，采用卡尔曼滤波器对车道线特征点进行跟踪，建立前后帧之间特征点的联系，同时使用获取的车道线方程建立动态感兴趣区域用于后续图像的检测；最后根据卡尔曼滤波器跟踪到的车道线特征点计算出车道中心线特征点并进行拟合，获取像素坐标下车道中心线方程。

④在得到像素坐标下车道中心线方程后，确定逆透视图像与实际道路坐标空间之间的比例关系，计算实际道路坐标下车前道路中心线方程、曲率半径等信息、同时分析车道偏离预警模型，制定偏离预警决策算法，设置预警触发条件。

图 5-1-101 所示为本技术中车道线特征图像提取流程。直接从原图像中检测车道线，由于视觉存在着透视

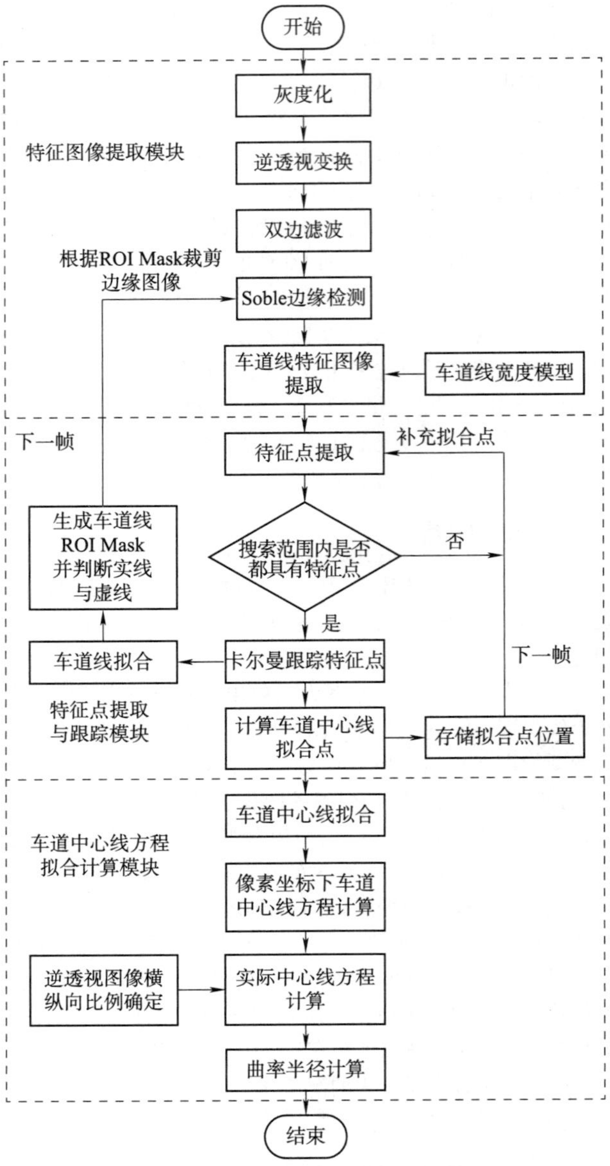

图 5-1-100　车道线识别算法逻辑框图

效果，从而导致检测出来的车道线并不能反映实际的道路线形，为了能够准确从图像中检测到车道线，且检测到的车道线能够准确反映道路的线形，本实用新型选择先进行图像的灰度化，再对图像进行逆透视变换以获取俯视图，最后对俯视图使用 Sobel 算子进行边缘检测。边缘检测后的图像中车道线信息相对明显，但依然会存在着多种干扰，因此在边缘检测基础上提出逆透视边缘检测图像与车道线宽度特性相结合的车道线特征图像的提取方法，提取车道线特征图像。

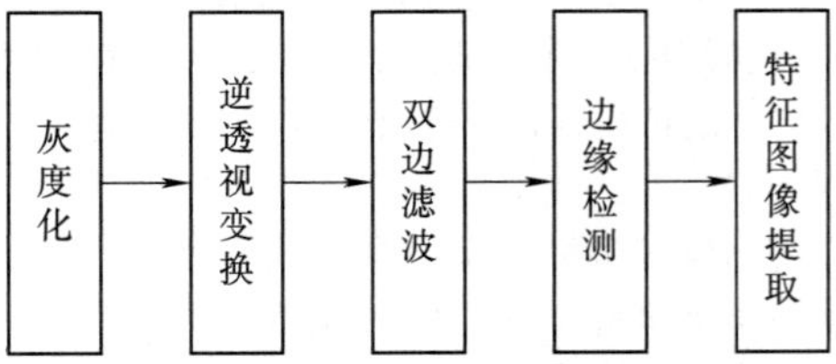

图 5-1-101　特征图像提取流程图

图 5-1-102 为本技术中车道特征图像提取方法，车道特征图像提取方法为：设 g(x,y)为边缘检测图像的梯度值，T 为梯度阈值，L 为车道线宽度；当某点梯度 g(x,y)大于阈值 T 且与其水平相隔距离 L 处的像素点 g(x+L,y)的梯度值也大于阈值 T，则此处为可能的车道线边缘点，将这两点间的像素值全部置为 255，不符合条件的像素点像素值置为 0，至此即完成从 Sobel 边缘检测图像到车道特征图像的提取。

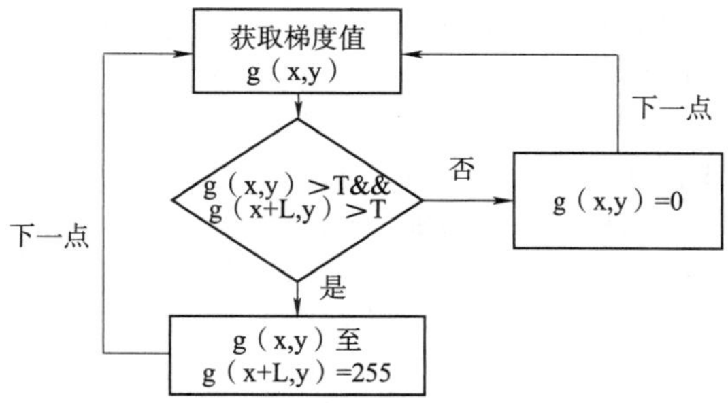

图 5-1-102　车道特征图像提取方法流程图

高安全性、高性能油性聚合物涂敷隔膜

供稿：上海恩捷新材料科技有限公司

1. 成果简介

锂离子电池作为一种储能装置，自被发明以来在人们的日常生产生活中获得了广泛的应用。其中，隔膜是置于电池正负极间的一层多孔薄膜，它在电池中起到传导锂离子并且隔离正负极、防止电池内部短路的作用。目前的锂离子电池隔膜的基膜多是由聚烯烃材料经过单向拉升或者双向拉伸得到的，工艺上有干法和湿法之分。其中，湿法工艺得到的聚烯烃具有厚度较薄、强度较高、孔隙均匀等优点，是目前的制备锂电池基膜的主流方法。然而，由于聚烯烃熔点低、表面为非极性基团，其在电解液浸润性、极片黏接、耐热等方面都有待提高。而且，在近年来，由于电动车的不断普及，电动车的自燃和碰撞后引起的起火燃烧时有发生，锂离子电池的安全问题凸显。现在的汽车动力电池对循环寿命、倍率性能以及安全性能提出了更苛刻的要求。

为了改善锂离子电池的上述问题，人们开发出了涂覆隔膜。涂覆隔膜就是在聚烯烃基膜的表面涂覆上一层功能材料所制备出来的隔膜。涂覆方法又分为水性涂覆和油性涂覆。水性涂覆是指溶剂或者分散介质为水的涂覆方法，而油性涂覆是以有机溶剂（比如丙酮、N，N－二甲基乙酰胺等）为分散介质的涂覆技术。现有的油性涂覆材料主要有聚偏氟乙烯（PVDF）和芳纶。其中，油性 PVDF 隔膜可以为基膜提供优秀的极片黏接性能，而高强度高耐热的芳纶材料可以为隔膜提供安全防护，提升隔膜的破膜温度。

恩捷通过自身的多年研发积累，开发出了成熟的 PVDF 和芳纶油性涂覆工艺，并实现了 PVDF 和芳纶油性涂覆隔膜的量产（见图 5-1-103）。目前，油性涂覆隔膜在动力电池以及高端的消费类电子产品中得到的应用，并且得到了非常好的市场反馈。

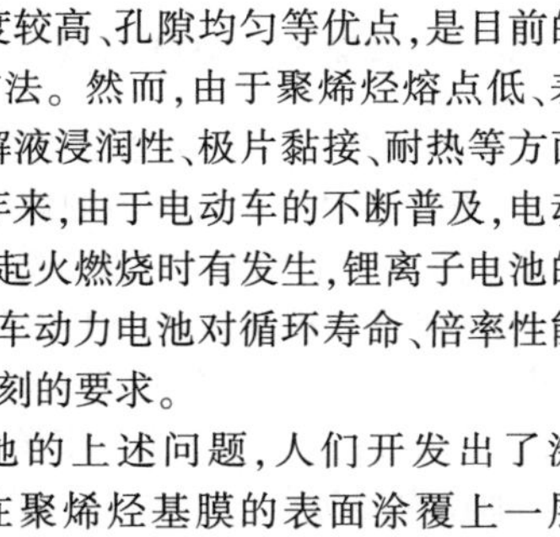

图 5-1-103　恩捷开发的锂离子电池隔膜

2. 成果创新点及解决的难点问题

（1）技术难题

正如上面所提到的，现有的涂覆方式又分为油性涂覆和水性涂覆。与水性涂覆相比，虽然油性涂覆膜在产品的性能方面有诸多的优势，但是也面临着成本较高且工艺复杂等问题。

工艺复杂：油性涂覆过程中需要用到独特的非溶剂诱导相分离造孔的技术方案来制备多孔涂覆层。由于该过程中的相分离速度需要进行精密控制，因此其对涂覆设备、涂覆工艺等都提出了全新的挑战。

成本较高：首先体现在产线复杂，一次性投入成本大。其次，油性涂覆需要使用有机物作为溶剂，在凝固浴槽中以有机溶剂和水的混合溶剂作为萃取液，因此需要消耗大量的水与有机溶剂，并且，有机溶剂的回收需要额外的蒸馏装置。再次，有机溶剂易于挥发且有一定的毒性，对环境和操作人员的健康有一定的危害性，所以在废水处理和人员防护方面需要投入更多的成本。

（2）创新点及优势

①对于油性 PVDF 隔膜，其创新点与优势体现在：采用多层涂覆和混涂的方法，配合使用不同厚度的基膜，得到了可定制化的差异性产品。在涂层的造孔方式上，使用了非溶剂诱导相分离的方法得到了稳定的多孔涂层。通过调节聚合物溶液的浓度、选择不良溶剂的类型、调整不良溶剂浓度等参数来调整三元相图中相分离的路径，从而得到具有双连续型多孔结构的聚合物涂层，并且通过正交实验以达到隔膜透气性能、黏接性能以及电解液浸润性能等的平衡。在涂覆工艺方面，使用了辊涂的方式，配合多段自动更新的凝固浴水槽，保证了涂覆层的均一稳定以及隔膜的批量生产（见图 5-1-104）。油性 PVDF 涂覆的隔膜表现出比水性 PVDF 涂覆隔膜更优异的极片粘接性

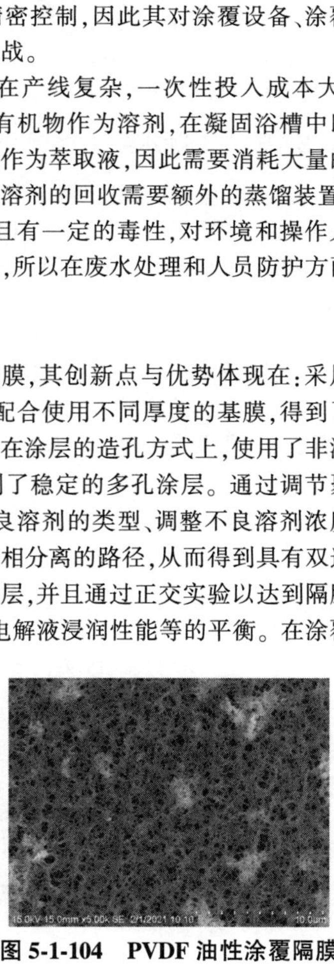

图 5-1-104　PVDF 油性涂覆隔膜

能,可有效避免了锂离子电池在充放电过程应隔膜与电极之间的粘接不良所导致的电化学性能的恶化以及循环寿命的缩短。其电解液浸润性能以及电解液吸液保液性能也更加优异,赋予了锂离子电池更佳的倍率性能以及循环寿命。

②对于油性芳纶涂覆隔膜,其创新点与优势体现在:

通过芳纶材料与无机纳米粒子的复配,形成可用于隔膜的多功能涂层材料,利用该功能涂层在高温下的机械稳定性对PE基隔膜起辅助支撑作用,从而达到降低PE基隔膜厚度同时能够有效缓解其在极端工作条件下的融化或热收缩,避免由此引发电池短路问题。研究了高分子材料和无机纳米粒子表面官能团对隔膜/电解液界面润湿性、化学稳定性和电化学稳定性的改善作用机理。探索了涂覆工艺和干燥条件对于涂层孔道形貌的影响,并设计正交实验,优化高分子黏合剂与无机纳米粒子的配比,在有效提升隔膜的电解液的保有量、锂离子传输性、化学稳定性和机械稳定性的同时,降低非活性组分对电池能量密度的负面影响。油性芳纶涂覆隔膜的主要优势体现在安全性能上(见图5-1-105)。普通的PE基膜的熔点只有130 ℃左右,而间位芳纶可以在200 ℃以上长期使用,对位芳纶的耐热性能则比间位芳纶更佳。根据热机械分析显示,间位芳纶的破膜温度可以达到250 ℃以上,相比于基膜,其耐热性能改善明显。间位芳纶还与电解液有较好的浸润性能,充分保障了锂离子电池的电化学性能。

图 5-1-105 芳纶油性涂覆隔膜

3. 国内国际水平对比分析

目前,在油性涂覆技术方面,日本帝人公司成功地在聚烯烃隔膜上制备了均匀且孔径一致性高的多孔聚合物涂层。由于该隔膜具有高的孔隙率,所以不会阻碍锂离子电池内部的锂离子迁移。因此,可以在设计高容量、高功率锂离子电池的同时,附加耐热及黏合等功能。在涂覆工艺方面,帝人公司首创了在双面进行高速涂覆的工艺,提升了生产效率。该公司生产的芳纶涂覆膜已经在国外某高端智能手机上的消费电池上得到了应用。由于日本企业借助先发优势,占据了芳纶隔膜涂覆技术的制高点,并进行了专利和技术的封锁,所以目前仅有日本公司所生产的油性隔膜得到了大规模的批量生产和应用。目前我公司通过前期的技术积累以及与帝人公司开展合作,所生产的油性涂覆隔膜的各项技术指标均达到了日本帝人公司所生产的油性涂覆隔膜的同一水平。

4. 成果应用情况

恩捷是国内最早实现油性涂覆隔膜量产的公司之一,所研发和生产的油性涂覆隔膜在技术实力、产品的多样性和产能等方面都领先其他国内外隔膜企业。目前恩捷的油性PVDF隔膜在国内外头部锂电池制造商的产品中得到了广泛的应用。除了油性PVDF涂覆产品,恩捷也在积极开发对于其他溶剂体系涂覆隔膜的研究,目前以芳纶涂覆隔膜为代表的高耐热性功能涂覆膜已经开始小批量生产。

5. 成果产能建设情况

恩捷的珠海工厂自2016年投产至今,已经有十数条溶剂体系涂覆生产线,月产能可达1600万m^2,年产能能够满足约12 GWh的电芯生产需求。目前对于已建成产线的产能还在进一步挖掘,并同步在国内外基地积极地布局新的溶剂体系产线,紧跟恩捷隔膜整体产能的扩张速度,预计在2025年前可以实现产能翻倍。

6. 社会及经济效益分析

油性PVDF涂覆膜在黏接力方面具备水性PVDF或者其他粘接类型材料无可比拟的优势。除了具有良好的粘接性以外,其在产品稳定性以及与极片的界面相容性方面使得使用了油性PVDF涂覆膜的电芯在加工工艺上具有更大的优势。因此,它可以匹配更多的电芯设计方案,提升电芯产能,对迅速增量的锂离子电池市场起到了巨大的推动作用。

而作为溶剂体系的另一明星产品,芳纶涂覆膜则在安全性能上有着其他材料无法取代的优点。其远高于常规树脂材料的耐高温特性决定了该隔膜能够有效避免电芯在过充、短路,高温等极端测试环境下发生爆炸或者剧烈燃烧的风险。芳纶涂覆膜的推广将有利于改善人们对消费电子类产品以及电动车等用电设备的自燃、爆炸等现象的不良印象。

二、氢燃料电池领域

全功率燃料电池动力系统平台与整车开发及应用

供稿:东风汽车集团有限公司技术中心　李洪涛　宋　扬

1. 成果简介

本项目完成国内首款全功率燃料电池汽车,获得国家公告。建立了从基础材料,到关键部件、电堆及燃料电池系统、整车搭载匹配全价值链研发与产品开发能力,带动燃料电池产业链构建与产业化发展。

2. 成果创新点及解决的难点问题

燃料电池系统与燃料电池整车关键技术研究与产品开发,聚焦低氢耗、高动力、高安全及高性能4大特征的全功率燃料电池动力系统平台与整车等关键技术。成功研制出了全功率燃料电池整车,整车最优能量管理策略,高效热管理技术,氢-电安全控制,故障预警控制等技术。

（1）全工况高效整车能量控制（见图 5-2-1）

通过提高循环工况动力电池使用率，减少并降低燃电系统的输出时长和输出功率、优化整车制动能量回收，增加电机制动占比，回收制动能量、优化燃电系统怠速功率，使燃电系统尽可能的工作在高效区间。燃电系统怠速功率降低至 2.2 kW，动力电池保持 SOC 平衡，氢耗降低 20.5%，样车百公里氢气消耗量低至 0.751 kg。

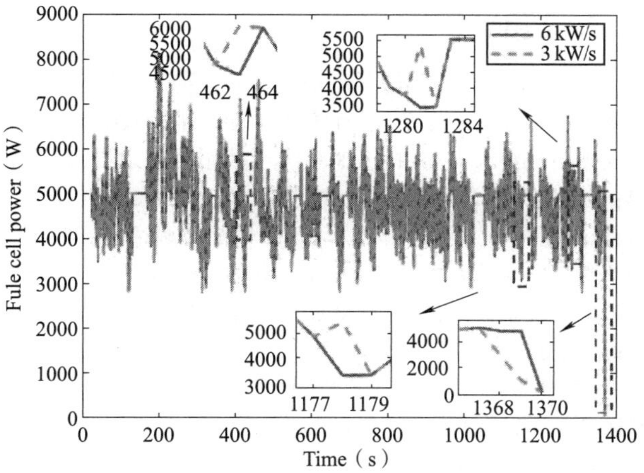

图 5-2-1　全工况高效整车能量控制

（2）高效燃料电池系统集成与控制技术（见图 5-2-2）

针对泄漏间隙处流场影响流体热力学性能问题，建立三维全流域的热力过程数值模型，优化气动部件性能。基于正交试验，分析电堆工作条件灵敏性，优化部件功耗、低流阻结构设计降低附件功耗。

最终，燃料电池车百公里氢耗降低 10.88%，系统最高效率达到 60%。

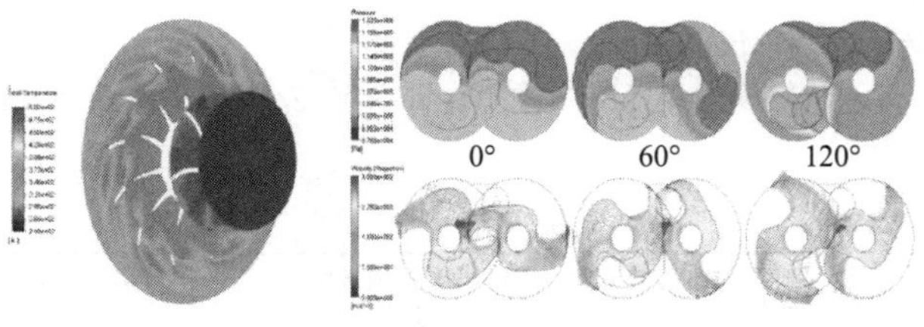

图 5-2-2　燃料电池系统集成与控制

（3）自适应回氢控制技术

分析电堆敏感性数据，锁定氢循环控制和标定边界；建立高精度氢循环仿真模型，计算出前馈标定参数及扫点 MAP 图；多维度可视化参数分析与标定。采用定制化氢循环开发方案，结合排氢排水控制优化及在线标定技术，实现氢气利用率实现 82%→92%→95%。

（4）燃料电池系统高动态响应（见图 5-2-3）

通过分析电堆动态工况下的三腔（氢、空、水）供给特性；优化子系统动态气流分配及执行器动态响应，执行器 PID 动态控制参数优化，实现动态气量补偿。优化子系统动态特性参数及动态气量补偿控制与标定，实现燃料电池系统高动态响应。

（5）高效热管理技术（见图 5-2-4）

通过多热源耦合仿真优化，设计适用于燃料电池汽车的 4 套独立回路的整车散热方案，包括电堆回路、空压机及空压机控制器回路、电机及电机控制器回路和动力电池及暖风 PTC 回路。优化前格栅开口面积和网格，增加进风面积。优化燃料电池系统布置及热管理控制策略，提升系统散热性能。燃料电池系统散热性能提升至 72 kW。

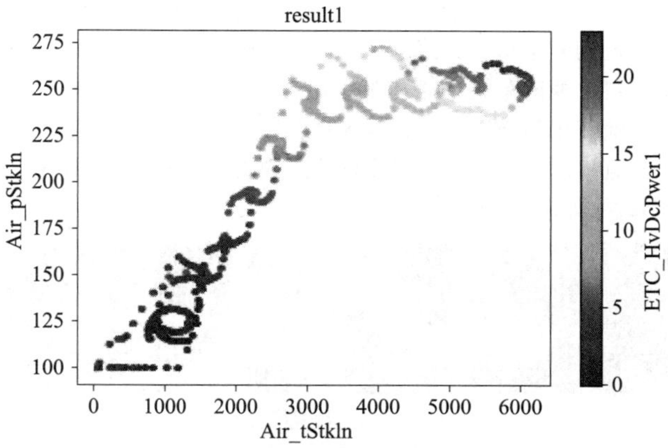

图 5-2-3　燃料电池系统高动态响应

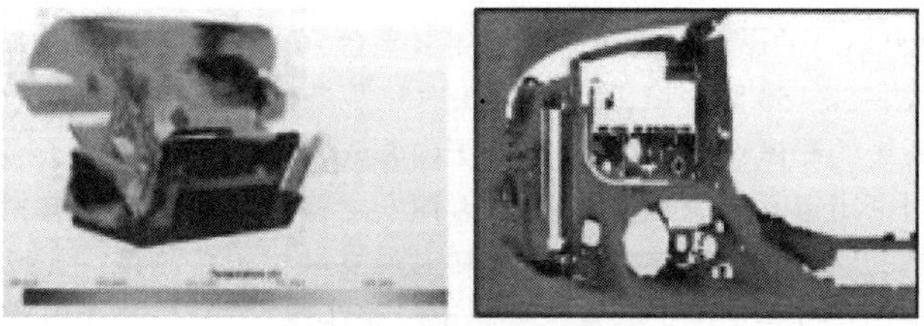

图 5-2-4　高效热管理技术

（6）储氢系统主被动安全控制技术（见图 5-2-5）

通过气体扩散流体仿真，优化氢浓度监测位置。优化加氢控制策略并通过红外通信装置实现整车与加氢站的数据交互，实时监测加氢状态。完善氢气泄露预警处理及紧急情况的处理机制，提升车氢安全。

在前机舱燃电系统上方、乘员舱和车载氢系统氢瓶上方等容易产生氢气泄露和氢气聚集的位置布置氢浓度传感器，并进行冗余设计避免因传感器故障而导致的监测失效问题，实现全方位的氢泄露监测。加氢前 HMS 检测样车及氢瓶状态进行，加氢时通过红外通信装置，加氢站可实时监测到车载氢系统氢瓶的压力与温度，保证加氢安全。分级定义氢泄露及车载氢系统故障，设置不同的故障处理机制，实现低风险情况的预警和高风险的气源切断。

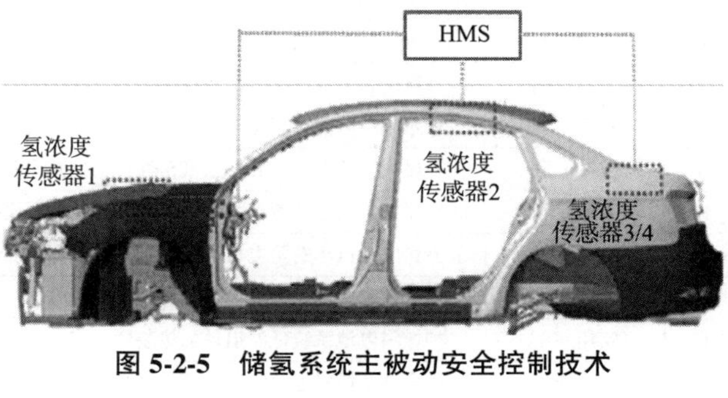

图 5-2-5　储氢系统主被动安全控制技术

（7）整车氢安全碰撞技术

根据燃料电池车碰撞所需监测的数据信息特点，设计一套带载碰撞全过程的氢瓶温度和压力实时采集系统。利用整车被动安全仿真技术（参考标准 GB/T 20913），优化全功率燃料电池汽车局部结构的强度。完成国内首套应用于燃料电池汽车碰撞试验的数据采集及安全监控系统，能够持续监测碰撞前、后的压力、温度计泄露情况等数据，保障试验的有效性，如图 5-2-6。

图 5-2-6　碰撞试验

（8）多环境全工况测试技术

通过仿真分析、试验台架大家、系统与整车测试，进行数据对比，试验问题发现及处理，积累大量试验数据和试验方法，不断完善燃料电池动力系统平台和整车的测试与评价能力。

搭建了满足全功率全工况测试条件的 150 kW（最高可达 220 kW）的燃料电池动力系统测试平台，可满足 0～5000 m 海拔、-30～50 ℃环境，20 kW/s 快速拉载条件下燃料电池动力系统的测试，综合测试能力居国内领先水平。率先建成了国内密闭空间氢泄露、涉氢整车碰撞安全检测和整车氢排放测试的能力，国内首次完成了燃料电池发动机耐久测试。完成了达安汽车检测中心首次燃料电池整车噪声测试、整车电磁兼容和电器测试、氢电能量流测试、1500 h 燃料电池汽车转毂耐久试验以及整车氢耗（外接氢源，氢气流量计测试）等多项燃料电池系统及整车测试与验证，如图 5-2-7 所示。

图 5-2-7　多环境全工况测试

3. 应用情况

（1）建立了全功率燃料电池整车开发能力，针对燃料电池乘用车布置边界复杂，设计模块化动力平台：①可满足不同动力系统要求；②燃料电池系统可共用系统边界，布置简单；支持燃料电池系统、动力电池、电驱动、储氢系统设计选型，以及整车动力经济性和冷启动等性能目标达成。根据全功率燃料电池动力系统特征，提高动力电池使用效率、降低燃料电池动态输出，同时提高制动能量回收，保证电堆使用寿命、提高整车经济性。

（2）燃料电池系统采用 DCDC 集成配电，电堆与 DCDC 驳接，中冷与增湿器模块化设计，供氢回氢装置一体化等设计实现系统高度集成。

（3）研究车载氢系统氢气泄露的特性，建立车载供氢系统失效分析模型、建立氢气的泄漏监测分级预警及安全控制策略，提升整车的氢安全性能。针对整车氢安全标准不完善的情况，基于法规标准点检，设计整车加氢监测与控制流程，通过优化加氢控制流程（监测整车信息）结合红外通信加氢，从而提升加氢过程中的氢安全。在被动安全控制方面，通过进行储氢系统控制器 HMS 同时接收来自硬线信号和 CAN 线碰撞信号的安全冗余设计，一旦发生整车碰撞，HMS 与整车控制器联动，及时切断氢气供应，确保在发生碰撞时，从而避免大量氢气泄漏。

（4）授权专利 14 项，发布标准 3 项，发表论文 7 篇（4 篇 SCI）。

表 5-2-1　知识产权成果

序号	知识产权类别	知识产权（标准）具体名称	专利号/标准号/专有技术号	授权日期
1	发明专利	一种直流变换器与电堆直接驳接结构	ZL 202010876533. 1	2021. 07. 19
2	发明专利	一种氢燃料电池汽车氢泄露检测控制方法及其系统	ZL 202010214752. 3	2021. 8. 31
3	发明专利	燃料电池汽车冷却系统及其控制方法	ZL 2019 1 1326735. 2	2021. 1. 12
4	发明专利	燃料电池系统的怠速供氧控制方法及系统	ZL 2020 1 0261655. X	2021. 6. 01
5	发明专利	ABS 磁极固定装置及总成以及集成 ABS 磁极固定装置的轮毂电机	ZL 2019 1 0218152. 1	2020. 08. 04
6	发明专利	拓展电源静态和动态切换系统级方法	ZL 2019 1 0365280. 9	2021. 1. 12
7	发明专利	一种氢燃料电池供氧方法及供氧系统、控制系统	ZL 2019 1 1394168. 4	2021. 06. 04
8	发明专利	一种氢燃料电池汽车尾气水气分离排放系统及其控制方法	ZL 2019 1 1394199. X	2019. 12. 30
9	发明专利	一种燃料电池系统三腔保压气密性自动检测设备及其检测方法	ZL 2020 1 0438146. X	2021. 3. 19
10	发明专利	四轮轮毂电机驱动汽车力矩补偿的组合二阶滑模控制方法	ZL. 201910814242. 7	2020. 10. 02
11	发明专利	氢燃料电池汽车的防电机抖动控制系统及方法	ZL 2020 1 0220632. 4	2021. 08. 17
12	发明专利	在线监控和恢复燃料电池水状态的系统及方法	ZL 2019 1 1273273. 2	2021. 06. 01
13	实用新型	一种燃料电池系统低温启动加热装置	ZL 2019 2 2051823. 8	2020. 07. 03
14	实用新型	一种提高氢燃料电池响应速度供氧结构	ZL 2019 2 2435465. 0	2020. 7. 14
15	企业标准	燃料电池汽车续驶里程及氢耗量试验方法	Q/EQCT-2230—2020	2020. 9. 30
16	企业标准	燃料电池汽车冷启动试验方法	Q/EQCT-2256—2020	2020. 12. 30

续上表

序号	知识产权类别	知识产权(标准)具体名称	专利号/标准号/专有技术号	授权日期
17	企业标准	燃料电池汽车低温冷启动试验方法	Q/EQCT-4249—2021	2020.12.30
18	论文	AMESim 仿真软件在燃料电池系统开发中的应用	汽车科技 2021 年第 2 期	2020.09.22
19	论文	基于 AMESim 的燃料电池空气系统动态仿真	电池工业 2020,24(1)	2020.2
20	论文	插电式燃料电池乘用车整车开发	2019 中国汽车工程学会年论文集 45(41)	2018
21	论文	A comparison study of battery size optimization and an energy management strategy for FCHEVs based on dynamic programming and convex programming	International Journal of Energy Research 45(41)	2020.7.1
22	论文	Experimental investgation on heat transfer enhancement of a radiator in a simulated boron nitide nanofluids	Heat Transfer Research	2021.4.19
23	论文	Experimental investigation of the thermal performance of a radiator using various nanofluids nanofuids for automotive PEMFC applications	International Journal of Energy Research 19	2020.11.17
24	论文	Numerical investigation on the temerature distribution inside the engine compartment of a fuel cell vehicle with nanofluids as coolant	International Journal of Energy Research 45(6)	2021.1.9

4. 社会及经济效益

本项目开发了国内首款全功燃料电池乘用车,开发了高效率燃料电池系统,搭载乘用车与商用车,实现多款车型公告并实现示范运营。本项目产生的技术与产品受到了行业好评,取得了较好的社会与经济效益,有效带动燃料电池产业链配套产业发展,为燃料电池汽车产业化、市场化提供强有力的支撑。

大功率氢燃料电池组矿卡混合动力系统研究

供稿:武汉海亿新能源科技有限公司

1. 成果简介

本成果基于氢燃料电池重型矿用自卸卡车开展燃料电池系统组和整车集成关键技术研究,应用在 110 t 级氢燃料矿卡,该矿卡采用主流刚性车架、两轴设计形式,基于后轴驱动、双油气悬挂、前轮转向、驾驶室防翻车及落物保护结构、辅助驾驶、驾驶员疲劳监控、防撞预警、多堆集成氢燃料电池系统组、氢燃料电池与锂电池的电-电混动系统、高压大容量供氢系统、电驱系统、减速机、制动器、轮胎轮辋、油缸等先进技术,大大提高了矿车的安全性、可靠性。110 t 级氢燃料矿卡整车集成的氢燃料电池系统组、动力电池系统、车载储氢供氢系统、电驱系统、无人驾驶系统、电控系统等一体化设计,氢燃料电池+动力电池电电混合动力系统替代传统的柴油机发电机系统方案,氢燃料电池系统作为整车动力源,基于全功率燃料电池系统组,提供整车主要功率输出,燃料电池系统组功率大、运行时间长且稳定可靠,动力电池作为辅助动力源及储能装置,为整车提供辅助能量,动力电池瞬时功率大,动态响应快,能为矿卡提供加速、爬坡等所需的峰值功率,在制动或滑行时可以将回馈的能量存储在辅助动力源中,以提高整车能量利用效率。

氢燃料电池无重型矿用自卸车动力系统拓扑如图 5-2-8 所示,本氢燃料电池重型矿用自卸卡车动力系统采用高集成化方案。氢燃料电池系统组与动力电池的电电混动系统主要包括有多堆集成燃料电池组及电池管理系统,动力电池组及管理系统,高压控制配电盒以及整车动力系统控制器。无人驾驶系统与动力系统相关包括有矿用卡车线控系统、无人驾驶车载主控系统、信息集成与健康管理系统等,线控系统包括线控转向控制、线控制动控制、线控驱动控制、线控货箱升降控制、行车警示线控灯光控制、线控喇叭控制、驾驶状态警示、驾驶模式切换等,无人驾驶车载主控制器与线控控制器通过 CAN 总线进行双向通信,无人驾驶车载主控制器通过线控控制器获取车辆的各类运行状态和数据,以此作为无人驾驶控制指令的下发依据和控制反馈,即无人驾驶车载主控制器可通过线控控制器下发针对车辆运动的各类控制指令,包括转向、制动、加速、挡位、车灯、喇叭的等控制量,并实时接受线控控制器反馈的底盘动作执行状态反馈、车身状态反馈及故障信息等,从而实现无人驾驶精准的车辆动力学闭环控制,信息集成与健康管理系统用于采集车端各类数据和健康状态,结合云计算和人工智能技术进行信息集成与健康管理。动力驱动系统主要包括驱动电机组,其中电驱动电机组采用双电机驱动方式,采用国内外知名品牌的成熟电驱动产品,系统采用 AC 推进技术,搭载的 IGBT 控制为车辆提供峰值运输效率;系统提供更高的动力,在坡道运行时提供更高的持续速度,连续电制动可以将车速降低到接近零速。

氢燃料电池重型矿用自卸车整车通信部分采用全双工 CAN 模块通信方式,动力系统主要包括有 4 条 CAN 总线通信:燃料电池系统 CAN 总线、整车控制 CAN 总线、无人驾驶 CAN 总线、整车动力 CAN 总线,其中燃料电池 CAN 总线用于整车动力系统控制器与多堆集成燃料电池组及电池管理系统通信,用于控制多堆集成燃料电池组及电池管理系统正常启动、加载、减载、关机等操作,并能实时监控多堆集成燃料电池组及电池管理系统的工作状态进行故障诊断与故障上报等;整车控制 CAN 总线用于线控控制器与整车动力系统控制器的通信,其中线控系统包括线控转向控制、线控制

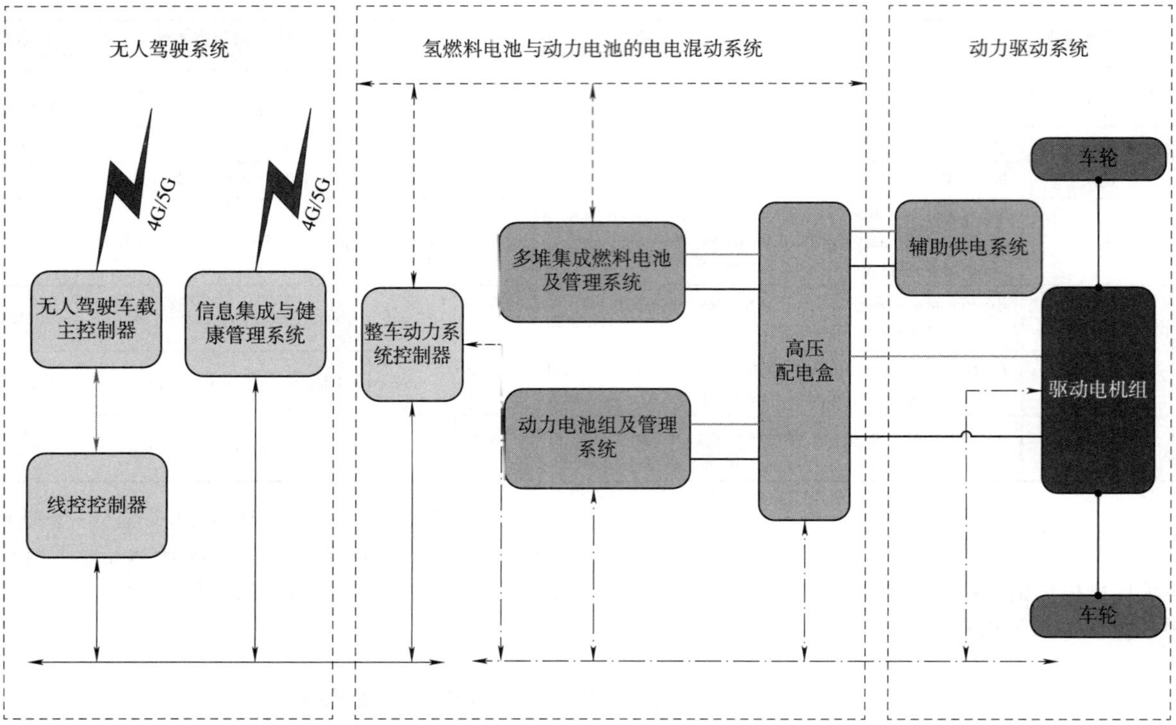

图 5-2-8　大功率燃料电池组矿卡动力系统拓扑结构

动控制、线控驱动控制、线控货箱升降控制、行车警示线控灯光控制、线控喇叭控制、驾驶状态警示、驾驶模式切换等；无人驾驶 CAN 总线用于无人驾驶主控制器与线控制器之间的通信，无人驾驶车载主控制器与线控控制器通过 CAN 总线进行双向通信，无人驾驶车载主控制器通过线控控制器获取车辆的各类运行状态和数据，以此作为无人驾驶控制指令的下发依据和控制反馈，即无人驾驶车载主控制器可通过线控控制器下发针对车辆运动的各类控制指令，包括转向、制动、加速、挡位、车灯、喇叭的等控制量，并实时接受线控控制器反馈的底盘动作执行状态反馈、车身状态反馈及故障信息等，从而实现无人驾驶精准的车辆动力学闭环控制；整车动力 CAN 总线用于整车动力系统控制器控制驱动电机组正常工作，线控驱动系统能够实现前进、倒车、油门等驱动功能线性控化，能够高效执行车载无人驾驶系统控制指令，能够实时反馈驱动挡位、油门开度、车速及驱动系统，线控系统通过整车动力系统控制器数据处理后，控制驱动电机组按照无人驾驶主控制器既定工作指令正常工作。

本成果中多堆集成燃料电池组由 4 个单堆额定功率 140 kW 电堆组成的燃料电池系统、4 个 150 kW 升压 DC/DC 变换器、配电系统、供氢系统以及多堆氢燃料电池管理控制器等组成，多堆系统可提供净输出功率 464 kW 电量。原理框图如图 5-2-9 所示。供氢系统由若干个氢气瓶组成，燃料电池群组由四个燃料电池系统组成。配电系统、四个系统通讯、四个 DC/DC 变换器通过 CAN 通讯方式分别与 CAN 总线连接，与多堆氢燃料电池管理控制器进行信息交互。技术参数见表 5-2-2。

表 5-2-2　燃料电池系统组技术参数

指标名称	参数	备注
毛功率(kW)	560 kW	电堆额定功率
净功率(kW)	464 kW	系统组额定功率
怠速功率(kW)	10 kW	燃料电池系统组最小怠速维持功率
启动时间(S)	15	热机启动
冷启动温度(℃)	≤-40	启动最低温度
震动	满足 GB/T 33978—2017	—
辅助电源(低压)	24 V DC	—
辅助电源(高压)	540 V	—
工作环境温度(℃)	-30 ℃-75 ℃	—
启动温度	>2 ℃	—
存储温度(℃)	—40 ℃-60 ℃	执行低温干燥程序
海拔高度(m)	<1000	—
噪声(dB)	≤75	—
尾排浓度	≤3%	—
系统绝缘(MΩ/kV)	≥2	GB/T 29838—2013(30 Ω/V)
防护等级	IP68	—
耐久度	>1.5 万 h	—
额定功率下多堆系统组氢耗量(g/s)	8.88	—

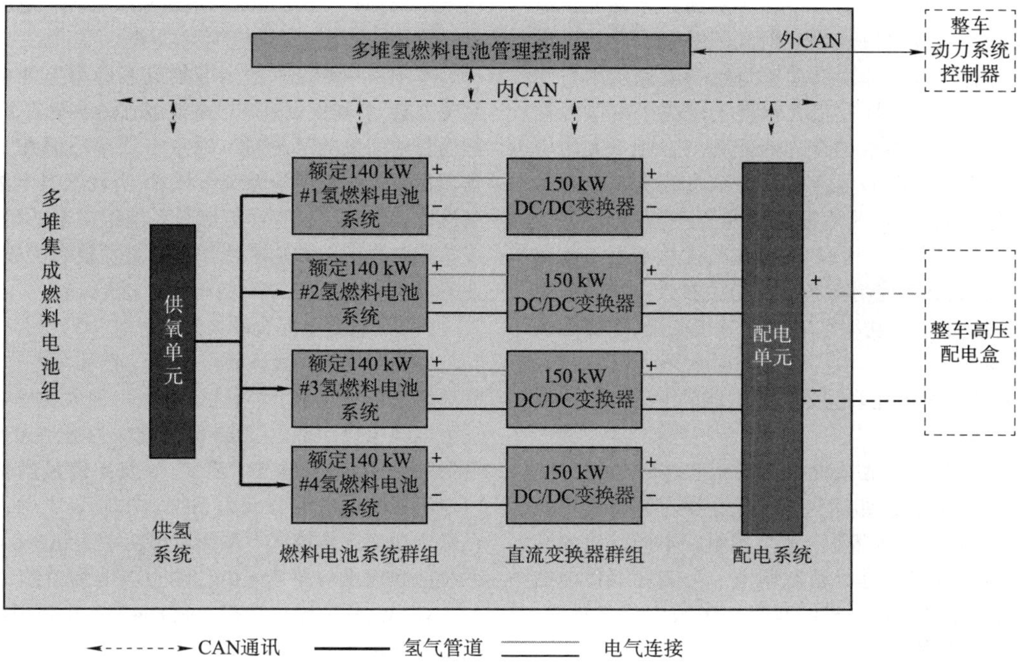

图 5-2-9 多堆集成氢燃料电池组原理框图

本成果中关键技术部分设计到由大功率燃料电池组与动力电池组成的电电混合动力系统，其中大功率燃料电池组矿卡动力系统关键控制技术包括：

①分析动态循环工况几种典型使用模式特征，对燃料电池矿卡动力系统各部件进行参数优化匹配设计和动力系统平台搭建。

②根据矿卡实际工作过程工况需求，建立燃料电池矿卡混合动力系统能量传递及状态转移模型，基于燃料电池矿卡耐久性和最优氢耗的双目标优化方案，构建优化策略。

③基于多目标优化算法，开展氢-电燃料电池矿卡混合多能源系统能量优化控制策略研究，完成变约束条件下双目标全局协同优化策略研究。

针对本项目中矿卡的氢燃料电池与动力电池组成的电电混合动力系统技术特点，采用了理论分析、仿真建模、台架测试和路况试验相结合的总体研究思路。

首先，通过理论分析和仿真建模重点研究矿卡车载动态循环工况对燃料电池电电混合动力系统的需求规律，并建立其与燃料电池电电混合动力系统的需求功率模型，为燃料电池发动机系统和燃料电池矿卡动力系统关键技术研究提供理论基础。

其次，对燃料电池发动机系统开展电堆及辅助部件的匹配研究并优化系统结构，研究面向耐久性的控制策略及氢-空-热协调控制技术。然后，采用仿真分析和台架测试相结合的方法，对燃料电池矿卡动力系统进行参数优化匹配和技术平台开发，研究多工况燃料电池矿卡耐久性和最优氢耗的能量控制策略及算法。

最后，结合燃料电池矿卡电电混合动力系统参数，基于动力系统和整车综合热管理及能耗优化技术、燃料电池矿卡氢-电-结构耦合安全技术，开展燃料电池矿卡电电混合动力系统优化集成和示范运行，通过多种路况试验验证和完善燃料电池发动机和动力系统能量控制策略优化。

相关知识产权成果见表 5-2-3。

表 5-2-3 知识产权成果

序号	申请号	发明名称(中文)	专利类型	全部申请人
1	2021103086428	一种燃料电池空气流量供给的环境自适应控制方法	发明	武汉海亿新能源科技有限公司
2	2020109731915	一种氢燃料电池汽车水热管理系统及其控制方法	发明	武汉海亿新能源科技有限公司
3	2022100567581	一种多层次热管理控制的燃料电池系统	发明	武汉海亿新能源科技有限公司
4	2022100631732	利用上位机取代整车控制器的燃料电池动力系统测试平台	发明	武汉海亿新能源科技有限公司
5	2021103093559	一种燃料电池冬季低温储存氢气路除水干燥控制方法	发明	武汉海亿新能源科技有限公司
6	2020109730984	一种氢燃料电池温度自学习冷却方法、装置及系统	发明	武汉海亿新能源科技有限公司
7	202010098107X	燃料电池动力系统测试平台测试方法及装置	发明	武汉海亿新能源科技有限公司

2. 成果创新点及解决的难点问题

本成果根据大功率氢燃料电池矿用自卸卡车对动力系统的功率需求，需采用多个燃料电池系统+功率型动力电池的电电混合电源系统，应用动力系统协调控制技术，保障车辆动力性能能够满足实际使用需求。

由于燃料电池发动机的工作特性无法满足车辆加减速所需的功率突变，且无法自行储能，因此燃料电池发动机需要与动力电池进行联合工作。大功率氢燃料电池矿用自卸卡车的动力性及燃料经济性在很大程度上取决于电电混合动力系统及其控制系统参数的合理匹配程度。对于大功率氢燃料电池矿用自卸卡车的混合动力系统参数及其控制系统参数进行优化匹配，能有效地提高性能，使其混合动力优越性得到更加充分的发挥。所以，动力参数优化不仅与动力元件参数有关，还取决于控制策略及其相关参数。本成果主要用于扩展氢燃料电池大功率车辆实际应用场景，主要解决了几个难点问题：

（1）耐久性和整车氢耗兼优的燃料电池矿卡动力系统控制策略

本成果在对氢燃料电池系统组在线状态估计与约束基础上，将提高燃料电池系统组耐久性与优化整车综合氢耗的双目标融合在一起，并根据燃料电池系统组在不同阶段的衰退率对双目标的各自权重进行动态调整。为实现双目标的协同优化，本项目提出一种改进的双目标灵敏度优化算法，实现全局最优与快收敛速度的双目标动态协同优化。

（2）氢-电-结构耦合安全的燃料电池矿卡整车优化集成技术

本项目在对氢燃料无人驾驶矿卡进行全承载式车身骨架拓扑和截面优化设计的同时，通过对氢燃料电池无人驾驶矿卡动力系统和整车散热系统进行一体化设计，优化其综合热管理和系统能耗，同时减少动力系统与车身结构的冗余，采用模块化方法实现氢气供给系统、电气系统、水热系统和车载结构的耦合隔离，进而提高氢燃料电池矿卡的系统集成度和氢电安全。

（3）氢能矿卡关键技术研究及整车集成

全新开发满足全功率氢燃料电池无人驾驶矿卡布置特点的驱动底盘，解决全功率氢燃料电池无人驾驶矿卡燃料电池系统组与动力电池组在结构空间布置、系统集成应用与控制。研发全新正向开发的全功率氢燃料电池无人驾驶矿卡，突破了基于大功率燃料电池系统的矿卡集成技术，开发高效热平衡方案及控制策略，满足全功率氢燃料电池无人驾驶矿卡的散热需求。通过研究趋近温差条件下高效散热技术，提升散热系统的效率和体积比功率和重量比功率。开发低能耗的多源耦合优化的散热系统，开发与燃料电池组、动力电池构型相匹配的整车高效能量管理系统，降低整车功耗，本项目中氢燃料电池无人驾驶矿卡应用制动能量回收和滑动能量回收技术将动能转化为电能存储在动力电池中，提高能量利用率。

本成果的主要创新点：

（4）大功率氢燃料电池金属电堆

针对矿卡重载大功率的应用，研制开发单堆额定功率超过 140 kW 的金属双极板燃料电池电堆。国际和国内，质子交换膜燃料电池单电池堆的规模普遍在 100 kW 以下，丰田、本田、现代、上汽、长城等国际知名企业的产品，单电池堆的最高额定功率基本集中在 100 kW 量级。针对更大功率的应用需求，通常的做法是把多个燃料电池电堆并到一起以增加整体的功率。本成果开发单堆额定功率超过 140 kW 的燃料电池电堆，属于技术领先的金属双极板燃料电池电堆。

（5）矿车用氢燃料电池组功率

本项目中矿卡采用多堆集成氢燃料电池组及电池管理系统方案，多堆集成氢燃料电池组总输出净功率超过 464 kW，国内目前研发的氢燃料电池重卡功率一般在 120 kW 左右，本项目中氢燃料电池系统组技术，实现燃料电池系统组功率高性能、低成本、长寿命氢燃料系统组矿卡的研发，开创性实现氢燃料电池超大功率特种车辆研发技术突破，为氢燃料产业发展奠定了夯实的产业基础与宝贵经验。

（6）车载电电混合动力系统

本项目为满足无人驾驶矿卡工作环境恶劣，对动力系统高环境适应性需求，针对性研发出一种大功率燃料电池组与动力电池组合的电电混合动力系统，为满足无人驾驶矿卡长寿命、高可靠性关键技术需要，研发出该氢燃料电池与动力电池组成的电电混合动力系统。本成果中燃料电池系统组在额定功率工作情况下系统输出功率达到 560 kW，燃料电池系统组净输出功率 464 kW，动力电池组持续输出功率达到 422.87 kW，峰值输出功率达到 844 kW，由燃料电池组与动力电池组成的电电混合动力系统最大输出功率超过惊人的 1300 kW。本燃料电池矿卡设计的大功率燃料电池系统与动力电池的电电混合动力系统，满足露天矿山矿用自卸卡车复杂工况下重载运行需求。所研制的氢燃料电池电电混合动力系统最高效率达 55%，相关技术指标达到世界先进水平。

3. 成果应用情况

目前全球矿山装备特别是大型露天矿用自卸卡车均使用柴油动力系统，污染大、油耗高，大型矿卡电动化一直是行业努力的方向，由于大型矿卡重载、工况恶劣且长时间作业的实际需求，纯电动矿卡由于续驶里程短、充电时间长、电池体积大重量重等弊端，无法满足大型矿卡的使用需求，开展氢燃料电池矿用自卸卡车研究能够解决大型矿卡电动化的需求，氢能作为全球公认能量值最高的可再生能源，通过加氢可以实现快速补充能源，将从根本上解决大型矿卡电动化的需求，能够全面替代燃料大型矿用自卸卡车，真正实现节能减排，推动我国绿色矿山的快速发展，同时氢燃料电池矿用自卸卡车由于其电动化的技术特点，比传统燃油车更易于应用信息化、智能化、网联化技术，通过智能网联信息技术赋能，打造无人驾驶氢燃料电池矿用自卸卡车，助力矿山装备零碳化、无人化、智能化发展，也是推动我国碳达峰碳中和战略目标达成的重要组成部分，对我国经济社会绿色、智能、安全、可持续发展具有重要意义。

一般矿区周边有丰富的太阳能、风能资源，具备太阳能或风能产氢（绿氢）良好的天然条件，满足绿氢发展的必备条件，为氢能产业良性可持续循环发展提供了支撑。

4. 社会及经济效益分析

按照党中央、国务院提出的“2030 碳达峰、2060 碳中和”战略目标，露天煤矿有条件提前实现矿区碳中和目标，氢能的使用将是重要的抓手，通过氢燃料电池可实现交通动力设备的柴油替代和供电供暖的高效综合利用。通过本成果的研制与应用，实现氢能在国家能源集团露天矿的大规模应用,促进矿山露天开采智能化核心技术体系的形成,助力本矿区成为全国首个氢燃料电池矿用卡车示范区,为集团矿山氢能化奠定基础,最终实现建设零碳清洁矿山的创举,切实响应党中央提出的“2030 碳达峰、2060 碳中和”的伟大目标。

据初步测算,氢燃料电池矿卡投入运营后,平均运输效率高于有人驾驶矿用卡车;平均单位能耗与有人驾驶矿卡相比,减少 5% 以上;平均轮胎消耗与有人驾驶矿卡相比,降低 8% 以上;运输作业工作人员数量减少 75% 以上,整体经济效益显著。

随着本项目的实施及大面积推广应用,结合其他领域氢燃料电池发动机的迅速发展应用,氢气的成本将会大大降低。当氢气价格每公斤 30 元时,氢燃料重卡燃料消耗成本比柴油重卡燃料成本每公里节约 0.2 到 0.3 元。所以,根据目前 110 t 电动轮矿用车(柴油)在矿区运行实测:单班单车平均 8 趟,运距 3~5 km,单班平均总运距 24 km,平均耗油量为 14.85 L/km。按照一天三班,每年工作 300 天计算,年耗油量达到 320760 L,折合 270 t,目前柴油单价 7.18 元/L,年燃油成本约 230 万元。对于氢燃料电池车辆而言,使用 1 kg 氢气相当于 5 kg 柴油,即每年使用氢气 54t 即可满足需求,氢气成本按照 15 元/kg 计算,氢气成本为 81 万元。每年单辆 110 t 矿用卡车在燃油成本上可以节约 149 万元。

燃料电池城市客车技术

供稿:安徽安凯汽车股份有限公司 朱 鹤

1. 成果简介

(1)应用领域

从“十五”到“十三五”政府连续对燃料电池技术的支持,近年来,燃料电池技术快速发展,推动了市场的不断扩大,建立了具有自主知识产权的燃料电池客车与动力系统技术平台。燃料电池客车因其在燃料加注时间、续驶里程和耐久性等方面的特性,未来在城市公交、道路客运方面优势明显,将与纯电动客车形成长期的互补优势,助力我国从汽车制造业大国走向强国。

(2)关键技术

面向商业化要求,以开发低成本、高可靠、长寿命、宽温域环境适应性燃料电池城市客车为目标,重点解决整车轻量化技术、高能效电电混合动力系统集成和控制技术、一体化集成式永磁轮边驱动技术、燃料电池系统故障诊断与容错控制、燃料电池-30 ℃低温启动技术、基于 ADAS 的燃料电池客车智能辅助驾驶等关键技术,开发出高性能的燃料电池城市客车,在全生命周期成本、可靠性、环境适应性方面达到商业化应用水平。

(3)专利情况

项目获授权专利 10 项,其中发明专利 5 项。

2. 成果创新点及解决的难点问题

(1)高效电电混合动力系统构型:采用燃料电池加动力电池的电-电混合动力系统构型,通过燃料电池与动力电池的功率的合理匹配,降低整车系统的成本,提高经济性。

(2)自主研发燃料电池客车多模式能量管理策略:整车具备静止模式、纯电模式、纯电回馈模式、混动驱动模式、混动回馈模式、怠速充电和行车充电模式,实现燃料电池和动力电池能量合理有效配置。

(3)燃料电池-30 ℃低温启动技术:针对燃料电池系统-30 ℃低温冷启动过程机理分析,形成优化的燃料电池系统低温启动策略。

(4)燃料电池系统故障诊断与容错控制技术:基于多传感器信息与数据融合技术,对典型故障实现精准的分类,实现故障的溯源。

3. 国际水平对比分析

发展燃料电池汽车已成为全球汽车与能源产业转型升级的重要突破口。各发达国家高度重视燃料电池汽车,并积极推动配套设施的建设,通过建立能源法案、能源战略、技术路线图等途径,积极发展氢能源在内的清洁能源,尝试以此减少对传统一次能源的依赖。但是目前国外燃料电池汽车发展主要集中在乘用车领域,以丰田 Mirai 为代表。国内燃料电池汽车发展目前主要集中在商用车领域,特别是以燃料电池城市客车为代表,国内技术水平已经与国外处于并跑阶段,并且在商业化推广方面已经领先于国外。

4. 成果应用情况

2006 年,安凯客车第一代燃料电池客车研制成功,在上海示范运营。目前,公司已相继研发 8.5 m、10.5 m、12 m 燃料电池城市客车并获得国家公告及推荐目录,已形成 8~12 m 燃料电池公交客车系列产品。产品基于全承载结构平台打造,高度集成的燃料电池系统、优化的系统匹配,使整车具备低氢耗、低成本、续航里程长、环境适应性强等诸多优势。

2019 年 12 月 26 日,由安凯生产的 2 辆匹配明天氢能燃料电池系统的 8.5 m 氢燃料客车 HFF6850G03FCEV 开始在六安公交上线运行,这也标志着安徽省首批氢燃料电池城市客车正式商业化上线运营。

2020 年 8 月份以来,由安凯生产的累计 12 辆匹配明天氢能燃料电池系统的 10.5 m 氢燃料客车 HFF6100G03FCEV 在六安商业化运营。综合工况平均百公里氢耗<5 kg,截至 2022 年 4 月,单车最高行驶里程已超过 15 万 km,整车及燃料电池系统安全性及可靠性得到了有效验证。

5. 社会及经济效益分析

(1)社会效益

①燃料电池客车与传统动力汽车及纯电动车相比,氢燃料电池利用氢的化学反应为汽车提供电能,氢燃料电池汽

车动力更可持续,能效更高;氢燃料电池汽车的排放物只有水,实现了零碳排放,能有效减少对环境的污染,充电时间也大大缩短。该产品示范应用,推动国家节能减排战略的实施。

②燃料电池客车的示范应用和批量化生产,最终培育出燃料电池客车整车及燃料电池发动机、电堆、储氢系统等关键零部件产业链体系,推动氢燃料系统关键材料、零部件的国产化速度,加快燃料电池关键材料批量化生产的质量控制和保证能力,有利于我国汽车工业的发展和壮大。

③项目实施培养一批燃料电池客车整车及关键零部件研发、产业化应用、运营管理等战略性高尖端人才队伍。

(2)经济效益

目前已开发燃料电池城市客车 7 款,其中 8.5 m 燃料电池客车 2 款,10.5 m 氢燃料客车 4 款,12 m 氢燃料客车 1 款,累计销售燃料电池客车 15 台,实现销售收入 2814 万元,新增利润 162 万元。

三、智能网联领域

新能源汽车智能化发展的机遇与挑战

供稿:上海淞泓智能汽车科技有限公司　郭润清;上海淞泓智能汽车科技有限公司　霍燕燕;上海淞泓智能汽车科技有限公司　林　雅;上海淞泓智能汽车科技有限公司　樊晓旭

摘要:全球汽车产业呈现电动化、智能化、网联化融合发展趋势,为新能源汽车的智能化发展带来了多方面机遇与挑战。本文阐述了新能源汽车是汽车智能化发展的最佳载体,并重点分析了新能源汽车智能化发展的机遇与路径,一是新能源汽车智能化发展将重塑汽车产业链,二是车联网 V2X 是推动智能汽车的核心,三是道路基础设施智能化建设助力汽车智能化水平提升。与此同时,新能源汽车智能化发展还面临交通管理法规及产品标准不适用,责任主体不明以及在汽车保险,网络安全等方面的政策、法规挑战。最后,针对中国新能源汽车智能化发展路径提出相应建议。

关键词:智能化;ADAS;机遇;挑战

2020 年 4 月,财政部等四部委发布《关于完善新能源汽车推广应用财政补贴政策的通知》,明确提出"鼓励企业进一步提升整车安全性、可靠性,研发生产具有先进底层操作系统、电子电气系统架构和智能化网联化特征的新能源汽车产品"。新能源汽车的智能化发展是下一阶段全球产业竞争的高地,也是我国新能源汽车产业由规模化发展转向高质量发展的重要机遇。不过新能源汽车智能化发展仍面临多方面的政策、法规的挑战,同时也将对全球汽车产业升级和新型社会生态构建产生重大影响。

1. 智能化已成为全球汽车产业发展的战略方向

随着科技的发展,信息网络、传感器、嵌入式技术开发、大数据等技术逐渐成熟,当今世界已走向智能化时代。传统的汽车产品已不能满足社会的需要,难以符合环境友好型、资源节约型的总体发展趋势。在此背景下,汽车正向着电动化、智能化、网联化等方向转型。2020 年 2 月,国家发改委、科技部、工信部等 11 个部门联合出台《智能汽车创新发展战略》,明确指出智能汽车已成为全球汽车产业发展的战略方向。

汽车正由人工操控的机械产品逐步向电子信息系统控制的智能产品转变,汽车将会与相关产业全面融合,呈现智能化、网络化、平台化发展特征,由单纯的交通运输工具逐渐转变为智能移动空间和应用终端,成为新兴业态发展的重要载体。一些国家积极营造良好发展环境,部分跨国企业也率先开展产业布局,智能汽车已成为汽车强国战略重要发展方向。

我国汽车产业体系趋于完善,品牌质量逐步提升,关键技术不断突破,发展基础较为扎实。技术实力雄厚。路网规模、5G 通信、北斗卫星导航定位系统水平国际领先,基础设施保障有力。汽车销量位居世界首位,新型城镇化建设快速推进,市场需求前景广阔。我国已具有较好的跨领域产业基础,智能汽车的发展,将有利于提升我国产业基础能力,加速汽车产业转型升级,提高交通效率,促进节能减排,增强新时代国家综合实力。

2. 新能源汽车是汽车智能化发展的最佳载体

新能源汽车智能化发展将大幅增加汽车所需的计算能力,而传统的电子系统架构难以满足未来的需求。一是智能汽车 ADAS 功能①越来越复杂,所需 MCU(Microcontroller Unit)的数量迅速增长,汽车的平均 MCU 个数已经从不足 10 个发展至上百个,乃至 300 个;二是先进的智能汽车代码量已达 2 亿行,据预测,未来 L5 级智能汽车软件代码量将突破 10 亿行;三是 L2 级以上智能汽车将导致车用传感器数量大幅增长,对安全性及计算速度也有更高的要求。

相比内燃机,新能源汽车所搭载的电机几乎可以实现指令的瞬时响应,更适合于智能化发展。燃油车普遍采用 12 V 电气系统,难以支撑大功率电子设备运行,而新能源汽车的电力平台可支撑更多的智能设备荷载,更加符合智能汽车对执行层反应速度的要求。

新能源汽车处理对象为电信号,因此在反应速度上与控制难度上,对于智能汽车的理论适应性更好。如新能源汽车搭载的电子液压助力转向系统,通过在机械式液压助力转向

① ADAS 属于 2 级及以下的驾驶自动化系统,具备在其设计运行条件内执行部分动态驾驶任务的能力,驾驶员和驾驶自动化系统共同执行动态驾驶任务,并监管驾驶自动化系统的行为和执行适当的响应或操作,但驾驶的责任主体仍是驾驶员。其中,动态驾驶任务(dynamic driving task,DDT)是指除策略性功能外,完成车辆驾驶所需的感知、决策和执行等行为,包括但不限于:车辆横向运动控制、车辆纵向运动控制、目标和事件探测与响应、驾驶决策、车辆照明及信号装置控制。

系统的基础上增设电动转向泵和电子控制装置,可实现节能效果。新能源汽车的制动系统反应速度仅为 90 ms,而传统燃油汽车则需 500 ms。

实际上,新能源汽车为 ADAS 提供了更好的硬件基础。从图 5-3-1~图 5-3-3 可以看出,无论是燃油车、插电式混合动力汽车或纯电动汽车,ADAS 渗透率逐年提升,且插电式混合动力汽车和纯电动汽车的 ADAS 渗透率提升速度和提升空间均优于燃油车。

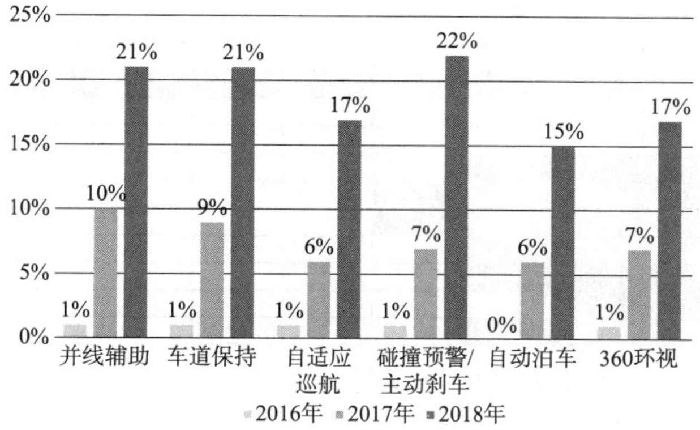

图 5-3-1 中国燃油车 ADAS 系统覆盖率

(资料来源:汽车之家)

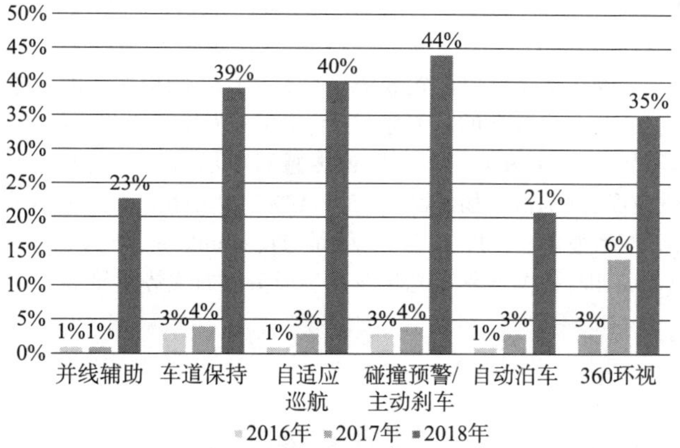

图 5-3-2 中国插电式混合动力汽车 ADAS 系统覆盖率

(资料来源:汽车之家)

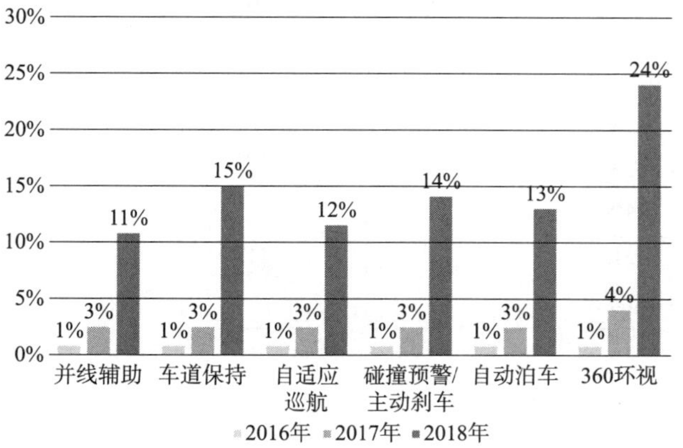

图 5-3-3 中国纯电动汽车 ADAS 系统覆盖率

(资料来源:汽车之家)

由此可见,新能源汽车在电动化上融合了先进材料技术与高精度零部件制造技术,对于新一代电子电器架构的适应性和匹配度更高,同时新能源车平台在电信号的反应速度与控制精度方面,对于汽车智能化亦具有更好的适应性,新能源汽车无疑是智能化技术部署应用的最佳载体。2020 年 4 月,新能源汽车销售前三甲的全部都是智能汽车,搭载智能化技术的新能源汽车平均数量占比达到 75%。经过 10 多年产业培育,我国已是全球最大、先发优势明显的新能源汽车市场,这为我国新能源汽车智能化发展提供了较好的机遇。

3. 新能源汽车智能化发展机遇与路径

《智能汽车创新发展战略》从顶层设计层面为产业发展指明方向,智能化、网联化、车路协同将带动新能源汽车产业实现三大转变:从机械产品向电子信息智能产品转变,从交通工具向智能移动空间和应用终端转变,从单一制造业向多产业(汽车制造业、电子产业、互联网产业、信息通信业、交通产业)融合转变。故而对于产业链所有环节的企业——整车、零部件、互联网厂商、软件、通信及交通基础设施企业而言,都必须转变思维,在新的产业生态体系中寻求新的定位,如图 5-3-4 所示。

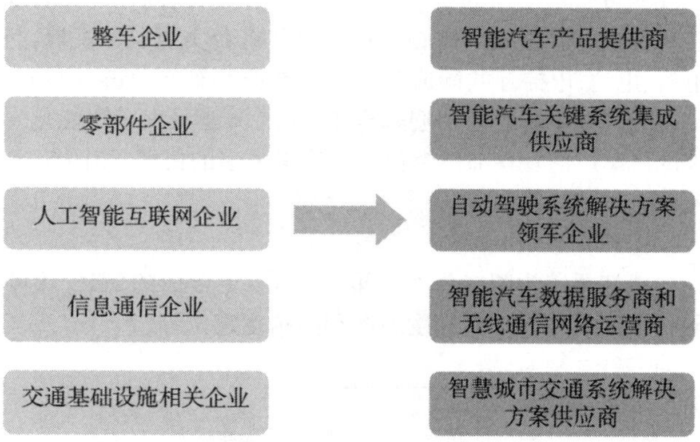

图 5-3-4 新能源汽车智能化发展产业新生态

从发展路径来看,《智能汽车创新发展战略》强调发展智能汽车智能化与网联化协同,单车智能化先行,智慧道路逐步推进,车联网加速智能汽车发展,如图 5-3-5 所示。

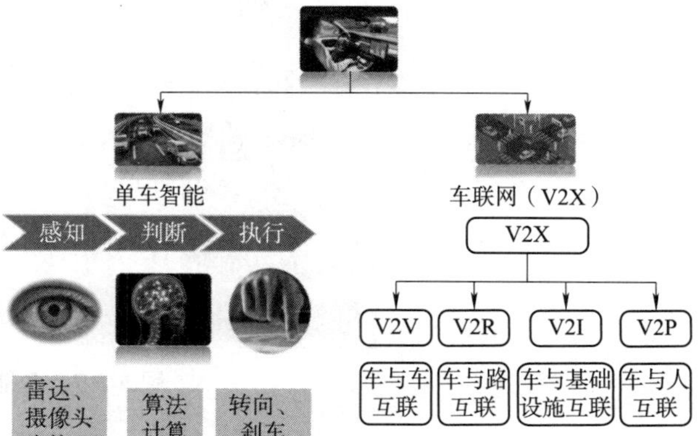

图 5-3-5 新能源汽车智能化发展路径

(1)新能源汽车智能化发展重塑汽车产业链

新能源汽车智能化是推动实现自动驾驶功能应用的基础,自动驾驶是新能源汽车智能化能力的展现。根据目前国内外汽车厂商公开的计划,L3 级别自动驾驶将在 2020 年前后实现,L4 级别自动驾驶预计将在 2025 年实现,完全自动驾驶或将于 2030 年实现。与此同时,封闭道路(工厂园区等)下有条件的低速自动驾驶预计将在 2020 年前后率先实现应用,特定路况下(高速公路、城市内)自动驾驶将于 2025 年实现应用,届时 50% 在产车型都将具备 L3 级别自动驾驶功能,如图 5-3-6 所示。

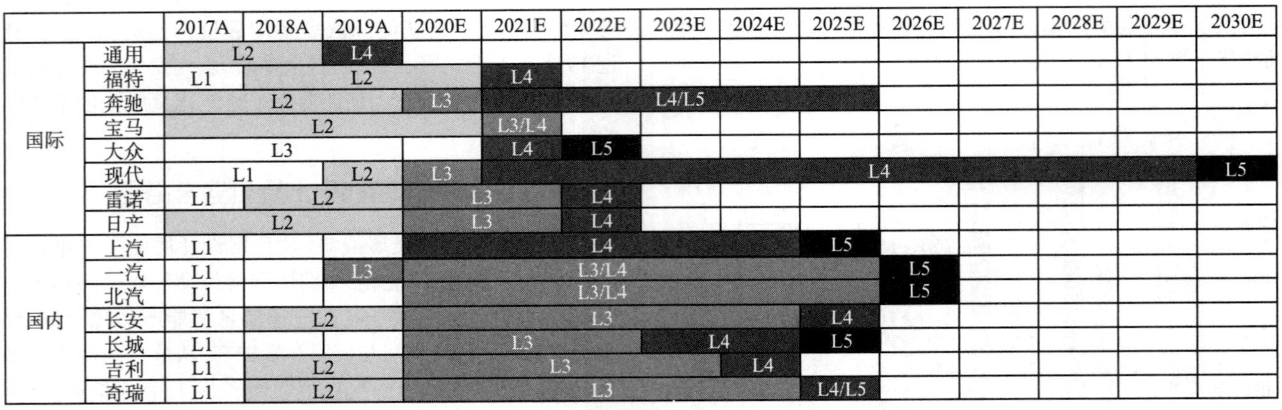

图 5-3-6　2017—2030 年主流车企自动驾驶分阶段导入时间表①

(资料来源:网络公开资料)

未来更高级别自动驾驶功能的实现将对新能源汽车产业发展带来革命性的变化,传感器、计算平台、高精地图和线控执行器等智能汽车核心技术与产品将会实现快速发展,与电机、电池、电控等共同成为未来新能源汽车产业链的核心。传统的产业生态体系将迎来重塑,布局新能源汽车智能化发展的汽车厂商及零部件企业也将迎来更多的机遇,如图 5-3-7 所示。

①感知系统

感知系统为智能汽车获取更准确、更全面的信息,主要包括摄像头、雷达、高精度地图和高精度定位等。

(a)车载摄像头

车载摄像头是智能汽车的核心传感器,据 Allied Market Research 数据,2025 年将有望达到 241 亿美元,对应 2018—2025 年复合增长率为 9.7%。未来摄像头将在车内大量应用,一辆车最多可以配置 6 个摄像头。在车载摄像头的成本构成中,占比较高的是光学镜片、CMOS 芯片和 DSP。目前,索尼、三星、豪威是 CMOS 图像传感器市场占比最大的三家供应商,分别占市场份额的 35%、19%、12%,相关市场基本被国外所垄断;DSP 主要厂商是 TI、Mobileye、华为海思、Ambarella;我国的舜宇光学在光学镜头方面优势明显。

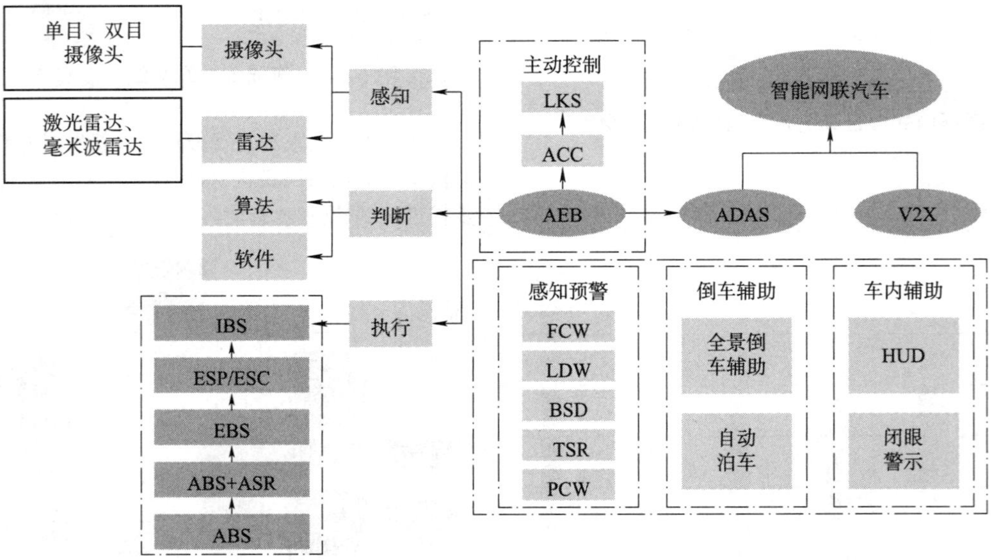

图 5-3-7　智能汽车产业链全景图

① 未标记等级的空白部分指官方未宣布当年产品计划,不代表没有技术升级。

(b)毫米波雷达

毫米波雷达通常应用在ACC、AEB、BSD等功能中,用于完成距离的测量。从全球毫米波雷达的市场格局来看,基本呈现垄断态势,博世、大陆市占率均为22%,其次为海拉、富士通天、电装等。且毫米波雷达的核心元器件——MMIC(单片微波集成电路)和天线PCB板也仍被英飞凌和恩智浦等外企所垄断。国内企业如华域汽车等企业也在频频发力,所开发的24 GHz雷达有望率先应用于上汽集团的相关产品中。

(c)激光雷达

预计2025年国内车载激光雷达的单车平均用量达1个,渗透率达30%,市场需求将突破100亿元人民币。国际上,激光雷达领域已形成Velodyne、Ibeo、Quanergy三大巨头领先发展的态势。在国内,随着新能源汽车智能化的发展,也涌现出众多激光雷达的企业,如禾赛光电、速腾聚创、北科天绘、镭神智能、北醒光子、思岚科技和大疆等均开展了相应的布局。凭借高性价比和本土化服务的优势,国产激光雷达越来越多地配套在国内智能汽车产品中。

(d)高精度地图

高精度地图是智能汽车产业链中不可缺少的一个环节。从角色定位来看,高精度地图在智能汽车中的作用,已经逐步脱离单纯地图数据导航的定位,而将与其他传感器融合用于实现精准的环境感知,所提供的先验信息能够弥补一般传感器在特定环境下存在信息缺失的问题。在高精度地图领域,国内已有四维图新、百度、高德等老牌图商,同时也涌现了晶众、宽凳科技、Momenta、武汉光庭和武汉中海庭等致力于智能汽车高精地图服务的新兴图商。

(e)高精度定位

L3级以上智能汽车需要厘米级的高精度定位技术。由于地基增强系统(CORS)存在很多技术缺陷,从地基增强走向星基增强发展将是必然趋势。未来若实现所有场景所有地区的无人驾驶,必须要形成厘米级绝对定位能力。只有通过星基增强系统才能快速实现极低成本的全球覆盖,星基与地基增强技术的一体化、通信与导航功能的一体化已成为卫星导航和定位系统建设方向。国内高精度定位领域的参与者主要有博通、联发科、Ublox、NovAtel、SiRF、Telechips、Atmel、北斗星通、合众思壮、七维测控、北斗天汇、华力创通、中海达和千寻位置等,将助力我国自主北斗导航系统的应用和推广。

②决策系统

决策系统相当于智能汽车的"大脑",通过处理感知环节搜集的信息,做出行为预测、路径规划和行为决策等。决策系统主要包括智能计算平台、操作系统、芯片和算法。

(a)车载智能计算平台

车载智能计算平台是推动传统ECU(电子控制单元)逐步向智能高速处理器转变的新一代车载中央计算单元,内部结构主要包括芯片、模组、接口等硬件以及驱动程序、操作系统、基础应用程序等软件。车载智能计算平台是智能汽车电子电气架构的核心,主要负责汽车行驶和信息交互过程中海量、多源、异构数据的高速计算处理,运用AI、大数据、云计算等新技术,实时参与感知、决策等过程,并参与全部或部分执行过程,是L3级及以上智能汽车的必要解决方案。目前,全球芯片厂商、零部件企业、汽车厂商以及互联网企业都是其中的重要参与者。

(b)车载操作系统

车载操作系统包括自动驾驶操作系统和车控操作系统。其中,自动驾驶操作系统为全功能量级操作系统,提供自动驾驶软件系统调度以及高性能计算的管理;车控操作系统为轻量级操作系统,负责车辆的MCU级实时安全控制及安全控制算法的调度管理。二者相比,车控操作系统对实时性要求更高。目前,国外已推出较为成熟的车载操作系统:一是Windows CE最先推出,性能较为稳定;二是QNX市场占有率较高,功能安全性较强;三是Linux基于开源代码开发,适用于个性化定制需求;四是英特尔推出风河系统,可以提供端到端的解决方案;五是Android具有庞大的手机用户群体,现已推出车规版操作系统。在国内,诸多互联网巨头也在积极抢占汽车操作系统的高地,如百度的Apollo、阿里的AliOS、华为的鸿蒙等。

(c)车载AI芯片

L3级以上智能汽车需要处理大量的数据,因此需要强大的计算和数据传输能力。在没有专用的智能汽车芯片时,CPU、GPU和FPGA都充当了临时过渡的角色。但随着技术的不断演进发展,ASIC脱颖而出,成为车载AI芯片的主流方案。在智能汽车芯片领域,传统芯片企业仍具备明显技术优势,主要市场基本被Mobileye和英伟达所占据。国内外大部分L2、L3智能汽车采用的芯片多数为Mobileye的Eye Q3或Eye Q4,少数车型使用英伟达的Xavier;至于L4级以上的智能汽车大都采用英伟达的Drive PX 2 AI芯片。在国内,多家企业已逐渐发力车载AI芯片技术,如华为昇腾系列芯片MDC600自动驾驶计算平台已满足车规级,并获得ISO 26262功能安全管理认证证书;地平线2019年8月正式量产中国首款车规级人工智能芯片——征程二代,已同奥迪、博世、上汽、广汽、长安、比亚迪等国内外顶级Tier 1和汽车厂商达成合作。

③执行系统

执行系统包括对加速、制动、转向等功能的控制,未来将朝着线控技术的方向发展。线控系统反应迅速、便于通过ECU电控,为自动驾驶提供便利,未来渗透率将有所提升,将成为智能汽车的标配。其中,转向与制动控制是自动驾驶的核心执行体系,用于接收自动驾驶控制模块操作车辆的执行指令,实现自动驾驶的速度和方向控制。国外主要的制动系统供应商主要分布在欧洲、日本。第一梯队:博世、大陆和采埃孚;第二梯队:欧洲的克诺尔和日本的爱德克斯;第三梯队:欧洲的布雷博、威伯科,日本的日立、日信等。国内在汽车底盘制动系统布局的非上市企业主要有京西重工、万向集团、武汉元丰、芜湖伯特利等;上市公司主要有拓普集团、万安科技、亚太股份。相比海外对手在车身电子稳定系统(ESP)上的强势地位,我国线控系统仍处于市场启动初期,但这也为国内企业带来更多的市场机会。

(2)车联网V2X是推动智能汽车发展的核心

车用无线通信网络技术(C-V2X)通过将"人-车-路-云"等交通参与要素有机地联系在一起,支撑车辆获得比单车感知更多的信息,进而促进新能源汽车智能化和网联化技术的创新与发展，如图 5-3-8 所示。

车路协同发展符合我国车联网产业发展的规律。一方面，我国 5G 技术整体走在世界前列，为车路协同规模落地提供了基础设施；另一方面，当前智能汽车发展的技术路线图主要还是基于单车智能，这将导致实现完全自动驾驶的成本居高不下，而采用车路协同技术可以降低智能汽车成本，从而加速自动驾驶商用，并有效弥补单车智能存在能力盲区和感知不足等问题。根据百度 2018 年 11 月召开的“首届车路协同自动驾驶国际论坛”上披露的数据，车路协同能够将单车智能在路测中遇到的问题降低 54%，将单车智能的接管频率下降 62%，并将智能汽车成本下降 30%，预计可让自动驾驶技术在中国提前 2~3 年落地。

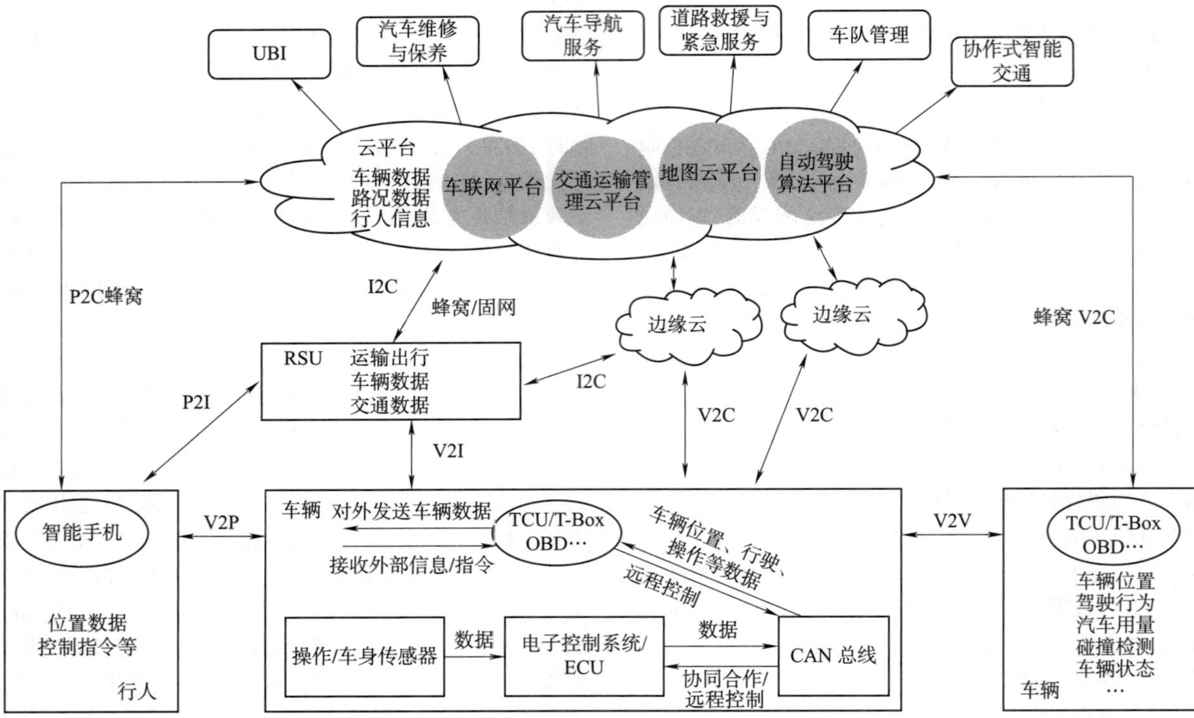

图 5-3-8 车联网“人-车-路-云”生态体系

（资料来源：公开资料，国金证券研究所）

V2X 有 C-V2X 和 DSRC 两条技术路径（见图 5-3-9），其中 C-V2X 主要基于蜂窝网络（即手机使用的网络）进行通信，DSRC 则是基于 Wi-Fi 改进而来。与 DSRC 相比，C-V2X 覆盖面大、通信距离远，无须额外组网即可通信，同时在我国具备良好的技术和产业基础，因此虽然全球范围来看 DSRC 技术成熟更高、产业布局更完善，但是 C-V2X 仍成为我国首选，是我国大力推进 V2X 发展的关键路径。

	DSRC	C-V2X
主导政府	欧洲、美国	中国
联盟/组织	IEEE、NHSTA、SAE	3GPP、5GAA
主要支持者	OEMs，Tier 1	运营商、通信设备商
代表企业	通用、丰田、恩智浦	AT&T、华为、高通
成熟度	高（1980s—）	低（2015s—）
覆盖距离	中（225 m）	高（>450 m）
成本	高（需单独组网）	低（无需额外组网）
应用场景	短距离低时延（如车辆碰撞预警）	长距离广覆盖
延展性	无后向演进计划	LTE-V2X向NR-V2X演进

图 5-3-9 DSRC 与 LTE-V 对比

（资料来源：网络公开资料）

从通信角度来看，C-V2X 产业链的相关硬件蕴含车联网前期建设中重要的投资机遇。车联网平台和推广应用的基础是实现连接，因此 C-V2X 发展初期将以做大连接为主要思路，此阶段中相关硬件厂商最为受益。按产业链上下游进行分类，C-V2X 产业链相关硬件可分为通信芯片、通信模组及硬件终端。其中，硬件终端可以分为车侧、路侧和网侧三个部分，车侧主要是集成了 C-V2X 通信模组的车载单元（V2X OBU），路侧主要是 V2X 路侧单元（V2X RSU），网侧则包括交换机、路由器、无线基站、差分基准站、边缘服务器、DPI 设备等众多设备。

①C-V2X 芯片及模组

作为产品智能化的大脑，芯片不可或缺，在汽车网联化、智能化的过程中,将带来大量的 C-V2X 芯片需求。根据 ABI Research 的预测,到 2023 年全球车联网蜂窝通信模组出货量将达到 1.5 亿片,2020—2023 年复合增速达 14.7%。

在 C-V2X 芯片及模组领域,传统移动端的芯片巨头仍是主要玩家,包括高通、华为、Autotalk、恩智浦等在内的多家公司均已对外提供基于 LTE-V2X 的商用芯片。当前,5G C-V2X 已成为芯片巨头争夺的新制高点,如华为于 2019WNEVC 上推出了 5G C-V2X 车载模组 MH5000,该模组为业界首款 5G 车载模组,首款集成 5G+C-V2X 技术的模组,采用巴龙 5000 芯片;高通于 2017 年 C-V2X 标准完成后第一时间推出 9150 C-V2X 芯片组,该芯片组至今已被 11 家模组厂商采用,被超过 12 家 RSU 厂商及 10 余家汽车 Tier1 和后装车载单元(OBU)厂商列入采用计划或用来研发相关 C-V2X 产品。此外,高通于 2020 年 1 月 7 日推出了全新的 C-V2X 平台骁龙 2150,该平台结合了 C-V2X 通信解决方案和计算性能,能够提供完整的 4G 和 5G 无线通信以及 C-V2X 解决方案。

②C-V2X 车载单元

C-V2X OBU 是车联网时代汽车与外界实现 V2X 通信的关键设备之一。车载设备通常包括了多个子系统。一是无线电通信子系统,用于传输空中信号;二是定位系统,通常包含全球导航卫星系统(GNSS)接收器,用以提供车辆的位置、方向、速度和时间等信息;三是车载设备处理单元,可生成需要发送的空中信号,并处理接收的空中信号;四是天线,实现射频信号的接收和发送。从架构上看,OBU 跟 T-Box 基本相同,集成了 C-V2X 通信模组的 OBU 主要用来实现车与外界的 V2X 通信。

车载终端与 V2X 的融合发展将会成为未来,融合方式主要分为前装和后装两种,其中前装主要是在 T-Box 终端中集成 C-V2X 模组。当前,新一代的 T-BOX 已集成 C-V2X 通信单元,除可满足传统的车联网应用要求外,T-Box 也将逐渐向网联化控制器方向发展,实现 V2X 实时通信。

未来搭载 C-V2X 模组的 T-Box 有望成为市场主流,预计 2025 年新销售联网车辆中,C-V2X T-Box 渗透率将达到 70%。根据中国汽车工程学会预测,2025 年我国联网汽车销售规模将达到 2800 万辆,由此预计 2025 年 C-V2X T-Box 市场规模有望达到 196 亿元,如图 5-3-10 所示。在 C-V2X 车载单元领域,相关公司包括高新兴、移为通信、万集科技、盛路通信、国脉科技、高鸿股份、索菱股份、兴民智通等。

5G通信模组(元) ① 600	LTE-V2X模组(元) ② 300	其他辅助模组(元) ③ 100	C-V2X T-Box 单价(元) ④=①+②+③ 1 000
联网汽车销售规模(万辆) ⑤ 2 800		C-V2X T-Box渗透率 ⑥ 70%	C-V2X T-Box 数量(万台) ⑦=⑤×⑥ 1 960
			C-V2X T-Box 市场规模(亿元) ⑧=(④×⑦)/10^4 196

图 5-3-10 2025 年 C-V2X T-BOX 市场规模预测

(资料来源:华为,高通,中国汽车工程学会,公开资料,国金证券研究所)

③C-V2X 路侧单元

从路侧端来看,RSU 是车联网时代路侧不可或缺的锚点。RSU 是部署在路侧的通信网关,其硬件由通信、存储等核心单元组成,支持 Wi-Fi、定位、外部支持状态指示、硬件重启、数据与调试接口、SIM 卡和硬加密功能。RSU 的作用是汇集路侧交通设施和道路交通参与者的信息并上传至 V2X 平台,并将 V2X 消息广播给道路交通参与者。目前,华为、大唐、中国移动、东软、万集、星云互联等厂商均已发布基于 LTE-V2X 技术的 RSU 通信产品。

C-V2X 发展前期将以覆盖高速公路和城市交叉路口为主,预计投放规模在 590 亿元左右。根据产业链调研及推测,预计单公里高速公路需要投放 6 个 RSU(每个 RSU 覆盖 200~300 m 范围,道路两侧各一个),单个城市交叉路口平均需要投放 2 个 RSU。当前 RSU 价格从数千元至数十万元不等,假设 C-V2X 价格一般为 7~10 万元,均价 8.5 万元,随着规模化商用,价格将快速下降,五年内平均单价为 5 万元。按照 2020 年末全国高速公路里程 15 万 km、城市交叉路口 14 万个保守测算,仅高速公路及城市交叉口侧 RSU 投放规模将达 590 亿元,每年投放规模为 118 亿元。2025 年市场规模预测如图 5-3-11 所示。

高速公路里程(万km) ① 15	单公里投放RSU(个) ② 6	RSU均价(万元) ③ 5	高速公路 C-V2X RSU 市场空间(亿元) ④=①×②×③ 450
城市交叉路口(万个) ⑤ 14	单路口投放RSU(个) ⑥ 2	RSU均价(万元) ⑦ 5	城市路口 C-V2X RSU 市场空间(亿元) ⑧=⑤×⑥×⑦ 140
			车联网建设前期 C-V2X RSU 空间(亿元) ⑨=⑦+⑧ 590

图 5-3-11 2025 年 C-V2X RSU 市场规模预测

(资料来源:华为,交通部,国家统计局,国金证券研究所)

④C-V2X 网络及计算设备

5G 蜂窝网络建设方面,预计车联网建设前期主要投放在高速公路和城市路口,基站类型将以 5G 小基站为主,部分车流、人流密度较高的路段也会投放宏基站。5G 小基站有效信号范围为 300 m 左右,预计五年内单站平均价格为 5000 元。据此推测,车联网建设前期 5G 小基站投放规模达 58 亿元。

边缘计算服务器是车路协同价值量最大的设备,仅高速公路及城市道路的投放规模就将达 1100 亿元。与 RSU 类似,预计车联网建设前期边缘计算服务器的投放仍是以高速公路和城市交叉路口为主。根据中国移动采购与招标网公开的信息,当前一台边缘计算服务器的采购单价为 15~20 万元,中值 17.5 万元,假设 2025 年均价降低至 12.5 万元/台,以单公里高速道路需要 4 台、单城市交叉路口均需要 2 台边缘计算服务器测算,仅高速公路及城市路口侧边缘计算服务器投放就将达 1100 亿元。以 5 年的投放周期测算,粗略估计每年投放规模约为 220 亿元,如图 5-3-12 所示。

在 C-V2X 网络及计算设备领域,传统服务器厂商及通信设备商仍将是主要市场参与者。目前主要的服务器厂商(如华为、浪潮信息)和通信设备商(如中兴通讯、烽火通信)均已推出了基于 OTII 标准的边缘计算服务器。未来在边缘计算服务器市场中大概率仍会延续当前运营商服务器市场的格局,即传统服务器厂商主导、通信设备厂商参与,龙头公司注入新鲜活力。

高速公路里程(万km) ①	单公里投放服务器(台) ②	服务器均价(万元) ③	高速公路侧市场空间(亿元) ④=①×②×③
15	4	12.5	750
城市交叉路口(万个) ⑤	单路口投放服务器(台) ⑥	服务器均价(万元) ⑦	城市路口侧市场空间(亿元) ⑧=⑤×⑥×⑦
14	2	12.5	350
			车联网建设前期边缘计算服务器市场理论空间(亿元) ⑨=⑦+⑧
			1100

图 5-3-12 高速公路及城市交叉路口边缘计算服务器投放规模预测

(资料预测:华为,交通部,国家统计局,国金证券研究所)

(3)道路基础设施智能化建设助力汽车智能化水平提升

道路是“人-车-路-环境”四要素中的核心组成部分,道路基础设施的智能化水平很大程度上决定了新能源汽车智能化的水平与潜力。

为不断适应新能源汽车智能化的发展趋势,一方面需要加大对道路智能设备的研发和建设投入,通过加大对道路智能材料、传感器、监控检测设备、定位基站等基础设施的应用与升级,全面增强道路的主动感知、自动辨析与自主适应的能力,提升道路基础设施的智能化水平,让道路学会“观察”与“思考”。另一方面,需要结合 5G 的商用部署,全面建立面向车路协同的智慧交通路侧系统,基于多边接入边缘计算单元、车路协同通信单元、实时动态差分定位基站、融合感知等融合技术的系统架构,提升道路的动态交互能力,让道路学会“沟通”,从而与新能源汽车的智能化发展相匹配。此外,在智能化道路基础设施建设过程中,要注重统一通信接口和协议,推动道路基础设施、新能源汽车运行状态、运营服务、交通安全管理系统、交通管理指挥系统等信息互联互通,促进路网资源的协同优化利用。

相比于单车智能的发展进度,路侧的智能化建设整体滞后,智慧道路的建设将从城市路口、高速公路、码头开始,首先实现已有载体设备在一定程度上的智能化和网联化,然后再向车路协同智能和全路段智能化发展推进。高速公路基础设施相对完善、场景相对简单,将是智慧道路落地的优先之选。

高速公路侧的智能化建设可以分为两个部分,一部分是行驶路段侧,以投放智能路侧设备为主(如智能测速摄像头等);另一部分是高速公路出入口/收费站,主要通过云边协同的方式针对具体场景进行智能化改造,如华为针对智慧高速公路大数据稽核场景提出的方案,涉及智能摄像头、智能存储、服务器等硬件终端/设备以及前台车辆识别系统、后台收费系统等软件。

城市路口,由于道路环境复杂,人车混行,对交通安全和效率的需求非常高,也是道路智能化改造的重中之重。其中,交叉路口更是交通事故频发地、通行效率瓶颈所在。根据相关资料统计,全国 30% 的交通事故发生在交叉路口[1],因此城市路口,也同样是智慧道路优先改造建设的场景之一。

(4)ADAS 市场规模将实现快速提升

目前,各国陆续将 ADAS 纳入汽车安全评分体系,欧美日标配 AEB 功能;2018 年起,中汽中心将 C-NCAP 评价测试标准中 AEB 等主动安全的评分权重提高 15%,ADAS 率先在商用车中普及应用。随着政策的落地和新能源汽车电动化加速,从插电混动到纯电动、从高端车向中低端,ADAS 渗透率将逐步提升。ADAS 市场规模 2020 年达 700 亿元,预计 2025 年突破 1500 亿元。其中新能源汽车 ADAS 市场规模增速更快,预计 2020 年 350 亿元,2025 年突破 1000 亿元,如图 5-3-13 所示。

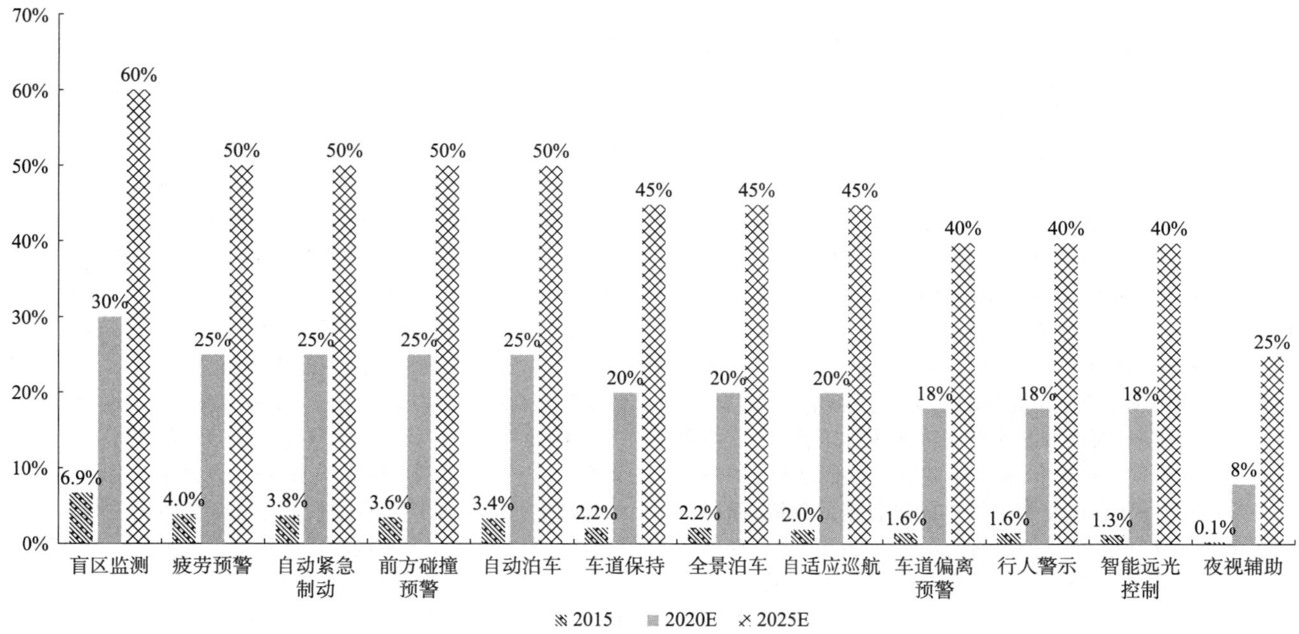

图 5-3-13 中国 ADAS 各系统功能渗透率

（资料来源：大陆官网，Yole，赛迪顾问）

4. 新能源汽车智能化发展面临的挑战及建议

新能源汽车智能化发展将带来汽车工业和人工智能技术相结合的全新产物，将引发出行模式、社会分工、汽车产品形态等多个方面的深刻变革，同时也对现行的政策法规和社会秩序带来了挑战，一些传统的政策法规并不适用于智能新能源汽车，一些能够触发潜在风险的政策法规空白也需要及时填补。因此在政策法规领域需要及时调整，不断推陈出新，才能够适应新能源汽车智能化发展的新要求，探索适合中国新能源汽车智能化发展的新路径。

（1）新能源汽车智能化发展存在政策、法规等多方面的挑战

一是部分交通管理法律法规和产品标准不适应新能源汽车智能化发展。现行法律法规规定要求驾驶机动车的是自然人，并应当依法取得机动车驾驶证，而智能汽车自动驾驶系统则无法成为有资格的主体。在道路通行规则方面，《道路交通安全法实施条例》中禁止在高速公路和城市快速路上进行道路试验，也禁止在公路上检验车辆制动性能，很大程度上限制了新能源汽车智能化的发展。不过，为支持产业发展与技术验证，我国已有超过 30 个城市级及企业级智能汽车测试示范点，并已有 10 多个智慧高速公路开展智能网联试点工作。此外，与智能汽车配套的相关道路建设标准、车路通信标准等等方面还处于发展初期，依旧存在一定程度的空白。因此，需要尽快推动法律法规体系的制修订工作，处理好科技进步与法律稳定性之间的关系，修改不适用于新能源汽车智能化的强制性标准，进一步扩大和丰富法律允许的道路测试典型场景。

二是自动驾驶功能下，交通行为责任主体不明。由于人为、技术、自然等复杂因素，交通事故的发生是在所难免的。依据我国现行的交通行为责任法律体系，交通行为的责任主体是驾驶员，但在新能源汽车智能化发展的趋势下，其潜在的责任主体将不仅限于驾驶员本身，尤其是自动驾驶功能逐渐普及后，交通责任将会进一步拓展至设计者、生产者、销售者等，而现行交通行为法律体系尚未对此做出清晰的定义，进而可能会导致责任人的缺位、责任承担方式的无意义等问题。

三是新能源汽车智能化趋势下，车辆保险体系有待创新发展。车辆保险的本质是承担车辆造成意外事故所造成的经济赔偿责任，对事故的受害方进行保护。我国现行的保险制度是以车辆所有人和车辆驾驶人为核心，但随着新能源汽车智能化的不断发展，驾驶主体和交通行为责任主体将发生变化，自动驾驶系统责任占比加重，驾驶员责任不断释放，这从根本上改变了车辆事故责任结构与关系，使得分析事故原因、确定责任赔偿比例等技术问题变得愈发复杂，也对车辆保险体系提出了巨大的挑战。因此，保险业需要未雨绸缪，通过对新能源汽车智能化发展的密切关注与深入理解，积极推动产品创新、建设全新的事故处理机制、调整运营模式，以适应汽车智能化发展的要求。

四是新能源汽车智能化发展对测绘和高精地图管理带来挑战。测绘和高精度地图是新能源汽车智能化发展不可缺少的组成部分，但出于国家安全的考虑，我国现行的测绘和地图相关法律法规对高精地图的应用构成了许多限制。《测绘法》对测绘资质和测绘行为有严格的限制，《地图管理条例》等法规要求对公开使用的导航地图进行保密处理，并不得在地图上标识涉及坡度、曲率等重要地理位置信息。上述提到的条款都限制了高精度地图的应用，对新能源汽车的智能化发展产生了不同程度的影响。因此，需要不断优化测绘领域的监管制度，通过对高精度地图资质管理、保密管理、审图管理等方面的不断完善，来化解新能源汽车智能化趋势所带来的挑战。

五是智能化功能对新能源汽车网络安全提出更高要求。

随着智能化技术的不断发展,新能源汽车所采用的技术日益复杂,漏洞也随之不断增加,其被黑客攻击与利用的风险也不断增大,这使得汽车网络安全的问题逐步走进大众的视野,受到较大的关注。当前,大多数企业并没有把主动安全测试作为重点,且缺乏网络安全的相关技能和资源,网络安全涉及整个汽车供应链,任何一个环节出现问题或纰漏都有可能对整个系统的安全产生重大影响。当前我国已出台了《网络安全法》,未来需要以此为基础,不断完善实施细则和指南性文件,建立企业网络安全管理制度和应急响应机制,保证智能新能源汽车产品在设计开发、生产、使用等阶段的网络安全。

(2)中国新能源汽车智能化发展路径的建议

由于我国现有汽车工业智能化发展基础仍较为薄弱、产业链尚不完整,且新能源汽车产业尚未发展成熟,在新能源汽车智能化发展的趋势下,若采用以单车智能为核心的渐进式发展路径,以现有汽车架构为基础进行迭代升级,我国在汽车电子、车辆控制执行方面的差距会被持续放大。当前广泛应用的辅助驾驶产品,多是依托国外供应商的成熟方案,如果沿渐进式发展路线,可能导致未来我国汽车产业核心技术的"空心化"。与此同时,我国在高精度传感器、高性能中央处理芯片、计算平台、开发测试工具链等方面不具备先发优势,存在诸多卡脖子技术,不符合产业自主可控要求,因此不宜复制国际上已形成单车智能的发展路径。

考虑到新能源汽车智能化发展涉及到汽车、交通、信息通信等多个本国产业互相交叉融合,汽车在行驶过程中所需的通信、地图和数据又具有极强的本地属性,需要国家统一的安全监管,直接复制引用国外发展模式十分困难,需进一步研究适用于我国新能源汽车智能化发展路径。

总体来看,中国新能源汽车智能化发展路径需要具备多方面特征:一是加强新能源汽车和智能化汽车协同发展的顶层设计,探索出台适用于新能源汽车+智能化产业变革需求的法律法规、安全监管和产业扶持等创新包容的产业发展体系;二是融合中国优势产业,通过ICT、AI等优势产业的协同带动效应,实现跨越式发展;三是中国新能源汽车+智能化发展定将会与我国的智慧交通和智慧城市建设协同融合发展。

因此,在符合中国的基础设施标准、联网运营标准、新体系架构汽车产品标准的前提下,要进一步建立中国标准化新能源汽车智能化信息物理架构,充分融合智能化与网联化发展特征,积极共建国家智能网联创新中心提出的车载计算基础平台、智能终端基础平台、云控基础平台、高精动态地图基础平台和信息安全基础平台等五大平台,最终实现"人-车-路-云"一体化协同的创新发展道路。以系统架构为指引,以智能网联相融合的技术路线为方向,以五大基础平台为支撑,共同实践中国新能源汽车智能化创新发展之路,有效推动汽车电动化、智能化和网联化协同发展。

智能网联汽车云控系统在北京高级别自动驾驶示范区的落地成果案例

供稿:云控智行科技有限公司

1. 成果简介

云控智行研发的智能网联汽车云控系统,是利用新一代信息与通信技术,将人、车、路、云的物理层、信息层、应用层连为一体,进行融合感知、决策与控制,可实现车辆行驶、交通运行安全和效率等性能的综合提升。系统由云控系统、路侧基础设施、网联式智能汽车等交通参与者、通信网与第三方资源平台组成。云控系统通过网联式智能汽车、路侧基础设施与第三方资源平台的融合感知,形成物理交通系统的实时数字映射,进而进行分层融合决策,并对网联式智能汽车与路侧基础设施实施融合控制,实现车辆行驶与交通信号的实时调节,以优化车辆与交通运行的安全、效率等性能,如图5-3-14所示。

云控基础平台由边缘云、区域云与中心云三级云组成,形成逻辑协同、物理分散的云计算中心。云控基础平台以车辆、道路、环境等实时动态数据为核心,结合支撑云控应用的已有交通相关系统与设施的数据,为智能网联汽车与产业相关部门和企业提供标准化共性基础服务。

其中,边缘云主要面向网联汽车提供增强行车安全的实时性与弱实时性云控应用基础服务;区域云主要面向交通运输和交通管理部门提供弱实时性或非实时性交通监管、执法等云控应用的基础服务,并面向网联汽车提供提升行车效率和节能性的弱实时性服务;中心云主要面向交通决策部门、车辆设计与生产企业、交通相关企业及科研单位,提供宏观交通数据分析与基础数据增值服务。

云控应用主要包括增强行车安全和提升行车效率与节能性的智能网联驾驶应用、提升交通运行性能的智能交通应用,以及车辆与交通大数据相关应用。根据云控应用对传输时延要求的不同,可以分为实时协同应用和非实时协同应用。由于一期建设范围限制,该成果在本项目中主要部署了边缘云和区域云系统,中心云系统在后期扩展支持。

在云控基础平台之上建设的云控应用平台是面向智能网联汽车有效整合"人-车-路-云"信息,结合V2X和车辆远程控制技术,通过"端、边、云"协同,实现车辆行驶性能提升与运营全链路精细化管理的协同管控平台。云控应用平台可获取全域的、标准化的智能汽车相关动态基础数据,为企业提供基于产业各类需求的差异化、定制化服务,以支持网联式高级别自动驾驶、盲区预警、实时监控、远程控制、远程升级、最佳路径规划、网络安全监控、数字孪生等功能。

云控智行在根技术研究和云控系统研发过程中,突破了多项关键技术,包括云端融合感知技术和云端协同决策场景自动辨识技术等,并在此过程中申请了多个专利,包括《智能网联汽车云控操作系统》《智能网联汽车云控基础平台数据处理方法、系统及装置》《一种车联网的认证授权机制及系统发明》等数十个专利技术。

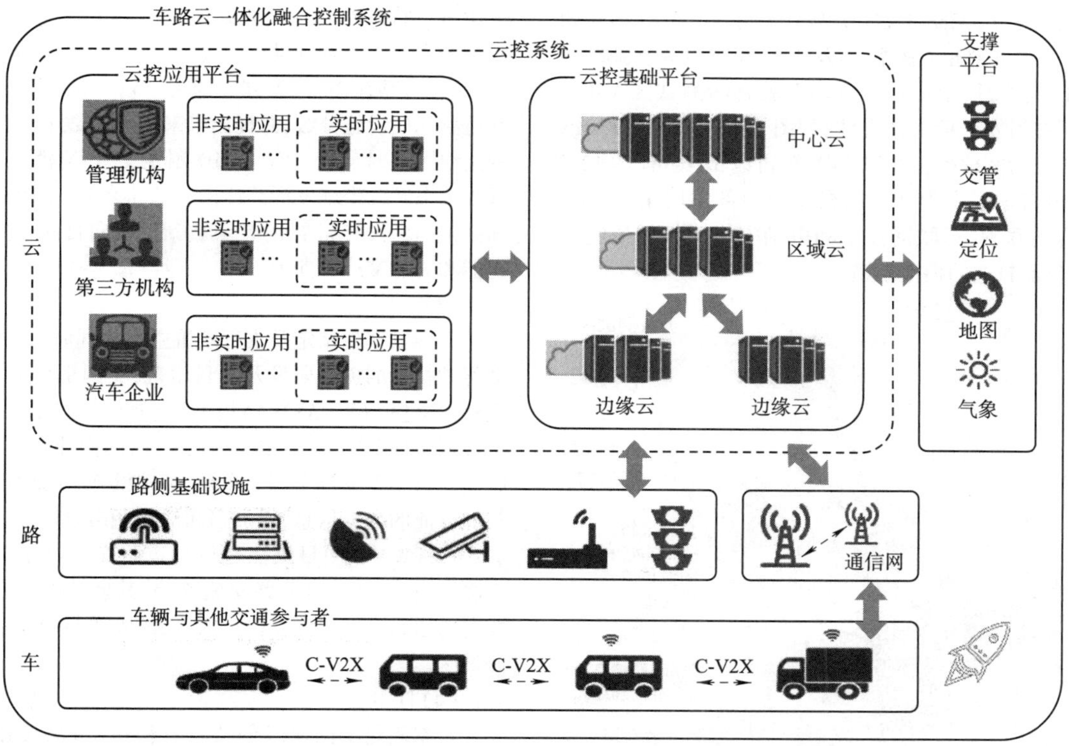

图 5-3-14 云控系统在"车-路-云"一体化融合控制系统中的位置

2. 成果创新点及解决的难点问题

(1)云端融合感知技术

云端融合感知技术将云控系统获取的车路云感知信息，在边缘云上进行目标级感知融合，在区域云上进行交通级感知融合，形成交通全要素实时数字映射，并在中心云上构建数据集。每个边缘云与区域云与相邻的同级云进行信息同步与共享，以提升响应与可靠性。

云控基础平台实时接入了多种关于路面交通目标(如机动车辆、非机动车辆、行人、静态障碍物等)状态的局部数据源，包括不同路侧感知设备上报的路侧感知结果，不同车端上报的感知结果、不同车端上报的 GNSS 数据和 CAN 总线数据等。这些数据从不同的空间、时间和精度描述了交通目标的状态，因此需要在云端进行持续地融合处理，以便为各类云控应用提供给高质量的、全局的云端融合感知数据，也是事件感知、协同决策等其他云控功能的数据基础。

本成果的创新点在于云控基础平台将通过将异构异多源的路侧车侧感知数据映进行多模态处理，映射到同一个四维坐标系，对进入感知区域的交通目标物通过航迹跟踪技术实时孪生，采用基于大数据统计方差计算以及并行滤波技术对观测值和预测值进行加权计算，对统一目标物保持其标识唯一和恒定，从而实现全局连续跟踪。

(2)协同决策场景自动辨识技术

云控平基础平台是以场景触发的形式向车辆提供智能协同驾驶服务的，即针对车辆当前所处场景提供各类对应的服务，例如：车辆附近存在盲区时，为车辆下发盲区内的交通者的状态数据；又如当车辆换道或超车时，云端为其规划轨迹轨并下发行驶轨迹，再如多个车辆进行匝道汇出或汇入时，云端对各车辆下发加速、减速指令等。

本成果的创新点在于云端进行智能协同驾驶场景自动辨识的前提条件是云端实现了全知视角，即云端对任意一个驾驶或交通现场的参与者(车辆、行人、障碍物等)、交通设施(信号灯、交通标识等)、地理环境(车道线、交叉口等)的全部状态数据。以全知视角数据为基础，对其进行提取和再加工，形成若干场景特征，以作为场景辨识的输入。这些特征包括且不限于，各交通参与者(特别是车辆)与信号灯、路口、停止线、禁停区等交通标识之间的位置关系，各交通参与者之间的交互态势等。最后，利用上述特征，使用自动驾驶算法自动计算出相应的智能协同驾驶场景，以触发对应的智能协同驾驶服务。

3. 国际水平对比分析

(1)美国

美国自动驾驶单车智能技术比较领先，初步建立了领先全球的战略规划、创新支持、法律法规、标准规范、推广应用综合性产业政策体系，在平衡创新与安全的基础上，总体呈现为监管持续弱化的特征。

在战略规划方面，美国已形成连续性的产业发展顶层布局，2010—2021 年，每 5 年发布一次智能交通战略，持续强调自动驾驶与车用无线通信技术(Vehicle to Everything, V2X)发展谋划；2016—2021 年，陆续发布自动驾驶 1.0~4.0 以及综合计划，细化自动驾驶研发应用、法规标准等准则要求。创新支持方面，向自动驾驶技术研发应用提供专项资金，其中运输管理局(Federal Transit Administration)累计拨款超过 800 万美元。法律法规方面，推进新技术车辆豁免程序、运输安全条例等既有法规解释、修订，2017 年众议院通过《联邦自动驾驶法案》(H. R. 3388-SELF DRIVE Act),加州、内华达州分别通过 8 部及 4 部相关法案,涉及测试、税收等多个领域。

在 2015 年 7 月,全球首个自动驾驶封闭测试区 M-City 正式式开园并引发行业广泛关注,如图 5-3-15 所示。M-City 示范区位于美国密歇根州的安娜堡市,占地 32 英亩(约 12.9 万 m^2),是由密歇根大学和密歇根州交通部共同出资 1000 万美元为自动驾驶、车联网技术和电动安全系统的研究开发、测试评价而打造的模拟小镇。

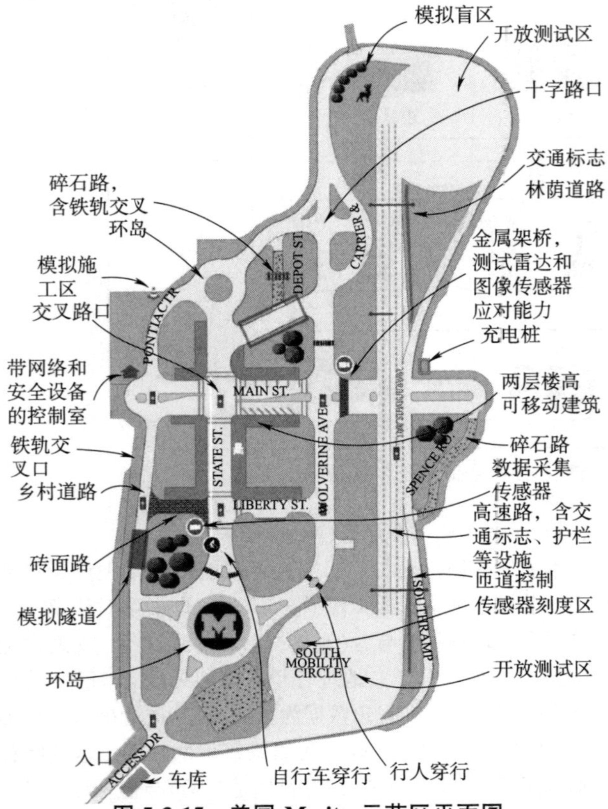

图 5-3-15 美国 M-city 示范区平面图

目前 M-city 正在组合 M-City+ACM,准备成为"世界顶级自动驾驶测试场"。M-City 和 ACM 是 Planet-M 生态系统的重要组成部分,其目标是将两者联袂打造成世界顶级自动驾驶测试场。占地面积 500 英亩的美国智能移动出行中心 ACM(American Center for Mobility)位于密歇根州伊普西兰蒂镇的 Willow Run 工厂旧址,用于开展网联自动驾驶汽车及相关技术测试检验、产品开发、教育培训和标准制定工作。

总体来看,美国自动驾驶的发展方向侧重于单车智能,网联系统尚没有在自动驾驶产业中形成成熟架构。

(2)欧盟

欧盟方面以重大项目为支撑,其中《通往自动化出行之路:欧盟未来出行战略》(On the road to automated mobility: an EU strategy for mobility of the future)明确到 2030 年普及完全自动驾驶。欧盟组织的 Horizon2020 计划中多数自动驾驶与智能交通项目将迎来结项期限。其中,INFRAMIX、TransAID、CoExist 等项目尤其关注基础设施与自动驾驶车辆的互联互通,项目成果是非常值得借鉴的。INFRAMIX 项目关注自动驾驶/非自动驾驶汽车的混行场景,针对动态车道分配场景、道路施工场景、车道合流场景三类场景的八个测试用例,通过微观仿真、亚微观仿真、实际道路测试、混合仿真等方式证实了基础设施在提升交通安全性和效率、扩展车辆操作运行域(ODD)等方面的突出效果,凝练出 ISAD 概念和道路基础设施分级,并提出未来欧洲的数字化基础设施规划路线图和时间表。TransAID 制定了 V2X 消息集,并正在规划未来基础设施发展路线图。总体来看,欧盟的智能网联体系架构尚没有完全形成,其创新的方向目前聚焦在了单车智能和智能交通方向上。

(3)英国

英国在率先制定及推行政策立法的同时,也十分注重自动驾驶技术的创新研发及项目示范,英国部署研发"网联车辆数据交换"和"CAVWAY"两个新测试基建项目。"网联车辆数据交换"项目旨在建立一个开放的商业数据交换平台,收集与自动驾驶汽车相关车辆、基础设施、交通控制中心、天气等方面的数据信息,以加强和加快新出行产品及服务的发展;"CAVWAY"项目聚焦建设与道路交叉口相关的新型汽车测试设施,如高速公路交流道等,其多功能平台允许不同配置的道路交叉口进行模拟操作,还配备高级驾驶辅助系统测试区。

(4)日本

日本制定了国家级创新项目《SIP(战略性创新创造项目)自动驾驶系统研究计划》(Cross - ministerial Strategic Innovation Promotion Program (SIP): automated driving for universal services),并据此成立自动驾驶推进委员会,形成产学官一体的自动驾驶研发机制。标准规范方面,注重智能网联汽车与智能道路基础设施标准的协同推进,发布《自动驾驶汽车安全技术指南》,明确运行设计范围管理要求。日本丰田汽车公司在 2021 东京奥运会期间,运营了数十辆"e-Palette"班车,用于展示自动驾驶能力,出现了一起丰田"e-Palette"班车一名运动员相撞事故,丰田宣布停止了在东京奥运村的自动驾驶班车服务,其主要是展示单车智能能力。

(5)对比分析

国外技术路线以单车智能为主,近年随着网联化逐渐成为行业共识,国外部分示范区也开始网联化相关建设与测试,但主要是网联式驾驶辅助信息交互,尚没有形成智能网联云控系统架构和解决方案。

需要说明的是欧盟提出基于数字化基础设施支撑的网联式协同自动驾驶(Infrastructure Support levels for Automated Driving, ISAD),对基础设施进行五个等级划分,描述自动驾驶车辆对交通路网设施不同区块的差异化要求,并在奥地利、西班牙等地开展 ISAD 测试验证。进一步说明网联化路线正成为全球共识。

4. 成果应用情况

(1)协同感知

云控系统基于路侧和车侧上报的数据完成多源数据融合与航迹生命周期管理,为平台环境认知、安全态势评估以及车辆行驶航迹规划提供稳定且准确的动态多目标跟踪航迹。基于准确航迹数据,提取影响行车安全、效率等性能的典型交通事件进行预警。

（2）协同决策规划

云控系统通过车路协同决策规划，为所服务的网联车计算决策与规划的建议或指令，发给网联车执行，以实现网联辅助驾驶或网联自动驾驶，在本项目成果应用中实现了单车横向决策、单车纵向决策、多车协同换道、匝道多车协同等复杂场景，如图 5-3-16 所示。

同时当同一网联车辆被耦合到同时发生的多个场景中时，多个场景对车辆决策的影响产生耦合效应，除了需要决策功能的并行处理外，为了使得对车辆的辅助决策最优化，还需要同时协同多种决策机制，在本项目成果应用中，实现了基于异常交通事件的协同换道和基于异常交通事件的 GLOSA。

图 5-3-16　协同感知决策规划展示

（3）车辆监管

云控智行测试监管模块已经完成 300 多个智能路口，10 多家测试企业，300 多辆 L4 级别车辆等数据的接入，实现对车端和路侧的关键要素感知。实现了对网联车连的电子围栏、入网车辆、测试业务、安全和事件的管控，形成了对自动驾驶示范区的监管闭环，如图 5-3-17 所示。

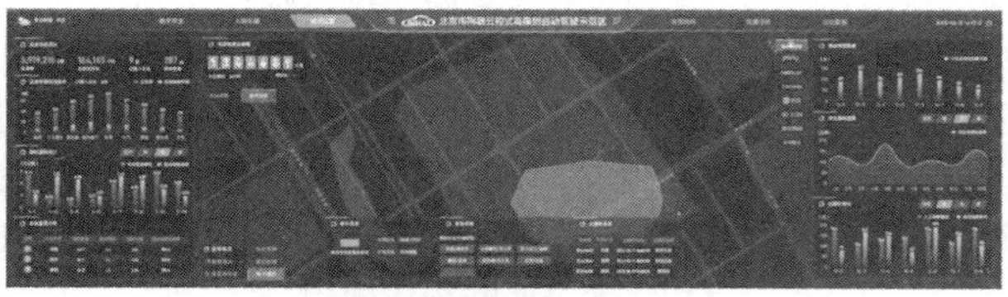

图 5-3-17　车辆监管展示

（4）数字孪生应用

云控智行研发的云控系统核心技术成果，在本项目中实现了关键要素数字化孪生，包括网联车辆、路面和路侧系统、交通信息服务、融合感知、协同决策、交通感知与态势分析等，在云控系统数字孪生能力的支持下，实现了示范区全域的交通场景，可以对网联车辆进行 7×24 h 不间断的监测，以及用于模拟车辆及场景测试，如图 5-3-18 所示。

（5）成果的产能建设情况

云控智行研发的智能网联汽车云控系统，通过多个项目的迭代开发，已经形成了相对成熟的架构，形成可规模复制的产品方案体系。

图 5-3-18　全要素数字孪生展示

云控智行在本案例建设的智能网联汽车云控系统，支持线性规模扩展，扩容后可支持百万级终端接入。

5. 社会及经济效益分析

（1）社会效益分析

从行业效益看，云控系统作为核心支撑系统，在建设运营过程中，孵化形成了一系列行业标准指引，包括《云控系统组成及基础平台架构》《云控数据交互》《云控系统服务》《云控系统测试规范及建设指南》等，这些标准体系的建立对促进智能网联产业发挥了巨大的促进作用。

从产业效益看，智能网联作为新兴产业，通过云控系统建设，促进了高精度动态地图、网联云控等生态的发展，为整车企业、自动驾驶企业和零部件企业的创新研发提供了有力的测试环境，支撑了产业招商工作。

从增强群众幸福感和获得感来看，通过路侧基础设施改造以及网联云控系统建设，北京亦庄已经实现路口车辆排队长度下降 30.3%，绿灯浪费时间下降 18.33%，大大提升了民众日常出行的效率。此外，通过路口全息感知，可精确统计行人和非机动车流量，为警力部署提供决策依据。自动驾驶车辆利用视觉感知，在日常行驶过程中，可以完成巡检工作，实现对违停、违章及红绿灯故障等路侧设施运行情况的检测。

（2）经济效益分析

网联测试环境服务：可以为网联测试环境开放信号灯数据，感知数据给车辆，车辆进行车端应用开发。平台通过发放车辆入网许可的方式对数据开放进行控制。单个合同 50 万元，年增长约 50%。

项目建成后吸引了包括整车企业、自动驾驶企业、核心零部件企业在内的数十家企业落地，可带动超过 10 万人的就业，并能促进开放道路测试业务的成熟，以及网联自动驾驶运营的商业化，可带来的经济效益超过 100 亿元。

基于交通视频和深度学习的车辆检测和跟踪

供稿：上海淞泓智能汽车科技有限公司　苏贵民

摘要：车辆目标检测和跟踪是智能交通的关键技术，目前已有的车辆检测和跟踪算法种类繁多但是性能各异，难以同时满足交通视频监控中的实时性和高精度要求。该文采集多段交通监控视频，标注了多种类型的车辆目标。在此数据集上从多种维度考查了多种基于深度学习的车辆检测算法和多种流行的跟踪算法在交通视频上的表现，其中 SSD 算法满足实时性要求且 mAP 达 0.878。本文提出了基于 SSD 和 MEDIANFLOW 的车流量实时检测方法。经实验证明，该方法在保证实时性下车流量检测准确率达到 94.5%。

关键词：深度学习，车辆检测，车辆跟踪，车流量检测

引　言

目前，道路上摄像头采集了大量交通视频，交通视频是智能交通监控系统的重要信息来源。从交通视频中准确检测出车辆并持续进行跟踪，是车辆行为分析和智能交通监控的基础。基于深度学习的目标检测方法是目前最为准确的方法，同时很多基于深度学习的跟踪算法超越了传统跟踪算法的性能。

信息技术在快速的发展，大量的视频数据得到了有效的存储。同时，我国的相关管理部门在积极引进和改进交通视频监控系统。由于视频监控系统建设时间的不同，产生大量分辨率各异的视频。根据不同监控需求，摄像头拍摄的角度和方向都有很大差异。由于这两个原因，获取到的视频质量良莠不齐给车辆检测和跟踪带来了不少的困难。同时，这往往也是车辆检测和跟踪在实际应用上表现不佳的重要原因。

基于深度学习的目标检测算法在众多检测算法中异军突起，是目前精度最高的检测算法。深度学习方法摆脱了传统机器学习挑选特征的烦琐过程，同时大幅减少了因角度、遮挡等原因造成的检测失败。检测车辆后对车辆进行持续跟踪是交通视频监控分析，记录车辆轨迹等发挥着重要作用。现今基于传统机器学习方法和基于深度学习方法在跟踪方面还没有分出高低。交通视频监控分析需求十分迫切，找到适合在工程应用的车辆检测和跟踪算法十分迫切。

1. 研究现状

(1) 基于深度学习的目标检测方法

目标检测的任务定义为，从给定图片中尽可能多地准确识别所有的物体，并用矩形框给出物体范围。在深度学习热潮兴起前，研究者通常使用传统的目标检测算法完成这一任务。传统方法使用滑动窗口对图片进行逐行扫描，对每个窗口用预先训练好的分类器进行分类预测，统计每个窗口的分类结果整合成最终的检测结果，比较经典并且推广到实际应用中的算法有：利用 Haar 特征和 Adaboost 算法进行人脸识别，利用 HOG 特征和 SVM 分类器进行行人重识别，等等。

自从 2012 年 Krizhevsky 等人基于 CNN 设计的 AlexNet 模型获得了当年 ILSVRC 的冠军开始，基于深度卷积神经网络的模型成为图像识别与检测领域的首选之一。首先使用深度学习方法进行目标检测并取得很大进展的方法是 Sermanet 等人在 2013 年提出的 Overfeat，他们开始尝试使用 CNN 提取图片，利用多尺度滑动窗口算法进行检测。Ross Girshick 等人在 2014 年提出的 R-CNN 完整地结合了 SelectiveSearch 区域选择、CNN 特征提取、SVM 目标分类三步，这一算法为后续深度学习在目标检测中的推广奠定了基础。2015 年，Ross Girshick 等人在 R-CNN 的基础上改进，提出了 Fast R-CNN，Fast R-CNN 在速度和精度上较 R-CNN 有了很大提升，其中提出的 ROI pooling 结构有效解决了不同尺寸的图像需要缩放到同一尺寸的问题，同时将分类损失和边框回归损失结合统一训练。在此之后，为了解决候选框提取这一时间瓶颈，Faster R-CNN 提出了 RPN 进行候选框提取，这一网络的引入使 Faster R-CNN 在检测速度上获得了巨大提升。上述方法进行目标检测时，将区域提取和目标检测分成两步进行计算，检测速度经过优化虽然有了大幅度提升，但最快速度也很难达到 10FPS。为了继续提高单张图片的目标检测速度，YOLO、SSD 等算法将区域提取和目标检测两步整合到一起进行计算，它们将候选框定位问题转化为坐标偏移量的回归问题进行处理，将坐标回归部分直接加入分类网络中进行计算，这一思想的引入和实现在检测精度没有很大损失的前提下，将图片的检测速度提升到了 40FPS 以上。

(2) 目标跟踪技术的研究现状

目标跟踪技术是计算机视觉领域的热点之一，其有广泛的实际应用前景。跟踪可简单定义为对一个场景中的物体运动时的平面图像中轨迹的估计，即为在同一段视频中不同帧的跟踪目标分配一致的标签。目标跟踪的目的是定位每一帧视频图像中目标的位置，从而获得目标运动轨迹。目标跟踪可以依据目标类型分为点目标跟踪和区域目标跟踪两种情况，交通视频中应用较多的是区域目标跟踪，区域目标跟踪可分为基于特征点检测的方法、基于背景相减的帧差法、基于分割思想的方法等。

①基于特征点检测的目标跟踪方法。主要特点是不随光照和照相机视角的改变而改变，常用特征点包括 Moravec 特征，Harris，KLT 和 SIFT。②基于帧差法的目标跟踪方法。通过找出构造的背景模型中每帧差一进行跟踪。③基于分割思想的目标跟踪方法。图像分割算法的目的是有感知地将图像分成相似的区域，在目标跟踪领域使用较多的图像分割主要有 Mean-Shift 聚集、使用 Graph-Cuts 的图像分割、主动轮廓。④基于监督学习的目标跟踪方法。通过监督学习方法从一系列样本中自动学习不同的物体视图，从而进行目标检测跟踪。不同的目标视图的学习不需要一个完整系列的模板。通过一系列学习样本，监督学习方法产生一个输入到输出的映射函数。对目标检测，学习样本由成堆的目标特征和相关联的目标种类组成，样本数量手动定义。

特征选择在分类中起着重要的作用，如面积、方向、外观和直方图等。一旦特征被选择，可通过监督学习目标的不同外观计算出一个超曲面用来在高维空间中将目标类与其他类分离。

2. 实验及其分析

(1) 实验数据

通常交通监控摄像头一般架设在高处，以俯视的角度向地面拍摄。为了更接近实际应用场景，实验中使用到的交通视频与实际中的是类似的。

为了对视频中的车辆进行检测，需要大量标注好的数据放进模型进行训练。对于交通监控视频中车辆检测这一场景，我们以获取到的若干段固定交通监控视频为基本数据构建数据集进行实验。首先对每段监控视频每隔固定时间进行图片采样，通过筛选共得到 851 张图片，划分训练集图片

681 张,验证集图片 170 张。为了更精确地检测车辆,我们对视频中出现的车辆种类进行统计,最终确定对小轿车、出租车、公交车、大卡车这四类车进行检测。采集到的图片拍摄角度都是俯视,部分样本如图 5-3-19 所示。

实验使用至强 E5-2697 v4 型号处理器,128 GB 内存,英伟达 GTX1080 的显卡,在 tensorflow 计算框架下进行。

(2)车辆检测

Faster R-CNN 目标检测框架是现今准确度最高的模型框架,而 SDD 模型框架在保证高精度下大幅提高了检测速度。实验使用采集到的数据分别训练 faster_rcnn_inception_v2、faster_rcnn_resnet50 和 SSD_inception_v2 这三种模型,然后评估了这三种方法在交通视频监控中的表现,结果见表 5-3-1。

图 5-3-19 图像数据部分样本和标注示例

表 5-3-1 车辆检测结果

模型	FPS	Bus	car	taxi	truck	mAP
faster_rcnn_inception_v2	14	0.938	0.963	0.938	0.872	0.924
faster_rcnn_resnet50	12	0.942	0.967	0.935	0.881	0.931
SSD_inception_v2	35	0.886	0.948	0.885	0.791	0.878

实验结果显示,faster R-CNN 模型在检测精度上有明显优势,ssd 模型在检测速度上有明显,以 faster R-CNN 为模型的框架难以直接用于实时检测,但由于其结果更为准确,可以用作辅助标注的基准模型,同时也可以通过多模型部署并行计算的方式处理实时视频流。而直接部署 SSD 模型虽然正确率较 faster R-CNN 低,但其速度优势明显,基本可以用作实时视频流的检测。

(3)车辆跟踪

平均 IoU、平均追踪长度和 FPS,IoU(Intersection over Union)指的是预测框与真实框之间的交并比。实验中设置一个 IoU 置信度阈值,比较预测值与真实值之间的 IoU。当时则认为目标跟踪器将目标跟丢,在跟丢之前的所有 IoU 的平均值为平均 IoU,表示跟丢之前的平均跟踪精度。若一个物体在视频中共出现 N 帧,跟丢之前共成功跟踪 n 帧,则认为 n/N 为此物体此次跟踪长度,所有物体的 n/N 的平均值作为平均跟踪长度,衡量目标跟踪器能准确跟踪物体的长度。FPS 指的是目标跟踪器每秒可以处理的图像帧数,可以衡量跟踪器的处理速度。

实验过程中,对一段视频中每个物体从出现在画面开始初始化一个目标跟踪器,持续对物体进行跟踪,记录过程中获得的平均 IoU、平均追踪长度和平均 FPS。实验过程选取数据为一段 20 秒的交通路口监控视频,共 75 个物体需要追踪。选取的追踪器为 OpenCV 库中实现的 BOOSTING、MIL、KCF、TLD、MEDIANFLOW 和 GOTURN 算法,其结果见表 5-3-2。

表 5-3-2 不同跟踪方法对比

续上表

算法	平均 IoU	平均追踪长度	FPS
BOOSTING	0.7971	0.1911	27.57
MIL	0.731	0.1971	12.21
KCF	0.7848	0.1772	17.38
TLD	0.612	0.1081	8.88
MEDIANFLOW	0.8029	0.2058	96.27
GOTURN	0.6407	0.1631	23.29

分析几种目标跟踪器试验结果可以看到,在交通视频目标追踪中由于视角等问题,平均追踪长度普遍较短,横向对比发现在此场景中 MEDIANFLOW 算法在结果准确度、追踪长度和速度方面均具有较大优势,甚至强于基于深度学习的 GOTURN 算法。

在实际操作中目标检测与目标跟踪相结合,目标检测的特点是结果准确但运行速度慢,而目标跟踪的特点是结果相对准确度低但运行速度快,因此目标检测与目标跟踪相结合是准确度和速度之间的权衡,而权衡参数主要是目标识别的间隔帧数 F,每 F 帧进行一次目标检测,其后的 F-1 帧视频画面均采用目标跟踪。实践表明 F 越小,整个系统的准确度越高,但运行速度越慢。当 F=1 时,系统退化为对每帧进行识别,准确度最高,但运行速度最慢。若当 F=1 时的运行速度满足实时的要求,则可以不使用目标跟踪。近年来随着深度学习目标检测技术的发展和成熟,基于 Faster R-CNN、YOLO 等算法的目标识别正在慢慢将这个目标变作现实。

3. 案例与应用

车流行为分析是车辆检测和跟踪的一个重要应用。使用目标检测器获得车辆的位置,随后利用跟踪器对车辆位置进行持续跟踪,记录车辆驶入驶出目标区域的时间。根据车辆驶入驶出时间,按时间段统计经过车辆的数量就能获得道路使用情况的车流量数据。车流提取效果如图 5-3-20 所示。右上角显示不同车道不同类型车辆驶过数量。

本文利用前面所述的目标检测和跟踪算法,选择上海市内环高架万德路上匝道路段,对时间段内经过车辆的检测和跟踪,识别车辆的类型和记录车辆的运动轨迹,随后精细统

图 5-3-20　精细化车流提取效果

计该路段各类车辆的行驶情况。本文统计了 1 h 内车流数量,结果试验见表 5-3-3。

表 5-3-3　车流量统计结果

	Car	Taxi	Truck	Bus	总量	跨车道车辆
SSD+MEDIANFLOW	364	22	83	49	518	79
人工判读	383	24	88	53	548	83
准确度	95.0%	91.7%	94.3%	92.4%	94.5%	95.2%

从实验结果可以看出,利用车辆检测和跟踪方法统计不同类型的车流量具有很高的精度,达到了预期效果,初步具备了实际工程推广的技术要求。在此研究结果基础上,进行更复杂交通场景的车流提取,也初步具备了条件。如在道路路口中提取左转、右转及直行的机动车流量,路口断面的机动车排队长度等。同时,为后续非机动车、行人的精细化流量提取也奠定了良好条件。上述的车辆检测和跟踪研究,为计算交通参数,进而信号调优及交通规划提供坚实基础。复杂路口的示意图如图 5-3-21 所示。

图 5-3-21　复杂交通路口精细车流提取示意图

4. 总结与展望

本文比较了几种基于深度学习的车辆检测方法,它们都能很好地应对非正角度的车辆特征提取,完成对不同类别车辆的检测。详细的比较了几种不同检测方法的性能表现,SSD 方法在保证较好的精度下,FPS 在实验机器上能达到 35,这方法能保证对目标进行实时检测。

本文也比较了几种目标跟踪方法,其中基于深度学习的 GOTURN 方法表现不是特别好,反而是基于传统方法的 MEDIANFLOW 精度表现最好,并且 FPS 最高。传统观念认为跟踪的计算资源消耗比目标检测的低很多。先识别出物体再进行跟踪能达到很好的实时性能。通过分析得出,目标检测方法基本能满足交通视频监控对车辆监控的实时性要求,跟踪方法的用处就不大了。随着跟踪方法的发展,性能越好的跟踪器不断出现,在高帧率交通视频和降低监控成本上仍大有作为。本文利用基于深度学习的 SSD 算法和 MEDIANFLOW 算法完成了匝道上的不同车道不同车辆类型流量计算,其效果表现出色,总车流量统计准确率达 94.5%,基本能满足工程上的需要。该方法在复杂交通环境下精细车流提取也具有很大潜力。

应用驱动的车联网系统异质互联平台

供稿:南京博裕物联科技有限公司　苏玥琦

1. 成果简介

5G 时代的正式来临以及人工智能、大数据等技术的蓬勃发展为智慧城市建设赋予了全新能量。物联网作为智慧城市建设的基础之一,可帮助城市管理者将影响城市发展的各类因素纳入统一的管理系统之中,让城市变得更为“聪明”。然而,当前的物联网系统仍存在着部署分散、网络广域多样、网络互联低效等问题,如何以应用需求为驱动,实现车联网系统之间的异质互联是关键核心问题。

应用驱动的车联网系统异质互联平台是基于北京大学牵头的国家重点研发计划项目“应用驱动的异质物联网系统互联平台架构关键技术研究及验证”(项目编号:2018YFB2100300)所研发的核心科技产品,由南京博裕物联科技有限公司联合北京大学、中国科学技术大学、上海交通大学、东南大学、南开大学等多所院校研发团队共同打造的一款面向车联网系统间“数据、资源、服务”互联互通的 PAAS 级平台,主要解决将复杂通讯协议、异质网元、离散化资源的车联网系统进行泛在互联与深度融合,是构建未来一体化系统服务的核心途径。

2. 成果创新点及解决的难点问题

(1)应用驱动的异质物联网三元分治架构

针对当前物联网中异质网元的分型多样、跨域资源的多态离散、应用服务的耦合复杂等问题,提出了应用驱动的异质物联网三元分治架构,如图 5-3-22 所示。在该架构中,“数据-资源-服务”三元间由传统的紧耦合关系变成了元内统一管理、元间互联协同的松耦合关系。本框架基于具体应用需求，对上述三元进行统筹管理、精准控制和智能调配，以实现应用服务深度融合、异质资源高效复用、异质设备泛在接入，提高了网络的利用率，保证车联网系统间的动态协同和负载均衡。

语法互操作性是实现异质数据一致化的基础：异质数据一致化是指在基于互联互通的网络中，当物联网系统 A 中的数据传递给物联网系统 B 后，物联网系统 B 能够对该数据进行正确解析。这就需要接收方能够理解发送方的信息的数据基本信息，如数据长度、数据格式、数据类型等。而语法互操作性表示参与语法互操作的物联网实体能理解所交换信息格式的能力。这与信息模型中模型语言的表示格式、结构及其语言语法有关，例如数据的长度、数据类型的约束和禁止的字符等。从语法互操作性的角度，可以通过具体研究数据一致化表达模型与方案，为异质网络数据交换提供支撑。

语义互操作性是实现异质资源统一管理的基础：当前大多数物联网系统中的语义描述都是独立开发的，因此物联网实体或应用程序难以在语义上进行互操作性。语义互操作性需要捕捉语义、整合语义互操作性能力并支持语义互操作性工程，从而实现服务统一融合。通过本体模型对物联网实体进行描述，其中本体模型用来描述物联网实体，其功能是在各种物联网域中的实体之间与它们进行交互的机制。当物联网系统完成了语义互操作性，则此物联网可以对其他物联网实体的信息进行理解，从而可以实现异质资源统一管理。

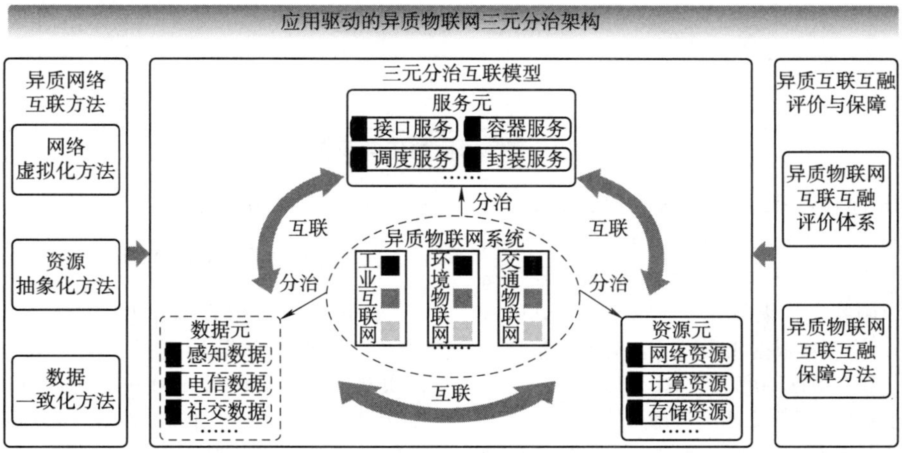

图 5-3-22　应用驱动的异质物联网三元分治架构图

行为互操作性是实现服务协同融合的基础：物联网实体的行为互操作性定义在接口描述中，其中接口声明根据接口的一组操作以及每个操作的输入和输出来进行描述。行为互操作性根据每个操作的预期结果提供附加信息，包括成功使用接口所必需的前提条件、后置条件和任意操作序列等，对接口功能进行抽象，并以单独表述的方式来描述物联网实体的行为。为实现行为互操作性，需存在实体见交互的过程或活动，否则源实体不能给目标实体提供预期的特性和功能。缺少行为互操作性会对两个系统实现完整的互操作性造成重大阻碍。这会导致即使系统之间的功能接口（或API）能匹配，但是实际行为与期望不同。虽然能以创建行为适配器的形式来处理这种行为差异，但是这对更加复杂的行为差异带来更大的挑战。因此系统之间只有实现行为互操作性，才能完成服务的协同融合。

（2）云边端协同的异质物联网资源任务调度方法

应用驱动的车联网系统互联平台从终端任务区域内调度、终端任务跨区域调度、云端任务下发三方面的任务调度需求进行考虑，提出了一种具有边-云两层控制能力的任务调度框架，如图 5-3-23 所示。所提出的任务调度框架由统一的云调度器、多个边缘调度器构成，通过云和边缘的分布式协同完成全局和区域任务调度优化。边缘调度器和云调度器都由三个模块构成：代理、监视器、控制器，代理模块负责实现与终端、上层调度器的通信，监视器模块负责收集当前各资源状态，控制器模块实现多种任务调度优化算法，负责根据不同的优化目标，以及计算、存储、网络等资源状态对任务调度请求进行调度优化。

对于终端任务区域内调度需求，任务的调度策略包括本地执行、区域内边缘服务器执行、云端执行三种。

该类调度涉及的资源能力为区域内资源及云端资源，边缘调度器能够完成该部分资源的统一监测与整合，实现调度优化。对于终端任务跨区域调度需求，任务的调度策略包括本地执行、区域内边缘服务器执行、近邻区域边缘服务器执行、云端执行四种。

该类调度涉及的资源除区域内资源及云端资源外，还涉及近邻边缘服务器资源。单个区域边缘调度器是无法直接获取其他边缘调度器的资源信息的，因此，跨区域资源协同调度是困难的。该需求场景下，本框架同时利用边缘调度器和云调度器进行调度优化。具体调度流程为：边缘调度器收到调度请求后，根据自身资源信息及终端移动性预测，判断需要进行跨域调度；边缘调度器向云调度器请求获取近邻边缘节点的资源情况，云调度器收到请求后返回相关信息；边缘调度器根据自身和近邻边缘节点以及云端资源情况进行调度优化；最后，各节点根据调度结果执行任务。

对于云端任务下发调度需求，任务的调度策略包括云端执行、各区域边缘服务器执行、终端执行等。该类调度涉及云、各边缘节点、终端的统一资源感知与利用，是非常困难的。

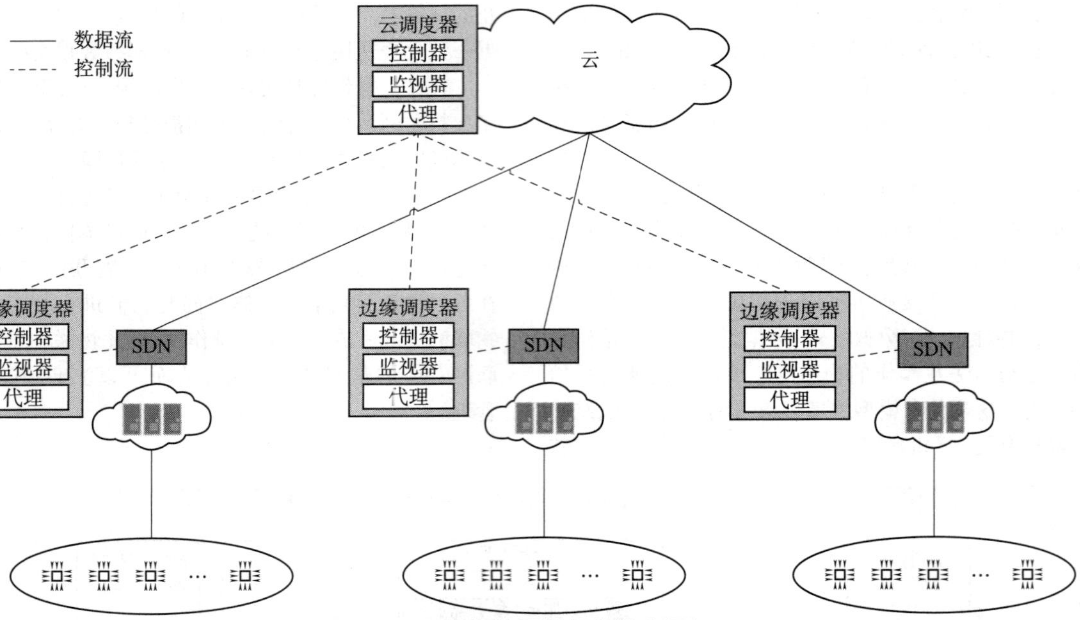

图 5-3-23 资源协同的任务调度框架

该需求场景下，本框架同时利用云调度器和各边缘调度器进行调度优化。具体调度流程为：云调度器收到调度请求后，根据业务需求判断任务调度涉及的资源范围；云调度器根据调度范围利用各边缘调度器收集各区域边缘节点及其区域内终端的资源能力；云调度器根据收集到的全局资源信息进行调度优化；最后，各节点根据调度结果执行任务。

(3)多应用协同的物联网智能调度管理系统

物联网终端设备大规模普及，导致终端数据和连接出现井喷式增长，海量数据连接需要计算能力更高的网络架构实现数据的及时分析和处理；同时，物联网业务不断衍生，广泛应用在智能交通、车路协同、智能家居等领域，许多特殊的应用场景，如实时路况信息采集、安防监测、自动驾驶等，此类业务对数据实时性要求较高，需要网络进一步降低数据的传输时延。传统无线网络架构的处理和计算能力已不足以支撑物联网的深度覆盖和海量连接，同时云计算平台远离物联网终端，难以满足低时延业务的数据实时性要求。

面对以上问题，应用驱动的车联网系统异质互联平台应用了一种多应用协同的物联网智能调度系统，如图 5-3-24 所示，在云侧进行网络资源的管理与分配调度，终端、边缘、云平台动态分配计算资源，形成“云—边—端”协同的物联网架构，从而缓解云计算平台的数据处理负担，提高数据处理效率。同时终端与边缘更贴近数据源头，可以降低数据的传输时延，满足低时延业务的数据实时性要求。

充分发挥了边缘和端的计算能力，对云端的能力进行补充和延伸，从而满足物联网应用的资源与服务需求。通过异构物联网终端设备收集来自真实场景的大量数据，在边缘节点通过微内核虚拟化技术，部署容器化的微应用，云端对集群进行资源和状态监测，通过合理的任务调度分配和控制管理可以极大地提高整个系统中资源的最大使用效率和传输效率，保证处理的实时性。同时，容器化的微应用不受运行环境的限制，可以根据当前状态以任务迁移的方式动态地进行调整，达到均衡计算负载的目的，最终实现多种物联网应用的深度覆盖和协同服务。

3. 国际水平对比分析

在物联网架构方面：国外的麻省理工学院、剑桥大学、东京大学在该领域开展了卓有成效的工作。典型的物联网体系架构包括：uID 中心提出的 uID IoT、欧盟 FP7 计划提出的 SENSEI 和 IoT-A 等，微软的 Azure IoT 也在积极地部署与推广。然而当前的物联网系统仍存在着部署分散、网络广域多样、网络互联低效等问题，如何实现跨行业物联网的应用驱动、异质互联是当前物联网架构研究的重点和难点。

在资源复用方面：美国乔治华盛顿大学和欧洲电信标准协会与清华大学在虚拟化复用领域处于领先地位。谷歌、微软与华为在物联网平台控制优化领域处于领先地位。然而，现有大部分研究工作致力于解决单一设备虚拟化与控制问题，还缺乏面向异构物联网碎片资源的虚拟化复用机制和应对物联网多样化应用需求的控制优化机制。

在服务协同方面：韦恩州立大学和华为公司等在边缘计算模型研究中处于领先地位。华中科大和上海交大等在虚拟化相关的容器技术处于领先地位。UIUC 和 UCLA 等在高层次综合技术及其在物联网中智能硬件的加速方面领先。但针对服务协同中协议互兼容差、系统服务高耦合等问题，对于多协议跨层解析及其硬件实现仍然缺乏研究，其对于异质物联网服务的跨系统动态调度及负载均衡具有重要作用。

应用驱动的车联网系统异质互联平台通过应用驱动的异质物联网三元分治架构、云边端协同的异质物联网资源任务调度方法、多应用协同的物联网智能调度管理系统实现了在物联网架构、资源复用和服务协同方面的关键技术突破与创新，并实现了产业化试点应用。

4. 成果应用情况

博裕物联以“联接万物，联接价值”为导向，重点从“数

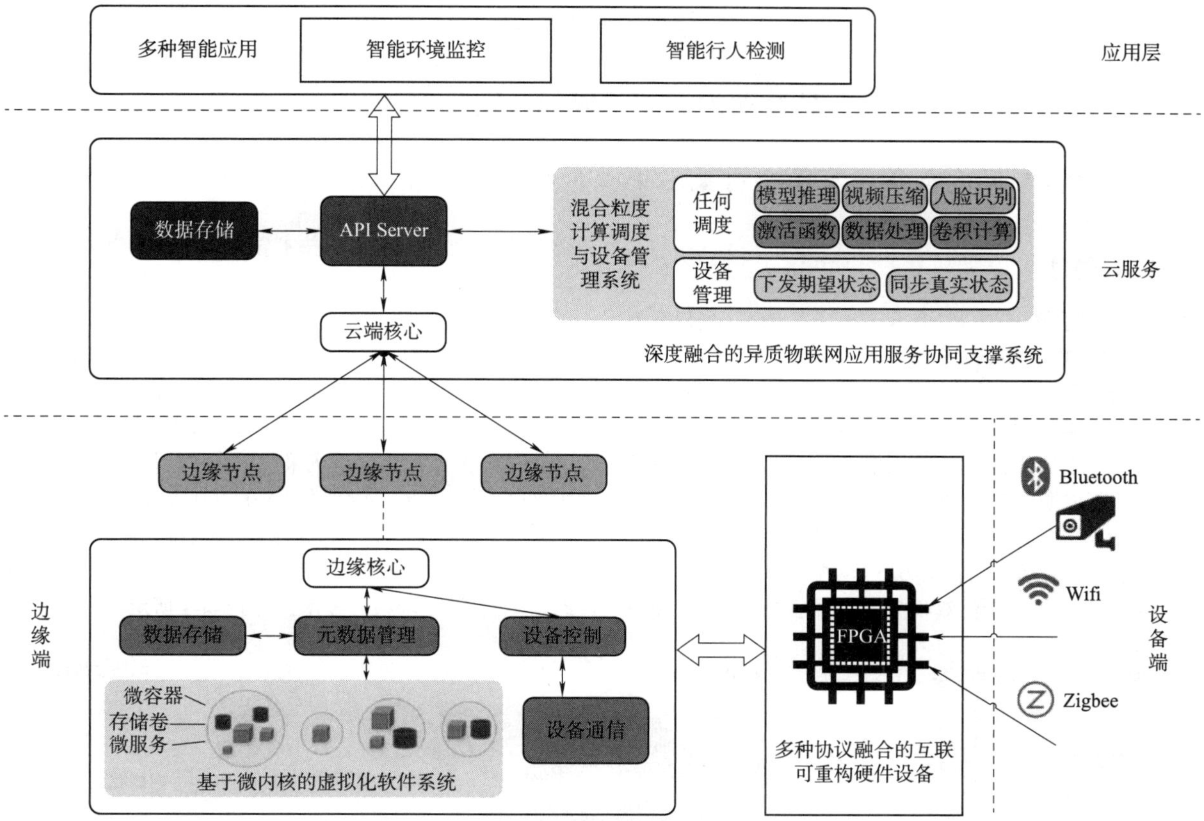

图 5-3-24 多应用协同的物联网智能调度管理系统原型

据-资源-服务”三个层面出发，首次提出了应用驱动异质物联网三元分治架构体系，通过跨行业设备联接管理技术、网络资源虚拟化控制复用技术、跨行业应用软硬件协同技术等核心科技能力，实现了车联网、城市管理物联网、消防物联网、能源物联网、工业物联网、农业物联网、卫星物联网等多种异构网络及复杂协议间的互联互通与深度融合。截至目前，博裕物联在车联网、车路协同、路网群智感知等多个方面，与华设、中电车联、蘑菇车联、路安交科等多家行业内企业共同开展了丰富多样的合作项目。

应用驱动的异质物联网系统互联平台摒弃传统网络以“流量”为核心、分层设计的架构模型，建立以“应用”为核心、“数据-资源-服务”三元分治架构模型。相较于现有的“感-联-知-用-融”物联网架构，具备应用与系统高适配松耦合、资源与控制强一致低聚合、数据与网元免网关互兼容等特性，为应用驱动的一体化服务新范式和异质物联网系统互联融合提供理论基础和架构支撑。提出免网关通用直联、边云双循环协同计算、微容器交叉融合封装等一系列关键技术，使针对不同应用的物联网系统互联更加协调统一，资源控制复用更加精准抗干扰，设备接入交互更加持续稳态，数据传输更加稳定可靠。

在车联网方面，博裕物联重点参与了由华设集团牵头的工信部“车联网身份认证和安全信任”试点项目中“智慧公路车联网车路身份认证安全体系建设与运营”，主要负责其中车联网同路侧设备间互联互通及车联网同城市物联网系统间互联互通的技术解决方案。项目依托工程在五峰山新一代（未来）高速公路建设了基于 C-V2X 的智能网联路侧基础设施（包括路侧智能设备 RSU、车路协同感知设施及边缘计算单元 MEC 等）和车路协同平台，建成了国内首条完备的高速公路车路协同测试基地和示范应用基地，并通过实施手机 App 和车载终端等方式实现了高速公路广义车路协同应用。并在无锡 S342 省道智慧公路打造了“全息感知网、车路协同链、智慧公路脑、安全运输带、便捷服务站、高效管理域、支撑保障源”七大主题，应用示范成果主要是针对外场监测感知中采集的数据，采用自建、租用专线/4G/5G/物联网/互联网等手段，建设数据通信网络系统，实现不同需求的数据可靠传输，为车路协同提供支撑。截至目前，应用驱动的车联网系统互联平台已在全国多个城市完成了异质设备互联接入示范应用和规模化用户覆盖。

5. 社会及经济效益分析

应用驱动的车联网系统互联平台建立了以应用为中心泛在互联与深度融合的新型异质物联网系统架构，实现突破异质网络虚拟化、异质网络数据交换与信息传输技术难题，支持网络、计算和存储资源的统一抽象管理，最终实现广域接入稳态化、异质资源复用化、应用服务融合化的物联泛在接入技术和融合系统平台。成果可以广泛应用于车车、车路、车云之间的泛在互联与深度融合，还可以实现车联网系统与智慧交通、智慧天气、智慧消防等跨行业物联网系统之间的泛在互联与深度融合，全面实现智慧城市之中服务系统的一体化建设。

四、混合动力领域

马赫动力混动总成的开发及应用

供稿：东风汽车集团有限公司技术中心　陈　涛　管永超　余秋石　宋　扬

1. 成果简介

“双碳”(碳达峰、碳中和)是我国改善气候变化、提高发展质量的关键战略。“双碳”达标需要能源、交通、工业、建筑等各行业协作推动。其中,交通业在我国碳排放中占比约9%,动力总成的高效化和混动化是重要达成路径之一。油耗、排放政策持续加严,新能源积分比例逐年提高,单车新能源积分减少,新能源积分达成难度加大,因此迫切需要发展节能技术。各厂家都在开发高效动力总成,扩大混动车型比例,以满足双积分政策,预计到2025年,混动占比达到40%。

基于国家“双碳”战略、双积分政策和客户需求,开发高效发动机、加快混动系统技术导入是东风作为央企的责任担当和面向市场的重要战略举措。2021年东风汽车集团发布了乘用车动力总成品牌“马赫动力”,以“极速”“极静”“极省”“极苛”为产品亮点和目标,开发了以C15TDR高效版发动机和HD120混动变速箱为基础的MHD混动系统,打造了高效环保、澎湃动力的马赫动力混动总成。

其中,C15TDR发动机采用了高效抗爆震快速燃烧系统、深度降摩擦、智能热管理和NVH控制等技术包,集成了高压缩比+高滚流比、350 bar高压喷射系统、高压冷却EGR、全MAP可变机油泵、双腔油底壳、高精度热管理模块和暖风水路电磁阀等15项核心技术,如图5-4-1所示。

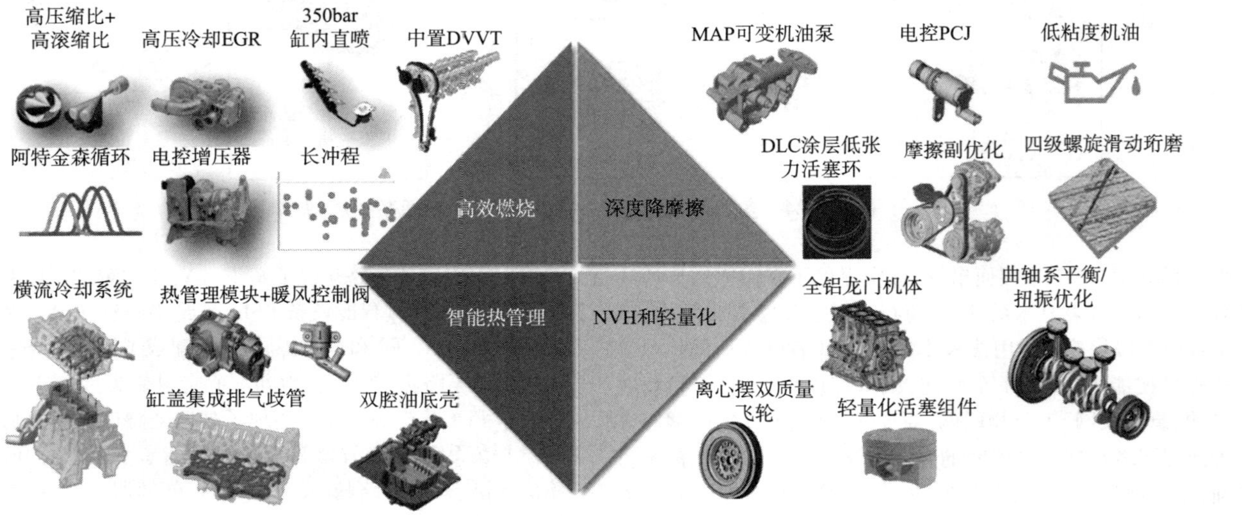

图5-4-1　C15TDR发动机核心技术

HD120混动变速箱采用了双电机e-CVT架构,支持纯电驱动、串联驱动、发动机直驱、并联驱动、怠速发电、制动能量回收等工作模式,集成了高效热管理、高效油冷电机、高集成一体化设计和低噪声齿轮设计等12项核心技术,如图5-4-2所示。C15TDR和HD120的控制系统包括底层软件和控制策略,完全自主研发。使得马赫混动总成可以依据不同车型使用需求,实现差异化和最优的控制,打破了外资技术垄断,相比低压EGR技术,高压EGR技术具有响应更快的特点,在整车瞬态工况更能体现出节油和降低排放的效果,行业内的高压EGR技术主要采用总管进气方式。

马赫动力混动总成中的C15TDR发动机创新采用了歧管分配式高压EGR系统,包括差异化进气口截面专有结构设计、歧管进气EGR温度预估技术、EGR关联多执行器控制技术,该方式相对总管进气的高压EGR技术,响应速度可以进一步提升,通过硬件设计和软件匹配,克服了歧管进气时发动机各缸的不均匀问题,并且提高了EGR率预估精度和保证了关键技术的自主掌。

2. 成果创新点及解决的难点问题

(1)歧管分配式高压EGR系统

燃烧技术为发动机的核心技术,其中EGR系统方案在行业内为黑匣子技术。EGR响应速度慢一直是行业难题。增压发动机EGR技术包含低压EGR技术和高压EGR技术,EGR率。该系统通过非等分截面进气口设计,使各缸燃烧均匀,响应时间相对总管进气缩短了16%。同时该系统通过先进的“先热再混”温度预估模型,计算进气门处气体温度,并且通过速度密度法,提高了EGR率预估精度,精度偏差为1%。另外该系统创新使用了基于多控制器联动的EGR工况控制算法,通过节气门、增压器和EGR阀开度联动控制,扩大EGR使用区域,最高EGR率达20%。最终发动机最高有效热效率达到41.07%,为目前量产增压发动机热效率一流水平。

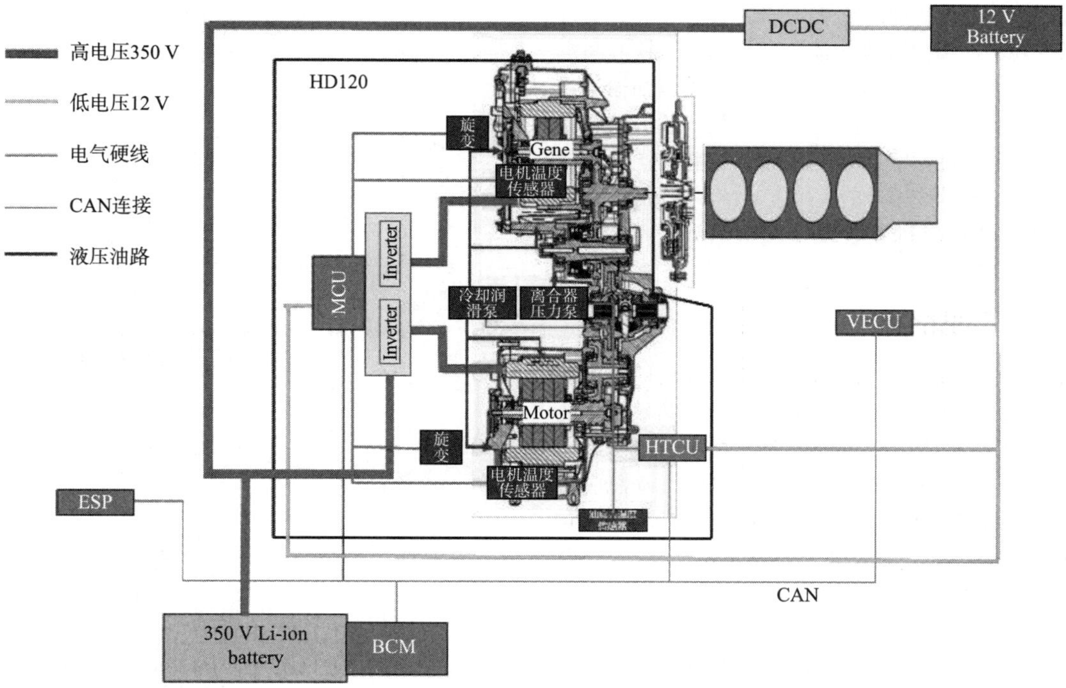

图 5-4-2 HD120 系统构架图

(2)双金属片温控双腔油底壳新结构

传统发动机所有工况下参与循环的机油量是固定容量,无法调节,机油温升速度被限制。根据工况适时控制参与循环的机油量来加快暖机时机油温升,降低摩擦,是润滑系统热管理的行业难题。

应对冷机情况下机油温升慢,摩擦功大,油耗高的行业难点,C15TDR 发动机首创了的双腔油底壳技术,外层使用静音钢板冲压油底壳,克服了新材料带来的焊接工艺及螺栓力矩衰减难题,实现了卓越的 NVH 性能。内层油底壳使用塑料油底壳,保证了轻量化的同时便于设置内外油底壳油量控制机构。油量控制机构使用自主创新研发双金属片执行机构,利用两种金属热膨胀系数不同,当温度变化时主动层的形变要大于被动层的形变,整体向被动层一侧弯曲,产生形变,从而实现机油通道的打开和关闭,从而实现了不同机油温度下的油腔切换,节省了节温器式温控阀,让双腔机油也能实现自动切换,结构成本降低 60%。

该技术突破了丰田的专利壁垒,形成了自主核心技术。冷启动优先加热内腔机油实现迅速暖油,主油道温升时间缩短 30%,降低机油黏度,暖机后油腔连通延长机油使用寿命。双金属片比节温器式温控阀响应性快,机油温升加快 30%,循环油耗改善 0.3%~0.5%。

(3)支路流量可控的冷却系统架构+多控制模式

传统发动机主要使用节温器进行冷却液分配,对大小循环无法同时关闭,造成暖机时缸体缸盖冷却液一直参与循环,发动机温升速度被限制。发动机暖机时如何减少参与循环的冷却液容量并实现冷却液的主动分配是冷却系统结构设计的行业难题。

应对冷却系统结构复杂、支路多、暖机速度慢、运行水温低的行业难点,提出了多支路流量可控的冷却系统架构+多控制模式(暖机模式、低负荷模式、高负荷模式、停机模式),根据水温和车速变化,热管理模块通过控制电机驱动内部球阀旋转,球阀上的开口面积随旋转角度变化,无级调节各支路流量,实现各支路冷却液流量按需分配,具有速度快、精度高的特点,响应速度是传统蜡式节温器的 20 倍。

该技术实现了暖机模式"零流量",相较少数主机厂使用的蜡式暖风控制阀方案,该方案具有泄漏量极小的优势,暖机速度具有明显优势,WLTC 暖机时间缩短了 170 s。另外,该技术实现了低负荷/高负荷模式流量动态分配,在低负荷运行阶段,由于该技术具有 3 s 的从 0% 到 100% 开度的响应能力,可以将运行水温相对节温器提高 5 ℃~15 ℃,从而降低发动机暖机运行时的摩擦,油耗降低约 1%;在工况突变和高负荷情况下,该技术能迅速调节大循环流量,迅速适应工况变化,保证发动机正常运行。而停机阶段,通过热管理模块、暖风水路控制电磁阀控制,保证所有支路畅通,防止冷却液添加憋气,同时辅助水泵工作,降低增压器回热。

根据转速实时变化率和水温变化率通过经验公式计算热管理模块目标位置,可精准控制球阀开度,实现了水泵前压力始终与汽蚀边界分离,避免汽蚀引起的水泵损坏,保证了长里程 700 万 km 道路耐久可靠性。

(4)复合电机油冷技术

在新能源车用电机中,绝大部分电机都属于水冷结构型式,该冷却型式未对电机中的发热元件进行直接冷却,仅通过机壳进行了间接冷却,冷却效果较差。部分油冷电机虽然对定子绕组进行直接喷淋冷却,但只对绕组的外圆周面进行了冷却,绕组的内圆周面和转子依然未能得到冷却,该冷却效果较水冷电机虽有改善,但效果依然不佳,并且易造成线束漆面冷却不均匀、局部老化过快,从而发生绝缘故障导致烧蚀和转子磁钢退磁导致动力性能下降或失效等故障。

电机线包表面发热不均匀、磁钢温度传导慢、冷却效果差是制约电机寿命的技术难点,针对该难点马赫动力混动总成应用创新的复合式电机油冷技术，同时冷却定子和转子铁芯。喷油管和端板凹槽内的冷却油可分别对定子铁芯和定子绕组进行冷却，转子铁芯油道通过导油板将冷却油输送到转子铁芯内部进行冷却，又通过端板凹槽对转子铁芯的外表面进行冷却，这样，在冷却定子绕组的同时，也将转子铁芯进行了冷却。通过该种油冷电机的实施方式，有效降低了线包和转子磁钢温度，可将电机寿命提升 20%，电机本体效率达成“双 90”，额定功率提升 43%。

3. 国际水平对比分析

在经济性和动力性方面，C15TDR 高效版发动机通过高效燃烧、深度降摩擦、智能热管理技术包，高效版热效率达到 41.07%，并且该发动机获得了中汽研“能效之星”认证，最高热效率在量产增压机型中领先。马赫动力 MHD 混动总成的系统输出功率达到 170 kW，轮边扭矩达到 3500 Nm，属于同级别最高水平，混动系统节油率相对传统车超过 30%，获得 2021 年“中国心”十佳发动机最佳混动系统、中国汽车风云盛典“评委会特别奖”。搭载 MHD 混动总成的东风风神奕炫 MAX，整车零百加速 6.81 s，NEDC 循环 100 km 油耗 4.3 L，全面领先 HEV 混动竞品车型，如图 5-4-3 所示。

在排放方面，C15TDR 发动机通过原排最优控制、冷机起燃技术以及涂覆和贵金属配比优化，其排放达成国Ⅵ-b RDE 标准，与此同时其贵金属用量为行业最低水平。另外，该发动机不采用颗粒捕集器即可满足 PN 排放要求，大幅降低生产成本。

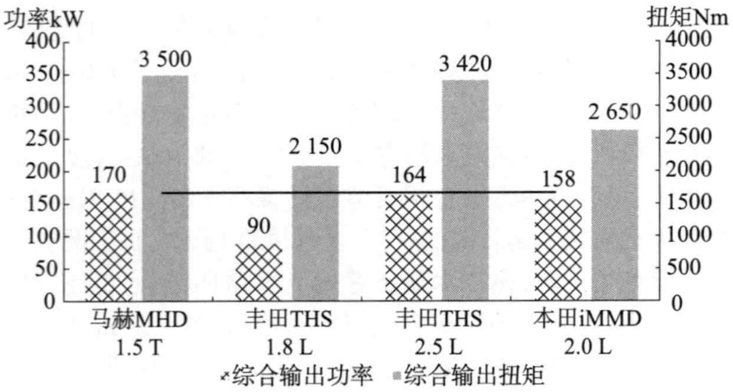

图 5-4-3　马赫动力混动总成功率、扭矩对标

在 NVH 方面，C15TDR 发动机处于竞品数据带下限，HD120 电机阶次噪声由于本田 iMMD 和丰田 THS；搭载奕炫 MAX 整车车内怠速噪声优于合资竞品，车内加速噪声优于本田雅阁和长安 CS75 PLUS，如图 5-4-4 所示。

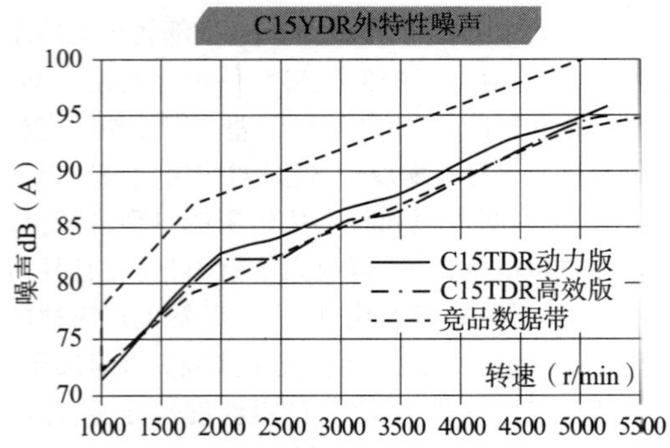

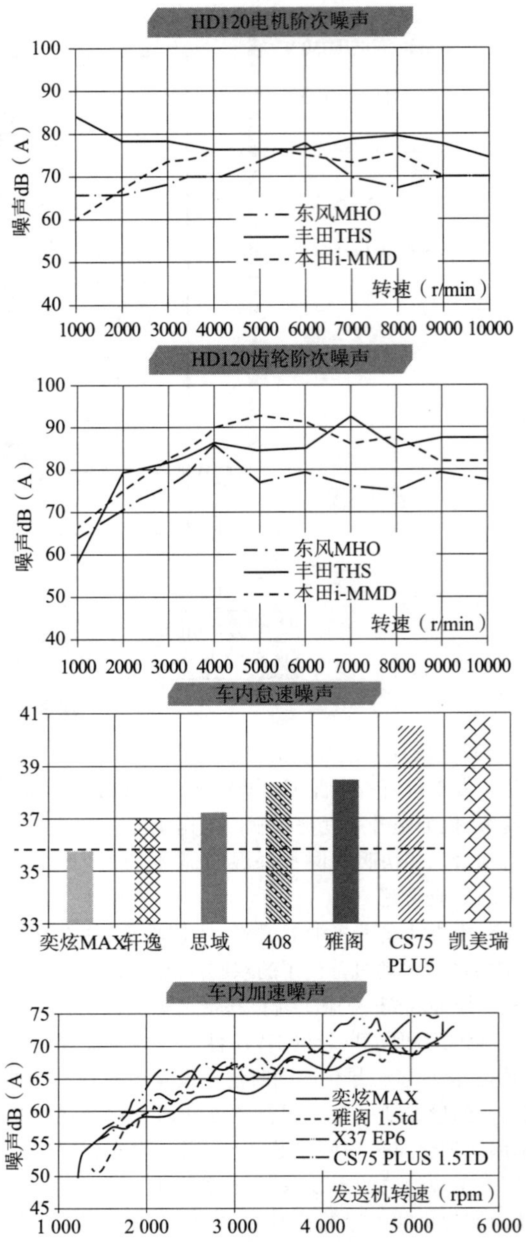

图 5-4-4　马赫动力混动总成噪声对标

4. 成果应用情况

马赫动力混动总成引领东风汽车集团内协同工作取得了突破性进展，集团内多家公司产品搭载应用了马赫动力混动总成；同时拓展到了集团外客户搭载，增加了新的业务。目前已实现了集团内外（风神、岚图、柳汽、启辰、牛创等）多车型搭载应用。

目前搭载马赫动力 C15TDR 发动机和 MHD 混动系统的车型于 2021 年投放市场，目前累计生产超过 8 万余台，未来 5 年量纲预测达到 190 万台。

基于马赫动力混动总成 MHD，已授权发明专利超过 48 项，实用新型专利授权 9 项，公司专有技术 1 项，发表期刊/年会等学术论文 35 篇（其中 IE/SAE 收录 10 篇），编制行业标准 1 项，公司标准 40 项，相关经验和积累将继续在后续机型开发中得到应用及推广，见表 5-4-1。

表 5-4-1 马赫动力混动总成 MHD 部分核心发明专利及行业标准

类别	识别代码	名　称
发明	ZL201910080967.8	汽油增压发动机废气再循环系统装置
发明	ZL202010706201.9	废气再循环系统 EGR 工作区域的控制方法和控制系统
发明	ZL202010752089.2	发动机进气口温度控制方法和系统
发明	ZL201910243672.8	一种具有双金属片温控结构的内油底壳
发明	ZL201910239263.0	汽车发动机冷却系统及其控制方法
发明	ZL202010850484.4	一种发动机热管理模块的控制方法和控制系统
发明	ZL202010523747.0	一种车用可变排量机油泵的控制方法及系统
发明	ZL201910239905.7	一种油冷式电机
发明	ZL202010921274.X	一种发动机防爆震干扰控制方法及存储介质
发明	ZL201710718473.9	一种混合动力汽车的多模式动力传动结构
发明	ZL201710718977.0	一种混合动力汽车的多模式动力传动系统
发明	ZL202010318854.X	一种汽车的 P 挡控制方法
发明	ZL201911414557.9	一种双质量飞轮加热装置及具有该加热装置的传动系统
发明	ZL202010068032.0	一种混合动力变速箱电液控制系统及控制方法
发明	ZL202010404496.4	一种模块化变速箱电动油泵
标准	行业标准 QC/T 1122—2019	汽车发动机用电动水泵技术条件

5. 成果的产能建设情况

马赫动力 C15TDR 发动机在东风乘用车生产，HD120 电驱动总成在智新科技生产。其中 C15TDR 发动机生产线累计投资 4.5 亿元，实现产能 30 万台/年，HD120 电驱动生产线设计产能 15 万台/年，累计投资 0.9 亿元，一期产能 5 万台/年。

6. 社会及经济效益分析

（1）社会效益

马赫动力混动总成是东风汽车集团技术中心开发的全新一代高效混动车型的动力总成，作为东风汽车集团应对五阶段油耗及国六排放法规的战略产品，依靠该产品先进的产品性能，连续获得了 2020 年及 2021 年“中国心”十佳发动机、中国汽车风云盛典“评委会特别奖”等荣誉，进一步提升东风的品牌形象，如图 5-4-5 所示。同时，通过产品推广应用，既带动了国内技术水平，又大大降低了整车生产成本，对企业及国家经济起到积极的促进作用。

马赫动力关键技术同时促进了关键零部件的国产化开发，MHD 混动系统实现了控制系统的自主化，打破了外资垄断，C15TDR 发动机实现了增压器、中置中锁 VVT、MAP 机油泵等 20 余项关键技术国产化开发，HD120 实现了 IGBT、油冷电机、轴齿的国产化开发，推进产业链自主可控。

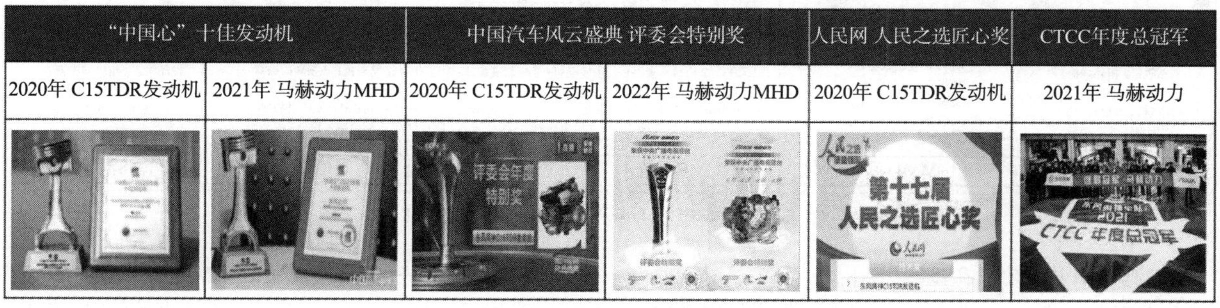

图 5-4-5 马赫动力相关荣誉

马赫动力混动总成关键技术应用后相比上一代动力总成油耗最高降低 32.3%，有效支撑“双碳”行动的达成；并且实现了东风汽车集团内外搭载应用，推进行业加快实现“双碳”目标。

（2）经济效益

马赫动力混动总成 C15TDR+HD120 累计实现产值 13.5 亿元，带动了东风乘用车发动机工厂焕发新生，智新科技实现混合动力电驱动总成从 0 到 1 的突破。随着马赫动力投放市场，销量逐步增加，东风乘用车发动机工厂和智新科技带来了更大的就业岗位，引领自主品牌动力总成更加节能减排，为当地经济向绿色低碳转型提供了有力保障。

广汽 GMC 机电耦合系统

供稿：广州汽车集团股份有限公司汽车工程研究院

1. 成果简介

2019 年广州车展，广汽展出第二代机电耦合系统 GMC2.0，成为自主品牌中首次完全自主开发串并联混动专用变速器（DHT）并自主开发换代产品。

广汽 GMC 机电耦合系统首创双电机平行轴串并联 DHT，在国内首次实现了油冷电机技术的开发和量产。第一代 GMC 已于 2017 年量产上市，并对外输出至广汽三菱和广汽本田，推出广汽三菱祺智 PHEV，广汽本田世代 PHEV 等，实现自主品牌向合资品牌导入技术和产品零突破，具备完整自主知识产权构型和设计方案（见图 5-4-6）。2019 年第一代 GMC 凭借高性能、高可靠性，获得“世界十佳变速器”称号。

图 5-4-6　油冷电机

第二代 GMC 继续深耕双电机平行轴串并联，在结构方案、性能进行了升级换代，累计专利拥有量超 400 项。首创集成式多挡位串并联 DHT，持续引领国内双电机串并联结构技术发展；通过多挡化设计，进一步优化发动机实际工作点，混动热效利用率高达 95.5%，有效提高系统经济燃油性；类似于 AT 的换挡结构，加上电机的扭矩补偿，挡位和模式切换平顺无冲击，通过多挡多模式的智能控制，让多动力源均运行在最优区间，有效兼顾了整车经济性、动力性和 NVH。同时，该款变速器全面覆盖广汽传祺全系平台 PHEV、HEV、REEV 车型，可以满足不同消费需求。

2. 成果创新点及解决的难点问题

DHT 具有多动力源多输入单输出特性，如何从数以亿计的可能方案中优选出合适方案是国际公认难题；DHT 油冷电机存在系统复杂和材料选型等难题，且双油冷电机使 DHT 热源增多、热负荷变大，需要合理集成润滑油路并精确分配冷却流量。为此，项目提出了 DHT 构型方案综合优选方法，发明了双电机平行轴布置串并联 DHT；提出了 DHT 高功率宽高效区油冷电机设计技术，首次在国内实现了油冷电机的产业化；发明了面向油冷电机的双源一体化主动冷却润滑技术。

（1）首创双电机平行轴布置串并联 DHT 和电机油冷技术

与传统单一动力源变速器不同，DHT 有多个动力源，DHT 如何实现多动力耦合的同时，还能实现高效率、高功率密度、高节油率，是国际公认难题。项目开发之初，如本田的 i-MMD、丰田的 THS-Ⅲ、上汽的 EDU-Ⅰ，多采用双电机同轴布置，电机到轮端的速比较小，导致对电机的扭矩需求大、电机外径大，整车的布置难度大。同时同轴布置转速低，不易实现电机的小型化、高速化。基于第一代 GMC，广汽发明了国际上首个采用双电机平行轴布置的串并联 DHT 构型方案，通过电机平行轴布置，增加电机到轮端的速比，即可以实现电机的增速降扭，提高电机功率密度，又可以缩短轴向尺寸，提高总成紧凑性和功率密度。该构型突破了各企业的专利封锁，奠定了国内独立自主开发 DHT 的基础，引领了 DHT 双电机平行轴布置的发展方向，后续丰田等公司的 DHT 也采用了同样的电机布置方案。此外，方案可兼顾 HEV/PHEV 车型，开发的平台化产品实现了多车型搭载应用，如图 5-4-7 所示。

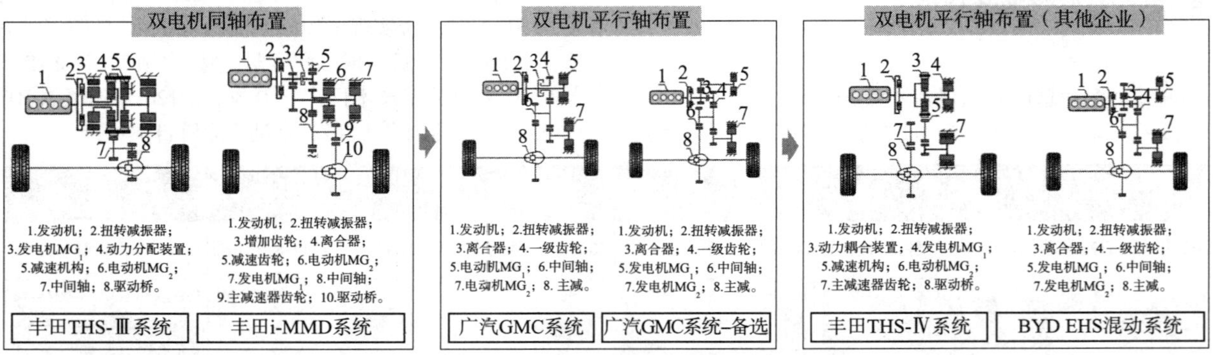

图 5-4-7　双电机平行轴布置串并联 DHT

（2）多挡化串并联集成化设计

广汽基于第二代 GMC，继续深耕双电机平行轴串并联，开展总共 189372 种组合方案进行计算分析，基于动力性、经济性、成本等多目标分析，探索更优方案，如图 5-4-8 所示。

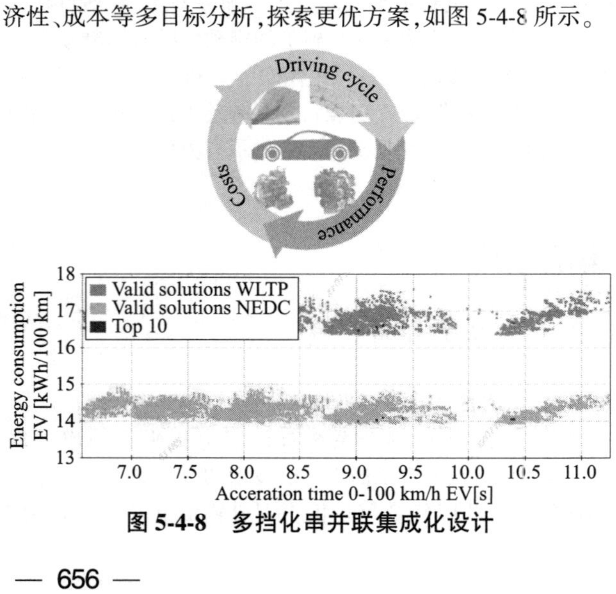

图 5-4-8　多挡化串并联集成化设计

通过充分的分析论证，第二代 GMC 采用两挡串并联构型方案，通过增加一个挡位，提升扭矩输出的同时，能让发动机介入驱动后处于更高效工作区间，使整车的能耗更低、动力更强。而单挡 DHT 因为为单一传动比，设计需要兼顾低速、高速以及全油门加速的工况，无法实现系统性能的最优解。目前，日系串并联式混动只有一个 DHT，明显是追求燃油经济性，而牺牲了性能，并不是日系品牌不想给串并联式增加挡位，而是增加这套机构，重量和成本难以控制。当然，挡位也并非越多越好，挡位越多，性能提升幅度越小，而重量尺寸成本都会增加，车企也需要平衡性能和重量尺寸成本，对于 GMC 来说，采用两挡串并联方案是综合最优方案。

与传统的两挡同步器 DHT 不同，第二代 GMC 采用的是类似 AT 换挡的形式，理论上调速时通过电机发电，加上驱动电机进行扭矩补偿，不会有动力中断；在结合前会进行调速，结合速差小，采用离合器结合，换挡冲击小，理论上会更柔顺；并且由于转速差小，导致离合器滑摩功小，换挡机构的可靠性有了保证。

与此同时，第二代 GMC 在结构上进一步集成了双电机控制器,实现了变速传动、双电机和双电机控制器的多合一集成设计,结构部件进一步简化,减小了系统尺寸、重量和成本,扭重比超过合资品牌 DHT。2018 年广汽在国内首次提出了混动变速器集成双电机控制器的设计方案,并在国内率先开发用于电机与电机控制器直连的高压连接器,同类产品目前已广泛用于国内自主品牌 DHT。

(3)主动油冷扁线电机及升变压技术

在广汽 GMC 开发之前,混动变速器电机大多采用水冷结构。广汽 GMC 在国内率先开发和量产了电机油冷技术。油冷电机具有冷却散热效果好、便于高度集成等特点,但是也存在系统复杂和材料选型等难题。针对油冷电机更优的冷却性能特点,通过各类耐油材料的理论和实验研究,以耐油材料的极限性能作为输入,优化绕组和转子的拓扑结构,同时考虑不同转速下最高的电压利用率,实现功率的最大化。目前,基于广汽 GMC 开发的高压油冷扁线电机,分别用作发电机和驱动电机,具有高能量密度、宽高效区、高品质 NVH 性能等优点。发电机峰值功率密度大于 5 kW/kg,驱动电机峰值功率密度大于 4. 5 kW/kg ;绕组采用多层扁线结构、定子采用 0. 25 mm 低铁损硅钢片、分割铁芯,结合变压系统,可达成发电机效率"双 90"(效率高于 90%、区间大于 90%);峰值升速工况下各阶次近场噪声可控制在 80 dB 以内,如图 5-4-9 所示。

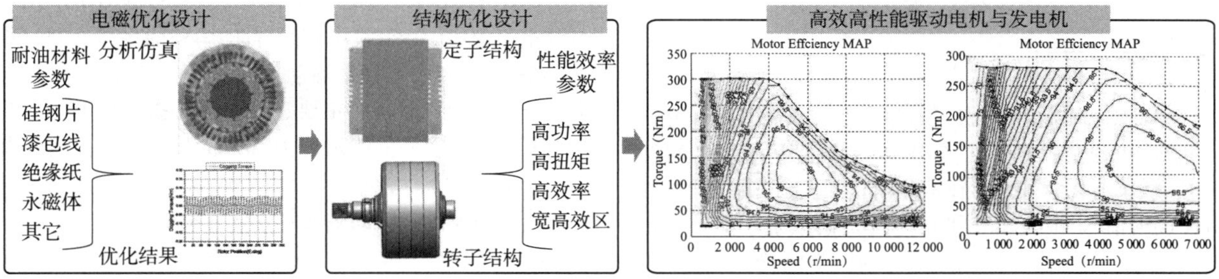

图 5-4-9 DHT 高功率宽高效区油冷电机设计匹配技术

基于第二代 GMC 还同步开发了集成式可变电压双电机控制器,可实现动力电池直流母线电压到 650 V 之间可变,让电机系统高效区随转速多级可变,扩大高效区范围;通过升压降低电机电流,有利于电机和电池小型化;将双电机和 boost 的 IGBT 模块集成一个单元,同时应用 RC-IGBT 技术有效小型化产品,结合优化的控制方式,电控最高效率提升大于 99. 5%,如图 5-4-10 所示。

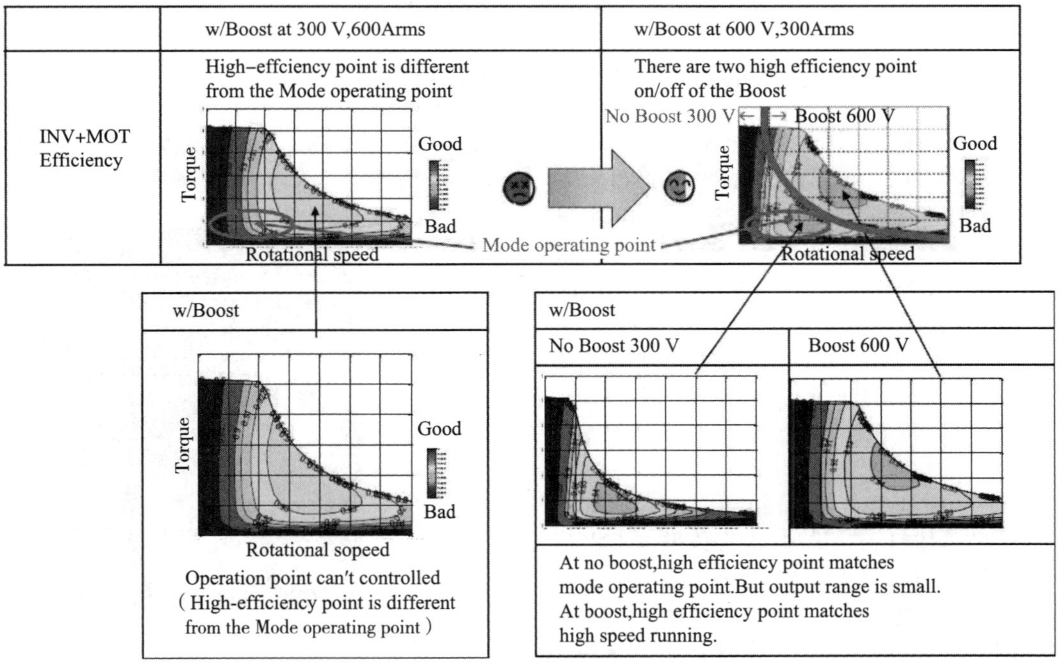

图 5-4-10 第二代 GMC

(4)全场景覆盖验证体系

机电耦合系统作为混合动力专用变速器,在变速器的基础上集成了电机,电机全过程地参与驱动和变速传动。综合考虑新技术验证需求、传统变速器验证项目和电机系统验证需求,构建了全新的机电耦合系统开发验证体系,并已实际应用于 GMC 机电耦合系统开发,如图 5-4-11 所示。基于完善的验证体系,第二代 GMC 是行业内首次整机通过 10 g 振动加速度可靠性验证和 EMC 带载测试通过 Class 3,并通过 10+万 h 台架试验和整车验证等效里程 1000 万 km 严苛验证。

图 5-4-11　变速器

3. 国际水平对比分析

广汽 GMC 开创了双电机平行轴布置串并联 DHT，突破国际汽车巨头的专利封锁，引领了国内自主品牌 DHT 的发展；多挡化、集成化和升变压技术等创新开发，均走在国内自主 DHT 的前沿，集成技术水平优于外资同级别产品。以扭重比（最大输出扭矩与整机重量的比值）为例，第二代 GMC 为 34.1 Nm/kg，相同容量的 THS 为 29.1 Nm/kg。

4. 成果应用及产能建设情况

第一代 GMC 机电耦合系统已搭载广汽 GA3S PHEV、GS4 PHEV 车型上市，第二代 GMC 搭载将搭载广汽传祺影豹 HEV、影酷 HEV、M8 PHEV 等车型 2022 年量产上市，后续将在广汽传祺全系混动车型搭载应用。

GMC 机电耦合系统已建成年产 10 万台的生产能力。

5. 社会及经济效益分析

混合动力技术完成由自主导入多家合资企业，开创了国内自主反哺合资的先河。在技术输出方面，本项目 PHEV 车型导入到广汽三菱（祺智 PHEV）、广汽本田（世锐 PHEV）以及广汽菲克（悦界 PHEV）等合资公司，实现了自主品牌导入合资公司的历史性突破，率先形成了自主开发和正向设计的开发模式，并得到了社会和行业的充分认可。

GMC 机电耦合系统突破制约我国混合动力机电耦合系统和整车集成应用的技术瓶颈，打破国外的多项专利封锁和产品垄断，成功构建自主混动架构，对推动我国节能与新能源汽车产业的发展具有重要意义。有力提升我国新能源汽车及其关键零部件的制造能力，构建我国自主、安全的混合动力新能源汽车产业链，对夯实我国新能源汽车发展基础，确保民族汽车工业的健康发展具有重要意义。

截至 2020 年底，搭载第一代 GMC 的整车累计销量近 3 万台。其中，广汽传祺 GS4 PHEV 和 GA3S PHEV 车型，累计销量超 2 万台。同时，导入广汽合资品牌生产销售（包括广汽三菱、广汽本田、广汽菲克等），受到了广大用户的喜爱。

第二代 GMC 将全系搭载广汽传祺全系混动车型量产上市，预计实现销售超 10 万辆/年。

广汽高效率混动专用 2.0 L 发动机

供稿：广州汽车集团股份有限公司汽车工程研究院

中国已向世界庄严承诺，力争 2030 年前实现碳达峰，2060 年前实现碳中和。汽车行业为实现减碳，提出面向 2035 年发展目标：汽车产业碳排放将于 2028 年先于国家减碳承诺提前达峰，至 2035 年，碳排放总量较峰值下降 20% 以上；关键核心技术水平显著提升，形成协同高效、安全可控的产业链，汽车产业可持续发展、新型产业生态构建完成、汽车强国战略目标全面实现。低碳、节能、环保是汽车产业发展的必然趋势，混合动力汽车因其出色的节油性能日益得到消费者的青睐，而高效发动机是混合动力汽车实现节油性能的核心。

为响应国家碳达峰碳中和目标，2021 年广汽集团发布了"绿净计划"的具体目标和措施，广汽传祺也正式公布了"混动化+智能化"双核发展战略，发布了品牌混动目标：实现 2025 年全系车型混动化，2030 年混动销量占比超 60%，挑战 2045 年实现碳中和。广汽研究院作为广汽集团的研发体系枢纽，始终坚持自主正向研发，始终坚持前瞻技术研究的投入，坚持发展以"钜浪动力"为核心的动力品牌，打造世界一流产品，对广汽集团发展战略起关键的支撑作用。

2021 年 4 月上海车展，广汽集团发布了"钜浪动力"新一代混动专用 2.0 L 发动机（见图 5-4-12），发动机最高热效率达到 42.1%，超过丰田 TNGA 发动机的 41% 热效率，实现采用均质燃烧技术发动机在热效率上的突破。

图 5-4-12　广汽高效率混动专用 2.0 L 发动机

目前，混动专用发动机与机电耦合系统配合，全工况高效输出，实现工作互补。所以，与传统发动机相比，混动专用发动机更注重经济性开发。基于经济性开发，目前有两种主流技术路线，即自然吸气发动机和涡轮增压发动机；自然吸气发动机多采用阿特金森循环，进气凸轮采用大包角设计，配合可变配气机构，实现膨胀比高于压缩比，膨胀行程增加可以获得更多的有效功，以丰田、本田为主的日系品牌多采用这种技术路线。涡轮增压发动机多采用米勒循环，进气凸轮采用小包角设计，配合可变配气机构，进气门提前关闭，在压缩过程实现降低泵气损失，以大众为主的欧系品牌多采用这种技术路线。从市场应用情况看，两种技术路线在未来一段时间仍将并行发展。

我国自 2001 年加入世贸组织，国内汽车行业的相关标准、法规（如油耗、排放法规）与国际标准对接，不断推进汽车行业技术升级，其中汽油发动机压缩比不断增加，有效提升了发动机的热效率，但随着压缩比的增加，爆震问题成为继续提升汽油机热效率的痛点和难点。汽油机产业链相关企业加大研发力度，提出各种技术方案解决爆震问题。

为验证广汽高效混动专用 2.0 L 发动机热效率水平，广汽于 2020 年 8 月在中汽研华诚认证（天津）有限公司开展热效率认证（见图 5-4-13），2.0 L 发动机在均质燃烧下，最高热效率达到 42.1%，发动机其他各项指标也达到设计要求，符合认证标准要求。

图 5-4-13　热效率证书

如今，混动专用汽油机开发不但强调热效率的提升，而且重视动力性、NVH 等性能的均衡开发，有力支撑混动系统策略开发，使混合动力车型不但省油，而且具有良好的驾驶性和舒适性。

广汽高效混动专用 2.0 L 发动机采用自然吸气、阿特金森循环技术路线，压缩比高达 15.6。但 2.0 L 发动机不是简单的提高压缩比，而是有系统性技术方案，从主体结构参数、进气系统参数、燃油喷射方案、燃烧控制、爆震控制策略、摩擦功控制，到热管理方案和软件开发，形成严密配合的整体技术方案，同时也是软硬件一体化、具备良好适应性的技术方案。

广汽高效混动专用 2.0 L 发动机具有四大核心技术：

（1）高效燃烧系统（见图 5-4-14）

为实现发动机的高效燃烧，量化分解发动机燃烧系统设计的关键参数，结合 CAE 技术和光学测试技术，采用 DoE 方法优化进排气道、缸盖燃烧室、活塞顶面形状、喷射系统和点火装置的设计。缸内流场分布决定了燃烧速率，为获得较高的火焰传播速率，促进油气混合，进气道需要保证较高的流量系数并组织较强的滚流，2.0 L 发动机设计了高滚流进气道，积分滚流比超过 3，在对标数据库中处于领先水平；采用长冲程设计，冲程缸径比高达 1.3，活塞行程长，运行速度更快，泵气效果更显著，进气流速更快，叠加高滚流进气道，进一步提升缸内滚流比，在进气和压缩过程，有效地保持滚流强度，在压缩上止点产生较大湍动能，提高燃烧速度；采用 M10 火花塞设计方案，更紧凑的燃烧室设计，进而实现较大的进气门设计，在高滚流的同时保证进气能力的提升；350bar 高压喷射系统，能让燃油实现更好的雾化，改善缸内油气混合气均匀性，减少局部混合气过浓区数量，进而优化颗粒物排放；进气电动相位调节器，最高调节速度达 300 ℃A/s，响应快速，实现配气相位与燃烧工况的快速精准匹配，提高燃烧效率。

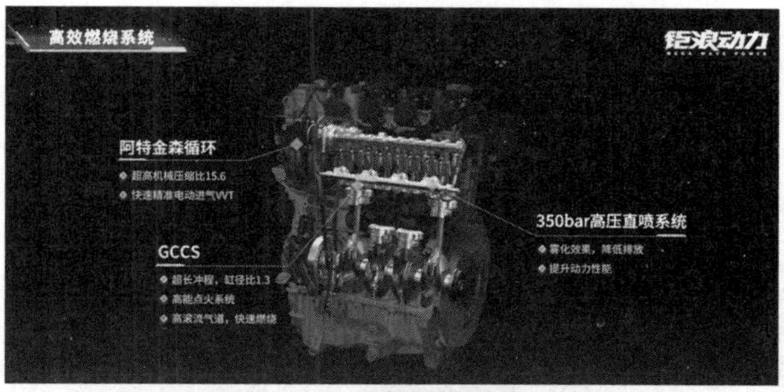

图 5-4-14　高效燃烧系统

（2）低温冷却 EGR 系统（见图 5-4-15）

采用 EGR 系统是为了有效抑制爆震，提高热效率；在设计上，利用混动电机的中温水冷却 EGR，进一步降低 EGR 温度；EGR 在第一级催化器后取气，保证 EGR 气体的清洁，降低系统被污染的概率；EGR 气体进入歧管采用中间进气方案，各缸 EGR 均匀性在±1% 以内，保证各缸燃烧的一致性、稳定性。

图 5-4-15　低温冷却 EGR 系统

（3）智能热管理系统（见图 5-4-16）

2.0 L 发动机热管理系统硬件由高功率电子水泵、温控模块、缸体缸盖并联分流水套组成，通过软件标定实现快速暖机，精确控制水温，降低整机油耗；电子水泵的工作点不受发动机工况的限制，与发动机转速解耦，流量可调，在不同工况下都是可以维持适度的冷却液流量，减少机械功的消耗；温控模块可以根据发动机工况、水温同时对多个支路流量进行精确控制，配合缸体缸盖并联分流水套设计，对缸体、缸盖的出水分别进行控制，实现对缸体、缸盖不同温度需求的调节，实现快速暖机，进而实现提高热效率，降低整机油耗；缸体水套上下分层冷却，降低缸筒温度梯度，减小热变形，降低泄漏损失。

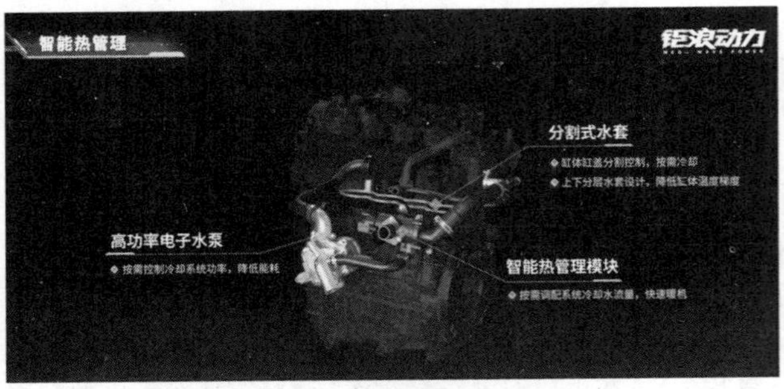

图 5-4-16　智能热效理系统

(4)低摩擦技术(见图 5-4-17)

2.0 L 发动机集多项低摩擦技术与设计方案,包括全可变机油泵、低张力活塞环、凸轮轴滚动轴承、DLC 涂层活塞销、减摩涂层活塞、低张力正时系统、滚子摇臂、附件电气化和低黏度机油等低摩擦技术方案;在设计上多处采用节流方案,降低机油流量,间接降低机油泵的机械损失;采用附件电气化方案,取消附件轮系,将减震皮带轮内置曲轴箱中,取消轴封结构;2.0 L 发动机在 2000 r/min、机油温度 90 ℃时,FMEP 只有 0.32 bar,在对标数据库中处于领先水平。

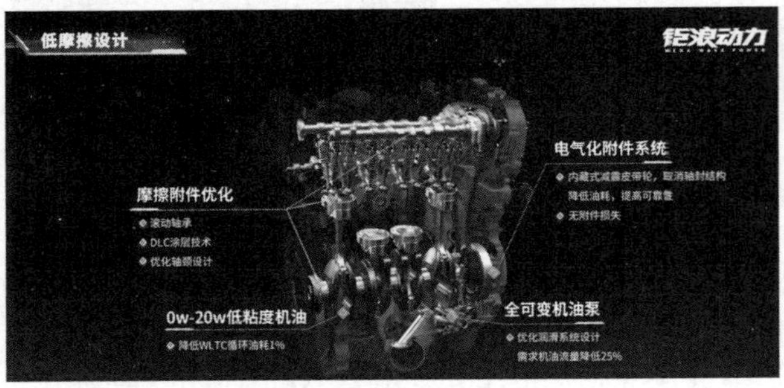

图 5-4-17　低摩擦技术

高效率混动专用 2.0 L 发动机虽然应用了大量先进技术,但在整机布置、结构设计、模块化、集成化、通用化和可靠性设计等方面不断地进行优化。发动机轴向尺寸与 1.5 L 发动机相当,满足不同级别乘用车机舱匹配需求。重量能量密度提升 3%,成本下降 8%。2.0 L 发动机在保证高热效率的基础上,实现低成本、高可靠性。

长期的研发投入和积累,2.0 L 发动机产生 50 多项专利。

广汽集团之所以在发动机热效率上实现突破,主要源于在混动发动机技术研发上长期的资源投入和技术积累,实现量产一代、研发一代、预研一代的技术迭代,形成了大量的技术成果和人才储备。2.0 L 发动机由广汽研究院发动机专家领衔开发,超过 70 人组成的高水平研发团队倾力打造,其中博士超过 7 位。在整机布置、系统设计、零部件设计、控制方法等方面形成完整专利群,包含 50 多项专利,发明专利占比超过 60%。

广汽拥有业内领先的发动机试验室、动力总成试验室和专业生产车间,具备独立的发动机研发设计和装配制造能力。广汽自研的混动专用发动机已经升级到第四代,搭载在自研系列混合动力车型上,前三代拥有超过 10 万用户,每天产生超 800 万 km 的行驶里程,带来海量的发动机运行数据,为第四代混动发动机的研发提供了坚实的数据支撑。高效率混动专用 2.0 L 发动机已经开始在广汽传祺新一代 A 级、A+级混动车型上陆续搭载,助力实现广汽传祺混动化+智能化双核发展战略。

广汽高效混动专用 2.0 L 发动机热效率发布具有重大意义,标志着发动机自主开发达到国际先进水平,对自主混合动力汽车产业的发展具有重要的意义。广汽"钜浪动力"以技术创新作为永恒动力,以顾客体验为中心,旨在为顾客带来"先人一步的全新体验"。

插电式 ISG 混联混合动力系统节能控制技术

供稿:厦门金龙联合汽车工业有限公司　朱武喜

1. 成果简介

插电式 ISG 混联混合动力系统节能控制技术是金龙自主开发的混合动力整车控制关键技术,应用于插电式 ISG 混联混合动力客车。该技术主要包括:①混联混合动力系统制动能量回收最大化控制技术,已授权发明专利《一种混联混合动力系统制动能量回收最大化控制方法》(专利号:ZL 202010718895.8);②基于制动舒适性的车辆制动能量回收控制技术,已授权发明专利《一种基于制动舒适性的车辆能量回收控制方法》(专利号:ZL 202010762947.1);③兼顾制动能量回收最大化和制动停车电机扭矩安全性的制动控制技术,已申请发明专利《一种电动车辆能量回收制动停车的控制方法》(申请号:202010760844.1)。

2. 成果创新点及解决的难点问题

(1)成果创新点

①在动力电池充电功率受限情况下插电式混合动力系统制动能量回收及发动机协调控制技术开发,以实现制动能量回收最大化。

主要创新点:

(a)提出了基于电制动扭矩需求识别,考虑动力电池实时充电能力、驱动电机实时外特性、驱动桥的电制动扭矩能力,兼顾混合动力系统效率和制动能量回收最大化的控制方法。

(b)ISG 电机制动能量回收用于弥补驱动电机高速段电制动功率的减少,在不超过动力电池的充电能力限制下,可以保证大部分车速范围内系统的电制动扭矩能力基本一致。

(c)采用分段稳定性控制方法对 ISG 电机发电功率限制,在避免动力电池过充的同时保证了发动机工作点的稳定性。

②提出了一种基于制动舒适性的车辆能量回收控制方法,以减轻因不同车速下电机制动扭矩能力差异大带来司机实际的制动感受差异大的问题。

主要创新点:

(a)提出了基于电机外特性、制动踏板深度、电机转速的一种能量回收扭矩控制方法。

(b)以气制动介入时的制动踏板深度值,作为输出电机外特性扭矩的对应制动踏板深度值的一种方法。

（c）用二次函数来描述扭矩系数函数，并采取对制动踏板深度变化区间中点对应的扭矩系数值的调整，实现对区间内函数曲线趋势的调整。

（d）引入电机转速相关的一次函数，对不同电机转速下的扭矩系数曲线进行实时修正的一种方法，使不同车速下，司机以某一制动踏板深度减速时，能够获得近似的制动感受。

③提出了兼顾制动能量回收最大化和停车时电机扭矩安全性的制动控制方法，能有效提升新能源车辆的节能减排效果。

主要创新点：采用设计与车辆减速度关联的能量回收衰减二次曲线的思路，解决既要使制动能量回收最大化又要保证车辆紧急制动停车时能及时完成撤扭防止电机反转的问题。

（2）解决的难点问题

①混合动力系统的节能效果很大程度上是制动能量回收的贡献。在插电式混联混合动力系统匹配电池容量有限，尤其是实际运营环境为低温环境时电池的实时最大充电功率更为有限的情况下，如何实现制动能量回收的最大化控制以及如何协调控制发动机通过 ISG 发电的稳定性，一直是目前混合动力汽车难以解决的问题。

为了实现现有混联混合动力系统在各种模式下的制动能量回收最大化，弥补单驱动电机制动能量回收的不足，同时又不能超过动力电池的充电能力限制，制定了一种基于制动能量回收最大化的控制方法，综合考虑动力电池、驱动电机、驱动桥制动能力，协调控制制动能量回收与 ISG 发电，在确保不超电池限制的前提下实现能量回收最大化和避免发动机通过 ISG 发电时扭矩的大幅波动，如图 5-4-18 所示。

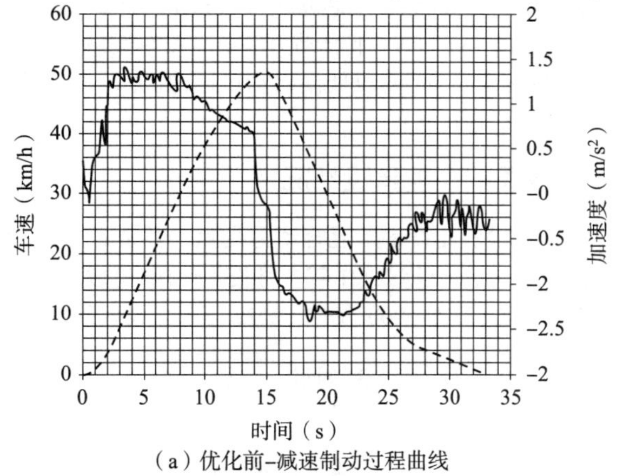

（a）优化前-减速制动过程曲线

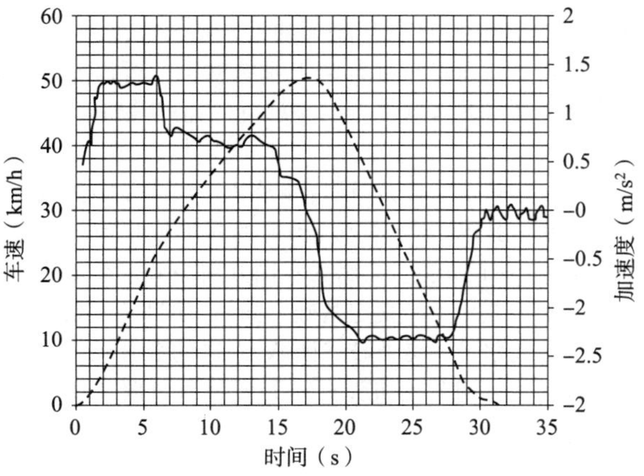

（b）优化后-减速制动过程曲线

图 5-4-18 基于制动能量回收最大化的控制方法

②针对新能源客车在高速和低速时可用的最大电制动扭矩差距较大，导致司机实际的制动感受差异的问题，提出了一种基于制动舒适性的车辆能量回收控制方法。

③传统的新能源客车制动停车扭矩控制，主要采用固定能量回收衰减曲线，即能量回收衰减起始车速、能量回收衰减截止车速以及曲线变化趋势固定。该方法对于匹配不同大小电机的适应性较差，无法实现制动能量回收最大化，且可能存在制动停车时电机未完全撤扭造成电机反转的风险。为此，提出了一种兼顾制动能量回收最大化和停车时电机扭矩安全性的制动控制方法。

3. 国际水平对比分析

在制动能量回收控制方面，对比几家国内外控制系统厂家的控制方式见表 5-4-1。

表 5-4-1 不同厂家的控制方式

控制系统厂家	车型	制动能量回收控制
BAE	串联	根据电池状态调节电机制动能量回收，避免电池过充
伊顿	并联	根据电池状态调节电机制动能量回收，避免电池过充
金龙	同轴直驱混联	根据电池状态调节电机制动能量回收和发动机通过 ISG 发电的分段稳定性控制，避免电池过充，兼顾制动能量回收最大化和制动停车扭矩安全控制

经过多年的技术积累和发展，国内主机厂普遍具备成熟可靠的整车匹配和控制技术。从技术应用的成熟度和技术的先进性看，国内主机厂的整车匹配和控制技术并不逊于国外的整车匹配和控制技术，甚至在节能效果上超过国外。在兼顾制动舒适性、制动停车电机扭矩安全性的制动能量回收最大化控制方面，国内主机厂具备一定的竞争优势。

4. 成果应用情况

上述技术成果从 2020 年开始批量应用于金龙插电式 ISG 同轴直驱混联混合动力客车。项目获得混合动力相关授权发明专利 4 项，软件著作权 1 项，截至目前累计在新能源公交装车 3000 多台，涵盖了 8～12 m 系列公交客车产品，产品分布全国各地，包括福建、浙江、江苏、海南、广东、广西、云南、四川、河南、内蒙古等。近三年（2020—2022）累计装车约 300 台。金龙插电式 ISG 混合动力系统产品为企业带来了良好的效益和经营业绩，推动了新能源客车市场的技术发展。

5. 社会及经济效益分析

社会效益方面，公司实现了混合动力客车平台关键技术的自主掌握，大幅提升了新能源客车产品的性能，推动了新能源客车市场的技术发展。金龙插电式 ISG 节油率高、故障率低、驾驶体验优秀，产品性能广受市场好评，为国内公交市场的节能减排贡献一份力量。

经济效益方面，上述 ISG 同轴直驱混联混合动力客车的制动能量回收最大化控制策略的转鼓 CCBC 循环工况节能效果约为 2.8%。金龙插电式 ISG 实现了经济性、可靠性的大幅提升,以 12 m 混合动力公交车为例,百公里油耗小于 20 L/100 km。金龙插电式 ISG 累计在新能源公交装车 3000 多台,累计销售额达 18 亿元以上。

eCVT 功率分流型混合动力系统(eCVT 混动系统)

供稿:玉柴芯蓝新能源动力科技有限公司　张　松

1. 成果简介

面向商用车新能源的发展需求,以高节油率、低排放,高可靠性,低运营成本为目标,针对 10~12 m 公交客车、公路客车以及 12~25 t 载货车、专用车等应用市场,结合不同车型的实际运行工况特点,研究开发出国内首创的双高速电机、双行星排功率分流型混合动力系统。该系统具有纯电动、混合驱动、纯发动机驱动、跛行回家以及带上装取力 PTO 驱动等多种工作模式,采用平台化、模块化设计,兼容适配多类型客车和卡车应用场景。匹配设计超 15000 r/min 的高速电机,通过双行星排功率分流实现发动机转速与车速解耦,可精准控制发动机持续运行在最优工作区域,系统节油率高;同时通过双电机间,电机与发动机间的扭矩补偿,整车行驶无动力中断,舒适性好。此外,在玉柴几十年发动机研究开发基础上,匹配开发混合动力专用发动机,进一步提升了总成的经济性和可靠性。该项目的开发,获得发明专利 2 项,实用新型 100 余项;软件著作权 3 项,发表论文 4 篇。目前该产品已配套东风柳汽、东风华神等主流厂家,并可批量供货。

2. 成果创新点及解决的难点问题

本成果面向满足未来第四阶段油耗法规限值和无新能源汽车财政补贴的商用车市场,结合玉柴发动机的先天技术优势,突破了一系列发动机、电机和变速箱研发、生产的核心技术和瓶颈难题,使玉柴混合动力系统及专用发动机的经济性、动力性、平顺性以及低碳环保等指标得到大幅提升,达到国际先进水平,部分指标国际领先,超越国内竞争对手。主要技术创新点:

①设计转速达到 15000 r/min 的高功率密度驱动电机并将其应用于商用车领域;②实现发动机、双高速电机、变速箱高集成度一体化设计;③采用高转速低噪声轴齿平衡设计技术,在保证系统高功率密度的同时实现系统低噪声;④通过混动专用发动机的低摩擦、高效率定制开发和混动系统实时瞬态效率最优化控制,实现系统高节油率;⑤对混合动力专用发动机进行可靠性设计、高效燃烧控制,满足发动机频繁启停的系统需求,且提升有效热效率 3%;⑥系统无级变速控制技术创新,在模式切换和换挡过程中,采用多动力源动态协调控制技术,发动机和驱动电机协调动力互补,确保无动力中断,减少冲击度,保持车速平顺;⑦针对不同使用工况,开发全局最优能量管理策略,根据车辆的运行状态确定动力系统的工作模式,为各种工作模式制定相应的能量分配原则,尽可能实现高节能效果。

3. 国际水平对比分析

(1)系统节油率高

鉴于该混合动力系统是一个多变量、强耦合、非线性、变参数的复杂系统,为突破该混动系统节油技术瓶颈,采用行星排齿轮结构,实现发动机与整车动力解耦,使发动机在中低速工况下能持续工作在最优工作区内,高速工况实现发动机直接驱动车辆。相对三阶段油耗限制,公交工况节油率≥50%,公路工况节油率≥35%。

(2)模块化设计、多工况应用

为满足不同车型的应用需求,该系统采用平台化、模块化设计,主要模块包括通用模块、跛行模块、超速模块、取力器模块,结合双行星排结构,使动力系统具有纯发动机、单电机、双电机、单电机混动、双电机混动、机械 PTO 、电动 PTO、跛行等多种工作模式,以满足不同动力细分市场、不同工况的使用需求,适配性广。

4. 成果应用情况

该混合动力系统已完成样机开发与整车功能、性能调试;分别在东风柳州汽车有限公司、东风华神汽车有限公司等实现配套,并与厦门金龙、厦门金旅、三一专汽和江淮专汽等开展技术配套对接。为了检验玉柴芯蓝 eCVT 混合动力系统极限环境下的性能,玉柴芯蓝联合东风华神汽车有限公司完成了配套的 18T eCVT 混合动力系统冷藏车经济性标定试验、驾驶性标定试验、高原低温启动试验、高原动力性试验,产品性能得到客户认可。

5. 成果的产能建设情况

2020 年投资建设 1 条混合动力变速器总成试制小批装试线,产能 3000 台/年,2021 年 7 月投入使用;建成了高速电机试制小批线,产能 6000 台/年,2022 年 5 月投入使用。

6. 社会及经济效益分析

(1)社会效益

①我国是世界商用车第一产销大国,据统计,重型卡车实现 30% 的节油目标,每年将节油近 0.4 亿吨,减少 CO_2 排放 1.2 亿吨。该商用车混合动力系统的推广可以有效降低我国石油消耗和温室气体排放,减少石油消耗赖和保护环境有重大意义。

②在科学价值层面,本项目涉及新一代高效节能商用车混合动力系统技术,创新性强,预期的多项成果将填补了国内混合动力商用车的空白,将为我国开展高效混合动力商用车的研究和产业化生产奠定基础。同时,项目开发培育了一支具备国际高水平的专业技术团队,先进的混合动力系统和国Ⅵ混合动力专用柴油机设计及开发技术可服务于行业节能减排等各个领域。

(2)经济效益

截至目前,功率分流式混合动力总成累计产销超过 100

台,销售额超过2000万元。全面实施四阶段油耗和国VI法规后,年销售量预计超过1.2万台套,年销售收入将达到16.5亿元。

混合动力系统中电池SOC对电机外特性的影响

供稿:宁波吉利罗佑发动机零部件有限公司 谭立波 李曙波 杨 陈

摘要:随着用户对混合动力汽车的动力性能和驾驶乐趣追求越来越高。电池的SOC在不同工况,不同温度,不同放电倍率下都将影响电机的外特性输出。本文针对电池的SOC不同情况,分别对电机的外特性的设计需求及产生那些影响对应的进行分析,结合整车动力性设计要求提出在混合动力系统设计建议增加双向DC/DC变换器的技术解决方案。

关键词:混合动力系统,电池SOC,电压,电机外特性

引 言

国内油耗、排放法规日益严苛、低油耗、低排放、低成本、高动力性成为各主机厂下一代产品的开发目标。在电池成本、功率密度短时间无法取得突破和充电设施不完善的现状下,混合动力汽车将是一个不错的选择。由于电池容量和并联支路数少,使电池在系统运行中,其端电压随着SOC变化而产生非常明显的变化,从而影响电机系统运行的外特性和输出功率平稳性,造成混合动力系统达不到超速/爬坡/百公里加速性能,严重的将影响系统的效率和驾驶乐趣。

通过对电池的分析,发现在不同工况、不同的温度环境条件、不同的放电倍率的情况下,都能导致电池SOC窗口下的电压发生明显变化。如能掌握电池电压的变化规律对于整车成本和系统效率的提高都有很大帮助。掌握电池主要零件组成及特性、BMS控制策略,电驱系统匹配原则等关键技术对电池SOC窗口设计有非常重要的价值。采用DC/DC变换器技术与混合动力系统的结合,使得整车可以匹配更小电池,降低电池成本,同时,电池通过DC/DC变换器输出的电压也变得稳定,稳定的电压输出使电机和电机控制器损耗更小,使系统效率提升存在可能性,对降低整车油耗及提高整车动力性有积极影响。

1. 电池SOC窗口电压受到那些因数的影响

(1)不同工况状态下的电池窗口SOC对输出电压的影响

图一是锂电池在WLTC工况下的电压及SOC变化关系曲线图,从这张图能分析出,在相同的工况状态下,电池的SOC窗口对应的输出电压,受制于电池的设计策略。

①动力电池在混合动力汽车频繁加速,减速的工况下电池电压波动范围很大,此时电机控制器母线直流电压不稳定,进而影响电机运行性能;

②永磁同步电机的运行效率取决电池的SOC,当SOC降低时电机的运行效率将随之下降,SOC较小时,电池的输出功率存在不能满足电机的某些特殊动力需求情况;

③电池实际工作特性与理想工作特性存在差异性,对混合动力系统汽车的加速性能、最高车速和爬坡能力产生直接影响。

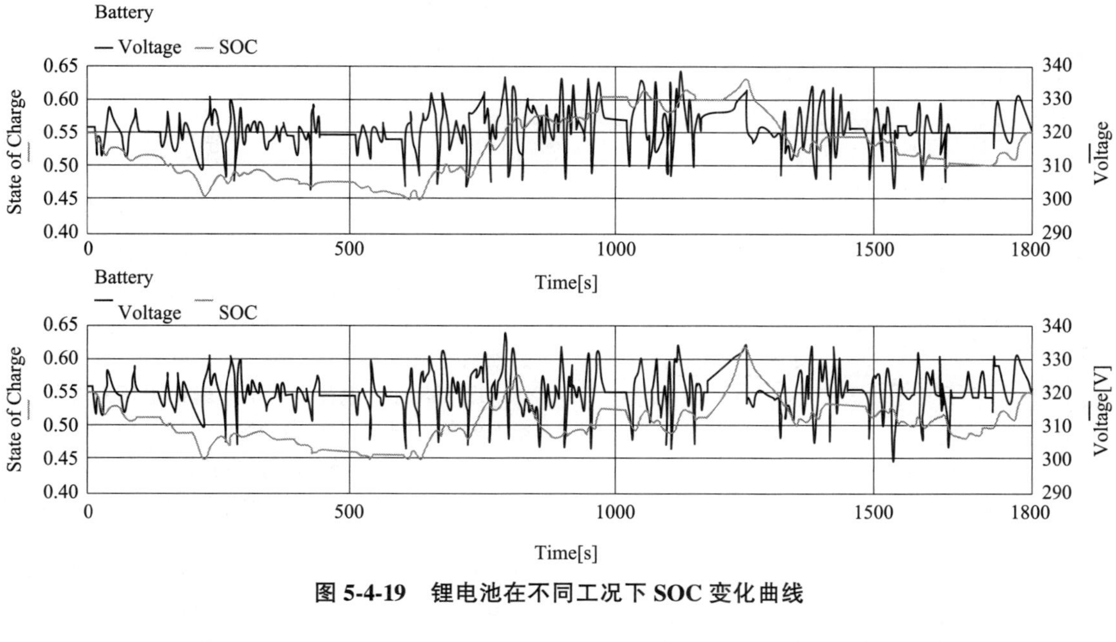

图 5-4-19 锂电池在不同工况下SOC变化曲线

(2)不同温度下的SOC窗口对输出电压的影响

图5-4-20为对磷酸铁锂电池从0~40℃进行放电测试得到的放电曲线,发现当放电电流一样时,可用电量随温度升高而升高。当温度升高时,电化学活性增大,离子的迁移速度会变快,电池内阻变小,同时化学反应变快,活化极化与浓差极化变小,电池的内阻和极化变小均使放电过程中产生废

热变少，能量损失变少，电池就能放出更多的电量，当温度过高使电池的化学活性增加速率就会快到足以产生净容量损失，所以温度升到 50 ℃时，电池放电电量比 40 ℃时的放电电量少，得出电池电压随温度升高而升高，但是到了一定温度其电压将随温度升高反而减少。

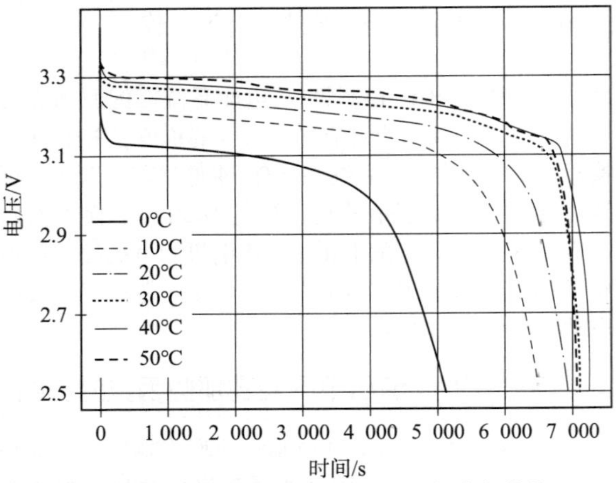

图 5-4-20 磷酸铁锂电池不同温度放电曲线

（3）不同的放电倍率对电池 SCO 窗口对输出电压的影响

图 5-4-21 是磷酸铁锂电池随着不同放电倍率充放电曲线图，从这张图可以分析出，随着放电倍率增大，其电池输出的电压越低，其中的原因和电流增加相同，电压也随 SOC 窗口动态变化。其不同的工况情况，电流随着电机转矩输出要求进行变化。

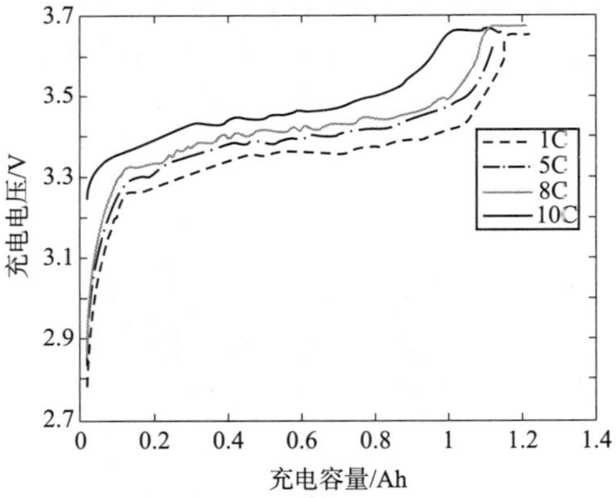

（a）磷酸铁锂电池不同倍率充电曲线

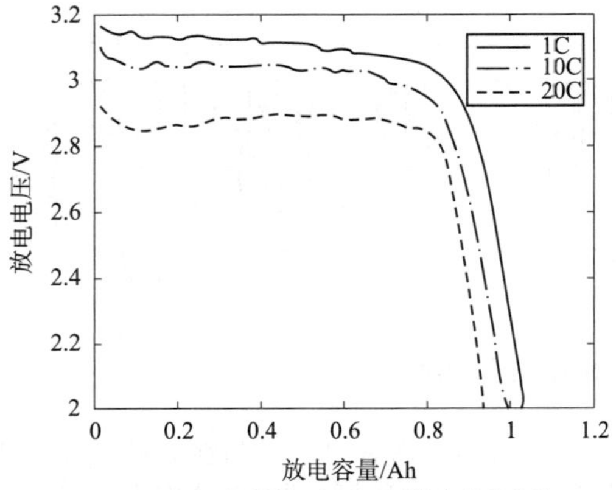

（b）磷酸铁锂电池不同倍率放电曲线

图 5-4-21 磷酸铁锂电池不同充放电曲线

再从图 5-4-22 中分析发现随着放电电流的增加，可用容量减少，其输出电压的单电芯电压也将减少，这是由于放电电流增加，电池内阻上产生的热量增加，同时电流增大会使极化变大，产生更多的废热，消耗电能，使输出的电池容量减少，电池输出的端电压更低。

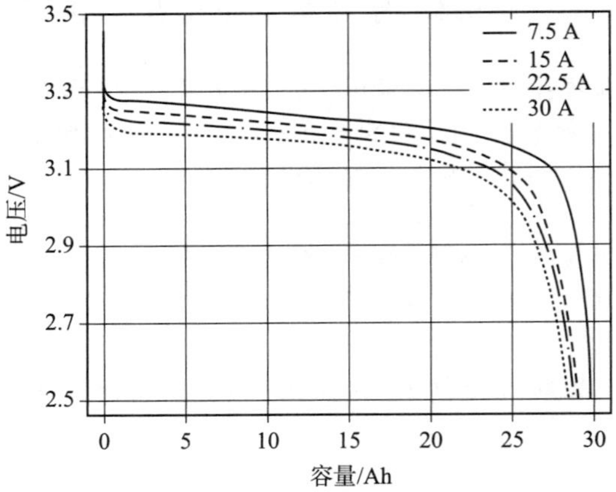

图 5-4-22 电池容量变化曲线

总体分析，从不确定的电池工作温度的角度出发，可用电池的 SOC 窗口下的容量与电流的放电倍率直接的关系并不是单调的，而是由产生废热以及温度变化的复杂机制共同决定的，这些因素都将影响电机输出特性。下面将对这些特性对电机的影响进行分析，并找到一个比较可行的方案。

2. 电池 soc 窗口变化对电机外特性的影响

目前市场上混合动力系统中高压系统主线路如图 5-4-23 所示。

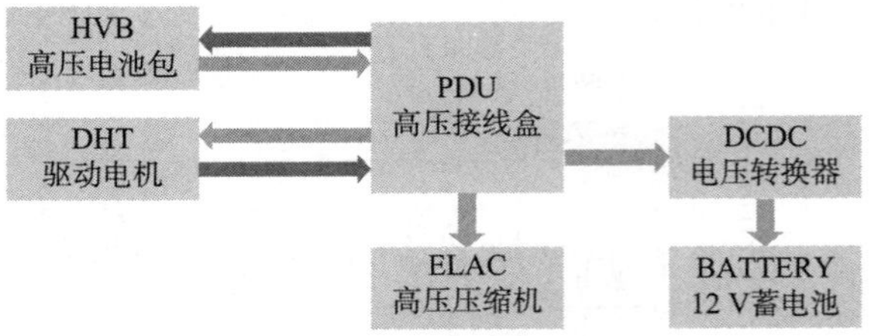

图 5-4-23 高压系统主线路

从线路上高压电池直接接到驱动电机系统的 inverter 上，电池端的输出参数将影响电机系统的输入。在不同条件下的电池 SOC 窗口状态的分析，说明电池端的输出参数一直是动态变化的。

图 5-4-24 为电池端的不同输出电压对电机系统外特性影响的分析图，能看出电池 SOC 窗口的下降将影响电机外特性的峰值功率和折转转速的输出。

①动力电池组选择及效率特性。电池的选取主要考虑功率输出能够满足电机所需放电能力和容量，影响匹配驱动电机的驱动能力，从不同的状态分析，电池组效率的主要影响因素是电池的放电率。电流增加，电池的内部消化增大，电池组的放电效率下降。在电池 SOC 低时，电池内阻较，内部消耗较大，所以电池效率较低，电池内部具有较高的电化学反应速率，内阻较小，内部损耗较低，输出效率较高，为此在电驱系统和电池 SOC 设计策略和窗口中，电池的 SOC 越

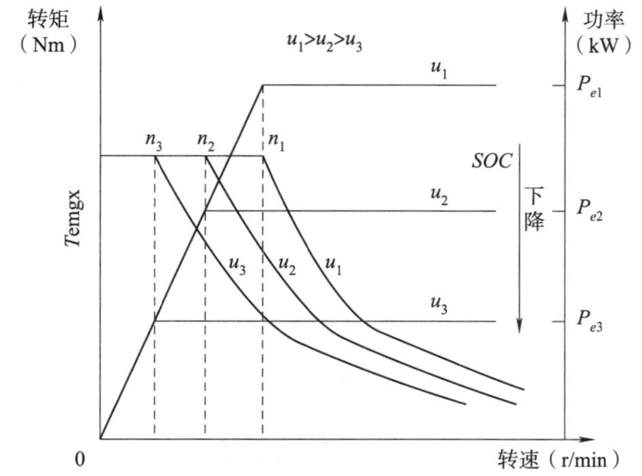

图 5-4-24

高，其电压也越高，电池系统的和电驱系统效率也越高。图 5-4-25 通过放大分析电机的电压范围，来电压对电机系统的效率影响分析。

②图 5-4-26 在一辆混合动力汽车中对电池电压和 SOC 变化做一个模型进行电池放电功率测试（10S）和百公里加速度进行仿真数值分析，不同的初始 SOC 下的电池运行情况中，随着 SOC 下降电池的放电效率也随之降低，电池电压波动开始变大电池的效率严重下降，实际车速已经达不到要求车速，实际工作中此状态避免出现，但是其能对电机的输出外特性的影响进而影响了混合动力汽车的百公里加速度。

③提出双向 DC/DC 变换器的解决方案，解决电池在带载运行中电压变化对电驱系统的影响和电池功率下降问题。从图 5-4-27 目前市场上通用的高压线路分析，电池端的电压和驱动电机控制器端电压通过一个带有升压模块的双向的 DC/DC 变换器进行转换隔离，电池端电压在电池的温度/SOC 窗口/放电倍率等条件因素的影响下，其输入到控制器端的电压都是设计需求的电压，从而解决的电池电压波动对电机输出端的影响，实现 DC/DC 变换器稳定输出作用。

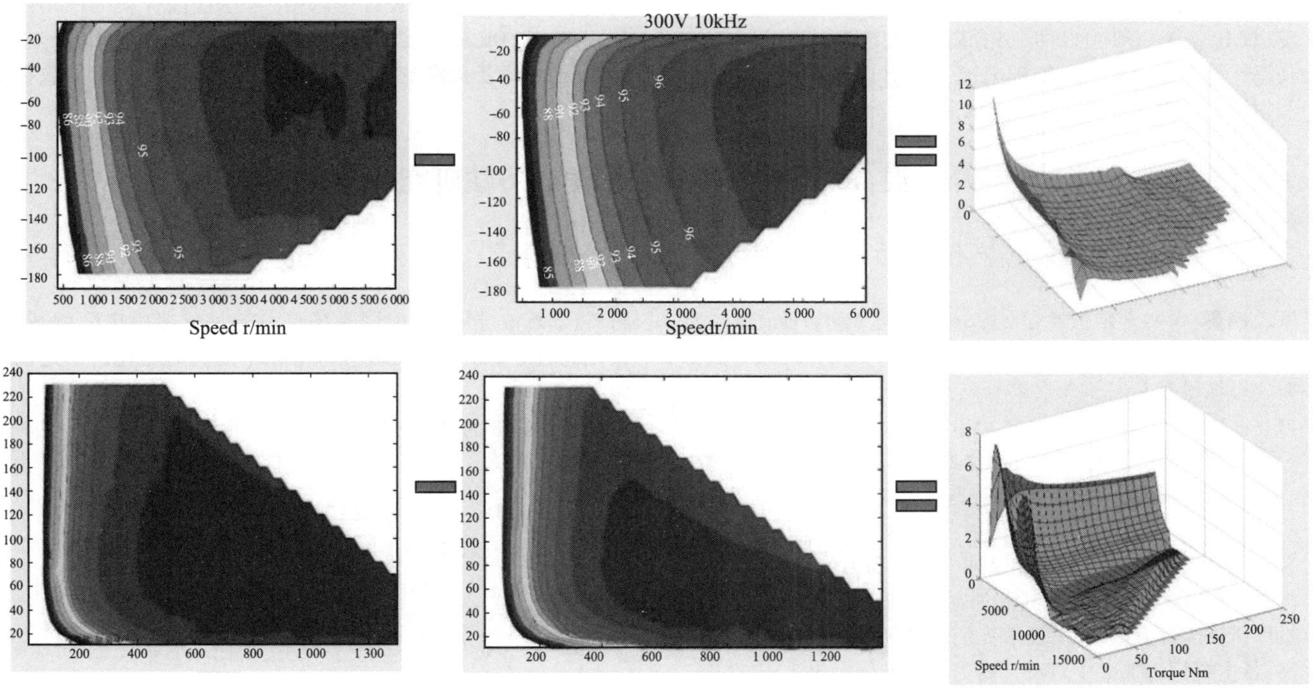

图 5-4-25　电压时电机系统的效率影响

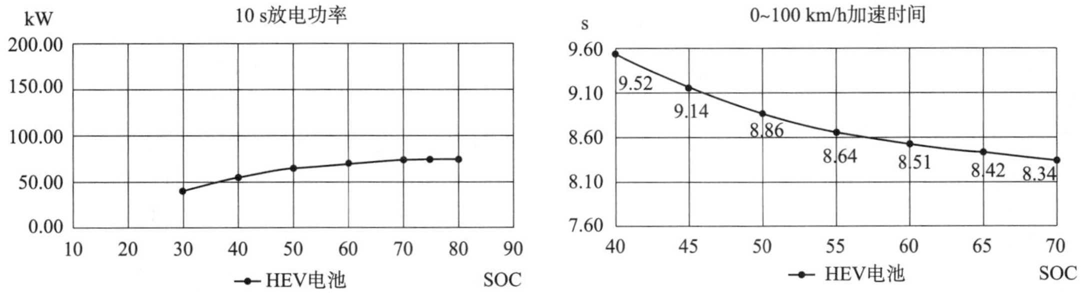

图 5-4-26　电池测试和仿真数值分析

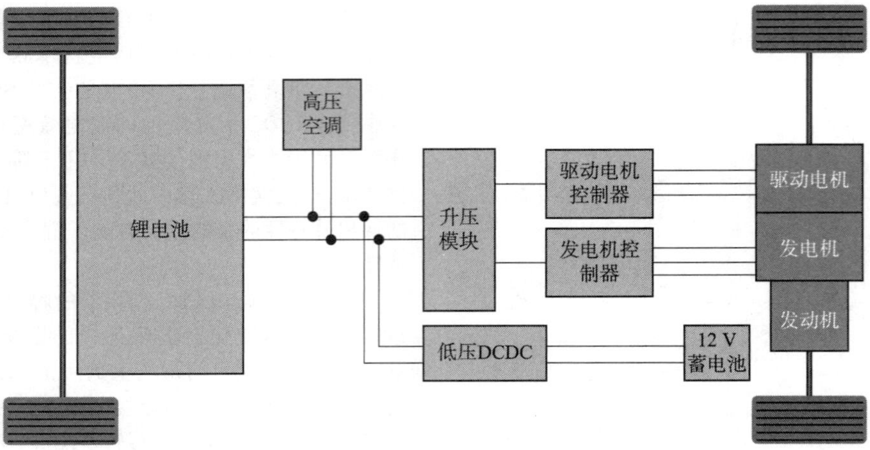

图 5-4-27　通用高压线路分析

3. 结束语

随着客户对混合动力汽车的动力性和舒适性的要求不断提高，已下沉到对各器件运行的设计要求。电池在不同温度/放电倍率/SOC 窗口的变化都将影响电池的输出电压和功率。本文通过从磷酸铁锂电池入手对这些问题进行分析和讨论。得出在各种设计需求的条件下，设计电池的 SOC 窗口在 50% 范围内支持不同的特殊工况需求，对功率需求大的工况，采用更高的 SOC 窗口要求的策略方法；并建议考虑对电池的温度进行相应控制，提高电池的舒适运行环境，文章最后在有条件的客户设计需求中，考虑在混合动力汽车增加双向 DC/DC 变换器，来减少电池电压波动对系统的影响，并能进一步提高电池的电压，提高整个动力系统的收益状态。

混合动力汽车电池内阻测试方法研究

供稿：宁波吉利罗佑发动机零部件有限公司　刘军奇　李杨珂　杨　陈　李曙波

摘要：本文介绍了混合动力汽车电池内阻特性及其在试验室条件下常用的测试方法，重点讨论在不具备电池试验室条件下通过整车实际工况数据进行混合动力汽车电池内阻的计算方法，并通过实际案例给出计算公式。

关键词：混合动力汽车；电池内阻；测试方法；二况数据

引　言

混合动力汽车一般指的是油电混合动力汽车，相比传统汽车，混合动力汽车由于其低油耗、低排放特点成为各大主机厂研究与开发的重点，随着人们对节能减排要求的不断提高，各主机厂都加大了对混合动力汽车的研发投入。

动力电池是混合动力汽车动力系统的核心组成部分，它不仅是电机、电动空调、DCDC 等高压负载电源，还是发电机发电、能量回收时存储电能的载体。

在混合动力汽车中，动力电池一般采用功率型电池，由多节锂电池（或镍氢电池）串联而成，具有充放电功率高、损耗低、瞬时放电电流大的特点。

内阻是动力电池一个非常重要的技术参数，作为衡量电池内部离子和电子传输难易程度的参数，它对电池的充放电功率、充放电电流、电池发热、损耗有着重要的影响，它直接关系着混合动力汽车的动力性、经济性，因此，研究电池内阻及其测试方法对混合动力汽车开发具有重要意义。

1. 电池内阻特性

（1）电池内阻等效电路

电池内阻包括欧姆内阻和极化内阻。欧姆内阻由电极材料、电解液、隔膜的电阻及各部分零件的接触电阻组成。极化电阻是指正极与负极进行电化学反应时极化所引起的内阻。

图 5-4-28 为电池内阻等效电路示意图。

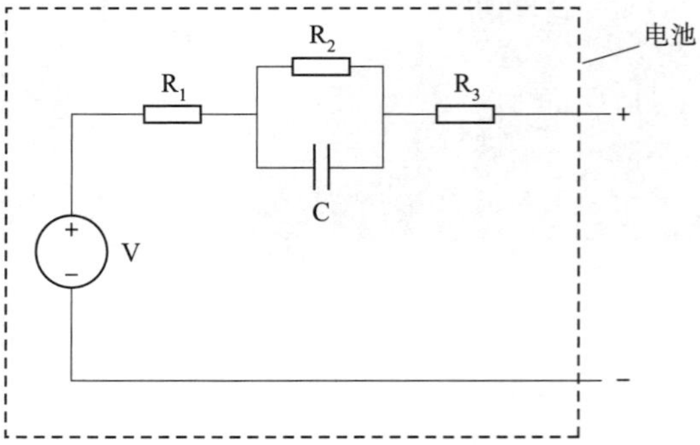

图 5-4-28　电池内阻等效电路示意图

其中，R_1 为电池欧姆内阻，R_2、R_3 为极化电阻，电池欧姆内阻可近似理解为一个变化相对较小的常量，它主要与电池的材料体系、内部结构、连接形式等因素有关，相对来说极化电阻受外界因素影响变化较大，电池的充放电流、工作环境温度、电池 SOC 状态等因素对它都有影响。

（2）交流内阻

对于电池内阻测试，采用不同的测试方式、不同的测试原理所测试的结果有所差异，根据测试方式及测试原理划分定义，电池内阻又可以分为交流内阻和直流内阻两类。

在图 5-4-28 中，如果对电池正负极输入 1 kHz 的正弦波交流电流信号，在该频率下电池的 R_2、R_3 值一般较小，可以忽略不计，采用此种交流电流信号测试出来的电池内阻与欧姆内阻 R_1 比较接近。

交流内阻测试正是基于这一原理，在电池正负极输入 1 kHz 正弦波交流电流信号，然后通过检测电池正负极两端的电压压降及电流信号计算出来的电池阻抗，因此，电池的交流内阻可以近似认为就是欧姆内阻 R_1。

在电池生产线上一般常采用内阻仪来进行单体电池测试，内阻仪测出来的电池内阻是交流内阻。

（3）直流内阻

混合动力汽车用动力池组（或电池包）由多节单体电池串联而成，电压一般在 200～400 V 不等，对于动力电池组来说，由于电压较高，考虑到安全、设备等各种因素，一般采用给电池组输入直流电流信号的测试方式来测试电池内阻，采用这种方式测试出的电池内阻称为直流内阻。

直流内阻测试时输入的直流电流信号一般是一个恒流的脉冲电流，该电流信号一般持续时间较短。图 5-4-29 是一个电池直流内阻测试的脉冲电流时序示例曲线，在该示例中，放电脉冲电流为 5C，放电持续时间 30 s，电池 5C 电流放电后静置 40 s，然后充电，充电脉冲电流为 3C，持续时间 10 s。

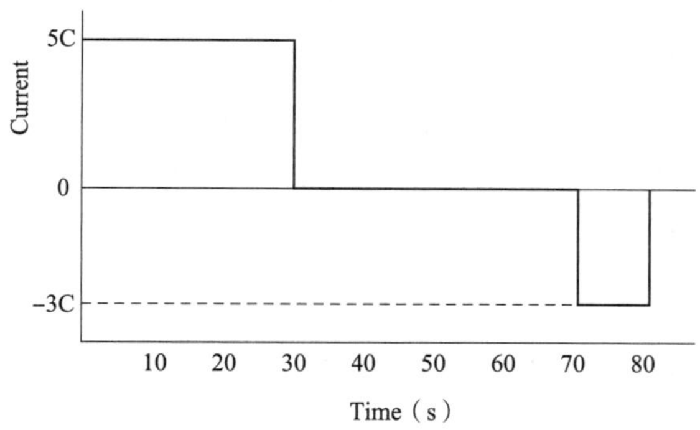

图 5-4-29 直流内阻测试电流

电池直流内阻测试一般在电池试验室条件下，采用专用的充放电设备进行测试。电池直流内阻可以较好地反映电池组在特定条件下的真实内阻状态，它不仅包括了电池欧姆内阻，还包括了电池极化内阻，它不仅可以反映电池的充放电能力还可以反映电池使用过程的老化程度，因此，电池直流内阻是评估电池组一个重要技术指标。

（4）影响电池内阻的因素

电池的内阻与外界负载及电池的使用环境密切相关，是一个动态变量值，影响电池内阻的因素较多，主要包括：工作环境温度、电池的 SOC 状态、电池充放电电流大小、充放电持续时间。

对于动力电池组来说，电池内阻一般是在某个条件状态下的内阻，如无特定条件说明，一般指的是室温条件下满电状态时的电池内阻。

2. 直流内阻（DCR）测试方法

混合动力汽车电池为功率型电池，经常工作在大功率、频繁脉冲充放电状态，因此，混合动力汽车电池在试验室条件下进行电池内阻测试时，充放电电流大小、充放电持续时间、电池 SOC 状态、工作环境温度等这些测试参数的选择需与电池在整车上实际使用工况相似。

混合动力汽车电池内阻测试方法在 GB/T 31467.1—2015 第 7.2 条有详细的介绍，具体的测试方法及步骤如下：

①充放电脉冲电流采用恒定电流，其中放电电流为 $I_{max}(SOC,T,t)$，充电电流为 0.75 $I_{max}(SOC,T,t)$，$I_{max}(SOC,T,t)$ 指的是在某 SOC、某温度、某固定时间间隔供应商提供的电池最大允许放电电流。

②放电持续 18 s，充电持续 10 s，中间静置 40 s；

③环境温度分别设置为 40 ℃、室温、0 ℃、-20 ℃；

④电池 SOC 状态分别设置为 80%、50%、20%；

⑤记录每一时刻电池组电压及对应的充放电电流；

⑥放电内阻计算公式如下：

$$R_{0.1s\ Discharge}=(V_0-V_1)/I$$

$$R_{2s\ Discharge}=(V_0-V_2)/I$$

$$R_{10s\ Discharge}=(V_0-V_3)/I$$

$R_{0.1s\ Discharge}$、$R_{2s\ Discharge}$、$R_{10s\ Discharge}$ 分别为不同测试持续时间测出的电池内阻，测试持续时间分别为 0.1 s、2 s、10 s，V_0、V_1、V_2、V_3 分别为相应时刻对应的电池电压。图 5-4-30 为测试时电池的电流电压。

充电内阻计算方法与放电内阻计算方法相似。

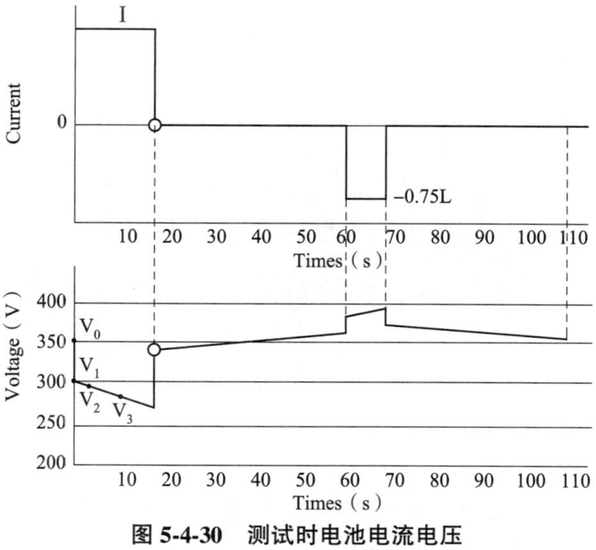

图 5-4-30 测试时电池电流电压

3. 基于整车试验的混合动力汽车电池内阻测试方法研究

（1）整车试验可采集的电池工况数据

本文第 2 部分介绍了常用的在试验室条件下进行的混合动力汽车电池内阻测试方法。在实际工程应用中，有时并不具备电池试验室测试条件，例如电池已安装在整车上进行整车试验，如何在整车试验工况下得到电池内阻参数是很多工程师面临的实际问题。

在整车试验中，通过数据采集设备可实时采集整车各系统（如发动机、电机、电池）的实时工况数据。下面以某款混合动力车整车工况试验为例。

该整车试验持续时间为 30 min，经后期数据处理，数据采样频率为 10 Hz，采集的电池的工况数据有电池电压、电流、温度、SOC 等，该数据反映了电池在整车上实际应用中的充放电状态。

图 5-4-31、图 5-4-32、图 5-4-33 所示分别为试验时采集的电池数据曲线，图 5-4-34 为车速曲线，图 5-4-35 为电池部分工况数据。

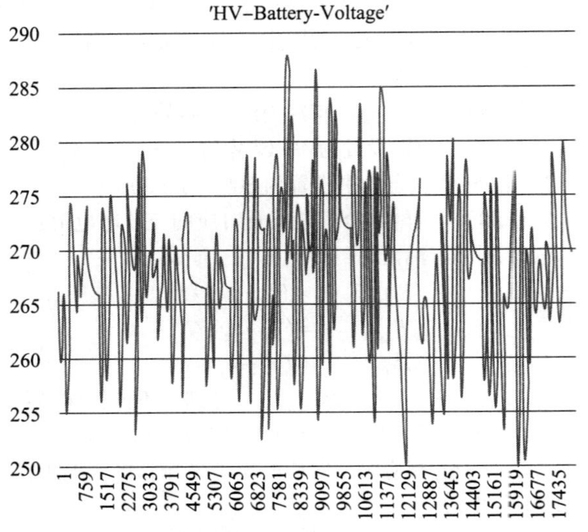

图 5-4-31　电池电压曲线

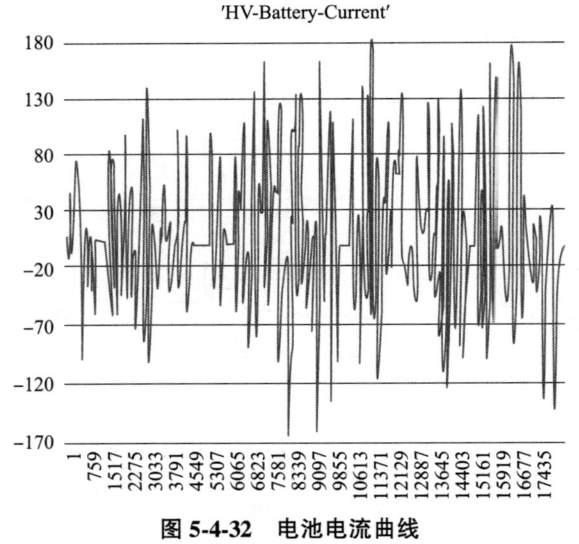

图 5-4-32　电池电流曲线

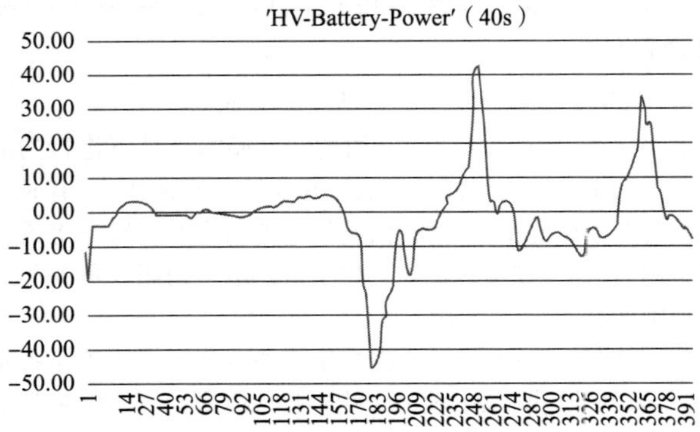

图 5-4-33　电池充放电功率曲线

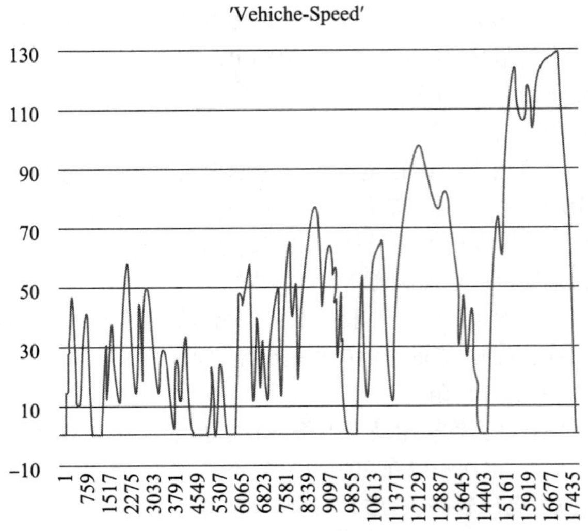

图 5-4-34　车速

	A	B	C	D	E
1	time	'HV_battery_soc'	'HV_Battery_Voltage'	'HV_Battery_Current'	HV_Batt_Temp
15497	1549.5	50.1	267.3	24.3	31
15498	1549.6	50.1	266.9	28.0	31
15499	1549.7	50.1	266.3	36.8	31
15500	1549.8	50.0	265.1	47.3	31
15501	1549.9	49.9	264.2	58.5	31
15502	1550	49.8	263.0	72.0	31
15503	1550.1	49.7	260.4	101.2	31
15504	1550.2	49.4	256.6	156.8	31
15505	1550.3	49.2	256.0	144.0	31
15506	1550.4	49.0	255.4	150.3	31
15507	1550.5	48.7	256.8	127.3	31
15508	1550.6	48.5	255.9	138.4	31
15509	1550.7	48.3	255.5	141.3	31
15510	1550.8	48.1	255.6	136.4	31
15511	1550.9	47.9	256.2	125.2	31
15512	1551	47.7	257.0	114.1	31
15513	1551.1	47.5	257.9	103.8	31
15514	1551.2	47.4	258.3	99.9	31
15515	1551.3	47.2	258.2	96.8	31
15516	1551.4	47.0	258.8	90.3	31
15517	1551.5	46.9	259.8	78.0	31

图 5-4-35　电池工况数据

（2）基于工况数据下电池内阻计算公式推导

从以上数据及图表中可以看出，混合动力汽车在实际工况下，在大部分时间段电池都是脉冲放电、脉冲充电，脉冲持续时间大部分都是 1～2 s。

图 5-4-36 为混合动力汽车动力系统电气连接示意图所示，包括动力电池、电机控控制、驱动电机、发电机、发动机。设定电池放电电流方向为正，充电电流方向为负。

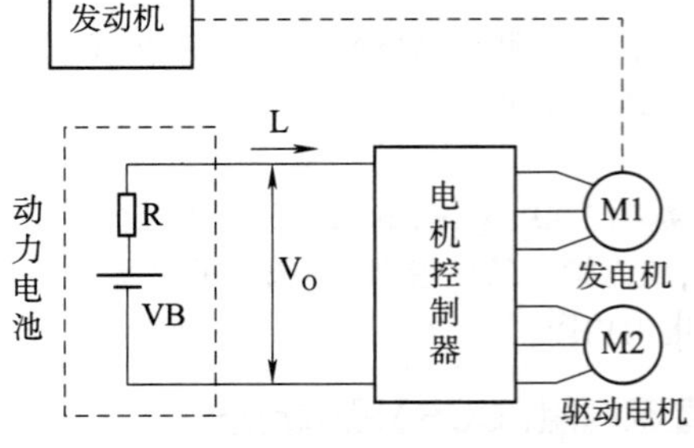

图 5-4-36　混合动力汽车动力系统连接图

其中，V_B 为电池开路电压，V_0 为电池输出至外界负载的端电压，R 为电池内阻。假设 t_1 时刻电池包输出电压、电流分别为 V_1、I_1，t_2 时刻分别为 V_2、I_2，根据电路原理可得出：

$$V_1 = V_{ocv} - I_1 * R \tag{1}$$

$$V_2 = V_{ocv} - I_2 * R \tag{2}$$

式(1)和(2)可得 $t_1 \sim t_2$ 时间段，电池内阻 R 与电压、电流关系为：

$$R = -(V_1 - V_2)/(I_1 - I_2) \tag{3}$$

上式(3)中，如果 t_1 时刻 $I_1 = 0$，则 $R = (V_1 - V_2)/I_2$，这与国标的计算公式是一致的，不同的是国标测试采用恒流放电、恒流充电，起始时刻电流为 0。

(3)基于工况数据下电池内阻计算方法

由式(3)，结合在整车测试工况下电池实测数据，可以计算出在某特定条件下(某时间、某温度、某 SOC)电池的内阻。

实际工况大部分时间段混合动力汽车电池的充放电持续时间为 1～2 s，根据这一特征，持续时间 1 s 电池内阻算法如下：

①数据选取：先选取某条件下(某温度、某 SOC)一段电池充放电工况数据，先计算出这段时间内 n 个 1 s 电池内阻，例如：R_1、R_2、R_3……R_n

(n 取值根据实际情况而定)，由于数据采集频率为 10 Hz，1 s 时间间隔可采集 10 组数据，所以 $R_1 = -(V_1 - V_{11})/(I_1 - I_{11})$，$R_2 = -(V_2 - V_{12})/(I_2 - I_{12})$…… $R_n = -(V_n - V_{n+10})/(I_n - I_{n+10})$

②数据处理时要剔去一些异常的数据，如负值或过大、过小的数据，然后对计算结果取平均值，即可得出某条件(某温度、某 SOC)下 1 s 电池内阻。

如果要计算工况数据下电池的 2 s 内阻，上述间隔数据取 20。

同理，采用这种方法也可以计算工况数据下 10 s 电池内阻，此时可选取百公里加速时的电池工况数据。

(4)示例

图 5-4-37 是某款混合动力汽车实际工况数据的电池内阻的计算示例，其中从左至右依次是实时采集的电池工况数据，包括时间、SOC、电池电压、电流、温度，最右一列为按上述 3.3 方法计算出的 1 s 电池内阻，为了取得较好的精度，剔除异常数据后，计算结果取平均值。

	A	B	C	D	E	F
1	time	'HV_battery_soc'	'HV_Battery_Voltage	'HV_Battery_Current	HV_Batt_Temp	R 1s
3856	385.4	42.4	264.4	22.8	24	0.083
3857	385.5	42.4	264.4	22.7	24	0.091
3858	385.6	42.4	264.4	22.8	24	0.097
3859	385.7	42.3	264.4	22.3	24	0.100
3860	385.8	42.3	264.4	22.1	24	0.095
3861	385.9	42.2	264.5	21.6	24	0.094
3862	386	42.2	264.5	21.0	24	0.100
3863	386.1	42.2	264.7	19.9	24	0.111
3864	386.2	42.2	264.9	18.0	24	0.109
3865	386.3	42.1	265.0	16.1	24	0.110
3866	386.4	42.1	265.0	15.6	24	0.121
3867	386.5	42.1	265.0	15.8	24	0.102
3868	386.6	42.1	265.2	15.0	24	0.093
3869	386.7	42.1	265.3	13.1	24	0.100
3870	386.8	42.0	265.4	11.6	24	0.113
3871	386.9	42.0	265.5	10.9	24	0.113
3872	387	42.0	265.6	10.5	24	0.125
3873	387.1	42.0	265.9	8.4	24	0.120
3874	387.2	42.0	266.3	4.5	24	0.118
3875	387.3	42.0	266.7	0.5	24	0.115
3876	387.4	42.0	267.7	-6.3	24	0.109

图 5-4-37 电池 1 s 内阻计算示例

4. 结 论

①电池内阻对电池性能影响较大，电池内阻测试工作是混合动力汽车开发过程中一项重要工作，在具备电池试验室条件下，混合动力汽车电池内阻一般按国标 GB/T 31467.1—2015 进行测试。

②在不具备电池试验实条件下，可以通过采集混合动力汽车电池的特定工况数据来计算电池内阻，经过实际应用效果来看，按本文所述方法可以满足一般工程应用需求。

浅谈双向 DC/DC 变换器在混合动力汽车的应用

供稿：宁波吉利罗佑发动机零部件有限公司 谭立波 李杨珂 李曙波 杨 陈

摘要：随着用户对混合动力汽车的动力性能和油耗追求越来越高，搭载双向 DC/DC 变换器成为满足用户要求的可能方向之一．本文针对双向 DC/DC 变换器在混合动力汽车中的应用分别从本田 PCU 系统，不同的拓扑结构选型，采用双路交错拓扑收益，并分析双向 DC/DC 变换器在混动系统中可能遇到技术难点，为混合动力汽车采用双向 DC/DC 变换器选择提供意见。

关键词：混合动力系统，本田 PCU 系统，拓扑，收益

引 言

国内油耗、排放法规日益严苛，低油耗、低排放、低成本、高动力性成为各主机厂下一代产品的开发目标。在电池成本、功率密度短时间无法取得突破及充电设施的不完善的现状下，混合动力汽车将是一个不错的选择，丰田的 THS 混动车型，本田 IMMD 混动车型经过二十多年的技术优化和市场验证，已经广受市场欢迎。

双向 DC/DC 变换器技术作为丰田和本田混合动力系统的核心技术之一，并在日系混合动力汽车中广泛使用，对我们进一步研究其对于整车成本和系统效率的影响，以掌握其主要零件、系统匹配、控制策略等关键技术有非常重要的价值，随着国内外主流汽车公司都在加紧推进动力总成电气化，双向 DC/DC 变换器技术与混合动力系统的结合，使得整车可以匹配更小电池，降低电池成本，同时，升压后电机和电机控制器损耗更小，系统效率存在提升可能性，对降低整车油耗及提高整车动力性有积极影响。

1. 双向 DC/DC 变换器在混合动力汽车应用

(1)本田 PCU 系统中的双向 DC/DC 变换器技术介绍

①本田 I-MMD 混合动力汽车的电气架构

图 5-4-38 是本田 I-MMD 电气架构图，其系统输出电压经双向 DCDC 变换器把电池包电压 259.2 V 提升到最高 700 V，在不扩大电机尺寸的情况下实现了电机的大转矩、大功率，同时也降低了发电机、驱动电机的能量回收电压，保证回收电能与电池电压匹配。

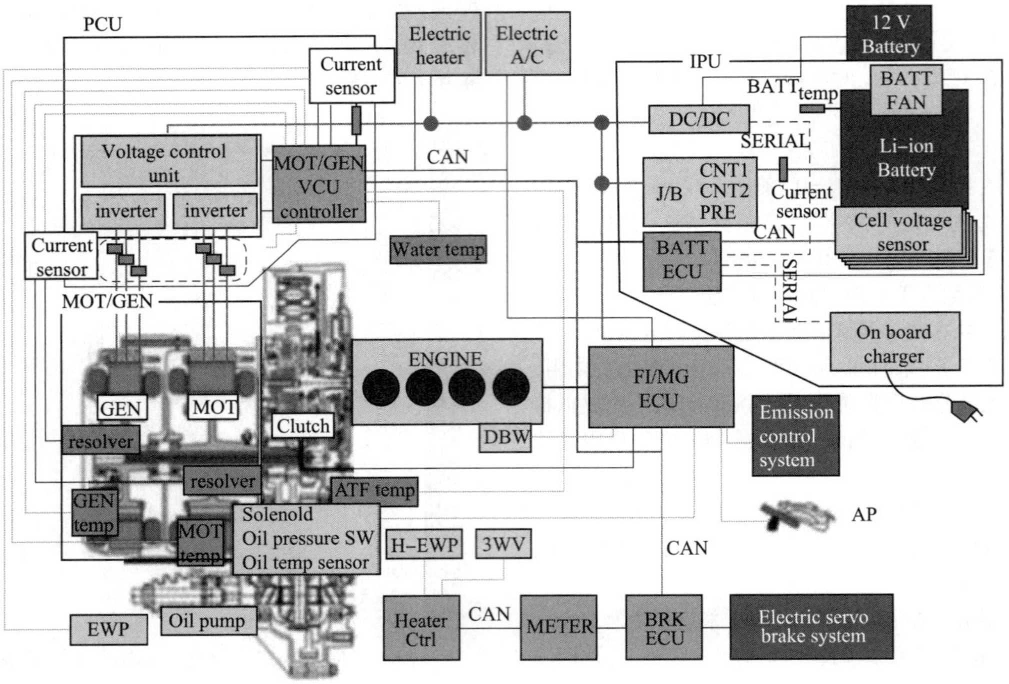

图 5-4-38　I-MMD 电气架构图

图 5-4-39 是 PCU 的三维布置爆炸图，其双向 DC/DC 变换器各器件、控制器、MCU 与驱动模块，电容电感高度集成，减小了通用器件，便于整车布置；IPM（集成功率模块）集中布置消除了传统的热扩散器和润滑脂，并通过焊料将绝缘基板直接连接到散热器上，散热效果提升 24%。

②本田 PCU 拓扑结构和关键器件

图 5-4-40 本田 PCU 电气图，采用传统两路交错双向 DC/DC 拓扑电路方案，控制简单，功率电感 Reactor 为本田定制开发，电感具备两相绕在同一磁芯方案上的优势，通过对每相线圈分别卷绕的方式进一步减少了漏磁；漏磁的减少，便于各传感器的布置，不会因漏磁导致传感器故障（见图 5-4-41）。

整体分析本田 PCU 双向 DCDC 变换器体积优势：

（a）双向 DCDC 变换器和电机控制器深度集成和器件通用，减小整体体积，便于布置；

（b）功率电感特殊设计，体积得以缩小，减小了主器件的体积。

（2）图 5-4-42 是一款适用于混合动力汽车中双向 DC/DC 变换器系统技术关键部件图，通过升压技术，降低电池电压及电量，降低电池成本。变压控制策略，提升系统效率，降低整车油耗，提高系统动力性，满足我国提出 2025 发展技术路线的要求。

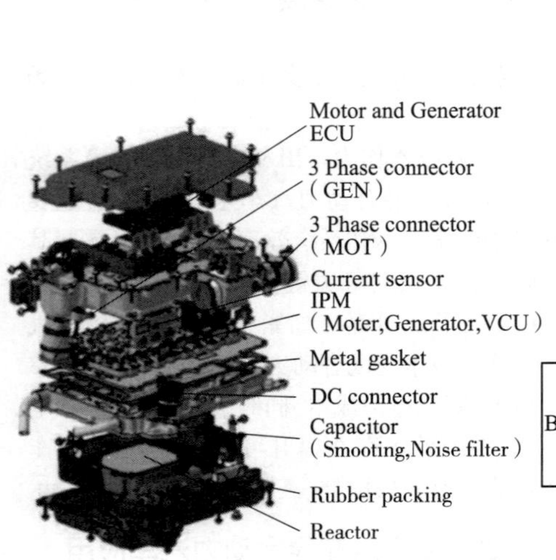

图 5-4-39　PCU 三维布置爆炸图

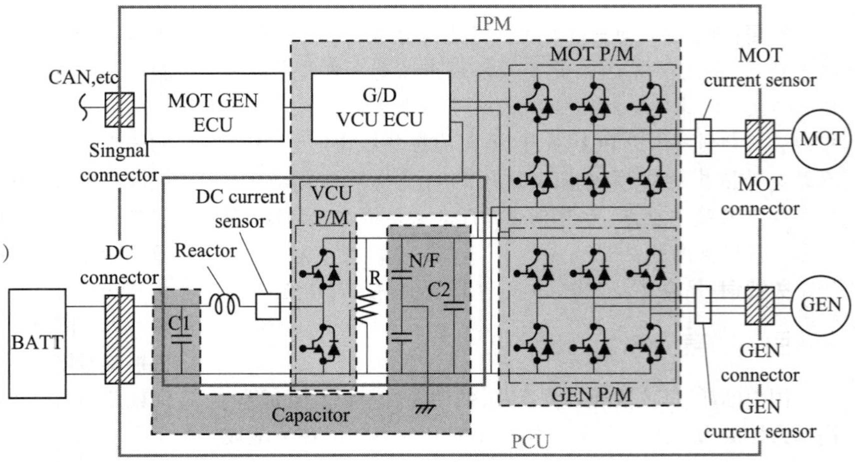

图 5-4-40　PCU 电气图

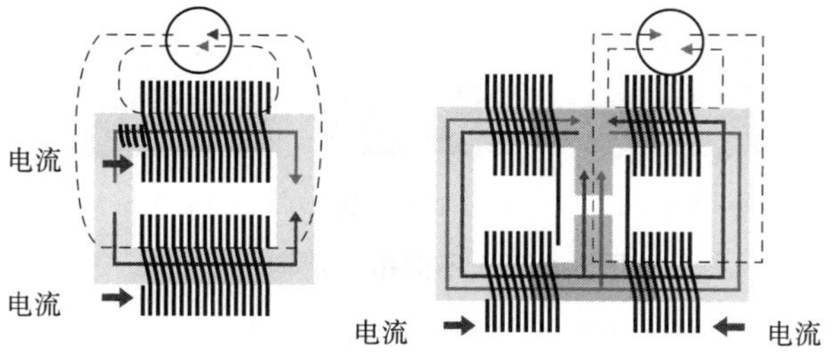

图 5-4-41　电感

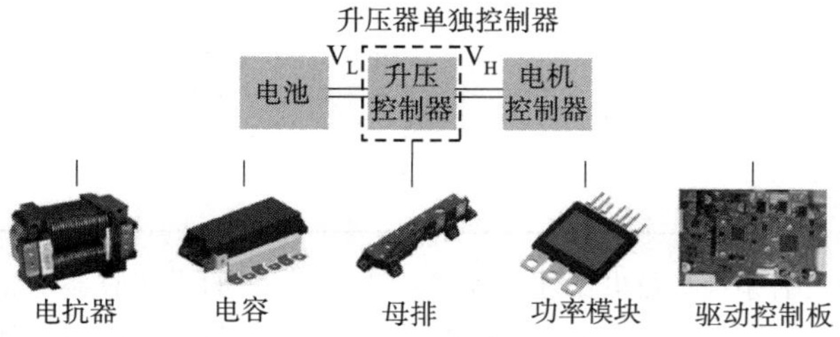

图 5-4-42　关键部件图

2. 双向 DC/DC 变换器的不同拓扑结构

目前市场上两路交错是最常用的双向 DC/DC 变换器拓扑电路，其特点简单，成本低．广泛用于低功率系统中，图 5-4-43 绘制的两路交错和四路交错主线路图。

（1）工作模式

图 5-4-44 对双向 DC/DC 变换器充放电工作模式示意，电机系统在需求高电压时，电池电压通过双向 DC/DC 中的 boost 功能给电机系统不同工况下的电压值，能提高系统功率和效率达到最佳匹配；在能量回收方面，由于电驱系统在低转速中设计高电压，将提高系统的能量回收效率。

（2）不同拓扑结构性能

表 5-4-3 分别从控制/纹波抑制/EM 性能/适用情况四个方面对比分析；仿真分析单相和四相运行电感电流和电容电流图（见图 5-4-45）。

（3）不同拓扑结构尺寸方案

同功率下不同拓扑结构布置独立双向 DC/DC 变换器的尺寸分别一路交错（340×310×145），二路交错（350×270×120），三路交错（358×236×103），如图 5-4-46 所示。

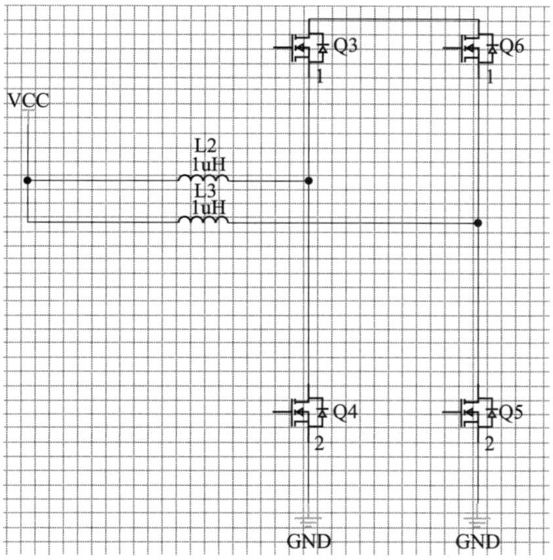

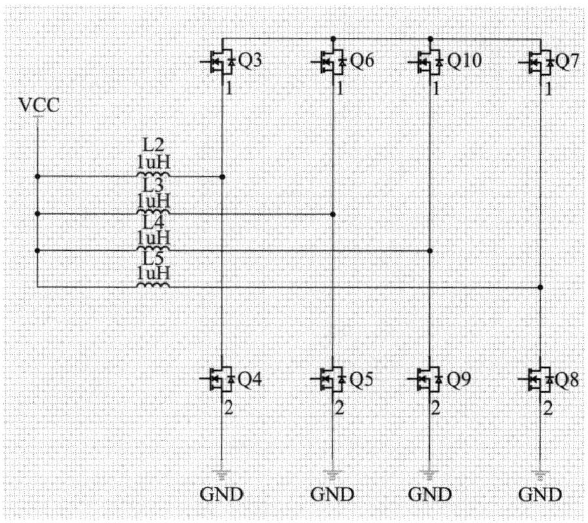

图 5-4-43　主线路图

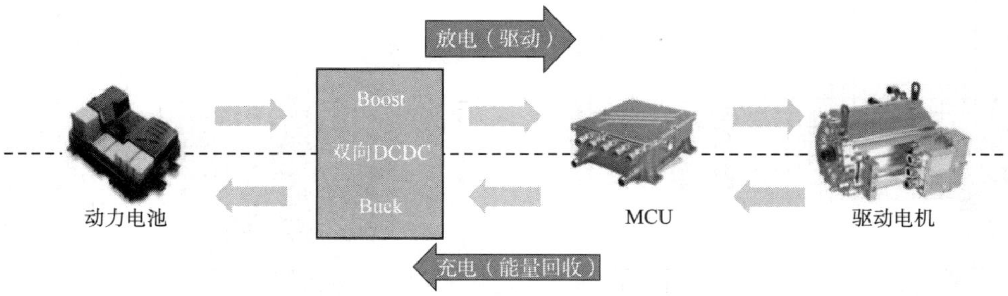

图 5-4-44　变换器充放电工作模式

表 5-4-3　不同拓扑结构性能

	控制	纹波抑制	EMC 性能	适用情况
单路	控制简单	纹波频率低，峰值较大	单路电流大，电磁干扰风险较大	小功率，小电流
多路	多路交错开关较复杂	纹波频率高，峰值小	单路电流较小，电磁干扰风险较小	大功率，大电流

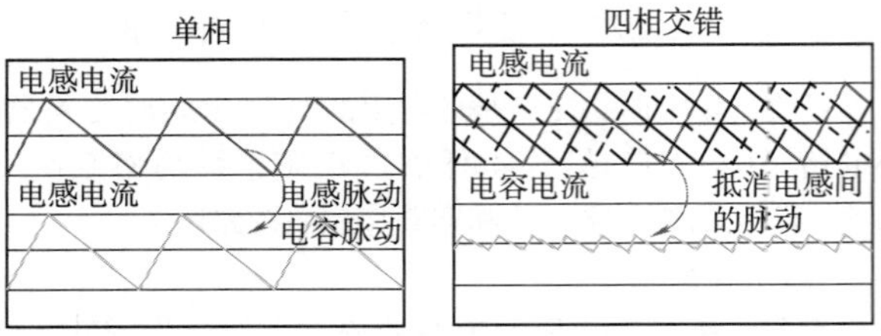

图 5-4-45 电感电流和电容电流

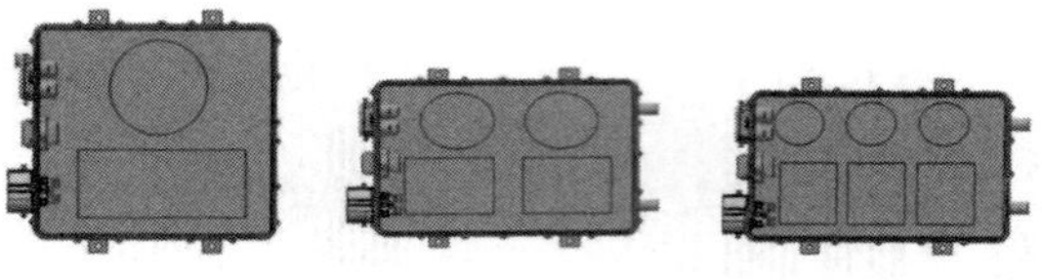

图 5-4-46 不同拓扑结构尺寸

（4）不同拓扑结构关键器件选取（见表 5-4-4）

表 5-4-4 关键器件选取

	电容	电感	MOS 管/功率模块
一路交错	三种方案输入、输出侧均需匹配相同容值、相同体积的电容器，无成本、体积差异	体积最大，电感量最大，体积约为三路交错方案电感体积 9 倍，不便于布置	拓扑方案中采用多管并联方式，兼顾功率和开关频率。保证输出功率，改变交错支路数不影响开关管总数，三种方案无明显单个器件成本、体积差异
两路交错		体积居中，单个电感体积约为三路交错方案体积的 2.5 倍，需 2 个电感	
三路交错		体积最小，需 3 个电感	

通过对不同双向 DC/DC 变换器拓扑分析：根据适用工况场景和功率设计需求及外搭电路的设计要求来选择，目前在混合动力系统整车偏向于选取两路交错拓扑电路。

3. 采用双向两路交错 DC/DC 变换器在混合动力系统收益分析

（1）系统匹配的收益

图 5-4-47 是整车工况测试车速变化和电压变化曲线分析图，系统运行电压随车速发生改变，带来的系统收益电路电流不变，在系统电路损耗不变条件下，提高功率输出，达到提高整体系统效率和动力性的目的。

（2）电机系统的收益

仿真分析不同电压下电机设计效率 MAP 图，从左到右电机系统的高效区随电压拉升其高效区的面积增大，提高电机高效区在整个工况运行中高效区域占比，如图 5-4-48 所示。

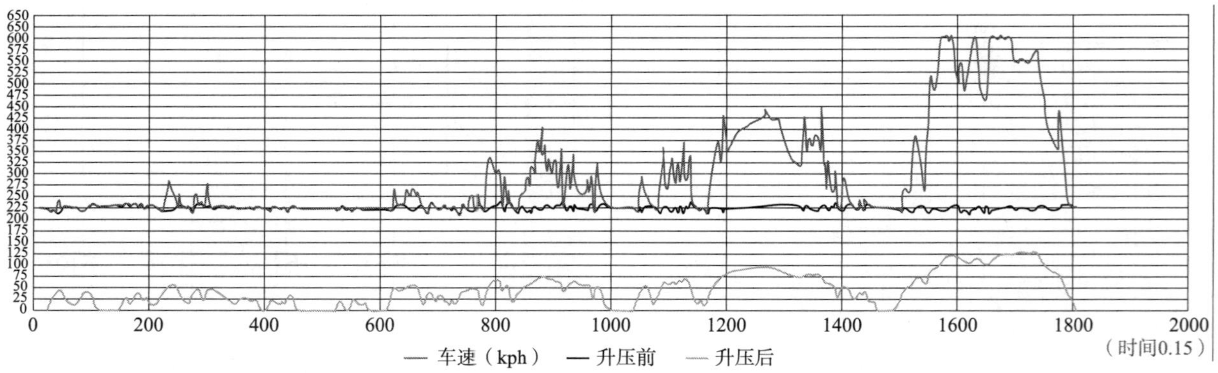

图 5-4-47 整车工况测试车速变化和电压变化曲线

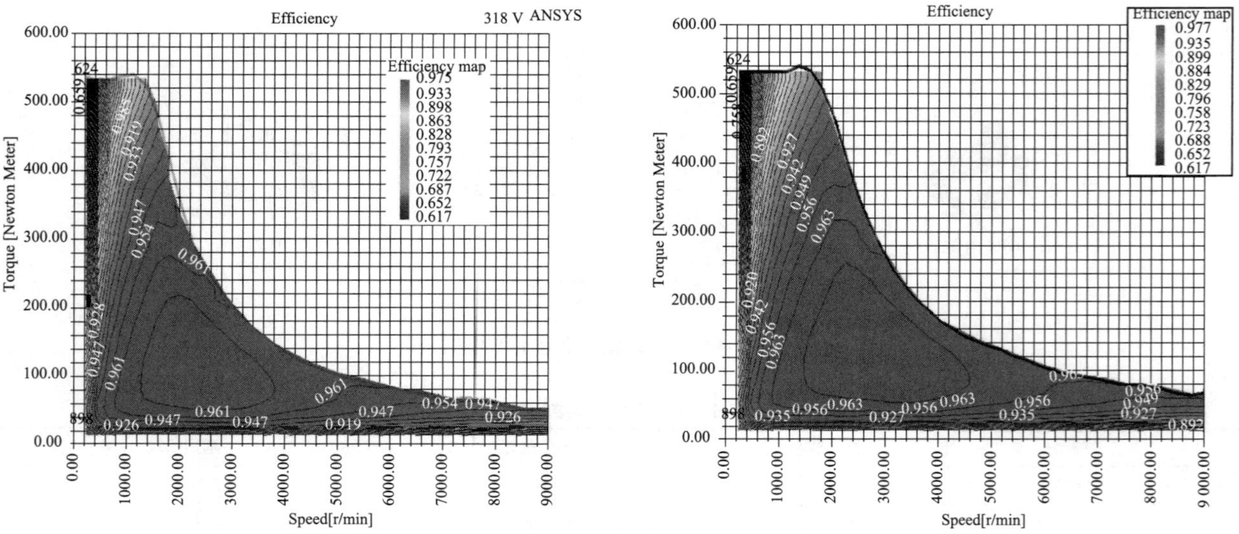

图 5-4-48 不同电压下电机设计效率

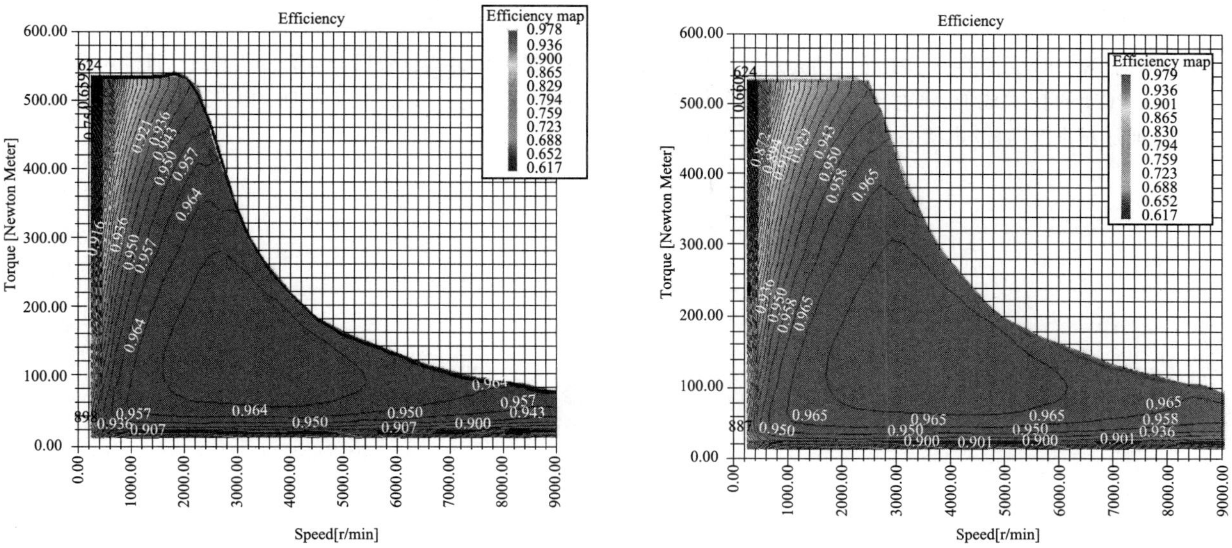

图 5-4-48 不同电压下电机设计效率(续)

(3)电池的收益

电池电压随着电芯的数量增加而增大,混合动力系统对三电的发展趋势来看,三电系统对电池的电压需求大于电芯容量的需求,随着电机系统高转速高功率的发展要求,特别在超速/爬坡工况中,其对电驱动系统有更高的转矩/功率输出,这些工况下的电池和线路压降,造成系统的电压下降,满足不了理想的能量能有效地输出动力性特性,一般车厂采用增加电芯的方案提高系统的电压值来满足动力性的要求,增加电池成本;如果采用双向 DC/DC 变换器方案,将减少电驱动系统的电压对电池电压的要求,在相同的动力性条件下,减少电芯数量,来提高电池的成本收益。

4. 双向 DC/DC 变换器在混合动力汽车中存在的技术难点

(1)结构布置的难点

双向 DC/DC 变换器在混动动力汽车中没有大面积采用其最主要的一个原因是布置尺寸空间问题,其一单独一套独立系统,必须在混合动力汽车找到布置空间,从成本和布置要求分析,最有优势的地方是电机控制器和电池附近,这两块存在空间尺寸紧凑,带来整车前舱布置困难;其二集成到电机控制器或电池内部,必须考虑器件通用,各自的冷却系统及电磁干扰等集成结构布置难点。

(2)成本和自身损耗降低的难点

双向 DC/DC 变换器不管采用集成还是单独一套系统,都存在器件成本的增加,这部分成本需要在增加整车性能提升的条件下,通过优化配置属性结构降低其他器件的成本,来综合满足整车成本目标;对于器件损耗,除提高器件自身的效率(见图 5-4-49)外,通过合理的策略和各子系统的优化配置及导通关系,降低高损失的线路使用时间和能量占比来解决。

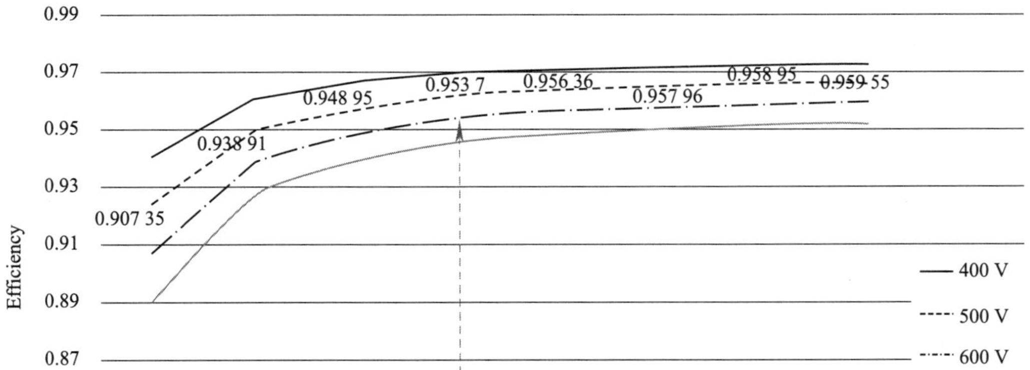

图 5-4-49

5. 结束语

随着双向 DC/DC 变换器技术在混合动力系统推广和两路交错集成 PCM 的技术成熟，将对于整车成本和系统效率产生影响，通过对系统匹配/电机系统/电池各主器件的收益分析，说明搭载双向 DC/DC 变换器对混合动力汽车中的动力性和经济性是有一定的收益；结合不同拓扑结构分析，两路交错拓扑结构比较适合混合动力汽车；通过对存在的技术难点分析，进一步说明双向 DC/DC 变换器在混合动力汽车的应用前景广阔。

节能与新能源汽车

年鉴

第六篇

事记篇

一、2021 年新增项目

1 月

2021 年 1 月 9 日 浙江零跑科技股份有限公司与合肥市人民政府签订战略合作协议，根据协议，双方将在新能源汽车领域开展深度合作。零跑科技与合肥市政府达成合作协议后将在合肥建立第二工厂，该工厂投产后，产能将达到年产 20 万辆新能源汽车水平。

2021 年 1 月 13 日 自贡市新能源智能集成设备项目开工，该项目总占地约 105 亩，由四川沃轮新能源集团有限公司投资 3.2 亿元分三期建设，包括智能标准厂房、研发中心，新能源汽车充电桩等生产线，同时建设国家级新能源充配电、智能输配电研发实验室等配套设施。项目全面达产后预计年产值约 10 亿元。

2021 年 1 月 15 日 广州开发区人民政府与现代汽车集团签订投资合作协议，根据投资协议，现代汽车将在广州开发区成立现代汽车氢燃料电池系统（广州）有限公司，建设氢燃料电池系统项目。

2021 年 1 月 15 日 安徽明天氢能北方研究中心及氢燃料电池系统生产基地项目签约青岛即墨汽车产业新城。该项目计划总投资 20 亿元，将作为其北方总部进行氢能燃料系统全产业链研发生产，包括且不限于电堆、膜电极、双极板的研发、系统集成、组装等。

2021 年 1 月 17 日 上海前晨汽车科技有限公司与无锡江阴高新区人民政府就“前晨汽车智能网联新能源商用车项目”签署协议。根据协议，前晨汽车将在江阴高新区设立前晨汽车中国总部，该项目总投资 51.8 亿元，分两期建设，全部达产后可实现年产 10 万辆新能源汽车，打造江阴智能新能源汽车生态圈及新能源汽车产业链，带动上下游产值预计达 500 亿元。

2021 年 1 月 18 日 中国第一汽车集团有限公司、德国奥迪公司、长春市人民政府三方以视频连线方式就“奥迪一汽新能源汽车合资项目”签署协议，宣布奥迪一汽新能源汽车合资项目落地长春。新能源合资公司将生产基于奥迪与保时捷共同研发的 PPE（Premium Platform Electric）平台纯电动车型，首个工厂预计投资额超过 300 亿元人民币，首款车型将于 2024 年在长春投产，产品将由一汽-大众全资子公司——一汽奥迪销售公司进行销售。

2021 年 1 月 18 日 中航锂电科技有限公司与常州市金坛区人民政府、金坛华罗庚科技产业园管委会就“中航锂电江苏四期项目（25 GWh）”签署协议。该项目总投资 100 亿元，位于同翔高新城，将建设先进电池和电源系统产业基地，达产后可形成年产 20 GWh 的产能。首期项目投资 50 亿元，规划产能 10 GWh，已于 2020 年第四季度开始投产；二期投资 50 亿元，规划产能 10 GWh，计划 2022 年投产；三期项目正在规划中。

2021 年 1 月 18 日 江苏清能新能源技术股份有限公司氢燃料电池项目落户重庆两江新区，该项目总投资 6 亿元，将在两江新区打造完整覆盖燃料电池主要应用场景的生产研发基地，全面覆盖公路运输、特种车辆、固定电站、备用电源等各种大功率应用。

2021 年 1 月 18 日 深圳市德方纳米科技股份有限公司、宁德时代新能源科技股份有限公司与四川省宜宾市江安县人民政府签署《江安县年产 8 万吨磷酸铁锂项目投资协议书》。根据协议，德方纳米、宁德时代将在四川省宜宾市江安县投资建设“年产 8 万吨磷酸铁锂项目”，该项目总投资约 18 亿元，分两期建设，总建设周期为 36 个月。

2021 年 1 月 18 日 乌海市政府、东华大学纤维材料改性国家重点实验室、苏州中车氢能动力技术有限公司、内蒙古东源科技有限公司四方签署《大功率氢能汽车应用示范及产业链关键技术攻关合作协议》。根据协议，各方将通过资源共享和优势互补，为乌海市经济转型和环境改善提供优质服务。

2021 年 1 月 18 日 比亚迪新能源动力电池生产基地项目在安徽蚌埠工业园内开工。蚌埠刀片电池项目总投资 60 亿元，分两期建设，一期、二期各投资 30 亿元，计划建设 20 GWh 新能源电池电芯、模组以及相关配套产业等核心产品生产平台，打造新能源动力电池战略基地，全面拉动电动车、公共交通、先进储能和电池材料上下游产业链发展。

2021 年 1 月 19 日 惠州亿纬锂能股份有限公司全资子公司湖北亿纬动力有限公司“荆门圆柱电池产品线扩建项目”投产，该项目耗时 5 个月，产线实现全流程自动化操作，投产后年产能规模从 2.5 GWh 提升至 5 GWh，年产数量可达 4.3 亿颗。

2021 年 1 月 22 日 花都区人民政府与东风汽车有限公司东风日产乘用车公司签订战略合作协议。根据合作协议，双方将围绕汽车零部件产业集群、汽车智能网联、车路协同、智能网联停车场、智能网联试车场及自动驾驶等方面开展合作。

2021 年 1 月 27 日 遂宁市经济技术开发区管委会与蜂巢能源科技有限公司就“蜂巢能源（遂宁）20 GWh 动力电池项目”签署战略合作协议，打造 20 GWh 动力锂离子电池制造工厂。根据协议，蜂巢能源将通过 3～5 年的发展，构建完整的新能源动力电池产业链体系。该项目总投资 71 亿元，占地面积约 725 亩，将主要生产锂离子动力电池的电芯模组和电池包，建成后预计年产值超过 140 亿元。

2021 年 1 月 31 日 恩捷股份全资子公司江西明扬新材料科技有限公司与江西省高安市人民政府签订《兴建锂电池隔离膜干法项目合同书》及补充协议。根据协议，江西明扬将在江西省高安高新技术产业园区投资建设锂电池隔离膜干法项目，该项目总投资 20 亿元，分两期建设，总产能产能 10 亿 m^2。

2021 年 1 月 31 日 吉利汽车与苏州市相城区人民政府签署战略合作协议。根据协议，吉利汽车研究院有限公司将与湖北亿咖通在苏州高铁新城设立合资公司共同建设吉利汽车智能驾驶全球研发中心，合资公司将通过自主开发或对外合作的方式提供智能驾驶系统及零部件、自动驾驶出租车整车及系统、云平台及数据中心等无人驾驶领域产品。吉利汽车研究院与亿咖通还将成立 10 亿元并购基金，拓展智能驾驶产业链。

2月

2021 年 2 月 1 日 安徽安瓦新能源科技有限公司与安徽省芜湖市经济技术开发区管理委员会就“半固态动力电池产业化项目”签署投资合同。根据合同，该项目计划总投资 18 亿元，用地约 150 亩，实施能量密度 300～340 Wh/kg 的半固态动力电池产业化项目，完善经开区智能网联汽车产业集群布局。

2021 年 2 月 1 日 佛山南海区人民政府、中科润谷资产管理有限公司、中科润谷航天氢能系统(泰安)有限公司三方就“佛山南海中日韩智慧能源产业基地项目”签订合作协议，将打造全国首个氢能进万家智慧能源示范社区。该项目计划总投资 80 亿元，分两期进行，一期投资 19.1 亿元，专注燃料电池分布式热电联产装备产业化项目，包括家用和商用燃料电池分布式热电联产装备，采用固体氧化物和磷酸燃料电池技术路线。二期计划投资 60.9 亿元，完成总体产业基地搭建，形成以燃料电池分布式热电联设备为核心的智慧能源上下游全产业链整合能力。

2021 年 2 月 2 日 东风汽车集团股份有限公司与佛山仙湖实验室、佛山市人民政府、佛山南海区人民政府签署四方战略合作协议。根据协议，四方将在氢燃料电池汽车、智能网联汽车领域展开合作。东风公司将与佛山市、南海区联合成立氢燃料电池乘用车示范运营车队，并建立燃料电池乘用车维保体系，到 2021 年底车队规模不小于 100 台，2022 年开始逐年增大示范规模，助推氢能产业规模化高质量发展。

2021 年 2 月 2 日 宁德时代新能源科技股份有限公司与广东省政府在广州签署战略合作框架协议。肇庆市政府、广东航运集团、广州公交集团、广州环保投资集团与宁德时代分别签署战略合作框架协议。宁德时代将在广东肇庆投资建设锂电池生产基地，首期规划建设设计产能 25 GWh，投资 120 亿元，构建包含动力电池电芯、锂电材料、储能应用、电池回收、新能源汽车、驱动电机及电控等领域的新能源产业链，力争 2030 年底前在广东规划建设 150 GWh 锂电池产能及相关配套产业。

2021 年 2 月 4 日 合肥市人民政府与蔚来中国签署深化合作框架协议，双方将共同规划建设新桥智能电动汽车产业园区 Neo Park，打造具备完整产业链的世界级智能电动汽车产业集群。园区面积 16950 亩，主要分为智能制造区、研发生活区和生态文化区，总年产值达 5000 亿元，整车年产能 100 万辆，电池年产能达 100 GWh，先期投入 500 亿元人民币。按照深化合作框架协议，合肥市将加大对智能电动汽车产业的支持力度，提供资金等方面配套政策支持。蔚来围绕园区进行长期发展规划与布局。

2021 年 2 月 4 日 诺贝丽斯与江苏省镇江市京口经济开发区签署合作备忘录，根据备忘录，诺贝丽斯将投资约 3 亿美元以扩大其镇江工厂的汽车铝材生产能力和回收业务，项目达产后将实现年产值 35 亿美元。

2021 年 2 月 8 日 深兰科技(上海)有限公司在上海总部大厦与中国通信工业协会、上海市中小企业上市促进中心、长三角产业发展研究院、AIII 人工智能产业研究院、上海智能网联汽车示范基地、上海地市商会会长联合会、上海理工机器智能研究院、上海市商务委外国投资促进中心、中车长江车辆有限公司、可可资本等政府部门签署“自动驾驶及氢能重卡项目”协议。根据协议，深兰科技将在两年内实现 1000 台以上自动驾驶+氢能重卡的交付，首批 100 台将于 2021 年第二季度完成下线。项目将在全国范围内重点港口、物流、矿山等应用场景，快速落地深兰人工智能技术、氢燃料智能管理技术在无人驾驶重卡和氢燃料重卡产品。

2021 年 2 月 19 日 浙江省湖州市南太湖新区管委会与蜂巢能源科技有限公司就“20 GWh 动力电池新基地项目”签订投资协议，根据投资协议，蜂巢能源将在湖州南太湖新区建立年产 20 GWh 的动力电池新基地，项目总投资 70 亿元，用地约 755 亩，建设内容为可充电锂离子电芯、模组、PACK、电池管理系统，达产后年销售收入将达到 120 亿元。

2021 年 2 月 19 日 惠州亿纬动力电池有限公司投资建设“乘用车锂离子动力电池项目(一期)”和“xHEV 电池系统项目(一期)”，投资金额分别为不超过10 亿元、26 亿元。其中乘用车锂离子动力电池项目(一期)项目内容为方形磷酸铁锂电芯和模组；xHEV 电池系统项目(一期)项目内容为 12 V 和 48 V 电池系统。

2021 年 2 月 23 日 深圳市科达利实业股份有限公司与宜宾市三江新区管委会、宜宾市翠屏区人民政府就“科利达新能源动力电池精密结构件项目”签署合作协议。根据协议，科达利将在宜宾设立全资子公司，投资 10 亿元建设科达利锂电池精密结构件制造基地，该项目占地 157.5 亩，达产后将实现年产值约 20 亿元。项目当天在三江新区长江工业园开工。

2021 年 2 月 20 日 上海市人民政府与地平线集团签署战略合作框架协议。根据协议，上海市政府将与地平线集团进行战略合作，建设车载 AI 芯片全球研发总部和智能汽车中央计算平台全球总部，开展 AI 芯片生态建设。

2021 年 2 月 23 日 北京市发展和改革委员会发布《北京市 2021 年重点工程计划》，其中新建项目包括恒动氢能(北京)科技有限公司的氢能燃料电池研发生产项目。该项目建设地点位于房山区的北京高端制造业基地，建设规模约 2 万 m^2，拟新建氢能燃料电池生产基地和氢能燃料电池研发中心，氢燃料电池生产基地占地 10000 m^2，包括电堆生产区、核心材料及关键部件生产区、电池组装区、电池检测调试区、配套功能区等。项目计划建设 5 年，分三期实施。一期于 2020 年启动，预计 2021 年完成氢燃料电池生产基地厂房装修改造(占地 2000 m^2)，并完成研发中心全部工程建设；项目二期拟于 2022 年启动，2023 年完成氢燃料电池生产基地厂房装修改造(占地 3000 m^2)；项目三期拟于 2024 年启动，2025 年完成氢燃料电池生产基地厂房装修改造(占地 5000 m^2)。

2021 年 2 月 24 日 现代商用汽车(中国)有限公司与四川资阳高新区签约，投资 22.3 亿元用于现代商用车二期项目建设，包括氢燃料电池汽车在内的新能源汽车产品研发和生产。一方面，现代商用车将通过生产线的调整和升级，增加研发、试验、生产和检测等设备设施，使工厂具备纯电动汽车、LNG 天然气汽车、混合动力汽车、氢燃料电池汽车等车型的生产能力;另一方面,项目将建设配套零部件产业园,引入重点合作企业,打造全球商用车出口基地。项目建成后,预计 2025 年实现产销量 10 万辆左右,销售额 165 亿元左右。

2021 年 2 月 24 日 安徽省阜阳市人民政府与东方电气集团签署战略合作协议,并签订氢能源示范项目投资协议,双方将不断深化和拓展燃料电池中心等领域合作。东方电气将利用氢能技术等方面的专业能力,推动阜阳氢燃料电池汽车示范应用与氢能产业健康发展,助力阜阳打造长三角及中部地区氢能示范应用基地、氢能装备制造中心与氢源供应中心。

2021 年 2 月 25 日 时代上汽动力电池有限公司将在江苏省溧阳市中关村高新区投资建设“时代上汽动力电池生产线扩建项目”,该项目总投资不超过 105 亿元,分两期建设,一期自开工建设起不超过 15 个月,二期计划在一期建设后一年内启动。项目总占地面积约 880 亩,一期占地约 425 亩,二期占地约 455 亩。

2021 年 2 月 26 日 奇瑞汽车青岛基地项目在即墨区青岛汽车产业新城奠基。该项目总投资 230 亿元,主要包括乘用车、新能源商用车、相关配套零部件等项目,整个基地达产后年产值可达 500 亿元以上。其中,奇瑞青岛乘用车项目计划投资 130 亿元,主要生产瑞虎 9X 平台系列乘用车,可年产整车 30 万辆,达产后实现年产值 380 亿元以上。

2021 年 2 月 28 日 宜春市人民政府和国轩控股集团有限公司在宜春签订战略合作框架协议。国轩集团投资115 亿元锂电新能源产业项目落户宜春经开区。该项目将建设包括碳酸锂生产、锂电池配套材料等产业化项目,分两期建设。一期项目预计 2021 年中开工建设,计划两年内完成,合计两期项目计划在 5 年内完成。

3月

2021 年 3 月 2 日 现代汽车集团广州氢燃料电池系统生产销售基地——“HTWO 广州”正式动工,该基地占地 20.7 万 m^2,将于 2022 年下半年正式竣工,将建成为包含氢燃料电池堆工厂、氢燃料电池系统生产工厂、研发中心和创新中心在内的综合型基地。该基地规划年产 6500 套氢燃料电池系统,除推广氢燃料电池车之外,现代汽车集团还计划持续扩大其他领域的氢能应用示范运营。

2021 年 3 月 2 日 四川省自贡市中皓股份新能源 LNG 综合服务站开工奠基。该项目占地 20679 m^2,总投资达 1 亿元,建设周期一年,是集新能源汽车充换电站、LNG 加气站、加氢站于一体的新能源汽车综合服务站,可提供一体化能源补给、汽车后市场、新能源汽车大数据等服务。

2021 年 3 月 3 日 南海区人民政府与英飞腾(上海)氢能源发展有限公司签署投资合作协议,共同推进英飞腾总部及氢能物料搬运产业项目。根据协议,双方合作投资建设氢能物料搬运产业项目,项目计划总投资 7 亿元,分两期实施。其中,一期计划投资 2 亿元,建设周期为 9 个月,建成总产能 5000 套/年物料搬运氢动力系统总成;二期计划投资 5 亿元,用于对一期物料搬运氢动力系统总成产能的扩建至 10000 套/年,以及建成总产能 5000 套/年大功率氢动力系统。

2021 年 3 月 3 日 泰安市人民政府国有资产监督管理委员会与中国石化山东泰山石油股份有限公司签署战略合作协议,合作内容涉及氢能方面,主要围绕共建油氢合建站、共建生态新能源补给站、氢能应用示范基地三方面展开。根据合作协议,双方将在泰安东部新城、西部旅游经济开发区等泰城区域内多条新建主干道路选点,共同投建运营加油站及油电、油气、油氢混合站;融合泰安市国资委引导开展的城市智能汽车群充电平台和分布式发电项目,双方将共同打造油电混合站,并逐步合作投建“油氢电一体化”生态新能源补给站。

2021 年 3 月 3 日 淮安市清江浦区人民政府、江苏淮安清河经济开发区管理委员会与江苏蔚蓝锂芯股份有限公司签署《清江浦区天鹏锂能产业化项目投资协议》,蔚蓝锂芯将在淮安清河经济开发区投资建设高效新型锂离子电池产业化项目,该项目总投资 50 亿元,新建 40 亿 AH 圆柱锂电池产业化项目。项目计划分两期建设,其中首期投资 23.50 亿元。

2021 年 3 月 3 日 国家氢能动力质量监督检验中心在两江新区开建,该项目由中国汽研投资 5 亿元,占地 190 亩,规划建设氢能整车试验室、燃料电池试验室、氢能辅件试验室、动力总成试验室、电机电池试验室及相关配套设施;建成后将具备燃料电池整车,燃料电池单体、模块与系统,空压机和氢循环泵等关键零部件的检测能力,检测范围覆盖氢能全产业链。按照规划,该中心将在 2022 年建成并投用。

2021 年 3 月 10 日 惠州亿纬动力电池有限公司投资建设“乘用车锂离子动力电池项目(二期)”,投资金额为不超过 39 亿元人民币,项目分期建设,二期建设期不超过 18 个月,占地面积约 175 亩。

2021 年 3 月 11 日 山东省淄博市博山区人民政府与爱德曼氢能源装备有限公司就“共建氢能产业园项目”签署协议。该项目将以爱德曼为龙头,围绕布局氢能源全产业链条,积极引进落地氢燃料电池发动机研发生产、制造氢燃料电池发动机的生产装备、制氢设备、燃料电池催化剂、制氢加氢站、聚源运营投资平台等项目,并与本区企业合作配套氢循环泵等项目。

2021 年 3 月 13 日 赣州市人民政府、赣州经开区管委会与吉利科技集团有限公司签订《投资合作协议》。根据投资协议,吉利科技集团将在赣州经开区投资 300 亿元,分期建设年产能 42 GWh(12 GWh+30 GWh)吉利赣州动力电池项目,该项目主要从事动力电池电芯、模组、PACK 的生产制造。其中,一期建设年产能 12 GWh 项目投资 85 亿元,用地 500 亩;后续 30 GWh 项目投资 215 亿元,用地 1000 亩。

2021 年 3 月 18 日 广东国鸿氢能科技有限公司与鸿基创能科技(广州)有限公司、势加透博(北京)科技有限公司、理工清科(北京)科技有限公司、苏州瑞驱电动科技有限公司、群翌能源股份有限公司与重庆市九龙坡区政府签订合作协议,合作建设氢能科技产业园,打造中国西部(重庆)氢谷。根据协议,6 家公司将在九龙坡区共同出资 40 亿元,建设氢燃料电池 8 大关键核心零部件以及燃料电池系统集成科技产业园,项目达产后产值 200 亿元/年以上,将增强重庆市氢能产业发展核心配套能力。国鸿氢能、九龙坡区及产业相关方将共同出资数十亿元组建总部运营公司,开展燃料电池车辆示范推广等。

2021 年 3 月 22 日 国轩高科股份有限公司与安徽省合肥市肥东县人民政府签署《动力电池产业链系列项目投资合

作协议》。根据协议，国轩高科将在肥东县实施建设动力电池产业链项目，项目分期建设，计划总投资120亿元，建设内容为动力锂电池上游原材料及电池回收等项目生产基地，占地面积约2280亩，预计24个月内竣工投产。项目建成后将保证国轩高科2025年动力电池产能达到100 GWh的原材料供应，并解决锂电池回收和梯次利用问题。

2021年3月26日 珠江金融租赁有限公司、广州融资租赁研究院、广州轻享互联网科技有限公司、雄川氢能科技（广州）有限责任公司四方签署《100亿氢能源汽车融资租赁项目合作协议》。根据协议，珠江金融租赁、广州融资租赁研究院、广州轻享互联网将在未来3~5年内为雄川氢能科技提供不低于100亿元融资租赁授信额度，专项支持雄川氢能科技用于氢能源汽车的应用推广，解决雄川氢能科技在氢燃料电池专用车投放、加氢站建设、氢能和燃料电池核心部件研发生产等领域的资金需求，助推雄川氢能科技实现氢燃料电池汽车万台规模化量产和运营的产业目标。

2021年3月29日 宝能集团旗下动力电池研发生产集团昆山聚创新能源科技有限公司与四川省眉山市政府签署战略合作协议。根据协议，聚创新能源将在眉山市投资建设锂电池生产基地，项目总投资约360亿元，规划年产56 GWh，一期建设16 GWh量产工厂及其配套设施，构建包含动力电池电芯、模组、PACK、储能应用、电池回收等领域的新能源产业链。

2021年3月30日 上海锦源晟新能源材料有限公司和甘眉工业园区签署《新能源电池正极材料全产业链项目投资合同》。该项目投资54亿元，用地约650亩，2021年9月开工建设，3年内分期达产。项目主要建设年产3万t钴盐、2万t四氧化三钴、8万t三元前驱体生产线及相关生产设施、配套设施，建成达产后，预计年产值170亿元。

2021年3月31日 青山实业及瑞浦能源有限公司与佛山市南海区人民政府就“动力与储能锂离子电池及系统制造基地项目”签订合作协议。该项目总投资103亿元，规划年产能30 GWh。项目用地共420亩，分两期建设，其中一期用地220亩，计划年产能为15 GWh，在2021年中动工建设，预计2023年实现投产；二期预计于2022年动工建设，2024年投产，建设完毕后整个厂区年产能可达30 GWh。

4月

2021年4月8日 武汉经开区与小鹏汽车签署《小鹏汽车武汉智能网联汽车制造基地及研发中心项目投资协议》。根据协议，小鹏汽车将在武汉经开区建设生产基地及独立车用动力总成工厂，项目占地约1100亩，整车规划产能10万辆。

2021年4月8日 中国石化在重庆市首座加氢站——半山环道综合能源站开工建设。该站设计日加氢能力1000 kg，将在4个月后高标准建成投运。中国石化力争5年内在重庆建成30座加氢站，助力重庆打造成渝氢走廊。

2021年4月11日 洛阳市涧西区人民政府与东旭集团有限公司就“洛阳东旭氢能电机装备产业园项目”签署协议。该项目总投资额约150亿元，氢能电机装备产业园项目为一期项目，投资约50亿元，计划用地总面积约300亩，建设周期18个月，项目达产后可实现年营业收入约80亿元，年净利润约16.42亿元；二期项目包括智能装备与光电显示材料产业园项目，投资约100亿元。

2021年4月11日 美锦能源旗下佛山市飞驰汽车科技公司与宁夏回族自治区宁东管委会就“年产5000台氢燃料电池整车生产项目”签署合作协议。飞驰科技将在宁东投资建立氢燃料电池整车生产项目，该项目计划到2023年前建成年产5000辆氢燃料电池重卡研发、测试、组装生产线。同时，美锦能源还将参与推动与国华投资等七方共同组建的氢燃料电池车辆运营平台项目，并将在2024年前推广氢燃料电池车辆超过2400辆（其中重卡超过2000辆）。

2021年4月12日 湖州南太湖新区管委会与吉利商用车集团就“吉利商用车湖州基地项目”签署合作协议。该项目以盘活湖州恩驰汽车项目固定资产为合作目标，租赁湖州恩驰汽车有限公司的现有厂房和设备，并由新区管委会出资按吉利规划的车型对生产设备进行提升改造、增添购置，形成新能源汽车上下游产业集群。

2021年4月14日 广汽埃安新能源汽车有限公司智能生态工厂产能在原有10万辆/年的基础上将扩充至20万辆/年。本次埃安工厂能扩升级，预计投入约5亿元，计划于2022年初实现产能翻倍。将通过新科技、新工艺、新材料的应用，提升智能制造水平，全面强化八车型多系列混线生产能力，为用户提供高品质的智能纯电动汽车。

2021年4月15日 比亚迪新能源汽车电池研究总院及生产基地二期扩能项目启动。比亚迪新能源汽车电池研究总院将建设成为国家级电池研发创新示范基地、比亚迪动力电池产业全球研究中心；比亚迪动力电池生产基地二期扩能项目将新建6条“刀片电池”生产线，一期、二期项目满产后将形成动力电池年产能35 GWh，实现年产值300亿元。

2021年4月22日 川威集团成渝钒钛科技有限公司、成都亿华通动力科技有限公司、成都大运汽车集团有限公司三方就联合开展“西部首条氢燃料电池重卡示范线”签署合作协议。该示范线位于成渝氢走廊中心，属于西部首条氢燃料电池重卡示范线，采用由亿华通与成都大运汽车联合开发的49 t氢燃料电池重型牵引车，整车额定功率220 kW，峰值功率355 kW，燃料电池功率可达200 kW，续航可达450 km，环保无污染、续航里程长、负荷载重大、加氢时间短。

2021年4月22日 中航锂电科技有限公司与成都经开区管委会就“中航锂电50 GWh动力电池及储能电池成都基地项目”签署合作框架协议。根据协议，中航锂电将投建50 GWh动力电池及储能电池制造基地，打造成为行业领先、绿色智能的标杆基地。

2021年4月23日 温州市龙湾区人民政府与瑞浦新能源有限公司就“瑞浦新能源产业基地项目”签署协议。该项目由青山实业投资建设，总投资额超过300亿元，规划产能为100 GWh，采用当前动力及储能锂离子电池产业化最新工艺技术，结合智能制造相关技术，建设高端动力及储能锂离子电池。项目计划用地面积2000亩，并预留约1000亩用于建设上下游配套产业园。锂电池系统制造产业基地将于2026年完成投资，2027年全面投产，产值约1000亿元；上下游配套产业园区达产后年产值有望达到500亿元。

2021年4月27日 襄阳重塑能源氢燃料电池发动机产业化基地项目开工。该项目由上海重塑能源科技有限公司计划投资5亿元，在高新区建设氢燃料电池发动机产业化基地项目，分三期进行。一期将建设年产1000套燃料电池发动机的手工生产线，二期拟建设厂房面积约14000 m^2，三期将建设核心零部件生产基地，预计5年内全部达产后实现产值5亿元。

2021年4月28日 蜂巢能源科技有限公司与安徽省马鞍山市经济技术开发区（示范园区）就“蜂巢能源动力电池项目”签订战略合作协议。根据协议，蜂巢能源将在经济技术开发区建设动力电池电芯及PACK生产研发基地。该项目总用地面积约1000亩，总投资110亿元，项目全部建成后年产能可达28 GWh，预计可实现年产值约150亿元。

2021年4月28日 包头市人民政府、国华能源投资有限公司、山西美锦能源股份有限公司、佛山市飞驰汽车科技有限公司共同签署《包头绿氢与氢交通全产业链项目合作框架协议》。根据协议，该项目主要建设可再生氢能供应链基地项目、氢动力整车制造基地等内容。项目一期将建设50万kW光伏与1万 Nm^3/h 制氢一体化示范工程项目；开发建设4~6座加氢站；投资建设氢燃料电池整车生产线；开发分布式综合智慧能源服务。此外，四方将重点围绕包头市低碳转型发展，打造包头绿氢与氢交通全产业链项目，形成以新能源、氢能基础设施、氢燃料电池汽车等领域的科技研发、先进制造、智能应用、产业聚合创新链条，建立以新能源及氢能为主的清洁化、低碳化供给消费体系。

2021年4月29日 黄冈格罗夫氢能汽车产业生态基地建设开工。该项目规划用地750亩，分期建设分期投产，建设内容包括氢能科普中心、氢能科创中心、加氢制氢体验中心，氢能汽车和燃料电池等生产基地，打造集“氢能科普基地+氢能汽车试乘互动体验+氢能先进制造汽车示范工厂”多功能于一体的氢能社区和工业旅游示范区。其中一期用地351亩，规划年产2万台氢能汽车、3万台氢能发动机，项目将于2022年7月建成投产。

2021年4月29日 广州鹏辉能源科技股份有限公司控股子公司珠海鹏辉能源有限公司新能源动力电池及智能工厂扩建项目环评审批获原则同意。该项目总投资额达1.2亿元，项目占地面积12284 m^2，建成后达到日产10万只动力电池规模。

2021年4月29日 湖南湘潭市人民政府与浙江吉利汽车集团就“吉利新能源SUV项目”签署合作协议，共同推进新能源新SUV产品平台项目建设。根据合作协议，该项目总投资约30亿元，在吉利湘潭基地引进全新的新能源SUV产品平台，预计2023年6月实现首台车下线。项目全面建成后将实现年产销新车型8万辆、年产值100亿元，并带动约50亿元产能规模的零部件配套产业发展。

5月

2021年5月8日 中国能源工程集团所属中能源工程集团氢能科技有限公司的秦皇岛氢燃料电池研发、生产基地正式投产。该项目一期达纲后，生产能力将达到年产5000台套以上氢燃料电池、核心零部件及发动机系统的生产规模，年销售额可实现10亿元以上。

2021年5月9日 张家口市人民政府与厦门金龙联合汽车工业有限公司、易特智行科技（广州）有限公司就“河北张家口易龙智能氢能商用车产业基地项目”签订合作协议。该项目规划总占地600亩，建设期5年。项目预计总投资19.4亿元。目前具备组装生产公交、公路、物流、环卫四大类共九款氢能源车型。项目一期计划年改装生产1000~1500台智能氢能源客货车及特种车。项目二期启动整车厂汽车制造四大工艺建设。项目建成后，年产销可达200亿元。

2021年5月9日 国家电投宁波绿动慈溪滨海经开区示范加氢站开工。该加氢站位于浙江省慈溪滨海经济开发区国家电投华东氢能产业基地，由宁波绿动燃料电池有限公司投资建设，加氢站为日供氢500公斤的撬装式三级加氢站，计划2021年6月建成投运，保障国家电投华东氢能产业基地提供产品测试用氢，同时为慈溪公交集团投运的氢燃料电池示范公交车提供加氢服务。

2021年5月9日 中航锂电（洛阳）有限公司与厦门火炬高技术产业开发区就“中航锂电厦门基地30 GWh动力电池扩产项目签署项目”签署合作框架协议。目前，中航锂电厦门一期项目顺利投产，二期项目建设中，项目建成后年产能将达成50 GWh。

2021年5月11日 蔚来（NIO.US）与海南省三沙市人民政府就“绿色海岛共建计划”签署协议。根据协议，蔚来向三沙市提供一批智能电动汽车，并投建充储电设施，配合岛上已有的新能源布局，形成包括太阳能、风力、潮汐发电，动力电池储能，充电桩补能，电动汽车出行在内的清洁能源全链条闭环。

2021年5月13日 中山大洋电机股份有限公司与成都市新津区人民政府就“大洋电机氢能全产业链示范基地项目”签署协议。该项目总投资约5亿元，将建设集燃料电池中央研究院、燃料电池系统及核心装备、制氢加氢装备研发制造、燃料电池UPS装备等于一体的氢能全产业链示范基地。

2021年5月16日 定州市人民政府与新研氢能源科技有限公司就“氢燃料电池系统集成生产项目”签署协议。同日，定州市人民政府与北京中科福海低温科技有限公司就“定州液氢全产业链示范项目”签署协议。

2021年5月17日 正星科技股份有限公司与浙江蓝能燃气设备有限公司签订战略合作协议，根据协议，双方将在加氢站装备产品业务、加氢站合作建设运营以及氢能产业生态业务领域展开全面深入合作。

2021年5月17日 湖南中伟新材料股份有限公司与宁乡经开区管委会签署《中伟新能源全球研发基地暨年产3.5万t锂电前驱体材料及配套镍钴资源、电池循环回收项目落户国家级宁乡经济技术开发区合同书》。根据合同约定，中伟新项目总投资约13亿元，建设中伟新能源全球研发基地暨年产3.5万t锂电前驱体材料及配套镍钴资源、电池循环回收项目，产品适用于新能源锂电池、动力电池等领域。该项目占地面积约243.5亩，项目主体建设周期为18个月，可实现10万t三元前驱体和四氧化三钴产能。中伟新项目建成达产后，宁乡中伟产业园整体项目可实现13.5万t锂电前驱体材料产能。

2021年5月17日 中国宝安集团股份有限公司子公司——贝特瑞（江苏）新材料科技有限公司与SK Innovation

Co.,Ltd、惠州亿纬锂能股份有限公司全资子公司——亿纬亚洲有限公司签署《合资经营合同》和《增资协议》,对常州市贝特瑞新材料科技有限公司进行增资,并通过合资公司投资建设年产5万t锂电池高镍三元正极材料项目,该项目总投资不超过26亿元,位于江苏省常州市金坛区儒林镇,建设周期为24个月。

2021年5月17日 天津市贝特瑞新能源科技有限公司在天津投资建设年产4万t的锂电负极材料项目,该项目位于天津宝坻九园工业园区,计划总投资约7.62亿元,预计于2022年上半年投产。

2021年5月18日 沧州明珠塑料股份有限公司在河北省沧州市投资建设"年产2亿m^2湿法锂离子电池隔膜项目"。该项目总投资6.2亿元,主要投资建设湿法锂离子电池隔膜生产线2条,用于湿法锂离子电池隔膜产品的生产。

2021年5月18日 一汽奔腾轿车有限公司、徐州国家高新技术产业开发区、淮海控股集团有限公司三方就"一汽奔腾新淮海能源合作项目"共同签署协议。根据协议,一汽奔腾将与淮海控股在徐州高新区共同合作推进新能源汽车的研发生产。该项目总投资55亿元,预计可年产新能源汽车50万台;徐州市、铜山区、徐州高新区将从各个层面支持一汽集团落地徐州以及本项目的顺利建设和投产。**同日,**一汽奔腾公司与相关各方分别就一汽奔腾"绿电国的"定制电动车项目、联合推广换电模式新能源汽车项目、一汽奔腾与深商控股集团国民运力合作项目等签约。

2021年5月25日 武汉市人民政府与上汽通用汽车就"全新Ultium智能纯电平台项目的投资建设"签署战略合作协议。根据协议,上汽通用汽车在武汉扩大投资,启动全新智能纯电动汽车平台生产线及配套设施的建设。上汽通用汽车在武汉分公司建设全新Ultium智能纯电平台项目,将促进武汉汽车产业向新能源、智能网联化加速转型升级。

2021年5月25日 朔州市人民政府与深圳市氢蓝时代动力科技有限公司签订《战略合作框架协议》。根据协议,双方将合作建设规模化制氢、储氢设施,以氢能作为多能融合的载体,打造能源互联网的"源网荷储氢"示范项目;加快培育本地氢能产业和燃料电池汽车产业链、创新链,打造多元化氢能供应体系及多场景氢燃料电池示范应用。

2021年5月25日 广东光华科技股份有限公司在现有厂区内建设废旧锂电池高效综合利用暨高性能电池材料扩建项目,扩建项目总投资为人民币4.54亿元,扩建内容主要包括废旧磷酸铁锂正极材料回收工程、锂电池负极材料综合利用工程、磷酸铁锂扩建工程、磷酸铁扩建工程等。

2021年5月26日 佛山市南海区人民政府与鸿基创能全资子公司鸿基创能科技(佛山)有限公司签订《鸿基创能燃料电池高性能膜电极产业化项目合作协议》。该项目计划投资1亿元,在南海区丹灶镇"仙湖氢谷"建设燃料电池膜电极和PEM电解水制氢膜电极产业化基地。根据协议,项目将针对PEM电解水制氢膜电极进行产业化开发及相应的产学研合作,建成高性能燃料电池膜电极和电解水制氢膜电极的自主产业化生产线,预计浆料设计产能50 kg/天,CCM产能8000片/天,MEA产能8000片/天,膜电极质检8000片/天,同时建成材料及电化学实验室、燃料电池测试实验室和电解水制氢膜电极开发实验室。**同日,**佛山市南海区人民政府与其他项目方签订了南海氢能汽车智能网联科技示范项目、猎豹特种车项目、南海创新氢能高效制取产业化示范基地项目等项目合作协议。

2021年5月27日 中国诚通控股集团有限公司与天津市人民政府签署战略合作协议。根据协议,中国诚通参与天津国有企业改革,并在动力电池等领域持续加大在津投入力度、布局更多项目。天津市政府将在政策等方面全力支持中国诚通。

2021年5月28日 四川宜宾三江新区人民政府与浙江吉利控股集团签署英伦品牌高端轻型新能源汽车项目,包含生产基地项目和全球总部项目。其中,生产基地项目占地面积约800亩,规划建设英伦品牌高端轻型新能源汽车生产基地;英伦品牌全球总部项目占地约150亩,建设包含管理中心、研发中心、销售结算中心、供应链中心等。

2021年5月29日 中航锂电(洛阳)有限公司与成都经开区就"中航锂电50 GWh动力电池及储能电池成都基地项目"正式签署协议。该项目总投资280亿元,预计年产值400亿元,将建设动力电池及储能电池的研发中心和生产销售基地,设立华西总部、电池工程和先进技术研究院;项目分两期建设,产品主要配套国内外新能源汽车及储能市场等应用领域。

2021年5月31日 湖南省岳阳市人民政府与三一集团有限公司签订《氢能产业战略合作协议》。根据协议,岳阳市将在2022年前投放100台氢燃料电池工程车,车型涵盖渣土车、牵引车和搅拌车,每年约减少二氧化碳排放超过1万t。

2021年5月31日 苏州市人民政府与中国东方电气集团有限公司签署《框架合作协议》,深化央地合作,加快产业布局,打造国家氢燃料电池汽车示范城市。**同日,**东方电气(成都)氢燃料电池科技有限公司与苏州海格新能源汽车电控系统科技有限公司签署《江苏东创氢能源科技有限公司合资协议》;苏州创元集团有限公司、东方电气股份有限公司、金龙汽车集团三方共同签署《战略合作协议》。

6月

2021年6月1日 湖南中伟新材料股份有限公司与广西壮族自治区钦州市人民政府就"中伟新材料南部(钦州)产业基地项目"签署协议。该项目规划用地总面积约333 hm^2,总投资约330亿元,产值约500亿元,计划2021年开工,2023年建成一期,"十四五"期间全面投产。项目对钦州市打造新能源材料产业集群,延伸发展新能源汽车、储能、新基建等新兴产业有重要意义。

2021年6月3日 未势能源科技有限公司与唐山市人民政府签署《氢能产业合作框架协议》。根据协议,双方将共同推进唐山市氢能产业高质量发展,未势能源将对标全球一流水平在唐山进行"超越"系列燃料电池发动机产业基地建设,年产千台套级燃料电池系统。

2021年6月3日 浙江润丰氢发动机有限公司与浙江省舟山市人民政府就"浙江润丰氢能源产业链制造园舟山项目"签署协议。该项目涵盖氢发动机系统制造、氢瓶制造、大型制氢装备等制造业项目及氢能源产业研究院以及太阳能并网设备项目，四个制造业项目总投资将达24亿元。

2021年6月3日　东方电气（成都）氢燃料电池科技有限公司与唐山市人民政府、大唐国际发电股份有限公司签署《氢能产业合作协议》。根据协议，东方电气集团、中国大唐将在制氢、氢燃料电池研制及应用、氢能数据监控技术平台建设等方面通力合作，共助唐山市打造全国氢能产业发展新高地。

2021年6月4日　山东重工集团与聊城市人民政府签署战略合作框架协议。根据框架协议，双方将着眼聊城当前智能制造转型升级需求，建立近期目标与远期目标相结合的长效合作机制，立足产业发展和市场拓展，共同推进山东重工集团在聊城的产业投资布局和集群建设，推动聊城客车绿色智能制造全产业链发。

2021年6月7日　格林美（江苏）钴业股份有限公司与江苏省泰兴经济开发区管理委员会签署《新能源材料与配套原料的循环经济产业项目投资协议》。根据协议，格林美（江苏）将投资18亿元，以报废电池原料为主导，采用循环经济模式，形成年产3万t锂电池用多元前驱体、1万t高性能四氧化三钴、年产2.5万t高纯镍钴锰原料与3000t磷酸锂原料等，并建成江苏省国家级镍钴锰锂锂电池原料循环利用与钴产品绿色制造高值化利用工程研究中心的研发平台。该项目在2021年6月开工建设，2022年6月前完成3万t锂电池用多元前驱体项目建设，2023年12月完成所有项目建设。

2021年6月8日　长城控股集团旗下未势能源科技有限公司与天津大学签署"氢能汽车市场与商业模式创新研究"课题合作协议，双方将进一步推动氢能产业科技成果转化和市场化应用。

2021年6月9日　上海与苏州、南通、嘉兴、淄博、鄂尔多斯、宁东能源化工基地等六城市共同启动燃料电池汽车城市群合作项目。上海全面推动氢能和燃料电池汽车产业创新发展，提出"百站、千亿、万辆"目标，到2023年，规划加氢站接近100座并建成运行30座，形成产值规模近1000亿元，推广氢燃料电池汽车近10000辆；同时牵头协同苏州、南通、嘉兴、淄博、鄂尔多斯、宁东能源化工基地等组建燃料电池汽车产业集群。

2021年6月10日　北京市大兴区人民政府与东方电气（成都）氢燃料电池科技有限公司签署战略合作协议。根据协议，大兴区人民政府与东方氢能就"氢能产业合作"建立合作关系，东方氢能以燃料电池为核心与大兴区开展合作，并借助大兴区氢能产业优势资源打造产业融合局面。

2021年6月15日　宝能集团与广州开发区签署战略合作协议。根据协议，宝能集团旗下宝能新能源汽车集团有限公司总部将落户广州开发区，广州开发区国企向宝能新能源汽车集团战略投资120亿元，双方联手打造具备国际竞争力的新能源汽车集团。

2021年6月17日　浙江锂威能源科技有限公司与浙江省金华市兰溪经济开发区签订项目投资协议。该项目总投资7.5亿元，主要产品有电池材料、隔离膜、铜箔、铝箔。上述项目主要为锂威兰溪锂离子电池项目配套。

2021年6月18日　宁德时代新能源科技股份有限公司和上海汽车集团股份有限公司联手打造的"上汽时代和时代上汽先进动力电池产业化项目（二期）"在溧阳高新区奠基开工。二期项目总投资约120亿元，将建设多条先进动力电池生产线及PACK线，预计2024年建成。

2021年6月19日　吉利控股集团汉马科技新能源重卡项目在马鞍山正式开工。该项目总投资25亿元，总建筑面积5万m^2，新建1条新能源商用车总装配线，配套建设电池存储间等设施，年产新能源重卡5000台。项目全部达产后预计年销售收入50亿元。汉马科技新能源客车同期下线。

2021年6月20日　江西省新余市氢燃料电池新能源重型拖拉机产业项目签约。该项目包含燃料新能源重型拖拉机项目和燃料电池新能源乘用车（出租车）项目。燃料电池新能源乘用车（出租车）项目二期总投资75亿元，利用项目核心技术，可实现电池5 min内灌满燃料、车辆在极端条件下仍可正常启动运行。

2021年6月22日　蜂巢能源科技有限公司与南京市溧水开发区人民政府就"蜂巢能源动力电池项目"签订协议，蜂巢能源计划投资56亿元在该区建设总产能14.6 GWh的动力电池生产基地。该项目分为两期：一期预计投资26亿元，规划产能6.6 GWh，达产后年产值约40亿元，其中第一阶段为收购当地闲置电池车间及土地并进行投资改造，预计11月即可投产；二期预计投资约30亿元，拟新增用地340亩，产能规划8 GWh，达产后年产值超50亿元。

2021年6月22日　金华氢途科技有限公司、浙江大学、浙江省金华市婺城区人民政府三方签署《共建"浙江大学-氢途科技婺城氢能与燃料电池联合研发中心"协议》，共同成立"浙江大学-氢途科技婺城氢能与燃料电池联合研发中心"。根据协议，联合研发中心计划3年共投入4000万元，将深耕氢能与燃料电池相关技术，车用燃料电池发动机系统核心技术指标达到国际领先水平，拓展燃料电池发动机在船舶、叉车、无人机等领域的应用，探索燃料电池后备电源、家庭综合能源解决方案、可再生能源制氢及氢能并网发电等高精尖技术。

2021年6月24日　长城控股集团与上饶市人民政府就"长城整车及零部件生产基地项目"正式签署协议，该项目位于江西上饶经济技术开发区，主要生产长城汽车旗下哈弗品牌SUV车型，并形成12万辆/年整车生产能力。

2021年6月25日　宁波市人民政府与吉利控股集团签署《极氪智能电动汽车项目投资合作协议》，极氪智能科技公司全球总部落户宁波。根据协议，双方将在打造中国汽车产业标杆、推动科技创新应用化、加快制造服务全链化、提升交通出行绿色化等方面形成战略协同。

2021年6月28日　浙江方正电机股份公司在浙江省丽水市开发区投资建设"年产100万台新能源汽车驱动电机项目"的生产线。该项目总投资5亿元人民币，将购置先进新能源驱动电机生产线6条，形成年产100万台新能源汽车驱动电机的生产能力。项目分两期实施，2022年12月底之前完成第一期新能源汽车驱动电机生产线2条的建设，形成年产新能源汽车驱动电机35万台的生产能力；2023年底前完成第二期新能源汽车驱动电机生产线4条的建设，形成年产新能源汽车驱动电机100万台的生产能力。项目达产后，可新增销售收入25亿元。

2021年6月28日　天奇自动化工程股份有限公司与江

西省赣州市龙南经济技术开发区管委会签署《投资兴办退役动力电池、锂电池梯次利用及三元前驱体生产项目合同书》，根据合同书，天奇股份及子公司江西天奇金泰阁钴业有限公司将在龙南经开区购置约 397.34 亩土地，在未来 5 年内规划投资以废旧锂电池原料为主导，形成年产 3 万 t 三元前驱体及 1.2 万 t 电池级碳酸锂的生产项目。项目分两期建设：一期规划用地 247.34 亩，预计 2021 年四季度开始建设，2023 年四季度建成投产；二期规划用地 150 亩，预计 2022 年四季度开始建设，2024 年四季度建成投产。

2021 年 6 月 28 日 长城汽车氢能检测与北京科技大学签署战略协议。根据协议，双方将基于氢燃料电池是未来新能源汽车主要动力源的战略需求，重点开展合作研究，计划筹备建设氢能检测中心与大数据挖掘分析相关科技基础设施，同时在未来 3 年内筹建长城汽车-北京科技大学联合研究中心。

7月

2021 年 7 月 6 日 浙江舟山市人民政府与深圳国氢新能源科技有限公司就“国氢新能源氢能燃料电池应用示范项目”签署协议。根据协议，国氢新能源将在舟山市建立氢能及燃料电池产业集群，开展氢能及燃料电池应用示范，助力共建舟山六横实现“双碳”战略目标。

2021 年 7 月 7 日 上海璞泰来新能源科技股份有限公司与广东省肇庆市高要区政府达成初步投资意向。根据投资意向，璞泰来将在肇庆市高要区通过设立全资子公司，投资建设隔膜涂覆生产及锂电自动化设备项目。两个项目预计投资总额约为 52 亿元，其中年产 40 亿 m^2 隔膜涂覆生产基地项目计划总投资约 38 亿元，项目分两期实施建设，一期 20 亿 m^2 产能预计于 2023 年建成投产，二期 20 亿 m^2 产能预计于 2026 年建成投产；锂电自动化设备制造基地项目计划总投资约 14 亿元，项目预计于 2023 年建成投产。

2021 年 7 月 8 日 北京大兴区氢能产业入区项目在首届国际氢生态年会上集中签约。北京大兴区人民政府与北京福田新能源汽车（大兴）销售有限公司、中国石化销售股份有限公司北京石油分公司、北京英博捷氢科技有限公司、北京神椽科技有限公司 4 家氢能企业签订入区协议。

2021 年 7 月 8 日 五凌电力汉兴株洲油氢电综合智慧能源站项目开工。该项目位于新马工业园，总投资 4800 万元，将建设天然气制氢、加氢站、加油站、充电桩等一体化的油氢电综合智慧能源站，预计 2021 年底投产。

2021 年 7 月 9 日 东方氢能产业园在成都市郫都区正式开工。该项目投资 15 亿元，用地 87 亩，建设西部氢能高端先进装备制造产业园区（含站内制氢加氢站），导入四川省燃料电池重点实验室、打造氢能科技创新中心等，构建燃料电池核心原材料及核心零部件企业集群。**同日**，在中欧氢能产业合作大会上，中国东方电气集团有限公司与江苏国富氢能技术装备有限公司、势加透博洁净动力有限公司、东方氢能燃料电池公司、中国测试技术研究院、四川省特种设备检验研究院、烟台东德实业有限公司签订入园协议，并与成都欧盟项目创新中心、英国圣安德鲁斯大学、英国考文垂大学等 10 家在欧合作方签订三方意向协议。

2021 年 7 月 10 日 东旭光电科技股份有限公司新材料及氢能电机装备产业园项目正式开工建设，该项目总投资 150 亿元，一期投资 50 亿元，涉及新能源发动机、智能高端装备等行业的研发制造，项目全面建成后预计实现年产值150 亿元。

2021 年 7 月 14 日 宜宾市人民政府与宁德时代新能源科技股份有限公司签署全方位深化合作协议。根据协议，双方将共建宁德时代西南总部、生产基地、产业生态体系、国际培训中心、新能源学院和新能源产业基金。

2021 年 7 月 14 日 长春市人民政府、中国第一汽车集团有限公司、比亚迪股份有限公司签署《新能源动力电池项目投资合作协议》。根据协议，比亚迪将为一汽车型匹配动力电池，一汽红旗新能源汽车工厂 2021 年 10 月底将正式建成投产，具备年产 20 万辆红旗新能源乘用车的生产能力。

2021 年 7 月 20 日 上汽集团与鄂尔多斯市人民政府正式签署《关于新能源汽车产业链项目投资协议》。根据协议，“十四五”期间，上汽集团及旗下上汽红岩、捷氢科技将在鄂尔多斯市伊金霍洛旗投资 20 亿元，建设现代化燃料电池重卡产业链；各方将携手打造全球首个万辆级燃料电池汽车（重卡）产业化应用项目，2021 年计划交付 500 辆燃料电池重卡，并同时推动纯电动重卡的产业布局和应用。各方将积极树立中国新能源汽车技术差异化优势，加快推动鄂尔多斯“北疆绿氢城”建设进程。

2021 年 7 月 20 日 合肥新站高新技术产业开发区管委会与合肥国轩高科动力能源有限公司签署《年产 20 GWh 大众标准电芯项目合作协议》。根据协议，合肥国轩将在合肥新站高新区内投资建设年产 20 GWh 大众标准电芯项目，该项目占地 500 亩，分期实施，一期项目 10 GWh 自开工之日起 18 个月后竣工投产；国轩与大众将联合开展电池技术创新研发，将合肥新站高新区打造成全球新能源汽车动力电池产业的重要基地。

2021 年 7 月 22 日 湖北亿纬动力有限公司与荆门高新区管委会签订《合同书》，投资建设建锂电池生产线，项目固定资产投资总额约为 24.5 亿元，建设内容为：1）3 GWh 圆柱磷酸铁锂电池生产线及辅助设施项目和 0.7 GWh 圆柱三元锂电池生产线及辅助设施项目：投资项目固定资产投资总额约为 5 亿元，建成达产后预计可形成3 GWh/年的圆柱磷酸铁锂锂离子电池及 0.7 GWh/年的圆柱三元锂离子电池产能。其中 3 GWh 圆柱磷酸铁锂电池生产线及辅助设施项目固定资产投资总额约为 4.2 亿元，0.7 GWh 圆柱三元锂电池生产线及辅助设施项目固定资产投资总额约为 0.8 亿元。2）3 GWh 方形磷酸铁锂电池生产线及辅助设施项目：投资项目固定资产投资总额约为 5.5 亿元，建成达产后预计可形成 3 GWh/年的方形磷酸铁锂锂离子电池产能。3）4 GWh 三元方形锂离子电池生产线及辅助设施项目：投资项目固定资产投资总额约为 8 亿元，建成达产后预计可形成 4 GWh/年的三元方形锂离子电池产能。4）1.5 GWh 三元方形锂离子电池生产线及工艺测试所项目：投资项目固定资产投资总额约为 6 亿元，建成达产后预计可形成 1.5 GWh/年的三元方形锂离子电池产能。

2021 年 7 月 25 日 合肥国轩高科动力能源有限公司与合肥庐江高新技术产业开发区管委会签署投资协议。根据协议,合肥国轩将在庐江高新区建设年产 20 万 t 高端正极材料生产基地,该基地占地面积约 268 亩,总建筑面积约 12 万 m^2,计划于 2021 年 10 月底前开工建设,2025 年正式投产,建成后预计年产值将达 100 亿元。

2021 年 7 月 29 日 长城汽车荆门整车生产基地正式投产,该生产基地位于荆门市高新区,占地面积 1831.07 亩,建筑面积 37 万余 m^2,项目总投资 50 亿元,首期年产能 10 万辆,全面达产后可实现年产能 15 万辆。

2021 年 7 月 29 日 广州市人民政府与广东元知科技有限公司、合创汽车科技有限公司签署《车路协同自动驾驶测试与示范运营战略合作框架协议》。根据协议,各方将积极开展车路协同自动驾驶的测试、示范和商业运营创新等领域的合作。广东元知科技有限公司、合创汽车科技有限公司依法依规开展车路协同技术示范测试,在琶洲智能网联汽车技术试验区打造车路协同自动驾驶、智慧园区自动泊车等示范运营环境,在琶洲-南沙等快速公路进出口打造高速智能通行示范运营场景。同时,开展智能网联汽车及智能交通信息设备的研发及验证,探索智慧行车、智慧泊车、智慧充电等一体化的自动驾驶生态运营平台。

2021 年 7 月 30 日 宁德时代新能源科技股份有限公司分别与江西省人民政府、宜春市人民政府签署战略合作框架协议。根据协议,宁德时代将在宜春经济技术开发区和相关县市区建设新型锂电池生产制造基地及相应碳酸锂等上游材料生产基地,带动上下游产业链企业落户宜春。

2021 年 7 月 30 日 重庆开州浦里新区管委会与广东喜玛拉雅氢能科技有限公司签署《氢能产业链建设项目投资合作协议书》。该项目由广东喜玛拉雅负责,总投资 1.5 亿元,主要建设氢燃料电池产业化实体项目,包括氢燃料电池核心零部件、系统研发、生产及整车运营销售和加氢站建设。

2021 年 7 月 31 日 湖州市长兴县人民政府、复星国际有限公司、天津市捷威动力工业有限公司就“捷威动力年产 12 GWh 新能源电池项目”签署投资合作协议。该基地规划产能 12 GWh,项目总投资 56 亿元,占地面积约 400 亩,产品将包括软包、方形产品路线,同时兼容磷酸铁锂、三元材料体系。项目计划 2023 年初投入使用,完全达产后预计实现年均销售收入约 60 亿元。

2021 年 7 月 31 日 小鹏汽车武汉项目在武汉经济技术开发区正式启动。该项目占地约 1500 亩,将建设冲压、焊装、涂装、总装、电池、电驱等工艺车间。项目规划产能 10 万辆,达产后可实现年产值 300 亿元以上。

8 月

2021 年 8 月 2 日 四川眉山市彭山区人民政府与上海杉杉锂电材料科技有限公司就“年产 20 万吨锂离子电池负极材料一体化基地项目”签署协议。根据协议,上海杉杉将在眉山设立项目公司并投资建设年产 20 万 t 锂离子电池负极材料一体化基地项目,计划固定资产投资总额约 80 亿元。该项目分两期建设,两期产能各为 10 万 t;两期投资各约 40 亿元。一、二期项目建设周期预计各需 16 个月。

2021 年 8 月 3 日 合肥市长丰县发改委消息,合肥比亚迪汽车有限公司新能源汽车高端核心零部件项目完成备案。该项目占地约 3918 亩,新建电机、电控、高压线束及电动总成、发动机总成、发动机气缸体、制动器总成等核心零部件生产工艺,建设厂房内公用动力设备及管路等公辅设施,购置总成装配线、压力机、焊接机等设备,项目建成后具备 40 万辆新能源汽车高端核心配套零部件生产能力。

2021 年 8 月 3 日 国轩高科股份有限公司与宜春市宜丰县人民政府就“宜丰县锂电材料综合开发项目”签署协议。该项目位于宜丰工业园区,占地 600 亩,分两期建设,一期主要包括年产 2 万 t 锂电材料制备及其年产 300 万 t 采选矿综合开发利用,二期主要包括年产 3 万 t 锂电材料制备及其年产 500 万 t 采选矿综合开发利用。项目全部达产后,预计实现年产值 50 亿元。项目一期将于 2021 年第三季度动工,2022 年底前投产。

2021 年 8 月 3 日 广州天赐高新材料股份有限公司与湖北宜昌枝江市人民政府就“广州天赐磷酸铁新能源材料项目”签署项目合作协议。该项目位于宜昌枝江姚家港化工园,达产后可实现年产 30 万 t 磷酸铁及 5 万 t 磷酸铁锂回收,年产值 40 亿元。

2021 年 8 月 4 日 宜春市奉新县人民政府与国轩高科股份有限公司就“奉新县新能源材料综合开发项目”签署协议。该项目位于奉新高新技术产业园区,项目占地 600 亩,分两期建设,一期主要包括年产 2 万 t 锂电材料制备及其年产 300 万 t 采选矿综合开发利用,二期主要包括年产 3 万 t 锂电材料制备及其年产 500 万 t 采选矿综合开发利用。项目全部达产后,预计实现年产值 50 亿元。一期项目计划 2021 年年内动工,18 个月竣工投产。

2021 年 8 月 5 日 江西新余高新技术产业开发区管理委员会与江西赣锋锂电科技有限公司就“年产 5 GWh 新型锂电池项目”签署协议。该项目位于江西省新余市高新区,总投资不超过 30 亿元人民币,将在 2023 年 10 月全部工程竣工投产。项目建设新型动力电池生产厂房、电池研发中心大楼等设施。

2021 年 8 月 7 日 江苏清能新能源技术股份有限公司与江苏张家港保税区政府签订《氢能商用车开发测试运营中心投资协议》,与海格客车、东华能源签订战略合作协议。

2021 年 8 月 10 日 合肥市人民政府与中航锂电科技有限公司就“中航锂电 50 GWh 动力电池及储能电池产业基地项目”签署投资合作协议。该项目总投资 248 亿元,全部建成达产后将形成年产 50 GWh 产能。

2021 年 8 月 12 日 南昌经济技术开发区管理委员会与欣旺达电动汽车电池有限公司签订《项目投资协议》,双方共同出资成立项目公司南昌市欣旺达新能源有限公司,在南昌经开委辖区内投资建设欣旺达南昌动力电池生产基地项目,该基地项目占地约 1800 亩,总投资 200 亿元,完成建设后达到年产动力电池和储能电池 50 GWh 的产能,包括动力电池和储能电池电芯、模组、系统的研发、生产和销售。项目分四期建设:第一期投资约 16 亿元,充分利用现有的厂房,建设 4 GWh 电芯和电池系统生产线,计划于 2022 年 4 月份左右建成投产;第二、第三、第四期分别投资约 40 亿元、64 亿元、80 亿元,建设 10 GWh、16 GWh、20 GWh 电芯和电池系统的生产线。

2021 年 8 月 13 日 比亚迪汽车工业有限公司与深圳市

深汕特别合作区管理委员会签订战略合作协议。根据协议，比亚迪将在深汕建设汽车工业园，该项目是比亚迪在深汕特别合作区投资建设的重大工业项目，主要用于汽车零部件以及相关配套产业等核心产品的研发、生产与制造。项目计划投资 50 亿元，占地面积近 1 km^2，分两期建设，全部建成达产后，可实现约 100 亿元的年产值。

2021 年 8 月 13 日 蜂巢能源科技有限公司“年产 15 GWh 动力电池项目”在湖州开工。该项目总投资 55.9 亿元，总用地 482 亩，新建建筑面积 48 万 m^2；购置智能数字化锂电池生产线、模块控制生产线、全自动涂布产线、机床加工生产线等先进生产设备；形成年产 15 GWh 动力电池的生产能力。

2021 年 8 月 18 日 小鹏汽车肇庆二期项目在肇庆市高新区正式签约动工，二期项目将通过增资扩产、提质增效等方式进行建设。项目达产后，肇庆智造基地整车设计年产能将从 10 万辆提高到 20 万辆。

2021 年 8 月 18 日 宁德时代新能源科技股份有限公司与上海市人民政府签署战略合作框架协议。根据框架协议，宁德时代将在上海落地全球创新中心、国际功能总部、未来能源研究院及高端制造基地等相关项目。具体为：宁德时代与上海市经济和信息化委、闵行区政府、上海交通大学共同签署《未来能源研究院战略合作框架协议》；临港新片区管委会、临港集团与宁德时代共同签署《生产基地投资协议》。

2021 年 8 月 20 日 贵阳市息烽县人民政府与湖南航盛新能源材料有限公司在县政府常务会议室就“动力电池电解液及配套产业项目”签署协议。根据协议，该项目由湖南航盛新能源材料有限公司建设、运营，总投资 3.8 亿元，占地面积约 200 亩，主要建设内容为储能类电解液、动力类电解液、数码类电解液等生产线。全部建成投产后，电解液生产产能将达到 2 万 t。

2021 年 8 月 23 日 重庆明天氢能公司与中国汽车工程研究院股份有限公司、吉利汽车集团、苏州金宏气体股份有限公司、成都家庆物流有限公司签署战略合作协议，共同推进重庆氢能及燃料电池开发与应用进程。

2021 年 8 月 24 日 荣盛盟固利重庆动力电池智能制造基地项目在仙桃国际大数据谷签约，正式落户渝北临空前沿科技城。该电池项目由荣盛盟固利新能源科技股份有限公司投资，规划用地 750 亩，总投资约 50 亿元，产能将达到 10 GWh 以上，产品将应用于商用车、乘用车、储能等多个领域。

2021 年 8 月 26 日 飞驰汽车科技（宁夏）有限公司宁东生产基地氢能汽车零部件制造和维保中心项目正式开工。据初期规划，到 2023 年前，该项目将建成年产 5000 辆氢燃料电池重卡研发、测试、组装生产线。美锦能源将积极参与推动多方共同组建的氢燃料电池车辆运营平台项目，2024 年前争取推广燃料电池车辆超过 2400 辆（其中重卡超过 2000 辆）。

2021 年 8 月 27 日 中德合作新能源汽车高压零部件能效与安全性检测实验室在合肥揭牌。该实验室由安徽省产品质量监督检验研究院联合德国莱茵 TüV 大中华区、山东省产品质量检验研究院、中科院合肥技术创新工程院共同建设运营。合作四方将依据德国标准创建安全和能效测试标准，为新能源车企及相关产业链提供产品研发试验和检测认证服务，提高新能源汽车高压零部件的能效和安全标准，并整合安徽省产品质量监督检验研究院电磁兼容及国家公共安全电子信息产品质检中心相关技术能力，制订实施用于新能源汽车高压零部件测试的培训计划，推动新能源汽车高压零部件的安全与能效整体水平提升和产业升级，助力碳达峰碳中和“双碳”目标实现。

2021 年 8 月 28 日 兰溪市欣旺达浙江锂威锂离子电池项目正式量产。该项目总投资 52 亿元，总用地面积约 617 亩，分两期实施建设，其中一期土地面积 315 亩，规划建筑面积 40 万 m^2。项目引入全自动、智能化锂离子电芯生产线与电池模组生产线，可年产锂离子电芯 2.4 亿只、年产锂离子电池模组 2.4 亿只，全部达产后可实现年产值百亿元。

2021 年 8 月 29 日 奇瑞汽车股份有限公司、中科院上海光机所、芜湖市繁昌区人民政府签订三方战略合作协议。根据协议，合作三方将在钢铝混合车身激光焊接、激光雷达、激光显示、燃料电池电堆智能制造等方面开展长期合作和联合创新，推动相关激光技术在汽车产业中的示范应用，重点解决高端激光装备及工艺等在汽车领域中的关键和共性技术问题，为汽车产业发展提供技术支撑。

2021 年 8 月 29 日 孚能科技（赣州）股份有限公司与安徽省芜湖三山经开区管委会签订投资合作协议书。根据协议，孚能科技将在芜湖三山经开区成立项目公司，投资建设年产 24 GWh 新能源电池生产线及相关配套。该项目分两个子项目建设，第一个子项目 12 GWh 预计 2021 年 10 月开工，第二个子项目将根据双方约定和客户及市场需求适时启动。

9月

2021 年 9 月 1 日 国轩控股集团有限公司与淮北高新技术产业开发区就“新能源汽车铝制品生产基地项目”签约。国轩控股集团与淮北高新区管委会签订《新能源汽车铝制品生产基地项目投资协议书》、国轩控股集团与安徽陶铝新材料研究院有限公司签订《国轩控股集团与安徽陶铝研究院有限公司合作框架协议》。双方将在技术研发、新材料应用、铝制品生产加工、新能源汽车配套产业等方面强化合作。

2021 年 9 月 1 日 上海机动车检测认证技术研究中心有限公司氢能与燃料电池中心奠基。该项目是由上海汽检总投资 6.7 亿元建设，包括氢能整车实验楼、氢能零部件实验楼、辅助实验楼和加氢站等试验及配套设施，建设覆盖整车、动力系统、燃料电池系统、氢系统及部件、电堆等测评研发技术能力。项目建成后将与上海汽检本部、江苏如皋基地形成三位一体、优势互补，形成包含材料级、零部件级、系统级和整车级全套的研发测试及检测认证能力。

2021 年 9 月 1 日 重庆两江新区管理委员会与江西赣锋锂电科技有限公司就“年产 10 GWh 新型锂电池科技产业园及先进电池研究院项目”正式签署协议。该项目位于重庆两江新区龙兴园区，根据协议，江西赣锋锂电在重庆两江新区管理委员会直管区规划投资 54 亿元建设新型锂电池科技产业园及先进电池研究院项目，并为固态电池的技术更新、产品迭代提供技术支撑。项目自签订《交地纪要》之日起 3 个月内开工建设，开工建设之日起 18 个月内完成竣工备案，竣工备案后 6 个月内投产。

2021年9月4日　深圳市德方纳米科技股份有限公司与曲靖经济技术开发区管理委员会签订《年产10万吨新型磷酸盐系正极材料生产基地项目框架合作协议》。根据协议，德方纳米将在曲靖经济技术开发区建设“年产10万吨新型磷酸盐系正极材料生产基地项目”，项目总投资不低于人民20亿元，自曲靖经开区管委会实际交付项目用地之日起24个月内完成项目建设。

2021年9月8日　多氟多新材料股份有限公司与山西阳泉高新技术产业开发区管理委员会签订《年产2万吨六氟磷酸锂及添加剂项目投资合作协议》，在阳泉高新区设立子公司多氟多阳福新材料有限公司，新公司将建设年产2万t六氟磷酸锂及添加剂项目。

2021年9月9日　上海氢枫能源技术有限公司与中国宜兴环保科技工业园管理委员会就“宜兴氢枫氢能产业园项目”签署协议。该项目总投资约30亿元，占地面积约120亩，主要包括氢装生产制造和氢储生产制造等项目。其中，氢装生产制造分加氢站设备、PEM设备和SOEC设备三期实施。2022—2023年，项目计划在宜兴投资建设运营2座“油+氢+电”综合能源站。

2021年9月10日　山东吉利欣旺达动力电池项目在枣庄市高新区正式开工。该项目由浙江吉利控股集团和欣旺达电子股份有限公司联手，将建设3条BEV和7条HEV动力电池生产线，产品采用自主知识产权的第二代HEV油电混合系统，广泛应用于领克、吉利、沃尔沃等多款车型，建成后可实现年产值60亿元。

2021年9月13日　宁德时代新能源科技股份有限公司在宜春签署三项合作协议，分别为：1）宁德时代与宜春市人民政府签署合作协议，将共建新型锂电池生产制造基地项目，同时深耕产业链上下游；2）宁德时代与宜春市矿业公司签署合作协议；3）宁德时代与合众新能源汽车签署全面战略合作协议。根据合作协议，宁德时代将在宜春建设宁德时代新型锂电池生产制造基地项目，规划用地面积1300亩，投资总金额约135亿元。

2021年9月16日　蜂巢能源科技有限公司与成都市人民政府签订战略合作协议。根据协议，蜂巢能源将斥资220亿元在成都建设总产能约60 GWh的动力电池制造基地及西南研发基地，项目位于成都东部新区简州新城，占地约2500亩，计划分三期建设，每期建设约为20 GWh动力电池制造及西南研发基地，其中一期投资约100亿元，用地面积约767亩。

2021年9月16日　智道网络科技（天津）有限公司北京分公司（蘑菇车联）与鹤壁市城市管理局签署智慧交通建设战略合作协议。根据协议，蘑菇车联将对合计共120 km的道路进行5G智能网联化建设，并在道路建设完成后提供自动驾驶车辆在示范道路进行落地运营。此外，双方还将共建智慧交通、自动驾驶研究院，围绕自动驾驶关键技术、行业标准等开展联合研究攻关。

2021年9月17日　江西佳纳能源科技有限公司年“产5万吨钴镍、10万吨三元前驱体绿色智造项目”在江西龙南经济开发区开工建设。该项目总投资125亿元，占地面积704亩，由广东道氏技术股份有限公司投资兴建，主要生产经营动力电池正极材料前驱体、钴盐产品、镍盐产品、废旧锂电池回收再利用等。项目分两期建设，一期建成投产后年产值将达100亿元。

2021年9月17日　无锡华光汽车部件集团智能网络汽车核心项目——上海铸昱汽车临港新片区产业基地项目开工，该项目占地40亩、总投资6亿元，将为临港新片区智能新能源汽车产业增添重要一环。

2021年9月17日　格林美股份有限公司与荆门市人民政府签署建设新能源材料循环经济低碳产业示范园区以及新能源材料、工业固体废物综合处理等项目的投资合作协议。根据协议，格林美于2021—2025年在荆门新增投资28亿元，以循环经济模式新建8万t新一代超高镍前驱体材料以及配套的镍钴原料体系、5万t磷酸铁锂正极材料、10万t磷酸铁前驱体材料、1.5万t高纯碳酸锂、2万t高纯硫酸锰晶体与固体废物综合处置中心，新增产值150亿元以上，打造车用动力电池正极原料与正极材料基地，形成从动力电池回收、新能源原料再制造、新能源材料再制造到固体废物综合处理的完整低碳产业体系。

2021年9月18日　国家能源集团与云南省人民政府签署全面深化战略合作协议。双方将协同创新，推进关键技术攻关，促进创新链产业链深度融合，加大绿色氢能战略布局、产业生态培育、地热资源勘探应用和资本合作力度，建设一批“光伏+氢能、储能、充换电”等示范项目。

2021年9月22日　惠州亿纬锂能股份有限公司与上海恩捷新材料科技有限公司、荆门高新技术产业开发区管理委员会就其与上海恩捷在荆门高新区共同设立合资公司并由合资公司投资建设高性能锂电池隔膜项目事宜签署《合同书》。该项目总投资约52亿元，征地约400亩，建设16条锂电池隔膜生产线，项目年产能为16亿m^2湿法基膜以及与之产能完全匹配的涂布膜，并优先向亿纬锂能及其子公司供应。

2021年9月22日　东胜区人民政府、装备制造工业园、武汉格罗夫氢能汽车有限公司在东胜区就“格罗夫鄂尔多斯中极氢能重卡生产基地和氢能产业生态建设项目”签署协议。该项目总投资100亿元，建设氢能重卡整装生产项目、氢能产业基础设施板块、氢能重卡运营中心，计划2021年11月份办理项目前期手续，2021年年底整车下线。项目实施后，将全面推动鄂尔多斯氢能产业生态高质量发展。

2021年9月22日　吴江开发区管委会与长城汽车蜂巢智能转向系统（江苏）有限公司就“长城汽车蜂巢智能转向总部项目”签订协议。该项目总投资20亿元，涵盖运营中心、结算中心、研发中心，建成后年销售额预计达30亿元。

2021年9月22日　江苏徐州新沂经开区与河南科隆新能源股份有限公司就“科隆新能源新沂生产基地项目”签订投资协议。该项目总投资105亿元，由河南科隆新能源股份有限公司投资建设，新购用国内外先进设备，建设自动化及智能化生产车间及相关配套设施，全部达产后可年产20万t动力电池正极材料用高端前驱体。

2021年9月22日　大族激光科技产业集团股份有限公司在四川省宜宾市投资建设大族激光新能源智能装备生产基地项目，该项目规划总投资15亿元，一期投资5亿元，二期投资10亿元。项目规划总占地约150亩，一期项目占地约50亩,二期占地约100亩,一期项目在交付土地后两年内建成竣工并开始投产运营,二期项目在一期项目竣工投产之日起一年内启动,最终以实际建设情况为准。

2021年9月22日 大族激光科技产业集团股份有限公司在江苏省张家港市投资建设大族激光华东区域总部基地项目,项目一期总投资不超过10亿元,规划用地面积约800亩,分两期建设,其中一期项目占地约250亩,二期项目占地约550亩,最终以实际建设情况为准。项目二期将根据实际进展情况另行审议。

2021年9月22日 大连太平湾合作创新区签约开工仪式在太平湾港区举行,1)招商局集团与深圳稳石氢能科技有限公司签署《太平湾氢能产业发展战略合作协议》,双方将在太平湾区共同推动"风光氢核,源网核储一体化"综合智慧绿色低碳能源体系,拓展绿色数智示范先行区,将在湾区物流交通分布式能源替代,以氢能重卡、氢能船舶为抓手,围绕氢能技术研发、制储运加、设备制造展开全链路氢能源产业合作,构建完整氢能产业结构,打造氢能产业发展新的增长级,建设氢能高端综合示范先行区。2)大连市人民政府、辽宁省人民政府、招商局集团有限公司签署《开发建设太平湾合作协议》。3)招商局太平湾开发投资有限公司、三峡集团投资并购组、金风科技有限公司签署《太平湾新能源产业园项目合作框架协议》。

2021年9月23日 上海青浦区人民政府、中石化销售股份有限公司、三峡投资集团在苏州吴江签署协议,三方将围绕氢能、分布式光伏等清洁能源开发和相关产业布局开展深入合作。根据协议,三方将在上海青浦区建设氢能示范项目,通过对现有加油站进行油氢合建改造,配套建设站内制氢设施,助力解决示范区缺乏零碳绿氢的产业发展痛点。根据项目内容,三方将探讨共同在青浦区发起设立专注于氢能等清洁能源领域的投资基金。预计"十四五"期间建设加(制)氢站10座,开发分布式光伏项目300 MW,在青浦新城建成1~2个区域综合能源站,落地总投资25亿~30亿元。计划2021年12月份完成开发公司注册并实现首批项目开工建设。

2021年9月23日 盛新锂能集团股份有限公司全资孙公司盛新锂能国际有限公司与STELLAR INVESTMENT PTE. LTD. 在印度尼西亚投资设立合资公司,在中苏拉威西省莫罗瓦利县莫罗瓦利工业园(IMIP)内投资建设年产5万t氢氧化锂和1万t碳酸锂项目,项目总投资约为3.5亿美元。

2021年9月23日 合肥常青机械股份有限公司投资建设商用车总成部件智能化生产建设项目、商用车车身分总成冲焊部件智能化生产项目、新能源汽车轻量化零部件建设项目(一期),项目预计总投资合计5.23亿元。其中新能源汽车轻量化零部件建设项目(一期)预计投资2.3亿元,将设立全资子公司作为项目公司负责项目建设运营管理,将新增国内先进、高效生产设备,并完善项目配套公用设施,项目达产后,长青股份将拥有完整的汽车轻量化铝制压铸件及其他轻量化结构件生产体系。

2021年9月27日 国鸿氢能科技有限公司、山西美锦能源股份有限公司、佛山市飞驰汽车科技有限公司、氢源嘉创(浙江)新能源科技有限公司组成头部企业联盟,与鄂尔多斯市伊金霍洛旗人民政府签订战略合作协议,共同打造国家级氢能源产业示范区。同日,签订《鄂尔多斯市人民政府、伊金霍洛旗人民政府与隆基公司三方合作协议》《伊金霍洛旗人民政府与国电联合动力公司、国鸿氢能科技公司、江苏蒙商经贸发展公司、西部天然气公司合作协议》。根据协议,双方将围绕鄂尔多斯市和伊金霍洛旗发展总体定位,结合能源转型、低碳智慧城市建设等需求,在"风光氢储车"等重点领域进行产业投资和项目建设合作。

2021年9月27—28日 多氟多新材料股份有限公司"多氟多广西南宁20 GWh锂电池项目"奠基。该项目计划投资101.6亿元,分三期实施建设,一期产能为6 GWh/年;二期产能为4 GWh/年;三期产能为10 GWh/年。其中一、二期产能分别计划于2022年9月份和2024年3月投产,产品主要应用于新能源汽车、储能以及电动两轮车和电动三轮车。未来在锂电池方面,将形成以多氟多新能源10 GWh和广西宁福新能源20 GWh的产能布局。

2021年9月27—28日 广州天赐高新材料股份有限公司通过设立全资子公司浙江天赐高新材料有限公司投资建设年产4.1万t锂离子电池材料项目(一期)。项目总投资为人民币93485.15万元,分两期建设,一期项目达产后,预计可实现年均营业收入19.69亿元。

10月

2021年10月8日 2021年湖南省第三次重大项目集中开竣工。其中,上汽大众新能源汽车项目总投资约80亿元,新建电池车间,规划年产能15万套新能源电池,同时预留升级至30万套年产能的空间。

2021年10月8日 昇辉智能科技股份有限公司与佛山高新技术产业开发区南海园管理局签署《昇辉智能科技股份有限公司新能源项目(氢能)投资协议》。根据协议,昇辉新能源将推动新能源业务在佛山市南海区的开发建设,包括投资设厂、生产销售氢能设备及建设氢能产业园等,助力南海园进一步提升氢能产业集聚效应。南海园管理局给予昇辉新能源在产业投资等方面支持,鼓励昇辉新能源参与新能源汽车产业各类产业科技创新项目等。

2021年10月9日 共青城市人民政府与国家电投集团江西电力有限公司签订全面战略合作协议。根据协议,国家电投江西公司在共青城建设共青城市整市新能源项目,包括氢能发电设备研发和制造、氢能研究院、钙钛矿型或异质结等新型太阳能发电组件技术落户、地面光伏发电、分布式光伏、屋顶光伏、充电桩等。规划项目整体投资约110亿元,投资氢能发电设备研发和制造、钙钛矿型或异质结新型太阳能发电组件设备研发、制造和整市新能源开发。1)协助引进固体氧化物电池-氢能发电设备研发和制造落户共青城,促成成立氢能研究院,预计规划投资约10亿元,年产2000套200 kW氢能发电设备,年销售额约40亿元。2)协助钙钛矿型或异质结等新型太阳能发电组件技术落户共青城,预计投资约10亿元。3)计划投资地面光伏、整市屋顶光伏、充电桩等,总投资约90亿元。

2021年10月11日 喜玛拉雅上海临港氢燃料电池产业化项目签约落户临港蓝湾。该项目致力于氢燃料电池核心零部件的研发及生产制造，并与当地氢燃料汽车营运企业进行合作，积极参与上海区域氢燃料汽车产业链的构建，在临港的氢能产业布局中发挥积极作用。

2021年10月12日　广东邦普及宁波邦普时代分别与宜昌市政府、宜昌高新区管委会、湖北宜化集团签署合作协议。根据协议，宁德时代控股子公司广东邦普及其控股子公司宁波邦普时代将在湖北省宜昌市高新区投资不超过人民币320亿元，以新能源汽车动力电池正极材料为核心，覆盖电池全生命周期，建设整合"磷矿—原料—前驱体—正极材料—电池回收"等多环节业务的生产基地。

2021年10月13日　上汽红岩汽车有限公司内蒙古分公司与内蒙古捷氢科技有限公司揭牌暨奠基在内蒙古鄂尔多斯市举行，全球首个万辆级氢能重卡产业链项目正式启动。上汽集团鄂尔多斯新能源汽车产业链项目总用地面积约1200亩。其中上汽红岩鄂尔多斯新能源重卡基地将打造首个新能源重卡示范应用项目，上海捷氢科技有限公司将在鄂尔多斯建设燃料电池生产基地。一期项目主要新建新能源重卡整车装配厂、试车道及其配套设施，预计2023年年底建成投产；二期项目将新建驾驶室焊接、涂装车间并进一步扩建总装厂，预计2024年底建成投产。同时，新能源重卡基地将打造数据工厂，全面引入大型AGV智能生产线，自动化率达到90%以上，实现全程数字化的信息管理和柔性生产能力。而捷氢科技鄂尔多斯燃料电池基地，一期建设燃料电池发动机系统及氢系统生产线，预计2022年10月投产，二期扩建燃料电池电堆生产线，预计2024年投产。

2021年10月16日　理想汽车北京绿色智能制造基地在北京市顺义区正式开工，项目总投资超过60亿元，计划2023年年底投产，将实现年产10万辆纯电动汽车产能。

2021年10月23日　捷威新能源科技（湖州）有限公司的"捷威动力长兴新能源电池生产基地项目"在浙江湖州长兴经济技术开发区开工。该项目总投资约67亿元，用地总面积约451亩，主要从事新能源电池生产，产品主要应用于储能与动力市场，项目建成达产后可形成18 GWh的年产能，预计于2023年初投入使用。

2021年10月25日　蜂巢能源科技有限公司与巴斯夫（中国）签署战略合作协议，根据协议，双方将在正极材料、电池回收利用、上游资源等领域开展全球范围战略合作。

2021年10月27日　玉溪市人民政府与云南恩捷新材料股份有限公司在玉溪市签订《战略合作框架协议》。根据框架协议，双方通过对玉溪市内的锂、镍等矿产资源的开发利用，共同在玉溪市引入包括但不限于电池正、负极材料、隔膜、电解液等电池材料和电池生产企业，于3～5年内在玉溪建设以动力电池、储能电池、消费电池制造为主的新能源电池全产业链产业体系，打造国内一流锂电池产业基地。

2021年10月27日　广州天赐高新材料股份有限公司通过设立全资子公司（四川天赐高新材料有限公司）投资建设"年产30万吨电解液和10万吨铁锂电池回收项目"。该项目总投资为15.3亿元，建设地点在四川彭山经济开发区，建设周期18个月。项目建成后将形成年产30万t电解液、6000 t工业级碳酸锂、2.5万t电池级磷酸铁、7600 t铜粒及3600 t铝粒的产品规模。

2021年10月27日　国鸿氢能科技有限公司与南京越博动力系统股份有限公司在南京签订战略合作协议。根据协议，双方就氢燃料电池电堆及系统集成展开全面合作，加速推进在燃料电池产品核心技术的创新突破和产业化应用，为清洁能源助力碳中和提供更多成功案例。

2021年10月28日　宜春时代新型锂离子电池生产制造基地项目在宜春经开区奠基，该项目由宁德时代投资建设，一期投资135亿元建设50 GWh新型锂电池生产制造基地项目。项目竣工后，将助力宜春构建"锂资源—锂，电材料—动力电池—电动车"新能源全绿色产业发展体系。

2021年10月28日　湖北省仙桃市举行零碳科技产业园规划发布和项目签约仪式，深圳国氢新能源科技有限公司与另外三家低碳环保领域龙头企业签约入驻，签约金额75.5亿元。其中，深圳国氢将投资25亿元，建设燃料电池产业园、油氢电复合站和渔光互补光伏发电项目。

2021年10月28日　宁德时代新能源科技有限公司与贵州省人民政府在贵阳签署战略合作协议。根据协议，双方将共同推动当地新能源产业补链、延链、强链，充分发挥产业龙头企业在市场、科技、人才等方面的优势，与各方共同构建从锂电池、上游磷氟化工及电池材料到下游市场应用、电池回收的锂电池全产业链体系。

2021年10月28日　诺贝丽斯与江苏省镇江市京口区人民政府签署年产27.5万t汽车板冷轧铝项目协议。协议内容包括诺贝丽斯将投资3.75亿美元扩建热轧生产线、新增冷轧机，并在中国建立首个汽车用铝闭路循环回收系统，项目将于2022年初破土动工，2024年完工后将为诺贝丽斯中国汽车客户创建一个从卷材生产、热处理和闭路循环的一体化解决方案。

2021年10月29日　广州汽车集团股份有限公司同意全资子公司广汽埃安新能源汽车有限公司自研电池试制线建设项目方案的实施，项目计划总投资3.36亿元。

2021年10月29日　蜂巢能源科技有限公司与江苏省盐城市大丰区高新技术区管理委员会签署投资框架协议。根据协议，蜂巢能源将投资100亿元在大丰高新区建设22 GWh锂离子动力电池项目，该项目将分两期建设，一期于2022年上半年投产，二期2023年上半年投产。

2021年10月29日　哈尔滨市人民政府、哈尔滨经济技术开发区管委会、中国长安汽车集团有限公司、哈尔滨东安汽车动力股份有限公司签署《新能源混动系统新基地项目投资协议书》。该项目预计总投资12.5亿元，分三期进行建设，项目一期力争在2021年底开工。

11月

2021年11月1日　张家口桥东区氢能产业重点项目集中开工，包含聚通高性能燃料电池电堆项目和绿色高端装备产业园建设项目。其中，聚通高性能燃料电池电堆项目总投资1亿元，占地15亩，规划建设生产厂房、测试车间以及配套设施。项目建成后年产燃料电池电堆能力可达150 MW，营业收入达10亿元；绿色高端装备产业园建设项目位于空港创坝园区二期，总投资6.1亿元，占地158亩，分二期建设标准厂房11栋，其中一期7栋，配套建设办公用房、综合服务楼附属工程及其他公用设施，项目建成后将为氢能装备制造项目落地提供重要发展平台，促进氢能产业集聚发展。

2021年11月2日 中国汽车工程研究院股份有限公司与苏州国家高新技术产业开发区（苏州高新区）管委会签订《投资合作协议》，根据协议，中国汽研拟规划总投资约20亿元，建设"通用技术集团中国汽研华东总部基地"。该项目规划占地面积约120亩，建设期暂定5年，预计2027年项目达产，达产后预计年营收达到5亿元。包括六方面：1）建设新能源汽车整车和"三电"研发测试能力，打造中国汽研在华东地区的新能源汽车研发检测基地。2）建设汽车零部件检测基地，构建面向新能源、智能网联汽车的关键核心部件测评中心、汽车新材料测评中心和面向赛车领域的赛用品测评中心。3）围绕电气架构、车载软件、无线通信和智能座舱等业务板块建设检验检测能力，拓展应用软件、工业软件、芯片等研发测试能力。4）申请建设苏州市新能源汽车与充电设施大数据监管平台，构建基于新能源汽车运行安全监控为依托的产业生态和面向后市场服务生态的新能源汽车综合服务中心。5）建设面向工业检测行业的专业型工业互联网平台，打造机器人及数字化转型技术创新中心和机器人及数字化应用服务中心。6）围绕新能源与智能网联汽车，开发汽车新型年检设备，提供智能电动汽车（在用车辆）的检测评估服务与车联网大数据服务。

2021年11月3日 欣旺达浙江锂威产业园正式开园。欣旺达浙江锂威锂离子电池项目总投资52亿元，一期土地面积315亩，规划建筑面积40万m^2，项目引入全自动、智能化锂离子电芯生产线与电池模组生产线，全部达产后可年产锂离子电芯2.4亿只、年产锂离子电池模组2.4亿只，年产值超百亿元。

2021年11月4日 惠州亿纬锂能股份有限公司与荆门市人民政府签订《战略投资协议》，双方建立战略合作关系。根据协议，亿纬锂能计划在荆门市掇刀区完成固定资产投资305.21亿元，征地约3000亩，建设年产152.61 GWh的荆门动力储能电池产业园项目；荆门市政府为荆门动力储能电池产业园建设和锂离子动力储能电池配套产业的引入提供必要的支持。

2021年11月4日 荆门市人民政府与湖北亿纬动力有限公司、格林美股份有限公司、云南恩捷新材料股份有限公司、深圳市科达利实业股份有限公司、深圳新宙邦科技股份有限公司签订《荆门动力储能电池产业园项目合作协议》。该项目计划总投资463亿元，涵盖动力储能电池、电池材料、电解液、结构件、隔膜等锂电池全产业链，建成投产后可实现年产值1270亿元。项目具体包括：亿纬动力152.61 GWh动力储能电池项目、格林美锂电池材料项目、恩捷新材料16亿m^2锂电池隔膜项目、科达利动力电池精密结构件项目、新宙邦15万t锂电池电解液及10万t半导体化学品项目。

2021年11月5日 沙钢集团下属张家港海力码头有限公司与海易森汽车科技有限公司、江苏国富氢能技术装备股份有限公司共同签订《氢燃料电池49吨重卡的试用运营合作协议》。未来三方将共同推广氢燃料电池汽车的示范运营，并就制氢装备、储氢、加氢、供氢和燃料电池重卡在钢铁运输领域的节能减排应用方面进行全面深入合作。根据协议，海易森汽车将为沙钢集团供应49 t的氢燃料电池重型卡车，首批样车预计在未来数月内交付，并将在沙钢集团位于张家港海力码头的运营基地进行为期60天的试运营，为沙钢提供从厂区到港口的物流运输服务。试运营期间，国富氢能将通过其加氢站为车辆提供氢气供应保障。

2021年11月5日 宁德时代新能源科技有限公司在贵州省贵安新区投资建设贵州新能源动力及储能电池生产制造基地一期项目，项目总投资不超过人民币70亿元；将在福建省厦门市投资建设厦门时代锂离子电池生产基地项目（一期），项目投资总额不超过80亿元。

2021年11月6日 湖北荆门京山市政府与武汉雄韬氢雄燃料电池科技有限公司就氢能车辆采购项目签署协议。根据协议，2021年京山市政府将采购90辆搭载雄韬氢雄燃料电池系统的氢能公交和环卫车辆。该项目计划投资20亿元（不含A5氢能项目），主要生产储能锂电池、通信锂电池、动力锂电池、氢燃料电池系统等，总设计产能5 GWh，预计年产值30亿元（不含氢能项目）。在同时举行的签约活动上，氢能双极板项目、湖北众氢加氢站项目、氢能车辆采购项目、湖北银行授信协议、上海华熵燃料电池系统空压机产业投资项目、锂电池PACK连接件项目、锂电池BMS系统投资项目等7个项目集中签约，总投资15亿元。

2021年11月9日 常州锂源新能源科技有限公司与STELLAR在印度尼西亚投资设立合资公司，在中苏拉威西省莫罗瓦利县莫罗瓦利工业园内投资开发建设年产10万t磷酸铁锂正极材料项目，项目总投资约为2.35亿美元（约合15.03亿元人民币）。

2021年11月9日 上汽大众投资约80亿元，在长沙工厂开工新建新能源汽车电池车间，并对现有生产线进行升级改造，满足后续MEB平台车型的生产。新建电池车间规划年产能15万套新能源电池，同时预留产能升级空间为后续新能源车型配套打下基础。电池车间完工后，长沙工厂将从2024年起逐步投产MEB平台纯电动车型，规划年产能10万辆。届时长沙工厂可实现MQB燃油车平台与MEB电动车平台产品的混线生产。

2021年11月12日 江苏国富氢能技术装备股份有限公司与张家港经济技术开发区就"国富氢能装备产业基地（三期）项目"签署协议。该项目总投资19.8亿元，用地190.8亩，总建筑面积19.8万m^2，分三期进行建设。目前一期已投产、二期在建，三期项目计划新征求用地116.2亩，总投资15亿元，其中设备投资8.2亿元，建设生产厂房9.6万m^2，用于打造全智能化年产高压氢气Ⅲ型瓶8万只及500套水电解制氢成套设备生产线，项目计划于2022年上半年开工，2023年建成投产。项目达产后，预计新增年销售约26亿元。

2021年11月12日 云南省新能源电池招商引资项目集中签约，签约落地安宁市的4个重点项目分别是：云南裕能年产40万t磷酸铁和40万t磷酸铁锂电池材料项目、云南氟磷电池氟磷新材料项目、云天化年产50万t新能源电池前驱体及配套项目、云天化年产50万t电池新材料项目。上述项目均选址安宁市工业园区草铺片区，总投资合计270亿元，预计产值可达730亿元。

2021年11月15日 江苏省盐城市人民政府与苏州宇量电池有限公司投资签署协议。根据协议，宇量电池将在盐城东台市建设宇量新能源动力电池项目，该项目计划总投资100亿元，将建设年产20 GWh的生产基地，配套40万辆新能源汽车，年可实现销售超200亿元。

2021年11月16日 天津力神电池股份有限公司在无锡锡山建设力神新能源产业基地及研发中心项目。该项目总投资112亿元，总用地面积约800亩，其中新能源产业基地项目选址于锡山区鹅湖镇，用地710亩，规划建设年产24 GWh锂离子电池。项目计划分两期建设，一期、二期分别建设12 GWh产能。项目计划于2022年启动，预计2023年底一期建设完成，全部达产后预计年销售达150亿元。研发中心项目用地约90亩，选址于锡山经济技术开发区，规划开展研发、试验、检测等创新活动，服务力神电池及其关联企业研发需求。

2021年11月16日 北京理工华创电动车技术有限公司新能源商用车电控及驱动系统研发及产业化建设项目获批。该项目位于顺义区赵全营镇兆丰产业基地，预计总投资1.99亿元，总占地面积16627.21 m^2。主要建设电动商用车关键零部件产业化顺义基地，面向北方市场生产电动商用车动力平台产品，并提供售后服务和技术支持，同时开展电动汽车前瞻性技术研究、新产品开发和测试实验，建成“理工华创顺义工厂”。项目预计2022年4月开工，2024年底建成，建成后预计年产值5亿元。

2021年11月19日 巴特瑞科技有限公司与温州瓯江口产业集聚区管委会就“大力推进电池银行及动力电池再生利用项目落地事宜”签订合作框架协议。根据框架协议，项目投资15亿元，计划用地60~100亩。

2021年11月19日 四川发展龙蟒股份有限公司与德阳—阿坝生态经济产业园区管理委员会签署《投资协议》，在德阳—阿坝生态经济产业园区建新能源材料项目。根据协议，该项目将建设磷酸铁锂20万t、磷酸铁20万t生产线，建设周期为2022年6月至2024年12月。项目分期实施：一期建设年产10万t磷酸铁锂/10万t磷酸铁生产线，2023年10月建成投产；二期建设年产10万t磷酸铁锂/10万t磷酸铁生产线，2024年12月建成投产。

2021年11月20日 中国长江三峡集团有限公司、中国第一汽车集团有限公司、东风汽车集团有限公司、武汉经济技术开发区签订协议，共同组建电池管理科技公司。该公司主要从事电池租赁、运营、电池梯次利用及回收等业务，通过持有和运营换电车辆电池资产，探索换电运营新模式，实现电池全生命周期产业价值规模化管理，未来5年累计总投资规模预计达到100亿元以上，累计营收预计可达40亿元。

2021年11月22日 清能股份子公司广东清能新能源技术有限公司万台级大功率燃料电池电堆、系统及核心零部件研发和生产基地在佛山南海区丹灶镇正式投产。**同日，**31 t燃料电池渣土车项目试运营正式启动。

2021年11月22日 内蒙古鄂尔多斯东胜区人民政府与亿利洁能股份有限公司、杭州赫日新能源科技有限公司、中博源燃料电池有限公司、北京恒信海天投资有限公司、羚牛新能源科技(上海)有限公司5家公司签订《氢能商用车生产、研发、运营和氢燃料电池技术研发、生产和应用及新能源发电项目合作框架协议书》。根据协议，鄂尔多斯市政府将通过政策扶持、产业补贴等方式，积极推进合作方成立的合资公司，在辖区内建设氢能商用车及燃料电池的研发、生产、销售一体化产业基地。同时在辖区各大物流线上进一步完善基础设施建设、加氢站建设、充换电建设等，实现氢能商用车的整体“换装”。合资公司成立后，将具备年产3万辆整车及配套发动机、燃料电池、电堆的生产能力，力争在项目投产后的5年内完成投资20亿元。预计吸引30家以上三电配套及其零部件等相关产业和科研机构投资，共同推进整车装备制造、核心零部件、氢能示范运营等产业协同发展，形成创新能力强、产业化水平高、配套设施完备、推广应用效果显著的双百亿级新能源汽车全产业链研发制造基地。

2021年11月22日 临汾经济开发区烯炭复合动力锂电池项目一期竣工投产。该项目实施主体为临汾经济开发区烯谷能源有限公司，总投资22.75亿元，分两期实施。此次投产的为一期年产5 GWh动力锂电池项目及PACK生产线、产品开发实验线及办公配套设施，投资2.27亿元，投产达效后可实现年销售收入6亿元。

2021年11月23日 深圳国氢新能源科技有限公司、国家电投广东电力有限公司等8家绿色低碳产业企业一同与龙岗区人民政府签约，投资总额超500亿元。根据相关合作协议，双方将聚焦氢能源燃料电池核心技术和关键应用，建设以PEM电解水制氢设备、燃料电池动力系统、加氢站成套装备、高压氢气管阀件等高端装备研发生产基地，开展PEM电解水制氢、加氢站基础设施建设和多场景氢能示范应用，为氢能产业的高质量持续发展打下基础，助力龙岗区打造碳达峰碳中和先行示范片区。

2021年11月24日 重庆市人民政府与吉利科技集团签署全面战略合作框架协议。**同日，**涪陵区人民政府与吉利科技集团签署合作协议。根据协议，吉利科技新能源动力电池项目落户涪陵，建设年产能12 GWh动力电池生产线及相关配套。

2021年11月25日 达拉特旗光储氢车零碳生态链示范项目开工，该项目是内蒙古自治区能源局开展2021年度风光制氢一体化示范项目中7个优选确认项目之一，项目引进单套产能1000 Nm^3/h的电解槽以及气化分离器、氢气纯化等装置系统，项目总投资39.82亿元，项目规划投入470辆氢燃料电池重卡和240辆电动重卡进行货运物流，配套建设40万kW光伏治沙电站、1座30000 Nm^3/h光伏电解水制氢加氢母站、4座加氢子站、3座电动重卡换电站及相应氢能储运设备。

2021年11月26日 内蒙古伊金霍洛旗人民政府与杭州阿雷斯氢能科技有限公司、徐州徐工新能源汽车有限公司、内蒙古新源动力氢能科技有限公司签署“新能源车辆(矿山工程机械)合作项目”协议。该项目总投资23亿元，由集兆嘉碳中和集团牵头，联合新源动力和徐工集团在伊金霍洛旗打造鄂尔多斯新能源产业战略合作项目，导入氢燃料动力制造、新能源整车装备制造、智能矿山产业及整车销售基地，达产年预计总产值约195亿元。根据协议，伊金霍洛旗人民政府将在2021年12月底前为项目方提供氢能重卡及工程机械 200 辆的产业引导订单。

2021 年 11 月 26 日 武汉市青山区首座加氢站——宝武清能白玉山加氢站正式竣工,这是中国宝武武汉基地首座集研发建设、市场培育,场景应用、科研示范为一体的三级标准化加氢站。该站日加注能力为 1000 kg,一期建设加注能力 500 kg,加注压力 35 MPa,能够为近 20 辆 49 t 氢燃料电池重卡提供加注服务,由长管拖车供应氢气;二期将建设管输供气模式,满负荷运转能够为约 70 辆氢能重卡提供加注服务。

2021 年 11 月 27 日 小米科技有限责任公司与北京经济技术开发区管委会正式签订合作协议,小米汽车正式落户北京经开区。根据协议,小米汽车将在北京经开区分两期建设累计年产量 30 万辆的整车工厂,其中一期和二期产能分别为 15 万辆,2024 年首车将在北京经开区下线并实现量产。

2021 年 11 月 29 日 成都市重大产业化项目集中签约。其中,亿纬锂能动力储能电池项目、雷丁新能源汽车总部及生产基地项目等 22 个高能级重大产业化项目集中签约,协议总金额 1009.5 亿元。按照协议,雷丁汽车雷丁新能源汽车成都龙泉驿区生产基地项目拟投资 100 亿元,在原野马乘用车生产基地基础上进行新建,规划生产雷丁汽车旗下 A00 级新车型,新能源汽车年产能规划 50 万辆;惠州亿纬锂能股份有限公司拟在蓉建设 50 GWh 磷酸铁锂电池研发生产基地和成都研究院,项目全面达产后年产值约 375 亿元。

2021 年 11 月 29 日 呼和浩特金山高新技术产业开发区与北理工机械与车辆学院签署战略合作框架协议。根据协议,双方将在内蒙古呼和浩特金山高新区建立高效低排放内燃机技术工信部重点实验室内蒙古分中心,同时建设全国性的氢能源机动车检测中心和氢能源大数据中心等。

12 月

2021 年 12 月 2 日 徐工集团重卡、阿雷斯氢能科技有限公司、新源动力股份有限公司共同与伊金霍洛旗政府签署新能源车辆合作项目投资协议。该项目投资 23 亿元,5 年分 3 期建设,占地面积 500 亩,徐工重卡及其合作伙伴将以伊金霍洛旗为核心,逐步导入新能源整车装备制造、氢燃料发动机制造和智能矿山产业三大产业,并陆续拓展至新能源产业闭环。

2021 年 12 月 4 日 宁德时代邦普一体化新能源产业项目在宜昌高新区白洋工业园开工。该项目总投资约 320 亿元,占地面积约 5500 亩,规划建设年产 36 万 t 磷酸铁、22 万 t 磷酸铁锂、18 万 t 三元前驱体及材料、4 万 t 钴酸锂、4 万 t 再生石墨和 30 万 t 电池循环利用的超大规模生产基地。项目预计 2023 年实现一期投产,2025 年全部投产,满产后能为超过 400 万辆新能源汽车配套电池正极材料。

2021 年 12 月 5 日 比亚迪新能源汽车零部件产业园项目签约。该项目位于西安高新区草堂基地和集贤园,计划总投资 150 亿元,占地约 2890 亩,总建筑面积约 130 万 m^2,主要建设电动总成工厂、电机工厂、精工中心、齿轮工厂、电控工厂、电源工厂、制动器工厂等新能源汽车核心零部件生产工厂,以及为比亚迪西安研发中心配套的高速试车跑道等,达产后将实现年产值约 700 亿元,预计 2024 年建成。

2021 年 12 月 8 日 宁德时代新能源科技股份有限公司在苏州与苏州市政府签署战略合作框架协议,与吴中区政府及吴中经开区管委会签署投资协议书。根据协议,宁德时代将在吴中区落地包括电动能效优化解决方案等在内的前沿研发项目;助推苏州能源生产清洁化和交通领域电动化。

2021 年 12 月 8 日 滁州市人民政府、天津力神电池股份有限公司、中国诚通控股集团就"滁州力神新能源产业基地建设项目"共同签署协议。该项目总投资约 152 亿元,规划建设年产 36 GWh 锂离子电池项目,将于 2022 年一季度开工建设。

2021 年 12 月 8 日 仙湖实验室;全国首座氢能进万家智慧能源示范社区;清能股份大功率燃料电池电堆、系统及核心零部件研发生产基地项目;鸿基创能燃料电池高性能膜电极产业化项目;中科嘉鸿高温甲醇燃料电池动力电源技术产业化项目;仙湖氢能科创中心;广东省质量监督氢能储运装备检验站(佛山)项目;海德利森桂丹路加氢站等 8 个项目投产投运。现场共有 10 个氢能产业项目签约:康明斯质子交换膜(PEM)电解水制氢设备研发生产基地项目,石化恩泽氢能基金合作项目,广东济平新能源科技有限公司和巴拉德动力系统有限公司(Ballard Power Systems)战略合作项目,深圳通用氢能核心材料制造项目,恒瑞高压储氢瓶研发生产项目,德迩集团压缩机项目,清极能源与盈峰中联战略合作项目,昇辉科技新能源项目,佛山悦隆氢能源综合利用及大宗气体配套项目,华南师范大学氢能产业经济研究院战略合作项目。

2021 年 12 月 8 日 深圳市拓邦锂电池有限公司与南通经开区管委会签署附生效条件的《投资协议》及《补充协议》,计划在南通成立新公司以投资建设锂电池项目,并购置已完成基础建设的原韩华新能源厂房,用于建设方形铝壳电芯,软包电芯,大圆柱电芯和 PACK 产线。根据协议,该项目总投资 50 亿元,总设计产能包括 6 GWh 电芯及 4 GWh 的 PACK 电池包。项目分三期建设,其中一期总投资 16 亿元,建设 2 GWh 电芯和 1 GWh 电池包;二期投资 17 亿元,新建 2 GWh 电芯和 1.5 GWh 电池包;三期投资 17 亿元,新增 2 GWh 电芯和 1.5 GWh 电池包。其中项目一期分两个阶段投产,第一阶段投产电芯1.3 GWh,总投资 7.5 亿元,含设备投资 2.8 亿元;第二阶段新增电芯 0.7 GWh,PACK 电池包 1 GWh。

2021 年 12 月 9 日 常州市人民政府、华能江苏能源开发有限公司、万帮数字能源股份有限公司三方签署战略合作协议。根据协议,合作期间将在常州市大力发展分布式光伏发电,在政策引导下在园区等场所全力推进分布式光伏发电系统,结合储能技术大力开展"光伏+储能"项目,积极推进"光伏+充电桩""光伏+路灯""光伏+建筑"等工程,至 2025 年实现新增光伏装机容量 160 万 kW。

2021 年 12 月 9 日 中伟新材料股份有限公司与贵州省开阳县人民政府签署《磷酸铁锂产业园一体化项目投资协议》。根据协议,中伟股份将在贵州贵阳开阳县建设年产 20 万 t 磷酸铁及磷酸铁锂材料生产线一体化项目,同时在化工园区范围内配套建设磷矿制磷酸或黄磷、磷酸一铵,另配套矿区及磷矿开采,以匹配 20 万 t 磷酸铁锂产品需求。该项目总投资约 100 亿元,占地面积约 1200 亩,分期开发,建设期为 33 个月。

2021 年 12 月 9 日 义龙新区管理委员会与贵州金科新

能源新材料有限公司签署协议。根据协议，贵州金科在义龙新区新材料园区投资新建年产 10 万 t 锂离子电池负极材料石墨化加工项目。该项目总投资约 10 亿元，总占地面积约 400 亩，分两期建设，每期约 200 亩，计划 2022 年 1 月开工，2022 年 6 月前一期建成投产，建成达产后预计年产值 20 亿元。

2021 年 12 月 10 日 湖南中科电气股份有限公司与贵州贵安新区管理委员会签订投资合作协议。根据协议，中科电气在贵州贵安新区投建年产 10 万 t 锂电池负极材料项目。建设周期 42 个月，分两个阶段建设实施，其中一期项目总投资为 17 亿元，占地约 400 亩，建设周期不超过 24 个月，建成年产 6.5 万 t 负极材料项目。二期项目总投资为8 亿元，占地约 200 亩，建设周期不超过 18 个月，建成年产 3.5 万 t 负极材料项目。

2021 年 12 月 13 日 国家电投集团贵州金元金能工贸有限公司纯电动重卡充换电站项目开工建设。该项目总投资 750 余万元，共建设 1 台充换电站及 2 台充电桩，预计12 月底投入使用，项目建成后每天可服务 200 余车次充换电需求。

2021 年 12 月 13 日 据江苏盐城射阳县自然资源和规划局公示的《盐城弗迪电池有限公司建设工程设计方案批后公告》，比亚迪将在此新建动力电池项目，主要涉及新能源电池及相关配套产业等核心产品的制造与研发，项目分两期建设，其中一期年产 15 GWh 动力电池，总投资 75 亿元，用地 647 亩，建设厂房 34 万 m^2，计划在 2022 年 5 月建成投产；二期根据市场需求增建 15 GWh。

2021 年 12 月 14 日 欣旺达电动汽车电池有限公司与山东枣庄国家高新技术产业开发区签订《项目投资协议》。根据投资协议，欣旺达汽车电池在枣庄管委会成立项目公司，负责建设“年产能 30 GWh 动力电池、储能电池枣庄项目”，本次项目总投资约 200 亿元，规划总占地面积约 1016 亩，主要建设年产能 30 GWh 动力电池、储能电池生产线及相关配套等，项目达产后预计实现年产值约 200 亿元。

2021 年 12 月 15 日 加拿大能源之星公司、内蒙古鄂尔多斯东胜区人民政府、鄂尔多斯装备制造工业园区共同签署“EPAI 一派氢能科创产业链鄂尔多斯项目”合作协议。该项目总投资 100 亿元，在鄂尔多斯建设国际院士氢能科创中心与燃料电池产业基地和风光氢能应用示范产业链项目。加拿大能源之星与六家联盟企业机构签约，联合打造氢能城市商业化综合示范项目：1）与北京城市发展研究院共同发起成立零碳城市新能源研究所；2）与国电投华夏电投智慧（北京）能源有限公司签署“绿电绿氢重卡一体化项目”；3）与中工际华重工签署世界最大级载重量 150 t 氢能无人驾驶矿卡研发项目；4）与上海汇圈信息科技签订上海与鄂尔多斯氢能数字港平台项目；5）与内蒙古草都草牧业股份签订全球首台氢能畜牧物流车开发项目；6）与上海瀚氢动力签订氢能重卡零部件生产项目。根据协议，三方达成了在“十四五”期间打造“百站、千亿、万辆”的氢能产业集群的目标，政企合作推动鄂尔多斯及东胜区氢能发展及相关产业链构建。同时，加拿大能源之星获得目前针对单一企业全球最大的政府产业订单，2022 年底前政府引导推广在鄂尔多斯完成 1000 辆燃料电池车辆采购（其中 800 辆为氢燃料电池重卡，200 辆氢能公共交通车辆）。

2021 年 12 月 15 日 重庆市人民政府与理想汽车签署战略合作框架协议。根据框架协议，理想汽车将加大在渝投资布局力度，持续深化与重庆战略合作；重庆市人民政府希望理想聚焦汽车领域科技创新和产业创新，在渝打造新能源汽车、智能网联汽车产业发展生态。

2021 年 12 月 16 日 中国汽车工程研究院股份有限公司与常熟市高新技术开发区就“氢能测评技术创新中心项目”签署协议。根据协议，双方合作投资 2.5 亿元，共同打造华东地区氢燃料电池车辆研发检测基地与创新中心。该项目将打造包含材料级、零部件级、系统级和整车级全套的氢能研发测试及检测认证能力，开展标准规范制订、行业共性技术研究以及第三方测试服务，构建华东地区氢能产业发展和共性技术推广公共服务平台。

2021 年 12 月 16 日 苏州治臻新能源装备有限公司与常熟市高新技术开发区就“治臻新一代氢燃料电池金属双极板项目”签署协议。该项目总投资 5 亿元，将采用全自动智能化生产线建设新一代氢燃料电池金属双极板生产线，达产后将具备年产金属双极板 1200 万片的产能，新项目预计于 2022 年底竣工投产，全部建成达产后销售额可达每年10 亿元。

2021 年 12 月 17 日 三峡能源、三峡资本与安徽省阜阳市人民政府、北京中科海钠科技有限责任公司就“全球首条钠离子电池规模化量产线落户安徽省阜阳市事宜”达成合作意向并签订协议。根据协议，各方将依托阜阳市区位、新兴制造业和新能源产业多重优势，发挥三峡集团清洁能源行业引领、产业协同、科技创新带动能力，凭借中科海钠技术优势，率先在阜阳市打造全球首条钠离子电池 1 GWh 规模化量产线，于 2022 年正式投产。后续将共同努力推动建设不少于 30 GWh 全球先进钠离子规模量产线。

2021 年 12 月 18 日 奇瑞汽车在鄂尔多斯投资建设的首台新能源重卡（矿卡）在鄂尔多斯装备制造工业园区下线。奇瑞商用车在鄂尔多斯新能源矿卡项目规划总投资 8.5 亿元，内蒙古赢丰公司厂房面积 2.3 万 m^2，一期建成后可达年产 5000 辆新能源重型货车和专用车的生产能力，预计年产值超 40 亿元。

2021 年 12 月 19 日 宁德时代新能源科技有限公司新型锂离子电池项目在厦门开工。时代新型锂离子电池项目（一期）位于火炬高新区同翔高新城洪塘北片区地块，总投资 70 亿元，总建筑面积约 71 万 m^2，建设新型锂离子电池动力电池生产基地。

2021 年 12 月 19 日 江苏鼎胜新能源材料股份有限公司全资子公司五星铝业与宁德时代新能源科技有限公司签订框架性《合作协议》。根据协议，在 2021 年 11 月 1 日至 2025 年 12 月 31 日期间，鼎胜新材及子公司五星铝业承诺向宁德时代供应动力电池铝箔，最低供货量合计为 51.2 万 t，最终供应量及价格按照双方后续具体订单为准。

2021 年 12 月 21 日 宁德时代新能源科技有限公司福鼎时代锂离子电池生产基地一期项目 2 号厂房投产、4 号厂房动工。该基地位于福鼎市前岐镇，规划产能 120 GWh，产值超千亿元。其中一期项目总投资 170 亿元，产能 60 GWh，投产后产值约 500 亿元。

2021 年 12 月 22 日 宁波拓普集团股份有限公司与重庆市沙坪坝区人民政府签署《拓普新能源汽车轻量化底盘系统暨内饰隔音件系统生产基地项目合作协议书》。根据协议,拓普集团拟在重庆市沙坪坝区投资 15 亿元,分期建设新能源汽车各产品线生产基地。

2021 年 12 月 22 日 济南高新区管委会与比亚迪股份动力电池签署新能源动力电池项目二期项目协议。新能源动力电池项目产能约为 30 GWh,分两期建设,其中一期产能为 15 GWh,项目二期规划建设 8 条动力电池生产线,年产能 15 GWh。

2021 年 12 月 22 日 北京地平线机器人技术研发有限公司(Horizon Robotics)与深圳佑驾创新科技有限公司(MINIEYE)达成战略合作,双方将共同打造领先的智能驾驶产品,在乘用车与商用车双领域加速 ADAS 方案的商业化落地,提升汽车出行的安全性及运输效率。

2021 年 12 月 24 日 宁德时代新能源科技股份有限公司与贵州省人民政府在贵阳市就"合作建设换电网络推动贵州新能源产业发展"签署协议。根据协议,双方将在新能源汽车换电网络设施建设、促进新能源汽车换电能力提升、推动新能源产业高质量发展等方面深入合作,共同构建贵州新能源市场和产业双高地。

2021 年 12 月 24 日 宁德时代贵州新能源动力及储能电池生产制造基地项目在贵安新区主会场举行集中开工;贵州磷化集团与宁德时代电池产业合作项目在开阳、息烽、福泉基地同步开工。此次集中开工新能源电池、电池材料及电池回收等 5 个项目,总投资约 160 亿元。其中,宁德时代贵州新能源动力及储能电池生产制造基地项目位于贵安新区贵安大道交百马大道处,总用地面积约 1435 亩,规划建设年产 60 GWh,项目一期用地约 885 亩,设计年产能 30 GWh,建设周期为 18 个月,总投资约 70 亿元。

2021 年 12 月 24 日 苏州就是能源科技有限公司与常熟市高新技术开发区就"燃料电池自动化生产及测试设备项目"签署协议。就是能源计划在高新区投资 2 亿元,建设 3 万 m^2 研发与制造总部基地,助力高新区氢能产业技术迭代升级。

2021 年 12 月 29 日 全国港口首个氢燃料电池汽车充装示范运营项目——山东港口青岛港前湾港区加氢站建设项目启动。该加氢站是山东港口青岛港在前湾港区和董家口港区规划布局建设的加氢站之一,设计日加氢能力 1000 kg。工程分两期建设,一期加氢站占地面积约 4000 m^2,主要包括压缩机 1 台,储氢瓶组 1 套,加氢机 1 台,卸车柱 2 套,冷水机组 1 套,站房 1 座,罩棚 1 座,计划 2022 年完成一期日加氢能力 500 kg 加氢站的建设。

2021 年 12 月 30 日 宁德时代新能源科技股份有限公司与宜宾三江新区管委会在成都签署《四川时代七至十期项目投资协议》。根据协议,宁德时代将在原有六期项目基础上进一步完善产能布局,通过全资子公司四川时代新能源科技有限公司,在宜宾三江新区投资建设动力电池宜宾制造基地七至十期项目,项目总投资不超过 240 亿元。

2021 年 12 月 31 日 青岛市人民政府与潍柴集团签署战略合作备忘录,并就潍柴动力全球未来科技研发中心、潍柴动力(青岛)科技孵化中心、潍柴(青岛)海洋装备制造中心等项目签订一揽子战略合作协议。根据合作备忘录和战略合作协议,潍柴将在青岛建设全球未来科技研发中心和科技孵化中心,落地新能源关键零部件等项目,在产业集群内预计总投资额超过 50 亿元。在新能源领域,双方将重点探索燃料电池自卸车、港口牵引车、公交车、物流车、环卫车等推广应用场景。

二、2021 年合资合作

1 月

2021 年 1 月 4 日 北京四维图新科技股份有限公司与赢彻科技(上海)有限公司达成《前装量产定点合作协议》。根据协议,四维图新将为赢彻科技 2021 年底量产的自动驾驶商用车项目,提供 L3 级自动驾驶的高精度地图"数据+引擎"产品服务。

2021 年 1 月 5 日 广州汽车集团股份有限公司与珠江投资管理集团有限公司、广东元知科技集团有限公司就"智能汽车"等项目签约。智能汽车项目将以广汽蔚来新能源汽车科技有限公司为载体,增资扩股引入新伙伴实现跨产业合作。该项目首期合作预计投入 30 亿元,后续投资将超过 100 亿元。双方将整合广汽集团在整车研发、智能制造方面资源,借助元知科技集团在 AI 技术、车路协同、物联网、智能驾驶、智能网联、智能制造及大数据应用等领域创新应用优势,面向 Z 世代用户打造新一代智能汽车。项目还将结合新零售模式的示范运营经验,建设 EDG 充电服务中心等。

2021 年 1 月 7 日 四川省能源投资集团有限责任公司与锋源新创科技(北京)有限公司签署战略合作框架协议。根据协议,双方将共同组建合资公司,开发和生产燃料电池电堆、核心零部件及燃料电池动力系统等。双方将就基础设施网络、氢能落地场景车站联动等领域开展合作,共同降低氢燃料电池汽车制造生产及运营成本,形成氢能产业链配套资源,优化氢燃料电池汽车的生产和使用成本。

2021 年 1 月 11 日 郑州比克新能源汽车有限公司与广西极度时代物联网科技有限公司签署战略合作协议。根据协议,双方就新能源汽车市场研究与研发等领域展开合作,将实现产品、内容、服务等业务全方位融合。

2021 年 1 月 13 日 浙江吉利控股集团有限公司与富士康科技集团共同签署战略合作协议。根据协议,双方将成立合资公司,为全球汽车及出行企业提供代工生产及定制顾问服务,包括但不限于汽车整车或零部件、智能控制系统、汽车生态系统和电动车全产业链全流程等。

2021 年 1 月 15 日 现代汽车集团与广州市广州开发区政府签订投资协议,在广州市广州开发区成立现代汽车氢燃料电池系统(广州)有限公司,新工厂将于 2021 年 2 月底奠基,计划于 2022 年下半年投入批量化生产,初期规划年产能 6500 套,该工厂将主要生产搭载在现代氢燃料电池车 NEXO

上的氢燃料电池系统，可视中国政策和市场情况持续扩大供应能力。这是现代汽车集团在全球建立的首个海外氢燃料电池生产基地。

2021 年 1 月 15 日　郴州经济开发区与深圳市创芯技术有限公司就“氢燃料电池核心部件及工业电源研发生产基地项目”签署协议。该项目是由深圳市创芯技术有限公司和深圳市福瑞电气有限公司投资建设，项目计划总投资 5 亿元，分两期建设，可实现年产值 1.5 亿元以上。

2021 年 1 月 18 日　孚能科技(赣州)股份有限公司与华晨新日新能源汽车有限公司签署战略合作协议。根据协议，双方将力争在 2021—2023 年实现动力电池采购总电量超过 5 GWh 的目标，将共同开发新能源汽车动力电池及电动两轮车电池。孚能科技借助新能源汽车及电动两轮车配套经验为江苏新日提供在研项目，包括乘用车、物流等的服务。在同等条件下，江苏新日在新能源汽车等产品上优先使用孚能科技动力电池。

2021 年 1 月 18 日　蜂巢能源科技有限公司与浙江华友钴业股份有限公司在浙江桐乡华友总部签署战略合作协议。根据协议，双方将在锂电新能源电池循环回收、减少碳排放方面展开合作，提升供应链竞争力。

2021 年 1 月 19 日　吉利汽车集团与腾讯在杭州签署战略合作协议，围绕智能座舱、自动驾驶、低碳发展等领域展开战略合作。根据协议，腾讯将帮助吉利完成“用户全生命周期”数字化升级，打通产品研发、制造、营销、使用、用户运营、售后服务等全产业链数字化闭环；双方将共同推进汽车全产业链的低碳发展，探索共建“碳中和”开放平台；双方将共同打造下一代智能座舱，融合吉利、腾讯两大生态打通手机端和汽车端服务场景；双方将展开自动驾驶虚拟仿真及云平台方面合作，加速自动驾驶产品研发及应用验证，并推动相关标准和法规的完善。

2021 年 1 月 19 日　浙江亚太机电股份有限公司与黑芝麻智能科技(上海)有限公司签署战略与项目合作协议。根据协议，双方将围绕自动驾驶、ADAS、汽车感知等领域展开深入合作，共同拓展 ADAS 及自动驾驶市场。

2021 年 1 月 19 日　茂名高新区与辽宁石油化工大学就“产学研合作项目”签署协议，双方合作将围绕“石油化工、油气储运、氢能源汽车及燃料电池”等方面开展研究工作，并围绕茂名高新区企业技术难题，开展重点技术攻关，提升高新区企业核心竞争力，通过产学研合作促进科技成果转化和产业化。

2021 年 1 月 19 日　黑芝麻智能科技有限公司(自动驾驶计算平台领导者)与浙江亚太机电股份有限公司(亚太股份)在杭州签署战略合作及产品研发协议。根据协议，黑芝麻智能与亚太股份将共同研发包括车规级智能驾驶系统、自动驾驶与 ADAS 等方案。基于黑芝麻智能华山二号 A1000L 芯片的强大算力，以及 FAD 全自动驾驶计算平台完整的软件算法开发工具链支持，亚太股份结合自身在汽车底盘零部件与整车制动系统领域的深厚技术积累与量产落地经验，联合黑芝麻智能共同打通“感知-决策-控制”全栈技术通路，加速推进智能驾驶量产方案的平台化技术研发。

2021 年 1 月 20 日　中国重型汽车集团有限公司与新特汽车签署战略合作协议。双方合作首款产品(全新 DEV 系列产品)将在 2021 年二季度正式上市，是一款高性价比的纯电智能汽车，续航将达到 400 km。

2021 年 1 月 21 日　深圳安鼎新能源技术开发有限公司与三门峡市投资集团有限公司、宁波致云股权投资基金管理有限公司、三门峡百姓汽车科技有限公司共同签署《三门峡百姓新能源汽车投资合伙企业(有限合伙)之合伙协议》。根据协议，各方共同投资设立三门峡百姓新能源汽车投资合伙企业(有限合伙)，合伙企业将投资三门峡地区新能源汽车企业。

2021 年 1 月 27 日　洪桥集团有限公司与浙江新吉奥新能源汽车有限公司(新吉奥)订立一份无法律约束力的战略合作协议。根据协议，新吉奥为采购洪桥集团的锂离子动力电池，将跟洪桥集团技术团队作出技术对接，制定专用电池模组。产品技术对接完成后，新吉奥每年提出需求计划并在同等优先的前提下向洪桥集团采购。

2021 年 1 月 27 日　上海机动车检测认证技术研究中心有限公司与青岛硕索福特科技有限公司在上海签署战略合作协议。根据协议，双方将在智能网联汽车的功能安全软件测试、车载软件测评和信息安全等业务领域，共同助力产业健康发展。

2021 年 1 月 28 日　上海氢枫能源技术有限公司与河南金马能源股份有限公司签署协议，双方将共同设立合资公司，合资公司将为全河南乃至周边城市提供氢气供应服务。氢能重卡示范项目方面，氢枫能源将全面打通产业链上“制、储、运、加”各个环节，并针对“车、站、气、用”的各项业务全面落地，计划于 2021 年上半年完成首批数十辆氢能重卡的采购，到 2021 年下半年，氢枫能源将联合河南金马逐步完成 500 辆氢能重卡的布局。

2021 年 1 月 31 日　三一集团有限公司与上海重塑能源科技有限公司就“燃料电池工程车辆开发项目”正式签约，双方将对氢燃料电池技术在工程车辆的应用进行联合开发，通过资源整合及深层次技术协作，积极探索推动氢燃料绿色能源的市场化应用。

2月

2021 年 2 月 1 日　航天氢能(上海)科技有限公司与上海岚泽能源科技有限公司签署战略合作协议。根据协议，双方将响应国家氢能发展战略，深入开展氢能产业战略合作。

2021 年 2 月 2 日　蔚来汽车与红星美凯龙签署深化战略合作框架协议，根据协议，蔚来汽车 2021 年将在全国范围内共建 60 座充换电站，红星美凯龙将在场地建站到上线运营给予蔚来汽车支持。

2021 年 2 月 3 日　自由(深圳)新能源科技有限公司与河南森源集团有限公司、北京新鼎荣盛资本管理有限公司就“新能源汽车项目”签约合作，并于当天推出新能源汽车品牌——自由汽车。

2021 年 2 月 3 日　亿纬动力香港有限公司投资设立全资子公司惠州亿纬动力电池有限公司，惠州亿纬动力主要经营电池制造，电池销售，新材料技术研发，新能源汽车废旧动力蓄电池回收，新能源汽车电附件销售，新能源汽车换电设施销售,蓄电池租赁等。

2021 年 2 月 8 日 长城汽车股份有限公司与北京地平线机器人技术研发有限公司签署战略合作框架协议。双方将以高级辅助驾驶(ADAS)、高级别自动驾驶、智能座舱方向为重点,共同探索汽车智能科技,开发智能汽车产品,快速布局自动驾驶、智能网联等智能化核心技术,加速智能汽车研发与量产落地。根据协议,在研发合作层面,双方将在高级辅助驾驶 ADAS、自动驾驶、智能座舱多模态交互、软件定义汽车等方面进行重点合作;在产品合作层面,地平线基于长城汽车需求,开放由"芯片+算法+工具链"构成的智能汽车基础技术平台,满足长城汽车对于智能网联汽车制造的多元化需求。

2021 年 2 月 9 日 宁德时代新能源科技股份有限公司及全资子公司宁波梅山保税港区问鼎投资有限公司与青岛上汽创新升级产业股权投资基金合伙企业(有限合伙)、珠海普曼物流产业股权投资合伙企业(有限合伙)、宁德市交通投资集团有限公司、上海上汽恒旭投资管理有限公司共同出资设立"福建时代闽东新能源产业股权投资合伙企业(有限合伙)",福建时代专项投资布局锂离子电池及材料、智能制造、储能、智能驾驶、可再生能源、新能源汽车、信息技术等领域。

2021 年 2 月 9 日 上海重塑能源集团股份有限公司、佛燃能源集团股份有限公司、江苏国富氢能技术装备股份有限公司、广东泰极动力科技有限公司四方签署《液氢储氢加氢站项目框架合作协议》。根据协议,各方将发挥各自在液氢制-储-运-加-用方面的优势,推动建设不少于三座液氢储氢型加注站;面向大功率、长续驶里程的所有燃料电池汽车车型,提供大流量快速加氢服务,日加氢量最高可达 2000 kg/天;开展自主液氢与深冷高压技术和装备的开发,加快推动中国高密度高效率的液氢储运加注技术进步。

2021 年 2 月 10 日 上海汽车集团股份有限公司乘用车公司与地平线集团(Horizon Robotics)签署战略合作框架协议。根据协议,双方将共同开发智能化、网联化汽车产品。上汽乘用车将为智能网联技术研发提供业务场景和大数据,地平线将发挥"芯片+算法+工具链"核心技术能力,以高级辅助驾驶(ADAS)、自动驾驶、智能座舱多模态交互为重点,联合打造可持续进化的智能汽车。

2021 年 2 月 24 日 沃尔沃汽车和吉利汽车将动力总成业务合并成立新公司,重点开发新一代双电机混动系统和高效内燃发动机;在自动驾驶前沿技术领域,共同开发使用下一代纯电专属模块化架构;共同开发高度自动驾驶解决方案。

3 月

2021 年 3 月 2 日 华人运通与中科创达软件股份有限公司正式签署合作协议。根据协议,双方将成立合资公司,专注汽车智能系统及软件开发,打造智能汽车操作系统。

2021 年 3 月 2 日 比亚迪与北京地平线机器人技术研发有限公司签署战略合作协议。根据协议,依托比亚迪智能化技术积淀和深度的垂直整合能力,与地平线领先的汽车智能芯片及算法能力,双方共同推进科技研发层面的纵深探索,加速攻坚和布局智能驾驶前沿技术,加速智能汽车的研发与量产落地。

2021 年 3 月 4 日 国电投河南新能源有限公司、河南中平云能新能源科技有限公司、康明斯(中国)投资有限公司签订合作备忘录。根据备忘录,河南新能源将与中平云能、康明斯公司在燃料电池、氢能产业布局等领域深化战略合作。

2021 年 3 月 8 日 华达汽车科技股份有限公司控股子公司江苏恒义汽配制造有限公司与吴江市新申铝业科技发展有限公司成立合资公司,双方将在江苏省溧阳市中关村产业园共同投资建设新能源汽车电池托盘高性能镁合金应用及本地化生产项目。该项目总投资不超过 3.63 亿元,项目分两期建设,一期项目将形成铝型材挤压 3 万 t 产能,电池托盘总成 50 万只产能。

2021 年 3 月 9 日 重庆小康工业集团股份有限公司与华为终端有限公司在深圳签署合作备忘录,双方就新能源汽车领域的合作进行了探讨。根据备忘录,双方将深化推动新能源汽车领域合作,共同打造高性能、智能化移动出行解决方案。

2021 年 3 月 11 日 宁德时代新能源科技股份有限公司与国家电力投资集团有限公司签署战略合作协议。根据协议,双方将加强品牌、市场、技术与产品合作,探索商业合作模式,共同提升可持续发展和创新能力。同日,宁德时代与国家电投智慧能源公司签署落地协议。

2021 年 3 月 12 日 Nexperia(安世半导体)与联合汽车电子有限公司在功率半导体氮化镓(GaN)领域展开合作,以满足未来对新能源汽车电源系统不断提升的技术需求。安世半导体有意愿加大投资,与联合汽车电子共同打造基于 GaN 工艺的联合实验室,推动 GaN 工艺技术在中国市场应用。

2021 年 3 月 12 日 上海机动车检测认证技术研究中心有限公司与上海申沃客车有限公司在上海签署战略合作协议,双方将将重点聚焦燃料电池汽车推广、智能网联汽车等领域,以检测及认证服务为依托加强合作。

2021 年 3 月 15 日 恒大汽车与北京梧桐车联科技有限责任公司签署协议,共同设立合资公司。双方将发挥各自在新能源汽车研发制造、人工智能、大数据、云计算、出行生态等领域优势,共同打造智能汽车生态圈。

2021 年 3 月 16 日 宜宾天原集团股份有限公司与宁德时代新能源科技股份有限公司、宜宾锂宝新材料有限公司三方共同签订《全面战略合作协议(2021 年—2030 年)》。根据协议,三方将共同推动宜宾作为全国重要锂电池生产基地的产业高质量发展。宁德时代在市场公允价格同等条件下,约定未来十年(2021 年—2030 年)优先采购宜宾锂宝生产的正极材料产品不少于 20 万 t,且 2021 年不少于 1.5 万 t,2022 年不少于 2.5 万 t。具体合作内容及方式以双方签署的正式供货协议为准。

2021 年 3 月 22 日 深圳市德方纳米科技股份有限公司与惠州亿纬锂能股份有限公司签署《合资经营协议》,根据协议书,双方将合作设立合资公司,合资公司专注于生产低成本优质磷酸铁锂,并优先向亿纬锂能及其关联方供应。合资公司项目计划投资总额为 20 亿元,年产能 10 万 t。

2021 年 3 月 23 日 浙江亿咖通科技有限公司与沃尔沃汽车成立合资公司,双方将联合开发适用全球市场的新一代车载智能操作系统。亿咖通科技与沃尔沃汽车已经针对在中国市场使用 ECARX Automotive Service 协同产品与服务，并适配 ECARX 硬件系统的方案展开研究。

2021 年 3 月 23 日 吉利汽车与吉利控股订立框架协议。根据协议，双方将成立极氪合资公司，极氪公司将在中国从事研发、采购及销售包括极氪品牌智能纯电动汽车在内的电动出行相关产品。极氪公司将整合各类资产和技术，包括但不限于电动车车型技术、三电技术等。

2021 年 3 月 25 日 海尔集团和上汽集团签署战略合作协议。根据协议，双方将在汽车轻量化新技术新材料研发与应用、智能驾驶在智慧物流等场景的应用等方面合作，并打造具有差异化竞争力的智能驾驶科技公司。

2021 年 3 月 26 日 青岛华通智能科技研究院有限公司（隶属华通集团）与北京四维图新科技股份有限公司、中质智通检测技术有限公司（国家智能商用车质量监督检验中心）、吉林大学青岛汽车研究院、杭州煜韬资产管理合伙企业签订合作协议，五方将合作推动建设青岛市智能网联汽车测试管理平台。根据协议，合作各方将以华通智研院运营的青岛市汽车工业互联网公共服务平台为基础，将智能网联汽车道路测试及成立质量监督检验中心需要的资质、资金、技术和管理经验融入其中，使该平台具备智能网联汽车道路测试及智能网联汽车质量监督检验中心的资质和能力。

2021 年 3 月 27 日 安徽江淮汽车集团股份有限公司与蔚来控股有限公司签约成立江来先进制造技术（安徽）有限公司。江来制造是一家提供整车及零部件先进制造技术、运营管理的企业，将为客户提供智能制造与技术服务解决方案，并在新能源整车制造、服务模式、管理机制等方面做出创新和探索。

2021 年 3 月 29 日 长城汽车股份有限公司与中国质量认证中心就“碳中和认证评测”签署战略合作协议。**同日**，长城控股未势能源科技有限公司与同济大学、氢能与燃料电池技术服务联合研究院签署战略合作协议。

2021 年 3 月 29 日 北京亿华通科技股份有限公司和丰田汽车公司在中国正式成立推进商用车燃料电池系统事业的合资公司－华丰燃料电池有限公司（以下简称 FCTS），FCTS 将生产、销售联合燃料电池系统研发（北京）有限公司（以下简称 FCRD）开发的燃料电池系统。FCTS 的首款产品将基于丰田氢燃料电池车 MIRAI 的燃料电池系统，在 FCRD 提升输出功率以适用于商用车，并计划于 2021 年年内投入中国市场。FCTS 将于 2023 年在北京经济技术开发区正式投产燃料电池系统及电堆

2021 年 3 月 30 日 德燃（浙江）动力科技有限公司与国家电投集团氢能科技发展有限公司签署合作协议。根据协议，双方将开展全方位深入合作，形成燃料电池汽车业务全产业链的强竞争力，实现各应用场景布局。

2021 年 3 月 30 日 长城汽车股份有限公司与蘑菇车联信息科技有限公司签署战略合作协议。根据协议，双方将在智能驾驶、车路协同、智慧交通等领域展开深度合作，推动车路云一体化的系统级方案在多个场景实现商业化落地。

2021 年 3 月 30 日 上海保隆汽车科技股份有限公司与南京楚航科技有限公司签署合资合同，整合双方 ADAS（高级驾驶辅助系统）毫米波雷达领域的研发和制造资源，成立合资公司，新合资公司着力拓展 77 GHz 毫米波雷达细分领域业务，研发和生产商用车和乘用车 ADAS 77 GHz 毫米波雷达。

2021 年 3 月 31 日 协鑫能源科技股份有限公司与上海中金资本投资有限公司（中金资本）发起的“中金协鑫碳中和产业投资基金”正式设立，基金主要投向充换电网络、网约车出行平台、智能车辆管理平台、电池资产管理、电池梯次利用等优质项目。

4 月

2021 年 4 月 2 日 上海机动车检测认证技术研究中心有限公司与上汽通用五菱汽车股份有限公司签署战略合作协议，双方为上海汽检柳州试验部揭牌，将在共建联合试验室、法规认证、标准研究等多个方面，以多种形式开展合作，探索形成可持续发展的新模式。

2021 年 4 月 5 日 东风汽车集团股份有限公司乘用车公司与奥动新能源汽车科技有限公司签署战略合作协议，双方将围绕换电模式展开合作。根据合作规划，双方首款合作换电车型——东风风神 E70 将于 2021 年 6 月完成首批量产，双方还将就“营运车市场换电模式推广、车电分离模式推行”等展开合作。

2021 年 4 月 6 日 长安汽车与京四维图新科技股份有限公司签署战略合作框架协议。根据协议，双方将基于四维图新现有先进产品技术共建联合创新中心，围绕自动驾驶，在公共道路、地下停车场等高精度地图服务方面开展合作；并向长安汽车开放 AR 导航、AR-HUD 算法、车道级导航、导航 HMI 渲染领域的核心技术。双方共同研究及开发自动驾驶地图技术和产品，共同拓展 L4 级及以上自动驾驶商业模式创新。

2021 年 4 月 8 日 上汽集团和腾讯就“上汽集团－腾讯网络安全战略合作”签约。双方将通过组建网络安全联合实验室，围绕智能网联汽车网络安全标准规范、攻防技术、安全研发、安全运营等领域开展深度合作。**同日**，上汽－腾讯网络安全联合实验室正式成立。

2021 年 4 月 9 日 东莞发展控股股份有限公司与深圳蔚来能源有限公司签订《战略合作框架协议》，框架协议有效期为 6 年，双方将合作共建充换电设施。根据协议，东莞控股将协调其参与投资建设或规划建设的充电站权属方，向蔚来提供充电站场地及电力资源让其用于建设换电站。首期双方意向在莞深高速黄江服务区等站点建设 5 座换电站，后续根据业务发展需要决定其他合作建设的换电站。双方还将在新能源业务领域开展电动汽车、新能源发电、电动储能、电池梯次利用、电能交易等多方面合作。

2021 年 4 月 9 日 福田智蓝新能源汽车有限公司与东航实业集团有限公司、上海民航华东凯亚系统集成有限公司、中国民航大学签署战略合作框架协议。根据协议，福田汽车与东航实业等合作方将加强技术联袂，实现深层次创新合作，包括民航机场新能源专用车辆、专用设备以及车联网技术的联合设计开发等。

2021 年 4 月 10 日 海马汽车与北京航天试验技术研究所签署《战略合作协议》，根据协议，双方将在氢气制造、存储、运输和加注等领域开展战略合作。该项目主要由制氢设

备、多级氢气增压设备、储氢设备、70 MPa 高压加氢设备等构成，并兼顾未来扩展升级要求。根据下一步规划，海马汽车海口基地后续将配套建设一座光伏发电站，结合新研发的海马第三代氢燃料电池汽车，实现"太阳能发电→电解水制氢→氢能汽车用氢"的零碳排放循环。至"十四五"期末，海马汽车规划利用自有资金和社会资本，牵头在海南省建设五座大型加氢站。

2021 年 4 月 12 日 苏州领湃新能源科技有限公司与天目湖先进储能技术研究院有限公司就"320 Wh/kg 高能量密度新体系电芯"达成合作协议，根据协议，双方将在下一代高安全、高能量密度锂离子电池开发项目上展开协同合作，共同推进锂电技术迭代升级。

2021 年 4 月 12 日 极狐汽车与广汇汽车服务集团股份公司签署《战略合作框架协议》，双方将围绕 ARCFOX 极狐汽车销售及售后服务等，共同为 ARCFOX 极狐汽车用户提供高效和优质服务。双方将探讨构建出行、充电、网联等场景服务体系。

2021 年 4 月 13 日 国机智骏汽车有限公司与奥动新能源汽车科技有限公司签署战略合作协议，双方达成换电车型开发合作，共同推广换电模式。

2021 年 4 月 13 日 蔚来汽车与中国石油化工集团公司签订战略合作协议。根据协议，双方将共建充换电基础设施，并在新材料及智能电动汽车、电池租用服务（BaaS）、车辆采购等方面展开合作。

2021 年 4 月 15 日 中国石油化工集团有限公司与奥动新能源汽车科技有限公司签署战略合作协议。根据协议，双方将在全国范围内围绕换电站建设运营等方面展开合作，加速全国换电网络布局，打造"油、气、氢、电"多元综合能源服务平台。双方规划至 2025 年，全国换电站达到 5000 座，打造 100 个城市级换电服务网络，用 20 s 极速换电给用户提供高效服务体验。

2021 年 4 月 15 日 招商局港口集团股份有限公司与深圳市氢蓝时代动力科技有限公司在全球氢能产业发展、氢燃料重型车综合优势、全产业链合作、氢能创新示范港口建设等方面达成战略共识，招商局港口集团将以港口集团氢能示范运营为起点，与氢蓝时代开展全方位多维度战略合作。

2021 年 4 月 16 日 上汽依维柯红岩商用车有限公司与银隆新能源股份有限公司在河北武安市签署《上汽红岩 2000 台钛酸锂纯电动重卡战略合作协议》。**同日，**上汽红岩首批纯电动牵引车，正式批量交付河北邯郸安霖多式联运有限公司。

2021 年 4 月 16 日 小鹏汽车与汽车经销商中升集团控股有限公司建立长期战略合作伙伴关系。根据此次战略合作，小鹏汽车将通过中升集团销售和服务网络以及服务中国中高端汽车用户的经验，为消费者提供智能电动汽车产品和服务。中升集团将投资并运营小鹏汽车品牌授权销售和服务店，以提供智能电动车销售和服务。相关销售和服务设施将于 2021 年内在中国的一线城市和高潜力城市中首次推出。

2021 年 4 月 19 日 上海重塑能源集团股份有限公司与舍弗勒集团签署战略合作协议。根据协议，双方将在燃料电池关键技术领域展开合作，助力燃料电池技术在全球更大规模商业化应用。

2021 年 4 月 19 日 安徽江淮汽车集团股份有限公司与北京地平线机器人技术研发有限公司在上海签署战略框架协议，双方在汽车智能驾驶、智能网联、人工智能领域推动深层合作。根据协议：研发合作方面，双方将在高级辅助驾驶 ADAS 和自动驾驶等方面为重点进行合作，包括新能源、传统能源或其他定制化的乘用车及商用车产品；产品合作方面，地平线按照江淮汽车需求，提供"芯片+算法+工具链"的整体智能汽车方案，包括智能驾驶处理器、自动驾驶计算平台等整体解决方案，满足江淮汽车对于智能网联汽车制造的多元化需求。

2021 年 4 月 20 日 北京四维图新科技股份有限公司与华夏出行有限公司签署战略合作协议，双方将在新能源共享出行智能充电服务领域及智能出行领域建立全面合作。根据协议，华夏出行与四维图新将通过充电新技术合作，共同开拓分时租赁、长租车、物流车充电业务，推进聚合充电运营服务商资源、定制搭建充电服务平台，满足用户充电桩扫码启停、充电费用支付等充电服务需求，联合打造"车桩电生态营销模式"。双方还将共同提升新能源共享汽车充电效率。

2021 年 4 月 20 日 爱驰汽车与蓝谷智慧（北京）能源科技有限公司签订战略合作协议，双方就换电车型开发、换电技术研发、换电站设备生产与销售等业务展开合作。爱驰汽车与蓝谷智慧能源将在三年内共同投放车辆不少于 20000 辆，实现对超 17 个城市的覆盖，并建成换电站不低于 200 座，形成规模化换电服务网络建设。

2021 年 4 月 20 日 小马智行卡车事业部与采埃孚商用车控制系统事业部签署合作谅解备忘录。根据合作谅解备忘录框架，小马智行将与采埃孚在商用车自动驾驶软硬件技术、商用车自动驾驶解决方案、针对终端物流公司的智慧物流解决方案等多个层面进行合作，最终形成一个在多种应用场景下适用于中国及国际市场的自动驾驶方案和物流运输服务方案。

2021 年 4 月 21 日 千寻位置与宝马集团达成合作。千寻位置将基于"星地一体"高精度时空网络，为宝马最新自动驾驶车辆提供 Find AUTO Client 定位引擎服务和 Find AUTO Service 高精度改正数服务，帮助车辆实现高精度定位。

2021 年 4 月 21 日 上海交通大学智能网联电动汽车创新中心与合创智慧科技有限公司、元知科技集团三方签署合作协议。根据协议，三方将共建"智能网联汽车联合研发中心"，建立"研究创新"和"人才培养"的合作平台，并在此基础上将其打造成为智能网联汽车领域中关键共性技术成果转化的重要载体和产学研联合创新高地。未来，在上海交大元知机器人研究院及智能网联汽车联合研发中心持续赋能下，合创智能汽车在无人驾驶领域、智能制造以及工业 4.0 等方面将实现快速突破。

2021 年 4 月 22 日 北京地平线机器人技术研发有限公司与上海韦尔半导体股份有限公司签署战略合作协议，双方计划在智能驾驶领域展开战略合作，在多家头部主机厂落地基于征程 2 的 Horizon Matrix Mono 辅助驾驶解决方案。

2021 年 4 月 23 日 安徽明天氢能科技股份有限公司与中国石化销售股份有限公司安徽石油分公司签署战略合作

协议。根据协议,双方将在氢气制取,运输、加氢站建设运营领域开展项目协同与合作,并将持续完善氢能与燃料电池产业链的搭建。

2021 年 4 月 25 日 大陆集团与地平线签署合作备忘录,将共同成立智能驾驶合资公司,面向中国本土以及全球整车厂商客户提供行业领先的高级驾驶员辅助系统(ADAS)和自动驾驶软硬件系统解决方案。

2021 年 4 月 26 日 南京越博动力系统股份有限公司分别与中兴通讯股份有限公司、北京航盛新能科技有限公司签署战略合作协议。根据协议,越博动力将分别与中兴通讯、北京航盛在新能源商用车电动化、智能化、网联化领域开展战略合作,共同构建新能源商用车智能网联云端管理平台。

2021 年 4 月 29 日 吉林电力股份有限公司与北奔重型汽车集团有限公司签署《战略合作框架协议》。双方将在新能源汽车、氢能重卡、充换电站、风电、光伏、储能、车辆大数据中心等领域开展多元深层合作。根据协议,双方将在纯电动重卡推广方面展开合作,包括但不限于联合制定车、桩/站、网、金融的一体化解决方案;在氢能领域,双方将依托吉电股份在氢能产业链上的品牌优势及氢能领域先进技术,合作开发氢能重卡。

2021 年 4 月 29 日 上汽依维柯红岩商用车有限公司、国家电力投资集团有限公司、山西祥睿能源有限公司三方在山西晋城签署《上汽红岩 1000 台充换一体纯电动牵引车战略合作协议》。**同日**,上汽红岩充换一体纯电动牵引车正式批量交付。

2021 年 4 月 30 日 蔚来与中国科学技术大学签署战略合作框架协议。根据协议,双方将共建"中国科大-蔚来智能电动汽车联合实验室",开展智能电动汽车相关的基础研究、前瞻性技术和关键共性技术研究,并进行产学研转化,展开创新融合和跨界战略合作。

5月

2021 年 5 月 6 日 蚂蚁链与奇瑞商用车签署战略合作协议,双方将共推区块链等技术在新能源商用车领域的应用。根据协议,蚂蚁链融合区块链和 AIoT 技术,推出"车链通"技术,通过在奇瑞商用车"车规级"芯片中嵌入深度优化的区块链模块,让每个设备产生的车辆、行车、电池等数据在加密后流转在区块链上,在保护隐私的前提下保证源头数据安全可信,不可篡改且不被滥用。

2021 年 5 月 7 日 天际汽车与京东签署战略合作协议。根据协议,双方将围绕"智能车生活"主题,共同打造"人-车-家-生活圈"的全场景智能出行生态,把车主用车过程中的支付、购物、娱乐等需求转移至车内场景。

2021 年 5 月 8 日 上海捷氢科技有限公司与浙江氢途科技有限公司签署《战略合作框架协议》。根据协议,捷氢科技和氢途科技将发挥各自在燃料电池核心技术和材料的研发及攻关、燃料电池测试及验证能力、燃料电池汽车及技术的规模化推广等方面的优势,通过多个维度深入开展氢能产业业务合作。

2021 年 5 月 13 日 中国汽车工程研究院股份有限公司与公安部交通管理科学研究所签署战略合作协议。根据协议,双方将在新能源汽车安全检测、智能网联汽车测评等方面开展深入合作,共同推进公安交通管理相关技术的提升。

2021 年 5 月 14 日 上汽依维柯红岩商用车有限公司、国家电力投资集团有限公司、唐山晟铭物流有限公司三方在河北唐山签署《上汽红岩 1000 台充换一体纯电动牵引车战略合作协议》。**同日**,上汽红岩充换一体纯电动牵引车正式批量交付。

2021 年 5 月 14 日 长城汽车股份有限公司与中国永达汽车服务控股有限公司签署《战略合作框架协议》。根据协议,双方将围绕新能源汽车市场拓展、区域品牌新零售模式探索、新能源汽车产业链服务、互联网用户运营等汽车关联业务展开全方位战略合作。

2021 年 5 月 17 日 孚能科技(赣州)股份有限公司与吉利科技集团有限公司签署《孚能-吉利动力电池项目合资协议》和《孚能-吉利赣州动力电池项目合资协议》。根据协议,双方将设立合资公司,合资公司将根据孚能科技的产能需求逐步投资建设新能源电池生产基地,其中 2021 年开工建设年产能不少于 20 GWh 的产线(含双方在赣州市投资建设的年产 12 GWh 动力电池项目)。

2021 年 5 月 18 日 佛山市清极能源科技有限公司、广东福迪汽车有限公司、氢装前行汽车运营(佛山)有限公司三方共同签署《18 吨系列车型-物流车采购协议》。**同日**,福迪汽车向氢装前行交付首批 20 台氢燃料电池物流车。

2021 年 5 月 21 日 深圳市比克电池有限公司与汉龙通达汽车制造有限公司签订战略合作协议。根据协议,比克电池计划在三年内投入近 20 亿元,投放 2500 台以上的移动储能充电车,用于上海等全国重点城市的新能源汽车补电。

2021 年 5 月 21 日 黑芝麻智能科技(上海)有限公司与深圳联友科技有限公司签署战略合作协议。根据协议,双方将在智能驾驶、车路协同等领域深化合作,建立长期稳定合作伙伴关系。

2021 年 5 月 21 日 北京能源集团有限责任公司、山西美锦能源股份有限公司、北京环宇京辉京城气体科技有限公司三方签订战略合作框架协议。根据协议,三方将共同推进建设绿电制氢、氢能产业园区(小镇)、分布式光伏(风电)、清洁能源供热、燃料电池汽车示范运营管理平台、固定式氢能冷热电联供等智慧综合能源示范项目,适时围绕氢能领域关键技术研发和成果转化,推动建设研发创新平台,构建制氢、加氢、储氢、用氢全产业链一体化发展模式。

2021 年 5 月 24 日 蔚来汽车与江淮汽车集团签订制造合同。根据联合生产安排,从 2021 年 5 月至 2024 年 5 月,江淮汽车将继续生产 ES8、ES6、EC6、ET7 和可能的其他蔚来车型。江淮汽车将把年生产能力扩大到 24 万辆(以每年 4000 工作小时计算)。

2021 年 5 月 24 日 上汽依维柯红岩商用车有限公司、国电投骏玖、国电投(河南)新动力科技有限公司三方在河南郑州签署《上汽红岩 580 台充换一体纯电动重卡战略合作协议》,共同构建高效绿色交通格局。**同日**,200 台上汽红岩充换一体纯电动渣土车批量交付,另有客户新确认订单 370 台。

2021 年 5 月 24 日 岚图汽车科技公司与联通智网科技有限公司签订合作协议。根据协议,双方将在大数据领域开展战略合作，共同搭建汽车大数据联合实验室，开展智能洞察、智慧服务、智享出行三大领域的模型研究及产品落地实践。

2021 年 5 月 25 日　未势能源科技有限公司与中国石化销售股份有限公司河北石油分公司正式签署战略合作框架协议。根据协议，双方将重点围绕氢能制储运加与应用、前沿技术产学研等领域开展深度合作，助力京津冀地区实现氢能产业协同发展，打造氢能及燃料电池产业链示范应用场景，为交通领域能源转型提供技术解决方案。

2021 年 5 月 28 日　广西玉柴机器股份有限公司与广西申龙汽车制造有限公司签订《新能源产品战略合作框架协议》，双方建立新能源产品战略合作关系。根据协议，双方将依托各自技术优势，围绕玉柴集成发电式动力总成、eCVT 功率分流型混合动力总成、集成式电驱动桥总成、燃料电池等四大新能源动力系统，联合开发新能源整车产品，共同提升双方在新能源领域的市场竞争力。

6 月

2021 年 6 月 2 日　宁德时代新能源科技股份有限公司与长城汽车股份有限公司在保定哈弗技术中心签署《十年长期战略合作框架协议》。根据协议，双方将打造高效协同竞争优势，推动新能源汽车科技进步，助力实现碳达峰碳中和目标。

2021 年 6 月 7 日　东风柳州汽车有限公司与北京氢璞创能科技有限公司签署《技术生态战略合作框架协议》。根据协议，双方在技术上达成合作，开发适用于“龙行未来”品牌的燃料电池发动机，应用于各款商用车。氢璞加入东风柳汽生态圈，将与其在燃料电池汽车示范运营方面进行进一步拓展合作。

2021 年 6 月 7 日　深圳国氢新能源科技有限公司与东风柳州汽车有限公司签署战略合作协议，将联合布局大功率氢燃料电池商用车应用领域，打造燃料电池商用车生态。根据协议，双方将在高可靠性、高性价比燃料电池动力系统研发应用、大功率燃料电池商用物流车研发推广、加氢站核心装备研发与加氢站基础设施建设等方面展开全面战略合作。

2021 年 6 月 7 日　北京汽车集团有限公司与京东集团签署深化战略合作备忘录，双方将重点基于数字化转型深化合作，包括：深化数字化营销与用户运营平台搭建；根据京东用车需求，合作研发无人智能末端物流配送车；在汽车后市场为用户提供车辆维保及其他增值服务；探索并建立全场景、多层级、模块化汽车供应链物流解决方案等。

2021 年 6 月 8 日　长城汽车与道达尔能源公司在中国保定签署两项协议，包括打造新能源汽车流体联合实验室、拓展海外业务合作等。根据协议，双方将联合打造新能源汽车流体方面的联合技术研发实验室。道达尔能源将继续投资于长城汽车哈弗技术中心的联合实验室，并利用其在润滑油研发方面的经验和知识，为长城汽车提供技术支持，建立润滑油使用规范和标准，并推动关键项目，如改造现有发动机和研发新型发动机的润滑解决方案。

2021 年 6 月 9 日　科大讯飞股份有限公司与安徽江淮汽车集团股份有限公司签署战略合作框架协议。根据协议，在智能座舱领域，双方将基于科大讯飞多模感知系统（包含语音、视觉、多音区、多语种等），共同探索推动智能座舱在乘用车、商用车、专用车等相关使用场景的应用；在智能车联网领域，双方将利用科大讯飞智能汽车的软件开发、AI 云服务、生态聚合、大数据分析、OTA 及数字化服务整合能力，为江汽集团乘用车和商用车构建智能网联生态；在智能驾驶领域，双方将在自动驾驶产品开发等方面合作，形成行业内有特色的乘用车和商用车自动驾驶解决方案，并推动相关产品在量产项目上落地；在智能销服领域，科大讯飞将运用讯飞 AI 技术及大数据技术，为江汽集团定制乘用车和商用车智能销售服务解决方案及数字营销运营管理系统。

2021 年 6 月 9 日　巴拉德动力系统分别与戈尔公司、山东东岳未来氢能材料股份有限公司、信远工业集团签署协议。1）巴拉德动力系统与戈尔公司双方签署长期供应商合作协议。根据协议，戈尔公司将持续为巴拉德提供高性能的 GORE-SELECT® 质子交换膜。2）山东东岳未来氢能材料股份有限公司与巴拉德动力系统就双方未来在燃料电池膜开发、评估及应用等方面签署战略合作协议，双方将就关键材料的研发与生产加深合作。3）信远工业集团与巴拉德动力系统就双方长期合作、开发及供应等方面签署战略合作框架协议，根据协议，双方将共同为燃料电池的普及与应用继续做出贡献。

2021 年 6 月 10 日　陕车智联汽车研究院与江苏智能交通及智能驾驶研究院签署战略合作协议，未来双方将深入合作，共同推动西安市汽车产业高质量发展。

2021 年 6 月 11 日　恒大集团与中国石油化工集团签署战略合作协议。根据协议，双方将重点围绕锂电池汽车充换电站建设、汽车轻量化材料、高性能建筑化工新材料等领域进行深度合作。

2021 年 6 月 14 日　五菱汽车与浙江蜂网集采信息技术有限公司就“集中采购合作项目”达成战略合作协议，推动新能源物流车在快递行业的普及应用。根据协议，五菱汽车附属公司柳州五菱汽车工业有限公司将定制满足快递配送需求的车辆，并给予蜂网集采国内优惠价格。双方将共同推动新能源物流车在快递行业的普及应用，力争至 2022 年 12 月 31 日前累计完成集采中心平台车辆销售 10000 台。

2021 年 6 月 21 日　北京银建投资公司与武汉格罗夫氢能汽车有限公司签订《氢能汽车合作协议》。根据协议，双方将在武汉重点开展氢能乘用车应用项目试点，共创氢能城市出行绿色生态圈。双方现场签订 5800 台氢能乘用车购车订单。

2021 年 6 月 22 日　江西国控汽车投资有限公司、重庆长安汽车股份有限公司、江铃汽车集团公司共同签署《有关江铃控股合资合作协议》。根据协议，各方将整合资产、资质、产能等资源，在“十四五”期末达成 15 万辆的年产销规模，以推动江铃控股长期稳健发展。

2021 年 6 月 25 日　天津新氢动力科技有限公司与天津荣程联合钢铁集团有限公司、天津临港投资控股有限公司签署战略合作框架协议。根据协议，各方将共同搭建天津保税港区燃料电池车辆应用场景，共同推动氢燃料电池技术成果转化落地，探索氢燃料电池车辆商业化推广运营新模式。

2021 年 6 月 25 日　宁德时代新能源科技有限公司与特斯拉（上海）有限公司签订《Production Pricing Agreement》协议约定。根据协议，宁德时代将在 2022 年 1 月至 2025 年

12月期间向特斯拉供应锂离子动力电池产品，具体采购情况特斯拉以订单方式确定，最终销售金额须以特斯拉发出的采购订单实际结算为准。

2021年6月25日　奇瑞控股集团与北京地平线机器人技术研发有限公司签订战略合作协议。根据协议，双方将在智能驾驶、智能交互等领域，开展技术研发与产品合作。

2021年6月25日　上海机动车检测中心技术有限公司、河南交通职业技术学院、苏州清研车联教育科技有限公司三方联合成立的河南交通职业技术学院智能网联新能源汽车产业学院揭牌，三方正式签署战略合作协议，开启河南交院产学研深度融合合作新模式。

2021年6月28日　孚能科技（赣州）股份有限公司成为柳州五菱汽车工业有限公司锂电池系统总成供应商，为柳州五菱多个车型提供动力电池系统。根据柳州五菱销售计划，2022年6月孚能科技开始向柳州五菱批量供货，预计供应约20万套动力电池系统。

2021年6月28日　上海快卜新能源科技公司与爱驰汽车签署合资合作协议，双方将围绕"光储充检"智能充电技术展开合作。根据协议，爱驰汽车将与上海快卜合作建设"光储充检"一体化智能超级快充站，打造全新2.0版"光储充检"示范站，形成完善的AI超充网络体系，并将在爱驰汽车超级智慧工厂所在地江西上饶市落地第一个示范项目，未来面向上海、江苏、海南、山西等地推广。

2021年6月28日　广州舜华氢能科技有限公司签订总数量为500套的车载供氢系统合同。该产品将配套科学城（广州）环保产业投资集团有限公司采购的31 t氢燃料电池泥头车，产品将于2021年内分批完成交付。

2021年6月30日　中原内配集团股份有限公司与中科嘉鸿（佛山市）新能源科技有限公司签署《战略合作协议书》。根据协议，双方将围绕新能源领域，针对燃料电池技术研发、产品开发等方面开展全面合作。第一期合作内容为：燃料电池双极板的研究开发与生产制造；集成式端板的研究开发与生产制造。

7月

2021年7月1日　上海捷氢科技有限公司与上海智能新能源汽车科创功能平台有限公司签署战略合作协议。根据协议，双方将围绕燃料电池领域在燃料电池测试、科研合作、标准制定等方面开展合作。在燃料电池测试领域，双方将共享测试平台资源，推动测试标准、规范一致，实现测试高效无缝对接。

2021年7月5日　协鑫能源科技股份有限公司与浙江吉利新能源商用车集团有限公司签署《战略合作框架协议》。根据协议：1）双方将共同探索商用车产品换电模式应用场景，开拓换电产品市场前景，包括但不限于换电重卡牵引头、换电环卫垃圾车、渣土车的开发，并共推新能源商用汽车及配套充换电站产品开发。2）共同完成换电系列商用车型的技术路线及技术方案制定；共同完成换电站、换电模块、移动能源车、充电港产品的技术路线及方案制定。3）在未来3年内实现3000台以上吉利商用车车型的销售，协鑫能源负责建设60座以上的换电站，保障项目正常运营。

2021年7月7日　武汉雄韬氢雄燃料电池科技有限公司与武汉理工大学大学汽车工程学院就"高效燃料电池发动机阳极尾氢回收利用的氢喷射器项目"进行成果转化签约，签约金额1000万元。雄韬氢雄在未来3年内对这项专利技术进行产业化。

2021年7月8日　大运汽车股份有限公司与博世（中国）投资有限公司签署战略。根据协议，双方将共建联合研发中心，在一体化底盘集成技术、高功率电桥、智能驾驶、智能网联及解决方案等方面进行深度合作，助力大运汽车打造智能电动汽车品牌。

2021年7月8日　上海重塑能源集团股份有限公司与上海智能新能源汽车科创功能平台有限公司签署战略合作协议。根据协议，双方协议将围绕燃料电池领域在电池测试、科研合作、标准制定等方面开展深度交流与合作。

2021年7月12日　大众汽车集团与国轩高科股份有限公司以云签约形式达成《战略合作框架协议》。根据协议，双方将共同推动大众汽车集团萨尔茨吉特工厂的电池工业化生产，国轩将提供相应技术支持；合肥国轩为其常规量产车型开发第一代标准电芯。

2021年7月13日　上海羿弓氢能科技有限公司与上海舜华新能源系统有限公司签署战略合作协议。根据协议，双方将在加氢站用压缩机领域开展市场合作。同时，双方还将在科研领域共同突破关键技术，研制高性能、长寿命的加氢站用关键设备，打造智能化加氢站运维系统，推动自主知识产权的关键氢能技术广泛应用。

2021年7月15日　雪佛龙公司与康明斯在美国签署谅解备忘录（MOU），在氢能和其他替代能源领域建立战略联盟，共同开发可行性商业机会。双方就以下几个目标拟定初步合作框架协议：1）推进公共政策，促进氢能作为交通和工业的脱碳解决方案；2）培育氢动力商用车和工业应用的市场需求；3）发展支持工业和燃料电池车辆用氢的基础设施建设；4）在雪佛龙美国的炼油厂试点康明斯电解槽和燃料电池技术应用。

2021年7月16日　上海禾赛科技有限公司与广州文远知行科技有限公司（WeRide）签署战略合作协议。根据协议，双方将在自动驾驶技术、车路协同、业务场景等多方面进行探索和合作，联合打造自动驾驶传感器套件。

2021年7月16日　开瑞新能源与奥动新能源汽车科技有限公司就"共同推动新能源电动汽车换电车型项目"签署战略合作协议。根据协议，开瑞新能源与奥动新能源共同合作开发电动车换电车型，实现5年内累计投放、推广新能源电动汽车换电车型10万辆。首批合作车辆2000台，在珠三角、长三角、成渝区等主流市场布局分批落地，并在合肥、芜湖、贵阳等地建立示范运营中心。

2021年7月16日　东风公司技术中心与江西赣锋锂电科技有限公司就"固态电池示范运营合作"进行洽谈并签订《固态电池E70车型示范推广协议》，双方将携手推进固态电池技术产业化落地。

2021年7月16日　国轩高科股份有限公司与博世集团签订协议。根据协议，国轩高科收购博世集团位于哥廷根的Robert Bosch Aftermarket Solutions GmbH工厂100%的资产及股权。根据规划，交易完成后，国轩高科将对现有工厂进行局部改造，并通过对现有员工的培训，实现国轩高科在欧洲的首个新能源基地的生产运营。

2021 年 7 月 17 日 多氟多新材料股份有限公司分别与比亚迪、孚能科技、EnchemCo.，Ltd. 签订 3 份产品销售合同。具体为：1）多氟多与深圳市比亚迪供应链管理有限公司签订《长期合作协议》，比亚迪向多氟多采购总数量不低于6460 t 的六氟磷酸锂。2）多氟多与孚能科技（赣州）股份有限公司签订《销售合同》，孚能科技向多氟多采购总数量不低于 1700 t 的六氟磷酸锂。3）多氟多子公司河南省有色金属工业有限公司与 EnchemCo.，Ltd. 签订《采购协议》，Enchem Co.，Ltd. 向河南有色采购 1800 t 六氟磷酸锂。

2021 年 7 月 20 日 中国石化集团与奥动新能源汽车科技有限公司战略合作的换电站在上海和重庆首发，同日，双方签署《合作模式深化战略协议》。根据协议，双方继续加快在 2021 年上海区域的换电站合作布局、换电模式创新合作以及 2023 年完成换电站合作目标。按照奥动在沪渝两地的布局规划，2021 年底，上海建站 50 座，重庆建站 60 座；2023 年前，上海换电站网络规模将扩展至 300 座，重庆完成超 200 座换电站布局。

2021 年 7 月 22 日 宁德时代新能源科技股份有限公司与地上铁租车（深圳）有限公司签署战略合作协议。根据协议，双方将在新能源物流车产品开发、场景应用、商业模式等领域进一步加深合作，共同推进新能源物流车行业的高质量可持续发展，助力实现绿色交通配送领域碳达峰碳中和目标。

2021 年 7 月 26 日 吉利控股集团与京东集团签署战略合作框架协议，基于双方在智能物流供应链领域的探索和经验，未来将在供应链咨询、智能预测、全渠道仓储物流服务、厂内物流服务、物流系统升级、智能化仓储、商用车技术赋能等方面展开一系列深度合作。

2021 年 7 月 27 日 一汽解放集团股份有限公司与博世动力总成系统中国区签署战略合作协议。根据协议，双方正式建立战略合作伙伴关系，将在燃料电池发动机、氢发动机等方面深度合作，助力能源结构转型、推进低碳发展。

2021 年 7 月 27 日 欣旺达电动汽车电池有限公司与吉利汽车集团有限公司、浙江吉润汽车有限公司共同投资设立合资公司——山东吉利欣旺达动力电池有限公司，山东吉利欣旺达产能建设包括电芯、模组及电池包产线，主要专注于配套生产混合（含 48 V）动力电池包，满足浙江吉润、吉利集团及其关联方全系列 HEV 汽车动力电池产品的需求。

2021 年 7 月 29 日 上海神力科技有限公司与浙江氢途科技有限公司签署战略合作协议。根据协议，双方将围绕国内燃料电池车辆市场进行深度合作，共拓国内燃料电池市场。双方计划在燃料电池系统研发和产业化方面协同，推动双方在氢能及新能源领域做大做强，促进燃料电池车辆商业化运营和在其他领域应用。

8 月

2021 年 8 月 6 日 集度汽车有限公司与大陆集团签署战略合作协议，双方将共同研发集度汽车产品，并在智能电动汽车、智能网联与自动化驾驶等领域展开紧密合作。根据协议，集度与大陆集团将形成技术联盟，在自动驾驶、智能网联和智慧交通的大背景下，共同探讨和实践创新商业模式，加速集度产品落地。

2021 年 8 月 6 日 深圳地平线机器人科技有限公司与纽劢科技（上海）有限公司签署战略合作协议。根据协议，双方将面向中国智能汽车场景需求，共同开发行业顶尖的智能驾驶应用解决方案，助力智能汽车行业实现创新技术的应用。

2021 年 8 月 9 日 上海汽车集团股份有限公司与中兴通讯股份有限公司签署战略合作协议。根据协议，双方将加强车用基础软件技术、基础硬件平台、云计算、智能网联等方面的战略协同创新合作。在智能网联产品上，中兴通讯提供 4G/5G-V2X 模组和 RSU 及 V2X 云控平台整体解决方案，共同加快 5G-V2X 规模化商用进程。在基础软硬件平台上，双方将构建软件定义汽车时代的方案及产品竞争力。

2021 年 8 月 9 日 浙江天能氢能源科技有限公司与浙江吉利新能源商用车集团有限公司签署战略合作协议。根据协议，双方将在产品开发、技术合作、示范运营、市场拓展等领域展开更加全面紧密的合作，为实现碳达峰碳中和目标贡献力量。

2021 年 8 月 9 日 惠州亿纬锂能股份有限公司与格林美股份有限公司签署《10000 吨回收镍产品定向循环供应合作备忘录》。根据备忘录，格林美将回收镍产品供应亿纬锂能，亿纬锂能将报废的含镍动力电池以及电池废料供应给格林美，构建“动力电池回收—电池原料再造—电池材料再造—动力电池再造”的动力电池全生命周期价值链与镍产品全球绿色供应链。自 2024 年起，格林美承诺向亿纬锂能供应每年 1 万 t 以上的回收产出镍产品（包括硫酸镍、三元前驱体与三元材料等镍产品），合作期限自产品供应开始延续 10 年，可根据需要进行数量增加和合作期限的延长。

2021 年 8 月 11 日 浙江零跑汽车销售服务有限公司与上海阑途信息技术有限公司签署战略合作协议。根据协议，零跑汽车将首批在全国 30 多个城市与途虎养车展开合作，借助途虎的网点优势及专业能力，由零跑认证专职的客户经理、维修技师为客户提供专业服务。

2021 年 8 月 12 日 广东光华科技股份有限公司与天津力神电池股份有限公司签署战略合作协议。根据协议，双方将在废旧电池回收处理、循环再造电池材料、退役电池梯级利用、后装焕能系统、电池管理系统开发等业务上开展合作。

2021 年 8 月 13 日 庆铃汽车（集团）有限公司庆铃氢动力商用车与民生物流、重庆公运、鑫赢原键、风远来城物流等首批示范运营用户签约，并向这些用户交付首批氢燃料电池车辆。

2021 年 8 月 16 日 安徽江淮汽车集团股份有限公司与华为技术有限公司正式签署合作框架协议暨 MDC 平台项目合作协议。根据协议，双方将在智能汽车解决方案、企业信息化、智慧园区、智能工厂等领域展开深入合作，推动智能汽车领域快速发展；在智能驾驶、智能座舱、智能电动、智能网联和云服务等方面携手加快相关产品与方案研发和商业化进程。

2021 年 8 月 18 日 天津市捷威动力工业有限公司与上海悠跑网络科技有限公司签署战略合作协议。根据协议，双方将共同开发 CTC 电池系统（Cell to Chassis），推动智能电动车前沿技术开发。

2021年8月18日　格林美股份有限公司与孚能科技(赣州)股份有限公司签署《关于建设废旧动力电池及电池废料绿色处理产业链的战略合作框架协议》。根据协议,双方将共同构建废旧动力电池及其废料的回收、资源化、再制造的全生命周期价值链体系,形成对动力电池及其废物的完整绿色回收、镍钴锂资源再造、三元材料再造、动力电池梯级利用的绿色产业链,完整回收镍钴锂等有价资源。

2021年8月19日　阳光电源股份有限公司与卧龙电气驱动集团股份有限公司就"新能源汽车驱动系统、光伏等领域创新发展"达成合作共识。双方将利围绕新能源商用车、乘用车、工程车等车型,联合开发具有高控制精度、高动态响应速率、高安全和可靠性的电机及驱动控制系统,共同推动新能源汽车市场发展。

2021年8月20日　中国第一汽车集团有限公司与大连万达集团股份有限公司签署战略合作协议。根据协议,双方将围绕打造汽车服务生态等领域开展深入合作,将通过资源共享、优势互补,开创品牌营销、渠道拓展、跨界合作新模式。

2021年8月22日　宝马与国网电动汽车公司深化合作,合作内容涵盖充电服务产品合作和推广、推动新能源车用新能源电力、充电技术研究和创新三方面。双方将在未来三年建立100座充光储一体化绿色能源站。宝马将加速接入国网电动汽车公司的绿电服务,支持车主实现新能源车充新能源电。

2021年8月24日　浙江天能氢能源科技有限公司与氢蓝时代动力科技有限公司签署战略合作协议。根据协议,双方将深入探讨产品合作、市场开发、产业联盟等方面合作机会。双方紧密型合作共同体,积极推动氢燃料电池技术研究与城市交通应用之间的互通融合,构筑氢燃料电池全产业链合作模式,在产品应用场景和市场化推广方面开展深度合作。

2021年8月24日　未势能源科技有限公司与上海智能新能源汽车科创功能平台有限公司签署战略合作协议。根据协议,双方将重点围绕燃料电池领域在电池测试、科研合作、标准制定等方面开展深度合作,尤其是面向商用车应用的大功率燃料电池电堆及系统(150~300 kW)的测试需求,高质量建成相关测试技术能力。双方还将在氢能与燃料电池相关业务开展科研合作。

2021年8月24日　北奔重型汽车集团有限公司、国家电投集团与陕西钢铁集团龙钢公司、韩城公司签署《清洁运输——新能源电动重卡合作协议》。合作协议包含200余辆换电重卡,是国家电投西北区域、陕钢集团首个集群化重卡示范场景,其中首批采购的60辆新能源电动重卡中45辆落户北奔。

2021年8月25日　合众新能源汽车有限公司(哪吒汽车)与华为技术有限公司签署全面合作协议。根据协议,哪吒汽车与华为将基于物联网、云计算、大数据信息化等关键技术,在智能网联、车载计算、智能驾驶、数字能源及云服务等领域展开合作。双方合作的首款车型哪吒S将应用华为MDC智能驾驶计算平台及激光雷达技术,深度聚焦智能驾驶新生态。

2021年8月25日　集度汽车与禾赛科技正式签署战略合作协议,双方将发挥各自软硬件优势,共同提升汽车感知的性能及市场竞争力,助力打造安全高效的高级辅助驾驶系统。

2021年8月25日　北京氢沄新能源科技有限公司与北京能源协会节能减排专业委员会签署战略合作协议,双方将在氢能源等领域开展务实合作。根据协议,北京能源协会节能减排专业委员会将在绿色梯度地热能、电解水制氢、固态储氢等核心技术领域与氢沄科技开展合作。此外,双方还围绕氢能发展规划和布局、氢燃料电池汽车解决方案等进行深度交流。

2021年8月27日　北京车和家汽车科技有限公司(理想汽车)与绵阳新晨动力机械有限公司签署投资协议。根据协议,双方将成立合资公司四川理想新晨科技有限公司,四川理想新晨科技将为理想汽车开发并制造新一代增程器。

2021年8月30日　惠州华阳通用电子有限公司与南京芯驰半导体科技有限公司签署战略合作协议。根据协议,双方将在智能座舱及智能驾驶等领域展开合作,丰富合作维度。

2021年8月30日　四川能投集团与蜂巢能源科技有限公司签署《锂电产业战略合作框架协议》。根据协议,双方将在锂资源、锂盐、电池材料、电池生产及回收等领域展开全方位合作,打造具备规模和竞争力的锂电产业项目;产业研发方面,双方将共同构建高水平实验室及创新中心,联合申报高水平科研项目。

2021年8月31日　浩瀚能源科技有限公司与杭州崇班科技有限公司签署战略合作协议。根据协议,双方成为充电"新基建"合作伙伴,从满足用户对充电基础设施的需求出发,构建更便捷智能的充电补能网络。浩瀚能源将在开元酒店内建设极氪能源充电站,通过自营自建的品质化充电服务,为极氪车主及广大用户提供便捷智能的充电体验。

2021年8月31日　深圳市星源材质科技股份有限公司与LG Energy Solution, Ltd.(LG新能源)签订《供应保证协议》,根据协议,星源材质将向LG新能源供应湿法涂覆锂离子电池隔膜材料,协议金额约43.11亿元,合作期限为4.5年。

2021年8月31日　山东东岳未来氢能材料股份有限公司、上海神力科技有限公司、上海亿氢科技有限公司、北京亿华通科技股份有限公司四方共同签署战略合作协议。根据协议,四方将就进一步发挥各自在氢能产业优势,共推国内氢能及燃料电池产业技术自主化进程。

9月

2021年9月1日　贝特瑞新材料集团股份有限公司与福鞍控股有限公司签署《关于年产10万吨锂电池负极材料前驱体和成品生产线项目合作协议》,双方成立合资公司四川瑞福新材料科技有限公司,建设年产10万t锂电池负极材料前驱体和成品生产线项目。项目计划分两期建设,一期项目建设年产5万t锂电池负极材料前驱体和成品生产线项目,建设期12个月,预计总投资额9亿元;二期项目规划新增年产5万t锂电池负极材料前驱体和成品生产线,具体进度视一期投产后市场情况再定。

2021年9月1日　协鑫能源科技股份有限公司与苏州、南京、无锡、成都等10座城市就"110座乘用车换电站、60座重卡换电站"达成项目合作。本次签约是协鑫能科推动新能源换电站发展的起点,协鑫能科"十四五"目标是6000座换电站，服务 50 万台车辆。

2021 年 9 月 1 日 爱驰汽车与上海禾赛科技股份有限公司（激光雷达供应商）正式签署战略协议，双方就车规级激光雷达在乘用车前装量产市场的早日规模化应用落地展开合作，爱驰将基于禾赛新一代高度芯片化的车规级混合固态激光雷达解决方案，实现更高水准的汽车智能驾驶辅助系统。双方还将在硬件设备、软件算法与智能驾驶辅助系统体系方面展开长期深入合作，共促汽车智能驾驶功能的发展。

2021 年 9 月 1 日 苏州市华昌能源科技有限公司、江苏港城汽车运输集团有限公司、金龙联合汽车工业（苏州）有限公司、中国外运长江有限公司四方正式签署“共建绿色氢港”战略合作协议。根据协议，四方将展开氢燃料电池重卡发动机研发、整车集成、燃料电池重卡应用端示范运作及市场推广等合作，共同推动氢燃料电池重卡替代传统燃油重卡、推进氢燃料电池重卡的市场化应用。华昌能源与港城汽运、金龙汽车签订氢能重卡示范合作协议，将合作设立联营物流企业，自主进行氢燃料电池重卡示范运用。

2021 年 9 月 2 日 成都燃气集团股份有限公司与成都市公共交通集团有限公司签署战略合作协议。根据协议，双方合作探索交通能源领域节能减排新路径，在合作期内布局加氢站，共同开展氢燃料电池公交车的示范运行。未来双方将以推广车用氢能源为主，适度超前配套加氢装置及其他综合车用能源业务，为市民提供便捷绿色出行服务。

2021 年 9 月 3 日 三一电动重卡与协鑫能源科技股份有限公司在长沙正式签署 3000 辆新能源卡车和 60 座换电站战略合作协议，双方合作正式开启。

2021 年 9 月 3 日 孚能科技（赣州）股份有限公司与清华大学签署战略合作协议。根据协议，双方将主要围绕深化动力电池安全系列技术展开合作，包括高比能软包动力电池系统热蔓延阻断、全生命周期无析锂超级快充、云端智能电池管理系统、固态电池热安全特性及优化、高品质安全动力电池的开发等多个议题。

2021 年 9 月 3 日 吉利汽车控股有限公司与亿咖通科技正式签署战略投资协议，双方将携手打造行业领先的智能网联生态开放平台，为用户提供智能安全的出行体验。

2021 年 9 月 10 日 清能股份子公司海易森-Hyzon Motors Inc（NASDAQ：HYZN）与上海氢力鸿运汽车有限公司签署谅解备忘录（MoU），该公司将向鸿运汽车供应 49 t 氢能牵引车，实际取决于最终的车辆供应协议。根据该不具约束力的谅解备忘录，预计在 2021 年底前完成 100 台车的采购，2022 年完成 400 台的采购。

2021 年 9 月 11 日 重庆金康新能源汽车有限公司与宁德时代新能源科技股份有限公司签订《五年供需联动和产能保证框架协议》。根据协议，宁德时代正式进入金康新能源电池供应链，将在 2022 年至 2026 年间向金康新能源旗下产品提供动力电池的长期稳定供应。此次年度采购量将达到 10 GWh。

2021 年 9 月 14 日 厦门厦钨新能源材料股份有限公司与中伟新材料股份有限公司签署《战略合作框架协议》。根据协议，自协议签署之日至 2023 年 12 月 31 日，双方预计四氧化三钴产品的供需量约为 20000～25000 t/年；三元前驱体产品的供需量约为 15000～35000 t/年，以上数量为双方根据当前市场情况进行的合理预测，后续具体采购数量和采购价格以双方签署的采购订单为准。双方同意在上游矿产资源方面开展合作，共同寻找镍、钴、锰等优质矿产资源进行合作开发。

2021 年 9 月 16 日 郑州高新区管委会与上海重塑能源科技有限公司就“重塑科技郑州燃料电池产业化基地项目”签订合作备忘录。根据备忘录，双方将在高新区建设集研发、测试、生产、销售于一体的燃料电池产业化基地项目，加速高新区氢能产业发展，助力高新区实现绿色低碳转型。

2021 年 9 月 17 日 深圳国氢新能源科技有限公司与四川省汽车工程学会就在成都市燃料电池汽车产业布局、加氢基础设施建设、燃料电池汽车应用场景定制、示范运营等方面加强合作达成一致共识，签订 500 辆氢能重卡战略合作协议。

2021 年 9 月 18 日 氢通（上海）新能源科技有限公司与上海交通大学在黄埔江畔闵行校区签署战略合作协议，双方确定长期战略合作伙伴关系。同日，上海交通大学-氢通新能源联合研发中心正式揭牌。

2021 年 9 月 22 日 精进电动科技股份有限公司和艾里逊变速箱公司签署一项广泛的全球战略合作伙伴协议，以加快发展行业领先的全球商用车电驱动系统。

2021 年 9 月 24 日 北京四维图新科技股份有限公司旗下北京六分科技有限公司与专门提供定位和无线通信技术的全球领先供应商瑞士 u-blox 签订合作协议，双方将在打造高精度定位整体解决方案、提升整体服务能力等方面展开合作。

2021 年 9 月 25 日 工业和信息化部装备工业发展中心与华为技术有限公司签署战略合作协议。装备中心和华为基于在智能网联汽车产业发展的战略共识，将围绕产业政策法规、技术标准、测试评价体系、平台建设等领域开展深入合作，共同促进我国智能网联汽车产业高质量发展。

2021 年 9 月 26 日 北京新能源汽车股份有限公司与华为技术有限公司在北京签署《全面业务深化合作协议》（合作框架性协议）。根据协议，双方进一步加强联合品牌全系合作车型的产品开发，形成适用于联合品牌产品开发的联合运作机制；双方加强在智能网联汽车业务领域的合作，共同探讨和开展联合开发、测试和验证；双方基于联合开发的 HBT 项目产品，共同打造“ARCFOX”和“HI”联合品牌；双方就营销渠道共享制定细化方案并实施，实现 HBT 项目产品在华为线上、线下渠道销售，计划于 2021 年底前实现首款 Huawei inside 智能豪华纯电轿车极狐阿尔法 S（HI 版）的线上线下渠道销售合作。

2021 年 9 月 26 日 江铃汽车股份有限公司与福特汽车公司共同出资设立江铃福特合资公司。合资公司主要经营工程和技术研究和试验发展，汽车、新能源汽车整车、汽车零配件、新能源汽车电附件、插电式混合动力专用发动机、分布式交流充电桩、集中式快速充电站、新能源汽车换电设施、新能源汽车生产测试设备的销售及其他相关配套业务。

2021 年 9 月 28 日 道达尔能源公司与中国三峡集团公司签署一项协议，将在中国建立一家电动汽车合资企业。该合资公司计划在湖北省开发电动汽车高功率充电基础设施和服务，将在 2025 年前安装和运营超过 1.1 万个高功率充电站。

2021 年 9 月 29 日 精进电动科技股份有限公司签约加

入一汽解放新能源商用车产业发展战略联盟，双方日后将在多个领域开展全面合作，联合开发和投放电动环卫车、电动自卸卡车、换电牵引重卡、纯电城市物流轻卡等多种新能源车型。

2021 年 9 月 29 日　德纳公司与罗伯特·博世有限公司签署长期合作协议，根据协议，双方将共同致力于批量生产用于燃料电池堆的金属双极板。

10月

2021 年 10 月 8 日　合肥科威尔电源系统股份有限公司与上海智能新能源汽车科创功能平台有限公司签署战略合作协议。根据协议，上海汽车科创平台与科威尔将在创新测试技术和装置、氢燃料电池实验室管理软件、检测标准的制定等三个版块展开合作。

2021 年 10 月 12 日　液化空气集团与佛吉亚签署一项协议，携手为汽车行业开发、生产车载液氢储存系统。通过该项技术合作，两家公司将加速部署零排放重型车移动出行。

2021 年 10 月 12 日　宁德时代新能源科技有限公司与中国人保财险在北京签署战略合作框架协议。根据协议，双方此次合作将重点聚焦新能源汽车后市场领域，打造高效协同竞争优势，推动新能源汽车科技进步，助力实现碳达峰碳中和目标。

2021 年 10 月 13 日　重庆阿泰可科技股份有限公司与上海智能新能源汽车科创功能平台有限公司签署战略合作协议。根据合作协议，双方将在创新环测技术与设备、环测试验箱软件管理、环测标准制定等方面展开合作，共同解决国内燃料电池环测设备存在的技术难点，从环测设备角度助力国家燃料电池示范城市群协同发展

2021 年 10 月 13 日　国网综合能源服务集团与阳光电源股份有限公司签署战略合作协议。国网综能看重阳光电源在氢等领域的协同创新优势。根据协议，未来双方将探讨新型合作模式，探索能源数字化、源网荷储一体化、区块链等课题，共推“零碳”产业发展。

2021 年 10 月 13 日　中溶科技股份有限公司与河钢集团有限公司全资子公司河钢工业技术服务公司签署氢能产业战略合作框架协议。根据协议，双方将在氢气供应、加氢站建设及运营、钢厂副产气高效利用、碳捕捉、碳减排实施“双碳”战略等方面进行合作。

2021 年 10 月 14 日　工业和信息化部装备工业发展中心与公安部道路交通安全研究中心签署战略合作协议。根据协议，双方约定将贯彻落实国务院“放管服”改革精神，立足“两个强国”建设和道路交通安全建设，围绕“落实机动车安全管理职责，研究机动车行业新生事物管理应用策略，探索机动车安全管理机制创新”等领域开展合作，逐步推动双方全面深层次合作。

2021 年 10 月 15 日　风氢扬氢能科技（上海）有限公司与上海舜华新能源系统有限公司在上海嘉定区汽车新能港签订战略合作协议。根据协议，双方升级为战略合作伙伴，在氢气供应、加氢站建设、氢系统开发等上游领域为客户提供全栈式解决方案，共同在上海地区及全国其他区域合作落地规模化全产业链的氢能生态业务。

2021 年 10 月 18 日　北京地平线机器人技术研发有限公司与北京主线科技有限公司签署战略合作协议。根据协议，双方将共同开展 L4 级自动驾驶技术研发合作，加速自动驾驶卡车量产进程，合作探索自动驾驶卡车的商业化场景，推动建立新一代人工智能物流网络。

2021 年 10 月 19 日　荣庆物流与智加科技有限公司在上海嘉定荣庆物流总部园区内签订战略合作协议。双方启动联合运营，开通中国首条量产智能重卡运营专线。根据协议，双方开辟华东区域货运需求量较大的干线物流专线作为首期运营线路。此条双向专线将覆盖普货、冷链等，初期将使用一汽解放量产级自动驾驶 J7 超级卡车进行运输。该专线联通长三角、京津冀和济南商业圈等三个大型经济圈，覆盖京沪、沈海两条干线高速。双方也将重点关注车辆油耗、安全性等干线物流运输核心指标。

2021 年 10 月 19 日　蔚来与联盛新能源集团在蔚来总部签署战略协议。根据协议，联盛新能源将为蔚来能源在全国范围内的二代换电站，投建安装屋顶分布式光伏电站。预计到 2025 年底，蔚来能源将建成超过 3000 座充换电站，将统一安装屋顶分布式光伏电站，平均容量 100 kW，预计建成后总容量达 300 MW。

2021 年 10 月 20 日　北京六分科技有限公司与武汉英泰斯特电子技术有限公司签订合作协议。根据协议，双方将加强在智能驾驶与智能网联汽车高精度定位数据服务与软硬件等产品领域深入合作，共同推动高精度定位服务生态价值链建设。

2021 年 10 月 20 日　江铃汽车与中国联通江西公司签署战略合作协议。根据协议，双方将在 5G 工业互联网、云计算、大数据、区块链、标识解析、网络安全等方面合作共创，深入探索 5G 智慧工厂和自动驾驶技术研发等领域。

2021 年 10 月 21 日　腾讯、如祺出行、人保股权、上海银基正式签署数字钥匙赋能智慧出行服务战略合作协议。根据协议，四方将推动数字钥匙创新应用场景的试点与落地，进一步尝试“互联网+科技+出行+保险”的产业融合与技术创新，展开基于如祺出行平台、银基数字钥匙、腾讯出行服务与腾讯车联网等核心产品及保险业务的线上线下融合合作。

2021 年 10 月 22 日　奇瑞新能源汽车股份有限公司与安徽酷哇机器人有限公司签订战略合作协议。根据协议，奇瑞与酷哇将共同推进公开场景的 L4 级别规模商业化应用，在线控汽车底盘、自动驾驶关键感知器件、自动驾驶算法等领域深入合作。双方还将在芜湖打造自动驾驶示范运营区、智能网联产业新集群、智能交通运营新模式。

2021 年 10 月 22 日　国家电投集团氢能科技发展有限公司与开云汽车正式签署战略合作协议。根据协议，双方将在新能源商用车的研发以及技术等领域开展合作，助力中国国内及海外末端物流配送行业的绿色发展；双方将联合开发适用于海内外的“零碳、高效、低成本、可持续”城市末端数字化快递配送的氢动力驱动快递车辆，还包括与之相配套的基础建设与运营。

2021 年 10 月 22 日　宁德时代新能源科技股份有限公司与中国建材集团在北京签署战略合作协议。根据协议，双方将在“零购电”无人矿山、“零购电”智慧工厂、“零碳”智慧物流和新能源材料等多个领域展开深入合作，充分发挥各自

在先进电池技术等方面优势，加快推进纯电动重卡、纯电动工程机械和储能等新能源解决方案应用落地。

2021 年 10 月 23 日 智加科技有限公司京东科技在北京签署合作框架协议。根据协议，双方将在智慧交通领域展开一系列深度合作，推动自动驾驶系统研发和商业化运营，共同探索智慧交通综合解决方案。

2021 年 10 月 24 日 中国汽车工程研究院股份有限公司与北京津发科技股份有限公司签署“汽车人因工程联合实验室”合作协议。根据协议，双方将共同建立包括静态驾驶模拟器内的汽车人因工程实验室，开展自动驾驶趋势下的人机交互评价标准、自动驾驶的乘员舒适性、自动驾驶车辆接管设计等方面的研究工作。

2021 年 10 月 27 日 宁德时代新能源科技股份有限公司与现代摩比斯签署技术许可与合作意向协议。根据协议，宁德时代将授权摩比斯使用 CTP(高效成组)技术，并支持摩比斯在韩国乃至全球范围内的 CTP 相关电池产品供应。

2021 年 10 月 27 日 上汽集团旗下零束软件、联创电子与中兴通讯签署战略合作备忘录，分别成立联合创新中心。按照规划，上汽集团和中兴通讯将合力推动汽车操作系统的自主核心能力建设，探索在车载操作系统中的微内核 RTOS、Hypervisor 以及 Safety Linux 产品领域的研发合作，共同打造面向国产 MCU 芯片的嵌入式操作系统。双方将基于车规级芯片核心技术开展深入合作，共同定义开发高算力 AI 芯片及基础软件开发工具链。

2021 年 10 月 27 日 山西美锦能源股份有限公司与昇辉智能科技股份有限公司签署战略合作框架协议。根据协议，双方将在氢气的制储运加、可再生氢能供应链、氢动力核心装备、氢能关键零部件制造、氢能源车辆运营推广、碳资产运营管理等开展深度合作。具体合作方向：1）在工业副产物制氢、电解水制氢等制氢方式上进行合作，引入先进、安全、可靠的制氢技术，通过合作建设制氢项目，推动成功的制氢方式在全国重点区域落地。2）在燃料电池催化剂、质子交换膜、膜电极组件、双极板、电堆等关键零部件领域进行合作，加速推动燃料电池在技术、成本、销售上取得进一步突破。3）通过建立氢能产业基地的方式，共同搭建应用场景，推动燃料电池汽车的应用与推广。4）在推广碳资产运营管理平台方面开展合作。

2021 年 10 月 29 日 上海神力科技有限公司与上海鲲华新能源科技有限公司在上海签署战略合作框架协议。根据协议，双方将围绕氢燃料电池商用车和其他新型应用场景进行深度合作，促进氢燃料电池汽车推广应用。双方合作主要有两部分：一是技术合作，双方技术互补，联合开发基于石墨电堆的新一代燃料电池系统；二是市场合作，围绕应用场景，共同开发目标市场，尤其是示范城市应用市场。

2021 年 10 月 29 日 中国石化销售股份有限公司与京东集团在北京签署战略合作协议。根据协议，双方将在五个方面开展战略合作：1）持续拓展成品油和相关产品供应，以及在氢能、电动汽车等新能源领域的合作空间；2）提升非油品供应链效率；3）探讨适用未来各种业态的物流中台、智能仓储管理、智能预测补货等系统建设；4）推进联合营销等方面合作；5）在“双碳”战略等公益领域展开合作。

11 月

2021 年 11 月 2 日 海卓动力（青岛）能源科技有限公司与江苏大学汽车与交通工程学院签订产学研合作协议。根据协议，双方共同成立“清洁能源装备联合研发中心”，围绕燃料电池发动机开发、测试、匹配技术开展深入产学研合作。

2021 年 11 月 2 日 北京四维图新科技股份有限公司获得戴姆勒大中华区投资有限公司面向量产车辆的自动驾驶数据管理服务平台订单，四维图新将对戴姆勒在国内的自动驾驶平台进行系统搭建和集成，并在 2021 年 11 月至 2024 年 11 月期间负责该平台数据管理服务，同时通过该平台为戴姆勒集团在国内销售的 2021 年 11 月至 2024 年 11 月量产的乘用车提供数据处理等服务。具体金额取决于戴姆勒集团在国内销售的 2021 年 11 月至 2024 年 11 月面向量产上市的乘用车销量。

2021 年 11 月 3 日 上海重塑能源集团股份有限公司与丰田汽车签署燃料电池系统共同开发协议。根据协议，双方将携手开发适合商用车市场的新一代燃料电池系统产品。

2021 年 11 月 3 日 北京氢沄新能源科技有限公司与中油新能源（北京）有限公司在北京签署战略合作协议。根据协议，双方将围绕国家氢能发展战略，在氢燃料电池发动机及车辆应用推广、加氢站建设等方面通过技术创新、项目合作开发等多种合作模式，在加氢站基础设施建设及氢燃料电池车辆市场化运营领域建立战略合作伙伴关系。

2021 年 11 月 7 日 氢驰动力科技（山西）有限公司与大同市平城区人民政府、大同市有道城市发展投资有限公司签署项目合作协议，该项目围绕双方关于“光储充换”智能微网电站的投资合作展开，预计总投资额 5.33 亿元，共投入 25 座光储充换微网电站，随着车辆逐步增加可建设提供 5000 辆换电车型的服务能力。

2021 年 11 月 8 日 宁德时代新能源科技股份有限公司与哪吒汽车正式签署战略协议。根据协议，宁德时代将战略投资哪吒汽车，并在技术研发和供应链保障领域全面开启战略合作。

2021 年 11 月 8 日 英国石油公司 bp 与奥动新能源汽车科技有限公司在广州正式签署合作协议，双方成立合资公司。在横向布局建设换电站服务网络层面，英国石油 bp 战略投资奥动新能源旗下子公司，双方合资组建广州奥动新能源科技有限公司，率先在广州打造城市级合资公司合作模板，探讨把合作版图扩展至中国其他城市，探索海外合作可能性。在纵向完善生态链及产业延伸层面，双方围绕换电探索全新商业模式，包括能源补给、储能、电池银行、电池全生命周期梯次利用等领域。

2021 年 11 月 8 日 UCloud 优刻得控股子公司优云智联青岛优云智联科技有限公司与上海氢枫能源技术有限公司签署战略合作协议。根据协议，双方将聚焦工业互联网平台+智慧化氢站的建设与运营，进行物联网系统开发，共同推进工业互联网在氢能源领域的落地应用。

2021 年 11 月 9 日 天津市捷威动力工业有限公司与中国科学院苏州纳米技术与纳米仿生研究所共建的“固研先进电池联合实验室”在苏州产业园区成立、揭牌并签约。本次签约是双方在已有“高比能电池安全性提升”合作基础上进一步延展，联合实验室将聚焦于固态电池的关键技术研发。同时在新型电解质研究、材料及界面原位表征分析方面深入合作，不断加深对材料、电极及电解质界面的认知，在先进电池关键材料、电池设计及工艺技术等方面实现创新突破。研究成果将应用于车载动力电池领域。

2021 年 11 月 10 日 欣旺达电动汽车电池有限公司与柳州五菱汽车工业有限公司签署《合资合作意向书》。根据意向书，双方在广西柳州共同投资组建涵盖新能源汽车动力电池系统的合资企业，合资企业业务为在柳州及周边地区范围内为客户开发、制造、交付并销售汽车动力电池及其相关零部件，先期以电池包（PACK）为主，后续根据公司发展需要，双方协商后可再增加电池模组、BMS 等产品。

2021 年 11 月 10 日 岚图汽车与科思创、PPG 达成“可持续发展材料应用”合作意向，共同探索低碳可持续发展原材料在汽车整车及其零配件上的应用和推广。根据协议，三方将在包括但不限于低碳排放的材料、生物基材料水性材料以及循环回收材料等方面开展战略合作。

2021 年 11 月 10 日 哪吒汽车与泰国国家石油股份有限公司就“泰国电动车市场项目”签署战略合作框架协议。根据协议，双方将共同深耕泰国市场，致力于打造集增值服务、基础设施、用户体验于一体的智能汽车生态系统，为泰国及东盟人民提供中国制造的能电动汽车。

2021 年 11 月 10 日 无锡威孚高科技集团股份有限公司与北京氢璞创能科技有限公司签署《战略合作协议》（框架协议）。根据协议，双方将在双极板（石墨/金属）、膜电极等产品研发与应用，燃料电池关键部件核心技术开发，燃料电池电堆及核心部件商业化，燃料电池装备制造自主化和国产化，燃料电池单电池技术开发，电堆和整车验证等方面开展合作。

2021 年 11 月 11 日 上海申能能创能源发展有限公司与北京亿华通科技股份有限公司就“开展氢能领域长期合作，共促燃料电池发动机自主化和商业化进程”签订合约。根据合约，双方将在氢能生态项目建设、氢能产品开发、燃料电池汽车应用场景拓展等方面开展合作，不断突破氢燃料电池核心技术瓶颈，全面培育可配适不同应用场景的氢能产品。双方将以北京、上海为突破口，促进氢燃料电池汽车在京津冀蒙、长三角地区商业化运营，并以市场为导向带动全国氢能及燃料电池产业链健康发展。

2021 年 11 月 11 日 北京四维图新科技股份有限公司与沃尔沃汽车技术（上海）有限公司签署车联网采购框架协议。根据协议，未来 3 年内，四维图新科将承接沃尔沃汽车车联网云服务平台的合规服务，具体金额取决于上述期限内量产的沃尔沃汽车的相关车型在国内的销量。

2021 年 11 月 15 日 北京当升科技股份有限公司与 SK 株式会社分别在北京与首尔签订战略合作协议。根据协议，双方同意 SK 投资当升科技欧洲新材料产业基地，并在韩国设立合资公司，如有必要则另在中国设立合资公司，合作发展正极材料业务。双方同意在磷酸铁锂业务上开展合作。

2021 年 11 月 17 日 瑞浦能源有限公司和格林美股份有限公司在瑞浦能源温州总部签署战略合作协议。根据协议，双方将致力于共同建立动力电池全产业链，实现锂离子电池安全回收、储存和绿色处置，从资源端开始提供优质解决方案；双方建立战略合作伙伴关系，携手构建锂离子电池的全生命周期绿色管理体系，形成满足全球新能源绿色管理要求的一流锂离子电池绿色回收利用典范模式。

2021 年 11 月 17 日 青岛康普顿科技股份有限公司与青岛创启新能催化科技有限公司签署增资协议。根据合作框架，康普顿入股后，青岛创启新能将快速实现系列催化剂产品的规模化、高质量、稳定生产和商业化运营，覆盖氢能制取、储运和氢燃料电池等全产业链市场需求。同日，青岛康普顿投资青岛创启信德新能源，在新签项目中，双方共同致力于氢能源领域关键装备的研发生产，具体包括质子交换膜电极、燃料电池电堆、电解水制氢和氨/氢储运装备等。

2021 年 11 月 18 日 文远知行（WeRide）与广汽集团及旗下移动出行平台如祺出行达成战略合作，开启自动驾驶出租车 Robotaxi 前装车型设计、研发和量产落地的全面升级。

2021 年 11 月 18 日 宁波容百新能源科技股份有限公司与浙江华友钴业股份有限公司签订《战略合作协议》。协议约定，从 2022 年起至 2025 年 12 月 31 日，容百科技在华友钴业的前驱体采购量不低于 18 万 t。在华友钴业向容百科技提供有竞争优势的金属原料计价方式与前驱体加工费的条件下，双方预计前驱体采购量将达到 41.5 万 t。

2021 年 11 月 19 日 小鹏汽车与高通技术公司签署战略合作谅解备忘录（MOU），深化双方在智能座舱领域的合作。根据备忘录，双方将共同推动骁龙汽车数字座舱平台在小鹏汽车全系车型中的采用。

2021 年 11 月 22 日 蓝黛科技集团股份有限公司与重庆金康新能源汽车有限公司签署《战略合作协议》。根据协议，双方在新能源汽车电驱动系统和减速器总成及零部件、仪表屏等产品领域达成战略共识。金康新能源在进行新项目研发及市场服务中，优先选择蓝黛科技的产品和服务；配套份额方面，在蓝黛科技能满足其产能需求的前提下优先使用蓝黛科技的产品和服务；在使用与蓝黛科技相关的第三方产品时，协助指定蓝黛科技的产品作为二级配套。蓝黛科技负责就战略合作过程中各类项目的工作予以落实到位。

2021 年 11 月 22 日 合肥国轩高科动力能源有限公司与重庆市永川区长城汽车零部件有限公司签署《2022 年采购框架合作协议》，就合肥国轩长期向长城汽车零部件公司供应动力电池产品达成合作意向。根据协议，双方确定 2022—2025 年期间的交付总电量合计不低于 10 GWh，其中 2022 年的年度量纲不低于 2.5 GWh，每年双方保证在年度量纲范围内足量提货和供应，年度量纲为双方最低约束量。

2021 年 11 月 23 日 沙龙汽车与京东正式签署战略合作协议，双方将开展多领域跨界融合，促进沙龙旗下产品的终端市场销售，助力新能源汽车市场发展。

2021 年 11 月 24 日 广州鹏辉能源科技股份有限公司在广西柳州市北部生态新区建设鹏辉智慧储能及动力电池制造基地，主要布局锂电池电芯、PACK 生产线，项目总投资预计约人民币 60 亿元，其中项目一、二期计划总投资 12 亿元，项目一、二期固定资产投资约 8 亿元；项目整体规划布局产能 20 GWh，一期建设产能 2 GWh、二期建设产能 2 GWh。

2021 年 11 月 25 日 蔚来汽车与壳牌集团签署战略合作协议。根据协议，到 2025 年，双方将在中国共建 100 座换电站；在欧洲，双方计划从 2022 年开始进行换电站的建设、运营试点工作。充电设施方面，壳牌欧洲充电网络将向蔚来用户开放。

2021 年 11 月 25 日 黑芝麻智能科技有限公司与上海睿赛德电子科技有限公司签署战略合作协议。根据协议，双方基于黑芝麻智能车规级高性能自动驾驶计算芯片和睿赛德科技实时操作系统技术协同研发自动驾驶软硬一体功能安全解决方案，为智能汽车产业提供一个高度开放性、可定制化的高性能融合基础计算平台。

2021 年 11 月 26 日 联想集团与吉麦新能源汽车签署战略合作协议，并成立“5G 智能生态联合创新实验室”。根据协议，双方将在车联网、云解决方案及服务等领域开展合作，推动新能源造车数智化转型。

2021 年 11 月 29 日 北奔重型汽车集团有限公司、河北跃迪集团在邯郸签署新能源重卡战略合作协议。根据协议，在邯郸、包头两地市委市政府的全力支持下，北奔重汽-跃迪集团共同携手，加快深化布局新能源产业发展。

12 月

2021 年 12 月 1 日 速腾聚创（RoboSense）与极氪智能科技有限公司达成战略合作。双方将通过系列合作创新构建产业链深度交融的合作形态，体系化深入硬件研发、智能制造、量产交付和市场协同的各个环节，深化推进汽车产业的智能化变革，共同驱动中国汽车品牌向全球创新引领者不断跨越。

2021 年 12 月 2 日 孚能科技（赣州）股份有限公司浙江华友钴业股份有限公司签订《战略合作协议》，根据协议，孚能科技计划自 2021 年 12 月至 2025 年底向华友钴业采购 16.15 万 t 三元前驱体，具体货物采购以另行协商或签订具体采购合同及订单为准，具体价格按协议约定的计价方式执行。双方还将联合研发电池高能量材料，共同成立前驱体、正极材料研发实验室，并加强在回收废料和废旧电池领域合作。

2021 年 12 月 7 日 远景动力技术（江苏）有限公司、一汽解放汽车有限公司、协鑫能源科技股份有限公司三方在长春共同签署战略合作协议。根据协议，未来三方将通过优势协同，开展电池、换电产品与整车的集成匹配开发，积极推动在绿电能源系统、电池回收与全生命周期管理等领域的业务协同。

2021 年 12 月 8 日 巴拉德动力系统有限公司（Ballard Power Systems）和广东济平新能源科技有限公司签订战略合作框架。本次双方进一步紧密合作，巴拉德力争为正在实施的中国燃料电池汽车示范提供一流的创新产品及完善的本土化服务。

2021 年 12 月 8 日 上海禾赛科技有限公司与驭势科技（浙江）有限公司签署战略合作协议。根据协议，禾赛科技将为驭势科技提供高性能的激光雷达解决方案，潜在应用场景包括无人驾驶出租车、无人公交、无人物流等。双方还将在自动驾驶领域展开深度合作，携手推进“全场景”自动驾驶的商业化落地。

2021 年 12 月 10 日 上海西爱西氢能源发展有限公司与中化石油公司共同签署战略合作协议，根据协议，双方将在全国首创加油、加氢，充电，太阳能，风力一体化实施方案，并在园区内建立首座 CIC 撬装式加氢设备，成为我国首座能够移动的加氢站。

2021 年 12 月 15 日 上海重塑能源集团股份有限公司与上海济平新能源科技有限公司在上海正式签署战略合作协议，双方将携手推动燃料电池的核心材料本土化，更好推进彼此在氢燃料电池行业的技术和产品迭代。

2021 年 12 月 15 日 上海友道智途科技有限公司与上海禾赛科技有限公司签署战略合作协议。根据协议，禾赛科技将为友道智途提供面向 L4 级与 L3 级自动驾驶所需的高性能激光雷达传感器，并就半固态激光雷达的车规级量产展开深度合作。双方将围绕自动驾驶技术研发迭代和其他业务场景进行合作探索，为智慧交通技术发展、智慧物流服务早日规模化，以及更安全的自动驾驶商用车量产落地共同努力。

2021 年 12 月 16 日 南京越博动力系统股份有限公司与广东国鸿氢能科技有限公司签署氢燃料电池项目合作协议，根据协议，双方明确以公交车、渣土车、物流车、冷藏车等新能源商用车为产品目标市场及应用场景，未来双方将联袂打造燃料电池供应链。

2021 年 12 月 16 日 开心汽车（KXIN. US）与北京步甲国际物流有限公司达成合作协议。根据协议，步甲公司同意在未来 5 年内向开心汽车订购至少 1 万辆新能源卡车，交易价值超 5 亿美元。

2021 年 12 月 16 日 上海禾赛科技有限公司与英伟达 NVIDIA 达成合作，英伟达将在其 NVIDIADRIVE 平台使用禾赛的 Pandar128 激光雷达作为其自动驾驶开发系统的真值（GroundTruth）传感器。

2021 年 12 月 17 日 四川省新能源动力股份有限公司与浙江华友控股集团有限公司在成都市签订《战略合作协议》。合作内容包括：矿产资源开发、锂盐生产领域、锂盐长期购销和锂电池循环回收领域合作等。根据协议，双方同意在国内外共同探求优质重要矿产资源开发、收购及其他方面深度合作；在锂盐产品方面，双方积极打造具备规模和竞争力的锂盐产业项目；在市场规则下建立长期紧密的锂盐稳定购销合作关系；在锂离子电池循环回收方面展开深度合作，双方从拆解粉碎到资源回收全流程地共建四川省乃至中国西南部锂电池循环回收基地，为资源综合循环利用。

2021 年 12 月 19 日 北京四维图新科技股份有限公司与沃尔沃汽车签署自动驾驶相关服务协议。根据协议，未来 3 年内四维图新将为沃尔沃汽车的自动驾驶功能开发验证平台进行环境搭建，并为其提供相关数据的采集等服务。

2021 年 12 月 20 日 协鑫能源科技股份有限公司在武汉分别与东风汽车集团股份有限公司乘用车公司、东风商用车有限公司签署新能源战略合作协议。根据协议，协鑫能源将与东风乘用车共同开发示范城市，批量投放换电出租车。同时，协鑫能源将与东风商用车在未来 5 年内销售 1 万台以上东风商用车车型电动重卡，建设超过 200 座换电站。

2021年12月20日 广州汽车集团股份有限公司、文远知行WeRide、广汽集团旗下移动出行品牌如祺出行三方签署战略合作及投资协议。协议内容主要有:1)文远知行正式战略投资如祺出行;2)广汽集团战略投资文远知行正式签署。广汽集团、文远知行和如祺出行将充分发挥各方优势,共同打造行业领先的Robotaxi产品和服务,全方位优化基于自动驾驶的打车和用车体验,建立科技与用户之间的真实连接,让Robotaxi规模化商业运营高质量落地。

2021年12月21日 韩国双龙汽车与比亚迪弗迪实业有限公司就"U100项目"在深圳签署动力电池研发合同和电池组自主生产技术合作谅解备忘录,开发关键的电动车部件电池和制造电池组,合作开发的电池将用于双龙汽车正在开发并计划于2023年开始量产的首款电动车型"U100"提供动力。双方计划扩大合作,加入电池组和纯电动车专用平台的开发。

2021年12月22日 北京地平线机器人技术研发有限公司(Horizon Robotics)与深圳市速腾聚创科技有限公司(Robo Sense)达成战略合作。双方将依托在各自领域的技术积累和量产经验,重点围绕高级辅助驾驶、自动驾驶、机器人、智慧交通新基建等方面开展深度合作。

2021年12月22日 一汽解放汽车有限公司与星星充电在常州签署战略合作协议。根据协议,双方将共同打造充换电网、智能微网和移动储能网三网融合的新基建示范样板,参与"零碳城市"、构建智慧能源系统、开展"零碳"试点工程等城市新能源项目,探索电池银行、绿电场景等多产业背景下合作模式。

2021年12月22日 广州恒运集团股份有限公司与现代汽车(中国)投资有限公司签署氢燃料电池专用SUVNEXO中国版的意向购买协议。

2021年12月23日 威马汽车与香港电动能源有限公司签署战略合作协议。根据协议,威马携手香港EVPower共同构建智慧补能服务网络,探索"即插即充"、V2G柔性补能技术的应用,为我国香港电动车用户提供高效智能的用车体验。

2021年12月24日 广州小马智行科技有限公司与一汽(南京)科技开发有限公司签署战略合作协议。根据协议,双方将深度整合双方在L4级自动驾驶技术研发,联合制定自动驾驶传感器硬件系统前装量产方案,共同开发适合Robotaxi的车型并进行前装量产,实现低成本自动驾驶平台的规模化应用,并计划共同建立自动驾驶示范运营车队,在广州、北京、上海、长春、南京等地开展商业化运营合作,共同实现Robotaxi的规模化落地运营。

2021年12月27日 广东光华科技股份有限公司与奥动新能源汽车科技有限公司签署战略合作协议。根据协议,双方将在电池健康度检测、电池安全管理、电池梯次储能等领域开展合作,致力于实现电池全生命周期价值挖掘,包括但不限于电池租赁使用、梯次储能、报废回收等,并加强电池银行、动力电池梯次利用和材料回收领域的合作。

2021年12月28日 一汽解放汽车有限公司与星星充电在常州签署战略合作协议。根据协议,双方将发挥各自产业优势,打造充换电网、智能微网和移动储能网三网融合的新基建示范样板,加速推进"零碳城市"政策落地。

2021年12月28日 深圳市雄韬电源科技股份有限公司与中国南山开发(集团)股份有限公司签订《战略合作协议》。根据协议,双方将围绕氢能产业链,探索在氢气制储运加以及利用方面的合作,共同争取为深圳市政府提供氢能和燃料电池的技术突破及应用场景。

2021年12月30日 广州巨湾技研有限公司与广东天枢新能源科技有限公司在佛山签署战略合作协议,并发布共建超充网络战略。根据计划,双方将投资超10亿元,在2022—2024年3年时间内,在国内100座城市,联合共建1000座超充站。

2021年12月31日 北京向荣清能汽车科技有限公司与7家合作伙伴北京清华科技园签署战略协议,其中鑫桥联合融资租赁有限公司与向荣清能汽车正式签署合作协议,双方支持向荣清能氢燃料智能商用车推广融资租赁100亿元。

2021年12月31日 零束科技与高通无线通信技术(中国)有限公司签署战略合作协议,双方将利用第4代骁龙座舱平台为零束银河全栈3.0技术解决方案带来智能座舱体验。按照计划,2022年第一季度,零束科技将完成"银河全栈3.0"的基础架构;2022年第二季度正式发布;2023年底搭载整车上市。"银河全栈1.0"将于2022年上半年在智己汽车搭载亮相。"银河全栈3.0"仍将优先搭载上汽旗下自主品牌(如智己、R汽车等),其后会向更多主机厂开放。

三、2021年重要事件

1月

2021年1月4日 东风牌氢燃料电池半挂牵引车在深圳盐田港正式进行港口运营测试。该车准拖挂总质量为35 t,搭载深圳氢时代新能源科技有限公司配套的燃料电池系统,额定功率为110 kW。

2021年1月12日 江淮蔚来高端纯电动乘用车智能工厂入选"2020年安徽省智能工厂"。

2021年1月15日 由浙江锡力科技与东风汽车联合打造的氢能燃料电池冷链车首度亮相六横,该辆氢能燃料电池冷链车总质量为8990 kg,动力由浙江锡力科技自主研发生产的50 kW氢能燃料电池系统提供,并装有3个5 kg氢气罐,可装载氢气15 kg为燃料电池系统供能。

2021年1月19日 节能与新能源汽车产业发展部际联席会议在京召开。会议总结了2020年及"十三五"工作情况,深入讨论了落实《新能源汽车产业发展规划(2021—2035

年)》工作举措,明确了新能源汽车产业发展2021年重点工作。会议强调,2021年是“十四五”规划的开局之年,也是《规划》启动之年,要重点抓好四项工作,推动《规划》实施迈好第一步、见到新气象。一是增强产业链供应链自主可控能力,统筹推进补短板和锻长板,增强产业链韧性和竞争力;二是完善基础设施体系,破解充电桩“进小区难”等问题,提升互联互通水平,提高充电便利性和产品可靠性;三是加大推广应用力度,实施推动公共领域车辆电动化行动,开展新一轮新能源汽车下乡活动,出台更多使用环节优惠政策,进一步拉动私人消费;四是优化产业发展环境,研究制定汽车产业落实碳达峰碳中和行动路线图,加强项目投资和生产准入管理,坚决遏制盲目投资现象,推动提高产业集中度,强化质量安全监管,切实提升新能源汽车安全水平。

2021年1月26日 搭载玉柴Y24+65 kW增程器的银隆新能源7.5 m增程式微型巴士交付澳门用户。

2021年1月28日 青岛市首条氢能源公交运行线开通,50辆全新氢能源公交车将陆续在真情巴士811、30路等线路运行。

2021年1月29日 广州雄韬氢恒科技有限公司为广州市开发的31 t燃料电池渣土车正式下线,该车将用于广州市黄埔区、广州开发区首批500辆氢燃料电池渣土车试运营。

2021年1月29日 湖南湘江智能科技创新中心有限公司申请筹建的国家智能网联汽车质量监督检验中心(湖南)正式获得国家市场监督管理总局批准。

2月

2021年2月2日 吉利科技集团在重庆高速静观服务区的首批智能换电站同步在静观、梨花山、围龙、珞璜、大路5个服务区内投入运营,该换电站可实现无人值守、全程60 s极速换电。

2021年2月5日 全球首款商用级无人驾驶电动巴士——百度“阿波龙”在重庆渝北区新光天地正式上线试运营。

2021年2月7日 工业和信息化部装备一司发布《关于2020年度乘用车企业平均燃料消耗量和新能源汽车积分管理有关事项的通知》,通知明确:企业2020年度产生的新能源汽车负积分,可以使用2021年度产生的新能源汽车正积分进行抵偿。对于注册地在湖北省的乘用车企业,其在2020年度产生的平均燃料消耗量负积分和新能源汽车负积分,减按80%计算。

2021年2月9日 商务部办公厅发布《关于印发商务领域促进汽车消费工作指引和部分地方经验做法的通知》,通知明确:各地不出台新的汽车限购规定,稳定城市汽车消费。加快构建城乡一体化的汽车销售和售后服务网络,释放农村汽车消费潜力。对农村居民购买新能源汽车、微型或轻型货车(含皮卡)、1.6 L及以下排量乘用车给予补贴支持。推广新能源汽车消费。鼓励限购地区号牌指标数量配置向新能源汽车倾斜,对无车家庭购置首辆新能源家用汽车给予支持,研究不限购的具体措施。各地可对消费者购置新能源汽车,在充电、通行、停车等使用环节给予综合性奖励,推动公共领域车辆电动化,巩固新能源汽车市场增长势头。

3月

2021年3月1日 内蒙古首台氢燃料电池汽车在包头下线,此次新下线的氢燃料重卡由北奔重汽和上海交大共同研制开发、搭载蓝能车载供氢系统,一次加注氢燃料可轻松续航350 km以上。

2021年3月9日 上海蔚来汽车有限公司公开“无线充电装置及其线圈切换方法、相关装置”发明专利,该发明提供的无线充电装置及其线圈切换方法、充电站和智能车库,可保证与无线充电发射线圈/无线充电接收线圈对应的无线充电接收线圈/无线充电发射线圈的位置发生变化时,无线充电发射线圈/无线充电接收线圈与其对应的无线充电接收线圈/无线充电发射线圈的间距均可达到设定的无线充电距离,可以最大功率传输效率进行电能传输。

2021年3月10日 广汽埃安发布新一代动力电池安全技术——弹匣电池系统安全技术,首次实现三元锂电池整包针刺不起火。广汽埃安弹匣电池是一个专门提升动力电池安全性的系统性技术,具备超高耐热稳定的电芯、超强隔热的电池安全舱、极速降温的速冷系统、全时管控的第五代电池管理系统四大核心技术。

2021年3月11日 工业和信息化部党组成员、副部长辛国斌主持召开智能网联汽车推进组(ICV—2035)成立座谈会。辛国斌指出,智能网联汽车是未来产业发展的战略制高点,当前正处于技术快速演进、产业加速布局的关键阶段,为有效汇聚各方力量、推动解决重大问题、加快产业发展步伐,工业和信息化部研究成立了推进组。辛国斌对推进组工作提出三点要求。一要提高思想认识。智能网联汽车正在成为移动储能单元和数字空间,将会带动能源、交通、出行等领域巨大变革,产业生态全面重塑,发展速度日新月异,要以时不我待的自觉抢抓发展机遇、加强战略谋划。二要聚焦重点领域。深入实施《新能源汽车产业发展规划(2021—2035年)》,加快推动新型电子电气架构、操作系统等关键核心技术研发,研究制定急需技术标准和准入管理要求,持续优化政策环境,打造创新产业生态,加快推动智能网联汽车产业发展。三要强化工作落实。推进组要进一步细化目标任务和工作举措,加强各方统筹协调,挂图作战、扎实推进,推动形成跨行业跨领域跨部门共促产业发展的良好格局。

2021年3月13日 工信部公示《关于2019年度新能源汽车推广应用补助资金清算审核终审情况及2016—2018年度申诉车辆复审情况》,审核情况具体为:1)2019年度新能源汽车推广应用补助资金清算审核车辆信息情况为:核定推广数417530辆;核定补助资金1402945.327436万元;按整车企业取整后补助资金1402947万元;取整后应补助资金1369558万元;本次拟安排资金(取整)329597万元。2)2018年度新能源汽车推广应用补助资金清算复审车辆信息:核定推广数5057辆;核定补助资金74318.9860万元;按整车企业取整后补助资金74320万元;拟安排资金73133万元。3)2017年度新能源汽车推广应用补助资金清算复审车辆信息:核定推广数5057辆;核定补助资金74318.9860万元;按整车企业取整后补助资金74320万元;拟安排资金73133万元。4)2016年度新能源汽车推广应用补助资金清算复审车辆信息:核定推广数 1 辆；核定补助资金 33.6 万元；按整车企业取整后补助资金 34 万元；拟安排资金 34 万元。

2021 年 3 月 16 日 工信部科技司发布《2021 年工业和信息化标准工作要点》，工作要点中涉及新能源汽车相关方面的有：1）推进新技术新产业新基建标准制定。大力开展电动汽车和充换电系统、燃料电池汽车等标准的研究与制定。稳步推进车联网（智能网联汽车）等融合创新标准制定。2）加强重点领域标准体系的顶层设计。根据技术进步和产业快速发展、融合发展的需求，修订电动汽车、车联网（智能网联汽车）、锂离子电池等标准体系建设指南或路线图。3）做好工业低碳和绿色制造等标准制定。推进绿色低碳工业园区、可再生能源利用、工业废水资源化利用、动力蓄电池回收利用等相关标准研制。继续做好车辆燃料消耗量限值、试验方法和标识等标准制定。

2021 年 3 月 17 日 工业和信息化部装备工业发展中心发布关于调整《乘用车燃料消耗量限值》实施标准的通知，通知明确：2021 年 7 月 1 日前，GB 19578—2021《乘用车燃料消耗量限值》与 GB 19578—2014《乘用车燃料消耗量限值》并行实施。企业申请新产品准入时，选择其中一项标准进行检验，并提供相应检验检测报告。2021 年 7 月 1 日起，新申请型式批准的车型，需满足 GB 19578—2021《乘用车燃料消耗量限值》要求。

2021 年 3 月 17 日 工业和信息化部、交通运输部、国家标准化管理委员会联合印发《国家车联网产业标准体系建设指南（智能交通相关）》。指南计划到 2022 年底，制修订智能交通基础设施、交通信息辅助等领域智能交通急需标准 20 项以上，初步构建起支撑车联网应用和产业发展的标准体系。到 2025 年，制修订智能管理和服务、车路协同等领域智能交通关键标准 20 项以上，系统形成能够支撑车联网应用、满足交通运输管理和服务需求的标准体系。

2021 年 3 月 18 日 上汽 R 汽车发布全新 R-TECH 技术品牌及战略车型 ES33，该车型定位于纯电运动轿跑。

2021 年 3 月 28 日 思皓品牌旗下纯电动微型车—思皓 E10X 正式在合肥上市。新车总计拥有 7 个配置车型可供选择，续航里程为 150~302 km。

2021 年 3 月 29 日 长城汽车发布“氢柠技术”车规级氢动力系统全场景应用解决方案，加一次氢仅需 3 min，可行驶 900 km 以上，支持零下 30 ℃冷启动。2021 年年内将推出款 C 级氢燃料电池 SUV，落地 100 辆 49 t 氢能重卡。**同日**，长城汽车发布氢能战略，其氢能源将分三个阶段：2021—2025 年，开启新时代，聚焦氢示范；2025—2035 年发展氢经济，开放氢生态；2035—2050 年，建成氢社会，推动燃料电池汽车向商业化迈进。

2021 年 3 月 29 日 工业和信息化部装备工业发展中心发布《关于对拟特别公示道路机动车辆生产企业进行告知的通知》，通知明确：工业和信息化部装备工业发展中心对道路机动车辆生产企业维持正常生产经营情况开展梳理工作，参考依据为车辆生产企业上传机动车出厂合格证数量。按照“公平、公正、公开”原则，我中心将对拟特别公示道路机动车辆生产企业进行书面告知，请各有关车辆生产企业对相关情况进行认真核对、确认。

2021 年 3 月 31 日 工业和信息化部办公厅、农业农村部办公厅、商务部办公厅、国家能源局综合司联合发布《关于开展 2021 年新能源汽车下乡活动的通知》，通知明确：鼓励参加下乡活动的新能源汽车行业相关企业（以下简称企业）积极参与“双品网购节”，支持企业与电商、互联网平台等合作举办网络购车活动，通过网上促销等方式吸引更多消费者购买。鼓励各地出台更多新能源汽车下乡支持政策，改善新能源汽车使用环境，推动农村充换电基础设施建设。鼓励参与下乡活动企业研发更多质量可靠、先进适用车型，加大活动优惠力度，加强售后运维服务保障。

4 月

2021 年 4 月 7 日 张家口市氢燃料电池汽车全产业链数据采集和监测中心正式启用，该中心是全国首个氢燃料电池汽车全产业链数据采集和监测中心。

2021 年 4 月 8 日 重庆市首批加氢站集中开工建设，首批集中开工建设的加氢站有 3 座，分别是中石油重庆销售公司两江新区双溪综合能源站、鱼嘴综合能源站和中石化重庆石油分公司九龙坡区半山环道综合能源站。其中，双溪站、鱼嘴站是油氢合建站；半山环道站是气氢合建站。3 座加氢站的加氢设计能力均为 1000 kg/天。这批加氢站建成投运后，每天可满足约 300 辆氢能源公交车或 480 辆氢能源市政物流车的加氢需求。

2021 年 4 月 9 日 工业和信息化部装备工业发展中心发布《关于实施四项新能源汽车国家标准的通知》。通知明确：将新发布的 GB/T 18386.1—2021《电动汽车能量消耗量和续驶里程试验方法　第 1 部分：轻型汽车》、GB/T 19753—2021《轻型混合动力电动汽车能量消耗量试验方法》、GB/T 26779—2021《燃料电池电动汽车加氢口》、GB/T 32694—2021《插电式混合动力电动乘用车　技术条件》四项标准列为新能源汽车产品准入专项检验项目的依据标准，与《新能源汽车生产企业及产品准入管理规定》（工信部令第 39 号）中新能源汽车产品专项检验项目依据标准并行实施。

2021 年 4 月 13 日 北京市智能网联汽车政策先行区正式启动。北京市政府批复由北京市经信局和经开区联合制定的《北京市智能网联汽车政策先行区总体实施方案》，同意依托高级别自动驾驶示范区设立北京市智能网联汽车政策先行区，发挥政策叠加效应，为企业在京发展营造良好的“自动驾驶营商环境”。政策先行区实施范围包括亦庄新城 225 km^2 规划范围，大兴国际机场以及京台高速、京津高速等 6 条环绕亦庄的高速和城市快速路段。百度、小马智行被授予政策先行区首批道路测试牌照，测试范围涉及城市道路、夜间（16:00—22:00）及特殊天气测试等测试场景。

2021 年 4 月 14 日 河北唐山海港经济开发区投放首批商业化运营氢能重卡。此次投入物流运输的氢能重卡共 5 辆，由佛山市飞驰汽车科技有限公司生产，搭载高性能电堆，续航里程可达 450 km。**同日**，唐山海港经济开发区加氢站投入运行，该加氢站日加注能力 500 kg，能够为 30 至 40 辆 49 t 氢燃料电池重卡提供加注服务。

2021 年 4 月 21 日 清华大学集成电路学院正式成立。清华大学集成电路学院，将瞄准集成电路“卡脖子”难题，聚焦集成电路学科前沿，打破学科壁垒，强化交叉融合，突破关键核心技术，培养国家急需人才，实现集成电路学科国际领跑，支撑我国集成电路事业的自主创新发展。

5月

2021 年 5 月 1 日 南京市首条氢能源公交示范线路在溧水开发区正式开通运营，此次开通的氢能源公交示范线将投放 11 辆 NJL6106FCEV 开沃氢燃料城市客车，并建设南京首个商业化加氢站，解决氢气储运和加注问题。

2021 年 5 月 7 日 国网电动汽车服务有限公司投资建设的西藏玉龙铜矿矿用卡车“油改电”项目正式投运。该项目包含全自动智能换电工位 2 座、90 t 级纯电动宽体矿用卡车 40 辆，是世界海拔最高的纯电动重卡运营示范项目。

2021 年 5 月 8 日 住房和城乡建设部、工业和信息化部在京联合召开智慧城市基础设施与智能网联汽车协同发展试点工作部署会议。工业和信息化部党组成员、副部长辛国斌，住房和城乡建设部副部长黄艳出席会议并讲话。辛国斌指出，智能网联汽车是未来产业发展的战略制高点。在有关各方共同努力下，我国智能网联汽车产业发展取得积极成效，2020 年 L2 智能网联乘用车的市场渗透率达到 15%，但还需要从关键技术创新、基础设施建设、标准法规完善、商业模式探索等方面协同发力，加快形成产业竞争优势。辛国斌要求，充分认识此次试点工作的重要意义，着力提升协同发展水平，推动取得预期成效。一要加强产业发展协同，坚持“单车智能+网联赋能”的战略定位，协同推进智能化、网联化技术并行发展，加速规模化商用进程。二要强化试点示范协同，深入推进智能网联汽车测试示范工作，加强智能化基础设施和“车城网”平台建设，提供更加多样化的测试和应用场景。三要做好标准法规协同，将试点经验成果固化成技术标准，推动地方先行先试立法探索，为智能交通管理和智慧城市建设提供有力支撑。辛国斌强调，协同发展试点是一项系统性工程，要高度重视数据安全、网络安全、软件安全等问题，加大相关技术创新、标准制定和安全监管力度，保障试点工作平稳有序开展。

2021 年 5 月 13 日 工业和信息化部、财政部、税务总局联合发布《关于调整免征车辆购置税新能源汽车产品技术要求的公告》。《公告》明确：1）插电式（含增程式）混合动力乘用车纯电动续驶里程应满足有条件的等效全电里程不低于 43 km。2）插电式（含增程式）混合动力乘用车电量保持模式试验的燃料消耗量（不含电能转化的燃料消耗量）与《乘用车燃料消耗量限值》（GB 19578—2021）中车型对应的燃料消耗量限值相比应当小于 70%；电量消耗模式试验的电能消耗量应小于电能消耗量目标值的 135%。按整备质量（m，kg）的不同，百公里电能消耗量目标值（Y）应满足以下要求：

$m \leqslant 1000$ 时，$Y=0.0112\times m+0.4$；$1000\ \text{kg}<m\leqslant 1600$ 时，$Y=0.0078\times m+3.8$；$m>1600$ 时，$Y=0.0048\times m+8.60$。

2021 年 5 月 15 日 南京市首条氢能源公交示范线在高淳城北科技新城启动。本批氢能源公交示范线车辆搭载了氢蓝时代 80 kW 的鹏系列氢燃料电池系统产品，加氢时间小于 15 min，续航里程最高可达 450 km。

2021 年 5 月 15 日 江苏首座油氢合建站——南京高淳城北科技新城油氢合建站正式投入运营，该站日供氢能力达 500 kg，是江苏省首座集加油、加氢、充电、汽服、便利店为一体的综合加能站，将为南京首条氢能公交示范线提供加氢服务。

2021 年 5 月 18 日 力帆科技（集团）股份有限公司首款换电新车型 80 V 正式在重庆蔡家生产基地量产下线。

2021 年 5 月 24 日 由工业和信息化部装备工业发展中心主办的《乘用车企业平均燃料消耗量与新能源汽车积分并行管理实施情况年度报告（2021）》发布会在北京成功举办。会议期间举行了《积分年度报告》发布仪式。发布会后，装备中心组织召开了积分政策闭门研讨会，围绕积分政策灵活性措施等相关主题，听取了行业机构、重点企业代表的意见和建议。工业和信息化部装备工业一司郭守刚副司长指出，行业专家、各企业代表对政策的看法和建议，对后续的《积分办法》的实施有很好的作用，同时进一步提出三点要求。一是要坚定信心，正确看待积分政策的实施效果；二是要持续优化政策措施，支撑新能源汽车产业平稳健康发展，助力实现“双碳”的目标；三是持续提升政策制定和实施情况的透明度，提升政策效率，最大限度降低制度性的成本。装备中心瞿国春主任在总结发言中指出，积分政策来之不易，对于引领新能源汽车的发展，促进节能减排发挥了举足轻重的作用。在执行的同时，也要持续优化和完善政策。在政策执行的过程中，企业要保证数据准确性，保持规范性和严肃性。装备中心将按照工信部要求，保持监督检查的常态化，并及时发布相关信息。

2021 年 5 月 27 日 江苏省首座加气加氢合建站——无锡华润燃气堰裕路加气加氢站正式投运。该加气加氢站位于无锡市惠山区，加氢规模为 550 kg/天，可满足每天 20～30 辆氢燃料电池公交车加注需求；加气规模为 8000 m^3/天，可满足每天 300 辆 CNG 汽车加气需求。

2021 年 5 月 29 日 金康赛力斯与华为合作打造的赛力斯华为智选 SF5 车型正式开始交付，新车共推出 2 款车型。

6月

2021 年 6 月 1 日 三一集团有限公司首台氢燃料牵引车下线，首台氢燃料牵引车搭载亿华通 120 kW 燃料电池发动机。

2021 年 6 月 1 日 河北唐山首批 15 辆唐山牌氢燃料电池重卡投入实际运营，这款车型由开沃重工设计制造，配备 110 kW 燃料电池系统。

2021 年 6 月 2 日 由东方电气参建的中国西部高原首座标准化固定式加氢站正式投运，该站每天可加氢 500 kg，最大满足每天 50 辆氢燃料公交车或 100 辆氢燃料物流车加氢需求，初期示范配套的 10 辆氢燃料公交车正式上路运行。

2021 年 6 月 6 日 单组 400 kW 燃料电池系统——“氢龙一号”从苏州中车氢能动力技术有限公司顺利启程。该燃料电池系统的储供氢系统配置国富氢能 28×210 L 高压储氢瓶，总储氢量达到 140 kg，是目前国内储氢量最大的车载氢系统。

2021 年 6 月 10 日 工业和信息化部办公厅发布《关于开展车联网身份认证和安全信任试点工作的通知》。《通知》明确：车与云、车与车、车与路、车与设备之间通信的技术要求和应用场景，并提出了相应的试点目标，试点工作主要围绕车联网及自动驾驶相关内容展开。此次试点的申报主体包括基础电信企业、互联网企业、汽车生产企业、电子零部件企业、网络安全企业、商用密码企业、交通运输企业、科研院所,以及网络安全创新应用先进示范区、国家级车联网先导区、国家智能网联汽车测试示范区(基地)、智慧城市基础设施与智能网联汽车协同发展试点城市等的建设运营单位等。

2021年6月11日 工业和信息化部装备工业发展中心发布《燃料电池汽车测试规范》(试行版),《测试规范》分为通用要求、燃料电池系统额定功率测试方法、燃料电池系统质量功率密度测试方法、燃料电池堆体积功率密度测试方法、燃料电池系统低温冷起动测试方法、燃料电池汽车纯氢续驶里程等6项具体内容。

2021年6月11日 2021年新能源汽车下乡活动重庆站正式启动。本次活动组织了14家汽车企业16个品牌59款车型积极参与,并在万州、涪陵、黔江、铜梁等县区举办专场巡展。由工业和信息化部、农业农村部、商务部、国家能源局联合组织主题为"绿色、低碳、智能、安全——一步跨入'新'时代,助力全面推进乡村振兴"的2021年新能源汽车下乡活动,拟选择三四线城市、县区举办若干场专场、巡展、企业活动。

2021年6月16日 大运重卡首批60台氢燃料重卡正式交付给保定智通新能源汽车有限公司。

2021年6月16日 大连市氢燃料电池公交示范线路开通启动,市区首台氢燃料电池公交车正式上线运营。

2021年6月22日 北京航天试验技术研究所成功完成国内首例车载液氢瓶火烧试验。该试验瓶为高真空多层绝热结构的液氢重卡车载氢瓶,瓶内充装液氢真实介质,先后完成了蒸发率、维持时间和耐火烧性能等关键测试。试验的成功为车载液氢瓶检测标准的制定提供了重要参考依据。

2021年6月25日 2021年新能源汽车下乡活动江苏南京站正式启动,工业和信息化部装备工业一司有关负责同志出席活动并致辞。本次活动由中国汽车工业协会、南京市人民政府、江苏省工业和信息化厅等单位联合主办,商务部市场运行和消费促进司、中国国际贸易促进委员会机械行业分会、国网江苏省电力有限公司等有关部门和单位的代表共同参加,长安、合众、理想、蔚来、欧拉、荣威、开沃、比亚迪、五菱等39个品牌积极参与。江苏省对新能源汽车推广应用和改善农村出行高度重视,将力争实现车辆销售、充电设施、交通法规、金融服务、维修保养、视频直播"六位一体"同步下乡,陆续走进全省3个设区市、3个县级城市、3个重点乡镇,并举办新能源汽车进机关、进园区、进高校等一系列推广活动,加快全省新能源汽车推广应用和产业化进程。

2021年6月28日 奥动启动重庆城市级换电服务网络运营。根据奥动在重庆的布局规划,截至2021年6月底已初步形成城市级换电服务网络,落成共20座换电站,预计2021年年底增至60座规模;2023年目标在重庆建设200座换电站。

2021年6月28日 工信部装备工业一司发布《2021年汽车标准化工作要点》,新能源汽车及智能网联汽车方面,《工作要点》明确:加快战略性新兴领域汽车标准研制。1)新能源汽车领域:强化电动汽车安全保障,开展电动汽车整车、动力电池及换电等安全标准实施效果评估,推动传导充电安全要求、碰撞后安全要求等标准发布实施。注重电动汽车整车综合性能提升,加快电动汽车动力性、远程服务与管理、纯电动乘用车技术条件等标准制修订。聚焦燃料电池电动汽车使用环节,推动燃料电池电动汽车能耗及续驶里程、低温冷启动、动力性能、车载氢系统、加氢枪等标准制修订。加快关键部件创新突破,开展动力蓄电池、超级电容器、驱动电机系统、绝缘栅双极型晶体管(IGBT)模块等标准制修订。支撑换电模式创新发展,推动换电车辆车载换电系统互换性、换电通用平台、换电电池包及其附件、电池包与车辆和换电站通信等标准预研。支撑电动汽车绿色发展,开展动力电池回收利用通用要求、可梯次利用设计指南等标准预研,完成动力电池回收服务网点标准制定。2)智能网联汽车领域:适应新技术发展趋势,加快推进整车信息安全、软件升级、自动驾驶数据记录系统等强制性国家标准的立项和制定工作;强化基础性标准支撑,完成智能网联汽车术语定义推荐性国家标准征求意见,启动并持续推进信息安全工程、操作系统等基础类标准制定工作;紧跟行业技术应用情况,完成驾驶员注意力监测、车门开启提醒等辅助驾驶系统的审查和报批工作,推动组合驾驶辅助、自动泊车等重点功能标准制定工作;围绕智能网联汽车多场景应用,加快自动驾驶应用功能要求和场地、道路试验方法等标准的制定出台,研究港口、配送等特定应用需求相关标准;针对自动驾驶功能使用差异性,开展自动驾驶功能产品说明书、自动驾驶使用者培训等方面的标准化需求探索与研究。

2021年6月30日 中国电力延庆园加氢站二期项目冬奥配套加氢站(70 MPa)建成投产,该加氢站同时具备35 MPa和70 MPa两种加注能力,日加氢能力可达1000 kg,可满足60辆氢燃料客车或200辆中小型氢燃料车辆需求。

7月

2021年7月2日 吉利商用车旗下新能源品牌远程汽车"远程星智"产品上市,远程汽车与上海轻程(轻程物联)、京东物流、苏宁易购、时代智慧科技、狮桥集团等企业进行战略合作签约。其中与上海轻程签订的1200辆签单为远程汽车首次将氢燃料电池技术应用于轻卡产,签约的1200辆氢燃料电池轻卡将全部搭载重塑科技的PRISMA镜星系列燃料电池系统。

2021年7月5日 河钢集团氢能重卡投运全国首发。首批次投放30辆49 t氢燃料电池重卡,49 t氢燃料电池重卡由佛山市飞驰汽车科技有限公司生产,配套广东国鸿氢能科技有限公司自主研发生产的鸿途G110燃料电池系统和鸿芯GⅠ电堆。

2021年7月6日 由四川秦欧动力科技有限公司投资800万元建成的川南首个新能源汽车换电站投入运行。该换电站位于四川内江经开区甜城大道中段寿溪河畔,该项目初期主要面向出租车、网约车中的新能源汽车,后期陆续增加公务用车和私家车换电服务。

2021年7月6日 青岛城运能源科技集团有限公司正式揭牌成立。将对城运控股集团140座汽车充电站、汽柴油和LNG加注站进行统一管理,全面布局青岛汽车能源供应网络,并将积极布局退役动力电池梯次利用、新能源车辆智能平台建设、氢能源的研究应用等产业。

2021 年 7 月 7 日 国家发展改革委印发《"十四五"循环经济发展规划的通知》,在废旧动力电池循环利用行动方面,《通知》明确:1)加强新能源汽车动力电池溯源管理平台建设,完善新能源汽车动力电池回收利用溯源管理体系。2)推动新能源汽车生产企业和废旧动力电池梯次利用企业通过自建、共建、授权等方式,建设规范化回收服务网点。3)推进动力电池规范化梯次利用,提高余能检测、残值评估、重组利用、安全管理等技术水平。4)加强废旧动力电池再生利用与梯次利用成套化先进技术装备推广应用。5)完善动力电池回收利用标准体系。6)培育废旧动力电池综合利用骨干企业,促进废旧动力电池循环利用产业发展。

2021 年 7 月 12 日 嘉兴港区亭桥北首座集加氢和交电为一体综合能源服务站开业,首条氢能公交线路和首辆氢能重卡示范运行。该站由美锦能源、嘉燃集团共同投资建设,是港区首座集加氢、交电于一体的综合能源服务站,总投资约 2500 万元,占地总面积 9696 m^2,日加氢量 1000 kg,可满足 100 辆氢能源车辆的加注服务。

2021 年 7 月 15 日 广州市正式启动自动驾驶汽车混行试点。按照规划,广州市以最大化保障公共安全为前提,将以五个阶段逐步分区域开展自动驾驶混行试点。

2021 年 7 月 15 日 工业和信息化部、商务部、海关总署、市场监管总局联合发布《2020 年度中国乘用车企业平均燃料消耗量与新能源汽车积分情况公告》。2020 年度中国境内 137 家乘用车企业共生产/进口乘用车 1983.02 万辆(含新能源乘用车,不含出口乘用车),行业平均整车整备质量为 1510 kg,平均燃料消耗量实际值为 5.61 L/100 km,燃料消耗量正积分为 436.74 万分,燃料消耗量负积分为 1171.43 万分,新能源汽车正积分 437.00 万分,新能源汽车负积分 106.55 万分。

2021 年 7 月 16 日 工业和信息化部公开答复 4 项关于新能源汽车、智能网联汽车相关方面的建议提案,分别是《关于制定统一的新能源汽车换电标准完善基础设施建设及运维的建议》《关于加快推进智能网联新能源汽车发展的建议》《关于智能网联汽车示范区测试准入互认以及加快推进 C-V2X 技术应用的建议》《关于在成渝地区双城经济圈布局建设国家级车联网先导区的建议》。

2021 年 7 月 21 日 工业和信息化部装备工业发展中心发布《关于开展 2020 年度乘用车企业"双积分"交易与负积分抵偿工作的通知》。《通知》明确:2020 年度产生负积分的企业,应当在 2021 年 8 月 31 日前通过积分管理平台提交负积分抵偿报告(须法人签字并加盖公章)及交易备案协议(须法人签字并加盖公章,未发生交易的企业可不提交),并将纸质原件邮寄至装备工业发展中心。

2021 年 7 月 23 日 中石化海明综合加能站在大连自贸片区正式投入运营。该站建设用地面积 6529 m^2,集加氢、加油、加 LNG、综合服务、充电等功能于一体,包括埋地储罐 5 座、汽柴油加注机 4 台、氢气储罐 1 座、加氢机 2 台、LNG 储罐 1 座、LNG 加液机 2 台、充电桩 6 个,是中石化在国内建设的第二座"油气氢电服"综合加能站。

2021 年 7 月 25 日 广汽丰田新能源车产能扩建项目一期在广州市南沙区正式投产,预计释放产能 20 万台/年。

2021 年 7 月 27 日 中集安瑞科控股有限公司旗下子公司安瑞科(廊坊)能源装备集成有限公司承建的保定"容易线"油气氢综合能源服务站竣工,该站是河北省首个"油、气、氢"综合能源服务站,可为 100 辆运输砂石骨料的氢能重卡提供加氢和综合能源服务。

2021 年 7 月 28 日 住房和城乡建设部、工业和信息化部联合举办的智慧城市基础设施与智能网联汽车协同发展试点工作交流会在北京经济技术开发区管委会召开。来自北京、上海、广州、武汉、长沙、无锡等 6 个试点城市代表,有意向申请第二批试点(专项特色试点)的 20 余个城市代表,以及部分行业机构专家等,通过线上线下的形式参加了会议。会议邀请第一批 6 个试点城市,系统梳理汇报了各自的智慧城市基础设施与智能网联汽车协同发展试点工作方案,针对试点过程中可能遇到的智能网联汽车、智能道路、通信网络、车城网平台及应用一体化技术架构体系,高可用、低成本、标准化基础设施建设,车路协同商业化发展模式,政府配套政策措施等问题进行了深入研究讨论。会议要求,各城市要从行业实际需求出发,认真贯彻执行工作方案,既重视整体技术架构设计,也高度重视应用场景示范,保质保量完成试点工作,为智慧城市基础设施建设、智能网联汽车产业化发展作出积极贡献。

2021 年 7 月 28 日 由佛燃能源集团股份有限公司投资建设的南庄制氢加氢加气一体化站启动试运行。南庄站是国内首个站内天然气制氢加氢一体站,站内天然气制氢能力为 500 Nm^3/h,电解水制氢能力为 50 Nm^3/h,日制氢加氢能力达到 1100 kg,可满足公交车 100 车次或物流车 150 车次的加氢需求。

2021 年 7 月 30 日 工业和信息化部、公安部、交通运输部联合印发《智能网联汽车道路测试与示范应用管理规范(试行)》。为适应新技术新模式新业态发展,加快智能网联汽车产业化进程,《规范》主要在以下方面进行了修订和完善:1)在道路测试基础上增加示范应用,允许经过一定时间或里程道路测试、安全可靠的车辆开展载人载物示范应用;并将测试示范道路扩展到包括高速公路在内的公路、城市道路和区域。2)测试车辆范围增加了专用作业车,以满足无人清扫车等使用需求,对测试示范主体则增加了网络安全、数据安全等方面的保障能力要求。3)完善智能网联汽车自动驾驶功能通用检测项目,推动实现测试项目和标准规范的统一,明确在一个地方通过检测后进行异地测试时对于通用项目不需重复检测,进一步减轻企业负担。4)取消"道路测试/示范应用通知书"的发放要求,将相关安全性要求调整为企业安全性自我声明,简化办理程序。

8月

2021 年 8 月 12 日 工业和信息化部发布《关于加强智能网联汽车生产企业及产品准入管理的意见》,《意见》分为"总体要求、加强数据和网络安全管理、规范软件在线升级、加强产品管理、保障措施"共 5 个部分、11 项内容。

2021 年 8 月 15 日 中国石油在北京首座服务冬奥加氢站——福田加氢站正式投运。该站位于北京市昌平区沙河镇,占地面积 1700 m^2,设计规模 500 kg/12 h,日均加注能力为 600 kg,加注氢燃料电池客车 50~60 台。福田加氢站是“100%绿氢”加氢站。

2021 年 8 月 19 日 财政部、工业和信息化部、科技部、国家发展改革委、国家能源局等五部门联合发布《关于启动燃料电池汽车示范应用工作的通知》。《通知》明确:省(市)有关部门要切实加强燃料电池汽车示范应用工作组织实施,建立健全示范应用统筹协调机制,推动牵头城市人民政府不断提升示范应用水平,加快形成燃料电池汽车发展可复制可推广的先进经验;要建立健全安全管理制度,确定牵头责任部门,加强燃料电池汽车运行安全监管,制定相关应急预案;要充分依托全国范围内产业链上优秀企业实施示范,立足建立完整产业链供应链,畅通国内大循环,切实避免地方保护和低水平重复建设;要合理确定示范目标,探索合理商业模式,加强燃料电池汽车运行管理,防止出现车辆闲置等现象。

2021 年 8 月 20 日 天津市首个氢能运输示范应用场景——荣程众和自用氢能源项目落成启用。本次投运 5 辆氢燃料电池重卡,搭载 110 kW 燃料电池发动机系统;燃料电池电堆额定功率 150 kW。

2021 年 8 月 25 日 海南省首张自动驾驶汽车道路测试牌照在海南琼海发出。本次获得海南自动驾驶开放道路测试牌照的车型为红旗 E-HS3,搭载红旗 L4 级别自动驾驶系统的纯电动自动驾驶汽车。该车配备 4 个激光雷达、1 个智能摄像头、5 个毫米波雷达及高精度定位等多源传感器,最远可探测到 200 m 以上的距离,同时在车周围会 360 度实时感知周围的行人、车辆、障碍物等。

2021 年 8 月 26 日 为贯彻落实中共中央政治局会议精神,支持新能源汽车加快发展,装备工业一司在京组织召开座谈会,听取行业企业意见建议。参会代表对新能源汽车产业发展形势和存在问题进行了深入分析,围绕支持产业加快发展,结合汽车产业碳达峰碳中和目标实现,分别从加强部门工作协同、完善财税支持政策、加快基础设施建设、统筹布局产业链上下游环节、加强安全监管等研提了意见建议。上汽、比亚迪、蔚来、宁德时代等企业代表,装备中心、汽车协会、汽车学会、中汽中心、中国汽研、百人会、动力电池联盟、充电联盟等行业机构代表参加会议。

2021 年 8 月 26 日 工信部装备工业发展中心发布《中国汽车产业发展年报(2021)》。本书立足于推动汽车产业高质量发展,充分发挥装备中心《道路机动车辆生产企业及产品公告》、机动车出厂合格证、财税优惠目录、乘用车双积分等汽车行业数据优势资源,广泛凝聚行业智慧,由装备中心牵头组织,联合清华大学、国家发改委能源研究所、中汽中心、中国汽研等研究机构,以及吉利汽车、一汽解放、长城汽车、宁德时代等整车及产业链重点企业专家学者共同编制完成。

2021 年 8 月 26 日 交通运输部、科学技术部联合发布《关于科技创新驱动加快建设交通强国的意见》。新能源及智能网联汽车方面,《意见》明确:加快重点交通装备业发展。加快新一代轨道交通、新能源与智能网联汽车、高技术船舶、航空装备、现代物流装备等自主研发及产业化,推动突发事件交通运输应急处置等专用装备自主化智能化发展,加强智能高铁、智慧公路等新型装备设施研发应用和产业发展。

2021 年 8 月 27 日 工业和信息化部、科技部、生态环境部、商务部、市场监管总局联合印发《新能源汽车动力蓄电池梯次利用管理办法》。《办法》明确:鼓励梯次利用企业与新能源汽车生产、动力蓄电池生产及报废机动车回收拆解等企业协议合作,加强信息共享,利用已有回收渠道,高效回收废旧动力蓄电池用于梯次利用。鼓励动力蓄电池生产企业参与废旧动力蓄电池回收及梯次利用。

2021 年 8 月 27 日 重庆首座加氢站在两江新区鱼复新城正式投用。该加氢站占地 17 亩,日加氢能力达 500 kg,可满足 50 辆氢能源车辆的加氢需求。

2021 年 8 月 30 日 蔚来打通全国首条青藏充电路线。东起西宁,西至拉萨,15 座充换电站覆盖超 2400 km,平均每 170 km 一个补能点。

2021 年 8 月 30 日 广汽埃安正式对外发布能够实现“充电 5 min,续航 200 km”的超倍速电池技术和全球充电功率最高的 A480 超充桩。

2021 年 8 月 30 日 首届全国智能驾驶(四川赛区)测试赛在成都经开区(龙泉驿区)中德智能网联汽车试验基地临时封闭测试区隆重举行。工业和信息化部装备工业发展中心主任瞿国春通过视频向测试赛致辞。

2021 年 8 月 31 日 路特斯科技公司正式落户武汉,并发布未来 5 年计划:2022 年推出 E 级 SUV;2023 年推出 E 级四门轿跑;2025 年推出 D 级“纯电智能新物种”;2026 年推出纯电小跑。路特斯科技与蔚来资本已签署投资协议,双方将共同探索全球产业协作空间,推动超高端纯电智能细分赛道的发展,为超高端市场的用户提供极致愉悦的产品和服务体验。

9月

2021 年 9 月 1 日 国务院新闻办公室举行政策例行吹风会,经济建设司司长介绍了涉及绿色发展和产业转型升级的政策,其中之一是大力支持新能源产业的发展。在支持新能源汽车推广应用方面,对消费者购买符合条件的新能源汽车给予购置补贴,并免征购置税。在支持充电桩建设方面,出台奖励政策,引导地方加快完善新能源汽车充电基础设施。在支持燃料电池汽车示范应用方面,聚焦关键核心技术创新,推进形成完整产业链。目前,长江经济带相关省份的城市群已经纳入了示范范围。

2021 年 9 月 6 日 开沃渭南新能源商用车智造基地正式实现投产。该基地总投资 80 亿元,全部建成投产后将形成年产 2 万辆电动专用车、18 万辆电动卡车生产规模。

2021 年 9 月 7 日 陕西海燕新能源集团有限公司氢能重卡示范应用启动,2 台以氢气作为动力来源的重卡自卸车正式亮相海燕集团旭强瑞公司。示范采用的是开沃集团所生产的氢能重卡自卸车,整车以氢气作为动力来源,经燃料电池转化,以电能驱动运行,唯一排放物为清洁水,该车具有动力强劲、续航能力长、加氢时间短等特点,将应用于海燕集团内部短倒及龙钢焦炭供应运输。

2021 年 9 月 7 日 一汽奔腾与辽源市联合推广换电模式新能源汽车项目正式启动,2000 台换电模式奔腾 NAT 首批 500 台也正式交付辽源市。本次面向辽源市交付 2000 台换电模式奔腾 NAT 首批 500 台,是奔腾 NAT 车型批量交付的第二城，也是奔腾 NAT 换电车型的首次批量交付。

2021 年 9 月 9 日　中国石化在北京冬奥会崇礼和延庆两大赛区规划建设的 4 座加氢站（北京庆园街加氢站、北京王泉营加氢站、北京燕化兴隆油氢合建站、河北崇礼西湾子加氢站）正式投营。庆园街加氢站占地面积 2500 m^2，日供氢能力 1500 kg，每天可为 80 辆 12 m 公交巴士提供加氢服务，是由中国石化与北京公交集团联手打造的集加氢、光伏、便利店、易捷咖啡于一体的综合能源服务站。

2021 年 9 月 9 日　国内首座多功能综合加能站——中国石化广西南宁石油新阳综合加能站正式投营。这是全国首座集加油、加气、加氢、充换电、光伏发电、连锁便利、文旅等多项能源供给及服务于一体的新型网点。

2021 年 9 月 16 日　工业和信息化部发布《关于加强车联网网络安全和数据安全工作的通知》，《通知》从六个方面明确了加强车联网网络安全和数据安全工作的要求：1）网络安全和数据安全基本要求：落实安全主体责任；面加强安全保护。2）加强智能网联汽车安全防护：保障车辆网络安全；落实安全漏洞管理责任。3）加强车联网网络安全防护：加强车联网网络设施和网络系统安全防护能力；保障车联网通信安全；开展车联网安全监测预警；做好车联网安全应急处置；做好车联网网络安全防护定级备案。4）加强车联网服务平台安全防护：加强平台网络安全管理；加强在线升级服务（OTA）安全和漏洞检测评估；强化应用程序安全管理。5）加强数据安全保护：加强数据分类分级管理；提升数据安全技术保障能力；规范数据开发利用和共享使用；强化数据出境安全管理。6）健全安全标准体系：加快车联网安全标准建设。

2021 年 9 月 16 日　东风汽车集团与十堰市郧阳区人民政府、郧西县人民政府携手共建的产业协作（汽车消费）“示范区”“示范县”正式启动。该项目以汽车产业为纽带，以“强经济、促发展、惠民生”为目的，全面促进县域汽车消费购买力提升，加快推进汽车产业升级，助力十堰市打造新能源汽车应用示范城市。

2021 年 9 月 18 日　济南市公安局交警支队向矩阵数据科技·豪驰智能汽车颁发了全国首张新能源物流配送无人车牌照，“零载人新能源物流车”获准在济南市智能网联汽车测试区城市道路上进行公开测试。

2021 年 9 月 22 日　大众汽车集团（中国）位于安徽合肥的电池系统工厂正式开工建设。该工厂是大众汽车集团在中国全资控股的第一家电池系统工厂，初始年产能可达到 15~18 万组高压电池系统，将全部用于大众安徽 MEB 工厂生产的纯电动车型。大众汽车集团（中国）计划于 2025 年前投资超过 1.4 亿欧元用于新工厂及配套设施建设，工厂将于 2023 年下半年投产。

2021 年 9 月 23 日　工业和信息化部组织开展了 2020 年度新能源汽车产品生产一致性监督检查，发现共有 7 家企业的 8 个车型不符合生产一致性要求，主要情况如下：1）新能源乘用车，2 家企业的 2 个车型产品不符合相应要求，涉及 30 min 最高车速、前排座椅安全带等项目不符合国家标准或管理规定。2）新能源客车，4 家企业的 4 个车型产品不符合相应要求，涉及说明书、整备质量、座椅面料燃烧速度、整车铭牌等项目不符合国家标准或管理规定。3）新能源专用车，2 家企业的 2 个车型产品不符合相应要求，涉及驾驶室两侧喷涂的字样高度、动力电池系统能量密度、整备质量等项目不符合国家标准或管理规定。对上述检查中发现不符合生产一致性要求的车型，工业和信息化部将按照《中华人民共和国标准化法》《道路机动车辆生产企业及产品准入管理办法》《新能源汽车生产企业及产品准入管理规定》以及《公告》管理的相关规定，依法依规处理。

2021 年 9 月 23 日　交通运输部印发《交通运输领域新型基础设施建设行动方案（2021—2025 年）》，主要任务方面，《方案》明确：组织实施重大科技工程。加快交通基础设施长期性能科学观测网建设，实施交通基础设施数字化工程、交通运输装备关键核心技术攻坚工程、水上交通安全应急保障技术攻坚工程等，开展自动驾驶、智能航运、智慧工地等智能交通先导应用试点。保障措施方面，交通部统筹交通新基建行动。

2021 年 9 月 25 日　2021 世界智能网联汽车大会在北京隆重开幕。大会由北京市人民政府、工业和信息化部、公安部、交通运输部、中国科学技术协会共同主办，工业和信息化部装备工业发展中心、北京市经济和信息化局、中国电子信息产业发展研究院、北京市顺义区人民政府、中国国际贸易促进委员会机械行业分会、中国电工技术学会共同承办。

2021 年 9 月 25 日　由工业和信息化部装备工业发展中心牵头组织，联合行业重点企业、专家及机构、学者共同编制的《2021 节能与新能源汽车年鉴》和《中国汽车产业与技术发展报告（2021）》在 2021 世界智能网联汽车大会期间正式发布。工业和信息化部副部长辛国斌、华为轮值董事长徐直军、装备中心主任瞿国春、装备中心总工程师刘法旺、吉利控股副总裁魏志玲、华为智能汽车解决方案 BU 首席运营官王军、华为智能汽车解决方案 BU 政策与标准专利部部长万蕾、装备中心综合处处长邱彬、艾迪智联常务副总经理李方正等出席发布仪式。

2021 年 9 月 25 日　安徽省首座综合能源智慧服务站——中国石化安徽芜湖马饮桥站建成并投入试运营，该站是集加油、加氢、光伏发电、便利店及休闲等多功能于一体的综合性能源服务站，日供氢能达 500 kg，每天可满足 30 辆公交车加氢需求。

2021 年 9 月 26 日　海南省三亚市投放 1000 台“车电分离”模式新能源出租车，为方便新能源出租车随时随地换电，三亚目前已建成 5 个换电站，2021 年年底将建成 10 个换电站，初步满足三亚城市级换电服务网络需求。

2021 年 9 月 28 日　工业和信息化部发布《关于加强车联网卡实名登记管理的通知》。《通知》主要从夯实管理职责、强化实名登记、加强个人信息保护、组织监督检查等方面提出了 12 项工作举措，进一步规范细化车联网卡实名登记要求。一是工业和信息化部指导省级通信管理局与工业和信息化主管部门组织电信企业、道路机动车辆生产企业，按照车辆销售前、销售时、销售后的不同阶段推进车联网卡实名登记；二是道路机动车辆生产企业向用户销售装载有车联网卡的车辆时，应认真核验和登记车辆所有者的真实身份信息，并于 2022 年 9 月底前完成存量车联网卡实名补登记工作；三是道路机动车辆生产企业、电信企业应采取有效的管理和技术措施,加强用户个人信息保护,防止信息泄露、毁损、丢失以及违规使用。下一步,工业和信息化部将统筹好发展和安全,积极指导督促道路机动车辆生产企业、电信企业落实安全主体责任,健全车联网卡实名登记管理制度,完善安全管理技术手段,强化工作落实,促进车联网业务安全有序发展。

2021 年 9 月 28 日 上海石化供氢中心建成,这是中国石化上海地区的首座供氢中心。该供氢中心日供氢能力达 2500 kg,包括 2000 kg 日充装能力和 500 kg 日加氢能力,目前充装功能已经建成,后续将逐步开展加氢功能的建设。

2021 年 9 月 28 日 中国石化天津石化燃料电池氢气项目成功投产。该项目氢气年产能力达 2250 t,可满足目前天津市全部加氢站的用氢需求。该项目总投资近 5000 万元,由设计规模为 3000 Nm^3/h 的氢气纯化单元,以及 2000 Nm^3/h 的氢气充装单元组成,于 2021 年6 月开工建设,9 月初顺利中交。

2021 年 9 月 29 日 装备工业一司、网络安全管理局组织召开了《关于加强智能网联汽车生产企业及产品准入管理的意见》宣贯会。会上,装备工业一司、网络安全管理局、装备工业发展中心相关负责同志全面介绍了《意见》的编制背景和原则要求,详细解读了《意见》的主要内容,并对下一步《意见》贯彻落实进行了部署。会议指出,《意见》进一步完善了智能网联汽车生产管理体系,对规范生产企业行为,保障智能网联汽车产业健康可持续发展具有重要意义。各汽车生产企业要充分把握智能网联汽车发展新趋势、抓住新机遇,全面加强汽车数据安全、网络安全、软件升级、功能安全和预期功能安全管理,切实保证产品质量和生产一致性。地方主管部门要和汽车生产企业、检测机构、行业组织加强协同、形成合力,共同做好《意见》落实工作,推动智能网联汽车产业高质量发展。

2021 年 9 月 29 日 大陆集团与地平线(上海)人工智能技术有限公司共同成立一家合资公司,专注于提供高级辅助驾驶和自动驾驶软硬件整体解决方案。

10月

2021 年 10 月 9 日 中共中央、国务院印发《国家标准化发展纲要》,并发出通知,要求各地区各部门结合实际认真贯彻落实。《纲要》明确:加强关键技术领域标准研究。研究制定智能船舶、高铁、新能源汽车、智能网联汽车和机器人等领域关键技术标准,推动产业变革。

2021 年 10 月 14 日 山东省市场监督管理局推出 15 个标准化战略性重点项目,其中有 2 个与氢能相关。1)氢能及燃料电池技术标准化攻坚。项目核心是突破氢能及燃料电池产业技术标准、装备技术标准、关键零部件产品标准和应用技术标准,推动燃料电池介质国产化,降低介质成本 50%以上,推动氢能源更多领域应用推广。2)氢能关键核心材料标准化攻坚。氢能燃料电池,电堆是核心系统,电堆关键组成部分膜电极,其关键材料之一是质子交换膜,直接决定了电堆使用寿命。

2021 年 10 月 15 日 小马智行获颁“北京市智能网联汽车政策先行区”首批无人化道路测试许可,正式在北京开启“主驾位无安全员”的自动驾驶无人化测试。

2021 年 10 月 15—16 日 工业和信息化部党组成员、副部长辛国斌在重庆主持召开推进智能网联汽车测试示范现场会。辛国斌指出,在有关各方共同努力下,我国智能网联汽车测试示范工作取得积极成效,有力加速了新技术产业化进程,与汽车发达国家基本处于“并跑”阶段。辛国斌表示,当前汽车与信息通信、交通、能源等行业加速融合,我国智能网联汽车发展正从测试验证转向多场景示范应用的新阶段,需要创新思路、多措并举,务实高效推进测试示范,为产业高质量发展提供坚实支撑。一是加强统筹协同,持续推动数据共享和结果互认,提供良好的测试示范环境和条件。二是提升测试区能力水平,开展建设情况综合评估,加强测试示范区之间的沟通交流。三是持续加快标准制修订,强化体系建设、重点标准制修订和国际协调,更好发挥标准的引领支撑作用。同时,要持续加快联网设施建设,提供更多车路协同测试场景,研究编制车路协同发展路线图。

2021 年 10 月 19 日 工信部就《关于进一步加强新能源汽车安全体系建设的指导意见》公开征求意见,《征求意见》明确:对于因产品质量引起召回的情况,企业应及时对相应供应商进行重新评估。鼓励关键零部件供应商开放与产品安全、质量分析等相关的必要数据协议。

2021 年 10 月 19 日 上海首座 70 MPa 油氢合建站正式落成,该站采用二级加氢站模式建设。站内配备加氢机 2 台,同时具备 35 MPa 和 70 MPa 高压氢加注能力,氢气日加注量可达 1000 kg,能够有效满足青浦区、虹桥临空经济示范区的物流、环卫、公交、网约车等氢能车辆加注需求。

2021 年 10 月 20 日 深圳市首条氢能公交示范线正式开通,该条氢能公交示范线项目在深圳市龙岗区坪地街道,目前共有 5 辆氢能公交车,车身长 11 m,可载客 45 人,采用国电投氢能研发生产的“氢腾 FCS65”燃料电池系统,系统额定净输出为 67 kW,电堆额定功率为 88 kW。

2021 年 10 月 20 日 重庆市首个氢燃料电池研发检测实验室在重庆地大工业技术研究院正式建成投用。实验室具备 20~150 kW 氢燃料电池发动机系统检测能力,检测项目达 30 余项,包含了发动机的功率、效率、启停、动态、耐久等主要性能,还可以根据整车研发需求定制检测项目。

2021 年 10 月 21 日 深圳首条氢能公交示范线正式开通运行。首批开通的 5 辆氢能公交车,仅需加氢 20 min 就能续航 650 km,在城市公交使用及节能方面具有优势。

2021 年 10 月 21 日 中共中央办公厅、国务院办公厅印发《关于推动城乡建设绿色发展的意见》(以下简称《意见》)。新能源汽车、智能网联汽车、充换电站方面,《意见》明确:加强公交优先、绿色出行的城市街区建设,合理布局和建设城市公交专用道、公交场站、车船用加气加注站、电动汽车充换电站,加快发展智能网联汽车、新能源汽车、智慧停车及无障碍基础设施,强化城市轨道交通与其他交通方式衔接。

2021 年 10 月 21 日 30 辆搭载着国家电投集团氢能公司“氢腾”品牌燃料电池系统的欧辉牌氢能客车正式交付。此次交付的氢能客车采用的是氢腾 FCS80 型号燃料电池系统。该系统额定净输出 80 kW,按照车规级研发设计、IATF 16949 质量体系生产,可实现-30 ℃低温启动,满足北方城市低温运行要求。该氢能客车最高载客 48 人,设计时速

100 km/h，纯氢续航约 450 km，适应低温、爬坡等路况场景。

2021 年 10 月 22 日 2021 年新能源汽车下乡广西柳州站活动启动，工业和信息化部装备工业一司主要负责同志出席活动并致辞。本次活动长安汽车、上汽集团、北京新能源汽车、比亚迪、长城汽车、上汽通用五菱、安徽江淮、奇瑞新能源汽车、威马汽车、合众新能源汽车等 18 家车企近 40 款面向农村市场的新能源车型参加本次活动，吸引了广大消费者纷纷前往现场驾乘体验、选车购车。继 2020 年新能源汽车下乡活动取得积极成效后，工业和信息化部、农业农村部、商务部和国家能源局深入贯彻落实国务院决策部署，继续联合组织实施了新一轮下乡活动，促进农村地区新能源汽车推广应用，加快形成绿色低碳交通运输方式，加强绿色基础设施建设，推广新能源交通装备，让交通更环保，出行更低碳。

2021 年 10 月 22 日 宇通客车首批 20 辆轮边驱动纯电动公交车正式投放舟山市公共交通有限责任公司。该批车为宇通"宇光"造型轮边驱动纯电动公交车，整车配备宇通睿盾安全系统，双动力源、双电机驱动设计，噪声可降低 10% 以上；同时，整车采用轻量化设计，优化轮胎滚动阻力，相比集中直驱公交车，能耗可降低 10% 以上。

2021 年 10 月 28 日 工业和信息化部办公厅印发《关于启动新能源汽车换电模式应用试点工作的通知》，决定启动新能源汽车换电模式应用试点工作。纳入此次试点范围的城市共有 11 个，其中综合应用类城市 8 个（北京、南京、武汉、三亚、重庆、长春、合肥、济南），重卡特色类 3 个（宜宾、唐山、包头）。《通知》对试点工作提出明确要求：一是加强工作统筹，建立协调工作机制，切实加强换电模式应用试点工作组织实施；二是建立健全安全管理制度，加强安全监管，切实保障换电站、换电车辆运行安全；三是强化政策落实、模式探索、创新支持，加快形成可复制可推广经验。为贯彻落实《新能源汽车产业发展规划（2021—2035 年）》，促进新能源汽车换电模式创新发展，工业和信息化部会同相关部门于 2021 年4 月印发《关于组织开展新能源汽车换电模式应用试点工作的通知》。在各城市申报和省级主管部门审核基础上，经形式审查、专家材料评审、视频答辩评审，综合确定了此次试点城市名单。

2021 年 10 月 29 日 苏州领湃新能源科技有限公司位于湖南衡阳的动力电池生产基地首条生产线完成设备安装调试并投入生产，一期产能 1.8 GWh。该项目于 2019 年6 月奠基开工，生产基地总建筑面积约 31.6 万 m^2，总产能规划 15 GWh。

11 月

2021 年 11 月 3 日 开沃集团蓝鲸号获得江苏省南京市公安局交通管理局颁发的 2 张测试牌照，这是南京市溧水智能网联示范区获得的首批 L4 级自动驾驶测试牌照。

2021 年 11 月 5 日 工业和信息化部、人民银行、银保监会、证监会联合发布《关于加强产融合作推动工业绿色发展的指导意见》，工业绿色发展重点方向方面，《指导意见》明确：优化调整产业结构和布局。实施产业基础再造工程，提升产业基础能力，提高自主创新产品的一致性、可靠性和稳定性。加快发展战略性新兴产业，提升新能源汽车和智能网联汽车关键零部件、汽车芯片、基础材料、软件系统等产业链水平，推动提高产业集中度，加快充电桩、换电站、加氢站等基础设施建设运营，推动新能源汽车动力电池回收利用体系建设。加快内河与沿海老旧船舶电动化、绿色化更新改造和港区新能源基础设施建设。

2021 年 11 月 7 日 中共中央、国务院印发《关于深入打好污染防治攻坚战的意见》。燃料电池汽车方面，《意见》明确：持续打好柴油货车污染治理攻坚战。深入实施清洁柴油车（机）行动，全国基本淘汰国三及以下排放标准汽车，推动氢燃料电池汽车示范应用，有序推广清洁能源汽车。进一步推进大中城市公共交通、公务用车电动化进程。不断提高船舶靠港岸电使用率。实施更加严格的车用汽油质量标准。

2021 年 11 月 11 日 首批 100 辆红旗新能源换电出租车红旗 E-QM5 在长春正式投入运营。

2021 年 11 月 13 日 全球规模最大的氢气储能发电项目——张家口 200 MW/800 MWh 氢储能发电工程初步设计通过专家评审。该项目投资约 30 亿元，建设期为 2 年，预计于 2023 年完全投入运行。

2021 年 11 月 14 日 氢能集卡在深圳西部港区正式投运，这是氢蓝时代与南山区政府、招商局港口集团、深圳能源集团联手打造"国际氢能产业示范港"合作以来交付的首批示范运营车辆。此次交付的 49 t 氢燃料电池集装箱重卡搭载深圳市氢蓝时代动力科技有限公司高性能大功率 132 kW 单堆氢燃料电池系统。

2021 年 11 月 16 日 财政部经济建设司发布《关于提前下达 2022 年节能减排补助资金预算的通知》。《通知》显示，北京、天津、河北、山西、辽宁、吉林等 25 个地区列入提前下达 2022 年节能减排补助资金预算范围，其中：1）2019—2020 新能源汽车推广应用补助资金预拨总计 1831031 万元；2）新能源汽车推广应用补助资金清算 2016—2018 年度总计 998394 万元；3）新能源汽车推广应用补助资金清算 2019 年度总计 1018501 万元。

2021 年 11 月 18 日 交通运输部印发《综合运输服务"十四五"发展规划》。新能源汽车及氢能方面，《规划》明确：1）综合运输服务"十四五"发展主要指标：城市公交、出租汽车、城市物流配送领域新能源汽车占比（%），2020 年为 66.2、27、8；2025 年为 72、35、20.2）运输结构调整示范区建设专项行动：深化京津冀及周边地区运输结构调整示范区建设，京津冀及周边地区、长三角地区等沿海主要港口和唐山港、黄骅港共同完成的矿石、焦炭等大宗货物疏港铁路、水路、封闭式皮带廊道、新能源汽车运输比例达到 70% 左右，区域内具有铁路专用线的大型工矿企业煤炭、矿石、焦炭等绿色运输比例大幅提升。3）深入开展绿色出行行动。大力提升公共交通服务品质，优化慢行系统，增加绿色出行吸引力。提升绿色出行装备水平，推进新能源车辆规模化应用，加快充电基础设施建设，开展绿色出行"续航工程"。大力培育绿色出行文化，完善公众参与机制，建设形成布局合理、生态友好、清洁低碳、集约高效的绿色出行服务体系。4）深入推进城市绿色货运配送示范创建。加快新能源城市物流配送车辆应用，稳步提高城市物流配送新能源汽车比例。完善城市配送节点网络、优化车辆便利通行政策、推进城市配送全链条信息交互共享、引导城市配送组织模式创新，推动标准化周转箱等物流单元循环共用，加快推进城市货运配送绿色化、集约化转型。5）大力发展清洁化运输装备。促进交通能源动力系统清洁化、低碳化、高效化发展，优化交通能源结构。积极推动新能源和清洁能源车辆、船舶在运输服务领域应用，加大运营、通行、停车、充电等政策支持。加快充换电、加氢等基础设施规划布局和建设。国家生态文明试验区、大气污染防治重点区域每年新增或更新公交、出租、物流配送等车辆中新能源汽车比例不低于80%。6）深入实施汽车维修技术信息公开制度，督促汽车生产企业公开车型维修技术信息。建立健全新能源汽车维修标准体系，提高新能源汽车检测诊断和维修服务能力。7）延续并优化农村客运中央财政补助政策。研究深入推进运输结构调整、多式联运和旅客联程运输发展、新能源汽车推广应用、城市公共交通优先发展以及道路客运站、城市轨道交通地上地下空间、城市公共交通枢纽和道路运输场站土地综合开发、国际道路运输事权改革等支持政策。研究建立现代物流发展基金。创新政府和社会资本合作模式，引导带动更多社会投资参与运输服务领域重大项目建设。

2021年11月18日 我国第一座高速服务区加氢站——中国石化山东淄博高速加氢站正式投运。该站位占地面积1640 m^2，配备两台35 MPa双枪加氢机，一座9 m^3 45 MPa的储氢瓶组。该站设计加氢能力为500 kg/12 h，计划为张店区济青高速上运营的氢燃料客车、物流车等提供加氢服务。

2021年11月19日 工业和信息化部装备工业一司会同财政部、商务部、海关总署、市场监管总局相关司局在京组织召开《乘用车企业平均燃料消耗量与新能源汽车积分并行管理办法》管理工作座谈会。与会代表一致认为，《积分办法》在推动我国传统汽车节能和新能源汽车发展方面发挥了重要作用，也面临碳达峰碳中和目标新要求、新能源汽车进入加速发展新阶段等形势变化，需要与时俱进修改完善，更好引导产业高质量发展。装备工业一司表示，要科学合理设定后续年度积分比例要求，探索建立灵活性机制，将会同相关部门司局启动《积分办法》修订工作。工作过程中将广泛听取行业企业意见，开门开放制定政策，为产业发展营造良好环境。

2021年11月19日 国家机关事务管理局、国家发展和改革委员会、财政部、生态环境部联合印发《关于深入开展公共机构绿色低碳引领行动促进碳达峰实施方案的通知》。《通知》明确：持续推广新能源汽车。加快淘汰报废老旧柴油公务用车，加大新能源汽车配备使用力度，因地制宜持续提升新增及更新公务用车新能源汽车配备比例，新增及更新用于机要通信和相对固定路线的执法执勤、通勤等车辆时，原则上配备新能源汽车。提升公共机构新能源汽车充电保障，内部停车场要配建与使用规模相适应、运行需求相匹配的充（换）电设施设备或预留建设安装条件，鼓励内部充（换）电设施设备向社会公众开放。

2021年11月22日 上汽红岩在鄂尔多斯首批氢能重卡正式投入运营。上汽红岩氢能重卡供氢系统储氢量为31 kg，仅需15~30 min即可加满氢气，其车百公里氢耗仅为7.2~14.5 kg，标配最大续航里程可超过400 km。

2021年11月23日 上海中心城区首个大型公共充电站——黄浦区龙华东路公共（出租车）充电示范站建成投运。黄浦区龙华东路公共（出租车）充电示范站位于鲁班路龙华东路北侧，占地面积5333 m^2，车辆停放区域面积2400 m^2，建有20台120 kW直流充电桩，每台充电桩有2个充电插头，可同时满足40辆电动汽车充电。

2021年11月24日 蔚来汽车与中国石油全国首座第二代换电站正式落地咸阳。

2021年11月25日 北京市高级别自动驾驶示范区工作办公室公布北京正式开放首个自动驾驶出行服务商业化试点，并发布了配套管理政策。百度和小马智行成为首批获许开展商业化试点服务的企业，现阶段将在北京经开区60 km^2 范围，投入不超过100辆自动驾驶车辆开展商业化试点服务。

2021年11月30日 工业和信息化部印发《“十四五”软件和信息技术服务业发展规划》，新能源汽车及智能网联汽车方面。《规划》明确：1）重点突破工业软件。面向数控机床、集成电路、航空航天装备、船舶等重大技术装备以及新能源和智能网联汽车等重点领域需求，发展行业专用工业软件，加强集成验证，形成体系化服务能力。2）积极培育嵌入式软件。面向数控机床、智能机器人、新能源和智能网联汽车、通信设备、航空发动机等重大装备需求，开展嵌入式软件系统研发。突破嵌入式操作系统、嵌入式数据库核心技术，加快相关产品研发与应用推广。

12月

2021年12月1日 住房和城乡建设部、工业和信息化部联合发布《关于确定智慧城市基础设施与智能网联汽车协同发展第二批试点城市的通知》。《通知》明确：重庆、深圳、厦门、南京、济南、成都、合肥、沧州、芜湖、淄博等10个城市为智慧城市基础设施与智能网联汽车协同发展第二批试点城市。

2021年12月1日 工业和信息化部装备工业发展中心发布《关于乘用车企业提交2022年度积分预报告的通知》。《通知》明确：2021年12月20日前，各乘用车企业应向工业和信息化部递交2022年度积分预报告，预报告的内容包括本企业平均燃料消耗量预期达标值、预期实际值和新能源汽车积分预期值等。

2021年12月2日 工业和信息化部发布《关于2021—2023年度循环外技术纳入乘用车企业平均燃料消耗量和新能源汽车积分管理有关事项的通知》。《通知》明确：2021—2023年度循环外技术计入乘用车企业平均燃料消耗量核算涉及三项，即循环外技术/装置计入燃料消耗量核算；制动能量回收燃料消耗量减免额度；汽车空调燃料消耗量减免额度。

2021年12月2日 装备工业一司召开电动汽车低温应对工作座谈会，组织中国汽车工业协会、中国汽车工程学会、十余家新能源汽车整车和动力电池企业等，针对今冬可能出现的极寒天气，共同研究商讨对策，做好技术保障和工作预案准备，最大程度保障用户正常使用。装备工业一司强调，低温环境下电动汽车里程衰减等问题是产业发展过程中的问题，要远近结合、统筹兼顾，协同推进解决。一要保障当前阶段正常使用。行业企业要完善工作预案，畅通信息渠道，综合应用监控平台、售后服务等渠道，做好预警提醒和情况沟通，增强服务的主动性，及时协调解决消费者反映的问题。

二要持续提升低温性能。整车企业、电池企业、研究机构等要加强工作配合，强化技术协同攻关，加大研发投入保障力度，从根本上推动解决低温问题，提升产品质量水平和环境适应性。三要营造良好产业环境。行业企业要按照新标准新要求，依法依规生产销售。工业和信息化部将加快能源消耗量标识标准的制定发布，强化产品准入和生产一致性监督检查，保障消费者权益。

2021 年 12 月 4 日 北京亿华通科技股份有限公司 240 kW 氢燃料电池发动机首发，是首款额定功率超过 200 kW 的单系统车用燃料电池发动机，产品质量功率密度达 810 W/kg。

2021 年 12 月 5 日 国家电投氢能公司 30 万 m^3 质子交换膜生产线投产，该质子交换膜产线是国内首条全自主可控质子交换膜生产线，年产量可装备 2 万辆氢燃料电池汽车。

2021 年 12 月 6 日 工业和信息化部关于印发《"十四五"工业绿色发展规划》，新能源汽车、废旧动力电池回收利用、氢能方面，《规划》明确以下几个方面，1）壮大绿色环保战略性新兴产业：加快发展新能源、新材料、新能源汽车等战略性新兴产业，带动整个经济社会的绿色低碳发展。2）绿色产品和节能环保装备供给工程：大力发展和推广新能源汽车，促进甲醇汽车等替代燃料汽车推广。3）明确工业降碳实施路径：加快氢能技术创新和基础设施建设，推动氢能多元利用。4）开展降碳重大工程示范：发挥中央企业、大型企业集团示范引领作用，在主要碳排放行业以及绿色氢能与可再生能源应用等领域，实施一批降碳效果突出的重大工程。5）降碳重大工程示范。开展可再生能源电解制氢等重大降碳工程示范。6）提升清洁能源消费比重：鼓励氢能、生物燃料、垃圾衍生燃料等替代能源在钢铁等行业的应用。7）新能源装备：发展氢燃料燃气轮机、超高压氢气压缩机、高效氢燃料电池等新能源装备。8）开展智能光伏、钙钛矿太阳能电池、绿氢开发利用等新型污染物治理技术装备基础研究。9）降碳技术：推进绿氢炼化等技术的推广应用。10）健全法律法规政策：制定新能源汽车动力电池回收利用、绿色制造体系建设等管理办法。11）资源高效利用促进工程：废旧动力电池回收利用。完善动力电池回收利用法规制度，探索推广"互联网+回收"等新型商业模式，强化溯源管理，鼓励产业链上下游企业共建共用回收渠道，建设一批集中型回收服务网点。推动废旧动力电池在储能、备电、充换电等领域的规模化梯次应用，建设一批梯次利用和再生利用项目。到 2025 年，建成较为完善的动力电池回收利用体系。

2021 年 12 月 10 日 海马汽车海口光伏制氢及高压加氢一体站正式落成，加氢站占地面积 2500 m^2，主要由水电解制氢装置、多级增压机、高/中/低压储氢罐、70 MPa/35 MPa 加氢机、冷却系统和控制系统等组成。站内水电解制氢产能为每小时 50 Nm^3，每天可生产约 107 kg"绿氢"；若外接氢气管束车，加注能力可达 250 kg/天，后续还可扩至 500 kg/天，满足每天 100 台氢燃料电池乘用车的高压加注需求。

2021 年 12 月 10 日 工业和信息化部发布《锂离子电池行业规范条件（2021 年本）》，产品性能方面，新版《规范》明确以下几个方面，（一）电池：1）消费型单体电池能量密度≥230 Wh/kg，电池组能量密度≥180 Wh/kg，聚合物单体电池体积能量密度≥500 Wh/L。循环寿命≥500 次且容量保持率≥80%。2）动力型电池分为能量型和功率型。其中，使用三元材料的能量型单体电池能量密度≥210 Wh/kg，电池组能量密度≥ 150 Wh/kg；其他能量型单体电池能量密度≥160 Wh/kg，电池组能量密度≥115 Wh/kg。功率型单体电池功率密度≥500 W/kg，电池组功率密度≥350 W/kg。循环寿命≥1000 次且容量保持率≥80%。3）储能型单体电池能量密度≥145 Wh/kg，电池组能量密度≥100 Wh/kg。循环寿命≥5000 次且容量保持率≥80%。（二）正极材料：磷酸铁锂比容量≥145 Ah/kg，三元材料比容量≥165 Ah/kg，钴酸锂比容量≥160 Ah/kg，锰酸锂比容量≥115 Ah/kg，其他正极材料性能指标可参照上述要求。（三）负极材料：碳（石墨）比容量≥335 Ah/kg，无定形碳比容量≥250 Ah/kg，硅碳比容量≥420 Ah/kg，其他负极材料性能指标可参照上述要求。（四）隔膜：1）干法单向拉伸：纵向拉伸强度≥110 MPa，横向拉伸强度≥10 MPa，穿刺强度≥0. 133 N/μm。2）干法双向拉伸：纵向拉伸强度≥100 MPa，横向拉伸强度≥25 MPa，穿刺强度≥0. 133 N/μm。3）湿法双向拉伸：纵向拉伸强度≥100 MPa，横向拉伸强度≥60 MPa，穿刺强度≥0. 204 N/μm。（五）电解液：水含量≤20 ppm，氟化氢含量≤50 ppm，金属杂质钠含量≤2 ppm，其他金属杂质单项含量≤1 ppm。

2021 年 12 月 11 日 位于北京市房山区中关村新兴产业前沿技术研究院产业园区高温垃圾转化制氢油系统正式投料示范运行。工程全面展示了城市垃圾高温转化制氢、常温常压有机液体储氢技术制氢油、新型加氢站、氢燃料电池大巴和物流车，以及氢燃料电池分布式热电联供为一体的基于城市资源回收再利用的氢能基础设施解决方案。

2021 年 12 月 13 日 中国保险行业协会发布《新能源汽车示范条款（试行）》。《条款》明确：新能源汽车主险包括新能源汽车损失保险、新能源汽车第三者责任保险、新能源汽车车上人员责任保险共三个独立的险种。投保人可以选择投保全部险种，也可以选择投保其中部分险种。新能源汽车行驶、停放、充电及作业的过程，均在新能源汽车三个主险的保障范围内。所有新保和续保的新能源汽车，统一适用《新能源汽车示范条款（试行）》承保，非新能源汽车不能适用《新能源汽车示范条款（试行）》承保。

2021 年 12 月 14 日 国家发展改革委、工业和信息化部联合发布《关于振作工业经济运行推动工业高质量发展的实施方案》。《方案》明确：1）释放重点领域消费潜力。加快新能源汽车推广应用，加快充电桩、换电站等配套设施建设。鼓励开展新能源汽车、智能家电、绿色建材下乡行动。2）完善重点行业发展政策。完善汽车产业投资管理，统筹优化产业布局，支持新能源汽车加快发展。3）保持重点产业链供应链顺畅。聚焦新能源汽车、医疗装备等重点领域，实施重点领域"1+N"产业链供应链贯通工程，推动产业链上中下游、大中小企业融通创新，促进产业链供应链贯通发展。

2021 年 12 月 20 日 全国工业和信息化工作会议在北京以视频形式召开。会议强调，2022 年要抓好六个方面重点任务。一是着力提振工业经济，为稳定经济大盘提供有力支撑。其中，要实施"增品种、提品质、创品牌"战略，扩大新能源汽车等消费。二是加快推进基础和关键领域创新突破，进一步增强产业链供应链韧性。三是加大对中小企业的纾困帮扶,促进企业专精特新发展。四是强化应用导向,提升信息通信服务供给能力。其中,要健全车联网和智能网联汽车等安全保障体系。五是推动制造业数字化转型向纵深拓展,增强产业发展新优势新动能。六是实施工业领域碳达峰行动,稳步推进产业绿色低碳转型。大力发展绿色制造,开展绿色低碳技术和产品示范应用。

2021 年 12 月 21 日　华为公司提出将坚持“平台+生态”的发展战略,聚焦 ICT 技术,围绕 iDVP、MDC 和 HarmonyOS 智能座舱三大平台,构建生态圈。**同日**,智能汽车解决方案创新中心正式投入使用。

2021 年 12 月 21 日　玉柴在北京理工大学正式发布中国首台商用车燃氢发动机。该款发动机点火实现稳定运行,标志着玉柴在掌握大规模、低成本利用氢能的关键技术上迈出关键步伐。

2021 年 12 月 22 日　交通运输部印发《数字交通“十四五”发展规划》。自动驾驶方面,《规划》明确:1)构建交通新型融合基础设施网络——智慧公路:完善公路感知网络,推进公路基础设施全要素全周期数字化,发展车路协同和自动驾驶,推动重点路段开展恶劣天气行车诱导,缓解交通拥堵、提升运行效率。2)建设多式联运的智慧物流网络——发展智能航运:推动港区内部、港口集疏运通道等自动驾驶应用。3)培育数字交通创新发展体系——加快研究制定交通运输新型基础设施工程建设标准,推动车路协同及自动驾驶相关标准研究制定。

2021 年 12 月 23 日　中共绵阳市委发布《关于以实现碳达峰碳中和目标为引领加快发展绿色低碳产业的决定》。《决定》明确:推动新能源汽车产业提档升级。1)坚持电动化、网联化、智能化发展方向,建设国内重要的新能源汽车研发制造基地。培育引进新能源汽车头部企业,鼓励传统燃油汽车企业转型升级,形成新能源汽车批量生产能力。2)提升新能源汽车整车制造水平,推动整车企业与驱动电机、增程式发动机、电控系统等配套企业协同发展,打造新能源汽车汽配产业基地。优化充换电基础设施布局和服务,建设满足全域需求的公共充换电服务网。3)推进油气电氢综合服务站建设。参与成渝“氢走廊”建设,推进氢能源交通示范工程。融入成渝“智行走廊”,推动新能源汽车网联赋能和单车智能协同发展。4)大力发展动力电池产业。加快动力电池和储能电池重大项目投产达效,引进培育一批辐射西南地区的动力电池重点企业,打造动力电池生产基地。5)加大动力电池正负极材料、电子专用磁性材料、隔膜研发和生产力度,着力突破汽车动力电池关键技术和核心工艺。6)加快重点领域电动化进程,扩大动力电池运用。布局发展氢燃料和薄膜太阳能电池产业,前瞻谋划新型电池产业发展。

2021 年 12 月 24 日　2021 年新能源汽车下乡四川宜宾站活动暨总结座谈会顺利召开。新能源汽车下乡四川宜宾站活动正式启动,工业和信息化部装备工业一司有关负责人出席活动并致辞。本次活动由中国汽车工业协会主办、四川省经济和信息化厅指导下宜宾市人民政府承办,17 家新能源汽车企业 68 款面向农村市场的车型参加活动,活动吸引了广大消费者纷纷前往现场驾乘体验、选车购车。其间,装备工业一司组织召开了 2021 年新能源汽车下乡活动总结座谈会。会议认为 2021 年新能源汽车下乡活动取得的良好成效,中国汽车工业协会和相关地方政府精心组织,企业踊跃参与,下乡车型销量同比大幅增长。会议还讨论了 2022 年新能源汽车下乡活动工作方案。

2021 年 12 月 25 日　京津冀燃料电池汽车示范城市群(北京、天津、唐山、保定、淄博、滨州)正式启动,“一核、两链、四区”的城市分工与定位确立:北京作为核心,发挥科技创新、关键零部件及整车研发制造的引领作用;构建北京—天津—保定—淄博产业发展链和北京—保定—滨州氢能供应链;在延庆区、滨海新区、唐山市和保定市分别打造冬奥、港口、矿石钢材和建材运输四大特色场景示范区。

2021 年 12 月 27 日　公安部发布新制修订的《机动车登记规定》《机动车驾驶证申领和使用规定》《道路交通安全违法行为记分管理办法》3 个部门规章。其中,《机动车登记规定》提出,对智能网联机动车进行道路测试、示范应用需要上道路行驶的,道路测试、示范应用单位应当向车辆管理所申领临时行驶车号牌,提交以下证明、凭证:1)道路测试、示范应用单位的身份证明;2)机动车交通事故责任强制保险凭证;3)经主管部门确认的道路测试、示范应用凭证;4)机动车安全技术检验合格证明。车辆管理所应当自受理之日起一日内,审查提交的证明、凭证,核发临时行驶车号牌。临时行驶车号牌有效期应当与准予道路测试、示范应用凭证上签注的期限保持一致,但最长不得超过六个月。

2021 年 12 月 27 日　湖南岳阳石油分公司牵头建设的湖南省首座油氢合建站——云港路油氢合建站正式投入运营。站内加氢部分设有压缩氢气加气机 2 台,压缩氢气站控系统 1 套,卸气柱 1 台,撬装式隔膜压缩机 1 套,总容积 9 m^3 储氢瓶式容器组 1 台,500 Nm^3/h 氢气压缩机 1 套,卸气柱 1 台,并配备燃气报警系统,日加氢能力 500 kg,可满足公交及物流等车辆加氢需求。

2021 年 12 月 27 日　中央网络安全和信息化委员会印发《“十四五”国家信息化规划》,《规划》围绕落实重大任务,设立了 5G 创新应用工程、“智能网联”设施建设和应用推广工程等 17 个重点工程。车联网方面,《规划》明确:1)开展车联网应用创新示范。遴选打造国家级车联网先导区,加快智能网联汽车道路基础设施建设、5G-V2X 车联网示范网络建设,提升车载智能设备、路侧通信设备、道路基础设施和智能管控设施的“人、车、路、云、网”协同能力,实现 L3 级以上高级自动驾驶应用。2)开展能源互联网应用创新示范。促进电动汽车与智能电网双向互动,形成车桩相随、智能高效的充电基础设施体系。3)提高重点软件研发水平。面向关键基础软件、车联网等重点领域和重大需求,加强重点软件的开发。加快软件知识产权保护与信息服务体系建设。4)实施国家基础网络安全保障能力提升工程,加强关键信息基础设施安全防护体系建设,增强网络安全平台支撑能力,强化 5G、工业互联网、大数据中心、车联网等安全保障。5)数字基础设施体系更加完备。IPv6 与 5G、工业互联网、车联网等领域融合创新发展。

2021 年 12 月 28 日　财政部、工业和信息化部、科技部、国家发展改革委、国家能源局等五部门发布《关于启动新一批燃料电池汽车示范应用工作的通知》。《通知》明确：河北、河南省有关部门要切实加强燃料电池汽车示范应用工作组织实施，建立健全示范应用统筹协调机制，推动牵头城市人民政府不断提升示范应用水平，加快形成燃料电池汽车发展可复制可推广的先进经验；要建立健全安全管理制度，确定牵头责任部门，加强燃料电池汽车运行安全监管，制定相关应急预案；要充分依托全国范围内产业链上优秀企业实施示范，立足建立完整产业链供应链，畅通国内大循环，切实避免地方保护和低水平重复建设；要合理确定示范目标，探索合理商业模式，加强燃料电池汽车运行管理，防止出现车辆闲置等现象。示范应用工作实施中如遇问题，应及时向五部门反映。

2021 年 12 月 31 日 财政部、工业和信息化部、科技部、发展改革委联合印发《2022 年新能源汽车推广应用财政补贴政策》。《补贴政策》明确：2022 年新能源汽车补贴标准在 2021 年基础上退坡 30%；城市公交、道路客运、出租（含网约车）、环卫、城市物流配送、邮政快递、民航机场以及党政机关公务领域符合要求的车辆，补贴标准在 2021 年基础上退坡 20%。2022 年新能源汽车购置补贴政策于 2022 年 12 月 31 日终止，2022 年 12 月 31 日之后上牌的车辆不再给予补贴。工业和信息化部联合相关部门建立跨部门信息共享机制，定期汇总起火及重大事故信息，加快建立车辆事故报告制度，对于隐瞒事故信息、不配合调查的，视情节轻重暂停或取消涉事车型补贴资格。

2021 年 12 月 31 日 商务部等 22 部门联合印发《“十四五”国内贸易发展规划》。《规划》明确：推动汽车等消费品由购买管理向使用管理转变，鼓励有条件的地区开展汽车下乡和以旧换新，健全报废机动车回收利用体系，加大新能源汽车推广应用，积极发展汽车后市场。

2021 年 12 月 31 日 江西首座综合加能站——九江浔阳城西港加油加氢站正式投营。该站日供氢能力达 500 kg，集加油、加氢、充电、光伏、汽服、便利店等多项能源供给服务项目于一体。站内采用固定式加氢设备，配备双枪标准接口，每天可满足 30 到 50 辆氢燃料电池公交、物流等车辆用氢需求。站内还配备 60 kW 充电桩 4 台，可同时为 4 辆电动汽车充电，每天可提供充电服务近 200 次。

2021 年 12 月 31 日 安徽石油与蔚来汽车合作建设的首座新一代智能换电站——繁华大道站，在合肥石油繁华大道站正式投运，单日可为 300 余台车辆提供换电服务，每车换电不超过 4 min。该站是一座集加油、充换电、光伏发电、汽服等为一体的综合能源服务站。站内设置 4 只 60 kW 直流快充桩，布置 200 余个传感器、4 个云端协同作业，为车主提供自助换电、电池双轨进出同步交换极速换电等服务。

节能与新能源汽车

年鉴

第七篇

标准篇

一、电动汽车领域

标准编号	标准名称	标准主要内容	发布单位	归口单位	起草单位	发布日期	实施日前
JT/T 1371—2021	电动营运货车选型技术要求	本标准规定了电动营运货车选型的通用要求、分类要求和分级要求。 本标准适用于 N1、N2、N3 类纯电动营运货车，不适用于燃料电池车辆。	中华人民共和国交通运输部	全国道路运输标准化技术委员会	交通运输部公路科学研究院、交通运输部科学研究院、上海汽车集团股份有限公司商用车技术中心、浙江吉利新能源商用车有限公司、比亚迪汽车工业有限公司、南京依维柯汽车有限公司、东风特汽（十堰）专用车有限公司、北汽福田汽车股份有限公司、山东唐骏欧铃汽车制造有限公司、开瑞新能源汽车有限公司、宁德时代新能源科技股份有限公司、合肥国轩高科动力能源有限公司、北京京东世纪贸易有限公司、中国汽车工程研究院股份有限公司、南京汽车集团有限公司汽车工程研究院	2021-02-10	2021-05-01
QC/T 1150—2021	甲醇汽车燃料系统技术条件	本标准规定了甲醇汽车燃料系统的术语和定义，要求及试验方法。 本标准适用于装备甲醇单燃料发动机或柴油/甲醇双燃料发动机的汽车。	工业和信息化部	全国汽车标准化技术委员会	天津大学等	2021-03-05	2021-07-01
QC/T 1151—2021	甲醇燃料汽车技术条件	本标准规定了甲醇燃料汽车的术语和定义、技术要求、试验方法、检验规则、标志、标签、使用说明书、运输和贮存。 本标准适用于甲醇燃料汽车。	工业和信息化部	全国汽车标准化技术委员会	天津大学等	2021-03-05	2021-07-01
QC/T 1146—2021	甲醇燃料发动机技术条件	本标准规定了车用甲醇燃料发动机的术语和定义、技术要求、试验方法、检验规则、标志、包装、运输及贮存。 本标准适用于采用 M100 车用甲醇燃料的点燃式发动机。	工业和信息化部	全国汽车标准化技术委员会	天津大学等	2021-03-05	2021-07-01
QC/T 1130—2021	甲醇汽车燃料消耗量试验方法	本标准规定了甲醇汽车的燃料消耗量试验方法以及生产一致性的检查和判定方法。 本标准适用于最高车速大于或等于 50 km/h 的轻型甲醇汽车和重型甲醇汽车。	工业和信息化部	全国汽车标准化技术委员会	天津大学等	2021-03-05	2021-07-01
T/CPPIA 10—2021	新能源汽车动力锂电池隔膜	本文件规定了新能源汽车动力锂电池隔膜（简称隔膜）的分类、要求、试验方法、检验规则、包装、标志、运输及贮存。 本文件适用于新能源汽车动力锂电池用的聚烯烃隔膜和以聚烯烃隔膜为基材的陶瓷涂覆隔膜。使用其他材质的新能源汽车动力锂电池隔膜可以参照本文件执行。	中国塑料加工工业协会	中国塑料加工工业协会	佛山市金辉高科光电材料股份有限公司、深圳市星源材质科技股份有限公司、宁德时代新能源科技有限公司。沧州明珠塑料股份有限公司、湖南中锂新材料有限公司、合肥国轩高科动力能源有限公司、江门市龙世纪科技股份有限公司、江苏安瑞达新材料有限公司、深圳中兴新材技术股份有限公司、河北金力新能源科技股份有限公司、乐凯胶片股份有限公司、佛山市盈博莱科技股份有限公司、武汉惠强新能源材料科技有限公司、芜湖云一新材料科技有限公司、旭成（福建）科技股份有限公司、新乡市中科科技有限公司、中材锂膜有限公司、比亚迪电池有限公司、惠州亿纬锂能股份有限公司、深圳市比克动力电池有限公司、电池薄膜专业委员会	2021-03-08	2021-03-08

续上表

标准编号	标准名称	标准主要内容	发布单位	归口单位	起草单位	发布日期	实施日前
GB/T 39752—2021	电动汽车供电设备安全要求及试验规范	本标准规定了电动汽车供电设备（以下简称“供电设备”）的安全要求、试验导则和试验方法。 本标准适用于额定输出电压为 1000 VAC 或 1500 VDC 及以下各类型供电设备，包括充电模式 2、充电模式 3 和充电模式 4 的供电设备，不作为公共用途使用、在特殊条件下使用的供电设备（如防爆型、液冷型、海拔 2000 m 以上高原使用的供电设备等）也适用于本标准，并需要结合相关标准的要求。对于供电设备的独立电气附件、辅助材料（如连接装置、线缆、绝缘材料等）需根据具体产品标准，与本标准结合使用。 本标准涉及到供电设备在符合正确使用规程，但可能发生操作失误的情况下，由于电击危险、能量危险、机械危险、高温危险、着火蔓延危险、声压危险、失控危险等造成的设备严重损坏和重大人身危害情况。 本标准不涉及以下内容：——与运输包装、不恰当安装和应用相关的安全要求；——电磁兼容要求；——信息安全要求；——因故意破坏和其他有目的行为所引起的安全问题；——其他与安全无关的功能和性能要求。	国家市场监督管理总局 国家标准化管理委员会	中国电力企业联合会	国家电网有限公司、中国电力企业联合会、南瑞集团有限公司、国网电力科学研究院有限公司、国网电动汽车服务有限公司、许继电源有限公司、中国电力科学研究院有限公司、国网智慧能源交通技术创新中心（苏州）有限公司、国网北京市电力公司、国网江苏省电力有限公司、国网江西省电力有限公司电力科学研究院、国网湖南省电力有限公司、国网重庆市电力公司、国网智能科技股份有限公司、中国汽车技术研究中心有限公司、广东电网有限责任公司电力科学研究院、深圳奥特迅电力设备股份有限公司、南京能瑞电力科技有限公司、长园深瑞继保自动化有限公司、华为技术有限公司、江苏万帮德和新能源科技股份有限公司、西安特锐德智能充电科技有限公司、苏州电器科学研究院股份有限公司、威凯检测技术有限公司、上海电器科学研究所（集团）有限公司、许昌开普检测研究院股份有限公司、惠州市丝鹭新能源科技有限公司、浙江万马新能源有限公司	2021-03-09	2021-10-01
GB/T 19753—2021	轻型混合动力电动汽车能量消耗量试验方法	本文件规定了装用点燃式发动机或装用压燃式发动机的轻型混合动力电动汽车能量消耗量的试验方法。 本文件适用于装用点燃式发动机或压燃式发动机的 N1 类和最大设计总质量不超过 3500 kg 的 M1、M2 类车辆。最大设计总质量超过 3500 kg 的 M1 类车辆可参照执行。	国家市场监督管理总局 国家标准化管理委员会	全国汽车标准化技术委员会	中国汽车技术研究中心有限公司、重庆长安汽车股份有限公司、比亚迪汽车工业有限公司、长城汽车股份有限公司、上海汽车集团股份有限公司技术中心、浙江吉利控股集团有限公司、重庆金康新能源汽车有限公司、广州汽车集团股份有限公司汽车工程研究院、联合汽车电子有限公司、奇瑞捷豹路虎汽车有限公司、泛亚汽车技术中心有限公司、上汽大众汽车有限公司、宝马（中国）服务有限公司、戴姆勒大中华区投资有限公司、本田技研工业（中国）投资有限公司、大众汽车（中国）投资有限公司、丰田汽车（中国）投资有限公司、沃尔沃汽车（亚太）投资控股有限公司、福特汽车（中国）有限公司	2021-03-09	2021-10-01
GB/T 32694—2021	插电式混合动力电动乘用车技术条件	本文件规定了插电式（含增程式）混合动力电动乘用车的技术要求。 本文件适用于可外接充电的、具有纯电驱动功能的 M1 类混合动力电动汽车。	国家市场监督管理总局 国家标准化管理委员会	全国汽车标准化技术委员会	中国汽车技术研究中心有限公司、比亚迪汽车工业有限公司、东风小康汽车有限公司、重庆长安汽车股份有限公司、上海汽车集团股份有限公司技术中心、长城汽车股份有限公司、广州汽车集团股份有限公司汽车工程研究院、上汽通用五菱汽车股份有限公司、东风柳州汽车有限公司、华晨宝马汽车有限公司、联合汽车电子有限公司、奇瑞捷豹路虎汽车有限公司、戴姆勒大中华区投资有限公司、宝马（中国）服务有限公司、本田技研工业（中国）投资有限公司、大众汽车（中国）投资有限公司、丰田汽车（中国）投资有限公司、沃尔沃汽车（亚太）投资控股有限公司、标致雪铁龙（中国）汽车贸易有限公司	2021-03-09	2021-10-01

续上表

标准编号	标准名称	标准主要内容	发布单位	归口单位	起草单位	发布日期	实施日前
GB/T 18386.1—2021	电动汽车能量消耗量和续驶里程试验方法第1部分：轻型汽车	本文件规定了纯电动汽车的能量消耗量和续驶里程的试验方法。 本文件适用于N1类和最大设计总质量不超过3500 kg的M1、M2类车辆。最大设计总质量超过3500 kg的M1类车辆和L5类车辆可参照执行。	国家市场监督管理总局 国家标准化管理委员会	全国汽车标准化技术委员会	中国汽车技术研究中心有限公司、比亚迪汽车工业有限公司、北京新能源汽车股份有限公司、重庆长安新能源汽车科技有限公司、中国第一汽车集团有限公司、浙江合众新能源汽车有限公司、上海蔚来汽车有限公司、威马汽车科技集团有限公司、广州汽车集团股份有限公司汽车工程研究院、浙江吉利控股集团有限公司、长城汽车股份有限公司、东风汽车集团有限公司、海马新能源汽车有限公司、联合汽车电子有限公司、奇瑞捷豹路虎汽车有限公司、上汽大众汽车有限公司、泛亚汽车技术中心有限公司、宝马（中国）服务有限公司、戴姆勒大中华区投资有限公司、大众汽车（中国）投资有限公司	2021-03-09	2021-10-01
DB31/T 1296—2021	电动汽车智能充电桩智能充电及互动响应技术要求	本文件规定了电动汽车智能充电桩智能充电及互动响应的适用场景、通用要求、智能充电要求、互动响应要求及平台交互要求。 本文件适用于需要调节电动汽车供电设备充电功率的智能充电桩，包括智能交流充电桩和智能非车载充电机。	上海市市场监督管理局	上海市新能源汽车及应用标准化技术委员会	上海电器科学研究所（集团）有限公司、国网上海市电力公司、特斯拉（上海）有限公司、上海联联睿科能源科技有限公司、上海汽车集团股份有限公司、上海机动车检测认证技术研究中心有限公司、上海蔚来汽车有限公司、上海特来电新能源有限公司、万帮数字能源股份有限公司、上海诚曦电气设备有限公司、开迈斯新能源科技有限公司、宁波均胜群英汽车系统股份有限公司、上海循道新能源科技有限公司、上海联桩新能源科技有限责任公司、上海挚达科技发展有限公司、上海电力实业有限公司、国网广汇（上海）电动汽车服务有限公司、上海盛位电子技术有限公司	2021-03-16	2021-08-01
T/GDBX 042—2021	退役电动汽车充电设施回收拆解技术规范	本文件规定了退役电动汽车充电设施回收拆解过程的术语和定义、总体要求、作业要求、贮存和管理要求、安全环保要求。 本文件适用于退役电动汽车充电设施的回收拆解，包括集中或分散布置的非车载充电机、交流充电桩等充电设施。	广东省标准化协会	广东省标准化协会	广东邦普循环科技有限公司、中国电器科学研究院股份有限公司、广东省标准化协会、湖南邦普循环科技有限公司、湖南大学、广州大学、佛山科学技术学院、中国科学院过程工程研究所、山东大学	2021-04-19	2021-04-19
T/SSAE 001—2020	报废机动车回收拆解企业动力蓄电池回收利用技术规范安全性要求	研究并制订报废机动车回收拆解企业实施电动汽车动力蓄电池回收利用安全性的术语、定义、一般要求、作业场地要求、安全防护设备、人员资质要求、消防与应急救援要求，以及安全警示标识等方面的技术规范。 通过建立健全动力蓄电池回收处理的标准体系，进一步明确动力蓄电池回收处理过程中的相关环节，指导相关企业推动回收处理的标准化管理。	上海市汽车工程学会	上海市汽车工程学会	上海市汽车工程学会、汽车产品回收利用产业技术创新战略联盟、上海汽车资产经营有限公司	2021-04-25	2021-04-25
T/SSAE 002—2020	报废机动车回收拆解企业动力蓄电池回收利用技术规范分类要求	研究并制订报废机动车回收拆解企业实施电动汽车动力蓄电池回收利用分类的术语和定义、一般要求，以及分类规定等方面的技术规范。 通过建立健全动力蓄电池回收处理的标准体系，进一步明确动力蓄电池回收处理过程中的相关环节，指导相关企业推动回收处理的标准化管理。	上海市汽车工程学会	上海市汽车工程学会	上海市汽车工程学会、汽车产品回收利用产业技术创新战略联盟、上海汽车资产经营有限公司	2021-04-25	2021-04-25

续上表

标准编号	标准名称	标准主要内容	发布单位	归口单位	起草单位	发布日期	实施日前
T/SSAE 003—2020	报废机动车回收拆解企业动力蓄电池回收利用技术规范拆卸要求	研究并制订报废机动车回收拆解企业实施电动汽车动力蓄电池回收利用拆卸的术语和定义、一般要求、电池安全评估、拆卸设施设备，以及拆卸作业程序等方面的技术规范。 通过建立健全动力蓄电池回收处理的标准体系，进一步明确动力蓄电池回收处理过程中的相关环节，指导相关企业推动回收处理的标准化管理。	上海市汽车工程学会	上海市汽车工程学会	上海市汽车工程学会、汽车产品回收利用产业技术创新战略联盟、上海汽车资产经营有限公司	2021-04-25	2021-04-25
T/SSAE 004—2020	报废机动车回收拆解企业动力蓄电池回收利用技术规范收集贮存运输要求	研究并制订报废机动车回收拆解企业实施电动汽车动力蓄电池回收利用收集、贮存和运输的术语和定义、一般要求、电池分类、贮存、包装、运输，以及包装标识要求等方面的技术规范。 通过建立健全动力蓄电池回收处理的标准体系，进一步明确动力蓄电池回收处理过程中的相关环节，指导相关企业推动回收处理的标准化管理。	上海市汽车工程学会	上海市汽车工程学会	上海市汽车工程学会、汽车产品回收利用产业技术创新战略联盟、上海汽车资产经营有限公司	2021-04-25	2021-04-25
T/CGCC 52—2021	动力电池行业售后服务要求	本标准规定了动力电池商品售后服务内容。 本标准适用于动力电池生产、销售、服务企业进行服务管理和评价，同时也适用于第三方认证。	中国商业联合会	中国商业联合会	宁德时代新能源科技股份有限公司、北京五洲天宇认证中心、惠州亿纬锂能股份有限公司、中国商业联合会零售供货商专业委员会、郑州深澜动力科技有限公司、中车时代电动汽车股份有限公司、雅迪科技集团有限公司、广州倬粤电能科技有限公司、江苏金彭集团有限公司、五洲创意营销策划有限公司	2021-04-26	2021-05-01
GB/T 40032—2021	电动汽车换电安全要求	本文件规定了可换电电动汽车（或简称“车辆”）所特有的安全要求、试验方法和检验规则。 本文件适用于可进行换电的 M1 类纯电动汽车。	国家市场监督管理总局 国家标准化管理委员会	全国汽车标准化技术委员会	上海蔚来汽车有限公司、北京新能源汽车股份有限公司、中国汽车技术研究中心有限公司、中汽研汽车检验中心（天津）有限公司、蓝谷智慧（北京）能源科技有限公司、合肥国轩高科动力能源有限公司、中汽研汽车检验中心（宁波）有限公司、中航光电科技股份有限公司、浙江吉利新能源商用车集团有限公司、长城汽车股份有限公司、欣旺达电子股份有限公司	2021-04-30	2021-11-01
T/CIAPS 0010—2021	锂离子电池生产设备通讯接口规范	本标准规定了锂离子电池（以下简称电池）生产设备集成的结构体系、接口要求、生产系统网部署要求、通讯接口方式等内容。 本标准适用于锂离子电池生产制造系统集成的设计、开发、使用和维护。	中国化学与物理电源行业协会	中国化学与物理电源行业协会	深圳吉阳智能科技有限公司、合肥国轩高科动力能源有限公司、欣旺达电子股份有限公司、比亚迪股份有限公司、宁德时代新能源科技有限公司、天津力神电池股份有限公司、双登集团股份有限公司、中航锂电（洛阳）有限公司、福建星云电子股份有限公司、远东福斯特新能源有限公司、天津市捷威动力工业有限公司、无锡先导智能装备股份有限公司、天目湖先进储能技术研究院有限公司、深圳市赢合科技股份有限公司、荣盛盟固利动力科技有限公司、广东天劲新能源科技股份有限公司、西门子自动化（中国）有限公司、三菱电机自动化（中国）有限公司、中国汽车技术研究中心有限公司	2021-05-19	2021-06-01

续上表

标准编号	标准名称	标准主要内容	发布单位	归口单位	起草单位	发布日期	实施日前
GB/T 29317—2021	电动汽车充换电设施术语	本标准规定了与电动汽车充换电设施相关的术语及其定义。 本标准适用于采用传导充电方式的电动汽车充换电设施。	国家质量监督检验检疫总局 国家标准化管理委员会	中国电力企业联合会	中国电力企业联合会、国家电网有限公司、国网电动汽车服务有限公司、国网智慧能源交通技术创新中心(苏州)有限公司、中国电力科学研究院有限公司、国网电力科学研究院有限公司、许继电源有限公司、南方电网科学研究院有限责任公司、国网北京市电力公司、国网浙江省电力有限公司、国网天津市电力公司、国网江苏省电力有限公司电力科学研究院、北京电力经济技术研究院有限公司、普天新能源有限责任公司、特来电新能源有限公司、江苏万帮德和新能源科技股份有限公司、北京新能源汽车股份有限公司、上海蔚来汽车有限公司、上海玖行能源科技有限公司、奥动新能源汽车科技有限公司、中兴新能源汽车有限责任公司、深圳市车电网络有限公司	2021-05-21	2021-12-01
GB/T 40098—2021	电动汽车更换用动力蓄电池箱编码规则	本标准规定了电动汽车更换用动力蓄电池箱(以下简称电池箱)统一编码的基本规定、编码结构以及数据载体。 本标准适用于采用换电模式电池箱使用、维护、管理和追溯。	国家市场监督管理总局 国家标准化管理委员会	中国电力企业联合会	许继集团有限公司、中国电力企业联合会、国网电动汽车服务有限公司、国网山东省电力公司、国网浙江省电力有限公司、国网河南省电力公司经济技术研究院、北京新能源汽车股份有限公司、上海蔚来汽车有限公司、中国电力科学院有限公司、重庆移峰能源有限公司、上海电巴新能源科技有限公司	2021-05-21	2021-12-01
T/JSCTS 4—2021	城市客车用动力蓄电池系统安全技术要求	本文件适用于城市客车用动力蓄电池系统,其他类型动力蓄电池系统可参照执行。 本文件规定了城市客车用动力蓄电池系统的系统构成、安全要求、系统的布设及系统的使用。	江苏省综合交通运输学会	江苏省综合交通运输学会	哲弗智能系统(上海)有限公司、常州市公共交通集团有限责任公司、镇江市公共交通有限公司	2021-06-04	2021-07-01
T/BJQC 2019013—2021	纯电动汽车低温整车性能主观评价方法	本文件规定了纯电动汽车低温整车性能主观评价的评价条件、评价项目、评价方法、评价指标、评价打分及评价分数统计。 本文件适用于 M1 及 N 类纯电动汽车。	北京汽车行业协会	北京汽车行业协会	北京新能源汽车技术创新中心有限公司、北京新能源汽车股份有限公司、北汽福田汽车股份有限公司、北京汽车研究总院有限公司、智车优行科技有限公司	2021-06-21	2021-07-01
T/BJQC 2019012—2021	纯电动汽车低温道路适应性试验方法	本文件规定了纯电动汽车低温道路适应性的试验条件、试验方法。 本文件适用于 M 类及 N 类纯电动汽车,其他类别纯电动汽车可参照执行。	北京汽车行业协会	北京汽车行业协会	北京新能源汽车技术创新中心有限公司、北京新能源汽车股份有限公司、北汽福田汽车股份有限公司、智车优行科技有限公司、北京汽车研究总院有限公司	2021-06-21	2021-07-01
T/BJQC 2019011—2021	纯电动汽车低温动力性能试验方法	本文件规定了纯电动汽车低温动力性能的试验条件及试验方法。 本文件适用于 M1 类、M2 类、N1 类、N2 类纯电动汽车。	北京汽车行业协会	北京汽车行业协会	北京新能源汽车股份有限公司、北京新能源汽车技术创新中心有限公司、北汽福田汽车股份有限公司、北京海纳川汽车部件股份有限公司、智车优行科技有限公司、北京汽车研究总院有限公司	2021-06-21	2021-07-01
T/BJQC 2019014—2021	车载充电机整车低温匹配试验方法	本文件规定了安装在电动汽车上的车载充电机与整车低温环境下匹配试验的试验条件及试验方法。 本文件适用于安装在纯电动汽车和混合动力电动汽车上的车载充电机。	北京汽车行业协会	北京汽车行业协会	北京新能源汽车股份有限公司、北京新能源汽车技术创新中心有限公司、北汽福田汽车股份有限公司、北京汽车股份有限公司、北京汽车研究总院有限公司、智车优行科技有限公司	2021-06-21	2021-07-01

续上表

标准编号	标准名称	标准主要内容	发布单位	归口单位	起草单位	发布日期	实施日前
T/GERS 0007—2021	新能源汽车维修保养通用技术规范	本规范规定了新能源汽车维修保养的基本要求、维修保养站场配置要求、新能源汽车维护分级和周期、接待客户服务流程、投诉处理与质量监督。本标准适用于新建或传统汽车维修站扩展和改造成新能源汽车检测、维护和修理作业的场所。标准的内容考虑到不同新能源汽车维保企业的特点，在组织有关专家对新能源汽修企业调研的基础上，本标准根据各个企业的实际情况，收集了国内外相关标准清单进行研究，为标准的制定提供了重要依据。	广东省能源研究会	广东省能源研究会	广东省电动汽车研究会、广州市标准技术研究院、国际铜业协会、欣旺达电子股份有限公司、桂林电子科技大学、广州沙河丰田汽车销售服务有限公司、黄埔海关技术中心、广东省新能源汽车检验测试工程技术研究中心、华南理工大学、嘉兴模度新能源有限公司	2021-06-25	2021-07-01
DB3401/T 219—2021	车用动力锂离子电池维修服务规范	本文件规定了车用动力锂离子电池维修服务(简称为电池维修服务)的术语和定义、基本要求、维修服务流程、服务质量管理和服务质量控制等内容。 本文件适用于车用动力锂离子电池维修服务。	合肥市市场监督管理局	合肥市经济和信息化局	合肥国轩高科动力能源有限公司、合肥佳驰科技有限公司、安徽巡鹰新能源科技 有限公司	2021-06-29	2021-06-29
DB3212/T 1038—2021	住宅小区车位(库)新能源电动汽车充电系统验收规范	本文件规定了泰州市用于住宅小区车位(库)新能源电动汽车充电系统的基本构成、充电系统验收、电动汽车与电网互动、充电设施现场检测方案及验收评价等内容。 本文件适用于住宅小区车位(库)电动汽车自用充电系统电动验收工作。	泰州市市场监督管理局	泰州市工业和信息化局	泰州市计量测试院、国网江苏省电力有限公司泰州供电公司、中国电力科学研究院有限公司	2021 06 29	2021-07-01
DB3212/T 1039—2021	商业停车场新能源电动汽车充电系统验收规范	本文件规定了泰州市商业停车场新能源电动汽车充电系统的基本构成、充电系统验收、电动汽车与电网互动、充电桩强制检定、充电设施现场检测方案以及验收评价等内容。 本文件适用于商业停车场专用和公用电动汽车充电系统的验收工作。	泰州市市场监督管理局	泰州市工业和信息化局	泰州市计量测试院、国网江苏省电力有限公司泰州供电公司、中国电力科学研究 院有限公司	2021-06-29	2021-07-01
T/CEC 367—2020	电动汽车充换电设施运维人员培训考核规范	本标准共设7章及1个规范性附录，即：1 适用范围；2 规范性引用文件；3 术语与定义；4 能力标准；5 培训内容；6 考核评价；7 证书及有效期；附录A(规范性附录)电动汽车充换电设施运维人员能力培训内容与考核评价标准，涵盖了电动汽车充换电设施运维人员能力培训内容与考核评价的全部内容。	中国电力企业联合会	中国电力企业联合会	国网电动汽车服务有限公司、南方电网电动汽车服务有限公司、国网江苏省电力有限公司、万帮新能源投资集团有限公司、青岛特锐德电气股份有限公司、国网智慧能源交通技术创新中心苏州有限公司、杭州中恒电气股份有限公司、中电联电动汽车与储能分会、中电联电力发展研究院、中电联人才测评中心有限公司、北京电力培训中心	2021-06-30	2021-10-01
T/GDCKCJH 032—2021	电动汽车用动力电池组循环复合工况电容量衰减测试方法	本文件适用于电动汽车用动力电池组循环复合工况电容量衰减测试。 本文件规定了电动汽车用动力电池组循环复合工况电容量衰减测试方法相关的术语与定义、要求和测试方法。	广东省测量控制技术与装备应用促进会	广东省测量控制技术与装备应用促进会	华南理工大学、广州广电计量检测股份有限公司、广东省标准化研究院、深圳市比克动力电池有限公司、广州汽车集团股份有限公司	2021-07-04	2021-08-01
T/GDCKCJH 031—2021	电动汽车用动力电池热滥用测试方法	本文件适用于电动汽车用动力电池热滥用的测试。 本文件规定了电动汽车用动力电池热滥用测试相关的术语与定义、试验准备和测试方法。	广东省测量控制技术与装备应用促进会	广东省测量控制技术与装备应用促进会	华南理工大学、广州广电计量检测股份有限公司、广东省标准化研究院、深圳比克动力电池有限公司、广州汽车集团股份有限公司	2021-07-04	2021-08-01
T/GDCKCJH 035—2021	聚合物准固态电解质动力电池安全性要求与测试方法	本文件适用于电动汽车用的聚合物准固态电解质动力电池，其他类型的固态电解质电池可参照执行。 本文件规定了聚合物准固态电解质动力电池的术语与定义、安全性要求、试验条件、测试方法。	广东省测量控制技术与装备应用促进会	广东省测量控制技术与装备应用促进会	广州广电计量检测股份有限公司、华南理工大学、广东省标准化研究院、深圳比克动力电池有限公司、广州汽车集团股份有限公司、广东省测量控制技术与装备应用促进会	2021-07-12	2021-08-01

续上表

标准编号	标准名称	标准主要内容	发布单位	归口单位	起草单位	发布日期	实施日前
T/GDCKCJH 034—2021	电动汽车动力电池壳体防护等级测试与评估方法	本文件适用于电动汽车用锂离子电池和镍氢电池等电池壳体装置防护等级测试与评估。 本文件规定了电动汽车动力电池壳体防护等级测试与评估方法相关的术语与定义、安全要求、试验条件、试验准备、试验方法。	广东省测量控制技术与装备应用促进会	广东省测量控制技术与装备应用促进会	广州广电计量检测股份有限公司、华南理工大学、广东省标准化研究院、深圳比克动力电池有限公司、广州汽车集团股份有限公司、广东省测量控制技术与装备应用促进会	2021-07-12	2021-08-01
T/GDCKCJH 033—2021	电动汽车用锂离子电池复合动态工况下功率及温升测试方法	本文件适用于电动汽车用动力蓄电池。 本文件规定了电动汽车动力蓄电池的复合动态工况模拟下功率及温升的测试方法和检验规则。	广东省测量控制技术与装备应用促进会	广东省测量控制技术与装备应用促进会	广州广电计量检测股份有限公司、华南理工大学、广东省标准化研究院、深圳比克动力电池有限公司、广州汽车集团股份有限公司、广东省测量控制技术与装备应用促进会	2021-07-12	2021-08-01
HJ 1186—2021	废锂离子动力蓄电池处理污染控制技术规范(试行)	本标准规定了废锂离子动力蓄电池处理的总体要求、处理过程污染控制技术要求、污染物排放控制与环境监测要求和运行环境管理要求。 本标准适用于废锂离子动力蓄电池处理过程的污染控制,可作为废锂离子动力蓄电池处理有关建设项目环境影响评价、建设运行、竣工环境保护验收、排污许可管理等的技术参考依据。 储能类、消费类等其他类型的废锂离子电池,以及锂离子电池生产废料处理过程的污染控制,可参照本标准执行。 本标准不适用于锂离子动力蓄电池在保质期内的返厂故障检测、维修翻新过程。	生态环境部	生态环境部	生态环境部固体废物与化学品管理技术中心、中国科学院过程工程研究所、上海第二工业大学	2021-08-07	2022-01-01
T/DZJN 34—2021	退役动力电池拆解放电技术与安全规范	标准规定了退役动力电池拆解前放电、安全规范的术语和定义,以及放电过程的总体要求、安全防护及放电设备的要求。适用于车用退役动力电池包/电池模组/电池单体的放电过程。	中国电子节能技术协会	中国电子节能技术协会	格林美(武汉)动力电池回收有限公司、安徽南都华铂新材料科技有限公司、池州西恩新材料科技有限公司、天津力神电池股份有限公司、浙江帕瓦新能源股份有限公司、银隆新能源股份有限公司、武汉瑞科美新能源有限责任公司、惠州亿纬锂能股份有限公司、广州中国科学院沈阳自动化研究所分所、浙江新时代中能循环科技有限公司、河北中化锂电科技有限公司、星恒电源股份有限公司、广东佳纳能源科技有限公司、广东芳源环保股份有限公司、湖南金凯循环科技有限公司、河南利威新能源科技有限公司、江苏德宜鑫环保科技有限公司、宁夏百川新材料有限公司、顺尔茨环保(北京)有限公司、淮北职业技术学院	2021-08-09	2021-10-18
T/DZJN 35—2021	退役动力电池拆解智能拆解技术与装备	标准规定了退役动力电池拆解其智能拆解技术与装备的总体要求,并规定了其贮存、拆解、测试、性能、安全与环保、包装运输等要求。适用于废旧动力蓄电池的拆解。不适用于单体蓄电池的切割、破碎、分选、冶金等。	中国电子节能技术协会	中国电子节能技术协会	衢州华友资源再生科技有限公司、湖南长远锂科股份有限公司、池州西恩新材料科技有限公司、格林美(武汉)动力电池回收有限公司、浙江帕瓦新能源股份有限公司、银隆新能源股份有限公司、武汉瑞科美新能源有限责任公司、长沙矿冶研究院有限责任公司、湖州美欣达机动车回收拆解有限公司、浙江新时代中能循环科技有限公司、河北中化锂电科技有限公司、银隆新能源股份有限公司、星恒电源股份有限公司、赣州吉锐新能源科技有限公司、广州中国科学院沈阳自动化研究所分所、广东佳纳能源科技有限公司、上海东申环保科技发展有限公司、广东芳源环保股份有限公司、九江天祺氟硅新材料科技有限公司、湖南金凯循环科技有限公司、顺尔茨环保(北京)有限公司、兰州金川金科资源循环科技有限公司、江苏北矿金属循环利用科技有限公司、广东恒赋能投资发展有限公司、东莞市宏湖智能装备有限公司	2021-08-09	2021-10-18

续上表

标准编号	标准名称	标准主要内容	发布单位	归口单位	起草单位	发布日期	实施日前
T/DZJN 36—2021	退役动力电池拆解无害化破碎分选技术规范	标准规定了社会流通领域退役废锂离子电池的收集、贮存、运输、无害化处理、破碎分离、二次资源回收等环节的运行技术及管理要求。适用于报废后的动力锂离子电池、以及报废后的3C锂离子电池。	中国电子节能技术协会	中国电子节能技术协会	山东王晁煤电集团有限公司、格林美(武汉)动力电池回收有限公司、池州西恩新材料科技有限公司、广州市联冠机械有限公司、株洲冶炼集团股份有限公司、银隆新能源股份有限公司、浙江新时代中能循环科技有限公司、南通北新新能源科技有限公司、湖南江冶新能源科技股份有限公司、湖州美欣达机动车回收拆解有限公司、贵州红星电子材料有限公司、江西睿达新能源科技有限公司、安徽南都华铂新材料科技有限公司、浙江帕瓦新能源股份有限公司、江西天奇金泰阁钴业有限公司、浙江中金格派锂电产业股份有限公司、福建常青新能源科技有限公司、九江天祺氟硅新材料科技有限公司、顺尔茨环保(北京)有限公司、清华四川能源互联网研究院、兰州金川金科资源循环科技有限公司、湖南金凯循环科技有限公司、上海毅信环保科技有限公司、江苏北矿金属循环利用科技有限公司、广东恒赋能投资发展有限公司、东莞市宏湖智能装备有限公司	2021-08-09	2021-10-18
T/DZJN 37—2021	退役动力电池模组分选方法	标准规定了退役动力电池模组分选的术语和定义，以及分选的分选要求、分选指标和分选方法。适用于退役动力锂离子电池、金属氢氧化物镍动力蓄电池模组的评估、分选的过程。	中国电子节能技术协会	中国电子节能技术协会	格林美(武汉)动力电池回收有限公司、安徽绿沃循环能源科技有限公司、上饶市环锂循环科技有限公司、天津力神电池股份有限公司、江苏欧力特能源科技有限公司、矿冶科技集团有限公司、银隆新能源股份有限公司、东莞新能安科技有限公司、派尔森环保科技有限公司、星恒电源股份有限公司、地上铁租车(深圳)有限公司、杭州瑞赛科伦科技有限公司、杭州科工电子科技有限公司、惠州亿纬锂能股份有限公司、蓝谷智慧(北京)能源科技有限公司、江苏集萃华科智能装备科技有限公司、江门市朗达锂电池有限公司、重庆车辆检测研究院有限公司、上海电力大学	2021-08-09	2021-10-18
T/DZJN 38—2021	退役动力电池模组余能检测及残值评估技术指南	标准规定了车用退役动力电池余能检测及残值评估技术的术语和定义、符号，检测流程及检测方法。适用于车用退役动力电池、金属氢氧化物镍动力电池单体、模组的余能检测与残值评估的过程。	中国电子节能技术协会	中国电子节能技术协会	格林美(武汉)动力电池回收有限公司、派尔森环保科技有限公司、北京赛德美资源再利用研究院有限公司、惠州亿纬锂能股份有限公司、天津力神电池股份有限公司、银隆新能源股份有限公司、东莞新能安科技有限公司、长沙矿冶研究院有限责任公司、地上铁租车(深圳)有限公司、蓝谷智慧(北京)能源科技有限公司、深圳普瑞赛思检测技术有限公司、星恒电源股份有限公司、上海电机学院、昆山宝创新能源科技有限公司、福建常青新能源科技有限公司、福州汉斯曼产品质量技术服务有限公司、上海乐驾科技有限公司、重庆车辆检测研究院有限公司、上海毅信环保科技有限公司、厦门市产品质量监督检验院	2021-08-09	2021-10-18

续上表

标准编号	标准名称	标准主要内容	发布单位	归口单位	起草单位	发布日期	实施日前
T/DZJN 39—2021	梯次利用电池储能系统技术规范	标准规定了梯次利用电池储能系统的设计技术要求、试验方法、检验规则、标志、包装、运输、储存、运行维护和故障诊断等内容。适用于备用电源、储能电源等梯次利用电池储能系统。	中国电子节能技术协会	中国电子节能技术协会	格林美(武汉)动力电池回收有限公司、北京赛德美资源再利用研究院有限公司、上饶市环锂循环科技有限公司、惠州亿纬锂能股份有限公司、江苏欧力特能源科技有限公司、贝特瑞新材料集团股份有限公司、派尔森环保科技有限公司、江苏智泰新能源科技有限公司、银隆新能源股份有限公司、东莞新能安科技有限公司、宝星能源服务集团有限公司、地上铁租车(深圳)有限公司、蓝谷智慧(北京)能源科技有限公司、江苏多益能源科技有限公司、烟台创为新能源科技股份有限公司、浙江南都电源动力股份有限公司、江苏中兴派能电池有限公司、四川新锂想能源科技有限责任公司、昆山宝创新能源科技有限公司、四川长虹格润环保科技股份有限公司、安阳岷山有色金属有限责任公司、江门市朗达锂电池有限公司、上海乐驾科技有限公司、珠海中力新能源科技有限公司、宁波中科孚奇能源科技有限公司	2021-08-09	2021-10-18
T/DZJN 40—2021	梯次利用电池家庭储能系统技术规范	标准规定了梯次利用电池家庭储能系统应用的基本要求、设备技术要求、安全要求和工作环境要求。适用于家庭储能系统用梯次利用锂离子电池,其他类型的储能电池参照此标准执行。	中国电子节能技术协会	中国电子节能技术协会	上海电力大学、格林美(武汉)动力电池回收有限公司、银隆新能源股份有限公司、东莞新能安科技有限公司、江苏欧力特能源科技有限公司、宝星能源服务集团有限公司、烟台创为新能源科技股份有限公司、苏州创禾智汇电气科技有限公司、宁波维科新能源科技有限公司、江苏中兴派能电池有限公司、浙江南都电源动力股份有限公司、台达电子企业管理(上海)有限公司、昆山宝创新能源科技有限公司、湖南新瑞能源科技有限公司、中国电子节能技术协会汽车产业委员会	2021-08-09	2021-10-18
T/XQGX 001—2021	智能型充放电装置	本标准规定了智能型充放电装置通用的产品型号、技术要求、试验方法、检验规则、标志、包装、运输和贮存要求。 本标准适用于采用传导方式的动力蓄电池组储能系统充电和放电装置(以下简称装置)运输和贮存要求。 本标准适用于采用传导方式的动力蓄电池组储能系统充电和放电装置(以下简称装置)。	襄阳汽车工程学会	襄阳汽车工程学会	襄阳市公共检验检测中心、湖北省蓄电池产品质量监督检验中心、湖北追日电气股份有限公司	2021-08-09	2021-09-10
T/GZBC 50—2021	亚湿热环境下新能源汽车充电设备技术规范	本文件规定了亚湿热环境下新能源汽车充电设备的安装使用场景分类、技术要求、试验方法和检验规则。 本文件适用于评价亚湿热环境下安装使用的新能源汽车充电设备的环境适应性和特殊性能要求。 本文件不适用于车载充电机。	广州市标准化促进会	广州市标准化促进会	广州市开发区汽车及配件用品行业协会、威凯检测技术有限公司、广汽埃安新能源汽车有限公司、东风汽车有限公司东风日产乘用车公司、威马汽车制造温州有限公司、中国电器科学研究院股份有限公司、万帮数字能源股份有限公司、广州万城万充新能源科技有限公司、广东省电源行业协会、广东省静态交通协会、北京小桔新能源汽车科技有限公司	2021-08-13	2021-09-01
T/CIAPS 0013—2021	磷酸铁锂电池循环寿命加速因子选取试验	本文件规定了通过恒定温度应力进行电动汽车用磷酸铁锂动力电池循环寿命加速因子选取试验的仪器设备、试验方案和结果处理。 本文件适用于由三个温度应力水平试验,求得磷酸铁锂电池温度加速因子的试验方法。	中国化学与物理电源行业协会	中国化学与物理电源行业协会	中国电子科技集团公司第十八研究所、合肥国轩高科动力能源有限公司、北京理工大学、江苏海基新能源股份有限公司、永杰新材料股份有限公司、天津中电新能源有限公司、河北零点新能源科技有限公司、广东天劲新能源科技股份有限公司	2021-08-16	2021-09-01

续上表

标准编号	标准名称	标准主要内容	发布单位	归口单位	起草单位	发布日期	实施日前
DB12/T 1074—2021	电动汽车维修场地高电压管理规范	本文件规定了电动汽车维修场地的高电压管理要求,确立了动力电池存储区域、充电区域(包括换电区域)以及维修工位区域的场地要求、操作装置特性、操作环境、操作技能以及操作制度的一般原则。 本文件适用于已建、新建、改建和扩建的各类电动汽车维修场地。	天津市市场监督管理委员会	天津市交通运输委员会	天津职业技术师范大学、天津动核芯科技有限公司、鼎华国际认证(深圳)有限公司、中汽研汽车检验中心(天津)有限公司、大众汽车有限公司天津分公司、天津职业技术师范大学附属高级技校、天津职业大学、天津市公用技师学院	2021-08-16	2021-09-16
GB/T 24347—2021	电动汽车 DC/DC 变换器	本文件规定了电动汽车 DC/DC 的变换器的技术要求、试验方法。 本文件适用于电动汽车用 DC/DC 变换器,其他具有 DC/DC 转换功能的电路参照本文件。	国家市场监督管理总局 中国国家标准化管理委员会	全国汽车标准化技术委员会	苏州汇川联合动力系统有限公司、北京新能源汽车股份有限公司、华为技术有限公司、上海磐动电气科技有限公司、中国汽车技术研究中心有限公司、杭州富特科技股份有限公司、上海蔚来汽车有限公司、比亚迪汽车工业有限公司、中汽研汽车检验中心(天津)有限公司、深圳威迈斯新能源股份有限公司、丰田汽车投资(中国)有限公司、台达电子企业管理(上海)有限公司、泛亚汽车技术中心有限公司、中国第一汽车股份有限公司、阿利昂斯汽车研发(上海)有限公司、中国汽车工程研究院股份有限公司、观致汽车有限公司、重庆长安新能源汽车科技有限公司、郑州宇通客车股份有限公司	2021-08-20	2022-03-01
GB/T 31498—2021	电动汽车碰撞后安全要求	本文件规定了带有 B 级电压电路的纯电动汽车、混合动力电动汽车正面碰撞、侧面碰撞、后面碰撞后的特殊安全要求和试验方法。 本文件适用于 M1 类及最大设计总质量不大于 2500 kg 的 N1 类汽车以及多用途货车中带有 B 级电压电路的纯电动汽车、混合动力汽车的正面碰撞。 本文件适用于 M1、N1 类汽车中带有 B 级电压电路的纯电动汽车、混合动力汽车的侧面碰撞和后面碰撞。 本文件不适用于燃料电池电动汽车。	国家市场监督管理总局 中国国家标准化管理委员会	全国汽车标准化技术委员会	中国汽车技术研究中心有限公司、比亚迪汽车工业有限公司、重庆长安汽车股份有限公司、一汽丰田技术开发有限公司、上海蔚来汽车有限公司、一汽-大众汽车有限公司、沃尔沃汽车(亚太)投资控股有限公司、捷豹路虎(中国)投资有限公司、东风汽车有限公司东风日产乘用车公司、观致汽车有限公司	2021-08-20	2022-03-01
GB/T 40425. 1—2021	电动客车顶部接触式充电系统第 1 部分:通用要求	GB/T 40425 的本部分规定了电动客车顶部接触式充电系统的分类,通用要求,通信,电击防护,电动客车和顶部接触式充电系统之间的连接,车辆接口、供电接口的特殊要求,电动客车供电设备结构要求,电动客车顶部接触式充电系统性能要求,过载保护和短路检测,急停及异常处理,使用条件,维修,标识和说明。 本部分适用于电动客车顶部接触式充电系统。该系统包括非车载充电机和充电自动耦合器。其供电电源额定电压最大值 1000 VAC 或 1500 VDC,额定输出电压最大值 1500 VDC。 本部分也适用于从现场储能系统(如缓冲蓄电池组等)获得能量的电动客车顶部接触式充电系统。	国家市场监督管理总局 中国国家标准化管理委员会	中国电力企业联合会	特来电新能源有限公司、青岛特来电新能源科技有限公司、上海汽车集团股份有限公司商用车技术中心、国电南瑞南京控制系统有限公司、许继电源有限公司、国网智慧能源交通技术创新中心(苏州)有限公司、国网电动汽车服务有限公司、上海奥威科技开发有限公司、国电南瑞科技股份有限公司、郑州宇通客车股份有限公司、青岛海汇德电气有限公司、上海电器科学研究所(集团)有限公司、宁德时代新能源科技股份有限公司、江苏万帮德和新能源科技股份有限公司	2021-08-20	2022-03-01

续上表

标准编号	标准名称	标准主要内容	发布单位	归口单位	起草单位	发布日期	实施日前
GB/T 40428—2021	电动汽车传导充电电磁兼容性要求和试验方法	本文件规定了电动汽车进行传导充电时的电磁兼容性要求和试验方法。 本文件适用于可外接充电的电动汽车（或简称车辆），也适用于车辆与供电设备组成的系统。 本文件适用于车辆插座（连接方式 B 和连接方式 C）符合 GB/T 20234.2 和/或 GB/T 20234.3，以及供电插头（连接方式 A）符合 GB/T 1002 和/或 GB/T 20234.2 的电动汽车。 本文件不适用于采用顶部接触式充电系统的电动客车。	国家市场监督管理总局 中国国家标准化管理委员会	全国汽车标准化技术委员会	中国汽车技术研究中心有限公司、襄阳达安汽车检测中心有限公司、安徽安凯汽车股份有限公司、中汽研汽车检验中心（天津）有限公司、比亚迪汽车工业有限公司、北京新能源汽车股份有限公司、东风汽车有限公司东风日产乘用车公司、丰田汽车（中国）投资有限公司、上海机动车检测认证技术研究中心有限公司、威马汽车科技集团有限公司、上汽大众汽车有限公司、上海蔚来汽车有限公司、上汽通用五菱汽车股份有限公司、中国汽车工程研究院股份有限公司、广州汽车集团股份有限公司汽车工程研究院	2021-08-20	2022-03-01
GB/T 40432—2021	电动汽车用传导式车载充电机	本文件规定了电动汽车进行传导充电时的电磁兼容性要求和试验方法。 本文件适用于可外接充电的电动汽车（或简称车辆），也适用于车辆与供电设备组成的系统。 本文件适用于车辆插座（连接方式 B 和连接方式 C）符合 GB/T 20234.2 和/或 GB/T 20234.3，以及供电插头（连接方式 A）符合 GB/T 1002 和/或 GB/T 20234.2 的电动汽车。 本文件不适用于采用顶部接触式充电系统的电动客车。	国家市场监督管理总局 国家标准化管理委员会	全国汽车标准化技术委员会	北京新能源汽车股份有限公司、苏州汇川联合动力系统有限公司、华为技术有限公司、中国汽车技术研究中心有限公司、杭州富特科技股份有限公司、上海蔚来汽车有限公司、比亚迪汽车工业有限公司、中汽研汽车检验中心（天津）有限公司、台达电子企业管理（上海）有限公司、深圳威迈斯新能源股份有限公司、泛亚汽车技术中心有限公司、上海汽车集团股份有限公司技术中心、中国第一汽车股份有限公司、东风汽车公司技术中心、重庆长安新能源汽车科技有限公司、丰田汽车（中国）投资有限公司、华晨宝马汽车有限公司、襄阳达安汽车检测中心有限公司、重庆金康新能源汽车有限公司、广州汽车集团股份有限公司、吉利汽车研究院（宁波）有限公司	2021-08-20	2022-03-01
GB/T 40433—2021	电动汽车用混合电源技术要求	本文件规定了电动汽车用混合电源系统的技术要求和试验方法。 本文件适用于最高直流工作电压低于 60 V 的混合电源系统。	国家市场监督管理总局 国家标准化管理委员会	全国汽车标准化技术委员会	万向一二三股份公司、中国汽车技术研究中心有限公司、合肥国轩高科动力能源有限公司、上汽通用五菱汽车股份有限公司、中国第一汽车股份有限公司、吉利汽车研究院（宁波）有限公司、重庆长安新能源汽车科技有限公司、宁德时代新能源科技股份有限公司、湖南科霸汽车动力电池有限责任公司、比亚迪汽车工业有限公司、戴姆勒大中华区投资有限公司、沃尔沃汽车（亚太）投资控股有限公司、捷豹路虎（中国）投资有限公司、泛亚汽车技术中心有限公司、安徽江淮汽车集团股份有限公司、东风汽车有限公司东风日产乘用车公司、银隆新能源股份有限公司	2021-08-20	2022-03-01
GB/T 34015.3—2021	车用动力电池回收利用梯次利用第 3 部分：梯次利用要求	本文件规定了车用动力电池梯次利用的总体要求、外观及性能要求和梯次利用产品一般要求。 本文件适用于退役车用锂离子动力蓄电池单体、模块和电池包或系统的梯次利用，退役车用镍氢动力蓄电池、模块和电池包或系统的梯次利用参照执行。	国家市场监督管理总局 中国国家标准化管理委员会	全国汽车标准化技术委员会	宁德时代新能源科技股份有限公司、广东邦普循环科技有限公司、中国汽车技术研究中心有限公司、哈尔滨巴特瑞资源再生科技有限公司、格林美股份有限公司、浙江超威创元实业有限公司、合肥国轩高科动力能源有限公司、赣州市豪鹏科技有限公司、北京赛德美资源再利用研究院有限公司、湖南邦普汽车循环有限公司、浙江天能电源材料有限公司	2021-08-20	2022-03-01
GB/T 34015.4—2021	车用动力电池回收利用梯次利用第 4 部分：梯次利用产品标识	本文件规定了车用动力电池回收利用中梯次利用产品标识的标识构成、标志要求、标示位置、表示方式及标示要求。 本文件适用于对退役车用动力蓄电池的梯次利用产品进行标识。	国家市场监督管理总局 中国国家标准化管理委员会	全国汽车标准化技术委员会	中国汽车技术研究中心有限公司、广东邦普循环科技有限公司、湖南大学、格林美股份有限公司、合肥国轩高科动力能源有限公司、北京赛德美资源再利用研究院有限公司、上海保隆汽车科技股份有限公司、格林美（武汉）城市矿产循环产业园开发有限公司、宁德时代新能源科技股份有限公司	2021-08-20	2022-03-01

续上表

标准编号	标准名称	标准主要内容	发布单位	归口单位	起草单位	发布日期	实施日前
QC/T 1156—2021	车用动力电池回收利用单体拆解技术规范	本文件规定了车用动力电池单体拆解的术语和定义、总体要求、作业要求、贮存和管理要求、安全环保要求。 本文件适用于退役车用动力锂离子单体蓄电池的拆解。	工业和信息化部	全国汽车标准化技术委员会	广东邦普循环科技有限公司、中国汽车技术研究中心有限公司	2021-08-21	2022-02-01
T/ZZB 2263—2021	充电桩用无极性直流继电器	本标准规定了充电桩用无极性直流继电器的术语和定义、基本要求、技术要求、试验方法、检验规则、标识、运输和贮存及质量承诺。 本标准适用于充电桩使用的标称工作电压为 200 Vd. c. ~1000 Vd. c. 、线圈额定电压为12 Vd. c. 的无极性直流继电器(以下简称继电器)。	浙江省品牌建设联合会	浙江省品牌建设联合会	本文件由舟山市质量技术监督检测研究院牵头组织制定。本文件主要起草单位:浙江宏舟新能源科技有限公司。本文件参与起草单位(排名不分先后):舟山市质量技术监督检测研究院、浙江方圆检测股份有限公司、浙江海洋大学、浙江舟山宏顺电子科技有限公司。	2021-08-25	2021-09-25
T/ZZB 2288—2021	电动客车锂离子动力电池箱火灾防控产品(火灾抑制装置)	本文件规定了电动客车锂离子动力电池箱火灾防控产品(火灾抑制装置)的型号与分类、工作条件、基本要求、技术要求、试验方法、检验规则、标志、包装、运输、贮存、使用说明书和质量承诺。 本文件适用于以热气溶胶、七氟丙烷、全氟己酮等为抑制介质的电动客车锂离子动力电池箱火灾防控产品(火灾抑制装置)(以下简称火灾抑制装置)。 本文件不适用于三元体系动力锂离子电池箱火灾防控产品(火灾抑制装置)。	浙江省品牌建设联合会	浙江省品牌建设联合会	本文件由浙江省机械工业联合会牵头组织制定。本文件主要起草单位:浙江华神消防科技有限公司。本文件参与起草单位(排名不分先后):浙江高登消防科技有限公司、浙江物产长鹏化工实业有限公司、浙江杭消消防设备有限公司、台州市产品质量安全检测研究院。	2021-08-26	2021-09-26
T/CSTE 0028—2021	绿色设计产品评价技术规范车用磷酸铁锂动力电池梯次利用产品	本文件规定了车用磷酸铁锂动力电池梯次利用产品的绿色设计产品评价要求、生命周期评价报告编制方法和评价方法。 本文件适用于以磷酸铁锂电池为原料的车用动力电池梯次利用产品,包括分布式储能、移动式储能、锂电不间断电源的绿色设计产品评价。	中国技术经济学会	中国技术经济学会	长沙矿冶研究院有限责任公司、国网湖南综合能源服务有限公司、长沙市湘行交通新能源有限公司、铁塔能源有限公司湖南省分公司、湖南永瑞标准化服务有限公司、江苏华友能源科技有限公司、中车时代电动汽车股份有限公司、长沙威克电力技术科技有限公司、湖南楚熵信息科技有限公司、合肥国轩循环科技有限公司	2021-08-26	2021-08-26
T/CSTE 0029—2021	绿色设计产品评价技术规范新能源混凝土搅拌运输车	本文件规定了新能源混凝土搅拌运输车的绿色设计产品评价要求、生命周期评价报告编制方法和评价方法。 本文件适用于新能源类的斜筒式混凝土搅拌运输车的绿色设计产品评价。本文件不适用于由牵引车拖挂的搅拌半挂车的绿色设计产品评价。	中国技术经济学会	中国技术经济学会	三一汽车制造有限公司、湖南永瑞标准化服务有限公司、湖南楚熵信息科技有限公司、湖南嘉飞达电子科技有限公司	2021-08-26	2021-08-26
T/CSTM 00364—2021	锂离子电池导电连接用复合金属带材	本文件规定了锂离子电池导电连接用复合金属带材的术语和定义、分类与标记、技术要求、试验方法、检验规则、标志、质量证明书、包装、运输、贮存等。 本文件适用于制备锂离子动力电池或高倍率电池的导电连接片、软包电池正负极极耳、圆柱电池负极极耳、方型电池盖板铜铝过渡连接片等所需的复合金属带材。	中关村材料试验技术联盟	中关村材料试验技术联盟	玉林师范学院、深圳市中金岭南科技有限公司、佛山通宝精密合金股份有限公司、深圳市电源技术学会、清华大学深圳国际研究生院、福建永安市永清石墨烯研究院有限公司、深圳汽航院有限公司、深圳供电局有限公司、深圳市清新电源研究院	2021-08-27	2021-11-27
T/CPSS 1001—2021	电动汽车动态无线充电系统技术要求	本文件规定了电动汽车动态无线充电系统的构成、主要性能、互操作性、通信及安全要求。	中国电源学会	中国电源学会	广西电网有限责任公司电力科学研究院、重庆大学、广西交投科技有限公司、郑州宇通客车股份有限公司、江苏方天电力技术有限公司、重庆前卫无线电能传输研究院有限公司、重庆华创智能研究院有限公司	2021-08-27	2021-09-01

续上表

标准编号	标准名称	标准主要内容	发布单位	归口单位	起草单位	发布日期	实施日前
T/CPSS 1002—2021	电动汽车无线充电系统车载充电机和无线充电设备之间的通信协议(第1部分:能量信号双通道近场通讯)	本文件规定了电动汽车静态无线充电系统一对一匹配情况下地面通信控制单元(CSU)与车载通信控制单元(IVU)之间进行无线充电控制的通信协议。	中国电源学会	中国电源学会	重庆大学,广西电网有限责任公司电力科学研究院、国网电力科学研究院有限公司、江苏方天电力技术有限公司、重庆前卫无线电能传输研究院有限公司、重庆华创智能研究院有限公司、台达电子企业管理(上海)有限公司	2021-08-27	2021-09-01
T/ZZB 2392—2021	新能源汽车驱动电机用球轴承	本文件规定了新能源汽车驱动电机用球轴承(以下简称轴承)的术语和定义、符号、代号方法、结构型式及外形尺寸、基本要求、技术要求、试验方法、检验规则、标志、包装、运输、贮存和质量承诺。 本文件适用于新能源汽车驱动电机用球轴承。	浙江省品牌建设联合会	浙江省品牌建设联合会	慈兴集团有限公司。本文件参与起草单位(排名不分先后):宁波标准化研究院、宁波慈兴轴承有限公司	2021-09-01	2021-10-01
T/GDIA 001—2021	电动汽车充电设施运营站场安全责任评价规范	本规范规定了电动汽车充电运营站场安全责任遵循的基本原则和主要技术要求。 本规范适用于电动汽车充电站场运营安全。	广东省充电设施协会	广东省充电设施协会	广东省充电设施协会,广汽新能源汽车有限公司,广东电网电动汽车服务有限公司,珠海泰坦科技股份有限公司,北京小桔新能源汽车科技有限公司,广州亿电邦科智能网络科技有限公司,珠海格力新元电子有限公司,广东拓杰机电工程有限公司,深圳江浩电子有限公司,广州市新栋力超声电子有限公司,深圳市锦联新能源运营管理有限公司,深圳市威华信新能源电气科技有限公司,深河公共(河源市)新能源有限公司等	2021-09-07	2021-09-07
DB31/T 1321—2021	电动汽车公用充电设施运营管理与服务规范	本文件规定了针对电动汽车公用充电设施开展运营管理与客户服务的内容及相关要求,专用充电设施的运营管理好服务可参照执行。 本文件适合从事电动汽车充电设施巡视检查、缺陷处理、故障抢修等运营管理以及为电动汽车用户提供充电、计量计费、使用咨询等客户服务的企业。	上海市市场监督管理局	上海市交通委员会	国网上海市电力公司、普天新能源(上海)有限公司、上海上汽安悦充电科技有限公司、上海特来电新能源有限公司	2021-09-14	2021-12-01
T/IAWBS 004—2021	电动汽车用功率半导体模块可靠性试验通用要求及试验方法	本文件规定了电动汽车用功率半导体器件可靠性试验前的功能性检查要求,可靠性试验要求和试验方法。本文件还给出了车用宽禁带半导体器件,如碳化硅基场效应晶体管器件的特殊试验要求。 本文件适用于功率半导体器件(分立器件或模块),包括但不限于绝缘栅双极晶体管(IGBT)、金属氧化物场效应晶体管(MOSFET)和二极管器件。 本文件可为电动汽车用功率半导体器件的可靠性型式试验及可靠性的设计与检验提供指南。	中关村天合宽禁带半导体技术创新联盟	中关村天合宽禁带半导体技术创新联盟	中国科学院电工研究所、中关村天合宽禁带半导体技术创新联盟、北京新能源汽车股份有限公司、大洋电机新动力科技有限公司、北京天科合达半导体股份有限公司、泰科天润半导体科技(北京)有限公司、嘉兴斯达半导体股份有限公司、上海电驱动股份有限公司、北京锋锐新源电驱动科技有限公司、北京世纪金光半导体有限公司、吉林华微电子股份有限公司、新疆天科合达半导体股份有限公司	2021-09-16	2021-09-23
DB46/T 555—2021	在用电动汽车动力电源系统测试技术规程	本文件适用于以锂离子电池作为动力来源的在用电动汽车。	海南省市场监督管理局	海南省工业和信息化厅	海南省新能源汽车促进中心、深圳市瑞能实业股份有限公司、深圳市计量质量检测研究院、海南瑞能时代新能源有限公司、海南中力焕能新能源科技有限公司、海南省计量测试所、海南省交通投资控股有限公司	2021-09-16	2021-11-01
T/CSTE 0119—2021	“领跑者”标准评价要求纯电动轻型货车	本文件规定了纯电动轻型货车“领跑者”标准评价的术语和定义、评价指标体系、评价方法及等级划分。 本文件适用于最大设计总质量不超过4500 kg,总长度不大于6000 mm的N1类、N2类纯电动轻型货车的企业标准水平评价。相关机构在制定企业标准“领跑者”评估方案时可参考使用,企业在制定企业标准时也可参照使用。本文件提出的纯电动轻型货车,分为N1类纯电动封闭式货车和N2类纯电动厢式轻型货车(不包含冷藏车)。	中国技术经济学会	中国技术经济学会	中国汽车工程研究院股份有限公司、北汽福田汽车股份有限公司、东风汽车股份有限公司、江西五十铃汽车有限公司、吉利四川商用车有限公司、东风柳州汽车有限公司、比亚迪汽车工业有限公司、现代商用汽车(中国)有限公司、一汽解放汽车有限公司、上汽通用五菱汽车股份有限公司、重庆瑞驰汽车实业有限公司、重庆长安跨越商用车有限公司、华晨鑫源重庆汽车有限公司、浙江吉利新能源商用车集团有限公司、庆铃汽车股份有限公司、中国重型汽车集团有限公司、上汽商用车技术中心、中国标准化研究院	2021-09-27	2021-09-28

续上表

标准编号	标准名称	标准主要内容	发布单位	归口单位	起草单位	发布日期	实施日前
T/CSTE 0118—2021	“领跑者”标准评价要求纯电动城市客车	本文件规定了纯电动城市客车“领跑者”标准评价的术语和定义、评价指标体系、评价方法及等级划分。 本文件适用于M3类(8-12)米纯电动城市客车的企业标准水平评价。相关机构在制定企业标准“领跑者”评估方案时可参考使用,企业在制定企业标准时也可参照使用。	中国技术经济学会	中国技术经济学会	中国汽车工程研究院股份有限公司、北京福田欧辉新能源汽车有限公司、厦门金龙联合汽车工业有限公司、厦门金龙旅行车有限公司、比亚迪汽车工业有限公司、宇通客车股份有限公司、中车时代电动汽车股份有限公司、中通客车股份有限公司、一汽解放汽车有限公司商用车开发院、浙江吉利新能源商用车集团有限公司、东风襄阳旅行车有限公司、重庆理工大学、中国标准化研究院	2021-09-27	2021-09-28
T/CSTE 0117—2021	领跑者”标准评价要求电动汽车用动力电池	本文件规定了电动汽车用动力电池“领跑者”标准评价的术语和定义、评价指标体系、评价方法及等级划分。 本文件适用于装载在纯电动汽车上,主要以高能量应用为目的的锂离子动力电池系统的企业标准水平评价。相关机构在制定企业标准“领跑者”评估方案时可参考使用,企业在制定企业标准时也可参照使用。	中国技术经济学会	中国技术经济学会	中国汽车工程研究院股份有限公司、上汽通用五菱汽车股份有限公司、吉利汽车研究院(宁波)有限公司、重庆长安新能源汽车科技有限公司、奇瑞新能源汽车技术有限公司、中国第一汽车集团有限公司、宁德时代新能源科技股份有限公司、弗迪电池有限公司、蜂巢能源科技有限公司、中航锂电科技有限公司、惠州亿纬锂能股份有限公司、万向一二三股份公司、合肥国轩高科动力能源有限公司、北京科易动力科技有限公司、华霆(合肥)动力技术有限公司、广州鹏辉能源科技股份有限公司、郑州深澜动力科技有限公司、桑顿新能源科技有限公司、多氟多新能源科技有限公司、北京理工大学重庆创新中心、中汽院(重庆)汽车检测有限公司、中国标准化研究院	2021-09-27	2021-09-28
GB/T 19754—2021	重型混合动力电动汽车能量消耗量试验方法	本文件规定了重型混合动力电动汽车在底盘测功机上进行能量消耗量试验的试验方法。 本文件适用于最大总质量超过3500 kg的混合动力电动汽车,包括货车、半挂牵引车、客车、自卸汽车和城市客车。混凝土搅拌运输车可参照自卸汽车相关测量方法,其他专用运输车可参照货车相关测量方法执行。 本文件适用于能够燃用汽油或柴油的车辆,其他燃料类型车辆可参照执行。 本文件不适用于专用作业汽车,包括厢式专用作业汽车、罐式专用作业汽车、专用自卸作业汽车、仓栅式专用作业汽车、起重举升专用作业汽车及特种结构专用作业汽车等。	国家市场监督管理总局 国家标准化管理委员会	全国汽车标准化技术委员会	中国汽车技术研究中心有限公司、郑州宇通客车股份有限公司、重庆车辆检测研究院有限公司、厦门金龙联合汽车工业有限公司、东风柳州汽车有限公司、北汽福田汽车股份有限公司、浙江吉利新能源商用车集团有限公司、厦门金龙旅行车有限公司、一汽解放汽车有限公司、上海机动车检测认证技术研究中心有限公司、中国重型汽车集团有限公司、长春汽车检测中心有限责任公司、襄阳达安汽车检测中心有限公司、东风汽车股份有限公司、江铃汽车股份有限公司、安徽江淮汽车集团股份有限公司、安徽安凯汽车股份有限公司、丰田汽车(中国)投资有限公司	2021-10-11	2022-05-01
GB/T 38775. 5—2021	电动汽车无线充电系统第5部分:电磁兼容性要求和试验方法	本文件规定了电动汽车无线充电系统的电磁兼容性通用要求、试验方案、抗扰度要求和发射要求。 本文件适用于地面设备与车载设备、地面设备与电动汽车所组成的无线充电系统,也适用于无线充电系统中的地面设备、车载设备和电动汽车(或简称车辆)。 本文件规定的辐射发射要求不适用于ITU定义的无线电发射机产生的有意发射,也不适用于与这些有意发射相关的杂散发射。 注:ITU(International Telecommunication Union)国际电信联盟。	国家市场监督管理总局 国家标准化管理委员会	全国汽车标准化技术委员会	中国汽车技术研究中心有限公司、中汽研汽车检验中心(天津)有限公司、安徽安凯汽车股份有限公司、华为技术有限公司、中兴新能源科技有限公司、安洁无线科技(苏州)有限公司、丰田汽车(中国)投资有限公司、东风汽车有限公司东风日产乘用车公司、襄阳达安汽车检测中心有限公司、上海万暨电子科技有限公司、比亚迪汽车工业有限公司、奇瑞汽车股份有限公司、重庆长安新能源汽车科技有限公司、北京新能源汽车股份有限公司、中国电力科学研究院有限公司	2021-10-11	2022-05-01

续上表

标准编号	标准名称	标准主要内容	发布单位	归口单位	起草单位	发布日期	实施日前
GB/T 38775.6—2021	电动汽车无线充电系统第6部分:互操作性要求及测试地面端	本文件规定了电动汽车无线充电系统地面端的互操作性要求及测试,包括系统架构、分类、技术要求、试验准备、互操作性测试、地面参考设备等。 本文件适用于电动汽车静态磁耦合无线充电系统,其供电电源额定电压最大值为1000 V(AC)或1500 V(DC),额定输出电压最大值为500 V(DC),其他额定输出电压参考执行。	国家市场监督管理总局 国家标准化管理委员会	中国电力企业联合会	国家电网有限公司、中国电力科学研究院有限公司、中国电力企业联合会、中兴新能源科技有限公司、国网江西省电力有限公司电力科学研究院、中国汽车技术研究中心有限公司、浙江万安科技股份有限公司、许继电源有限公司、国网冀北电力有限公司计量中心、国网江苏省电力有限公司苏州供电分公司、上海汽车集团股份有限公司技术中心、吉利汽车研究院(宁波)有限公司、北京新能源汽车研究院股份有限公司、国网浙江省电力有限公司、华为技术有限公司、厦门新页科技有限公司、北京有感科技有限责任公司、东风汽车集团股份有限公司、南方电网电动汽车服务有限公司	2021-10-11	2022-05-01
GB/T 38775.7—2021	电动汽车无线充电系统第7部分:互操作性要求及测试车辆端	本文件规定了电动汽车无线充电系统车辆端的互操作性要求及测试,包括系统架构、分类、技术要求、试验准备、互操作性测试、车载参考设备等。 本文件适用于电动汽车静态磁耦合无线充电系统,其供电电源额定电压最大值为1000 V(AC)或1500 V(DC),额定输出电压最大值500 V(DC),其他额定输出电压参考执行。	国家市场监督管理总局 国家标准化管理委员会	全国汽车标准化技术委员会	中兴新能源科技有限公司、上海汽车集团股份有限公司技术中心、中国第一汽车集团有限公司、中国汽车技术研究中心有限公司、中国电力科学研究院有限公司、中汽研汽车检验中心(天津)有限公司、哈尔滨工业大学、华为技术有限公司、北京新能源汽车股份有限公司、中惠创智无线供电技术有限公司、日产(中国)投资有限公司、上海万暨电子科技有限公司、吉利汽车研究院(宁波)有限公司、厦门新页科技有限公司、北京有感科技有限责任公司、东风汽车集团股份有限公司	2021-10-11	2022-05-01
GB/T 40820—2021	电动汽车模式3充电用直流剩余电流检测电器(RDC-DD)	本文件适用于能同时执行检测直流剩余电流,将剩余电流值与剩余动作电流值比较,以及当直流剩余电流超过6mA时启动断开电路的电器。 本文件规定的RDC-PD适用于隔离。RDC-DD预期用于TN、TT和IT系统中的单相或多相电路。RDC-DD预期用于固定装置中。RDC-DD仅用于交流电路。 本文件规定的RDC-DD不适用于电动汽车和固定装置之间的双向电力传输。对于在一个单元中集成了交流、脉动直流和6mA直流检测、评估和机械断开的RDC-DD,附录O适用。对于由RDC-M单元组成的,带有与独立保护电器(断路器或RCD)连接的机械接口的RDC-MD,附录M适用。对于由具有独立剩余电流检测、评估,以及与开关电器(如接触器)或保护。	国家市场监督管理总局 国家标准化管理委员会	全国低压电器标准化技术委员会	上海电器科学研究院、上海诺雅克电气有限公司、上海良信电器股份有限公司、施耐德电气(中国)有限公司上海分公司、青岛鼎信通讯股份有限公司、苏州益而益电器制造有限公司、贵州泰永长征技术股份有限公司、上海添唯认证技术有限公司、上海盛位电子技术有限公司、中山市开普电器有限公司	2021-10-11	2022-05-01
GB/T 40855—2021	电动汽车远程服务与管理系统信息安全技术要求及试验方法	本文件规定了电动汽车远程服务与管理系统的信息安全要求及试验方法。 本文件适用于纯电动汽车、插电式混合动力电动汽车和燃料电池电动汽车的车载终端、车辆企业平台和公共平台之间的数据通信。	国家市场监督管理总局 国家标准化管理委员会	全国汽车标准化技术委员会	东软集团股份有限公司、中国汽车技术研究中心有限公司、北京理工新源信息科技有限公司、戴姆勒大中华区投资有限公司、北京奇虎科技有限公司、北京汽车研究总院有限公司、国家计算机网络应急技术处理协调中心、大众汽车(中国)投资有限公司、福特汽车(中国)有限公司、中国第一汽车股份有限公司、华为技术有限公司、东风汽车集团股份有限公司技术中心、中国信息通信研究院、上汽通用五菱汽车股份有限公司	2021-10-11	2022-05-01

续上表

标准编号	标准名称	标准主要内容	发布单位	归口单位	起草单位	发布日期	实施日前
GB/T 33598. 3—2021	车用动力电池回收利用再生利用第 3 部分：放电规范	本文件规定了车用动力电池回收利用放电过程的术语和定义、基本要求、放电工艺选择及放电方法、存储要求和环保措施。 本文件适用于退役车用动力锂离子蓄电池再生利用的放电过程。	国家市场监督管理总局 国家标准化管理委员会	全国汽车标准化技术委员会	广东邦普循环科技有限公司、中国汽车技术研究中心有限公司、湖南大学、格林美股份有限公司、天津赛德美新能源科技有限公司、上海保隆汽车科技股份有限公司、格林美(武汉)城市矿产循环产业园开发有限公司、长沙矿冶研究院有限责任公司、合肥国轩高科动力能源有限公司	2021-10-11	2022-05-01
T/GDIA 002—2021	电动汽车充电桩连接装置-直流充电模块接口技术要求	本标准规定了电动汽车充电桩直流充电模块接口的通用要求、功能定义、型式结构、参数和尺寸。 本标准适用于直流充电桩模块电源接口，其额定电压不超过 1000 V（DC）、额定电流不超过 100 A(DC)。	广东省充电设施协会	广东省充电设施协会	广东省充电设施协会、深圳市威华信新能源电气科技有限公司、深圳市锦联新能源运营管理有限公司、深圳车库电桩科技有限公司等单位	2021-10-22	2021-12-28
T/CAS 536—2021	新能源汽车替代出行的温室气体减排量评估技术规范	本标准规定了通过纯电动汽车、插电式混合动力汽车(含增程式)等新能源汽车替代传统燃油汽车出行的温室气体减排量评估的内容：边界及排放源识别、温室气体种类确定、项目活动及基准线情景确定、减排量计算、监测及数据质量管理、减排量评估报告的编制等。 本标准适用于项目相关方通过新能源汽车替代原同等运力传统燃油车，或者出行人通过新能源乘用车替代传统燃油车出行方式所产生的温室气体减排量评估。 本标准不适用于燃料电池汽车替代出行的温室气体减排量评估。	中国标准化协会	中国标准化协会	中汽数据有限公司、中环联合(北京)认证中心有限公司、南开大学、比亚迪汽车工业有限公司、戴姆勒大中华区投资有限公司、重庆长安汽车股份有限公司、一汽-大众汽车有限公司、沃尔沃汽车(亚太)投资控股有限公司、天津市普迅电力信息技术有限公司	2021-10-22	2021-10-22
T/CAS 537—2021	新能源汽车替代出行的温室气体减排量核查指南	本标准规定了对新能源汽车替代传统燃油汽车出行的温室气体减排量进行核查的原则、核查策划、核查程序以及核查报告编制等要求。 本标准适用于第三方核查机构对通过新能源汽车替代传统燃油汽车出行的温室气体减排量进行外部核查，也适用于相关新能源汽车企业或组织内部盘查。	中国标准化协会	中国标准化协会	中汽数据有限公司、中环联合(北京)认证中心有限公司、南开大学、比亚迪汽车工业有限公司、戴姆勒大中华区投资有限公司、重庆长安汽车股份有限公司、一汽-大众汽车有限公司、沃尔沃汽车(亚太)投资控股有限公司、天津市普迅电力信息技术有限公司	2021-10-22	2021-10-22
T/GDWCA 0079—2021	“领跑者”标准评价要求电动汽车充电用电缆	本文件规定了电动汽车充电用电缆“领跑者”标准评价的术语和定义、评价指标体系、评价方法及等级划分。 本文件适用于电动汽车传导充电连接装置用额定电压交流 450/750 V 及以下，直流 1.0 kV 及以下充电用缆(可包括信号或控制线芯)产品的企业标准水平评价。企业在制定企业标准时可参照使用，相关机构在制定企业标准“领跑者”评价方案时可参照使用。	广东省电线电缆行业协会	广东省电线电缆行业协会	广州番禺电缆集团有限公司、广东天虹电缆有限公司、中国标准化研究院、广东粤缆电线电缆有限公司、广东金联宇电缆集团有限公司、东莞市永晟电线科技股份有限公司、莱茵技术监督服务(广东)有限公司、东莞市安高瑞新材料科技有限公司、东莞市电线电缆行业协会、广东省连接器协会	2021-10-26	2021-10-30
T/ZZB 2586—2021	电动汽车用电控总阀	本文件规定了电动汽车用电控总阀的术语和定义、分类、型式与基本参数、基本要求、技术要求、试验方法、检验规则、产品标识、包装、运输和储存、质量承诺。 本文件适用于工作介质为压缩空气、最大工作压力不大于 1200 kPa，用于电动汽车气制动系统中的电控总阀(简称电控总阀)。	浙江省品牌建设联合会	浙江省品牌建设联合会	本文件主要起草单位：浙江科力车辆控制系统有限公司。本文件参与起草单位：浙江省标准化研究院、中国计量大学、江山海维科技有限公司、衢州职业技术学院、衢州坜木工贸有限公司	2021-10-28	2021-11-28

续上表

标准编号	标准名称	标准主要内容	发布单位	归口单位	起草单位	发布日期	实施日前
JT/T 1390—2021	电动客车电动空气压缩机	本标准规定了电动客车用电动空气压缩机的一般要求、性能要求、试验方法、检验规则，以及标志、包装、运输和储存等要求。 本标准适用于为电动客车提供压缩空气的电动空气压缩机。其他电动汽车用电动空气压缩机参照使用。	中华人民共和国交通运输部	全国汽车标准化技术委员会客车分会	郑州宇通客车股份有限公司、中国公路学会客车分会、耐力股份有限公司、比亚迪汽车工业有限公司、江苏奥吉瑞斯新能源有限公司、重庆车辆检测研究院有限公司、中车时代电动汽车股份有限公司、厦门金龙联合汽车工业有限公司、东莞市康驰实业有限公司、厦门金龙旅行车有限公司、瑞立集团瑞安汽车零部件有限公司、湖北维斯曼新能源科技有限公司	2021-10-29	2022-04-01
JT/T 1026—2021	纯电动城市客车通用技术条件	本标准规定了纯电动城市客车的技术要求、检测方法。 本标准适用于 M2 类和 M3 类中 A 级、I 级和 II 级纯电动城市客车。	中华人民共和国交通运输部	全国汽车标准化技术委员会客车分技术委员会	郑州宇通客车股份有限公司、安徽安凯汽车股份有限公司、中国公路学会客车分会、中车时代电动汽车股份有限公司、国家汽车质量监督检验中心(襄阳)、上海机动车检测认证技术研究中心有限公司、重庆车辆检测研究院有限公司、金龙联合汽车工业(苏州)有限公司、北汽福田汽车股份有限公司、比亚迪汽车工业有限公司、厦门金龙旅行车有限公司、南京金龙客车制造有限公司、厦门金龙联合汽车工业有限公司、上海申龙客车有限公司、中通客车控股股份有限公司、杭州长运运输集团有限公司	2021-10-29	2022-04-01
T/CSTE 0087—2021	”领跑者”标准评价要求电动汽车充电用电缆	本文件规定了电动汽车充电用电缆“领跑者”标准评价的术语和定义、评价指标体系、评价方法及等级划分。本文件适用于电动汽车传导充电连接装置用额定电压交流 450/750 V 及以下，直流 1.0 kV 及以下充电用缆(可包括信号或控制线芯)产品的企业标准水平评价。企业在制定企业标准时可参照使用，相关机构在制定企业标准“领跑者”评价方案时可参照使用。	中国技术经济学会	中国技术经济学会	广州番禺电缆集团有限公司、广东天虹电缆有限公司、中国标准化研究院、广东粤缆电线电缆有限公司、广东金联宇电缆集团有限公司、东莞市永晟电线科技股份有限公司、莱茵技术监督服务(广东)有限公司、东莞市安高瑞新材料科技有限公司、东莞市电线电缆行业协会、广东省连接器协会	2021-11-01	2021-11-01
T/HBAS 019—2021	电动汽车充电设施设计技术规范	本文件规定了电动汽车充电设施的布局、设计深度、监控与管理系统、消防及安装等内容。 本文件适用于湖北省内新建、扩建或改建建筑物配建停车场以及城市公共停车场电动汽车充电设施的设计。	湖北省标准化学会	湖北省标准化学会	湖北省电力勘测设计院有限公司、国网电力科学研究院武汉南瑞有限责任公司、国网湖北省电力公司、湖北省标准化与质量研究院	2021-11-04	2021-12-04
T/GSTA 3—2021	停车充电一体化机械式车库技术规范	本文件规定了停车充电一体化机械式车库的规划与选址、总平面布置、机械式停车设备、环境条件、充电设施、控制系统、供配电系统、监控与计量系统、土建和防雷、电气保护、消防安全、试验方法、检修维护。本文件适用于停车与传导式充电一体化机械式车库，其它类型车库可参照执行。	广东省静态交通协会	广东省静态交通协会	广东中车智库集团有限公司、广东省静态交通协会、深圳华达川自动化科技有限公司、广东顺德电力设计院有限公司、江苏卓茂智能科技有限公司、山东天辰智能停车有限公司、山东九路泊车设备股份有限公司、江苏金冠停车产业股份有限公司、普瑞充畅(北京)科技有限公司、广州达泊智能科技有限公司、广州万城万充新能源科技有限公司、大洋泊车股份有限公司、深圳中集智能停车有限公司、深圳精智机器有限公司、广东三浦车库股份有限公司、南方电网电动汽车服务有限公司、深圳市盛弘电气股份有限公司、四川志泰立体车库有限公司、厦门中卡科技股份有限公司、中国质量认证中心广州分中心、比亚迪汽车工业有限公司、广汽埃安新能源汽车有限公司、广州南方电力集团科技发展有限公司、高峰自动化机械有限公司(香港)、伟时自动化工程有限公司(香港)、中科智泊科技(广州)有限公司、广州静态交通产业发展有限公司、韶关静态交通产业发展有限公司、北京建筑大学、浙江大学华南工业技术研究院、广东开放大学、深圳市智能交通行业协会	2021-11-25	2021-12-01

续上表

标准编号	标准名称	标准主要内容	发布单位	归口单位	起草单位	发布日期	实施日前
T/XYXCLM 0001—2021	电动汽车用动力锂离子单体电池测试标准	本标准规定了电动汽车用动力锂离子单体电池的术语和定义、符号和缩略语、技术要求、试验方法、检验规则、标志、运输和储存。 本标准适用于装载在电动汽车上的动力锂离子单体电池。	新余市新材料产业联盟	新余市新材料产业联盟	新余市新材料产业联盟	2021-11-25	2021-12-20
T/FSYY 0025—2021	退役动力电池梯次利用产品低速电动车用电池	本文件规定了低速电动车用梯次利用锂离子蓄电池的符号、要求、试验方法、检验规则、标志、包装、运输、贮存、随行文件和订货单内容。 本文件适用于低速电动车用梯次利用锂离子蓄电池	佛山市高新技术应用研究会	佛山市高新技术应用研究会	佛山市谷力能动力科技有限公司、湖南邦普循环科技有限公司、佛山科学技术学院材料科学与氢能学院、佛山市高新技术应用研究会、广东邦普循环科技有限公司	2021-11-27	2021-12-01
T/FSYY 0024—2021	退役动力电池梯次利用产品高寒环境用电池	本文件规定了高寒环境用梯次利用锂离子蓄电池的符号、要求、试验方法、检验规则、标志、包装、运输、贮存、随行文件和订货单内容。 本文件适用于高寒环境用梯次利用锂离子蓄电池。	佛山市高新技术应用研究会	佛山市高新技术应用研究会	佛山市谷力能动力科技有限公司、湖南邦普循环科技有限公司、佛山科学技术学院材料科学与氢能学院、佛山市高新技术应用研究会、广东邦普循环科技有限公司	2021-11-27	2021-12-01
T/FSYY 0022—2021	退役动力电池梯次利用产品测试方法	本文件规定了车用退役锂离子动力电池梯次利用产品的测试方法。 本文件适用于车用退役锂离子动力电池梯次利用产品的测试。	佛山市高新技术应用研究会	佛山市高新技术应用研究会	佛山市谷力能动力科技有限公司、湖南邦普循环科技有限公司、佛山科学技术学院材料科学与氢能学院、佛山市高新技术应用研究会、广东邦普循环科技有限公司	2021-11-27	2021-12-01
T/FSYY 0010—2021	新能源汽车动力蓄电池梯次利用企业管理要求	本文件规定了新能源汽车动力蓄电池梯次利用企业的总体要求、技术要求、信息化管理要求和安全环保管理要求。 本文件适用于废旧锂离子动力蓄电池和金属氢化物镍动力蓄电池的梯次利用企业。	佛山市高新技术应用研究会	佛山市高新技术应用研究会	佛山市高新技术应用研究会、湖南邦普汽车循环有限公司、佛山科学技术学院材料科学与氢能学院、宁德邦普循环科技有限公司、宜昌邦普循环科技有限公司	2021-11-27	2021-12-01
T/FSYY 0011—2021	新能源汽车动力蓄电池再生利用企业管理要求	本文件规定了新能源汽车动力蓄电池再生利用企业的总体要求、技术要求、信息化管理要求和安全环保管理要求。 本文件适用于废旧锂离子动力蓄电池和金属氢化物镍动力蓄电池的再生利用企业。	佛山市高新技术应用研究会	佛山市高新技术应用研究会	佛山市高新技术应用研究会、湖南邦普汽车循环有限公司、佛山科学技术学院材料科学与氢能学院、宁德邦普循环科技有限公司、宜昌邦普循环科技有限公司	2021-11-27	2021-12-01
DB34/T 4087. 1—2021	新能源汽车分时租赁第1部分:服务规范	本文件规定了新能源汽车分时租赁服务的总则、对经营者要求、新能源汽车和配套设施的要求，以及服务流程和服务评价。 本文件适用于新能源汽车分时租赁服务。	安徽省市场监督管理局	安徽省汽车标准化技术委员会	安徽中科标创信息技术有限公司、滁州市天悦塑胶制品有限公司、国网安徽电动汽车服务有限公司、安徽华菱汽车有限公司、安徽江淮汽车集团股份有限公司、奇瑞新能源汽车股份有限公司、华霆(合肥)动力技术有限公司、安徽安健汽车天窗有限责任公司、安徽锐能科技有限公司、环球车享合肥汽车租赁有限公司、中国科学技术大学、悉尼大学、安徽省产品质量监督检验研究院、安徽省质量和标准化研究院、中科院合肥物质科学研究院	2021-12-28	2022-01-28
DB34/T 4087. 2—2021	新能源汽车分时租赁第2部分:用户管理规范	本文件规定了新能源汽车分时租赁用户准入要求、用户行为管理、投诉处理、相关责任认定方式和处罚规范。 本文件适用于对新能源汽车分时租赁用户的管理。	安徽省市场监督管理局	安徽省汽车标准化技术委员会	安徽澳德矿山机械设备科技股份有限公司、滁州市天悦塑胶制品有限公司、安徽华菱汽车有限公司、舒城县城市管理行政执法局、国网安徽电动汽车服务有限公司、安徽江淮汽车集团股份有限公司、奇瑞新能源汽车股份有限公司、华霆(合肥)动力技术有限公司、安徽安健汽车天窗有限责任公司、安徽锐能科技有限公司、环球车享合肥汽车租赁有限公司、安徽双盈标准技术服务有限公司、中国科学技术大学、淮南师范大学、安徽省产品质量监督检验研究院、安徽省质量和标准化研究院、中科院合肥物质科学研究院	2021-12-28	2022-01-28

续上表

标准编号	标准名称	标准主要内容	发布单位	归口单位	起草单位	发布日期	实施日前
DB34/T 4087.3—2021	新能源汽车分时租赁第3部分:运行管理技术规范	本文件规定了新能源汽车分时租赁运行要求、管理要求和技术要求等。 本文件适用于新能源汽车分时租赁运行管理。	安徽省市场监督管理局	安徽省汽车标准化技术委员会	滁州金诺实业有限公司、国网安徽电动汽车服务有限公司、利辛县江淮扬天汽车有限公司、舒城县城市管理行政执法局、安徽华菱汽车有限公司、安徽江淮汽车集团股份有限公司、奇瑞新能源汽车股份有限公司、华霆(合肥)动力技术有限公司、安徽安健汽车天窗有限责任公司、安徽锐能科技有限公司、环球车享合肥汽车租赁有限公司、中国科学技术大学、安徽理工大学、华东政法大学、安徽省产品质量监督检验研究院、安徽省质量和标准化研究院、安徽省服装质量监督检验所、中科院合肥物质科学研究院	2021-12-28	2022-01-28
T/ZSA 106—2021	纯电动乘用车芯片搭载控制器环境试验方法	本文件规定了纯电动乘用车控制器用芯片搭载在控制器环境的试验条件、试验方法、数据采集与处理和试验报告。本文件中的试验条件，主要涉及对纯电动乘用车控制器用芯片影响较大的电磁骚扰环境和高低温环境，其中电磁骚扰环境主要涉及瞬态传导类电磁骚扰环境，高低温环境主要涉及芯片搭载在控制器上，考虑带有功能层和应用层的运行情况下的温度环境。其余环境条件不在本文件的涉及范围之内。 本文件适用于纯电动乘用车，其它类型道路车辆用芯片可参照执行。	中关村标准化协会	中关村标准化协会	北京国家新能源汽车技术创新中心有限公司、北京经纬恒润科技股份有限公司、北京新能源汽车股份有限公司、北京东土科技股份有限公司、北京国科天迅科技有限公司、上海汽车集团股份有限公司	2021-12-29	2021-12-30
T/ZSA 105—2021	纯电动乘用车控制与通讯芯片模拟整车试验方法	本文件规定了纯电动乘用车车用控制与通讯芯片模拟整车试验的试验条件、试验工况、芯片数据采集、试验程序、试验中断处理和试验报告。 本文件适用于纯电动乘用车用控制与通讯芯片，其它类芯片可参照使用。	中关村标准化协会	中关村标准化协会	北京国家新能源汽车技术创新中心有限公司、北京经纬恒润科技股份有限公司、北京新能源汽车股份有限公司、北京东土科技股份有限公司、北京国科天迅科技有限公司、上海汽车集团股份有限公司	2021-12-29	2021-12-30
DB4403/T 222—2021	智能充电桩(机)与中心运营管理平台对接接口规范	本文件确立了智能充电桩(机)与中心运营管理平台数据通信的基本要求、充电通信流程以及接口规范。 本文件适用于智能充电桩(机)与中心运营管理平台通过TCP/IP协议进行数据交换的场景。	深圳市市场监督管理局	深圳市交通运输局	深圳市巴士集团股份有限公司、深圳市标准技术研究院、深圳市品牌建设促进中心	2021-12-29	2021-01-01
T/BJQC 201904—2020	纯电动汽车动力电池加热性能要求及试验方法	本文件规定了纯电动汽车动力电池加热性能要求及试验方法。 本文件适用于M类纯电动汽车，其他类纯电动汽车可参照执行。	北京汽车行业协会	北京汽车行业协会	北京新能源汽车股份有限公司、北京新能源汽车技术创新中心有限公司、北京海纳川汽车部件股份有限公司、北京汽车股份有限公司、智车优行科技有限公司	2021-12-30	2021-02-01
T/BJQC 201903—2020	纯电动汽车低温冷起动性能要求及试验方法	本文件规定了纯电动汽车低温冷起动性能要求及试验方法。 本文件适用于M类、N类纯电动汽车。	北京汽车行业协会	北京汽车行业协会	北汽福田汽车股份有限公司、北京新能源汽车技术创新中心有限公司、北京新能源汽车股份有限公司、北京海纳川汽车部件股份有限公司、北京汽车股份有限公司、智车优行科技有限公司	2021-12-30	2021-02-01
T/BJQC 201902—2020	纯电动汽车低温充电性能要求及试验方法	本文件规定了纯电动汽车低温充电性能要求及试验方法。 本文件适用于M类、N类纯电动汽车。	北京汽车行业协会	北京汽车行业协会	北京新能源汽车股份有限公司、北京新能源汽车技术创新中心有限公司、北汽福田汽车股份有限公司、智车优行科技有限公司、北京汽车股份有限公司	2021-12-30	2021-02-01
T/BJQC 201901—2020	纯电动汽车采暖性能要求及试验方法	本文件规定了纯电动汽车采暖性能要求及试验方法。 本文件适用于M类、N类纯电动汽车	北京汽车行业协会	北京汽车行业协会	北京新能源汽车股份有限公司、北京新能源汽车技术创新中心有限公司、北汽福田汽车股份有限公司、北京汽车股份有限公司、智车优行科技有限公司	2021-12-30	2021-02-01

续上表

标准编号	标准名称	标准主要内容	发布单位	归口单位	起草单位	发布日期	实施日前
T/WJZZ 010—2021	退役动力蓄电池放电柜	本文件规定了退役动力蓄电池放电柜的术语和定义、通用要求、性能要求、试验方法。 本文件适用于对退役车用动力蓄电池整包和模组进行放电的放电柜，两轮车/三轮车锂电池、储能电池等其他类型电池以及在用车用动力蓄电池的放电可参照执行，本文件不适用于铅酸蓄电池放电。	苏州市吴江区智能制造协会	苏州市吴江区智能制造协会	瑞萨科林（上海）新能源有限公司，中汽数据有限公司，中国物资再生协会废旧电池回收利用分会，合肥国轩高科动力能源有限公司，福建星云电子股份有限公司，东风柳州汽车有限公司，浙江吉利控股集团有限公司，大众汽车（中国）投资有限公司，苏州市吴江区智能制造协会，武汉动力电池再生技术有限公司，毅信环保科技有限公司，国网广汇（上海）电动汽车服务有限公司	2021-12-31	2021-12-31
T/JSSAE 004—2021	纯电动智能跟随环卫车技术要求	本本文件规定了纯电动智能跟随环卫车的术语、定义、技术要求和出厂检验要求。本文件适用于纯电动智能跟随环卫车。	江苏省汽车工程学会	江苏省汽车工程学会	清华大学苏州汽车研究院、苏州创元投资发展（集团）有限公司、江苏新能源汽车有限公司、苏交科集团股份有限公司、苏州绿控传动科技有限公司、江苏迈吉易威电动科技有限公司、坤泰车辆系统（常州）有限公司、江苏理工学院、江苏大学、南京信息职业技术学院、吉林大学青岛汽车研究院、河北清研魏科产业技术创新中心有限公司、江苏宗申车业有限公司、博格华纳汽车零部件（武汉）有限公司、超美斯新材料股份有限公司、南京越博动力系统股份有限公司、江苏奔腾汽车科技有限公司、金龙联合汽车工业（苏州）有限公司	2021-12-31	2022-01-01
T/CAAMTB 55. 1—2021	电动乘用车共享换电站建设规范第 1 部分：总则	本文件进行了电动乘用车换电的国内、外相关标准梳理，内容包括标准顶层设计，共享换电站的主框架和技术路线等。 本文件适用于电动乘用车共享换电站系列标准的理解和使用。	中国汽车工业协会	中国汽车工业协会	上海蔚来汽车有限公司、蓝谷智慧（北京）能源科技有限公司、浙江吉利新能源汽车科技有限公司、东风汽车集团有限公司技术中心、奥动新能源汽车技术有限公司、北京新能源汽车股份有限公司、杭州伯坦恒新能源科技有限公司、中国汽车动力电池产业创新联盟、中国电动汽车充电基础设施促进联盟、重庆长安新能源汽车科技有限公司、宁德时代新能源科技有限公司、中国汽车工程研究院有限公司、重庆峘能电动车科技有限公司	2021-12-20	2022-01-01
T/CAAMTB 55. 2—2021	电动乘用车共享换电站建设规范第 2 部分：换电平台和装置技术要求	共享换电站换电平台是指用于实现对换电车辆进行电池包更换的机械台架及设备，包括车辆停放平台、电池包更换设备等。 本文件规定了纯电动乘用车 M1 类车型共享换电站换电平台的组成以及功能要求、性能要求、安全性要求、试验方法等。 本文件适用于纯电动乘用车 M1 类车型共享换电站换电平台，其他类型的换电站也可参考使用。	中国汽车工业协会	中国汽车工业协会	上海蔚来汽车有限公司、蓝谷智慧（北京）能源科技有限公司、浙江吉利新能源汽车科技有限公司、东风汽车集团有限公司技术中心、奥动新能源汽车技术有限公司、北京新能源汽车股份有限公司、杭州伯坦恒新能源科技有限公司、中国汽车动力电池产业创新联盟、中国电动汽车充电基础设施促进联盟、重庆长安新能源汽车科技有限公司、宁德时代新能源科技有限公司、中国汽车工程研究院有限公司、重庆峘能电动车科技有限公司	2021-12-20	2022-01-01
T/CAAMTB 55. 3—2021	电动乘用车共享换电站建设规范第 3 部分：换电电池包通信协议要求	本文件规定了电动汽车换电电池组（以下简称电池组）基于控制器局域网（CAN）的通信物理层、数据链路层、应用层的定义。 本文件适用于采用 CAN 通信方式的换电电池包在换电站内与其相连接的设备之间的通信。	中国汽车工业协会	中国汽车工业协会	上海蔚来汽车有限公司、蓝谷智慧（北京）能源科技有限公司、浙江吉利新能源汽车科技有限公司、东风汽车集团有限公司技术中心、奥动新能源汽车技术有限公司、北京新能源汽车股份有限公司、杭州伯坦恒新能源科技有限公司、中国汽车动力电池产业创新联盟、中国电动汽车充电基础设施促进联盟、重庆长安新能源汽车科技有限公司、宁德时代新能源科技有限公司、中国汽车工程研究院有限公司、重庆峘能电动车科技有限公司	2021-12-20	2022-01-01

续上表

标准编号	标准名称	标准主要内容	发布单位	归口单位	起草单位	发布日期	实施日前
T/CAAMTB 55.4—2021	电动乘用车共享换电站建设规范第4部分：车辆识别系统要求	本文件规定了纯电动乘用车M1类车型共享换电站车辆识别系统的组成以及功能要求、性能要求、安全性要求、试验方法等。 本文件适用于纯电动乘用车M1类车型共享换电站车辆识别系统，其他类型的换电站也可参考使用。	中国汽车工业协会	中国汽车工业协会	上海蔚来汽车有限公司、蓝谷智慧（北京）能源科技有限公司、浙江吉利新能源汽车科技有限公司、东风汽车集团有限公司技术中心、奥动新能源汽车技术有限公司、北京新能源汽车股份有限公司、杭州伯坦恒新能源科技有限公司、中国汽车动力电池产业创新联盟、中国电动汽车充电基础设施促进联盟、重庆长安新能源汽车科技有限公司、宁德时代新能源科技有限公司、中国汽车工程研究院有限公司、重庆峘能电动车科技有限公司	2021-12-20	2022-01-01
T/CAAMTB 55.5—2021	电动乘用车共享换电站建设规范第5部分：电池包技术要求	本文件规定了底盘式换电纯电动乘用车换电电池包规格及尺寸要求。 本文件适用于底盘式换电纯电动乘用车换电电池包。	中国汽车工业协会	中国汽车工业协会	上海蔚来汽车有限公司、蓝谷智慧（北京）能源科技有限公司、浙江吉利新能源汽车科技有限公司、东风汽车集团有限公司技术中心、奥动新能源汽车技术有限公司、北京新能源汽车股份有限公司、杭州伯坦恒新能源科技有限公司、中国汽车动力电池产业创新联盟、中国电动汽车充电基础设施促进联盟、重庆长安新能源汽车科技有限公司、宁德时代新能源科技有限公司、中国汽车工程研究院有限公司、重庆峘能电动车科技有限公司	2021-12-20	2022-01-01
T/CAAMTB 55.6—2021	电动乘用车共享换电站建设规范第6部分：车端换电机构技术要求	本文件规定了电动汽车（或简称车辆）共享换电站电池包车端换电机构的技术要求。 本文件适用于进行换电的M1类纯电动汽车。	中国汽车工业协会	中国汽车工业协会	上海蔚来汽车有限公司、蓝谷智慧（北京）能源科技有限公司、浙江吉利新能源汽车科技有限公司、东风汽车集团有限公司技术中心、奥动新能源汽车技术有限公司、北京新能源汽车股份有限公司、杭州伯坦恒新能源科技有限公司、中国汽车动力电池产业创新联盟、中国电动汽车充电基础设施促进联盟、重庆长安新能源汽车科技有限公司、宁德时代新能源科技有限公司、中国汽车工程研究院有限公司、重庆峘能电动车科技有限公司	2021-12-20	2022-01-01
T/CAAMTB 55.7—2021	电动乘用车共享换电站建设规范第7部分：电连接器技术要求	本文件规定了电动汽车共享换电站电连接器（以下简称“电连接器”）技术要求以及标识、包装、运输和存储的要求，描述了电连接器的试验方法、检验规则。 本文件适用于电动汽车共享换电站电连接器。	中国汽车工业协会	中国汽车工业协会	上海蔚来汽车有限公司、蓝谷智慧（北京）能源科技有限公司、浙江吉利新能源汽车科技有限公司、东风汽车集团有限公司技术中心、奥动新能源汽车技术有限公司、北京新能源汽车股份有限公司、杭州伯坦恒新能源科技有限公司、中国汽车动力电池产业创新联盟、中国电动汽车充电基础设施促进联盟、重庆长安新能源汽车科技有限公司、宁德时代新能源科技有限公司、中国汽车工程研究院有限公司、重庆峘能电动车科技有限公司	2021-12-20	2022-01-01
T/CAAMTB 55.8—2021	电动乘用车共享换电站建设规范第8部分：液冷连接器技术要求	本文件规定了电动汽车共享换电电池箱液冷连接器的技术要求，描述了换电电池箱液冷连接器的试验方法。 本文件适用于电动汽车共享换电电池箱液冷连接器。	中国汽车工业协会	中国汽车工业协会	上海蔚来汽车有限公司、蓝谷智慧（北京）能源科技有限公司、浙江吉利新能源汽车科技有限公司、东风汽车集团有限公司技术中心、奥动新能源汽车技术有限公司、北京新能源汽车股份有限公司、杭州伯坦恒新能源科技有限公司、中国汽车动力电池产业创新联盟、中国电动汽车充电基础设施促进联盟、重庆长安新能源汽车科技有限公司、宁德时代新能源科技有限公司、中国汽车工程研究院有限公司、重庆峘能电动车科技有限公司	2021-12-20	2022-01-01

续上表

标准编号	标准名称	标准主要内容	发布单位	归口单位	起草单位	发布日期	实施日前
T/CAAMTB 55.9—2021	电动乘用车共享换电站建设规范第 9 部分：充电设备、搬运设备、电池仓储系统要求	本文件规定了电动汽车共享换电站的充电设备、搬运设备、电池包存放周转货架系统和换电站内动力电池系统维护和储存要求。 本文件适用于电动汽车共享换电站，其他类型换电站可参照使用。	中国汽车工业协会	中国汽车工业协会	上海蔚来汽车有限公司、蓝谷智慧（北京）能源科技有限公司、浙江吉利新能源汽车科技有限公司、东风汽车集团有限公司技术中心、奥动新能源汽车技术有限公司、北京新能源汽车股份有限公司、杭州伯坦恒新能源科技有限公司、中国汽车动力电池产业创新联盟、中国电动汽车充电基础设施促进联盟、重庆长安新能源汽车科技有限公司、宁德时代新能源科技有限公司、中国汽车工程研究院有限公司、重庆峘能电动车科技有限公司	2021-12-20	2022-01-01
T/CAAMTB 55.10—2021	电动乘用车共享换电站建设规范第 10 部分：数据安全管理，风险预警分析技术要求	本文件规定了电动乘用车换电过程中的数据上传，包括换电站登入、准备换电（换电握手）、换电过程、换电后电池补能过程、换电后电池置放过程等 5 个过程中换电站和电池采集和上传的数据要求。 本文件适用于电动乘用车共享换电站建设。	中国汽车工业协会	中国汽车工业协会	上海蔚来汽车有限公司、蓝谷智慧（北京）能源科技有限公司、浙江吉利新能源汽车科技有限公司、东风汽车集团有限公司技术中心、奥动新能源汽车技术有限公司、北京新能源汽车股份有限公司、杭州伯坦恒新能源科技有限公司、中国汽车动力电池产业创新联盟、中国电动汽车充电基础设施促进联盟、重庆长安新能源汽车科技有限公司、宁德时代新能源科技有限公司、中国汽车工程研究院有限公司、重庆峘能电动车科技有限公司	2021-12-20	2022-01-01
T/CAAMTB 55.11—2021	电动乘用车共享换电站建设规范第 11 部分：安全防护及应急要求	本标准规定了电动汽车共享换电站的安全防护及应急措施规定及试验方法。 本标准适用于电动汽车共享换电站，其他类型换电站可参照使用。	中国汽车工业协会	中国汽车工业协会	上海蔚来汽车有限公司、蓝谷智慧（北京）能源科技有限公司、浙江吉利新能源汽车科技有限公司、东风汽车集团有限公司技术中心、奥动新能源汽车技术有限公司、北京新能源汽车股份有限公司、杭州伯坦恒新能源科技有限公司、中国汽车动力电池产业创新联盟、中国电动汽车充电基础设施促进联盟、重庆长安新能源汽车科技有限公司、宁德时代新能源科技有限公司、中国汽车工程研究院有限公司、重庆峘能电动车科技有限公司	2021-12-20	2022-01-01
T/CAAMTB 55.12—2021	电动乘用车共享换电站建设规范第 12 部分：换电站规划布局要求	本文件规定了电动汽车共享换电站的站址选择、站区规划和总布置、供配电系统、土建部分、消防、节能与环保要求。 本文件适用于电动汽车共享换电站，其他类型换电站可参照使用。	中国汽车工业协会	中国汽车工业协会	上海蔚来汽车有限公司、蓝谷智慧（北京）能源科技有限公司、浙江吉利新能源汽车科技有限公司、东风汽车集团有限公司技术中心、奥动新能源汽车技术有限公司、北京新能源汽车股份有限公司、杭州伯坦恒新能源科技有限公司、中国汽车动力电池产业创新联盟、中国电动汽车充电基础设施促进联盟、重庆长安新能源汽车科技有限公司、宁德时代新能源科技有限公司、中国汽车工程研究院有限公司、重庆峘能电动车科技有限公司	2021-12-20	2022-01-01
T/CAAMTB 55.13—2021	电动乘用车共享换电站建设规范第 13 部分：换电站标识、安全运营、设备运输和安装要求	本文件规定了电动汽车共享换电站的标识、安全运营、设备运输和安装的要求及试验方法。 本文件适用于电动汽车共享换电站，其他类型换电站可参照使用。	中国汽车工业协会	中国汽车工业协会	上海蔚来汽车有限公司、蓝谷智慧（北京）能源科技有限公司、浙江吉利新能源汽车科技有限公司、东风汽车集团有限公司技术中心、奥动新能源汽车技术有限公司、北京新能源汽车股份有限公司、杭州伯坦恒新能源科技有限公司、中国汽车动力电池产业创新联盟、中国电动汽车充电基础设施促进联盟、重庆长安新能源汽车科技有限公司、宁德时代新能源科技有限公司、中国汽车工程研究院有限公司、重庆峘能电动车科技有限公司	2021-12-20	2022-01-01

续上表

标准编号	标准名称	标准主要内容	发布单位	归口单位	起草单位	发布日期	实施日前
NB/T 10904—2021	电动汽车电池更换站结构和用例	本标准规定了电动汽车电池更换站的典型架构、功能和配置、主要用例以及典型应用场景等。 本标准可为电动汽车电池更换站的功能配置、方案设计以及设备选型提供参考。所涉及的电动汽车指具备可更换动力蓄电池的纯电驱动汽车，电池更换模式包括侧向换电、底部换电、顶部换电、端部换电以及中置换电。	国家能源局	能源行业电动汽车充电设施标准化技术委员会《NEA/T C3）	国家电网有限公司、国网电动汽车服务有限公司、南瑞集团有限公司、许继电源有限公司、三峡科技责任有限公司、山东鲁软数字科技有限公司、上海蔚来汽车有限公司、应急管理部上海消防研究所、国网天津市电力公司、国网山东省电力公司莱芜供电公司、上海优续新能源科技有限公司、北京新能源汽车股份有限公司、重庆长安新能源汽车科技有限公司、深圳精智机器有限公司、杭州伯坦科技工程有限公司、奥动新能源汽车科技有限公司	2021-12-22	2022-03-22

二、氢燃料电池汽车领域

标准编号	标准名称	标准主要内容	发布单位	归口单位	起草单位	发布日期	实施日前
DB31/T 1282—2021	车用气瓶氢气充装安全技术条件	本文件规定了车用气瓶氢气充装站（以下简称充装站）从事压缩氢气充装活动应具备的基本条件、人员、充装场所、充装设备、控制系统与检测仪表和质量保证体系等方面的条件。 本文件仅适用于站内采用压缩或液态方式存储氢，为燃料电池电动汽车车用气瓶充装压缩氧气的充装站。	上海市市场监督管理局	上海市气体工业协会	上海市气体工业格会、液化空气（中国）投资有限公司、空气化工产品气体生产（上海）有限公司、浙江大学、华东理工大学、盈德气体集团有限公司、上海宝钢气体有限公司、比欧西（中国）投资有限公司、南亮压力容器技术（上海）有限公司、上海港口能源有限公司、嘉氢（上海）实业有限公司、上海舜华新能源系统有限公司、上海神力科技有限公司、斯碧尔思达流体科技（上海）有限公司、上海市计量测试技术研究院、中集安瑞科控股有限公司、浙江蓝能燃气设备有限公司、辽宁美托科技股份有限公司	2021-02-01	2021-05-01
T/CMES 16003—2021	车用高压储氢系统氢气压力循环测试与泄漏/渗透测试方法	本标准规定了车用高压储氢系统氢气压力循环测试与泄漏/渗透测试的总则、试验系统基本要求、试验操作流程和试验数据记录与报告。 本标准适用于车用高压氢气储存系统的氢气充放循环测试和氢气泄漏/渗透测试	中国机械工程学会	中国机械工程学会	合肥通用机械研究院有限公司、大连锅炉压力容器检验检测研究院有限公司、国家市场监督管理总局特种设备局、合肥通用机械研究院特种设备检验站有限公司、浙江大学、上海市特种设备监督检验技术研究院、沈阳斯林达安科新技术有限公司、江苏国富氢能技术装备有限公司	2022-02-24	2022-03-01
GB/T 26779—2021	燃料电池电动汽车加氢口	本文件规定了燃料电池电动汽车加氢口的型式、标志、要求以及试验方法。 本文件适用于使用压缩氢气为工作介质，额定加注压力不超过 70 MPa，工作温度为 −40 ℃～85 ℃的燃料电池电动汽车加氢口。	国家市场监督管理总局 国家标准化管理委员会	全国汽车标准化技术委员会	中国汽车技术研究中心有限公司、上海重塑能源科技有限公司、同济大学、上汽大通汽车有限公司、重庆长安新能源汽车科技有限公司、襄阳达安汽车检测中心有限公司、上海舜华新能源系统有限公司、上海捷氢科技有限公司、上海机动车检测认证技术研究中心有限公司、浙江大学、北京亿华通科技股份有限公司、丰田汽车（中国）投资有限公司	2021-03-09	2021-10-01

续上表

标准编号	标准名称	标准主要内容	发布单位	归口单位	起草单位	发布日期	实施日前
T/CATSI 02013—2021	加氢站用高压储氢气瓶安全技术要求	本标准是针对安装在按 GB 50516 或 GB 50156 设计建设的加氢站上使用的、公称工作压力大于等于 35 MPa 且不大于 87.5 MPa、设计温度不低于 -40 ℃且不高于 85 ℃、贮存介质为车用氢气的加氢站用储氢气瓶制定的技术要求。 本标准的编制参考采用了 EN 17533—2020《Gaseoushydrogen—Cylindersand tubes for stationary storage》的部分内容，以及团体标准 T/CATSI 05003—2020《加氢站储氢压力容器专项技术要求》中对材料的要求；规定了站用储氢气瓶的基本安全要求，站用储氢气瓶除应符合相应气瓶产品标准外，还应满足本标准的规定。	中国技术监督情报协会	中国技术监督情报协会	大连锅炉压力容器检验检测研究院有限公司、北京天海工业有限公司、国家市场监督管理总局特种设备局、江苏国富氢能技术装备有限公司、中国特种设备检测研究院、北京科泰克科技有限责任公司、中材科技(成都)有限公司、沈阳斯林达安科新技术有限公司、石家庄安瑞科气体机械有限公司	2021-04-23	2021-05-07
T/CATSI 02011—2021	储氢系统气体循环试验方法	本标准规定了车用压缩氢气储氢系统气体循环试验方法及试验装置的基本要求；标准中提出的试验方法要求，主要依据 GB/T 35544《车用压缩氢气铝内胆碳纤维全缠绕气瓶》、T/CATSI 02007《车用压缩氢气塑料内胆碳纤维全缠绕气瓶》、T/CATSI 02010《气瓶气密性氦泄漏检测方法》、并参考了 GTRNo. 13、USO 19881 以及 SAE J2579，并结合了试验实践。 本标准适用于车用储氢系统的氢气循环试验和渗透试验，具体包括公称工作压力不大于 35 MPa(表压)的车用氢气瓶的氢气循环试验及常温渗透试验，以及公称工作压力不大于 70 MPa 的车用氢气瓶的使用性能试验中的常温和极限温度气压循环试验及极限温度渗透试验；不适用于内装填料的吸附储氢气瓶；站用压缩氢气储氢系统等可参照执行	中国技术监督情报协会	中国技术监督情报协会	大连锅炉压力容器检验检测研究院有限公司、合肥通用机械研究院有限公司、中国特种设备检测研究院、长城汽车股份有限公司保定氢能检测分公司	2021-04-23	2021-05-07
GB/T 40045—2021	氢能汽车用燃料液氢	本标准规定了氢能汽车用燃料液氢(以下简称液氢)的技术指标、试验方法以及包装、标志、贮存及运输的要求。 本标准适用于贮罐贮存、管道或罐车输送的质子交换膜燃料电池汽车用燃料液氢。	国家市场监督管理总局 国家标准化管理委员会	全国氢能标准化技术委员会	北京航天试验技术研究所、中国标准化研究院、佛山绿色发展创新研究院、北京低碳清洁能源研究院、浙江大学、北京海德利森科技有限公司、中国电子工程设计院有限公司、江苏国富氢能技术装备有限公司、中国科学院理化技术研究所、北京航天雷特机电工程有限公司、中国汽车工程研究院股份有限公司、高质标准化研究院(山东)有限公司	2021-04-30	2021-11-01
T/GERS 0003—2021	氢燃料电池电动汽车运行规范	本文件适用于车载供氢系统的公称工作压力不大于 70 MPa 的氢燃料电池电动汽车。 本文件规定了氢燃料电池电动汽车日常运行要求，包括运行的基本条件、运行中危害的预防、燃料电池系统和车载供氢系统的日常点检和维护保养、车辆启动、车辆的停放与存放、氢燃料加注、应急预案与演练等。	广东省能源研究会	广东省能源研究会标准化研究专委会秘书处	广州能源检测研究院、广东省技术经济研究发展中心、骊阳(广东)节能科技股份有限公司、广州汽车集团股份有限公司、华南理工大学、佛山市清极能源科技有限公司、佛山环境与能源研究院、广东泰极动力科技有限公司	2021-05-08	2021-05-08

续上表

标准编号	标准名称	标准主要内容	发布单位	归口单位	起草单位	发布日期	实施日前
T/GERS 0004—2021	加氢站运营管理规范	本标准适用于采用各种供氢方法的从事氢气批发零售业务的氢能车辆加氢站，也适用于加氢/加油、加氢/加气、加氢/充电等两站或多站合建站中的加氢部分。 本标准规定了加氢站运营管理的术语和定义、基本要求、人员管理、设备管理、氢气质量管理、现场安全管理、应急管理、数据记录与档案管理、对外经营规范等。	广东省能源研究会	广东省能源研究会标准化研究专委会秘书处	广州能源检测研究院、广州联新氢能有限公司、华南理工大学、广东省技术经济研究发展中心、骊阳（广东）节能科技股份有限公司、云浮（佛山）氢能标准化创新研发中心、佛山环境与能源研究院、广东泰极动力科技有限公司、广东氢标科技有限公司	2021-05-08	2021-05-08
T/GERS 0005—2021	燃料电池电动汽车车载供氢系统安装技术规范	本标准适用于公称工作压力不超过 70 MPa、贮存介质为压缩氢气、工作温度不低于 -40 ℃且不高于 85 ℃的储氢气瓶（以下简称气瓶）及其附件组成的燃料电池车载供氢系统。 本标准规定了燃料电池电动汽车车载供氢系统安装实施机构要求、安装前准备工作、安装技术要求和安装后的检查。	广东省能源研究会	广东省能源研究会标准化研究专委会秘书处	广州能源检测研究院、广东省技术经济研究发展中心、广州市氢能产业联合会、广州汽车集团股份有限公司、佛山市清极能源科技有限公司、江苏大学、深圳市计量质量检测研究院	2021-05-08	2021-05-08
T/GERS 0006—2021	燃料电池电动汽车车载供氢系统气密性检测和置换技术要求	本标准规定了燃料电池电动汽车车载供氢系统气密性检测和置换的术语和定义、技术要求、检测方法和检测报告。	广东省能源研究会	广东省能源研究会标准化研究专委会秘书处	广州能源检测研究院、广东省技术经济研究发展中心、骊阳（广东）节能科技股份有限公司、深圳市富能新能源科技有限公司、广州汽车集团股份有限公司、佛山环境与能源研究院、佛山市清极能源科技有限公司、云浮（佛山）氢能标准化创新研发中心、广东氢标科技有限公司	2021-05-08	2021-05-08
T/SSTA 101—2021	氢能源汽车管路用不锈钢无缝管	本文件规定了氢能源汽车（乘用车、大巴车、卡车、货车等）管路用不锈钢无缝管的分类和代号、订货内容、尺寸、外形、重量、技术要求、试验方法、检验规则、包装、标志和质量证明书。 本文件适用于制造氢能源汽车管路用不锈钢无缝管。	上海钢管行业协会	上海钢管行业协会	马鞍山尊马科技有限公司、上海舜华新能源系统有限公司	2021-07-01	2021-10-01
T/SSTA 0003—2021	氢能源汽车管路用不锈钢无缝管	本文件规定了氢能源汽车（乘用车、大巴车、卡车、货车等）管路用不锈钢无缝管的分类和代号、订货内容、尺寸、外形、重量、技术要求、试验方法、检验规则、包装、标志和质量证明书。 本文件适用于制造氢能源汽车管路用不锈钢无缝管。	上海钢管行业协会	上海钢管行业协会	马鞍山尊马科技有限公司、上海舜华新能源系统有限公司	2021-07-01	2021-10-01
DB31/T 1313—2021	燃料电池汽车及加氢站公共数据采集规范	本文件规定了燃料电池汽车远程服务与管理系统、加氢站远程服务与管理系统总数据采集与传输的技术要求，包括通信连接、数据包结构和定义、数据单元格式和定义、数据信息采集间隔等内容。 本文件适用于燃料电池汽车生产企业平台到车辆服务端平台、加氢站运营企业平台到加氢站服务端平台之间的数据采集与运输。	上海市市场监督管理局	上海市新能源汽车及应用标准化技术委员会	上海机动车检测认证技术研究中心有限公司、上海市新能源汽车公共数据采集与检测研究中心、上海捷氢科技有限公司、上海舜华新能源系统有限公司、上海重塑能源科技有限公司、上海神力科技有限公司、上海国际汽车城（集团）有限公司、同济大学、上海电器科学研究所（集团）有限公司、上海市质量和标准化研究院、上海市特种设备监督检验技术研究院、上海氢雄信息科技有限公司、上海驿蓝能源科技有限公司、上海大通汽车有限公司、上海智能新能源汽车科创功能平台有限公司	2021-07-27	2021-10-01

续上表

标准编号	标准名称	标准主要内容	发布单位	归口单位	起草单位	发布日期	实施日前
GB/T 40297—2021	高压加氢装置用奥氏体不锈钢无缝钢管	本文件规定了高压加氢装置用奥氏体不锈钢无缝钢管的分类和代号，订货内容，尺寸、外形及重量，技术要求，试验方法，检验规则，包装、标志和质量证明书。 本文件适用于高压加氢装置用奥氏体不锈钢无缝钢管（以下简称“钢管”），其他临氢工况装置用奥氏体不锈钢无缝钢管也可参照执行。	国家市场监督管理总局 中国国家标准化管理委员会	全国钢标准化技术委员会	江苏武进不锈股份有限公司、浙江久立特材科技股份有限公司、中石化广州工程有限公司、中国石化工程建设有限公司、山西太钢不锈钢钢管有限公司、中兴能源装备有限公司、浙江中达新材料股份有限公司、浙江青山钢管有限公司、江苏银环精密钢管有限公司、浙江永上特材有限公司、永兴特种材料科技股份有限公司、无锡腾跃特种钢管有限公司、江阴市南方不锈钢管有限公司、盛德鑫泰新材料股份有限公司、常熟华新特殊钢有限公司、冶金工业信息标准研究院	2021-08-20	2022-03-01
T/CSTE 0120—2021	“领跑者”标准评价要求燃料电池城市客车	文件规定了燃料电池城市客车“领跑者”标准评价的术语和定义、评价指标体系、评价方法及等级划分。 本文件适用于燃料电池城市客车的企业标准水平评价。相关机构在制定企业标准“领跑者”评估方案时可参考使用，企业在制定企业标准时也可参照使用。	中国技术经济学会	中国技术经济学会	中国汽车工程研究院股份有限公司、北汽福田汽车股份有限公司、宇通客车股份有限公司、佛山市飞驰汽车科技有限公司、浙江吉利新能源商用车集团有限公司、安徽安凯汽车股份有限公司、一汽解放汽车有限公司、中通客车股份有限公司、金龙联合汽车工业（苏州）有限公司、厦门金龙联合汽车工业有限公司、厦门金龙旅行车有限公司、扬州亚星客车股份有限公司、东风特汽（十堰）客车有限公司、浙江中车电车有限公司、上汽大通汽车有限公司、重庆中车恒通汽车有限公司、中国重型汽车集团有限公司、陕西秦星汽车有限责任公司、重庆大学、重庆西部汽车试验场管理有限公司、中国标准化研究院	2021-09-27	2021-09-28
T/CAB 0109—2021	氢燃料电池车辆用加注技术规范	本文件规定了氢燃料电池车辆安全加氢过程中压力、温度、边界条件、加注过程控制等的要求。 本文件适用于氢燃料电池道路车辆的加注过程。氢燃料电池轨道车、叉车、船舶等交通工具、工程机械、发电装置的加注过程可参考本标准。	中国产学研合作促进会	中国产学研合作促进会	中国标准科技集团有限公司、上海神力科技有限公司、北京亿华通科技股份有限公司、北京低碳清洁能源研究院、中标兴质科技（佛山）有限公司、长安新能源科技公司	2021-10-09	2021-10-09
T/SDMS 005—2021	氢燃料电池质子交换膜用聚四氟乙烯基膜	本文件规定了氢燃料电池质子交换膜用聚四氟乙烯基膜的术语和定义、技术要求、试验方法、检验规则、标志、包装、运输和贮存。 本文件适用于氢燃料电池质子交换膜中起支撑增强作用的聚四氟乙烯膜。	山东省膜学会	山东省膜学会	山东森荣新材料股份有限公司、哈尔滨工业大学、安徽中能元隽氢能科技股份有限公司、苏州科润新材料股份有限公司	2021-10-26	2022-04-27
T/ZSA 103—2021	燃料电池商用车车载氢系统技术要求	本文件规定了燃料电池商用车车载氢系统的一般要求、整车布置要求和氢系统各组成部件的技术要求。 本文件适用于工作温度为-40 ℃～85 ℃，公称工作压力不超过 70 MPa 的、包含单个或多个压缩氢气储存瓶组的车载氢系统。	中关村标准化协会	中关村标准化协会	北汽福田汽车股份有限公司、北京天海工业有限公司、北京科泰克科技有限责任公司、北京亿华通科技股份有限公司、北京国家新能源汽车技术创新中心有限公司	2021-12-29	2021-12-30
T/FSQX 004—2021	氢能源有轨电车运营管理规范	本文件主要内容以 GB/T 30012—2013《城市轨道交通运营管理规范》为基础编制，新编与氢能源有轨电车相适应的相关内容，主要内容包括：总体要求、行车组织、客运服务、车辆基地管理、车辆管理、设备设施管理、土建设施管理、交通安全设施管理、人员管理、安全管理。 特别说明：加氢站管理、人员管理（涉氢操作人员部分）、安全管理（氢能源安全管理部分）；加氢站是氢能源有轨电车系统重要设施，本部分从人员管理、设备安全、氢气质量、生产作业、安全检查和应急管理等方面进行规定，相关要求符合GB 50516《加氢站技术规范》、GB/T 34584《加氢站安全技术规范》、GB/T 37244《质子交换膜燃料电池汽车用燃料氢气》规定，并结合压力容器、特种设备作业人员的有关规定。	佛山市氢能产业协会	佛山市氢能产业协会	佛山市轨道交通发展有限公司、佛山市质量和标准化研究院、佛山市氢能产业协会、佛山市高明现代轨道交通建设投资有限公司、广东国联氢能技术有限公司	2021-12-31	2021-12-31

续上表

标准编号	标准名称	标准主要内容	发布单位	归口单位	起草单位	发布日期	实施日前
T/CCGA 40009—2021	车载液氢系统安全技术规范	本文件规定了车载液氢系统的一般安全技术要求、安全设计、安装、使用和维护等安全要求。 本文件适用于使用液氢作为燃料的氢动力车辆。	中国工业气体工业协会	中国工业气体工业协会	张家港氢云新能源研究院有限公司、江苏国富氢能技术装备股份有限公司、北京航天试验技术研究所、北京科泰克科技有限责任公司、北京明晖天海气体储运装备销售有限公司、北京安瑞科新能源科技有限公司、北京中科富海低温科技有限公司、盈德气体(上海)有限公司、空气化工产品(中国)投资有限公司、浙江金象科技有限公司、苏州金宏气体股份有限公司、郑州安丰检测技术服务有限公司、中国工业气体工业协会	2021-12-31	2022-03-01
T/CCGA 40008—2021	车载氢系统安全技术规范	本标准规定了燃料电池车辆的车载氢系统的安全技术要求、使用维护技术要求。 本标准适用于使用压缩氢作为燃料的燃料电池车辆。	中国工业气体工业协会	中国工业气体工业协会	北京派瑞华氢能源科技有限公司、浙江金盾压力容器有限公司、北京航天试验技术研究所、北京科泰克科技有限责任公司、北京明晖天海气体储运装备销售有限公司、中集安瑞科控股有限公司、苏州金宏气体股份有限公司、丰电金凯威(苏州)压缩机有限公司、浙江金象科技有限公司、郑州安丰检测技术服务有限公司、空气化工产品(中国)投资有限公司、宝武清洁能源有限公司、上海镁源动力科技有限公司、洛阳双瑞特种装备有限公司、深圳市兰洋科技有限公司、西安交通大学能动学院、浙江大学常州工业技术研究院低碳产业研究中心、中国工业气体工业协会氢气专业委员会	2021-12-31	2022-03-01
T/CCGA 40007—2021	车用压缩氢气塑料内胆碳纤维全缠绕气瓶安全使用技术规范	本文件规定了车用压缩氢气塑料内胆碳纤维全缠绕气瓶(本文件中简称“气瓶”)在制造、运输、安装、置换、充装使用、日常保养检查和排气方面的安全技术要求。 本文件适用于公称工作压力不超过 70 MPa,公称容积不大于 450 L,贮存介质为压缩氢气,工作温度不低于-40 ℃且不高于 85 ℃,固定在道路车辆上用作燃料箱的可重复充装的气瓶的使用。	中国工业气体工业协会	中国工业气体工业协会	佛吉亚斯林达安全科技(沈阳)有限公司、中集安瑞科控股有限公司、江苏国富氢能技术装备股份有限公司、张家港氢云新能源研究院有限公司、盈德气体(上海)有限公司、苏州金宏气体股份有限公司、北京航天试验技术研究所、浙江金象科技有限公司、中材科技(苏州)有限公司、北京科泰克科技有限责任公司、洛阳双瑞特种装备有限公司、空气化工产品(中国)投资有限公司、标新科技(北京)有限公司	2021-12-31	2022-03-01
T/CCGA 40006—2021	加氢机安全使用技术规范	本标准规定了加氢站用氢气加注机(本文件简称“加氢机”)在设计、制造、安装、使用、维护保养等方面的通用性规范要求。 本标准适用于额定加注压力不高于 100 MPa 的加氢机。	中国工业气体工业协会	中国工业气体工业协会	液空厚普能源装备有限公司、北京航天试验技术研究所、中船(邯郸)派瑞氢能科技有限公司、北京氢枫能源技术有限公司、浙江金象科技有限公司、空气化工产品(中国)投资有限公司、苏州金宏气体股份有限公司、江苏国富氢能技术装备股份有限公司、张家港氢云心能源研究院有限公司、安瑞科(廊坊)能源装备集成有限公司、沈阳洪生气体有限公司、四川大川压缩机有限公司、上海氢能利用工程技术研究中心、深圳市兰洋科技有限公司	2021-12-31	2022-03-01
T/CCGA 40005—2021	加氢站用液驱活塞氢气压缩机安全使用技术规范	本文件规定了高压气氢加氢站用液驱活塞氢气压缩机(本文件简称“氢压机”)在设计、加工制造、装配、安装及使用方面的安全要求。 本文件适用于额定排气压力不高于 100 MPa,不低于 35 MPa,用于高压气氢加氢站的氢气增加设备。	中国工业气体工业协会	中国工业气体工业协会	四川大川氢能科技有限公司、西安交通大学能动学院、安瑞科(廊坊)能源装备集成有限公司、北京氢枫能源技术有限公司、上海汉兴能源科技股份有限公司、苏州金宏气体股份有限公司、中国工业气体工业协会、中国工业气体工业协会氢气专业委员会	2021-12-31	2022-03-01

续上表

标准编号	标准名称	标准主要内容	发布单位	归口单位	起草单位	发布日期	实施日前
T/CCGA 40004—2021	加氢站用隔膜压缩机安全使用技术规范	本文件规定了加氢站用氢气金属隔膜压缩机（本文件简称“隔膜机”）在设计、制造、安装及使用方面的安全要求。 本文件适用于额定排气压力不高于 100 MPa、压缩氢气的隔膜机。	中国工业气体工业协会	中国工业气体工业协会	丰电金凯威（苏州）压缩机有限公司、西安交通大学能动学院、北京航天试验技术研究所、中船（邯郸）派瑞氢能科技有限公司、上海舜华新能源系统有限公司、安瑞科（廊坊）能源装备集成有限公司、盈德气体（上海）有限公司、北京氢枫能源技术有限公司、上海汉兴能源科技股份有限公司、空气化工产品（中国）投资有限公司、苏州金宏气体股份有限公司、重庆同辉气体有限公司	2021-12-31	2022-03-01

三、智能网联汽车领域

标准编号	标准名称	标准主要内容	发布单位	归口单位	起草单位	发布日期	实施日前
T/SAS 0010—2021	智能网联汽车自动驾驶功能封闭道路测试与评价方法	本文件规定了智能网联汽车封闭道路测试的术语和定义、缩略语、通用要求、测试项目、测试方法和评价方法。 本文件适用于具有自动驾驶功能的 M1、M2、N1、N2 智能网联汽车封闭道路的测试与评价。	上海市标准化协会	上海市标准化协会	上海淞泓智能汽车科技有限公司、上海国际汽车城（集团）有限公司、上海汽车集团股份有限公司、上汽大众汽车有限公司、泛亚汽车技术中心有限公司、阿利昂斯汽车研发（上海）有限公司、宝马（中国）服务有限公司、博世（中国）投资有限公司、上海滴滴沃芽科技有限公司、上海蔚来汽车有限公司、初速度（上海）汽车技术有限公司、上海仙途智能科技有限公司、丰田汽车（中国）投资有限公司	2021-03-01	2021-03-01
T/SAS 0011—2021	智能网联汽车公共道路测试监管系统技术规范	本文件规定了智能网联汽车公共道路测试过程监管的术语和定义、缩略语、系统架构、终端要求、平台要求和系统数据传输协议。 本文件适用于具有 L3、L4、L5 级自动驾驶系统的智能网联汽车公共道路测试的过程监管。	上海市标准化协会	上海市标准化协会	上海淞泓智能汽车科技有限公司、上海国际汽车城（集团）有限公司、上海汽车集团股份有限公司、上汽大众汽车有限公司、上海通立信息科技有限公司、宝马（中国）服务有限公司、上海蔚来汽车有限公司、中智行科技有限公司、径卫视觉科技（上海）有限公司、上海裹动科技有限公司、上海仙途智能科技有限公司、深兰科技（上海）有限公司、初速度（上海）汽车技术有限公司、昆易电子科技（上海）有限公司、星觅（上海）科技有限公司	2021-03-01	2021-03-01
T/QGCML 091—2021	智能化电动扫地车道路作业安全规范	本文件规定了智能化电动扫地车的术语和定义、基本要求、道路作业等内容。 本文件适用于智能化电动扫地车的道路作业。	全国城市工业品贸易中心联合会	全国城市工业品贸易中心联合会	青岛庆杰环境科技有限公司、山东杰克森清洁设备有限公司、青岛数码人网络科技有限公司	2021-03-11	2021-03-25
T/SSAE 2—2021	5G 车联网终端性能要求及测试规程	本文件规定了 5G 车联网终端的通信性能要求和试验方法。 本文件适用于评价 5G 车联网终端在运营商网络下的通信性能测试要求和试验方法。	上海市汽车工程学会	上海市汽车工程学会	工业互联网创新中心（上海）有限公司、上海机动车检测认证技术研究中心有限公司、上海临港智能网联汽车研究中心有限公司、上海汽车集团股份有限公司、上海移远通信技术股份有限公司	2021-03-16	2021-03-16
T/SSAE 3—2021	智能交通系统-高速公路自动驾驶系统-性能要求及道路测试规程	本方法规定了智能交通系统-高速公路自动驾驶系统-性能要求及道路测试规程。 本方法适用于具备高速公路自动驾驶功能的 M1 和 N1 类车辆。	上海市汽车工程学会	上海市汽车工程学会	上海机动车检测认证技术研究中心有限公司、上海临港智能网联汽车研究中心有限公司	2021-03-16	2021-03-16

续上表

标准编号	标准名称	标准主要内容	发布单位	归口单位	起草单位	发布日期	实施日前
DB5301/T 59—2021	智慧停车联网技术要求及管理规范	本文件对智慧停车联网的术语与定义、技术要求、上下行接口和管理要求做出了规定。 本文件适用于符合《昆明市机动车停车场管理办法》要求的机动车停车场信息联网接入及管理。	昆明市市场监督管理局	昆明市交通运输局	深圳市城市交通规划设计研究中心股份有限公司、云南省设计院集团有限公司、云南省城乡规划设计研究院、云南正元安泰建设工程设计咨询有限公司、昆明有色冶金设计研究院股份公司、昆明理工大学、昆明市智慧停车建设运营有限公司、云南昆船数码科技有限公司、云南昆船智能装备有限公司	2021-03-20	2021-04-20
T/TIAA 020—2021	智能网联汽车数据安全共享参考架构	适用于具有智能网联汽车数据收集能力的车厂和需要汽车数据进行数据支撑的服务方，包括二手车市场、汽车保险行业、自动驾驶数据分析等。在特定情况下，能够为国家部门和有关科研机构提供支持。	中关村车载信息服务产业应用联盟	中关村车载信息服务产业应用联盟	电子科技大学、重庆长安汽车股份有限公司、上海汽车集团股份有限公司、中国第一汽车集团有限公司、阿利昂斯汽车研发(上海)有限公司、中国汽车技术研究中心有限公司、国家工业信息安全发展研究中心、国汽(北京)智能网联汽车研究院有限公司、北京链道科技有限公司、广东为辰信息科技有限公司、新睿信智能研究院(南京)有限公司、国网智慧能源交通技术创新中心(苏州)有限公司、襄阳达安汽车检测中心有限公司、吉利汽车研究院(宁波)有限公司、上海智能网联汽车技术中心有限公司、中国汽车工程研究院股份有限公司、深圳联友科技、华砺智行科技有限公司、中汽创智科技有限公司、惠州市德赛西威汽车电子股份有限公司、上海博泰悦臻电子设备制造有限公司、奇安信科技集团股份有限公司、广州拓尔思大数据有限公司	2021-06-04	2021-06-04
T/ZSA 32. 1—2021	自动驾驶出租汽车第 1 部分:通用技术要求	本文件规定了自动驾驶出租汽车的基本要求、功能、运营设备、网络安全等要求。 本文件适用于具备高度自动驾驶及完全自动驾驶能力，提供出租汽车运营服务的乘用车。	中关村标准化协会	中关村标准化协会	中关村中交国通智能交通产业联盟、北京百度网讯科技有限公司、北京嘀嘀无限科技发展有限公司、北京汽车研究总院有限公司、北京汽车股份有限公司、北汽新能源汽车股份有限公司、湖南湘江智能科技创新中心有限公司、交通运输部公路科学研究院、上海淞泓智能汽车科技有限公司、中国信息通信研究院、东风汽车集团有限公司技术中心、中国第一汽车集团有限公司、阿里巴巴(中国)有限公司、博世汽车部件(苏州)有限公司、电信科学技术研究院有限公司、上海国际汽车城(集团)有限公司、山西省交通科技研发有限公司、阳泉领航科技产业有限公司、威马汽车科技集团有限公司	2021-07-07	2021-07-08
T/ZSA 32. 2—2021	自动驾驶出租汽车第 2 部分:自动驾驶功能场地测试方法及要求	本文件规定了自动驾驶出租汽车在封闭测试场地内进行自动驾驶功能测试的测试项目、测试要求和测试方法。 本文件适用于具备高度自动驾驶及完全自动驾驶能力，提供出租汽车运营服务的乘用车。	中关村标准化协会	中关村标准化协会	中关村中交国通智能交通产业联盟、北京百度网讯科技有限公司、北京嘀嘀无限科技发展有限公司、北京汽车研究总院有限公司、北京汽车股份有限公司、北汽新能源汽车股份有限公司、湖南湘江智能科技创新中心有限公司、交通运输部公路科学研究院、上海淞泓智能汽车科技有限公司、中国信息通信研究院、东风汽车集团有限公司技术中心、中国第一汽车集团有限公司、阿里巴巴(中国)有限公司、博世汽车部件(苏州)有限公司、电信科学技术研究院有限公司、上海国际汽车城(集团)有限公司、山西省交通科技研发有限公司、阳泉领航科技产业有限公司、威马汽车科技集团有限公司	2021-07-07	2021-07-08

续上表

标准编号	标准名称	标准主要内容	发布单位	归口单位	起草单位	发布日期	实施日前
T/TIAA 101—2021	智能网联汽车数据共享安全要求	本文件给出了智能网联汽车数据分类、分级、数据类型,规定了数据安全等级。 本文件适用于生产智能网联汽车的各车厂单位以及拥有大量汽车数据的第三方行业,包括保险公司、二手车平台、车管所等。	中国汽车工程学会	中国智能网联汽车产业创新联盟提出	电子科技大学、上海汽车集团股份有限公司、重庆长安汽车股份有限公司、中国第一汽车集团有限公司、阿利昂斯汽车研发(上海)有限公司、中国汽车技术研究中心有限公司、国家工业信息安全发展研究中心、国汽(北京)智能网联汽车研究院有限公司、北京链道科技有限公司、广东为辰信息科技有限公司、新睿信智能研究院(南京)有限公司、国网智慧能源交通技术创新中心(苏州)有限公司、襄阳达安汽车检测中心有限公司、吉利汽车研究院(宁波)有限公司、上海智能网联汽车技中心有限公司、中国汽车工程研究院股份有限公司、深圳联友科技、华砺智行科技有限公司、四川省信息安全测评中心、中汽创智科技有限公司、德赛西威汽车电子股份有限公司、上海博泰悦臻电子设备制造有限公司、OPPO 广东移动通信有限公司、江西江铃集团新能源汽车有限公司、上海畔亩园信息科技有限公司、广州拓尔思大数据有限公司。	2021-07-15	2021-07-15
GB/T 40429—2021	汽车驾驶自动化分级	本标准规定了汽车驾驶自动化功能的分级。 本标准适用于具备驾驶自动化功能的 M 类、N 类汽车,其他类型车辆可参照执行。	国家市场监督管理总局 国家标准化管理委员会	全国汽车标准化技术委员会	重庆长安汽车股份有限公司、中国汽车技术研究中心有限公司、广州汽车集团股份有限公司、浙江吉利汽车研究院有限公司、东风汽车集团有限公司、宝马(中国)服务有限公司、东风商用车有限公司、浙江亚太机电股份有限公司、大众汽车(中国)投资有限公司、东软睿驰汽车技术(沈阳)有限公司、福特汽车(中国)有限公司	2021-08-20	2022-03-01
T/CDAIA 0001—2021	智能网联汽车封闭测试场环境建设总体技术要求	规范了智能网联汽车封闭测试场地环境建设的道路技术要求、设施技术要求及其他技术要求等。内容包括范围、规范性引用文件、术语和定义和技术要求。	成都市绿色智能网联汽车产业生态圈联盟	成都市绿色智能网联汽车产业生态圈联盟	信通院车联网创新中心(成都)有限公司、华录易云科技有限公司、中国汽车工程研究院股份有限公司、四川省新能源汽车智能控制与仿真测试技术工程研究中心、成都福马智行科技有限公司、中移物联网有限公司、成都卫士通信息产业股份有限公司、深圳市金溢科技股份有限公司、广东为辰信息科技有限公司、成都天合世纪科技有限责任公司	2021-09-15	2021-10-01
T/CDAIA 0002—2021	智能网联汽车封闭测试场道路测试评价总体技术要求	本文件规范了智能网联汽车封闭测试场测试评估流程、测试评估内容、测试评估操作方法、测试评估评判方法等技术要求。	成都市绿色智能网联汽车产业生态圈联盟	成都市绿色智能网联汽车产业生态圈联盟	信通院车联网创新中心(成都)有限公司、华录易云科技有限公司、中国汽车工程研究院股份有限公司、四川省新能源汽车智能控制与仿真测试技术工程研究中心、成都福马智行科技有限公司	2021-09-15	2021-10-01
T/CDAIA 0003—2021	智能网联汽车开放道路测试环境建设总体技术要求	本文件规范了智能网联汽车开放道路测试环境选取标准、环境建设要求以及环境建设其他要求	成都市绿色智能网联汽车产业生态圈联盟	成都市绿色智能网联汽车产业生态圈联盟	信通院车联网创新中心(成都)有限公司、华录易云科技有限公司、中国汽车工程研究院股份有限公司、四川省新能源汽车智能控制与仿真测试技术工程研究中心、成都福马智行科技有限公司、中移物联网有限公司、成都卫士通信息产业股份有限公司、广东为辰信息科技有限公司	2021-09-15	2021-10-01

续上表

标准编号	标准名称	标准主要内容	发布单位	归口单位	起草单位	发布日期	实施日前
T/CDAIA 0004—2021	智能网联汽车开放道路测试评价总体技术要求	本文件规定了成都市智能网联汽车开放道路测试能力评估内容与方法，包括感知识别能力、决策能力、执行能力、云控平台协同能力、车路协同能力等方面的评估。	成都市绿色智能网联汽车产业生态圈联盟	成都市绿色智能网联汽车产业生态圈联盟	信通院车联网创新中心（成都）有限公司、华录易云科技有限公司、中国汽车工程研究院股份有限公司、成都福马智行科技有限公司、四川省新能源汽车智能控制与仿真测试技术工程研究中心、中移物联网有限公司、成都精位科技有限公司	2021-09-15	2021-10-01
DB11/T 1880—2021	自动驾驶地图特征定位数据技术规范	本文件规范了自动驾驶地图特征定位数据的基本要求、技术要求和特征定位数据分类与表达。 本文件适用于自动驾驶地图特征定位数据的生产与应用。	北京市市场监督管理局	北京市规划和自然资源委员会	国汽（北京）智能网联汽车研究院有限公司、清华大学、北京百度网讯科技有限公司、博世汽车部件（苏州）有限公司、北京初速度科技有限公司、北京四维图新科技股份有限公司、易图通科技（北京）有限公司、河北全道科技技术有限公司、北京华为数字技术有限公司、上海博泰悦臻电子设备制造有限公司、中国第一汽车集团有限公司、北京市测绘设计研究院、高德软件有限公司、国家新能源汽车技术创新中心、广东星舆科技有限公司、禾多科技（北京）有限公司、国汽大有（安庆）时空科技有限公司、车百智能网联研究院（武汉）有限公司、国汽朴津智能科技（安庆）有限公司	2021-09-24	2022-04-01
T/ITS 0116—2019	自动驾驶车辆决策的安全保障技术要求	本标准规定了自动驾驶车辆决策安全的基本原则、最小安全距离、危险工况以及该工况下应该采取的合理措施。本标准不涉及道德伦理相关的安全决策。 本标准适用于汽车工程学会定义的3级及以上自动驾驶车辆的决策系统，用以帮助自动驾驶车辆避免引发事故。	中关村中交国通智能交通产业联盟	中关村中交国通智能交通产业联盟	中关村中交国通智能交通产业联盟、英特尔（中国）有限公司、交通运输部公路科学研究院、深圳市金溢科技股份有限公司、清华大学、威马汽车科技集团有限公司、北京市交通信息中心、上海蔚来汽车有限公司、华为技术有限公司、同济大学、北京百度网讯科技有限公司、上海智蔚智能科技、中兴技术有限公司	2021-11-4	2020-3-1
T/ITS 0108—2019	基于LTE的车联网无线通信技术网络层技术要求	本标准规定了基于LTE的车联网无线通信技术的网络层技术要求，包括短消息协议、应用注册、业务管理以及业务公告，与3GPP、ISO标准相衔接。 本标准适用于基于LTE的车联网无线通信技术网络层的设计与开发。	中关村中交国通智能交通产业联盟	中关村中交国通智能交通产业联盟	中关村中交国通智能交通产业联盟、中国信息通信研究院，交通运输部公路科学研究院，电信科学技术研究院有限公司，华为技术有限公司，高通无线通信技术（中国）有限公司，东软集团股份有限公司，北京星云互联科技有限公司，深圳市金溢科技股份有限公司，中兴通讯股份有限公司，中国移动通信集团有限公司，中国联合网络通信集团有限公司	2021-11-4	2020-3-1
T/ITS 0109—2019	基于LTE的车联网无线通信技术消息层技术要求	本标准规定了基于LTE的车联网无线通信技术的消息层技术要求，具体包括了消息层数据集的架构以及具体的数据定义和编码方式等。 本标准适用于基于LTE的车联网无线通信系统消息层的设计与开发。	中关村中交国通智能交通产业联盟	中关村中交国通智能交通产业联盟	中关村中交国通智能交通产业联盟、北京星云互联科技有限公司、长安汽车股份有限公司、华为技术有限公司、大唐电信科技产业集团（电信科学技术研究院）、中国信息通信研究院、通用汽车（中国）投资有限公司、福特汽车（中国）有限公司、东软集团股份有限公司、高通无线通信技术（中国）有限公司、奥迪（中国）企业管理有限公司、宝马（中国）服务有限公司、深圳市金溢科技股份有限公司、北京汽车研究总院有限公司、清华大学、北京万集科技股份有限公司、交通运输部公路科学研究院	2021-11-4	2020-3-1

续上表

标准编号	标准名称	标准主要内容	发布单位	归口单位	起草单位	发布日期	实施日前
T/ITS 0119—2019	限定场景下的低速自动驾驶系统性能要求与测试规程	本标准规定了限定场景下的低速自动驾驶系统(以下简称 LSAD 系统)的适用范围、系统要求、最低性能要求及测试规程。 本标准适用于装备了本标准规定的 LSAD 系统的自动驾驶车辆,本标准对 LSAD 系统中的传感器不作要求。	中关村中交国通智能交通产业联盟	中关村中交国通智能交通产业联盟	中关村中交国通智能交通产业联盟、东软睿驰汽车技术(沈阳)有限公司、交通运输部公路科学研究院、同济大学、北京智行者科技有限公司、深圳市金溢科技股份有限公司、北京图森智途科技有限公司、上海机动车检测认证技术研究中心有限公司、山东省科学院自动化研究所、上海汽车集团股份有限公司、中兴通讯股份有限公司、阿里巴巴(中国)有限公司、北京京东乾石科技有限公司	2021-11-4	2020-3-1
T/ITS 0133—2020	基于车路协同的自动驾驶实车在环测试系统应用数据交互信息集	本文件规定了基于车路协同的、面向高等级自动驾驶的实车在环测试系统应用数据交互信息集的组成、编码原则、基本要求和数据交互内容。 本文件适用于基于车路协同的自动驾驶实车在环测试系统应用数据交互信息集的设计和开发,也可以为具备 V2X 通信能力的硬件在环测试系统等其他系统提供参考。 本文件适用于具备车路协同能力的封闭场地测试。	中关村中交国通智能交通产业联盟	中关村中交国通智能交通产业联盟	中关村中交国通智能交通产业联盟、腾讯云计算(北京)有限责任公司、交通运输部公路科学研究院、中国信息通信研究院、长沙智能驾驶研究院有限公司、上海临港智能网联汽车研究中心有限公司、中国汽车工程研究院股份有限公司、上海淞泓智能汽车科技有限公司、重庆长安汽车股份有限公司、北京新能源汽车股份有限公司、北京汽车研究总院有限公司、上海汽车集团股份有限公司、宁波吉利汽车研究开发有限公司、中国联合网络通信有限公司、中国电信集团、高新兴科技集团股份有限公司、北京航空航天大学、同济大学、湖南大学、东南大学、中兴通讯股份有限公司、启迪云控(北京)科技有限公司、上海图森未来人工智能科技有限公司、电信科学技术研究院有限公司、北京聚利科技股份有限公司、北京四维图新科技股份有限公司、华人运通(江苏)技术有限公司、北京地平线信息技术有限公司、广州市埃特斯通讯设备有限公司、山东高速信息工程有限公司、北京百度网讯科技有限公司	2021-11-4	2021-03-01
T/ITS 0135—2020	基于车路协同的高等级自动驾驶数据交互内容	本文件规定了基于车路协同的 4 级驾驶自动化(L4)、5 级驾驶自动化(L5)的高等级自动驾驶的系统组成和数据交互内容,重点涉及消息层数据集。 本文件适用于基于车路协同的 L4、L5 高等级自动驾驶系统中消息层的设计与开发。	中关村中交国通智能交通产业联盟	中关村中交国通智能交通产业联盟	中关村中交国通智能交通产业联盟、北京百度网讯科技有限公司、中国移动通信集团有限公司、中兴通讯股份有限公司、华为技术有限公司、中国信息通信研究院、中国联合网络通信集团有限公司、阿里巴巴(中国)有限公司、中国电信集团有限公司、大唐电信科技产业集团(电信科学技术研究院)、高通无线通信技术(中国)有限公司、北京星云互联科技有限公司、深圳市腾讯计算机系统有限公司、北京嘀嘀无限科技发展有限公司、上海汽车集团股份有限公司、北京万集科技股份有限公司、中国第一汽车集团公司智能网联院、东风汽车集团有限公司、北汽福田智能网联研究院、北京汽车研究总院有限公司、上海蔚来汽车有限公司、福特汽车(中国)有限公司、北京千方科技股份有限公司、北京速通科技有限公司、深圳成谷科技有限公司、华人运通(江苏)技术有限公司、上海市城市建设设计研究总院(集团)有限公司、索尼(中国)有限公司、威马汽车科技集团有限公司、安徽江淮汽车集团股份有限公司、宁波均联智行科技有限公司、惠州市德赛西威汽车电子股份有限公司、上海淞泓智能汽车科技有限公司、湖南湘江智能科技创新中心有限公司、广州汽车集团股份有限公司汽车工程研究院、山西省交通科技研发有限公司	2021-11-4	2021-03-01

续上表

标准编号	标准名称	标准主要内容	发布单位	归口单位	起草单位	发布日期	实施日前
T/ITS 0146—2020	智能网联扫路机系统技术要求与测试规程	本标准规定了智能网联扫路机系统智能化作业分级和相应的功能要求及测试规程。 本标准适用于开放区域和封闭区域下的电动自动扫路机，其它类型设备可参考执行。	中关村中交国通智能交通产业联盟	中关村中交国通智能交通产业联盟	中关村中交国通智能交通产业联盟、北京邮电大学、行道科技有限公司、广东盈峰智能环卫科技有限公司、中兴通讯股份有限公司、北京智行者科技有限公司、南京智行信息科技有限公司、同济大学、交通运输部公路科学研究院、湖南湘江智能科技创新中心有限公司、中国汽车工程研究院股份有限公司、深圳市未来智能网联交通系统产业创新中心	2021-11-4	2021-03-01
T/ITS 0113. 1—2019	营运车辆合作式自动驾驶货车编队行驶第 1 部分：总体技术要求	本部分规定了合作式自动驾驶货车编队行驶的专业术语、系统构成、车辆总体要求、应用场景范围以及编队行驶整体功能要求等。 本标准适用于合作式自动驾驶货车编队行驶的设计、开发、运行和维护。	中关村中交国通智能交通产业联盟	中关村中交国通智能交通产业联盟	中关村中交国通智能交通产业联盟、交通运输部公路科学研究院、北京图森智途科技有限公司、阿里巴巴（中国）有限公司、上海图森未来人工智能科技有限公司、菜鸟网络科技有限公司、东风商用车有限公司、重庆车辆检测研究院有限公司、北京汽车研究总院有限公司、北京福田戴姆勒汽车有限公司、深圳市金溢科技股份有限公司、电信科学技术研究院有限公司、东软集团股份有限公司、华为技术有限公司、中国移动通信有限公司、中国联通研究院、中国联通智网科技有限公司、深圳成谷科技有限公司、山东省科学院自动化研究所、长沙智能驾驶研究院、中兴通讯股份有限公司	2021-11-4	2020-3-1
T/ITS 0113. 2—2019	营运车辆合作式自动驾驶货车编队行驶第 2 部分：驾驶场景和行驶行为要求	本部分规定了合作式自动驾驶货车编队行驶的场景，以及各类场景下的行驶行为要求。 本部分规定的各类场景及行驶行为仅限于高速公路自动驾驶货车编队行驶。 本标准适用于合作式自动驾驶货车编队行驶的设计、开发、运行和维护。	中关村中交国通智能交通产业联盟	中关村中交国通智能交通产业联盟	中关村中交国通智能交通产业联盟、阿里巴巴（中国）有限公司、菜鸟网络科技有限公司、北京图森智途科技有限公司，上海图森未来人工智能科技有限公司、交通运输部公路科学研究院、北京汽车研究总院有限公司、北京福田戴姆勒汽车有限公司、深圳市金溢科技股份有限公司、电信科学技术研究院有限公司、深圳成谷科技有限公司	2021-11-8	2020-3-1
T/CAAMTB 34—2021	智能网联汽车数据格式与定义	本文件规定了智能网联汽车数据的一般要求、格式和定义。 本文件适用于可采集和回传数据的智能网联汽车和一般车辆上后装的数据采集系统。	中国汽车工业协会	中国汽车工业协会	上海机动车检测认证技术研究中心有限公司、中国汽车工业协会、国家工业信息安全发展研究中心、上汽通用五菱汽车股份有限公司、北京地平线科技有限公司、北京四维图新科技股份有限公司、襄阳达安汽车检测中心有限公司、广州汽车工业集团股份有限公司、众链科技（北京）有限公司、博世（中国）投资有限公司、中国汽车工程研究院股份有限公司、中汽创智科技有限公司、北京理工新源信息科技有限公司、德国汽车工业协会、上海零数科技有限公司、北京五一视界数字孪生科技股份有限公司、上研智联智能出行科技（上海）有限公司、特斯拉（上海）有限公司、上海市临港新片区大数据中心	2021-11-26	2021-12-01
DB33/T 2391—2021	智能网联汽车道路基础地理数据规范	本标准规定了智能网联汽车道路基础地理数据的基本规定、数据模型、几何表达和关联规则等要求。 本标准适用于智能网联汽车所需的道路基础地理数据生产和应用。	浙江省市场监督管理局	浙江省测绘与地理信息标准化技术委员会	浙江省测绘科学技术研究院、吉利汽车研究院（宁波）有限公司、易图通科技（北京）有限公司、浙江数智交院科技股份有限公司、浙江大学、清华大学、浙江省标准化研究院、德清县地理信息中心	2021-11-27	2021-12-17

续上表

标准编号	标准名称	标准主要内容	发布单位	归口单位	起草单位	发布日期	实施日前
T/KJDL 018—2021	物联位置网应用智能驾驶地图技术规范	本文件规定了物联位置网时空数据所需智能驾驶地图的一般规定、构成图层、数据模型、数据成果形式等内容。 本文件适用于面向物联位置网(LBIoT)应用的智能驾驶地图的制作、发布及使用。	广州市空间地理信息与物联网促进会	广州市空间地理信息与物联网促进会	广州时空位置网科学技术研究院有限公司、移动通信国家工程研究中心、中山大学电子与通信工程学院、中山大学地理科学与规划学院、北斗导航位置服务(北京)有限公司、广州海格通信集团股份有限公司、深圳置位科技有限公司、北京羲和智行科技有限公司、广东省科学院广州地理研究所、奥格科技股份有限公司、泰斗微电子科技有限公司、广州中海达卫星导航技术股份有限公司	2021-12-01	2022-01-01
T/CIAPS 0014—2021	智能网联车载终端用金属氢化物镍蓄电池要求	本标准规定了智能网联车载终端用金属氢化物镍蓄电池的可靠性、安全性及产品环保特性要求。 本标准适用于智能网联车载终端用金属氢化物镍蓄电池。	中国化学与物理电源行业协会	中国化学与物理电源行业协会	深圳市豪鹏科技股份有限公司、惠州亿纬锂能股份有限公司、益阳科力远电池有限责任公司、东莞市创明电池技术有限公司、广州鹏辉能源科技股份有限公司、深圳市力可兴电池有限公司、辽宁九夷能源科技有限公司、深圳市量能科技有限公司、深圳倍特力电池有限公司、中国第一汽车股份有限公司	2021-12-08	2022-01-01
DB45/T 2414—2021	智能驾驶游览车技术条件	本文件规定了智能驾驶游览车的 般要求、试验方法、检验规则和运行基本要求。 本文件适用于广西行政区域内限定区域内运营的纯电动3级和4级驾驶自动化游览车的生产,其它动力形式的3级和4级驾驶自动化车型可参照执行。	广西壮族自治区市场监督管理局	广西壮族自治区国有资产监督管理委员会	广西汽车集团有限公司、广西科技大学、国家汽车质量检验中心(广西)	2021-12-20	2022-01-20
T/GHDQ 77—2021	智能网联汽车安全认证网关技术要求	本文件规定了智能网联汽车领域中安全认证网关的功能要求、安全要求、管理要求和硬件要求等有关内容。 本文件适用于智能网联汽车领域中安全认证网关的研制设计、应用开发、管理和使用,也可用于指导安全认证网关的检测。	吉林省汽车电子协会	吉林省汽车电子协会	长春吉大正元信息技术股份有限公司、中国第一汽车股份有限公司智能网联开发院	2021-12-24	2022-01-01
T/GHDQ 78—2021	智能网联汽车安全认证网关检测要求	本文件规定了智能网联汽车领域中安全认证网关的功能要求、安全要求、管理要求和硬件要求等有关内容。 本文件适用于智能网联汽车领域中安全认证网关的研制设计、应用开发、管理和使用,也可用于指导安全认证网关的检测。	吉林省汽车电子协会	吉林省汽车电子协会	春吉大正元信息技术股份有限公司、中国第一汽车股份有限公司智能网联开发院	2021-12-24	2022-01-01
T/GHDQ 79—2021	智能网联汽车密码模块安全技术要求	本文件规定了智能网联汽车密码模块的系统结构、系统功能、系统设计、业务流程以及建设过程中所用到的密码算法、密码设备、密码服务接口的技术要求。 本文件适用于智能网联汽车领域基于密码技术的密码模块的设计、建设、运营及管理,规范密码模块在智能网联汽车领域的标准化应用。	吉林省汽车电子协会	吉林省汽车电子协会	长春吉大正元信息技术股份有限公司、中国第一汽车股份有限公司智能网联开发院	2021-12-24	2022-01-01

续上表

标准编号	标准名称	标准主要内容	发布单位	归口单位	起草单位	发布日期	实施日前
T/GHDQ 80—2021	智能网联汽车密码模块安全检测要求	本文件规定了智能网联汽车领域中密码模块的功能要求、安全要求、管理要求等有关内容。 本文件适用于智能网联汽车领域中密码模块的研制设计、应用开发、管理和使用，也可用于指导密码模块的检测。	吉林省汽车电子协会	吉林省汽车电子协会	长春吉大正元信息技术股份有限公司、中国第一汽车股份有限公司智能网联开发院	2021-12-24	2022-01-01
T/GHDQ 81—2021	智能网联汽车密钥管理系统安全技术要求	本文件规定了智能网联汽车密钥管理系统的系统结构、系统功能、系统设计、通讯协议的技术要求，同时对密钥管理系统的运行管理提出了安全要求。 本文件适用于智能网联汽车领域基于密码技术的密钥管理系统的设计、建设、运营及管理，规范密钥管理系统在智能网联汽车领域的标准化应用。	吉林省汽车电子协会	吉林省汽车电子协会	长春吉大正元信息技术股份有限公司、中国第一汽车股份有限公司智能网联开发院	2021-12-24	2022-01-01
T/GHDQ 82—2021	智能网联汽车密钥管理系统安全检测要求	本文件规定了智能网联汽车密钥管理系统的系统结构、系统功能、系统设计、通讯协议的技术要求，同时对密钥管理系统的运行管理提出了安全要求。 本文件适用于智能网联汽车领域基于密码技术的密钥管理系统的检测，规范密钥管理系统在智能网联汽车领域的标准化应用。	吉林省汽车电子协会	吉林省汽车电子协会	长春吉大正元信息技术股份有限公司、中国第一汽车股份有限公司智能网联开发院	2021-12-24	2022-01-01
T/GHDQ 83—2021	智能网联汽车签名验签服务器技术要求	本文件规定了智能网联汽车领域中签名验签服务器的功能要求、安全要求和接口要求等有关内容。 本文件适用于智能网联汽车领域中签名验签服务器的研制设计、应用开发、管理和使用，也适用于指导签名验签服务器的检测。	吉林省汽车电子协会	吉林省汽车电子协会	长春吉大正元信息技术股份有限公司、中国第一汽车股份有限公司智能网联开发院	2021-12-24	2022-01-01
T/GHDQ 84—2021	智能网联汽车签名验签服务器检测要求	本文件规定了智能网联汽车签名验签服务器设备的检测内容、检测方法及检测要求等。 本文件适用于智能网联汽车签名验签服务器设备的检测，以及该类密码设备的研制，也可用于指导基于该类密码设备的应用开发。	吉林省汽车电子协会	吉林省汽车电子协会	长春吉大正元信息技术股份有限公司、中国第一汽车股份有限公司智能网联开发院	2021-12-24	2022-01-01
T/GHDQ 85—2021	智能网联汽车证书认证系统安全技术要求	本文件规定了智能网联汽车证书认证系统的系统结构、系统功能、系统设计、证书格式、证书撤销列表格式、证书操作流程以及证书认证系统建设过程中所用到的密码算法、密码设备、密码服务接口的技术要求，同时对证书认证系统的运行管理提出了安全要求。 本文件适用于指导第三方认证机构的智能网联汽车证书认证系统的设计、建设、运营及管理，规范证书认证系统在智能网联汽车领域的标准化应用。	吉林省汽车电子协会	吉林省汽车电子协会	长春吉大正元信息技术股份有限公司、中国第一汽车股份有限公司智能网联开发院	2021-12-24	2022-01-01
T/GHDQ 86—2021	智能网联汽车证书认证系统安全检测要求	本文件规定了智能网联汽车证书认证系统的系统结构、系统功能、系统设计、证书格式、证书注销列表格式、证书操作流程以及证书认证系统建设过程中所用到的密码算法、密码设备、密码服务接口的技术要求，同时对证书认证系统的运行管理提出了安全要求。 本文件适用于智能网联汽车领域基于密码技术的证书认证系统的检测，规范证书认证系统在智能网联汽车领域的标准化应用。	吉林省汽车电子协会	吉林省汽车电子协会	长春吉大正元信息技术股份有限公司、中国第一汽车股份有限公司智能网联开发院	2021-12-24	2022-01-01

续上表

标准编号	标准名称	标准主要内容	发布单位	归口单位	起草单位	发布日期	实施日前
T/CMAX 21003.2—2021	场(厂)内专用自动驾驶纯电动小型巴士第2部分自动驾驶能力评估内容与方法	本标准从场(厂)内专用纯电动小型巴士自动驾驶能力角度出发,通过相关典型交通场景拆解与重构,建立交通场景与自动驾驶能力的匹配关系,进而形成了场(厂)内专用纯电动小型巴士自动驾驶能力评估内容与方法。 本标准提出了交通标志和标线的识别及响应、交通信号灯的识别及响应、障碍物的识别及响应、弱势交通参与者的识别及响应、前方车辆行驶状态的识别及响应、环形路口、十字路口、进站停车、远程操控等9个专项场景的测试。从各个专项场景的测试内容和通过能力上规定了自动驾驶技术要求及试验方法。	中关村智通智能交通产业联盟	中关村智通智能交通产业联盟	北京百度智行科技有限公司、厦门金龙联合汽车工业有限公司、北京智能车联产业创新中心有限公司、中关村智通智能交通产业联盟、北京智行者科技有限公司、丰田汽车(中国)投资有限公司、北京千方科技股份有限公司、新石器慧通(北京)科技有限公司、驭势科技(北京)有限公司	2021-12-28	2021-12-29
T/CMAX 21003.1—2021	场(厂)内专用自动驾驶纯电动小型巴士第1部分车辆技术要求	本文件规定了场(厂)内专用自动驾驶纯电动小型巴士的车体结构、底盘、电气等技术规范。 根据场(厂)内的通用道路使用条件,将车辆全长的允许值范围拓展到不超过9000 mm,同时最大行驶速度限制提升到30 km/h,并取消人工操纵模式限速的硬性规定,由企业根据产品特性和技术能力自行设置。 增加照明和信号装置的控制逻辑要求、胎压监测系统和胎压报警装置要求及电磁兼容性要求,进一步推动自动驾驶纯电动小型巴士基础安全性的提升。制动距离和稳定性限值参照商用道路车辆的标准GB 12676—2014进行调整,同时对制动反应时间作出了最低的规定。对于自动驾驶数据记录装置的记录内容和要求进行了调整,对信息安全技术要求参照最新标准进行了更新。	中关村智通智能交通产业联盟	中关村智通智能交通产业联盟	厦门金龙联合汽车工业有限公司、北京百度智行科技有限公司、北京智能车联产业创新中心有限公司、中关村智通智能交通产业联盟、北京智行者科技有限公司、丰田汽车(中国)投资有限公司、新石器慧通(北京)科技有限公司、北京千方科技股份有限公司	2021-12-28	2021-12-29
T/JSSAE 004—2021	纯电动智能跟随环卫车技术要求	本本文件规定了纯电动智能跟随环卫车的术语、定义、技术要求和出厂检验要求。本文件适用于纯电动智能跟随环卫车。	江苏省汽车工程学会	江苏省汽车工程学会	清华大学苏州汽车研究院、苏州创元投资发展(集团)有限公司、江苏新能源汽车有限公司、苏交科集团股份有限公司、苏州绿控传动科技有限公司、江苏迈吉易威电动科技有限公司、坤泰车辆系统(常州)有限公司、江苏理工学院、江苏大学、南京信息职业技术学院、吉林大学青岛汽车研究院、河北清研魏科产业技术创新中心有限公司、江苏宗申车业有限公司、博格华纳汽车零部件(武汉)有限公司、超美斯新材料股份有限公司、南京越博动力系统股份有限公司、江苏奔腾汽车科技有限公司、金龙联合汽车工业(苏州)有限公司	2021-12-31	2022-01-01

WELION
卫蓝新能源

企业介绍 COMPANY CULTURE

北京卫蓝新能源科技有限公司是一家专注于混合固液电解质锂离子电池与全固态锂电池研发与生产、拥有系列核心专利与技术的国家高新技术企业，是中国科学院物理研究所清洁能源实验室固态电池技术的产业化平台。公司成立于2016年，总部位于北京，在北京房山、山东淄博、江苏溧阳和浙江湖州拥有4大生产基地。

公司融合了电池材料、电芯、系统等领域的高精尖人才，聚焦高能量密度、高安全、高功率、宽温区、长寿命的混合固液电解质电池和全固态电池产品，通过原始创新突破现有技术瓶颈，应用覆盖新能源车船、规模储能、3C消费等领域。公司创始人包括陈立泉院士、李泓研究员及俞会根董事长，截止到2022年上半年，公司共有员工800余人，其中博士20余人，研发技术人员占比达到50%以上，承担了多项国家部门和省级的固态锂电研发项目，共申请专利超过300余项。

产品介绍 PRODUCT DESCRIPTION

H-01

270-31Ah 小动力产品

150-45Ah 储能产品

360-111Ah 汽车动力

170-300Ah 储能产品

企业文化 COMPANY CULTURE

企业核心理念 慧聚卫蓝，先导固态

核心价值观 尊重科技、原始创新、深度思考
兼收并蓄、极致执行、一往无前

企业愿景 卫蓝新能源立志成为一家通过原始创新掌握固态电池核心技术的模范企业，为清洁能源可持续发展，为保卫蓝天做出卓越贡献

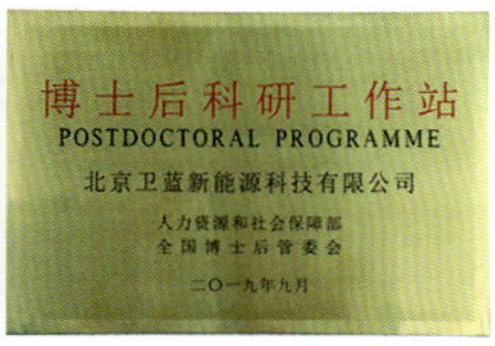

中科海钠
HiNa BATTERY

关于海钠 About HiNa

中科海钠科技有限责任公司是一家专注于新一代储能体系-钠离子电池研发与生产的高新技术型企业。公司聚集国际先进的技术开发团队，现拥有以中国科学院物理研究所陈立泉院士，胡勇胜研究员为技术带头人的研究开发团队。企业拥有多项钠离子电池核心专利，是国际少有拥有钠离子电池核心专利与技术的电池企业之一。公司聚焦低成本、长寿命、高安全、高能量密度的钠离子电池产品，潜在应用覆盖低速电动车、规模储能、电动汽车、国家安全等领域。

海钠产品 HiNa Product

Cathode

钠铜铁锰基正极
容量：110~130 mA/g
粒径：D50=10 μm

Anode

煤基负极
容量：200~300 mAh/g
粒径：D50=9 μm

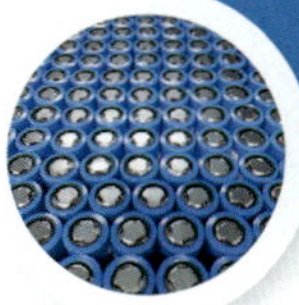

Cell

26700 圆柱电芯
工作温度：-40℃~ 80℃
快充快放：5~10C
循环寿命：≥3000 周 @80%

Cell

54173207 方形铝壳电芯
71173207 方形铝壳电芯
工作温度：-40℃~80℃
循环寿命：≥5000周@70%

应用示范 HiNa Item

钠离子电池
电动自行车

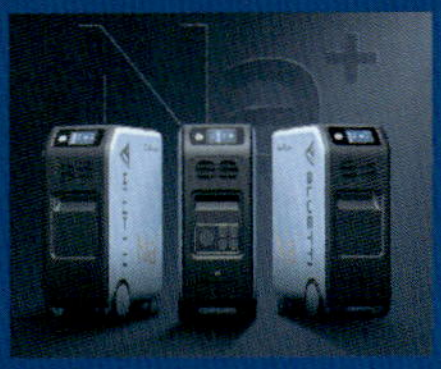

钠离子电池
便携式储能

全球首辆钠离子电池
低速电动车

全球首个 100kWh
钠离子电池储能电站

全球首个1MWh
钠离子电池储能电站

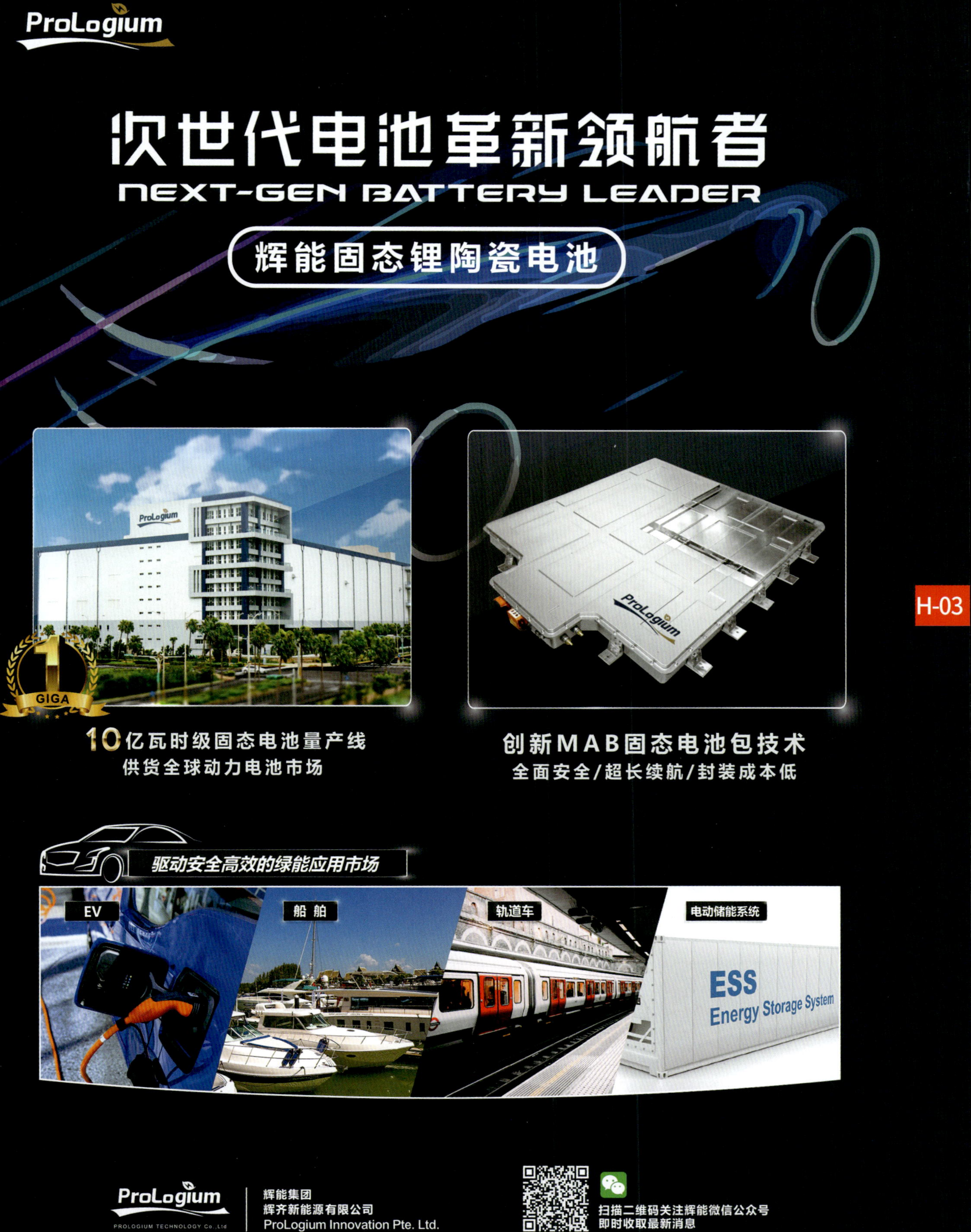
ProLogium
次世代电池革新领航者
NEXT-GEN BATTERY LEADER
辉能固态锂陶瓷电池
ProLogium
1
GIGA
10亿瓦时级固态电池量产线
供货全球动力电池市场
ProLogium
创新MAB固态电池包技术
全面安全/超长续航/封装成本低
H-03
驱动安全高效的绿能应用市场
EV
船舶
轨道车
电动储能系统
ESS
Energy Storage System
ProLogium
PROLOGIUM TECHNOLOGY Co.,Ltd
辉能集团
辉齐新能源有限公司
ProLogium Innovation Pte. Ltd.
扫描二维码关注辉能微信公众号
即时收取最新消息

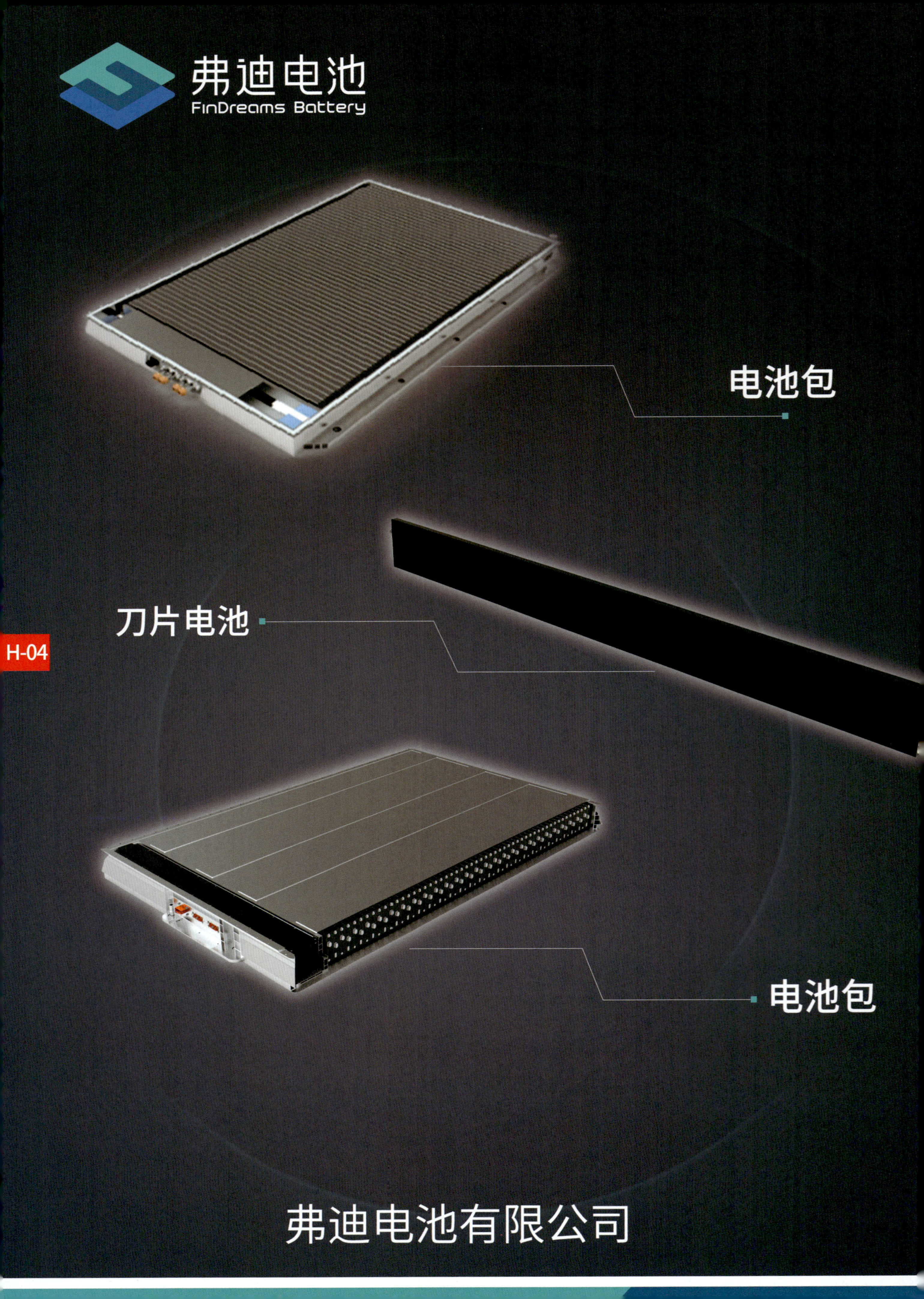
弗迪电池
FinDreams Battery
电池包
刀片电池
H-04
电池包
弗迪电池有限公司

风帆责任有限公司

风帆有限责任公司(简称风帆公司，以下简称公司)直属中国船舶集团有限公司，前身保定蓄电池厂，是“一五”期间国家156个重点建设项目之一。2000年6月设立风帆股份有限公司，2004年7月“风帆股份”A股(SH600482)在上海证交所上市。2016年5月中船重工完成风帆股份重大资本重组，设立中国船舶重工集团动力股份有限公司(简称“中国动力”)。原风帆股份全部资产、人员转入风帆有限责任公司，系“中国动力”子公司，注册资本金128347.13万元，2018年完成与山东淄博481厂的整合，生产基地分布于保定、唐山、淄博和扬州。

好马配好鞍 好车配风帆

公司整合推进“风帆”“火炬”双品牌战略，主营业务为起动用、牵引用、工业用铅酸蓄电池、特种材料制品以及消费型、动力型锂离子电池，整体具备约2500万只铅蓄电池（含500万只AGM、EFB电池）年生产能力，是一汽大众、一汽奥迪、上海大众、上海通用、北京现代、东风汽车等国内各大汽车主机厂的常年合作伙伴，奔驰、宝马配套AGM电池国内供应商，汽车起动电池配套市场占有率 20% 左右，牵引用蓄电池市场占有率30%以上，产品出口30多个国家和地区，连续多年跻身于“中国汽车零部件百强企业”。

公司积极履行企业社会责任，坚持清洁生产、绿色发展，公司将按照新时代高质量发展新要求，聚焦主责主业，强化创新驱动，统筹做强做优做大汽车电池、工业储能电池、动力电池和资源回收四大支柱产业，加快构建核心技术突出、产业协同发展、质量效益领先、综合竞争力强的世界一流科技创新型电源企业。

新能源产业

风帆公司从事锂离子电池产业近二十年，先后设立风帆新能源公司、动力锂离子电池实验室、动力电池系统研发中心、动力电池研发中心、动力电源分公司等机构，并于2020年整合为锂电池事业部，专业开展锂离子电池的研发、生产和销售。在常规锂电池、汽车用（48V、12V）动力锂电池及系统、叉车锂电池，低温锂电池产品性能等方面形成了一定的发展优势，并将持续深耕新能源产业，做到持续发展。

风帆文化

- **企业使命** 科技风帆 绿色发展 奉献社会
- **企业愿景** 建设成为国内外前列的创新型电源企业
- **企业价值观** 诚实务实 协作高效 创新卓越

产品简介

12V车载电源（锂电）

该款电源搭载于EV型电动汽车/传统车型，可以独立或配合铅酸蓄电池或超级电容对整车12V电气网络供电。具备电容量大，比能量高，循环寿命长，节能等优点

48V微混电源系统

该系统搭载于微混车型，是一种高效能的混合动力系统，通过电动机和DC/DC，使得车辆具备自动启停、辅助加速、能量回收和为低速巡航提供能量等功能。

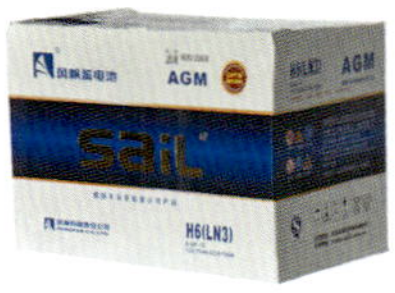

AGM 70Ah 电池

超高性能 原厂配套

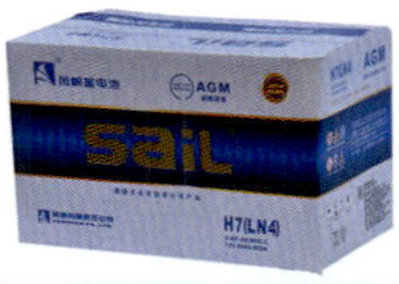

AGM 80Ah 电池

卓越性能 技术领先

联系我们

0312-3208330
0312-3208332
中国河北省保定市富昌路8号
http://www.sail.com.cn/
新媒体

TINCI

绿色化学成就低碳美丽生活

九江天赐高新材料有限公司是一家拥有自主知识产权与核心技术的高新技术企业。自2014年以来锂离子电解液连续8年全球市场占有率居前，是全球较大的锂电池电解液生产商，拥有全球一线锂电企业客户群，海外供应布局落地将进一步加速海外客户导入，客户优势突出。公司始终坚持以“研发引导技术、以技术推动产品”的发展理念，每年科研经费投入占销售总收入的3%以上，电解液功能添加剂、新型溶剂和锂盐等产品已成为全球知名电池厂的稳定供应商。九江天赐高新材料有限公司因其科技水平先进、研发实力雄厚，先后通过了ISO 9001、ISO 14001、TS 16949、OHSAS 18001体系认证，获得“江西省工程技术研究心（锂离子电池电解液）”“博士后创新实践基地”“国家高新技术企业”“科技创新示范企业”“江西省科学技术进步奖”“中国技术市场金桥奖（高能量密度锂离子动力电池电解液）”“江西省百千万人才工程”“江西省瞪羚企业”“江西省管理创新示范企业”“江西省智能制造标杆企业”等称号。

联系方式：0792-7181000

地址：江西省九江市湖口县高新技术产业园区

科创中心一孵化基地

科创中心一柔性中试平台

环保口号

九江天赐生产装置

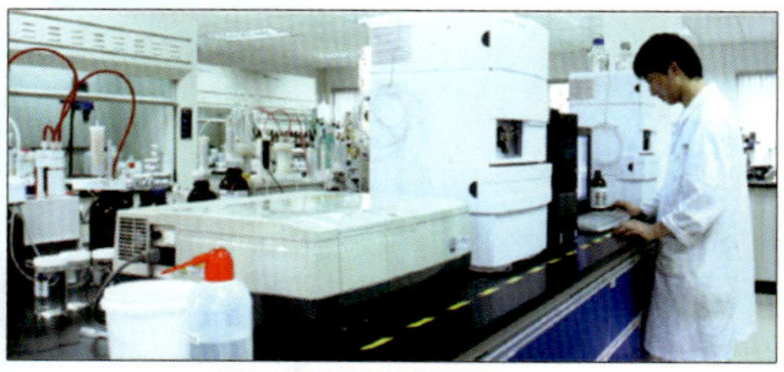

科创中心一研发

天赐全景

企业愿景

提供系统性解决方案，成为客户优选合作伙伴，为员工、股东提供有竞争力的回报、创造安全、健康的工作环境，成为良好企业公民，与社区共同成长。

客户至上　守正出新　奋斗进取　创造完美品质

贵州红星电子材料有限公司

Guizhou Red Star Electronic Material Co., Ltd

贵州红星电子材料有限公司成立于2016年3月，注册资本6 850万元，坐落于贵州省铜仁市大龙经济开发区，占地50亩，是由青岛红星新能源技术有限公司、深圳市振华新材料股份有限公司、深圳市新昊青科技有限公司等共同出资成立的股份制公司，主要致力于废旧动力锂电池回收及资源再利用。

青岛红星新能源技术有限公司是青岛红星化工集团旗下从事锂离子电池等新能源产业的运营平台企业，营业范围涉及电池基础材料、正极材料、电池、资源循环利用等。深圳市振华新材料股份有限公司是中国电子信息产业集团（CEC）旗下专业从事锂离子电池正极材料制造的企业，是国内优秀的动力电池正极材料供应商。

贵州红星电子材料有限公司2016年开始筹备建设年处理6 000金属吨三元极片回收项目，项目总投资1.2亿元，2017年2月份建设完成。该项目主要以废旧锂电池为主要原材料，通过完全自主开发、自主知识产权的工艺从废旧三元材料中同时回收钴、镍、锰、锂等金属，制备三元复合氢氧化物、碳酸锂等锂电正极基础材料。回收过程中产生的铝可生产氢氧化铝产品，产生的硫酸钠供给贵州红星发展大龙锰业有限公司用于硫酸钡的生产，属资源再生利用项目。

该项目2017年3月开始设备调试、试生产工作，通过试生产工作，不断优化工艺条件，工艺用水完全闭路循环，废旧三元材料中钴、镍、锰、锂的综合金属回收率达98%以上，技术水平居于国内前列。所产出三元复合氢氧化物、碳酸锂能满足下游锂电正极材料厂商的质量要求，通过多家客户的认证，涵盖三元、锰酸锂、钴酸锂正极材料行业，项目进展情况良好。

目前我司三元材料回收项目原材料主要来源为：锂电正极材料生产厂商生产过程中产生的不合格品、残次品；二次动力蓄电池生产厂商生产过程中产生的边角废料、报废品，报废的或经梯次利用后的动力蓄电池。

在未来的三年，我司计划将材料回收项目产能提高至年处理1.2万金属吨，年产20000吨三元复合氢氧化物，6000吨电池级碳酸锂，成为新能源材料循环利用的先进企业。

新能源汽车动力蓄电池的综合利用不仅实现了资源回收和重复使用，避免环境污染，又能够实现资源有效循环，保障新能源原材料供给。公司始终遵循“减量化、再利用、资源化”的原则，对废旧锂动力蓄电池综合利用，变废为宝。同时，公司以技术进步为导向，积极组织研发人员进行技术攻关和研究，争取实现更多新突破，带来更大的经济效益和社会效益，为我国动力电池行业和资源综合利用做出贡献。

经营宗旨：以市场为导向，以人才为基础，以技术创新为支撑，为中国及世界新能源材料客户提供满意的产品，为股东提供满意的经济效益，为员工提供满意的工作和回报。

三元前驱体-Ni0.5Mn0.3Co0.2(OH)2

电池级碳酸锂-Li2CO3

镍钴锰硫酸盐晶体

镍钴锰三元溶液

地址:贵州省铜仁市玉屏县大龙经济开发区草坪村（红星发展大龙锰业公司内）
联系电话：0856-3375412 13662561237（谷川）18081120994（黎子锐）　网址：www.redstar-electronic.com

中国五矿

湖南锂汇通新能源科技有限责任公司

HUNAN LIHUITONG NEW ENERGY TECHNOLOGY CO., LTD

公司介绍

中国五矿集团有限公司

CHINA MINMETALS CORPORATION

中国五矿集团有限公司，世界500强排名第65位(2021年)，资产规模2.16万亿元(含金融管理资产)，拥有37个国家级研发平台，2.7万件专利，是我国资源保障主力军，产业综合服务商。打通了从资源获取、勘查、设计、施工、运营到流通、深加工的金属矿产领域全产业链布局。

长沙矿冶研究院有限责任公司

CHANGSHA RESEARCH INSTITUTE OF MINING AND METALLURGY CO.,LTD

长沙矿冶研究院有限责任公司始建于1955年,是世界五百强企业之一。中国五矿集团有限公司直管科研单位。为中国五矿新能源回收产业业务依托单位。逐步构建“回收网络—梯级利用—资源循环利用—残余物安全无害处置”回收利用产业链。

五矿锂汇通介绍

锂汇通为中国五矿集团长沙矿冶研究院有限责任公司旗下国内早期的动力电池回收综合服务平台。

供需信息对接，在线交易	退役动力电池“一站式”回收服务，代替履责	再生，梯次残值评估，公平公正	仓储代管，提高回收网点仓储效率，安全环保	物流智能优化调度解决方案，降低成本
回收	自营	检测	仓储	物流

交易

交易+供应链服务

数据

信息+产业大数据

咨询	追溯	指数	信用	金融
行业研究，市场分析，技术支持	回收-梯次-再生全回收周期信息溯源	建立电池回收指数，紧跟市场趋势	建立行业信用体系，引导行业规范	提供金融、资金服务，为行业赋能

H-09

业务体系

1 回收网络

回收中心(网点)建设运营支持及仓储监管服务，合规专业物流及物流仓储成本优化。

2 检测评估

- 退役电池快速检测
- 退役电池筛选分级
- 废旧电池现货报价

锂汇通与上海有色网SMM联合报价

3 平台交易

用户信用评级：资质评估、交易行为等数据

交易资金保障：保证金模式、交通银行资金专户

5 数据增值

- 商品寄售及代采服务
- 交易结算及供应链金融
- 碳指标评价及溯源服务

4 分拣加工

- 电池分拣
- 电池包/模组拆解
- 电芯破碎
- 极片分选破碎

回收体系

锂汇通动力电池回收服务平台回收中心合作模式

- 锂汇通智慧管理云系统支持(回收、分拣、库管、销售、回收网点对接等)
- 自动对接成为回收商品价格采标单位
- 定制化活动及业务模式支持
- 运营数据统计及分析支持
- 检测、金融等第三方服务支持

- 新能源汽车退役动力蓄电池回收网络体系建设牵头单位
- 湖南省新能源汽车动力蓄电池回收利用系统集成解决方案参与单位
- 废旧动力电池资源综合利用示范项目参与单位
- 符合《新能源汽车废旧动力蓄电池综合利用行业规范条件》企业(白名单)

回收流程

回收流程	物流	回收中心	再利用
回收门店 服务网点	一段物流	测试 整合 分拣	二段物流：梯次企业、再生企业

地址：湖南省长沙市岳麓区麓山南路966号

电话/微信：13973161500(徐先生) 15581017020(雷先生) 13319534581(蒋先生)

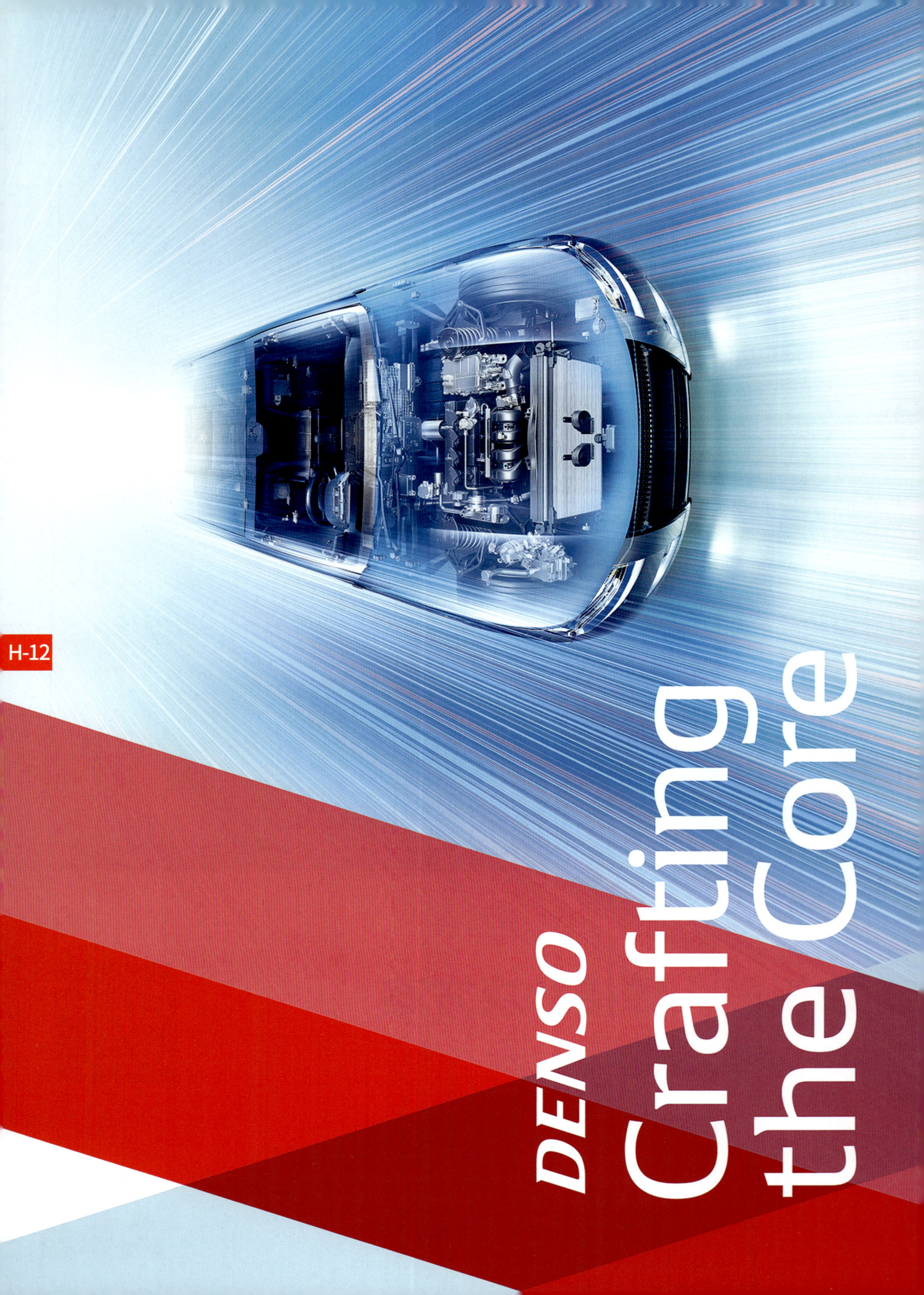
H-12
DENSO
Crafting
the Core

Webasto
Feel the Drive

伟巴斯特中国

创新舒适　驾乘未来

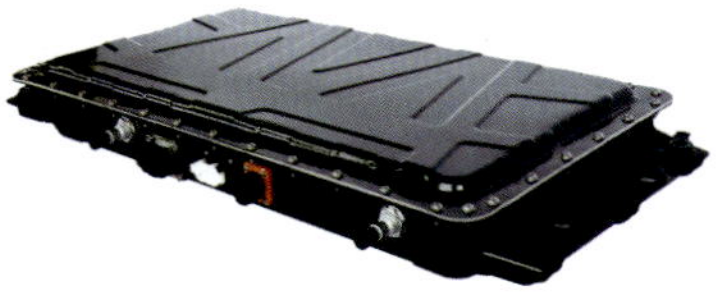

新一代混合动力车用
电池包总成（HEV）

适用于800伏系统的
10kW高压电加热器HVH100

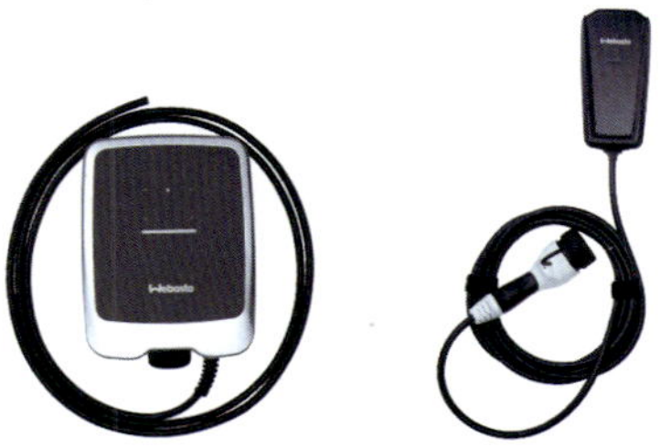

AC Wallbox交流充电桩和
Cordset随车充电线

伟巴斯特于2001年开始为中国汽车制造商提供原装配套服务并迅速成为中国汽车天窗市场的领航者。目前，伟巴斯特在中国主要为汽车制造商研发生产汽车天窗系统、敞篷车顶、加热系统、动力电池系统和充电解决方案，在国内有11个基地和4 000多位员工。为满足中国客户的本地化技术开发需求，公司于2004年在上海建立了研发中心，2019年在嘉兴建立了汽车天窗工厂和动力电池中心。嘉兴动力电池中心能够提供本地化的动力电池包开发和测试服务，也是伟巴斯特在中国早期建立的电池包制造基地。2019年建成的武汉工厂同时也是伟巴斯特高压电加热器和充电产品的亚太制造基地。此外，伟巴斯特将在上海新建地区总部大楼和研发中心，深化在中国的发展。

联系方式：021-33577000
公司网址：www.webastochina.com

JIAHE NEW ENERGY

扬州嘉和新能源科技有限公司成立于2017年9月，总部坐落于高邮苏中循环经济产业园。公司总占地面积近百亩，是一家专业从事新能源汽车系统解决方案的供应商。

公司在新能源汽车领域的产品涵盖：电池、电机、电控和电空调的热管理，具体包括散热器、电子扇、冷凝器、空调箱、蒸发器、Chiller、PTC、电机冷却系统（MTS）、电池温度管理系统（TMS）和电控冷却系统，以及无人驾驶和电控系统。

公司是新能源汽车行业具有自主研发、创新能力和独立品牌的企业，在行业内处于先进水平。凭借良好的技术研发能力，优越的产品性能以及优质的售后服务等综合管理优势，已在新能源汽车制造厂商及主流的电池厂家积累了丰富的客户资源。

面对顾客日益提高的要求和新能源技术的不断发展，嘉和公司秉承“勇于创新、与时俱进、追求卓越”的企业精神，通过公司员工的共同努力，致力于把公司打造成新能源汽车领域专业供应商，为振兴中国汽车零部件工业和民族品牌贡献自己的一份力量。

作为新能源汽车的重要组成部分，热管理系统在整车需求量快速增长、单车价值量提升的双重驱动下，未来市场空间广阔。近年来，公司先后从英国、德国、美国、日本和韩国引进自动生产线和检测设备，通过引进、消化和吸收提升自身的制造装备水平。目前已形成散热器、中冷器、冷凝器、电池热管理和氢燃料热管理等多条生产线。

在电动汽车热管理系统方面：

一、采用智能控制的冷却机组，保证动力电池在-40°C~50°C环境温度下稳定工作，通过优化智能算法、匹配设计，模拟计算及试验验证等手段，确保动力电池在最优的温度下工作，确保电动车充放电及行驶过程的安全性。

二、采用管带式、冲压式，直冷板等多种解决方案，将电池的发热量迅速导出，提升电池的效率和安全性。同时利用集成式设计，减少重量、提升电池的功率密度。

在氢燃料汽车热管理系统方面：

一、采用优化匹配的散热带和管型组合，提升产品散热效率，针对燃料电池的使用温度，使其始终处于较好的温度范围。

二、优化散热器内部离子浓度析出控制，通过独特的钝化液进行预处理后，使离子浓度始终处于极低的状态。

三、采用世界先进的无刷风扇，匹配优化后的控制策略使发动机处于良好的工作状态，同时降低了能耗，提高可靠性。

通过以上方案，以保证被冷却对象工作在最佳温度范围，从而优化整车的环保性能和节能效果，同时改善汽车运行安全性和驾驶舒适性，确保新能源汽车电池发挥更大性能，为新能源汽车保驾护航。

■ 冷板

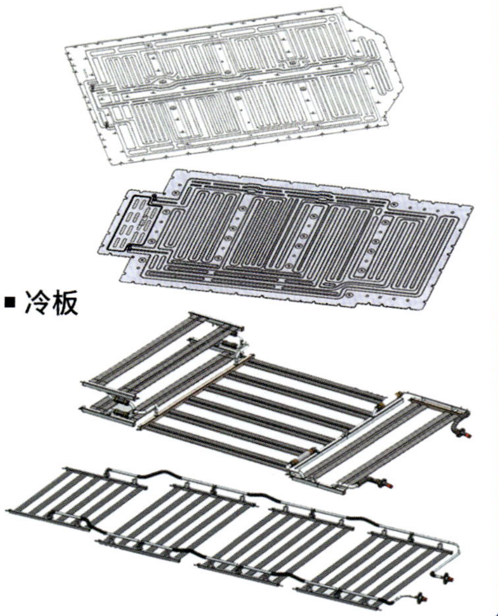

■ 前端模块

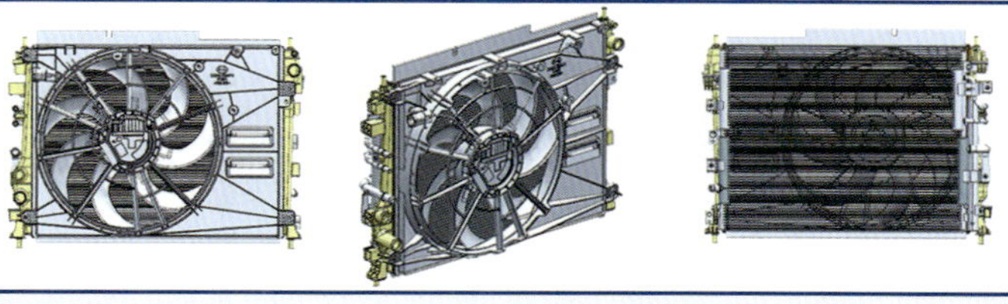

■ 中冷器

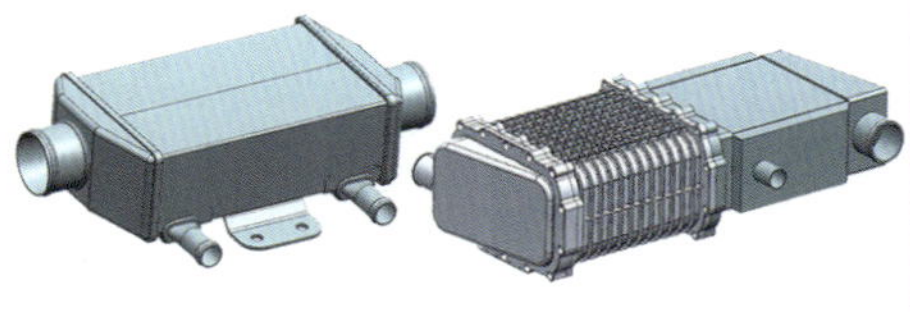

■ ATS

■ 余热回收板换

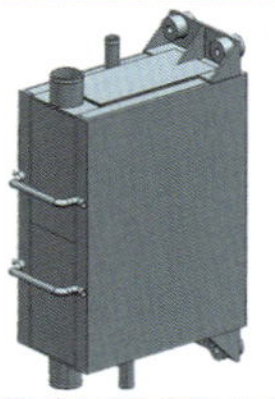

■ Chiller

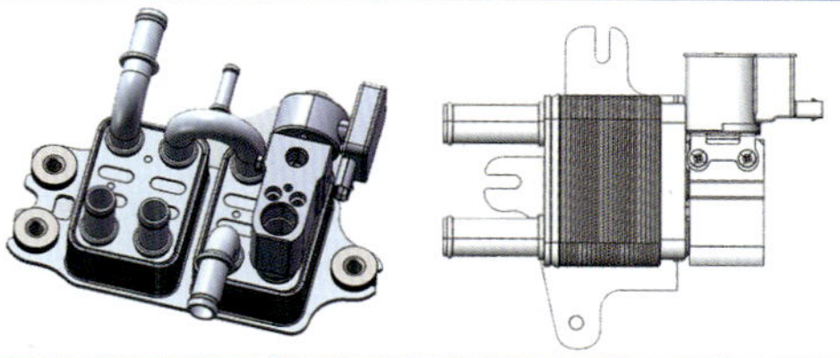

浙江方圆检测集团股份有限公司

浙江方圆检测集团股份有限公司（简称“方圆检测集团”，注册商标：方圆检测）成立于2002年，面向社会提供社会化、商业化的检验检测、产品认证、标准制定、质量鉴定、培训咨询等全方位技术服务。

集团注册资金3 000万元，资产总值4.6亿元，检测实验室面积超过9.3万m^2。目前，集团共有各类技术人员800余人，其中博士9人，硕士170余人，硕博以上学历人员比例达30%；拥有教授级高工14人，高级职称120余人。通过CNAS项目5 116项，CMA项目6 185项。

集团下设22个部门，其中包括食品检验所、化工产品检验所、包装产品检验所、建材产品检验所、电器产品检验所、机械轻工检测部、黄金珠宝检测部、质量鉴定部、纺织产品检测部、金属制品检测部、信电工程检测部、皮革制品检测部和高低压电器检测部13个检测部。集团是高新技术企业，设有浙江省院士专家工作站、方圆检测技术省级企业研究院和长三角地区的标准验证检验检测点。附设国家化学建材质量监督检验中心等6个质检中心，浙江省电动车辆产品质量检验中心等5个省级质检中心，浙江省市场监管新能源汽车驱动系统重点实验室等2个重点实验室。集团系“浙江制造”国际认证联盟主席单位，广泛开展了检测认证国际交流。集团的电器CB实验室已与全球52家国际电工委员会成员国实现检测结果互认。

在新能源汽车领域，设有浙江省市场监管新能源汽车驱动系统重点实验室及浙江省电动车辆产品质量检验中心，主要开展新能源汽车驱动系统及相关零部件的检验检测及技术研究，是市场监管系统内涉及新能源汽车驱动系统及关键零部件检验检测的第三方实验室。

检测对象 驱动电机《公告》管理强制性项目检测、汽车变速器、电驱动动力总成、混合动力总成、电池、车灯、制动器、衬片及相关汽车零部件。

主要检测设备 高速综合性能三电机试验台、带半消室的NVH三电机试验台（含LMS振动噪声测试系统）、高速驱动电机试验台（高达22000r/min）、动力总成测试台、充电桩自动测试系统、电池综合性能测试系统、灯具配光性能测试系统、光电/光谱测试系统、摩擦试验机、10米法电波暗室等设备。

检验检测机构
资质认定证书

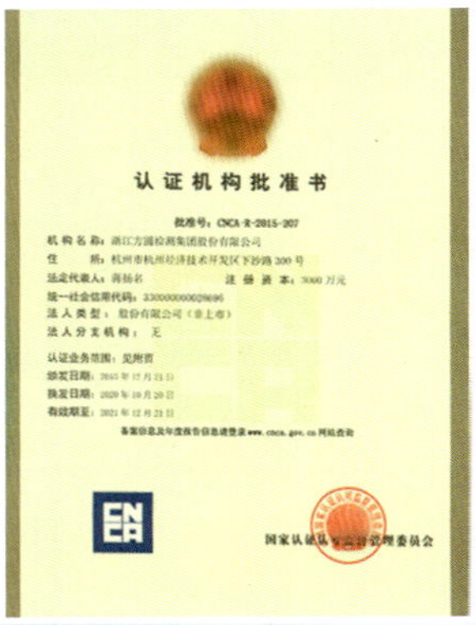
认证机构批准书

中国合格评定国家认可委员会
检验机构认可证书

中国合格评定国家认可委员会
实验室认可证书

检验检测机构
资质认定证书

BIA公司成立于1986年，总部位于法国，在德国、意大利、俄罗斯、美国设有子公司，专业从事气候类环境试验设备、力学类疲劳试验台架、发动机及动力总成试验台架、新能源汽车三电系统测试台架、汽车安全试验台架、无损探伤及超声波扫描试验设备的研发与生产，是国际上唯一产品涵盖气候、力学、电学的测试设备供应商。

比艾克莱中国包含艾克莱检测技术（上海）有限公司和比艾克莱检测技术（南通）有限公司两家实体，为扩展北方市场份额在天津成立了天津分部，专门服务于北方客户市场汽车行业大型客户。

BIA集团与中方的专业技术团队于2020年底共同成立的中外合资公司比艾克莱检测技术（上海）有限公司，注册资金2 000万元人民币，总部位于上海市长宁区。同时与南通市苏锡通科技产业园区的比艾克莱检测技术（南通）有限公司，计划投资4,350万元，作为BIA集团在华的唯一生产基地。

公司核心技术团队大多为上海交通大学毕业具有本科学位、硕士的工程师及BIA海外派遣的技术专家。公司的核心技术融合欧洲和国内的技术、工艺及质量及安全标准，使得公司生产的环境测试设备保持国外内领先水平。

公司将结合BIA及中方专业团队的技术及市场能力，充分利用国内的供应链和生产优势，面向国内外客户研发生产高性价的环境模拟测试设备。面向国内、外客户，专业研发和生产全球领先的各种测试设备。为汽车、半导体，航空航天、军工制造、电子电器、医药、检测计量、科研院校等各行业产品提供气候类可靠性检测的试验设备。

公司初期产品涵盖模拟温度、湿度、海拔、光照、淋雨、沙尘、盐雾及腐蚀气体、风、霉菌等各类气候环境变量的设备。

H-17

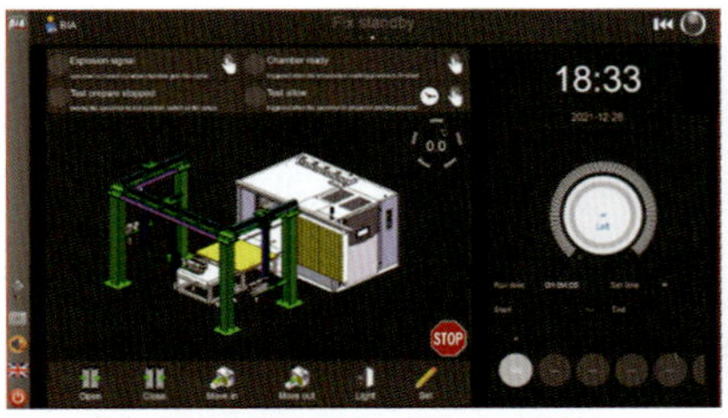

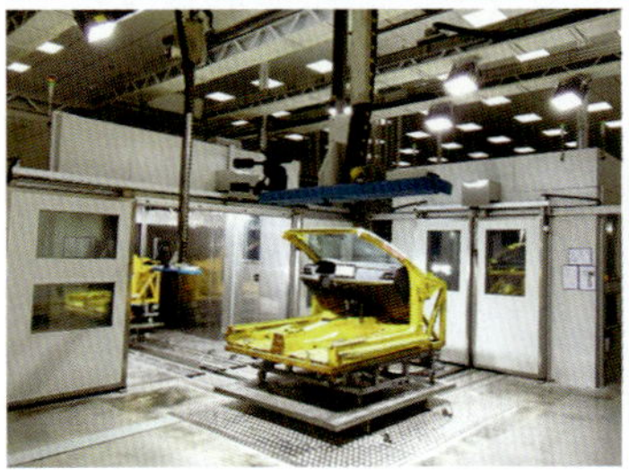

比艾克来检测技术（天津）有限公司

电话：13672064110

上海机动车检测认证技术研究中心有限公司

上海机动车检测认证技术研究中心有限公司（简称“上海汽检”）坐落于上海安亭国际汽车城内，是由上海机动车检测中心转制而来，占地面积12.7万m^2。作为华东地区的第三方机动车产品检测机构，上海汽检同时也是国家新能源机动车产品质量检验检测中心，国家内燃机质量检验检测中心，汽车专用器具计量检定站，国家市场监管总局缺陷汽车产品召回鉴定检测机构和国家进口汽车检验机构，国内早期获批筹建的国家智能网联汽车产业计量测试中心、上海市氢燃料电池汽车产业计量测试中心及“自动化作业”行业研发中心之一。

秉持“为客户钻研、替用户把关”的核心价值观，上海汽检实施适应企业自身发展的战略布局，走出“平台化、多元化、数字化、国际化”的新四化发展路径，以标准为引领，夯实传统的汽车、摩托车传统检测技术，精耕智能网联和新能源前瞻技术领域，氢能与燃料电池技术领域、智能检测设备研发、信息数据技术研究、检测认证一体化和创新孵化等科技创新领域。采用多元化合作模式，成立了7家分公司、13家子公司，实现了从零部件到系统至整车检测能力的全面覆盖，成为了具有产业集群优势和广泛公信力的第三方检验检测公共技术科技服务平台。

面对未来智能互联技术的迭代和“双碳”目标的落地，上海汽检将坚持“科技引领、市场导向、创新思维、融合发展”的指导方针和“五精”工作理念，以高精尖的专业人才队伍为基石，以“传统+前瞻新能源+延伸融合”技术布局为支撑，以重大基建项目为依托，加快向数字化科技创新型服务机构转型，为客户持续创造价值，助力汽车产业转型升级，助推国家基础建设高质量发展。

EMC 实验室

智能驾驶试验道

毫米波雷达实验室

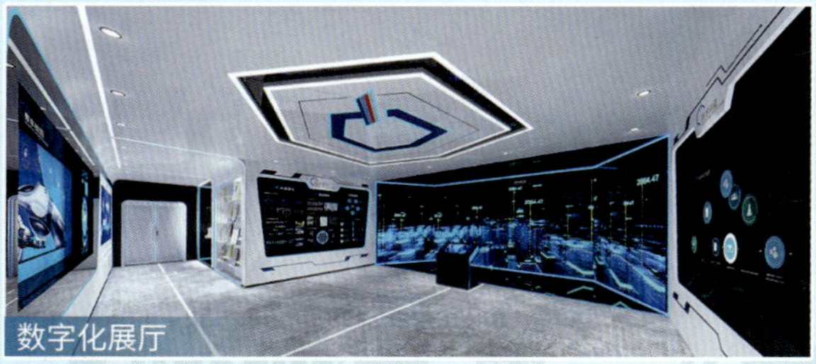
数字化展厅

碰撞实验室

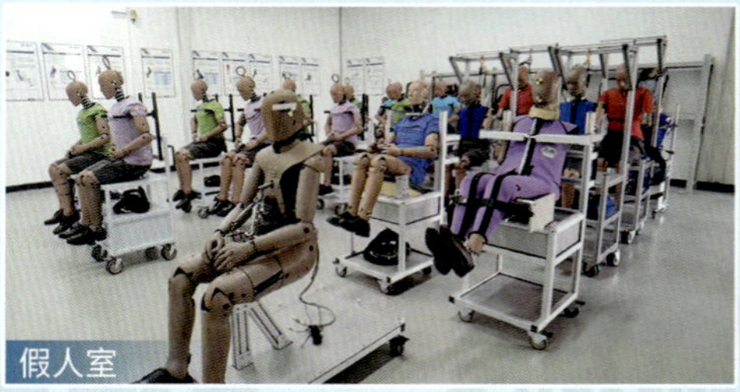
假人室

联系方式：上海机动车检测认证技术研究中心有限公司
地址：上海市嘉定区安亭镇于田南路 68 号
联系电话：021-69080000

为客户钻研　替用户把关

国家汽车质量检验检测中心（广西）

国家汽车质量检验检测中心（广西）（以下简称中心）是经国家市场监督管理总局批复成立的具有独立法律地位的第三方检测机构，是国家工业与信息化部备案的检验检测机构，可开展汽车“CCC”强制性产品检验检测，为政府部门和国内外广大客户提供检验检测及技术服务。

中心拥有汽车安全试验室、新能源汽车试验室、整车性能及排放耐久试验室、发动机及动力总成试验室、电磁兼容试验室等试验室，占地374亩，主要仪器设备500余台（套），主要从事汽车综合性检测及技术服务，检测能力覆盖传统汽车、新能源汽车、专用车等整车性能与可靠性、排放、主被动安全、电磁兼容、智能网联汽车等领域，汽车系统和零部件覆盖灯光、车身及附件、发动机、电动汽车电机及控制器、电池等领域。

中心“十四五”期间将重点推进汽车主被动安全、汽车节能排放、新能源汽车和智能网联汽车的检测和技术研究。致力于建成1.6万m²的国际一流实车碰撞试验室；节能排放检测满足国VI排放试验能力；满足新能源汽车电池、电机、电控的测试与技术研发要求；已建成广西智能网联汽车封闭试验场，可实现智能网联汽车的车路协同测试要求，具备智能网联汽车的测试和研发的评价能力。

自中心成立以来，一贯秉承“客观公正、科学准确、诚实守信、高效廉洁”的宗旨，为广大客户提供全面、便捷、高效、可靠的检验检测服务和技术支持。

·整车性能及排放试验室

·新能源汽车电机试验室

·电磁兼容试验室

·模拟碰撞试验室

·智能网联汽车车路协同测试场

国家汽车质量检验检测中心（广西）官网：http://www.lzlatc.com/
地址：广西柳州市鱼峰区车园纵四路3号
电话：0772-6836053
邮箱：guojianzhongxin@lzlatc.cn

国家汽车质量检验检测中心（北京顺义）

国家汽车质量检验检测中心（北京顺义）（以下简称中心）于2013年11月由国家认证认可监督管理委员会授权开展业务，并于2014年10月由原国家质量监督检验检疫总局和国家认证认可监督管理委员会共同批准成立，是依托北京市产品质量监督检验研究院建设的独立、公正、科学、权威的第三方汽车专业检测研究机构。先后获得以下国家有关部委的资质授权：

中华人民共和国海关总署授权的进出口商品检验鉴定机构
国家工信部授权的道路机动车辆产品准入检验检测机构
国家交通部指定的道路运输车辆达标车型检测机构
国家认监委授权的汽车CCC产品强制性认证检测资质
国家环保部授权的联网检验机构检测资质
中国充电设施发展促进联盟标识管理授权第一批检测机构资质

中心鸟瞰图

侧翻试验

电动汽车电机性能试验台架

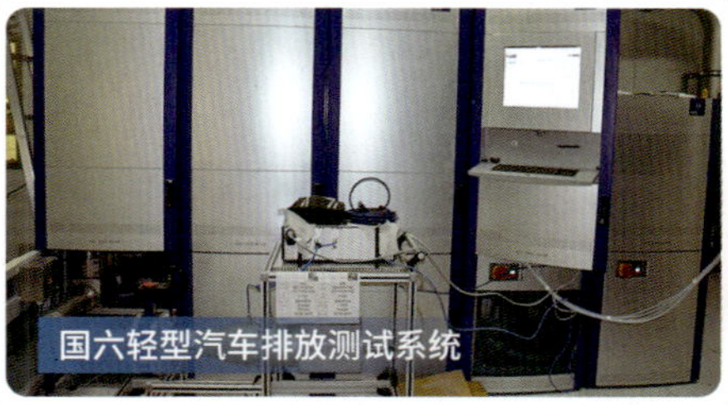
国六轻型汽车排放测试系统

机动车排放耐久试验

车辆正面碰撞试验

整车VOC环境试验舱

中心总占地面积14.3万m^2,建设用地面积9.5万m^2，建有碰撞安全实验室、零部件实验室、整车性能实验室、排放节能实验室、灯光电器与新能源实验室（搭载新能源汽车监控平台）、电磁兼容实验室、材料与油品实验室、缺陷分析实验室、智能网联汽车实验室和二手车检测事业部。

中心拥有先进设备616台/套。检测能力覆盖参数3284项，产品标准44项，方法标准756项，具备汽车及相关产品强制性检验能力和研发测试能力。可开展各类整车及零部件产品检测、研发试验、认证检测等相关技术服务，为政府质量监管、企业产品研发、保障消费者权益提供技术支撑。

在服务政府和重大活动保障方面，中心致力于发挥积极作用。中心曾先后为APEC会议、平昌冬奥会闭幕式、世界智能网联汽车大会等重大活动提供技术保障。同时，中心受北京冬奥组委及北京市经信局委托，于2019年—2022年多阶段为北京冬奥会保障用车提供多轮实地测试服务和技术服务，通过对测试车辆实车实景表现和测试数据分析，有效地支撑了冬奥会部分车辆的选型确定工作，为冬奥交通服务保障提供科学有效的支撑，体现了国家汽车质量检验检测中心（北京顺义）作为专业汽车检测机构应有的担当和责任。

地址：北京市顺义区顺兴路9号　电话：010-57521186　传真：010-57521181

燃料电池工程研究中心

FUEL CELL ENGINEERING RESEARCH CENTER

中国科学院青岛生物能源与过程研究所(简称“青岛能源所”)是由中国科学院、山东省人民政府、青岛市人民政府共建并纳入中国科学院“知识创新工程”管理序列的国立科研机构，2020年依托青岛能源所成立山东能源研究院、青岛新能源、山东省实验室，形成了“所、院、室”三位一体的发展格局，是面向国家能源战略、服务国家和地方经济发展的重要科技力量。

燃料电池工程研究中心面向国家“双碳”战略以及“氢进万家”示范工程，致力于建立国际一流、基础研究与工程开发并重的科研团队，打造集原始创新-工程开发-集成示范于一体的创新高地与技术策源地，产出一批山东创造的核心技术与装备，并实现在交通、港口机械、热电联供等领域的示范应用与商业推广。

燃料电池工程研究中心李晓锦研究员任项目首席承担国家重点研发计划2021年“氢能技术”重点专项“住宅用质子交换膜燃料电池综合供能系统集成关键技术”项目，目标产出符合中国家庭个性化需求的质子交换膜燃料电池热电联供系统及批量制造技术，推动我国住宅用燃料电池热电联供系统创新链和产业链发展，积极引导氢能进入居民能源消费终端，为我国碳达峰、碳中和目标实现提供有效途径。

专家顾问

中心名誉主任
衣宝廉 院士

- 中国工程院院士，研究员；
- 现任中国科学院大连化学物理研究所研究员、全国燃料电池与液流电池标准委员会主任委员

中心主任
邵志刚 研究员

- 研究员、博士生导师、万人计划；
- 现任中国科学院大连化学物理研究所燃料电池系统科学与工程研究部部长，兼职中国科学院青岛生物能源过程与工程研究所燃料电池工程研究中心主任

中心副主任
李晓锦 研究员

- 研究员、博导，国家重点研发计划首席科学家；
- 现任中国科学院青岛生物能源过程与工程研究所燃料电池工程研究中心副主任

研发方向

❶ 模压石墨双极板及电堆

模压石墨双极板

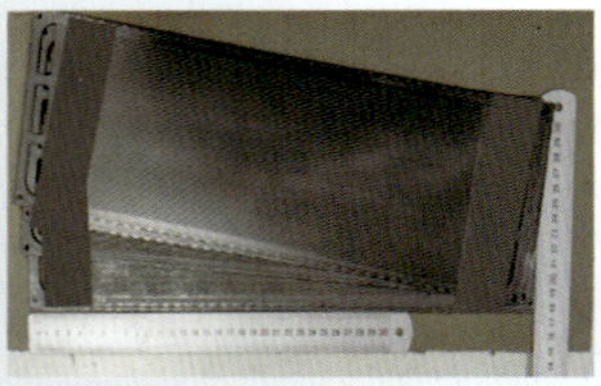

40kW石墨板电堆

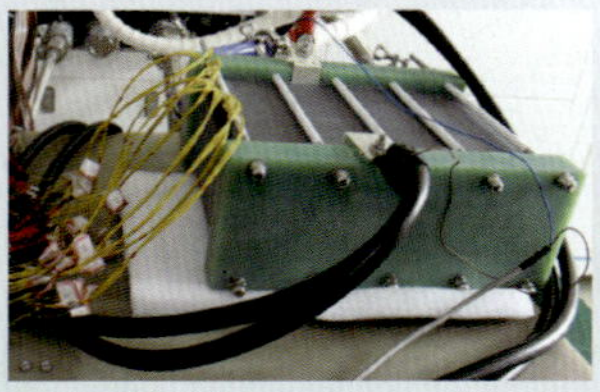

❷ 自增湿双极板及电堆

双极板及膜电极

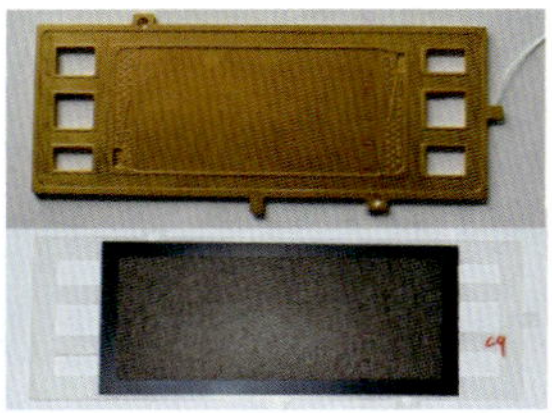

燃料电池电堆

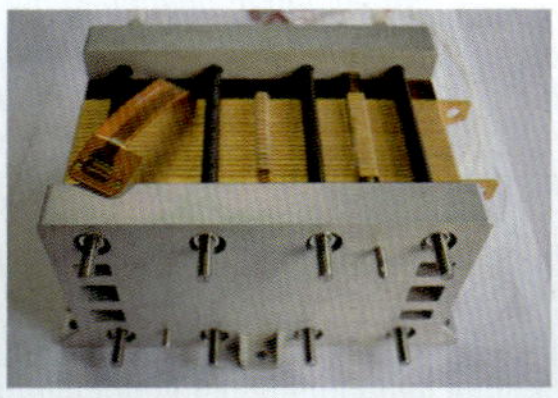

❸ 水电解制氢

纯水电解槽

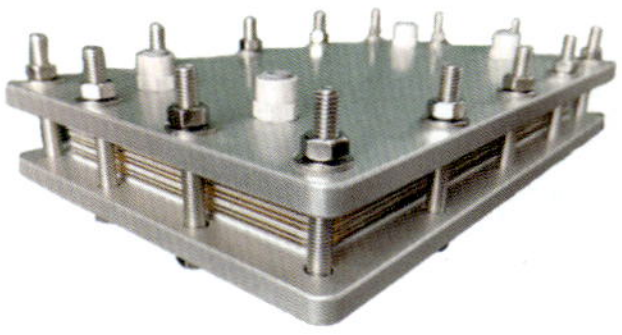

便携式水电解测试系统

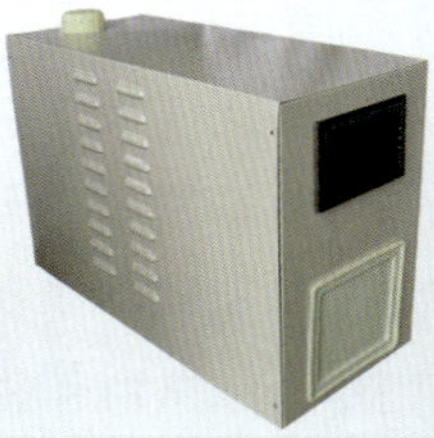

碱水电解槽

联系人：刘女士　电话：18253233696　邮箱：liuwq@qibebt.ac.cn　地址：山东省青岛市崂山区松岭路189号

先进能源科学与技术广东省实验室佛山分中心

佛山仙湖實驗室

FOSHAN XIANHU LABORATORY

佛山仙湖实验室是广东省建设的第三批省级实验室之一，成立于2019年11月21日，由佛山市人民政府、武汉理工大学、佛山市南海区人民政府合作共建。2021年底广东省科学技术协会授牌成立“广东省院士工作站”，中国汽车工程学会理事长李骏院士“智能氢复合动力车辆技术研究院”落户实验室。实验室以建成面向全球吸引和汇聚高端人才的集结地、氢能核心技术与新材料的发源地和国家战略科技力量的战略性新型研发机构为目标，聚焦氢能和燃料电池技术领域，重点解决燃料电池关键材料及系统卡脖子的技术问题、氢能源高安全低成本储运重大瓶颈问题、低碳和零碳燃料及其燃烧技术的迫切和重大需求问题。

实验室一期总投资18.8亿元，占地面积100余亩、建筑面积约6.4万m²，设备总投资2.95亿元（185台套），目前科研人员143人，含院士3人、高级职称人员73人，博士学位人才占比70%以上。氢能与燃料电池技术、氨氢融合新能源颠覆性技术作为实验室重点研发方向通过仙湖科技有限公司进行成果转化、孵化及产业化，现已与上汽通用五菱、东风汽车、陕西同力重工、欧神诺、德力泰等头部企业联合技术开发和产品配套。

➤ 氢能与燃料电池技术：核心材料与关键部件自主研发，燃料电池发动机系统多场景整车示范应用

核心材料与关键部件

燃料电池系统整车示范应用

➤ 氨氢融合新能源颠覆性技术：运载装备与工业领域中的低碳和零碳燃料及其燃烧技术开发

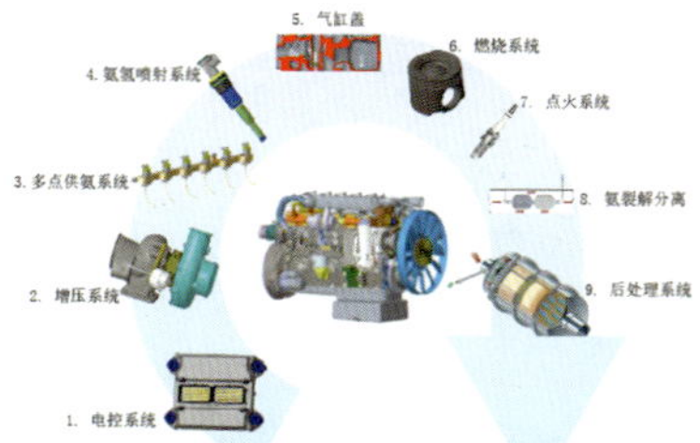

氨氢融合零碳内燃机与商用车应用

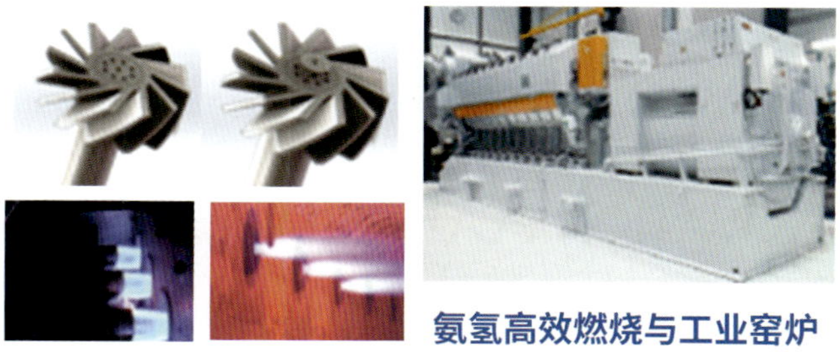

氨氢高效燃烧与工业窑炉

➤ 公共服务平台：全面的氢能领域检测能力

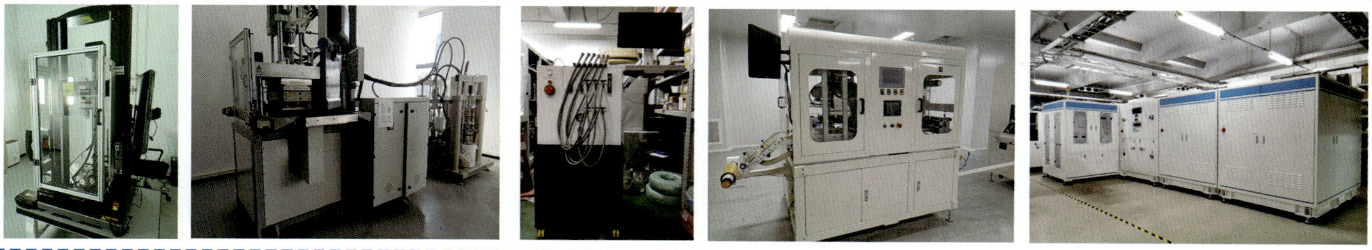

H-23

地址：佛山市南海区丹灶镇仙湖氢谷阳明路1号　官网：www.xianhulab.com
联系电话：0757-81229050

中兴新能源科技有限公司
ZXNE CORPORATION

中兴新能源科技有限公司（以下简称中兴新能源）是中兴通讯股份有限公司的全资子公司，是国家高新技术企业，主营电动汽车无线充电、充电模块、光伏逆变器、光伏组件、储能设备、运营管理平台的研发、设计、制造和销售。中兴新能源作为中兴通讯M-ICT万物互联战略落地的行动之一，立足新能源这一国家新兴战略产业发展方向，依托母公司中兴通讯多年积累的强大研发实力，全力为我国能源清洁化转型及应用提供端到端整体解决方案。

公司是国内早期从事电动汽车无线充电开发的企业，在无线充电方面累计申请发明专利200余项，覆盖功率拓扑、控制策略、异物检测、原副边通信、鉴权认证、充电立体车库等技术方向。同时，作为我国“电动汽车无线充电”标准编制的核心单位，公司牵头和参与了所有电动汽车无线充电国家/地方标准工作，同时也是ISO/IEC/ITU的注册专家单位，为我国电动汽车无线充电行业技术路线的制定提供了多项基础技术方案。

依托于中兴通讯25年的功率电源技术积累及应用经验，公司开发了15~30kW的直流充电桩充电模块系列产品，具有高效率、高功率密度、稳定、可靠、超强环境适应能力等优势。近年来，为服务于我国新能源转型的战略发展，公司也推出光伏、储能的系列化产品。

壁挂/地面设计方案展示

厦门新页科技有限公司——电动汽车无线充电系统

新页自成立以来在电动汽车无线充电技术领域的扎根，结合电动汽车电动化、网联化、智能化、共享化的趋势，可提供成熟的高适配性应用系统产品。适配以自动驾驶、智能物流、智能机器人、共享出行领域为首的各行业越来越“刚需”化要求。

在大功率无线充电的技术攻克上，团队应对市场应用爆发所做的技术准备。目前，3.7kW汽车无线充电系统，从第一代迭代到第三代，在产品性能参数与外观上都有明显提升，尤其是第三代接收端实现液冷一体化设计，满足整车厂未来的规划设计要求，而2kW、7.7kW、11kW、30kW均在小范围持续进行行驶里程的验证，并不断通过数据端的反馈信息，从体验、性能等各项指标进行持续的优化和提升。

3.7 kW | 7.7 kW | 11 kW | 30 kW

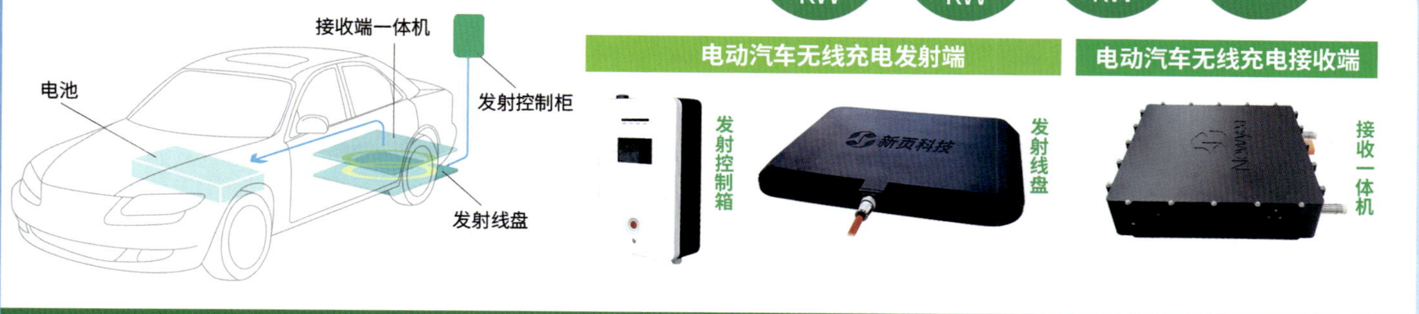

电气安全保护 | 功能安全设计 | 异物检测 | 活物检测 | 远程控制 | 支持定制

有线无线一体充电桩

新页首创有线无线一体充电桩，能在既有有线充电桩上实现自主迭代升级，同时也能实现电动汽车的无线充电，有效降低升级的成本并集约化利用停车位。该产品已在福建、湖北、海南、江苏等地相继开始建站投入使用，市场在越来越接受和认可有线、无线充电并存过渡期的同时，也开始着力布局此部分市场需求。

DUOSIDA® 多思达

企业简介

张家港友诚新能源科技股份有限公司（简称：友诚科技，证券代码：873087），定位为国内优质的充电解决方案服务商，聚焦于新能源汽车高性能充电产品的开发和市场推广。公司成立于2004年6月，2017年完成股改，目前为新三板创新层挂牌公司。国内主要客户为小鹏、理想、蔚来、上汽、比亚迪、华为金康、江淮等主机厂，海外主要客户有沃尔沃、雷诺汽车等车企及欧美国家排前列的充电桩企业。

公司主营产品为电动汽车充电连接装置、充电桩、高压连接器及总成、无线充电技术研发及部件的制造和销售。主要产品分别通过CQC、UL、CSA、TUV、BS、CE、SAA、PSE等专业权威机构检测认证。公司已建立健全多项体系，分别通过了IATF 16949和ISO 9001质量管理体系认证、ISO 14001环境管理体系认证、ISO 45001职业健康管理体系认证、SA 8000企业社会责任体系认证、AA两化融合管理体系评定证书等。

公司布局未来的核心技术——大功率充电技术和新能源汽车无线充电技术均具备行业先进水平，公司作为全球大功率充电接口标准（CHAOJI标准）的方案起草单位，全面参与了CHAOJI大功率标准的编制，并参与了国标大功率充电接口的标准工作组，在业内优先推出了各类标准的大功率充电产品。公司投入巨资建立了行业领先的实验室，在2020年先后获得TÜV莱茵颁发的实验室CTF资质证书和INTERTEK（天祥）认可的实验室资质，并于2021年获得CNAS国家认可实验室。

产品介绍

H-32

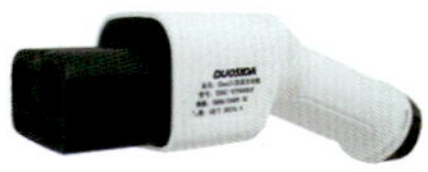
Chao Ji 系列1

Chao Ji 系列2

GB直流

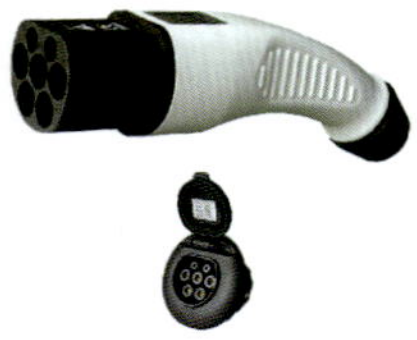
IEC 交流

IEC 交流

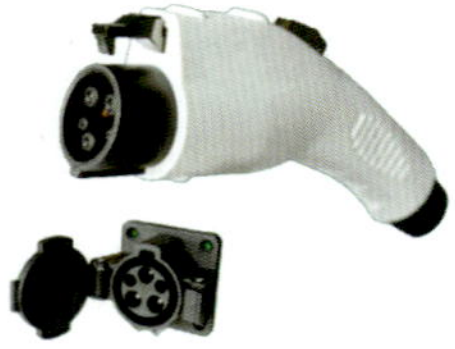
SAE 交流

小直流充电插头

适配器

适配器

日标直流插座

高压连接器

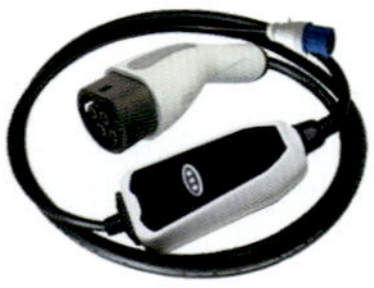
集成式充电模式二

充电模式2

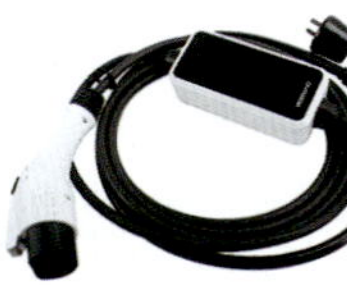
充电模式2

充电模式3

充电模式3

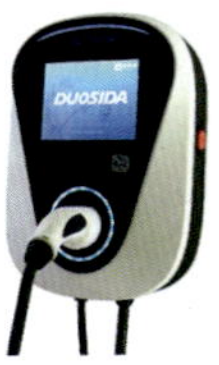
充电桩

充电桩

张家港友诚新能源科技股份有限公司

电话：0512-5892 0605

地址：江苏省张家港市塘桥镇妙桥永进路999号

KANGNI

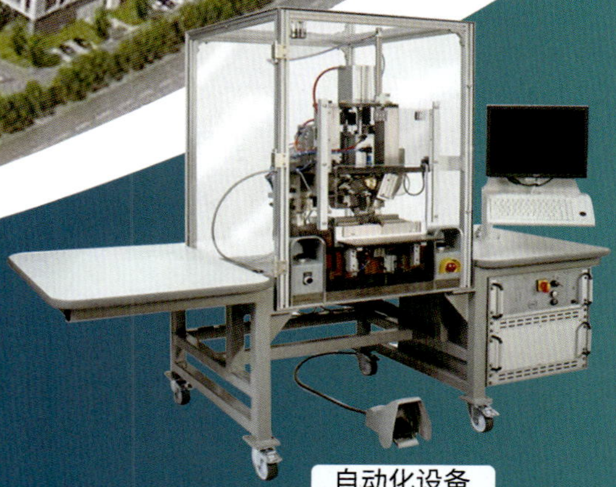

自动化设备

公司简介

南京康尼新能源汽车零部件有限公司（以下简称公司）是南京康尼机电股份有限公司控股子公司，位于南京经济技术开发区内，公司专业从事新能源汽车的高压电气系统的设计、制造、销售与服务。

公司注册资金3000万元，生产办公面积约为2.5万m^2，现有产线设计产能可达到645万件。公司主要产品有交、直流充电插座线束，交、直流充电枪、充电模式二、模式三、高压连接器、充电桩、小功率充电机、车载高压配电盒、电池系统配电盒、维修开关、电锁、氛围灯及整车高压线束等，成为国内主要自主品牌新能源汽车企业的重要供应商。

公司组建了专业技术团队进行市场开拓、产品和制造过程开发，参与国家标准和产品认证规则的讨论，制定并执行汽车行业的体系要求。

自动化设备

自动化设备

自动化立体仓

售后服务热线：400-8859017
邮编：210038
地址：南京市经济技术开发区恒竞路11号
E-mail: knn@kn-nanjing.com
网址：Http://www.knn-nj.com

ABB
MICHELIN
Allianz
Julius Bär
BOSS
enel
ABB
ABB

航瑞科技
HANGRUIKEJI

公司简介

河南航瑞电子科技有限公司位于鹤壁市国家经济技术开发区，是在国家大力发展汽车产业背景下，结合当地产业特色注册成立的一家新能源汽车车身电子电器系统产品研发、生产、销售、技术服务于一体的高科技汽车电子电器企业。航瑞科技由河南瑞丰电子科技有限公司和航天领域的新能源技术专家共同设立，总投资人民币2.5亿元。公司一向以”科技是第一生产力”为先导，与重庆航天工业公司、北京航空航天大学共同建立了新能源汽车零部件技术开发平台和北航新能源与智能车辆博士工作站，并先后在鹤壁、北京和苏州设立了技术中心。公司现占地80余亩，厂房30000余m²。公司现有员工420人，其中研发技术人员60人，博士3人，行业带头人2人。

公司自成立以来，专注于新能源汽车高低压部件、智能控制部件的研发、生产及销售，以创新的精神，竭力为客户提供性价比较高的产品。公司目前覆盖开发的产品领域：智能接线盒（SJB）、中央电器盒(CJB)、三合一控制器、DCDC、OBC、高压配电盒(PDU)、高压线束、高压连接器产品。

产品展示

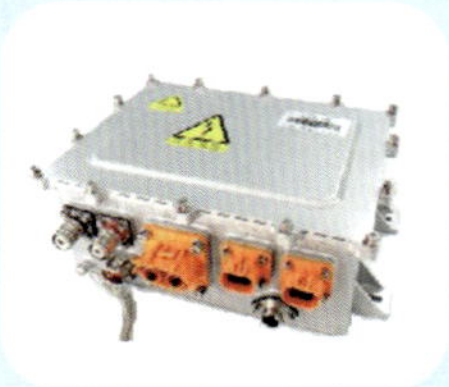

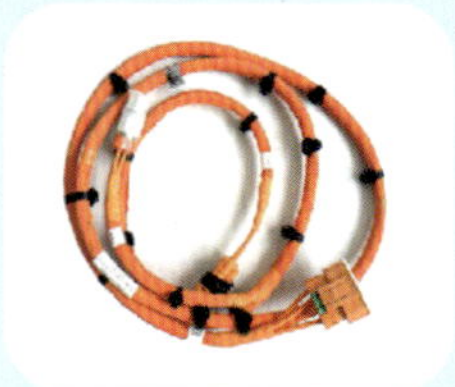

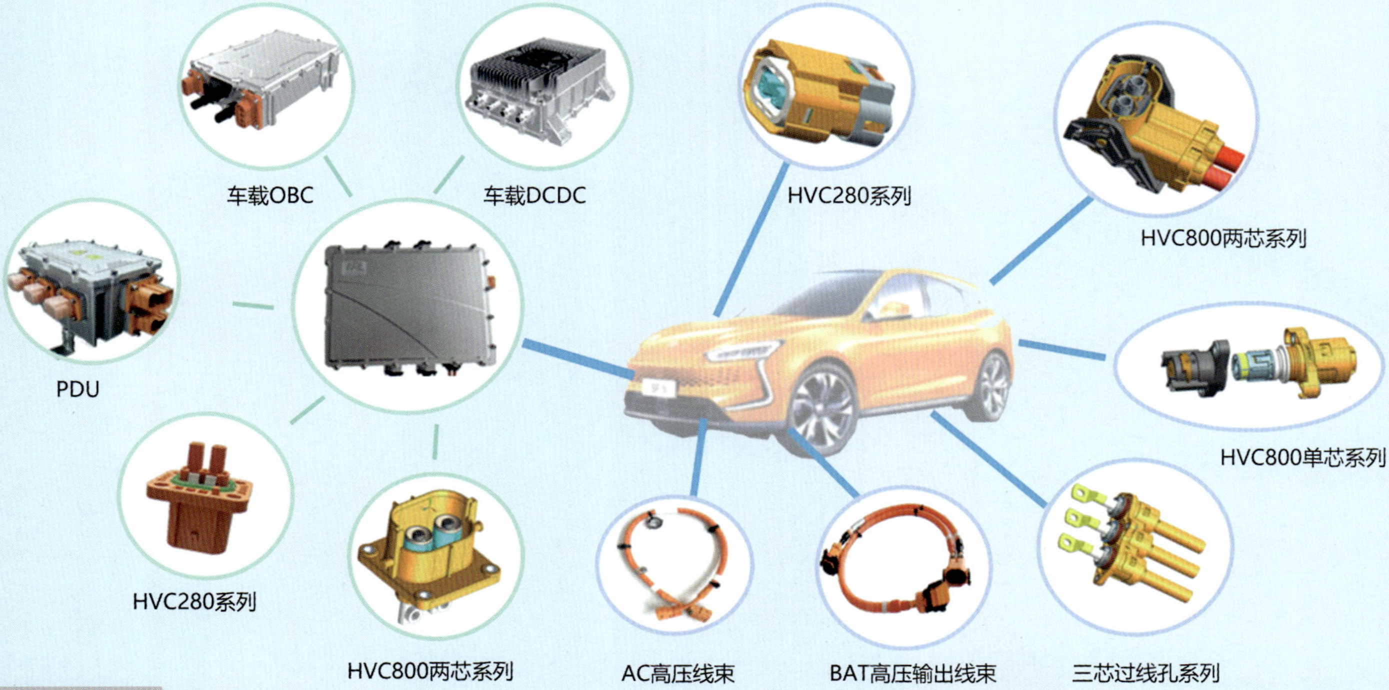

测试能力

可程式恒温恒湿试验箱

冷热冲击试验箱

燃烧试验箱

盐雾试验箱

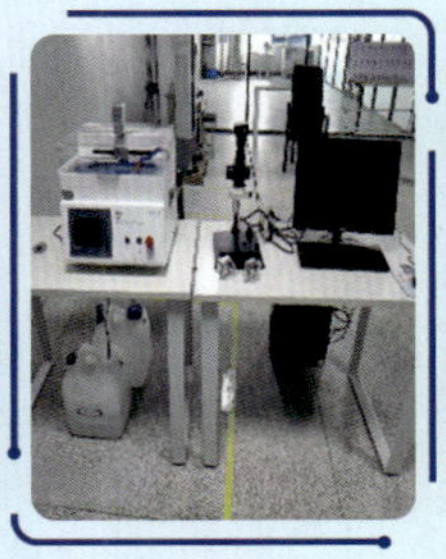
剖面分析仪

导通、耐压、气密三综合测试仪

中信特钢

中信泰富特钢全面深化质量管理体系建设，通过了ISO 9001、IATF 16949、ISO/TS 29001质量管理体系认证，是奔驰、宝马、奥迪、大众、VOLVO、通用、丰田、雷诺日产、本田、一汽、东风汽车、上海汽车、福特、韩国现代、法国标致、长城汽车、吉利汽车、蔚来汽车等以及博世、博格华纳、ZF、伊顿、MAGNA、JATCO、爱信、法士特、上汽变速器、万里扬、上海纳铁福、Schaeffler、NHK、安国特、卡迈锡、内德史罗夫、慕贝尔、铃木加普腾、上海日泰、贝卡尔特等国内外知名汽车公司或其零部件企业的主要原材料供应商和服务商。

江阴兴澄特种钢铁有限公司

大冶特殊钢有限公司

青岛特殊钢铁有限公司

靖江特殊钢有限公司

地址：江苏省江阴市长山大道1号
总机：0510-86193388
传真：0510-86192800
邮编：214429
网址：www.citicsteel.com

涂装线、输送机、机器人

Painting line、 Conveyor、Robot Integration equipment

柳溪公司从1995年成立以来，一直致力于涂装线、输送机、机器人集成装备的研发和制造。本着“干一行、爱一行、专一行”的工匠精神，为客户创造价值、为员工谋福利、为社会作贡献、为公司创造效益。

柳溪表面处理涂装线应用于汽车零部件行业

Liush's surface treatment coating line applicable to the motor part and component industry

清洗设备

氧化/磷化设备

电泳设备

喷漆设备

车身涂装

喷粉设备

车架电泳线

车轴电泳线

减震器电泳线

保险杠喷漆线

后视镜喷漆线

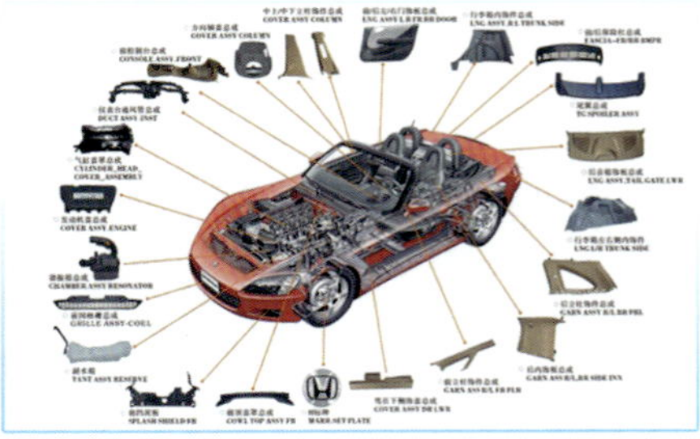

内外饰件喷漆线

柳溪智能装备有限公司
Liush Intelligent Equipment Co.,Ltd.

Http://www.liush.com

深圳Shenzhen 0755-2796 0058
地址：深圳市宝安区福海街道会展湾中港广场A座

苏州Suzhou 0512-6655 6880
地址：苏州工业园区圆融星座1栋2502室

安庆Anqing 0556-7848008
地址：安徽省安庆市宿松工业园区宏业路18号

柳溪输送机应用于汽车零部件行业

Liush' s conveyors applicable to the motor part and component industry

地面输送

空中输送

积放输送

智能输送

柳溪机器人集成装备应用于汽车零部件行业

Liush' s robot integrated equipment applicable to the motor part and component industry

喷涂机器人

搬运机器人

打磨机器人

装配机器人

REFIRE.com

关于重塑科技

上海重塑能源科技有限公司设立于2014年12月，总部位于上海。作为国内先进的燃料电池技术提供商，公司拥有专业化的研发团队以及成熟的研发体系，覆盖了燃料电池系统、核心零部件以及工程应用开发。凭借着多年的探索与积累，公司在燃料电池系统设计、控制、仿真、集成和安全等环节建立起核心的技术优势，并获得了行业的高度认可。

秉承着“把氢能和燃料电池带入人类生活，创造地球可持续发展的未来”的企业愿景，我们携手产业链上下游相关企业和机构，持续聚焦技术与产品的商业化发展，从而规模化地实现零碳氢电出行。

目前，公司已开发完成32~56kW CAVEN系列和63~130kW PRISMA镜星系列两代燃料电池系统，产品在额定功率、质量功率密度、电堆额定功率密度、冷启动温度等关键技术指标层面具备突出优势，并在核心零部件环节取得突破，逐步实现国产化、产业化。

公司燃料电池系统产品现已应用于客车、运输车、冷藏车、保温车、洒水车、半挂牵引汽车、垃圾车、自卸车等多款车型，并在船舶、工程机械等领域开展了燃料电池技术应用探索。

每一天，搭载着重塑科技燃料电池系统的汽车穿梭在中国7省17个城市的高速公路及大街小巷，助力清洁高效的交通出行；此外，基于公司的产品与技术优势，我们的解决方案现已应用在全球五个海外市场。

德燃动力
D.R. Power

德燃动力总部位于浙江清华长三角研究院，在上海设有技术中心，在重庆、安徽设有全资子公司，拥有先进的氢燃料电池发动机及核心部件生产基地、试验与试制中心。公司与同济大学、浙江清华长三角研究院、德国下萨克森州汽车研究中心等国际先进科研机构及高校建立长期合作伙伴关系。

公司团队核心骨干是国内早期从事燃料电池发动机开发与示范运营的团队成员，具备丰富的产业化经验。公司实现了 1+3+7+1 的整车-系统-部件-服务的业务布局，完成了数十款产品定型与车型配套，突破行业卡脖子技术，获得国内外一线车企的合作与认可。产品符合车规级标准要求，形成了完善的研发体系与企业技术标准。德燃动力一直致力于技术的持续创新与突破，以技术创新助推行业发展为己任，整合国际领先的技术和资源，完善产品体系，夯实独门绝技。通过乘用车高标准要求的技术迭代与商用车高质量产品应用迭代，成为有“德”的“燃”料电池行业领先企业。

产品系列 Product Slection

氢燃料电池系统（乘用车）

氢燃料电池系统（商用车）

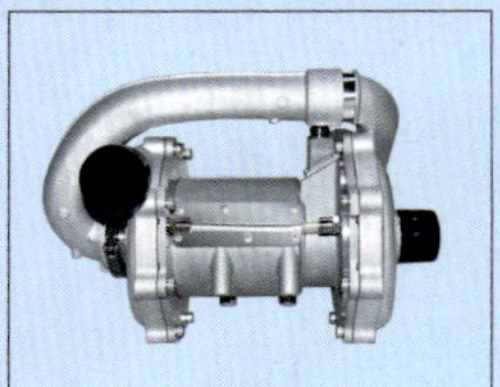
空压机

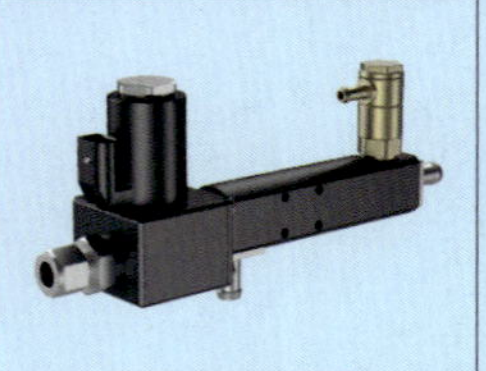
供氢回氢组件

气水分离器

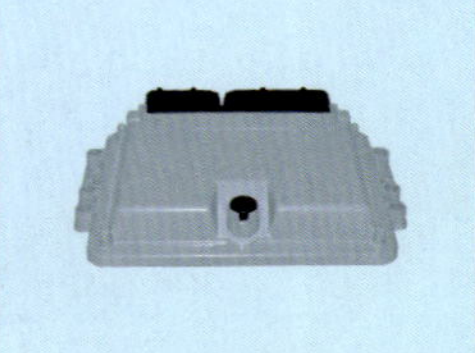
氢系统管理单元

H-42

燃料电池观光车 Fuel Cell Sightseeing Vehicle

超长续驶里程	≥200km
爬坡能力强	≥20%
加氢时间短	约5min
最高车速	45km/h

- 适用于VIP接待、观光与景区接待、巡逻等应用场景
- 前后双横臂独立悬架，操稳性及舒适性高
- 完善的安全技术，安全性高
- 车身材料具备良好的售后维修性
- 可提供完善的应用支持，氢能展示、旅游等项目策划

燃料电池发电装备 Fuel Cell Power Station

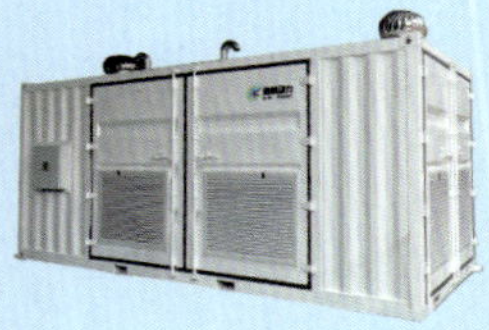

额定输出	10kW-MW级
输出电压	AC 380V
相数	三相三线/四线
环境适应性	-20~40℃

- 电源产品：服务器电源、应急电源、调峰电源、备用电源、固定式发电
- 应用场景：大型氢燃料电池发电站，数据中心、通信基站等供电，企业端氢能发电等
- 严苛的车规级技术标准，验证充分，方案成熟
- 可提供多种功率燃料电池发电模块规格产品、客户服务

部分车型案例 Application Projects

某市12米氢燃料电池公交车

某市10米氢燃料电池公交车

联系我们
contact us

地址：浙江省嘉兴市南湖区亚太路705号B座2401室
电话：0573-82586629 邮箱：sales@d-r-power.com
网址：www.d-r-power.com

DEC 东方电气

东方电气(成都)氢燃料电池科技有限公司

DONGFANG ELECTRIC FUEL CELL TECHNOLOGY CO., LTD.

关于我们

公司简介

东方电气（成都）氢燃料电池科技有限公司（以下简称东方氢能）是中国东方电气集团有限公司氢能与燃料电池产业发展的核心平台，成立于2015年8月。

东方氢能成立之初，就以推动中国氢燃料电池高新技术产业化应用为己任，致力于成为中国氢能综合利用引领者，为客户提供氢能利用整体解决方案及燃料电池相关的核心设备和一流服务。经过潜心研究，东方氢能自主开发的产品主要有：膜电极、电堆、燃料电池动力系统、热电联供系统，并提供相关技术开发、技术咨询、运维等服务。

H-44

燃料电池堆

膜电极

氢燃料电池热电联供装备系统

60kW燃料电池系统

80kW燃料电池系统

110kW燃料电池系统

大功率水冷电堆介绍

具备完整自主知识产权的第一代金属板电堆Fuel Power – INNO，功率覆盖30kW~120kW，能够针对不同场景应用特点，面向客户需求，提供不同功率等级的电堆产品和技术服务。

✔具有较高的集成灵活性，同时支持纵向布置和横向布置；

✔支持客户定制，可满足不同客户的个性化需求。

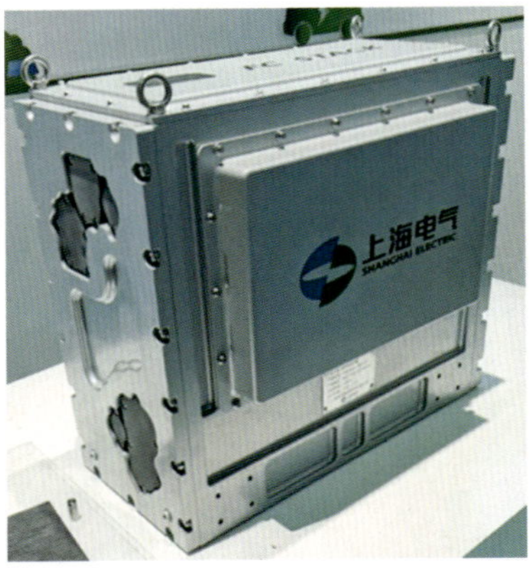

FUEL POWER-INNO

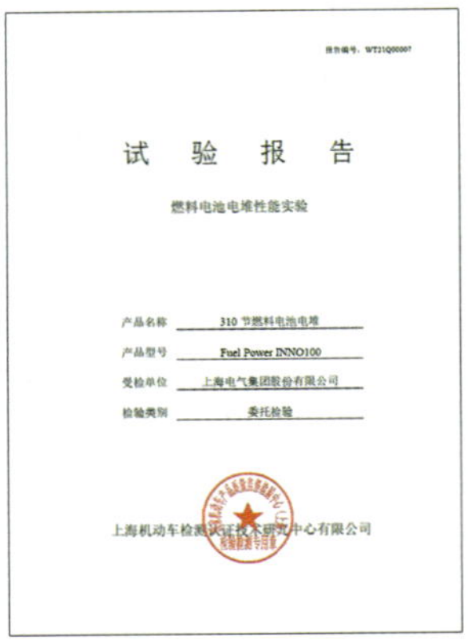

报告编号：WT21Q00007

试 验 报 告

燃料电池电堆性能实验

产品名称 310节燃料电池电堆

产品型号 Fuel Power INNO100

受检单位 上海电气集团股份有限公司

检验类别 委托检验

上海机动车检测认证技术研究中心有限公司

100kW电堆通过
上海机动车检测中心测试

应用场景

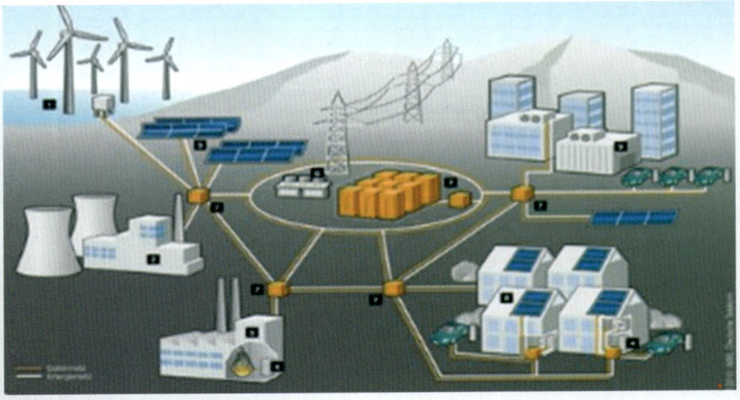

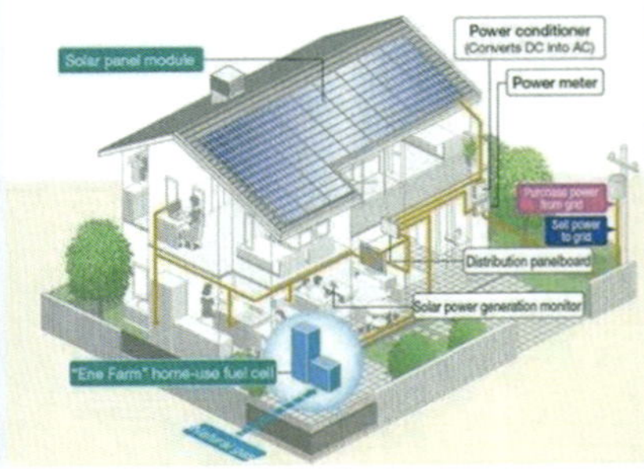

技术特点:

✔ 运用低增湿电堆设计；

✔ 采用低铂载量、抗反极膜电极设计，体积功率密度3.7kW/L；

✔ -30°C低温启动；

✔ 可靠的密封设计，防护等级IP67；

✔ 电堆整体优化设计保证了堆内良好的水热管理，具有高可靠性、耐久性及环境适应性。

性能参数	额定功率/kW	60	80	100
	峰值功率/kW	72	96	120
	体积功率密度/kW/L	3.7		
	电压范围/V	112～186	150~250	186~310
	模块效率	≥51%		
操作条件	燃料	氢气		
	氧化剂	空气		
	冷却剂	商用冷却剂或去离子水		
	操作温度/°C	60～95		
	冷启动温度/°C	-30		
	运行环境温度/°C	-30～55		
物理参数	电堆尺寸/mm	455×199×371	455×199×458	455×199×540
	质量/kg	47	54	60
	防护等级	IP67		
	控制接口	CAN Bus		

上海电气
SHANGHAI ELECTRIC

展品介绍-系统

➤ 具有完整自主知识产权的燃料电池发动机系统HEnV，主要面向长途客车、冷链物流车、卡车、船舶等中重载交通运输领域；

➤ 额定功率覆盖30kW~110kW，能够基于客户需求，针对不同应用场景，提供不同功率等级的系统产品和解决方案。

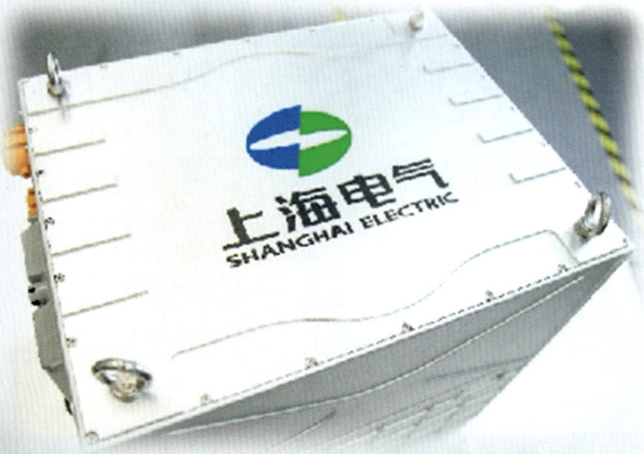

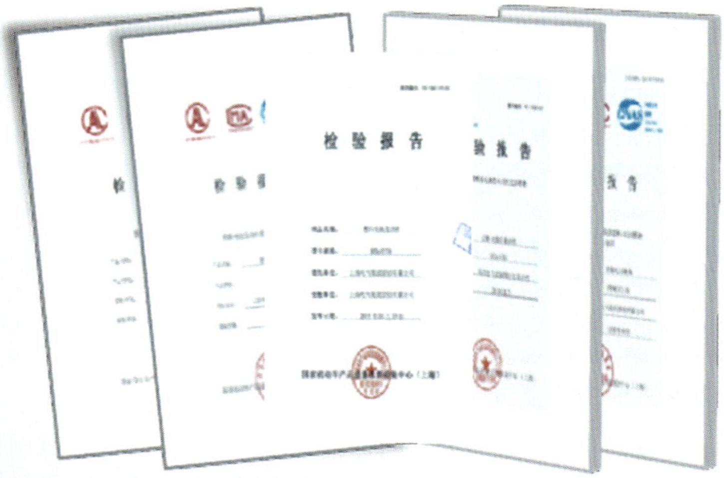

技术特点:

(1)高氢气利用率，采用自主研发的氢循环系统，氢气利用率大于98%；

(2)高集成度，子系统模块化集成，质量比功率大于400 W/kg；

(3)高安全性，防水、防尘、绝缘性佳，防护等级达到IP67；

(4)优异的低温特性，可实现-30°C快速低温启动；

(5)高可靠性，可实现功率闭环控制，自适应控制进气量，系统寿命可达15000h。

产品型号	HEnV-30	HEnV-60	HEnV-80	HEnV-110
额定功率（kW）	35	66	80	110
质量功率密度（W/kg）	400	400	400	450
防护等级	IP67	IP67	IP67	IP67
冷启动温度（°C）	-30	-30	-30	-30
系统最高效率(%)	≥60	≥60	≥60	≥60
设计寿命（h）	15000	15000	15000	15000

峰范新能源汽车技术（太仓）有限公司
Eco-mount automobile technology(Taicang) Co., Ltd

峰范新能源汽车技术(太仓)有限公司，成立于2018年，坐落于太仓港经济技术开发区。

公司拥有国内先进的轻量化试制生产线和设备、工艺能力、生产线设计能力、设备涵盖自动化和半自动化激光焊、自冲铆枪、流钻螺接等。

公司坚持以前瞻的理念指导样车试制业务，努力打造"峰范"标准制造流程，聚焦并上探试制新工艺，特别是将目前流行的铝合金压铸，挤压及冲压集成化车身的试制，仿真及设计整合一起，将传统车企、互联网车企、零部件供应商等的需求迅速整合，形成工艺资源共享、技术互补平台，推出符合当地市场需求的汽车产品。

公司为国内外整车厂家提供除轻量化车辆试制服务之外的，开发设计、铝合金连接验证及其相关验证测试服务。

主要业务 Major business

钢铝车身，压铸等工艺零部件至车身级样车试制

Body in White prototype, including Aluminum-Steel body, Casting AL parts assembly

铝合金零件及总成级别车身设计及仿真服务总包

AL parts and assembly body in white design and simulation (CAE) package sevice

轻量化结构设计 CAST- Extruded body structure design

铝-铝，铝-钢，金属-非金属材料连接技术；高压真空铸造，挤压铝，热成型钢等不同工艺的结构设计。

Aluminum-aluminum, aluminum-steel, metal-nonmetal material connection technology; structure design of different part processes.

整车布置优化 Optimization of integrate vehicle package

根据车辆的性能指标进行铝合金结构的布置和零件工艺配置定义，达到同样性能的轻量化的高性价比方案。

The aluminum alloy structure definition，the vehicle performance configuration, a lightweight and cost-effective solution.

车身结构，总成，零部件级别的仿真分析 Simulation analysis of vehicle body In white, assembly and components

通过拓扑优化等手段计算各硬点的强度和刚度，以及相关对手零件的强度刚度。

Calculating the strength and stiffness of each hard point and relevant parts by topology optimization and other efficiency ways.

压铸模具和材料的同步分析 Synchronous analysis of parts and related casting die, non-heat treatment material，and prototype

定义零件的理化指标，制造工艺和方案。

Define physical and chemical indexes, manufacturing process and solution.

零部件到整车级的样件样车制造 Vehicle prototype from parts to integrate vehicle

FDS，SPR等料片试验，铆模铆钉选型，整车尺寸控制。

FDS, SPR and other sheet metal tests, rivet selection, vehicle dimension control.

钢铝样车试车

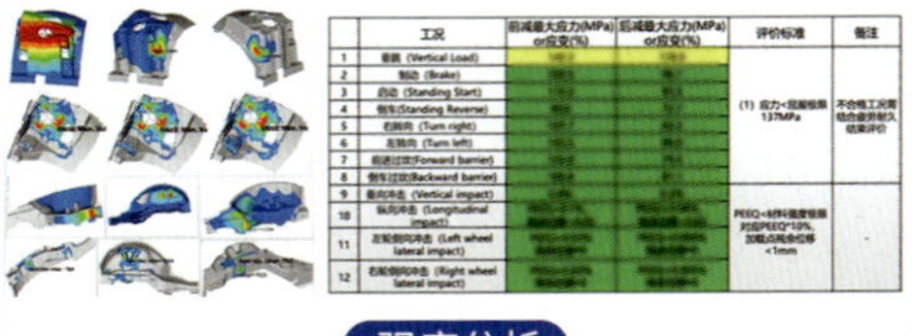

强度分析

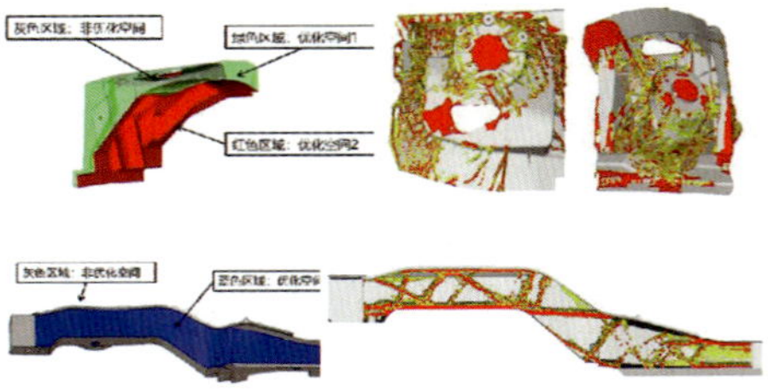

拓扑优化

地址：江苏省苏州市太仓市浮桥镇陆公路1号

联系方式：13564674071/ gaojian_zhong@eco-mount.com.cn

13636402577/ feiyue_lian@eco-mount.com.cn

itimotor
英特模汽车科技

苏州英特模汽车科技有限公司成立于 2014 年 4 月，总部位于江苏省苏州市，是一家专业从事测试服务，测试设备，工程咨询的第三方检测机构。

主要领域包括整车、发动机、变速箱、电动汽车三电部件、氢气内燃机、氢燃料电池发动机系统和部件，动力总成及智能驾驶。

400+ 多种类测试台架

500+ 专业工程师及测试团队

智能驾驶 AutoMatic Driving

智能驾驶控制器在环测试

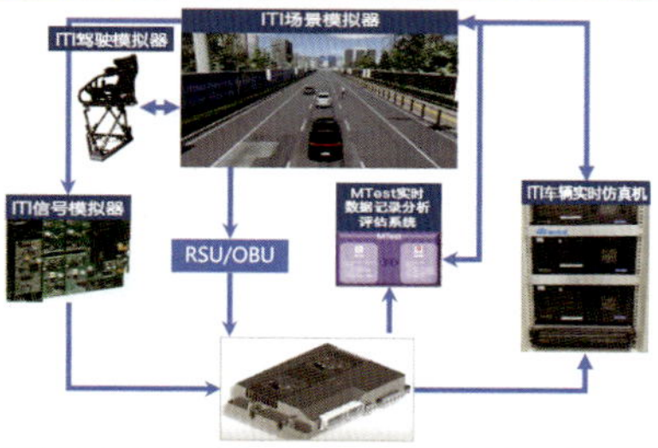

智能驾驶转向系统在环测试

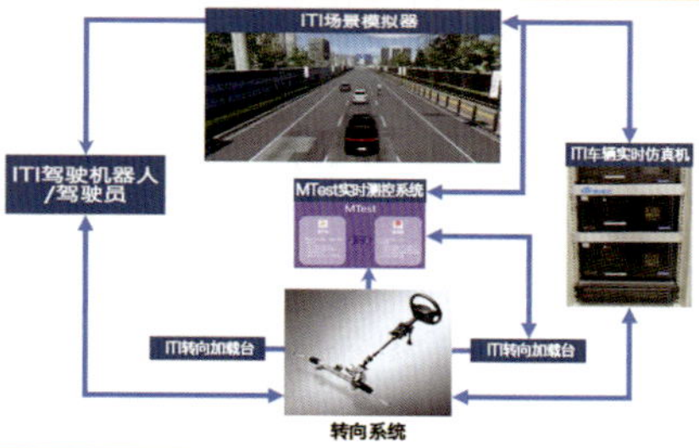

智能驾驶分布式多系统在环测试

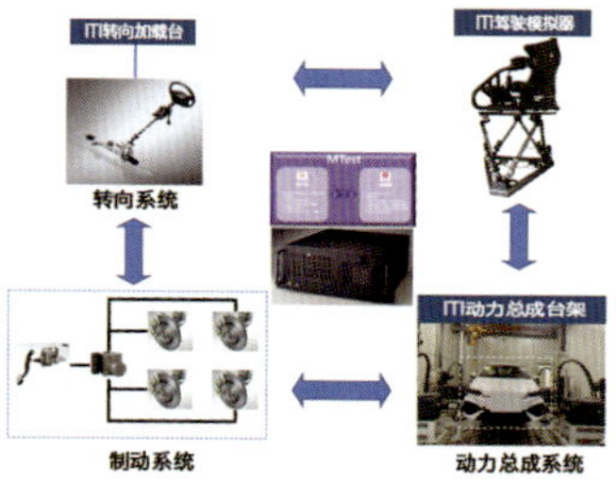

智能驾驶整车在环测试

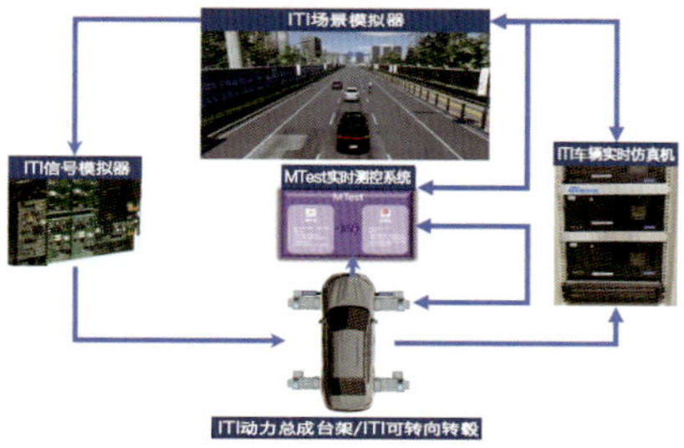

动力总成台架

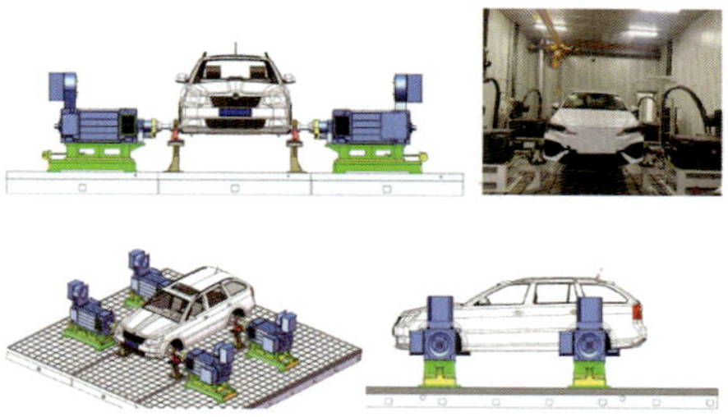

可转向转毂

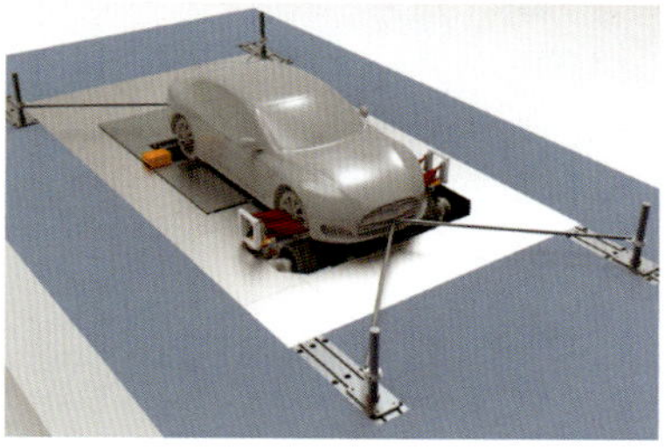

氢能 H_2

业务能力

- 氢气内燃机
- 氢燃料电池发动机
- 燃电车及动力总成
- 燃料电池空压机
- 燃料电池DCDC

燃料电池整车多电联调测试台

燃电电堆模拟器 阴极子系统/阳极子系统测试

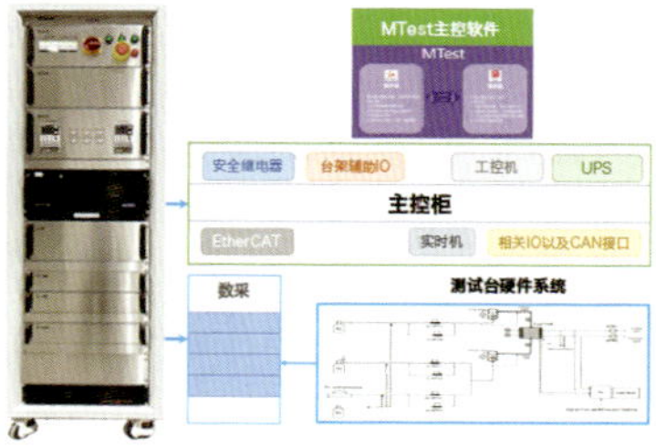

氢燃料电池发动机测试台

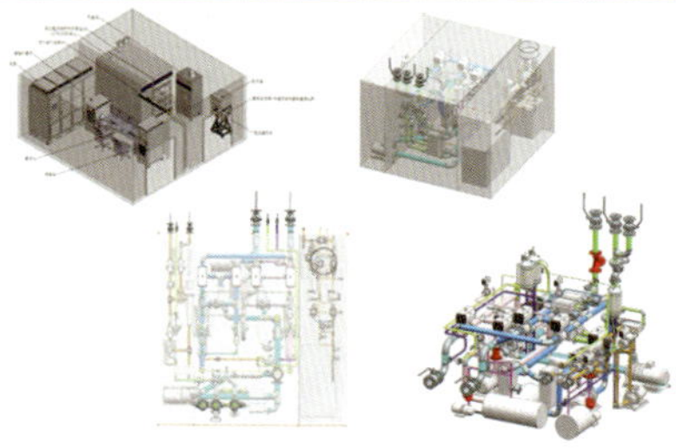

新能源 New Energy

电控 | 电机 | 热管理 | 驱动总成 | 传动件 | 电池

发动机 Engine

玉柴芯蓝 SYNLAND TECH

玉柴芯蓝新能源动力科技有限公司成立于2021年8月，位于广西南宁市高新区，注册资本5亿元，为广西玉柴机器股份有限公司的子公司。玉柴芯蓝是玉柴股份实施绿色发展战略，进行新能源动力产品研发、生产、销售的平台，拥有新能源动力系统设计开发、综合试验、科技创新、先进制造等能力以及覆盖国内外营销服务网络能力等优势。公司经营范围包括集成发电动力系统、ECVT混合动力系统、燃料电池动力系统、集成电桥动力系统、直驱纯电动力系统等新能源系统总成，产品深受客户好评。

战略愿景：成为行业优质的专业新能源动力系统供应商
战略使命：助力“双碳”，为客户提供整套新能源动力系统解决方案
战略方针：从低碳到零碳，发力混合动力、补齐纯电驱动、发展氢能动力

1.燃料电池系统

玉柴芯蓝40kW燃料电池系统，能实现峰值40kW功率输出，额定工况效率达40%，精准响应需求、自适应功率调节和安全高效等特性。适配8.5m~10m客车及4.5T~8T的卡车。

玉柴芯蓝90kW燃料电池系统，能实现峰值90kW功率输出，额定工况效率达43%，具备高功率密度、长寿命、低氢耗、快响应、强环境适应性等特性。适配10.5m~12m的客车及8T~18T的卡车。

玉柴芯蓝120kW燃料电池系统，能实现峰值120kW功率输出，额定工况效率达43%，具备高功率密度、长寿命、低氢耗、快响应、强环境适应性等特性。适配及18T~31T的卡车。

2.集成电驱动桥系统

玉柴芯蓝集成电桥系统面向轻型商用车，对标国际同类产品，解决国内现有纯电动系统的低效高耗问题，将高速电机、变速箱、车桥高度集成，系统效率提高超过25%，产品性能目标达到国际先进水平。

3.增程器系统

玉柴芯蓝增程器系统瞄准纯电动汽车痛点，解决纯电动车续驶里程焦虑、价格高等问题，采用国内创制的飞轮集成电机，发动机和电机一体化开发，实现机电耦合优化，高度集成，系统效率高。燃油发电4.3kWh/L；燃气发电4.8kWh/kg；相比独立发电机节油20%以上。

4.混合动力系统

全新一代混合动力系统面向无补贴的中、重型商用车，解决国内现有混动产品的固有缺陷，突破低能耗瓶颈和应用领域局限性，采用高功率密度高速车用电机，高度集成化，在拖拉机领域实现对动力换挡/HMCVT高端进口产品的替代；高效节油，比传统动力节油率达到20%~35%；助力双碳目标，发动机可以选用低碳（天然气、甲醇、乙醇等生物质燃料）或零碳（氢气、氨气等）燃料，较经济地实现低碳或近零碳排放。18T产品已实现配套，31T产品开发中，规划49T产品。

特百佳动力
TOP GEAR

特百佳动力科技有限公司

特百佳动力科技有限公司位于上海市金山工业区，注册资本7 082万元，是一家专注于新能源商用车驱动系统研发与创新并获得国家认可的高新技术企业，也是“专精特新”小巨人企业；特百佳研发的新能源商用车动力传动核心控制技术，位列行业前沿。公司以其强大的技术研发能力和创新精神，面向市场推出成熟、高效、安全、稳定的商用车纯电(EMT)驱动系统,混合动力(PHEV)驱动系统，商用车的自动变速箱(AMT)系统及面向自动驾驶的核心驱动平台。

目前特百佳动力研发的新能源中重卡动力总成，可满足14t—130t新能源卡车的运营需求，匹配车型包括牵引车、专用车、矿用车、环卫车等。公司针对新能源汽车细分市场已具有超过60%的市场占有率，并已完成国内主要主机厂客户的业务布局。搭载特百佳动力总成系统的纯电动重卡，已经在上海、北京、深圳、南京、天津、重庆、济南、青岛、榆林、鄂尔多斯、西安、苏州、沧州等200多个城市批量运行，累计运行里程超过3亿km，最长单车运行里程接近30万km，为国家实现的“双碳”目标贡献自己的力量。

产品介绍

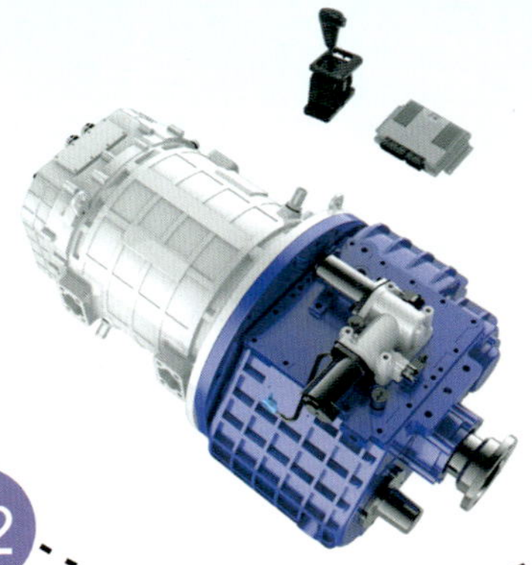

01 纯电动驱动系统：面向纯电重卡三合一动力系统

02 驱动电机、电机控制器、自动变速箱等部件高度集成化

03 更高的电、磁、热、振动等设计要求

04 简化冷却管路和功率驱动线缆

05 功率大，效率高，安装更便利

生产能力

特百佳动力建立了MCU、VCU、TCU无尘生产车间、XY选换挡生产车间。一期年产能50 000套动力总成。特百佳动力新能源重卡驱动系统自动装配线已投入运行，单班年产50 000套。特百佳动力已在上海金山区增资1.5亿元，投入新的电机、变速箱厂房及生产线，一期规划年产能各50 000套。

扫一扫，关注我们最新消息

联系我们
021-5727 7658
邮件：tebaijia@cntopgear.com
网址：https://www.shtopgear.com/
地址：上海市金山区金山工业区亭卫公路8158号2幢

江苏奥易克斯汽车电子科技股份有限公司

AECS
奥易克斯

清华大学苏州汽车研究院合作伙伴

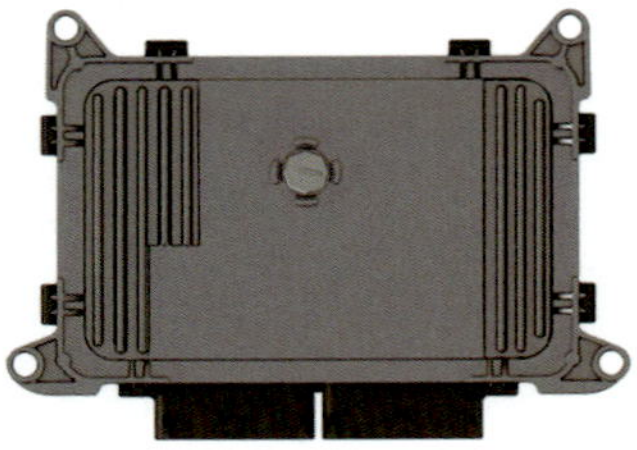

支持FPI、GDI发动机，提供国六排放要求的发动机控制解决方案，具备升级国七的潜力。

VCU-LITE适用于物流车、A00-A级乘用车、增程新能源汽车。实现能量统一管理、扭矩统一协调，确保整车驾驶性、动力性、经济性及行车安全。

混合动力域控制器HECU，集成VCU、ECU、APU的全部功能，将整车控制系统作为一个整体，提供混动集成控制方案。支持P1+P3、48V、REEV、PHEV混动架构。

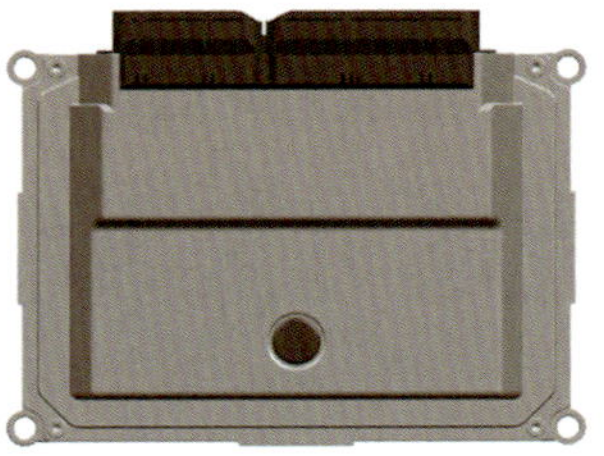

VCU-PRO适用于纯电动、混合动力等新能源电动汽车。基于丰富的硬件平台，可实现对车辆高压、扭矩、能量的安全高效管理。

江苏奥易克斯汽车电子科技股份有限公司（简称奥易克斯）是清华大学科技成果转化企业，主要业务涵盖传统动力汽车电控产品和新能源汽车电控产品，自主知识产权技术，处于国内先进水平。奥易克斯目前拥有南通产、销、研总部基地，柳州生产基地以及北京、重庆两个技术中心。现有研发人员约200人，公司配备充裕的试验资源，包括国六排放实验室、低温冷启动环境仓、整车转鼓实验室、发动机台架试验室等，为研发提供了高效服务和坚实保障。

实验室

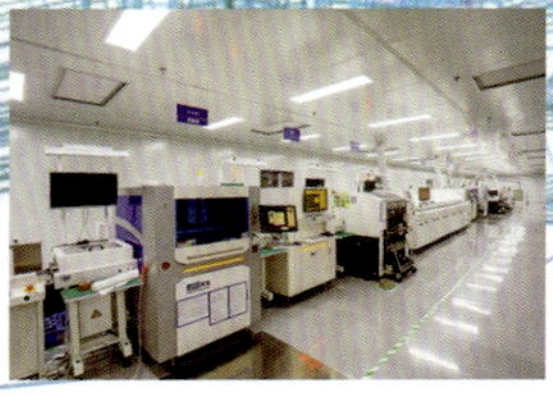

生产车间

奥易克斯主要客户以国内自主品牌的整车生产企业为主，产品以国六汽车发动机电控产品为主，主要客户包括上汽通用五菱、东风柳汽、江淮汽车、长安商用车、奇瑞商用车、北京汽车、昌河汽车、东风商用车、上汽大通、一汽吉林、广西汽车集团、厦门金龙、厦门金旅、江苏九龙、华晨鑫源、福田汽车、南京开沃等。

上汽通用五菱 SGMW
DFM
上汽集团 SAIC MOTOR
FOTON 福田汽车
云内动力 YUNNEI POWER
CHERY
JAC 江淮汽车
昌河汽车 CHANGHE
宝骏汽车
FORTHING 东风风行
GOLDEN DRAGON 金旅客车
跃进集团 YUEJIN GROUP
PARSUN 百胜
JETOUR 捷途
思皓
SKYWELL 天美汽车
WULING LIUJI 五菱柳机
KAMA
长安汽车
KING LONG 金龙汽车
DAE
HIDEA
北汽集团 BAIC GROUP
斯威汽车 SWM MOTORS
东安动力

地址：江苏省南通市崇川区新宁路88号　网址：www.aecs-auto.com　电话：0513-69958999

绿传（北京）汽车科技股份有限公司

G-EDRIVE (BEIJING) AUTO TECH. CO., LT

公司介绍
COMPANY INTRODUCTION

绿传科技，是一家致力于新能源汽车智能动力域产品研发、生产和销售的高科技型公司。自2018年成立以来，公司主营产品新能源汽车电驱动总成、域控制器、电子油泵及软件模块快速获得多家知名主机厂量产定点并顺利批产，产业化进程在同行业中属于先进水平。公司在智能动力域产品领域拥有百余项核心发明专利和软件著作权，已构筑核心技术专利壁垒。公司先后被认定为国家高新技术企业、北京市“专精特新”企业、行业隐形独角兽企业等。

绿传人坚持聚焦主业，不断创新突破，牢记“传递绿色动力、引领绿色出行”使命，不忘“为全球用户提供车辆智能动力域系统和服务”初心，节能减排助力“双碳”建设！

产品介绍
PRODUCT INTRODUCTION

电驱动产品

应用场景

适用于乘用车 A00-D 级车及轻型商用车

产品优势

- 采用成熟离合器控制技术，实现动力换挡，兼顾动力性与经济性
- 深度集成电传电机电控系统，采用油冷一体化技术，结构紧凑、系统效率高
- 应用先进高速齿轮技术和定点主动润滑技术，提高系统可靠性

控制器产品

应用场景

适用于乘用车、商用车及特种车辆的整车动力传动控制系统

产品优势

- 采用纯国产自主芯片和电子元器件，兼容 12V/24V，支持 CAN FD 和 BLDC 通道
- 支持 SOA 架构、自动唤醒、OTA 功能、TCP/IP 通讯，遵循 Autosar 架构开发
- 具有自适应功能，支持复杂敏捷换挡和拓展 HCU 功能

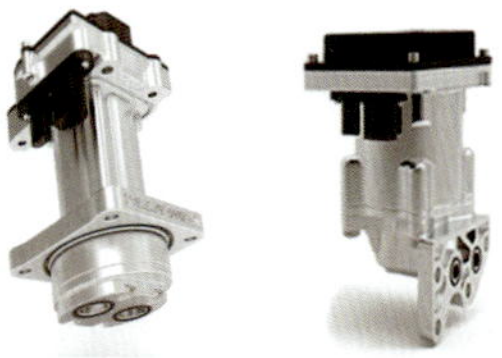

电子油泵产品

应用场景

适用于新能源变速器、新能源油冷电机、电驱动桥的冷却润滑和液压驱动

产品优势

- 集成度高、可靠性强、最低工作温度可达 -45℃、支持定制开发
- 产品适配范围广，电机额定功率 130~600W、流量 0~45L/min、压力 0~20bar
- 产品平台化开发，快速响应需求、通讯支持 CAN\LIN、兼容 12V/24V

软件模块

应用场景

适用于乘用车、商用车及特种车辆高效动力传动控制系统

产品优势

- 基于模块化、标准化、自主可控的软件 V 流程开发，功能安全等级满足 ASIL-C
- 采用特征模型功能描述、ShiftBase 参数方案，软件架构继承性、覆盖性与移植性好
- 完整的自学习功能、故障诊断保护措施、滥用模式处理功能，极大提升整车驾驶性能

地址：北京市经济技术开发区荣华南路2号院2号楼10层
电话：010-67855320
邮箱：lckjb@g-edrive.com.cn　　网址：www.g-edrive.com

XZT2代
技术世界领先
震撼登场
追求极致 永不止步
Pursue Ultimate & Never Stop
对标世界巨头产品
Benchmark the World's Giant Products
体积超小 重量超轻
Extreme Miniaturization & Ultra-lightweight
功率密度
提升400%
体积
缩小4-8倍
重量
减轻4倍
H-60
电动专用换挡模块 袖珍级 可在直驱空间内实现换挡
XZT纯电动版
2+1无缝换挡模块
XZT混动版
3+3×2前进挡
XZT燃油版
9前进挡+3倒挡
奔驰燃油版9AT
9前进挡+1
产品体积为真实拍摄比例
柔性化 标准化 模块化
无动力中断换挡模块(含离合功能)系列:
2、3、4、5、6、8、9、12、16档
传动效率:96%~98%~99% 换挡时间:<0.2s
维艾迪(北京)新能源汽车科技有限公司
VIT New Energy Automobile Science & Technology (Beijing) Co.,Ltd

自贡市江阳磁材有限责任公司
ISO/TS 16949:2009

深圳市金通达机械有限公司

深圳市金通达机械有限公司创建于2014年，座落于深圳市龙岗区。公司占地面积5 000m²，生产场地总建筑面积约3 500m²、办公面积约1 000m²。公司主要以五金模具设计制造、产品研发、冲压加工、机械零配件加工、新能源金属零件加工、自动化机械设备制造等，是集研发、设计、制造、销售于一体的专业新能源全属零件和自动化机械设备高新技术民营企业公司拥有一套完整的品质管控和检验体系并通过ISO 9001:2015版质量管理体系和ATF 16949:2016版汽车行业质量管理体系认证。

公司在茁壮成长下于2016年成立了东莞市金通达机械有限公司，现有共员工200余人、高级技术人员30人、高级管理人员20人。公司秉承以人为本，团体无价的核心价值现，十分注重企业文化建设，深知公司的持续发展离不开高素质的员工队伍，因此在原有的基础上，加大投入，不断改善员工食、宿条件以及薪资待遇提升，让每一个员工有家的感觉，与企业共担风雨、共同成长。金通达以产业服务国家、以价值回报社会、以信誉立足市场、以品质为客户保驾护航、以实力驰聘未来与社会各界携手并进、共创辉煌!

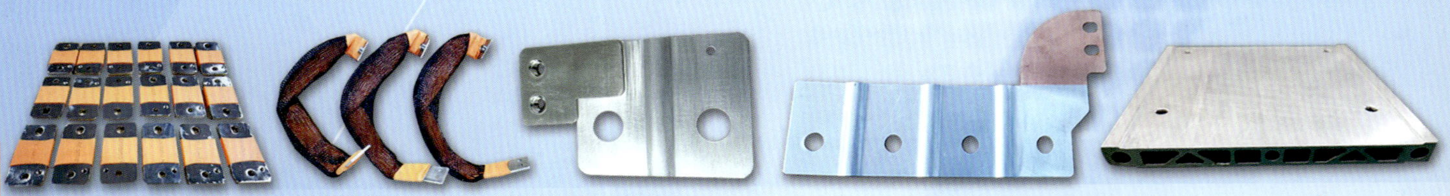

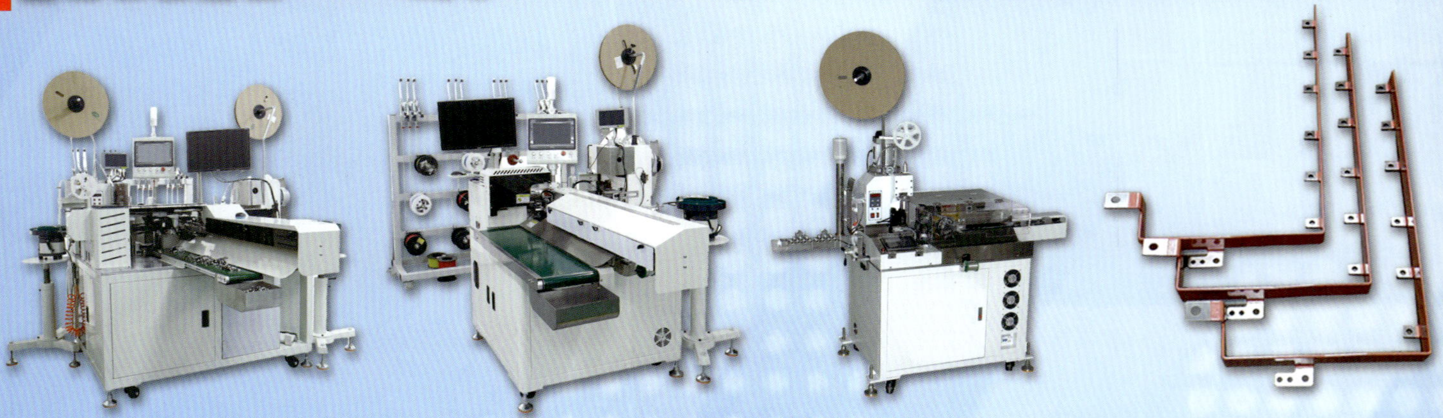

主营业务

新能器业务

汽车电池箱体、电池电源连接件、铜铝复合连接件、铝锦复合连接件、铜软连接件、铭软连接件、铝散热器、模组端板等新能源汽车电池连接产品。

自动化机械设备业务

新能源键电行业：全自动点牌机、极耳整形裁切机、动力和数码电池组装生产线、半自动分条机、电池老化上下料推车、图柱电池包装机、电池专用热缩炉等；

线束行业：编带机、自动裁线机、剥线机、扭线机、测试机、连剥带打端子机、超静音端子机、气动端子机、接线端子机、自动剥皮打端机、插针端子机、排线双头打端机、全自动插胶壳机、全自动双头沾锡机等；

电机马达行业：小电机组装生产线、大壳杯士磁石组装机、小壳杯士碳刷组装机、大壳小壳转子三合一组装机、贴避震胶自动机、电刷组装检测机、换向器组装机、换向器精车机、脚仔磨削机、轴芯滚花机、铜环介子组装机、枢芯套组装机、激光打码机、激光焊接机等。

总经理：陈锋　手机：18926496599 1331645146　电话：0769-82009926　传真：0769-82009923
地址：广东省东莞市凤岗镇雁田村水贝金永工业区4号　邮箱：jintongda@jtd888.cn　QQ：1597248831

CHG 海德世 CHONGQING HI-LEX GROUP

重庆海德世拉索系统（集团）有限公司　　中日合资

创建于1995年5月，是一家由日本拉索系统株式会社（HI-LEX）控股、重庆利龙科技产业（集团）有限公司和日本东工KOSEN株式会社参股的中日合资企业，注册资本3000万美元，员工1699余人，是一家生产、销售汽车拉索系统的高新技术企业。

拥有“五地八厂”

先后在重庆两江新区、广州保税区、广东增城汽车工业园、长春高新技术产业开发区、杭州经济技术开发区、天津滨海新区组建了八家分子公司，形成了以主机厂为依托的“0”距离配套服务体系，建立起了“以日系为主体，以本土和欧美为两翼”的客户群体。实现年销售额突破30亿元，并获“重庆市企业技术中心”、“重庆市优秀技术创新示范企业”、“中国质量诚信企业”、“重庆市十佳外商投资企业”等多项荣誉称号。

实验室基本情况

汽车拉索系统开发与验证实验室建设主体为重庆海德世拉索系统(集团)有限公司，以公司工程技术中心现有研发能力为基础，依托外方股东全球六大研发基地，实现了“全球同步研发”“全球资源共享”，同时通过与重庆工商大学机械工程学院、重庆邮电大学的长期科研合作，与高等院校整合资源，共同打造汽车拉索系统电子技术重点实验室。

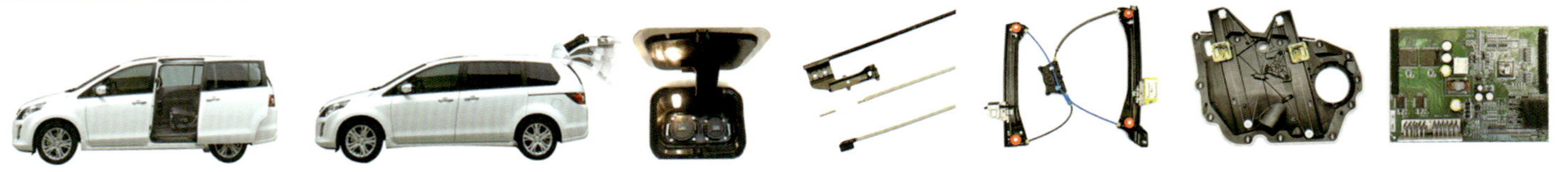

电动侧滑门开闭系统（PSD）　后背门自动开闭系统（PLG）　充电口盖及电子油箱盖　汽车控制拉索　玻璃升降器　门模板　ECU 控制器

实验检测能力

拥有可编程高低温交变湿热试验箱、FFT分析测试系统、热重分析仪、X射线荧光光谱仪等国内外先进的研发实验及分析试验设备。具备CABLE 、W/R 、PLG 、PSD、电动油箱盖以及电子类产品ECU的试验评价能力；具备专业的材料检测与分析能力；具备整车及零部件振动、噪声评价能力。

共同打造汽车拉索系统电子技术重点实验室。

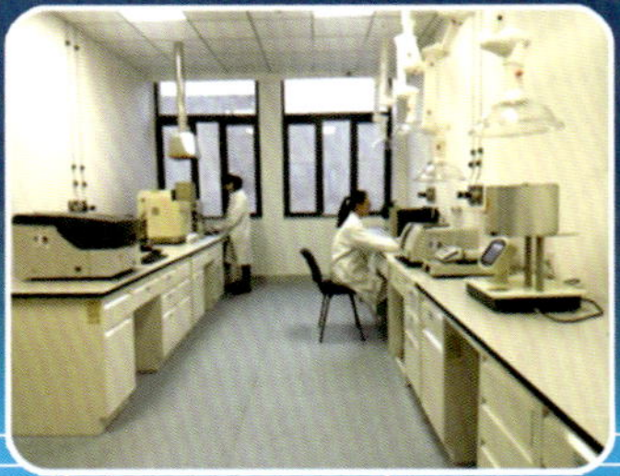

实验室主要设备名录及照片

步入式高低温湿热试验箱

循环腐蚀试验箱

高低温湿热试验箱

冷热发生装置

振动试验台

常州市三生机械有限公司
Changzhou SanSheng machinery co., LTD

管路

电气自动化控制系统

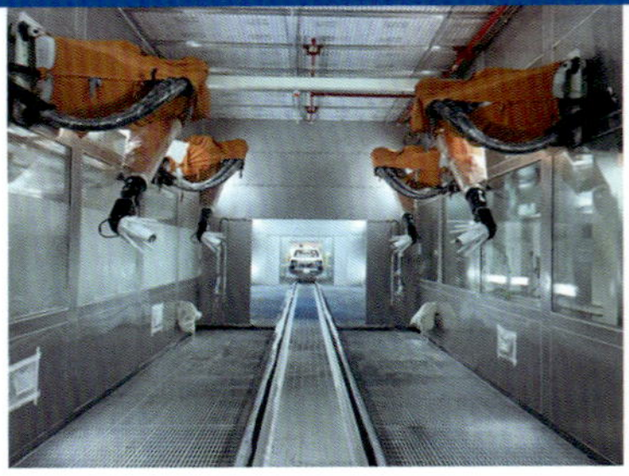

喷涂系统

电泳

质量优良　用户至上

常州市三生机械有限公司可承担涂装线工艺设计、设备设计、制造、安装、调试、到陪护生产等整线交钥匙工程。多年来，公司与中汽研汽车工业工程（天津）有限公司，机械部九院、一院、四院，东风院等国内知名院所及意大利AIRMADI公司有着密切的联系和广泛的合作。

公司注册资金 2118万元。公司占地面积3.5万m^2，厂房面积1.8万m^2，办公楼 3000m^2，现年销售2.1亿余元。现有员工346人，其中高级工程师6人，涂装专业工程师18人，机械工程师15人，电气工程师12人，高级技师35人，工程技术人员35人，焊接技师55名。设施先进、技术力量雄厚。

多年来公司本着“质量第一、用户至上”的服务宗旨，先后承建了一汽集团、东风公司、长安汽车、哈轻厂、昌河汽车、扬州客车厂、沈飞日野、郑州日产、东南汽车、安凯汽车集团、湖南长丰、长春长岭、重庆力帆、北京奔驰、日立建机、三一重工、小松山推、吉利控股集团、浙江众泰、重庆龙江、北京汽车、长安福特、天津东熙、广西钦州、福建云都等大型企业建设的涂装项目工程近百项，均以优良的质量和服务赢得了顾客的一致好评。公司已成为国内技术先进、经验丰富，质量稳定的专业涂装公司，在涂装行业中赢得了良好的信誉。

公司结合国内外涂装设备制造的先进工艺以及机械部九院的有关标准，总结十多年的实践经验，制定了一套较为完善的《涂装设备制造、安装、调试验收大纲》。使涂装设备的生产得到规范，质量得到了可靠的保障。

近几年公司上下制订了严格的质量管理和服务体系，以满足顾客需求为第一目标，狠抓质量与服务，并一举通过了ISO 9001—2000质量管理体系标准的认证，公司必将借此契机，再攀新峰。

客车烘干强冷

工位

输送系统

地址：江苏省常州市新北区春江镇安宁路49号
电话：0519-85971303 传真：0519-85974692
E-mail:czss@cz-ss.com

Http://www.cz-ss.com

浙江黎明智造股份有限公司
ZHEJIANG LIMING INTELLIGENT MANUFACTURING CO.,LTD.

Category Partner

管理体系认证证书
管理体系认证证书

高新技术企业
证书

2016年度
优秀供应商

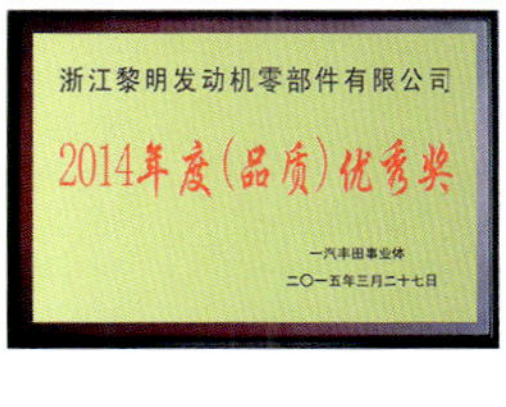

浙江黎明发动机零部件有限公司
2014年度(品质)优秀奖
一汽丰田事业体
二〇一五年三月二十七日

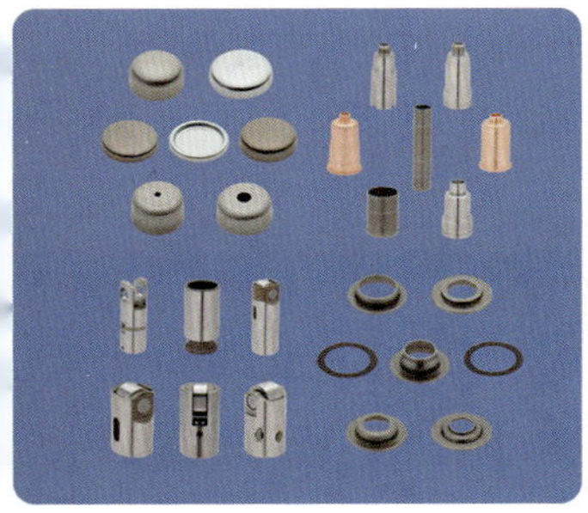

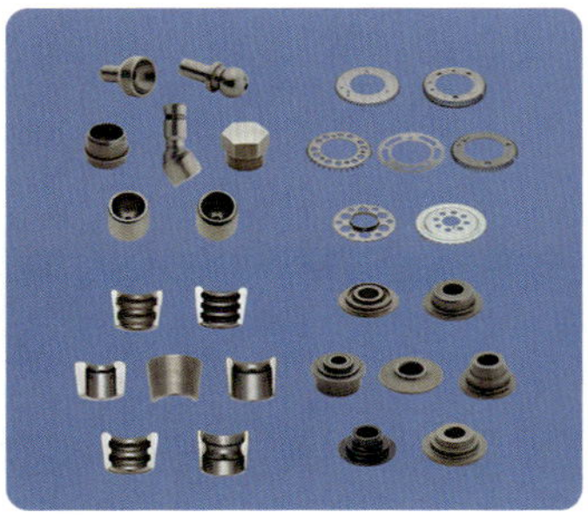

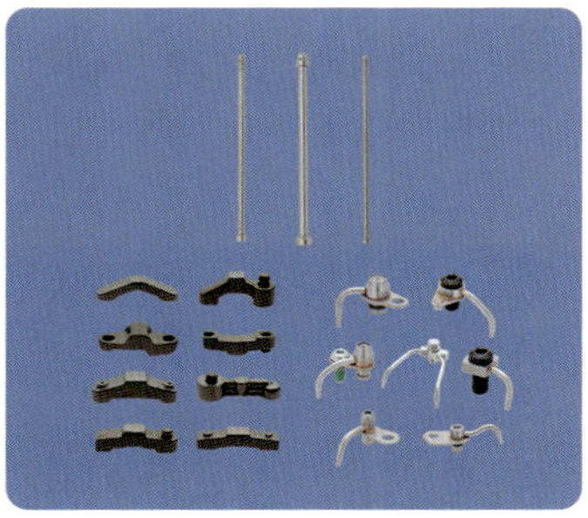

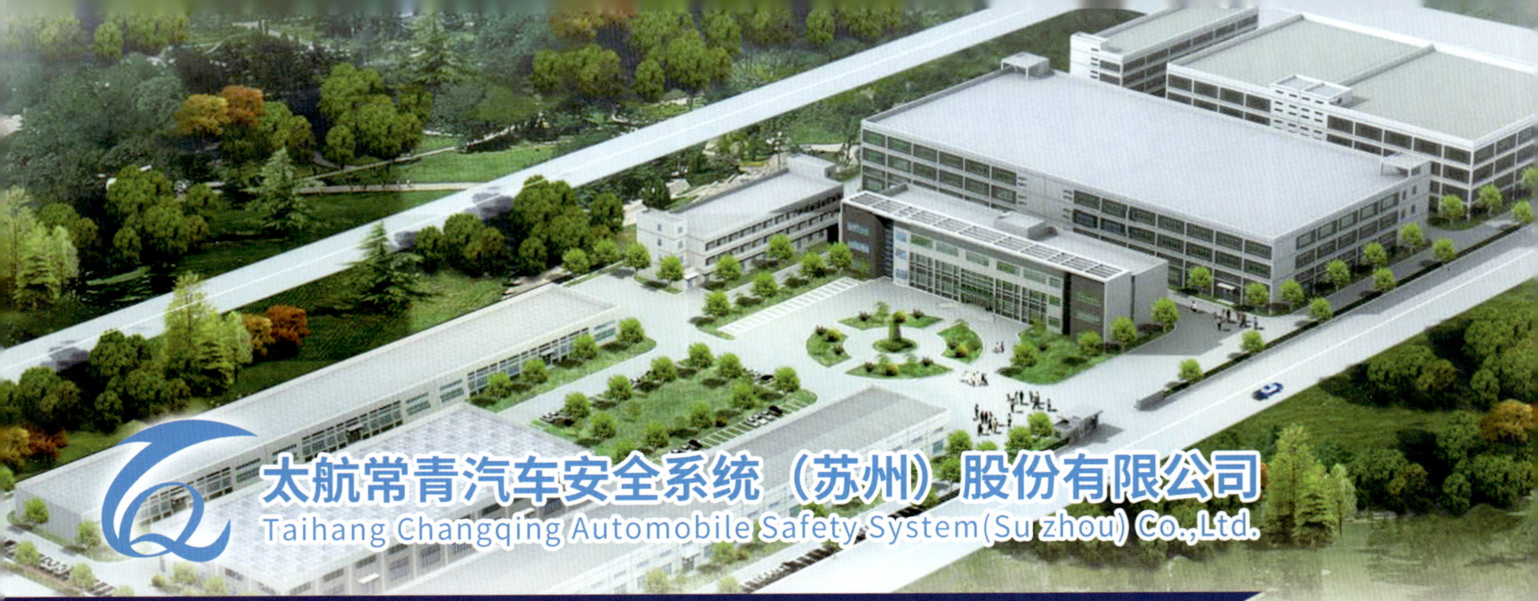

创造更安全的汽车生活

太航常青成立于2002年，主要从事汽车被动安全系统的研发、设计和制造，是国内自主品牌安全气囊和方向盘供应商之一。

公司位于江苏省苏州市相城区漕湖大道79号苏州工业园区——相城区合作经济开发区，占地面积6万m^2，建筑面积6.44万m^2，注册资金人民币18000万元，公司资产规模近10亿元。

太航常青是江苏省高新技术企业，建有国家博士后科研工作站、江苏省企业技术中心、江苏省汽车安全气囊系统工程技术研究中心和汽车整车碰撞实验室。实验室通过了国家CNAS认证，拥有世界先进的实验设备，具有正面碰撞、角度碰撞、柱撞、侧面碰撞等实车碰撞实验能力和台车实验能力，以及静态起爆、环境实验、疲劳实验、噪声实验和跌落实验等零部件实验能力，产品满足ISO 12097－2（GB 19949－2）和客户标准，同时满足GB 11551、GB 20071、ECE R94、ECE R95、C－NCAP以及ENCAP的开发需求。

公司具有核心技术的自主知识产权，通过引进技术消化吸收再创新，拥有四十项专利技术，每年研发几十个新车型。产品技术与国际同步发展，在技术创新上始终居于国内前列。

太航常青建有国内先进的汽车安全气囊和方向盘研发生产基地，拥有美国西雅图、德国Messring滑车、整车试验设备，拥有国际国内主流的检测设备和生产流水线，具有年产150万套汽车安全气囊总成和方向盘总成的生产能力。公司拥有完整的零部件设计开发能力，具备模具设计与加工，方向盘骨架压铸与发泡，饰盖饰条注塑与喷涂，气袋设计缝制，方向盘缝皮，方向盘开关、时钟弹簧、线束的设计开发等能力。公司拥有优越的地理位置和供应商配套能力，拥有杰出的管理团队、工程师队伍和各类专业技术工人。

太航常青成立以来，一直专注于汽车安全气囊和方向盘的开发研究，积累了丰富的经验，公司在方向盘加热、抖动提醒、心率监测等功能开发和应用上处于国际先进水平，在电动汽车安全系统开发领域处于国内前沿。

公司客户包括中国一汽、长安汽车、北汽汽车、北汽新能源、江淮汽车、江淮大众、上汽大通、吉利汽车、福田汽车、东风汽车、大运汽车、依维柯、昌河汽车、云度汽车、汉腾和新兴新能源企业等二十多家国内汽车厂商。

太航常青一直以“创造更安全的汽车生活”为己任，用心负责地做好每一件产品。

地址：江苏省苏州市相城区漕湖大道79号　电话：0512-66731097
Http://www.thcq.com

襄阳精鑫电子设备制造有限公司

Xiangyang jingxin electronic equipment manufacturing co. LTD

高新技术企业
证书

科技板企业挂牌证书
襄阳精鑫电子设备制造有限公司
股权名称：精鑫电子
股权代码：S000172
武汉股权托管交易中心

襄阳精鑫电子设备制造有限公司成立于2001年8月，是合资企业。公司距离东风公司轻型车生产车间3km，交通十分便利，是东风公司零部件直接供应商。

公司拥有8～800t全套冲压设备和配套的剪切设备，以及车、刨、磨、铣、数控、焊接等加工设备，公司技术力量雄厚，冲压年产能力在 9000万件以上，并具有模具设计制造能力。公司始终注重企业自身素质的提升，用科学管理、优质高效的服务赢得客户的信赖，成为东风公司和湖北中航精机的零部件直接配套企业，并被东风汽车公司评为10年优秀合作伙伴。2003至今，公司被连续认定为湖北省高新技术企业，通过IATF 16949：2016 质量体系认证，并取得23件国家新产品专利，其中2件发明专利。2015年成功在武汉股权托管交易中心科技版企业挂牌。公司为东风公司轻型车系列车型和微型载货车的直接配套件有300余个品种，其中单路线产品180余个。在东风公司对其五大专业供应商综合业绩评价中，公司位居冲焊类92家供应商排序前列。

面对充满机遇和挑战的市场，公司将一如既往地秉承优良传统，追求科技创新，精心打造优良产品，以诚实守信创新奉献的企业精神，群策群力，锐意开拓，为用户提供优良产品和优质服务，为事业增添新的续航力。

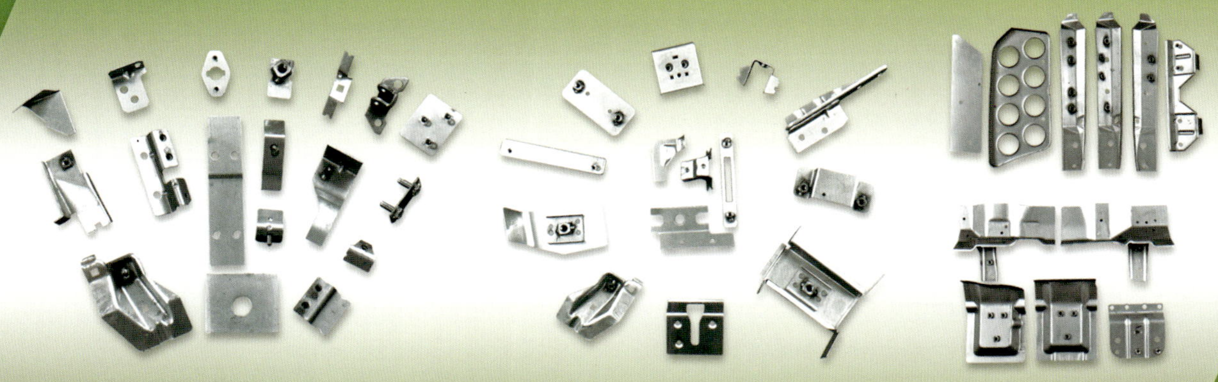

Http://www.xyjxdz.cn

地址：湖北省襄阳市襄州区钻石大道车城南路202号 电话：0710-2848099 传真：0710-2848088

北油电控燃油喷射系统(天津)有限公司

BYC Electronic Control Fuel Injection System (Tianjin) Co.,LTD.

BYC 北油電控 A Fuel System Expert

北油电控燃油喷射系统（天津）有限公司，简称“北油电控”，是中国大型燃油喷射系统制造厂商之一，前身为北京亚新科天纬油泵油嘴股份有限公司。

2018年北油电控迁址天津市武清汽车产业园，新工厂一期占地面积122亩，现具备年产共轨泵30万台、共轨管30万根、共轨器120万支的生产能力。

公司现有产品配套道路及非道路用柴油机，主要客户包括潍柴、DCEC、全柴、玉柴、一汽解放、新柴等国内主流发动机厂商。在全国建立32家经销商及500余家售后服务站，服务体系完善。

北油电控具有50多年燃油喷射系统研发和制造经验，60年市场积淀，在高压共轨产品实现100%国产化。是国家工信部工业强基工程发动机电喷系统“一条龙”的“材料”和“工艺”应用示范企业，“2000bar共轨系统”是“一条龙”示范项目。获得国家高新技术企业、“天津市技术领先型企业”、“天津市雏鹰企业”、“天津市企业技术中心”、专精特新“小巨人”企业等认证。是国内具有轻、中、重型全系列高压共轨产品的研发和制造商。

道路用国V及以上排放、非道路用T3及以上排放柴油机 电控燃油系统解决方案

研发

自主开发，获得44项国家专利授权；

制造

50+年的燃油系统制造经验，先进生产设备及工艺；

成本

优越的成本优势，高性价比，满足不同层次要求；

售后

完善的售后服务体系，覆盖全国的备件供应及三包服务。

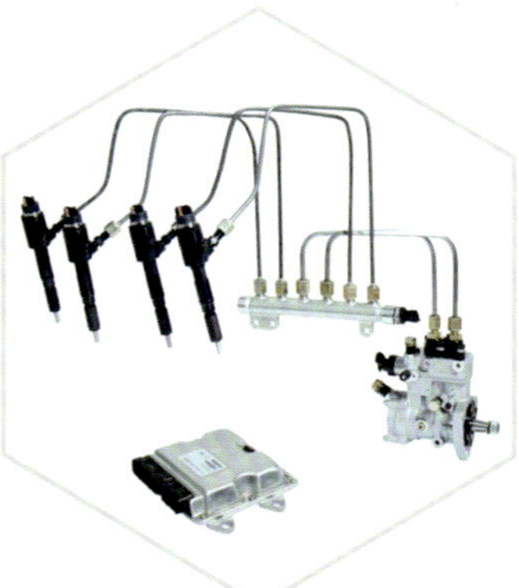

轻型共轨系统

最大轨压：160~200MPa

功率范围：≤ 140kW

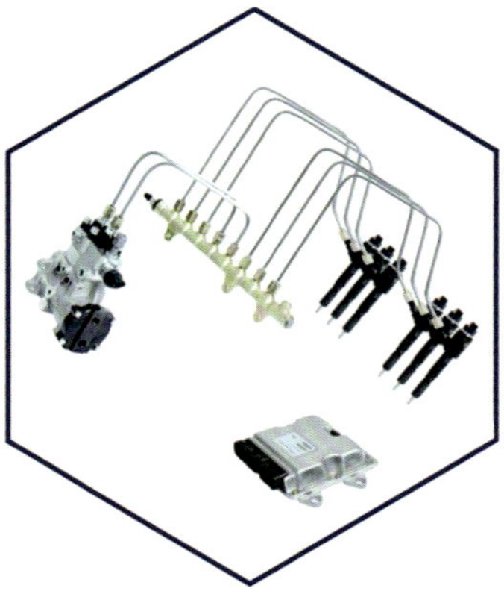

中重型共轨系统

最大轨压：160~200MPa

功率范围：140~300kW

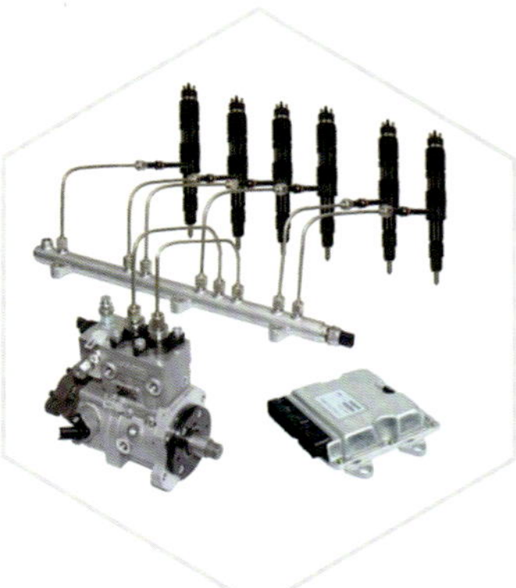

重型共轨系统

最大轨压：160~220MPa

功率范围：≥ 300kW

地址：天津市武清区汽车产业园毓龙路2号　电话：022-22987388　022-22987366　13683227511

网址：www.byctj.com　邮箱：bycsales@byctj.com　liuyanyan@byctj.com（出口）

FOTON
福田康明斯

全球智慧动力

F
轻中型动力
F2.5/F2.8/F3.8/F4.5

A
重型动力
A11/A12/A13/A15/A12N天然气/A15N天然气

北京福田康明斯发动机有限公司

地址：北京市昌平区沙河镇沙阳路15-1号

Beijing Foton Cummins Engine Company Limited

Address:15-1 Shayang Road, Shahe Town, Changping District, Beijing

www.bfcec.com.cn